지적직공무원·한국국토정보공사 시험대비

지적법
기출문제 및
합격모의고사

寅山 이영수 저

01
지적법
기출문제

KB134755

02
지적법
합격모의고사

이 책의 특징

- 연도별 기출문제를 수록하여 문제의 출제 경향과 출제 빈도를 수험 생들이 쉽게 파악할 수 있도록 하였다.
- 오랜 기간 지적 실무 분야에 종사하면서 얻은 실무 지식과 다년간의 강의 경험을 바탕으로 상세한 해설로 이해를 돕고자 하였다.
- 기출문제가 부족한 단원은 예상문제를 수록하여 심도 있는 학습에 도움을 주고자 하였다.

저자직강
동영상
강의

기술단기
http://gong.dangi.co.kr/tech/main

예문사

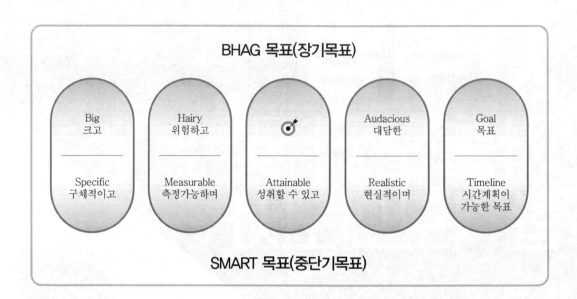

BHAG 목표(장기목표)

Big 크고	Hairy 위험하고	🎯	Audacious 대담한	Goal 목표
Specific 구체적이고	Measurable 측정가능하며	Attainable 성취할 수 있고	Realistic 현실적이며	Timeline 시간계획이 가능한 목표

SMART 목표(중단기목표)

Believe we can. : 할 수 있다고 믿어라.

Plan for the best, prepare for the worst. : 최선의 결과를 위해 준비하되, 최악의 결과에 대비하라.

횟수	1	2	3	4	5	6	7	8	9	10
START										
END										
확인										

人一能之 己百之(인일능지 기백지) 人十能之 己千之(인십능지 기천지)

果能此道矣(과능차도의) 雖愚必明 雖柔必强(수우필명 수유필강)

남들이 한 번에 할 수 있다면 나는 백 번을, 남들이 열 번에 능한 것이라면 나는 천 번을 해서라도 이룬다.

이 이치를 깨우쳐 능히 실천하면, 비록 어리석은 자라도 틀림없이 명석해지고 비록 유약한 자일지라도 반드시 강해지리라.

學爲人師 行爲世範(학위인사 행위세범)

배움은 다른 사람의 스승이 되어야 하고 행실은 세상의 모범이 되어야 한다.

지적(地籍, Cadastre)이란, 국가기관이 국가(國家)의 통치권(統治權)이 미치는 모든 영토(領土)를 국가기관(國家機關)의 장(長)인 시장·군수·구청장이 필지 단위로 구획(區劃)하여 토지(土地)에 대한 물리적(物理的) 현황과 법적(法的) 소유관계를 등록 공시하고 그 변동사항을 계속하여 유지 관리하는 영속성을 가진 국가고유 사무이다.

PREFACE

지적법과 측량법은 「공간정보의 구축 및 관리 등에 관한 법률」로 통합되었으며 국가공간정보체계의 효율적 구축과 종합적 활용 및 경쟁력 강화 등을 위해 「국가공간정보 기본법」과 「공간정보산업진흥법」 등이 제정되었다. 이 밖에도 「지적재조사에 관한 특별법」, 「지적공부 세계측지계 변환규정」, 「부동산종합공부시스템 운영 및 관리규정」, 「지적원도 데이터베이스 구축 작업기준」 등 많은 지적 관련 법령들이 제정·개정 및 폐지되었다.

이렇게 많은 지적 관련 법령들은 관련 분야를 공부하는 대학생과 지적직 공무원 및 한국국토정보공사 등 각종 시험을 준비하는 수험생들이 쉽게 공부하기에는 어려움이 있다. 따라서 오랜 기간 많은 강의 경험을 토대로 관련 전공 대학생과 지적직 공무원 및 한국국토정보공사를 준비하는 수험생들을 위해 조금이나마 보탬이 되었으면 하는 바람으로 이 책을 출간하게 되었다.

〈본 교재의 특징〉

1. 연도별 기출문제를 수록하여 문제의 출제 경향과 출제 빈도를 수험생들이 쉽게 파악할 수 있도록 하였다.
2. 오랜 기간 지적 실무 분야에 종사하면서 얻은 실무 지식과 다년간의 강의 경험을 바탕으로 상세한 해설로 이해를 돕고자 노력하였다.
3. 기출문제가 부족한 단원은 예상문제를 수록하여 심도 있는 학습에 도움을 주고자 하였다.

대학생 및 수험생들에게 많은 도움이 되고자 최선을 다하였으나 부족한 부분은 지속적인 수정과 보완으로 더 나은 교재가 되도록 노력할 것이며, 이 교재가 출판될 수 있도록 물심양면으로 도움을 주신 도서출판 예문사 정용수 대표님과 임직원 여러분에게 감사의 마음을 전한다.

끝으로 이 교재가 여러분들의 꿈을 이루기 위한 작은 밑거름이 되기를 소망해 본다.

저자 寅山 이 영 수

He who has never hoped can never despair.
희망을 품지 않은 자는 절망도 할 수 없다.

George Bernard Shaw
조지 버나드 쇼

PART **02**

지적법
합격모의고사

CHAPTER 01 | 공간정보의 구축 및 관리 등에 관한 법률 관련 문제

지적법
기출문제

공무원 시험문제

2011년 서울시 9급 기출문제

01 지적전산자료를 활용한 정보화사업에 포함되지 않는 것은?

① 지적도 · 임야도의 정보처리시스템을 통한 기록 · 저장업무

② 토지대장 · 임야대장 전산화 업무

③ 연속지적도의 정보처리시스템을 통한 기록저장 업무

④ 도시개발사업 등의 계획을 위한 지적도 등의 정보처리시스템을 통한 기록 · 저장 업무

⑤ 경계점좌표등록부의 정보처리시스템을 통한 기록 · 저장 업무

> **풀이** 공간정보의 구축 및 관리 등에 관한 법률 시행령 제39조(지적전산자료를 활용한 정보화사업 등)
>
> 법 제45조에 따른 지적전산자료를 활용한 정보화사업에는 다음 각 호의 사업을 포함한다.
>
> 1. 지적도 · 임야도, 연속지적도, 도시개발사업 등의 계획을 위한 지적도 등의 정보처리시스템을 통한 기록 · 저장 업무
> 2. 토지대장, 임야대장의 전산화 업무

02 면적의 결정 시 최소등록단위로 옳은 것은?

① 경계점좌표등록부에 등록하는 지역 : $1m^2$ ② 토지대장(축척이 1/1200인 지역) : $0.5m^2$

③ 지적도(축척이 1/600인 지역) : $0.1m^2$ ④ 임야대장(축척이 1/6000인 지역) : $2m^2$

⑤ 지적도(축척이 1/2400인 지역) : $0.5m^2$

> **풀이** 공간정보의 구축 및 관리 등에 관한 법률 시행령 제60조(면적의 결정 및 측량계산의 끝수처리)
>
> ① 면적의 결정은 다음 각 호의 방법에 따른다.
>
> 1. 토지의 면적에 1제곱미터 미만의 끝수가 있는 경우 0.5제곱미터 미만일 때에는 버리고 0.5제곱미터를 초과하는 때에는 올리며, 0.5제곱미터일 때에는 구하려는 끝자리의 숫자가 0 또는 짝수이면 버리고 홀수이면 올린다. 다만, 1필지의 면적이 1제곱미터 미만일 때에는 1제곱미터로 한다.
> 2. 지적도의 축척이 600분의 1인 지역과 경계점좌표등록부에 등록하는 지역의 토지 면적은 제1호에도 불구하고 제곱미터 이하 한 자리 단위로 하되, 0.1제곱미터 미만의 끝수가 있는 경우 0.05제곱미터 미만일 때에는 버리고 0.05제곱미터를 초과할 때에는 올리며, 0.05제곱미터일 때에는 구하려는 끝자리의 숫자가 0 또는 짝수이면 버리고 홀수이면 올린다. 다만, 1필지의 면적이 0.1제곱미터 미만일 때에는 0.1제곱

미터로 한다.

② 방위각의 각치(角値), 종횡선의 수치 또는 거리를 계산하는 경우 구하려는 끝자리의 다음 숫자가 5 미만일 때에는 버리고 5를 초과할 때에는 올리며, 5일 때에는 구하려는 끝자리의 숫자가 0 또는 짝수이면 버리고 홀수이면 올린다. 다만, 전자계산조직을 이용하여 연산할 때에는 최종수치에만 이를 적용한다.

03 손해배상책임에 관한 설명으로 옳은 것은?

① 지적측량수행자가 타인의 의뢰에 의하여 지적측량을 함에 있어서 고의 또는 과실로 지적측량을 부실하게 함으로써 지적측량의뢰인이나 제3자에게 재산상의 손해와 정신적 손해를 발생하게 한 때에는 지적측량수행자는 그 손해를 배상할 책임이 있다.

② 지적측량수행자는 손해배상책임을 보장하기 위하여 국토교통부령에 정하는 바에 따라 보험가입 등 필요한 조치를 하여야한다.

③ 지적측량업자는 1억 원 이상, 한국국토정보공사는 10억 원 이상의 보증보험에 가입하여야 한다.

④ 지적측량업자는 지적측량업 등록증을 발급받는 날부터 10일 이내에 해당하는 금액의 보증보험에 가입하여야 한다.

⑤ 보증보험에 가입하였을 때에는 이를 증명하는 서류를 등록한 지적소관청에 제출하여야 한다.

> **풀이** **공간정보의 구축 및 관리 등에 관한 법률 제51조(손해배상책임의 보장)**
> ① 지적측량수행자가 타인의 의뢰에 의하여 지적측량을 하는 경우 고의 또는 과실로 지적측량을 부실하게 함으로써 지적측량의뢰인이나 제3자에게 재산상의 손해를 발생하게 한 때에는 지적측량수행자는 그 손해를 배상할 책임이 있다. 〈개정 2020.6.9.〉
> ② 지적측량수행자는 제1항에 따른 손해배상책임을 보장하기 위하여 대통령령으로 정하는 바에 따라 보험가입 등 필요한 조치를 하여야 한다.

공간정보의 구축 및 관리 등에 관한 법률 시행령 제41조(손해배상책임의 보장)
① 지적측량수행자는 법 제51조제2항에 따라 손해배상책임을 보장하기 위하여 다음 각 호의 구분에 따라 보증보험에 가입하거나 공간정보산업협회가 운영하는 보증 또는 공제에 가입하는 방법으로 보증설정(이하 "보증설정"이라 한다)을 하여야 한다. 〈개정 2017.1.10.〉

> 1. 지적측량업자 : 보장기간 10년 이상 및 보증금액 1억 원 이상
> 2. 「국가공간정보 기본법」 제12조에 따라 설립된 한국국토정보공사(이하 "한국국토정보공사"라 한다) : 보증금액 20억 원 이상

② 지적측량업자는 지적측량업 등록증을 발급받은 날부터 10일 이내에 제1항제1호의 기준에 따라 보증설정을 하여야 하며, 보증설정을 하였을 때에는 이를 증명하는 서류를 제35조제1항에 따라 등록한 시·도지사에게 제출하여야 한다. 〈개정 2014.1.17., 2017.1.10.〉

공간정보의 구축 및 관리 등에 관한 법률 시행령 제42조(보증설정의 변경)
① 법 제51조에 따라 보증설정을 한 지적측량수행자는 그 보증설정을 다른 보증설정으로 변경하려는 경우에는 해당 보증설정의 효력이 있는 기간 중에 다른 보증설정을 하고 그 사실을 증명하는 서류를 제35조제1항에 따라 등록한 시·도지사에게 제출하여야 한다.
② 보증설정을 한 지적측량수행자는 보증기간의 만료로 인하여 다시 보증설정을 하려는 경우에는 그 보증기간 만료일까지 다시 보증설정을 하고 그 사실을 증명하는 서류를 제35조제1항에 따라 등록한 시·도지사에게 제출하여야 한다.

정답 03 ④

04 다음 중 지적소관청이 축척변경 승인신청서에 첨부하여야 하는 서류로 옳지 않은 것은?

① 축척변경의 사유
② 지적도 사본
③ 지번 등 명세
④ 토지소유자의 동의서
⑤ 축척변경위원회의 의결서 사본

풀이 공간정보의 구축 및 관리 등에 관한 법률 시행령 제70조(축척변경 승인신청) **암기** 변명은 동의필요하다.

① 지적소관청은 법 제83조제2항에 따라 축척변경을 할 때에는 축척변경 사유를 적은 승인신청서에 다음 각 호의 서류를 첨부하여 시·도지사 또는 대도시 시장에게 제출하여야 한다. 이 경우 시·도지사 또는 대도시 시장은 「전자정부법」 제36조제1항에 따른 행정정보의 공동이용을 통하여 축척변경 대상지역의 지적도를 확인하여야 한다. 〈개정 2010.11.2.〉

  1. 축척변경의 사유
  2. 삭제 〈2010.11.2.〉
  3. 지번 등 명세
  4. 법 제83조제3항에 따른 토지소유자의 동의서
  5. 법 제83조제1항에 따른 축척변경위원회(이하 "축척변경위원회"라 한다)의 의결서 사본
  6. 그 밖에 축척변경 승인을 위하여 시·도지사 또는 대도시 시장이 필요하다고 인정하는 서류

② 제1항에 따른 신청을 받은 시·도지사 또는 대도시 시장은 축척변경 사유 등을 심사한 후 그 승인 여부를 지적소관청에 통지하여야 한다.

05 지목의 부호 표기방법으로 옳지 않은 것은?

① 공장용지 – 장
② 유원지 – 원
③ 주유소용지 – 유
④ 종교용지 – 종
⑤ 광천지 – 광

풀이 지목의 부호 표기

지목	부호	지목	부호	지목	부호	지목	부호
전	전	대	대	철도용지	철	공원	공
답	답	공장용지	**장**	제방	제	체육용지	체
과수원	과	학교용지	학	**하천**	**천**	**유원지**	**원**
목장용지	목	**주차장**	**차**	구거	구	종교용지	종
임야	임	주유소용지	주	유지	유	사적지	사
광천지	광	창고용지	창	양어장	양	묘지	묘
염전	염	도로	도	수도용지	수	잡종지	잡

06 다음 중 측량기기의 성능검사에 관한 설명으로 옳지 않은 것은?

① 한국국토정보공사는 성능검사를 위한 적합한 시설과 장비를 갖추고 자체적으로 검사를 실시하여야 한다.

② 토털 스테이션, GPS 수신기 등의 성능검사 주기는 3년이다.

③ 성능검사 주기는 최초의 성능검사를 받아야 하는 날의 다음 날부터 기산하고, 이후에는 검사유효기간 만료일 30일 이내에 성능검사를 받아야 한다.

④ 성능검사 대행자가 성능검사를 완료한 때에는 측량기기 성능검사 기록부에 성능검사의 결과를 기록하고 이를 5년간 보존하여야 한다.

⑤ 성능검사의 방법·절차와 그 밖에 성능검사 필요한 사항은 국토지리정보원장이 정하여 고시한다.

풀이 **공간정보의 구축 및 관리 등에 관한 법률 제92조(측량기기의 검사)**

① 측량업자는 트랜싯, 레벨, 그 밖에 대통령령으로 정하는 측량기기에 대하여 5년의 범위에서 대통령령으로 정하는 기간마다 국토교통부장관이 실시하는 성능검사를 받아야 한다. 다만, 「국가표준기본법」 제14조에 따라 국가교정업무 전담기관의 교정검사를 받은 측량기기로서 국토교통부장관이 제6항에 따른 성능검사 기준에 적합하다고 인정한 경우에는 성능검사를 받은 것으로 본다. 〈개정 2013.3.23., 2020.4.7.〉

② 한국국토정보공사는 성능검사를 위한 적합한 시설과 장비를 갖추고 자체적으로 검사를 실시하여야 한다. 〈개정 2014.6.3.〉

③ 제93조제1항에 따라 측량기기의 성능검사업무를 대행하는 자로 등록한 자(이하 "성능검사대행자"라 한다)는 제1항에 따른 국토교통부장관의 성능검사업무를 대행할 수 있다. 〈개정 2013.3.23., 2020.4.7.〉

④ 한국국토정보공사와 성능검사대행자는 제6항에 따른 성능검사의 기준, 방법 및 절차와 다르게 성능검사를 하여서는 아니 된다. 〈신설 2020.4.7.〉

⑤ 국토교통부장관은 한국국토정보공사와 성능검사대행자가 제6항에 따른 기준, 방법 및 절차에 따라 성능검사를 정확하게 하는지 실태를 점검하고, 필요한 경우에는 시정을 명할 수 있다. 〈신설 2020.4.7.〉

⑥ 제1항 및 제2항에 따른 성능검사의 기준, 방법 및 절차와 제5항에 따른 실태점검 및 시정명령 등에 필요한 사항은 국토교통부령으로 정한다. 〈개정 2013.3.23., 2020.4.7.〉

공간정보의 구축 및 관리 등에 관한 법률 시행령 제97조(성능검사의 대상 및 주기 등)

① 법 제92조제1항에 따라 성능검사를 받아야 하는 측량기기와 검사주기는 다음 각 호와 같다. 〈개정 2020.12.29., 2021.1.5.〉

> 1. 트랜싯(데오드라이트) : 3년
> 2. 레벨 : 3년
> 3. 거리측정기 : 3년
> 4. 토털 스테이션 : 3년
> 5. 지피에스(GPS) 수신기 : 3년
> 6. 금속 또는 비금속 관로 탐지기 : 3년

② 법 제92조제1항에 따른 성능검사(신규 성능검사는 제외한다)는 제1항에 따른 성능검사 유효기간 만료일 2개월 전부터 유효기간 만료일까지의 기간에 받아야 한다. 〈개정 2015.6.1.〉

③ 법 제92조제1항에 따른 성능검사의 유효기간은 종전 유효기간 만료일의 다음 날부터 기산(起算)한다. 다만, 제2항에 따른 기간 외의 기간에 성능검사를 받은 경우에는 그 검사를 받은 날의 다음 날부터 기산한다. 〈신설 2015.6.1.〉

07 다음은 지적소관청이 토지소유자에게 지적정리 등을 통지하여야 하는 시기에 관한 설명이다. (　) 안에 들어갈 내용으로 알맞은 것은?

> 1. 토지의 표시에 관한 변경등기가 필요한 경우 : 그 등기완료의 통지서를 (ㄱ) 날부터 (ㄴ)일 이내
> 2. 토지의 표시에 관한 변경등기가 필요하지 아니한 경우 : 지적공부에 (ㄷ) 날부터 (ㄹ)일 이내

① ㄱ : 접수한, ㄴ : 15, ㄷ : 등록한, ㄹ : 7
② ㄱ : 등록한, ㄴ : 15, ㄷ : 접수한, ㄹ : 7
③ ㄱ : 접수한, ㄴ : 7, ㄷ : 등록한, ㄹ : 15
④ ㄱ : 접수한, ㄴ : 15, ㄷ : 등록한, ㄹ : 15
⑤ ㄱ : 등록한, ㄴ : 7, ㄷ : 접수한, ㄹ : 7

풀이 공간정보의 구축 및 관리 등에 관한 법률 시행령 제85조(지적정리 등의 통지)

지적소관청이 법 제90조에 따라 토지소유자에게 지적정리 등을 통지하여야 하는 시기는 다음 각 호의 구분에 따른다.

> 1. 토지의 표시에 관한 변경등기가 필요한 경우 : 그 등기완료의 통지서를 접수한 날부터 15일 이내
> 2. 토지의 표시에 관한 변경등기가 필요하지 아니한 경우 : 지적공부에 등록한 날부터 7일 이내

08 다음 중 바다로 된 토지의 등록말소 신청에 관한 설명으로 옳지 않은 것은?

① 지적소관청은 지적공부에 등록된 토지가 지형의 변화 등으로 바다로 된 경우로서 원상으로 회복될 수 없거나 다른 지목의 토지로 될 가능성이 없는 경우에는 지적공부에 등록된 토지소유자에게 지적공부의 등록말소 신청을 하도록 통지하여야 한다.

② 지적소관청은 토지소유자가 통지를 받은 날부터 90일 이내에 등록말소 신청을 하지 아니하면 대통령령으로 정하는 바에 따라 등록을 말소한다.

③ 지적소관청은 말소한 토지가 지형의 변화 등으로 다시 토지가 된 경우에는 대통령령으로 정하는 바에 따라 토지의 회복등록을 할 수 있다.

④ 토지소유자가 등록말소 신청을 하지 아니하면 지적소관청이 직권으로 그 지적공부의 등록사항을 말소하여야 한다.

⑤ 지적공부의 등록사항을 말소하거나 회복등록 하였을 때에는 그 정리 결과를 토지소유자 및 해당 시 · 도지사에게 통지하여야 한다.

풀이 공간정보의 구축 및 관리 등에 관한 법률 제82조(바다로 된 토지의 등록말소 신청)

① 지적소관청은 지적공부에 등록된 토지가 지형의 변화 등으로 바다로 된 경우로서 원상(原狀)으로 회복될 수 없거나 다른 지목의 토지로 될 가능성이 없는 경우에는 지적공부에 등록된 토지소유자에게 지적공부의 등록말소 신청을 하도록 통지하여야 한다.

② 지적소관청은 제1항에 따른 토지소유자가 통지를 받은 날부터 90일 이내에 등록말소 신청을 하지 아니하면 대통령령으로 정하는 바에 따라 등록을 말소한다.

③ 지적소관청은 제2항에 따라 말소한 토지가 지형의 변화 등으로 다시 토지가 된 경우에는 대통령령으로 정하는 바에 따라 토지로 회복등록을 할 수 있다.

정답 07 ① 08 ⑤

공간정보의 구축 및 관리 등에 관한 법률 시행령 제68조(바다로 된 토지의 등록말소 및 회복)
① 법 제82조제2항에 따라 토지소유자가 등록말소 신청을 하지 아니하면 지적소관청이 직권으로 그 지적공부의 등록사항을 말소하여야 한다.
② 지적소관청은 법 제82조제3항에 따라 회복등록을 하려면 그 지적측량성과 및 등록말소 당시의 지적공부 등 관계 자료에 따라야 한다.
③ 제1항 및 제2항에 따라 지적공부의 등록사항을 말소하거나 회복등록하였을 때에는 그 정리 결과를 토지소유자 및 해당 공유수면의 관리청에 통지하여야 한다.

09 다음 중 지적기준점표지의 설치 시 고시할 내용으로 옳지 않은 것은?

① 기준점의 명칭 및 번호
② 경위도좌표계의 원점명
③ 좌표 및 표고, 경도와 위도
④ 설치일, 소재지 및 표지의 재질
⑤ 측량성과 보관 장소

풀이 공간정보의 구축 및 관리 등에 관한 법률 시행령 제10조(측량기준점표지 설치 등의 고시)

암기 기준좌표경위도설치보관해라

법 제8조제3항에 따른 수로기준점표지의 설치에 대한 고시는 다음 각 호의 사항을 관보에 게재하는 방법으로 하고, 법 제8조제4항에 따른 지적기준점표지의 설치(이전·복구·철거 또는 폐기를 포함한다. 이하 이 조에서 같다)에 대한 고시는 다음 각 호의 사항을 공보 또는 인터넷 홈페이지에 게재하는 방법으로 한다.

1. **기준**점의 명칭 및 번호
2. 직각**좌**표계의 원점명(지적기준점에 한정한다)
3. **좌**표 및 표고
4. **경**도와 **위도**
5. **설치**일, 소재지 및 표지의 재질
6. 측량성과 **보관** 장소

10 다음 중 2년 이하의 징역 또는 2천만 원 이하의 벌금에 해당하지 않는 것은?

① 고의로 측량성과를 사실과 다르게 한 자
② 측량기술자가 아님에도 불구하고 측량을 한 자
③ 성능검사를 부정하게 한 성능검사대행자
④ 측량기준점표지를 이전 또는 파손하거나 그 효용을 해치는 행위를 한 자
⑤ 측량업의 등록을 거짓으로 하고 측량업을 한 자

풀이 공간정보의 구축 및 관리 등에 관한 법률 제107~109조(벌칙)

<table>
<tr><th colspan="2">벌칙(법률 제107~109조)</th></tr>
<tr>
<td>3년 이하의 징역
또는 3천만 원 이하의 벌금
암기 임위공</td>
<td>측량업자로서 속임수, 위력(威力), 그 밖의 방법으로 측량업과 관련된 입찰의 공정성을 해친 자는 3년 이하의 징역 또는 3천만 원 이하의 벌금에 처한다.</td>
</tr>
<tr>
<td>2년 이하의 징역
또는 2천만 원 이하의 벌금
암기 거부등 외표성검</td>
<td>1. 측량업의 등록을 하지 아니하거나 거짓이나 그 밖의 부정한 방법으로 측량업의 등록을 하고 측량업을 한 자
2. 성능검사대행자의 등록을 하지 아니하거나 거짓이나 그 밖의 부정한 방법으로 성능검사대행자의 등록을 하고 성능검사업무를 한 자
3. 측량성과를 국외로 반출한 자
4. 측량기준점표지를 이전 또는 파손하거나 그 효용을 해치는 행위를 한 자
5. 고의로 측량성과를 사실과 다르게 한 자
6. 성능검사를 부정하게 한 성능검사대행자</td>
</tr>
<tr>
<td>1년 이하의 징역
또는 1천만 원 이하의 벌금
암기 둘비허둘 대판대복</td>
<td>1. 둘 이상의 측량업자에게 소속된 측량기술자
2. 업무상 알게 된 비밀을 누설한 측량기술자
3. 거짓(허위)으로 다음 각 목의 신청을 한 자

가. 신규등록 신청　　　　　나. 등록전환 신청
다. 분할 신청　　　　　　　라. 합병 신청
마. 지목변경 신청　　　　　바. 바다로 된 토지의 등록말소 신청
사. 축척변경 신청　　　　　아. 등록사항의 정정 신청
자. 도시개발사업 등 시행지역의 토지이동 신청

4. 측량기술자가 아님에도 불구하고 측량을 한 자
5. 지적측량수수료 외의 대가를 받은 지적측량기술자
6. 심사를 받지 아니하고 지도 등을 간행하여 판매하거나 배포한 자
7. 다른 사람에게 측량업등록증 또는 측량업등록수첩을 빌려(대여)주거나 자기의 성명 또는 상호를 사용하여 측량업무를 하게 한 자
8. 다른 사람의 측량업등록증 또는 측량업등록수첩을 빌려서(대여) 사용하거나 다른 사람의 성명 또는 상호를 사용하여 측량업무를 한 자
9. 다른 사람에게 자기의 성능검사대행자 등록증을 빌려(대여)주거나 자기의 성명 또는 상호를 사용하여 성능검사대행업무를 수행하게 한 자
10. 다른 사람의 성능검사대행자 등록증을 빌려서(대여) 사용하거나 다른 사람의 성명 또는 상호를 사용하여 성능검사대행업무를 수행한 자
11. 무단으로 측량성과 또는 측량기록을 복제한 자</td>
</tr>
</table>

정답

11 다음 중 용어의 뜻이 옳지 않은 것은?

① "지적측량"이란 토지를 지적공부에 등록하거나 지적공부에 등록된 경계점을 지상에 복원하기 위하여 필지의 경계 또는 좌표와 면적을 정하는 측량을 말한다.

② "지적공부"란 토지대장, 임야대장, 공유지연명부, 대지권등록부, 지적도, 임야도 및 경계점 좌표등록부 등 지적측량 등을 통하여 조사된 토지의 표시와 해당 토지의 소유자 등을 기록한 대장 및 도면(정보처리시스템을 통하여 기록 · 저장된 것을 포함한다)을 말한다.

③ "필지"란 대통령령으로 정하는 바에 따라 구획되는 토지의 등록단위를 말한다.

④ "지번부여지역"이란 지번을 부여하는 단위지역으로서 동 · 리 또는 이에 준하는 지역을 말한다.

⑤ "축척변경"이란 지적도에 등록된 경계점의 정확도를 높이기 위하여 작은 축척을 큰 축척으로 변경하여 등록하는 것을 말한다.

> **풀이** 공간정보의 구축 및 관리 등에 관한 법률 제2조(정의)
>
> 이 법에서 사용하는 용어의 뜻은 다음과 같다.
>
> 4. "지적측량"이란 토지를 지적공부에 등록하거나 지적공부에 등록된 경계점을 지상에 복원하기 위하여 제21호에 따른 필지의 경계 또는 좌표와 면적을 정하는 측량을 말하며, 지적확정측량 및 지적재조사측량을 포함한다.
>
> 4의2. "지적확정측량"이란 제86조제1항에 따른 사업이 끝나 토지의 표시를 새로 정하기 위하여 실시하는 지적측량을 말한다.
>
> 4의3. "지적재조사측량"이란 「지적재조사에 관한 특별법」에 따른 지적재조사사업에 따라 토지의 표시를 새로 정하기 위하여 실시하는 지적측량을 말한다.
>
> 19. "지적공부"란 토지대장, 임야대장, 공유지연명부, 대지권등록부, 지적도, 임야도 및 경계점좌표등록부 등 지적측량 등을 통하여 조사된 토지의 표시와 해당 토지의 소유자 등을 기록한 대장 및 도면(정보처리시스템을 통하여 기록 · 저장된 것을 포함한다)을 말한다.
>
> 19의2. "연속지적도"란 지적측량을 하지 아니하고 전산화된 지적도 및 임야도 파일을 이용하여, 도면상 경계점들을 연결하여 작성한 도면으로서 측량에 활용할 수 없는 도면을 말한다.
>
> 19의3. "부동산종합공부"란 토지의 표시와 소유자에 관한 사항, 건축물의 표시와 소유자에 관한 사항, 토지의 이용 및 규제에 관한 사항, 부동산의 가격에 관한 사항 등 부동산에 관한 종합정보를 정보관리체계를 통하여 기록 · 저장한 것을 말한다.
>
> 21. "필지"란 대통령령으로 정하는 바에 따라 구획되는 토지의 등록단위를 말한다.
>
> 22. "지번"이란 필지에 부여하여 지적공부에 등록한 번호를 말한다.
>
> 23. "지번부여지역"이란 지번을 부여하는 단위지역으로서 동 · 리 또는 이에 준하는 지역을 말한다.
>
> 34. "축척변경"이란 지적도에 등록된 경계점의 정밀도를 높이기 위하여 작은 축척을 큰 축척으로 변경하여 등록하는 것을 말한다.

12 토지 등의 출입에 따른 손실보상에 관한 사항 중 옳지 않은 것은?

① 타인 토지에 업무로 출입하는 행위로 손실을 받은 자가 있으면 그 행위를 한 자는 그 손실을 보상하여야 한다.

② 손실보상에 관하여는 손실을 보상할 자와 손실을 받은 자가 협의하여야 한다.

③ 협의가 성립되지 아니하거나 협의를 할 수 없는 경우에는 관할 토지수용위원회에 재결을 신청할 수 있다.

④ 손실보상은 토지, 건물, 나무, 그 밖의 공작물 등의 임대료·거래가격·수익성 등을 고려한 시중가격으로 하여야 한다.

⑤ 재결에 불복하는 자는 재결서 정본을 송달받은 날부터 30일 이내에 중앙토지수용위원회에 이의를 신청할 수 있다.

풀이 공간정보의 구축 및 관리 등에 관한 법률 제102조(토지 등의 출입 등에 따른 손실보상)

① 제101조제1항에 따른 행위로 손실을 받은 자가 있으면 그 행위를 한 자는 그 손실을 보상하여야 한다.

② 제1항에 따른 손실보상에 관하여는 손실을 보상할 자와 손실을 받은 자가 협의하여야 한다.

③ 손실을 보상할 자 또는 손실을 받은 자는 제2항에 따른 협의가 성립되지 아니하거나 협의를 할 수 없는 경우에는 관할 토지수용위원회에 재결(裁決)을 신청할 수 있다.

④ 관할 토지수용위원회의 재결에 관하여는 「공익사업을 위한 토지 등의 취득 및 보상에 관한 법률」 제84조부터 제88조까지의 규정을 준용한다.

공간정보의 구축 및 관리 등에 관한 법률 시행령 제102조(손실보상)

① 법 제102조제1항에 따른 손실보상은 토지, 건물, 나무, 그 밖의 공작물 등의 임대료·거래가격·수익성 등을 고려한 적정가격으로 하여야 한다.

② 법 제102조제3항에 따라 재결을 신청하려는 자는 국토교통부령으로 정하는 바에 따라 다음 각 호의 사항을 적은 재결신청서를 관할 토지수용위원회에 제출하여야 한다.

1. 재결의 신청자와 상대방의 성명 및 주소
2. 측량의 종류
3. 손실 발생 사실
4. 보상받으려는 손실액과 그 명세
5. 협의의 내용

③ 제2항에 따른 재결에 불복하는 자는 재결서 정본(正本)을 송달받은 날부터 30일 이내에 중앙토지수용위원회에 이의를 신청할 수 있다. 이 경우 그 이의신청은 해당 지방토지수용위원회를 거쳐야 한다.

13 다음 중 측량기준점에 관한 설명으로 옳은 것은?

① 공공기준점에는 공공삼각점, 공공수준점, 수로기준점 등이 있다.

② 국가기준점은 측량의 정확도를 확보하고 효율성을 높이기 위하여 국토교통부장관이 전 국토를 대상으로 주요 지점마다 정한 측량의 기본이 되는 측량기준점이다.

③ 공공기준점은 공공측량시행자가 공공측량을 정확하고 효율적으로 시행하기 위하여 공공기준점을 기준으로 하여 따로 정하는 측량기준점이다.

④ 지적기준점은 특별시장·광역시장·도지사 또는 특별자치도지사나 지적소관청이 지적측량을 정확하고 효율적으로 시행하기 위하여 공공기준점을 기준으로 하여 따로 정하는 측량 기준점이다.

⑤ 지적기준점에는 지적삼각점, 지적삼각보조점, 지적도근점, 지적위성기준점이 있다.

풀이 측량기준점의 구분 **암기** **우**리가 **위통**이 심하면 **중지**를 모아 **수영**을 **수상** 번 해라

측량기준점	측량의 정확도를 확보하고 효율성을 높이기 위하여 특정 지점을 제6조에 따른 측량기준에 따라 측정하고 좌표 등으로 표시하여 측량 시에 기준으로 사용되는 점
국가기준점	측량의 정확도를 확보하고 효율성을 높이기 위하여 국토교통부장관이 전 국토를 대상으로 주요 지점마다 정한 측량의 기본이 되는 측량기준점
우주측지기준점	국가측지기준계를 정립하기 위하여 전 세계 초장거리간섭계와 연결하여 정한 기준점
위성기준점	지리학적 경위도, 직각좌표 및 지구 중심 직교좌표의 측정 기준으로 사용하기 위하여 대한민국 경위도원점을 기초로 정한 기준점
통합기준점	지리학적 경위도, 직각좌표, 지구 중심 직교좌표, 높이 및 중력 측정의 기준으로 사용하기 위하여 위성기준점, 수준점 및 중력점을 기초로 정한 기준점
중력점	중력 측정의 기준으로 사용하기 위하여 정한 기준점
지자기점(地磁氣點)	지구자기 측정의 기준으로 사용하기 위하여 정한 기준점
수준점	높이 측정의 기준으로 사용하기 위하여 대한민국 수준원점을 기초로 정한 기준점
영해기준점	우리나라의 영해를 획정(劃定)하기 위하여 정한 기준점 〈삭제 2021.2.9.〉
수로기준점	수로조사 시 해양에서의 수평 위치와 높이, 수심 측정 및 해안선 결정 기준으로 사용하기 위하여 위성기준점과 법 제6조제1항제3호의 기본수준면을 기초로 정한 기준점으로서 수로측량기준점, 기본수준점, 해안선기준점으로 구분 〈삭제 2021.2.9.〉
삼각점	지리학적 경위도, 직각좌표 및 지구중심 직교좌표 측정의 기준으로 사용하기 위하여 위성기준점 및 통합기준점을 기초로 정한 기준점
공공기준점	제17조제2항에 따른 공공측량 시행자가 공공측량을 정확하고 효율적으로 시행하기 위하여 국가기준점을 기준으로 하여 따로 정하는 측량기준점
공공삼각점	공공측량 시 수평 위치의 기준으로 사용하기 위하여 국가기준점을 기초로 하여 정한 기준점
공공수준점	공공측량 시 높이의 기준으로 사용하기 위하여 국가기준점을 기초로 하여 정한 기준점
지적기준점	특별시장·광역시장·특별자치시장·도지사 또는 특별자치도지사(이하 "시·도지사"라 한다)나 지적소관청이 지적측량을 정확하고 효율적으로 시행하기 위하여 국가기준점을 기준으로 하여 따로 정하는 측량기준점

정답 13 ②

지적삼각점 (地籍三角點)	지적측량 시 수평 위치 측량의 기준으로 사용하기 위하여 국가기준점을 기준으로 하여 정한 기준점
지적삼각보조점	지적측량 시 수평 위치 측량의 기준으로 사용하기 위하여 국가기준점과 지적삼각점을 기준으로 하여 정한 기준점
지적도근점 (地籍圖根點)	지적측량 시 필지에 대한 수평 위치 측량 기준으로 사용하기 위하여 국가기준점, 지적삼각점, 지적삼각보조점 및 다른 지적도근점을 기초로 하여 정한 기준점

14 다음은 지적공부 복구에 관한 사항이다. ( ) 안에 들어갈 내용으로 알맞은 것은?

- 지적소관청은 조사된 복구자료 중 토지대장·임야대장 및 공유지연명부의 등록내용을 증명하는 서류 등에 따라 (㉠)을(를) 작성하고, 지적도면의 등록 내용을 증명하는 서류 등에 따라 (㉡)을(를) 작성하여야 한다.
- 지적소관청은 복구자료의 조사 또는 복구측량 등이 완료되어 지적공부를 복구하려는 경우에는 복구하려는 토지의 표시 등을 (㉢) 및 인터넷 홈페이지에 (㉣)일 이상 게시하여야 한다.

① ㉠ 지적복구자료 조사서 ㉡ 복구자료도
  ㉢ 시·군·구 게시판 ㉣ 15
② ㉠ 복구자료도 ㉡ 지적복구자료 조사
  ㉢ 시·도 게시판 ㉣ 15
③ ㉠ 지적복구자료 조사서 ㉡ 복구자료도
  ㉢ 시·도 게시판 ㉣ 15
④ ㉠ 복구자료도 ㉡ 지적복구자료 조사서
  ㉢ 시·군·구 게시판 ㉣ 20
⑤ ㉠ 지적복구자료 조사서 ㉡ 복구자료도
  ㉢ 읍·면·동 게시판 ㉣ 15

풀이 공간정보의 구축 및 관리 등에 관한 법률 시행규칙 제73조(지적공부의 복구절차 등)

복구 관련 자료 조사	지적소관청은 지적공부를 복구하려는 경우에는 복구자료를 조사하여야 한다.
지적복구자료 조사서 및 복구자료도 작성	지적소관청은 조사된 복구자료 중 토지대장·임야대장 및 공유지연명부의 등록 내용을 증명하는 서류 등에 따라 **지적복구자료 조사서**를 작성하고, 지적도면의 등록 내용을 증명하는 서류 등에 따라 **복구자료도**를 작성하여야 한다.
복구측량	작성된 복구자료도에 따라 측정한 면적과 지적복구자료 조사서의 조사된 면적의 증감이 $A = 0.026^2 M\sqrt{F}$에 따른 허용범위를 초과하거나 복구자료도를 작성할 복구자료가 없는 경우에는 복구측량을 하여야 한다.(이 경우 같은 A는 오차허용면적, M은 축척분모, F는 조사된 면적을 말한다.)
복구면적 결정	지적복구자료 조사서의 조사된 면적이 $0.026^2 M\sqrt{F}$에 따른 허용범위 이내인 경우에는 그 면적을 복구면적으로 결정하여야 한다.
경계·면적의 조정	복구측량을 한 결과가 복구 자료와 부합하지 아니하는 때에는 토지소유자 및 이해관계인의 동의를 받아 경계 또는 면적 등을 조정할 수 있다. 이 경우 경계를 조정한 때에는 경계점표지를 설치하여야 한다.

정답 14 ①

토지표시의 게시	지적소관청은 복구 자료의 조사 또는 복구측량 등이 완료되어 지적공부를 복구하려는 경우에는 복구하려는 토지의 표시 등을 시·군·구 게시판 및 인터넷 홈페이지에 15일 이상 게시하여야 한다.
이의신청	복구하려는 토지의 표시 등에 이의가 있는 자는 위의 게시기간 내에 지적소관청에 이의신청을 할 수 있다. 이 경우 이의신청을 받은 지적소관청은 이의사유를 검토하여 이유 있다고 인정되는 때에는 그 시정에 필요한 조치를 하여야 한다.
대장과 도면의 복구	① 지적소관청은 토지표시의 게시 및 이의신청에 따른 절차를 이행한 때에는 지적복구자료 조사서, 복구자료도 또는 복구측량 결과도 등에 따라 토지대장·임야대장·공유지연명부 또는 지적도면을 복구하여야 한다. ② 토지대장·임야대장 또는 공유지연명부는 복구되고 지적도면이 복구되지 아니한 토지가 축척변경 시행지역이나 도시개발사업 등의 시행지역에 편입된 때에는 지적도면을 복구하지 아니할 수 있다.

15 다음 중 측량업자의 위반행위에 따른 행정처분의 기준에 대한 설명으로 옳지 않은 것은?

① 지적측량업자가 업무범위를 위반하여 지적측량을 한 경우 1차 위반 시 영업정지 3개월, 2차 위반 시 영업정지 6개월, 3차 위반 시 등록취소
② 지적측량업자가 성실의무를 위반한 경우 1차 위반 시 영업정지 1개월, 2차 위반 시 영업정지 3개월, 3차 위반 시 영업정지 6개월 또는 등록 취소
③ 보험가입 등 필요한 조치를 하지 않은 경우 1차 위반 시 영업정지 2개월, 2차 위반 시 영업정지 6개월, 3차 위반 시 등록취소
④ 지적측량업자가 지적측량수수료를 고시한 금액보다 과다 또는 과소하게 받은 경우 1차 위반 시 영업정지 3개월, 2차 위반 시 영업정지 6개월, 3차 위반 시 등록취소
⑤ 측량업 등록사항의 변경신고를 하지 아니한 경우 1차 위반 시 영업정지 3개월, 2차 위반 시 영업정지 6개월, 3차 위반 시 등록취소

풀이 **공간정보의 구축 및 관리 등에 관한 법률 시행규칙 [별표 4] 〈개정 2010.6.17.〉**

측량업의 등록취소 또는 영업정지 처분의 기준(제53조 관련)

1. 일반 기준
   가. 위반행위의 횟수에 따른 행정처분의 기준은 최근 3년간 같은 위반행위로 행정처분을 받은 경우에 적용한다. 이 경우 행정처분의 기준 적용은 같은 위반행위에 대한 행정처분일과 그 처분 후의 재적발일을 기준으로 한다.
   나. 위반행위가 둘 이상인 경우로서 그에 해당하는 각각의 처분기준이 다른 경우에는 그중 무거운 처분기준에 따른다. 다만, 둘 이상의 처분기준이 모두 영업정지인 경우에는 각 처분기준을 합산한 기간을 넘지 아니하는 범위에서 무거운 처분기준의 2분의 1의 범위까지 가중하되, 그 가중한 기간을 합산한 기간은 6개월을 초과할 수 없다.
   다. 가목 및 나목에 따른 행정처분이 영업정지인 경우에는 고의나 중대한 과실 여부 또는 공중에 미치는 피해의 규모 등 위반행위의 동기·내용 및 위반의 정도 등을 고려하여 그 처분기준의 2분의 1의 범위에서 가중하거나 감경할 수 있다. 이 경우 그 가중한 기간을 합산한 기간은 6개월을 초과할 수 없다.

2. 개별 기준 암기 고과 수요업 보성홍변취

위반행위	해당 법조문	행정처분기준		
		1차 위반	2차 위반	3차 위반
가. 고의로 측량을 부정확하게 한 경우	법 제52조제1항제1호	등록취소		
나. 과실로 측량을 부정확하게 한 경우	법 제52조제1항제1호	영업정지 4개월	등록취소	
아. 지적측량업자가 법 제106조제2항에 따른 지적측량수수료를 같은 조 제3항에 따라 고시한 금액보다 과다 또는 과소하게 받은 경우	법 제52조제1항제12호	영업정지 3개월	영업정지 6개월	등록취소
자. 다른 행정기관이 관계 법령에 따라 영업정지를 요구한 경우	법 제52조제1항제13호	영업정지 3개월	영업정지 6개월	등록취소
마. 지적측량업자가 법 제45조의 업무범위를 위반하여 지적측량을 한 경우	법 제52조제1항제6호	영업정지 3개월	영업정지 6개월	등록취소
사. 법 제51조를 위반해서 보험가입 등 필요한 조치를 하지 않은 경우	법 제52조제1항제10호	영업정지 2개월	영업정지 6개월	등록취소
바. 지적측량업자가 법 제50조에 따른 성실의무를 위반한 경우	법 제52조제1항제9호	영업정지 1개월	영업정지 3개월	영업정지6개월 또는 등록취소
다. 정당한 사유 없이 측량업의 등록을 한 날부터 1년 이내에 영업을 시작하지 아니하거나 계속하여 1년 이상 휴업한 경우	법 제52조제1항제3호	경고	영업정지 6개월	등록취소
라. 법 제44조제4항을 위반해서 측량업 등록사항의 변경신고를 하지 아니한 경우	법 제52조제1항제5호	경고	영업정지 3개월	등록취소
차. 다른 행정기관이 관계 법령에 따라 등록취소를 요구한 경우	법 제52조제1항제13호	등록취소		

16 다음 중 전자평판측량을 이용한 지적측량결과의 작성방법에 대한 설명으로 옳지 않은 것은?

① 전자평판측량으로 관측한 타점의 오른쪽 상단에는 관측 일련번호 또는 측정거리를 표시하여야 한다. 다만, 소축척 등으로 식별이 불가능할 때에는 생략할 수 있다.
② 측정점의 표시는 측량자의 경우 적색의 삼각형 표시를 하고 검사자는 짧은 십자선으로 표시하며 측정점은 적색 점선으로 연결한다.
③ 담당행정청에 측량성과 검사 의뢰 시 측량성과파일, 지적측량결과도 및 지적측량결과부를 작성하여 제출한다. 다만, 지적측량결과도 상단에 "전자평판측량"이라고 표기하여야 하고, 측량성과파일 내에 측량성과에 관한 모든 사항이 수록되어 있어야 한다.
④ 측량결과의 작성 시 사용되는 측량준비도파일은 반드시 담당행정청으로부터 새로이 제공받아서 이를 이용하여 측량성과를 작성하여야 한다.
⑤ 레이어명 10의 속성은 지번과 지목이며, 규격은 2mm, 검은색으로 이루어져 있다.

풀이 지적업무처리규정 제24조(측량기하적)

① 평판측량방법 또는 전자평판측량방법으로 세부측량을 하는 때에는 측량준비파일에 측량한 기하적(幾何跡)을 다음 각 호와 같이 작성하여야 하며, 부득이한 경우 지적측량준비도에 연필로 표시할 수 있다.

> 1. 평판점·측정점 및 방위표정에 사용한 기지점 등에는 방향선을 긋고 실측한 거리를 기재한다. 이 경우 측정점의 방향선 길이는 측정점을 중심으로 약 1센티미터로 표시한다. 다만, 전자측량시스템에 따라 작성할 경우 필지선이 복잡한 때는 방향선과 측정거리를 생략할 수 있다.
> 2. 평판점 및 측정점은 측량자는 직경 1.5밀리미터 이상 3밀리미터 이하의 원으로 표시하고, 검사자는 1변의 길이가 2밀리미터 이상 4밀리미터 이하의 삼각형으로 표시한다. 이 경우 평판점 옆에 평판이 동순서에 따라 不$_1$, 不$_2$, …으로 표시한다.
> 3. 평판점의 결정 및 방위표정에 사용한 기지점은 측량자는 직경 1밀리미터와 2밀리미터의 2중 원으로 표시하고, 검사자는 1변의 길이가 2밀리미터와 3밀리미터의 2중 삼각형으로 표시한다.
> 4. 평판점과 기지점 사이의 도상거리와 실측거리를 방향선상에 다음과 같이 기재한다.
>   (측 량 자)　　(검 사 자)
>   (도상거리)　△(도상거리)
>   　실측거리　△실측거리
> 5. 측량대상토지에 지상구조물 등이 있는 경우와 새로이 설정하는 경계에 지상건물 등이 걸리는 경우에는 그 위치현황을 표시하여야 한다. 다만, 영 제55조제4항제2호와 제3호의 규정에 의해 분할하는 경우에는 그러하지 아니하다.

② 경위의측량방법으로 세부측량을 하려면 지상건물 등의 위치현황표시는 제1항제5호를 준용한다.

③ 「지적측량 시행규칙」 제26조제1항제6호 및 같은 조 제2항제7호에 따른 측량대상토지의 점유현황선은 붉은색 점선으로 표시한다.

④ 「지적측량 시행규칙」 제26조 및 이 규정 제29조에 따른 측량결과도의 문자와 숫자는 레터링 또는 전자측량시스템에 따라 작성한다.

⑤ 전자평판측량을 이용한 지적측량결과도의 작성방법은 다음 각 호와 같다.

> 1. 관측한 측정점의 오른쪽 상단에는 측정거리를 표시하여야 한다. 다만, 소축척 등으로 식별이 불가능한 때에는 방향선과 측정거리를 생략할 수 있다.
> 2. 측정점의 표시는 측량자의 경우 붉은색 짧은 십자선(+)으로 표시하고, 검사자는 삼각형(△)으로 표시하며, 각 측정점은 붉은색 점선으로 연결한다.
> 3. 지적측량결과도 상단 중앙에 "전자평판측량"이라 표기하고, 상단 오른쪽에 측량성과파일명을 표기하여야 하며, 측량성과파일에는 측량성과 결정에 관한 모든 사항이 수록되어 있어야 한다.
> 4. 측량결과의 파일 형식은 표준화된 공통포맷을 지원할 수 있어야 하며, 측량결과에 대한 측량파일 코드 일람표는 별표 3과 같다.
> 5. 이미 작성되어 있는 지적측파일을 이용하여 측량할 경우에는 기존 측량파일 코드의 내용·규격·도식은 파란색으로 표시한다.

지적업무처리규정 [별표 3]

측량파일 코드 일람표

코드	내용	규격	도식	제도형태
1	지적경계선	기본값	———	검은색
10	지번, 지목	2mm	1591−10 대	검은색
71	도근점	2mm	○	검은색 원
211	현황선		− − − − −	붉은색 점선

코드	내용	규격	도식	제도형태
217	경계점표지	2mm	○	붉은색 원
281	방위표정 방향선		→	파란색 실선 화살표
282	분할선	기본값	—	붉은색 실선
291	측정점		+	붉은색 십자선
292	측정점 방향선		├	붉은색 실선
294	평판점	1.5~3.0mm (규격 변동가능)	[不]	검은색 원 옆에 파란색 不$_1$, 不$_2$ 등으로 표시
297	이동 도근점	2mm	○	붉은색 원
298	방위각 표정거리	2mm	000-00-00 000.000	붉은색

※ 기존 측량파일 코드의 내용 · 규격 · 도식은 "파란색"으로 표시한다.

17 다음 중 지적측량 적부심사에 관한 사항으로 옳은 것은?

① 토지소유자, 이해관계인 또는 지적측량수행자는 지적층량성과에 대하여 다툼이 있는 경우 대통령령으로 정하는 바에 따라 관할 시 · 도지사를 거쳐서 지방지적위원회에 지적측량 적부심사를 청구할 수 있다.

② 지적측량 적부심사청구를 받은 시 · 도지사는 60일 이내에 각 사항을 조사하여 지방지적위원회에 회부하여야 한다.

③ 지적측량 적부심사청구를 회부받은 지방지적위원회는 그 심사청구를 회부받은 날부터 30일 이내에 심의 · 의결하여야 한다. 다만, 부득이한 경우에는 그 심의기간을 해당 지적위원회의 의결을 거쳐 30일 이내에서 한 번만 연장할 수 있다.

④ 시 · 도지사는 의결을 거친 날부터 7일 이내에 지적측량 적부심사 청구인 및 이해관계인에게 그 의결서를 통지하여야 한다.

⑤ 의결서를 받은 자가 지방지적위원회의 의결에 불복하는 경우에는 그 의결서를 받은 날부터 60일 이내에 국토교통부장관에게 재심사를 청구할 수 있다.

[풀이] 공간정보의 구축 및 관리 등에 관한 법률 제29조(지적측량의 적부심사 등) **암기** [위][성][이] [연][기]하면 [계][측]하라

① 토지소유자, 이해관계인 또는 지적측량수행자는 지적측량성과에 대하여 다툼이 있는 경우에는 대통령령으로 정하는 바에 따라 관할 시 · 도지사를 거쳐 지방지적위원회에 지적측량 적부심사를 청구할 수 있다. 〈개정 2013.7.17.〉

② 제1항에 따른 지적측량 적부심사청구를 받은 시 · 도지사는 30일 이내에 다음 각 호의 사항을 조사하여 지방지적위원회에 회부하여야 한다.

> 1. 다툼이 되는 지적측량의 경[위] 및 그 [성]과
> 2. 해당 토지에 대한 토지[이]동 및 소유권 변동 [연]혁
> 3. 해당 토지 주변의 측량[기]준점, 경[계], 주요 구조물 등 현황 실[측]도

정답 17 ①

③ 제2항에 따라 지적측량 적부심사청구를 회부받은 지방지적위원회는 그 심사청구를 회부받은 날부터 60일 이내에 심의·의결하여야 한다. 다만, 부득이한 경우에는 그 심의기간을 해당 지적위원회의 의결을 거쳐 30일 이내에서 한 번만 연장할 수 있다.

④ 지방지적위원회는 지적측량 적부심사를 의결하였으면 대통령령으로 정하는 바에 따라 의결서를 작성하여 시·도지사에게 송부하여야 한다.

⑤ 시·도지사는 제4항에 따라 의결서를 받은 날부터 7일 이내에 지적측량 적부심사 청구인 및 이해관계인에게 그 의결서를 통지하여야 한다.

⑥ 제5항에 따라 의결서를 받은 자가 지방지적위원회의 의결에 불복하는 경우에는 그 의결서를 받은 날부터 90일 이내에 국토교통부장관을 거쳐 중앙지적위원회에 재심사를 청구할 수 있다. 〈개정 2013.3.23., 2013.7.17.〉

⑦ 제6항에 따른 재심사청구에 관하여는 제2항부터 제5항까지의 규정을 준용한다. 이 경우 "시·도지사"는 "국토교통부장관"으로, "지방지적위원회"는 "중앙지적위원회"로 본다. 〈개정 2013.3.23.〉

⑧ 제7항에 따라 중앙지적위원회로부터 의결서를 받은 국토교통부장관은 그 의결서를 관할 시·도지사에게 송부하여야 한다. 〈개정 2013.3.23.〉

⑨ 시·도지사는 제4항에 따라 지방지적위원회의 의결서를 받은 후 해당 지적측량 적부심사 청구인 및 이해관계인이 제6항에 따른 기간에 재심사를 청구하지 아니하면 그 의결서 사본을 지적소관청에 보내야 하며, 제8항에 따라 중앙지적위원회의 의결서를 받은 경우에는 그 의결서 사본에 제4항에 따라 받은 지방지적위원회의 의결서 사본을 첨부하여 지적소관청에 보내야 한다.

⑩ 제9항에 따라 지방지적위원회 또는 중앙지적위원회의 의결서 사본을 받은 지적소관청은 그 내용에 따라 지적공부의 등록사항을 정정하거나 측량성과를 수정하여야 한다.

⑪ 제9항 및 제10항에도 불구하고 특별자치시장은 제4항에 따라 지방지적위원회의 의결서를 받은 후 해당 지적측량 적부심사 청구인 및 이해관계인이 제6항에 따른 기간에 재심사를 청구하지 아니하거나 제8항에 따라 중앙지적위원회의 의결서를 받은 경우에는 직접 그 내용에 따라 지적공부의 등록사항을 정정하거나 측량성과를 수정하여야 한다. 〈신설 2012.12.18.〉

⑫ 지방지적위원회의 의결이 있은 후 제6항에 따른 기간에 재심사를 청구하지 아니하거나 중앙지적위원회의 의결이 있는 경우에는 해당 지적측량성과에 대하여 다시 지적측량 적부심사청구를 할 수 없다.

18 다음 중 토지이동 신청에 관한 특례를 적용할 수 없는 사업은?

① 「공공주택 특별법」에 따른 공공주택지구조성사업
② 「도시 및 주거환경정비법」에 따른 정비사업
③ 「지역 개발 및 지원에 관한 법률」에 따른 지역개발사업
④ 「택지개발촉진법」에 따른 주택건설사업
⑤ 「관광진흥법」에 따른 관광단지 개발사업

풀이 **공간정보의 구축 및 관리 등에 관한 법률 제86조(도시개발사업 등 시행지역의 토지이동 신청에 관한 특례)**

① 「도시개발법」에 따른 도시개발사업, 「농어촌정비법」에 따른 농어촌정비사업, 그 밖에 대통령령으로 정하는 토지개발사업의 시행자는 대통령령으로 정하는 바에 따라 그 사업의 착수·변경 및 완료 사실을 지적소관청에 신고하여야 한다.

공간정보의 구축 및 관리 등에 관한 법률 시행령 제83조(토지개발사업 등의 범위 및 신고)

① 법 제86조제1항에서 "대통령령으로 정하는 토지개발사업"이란 다음 각 호의 사업을 말한다.

1. 「주택법」에 따른 주택건설사업

   2. 「택지개발촉진법」에 따른 택지개발사업
   3. 「산업입지 및 개발에 관한 법률」에 따른 산업단지개발사업
   4. 「도시 및 주거환경정비법」에 따른 정비사업
   5. 「지역 개발 및 지원에 관한 법률」에 따른 지역개발사업
   6. 「체육시설의 설치·이용에 관한 법률」에 따른 체육시설 설치를 위한 토지개발사업
   7. 「관광진흥법」에 따른 관광단지 개발사업
   8. 「공유수면 관리 및 매립에 관한 법률」에 따른 매립사업
   9. 「항만법」, 「신항만건설촉진법」에 따른 항만개발사업 및 「항만 재개발 및 주변지역 발전에 관한 법률」에 따른 항만재개발사업
  10. 「공공주택 특별법」에 따른 공공주택지구조성사업
  11. 「물류시설의 개발 및 운영에 관한 법률」 및 「경제자유구역의 지정 및 운영에 관한 특별법」에 따른 개발사업
  12. 「철도의 건설 및 철도시설 유지관리에 관한 법률」에 따른 고속철도, 일반철도 및 광역철도 건설사업
  13. 「도로법」에 따른 고속국도 및 일반국도 건설사업
  14. 그 밖에 제1호부터 제13호까지의 사업과 유사한 경우로서 국토교통부장관이 고시하는 요건에 해당하는 토지개발사업

② 법 제86조제1항에 따른 도시개발사업 등의 착수·변경 또는 완료 사실의 신고는 그 사유가 발생한 날부터 15일 이내에 하여야 한다.
③ 법 제86조제2항에 따른 토지의 이동 신청은 그 신청대상지역이 환지(換地)를 수반하는 경우에는 법 제86조제1항에 따른 사업완료 신고로써 이를 갈음할 수 있다. 이 경우 사업완료 신고서에 법 제86조제2항에 따른 토지의 이동 신청을 갈음한다는 뜻을 적어야 한다.
④ 「주택법」에 따른 주택건설사업의 시행자가 파산 등의 이유로 토지의 이동 신청을 할 수 없을 때에는 그 주택의 시공을 보증한 자 또는 입주예정자 등이 신청할 수 있다.

19 지상 경계의 위치표시에 대한 설명으로 옳지 않은 것은?

① 토지의 지상 경계는 둑, 담장, 그 밖에 구획의 목표될 만한 구조물 및 경계점표지 등으로 표지한다.
② 행정구역의 경계선이 리·동의 경계선은 도로, 하천의 중앙으로 한다.
③ 신규등록, 등록전환, 분할, 합병 및 경계정정의 경우 새로이 측량 실시 후 경계를 결정한다.
④ 토지가 해면 또는 수면에 접하는 경우는 최대만조위 또는 최대만수위가 되는 선을 경계로 결정한다.
⑤ 도로·구거 등의 토지에 절토된 부분이 있는 경우는 경사면의 상단부를 경계로 한다.

풀이 **공간정보의 구축 및 관리 등에 관한 법률 제65조(지상경계의 구분 등)**
① 토지의 지상경계는 둑, 담장이나 그 밖에 구획의 목표가 될 만한 구조물 및 경계점표지 등으로 구분한다.

공간정보의 구축 및 관리 등에 관한 법률 시행령 제55조(지상 경계의 결정기준 등)
① 법 제65조제1항에 따른 지상 경계의 결정기준은 다음 각 호의 구분에 따른다.

   1. 연접되는 토지 간에 높낮이 차이가 없는 경우 : 그 구조물 등의 중앙
   2. 연접되는 토지 간에 높낮이 차이가 있는 경우 : 그 구조물 등의 하단부
   3. 도로·구거 등의 토지에 절토(切土)된 부분이 있는 경우 : 그 경사면의 상단부
   4. 토지가 해면 또는 수면에 접하는 경우 : 최대만조위 또는 최대만수위가 되는 선
   5. 공유수면매립지의 토지 중 제방 등을 토지에 편입하여 등록하는 경우 : 바깥쪽 어깨부분

② 지상 경계의 구획을 형성하는 구조물 등의 소유자가 다른 경우에는 제1항제1호부터 제3호까지의 규정에도 불구하고 그 소유권에 따라 지상 경계를 결정한다.

③ 다음 각 호의 어느 하나에 해당하는 경우에는 지상 경계점에 법 제65조제1항에 따른 경계점표지를 설치하여 측량할 수 있다. 〈개정 2012.4.10., 2014.1.17.〉

> 1. 법 제86조제1항에 따른 도시개발사업 등의 사업시행자가 사업지구의 경계를 결정하기 위하여 토지를 분할하려는 경우
> 2. 법 제87조제1호 및 제2호에 따른 사업시행자와 행정기관의 장 또는 지방자치단체의 장이 토지를 취득하기 위하여 분할하려는 경우
> 3. 「국토의 계획 및 이용에 관한 법률」 제30조제6항에 따른 도시 · 군관리계획 결정고시와 같은 법 제32조제4항에 따른 지형도면 고시가 된 지역의 도시 · 군관리계획선에 따라 토지를 분할하려는 경우
> 4. 제65조제1항에 따라 토지를 분할하려는 경우
> 5. 관계 법령에 따라 인가 · 허가 등을 받아 토지를 분할하려는 경우

④ 분할에 따른 지상 경계는 지상건축물을 걸리게 결정해서는 아니 된다. 다만, 다음 각 호의 어느 하나에 해당하는 경우에는 그러하지 아니하다.

> 1. 법원의 확정판결이 있는 경우
> 2. 법 제87조제1호에 해당하는 토지를 분할하는 경우
> 3. 제3항제1호 또는 제3호에 따라 토지를 분할하는 경우

⑤ 지적확정측량의 경계는 공사가 완료된 현황대로 결정하되, 공사가 완료된 현황이 사업계획도와 다를 때에는 미리 사업시행자에게 그 사실을 통지하여야 한다.

20 다음 중 지목을 주차장으로 설정할 수 있는 것은?

① 도로 노면의 일정한 구역에 설치된 주차장으로서 일반의 이용에 제공되는 것
② 교통광장의 일정한 구역에 설치된 주차장으로 일반의 이용에 제공되는 것
③ 골프연습장 등 주차수요를 유발하는 시설에 부대하여 설치된 주차장으로서 해당 건축물 · 시설의 이용자 또는 일반의 이용에 제공되는 것
④ 자동차 등의 판매 목적으로 설치된 물류장 및 야외전시장
⑤ 도로의 노면 및 교통광장 외의 장소에 설치된 주차장으로서 일반의 이용에 제공되는 것

풀이 공간정보의 구축 및 관리 등에 관한 법률 제67조(지목의 종류)

① 지목은 전 · 답 · 과수원 · 목장용지 · 임야 · 광천지 · 염전 · 대(垈) · 공장용지 · 학교용지 · 주차장 · 주유소용지 · 창고용지 · 도로 · 철도용지 · 제방(堤防) · 하천 · 구거(溝渠) · 유지(溜池) · 양어장 · 수도용지 · 공원 · 체육용지 · 유원지 · 종교용지 · 사적지 · 묘지 · 잡종지로 구분하여 정한다.

공간정보의 구축 및 관리 등에 관한 법률 시행령 제58조(지목의 구분)
법 제67조제1항에 따른 지목의 구분은 다음 각 호의 기준에 따른다.
11. 주차장
자동차 등의 주차에 필요한 독립적인 시설을 갖춘 부지와 주차전용 건축물 및 이에 접속된 부속시설물의 부지. 다만, 다음 각 목의 어느 하나에 해당하는 시설의 부지는 제외한다.
가. 「주차장법」 제2조제1호가목 및 다목에 따른 노상주차장 및 부설주차장(「주차장법」 제19조제4항에 따라 시설물의 부지 인근에 설치된 부설주차장은 제외한다)
나. 자동차 등의 판매 목적으로 설치된 물류장 및 야외전시장

주차장법 제2조(정의)

이 법에서 사용하는 용어의 뜻은 다음과 같다. 〈개정 2016.1.19.〉

1. "주차장"이란 자동차의 주차를 위한 시설로서 다음 각 목의 어느 하나에 해당하는 종류의 것을 말한다.

    가. 노상주차장(路上駐車場) : 도로의 노면 또는 교통광장(교차점광장만 해당한다. 이하 같다)의 일정한 구역에 설치된 주차장으로서 일반(一般)의 이용에 제공되는 것

      나. 노외주차장(路外駐車場) : 도로의 노면 및 교통광장 외의 장소에 설치된 주차장으로서 일반의 이용에 제공되는 것

      다. 부설주차장 : 제19조에 따라 건축물, 골프연습장, 그 밖에 주차수요를 유발하는 시설에 부대(附帶)하여 설치된 주차장으로서 해당 건축물·시설의 이용자 또는 일반의 이용에 제공되는 것

주차장법 제19조(부설주차장의 설치)

① 「국토의 계획 및 이용에 관한 법률」에 따른 도시지역, 같은 법 제51조제3항에 따른 지구단위계획구역 및 지방자치단체의 조례로 정하는 관리지역에서 건축물, 골프연습장, 그 밖에 주차수요를 유발하는 시설(이하 "시설물"이라 한다)을 건축하거나 설치하려는 자는 그 시설물의 내부 또는 그 부지에 부설주차장(화물의 하역과 그 밖의 사업 수행을 위한 주차장을 포함한다. 이하 같다)을 설치하여야 한다. 〈개정 2011.4.14.〉

② 부설주차장은 해당 시설물의 이용자 또는 일반의 이용에 제공할 수 있다.

③ 제1항에 따른 시설물의 종류와 부설주차장의 설치기준은 대통령령으로 정한다.

④ 제1항의 경우에 부설주차장이 대통령령으로 정하는 규모 이하이면 같은 항에도 불구하고 시설물의 부지 인근에 단독 또는 공동으로 부설주차장을 설치할 수 있다. 이 경우 시설물의 부지 인근의 범위는 대통령령으로 정하는 범위에서 지방자치단체의 조례로 정한다.

01 지적전산자료의 이용 및 활용에 따른 관계 중앙행정기관의 장의 심사사항에 해당하지 않는 것은?

① 신청 내용의 타당성 · 적합성 · 공익성 여부   ② 자료의 목적 외 사용방지

③ 자료의 범위 및 내용   ④ 개인의 사생활 침해 여부

⑤ 안전관리 대책

풀이 **공간정보의 구축 및 관리 등에 관한 법률 시행령 제62조(지적전산자료의 이용 등)**

① 법 제76조제1항에 따라 지적공부에 관한 전산자료(이하 "지적전산자료"라 한다)를 이용하거나 활용하려는 자는 같은 조 제2항에 따라 다음 각 호의 사항을 적은 신청서를 관계 중앙행정기관의 장에게 제출하여 심사를 신청하여야 한다. **암기** **이**용**근** **범**내는 **제**보**전**하라

> 1. 자료의 **이**용 또는 활용 **목**적 및 **근**거
> 2. 자료의 **범**위 및 **내**용
> 3. 자료의 **제**공 방식, **보**관 기관 및 안**전**관리대책 등

② 제1항에 따른 심사 신청을 받은 관계 중앙행정기관의 장은 다음 각 호의 사항을 심사한 후 그 결과를 신청인에게 통지하여야 한다. **암기** **타**적**공**은 **사**외 **방**안 마련하라

> 1. 신청 내용의 **타**당성, **적**합성 및 **공**익성
> 2. 개인의 **사**생활 침해 여부
> 3. 자료의 목**적** 외 사용 **방**지 및 **안**전관리대책

③ 법 제76조제1항에 따라 지적전산자료의 이용 또는 활용에 관한 승인을 받으려는 자는 승인신청을 할 때에 제2항에 따른 심사 결과를 제출하여야 한다. 다만, 중앙행정기관의 장이 승인을 신청하는 경우에는 제2항에 따른 심사 결과를 제출하지 아니할 수 있다.

④ 제3항에 따른 승인신청을 받은 국토교통부장관, 시 · 도지사 또는 지적소관청은 다음 각 호의 사항을 심사하여야 한다. 〈개정 2013.3.23.〉 **암기** **타**적**공**은 **사**적 외 **방**안 마련하라 **전**지 여부를

> 1. 신청 내용의 **타**당성, **적**합성 및 **공**익성
> 2. 개인의 **사**생활 침해 여부
> 3. 자료의 목**적** 외 사용 **방**지 및 **안**전관리대책
> 4. 신청한 사항의 처리가 **전**산정보처리조직으로 가능한지 여부
> 5. 신청한 사항의 처리가 **지**적업무수행에 지장을 주지 않는지 여부

⑤ 국토교통부장관, 시 · 도지사 또는 지적소관청은 제4항에 따른 심사를 거쳐 지적전산자료의 이용 또는 활용을 승인하였을 때에는 지적전산자료 이용 · 활용 승인대장에 그 내용을 기록 · 관리하고 승인한 자료를 제공하여야 한다. 〈개정 2013.3.23.〉

⑥ 제5항에 따라 지적전산자료의 이용 또는 활용에 관한 승인을 받은 자는 국토교통부령으로 정하는 사용료를 내야 한다. 다만, 국가나 지방자치단체에 대해서는 사용료를 면제한다. 〈개정 2013.3.23.〉

정답 01 ③

02 지적측량 성과검사에 대한 설명으로 옳지 않은 것은?

① 지적현황측량 및 경계복원측량을 실시한 때에는 시·도지사에게 측량성과에 대한 검사를 받아야 한다.

② 지적측량수행자는 측량부·측량결과도·면적측정부, 측량성과 파일 등 측량성과에 관한 자료를 지적소관청에 제출하여 그 성과의 정확성에 관한 검사를 받아야 한다.

③ 지적소관청은 측량성과가 정확하다고 인정하면 지적측량성과도를 지적측량수행자에게 발급하여야 한다.

④ 경위의측량방법으로 실시한 지적확정측량성과인 경우에는 시·도지사, 대도시 시장 또는 지적소관청에 검사를 받아야 한다.

⑤ 세부측량을 하기 전에 기초측량을 한 경우에는 미리 지적기준점성과에 대한 검사를 받은 후에 세부측량을 하여야 한다.

> **풀이** **공간정보의 구축 및 관리 등에 관한 법률 제25조(지적측량성과의 검사)**
> ① 지적측량수행자가 제23조에 따라 지적측량을 하였으면 시·도지사, 대도시 시장(「지방자치법」 제198조에 따라 서울특별시·광역시 및 특별자치시를 제외한 인구 50만 이상의 시의 시장을 말한다. 이하 같다) 또는 지적소관청으로부터 측량성과에 대한 검사를 받아야 한다. 다만, 지적공부를 정리하지 아니하는 측량으로서 국토교통부령으로 정하는 측량의 경우에는 그러하지 아니하다. 〈개정 2012.12.18., 2013.3.23.〉
> ② 제1항에 따른 지적측량성과의 검사방법 및 검사절차 등에 필요한 사항은 국토교통부령으로 정한다.
>
> **지적측량 시행규칙 제28조(지적측량성과의 검사방법 등)**
> ① 법 제25조제1항 단서에서 "국토교통부령으로 정하는 측량의 경우"란 경계복원측량 및 지적현황측량을 하는 경우를 말한다. 〈개정 2013.3.23.〉
> ② 법 제25조제2항에 따른 지적측량성과의 검사방법과 검사절차는 다음 각 호와 같다. 〈개정 2014.1.17.〉
>
> > 1. 지적측량수행자는 측량부·측량결과도·면적측정부, 측량성과 파일 등 측량성과에 관한 자료(전자 파일 형태로 저장한 매체 또는 인터넷 등 정보통신망을 이용하여 제출하는 자료를 포함한다)를 지적소관청에 제출하여 그 성과의 정확성에 관한 검사를 받아야 한다. 다만, 지적삼각점측량성과 및 경위의측량방법으로 실시한 지적확정측량성과인 경우에는 다음 각 목의 구분에 따라 검사를 받아야 한다.
> >
> > > 가. 국토교통부장관이 정하여 고시하는 면적 규모 이상의 지적확정측량성과 : 시·도지사 또는 대도시 시장(「지방자치법」 제198조에 따라 서울특별시·광역시 및 특별시를 제외한 인구 50만 이상 대도시의 시장을 말한다. 이하 같다)
> > > 나. 국토교통부장관이 정하여 고시하는 면적 규모 미만의 지적확정측량성과 : 지적소관청
> >
> > 2. 시·도지사 또는 대도시 시장은 제1호가목에 따른 검사를 하였을 때에는 그 결과를 지적소관청에 통지하여야 한다.
> > 3. 지적소관청은 「건축법」 등 관계 법령에 따른 분할제한 저촉 여부 등을 판단하여 측량성과가 정확하다고 인정하면 지적측량성과도를 지적측량수행자에게 발급하여야 하며, 지적측량수행자는 측량의뢰인에게 그 지적측량성과도를 포함한 지적측량 결과부를 지체 없이 발급하여야 한다. 이 경우 검사를 받지 아니한 지적측량성과도는 측량의뢰인에게 발급할 수 없다.

03 지상경계를 새로이 결정하고자 한다. 지상경계기준에 대한 설명으로 옳지 않은 것은?

① 도로 구거 등의 토지에 절토된 부분이 있는 경우에는 그 경사면의 상단부

② 토지가 해면 또는 수면에 접하는 경우에는 최대만조위 또는 최대만수위가 되는 선

③ 연접되는 토지 간에 높낮이 차이가 없는 경우 그 구조물 등의 중앙

④ 공유수면매립지의 토지 중 제방 등을 토지에 편입하여 등록하는 경우에는 안쪽 어깨부분

⑤ 연접되는 토지 간에 높낮이 차이가 있는 경우에는 그 구조물 등의 하단부

> **풀이** 공간정보의 구축 및 관리 등에 관한 법률 시행령 제55조(지상 경계의 결정기준 등)
> ① 법 제65조제1항에 따른 지상 경계의 결정기준은 다음 각 호의 구분에 따른다.
>
> > 1. 연접되는 토지 간에 높낮이 차이가 없는 경우 : 그 구조물 등의 중앙
> > 2. 연접되는 토지 간에 높낮이 차이가 있는 경우 : 그 구조물 등의 하단부
> > 3. 도로 · 구거 등의 토지에 절토(切土)된 부분이 있는 경우 : 그 경사면의 상단부
> > 4. 토지가 해면 또는 수면에 접하는 경우 : 최대만조위 또는 최대만수위가 되는 선
> > 5. 공유수면매립지의 토지 중 제방 등을 토지에 편입하여 등록하는 경우 : 바깥쪽 어깨부분

04 다음 중 지적측량업자의 업무 범위에 해당하지 않는 것은?

① 지적도 · 임야도, 연속지적도, 도시개발사업 등의 계획을 위한 지적도 등의 정보처리시스템을 통한 기록 · 저장 업무

② 토지대장, 임야대장의 전산화 업무

③ 경계점좌표등록부가 있는 지역에서의 지적측량

④ 지적재조사사업에 따라 실시하는 지적확정측량

⑤ 지적현황측량

> **풀이** 공간정보의 구축 및 관리 등에 관한 법률 제45조(지적측량업자의 업무 범위)
> 제44조제1항제2호에 따른 지적측량업의 등록을 한 자(이하 "지적측량업자"라 한다)는 제23조제1항제1호 및 제3호부터 제5호까지의 규정에 해당하는 사유로 하는 지적측량 중 다음 각 호의 지적측량과 지적전산자료를 활용한 정보화사업을 할 수 있다.
>
> > 1. 제73조에 따른 경계점좌표등록부가 있는 지역에서의 지적측량
> > 2. 「지적재조사에 관한 특별법」에 따른 사업지구에서 실시하는 지적재조사측량
> > 3. 제86조에 따른 도시개발사업 등이 끝남에 따라 하는 지적확정측량
>
> **공간정보의 구축 및 관리 등에 관한 법률 시행령 제39조(지적전산자료를 활용한 정보화사업 등)**
> 법 제45조에 따른 지적전산자료를 활용한 정보화사업에는 다음 각 호의 사업을 포함한다.
>
> > 1. 지적도 · 임야도, 연속지적도, 도시개발사업 등의 계획을 위한 지적도 등의 정보처리시스템을 통한 기록 · 저장 업무
> > 2. 토지대장, 임야대장의 전산화 업무

정답 03 ④ 04 ⑤

05 등기촉탁 대상에 해당하지 않는 것은?

① 지번변경

② 바다로 된 토지의 등록 말소

③ 신규등록

④ 소재 및 지목의 변경

⑤ 축척변경

풀이 **공간정보의 구축 및 관리 등에 관한 법률 제89조(등기촉탁)**

① 지적소관청은 제64조제2항(신규등록은 제외한다), 제66조제2항, 제82조, 제83조제2항, 제84조제2항 또는 제85조제2항에 따른 사유로 토지의 표시 변경에 관한 등기를 할 필요가 있는 경우에는 지체 없이 관할 등기관서에 그 등기를 촉탁하여야 한다. 이 경우 등기촉탁은 국가가 국가를 위하여 하는 등기로 본다.

> • 지적소관청은 지적공부에 등록하는 지번·지목·면적·경계 또는 좌표는 토지의 이동이 있을 때(제64조제2항. 단, 신규등록은 제외한다)
> • 지적소관청은 지적공부에 등록된 지번을 변경할 필요가 있을때(제66조제2항)
> • 바다로 된 토지의 등록말소 신청(제82조)
> • 축척병을 한때(제83조제2항)
> • 지적소관청은 지적공부의 등록사항에 잘못이 있음을 발견하면 대통령령으로 정하는 바에 따라 직권으로 조사·측량하여 정정할 수 있다.(제84조제2항)
> • 지번부여지역의 일부가 행정구역의 개편으로 다른 지번부여지역에 속하게 되었으면 지적소관청은 새로 속하게 된 지번부여지역의 지번을 부여하여야 한다.(제85조제2항)

② 제1항에 따른 등기촉탁에 필요한 사항은 국토교통부령으로 정한다. 〈개정 2013.3.23.〉

06 타인의 토지 등의 출입에 대한 설명 중 틀린 것은?

① 측량을 하거나, 측량기준점을 설치하거나, 토지의 이동을 조사하는 자는 그 측량 또는 조사 등에 필요한 경우에는 타인의 토지·건물·공유수면 등에 출입하거나 일시 사용할 수 있다.

② 타인의 토지 등에 출입하려는 자는 관할 특별자치도지사, 시장·군수 또는 구청장의 허가를 받아야 하며, 출입하려는 날의 3일 전까지 해당 토지 등의 소유자·점유자 또는 관리인에게 그 일시와 장소를 통지하여야 한다.

③ 타인의 토지 등을 일시 사용하거나 장애물을 변경 또는 제거하려는 자는 그 소유자·점유자 또는 관리인의 동의를 받아야 한다.

④ 해 뜨기 전이나 해가 진 후에는 그 토지 등의 점유자의 승낙 없이 택지나 담장 또는 울타리로 둘러싸인 타인의 토지에 출입할 수 없다.

⑤ 증표와 허가증은 관할 시·도지사가 발급한다.

풀이 **공간정보의 구축 및 관리 등에 관한 법률 제101조(토지 등에의 출입 등)**

① 이 법에 따라 측량을 하거나, 측량기준점을 설치하거나, 토지의 이동을 조사하는 자는 그 측량 또는 조사 등에 필요한 경우에는 타인의 토지·건물·공유수면 등(이하 "토지 등"이라 한다)에 출입하거나 일시 사용할 수 있으며, 특히 필요한 경우에는 나무, 흙, 돌, 그 밖의 장애물(이하 "장애물"이라 한다)을 변경하거나 제거할 수 있다. 〈개정 2020.2.18.〉

② 제1항에 따라 타인의 토지 등에 출입하려는 자는 관할 특별자치시장, 특별자치도지사, 시장·군수 또는 구청장의 허가를 받아야 하며, 출입하려는 날의 3일 전까지 해당 토지 등의 소유자·점유자 또는 관리인에게

그 일시와 장소를 통지하여야 한다. 다만, 행정청인 자는 허가를 받지 아니하고 타인의 토지 등에 출입할 수 있다. 〈개정 2012.12.18.〉

③ 제1항에 따라 타인의 토지 등을 일시 사용하거나 장애물을 변경 또는 제거하려는 자는 그 소유자 · 점유자 또는 관리인의 동의를 받아야 한다. 다만, 소유자 · 점유자 또는 관리인의 동의를 받을 수 없는 경우 행정청인 자는 관할 특별자치시장, 특별자치도지사, 시장 · 군수 또는 구청장에게 그 사실을 통지하여야 하며, 행정청이 아닌 자는 미리 관할 특별자치시장, 특별자치도지사, 시장 · 군수 또는 구청장의 허가를 받아야 한다. 〈개정 2012.12.18.〉

④ 특별자치시장, 특별자치도지사, 시장 · 군수 또는 구청장은 제3항 단서에 따라 허가를 하려면 미리 그 소유자 · 점유자 또는 관리인의 의견을 들어야 한다. 〈개정 2012.12.18.〉

⑤ 제3항에 따라 토지 등을 일시 사용하거나 장애물을 변경 또는 제거하려는 자는 토지 등을 사용하려는 날이나 장애물을 변경 또는 제거하려는 날의 3일 전까지 그 소유자 · 점유자 또는 관리인에게 통지하여야 한다. 다만, 토지 등의 소유자 · 점유자 또는 관리인이 현장에 없거나 주소 또는 거소가 분명하지 아니할 때에는 관할 특별자치시장, 특별자치도지사, 시장 · 군수 또는 구청장에게 통지하여야 한다. 〈개정 2012.12.18.〉

⑥ 해 뜨기 전이나 해가 진 후에는 그 토지 등의 점유자의 승낙 없이 택지나 담장 또는 울타리로 둘러싸인 타인의 토지에 출입할 수 없다.

⑦ 토지 등의 점유자는 정당한 사유 없이 제1항에 따른 행위를 방해하거나 거부하지 못한다.

⑧ 제1항에 따른 행위를 하려는 자는 그 권한을 표시하는 허가증을 지니고 관계인에게 이를 내보여야 한다.

공간정보의 구축 및 관리 등에 관한 법률 시행규칙 제110조(권한을 표시하는 허가증)

① 법 제101조제9항에 따른 허가증(이하 "허가증"이라 한다)을 발급(재발급을 포함한다. 이하 같다) 받으려는 자는 별지 제96호 서식에 따른 측량 및 수로 · 토지이동조사 허가증 발급신청서를 관할 특별자치시장, 특별자치도지사, 시장 · 군수 또는 구청장(이하 "발급권자"라 한다)에게 제출하여야 한다.

② 발급권자는 별지 제97호 서식에 따른 허가증을 발급하는 경우 별지 제97호의2서식의 측량 및 토지이동조사 허가증 발급대장에 그 사유를 기재하여야 한다. 다만, 기존에 발급받은 허가증이 있는 경우에는 그 허가증을 반납받아 폐기하여야 한다.

07 지적도근점측량 실시 기준에 해당하지 않는 것은?

① 도시지역 및 준도시지역에서 세부측량을 하는 경우

② 축척변경을 위한 측량을 하는 경우

③ 도시개발사업 등으로 인하여 지적확정측량을 하는 경우

④ 세부측량을 하기 위해 지적삼각보조점을 설치하는 경우

⑤ 측량지역의 면적이 당해 지적도 1장에 해당하는 면적 이상인 경우

풀이 **지적도근점측량 대상지역**

① 축척변경측량을 위하여 지적확정측량을 하는 경우

② 도시개발사업 등으로 인하여 지적확정측량을 하는 경우

③ 도시지역 및 준도시지역에서 세부측량을 하는 경우

④ 측량지역의 면적이 당해 지적도 1장에 해당하는 면적 이상인 경우

⑤ 세부측량시행상 특히 필요한 경우

08 다음 지번부여에 대한 설명 중 틀린 것은?

① 신규등록의 경우에는 그 지번부여지역 안에서 인접토지의 본번에 부번을 붙여서 지번을 부여한다.

② 합병대상 지번 중 선순위의 지번을 그 지번으로 하되, 본번으로 된 지번이 있는 때에는 본번 중 선순위의 지번을 합병 후의 지번으로 한다.

③ 분할 후의 필지 중 1필지의 지번은 분할 전의 지번으로 하고, 나머지 필지의 지번은 본번의 최종 부번의 다음 순번으로 부번을 부여한다.

④ 지번은 아라비아숫자로 표기하되, 임야대장 및 임야도에 등록하는 토지의 지번은 숫자 앞에 "산"자를 붙인다.

⑤ 지번은 북동에서 남서로 순차적으로 부여한다.

풀이 공간정보의 구축 및 관리 등에 관한 법률 시행령 제56조(지번의 구성 및 부여방법 등)

구분		토지이동에 따른 지번의 부여방법
부여방법		① 지번(地番)은 아라비아숫자로 표기하되, 임야대장 및 임야도에 등록하는 토지의 지번은 숫자 앞에 "산"자를 붙인다. ② 지번은 본번(本番)과 부번(副番)으로 구성하되, 본번과 부번 사이에 "-" 표시로 연결한다. 이 경우 "-" 표시는 "의"라고 읽는다. ③ 법 제66조에 따른 지번의 부여방법은 다음 각 호와 같다. 1. 지번은 북서에서 남동으로 순차적으로 부여할 것
신규등록 · 등록전환	원칙	지번부여지역에서 인접토지의 본번에 부번을 붙여서 지번을 부여한다.
	예외	다음의 경우에는 그 지번부여지역의 최종 본번의 다음 순번부터 본번으로 하여 순차적으로 지번을 부여할 수 있다. ① 대상 토지가 그 지번부여지역의 최종 지번의 토지에 인접하여 있는 경우 ② 대상 토지가 이미 등록된 토지와 멀리 떨어져 있어서 등록된 토지의 본번에 부번을 부여하는 것이 불합리한 경우 ③ 대상 토지가 여러 필지로 되어 있는 경우
분할	원칙	분할 후의 필지 중 1필지의 지번은 분할 전의 지번으로 하고, 나머지 필지의 지번은 본번의 최종 부번 다음 순번으로 부번을 부여한다.
	예외	주거·사무실 등의 건축물이 있는 필지에 대해서는 분할 전의 지번을 우선하여 부여하여야 한다.
합병	원칙	합병 대상 지번 중 선순위의 지번을 그 지번으로 하되, 본번으로 된 지번이 있을 때에는 본번 중 선순위의 지번을 합병 후의 지번으로 한다.
	예외	토지소유자가 합병 전의 필지에 주거·사무실 등의 건축물이 있어서 그 건축물이 위치한 지번을 합병 후의 지번으로 신청할 때에는 그 지번을 합병 후의 지번으로 부여하여야 한다.
지적확정측량을 실시한 지역의 각 필지에 지번을 새로 부여하는 경우	원칙	다음 각 목의 지번을 제외한 본번으로 부여한다. ① 지적확정측량을 실시한 지역 안의 종전의 지번과 지적확정측량을 실시한 지역 밖에 있는 본번이 같은 지번이 있을 때 그 지번 ② 지적확정측량을 실시한 지역의 경계에 걸쳐 있는 지번
	예외	부여할 수 있는 종전 지번의 수가 새로 부여할 지번의 수보다 적을 때에는 블록단위로 하나의 본번을 부여한 후 필지별로 부번을 부여하거나, 그 지번부여지역의 최종 본번 다음 순번부터 본번으로 하여 차례로 지번을 부여할 수 있다.

정답 08 ⑤

구분	토지이동에 따른 지번의 부여방법
지적확정측량에 준용	① 법 제66조제2항(지적소관청은 지적공부에 등록된 지번을 변경할 필요가 있다고 인정하면 시 · 도지사나 대도시 시장의 승인을 받아 지번부여지역의 전부 또는 일부에 대하여 지번을 새로 부여할 수 있다.)에 따라 지번부여지역의 지번을 변경할 때 ② 법 제85조제2항(지번부여지역의 일부가 행정구역의 개편으로 다른 지번부여지역에 속하게 되었으면 지적소관청은 새로 속하게 된 지번부여지역의 지번을 부여하여야 한다.)에 따른 행정구역 개편에 따라 새로 지번을 부여할 때 ③ 제72조제1항(지적소관청은 축척변경 시행지역의 각 필지별 지번 · 지목 · 면적 · 경계 또는 좌표를 새로 정하여야 한다.)에 따라 축척변경 시행지역의 필지에 지번을 부여할 때
도시개발사업 등의 준공 전	도시개발사업 등이 준공되기 전에 사업시행자가 지번부여를 신청하는 경우에는 국토교통부령으로 정하는 바에 따라 지번을 부여할 수 있다. 지적소관청은 도시개발사업 등이 준공되기 전에 지번을 부여하는 때에는 사업계획도에 따르되, 지적확정측량을 실시한 지역의 각 필지에 지번을 새로 부여하는 경우의 지번부여 방식에 따라 지번을 부여하여야 한다.

09 건축법에 따른 분할제한 면적으로 틀린 것은?

① 녹지지역 : 200m² 이상 ② 공업지역 : 100m² 이상
③ 상업지역 : 150m² 이상 ④ 주거지역 : 60m² 이상
⑤ 그 외의 지역 : 60m² 이상

풀이 **건축법 시행령 제80조(건축물이 있는 대지의 분할제한)**
법 제57조제1항에서 "대통령령으로 정하는 범위"란 다음 각 호의 어느 하나에 해당하는 규모 이상을 말한다.
1. 주거지역 : 60제곱미터
2. 상업지역 : 150제곱미터
3. 공업지역 : 150제곱미터
4. 녹지지역 : 200제곱미터
5. 제1호부터 제4호까지의 규정에 해당하지 아니하는 지역 : 60제곱미터

10 2년 이하의 징역 또는 2,000만 원 이하의 벌금형에 해당하지 않는 것은?

① 측량기준점표지를 이전 또는 파손하거나 그 효용을 해치는 행위를 한 자
② 무단으로 측량성과 또는 측량기록을 복제한 자
③ 측량업의 등록을 하지 아니하거나 거짓이나 그 밖의 부정한 방법으로 측량업의 등록을 하고 측량업을 한 자
④ 성능검사를 부정하게 한 성능검사대행자
⑤ 고의로 측량성과를 사실과 다르게 한 자

벌칙(법률 제107~109조)	
3년 이하의 징역 또는 3천만 원 이하의 벌금 **암기** 임위공	측량업자로서 속임수, 위력(威力), 그 밖의 방법으로 측량업과 관련된 입찰의 공정성을 해친 자는 3년 이하의 징역 또는 3천만 원 이하의 벌금에 처한다.
2년 이하의 징역 또는 2천만 원 이하의 벌금 **암기** 거부등 외표성검	1. 측량업의 등록을 하지 아니하거나 거짓이나 그 밖의 부정한 방법으로 측량업의 등록을 하고 측량업을 한 자 2. 성능검사대행자의 등록을 하지 아니하거나 거짓이나 그 밖의 부정한 방법으로 성능검사대행자의 등록을 하고 성능검사업무를 한 자 3. 측량성과를 국외로 반출한 자 4. 측량기준점표지를 이전 또는 파손하거나 그 효용을 해치는 행위를 한 자 5. 고의로 측량성과를 사실과 다르게 한 자 6. 성능검사를 부정하게 한 성능검사대행자
1년 이하의 징역 또는 1천만 원 이하의 벌금 **암기** 둘비허 불대판대복	1. 둘 이상의 측량업자에게 소속된 측량기술자 2. 업무상 알게 된 비밀을 누설한 측량기술자 3. 거짓(허위)으로 다음 각 목의 신청을 한 자 가. 신규등록 신청 　　나. 등록전환 신청 다. 분할 신청 　　라. 합병 신청 마. 지목변경 신청 　　바. 바다로 된 토지의 등록말소 신청 사. 축척변경 신청 　　아. 등록사항의 정정 신청 자. 도시개발사업 등 시행지역의 토지이동 신청 4. 측량기술자가 아님에도 불구하고 측량을 한 자 5. 지적측량수수료 외의 대가를 받은 지적측량기술자 6. 심사를 받지 아니하고 지도 등을 간행하여 판매하거나 배포한 자 7. 다른 사람에게 측량업등록증 또는 측량업등록수첩을 빌려(대여)주거나 자기의 성명 또는 상호를 사용하여 측량업무를 하게 한 자 8. 다른 사람의 측량업등록증 또는 측량업등록수첩을 빌려서(대여) 사용하거나 다른 사람의 성명 또는 상호를 사용하여 측량업무를 한 자 9. 다른 사람에게 자기의 성능검사대행자 등록증을 빌려(대여)주거나 자기의 성명 또는 상호를 사용하여 성능검사대행업무를 수행하게 한 자 10. 다른 사람의 성능검사대행자 등록증을 빌려서(대여) 사용하거나 다른 사람의 성명 또는 상호를 사용하여 성능검사대행업무를 수행한 자 11. 무단으로 측량성과 또는 측량기록을 복제한 자

정답

11 지적공부 보존에 대한 설명으로 옳지 못한 것은?

① 관할 시·도지사 또는 대도시 시장의 승인을 받은 경우 지적공부를 청사 밖으로 반출할 수 있다.

② 지적서고의 설치기준, 지적공부의 보관방법 및 반출승인 절차 등에 필요한 사항은 국토교통부령으로 정한다.

③ 지적공부를 정보처리시스템을 통하여 기록·저장한 경우 관할 시·도지사, 시장·군수 또는 구청장은 그 지적공부를 지적정보관리체계에 영구히 보존하여야 한다.

④ 천재지변이나 그 밖에 이에 준하는 재난을 피하기 위하여 필요한 경우 지적공부를 반출할 수 있다.

⑤ 지적소관청은 해당 청사에 지적서고를 설치하고 그곳에 지적공부(정보처리시스템을 통하여 기록·저장한 경우는 포함한다)를 영구히 보존하여야 한다.

풀이 **공간정보의 구축 및 관리 등에 관한 법률 제69조(지적공부의 보존 등)**

① 지적소관청은 해당 청사에 지적서고를 설치하고 그곳에 지적공부(정보처리시스템을 통하여 기록·저장한 경우는 제외한다. 이하 이 항에서 같다)를 영구히 보존하여야 하며, 다음 각 호의 어느 하나에 해당하는 경우 외에는 해당 청사 밖으로 지적공부를 반출할 수 없다.

> 1. 천재지변이나 그 밖에 이에 준하는 재난을 피하기 위하여 필요한 경우
> 2. 관할 시·도지사 또는 대도시 시장의 승인을 받은 경우

② 지적공부를 정보처리시스템을 통하여 기록·저장한 경우 관할 시·도지사, 시장·군수 또는 구청장은 그 지적공부를 지적정보관리체계에 영구히 보존하여야 한다. 〈개정 2013.7.17.〉

③ 국토교통부장관은 제2항에 따라 보존하여야 하는 지적공부가 멸실되거나 훼손될 경우를 대비하여 지적공부를 복제하여 관리하는 정보관리체계를 구축하여야 한다. 〈개정 2013.3.23., 2013.7.17.〉

④ 지적서고의 설치기준, 지적공부의 보관방법 및 반출승인 절차 등에 필요한 사항은 국토교통부령으로 정한다.

12 토지의 조사·등록에 대한 설명으로 옳지 못한 것은?

① 국토교통부장관은 모든 토지에 대하여 필지별로 소재·지번·지목·면적·경계 또는 좌표 등을 조사·측량하여 지적공부에 등록하여야 한다.

② 지적공부에 등록하는 지번·지목·면적·경계 또는 좌표는 토지의 이동이 있을 때 토지소유자의 신청을 받아 지적소관청이 결정한다.

③ 지적소관청은 토지이동현황조사계획을 수립하여 연 2회 이상 실시하여야 한다.

④ 지적소관청은 토지의 이동현황을 직권으로 조사·측량하여 토지의 지번·지목·면적·경계 또는 좌표를 결정하려는 때에는 토지이동현황조사계획을 수립하여야 한다.

⑤ 지적소관청은 토지이동현황조사계획에 따라 토지의 이동현황을 조사한 때에는 토지이동조사부에 토지의 이동현황을 적어야 한다.

풀이 **공간정보의 구축 및 관리 등에 관한 법률 제64조(토지의 조사·등록 등)**

① 국토교통부장관은 모든 토지에 대하여 필지별로 소재·지번·지목·면적·경계 또는 좌표 등을 조사·측량하여 지적공부에 등록하여야 한다. 〈개정 2013.3.23.〉

② 지적공부에 등록하는 지번·지목·면적·경계 또는 좌표는 토지의 이동이 있을 때 토지소유자(법인이 아닌 사단이나 재단의 경우에는 그 대표자나 관리인을 말한다. 이하 같다)의 신청을 받아 지적소관청이 결정한다. 다만, 신청이 없으면 지적소관청이 직권으로 조사·측량하여 결정할 수 있다.

③ 제2항 단서에 따른 조사·측량의 절차 등에 필요한 사항은 국토교통부령으로 정한다.

공간정보의 구축 및 관리 등에 관한 법률 시행규칙 제59조(토지의 조사·등록)

① 지적소관청은 법 제64조제2항 단서에 따라 토지의 이동현황을 직권으로 조사·측량하여 토지의 지번·지목·면적·경계 또는 좌표를 결정하려는 때에는 토지이동현황 조사계획을 수립하여야 한다. 이 경우 토지이동현황 조사계획은 시·군·구별로 수립하되, 부득이한 사유가 있는 때에는 읍·면·동별로 수립할 수 있다.

② 지적소관청은 제1항에 따른 토지이동현황 조사계획에 따라 토지의 이동현황을 조사한 때에는 별지 제55호서식의 토지이동 조사부에 토지의 이동현황을 적어야 한다.

③ 지적소관청은 제2항에 따른 토지이동현황 조사 결과에 따라 토지의 지번·지목·면적·경계 또는 좌표를 결정한 때에는 이에 따라 지적공부를 정리하여야 한다.

④ 지적소관청은 제3항에 따라 지적공부를 정리하려는 때에는 제2항에 따른 토지이동 조사부를 근거로 별지 제56호 서식의 토지이동 조서를 작성하여 별지 제57호 서식의 토지이동정리 결의서에 첨부하여야 하며, 토지이동조서의 아래 부분 여백에 "「공간정보의 구축 및 관리 등에 관한 법률」 제64조제2항 단서에 따른 직권정리"라고 적어야 한다.

13 「공간정보의 구축 및 관리 등에 관한 법률」에서 규정한 용어의 정의로 옳은 것은?

① 경계란 필지별로 경계점 간을 직선 또는 곡선으로 연결하여 지적공부에 등록한 선을 말한다.

② 면적이란 지적공부에 등록한 필지의 수직 및 수평면상 넓이를 말한다.

③ 토지의 이동(異動)이란 토지의 표시를 새로이 정하거나 변경되는 것만을 말한다.

④ 축척변경이란 지적도에 등록된 경계점의 정밀도를 높이기 위하여 작은 축척을 큰 축척으로 변경하여 등록하는 것을 말한다.

⑤ 경계점이란 필지를 구획하는 선의 굴곡점으로서 지적도나 임야도에 수치 형태로 등록하거나 경계점 좌표등록부에 도해형태로 등록하는 점을 말한다.

풀이 **공간정보의 구축 및 관리 등에 관한 법률 제2조(정의)**

이 법에서 사용하는 용어의 뜻은 다음과 같다.

25. "경계점"이란 필지를 구획하는 선의 굴곡점으로서 지적도나 임야도에 도해(圖解) 형태로 등록하거나 경계점좌표등록부에 좌표 형태로 등록하는 점을 말한다.

26. "경계"란 필지별로 경계점들을 직선으로 연결하여 지적공부에 등록한 선을 말한다.

27. "면적"이란 지적공부에 등록한 필지의 수평면상 넓이를 말한다.

28. "토지의 이동(異動)"이란 토지의 표시를 새로 정하거나 변경 또는 말소하는 것을 말한다.

29. "신규등록"이란 새로 조성된 토지와 지적공부에 등록되어 있지 아니한 토지를 지적공부에 등록하는 것을 말한다.

30. "등록전환"이란 임야대장 및 임야도에 등록된 토지를 토지대장 및 지적도에 옮겨 등록하는 것을 말한다.

31. "분할"이란 지적공부에 등록된 1필지를 2필지 이상으로 나누어 등록하는 것을 말한다.

32. "합병"이란 지적공부에 등록된 2필지 이상을 1필지로 합하여 등록하는 것을 말한다.

33. "지목변경"이란 지적공부에 등록된 지목을 다른 지목으로 바꾸어 등록하는 것을 말한다.

34. "축척변경"이란 지적도에 등록된 경계점의 정밀도를 높이기 위하여 작은 축척을 큰 축척으로 변경하여 등록하는 것을 말한다.

정답 13 ④

14 지적공부 중 대지권등록부의 등록사항으로 옳은 것은?

① 지목　　② 경계
③ 면적　　④ 지번
⑤ 축척

풀이 **공간정보의 구축 및 관리 등에 관한 법률 제71조(토지대장 등의 등록사항)**

③ 토지대장이나 임야대장에 등록하는 토지가 「부동산등기법」에 따라 대지권 등기가 되어 있는 경우에는 대지권등록부에 다음 각 호의 사항을 등록하여야 한다. 〈개정 2013.3.23.〉

구분		(소)재	(지)번	지(목)=(축)척	(면)적	(경)계	(좌)표	(소)유자	(도)면번호	(고)유번호	소유권((지)(분))	대지권((비)(율))	기타 등록사항
대장	토지, 임야대(장)	●	●	(장) ●	(장) ●			(장) ●	(장) ●	(장) ●			토지 (이)(동) 사유 (개)별공시지가 (기)준수확량등급 필지별 토지, 임야대장의 장번호
대장	(공)유지 연명부	●	●					(공) ●		(공) ●	(공) ●		필지별 공유지연명부의 장번호
대장	(대)지권 등록부	●	●					(대) ●		(대) ●	(대) ●	(대) ●	(건)물의 명칭 (전)유건물표시 집합건물별 대지권등록부의 장번호
(경)계점좌표등록표		●	●				(경) ●		(경) ●	(경) ●			(부)호, 부호(도) 필지별 경계점좌표등록부의 장번호
도면	지적·임야(도)	●	●	(도) ●		(도) ●							색(인)도 (지)적기준점 위치 (도)곽선과 수치 (건)축물의 위치 (좌)표에 의한 계산된 경계점 간 거리

암기 (소)(지)는 공통이고, (목)(장)(도)=(축)장도, (면)(장), (경)(도)는 (좌)(경)이요,
(소)(경)(도), (도)(공)(대)(도) (고)(도)가 없고,
(소)대장, (지)(분)은 공, 대에만 있다.
(이)(동)(개)(기)(건)(전)하면 (부)(도)없이 (인)(지)(도) (건)(좌)하다.

정답 14 ④

15 지적공부정리에 대한 설명으로 옳지 않은 것은?

① 토지이동정리결의서는 토지대장·임야대장 또는 경계점좌표등록부별로 구분하여 작성하되, 토지이동정리결의서에는 토지이동 신청서 또는 도시개발사업 등의 완료신고서 등을 첨부하여야 한다.

② 지적공부 등의 정리에 사용하는 문자·기호 및 경계는 따로 규정을 둔 사항을 제외하고 정리사항은 청색, 도곽선과 그 수치 및 말소는 붉은색으로 한다.

③ 지적확정측량·축척변경 및 지번변경에 따른 토지이동의 경우를 제외하고는 폐쇄 또는 말소된 지번은 다시 사용할 수 없다.

④ 지적공부에 등록된 사항은 칼로 긁거나 덮어서 고쳐 정리하여서는 아니 된다.

⑤ 소유자정리결의서에는 등기필증·등기사항증명서 그 밖에 토지소유자가 변경되었음을 증명하는 서류를 첨부하여야 한다.

풀이 공간정보의 구축 및 관리 등에 관한 법률 시행령 제84조(지적공부의 정리 등)

① 지적소관청은 지적공부가 다음 각 호의 어느 하나에 해당하는 경우에는 지적공부를 정리하여야 한다. 이 경우 이미 작성된 지적공부에 정리할 수 없을 때에는 새로 작성하여야 한다.

> 1. 법 제66조제2항에 따라 지번을 변경하는 경우
> 2. 법 제74조에 따라 지적공부를 복구하는 경우
> 3. 법 제77조부터 제86조까지의 규정에 따른 신규등록·등록전환·분할·합병·지목변경 등 토지의 이동이 있는 경우

② 지적소관청은 제1항에 따른 토지의 이동이 있는 경우에는 토지이동정리 결의서를 작성하여야 하고, 토지소유자의 변동 등에 따라 지적공부를 정리하려는 경우에는 소유자정리 결의서를 작성하여야 한다.

③ 제1항 및 제2항에 따른 지적공부의 정리방법, 토지이동정리 결의서 및 소유자정리 결의서 작성방법 등에 관하여 필요한 사항은 국토교통부령으로 정한다.

공간정보의 구축 및 관리 등에 관한 법률 시행규칙 제98조(지적공부의 정리방법 등)

① 영 제84조제2항에 따른 토지이동정리 결의서의 작성은 별지 제57호 서식에 따라 토지대장·임야대장 또는 경계점좌표등록부별로 구분하여 작성하되, 토지이동정리 결의서에는 토지이동신청서 또는 도시개발사업 등의 완료신고서 등을 첨부하여야 하며, 소유자정리 결의서의 작성은 별지 제85호 서식에 따르되 등기필증, 등기부 등본 또는 그 밖에 토지소유자가 변경되었음을 증명하는 서류를 첨부하여야 한다. 다만, 「전자정부법」제36조제1항에 따른 행정정보의 공동이용을 통하여 첨부서류에 대한 정보를 확인할 수 있는 경우에는 그 확인으로 첨부서류를 갈음할 수 있다.

② 제1항의 대장 외에 지적공부의 정리와 토지이동정리 결의서 및 소유자정리 결의서의 작성에 필요한 사항은 국토교통부장관이 정한다.

지적업무처리규정 제63조(지적공부 등의 정리)

① 지적공부 등의 정리에 사용하는 문자·기호 및 경계는 따로 규정을 둔 사항을 제외하고 정리사항은 검은색, 도곽선과 그 수치 및 말소는 붉은색으로 한다.

16 지적도의 등록사항에 해당하지 않는 것은?

① 삼각점 및 지적기준점의 명칭 및 번호
② 도면의 제명 및 축척
③ 도곽선 및 수치
④ 도면의 색인도
⑤ 건축물 및 구조물의 위치

풀이 공간정보의 구축 및 관리 등에 관한 법률 제72조(지적도 등의 등록사항) **암기** 토지지계점 도면선갈물

① 지적도 및 임야도에는 다음 각 호의 사항을 등록하여야 한다.

1. 토지의 소재
2. 지번
3. 지목
4. 경계
5. 그 밖에 국토교통부령으로 정하는 사항

공간정보의 구축 및 관리 등에 관한 법률 시행규칙 제69조(지적도면 등의 등록사항 등)

② 법 제72조제5호에서 "그 밖에 국토교통부령으로 정하는 사항"이란 다음 각 호의 사항을 말한다.

1. 지적도면의 색인도(인접도면의 연결 순서를 표시하기 위하여 기재한 도표와 번호를 말한다)
2. 지적도면의 제명 및 축척
3. 도곽선(圖廓線)과 그 수치
4. 좌표에 의하여 계산된 경계점 간의 거리(경계점좌표등록부를 갖추어 두는 지역으로 한정한다)
5. 삼각점 및 지적기준점의 위치
6. 건축물 및 구조물 등의 위치
7. 그 밖에 국토교통부장관이 정하는 사항

17 다음 중앙지적위원회에 대한 설명 중 틀린 것은?

① 중앙지적위원회 위원장은 회의를 소집하고 그 의장이 된다.
② 위원장이 부득이한 사유로 직무를 수행할 수 없을 때에는 부위원장이 그 직무를 대행하고, 위원장 및 부위원장이 모두 부득이한 사유로 직무를 수행할 수 없을 때에는 가장 연장자가 그 직무를 대행한다.
③ 회의는 재적위원 과반수의 출석으로 개의하고 출석위원 과반수의 찬성으로 의결한다.
④ 위원회는 관계인을 출석하게 해서 의견을 들을 수 있으며, 필요한 경우에는 현지조사를 할 수 있다.
⑤ 위원장이 위원회의 회의를 소집하는 때에는 회의일시 · 장소 및 심의안건을 회의 5일 전까지 각 위원에게 서면으로 통지하여야 한다.

풀이 공간정보의 구축 및 관리 등에 관한 법률 시행령 제21조(중앙지적위원회의 회의 등)

① 중앙지적위원회 위원장은 회의를 소집하고 그 의장이 된다.
② 위원장이 부득이한 사유로 직무를 수행할 수 없을 때에는 부위원장이 그 직무를 대행하고, 위원장 및 부위원장이 모두 부득이한 사유로 직무를 수행할 수 없을 때에는 위원장이 미리 지명한 위원이 그 직무를 대행한다.
③ 중앙지적위원회의 회의는 재적위원 과반수의 출석으로 개의(開議)하고, 출석위원 과반수의 찬성으로 의결한다.
④ 중앙지적위원회는 관계인을 출석하게 하여 의견을 들을 수 있으며, 필요하면 현지조사를 할 수 있다.
⑤ 위원장이 중앙지적위원회의 회의를 소집할 때에는 회의 일시 · 장소 및 심의 안건을 회의 5일 전까지 각 위원에게 서면으로 통지하여야 한다.

⑥ 위원이 법 제29조제6항에 따른 재심사 시 그 측량 사안에 관하여 관련이 있는 경우에는 그 안건의 심의 또는 의결에 참석할 수 없다.

18 지적공부 복구 절차로 올바른 것은?

① 복구자료조사 → 복구자료도 작성 → 면적 및 경계 조정 → 복구측량 → 면적결정 → 복구사항 게시 → 이의신청 → 지적공부 복구

② 복구자료조사 → 복구자료도 작성 → 복구측량 → 복구사항 게시 → 면적결정 → 면적 및 경계 조정 → 이의신청 → 지적공부 복구

③ 복구자료조사 → 복구자료도 작성 → 복구측량 → 면적 및 경계 조정 → 면적결정 → 복구사항 게시 → 이의신청 → 지적공부 복구

④ 복구측량 → 복구자료도 작성 → 복구자료조사 → 면적결정 → 면적 및 경계 조정 → 복구사항 게시 → 이의신청 → 지적공부 복구

⑤ 복구측량 → 면적 및 경계 조정 → 복구자료조사 → 복구자료도 작성 → 면적결정 → 복구사항 게시 → 이의신청 → 지적공부 복구

풀이 공간정보의 구축 및 관리 등에 관한 법률 시행규칙 제73조(지적공부의 복구절차 등)

복구 관련 자료 조사	지적소관청은 지적공부를 복구하려는 경우에는 복구자료를 조사하여야 한다.
지적복구자료 조사서 및 복구자료도 작성	지적소관청은 조사된 복구자료 중 토지대장·임야대장 및 공유지연명부의 등록 내용을 증명하는 서류 등에 따라 지적복구자료 조사서를 작성하고, 지적도면의 등록 내용을 증명하는 서류 등에 따라 복구자료도를 작성하여야 한다.
복구측량	작성된 복구자료도에 따라 측정한 면적과 지적복구자료 조사서의 조사된 면적의 증감이 $A = 0.026^2 M\sqrt{F}$에 따른 허용범위를 초과하거나 복구자료도를 작성할 복구자료 없는 경우에는 복구측량을 하여야 한다.(이 경우 같은 A는 오차허용면적, M은 축척분모, F는 조사된 면적을 말한다.)
복구면적 결정	지적복구자료 조사서의 조사된 면적이 $0.026^2 M\sqrt{F}$에 따른 허용범위 이내인 경우에는 그 면적을 복구면적으로 결정하여야 한다.
경계·면적의 조정	복구측량을 한 결과가 복구 자료와 부합하지 아니하는 때에는 토지소유자 및 이해관계인의 동의를 받아 경계 또는 면적 등을 조정할 수 있다. 이 경우 경계를 조정한 때에는 경계점표지를 설치하여야 한다.
토지표시의 게시	지적소관청은 복구 자료의 조사 또는 복구측량 등이 완료되어 지적공부를 복구하려는 경우에는 복구하려는 토지의 표시 등을 시·군·구 게시판 및 인터넷 홈페이지에 15일 이상 게시하여야 한다.
이의신청	복구하려는 토지의 표시 등에 이의가 있는 자는 위의 게시기간 내에 지적소관청에 이의신청을 할 수 있다. 이 경우 이의신청을 받은 지적소관청은 이의사유를 검토하여 이유 있다고 인정되는 때에는 그 시정에 필요한 조치를 하여야 한다.
대장과 도면의 복구	① 지적소관청은 토지표시의 게시 및 이의신청에 따른 절차를 이행한 때에는 지적복구자료 조사서, 복구자료도 또는 복구측량 결과도 등에 따라 토지대장·임야대장·공유지연명부 또는 지적도면을 복구하여야 한다. ② 토지대장·임야대장 또는 공유지연명부는 복구되고 지적도면이 복구되지 아니한 토지가 축척변경 시행지역이나 도시개발사업 등의 시행지역에 편입된 때에는 지적도면을 복구하지 아니할 수 있다.

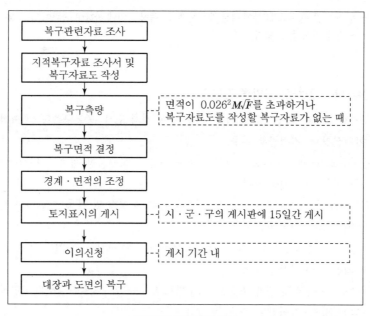

복구관련자료 조사

지적복구자료 조사서 및
복구자료도 작성

복구측량 ┄┄ 면적이 $0.026^2 M\sqrt{F}$를 초과하거나
복구자료도를 작성할 복구자료가 없는 때

복구면적 결정

경계 · 면적의 조정

토지표시의 게시 ┄┄ 시 · 군 · 구의 게시판에 15일간 게시

이의신청 ┄┄ 게시 기간 내

대장과 도면의 복구

지적복구 업무처리 절차

19 축척변경 승인 신청 시 지적소관청이 시 · 도지사에게 제출할 서류에 해당하지 않는 것은?

① 축척변경위원회의 의결서 사본
② 축척변경사유
③ 토지소유자의 동의서
④ 지번 등 명세
⑤ 지형도 사본

풀이 **공간정보의 구축 및 관리 등에 관한 법률 시행령 제70조(축척변경 승인신청)** 암기 **변명은 동의 필요하다.**

① 지적소관청은 법 제83조제2항에 따라 축척변경을 할 때에는 축척변경 사유를 적은 승인신청서에 다음 각
호의 서류를 첨부하여 시 · 도지사 또는 대도시 시장에게 제출하여야 한다. 이 경우 시 · 도지사 또는 대도시
시장은 「전자정부법」 제36조제1항에 따른 행정정보의 공동이용을 통하여 축척변경 대상지역의 지적도를
확인하여야 한다. 〈개정 2010.11.2.〉

1. 축척**변**경의 사유
2. 삭제 〈2010.11.2.〉
3. 지번 등 **명**세
4. 법 제83조제3항에 따른 토지소유자의 **동**의서
5. 법 제83조제1항에 따른 축척변경위원회(이하 "축척변경위원회"라 한다)의 **의**결서 사본
6. 그 밖에 축척변경 승인을 위하여 시 · 도지사 또는 대도시 시장이 **필**요하다고 인정하는 서류

② 제1항에 따른 신청을 받은 시 · 도지사 또는 대도시 시장은 축척변경 사유 등을 심사한 후 그 승인 여부를
지적소관청에 통지하여야 한다.

정답 19 ⑤

20 지목이란 토지의 주된 용도에 따라 종류를 구분하여 지적공부에 등록하는 것을 말한다. 다음 설명 중 틀린 것은?

① 잡종지는 영구적 건축물 중 변전소, 송신소, 수신소, 송유시설, 도축장, 자동차운전학원, 쓰레기 및 오물처리장 등의 부지로 한다.

② 공원은 일반공중의 보건 · 휴양 및 정서생활에 이용하기 위한 시설을 갖춘 토지로서 「국토의 계획 및 이용에 관한 법률」에 의하여 공원 또는 녹지로 결정 · 고시된 토지로 한다.

③ 창고용지는 물건 등을 보관 또는 저장하기 위하여 독립적으로 설치된 보관시설물의 부지와 이에 접속된 부속시설물의 부지로 한다.

④ 임야는 산림 및 원야(原野)를 이루고 있는 수림지(樹林地) · 죽림지 · 암석지 · 자갈땅 · 모래땅 · 습지 · 황무지 · 비행장 등의 토지로 한다.

⑤ 수도용지는 물을 정수하여 공급하기 위한 취수 · 저수 · 도수(導水) · 정수 · 송수 및 배수시설의 부지 및 이에 접속된 부속시설물의 부지로 한다.

풀이 공간정보의 구축 및 관리 등에 관한 법률 시행령 제58조(지목의 구분)

법 제67조제1항에 따른 지목의 구분은 다음과 같다.

5. 임야

산림 및 원야(原野)를 이루고 있는 수림지(樹林地) · 죽림지 · 암석지 · 자갈땅 · 모래땅 · 습지 · 황무지 등 의 토지

13. 창고용지

물건 등을 보관하거나 저장하기 위하여 독립적으로 설치된 보관시설물의 부지와 이에 접속된 부속시설물의 부지

21. 수도용지

물을 정수하여 공급하기 위한 취수 · 저수 · 도수(導水) · 정수 · 송수 및 배수 시설의 부지 및 이에 접속된 부속시설물의 부지

22. 공원

일반 공중의 보건 · 휴양 및 정서생활에 이용하기 위한 시설을 갖춘 토지로서 「국토의 계획 및 이용에 관한 법률」에 따라 공원 또는 녹지로 결정 · 고시된 토지

28. 잡종지

다음 각 목의 토지. 다만, 원상회복을 조건으로 돌을 캐내는 곳 또는 흙을 파내는 곳으로 허가된 토지는 제외 한다.

가. 갈대밭, 실외에 물건을 쌓아두는 곳, 돌을 캐내는 곳, 흙을 파내는 곳, 야외시장 및 공동우물

나. 변전소, 송신소, 수신소 및 송유시설 등의 부지

다. 여객자동차터미널, 자동차운전학원 및 폐차장 등 자동차와 관련된 독립적인 시설물을 갖춘 부지

라. 공항시설 및 항만시설 부지

마. 도축장, 쓰레기처리장 및 오물처리장 등의 부지

바. 그 밖에 다른 지목에 속하지 않는 토지

01 다음 중 등기촉탁 대상에 해당하지 않는 것은?

① 축척변경을 한 때
② 바다로 된 토지의 등록말소를 한 때
③ 토지이동을 대위신청을 했을 때
④ 지번을 변경하였을 때
⑤ 행정구역 개편으로 새로이 지번을 정할 때

풀이 공간정보의 구축 및 관리 등에 관한 법률 제89조(등기촉탁)

① 지적소관청은 제64조제2항(신규등록은 제외한다), 제66조제2항, 제82조, 제83조제2항, 제84조제2항 또는 제85조제2항에 따른 사유로 토지의 표시 변경에 관한 등기를 할 필요가 있는 경우에는 지체 없이 관할 등기관서에 그 등기를 촉탁하여야 한다. 이 경우 등기촉탁은 국가가 국가를 위하여 하는 등기로 본다.

- 지적소관청은 지적공부에 등록하는 지번 · 지목 · 면적 · 경계 또는 좌표는 토지의 이동이 있을 때(제64조제2항. 단, 신규등록은 제외한다)
- 지적소관청은 지적공부에 등록된 지번을 변경할 필요가 있을때(제66조제2항)
- 바다로 된 토지의 등록말소 신청(제82조)
- 축척병을 한때(제83조제2항)
- 지적소관청은 지적공부의 등록사항에 잘못이 있음을 발견하면 대통령령으로 정하는 바에 따라 직권으로 조사 · 측량하여 정정할 수 있다.(제84조제2항)
- 지번부여지역의 일부가 행정구역의 개편으로 다른 지번부여지역에 속하게 되었으면 지적소관청은 새로 속하게 된 지번부여지역의 지번을 부여하여야 한다.(제85조제2항)

② 제1항에 따른 등기촉탁에 필요한 사항은 국토교통부령으로 정한다. 〈개정 2013.3.23.〉

02 다음 지적공부의 보관에 대한 설명 중 틀린 것은?

① 지적소관청은 해당 청사에 지적서고를 설치하고 그곳에 지적공부 영구히 보존하여야 한다.
② 지적소관청은 지적전산정보시스템에 영구히 보존하여야 하는 지적공부가 멸실되거나 훼손될 경우를 대비하여 지적공부를 복제하여 관리하는 시스템을 구축하여야 한다.
③ 지적공부를 정보처리 시스템을 통하여 기록 · 저장한 경우 관할 시 · 도지사, 시장, 군수 또는 구청장은 그 지적공부를 지적정보관리체계에 영구히 보존하여야 한다.
④ 천재지변이나 그 밖에 이에 준하는 재난을 피하기 위하여 필요한 경우 지적서고 밖으로 지적공부를 반출할 수 있다.
⑤ 지적소관청은 지적행정시스템에 의해 매월 말일 현재로 작성 · 관리되는 지적공부등록현황과 지적업무처리상황 등의 이상 유무를 점검 · 확인하여야 한다.

풀이 공간정보의 구축 및 관리 등에 관한 법률 제69조(지적공부의 보존 등)

① 지적소관청은 해당 청사에 지적서고를 설치하고 그곳에 지적공부(정보처리시스템을 통하여 기록 · 저장한 경우는 제외한다. 이하 이 항에서 같다)를 영구히 보존하여야 하며, 다음 각 호의 어느 하나에 해당하는 경우 외에는 해당 청사 밖으로 지적공부를 반출할 수 없다.

정답 01 ③ 02 ②

1. 천재지변이나 그 밖에 이에 준하는 재난을 피하기 위하여 필요한 경우
　　　2. 관할 시·도지사 또는 대도시 시장의 승인을 받은 경우

　② 지적공부를 정보처리시스템을 통하여 기록·저장한 경우 관할 시·도지사, 시장·군수 또는 구청장은 그 지적공부를 지적정보관리체계에 영구히 보존하여야 한다. 〈개정 2013.7.17.〉
　③ 국토교통부장관은 제2항에 따라 보존하여야 하는 지적공부가 멸실되거나 훼손될 경우를 대비하여 지적공부를 복제하여 관리하는 정보관리체계를 구축하여야 한다.

03 다음 중 지번색인표의 등재사항이 아닌 것은?

① 축척　　　　　　　　　　　② 제명
③ 지번　　　　　　　　　　　④ 결번
⑤ 도면번호

풀이 지번색인표의 등재사항 및 제도

등재사항	① 제명 ② 지번 ③ 도면번호 ④ 결번
제도	① 제명은 지번색인표 윗부분에 9밀리미터의 크기로 "○○시·도 ○○시·군·구 ○○읍·면 ○○동·리 지번색인표"라 제도한다. ② 지번색인표에는 도면번호별로 그 도면에 등록된 지번을, 토지의 이동으로 결번이 생긴 때에는 결번 란에 그 지번을 제도한다.

04 다음 타인의 토지 등에 출입에 대한 설명 중 틀린 것은?

① 지적소관청은 지적재조사사업을 위하여 필요한 경우에는 소속 공무원 또는 지적측량수행자로 하여금 타인의 토지·건물·공유수면 등에 출입할 수 있다.
② 지적소관청은 소속 공무원 또는 지적측량수행자로 하여금 타인의 토지 등에 출입하게 하거나 이를 일시 사용하게 하거나 장애물 등을 변경 또는 제거하게 하려는 때에는 출입 등을 하려는 날의 3일 전까지 해당 토지 등의 소유자·점유자 또는 관리인에게 그 일시와 장소를 통지하여야 한다.
③ 해 뜨기 전이나 해가 진 후에는 그 토지 등의 점유자의 승낙 없이 택지나 담장 또는 울타리로 둘러싸인 타인의 토지 등에 출입할 수 없으나 지적재조사사업을 하는 경우에는 출입할 수 있다.
④ 토지 등의 점유자는 정당한 사유 없이 출입을 방해하거나 거부하지 못한다.
⑤ 행위를 하려는 자는 그 권한을 표시하는 증표와 허가증을 지니고 이를 관계인에게 내보여야 한다.

풀이 공간정보의 구축 및 관리 등에 관한 법률 제101조(토지 등에의 출입 등)
　① 이 법에 따라 측량을 하거나, 측량기준점을 설치하거나, 토지의 이동을 조사하는 자는 그 측량 또는 조사 등에 필요한 경우에는 타인의 토지·건물·공유수면 등(이하 "토지 등"이라 한다)에 출입하거나 일시 사용할 수 있으며, 특히 필요한 경우에는 나무, 흙, 돌, 그 밖의 장애물(이하 "장애물"이라 한다)을 변경하거나 제거할 수 있다.

정답 03 ① 04 ③

② 제1항에 따라 타인의 토지 등에 출입하려는 자는 관할 특별자치시장, 특별자치도지사, 시장ㆍ군수 또는 구청장의 허가를 받아야 하며, 출입하려는 날의 3일 전까지 해당 토지 등의 소유자ㆍ점유자 또는 관리인에게 그 일시와 장소를 통지하여야 한다. 다만, 행정청인 자는 허가를 받지 아니하고 타인의 토지 등에 출입할 수 있다. 〈개정 2012.12.18.〉

③ 제1항에 따라 타인의 토지 등을 일시 사용하거나 장애물을 변경 또는 제거하려는 자는 그 소유자ㆍ점유자 또는 관리인의 동의를 받아야 한다. 다만, 소유자ㆍ점유자 또는 관리인의 동의를 받을 수 없는 경우 행정청인 자는 관할 특별자치시장, 특별자치도지사, 시장ㆍ군수 또는 구청장에게 그 사실을 통지하여야 하며, 행정청이 아닌 자는 미리 관할 특별자치시장, 특별자치도지사, 시장ㆍ군수 또는 구청장의 허가를 받아야 한다. 〈개정 2012.12.18.〉

④ 특별자치시장, 특별자치도지사, 시장ㆍ군수 또는 구청장은 제3항 단서에 따라 허가를 하려면 미리 그 소유자ㆍ점유자 또는 관리인의 의견을 들어야 한다. 〈개정 2012.12.18.〉

⑤ 제3항에 따라 토지 등을 일시 사용하거나 장애물을 변경 또는 제거하려는 자는 토지 등을 사용하려는 날이나 장애물을 변경 또는 제거하려는 날의 3일 전까지 그 소유자ㆍ점유자 또는 관리인에게 통지하여야 한다. 다만, 토지 등의 소유자ㆍ점유자 또는 관리인이 현장에 없거나 주소 또는 거소가 분명하지 아니할 때에는 관할 특별자치시장, 특별자치도지사, 시장ㆍ군수 또는 구청장에게 통지하여야 한다. 〈개정 2012.12.18.〉

⑥ 해 뜨기 전이나 해가 진 후에는 그 토지 등의 점유자의 승낙 없이 택지나 담장 또는 울타리로 둘러싸인 타인의 토지에 출입할 수 없다.

⑦ 토지 등의 점유자는 정당한 사유 없이 제1항에 따른 행위를 방해하거나 거부하지 못한다.

⑧ 제1항에 따른 행위를 하려는 자는 그 권한을 표시하는 허가증을 지니고 관계인에게 이를 내보여야 한다. 〈개정 2012.12.18.〉

05 다음 지적공부의 복구에 대한 설명 중 틀린 것은?

① 토지소유자, 이해관계인은 지적공부를 복구하고자 하는 때에는 복구자료를 조사하여야 한다.

② 지적소관청은 조사된 복구자료 중 토지대장ㆍ임야대장 및 공유지연명부의 등록 내용을 증명하는 서류 등에 따라 지적복구자료 조사서를 작성하고, 지적도면의 등록 내용을 증명하는 서류 등에 따라 복구자료도를 작성하여야 한다.

③ 복구측량을 한 결과가 복구자료와 부합하지 아니하는 때에는 토지소유자 및 이해관계인의 동의를 얻어 경계 또는 면적 등을 조정할 수 있다.

④ 지적소관청은 복구자료의 조사 또는 복구측량 등이 완료되어 지적공부를 복구하려는 경우에는 복구하려는 토지의 표시 등을 시ㆍ군ㆍ구 게시판 및 인터넷 홈페이지에 15일 이상 게시하여야 한다.

⑤ 복구하려는 토지의 표시 등에 이의가 있는 자는 게시기간 내에 지적소관청에 이의신청을 할 수 있다.

풀이 **공간정보의 구축 및 관리 등에 관한 법률 제74조(지적공부의 복구)**
지적소관청(제69조제2항에 따른 지적공부의 경우에는 시ㆍ도지사, 시장ㆍ군수 또는 구청장)은 지적공부의 전부 또는 일부가 멸실되거나 훼손된 경우에는 대통령령으로 정하는 바에 따라 지체 없이 이를 복구하여야 한다.

공간정보의 구축 및 관리 등에 관한 법률 시행규칙 제72조(지적공부의 복구자료)
영 제61조제1항에 따른 지적공부의 복구에 관한 관계 자료(이하 "복구자료"라 한다)는 다음 각 호와 같다.

암기 **부등지등록영**은 **랑지원**에서

1. **부**동산등기부 **등**본 등 등기사실을 증명하는 서류
2. **지**적공부의 **등**본

3. 법 제69조제3항에 따라 복제된 지적공부
4. 지적소관청이 작성하거나 발행한 지적공부의 등록내용을 증명하는 서류
5. 측량 결과도
6. 토지이동정리 결의서
7. 법원의 확정판결서 정본 또는 사본

공간정보의 구축 및 관리 등에 관한 법률 시행규칙 제73조(지적공부의 복구절차 등)

복구 관련 자료 조사	지적소관청은 지적공부를 복구하려는 경우에는 복구자료를 조사하여야 한다.
지적복구자료 조사서 및 복구자료도 작성	지적소관청은 조사된 복구자료 중 토지대장·임야대장 및 공유지연명부의 등록 내용을 증명하는 서류 등에 따라 지적복구자료 조사서를 작성하고, 지적도면의 등록 내용을 증명하는 서류 등에 따라 복구자료도를 작성하여야 한다.
복구측량	작성된 복구자료도에 따라 측정한 면적과 지적복구자료 조사서의 조사된 면적의 증감이 $A = 0.026^2 M\sqrt{F}$에 따른 허용범위를 초과하거나 복구자료도를 작성할 복구 자료가 없는 경우에는 복구측량을 하여야 한다.(이 경우 같은 A는 오차허용면적, M은 축척분모, F는 조사된 면적을 말한다.)
복구면적 결정	지적복구자료 조사서의 조사된 면적이 $0.026^2 M\sqrt{F}$에 따른 허용범위 이내인 경우에는 그 면적을 복구면적으로 결정하여야 한다.
경계·면적의 조정	복구측량을 한 결과가 복구 자료와 부합하지 아니하는 때에는 토지소유자 및 이해관계인의 동의를 받아 경계 또는 면적 등을 조정할 수 있다. 이 경우 경계를 조정한 때에는 경계점표지를 설치하여야 한다.
토지표시의 게시	지적소관청은 복구 자료의 조사 또는 복구측량 등이 완료되어 지적공부를 복구하려는 경우에는 복구하려는 토지의 표시 등을 시·군·구 게시판 및 인터넷 홈페이지에 15일 이상 게시하여야 한다.
이의신청	복구하려는 토지의 표시 등에 이의가 있는 자는 위의 게시기간 내에 지적소관청에 이의신청을 할 수 있다. 이 경우 이의신청을 받은 지적소관청은 이의사유를 검토하여 이유 있다고 인정되는 때에는 그 시정에 필요한 조치를 하여야 한다.
대장과 도면의 복구	① 지적소관청은 토지표시의 게시 및 이의신청에 따른 절차를 이행한 때에는 지적복구자료 조사서, 복구자료도 또는 복구측량 결과도 등에 따라 토지대장·임야대장·공유지연명부 또는 지적도면을 복구하여야 한다. ② 토지대장·임야대장 또는 공유지연명부는 복구되고 지적도면이 복구되지 아니한 토지가 축척변경 시행지역이나 도시개발사업 등의 시행지역에 편입된 때에는 지적도면을 복구하지 아니할 수 있다.

06 지상의 경계점표지를 설치하고 측량할 수 있는 경우에 해당하지 않는 것은?

① 도시개발사업 등의 사업시행자가 사업지구의 경계를 결정하기 위해 분할하려는 경우

② 사업시행자와 국가기관 또는 지방자치단체의 장이 토지를 취득하기 위해 분할하려는 경우

③ 관계법령에 따라 인·허가 등을 받아 분할하려는 경우

④ 법원의 확정판결이 있는 경우

⑤ 도시·군관리계획결정고시와 같은 지형도면 고시가 된 지역의 도시·군관리계획선에 따라 토지를 분할하려는 경우

정답 06 ④

공간정보의 구축 및 관리 등에 관한 법률 시행령 제55조(지상 경계의 결정기준 등)

③ 다음 각 호의 어느 하나에 해당하는 경우에는 지상 경계점에 경계점표지를 설치하여 측량할 수 있다. 〈개정 2012.4.10., 2014.1.17.〉

> 1. 법 제86조제1항에 따른 도시개발사업 등의 사업시행자가 사업지구의 경계를 결정하기 위하여 토지를 분할하려는 경우
> 2. 법 제87조제1호 및 제2호에 따른 사업시행자와 행정기관의 장 또는 지방자치단체의 장이 토지를 취득하기 위하여 분할하려는 경우
> 3. 「국토의 계획 및 이용에 관한 법률」 제30조제6항에 따른 도시 · 군관리계획 결정고시와 같은 법 제32조제4항에 따른 지형도면 고시가 된 지역의 도시 · 군관리계획선에 따라 토지를 분할하려는 경우
> 4. 제65조제1항에 따라 토지를 분할하려는 경우
> 5. 관계 법령에 따라 인가 · 허가 등을 받아 토지를 분할하려는 경우

④ 분할에 따른 지상 경계는 지상건축물을 걸리게 결정해서는 아니 된다. 다만, 다음 각 호의 어느 하나에 해당하는 경우에는 그러하지 아니하다.

> 1. 법원의 확정판결이 있는 경우
> 2. 법 제87조제1호에 해당하는 토지를 분할하는 경우
> 3. 제3항제1호 또는 제3호에 따라 토지를 분할하는 경우

⑤ 지적확정측량의 경계는 공사가 완료된 현황대로 결정하되, 공사가 완료된 현황이 사업계획도와 다를 때에는 미리 사업시행자에게 그 사실을 통지하여야 한다. 〈개정 2014.1.17.〉
[제목개정 2014.1.17.]

07 지목변경 시 제출서류에 해당하지 않는 것은?

① 관계법령에 따라 토지의 형질변경 등의 공사가 준공되었음을 증명하는 서류의 사본
② 토지소유자 2/3 동의서
③ 국유지 · 공유지의 경우에는 용도폐지 되었거나 사실상 공공용지로 사용되고 있지 아니함을 증명하는 서류의 사본
④ 토지 또는 건축물의 용도가 변경되었음을 증명하는 서류의 사본
⑤ 지적소관청이 관리하는 경우에는 지적소관청의 확인으로 그 서류의 제출을 갈음할 수 있다.

공간정보의 구축 및 관리 등에 관한 법률 제81조(지목변경 신청)

토지소유자는 지목변경을 할 토지가 있으면 대통령령으로 정하는 바에 따라 그 사유가 발생한 날부터 60일 이내에 지적소관청에 지목변경을 신청하여야 한다.

공간정보의 구축 및 관리 등에 관한 법률 시행규칙 제84조(지목변경 신청)

① 영 제67조제2항에서 "국토교통부령으로 정하는 서류"란 다음 각 호의 어느 하나에 해당하는 서류를 말한다. 〈개정 2013.3.23.〉

> 1. 관계법령에 따라 토지의 형질변경 등의 공사가 준공되었음을 증명하는 서류의 사본
> 2. 국유지 · 공유지의 경우에는 용도폐지 되었거나 사실상 공공용으로 사용되고 있지 아니함을 증명하는 서류의 사본
> 3. 토지 또는 건축물의 용도가 변경되었음을 증명하는 서류의 사본

② 개발행위허가 · 농지전용허가 · 보전산지전용허가 등 지목변경과 관련된 규제를 받지 아니하는 토지의 지목변경이나 전 · 답 · 과수원 상호간의 지목변경인 경우에는 제1항에 따른 서류의 첨부를 생략할 수 있다.

③ 제1항 각 호의 어느 하나에 해당하는 서류를 해당 지적소관청이 관리하는 경우에는 지적소관청의 확인으로 그 서류의 제출을 갈음할 수 있다.

08 도시개발사업 완료신고 시 제출하지 않는 것은?

① 확정될 토지의 지번별 조서와 면적측정부 및 환지계획서의 부합 여부
② 지번별 조서, 지적(임야)도와 사업계획도와의 부합 여부
③ 종전토지의 지번별 조서와 지적공부등록사항 및 환지계획서의 부합 여부
④ 측량결과도 또는 경계점좌표와 새로이 작성된 지적도와의 부합 여부
⑤ 종전토지 소유명의인 동일 여부 및 종전토지 등기부에 소유권등기 이외의 다른 등기상이 없는지 여부

풀이 지적업무처리규정 제58조(도시개발 등의 사업신고)
① 지적소관청은 규칙 제95조제1항에 따른 도시개발사업 등의 착수(시행) 또는 변경신고가 있는 때에는 다음 각 호에 따라 처리한다.
  1. 다음 각 목의 사항을 확인한다. **암기** 지공부 지사부 수집부

> 가. 지번별 조서와 지적공부등록사항과의 부합 여부
> 나. 지번별 조서·지적(임야)도와 사업계획도와의 부합 여부
> 다. 착수 전 각종 집계의 정확 여부

  2. 제1호에 따라 서류의 확인이 완료된 때에는 지체 없이 지적공부에 그 사유를 정리하여야 한다.
② 지적소관청은 규칙 제95조제2항에 따라 도시개발사업 등의 완료신고가 있는 때에는 다음 각 호에 따라 처리한다.
  1. 다음 각 목의 사항을 확인한다. **암기** 지면환부 지공환부 측경지부 종소등부

> 가. 확정될 토지의 지번별 조서와 면적측정부 및 환지계획서의 부합 여부
> 나. 종전토지의 지번별 조서와 지적공부등록사항 및 환지계획서의 부합 여부
> 다. 측량결과도 또는 경계점좌표와 새로이 작성된 지적도와의 부합 여부
> 라. 종전토지 소유명의인 동일 여부 및 종전토지 등기부에 소유권등기 이외의 다른 등기사항이 없는지 여부
> 마. 그 밖에 필요한 사항

  2. 제1호에 따른 서류의 확인이 완료된 때에는 확정될 토지의 지번별 조서에 따라 토지대장을, 측량성과에 따라 경계점좌표등록부 등을 작성한다. 이 경우 토지대장에 등록하는 소유자의 성명 또는 명칭과 등록번호 및 주소는 환지계획서에 따르되, 소유자의 변동일자와 변동원인은 다음 각 목에 따라 정리한다.

> 가. 소유자변동일자 : 환지처분 또는 사업준공 인가일자(환지처분을 아니할 경우에만 해당한다)
> 나. 소유자변동원인 : 환지 또는 지적확정(환지처분을 아니하는 경우에만 해당한다)

  3. 지적공부의 작성이 완료된 때에는 새로 지적공부가 확정 시행됨을 7일 이상 시·군·구 게시판 또는 홈페이지 등에 게시한다.
  4. 도시개발사업 등의 완료로 인하여 폐쇄되는 지적공부는 폐쇄사유를 그 지적공부에 정리하고 별도로 영구 보관한다.

지적업무처리규정 제59조(도시개발사업 등의 정리)
① 지적소관청은 규칙 제95조제1항에 따른 도시개발사업 등의 착수(시행) 또는 변경신고서를 접수할 때에는 사업시행지별로 등록하고, 접수 순으로 사업시행지 번호를 부여받아야 한다.

정답 08 ②

② 제1항에 따라 사업시행지 번호를 부여받은 때에는 지체 없이 사업시행지 번호별로 도시개발사업 등의 임시파일을 생성한 후 지번별 조서를 출력하여 임시파일이 정확하게 생성되었는지 여부를 확인하여야 한다.

③ 지구계분할을 하고자 하는 경우에는 부동산종합공부시스템에 시행지 번호와 지구계 구분코드(지구 내 0, 지구 외 1)를 입력하여야 한다.

09 지적측량 적부심사에 대한 설명으로 옳지 못한 것은?

① 토지소유자, 이해관계인 또는 지적측량수행자는 지적측량성과에 대하여 다툼이 있는 경우에는 관할 소관청을 거쳐 지방지적위원회에 지적측량 적부심사를 청구할 수 있다.

② 지적측량 적부심사청구를 받은 시·도지사는 30일 이내에 다툼이 되는 지적측량의 경위 및 그 성과 등을 조사하여 지방지적위원회에 회부하여야 한다.

③ 지적측량 적부심사청구를 회부받은 지방지적위원회는 그 심사청구를 회부받은 날부터 60일 이내에 심의·의결하여야 한다.

④ 지방지적위원회는 지적측량 적부심사를 의결하였으면 위원장과 참석위원 전원이 서명 및 날인한 지적측량 적부심사 의결서를 지체 없이 시·도지사에게 송부하여야 하며, 지적소관청은 의결서를 받은 날부터 7일 이내에 지적측량 적부심사 청구인 및 이해관계인에게 그 의결서를 통지하여야 한다.

⑤ 지방지적위원회 의결서 사본을 받은 지적소관청은 그 내용에 따라 지적공부의 등록사항을 정정하거나 측량성과를 수정하여야 한다.

풀이 공간정보의 구축 및 관리 등에 관한 법률 제29조(지적측량의 적부심사 등) **암기** **위성이 연기하면 계층하라**

① 토지소유자, 이해관계인 또는 지적측량수행자는 지적측량성과에 대하여 다툼이 있는 경우에는 대통령령으로 정하는 바에 따라 관할 시·도지사를 거쳐 지방지적위원회에 지적측량 적부심사를 청구할 수 있다.

② 제1항에 따른 지적측량 적부심사청구를 받은 시·도지사는 30일 이내에 다음 각 호의 사항을 조사하여 지방지적위원회에 회부하여야 한다.

> 1. 다툼이 되는 지적측량의 경**위** 및 그 **성**과
> 2. 해당 토지에 대한 토지**이**동 및 소유권 변동 **연**혁
> 3. 해당 토지 주변의 측량**기**준점, 경**계**, 주요 구조물 등 현황 실**측**도

③ 제2항에 따라 지적측량 적부심사청구를 회부받은 지방지적위원회는 그 심사청구를 회부받은 날부터 60일 이내에 심의·의결하여야 한다. 다만, 부득이한 경우에는 그 심의기간을 해당 지적위원회의 의결을 거쳐 30일 이내에서 한 번만 연장할 수 있다.

④ 지방지적위원회는 지적측량 적부심사를 의결하였으면 대통령령으로 정하는 바에 따라 의결서를 작성하여 시·도지사에게 송부하여야 한다.

⑤ 시·도지사는 제4항에 따라 의결서를 받은 날부터 7일 이내에 지적측량 적부심사 청구인 및 이해관계인에게 그 의결서를 통지하여야 한다.

⑥ 제5항에 따라 의결서를 받은 자가 지방지적위원회의 의결에 불복하는 경우에는 그 의결서를 받은 날부터 90일 이내에 국토교통부장관을 거쳐 중앙지적위원회에 재심사를 청구할 수 있다.

⑦ 제6항에 따른 재심사청구에 관하여는 제2항부터 제5항까지의 규정을 준용한다. 이 경우 "시·도지사"는 "국토교통부장관"으로, "지방지적위원회"는 "중앙지적위원회"로 본다.

⑧ 제7항에 따라 중앙지적위원회로부터 의결서를 받은 국토교통부장관은 그 의결서를 관할 시·도지사에게 송부하여야 한다.

정답 09 ①

⑨ 시 · 도지사는 제4항에 따라 지방지적위원회의 의결서를 받은 후 해당 지적측량 적부심사 청구인 및 이해관계인이 제6항에 따른 기간에 재심사를 청구하지 아니하면 그 의결서 사본을 지적소관청에 보내야 하며, 제8항에 따라 중앙지적위원회의 의결서를 받은 경우에는 그 의결서 사본에 제4항에 따라 받은 지방지적위원회의 의결서 사본을 첨부하여 지적소관청에 보내야 한다.

⑩ 제9항에 따라 지방지적위원회 또는 중앙지적위원회의 의결서 사본을 받은 지적소관청은 그 내용에 따라 지적공부의 등록사항을 정정하거나 측량성과를 수정하여야 한다.

⑪ 제9항 및 제10항에도 불구하고 특별자치시장은 제4항에 따라 지방지적위원회의 의결서를 받은 후 해당 지적측량 적부심사 청구인 및 이해관계인이 제6항에 따른 기간에 재심사를 청구하지 아니하거나 제8항에 따라 중앙지적위원회의 의결서를 받은 경우에는 직접 그 내용에 따라 지적공부의 등록사항을 정정하거나 측량성과를 수정하여야 한다.

⑫ 지방지적위원회의 의결이 있은 후 제6항에 따른 기간에 재심사를 청구하지 아니하거나 중앙지적위원회의 의결이 있는 경우에는 해당 지적측량성과에 대하여 다시 지적측량 적부심사청구를 할 수 없다.

10 합병신청의 의무가 있는 지목에 해당하지 않는 것은?

① 철도용지   ② 학교용지

③ 제방   ④ 도로용지

⑤ 수도용지

풀이 공간정보의 구축 및 관리 등에 관한 법률 제80조(합병 신청) **암기** 도제천구유 장학철수공체

① 토지소유자는 토지를 합병하려면 대통령령으로 정하는 바에 따라 지적소관청에 합병을 신청하여야 한다.

② 토지소유자는 「주택법」에 따른 공동주택의 부지, 도로, 제방, 하천, 구거, 유지, 그 밖에 대통령령으로 정하는 토지로서 합병하여야 할 토지가 있으면 그 사유가 발생한 날부터 60일 이내에 지적소관청에 합병을 신청하여야 한다.

③ 다음 각 호의 어느 하나에 해당하는 경우에는 합병 신청을 할 수 없다.

1. 합병하려는 토지의 지번부여지역, 지목 또는 소유자가 서로 다른 경우
2. 합병하려는 토지에 다음 각 목의 등기 외의 등기가 있는 경우

> 가. 소유권 · 지상권 · 전세권 또는 임차권의 등기
> 나. 승역지(承役地)에 대한 지역권의 등기
> 다. 합병하려는 토지 전부에 대한 등기원인(登記原因) 및 그 연월일과 접수번호가 같은 저당권의 등기
> 라. 합병하려는 토지 전부에 대한 「부동산등기법」 제81조제1항 각 호의 등기사항이 동일한 신탁등기

3. 그 밖에 합병하려는 토지의 지적도 및 임야도의 축척이 서로 다른 경우 등 대통령령으로 정하는 경우

공간정보의 구축 및 관리 등에 관한 법률 시행령 제66조(합병 신청)

① 토지소유자는 법 제80조제1항 및 제2항에 따라 토지의 합병을 신청할 때에는 합병 사유를 적은 신청서를 지적소관청에 제출하여야 한다.

② 법 제80조제2항에서 "대통령령으로 정하는 토지"란 공장용지 · 학교용지 · 철도용지 · 수도용지 · 공원 · 체육용지 등 다른 지목의 토지를 말한다.

11 「측량·수로조사 및 지적에 관한 법률」 제정 시 삭제된 법은?

① 측량법, 수로측량법, 지적측량법
② 측량법, 수로조사법, 지적법
③ 측량법, 수로측량법, 지적법
④ 측량법, 수로조사법, 지적측량법
⑤ 지적법, 수로업무법, 측량법

(풀이) 「측량·수로조사 및 지적에 관한 법률」 제정 시 삭제된 법은 측량법, 수로업무법, 지적법이다.

12 지적전산자료의 이용 또는 활용 신청에 대한 심사신청을 받은 관계 중앙행정기관의 장이 심사하여야 할 사항으로 거리가 먼 것은?

① 신청내용의 타당성
② 자료의 목적 외 사용 방지 및 안전관리 대책
③ 토지정보의 공신력 확보를 위한 정보제공 제한의 적정성
④ 개인의 사생활 침해 여부
⑤ 신청내용의 적합성 및 공익성

(풀이) **공간정보의 구축 및 관리 등에 관한 법률 시행령 제62조(지적전산자료의 이용 등)**

① 법 제76조제1항에 따라 지적공부에 관한 전산자료(이하 "지적전산자료"라 한다)를 이용하거나 활용하려는 자는 같은 조 제2항에 따라 다음 각 호의 사항을 적은 신청서를 관계 중앙행정기관의 장에게 제출하여 심사를 신청하여야 한다. **암기** 이목은 범내는 제보전하라

> 1. 자료의 이용 또는 활용 목적 및 근거
> 2. 자료의 범위 및 내용
> 3. 자료의 제공 방식, 보관 기관 및 안전관리대책 등

② 제1항에 따른 심사 신청을 받은 관계 중앙행정기관의 장은 다음 각 호의 사항을 심사한 후 그 결과를 신청인에게 통지하여야 한다. **암기** 타적공은 사적 외 방안 마련하라

> 1. 신청 내용의 타당성, 적합성 및 공익성
> 2. 개인의 사생활 침해 여부
> 3. 자료의 목적 외 사용 방지 및 안전관리대책

③ 법 제76조제1항에 따라 지적전산자료의 이용 또는 활용에 관한 승인을 받으려는 자는 승인신청을 할 때에 제2항에 따른 심사 결과를 제출하여야 한다. 다만, 중앙행정기관의 장이 승인을 신청하는 경우에는 제2항에 따른 심사 결과를 제출하지 아니할 수 있다.

④ 제3항에 따른 승인신청을 받은 국토교통부장관, 시·도지사 또는 지적소관청은 다음 각 호의 사항을 심사하여야 한다. 〈개정 2013.3.23.〉 **암기** 타적공은 사적 외 방안 마련하라 전지 여부를

> 1. 신청 내용의 타당성, 적합성 및 공익성
> 2. 개인의 사생활 침해 여부
> 3. 자료의 목적 외 사용 방지 및 안전관리대책
> 4. 신청한 사항의 처리가 전산정보처리조직으로 가능한지 여부
> 5. 신청한 사항의 처리가 지적업무수행에 지장을 주지 않는지 여부

⑤ 국토교통부장관, 시·도지사 또는 지적소관청은 제4항에 따른 심사를 거쳐 지적전산자료의 이용 또는 활용을 승인하였을 때에는 지적전산자료 이용·활용 승인대장에 그 내용을 기록·관리하고 승인한 자료를 제공

하여야 한다. 〈개정 2013.3.23.〉

⑥ 제5항에 따라 지적전산자료의 이용 또는 활용에 관한 승인을 받은 자는 국토교통부령으로 정하는 사용료를 내야 한다. 다만, 국가나 지방자치단체에 대해서는 사용료를 면제한다. 〈개정 2013.3.23.〉

13 다음 지번변경에 대한 설명 중 틀린 것은?

① 지적소관청은 지적공부에 등록된 지번을 변경할 필요가 있다고 인정하면 시·도지사나 대도시 시장의 승인을 받아 지번부여지역의 전부 또는 일부에 대하여 지번을 새로 부여할 수 있다.

② 지적소관청은 지번을 변경하고자 하는 때에는 지번변경 사유를 적은 승인신청서에 지번변경 대상지역의 지번, 지목, 면적, 소유자에 대한 상세한 내용을 기재하여 시·도지사 또는 대도시 시장에게 제출하여야 한다.

③ 신청을 받은 시·도지사 또는 대도시 시장은 지번변경 사유 등을 심사한 후 그 결과를 지적소관청에 통지하여야 한다.

④ 지번변경의 경우 지번부여는 도시개발사업시행에 따른 지적확정측량의 지번부여방식을 준용한다.

⑤ 지적소관청은 전자정부법에 따른 행정정보의 공동이용을 통하여 지번변경 대상지역의 지적도 및 임야도를 확인하여야 한다.

풀이 **공간정보의 구축 및 관리 등에 관한 법률 시행령 제57조(지번변경 승인신청 등)**

① 지적소관청은 법 제66조제2항에 따라 지번을 변경하려면 지번변경 사유를 적은 승인신청서에 지번변경 대상지역의 지번·지목·면적·소유자에 대한 상세한 내용(이하 "지번 등 명세"라 한다)을 기재하여 시·도지사 또는 대도시 시장(법 제25조제1항의 대도시 시장을 말한다. 이하 같다)에게 제출하여야 한다. 이 경우 시·도지사 또는 대도시 시장은 「전자정부법」 제36조제1항에 따른 행정정보의 공동이용을 통하여 지번변경 대상지역의 지적도 및 임야도를 확인하여야 한다. 〈개정 2010.11.2.〉

② 제1항에 따라 신청을 받은 시·도지사 또는 대도시 시장은 지번변경 사유 등을 심사한 후 그 결과를 지적소관청에 통지하여야 한다.

14 다음 지적서고에 대한 설명 중 틀린 것은?

① 창문과 출입문은 2중으로 하되, 바깥쪽 문은 반드시 철제로 하고 안쪽 문은 곤충·쥐 등의 침입을 막을 수 있도록 철망 등을 설치할 것

② 골조는 철근콘크리트 이상의 강질로 할 것

③ 바닥과 벽은 2중으로 하고 영구적인 방수설비를 할 것

④ 지적서고는 보호구역으로 지정하고 출입자를 지적사무담당공무원으로 한정할 것

⑤ 온도 및 습도의 자동조절장치를 설치하고, 연중평균온도는 섭씨 20±5℃를 연중평균습도는 65±5%를 유지할 것

풀이 **공간정보의 구축 및 관리 등에 관한 법률 시행규칙 제65조(지적서고의 설치기준 등)**

① 법 제69조제1항에 따른 지적서고는 지적사무를 처리하는 사무실과 연접(連接)하여 설치하여야 한다.

② 제1항에 따른 지적서고의 구조는 다음 각 호의 기준에 따라야 한다.

　1. 골조는 철근콘크리트 이상의 강질로 할 것

　2. 지적서고의 면적은 별표 7의 기준면적에 따를 것

3. 바닥과 벽은 2중으로 하고 영구적인 방수설비를 할 것
4. 창문과 출입문은 2중으로 하되, 바깥쪽 문은 반드시 철제로 하고 안쪽 문은 곤충·쥐 등의 침입을 막을 수 있도록 철망 등을 설치할 것
5. 온도 및 습도 자동조절장치를 설치하고, 연중 평균온도는 섭씨 20±5도를, 연중평균습도는 65±5퍼센트를 유지할 것
6. 전기시설을 설치하는 때에는 단독퓨즈를 설치하고 소화장비를 갖춰 둘 것
7. 열과 습도의 영향을 받지 아니하도록 내부공간을 넓게 하고 천장을 높게 설치할 것
③ 지적서고는 다음 각 호의 기준에 따라 관리하여야 한다.
1. 지적서고는 제한구역으로 지정하고, 출입자를 지적사무담당공무원으로 한정할 것
2. 지적서고에는 인화물질의 반입을 금지하며, 지적공부, 지적 관계 서류 및 지적측량장비만 보관할 것
④ 지적공부 보관상자는 벽으로부터 15센티미터 이상 띄어야 하며, 높이 10센티미터 이상의 깔판 위에 올려놓아야 한다.

15 다음 중 직권으로 등록사항을 정정할 수 있는 경우에 해당하지 않는 것은?

① 지적도 및 임야도에 등록된 필지가 위치 및 면적을 정정하는 경우
② 토지이동정리결의서의 내용과 다르게 정리된 경우
③ 지적공부의 작성 또는 재작성 당시 잘못 정리된 경우
④ 지적측량성과와 다르게 정리된 경우
⑤ 지적공부의 등록사항이 잘못 입력된 경우

풀이 공간정보의 구축 및 관리 등에 관한 법률 시행령 제82조(등록사항의 직권정정 등)
① 지적소관청이 법 제84조제2항에 따라 지적공부의 등록사항에 잘못이 있는지를 직권으로 조사·측량하여 정정할 수 있는 경우는 다음 각 호와 같다. 〈개정 2015.6.1.〉

> 1. 제84조제2항에 따른 토지이동정리 결의서의 내용과 다르게 정리된 경우
> 2. 지적도 및 임야도에 등록된 필지가 면적의 증감 없이 경계의 위치만 잘못된 경우
> 3. 1필지가 각각 다른 지적도나 임야도에 등록되어 있는 경우로서 지적공부에 등록된 면적과 측량한 실제면적은 일치하지만 지적도나 임야도에 등록된 경계가 서로 접합되지 않아 지적도나 임야도에 등록된 경계를 지상의 경계에 맞추어 정정하여야 하는 토지가 발견된 경우
> 4. 지적공부의 작성 또는 재작성 당시 잘못 정리된 경우
> 5. 지적측량성과와 다르게 정리된 경우
> 6. 법 제29조제10항에 따라 지적공부의 등록사항을 정정하여야 하는 경우
> 7. 지적공부의 등록사항이 잘못 입력된 경우
> 8. 「부동산등기법」 제37조제2항에 따른 통지가 있는 경우
> 9. 법률 제2801호 지적법 개정법률 부칙 제3조에 따른 면적 환산이 잘못된 경우

② 지적소관청은 제1항 각 호의 어느 하나에 해당하는 토지가 있을 때에는 지체 없이 관계 서류에 따라 지적공부의 등록사항을 정정하여야 한다.
③ 지적공부의 등록사항 중 경계나 면적 등 측량을 수반하는 토지의 표시가 잘못된 경우에는 지적소관청은 그 정정이 완료될 때까지 지적측량을 정지시킬 수 있다. 다만, 잘못 표시된 사항의 정정을 위한 지적측량은 그러하지 아니하다.

16 다음 용어에 대한 설명 중 틀린 것은?

① "등록전환"이란 임야대장 및 임야도에 등록된 토지를 토지대장 및 지적도에 옮겨 등록하는 것을 말한다.

② "토지의 이동"이란 토지의 표시를 새로 정하거나 변경 또는 말소하는 것을 말한다.

③ "토지의 표시"란 지적공부에 토지의 소재 · 지번 · 지목 · 면적 · 경계 또는 좌표를 등록한 것을 말한다.

④ "경계점"이란 필지를 구획하는 선의 굴곡점으로서 지적도나 임야도에 도해 형태로 등록하거나 경계점좌표등록부에 좌표 형태로 등록한 점을 말한다.

⑤ "축척변경"이란 지적도에 등록된 경계점의 정밀도를 높이기 위하여 큰 축척을 작은 축척으로 변경하여 등록하는 것을 말한다.

> **풀이** **공간정보의 구축 및 관리 등에 관한 법률 제2조(정의)**
>
> 4. "지적측량"이란 토지를 지적공부에 등록하거나 지적공부에 등록된 경계점을 지상에 복원하기 위하여 제21호에 따른 필지의 경계 또는 좌표와 면적을 정하는 측량을 말하며, 지적확정측량 및 지적재조사측량을 포함한다.
>
> 4의2. "지적확정측량"이란 제86조제1항에 따른 사업이 끝나 토지의 표시를 새로 정하기 위하여 실시하는 지적측량을 말한다.
>
> 4의3. "지적재조사측량"이란 「지적재조사에 관한 특별법」에 따른 지적재조사사업에 따라 토지의 표시를 새로 정하기 위하여 실시하는 지적측량을 말한다.
>
> 19. "지적공부"란 토지대장, 임야대장, 공유지연명부, 대지권등록부, 지적도, 임야도 및 경계점좌표등록부 등 지적측량 등을 통하여 조사된 토지의 표시와 해당 토지의 소유자 등을 기록한 대장 및 도면(정보처리시스템을 통하여 기록 · 저장된 것을 포함한다)을 말한다.
>
> 19의2. "연속지적도"란 지적측량을 하지 아니하고 전산화된 지적도 및 임야도 파일을 이용하여, 도면상 경계점들을 연결하여 작성한 도면으로서 측량에 활용할 수 없는 도면을 말한다.
>
> 19의3. "부동산종합공부"란 토지의 표시와 소유자에 관한 사항, 건축물의 표시와 소유자에 관한 사항, 토지의 이용 및 규제에 관한 사항, 부동산의 가격에 관한 사항 등 부동산에 관한 종합정보를 정보관리체계를 통하여 기록 · 저장한 것을 말한다.
>
> 20. "토지의 표시"란 지적공부에 토지의 소재 · 지번(地番) · 지목(地目) · 면적 · 경계 또는 좌표를 등록한 것을 말한다.
>
> 25. "경계점"이란 필지를 구획하는 선의 굴곡점으로서 지적도나 임야도에 도해(圖解) 형태로 등록하거나 경계점좌표등록부에 좌표 형태로 등록하는 점을 말한다.
>
> 30. "등록전환"이란 임야대장 및 임야도에 등록된 토지를 토지대장 및 지적도에 옮겨 등록하는 것을 말한다.
>
> 34. "축척변경"이란 지적도에 등록된 경계점의 정밀도를 높이기 위하여 작은 축척을 큰 축척으로 변경하여 등록하는 것을 말한다.

17 다음 중 신규등록 신청 시 제출서류에 해당하지 않는 것은?

① 법원의 확정판결서 정본 또는 사본

② 측량결과도 및 측량성과도

③ 「공유수면 관리 및 매립에 관한 법률」에 따른 준공검사확인증 사본

④ 도시계획구역의 토지를 그 지방자치단체의 명의로 등록하는 때에는 기획재정부장관과 협의한 문서의 사본

⑤ 그 밖에 소유권을 증명할 수 있는 서류의 사본

풀이 공간정보의 구축 및 관리 등에 관한 법률 제77조(신규등록 신청)

토지소유자는 신규등록할 토지가 있으면 대통령령으로 정하는 바에 따라 그 사유가 발생한 날부터 60일 이내에 지적소관청에 신규등록을 신청하여야 한다.

공간정보의 구축 및 관리 등에 관한 법률 시행규칙 제81조(신규등록 신청) 암기 ❀❀❀❀❀

① 영 제63조에서 "국토교통부령으로 정하는 서류"란 다음 각 호의 어느 하나에 해당하는 서류를 말한다.

> 1. 법원의 확정판결서 **정**본 또는 **사**본
> 2. 「공유수면 관리 및 매립에 관한 법률」에 따른 **준**공검사확인증 **사**본
> 3. 법률 제6389호 지적법 개정법률 부칙 제5조에 따라 도시계획구역의 토지를 그 지방자치단체의 명의로 등록하는 때에는 **기**획재정부장관과 협의한 문서의 **사**본
> 4. 그 밖에 **소**유권을 증명할 수 있는 서류의 **사**본

② 제1항 각 호의 어느 하나에 해당하는 서류를 해당 지적소관청이 관리하는 경우에는 지적소관청의 확인으로 그 서류의 제출을 갈음할 수 있다.

18 다음 중 지적도면에 대한 설명으로 틀린 것은?

① 경계점좌표등록부를 갖추어 두는 지역의 지적도에는 해당 도면의 제명 끝에 "(좌표)"라고 표시하고 도곽선의 오른쪽 아래 끝에 "이 도면에 의하여 측량을 할 수 없음"이라고 기재하여야 한다.

② 지적도면에는 지적소관청의 직인을 날인하여야 한다. 다만, 정보처리시스템을 이용하여 관리하는 지적도면의 경우에는 그러하지 아니하다.

③ 지적소관청은 지적도면의 관리에 필요한 경우에는 지번부여지역마다 일람도와 지번색인표를 작성하여 갖춰 둘 수 있다.

④ 지적도 시행지역에서의 거리측정은 5cm, 임야도 시행지역에서의 거리측정은 50cm 단위로 측정한다.

⑤ 지적도는 1/500, 1/600, 1/1000, 1/1200, 1/2400으로 5종이며, 임야도는 1/3000, 1/6000 2종이다.

풀이 공간정보의 구축 및 관리 등에 관한 법률 시행규칙 제69조(지적도면 등의 등록사항 등)

① 법 제72조에 따른 지적도 및 임야도는 각각 별지 제67호 서식 및 별지 제68호 서식과 같다.

② 법 제72조제5호에서 "그 밖에 국토교통부령으로 정하는 사항"이란 다음 각 호의 사항을 말한다. 〈개정 2013.3.23.〉

> 1. 지적도면의 색인도(인접도면의 연결 순서를 표시하기 위하여 기재한 도표와 번호를 말한다)
> 2. 지적도면의 제명 및 축척
> 3. 도곽선(圖廓線)과 그 수치
> 4. 좌표에 의하여 계산된 경계점 간의 거리(경계점좌표등록부를 갖추어 두는 지역으로 한정한다)
> 5. 삼각점 및 지적기준점의 위치
> 6. 건축물 및 구조물 등의 위치
> 7. 그 밖에 국토교통부장관이 정하는 사항

③ 경계점좌표등록부를 갖추어 두는 지역의 지적도에는 해당 도면의 제명 끝에 "(좌표)"라고 표시하고, 도곽선의 오른쪽 아래 끝에 "이 도면에 의하여 측량을 할 수 없음"이라고 적어야 한다.

④ 지적도면에는 지적소관청의 직인을 날인하여야 한다. 다만, 정보처리시스템을 이용하여 관리하는 지적도면의 경우에는 그러하지 아니하다.

⑤ 지적소관청은 지적도면의 관리에 필요한 경우에는 지번부여지역마다 일람도와 지번색인표를 작성하여 갖춰
둘 수 있다.

⑥ 지적도면의 축척은 다음 각 호의 구분에 따른다.

> 1. 지적도 : 1/500, 1/600, 1/1000, 1/1200, 1/2400, 1/3000, 1/6000
> 2. 임야도 : 1/3000, 1/6000

19 지적측량수행자의 성실의무에 해당하지 않는 것은?

① 지적측량수행자는 손해배상책임을 보장하기 위하여 대통령령으로 정하는 바에 따라 보험에 가입 등
필요한 조치를 하여야 한다.

② 지적측량수행자는 신의와 성실로써 공정하게 지적측량을 하여야 한다.

③ 정당한 사유 없이 지적측량 신청을 거부하여서는 아니 된다.

④ 지적측량수행자는 본인, 배우자 또는 직계 존속·비속이 소유한 토지에 대한 지적측량을 하여서는
아니 된다.

⑤ 지적측량수행자는 지적측량수수료 외에는 어떠한 명목으로도 그 업무와 관련된 대가를 받으면 아니
된다.

풀이 **공간정보의 구축 및 관리 등에 관한 법률 제50조(지적측량수행자의 성실의무 등)**

① 지적측량수행자(소속 지적기술자를 포함한다. 이하 이 조에서 같다)는 신의와 성실로써 공정하게 지적측량
을 하여야 하며, 정당한 사유 없이 지적측량 신청을 거부하여서는 아니 된다. 〈개정 2013.7.17.〉

② 지적측량수행자는 본인, 배우자 또는 직계 존속·비속이 소유한 토지에 대한 지적측량을 하여서는 아니 된다.

③ 지적측량수행자는 제106조제2항에 따른 지적측량수수료 외에는 어떠한 명목으로도 그 업무와 관련된 대가
를 받으면 아니 된다.

20 고유번호에 대한 설명으로 옳지 못한 것은?

① 고유번호는 총 19자리로 구성한다.　　② 행정구역의 명칭은 10자리로 구성한다.

③ 지번은 8자리로 구성한다.　　④ 대장구분은 1자리로 구성한다.

⑤ 리·동은 2자리로 구성한다.

풀이 **토지의 고유번호**

각 필지를 서로 구별하기 위하여 필지마다 붙이는 고유한 번호를 말하는 것으로 토지소재 및 지번을 코드화한
번호를 나타내며 19자리로 구성한다. 대장의 구분은 "1", "2"로 표기하되 1은 토지대장, 2는 임야대장을 의미
한다. 또한 지적공부 중 대장이 전산화됨에 따라 폐쇄된 토지대장은 "8", 폐쇄된 임야대장은 "9"로 표기한다.

행적구역체계별 자리수

구분	시·도	시·군·구	읍·면·동	리	대장구분	본번	부번
자릿수	2자리	3자리	3자리	2자리	1자리	4자리	4자리

예 서울특별시 도봉구 도봉동 30 → 1132010800 - 10030 - 0000
　경기도 용인시 기흥구 하갈동 산3 → 4146310400 - 20003 - 0000
　강원도 양양군 강현면 회룡리 100 → 4283035030 - 10100 - 0000

01 지적서고의 설치기준에 관한 설명 중 옳은 것은?

① 지적서고는 지적사무를 처리하는 사무실과 연접(連接)하여 설치할 것

② 골조는 철골조 이상의 강질로 할 것

③ 바닥과 벽은 2중으로 하고 영구적인 방음설비를 할 것

④ 전기시설을 설치하는 때에는 공동퓨즈를 설치하고 소화장비를 갖춰 둘 것

⑤ 온도 및 습도 자동조절장치를 설치하고, 연중 평균온도는 섭씨 18±5도를, 연중 평균습도는 60±5 퍼센트를 유지할 것

풀이 **공간정보의 구축 및 관리 등에 관한 법률 시행규칙 제65조(지적서고의 설치기준 등)**

① 법 제69조제1항에 따른 지적서고는 지적사무를 처리하는 사무실과 연접(連接)하여 설치하여야 한다.

② 제1항에 따른 지적서고의 구조는 다음 각 호의 기준에 따라야 한다.

> 1. 골조는 철근콘크리트 이상의 강질로 할 것
> 2. 지적서고의 면적은 별표 7의 기준면적에 따를 것
> 3. 바닥과 벽은 2중으로 하고 영구적인 방수설비를 할 것
> 4. 창문과 출입문은 2중으로 하되, 바깥쪽 문은 반드시 철제로 하고 안쪽 문은 곤충·쥐 등의 침입을 막을 수 있도록 철망 등을 설치할 것
> 5. 온도 및 습도 자동조절장치를 설치하고, 연중 평균온도는 섭씨 20±5도를, 연중평균습도는 65±5퍼센트를 유지할 것
> 6. 전기시설을 설치하는 때에는 단독퓨즈를 설치하고 소화장비를 갖춰 둘 것
> 7. 열과 습도의 영향을 받지 아니하도록 내부공간을 넓게 하고 천장을 높게 설치할 것

③ 지적서고는 다음 각 호의 기준에 따라 관리하여야 한다.

1. 지적서고는 제한구역으로 지정하고, 출입자를 지적사무담당공무원으로 한정할 것
2. 지적서고에는 인화물질의 반입을 금지하며, 지적공부, 지적 관계 서류 및 지적측량장비만 보관할 것

④ 지적공부 보관상자는 벽으로부터 15센티미터 이상 띄어야 하며, 높이 10센티미터 이상의 깔판 위에 올려놓아야 한다.

02 토지를 합병하는 경우 토지소유자가 60일 이내에 지적소관청에 합병 신청을 해야 하는 대상에 해당하지 않는 것은?

① 「주택법」에 따른 공동주택부지, 도로, 제방　② 하천, 구거, 유지

③ 공장용지, 학교용지, 철도용지　　　　　　　④ 수도용지, 공원, 체육용지

⑤ 유원지, 창고용지, 목장용지

풀이 **공간정보의 구축 및 관리 등에 관한 법률 제80조(합병 신청)** **암기** **도제천구유 창학철수공체**

① 토지소유자는 토지를 합병하려면 대통령령으로 정하는 바에 따라 지적소관청에 합병을 신청하여야 한다.

② 토지소유자는 「주택법」에 따른 공동주택의 부지, **도**로, **제**방, 하**천**, **구**거, **유**지, 그 밖에 대통령령으로 정하는 토지로서 합병하여야 할 토지가 있으면 그 사유가 발생한 날부터 60일 이내에 지적소관청에 합병을 신청하여야 한다.

정답 01 ① 　02 ⑤

③ 다음 각 호의 어느 하나에 해당하는 경우에는 합병 신청을 할 수 없다.

> 1. 합병하려는 토지의 지번부여지역, 지목 또는 소유자가 서로 다른 경우
> 2. 합병하려는 토지에 다음 각 목의 등기 외의 등기가 있는 경우
>
>> 가. 소유권·지상권·전세권 또는 임차권의 등기
>> 나. 승역지(承役地)에 대한 지역권의 등기
>> 다. 합병하려는 토지 전부에 대한 등기원인(登記原因) 및 그 연월일과 접수번호가 같은 저당권의 등기
>> 라. 합병하려는 토지 전부에 대한 「부동산등기법」 제81조제1항 각 호의 등기사항이 동일한 신탁등기
>
> 3. 그 밖에 합병하려는 토지의 지적도 및 임야도의 축척이 서로 다른 경우 등 대통령령으로 정하는 경우

공간정보의 구축 및 관리 등에 관한 법률 시행령 제66조(합병 신청)

① 토지소유자는 법 제80조제1항 및 제2항에 따라 토지의 합병을 신청할 때에는 합병 사유를 적은 신청서를 지적소관청에 제출하여야 한다.

② 법 제80조제2항에서 "대통령령으로 정하는 토지"란 공장용지·학교용지·철도용지·수도용지·공원·체육용지 등 다른 지목의 토지를 말한다.

③ 법 제80조제3항제3호에서 "합병하려는 토지의 지적도 및 임야도의 축척이 서로 다른 경우 등 대통령령으로 정하는 경우"란 다음 각 호의 경우를 말한다. 〈개정 2020.6.9.〉

> 1. 합병하려는 토지의 지적도 및 임야도의 축척이 서로 다른 경우
> 2. 합병하려는 각 필지가 서로 연접하지 않은 경우
> 3. 합병하려는 토지가 등기된 토지와 등기되지 아니한 토지인 경우
> 4. 합병하려는 각 필지의 지목은 같으나 일부 토지의 용도가 다르게 되어 법 제79조제2항에 따른 분할대상 토지인 경우. 다만, 합병 신청과 동시에 토지의 용도에 따라 분할 신청을 하는 경우는 제외한다.
> 5. 합병하려는 토지의 소유자별 공유지분이 다르거나 소유자의 주소가 서로 다른 경우
> 6. 합병하려는 토지가 구획정리, 경지정리 또는 축척변경을 시행하고 있는 지역의 토지와 그 지역 밖의 토지인 경우

03 지적측량업자에 대한 설명으로 적합하지 않은 것은?

① 경계점좌표등록부가 있는 지역에서의 지적측량은 업무 범위에 포함된다.

② 지적측량업자는 지적측량업 등록증을 발급받은 날로부터 10일 이내에 보증보험에 가입해야 한다.

③ 지적측량업의 등록 신청을 하는 경우 적합 여부는 관할 지적소관청에서 심사한다.

④ 지적측량업을 등록한 자는 등록사항을 변경한 경우 변경된 날로부터 30일 이내에 변경사항을 신고해야 한다.

⑤ 지적측량업자가 영업정지기간 중에 계속 영업을 한 경우 지적측량업의 등록취소 대상이다.

풀이 **공간정보의 구축 및 관리 등에 관한 법률 제45조(지적측량업자의 업무 범위)**

제44조제1항제2호에 따른 지적측량업의 등록을 한 자(이하 "지적측량업자"라 한다)는 제23조제1항제1호 및 제3호부터 제5호까지의 규정에 해당하는 사유로 하는 지적측량 중 다음 각 호의 지적측량과 지적전산자료를 활용한 정보화사업을 할 수 있다. 〈개정 2011.9.16., 2013.7.17.〉

1. 제73조에 따른 경계점좌표등록부가 있는 지역에서의 지적측량
2. 「지적재조사에 관한 특별법」에 따른 사업지구에서 실시하는 지적재조사측량
3. 제86조에 따른 도시개발사업 등이 끝남에 따라 하는 지적확정측량

공간정보의 구축 및 관리 등에 관한 법률 시행령 제39조(지적전산자료를 활용한 정보화사업 등)

법 제45조에 따른 지적전산자료를 활용한 정보화사업에는 다음 각 호의 사업을 포함한다.

1. 지적도ㆍ임야도, 연속지적도, 도시개발사업 등의 계획을 위한 지적도 등의 정보처리시스템을 통한 기록ㆍ저장 업무
2. 토지대장, 임야대장의 전산화 업무

공간정보의 구축 및 관리 등에 관한 법률 시행령 제41조(손해배상책임의 보장)

① 지적측량수행자는 법 제51조제2항에 따라 손해배상책임을 보장하기 위하여 다음 각 호의 구분에 따라 보증보험에 가입하거나 공간정보산업협회가 운영하는 보증 또는 공제에 가입하는 방법으로 보증설정(이하 "보증설정"이라 한다)을 하여야 한다. 〈개정 2017.1.10.〉

1. 지적측량업자 : 보장기간 10년 이상 및 보증금액 1억 원 이상
2. 「국가공간정보 기본법」 제12조에 따라 설립된 한국국토정보공사(이하 "한국국토정보공사"라 한다) : 보증금액 20억 원 이상

② 지적측량업자는 지적측량업 등록증을 발급받은 날부터 10일 이내에 제1항제1호의 기준에 따라 보증설정을 하여야 하며, 보증설정을 하였을 때에는 이를 증명하는 서류를 제35조제1항에 따라 등록한 시ㆍ도지사에게 제출하여야 한다. 〈개정 2014.1.17., 2017.1.10.〉

공간정보의 구축 및 관리 등에 관한 법률 시행령 제35조(측량업의 등록 등)

① 법 제44조제1항제1호의 측지측량업과 이 영 제34조제1항제3호부터 제9호까지의 측량업은 국토교통부장관에게 등록하고, 법 제44조제1항제2호의 지적측량업과 이 영 제34조제1항제1호 및 제2호의 측량업은 특별시장ㆍ광역시장ㆍ특별자치시장 또는 도지사에게 등록하여야 한다. 다만, 특별자치도의 경우에는 법 제44조제1항제1호 및 제2호와 이 영 제34조제1항 각 호의 측량업을 특별자치도지사에게 등록하여야 한다.

② 제1항에 따라 측량업의 등록을 하려는 자는 국토교통부령으로 정하는 신청서(전자문서로 된 신청서를 포함한다)에 다음 각 호의 서류(전자문서를 포함한다)를 첨부하여 국토교통부장관 또는 시ㆍ도지사에게 제출하여야 한다. 〈개정 2013.3.23., 2014.1.17., 2017.1.10.〉

1. 별표 8에 따른 기술인력을 갖춘 사실을 증명하기 위한 다음 각 목의 서류
   가. 보유하고 있는 측량기술자의 명단
   나. 가목의 인력에 대한 측량기술 경력증명서
2. 별표 8에 따른 장비를 갖춘 사실을 증명하기 위한 다음 각 목의 서류
   가. 보유하고 있는 장비의 명세서
   나. 가목의 장비의 성능검사서 사본
   다. 소유권 또는 사용권을 보유한 사실을 증명할 수 있는 서류

③ 제1항에 따른 등록신청을 받은 국토교통부장관 또는 시ㆍ도지사는 「전자정부법」 제36조제1항에 따른 행정정보의 공동이용을 통하여 다음 각 호의 행정정보를 확인하여야 한다. 다만, 사업자등록증 및 제2호의 서류에 대해서는 신청인으로부터 확인에 대한 동의를 받고, 신청인이 확인에 동의하지 아니하는 경우에는 해당 서류의 사본을 첨부하도록 하여야 한다.

1. 사업자등록증 또는 법인등기부 등본(법인인 경우만 해당한다)
2. 「국가기술자격법」에 따른 국가기술자격(정보처리기사의 경우만 해당한다)

정답

④ 제2항에 따른 측량업의 등록신청을 받은 국토교통부장관 또는 시·도지사는 신청받은 날부터 10일 이내에 법 제44조에 따른 등록기준에 적합한지와 법 제47조 각 호의 결격사유가 없는지를 심사한 후 적합하다고 인정할 때에는 측량업등록부에 기록하고, 측량업등록증과 측량업등록수첩을 발급하여야 한다. 〈개정 2017.1.10.〉

⑤ 국토교통부장관 또는 시·도지사는 제2항에 따른 측량업의 등록신청이 등록기준에 적합하지 아니하다고 인정할 때에는 신청인에게 그 뜻을 통지하여야 한다.

⑥ 국토교통부장관 또는 시·도지사는 법 제44조제2항에 따라 등록을 하였을 때에는 이를 해당 기관의 게시판 이나 인터넷 홈페이지에 10일 이상 공고하여야 한다.

공간정보의 구축 및 관리 등에 관한 법률 시행령 제37조(등록사항의 변경)

① 측량업의 등록을 한 자는 등록사항 중 다음 각 호의 어느 하나에 해당하는 사항을 변경하였을 때에는 법 제44 조제4항에 따라 변경된 날부터 30일 이내에 국토교통부령으로 정하는 바에 따라 변경신고를 하여야 한다. 다만, 제4호에 해당하는 사항을 변경한 때에는 그 변경이 있은 날부터 90일 이내에 변경신고를 하여야 한다.

> 1. 주된 영업소 또는 지점의 소재지
> 2. 상호
> 3. 대표자
> 4. 기술인력 및 장비

② 둘 이상의 측량업에 등록한 자가 제1항제1호부터 제3호까지의 등록사항을 변경한 경우로서 제35조제1항에 따라 등록한 기관이 같은 경우에는 이를 한꺼번에 신고할 수 있다.

04 다음 중 지목분류에 대한 설명으로 옳지 않은 것은?

① 사과, 배, 밤, 호두, 귤나무 등 과수류를 집단 재배하는 토지는 과수원이다.

② 유선장, 낚시터, 경마장 등의 부지는 유원지다.

③ 방조제, 방수제, 방사제, 방파제 등의 부지는 제방이다.

④ 1필지 이상에 진입하는 통로나 고속도로 휴게소 부지는 도로이다.

⑤ 갈대밭, 야외시장, 공동우물, 오물처리장 등의 부지는 잡종지이다.

풀이 공간정보의 구축 및 관리 등에 관한 법률 시행령 제58조(지목의 구분)

법 제67조제1항에 따른 지목의 구분은 다음 각 호의 기준에 따른다.

14. 도로

다음 각 목의 토지. 다만, 아파트·공장 등 단일 용도의 일정한 단지 안에 설치된 통로 등은 제외한다.

> 가. 일반 공중(公衆)의 교통 운수를 위하여 보행이나 차량운행에 필요한 일정한 설비 또는 형태를 갖추어 이용되는 토지
> 나. 「도로법」 등 관계 법령에 따라 도로로 개설된 토지
> 다. 고속도로의 휴게소 부지
> 라. 2필지 이상에 진입하는 통로로 이용되는 토지

정답 04 ④

05 부동산의 효율적 이용과 관련 정보의 종합적 관리 · 운영을 위하여 활용되고 있는 부동산종합공부의 등록사항으로 옳지 않은 것은?

① 지적공부의 내용
② 건축물대장의 내용
③ 국토계획에 관련된 내용
④ 토지이용계획확인서 내용
⑤ 개별공시지가에 대한 내용

> **풀이** 공간정보의 구축 및 관리 등에 관한 법률 제76조의3(부동산종합공부의 등록사항 등)
> 지적소관청은 부동산종합공부에 다음 각 호의 사항을 등록하여야 한다.
> 1. 토지의 표시와 소유자에 관한 사항 : 이 법에 따른 지적공부의 내용
> 2. 건축물의 표시와 소유자에 관한 사항(토지에 건축물이 있는 경우만 해당한다) : 「건축법」 제38조에 따른 건축물대장의 내용
> 3. 토지의 이용 및 규제에 관한 사항 : 「토지이용규제 기본법」 제10조에 따른 토지이용계획확인서의 내용
> 4. 부동산의 가격에 관한 사항 : 「부동산 가격공시 및 감정평가에 관한 법률」 제11조에 따른 개별공시지가, 같은 법 제16조 및 제17조에 따른 개별주택가격 및 공동주택가격 공시내용
> 5. 그 밖에 부동산의 효율적 이용과 부동산과 관련된 정보의 종합적 관리 · 운영을 위하여 필요한 사항으로서 대통령령으로 정하는 사항
>
> **공간정보의 구축 및 관리 등에 관한 법률·시행령 제62조의2(부동산종합공부의 등록사항)**
> 법 제76조의3제5호에서 "대통령령으로 정하는 사항"이란 「부동산등기법」 제48조에 따른 부동산의 권리에 관한 사항을 말한다.

06 「공간정보의 구축 및 관리 등에 관한 법률」에서 규정하고 있는 지적 관련 용어에 대한 설명으로 적합하지 않은 것은?

① 필지란 대통령령으로 정하는 바에 따라 구획되는 토지의 등록단위이다.
② 면적이란 지적공부에 등록한 필지의 수평면상의 넓이를 말한다.
③ 지번부여지역이란 지번을 부여하는 단위지역으로서 동 · 리 또는 이에 준하는 지역을 말한다.
④ 지적공부란 토지대장, 임야대장, 지적도, 임야도, 대지권등록부, 공유지연명부, 지번색인표 등을 말한다.
⑤ 축척변경이란 지적도에 등록된 경계점의 정밀도를 높이기 위하여 작은 축척을 큰 축척으로 변경하여 등록하는 것을 말한다.

> **풀이** 공간정보의 구축 및 관리 등에 관한 법률 제2조(정의)
> 이 법에서 사용하는 용어의 뜻은 다음과 같다.
> 19. "지적공부"란 토지대장, 임야대장, 공유지연명부, 대지권등록부, 지적도, 임야도 및 경계점좌표등록부 등 지적측량 등을 통하여 조사된 토지의 표시와 해당 토지의 소유자 등을 기록한 대장 및 도면(정보처리시스템을 통하여 기록 · 저장된 것을 포함한다)을 말한다.
> 19의2. "연속지적도"란 지적측량을 하지 아니하고 전산화된 지적도 및 임야도 파일을 이용하여, 도면상 경계점들을 연결하여 작성한 도면으로서 측량에 활용할 수 없는 도면을 말한다.
> 19의3. "부동산종합공부"란 토지의 표시와 소유자에 관한 사항, 건축물의 표시와 소유자에 관한 사항, 토지의 이용 및 규제에 관한 사항, 부동산의 가격에 관한 사항 등 부동산에 관한 종합정보를 정보관리체계를 통하여 기록 · 저장한 것을 말한다.

07 다음 중 지번과 경계에 대한 설명으로 적합하지 않은 것은?

① 등록전환 시 지번을 부여할 때 대상 토지가 여러 필지로 되어 있는 경우 그 지번부여지역의 최종 본번의 다음 순번부터 본번으로 하여 지번을 부여할 수 있다.

② 지번을 변경하는 경우 시·도지사나 대도시 시장의 승인을 받아야 한다.

③ 지상의 경계를 결정할 때 구거 등 토지에 절토된 부분이 있는 경우 그 경사면의 하단부를 기준으로 한다.

④ 지상경계점등록부를 작성하는 경우 경계점 위치 설명도 및 경계점의 사진 파일도 등록사항에 포함된다.

⑤ 법원의 확정판결이 있는 경우 분할에 따른 지상 경계가 지상건축물에 걸리게 결정할 수 있다.

풀이 공간정보의 구축 및 관리 등에 관한 법률 시행령 제55조(지상 경계의 결정기준 등)

① 법 제65조제1항에 따른 지상 경계의 결정기준은 다음 각 호의 구분에 따른다. 〈개정 2014.1.17.〉

> 1. 연접되는 토지 간에 높낮이 차이가 없는 경우 : 그 구조물 등의 중앙
> 2. 연접되는 토지 간에 높낮이 차이가 있는 경우 : 그 구조물 등의 하단부
> 3. 도로·구거 등의 토지에 절토(切土)된 부분이 있는 경우 : 그 경사면의 상단부
> 4. 토지가 해면 또는 수면에 접하는 경우 : 최대만조위 또는 최대만수위가 되는 선
> 5. 공유수면매립지의 토지 중 제방 등을 토지에 편입하여 등록하는 경우 : 바깥쪽 어깨부분

08 현행 「공간정보의 구축 및 관리 등에 관한 법률」상 지적공부와 관련하여 설명한 것으로 적합하지 않은 것은?

① 관할 시·도지사의 승인이 있는 경우 지적공부를 해당 청사 밖으로 반출 가능하다.

② 지적서고에 지적공부를 보관하는 경우 보관상자는 벽으로부터 15cm 이상 띄어서 보관한다.

③ 일람도, 지번색인표, 지적도면은 지번부여지역별로 도면번호 순서에 따라 각 장별로 보관한다.

④ 지적공부의 멸실 등에 대비하여 복제하는 경우 2부를 복사하여 1부는 지적정보관리체계에 보관하고 나머지 1부는 시장·군수·구청장이 지정한 별도의 장소에 보관한다.

⑤ 지적공부를 복구하는 경우 소유자에 관한 사항은 부동산등기부나 법원의 확정판결에 따라 복구한다.

풀이 공간정보의 구축 및 관리 등에 관한 법률 제69조(지적공부의 보존 등)

① 지적소관청은 해당 청사에 지적서고를 설치하고 그곳에 지적공부(정보처리시스템을 통하여 기록·저장한 경우는 제외한다. 이하 이 항에서 같다)를 영구히 보존하여야 하며, 다음 각 호의 어느 하나에 해당하는 경우 외에는 해당 청사 밖으로 지적공부를 반출할 수 없다.

> 1. 천재지변이나 그 밖에 이에 준하는 재난을 피하기 위하여 필요한 경우
> 2. 관할 시·도지사 또는 대도시 시장의 승인을 받은 경우

② 지적공부를 정보처리시스템을 통하여 기록·저장한 경우 관할 시·도지사, 시장·군수 또는 구청장은 그 지적공부를 지적정보관리체계에 영구히 보존하여야 한다. 〈개정 2013.7.17.〉

③ 국토교통부장관은 제2항에 따라 보존하여야 하는 지적공부가 멸실되거나 훼손될 경우를 대비하여 지적공부를 복제하여 관리하는 정보관리체계를 구축하여야 한다. 〈개정 2013.3.23., 2013.7.17.〉

④ 지적서고의 설치기준, 지적공부의 보관방법 및 반출승인 절차 등에 필요한 사항은 국토교통부령으로 정한다.

공간정보의 구축 및 관리 등에 관한 법률 시행규칙 제65조(지적서고의 설치기준 등)

① 법 제69조제1항에 따른 지적서고는 지적사무를 처리하는 사무실과 연접(連接)하여 설치하여야 한다.

② 제1항에 따른 지적서고의 구조는 다음 각 호의 기준에 따라야 한다.

> 1. 골조는 철근콘크리트 이상의 강질로 할 것
> 2. 지적서고의 면적은 별표 7의 기준면적에 따를 것
> 3. 바닥과 벽은 2중으로 하고 영구적인 방수설비를 할 것
> 4. 창문과 출입문은 2중으로 하되, 바깥쪽 문은 반드시 철제로 하고 안쪽 문은 곤충·쥐 등의 침입을 막을 수 있도록 철망 등을 설치할 것
> 5. 온도 및 습도 자동조절장치를 설치하고, 연중 평균온도는 섭씨 20±5도를, 연중평균습도는 65±5퍼센트를 유지할 것
> 6. 전기시설을 설치하는 때에는 단독퓨즈를 설치하고 소화장비를 갖춰 둘 것
> 7. 열과 습도의 영향을 받지 아니하도록 내부공간을 넓게 하고 천장을 높게 설치할 것

③ 지적서고는 다음 각 호의 기준에 따라 관리하여야 한다.

> 1. 지적서고는 제한구역으로 지정하고, 출입자를 지적사무담당공무원으로 한정할 것
> 2. 지적서고에는 인화물질의 반입을 금지하며, 지적공부, 지적 관계 서류 및 지적측량장비만 보관할 것

④ 지적공부 보관상자는 벽으로부터 15센티미터 이상 띄워야 하며, 높이 10센티미터 이상의 깔판 위에 올려놓아야 한다.

공간정보의 구축 및 관리 등에 관한 법률 시행령 제61조(지적공부의 복구)

① 지적소관청이 법 제74조에 따라 지적공부를 복구할 때에는 멸실·훼손 당시의 지적공부와 가장 부합된다고 인정되는 관계 자료에 따라 토지의 표시에 관한 사항을 복구하여야 한다. 다만, 소유자에 관한 사항은 부동산등기부나 법원의 확정판결에 따라 복구하여야 한다.

② 제1항에 따른 지적공부의 복구에 관한 관계 자료 및 복구절차 등에 관하여 필요한 사항은 국토교통부령으로 정한다.

지적업무처리규정 제34조(지적공부의 복제 등)

① 시장·군수·구청장은 법 제69조제3항에 따라 지적공부를 복제할 때에는 2부를 복제하여야 한다.

② 제1항에 따라 복제된 지적공부 1부는 법 제69조제2항에 따라 보관하고, 나머지 1부는 시·도지사가 지정하는 안전한 장소에 이중문이 설치된 내화금고 등에 6개월 이상 보관하여야 한다.

09 지적재조사측량성과의 결정 기준으로 옳은 것은?

① 지적기준점 : ±0.01m, 경계점 : ±0.02m ② 지적기준점 : ±0.02m, 경계점 : ±0.03m
③ 지적기준점 : ±0.03m, 경계점 : ±0.07m ④ 지적기준점 : ±0.02m, 경계점 : ±0.07m
⑤ 지적기준점 : ±0.03m, 경계점 : ±0.03m

풀이 **지적재조사에 관한 특별법 시행규칙 제7조(지적재조사측량성과의 결정)**

지적재조사측량성과와 지적재조사측량성과에 대한 검사의 연결교차가 다음 각 호의 범위 이내일 때에는 해당 지적재조사측량성과를 최종 측량성과로 결정한다.

> 1. 지적기준점 : ±0.03미터
> 2. 경계점 : ±0.07미터

정답 **09** ③

10 현행 법률에서 규정하고 있는 벌칙 구분 중 1년 이하의 징역 또는 1천만 원 이하의 벌금형에 해당되지 않는 것은?

① 둘 이상의 측량업자에게 소속된 측량기술자
② 무단으로 측량성과 또는 측량기록을 복제한 자
③ 측량기술자가 아님에도 불구하고 측량을 한 자
④ 지적측량수수료 외의 대가를 받은 지적측량기술자
⑤ 측량기준점표지를 이전 또는 파손하거나 그 효용을 해치는 행위를 한 자

풀이 공간정보의 구축 및 관리 등에 관한 법률 제107~109조(벌칙)

벌칙(법률 제107~109조)	
3년 이하의 징역 또는 3천만 원 이하의 벌금 **암기** ㈜㈝㈙	측량업자로서 속㈜수, ㈝력(威力), 그 밖의 방법으로 측량업과 관련된 입찰의 ㈙정성을 해친 자는 3년 이하의 징역 또는 3천만 원 이하의 벌금에 처한다.
2년 이하의 징역 또는 2천만 원 이하의 벌금 **암기** ㈎㈛㈜ ㈝㈙㈛㈎	1. 측량업의 등록을 하지 아니하거나 ㈎짓이나 그 밖의 ㈝정한 방법으로 측량업의 ㈛록을 하고 측량업을 한 자 2. 성능검사대행자의 등록을 하지 아니하거나 ㈎짓이나 그 밖의 ㈝정한 방법으로 성능검사대행자의 ㈛록을 하고 성능검사업무를 한 자 3. 측량성과를 국㈎로 반출한 자 4. 측량기준점㈖지를 이전 또는 파손하거나 그 효용을 해치는 행위를 한 자 5. 고의로 측량㈙과를 사실과 다르게 한 자 6. 성능㈎사를 부정하게 한 성능검사대행자
1년 이하의 징역 또는 1천만 원 이하의 벌금 **암기** ㈛㈝㈓㈒ ㈍㈎㈍㈛	1. ㈓ 이상의 측량업자에게 소속된 측량기술자 2. 업무상 알게 된 ㈒밀을 누설한 측량기술자 3. 거짓(㈍위)으로 다음 각 목의 신청을 한 자 가. 신규등록 신청 　　　 나. 등록전환 신청 다. 분할 신청 　　　　　 라. 합병 신청 마. 지목변경 신청 　　　 바. 바다로 된 토지의 등록말소 신청 사. 축척변경 신청 　　　 아. 등록사항의 정정 신청 자. 도시개발사업 등 시행지역의 토지이동 신청 4. 측량기술자가 아님에도 ㈓구하고 측량을 한 자 5. 지적측량수수료 외의 ㈒가를 받은 지적측량기술자 6. 심사를 받지 아니하고 지도 등을 간행하여 ㈝매하거나 배포한 자 7. 다른 사람에게 측량업등록증 또는 측량업등록수첩을 빌려(㈍여)주거나 자기의 성명 또는 상호를 사용하여 측량업무를 하게 한 자 8. 다른 사람의 측량업등록증 또는 측량업등록수첩을 빌려서(㈍여) 사용하거나 다른 사람의 성명 또는 상호를 사용하여 측량업무를 한 자 9. 다른 사람에게 자기의 성능검사대행자 등록증을 빌려(㈍여)주거나 자기의 성명 또는 상호를 사용하여 성능검사대행업무를 수행하게 한 자 10. 다른 사람의 성능검사대행자 등록증을 빌려서(㈍여) 사용하거나 다른 사람의 성명 또는 상호를 사용하여 성능검사대행업무를 수행한 자 11. 무단으로 측량성과 또는 측량기록을 ㈛제한 자

정답 10 ⑤

CHAPTER 01 공무원 시험문제 **59**

11 다음 중 지적삼각점측량과 지적삼각보조점측량의 실시기준에 해당하는 경우로 옳지 않은 것은?

① 세부측량을 하기 위하여 특히 필요한 경우
② 세부측량을 하기 위하여 지적삼각점의 설치가 필요한 경우
③ 지적도근점의 설치를 위하여 지적삼각보조점의 설치가 필요한 경우
④ 측량지역의 지형상 지적삼각보조점의 설치가 필요한 경우
⑤ 측량지역의 지형상 지적삼각점이나 지적삼각보조점의 재설치가 필요한 경우

풀이 **지적측량 시행규칙 제6조(지적측량의 실시기준)**
① 지적삼각점측량·지적삼각보조점측량은 다음 각 호의 어느 하나에 해당하는 경우에 실시한다.
　1. 측량지역의 지형상 지적삼각점이나 지적삼각보조점의 설치 또는 재설치가 필요한 경우
　2. 지적도근점의 설치 또는 재설치를 위하여 지적삼각점이나 지적삼각보조점의 설치가 필요한 경우
　3. 세부측량을 하기 위하여 지적삼각점 또는 지적삼각보조점의 설치가 필요한 경우
② 지적도근점측량은 다음 각 호의 어느 하나에 해당하는 경우에 실시한다.

> 1. 법 제83조에 따라 축척변경을 위한 측량을 하는 경우
> 2. 법 제86조에 따른 도시개발사업 등으로 인하여 지적확정측량을 하는 경우
> 3. 「국토의 계획 및 이용에 관한 법률」 제7조제1호의 도시지역에서 세부측량을 하는 경우
> 4. 측량지역의 면적이 해당 지적도 1장에 해당하는 면적 이상인 경우
> 5. 세부측량을 하기 위하여 특히 필요한 경우

③ 세부측량은 법 제23조제1항제2호·제3호·제4호 및 제5호의 경우에 실시한다.

12 토지 등의 출입 등에 따른 손실보상에 관한 설명으로 옳지 않은 것은?

① 손실보상에 관하여는 손실을 보상할 자와 손실을 받은 자가 협의하여야 한다.
② 손실을 보상할 자 또는 손실을 받은 자는 협의가 성립되지 아니하거나 협의를 할 수 없는 경우에는 지적소관청에 재결(裁決)을 신청할 수 있다.
③ 손실보상은 토지, 건물, 나무, 그 밖의 공작물 등의 임대료·거래가격·수익성 등을 고려한 적정가격으로 하여야 한다.
④ 재결을 신청하려는 자는 국토교통부령으로 정하는 바에 따라 협의의 내용 및 손실 발생 사실 등을 적은 재결신청서를 관할 토지수용위원회에 제출하여야 한다.
⑤ 토지 등의 출입 등에 따른 행위로 손실을 받은 자가 있으면 그 행위를 한 자는 그 손실을 보상하여야 한다.

풀이 **공간정보의 구축 및 관리 등에 관한 법률 제102조(토지 등의 출입 등에 따른 손실보상)**
① 제101조제1항에 따른 행위로 손실을 받은 자가 있으면 그 행위를 한 자는 그 손실을 보상하여야 한다.
② 제1항에 따른 손실보상에 관하여는 손실을 보상할 자와 손실을 받은 자가 협의하여야 한다.
③ 손실을 보상할 자 또는 손실을 받은 자는 제2항에 따른 협의가 성립되지 아니하거나 협의를 할 수 없는 경우에는 관할 토지수용위원회에 재결(裁決)을 신청할 수 있다.
④ 관할 토지수용위원회의 재결에 관하여는 「공익사업을 위한 토지 등의 취득 및 보상에 관한 법률」 제84조부터 제88조까지의 규정을 준용한다.

정답 **11** ① **12** ②

공간정보의 구축 및 관리 등에 관한 법률 시행령 제102조(손실보상)

① 법 제102조제1항에 따른 손실보상은 토지, 건물, 나무, 그 밖의 공작물 등의 임대료·거래가격·수익성 등을 고려한 적정가격으로 하여야 한다.

② 법 제102조제3항에 따라 재결을 신청하려는 자는 국토교통부령으로 정하는 바에 따라 다음 각 호의 사항을 적은 재결신청서를 관할 토지수용위원회에 제출하여야 한다. 〈개정 2013.3.23.〉

> 1. 재결의 신청자와 상대방의 성명 및 주소
> 2. 측량의 종류
> 3. 손실 발생 사실
> 4. 보상받으려는 손실액과 그 명세
> 5. 협의의 내용

③ 제2항에 따른 재결에 불복하는 자는 재결서 정본(正本)을 송달받은 날부터 30일 이내에 중앙토지수용위원회에 이의를 신청할 수 있다. 이 경우 그 이의신청은 해당 지방토지수용위원회를 거쳐야 한다.

13 「공간정보의 구축 및 관리 등에 관한 법률」에 따라 토지소유자가 하여야 하는 신청을 대신할 수 있는 경우에 관한 설명으로 옳지 않은 것은?

① 공공사업 등에 따라 학교용지·도로·철도용지·제방·하천·구거·유지·수도용지 등의 지목으로 되는 토지인 경우에는 해당 사업의 시행자가 신청을 대신할 수 있다.

② 국가나 지방자치단체가 취득하는 토지인 경우에는 해당 토지를 관리하는 행정기관의 장 또는 지방자치단체의 장이 신청을 대신할 수 있다.

③ 「주택법」에 따른 공동주택의 부지인 경우에는 「집합건물의 소유 및 관리에 관한 법률」에 따른 관리인 또는 해당사업의 시행자가 신청을 대신할 수 있다.

④ 위 ③의 경우 관리인이 없는 경우에는 공유자 중에서 2인 이상이 공동으로 하여 신청을 대신할 수 있다.

⑤ 「민법」 제404조에 따른 채권자는 신청을 대신할 수 있다.

풀이 공간정보의 구축 및 관리 등에 관한 법률 제87조(신청의 대위)

다음 각 호의 어느 하나에 해당하는 자는 이 법에 따라 토지소유자가 하여야 하는 신청을 대신할 수 있다. 다만, 제84조에 따른 등록사항 정정 대상토지는 제외한다. 〈개정 2014.6.3.〉

1. 공공사업 등에 따라 학교용지·도로·철도용지·제방·하천·구거·유지·수도용지 등의 지목으로 되는 토지인 경우 : 해당 사업의 시행자
2. 국가나 지방자치단체가 취득하는 토지인 경우 : 해당 토지를 관리하는 행정기관의 장 또는 지방자치단체의 장
3. 「주택법」에 따른 공동주택의 부지인 경우 : 「집합건물의 소유 및 관리에 관한 법률」에 따른 관리인(관리인이 없는 경우에는 공유자가 선임한 대표자) 또는 해당 사업의 시행자
4. 「민법」 제404조에 따른 채권자

14 지적기준점표지의 설치, 관리 및 지적기준점성과 관리에 대한 설명으로 적합하지 않은 것은?

① 지적도근점표지의 점간거리는 평균 50m 이상 300m 이하로 한다.
② 지적소관청은 연 1회 이상 지적기준점표지의 이상 유무를 조사한다.
③ 지적도근점성과는 지적소관청에서 관리한다.
④ 지적소관청이 지적삼각점을 설치하거나 변경하는 경우 측량성과를 시 · 도지사에게 통보한다.
⑤ 지적삼각보조점성과는 시 · 도지사가 관리한다.

> **풀이** 지적측량 시행규칙 제3조(지적기준점성과의 관리 등)
>
> 법 제27조제1항에 따른 지적기준점성과의 관리는 다음 각 호에 따른다.
> 1. 지적삼각점성과는 특별시장 · 광역시장 · 도지사 또는 특별자치도지사(이하 "시 · 도지사"라 한다)가 관리하고, 지적삼각보조점성과 및 지적도근점성과는 지적소관청이 관리할 것
> 2. 지적소관청이 지적삼각점을 설치하거나 변경하였을 때에는 그 측량성과를 시 · 도지사에게 통보할 것
> 3. 지적소관청은 지형 · 지물 등의 변동으로 인하여 지적삼각점성과가 다르게 된 때에는 지체 없이 그 측량성과를 수정하고 그 내용을 시 · 도지사에게 통보할 것

15 지적소관청의 지적재조사지구 지정에 대한 설명 중 옳지 않은 것은?

① 지적소관청은 지적재조사지구에 토지소유자협의회가 구성되어 있고 토지소유자 총수의 2/3 이상 동의가 있는 경우 우선지적재조사지구로 지정할 수 있다.
② 지적재조사지구로 신청하고자 할 때 실시계획 수립 내용을 주민에게 서면으로 통보하고 주민설명회를 개최하여야 한다.
③ 시 · 도지사는 지적재조사지구를 지정할 때 시 · 도 지적재조사위원회의 심의를 거쳐야 한다.
④ 지적소관청이 시 · 도지사에게 지적재조사지구 지정을 신청하고자 할 때에는 지적재조사지구 토지소유자 총수의 3분의 2 이상과 토지면적 3분의 2 이상에 해당하는 토지소유자의 동의를 받아야 한다.
⑤ 시 · 도 위원회는 지적재조사지구 지정 신청에 대하여 의결하였을 때에는 의결서를 작성하여 지체 없이 시 · 도지사에게 송부하여야 한다.

> **풀이** 지적재조사에 관한 특별법 제7조(지적재조사지구의 지정)
>
> ① 지적소관청은 실시계획을 수립하여 시 · 도지사에게 지적재조사지구 지정 신청을 하여야 한다.
> ② 지적소관청이 시 · 도지사에게 지적재조사지구 지정을 신청하고자 할 때에는 다음 각 호의 사항을 고려하여 지적재조사지구 토지소유자 총수의 3분의 2 이상과 토지면적 3분의 2 이상에 해당하는 토지소유자의 동의를 받아야 한다.
>
> > 1. 지적공부의 등록사항과 토지의 실제 현황이 다른 정도가 심하여 주민의 불편이 많은 지역인지 여부
> > 2. 사업시행이 용이한지 여부
> > 3. 사업시행의 효과 여부
>
> ③ 제2항에도 불구하고 지적소관청은 지적재조사지구에 제13조에 따른 토지소유자협의회(이하 "토지소유자협의회"라 한다)가 구성되어 있고 토지소유자 총수의 4분의 3 이상의 동의가 있는 지구에 대하여는 우선하여 지적재조사지구로 지정을 신청할 수 있다.
> ④ 지적소관청은 지적재조사지구 지정을 신청하고자 할 때에는 실시계획 수립 내용을 주민에게 서면으로 통보한 후 주민설명회를 개최하고 실시계획을 30일 이상 주민에게 공람하여야 한다. 〈삭제 2020.12.22.〉

정답 14 ⑤   15 ①

⑤ 지적재조사지구에 있는 토지소유자와 이해관계인은 제4항에 따른 공람기간 안에 지적소관청에 의견을 제출할 수 있으며, 지적소관청은 제출된 의견이 타당하다고 인정할 때에는 이를 반영하여야 한다. 〈삭제 2020. 12.22.〉

⑥ 시·도지사는 지적재조사지구를 지정할 때에는 대통령령으로 정하는 바에 따라 제29조에 따른 시·도 지적재조사위원회의 심의를 거쳐야 한다.

⑦ 제1항부터 제3항까지, 제6항 및 제6조제2항부터 제4항까지의 규정은 지적재조사지구를 변경할 때에도 적용한다. 다만, 대통령령으로 정하는 경미한 사항을 변경할 때에는 제외한다.

⑧ 제2항에 따른 동의자 수의 산정방법, 동의절차, 그 밖에 필요한 사항은 대통령령으로 정한다.

16 지적소관청이 지적공부에 등록하거나 지적공부를 복구 또는 말소하거나 등기촉탁을 하였으면 대통령령으로 정하는 바에 따라 해당 토지소유자에게 통지하여야 한다. 지적소관청이 토지소유자에게 지적정리 등을 통지하여야 하는 시기로 옳은 것은?

① 토지의 표시에 관한 변경등기가 필요한 경우 : 그 등기완료의 통지서를 접수한 날부터 7일 이내
② 토지의 표시에 관한 변경등기가 필요한 경우 : 그 등기완료의 통지서를 접수한 날부터 15일 이내
③ 토지의 표시에 관한 변경등기가 필요한 경우 : 그 등기완료의 통지서를 접수한 날부터 30일 이내
④ 토지의 표시에 관한 변경등기가 필요하지 아니한 경우 : 지적공부에 등록한 날부터 15일 이내
⑤ 토지의 표시에 관한 변경등기가 필요하지 아니한 경우 : 지적공부에 등록한 날부터 30일 이내

풀이 공간정보의 구축 및 관리 등에 관한 법률 시행령 제85조(지적정리 등의 통지)

지적소관청이 법 제90조에 따라 토지소유자에게 지적정리 등을 통지하여야 하는 시기는 다음 각 호의 구분에 따른다.

> 1. 토지의 표시에 관한 변경등기가 필요한 경우 : 그 등기완료의 통지서를 접수한 날부터 15일 이내
> 2. 토지의 표시에 관한 변경등기가 필요하지 아니한 경우 : 지적공부에 등록한 날부터 7일 이내

17 지적전산자료의 이용에 관하여 잘못 설명된 것은?

① 이용하고자 하는 자는 자료의 범위 및 내용을 포함하는 신청서를 작성하여 지적소관청에 심사 신청하여야 한다.
② 심사 신청을 받은 자는 개인의 사생활 침해 등을 심사하여 신청인에게 결과를 통지한다.
③ 중앙행정기관의 장 외의 이용하고자 하는 자는 심사 결과를 첨부하여 승인 신청을 하여야 한다.
④ 승인 신청을 받은 국토교통부장관 등은 승인 심사하여야 한다.
⑤ 승인권자는 신청한 사항의 처리가 지적업무수행에 지장이 없는지 등을 심사한다.

풀이 공간정보의 구축 및 관리 등에 관한 법률 시행령 제62조(지적전산자료의 이용 등)

① 법 제76조제1항에 따라 지적공부에 관한 전산자료(이하 "지적전산자료"라 한다)를 이용하거나 활용하려는 자는 같은 조 제2항에 따라 다음 각 호의 사항을 적은 신청서를 관계 중앙행정기관의 장에게 제출하여 심사를 신청하여야 한다. **암기** 이용은 범내는 제보전하라

> 1. 자료의 이용 또는 활용 목적 및 근거
> 2. 자료의 범위 및 내용
> 3. 자료의 제공 방식, 보관 기관 및 안전관리대책 등

② 제1항에 따른 심사 신청을 받은 관계 중앙행정기관의 장은 다음 각 호의 사항을 심사한 후 그 결과를 신청인에게 통지하여야 한다. **암기** **타**적**공**은 **사**청 외 **방**안 마련하라

> 1. 신청 내용의 **타**당성, **적**합성 및 **공**익성
> 2. 개인의 **사**생활 침해 여부
> 3. 자료의 목**적** 외 사용 **방**지 및 **안**전관리대책

③ 법 제76조제1항에 따라 지적전산자료의 이용 또는 활용에 관한 승인을 받으려는 자는 승인신청을 할 때에 제2항에 따른 심사 결과를 제출하여야 한다. 다만, 중앙행정기관의 장이 승인을 신청하는 경우에는 제2항에 따른 심사 결과를 제출하지 아니할 수 있다.

④ 제3항에 따른 승인신청을 받은 국토교통부장관, 시·도지사 또는 지적소관청은 다음 각 호의 사항을 심사하여야 한다. 〈개정 2013.3.23.〉 **암기** **타**적**공**은 **사**청 외 **방**안 마련하라 **전지** 여부를

> 1. 신청 내용의 **타**당성, **적**합성 및 **공**익성
> 2. 개인의 **사**생활 침해 여부
> 3. 자료의 목**적** 외 사용 **방**지 및 **안**전관리대책
> 4. 신청한 사항의 처리가 **전**산정보처리조직으로 가능한지 여부
> 5. 신청한 사항의 처리가 **지**적업무수행에 지장을 주지 않는지 여부

⑤ 국토교통부장관, 시·도지사 또는 지적소관청은 제4항에 따른 심사를 거쳐 지적전산자료의 이용 또는 활용을 승인하였을 때에는 지적전산자료 이용·활용 승인대장에 그 내용을 기록·관리하고 승인한 자료를 제공하여야 한다. 〈개정 2013.3.23.〉

⑥ 제5항에 따라 지적전산자료의 이용 또는 활용에 관한 승인을 받은 자는 국토교통부령으로 정하는 사용료를 내야 한다. 다만, 국가나 지방자치단체에 대해서는 사용료를 면제한다. 〈개정 2013.3.23.〉

18 지적공부의 소유자정리에 관한 설명으로 옳지 않은 것은?

① 주소·성명·명칭의 변경 또는 경정 및 소유권 이전 등이 같은 날짜에 등기가 된 경우의 지적공부정리는 등기접수 순서에 따라 모두 정리하여야 한다.

② 소유자의 주소가 토지소재지와 같은 경우에도 등기부와 일치하게 정리한다.

③ 국토교통부장관은 등기관서로부터 법인 또는 재외국민의 부동산등기용등록번호 정정통보가 있는 때에는 정정 전 등록번호에 따라 토지소재를 조사하여 시·도지사에게 그 내용을 통지하여야 한다.

④ 소유자등록사항 중 토지이동과 함께 소유자가 결정되는 신규등록, 도시개발사업 등의 환지 등록 시에는 토지이동업무 처리와 동시에 소유자를 정리하여야 한다.

⑤ 대장의 소유자변동일자는 등기필통지서, 등기필증, 등기부등본·초본 또는 등기관서에서 제공한 등기전산정보자료의 경우에는 등기확정일자로 정리한다.

풀이 지적업무처리규정 제60조(소유자정리)

① 대장의 소유자변동일자는 등기필통지서, 등기필증, 등기부 등본·초본 또는 등기관서에서 제공한 등기전산정보자료의 경우에는 등기접수일자로, 법 제84조제4항 단서의 미등기토지 소유자에 관한 정정신청의 경우와 법 제88조제2항에 따른 소유자등록신청의 경우에는 소유자정리결의일자로, 공유수면 매립준공에 따른 신규 등록의 경우에는 매립준공일자로 정리한다.

② 주소·성명·명칭의 변경 또는 경정 및 소유권이전 등이 같은 날짜에 등기가 된 경우의 지적공부정리는 등기접수 순서에 따라 모두 정리하여야 한다.

③ 소유자의 주소가 토지소재지와 같은 경우에도 등기부와 일치하게 정리한다. 다만, 등기관서에서 제공한 등기전산정보자료에 따라 정리하는 경우에는 등기전산정보자료에 따른다.

④ 법 제88조제4항에 따라 지적소관청이 소유자에 관한 사항이 대장과 부합되지 아니하는 토지소유자를 정리할 때에는 제1항부터 제3항까지와 제65조제2항을 준용하며, 토지소유자 등 이해관계인이 등기부 등본·초본 등에 따라 소유자정정을 신청하는 경우에는 별지 제9호 서식의 소유자정정 신청서를 제출하여야 한다.

⑤ 국토교통부장관은 등기관서로부터 법인 또는 재외국민의 부동산등기용등록번호 정정통보가 있는 때에는 정정 전 등록번호에 따라 토지소재를 조사하여 시·도지사에게 그 내용을 통지하여야 한다. 이 경우 시·도지사는 지체 없이 그 내용을 해당 지적소관청에 통지하여야 한다.

⑥ 소유자등록사항 중 토지이동과 함께 소유자가 결정되는 신규 등록, 도시개발사업 등의 환지 등록 시에는 토지이동업무 처리와 동시에 소유자를 정리하여야 한다.

지적업무처리규정 제61조(미등기토지의 소유자정정 등)

① 법 제84조제4항 단서에 따른 적용대상 토지는 미등기토지로서 소유자의 정정에 관한 사항과 토지조사 당시에 사정 또는 재결 등에 따라 대장에 소유자는 등록하였으나, 소유자의 주소가 등록되어 있지 아니한 토지와 종전 「지적법 시행령」(대통령령 제497호 1951년 4월 1일 제정) 제3조제4호에 따라 국유지를 매각·교환 또는 양여하여 취득한 토지(이하 "국유지의 취득"이라 한다)의 소유자주소가 대장에 등록되어 있지 아니한 미등기토지로 한다. 다만, 1950.12.1. 법률 제165호로 제정된 「지적법」(1975.12.31. 법률 제2801호로 전문 개정되기 이전의 법률을 말한다)이 시행된 시기에 복구, 소유권확인청구의 소에 따른 확정판결이 있었거나, 이에 관한 소송이 법원에 진행 중인 토지는 제외한다.

② 미등기토지의 소유자주소를 대장에 등록하고자 하는 때에는 사정·재결 또는 국유지의 취득 당시 최초 주소를 등록한다.

③ 법 제84조제4항 단서의 미등기토지 소유자에 관한 정정신청은 별지 제10호 서식에 따르며, 지적소관청은 미등기토지의 소유자정정 등에 관한 신청이 있는 때에는 14일 이내에 다음 각 호의 사항을 확인하여 처리하여야 하며, 별지 제11호의 조사서를 작성하여야 한다.

> 1. 적용대상토지 여부
> 2. 대장상 소유자와 가족관계등록부·제적부에 등재된 자와의 동일인 여부
> 3. 적용대상토지에 대한 확정판결이나 소송의 진행 여부
> 4. 첨부서류의 적합 여부
> 5. 그 밖에 지적소관청이 필요하다고 인정되는 사항

④ 지적소관청은 제3항에 따른 조사를 할 때에는 기간을 정하여 신청인에게 필요한 자료의 제출 또는 보완을 요구할 수 있다.

⑤ 지적소관청은 대장에 소유자의 주소 등을 등록한 때에는 지체 없이 신청인에게 그 내용을 통지하여야 한다.

19 지적측량성과의 결정 중 허용범위가 옳은 것은?

① 지적삼각보조점 : 0.15m
② 지적도근점 : 경계점좌표등록부 시행지역 0.25m
③ 경계점 : 경계점좌표등록부 시행지역 0.15m
④ 경계점 : 경계점좌표등록부 미시행지역 0.25m
⑤ 지적삼각점 : 0.25m

풀이 지적측량성과의 결정 중 허용범위

1. 지적삼각점 : 0.20m
2. 지적삼각보조점 : 0.25m
3. 지적도근점
   - 경계점좌표 등록부 시행지역 : 0.15m
   - 기타지역 : 0.25m
4. 경계점
   - 경계점좌표 등록부 시행지역 : 0.10m
   - 기타지역 : $\dfrac{3}{10}$ m 이내

20 지적소관청이 축척변경 승인신청을 하는 경우 시·도지사 또는 대도시 시장에게 제출해야 하는 첨부 서류에 해당되지 않는 것은?

① 축척변경 사유
② 지적도 사본
③ 지번 등 명세
④ 토지소유자 동의서
⑤ 축척변경위원회 의결서 사본

풀이 공간정보의 구축 및 관리 등에 관한 법률 시행령 제70조(축척변경 승인신청)

① 지적소관청은 법 제83조제2항에 따라 축척변경을 할 때에는 축척변경 사유를 적은 승인신청서에 다음 각 호의 서류를 첨부하여 시·도지사 또는 대도시 시장에게 제출하여야 한다. 이 경우 시·도지사 또는 대도시 시장은 「전자정부법」 제36조제1항에 따른 행정정보의 공동이용을 통하여 축척변경 대상지역의 지적도를 확인하여야 한다. **암기** **변명**은 **동의** **필**요하다.

1. 축척**변**경의 사유
2. 삭제 〈2010.11.2.〉
3. 지번 등 **명**세
4. 법 제83조제3항에 따른 토지소유자의 **동**의서
5. 법 제83조제1항에 따른 축척변경위원회(이하 "축척변경위원회"라 한다)의 **의**결서 사본
6. 그 밖에 축척변경 승인을 위하여 시·도지사 또는 대도시 시장이 **필**요하다고 인정하는 서류

② 제1항에 따른 신청을 받은 시·도지사 또는 대도시 시장은 축척변경 사유 등을 심사한 후 그 승인 여부를 지적소관청에 통지하여야 한다.

01 부동산종합공부에 등록해야 하는 내용으로 옳지 않은 것은?

① 건축물의 표시와 소유자에 관한 사항(토지에 건축물이 있는 경우만 해당한다) :「건축법」제38조에 따른 건축물 대장의 내용

② 토지의 이용 및 규제에 관한 사항 :「국토의 계획 및 이용에 관한 법률」제10조에 따른 토지이용계획확인서의 내용

③ 부동산의 가격에 관한 사항 :「부동산 가격공시에 관한 법률」제10조에 따른 개별공시지가, 같은 법 제16조 및 제17조에 따른 개별주택가격 및 공동주택가격 공시내용

④ 토지의 표시와 소유자에 관한 사항 :「공간정보의 구축 및 관리 등에 관한 법률」에 따른 지적공부의 내용

> **풀이** **공간정보의 구축 및 관리 등에 관한 법률 제2조(정의)**
>
> 이 법에서 사용하는 용어의 뜻은 다음과 같다.
>
> 19. "지적공부"란 토지대장, 임야대장, 공유지연명부, 대지권등록부, 지적도, 임야도 및 경계점좌표등록부 등 지적측량 등을 통하여 조사된 토지의 표시와 해당 토지의 소유자 등을 기록한 대장 및 도면(정보처리시스템을 통하여 기록·저장된 것을 포함한다)을 말한다.
>
> 19의2. "연속지적도"란 지적측량을 하지 아니하고 전산화된 지적도 및 임야도 파일을 이용하여, 도면상 경계점들을 연결하여 작성한 도면으로서 측량에 활용할 수 없는 도면을 말한다.
>
> 19의3. "부동산종합공부"란 토지의 표시와 소유자에 관한 사항, 건축물의 표시와 소유자에 관한 사항, 토지의 이용 및 규제에 관한 사항, 부동산의 가격에 관한 사항 등 부동산에 관한 종합정보를 정보관리체계를 통하여 기록·저장한 것을 말한다.
>
> **공간정보의 구축 및 관리 등에 관한 법률 제76조의3(부동산종합공부의 등록사항 등)**
>
> 지적소관청은 부동산종합공부에 다음 각 호의 사항을 등록하여야 한다. 〈개정 2016.1.19.〉
>
> 1. 토지의 표시와 소유자에 관한 사항 : 이 법에 따른 지적공부의 내용
>
> 2. 건축물의 표시와 소유자에 관한 사항(토지에 건축물이 있는 경우만 해당한다) :「건축법」제38조에 따른 건축물대장의 내용
>
> 3. 토지의 이용 및 규제에 관한 사항 :「토지이용규제 기본법」제10조에 따른 토지이용계획확인서의 내용
>
> 4. 부동산의 가격에 관한 사항 :「부동산 가격공시에 관한 법률」제10조에 따른 개별공시지가, 같은 법 제16조, 제17조 및 제18조에 따른 개별주택가격 및 공동주택가격 공시내용
>
> 5. 그 밖에 부동산의 효율적 이용과 부동산과 관련된 정보의 종합적 관리·운영을 위하여 필요한 사항으로서 대통령령으로 정하는 사항

02 지적위원회에 대한 설명으로 옳은 것은?

① 중앙지적위원회는 위원장과 부위원장을 포함한 10인 이상 20인 이하의 위원으로 구성한다.

② 지적측량적부심사는 지방지적위원회의 심의·의결 사항이다.

③ 토지소유자 및 이해관계인만 지적측량 적부심사를 청구할 수 있다.

④ 지방지적위원회는 시·군·구에, 중앙지적위원회는 시·도에 둔다.

풀이 공간정보의 구축 및 관리 등에 관한 법률 제28조(지적위원회) **암기** **정무연개사양무요**

① 다음 각 호의 사항을 심의 · 의결하기 위하여 국토교통부에 중앙지적위원회를 둔다.

> 1. 지적 관련 **정**책 개발 및 업**무** 개선 등에 관한 사항
> 2. 지적측량기술의 **연**구 · **개**발 및 보급에 관한 사항
> 3. 제29조제6항에 따른 지적측량 적부심**사**(適否審査)에 대한 재심사(再審査)
> 4. 제39조에 따른 측량기술자 중 지적분야 측량기술자(이하 "지적기술자"라 한다)의 **양**성에 관한 사항
> 5. 제42조에 따른 지적기술자의 업**무**정지 처분 및 징계**요**구에 관한 사항

② 지적측량에 대한 적부심사 청구사항을 심의 · 의결하기 위하여 특별시 · 광역시 · 특별자치시 · 도 또는 특별자치도(이하 "시 · 도"라 한다)에 지방지적위원회를 둔다. 〈신설 2013.7.17.〉

③ 중앙지적위원회와 지방지적위원회의 구성 및 운영에 필요한 사항은 대통령령으로 정한다.

④ 중앙지적위원회와 지방지적위원회의 위원 중 공무원이 아닌 사람은 「형법」 제127조 및 제129조부터 제132조까지의 규정을 적용할 때에는 공무원으로 본다. 〈신설 2017.10.24.〉

공간정보의 구축 및 관리 등에 관한 법률 시행령 제20조(중앙지적위원회의 구성 등)

① 중앙지적위원회(이하 "중앙지적위원회"라 한다)는 위원장 1명과 부위원장 1명을 포함하여 5명 이상 10명 이하의 위원으로 구성한다.

② 위원장은 국토교통부의 지적업무 담당 국장이, 부위원장은 국토교통부의 지적업무 담당 과장이 된다.

③ 위원은 지적에 관한 학식과 경험이 풍부한 사람 중에서 국토교통부장관이 임명하거나 위촉한다.

④ 위원장 및 부위원장을 제외한 위원의 임기는 2년으로 한다.

⑤ 중앙지적위원회의 간사는 국토교통부의 지적업무 담당 공무원 중에서 국토교통부장관이 임명하며, 회의 준비, 회의록 작성 및 회의 결과에 따른 업무 등 중앙지적위원회의 서무를 담당한다.

⑥ 중앙지적위원회의 위원에게는 예산의 범위에서 출석수당과 여비, 그 밖의 실비를 지급할 수 있다. 다만, 공무원인 위원이 그 소관 업무와 직접적으로 관련되어 출석하는 경우에는 그러하지 아니하다.

공간정보의 구축 및 관리 등에 관한 법률 시행령 제24조(지적측량의 적부심사 청구 등)

① 법 제29조제1항에 따라 지적측량 적부심사(適否審査)를 청구하려는 자는 심사청구서에 다음 각 호의 구분에 따른 서류를 첨부하여 특별시장 · 광역시장 · 특별자치시장 · 도지사 또는 특별자치도지사(이하 "시 · 도지사"라 한다)를 거쳐 지방지적위원회에 제출하여야 한다. 〈개정 2014.1.17.〉

> 1. 토지소유자 또는 이해관계인 : 지적측량을 의뢰하여 발급받은 지적측량성과
> 2. 지적측량수행자(지적측량수행자 소속 지적기술자가 청구하는 경우만 해당한다) : 직접 실시한 지적 측량성과

② 시 · 도지사는 법 제29조제2항제3호에 따른 현황 실측도를 작성하기 위하여 필요한 경우에는 관계 공무원을 지정하여 지적측량을 하게 할 수 있으며, 필요하면 지적측량수행자에게 그 소속 지적기술자를 참여시키도록 요청할 수 있다. 〈개정 2015.6.1.〉

공간정보의 구축 및 관리 등에 관한 법률 시행령 제25조(지적측량의 적부심사 의결 등)

① 지방지적위원회는 법 제29조제4항에 따라 지적측량 적부심사를 의결하였으면 위원장과 참석위원 전원이 서명 및 날인한 지적측량 적부심사 의결서를 지체 없이 시 · 도지사에게 송부하여야 한다.

② 시 · 도지사가 법 제29조제5항에 따라 지적측량 적부심사 의결서를 지적측량 적부심사 청구인 및 이해관계인에게 통지할 때에는 법 제29조제6항에 따른 재심사를 청구할 수 있음을 서면으로 알려야 한다.

03 지적기술자의 업무정지 등에 관한 사항으로 옳지 않은 것은?

① 근무처 및 경력 등의 신고 또는 변경신고를 거짓으로 한 경우
② 다른 사람에게 지적측량업 등록증을 빌려주거나 자기의 성명을 사용하여 측량업무를 수행하게 한 경우
③ 신의와 성실로써 공정하게 지적측량을 하지 아니하거나 고의 또는 중대한 과실로 지적측량을 잘못하여 다른 사람에게 손해를 입힌 경우
④ 지적기술자가 정당한 사유 없이 지적측량 신청을 거부한 경우

풀이 공간정보의 구축 및 관리 등에 관한 법률 제42조(측량기술자의 업무정지 등)

① 국토교통부장관은 측량기술자(「건설기술 진흥법」 제2조제8호에 따른 건설기술자인 측량기술자는 제외한다)가 다음 각 호의 어느 하나에 해당하는 경우에는 1년(지적기술자의 경우에는 2년) 이내의 기간을 정하여 측량업무의 수행을 정지시킬 수 있다. 이 경우 지적기술자에 대하여는 대통령령으로 정하는 바에 따라 중앙지적위원회의 심의 · 의결을 거쳐야 한다.

> 1. 근무처 및 경력 등의 신고 또는 변경신고를 거짓으로 한 경우
> 2. 다른 사람에게 측량기술경력증을 빌려주거나 자기의 성명을 사용하여 측량업무를 수행하게 한 경우
> 3. 지적기술자가 신의와 성실로써 공정하게 지적측량을 하지 아니하거나 고의 또는 중대한 과실로 지적측량을 잘못하여 다른 사람에게 손해를 입힌 경우
> 4. 지적기술자가 정당한 사유 없이 지적측량 신청을 거부한 경우

② 국토교통부장관은 지적기술자가 제1항 각 호의 어느 하나에 해당하는 경우 위반행위의 횟수, 정도, 동기 및 결과 등을 고려하여 지적기술자가 소속된 한국국토정보공사 또는 지적측량업자에게 해임 등 적절한 징계를 할 것을 요청할 수 있다.
③ 제1항에 따른 업무정지의 기준과 그 밖에 필요한 사항은 국토교통부령으로 정한다.

04 지적측량수행자가 지적측량 의뢰를 받은 때에는 그 다음 날까지 지적소관청에 지적측량수행계획서를 제출해야 한다. 지적측량수행계획서에 기재해야 할 내용이 아닌 것은?

① 측량 수수료   ② 측량기간
③ 측량일자   ④ 측량의뢰인

풀이 공간정보의 구축 및 관리 등에 관한 법률 시행규칙 제25조(지적측량 의뢰 등)

① 지적측량을 의뢰하려는 자는 별지 제15호 서식의 지적측량 의뢰서(전자문서로 된 의뢰서를 포함한다)에 의뢰 사유를 증명하는 서류(전자문서를 포함한다)를 첨부하여 지적측량수행자에게 제출하여야 한다.
② 지적측량수행자는 제1항에 따른 지적측량 의뢰를 받은 때에는 **측량기간, 측량일자 및 측량 수수료** 등을 적은 **지적측량 수행계획서**를 그 다음 날까지 지적소관청에 제출하여야 한다. 제출한 지적측량 수행계획서를 변경한 경우에도 같다.
③ 지적측량의 측량기간은 5일로 하며, 측량검사기간은 4일로 한다. 다만, 지적기준점을 설치하여 측량 또는 측량검사를 하는 경우 지적기준점이 15점 이하인 경우에는 4일을, 15점을 초과하는 경우에는 4일에 15점을 초과하는 4점마다 1일을 가산한다.
④ 제3항에도 불구하고 지적측량 의뢰인과 지적측량수행자가 서로 합의하여 따로 기간을 정하는 경우에는 그 기간에 따르되, 전체 기간의 4분의 3은 측량기간으로, 전체 기간의 4분의 1은 측량검사기간으로 본다.

05 지상경계점등록부를 작성하는 경우에 등록하는 사항이 아닌 것은?

① 지적공부상 면적과 실제 토지이용 면적
② 경계점좌표등록부 시행지역의 경계점 좌표
③ 경계점의 사진 파일 및 경계점 위치 설명도
④ 토지의 소재 및 경계점 표지의 종류

물이 **공간정보의 구축 및 관리 등에 관한 법률 제65조(지상경계의 구분 등)** **암기** **토지경계는 공계점**

① 토지의 지상경계는 둑, 담장이나 그 밖에 구획의 목표가 될 만한 구조물 및 경계점표지 등으로 구분한다.
② 지적소관청은 토지의 이동에 따라 지상경계를 새로 정한 경우에는 다음 각 호의 사항을 등록한 지상경계점등록부를 작성·관리하여야 한다.

> 1. **토**지의 소재
> 2. **지**번
> 3. **경**계점 좌표(경계점좌표등록부 시행지역에 한정한다)
> 4. 경**계**점 위치 설명도
> 5. 그 밖에 국토교통부령으로 정하는 사항

③ 제1항에 따른 지상경계의 결정 기준 등 지상경계의 결정에 필요한 사항은 대통령령으로 정하고, 경계점표지의 규격과 재질 등에 필요한 사항은 국토교통부령으로 정한다.

공간정보의 구축 및 관리 등에 관한 법률 시행규칙 제60조(지상경계점등록부 작성 등)
① 경계점 위치 설명도의 작성 등에 관하여 필요한 사항은 국토교통부장관이 정한다.
② "그 밖에 국토교통부령으로 정하는 사항"이란 다음 각 호의 사항을 말한다.

> 1. **공**부상 지목과 실제 토지이용 지목
> 2. 경**계**점의 사진 파일
> 3. 경계**점**표지의 종류 및 경계점 위치

06 지번을 부여할 때 지적확정측량을 실시한 지역과 동일한 지번부여방법을 준용하지 않는 대상지역은?

① 지번부여지역의 전부 또는 일부에 대하여 지번을 변경하는 경우
② 대규모의 등록전환으로 지번을 변경하는 경우
③ 행정구역 개편에 따라 새로 지번을 부여하는 경우
④ 축척변경 시행지역의 필지에 지번을 부여하는 경우

물이 **공간정보의 구축 및 관리 등에 관한 법률 제66조(지번의 부여 등)**

① 지번은 지적소관청이 지번부여지역별로 차례대로 부여한다.
② 지적소관청은 지적공부에 등록된 지번을 변경할 필요가 있다고 인정하면 시·도지사나 대도시 시장의 승인을 받아 지번부여지역의 전부 또는 일부에 대하여 지번을 새로 부여할 수 있다.
③ 제1항과 제2항에 따른 지번의 부여방법 및 부여절차 등에 필요한 사항은 대통령령으로 정한다.

공간정보의 구축 및 관리 등에 관한 법률 시행령 제56조(지번의 구성 및 부여방법 등)

구분		토지이동에 따른 지번의 부여방법
신규등록 · 등록전환	원칙	지번부여지역에서 인접토지의 본번에 부번을 붙여서 지번을 부여한다.
	예외	다음의 경우에는 그 지번부여지역의 최종 본번의 다음 순번부터 본번으로 하여 순차적으로 지번을 부여할 수 있다. ① 대상 토지가 그 지번부여지역의 최종 지번의 토지에 인접하여 있는 경우 ② 대상 토지가 이미 등록된 토지와 멀리 떨어져 있어서 등록된 토지의 본번에 부번을 부여하는 것이 불합리한 경우 ③ 대상 토지가 여러 필지로 되어 있는 경우
분할	원칙	분할 후의 필지 중 1필지의 지번은 분할 전의 지번으로 하고, 나머지 필지의 지번은 본번의 최종 부번 다음 순번으로 부번을 부여한다.
	예외	주거 · 사무실 등의 건축물이 있는 필지에 대해서는 분할 전의 지번을 우선하여 부여하여야 한다.
합병	원칙	합병 대상 지번 중 선순위의 지번을 그 지번으로 하되, 본번으로 된 지번이 있을 때에는 본번 중 선순위의 지번을 합병 후의 지번으로 한다.
	예외	토지소유자가 합병 전의 필지에 주거 · 사무실 등의 건축물이 있어서 그 건축물이 위치한 지번을 합병 후의 지번으로 신청할 때에는 그 지번을 합병 후의 지번으로 부여하여야 한다.
지적확정측량을 실시한 지역의 각 필지에 지번을 새로 부여하는 경우	원칙	다음 각 목의 지번을 제외한 본번으로 부여한다. ① 지적확정측량을 실시한 지역 안의 종전의 지번과 지적확정측량을 실시한 지역밖에 있는 본번이 같은 지번이 있을 때 그 지번 ② 지적확정측량을 실시한 지역의 경계에 걸쳐 있는 지번
	예외	부여할 수 있는 종전 지번의 수가 새로 부여할 지번의 수보다 적을 때에는 블록단위로 하나의 본번을 부여한 후 필지별로 부번을 부여하거나, 그 지번부여지역의 최종 본번 다음 순번부터 본번으로 하여 차례로 지번을 부여할 수 있다.
지적확정측량에 준용		① 법 제66조제2항(지적소관청은 지적공부에 등록된 지번을 변경할 필요가 있다고 인정하면 시 · 도지사나 대도시 시장의 승인을 받아 지번부여지역의 전부 또는 일부에 대하여 지번을 새로 부여할 수 있다.)에 따라 지번부여지역의 지번을 변경할 때 ② 법 제85조제2항(지번부여지역의 일부가 행정구역의 개편으로 다른 지번부여지역에 속하게 되었으면 지적소관청은 새로 속하게 된 지번부여지역의 지번을 부여하여야 한다.)에 따른 행정구역 개편에 따라 새로 지번을 부여할 때 ③ 제72조제1항(지적소관청은 축척변경 시행지역의 각 필지별 지번 · 지목 · 면적 · 경계 또는 좌표를 새로 정하여야 한다.)에 따라 축척변경 시행지역의 필지에 지번을 부여할 때
도시개발사업 등의 준공 전		도시개발사업 등이 준공되기 전에 사업시행자가 지번부여를 신청하는 경우에는 국토교통부령으로 정하는 바에 따라 지번을 부여할 수 있다. 지적소관청은 도시개발사업 등이 준공되기 전에 지번을 부여하는 때에는 사업계획도에 따르되, 지적확정측량을 실시한 지역의 각 필지에 지번을 새로 부여하는 경우의 지번부여방식에 따라 지번을 부여하여야 한다.

정답

07 토지소유자 등이 토지의 이동에 따른 신청이 없는 경우 지적소관청이 직권으로 토지의 이동현황을 조사 · 측량하기 위하여 수립하는 계획의 명칭으로 옳은 것은?

① 토지이동현황 조사계획
② 토지이동현황 조사 · 측량계획
③ 토지이동현황 현지 조사계획
④ 토지이동현황 현지 조사 · 측량계획

풀이 공간정보의 구축 및 관리 등에 관한 법률 제64조(토지의 조사 · 등록 등)

① 국토교통부장관은 모든 토지에 대하여 필지별로 소재 · 지번 · 지목 · 면적 · 경계 또는 좌표 등을 조사 · 측량하여 지적공부에 등록하여야 한다.

② 지적공부에 등록하는 지번 · 지목 · 면적 · 경계 또는 좌표는 토지의 이동이 있을 때 토지소유자(법인이 아닌 사단이나 재단의 경우에는 그 대표자나 관리인을 말한다. 이하 같다)의 신청을 받아 지적소관청이 결정한다. 다만, 신청이 없으면 지적소관청이 직권으로 조사 · 측량하여 결정할 수 있다.

③ 제2항 단서에 따른 조사 · 측량의 절차 등에 필요한 사항은 국토교통부령으로 정한다.

공간정보의 구축 및 관리 등에 관한 법률 시행규칙 제59조(토지의 조사 · 등록)

① 지적소관청은 토지의 이동현황을 직권으로 조사 · 측량하여 토지의 지번 · 지목 · 면적 · 경계 또는 좌표를 결정하려는 때에는 **토지이동현황 조사계획**을 수립하여야 한다. 이 경우 토지이동현황 조사계획은 시 · 군 · 구별로 수립하되, 부득이한 사유가 있는 때에는 읍 · 면 · 동별로 수립할 수 있다.

② 지적소관청은 제1항에 따른 토지이동현황 조사계획에 따라 토지의 이동현황을 조사한 때에는 별지 제55호 서식의 토지이동 조사부에 토지의 이동현황을 적어야 한다.

③ 지적소관청은 제2항에 따른 토지이동현황 조사 결과에 따라 토지의 지번 · 지목 · 면적 · 경계 또는 좌표를 결정한 때에는 이에 따라 지적공부를 정리하여야 한다.

④ 지적소관청은 제3항에 따라 지적공부를 정리하려는 때에는 제2항에 따른 토지이동 조사부를 근거로 별지 제56호 서식의 토지이동 조서를 작성하여 별지 제57호 서식의 토지이동정리 결의서에 첨부하여야 하며, 토지이동조서의 아래 부분 여백에 "「공간정보의 구축 및 관리 등에 관한 법률」 제64조제2항 단서에 따른 직권정리"라고 적어야 한다.

08 다음 중 토지대장의 사유란에 기록되는 사항으로 옳은 것은?

① 지리정보구축 완료신고
② 용도구역변경 시행폐지
③ 등록사항정정 대상토지
④ 집합건물대지 사용승인

풀이 공간정보의 구축 및 관리 등에 관한 법률 시행규칙 [별지 제63호 서식] 〈개정 2017.1.31.〉

고유번호						도면번호		발급번호	
토지소재					**토지 대장**	장 번 호		처리시각	
지 번		축 척				비 고		발 급 자	

		토 지 표 시				소 유 자			
지 목	면 적 (m²)	사 유				변동 일자	주 소		
						변동 원인	성명 또는 명칭		등 록 번 호
						년 월 일			
						년 월 일			
	등 급 수 정 연 월 일								
	토 지 등 급 (기준수확량등급)	( ) ( ) ( ) ( ) ( ) ( ) ( ) ( ) ( ) ( ) ( ) ( )							
	개별공시지가 기준일							용도지역 등	
	개별공시지가(원/m²)								

〈토지 이동사유〉

토지 이동이 이루어질 경우 토지이동사유코드 및 이동연월일 및 그 사유를 등록한다.

코드	토지 이동사유	약부호
01	년 월 일 신규등록	신규등록
02	년 월 일 신규등록(매립준공)	매립준공
10	년 월 일 산 번에서 등록전환	등록전환
11	년 월 일 번으로 등록되어 말소	전환말소
20	년 월 일 분할되어 본번에 을부함	을부함
21	년 월 일 번에서 분할	에서 분할
22	년 월 일 분할개시 결정	분할결정
23	년 월 일 분할개시 결정 취소	분할취소
30	년 월 일 번과 합병	합병
31	년 월 일 번에 합병되어 말소	합병말소
40	년 월 일 지목변경	지목변경
41	년 월 일 지목변경(매립준공)	지목매립
42	년 월 일 해면성말소	해면말소
43	년 월 일 번에서 지번변경	지번변경
44	년 월 일 면적정정	면적정정
45	년 월 일 경계정정	경계정정
46	년 월 일 위치정정	위치정정
47	년 월 일 지적복구	지적복구
50	년 월 일 에서 행정구역명칭변경	명칭변경
51	년 월 일 에서 행정관할구역변경	관할변경
52	년 월 일 번에서 행정관할구역변경	관할지번
60	년 월 일 구획정리 시행신고	구획시행
61	년 월 일 구획정리 시행신고폐지	구획폐지
62	년 월 일 구획정리 완료	구획완료
63	년 월 일 구획정리되어 폐쇄	구획폐쇄
65	년 월 일 경지정리 시행신고	경지시행
66	년 월 일 경지정리 시행신고폐지	경지폐지
67	년 월 일 경지정리 완료	경지완료
68	년 월 일 경지정리되어 폐쇄	경지폐쇄
70	년 월 일 축척변경 시행	축척시행
71	년 월 일 축척변경 시행폐지	축척폐지
72	년 월 일 축척변경 완료	축척완료
73	년 월 일 축척변경되어 폐쇄	축척폐쇄
80	년 월 일 등록사항 정정 대상토지	정정대상
81	년 월 일 등록사항 정정( )	등록정정

09 지목의 종류 및 구분 등에 대한 설명으로 옳지 않은 것은?

① '답'은 물을 상시적으로 직접 이용하여 벼·연(蓮)·미나리·왕골 등의 식물을 주로 재배하는 토지를 말한다.

② '과수원'은 사과·배·밤·호두·귤나무 등 과수류를 집단적으로 재배하는 토지와 이에 접속된 저장고 등 부속시설물의 부지를 말한다. 다만, 주거용 건축물의 부지는 '대'로 한다.

③ '광천지'는 온수·약수·석유류 등을 일정한 장소로 운송하는 송수관·송유관 및 저장시설의 부지를 말한다.

④ '유지(溜池)'는 물이 고이거나 상시적으로 물을 저장하고 있는 댐·저수지·소류지(沼溜地)·호수·연못 등의 토지와 연·왕골 등이 자생하는 배수가 잘 되지 아니하는 토지를 말한다.

풀이 **공간정보의 구축 및 관리 등에 관한 법률 시행령 제58조(지목의 구분)**

법 제67조제1항에 따른 지목의 구분은 다음 각 호의 기준에 따른다.

6. 광천지

지하에서 온수·약수·석유류 등이 용출되는 용출구(湧出口)와 그 유지(維持)에 사용되는 부지. 다만, 온수·약수·석유류 등을 일정한 장소로 운송하는 송수관·송유관 및 저장시설의 부지는 제외한다.

28. 잡종지

다음 각 목의 토지. 다만, 원상회복을 조건으로 돌을 캐내는 곳 또는 흙을 파내는 곳으로 허가된 토지는 제외한다.

가. 갈대밭, 실외에 물건을 쌓아두는 곳, 돌을 캐내는 곳, 흙을 파내는 곳, 야외시장 및 공동우물

나. 변전소, 송신소, 수신소 및 송유시설 등의 부지

다. 여객자동차터미널, 자동차운전학원 및 폐차장 등 자동차와 관련된 독립적인 시설물을 갖춘 부지

라. 공항시설 및 항만시설 부지

마. 도축장, 쓰레기처리장 및 오물처리장 등의 부지

바. 그 밖에 다른 지목에 속하지 않는 토지

10 도시개발사업 시행지구 내에서 환지를 수반하여 발생한 토지이동의 신청서로 갈음할 수 있는 서류는?

① 토지의 이동 신청을 갈음한다는 뜻이 기재된 환지처분 신고서
② 토지의 이동 신청을 할 사유가 발생하였다는 사업계획 신고서
③ 토지의 이동 신청을 갈음한다는 뜻이 기재된 사업변경 신고서
④ 토지의 이동 신청을 갈음한다는 뜻이 기재된 사업완료 신고서

풀이 **공간정보의 구축 및 관리 등에 관한 법률 시행령 제83조(토지개발사업 등의 범위 및 신고)**

① 법 제86조제1항에서 "대통령령으로 정하는 토지개발사업"이란 다음 각 호의 사업을 말한다.

1. 「주택법」에 따른 주택건설사업
2. 「택지개발촉진법」에 따른 택지개발사업
3. 「산업입지 및 개발에 관한 법률」에 따른 산업단지개발사업
4. 「도시 및 주거환경정비법」에 따른 정비사업
5. 「지역 개발 및 지원에 관한 법률」에 따른 지역개발사업
6. 「체육시설의 설치·이용에 관한 법률」에 따른 체육시설 설치를 위한 토지개발사업
7. 「관광진흥법」에 따른 관광단지 개발사업
8. 「공유수면 관리 및 매립에 관한 법률」에 따른 매립사업
9. 「항만법」, 「신항만건설촉진법」에 따른 항만개발사업 및 「항만 재개발 및 주변지역 발전에 관한 법률」에 따른 항만재개발사업
10. 「공공주택 특별법」에 따른 공공주택지구조성사업
11. 「물류시설의 개발 및 운영에 관한 법률」 및 「경제자유구역의 지정 및 운영에 관한 특별법」에 따른 개발사업
12. 「철도의 건설 및 철도시설 유지관리에 관한 법률」에 따른 고속철도, 일반철도 및 광역철도 건설사업
13. 「도로법」에 따른 고속국도 및 일반국도 건설사업
14. 그 밖에 제1호부터 제13호까지의 사업과 유사한 경우로서 국토교통부장관이 고시하는 요건에 해당하는 토지개발사업

② 도시개발사업 등의 착수·변경 또는 완료 사실의 신고는 그 사유가 발생한 날부터 15일 이내에 하여야 한다.

③ 토지의 이동 신청은 그 신청대상지역이 환지(換地)를 수반하는 경우에는 (법 제86조제1항에 따른) 사업완료 신고로써 이를 갈음할 수 있다. 이 경우 사업완료 신고서에 (법 제86조제2항에 따른) 토지의 이동 신청을 갈음한 다는 뜻을 적어야 한다.

④ 「주택법」에 따른 주택건설사업의 시행자가 파산 등의 이유로 토지의 이동 신청을 할 수 없을 때에는 그 주택의 시공을 보증한 자 또는 입주예정자 등이 신청할 수 있다.

11 지적소관청이 지적공부에 등록된 토지소유자의 변경사항을 정리하고자 한다. 등기관서에서 등기한 것을 증명하는 서류 또는 제공한 자료에 해당하지 않는 것은?

① 등기완료통지서   ② 등기필증

③ 등기사항신청서   ④ 등기전산정보자료

풀이 공간정보의 구축 및 관리 등에 관한 법률 제88조(토지소유자의 정리)

① 지적공부에 등록된 토지소유자의 변경사항은 등기관서에서 등기한 것을 증명하는 등기필증, 등기완료통지서, 등기사항증명서 또는 등기관서에서 제공한 등기전산정보자료에 따라 정리한다. 다만, 신규등록하는 토지의 소유자는 지적소관청이 직접 조사하여 등록한다.

② 「국유재산법」 제2조제10호에 따른 총괄청이나 같은 조 제11호에 따른 중앙관서의 장이 같은 법 제12조제3항에 따라 소유자 없는 부동산에 대한 소유자 등록을 신청하는 경우 지적소관청은 지적공부에 해당 토지의 소유자가 등록되지 아니한 경우에만 등록할 수 있다.

③ 등기부에 적혀 있는 토지의 표시가 지적공부와 일치하지 아니하면 제1항에 따라 토지소유자를 정리할 수 없다. 이 경우 토지의 표시와 지적공부가 일치하지 아니하다는 사실을 관할 등기관서에 통지하여야 한다.

④ 지적소관청은 필요하다고 인정하는 경우에는 관할 등기관서의 등기부를 열람하여 지적공부와 부동산등기부가 일치하는지 여부를 조사·확인하여야 하며, 일치하지 아니하는 사항을 발견하면 등기사항증명서 또는 등기관서에서 제공한 등기전산정보자료에 따라 지적공부를 직권으로 정리하거나, 토지소유자나 그 밖의 이해관계인에게 그 지적공부와 부동산등기부가 일치하게 하는 데에 필요한 신청 등을 하도록 요구할 수 있다.

⑤ 지적소관청 소속 공무원이 지적공부와 부동산등기부의 부합 여부를 확인하기 위하여 등기부를 열람하거나, 등기사항증명서의 발급을 신청하거나, 등기전산정보자료의 제공을 요청하는 경우 그 수수료는 무료로 한다.

12 다음 중 등록전환을 신청할 수 있는 사항으로 옳지 않은 것은?

① 대부분의 토지가 등록전환되어 나머지 토지를 임야도에 계속 존치하는 것이 불합리한 경우

② 임야도에 등록된 토지가 사실상 형질변경되었으나 지목변경을 할 수 없는 경우

③ 도시·군관리계획선에 따라 토지를 분할하는 경우

④ 잦은 토지의 이동으로 1필지의 규모가 작아서 소축척으로는 지적측량성과의 결정이나 토지의 이동에 따른 정리를 하기가 곤란한 경우

풀이 공간정보의 구축 및 관리 등에 관한 법률 시행령 제64조(등록전환 신청)

① 법 제78조에 따라 등록전환을 신청할 수 있는 경우는 다음 각 호와 같다. 〈개정 2020.6.9.〉

> 1. 「산지관리법」에 따른 산지전용허가·신고, 산지일시사용허가·신고, 「건축법」에 따른 건축허가·신고 또는 그 밖의 관계 법령에 따른 개발행위 허가 등을 받은 경우
> 2. 대부분의 토지가 등록전환되어 나머지 토지를 임야도에 계속 존치하는 것이 불합리한 경우

3. 임야도에 등록된 토지가 사실상 형질변경되었으나 지목변경을 할 수 없는 경우
4. 도시 · 군관리계획선에 따라 토지를 분할하는 경우

② 삭제 〈2020.6.9.〉

③ 토지소유자는 법 제78조에 따라 등록전환을 신청할 때에는 등록전환 사유를 적은 신청서에 국토교통부령으로 정하는 서류를 첨부하여 지적소관청에 제출하여야 한다. 〈개정 2013.3.23.〉

13 지적소관청이 시 · 도지사 또는 대도시 시장으로부터 축척변경 승인을 받았을 때 공고 사항으로 옳지 않은 것은?

① 축척변경 사유 등의 시 · 도지사 심사내용

② 축척변경 목적, 시행지역 및 시행기간

③ 축척변경의 시행에 따른 청산방법

④ 축척변경의 시행에 따른 토지소유자 등의 협조에 관한 사항

[풀이] **공간정보의 구축 및 관리 등에 관한 법률 시행령 제71조(축척변경 시행공고 등)** **암기** [기][지][목] [청][소][세]

① 지적소관청은 법 제83조제3항에 따라 시 · 도지사 또는 대도시 시장으로부터 축척변경 승인을 받았을 때에는 지체 없이 다음 각 호의 사항을 20일 이상 공고하여야 한다.

1. 축척변경의 [목]적, 시행[지]역 및 시행[기]간
2. 축척변경의 시행에 따른 [청]산방법
3. 축척변경의 시행에 따른 토지[소]유자 등의 협조에 관한 사항
4. 축척변경의 시행에 관한 [세]부계획

② 제1항에 따른 시행공고는 시 · 군 · 구(자치구가 아닌 구를 포함한다) 및 축척변경 시행지역 동 · 리의 게시판에 주민이 볼 수 있도록 게시하여야 한다.

③ 축척변경 시행지역의 토지소유자 또는 점유자는 시행공고가 된 날(이하 "시행공고일"이라 한다)부터 30일 이내에 시행공고일 현재 점유하고 있는 경계에 국토교통부령으로 정하는 경계점표지를 설치하여야 한다.

14 지번의 부여 등에 대한 설명으로 옳지 않은 것은?

① 지번은 지적소관청이 지번부여지역별로 차례대로 부여한다.

② 지번은 아라비아숫자로 표기하되, 지적공부에 등록하는 토지의 지번은 숫자 앞에 반드시 '산'자를 붙여야 한다.

③ 지적소관청은 지적공부에 등록된 지번을 변경할 필요가 있다고 인정하면 시 · 도지사나 대도시 시장의 승인을 받아 지번부여지역의 전부 또는 일부에 대하여 지번을 새로 부여할 수 있다.

④ 지번은 본번(本番)과 부번(副番)으로 구성하되, 본번과 부번 사이에 '–' 표시로 연결한다. 이 경우 '–' 표시는 '의'라고 읽는다.

[풀이] **공간정보의 구축 및 관리 등에 관한 법률 제66조(지번의 부여 등)**

① 지번은 지적소관청이 지번부여지역별로 차례대로 부여한다.

② 지적소관청은 지적공부에 등록된 지번을 변경할 필요가 있다고 인정하면 시 · 도지사나 대도시 시장의 승인을 받아 지번부여지역 의 전부 또는 일부에 대하여 지번을 새로 부여할 수 있다.

③ 제1항과 제2항에 따른 지번의 부여방법 및 부여절차 등에 필요한 사항은 대통령령으로 정한다.

정답 13 ① 14 ②

공간정보의 구축 및 관리 등에 관한 법률 시행령 제56조(지번의 구성 및 부여방법 등)

① 지번(地番)은 아라비아숫자로 표기하되, 임야대장 및 임야도에 등록하는 토지의 지번은 숫자 앞에 "산"자를 붙인다.

② 지번은 본번(本番)과 부번(副番)으로 구성하되, 본번과 부번 사이에 "-" 표시로 연결한다. 이 경우 "-" 표시는 "의"라고 읽는다.

③ 지번의 부여방법은 다음 각 호와 같다.

> 1. 지번은 북서에서 남동으로 순차적으로 부여할 것
> 2. 신규등록 및 등록전환의 경우에는 그 지번부여지역에서 인접토지의 본번에 부번을 붙여서 지번을 부여할 것. 다만, 다음 각 목의 어느 하나에 해당하는 경우에는 그 지번부여지역의 최종 본번의 다음 순번부터 본번으로 하여 순차적으로 지번을 부여할 수 있다.
>
>> 가. 대상토지가 그 지번부여지역의 최종 지번의 토지에 인접하여 있는 경우
>> 나. 대상토지가 이미 등록된 토지와 멀리 떨어져 있어서 등록된 토지의 본번에 부번을 부여하는 것이 불합리한 경우
>> 다. 대상토지가 여러 필지로 되어 있는 경우

15 지적소관청이 직권으로 조사·측량하여 지적공부를 정리하는 경우 이에 소요된 비용을 토지소유자에게 징수한다. 이때 징수하는 수수료 납부기한은 지적공부를 정리한 날로부터 며칠 이내인가?

① 7일 이내 ② 15일 이내
③ 30일 이내 ④ 60일 이내

풀이 공간정보의 구축 및 관리 등에 관한 법률 제106조(수수료 등)

① 다음 각 호의 어느 하나에 해당하는 신청 등을 하는 자는 국토교통부령으로 정하는 바에 따라 수수료를 내야 한다.

② 지적측량을 의뢰하는 자는 국토교통부령으로 정하는 바에 따라 지적측량수행자에게 지적측량수수료를 내야 한다.

③ 지적측량수수료는 국토교통부장관이 매년 12월 말일까지 고시하여야 한다.

④ 지적소관청이 직권으로 조사·측량하여 지적공부를 정리한 경우에는 그 조사·측량에 들어간 비용을 제2항에 준하여 토지소유자로부터 징수한다. 다만, 지적공부를 등록말소한 경우에는 그러하지 아니하다.

공간정보의 구축 및 관리 등에 관한 법률 시행규칙 제117조(수수료 납부기간)
법 제106조제4항에 따른 수수료는 지적공부를 정리한 날부터 30일 내에 내야 한다.

16 도시계획구역 안의 미등록 토지를 지방자치단체 명의로 신규등록하기 위해 누구와 협의해야 하는가?

① 시·도지사 또는 대도시 시장 ② 국토교통부장관
③ 기획재정부장관 ④ 행정안전부장관

풀이 공간정보의 구축 및 관리 등에 관한 법률 시행령 제63조(신규등록 신청)
토지소유자는 신규등록을 신청할 때에는 신규등록 사유를 적은 신청서에 국토교통부령으로 정하는 서류를 첨부하여 지적소관청에 제출하여야 한다.

정답 15 ③ 16 ③

공간정보의 구축 및 관리 등에 관한 법률 시행규칙 제81조(신규등록 신청) 암기 정중기사사

① 영 제63조에서 "국토교통부령으로 정하는 서류"란 다음 각 호의 어느 하나에 해당하는 서류를 말한다.

> 1. 법원의 확정판결서 정본 또는 사본
> 2. 「공유수면 관리 및 매립에 관한 법률」에 따른 준공검사확인증 사본
> 3. 법률 제6389호 지적법 개정법률 부칙 제5조에 따라 도시계획구역의 토지를 그 지방자치단체의 명의로 등록하는 때에는 기획재정부장관과 협의한 문서의 사본
> 4. 그 밖에 소유권을 증명할 수 있는 서류의 사본

② 제1항 각 호의 어느 하나에 해당하는 서류를 해당 지적소관청이 관리하는 경우에는 지적소관청의 확인으로 그 서류의 제출을 갈음할 수 있다.

17 타인의 토지 출입 등에 관한 설명으로 옳은 것은?

① 해가 뜨기 전이라도 담장으로 둘러싸인 토지의 출입인 경우에는 소유자의 승낙이 없이도 가능하다.
② 타인의 토지에 출입하려는 자가 허가를 받아야 할 자에 토지관리인도 포함된다.
③ 토지 출입에 따른 손실보상 협의가 성립되지 아니한 경우 관할 중앙토지수용위원회에 재결을 신청할 수 있다.
④ 측량 또는 토지의 이동을 조사하기 위해 필요한 경우 타인의 토지 등에 출입하거나 장애물을 제거할 수 있다.

풀이 공간정보의 구축 및 관리 등에 관한 법률 제101조(토지 등에의 출입 등)

① 이 법에 따라 측량을 하거나, 측량기준점을 설치하거나, 토지의 이동을 조사하는 자는 그 측량 또는 조사 등에 필요한 경우에는 타인의 토지 · 건물 · 공유수면 등(이하 "토지 등"이라 한다)에 출입하거나 일시 사용할 수 있으며, 특히 필요한 경우에는 나무, 흙, 돌, 그 밖의 장애물(이하 "장애물"이라 한다)을 변경하거나 제거할 수 있다.

② 제1항에 따라 타인의 토지 등에 출입하려는 자는 관할 특별자치시장, 특별자치도지사, 시장 · 군수 또는 구청장의 허가를 받아야 하며, 출입하려는 날의 3일 전까지 해당 토지 등의 소유자 · 점유자 또는 관리인에게 그 일시와 장소를 통지하여야 한다. 다만, 행정청인 자는 허가를 받지 아니하고 타인의 토지 등에 출입할 수 있다.

③ 제1항에 따라 타인의 토지 등을 일시 사용하거나 장애물을 변경 또는 제거하려는 자는 그 소유자 · 점유자 또는 관리인의 동의를 받아야 한다. 다만, 소유자 · 점유자 또는 관리인의 동의를 받을 수 없는 경우 행정청인 자는 관할 특별자치시장, 특별자치도지사, 시장 · 군수 또는 구청장에게 그 사실을 통지하여야 하며, 행정청이 아닌 자는 미리 관할 특별자치시장, 특별자치도지사, 시장 · 군수 또는 구청장의 허가를 받아야 한다.

④ 특별자치시장, 특별자치도지사, 시장 · 군수 또는 구청장은 제3항 단서에 따라 허가를 하려면 미리 그 소유자 · 점유자 또는 관리인의 의견을 들어야 한다.

⑤ 제3항에 따라 토지 등을 일시 사용하거나 장애물을 변경 또는 제거하려는 자는 토지 등을 사용하려는 날이나 장애물을 변경 또는 제거하려는 날의 3일 전까지 그 소유자 · 점유자 또는 관리인에게 통지하여야 한다. 다만, 토지 등의 소유자 · 점유자 또는 관리인이 현장에 없거나 주소 또는 거소가 분명하지 아니할 때에는 관할 특별자치시장, 특별자치도지사, 시장 · 군수 또는 구청장에게 통지하여야 한다.

⑥ 해 뜨기 전이나 해가 진 후에는 그 토지 등의 점유자의 승낙 없이 택지나 담장 또는 울타리로 둘러싸인 타인의 토지에 출입할 수 없다.

⑦ 토지 등의 점유자는 정당한 사유 없이 제1항에 따른 행위를 방해하거나 거부하지 못한다.

⑧ 제1항에 따른 행위를 하려는 자는 그 권한을 표시하는 허가증을 지니고 관계인에게 이를 내보여야 한다.

⑨ 제8항에 따른 허가증에 관하여 필요한 사항은 국토교통부령으로 정한다.

공간정보의 구축 및 관리 등에 관한 법률 제102조(토지 등의 출입 등에 따른 손실보상)

① 제101조제1항에 따른 행위로 손실을 받은 자가 있으면 그 행위를 한 자는 그 손실을 보상하여야 한다.

② 제1항에 따른 손실보상에 관하여는 손실을 보상할 자와 손실을 받은 자가 협의하여야 한다.

③ 손실을 보상할 자 또는 손실을 받은 자는 제2항에 따른 협의가 성립되지 아니하거나 협의를 할 수 없는 경우에는 관할 토지수용위원회에 재결(裁決)을 신청할 수 있다.

④ 관할 토지수용위원회의 재결에 관하여는 「공익사업을 위한 토지 등의 취득 및 보상에 관한 법률」 제84조부터 제88조까지의 규정을 준용한다.

18 지적재조사사업을 시행하기 위한 토지현황조사의 내용으로 옳지 않은 것은?

① 소유자 조사
② 표준지가 조사
③ 지상건축물 및 지하건축물의 위치 조사
④ 좌표 조사

풀이 지적재조사에 관한 특별법 제10조(토지현황조사) **암기** 소지목계표는 지하공간에서 토지건축이용현황시설을

① 지적소관청은 제6조에 따른 실시계획을 수립한 때에는 지적재조사예정지구임이 지적공부에 등록된 토지를 대상으로 토지현황조사를 하여야 하며, 토지현황조사는 지적재조사측량과 병행하여 실시할 수 있다. 〈개정 2017. 4. 18., 2019. 12. 10., 2020. 12. 22.〉

② 토지현황조사를 할 때에는 소유자, 지번, 지목, 경계 또는 좌표, 지상건축물 및 지하건축물의 위치, 개별공시지가 등을 기재한 토지현황조사서를 작성하여야 한다. 〈개정 2017. 4. 18.〉

③ 토지현황조사에 따른 조사 범위 · 대상 · 항목과 토지현황조사서 기재 · 작성 방법에 관련된 사항은 국토교통부령으로 정한다.

지적재조사에 관한 특별법 시행규칙 제4조(토지현황조사)

① 법 제10조제1항에 따른 토지현황조사(이하 "토지현황조사"라 한다)는 지적재조사지구의 필지별로 다음 각 호의 사항에 대하여 조사한다. 〈개정 2013. 3. 23., 2017. 10. 19., 2020. 6. 18.〉

> 1. 토지에 관한 사항
> 2. 건축물에 관한 사항
> 3. 토지이용계획에 관한 사항
> 4. 토지이용 현황 및 건축물 현황
> 5. 지하시설물(지하구조물) 등에 관한 사항
> 6. 그 밖에 국토교통부장관이 토지현황조사와 관련하여 필요하다고 인정하는 사항

② 토지현황조사는 사전조사와 현지조사로 구분하여 실시하며, 현지조사는 법 제9조제1항에 따른 지적재조사를 위한 지적측량(이하 "지적재조사측량"이라 한다)과 함께 할 수 있다. 〈개정 2017. 10. 19.〉

③ 법 제10조제2항에 따른 토지현황조사서는 별지 제3호 서식에 따른다. 〈개정 2017. 10. 19.〉

④ 제1항부터 제3항까지에서 규정한 사항 외에 토지현황조사서 작성에 필요한 사항은 국토교통부장관이 정하여 고시한다.

19 시·도의 지적재조사사업에 관한 사항을 심의·의결하기 위하여 운영하는 시·도 지적재조사위원회에 대한 설명으로 옳지 않은 것은?

① 시·군·구별 지적재조사사업의 우선순위를 조정한다.

② 위원회는 10명 이내의 위원으로 구성한다.

③ 지적재조사지구의 지정 및 변경을 심의한다.

④ 시·도 위원회는 재적위원 과반수의 출석과 출석위원 2/3 이상 찬성으로 의결한다.

풀이 **지적재조사에 관한 특별법 제29조(시·도 지적재조사위원회)** **암기** **실종사우위**

① 시·도의 지적재조사사업에 관한 주요 정책을 심의·의결하기 위하여 시·도지사 소속으로 시·도 지적재조사위원회(이하 "시·도 위원회"라 한다)를 둘 수 있다.

② 시·도 위원회는 다음 각 호의 사항을 심의·의결한다. 〈개정 2017.4.18., 2020.6.9.〉

> 1. 지적소관청이 수립한 **실**시계획
> 1의2. 시·도**종**합계획의 수립 및 변경
> 2. 지적재조**사**지구의 지정 및 변경
> 3. 시·군·구별 지적재조사사업의 **우**선순위 조정
> 4. 그 밖에 지적재조사사업에 필요하여 시·도 위원회의 **위**원장이 회의에 부치는 사항

③ 시·도 위원회는 위원장 및 부위원장 각 1명을 포함한 10명 이내의 위원으로 구성한다.

④ 시·도 위원회의 위원장은 시·도지사가 되며, 부위원장은 위원 중에서 위원장이 지명한다.

⑤ 시·도 위원회의 위원은 다음 각 호의 어느 하나에 해당하는 사람 중에서 위원장이 임명 또는 위촉한다.

> 1. 해당 시·도의 3급 이상 공무원
> 2. 판사·검사 또는 변호사
> 3. 법학이나 지적 또는 측량 분야의 교수로 재직하고 있거나 있었던 사람
> 4. 그 밖에 지적재조사사업에 관하여 전문성을 갖춘 사람

⑥ 시·도 위원회의 위원 중 공무원이 아닌 위원의 임기는 2년으로 한다.

⑦ 시·도 위원회는 재적위원 과반수의 출석과 출석위원 과반수의 찬성으로 의결한다.

⑧ 그 밖에 시·도 위원회의 조직 및 운영 등에 관하여 필요한 사항은 해당 시·도의 조례로 정한다.

20 지적도를 작성함에 있어 기점을 잘못 선택하는 등 기술적인 착오로 인해 지적도상의 경계가 진실한 경계선과 다르게 잘못 작성된 경우, 판례상 토지경계의 확정 방법으로 옳은 것은?

① 지적도상의 경계에 의해 확정한다.　　② 지적공부를 참조하여 경계를 확정한다.

③ 실제의 경계에 의해 확정한다.　　　④ 확정판결을 거쳐 경계를 확정한다.

풀이 **건물철거 등 소유권이전등기**

지적도상의 경계표시가 분할측량의 잘못 등으로 사실상의 경계와 다르게 표시되었다 하더라도 그 토지에 대한 매매도 특별한 사정이 없는 한 현실의 경계와 관계없이 지적공부상의 경계와 지적에 의하여 소유권의 범위가 확정된 토지를 매매 대상으로 하는 것으로 보아야 하고, 다만 지적도를 작성함에 있어서 기술적인 착오로 인하여 지적도상의 진실한 경계선과 다르게 작성되었기 때문에 경계와 지적이 실제의 것과 일치하지 않게 되었고, 그 토지들이 전전매도되면서도 당사자들이 사실상의 경계대로 토지를 매매할 의사를 가지고 거래한 경우 등과 같이 특별한 사정이 있는 경우에 한하여 그 토지의 경계는 실제의 경계에 의하여야 한다(대법원 1996.7.9. 선고 95다55597,55603 판결).

정답 **19** ④ **20** ③

01 다음 설명 중 옳지 않은 것은?

① 축척변경 시행지역의 토지소유자 또는 점유자는 시행공고가 된 날부터 30일 이내에 시행공고일 현재 점유하고 있는 경계에 국토교통부령으로 정하는 경계점표지를 설치하여야 한다.

② 지방지적위원회의 의결에 불복하는 경우에는 그 의결서를 받은 날부터 90일 이내에 국토교통부장관을 거쳐 중앙 지적위원회에 재심사를 청구할 수 있다.

③ 도시개발사업 등의 착수·변경 또는 완료 사실의 신고는 그 사유가 발생한 날부터 30일 이내에 하여야 한다.

④ 토지소유자, 이해관계인 또는 지적측량수행자로부터 지적측량 적부심사청구를 받은 시·도지사는 30일 이내에 지방 지적위원회에 회부하여야 한다.

풀이 **공간정보의 구축 및 관리 등에 관한 법률 시행령 제71조(축척변경 시행공고 등)**

① 지적소관청은 법 제83조제3항에 따라 시·도지사 또는 대도시 시장으로부터 축척변경 승인을 받았을 때에는 지체 없이 다음 각 호의 사항을 20일 이상 공고하여야 한다. **암기** **㉠㉯⑧ 청소세**

> 1. 축척변경의 ⑧적, 시행㉯역 및 시행㉠간
> 2. 축척변경의 시행에 따른 ⑧산방법
> 3. 축척변경의 시행에 따른 토지⑥유자 등의 협조에 관한 사항
> 4. 축척변경의 시행에 관한 ⑧부계획

② 제1항에 따른 시행공고는 시·군·구(자치구가 아닌 구를 포함한다) 및 축척변경 시행지역 동·리의 게시판에 주민이 볼 수 있도록 게시하여야 한다.

③ 축척변경 시행지역의 토지소유자 또는 점유자는 시행공고가 된 날(이하 "시행공고일"이라 한다)부터 30일 이내에 시행공고일 현재 점유하고 있는 경계에 국토교통부령으로 정하는 경계점표지를 설치하여야 한다.

공간정보의 구축 및 관리 등에 관한 법률 시행령 제83조(토지개발사업 등의 범위 및 신고)

② 법 제86조제1항에 따른 도시개발사업 등의 착수·변경 또는 완료 사실의 신고는 그 사유가 발생한 날부터 15일 이내에 하여야 한다.

③ 법 제86조제2항에 따른 토지의 이동 신청은 그 신청대상지역이 환지(換地)를 수반하는 경우에는 법 제86조 제1항에 따른 사업완료 신고로써 이를 갈음할 수 있다. 이 경우 사업완료 신고서에 법 제86조제2항에 따른 토지의 이동 신청을 갈음한다는 뜻을 적어야 한다.

④ 「주택법」에 따른 주택건설사업의 시행자가 파산 등의 이유로 토지의 이동 신청을 할 수 없을 때에는 그 주택의 시공을 보증한 자 또는 입주예정자 등이 신청할 수 있다.

02 부동산종합공부에 기록·저장되는 내용에 대한 설명으로 옳지 않은 것은?

① 부동산의 가격에 관한 사항

② 토지이용자에 관한 사항

③ 건축물의 표시와 소유자에 관한 사항

④ 토지의 이용 및 규제에 관한 사항

공간정보의 구축 및 관리 등에 관한 법률 제2조(정의)

이 법에서 사용하는 용어의 뜻은 다음과 같다.

19. "지적공부"란 토지대장, 임야대장, 공유지연명부, 대지권등록부, 지적도, 임야도 및 경계점좌표등록부 등 지적측량 등을 통하여 조사된 토지의 표시와 해당 토지의 소유자 등을 기록한 대장 및 도면(정보처리시스템을 통하여 기록·저장된 것을 포함한다)을 말한다.

19의2. "연속지적도"란 지적측량을 하지 아니하고 전산화된 지적도 및 임야도 파일을 이용하여, 도면상 경계점들을 연결하여 작성한 도면으로서 측량에 활용할 수 없는 도면을 말한다.

19의3. "부동산종합공부"란 토지의 표시와 소유자에 관한 사항, 건축물의 표시와 소유자에 관한 사항, 토지의 이용 및 규제에 관한 사항, 부동산의 가격에 관한 사항 등 부동산에 관한 종합정보를 정보관리체계를 통하여 기록·저장한 것을 말한다.

공간정보의 구축 및 관리 등에 관한 법률 제76조의3(부동산종합공부의 등록사항 등)

지적소관청은 부동산종합공부에 다음 각 호의 사항을 등록하여야 한다. 〈개정 2016.1.19.〉

1. 토지의 표시와 소유자에 관한 사항 : 이 법에 따른 지적공부의 내용
2. 건축물의 표시와 소유자에 관한 사항(토지에 건축물이 있는 경우만 해당한다) : 「건축법」 제38조에 따른 건축물대장의 내용
3. 토지의 이용 및 규제에 관한 사항 : 「토지이용규제 기본법」 제10조에 따른 토지이용계획확인서의 내용
4. 부동산의 가격에 관한 사항 : 「부동산 가격공시에 관한 법률」 제10조에 따른 개별공시지가, 같은 법 제16조, 제17조 및 제18조에 따른 개별주택가격 및 공동주택가격 공시내용
5. 그 밖에 부동산의 효율적 이용과 부동산과 관련된 정보의 종합적 관리·운영을 위하여 필요한 사항으로서 대통령령으로 정하는 사항

03 다음 중 주된 용도의 토지에 편입하여 1필지로 할 수 있는 경우는?

① 종된 용도의 토지의 지목이 '대'인 경우
② 종된 용도의 토지 면적이 주된 용도의 토지 면적의 10%를 초과하는 경우
③ 주된 용도의 토지의 편의를 위하여 설치된 도로·구거 등의 부지
④ 종된 용도의 토지 면적이 330m²를 초과하는 경우

주된 용도의 토지에 편입할 수 있는 토지(양입지)

지번부여지역 및 소유자·용도가 동일하고 지반이 연속된 경우 등 1필지로 정할 수 있는 기준에 적합하나 토지의 일부분의 용도가 다른 경우 주지목추종의 원칙에 의하여 주된 용도의 토지에 편입하여 1필지로 정할 수 있다.

대상토지	① 주된 용도의 토지 편의를 위하여 설치된 도로·구거(溝渠 : 도랑) 등의 부지 ② 주된 용도의 토지에 접속하거나 주된 용도의 토지로 둘러싸인 토지로서 다른 용도로 사용되고 있는 토지
주된 용도의 토지에 편입할 수 없는 토지	① 종된 토지의 지목이 대인 경우 ② 종된 용도의 토지 면적이 주된 용도의 토지면적의 10%를 초과하는 경우 ③ 종된 용도의 토지 면적이 330제곱미터를 초과하는 경우

03 ③

04 「공간정보의 구축 및 관리 등에 관한 법률」상 경계에 대한 개념으로 옳은 것은?

① 도상경계선을 의미한다.　　　　　② 지상경계선을 의미한다.

③ 점유경계선을 의미한다.　　　　　④ 현실경계선을 의미한다.

풀이 **공간정보의 구축 및 관리 등에 관한 법률 제2조(정의)**

이 법에서 사용하는 용어의 뜻은 다음과 같다.

25. "경계점"이란 필지를 구획하는 선의 굴곡점으로서 지적도나 임야도에 도해(圖解) 형태로 등록하거나 경계점좌표등록부에 좌표 형태로 등록하는 점을 말한다.

26. "경계"란 필지별로 경계점들을 직선으로 연결하여 지적공부에 등록한 선을 말한다.

05 다음은 지적현황측량성과도의 도시방법을 표기한 것이다. 옳지 않은 것은?

① ⊤̲⊥̲ : 벤치　　　　　② ◎ : 2등 삼각점

③ ⊕ : 지적삼각점　　　　　④ ⌀ : 전신주

풀이 **지적현황측량성과도의 도시방법**

⊕	위성기준점	◉	1등 삼각점	⊤̲⊥̲	벤치
◎	2등 삼각점	●	3등 삼각점	⊻	우체통
◎	4등 감각점	⊕	지적삼각점	⊠	가스수치기
●	지적삼각보조점	○	지적도근점	⋈	밸브
BM ⊠	수준점			R	분전함
─┼─·─┼─		시·도계		◧	제어기
─── · · ───		시·군계		TB	공중전화
─── · ───		읍·면계		●	신호등
─ ─ ─ ─ ─		리·동계		○	전주
─────		지적선		⌀	가로등
─────		현황선(붉은선)		⊖	전신주
═○○═ ═□□═		고가부		⊐	차단기
─────		도로		⚘	경보기

06 다음 용어의 정의 중 옳은 것은?

① 축척변경이란 작은 축척에서 큰 축척으로, 큰 축척에서 작은 축척으로 변경되는 것을 의미한다.

② 토지대장에 등록된 토지를 임야대장에 옮겨 적는 것은 등록전환에 속한다.

③ 부령에 따라 구획되는 토지의 등록단위를 필지라 한다.

④ 토지의 지번을 새로 정하는 것은 토지의 이동에 해당된다.

풀이 공간정보의 구축 및 관리 등에 관한 법률 제2조(정의)

이 법에서 사용하는 용어의 뜻은 다음과 같다.

20. "토지의 표시"란 지적공부에 토지의 소재·지번(地番)·지목(地目)·면적·경계 또는 좌표를 등록한 것을 말한다.

21. "필지"란 대통령령으로 정하는 바에 따라 구획되는 토지의 등록단위를 말한다.

22. "지번"이란 필지에 부여하여 지적공부에 등록한 번호를 말한다.

23. "지번부여지역"이란 지번을 부여하는 단위지역으로서 동·리 또는 이에 준하는 지역을 말한다.

24. "지목"이란 토지의 주된 용도에 따라 토지의 종류를 구분하여 지적공부에 등록한 것을 말한다.

28. "토지의 이동(異動)"이란 토지의 표시를 새로 정하거나 변경 또는 말소하는 것을 말한다.

29. "신규등록"이란 새로 조성된 토지와 지적공부에 등록되어 있지 아니한 토지를 지적공부에 등록하는 것을 말한다.

30. "등록전환"이란 임야대장 및 임야도에 등록된 토지를 토지대장 및 지적도에 옮겨 등록하는 것을 말한다.

31. "분할"이란 지적공부에 등록된 1필지를 2필지 이상으로 나누어 등록하는 것을 말한다.

32. "합병"이란 지적공부에 등록된 2필지 이상을 1필지로 합하여 등록하는 것을 말한다.

33. "지목변경"이란 지적공부에 등록된 지목을 다른 지목으로 바꾸어 등록하는 것을 말한다.

34. "축척변경"이란 지적도에 등록된 경계점의 정밀도를 높이기 위하여 작은 축척을 큰 축척으로 변경하여 등록하는 것을 말한다.

07 다음 중 가장 최근에 신설된 지목은 무엇인가?

① 창고용지　　　　　　　　　　② 철도용지

③ 광천지　　　　　　　　　　　④ 공원

풀이 지목의 종류

토지조사사업 당시 지목 (18개)		• **과**세지 : **전**, **답**, **대**(垈), **지**소(池沼), **임**야(林野), **잡**종지(雜種地)(6개) • **비**과세지 : **도**로, 하**천**, 구**거**, **제**방, **성**첩, **철**도선로, **수**도선로(7개) • **면**세지 : **사**사지, **분**묘지, **공**원지, **철**도용지, **수**도용지(5개)
1918년 지세령 개정 (19개)		지소(池沼) : 지소(池沼), 유지로 세분
1950년 구 지적법 (21개)		잡종지(雜種地) : 잡종지, 염전, 광천지로 세분
1975년 지적법 2차 개정 (24개)	통합	철도용지 + 철도선로 = 철도용지 수도용지 + 수도선로 = 수도용지 유지 + 지소 = 유지
	신설	**과**수원, **목**장용지, 공**장**용지, **학**교용지, 유**원**지, 운동**장** (6개)

1975년 지적법 2차 개정 (24개)	명칭 변경	사사지 ⇒ 종교용지 성첩 ⇒ 사적지 분묘지 ⇒ 묘지 운동장 ⇒ 체육용지					
2001년 지적법 10차 개정 (28개)	㉧차장, ㉧유소용지, ㉧고용지, ㉧어장(4개 신설)						
현행(28개)	지목	부호	지목	부호	지목	부호	지목
	전	전	대	대	철도용지	철	공원
	답	답	공장용지	㉧	제방	제	체육용지
	과수원	과	학교용지	학	하천	㉧	유원지
	목장용지	목	주차장	㉧	구거	구	종교용지
	임야	임	주유소용지	주	유지	유	사적지
	광천지	광	창고용지	창	양어장	양	묘지
	염전	염	도로	도	수도용지	수	잡종지

마지막 열 부호: 공 / 체 / ㉧ / 종 / 사 / 묘 / 잡

08 지적소관청은 토지의 이동에 따라 지상경계를 새로 정한 경우에는 지상경계점등록부를 작성·관리해야 한다. 다음 중 지상경계점등록부에 작성해야 하는 사항이 아닌 것은?

① 경계점의 사진 파일
② 경계점 위치 설명도
③ 공부상 지목과 실제 토지이용 지목
④ 토지의 소유자

풀이 공간정보의 구축 및 관리 등에 관한 법률 제65조(지상경계의 구분 등) **암기** ㉧㉧㉧㉧는 ㉧㉧㉧

① 토지의 지상경계는 둑, 담장이나 그 밖에 구획의 목표가 될 만한 구조물 및 경계점표지 등으로 구분한다.
② 지적소관청은 토지의 이동에 따라 지상경계를 새로 정한 경우에는 다음 각 호의 사항을 등록한 지상경계점등록부를 작성·관리하여야 한다.

> 1. ㉧지의 소재
> 2. ㉧번
> 3. ㉧계점 좌표(경계점좌표등록부 시행지역에 한정한다)
> 4. 경㉧점 위치 설명도
> 5. 그 밖에 국토교통부령으로 정하는 사항

③ 제1항에 따른 지상경계의 결정 기준 등 지상경계의 결정에 필요한 사항은 대통령령으로 정하고, 경계점표지의 규격과 재질 등에 필요한 사항은 국토교통부령으로 정한다.

공간정보의 구축 및 관리 등에 관한 법률 시행규칙 제60조(지상경계점등록부 작성 등)
① 경계점 위치 설명도의 작성 등에 관하여 필요한 사항은 국토교통부장관이 정한다.
② "그 밖에 국토교통부령으로 정하는 사항"이란 다음 각 호의 사항을 말한다.

> 1. ㉧부상 지목과 실제 토지이용 지목
> 2. 경㉧점의 사진 파일
> 3. 경계㉧표지의 종류 및 경계점 위치

③ 법 제65조제2항에 따른 지상경계점등록부는 별지 제58호 서식과 같다. 〈신설 2014.1.17.〉

09 다음은 지번부여방법을 설명한 것이다. 옳지 않은 것은?

① 신규등록의 경우 대상토지가 그 지번부여지역의 최종 지번의 토지에 인접한 경우 그 지번부여지역의 최종 본번의 다음 순번부터 본번으로 하여 순차적으로 지번을 부여할 수 있다.

② 지번은 지적소관청이 지번부여지역별로 차례대로 부여한다.

③ 등록전환 대상토지가 여러 필지로 되어 있는 경우에는 북서방향에 인접한 토지의 본번에 부번을 붙여서 부여한다.

④ 지번은 북서에서 남동으로 순차적으로 부여한다.

풀이 공간정보의 구축 및 관리 등에 관한 법률 시행령 제56조(지번의 구성 및 부여방법 등)

구분		토지이동에 따른 지번의 부여방법
부여방법		① 지번(地番)은 아라비아숫자로 표기하되, 임야대장 및 임야도에 등록하는 토지의 지번은 숫자 앞에 "산"자를 붙인다. ② 지번은 본번(本番)과 부번(副番)으로 구성하되, 본번과 부번 사이에 "–" 표시로 연결한다. 이 경우 "–" 표시는 "의"라고 읽는다. ③ 법 제66조에 따른 지번의 부여방법은 다음 각 호와 같다. 　1. 지번은 북서에서 남동으로 순차적으로 부여할 것
신규등록 · 등록전환	원칙	지번부여지역에서 인접토지의 본번에 부번을 붙여서 지번을 부여한다.
	예외	다음의 경우에는 그 지번부여지역의 최종 본번의 다음 순번부터 본번으로 하여 순차적으로 지번을 부여할 수 있다. ① 대상 토지가 그 지번부여지역의 최종 지번의 토지에 인접하여 있는 경우 ② 대상 토지가 이미 등록된 토지와 멀리 떨어져 있어서 등록된 토지의 본번에 부번을 부여하는 것이 불합리한 경우 ③ 대상 토지가 여러 필지로 되어 있는 경우
분할	원칙	분할 후의 필지 중 1필지의 지번은 분할 전의 지번으로 하고, 나머지 필지의 지번은 본번의 최종 부번 다음 순번으로 부번을 부여한다.
	예외	주거 · 사무실 등의 건축물이 있는 필지에 대해서는 분할 전의 지번을 우선하여 부여하여야 한다.
합병	원칙	합병 대상 지번 중 선순위의 지번을 그 지번으로 하되, 본번으로 된 지번이 있을 때에는 본번 중 선순위의 지번을 합병 후의 지번으로 한다.
	예외	토지소유자가 합병 전의 필지에 주거 · 사무실 등의 건축물이 있어서 그 건축물이 위치한 지번을 합병 후의 지번으로 신청할 때에는 그 지번을 합병 후의 지번으로 부여하여야 한다.
지적확정측량을 실시한 지역의 각 필지에 지번을 새로 부여하는 경우	원칙	다음 각 목의 지번을 제외한 본번으로 부여한다. ① 지적확정측량을 실시한 지역 안의 종전의 지번과 지적확정측량을 실시한 지역 밖에 있는 본번이 같은 지번이 있을 때 그 지번 ② 지적확정측량을 실시한 지역의 경계에 걸쳐 있는 지번
	예외	부여할 수 있는 종전 지번의 수가 새로 부여할 지번의 수보다 적을 때에는 블록단위로 하나의 본번을 부여한 후 필지별로 부번을 부여하거나, 그 지번부여지역의 최종 본번 다음 순번부터 본번으로 하여 차례로 지번을 부여할 수 있다.

정답 **09** ③

구분	토지이동에 따른 지번의 부여방법
지적확정측량에 준용	① 법 제66조제2항(지적소관청은 지적공부에 등록된 지번을 변경할 필요가 있다고 인정하면 시 · 도지사나 대도시 시장의 승인을 받아 지번부여지역의 전부 또는 일부에 대하여 지번을 새로 부여할 수 있다.)에 따라 지번부여지역의 지번을 변경할 때 ② 법 제85조제2항(지번부여지역의 일부가 행정구역의 개편으로 다른 지번부여지역에 속하게 되었으면 지적소관청은 새로 속하게 된 지번부여지역의 지번을 부여하여야 한다.)에 따른 행정구역 개편에 따라 새로 지번을 부여할 때 ③ 제72조제1항(지적소관청은 축척변경 시행지역의 각 필지별 지번 · 지목 · 면적 · 경계 또는 좌표를 새로 정하여야 한다.)에 따라 축척변경 시행지역의 필지에 지번을 부여할 때
도시개발사업 등의 준공 전	도시개발사업 등이 준공되기 전에 사업시행자가 지번부여를 신청하는 경우에는 국토교통부령으로 정하는 바에 따라 지번을 부여할 수 있다. 지적소관청은 도시개발사업 등이 준공되기 전에 지번을 부여하는 때에는 사업계획도에 따르되, 지적확정측량을 실시한 지역의 각 필지에 지번을 새로 부여하는 경우의 지번부여방식에 따라 지번을 부여하여야 한다.

10 다음 중 지목을 도로로 설정할 수 없는 경우는?

① 2필지 이상에 진입하는 통로로 이용되는 토지
② 아파트 · 공장 등 단일 용도의 일정한 단지 안에 설치된 통로
③ 일반 공중의 교통 운수를 위하여 보행이나 차량운행에 필요한 일정한 설비 또는 형태를 갖추어 이용되는 토지
④ 고속도로의 휴게소 부지

풀이 **도로(道路)**
다음의 토지는 "도로"로 한다. 다만, 아파트 · 공장 등 단일 용도의 일정한 단지 안에 설치된 통로 등은 제외한다.
① 일반 공중(公衆)의 교통 운수를 위하여 보행이나 차량운행에 필요한 일정한 설비 또는 형태를 갖추어 이용되는 토지
② 「도로법」등 관계 법령에 따라 도로로 개설된 토지
③ 고속도로의 휴게소 부지
④ 2필지 이상에 진입하는 통로로 이용되는 토지

11 다음 중 지적공부의 효율적인 관리 및 활용을 위하여 지적정보 전담 관리기구를 설치 · 운영해야 하는 자는?

① 지방자치단체의 장
② 지적소관청
③ 국토교통부장관
④ 국토정보센터장

풀이 **공간정보의 구축 및 관리 등에 관한 법률 제70조(지적정보 전담 관리기구의 설치)**
① 국토교통부장관은 지적공부의 효율적인 관리 및 활용을 위하여 지적정보 전담 관리기구를 설치 · 운영한다.
〈개정 2013.3.23.〉

정답 10 ② 11 ③

② 국토교통부장관은 지적공부를 과세나 부동산정책자료 등으로 활용하기 위하여 주민등록전산자료, 가족관계등록전산자료, 부동산등기전산자료 또는 공시지가전산자료 등을 관리하는 기관에 그 자료를 요청할 수 있으며 요청을 받은 관리기관의 장은 특별한 사정이 없으면 그 요청을 따라야 한다. 〈개정 2020.6.9.〉

③ 제1항에 따른 지적정보 전담 관리기구의 설치 · 운영에 관한 세부사항은 대통령령으로 정한다.

12 다음 중 지적삼각점 명칭으로 사용할 수 없는 것은?

① 인천   ② 울산   ③ 전주   ④ 세종

풀이 지적측량 시행규칙 제8조(지적삼각점측량)

① 지적삼각점측량을 할 때에는 미리 지적삼각점표지를 설치하여야 한다.

② 지적삼각점의 명칭은 측량지역이 소재하고 있는 특별시 · 광역시 · 도 또는 특별자치도(이하 "시 · 도"라 한다)의 명칭 중 두 글자를 선택하고 시 · 도 단위로 일련번호를 붙여서 정한다.

지적업무처리규정 제7조(지적삼각점의 명칭 등)

① 「지적측량 시행규칙」 제8조제2항에 따른 시 · 도별 지적삼각점의 명칭은 다음과 같다.

기관명	명칭	기관명	명칭	기관명	명칭
서울특별시	서울	울산광역시	울산	전라북도	전북
부산광역시	부산	경 기 도	경기	전라남도	전남
대구광역시	대구	강 원 도	강원	경상북도	경북
인천광역시	인천	충청북도	충북	경상남도	경남
광주광역시	광주	충청남도	충남	제주특별자치도	제주
대전광역시	대전	세종특별자치시	세종		

13 다음 중 지적공부의 복구에 관한 관계 자료가 아닌 것은?

① 등기사실을 증명하는 서류   ② 지적공부의 초본
③ 측량 결과도   ④ 토지이동정리 결의서

풀이 공간정보의 구축 및 관리 등에 관한 법률 시행령 제61조(지적공부의 복구)

① 지적소관청이 법 제74조에 따라 지적공부를 복구할 때에는 멸실 · 훼손 당시의 지적공부와 가장 부합된다고 인정되는 관계 자료에 따라 토지의 표시에 관한 사항을 복구하여야 한다. 다만, 소유자에 관한 사항은 부동산등기부나 법원의 확정판결에 따라 복구하여야 한다.

② 제1항에 따른 지적공부의 복구에 관한 관계 자료 및 복구절차 등에 관하여 필요한 사항은 국토교통부령으로 정한다.

공간정보의 구축 및 관리 등에 관한 법률 시행규칙 제72조(지적공부의 복구자료)

영 제61조제1항에 따른 지적공부의 복구에 관한 관계 자료(이하 "복구자료"라 한다)는 다음 각 호와 같다.

암기 부등지등복명은 량지원에서

1. 부동산등기부 등본 등 등기사실을 증명하는 서류
2. 지적공부의 등본
3. 법 제69조제3항에 따라 복제된 지적공부

4. 지적소관청이 작성하거나 발행한 지적공부의 등록내용을 증명하는 서류
5. 측량 결과도
6. 토지이동정리 결의서
7. 법원의 확정판결서 정본 또는 사본

14 지적공부의 등록사항을 지적소관청이 직권으로 정정할 수 없는 경우는?

① 지적공부의 등록사항이 잘못 입력된 경우
② 지적공부의 작성 또는 재작성 당시 잘못 정리된 경우
③ 지적측량성과와 다르게 정리된 경우
④ 임야도에 등록된 필지가 경계 및 면적이 잘못된 경우

풀이 **공간정보의 구축 및 관리 등에 관한 법률 시행령 제82조(등록사항의 직권정정 등)**

① 지적소관청이 법 제84조제2항에 따라 지적공부의 등록사항에 잘못이 있는지를 직권으로 조사·측량하여 정정할 수 있는 경우는 다음 각 호와 같다. 〈개정 2015.6.1., 2017.1.10.〉

1. 제84조제2항에 따른 토지이동정리 결의서의 내용과 다르게 정리된 경우
2. 지적도 및 임야도에 등록된 필지가 면적의 증감 없이 경계의 위치만 잘못된 경우
3. 1필지가 각각 다른 지적도나 임야도에 등록되어 있는 경우로서 지적공부에 등록된 면적과 측량한 실제면적은 일치하지만 지적도나 임야도에 등록된 경계가 서로 접합되지 않아 지적도나 임야도에 등록된 경계를 지상의 경계에 맞추어 정정하여야 하는 토지가 발견된 경우
4. 지적공부의 작성 또는 재작성 당시 잘못 정리된 경우
5. 지적측량성과와 다르게 정리된 경우
6. 법 제29조제10항에 따라 지적공부의 등록사항을 정정하여야 하는 경우
7. 지적공부의 등록사항이 잘못 입력된 경우
8. 「부동산등기법」 제37조제2항에 따른 통지가 있는 경우(지적소관청의 착오로 잘못 합병한 경우만 해당한다)
9. 법률 제2801호 지적법 개정법률 부칙 제3조에 따른 면적 환산이 잘못된 경우

② 지적소관청은 제1항 각 호의 어느 하나에 해당하는 토지가 있을 때에는 지체 없이 관계 서류에 따라 지적공부의 등록사항을 정정하여야 한다.
③ 지적공부의 등록사항 중 경계나 면적 등 측량을 수반하는 토지의 표시가 잘못된 경우에는 지적소관청은 그 정정이 완료될 때까지 지적측량을 정지시킬 수 있다. 다만, 잘못 표시된 사항의 정정을 위한 지적측량은 그러하지 아니하다.

15 지적재조사사업에 관련된 설명으로 옳지 않은 것은?

① 지적공부의 등록사항과 일치하지 않는 토지의 실제 현황을 바로잡기 위한 사업이다.
② 종이에 구현된 지적을 디지털 지적으로 전환하기 위한 사업이다.
③ 국토를 효율적으로 관리하기 위해 추진되는 사업이다.
④ 국민의 재산권을 보호해 주기 위해 추진되는 국가사업이다.

풀이 **지적재조사에 관한 특별법 제1조(목적)**
이 법은 토지의 실제 현황과 일치하지 아니하는 지적공부(地籍公簿)의 등록사항을 바로 잡고 종이에 구현된 지적(地籍)을 디지털 지적으로 전환함으로써 국토를 효율적으로 관리함과 아울러 국민의 재산권 보호에 기여함을 목적으로 한다.

지적재조사에 관한 특별법 제2조(정의)
이 법에서 사용하는 용어의 정의는 다음과 같다.
1. "지적공부"란 토지대장, 임야대장, 공유지연명부, 대지권등록부, 지적도, 임야도 및 경계점좌표등록부 등 지적측량 등을 통하여 조사된 토지의 표시와 해당 토지의 소유자 등을 기록한 대장 및 도면(정보처리시스템을 통하여 기록·저장된 것을 포함한다)을 말한다.
2. "지적재조사사업"이란 「공간정보의 구축 및 관리 등에 관한 법률」 제71조부터 제73조까지의 규정에 따른 지적공부의 등록사항을 조사·측량하여 기존의 지적공부를 디지털에 의한 새로운 지적공부로 대체함과 동시에 지적공부의 등록사항이 토지의 실제 현황과 일치하지 아니하는 경우 이를 바로잡기 위하여 실시하는 국가사업을 말한다.
3. "지적재조사지구"란 지적재조사사업을 시행하기 위하여 제7조 및 제8조에 따라 지정·고시된 지구를 말한다.

16 다음 「지적재조사에 관한 특별법」에 의한 조정금의 산정 및 조정금 등에 관한 설명 중 옳은 것은?

① 조정금에 관하여 이의가 있는 자는 납부고지를 받은 날부터 30일 이내에 지적소관청에 이의신청을 할 수 있다.
② 지방자치단체 소유의 공유지 행정재산의 조정금은 징수하지 않는다.
③ 조정금은 사업이 완료한 이후에 감정평가법인에 의뢰하여 평가한 감정평가액으로 산정한다.
④ 조정금에 대한 이의신청을 받은 지적소관청은 60일 이내에 시·군·구 지적재조사위원회의 심의·의결을 거쳐 그 인용 여부를 결정한다.

풀이 **지적재조사에 관한 특별법 제20조(조정금의 산정)**
① 지적소관청은 제18조에 따른 경계 확정으로 지적공부상의 면적이 증감된 경우에는 필지별 면적 증감내역을 기준으로 조정금을 산정하여 징수하거나 지급한다.
② 제1항에도 불구하고 국가 또는 지방자치단체 소유의 국유지·공유지 행정재산의 조정금은 징수하거나 지급하지 아니한다.
③ 조정금은 제18조에 따라 경계가 확정된 시점을 기준으로 「감정평가 및 감정평가사에 관한 법률」에 따른 감정평가법인 등이 평가한 감정평가액으로 산정한다. 다만, 토지소유자협의회가 요청하는 경우에는 제30조에 따른 시·군·구 지적재조사위원회의 심의를 거쳐 「부동산 가격공시에 관한 법률」에 따른 개별공시지가로 산정할 수 있다. 〈개정 2017.4.18., 2020.4.7.〉
④ 지적소관청은 제3항에 따라 조정금을 산정하고자 할 때에는 제30조에 따른 시·군·구 지적재조사위원회의 심의를 거쳐야 한다.
⑤ 제2항부터 제4항까지에 규정된 것 외에 조정금의 산정에 필요한 사항은 대통령령으로 정한다.

지적재조사에 관한 특별법 시행령 제12조(조정금의 산정)
법 제20조제3항 단서에 따라 조정금을 「부동산 가격공시에 관한 법률」 제10조에 따른 개별공시지가(이하 "개별공시지가"라 한다)로 산정하는 경우에는 법 제18조에 따라 경계가 확정된 시점을 기준으로 필지별 증감면적에 개별공시지가를 곱하여 산정한다.

정답 **16** ②

지적재조사에 관한 특별법 시행령 제13조(분할납부)

① 지적소관청은 법 제21조제1항 단서에 따라 조정금이 1천만 원을 초과하는 경우에는 그 조정금을 1년 이내의 기간을 정하여 4회 이내에서 나누어 내게 할 수 있다.

② 제1항에 따라 분할납부를 신청하려는 자는 국토교통부령으로 정하는 조정금 분할납부신청서에 분할납부 사유 등을 적고, 분할납부 사유를 증명할 수 있는 자료 등을 첨부하여 지적소관청에 제출하여야 한다.

③ 지적소관청은 제2항에 따라 분할납부신청서를 받은 날부터 15일 이내에 신청인에게 분할납부 여부를 서면으로 알려야 한다.

지적재조사에 관한 특별법 제21조의2(조정금에 관한 이의신청)

① 제21조제3항에 따라 수령통지 또는 납부고지된 조정금에 관하여 이의가 있는 토지소유자는 수령통지 또는 납부고지를 받은 날부터 60일 이내에 지적소관청에 이의신청을 할 수 있다.

② 지적소관청은 제1항에 따른 이의신청을 받은 날부터 30일 이내에 제30조에 따른 시·군·구 지적재조사위원회의 심의·의결을 거쳐 이의신청에 대한 결과를 신청인에게 서면으로 알려야 한다.

17 지적재조사지구 지정에 따른 토지소유자 수 및 동의자 수의 산정기준에 대한 설명으로 옳지 않은 것은?

① 1필지의 토지가 수인의 공유에 속할 때에는 그 수인을 대표하는 1인을 토지소유자로 산정한다.

② 1인이 다수 필지의 토지를 소유하고 있는 경우에는 필지 수에 관계없이 토지소유자를 1인으로 산정한다.

③ 토지등기부 및 토지대장에 소유자로 등재될 당시 주민등록번호의 기재가 없거나, 기재된 주소가 현재 주소와 다른 경우 또는 소재가 확인되지 아니한 자는 토지소유자에서 제외한다.

④ 국유지에 대해서는 그 재산관리청을 토지소유자로 산정한다.

풀이 **지적재조사에 관한 특별법 제7조(지적재조사지구의 지정)**

① 지적소관청은 실시계획을 수립하여 시·도지사에게 지적재조사지구 지정 신청을 하여야 한다. 〈개정 2019.12.10.〉

② 지적소관청이 시·도지사에게 지적재조사지구 지정을 신청하고자 할 때에는 다음 각 호의 사항을 고려하여 지적재조사지구 토지소유자(국유지·공유지의 경우에는 그 재산관리청을 말한다. 이하 같다) 총수의 3분의 2 이상과 토지면적 3분의 2 이상에 해당하는 토지소유자의 동의를 받아야 한다. 〈개정 2017.4.18., 2019.12.10.〉

> 1. 지적공부의 등록사항과 토지의 실제 현황이 다른 정도가 심하여 주민의 불편이 많은 지역인지 여부
> 2. 사업시행이 용이한지 여부
> 3. 사업시행의 효과 여부

③ 제2항에도 불구하고 지적소관청은 지적재조사지구에 제13조에 따른 토지소유자협의회(이하 "토지소유자협의회"라 한다)가 구성되어 있고 토지소유자 총수의 4분의 3 이상의 동의가 있는 지구에 대하여는 우선하여 지적재조사지구로 지정을 신청할 수 있다. 〈개정 2019.12.10.〉

④ 지적소관청은 지적재조사지구 지정을 신청하고자 할 때에는 실시계획 수립 내용을 주민에게 서면으로 통보한 후 주민설명회를 개최하고 실시계획을 30일 이상 주민에게 공람하여야 한다. 〈삭제 2020.12.22.〉

⑤ 지적재조사지구에 있는 토지소유자와 이해관계인은 제4항에 따른 공람기간 안에 지적소관청에 의견을 제출할 수 있으며, 지적소관청은 제출된 의견이 타당하다고 인정할 때에는 이를 반영하여야 한다. 〈삭제 2020.12.22.〉

⑥ 시·도지사는 지적재조사지구를 지정할 때에는 대통령령으로 정하는 바에 따라 제29조에 따른 시·도 지적 재조사위원회의 심의를 거쳐야 한다. 〈개정 2019.12.10.〉

⑦ 제1항부터 제3항까지, 제6항 및 제6조제2항부터 제4항까지의 규정은 지적재조사지구를 변경할 때에도 적용한다. 다만, 대통령령으로 정하는 경미한 사항을 변경할 때에는 제외한다. 〈개정 2019.12.10., 2020. 12.22.〉

⑧ 제2항에 따른 동의자 수의 산정방법, 동의절차, 그 밖에 필요한 사항은 대통령령으로 정한다.

지적재조사에 관한 특별법 시행령 제7조(토지소유자 수 및 동의자 수 산정방법 등)

① 법 제7조제2항에 따른 토지소유자 수 및 동의자 수는 다음 각 호의 기준에 따라 산정한다.

> 1. 1필지의 토지가 수인의 공유에 속할 때에는 그 수인을 대표하는 1인을 토지소유자로 산정할 것
> 2. 1인이 다수 필지의 토지를 소유하고 있는 경우에는 필지 수에 관계없이 토지소유자를 1인으로 산정할 것
> 3. 토지등기부 및 토지대장·임야대장에 소유자로 등재될 당시 주민등록번호의 기재가 없거나 기재된 주소가 현재 주소와 다른 경우 또는 소재가 확인되지 아니한 자는 토지소유자의 수에서 제외할 것
> 4. 국유지·공유지에 대해서는 그 재산관리청을 토지소유자로 산정할 것 〈삭제 2017.10.17.〉

② 토지소유자가 법 제7조제2항 또는 제3항에 따라 동의하거나 그 동의를 철회할 경우에는 국토교통부령으로 정하는 지적재조사지구지정신청동의서 또는 동의철회서를 지적소관청에 제출하여야 한다. 〈개정 2013.3.23., 2017.10.17., 2020.6.23.〉

③ 제1항제1호에 해당하는 공유토지의 대표 소유자는 국토교통부령으로 정하는 대표자 지정 동의서를 첨부하여 제2항에 따른 동의서 또는 동의철회서와 함께 지적소관청에 제출하여야 한다. 〈개정 2013.3.23.〉

④ 토지소유자가 외국인인 경우에는 지적소관청은 「전자정부법」 제36조제1항에 따른 행정정보의 공동이용을 통하여 「출입국관리법」 제88조에 따른 외국인등록 사실증명을 확인하여야 하되, 토지소유자가 행정정보의 공동이용을 통한 외국인등록 사실증명의 확인에 동의하지 아니하는 경우에는 해당 서류를 첨부하게 하여야 한다.

⑤ 지적소관청은 지적재조사지구 지정 신청에 관한 업무를 위하여 필요한 때에는 관계 기관에 주민등록 및 가족관계 등록사항에 관한 자료 제공을 요청할 수 있다. 이 경우 요청을 받은 관계 기관은 정당한 사유가 없는 한 이에 따라야 한다. 〈신설 2017.10.17., 2020.6.23.〉

18 다음 「지적재조사에 관한 특별법」에서 규정하는 내용 중 옳지 않은 것은?

① 지적재조사사업은 지적소관청이 시행한다.

② 지적재조사를 위한 경계설정의 기준은 지상경계에 대하여 다툼이 없는 경우에는 등록할 때의 측량기록을 조사한 경계를 기준으로 한다.

③ 지적재조사에 따른 경계결정은 경계결정위원회의 의결을 거쳐 결정한다.

④ 중앙지적재조사위원회는 기본계획의 수립 및 변경, 관계 법령의 제정·개정 및 제도의 개선에 관한 사항 등을 심의·의결한다.

풀이 **지적재조사에 관한 특별법 제5조(지적재조사사업의 시행자)**

① 지적재조사사업은 지적소관청이 시행한다.

② 지적소관청은 지적재조사사업의 측량·조사 등을 「국가공간정보 기본법」 제12조에 따라 설립된 한국국토정보공사와 「공간정보의 구축 및 관리 등에 관한 법률」 제44조에 따라 지적측량업의 등록을 한 자(이하 "지적측량수행자"라 한다)에게 대행하게 할 수 있다. 〈개정 2014.6.3.〉

③ 지적소관청이 지적재조사사업의 측량·조사 등을 지적측량수행자에게 대행하게 할 때에는 대통령령으로 정하는 바에 따라 이를 고시하여야 한다.

지적재조사에 관한 특별법 제14조(경계설정의 기준)

① 지적소관청은 다음 각 호의 순위로 지적재조사를 위한 경계를 설정하여야 한다.

> 1. 지상경계에 대하여 다툼이 없는 경우 토지소유자가 점유하는 토지의 현실경계
> 2. 지상경계에 대하여 다툼이 있는 경우 등록할 때의 측량기록을 조사한 경계
> 3. 지방관습에 의한 경계

② 제1항에도 불구하고 경계를 같이 하는 토지소유자들이 경계에 합의한 경우 그 경계를 기준으로 한다. 다만, 국유지·공유지가 경계를 같이 하는 토지를 구성하는 때에는 그러하지 아니하다.

③ 지적소관청이 제1항과 제2항에 따라 지적재조사를 위한 경계를 설정할 때에는 「도로법」, 「하천법」 등 관계 법령에 따라 고시되어 설치된 공공용지의 경계가 변경되지 아니하도록 하여야 한다.

지적재조사에 관한 특별법 제16조(경계의 결정)

① 지적재조사에 따른 경계결정은 경계결정위원회의 의결을 거쳐 결정한다.

② 지적소관청은 제1항에 따른 경계에 관한 결정을 신청하고자 할 때에는 제15조제2항에 따른 지적확정예정조서에 토지소유자나 이해관계인의 의견을 첨부하여 경계결정위원회에 제출하여야 한다.

③ 제2항에 따른 신청을 받은 경계결정위원회는 지적확정예정조서를 제출받은 날부터 30일 이내에 경계에 관한 결정을 하고 이를 지적소관청에 통지하여야 한다. 이 기간 안에 경계에 관한 결정을 할 수 없는 부득이한 사유가 있을 때에는 경계결정위원회는 의결을 거쳐 30일의 범위에서 그 기간을 연장할 수 있다.

④ 토지소유자나 이해관계인은 경계결정위원회에 참석하여 의견을 진술할 수 있다. 경계결정위원회는 토지소유자나 이해관계인이 의견진술을 신청하는 경우에는 특별한 사정이 없는 한 이에 따라야 한다. 〈개정 2020. 6.9.〉

⑤ 경계결정위원회는 제3항에 따라 경계에 관한 결정을 하기에 앞서 토지소유자들로 하여금 경계에 관한 합의를 하도록 권고할 수 있다.

⑥ 지적소관청은 제3항에 따라 경계결정위원회로부터 경계에 관한 결정을 통지받았을 때에는 지체 없이 이를 토지소유자나 이해관계인에게 통지하여야 한다. 이 경우 제17조제1항에 따른 기간 안에 이의신청이 없으면 경계결정위원회의 결정대로 경계가 확정된다는 취지를 명시하여야 한다.

지적재조사에 관한 특별법 제28조(중앙지적재조사위원회)   암기   ㉠㉪㉧

① 지적재조사사업에 관한 주요 정책을 심의·의결하기 위하여 국토교통부장관 소속으로 중앙지적재조사위원회(이하 "중앙위원회"라 한다)를 둔다.

② 중앙위원회는 다음 각 호의 사항을 심의·의결한다. 〈개정 2020.6.9.〉

> 1. ㉠본계획의 수립 및 변경
> 2. ㉪계 법령의 제정·개정 및 제도의 개선에 관한 사항
> 3. 그 밖에 지적재조사사업에 필요하여 중앙위원회의 위원㉧이 회의에 부치는 사항

③ 중앙위원회는 위원장 및 부위원장 각 1명을 포함한 15명 이상 20명 이하의 위원으로 구성한다.

④ 중앙위원회의 위원장은 국토교통부장관이 되며, 부위원장은 위원 중에서 위원장이 지명한다.

⑤ 중앙위원회의 위원은 다음 각 호의 어느 하나에 해당하는 사람 중에서 위원장이 임명 또는 위촉한다.

> 1. 기획재정부·법무부·행정안전부 또는 국토교통부의 1급부터 3급까지 상당의 공무원 또는 고위공무원단에 속하는 공무원
> 2. 판사·검사 또는 변호사

3. 법학이나 지적 또는 측량 분야의 교수로 재직하고 있거나 있었던 사람
4. 그 밖에 지적재조사사업에 관하여 전문성을 갖춘 사람

⑥ 중앙위원회의 위원 중 공무원이 아닌 위원의 임기는 2년으로 한다.
⑦ 중앙위원회는 재적위원 과반수의 출석과 출석위원 과반수의 찬성으로 의결한다.
⑧ 그 밖에 중앙위원회의 조직 및 운영 등에 관하여 필요한 사항은 대통령령으로 정한다.

19 다음 중 토지의 분할에 따른 지상경계를 지상건축물에 걸리게 결정할 수 없는 경우는?

① 토지이용상 불합리한 지상 경계를 시정하기 위한 경우
② 공공사업 등에 따라 학교용지 · 도로 · 철도용지 · 제방 · 하천 · 구거 · 유지 · 수도용지 등의 지목으로 되는 토지를 분할하는 경우
③ 도시개발사업 등의 사업시행자가 사업지구의 경계를 결정하기 위하여 토지를 분할하려는 경우
④ 「국토의 계획 및 이용에 관한 법률」에 따른 지형도면 고시가 된 지역의 도시 · 군관리계획선에 따라 토지를 분할하려는 경우

풀이 공간정보의 구축 및 관리 등에 관한 법률 시행령 제55조(지상 경계의 결정기준 등)
① 지상 경계의 결정기준은 다음 각 호의 구분에 따른다.
④ 분할에 따른 지상 경계는 지상건축물을 걸리게 결정해서는 아니 된다. 다만, 다음 각 호의 어느 하나에 해당하는 경우에는 그러하지 아니하다.

> 1. 법원의 확정판결이 있는 경우
> 2. 공공사업 등에 따라 학교용지 · 도로 · 철도용지 · 제방 · 하천 · 구거 · 유지 · 수도용지 등의 지목으로 되는 토지를 분할하는 경우
> 3. 도시개발사업 등의 사업시행자가 사업지구의 경계를 결정하기 위하여 토지를 분할하려는 경우
> 4. 「국토의 계획 및 이용에 관한 법률」에 따른 도시 · 군관리계획 결정고시와 지형도면 고시가 된 지역의 도시 · 군관리계획선에 따라 토지를 분할하려는 경우

20 미등기 토지에 대하여 토지소유자의 성명 또는 명칭, 주민등록번호, 주소 등에 관한 사항의 정정을 신청한 경우로서 그 등록사항이 명백히 잘못된 경우에 지적소관청이 참고하여야 하는 서류는?

① 등기부등본   ② 소유권증명자료
③ 가족관계 기록사항에 관한 증명서   ④ 등기전산정보자료

풀이 공간정보의 구축 및 관리 등에 관한 법률 제84조(등록사항의 정정)
① 토지소유자는 지적공부의 등록사항에 잘못이 있음을 발견하면 지적소관청에 그 정정을 신청할 수 있다.
② 지적소관청은 지적공부의 등록사항에 잘못이 있음을 발견하면 대통령령으로 정하는 바에 따라 직권으로 조사 · 측량하여 정정할 수 있다.
③ 제1항에 따른 정정으로 인접 토지의 경계가 변경되는 경우에는 다음 각 호의 어느 하나에 해당하는 서류를 지적소관청에 제출하여야 한다.

> 1. 인접 토지소유자의 승낙서
> 2. 인접 토지소유자가 승낙하지 아니하는 경우에는 이에 대항할 수 있는 확정판결서 정본(正本)

정답 **19** ① **20** ③

④ 지적소관청이 제1항 또는 제2항에 따라 등록사항을 정정할 때 그 정정사항이 토지소유자에 관한 사항인 경우에는 등기필증, 등기완료통지서, 등기사항증명서 또는 등기관서에서 제공한 등기전산정보자료에 따라 정정하여야 한다. 다만, 제1항에 따라 미등기 토지에 대하여 토지소유자의 성명 또는 명칭, 주민등록번호, 주소 등에 관한 사항의 정정을 신청한 경우로서 그 등록사항이 명백히 잘못된 경우에는 가족관계 기록사항에 관한 증명서에 따라 정정하여야 한다. 〈개정 2011.4.12.〉

01 다음 중 양입지(量入地)의 요건을 갖춘 토지는?

① 과수원(4,500m²) 안의 대(垈, 300m²)
② 학교용지(20,000m²)에 접속된 원예실습장의 밭(田, 400m²)
③ 답(畓, 2,000m²) 안의 유지(220m²)
④ 양어장(3,000m²)의 편의를 위해 접속된 구거(250m²)

풀이 공간정보의 구축 및 관리 등에 관한 법률 시행령 제5조(1필지로 정할 수 있는 기준)
　① 법 제2조제21호에 따라 지번부여지역의 토지로서 소유자와 용도가 같고 지반이 연속된 토지는 1필지로 할 수 있다.
　② 제1항에도 불구하고 다음 각 호의 어느 하나에 해당하는 토지는 주된 용도의 토지에 편입하여 1필지로 할 수 있다. 다만, 종된 용도의 토지의 지목(地目)이 "대"(垈)인 경우와 종된 용도의 토지 면적이 주된 용도의 토지 면적의 10퍼센트를 초과하거나 330제곱미터를 초과하는 경우에는 그러하지 아니하다.

> 1. 주된 용도의 토지의 편의를 위하여 설치된 도로 · 구거(溝渠 : 도랑) 등의 부지
> 2. 주된 용도의 토지에 접속되거나 주된 용도의 토지로 둘러싸인 토지로서 다른 용도로 사용되고 있는 토지

주된 용도의 토지에 편입할 수 있는 토지(양입지)
지번부여지역 및 소유자 · 용도가 동일하고 지반이 연속된 경우 등 1필지로 정할수 있는 기준에 적합하나 토지의 일부분의 용도가 다른 경우 주지목추종의 원칙에 의하여 주된 용도의 토지에 편입하여 1필지로 정할 수 있다.
(1) 대상토지

> ① 주된 용도의 토지 편의를 위하여 설치된 도로 · 구거 등의 부지
> ② 주된 용도의 토지에 접속하거나 주된 용도의 토지로 둘러싸인 토지로서 다른 용도로 사용되고 있는 토지

(2) 주된 용도의 토지에 편입할 수 없는 토지

> ① 종된 토지의 지목이 대인 경우
> ② 종된 용도의 토지 면적이 주된 용도의 토지면적의 10%를 초과하는 경우
> ③ 종된 용도의 토지 면적이 330제곱미터를 초과하는 경우

02 「공간정보의 구축 및 관리 등에 관한 법률」상 용어의 정의로 옳은 것은?

① "토지의 이동"이란 지적공부에 토지의 소재 · 지번(地番) · 지목(地目) · 면적 · 경계 또는 좌표를 등록한 것을 말한다.
② "지번부여지역"이란 대통령령으로 정하는 바에 따라 구획되는 토지의 등록단위를 말한다.
③ "토지의 표시"란 토지의 주된 용도에 따라 토지의 종류를 구분하여 지적공부에 등록한 것을 말한다.
④ "경계점"이란 필지를 구획하는 선의 굴곡점으로서 지적도나 임야도에 도해(圖解) 형태로 등록하거나 경계점좌표 등록부에 좌표 형태로 등록하는 점을 말한다.

풀이 공간정보의 구축 및 관리 등에 관한 법률 제2조(정의)

이 법에서 사용하는 용어의 뜻은 다음과 같다

20. "토지의 표시"란 지적공부에 토지의 소재·지번(地番)·지목(地目)·면적·경계 또는 좌표를 등록한 것을 말한다.
21. "필지"란 대통령령으로 정하는 바에 따라 구획되는 토지의 등록단위를 말한다.
22. "지번"이란 필지에 부여하여 지적공부에 등록한 번호를 말한다.
23. "지번부여지역"이란 지번을 부여하는 단위지역으로서 동·리 또는 이에 준하는 지역을 말한다.
24. "지목"이란 토지의 주된 용도에 따라 토지의 종류를 구분하여 지적공부에 등록한 것을 말한다.
25. "경계점"이란 필지를 구획하는 선의 굴곡점으로서 지적도나 임야도에 도해(圖解) 형태로 등록하거나 경계점좌표등록부에 좌표 형태로 등록하는 점을 말한다.
28. "토지의 이동(異動)"이란 토지의 표시를 새로 정하거나 변경 또는 말소하는 것을 말한다.

03 지적측량의 적부심사에 대한 내용으로 옳지 않은 것은?

① 토지소유자, 이해관계인 또는 지적측량수행자는 지적측량 성과에 대하여 다툼이 있는 경우 관할 시·도지사를 거쳐 지방지적위원회에 지적측량 적부심사를 청구할 수 있다.

② 지적측량 적부심사청구를 회부받은 지방지적위원회는 그 심사청구를 회부받은 날부터 60일 이내에 심의·의결하여야 한다.

③ 시·도지사는 지방지적위원회가 작성한 의결서를 받은 날로부터 14일 이내에 지적측량 적부심사 청구인 및 이해관계인에게 그 의결서를 통지하여야 한다.

④ 의결서를 받은 자가 지방지적위원회의 의결에 불복하는 경우에는 그 의결서를 받은 날로부터 90일 이내에 국토교통부장관을 거쳐 중앙지적위원회에 재심사를 청구할 수 있다.

풀이 공간정보의 구축 및 관리 등에 관한 법률 제29조(지적측량의 적부심사 등)　**암기**　**위성이 연기**하면 **제층**하라

① 토지소유자, 이해관계인 또는 지적측량수행자는 지적측량성과에 대하여 다툼이 있는 경우에는 대통령령으로 정하는 바에 따라 관할 시·도지사를 거쳐 지방지적위원회에 지적측량 적부심사를 청구할 수 있다.

② 제1항에 따른 지적측량 적부심사청구를 받은 시·도지사는 30일 이내에 다음 각 호의 사항을 조사하여 지방지적위원회에 회부하여야 한다.

> 1. 다툼이 되는 지적측량의 경**위** 및 그 **성**과
> 2. 해당 토지에 대한 토지**이**동 및 소유권 변동 **연**혁
> 3. 해당 토지 주변의 측량**기**준점, 경**계**, 주요 구조물 등 현황 실**측**도

③ 제2항에 따라 지적측량 적부심사청구를 회부받은 지방지적위원회는 그 심사청구를 회부받은 날부터 60일 이내에 심의·의결하여야 한다. 다만, 부득이한 경우에는 그 심의기간을 해당 지적위원회의 의결을 거쳐 30일 이내에서 한 번만 연장할 수 있다.

④ 지방지적위원회는 지적측량 적부심사를 의결하였으면 대통령령으로 정하는 바에 따라 의결서를 작성하여 시·도지사에게 송부하여야 한다.

⑤ 시·도지사는 제4항에 따라 의결서를 받은 날부터 7일 이내에 지적측량 적부심사 청구인 및 이해관계인에게 그 의결서를 통지하여야 한다.

⑥ 제5항에 따라 의결서를 받은 자가 지방지적위원회의 의결에 불복하는 경우에는 그 의결서를 받은 날부터 90일 이내에 국토교통부장관을 거쳐 중앙지적위원회에 재심사를 청구할 수 있다.

정답 03 ③

⑦ 제6항에 따른 재심사청구에 관하여는 제2항부터 제5항까지의 규정을 준용한다. 이 경우 "시·도지사"는 "국토교통부장관"으로, "지방지적위원회"는 "중앙지적위원회"로 본다.

⑧ 제7항에 따라 중앙지적위원회로부터 의결서를 받은 국토교통부장관은 그 의결서를 관할 시·도지사에게 송부하여야 한다.

⑨ 시·도지사는 제4항에 따라 지방지적위원회의 의결서를 받은 후 해당 지적측량 적부심사 청구인 및 이해관계인이 제6항에 따른 기간에 재심사를 청구하지 아니하면 그 의결서 사본을 지적소관청에 보내야 하며, 제8항에 따라 중앙지적위원회의 의결서를 받은 경우에는 그 의결서 사본에 제4항에 따라 받은 지방지적위원회의 의결서 사본을 첨부하여 지적소관청에 보내야 한다.

⑩ 제9항에 따라 지방지적위원회 또는 중앙지적위원회의 의결서 사본을 받은 지적소관청은 그 내용에 따라 지적공부의 등록사항을 정정하거나 측량성과를 수정하여야 한다.

⑪ 제9항 및 제10항에도 불구하고 특별자치시장은 제4항에 따라 지방지적위원회의 의결서를 받은 후 해당 지적측량 적부심사 청구인 및 이해관계인이 제6항에 따른 기간에 재심사를 청구하지 아니하거나 제8항에 따라 중앙지적위원회의 의결서를 받은 경우에는 직접 그 내용에 따라 지적공부의 등록사항을 정정하거나 측량성과를 수정하여야 한다.

⑫ 지방지적위원회의 의결이 있은 후 제6항에 따른 기간에 재심사를 청구하지 아니하거나 중앙지적위원회의 의결이 있는 경우에는 해당 지적측량성과에 대하여 다시 지적측량 적부심사청구를 할 수 없다.

04 「공간정보의 구축 및 관리 등에 관한 법률」상 벌칙 기준이 나머지 셋과 다른 것은?

① 측량기준점표지를 이전 또는 파손한 자
② 성능검사를 부정하게 한 성능검사대행자
③ 측량업의 등록을 하지 아니하고 측량업을 한 자
④ 무단으로 기본측량성과를 복제한 자

풀이 공간정보의 구축 및 관리 등에 관한 법률 제107~109조(벌칙)

벌칙(법률 제107~109조)	
3년 이하의 징역 또는 3천만 원 이하의 벌금 **암기** 엄위공	측량업자로서 속**임**수, **위**력(威力), 그 밖의 방법으로 측량업과 관련된 입찰의 **공**정성을 해친 자는 3년 이하의 징역 또는 3천만 원 이하의 벌금에 처한다.
2년 이하의 징역 또는 2천만 원 이하의 벌금 **암기** 거부등 외표성검	1. 측량업의 등록을 하지 아니하거나 **거**짓이나 그 밖의 **부**정한 방법으로 측량업의 **등**록을 하고 측량업을 한 자 2. 성능검사대행자의 등록을 하지 아니하거나 **거**짓이나 그 밖의 **부**정한 방법으로 성능검사대행자의 **등**록을 하고 성능검사업무를 한 자 3. 측량성과를 국**외**로 반출한 자 4. 측량기준점**표**지를 이전 또는 파손하거나 그 효용을 해치는 행위를 한 자 5. 고의로 측량**성**과를 사실과 다르게 한 자 6. 성능**검**사를 부정하게 한 성능검사대행자

벌칙(법률 제107~109조)	
1년 이하의 징역 또는 1천만 원 이하의 벌금 **암기** 둘비허불 대판대록	1. 둘 이상의 측량업자에게 소속된 측량기술자 2. 업무상 알게 된 비밀을 누설한 측량기술자 3. 거짓(허위)으로 다음 각 목의 신청을 한 자 　가. 신규등록 신청　　　　나. 등록전환 신청 　다. 분할 신청　　　　　　라. 합병 신청 　마. 지목변경 신청　　　　바. 바다로 된 토지의 등록말소 신청 　사. 축척변경 신청　　　　아. 등록사항의 정정 신청 　자. 도시개발사업 등 시행지역의 토지이동 신청 4. 측량기술자가 아님에도 불구하고 측량을 한 자 5. 지적측량수수료 외의 대가를 받은 지적측량기술자 6. 심사를 받지 아니하고 지도 등을 간행하여 판매하거나 배포한 자 7. 다른 사람에게 측량업등록증 또는 측량업등록수첩을 빌려(대여)주거나 자기의 성명 또는 상호를 사용하여 측량업무를 하게 한 자 8. 다른 사람의 측량업등록증 또는 측량업등록수첩을 빌려서(대여) 사용하거나 다른 사람의 성명 또는 상호를 사용하여 측량업무를 한 자 9. 다른 사람에게 자기의 성능검사대행자 등록증을 빌려(대여)주거나 자기의 성명 또는 상호를 사용하여 성능검사대행업무를 수행하게 한 자 10. 다른 사람의 성능검사대행자 등록증을 빌려서(대여) 사용하거나 다른 사람의 성명 또는 상호를 사용하여 성능검사대행업무를 수행한 자 11. 무단으로 측량성과 또는 측량기록을 복제한 자

05 지적측량의 손해배상책임 보장에 대한 설명으로 가장 옳지 않은 것은?

① 지적측량업자는 지적측량업 등록 신청일로부터 10일 이내에 보증보험에 가입하여야 한다.

② 지적측량업자는 보장기간이 10년 이상이고 보증금액이 1억 원 이상인 보증보험에 가입하여야 한다.

③ 지적측량업자가 보증보험에 가입하였을 때에는 이를 증명하는 서류를 시·도지사에게 제출하여야 한다.

④ 한국국토정보공사는 보증금액이 20억 원 이상인 보증보험에 가입하여야 한다.

풀이 공간정보의 구축 및 관리 등에 관한 법률 시행령 제41조(손해배상책임의 보장)

　① 지적측량수행자는 법 제51조제2항에 따라 손해배상책임을 보장하기 위하여 다음 각 호의 구분에 따라 보증보험에 가입하거나 공간정보산업협회가 운영하는 보증 또는 공제에 가입하는 방법으로 보증설정(이하 "보증설정"이라 한다)을 하여야 한다. 〈개정 2017.1.10.〉

　　1. 지적측량업자 : 보장기간 10년 이상 및 보증금액 1억 원 이상
　　2. 「국가공간정보 기본법」 제12조에 따라 설립된 한국국토정보공사(이하 "한국국토정보공사"라 한다) : 보증금액 20억 원 이상

　② 지적측량업자는 지적측량업 등록증을 발급받은 날부터 10일 이내에 제1항제1호의 기준에 따라 보증설정을 하여야 하며, 보증설정을 하였을 때에는 이를 증명하는 서류를 제35조제1항에 따라 등록한 시·도지사에게 제출하여야 한다. 〈개정 2014.1.17., 2017.1.10.〉

공간정보의 구축 및 관리 등에 관한 법률 시행령 제42조(보증설정의 변경)

① 법 제51조에 따라 보증설정을 한 지적측량수행자는 그 보증설정을 다른 보증설정으로 변경하려는 경우에는 해당 보증설정의 효력이 있는 기간 중에 다른 보증설정을 하고 그 사실을 증명하는 서류를 제35조제1항에 따라 등록한 시·도지사에게 제출하여야 한다.

② 보증설정을 한 지적측량수행자는 보증기간의 만료로 인하여 다시 보증설정을 하려는 경우에는 그 보증기간 만료일까지 다시 보증설정을 하고 그 사실을 증명하는 서류를 제35조제1항에 따라 등록한 시·도지사에게 제출하여야 한다.

공간정보의 구축 및 관리 등에 관한 법률 시행령 제43조(보험금 등의 지급 등)

① 지적측량의뢰인은 법 제51조제1항에 따른 손해배상으로 보험금·보증금 또는 공제금을 지급받으려면 다음 각 호의 어느 하나에 해당하는 서류를 첨부하여 보험회사 또는 공간정보산업협회에 손해배상금 지급을 청구하여야 한다. 〈개정 2017.1.10.〉

> 1. 지적측량의뢰인과 지적측량수행자 간의 손해배상합의서 또는 화해조서
> 2. 확정된 법원의 판결문 사본
> 3. 제1호 또는 제2호에 준하는 효력이 있는 서류

② 지적측량수행자는 보험금·보증금 또는 공제금으로 손해배상을 하였을 때에는 지체 없이 다시 보증설정을 하고 그 사실을 증명하는 서류를 제35조제1항에 따라 등록한 시·도지사에게 제출하여야 한다. 〈개정 2017.1.10.〉

③ 지적소관청은 제1항에 따라 지적측량수행자가 지급하는 손해배상금의 일부를 지적소관청의 지적측량성과 검사 과실로 인하여 지급하여야 하는 경우에 대비하여 공제에 가입할 수 있다. 〈신설 2014.1.17.〉

[제목개정 2014.1.17., 2017.1.10.]

06 다음 중 토지소유자의 토지이동 신청기한이 나머지 셋과 다른 것은?

① 바다로 된 토지의 등록말소　　　　　② 등록전환
③ 지목변경　　　　　　　　　　　　　　④ 신규등록

풀이 **공간정보의 구축 및 관리 등에 관한 법률 제82조(바다로 된 토지의 등록말소 신청)**

① 지적소관청은 지적공부에 등록된 토지가 지형의 변화 등으로 바다로 된 경우로서 원상(原狀)으로 회복될 수 없거나 다른 지목의 토지로 될 가능성이 없는 경우에는 지적공부에 등록된 토지소유자에게 지적공부의 등록말소 신청을 하도록 통지하여야 한다.

② 지적소관청은 제1항에 따른 토지소유자가 통지를 받은 날부터 90일 이내에 등록말소 신청을 하지 아니하면 대통령령으로 정하는 바에 따라 등록을 말소한다.

③ 지적소관청은 제2항에 따라 말소한 토지가 지형의 변화 등으로 다시 토지가 된 경우에는 대통령령으로 정하는 바에 따라 토지로 회복등록을 할 수 있다.

공간정보의 구축 및 관리 등에 관한 법률 제77~81조

제77조(신규등록 신청)

토지소유자는 신규등록 할 토지가 있으면 그 사유가 발생한 날부터 60일 이내에 지적소관청에 신규등록을 신청하여야 한다.

제78조(등록전환 신청)

토지소유자는 등록전환 할 토지가 있으면 그 사유가 발생한 날부터 60일 이내에 지적소관청에 등록전환을 신청하여야 한다.

제79조(분할 신청)

② 토지소유자는 지적공부에 등록된 1필지의 일부가 형질변경 등으로 용도가 변경된 경우에는 대통령령으로 정하는 바에 따라 용도가 변경된 날부터 60일 이내에 지적소관청에 토지의 분할을 신청하여야 한다.

제80조(합병 신청)

② 토지소유자는 「주택법」에 따른 공동주택의 부지, 도로, 제방, 하천, 구거, 유지, 그 밖에 대통령령으로 정하는 토지로서 합병하여야 할 토지가 있으면 그 사유가 발생한 날부터 60일 이내에 지적소관청에 합병을 신청하여야 한다.

제81조(지목변경 신청)

토지소유자는 지목변경을 할 토지가 있으면 그 사유가 발생한 날부터 60일 이내에 지적소관청에 지목변경을 신청하여야 한다.

07 토지이동에 따른 신청의 대위자로 가장 옳지 않은 것은?

① 공공사업으로 인한 도로, 제방, 하천 등의 지목으로 되는 토지인 경우 해당 지역의 지방자치단체
② 「주택법」에 따른 공동주택의 부지인 경우 그 집합건물의 관리인 또는 해당 사업의 시행자
③ 국가나 지방자치단체가 취득하는 토지인 경우 해당 토지를 관리하는 행정기관의 장 또는 지방자치단체의 장
④ 공공사업으로 인한 학교용지, 철도용지, 수도용지의 지목으로 되는 토지인 경우 해당사업의 시행자

풀이 공간정보의 구축 및 관리 등에 관한 법률 제87조(신청의 대위)

다음 각 호의 어느 하나에 해당하는 자는 이 법에 따라 토지소유자가 하여야 하는 신청을 대신할 수 있다. 다만, 제84조에 따른 등록사항 정정 대상토지는 제외한다.

1. 공공사업 등에 따라 학교용지 · 도로 · 철도용지 · 제방 · 하천 · 구거 · 유지 · 수도용지 등의 지목으로 되는 토지인 경우 : 해당 사업의 시행자
2. 국가나 지방자치단체가 취득하는 토지인 경우 : 해당 토지를 관리하는 행정기관의 장 또는 지방자치단체의 장
3. 「주택법」에 따른 공동주택의 부지인 경우 : 「집합건물의 소유 및 관리에 관한 법률」에 따른 관리인(관리인이 없는 경우에는 공유자가 선임한 대표자) 또는 해당 사업의 시행자
4. 「민법」 제404조에 따른 채권자

08 토지의 이동(합병, 분할)에 따른 경계 · 좌표 또는 면적의 결정방법에 대한 설명으로 옳지 않은 것은?

① 합병에 따른 경계는 따로 지적측량을 하지 아니하고 합병 전 각 필지의 경계 중에서 합병으로 필요 없게 된 부분을 말소하여 결정한다.
② 합병에 따른 면적은 따로 지적측량을 하지 아니하고 합병 전 각 필지의 면적을 합산하여 결정한다.
③ 합병에 따른 좌표는 따로 지적측량을 하지 아니하고 합병 전 각 필지의 좌표 중에서 합병으로 필요 없게 된 부분을 말소하여 결정한다.
④ 분할에 따른 면적을 정할 때 분할 전후 면적의 차이가 허용범위 이내인 경우에는 지적공부상의 면적 또는 경계를 정정하여야 한다.

풀이 **공간정보의 구축 및 관리 등에 관한 법률 제26조(토지의 이동에 따른 면적 등의 결정방법)**

① 합병에 따른 경계·좌표 또는 면적은 따로 지적측량을 하지 아니하고 다음 각 호의 구분에 따라 결정한다.

> 1. 합병 후 필지의 경계 또는 좌표 : 합병 전 각 필지의 경계 또는 좌표 중 합병으로 필요 없게 된 부분을 말소하여 결정
> 2. 합병 후 필지의 면적 : 합병 전 각 필지의 면적을 합산하여 결정

② 등록전환이나 분할에 따른 면적을 정할 때 오차가 발생하는 경우 그 오차의 허용 범위 및 처리방법 등에 필요한 사항은 대통령령으로 정한다.

공간정보의 구축 및 관리 등에 관한 법률 시행령 제19조(등록전환이나 분할에 따른 면적 오차의 허용범위 및 배분 등)

① 법 제26조제2항에 따른 등록전환이나 분할을 위하여 면적을 정할 때에 발생하는 오차의 허용범위 및 처리방법은 다음 각 호와 같다.

1. 등록전환을 하는 경우

　가. 임야대장의 면적과 등록전환될 면적의 오차 허용범위는 다음의 계산식에 따른다. 이 경우 오차의 허용범위를 계산할 때 축척이 3천분의 1인 지역의 축척분모는 6천으로 한다.

> $$A = 0.026^2 M\sqrt{F}$$
> (A는 오차 허용면적, M은 임야도 축척분모, F는 등록전환될 면적)

　나. 임야대장의 면적과 등록전환될 면적의 차이가 가목의 계산식에 따른 허용범위 이내인 경우에는 등록전환될 면적을 등록전환 면적으로 결정하고, 허용범위를 초과하는 경우에는 임야대장의 면적 또는 임야도의 경계를 지적소관청이 직권으로 정정하여야 한다.

2. 토지를 분할하는 경우

　가. 분할 후의 각 필지의 면적의 합계와 분할 전 면적과의 오차의 허용범위는 제1호가목의 계산식에 따른다. 이 경우 A는 오차 허용면적, M은 축척분모, F는 원면적으로 하되, 축척이 3천분의 1인 지역의 축척분모는 6천으로 한다.

　나. 분할 전후 면적의 차이가 가목의 계산식에 따른 허용범위 이내인 경우에는 그 오차를 분할 후의 각 필지의 면적에 따라 나누고, 허용범위를 초과하는 경우에는 지적공부(地籍公簿)상의 면적 또는 경계를 정정하여야 한다.

　다. 분할 전후 면적의 차이를 배분한 산출면적은 다음의 계산식에 따라 필요한 자리까지 계산하고, 결정면적은 원면적과 일치하도록 산출면적의 구하려는 끝자리의 다음 숫자가 큰 것부터 순차로 올려서 정하되, 구하려는 끝자리의 다음 숫자가 서로 같을 때에는 산출면적이 큰 것을 올려서 정한다.

> $$r = \frac{F}{A} \times a$$
> (r은 각 필지의 산출면적, F는 원면적, A는 측정면적 합계 또는 보정면적 합계, a는 각 필지의 측정면적 또는 보정면적)

② 경계점좌표등록부가 있는 지역의 토지분할을 위하여 면적을 정할 때에는 제1항제2호나목에도 불구하고 다음 각 호의 기준에 따른다.

> 1. 분할 후 각 필지의 면적합계가 분할 전 면적보다 많은 경우에는 구하려는 끝자리의 다음 숫자가 작은 것부터 순차적으로 버려서 정하되, 분할 전 면적에 증감이 없도록 할 것
> 2. 분할 후 각 필지의 면적합계가 분할 전 면적보다 적은 경우에는 구하려는 끝자리의 다음 숫자가 큰 것부터 순차적으로 올려서 정하되, 분할 전 면적에 증감이 없도록 할 것

09 다음 중 지번부여방법으로 가장 옳지 않은 것은?

① 지적소관청은 지적공부에 등록된 지번을 변경할 필요가 있다고 인정하면 시·도지사나 대도시 시장의 승인을 받아 지번부여지역의 전부 또는 일부에 대하여 지번을 새로 부여할 수 있다.

② 등록전환의 경우에는 그 지번부여지역에서 최종 본번의 다음 순번부터 본번으로 부여하여야 한다.

③ 합병의 경우에는 합병 대상 지번 중 선순위의 지번을 그 지번으로 하되, 본번으로 된 지번이 있을 때에는 본번 중 선순위의 지번을 합병 후의 지번으로 한다.

④ 분할의 경우에는 분할 후의 필지 중 1필지의 지번은 분할 전의 지번으로 하고, 나머지 필지의 지번은 본번의 최종 부번 다음 순번으로 부번을 부여한다.

풀이 공간정보의 구축 및 관리 등에 관한 법률 시행령 제56조(지번의 구성 및 부여방법 등)

구분		토지이동에 따른 지번의 부여방법
부여방법		① 지번(地番)은 아라비아숫자로 표기하되, 임야대장 및 임야도에 등록하는 토지의 지번은 숫자 앞에 "산"자를 붙인다. ② 지번은 본번(本番)과 부번(副番)으로 구성하되, 본번과 부번 사이에 "-" 표시로 연결한다. 이 경우 "-" 표시는 "의"라고 읽는다. ③ 법 제66조에 따른 지번의 부여방법은 다음 각 호와 같다. 1. 지번은 북서에서 남동으로 순차적으로 부여할 것
신규등록 · 등록전환	원칙	지번부여지역에서 인접토지의 본번에 부번을 붙여서 지번을 부여한다.
	예외	다음의 경우에는 그 지번부여지역의 최종 본번의 다음 순번부터 본번으로 하여 순차적으로 지번을 부여할 수 있다. ① 대상 토지가 그 지번부여지역의 최종 지번의 토지에 인접하여 있는 경우 ② 대상 토지가 이미 등록된 토지와 멀리 떨어져 있어서 등록된 토지의 본번에 부번을 부여하는 것이 불합리한 경우 ③ 대상 토지가 여러 필지로 되어 있는 경우
분할	원칙	분할 후의 필지 중 1필지의 지번은 분할 전의 지번으로 하고, 나머지 필지의 지번은 본번의 최종 부번 다음 순번으로 부번을 부여한다.
	예외	주거·사무실 등의 건축물이 있는 필지에 대해서는 분할 전의 지번을 우선하여 부여하여야 한다.
합병	원칙	합병 대상 지번 중 선순위의 지번을 그 지번으로 하되, 본번으로 된 지번이 있을 때에는 본번 중 선순위의 지번을 합병 후의 지번으로 한다.
	예외	토지소유자가 합병 전의 필지에 주거·사무실 등의 건축물이 있어서 그 건축물이 위치한 지번을 합병 후의 지번으로 신청할 때에는 그 지번을 합병 후의 지번으로 부여하여야 한다.
지적확정측량을 실시한 지역의 각 필지에 지번을 새로 부여하는 경우	원칙	다음 각 목의 지번을 제외한 본번으로 부여한다. ① 지적확정측량을 실시한 지역 안의 종전의 지번과 지적확정측량을 실시한 지역 밖에 있는 본번이 같은 지번이 있을 때 그 지번 ② 지적확정측량을 실시한 지역의 경계에 걸쳐 있는 지번
	예외	부여할 수 있는 종전 지번의 수가 새로 부여할 지번의 수보다 적을 때에는 블록 단위로 하나의 본번을 부여한 후 필지별로 부번을 부여하거나, 그 지번부여지역의 최종 본번 다음 순번부터 본번으로 하여 차례로 지번을 부여할 수 있다.

정답 09 ②

구분	토지이동에 따른 지번의 부여방법
지적확정측량에 준용	① 법 제66조제2항(지적소관청은 지적공부에 등록된 지번을 변경할 필요가 있다고 인정하면 시 · 도지사나 대도시 시장의 승인을 받아 지번부여지역의 전부 또는 일부에 대하여 지번을 새로 부여할 수 있다.)에 따라 지번부여지역의 지번을 변경할 때 ② 법 제85조제2항(지번부여지역의 일부가 행정구역의 개편으로 다른 지번부여지역에 속하게 되었으면 지적소관청은 새로 속하게 된 지번부여지역의 지번을 부여하여야 한다.)에 따른 행정구역 개편에 따라 새로 지번을 부여할 때 ③ 제72조제1항(지적소관청은 축척변경 시행지역의 각 필지별 지번 · 지목 · 면적 · 경계 또는 좌표를 새로 정하여야 한다.)에 따라 축척변경 시행지역의 필지에 지번을 부여할 때
도시개발사업 등의 준공 전	도시개발사업 등이 준공되기 전에 사업시행자가 지번부여를 신청하는 경우에는 국토교통부령으로 정하는 바에 따라 지번을 부여할 수 있다. 지적소관청은 도시개발사업 등이 준공되기 전에 지번을 부여하는 때에는 사업계획도에 따르되, 지적확정측량을 실시한 지역의 각 필지에 지번을 새로 부여하는 경우의 지번부여 방식에 따라 지번을 부여하여야 한다.

10 다음 중 지적공부의 정리 등에 관한 사항으로 옳지 않은 것은?

① 지적소관청은 지번을 변경하는 경우와 지적공부를 복구하는 경우에는 지적공부를 정리하여야 한다.

② 토지소유자의 변동 등에 따라 지적공부를 정리하려는 경우에는 토지이동정리 결의서를 작성하여야 한다.

③ 지적소관청은 신규등록 · 등록전환 · 분할 · 합병 · 지목변경 등 토지의 이동이 있는 경우 지적공부를 정리하여야 한다.

④ 이미 작성된 지적공부에 정리할 수 없을 때에는 새로 작성하여야 한다.

풀이 공간정보의 구축 및 관리 등에 관한 법률 제88조(토지소유자의 정리)

① 지적공부에 등록된 토지소유자의 변경사항은 등기관서에서 등기한 것을 증명하는 등기필증, 등기완료통지서, 등기사항증명서 또는 등기관서에서 제공한 등기전산정보자료에 따라 정리한다. 다만, 신규등록하는 토지의 소유자는 지적소관청이 직접 조사하여 등록한다. 〈개정 2011.4.12.〉

② 「국유재산법」 제2조제10호에 따른 총괄청이나 같은 조 제11호에 따른 중앙관서의 장이 같은 법 제12조제3항에 따라 소유자 없는 부동산에 대한 소유자 등록을 신청하는 경우 지적소관청은 지적공부에 해당 토지의 소유자가 등록되지 아니한 경우에만 등록할 수 있다. 〈개정 2011.3.30.〉

③ 등기부에 적혀 있는 토지의 표시가 지적공부와 일치하지 아니하면 제1항에 따라 토지소유자를 정리할 수 없다. 이 경우 토지의 표시와 지적공부가 일치하지 아니하다는 사실을 관할 등기관서에 통지하여야 한다.

④ 지적소관청은 필요하다고 인정하는 경우에는 관할 등기관서의 등기부를 열람하여 지적공부와 부동산등기부가 일치하는지 여부를 조사 · 확인하여야 하며, 일치하지 아니하는 사항을 발견하면 등기사항증명서 또는 등기관서에서 제공한 등기전산정보자료에 따라 지적공부를 직권으로 정리하거나, 토지소유자나 그 밖의 이해관계인에게 그 지적공부와 부동산등기부가 일치하게 하는 데에 필요한 신청 등을 하도록 요구할 수 있다. 〈개정 2011.4.12.〉

⑤ 지적소관청 소속 공무원이 지적공부와 부동산등기부의 부합 여부를 확인하기 위하여 등기부를 열람하거나, 등기사항증명서의 발급을 신청하거나, 등기전산정보자료의 제공을 요청하는 경우 그 수수료는 무료로 한다.

11 다음 중 지목구분의 기준으로 옳은 것은?

① 구거는 지하에서 온수 · 약수 · 석유류 등이 용출되는 용출구와 그 유지에 사용되는 부지. 다만, 온수 · 약수 · 석유류 등을 일정한 장소로 운송하는 송수관 · 송유관 및 저장시설의 부지는 제외한다.

② 수도용지는 용수 또는 배수를 위하여 일정한 형태를 갖춘 인공적인 수로 · 둑 및 그 부속시설물의 부지와 자연의 유수가 있거나 있을 것으로 예상되는 소규모 수로부지

③ 유지는 물이 고이거나 상시적으로 물을 저장하고 있는 댐 · 저수지 · 소류지 · 호수 · 연못 등의 토지와 연 · 왕골 등이 자생하는 배수가 잘 되지 아니하는 토지

④ 광천지는 물을 정수하여 공급하기 위한 취수 · 저수 · 도수 · 정수 · 송수 및 배수시설의 부지 및 이에 접속된 부속시설물의 부지

> **풀이** 공간정보의 구축 및 관리 등에 관한 법률 시행령 제58조(지목의 구분)
>
> 법 제67조제1항에 따른 지목의 구분은 다음 각 호의 기준에 따른다.
>
> 6. 광천지
>
>   지하에서 온수 · 약수 · 석유류 등이 용출되는 용출구(湧出口)와 그 유지(維持)에 사용되는 부지. 다만, 온수 · 약수 · 석유류 등을 일정한 장소로 운송하는 송수관 · 송유관 및 저장시설의 부지는 제외한다.
>
> 18. 구거
>
>   용수(用水) 또는 배수(排水)를 위하여 일정한 형태를 갖춘 인공적인 수로 · 둑 및 그 부속시설물의 부지와 자연의 유수(流水)가 있거나 있을 것으로 예상되는 소규모 수로부지
>
> 19. 유지(溜池)
>
>   물이 고이거나 상시적으로 물을 저장하고 있는 댐 · 저수지 · 소류지(沼溜地) · 호수 · 연못 등의 토지와 연 · 왕골 등이 자생하는 배수가 잘 되지 아니하는 토지
>
> 20. 양어장
>
>   육상에 인공으로 조성된 수산생물의 번식 또는 양식을 위한 시설을 갖춘 부지와 이에 접속된 부속시설물의 부지
>
> 21. 수도용지
>
>   물을 정수하여 공급하기 위한 취수 · 저수 · 도수(導水) · 정수 · 송수 및 배수 시설의 부지 및 이에 접속된 부속시설물의 부지

12 면적의 결정 및 측량계산의 끝수처리에 대한 설명으로 가장 옳지 않은 것은?

① 토지의 면적에 1제곱미터 미만의 끝수가 있는 경우 0.5제곱미터 미만일 때에는 버리고 0.5제곱미터를 초과하는 때에는 올린다.

② 토지의 면적의 끝수가 0.5제곱미터일 때에는 구하려는 끝자리의 숫자가 0 또는 짝수이면 버리고 홀수이면 올린다.

③ 지적도의 축척이 600분의 1인 지역과 경제점좌표등록부에 등록하는 지역의 토지 면적에서 끝수가 0.5제곱미터 미만일 때에는 버리고 0.5제곱미터를 초과할 때에는 올린다.

④ 방위각의 각치(角値), 종횡선의 수치 또는 거리를 계산하는 경우 구하려는 끝자리의 다음 숫자가 5 미만일 때에는 버리고 5를 초과할 때에는 올린다.

풀이 공간정보의 구축 및 관리 등에 관한 법률 시행령 제60조(면적의 결정 및 측량계산의 끝수처리)

① 면적의 결정은 다음 각 호의 방법에 따른다.

> 1. 토지의 면적에 1제곱미터 미만의 끝수가 있는 경우 0.5제곱미터 미만일 때에는 버리고 0.5제곱미터를 초과하는 때에는 올리며, 0.5제곱미터일 때에는 구하려는 끝자리의 숫자가 0 또는 짝수이면 버리고 홀수이면 올린다. 다만, 1필지의 면적이 1제곱미터 미만일 때에는 1제곱미터로 한다.
> 2. 지적도의 축척이 600분의 1인 지역과 경계점좌표등록부에 등록하는 지역의 토지 면적은 제1호에도 불구하고 제곱미터 이하 한 자리 단위로 하되, 0.1제곱미터 미만의 끝수가 있는 경우 0.05제곱미터 미만일 때에는 버리고 0.05제곱미터를 초과할 때에는 올리며, 0.05제곱미터일 때에는 구하려는 끝자리의 숫자가 0 또는 짝수이면 버리고 홀수이면 올린다. 다만, 1필지의 면적이 0.1제곱미터 미만일 때에는 0.1제곱미터로 한다.

② 방위각의 각치(角値), 종횡선의 수치 또는 거리를 계산하는 경우 구하려는 끝자리의 다음 숫자가 5 미만일 때에는 버리고 5를 초과할 때에는 올리며, 5일 때에는 구하려는 끝자리의 숫자가 0 또는 짝수이면 버리고 홀수이면 올린다. 다만, 전자계산조직을 이용하여 연산할 때에는 최종수치에만 이를 적용한다.

13 지적측량을 정확하고 효율적으로 시행하기 위하여 국가기준점을 기준으로 하여 정하는 지적기준점이 아닌 것은?

① 지적도근점　　　② 지적위성기준점　　　③ 지적삼각보조점　　　④ 지적삼각점

풀이 공간정보의 구축 및 관리 등에 관한 법률 시행령 제8조(측량기준점의 구분)

① 법 제7조제1항에 따른 측량기준점은 다음 각 호의 구분에 따른다.

암기 우리가 위통이 심하면 중지를 모아 수영을 수삼 번 해라

측량기준점	측량의 정확도를 확보하고 효율성을 높이기 위하여 특정 지점을 제6조에 따른 측량기준에 따라 측정하고 좌표 등으로 표시하여 측량 시에 기준으로 사용되는 점
국가기준점	측량의 정확도를 확보하고 효율성을 높이기 위하여 국토교통부장관이 전 국토를 대상으로 주요 지점마다 정한 측량의 기본이 되는 측량기준점
㉠주측지기준점	국가측지기준계를 정립하기 위하여 전 세계 초장거리간섭계와 연결하여 정한 기준점
㉡성기준점	지리학적 경위도, 직각좌표 및 지구 중심 직교좌표의 측정 기준으로 사용하기 위하여 대한민국 경위도원점을 기초로 정한 기준점
㉢합기준점	지리학적 경위도, 직각좌표, 지구 중심 직교좌표, 높이 및 중력 측정의 기준으로 사용하기 위하여 위성기준점, 수준점 및 중력점을 기초로 정한 기준점
㉣력점	중력 측정의 기준으로 사용하기 위하여 정한 기준점
㉤자기점(地磁氣點)	지구자기 측정의 기준으로 사용하기 위하여 정한 기준점
㉥준점	높이 측정의 기준으로 사용하기 위하여 대한민국 수준원점을 기초로 정한 기준점
㉦해기준점	우리나라의 영해를 획정(劃定)하기 위하여 정한 기준점 〈삭제 2021.2.9.〉
㉧로기준점	수로조사 시 해양에서의 수평 위치와 높이, 수심 측정 및 해안선 결정 기준으로 사용하기 위하여 위성기준점과 법 제6조제1항제3호의 기본수준면을 기초로 정한 기준점으로서 수로측량기준점, 기본수준점, 해안선기준점으로 구분 〈삭제 2021.2.9.〉
㉨각점	지리학적 경위도, 직각좌표 및 지구중심 직교좌표 측정의 기준으로 사용하기 위하여 위성기준점 및 통합기준점을 기초로 정한 기준점

정답 13 ②

공공기준점	제17조제2항에 따른 공공측량 시행자가 공공측량을 정확하고 효율적으로 시행하기 위하여 국가기준점을 기준으로 하여 따로 정하는 측량기준점
공공삼각점	공공측량 시 수평 위치의 기준으로 사용하기 위하여 국가기준점을 기초로 하여 정한 기준점
공공수준점	공공측량 시 높이의 기준으로 사용하기 위하여 국가기준점을 기초로 하여 정한 기준점
지적기준점	특별시장·광역시장·특별자치시장·도지사 또는 특별자치도지사(이하 "시·도지사"라 한다)나 지적소관청이 지적측량을 정확하고 효율적으로 시행하기 위하여 국가기준점을 기준으로 하여 따로 정하는 측량기준점
지적삼각점 (地籍三角點)	지적측량 시 수평 위치 측량의 기준으로 사용하기 위하여 국가기준점을 기준으로 하여 정한 기준점
지적삼각보조점	지적측량 시 수평 위치 측량의 기준으로 사용하기 위하여 국가기준점과 지적삼각점을 기준으로 하여 정한 기준점
지적도근점 (地籍圖根點)	지적측량 시 필지에 대한 수평 위치 측량 기준으로 사용하기 위하여 국가기준점, 지적삼각점, 지적삼각보조점 및 다른 지적도근점을 기초로 하여 정한 기준점

14 「지적재조사에 관한 특별법」에서 지적소관청 소속으로 두는 경계결정위원회에 대한 설명으로 옳은 것은?

① 경계결정위원회는 경계설정에 관한 결정과 경계설정에 따른 이의신청에 관한 결정 등 두 가지 사항을 의결한다.
② 경계결정위원회는 위원장 및 부위원장 각 1명을 포함한 9명 이상 11명 이내의 위원으로 구성한다.
③ 경계결정위원회의 위원장은 관할 지방법원장이 되며, 부위원장은 위원장이 위원 중에서 지명한다.
④ 경계결정위원회의 위원에는 각 지적재조사지구의 읍장·면장·동장에 해당하는 위원이 반드시 포함되어야 한다.

> **풀이** 지적재조사에 관한 특별법 제31조(경계결정위원회) 암기 경신
>
> ① 다음 각 호의 사항을 의결하기 위하여 지적소관청 소속으로 경계결정위원회를 둔다.
>
> > 1. 경계설정에 관한 결정
> > 2. 경계설정에 따른 이의신청에 관한 결정
>
> ② 경계결정위원회는 위원장 및 부위원장 각 1명을 포함한 11명 이내의 위원으로 구성한다.
> ③ 경계결정위원회의 위원장은 위원인 판사가 되며, 부위원장은 위원 중에서 지적소관청이 지정한다.
> ④ 경계결정위원회의 위원은 다음 각 호에서 정하는 사람이 된다. 다만, 제3호 및 제4호의 위원은 해당 지적재조사지구에 관한 안건인 경우에 위원으로 참석할 수 있다.
>
> > 1. 관할 지방법원장이 지명하는 판사
> > 2. 다음 각 목의 어느 하나에 해당하는 사람으로서 지적소관청이 임명 또는 위촉하는 사람
> >   가. 지적소관청 소속 5급 이상 공무원
> >   나. 변호사, 법학교수, 그 밖에 법률지식이 풍부한 사람
> >   다. 지적측량기술자, 감정평가사, 그 밖에 지적재조사사업에 관한 전문성을 갖춘 사람

3. 각 지적재조사지구의 토지소유자(토지소유자협의회가 구성된 경우에는 토지소유자협의회가 추천하는 사람을 말한다)
4. 각 지적재조사지구의 읍장 · 면장 · 동장

⑤ 경계결정위원회의 위원에는 제4항제3호에 해당하는 위원이 반드시 포함되어야 한다.
⑥ 경계결정위원회의 위원 중 공무원이 아닌 위원의 임기는 2년으로 한다.
⑦ 경계결정위원회는 직권 또는 토지소유자나 이해관계인의 신청에 따라 사실조사를 하거나 신청인 또는 토지소유자나 이해관계인에게 필요한 서류의 제출을 요청할 수 있으며, 지적소관청의 소속 공무원으로 하여금 사실조사를 하게 할 수 있다.
⑧ 토지소유자나 이해관계인은 경계결정위원회에 출석하여 의견을 진술하거나 필요한 증빙서류를 제출할 수 있다.
⑨ 경계결정위원회의 결정 또는 의결은 문서로써 재적위원 과반수의 찬성이 있어야 한다.
⑩ 제9항에 따른 결정서 또는 의결서에는 주문, 결정 또는 의결 이유, 결정 또는 의결 일자 및 결정 또는 의결에 참여한 위원의 성명을 기재하고, 결정 또는 의결에 참여한 위원 전원이 서명날인하여야 한다. 다만, 서명날인을 거부하거나 서명날인을 할 수 없는 부득이한 사유가 있는 위원의 경우 해당 위원의 서명날인을 생략하고 그 사유만을 기재할 수 있다.
⑪ 경계결정위원회의 조직 및 운영 등에 관하여 필요한 사항은 해당 시 · 군 · 구의 조례로 정한다.

15 지적재조사사업에 있어서 시 · 도 지적재조사위원회의 심의 · 의결사항이 아닌 것은?

① 지적재조사지구의 지정 및 변경
② 시 · 군 · 구별 지적재조사사업의 우선순위 조정
③ 시 · 군 · 구 지적재조사위원회의 위원장이 회의에 부치는 사항
④ 지적소관청이 수립한 실시계획

[풀이] 지적재조사에 관한 특별법 제29조(시 · 도 지적재조사위원회)

위원회	중앙지적재조사위원회	시 · 도 지적재조사위원회	시 · 군 · 구 지적재조사위원회	경계결정위원회
소속	국토교통부장관 암기 [기][관][창]	시 · 도지사 암기 [실][종][사][우][위]	지적소관청 암기 [복][부][지][정] [이][장]	지적소관청 암기 [경][신]
심의, 의결사항	• [기]본계획의 수립 및 변경 • [관]계 법령의 제정, 개정, 제도 개선에 관한 사항 • 지적재조사사업에 필요하여 중앙위원회 위원[장]이 회의에 부치는 사항	• 지적소관청이 수립한 [실]시계획 • 시 · 도[종]합계획의 수립 및 변경 • 지적재조사[사]지구의 지정 및 변경 • 시 · 군 · 구별 지적재조사사업의 [우]선순위 조정 • 그 밖에 지적재조사사업에 필요하여 시 · 도 위원회의 [위]원장이 회의에 부치는 사항	• 경계[복]원측량 또는 지적공[부]정리 등의 허용 여부 • [지]목의 변경 • 조[정]금의 산정 • 조정금 이[의]신청에 관한 결정 • 지적재소사사업에 필요하여 시 · 군 · 구 위원회의 위원[장]이 회의에 부치는 사항	• [경]계설정에 관한 결정 • 경계설정에 따른 이의 [신]청에 관한 결정

정답 15 ③

16 다음 중 지적측량성과 결정을 위한 지적측량성과와 검사성과의 연결교차 허용범위 기준으로 옳은 것은?

① 경계점좌표등록부 시행지역의 지적도근점 : 0.15미터 이내

② 지적삼각보조점 : 0.20미터 이내

③ 지적삼각점 : 0.25미터 이내

④ 경계점좌표등록부 시행지역의 경계점 : 0.20미터 이내

풀이 **지적측량 시행규칙 제27조(지적측량성과의 결정)**

① 지적측량성과와 검사 성과의 연결교차가 다음 각 호의 허용범위 이내일 때에는 그 지적측량성과에 관하여 다른 입증을 할 수 있는 경우를 제외하고는 그 측량성과로 결정하여야 한다.

> 1. 지적삼각점 : 0.20미터
> 2. 지적삼각보조점 : 0.25미터
> 3. 지적도근점
>   가. 경계점좌표등록부 시행지역 : 0.15미터
>   나. 그 밖의 지역 : 0.25미터
> 4. 경계점
>   가. 경계점좌표등록부 시행지역 : 0.10미터
>   나. 그 밖의 지역 : 10분의 3M밀리미터 (M은 축척분모)

② 지적측량성과를 전자계산기기로 계산하였을 때에는 그 계산성과자료를 측량부 및 면적측정부로 본다.

17 「부동산종합공부시스템 운영 및 관리규정」상 지적재조사사업으로 인한 결번이 발생한 경우에 알맞은 결번사유코드는?

① 1 　　　　　　　　　　　　　② 3

③ 5 　　　　　　　　　　　　　④ 7

풀이 **부동산종합공부시스템 운영 및 관리규정 [별표 3]**

코드체계	*	⇐	숫자 1자리	
코드	내용		코드	내용
1	행정구역변경		5	축척변경
2	토지구획정리사업		6	토지개발사업
3	경지정리사업		7	지적재조사사업
4	지번변경		9	기타

18 지적기준점표지의 설치 기준으로 가장 옳지 않은 것은?

① 지적삼각점표지의 점간거리는 평균 2킬로미터 이상 5킬로미터 이하로 할 것
② 지적삼각보조점표지의 점간거리는 평균 1킬로미터 이상 3킬로미터 이하로 할 것
③ 다각망도선법에 의한 지적삼각보조점표지의 점간거리는 평균 500미터 이하로 할 것
④ 지적도근점표지의 점간거리는 평균 50미터 이상 300미터 이하로 할 것

풀이

구분	지적삼각측량	지적삼각보조측량	지적도근측량
점간거리	2~5km	1~3km (다각망)0.5~1km 이하 1도선 거리 4km 이하	50~300 (다)평균 500m 이하

19 다음 중 대지권등록부의 등록사항을 나열한 것으로 옳지 않은 것은?

① 토지의 고유번호, 전유부분의 건물표시
② 토지의 소재, 면적, 대지권 비율
③ 소유자가 변경된 날과 그 원인, 건물의 명칭
④ 소유권 지분, 소유자 주민등록번호

풀이 공간정보의 구축 및 관리 등에 관한 법률 제71조(토지대장 등의 등록사항)

③ 토지대장이나 임야대장에 등록하는 토지가 「부동산등기법」에 따라 대지권 등기가 되어 있는 경우에는 대지권등록부에 다음 각 호의 사항을 등록하여야 한다. 〈개정 2013.3.23.〉

1. 토지의 소재 2. 지번 3. 대지권 비율 4. 소유자의 성명 또는 명칭, 주소 및 주민등록번호 5. 그 밖에 국토교통부령으로 정하는 사항	1. 토지의 고유번호 2. 전유부분(專有部分)의 건물표시 3. 건물의 명칭 4. 집합건물별 대지권등록부의 장번호 5. 토지소유자가 변경된 날과 그 원인 6. 소유권 지분

구분	토지표시사항	소유권에 관한 사항	기타
대지권등록부 (坮地權登錄簿, Building Site Rights Books)	• **토**지 소재 • **지**번	• 토지소유자 **변**동일자 및 **변동** 원인 • **주**민등록번호 • **성명** 또는 명칭 · **주소** • **대**지권 비율 • 소유**권** 지분	• 토지의 **고**유번호 • 집합건물별 대지권등록부의 **장**번호 • **건**물의 명칭 • **전**유부분의 건물의 표시

20 다음 중 〈보기〉에서 합병신청을 할 수 없는 경우만을 모두 고르면?

> ㉠ 합병하려는 각 필지의 지반이 연속되어 있는 경우
> ㉡ 합병하려는 토지가 등기된 토지와 등기되지 아니한 토지인 경우
> ㉢ 합병하려는 토지에 소유권 · 지상권 · 전세권 또는 임차권의 등기 외의 등기가 있는 경우
> ㉣ 합병하려는 토지에 승역지(承役地)에 대한 지역권의 등기가 있는 경우
> ㉤ 합병하려는 토지가 구획정리, 경지정리 또는 축척변경을 시행하고 있는 지역의 토지와 그 지역 밖의 토지인 경우

① ㉠, ㉣
② ㉡, ㉢, ㉣
③ ㉡, ㉢, ㉤
④ ㉡, ㉣, ㉤

풀이 공간정보의 구축 및 관리 등에 관한 법률 제80조(합병 신청) **암기** 도제천가유는 창학철수공체

① 토지소유자는 토지를 합병하려면 대통령령으로 정하는 바에 따라 지적소관청에 합병을 신청하여야 한다.
② 토지소유자는 「주택법」에 따른 공동주택의 부지, 도로, 제방, 하천, 구거, 유지, 그 밖에 대통령령으로 정하는 토지로서 합병하여야 할 토지가 있으면 그 사유가 발생한 날부터 60일 이내에 지적소관청에 합병을 신청하여야 한다.
③ 다음 각 호의 어느 하나에 해당하는 경우에는 합병 신청을 할 수 없다.

> 1. 합병하려는 토지의 지번부여지역, 지목 또는 소유자가 서로 다른 경우
> 2. 합병하려는 토지에 다음 각 목의 등기 외의 등기가 있는 경우
>
> > 가. 소유권 · 지상권 · 전세권 또는 임차권의 등기
> > 나. 승역지(承役地)에 대한 지역권의 등기
> > 다. 합병하려는 토지 전부에 대한 등기원인(登記原因) 및 그 연월일과 접수번호가 같은 저당권의 등기
> > 라. 합병하려는 토지 전부에 대한 「부동산등기법」 제81조제1항 각 호의 등기사항이 동일한 신탁등기
>
> 3. 그 밖에 합병하려는 토지의 지적도 및 임야도의 축척이 서로 다른 경우 등 대통령령으로 정하는 경우

공간정보의 구축 및 관리 등에 관한 법률 시행령 제66조(합병 신청)

① 토지소유자는 법 제80조제1항 및 제2항에 따라 토지의 합병을 신청할 때에는 합병 사유를 적은 신청서를 지적소관청에 제출하여야 한다.
② 법 제80조제2항에서 "대통령령으로 정하는 토지"란 공장용지 · 학교용지 · 철도용지 · 수도용지 · 공원 · 체육용지 등 다른 지목의 토지를 말한다.
③ 법 제80조제3항제3호에서 "합병하려는 토지의 지적도 및 임야도의 축척이 서로 다른 경우 등 대통령령으로 정하는 경우"란 다음 각 호의 경우를 말한다. 〈개정 2020.6.9.〉

> 1. 합병하려는 토지의 지적도 및 임야도의 축척이 서로 다른 경우
> 2. 합병하려는 각 필지가 서로 연접하지 않은 경우
> 3. 합병하려는 토지가 등기된 토지와 등기되지 아니한 토지인 경우
> 4. 합병하려는 각 필지의 지목은 같으나 일부 토지의 용도가 다르게 되어 법 제79조제2항에 따른 분할대상 토지인 경우. 다만, 합병 신청과 동시에 토지의 용도에 따라 분할 신청을 하는 경우는 제외한다.
> 5. 합병하려는 토지의 소유자별 공유지분이 다르거나 소유자의 주소가 서로 다른 경우
> 6. 합병하려는 토지가 구획정리, 경지정리 또는 축척변경을 시행하고 있는 지역의 토지와 그 지역 밖의 토지인 경우

01 다음 중 토지이동현황 조사에 대한 설명으로 가장 옳지 않은 것은?

① 지적소관청이 토지의 이동현황을 직권으로 조사·측량하여 토지의 지번·지목·면적·경계 또는 좌표를 결정하려는 때에는 토지이동현황 조사계획을 수립하여야 한다.

② 토지이동현황 조사계획은 시·도별로 수립하되, 부득이한 사유가 있는 때에는 시·군·구별로 수립할 수 있다.

③ 지적소관청은 토지이동현황 조사계획에 따라 토지의 이동 현황을 조사한 때에는 토지이동 조사부에 토지의 이동현황을 적어야 한다.

④ 지적소관청은 토지이동현황 조사 결과에 따라 토지의 지번·지목·면적·경계 또는 좌표를 결정한 때에는 이에 따라 지적공부를 정리하여야 한다.

> **풀이** 공간정보의 구축 및 관리 등에 관한 법률 제64조(토지의 조사·등록 등)
>
> ① 국토교통부장관은 모든 토지에 대하여 필지별로 소재·지번·지목·면적·경계 또는 좌표 등을 조사·측량하여 지적공부에 등록하여야 한다. 〈개정 2013.3.23.〉
>
> ② 지적공부에 등록하는 지번·지목·면적·경계 또는 좌표는 토지의 이동이 있을 때 토지소유자(법인이 아닌 사단이나 재단의 경우에는 그 대표자나 관리인을 말한다. 이하 같다)의 신청을 받아 지적소관청이 결정한다. 다만, 신청이 없으면 지적소관청이 직권으로 조사·측량하여 결정할 수 있다.
>
> ③ 제2항 단서에 따른 조사·측량의 절차 등에 필요한 사항은 국토교통부령으로 정한다.
>
> **공간정보의 구축 및 관리 등에 관한 법률 시행규칙 제59조(토지의 조사·등록)**
>
> ① 지적소관청은 법 제64조제2항 단서에 따라 토지의 이동현황을 직권으로 조사·측량하여 토지의 지번·지목·면적·경계 또는 좌표를 결정하려는 때에는 토지이동현황 조사계획을 수립하여야 한다. 이 경우 토지이동현황 조사계획은 시·군·구별로 수립하되, 부득이한 사유가 있는 때에는 읍·면·동별로 수립할 수 있다.
>
> ② 지적소관청은 제1항에 따른 토지이동현황 조사계획에 따라 토지의 이동현황을 조사한 때에는 별지 제55호 서식의 토지이동 조사부에 토지의 이동현황을 적어야 한다.
>
> ③ 지적소관청은 제2항에 따른 토지이동현황 조사 결과에 따라 토지의 지번·지목·면적·경계 또는 좌표를 결정한 때에는 이에 따라 지적공부를 정리하여야 한다.
>
> ④ 지적소관청은 제3항에 따라 지적공부를 정리하려는 때에는 제2항에 따른 토지이동 조사부를 근거로 별지 제56호 서식의 토지이동 조서를 작성하여 별지 제57호 서식의 토지이동정리 결의서에 첨부하여야 하며, 토지이동조서의 아래 부분 여백에 "「공간정보의 구축 및 관리 등에 관한 법률」 제64조제2항 단서에 따른 직권정리"라고 적어야 한다. 〈개정 2017.1.31.〉

02 지적소관청이 축척변경 등의 사업을 시행하고자 하는 때에는 임시파일을 생성하여야 한다. 이때 생성된 임시파일의 정확성을 확인하기 위해 활용하는 자료로 가장 옳은 것은?

① 지번별 조서　　　　　　　　　② 지번 등 명세

③ 토지이동조서　　　　　　　　　④ 토지이동조사부

정답 01 ② 02 ①

① 지적소관청이 지번변경, 행정구역변경, 구획정리, 경지정리, 축척변경, 토지개발사업을 하고자 하는 때에는 임시파일을 생성하여야 한다.

② 제1항에 따라 임시파일이 생성되면 지번별 조서를 출력하여 임시파일이 정확하게 생성되었는지 여부를 확인하여야 한다.

03 지적전산자료의 이용에 대한 설명으로 옳은 것은?

① 지적소관청은 전국단위, 시·도단위, 시·군·구단위 지적 전산자료의 이용 또는 활용 승인권자에 해당한다.

② 토지소유자가 사망하여 그 상속인이 피상속인의 토지에 대한 지적전산자료를 신청하는 경우에는 심사를 받아야 한다.

③ 타 시·도의 지적전산자료를 이용하고자 하는 해당 지방자치단체는 국토교통부령으로 정하는 사용료를 내야 한다.

④ 지적공부에 관한 전산자료는 연속지적도를 포함하지 않는다.

풀이 공간정보의 구축 및 관리 등에 관한 법률 제76조(지적전산자료의 이용 등)

① 지적공부에 관한 전산자료(연속지적도를 포함하며, 이하 "지적전산자료"라 한다)를 이용하거나 활용하려는 자는 다음 각 호의 구분에 따라 국토교통부장관, 시·도지사 또는 지적소관청에 지적전산자료를 신청하여야 한다. 〈개정 2013.3.23., 2013.7.17., 2017.10.24.〉

> 1. 전국 단위의 지적전산자료 : 국토교통부장관, 시·도지사 또는 지적소관청
> 2. 시·도 단위의 지적전산자료 : 시·도지사 또는 지적소관청
> 3. 시·군·구(자치구가 아닌 구를 포함한다) 단위의 지적전산자료 : 지적소관청

② 제1항에 따라 지적전산자료를 신청하려는 자는 대통령령으로 정하는 바에 따라 지적전산자료의 이용 또는 활용 목적 등에 관하여 미리 관계 중앙행정기관의 심사를 받아야 한다. 다만, 중앙행정기관의 장, 그 소속 기관의 장 또는 지방자치단체의 장이 신청하는 경우에는 그러하지 아니하다. 〈개정 2017.10.24.〉

③ 제2항에도 불구하고 다음 각 호의 어느 하나에 해당하는 경우에는 관계 중앙행정기관의 심사를 받지 아니할 수 있다. 〈개정 2017.10.24.〉

> 1. 토지소유자가 자기 토지에 대한 지적전산자료를 신청하는 경우
> 2. 토지소유자가 사망하여 그 상속인이 피상속인의 토지에 대한 지적전산자료를 신청하는 경우
> 3. 「개인정보 보호법」 제2조제1호에 따른 개인정보를 제외한 지적전산자료를 신청하는 경우

④ 제1항 및 제3항에 따른 지적전산자료의 이용 또는 활용에 필요한 사항은 대통령령으로 정한다.

정답 03 ①

04 측량계산의 끝수처리에 대하여 (가)~(라)에 각각 들어갈 내용으로 옳은 것은?(단, 지적도의 축척이 600분의 1인 지역과 경계점좌표등록부에 등록하는 지역의 토지는 제외한다.)

> 토지의 면적에 1제곱미터 미만의 끝수가 있는 경우 0.5제곱미터 (가)일 때에는 버리고 0.5제곱미터(를) (나)일(하는) 때에는 올리며, 0.5제곱미터일 때에는 구하려는 끝자리의 숫자가 0 또는 짝수이면 (다) 홀수 이면 (라). 다만, 1필지의 면적이 1제곱미터 미만일 때에는 1제곱미터로 한다.

	(가)	(나)	(다)	(라)
①	이하	이상	올리고	버린다
②	미만	초과	올리고	버린다
③	이하	이상	버리고	올린다
④	미만	초과	버리고	올린다

풀이 공간정보의 구축 및 관리 등에 관한 법률 시행령 제60조(면적의 결정 및 측량계산의 끝수처리)
　① 면적의 결정은 다음 각 호의 방법에 따른다.

> 1. 토지의 면적에 1제곱미터 미만의 끝수가 있는 경우 0.5제곱미터 미만일 때에는 버리고 0.5제곱미터를 초과하는 때에는 올리며, 0.5제곱미터일 때에는 구하려는 끝자리의 숫자가 0 또는 짝수이면 버리고 홀수이면 올린다. 다만, 1필지의 면적이 1제곱미터 미만일 때에는 1제곱미터로 한다.
> 2. 지적도의 축척이 600분의 1인 지역과 경계점좌표등록부에 등록하는 지역의 토지 면적은 제1호에도 불구하고 제곱미터 이하 한 자리 단위로 하되, 0.1제곱미터 미만의 끝수가 있는 경우 0.05제곱미터 미만일 때에는 버리고 0.05제곱미터를 초과할 때에는 올리며, 0.05제곱미터일 때에는 구하려는 끝 자리의 숫자가 0 또는 짝수이면 버리고 홀수이면 올린다. 다만, 1필지의 면적이 0.1제곱미터 미만일 때에는 0.1제곱미터로 한다.

　② 방위각의 각치(角値), 종횡선의 수치 또는 거리를 계산하는 경우 구하려는 끝자리의 다음 숫자가 5 미만일 때에는 버리고 5를 초과할 때에는 올리며, 5일 때에는 구하려는 끝자리의 숫자가 0 또는 짝수이면 버리고 홀수이면 올린다. 다만, 전자계산조직을 이용하여 연산할 때에는 최종수치에만 이를 적용한다.

05 지목의 구분과 표기방법에 대한 설명으로 가장 옳은 것은?

① 자동차 등의 판매 목적으로 설치된 물류장 및 야외전시장 부지의 지목은 주차장이며, 지적도 및 임야도에 등록할 때에는 '주'라는 부호로 표기한다.

② 일반 공중의 보건·휴양 및 정서생활에 이용하기 위한 시설을 갖춘 토지로서 「국토의 계획 및 이용에 관한 법률」에 따라 공원 또는 녹지로 결정·고시된 토지의 지목은 공원이며, 지적도 및 임야도에 등록할 때에는 '원'이라는 부호로 표기한다.

③ 온수·약수·석유류 등을 일정한 장소로 운송하는 송수관·송유관 및 저장시설 부지의 지목은 광천지이며, 지적도 및 임야도에 등록할 때에는 '광'이라는 부호로 표기한다.

④ 육상에 인공으로 조성된 수산생물의 번식 또는 양식을 위한 시설을 갖춘 부지와 이에 접속된 부속시설물 부지의 지목은 양어장이며, 지적도 및 임야도에 등록할 때에는 '양'이라는 부호로 표기한다.

[풀이] **공간정보의 구축 및 관리 등에 관한 법률 시행규칙 제64조(지목의 표기방법)**

지목을 지적도 및 임야도(이하 "지적도면"이라 한다)에 등록하는 때에는 다음의 부호로 표기하여야 한다.

지목	부호	지목	부호	지목	부호	지목	부호
전	전	대	대	철도용지	철	공원	공
답	답	공장용지	[장]	제방	제	체육용지	체
과수원	과	학교용지	학	하천	[천]	유원지	[원]
목장용지	목	주차장	[차]	구거	구	종교용지	종
임야	임	주유소용지	주	유지	유	사적지	사
광천지	광	창고용지	창	양어장	양	묘지	묘
염전	염	도로	도	수도용지	수	잡종지	잡

공간정보의 구축 및 관리 등에 관한 법률 시행령 제58조(지목의 구분)

법 제67조제1항에 따른 지목의 구분은 다음 각 호의 기준에 따른다.

6. 광천지

지하에서 온수 · 약수 · 석유류 등이 용출되는 용출구(湧出口)와 그 유지(維持)에 사용되는 부지. 다만, 온수 · 약수 · 석유류 등을 일정한 장소로 운송하는 송수관 · 송유관 및 저장시설의 부지는 제외한다.

11. 주차장

자동차 등의 주차에 필요한 독립적인 시설을 갖춘 부지와 주차전용 건축물 및 이에 접속된 부속시설물의 부지. 다만, 다음 각 목의 어느 하나에 해당하는 시설의 부지는 제외한다.

가. 「주차장법」 제2조제1호가목 및 다목에 따른 노상주차장 및 부설주차장(「주차장법」 제19조제4항에 따라 시설물의 부지 인근에 설치된 부설주차장은 제외한다)

나. 자동차 등의 판매 목적으로 설치된 물류장 및 야외전시장

20. 양어장

육상에 인공으로 조성된 수산생물의 번식 또는 양식을 위한 시설을 갖춘 부지와 이에 접속된 부속시설물의 부지

22. 공원

일반 공중의 보건 · 휴양 및 정서생활에 이용하기 위한 시설을 갖춘 토지로서 「국토의 계획 및 이용에 관한 법률」에 따라 공원 또는 녹지로 결정 · 고시된 토지

06 지적측량수행자의 손해배상책임 보장에 대한 설명으로 옳은 것은?

① 지적측량업자는 손해배상책임을 보장하기 위하여 보장 기간이 5년 이상이고 보증금액이 3억 원 이상인 보증보험에 가입하여야 한다.

② 한국국토정보공사는 손해배상책임을 보장하기 위하여 보증금액이 10억 원 이상인 보증보험에 가입하여야 한다.

③ 지적측량업자는 손해배상책임을 보장하기 위하여 지적측량업 등록증을 발급받은 날부터 10일 이내에 보증보험에 가입하여야 한다.

④ 지적측량업자는 보증보험에 가입하였을 때에는 이를 증명하는 서류를 사무소가 소재한 해당 지역의 지적소관청에 제출하여야 한다.

[정답] 06 ③

풀이 **공간정보의 구축 및 관리 등에 관한 법률 시행령 제41조(손해배상책임의 보장)**

① 지적측량수행자는 법 제51조제2항에 따라 손해배상책임을 보장하기 위하여 다음 각 호의 구분에 따라 보증보험에 가입하거나 공간정보산업협회가 운영하는 보증 또는 공제에 가입하는 방법으로 보증설정(이하 "보증설정"이라 한다)을 하여야 한다. 〈개정 2017.1.10.〉

> 1. 지적측량업자 : 보장기간 10년 이상 및 보증금액 1억 원 이상
> 2. 「국가공간정보 기본법」 제12조에 따라 설립된 한국국토정보공사(이하 "한국국토정보공사"라 한다) : 보증금액 20억 원 이상

② 지적측량업자는 지적측량업 등록증을 발급받은 날부터 10일 이내에 제1항제1호의 기준에 따라 보증설정을 하여야 하며, 보증설정을 하였을 때에는 이를 증명하는 서류를 제35조제1항에 따라 등록한 시ㆍ도지사에게 제출하여야 한다. 〈개정 2014.1.17., 2017.1.10.〉

공간정보의 구축 및 관리 등에 관한 법률 시행령 제42조(보증설정의 변경)

① 법 제51조에 따라 보증설정을 한 지적측량수행자는 그 보증설정을 다른 보증설정으로 변경하려는 경우에는 해당 보증설정의 효력이 있는 기간 중에 다른 보증설정을 하고 그 사실을 증명하는 서류를 제35조제1항에 따라 등록한 시ㆍ도지사에게 제출하여야 한다.

② 보증설정을 한 지적측량수행자는 보증기간의 만료로 인하여 다시 보증설정을 하려는 경우에는 그 보증기간 만료일까지 다시 보증설정을 하고 그 사실을 증명하는 서류를 제35조제1항에 따라 등록한 시ㆍ도지사에게 제출하여야 한다.

공간정보의 구축 및 관리 등에 관한 법률 시행령 제43조(보험금 등의 지급 등)

① 지적측량의뢰인은 법 제51조제1항에 따른 손해배상으로 보험금ㆍ보증금 또는 공제금을 지급받으려면 다음 각 호의 어느 하나에 해당하는 서류를 첨부하여 보험회사 또는 공간정보산업협회에 손해배상금 지급을 청구하여야 한다. 〈개정 2017.1.10.〉

> 1. 지적측량의뢰인과 지적측량수행자 간의 손해배상합의서 또는 화해조서
> 2. 확정된 법원의 판결문 사본
> 3. 제1호 또는 제2호에 준하는 효력이 있는 서류

② 지적측량수행자는 보험금ㆍ보증금 또는 공제금으로 손해배상을 하였을 때에는 지체 없이 다시 보증설정을 하고 그 사실을 증명하는 서류를 제35조제1항에 따라 등록한 시ㆍ도지사에게 제출하여야 한다. 〈개정 2017.1.10.〉

③ 지적소관청은 제1항에 따라 지적측량수행자가 지급하는 손해배상금의 일부를 지적소관청의 지적측량성과 검사 과실로 인하여 지급하여야 하는 경우에 대비하여 공제에 가입할 수 있다

07 합병에 대한 설명으로 가장 옳지 않은 것은?

① 지적공부에 등록된 2필지 이상을 1필지로 합하여 등록하는 것을 말한다.

② 합병 후 필지의 면적은 1필지로 합병된 토지에 대하여 지적측량을 실시하고 새로이 산출된 면적으로 결정한다.

③ 합병 후 필지의 경계 또는 좌표에 대해서는 합병 전 각 필지의 경계 또는 좌표 중 합병으로 필요 없게 된 부분을 말소하여 결정한다.

④ 합병하려는 토지의 지번부여지역, 지목 또는 소유자가 서로 다른 경우에는 합병 신청을 할 수 없다.

공간정보의 구축 및 관리 등에 관한 법률 제2조(정의)

이 법에서 사용하는 용어의 뜻은 다음과 같다.

32. "합병"이란 지적공부에 등록된 2필지 이상을 1필지로 합하여 등록하는 것을 말한다.

공간정보의 구축 및 관리 등에 관한 법률 제80조(합병 신청) 암기 ⓓ ⓣ ⓒ ⓖ ⓤ는 ⓢ ⓗ ⓣ ⓢ ⓖ ⓣ

① 토지소유자는 토지를 합병하려면 대통령령으로 정하는 바에 따라 지적소관청에 합병을 신청하여야 한다.

② 토지소유자는 「주택법」에 따른 공동주택의 부지, ⓓ로, ⓗ방, 하ⓣ, 구ⓖ, ⓤ지, 그 밖에 대통령령으로 정하는 토지로서 합병하여야 할 토지가 있으면 그 사유가 발생한 날부터 60일 이내에 지적소관청에 합병을 신청하여야 한다.

③ 다음 각 호의 어느 하나에 해당하는 경우에는 합병 신청을 할 수 없다.

> 1. 합병하려는 토지의 지번부여지역, 지목 또는 소유자가 서로 다른 경우
> 2. 합병하려는 토지에 다음 각 목의 등기 외의 등기가 있는 경우
>
>> 가. 소유권 · 지상권 · 전세권 또는 임차권의 등기
>> 나. 승역지(承役地)에 대한 지역권의 등기
>> 다. 합병하려는 토지 전부에 대한 등기원인(登記原因) 및 그 연월일과 접수번호가 같은 저당권의 등기
>> 라. 합병하려는 토지 전부에 대한 「부동산등기법」 제81조제1항 각 호의 등기사항이 동일한 신탁등기
>
> 3. 그 밖에 합병하려는 토지의 지적도 및 임야도의 축척이 서로 다른 경우 등 대통령령으로 정하는 경우

공간정보의 구축 및 관리 등에 관한 법률 시행령 제66조(합병 신청)

① 토지소유자는 법 제80조제1항 및 제2항에 따라 토지의 합병을 신청할 때에는 합병 사유를 적은 신청서를 지적소관청에 제출하여야 한다.

② 법 제80조제2항에서 "대통령령으로 정하는 토지"란 공ⓐ용지 · ⓗ교용지 · ⓒ도용지 · ⓢ도용지 · ⓖ원 · ⓗ육용지 등 다른 지목의 토지를 말한다.

③ 법 제80조제3항제3호에서 "합병하려는 토지의 지적도 및 임야도의 축척이 서로 다른 경우 등 대통령령으로 정하는 경우"란 다음 각 호의 경우를 말한다. 〈개정 2020.6.9.〉

> 1. 합병하려는 토지의 지적도 및 임야도의 축척이 서로 다른 경우
> 2. 합병하려는 각 필지가 서로 연접하지 않은 경우
> 3. 합병하려는 토지가 등기된 토지와 등기되지 아니한 토지인 경우
> 4. 합병하려는 각 필지의 지목은 같으나 일부 토지의 용도가 다르게 되어 법 제79조제2항에 따른 분할대상 토지인 경우. 다만, 합병 신청과 동시에 토지의 용도에 따라 분할 신청을 하는 경우는 제외한다.
> 5. 합병하려는 토지의 소유자별 공유지분이 다르거나 소유자의 주소가 서로 다른 경우
> 6. 합병하려는 토지가 구획정리, 경지정리 또는 축척변경을 시행하고 있는 지역의 토지와 그 지역 밖의 토지인 경우

08 현행 「지적재조사에 관한 특별법」에 따라 지적재조사사업 기본계획의 입안, 지적재조사사업의 지도 · 감독, 기술 · 인력 및 예산 등의 지원, 중앙위원회 심의 · 의결사항에 대한 보좌를 위하여 국토교통부에 설치한 것은?

① 지적재조사기획단   ② 지적재조사지원단

③ 지적재조사추진단   ④ 지적재조사총괄단

풀이 지적재조사에 관한 특별법 제32조(지적재조사기획단 등)

① 기본계획의 입안, 지적재조사사업의 지도·감독, 기술·인력 및 예산 등의 지원, 중앙위원회 심의·의결사항에 대한 보좌를 위하여 국토교통부에 지적재조사기획단을 둔다.

② 지적재조사사업의 지도·감독, 기술·인력 및 예산 등의 지원을 위하여 시·도에 지적재조사지원단을, 실시계획의 입안, 지적재조사사업의 시행, 사업대행자에 대한 지도·감독 등을 위하여 지적소관청에 지적재조사추진단을 둘 수 있다.

③ 제1항에 따른 지적재조사기획단의 조직과 운영에 관하여 필요한 사항은 대통령령으로, 제2항에 따른 지적재조사지원단과 지적재조사추진단의 조직과 운영에 관하여 필요한 사항은 해당 지방자치단체의 조례로 정한다.

지적재조사에 관한 특별법 시행령 제26조(지적재조사기획단의 구성 등)

① 법 제32조제1항에 따른 지적재조사기획단(이하 "기획단"이라 한다)은 단장 1명과 소속 직원으로 구성하며, 단장은 국토교통부의 고위공무원단에 속하는 일반직공무원 중에서 국토교통부장관이 지명하는 자가 겸직한다.

② 국토교통부장관은 기획단의 업무수행을 위하여 필요하다고 인정할 때에는 관계 행정기관의 공무원 및 관련 기관·단체의 임직원의 파견을 요청할 수 있다.

③ 제1항 및 제2항에서 규정한 사항 외에 기획단의 조직과 운영에 필요한 사항은 국토교통부장관이 정한다.

09 다음 중 등록전환을 신청할 수 있는 경우가 아닌 것은?

① 토지이용상 불합리한 지상경계를 시정하기 위한 경우
② 대부분의 토지가 등록전환되어 나머지 토지를 임야도에 계속 존치하는 것이 불합리한 경우
③ 임야도에 등록된 토지가 사실상 형질변경되었으나 지목변경을 할 수 없는 경우
④ 도시·군관리계획선에 따라 토지를 분할하는 경우

풀이 공간정보의 구축 및 관리 등에 관한 법률 시행령 제64조(등록전환 신청)

① 법 제78조에 따라 등록전환을 신청할 수 있는 경우는 다음 각 호와 같다. 〈개정 2020.6.9.〉

> 1. 「산지관리법」에 따른 산지전용허가·신고, 산지일시사용허가·신고, 「건축법」에 따른 건축허가·신고 또는 그 밖의 관계 법령에 따른 개발행위 허가 등을 받은 경우
> 2. 대부분의 토지가 등록전환되어 나머지 토지를 임야도에 계속 존치하는 것이 불합리한 경우
> 3. 임야도에 등록된 토지가 사실상 형질변경되었으나 지목변경을 할 수 없는 경우
> 4. 도시·군관리계획선에 따라 토지를 분할하는 경우

② 삭제 〈2020.6.9.〉

③ 토지소유자는 법 제78조에 따라 등록전환을 신청할 때에는 등록전환 사유를 적은 신청서에 국토교통부령으로 정하는 서류를 첨부하여 지적소관청에 제출하여야 한다. 〈개정 2013.3.23.〉

공간정보의 구축 및 관리 등에 관한 법률 시행규칙 제82조(등록전환 신청)

① 영 제64조제3항에서 "국토교통부령으로 정하는 서류"란 관계 법령에 따른 개발행위 허가 등을 증명하는 서류의 사본(영 제64조제1항제1호에 해당하는 경우로 한정한다)을 말한다. 〈개정 2020.6.11.〉

② 제1항에 따른 서류를 그 지적소관청이 관리하는 경우에는 지적소관청의 확인으로 그 서류의 제출을 갈음할 수 있다.

정답 09 ①

10 지적재조사지구 지정고시 및 효력 상실에 대한 설명으로 가장 옳지 않은 것은?

① 지적재조사지구의 지정 또는 변경에 대한 고시가 있을 때에는 지적공부에 지적재조사지구로 지정된 사실을 기재하여야 한다.

② 지적소관청은 지적재조사지구 지정고시를 한 날부터 2년 내에 지적재조사사업에 관한 실시계획을 수립하여야 한다.

③ 지적소관청이 일필지조사 및 지적재조사측량 기간 내에 조사 및 측량을 시행하지 아니할 때에는 그 기간의 만료로 지적재조사지구의 지정은 효력이 상실된다.

④ 시 · 도지사는 지적재조사지구 지정의 효력이 상실되었을 때에는 이를 시 · 도 공보에 고시하고 국토교통부장관에게 보고하여야 한다.

풀이 지적재조사에 관한 특별법 제8조(지적재조사지구 지정고시)

① 시 · 도지사는 지적재조사지구를 지정하거나 변경한 경우에 시 · 도 공보에 고시하고 그 지정내용 또는 변경내용을 국토교통부장관에게 보고하여야 하며, 관계 서류를 일반인이 열람할 수 있도록 하여야 한다. 〈개정 2013.3.23., 2019.12.10.〉

② 지적재조사지구의 지정 또는 변경에 대한 고시가 있을 때에는 지적공부에 지적재조사지구로 지정된 사실을 기재하여야 한다. 〈개정 2019.12.10.〉

지적재조사에 관한 특별법 제9조(지적재조사지구 지정의 효력상실 등)

① 지적소관청은 지적재조사지구 지정고시를 한 날부터 2년 내에 토지현황조사 및 지적재조사를 위한 지적측량(이하 "지적재조사측량"이라 한다)을 시행하여야 한다. 〈개정 2017.4.18., 2019.12.10.〉

② 제1항의 기간 내에 토지현황조사 및 지적재조사측량을 시행하지 아니할 때에는 그 기간의 만료로 지적재조사지구의 지정은 효력이 상실된다. 〈개정 2017.4.18., 2019.12.10.〉

③ 시 · 도지사는 제2항에 따라 지적재조사지구 지정의 효력이 상실되었을 때에는 이를 시 · 도 공보에 고시하고 국토교통부장관에게 보고하여야 한다. 〈개정 2013.3.23., 2019.12.10.〉

11 다음 중 토지이동 신청서상의 신청구분에 해당되지 않는 것은?

① 토지(임야)지목변경
② 토지(임야)경계확정
③ 등록전환
④ 토지(임야)등록사항정정

풀이 공간정보의 구축 및 관리 등에 관한 법률 시행규칙 [별지 제75호 서식] 〈개정 2015.6.4.〉

토지이동 신청서

※ 뒤쪽의 수수료와 처리기간을 확인하시고, [ ]에는 해당되는 곳에 √ 표시를 합니다. (앞 쪽)

접수번호			접수일			발급일			처리기간	뒤 쪽 참조

신청구분	[ ]토지(임야)신규등록 [ ]토지(임야)분할 [ ]토지(임야)지목변경 [ ]등록전환　　　　　[ ]토지(임야)합병 [ ]토지(임야)등록사항정정 [ ]기타

신청인	성명	(주민)등록번호
	주소	전화번호

신 청 내 용

토지소재			이동 전			이동 후			토지이동 결의일 및 이동사유
시·군·구	읍·면	동·리	지번	지목	면적(m²)	지번	지목	면적(m²)	

위와 같이 관계 증명 서류를 첨부하여 신청합니다.

년 　 월 　 일

신청인 　　　　　　　　　 (서명 또는 인)

시장 · 군수 · 구청장 귀하

수입증지 첨부란

「공간정보의 구축 및 관리 등에 관한 법률 시행규칙」 제115조제1항에 따른 수수료(뒷면 참조)

210mm×297mm[일반용지60g/m²]

12 지상경계의 구분 및 결정기준에 대한 설명으로 가장 옳지 않은 것은?

① 지적확정측량의 경계는 공사가 완료된 현황대로 결정하되, 공사가 완료된 현황이 사업계획도와 다를 때에는 미리 사업 시행자에게 그 사실을 통지하여야 한다.

② 토지의 지상경계는 둑 · 담장이나 그 밖에 구획의 목표가 될 만한 구조물 및 경계점표지 등으로 구분한다.

③ 지적소관청은 토지의 이동에 따라 지상경계를 새로 정한 경우에는 토지의 소재, 지번, 경계점 좌표(경계점좌표등록부 시행지역에 한함), 경계점 위치 설명도 등을 등록한 지상경계 점등록부를 작성 · 관리하여야 한다.

④ 지상경계의 구획을 형성하는 구조물 등의 소유자가 다른 경우에는 그 구조물 등의 중앙을 지상경계로 결정한다.

풀이 **공간정보의 구축 및 관리 등에 관한 법률 제65조(지상경계의 구분 등)** 암기 토지경계

① 토지의 지상경계는 둑, 담장이나 그 밖에 구획의 목표가 될 만한 구조물 및 경계점표지 등으로 구분한다.

② 지적소관청은 토지의 이동에 따라 지상경계를 새로 정한 경우에는 다음 각 호의 사항을 등록한 지상경계점등록부를 작성 · 관리하여야 한다.

1. ㉧지의 소재
2. ㉨번
3. ㉰계점 좌표(경계점좌표등록부 시행지역에 한정한다)
4. 경㉱점 위치 설명도
5. 그 밖에 국토교통부령으로 정하는 사항

③ 제1항에 따른 지상경계의 결정 기준 등 지상경계의 결정에 필요한 사항은 대통령령으로 정하고, 경계점표지의 규격과 재질 등에 필요한 사항은 국토교통부령으로 정한다.

공간정보의 구축 및 관리 등에 관한 법률 시행령 제55조(지상 경계의 결정기준 등)

① 법 제65조제1항에 따른 지상 경계의 결정기준은 다음 각 호의 구분에 따른다. 〈개정 2014.1.17.〉

> 1. 연접되는 토지 간에 높낮이 차이가 없는 경우 : 그 구조물 등의 중앙
> 2. 연접되는 토지 간에 높낮이 차이가 있는 경우 : 그 구조물 등의 하단부
> 3. 도로 · 구거 등의 토지에 절토(切土)된 부분이 있는 경우 : 그 경사면의 상단부
> 4. 토지가 해면 또는 수면에 접하는 경우 : 최대만조위 또는 최대만수위가 되는 선
> 5. 공유수면매립지의 토지 중 제방 등을 토지에 편입하여 등록하는 경우 : 바깥쪽 어깨부분

② 지상 경계의 구획을 형성하는 구조물 등의 소유자가 다른 경우에는 제1항제1호부터 제3호까지의 규정에도 불구하고 그 소유권에 따라 지상 경계를 결정한다.

③ 다음 각 호의 어느 하나에 해당하는 경우에는 지상 경계점에 법 제65조제1항에 따른 경계점표지를 설치하여 측량할 수 있다. 〈개정 2012.4.10., 2014.1.17.〉

> 1. 법 제86조제1항에 따른 도시개발사업 등의 사업시행자가 사업지구의 경계를 결정하기 위하여 토지를 분할하려는 경우
> 2. 법 제87조제1호 및 제2호에 따른 사업시행자와 행정기관의 장 또는 지방자치단체의 장이 토지를 취득하기 위하여 분할하려는 경우
> 3. 「국토의 계획 및 이용에 관한 법률」 제30조제6항에 따른 도시 · 군관리계획 결정고시와 같은 법 제32조제4항에 따른 지형도면 고시가 된 지역의 도시 · 군관리계획선에 따라 토지를 분할하려는 경우
> 4. 제65조제1항에 따라 토지를 분할하려는 경우
> 5. 관계 법령에 따라 인가 · 허가 등을 받아 토지를 분할하려는 경우

④ 분할에 따른 지상 경계는 지상건축물을 걸리게 결정해서는 아니 된다. 다만, 다음 각 호의 어느 하나에 해당하는 경우에는 그러하지 아니하다.

> 1. 법원의 확정판결이 있는 경우
> 2. 법 제87조제1호에 해당하는 토지를 분할하는 경우
> 3. 제3항제1호 또는 제3호에 따라 토지를 분할하는 경우

⑤ 지적확정측량의 경계는 공사가 완료된 현황대로 결정하되, 공사가 완료된 현황이 사업계획도와 다를 때에는 미리 사업시행자에게 그 사실을 통지하여야 한다.

13 다음 중 토지소유자의 정리에 대한 설명으로 가장 옳지 않은 것은?

① 지적공부에 등록된 토지소유자의 변경사항은 등기관서에서 등기한 것을 증명하는 등기필증, 등기완료통지서, 등기사항증명서 또는 등기관서에서 제공한 등기전산정보자료에 따라 정리한다.
② 신규등록하는 토지의 소유자는 지적소관청이 직접 조사하여 등록한다.
③ 등기부에 적혀 있는 토지의 표시가 지적공부와 일치하지 아니하면 등기관서에서 등기한 것을 증명하는 자료에 의해 토지소유자를 정리할 수 있다.
④ 「국유재산법」에 따른 총괄청이나 중앙관서의 장이 소유자 없는 부동산에 대한 소유자 등록을 신청하는 경우 지적소관청은 지적공부에 해당 토지의 소유자가 등록되지 아니한 경우에만 등록할 수 있다.

풀이 공간정보의 구축 및 관리 등에 관한 법률 제88조(토지소유자의 정리)
① 지적공부에 등록된 토지소유자의 변경사항은 등기관서에서 등기한 것을 증명하는 등기필증, 등기완료통지서, 등기사항증명서 또는 등기관서에서 제공한 등기전산정보자료에 따라 정리한다. 다만, 신규등록하는 토지의 소유자는 지적소관청이 직접 조사하여 등록한다. 〈개정 2011.4.12.〉
② 「국유재산법」 제2조제10호에 따른 총괄청이나 같은 조 제11호에 따른 중앙관서의 장이 같은 법 제12조제3항에 따라 소유자 없는 부동산에 대한 소유자 등록을 신청하는 경우 지적소관청은 지적공부에 해당 토지의 소유자가 등록되지 아니한 경우에만 등록할 수 있다. 〈개정 2011.3.30.〉
③ 등기부에 적혀 있는 토지의 표시가 지적공부와 일치하지 아니하면 제1항에 따라 토지소유자를 정리할 수 없다. 이 경우 토지의 표시와 지적공부가 일치하지 아니하다는 사실을 관할 등기관서에 통지하여야 한다.
④ 지적소관청은 필요하다고 인정하는 경우에는 관할 등기관서의 등기부를 열람하여 지적공부와 부동산등기부가 일치하는지 여부를 조사·확인하여야 하며, 일치하지 아니하는 사항을 발견하면 등기사항증명서 또는 등기관서에서 제공한 등기전산정보자료에 따라 지적공부를 직권으로 정리하거나, 토지소유자나 그 밖의 이해관계인에게 그 지적공부와 부동산등기부가 일치하게 하는 데에 필요한 신청 등을 하도록 요구할 수 있다. 〈개정 2011.4.12.〉
⑤ 지적소관청 소속 공무원이 지적공부와 부동산등기부의 부합 여부를 확인하기 위하여 등기부를 열람하거나, 등기사항증명서의 발급을 신청하거나, 등기전산정보자료의 제공을 요청하는 경우 그 수수료는 무료로 한다.

14 다음 중 공유지연명부와 대지권등록부의 등록사항으로 공통되는 것만을 나열한 것은?

① 토지의 고유번호, 전유부분(專有部分)의 건물표시
② 토지의 고유번호, 대지권 비율
③ 소유권 지분, 토지소유자가 변경된 날과 그 원인
④ 소유권 지분, 건물의 명칭

정답 13 ③ 14 ③

풀이 공간정보의 구축 및 관리 등에 관한 법률 제71조(토지대장 등의 등록사항)

구분	토지표시사항	소유권에 관한 사항	기타
토지대장 (土地臺帳, Land Books) & 임야대장 (林野臺帳, Forest Books)	• **토**지 소재 • **지**번 • **지**목 • 면**적** • 토지의 **이**동 사유	• 토지소유자 **변**동일자 • 변**동**원인 • **주**민등록번호 • 성**명** 또는 명칭 • 주**소**	• 토지의 고**유**번호(각 필지를 서로 구별하기 위하여 필지마다 붙이는 고유한 번호를 말한다) • 지적도 또는 임야**도** 번호 • 필지별 토지대장 또는 임야대장의 **장**번호 • **축척** • **토**지등급 또는 기준수확량 등급과 그 설정·수정 연월일 • 개별**공**시지가와 그 기준일
공유지연명부 (共有地連名簿, Common Land Books)	• **토**지 소재 • **지**번	• 토지소유자 **변**동일자 • 변**동**원인 • **주**민등록번호 • 성**명**·주**소** • 소유권 **지**분	• 토지의 **고**유번호 • 필지별 공유지연명부의 **장**번호
대지권등록부 (垈地權登錄簿, Building Site Rights Books)	• **토**지 소재 • **지**번	• 토지소유자 **변**동일자 및 변**동**원인 • **주**민등록번호 • 성**명** 또는 명칭·주**소** • 대**지**권 비율 • 소유**권** 지분	• 토지의 **고**유번호 • 집합건물별 대지권등록부의 **장**번호 • **건**물의 명칭 • **전**유부분의 건물의 표시

15 다음은 중앙지적위원회의 구성에 대한 설명이다. (가)~(다)에 각각 들어갈 내용으로 옳은 것은?

> • 위원장 1명과 부위원장 1명을 포함하여 (가) 이상 (나) 이하의 위원으로 구성한다.
> • 위원은 지적에 관한 학식과 경험이 풍부한 사람 중에서 (다)이 임명하거나 위촉한다.

	(가)	(나)	(다)
①	5명	10명	위원장
②	5명	10명	국토교통부장관
③	7명	15명	위원장
④	7명	15명	국토교통부장관

공간정보의 구축 및 관리 등에 관한 법률 시행령 제20조(중앙지적위원회의 구성 등)

① 법 제28조제1항에 따른 중앙지적위원회(이하 "중앙지적위원회"라 한다)는 위원장 1명과 부위원장 1명을 포함하여 5명 이상 10명 이하의 위원으로 구성한다. 〈개정 2012.7.4.〉

② 위원장은 국토교통부의 지적업무 담당 국장이, 부위원장은 국토교통부의 지적업무 담당 과장이 된다. 〈개정 2013.3.23.〉

③ 위원은 지적에 관한 학식과 경험이 풍부한 사람 중에서 **국토교통부장관이** 임명하거나 위촉한다. 〈개정 2013.3.23.〉

④ 위원장 및 부위원장을 제외한 위원의 임기는 2년으로 한다.

⑤ 중앙지적위원회의 간사는 국토교통부의 지적업무 담당 공무원 중에서 국토교통부장관이 임명하며, 회의 준비, 회의록 작성 및 회의 결과에 따른 업무 등 중앙지적위원회의 서무를 담당한다. 〈개정 2013.3.23.〉

⑥ 중앙지적위원회의 위원에게는 예산의 범위에서 출석수당과 여비, 그 밖의 실비를 지급할 수 있다. 다만, 공무원인 위원이 그 소관 업무와 직접적으로 관련되어 출석하는 경우에는 그러하지 아니하다.

16 지적공부의 복구에 대한 설명으로 가장 옳은 것은?

① 지적소관청은 복구측량 등이 완료되어 지적공부를 복구하려는 경우에는 복구하려는 토지의 표시 등을 시·군·구 게시판에 30일 이상 게시하여야 한다.

② 복구측량을 한 결과가 복구자료와 부합하지 아니하는 때에는 복구측량 결과를 토대로 경계점표지를 설치하고 경계 또는 면적 등을 조정하여야 한다.

③ 측량결과도, 토지이동조서, 법원의 확정판결서 정본 또는 사본은 지적공부의 복구자료로 활용할 수 있다.

④ 토지대장·임야대장 또는 공유지연명부는 복구되고 지적도면이 복구되지 아니한 토지가 축척변경 시행지역에 편입된 때에는 지적도면을 복구하지 아니할 수 있다.

공간정보의 구축 및 관리 등에 관한 법률 시행규칙 제72조(지적공부의 복구자료)

영 제61조제1항에 따른 지적공부의 복구에 관한 관계 자료(이하 "복구자료"라 한다)는 다음 각 호와 같다.

암기 **부**등**지**등**복**명은 **량지원**에서

1. **부**동산등기부 **등**본 등 등기사실을 증명하는 서류
2. **지**적공부의 **등**본
3. 법 제69조제3항에 따라 **복**제된 지적공부
4. 지적소관청이 작성하거나 발행한 지적공부의 등록내용을 증**명**하는 서류
5. 측**량** 결과도
6. 토**지**이동정리 결의서
7. 법**원**의 확정판결서 정본 또는 사본

공간정보의 구축 및 관리 등에 관한 법률 시행규칙 제73조(지적공부의 복구절차 등)

① 지적소관청은 법 제74조 및 영 제61조제1항에 따라 지적공부를 복구하려는 경우에는 제72조 각 호의 복구자료를 조사하여야 한다.

② 지적소관청은 제1항에 따라 조사된 복구자료 중 토지대장·임야대장 및 공유지연명부의 등록 내용을 증명하는 서류 등에 따라 별지 제70호 서식의 지적복구자료 조사서를 작성하고, 지적도면의 등록 내용을 증명하는 서류 등에 따라 복구자료도를 작성하여야 한다.

③ 제2항에 따라 작성된 복구자료도에 따라 측정한 면적과 지적복구자료 조사서의 조사된 면적의 증감이 영

16 ④

제19조제1항제2호가목의 계산식에 따른 허용범위를 초과하거나 복구자료도를 작성할 복구자료가 없는 경우에는 복구측량을 하여야 한다. 이 경우 같은 계산식 중 A는 오차허용면적, M은 축척분모, F는 조사된 면적을 말한다.

④ 제2항에 따라 작성된 지적복구자료 조사서의 조사된 면적이 영 제19조제1항제2호가목의 계산식에 따른 허용범위 이내인 경우에는 그 면적을 복구면적으로 결정하여야 한다.

⑤ 제3항에 따라 복구측량을 한 결과가 복구자료와 부합하지 아니하는 때에는 토지소유자 및 이해관계인의 동의를 받아 경계 또는 면적 등을 조정할 수 있다. 이 경우 경계를 조정한 때에는 제60조제2항에 따른 경계점 표지를 설치하여야 한다.

⑥ 지적소관청은 제1항부터 제5항까지의 규정에 따른 복구자료의 조사 또는 복구측량 등이 완료되어 지적공부를 복구하려는 경우에는 복구하려는 토지의 표시 등을 시·군·구 게시판 및 인터넷 홈페이지에 15일 이상 게시하여야 한다.

⑦ 복구하려는 토지의 표시 등에 이의가 있는 자는 제6항의 게시기간 내에 지적소관청에 이의신청을 할 수 있다. 이 경우 이의신청을 받은 지적소관청은 이의사유를 검토하여 이유 있다고 인정되는 때에는 그 시정에 필요한 조치를 하여야 한다.

⑧ 지적소관청은 제6항 및 제7항에 따른 절차를 이행한 때에는 지적복구자료 조사서, 복구자료도 또는 복구측량 결과도 등에 따라 토지대장·임야대장·공유지연명부 또는 지적도면을 복구하여야 한다.

⑨ 토지대장·임야대장 또는 공유지연명부는 복구되고 지적도면이 복구되지 아니한 토지가 법 제83조에 따른 축척변경 시행지역이나 법 제86조에 따른 도시개발사업 등의 시행지역에 편입된 때에는 지적도면을 복구하지 아니할 수 있다.

17 「공간정보의 구축 및 관리 등에 관한 법률」상 도시개발사업 등 시행지역의 토지이동을 거짓으로 신청한 자에 대한 벌칙은?

① 3년 이하의 징역 또는 3천만 원 이하의 벌금
② 2년 이하의 징역 또는 2천만 원 이하의 벌금
③ 1년 이하의 징역 또는 1천만 원 이하의 벌금
④ 300만 원 이하의 과태료

풀이 공간정보의 구축 및 관리 등에 관한 법률 제107~109조(벌칙)

벌칙(법률 제107~109조)	
3년 이하의 징역 또는 3천만 원 이하의 벌금 **암기** 임위공	측량업자로서 속임수, 위력(威力), 그 밖의 방법으로 측량업과 관련된 입찰의 공정성을 해친 자는 3년 이하의 징역 또는 3천만 원 이하의 벌금에 처한다.
2년 이하의 징역 또는 2천만 원 이하의 벌금 **암기** 거부등 외표성검	1. 측량업의 등록을 하지 아니하거나 거짓이나 그 밖의 부정한 방법으로 측량업의 등록을 하고 측량업을 한 자 2. 성능검사대행자의 등록을 하지 아니하거나 거짓이나 그 밖의 부정한 방법으로 성능검사대행자의 등록을 하고 성능검사업무를 한 자 3. 측량성과를 국외로 반출한 자 4. 측량기준점표지를 이전 또는 파손하거나 그 효용을 해치는 행위를 한 자 5. 고의로 측량성과를 사실과 다르게 한 자 6. 성능검사를 부정하게 한 성능검사대행자

벌칙(법률 제107~109조)	
1년 이하의 징역 또는 1천만 원 이하의 벌금 **암기** 둘비히물 대판대물	1. 둘 이상의 측량업자에게 소속된 측량기술자 2. 업무상 알게 된 비밀을 누설한 측량기술자 3. 거짓(허위)으로 다음 각 목의 신청을 한 자
	가. 신규등록 신청 　　　나. 등록전환 신청 다. 분할 신청 　　　　　라. 합병 신청 마. 지목변경 신청 　　　바. 바다로 된 토지의 등록말소 신청 사. 축척변경 신청 　　　아. 등록사항의 정정 신청 자. 도시개발사업 등 시행지역의 토지이동 신청
	4. 측량기술자가 아님에도 불구하고 측량을 한 자 5. 지적측량수수료 외의 대가를 받은 지적측량기술자 6. 심사를 받지 아니하고 지도 등을 간행하여 판매하거나 배포한 자 7. 다른 사람에게 측량업등록증 또는 측량업등록수첩을 빌려(대여)주거나 자기의 성명 또는 상호를 사용하여 측량업무를 하게 한 자 8. 다른 사람의 측량업등록증 또는 측량업등록수첩을 빌려서(대여) 사용하거나 다른 사람의 성명 또는 상호를 사용하여 측량업무를 한 자 9. 다른 사람에게 자기의 성능검사대행자 등록증을 빌려(대여)주거나 자기의 성명 또는 상호를 사용하여 성능검사대행업무를 수행하게 한 자 10. 다른 사람의 성능검사대행자 등록증을 빌려서(대여) 사용하거나 다른 사람의 성명 또는 상호를 사용하여 성능검사대행업무를 수행한 자 11. 무단으로 측량성과 또는 측량기록을 복제한 자

18 축척변경의 확정공고에 대한 설명으로 가장 옳지 않은 것은?

① 청산금의 납부 및 지급이 완료되었을 때에는 지적소관청은 지체 없이 축척변경의 확정공고를 하여야 한다.

② 축척변경 시행지역의 토지는 확정공고일에 토지의 이동이 있는 것으로 본다.

③ 지적소관청은 확정공고를 하였을 때에는 지체 없이 축척변경에 따라 확정된 사항을 지적공부에 등록하여야 한다.

④ 지적공부에 등록하는 때에 지적도는 확정공고된 축척변경 지번별 조서에 따라야 한다.

풀이 공간정보의 구축 및 관리 등에 관한 법률 시행령 제78조(축척변경의 확정공고)

① 청산금의 납부 및 지급이 완료되었을 때에는 지적소관청은 지체 없이 축척변경의 확정공고를 하여야 한다.

② 지적소관청은 제1항에 따른 확정공고를 하였을 때에는 지체 없이 축척변경에 따라 확정된 사항을 지적공부에 등록하여야 한다.

③ 축척변경 시행지역의 토지는 제1항에 따른 확정공고일에 토지의 이동이 있는 것으로 본다.

공간정보의 구축 및 관리 등에 관한 법률 시행규칙 제92조(축척변경의 확정공고) **암기** 소지청은 청도에서

① 영 제78조제1항에 따른 축척변경의 확정공고에는 다음 각 호의 사항이 포함되어야 한다.

1. 토지의 소재 및 지역명　　　　2. 영 제73조에 따른 축척변경 지번별 조서
3. 영 제75조제4항에 따른 청산금 조서　　4. 지적도의 축척

정답 18 ④

② 영 제78조제2항에 따라 지적공부에 등록하는 때에는 다음 각 호의 기준에 따라야 한다.

> 1. 토지대장은 제1항제2호에 따라 확정공고된 축척변경 지번별 조서에 따를 것
> 2. 지적도는 확정측량 결과도 또는 경계점좌표에 따를 것

19 지적재조사지구 지정에 대한 설명으로 가장 옳은 것은?

① 지적재조사지구 지정 신청을 회부받은 시·도 위원회는 그 신청을 회부받은 날부터 20일 이내에 지적재조사지구의 지정 여부에 대하여 심의·의결해야 한다.

② 시·도지사는 지적재조사지구를 지정할 때에는 지방지적위원회의 심의를 거쳐야 한다.

③ 지적소관청은 실시계획을 수립하여 시·도지사에게 지적재조사지구 지정 신청을 하여야 한다.

④ 지적소관청은 지적재조사지구를 변경한 경우 그 내용을 국토교통부장관에게 보고하여야 한다.

풀이 지적재조사에 관한 특별법 제7조(지적재조사지구의 지정)

① 지적소관청은 실시계획을 수립하여 시·도지사에게 지적재조사지구 지정 신청을 하여야 한다. 〈개정 2019. 12.10.〉

② 지적소관청이 시·도지사에게 지적재조사지구 지정을 신청하고자 할 때에는 다음 각 호의 사항을 고려하여 지적재조사지구 토지소유자(국유지·공유지의 경우에는 그 재산관리청을 말한다. 이하 같다) 총수의 3분의 2 이상과 토지면적 3분의 2 이상에 해당하는 토지소유자의 동의를 받아야 한다. 〈개정 2017.4.18., 2019. 12.10.〉

> 1. 지적공부의 등록사항과 토지의 실제 현황이 다른 정도가 심하여 주민의 불편이 많은 지역인지 여부
> 2. 사업시행이 용이한지 여부
> 3. 사업시행의 효과 여부

③ 제2항에도 불구하고 지적소관청은 지적재조사지구에 제13조에 따른 토지소유자협의회(이하 "토지소유자협의회"라 한다)가 구성되어 있고 토지소유자 총수의 4분의 3 이상의 동의가 있는 지구에 대하여는 우선하여 지적재조사지구로 지정을 신청할 수 있다. 〈개정 2019.12.10.〉

④ 지적소관청은 지적재조사지구 지정을 신청하고자 할 때에는 실시계획 수립 내용을 주민에게 서면으로 통보한 후 주민설명회를 개최하고 실시계획을 30일 이상 주민에게 공람하여야 한다. 〈삭제 2020.12.22.〉

⑤ 지적재조사지구에 있는 토지소유자와 이해관계인은 제4항에 따른 공람기간 안에 지적소관청에 의견을 제출할 수 있으며, 지적소관청은 제출된 의견이 타당하다고 인정할 때에는 이를 반영하여야 한다. 〈삭제 2020.12.22.〉

⑥ 시·도지사는 지적재조사지구를 지정할 때에는 대통령령으로 정하는 바에 따라 제29조에 따른 시·도 지적재조사위원회의 심의를 거쳐야 한다. 〈개정 2019.12.10.〉

⑦ 제1항부터 제3항까지, 제6항 및 제6조제2항부터 제4항까지의 규정은 지적재조사지구를 변경할 때에도 적용한다. 다만, 대통령령으로 정하는 경미한 사항을 변경할 때에는 제외한다. 〈개정 2019.12.10., 2020. 12.22.〉

⑧ 제2항에 따른 동의자 수의 산정방법, 동의절차, 그 밖에 필요한 사항은 대통령령으로 정한다.

지적재조사에 관한 특별법 시행령 제6조(지적재조사지구의 지정 등)

① 법 제7조제1항에 따른 지적재조사지구 지정 신청을 받은 특별시장·광역시장·도지사·특별자치도지사·특별자치시장 및 「지방자치법」 제175조에 따른 대도시로서 구를 둔 시의 시장(이하 "시·도지사"라 한다)은 15일 이내에 그 신청을 법 제29조제1항에 따른 시·도 지적재조사위원회(이하 "시·도 위원회"라 한다)에 회부해야 한다. 〈개정 2017.10.17., 2020.6.23.〉

② 제1항에 따라 지적재조사지구 지정 신청을 회부받은 시·도 위원회는 그 신청을 회부받은 날부터 30일 이내에 지적재조사지구의 지정 여부에 대하여 심의·의결해야 한다. 다만, 사실 확인이 필요한 경우 등 불가피한 사유가 있을 때에는 그 심의기간을 해당 시·도 위원회의 의결을 거쳐 15일의 범위에서 그 기간을 한 차례만 연장할 수 있다. 〈개정 2020.6.23.〉

③ 시·도 위원회는 지적재조사지구 지정 신청에 대하여 의결을 하였을 때에는 의결서를 작성하여 지체 없이 시·도지사에게 송부해야 한다. 〈개정 2020.6.23.〉

④ 시·도지사는 제3항에 따라 의결서를 받은 날부터 7일 이내에 법 제8조에 따라 지적재조사지구를 지정·고시하거나, 지적재조사지구를 지정하지 않는다는 결정을 하고, 그 사실을 지적소관청에 통지해야 한다. 〈개정 2020.6.23.〉

⑤ 제1항부터 제4항까지의 규정은 지적재조사지구를 변경할 때에도 적용한다. 〈개정 2020.6.23.〉
[제목개정 2020.6.23.]

20 바다로 된 토지의 등록말소 및 회복에 대한 설명으로 가장 옳지 않은 것은?

① 지적소관청은 지적공부에 등록된 토지가 지형의 변화 등으로 바다로 된 경우로서 원상으로 회복될 수 없는 경우에는 공유수면의 관리청에 지적공부의 등록말소 신청을 하도록 통지하여야 한다.

② 지적공부에 등록된 토지소유자가 등록말소 신청을 하지 아니하면 지적소관청이 직권으로 그 지적공부의 등록사항을 말소하여야 한다.

③ 지적소관청은 말소된 토지가 지형의 변화 등으로 다시 토지가 된 경우에는 지적측량성과 및 등록말소 당시의 지적공부 등 관계 자료에 따라 토지로 회복등록을 할 수 있다.

④ 지적공부의 등록사항을 말소하거나 회복등록하였을 때에는 그 정리결과를 토지소유자 및 해당 공유수면의 관리청에 통지하여야 한다.

풀이 **공간정보의 구축 및 관리 등에 관한 법률 제82조(바다로 된 토지의 등록말소 신청)**
① 지적소관청은 지적공부에 등록된 토지가 지형의 변화 등으로 바다로 된 경우로서 원상(原狀)으로 회복될 수 없거나 다른 지목의 토지로 될 가능성이 없는 경우에는 지적공부에 등록된 토지소유자에게 지적공부의 등록말소 신청을 하도록 통지하여야 한다.
② 지적소관청은 제1항에 따른 토지소유자가 통지를 받은 날부터 90일 이내에 등록말소 신청을 하지 아니하면 대통령령으로 정하는 바에 따라 등록을 말소한다.
③ 지적소관청은 제2항에 따라 말소한 토지가 지형의 변화 등으로 다시 토지가 된 경우에는 대통령령으로 정하는 바에 따라 토지로 회복등록을 할 수 있다.

공간정보의 구축 및 관리 등에 관한 법률 시행령 제68조(바다로 된 토지의 등록말소 및 회복)
① 법 제82조제2항에 따라 토지소유자가 등록말소 신청을 하지 아니하면 지적소관청이 직권으로 그 지적공부의 등록사항을 말소하여야 한다.
② 지적소관청은 법 제82조제3항에 따라 회복등록을 하려면 그 지적측량성과 및 등록말소 당시의 지적공부 등 관계 자료에 따라야 한다.
③ 제1항 및 제2항에 따라 지적공부의 등록사항을 말소하거나 회복등록하였을 때에는 그 정리 결과를 토지소유자 및 해당 공유수면의 관리청에 통지하여야 한다.

01 「공간정보의 구축 및 관리 등에 관한 법률」(지적)의 성격에 대한 설명으로 옳은 것은?

① 토지등록공시법, 실체법적 성격을 지닌 절차법, 강행적 성격을 지닌 임의법
② 실체법적 성격을 지닌 절차법, 공법적 성격을 지닌 토지사법, 임의법적 성격을 지닌 강행법
③ 토지사법적 성격을 지닌 공법, 절차법 성격을 지닌 실체법, 임의법적 성격을 지닌 강행법
④ 임의법적 성격을 지닌 강행법, 토지사법적 성격을 지닌 공법, 실체법적 성격을 지닌 절차법
⑤ 토지사법적 성격을 지닌 공법, 절차법 성격을 지닌 실체법, 토지등록공시법

풀이 지적에 관한 법률의 성격 **암기** ㉠㉤㉲㉱

토지의 등록공시에 관한 ㉠본법	지적에 관한 법률에 의하여 지적공부에 토지표시사항이 등록·공시되어야 등기부가 창설되므로 토지의 등록공시에 관한 기본법이라 할 수 있다. ☞ 토지공시법은 공간정보의 구축 및 관리 등에 관한 법과 부동산등기법이 있다.
사법적 성격을 지닌 ㉤지공법	지적에 관한 법률은 효율적인 토지관리와 소유권 보호에 기여함을 목적으로 하고 있으므로 토지소유권 보호라는 사법적 성격과 효율적인 토지관리를 위한 공법적 성격을 함께 나타내고 있다.
실체법적 성격을 지닌 ㉲차법	지적에 관한 법률은 토지와 관련된 정보를 조사·측량하여 지적공부에 등록·관리하고, 등록된 정보를 제공하는 데 있어 필요한 절차와 방법을 규정하고 있으므로 절차법적 성격을 지니고 있으며, 국가기관의 장인 시장·군수·구청장 및 토지소유자가 하여야 할 행위와 의무 등에 관한 사항도 규정하고 있으므로 실체법적 성격을 지니고 있다.
임의법적 성격을 지닌 ㉱행법	지적에 관한 법률은 토지소유자의 의사에 따라 토지등록 및 토지이동을 신청할 수 있는 임의법적 성격과, 일정한 기한 내 신청이 없는 경우 국가가 강제적으로 지적공부에 등록·공시하는 강행법적 성격을 지니고 있다.

02 도시개발사업 등이 준공되기 전에 지번을 부여하는 경우 무엇에 의하여 부여하는가?

① 개발계획도   ② 사업계획도
③ 지번별조사   ④ 환지계획서
⑤ 개발계획서

풀이 공간정보의 구축 및 관리 등에 관한 법률 시행규칙 제61조(도시개발사업 등 준공 전 지번부여)
지적소관청은 영 제56조제4항에 따라 도시개발사업 등이 준공되기 전에 지번을 부여하는 때에는 제95조제1항제3호의 사업계획도에 따르되, 영 제56조제3항제5호에 따라 부여하여야 한다.

03 다음 중 지적서고의 설치기준에 대해 설명이 잘못된 것은?

① 지적서고는 지적사무를 처리하는 사무실과 연접하여 설치하여야 한다.

② 전기시설을 설치한 때에는 단독휴즈를 설치하고 소화장비를 비치한다.

③ 바닥과 벽은 2중으로 하고 영구적인 방수설비를 한다.

④ 지적서고는 연중평균온도 섭씨 10±5도를, 연중평균습도는 75±5퍼센트를 유지한다.

⑤ 창문과 출입문은 2중으로 한다.

풀이 **공간정보의 구축 및 관리 등에 관한 법률 시행규칙 제65조(지적서고의 설치기준 등)**

① 법 제69조제1항에 따른 지적서고는 지적사무를 처리하는 사무실과 연접(連接)하여 설치하여야 한다.

② 제1항에 따른 지적서고의 구조는 다음 각 호의 기준에 따라야 한다.

> 1. 골조는 철근콘크리트 이상의 강질로 할 것
> 2. 지적서고의 면적은 별표 7의 기준면적에 따를 것
> 3. 바닥과 벽은 2중으로 하고 영구적인 방수설비를 할 것
> 4. 창문과 출입문은 2중으로 하되, 바깥쪽 문은 반드시 철제로 하고 안쪽 문은 곤충·쥐 등의 침입을 막을 수 있도록 철망 등을 설치할 것
> 5. 온도 및 습도 자동조절장치를 설치하고, 연중 평균온도는 섭씨 20±5도를, 연중평균습도는 65±5퍼센트를 유지할 것
> 6. 전기시설을 설치하는 때에는 단독퓨즈를 설치하고 소화장비를 갖춰 둘 것
> 7. 열과 습도의 영향을 받지 아니하도록 내부공간을 넓게 하고 천장을 높게 설치할 것

③ 지적서고는 다음 각 호의 기준에 따라 관리하여야 한다.

> 1. 지적서고는 제한구역으로 지정하고, 출입자를 지적사무담당공무원으로 한정할 것
> 2. 지적서고에는 인화물질의 반입을 금지하며, 지적공부, 지적 관계 서류 및 지적측량장비만 보관할 것

④ 지적공부 보관상자는 벽으로부터 15센티미터 이상 띄워야 하며, 높이 10센티미터 이상의 깔판 위에 올려놓아야 한다.

04 다음 중 현행 「공간정보의 구축 및 관리 등에 관한 법」상 지적공부의 관리에 대해 잘못 설명한 것은?

① 지적공부 관리 장소는 지적사무를 처리하는 사무실로 한정한다.

② 지적소관청은 해당 청사에 지적서고를 설치하고 그 곳에 지적공부(정보처리시스템을 통하여 기록·저장한 경우도 포함한다. 이하 이 항에서 같다)를 영구히 보존하여야 한다.

③ 지적공부사용을 완료한 때에는 즉시 보관상자에 넣는다.

④ 도면은 항상 보호대에 넣어 보관하며, 말거나 접지 못한다.

⑤ 지적공부를 정보처리시스템을 통하여 기록·저장한 경우 관할 시·도지사, 시장·군수 또는 구청장은 그 지적공부를 지적정보관리체계에 영구히 보존하여야 한다.

풀이 **공간정보의 구축 및 관리 등에 관한 법률 시행규칙 제66조(지적공부의 보관방법 등)**

① 부책(簿册)으로 된 토지대장·임야대장 및 공유지연명부는 지적공부 보관상자에 넣어 보관하고, 카드로 된 토지대장·임야대장·공유지연명부·대지권등록부 및 경계점좌표등록부는 100장 단위로 바인더(binder)에 넣어 보관하여야 한다.

② 일람도·지번색인표 및 지적도면은 지번부여지역별로 도면번호순으로 보관하되, 각 장별로 보호대에 넣어야 한다.

③ 법 제69조제2항에 따라 지적공부를 정보처리시스템을 통하여 기록·보존하는 때에는 그 지적공부를「공공기관의 기록물 관리에 관한 법률」제19조제2항에 따라 기록물관리기관에 이관할 수 있다.

공간정보의 구축 및 관리 등에 관한 법률 제69조(지적공부의 보존 등)
① 지적소관청은 해당 청사에 지적서고를 설치하고 그 곳에 지적공부(정보처리시스템을 통하여 기록·저장한 경우는 제외한다. 이하 이 항에서 같다)를 영구히 보존하여야 하며, 다음 각 호의 어느 하나에 해당하는 경우 외에는 해당 청사 밖으로 지적공부를 반출할 수 없다.

> 1. 천재지변이나 그 밖에 이에 준하는 재난을 피하기 위하여 필요한 경우
> 2. 관할 시·도지사 또는 대도시 시장의 승인을 받은 경우

② 지적공부를 정보처리시스템을 통하여 기록·저장한 경우 관할 시·도지사, 시장·군수 또는 구청장은 그 지적공부를 지적정보관리체계에 영구히 보존하여야 한다.
③ 국토교통부장관은 제2항에 따라 보존하여야 하는 지적공부가 멸실되거나 훼손될 경우를 대비하여 지적공부를 복제하여 관리하는 정보관리체계를 구축하여야 한다.
④ 지적서고의 설치기준, 지적공부의 보관방법 및 반출승인 절차 등에 필요한 사항은 국토교통부령으로 정한다.

05 축척변경위원회의 심의·의결사항 중 틀린 것은?

① 지번별 m²당 금액의 결정에 관한 사항
② 축척변경에 관하여 시·도지사시자가 부의한 사항
③ 청산금의 산정에 관한 사항
④ 청산금의 이의신청에 관한 사항
⑤ 축척변경의 시행계획에 관한 사항

풀이 공간정보의 구축 및 관리 등에 관한 법률 시행령 제80조(축척변경위원회의 기능) **암기** **축제**하고 **청소**하라
축척변경위원회는 지적소관청이 회부하는 다음 각 호의 사항을 심의·의결한다.

> 1. **축**척변경 시행계획에 관한 사항
> 2. 지번별 **제**곱미터당 금액의 결정과 청산금의 산정에 관한 사항
> 3. **청**산금의 이의신청에 관한 사항
> 4. 그 밖에 축척변경과 관련하여 지적**소**관청이 회의에 부치는 사항

06 다음 중 중앙지적위원회의 심의·의결사항에 해당하지 않는 것은?

① 지적 관련 정책 개발 및 업무 개선 등에 관한 사항
② 지적측량적부심사
③ 지적기술자의 양성에 관한 사항
④ 지적기술자의 업무정지 처분 및 징계요구에 관한 사항
⑤ 지적측량기술의 연구·개발 및 보급에 관한 사항

풀이 공간정보의 구축 및 관리 등에 관한 법률 제28조(지적위원회) **암기** 청무연개는 사양무요다.

① 다음 각 호의 사항을 심의 · 의결하기 위하여 국토교통부에 중앙지적위원회를 둔다.

> 1. 지적 관련 정책 개발 및 업무 개선 등에 관한 사항
> 2. 지적측량기술의 연구 · 개발 및 보급에 관한 사항
> 3. 제29조제6항에 따른 지적측량 적부심사(適否審査)에 대한 재심사(再審査)
> 4. 제39조에 따른 측량기술자 중 지적분야 측량기술자(이하 "지적기술자"라 한다)의 양성에 관한 사항
> 5. 제42조에 따른 지적기술자의 업무정지 처분 및 징계요구에 관한 사항

② 제29조에 따른 지적측량에 대한 적부심사 청구사항을 심의 · 의결하기 위하여 특별시 · 광역시 · 특별자치시 · 도 또는 특별자치도(이하 "시 · 도"라 한다)에 지방지적위원회를 둔다. 〈신설 2013.7.17.〉

③ 중앙지적위원회와 지방지적위원회의 위원 구성 및 운영에 필요한 사항은 대통령령으로 정한다.

④ 중앙지적위원회와 지방지적위원회의 위원 중 공무원이 아닌 사람은 「형법」 제127조 및 제129조부터 제132조까지의 규정을 적용할 때에는 공무원으로 본다.

07 다음 중 지목변경신청에 대한 내용이 잘못 설명된 것은?

① 토지소유자가 지목변경신청을 할 때에는 신청서에 국토교통부령이 정하는 서류를 첨부하여 소관청에 제출한다.

② 「국토의 계획 및 이용에 관한 법률」 등 관계법령에 의한 토지의 형질변경 등의 공사가 준공된 경우에도 지목변경신청을 할 수 있다.

③ 토지의 용도가 변경된 경우에도 지목변경신청을 할 수 있다.

④ 도시개발사업의 원활한 사업추진을 위하여 사업시행자가 공사 중에 토지의 분할을 신청하는 경우에도 지목변경신청을 할 수 있다.

⑤ 건축물의 용도가 변경된 경우에도 지목변경신청을 할 수 있다.

풀이 공간정보의 구축 및 관리 등에 관한 법률 제81조(지목변경 신청)

토지소유자는 지목변경을 할 토지가 있으면 대통령령으로 정하는 바에 따라 그 사유가 발생한 날부터 60일 이내에 지적소관청에 지목변경을 신청하여야 한다.

공간정보의 구축 및 관리 등에 관한 법률 시행령 제67조(지목변경 신청)

① 법 제81조에 따라 지목변경을 신청할 수 있는 경우는 다음 각 호와 같다.

> 1. 「국토의 계획 및 이용에 관한 법률」 등 관계 법령에 따른 토지의 형질변경 등의 공사가 준공된 경우
> 2. 토지나 건축물의 용도가 변경된 경우
> 3. 법 제86조에 따른 도시개발사업 등의 원활한 추진을 위하여 사업시행자가 공사 준공 전에 토지의 합병을 신청하는 경우

② 토지소유자는 법 제81조에 따라 지목변경을 신청할 때에는 지목변경 사유를 적은 신청서에 국토교통부령으로 정하는 서류를 첨부하여 지적소관청에 제출하여야 한다.

공간정보의 구축 및 관리 등에 관한 법률 시행규칙 제84조(지목변경 신청)

① 영 제67조제2항에서 "국토교통부령으로 정하는 서류"란 다음 각 호의 어느 하나에 해당하는 서류를 말한다. 〈개정 2013.3.23.〉

정답 07 ④

② 개발행위허가·농지전용허가·보전산지전용허가 등 지목변경과 관련된 규제를 받지 아니하는 토지의 지목변경이나 전·답·과수원 상호 간의 지목변경인 경우에는 제1항에 따른 서류의 첨부를 생략할 수 있다.
③ 제1항 각 호의 어느 하나에 해당하는 서류를 해당 지적소관청이 관리하는 경우에는 지적소관청의 확인으로 그 서류의 제출을 갈음할 수 있다.

08 다음 중 현행 「공간정보의 구축 및 관리 등에 관한 법률」상 신청을 대위할 수 없는 자는?

① 공공사업 등으로 인하여 도로·제방·구거의 지목으로 되는 토지의 경우 그 사업 시행자
② 지방자치단체가 취득하는 토지의 경우에는 그 토지를 관리하는 지방자치단체의 장
③ 채권자는 일신에 전속한 권리를 제외하고는 자기의 채권을 보전하기 위하여 채무자의 권리를 행사할 수 있다는 민법규정에 의한 채권자
④ 국가가 취득하는 토지의 경우에는 그 토지를 관리하는 행정기관의 장
⑤ 주택법에 의한 공동주택의 부지의 경우에는 주택법에 의한 사업시행자

풀이 공간정보의 구축 및 관리 등에 관한 법률 제87조(신청의 대위)

다음 각 호의 어느 하나에 해당하는 자는 이 법에 따라 토지소유자가 하여야 하는 신청을 대신할 수 있다. 다만, 제84조에 따른 등록사항 정정 대상토지는 제외한다. 〈개정 2014.6.3.〉

1. 공공사업 등에 따라 학교용지·도로·철도용지·제방·하천·구거·유지·수도용지 등의 지목으로 되는 토지인 경우 : 해당 사업의 시행자
2. 국가나 지방자치단체가 취득하는 토지인 경우 : 해당 토지를 관리하는 행정기관의 장 또는 지방자치단체의 장
3. 「주택법」에 따른 공동주택의 부지인 경우 : 「집합건물의 소유 및 관리에 관한 법률」에 따른 관리인(관리인이 없는 경우에는 공유자가 선임한 대표자) 또는 해당 사업의 시행자
4. 「민법」 제404조에 따른 채권자

09 다음 중 한국국토정보공사에 대한 설명이 잘못된 것은?

① 한국국토정보공사는 그 주된 사무소의 소재지에서 설립등기를 함으로써 성립한 법인이다.
② 한국국토정보공사의 정관에는 업무 및 그 집행에 관한 사항, 임원 및 직원에 관한 사항, 정관의 변경에 관한 사항도 기재되어 있다.
③ 한국국토정보공사가 정관을 변경하고자 할 때에는 중앙지적위원회의 심의를 받아야 한다.
④ 한국국토정보공사는 지적제도 및 지적측량에 관한 외국기술의 도입과 국외진출사업 및 국제교류협력사업도 한다.
⑤ 한국국토정보공사는 지적제도 및 지적측량에 관한 연구, 교육 등의 지원사업도 한다.

정답 08 ⑤ 09 ③

국가공간정보 기본법 제12조(한국국토정보공사의 설립)

① 공간정보체계의 구축 지원, 공간정보와 지적제도에 관한 연구, 기술 개발 및 지적측량 등을 수행하기 위하여 한국국토정보공사(이하 이 장에서 "공사"라 한다)를 설립한다.

② 공사는 법인으로 한다.

③ 공사는 그 주된 사무소의 소재지에서 설립등기를 함으로써 성립한다.

④ 공사의 설립등기에 필요한 사항은 대통령령으로 정한다.

국가공간정보 기본법 제13조(공사의 정관 등) **암기** **목명주조업이임 재정공규해**

① 공사의 정관에는 다음 각 호의 사항이 포함되어야 한다.

1. **목**적
2. **명**칭
3. **주**된 사무소의 소재지
4. **조**직 및 기구에 관한 사항
5. **업**무 및 그 집행에 관한 사항
6. **이**사회에 관한 사항
7. **임**직원에 관한 사항
8. **재**산 및 회계에 관한 사항
9. **정**관의 변경에 관한 사항
10. **공**고의 방법에 관한 사항
11. **규**정의 제정, 개정 및 폐지에 관한 사항
12. **해**산에 관한 사항

② 공사는 정관을 변경하려면 미리 국토교통부장관의 인가를 받아야 한다.

국가공간정보 기본법 제14조(공사의 사업)

공사는 다음 각 호의 사업을 한다.

1. 다음 각 목을 제외한 공간정보체계 구축 지원에 관한 사업으로서 대통령령으로 정하는 사업
   가. 「공간정보의 구축 및 관리 등에 관한 법률」에 따른 측량업(지적측량업은 제외한다)의 범위에 해당하는 사업
   나. 「중소기업제품 구매촉진 및 판로지원에 관한 법률」에 따른 중소기업자 간 경쟁 제품에 해당하는 사업
2. 공간정보ㆍ지적제도에 관한 연구, 기술 개발, 표준화 및 교육사업
3. 공간정보ㆍ지적제도에 관한 외국 기술의 도입, 국제 교류ㆍ협력 및 국외 진출 사업
4. 「공간정보의 구축 및 관리 등에 관한 법률」 제23조제1항제1호 및 제3호부터 제5호까지의 어느 하나에 해당하는 사유로 실시하는 지적측량
5. 「지적재조사에 관한 특별법」에 따른 지적재조사사업
6. 다른 법률에 따라 공사가 수행할 수 있는 사업
7. 그 밖에 공사의 설립 목적을 달성하기 위하여 필요한 사업으로서 정관으로 정하는 사업

10 「공간정보의 구축 및 관리 등에 관한 법률」에 규정된 벌금형의 대상이 아닌 것은?

① 지적측량업등록증을 타인에게 빌려준 때
② 정당한 사유 없이 업무집행을 방해한 때
③ 토지의 이동신청을 허위로 한 때
④ 무자격자가 지적측량을 한 때
⑤ 측량성과를 국외로 반출한 경우

정답 **10** ②

[풀이] 300만 원 이하의 과태료 대상

1. 정당한 사유 없이 측량을 방해한 자
2. 정당한 사유 없이 제101조제7항을 위반하여 토지 등에의 출입 등을 방해하거나 거부한 자
3. 정당한 사유 없이 제99조제1항에 따른 보고를 하지 아니하거나 거짓으로 보고를 한 자
4. 정당한 사유 없이 제99조제1항에 따른 조사를 거부 · 방해 또는 기피한 자

공간정보의 구축 및 관리 등에 관한 법률 제107~109조(벌칙)

벌칙(법률 제107~109조)	
3년 이하의 징역 또는 3천만 원 이하의 벌금 암기 [입][위][공]	측량업자로서 속[입]수, [위]력(威力), 그 밖의 방법으로 측량업과 관련된 입찰의 [공]정성을 해친 자는 3년 이하의 징역 또는 3천만 원 이하의 벌금에 처한다.
2년 이하의 징역 또는 2천만 원 이하의 벌금 암기 [거][부][등] [외][표][성][검]	1. 측량업의 등록을 하지 아니하거나 [거]짓이나 그 밖의 [부]정한 방법으로 측량업의 [등]록을 하고 측량업을 한 자 2. 성능검사대행자의 등록을 하지 아니하거나 [거]짓이나 그 밖의 [부]정한 방법으로 성능검사대행자의 [등]록을 하고 성능검사업무를 한 자 3. 측량성과를 국[외]로 반출한 자 4. 측량기준점[표]지를 이전 또는 파손하거나 그 효용을 해치는 행위를 한 자 5. 고의로 측량[성]과를 사실과 다르게 한 자 6. 성능[검]사를 부정하게 한 성능검사대행자
1년 이하의 징역 또는 1천만 원 이하의 벌금 암기 [둘][비][허][불] [대][판][대][복]	1. [둘] 이상의 측량업자에게 소속된 측량기술자 2. 업무상 알게 된 [비]밀을 누설한 측량기술자 3. 거짓([허]위)으로 다음 각 목의 신청을 한 자 가. 신규등록 신청 나. 등록전환 신청 다. 분할 신청 라. 합병 신청 마. 지목변경 신청 바. 바다로 된 토지의 등록말소 신청 사. 축척변경 신청 아. 등록사항의 정정 신청 자. 도시개발사업 등 시행지역의 토지이동 신청 4. 측량기술자가 아님에도 [불]구하고 측량을 한 자 5. 지적측량수수료 외의 [대]가를 받은 지적측량기술자 6. 심사를 받지 아니하고 지도 등을 간행하여 [판]매하거나 배포한 자 7. 다른 사람에게 측량업등록증 또는 측량업등록수첩을 빌려([대]여)주거나 자기의 성명 또는 상호를 사용하여 측량업무를 하게 한 자 8. 다른 사람의 측량업등록증 또는 측량업등록수첩을 빌려서([대]여) 사용하거나 다른 사람의 성명 또는 상호를 사용하여 측량업무를 한 자 9. 다른 사람에게 자기의 성능검사대행자 등록증을 빌려([대]여)주거나 자기의 성명 또는 상호를 사용하여 성능검사대행업무를 수행하게 한 자 10. 다른 사람의 성능검사대행자 등록증을 빌려서([대]여) 사용하거나 다른 사람의 성명 또는 상호를 사용하여 성능검사대행업무를 수행한 자 11. 무단으로 측량성과 또는 측량기록을 [복]제한 자

정답

11 토지를 지적공부에 등록할 때 국가가 결정하고 등록하는 주된 이유는?

① 토지를 대상으로 하는 세금의 과다부과
② 등록사항 결정과 등록의 공정처리
③ 지적직 공무원의 지위확보
④ 직권처리보다 자유재량의 최대화
⑤ 부동산등기부과 부합일치

풀이 토지를 지적공부에 등록할 때 국가가 결정하고 등록하는 주된 이유는 등록사항 결정과 등록의 공정처리이다.

공간정보의 구축 및 관리 등에 관한 법률 제64조(토지의 조사·등록 등)
① 국토교통부장관은 모든 토지에 대하여 필지별로 소재·지번·지목·면적·경계 또는 좌표 등을 조사·측량하여 지적공부에 등록하여야 한다.
② 지적공부에 등록하는 지번·지목·면적·경계 또는 좌표는 토지의 이동이 있을 때 토지소유자(법인이 아닌 사단이나 재단의 경우에는 그 대표자나 관리인을 말한다. 이하 같다)의 신청을 받아 지적소관청이 결정한다. 다만, 신청이 없으면 지적소관청이 직권으로 조사·측량하여 결정할 수 있다.

12 대장의 등록사항 중 등록번호에 대한 설명으로 틀린 것은?

① 국가는 행정안전부장관이 지정·고시한 국가기관별 등록번호
② 법인은 주된 사무소 소재지를 관할하는 등기관이 등기 시 부여한 법인등록번호
③ 외국인은 거류지를 관할하는 출입국관리사무소장이 부여하는 개인별 외국인등록번호
④ 외국정부는 국토교통부장관이 지정·고시한 외국정보의 등록번호
⑤ 주민등록번호가 없는 재외국민은 대법원소재지 관할 등기소 등기관이 부여한 등록번호

풀이 지방자치단체, 국가, 외국정부의 경우 부동산등기용등록번호는 국토교통부장관이 지정·고시한다.

13 다음 중 행정구역선의 제도에 관한 설명으로 틀린 것은?

① 국계는 실선 4mm와 허선 3mm로 연결하고 실선 중앙에 1mm로 교차하며, 허선에 직경 0.3mm의 점 2개를 제도한다.
② 시·도계는 실선 4mm와 허선 2mm로 연결하고 실선 중앙에 1mm로 교차하며, 허선에 직경 0.3mm의 점 1개를 제도한다.
③ 시·군계는 실선과 허선을 각각 3mm로 연결하고, 허선에 직경 0.3mm의 점 2개를 제도한다.
④ 읍·면·구계는 실선 3mm와 허선 2mm로 연결하고, 허선에 직경 0.3mm의 점 1개를 제도한다.
⑤ 동·리계는 실선 4mm와 허선 2mm로 연결하여 제도한다.

지적업무처리규정 제47조(행정구역선의 제도)

① 도면에 등록할 행정구역선은 0.4밀리미터 폭으로 다음 각 호와 같이 제도한다. 다만, 동ㆍ리의 행정구역선은 0.2밀리미터 폭으로 한다.

행정구역	제도방법	내용
국계	⊢4→⊢3→┤ ... 0.3 ... ↕1	4밀리미터와 허선 3밀리미터로 연결하고 실선 중앙에 실선과 직각으로 교차하는 1밀리미터의 실선을 긋고, 허선에 직경 0.3밀리미터의 점 2개를 제도한다.
시ㆍ도계	⊢4→⊢2→┤ ... 0.3 ... ↕1	실선 4밀리미터와 허선 2밀리미터로 연결하고 실선 중앙에 실선과 직각으로 교차하는 1밀리미터의 실선을 긋고, 허선에 직경 0.3밀리미터의 점 1개를 제도한다.
시ㆍ군계	⊢3→⊢3→┤ ... 0.3	실선과 허선을 각각 3밀리미터로 연결하고, 허선에 0.3밀리미터의 점 2개를 제도한다.
읍ㆍ면ㆍ구계	⊢3→⊢2→┤ ... 0.3	실선 3밀리미터와 허선 2밀리미터로 연결하고, 허선에 0.3밀리미터의 점 1개를 제도한다.
동ㆍ리계	⊢3→⊢1→┤	실선 3밀리미터와 허선 1밀리미터로 연결하여 제도한다.
행정구역선이 2종 이상 겹칠 때		행정구역선이 2종 이상 겹치는 경우에는 최상급 행정구역선만 제도한다.
행정구역의 명칭		도면여백의 대소에 따라 4~6mm의 크기로 경계 및 지적기준점 등을 피하여 같은 간격으로 띄워서 제도한다.
도로ㆍ철도ㆍ하천ㆍ유지 등의 고유명칭		도로ㆍ철도ㆍ하천ㆍ유지 등의 고유명칭을 3~4mm의 크기로 같은 간격으로 띄워서 제도한다.

14 축척변경에 관한 내용으로 옳은 것은?

① 지적위원회의 의결을 거쳐야 한다.
② 축척변경위원회의 위원은 10~15인이다.
③ 축척변경은 지적소관청이 시행한다.
④ 축척변경은 시행지역 안의 토지소유자 1/3 이상의 동의가 필요하다.
⑤ 지적측량 시행기관인 한국국토정보공사장의 승인도 필요하다.

① 축척변경에 관한 사항을 심의·의결하기 위하여 지적소관청에 축척변경위원회를 둔다.
② 지적소관청은 지적도가 다음 각 호의 어느 하나에 해당하는 경우에는 토지소유자의 신청 또는 지적소관청의 직권으로 일정한 지역을 정하여 그 지역의 축척을 변경할 수 있다.

> 1. 잦은 토지의 이동으로 1필지의 규모가 작아서 소축척으로는 지적측량성과의 결정이나 토지의 이동에 따른 정리를 하기가 곤란한 경우
> 2. 하나의 지번부여지역에 서로 다른 축척의 지적도가 있는 경우
> 3. 그 밖에 지적공부를 관리하기 위하여 필요하다고 인정되는 경우

③ 지적소관청은 제2항에 따라 축척변경을 하려면 축척변경 시행지역의 토지소유자 3분의 2 이상의 동의를 받아 제1항에 따른 축척변경위원회의 의결을 거친 후 시·도지사 또는 대도시 시장의 승인을 받아야 한다. 다만, 다음 각 호의 어느 하나에 해당하는 경우에는 축척변경위원회의 의결 및 시·도지사 또는 대도시 시장의 승인 없이 축척변경을 할 수 있다.

> 1. 합병하려는 토지가 축척이 다른 지적도에 각각 등록되어 있어 축척변경을 하는 경우
> 2. 제86조에 따른 도시개발사업 등의 시행지역에 있는 토지로서 그 사업 시행에서 제외된 토지의 축척변경을 하는 경우

④ 축척변경의 절차, 축척변경으로 인한 면적 증감의 처리, 축척변경 결과에 대한 이의신청 및 축척변경위원회의 구성·운영 등에 필요한 사항은 대통령령으로 정한다.

공간정보의 구축 및 관리 등에 관한 법률 시행령 제79조(축척변경위원회의 구성 등)
① 축척변경위원회는 5명 이상 10명 이하의 위원으로 구성하되, 위원의 2분의 1 이상을 토지소유자로 하여야 한다. 이 경우 그 축척변경 시행지역의 토지소유자가 5명 이하일 때에는 토지소유자 전원을 위원으로 위촉하여야 한다.
② 위원장은 위원 중에서 지적소관청이 지명한다.
③ 위원은 다음 각 호의 사람 중에서 지적소관청이 위촉한다.

> 1. 해당 축척변경 시행지역의 토지소유자로서 지역 사정에 정통한 사람
> 2. 지적에 관하여 전문지식을 가진 사람

④ 축척변경위원회의 위원에게는 예산의 범위에서 출석수당과 여비, 그 밖의 실비를 지급할 수 있다. 다만, 공무원인 위원이 그 소관 업무와 직접적으로 관련되어 출석하는 경우에는 그러하지 아니하다.

15 토지이동정리결의서 및 소유자정리결의서 작성에 대한 설명으로 틀린 것은?

① 신규등록은 이동 후란에 지목·면적 및 지번수를, 증감란에 면적 및 지번수를 기재한다.
② 토지소재·이동 전·이동 후 및 증감란은 읍·면·동 단위로 지목별로 작성한다.
③ 등록전환에 따른 임야대장 및 임야도의 말소정리는 토지이동결의서에 의한다.
④ 분할 및 합병은 이동 전·후란에 지목 및 지번수를, 증감란에 지번수를 기재한다.
⑤ 지적공부등록말소는 이동 전·증감란에 지목·면적 및 지번수를 기재한다.

풀이 지적업무처리규정 제65조(토지이동정리결의서 및 소유자정리결의서 작성)
① 규칙 제98조제2항에 따른 토지이동정리결의서는 다음 각 호와 같이 작성한다. 이 경우 증감란의 면적과 지번수는 늘어난 경우에는 (+)로, 줄어든 경우에는 (−)로 기재한다.
1. 지적공부정리종목은 토지이동종목별로 구분하여 기재한다.

2. 토지소재 · 이동 전 · 이동 후 및 증감란은 읍 · 면 · 동 단위로 지목별로 작성한다.

종목	이동 전	이동 후	증감란
신규 등록		지목 · 면적 및 지번수	면적 및 지번수
등록전환	임야대장에 등록된 지목 · 면적 및 지번수	토지대장에 등록될 지목 · 면적 및 지번수	면적
등록전환	이 경우 등록전환에 따른 임야대장 및 임야도의 말소정리는 등록전환결의서에 따른다.		
분할 및 합병	지목 및 지번수	지목 및 지번수	지번수
지목변경	변경 전의 지목 · 면적 및 지번수	변경 후의 지목 · 면적 및 지번수	
지적공부 등록말소	지목 · 면적 및 지번수		지목 · 면적 및 지번수
축척변경	축척변경 시행 전 토지의 지목 · 면적 및 지번수	축척이 변경된 토지의 지목 · 면적 및 지번수	
축척변경	이 경우 축척변경완료에 따른 종전 지적공부의 폐쇄정리는 축척변경결의서에 따른다.		
등록사항 정정	정정 전의 지목 · 면적 및 지번수	정정 후의 지목 · 면적 및 지번수	면적 및 지번수
도시개발 사업	사업 시행 전 토지의 지목 · 면적 및 지번수	확정된 토지의 지목 · 면적 및 지번수	
도시개발 사업	이 경우 도시개발사업 등의 완료에 따른 종전 지적공부의 폐쇄정리는 도시개발사업 등 결의서에 따른다.		

② 규칙 제98조제2항에 따른 소유자정리결의서는 다음 각 호와 같이 작성한다. 다만, 등기전산정보자료에 따라 소유자를 정리하는 경우에는 생략할 수 있다.

1. 토지소재 · 소유권보존 · 소유권이전 및 기타란은 읍 · 면 · 동별로 기재한다.
2. 정리일자는 소유자정리결의일부터 정리완료일까지 기재한다.
3. 정리자는 업무담당자로 하고 확인자는 지적업무 담당으로 한다.
4. 소유자정리결과에 따라 접수 · 정리 · 기정리 및 불부합통지로 구분 기재한다.

16 폐쇄 또는 말소된 지번을 다시 사용할 수 있는 토지이동으로 옳은 것은?

① 지적확정측량, 축척변경, 등록전환
② 지적확정측량, 지번변경, 지번정정
③ 지번변경, 지번정정, 합병
④ 합병, 지번변경, 지적확정측량
⑤ 지적확정측량, 축척변경, 지번변경

풀이 지적업무처리규정 제63조(지적공부 등의 정리)

① 지적공부 등의 정리에 사용하는 문자 · 기호 및 경계는 따로 규정을 둔 사항을 제외하고 정리사항은 검은색, 도곽선과 그 수치 및 말소는 붉은색으로 한다.

정답 16 ⑤

② 지적확정측량, 축척변경 및 지번변경에 따른 토지이동의 경우를 제외하고는 폐쇄 또는 말소된 지번을 다시 사용할 수 없다.

③ 토지의 이동에 따른 도면정리는 예시 2의 도면정리 예시에 따른다. 이 경우 법 제2조제19호의 지적공부를 이용하여 지적측량을 한 때에는 측량성과파일에 따라 지적공부를 정리할 수 있다.

17 지적측량에 관한 사항 중에서 틀린 것은?

① 지적측량은 소유권한계를 규명하는 법률적 측면을 수반하는 측량이다.
② 지적측량은 국가가 시행하는 행정행위에 속하는 기속측량이다.
③ 지적측량은 측량법의 규정에 따라 행하는 일반측량과는 다르다.
④ 지적측량은 토지경계의 위치나 법률적 경계를 결정하기 위한 측량이다.
⑤ 지적측량은 점의 위치를 측정하는 포괄적인 대지측량에 속한다.

풀이 지적측량의 특성

기속측량 (羈屬測量)	지적측량은 토지표시사항 중 경계와 면적을 평면적으로 측정하는 측량으로 측량방법은 법률로서 정하고 법률로 정하여진 규정 속에서 국가가 시행하는 행정행위(行政行爲)에 속한다.
준사법측량 (準司法測量)	국가가 토지에 대한 물권이 미치는 범위와 면적 등을 지적측량에 의하여 결정하고 지적공부에 등록, 공시하면 법률적으로 확정된 것과 같은 효력을 지닌다.
측량성과(測量成果)의 영속성(永續性)	지적측량의 성과는 토지에 대한 물권이 미치는 범위와 면적 등을 결정하여 지적공부에 등록하고 필요시 언제라도 이를 공개 또는 확인할 수 있도록 영구적으로 보존하여야 하는 특성을 지니고 있다.
평면측량 (平面測量)	측량은 대상지역의 넓이 또는 면적과 지구곡률의 고려 여부에 따라 평면측량과 측지측량으로 구분하고 있다. 따라서 지적측량은 지구곡률을 고려하지 않고 측량대상지역이 반경 11km 이내이므로 평면측량으로 구분하고 있다.

18 지적전산자료의 이용의 승인신청을 받아 심사할 사항이 아닌 것은?

① 지적전산자료의 이용, 활용지의 사용료 납부 여부
② 신청한 사항의 처리가 지적업무수행에 지장이 없는지의 여부
③ 신청내용의 타당성 · 적합성 · 공익성 여부
④ 개인의 사생활 침해 여부
⑤ 신청한 사항의 처리가 전산정보처리조직으로 가능한지의 여부

풀이 공간정보의 구축 및 관리 등에 관한 법률 시행령 제62조(지적전산자료의 이용 등)

① 법 제76조제1항에 따라 지적공부에 관한 전산자료(이하 "지적전산자료"라 한다)를 이용하거나 활용하려는 자는 같은 조 제2항에 따라 다음 각 호의 사항을 적은 신청서를 관계 중앙행정기관의 장에게 제출하여 심사를 신청하여야 한다. **암기** 이용은 범내는 제보전하라

1. 자료의 이용 또는 활용 목적 및 근거
2. 자료의 범위 및 내용
3. 자료의 제공 방식, 보관 기관 및 안전관리대책 등

② 제1항에 따른 심사 신청을 받은 관계 중앙행정기관의 장은 다음 각 호의 사항을 심사한 후 그 결과를 신청인에게 통지하여야 한다. 암기 타적공은 사적 방안 마련하라

> 1. 신청 내용의 타당성, 적합성 및 공익성
> 2. 개인의 사생활 침해 여부
> 3. 자료의 목적 외 사용 방지 및 안전관리대책

③ 법 제76조제1항에 따라 지적전산자료의 이용 또는 활용에 관한 승인을 받으려는 자는 승인신청을 할 때에 제2항에 따른 심사 결과를 제출하여야 한다. 다만, 중앙행정기관의 장이 승인을 신청하는 경우에는 제2항에 따른 심사 결과를 제출하지 아니할 수 있다.

④ 제3항에 따른 승인신청을 받은 국토교통부장관, 시·도지사 또는 지적소관청은 다음 각 호의 사항을 심사하여야 한다. 〈개정 2013.3.23.〉 암기 타적공은 사적 방안 마련하라 전지 여부를

> 1. 신청 내용의 타당성, 적합성 및 공익성
> 2. 개인의 사생활 침해 여부
> 3. 자료의 목적 외 사용 방지 및 안전관리대책
> 4. 신청한 사항의 처리가 전산정보처리조직으로 가능한지 여부
> 5. 신청한 사항의 처리가 지적업무수행에 지장을 주지 않는지 여부

⑤ 국토교통부장관, 시·도지사 또는 지적소관청은 제4항에 따른 심사를 거쳐 지적전산자료의 이용 또는 활용을 승인하였을 때에는 지적전산자료 이용·활용 승인대장에 그 내용을 기록·관리하고 승인한 자료를 제공하여야 한다. 〈개정 2013.3.23.〉

⑥ 제5항에 따라 지적전산자료의 이용 또는 활용에 관한 승인을 받은 자는 국토교통부령으로 정하는 사용료를 내야 한다. 다만, 국가나 지방자치단체에 대해서는 사용료를 면제한다.

19 시·도지사가 지적측량적부심사를 지방지적위원회에 회부할 때 첨부하는 서류가 아닌 것은?

① 측량자의 의견서　　　　　　　　② 토지의 이동연혁
③ 측량자별 측량경위　　　　　　　④ 측량자별 측량성과
⑤ 소유권의 변동연혁

풀이 공간정보의 구축 및 관리 등에 관한 법률 제29조(지적측량의 적부심사 등) 암기 위성이 연기하면 계층하라

① 토지소유자, 이해관계인 또는 지적측량수행자는 지적측량성과에 대하여 다툼이 있는 경우에는 대통령령으로 정하는 바에 따라 관할 시·도지사를 거쳐 지방지적위원회에 지적측량 적부심사를 청구할 수 있다.

② 제1항에 따른 지적측량 적부심사청구를 받은 시·도지사는 30일 이내에 다음 각 호의 사항을 조사하여 지방지적위원회에 회부하여야 한다.

> 1. 다툼이 되는 지적측량의 경위 및 그 성과
> 2. 해당 토지에 대한 토지이동 및 소유권 변동 연혁
> 3. 해당 토지 주변의 측량기준점, 경계, 주요 구조물 등 현황 실측도

20 다음 중 손해배상 책임 및 보험의 내용으로 틀린 것은?

① 지적측량수행자가 고의 또는 과실로 지적측량을 부실하게 함으로써 지적측량의뢰인에게 손해를 발생케 한 경우 그 손해를 배상할 책임이 있다.

② 지적측량수행자가 손해배상책임을 보장하기 위해 지적측량업자는 보장기간이 10년 이상이고 보증금액이 1억 원 이상, 한국국토정보공사는 보증금액이 20억 원 이상의 보증보험에 가입하여야 한다.

③ 지적측량수행자가 가입한 그 보증보험을 다른 보증보험으로 변경하고자 할 때에는 이미 가입한 보험의 효력이 만료된 후 다른 보증보험에 가입할 수 있다.

④ 지적측량업자는 지적측량업등록증을 교부받은 날부터 10일 이내에 해당 금액의 보증보험에 가입하여야 한다.

⑤ 지적측량업자는 보증보험에 가입한 경우, 이를 증명하는 서류를 시 · 도지사에게 제출하여야 한다.

풀이 **공간정보의 구축 및 관리 등에 관한 법률 시행령 제41조(손해배상책임의 보장)**

① 지적측량수행자는 법 제51조제2항에 따라 손해배상책임을 보장하기 위하여 다음 각 호의 구분에 따라 보증보험에 가입하거나 공간정보산업협회가 운영하는 보증 또는 공제에 가입하는 방법으로 보증설정(이하 "보증설정"이라 한다)을 하여야 한다. 〈개정 2017.1.10.〉

> 1. 지적측량업자 : 보장기간 10년 이상 및 보증금액 1억 원 이상
> 2. 「국가공간정보 기본법」 제12조에 따라 설립된 한국국토정보공사(이하 "한국국토정보공사"라 한다) : 보증금액 20억 원 이상

② 지적측량업자는 지적측량업 등록증을 발급받은 날부터 10일 이내에 제1항제1호의 기준에 따라 보증설정을 하여야 하며, 보증설정을 하였을 때에는 이를 증명하는 서류를 제35조제1항에 따라 등록한 시 · 도지사에게 제출하여야 한다.

공간정보의 구축 및 관리 등에 관한 법률 시행령 제42조(보증설정의 변경)

① 법 제51조에 따라 보증설정을 한 지적측량수행자는 그 보증설정을 다른 보증설정으로 변경하려는 경우에는 해당 보증설정의 효력이 있는 기간 중에 다른 보증설정을 하고 그 사실을 증명하는 서류를 제35조제1항에 따라 등록한 시 · 도지사에게 제출하여야 한다.

② 보증설정을 한 지적측량수행자는 보증기간의 만료로 인하여 다시 보증설정을 하려는 경우에는 그 보증기간 만료일까지 다시 보증설정을 하고 그 사실을 증명하는 서류를 제35조제1항에 따라 등록한 시 · 도지사에게 제출하여야 한다.

정답 20 ③

10 2018년 서울시 9급 기출문제

01 「지적재조사에 관한 특별법」에서 규정하고 있는 중앙지적재조사위원회에 대한 설명으로 가장 옳은 것은?

① 지적재조사사업에 관한 주요 정책을 심의 · 의결하기 위하여 국토교통부장관 소속으로 중앙지적재조사위원회를 둘 수 있다.

② 중앙지적재조사위원회는 위원장 및 부위원장 각 1명을 제외하고 15명 이상 20명 이하의 위원으로 구성한다.

③ 중앙지적재조사위원회의 위원장은 위원 중에서 호선하며, 부위원장은 위원 중에서 위원장이 지명한다.

④ 중앙지적재조사위원회는 지적재조사사업에 필요하여 중앙지적재조사위원회의 위원장이 회의에 부치는 사항을 심의 · 의결한다.

[풀이] **지적재조사에 관한 특별법 제28조(중앙지적재조사위원회)** [암기] [기][관][장]

① 지적재조사사업에 관한 주요 정책을 심의 · 의결하기 위하여 국토교통부장관 소속으로 중앙지적재조사위원회(이하 "중앙위원회"라 한다)를 둔다.

② 중앙위원회는 다음 각 호의 사항을 심의 · 의결한다. 〈개정 2020.6.9.〉

> 1. [기]본계획의 수립 및 변경
> 2. [관]계 법령의 제정 · 개정 및 제도의 개선에 관한 사항
> 3. 그 밖에 지적재조사사업에 필요하여 중앙위원회의 위원[장]이 회의에 부치는 사항

③ 중앙위원회는 위원장 및 부위원장 각 1명을 포함한 15명 이상 20명 이하의 위원으로 구성한다.

④ 중앙위원회의 위원장은 국토교통부장관이 되며, 부위원장은 위원 중에서 위원장이 지명한다. 〈개정 2013.3.23.〉

⑤ 중앙위원회의 위원은 다음 각 호의 어느 하나에 해당하는 사람 중에서 위원장이 임명 또는 위촉한다. 〈개정 2013.3.23., 2014.11.19., 2017.7.26.〉

> 1. 기획재정부 · 법무부 · 행정안전부 또는 국토교통부의 1급부터 3급까지 상당의 공무원 또는 고위공무원단에 속하는 공무원
> 2. 판사 · 검사 또는 변호사
> 3. 법학이나 지적 또는 측량 분야의 교수로 재직하고 있거나 있었던 사람
> 4. 그 밖에 지적재조사사업에 관하여 전문성을 갖춘 사람

⑥ 중앙위원회의 위원 중 공무원이 아닌 위원의 임기는 2년으로 한다.

⑦ 중앙위원회는 재적위원 과반수의 출석과 출석위원 과반수의 찬성으로 의결한다.

⑧ 그 밖에 중앙위원회의 조직 및 운영 등에 관하여 필요한 사항은 대통령령으로 정한다.

정답 01 ④

02 「공간정보의 구축 및 관리 등에 관한 법률」상 측량업의 당연 등록취소 사유에 해당하는 것을 모두 고른 것은?

> ㄱ. 고의 또는 과실로 측량을 부정확하게 한 경우
> ㄴ. 거짓이나 그 밖의 부정한 방법으로 측량업의 등록을 한 경우
> ㄷ. 다른 사람에게 자기의 측량업등록증 또는 측량업등록수첩을 빌려주거나 자기의 성명 또는 상호를 사용하여 측량업무를 하게 한 경우
> ㄹ. 지적측량업자가 지적측량수수료를 고시한 금액보다 과다 또는 과소하게 받은 경우

① ㄱ, ㄴ　　② ㄱ, ㄹ　　③ ㄴ, ㄷ　　④ ㄷ, ㄹ

[풀이] **공간정보의 구축 및 관리 등에 관한 법률 제52조(측량업의 등록취소 등)**

① 국토교통부장관, 시 · 도지사 또는 대도시시장은 측량업자가 다음 각 호의 어느 하나에 해당하는 경우에는 측량업의 등록을 취소하거나 1년 이내의 기간을 정하여 영업의 정지를 명할 수 있다. 다만, 제2호 · 제4호 · 제7호 · 제8호 · 제11호 또는 제15호에 해당하는 경우에는 측량업의 등록을 취소하여야 한다. 〈개정 2020.6.9.〉

측량업 영업의 정지 [암기] [고][과] [수][요][업] [보][성][휴][변]

1. [고]의 또는 [과]실로 측량을 부정확하게 한 경우
13. 지적측량업자가 제106조제2항에 따른 지적측량[수]수료를 같은 조 제3항에 따라 고시한 금액보다 과다 또는 과소하게 받은 경우
14. 다른 행정기관이 관계 법령에 따라 영업정지를 [요]구한 경우
6. 지적측량업자가 제45조에 따른 [업]무 범위를 위반하여 지적측량을 한 경우
10. 제51조를 위반하여 [보]험가입 등 필요한 조치를 하지 아니한 경우
9. 지적측량업자가 제50조([성]실의무)를 위반한 경우
3. 정당한 사유 없이 측량업의 등록을 한 날부터 1년 이내에 영업을 시작하지 아니하거나 계속하여 1년 이상 [휴]업한 경우
5. 제44조제4항을 위반하여 측량업 등록사항의 [변]경신고를 하지 아니한 경우
12. 제52조제3항에 따른 임원의 직무정지 명령을 이행하지 아니한 경우

측량업 등록 취소 [암기] [영][미][대][결] [거][부][취]

11. [영]업정지기간 중에 계속하여 영업을 한 경우
4. 제44조제2항에 따른 등록기준에 [미]달하게 된 경우. 다만, 일시적으로 등록기준에 미달되는 등 대통령령으로 정하는 경우는 제외한다.
15. 「국가기술자격법」 제15조제2항을 위반하여 측량업자가 측량기술자의 국가기술자격증을 [대]여 받은 사실이 확인된 경우
8. 제49조제1항을 위반하여 다른 사람에게 자기의 측량업등록증 또는 측량업등록수첩을 빌려주거나 자기의 성명 또는 상호를 사용하여 측량업무를 하게 한 경우
7. 제47조(측량업등록의 [결]격사유) 각 호의 어느 하나에 해당하게 된 경우. 다만, 측량업자가 같은 조 제5호에 해당하게 된 경우로서 그 사유가 발생한 날부터 3개월 이내에 그 사유를 해소한 경우는 제외한다.

> **법 제47조(측량업등록의 결격사유)**
> 다음 각 호의 어느 하나에 해당하는 자는 측량업의 등록을 할 수 없다. 〈개정 2013.7.17., 2015.12.29.〉
> 1. 피성년후견인 또는 피한정후견인
> 2. 이 법이나 「국가보안법」 또는 「형법」 제87조부터 제104조까지의 규정을 위반하여 금고 이상의 실형을 선고받고 그 집행이 끝나거나(집행이 끝난 것으로 보는 경우를 포함한다) 집행이 면제된 날부터 2년이 지나지 아니한 자

정답 02 ③

3. 이 법이나 「국가보안법」 또는 「형법」 제87조부터 제104조까지의 규정을 위반하여 금고 이상의 형의 집행유예를 선고받고 그 집행유예기간 중에 있는 자
　　4. 제52조에 따라 측량업의 등록이 취소(제47조제1호에 해당하여 등록이 취소된 경우는 제외한다)된 후 2년이 지나지 아니한 자
　　5. 임원 중에 제1호부터 제4호까지의 어느 하나에 해당하는 자가 있는 법인

　2. ㉒짓이나 그 밖의 ㉖정한 방법으로 측량업의 등록을 한 경우
　14. 다른 행정기관이 관계 법령에 따라 등록㉔소를 요구한 경우
② 측량업자의 지위를 승계한 상속인이 제47조에 따른 측량업등록의 결격사유에 해당하는 경우에는 그 결격사유에 해당하게 된 날부터 6개월이 지난 날까지는 제1항제7호를 적용하지 아니한다.
③ 국토교통부장관, 시·도지사 또는 대도시 시장은 측량업자가 제47조제5호에 해당하게 된 경우에는 같은 조 제1호부터 제4호까지의 어느 하나에 해당하는 임원의 직무를 정지하도록 해당 측량업자에게 명할 수 있다. 〈개정 2020.2.18.〉
④ 국토교통부장관, 시·도지사 또는 대도시 시장은 제1항에 따라 측량업등록을 취소하거나 영업정지의 처분을 하였으면 그 사실을 공고하여야 한다. 〈개정 2020.2.18.〉
⑤ 측량업등록의 취소 및 영업정지 처분에 관한 세부 기준은 국토교통부령으로 정한다. 〈개정 2020.2.18.〉

03 「지적재조사에 관한 특별법」에서 규정하고 있는 경계의 결정에 대한 설명으로 가장 옳지 않은 것은?

① 지적재조사에 따른 경계결정은 경계결정위원회의 의결을 거쳐 결정한다.
② 지적소관청은 경계결정위원회에 경계에 관한 결정을 신청할 때에는 지적확정예정조서에 토지소유자나 이해관계인의 의견을 첨부하여 경계결정위원회에 제출하여야 한다.
③ 지적확정예정조서를 제출받은 경계결정위원회는 경계에 관한 결정을 할 수 없는 부득이한 사유가 없는 경우에는 제출받은 날부터 30일 이내에 경계에 관한 결정을 하고 이를 지적소관청에 통지하여야 한다.
④ 경계결정위원회는 경계에 관한 결정을 하기에 앞서 토지소유자들로 하여금 경계에 관한 합의를 하도록 반드시 권고하여야 한다.

　풀이 지적재조사에 관한 특별법 제16조(경계의 결정)
　① 지적재조사에 따른 경계결정은 경계결정위원회의 의결을 거쳐 결정한다.
　② 지적소관청은 제1항에 따른 경계에 관한 결정을 신청하고자 할 때에는 제15조제2항에 따른 지적확정예정조서에 토지소유자나 이해관계인의 의견을 첨부하여 경계결정위원회에 제출하여야 한다. 〈개정 2017.4.18.〉
　③ 제2항에 따른 신청을 받은 경계결정위원회는 지적확정예정조서를 제출받은 날부터 30일 이내에 경계에 관한 결정을 하고 이를 지적소관청에 통지하여야 한다. 이 기간 안에 경계에 관한 결정을 할 수 없는 부득이한 사유가 있을 때에는 경계결정위원회는 의결을 거쳐 30일의 범위에서 그 기간을 연장할 수 있다. 〈개정 2017.4.18.〉
　④ 토지소유자나 이해관계인은 경계결정위원회에 참석하여 의견을 진술할 수 있다. 경계결정위원회는 토지소유자나 이해관계인이 의견진술을 신청하는 경우에는 특별한 사정이 없으면 이에 따라야 한다. 〈개정 2020.6.9.〉
　⑤ 경계결정위원회는 제3항에 따라 경계에 관한 결정을 하기에 앞서 토지소유자들로 하여금 경계에 관한 합의를 하도록 권고할 수 있다.
　⑥ 지적소관청은 제3항에 따라 경계결정위원회로부터 경계에 관한 결정을 통지받았을 때에는 지체 없이 이를 토지소유자나 이해관계인에게 통지하여야 한다. 이 경우 제17조제1항에 따른 기간 안에 이의신청이 없으면 경계결정위원회의 결정대로 경계가 확정된다는 취지를 명시하여야 한다.

정답 03 ④

04 「공간정보의 구축 및 관리 등에 관한 법률 시행규칙」상 지적소관청이 토지의 이동현황을 직권으로 조사 · 측량하는 것에 대한 설명으로 가장 옳지 않은 것은?

① 토지의 이동현황을 직권으로 조사 · 측량하여 토지의 지번 · 지목 · 면적 · 경계 또는 좌표를 결정하려는 때에는 토지이동현황 조사계획을 수립하여야 한다.

② 토지이동현황 조사계획은 시 · 도별로 수립하되, 부득이한 사유가 있는 때에는 시 · 군 · 구별로 수립할 수 있다.

③ 토지이동현황 조사계획에 따라 토지의 이동현황을 조사한 때에는 토지이동 조사부에 토지의 이동현황을 적어야 한다.

④ 토지이동현황 조사 결과에 따라 토지의 지번 · 지목 · 면적 · 경계 또는 좌표를 결정한 때에는 이에 따라 지적공부를 정리하여야 한다.

풀이 공간정보의 구축 및 관리 등에 관한 법률 시행규칙 제59조(토지의 조사 · 등록)

① 지적소관청은 법 제64조제2항 단서에 따라 토지의 이동현황을 직권으로 조사 · 측량하여 토지의 지번 · 지목 · 면적 · 경계 또는 좌표를 결정하려는 때에는 토지이동현황 조사계획을 수립하여야 한다. 이 경우 토지이동현황 조사계획은 시 · 군 · 구별로 수립하되, 부득이한 사유가 있는 때에는 읍 · 면 · 동별로 수립할 수 있다.

② 지적소관청은 제1항에 따른 토지이동현황 조사계획에 따라 토지의 이동현황을 조사한 때에는 별지 제55호 서식의 토지이동 조사부에 토지의 이동현황을 적어야 한다.

③ 지적소관청은 제2항에 따른 토지이동현황 조사 결과에 따라 토지의 지번 · 지목 · 면적 · 경계 또는 좌표를 결정한 때에는 이에 따라 지적공부를 정리하여야 한다.

④ 지적소관청은 제3항에 따라 지적공부를 정리하려는 때에는 제2항에 따른 토지이동 조사부를 근거로 별지 제56호 서식의 토지이동 조서를 작성하여 별지 제57호 서식의 토지이동정리 결의서에 첨부하여야 하며, 토지이동조서의 아래 부분 여백에 "「공간정보의 구축 및 관리 등에 관한 법률」 제64조제2항 단서에 따른 직권정리"라고 적어야 한다.

05 「지적재조사에 관한 특별법」(이하 '동법'이라 함)에서 지적소관청이 사무를 수행하기 위하여 불가피한 경우로서 「개인정보 보호법 시행령 제19조」에 따른 주민등록번호 또는 외국인등록번호가 포함된 자료를 처리할 수 있는 사무에 해당하지 않는 것은?

① 동법 제7조제2항에 따른 토지소유자협의회의 구성에 관한 사무
② 동법 제10조제2항에 따른 토지현황조사서 작성에 관한 사무
③ 동법 제21조제3항에 따른 조정금 수령통지 또는 납부고지에 관한 사무
④ 동법 제24조제1항에 따른 새로운 지적공부의 작성에 관한 사무

풀이 지적재조사에 관한 특별법 시행령 제28조의2(고유식별정보의 처리)

지적소관청은 다음 각 호의 사무를 수행하기 위하여 불가피한 경우 「개인정보 보호법 시행령 제19조」에 따른 주민등록번호 또는 외국인등록번호가 포함된 자료를 처리할 수 있다.

1. 법 제6조제1항에 따른 실시계획 수립에 관한 사무
2. 법 제7조제2항에 따른 토지소유자의 동의에 관한 사무
3. 법 제10조제2항에 따른 토지현황조사서 작성에 관한 사무
4. 법 제15조제2항에 따른 지적확정예정조서 작성에 관한 사무

정답 **04** ② **05** ①

5. 법 제21조제3항에 따른 조정금 수령통지 또는 납부고지에 관한 사무
6. 법 제24조제1항에 따른 새로운 지적공부의 작성에 관한 사무
7. 법 제25조제1항에 따른 등기촉탁에 관한 사무
[본조신설 2017.10.17.]

지적재조사에 관한 특별법 제6조(실시계획의 수립)

① 지적소관청은 시·도종합계획을 통지받았을 때에는 다음 각 호의 사항이 포함된 지적재조사사업에 관한 실시계획(이하 "실시계획"이라 한다)을 수립하여야 한다.

지적재조사에 관한 특별법 제7조(지적재조사지구의 지정)

① 지적소관청은 실시계획을 수립하여 시·도지사에게 지적재조사지구 지정 신청을 하여야 한다.

② 지적소관청이 시·도지사에게 지적재조사지구 지정을 신청하고자 할 때에는 다음 각 호의 사항을 고려하여 지적재조사지구 토지소유자(국유지·공유지의 경우에는 그 재산관리청을 말한다. 이하 같다) 총수의 3분의 2 이상과 토지면적 3분의 2 이상에 해당하는 토지소유자의 동의를 받아야 한다.

지적재조사에 관한 특별법 제10조(토지현황조사)

② 토지현황조사를 할 때에는 소유자, 지번, 지목, 경계 또는 좌표, 지상건축물 및 지하건축물의 위치, 개별공시지가 등을 기재한 토지현황조사서를 작성하여야 한다

지적재조사에 관한 특별법 제15조(경계점표지 설치 및 지적확정예정조서 작성 등)

① 지적소관청은 제14조에 따라 경계를 설정하면 지체 없이 임시경계점표지를 설치하고 지적재조사측량을 실시하여야 한다.

② 지적소관청은 지적재조사측량을 완료하였을 때에는 대통령령으로 정하는 바에 따라 기존 지적공부상의 종전 토지면적과 지적재조사를 통하여 산정된 토지면적에 대한 지번별 내역 등을 표시한 지적확정예정조서를 작성하여야 한다.

지적재조사에 관한 특별법 제21조(조정금의 지급·징수 또는 공탁)

② 지적소관청은 제20조제1항에 따라 조정금을 산정하였을 때에는 지체 없이 조정금조서를 작성하고, 토지소유자에게 개별적으로 조정금액을 통보하여야 한다.

③ 지적소관청은 제2항에 따라 조정금액을 통지한 날부터 10일 이내에 토지소유자에게 조정금의 수령통지 또는 납부고지를 하여야 한다.

지적재조사에 관한 특별법 제24조(새로운 지적공부의 작성)

① 지적소관청은 제23조에 따른 사업완료 공고가 있었을 때에는 기존의 지적공부를 폐쇄하고 새로운 지적공부를 작성하여야 한다. 이 경우 그 토지는 제23조제1항에 따른 사업완료 공고일에 토지의 이동이 있은 것으로 본다.

지적재조사에 관한 특별법 제25조(등기촉탁)

① 지적소관청은 제24조에 따라 새로이 지적공부를 작성하였을 때에는 지체 없이 관할등기소에 그 등기를 촉탁하여야 한다. 이 경우 그 등기촉탁은 국가가 자기를 위하여 하는 등기로 본다.

② 토지소유자나 이해관계인은 지적소관청이 제1항에 따른 등기촉탁을 지연하고 있는 경우에는 대통령령으로 정하는 바에 따라 직접 제1항에 따른 등기를 신청할 수 있다.

06 「지적업무처리규정」상 경계점좌표등록부 정리에 대한 설명으로 가장 옳은 것은?

① 부호도의 각 필지의 경계점부호는 오른쪽 위에서부터 왼쪽으로 경계를 따라 아라비아숫자로 연속하여 부여한다.
② 분할된 경우의 부호도 및 부호에는 새로 결정된 경계점의 부호를 그 필지의 시작부호 이전 번호부터 다시 부여한다.
③ 합병된 때에는 존치되는 필지의 경계점좌표등록부에 합병되는 필지의 좌표를 정리하고 부호도 및 부호를 새로 정리한다.
④ 합병으로 인하여 필지가 말소된 때에는 경계점좌표등록부의 부호도, 부호 및 좌표를 말소하고 경계점좌표등록부도 함께 삭제한다.

풀이 지적업무처리규정 제47조(경계점좌표등록부의 정리)
　① 부호도의 각 필지의 경계점부호는 왼쪽 위에서부터 오른쪽으로 경계를 따라 아라비아숫자로 연속하여 부여한다. 이 경우 토지의 빈번한 이동정리로 부호도가 복잡한 경우에는 아래 여백에 새로 정리할 수 있다.
　② 분할된 경우의 부호도 및 부호에는 새로 결정된 경계점의 부호를 그 필지의 마지막 부호 다음 번호부터 부여하고, 다른 필지로 된 경계점의 부호도, 부호 및 좌표는 말소하여야 하며, 새로 결정된 경계점의 좌표를 다음 란에 정리한다.
　③ 분할 후 필지의 부호도 및 부호의 정리는 제1항 본문을 준용한다.
　④ 합병된 때에는 존치되는 필지의 경계점좌표등록부에 합병되는 필지의 좌표를 정리하고 부호도 및 부호를 새로 정리한다. 이 경우 부호는 마지막 부호 다음 부호부터 부여하고, 합병으로 인하여 필요 없게 된 경계점(일직선상에 있는 경계점을 말한다)의 부호도·부호 및 좌표를 말소한다.
　⑤ 합병으로 인하여 필지가 말소된 때에는 경계점좌표등록부의 부호도, 부호 및 좌표를 말소한다. 이 경우 말소된 경계점좌표등록부도 지번 순으로 함께 보관한다.
　⑥ 등록사항 정정으로 경계점 좌표등록부를 정리할 때에는 제1항부터 제5항까지 규정을 준용한다.
　⑦ 부동산종합공부시스템에 따라 경계점좌표등록부를 정리할 때에는 제1항부터 제6항까지를 적용하지 아니할 수 있다.

07 「지적재조사에 관한 특별법」상 토지소유자협의회의 기능에 해당하지 않는 것은?

① 토지현황조사에 대한 입회
② 조정금 산정기준에 대한 의견 제출
③ 경계결정위원회 위원의 추천
④ 지적재조사사업의 측량·조사 대행자 선정

풀이 지적재조사에 관한 특별법 제13조(토지소유자협의회) **암기** ㉤䡨는 ㉦㉣으로 ㉛하라
　① 지적재조사지구의 토지소유자는 토지소유자 총수의 2분의 1 이상과 토지면적 2분의 1 이상에 해당하는 토지소유자의 동의를 받아 토지소유자협의회를 구성할 수 있다. 〈개정 2017. 4. 18., 2019. 12. 10.〉
　② 토지소유자협의회는 위원장을 포함한 5명 이상 20명 이하의 위원으로 구성한다. 토지소유자협의회의 위원은 그 지적재조사지구에 있는 토지의 소유자이어야 하며, 위원장은 위원 중에서 호선한다. 〈개정 2019. 12. 10.〉
　③ 토지소유자협의회의 기능은 다음 각 호와 같다. 〈개정 2019. 12. 10.〉

1. 지적소관청에 대한 제7조제3항에 따른 [지]적재조사지구의 신청

> 제7조 ③ 제2항에도 불구하고 지적소관청은 지적재조사지구에 제13조에 따른 토지소유자협의회(이하 "토지소유자협의회"라 한다)가 구성되어 있고 토지소유자 총수의 4분의 3 이상의 동의가 있는 지구에 대하여는 우선하여 지적재조사지구로 지정을 신청할 수 있다. 〈개정 2019.12.10.〉

2. 임시경계점[표]지 및 경계점표지의 설치에 대한 입회
3. 토지[현]황조사에 대한 입회
4. 삭제 〈2017.4.18.〉
5. 제20조제3항에 따른 조정[금] 산정기준에 대한 의견 제출
6. 제31조에 따른 경계결[정]위원회(이하 "경계결정위원회"라 한다) 위원의 추천

④ 제1항에 따른 동의자 수의 산정방법 및 동의절차, 토지소유자협의회의 구성 및 운영, 그 밖에 필요한 사항은 대통령령으로 정한다.

08 지적측량적부심사 청구를 받은 시 · 도지사가 지방지적 위원회에 회부하기 위한 조사 사항으로 가장 옳지 않은 것은?

① 다툼이 되는 지적측량의 경위 및 그 성과
② 해당 토지에 대한 지역권 등 물권 변동 연혁
③ 해당 토지에 대한 토지이동 연혁
④ 해당 토지 주변의 측량기준점, 경계, 주요 구조물 등 현황실측도

[풀이] **공간정보의 구축 및 관리 등에 관한 법률 제29조(지적측량의 적부심사 등)** **암기** [위][성][이] [연][기]하면 [계][측]하라

① 토지소유자, 이해관계인 또는 지적측량수행자는 지적측량성과에 대하여 다툼이 있는 경우에는 대통령령으로 정하는 바에 따라 관할 시 · 도지사를 거쳐 지방지적위원회에 지적측량 적부심사를 청구할 수 있다.
② 제1항에 따른 지적측량 적부심사청구를 받은 시 · 도지사는 30일 이내에 다음 각 호의 사항을 조사하여 지방지적위원회에 회부하여야 한다.

1. 다툼이 되는 지적측량의 경[위] 및 그 [성]과
2. 해당 토지에 대한 토지[이]동 및 소유권 변동 [연]혁
3. 해당 토지 주변의 측량[기]준점, 경[계], 주요 구조물 등 현황 실[측]도

③ 제2항에 따라 지적측량 적부심사청구를 회부받은 지방지적위원회는 그 심사청구를 회부받은 날부터 60일 이내에 심의 · 의결하여야 한다. 다만, 부득이한 경우에는 그 심의기간을 해당 지적위원회의 의결을 거쳐 30일 이내에서 한 번만 연장할 수 있다.
④ 지방지적위원회는 지적측량 적부심사를 의결하였으면 대통령령으로 정하는 바에 따라 의결서를 작성하여 시 · 도지사에게 송부하여야 한다.
⑤ 시 · 도지사는 제4항에 따라 의결서를 받은 날부터 7일 이내에 지적측량 적부심사 청구인 및 이해관계인에게 그 의결서를 통지하여야 한다.
⑥ 제5항에 따라 의결서를 받은 자가 지방지적위원회의 의결에 불복하는 경우에는 그 의결서를 받은 날부터 90일 이내에 국토교통부장관을 거쳐 중앙지적위원회에 재심사를 청구할 수 있다.

정답 08 ②

09 지적공부에 관한 전산자료를 이용하려는 자가 심사를 신청할 때 작성하는 사항으로 가장 옳지 않은 것은?

① 자료의 이용 또는 활용 목적 및 근거
② 자료의 범위 및 내용
③ 자료의 제공 방식
④ 자료의 목적 외 사용방지 및 안전관리대책

> **풀이** 공간정보의 구축 및 관리 등에 관한 법률 시행령 제62조(지적전산자료의 이용 등)

① 법 제76조제1항에 따라 지적공부에 관한 전산자료(이하 "지적전산자료"라 한다)를 이용하거나 활용하려는 자는 같은 조 제2항에 따라 다음 각 호의 사항을 적은 신청서를 관계 중앙행정기관의 장에게 제출하여 심사를 신청하여야 한다. **암기** 이목근 범내는 제보전하라

> 1. 자료의 **이**용 또는 활용 **목**적 및 **근**거
> 2. 자료의 **범**위 및 **내**용
> 3. 자료의 **제**공 방식, **보**관 기관 및 안**전**관리대책 등

② 제1항에 따른 심사 신청을 받은 관계 중앙행정기관의 장은 다음 각 호의 사항을 심사한 후 그 결과를 신청인에게 통지하여야 한다. **암기** 타적공은 사적 외 방안 마련하라

> 1. 신청 내용의 **타**당성, **적**합성 및 **공**익성
> 2. 개인의 **사**생활 침해 여부
> 3. 자료의 목**적** 외 사용 **방**지 및 **안**전관리대책

③ 법 제76조제1항에 따라 지적전산자료의 이용 또는 활용에 관한 승인을 받으려는 자는 승인신청을 할 때에 제2항에 따른 심사 결과를 제출하여야 한다. 다만, 중앙행정기관의 장이 승인을 신청하는 경우에는 제2항에 따른 심사 결과를 제출하지 아니할 수 있다.

④ 제3항에 따른 승인신청을 받은 국토교통부장관, 시·도지사 또는 지적소관청은 다음 각 호의 사항을 심사하여야 한다. 〈개정 2013.3.23.〉 **암기** 타적공은 사적 외 방안 마련하라 전지 여부를

> 1. 신청 내용의 **타**당성, **적**합성 및 **공**익성
> 2. 개인의 **사**생활 침해 여부
> 3. 자료의 목**적** 외 사용 **방**지 및 **안**전관리대책
> 4. 신청한 사항의 처리가 **전**산정보처리조직으로 가능한지 여부
> 5. 신청한 사항의 처리가 **지**적업무수행에 지장을 주지 않는지 여부

⑤ 국토교통부장관, 시·도지사 또는 지적소관청은 제4항에 따른 심사를 거쳐 지적전산자료의 이용 또는 활용을 승인하였을 때에는 지적전산자료 이용·활용 승인대장에 그 내용을 기록·관리하고 승인한 자료를 제공하여야 한다. 〈개정 2013.3.23.〉

⑥ 제5항에 따라 지적전산자료의 이용 또는 활용에 관한 승인을 받은 자는 국토교통부령으로 정하는 사용료를 내야 한다. 다만, 국가나 지방자치단체에 대해서는 사용료를 면제한다. 〈개정 2013.3.23.〉

10 「지적확정측량규정」에 대한 설명으로 가장 옳지 않은 것은?

① 사업지구 인가 · 허가선에 의한 지구계 확정을 위하여 분할측량, 경계복원측량 또는 지적현황측량을 실시 하여야 한다.

② 부번은 지번의 진행 방향에 따라 부여하되, 도곽이 다른 경우에도 같은 본번에 부번을 차례로 부여한다.

③ 지적도근점 검사성과 도선을 달리하여 검사하는 경우 연결교차 허용기준은 ±20cm 이내이다.

④ 지적확정측량에 따른 지적공부의 소유권변동일자는 환지처분일 또는 사업준공일로 정리한다.

풀이 **지적확정측량규정 제12조(지구계 측량)**

① 사업지구인가 · 허가선에 의한 지구계 확정을 위하여 분할측량, 경계복원측량 또는 지적현황측량을 실시하여야 한다. 이 경우 세부측량방법은 「지적측량 시행규칙」 제18조에 따른다.

② 지구계 측량은 다음 각 호에 따른다.

> 1. 지적기준점을 사용하여 기지경계선과 지구계점을 측정하여 그 부합 여부를 도해측량방법으로 결정한다. 단, 기존경계점 좌표등록부지역을 재확정측량하는 경우에는 수치측량방법으로 결정한다.
> 2. 지구계점 좌표는 제1호에 따라 설치된 경계점표지를 경위의 또는 지적위성측량방법으로 측량하여 산출한다.

③ 예정지적좌표 작성은 사업승인 및 시공 등을 위하여 확정측량 이전에 실시하여야 한다. 이 경우 지구계점 좌표는 제1항 및 제2항에 의해 산출하고 지구 내 예정지적 좌표는 사업계획도와 대비하여 산출한다.

지적확정측량규정 제19조(지번부여 및 지목설정)

① 지번의 구성 및 부여방법에 대하여는 영 제56조에 따른다.

② 부번은 지번의 진행방향에 따라 부여하되 도곽이 다른 경우에도 같은 본번에 부번을 차례로 부여한다.

③ 도시개발사업등이 준공되기 전에 지번을 부여하는 경우에는 규칙 제61조에 따른다.

④ 지목의 설정방법은 영 제59조를 준용하여 설정하되 토지의 이용이 일시적인 경우 사업계획에 따라 지목을 설정할 수 있다.

⑤ 사업지역 내의 제척토지는 축척변경을 할 수 있다.

지적확정측량규정 제25조(확정측량성과검사기준)

① 측량성과 검사대상은 지적기준점, 지구계점 및 필계점으로 한다.

② 확정측량 성과검사는 측량에 사용한 기지점과 신설점, 신설점 상호 간의 실측거리에 의하여 비교하여야 하며 검사성과의 연결교차 허용기준은 다음 각 호와 같다.

> 1. 지적삼각점 : ±20cm 이내
> 2. 지적삼각보조점 : ±25cm 이내
> 2. 지적도근점(도선을 달리하여 검사) : ±15cm 이내
> 3. 경계점 : ±10cm 이내

지적확정측량규정 제28조(지적공부정리)

① 지적공부정리는 세계좌표로 한다.

② 지적공부정리는 확정 토지의 지번별 조서에 따라 지적전산파일을 정리하고, 확정측량 성과에 따라 경계점좌표등록부를 작성한다.

③ 소유자는 환지계획서에 의하되, 소유권변동일자는 환지처분일 또는 사업준공일로 정리한다.

④ 지적소관청은 지적공부정리가 완료되면 새로운 지적공부가 확정 시행된다는 내용을 7일 이상 게시판 또는 인터넷 홈페이지 등에 게시하여야 한다.

정답 **10** ③

11 「지적재조사 책임수행기관 운영규정」에서 책임수행기관의 기준으로 옳지 않은 것은?

① 평가위원회는 광역시 · 도 단위로 위원장 1인과 해당 광역시 · 도 공무원 1인 이상을 포함한 5인 이상 15인 이하의 위원으로 구성한다.

② 책임수행기관은 대행자가 선정된 경우 사업계획의 충실성 및 실행가능성 과 기술인력의 확보 수준 등을 고려하여 업무를 대행하게 할 수 있다.

③ 책임수행기관은 대행자를 평가하는 경우 대행자 선정 평가위원회를 구성하여 운영하여야 한다.

④ 책임수행기관은 선정된 대행자와 업무 대행계약을 체결에서 업무 대행의 목적과 업무 범위와 사업 주요내용과 업무 대행계약 기간 등이 업무 대행계약에 포함되어야 한다.

풀이 **지적재조사 책임수행기관 운영규정 제13조(평가위원회 구성 · 운영 등)**

① 책임수행기관은 제12조에 따라 대행자를 평가하는 경우 대행자 선정 평가위원회(이하 "평가위원회"라 한다)를 구성하여 운영하여야 한다.

② 평가위원회는 광역시 · 도 단위로 위원장 1인과 해당 광역시 · 도 공무원 1인 이상을 포함한 5인 이상 10인 이하의 위원으로 구성하되, 위원장은 제32조제2항제2호에 따른 광역시 · 도 단위조직의 장이 되고, 위원은 학식과 경험이 풍부한 자 중에서 위원장이 지명 또는 위촉한다.

③ 평가위원회는 심사위원 3분의 2 이상 출석으로 개의한다.

④ 평가위원회 위원은 평가 과정에서 알게 된 주요 정보를 누설할 수 없으며, 평가 전에 별지 제2호 서식에 따른 청렴서약서를 제출하여야 한다.

⑤ 지적소관청은 제12조제2항의 정성평가를 위해 별도의 평가위원회를 구성하여 운영할 수 있다.

지적재조사 책임수행기관 운영규정 제14조(대행자의 업무 대행)

① 책임수행기관은 대행자가 선정된 경우 영 제4조제3항제1호부터 제4호까지의 업무를 대행하게 할 수 있다. 다만, 제4호에 해당하는 경우 해당 지적소관청 및 대행자와 사전에 협의하여야 한다.

② 다음 각 호의 경우에는 책임수행기관이 지적재조사측량 · 조사를 직접 수행한다.

> 1. 제19조제1항 및 제2항에 따라 대행계약이 해지된 경우
> 2. 제30조에 따라 대행자가 완료계를 제출한 이후에 대상토지의 일부가 달라진 경우
> 3. 대행자가 선정되지 않는 경우

지적재조사에 관한 특별법 시행령 제4조의3(책임수행기관의 지정절차)

① 법 제5조의2제1항에 따른 지정을 받으려는 자는 국토교통부령으로 정하는 지정신청서에 다음 각 호의 서류를 첨부하여 국토교통부장관에게 제출해야 한다.

> 1. 사업계획서
> 2. 제4조의2제2항에 따른 지정 기준을 충족했음을 증명하는 서류

② 제1항에 따른 지정신청을 받은 국토교통부장관은 다음 각 호의 사항을 고려하여 지정 여부를 결정한다.

> 1. 사업계획의 충실성 및 실행가능성
> 2. 지적재조사사업을 전담하기 위한 조직과 측량장비의 적정성
> 3. 기술인력의 확보 수준
> 4. 지적재조사사업의 조속한 이행 필요성

③ 국토교통부장관은 제1항에 따른 지정신청이 없거나 제4조의2제2항제2호에 해당하는 자의 지정신청을 검토한 결과 적합한 자가 없는 경우에는 한국국토정보공사를 책임수행기관으로 지정할 수 있다.

④ 국토교통부장관은 책임수행기관을 지정한 경우에는 이를 관보 및 인터넷 홈페이지에 공고하고 시·도지사 및 신청자에게 통지해야 한다. 이 경우 시·도지사는 이를 지체 없이 지적소관청에 통보해야 한다.
[본조신설 2021.6.8.]

지적재조사 책임수행기관 운영규정 제15조(업무 대행계약)
① 책임수행기관은 선정된 대행자와 업무 대행계약을 체결하여야 한다.
② 제1항에 따른 업무 대행계약에는 다음 각 호의 사항이 포함되어야 한다.

1. 업무 대행의 목적과 업무 범위
2. 사업 주요내용과 업무 대행계약 기간
3. 업무 대행 측량수수료
4. 대행자의 의무
5. 계약 위반 시의 책임과 조치사항
6. 그 밖에 책임수행기관과 대행자가 협의하여 정하는 사항

12 「공간정보의 구축 및 관리 등에 관한 법률」에서 규정하고 있는 벌칙 중 부과되는 벌칙내용이 다른 것은?

① 측량기준점표지를 이전 또는 파손하거나 그 효용을 해치는 행위를 한 자
② 무단으로 측량성과 또는 측량기록을 복제한 자
③ 측량업등록증 또는 측량업등록수첩을 빌려주거나 자기의 성명 또는 상호를 사용하여 측량업무를 하게 한 자
④ 지적측량수수료 외의 대가를 받은 지적측량기술자

풀이 공간정보의 구축 및 관리 등에 관한 법률 제107~109조(벌칙)

벌칙(법률 제107~109조)	
3년 이하의 징역 또는 3천만 원 이하의 벌금 **암기** ㉵㉻㉶	측량업자로서 속㉵수, ㉻력(威力), 그 밖의 방법으로 측량업과 관련된 입찰의 ㉶정성을 해친 자는 3년 이하의 징역 또는 3천만 원 이하의 벌금에 처한다.
2년 이하의 징역 또는 2천만 원 이하의 벌금 **암기** ㉮㉻㉵ ㉥㉶㉷㉶	1. 측량업의 등록을 하지 아니하거나 ㉮짓이나 그 밖의 ㉻정한 방법으로 측량업의 ㉵록을 하고 측량업을 한 자 2. 성능검사대행자의 등록을 하지 아니하거나 ㉮짓이나 그 밖의 ㉻정한 방법으로 성능검사대행자의 ㉵록을 하고 성능검사업무를 한 자 3. 측량성과를 국㉥로 반출한 자 4. 측량기준점㉶지를 이전 또는 파손하거나 그 효용을 해치는 행위를 한 자 5. 고의로 측량㉷과를 사실과 다르게 한 자 6. 성능㉶사를 부정하게 한 성능검사대행자
1년 이하의 징역 또는 1천만 원 이하의 벌금 **암기** ㉵㉻㉶㉵ ㉵㉻㉵㉵	1. ㉵ 이상의 측량업자에게 소속된 측량기술자 2. 업무상 알게 된 ㉻밀을 누설한 측량기술자 3. 거짓(㉶위)으로 다음 각 목의 신청을 한 자 가. 신규등록 신청　　　나. 등록전환 신청 다. 분할 신청　　　　　라. 합병 신청 마. 지목변경 신청　　　바. 바다로 된 토지의 등록말소 신청 사. 축척변경 신청　　　아. 등록사항의 정정 신청 자. 도시개발사업 등 시행지역의 토지이동 신청 4. 측량기술자가 아님에도 ㉵구하고 측량을 한 자 5. 지적측량수수료 외의 ㉻가를 받은 지적측량기술자 6. 심사를 받지 아니하고 지도 등을 간행하여 ㉵매하거나 배포한 자 7. 다른 사람에게 측량업등록증 또는 측량업등록수첩을 빌려(㉶여)주거나 자기의 성명 또는 상호를 사용하여 측량업무를 하게 한 자 8. 다른 사람의 측량업등록증 또는 측량업등록수첩을 빌려서(㉶여) 사용하거나 다른 사람의 성명 또는 상호를 사용하여 측량업무를 한 자 9. 다른 사람에게 자기의 성능검사대행자 등록증을 빌려(㉶여)주거나 자기의 성명 또는 상호를 사용하여 성능검사대행업무를 수행하게 한 자 10. 다른 사람의 성능검사대행자 등록증을 빌려서(㉶여) 사용하거나 다른 사람의 성명 또는 상호를 사용하여 성능검사대행업무를 수행한 자 11. 무단으로 측량성과 또는 측량기록을 ㉵제한 자

13 지적재조사사업의 시행에 있어 기본계획 수립 내용으로 가장 옳지 않은 것은?

① 지적재조사사업에 관한 기본방향

② 지적재조사사업비의 지적소관청별 배분 계획

③ 지적재조사사업비의 연도별 집행계획

④ 지적재조사사업에 필요한 인력의 확보에 관한 계획

풀이 지적재조사에 관한 특별법 제4조(기본계획의 수립)

기본계획(제4조) **암기** 규연인방기 시도하라 표준 교육 연구 개발을	1. 지적재조사사업의 시행기간 및 **규**모 2. 지적재조사사업비의 **연**도별 집행계획 3. 지적재조사사업에 필요한 **인**력의 확보에 관한 계획 4. 지적재조사사업에 관한 기본**방**향 5. 지적재조사사업비의 특별시 · 광역시 · 도 · 특별자치도 · 특별자치시 및 「지방자치법」 제198조에 따른 대도시로서 구(區)를 둔 시(이하 "**시** · **도**"라 한다)별 배분 계획 1. 디지털 지적(地籍)의 운영 · 관리에 필요한 **표준**의 제정 및 그 활용 2. 지적재조사사업의 효율적 추진을 위하여 필요한 **교육** 및 **연구** · **개발** 3. 그 밖에 국토교통부장관이 법 제4조제1항에 따른 지적재조사사업에 관한 기본계획(이하 "기본계획"이라 한다)의 수립에 필요하다고 인정하는 사항
시 · 도종합계획(제4조의2) **암기** 총소세교사 연인	1. 지적재조사사업비의 연도별 **총**산액 2. 지적재조사사업비의 지적**소**관청별 배분 계획 3. 지적재조사지구의 **세**부기준 4. 지적재조사사업의 **교**육과 홍보에 관한 사항 5. 그 밖에 시 · 도의 지적재조사**사**업을 위하여 필요한 사항 6. 지적재조사사업의 **연**도별 · 지적소관청별 사업량 7. 지적재조사사업에 필요한 **인**력의 확보에 관한 계획
실시계획(제6조) **암기** 통명위현총시사기 사시 총시	1. 지적재조사사업의 시행에 따른 **통**보 2. 지적재조사지구의 **명**칭 3. 지적재조사지구의 **위**치 및 면적 4. 지적재조사지구의 **현**황 5. 지적재조사사업비의 **총**산액 6. 지적재조사사업의 **시**행자 1. 토지현황조**사**에 관한 사항 2. 지적재조사사업의 시행시기 및 **기**간 3. 그 밖에 지적소관청이 법 제6조제1항에 따른 지적재조사**사**업에 관한 실시계획(이하 "실시계획"이라 한다)의 수립에 필요하다고 인정하는 사항 4. 지적재조사사업의 **시**행에 관한 세부계획 5. 지적재조사**측**량에 관한 시행계획 6. 지적소관청은 실시계획을 수립할 때에는 **시** · 도종합계획과 연계되도록 하여야 한다.

14 「GNSS에 의한 지적측량규정」에 의한 측량을 실시하는 경우 관측점의 세계좌표 계산에 사용되는 고정점에 해당하지 않는 것은?

① 우주측지기준점
② 위성기준점
③ 통합기준점
④ 정확한 세계좌표를 알고 있는 지적측량기준점

풀이 GNSS에 의한 지적측량규정 제13조(세계좌표의 계산)

관측점의 세계좌표는 제10조의 규정에 의한 기선해석성과를 기준으로 조정계산에 의해 결정하되, 조정계산은 다음 각 호의 기준에 의한다.

> 1. 고정점은 위성기준점, 통합기준점 또는 정확한 세계좌표를 알고 있는 지적측량기준점으로 할 것
> 2. 계산방법은 기선해석에 사용하는 소프트웨어에서 정한 방법에 의할 것

15 「공간정보의 구축 및 관리 등에 관한 법률 시행규칙」상 대지권등록부의 등록사항에 해당하지 않는 것은?

① 토지의 고유번호　　　　　　　② 지적도면의 번호
③ 소유권 지분　　　　　　　　　④ 토지소유자가 변경된 날과 그 원인

풀이 공간정보의 구축 및 관리 등에 관한 법률 제71조(토지대장 등의 등록사항)

③ 토지대장이나 임야대장에 등록하는 토지가 「부동산등기법」에 따라 대지권 등기가 되어 있는 경우에는 대지권등록부에 다음 각 호의 사항을 등록하여야 한다. 〈개정 2013.3.23.〉

1. 토지의 소재	1. 토지의 고유번호
2. 지번	2. 전유부분(專有部分)의 건물표시
3. 대지권 비율	3. 건물의 명칭
4. 소유자의 성명 또는 명칭, 주소 및 주민등록번호	4. 집합건물별 대지권등록부의 장번호
5. 그 밖에 국토교통부령으로 정하는 사항	5. 토지소유자가 변경된 날과 그 원인
	6. 소유권 지분

구분	토지표시사항	소유권에 관한 사항	기타
대지권등록부 (垈地權登錄簿, Building Site Rights Books)	• **토**지 소재 • **지**번	• 토지소유자 **변**동일자 및 **변동** 원인 • **주**민등록번호 • 성**명** 또는 명칭 · 주**소** • 대**지**권 비율 • 소유**권** 지분	• 토지의 **고**유번호 • 집합건물별 대지권등록부의 **장**번호 • **건**물의 명칭 • **전**유부분의 건물의 표시

16 「공간정보의 구축 및 관리 등에 관한 법률」상 부동산종합공부에 등록하여야 하는 사항의 내용으로 가장 옳지 않은 것은?

① 토지의 표시와 소유자에 관한 사항 : 「공간정보의 구축 및 관리 등에 관한 법률」에 따른 지적공부의 내용

② 건축물의 표시와 소유자에 관한 사항 : 「건축법」에 따른 건축물대장의 내용

③ 토지의 이용 및 규제에 관한 사항 : 「토지이용규제 기본법」에 따른 토지이용계획확인서의 내용

④ 부동산의 가격에 관한 사항 : 「부동산 가격공시에 관한 법률」에 따른 표준지공시지가

> **풀이** 공간정보의 구축 및 관리 등에 관한 법률 제76조의3(부동산종합공부의 등록사항 등)
> 지적소관청은 부동산종합공부에 다음 각 호의 사항을 등록하여야 한다. 〈개정 2016.1.19.〉
> 1. 토지의 표시와 소유자에 관한 사항 : 이 법에 따른 지적공부의 내용
> 2. 건축물의 표시와 소유자에 관한 사항(토지에 건축물이 있는 경우만 해당한다) : 「건축법」 제38조에 따른 건축물대장의 내용
> 3. 토지의 이용 및 규제에 관한 사항 : 「토지이용규제 기본법」 제10조에 따른 토지이용계획확인서의 내용
> 4. 부동산의 가격에 관한 사항 : 「부동산 가격공시에 관한 법률」 제10조에 따른 개별공시지가, 같은 법 제16조, 제17조 및 제18조에 따른 개별주택가격 및 공동주택가격 공시내용
> 5. 그 밖에 부동산의 효율적 이용과 부동산과 관련된 정보의 종합적 관리·운영을 위하여 필요한 사항으로서 대통령령으로 정하는 사항
>
> **공간정보의 구축 및 관리 등에 관한 법률 시행령 제62조의2(부동산종합공부의 등록사항)**
> 법 제76조의3제5호에서 "대통령령으로 정하는 사항"이란 「부동산등기법」 제48조에 따른 부동산의 권리에 관한 사항을 말한다.

17 도시개발사업 등의 완료신고가 있는 때에 지적소관청이 확인하여야 하는 사항으로 가장 옳지 않은 것은?

① 지번별 조서와 지적공부등록사항과의 부합 여부

② 확정될 토지의 지번별 조서와 면적측정부 및 환지계획서의 부합 여부

③ 측량결과도 또는 경계점좌표와 새로이 작성된 지적도와의 부합 여부

④ 종전토지 소유명의인 동일여부 및 종전토지 등기부에 소유권 등기 이외의 다른 등기사항이 없는지 여부

> **풀이** 공간정보의 구축 및 관리 등에 관한 법률 시행규칙 제95조(도시개발사업 등의 신고)
> ① 법 제86조제1항 및 영 제83조제2항에 따른 도시개발사업 등의 착수 또는 변경의 신고를 하려는 자는 별지 제81호 서식의 도시개발사업 등의 착수(시행)·변경·완료 신고서에 다음 각 호의 서류를 첨부하여야 한다. 다만, 변경신고의 경우에는 변경된 부분으로 한정한다. **암기** 인지계
>
> > 1. 사업인가서
> > 2. 지번별 조서
> > 3. 사업계획도
>
> ② 법 제86조제1항 및 영 제83조제2항에 따른 도시개발사업 등의 완료신고를 하려는 자는 별지 제81호 서식의 신청서에 다음 각 호의 서류를 첨부하여야 한다. 이 경우 지적측량수행자가 지적소관청에 측량검사를 의뢰하

면서 미리 제출한 서류는 첨부하지 아니할 수 있다. <u>암기</u> <u>확종지환</u>

> 1. <u>확</u>정될 토지의 지번별 조서 및 <u>종</u>전 토지의 <u>지</u>번별 조서
> 2. 환지처분과 같은 효력이 있는 고시된 <u>환</u>지계획서. 다만, 환지를 수반하지 아니하는 사업인 경우에는 사업의 완료를 증명하는 서류를 말한다.

지적업무처리규정 제58조(도시개발 등의 사업신고)

① 지적소관청은 규칙 제95조제1항에 따른 도시개발사업 등의 착수(시행) 또는 변경신고가 있는 때에는 다음 각 호에 따라 처리한다.

　　1. 다음 각 목의 사항을 확인한다. <u>암기</u> <u>지공부</u> <u>지사부</u> <u>수집부</u>

> 　가. <u>지</u>번별 조서와 지적<u>공</u>부등록사항과의 <u>부</u>합 여부
> 　나. <u>지</u>번별 조서 · 지적(임야)도와 <u>사</u>업계획도와의 <u>부</u>합 여부
> 　다. 착<u>수</u> 전 각종 <u>집</u>계의 정확 여<u>부</u>

　　2. 제1호에 따라 서류의 확인이 완료된 때에는 지체 없이 지적공부에 그 사유를 정리하여야 한다.

② 지적소관청은 규칙 제95조제2항에 따라 도시개발사업 등의 완료신고가 있는 때에는 다음 각 호에 따라 처리한다.

　　1. 다음 각 목의 사항을 확인한다. <u>암기</u> <u>지면환부</u> <u>지공부부</u> <u>측경지부</u> <u>종소등부</u>

> 　가. 확정될 토지의 <u>지</u>번별 조서와 <u>면</u>적측정부 및 <u>환</u>지계획서의 <u>부</u>합 여부
> 　나. 종전토지의 <u>지</u>번별 조서와 지적<u>공</u>부등록사항 및 <u>환</u>지계획서의 <u>부</u>합 여부
> 　다. <u>측</u>량결과도 또는 <u>경</u>계점좌표와 새로이 작성된 <u>지</u>적도와의 <u>부</u>합 여부
> 　라. <u>종</u>전토지 <u>소</u>유명의인 동일 여부 및 종전토지 <u>등</u>기부에 소유권등기 이외의 다른 등기사항이 없는지 여<u>부</u>
> 　마. 그 밖에 필요한 사항

　　2. 제1호에 따른 서류의 확인이 완료된 때에는 확정될 토지의 지번별 조서에 따라 토지대장을, 측량성과에 따라 경계점좌표등록부 등을 작성한다. 이 경우 토지대장에 등록하는 소유자의 성명 또는 명칭과 등록번호 및 주소는 환지계획서에 따르되, 소유자의 변동일자와 변동원인은 다음 각 목에 따라 정리한다.

> 　가. 소유자변동일자 : 환지처분 또는 사업준공 인가일자(환지처분을 아니할 경우에만 해당한다)
> 　나. 소유자변동원인 : 환지 또는 지적확정(환지처분을 아니하는 경우에만 해당한다)

　　3. 지적공부의 작성이 완료된 때에는 새로 지적공부가 확정 시행됨을 7일 이상 시 · 군 · 구 게시판 또는 홈페이지 등에 게시한다.

　　4. 도시개발사업 등의 완료로 인하여 폐쇄되는 지적공부는 폐쇄사유를 그 지적공부에 정리하고 별도로 영구 보관한다.

18 「공간정보의 구축 및 관리 등에 관한 법률 시행령」상 측량기준점 구분에서 국가기준점에 해당하지 않는 것은?

① 수준점　　　　　　　　　　　② 중력점
③ 지자기점(地磁氣點)　　　　　④ 지적도근점(地籍圖根點)

풀이 공간정보의 구축 및 관리 등에 관한 법률 시행령 제8조(측량기준점의 구분)

① 법 제7조제1항에 따른 측량기준점은 다음 각 호의 구분에 따른다.

암기 🟦우리가 🟦위🟦통이 심하면 🟦중🟦지를 모아 🟦수🟦영을 🟦수🟦삼 번 해라

측량기준점	측량의 정확도를 확보하고 효율성을 높이기 위하여 특정 지점을 제6조에 따른 측량기준에 따라 측정하고 좌표 등으로 표시하여 측량 시에 기준으로 사용되는 점
국가기준점	측량의 정확도를 확보하고 효율성을 높이기 위하여 국토교통부장관이 전 국토를 대상으로 주요 지점마다 정한 측량의 기본이 되는 측량기준점
🟦우주측지기준점	국가측지기준계를 정립하기 위하여 전 세계 초장거리간섭계와 연결하여 정한 기준점
🟦위성기준점	지리학적 경위도, 직각좌표 및 지구 중심 직교좌표의 측정 기준으로 사용하기 위하여 대한민국 경위도원점을 기초로 정한 기준점
🟦통합기준점	지리학적 경위도, 직각좌표, 지구 중심 직교좌표, 높이 및 중력 측정의 기준으로 사용하기 위하여 위성기준점, 수준점 및 중력점을 기초로 정한 기준점
🟦중력점	중력 측정의 기준으로 사용하기 위하여 정한 기준점
🟦지자기점(地磁氣點)	지구자기 측정의 기준으로 사용하기 위하여 정한 기준점
🟦수준점	높이 측정의 기준으로 사용하기 위하여 대한민국 수준원점을 기초로 정한 기준점
🟦영해기준점	우리나라의 영해를 획정(劃定)하기 위하여 정한 기준점 〈삭제 2021.2.9.〉
🟦수로기준점	수로조사 시 해양에서의 수평 위치와 높이, 수심 측정 및 해안선 결정 기준으로 사용하기 위하여 위성기준점과 법 제6조제1항제3호의 기본수준면을 기초로 정한 기준점으로서 수로측량기준점, 기본수준점, 해안선기준점으로 구분 〈삭제 2021.2.9.〉
🟦삼각점	지리학적 경위도, 직각좌표 및 지구중심 직교좌표 측정의 기준으로 사용하기 위하여 위성기준점 및 통합기준점을 기초로 정한 기준점
공공기준점	제17조제2항에 따른 공공측량 시행자가 공공측량을 정확하고 효율적으로 시행하기 위하여 국가기준점을 기준으로 하여 따로 정하는 측량기준점
공공삼각점	공공측량 시 수평 위치의 기준으로 사용하기 위하여 국가기준점을 기초로 하여 정한 기준점
공공수준점	공공측량 시 높이의 기준으로 사용하기 위하여 국가기준점을 기초로 하여 정한 기준점
지적기준점	특별시장·광역시장·특별자치시장·도지사 또는 특별자치도지사(이하 "시·도지사"라 한다)나 지적소관청이 지적측량을 정확하고 효율적으로 시행하기 위하여 국가기준점을 기준으로 하여 따로 정하는 측량기준점
지적삼각점 (地籍三角點)	지적측량 시 수평 위치 측량의 기준으로 사용하기 위하여 국가기준점을 기준으로 하여 정한 기준점
지적삼각보조점	지적측량 시 수평 위치 측량의 기준으로 사용하기 위하여 국가기준점과 지적삼각점을 기준으로 하여 정한 기준점
지적도근점 (地籍圖根點)	지적측량 시 필지에 대한 수평 위치 측량 기준으로 사용하기 위하여 국가기준점, 지적삼각점, 지적삼각보조점 및 다른 지적도근점을 기초로 하여 정한 기준점

정답

19 축척변경에 대한 설명으로 가장 옳지 않은 것은?

① 하나의 지번부여지역에 서로 다른 축척의 임야도가 있는 경우 토지소유자의 신청 또는 지적소관청의 직권으로 그 지역의 축척을 변경할 수 있다.

② 축척변경 시행지역의 토지소유자 또는 점유자는 시행공고가 된 날부터 30일 이내에 시행공고일 현재 점유하고 있는 경계에 국토교통부령으로 정하는 경계점표지를 설치하여야 한다.

③ 지적소관청은 축척변경 승인을 받았을 때에는 시·군·구 및 시행지역 동·리 게시판에 20일 이상 축척변경 시행공고를 하여야 한다.

④ 축척변경에 관한 사항을 심의·의결하기 위하여 지적소관청에 축척변경위원회를 둔다.

풀이 **공간정보의 구축 및 관리 등에 관한 법률 제83조(축척변경)**

① 축척변경에 관한 사항을 심의·의결하기 위하여 지적소관청에 축척변경위원회를 둔다.

② 지적소관청은 지적도가 다음 각 호의 어느 하나에 해당하는 경우에는 토지소유자의 신청 또는 지적소관청의 직권으로 일정한 지역을 정하여 그 지역의 축척을 변경할 수 있다.

> 1. 잦은 토지의 이동으로 1필지의 규모가 작아서 소축척으로는 지적측량성과의 결정이나 토지의 이동에 따른 정리를 하기가 곤란한 경우
> 2. 하나의 지번부여지역에 서로 다른 축척의 **지적도**가 있는 경우
> 3. 그 밖에 지적공부를 관리하기 위하여 필요하다고 인정되는 경우

③ 지적소관청은 제2항에 따라 축척변경을 하려면 축척변경 시행지역의 토지소유자 3분의 2 이상의 동의를 받아 제1항에 따른 축척변경위원회의 의결을 거친 후 시·도지사 또는 대도시 시장의 승인을 받아야 한다. 다만, 다음 각 호의 어느 하나에 해당하는 경우에는 축척변경위원회의 의결 및 시·도지사 또는 대도시 시장의 승인 없이 축척변경을 할 수 있다.

> 1. 합병하려는 토지가 축척이 다른 지적도에 각각 등록되어 있어 축척변경을 하는 경우
> 2. 제86조에 따른 도시개발사업 등의 시행지역에 있는 토지로서 그 사업 시행에서 제외된 토지의 축척변경을 하는 경우

④ 축척변경의 절차, 축척변경으로 인한 면적 증감의 처리, 축척변경 결과에 대한 이의신청 및 축척변경위원회의 구성·운영 등에 필요한 사항은 대통령령으로 정한다.

공간정보의 구축 및 관리 등에 관한 법률 시행령 제71조(축척변경 시행공고 등) **암기** ㉠㉣㉱ ㉛㉢㉞

① 지적소관청은 법 제83조제3항에 따라 시·도지사 또는 대도시 시장으로부터 축척변경 승인을 받았을 때에는 지체 없이 다음 각 호의 사항을 20일 이상 공고하여야 한다.

> 1. 축척변경의 ㉱적, 시행㉣역 및 시행㉠간
> 2. 축척변경의 시행에 따른 ㉛산방법
> 3. 축척변경의 시행에 따른 토지㉢유자 등의 협조에 관한 사항
> 4. 축척변경의 시행에 관한 ㉞부계획

② 제1항에 따른 시행공고는 시·군·구(자치구가 아닌 구를 포함한다) 및 축척변경 시행지역 동·리의 게시판에 주민이 볼 수 있도록 게시하여야 한다.

③ 축척변경 시행지역의 토지소유자 또는 점유자는 시행공고가 된 날(이하 "시행공고일"이라 한다)부터 30일 이내에 시행공고일 현재 점유하고 있는 경계에 국토교통부령으로 정하는 경계점표지를 설치하여야 한다.

20 「공간정보의 구축 및 관리 등에 관한 법률」에서 정한 측량성과의 고시사항에 해당하지 않는 것은?

① 측량기기의 종류 및 정확도
② 설치한 측량기준점의 수
③ 측량의 규모(면적 또는 지도의 장수)
④ 측량실시의 시기 및 지역

풀이 공간정보의 구축 및 관리 등에 관한 법률 시행령 제13조(측량성과의 고시)

① 법 제13조제1항에 따른 기본측량성과의 고시와 법 제18조제4항에 따른 공공측량성과의 고시는 최종성과를 얻은 날부터 30일 이내에 하여야 한다. 다만, 기본측량성과의 고시에 포함된 국가기준점 성과가 다른 국가기준점 성과와 연결하여 계산될 필요가 있는 경우에는 그 계산이 완료된 날부터 30일 이내에 기본측량성과를 고시할 수 있다. 〈개정 2014.1.17.〉

② 제1항에 따른 측량성과의 고시에는 다음 각 호의 사항이 포함되어야 한다.

1. 측량의 종류
2. 측량의 정확도
3. 설치한 측량기준점의 수
4. 측량의 규모(면적 또는 지도의 장수)
5. 측량실시의 시기 및 지역
6. 측량성과의 보관 장소
7. 그 밖에 필요한 사항

01 「공간정보의 구축 및 관리 등에 관한 법률」상 토지 이동에 따른 신청의무기간이 다른 하나는?

① 등록전환 신청
② 분할 신청
③ 지목변경 신청
④ 바다로 된 토지의 등록말소 신청

풀이 공간정보의 구축 및 관리 등에 관한 법률 일자

60일	**법률 제29조(지적측량의 적부심사 등)** 지적측량 적부심사청구를 회부받은 지방(중앙)지적위원회는 그 심사청구를 회부받은 날부터 60일 이내에 심의·의결하여야 한다. 다만, 부득이한 경우 지적위원회의 의결을 거쳐 심의기간을 30일 이내에서 한 번 연장 가능하다.
60일	**법률 제77조(신규등록 신청)** 토지소유자는 신규등록 할 토지가 있으면 그 사유가 발생한 날부터 60일 이내에 지적소관청에 신규등록을 신청하여야 한다.
60일	**법률 제78조(등록전환 신청)** 토지소유자는 등록전환 할 토지가 있으면 그 사유가 발생한 날부터 60일 이내에 지적소관청에 등록전환을 신청하여야 한다.
60일	**법률 제79조(분할 신청)** 토지소유자는 지적공부에 등록된 1필지의 일부가 형질변경 등으로 용도가 변경된 경우에는 대통령령으로 정하는 바에 따라 용도가 변경된 날부터 60일 이내에 지적소관청에 토지의 분할을 신청하여야 한다. 토지소유자는 토지를 분할하려면 대통령령으로 정하는 바에 따라 지적소관청에 분할을 신청하여야 한다.(지적측량 토지소유자 개인이 아무 때나 신청 가능함)
60일	**법률 제80조(합병 신청)** 토지소유자는 「주택법」에 따른 공동주택의 부지, 도로, 제방, 하천, 구거, 유지, 그 밖에 대통령령으로 정하는 토지로서 합병하여야 할 토지가 있으면 그 사유가 발생한 날부터 60일 이내에 지적소관청에 합병을 신청하여야 한다.
60일	**법률 제81조(지목변경 신청)** 토지소유자는 지목변경을 할 토지가 있으면 그 사유가 발생한 날부터 60일 이내에 지적소관청에 지목변경을 신청하여야 한다.
60일	**시행규칙 제105조(성능검사대행자의 등록사항의 변경)** 성능검사대행자가 등록사항을 변경하려는 경우에는 그 변경된 날부터 60일 이내에 시·도지사에게 변경신고를 하여야 한다.
90일	**법률 제29조(지적측량의 적부심사 등)** 의결서를 받은 자가 지방지적위원회의 의결에 불복하는 경우에는 그 의결서를 받은 날부터 90일 이내에 국토교통부장관을 거쳐 중앙지적위원회에 재심사를 청구할 수 있다.

정답 01 ④

90일	법률 제82조(바다로 된 토지의 등록말소 신청) 지적소관청은 토지소유자가 통지를 받은 날부터 90일 이내에 등록말소 신청을 하지 아니하면 직권으로 등록을 말소한다.
90일	시행령 제37조(등록사항의 변경) 측량업의 등록을 한 자는 기술인력 및 장비에 해당하는 사항을 변경한 때에는 그 변경이 있은 날부터 90일 이내에 변경신고를 하여야 한다. 다만, 등록사항이 변경된 날부터 30일 이내에 변경신고를 하여야 한다.
90일	시행규칙 제99조(일시적인 등록기준 미달) 법 제96조제1항제2호 단서에서 "일시적으로 등록기준에 미달하는 등 대통령령으로 정하는 경우"란 별표 11에 따른 기술인력에 해당하는 사람의 사망 · 실종 또는 퇴직으로 인하여 등록기준에 미달하는 기간이 90일 이내인 경우를 말한다.

02 다음의 지적측량을 할 때 필지마다 면적을 측정하지 않아도 되는 경우는?

① 경계점을 지상에 복원하기 위하여 경계복원측량을 하는 경우
② 도시개발사업 등으로 인한 토지의 이동에 따라 토지의 표시를 새로 결정하는 경우
③ 지적공부의 복구 · 신규등록 · 등록전환 · 분할 및 축척 변경을 하는 경우
④ 지적공부의 등록사항에 잘못이 있음을 발견하여 지적소관청이 직권으로 경계를 정정하는 경우

풀이 지적측량 시행규칙 제19조(면적측정의 대상)

① 세부측량을 하는 경우 다음 각 호의 어느 하나에 해당하면 필지마다 면적을 측정하여야 한다.

> 1. 지적공부의 복구 · 신규등록 · 등록전환 · 분할 및 축척변경을 하는 경우
> 2. 법 제84조에 따라 면적 또는 경계를 정정하는 경우
> 3. 법 제86조에 따른 도시개발사업 등으로 인한 토지의 이동에 따라 토지의 표시를 새로 결정하는 경우
> 4. 경계복원측량 및 지적현황측량에 면적측정이 수반되는 경우

② 제1항에도 불구하고 법 제23조제1항제4호(경계점을 지상에 복원하는 경우)의 경계복원측량과 영 제18조(법 제23조제1항제5호에서 "대통령령으로 정하는 경우"란 지상건축물 등의 현황을 지적도 및 임야도에 등록된 경계와 대비하여 표시하는 데에 필요한 경우를 말한다.)의 지적현황측량을 하는 경우에는 필지마다 면적을 측정하지 아니한다.

03 〈보기〉의 지적공부 중에서 소유자 정보를 포함하는 것을 모두 고른 것은?

ㄱ. 토지대장	ㄴ. 임야대장	ㄷ. 지적도
ㄹ. 임야도	ㅁ. 공유지연명부	ㅂ. 대지권등록부

① ㄱ, ㄴ
② ㄱ, ㄴ, ㅁ
③ ㄱ, ㄴ, ㅁ, ㅂ
④ ㄱ, ㄴ, ㄷ, ㄹ, ㅁ

정답 **02** ① **03** ③

구분	토지표시사항	소유권에 관한 사항	기타
토지대장 (土地臺帳, Land Books) & 임야대장 (林野臺帳, Forest Books)	• **토**지 소재 • **지**번 • **지**목 • **면적** • 토지의 **이**동 사유	• 토지소유자 **변**동일자 • **변동**원인 • **주**민등록번호 • 성**명** 또는 명칭 • **주소**	• 토지의 **고유**번호(각 필지를 서로 구별하기 위하여 필지마다 붙이는 고유한 번호를 말한다) • 지적도 또는 임야**도** 번호 • 필지별 토지대장 또는 임야대장의 **장**번호 • **축**척 • **토**지등급 또는 기준수확량 등급과 그 설정·수정 연월일 • 개별**공**시지가와 그 기준일
공유지연명부 (共有地連名簿, Common Land Books)	• **토**지 소재 • **지**번	• 토지소유자 **변**동일자 • **변동**원인 • **주**민등록번호 • 성**명**·**주소** • 소유권 **지**분	• 토지의 **고**유번호 • 필지별 공유지연명부의 **장**번호
대지권등록부 (垈地權登錄簿, Building Site Rights Books)	• **토**지 소재 • **지**번	• 토지소유자 **변**동일자 및 **변동**원인 • **주**민등록번호 • 성**명** 또는 명칭·**주소** • 대**지**권 비율 • 소유**권** 지분	• 토지의 **고**유번호 • 집합건물별 대지권등록부의 **장**번호 • **건**물의 명칭 • **전**유부분의 건물의 표시

04 지적전산자료의 이용에 대한 설명으로 가장 옳지 않은 것은?

① 전국 단위의 지적전산자료는 국토교통부장관, 시·도지사 또는 지적소관청에 이용 신청을 하여야 한다.

② 시·군·구(자치구가 아닌 구를 포함) 단위의 지적전산자료는 지적소관청에 이용 신청을 하여야 한다.

③ 토지소유자가 사망하여 그 상속인이 피상속인의 토지에 대한 지적전산자료를 신청하는 경우 관계 중앙행정기관의 심사를 받지 아니할 수 있다.

④ 지방자치단체의 장이 지적전산자료를 신청하는 경우 지적전산자료의 이용 또는 활용 목적 등에 관하여 미리 관계 중앙행정기관의 심사를 받아야 한다.

풀이 공간정보의 구축 및 관리 등에 관한 법률 제76조(지적전산자료의 이용 등)

① 지적공부에 관한 전산자료(연속지적도를 포함하며, 이하 "지적전산자료"라 한다)를 이용하거나 활용하려는 자는 다음 각 호의 구분에 따라 국토교통부장관, 시·도지사 또는 지적소관청에 지적전산자료를 신청하여야 한다. 〈개정 2013.3.23., 2013.7.17., 2017.10.24.〉

> 1. 전국 단위의 지적전산자료 : 국토교통부장관, 시·도지사 또는 지적소관청
> 2. 시·도 단위의 지적전산자료 : 시·도지사 또는 지적소관청
> 3. 시·군·구(자치구가 아닌 구를 포함한다) 단위의 지적전산자료 : 지적소관청

정답 **04** ④

② 제1항에 따라 지적전산자료를 신청하려는 자는 대통령령으로 정하는 바에 따라 지적전산자료의 이용 또는 활용 목적 등에 관하여 미리 관계 중앙행정기관의 심사를 받아야 한다. 다만, 중앙행정기관의 장, 그 소속 기관의 장 또는 지방자치단체의 장이 신청하는 경우에는 그러하지 아니하다. 〈개정 2017.10.24.〉

③ 제2항에도 불구하고 다음 각 호의 어느 하나에 해당하는 경우에는 관계 중앙행정기관의 심사를 받지 아니할 수 있다. 〈개정 2017.10.24.〉

> 1. 토지소유자가 자기 토지에 대한 지적전산자료를 신청하는 경우
> 2. 토지소유자가 사망하여 그 상속인이 피상속인의 토지에 대한 지적전산자료를 신청하는 경우
> 3. 「개인정보 보호법」 제2조제1호에 따른 개인정보를 제외한 지적전산자료를 신청하는 경우

④ 제1항 및 제3항에 따른 지적전산자료의 이용 또는 활용에 필요한 사항은 대통령령으로 정한다.

05 지적재조사사업의 지적재조사지구 지정에 대한 설명으로 가장 옳지 않은 것은?

① 지적소관청은 실시계획을 수립하여 시·도지사에게 지적재조사지구 지정 신청을 하여야 한다.

② 지적소관청이 지적재조사지구 지정 신청 시 지적재조사지구 토지소유자 총수의 2분의 1 이상과 토지면적 3분의 2 이상에 해당하는 토지소유자의 동의를 받아야 한다.

③ 지적소관청은 지적재조사지구에 토지소유자협의회가 구성되어 있고 토지소유자 총수의 4분의 3 이상의 동의가 있는 지구에 대하여는 우선하여 지적재조사지구로 지정을 신청할 수 있다.

④ 동의자 수의 산정방법, 동의절차, 그 밖에 필요한 사항은 대통령령으로 정한다.

풀이 지적재조사에 관한 특별법 제7조(지적재조사지구의 지정)

① 지적소관청은 실시계획을 수립하여 시·도지사에게 지적재조사지구 지정 신청을 하여야 한다. 〈개정 2019. 12.10.〉

② 지적소관청이 시·도지사에게 지적재조사지구 지정을 신청하고자 할 때에는 다음 각 호의 사항을 고려하여 지적 재조사지구 토지소유자(국유지·공유지의 경우에는 그 재산관리청을 말한다. 이하 같다) 총수의 3분의 2 이상과 토지면적 3분의 2 이상에 해당하는 토지소유자의 동의를 받아야 한다. 〈개정 2017.4.18., 2019.12.10.〉

> 1. 지적공부의 등록사항과 토지의 실제 현황이 다른 정도가 심하여 주민의 불편이 많은 지역인지 여부
> 2. 사업시행이 용이한지 여부
> 3. 사업시행의 효과 여부

③ 제2항에도 불구하고 지적소관청은 지적재조사지구에 제13조에 따른 토지소유자협의회(이하 "토지소유자 협의회"라 한다)가 구성되어 있고 토지소유자 총수의 4분의 3 이상의 동의가 있는 지구에 대하여는 우선하여 지적재조사지구로 지정을 신청할 수 있다. 〈개정 2019.12.10.〉

④ 지적소관청은 지적재조사지구 지정을 신청하고자 할 때에는 실시계획 수립 내용을 주민에게 서면으로 통보한 후 주민설명회를 개최하고 실시계획을 30일 이상 주민에게 공람하여야 한다. 〈삭제 2020.12.22.〉

⑤ 지적재조사지구에 있는 토지소유자와 이해관계인은 제4항에 따른 공람기간 안에 지적소관청에 의견을 제출할 수 있으며, 지적소관청은 제출된 의견이 타당하다고 인정할 때에는 이를 반영하여야 한다. 〈삭제 2020.12.22.〉

⑥ 시·도지사는 지적재조사지구를 지정할 때에는 대통령령으로 정하는 바에 따라 제29조에 따른 시·도 지적 재조사위원회의 심의를 거쳐야 한다. 〈개정 2019.12.10.〉

⑦ 제1항부터 제3항까지, 제6항 및 제6조제2항부터 제4항까지의 규정은 지적재조사지구를 변경할 때에도 적용한다. 다만, 대통령령으로 정하는 경미한 사항을 변경할 때에는 제외한다. 〈개정 2019.12.10.〉

⑧ 제2항에 따른 동의자 수의 산정방법, 동의절차, 그 밖에 필요한 사항은 대통령령으로 정한다.

정답 05 ②

06 지적 관계 법규상 용어의 정의에 대한 설명으로 가장 옳지 않은 것은?

① '연속지적도'란 지적측량을 하지 아니하고 전산화된 지적도 및 임야도 파일을 이용하여, 도면상 경계점들을 연결하여 작성한 도면으로서 측량에 활용할 수 없는 도면을 말한다.

② '등록전환'이란 토지대장 및 지적도에 등록된 토지를 임야대장 및 임야도에 옮겨 등록하는 것을 말한다.

③ '토지현황조사'란 지적재조사사업을 시행하기 위하여 필지별로 소유자, 지번, 지목, 면적, 경계 또는 좌표 등을 조사하는 것을 말한다.

④ '지적확정측량'이란 도시개발사업 등에 따른 사업이 끝나 토지의 표시를 새로 정하기 위하여 실시하는 지적측량을 말한다.

풀이 **공간정보의 구축 및 관리 등에 관한 법률 제2조(정의)**

이 법에서 사용하는 용어의 뜻은 다음과 같다.

4. "지적측량"이란 토지를 지적공부에 등록하거나 지적공부에 등록된 경계점을 지상에 복원하기 위하여 제21호에 따른 필지의 경계 또는 좌표와 면적을 정하는 측량을 말하며, 지적확정측량 및 지적재조사측량을 포함한다.

4의2. "지적확정측량"이란 제86조제1항에 따른 사업이 끝나 토지의 표시를 새로 정하기 위하여 실시하는 지적측량을 말한다.

4의3. "지적재조사측량"이란 「지적재조사에 관한 특별법」에 따른 지적재조사사업에 따라 토지의 표시를 새로 정하기 위하여 실시하는 지적측량을 말한다.

19. "지적공부"란 토지대장, 임야대장, 공유지연명부, 대지권등록부, 지적도, 임야도 및 경계점좌표등록부 등 지적측량 등을 통하여 조사된 토지의 표시와 해당 토지의 소유자 등을 기록한 대장 및 도면(정보처리시스템을 통하여 기록·저장된 것을 포함한다)을 말한다.

19의2. "연속지적도"란 지적측량을 하지 아니하고 전산화된 지적도 및 임야도 파일을 이용하여, 도면상 경계점들을 연결하여 작성한 도면으로서 측량에 활용할 수 없는 도면을 말한다.

19의3. "부동산종합공부"란 토지의 표시와 소유자에 관한 사항, 건축물의 표시와 소유자에 관한 사항, 토지의 이용 및 규제에 관한 사항, 부동산의 가격에 관한 사항 등 부동산에 관한 종합정보를 정보관리체계를 통하여 기록·저장한 것을 말한다.

29. "신규등록"이란 새로 조성된 토지와 지적공부에 등록되어 있지 아니한 토지를 지적공부에 등록하는 것을 말한다.

30. "등록전환"이란 임야대장 및 임야도에 등록된 토지를 토지대장 및 지적도에 옮겨 등록하는 것을 말한다.

지적재조사에 관한 특별법 제2조(정의)

이 법에서 사용하는 용어의 정의는 다음과 같다.

1. "지적공부"란 「공간정보의 구축 및 관리 등에 관한 법률」 제2조제19호에 따른 지적공부를 말한다.

2. "지적재조사사업"이란 「공간정보의 구축 및 관리 등에 관한 법률」 제71조부터 제73조까지의 규정에 따른 지적공부의 등록사항을 조사·측량하여 기존의 지적공부를 디지털에 의한 새로운 지적공부로 대체함과 동시에 지적공부의 등록사항이 토지의 실제 현황과 일치하지 아니하는 경우 이를 바로잡기 위하여 실시하는 국가사업을 말한다.

3. "지적재조사지구"란 지적재조사사업을 시행하기 위하여 제7조 및 제8조에 따라 지정·고시된 지구를 말한다.

4. "토지현황조사"란 지적재조사사업을 시행하기 위하여 필지별로 소유자, 지번, 지목, 면적, 경계 또는 좌표, 지상건축물 및 지하건축물의 위치, 개별공시지가 등을 조사하는 것을 말한다.

07 토지소유자가 합병신청을 할 수 없는 경우로 가장 옳지 않은 것은?

① 합병하려는 토지에 소유권 · 지상권 · 전세권 또는 임차권의 등기가 있는 경우

② 합병하려는 토지의 지적도 및 임야도의 축척이 서로 다른 경우

③ 합병하려는 각 필지의 지반이 연속되지 아니한 경우

④ 합병하려는 토지의 지번부여지역, 지목 또는 소유자가 서로 다른 경우

풀이 공간정보의 구축 및 관리 등에 관한 법률 제80조(합병 신청)

① 토지소유자는 토지를 합병하려면 대통령령으로 정하는 바에 따라 지적소관청에 합병을 신청하여야 한다.

② 토지소유자는 「주택법」에 따른 공동주택의 부지, 도로, 제방, 하천, 구거, 유지, 그 밖에 대통령령으로 정하는 토지로서 합병하여야 할 토지가 있으면 그 사유가 발생한 날부터 60일 이내에 지적소관청에 합병을 신청하여야 한다.

③ 다음 각 호의 어느 하나에 해당하는 경우에는 합병 신청을 할 수 없다.

1. 합병하려는 토지의 지번부여지역, 지목 또는 소유자가 서로 다른 경우

2. 합병하려는 토지에 다음 각 목의 등기 외의 등기가 있는 경우

> 가. 소유권 · 지상권 · 전세권 또는 임차권의 등기
> 나. 승역지(承役地)에 대한 지역권의 등기
> 다. 합병하려는 토지 전부에 대한 등기원인(登記原因) 및 그 연월일과 접수번호가 같은 저당권의 등기
> 라. 합병하려는 토지 전부에 대한 「부동산등기법」 제81조제1항 각 호의 등기사항이 동일한 신탁등기

3. 그 밖에 합병하려는 토지의 지적도 및 임야도의 축척이 서로 다른 경우 등 대통령령으로 정하는 경우

08 지목의 구분에 대한 설명으로 가장 옳지 않은 것은?

① '전'은 물을 상시적으로 이용하지 않고 곡물 · 원예작물 등의 식물을 주로 재배하는 토지와 식용(食用)으로 죽순을 재배하는 토지를 말한다.

② '유지(溜池)'는 물이 고이거나 상시적으로 물을 저장하고 있는 댐 · 저수지 · 소류지(沼溜地) · 호수 · 연못 등의 토지와 연 · 왕골 등이 자생하는 배수가 잘 되지 아니하는 토지를 말한다.

③ '잡종지'는 원상회복을 조건으로 돌을 캐내는 곳 또는 흙을 파내는 곳으로 허가된 토지를 말한다.

④ '임야'는 산림 및 원야(原野)를 이루고 있는 수림지(樹林地) · 죽림지 · 암석지 · 자갈땅 · 모래땅 · 습지 · 황무지 등의 토지를 말한다.

풀이 공간정보의 구축 및 관리 등에 관한 법률 시행령 제58조(지목의 구분)

법 제67조제1항에 따른 지목의 구분은 다음 각 호의 기준에 따른다.

1. 전
물을 상시적으로 이용하지 않고 곡물 · 원예작물(과수류는 제외한다) · 약초 · 뽕나무 · 닥나무 · 묘목 · 관상수 등의 식물을 주로 재배하는 토지와 식용(食用)으로 죽순을 재배하는 토지

5. 임야
산림 및 원야(原野)를 이루고 있는 수림지(樹林地) · 죽림지 · 암석지 · 자갈땅 · 모래땅 · 습지 · 황무지 등의 토지

19. 유지(溜地)

　　물이 고이거나 상시적으로 물을 저장하고 있는 댐 · 저수지 · 소류지(沼溜地) · 호수 · 연못 등의 토지와 연 · 왕골 등이 자생하는 배수가 잘 되지 아니하는 토지

28. 잡종지

　　다음 각 목의 토지. 다만, 원상회복을 조건으로 돌을 캐내는 곳 또는 흙을 파내는 곳으로 허가된 토지는 제외한다.

　　가. 갈대밭, 실외에 물건을 쌓아두는 곳, 돌을 캐내는 곳, 흙을 파내는 곳, 야외시장 및 공동우물

　　나. 변전소, 송신소, 수신소 및 송유시설 등의 부지

　　다. 여객자동차터미널, 자동차운전학원 및 폐차장 등 자동차와 관련된 독립적인 시설물을 갖춘 부지

　　라. 공항시설 및 항만시설 부지

　　마. 도축장, 쓰레기처리장 및 오물처리장 등의 부지

　　바. 그 밖에 다른 지목에 속하지 않는 토지

09 지상경계점등록부의 등록사항이 아닌 것은?

① 경계설정기준 및 경계형태
② 경계점 세부설명 및 관련자료
③ 건축물 및 구조물 등의 위치
④ 경계점 번호 및 표지종류

풀이 **지상경계점등록부의 등록사항**

지상경계점등록부 (지적재조사에 관한 특별법 시행규칙 제10조) **암기** 토지목상도 경번지 세관위기경 소직성 확직명	지상경계점등록부 (공간정보의 구축 및 관리 등에 관한 법률 제65조) **암기** 토지경계 공계점
1. 토지의 소재 2. 지번 3. 지목 4. 작성일 5. 위치도 6. 경계점 번호 및 표지종류 7. 경계점 세부설명 및 관련 자료 8. 경계위치 9. 경계설정기준 및 경계형태 10. 작성자의 소속 · 직급(직위) · 성명 11. 확인자의 직급 · 성명	1. 토지의 소재 2. 지번 3. 경계점 좌표(경계점좌표등록부 시행 지역에 한정한다) 4. 경계점 위치 설명도 5. 공부상 지목과 실제 토지이용 지목 6. 경계점의 사진 파일 7. 경계점표지의 종류 및 경계점 위치

10 지번의 구성 및 부여방법에 대한 설명으로 가장 옳지 않은 것은?

① 합병의 경우에는 합병 대상 지번 중 후순위의 지번을 그 지번으로 하되, 본번(本番)으로 된 지번이 있을 때에는 본번 중 후순위의 지번을 합병 후의 지번으로 한다.

② 지번은 본번과 부번(副番)으로 구성하되, 본번과 부번 사이에 '−' 표시로 연결한다. 이 경우 '−' 표시는 '의'라고 읽는다.

③ 지번은 북서에서 남동으로 순차적으로 부여한다.

④ 분할의 경우에는 분할 후의 필지 중 1필지의 지번은 분할 전의 지번으로 하고, 나머지 필지의 지번은 본번의 최종 부번 다음 순번으로 부번을 부여한다.

풀이 공간정보의 구축 및 관리 등에 관한 법률 시행령 제56조(지번의 구성 및 부여방법 등)

구분		토지이동에 따른 지번의 부여방법
부여방법		① 지번(地番)은 아라비아숫자로 표기하되, 임야대장 및 임야도에 등록하는 토지의 지번은 숫자 앞에 "산"자를 붙인다. ② 지번은 본번(本番)과 부번(副番)으로 구성하되, 본번과 부번 사이에 "−" 표시로 연결한다. 이 경우 "−" 표시는 "의"라고 읽는다. ③ 법 제66조에 따른 지번의 부여방법은 다음 각 호와 같다. 　1. 지번은 북서에서 남동으로 순차적으로 부여할 것
신규등록 · 등록전환	원칙	지번부여지역에서 인접토지의 본번에 부번을 붙여서 지번을 부여한다.
	예외	다음의 경우에는 그 지번부여지역의 최종 본번의 다음 순번부터 본번으로 하여 순차적으로 지번을 부여할 수 있다. ① 대상 토지가 그 지번부여지역의 최종 지번의 토지에 인접하여 있는 경우 ② 대상 토지가 이미 등록된 토지와 멀리 떨어져 있어서 등록된 토지의 본번에 부번을 부여하는 것이 불합리한 경우 ③ 대상 토지가 여러 필지로 되어 있는 경우
분할	원칙	분할 후의 필지 중 1필지의 지번은 분할 전의 지번으로 하고, 나머지 필지의 지번은 본번의 최종 부번 다음 순번으로 부번을 부여한다.
	예외	주거·사무실 등의 건축물이 있는 필지에 대해서는 분할 전의 지번을 우선하여 부여하여야 한다.
합병	원칙	합병 대상 지번 중 선순위의 지번을 그 지번으로 하되, 본번으로 된 지번이 있을 때에는 본번 중 선순위의 지번을 합병 후의 지번으로 한다.
	예외	토지소유자가 합병 전의 필지에 주거·사무실 등의 건축물이 있어서 그 건축물이 위치한 지번을 합병 후의 지번으로 신청할 때에는 그 지번을 합병 후의 지번으로 부여하여야 한다.
지적확정측량을 실시한 지역의 각 필지에 지번을 새로 부여하는 경우	원칙	다음 각 목의 지번을 제외한 본번으로 부여한다. ① 지적확정측량을 실시한 지역 안의 종전의 지번과 지적확정측량을 실시한 지역 밖에 있는 본번이 같은 지번이 있을 때 그 지번 ② 지적확정측량을 실시한 지역의 경계에 걸쳐 있는 지번
	예외	부여할 수 있는 종전 지번의 수가 새로 부여할 지번의 수보다 적을 때에는 블록 단위로 하나의 본번을 부여한 후 필지별로 부번을 부여하거나, 그 지번부여지역의 최종 본번 다음 순번부터 본번으로 하여 차례로 지번을 부여할 수 있다.

구분	토지이동에 따른 지번의 부여방법
지적확정측량에 준용	① 법 제66조제2항(지적소관청은 지적공부에 등록된 지번을 변경할 필요가 있다고 인정하면 시·도지사나 대도시 시장의 승인을 받아 지번부여지역의 전부 또는 일부에 대하여 지번을 새로 부여할 수 있다.)에 따라 지번부여지역의 지번을 변경할 때 ② 법 제85조제2항(지번부여지역의 일부가 행정구역의 개편으로 다른 지번부여지역에 속하게 되었으면 지적소관청은 새로 속하게 된 지번부여지역의 지번을 부여하여야 한다.)에 따른 행정구역 개편에 따라 새로 지번을 부여할 때 ③ 제72조제1항(지적소관청은 축척변경 시행지역의 각 필지별 지번·지목·면적·경계 또는 좌표를 새로 정하여야 한다.)에 따라 축척변경 시행지역의 필지에 지번을 부여할 때
도시개발사업 등의 준공 전	도시개발사업 등이 준공되기 전에 사업시행자가 지번부여를 신청하는 경우에는 국토교통부령으로 정하는 바에 따라 지번을 부여할 수 있다. 지적소관청은 도시개발사업 등이 준공되기 전에 지번을 부여하는 때에는 사업계획도에 따르되, 지적확정측량을 실시한 지역의 각 필지에 지번을 새로 부여하는 경우의 지번부여방식에 따라 지번을 부여하여야 한다.

11 「공간정보의 구축 및 관리 등에 관한 법률」상 규정된 지적측량업자의 업무 범위로 가장 옳지 않은 것은?

① 경계점좌표등록부가 있는 지역에서의 지적측량

② 지적도·임야도, 연속지적도, 도시개발사업 등의 계획을 위한 지적도 등의 정보처리시스템을 통한 기록·저장 업무

③ 토지대장, 임야대장의 전산화 업무

④ 항공촬영, 지도제작 업무

풀이 공간정보의 구축 및 관리 등에 관한 법률 제45조(지적측량업자의 업무 범위)

제44조제1항제2호에 따른 지적측량업의 등록을 한 자(이하 "지적측량업자"라 한다)는 제23조제1항제1호 및 제3호부터 제5호까지의 규정에 해당하는 사유로 하는 지적측량 중 다음 각 호의 지적측량과 지적전산자료를 활용한 정보화사업을 할 수 있다. 〈개정 2011.9.16., 2013.7.17., 2019.12.10.〉

> 1. 제73조에 따른 경계점좌표등록부가 있는 지역에서의 지적측량
> 2. 「지적재조사에 관한 특별법」에 따른 지적재조사지구에서 실시하는 지적재조사측량
> 3. 제86조에 따른 도시개발사업 등이 끝남에 따라 하는 지적확정측량

공간정보의 구축 및 관리 등에 관한 법률 시행령 제39조(지적전산자료를 활용한 정보화사업 등)

법 제45조에 따른 지적전산자료를 활용한 정보화사업에는 다음 각 호의 사업을 포함한다.

> 1. 지적도·임야도, 연속지적도, 도시개발사업 등의 계획을 위한 지적도 등의 정보처리시스템을 통한 기록·저장 업무
> 2. 토지대장, 임야대장의 전산화 업무

12 「지적재조사에 관한 특별법」상 지적소관청은 사업완료 공고가 있었을 때 새로운 지적공부를 작성하여야 한다. 새로운 지적공부에 등록할 사항으로 가장 옳지 않은 것은?

① 토지의 이동 사유
② 지하건축물의 위치
③ 측량일자
④ 개별공시지가

[풀이] 지적재조사에 관한 특별법 제24조(새로운 지적공부의 작성)

암기 [토][지][지][적][좌][유][권][비][상]걸렸다 [유][사][자][가] [지][분][건][물] [표][지][별][지][표][지][명]

① 지적소관청은 제23조에 따른 사업완료 공고가 있었을 때에는 기존의 지적공부를 폐쇄하고 새로운 지적공부를 작성하여야 한다. 이 경우 그 토지는 제23조제1항에 따른 사업완료 공고일에 토지의 이동이 있은 것으로 본다.

② 제1항에 따라 새로이 작성하는 지적공부에는 다음 각 호의 사항을 등록하여야 한다.

지적재조사에 관한 특별법에서 정하는 사항	국토교통부령에서 정하는 사항
• [토]지의 소재 • [지]번 • [지]목 • 면[적] • 경계점[좌]표 • 소[유]자의 성명 또는 명칭, 주소 및 주민등록번호(국가, 지방자치단체, 법인, 법인 아닌 사단이나 재단 및 외국인의 경우에는 「부동산등기법」 제49조에 따라 부여된 등록번호를 말한다. 이하 같다) • 소유[권]지분 • 대지권[비]율 • 지[상]건축물 및 지하건축물의 위치 • 국토교통부령으로 정하는 사항	• 토지의 고[유]번호 • 토지의 이동 [사]유 • 토지소유[자]가 변경된 날과 그 원인 • 개별공시지[가], 개별주택가격, 공동주택가격 및 부동산 실거래가격과 그 기준일 • 필[지]별 공유지 연명부의 장 번호 • 전유(專有) 부[분]의 건물 표시 • [건]물의 명칭 • 집합건[물]별 대지권등록부의 장 번호 • 좌[표]에 의하여 계산된 경계점 사이의 거리 • [지]적기준점의 위치 • 필지[별] 경계점좌표의 부호 및 부호도 • 「토지이용규제 기본법」에 따른 토[지]이용과 관련된 지역·지구 등의 지정에 관한 사항 • 건축물의 [표]시와 건축물 현황도에 관한 사항 • 구분[지]상권에 관한 사항 • 도로[명]주소

13 지적재조사사업의 조정금에 대한 설명으로 가장 옳지 않은 것은?

① 조정금은 현금으로 지급하거나 납부하여야 한다.
② 지적소관청은 조정금액을 통지한 날부터 20일 이내에 토지소유자에게 조정금의 수령통지 또는 납부고지를 하여야 한다.
③ 지적소관청은 수령통지를 한 날부터 6개월 이내에 조정금을 지급하여야 한다.
④ 지적재조사지구 지정이 있은 후 권리의 변동이 있을 때에는 그 권리를 승계한 자가 조정금 또는 공탁금을 수령하거나 납부한다.

정답 12 ③ 13 ②

[풀이] **지적재조사에 관한 특별법 제21조(조정금의 지급 · 징수 또는 공탁)**

① 조정금은 현금으로 지급하거나 납부하여야 한다. 〈개정 2017.4.18.〉

② 지적소관청은 제20조제1항에 따라 조정금을 산정하였을 때에는 지체 없이 조정금조서를 작성하고, 토지소유자에게 개별적으로 조정금액을 통보하여야 한다.

③ 지적소관청은 제2항에 따라 조정금액을 통지한 날부터 10일 이내에 토지소유자에게 조정금의 수령통지 또는 납부고지를 하여야 한다.

④ 지적소관청은 제3항에 따라 수령통지를 한 날부터 6개월 이내에 조정금을 지급하여야 한다.

⑤ 제3항에 따라 납부고지를 받은 자는 그 부과일부터 6개월 이내에 조정금을 납부하여야 한다. 다만, 지적소관청은 1년의 범위에서 대통령령으로 정하는 바에 따라 조정금을 분할납부하게 할 수 있다. 〈개정 2017.4.18.〉

⑥ 지적소관청은 조정금을 납부하여야 할 자가 기한까지 납부하지 아니할 때에는 「지방행정제재 · 부과금의 징수 등에 관한 법률」에 따라 징수할 수 있다. 〈신설 2017.4.18., 2020.3.24., 2020.6.9.〉

⑦ 지적소관청은 조정금을 지급하여야 하는 경우로서 다음 각 호의 어느 하나에 해당하는 때에는 조정금을 지급받을 자의 토지 소재지 공탁소에 그 조정금을 공탁할 수 있다. 〈개정 2017.4.18.〉

1. 조정금을 받을 자가 그 수령을 거부하거나 주소 불분명 등의 이유로 조정금을 수령할 수 없을 때
2. 지적소관청이 과실 없이 조정금을 받을 자를 알 수 없을 때
3. 압류 또는 가압류에 따라 조정금의 지급이 금지되었을 때

⑧ 지적재조사지구 지정이 있은 후 권리의 변동이 있을 때에는 그 권리를 승계한 자가 제1항에 따른 조정금 또는 제7항에 따른 공탁금을 수령하거나 납부한다.

14 「공간정보의 구축 및 관리 등에 관한 법률」상 300만 원 이하의 과태료를 부과하는 경우가 아닌 것은?

① 둘 이상의 측량업자에게 소속된 측량기술자

② 측량기기에 대해 부정한 방법으로 성능검사를 받은 자

③ 본인 또는 배우자가 소유한 토지에 대한 지적측량을 한 자

④ 최신 항행통보에 따라 수정되지 아니한 수로도서지를 보급한 자

[풀이] **공간정보의 구축 및 관리 등에 관한 법률 제111조(과태료)**

① 다음 각 호의 어느 하나에 해당하는 자에게는 300만 원 이하의 과태료를 부과한다.

300만 원 이하의 과태료 [암기] [정][업][검] [성][직][거]　[정] : [측][출][보][조]　[업] : [등][폐][승]　[검] : [등][폐][검]

1. [정]당한 사유 없이 [측]량을 방해한 자
2. 정당한 사유 없이 제101조제7항을 위반하여 토지 등에의 [출]입 등을 방해하거나 거부한 자
3. 정당한 사유 없이 제99조제1항에 따른 [보]고를 하지 아니하거나 거짓으로 보고를 한 자
4. 정당한 사유 없이 제99조제1항에 따른 [조]사를 거부 · 방해 또는 기피한 자
5. 제44조제4항을 위반하여 측량[업] [등]록사항의 변경신고를 하지 아니한 자
6. 제48조(제54조제6항에 따라 준용되는 경우를 포함한다)를 위반하여 측량업의 휴업 · [폐]업 등의 신고를 하지 아니하거나 거짓으로 신고한 자
7. 제46조제2항(제54조제6항에 따라 준용되는 경우를 포함한다)을 위반하여 측량업자의 지위 [승]계 신고를 하지 아니한 자
8. 제93조제1항을 위반하여 성능[검]사대행자의 [등]록사항 변경을 신고하지 아니한 자
9. 제93조제3항을 위반하여 성능검사대행업무의 [폐]업신고를 하지 아니한 자

정답 14 ①

10. 제92조제1항을 위반하여 측량기기에 대한 성능검사를 받지 아니하거나 부정한 방법으로 성능검사를 받은 자
11. 제13조제4항을 위반하여 고시된 측량성과에 어긋나는 측량성과를 사용한 자
12. 제50조제2항을 위반하여 본인, 배우자 또는 직계 존속 · 비속이 소유한 토지에 대한 지적측량을 한 자
13. 제40조제1항(제43조제3항에 따라 준용되는 경우를 포함한다)을 위반하여 거짓으로 측량기술자 또는 수로기술자의 신고를 한 자

② 정당한 사유 없이 제98조제2항(성능검사대행자 및 그 소속 직원은 측량기기 성능검사의 품질향상과 서비스제고를 위하여 국토교통부령으로 정하는 바에 따라 국토교통부장관이 실시하는 교육을 받아야 한다. 〈신설 2020.4.7.〉)에 따른 교육을 받지 아니한 자에게는 100만 원 이하의 과태료를 부과한다. 〈신설 2020.4.7.〉

③ 제1항 및 제2항에 따른 과태료는 대통령령으로 정하는 바에 따라 국토교통부장관, 시 · 도지사, 대도시 시장 또는 지적소관청이 부과 · 징수한다.

공간정보의 구축 및 관리 등에 관한 법률 제109조(벌칙)

벌칙(법률 제109조)	
1년 이하의 징역 또는 1천만 원 이하의 벌금 **암기** 둘비허둘 대매대대둘	1. 둘 이상의 측량업자에게 소속된 측량기술자 2. 업무상 알게 된 비밀을 누설한 측량기술자 3. 거짓(허위)으로 다음 각 목의 신청을 한 자 가. 신규등록 신청 　　　 나. 등록전환 신청 다. 분할 신청 　　　　　 라. 합병 신청 마. 지목변경 신청 　　　 바. 바다로 된 토지의 등록말소 신청 사. 축척변경 신청 　　　 아. 등록사항의 정정 신청 자. 도시개발사업 등 시행지역의 토지이동 신청 4. 측량기술자가 아님에도 불구하고 측량을 한 자 5. 지적측량수수료 외의 대가를 받은 지적측량기술자 6. 심사를 받지 아니하고 지도 등을 간행하여 판매하거나 배포한 자 7. 다른 사람에게 측량업등록증 또는 측량업등록수첩을 빌려(대여)주거나 자기의 성명 또는 상호를 사용하여 측량업무를 하게 한 자 8. 다른 사람의 측량업등록증 또는 측량업등록수첩을 빌려서(대여) 사용하거나 다른 사람의 성명 또는 상호를 사용하여 측량업무를 한 자 9. 다른 사람에게 자기의 성능검사대행자 등록증을 빌려(대여)주거나 자기의 성명 또는 상호를 사용하여 성능검사대행업무를 수행하게 한 자 10. 다른 사람의 성능검사대행자 등록증을 빌려서(대여) 사용하거나 다른 사람의 성명 또는 상호를 사용하여 성능검사대행업무를 수행한 자 11. 무단으로 측량성과 또는 측량기록을 복제한 자

15 「지적재조사에 관한 특별법」상 규정된 토지소유자협의회에 대한 설명으로 가장 옳지 않은 것은?

① 토지소유자협의회의 회의는 재적위원 3분의 1 이상의 출석으로 개의(開議)하고, 출석위원 과반수의 찬성으로 의결한다.

② 토지소유자협의회는 위원장을 포함한 5명 이상 20명 이하의 위원으로 구성하며, 위원은 그 지적재조사지구에 있는 토지의 소유자이어야 한다.

③ 토지소유자가 협의회 구성에 동의하거나 그 동의를 철회하려는 경우에는 협의회구성동의서 또는 동의철회서에 본인임을 확인한 후 서명 또는 날인하여 지적소관청에 제출하여야 한다.

④ 지적재조사지구의 토지소유자는 토지소유자 총수의 2분의 1 이상과 토지면적 2분의 1 이상에 해당하는 토지소유자의 동의를 받아 토지소유자협의회를 구성할 수 있다.

풀이 지적재조사에 관한 특별법 제13조(토지소유자협의회) **암기** 🐹🐮는 🐯🐔으로 🐵하라

① 지적재조사지구의 토지소유자는 토지소유자 총수의 2분의 1 이상과 토지면적 2분의 1 이상에 해당하는 토지소유자의 동의를 받아 토지소유자협의회를 구성할 수 있다. 〈개정 2017.4.18., 2019.12.10.〉

② 토지소유자협의회는 위원장을 포함한 5명 이상 20명 이하의 위원으로 구성한다. 토지소유자협의회의 위원은 그 지적재조사지구에 있는 토지의 소유자이어야 하며, 위원장은 위원 중에서 호선한다. 〈개정 2019.12.10.〉

③ 토지소유자협의회의 기능은 다음 각 호와 같다. 〈개정 2019.12.10.〉

> 1. 지적소관청에 대한 제7조제3항에 따른 🐹적재조사지구의 신청
>
>> 제7조 ③ 제2항에도 불구하고 지적소관청은 지적재조사지구에 제13조에 따른 토지소유자협의회(이하 "토지소유자협의회"라 한다)가 구성되어 있고 토지소유자 총수의 4분의 3 이상의 동의가 있는 지구에 대하여는 우선하여 지적재조사지구로 지정을 신청할 수 있다. 〈개정 2019.12.10.〉
>
> 2. 임시경계점🐮지 및 경계점표지의 설치에 대한 입회
> 3. 토지🐯황조사에 대한 입회
> 4. 삭제 〈2017.4.18.〉
> 5. 제20조제3항에 따른 조정🐔 산정기준에 대한 의견 제출
> 6. 제31조에 따른 경계결🐵위원회(이하 "경계결정위원회"라 한다) 위원의 추천

④ 제1항에 따른 동의자 수의 산정방법 및 동의절차, 토지소유자협의회의 구성 및 운영, 그 밖에 필요한 사항은 대통령령으로 정한다.

지적재조사에 관한 특별법 시행령 제10조(토지소유자협의회의 구성 등)

① 법 제13조제1항에 따른 토지소유자협의회(이하 이 조에서 "협의회"라 한다)를 구성할 때 토지소유자 수 및 동의자 수 산정은 제7조제1항의 기준에 따른다.

② 토지소유자가 협의회 구성에 동의하거나 그 동의를 철회하려는 경우에는 국토교통부령으로 정하는 협의회구성동의서 또는 동의철회서에 본인임을 확인한 후 서명 또는 날인하여 지적소관청에 제출하여야 한다. 〈개정 2017.10.17.〉

③ 협의회의 위원장은 협의회를 대표하고, 협의회의 업무를 총괄한다.

④ 협의회의 회의는 재적위원 과반수의 출석으로 개의(開議)하고, 출석위원 과반수의 찬성으로 의결한다.

⑤ 제1항부터 제4항까지에서 규정한 사항 외에 협의회의 운영 등에 필요한 사항은 협의회의 의결을 거쳐 위원장이 정한다.

16 지적공부 작성 시 도곽선 제도에 대한 설명으로 가장 옳지 않은 것은?

① 도면의 위 방향은 항상 북쪽이 되어야 한다.

② 지적도의 도곽 크기는 가로 50센티미터, 세로 40센티미터의 직사각형으로 한다.

③ 도면에 등록하는 도곽선은 0.1밀리미터의 폭으로 제도한다.

④ 이미 사용하고 있는 도면의 도곽크기는 종전에 구획되어 있는 도곽과 그 수치로 한다.

> (풀이) **지적업무처리규정 제40조(도곽선의 제도)**
> ① 도면의 위 방향은 항상 북쪽이 되어야 한다.
> ② 지적도의 도곽 크기는 가로 40센티미터, 세로 30센티미터의 직사각형으로 한다.
> ③ 도곽의 구획은 영 제7조제3항 각 호에서 정한 좌표의 원점을 기준으로 하여 정하되, 그 도곽의 종횡선수치는 좌표의 원점으로부터 기산하여 영 제7조제3항에서 정한 종횡선수치를 각각 가산한다.
> ④ 이미 사용하고 있는 도면의 도곽크기는 제2항에도 불구하고 종전에 구획되어 있는 도곽과 그 수치로 한다.
> ⑤ 도면에 등록하는 도곽선은 0.1밀리미터의 폭으로, 도곽선의 수치는 도곽선 왼쪽 아랫부분과 오른쪽 윗부분의 종횡선교차점 바깥쪽에 2밀리미터 크기의 아라비아숫자로 제도한다.

17 지적공부의 보관방법 등에 대한 설명으로 가장 옳지 않은 것은?

① 부책(簿册)으로 된 토지대장·임야대장 및 공유지연명부는 지적공부 보관상자에 넣어 보관하여야 한다.

② 카드로 된 토지대장·임야대장·공유지연명부·대지권 등록부 및 경계점좌표등록부는 100장 단위로 바인더(binder)에 넣어 보관하여야 한다.

③ 지적공부를 정보처리시스템을 통하여 기록·보존하는 때에는 그 지적공부를 「공공기관의 기록물 관리에 관한 법률」에 따라 기록물관리기관에 이관할 수 있다.

④ 일람도·지번색인표 및 지적도면은 지번부여지역별로 지번순으로 보관하되, 각 장별로 보호대에 넣어야 한다.

> (풀이) **공간정보의 구축 및 관리 등에 관한 법률 시행규칙 제66조(지적공부의 보관방법 등)**
> ① 부책(簿册)으로 된 토지대장·임야대장 및 공유지연명부는 지적공부 보관상자에 넣어 보관하고, 카드로 된 토지대장·임야대장·공유지연명부·대지권등록부 및 경계점좌표등록부는 100장 단위로 바인더(binder)에 넣어 보관하여야 한다.
> ② 일람도·지번색인표 및 지적도면은 지번부여지역별로 도면번호순으로 보관하되, 각 장별로 보호대에 넣어야 한다.
> ③ 법 제69조제2항에 따라 지적공부를 정보처리시스템을 통하여 기록·보존하는 때에는 그 지적공부를 「공공기관의 기록물 관리에 관한 법률」 제19조제2항에 따라 기록물관리기관에 이관할 수 있다.

18 중앙지적위원회의 심의 · 의결사항이 아닌 것은?

① 지적 관련 정책 개발 및 업무 개선 등에 관한 사항
② 지적측량기술의 연구 · 개발 및 보급에 관한 사항
③ 지적측량성과의 검사에 관한 사항
④ 지적기술자의 업무정지 처분 및 징계요구에 관한 사항

[풀이] **공간정보의 구축 및 관리 등에 관한 법률 제28조(지적위원회)** [암기] [정][무][연][개][사][양][무][요]

① 다음 각 호의 사항을 심의 · 의결하기 위하여 국토교통부에 중앙지적위원회를 둔다.

> 1. 지적 관련 [정]책 개발 및 업[무] 개선 등에 관한 사항
> 2. 지적측량기술의 [연]구 · [개]발 및 보급에 관한 사항
> 3. 제29조제6항에 따른 지적측량 적부심[사](適否審査)에 대한 재심사(再審査)
> 4. 제39조에 따른 측량기술자 중 지적분야 측량기술자(이하 "지적기술자"라 한다)의 [양]성에 관한 사항
> 5. 제42조에 따른 지적기술자의 업[무]정지 처분 및 징계[요]구에 관한 사항

② 제29조에 따른 지적측량에 대한 적부심사 청구사항을 심의 · 의결하기 위하여 특별시 · 광역시 · 특별자치시 · 도 또는 특별자치도(이하 "시 · 도"라 한다)에 지방지적위원회를 둔다. 〈신설 2013.7.17.〉
③ 중앙지적위원회와 지방지적위원회의 위원 구성 및 운영에 필요한 사항은 대통령령으로 정한다.
④ 중앙지적위원회와 지방지적위원회의 위원 중 공무원이 아닌 사람은 「형법」 제127조 및 제129조부터 제132조까지의 규정을 적용할 때에는 공무원으로 본다.

19 지적기준점성과의 열람 및 등본발급에 대한 설명으로 가장 옳지 않은 것은?

① 지적기준점성과와 그 측량기록은 보관되어 일반인이 열람할 수 있도록 하여야 한다.
② 지적기준점성과의 등본이나 그 측량기록의 사본을 발급받으려는 자는 국토교통부령으로 정하는 바에 따라 그 발급을 신청하여야 한다.
③ 지적삼각점성과 또는 그 측량부를 열람하거나 등본을 발급받으려는 자는 특별시장 · 광역시장 · 특별자치시장 · 도지사 · 특별자치도지사 또는 지적소관청에 신청하여야 한다.
④ 지적도근점성과 또는 그 측량부를 열람하거나 등본을 발급받으려는 자는 지적측량수행자에게 신청하여야 한다.

[풀이] **공간정보의 구축 및 관리 등에 관한 법률 시행규칙 제26조(지적기준점성과의 열람 및 등본발급)**

① 법 제27조에 따라 지적측량기준점성과 또는 그 측량부를 열람하거나 등본을 발급받으려는 자는 지적삼각점성과에 대해서는 특별시장 · 광역시장 · 특별자치시장 · 도지사 · 특별자치도지사(이하 "시 · 도지사"라 한다) 또는 지적소관청에 신청하고, **지적삼각보조점성과 및 지적도근점성과에 대해서는 지적소관청에 신청하여야 한다.**
② 제1항에 따른 지적측량기준점성과 또는 그 측량부의 열람 및 등본발급 신청서는 별지 제17호 서식과 같다.
③ 지적측량기준점성과 또는 그 측량부의 열람이나 등본 발급 신청을 받은 해당 기관은 이를 열람하게 하거나 별지 제18호 서식의 지적측량기준점성과 등본을 발급하여야 한다.

[정답] 18 ③ 19 ④

20 축척변경위원회의 의결 및 시 · 도지사 또는 대도시 시장의 승인 없이 축척변경을 할 수 있는 경우는?

① 도시개발사업 등의 시행지역에 있는 토지로서 그 사업 시행에서 제외된 토지의 축척변경을 하는 경우
② 잦은 토지의 이동으로 1필지의 규모가 작아서 소축척으로는 지적측량성과의 결정이나 토지의 이동에 따른 정리를 하기 곤란한 경우
③ 하나의 지번부여지역에서로 다른 축척의 지적도가 있는 경우
④ 지적공부를 관리하기 위하여 필요하다고 인정되는 경우

풀이 공간정보의 구축 및 관리 등에 관한 법률 제83조(축척변경)

① 축척변경에 관한 사항을 심의 · 의결하기 위하여 지적소관청에 축척변경위원회를 둔다.
② 지적소관청은 지적도가 다음 각 호의 어느 하나에 해당하는 경우에는 토지소유자의 신청 또는 지적소관청의 직권으로 일정한 지역을 정하여 그 지역의 축척을 변경할 수 있다.

> 1. 잦은 토지의 이동으로 1필지의 규모가 작아서 소축척으로는 지적측량성과의 결정이나 토지의 이동에 따른 정리를 하기가 곤란한 경우
> 2. 하나의 지번부여지역에 서로 다른 축척의 지적도가 있는 경우
> 3. 그 밖에 지적공부를 관리하기 위하여 필요하다고 인정되는 경우

③ 지적소관청은 제2항에 따라 축척변경을 하려면 축척변경 시행지역의 토지소유자 3분의 2 이상의 동의를 받아 제1항에 따른 축척변경위원회의 의결을 거친 후 시 · 도지사 또는 대도시 시장의 승인을 받아야 한다. 다만, 다음 각 호의 어느 하나에 해당하는 경우에는 축척변경위원회의 의결 및 시 · 도지사 또는 대도시 시장의 승인 없이 축척변경을 할 수 있다.

> 1. 합병하려는 토지가 축척이 다른 지적도에 각각 등록되어 있어 축척변경을 하는 경우
> 2. 제86조에 따른 도시개발사업 등의 시행지역에 있는 토지로서 그 사업 시행에서 제외된 토지의 축척변경을 하는 경우

④ 축척변경의 절차, 축척변경으로 인한 면적 증감의 처리, 축척변경 결과에 대한 이의신청 및 축척변경위원회의 구성 · 운영 등에 필요한 사항은 대통령령으로 정한다.

01 「공간정보의 구축 및 관리 등에 관한 법률」상의 용어에 대한 설명으로 가장 옳지 않은 것은?

① "일반측량"이란 기본측량, 공공측량, 지적측량 및 수로측량을 포함한 측량을 말한다.

② "측량"이란 공간상에 존재하는 일정한 점들의 위치를 측정하고 그 특성을 조사하여 도면 및 수치로 표현하거나 도면상의 위치를 현지(現地)에 재현하는 것을 말한다.

③ "지적측량"이란 토지를 지적공부에 등록하거나 지적 공부에 등록된 경계점을 지상에 복원하기 위하여 대통령령으로 정한 필지의 경계 또는 좌표와 면적을 정하는 측량을 말하며, 지적확정측량 및 지적재조사 측량을 포함한다.

④ "부동산종합공부"란 토지의 표시와 소유자에 관한 사항, 건축물의 표시와 소유자에 관한 사항, 토지의 이용 및 규제에 관한 사항, 부동산의 가격에 관한 사항 등 부동산에 관한 종합정보를 정보관리체계를 통하여 기록 · 저장한 것을 말한다.

> **풀이** 공간정보의 구축 및 관리 등에 관한 법률 제2조(정의)
>
> 이 법에서 사용하는 용어의 뜻은 다음과 같다.
>
> 1. "측량"이란 공간상에 존재하는 일정한 점들의 위치를 측정하고 그 특성을 조사하여 도면 및 수치로 표현하거나 도면상의 위치를 현지(現地)에 재현하는 것을 말하며, 측량용 사진의 촬영, 지도의 제작 및 각종 건설사업에서 요구하는 도면작성 등을 포함한다.
>
> 2. "기본측량"이란 모든 측량의 기초가 되는 공간정보를 제공하기 위하여 국토교통부장관이 실시하는 측량을 말한다.
>
> 3. "공공측량"이란 다음 각 목의 측량을 말한다.
>
>   가. 국가, 지방자치단체, 그 밖에 대통령령으로 정하는 기관이 관계 법령에 따른 사업 등을 시행하기 위하여 기본측량을 기초로 실시하는 측량
>
>   나. 가목 외의 자가 시행하는 측량 중 공공의 이해 또는 안전과 밀접한 관련이 있는 측량으로서 대통령령으로 정하는 측량
>
> 4. "지적측량"이란 토지를 지적공부에 등록하거나 지적공부에 등록된 경계점을 지상에 복원하기 위하여 제21호에 따른 필지의 경계 또는 좌표와 면적을 정하는 측량을 말하며, 지적확정측량 및 지적재조사측량을 포함한다.
>
> 4의2. "지적확정측량"이란 제86조제1항에 따른 사업이 끝나 토지의 표시를 새로 정하기 위하여 실시하는 지적측량을 말한다.
>
> 4의3. "지적재조사측량"이란 「지적재조사에 관한 특별법」에 따른 지적재조사사업에 따라 토지의 표시를 새로 정하기 위하여 실시하는 지적측량을 말한다.
>
> 19. "지적공부"란 토지대장, 임야대장, 공유지연명부, 대지권등록부, 지적도, 임야도 및 경계점좌표등록부 등 지적측량 등을 통하여 조사된 토지의 표시와 해당 토지의 소유자 등을 기록한 대장 및 도면(정보처리시스템을 통하여 기록 · 저장된 것을 포함한다)을 말한다.
>
> 19의2. "연속지적도"란 지적측량을 하지 아니하고 전산화된 지적도 및 임야도 파일을 이용하여, 도면상 경계점들을 연결하여 작성한 도면으로서 측량에 활용할 수 없는 도면을 말한다.
>
> 19의3. "부동산종합공부"란 토지의 표시와 소유자에 관한 사항, 건축물의 표시와 소유자에 관한 사항, 토지의 이용 및 규제에 관한 사항, 부동산의 가격에 관한 사항 등 부동산에 관한 종합정보를 정보관리체계를 통하여 기록 · 저장한 것을 말한다.

정답 01 ①

02 「지적측량 시행규칙」상 지적측량 방법과 계산법을 〈보기〉에서 옳게 짝지은 것은?

〈보기 1〉
㉠ 지적삼각점측량
㉡ 지적삼각보조점측량
㉢ 지적도근점측량

〈보기 2〉
ⓐ 교회법(交會法) 또는 다각망도선법
ⓑ 도선법, 교회법 및 다각망도선법
ⓒ 평균계산법이나 망평균계산법

---

① ㉠－ⓑ   ② ㉡－ⓒ   ③ ㉡－ⓐ   ④ ㉢－ⓒ

풀이 지적측량 시행규칙 제9조(지적삼각점측량의 관측 및 계산)
① 경위의측량방법에 따른 지적삼각점의 관측과 계산은 다음 각 호의 기준에 따른다.
④ 지적삼각점의 계산은 진수(眞數)를 사용하여 각규약(角規約)과 변규약(邊規約)에 따른 평균계산법 또는 망평균계산법에 따르며, 계산단위는 다음 표에 따른다. 〈개정 2014.1.17.〉

종별	각	변의 길이	진수	좌표 또는 표고	경위도	자오선수차
단위	초	센티미터	6자리 이상	센티미터	초 아래 3자리	초 아래 1자리

지적측량 시행규칙 제10조(지적삼각보조점측량)
① 지적삼각보조점측량을 할 때에 필요한 경우에는 미리 지적삼각보조점표지를 설치하여야 한다.
② 지적삼각보조점은 측량지역별로 설치순서에 따라 일련번호를 부여하되, 영구표지를 설치하는 경우에는 시·군·구별로 일련번호를 부여한다. 이 경우 지적삼각보조점의 일련번호 앞에 "보"자를 붙인다.
③ 지적삼각보조점은 교회망 또는 교점다각망(交點多角網)으로 구성하여야 한다.

지적측량 시행규칙 제12조(지적도근점측량)
① 지적도근점측량을 할 때에는 미리 지적도근점표지를 설치하여야 한다.
② 지적도근점의 번호는 영구표지를 설치하는 경우에는 시·군·구별로, 영구표지를 설치하지 아니하는 경우에는 시행지역별로 설치순서에 따라 일련번호를 부여한다. 이 경우 각 도선의 교점은 지적도근점의 번호 앞에 "교"자를 붙인다.
③ 지적도근점측량의 도선은 다음 각 호의 기준에 따라 1등도선과 2등도선으로 구분한다.

> 1. 1등도선은 위성기준점, 통합기준점, 삼각점, 지적삼각점 및 지적삼각보조점의 상호 간을 연결하는 도선 또는 다각망도선으로 할 것
> 2. 2등도선은 위성기준점, 통합기준점, 삼각점, 지적삼각점 및 지적삼각보조점과 지적도근점을 연결하거나 지적도근점 상호 간을 연결하는 도선으로 할 것
> 3. 1등도선은 가·나·다 순으로 표기하고, 2등도선은 ㄱ·ㄴ·ㄷ 순으로 표기할 것

④ 지적도근점은 결합도선·폐합도선(廢合道線)·왕복도선 및 다각망도선으로 구성하여야 한다.
⑤ 경위의측량방법에 따라 도선법으로 지적도근점측량을 할 때에는 다음 각 호의 기준에 따른다.

> 1. 도선은 위성기준점, 통합기준점, 삼각점, 지적삼각점, 지적삼각보조점 및 지적도근점의 상호 간을 연결하는 결합도선에 따를 것. 다만, 지형상 부득이한 경우에는 폐합도선 또는 왕복도선에 따를 수 있다.
> 2. 1도선의 점의 수는 40점 이하로 할 것. 다만, 지형상 부득이한 경우에는 50점까지로 할 수 있다.

정답 02 ③

⑥ 경위의측량방법이나 전파기 또는 광파기측량방법에 따라 다각망도선법으로 지적도근점측량을 할 때에는 다음 각 호의 기준에 따른다. 〈개정 2014.1.17.〉

> 1. 3점 이상의 기지점을 포함한 결합다각방식에 따를 것
> 2. 1도선의 점의 수는 20점 이하로 할 것

03 지적소관청은 토지의 이동에 따라 지상경계를 새로 정한 경우에는 지상경계점등록부를 작성·관리하여야 한다. 지상경계점등록부에 등록할 사항으로 가장 옳지 않은 것은?

① 경계점의 사진 파일
② 공부상 지목과 실제 토지이용 지목
③ 지번
④ 면적

풀이 공간정보의 구축 및 관리 등에 관한 법률 제65조(지상경계의 구분 등) **암기** **토지경계**는 **공계점**

① 토지의 지상경계는 둑, 담장이나 그 밖에 구획의 목표가 될 만한 구조물 및 경계점표지 등으로 구분한다.
② 지적소관청은 토지의 이동에 따라 지상경계를 새로 정한 경우에는 다음 각 호의 사항을 등록한 지상경계점등록부를 작성·관리하여야 한다.

> 1. **토**지의 소재
> 2. **지**번
> 3. **경**계점 좌표(경계점좌표등록부 시행지역에 한정한다)
> 4. 경**계**점 위치 설명도
> 5. 그 밖에 국토교통부령으로 정하는 사항

③ 제1항에 따른 지상경계의 결정 기준 등 지상경계의 결정에 필요한 사항은 대통령령으로 정하고, 경계점표지의 규격과 재질 등에 필요한 사항은 국토교통부령으로 정한다.

공간정보의 구축 및 관리 등에 관한 법률 시행규칙 제60조(지상경계점등록부 작성 등)
① 경계점 위치 설명도의 작성 등에 관하여 필요한 사항은 국토교통부장관이 정한다.
② "그 밖에 국토교통부령으로 정하는 사항"이란 다음 각 호의 사항을 말한다.

> 1. **공**부상 지목과 실제 토지이용 지목
> 2. 경**계**점의 사진 파일
> 3. 경계**점**표지의 종류 및 경계점 위치

04 분할에 따라 지상건축물을 걸리게 하여 지상경계를 결정할 수 있는 경우로 가장 옳지 않은 것은?

① 공공사업 등에 따라 학교용지·도로·철도용지·제방·하천·구거·유지·수도용지 등의 지목으로 되는 토지일 때 해당 사업의 시행자가 토지를 분할하는 경우
② 도시개발사업 등의 사업시행자가 사업지구의 경계를 결정하기 위하여 토지를 분할하는 경우
③ 법원의 확정판결이 있는 경우
④ 국가나 지방자치단체가 취득하는 토지를 분할하는 경우

풀이 공간정보의 구축 및 관리 등에 관한 법률 시행령 제55조(지상 경계의 결정기준 등)

① 법 제65조제1항에 따른 지상 경계의 결정기준은 다음 각 호의 구분에 따른다.

> 1. 연접되는 토지 간에 높낮이 차이가 없는 경우 : 그 구조물 등의 중앙
> 2. 연접되는 토지 간에 높낮이 차이가 있는 경우 : 그 구조물 등의 하단부

정답 03 ④ 04 ④

3. 도로·구거 등의 토지에 절토(切土)된 부분이 있는 경우 : 그 경사면의 상단부
4. 토지가 해면 또는 수면에 접하는 경우 : 최대만조위 또는 최대만수위가 되는 선
5. 공유수면매립지의 토지 중 제방 등을 토지에 편입하여 등록하는 경우 : 바깥쪽 어깨부분

② 지상 경계의 구획을 형성하는 구조물 등의 소유자가 다른 경우에는 제1항제1호부터 제3호까지의 규정에도 불구하고 그 소유권에 따라 지상 경계를 결정한다.

③ 다음 각 호의 어느 하나에 해당하는 경우에는 지상 경계점에 법 제65조제1항에 따른 경계점표지를 설치하여 측량할 수 있다. 〈개정 2012.4.10., 2014.1.17.〉

1. 법 제86조제1항에 따른 도시개발사업 등의 사업시행자가 사업지구의 경계를 결정하기 위하여 토지를 분할하려는 경우
2. 법 제87조제1호 및 제2호에 따른 사업시행자와 행정기관의 장 또는 지방자치단체의 장이 토지를 취득하기 위하여 분할하려는 경우
3. 「국토의 계획 및 이용에 관한 법률」 제30조제6항에 따른 도시·군관리계획 결정고시와 같은 법 제32조제4항에 따른 지형도면 고시가 된 지역의 도시·군관리계획선에 따라 토지를 분할하려는 경우
4. 제65조제1항에 따라 토지를 분할하려는 경우
5. 관계 법령에 따라 인가·허가 등을 받아 토지를 분할하려는 경우

④ 분할에 따른 지상 경계는 지상건축물을 걸리게 결정해서는 아니 된다. 다만, 다음 각 호의 어느 하나에 해당하는 경우에는 그러하지 아니하다.

1. 법원의 확정판결이 있는 경우
2. 법 제87조제1호(공공사업 등에 따라 학교용지·도로·철도용지·제방·하천·구거·유지·수도용지 등의 지목으로 되는 토지인 경우 : 해당 사업의 시행자)에 해당하는 토지를 분할하는 경우
3. 제3항제1호 또는 제3호에 따라 토지를 분할하는 경우

⑤ 지적확정측량의 경계는 공사가 완료된 현황대로 결정하되, 공사가 완료된 현황이 사업계획도와 다를 때에는 미리 사업시행자에게 그 사실을 통지하여야 한다.

05 지적확정측량을 실시한 지역의 지번부여 방법을 준용하여 지번을 부여하는 것으로 가장 옳지 않은 것은?

① 축척변경 시행지역의 필지에 지번을 부여할 때
② 지번부여지역 일부의 행정구역 개편으로 새로 지번을 부여할 때
③ 신규등록 및 등록전환의 방법으로 지번을 부여할 때
④ 시·도지사나 대도시 시장의 승인을 받아 지번부여 지역의 지번을 변경할 때

풀이 공간정보의 구축 및 관리 등에 관한 법률 시행령 제56조(지번의 구성 및 부여방법 등)

구분	토지이동에 따른 지번의 부여방법
부여방법	① 지번(地番)은 아라비아숫자로 표기하되, 임야대장 및 임야도에 등록하는 토지의 지번은 숫자 앞에 "산"자를 붙인다. ② 지번은 본번(本番)과 부번(副番)으로 구성하되, 본번과 부번 사이에 "-" 표시로 연결한다. 이 경우 "-" 표시는 "의"라고 읽는다. ③ 법 제66조에 따른 지번의 부여방법은 다음 각 호와 같다. 　1. 지번은 북서에서 남동으로 순차적으로 부여할 것

구분		토지이동에 따른 지번의 부여방법
신규등록 · 등록전환	원칙	지번부여지역에서 인접토지의 본번에 부번을 붙여서 지번을 부여한다.
	예외	다음의 경우에는 그 지번부여지역의 최종 본번의 다음 순번부터 본번으로 하여 순차적으로 지번을 부여할 수 있다. ① 대상 토지가 그 지번부여지역의 최종 지번의 토지에 인접하여 있는 경우 ② 대상 토지가 이미 등록된 토지와 멀리 떨어져 있어서 등록된 토지의 본번에 부번을 부여하는 것이 불합리한 경우 ③ 대상 토지가 여러 필지로 되어 있는 경우
분할	원칙	분할 후의 필지 중 1필지의 지번은 분할 전의 지번으로 하고, 나머지 필지의 지번은 본번의 최종 부번 다음 순번으로 부번을 부여한다.
	예외	주거 · 사무실 등의 건축물이 있는 필지에 대해서는 분할 전의 지번을 우선하여 부여하여야 한다.
합병	원칙	합병 대상 지번 중 선순위의 지번을 그 지번으로 하되, 본번으로 된 지번이 있을 때에는 본번 중 선순위의 지번을 합병 후의 지번으로 한다.
	예외	토지소유자가 합병 전의 필지에 주거 · 사무실 등의 건축물이 있어서 그 건축물이 위치한 지번을 합병 후의 지번으로 신청할 때에는 그 지번을 합병 후의 지번으로 부여하여야 한다.
지적확정측량을 실시한 지역의 각 필지에 지번을 새로 부여하는 경우	원칙	다음 각 목의 지번을 제외한 본번으로 부여한다. ① 지적확정측량을 실시한 지역 안의 종전의 지번과 지적확정측량을 실시한 지역 밖에 있는 본번이 같은 지번이 있을 때 그 지번 ② 지적확정측량을 실시한 지역의 경계에 걸쳐 있는 지번
	예외	부여할 수 있는 종전 지번의 수가 새로 부여할 지번의 수보다 적을 때에는 블록 단위로 하나의 본번을 부여한 후 필지별로 부번을 부여하거나, 그 지번부여지역의 최종 본번 다음 순번부터 본번으로 하여 차례로 지번을 부여할 수 있다.
지적확정측량에 준용		① 법 제66조제2항(지적소관청은 지적공부에 등록된 지번을 변경할 필요가 있다고 인정하면 시 · 도지사나 대도시 시장의 승인을 받아 지번부여지역의 전부 또는 일부에 대하여 지번을 새로 부여할 수 있다.)에 따라 지번부여지역의 지번을 변경할 때 ② 법 제85조제2항(지번부여지역의 일부가 행정구역의 개편으로 다른 지번부여지역에 속하게 되었으면 지적소관청은 새로 속하게 된 지번부여지역의 지번을 부여하여야 한다.)에 따른 행정구역 개편에 따라 새로 지번을 부여할 때 ③ 제72조제1항(지적소관청은 축척변경 시행지역의 각 필지별 지번 · 지목 · 면적 · 경계 또는 좌표를 새로 정하여야 한다.)에 따라 축척변경 시행지역의 필지에 지번을 부여할 때
도시개발사업 등의 준공 전		도시개발사업 등이 준공되기 전에 사업시행자가 지번부여를 신청하는 경우에는 국토교통부령으로 정하는 바에 따라 지번을 부여할 수 있다. 지적소관청은 도시개발사업 등이 준공되기 전에 지번을 부여하는 때에는 사업계획도에 따르되, 지적확정측량을 실시한 지역의 각 필지에 지번을 새로 부여하는 경우의 지번부여방식에 따라 지번을 부여하여야 한다.

06 「지적측량 시행규칙」상 평판측량방법에 따른 세부측량의 기준으로 가장 옳지 않은 것은?

① 거리측정단위는 지적도를 갖추어 두는 지역에서는 1센티미터로 하고, 임야도를 갖추어 두는 지역에서는 5센티미터로 할 것

② 평판측량방법에 따른 세부측량은 교회법·도선법 및 방사법(放射法)에 따른다.

③ 평판측량방법에 따른 세부측량을 교회법으로 하는 경우에는 방향각의 교각은 30도 이상 150도 이하로 할 것

④ 평판측량방법에 따른 세부측량을 도선법으로 하는 경우에는 도선의 측선장은 도상길이 8센티미터 이하로 할 것

풀이 지적측량 시행규칙 제18조(세부측량의 기준 및 방법 등)

① 평판측량방법에 따른 세부측량은 다음 각 호의 기준에 따른다.

> 1. 거리측정단위는 지적도를 갖추어 두는 지역에서는 5센티미터로 하고, 임야도를 갖추어 두는 지역에서는 50센티미터로 할 것
> 2. 측량결과도는 그 토지가 등록된 도면과 동일한 축척으로 작성할 것
> 3. 세부측량의 기준이 되는 위성기준점, 통합기준점, 삼각점, 지적삼각점, 지적삼각보조점, 지적도근점 및 기지점이 부족한 경우에는 측량상 필요한 위치에 보조점을 설치하여 활용할 것
> 4. 경계점은 기지점을 기준으로 하여 지상경계선과 도상경계선의 부합 여부를 현형법(現形法)·도상원호(圖上圓弧)교회법·지상원호(地上圓弧)교회법 또는 거리비교확인법 등으로 확인하여 정할 것

② 평판측량방법에 따른 세부측량은 교회법·도선법 및 방사법(放射法)에 따른다.

③ 평판측량방법에 따른 세부측량을 교회법으로 하는 경우에는 다음 각 호의 기준에 따른다.

> 1. 전방교회법 또는 측방교회법에 따를 것
> 2. 3방향 이상의 교회에 따를 것
> 3. 방향각의 교각은 30도 이상 150도 이하로 할 것
> 4. 방향선의 도상길이는 측판의 방위표정(方位標定)에 사용한 방향선의 도상길이 이하로서 10센티미터 이하로 할 것. 다만, 광파조준의(光波照準儀) 또는 광파측거기를 사용하는 경우에는 30센티미터 이하로 할 수 있다.
> 5. 측량결과 시오(示誤)삼각형이 생긴 경우 내접원의 지름이 1밀리미터 이하일 때에는 그 중심을 점의 위치로 할 것

④ 평판측량방법에 따른 세부측량을 도선법으로 하는 경우에는 다음 각 호의 기준에 따른다.

> 1. 위성기준점, 통합기준점, 삼각점, 지적삼각점, 지적삼각보조점 및 지적도근점, 그 밖에 명확한 기지점 사이를 서로 연결할 것
> 2. 도선의 측선장은 도상길이 8센티미터 이하로 할 것. 다만, 광파조준의 또는 광파측거기를 사용할 때에는 30센티미터 이하로 할 수 있다.
> 3. 도선의 변은 20개 이하로 할 것

정답 06 ①

07 「공간정보의 구축 및 관리 등에 관한 법률 시행규칙」상 지적측량 의뢰에 관한 설명으로 가장 옳은 것은?

① 지적측량의 측량기간은 4일로 하며, 측량검사기간은 3일로 한다.
② 지적기준점을 설치하여 측량 또는 측량검사를 하는 경우 지적기준점이 15점 이하인 경우에는 4일로 한다.
③ 지적기준점을 설치하여 측량 또는 측량검사를 하는 경우 지적기준점이 15점을 초과하는 경우에는 4일에 15점을 초과하는 3점마다 1일을 가산한다.
④ 지적측량 의뢰인과 지적측량수행자가 서로 합의하여 따로 기간을 정하는 경우에는 그 기간에 따르되, 전체 기간의 5분의 4는 측량기간으로, 전체 기간의 5분의 1은 측량검사기간으로 본다.

(풀이) **공간정보의 구축 및 관리 등에 관한 법률 시행규칙 제25조(지적측량 의뢰 등)**

① 법 제24조제1항에 따라 지적측량을 의뢰하려는 자는 별지 제15호 서식의 지적측량 의뢰서(전자문서로 된 의뢰서를 포함한다)에 의뢰 사유를 증명하는 서류(전자문서를 포함한다)를 첨부하여 지적측량수행자에게 제출하여야 한다. 〈개정 2014.1.17.〉
② 지적측량수행자는 제1항에 따른 지적측량 의뢰를 받은 때에는 측량기간, 측량일자 및 측량 수수료 등을 적은 별지 제16호 서식의 지적측량 수행계획서를 그 다음 날까지 지적소관청에 제출하여야 한다. 제출한 지적측량 수행계획서를 변경한 경우에도 같다. 〈개정 2014.1.17.〉
③ 지적측량의 측량기간은 5일로 하며, 측량검사기간은 4일로 한다. 다만, 지적기준점을 설치하여 측량 또는 측량검사를 하는 경우 지적기준점이 15점 이하인 경우에는 4일을, 15점을 초과하는 경우에는 4일에 15점을 초과하는 4점마다 1일을 가산한다. 〈개정 2010.6.17.〉
④ 제3항에도 불구하고 지적측량 의뢰인과 지적측량수행자가 서로 합의하여 따로 기간을 정하는 경우에는 그 기간에 따르되, 전체 기간의 4분의 3은 측량기간으로, 전체 기간의 4분의 1은 측량검사기간으로 본다.

08 「지적재조사에 관한 특별법」상 지적소관청의 경계설정의 기준에 대한 설명 중 가장 옳지 않은 것은?

① 지방관습에 의한 경계
② 지상경계에 대하여 다툼이 있는 경우 등록할 때의 측량기록을 조사한 경계
③ 지상경계에 대하여 다툼이 없는 경우 토지소유자가 점유하는 토지의 현실경계
④ 지적재조사를 위한 경계설정을 하는 것이 불합리하다고 인정하는 경우 토지경계결정위원들이 합의한 경계

(풀이) **지적재조사에 관한 특별법 제14조(경계설정의 기준)**

① 지적소관청은 다음 각 호의 순위로 지적재조사를 위한 경계를 설정하여야 한다.

> 1. 지상경계에 대하여 다툼이 없는 경우 토지소유자가 점유하는 토지의 현실경계
> 2. 지상경계에 대하여 다툼이 있는 경우 등록할 때의 측량기록을 조사한 경계
> 3. 지방관습에 의한 경계

② 지적소관청은 제1항 각 호의 방법에 따라 지적재조사를 위한 경계설정을 하는 것이 불합리하다고 인정하는 경우에는 토지소유자들이 합의한 경계를 기준으로 지적재조사를 위한 경계를 설정할 수 있다.
③ 지적소관청은 제1항과 제2항에 따라 지적재조사를 위한 경계를 설정할 때에는 「도로법」, 「하천법」 등 관계 법령에 따라 고시되어 설치된 공공용지의 경계가 변경되지 아니하도록 하여야 한다. 다만, 해당 토지소유자들 간에 합의한 경우에는 그러하지 아니하다.

09 「공간정보의 구축 및 관리 등에 관한 법률」상 지적측량업자가 할 수 있는 업무 범위로 가장 옳지 않은 것은?

① 경계점좌표등록부가 있는 지역에서의 지적측량
② 「지적재조사에 관한 특별법」에 따른 지적재조사지구에서 실시하는 지적재조사측량
③ 측량성과에 대한 검사를 받아야 하는 검사측량
④ 도시개발사업 등이 끝남에 따라 하는 지적확정측량

> **풀이** 공간정보의 구축 및 관리 등에 관한 법률 제45조(지적측량업자의 업무 범위)
>
> 제44조제1항제2호에 따른 지적측량업의 등록을 한 자(이하 "지적측량업자"라 한다)는 제23조제1항제1호 및 제3호부터 제5호까지의 규정에 해당하는 사유로 하는 지적측량 중 다음 각 호의 지적측량과 지적전산자료를 활용한 정보화사업을 할 수 있다. 〈개정 2011.9.16., 2013.7.17., 2019.12.10.〉
>
> > 1. 제73조에 따른 경계점좌표등록부가 있는 지역에서의 지적측량
> > 2. 「지적재조사에 관한 특별법」에 따른 지적재조사지구에서 실시하는 지적재조사측량
> > 3. 제86조에 따른 도시개발사업 등이 끝남에 따라 하는 지적확정측량
>
> 공간정보의 구축 및 관리 등에 관한 법률 시행령 제39조(지적전산자료를 활용한 정보화사업 등)
> 법 제45조에 따른 지적전산자료를 활용한 정보화사업에는 다음 각 호의 사업을 포함한다.
>
> > 1. 지적도·임야도, 연속지적도, 도시개발사업 등의 계획을 위한 지적도 등의 정보처리시스템을 통한 기록·저장 업무
> > 2. 토지대장, 임야대장의 전산화 업무

10 「공간정보의 구축 및 관리 등에 관한 법률」에서 측량 또는 토지이동 조사 시 타인의 토지 등에 출입·사용에 관한 설명으로 가장 옳지 않은 것은?

① 비행정청인 자가 타인의 토지 등에 출입하려면 관할 특별자치시장, 특별자치도지사, 시장·군수 또는 구청장의 허가를 받아야 한다.
② 필요한 경우에는 타인의 토지 등에 출입하거나 일시 사용할 수 있으나, 나무, 흙, 돌, 그 밖의 장애물을 변경하거나 제거할 수 없다.
③ 일출 전이나 일몰 후에는 그 토지 등의 점유자의 승낙 없이 택지나 담장 또는 울타리로 둘러싸인 타인의 토지에 출입할 수 없다.
④ 타인의 토지 등에 출입하려는 자는 그 권한을 표시하는 허가증을 지니고 관계인에게 이를 내보여야 한다.

> **풀이** 공간정보의 구축 및 관리 등에 관한 법률 제101조(토지 등에의 출입 등)
>
> ① 이 법에 따라 측량을 하거나, 측량기준점을 설치하거나, 토지의 이동을 조사하는 자는 그 측량 또는 조사 등에 필요한 경우에는 타인의 토지·건물·공유수면 등(이하 "토지 등"이라 한다)에 출입하거나 일시 사용할 수 있으며, 특히 필요한 경우에는 나무, 흙, 돌, 그 밖의 장애물(이하 "장애물"이라 한다)을 변경하거나 제거할 수 있다.
> ② 제1항에 따라 타인의 토지 등에 출입하려는 자는 관할 특별자치시장, 특별자치도지사, 시장·군수 또는 구청장의 허가를 받아야 하며, 출입하려는 날의 3일 전까지 해당 토지 등의 소유자·점유자 또는 관리인에게

그 일시와 장소를 통지하여야 한다. 다만, 행정청인 자는 허가를 받지 아니하고 타인의 토지 등에 출입할 수 있다. 〈개정 2012.12.18.〉

③ 제1항에 따라 타인의 토지 등을 일시 사용하거나 장애물을 변경 또는 제거하려는 자는 그 소유자·점유자 또는 관리인의 동의를 받아야 한다. 다만, 소유자·점유자 또는 관리인의 동의를 받을 수 없는 경우 행정청인 자는 관할 특별자치시장, 특별자치도지사, 시장·군수 또는 구청장에게 그 사실을 통지하여야 하며, 행정청이 아닌 자는 미리 관할 특별자치시장, 특별자치도지사, 시장·군수 또는 구청장의 허가를 받아야 한다. 〈개정 2012.12.18.〉

④ 특별자치시장, 특별자치도지사, 시장·군수 또는 구청장은 제3항 단서에 따라 허가를 하려면 미리 그 소유자·점유자 또는 관리인의 의견을 들어야 한다. 〈개정 2012.12.18.〉

⑤ 제3항에 따라 토지 등을 일시 사용하거나 장애물을 변경 또는 제거하려는 자는 토지 등을 사용하려는 날이나 장애물을 변경 또는 제거하려는 날의 3일 전까지 그 소유자·점유자 또는 관리인에게 통지하여야 한다. 다만, 토지 등의 소유자·점유자 또는 관리인이 현장에 없거나 주소 또는 거소가 분명하지 아니할 때에는 관할 특별자치시장, 특별자치도지사, 시장·군수 또는 구청장에게 통지하여야 한다. 〈개정 2012.12.18.〉

⑥ 해 뜨기 전이나 해가 진 후에는 그 토지 등의 점유자의 승낙 없이 택지나 담장 또는 울타리로 둘러싸인 타인의 토지에 출입할 수 없다.

⑦ 토지 등의 점유자는 정당한 사유 없이 제1항에 따른 행위를 방해하거나 거부하지 못한다.

⑧ 제1항에 따른 행위를 하려는 자는 그 권한을 표시하는 허가증을 지니고 관계인에게 이를 내보여야 한다. 〈개정 2012.12.18.〉

⑨ 제8항에 따른 허가증에 관하여 필요한 사항은 국토교통부령으로 정한다.

11 「공간정보의 구축 및 관리 등에 관한 법률」상 규정한 벌칙 중 징역형 또는 벌금형에 해당하지 않는 경우는?

① 측량기준점표지를 이전 또는 파손하거나 그 효용을 해치는 행위를 한 경우
② 측량업자가 측량업 등록사항의 변경을 국토교통부장관 또는 시·도지사에게 신고하지 아니한 경우
③ 측량기술자가 둘 이상의 측량업자에게 소속된 경우
④ 측량업자가 속임수로 입찰의 공정성을 해친 경우

풀이 공간정보의 구축 및 관리 등에 관한 법률 제107~109조(벌칙)

벌칙(법률 제107~109조)	
3년 이하의 징역 또는 3천만 원 이하의 벌금 **암기** 임위공	측량업자로서 속임수, 위력(威力), 그 밖의 방법으로 측량업과 관련된 입찰의 공정성을 해친 자는 3년 이하의 징역 또는 3천만 원 이하의 벌금에 처한다.
2년 이하의 징역 또는 2천만 원 이하의 벌금 **암기** 거부등 외표성검	1. 측량업의 등록을 하지 아니하거나 거짓이나 그 밖의 부정한 방법으로 측량업의 등록을 하고 측량업을 한 자 2. 성능검사대행자의 등록을 하지 아니하거나 거짓이나 그 밖의 부정한 방법으로 성능검사대행자의 등록을 하고 성능검사업무를 한 자 3. 측량성과를 국외로 반출한 자 4. 측량기준점표지를 이전 또는 파손하거나 그 효용을 해치는 행위를 한 자 5. 고의로 측량성과를 사실과 다르게 한 자 6. 성능검사를 부정하게 한 성능검사대행자

벌칙(법률 제107~109조)	
1년 이하의 징역 또는 1천만 원 이하의 벌금 **암기** 둘비허둘 대판대둘	1. **둘** 이상의 측량업자에게 소속된 측량기술자 2. 업무상 알게 된 **비**밀을 누설한 측량기술자 3. 거짓(**허**위)으로 다음 각 목의 신청을 한 자 가. 신규등록 신청　　나. 등록전환 신청 다. 분할 신청　　　　라. 합병 신청 마. 지목변경 신청　　바. 바다로 된 토지의 등록말소 신청 사. 축척변경 신청　　아. 등록사항의 정정 신청 자. 도시개발사업 등 시행지역의 토지이동 신청 4. 측량기술자가 아님에도 **불**구하고 측량을 한 자 5. 지적측량수수료 외의 **대**가를 받은 지적측량기술자 6. 심사를 받지 아니하고 지도 등을 간행하여 **판**매하거나 배포한 자 7. 다른 사람에게 측량업등록증 또는 측량업등록수첩을 빌려(**대**여)주거나 자기의 성명 또는 상호를 사용하여 측량업무를 하게 한 자 8. 다른 사람의 측량업등록증 또는 측량업등록수첩을 빌려서(**대**여) 사용하거나 다른 사람의 성명 또는 상호를 사용하여 측량업무를 한 자 9. 다른 사람에게 자기의 성능검사대행자 등록증을 빌려(**대**여)주거나 자기의 성명 또는 상호를 사용하여 성능검사대행업무를 수행하게 한 자 10. 다른 사람의 성능검사대행자 등록증을 빌려서(**대**여) 사용하거나 다른 사람의 성명 또는 상호를 사용하여 성능검사대행업무를 수행한 자 11. 무단으로 측량성과 또는 측량기록을 **복**제한 자

12 지적재조사사업에 따른 새로운 지적공부의 등록사항 중 국토교통부령으로 정하는 사항으로 가장 옳은 것은?

① 토지의 이동사유 · 지적기준점의 위치 · 도로명주소 · 구분지상권에 관한 사항

② 토지등급 또는 기준수확량과 그 설정 · 수정 연월일 · 토지의 이동사유 · 지적기준점의 위치 · 건물의 명칭

③ 도로명주소 · 구분지상권에 관한 사항 · 소유권 지분 · 필지별 공유지연명부의 장 번호 · 전유부분의 건물 표시

④ 구분지상권에 관한 사항 · 전유 부분의 건물표시 · 건물의 명칭 · 집합건물별 대지권등록부의 장 번호 · 대지권 비율

풀이 지적재조사에 관한 특별법 제24조(새로운 지적공부의 작성)

암기 토지지적소유권이상걸렸다 유사가가 지분건물 표지별표지병

① 지적소관청은 제23조에 따른 사업완료 공고가 있었을 때에는 기존의 지적공부를 폐쇄하고 새로운 지적공부를 작성하여야 한다. 이 경우 그 토지는 제23조제1항에 따른 사업완료 공고일에 토지의 이동이 있은 것으로 본다.

② 제1항에 따라 새로이 작성하는 지적공부에는 다음 각 호의 사항을 등록하여야 한다. 〈개정 2013.3.23.〉

　1. **토**지의 소재
　2. **지**번

정답 12 ①

3. [지]목
4. 면[적]
5. 경계점[좌]표
6. 소[유]자의 성명 또는 명칭, 주소 및 주민등록번호(국가, 지방자치단체, 법인, 법인 아닌 사단이나 재단 및 외국인의 경우에는 「부동산등기법」 제49조에 따라 부여된 등록번호를 말한다. 이하 같다)
7. 소유[권]지분
8. 대지권[비]율
9. 지[상]건축물 및 지하건축물의 위치
10. 그 밖에 국토교통부령으로 정하는 사항

③ 제23조제2항에 따라 경계가 확정되지 아니하고 사업완료 공고가 된 토지에 대하여는 대통령령으로 정하는 바에 따라 "경계미확정 토지"라고 기재하고 지적공부를 정리할 수 있으며, 경계가 확정될 때까지 지적측량을 정지시킬 수 있다.

지적재조사에 관한 특별법 시행규칙 제13조(새로운 지적공부의 등록사항)

① 법 제24조제2항제10호에서 "국토교통부령으로 정하는 사항"이란 다음 각 호의 사항을 말한다. 〈개정 2013.3.23.〉

1. 토지의 고[유]번호
2. 토지의 이동 [사]유
3. 토지소유[자]가 변경된 날과 그 원인
4. 개별공시지[가], 개별주택가격, 공동주택가격 및 부동산 실거래가격과 그 기준일
5. 필[지]별 공유지 연명부의 장 번호
6. 전유(專有) 부[분]의 건물 표시
7. [건]물의 명칭
8. 집합건[물]별 대지권등록부의 장 번호
9. 좌[표]에 의하여 계산된 경계점 사이의 거리
10. [지]적기준점의 위치
11. 필지[별] 경계점좌표의 부호 및 부호도
12. 「토지이용규제 기본법」에 따른 토[지]이용과 관련된 지역 · 지구 등의 지정에 관한 사항
13. 건축물의 [표]시와 건축물 현황도에 관한 사항
14. 구분[지]상권에 관한 사항
15. 도로[명]주소
16. 그 밖에 새로운 지적공부의 등록과 관련하여 국토교통부장관이 필요하다고 인정하는 사항

② 법 제24조제1항에 따라 새로 작성하는 지적공부는 토지, 토지 · 건물 및 집합건물로 각각 구분하여 작성하며, 해당 지적공부는 각각 별지 제9호 서식의 부동산 종합공부(토지), 별지 제10호 서식의 부동산 종합공부(토지, 건물) 및 별지 제11호 서식의 부동산 종합공부(집합건물)에 따른다.

정답

13 「공간정보의 구축 및 관리 등에 관한 법률」에서 규정하고 있는 지적측량수행자의 성실의무 등에 관한 설명으로 가장 옳지 않은 것은?

① 지적측량수행자는 정당한 사유 없이 그 업무상 알게 된 비밀을 누설하여서는 아니 된다.

② 지적측량수행자는 정당한 사유 없이 지적측량 신청을 거부하여서는 아니 된다.

③ 지적측량수행자는 지적측량수수료 외에는 어떠한 명목으로도 그 업무와 관련된 대가를 받으면 아니 된다.

④ 지적측량수행자는 본인, 배우자 또는 직계 존속 · 비속이 소유한 토지에 대한 지적측량을 하여서는 아니 된다.

풀이 공간정보의 구축 및 관리 등에 관한 법률 제50조(지적측량수행자의 성실의무 등)

① 지적측량수행자(소속 지적기술자를 포함한다. 이하 이 조에서 같다)는 신의와 성실로써 공정하게 지적측량을 하여야 하며, 정당한 사유 없이 지적측량 신청을 거부하여서는 아니 된다. 〈개정 2013.7.17.〉

② 지적측량수행자는 본인, 배우자 또는 직계 존속 · 비속이 소유한 토지에 대한 지적측량을 하여서는 아니 된다.

③ 지적측량수행자는 제106조제2항에 따른 지적측량수수료 외에는 어떠한 명목으로도 그 업무와 관련된 대가를 받으면 아니 된다.

14 「지적재조사에 관한 특별법」상 시 · 군 · 구 지적재조사위원회에 대한 설명으로 가장 옳지 않은 것은?

① 지적소관청이 수립한 실시계획을 심의 · 의결한다.

② 토지소유자의 신청에 따라 경계복원측량 또는 지적공부정리의 허용 여부를 심의 · 의결한다.

③ 시 · 군 · 구 위원회는 위원장 및 부위원장 각 1명을 포함한 10명 이내의 위원으로 구성한다.

④ 시 · 군 · 구의 지적재조사사업에 관한 주요 정책을 심의 · 의결한다.

풀이 지적재조사에 관한 특별법 제30조(시 · 군 · 구 지적재조사위원회) **암기** 목부지청은 의장이

① 시 · 군 · 구의 지적재조사사업에 관한 주요 정책을 심의 · 의결하기 위하여 지적소관청 소속으로 시 · 군 · 구 지적재조사위원회(이하 "시 · 군 · 구 위원회"라 한다)를 둘 수 있다.

② 시 · 군 · 구 위원회는 다음 각 호의 사항을 심의 · 의결한다. 〈개정 2017.4.18., 2020.6.9.〉

> 1. 제12조제2항제3호에 따른 경계**복**원측량 또는 지적공**부**정리의 허용 여부
> 2. 제19조에 따른 **지**목의 변경
> 3. 제20조에 따른 조**정**금의 산정
> 3의2. 제21조의2제2항에 따른 조정금 이**의**신청에 관한 결정
> 4. 그 밖에 지적재조사사업에 필요하여 시 · 군 · 구 위원회의 위원**장**이 회의에 부치는 사항

③ 시 · 군 · 구 위원회는 위원장 및 부위원장 각 1명을 포함한 10명 이내의 위원으로 구성한다.

④ 시 · 군 · 구 위원회의 위원장은 시장 · 군수 또는 구청장이 되며, 부위원장은 위원 중에서 위원장이 지명한다.

⑤ 시 · 군 · 구 위원회의 위원은 다음 각 호의 어느 하나에 해당하는 사람 중에서 위원장이 임명 또는 위촉한다.

> 1. 해당 시 · 군 · 구의 5급 이상 공무원
> 2. 해당 지적재조사지구의 읍장 · 면장 · 동장
> 3. 판사 · 검사 또는 변호사

정답 13 ① 14 ①

4. 법학이나 지적 또는 측량 분야의 교수로 재직하고 있거나 있었던 사람

5. 그 밖에 지적재조사사업에 관하여 전문성을 갖춘 사람

⑥ 시 · 군 · 구 위원회의 위원 중 공무원이 아닌 위원의 임기는 2년으로 한다.

⑦ 시 · 군 · 구 위원회는 재적위원 과반수의 출석과 출석위원 과반수의 찬성으로 의결한다.

⑧ 그 밖에 시 · 군 · 구 위원회의 조직 및 운영 등에 관하여 필요한 사항은 해당 시 · 군 · 구의 조례로 정한다.

15 「공간정보의 구축 및 관리 등에 관한 법률」상 토지대장의 등록사항에 해당하는 것은?

① 토지의 고유번호, 지번, 좌표, 부호 및 부호도

② 토지의 소재, 지번, 소유권 지분, 토지소유자가 변경된 날과 그 원인

③ 토지의 고유번호, 면적, 토지의 이동사유, 개별공시지가와 그 기준일

④ 토지의 소재, 지번, 대지권 비율, 전유부분의 건물표시

풀이 공간정보의 구축 및 관리 등에 관한 법률 제71조(토지대장 등의 등록사항)

구분	토지표시사항	소유권에 관한 사항	기타
토지대장 (土地臺帳, Land Books) & 임야대장 (林野臺帳, Forest Books)	• **토**지 소재 • **지번** • **지목** • 면**적** • 토지의 **이**동 사유	• 토지소유자 **변**동일자 • 변**동**원인 • **주**민등록번호 • 성**명** 또는 명칭 • 주**소**	• 토지의 고**유**번호(각 필지 를 서로 구별하기 위하여 필지마다 붙이는 고유한 번호를 말한다) • 지적도 또는 임야**도** 번호 • 필지별 토지대장 또는 임 야대장의 **장**번호 • **축**척 • **토**지등급 또는 기준수확량 등급과 그 설정 · 수정 연 월일 • 개별**공**시지가와 그 기준일
공유지연명부 (共有地連名簿, Common Land Books)	• **토**지 소재 • **지번**	• 토지소유자 **변**동일자 • 변**동**원인 • **주**민등록번호 • 성**명** · 주**소** • 소유권 **지**분	• 토지의 **고**유번호 • 필지별 공유지연명부의 **장**번호
대지권등록부 (垈地權登錄簿, Building Site Rights Books)	• **토**지 소재 • **지번**	• 토지소유자 **변**동일자 및 변**동** 원인 • **주**민등록번호 • 성**명** 또는 명칭 · 주**소** • 대**지**권 비율 • 소유**권** 지분	• 토지의 **고**유번호 • 집합건물별 대지권등록부의 **장**번호 • **건**물의 명칭 • **전**유부분의 건물의 표시

16 다음 중 지목을 '대'로 할 수 있는 것으로 가장 옳은 것은?

① 동물원, 민속촌, 박물관　　　　　② 박물관, 극장, 미술관
③ 실내체육관, 미술관, 점포　　　　④ 박물관, 사무실, 민속촌

풀이 공간정보의 구축 및 관리 등에 관한 법률 시행령 제58조(지목의 구분)
법 제67조제1항에 따른 지목의 구분은 다음 각 호의 기준에 따른다.

대	① 영구적 건축물 중 주거 · 사무실 · 점포와 박물관 · 극장 · 미술관 등 문화시설과 이에 접속된 정원 및 부속시설물의 부지 ② 「국토의 계획 및 이용에 관한 법률」 등 관계 법령에 따른 택지조성공사가 준공된 토지
체육용지	국민의 건강증진 등을 위한 체육활동에 적합한 시설과 형태를 갖춘 종합운동장 · 실내체육관 · 야구장 · 골프장 · 스키장 · 승마장 · 경륜장 등 체육시설의 토지와 이에 접속된 부속시설물의 부지. 다만, 체육시설로서의 영속성과 독립성이 미흡한 정구장 · 골프연습장 · 실내수영장 및 체육도장, 유수(流水)를 이용한 요트장 및 카누장 등의 토지는 제외한다.
유원지	일반 공중의 위락 · 휴양 등에 적합한 시설물을 종합적으로 갖춘 수영장 · 유선장(遊船場) · 낚시터 · 어린이놀이터 · 동물원 · 식물원 · 민속촌 · 경마장 · 야영장 등의 토지와 이에 접속된 부속시설물의 부지. 다만, 이들 시설과의 거리 등으로 보아 독립적인 것으로 인정되는 숙식시설 및 유기장(遊技場)의 부지와 하천 · 구거 또는 유지[공유(公有)인 것으로 한정한다]로 분류되는 것은 제외한다.

17 등록전환이나 분할에 따른 면적 오차의 허용범위 및 배분 등에 관한 설명으로 가장 옳은 것은?

① 분할에 따른 분할 전후의 면적의 차이를 배분한 결정 면적은 원면적과 일치하도록 산출면적의 구하려는 끝자리의 다음 숫자가 큰 것부터 순차로 올려서 정한다.

② 등록전환을 하는 경우 임야대장의 면적과 등록 전환될 면적의 오차 허용범위를 계산할 때 축척이 6천분의 1인 지역의 축척분모는 3천으로 한다.

③ 경계점좌표등록부가 있는 지역의 토지분할을 위하여 면적을 정할 때 분할 후 각 필지의 면적합계가 분할 전 면적보다 많은 경우 구하려는 끝자리의 다음 숫자가 큰 것부터 순차적으로 버려서 정한다.

④ 경계점좌표등록부가 있는 지역의 토지분할을 위하여 면적을 정할 때 분할 후 각 필지의 면적합계가 분할 전 면적보다 적은 경우 구하려는 끝자리의 다음 숫자가 작은 것부터 순차적으로 올려서 정한다.

풀이 공간정보의 구축 및 관리 등에 관한 법률 시행령 제19조(등록전환이나 분할에 따른 면적 오차의 허용범위 및 배분 등)
① 법 제26조제2항에 따른 등록전환이나 분할을 위하여 면적을 정할 때에 발생하는 오차의 허용범위 및 처리방법은 다음 각 호와 같다.
1. 등록전환을 하는 경우
　가. 임야대장의 면적과 등록전환될 면적의 오차 허용범위는 다음의 계산식에 따른다. 이 경우 오차의 허용범위를 계산할 때 축척이 3천분의 1인 지역의 축척분모는 6천으로 한다.

$$A = 0.026^2 M\sqrt{F}$$
(A는 오차 허용면적, M은 임야도 축척분모, F는 등록전환될 면적)

　나. 임야대장의 면적과 등록전환될 면적의 차이가 가목의 계산식에 따른 허용범위 이내인 경우에는 등록전환될 면적을 등록전환 면적으로 결정하고, 허용범위를 초과하는 경우에는 임야대장의 면적 또는 임야도의 경계를 지적소관청이 직권으로 정정하여야 한다.

2. 토지를 분할하는 경우

　　가. 분할 후의 각 필지의 면적의 합계와 분할 전 면적과의 오차의 허용범위는 제1호가목의 계산식에 따른다. 이 경우 A는 오차 허용면적, M은 축척분모, F는 원면적으로 하되, 축척이 3천분의 1인 지역의 축척분모는 6천으로 한다.

　　나. 분할 전후 면적의 차이가 가목의 계산식에 따른 허용범위 이내인 경우에는 그 오차를 분할 후의 각 필지의 면적에 따라 나누고, 허용범위를 초과하는 경우에는 지적공부(地籍公簿)상의 면적 또는 경계를 정정하여야 한다.

　　다. 분할 전후 면적의 차이를 배분한 산출면적은 다음의 계산식에 따라 필요한 자리까지 계산하고, 결정면적은 원면적과 일치하도록 산출면적의 구하려는 끝자리의 다음 숫자가 큰 것부터 순차로 올려서 정하되, 구하려는 끝자리의 다음 숫자가 서로 같을 때에는 산출면적이 큰 것을 올려서 정한다.

$$r = \frac{F}{A} \times a$$

(r은 각 필지의 산출면적, F는 원면적, A는 측정면적 합계 또는 보정면적 합계, a는 각 필지의 측정면적 또는 보정면적)

② 경계점좌표등록부가 있는 지역의 토지분할을 위하여 면적을 정할 때에는 제1항제2호나목에도 불구하고 다음 각 호의 기준에 따른다.

　1. 분할 후 각 필지의 면적합계가 분할 전 면적보다 많은 경우에는 구하려는 끝자리의 다음 숫자가 작은 것부터 순차적으로 버려서 정하되, 분할 전 면적에 증감이 없도록 할 것

　2. 분할 후 각 필지의 면적합계가 분할 전 면적보다 적은 경우에는 구하려는 끝자리의 다음 숫자가 큰 것부터 순차적으로 올려서 정하되, 분할 전 면적에 증감이 없도록 할 것

18 「GNSS에 의한 지적측량규정」에서 정한 관측 등에 관한 설명으로 가장 옳은 것은?

① 관측점으로부터 위성에 대한 고도각이 10° 이상에 위치할 것

② 관측점에서 동시에 수신 가능한 위성 수는 정지측량에 의하는 경우에는 5개 이상, 이동측량에 의하는 경우에는 4개 이상일 것

③ 관측 시 안테나 주위의 15미터 이내에는 자동차 등의 접근을 피할 것

④ 관측 시 발전기를 사용하는 경우에는 안테나로부터 20미터 이상 떨어진 곳에서 사용할 것

풀이 GNSS에 의한 지적측량규정 제6조(관측)

　① 관측 시 위성의 조건은 다음 각 호의 기준에 의한다.

　　1. 관측점으로부터 위성에 대한 고도각이 15° 이상에 위치할 것
　　2. 위성의 작동상태가 정상일 것
　　3. 관측점에서 동시에 수신 가능한 위성 수는 정지측량에 의하는 경우에는 4개 이상, 이동측량에 의하는 경우에는 5개 이상일 것

　② GNSS측량기에 입력하는 안테나의 높이 등에 관하여는 GNSS측량기에서 정해진 방법에 따라 측정하고, 관측 후 확인한다.

　③ 관측 시 주의사항은 다음 각 호와 같다.

　　1. 안테나 주위의 10미터 이내에는 자동차 등의 접근을 피할 것
　　2. 관측 중에는 무전기 등 전파발신기의 사용을 금한다. 다만, 부득이한 경우에는 안테나로부터 100미터이상의 거리에서 사용할 것

3. 발전기를 사용하는 경우에는 안테나로부터 20미터 이상 떨어진 곳에서 사용할 것
4. 관측 중에는 수신기 표시장치 등을 통하여 관측상태를 수시로 확인하고 이상 발생 시에는 재관측을 실시할 것

④ 관측 완료 후 점검결과 제1항 내지 제3항의 관측조건에 맞지 아니한 경우에는 다시 관측을 하여야 한다.
⑤ 지적위성측량을 실시하는 경우에는 지적위성측량관측부를 작성하여야 한다.

19 축척변경의 청산금과 지적재조사사업의 조정금에 관한 사항으로 가장 옳지 않은 것은?

① • 축척변경의 청산금 이의신청 : 납부고지 또는 수령 통지를 받은 날부터 1개월 이내
　• 지적재조사사업의 조정금 이의신청 : 납부고지 또는 수령통지를 받은 날부터 60일 이내
② • 축척변경의 청산금 지급 : 수령통지를 한 날부터 6개월 이내
　• 지적재조사사업의 조정금 지급 : 수령통지를 한 날부터 6개월 이내
③ • 축척변경의 납부고지 또는 수령통지 : 청산금의 결정을 공고한 날부터 20일 이내
　• 지적재조사사업의 납부고지 또는 수령통지 : 조정 금액을 통지한 날부터 10일 이내
④ • 축척변경의 청산금을 납부할 자가 기간 내에 납부하지 아니할 때 : 지방세 체납처분의 예에 따라 징수

풀이 지적재조사사업의 조정금을 납부할 자가 기간 내에 납부하지 아니할 때 :「지방행정제재 · 부과금 징수 등에 관한 법률에 따라 징수」

공간정보의 구축 및 관리 등에 관한 법률 시행령 제76조(청산금의 납부고지 등)
① 지적소관청은 제75조제4항에 따라 청산금의 결정을 공고한 날부터 20일 이내에 토지소유자에게 청산금의 납부고지 또는 수령통지를 하여야 한다.
② 제1항에 따른 납부고지를 받은 자는 그 고지를 받은 날부터 6개월 이내에 청산금을 지적소관청에 내야 한다. 〈개정 2017.1.10.〉
③ 지적소관청은 제1항에 따른 수령통지를 한 날부터 6개월 이내에 청산금을 지급하여야 한다.
④ 지적소관청은 청산금을 지급받을 자가 행방불명 등으로 받을 수 없거나 받기를 거부할 때에는 그 청산금을 공탁할 수 있다.
⑤ 지적소관청은 청산금을 내야 하는 자가 제77조제1항에 따른 기간 내에 청산금에 관한 이의신청을 하지 아니하고 제2항에 따른 기간 내에 청산금을 내지 아니하면 지방세 체납처분의 예에 따라 징수할 수 있다.

공간정보의 구축 및 관리 등에 관한 법률 시행령 제77조(청산금에 관한 이의신청)
① 제76조제1항에 따라 납부고지되거나 수령통지된 청산금에 관하여 이의가 있는 자는 납부고지 또는 수령통지를 받은 날부터 1개월 이내에 지적소관청에 이의신청을 할 수 있다.
② 제1항에 따른 이의신청을 받은 지적소관청은 1개월 이내에 축척변경위원회의 심의 · 의결을 거쳐 그 인용(認容) 여부를 결정한 후 지체 없이 그 내용을 이의신청인에게 통지하여야 한다.

지적재조사에 관한 특별법 제21조(조정금의 지급 · 징수 또는 공탁)
① 조정금은 현금으로 지급하거나 납부하여야 한다.
② 지적소관청은 제20조제1항에 따라 조정금을 산정하였을 때에는 지체 없이 조정금조서를 작성하고, 토지소유자에게 개별적으로 조정금액을 통보하여야 한다.
③ 지적소관청은 제2항에 따라 조정금액을 통지한 날부터 10일 이내에 토지소유자에게 조정금의 수령통지 또는 납부고지를 하여야 한다.

④ 지적소관청은 제3항에 따라 수령통지를 한 날부터 6개월 이내에 조정금을 지급하여야 한다.

⑤ 제3항에 따라 납부고지를 받은 자는 그 부과일부터 6개월 이내에 조정금을 납부하여야 한다. 다만, 지적소관청은 1년의 범위에서 대통령령으로 정하는 바에 따라 조정금을 분할납부하게 할 수 있다. 〈개정 2017.4.18.〉

⑥ 지적소관청은 조정금을 납부하여야 할 자가 기한까지 납부하지 아니할 때에는 「지방행정제재·부과금의 징수 등에 관한 법률」에 따라 징수할 수 있다. 〈신설 2017.4.18., 2020.3.24., 2020.6.9.〉

⑦ 지적소관청은 조정금을 지급하여야 하는 경우로서 다음 각 호의 어느 하나에 해당하는 때에는 조정금을 지급 받을 자의 토지 소재지 공탁소에 그 조정금을 공탁할 수 있다. 〈개정 2017.4.18.〉

  1. 조정금을 받을 자가 그 수령을 거부하거나 주소 불분명 등의 이유로 조정금을 수령할 수 없을 때

  2. 지적소관청이 과실 없이 조정금을 받을 자를 알 수 없을 때

  3. 압류 또는 가압류에 따라 조정금의 지급이 금지되었을 때

⑧ 지적재조사지구 지정이 있은 후 권리의 변동이 있을 때에는 그 권리를 승계한 자가 제1항에 따른 조정금 또는 제7항에 따른 공탁금을 수령하거나 납부한다.

지적재조사에 관한 특별법 제21조의2(조정금에 관한 이의신청)

① 제21조제3항에 따라 수령통지 또는 납부고지된 조정금에 이의가 있는 토지소유자는 수령통지 또는 납부고지를 받은 날부터 60일 이내에 지적소관청에 이의신청을 할 수 있다.

② 지적소관청은 제1항에 따른 이의신청을 받은 날부터 30일 이내에 제30조에 따른 시·군·구 지적재조사위원회의 심의·의결을 거쳐 이의신청에 대한 결과를 신청인에게 서면으로 알려야 한다.

---

20 「지적재조사업무규정」에 따라 토지현황 사전조사를 할 경우 조사 항목과 참고 자료를 연결한 것으로 가장 옳지 않은 것은?

① 토지소유자 – 등기사항증명서

② 건축물소유자 – 등기사항증명서

③ 토지 지번 – 토지(임야)대장 또는 지적(임야)도

④ 토지이용 현황 및 건축물 현황 – 등기사항증명서

풀이 지적재조사에 관한 특별법 제10조(토지현황조사)

토지현황조사 (법 제10조 및 규칙 제4조) **암기** ⊛㉜㉤㉤㉤⊞는 ㉜㉤㉮간에서 ㉤㉜ ㉢㉤ ㉤용 ㉤황 ㉤설	"토지현황조사"란 지적재조사사업을 시행하기 위하여 필지별로 ⊛유자, ㉜번, 지㉤, 면㉤, 경㉤ 또는 좌㉤, ㉜상건축물 및 지㉤건축물의 위치, 개별㉤시지가 등을 조사하는 것을 말한다. 1. ㉤㉜에 관한 사항 2. ㉢㉤물에 관한 사항 3. 토지㉤용계획에 관한 사항 4. 토지이용 ㉤황 및 건축물 현황 5. 지하㉤설물(지하구조물) 등에 관한 사항 6. 그 밖에 국토교통부장관이 토지현황조사와 관련하여 필요하다고 인정하는 사항

사전조사 (업무규정 제11조)	토지에 관한 사항 : 지적공부 및 토지등기부	가. 소유자 : 등기사항증명서 나. 이해관계인 : 등기사항증명서 다. 지번 : 토지(임야)대장 또는 지적(임야)도 라. 지목 : 토지(임야)대장 마. 토지면적 : 토지(임야)대장
	건축물에 관한 사항 : 건축물 대장 및 건물등기부	가. 소유자 : 등기사항증명서 나. 이해관계인 : 등기사항증명서 다. 건물면적 : 건축물대장 라. 구조물 및 용도 : 건축물대장
	토지이용계획에 관한 사항	토지이용계획확인서(토지이용규제기본법령에 따라 구축·운영하고 있는 국토이용정보체계의 지역·지구 등의 정보)
	토지이용 현황 및 건축물 현황	개별공시지가 토지특성조사표, 국·공유지 실태 조사표, 건축물대장 현황 및 배치도
	지하시설(구조)물 등 현황	도시철도 및 지하상가 등 지하시설물을 관리하는 관리기관·관리부서의 자료와 구분지상권 등기 사항

정답

01 「공간정보의 구축 및 관리 등에 관한 법률」상 용어의 정의에 들어갈 내용을 옳게 짝지은 것은?

> • "(㉠)"이란 임야대장 및 임야도에 등록된 토지를 토지대장 및 지적도에 옮겨 등록하는 것을 말한다.
> • "축척변경"이란 지적도에 등록된 경계점의 (㉡)를 높이기 위하여 작은 축척을 큰 축척으로 변경하여 등록하는 것을 말한다.

	㉠	㉡
①	등록전환	정밀도
②	등록전환	정확도
③	형질변경	정밀도
④	형질변경	정확도

풀이 **공간정보의 구축 및 관리 등에 관한 법률 제2조(정의)**
이 법에서 사용하는 용어의 뜻은 다음과 같다.
28. "토지의 이동(異動)"이란 토지의 표시를 새로 정하거나 변경 또는 말소하는 것을 말한다.
29. "신규등록"이란 새로 조성된 토지와 지적공부에 등록되어 있지 아니한 토지를 지적공부에 등록하는 것을 말한다.
30. "등록전환"이란 임야대장 및 임야도에 등록된 토지를 토지대장 및 지적도에 옮겨 등록하는 것을 말한다.
31. "분할"이란 지적공부에 등록된 1필지를 2필지 이상으로 나누어 등록하는 것을 말한다.
32. "합병"이란 지적공부에 등록된 2필지 이상을 1필지로 합하여 등록하는 것을 말한다.
33. "지목변경"이란 지적공부에 등록된 지목을 다른 지목으로 바꾸어 등록하는 것을 말한다.
34. "축척변경"이란 지적도에 등록된 경계점의 **정밀도**를 높이기 위하여 작은 축척을 큰 축척으로 변경하여 등록하는 것을 말한다.

02 〈보기〉에서 「공간정보의 구축 및 관리 등에 관한 법령」상 지상경계점등록부의 등록사항을 모두 고른 것은?

> 〈보기〉
> ㄱ. 경계점표지의 종류 및 경계점 위치
> ㄴ. 공부상 지목과 실제 토지이용 지목
> ㄷ. 토지 소유자와 인접 토지 소유자의 서명·날인
> ㄹ. 경계점의 사진 파일

① ㄱ, ㄷ ② ㄴ, ㄹ
③ ㄱ, ㄴ, ㄹ ④ ㄱ, ㄴ, ㄷ, ㄹ

지상경계점등록부 (지적재조사에 관한 특별법 시행규칙 제10조) **암기** 토지목상도 경번지 세관위기경 소직명 확직명	지상경계점등록부 (공간정보의 구축 및 관리 등에 관한 법률 제65조) **암기** 토지경계 공계점
1. 토지의 소재 2. 지번 3. 지목 4. 작성일 5. 위치도 6. 경계점 번호 및 표지종류 7. 경계점 세부설명 및 관련 자료 8. 경계위치 9. 경계설정기준 및 경계형태 10. 작성자의 소속 · 직급(직위) · 성명 11. 확인자의 직급 · 성명	1. 토지의 소재 2. 지번 3. 경계점 좌표(경계점좌표등록부 시행 지역에 한정한다) 4. 경계점 위치 설명도 5. 공부상 지목과 실제 토지이용 지목 6. 경계점의 사진 파일 7. 경계점표지의 종류 및 경계점 위치

03 시 · 도지사의 승인 사항이 아닌 것은?

① 지적측량적부심사   ② 지적공부반출

③ 지번변경   ④ 축척변경

풀이 공간정보의 구축 및 관리 등에 관한 법률 제29조(지적측량의 적부심사 등)

① 토지소유자, 이해관계인 또는 지적측량수행자는 지적측량성과에 대하여 다툼이 있는 경우에는 대통령령으로 정하는 바에 따라 관할 시 · 도지사를 거쳐 지방지적위원회에 지적측량 적부심사를 청구할 수 있다.

공간정보의 구축 및 관리 등에 관한 법률 제66조(지번의 부여 등)

① 지번은 지적소관청이 지번부여지역별로 차례대로 부여한다.

② 지적소관청은 지적공부에 등록된 지번을 변경할 필요가 있다고 인정하면 시 · 도지사나 대도시 시장의 승인을 받아 지번부여지역의 전부 또는 일부에 대하여 지번을 새로 부여할 수 있다.

공간정보의 구축 및 관리 등에 관한 법률 제69조(지적공부의 보존 등)

① 지적소관청은 해당 청사에 지적서고를 설치하고 그곳에 지적공부(정보처리시스템을 통하여 기록 · 저장한 경우는 제외한다. 이하 이 항에서 같다)를 영구히 보존하여야 하며, 다음 각 호의 어느 하나에 해당하는 경우 외에는 해당 청사 밖으로 지적공부를 반출할 수 없다.

> 1. 천재지변이나 그 밖에 이에 준하는 재난을 피하기 위하여 필요한 경우
> 2. 관할 시 · 도지사 또는 대도시 시장의 승인을 받은 경우

② 지적공부를 정보처리시스템을 통하여 기록 · 저장한 경우 관할 시 · 도지사, 시장 · 군수 또는 구청장은 그 지적공부를 지적정보관리체계에 영구히 보존하여야 한다. 〈개정 2013.7.17.〉

③ 국토교통부장관은 제2항에 따라 보존하여야 하는 지적공부가 멸실되거나 훼손될 경우를 대비하여 지적공부를 복제하여 관리하는 정보관리체계를 구축하여야 한다. 〈개정 2013.3.23., 2013.7.17.〉

④ 지적서고의 설치기준, 지적공부의 보관방법 및 반출승인 절차 등에 필요한 사항은 국토교통부령으로 정한다.

공간정보의 구축 및 관리 등에 관한 법률 제83조(축척변경)

① 축척변경에 관한 사항을 심의 · 의결하기 위하여 지적소관청에 축척변경위원회를 둔다.

② 지적소관청은 지적도가 다음 각 호의 어느 하나에 해당하는 경우에는 토지소유자의 신청 또는 지적소관청의 직권으로 일정한 지역을 정하여 그 지역의 축척을 변경할 수 있다.

> 1. 잦은 토지의 이동으로 1필지의 규모가 작아서 소축척으로는 지적측량성과의 결정이나 토지의 이동에 따른 정리를 하기가 곤란한 경우
> 2. 하나의 지번부여지역에 서로 다른 축척의 지적도가 있는 경우
> 3. 그 밖에 지적공부를 관리하기 위하여 필요하다고 인정되는 경우

③ 지적소관청은 제2항에 따라 축척변경을 하려면 축척변경 시행지역의 토지소유자 3분의 2 이상의 동의를 받아 제1항에 따른 축척변경위원회의 의결을 거친 후 시·도지사 또는 대도시 시장의 승인을 받아야 한다. 다만, 다음 각 호의 어느 하나에 해당하는 경우에는 축척변경위원회의 의결 및 시·도지사 또는 대도시 시장의 승인 없이 축척변경을 할 수 있다.

> 1. 합병하려는 토지가 축척이 다른 지적도에 각각 등록되어 있어 축척변경을 하는 경우
> 2. 제86조에 따른 도시개발사업 등의 시행지역에 있는 토지로서 그 사업 시행에서 제외된 토지의 축척변경을 하는 경우

④ 축척변경의 절차, 축척변경으로 인한 면적 증감의 처리, 축척변경 결과에 대한 이의신청 및 축척변경위원회의 구성·운영 등에 필요한 사항은 대통령령으로 정한다.

04 지목에 대한 설명으로 가장 옳지 않은 것은?

① 잡종지 : 송유시설, 공항시설, 항만시설 부지
② 대 : 묘지의 관리를 위한 건축물 부지
③ 유원지 : 식물원·경륜장·야영장 등의 토지
④ 도로 : 고속도로의 휴게소 부지

풀이 **공간정보의 구축 및 관리 등에 관한 법률 제58조(지목의 구분)**

법 제67조제1항에 따른 지목의 구분은 다음 각 호의 기준에 따른다. 〈개정 2020.6.9.〉

8. 대

> 가. 영구적 건축물 중 주거·사무실·점포와 박물관·극장·미술관 등 문화시설과 이에 접속된 정원 및 부속시설물의 부지
> 나. 「국토의 계획 및 이용에 관한 법률」등 관계 법령에 따른 택지조성공사가 준공된 토지

14. 도로

다음 각 목의 토지. 다만, 아파트·공장 등 단일 용도의 일정한 단지 안에 설치된 통로 등은 제외한다.

> 가. 일반 공중(公衆)의 교통 운수를 위하여 보행이나 차량운행에 필요한 일정한 설비 또는 형태를 갖추어 이용되는 토지
> 나. 「도로법」등 관계 법령에 따라 도로로 개설된 토지
> 다. 고속도로의 휴게소 부지
> 라. 2필지 이상에 진입하는 통로로 이용되는 토지

23. 체육용지

국민의 건강증진 등을 위한 체육활동에 적합한 시설과 형태를 갖춘 종합운동장·실내체육관·야구장·골프장·스키장·승마장·경륜장 등 체육시설의 토지와 이에 접속된 부속시설물의 부지. 다만, 체육시설로서의 영속성과 독립성이 미흡한 정구장·골프연습장·실내수영장 및 체육도장과 유수(流水)를 이용한 요트장 및 카누장 등의 토지는 제외한다.

24. 유원지

일반 공중의 위락·휴양 등에 적합한 시설물을 종합적으로 갖춘 수영장·유선장(遊船場)·낚시터·어린이 놀이터·동물원·식물원·민속촌·경마장·야영장 등의 토지와 이에 접속된 부속시설물의 부지. 다만, 이들 시설과의 거리 등으로 보아 독립적인 것으로 인정되는 숙식시설 및 유기장(遊技場)의 부지와 하천·구거 또는 유지[공유(公有)인 것으로 한정한다]로 분류되는 것은 제외한다.

28. 잡종지

다음 각 목의 토지. 다만, 원상회복을 조건으로 돌을 캐내는 곳 또는 흙을 파내는 곳으로 허가된 토지는 제외한다.

> 가. 갈대밭, 실외에 물건을 쌓아두는 곳, 돌을 캐내는 곳, 흙을 파내는 곳, 야외시장 및 공동우물
> 나. 변전소, 송신소, 수신소 및 송유시설 등의 부지
> 다. 여객자동차터미널, 자동차운전학원 및 폐차장 등 자동차와 관련된 독립적인 시설물을 갖춘 부지
> 라. 공항시설 및 항만시설 부지
> 마. 도축장, 쓰레기처리장 및 오물처리장 등의 부지
> 바. 그 밖에 다른 지목에 속하지 않는 토지

05 「공간정보의 구축 및 관리 등에 관한 법령」상 도시개발사업, 농어촌정비사업, 그 밖에 토지개발사업 등의 시행자는 그 사업의 착수·변경 또는 완료 사실을 지적소관청에 신고하여야 하는바, 이 경우 신고기간은?

① 사업의 착수·변경 또는 완료 사유가 발생한 날부터 5일 이내
② 사업의 착수·변경 또는 완료 사유가 발생한 날부터 15일 이내
③ 사업의 착수·변경 또는 완료 사유가 발생한 날부터 30일 이내
④ 사업의 착수·변경 또는 완료 사유가 발생한 날부터 60일 이내

풀이 공간정보의 구축 및 관리 등에 관한 법률 제86조(도시개발사업 등 시행지역의 토지이동 신청에 관한 특례)

① 「도시개발법」에 따른 도시개발사업, 「농어촌정비법」에 따른 농어촌정비사업, 그 밖에 대통령령으로 정하는 토지개발사업의 시행자는 대통령령으로 정하는 바에 따라 그 사업의 착수·변경 및 완료 사실을 지적소관청에 신고하여야 한다.
② 제1항에 따른 사업과 관련하여 토지의 이동이 필요한 경우에는 해당 사업의 시행자가 지적소관청에 토지의 이동을 신청하여야 한다.
③ 제2항에 따른 토지의 이동은 토지의 형질변경 등의 공사가 준공된 때에 이루어진 것으로 본다.
④ 제1항에 따라 사업의 착수 또는 변경의 신고가 된 토지의 소유자가 해당 토지의 이동을 원하는 경우에는 해당 사업의 시행자에게 그 토지의 이동을 신청하도록 요청하여야 하며, 요청을 받은 시행자는 해당 사업에 지장이 없다고 판단되면 지적소관청에 그 이동을 신청하여야 한다.

공간정보의 구축 및 관리 등에 관한 법률 제83조(토지개발사업 등의 범위 및 신고)

① 법 제86조제1항에서 "대통령령으로 정하는 토지개발사업"이란 다음 각 호의 사업을 말한다.
② 법 제86조제1항에 따른 도시개발사업 등의 착수·변경 또는 완료 사실의 신고는 그 사유가 발생한 날부터 15일 이내에 하여야 한다.
③ 법 제86조제2항에 따른 토지의 이동 신청은 그 신청대상지역이 환지(換地)를 수반하는 경우에는 법 제86조 제1항에 따른 사업완료 신고로써 이를 갈음할 수 있다. 이 경우 사업완료 신고서에 법 제86조제2항에 따른 토지의 이동 신청을 갈음한다는 뜻을 적어야 한다.
④ 「주택법」에 따른 주택건설사업의 시행자가 파산 등의 이유로 토지의 이동 신청을 할 수 없을 때에는 그 주택의 시공을 보증한 자 또는 입주예정자 등이 신청할 수 있다.

06 「공간정보의 구축 및 관리 등에 관한 법률 시행규칙」상 지적서고의 설치기준 등에 관한 내용으로 가장 옳은 것은?

① 창문과 출입문은 2중으로 하되, 안쪽 문은 반드시 철제로 하고 바깥쪽 문은 곤충·쥐 등의 침입을 막을 수 있도록 철망 등을 설치할 것

② 온도 및 습도 자동조절장치를 설치하고, 연중평균온도는 섭씨 20±5도를, 연중평균습도는 60±5퍼센트를 유지할 것

③ 지적서고는 제한구역으로 지정하고, 출입자를 지적사무담당공무원으로 한정할 것

④ 지적공부 보관상자는 벽으로부터 10센티미터 이상 띄어야 하며, 높이 15센티미터 이상의 깔판 위에 올려 놓아야 할 것

풀이 공간정보의 구축 및 관리 등에 관한 법률 시행규칙 제65조(지적서고의 설치기준 등)

① 법 제69조제1항에 따른 지적서고는 지적사무를 처리하는 사무실과 연접(連接)하여 설치하여야 한다.

② 제1항에 따른 지적서고의 구조는 다음 각 호의 기준에 따라야 한다.

> 1. 골조는 철근콘크리트 이상의 강질로 할 것
> 2. 지적서고의 면적은 별표 7의 기준면적에 따를 것
> 3. 바닥과 벽은 2중으로 하고 영구적인 방수설비를 할 것
> 4. 창문과 출입문은 2중으로 하되, 바깥쪽 문은 반드시 철제로 하고 안쪽 문은 곤충·쥐 등의 침입을 막을 수 있도록 철망 등을 설치할 것
> 5. 온도 및 습도 자동조절장치를 설치하고, 연중평균온도는 섭씨 20±5도를, 연중평균습도는 65±5퍼센트를 유지할 것
> 6. 전기시설을 설치하는 때에는 단독퓨즈를 설치하고 소화장비를 갖춰 둘 것
> 7. 열과 습도의 영향을 받지 아니하도록 내부공간을 넓게 하고 천장을 높게 설치할 것

③ 지적서고는 다음 각 호의 기준에 따라 관리하여야 한다.

> 1. 지적서고는 제한구역으로 지정하고, 출입자를 지적사무담당공무원으로 한정할 것
> 2. 지적서고에는 인화물질의 반입을 금지하며, 지적공부, 지적 관계 서류 및 지적측량장비만 보관할 것

④ 지적공부 보관상자는 벽으로부터 15센티미터 이상 띄어야 하며, 높이 10센티미터 이상의 깔판 위에 올려놓아야 한다.

07 「공간정보의 구축 및 관리 등에 관한 법령」상 지적소관청이 지적공부의 등록사항을 직권 정정하는 경우에 대한 설명으로 가장 옳지 않은 것은?

① 지적공부의 작성 또는 재작성 당시 잘못 정리된 경우, 지적공부의 등록사항에 잘못이 있는지를 직권으로 조사·측량하여 정정할 수 있다.

② 1필지가 각각 다른 지적도나 임야도에 등록되어 지적공부에 등록된 면적과 측량한 실제면적은 일치하지만 지적도나 임야도에 등록된 경계가 서로 접합되지 않아 도상 경계를 지상 경계에 맞춰야 하는 토지인 경우 직권 정정할 수 있다.

③ 지적공부의 등록사항 중 경계나 면적 등 측량을 수반하는 토지의 표시가 잘못된 경우, 지적소관청은 잘못 표시된 사항의 정정을 위한 지적측량을 정지시킬 수 있다.

④ 등기관이 합필제한을 위반한 등기의 신청을 각하하고 그 사유를 지적소관청에 통지한 경우, 지적소관청의 착오로 잘못 합병한 경우 직권으로 정정할 수 있다.

풀이 공간정보의 구축 및 관리 등에 관한 법률 제82조(등록사항의 직권정정 등)

① 지적소관청이 법 제84조제2항에 따라 지적공부의 등록사항에 잘못이 있는지를 직권으로 조사·측량하여 정정할 수 있는 경우는 다음 각 호와 같다. 〈개정 2015.6.1., 2017.1.10.〉

> 1. 제84조제2항에 따른 토지이동정리 결의서의 내용과 다르게 정리된 경우
> 2. 지적도 및 임야도에 등록된 필지가 면적의 증감 없이 경계의 위치만 잘못된 경우
> 3. 1필지가 각각 다른 지적도나 임야도에 등록되어 있는 경우로서 지적공부에 등록된 면적과 측량한 실제면적은 일치하지만 지적도나 임야도에 등록된 경계가 서로 접합되지 않아 지적도나 임야도에 등록된 경계를 지상의 경계에 맞추어 정정하여야 하는 토지가 발견된 경우
> 4. 지적공부의 작성 또는 재작성 당시 잘못 정리된 경우
> 5. 지적측량성과와 다르게 정리된 경우
> 6. 법 제29조제10항에 따라 지적공부의 등록사항을 정정하여야 하는 경우
> 7. 지적공부의 등록사항이 잘못 입력된 경우
> 8. 「부동산등기법」 제37조제2항에 따른 통지가 있는 경우(지적소관청의 착오로 잘못 합병한 경우만 해당한다)
> 9. 법률 제2801호 지적법 개정법률 부칙 제3조에 따른 면적 환산이 잘못된 경우

② 지적소관청은 제1항 각 호의 어느 하나에 해당하는 토지가 있을 때에는 지체 없이 관계 서류에 따라 지적공부의 등록사항을 정정하여야 한다.

③ 지적공부의 등록사항 중 경계나 면적 등 측량을 수반하는 토지의 표시가 잘못된 경우에는 지적소관청은 그 정정이 완료될 때까지 지적측량을 정지시킬 수 있다. 다만, 잘못 표시된 사항의 정정을 위한 지적측량은 그러하지 아니하다.

---

08 「공간정보의 구축 및 관리 등에 관한 법령」상 측량기준점표지의 설치 및 관리에 대한 설명으로 가장 옳지 않은 것은?

① 측량기준점표지의 이전경비 납부통지서를 받은 신청인은 이전을 원하는 날의 10일 전까지 측량기준점 표지를 설치한 자에게 이전경비를 내야 한다.

② 특별자치시장, 특별자치도지사, 시장·군수 또는 구청장은 측량기준점표지의 현황에 대한 조사결과를 매년 10월 말까지 국토지리정보원장이 정하여 고시한 기준에 따라 보고하여야 한다.

③ 측량기준점표지의 이전을 신청하려는 자는 신청서를 이전을 원하는 날의 30일 전까지 측량기준점표지를 설치한 자에게 제출하여야 한다.

④ 측량기준점표지의 이전 신청을 받은 자는 신청받은 날부터 10일 이내에 이전경비 납부통지서를 신청인에게 통지하여야 한다.

풀이 공간정보의 구축 및 관리 등에 관한 법률 시행규칙 제5조(측량기준점표지의 현황조사 결과 보고)

① 특별자치시장, 특별자치도지사, 시장·군수 또는 구청장은 법 제8조제5항에 따른 측량기준점표지의 현황에 대한 조사결과를 매년 10월 말까지 국토지리정보원장이 정하여 고시한 기준에 따라 보고하여야 한다. 〈개정 2013.6.19.〉

② 국토지리정보원장은 제1항에 따른 측량기준점표지의 현황조사 결과 보고에 대한 기준을 정한 경우에는 이를 고시하여야 한다.

공간정보의 구축 및 관리 등에 관한 법률 시행규칙 제6조(측량기준점표지의 이전 신청 절차)

① 법 제9조제2항에 따라 측량기준점표지의 이전을 신청하려는 자는 별지 제3호 서식의 신청서를 이전을 원하

는 날의 30일 전까지 측량기준점표지를 설치한 자에게 제출하여야 한다. 〈개정 2017.1.31.〉

② 제1항에 따른 이전 신청을 받은 자는 신청받은 날부터 10일 이내에 별지 제4호 서식의 이전경비 납부통지서를 신청인에게 통지하여야 한다.

③ 제2항에 따라 이전경비 납부통지서를 받은 신청인은 이전을 원하는 날의 7일 전까지 측량기준점표지를 설치한 자에게 이전경비를 내야 한다.

09 지적소관청이 관할 등기관서에 토지의 표시 변경에 관한 등기촉탁을 할 필요가 있는 사유에 해당하지 않는 것은?

① 지적공부의 등록사항에 잘못이 있음을 발견하여 지적소관청이 직권으로 조사·측량하여 정정한 경우

② 토지소유자의 토지 신규등록 신청을 받아 지적소관청이 신규등록을 한 경우

③ 지적공부에 등록된 지번을 변경할 필요가 있어 시·도지사나 대도시 시장의 승인을 받아 지번부여지역의 전부 또는 일부에 대하여 지번을 새로 부여한 경우

④ 지번부여지역의 일부가 행정구역의 개편으로 다른 지번부여지역에 속하게 되어 지적소관청이 새로 속하게 된 지번부여지역의 지번을 부여한 경우

풀이 공간정보의 구축 및 관리 등에 관한 법률 제89조(등기촉탁)

① 지적소관청은 제64조제2항(신규등록은 제외한다), 제66조제2항, 제82조, 제83조제2항, 제84조제2항 또는 제85조제2항에 따른 사유로 토지의 표시 변경에 관한 등기를 할 필요가 있는 경우에는 지체 없이 관할 등기관서에 그 등기를 촉탁하여야 한다. 이 경우 등기촉탁은 국가가 국가를 위하여 하는 등기로 본다.

② 제1항에 따른 등기촉탁에 필요한 사항은 국토교통부령으로 정한다. 〈개정 2013.3.23.〉

10 「지적업무처리규정」상 시·도지사가 지적측량업등록신청에 관한 적합여부를 심사할 때의 업무 처리에 대한 설명으로 가장 옳지 않은 것은?

① 등록신청에 따른 서류를 심사할 경우에는 정본(등본 또는 증명서)은 서류 확인으로, 사본은 담당공무원이 원본과 대조하여 확인한다.

② 지적측량업을 등록하려는 개인, 법인의 대표자와 임원에 관한 신원조회는 등록지 시장·구청장 또는 읍·면장에게 의뢰한다.

③ 지적측량업의 등록번호는 시·도명에 업종코드와 전국일련번호를 합하여 정한다.

④ 지적측량업을 등록한 자가 폐업신고 시에는 측량업 폐업신고서 및 등록된 기술인력에 대한 자격상 실증명원(4대 보험 중 하나)을 시·도지사 및 지적소관청에 제출하여야 한다.

풀이 지적업무처리규정 제15조(지적측량업의 등록 등)

① 영 제35조제4항에 따라 시·도지사는 지적측량업등록신청에 관한 적합여부를 심사하는 때에는 다음 각 호에 따라 처리한다.

> 1. 등록신청에 따른 서류를 심사할 경우에는 정본(등본 또는 증명서)은 서류 확인으로, 사본은 담당공무원이 원본과 대조하여 확인한다.
> 2. 지적측량업을 등록하려는 개인, 법인의 대표자와 임원에 관한 신원조회는 등록지 시장·구청장 또는 읍·면장에게 의뢰한다.
> 3. 지적측량업의 등록번호는 시·도명에 업종코드와 전국일련번호를 합하여 정한다.

정답 09 ② 10 ④

② 지적측량업을 등록한 자가 측량기기 성능검사를 받은 때에는 성능검사서 사본을 시·도지사에게 제출하여야 한다.

③ 지적측량업을 등록한 자가 폐업신고 시에는 측량업 폐업신고서 및 등록된 기술인력에 대한 자격상실증명원(4대 보험 중 하나)을 시·도지사에게 제출하여야 한다.

④ 지적측량업을 등록한 자가 측량업을 휴업할 경우, 휴업기간 중에도 등록기준에 미달되지 않도록 등록된 사항을 유지하여야 한다. 다만, 보증보험은 제외한다.

11 「공간정보의 구축 및 관리 등에 관한 법령」상 측량기본계획 및 시행계획에 대한 설명으로 가장 옳지 않은 것은?

① 국토교통부장관의 연도별 추진실적 평가 항목은 시행계획 타당성과 시행계획 성과이다.

② 국토교통부장관은 측량산업 및 기술인력 육성 방안 등 측량 발전을 위하여 필요한 사항이 포함된 측량기본계획을 5년마다 수립하여야 한다.

③ 국토교통부장관은 측량기본계획과 연도별 시행계획을 수립하려는 경우 연도별 추진실적에 따른 평가 결과를 반영하여야 한다.

④ 국토교통부장관은 측량기본계획에 따라 연도별 시행계획을 수립·시행하고, 그 추진실적을 평가하여야 한다.

풀이 **공간정보의 구축 및 관리 등에 관한 법률 제5조(측량기본계획 및 시행계획)**

① 국토교통부장관은 다음 각 호의 사항이 포함된 측량기본계획을 5년마다 수립하여야 한다. 〈개정 2013. 3.23., 2020.2.18.〉

> 1. 측량에 관한 기본 구상 및 추진 전략
> 2. 측량의 국내외 환경 분석 및 기술연구
> 3. 측량산업 및 기술인력 육성 방안
> 4. 그 밖에 측량 발전을 위하여 필요한 사항

② 국토교통부장관은 제1항에 따른 측량기본계획에 따라 연도별 시행계획을 수립·시행하고, 그 추진실적을 평가하여야 한다. 〈개정 2013.3.23., 2019.12.10.〉

③ 국토교통부장관은 제1항에 따른 측량기본계획과 제2항에 따른 연도별 시행계획을 수립하려는 경우 제2항에 따른 평가 결과를 반영하여야 한다. 〈신설 2019.12.10.〉

④ 제2항에 따른 연도별 추진실적 평가의 기준·방법·절차에 관한 사항은 국토교통부령으로 정한다.

공간정보의 구축 및 관리 등에 관한 법률 시행규칙 제2조의2(연도별 시행계획의 추진실적 평가)

① 법 제5조제2항에 따른 연도별 시행계획의 추진실적 평가항목은 다음 각 호와 같다.

> 1. 시행계획 이행 충실성
> 2. 시행계획 목표 달성 정도

② 국토지리정보원장은 법 제5조제2항에 따른 연도별 추진실적 평가를 위하여 필요한 경우 관계 기관, 법인, 단체 또는 관계 전문가 등에게 평가를 의뢰할 수 있다.

③ 국토지리정보원장은 제1항 및 제2항에서 규정한 사항 외에 평가의 방법·절차에 관하여 필요한 세부사항을 정할 수 있다.

12 「국가공간정보 기본법」상 용어의 정의로 가장 옳지 않은 것은?

① '국가공간정보체계'란 공간정보를 효과적으로 수집 · 저장 · 가공 · 분석 · 표현할 수 있도록 서로 유기적으로 연계된 컴퓨터의 하드웨어, 소프트웨어, 데이터베이스 및 인적자원의 결합체를 말한다.

② '공간정보데이터베이스'란 공간정보를 체계적으로 정리하여 사용자가 검색하고 활용할 수 있도록 가공한 정보의 집합체를 말한다.

③ '공간정보'란 지상 · 지하 · 수상 · 수중 등 공간상에 존재하는 자연적 또는 인공적인 객체에 대한 위치정보 및 이와 관련된 공간적 인지 및 의사결정에 필요한 정보를 말한다.

④ '국가공간정보통합체계'란 기본공간정보데이터베이스를 기반으로 국가공간정보체계를 통합 또는 연계하여 국토교통부장관이 구축 · 운용하는 공간정보체계를 말한다.

풀이 국가공간정보 기본법 제2조(정의)

이 법에서 사용하는 용어의 뜻은 다음과 같다. 〈개정 2012.12.18., 2013.3.23., 2014.6.3.〉

1. "공간정보"란 지상 · 지하 · 수상 · 수중 등 공간상에 존재하는 자연적 또는 인공적인 객체에 대한 위치정보 및 이와 관련된 공간적 인지 및 의사결정에 필요한 정보를 말한다.
2. "공간정보데이터베이스"란 공간정보를 체계적으로 정리하여 사용자가 검색하고 활용할 수 있도록 가공한 정보의 집합체를 말한다.
3. "공간정보체계"란 공간정보를 효과적으로 수집 · 저장 · 가공 · 분석 · 표현할 수 있도록 서로 유기적으로 연계된 컴퓨터의 하드웨어, 소프트웨어, 데이터베이스 및 인적자원의 결합체를 말한다.
4. "관리기관"이란 공간정보를 생산하거나 관리하는 중앙행정기관, 지방자치단체, 「공공기관의 운영에 관한 법률」 제4조에 따른 공공기관(이하 "공공기관"이라 한다), 그 밖에 대통령령으로 정하는 민간기관을 말한다.
5. "국가공간정보체계"란 관리기관이 구축 및 관리하는 공간정보체계를 말한다.
6. "국가공간정보통합체계"란 제19조제3항의 기본공간정보데이터베이스를 기반으로 국가공간정보체계를 통합 또는 연계하여 국토교통부장관이 구축 · 운용하는 공간정보체계를 말한다.
7. "공간객체등록번호"란 공간정보를 효율적으로 관리 및 활용하기 위하여 자연적 또는 인공적 객체에 부여하는 공간정보의 유일식별번호를 말한다.

13 「공간정보의 구축 및 관리 등에 관한 법령」상 축척변경 청산금에 대한 설명으로 가장 옳지 않은 것은?

① 지적소관청은 청산금의 결정을 공고한 날부터 20일 이내에 토지소유자에게 청산금의 납부고지 또는 수령통지를 하여야 한다.

② 납부고지되거나 수령통지된 청산금에 관하여 이의가 있는 자는 납부고지 또는 수령통지를 받은 날부터 2개월 이내에 지적소관청에 이의신청을 할 수 있다.

③ 지적소관청은 청산금을 지급받을 자가 행방불명 등으로 받을 수 없거나 받기를 거부할 때에는 그 청산금을 공탁할 수 있다.

④ 지적소관청은 수령통지를 한 날부터 6개월 이내에 청산금을 지급하여야 한다.

풀이 공간정보의 구축 및 관리 등에 관한 법률 시행령 제76조(청산금의 납부고지 등)

① 지적소관청은 제75조제4항에 따라 청산금의 결정을 공고한 날부터 20일 이내에 토지소유자에게 청산금의 납부고지 또는 수령통지를 하여야 한다.

② 제1항에 따른 납부고지를 받은 자는 그 고지를 받은 날부터 6개월 이내에 청산금을 지적소관청에 내야 한다. 〈개정 2017.1.10.〉

③ 지적소관청은 제1항에 따른 수령통지를 한 날부터 6개월 이내에 청산금을 지급하여야 한다.

④ 지적소관청은 청산금을 지급받을 자가 행방불명 등으로 받을 수 없거나 받기를 거부할 때에는 그 청산금을 공탁할 수 있다.

⑤ 지적소관청은 청산금을 내야 하는 자가 제77조제1항에 따른 기간 내에 청산금에 관한 이의신청을 하지 아니하고 제2항에 따른 기간 내에 청산금을 내지 아니하면 지방세 체납처분의 예에 따라 징수할 수 있다.

공간정보의 구축 및 관리 등에 관한 법률 시행령 제77조(청산금에 관한 이의신청)

① 제76조제1항에 따라 납부고지되거나 수령통지된 청산금에 관하여 이의가 있는 자는 납부고지 또는 수령통지를 받은 날부터 1개월 이내에 지적소관청에 이의신청을 할 수 있다.

② 제1항에 따른 이의신청을 받은 지적소관청은 1개월 이내에 축척변경위원회의 심의·의결을 거쳐 그 인용(認容) 여부를 결정한 후 지체 없이 그 내용을 이의신청인에게 통지하여야 한다.

---

14 「지적재조사 책임수행기관 운영규정」[국토교통부고시 제2021-879호, 2021.6.18., 제정]상 지적재조사 대행자 선정방법으로 옳지 않은 것은?

① 동점이 발생한 경우 최근 5년 이내 지적재조사측량 수행실적, 지적측량기술자, 측량장비, 업무수행 평가 항목의 고득점 순으로 결정

② 평가점수가 70점 이상이고 부정당업자 및 결격사유가 없을 때에 대행자로 선정

③ 지적소관청별로 평가점수가 최고점인 1개의 대행자(팀) 선정

④ 최고점인 대행자(팀)가 우선 희망한 지적소관청에서 선정된 경우 차순위 고득점자를 대행자(팀)로 선정

풀이 지적재조사 책임수행기관 운영규정 제12조(대행자 평가 및 선정)

① 대행자 평가 및 선정은 책임기술자와 참여기술자로 구성된 각 팀별로 실시한다.

② 대행자 평가는 정량평가 및 정성평가로 구분하며 평가항목별 배점은 별표 1과 같다.

③ 정량평가는 책임수행기관이 평가하며, 정성평가는 지적소관청과 책임수행기관이 별표 2의 기준에 따라 평가한다.

④ 지적소관청은 정성평가 결과를 정해진 기간 내에 책임수행기관에게 통보하여야 하며, 이 경우 지적재조사행정시스템에 그 결과를 입력함으로써 통보에 갈음할 수 있다.

⑤ 대행자 선정에 따른 기간 계산의 기준일은 해당 연도 사업에 대한 대행자 선정 공고일로 한다.

⑥ 대행자 선정방법은 다음 각 호와 같다.

> 1. 지적소관청별로 평가점수가 최고점인 1개의 대행자(팀) 선정
> 2. 최고점인 대행자(팀)가 우선 희망한 지적소관청에서 선정된 경우 차순위 고득점자를 대행자(팀)로 선정
> 3. 동점이 발생한 경우 최근 3년 이내 지적재조사측량 수행실적, 지적측량기술자, 측량장비, 업무수행평가 항목의 고득점 순으로 결정
> 4. 평가점수가 70점 이상이고 부정당업자 및 결격사유가 없을 때에 대행자로 선정

⑦ 제출서류가 불명확하거나 근거자료를 미제출한 경우에는 해당사항이 없는 것으로 간주하여 실격처리 할 수 있다.

정답 14 ①

15 〈보기〉에서 「공간정보의 구축 및 관리 등에 관한 법령」상 지번 부여 등에 관한 설명으로 옳은 것을 모두 고른 것은?

〈보기〉
ㄱ. 지번은 지적소관청이 지번부여지역별로 차례대로 부여한다.
ㄴ. 지번은 아라비아숫자로 표기하되, 임야대장 및 임야도에 등록하는 토지의 지번은 숫자 앞에 "임"자를 붙인다.
ㄷ. 분할의 경우에는 분할 후의 필지 중 1필지의 지번은 분할 전의 지번으로 하고, 나머지 필지의 지번은 본번의 최종 부번 다음 순번으로 부번을 부여하는 것이 원칙이다.
ㄹ. 합병의 경우에는 합병 대상 지번 중 선순위의 지번을 그 지번으로 하되, 본번으로 된 지번이 있을 때에는 본번 중 선순위의 지번을 합병 후의 지번으로 하는 것이 원칙이다.

① ㄱ, ㄴ
② ㄱ, ㄷ, ㄹ
③ ㄴ, ㄷ, ㄹ
④ ㄱ, ㄴ, ㄷ, ㄹ

풀이 공간정보의 구축 및 관리 등에 관한 법률 시행령 제56조(지번의 구성 및 부여방법 등)

구분		토지이동에 따른 지번의 부여방법
부여방법		① 지번(地番)은 아라비아숫자로 표기하되, 임야대장 및 임야도에 등록하는 토지의 지번은 숫자 앞에 "산"자를 붙인다. ② 지번은 본번(本番)과 부번(副番)으로 구성하되, 본번과 부번 사이에 "-" 표시로 연결한다. 이 경우 "-" 표시는 "의"라고 읽는다. ③ 법 제66조에 따른 지번의 부여방법은 다음 각 호와 같다. 1. 지번은 북서에서 남동으로 순차적으로 부여할 것
신규등록 · 등록전환	원칙	지번부여지역에서 인접토지의 본번에 부번을 붙여서 지번을 부여한다.
	예외	다음의 경우에는 그 지번부여지역의 최종 본번의 다음 순번부터 본번으로 하여 순차적으로 지번을 부여할 수 있다. ① 대상 토지가 그 지번부여지역의 최종 지번의 토지에 인접하여 있는 경우 ② 대상 토지가 이미 등록된 토지와 멀리 떨어져 있어서 등록된 토지의 본번에 부번을 부여하는 것이 불합리한 경우 ③ 대상 토지가 여러 필지로 되어 있는 경우
분할	원칙	분할 후의 필지 중 1필지의 지번은 분할 전의 지번으로 하고, 나머지 필지의 지번은 본번의 최종 부번 다음 순번으로 부번을 부여한다.
	예외	주거 · 사무실 등의 건축물이 있는 필지에 대해서는 분할 전의 지번을 우선하여 부여하여야 한다.
합병	원칙	합병 대상 지번 중 선순위의 지번을 그 지번으로 하되, 본번으로 된 지번이 있을 때에는 본번 중 선순위의 지번을 합병 후의 지번으로 한다.
	예외	토지소유자가 합병 전의 필지에 주거 · 사무실 등의 건축물이 있어서 그 건축물이 위치한 지번을 합병 후의 지번으로 신청할 때에는 그 지번을 합병 후의 지번으로 부여하여야 한다.

구분		토지이동에 따른 지번의 부여방법
지적확정측량을 실시한 지역의 각 필지에 지번을 새로 부여하는 경우	원칙	다음 각 목의 지번을 제외한 본번으로 부여한다. ① 지적확정측량을 실시한 지역 안의 종전의 지번과 지적확정측량을 실시한 지역 밖에 있는 본번이 같은 지번이 있을 때 그 지번 ② 지적확정측량을 실시한 지역의 경계에 걸쳐 있는 지번
	예외	부여할 수 있는 종전 지번의 수가 새로 부여할 지번의 수보다 적을 때에는 블록 단위로 하나의 본번을 부여한 후 필지별로 부번을 부여하거나, 그 지번부여지역의 최종 본번 다음 순번부터 본번으로 하여 차례로 지번을 부여할 수 있다.
지적확정측량에 준용		① 법 제66조제2항(지적소관청은 지적공부에 등록된 지번을 변경할 필요가 있다고 인정하면 시·도지사나 대도시 시장의 승인을 받아 지번부여지역의 전부 또는 일부에 대하여 지번을 새로 부여할 수 있다.)에 따라 지번부여지역의 지번을 변경할 때 ② 법 제85조제2항(지번부여지역의 일부가 행정구역의 개편으로 다른 지번부여지역에 속하게 되었으면 지적소관청은 새로 속하게 된 지번부여지역의 지번을 부여하여야 한다.)에 따른 행정구역 개편에 따라 새로 지번을 부여할 때 ③ 제72조제1항(지적소관청은 축척변경 시행지역의 각 필지별 지번·지목·면적·경계 또는 좌표를 새로 정하여야 한다.)에 따라 축척변경 시행지역의 필지에 지번을 부여할 때
도시개발사업 등의 준공 전		도시개발사업 등이 준공되기 전에 사업시행자가 지번부여를 신청하는 경우에는 국토교통부령으로 정하는 바에 따라 지번을 부여할 수 있다. 지적소관청은 도시개발사업 등이 준공되기 전에 지번을 부여하는 때에는 사업계획도에 따르되, 지적확정측량을 실시한 지역의 각 필지에 지번을 새로 부여하는 경우의 지번부여방식에 따라 지번을 부여하여야 한다.

16 「지적재조사에 관한 특별법 시행령」상 지적재조사지구의 지정에 대한 설명으로 가장 옳은 것은?

① 지적재조사지구 지정 신청을 받은 시·도지사는 30일 이내에 그 신청을 시·도 지적재조사위원회에 회부해야 한다.

② 지적재조사지구 지정 신청을 회부받은 시·도 지적재조사위원회는 그 신청을 회부받은 날부터 30일 이내에 지적재조사지구의 지정 여부에 대하여 심의·의결해야 하며 불가피한 사유가 있을 때에는 30일의 범위에서 그 기간을 한 차례만 연장할 수 있다.

③ 시·도 지적재조사위원회는 지적재조사지구 지정 신청에 대하여 의결을 하였을 때에는 의결서를 작성하여 7일 이내에 시·도지사에게 송부해야 한다.

④ 시·도지사는 의결서를 받은 날부터 7일 이내에 지적재조사지구를 지정·고시하거나, 지적재조사지구를 지정하지 않는다는 결정을 하고, 그 사실을 지적소관청에 통지해야 한다.

(풀이) **지적재조사에 관한 특별법 제7조(지적재조사지구의 지정)**

① 지적소관청은 실시계획을 수립하여 시·도지사에게 지적재조사지구 지정 신청을 하여야 한다. 〈개정 2019. 12.10.〉

② 지적소관청이 시·도지사에게 지적재조사지구 지정을 신청하고자 할 때에는 다음 각 호의 사항을 고려하여 지적재조사지구 토지소유자(국유지·공유지의 경우에는 그 재산관리청을 말한다. 이하 같다) 총수의 3분의 2 이상과 토지면적 3분의 2 이상에 해당하는 토지소유자의 동의를 받아야 한다.

정답 16 ④

1. 지적공부의 등록사항과 토지의 실제 현황이 다른 정도가 심하여 주민의 불편이 많은 지역인지 여부
　　2. 사업시행이 용이한지 여부
　　3. 사업시행의 효과 여부

③ 제2항에도 불구하고 지적소관청은 지적재조사지구에 제13조에 따른 토지소유자협의회(이하 "토지소유자협의회"라 한다)가 구성되어 있고 토지소유자 총수의 4분의 3 이상의 동의가 있는 지구에 대하여는 우선하여 지적재조사지구로 지정을 신청할 수 있다. 〈개정 2019.12.10.〉

④ 지적소관청은 지적재조사지구 지정을 신청하고자 할 때에는 실시계획 수립 내용을 주민에게 서면으로 통보한 후 주민설명회를 개최하고 실시계획을 30일 이상 주민에게 공람하여야 한다. 〈삭제 2020.12.22.〉

⑤ 지적재조사지구에 있는 토지소유자와 이해관계인은 제4항에 따른 공람기간 안에 지적소관청에 의견을 제출할 수 있으며, 지적소관청은 제출된 의견이 타당하다고 인정할 때에는 이를 반영하여야 한다. 〈삭제 2020.12.22.〉

⑥ 시·도지사는 지적재조사지구를 지정할 때에는 대통령령으로 정하는 바에 따라 제29조에 따른 시·도 지적재조사위원회의 심의를 거쳐야 한다. 〈개정 2019.12.10.〉

⑦ 제1항부터 제3항까지, 제6항 및 제6조제2항부터 제4항까지의 규정은 지적재조사지구를 변경할 때에도 적용한다. 다만, 대통령령으로 정하는 경미한 사항을 변경할 때에는 제외한다. 〈개정 2019.12.10.〉

⑧ 제2항에 따른 동의자 수의 산정방법, 동의절차, 그 밖에 필요한 사항은 대통령령으로 정한다.

지적재조사에 관한 특별법 시행령 제6조(지적재조사지구의 지정 등)

① 법 제7조제1항에 따른 지적재조사지구 지정 신청을 받은 특별시장·광역시장·도지사·특별자치도지사·특별자치시장 및 「지방자치법」 제198조에 따른 대도시로서 구를 둔 시의 시장(이하 "시·도지사"라 한다)은 15일 이내에 그 신청을 법 제29조제1항에 따른 시·도 지적재조사위원회(이하 "시·도 위원회"라 한다)에 회부해야 한다. 〈개정 2017.10.17., 2020.6.23.〉

② 제1항에 따라 지적재조사지구 지정 신청을 회부받은 시·도 위원회는 그 신청을 회부받은 날부터 30일 이내에 지적재조사지구의 지정 여부에 대하여 심의·의결해야 한다. 다만, 사실 확인이 필요한 경우 등 불가피한 사유가 있을 때에는 그 심의기간을 해당 시·도 위원회의 의결을 거쳐 15일의 범위에서 그 기간을 한 차례만 연장할 수 있다. 〈개정 2020.6.23.〉

③ 시·도 위원회는 지적재조사지구 지정 신청에 대하여 의결을 하였을 때에는 의결서를 작성하여 **지체 없이** 시·도지사에게 송부해야 한다. 〈개정 2020.6.23.〉

④ 시·도지사는 제3항에 따라 의결서를 받은 날부터 7일 이내에 법 제8조에 따라 지적재조사지구를 지정·고시하거나, 지적재조사지구를 지정하지 않는다는 결정을 하고, 그 사실을 지적소관청에 통지해야 한다.

⑤ 제1항부터 제4항까지의 규정은 지적재조사지구를 변경할 때에도 적용한다.

17 「지적재조사에 관한 특별법」상 지적재조사사업의 경계 결정에 대한 설명으로 가장 옳지 않은 것은?

① 지적소관청은 경계에 관한 결정을 신청하고자 할 때에는 지적확정예정조서에 토지소유자나 이해관계인의 의견을 첨부하여 경계결정위원회에 제출하여야 한다.

② 경계 결정 신청을 받은 경계결정위원회는 부득이한 사유가 없는 경우 지적확정예정조서를 제출받은 날부터 30일 이내에 경계에 관한 결정을 하고 지적소관청에 통지하여야 한다.

③ 경계결정위원회는 경계에 관한 결정을 하기에 앞서 토지소유자들로 하여금 경계에 관한 진술을 하도록 권고할 수 있다.

④ 지적소관청은 경계결정위원회로부터 경계에 관한 결정을 통지받았을 때에는 지체 없이 이를 토지소유자나 이해관계인에게 통지하여야 한다.

> **풀이** 지적재조사에 관한 특별법 제16조(경계의 결정)
> ① 지적재조사에 따른 경계결정은 경계결정위원회의 의결을 거쳐 결정한다.
> ② 지적소관청은 제1항에 따른 경계에 관한 결정을 신청하고자 할 때에는 제15조제2항에 따른 지적확정예정조서에 토지소유자나 이해관계인의 의견을 첨부하여 경계결정위원회에 제출하여야 한다. 〈개정 2017.4.18.〉
> ③ 제2항에 따른 신청을 받은 경계결정위원회는 지적확정예정조서를 제출받은 날부터 30일 이내에 경계에 관한 결정을 하고 이를 지적소관청에 통지하여야 한다. 이 기간 안에 경계에 관한 결정을 할 수 없는 부득이한 사유가 있을 때에는 경계결정위원회는 의결을 거쳐 30일의 범위에서 그 기간을 연장할 수 있다. 〈개정 2017.4.18.〉
> ④ 토지소유자나 이해관계인은 경계결정위원회에 참석하여 의견을 진술할 수 있다. 경계결정위원회는 토지소유자나 이해관계인이 의견진술을 신청하는 경우에는 특별한 사정이 없으면 이에 따라야 한다. 〈개정 2020.6.9.〉
> ⑤ 경계결정위원회는 제3항에 따라 경계에 관한 결정을 하기에 앞서 토지소유자들로 하여금 경계에 관한 합의를 하도록 권고할 수 있다.
> ⑥ 지적소관청은 제3항에 따라 경계결정위원회로부터 경계에 관한 결정을 통지받았을 때에는 지체 없이 이를 토지소유자나 이해관계인에게 통지하여야 한다. 이 경우 제17조제1항에 따른 기간 안에 이의신청이 없으면 경계결정위원회의 결정대로 경계가 확정된다는 취지를 명시하여야 한다.

18 〈보기〉에서 「지적재조사에 관한 특별법」상 시·도 지적재조사위원회의 심의·의결 내용을 모두 고른 것은?

> 〈보기〉
> ㄱ. 지적소관청이 수립한 실시계획
> ㄴ. 기본계획의 수립 및 변경
> ㄷ. 시·도종합계획의 수립 및 변경
> ㄹ. 조정금 이의신청에 관한 결정
> ㅁ. 지적재조사지구의 지정 및 변경
> ㅂ. 경계복원측량 또는 지적공부정리의 허용 여부
> ㅅ. 시·군·구별 지적재조사사업의 우선순위 조정
> ㅇ. 토지소유자협의회가 요청하는 경우, 개별공시지가로 조정금의 산정

① ㄱ, ㄴ, ㄷ, ㄹ   ② ㄱ, ㄷ, ㅁ, ㅅ
③ ㄴ, ㄹ, ㅂ, ㅇ   ④ ㄴ, ㅁ, ㅂ, ㅅ

풀이 위원회

위원회	중앙지적재조사위원회	시 · 도 지적재조사위원회	시 · 군 · 구 지적재조사위원회	경계결정위원회
소속	국토교통부장관 **암기** **기관장**	시 · 도지사 **암기** **실종사우원**	지적소관청 **암기** **목무지청 의장**	지적소관청 **암기** **경신**
심의, 의결사항	• **기**본계획의 수립 및 변경 • **관**계 법령의 제정, 개정, 제도 개선에 관한 사항 • 지적재조사사업에 필요하여 중앙위원회 위원**장**이 부의하는 사항	• 지적소관청이 수립한 **실**시계획 • 시 · 도**종**합계획의 수립 및 변경 • 지적재조사**사**지구의 지정 및 변경 • 시 · 군 · 구별 지적재조사사업의 **우**선순위 조정 • 그 밖에 지적재조사사업에 필요하여 시 · 도 위원회의 **위**원장이 회의에 부치는 사항	• 경계**복**원측량 또는 지적공**부**정리 등의 허용 여부 • **지**목의 변경 • 조정**금**의 산정 • 조정금 이**의**신청에 관한 결정 • 지적재소사사업에 필요하여 시 · 군 · 구 위원회의 위원**장**이 회의에 부치는 사항	• **경**계설정에 관한 결정 • 경계설정에 따른 이의 **신**청에 관한 결정

19 지적공부 등록 필지 수에 따른 지적서고의 기준면적을 옳게 짝지은 것은?

① 10만 필지 이하 : 70제곱미터

② 10만 필지 초과 20만 필지 이하 : 100제곱미터

③ 20만 필지 초과 30만 필지 이하 : 120제곱미터

④ 30만 필지 초과 40만 필지 이하 : 150제곱미터

풀이 공간정보의 구축 및 관리 등에 관한 법률 시행규칙 [별표 7]

지적서고의 기준면적(제65조제2항제2호 관련)

지적공부 등록 필지 수	지적서고의 기준면적
10만 필지 이하	80제곱미터
10만 필지 초과 20만 필지 이하	110제곱미터
20만 필지 초과 30만 필지 이하	130제곱미터
30만 필지 초과 40만 필지 이하	150제곱미터
40만 필지 초과 50만 필지 이하	165제곱미터
50만 필지 초과	180제곱미터에 60만 필지를 초과하는 10만 필지마다 10제곱미터를 가산한 면적

정답 19 ④

20 〈보기〉에서 1필지당 지적공부정리 신청 수수료가 동일한 것을 모두 고른 것은?

〈보기〉
ㄱ. 등록전환 신청 ㄴ. 지목변경 신청 ㄷ. 축척변경 신청

① ㄱ, ㄴ   ② ㄱ, ㄷ

③ ㄴ, ㄷ   ④ ㄱ, ㄴ, ㄷ

풀이 공간정보의 구축 및 관리 등에 관한 법률 시행규칙 [별표 12] 〈개정 2019.2.25.〉

업무 종류에 따른 수수료의 금액(제115조제1항 관련)

해당 업무	단위	수수료	해당 법조문
16. 지적공부정리 신청			법 제106조 제1항제15호
가. 신규등록 신청	1필지당	1,400원	
나. 등록전환 신청	1필지당	1,400원	
다. 분할 신청	분할 후 1필지당	1,400원	
라. 합병 신청	합병 전 1필지당	1,000원	
마. 지목변경 신청	1필지당	1,000원	
바. 바다로 된 토지의 등록말소 신청	1필지당	무료	
사. 축척변경 신청	1필지당	1,400원	
아. 등록사항의 정정 신청	1필지당	무료	
자. 법 제86조에 따른 토지이동 신청	확정 후 1필지당	1,400원	

01 「공간정보의 구축 및 관리 등에 관한 법률」상 〈보기〉에서 지적기술자의 측량업무 수행을 정지시킬 수 있는 경우를 모두 고른 것은?

〈보기〉
ㄱ. 고의 또는 중대한 과실로 지적측량을 잘못하여 다른 사람에게 손해를 입힌 경우
ㄴ. 다른 사람에게 측량기술경력증을 빌려주거나 자기의 성명을 사용하여 측량업무를 수행하게 한 경우
ㄷ. 정당한 사유 없이 지적측량 신청을 거부한 경우
ㄹ. 직계 비속이 소유한 토지에 대한 지적측량을 한 경우

① ㄱ
② ㄴ, ㄷ
③ ㄱ, ㄴ, ㄷ
④ ㄱ, ㄷ, ㄹ

풀이 지적기술자의 업무정지 기준(제44조제3항 관련)

1. 일반기준
   국토교통부장관은 다음 각 목의 구분에 따라 업무정지의 기간을 줄일 수 있다.
   가. 위반행위가 있은 날 이전 최근 2년 이내에 업무정지 처분을 받은 사실이 없는 경우 : 4분의 1 경감
   나. 해당 위반행위가 과실 또는 상당한 이유에 의한 것으로서 보완이 가능한 경우 : 4분의 1 경감
   다. 가목과 나목 모두에 해당하는 경우 : 2분의 1 경감

2. 개별기준 **암기** 거때 신청범 관금법손가

위반사항	해당 법조문	행정처분기준
가. 법 제40조제1항에 따른 근무처 및 경력 등의 신고 또는 변경신고를 ㉮짓으로 한 경우	법 제42조 제1항제1호	1년
나. 법 제41조제4항을 위반하여 다른 사람에게 측량기술경력증을 빌려(⒱여)주거나 자기의 성명을 사용하여 측량업무를 수행하게 한 경우	법 제42조 제1항제2호	1년
다. 법 제50조제1항을 위반하여 ㉚의와 성실로써 공정하게 지적측량을 하지 아니한 경우	법 제42조 제1항제3호	
1) 지적측량수행자 소속 지적기술자가 영업㉓지기간 중에 이를 알고도 지적측량업무를 행한 경우		2년
2) 지적측량수행자 소속 지적기술자가 법 제45조에 따른 업무㉖위를 위반하여 지적측량을 한 경우		2년
라. 고의 또는 중㉕실로 지적측량을 잘못하여 다른 사람에게 손해를 입힌 경우	법 제42조 제1항제3호	
1) 다른 사람에게 손해를 입혀 ⒨고 이상의 형을 선고받고 그 형이 확정된 경우		2년
2) 다른 사람에게 손해를 입혀 ⒱금 이하의 형을 선고받고 그 형이 확정된 경우		1년 6개월
3) 그 밖에 고의 또는 중대한 과실로 지적측량을 잘못하여 다른 사람에게 ㉛해를 입힌 경우		1년

정답 01 ③

위반사항	해당 법조문	행정처분기준
마. 지적기술자가 법 제50조제1항을 위반하여 정당한 사유 없이 지적측량 신청을 [거]부한 경우	법 제42조 제1항제4호	3개월

과태료의 부과기준(제105조 관련) [별표 13] 〈개정 2021.4.6.〉

2. 개별기준 **암기** [정][업][검] [성][직][거][교] [정] : [측][출][보][조] [업] : [등][폐][승] [검] : [등][폐][검]

(단위 : 만 원)

위반행위	근거 법조문	과태료 금액		
		1차	2차	3차 이상
가. [정]당한 사유 없이 [측]량을 방해한 경우	법 제111조 제1항제1호	25	50	100
나. 정당한 사유 없이 법 제101조제7항을 위반하여 토지 등에의 [출]입 등을 방해하거나 거부한 경우	법 제111조 제1항제18호	25	50	100
다. 정당한 사유 없이 법 제99조제1항에 따른 [보]고를 하지 않거나 거짓으로 보고를 한 경우	법 제111조 제1항제16호	25	50	100
라. 정당한 사유 없이 법 제99조제1항에 따른 [조]사를 거부·방해 또는 기피한 경우	법 제111조 제1항제17호	25	50	100
마. 법 제44조제4항을 위반하여 측량[업] [등]록사항의 변경신고를 하지 않은 경우	법 제111조 제1항제8호	7	15	30
바. 법 제48조(법 제54조제6항에 따라 준용되는 경우를 포함한다)를 위반하여 측량업의 휴업·[폐]업 등의 신고를 하지 않거나 거짓으로 신고한 경우	법 제111조 제1항제10호	30		
사. 법 제46조제2항(법 제54조제6항에 따라 준용되는 경우를 포함한다)을 위반하여 측량업자의 지위 [승]계 신고를 하지 않은 경우	법 제111조 제1항제9호	50		
아. 법 제93조제1항을 위반하여 성능[검]사대행자의 [등]록사항 변경을 신고하지 않은 경우	법 제111조 제1항제14호	6	12	25
자. 법 제93조제3항을 위반하여 성능검사대행업무의 [폐]업신고를 하지 않은 경우	법 제111조 제1항제15호	25		
차. 법 제92조제1항을 위반하여 측량기기에 대한 성능검사를 받지 않거나 부정한 방법으로 성능[검]사를 받은 경우	법 제111조 제1항제13호	25	50	100
카. 법 제13조제4항을 위반하여 고시된 측량[성]과에 어긋나는 측량성과를 사용한 경우	법 제111조 제1항제2호	37	75	150
타. 법 제50조제2항을 위반하여 본인, 배우자 또는 [직]계 존속·비속이 소유한 토지에 대한 지적측량을 한 경우	법 제111조 제1항제11호	10	20	40
파. 법 제40조제1항(법 제43조제3항에 따라 준용되는 경우를 포함한다)을 위반하여 [거]짓으로 측량기술자의 신고를 한 경우	법 제111조 제1항제7호	6	12	25
하. 정당한 사유 없이 법 제98조제2항에 따른 [교]육을 받지 않은 경우	법 제111조 제2항	30	60	100

정답

02 축척 1/1,000인 경계점좌표등록부 시행지역에서 1필지 면적 측정 결과 1,155.45m²가 산출되었다. 이때 지적공부에 등록할 면적은?

① 1,155.4m²
② 1,155m²
③ 1,155.5m²
④ 1,156m²

풀이 공간정보의 구축 및 관리 등에 관한 법률 시행령 제60조(면적의 결정 및 측량계산의 끝수처리)

① 면적의 결정은 다음 각 호의 방법에 따른다.

1. 토지의 면적에 1제곱미터 미만의 끝수가 있는 경우 0.5제곱미터 미만일 때에는 버리고 0.5제곱미터를 초과하는 때에는 올리며, 0.5제곱미터일 때에는 구하려는 끝자리의 숫자가 0 또는 짝수이면 버리고 홀수이면 올린다. 다만, 1필지의 면적이 1제곱미터 미만일 때에는 1제곱미터로 한다.

2. 지적도의 축척이 600분의 1인 지역과 경계점좌표등록부에 등록하는 지역의 토지 면적은 제1호에도 불구하고 제곱미터 이하 한 자리 단위로 하되, 0.1제곱미터 미만의 끝수가 있는 경우 0.05제곱미터 미만일 때에는 버리고 0.05제곱미터를 초과할 때에는 올리며, 0.05제곱미터일 때에는 구하려는 끝자리의 숫자가 0 또는 짝수이면 버리고 홀수이면 올린다. 다만, 1필지의 면적이 0.1제곱미터 미만일 때에는 0.1제곱미터로 한다.

② 방위각의 각치(角値), 종횡선의 수치 또는 거리를 계산하는 경우 구하려는 끝자리의 다음 숫자가 5 미만일 때에는 버리고 5를 초과할 때에는 올리며, 5일 때에는 구하려는 끝자리의 숫자가 0 또는 짝수이면 버리고 홀수이면 올린다. 다만, 전자계산조직을 이용하여 연산할 때에는 최종수치에만 이를 적용한다.

03 「공간정보의 구축 및 관리 등에 관한 법률」 및 하위 법령상 연·왕골 등이 자생하는 배수가 잘 되지 않는 토지의 지목 부호는?

① 답
② 광
③ 유
④ 구

풀이 지목의 부호

전	물을 상시적으로 이용하지 않고 곡물·원예작물(과수류는 제외한다)·약초·뽕나무·닥나무·묘목·관상수 등의 식물을 주로 재배하는 토지와 식용(食用)으로 죽순을 재배하는 토지
답	물을 상시적으로 직접 이용하여 벼·연(蓮)·미나리·왕골 등의 식물을 주로 재배하는 토지
광천지	지하에서 온수·약수·석유류 등이 용출되는 용출구(湧出口)와 그 유지(維持)에 사용되는 부지. 다만, 온수·약수·석유류 등을 일정한 장소로 운송하는 송수관·송유관 및 저장시설의 부지는 제외한다.
유지(溜池)	물이 고이거나 상시적으로 물을 저장하고 있는 댐·저수지·소류지(沼溜地)·호수·연못 등의 토지와 연·왕골 등이 자생하는 배수가 잘 되지 아니하는 토지
구거	용수(用水) 또는 배수(排水)를 위하여 일정한 형태를 갖춘 인공적인 수로·둑 및 그 부속시설물의 부지와 자연의 유수(流水)가 있거나 있을 것으로 예상되는 소규모 수로부지

04 「지적재조사에 관한 특별법」상 토지현황조사에 대한 설명 중 가장 옳지 않은 것은?

① 지적재조사지구 지정고시가 있으면 그 지적재조사 지구의 토지를 대상으로 토지현황조사를 하여야 한다.

② 토지현황조사는 지적재조사측량과 병행하여 실시할 수 있다.

③ 토지현황조사를 할 때에는 소유자, 지번, 지목, 경계 또는 좌표, 지상건축물 및 지하건축물의 위치, 개별공시지가 등을 기재한 토지현황조사서를 작성하여야 한다.

④ 토지현황조사에 따른 조사 범위 · 대상 · 항목과 토지현황조사서 기재 · 작성 방법에 관련된 사항은 지적 소관청에서 정한다.

[풀이] **지적재조사에 관한 특별법 제10조(토지현황조사)** **암기** [소][지][목][계][표]는 [지][하][공][간]에서 [토][지][건][축][이][용][현][황][시][설]을

① 지적소관청은 제6조에 따른 실시계획을 수립한 때에는 지적재조사예정지구임이 지적공부에 등록된 토지를 대상으로 토지현황조사를 하여야 하며, 토지현황조사는 지적재조사측량과 병행하여 실시할 수 있다. 〈개정 2017.4.18., 2019.12.10., 2020.12.22.〉

② 토지현황조사를 할 때에는 [소]유자, [지]번, 지[목], 경[계] 또는 좌[표], [지]상건축물 및 지[하]건축물의 위치, 개별[공]시지가 등을 기재한 토지현황조사서를 작성하여야 한다. 〈개정 2017.4.18.〉

③ 토지현황조사에 따른 조사 범위 · 대상 · 항목과 토지현황조사서 기재 · 작성 방법에 관련된 사항은 국토교통부령으로 정한다.

지적재조사에 관한 특별법 시행규칙 제4조(토지현황조사)

① 법 제10조제1항에 따른 토지현황조사(이하 "토지현황조사"라 한다)는 지적재조사지구의 필지별로 다음 각 호의 사항에 대하여 조사한다. 〈개정 2013.3.23., 2017.10.19., 2020.6.18.〉

1. [토][지]에 관한 사항
2. [건][축]물에 관한 사항
3. 토지[이][용]계획에 관한 사항
4. 토지이용 [현][황] 및 건축물 현황
5. 지하[시][설]물(지하구조물) 등에 관한 사항
6. 그 밖에 국토교통부장관이 토지현황조사와 관련하여 필요하다고 인정하는 사항

② 토지현황조사는 사전조사와 현지조사로 구분하여 실시하며, 현지조사는 법 제9조제1항에 따른 지적재조사를 위한 지적측량(이하 "지적재조사측량"이라 한다)과 함께 할 수 있다. 〈개정 2017.10.19.〉

③ 법 제10조제2항에 따른 토지현황조사서는 별지 제3호 서식에 따른다. 〈개정 2017.10.19.〉

④ 제1항부터 제3항까지에서 규정한 사항 외에 토지현황조사서 작성에 필요한 사항은 국토교통부장관이 정하여 고시한다.

정답 04 ④

05 「지적업무처리규정」에서 정의하는 용어에 대한 설명으로 가장 옳지 않은 것은?

① "기지경계선(旣知境界線)"이란 기초측량성과를 결정하는 기준이 되는 기지점을 필지별로 직선으로 연결한 선을 말한다.

② "전자평판측량"이란 토탈스테이션과 지적측량 운영프로그램 등이 설치된 컴퓨터를 연결하여 세부측량을 수행하는 측량을 말한다.

③ "지적측량파일"이란 측량준비파일, 측량현형파일 및 측량성과파일을 말한다.

④ "측량현형(現形)파일"이란 전자평판측량 및 위성측량방법으로 관측한 데이터 및 지적측량에 필요한 각종 정보가 들어있는 파일을 말한다.

풀이 지적업무처리규정 제3조(정의)

이 규정에서 사용하는 용어의 뜻은 다음 각 호와 같다.

1. "기지점(旣知點)"이란 기초측량에서는 국가기준점 또는 지적기준점을 말하고, 세부측량에서는 지적기준점 또는 지적도면상 필지를 구획하는 선의 경계점과 상호 부합되는 지상의 경계점을 말한다.
2. "기지경계선(旣知境界線)"이란 세부측량성과를 결정하는 기준이 되는 기지점을 필지별로 직선으로 연결한 선을 말한다.
3. "전자평판측량"이란 토탈스테이션과 지적측량 운영프로그램 등이 설치된 컴퓨터를 연결하여 세부측량을 수행하는 측량을 말한다.
4. "토탈스테이션"이란 경위의측량방법에 따른 기초측량 및 세부측량에 사용되는 장비를 말한다.
5. "지적측량파일"이란 측량준비파일, 측량현형파일 및 측량성과파일을 말한다.
6. "측량준비파일"이란 부동산종합공부시스템에서 지적측량 업무를 수행하기 위하여 도면 및 대장속성 정보를 추출한 파일을 말한다.
7. "측량현형(現形)파일"이란 전자평판측량 및 위성측량방법으로 관측한 데이터 및 지적측량에 필요한 각종 정보가 들어있는 파일을 말한다.
8. "측량성과파일"이란 전자평판측량 및 위성측량방법으로 관측 후 지적측량정보를 처리할 수 있는 시스템에 따라 작성된 측량결과도파일과 토지이동정리를 위한 지번, 지목 및 경계점의 좌표가 포함된 파일을 말한다.
9. "측량부"란 기초측량 또는 세부측량성과를 결정하기 위하여 사용한 관측부·계산부 등 이에 수반되는 기록을 말한다.

06 「공간정보의 구축 및 관리 등에 관한 법률」상 부동산종합공부에 관한 설명으로 가장 옳은 것은?

① 지적소관청은 부동산종합공부를 영구히 보존하여야 하지만 부동산종합공부의 멸실 또는 훼손에 대비하여 이를 별도로 복제하여 관리하는 정보관리체계를 구축할 필요가 없다.

② 부동산종합공부를 열람하려는 자는 지적소관청만을 대상으로 신청할 수 있다.

③ 부동산종합공부 등록사항 중 토지의 이용 및 규제에 관한 사항은 「토지이용규제 기본법」에 따른 토지이용 계획확인서의 내용과 도시계획확인서의 내용이다.

④ 부동산종합공부의 등록사항 중 토지의 표시와 소유자에 관한 사항은 「공간정보의 구축 및 관리 등에 관한 법률」에 따른 지적공부의 내용이다.

공간정보의 구축 및 관리 등에 관한 법률 제2조(정의)

이 법에서 사용하는 용어의 뜻은 다음과 같다.

18. "지적소관청"이란 지적공부를 관리하는 특별자치시장, 시장(「제주특별자치도 설치 및 국제자유도시 조성을 위한 특별법」 제10조제2항에 따른 행정시의 시장을 포함하며, 「지방자치법」 제3조제3항에 따라 자치구가 아닌 구를 두는 시의 시장은 제외한다)·군수 또는 구청장(자치구가 아닌 구의 구청장을 포함한다)을 말한다.

19. "지적공부"란 토지대장, 임야대장, 공유지연명부, 대지권등록부, 지적도, 임야도 및 경계점좌표등록부 등 지적측량 등을 통하여 조사된 토지의 표시와 해당 토지의 소유자 등을 기록한 대장 및 도면(정보처리시스템을 통하여 기록·저장된 것을 포함한다)을 말한다.

19의2. "연속지적도"란 지적측량을 하지 아니하고 전산화된 지적도 및 임야도 파일을 이용하여, 도면상 경계점들을 연결하여 작성한 도면으로서 측량에 활용할 수 없는 도면을 말한다.

19의3. "부동산종합공부"란 토지의 표시와 소유자에 관한 사항, 건축물의 표시와 소유자에 관한 사항, 토지의 이용 및 규제에 관한 사항, 부동산의 가격에 관한 사항 등 부동산에 관한 종합정보를 정보관리체계를 통하여 기록·저장한 것을 말한다.

07 「공간정보의 구축 및 관리 등에 관한 법률」의 목적으로 가장 옳지 않은 것은?

① 지적공부의 작성 및 관리 ② 해상교통의 안전
③ 국민의 소유권 보호 ④ 국토의 효율적 관리

공간정보의 구축 및 관리 등에 관한 법률 제1조(목적)

이 법은 측량 및 수로조사의 기준 및 절차와 지적공부(地籍公簿)·부동산종합공부(不動産綜合公簿)의 작성 및 관리 등에 관한 사항을 규정함으로써 국토의 효율적 관리와 해상교통의 안전 및 국민의 소유권 보호에 기여함을 목적으로 한다. 〈개정 2013.7.17.〉

공간정보의 구축 및 관리 등에 관한 법률 제1조(목적)

이 법은 측량의 기준 및 절차와 지적공부(地籍公簿)·부동산종합공부(不動産綜合公簿)의 작성 및 관리 등에 관한 사항을 규정함으로써 국토의 효율적 관리 및 국민의 소유권 보호에 기여함을 목적으로 한다.
[시행일 : 2021.2.19.]

08 「공간정보의 구축 및 관리 등에 관한 법률」에서 정의하는 용어에 대한 설명으로 가장 옳지 않은 것은?

① "토지의 이동(異動)"이란 토지의 표시를 새로 정하거나 변경 또는 말소하는 것을 말한다.

② "지적재조사측량"이란 「지적재조사에 관한 특별법」에 따른 지적재조사사업에 따라 토지의 표시를 새로 정하기 위하여 실시하는 지적측량을 말한다.

③ "경계점"이란 필지를 구획하는 선의 굴곡점으로서 지적도나 임야도에 도해(圖解) 형태로 등록하거나 경계점좌표등록부에 좌표 형태로 등록하는 점을 말한다.

④ "지적측량"이란 토지를 지적공부에 등록하거나 지적공부에 등록된 경계점을 지상에 복원하기 위하여 국토교통부령으로 정한 필지의 경계 또는 좌표와 면적을 정하는 측량을 말하며, 지적확정측량 및 지적재조사측량을 포함한다.

공간정보의 구축 및 관리 등에 관한 법률 제2조(정의)

이 법에서 사용하는 용어의 뜻은 다음과 같다. 〈개정 2020. 2. 18.〉

1. "측량"이란 공간상에 존재하는 일정한 점들의 위치를 측정하고 그 특성을 조사하여 도면 및 수치로 표현하거나 도면상의 위치를 현지(現地)에 재현하는 것을 말하며, 측량용 사진의 촬영, 지도의 제작 및 각종 건설사업에서 요구하는 도면작성 등을 포함한다.

4. "지적측량"이란 토지를 지적공부에 등록하거나 지적공부에 등록된 경계점을 지상에 복원하기 위하여 제21호에 따른 필지의 경계 또는 좌표와 면적을 정하는 측량을 말하며, 지적확정측량 및 지적재조사측량을 포함한다.

4의2. "지적확정측량"이란 제86조제1항에 따른 사업이 끝나 토지의 표시를 새로 정하기 위하여 실시하는 지적측량을 말한다.

4의3. "지적재조사측량"이란 「지적재조사에 관한 특별법」에 따른 지적재조사사업에 따라 토지의 표시를 새로 정하기 위하여 실시하는 지적측량을 말한다.

25. "경계점"이란 필지를 구획하는 선의 굴곡점으로서 지적도나 임야도에 도해(圖解) 형태로 등록하거나 경계점좌표등록부에 좌표 형태로 등록하는 점을 말한다.

26. "경계"란 필지별로 경계점들을 직선으로 연결하여 지적공부에 등록한 선을 말한다.

27. "면적"이란 지적공부에 등록한 필지의 수평면상 넓이를 말한다.

28. "토지의 이동(異動)"이란 토지의 표시를 새로 정하거나 변경 또는 말소하는 것을 말한다.

09 「지적재조사에 관한 특별법」상 지적재조사사업에 따른 경계의 확정시기로 가장 옳지 않은 것은?

① 이의신청 기간에 이의를 신청하지 아니하였을 때
② 이의신청에 대한 결정에 대하여 60일 이내에 불복의사를 표명하지 아니하였을 때
③ 경계에 관한 결정에 불복하여 행정소송을 제기한 경우 그 판결이 확정되었을 때
④ 지적확정예정조서를 제출하였을 때

지적재조사에 관한 특별법 제18조(경계의 확정)

① 지적재조사사업에 따른 경계는 다음 각 호의 시기에 확정된다.

> 1. 제17조제1항에 따른 이의신청 기간에 이의를 신청하지 아니하였을 때
> 2. 제17조제4항에 따른 이의신청에 대한 결정에 대하여 60일 이내에 불복의사를 표명하지 아니하였을 때
> 3. 제16조제3항에 따른 경계에 관한 결정이나 제17조제4항에 따른 이의신청에 대한 결정에 불복하여 행정소송을 제기한 경우에는 그 판결이 확정되었을 때

② 제1항에 따라 경계가 확정되었을 때에는 지적소관청은 지체 없이 경계점표지를 설치하여야 하며, 국토교통부령으로 정하는 바에 따라 지상경계점등록부를 작성하고 관리하여야 한다. 이 경우 제1항에 따라 확정된 경계가 제15조제1항 및 제3항에 따라 설정된 경계와 동일할 때에는 같은 조 제1항 및 제3항에 따른 임시경계점표지를 경계점표지로 본다. 〈개정 2013. 3. 23., 2017. 4. 18.〉

③ 누구든지 제2항에 따른 경계점표지를 이전 또는 파손하거나 그 효용을 해치는 행위를 하여서는 아니 된다.

10 「공간정보의 구축 및 관리 등에 관한 법률」상 축척변경 시 시 · 도지사 또는 대도시 시장의 승인을 받지 않아도 되는 경우로 가장 옳은 것은?

① 잦은 토지의 이동으로 1필지의 규모가 작아서 소축척으로는 토지의 이동에 따른 정리를 하기가 곤란한 경우

② 합병하려는 토지가 축척이 다른 지적도에 각각 등록되어 있어 축척변경을 하는 경우

③ 하나의 지번부여지역에 서로 다른 축척의 지적도가 있는 경우

④ 잦은 토지의 이동으로 1필지의 규모가 작아서 소축척으로는 지적측량성과의 결정이 곤란한 경우

[풀이] **공간정보의 구축 및 관리 등에 관한 법률 제83조(축척변경)**

① 축척변경에 관한 사항을 심의 · 의결하기 위하여 지적소관청에 축척변경위원회를 둔다.

② 지적소관청은 지적도가 다음 각 호의 어느 하나에 해당하는 경우에는 토지소유자의 신청 또는 지적소관청의 직권으로 일정한 지역을 정하여 그 지역의 축척을 변경할 수 있다.

> 1. 잦은 토지의 이동으로 1필지의 규모가 작아서 소축척으로는 지적측량성과의 결정이나 토지의 이동에 따른 정리를 하기가 곤란한 경우
> 2. 하나의 지번부여지역에 서로 다른 축척의 지적도가 있는 경우
> 3. 그 밖에 지적공부를 관리하기 위하여 필요하다고 인정되는 경우

③ 지적소관청은 제2항에 따라 축척변경을 하려면 축척변경 시행지역의 토지소유자 3분의 2 이상의 동의를 받아 제1항에 따른 축척변경위원회의 의결을 거친 후 시 · 도지사 또는 대도시 시장의 승인을 받아야 한다. 다만, 다음 각 호의 어느 하나에 해당하는 경우에는 축척변경위원회의 의결 및 시 · 도지사 또는 대도시 시장의 승인 없이 축척변경을 할 수 있다.

> 1. 합병하려는 토지가 축척이 다른 지적도에 각각 등록되어 있어 축척변경을 하는 경우
> 2. 제86조에 따른 도시개발사업 등의 시행지역에 있는 토지로서 그 사업 시행에서 제외된 토지의 축척변경을 하는 경우

④ 축척변경의 절차, 축척변경으로 인한 면적 증감의 처리, 축척변경 결과에 대한 이의신청 및 축척변경위원회의 구성 · 운영 등에 필요한 사항은 대통령령으로 정한다.

11 「공간정보의 구축 및 관리 등에 관한 법률」상 중앙지적위원회에서 심의 · 의결하는 사항으로 가장 옳지 않은 것은?

① 지적측량업자의 업무정지 처분 및 징계요구에 관한 사항

② 지적기술자의 업무정지 처분 및 징계요구에 관한 사항

③ 지적 관련 정책 개발 및 업무 개선 등에 관한 사항

④ 지적측량기술의 연구 · 개발 및 보급에 관한 사항

[풀이] 공간정보의 구축 및 관리 등에 **관한 법률 제28조(지적위원회)** [암기] [정][무][연][개][사][양][무][요]

① 다음 각 호의 사항을 심의 · 의결하기 위하여 국토교통부에 중앙지적위원회를 둔다.

> 1. 지적 관련 [정]책 개발 및 업[무] 개선 등에 관한 사항
> 2. 지적측량기술의 [연]구 · [개]발 및 보급에 관한 사항
> 3. 제29조제6항에 따른 지적측량 적부심[사](適否審査)에 대한 재심사(再審査)

정답 10 ② 11 ①

4. 제39조에 따른 측량기술자 중 지적분야 측량기술자(이하 "지적기술자"라 한다)의 양성에 관한 사항
5. 제42조에 따른 지적기술자의 업무정지 처분 및 징계요구에 관한 사항

② 지적측량에 대한 적부심사 청구사항을 심의·의결하기 위하여 특별시·광역시·특별자치시·도 또는 특별자치도(이하 "시·도"라 한다)에 지방지적위원회를 둔다. 〈신설 2013.7.17.〉
③ 중앙지적위원회와 지방지적위원회의 구성 및 운영에 필요한 사항은 대통령령으로 정한다.
④ 중앙지적위원회와 지방지적위원회의 위원 중 공무원이 아닌 사람은 「형법」 제127조 및 제129조부터 제132조까지의 규정을 적용할 때에는 공무원으로 본다. 〈신설 2017.10.24.〉

12 「국가공간정보센터 운영규정」상 지적전산자료에 오류가 있다고 판단되는 경우 지적소관청에 자료의 수정·보완을 요청할 수 있는 자는?

① 국토교통부장관
② 한국국토정보공사 사장
③ 시·도지사
④ 대도시 시장

풀이 국가공간정보센터 운영규정 제10조(지적전산자료의 관리)
① 국토교통부장관은 지적공부에 관한 전산자료(이하 "지적전산자료"라 한다)가 최신 정보에 맞도록 수시로 갱신하여야 한다. 〈개정 2013.3.23.〉
② 국토교통부장관은 지적전산자료에 오류가 있다고 판단되는 경우에는 「공간정보의 구축 및 관리 등에 관한 법률」 제2조제18호에 따른 지적소관청(이하 "지적소관청"이라 한다)에 자료의 수정·보완을 요청할 수 있다. 이 경우 지적소관청은 요청받은 내용을 확인하여 지체 없이 바로잡은 후 국토교통부장관에게 그 결과를 보고하여야 한다. 〈개정 2011.8.30., 2013.3.23., 2015.6.1.〉
③ 국토교통부장관은 「부동산 가격공시에 관한 법률」에 따른 표준지공시지가 및 개별공시지가에 관한 지가전산자료를 개별공시지가가 확정된 후 3개월 이내에 정리하여야 한다.

13 「공간정보의 구축 및 관리 등에 관한 법률」상 지적전산자료의 이용 또는 활용 목적 등에 관하여 미리 관계 중앙행정기관의 심사를 받지 않을 수 있는 경우가 아닌 것은?

① 토지소유자가 자기 토지에 대한 지적전산자료를 신청하는 경우
② 토지소유자가 사망하여 그 상속인이 피상속인의 토지에 대한 지적전산자료를 신청하는 경우
③ 전국 단위의 지적전산자료 및 시·도 단위의 지적전산자료를 신청하는 경우
④ 「개인정보 보호법」에 따른 개인정보를 제외한 지적전산자료를 신청하는 경우

풀이 공간정보의 구축 및 관리 등에 관한 법률 제76조(지적전산자료의 이용 등)
① 지적공부에 관한 전산자료(연속지적도를 포함하며, 이하 "지적전산자료"라 한다)를 이용하거나 활용하려는 자는 다음 각 호의 구분에 따라 국토교통부장관, 시·도지사 또는 지적소관청에 지적전산자료를 신청하여야 한다. 〈개정 2013.3.23., 2013.7.17., 2017.10.24.〉

1. 전국 단위의 지적전산자료 : 국토교통부장관, 시·도지사 또는 지적소관청
2. 시·도 단위의 지적전산자료 : 시·도지사 또는 지적소관청
3. 시·군·구(자치구가 아닌 구를 포함한다) 단위의 지적전산자료 : 지적소관청

② 제1항에 따라 지적전산자료를 신청하려는 자는 대통령령으로 정하는 바에 따라 지적전산자료의 이용 또는

활용 목적 등에 관하여 미리 관계 중앙행정기관의 심사를 받아야 한다. 다만, 중앙행정기관의 장, 그 소속
기관의 장 또는 지방자치단체의 장이 신청하는 경우에는 그러하지 아니하다. 〈개정 2017.10.24.〉
③ 제2항에도 불구하고 다음 각 호의 어느 하나에 해당하는 경우에는 관계 중앙행정기관의 심사를 받지 아니할
수 있다. 〈개정 2017.10.24.〉

> 1. 토지소유자가 자기 토지에 대한 지적전산자료를 신청하는 경우
> 2. 토지소유자가 사망하여 그 상속인이 피상속인의 토지에 대한 지적전산자료를 신청하는 경우
> 3. 「개인정보 보호법」 제2조제1호에 따른 개인정보를 제외한 지적전산자료를 신청하는 경우

④ 제1항 및 제3항에 따른 지적전산자료의 이용 또는 활용에 필요한 사항은 대통령령으로 정한다.

14 「공간정보의 구축 및 관리 등에 관한 법률」상 토지소유자의 정리에 관한 설명으로 가장 옳지 않은 것은?

① 지적공부에 등록된 토지소유자의 변경사항은 등기관서에서 등기한 것을 증명하는 등기필증, 등기완
료 통지서, 등기사항증명서 또는 등기관서에서 제공한 등기전산정보자료에 따라 정리한다.

② 소유자 없는 부동산에 대한 소유자 등록을 신청하는 경우 지적소관청은 지적공부에 해당 토지의 소
유자가 등록되지 아니한 경우에는 등록할 수 없다.

③ 등기부에 적혀 있는 토지의 표시가 지적공부와 일치하지 아니하면 토지소유자를 정리할 수 없다. 이
경우 토지의 표시와 지적공부가 일치하지 아니하다는 사실을 관할 등기관서에 통지하여야 한다.

④ 지적소관청은 필요하다고 인정하는 경우에는 관할 등기관서의 등기부를 열람하여 지적공부와 부동
산 등기부가 일치하는지 여부를 조사·확인하여야 한다.

풀이 공간정보의 구축 및 관리 등에 관한 법률 제88조(토지소유자의 정리)

① 지적공부에 등록된 토지소유자의 변경사항은 등기관서에서 등기한 것을 증명하는 등기필증, 등기완료통지
서, 등기사항증명서 또는 등기관서에서 제공한 등기전산정보자료에 따라 정리한다. 다만, 신규등록하는 토
지의 소유자는 지적소관청이 직접 조사하여 등록한다. 〈개정 2011.4.12.〉

② 「국유재산법」 제2조제10호에 따른 총괄청이나 같은 조 제11호에 따른 중앙관서의 장이 같은 법 제12조제3
항에 따라 소유자 없는 부동산에 대한 소유자 등록을 신청하는 경우 지적소관청은 지적공부에 해당 토지의
소유자가 등록되지 아니한 경우에만 등록할 수 있다. 〈개정 2011.3.30.〉

③ 등기부에 적혀 있는 토지의 표시가 지적공부와 일치하지 아니하면 제1항에 따라 토지소유자를 정리할 수
없다. 이 경우 토지의 표시와 지적공부가 일치하지 아니하다는 사실을 관할 등기관서에 통지하여야 한다.

④ 지적소관청은 필요하다고 인정하는 경우에는 관할 등기관서의 등기부를 열람하여 지적공부와 부동산등기부
가 일치하는지 여부를 조사·확인하여야 하며, 일치하지 아니하는 사항을 발견하면 등기사항증명서 또는
등기관서에서 제공한 등기전산정보자료에 따라 지적공부를 직권으로 정리하거나, 토지소유자나 그 밖의 이
해관계인에게 그 지적공부와 부동산등기부가 일치하게 하는 데에 필요한 신청 등을 하도록 요구할 수 있다.
〈개정 2011.4.12.〉

⑤ 지적소관청 소속 공무원이 지적공부와 부동산등기부의 부합 여부를 확인하기 위하여 등기부를 열람하거나,
등기사항증명서의 발급을 신청하거나, 등기전산정보자료의 제공을 요청하는 경우 그 수수료는 무료로 한다.

정답 14 ②

15 「지적측량 시행규칙」상 세부측량을 하는 때에 필지마다 면적을 측정해야 하는 경우로 가장 옳지 않은 것은?

① 「공간정보의 구축 및 관리 등에 관한 법률」상 등록사항 정정에 따라 지적공부의 경계를 정정하는 경우
② 지상건축물 등의 현황을 지적도 및 임야도에 등록된 경계와 대비하여 표시하는 데에 필요한 경우
③ 도시개발사업 등으로 인한 토지의 이동에 따라 토지의 표시를 새로 결정하는 경우
④ 지적공부를 복구하는 경우

풀이 지적측량 시행규칙 제19조(면적측정의 대상)

① 세부측량을 하는 경우 다음 각 호의 어느 하나에 해당하면 필지마다 면적을 측정하여야 한다.

> 1. 지적공부의 복구·신규등록·등록전환·분할 및 축척변경을 하는 경우
> 2. 법 제84조에 따라 면적 또는 경계를 정정하는 경우
> 3. 법 제86조에 따른 도시개발사업 등으로 인한 토지의 이동에 따라 토지의 표시를 새로 결정하는 경우
> 4. 경계복원측량 및 지적현황측량에 면적측정이 수반되는 경우

② 제1항에도 불구하고 법 제23조제1항제4호의 경계복원측량과 영 제18조의 지적현황측량을 하는 경우에는 필지마다 면적을 측정하지 아니한다.

16 「공간정보의 구축 및 관리 등에 관한 법률」상 지적소관청이 지적공부의 등록사항에 잘못이 있는지를 직권으로 조사·측량하여 정정할 수 있는 경우로 가장 옳지 않은 것은?

① 지적도 및 임야도에 등록된 필지가 면적의 증감 없이 경계의 위치만 잘못된 경우
② 1필지가 각각 다른 지적도나 임야도에 등록되어 있는 경우로서 지적공부에 등록된 면적과 측량한 실제면적은 일치하지만 지적도나 임야도에 등록된 경계가 서로 접합되지 않아 지적도나 임야도에 등록된 경계를 지상의 경계에 맞추어 정정하여야 하는 토지가 발견된 경우
③ 「부동산등기법」상 합필제한에 따른 통지가 있는 경우로 등기관의 착오에 의해 잘못 합병한 경우
④ 지적공부의 등록사항이 잘못 입력된 경우

풀이 공간정보의 구축 및 관리 등에 관한 법률 시행령 제82조(등록사항의 직권정정 등)

① 지적소관청이 법 제84조제2항에 따라 지적공부의 등록사항에 잘못이 있는지를 직권으로 조사·측량하여 정정할 수 있는 경우는 다음 각 호와 같다. 〈개정 2015.6.1., 2017.1.10.〉

> 1. 제84조제2항에 따른 토지이동정리 결의서의 내용과 다르게 정리된 경우
> 2. 지적도 및 임야도에 등록된 필지가 면적의 증감 없이 경계의 위치만 잘못된 경우
> 3. 1필지가 각각 다른 지적도나 임야도에 등록되어 있는 경우로서 지적공부에 등록된 면적과 측량한 실제면적은 일치하지만 지적도나 임야도에 등록된 경계가 서로 접합되지 않아 지적도나 임야도에 등록된 경계를 지상의 경계에 맞추어 정정하여야 하는 토지가 발견된 경우
> 4. 지적공부의 작성 또는 재작성 당시 잘못 정리된 경우
> 5. 지적측량성과와 다르게 정리된 경우
> 6. 법 제29조제10항에 따라 지적공부의 등록사항을 정정하여야 하는 경우
> 7. 지적공부의 등록사항이 잘못 입력된 경우
> 8. 「부동산등기법」 제37조제2항에 따른 통지가 있는 경우(지적소관청의 착오로 잘못 합병한 경우만 해당한다)
> 9. 법률 제2801호 지적법 개정법률 부칙 제3조에 따른 면적 환산이 잘못된 경우

② 지적소관청은 제1항 각 호의 어느 하나에 해당하는 토지가 있을 때에는 지체 없이 관계 서류에 따라 지적공부의 등록사항을 정정하여야 한다.

③ 지적공부의 등록사항 중 경계나 면적 등 측량을 수반하는 토지의 표시가 잘못된 경우에는 지적소관청은 그 정정이 완료될 때까지 지적측량을 정지시킬 수 있다. 다만, 잘못 표시된 사항의 정정을 위한 지적측량은 그러하지 아니하다.

17 「공간정보의 구축 및 관리 등에 관한 법률」 및 동법 시행규칙상 지적도면 등의 등록사항에 해당하지 않는 것은?

① 건축물 및 구조물 등의 위치
② 경계점좌표등록부를 갖춰 두는 지역의 경우 경계점 좌표
③ 도곽선(圖廓線)과 그 수치
④ 삼각점 및 지적기준점의 위치

풀이 **공간정보의 구축 및 관리 등에 관한 법률 제72조(지적도 등의 등록사항)** **암기** **토지지지경점은 도면선각물**

지적도 및 임야도에는 다음 각 호의 사항을 등록하여야 한다. 〈개정 2013.3.23.〉

> 1. 토지의 소재
> 2. 지번
> 3. 지목
> 4. 경계
> 5. 그 밖에 국토교통부령으로 정하는 사항

공간정보의 구축 및 관리 등에 관한 법률 시행규칙 제69조(지적도면 등의 등록사항 등)

① 법 제72조에 따른 지적도 및 임야도는 각각 별지 제67호 서식 및 별지 제68호 서식과 같다.

② 법 제72조제5호에서 "그 밖에 국토교통부령으로 정하는 사항"이란 다음 각 호의 사항을 말한다. 〈개정 2013.3.23.〉

> 1. 지적도면의 색인도(인접도면의 연결 순서를 표시하기 위하여 기재한 도표와 번호를 말한다)
> 2. 지적도면의 제명 및 축척
> 3. 도곽선(圖廓線)과 그 수치
> 4. 좌표에 의하여 계산된 경계점 간의 거리(경계점좌표등록부를 갖춰 두는 지역으로 한정한다)
> 5. 삼각점 및 지적기준점의 위치
> 6. 건축물 및 구조물 등의 위치
> 7. 그 밖에 국토교통부장관이 정하는 사항

③ 경계점좌표등록부를 갖춰 두는 지역의 지적도에는 해당 도면의 제명 끝에 "(좌표)"라고 표시하고, 도곽선의 오른쪽 아래 끝에 "이 도면에 의하여 측량을 할 수 없음"이라고 적어야 한다.

④ 지적도면에는 지적소관청의 직인을 날인하여야 한다. 다만, 정보처리시스템을 이용하여 관리하는 지적도면의 경우에는 그러하지 아니하다.

⑤ 지적소관청은 지적도면의 관리에 필요한 경우에는 지번부여지역마다 일람도와 지번색인표를 작성하여 갖춰둘 수 있다.

⑥ 지적도면의 축척은 다음 각 호의 구분에 따른다.

> 1. 지적도 : 1/500, 1/600, 1/1000, 1/1200, 1/2400, 1/3000, 1/6000
> 2. 임야도 : 1/3000, 1/6000

정답 17 ②

18 「지적재조사에 관한 특별법」상 중앙지적재조사위원회의 위원이 심의 · 의결에서 제척되는 사유로 가장 옳지 않은 것은?

① 위원이 해당 심의 · 의결 안건에 관하여 연구 · 용역의 방법으로 직접 관여한 경우
② 위원이 최근 3년 이내에 심의 · 의결 안건과 관련된 업체에 임원 또는 직원으로 재직한 경우
③ 심의 · 의결하는 사항과 직접적인 이해관계가 있다고 인정되는 경우
④ 직무태만 또는 품위손상의 사유로 인하여 위원으로 적합하지 아니하다고 인정된 경우

풀이 지적재조사에 관한 특별법 시행령 제20조(중앙위원회 위원의 제척 · 기피 · 회피)

① 중앙위원회의 위원은 다음 각 호의 어느 하나에 해당하는 경우에는 그 안건의 심의 · 의결에서 제척(除斥)된다.

> 1. 위원이 해당 심의 · 의결 안건에 관하여 연구 · 용역 또는 그 밖의 방법으로 직접 관여한 경우
> 2. 위원이 최근 3년 이내에 심의 · 의결 안건과 관련된 업체의 임원 또는 직원으로 재직한 경우
> 3. 그 밖에 심의 · 의결 안건과 직접적인 이해관계가 있다고 인정되는 경우

② 중앙위원회가 심의 · 의결하는 사항과 직접적인 이해관계가 있는 자는 제1항에 따른 제척 사유가 있거나 공정한 심의 · 의결을 기대하기 어려운 사유가 있는 중앙위원회의 위원에 대해서는 그 사유를 밝혀 중앙위원회에 그 위원에 대한 기피신청을 할 수 있다. 이 경우 중앙위원회는 의결로 해당 위원의 기피 여부를 결정하여야 한다.
③ 중앙위원회의 위원은 제1항 또는 제2항에 해당하는 경우에는 스스로 심의 · 의결을 회피할 수 있다.

지적재조사에 관한 특별법 시행령 제21조(중앙위원회 위원의 해촉)

위원장은 중앙위원회의 위원 중 위원장이 위촉한 위원이 다음 각 호의 어느 하나에 해당하는 경우에는 해당 위원을 해촉할 수 있다. 〈개정 2016.5.10.〉

> 1. 심신장애로 인하여 직무를 수행할 수 없게 된 경우
> 2. 직무와 관련된 비위사실이 있는 경우
> 3. 직무태만, 품위손상, 그 밖의 사유로 인하여 위원으로 적합하지 아니하다고 인정된 경우
> 4. 위원이 제20조제1항 각 호의 제척 사유에 해당함에도 불구하고 회피하지 아니한 경우
> 5. 위원 스스로 직무를 수행하는 것이 곤란하다고 의사를 밝히는 경우

19 지적법규의 변천과정을 순서대로 바르게 나열한 것은?

① 토지조사법 – 토지조사령 – 지세령 – 조선임야조사령 – 조선지세령 – 지적법 – 측량 · 수로조사 및 지적에 관한 법률 – 공간정보의 구축 및 관리 등에 관한 법률
② 토지조사법 – 조선임야조사령 – 토지조사령 – 조선지세령 – 지세령 – 지적법 – 측량 · 수로조사 및 지적에 관한 법률 – 공간정보의 구축 및 관리 등에 관한 법률
③ 토지조사령 – 조선지세령 – 토지조사법 – 지세령 – 조선임야조사령 – 지적법 – 측량 · 수로조사 및 지적에 관한 법률 – 공간정보의 구축 및 관리 등에 관한 법률
④ 토지조사법 – 토지조사령 – 조선지세령 – 조선임야조사령 – 지세령 – 지적법 – 측량 · 수로조사 및 지적에 관한 법률 – 공간정보의 구축 및 관리 등에 관한 법률

① 토지조사법(1910.8.23.)
② 토지조사령(1912.8.13.)
③ 지세령(1914.3.16.)
④ 토지대장규칙(1914.4.25.)
⑤ 조선임야조사령(1918.5.1.)
⑥ 임야대장규칙(1920.8.23.)
⑦ 토지측량규정(1921.6.16.)
⑧ 임야측량규정(1935.6.12.)
⑨ 조선지세령(1943.3.31.)
⑩ 조선임야대장규칙(1943.3.31.)
⑪ 지세법(1950.12.1.)
⑫ 지적법(1950.12.1.)
⑬ 지적법 시행령(1951.4.1.)
⑭ 지적측량규정(1954.11.12.)
⑮ 지적측량사규정(1960.12.31.)

20 「지적재조사에 관한 특별법」상 지적재조사사업의 지도 · 감독, 기술 · 인력 및 예산 등의 지원을 위하여 시 · 도에 둘 수 있는 조직으로 가장 옳은 것은?

① 지적재조사기획단
② 지적재조사계획단
③ 지적재조사지원단
④ 지적재조사추진단

풀이 지적재조사에 관한 특별법 제32조(지적재조사기획단 등)

① 기본계획의 입안, 지적재조사사업의 지도 · 감독, 기술 · 인력 및 예산 등의 지원, 중앙위원회 심의 · 의결사항에 대한 보좌를 위하여 국토교통부에 지적재조사기획단을 둔다. 〈개정 2013.3.23.〉

② 지적재조사사업의 지도 · 감독, 기술 · 인력 및 예산 등의 지원을 위하여 시 · 도에 지적재조사지원단을, 실시계획의 입안, 지적재조사사업의 시행, 사업대행자에 대한 지도 · 감독 등을 위하여 지적소관청에 지적재조사추진단을 둘 수 있다.

③ 제1항에 따른 지적재조사기획단의 조직과 운영에 관하여 필요한 사항은 대통령령으로, 제2항에 따른 지적재조사지원단과 지적재조사추진단의 조직과 운영에 관하여 필요한 사항은 해당 지방자치단체의 조례로 정한다.

01 공간정보의 구축 및 관리 등에 관한 법령상 등기촉탁에 대한 설명으로 가장 옳은 것은?

① 등기촉탁이란 토지의 소재 · 지번 · 지목 · 면적 · 소유자 등을 변경 · 정리할 필요가 있는 경우에 토지소유자를 대신하여 지적소관청이 관할 등기관서에 등기를 신청하는 것을 말한다.

② 지적소관청은 신규등록을 포함하여 합병 · 분할 · 축척변경 · 지번변경과 지적재조사에 의한 토지이동이 있는 때에도 등기를 촉탁하여야 한다.

③ 지적소관청의 등기촉탁은 국가가 지방자치단체를 위하여 하는 등기로 본다.

④ 지적소관청은 토지표시의 변경에 관한 등기를 촉탁한 때에는 토지표시변경등기 촉탁대장에 그 내용을 적어야 한다.

> **풀이** 공간정보의 구축 및 관리 등에 관한 법률 제89조(등기촉탁)
> ① 지적소관청은 제64조제2항(신규등록은 제외한다), 제66조제2항, 제82조, 제83조제2항, 제84조제2항 또는 제85조제2항에 따른 사유로 토지의 표시 변경에 관한 등기를 할 필요가 있는 경우에는 지체 없이 관할 등기관서에 그 등기를 촉탁하여야 한다. 이 경우 등기촉탁은 국가가 국가를 위하여 하는 등기로 본다.
> ② 제1항에 따른 등기촉탁에 필요한 사항은 국토교통부령으로 정한다.
>
> **공간정보의 구축 및 관리 등에 관한 법률 시행규칙 제97조(등기촉탁)**
> ① 지적소관청은 법 제89조제1항에 따라 등기관서에 토지표시의 변경에 관한 등기를 촉탁하려는 때에는 별지 제83호서식의 토지표시변경등기 촉탁서에 그 취지를 적어야 한다.
> 1. 삭제 〈2011.4.11.〉
> 2. 삭제 〈2011.4.11.〉
> ② 제1항에 따라 토지표시의 변경에 관한 등기를 촉탁한 때에는 별지 제84호서식의 토지표시변경등기 촉탁대장에 그 내용을 적어야 한다.

02 공간정보의 구축 및 관리 등에 관한 법령상 「산지관리법」에 따른 산지전용허가를 받아 임야대장에 등록된 토지를 토지대장에 옮겨 등록하려는 경우, 이에 대한 설명으로 가장 옳지 않은 것은?

① 토지소유자는 대통령령으로 정하는 바에 따라 그 사유가 발생한 날부터 60일 이내에 지적소관청에 등록전환을 신청하여야 한다.

② 토지소유자는 등록전환 사유를 적은 신청서에 관계 법령에 따른 개발행위 허가 등을 증명하는 서류의 사본을 첨부하여 지적소관청에 제출하여야 한다.

③ 임야대장의 면적과 등록전환될 면적의 차이가 허용 범위를 초과하는 경우에는 토지소유자의 신청에 의해 임야대장의 면적을 정정한 후에 등록전환을 하여야 한다.

④ 임야대장의 면적과 등록전환될 면적의 오차 허용 범위를 계산할 때 축척이 3천분의 1인 지역의 축척분모는 6천으로 한다.

> **풀이** 공간정보의 구축 및 관리 등에 관한 법률 제78조(등록전환 신청)
> 토지소유자는 등록전환할 토지가 있으면 대통령령으로 정하는 바에 따라 그 사유가 발생한 날부터 60일 이내에 지적소관청에 등록전환을 신청하여야 한다.

정답 01 ② 02 ③

공간정보의 구축 및 관리 등에 관한 법률 시행령 제64조(등록전환 신청)

① 법 제78조에 따라 등록전환을 신청할 수 있는 경우는 다음 각 호와 같다. 〈개정 2020.6.9.〉

> 1. 「산지관리법」에 따른 산지전용허가 · 신고, 산지일시사용허가 · 신고, 「건축법」에 따른 건축허가 · 신고 또는 그 밖의 관계 법령에 따른 개발행위 허가 등을 받은 경우
> 2. 대부분의 토지가 등록전환되어 나머지 토지를 임야도에 계속 존치하는 것이 불합리한 경우
> 3. 임야도에 등록된 토지가 사실상 형질변경되었으나 지목변경을 할 수 없는 경우
> 4. 도시 · 군관리계획선에 따라 토지를 분할하는 경우

② 삭제 〈2020.6.9.〉

③ 토지소유자는 법 제78조에 따라 등록전환을 신청할 때에는 등록전환 사유를 적은 신청서에 국토교통부령으로 정하는 서류를 첨부하여 지적소관청에 제출하여야 한다.

공간정보의 구축 및 관리 등에 관한 법률 시행규칙 제82조(등록전환 신청)

① 영 제64조제3항에서 "국토교통부령으로 정하는 서류"란 관계 법령에 따른 개발행위 허가 등을 증명하는 서류의 사본(영 제64조제1항제1호에 해당하는 경우로 한정한다)을 말한다.

② 제1항에 따른 서류를 그 지적소관청이 관리하는 경우에는 지적소관청의 확인으로 그 서류의 제출을 갈음할 수 있다.

공간정보의 구축 및 관리 등에 관한 법률 시행령 제19조(등록전환이나 분할에 따른 면적 오차의 허용범위 및 배분 등)

① 법 제26조제2항에 따른 등록전환이나 분할을 위하여 면적을 정할 때에 발생하는 오차의 허용범위 및 처리방법은 다음 각 호와 같다.

1. 등록전환을 하는 경우
   가. 임야대장의 면적과 등록전환될 면적의 오차 허용범위는 다음의 계산식에 따른다. 이 경우 오차의 허용범위를 계산할 때 축척이 3천분의 1인 지역의 축척분모는 6천으로 한다.

   $$A = 0.026^2 M\sqrt{F}$$
   (A는 오차 허용면적, M은 임야도 축척분모, F는 등록전환될 면적)

   나. 임야대장의 면적과 등록전환될 면적의 차이가 가목의 계산식에 따른 허용범위 이내인 경우에는 등록전환될 면적을 등록전환 면적으로 결정하고, 허용범위를 초과하는 경우에는 임야대장의 면적 또는 임야도의 경계를 지적소관청이 직권으로 정정하여야 한다.

---

03 「지적재조사에 관한 특별법 시행령」상 책임수행기관이 「공간정보의 구축 및 관리 등에 관한 법률」 제44조에 따라 지적측량업의 등록을 한 자에게 대행하게 할 수 있는 업무가 아닌 것은?

① 토지현황조사 및 토지현황조사서 작성
② 지적재조사측량 중 경계점 측량 및 필지별 면적산정
③ 경계점표지 설치
④ 지상경계점등록부 작성

풀이 지적재조사에 관한 특별법 시행령 제4조(측량 · 조사 위탁에 관한 고시 등)
  ① 지적소관청은 법 제5조제2항에 따라 법 제5조의2에 따른 책임수행기관(이하 "책임수행기관"이라 한다)에 지적재조사사업의 측량 · 조사 등을 위탁한 때에는 법 제5조제3항에 따라 다음 각 호의 사항을 공보에 고시해야 한다. 〈개정 2021.6.8.〉

1. 책임수행기관의 명칭
2. 지적재조사지구의 명칭
3. 지적재조사지구의 위치 및 면적
4. 책임수행기관에 위탁할 측량 · 조사에 관한 사항

② 지적소관청은 토지소유자와 책임수행기관에 제1항 각 호의 사항을 통지해야 한다. 〈개정 2021.6.8.〉
③ 책임수행기관은 제1항에 따라 위탁받은 지적재조사사업의 측량 · 조사 등의 업무 중 다음 각 호의 업무를 「공간정보의 구축 및 관리 등에 관한 법률」 제44조에 따라 지적측량업의 등록을 한 자에게 대행하게 할 수 있다. 〈신설 2021.6.8.〉

1. 법 제10조제1항 및 제2항에 따른 토지현황조사 및 토지현황조사서 작성
2. 법 제11조제1항에 따른 지적재조사측량 중 경계점 측량 및 필지별 면적산정
3. 법 제15조제1항에 따른 임시경계점표지 설치
4. 법 제18조제2항에 따른 경계점표지 설치

④ 책임수행기관은 제3항 각 호의 업무를 대행하게 한 경우에는 지적소관청에 대행업무를 수행하는 자(이하 "지적재조사대행자"라 한다)의 성명(법인인 경우에는 명칭 및 대표자의 성명을 말한다)과 소재지를 알려야 한다. 〈신설 2021.6.8.〉
⑤ 제3항에 따른 대행을 위한 계약의 체결방법 · 절차 등에 관하여 필요한 사항은 국토교통부장관이 정하여 고시한다.

04 「지적재조사에 관한 특별법」상 지적재조사사업 시행을 위해 수립하는 시 · 도종합계획에 대한 설명으로 가장 옳지 않은 것은?

① 시 · 도지사는 기본계획을 토대로 시 · 도종합계획을 수립하여야 하며, 시 · 도종합계획의 작성 기준, 작성 방법, 그 밖에 시 · 도종합계획의 수립에 관한 세부적인 사항은 시 · 도지사가 정한다.
② 시 · 도지사는 시 · 도종합계획을 수립할 때에는 시 · 도 종합계획안을 지적소관청에 송부하여 의견을 들은 후 시 · 도지적재조사위원회의 심의를 거쳐야 한다.
③ 시 · 도지사로부터 시 · 도종합계획안을 송부받은 지적 소관청은 송부받은 날부터 14일 이내에 의견을 제출 하여야 한다.
④ 시 · 도지사는 시 · 도종합계획이 수립된 날부터 5년이 지나면 그 타당성을 검토하여야 한다.

풀이 지적재조사에 관한 특별법 제4조의2(시 · 도종합계획의 수립)
① 시 · 도지사는 기본계획을 토대로 다음 각 호의 사항이 포함된 지적재조사사업에 관한 종합계획(이하 "시 · 도종합계획"이라 한다)을 수립하여야 한다.

1. 지적재조사지구 지정의 세부기준
2. 지적재조사사업의 연도별 · 지적소관청별 사업량
3. 지적재조사사업비의 연도별 추산액
4. 지적재조사사업비의 지적소관청별 배분 계획
5. 지적재조사사업에 필요한 인력의 확보에 관한 계획
6. 지적재조사사업의 교육과 홍보에 관한 사항
7. 그 밖에 시 · 도의 지적재조사사업을 위하여 필요한 사항

정답 04 ①

② 시·도지사는 시·도종합계획을 수립할 때에는 시·도종합계획안을 지적소관청에 송부하여 의견을 들은 후 제29조에 따른 시·도 지적재조사위원회의 심의를 거쳐야 한다.

③ 지적소관청은 제2항에 따라 시·도종합계획안을 송부받았을 때에는 송부받은 날부터 14일 이내에 의견을 제출하여야 한다. 이 경우 기간 내에 의견을 제출하지 아니하면 의견이 없는 것으로 본다.

④ 시·도지사는 시·도종합계획을 확정한 때에는 지체 없이 국토교통부장관에게 제출하여야 한다.

⑤ 국토교통부장관은 제4항에 따라 제출된 시·도종합계획이 기본계획과 부합되지 아니할 때에는 그 사유를 명시하여 시·도지사에게 시·도종합계획의 변경을 요구할 수 있다. 이 경우 시·도지사는 정당한 사유가 없으면 그 요구에 따라야 한다.

⑥ 시·도지사는 시·도종합계획이 수립된 날부터 5년이 지나면 그 타당성을 다시 검토하고 필요하면 변경하여야 한다.

⑦ 제2항부터 제5항까지의 규정은 제6항에 따라 시·도종합계획을 변경할 때에도 적용한다. 다만, 대통령령으로 정하는 경미한 사항을 변경할 때에는 그러하지 아니하다.

⑧ 시·도지사는 제1항에 따라 시·도종합계획을 수립하거나 제6항에 따라 변경하였을 때에는 시·도의 공보에 고시하고 지적소관청에 통지하여야 한다.

⑨ 시·도종합계획의 작성 기준, 작성 방법, 그 밖에 시·도종합계획의 수립에 관한 세부적인 사항은 국토교통부장관이 정한다.

05 토지이동시기에 대한 설명으로 가장 옳지 않은 것은?

① 「도시개발법」에 따른 도시개발사업 시행지역의 토지는 사업완료 신고일에 토지의 이동이 있는 것으로 본다.

② 「농어촌정비법」에 따른 농어촌정비사업 시행지역의 토지는 토지의 형질변경 등의 공사가 준공된 때에 토지의 이동이 있는 것으로 본다.

③ 축척변경 시행지역의 토지는 축척변경 확정공고일에 토지의 이동이 있는 것으로 본다.

④ 지적재조사지구의 토지는 사업완료 공고일에 토지의 이동이 있는 것으로 본다.

풀이 공간정보의 구축 및 관리 등에 관한 법률 제86조(도시개발사업 등 시행지역의 토지이동 신청에 관한 특례)

① 「도시개발법」에 따른 도시개발사업, 「농어촌정비법」에 따른 농어촌정비사업, 그 밖에 대통령령으로 정하는 토지개발사업의 시행자는 대통령령으로 정하는 바에 따라 그 사업의 착수·변경 및 완료 사실을 지적소관청에 신고하여야 한다.

② 제1항에 따른 사업과 관련하여 토지의 이동이 필요한 경우에는 해당 사업의 시행자가 지적소관청에 토지의 이동을 신청하여야 한다.

③ 제2항에 따른 토지의 이동은 토지의 형질변경 등의 공사가 준공된 때에 이루어진 것으로 본다.

④ 제1항에 따라 사업의 착수 또는 변경의 신고가 된 토지의 소유자가 해당 토지의 이동을 원하는 경우에는 해당 사업의 시행자에게 그 토지의 이동을 신청하도록 요청하여야 하며, 요청을 받은 시행자는 해당 사업에 지장이 없다고 판단되면 지적소관청에 그 이동을 신청하여야 한다.

- 「농어촌정비법」에 따른 농어촌정비사업 시행지역의 토지는 **토지의 이동이 토지의 형질변경 등의 공사가 준공된 때**에 이루어진 것으로 본다.
- 「도시개발법」에 따른 도시개발사업 시행지역의 토지는 **토지의 이동이 토지의 형질변경 등의 공사가 준공된 때**에 이루어진 것으로 본다.

공간정보의 구축 및 관리 등에 관한 법률 시행령 제78조(축척변경의 확정공고)

① 청산금의 납부 및 지급이 완료되었을 때에는 지적소관청은 지체 없이 축척변경의 확정공고를 하여야 한다.

② 지적소관청은 제1항에 따른 확정공고를 하였을 때에는 지체 없이 축척변경에 따라 확정된 사항을 지적공부에 등록하여야 한다.

③ 축척변경 시행지역의 토지는 제1항에 따른 확정공고일에 토지의 이동이 있는 것으로 본다.

지적재조사에 관한 특별법 제24조(새로운 지적공부의 작성)

① 지적소관청은 제23조에 따른 사업완료 공고가 있었을 때에는 기존의 지적공부를 폐쇄하고 새로운 지적공부를 작성하여야 한다. 이 경우 그 토지는 제23조제1항에 따른 사업완료 공고일에 토지의 이동이 있은 것으로 본다.

---

06 「공간정보의 구축 및 관리 등에 관한 법률」상 벌칙규정에 대한 설명으로 가장 옳지 않은 것은?

① 지적측량수수료 외의 대가를 받은 지적측량기술자는 1년 이하의 징역 또는 1천만 원 이하의 벌금에 처한다.

② 고의로 측량성과를 사실과 다르게 한 자는 2년 이하의 징역 또는 2천만 원 이하의 벌금에 처한다.

③ 측량업자로서 속임수, 위력, 그 밖의 방법으로 측량업과 관련된 입찰의 공정성을 해친 자는 3년 이하의 징역 또는 3천만 원 이하의 벌금에 처한다.

④ 측량기술자가 아님에도 불구하고 측량을 한 자는 2년 이하의 징역 또는 2천만 원 이하의 벌금에 처한다.

풀이 공간정보의 구축 및 관리 등에 관한 법률 제107조~제109조(벌칙)

벌칙(법률 제107조~제109조)	
3년 이하의 징역 또는 3천만 원 이하의 벌금 **암기** 임위공	측량업자로서 속(임)수, (위)력(威力), 그 밖의 방법으로 측량업과 관련된 입찰의 (공)정성을 해친 자는 3년 이하의 징역 또는 3천만 원 이하의 벌금에 처한다.
2년 이하의 징역 또는 2천만 원 이하의 벌금 **암기** 거부등 외표성검	1. 측량업의 등록을 하지 아니하거나 (거)짓이나 그 밖의 (부)정한 방법으로 측량업의 (등)록을 하고 측량업을 한 자 2. 성능검사대행자의 등록을 하지 아니하거나 (거)짓이나 그 밖의 (부)정한 방법으로 성능검사대행자의 (등)록을 하고 성능검사업무를 한 자 3. 측량성과를 국(외)로 반출한 자 4. 측량기준점(표)지를 이전 또는 파손하거나 그 효용을 해치는 행위를 한 자 5. 고의로 측량(성)과를 사실과 다르게 한 자 6. 성능(검)사를 부정하게 한 성능검사대행자

	1. **둘** 이상의 측량업자에게 소속된 측량기술자 2. 업무상 알게 된 **비**밀을 누설한 측량기술자 3. 거짓(**허**위)으로 다음 각 목의 신청을 한 자

가. 신규등록 신청	나. 등록전환 신청
다. 분할 신청	라. 합병 신청
마. 지목변경 신청	바. 바다로 된 토지의 등록말소 신청
사. 축척변경 신청	아. 등록사항의 정정 신청
자. 도시개발사업 등 시행지역의 토지이동 신청	

1년 이하의 징역 또는 1천만 원 이하의 벌금

암기 둘비허둘 대판대여복

4. 측량기술자가 아님에도 **불**구하고 측량을 한 자
5. 지적측량수수료 외의 **대**가를 받은 지적측량기술자
6. 심사를 받지 아니하고 지도 등을 간행하여 **판**매하거나 배포한 자
7. 다른 사람에게 측량업등록증 또는 측량업등록수첩을 빌려(**대**여)주거나 자기의 성명 또는 상호를 사용하여 측량업무를 하게 한 자
8. 다른 사람의 측량업등록증 또는 측량업등록수첩을 빌려서(**대**여) 사용하거나 다른 사람의 성명 또는 상호를 사용하여 측량업무를 한 자
9. 다른 사람에게 자기의 성능검사대행자 등록증을 빌려(**대**여)주거나 자기의 성명 또는 상호를 사용하여 성능검사대행업무를 수행하게 한 자
10. 다른 사람의 성능검사대행자 등록증을 빌려서(**대**여) 사용하거나 다른 사람의 성명 또는 상호를 사용하여 성능검사대행업무를 수행한 자
11. 무단으로 측량성과 또는 측량기록을 **복**제한 자

07 공간정보의 구축 및 관리 등에 관한 법령상 지적공부의 전부 또는 일부가 멸실·훼손된 경우에 대한 설명으로 가장 옳지 않은 것은?

① 지적소관청은 대통령령으로 정하는 바에 따라 지체 없이 이를 복구하여야 한다.

② 지적소관청이 지적공부를 복구할 때에는 멸실·훼손 당시의 지적공부의 등록내용을 증명하는 서류에 따라 토지의 표시 및 소유자에 관한 사항을 복구하여야 한다.

③ 복구자료도에 따라 측정한 면적과 지적복구자료 조사서의 조사된 면적의 증감이 허용범위를 초과한 경우, 복구측량을 한 결과가 복구자료와 부합하지 아니하는 때에는 토지소유자 및 이해관계인의 동의를 받아 경계 또는 면적 등을 조정할 수 있다.

④ 토지대장·임야대장 또는 공유지연명부는 복구되고 지적도면이 복구되지 아니한 토지가 축척변경 시행 지역이나 도시개발사업 등의 시행지역에 편입된 때에는 지적도면을 복구하지 아니할 수 있다.

풀이 **공간정보의 구축 및 관리 등에 관한 법률 제74조(지적공부의 복구)**

지적소관청(제69조제2항에 따른 지적공부의 경우에는 시·도지사, 시장·군수 또는 구청장)은 지적공부의 전부 또는 일부가 멸실되거나 훼손된 경우에는 대통령령으로 정하는 바에 따라 지체 없이 이를 복구하여야 한다.

공간정보의 구축 및 관리 등에 관한 법률 시행령 제61조(지적공부의 복구)

① 지적소관청이 법 제74조에 따라 지적공부를 복구할 때에는 멸실·훼손 당시의 지적공부와 가장 부합된다고 인정되는 관계 자료에 따라 토지의 표시에 관한 사항을 복구하여야 한다. 다만, 소유자에 관한 사항은 부동산등 기부나 법원의 확정판결에 따라 복구하여야 한다.

정답 **07** ②

② 제1항에 따른 지적공부의 복구에 관한 관계 자료 및 복구절차 등에 관하여 필요한 사항은 국토교통부령으로 정한다.

공간정보의 구축 및 관리 등에 관한 법률 시행규칙 제73조(지적공부의 복구절차 등)

① 지적소관청은 법 제74조 및 영 제61조제1항에 따라 지적공부를 복구하려는 경우에는 제72조 각 호의 복구자료를 조사하여야 한다.

② 지적소관청은 제1항에 따라 조사된 복구자료 중 토지대장·임야대장 및 공유지연명부의 등록 내용을 증명하는 서류 등에 따라 별지 제70호서식의 지적복구자료 조사서를 작성하고, 지적도면의 등록 내용을 증명하는 서류 등에 따라 복구자료도를 작성하여야 한다.

③ 제2항에 따라 작성된 복구자료도에 따라 측정한 면적과 지적복구자료 조사서의 조사된 면적의 증감이 영 제19조제1항제2호가목의 계산식에 따른 허용범위를 초과하거나 복구자료도를 작성할 복구자료가 없는 경우에는 복구측량을 하여야 한다. 이 경우 같은 계산식 중 A는 오차허용면적, M은 축척분모, F는 조사된 면적을 말한다.

④ 제2항에 따라 작성된 지적복구자료 조사서의 조사된 면적이 영 제19조제1항제2호가목의 계산식에 따른 허용범위 이내인 경우에는 그 면적을 복구면적으로 결정하여야 한다.

⑤ 제3항에 따라 복구측량을 한 결과가 복구자료와 부합하지 아니하는 때에는 토지소유자 및 이해관계인의 동의를 받아 경계 또는 면적 등을 조정할 수 있다. 이 경우 경계를 조정한 때에는 제60조제2항에 따른 경계점표지를 설치하여야 한다.

⑥ 지적소관청은 제1항부터 제5항까지의 규정에 따른 복구자료의 조사 또는 복구측량 등이 완료되어 지적공부를 복구하려는 경우에는 복구하려는 토지의 표시 등을 시·군·구 게시판 및 인터넷 홈페이지에 15일 이상 게시하여야 한다.

⑦ 복구하려는 토지의 표시 등에 이의가 있는 자는 제6항의 게시기간 내에 지적소관청에 이의신청을 할 수 있다. 이 경우 이의신청을 받은 지적소관청은 이의사유를 검토하여 이유 있다고 인정되는 때에는 그 시정에 필요한 조치를 하여야 한다.

⑧ 지적소관청은 제6항 및 제7항에 따른 절차를 이행한 때에는 지적복구자료 조사서, 복구자료도 또는 복구측량 결과도 등에 따라 토지대장·임야대장·공유지연명부 또는 지적도면을 복구하여야 한다.

⑨ 토지대장·임야대장 또는 공유지연명부는 복구되고 지적도면이 복구되지 아니한 토지가 법 제83조에 따른 축척변경 시행지역이나 법 제86조에 따른 도시개발사업 등의 시행지역에 편입된 때에는 지적도면을 복구하지 아니할 수 있다.

08 「공간정보의 구축 및 관리 등에 관한 법률 시행령」상 임야대장의 면적과 등록전환될 면적의 오차 허용범위는?(단, A는 오차 허용면적, M은 임야도 축척분모, F는 등록전환될 면적이다.)

① $A = 0.023^2 \ M\sqrt{F}$ ② $A = 0.026^2 \ M\sqrt{F}$
③ $A = 0.023^2 \ F\sqrt{M}$ ④ $A = 0.026^2 \ F\sqrt{M}$

풀이 공간정보의 구축 및 관리 등에 관한 법률 시행령 제19조(등록전환이나 분할에 따른 면적 오차의 허용범위 및 배분 등)

① 법 제26조제2항에 따른 등록전환이나 분할을 위하여 면적을 정할 때에 발생하는 오차의 허용범위 및 처리방법은 다음 각 호와 같다.

　1. 등록전환을 하는 경우

　　가. 임야대장의 면적과 등록전환될 면적의 오차 허용범위는 다음의 계산식에 따른다. 이 경우 오차의 허용범위를 계산할 때 축척이 3천분의 1인 지역의 축척분모는 6천으로 한다.

$$A = 0.026^2 M\sqrt{F}$$
(A는 오차 허용면적, M은 임야도 축척분모, F는 등록전환될 면적)

나. 임야대장의 면적과 등록전환될 면적의 차이가 가목의 계산식에 따른 허용범위 이내인 경우에는 등록전환될 면적을 등록전환 면적으로 결정하고, 허용범위를 초과하는 경우에는 임야대장의 면적 또는 임야도의 경계를 지적소관청이 직권으로 정정하여야 한다.

09 「공간정보의 구축 및 관리 등에 관한 법률 시행령」상 성능검사를 받아야 하는 측량기기와 검사주기를 옳게 짝지은 것은?

① 트랜싯(데오드라이트) : 2년
② 레벨 : 2년
③ 토털 스테이션(Total Station) : 3년
④ 지피에스(GPS) 수신기 : 5년

풀이 공간정보의 구축 및 관리 등에 관한 법률 시행령 제97조(성능검사의 대상 및 주기 등)

① 법 제92조제1항에 따라 성능검사를 받아야 하는 측량기기와 검사주기는 다음 각 호와 같다. 〈개정 2021. 1.5.〉

> 1. 트랜싯(데오드라이트) : 3년
> 2. 레벨 : 3년
> 3. 거리측정기 : 3년
> 4. 토털 스테이션(Total Station : 각도 · 거리 통합 측량기) : 3년
> 5. 지피에스(GPS) 수신기 : 3년
> 6. 금속 또는 비금속 관로 탐지기 : 3년

② 법 제92조제1항에 따른 성능검사(신규 성능검사는 제외한다)는 제1항에 따른 성능검사 유효기간 만료일 2개월 전부터 유효기간 만료일까지의 기간에 받아야 한다. 〈개정 2015.6.1.〉

③ 법 제92조제1항에 따른 성능검사의 유효기간은 종전 유효기간 만료일의 다음 날부터 기산(起算)한다. 다만, 제2항에 따른 기간 외의 기간에 성능검사를 받은 경우에는 그 검사를 받은 날의 다음 날부터 기산한다. 〈신설 2015.6.1.〉

10 지적재조사에 관한 특별법령상 지적확정예정조서의 등록사항에 해당하지 않는 것은?

① 토지의 소재지
② 토지소유자가 변경된 날과 그 원인
③ 종전 토지의 지번, 지목 및 면적
④ 토지소유자의 성명 또는 명칭 및 주소

풀이 지적재조사에 관한 특별법 시행령 제11조(지적확정예정조서의 작성)

지적소관청은 법 제15조제2항 본문에 따른 지적확정예정조서에 다음 각 호의 사항을 포함하여야 한다. 〈개정 2021.6.8.〉

> 1. 종전 토지의 지번, 지목 및 면적
> 2. 산정된 토지의 지번, 지목 및 면적
> 3. 토지소유자의 성명 또는 명칭 및 주소
> 4. 토지의 소재지
> 5. 그 밖에 국토교통부장관이 지적확정예정조서 작성에 필요하다고 인정하여 고시하는 사항

11 「지적업무처리규정」상 소유자정리 시 대장의 소유자 변동일자에 대한 설명으로 가장 옳지 않은 것은?

① 등기부 등본의 경우에는 등기접수일자로 정리한다.

② 등기필통지서의 경우에는 등기필통지일로 정리한다.

③ 미등기토지 소유자에 관한 정정신청의 경우에는 소유자 정리결의일자로 정리한다.

④ 공유수면 매립준공에 따른 신규등록의 경우에는 매립 준공일자로 정리한다.

풀이 지적업무처리규정 제60조(소유자정리)

① 대장의 소유자변동일자는 등기필통지서, 등기필증, 등기부 등본·초본 또는 등기관서에서 제공한 등기전산정보자료의 경우에는 **등기접수일자**로, 법 제84조제4항 단서의 미등기토지 소유자에 관한 정정신청의 경우와 법 제88조제2항에 따른 소유자등록신청의 경우에는 소유자정리결의일자로, 공유수면 매립준공에 따른 신규 등록의 경우에는 매립준공일자로 정리한다.

② 주소·성명·명칭의 변경 또는 경정 및 소유권이전 등이 같은 날짜에 등기가 된 경우의 지적공부정리는 등기접수 순서에 따라 모두 정리하여야 한다.

③ 소유자의 주소가 토지소재지와 같은 경우에도 등기부와 일치하게 정리한다. 다만, 등기관서에서 제공한 등기전산정보자료에 따라 정리하는 경우에는 **등기전산정보자료**에 따른다.

④ 법 제88조제4항에 따라 지적소관청이 소유자에 관한 사항이 대장과 부합되지 아니하는 토지소유자를 정리할 때에는 제1항부터 제3항까지와 제65조제2항을 준용하며, 토지소유자 등 이해관계인이 등기부 등본·초본 등에 따라 소유자정정을 신청하는 경우에는 별지 제9호 서식의 소유자정정 신청서를 제출하여야 한다.

⑤ 국토교통부장관은 등기관서로부터 법인 또는 재외국민의 부동산등기용등록번호 정정통보가 있는 때에는 정정 전 등록번호에 따라 토지소재를 조사하여 시·도지사에게 그 내용을 통지하여야 한다. 이 경우 시·도지사는 지체 없이 그 내용을 해당 지적소관청에 통지하여야 한다.

⑥ 소유자등록사항 중 토지이동과 함께 소유자가 결정되는 신규 등록, 도시개발사업 등의 환지 등록시에는 토지이동업무 처리와 동시에 소유자를 정리하여야 한다.

12 「지적재조사에 관한 특별법 시행령」상 책임수행기관의 지정취소 사유 중 의무적 취소사유에 해당하는 것은?

① 거짓이나 부정한 방법으로 지적재조사·측량업무를 수행한 경우

② 90일 이상 계속하여 책임수행기관의 지정기준에 미달되는 경우

③ 정당한 사유 없이 지적소관청으로부터 위탁받은 업무를 3개월 이상 계속하여 중단한 경우

④ 정당한 사유 없이 지적소관청으로부터 위탁받은 업무를 위탁받은 날부터 1개월 이내에 시작하지 않은 경우

풀이 지적재조사에 관한 특별법 시행령 제4조의4(책임수행기관의 지정취소)

① 국토교통부장관은 법 제5조의2제2항에 따라 책임수행기관이 다음 각 호의 어느 하나에 해당하는 경우 그 지정을 취소할 수 있다. 다만, 제1호 또는 제2호에 해당하는 경우에는 지정을 취소해야 한다.

> 1. 거짓이나 부정한 방법으로 지정을 받은 경우
> 2. 거짓이나 부정한 방법으로 지적재조사·측량업무를 수행한 경우
> 3. 90일 이상 계속하여 제4조의2제2항제2호에 따른 지정기준에 미달되는 경우

② 국토교통부장관은 제1항에 따라 지정을 취소하려는 경우에는 청문을 실시해야 한다.

③ 책임수행기관 지정취소의 공고 및 통지에 관하여는 제4조의3제4항을 준용한다.

13 공간정보의 구축 및 관리 등에 관한 법령상 토지의 조사 · 등록에 대한 설명으로 가장 옳지 않은 것은?

① 지적소관청이 토지이동현황 조사계획을 수립하는 경우 토지이동현황 조사계획은 시 · 군 · 구별로 수립하되, 부득이한 사유가 있는 때에는 읍 · 면 · 동별로 수립할 수 있다.

② 토지소유자의 신청이 없을 경우 지적소관청이 직권으로 하는 조사 · 측량의 절차 등에 필요한 사항은 대통령령으로 정한다.

③ 지적공부에 등록하는 지번 · 지목 · 면적 · 경계 또는 좌표는 토지의 이동이 있을 때 토지소유자의 신청이 없으면 지적소관청이 직권으로 조사 · 측량하여 결정할 수 있다.

④ 국토교통부장관은 모든 토지에 대하여 필지별로 소재 · 지번 · 지목 · 면적 · 경계 또는 좌표 등을 조사 · 측량하여 지적공부에 등록하여야 한다.

풀이 공간정보의 구축 및 관리 등에 관한 법률 제64조(토지의 조사 · 등록 등)

① 국토교통부장관은 모든 토지에 대하여 필지별로 소재 · 지번 · 지목 · 면적 · 경계 또는 좌표 등을 조사 · 측량하여 지적공부에 등록하여야 한다. 〈개정 2013.3.23.〉

② 지적공부에 등록하는 지번 · 지목 · 면적 · 경계 또는 좌표는 토지의 이동이 있을 때 토지소유자(법인이 아닌 사단이나 재단의 경우에는 그 대표자나 관리인을 말한다. 이하 같다)의 신청을 받아 지적소관청이 결정한다. 다만, 신청이 없으면 지적소관청이 직권으로 조사 · 측량하여 결정할 수 있다.

③ 제2항 단서에 따른 조사 · 측량의 절차 등에 필요한 사항은 국토교통부령으로 정한다.

공간정보의 구축 및 관리 등에 관한 법률 시행규칙 제59조(토지의 조사 · 등록)

① 지적소관청은 법 제64조제2항 단서에 따라 토지의 이동현황을 직권으로 조사 · 측량하여 토지의 지번 · 지목 · 면적 · 경계 또는 좌표를 결정하려는 때에는 토지이동현황 조사계획을 수립하여야 한다. 이 경우 토지이동현황 조사계획은 시 · 군 · 구별로 수립하되, 부득이한 사유가 있는 때에는 읍 · 면 · 동별로 수립할 수 있다.

② 지적소관청은 제1항에 따른 토지이동현황 조사계획에 따라 토지의 이동현황을 조사한 때에는 별지 제55호서식의 토지이동 조사부에 토지의 이동현황을 적어야 한다.

③ 지적소관청은 제2항에 따른 토지이동현황 조사 결과에 따라 토지의 지번 · 지목 · 면적 · 경계 또는 좌표를 결정한 때에는 이에 따라 지적공부를 정리하여야 한다.

④ 지적소관청은 제3항에 따라 지적공부를 정리하려는 때에는 제2항에 따른 토지이동 조사부를 근거로 별지 제56호서식의 토지이동 조서를 작성하여 별지 제57호서식의 토지이동정리 결의서에 첨부하여야 하며, 토지이동조서의 아래 부분 여백에 "「공간정보의 구축 및 관리 등에 관한 법률」 제64조제2항 단서에 따른 직권정리"라고 적어야 한다.

정답 13 ②

14 공간정보의 구축 및 관리 등에 관한 법령상 지상경계의 구분 등에 대한 설명으로 가장 옳지 않은 것은?

① 연접되는 토지 간에 높낮이 차이가 있는 경우 그 구조물 등의 상단부가 지상경계의 결정기준이 된다.

② 지상경계의 구획을 형성하는 구조물 등의 소유자가 다른 경우에는 그 소유권에 따라 지상경계를 결정한다.

③ 지적확정측량의 경계는 공사가 완료된 현황대로 결정하되, 공사가 완료된 현황이 사업계획도와 다를 때에는 미리 사업시행자에게 그 사실을 통지하여야 한다.

④ 지적소관청은 토지의 이동에 따라 지상경계를 새로 정한 경우에는 지상경계점등록부를 작성·관리하여야 한다.

풀이 공간정보의 구축 및 관리 등에 관한 법률 제65조(지상경계의 구분 등)

① 토지의 지상경계는 둑, 담장이나 그 밖에 구획의 목표가 될 만한 구조물 및 경계점표지 등으로 구분한다.

② 지적소관청은 토지의 이동에 따라 지상경계를 새로 정한 경우에는 다음 각 호의 사항을 등록한 지상경계점등록부를 작성·관리하여야 한다.

공간정보의 구축 및 관리 등에 관한 법률 시행령 제55조(지상 경계의 결정기준 등)

① 법 제65조제1항에 따른 지상 경계의 결정기준은 다음 각 호의 구분에 따른다. 〈개정 2021.1.5.〉

> 1. 연접되는 토지 간에 높낮이 차이가 없는 경우 : 그 구조물 등의 중앙
> 2. 연접되는 토지 간에 높낮이 차이가 있는 경우 : 그 구조물 등의 하단부
> 3. 도로·구거 등의 토지에 절토(땅깎기)된 부분이 있는 경우 : 그 경사면의 상단부
> 4. 토지가 해면 또는 수면에 접하는 경우 : 최대만조위 또는 최대만수위가 되는 선
> 5. 공유수면매립지의 토지 중 제방 등을 토지에 편입하여 등록하는 경우 : 바깥쪽 어깨부분

② 지상 경계의 구획을 형성하는 구조물 등의 소유자가 다른 경우에는 제1항제1호부터 제3호까지의 규정에도 불구하고 그 소유권에 따라 지상 경계를 결정한다.

③ 다음 각 호의 어느 하나에 해당하는 경우에는 지상 경계점에 법 제65조제1항에 따른 경계점표지를 설치하여 측량할 수 있다. 〈개정 2014.1.17.〉

> 1. 법 제86조제1항에 따른 도시개발사업 등의 사업시행자가 사업지구의 경계를 결정하기 위하여 토지를 분할하려는 경우
> 2. 법 제87조제1호 및 제2호에 따른 사업시행자와 행정기관의 장 또는 지방자치단체의 장이 토지를 취득하기 위하여 분할하려는 경우
> 3. 「국토의 계획 및 이용에 관한 법률」 제30조제6항에 따른 도시·군관리계획 결정고시와 같은 법 제32조제4항에 따른 지형도면 고시가 된 지역의 도시·군관리계획선에 따라 토지를 분할하려는 경우
> 4. 제65조제1항에 따라 토지를 분할하려는 경우
> 5. 관계 법령에 따라 인가·허가 등을 받아 토지를 분할하려는 경우

④ 분할에 따른 지상 경계는 지상건축물을 걸리게 결정해서는 아니 된다. 다만, 다음 각 호의 어느 하나에 해당하는 경우에는 그러하지 아니하다.

> 1. 법원의 확정판결이 있는 경우
> 2. 법 제87조제1호에 해당하는 토지를 분할하는 경우
> 3. 제3항제1호 또는 제3호에 따라 토지를 분할하는 경우

⑤ 지적확정측량의 경계는 공사가 완료된 현황대로 결정하되, 공사가 완료된 현황이 사업계획도와 다를 때에는 미리 사업시행자에게 그 사실을 통지하여야 한다. 〈개정 2014.1.17.〉

정답 14 ①

15 공간정보의 구축 및 관리 등에 관한 법령상 지적공부 및 부동산종합공부에 대한 설명으로 가장 옳지 않은 것은?

① 정보처리시스템을 통하여 기록 · 저장되지 않은 지적공부를 열람하거나 그 등본을 발급받으려는 자는 특별자치시장, 시장 · 군수 또는 구청장이나 읍 · 면 · 동의 장에게 신청하여야 한다.

② 부동산종합공부를 열람하거나 부동산종합공부 기록사항의 전부 또는 일부에 관한 증명서를 발급받으려는 자는 지적소관청이나 읍 · 면 · 동의 장에게 신청할 수 있다.

③ 지적소관청은 부동산종합공부에 토지의 표시와 소유자에 관한 사항 중 이 법에 따른 지적공부의 내용을 등록하여야 한다.

④ 지적소관청은 부동산의 효율적 이용과 부동산과 관련된 정보의 종합적 관리 · 운영을 위하여 부동산종합공부를 관리 · 운영한다.

풀이 공간정보의 구축 및 관리 등에 관한 법률 제75조(지적공부의 열람 및 등본 발급)

① 지적공부를 열람하거나 그 등본을 발급받으려는 자는 해당 지적소관청에 그 열람 또는 발급을 신청하여야 한다. 다만, 정보처리시스템을 통하여 기록 · 저장된 지적공부(지적도 및 임야도는 제외한다)를 열람하거나 그 등본을 발급받으려는 경우에는 특별자치시장, 시장 · 군수 또는 구청장이나 읍 · 면 · 동의 장에게 신청할 수 있다. 〈개정 2012.12.18.〉

② 제1항에 따른 지적공부의 열람 및 등본 발급의 절차 등에 필요한 사항은 국토교통부령으로 정한다.

공간정보의 구축 및 관리 등에 관한 법률 제76조의2(부동산종합공부의 관리 및 운영)

① 지적소관청은 부동산의 효율적 이용과 부동산과 관련된 정보의 종합적 관리 · 운영을 위하여 부동산종합공부를 관리 · 운영한다.

② 지적소관청은 부동산종합공부를 영구히 보존하여야 하며, 부동산종합공부의 멸실 또는 훼손에 대비하여 이를 별도로 복제하여 관리하는 정보관리체계를 구축하여야 한다.

③ 제76조의3 각 호의 등록사항을 관리하는 기관의 장은 지적소관청에 상시적으로 관련 정보를 제공하여야 한다.

④ 지적소관청은 부동산종합공부의 정확한 등록 및 관리를 위하여 필요한 경우에는 제76조의3 각 호의 등록사항을 관리하는 기관의 장에게 관련 자료의 제출을 요구할 수 있다. 이 경우 자료의 제출을 요구받은 기관의 장은 특별한 사유가 없으면 자료를 제공하여야 한다.

공간정보의 구축 및 관리 등에 관한 법률 제76조의3(부동산종합공부의 등록사항 등)

지적소관청은 부동산종합공부에 다음 각 호의 사항을 등록하여야 한다. 〈개정 2016.1.19.〉

> 1. 토지의 표시와 소유자에 관한 사항 : 이 법에 따른 지적공부의 내용
> 2. 건축물의 표시와 소유자에 관한 사항(토지에 건축물이 있는 경우만 해당한다) : 「건축법」 제38조에 따른 건축물대장의 내용
> 3. 토지의 이용 및 규제에 관한 사항 : 「토지이용규제 기본법」 제10조에 따른 토지이용계획확인서의 내용
> 4. 부동산의 가격에 관한 사항 : 「부동산 가격공시에 관한 법률」 제10조에 따른 개별공시지가, 같은 법 제16조, 제17조 및 제18조에 따른 개별주택가격 및 공동주택가격 공시내용
> 5. 그 밖에 부동산의 효율적 이용과 부동산과 관련된 정보의 종합적 관리 · 운영을 위하여 필요한 사항으로서 대통령령으로 정하는 사항

공간정보의 구축 및 관리 등에 관한 법률 제76조의4(부동산종합공부의 열람 및 증명서 발급)

① 부동산종합공부를 열람하거나 부동산종합공부 기록사항의 전부 또는 일부에 관한 증명서(이하 "부동산종합증명서"라 한다)를 발급받으려는 자는 지적소관청이나 읍 · 면 · 동의 장에게 신청할 수 있다.

정답 15 ①

② 제1항에 따른 부동산종합공부의 열람 및 부동산종합증명서 발급의 절차 등에 관하여 필요한 사항은 국토교통부령으로 정한다.

16 공간정보의 구축 및 관리 등에 관한 법령상 지적측량에 대한 설명으로 가장 옳지 않은 것은?

① 지적측량수행자에는 「공간정보의 구축 및 관리 등에 관한 법률」에 의해 지적측량업의 등록을 한 자와 「국가공간정보 기본법」 제12조에 따라 설립된 한국국토정보공사가 있다.

② 지적측량을 의뢰하는 자는 국토교통부령으로 정하는 바에 따라 지적측량수행자에게 지적측량수수료를 내야 한다.

③ 지적측량수행자가 지적공부를 정리하지 아니하는 경계복원측량 및 지적현황측량을 한 경우 시·도지사, 대도시 시장 또는 지적소관청으로부터 측량성과에 대한 검사를 받아야 한다.

④ 지적삼각점성과를 열람하거나 등본을 발급받으려는 자는 특별시장·광역시장·특별자치시장·도지사·특별 자치도지사 또는 지적소관청에 신청하여야 한다.

풀이 **공간정보의 구축 및 관리 등에 관한 법률 제24조(지적측량 의뢰 등)**

① 토지소유자 등 이해관계인은 제23조제1항제1호 및 제3호(자목은 제외한다)부터 제5호까지의 사유로 지적측량을 할 필요가 있는 경우에는 다음 각 호의 어느 하나에 해당하는 자(이하 "지적측량수행자"라 한다)에게 지적측량을 의뢰하여야 한다.

> 1. 제44조제1항제2호의 지적측량업의 등록을 한 자
> 2. 「국가공간정보 기본법」 제12조에 따라 설립된 한국국토정보공사(이하 "한국국토정보공사"라 한다)

공간정보의 구축 및 관리 등에 관한 법률 제25조(지적측량성과의 검사)

① 지적측량수행자가 제23조에 따라 지적측량을 하였으면 시·도지사, 대도시 시장(「지방자치법」 제198조에 따라 서울특별시·광역시 및 특별자치시를 제외한 인구 50만 이상의 시의 시장을 말한다. 이하 같다) 또는 지적소관청으로부터 측량성과에 대한 검사를 받아야 한다. 다만, 지적공부를 정리하지 아니하는 측량으로서 국토교통부령으로 정하는 측량의 경우에는 그러하지 아니하다.

지적측량 시행규칙 제28조(지적측량성과의 검사방법 등)

① 법 제25조제1항 단서에서 "국토교통부령으로 정하는 측량의 경우"란 경계복원측량 및 지적현황측량을 하는 경우를 말한다.

공간정보의 구축 및 관리 등에 관한 법률 제106조(수수료 등)

① 다음 각 호의 어느 하나에 해당하는 신청 등을 하는 자는 국토교통부령으로 정하는 바에 따라 수수료를 내야 한다.

② 제24조제1항에 따라 지적측량을 의뢰하는 자는 국토교통부령으로 정하는 바에 따라 지적측량수행자에게 지적측량수수료를 내야 한다. 〈개정 2013.3.23.〉

③ 제2항에 따른 지적측량수수료는 국토교통부장관이 매년 12월 31일까지 고시하여야 한다.

④ 지적소관청이 제64조제2항 단서에 따라 직권으로 조사·측량하여 지적공부를 정리한 경우에는 그 조사·측량에 들어간 비용을 제2항에 준하여 토지소유자로부터 징수한다. 다만, 제82조에 따라 지적공부를 등록말소한 경우에는 그러하지 아니하다.

정답 16 ③

공간정보의 구축 및 관리 등에 관한 법률 제27조(지적기준점성과의 보관 및 열람 등)

① 시 · 도지사나 지적소관청은 지적기준점성과(지적기준점에 의한 측량성과를 말한다. 이하 같다)와 그 측량기록을 보관하고 일반인이 열람할 수 있도록 하여야 한다.

② 지적기준점성과의 등본이나 그 측량기록의 사본을 발급받으려는 자는 국토교통부령으로 정하는 바에 따라 시 · 도지사나 지적소관청에 그 발급을 신청하여야 한다.

공간정보의 구축 및 관리 등에 관한 법률 시행규칙 제26조(지적기준점성과의 열람 및 등본발급)

① 법 제27조에 따라 지적측량기준점성과 또는 그 측량부를 열람하거나 등본을 발급받으려는 자는 지적삼각점성과에 대해서는 특별시장 · 광역시장 · 특별자치시장 · 도지사 · 특별자치도지사(이하 "시 · 도지사"라 한다) 또는 지적소관청에 신청하고, 지적삼각보조점성과 및 지적도근점성과에 대해서는 지적소관청에 신청하여야 한다.

② 제1항에 따른 지적측량기준점성과 또는 그 측량부의 열람 및 등본발급 신청서는 별지 제17호서식과 같다.

③ 지적측량기준점성과 또는 그 측량부의 열람이나 등본 발급 신청을 받은 해당 기관은 이를 열람하게 하거나 별지 제18호서식의 지적측량기준점성과 등본을 발급하여야 한다.

17 「공간정보산업 진흥법」상 용어의 정의로 가장 옳지 않은 것은?

① "공간정보"란 지상 · 지하 · 수상 · 수중 등 공간상에 존재하는 자연 또는 인공적인 객체에 대한 위치정보 및 이와 관련된 공간적 인지와 의사결정에 필요한 정보를 말한다.

② "가공공간정보"란 공간정보를 가공하거나 이에 다른 정보를 추가하는 등의 방법으로 생산된 공간정보를 말한다.

③ "공간정보등"이란 공간정보 및 이를 기반으로 하는 가공공간정보, 소프트웨어, 기기, 서비스 등을 말한다.

④ "공간정보오픈플랫폼"이란 민간에서 보유하고 있는 공개 가능한 공간정보를 국민이 자유롭게 활용할 수 있도록 다양한 방법을 제공하는 공간정보체계를 말한다.

풀이 **공간정보산업 진흥법 제2조(정의)**

이 법에서 사용하는 용어의 뜻은 다음과 같다. 〈개정 2020.2.18.〉

1. "공간정보"란 지상 · 지하 · 수상 · 수중 등 공간상에 존재하는 자연 또는 인공적인 객체에 대한 위치정보 및 이와 관련된 공간적 인지와 의사결정에 필요한 정보를 말한다.

2. "공간정보산업"이란 공간정보를 생산 · 관리 · 가공 · 유통하거나 다른 산업과 융 · 복합하여 시스템을 구축하거나 서비스 등을 제공하는 산업을 말한다.

3. "공간정보사업"이란 공간정보산업에 속하는 다음 각 목의 사업을 말한다.

> 가. 「공간정보의 구축 및 관리 등에 관한 법률」 제44조에 따른 측량업 및 「해양조사와 해양정보 활용에 관한 법률」 제2조제13호에 따른 해양조사 · 정보업
> 나. 위성영상을 공간정보로 활용하는 사업
> 다. 위성측위 등 위치결정 관련 장비산업 및 위치기반 서비스업
> 라. 공간정보의 생산 · 관리 · 가공 · 유통을 위한 소프트웨어의 개발 · 유지관리 및 용역업
> 마. 공간정보시스템의 설치 및 활용업
> 바. 공간정보 관련 교육 및 상담업
> 사. 그 밖에 공간정보를 활용한 사업

4. "공간정보사업자"란 공간정보사업을 영위하는 자를 말한다.

4의2. "공간정보기술자"란 「국가기술자격법」 등 관계 법률에 따라 공간정보사업에 관련된 분야의 자격·학력 또는 경력을 취득한 사람으로서 대통령령으로 정하는 사람을 말한다.

5. "가공공간정보"란 공간정보를 가공하거나 이에 다른 정보를 추가하는 등의 방법으로 생산된 공간정보를 말한다.

6. "공간정보등"이란 공간정보 및 이를 기반으로 하는 가공공간정보, 소프트웨어, 기기, 서비스 등을 말한다.

7. "융·복합 공간정보산업"이란 공간정보와 다른 정보·기술 등이 결합하여 새로운 자료·기기·소프트웨어·서비스 등을 생산하는 산업을 말한다

8. "공간정보오픈플랫폼"이란 국가에서 보유하고 있는 공개 가능한 공간정보를 국민이 자유롭게 활용할 수 있도록 다양한 방법을 제공하는 공간정보체계를 말한다.

18 〈보기〉의 (가)와 (나)에 해당하는 사항을 옳게 짝지은 것은?

〈보기〉

「지적재조사에 관한 특별법」상 지적재조사지구의 토지소유자는 토지소유자 총수의 (가) 이상과 토지면적 (나) 이상에 해당하는 토지소유자의 동의를 받아 토지소유자협의회를 구성할 수 있다.

	(가)	(나)		(가)	(나)
①	2분의 1	2분의 1	②	2분의 1	3분의 1
③	3분의 1	2분의 1	④	3분의 1	3분의 1

풀이 지적재조사에 관한 특별법 제13조(토지소유자협의회)

① 지적재조사지구의 토지소유자는 토지소유자 총수의 2분의 1 이상과 토지면적 2분의 1 이상에 해당하는 토지소유자의 동의를 받아 토지소유자협의회를 구성할 수 있다.

② 토지소유자협의회는 위원장을 포함한 5명 이상 20명 이하의 위원으로 구성한다. 토지소유자협의회의 위원은 그 지적재조사지구에 있는 토지의 소유자이어야 하며, 위원장은 위원 중에서 호선한다.

③ 토지소유자협의회의 기능은 다음 각 호와 같다. 〈개정 2021.7.27.〉

1. 지적소관청에 대한 제7조제3항에 따른 지적재조사지구의 신청
2. 토지현황조사에 대한 참관
3. 임시경계점표지 및 경계점표지의 설치에 대한 참관
4. 삭제 〈2017.4.18.〉
5. 제20조제3항에 따른 조정금 산정기준에 대한 의견 제출
6. 제31조에 따른 경계결정위원회(이하 "경계결정위원회"라 한다) 위원의 추천

④ 제1항에 따른 동의자 수의 산정방법 및 동의절차, 토지소유자협의회의 구성 및 운영, 그 밖에 필요한 사항은 대통령령으로 정한다.

19 「공간정보의 구축 및 관리 등에 관한 법률」상 지목의 종류가 아닌 것은?

① 주차장
② 양어장
③ 비행장
④ 주유소용지

정답 **18** ① **19** ③

법 제67조제1항에 따른 지목의 구분은 다음 각 호의 기준에 따른다.

지목	부호	지목	부호	지목	부호	지목	부호
전	전	대	대	철도용지	철	공원	공
답	답	공장용지	장	제방	제	체육용지	체
과수원	과	학교용지	학	하천	천	유원지	원
목장용지	목	주차장	차	구거	구	종교용지	종
임야	임	주유소용지	주	유지	유	사적지	사
광천지	광	창고용지	창	양어장	양	묘지	묘
염전	염	도로	도	수도용지	수	잡종지	잡

28. 잡종지

다음 각 목의 토지. 다만, 원상회복을 조건으로 돌을 캐내는 곳 또는 흙을 파내는 곳으로 허가된 토지는 제외한다.

가. 갈대밭, 실외에 물건을 쌓아두는 곳, 돌을 캐내는 곳, 흙을 파내는 곳, 야외시장 및 공동우물

나. 변전소, 송신소, 수신소 및 송유시설 등의 부지

다. 여객자동차터미널, 자동차운전학원 및 폐차장 등 자동차와 관련된 독립적인 시설물을 갖춘 부지

라. 공항시설 및 항만시설 부지

마. 도축장, 쓰레기처리장 및 오물처리장 등의 부지

바. 그 밖에 다른 지목에 속하지 않는 토지

20 「공간정보의 구축 및 관리 등에 관한 법률 시행령」상 중앙지적위원회의 구성 및 회의에 대한 설명으로 가장 옳은 것은?

① 회의는 재적위원 3분의 1 이상의 출석으로 개의(開議)하고, 출석위원 과반수의 찬성으로 의결한다.

② 위원장은 국토교통부장관이, 부위원장은 국토교통부의 지적업무 담당국장이 된다.

③ 위원장 1명과 부위원장 1명을 포함하여 15명 이상 20명 이하의 위원으로 구성한다.

④ 위원장이 중앙지적위원회의 회의를 소집할 때에는 회의 일시·장소 및 심의 안건을 회의 5일 전까지 각 위원에게 서면으로 통지하여야 한다.

풀이

	지적위원회				
구분	위원수	위원장	부위원장	위원임기	위원임명
중앙지적위원회	5명 이상 10명 이하 (위원장, 부위원장 포함)	• 국토교통부 • 지적업무 • 담당국장	• 국토교통부 • 지적업무 • 담당과장	2년(위원장, 부위원장 제외)	국토교통부장관
지방지적위원회	5인 이상 10인 이내 (위원장, 부위원장 포함)	• 시·도 • 지적업무 • 담당국장	• 시·도 • 지적업무 • 담당과장	2년(위원장, 부위원장 제외)	시·도지사

정답 20 ④

	중앙지적위원회(정무연개사양무요)		지방지적위원회(36379)
심의 · 의결 사항	1. 지적 관련 [정]책 개발 및 업[무] 개선 등에 관한 사항 2. 지적측량기술의 [연]구 · [개]발 및 보급에 관한 사항 3. 제29조제6항에 따른 지적측량 적부심[사](適否審査)에 대한 재심사(再審査) 4. 제39조에 따른 측량기술자 중 지적분야 측량기술자(이하 "지적기술자"라 한다)의 [양]성에 관한 사항 5. 제42조에 따른 지적기술자의 업[무]정지 처분 및 징계[요]구에 관한 사항	적부 심사 청구	① 법 제29조제1항에 따라 지적측량 적부심사(適否審査)를 청구하려는 자는 심사청구서에 다음 각 호의 구분에 따른 서류를 첨부하여 특별시장 · 광역시장 · 특별자치시장 · 도지사 또는 특별자치도지사(이하 "시 · 도지사"라 한다)를 거쳐 지방지적위원회에 제출하여야 한다. 〈개정 2014.1.17.〉 1. 토지소유자 또는 이해관계인 : 지적측량을 의뢰하여 발급받은 지적측량성과 2. 지적측량수행자(지적측량수행자 소속 지적기술자가 청구하는 경우만 해당한다) : 직접 실시한 지적측량성과
회의	① 중앙지적위원회 위원장은 회의를 소집하고 그 의장이 된다. ② 위원장이 부득이한 사유로 직무를 수행할 수 없을 때에는 부위원장이 그 직무를 대행하고, 위원장 및 부위원장이 모두 부득이한 사유로 직무를 수행할 수 없을 때에는 위원장이 미리 지명한 위원이 그 직무를 대행한다. ③ 중앙지적위원회의 회의는 재적위원 과반수의 출석으로 개의(開議)하고, 출석위원 과반수의 찬성으로 의결한다. ④ 중앙지적위원회는 관계인을 출석하게 하여 의견을 들을 수 있으며, 필요하면 현지조사를 할 수 있다. ⑤ 위원장이 중앙지적위원회의 회의를 소집할 때에는 회의 일시 · 장소 및 심의 안건을 회의 5일 전까지 각 위원에게 서면으로 통지하여야 한다. ⑥ 위원이 법 제29조제6항에 따른 재심사 시 그 측량 사안에 관하여 관련이 있는 경우에는 그 안건의 심의 또는 의결에 참석할 수 없다.	지방 지적 위원회 회부	② 제1항에 따른 지적측량 적부심사청구를 받은 시 · 도지사는 ㉚일 이내에 다음 각 호의 사항을 조사하여 지방지적위원회에 회부하여야 한다. **암기** [위][성][이] [연][기]되면 [계][측]하라 1. 다툼이 되는 지적측량의 경[위] 및 그 [성]과 2. 해당 토지에 대한 토지[이]동 및 소유권 변동 [연]혁 3. 해당 토지 주변의 측량[기]준점, 경[계], 주요 구조물 등 현황 실[측]도

정답

01 「지적재조사에 관한 특별법」상 경계결정위원회에 관한 설명으로 가장 옳지 않은 것은?

① 경계설정에 관한 결정과 경계설정에 따른 이의신청에 관한 결정을 의결하기 위하여 지적소관청 소속으로 경계결정위원회를 둔다.

② 경계결정위원회는 위원장 및 부위원장 각 1명을 포함한 11명 이내의 위원으로 구성한다.

③ 경계결정위원회의 결정 또는 의결은 문서로써 출석 위원 과반수의 찬성이 있어야 한다.

④ 경계결정위원회의 위원장은 위원인 판사가 되며, 부위원장은 위원 중에서 지적소관청이 지정한다.

> **풀이** 지적재조사에 관한 특별법 제31조(경계결정위원회)
>
> ① 다음 각 호의 사항을 의결하기 위하여 지적소관청 소속으로 경계결정위원회를 둔다.
>
> > 1. 경계설정에 관한 결정
> > 2. 경계설정에 따른 이의신청에 관한 결정
>
> ② 경계결정위원회는 위원장 및 부위원장 각 1명을 포함한 11명 이내의 위원으로 구성한다.
> ③ 경계결정위원회의 위원장은 위원인 판사가 되며, 부위원장은 위원 중에서 지적소관청이 지정한다.
> ④ 경계결정위원회의 위원은 다음 각 호에서 정하는 사람이 된다. 다만, 제3호 및 제4호의 위원은 해당 지적재조사지구에 관한 안건인 경우에 위원으로 참석할 수 있다. 〈개정 2019.12.10.〉
>
> > 1. 관할 지방법원장이 지명하는 판사
> > 2. 다음 각 목의 어느 하나에 해당하는 사람으로서 지적소관청이 임명 또는 위촉하는 사람
> >
> > > 가. 지적소관청 소속 5급 이상 공무원
> > > 나. 변호사, 법학교수, 그 밖에 법률지식이 풍부한 사람
> > > 다. 지적측량기술자, 감정평가사, 그 밖에 지적재조사사업에 관한 전문성을 갖춘 사람
> >
> > 3. 각 지적재조사지구의 토지소유자(토지소유자협의회가 구성된 경우에는 토지소유자협의회가 추천하는 사람을 말한다)
> > 4. 각 지적재조사지구의 읍장·면장·동장
>
> ⑤ 경계결정위원회의 위원에는 제4항제3호에 해당하는 위원이 반드시 포함되어야 한다.
> ⑥ 경계결정위원회의 위원 중 공무원이 아닌 위원의 임기는 2년으로 한다.
> ⑦ 경계결정위원회는 직권 또는 토지소유자나 이해관계인의 신청에 따라 사실조사를 하거나 신청인 또는 토지소유자나 이해관계인에게 필요한 서류의 제출을 요청할 수 있으며, 지적소관청의 소속 공무원으로 하여금 사실조사를 하게 할 수 있다.
> ⑧ 토지소유자나 이해관계인은 경계결정위원회에 출석하여 의견을 진술하거나 필요한 증빙서류를 제출할 수 있다.
> ⑨ 경계결정위원회의 결정 또는 의결은 문서로써 재적위원 과반수의 찬성이 있어야 한다.
> ⑩ 제9항에 따른 결정서 또는 의결서에는 주문, 결정 또는 의결 이유, 결정 또는 의결 일자 및 결정 또는 의결에 참여한 위원의 성명을 기재하고, 결정 또는 의결에 참여한 위원 전원이 서명날인하여야 한다. 다만, 서명날인을 거부하거나 서명날인을 할 수 없는 부득이한 사유가 있는 위원의 경우 해당 위원의 서명날인을 생략하고 그 사유만을 기재할 수 있다.
> ⑪ 경계결정위원회의 조직 및 운영 등에 관하여 필요한 사항은 해당 시·군·구의 조례로 정한다.

02 「공간정보의 구축 및 관리 등에 관한 법령」상 토지이동에 대한 설명으로 가장 옳지 않은 것은?

① 「도시개발법」에 따른 도시개발사업의 시행자가 지적 소관청에 토지의 이동을 신청하고 토지의 형질 변경 등의 공사가 준공된 때에 토지이동이 이루어진 것으로 본다.

② 도시·군관리계획선에 따라 토지를 분할하는 경우 등록전환을 신청할 수 있다.

③ 합병하려는 토지 중, 승역지에 대한 지역권의 등기만 있는 경우에는 합병 신청을 할 수 있다.

④ 합병하려는 토지가 축척이 다른 지적도에 각각 등록되어 있어 축척변경을 하는 경우, 토지소유자 또는 점유자가 설치한 경계점표지를 기준으로 새로운 축척에 따라 면적·경계 또는 좌표를 정하여야 한다.

풀이 공간정보의 구축 및 관리 등에 관한 법률 제86조(도시개발사업 등 시행지역의 토지이동 신청에 관한 특례)

① 「도시개발법」에 따른 도시개발사업, 「농어촌정비법」에 따른 농어촌정비사업, 그 밖에 대통령령으로 정하는 토지개발사업의 시행자는 대통령령으로 정하는 바에 따라 그 사업의 착수·변경 및 완료 사실을 지적소관청에 신고하여야 한다.

② 제1항에 따른 사업과 관련하여 토지의 이동이 필요한 경우에는 해당 사업의 시행자가 지적소관청에 토지의 이동을 신청하여야 한다.

③ 제2항에 따른 토지의 이동은 토지의 형질변경 등의 공사가 준공된 때에 이루어진 것으로 본다.

④ 제1항에 따라 사업의 착수 또는 변경의 신고가 된 토지의 소유자가 해당 토지의 이동을 원하는 경우에는 해당 사업의 시행자에게 그 토지의 이동을 신청하도록 요청하여야 하며, 요청을 받은 시행자는 해당 사업에 지장이 없다고 판단되면 지적소관청에 그 이동을 신청하여야 한다.

공간정보의 구축 및 관리 등에 관한 법률 시행령 제64조(등록전환 신청)

① 법 제78조에 따라 등록전환을 신청할 수 있는 경우는 다음 각 호와 같다. 〈개정 2020.6.9.〉

> 1. 「산지관리법」에 따른 산지전용허가·신고, 산지일시사용허가·신고, 「건축법」에 따른 건축허가· 신고 또는 그 밖의 관계 법령에 따른 개발행위 허가 등을 받은 경우
> 2. 대부분의 토지가 등록전환되어 나머지 토지를 임야도에 계속 존치하는 것이 불합리한 경우
> 3. 임야도에 등록된 토지가 사실상 형질변경되었으나 지목변경을 할 수 없는 경우
> 4. 도시·군관리계획선에 따라 토지를 분할하는 경우

② 삭제 〈2020.6.9.〉

③ 토지소유자는 법 제78조에 따라 등록전환을 신청할 때에는 등록전환 사유를 적은 신청서에 국토교통부령으로 정하는 서류를 첨부하여 지적소관청에 제출하여야 한다.

공간정보의 구축 및 관리 등에 관한 법률 제80조(합병 신청)

① 토지소유자는 토지를 합병하려면 대통령령으로 정하는 바에 따라 지적소관청에 합병을 신청하여야 한다.

② 토지소유자는 「주택법」에 따른 공동주택의 부지, 도로, 제방, 하천, 구거, 유지, 그 밖에 대통령령으로 정하는 토지로서 합병하여야 할 토지가 있으면 그 사유가 발생한 날부터 60일 이내에 지적소관청에 합병을 신청하여야 한다.

③ 다음 각 호의 어느 하나에 해당하는 경우에는 합병 신청을 할 수 없다. 〈개정 2020.2.4.〉

> 1. 합병하려는 토지의 지번부여지역, 지목 또는 소유자가 서로 다른 경우
> 2. 합병하려는 토지에 다음 각 목의 등기 외의 등기가 있는 경우
>> 가. 소유권·지상권·전세권 또는 임차권의 등기
>> 나. 승역지(承役地)에 대한 지역권의 등기

정답 02 ④

다. 합병하려는 토지 전부에 대한 등기원인(登記原因) 및 그 연월일과 접수번호가 같은 저당권의 등기

라. 합병하려는 토지 전부에 대한 「부동산등기법」 제81조제1항 각 호의 등기사항이 동일한 신탁 등기

3. 그 밖에 합병하려는 토지의 지적도 및 임야도의 축척이 서로 다른 경우 등 대통령령으로 정하는 경우

공간정보의 구축 및 관리 등에 관한 법률 제83조(축척변경)

① 축척변경에 관한 사항을 심의 · 의결하기 위하여 지적소관청에 축척변경위원회를 둔다.

② 지적소관청은 지적도가 다음 각 호의 어느 하나에 해당하는 경우에는 토지소유자의 신청 또는 지적소관청의 직권으로 일정한 지역을 정하여 그 지역의 축척을 변경할 수 있다.

1. 잦은 토지의 이동으로 1필지의 규모가 작아서 소축척으로는 지적측량성과의 결정이나 토지의 이동에 따른 정리를 하기가 곤란한 경우
2. 하나의 지번부여지역에 서로 다른 축척의 지적도가 있는 경우
3. 그 밖에 지적공부를 관리하기 위하여 필요하다고 인정되는 경우

③ 지적소관청은 제2항에 따라 축척변경을 하려면 축척변경 시행지역의 토지소유자 3분의 2 이상의 동의를 받아 제1항에 따른 축척변경위원회의 의결을 거친 후 시 · 도지사 또는 대도시 시장의 승인을 받아야 한다. 다만, 다음 각 호의 어느 하나에 해당하는 경우에는 축척변경위원회의 의결 및 시 · 도지사 또는 대도시 시장의 승인 없이 축척변경을 할 수 있다.

1. 합병하려는 토지가 축척이 다른 지적도에 각각 등록되어 있어 축척변경을 하는 경우
2. 제86조에 따른 도시개발사업 등의 시행지역에 있는 토지로서 그 사업 시행에서 제외된 토지의 축척변경을 하는 경우

공간정보의 구축 및 관리 등에 관한 법률 시행령 제72조(토지의 표시 등)

① 지적소관청은 축척변경 시행지역의 각 필지별 지번 · 지목 · 면적 · 경계 또는 좌표를 새로 정하여야 한다.

② 지적소관청이 축척변경을 위한 측량을 할 때에는 제71조제3항에 따라 토지소유자 또는 점유자가 설치한 경계점표지를 기준으로 새로운 축척에 따라 면적 · 경계 또는 좌표를 정하여야 한다.

③ 법 제83조제3항 단서에 따라 축척을 변경할 때에는 제1항에도 불구하고 각 필지별 지번 · 지목 및 경계는 종전의 지적공부에 따르고 면적만 새로 정하여야 한다.

④ 제3항에 따른 축척변경절차 및 면적결정방법 등에 관하여 필요한 사항은 국토교통부령으로 정한다.

03 「공간정보의 구축 및 관리 등에 관한 법령」상 지적공부의 등록사항을 짝지은 것으로 옳지 않은 것은?

① 토지대장과 임야대장 – 지적도 또는 임야도의 번호와 필지별 토지대장 또는 임야대장의 장번호 및 축척

② 공유지연명부 – 전유부분(專有部分)의 건물표시

③ 대지권등록부 – 대지권 비율

④ 경계점좌표등록부 – 지적도면의 번호

풀이 지적공부의 등록사항

구분		소재	지번	지목=축척	면적	경계	좌표	소유자	도면번호	고유번호	소유권(지분)	대지권(비율)	기타 등록사항
대장	토지, 임야대장	●	●	상 ●	상 ●			상 ●	상 ●	상 ●			토지 이동 사유 / 개별공시지가 / 기준수확량등급 / 필지별 토지, 임야대장의 장번호
	공유지연명부	●	●					공 ●		공 ●	공 ●		필지별 공유지연명부의 장번호
	대지권등록부	●	●					대 ●		대 ●	대 ●	대 ●	건물의 명칭 / 전유건물표시 / 집합건물별 대지권등록부의 장번호
경계점좌표등록표		●	●				경 ●	경 ●	경 ●				부호, 부호도 / 필지별 경계점좌표등록부의 장번호
도면	지적·임야도	●	●	도 ●		도 ●							색인도 / 지적기준점 위치 / 곡선과 수치 / 건축물의 위치 / 좌표에 의한 계산된 경계점 간 거리

암기 ㋒㋣는 공통이고, ㋰㋘㋦=㋨장도, ㋖장, ㋛도는 ㋡㋛이요,
㋒㋛도, 도공대 ㋙도가 없고,
㋒대장, ㋣분은 공, 대에만 있다.
이동개기건전하면 부도없이 인지도 건축하다.

---

04 「지적재조사에 관한 특별법」상 조정금을 받을 권리나 징수할 권리를 행사해야 하는 소멸시효는?

① 1년
② 3년
③ 5년
④ 10년

풀이 지적재조사에 관한 특별법 제21조의2(조정금에 관한 이의신청)

① 제21조제3항에 따라 수령통지 또는 납부고지된 조정금에 이의가 있는 토지소유자는 수령통지 또는 납부고지를 받은 날부터 60일 이내에 지적소관청에 이의신청을 할 수 있다.

② 지적소관청은 제1항에 따른 이의신청을 받은 날부터 30일 이내에 제30조에 따른 시·군·구 지적재조사위원회의 심의·의결을 거쳐 이의신청에 대한 결과를 신청인에게 서면으로 알려야 한다.

지적재조사에 관한 특별법 제22조(조정금의 소멸시효)
조정금을 받을 권리나 징수할 권리는 5년간 행사하지 아니하면 시효의 완성으로 소멸한다.

정답 04 ③

05 「공간정보의 구축 및 관리 등에 관한 법률 시행규칙」상 지적공부의 보관 등에 대한 설명으로 가장 옳지 않은 것은?

① 부책(簿冊)으로 된 토지대장·임야대장 및 공유지연명부는 지적공부 보관상자에 넣어 보관한다.

② 지적공부 보관상자는 벽으로부터 15센티미터 이상 띄워야 하며, 높이 10센티미터 이상의 깔판 위에 올려 놓아야 한다.

③ 지적서고에는 인화물질의 반입을 금지하며, 지적공부, 지적 관계 서류 및 지적측량장비만 보관하여야 한다.

④ 일람도·지번색인표 및 지적도면은 도면번호순으로 지번부여지역별로 보관하되, 100장 단위로 바인더(binder)에 넣어 보관하여야 한다.

> **풀이** 공간정보의 구축 및 관리 등에 관한 법률 시행규칙 제65조(지적서고의 설치기준 등)
>
> ① 법 제69조제1항에 따른 지적서고는 지적사무를 처리하는 사무실과 연접(連接)하여 설치하여야 한다.
>
> ② 제1항에 따른 지적서고의 구조는 다음 각 호의 기준에 따라야 한다.
>
>> 1. 골조는 철근콘크리트 이상의 강질로 할 것
>> 2. 지적서고의 면적은 별표 7의 기준면적에 따를 것
>> 3. 바닥과 벽은 2중으로 하고 영구적인 방수설비를 할 것
>> 4. 창문과 출입문은 2중으로 하되, 바깥쪽 문은 반드시 철제로 하고 안쪽 문은 곤충·쥐 등의 침입을 막을 수 있도록 철망 등을 설치할 것
>> 5. 온도 및 습도 자동조절장치를 설치하고, 연중 평균온도는 섭씨 20±5도를, 연중평균습도는 65±5퍼센트를 유지할 것
>> 6. 전기시설을 설치하는 때에는 단독퓨즈를 설치하고 소화장비를 갖춰 둘 것
>> 7. 열과 습도의 영향을 받지 아니하도록 내부공간을 넓게 하고 천장을 높게 설치할 것
>
> ③ 지적서고는 다음 각 호의 기준에 따라 관리하여야 한다.
>
>> 1. 지적서고는 제한구역으로 지정하고, 출입자를 지적사무담당공무원으로 한정할 것
>> 2. 지적서고에는 인화물질의 반입을 금지하며, 지적공부, 지적 관계 서류 및 지적측량장비만 보관할 것
>
> ④ 지적공부 보관상자는 벽으로부터 15센티미터 이상 띄워야 하며, 높이 10센티미터 이상의 깔판 위에 올려놓아야 한다.

공간정보의 구축 및 관리 등에 관한 법률 시행규칙 제66조(지적공부의 보관방법 등)

① 부책(簿冊)으로 된 토지대장·임야대장 및 공유지연명부는 지적공부 보관상자에 넣어 보관하고, 카드로 된 토지대장·임야대장·공유지연명부·대지권등록부 및 경계점좌표등록부는 100장 단위로 바인더(binder)에 넣어 보관하여야 한다.

② 일람도·지번색인표 및 지적도면은 지번부여지역별로 도면번호순으로 보관하되, 각 장별로 보호대에 넣어야 한다.

③ 법 제69조제2항에 따라 지적공부를 정보처리시스템을 통하여 기록·보존하는 때에는 그 지적공부를 「공공기관의 기록물 관리에 관한 법률」 제19조제2항에 따라 기록물관리기관에 이관할 수 있다.

06 「공간정보의 구축 및 관리 등에 관한 법령」상 측량기준점 표지의 설치 및 관리에 관한 설명으로 가장 옳은 것은?

① 국토교통부장관은 필요하다고 인정하는 경우에는 직접 측량기준점표지의 현황을 조사할 수 있다.

② 특별자치시장, 특별자치도지사, 시장·군수 또는 구청장은 측량기준점표지의 현황에 대한 조사결과를 매년 12월 말까지 국토지리정보원장이 정하여 고시한 기준에 따라 보고하여야 한다.

③ 측량기준점표지의 설치자가 측량기준점표지의 설치 사실을 통지할 때에는 그 측량성과(평면직각좌표 및 표고(標高)의 성과가 있는 경우 그 좌표 및 표고를 제외한다)를 함께 통지하여야 한다.

④ 공공측량시행자는 측량기준점표지를 설치할 지역의 지형이 일정한 형상 및 규격으로 설치하기가 곤란할 경우에는 국토교통부장관의 승인을 받아 별도의 형상 및 규격으로 설치할 수 있다.

풀이 **공간정보의 구축 및 관리 등에 관한 법률 제8조(측량기준점표지의 설치 및 관리)**

① 측량기준점을 정한 자는 측량기준점표지를 설치하고 관리하여야 한다.

② 제1항에 따라 측량기준점표지를 설치한 자는 대통령령으로 정하는 바에 따라 그 종류와 설치 장소를 국토교통부장관, 관계 시·도지사, 시장·군수 또는 구청장(자치구의 구청장을 말한다. 이하 같다) 및 측량기준점표지를 설치한 부지의 소유자 또는 점유자에게 통지하여야 한다. 설치한 측량기준점표지를 이전·철거하거나 폐기한 경우에도 같다. 〈개정 2013.3.23., 2020.2.18.〉

③ 삭제 〈2020.2.18.〉

④ 시·도지사 또는 지적소관청은 지적기준점표지를 설치·이전·복구·철거하거나 폐기한 경우에는 그 사실을 고시하여야 한다. 〈개정 2013.7.17.〉

⑤ 특별자치시장, 특별자치도지사, 시장·군수 또는 구청장은 국토교통부령으로 정하는 바에 따라 매년 관할 구역에 있는 측량기준점표지의 현황을 조사하고 그 결과를 시·도지사를 거쳐(특별자치시장 및 특별자치도지사의 경우는 제외한다) 국토교통부장관에게 보고하여야 한다. 측량기준점표지가 멸실·파손되거나 그 밖에 이상이 있음을 발견한 경우에도 같다. 〈개정 2012.12.18., 2013.3.23.〉

⑥ 제5항에도 불구하고 국토교통부장관은 필요하다고 인정하는 경우에는 직접 측량기준점표지의 현황을 조사할 수 있다. 〈개정 2013.3.23., 2020.2.18.〉

⑦ 측량기준점표지의 형상, 규격, 관리방법 등에 필요한 사항은 국토교통부령으로 정한다. 〈개정 2013.3.23., 2020.2.18.〉

공간정보의 구축 및 관리 등에 관한 법률 시행령 제9조(측량기준점표지 설치의 통지)

① 법 제8조제2항에 따라 측량기준점표지의 설치자가 측량기준점표지의 설치 사실을 통지할 때에는 그 측량성과[평면직각좌표 및 표고(標高)의 성과가 있는 경우 그 좌표 및 표고를 포함한다]를 함께 통지하여야 한다.

② 제1항에 따른 측량기준점표지 설치의 통지를 위하여 필요한 사항은 국토교통부령으로 정한다.

공간정보의 구축 및 관리 등에 관한 법률 시행규칙 제5조(측량기준점표지의 현황조사 결과 보고)

① 특별자치시장, 특별자치도지사, 시장·군수 또는 구청장은 법 제8조제5항에 따른 측량기준점표지의 현황에 대한 조사결과를 매년 10월 말까지 국토지리정보원장이 정하여 고시한 기준에 따라 보고하여야 한다. 〈개정 2013.6.19.〉

② 국토지리정보원장은 제1항에 따른 측량기준점표지의 현황조사 결과 보고에 대한 기준을 정한 경우에는 이를 고시하여야 한다.

공간정보의 구축 및 관리 등에 관한 법률 시행규칙 제3조(측량기준점표지의 형상)

① 법 제8조제1항에 따른 측량기준점표지의 형상 및 규격은 별표 1과 같다.

② 측량기준점을 정한 자는 측량기준점표지를 설치할 지역의 지형이 별표 1의 형상 및 규격으로 설치하기가

곤란할 경우에는 제1항에도 불구하고 별도의 형상 및 규격으로 설치할 수 있다. 이 경우 측량기준점을 정한 자가 공공측량의 시행을 하는 자(이하 "공공측량시행자"라 한다)일 때에는 **국토지리정보원장의 승인을 받아야** 한다.

③ 측량기준점을 정한 자가 제2항에 따라 별도의 형상 및 규격을 정한 때에는 이를 고시하여야 한다.

07 「공간정보의 구축 및 관리 등에 관한 법률 시행령」상 지목의 구분에 대한 설명으로 가장 옳지 않은 것은?

① 임야 : 산림 및 원야(原野)를 이루고 있는 수림지(樹林地) · 죽림지 · 암석지 · 자갈땅 · 모래땅 · 습지 · 갈대밭 · 황무지 등의 토지

② 체육용지 : 체육시설로서의 영속성과 독립성이 미흡한 정구장 · 골프연습장 · 실내수영장 및 체육도장과 유수(流水)를 이용한 요트장 및 카누장 등의 토지는 제외

③ 주유소용지 : 자동차 · 선박 · 기차 등의 제작 또는 정비공장 안에 설치된 급유 · 송유시설 등의 부지는 제외

④ 공원 : 일반 공중의 보건 · 휴양 및 정서생활에 이용하기 위한 시설을 갖춘 토지로서 「국토의 계획 및 이용에 관한 법률」에 따라 공원 또는 녹지로 결정 · 고시된 토지

> **풀이** 공간정보의 구축 및 관리 등에 관한 법률 시행령 제58조(지목의 구분)
>
> 법 제67조제1항에 따른 지목의 구분은 다음 각 호의 기준에 따른다.
>
> 5. 임야
>   산림 및 원야(原野)를 이루고 있는 수림지(樹林地) · 죽림지 · 암석지 · 자갈땅 · 모래땅 · 습지 · 황무지 등의 토지
>
> 12. 주유소용지
>   다음 각 목의 토지. 다만, 자동차 · 선박 · 기차 등의 제작 또는 정비공장 안에 설치된 급유 · 송유시설 등의 부지는 제외한다.
>   가. 석유 · 석유제품, 액화석유가스, 전기 또는 수소 등의 판매를 위하여 일정한 설비를 갖춘 시설물의 부지
>   나. 저유소(貯油所) 및 원유저장소의 부지와 이에 접속된 부속시설물의 부지
>
> 22. 공원
>   일반 공중의 보건 · 휴양 및 정서생활에 이용하기 위한 시설을 갖춘 토지로서 「국토의 계획 및 이용에 관한 법률」에 따라 공원 또는 녹지로 결정 · 고시된 토지
>
> 23. 체육용지
>   국민의 건강증진 등을 위한 체육활동에 적합한 시설과 형태를 갖춘 종합운동장 · 실내체육관 · 야구장 · 골프장 · 스키장 · 승마장 · 경륜장 등 체육시설의 토지와 이에 접속된 부속시설물의 부지. 다만, 체육시설로서의 영속성과 독립성이 미흡한 정구장 · 골프연습장 · 실내수영장 및 체육도장과 유수(流水)를 이용한 요트장 및 카누장 등의 토지는 제외한다.
>
> 28. 잡종지
>   다음 각 목의 토지. 다만, 원상회복을 조건으로 돌을 캐내는 곳 또는 흙을 파내는 곳으로 허가된 토지는 제외한다.
>   가. 갈대밭, 실외에 물건을 쌓아두는 곳, 돌을 캐내는 곳, 흙을 파내는 곳, 야외시장 및 공동우물
>   나. 변전소, 송신소, 수신소 및 송유시설 등의 부지
>   다. 여객자동차터미널, 자동차운전학원 및 폐차장 등 자동차와 관련된 독립적인 시설물을 갖춘 부지
>   라. 공항시설 및 항만시설 부지

정답 07 ①

마. 도축장, 쓰레기처리장 및 오물처리장 등의 부지

바. 그 밖에 다른 지목에 속하지 않는 토지

08 「지적업무처리규정」상 행정구역선의 제도(製圖)에 관한 설명으로 가장 옳지 않은 것은?

① 행정구역선은 경계에서 약간 띄어서 그 외부에 제도한다.

② 행정구역선이 2종 이상 겹치는 경우에는 최상급 행정구역선만 제도한다.

③ 도로 · 철도 · 하천 · 유지 등의 고유명칭은 5밀리미터 이상 7밀리미터 이하의 크기로 같은 간격으로 띄어서 제도한다.

④ 행정구역의 명칭은 도면여백의 넓이에 따라 4밀리미터 이상 6밀리미터 이하의 크기로 경계 및 지적 기준점 등을 피하여 같은 간격으로 띄어서 제도한다.

풀이 지적업무처리규정 제44조(행정구역선의 제도)

① 도면에 등록할 행정구역선은 0.4밀리미터 폭으로 다음 각 호와 같이 제도한다. 다만, 동 · 리의 행정구역선은 0.2밀리미터 폭으로 한다.

행정구역	제도방법	내용
국계		4밀리미터와 허선 3밀리미터로 연결하고 실선 중앙에 실선과 직각으로 교차하는 1밀리미터의 실선을 긋고, 허선에 직경 0.3밀리미터의 점 2개를 제도한다.
시 · 도계		실선 4밀리미터와 허선 2밀리미터로 연결하고 실선 중앙에 실선과 직각으로 교차하는 1밀리미터의 실선을 긋고, 허선에 직경 0.3밀리미터의 점 1개를 제도한다.
시 · 군계		실선과 허선을 각각 3밀리미터로 연결하고, 허선에 0.3밀리미터의 점 2개를 제도한다.
읍 · 면 · 구계		실선 3밀리미터와 허선 2밀리미터로 연결하고, 허선에 0.3밀리미터의 점 1개를 제도한다.
동 · 리계		실선 3밀리미터와 허선 1밀리미터로 연결하여 제도한다.
행정구역선이 2종 이상 겹칠 때		행정구역선이 2종 이상 겹치는 경우에는 최상급 행정구역선만 제도한다.
행정구역의 명칭		도면여백의 대소에 따라 4~6mm의 크기로 경계 및 지적기준점 등을 피하여 같은 간격으로 띄어서 제도한다.
도로, 철도, 하천, 유지 등의 고유명칭		도로 · 철도 · 하천 · 유지 등의 고유명칭은 3~4mm의 크기로 같은 간격으로 띄어서 제도한다.

정답 08 ③

09 「공간정보의 구축 및 관리 등에 관한 법률」상 측량업에 관한 설명으로 가장 옳지 않은 것은?

① 측량업을 하려는 자는 업종별로 대통령령으로 정하는 기술인력·장비 등의 등록기준을 갖추어 국토교통부장관, 시·도지사 또는 대도시 시장에게 등록하여야 한다.

② 한국국토정보공사도 측량업의 등록을 하지 아니하고는 지적측량업을 할 수 없다.

③ 측량업자는 등록사항이 변경된 경우에는 국토교통부장관, 시·도지사 또는 대도시 시장에게 신고하여야 한다.

④ 국토교통부장관, 시·도지사 또는 대도시 시장은 측량업의 등록신청이 등록기준에 적합하지 않다고 인정할 때에는 신청인에게 그 뜻을 통지해야 한다.

풀이 공간정보의 구축 및 관리 등에 관한 법률 제44조(측량업의 등록)

① 측량업은 다음 각 호의 업종으로 구분한다.

> 1. 측지측량업　　　　　　　　　　　2. 지적측량업
> 3. 그 밖에 항공촬영, 지도제작 등 대통령령으로 정하는 업종

② 측량업을 하려는 자는 업종별로 대통령령으로 정하는 기술인력·장비 등의 등록기준을 갖추어 국토교통부장관, 시·도지사 또는 대도시 시장에게 등록하여야 한다. 다만, 한국국토정보공사는 측량업의 등록을 하지 아니하고 제1항제2호의 지적측량업을 할 수 있다. 〈개정 2020.2.18.〉

③ 국토교통부장관, 시·도지사 또는 대도시 시장은 제2항에 따른 측량업의 등록을 한 자(이하 "측량업자"라 한다)에게 측량업등록증 및 측량업등록수첩을 발급하여야 한다. 〈개정 2020.2.18.〉

④ 측량업자는 등록사항이 변경된 경우에는 국토교통부장관, 시·도지사 또는 대도시 시장에게 신고하여야 한다. 〈개정 2020.2.18.〉

⑤ 측량업의 등록, 등록사항의 변경신고, 측량업등록증 및 측량업등록수첩의 발급절차 등에 필요한 사항은 대통령령으로 정한다.

공간정보의 구축 및 관리 등에 관한 법률 시행령 제35조(측량업의 등록 등)

① 법 제44조제1항제1호의 측지측량업과 이 영 제34조제1항제3호부터 제9호까지의 측량업은 국토교통부장관에게 등록하고, 법 제44조제1항제2호의 지적측량업과 이 영 제34조제1항제1호 및 제2호의 측량업은 특별시장·광역시장·특별자치시장·도지사 또는 대도시 시장(「지방자치법」 제198조에 따라 서울특별시·광역시 및 특별자치시를 제외한 인구 50만 이상의 시의 시장을 말한다. 이하 같다)에게 등록해야 한다. 다만, 특별자치도의 경우에는 법 제44조제1항제1호 및 제2호와 이 영 제34조제1항 각 호의 측량업을 특별자치도지사에게 등록해야 한다. 〈개정 2020.12.29.〉

② 제1항에 따라 측량업의 등록을 하려는 자는 국토교통부령으로 정하는 신청서(전자문서로 된 신청서를 포함한다)에 다음 각 호의 서류(전자문서를 포함한다)를 첨부하여 국토교통부장관, 시·도지사 또는 대도시 시장에게 제출해야 한다. 〈개정 2020.12.29.〉

> 1. 별표 8에 따른 기술인력을 갖춘 사실을 증명하기 위한 다음 각 목의 서류
>
> > 가. 보유하고 있는 측량기술자의 명단
> > 나. 가목의 인력에 대한 측량기술 경력증명서
>
> 2. 별표 8에 따른 장비를 갖춘 사실을 증명하기 위한 다음 각 목의 서류
>
> > 가. 보유하고 있는 장비의 명세서
> > 나. 가목의 장비의 성능검사서 사본
> > 다. 소유권 또는 사용권을 보유한 사실을 증명할 수 있는 서류

③ 제1항에 따른 등록신청을 받은 국토교통부장관, 시·도지사 또는 대도시 시장은 「전자정부법」 제36조제1항에 따른 행정정보의 공동이용을 통하여 다음 각 호의 행정정보를 확인해야 한다. 다만, 사업자등록증 및 제2호의 서류에 대해서는 신청인으로부터 확인에 대한 동의를 받고, 신청인이 확인에 동의하지 않는 경우에는 해당 서류의 사본을 첨부하도록 해야 한다. 〈개정 2020.12.29.〉

> 1. 사업자등록증 또는 법인등기부 등본(법인인 경우만 해당한다)
> 2. 「국가기술자격법」에 따른 국가기술자격(정보처리기사의 경우만 해당한다)

④ 제2항에 따른 측량업의 등록신청을 받은 국토교통부장관, 시·도지사 또는 대도시 시장은 신청받은 날부터 10일 이내에 법 제44조에 따른 등록기준에 적합한지와 법 제47조 각 호의 결격사유가 없는지를 심사한 후 적합하다고 인정할 때에는 측량업등록부에 기록하고, 측량업등록증과 측량업등록수첩을 발급해야 한다. 〈개정 2013.3.23., 2017.1.10., 2020.12.29.〉

⑤ 국토교통부장관, 시·도지사 또는 대도시 시장은 제2항에 따른 측량업의 등록신청이 등록기준에 적합하지 않다고 인정할 때에는 신청인에게 그 뜻을 통지해야 한다. 〈개정 2013.3.23., 2020.12.29.〉

⑥ 국토교통부장관, 시·도지사 또는 대도시 시장은 법 제44조제2항에 따라 등록을 했을 때에는 이를 해당 기관의 게시판이나 인터넷 홈페이지에 10일 이상 공고해야 한다.

10 「부동산종합공부시스템 운영 및 관리규정」상 용어의 정의에 대한 설명으로 가장 옳지 않은 것은?

① "정보관리체계"란 지적공부 및 부동산종합공부의 관리업무를 전자적으로 처리할 수 있도록 설치된 정보시스템을 말한다.

② "부동산종합공부시스템"이란 국토교통부장관이 지적공부 및 부동산종합공부 정보를 전자적으로 관리·운영하는 시스템을 말한다.

③ "국토정보시스템"이란 국토교통부장관이 지적공부 및 부동산종합공부 정보를 전국 단위로 통합하여 관리·운영하는 시스템을 말한다.

④ "사용자"란 부동산종합공부시스템을 이용하여 업무를 처리하는 업무담당자로서 부동산종합공부시스템에 사용자로 등록된 자를 말한다.

풀이 **부동산종합공부시스템 운영 및 관리규정 제2조(정의)**

이 규정에서 사용하는 용어의 정의는 다음과 같다.

1. "정보관리체계"란 지적공부 및 부동산종합공부의 관리업무를 전자적으로 처리할 수 있도록 설치된 정보시스템으로서, 국토교통부가 운영하는 "국토정보시스템"과 지방자치단체가 운영하는 "부동산종합공부시스템"으로 구성된다.

2. "국토정보시스템"이란 국토교통부장관이 지적공부 및 부동산종합공부 정보를 전국 단위로 통합하여 관리·운영하는 시스템을 말한다.

3. "부동산종합공부시스템"이란 지방자치단체가 지적공부 및 부동산종합공부 정보를 전자적으로 관리·운영하는 시스템을 말한다.

4. "운영기관"이란 부동산종합공부시스템이 설치되어 이를 운영하고 유지관리의 책임을 지는 지방자치단체를 말하며, 영문표기는 "Korea Real estate Administration intelligence System"로 "KRAS"로 약칭한다.

5. "사용자"란 부동산종합공부시스템을 이용하여 업무를 처리하는 업무담당자로서 부동산종합공부시스템에 사용자로 등록된 자를 말한다.

6. "운영지침서"란 국토교통부장관이 부동산종합공부시스템을 통한 업무처리의 절차 및 방법에 대하여 체계적으로 정한 지침으로서 '운영자 전산처리지침서'와 '사용자 업무처리지침서'를 말한다.

11 「공간정보의 구축 및 관리 등에 관한 법률 시행규칙」상 경계점표지의 규격과 재질 등 설치에 대한 설명으로 가장 옳지 않은 것은?

① 목제는 비포장지역에 설치한다.

② 철못1호는 아스팔트 포장지역에 설치한다.

③ 철못3호는 콘크리트 포장지역에 설치한다.

④ 표석은 소유자의 요구가 있는 경우 설치한다.

풀이 공간정보의 구축 및 관리 등에 관한 법률 시행규칙 [별표 6] 〈개정 2014.1.17.〉

경계점표지의 규격과 재질(제60조제2항 관련)

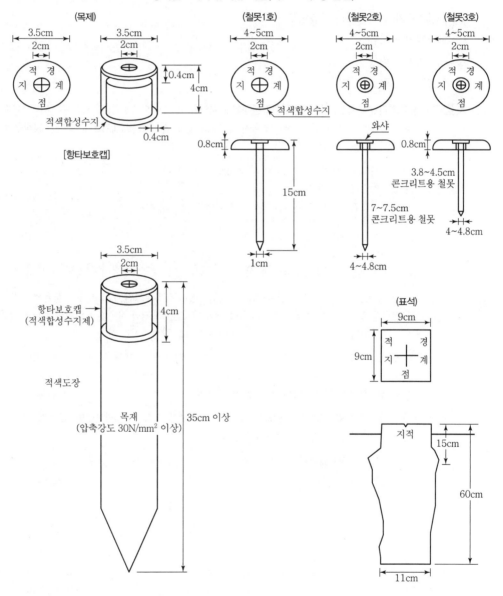

[비고]
1. 목제는 비포장지역에 설치한다.
2. 철못1호는 아스팔트 포장지역에 설치한다.
3. 철못2호는 콘크리트 포장지역에 설치한다.
4. 철못3호는 콘크리트 구조물·담장·벽에 설치한다.
5. 표석은 소유자의 요구가 있는 경우 설치한다.

12 「지적업무처리규정」상 분할 및 등록전환 측량성과도가 발급된 지 1년이 경과한 후 지적공부정리 신청이 있는 때에 지적소관청이 확인·조사하여야 하는 사항으로 가장 옳은 것은?

① 측량성과와 현지경계의 부합여부
② 토지의 이동사유
③ 토지의 이동현황
④ 신청인의 신청권한 적법여부

풀이 지적업무처리규정 제50조(지적공부정리신청의 조사)

① 지적소관청은 법 제77조부터 제82조까지, 법 제84조, 법 제86조 및 법 제87조에 따른 지적공부정리신청이 있는 때에는 다음 각 호의 사항을 확인·조사하여 처리한다.

> 1. 신청서의 기재사항과 지적공부등록사항과의 부합여부
> 2. 관계법령의 저촉여부
> 3. 대위신청에 관하여는 그 권한대위의 적법여부
> 4. 구비서류 및 수입증지의 첨부여부
> 5. 신청인의 신청권한 적법여부
> 6. 토지의 이동사유
> 7. 그 밖에 필요하다고 인정되는 사항

② 접수된 서류를 보완 또는 반려한 때에는 지적업무정리부의 비고란에 그 사유를 붉은색으로 기재한다.
③ 지목변경 및 합병을 하여야 하는 토지가 있을 때와 등록전환에 따라 지목이 바뀔 때에는 다음 각 호의 사항을 확인·조사하여 별지 제6호 서식에 따른 현지조사서를 작성하여야 한다.

> 1. 토지의 이용현황
> 2. 관계법령의 저촉여부
> 3. 조사자의 의견, 조사연월일 및 조사자 직·성명

④ 분할 및 등록전환 측량성과도가 발급된 지 1년이 경과한 후 지적공부정리 신청이 있는 때에는 지적소관청은 다음 각 호의 사항을 확인·조사하여야 한다.

> 1. 측량성과와 현지경계의 부합여부
> 2. 관계법령의 저촉여부

정답 **12** ①

13 〈보기〉는 「공간정보의 구축 및 관리 등에 관한 법률」상 지적의 용어에 대한 설명이다. 옳은 것을 모두 고른 것은?

> 〈보기〉
> ㄱ. "토지의 표시"란 지적공부에 토지의 소재·지번(地番)·지목(地目)·소유자(所有者)·면적·경계 또는 좌표를 등록한 것을 말한다.
> ㄴ. "지번부여지역"이란 지번을 부여하는 단위지역으로서 동·리 또는 이에 준하는 지역을 말한다.
> ㄷ. "경계"란 필지별로 경계점들을 곡선으로 연결하여 지적공부에 등록한 선을 말한다.
> ㄹ. "등록전환"이란 임야대장 및 임야도에 등록된 토지를 토지대장 및 지적도에 옮겨 등록하는 것을 말한다.
> ㅁ. "축척변경"이란 지적도에 등록된 경계점의 정확도를 높이기 위하여 작은 축척을 큰 축척으로 변경하여 등록하는 것을 말한다.

① ㄱ, ㅁ   ② ㄴ, ㄹ
③ ㄱ, ㄴ, ㄷ   ④ ㄷ, ㄹ, ㅁ

풀이 **공간정보의 구축 및 관리 등에 관한 법률 제2조(정의)**

이 법에서 사용하는 용어의 뜻은 다음과 같다.

20. "토지의 표시"란 지적공부에 토지의 소재·지번(地番)·지목(地目)·면적·경계 또는 좌표를 등록한 것을 말한다.
21. "필지"란 대통령령으로 정하는 바에 따라 구획되는 토지의 등록단위를 말한다.
22. "지번"이란 필지에 부여하여 지적공부에 등록한 번호를 말한다.
23. "지번부여지역"이란 지번을 부여하는 단위지역으로서 동·리 또는 이에 준하는 지역을 말한다.
24. "지목"이란 토지의 주된 용도에 따라 토지의 종류를 구분하여 지적공부에 등록한 것을 말한다.
25. "경계점"이란 필지를 구획하는 선의 굴곡점으로서 지적도나 임야도에 도해(圖解) 형태로 등록하거나 경계점좌표등록부에 좌표 형태로 등록하는 점을 말한다.
26. "경계"란 필지별로 경계점들을 직선으로 연결하여 지적공부에 등록한 선을 말한다.
27. "면적"이란 지적공부에 등록한 필지의 수평면상 넓이를 말한다.
28. "토지의 이동(異動)"이란 토지의 표시를 새로 정하거나 변경 또는 말소하는 것을 말한다.
29. "신규등록"이란 새로 조성된 토지와 지적공부에 등록되어 있지 아니한 토지를 지적공부에 등록하는 것을 말한다.
30. "등록전환"이란 임야대장 및 임야도에 등록된 토지를 토지대장 및 지적도에 옮겨 등록하는 것을 말한다.
31. "분할"이란 지적공부에 등록된 1필지를 2필지 이상으로 나누어 등록하는 것을 말한다.
32. "합병"이란 지적공부에 등록된 2필지 이상을 1필지로 합하여 등록하는 것을 말한다.
33. "지목변경"이란 지적공부에 등록된 지목을 다른 지목으로 바꾸어 등록하는 것을 말한다.
34. "축척변경"이란 지적도에 등록된 경계점의 정밀도를 높이기 위하여 작은 **축척**을 큰 축척으로 변경하여 등록하는 것을 말한다.

14 「지적재조사업무규정」상 지적재조사사업에 따른 토지 이동사유의 코드 및 코드명으로 가장 옳지 않은 것은?

① 33 년 월 일 지적재조사 예정지구
② 55 년 월 일 지적재조사 완료
③ 56 년 월 일 지적재조사 폐쇄
④ 57 년 월 일 지적재조사 경계확정 토지

풀이 지적재조사업무규정 제31조(토지이동사유 코드 등)

지적재조사사업에 따른 토지이동사유의 코드는 다음과 같고, 토지(임야)대장의 토지표시 연혁 기재는 예시 4와 같이 한다.

코드	코드명
33	년 월 일 지적재조사 예정지구
34	년 월 일 지적재조사 예정지구 폐지
53	년 월 일 지적재조사 지구 지정
54	년 월 일 지적재조사 지구 지정 폐지
55	년 월 일 지적재조사 완료
56	년 월 일 지적재조사 폐쇄
57	년 월 일 지적재조사 경계미확정 토지
58	년 월 일 지적재조사 경계확정 토지

15 「공간정보의 구축 및 관리 등에 관한 법령」상 지상경계의 결정 등에 대한 설명으로 가장 옳지 않은 것은?

① 토지의 지상경계는 둑, 담장이나 그 밖의 구획의 목표가 될 만한 구조물 및 경계점표지 등으로 구분한다.
② 연접되는 토지 간에 높낮이 차이가 있는 경우, 그 구조물의 하단부를 지상경계로 결정하지만, 지상경계의 구획을 형성하는 구조물 등의 소유자가 다른 경우에는 그 소유권에 따라 지상경계를 결정한다.
③ 「국토의 계획 및 이용에 관한 법률」 제30조제6항에 따른 도시 · 군관리계획 결정고시가 된 지역의 도시 · 군관리계획선에 따라 토지를 분할하려는 경우 경계점표지를 설치하여 측량할 수 있다.
④ 공공사업 등에 따라 학교용지 · 도로 · 철도용지 · 수도용지 등의 지목으로 되는 토지를 분할하는 경우, 분할에 따른 지상경계는 지상건축물을 걸리게 결정해서는 아니 된다.

풀이 공간정보의 구축 및 관리 등에 관한 법률 제65조(지상경계의 구분 등)

① 토지의 지상경계는 둑, 담장이나 그 밖에 구획의 목표가 될 만한 구조물 및 경계점표지 등으로 구분한다.

② 지적소관청은 토지의 이동에 따라 지상경계를 새로 정한 경우에는 다음 각 호의 사항을 등록한 지상경계점등록부를 작성·관리하여야 한다.

> 1. 토지의 소재
> 2. 지번
> 3. 경계점 좌표(경계점좌표등록부 시행지역에 한정한다)
> 4. 경계점 위치 설명도
> 5. 그 밖에 국토교통부령으로 정하는 사항

③ 제1항에 따른 지상경계의 결정 기준 등 지상경계의 결정에 필요한 사항은 대통령령으로 정하고, 경계점표지의 규격과 재질 등에 필요한 사항은 국토교통부령으로 정한다.

공간정보의 구축 및 관리 등에 관한 법률 시행령 제55조(지상 경계의 결정기준 등)

① 법 제65조제1항에 따른 지상 경계의 결정기준은 다음 각 호의 구분에 따른다. 〈개정 2014.1.17., 2021.1.5.〉

> 1. 연접되는 토지 간에 높낮이 차이가 없는 경우 : 그 구조물 등의 중앙
> 2. 연접되는 토지 간에 높낮이 차이가 있는 경우 : 그 구조물 등의 하단부
> 3. 도로·구거 등의 토지에 절토(땅깎기)된 부분이 있는 경우 : 그 경사면의 상단부
> 4. 토지가 해면 또는 수면에 접하는 경우 : 최대만조위 또는 최대만수위가 되는 선
> 5. 공유수면매립지의 토지 중 제방 등을 토지에 편입하여 등록하는 경우 : 바깥쪽 어깨부분

② 지상 경계의 구획을 형성하는 구조물 등의 소유자가 다른 경우에는 제1항제1호부터 제3호까지의 규정에도 불구하고 그 소유권에 따라 지상 경계를 결정한다.

③ 다음 각 호의 어느 하나에 해당하는 경우에는 지상 경계점에 법 제65조제1항에 따른 경계점표지를 설치하여 측량할 수 있다. 〈개정 2012.4.10., 2014.1.17.〉

> 1. 법 제86조제1항에 따른 도시개발사업 등의 사업시행자가 사업지구의 경계를 결정하기 위하여 토지를 분할하려는 경우
> 2. 법 제87조제1호 및 제2호에 따른 사업시행자와 행정기관의 장 또는 지방자치단체의 장이 토지를 취득하기 위하여 분할하려는 경우
> 3. 「국토의 계획 및 이용에 관한 법률」 제30조제6항에 따른 도시·군관리계획 결정고시와 같은 법 제32조제4항에 따른 지형도면 고시가 된 지역의 도시·군관리계획선에 따라 토지를 분할하려는 경우
> 4. 제65조제1항에 따라 토지를 분할하려는 경우
> 5. 관계 법령에 따라 인가·허가 등을 받아 토지를 분할하려는 경우

④ 분할에 따른 지상 경계는 지상건축물을 걸리게 결정해서는 아니 된다. 다만, 다음 각 호의 어느 하나에 해당하는 경우에는 그러하지 아니하다.

> 1. 법원의 확정판결이 있는 경우
> 2. 법 제87조제1호(1. 공공사업 등에 따라 학교용지·도로·철도용지·제방·하천·구거·유지·수도용지 등의 지목으로 되는 토지인 경우 : 해당 사업의 시행자)에 해당하는 토지를 분할하는 경우
> 3. 제3항제1호 또는 제3호에 따라 토지를 분할하는 경우

⑤ 지적확정측량의 경계는 공사가 완료된 현황대로 결정하되, 공사가 완료된 현황이 사업계획도와 다를 때에는 미리 사업시행자에게 그 사실을 통지하여야 한다.

정답

16 「공간정보의 구축 및 관리 등에 관한 법률」상의 벌칙에 의해 2년 이하의 징역 또는 2천만 원 이하의 벌금에 처해지게 되는 사람은?

① 다른 사람의 성능검사대행자 등록증을 빌려서 사용한 자
② 고의로 측량성과를 사실과 다르게 한 자
③ 거짓으로 지목변경 신청을 한 자
④ 정당한 사유 없이 측량을 방해한 자

> **풀이** 공간정보의 구축 및 관리 등에 관한 법률 제107~109조(벌칙)

벌칙(법률 제107~109조)	
3년 이하의 징역 또는 3천만 원 이하의 벌금 **암기** ㈜㈜㈜	측량업자로서 속㈜수, ㈜력(威力), 그 밖의 방법으로 측량업과 관련된 입찰의 ㈜정성을 해친 자는 3년 이하의 징역 또는 3천만 원 이하의 벌금에 처한다.
2년 이하의 징역 또는 2천만 원 이하의 벌금 **암기** ㈜㈜㈜ ㈜㈜㈜㈜	1. 측량업의 등록을 하지 아니하거나 ㈜짓이나 그 밖의 ㈜정한 방법으로 측량업의 ㈜록을 하고 측량업을 한 자 2. 성능검사대행자의 등록을 하지 아니하거나 ㈜짓이나 그 밖의 ㈜정한 방법으로 성능검사대행자의 ㈜록을 하고 성능검사업무를 한 자 3. 측량성과를 국㈜로 반출한 자 4. 측량기준점㈜지를 이전 또는 파손하거나 그 효용을 해치는 행위를 한 자 5. 고의로 측량㈜과를 사실과 다르게 한 자 6. 성능㈜사를 부정하게 한 성능검사대행자
1년 이하의 징역 또는 1천만 원 이하의 벌금 **암기** ㈜㈜㈜㈜ ㈜㈜㈜㈜	1. ㈜ 이상의 측량업자에게 소속된 측량기술자 2. 업무상 알게 된 ㈜밀을 누설한 측량기술자 3. 거짓(㈜위)으로 다음 각 목의 신청을 한 자 가. 신규등록 신청　　나. 등록전환 신청 다. 분할 신청　　　　라. 합병 신청 마. 지목변경 신청　　바. 바다로 된 토지의 등록말소 신청 사. 축척변경 신청　　아. 등록사항의 정정 신청 자. 도시개발사업 등 시행지역의 토지이동 신청 4. 측량기술자가 아님에도 ㈜구하고 측량을 한 자 5. 지적측량수수료 외의 ㈜가를 받은 지적측량기술자 6. 심사를 받지 아니하고 지도 등을 간행하여 ㈜매하거나 배포한 자 7. 다른 사람에게 측량업등록증 또는 측량업등록수첩을 빌려(㈜여)주거나 자기의 성명 또는 상호를 사용하여 측량업무를 하게 한 자 8. 다른 사람의 측량업등록증 또는 측량업등록수첩을 빌려서(㈜여) 사용하거나 다른 사람의 성명 또는 상호를 사용하여 측량업무를 한 자 9. 다른 사람에게 자기의 성능검사대행자 등록증을 빌려(㈜여)주거나 자기의 성명 또는 상호를 사용하여 성능검사대행업무를 수행하게 한 자 10. 다른 사람의 성능검사대행자 등록증을 빌려서(㈜여) 사용하거나 다른 사람의 성명 또는 상호를 사용하여 성능검사대행업무를 수행한 자 11. 무단으로 측량성과 또는 측량기록을 ㈜제한 자

정답 16 ②

17 「공간정보의 구축 및 관리 등에 관한 법령」상 토지의 이동 현황을 직권으로 조사·등록하는 내용에 대한 설명으로 가장 옳은 것은?

① 지적소관청은 토지의 이동현황을 직권으로 조사·측량하여 토지의 지번·지목·면적·경계 또는 좌표를 결정하려는 때에는 토지이동현황 조사계획을 수립하여야 한다. 이 경우 토지이동현황 조사계획은 읍·면·동별로 수립하되, 부득이한 사유가 있는 때에는 시·군·구별로 수립할 수 있다.

② 지적소관청은 토지이동현황 조사계획에 따라 토지의 이동현황을 조사한 때에는 토지이동 조사부에 토지의 이동현황을 적어야 한다.

③ 지적소관청은 토지이동현황 조사계획에 따라 토지의 소유자·지번·지목·면적·경계 또는 좌표를 결정한 때에는 이에 따라 지적공부를 정리하여야 한다.

④ 지적소관청은 지적공부를 정리하려는 때에는 토지이동 조사부를 근거로 토지이동 조서를 작성하여 토지이동정리 결의서에 첨부하여야 하며, 토지이동 조서의 윗부분 여백에 "「공간정보의 구축 및 관리 등에 관한 법률」 제64조제2항 단서에 따른 직권정리"라고 적어야 한다.

풀이 **공간정보의 구축 및 관리 등에 관한 법률 제64조(토지의 조사·등록 등)**

① 국토교통부장관은 모든 토지에 대하여 필지별로 소재·지번·지목·면적·경계 또는 좌표 등을 조사·측량하여 지적공부에 등록하여야 한다. 〈개정 2013.3.23.〉

② 지적공부에 등록하는 지번·지목·면적·경계 또는 좌표는 토지의 이동이 있을 때 토지소유자(법인이 아닌 사단이나 재단의 경우에는 그 대표자나 관리인을 말한다. 이하 같다)의 신청을 받아 지적소관청이 결정한다. 다만, 신청이 없으면 지적소관청이 직권으로 조사·측량하여 결정할 수 있다.

③ 제2항 단서에 따른 조사·측량의 절차 등에 필요한 사항은 국토교통부령으로 정한다.

공간정보의 구축 및 관리 등에 관한 법률 시행규칙 제59조(토지의 조사·등록)

① 지적소관청은 법 제64조제2항 단서에 따라 토지의 이동현황을 직권으로 조사·측량하여 토지의 지번·지목·면적·경계 또는 좌표를 결정하려는 때에는 토지이동현황 조사계획을 수립하여야 한다. 이 경우 토지이동현황 조사계획은 시·군·구별로 수립하되, 부득이한 사유가 있는 때에는 읍·면·동별로 수립할 수 있다.

② 지적소관청은 제1항에 따른 토지이동현황 조사계획에 따라 토지의 이동현황을 조사한 때에는 별지 제55호 서식의 토지이동 조사부에 토지의 이동현황을 적어야 한다.

③ 지적소관청은 제2항에 따른 토지이동현황 조사 결과에 따라 토지의 지번·지목·면적·경계 또는 좌표를 결정한 때에는 이에 따라 지적공부를 정리하여야 한다.

④ 지적소관청은 제3항에 따라 지적공부를 정리하려는 때에는 제2항에 따른 토지이동 조사부를 근거로 별지 제56호 서식의 토지이동 조서를 작성하여 별지 제57호 서식의 토지이동정리 결의서에 첨부하여야 하며, 토지이동조서의 아래 부분 여백에 "「공간정보의 구축 및 관리 등에 관한 법률」 제64조제2항 단서에 따른 직권정리"라고 적어야 한다.

정답 17 ②

18 「공간정보의 구축 및 관리 등에 관한 법률」상 일반 측량에 관한 설명으로 가장 옳지 않은 것은?

① 기본측량, 공공측량 및 지적측량을 포함하는 일반측량은 기본측량성과 및 그 측량기록, 공공측량성과 및 그 측량기록을 기초로 실시하여야 한다.

② 국토교통부장관은 측량의 정확도 확보를 위하여 필요하다고 인정되는 경우에는 일반측량을 한 자에게 그 측량성과 및 측량기록의 사본을 제출하게 할 수 있다.

③ 국토교통부장관은 측량의 중복 배제를 위하여 필요하다고 인정되는 경우에는 일반측량을 한 자에게 그 측량성과 및 측량기록의 사본을 제출하게 할 수 있다.

④ 국토교통부장관은 측량에 관한 자료의 수집 · 분석을 위하여 필요하다고 인정되는 경우에는 일반측량을 한 자에게 그 측량성과 및 측량기록의 사본을 제출하게 할 수 있다.

풀이 공간정보의 구축 및 관리 등에 관한 법률 제2조(정의)

이 법에서 사용하는 용어의 뜻은 다음과 같다.

6. "일반측량"이란 기본측량, 공공측량 및 지적측량 외의 측량을 말한다.

공간정보의 구축 및 관리 등에 관한 법률 제22조(일반측량의 실시 등)

① 일반측량은 기본측량성과 및 그 측량기록, 공공측량성과 및 그 측량기록을 기초로 실시하여야 한다.

② 국토교통부장관은 다음 각 호의 어느 하나에 해당하는 목적을 위하여 필요하다고 인정되는 경우에는 일반측량을 한 자에게 그 측량성과 및 측량기록의 사본을 제출하게 할 수 있다. 〈개정 2013.3.23.〉

> 1. 측량의 정확도 확보
> 2. 측량의 중복 배제
> 3. 측량에 관한 자료의 수집 · 분석

③ 국토교통부장관은 측량의 정확도 확보 등을 위하여 일반측량에 관한 작업기준을 정할 수 있다.

19 「지적업무처리규정」상 색인도를 제도할 때 그 위치에 관한 내용으로 가장 옳은 것은?

① 도곽선의 오른쪽 윗부분 여백의 중앙   ② 도곽선의 오른쪽 아랫부분 여백의 중앙
③ 도곽선의 왼쪽 윗부분 여백의 중앙   ④ 도곽선의 왼쪽 아랫부분 여백의 중앙

풀이 지적업무처리규정 제45조(색인도 등의 제도)

① 색인도는 도곽선의 왼쪽 윗부분 여백의 중앙에 다음 각 호와 같이 제도한다.

> 1. 가로 7밀리미터, 세로 6밀리미터 크기의 직사각형을 중앙에 두고 그의 4변에 접하여 같은 규격으로 4개의 직사각형을 제도한다.
> 2. 1장의 도면을 중앙으로 하여 동일 지번부여지역 안 위쪽 · 아래쪽 · 왼쪽 및 오른쪽의 인접 도면번호를 각각 3밀리미터의 크기로 제도한다.

② 제명 및 축척은 도곽선 윗부분 여백의 중앙에 "○○시 · 군 · 구 ○○읍 · 면 ○○동 · 리 지적도 또는 임야도 ○○장 중 제○○호 축척○○○○분의 1"이라 제도한다. 이 경우 그 제도방법은 다음 각 호와 같다

> 1. 글자의 크기는 5밀리미터로 하고, 글자 사이의 간격은 글자크기의 2분의 1 정도 띄어 쓴다.
> 2. 축척은 제명 끝에서 10밀리미터를 띄어 쓴다.

20 「지적재조사에 관한 특별법령」상 조정금 산정 등에 관한 설명으로 가장 옳은 것은?

① 지적소관청은 경계 확정으로 지적공부상의 면적이 증감된 경우에는 필지별 면적 증감내역을 기준으로 조정금을 산정하여 징수하거나 지급한다. 또한 국가 또는 지방자치단체 소유의 국유지·공유지 행정재산의 조정금도 징수하거나 지급하여야 한다.

② 조정금은 경계가 확정된 시점을 기준으로 「감정평가 및 감정평가사에 관한 법률」에 따른 감정평가법인 등이 평가한 감정평가액으로 산정한다. 다만, 토지소유자협의회가 요청하는 경우에는 시·도 지적재조사위원회의 심의를 거쳐 「부동산 가격공시에 관한 법률」에 따른 개별공시지가로 산정하여야 한다.

③ 지적소관청은 조정금액을 통지한 날부터 10일 이내에 토지소유자에게 조정금의 수령통지 또는 납부고지를 하여야 한다. 또한 지적소관청은 수령통지를 한 날부터 6개월 이내에 조정금을 지급하여야 한다.

④ 지적소관청은 조정금의 분할납부 단서에 따라 조정금이 1천만 원을 초과하는 경우에는 그 조정금을 부과한 날부터 2년 이내의 기간을 정하여 4회 이내에서 나누어 내게 할 수 있다.

풀이 **지적재조사에 관한 특별법 제20조(조정금의 산정)**

① 지적소관청은 제18조에 따른 경계 확정으로 지적공부상의 면적이 증감된 경우에는 필지별 면적 증감내역을 기준으로 조정금을 산정하여 징수하거나 지급한다.

② 제1항에도 불구하고 국가 또는 지방자치단체 소유의 국유지·공유지 행정재산의 조정금은 징수하거나 지급하지 아니한다.

③ 조정금은 제18조에 따라 경계가 확정된 시점을 기준으로 「감정평가 및 감정평가사에 관한 법률」에 따른 감정평가법인 등이 평가한 감정평가액으로 산정한다. 다만, 토지소유자협의회가 요청하는 경우에는 제30조에 따른 시·군·구 지적재조사위원회의 심의를 거쳐 「부동산 가격공시에 관한 법률」에 따른 개별공시지가로 산정할 수 있다. 〈개정 2017.4.18., 2020.4.7.〉

④ 지적소관청은 제3항에 따라 조정금을 산정하고자 할 때에는 제30조에 따른 시·군·구 지적재조사위원회의 심의를 거쳐야 한다.

⑤ 제2항부터 제4항까지에 규정된 것 외에 조정금의 산정에 필요한 사항은 대통령령으로 정한다.

지적재조사에 관한 특별법 제21조(조정금의 지급·징수 또는 공탁)

① 조정금은 현금으로 지급하거나 납부하여야 한다. 〈개정 2017.4.18.〉

② 지적소관청은 제20조제1항에 따라 조정금을 산정하였을 때에는 지체 없이 조정금조서를 작성하고, 토지소유자에게 개별적으로 조정금액을 통보하여야 한다.

③ 지적소관청은 제2항에 따라 조정금액을 통지한 날부터 10일 이내에 토지소유자에게 조정금의 수령통지 또는 납부고지를 하여야 한다.

④ 지적소관청은 제3항에 따라 수령통지를 한 날부터 6개월 이내에 조정금을 지급하여야 한다.

⑤ 제3항에 따라 납부고지를 받은 자는 그 부과일부터 6개월 이내에 조정금을 납부하여야 한다. 다만, 지적소관청은 1년의 범위에서 대통령령으로 정하는 바에 따라 조정금을 분할납부하게 할 수 있다. 〈개정 2017.4.18.〉

⑥ 지적소관청은 조정금을 납부하여야 할 자가 기한까지 납부하지 아니할 때에는 「지방행정제재·부과금의 징수 등에 관한 법률」에 따라 징수할 수 있다. 〈신설 2017.4.18., 2020.3.24., 2020.6.9.〉

⑦ 지적소관청은 조정금을 지급하여야 하는 경우로서 다음 각 호의 어느 하나에 해당하는 때에는 조정금을 지급받을 자의 토지 소재지 공탁소에 그 조정금을 공탁할 수 있다. 〈개정 2017.4.18.〉

1. 조정금을 받을 자가 그 수령을 거부하거나 주소 불분명 등의 이유로 조정금을 수령할 수 없을 때
2. 지적소관청이 과실 없이 조정금을 받을 자를 알 수 없을 때
3. 압류 또는 가압류에 따라 조정금의 지급이 금지되었을 때

⑧ 지적재조사지구 지정이 있은 후 권리의 변동이 있을 때에는 그 권리를 승계한 자가 제1항에 따른 조정금 또는 제7항에 따른 공탁금을 수령하거나 납부한다. 〈개정 2017.4.18., 2019.12.10.〉

지적재조사에 관한 특별법 시행령 제13조(분할납부)

① 지적소관청은 법 제21조제5항 단서에 따라 조정금이 1천만 원을 초과하는 경우에는 그 조정금을 부과한 날부터 1년 이내의 기간을 정하여 4회 이내에서 나누어 내게 할 수 있다. 〈개정 2017.10.17.〉

② 제1항에 따라 분할납부를 신청하려는 자는 국토교통부령으로 정하는 조정금 분할납부신청서에 분할납부 사유 등을 적고, 분할납부 사유를 증명할 수 있는 자료 등을 첨부하여 지적소관청에 제출하여야 한다. 〈개정 2017.10.17.〉

③ 지적소관청은 제2항에 따라 분할납부신청서를 받은 날부터 15일 이내에 신청인에게 분할납부 여부를 서면으로 알려야 한다.

01 「공간정보의 구축 및 관리 등에 관한 법률 시행규칙」상 지적공부의 복구자료이면서 신규등록 신청 시 첨부해야 할 공통적인 서류로 가장 옳은 것은?

① 측량결과도

② 토지이동정리 결의서

③ 법원의 확정판결서 정본 또는 사본

④ 부동산등기부 등본 등 등기사실을 증명하는 서류

> **풀이** **공간정보의 구축 및 관리 등에 관한 법률 시행령 제61조(지적공부의 복구)**
> ① 지적소관청이 법 제74조에 따라 지적공부를 복구할 때에는 멸실·훼손 당시의 지적공부와 가장 부합된다고 인정되는 관계 자료에 따라 토지의 표시에 관한 사항을 복구하여야 한다. 다만, 소유자에 관한 사항은 부동산등기부나 법원의 확정판결에 따라 복구하여야 한다.
> ② 제1항에 따른 지적공부의 복구에 관한 관계 자료 및 복구절차 등에 관하여 필요한 사항은 국토교통부령으로 정한다.
>
> **공간정보의 구축 및 관리 등에 관한 법률 시행규칙 제72조(지적공부의 복구자료)**
> 영 제61조제1항에 따른 지적공부의 복구에 관한 관계 자료(이하 "복구자료"라 한다)는 다음 각 호와 같다.
> 1. 지적공부의 등본
> 2. 측량 결과도
> 3. 토지이동정리 결의서
> 4. 부동산등기부 등본 등 등기사실을 증명하는 서류
> 5. 지적소관청이 작성하거나 발행한 지적공부의 등록내용을 증명하는 서류
> 6. 법 제69조제3항에 따라 복제된 지적공부
> 7. 법원의 확정판결서 정본 또는 사본
>
> **공간정보의 구축 및 관리 등에 관한 법률 시행규칙 제81조(신규등록 신청)**
> ① 영 제63조에서 "국토교통부령으로 정하는 서류"란 다음 각 호의 어느 하나에 해당하는 서류를 말한다.
> 　1. 법원의 확정판결서 정본 또는 사본
> 　2. 「공유수면 관리 및 매립에 관한 법률」에 따른 준공검사확인증 사본
> 　3. 법률 제6389호 지적법개정법률 부칙 제5조에 따라 도시계획구역의 토지를 그 지방자치단체의 명의로 등록하는 때에는 기획재정부장관과 협의한 문서의 사본
> 　4. 그 밖에 소유권을 증명할 수 있는 서류의 사본
> ② 제1항 각 호의 어느 하나에 해당하는 서류를 해당 지적소관청이 관리하는 경우에는 지적소관청의 확인으로 그 서류의 제출을 갈음할 수 있다.

02 「공간정보의 구축 및 관리 등에 관한 법률」상 지적측량적부심사에 대한 설명으로 가장 옳은 것은?

① 지적측량 적부심사청구를 받은 시 · 도지사는 30일 이내에 지방지적위원회에 회부하여야 한다.

② 지적측량 적부심사 의결서를 받은 자가 지방지적위원회의 의결에 불복하는 경우에는 그 의결서를 받은 다음 날부터 90일 이내에 국토교통부장관을 거쳐 중앙지적위원회에 재심사를 청구할 수 있다.

③ 지적측량 적부심사청구를 회부받은 지방지적위원회는 그 심사청구를 회부받은 다음 날부터 60일 이내에 심의 · 의결하여야 하며, 부득이한 경우 30일 이내에서 그 심의기간을 한 번만 연장할 수 있다.

④ 시 · 도지사는 지방지적위원회의 의결서를 받은 날부터 15일 이내에 지적측량 적부심사 청구인 및 이해관계인에게 그 의결서를 통지하여야 한다.

풀이 공간정보의 구축 및 관리 등에 관한 법률 제29조(지적측량의 적부심사 등)

① 토지소유자, 이해관계인 또는 지적측량수행자는 지적측량성과에 대하여 다툼이 있는 경우에는 대통령령으로 정하는 바에 따라 관할 시 · 도지사를 거쳐 지방지적위원회에 지적측량 적부심사를 청구할 수 있다. 〈개정 2013.7.17.〉

② 제1항에 따른 지적측량 적부심사청구를 받은 시 · 도지사는 30일 이내에 다음 각 호의 사항을 조사하여 지방지적위원회에 회부하여야 한다.

> 1. 다툼이 되는 지적측량의 경위 및 그 성과
> 2. 해당 토지에 대한 토지이동 및 소유권 변동 연혁
> 3. 해당 토지 주변의 측량기준점, 경계, 주요 구조물 등 현황 실측도

③ 제2항에 따라 지적측량 적부심사청구를 회부받은 지방지적위원회는 그 심사청구를 회부받은 날부터 60일 이내에 심의 · 의결하여야 한다. 다만, 부득이한 경우에는 그 심의기간을 해당 지적위원회의 의결을 거쳐 30일 이내에서 한 번만 연장할 수 있다.

④ 지방지적위원회는 지적측량 적부심사를 의결하였으면 대통령령으로 정하는 바에 따라 의결서를 작성하여 시 · 도지사에게 송부하여야 한다.

⑤ 시 · 도지사는 제4항에 따라 의결서를 받은 날부터 7일 이내에 지적측량 적부심사 청구인 및 이해관계인에게 그 의결서를 통지하여야 한다.

⑥ 제5항에 따라 의결서를 받은 자가 지방지적위원회의 의결에 불복하는 경우에는 그 의결서를 받은 날부터 90일 이내에 국토교통부장관을 거쳐 중앙지적위원회에 재심사를 청구할 수 있다. 〈개정 2013.7.17.〉

⑦ 제6항에 따른 재심사청구에 관하여는 제2항부터 제5항까지의 규정을 준용한다. 이 경우 "시 · 도지사"는 "국토교통부장관"으로, "지방지적위원회"는 "중앙지적위원회"로 본다. 〈개정 2013.3.23.〉

⑧ 제7항에 따라 중앙지적위원회로부터 의결서를 받은 국토교통부장관은 그 의결서를 관할 시 · 도지사에게 송부하여야 한다. 〈개정 2013.3.23.〉

⑨ 시 · 도지사는 제4항에 따라 지방지적위원회의 의결서를 받은 후 해당 지적측량 적부심사 청구인 및 이해관계인이 제6항에 따른 기간에 재심사를 청구하지 아니하면 그 의결서 사본을 지적소관청에 보내야 하며, 제8항에 따라 중앙지적위원회의 의결서를 받은 경우에는 그 의결서 사본에 제4항에 따라 받은 지방지적위원회의 의결서 사본을 첨부하여 지적소관청에 보내야 한다.

⑩ 제9항에 따라 지방지적위원회 또는 중앙지적위원회의 의결서 사본을 받은 지적소관청은 그 내용에 따라 지적공부의 등록사항을 정정하거나 측량성과를 수정하여야 한다.

⑪ 제9항 및 제10항에도 불구하고 특별자치시장은 제4항에 따라 지방지적위원회의 의결서를 받은 후 해당 지적측량 적부심사 청구인 및 이해관계인이 제6항에 따른 기간에 재심사를 청구하지 아니하거나 제8항에 따라 중앙지적위원회의 의결서를 받은 경우에는 직접 그 내용에 따라 지적공부의 등록사항을 정정하거나 측량성과를 수정하여야 한다. 〈신설 2012.12.18.〉

⑫ 지방지적위원회의 의결이 있은 후 제6항에 따른 기간에 재심사를 청구하지 아니하거나 중앙지적위원회의 의결이 있는 경우에는 해당 지적측량성과에 대하여 다시 지적측량 적부심사청구를 할 수 없다. 〈개정 2012.12.18.〉

03 「공간정보의 구축 및 관리 등에 관한 법률」상 용어의 정의로 가장 옳지 않은 것은?

① 측량성과란 측량을 통하여 얻은 최종 결과를 말한다.
② 면적이란 지적공부에 등록한 필지의 수평면상 넓이를 말한다.
③ 경계란 현장에서 토지를 구분하기 위해 설치하는 담장이나 구조물 등을 말한다.
④ 토지의 이동(異動)이란 토지의 표시를 새로 정하거나 변경 또는 말소하는 것을 말한다.

풀이 공간정보의 구축 및 관리 등에 관한 법률 제2조(정의)

이 법에서 사용하는 용어의 뜻은 다음과 같다. 〈개정 2020.2.18.〉

1. "측량"이란 공간상에 존재하는 일정한 점들의 위치를 측정하고 그 특성을 조사하여 도면 및 수치로 표현하거나 도면상의 위치를 현지(現地)에 재현하는 것을 말하며, 측량용 사진의 촬영, 지도의 제작 및 각종 건설사업에서 요구하는 도면작성 등을 포함한다.
8. "측량성과"란 측량을 통하여 얻은 최종 결과를 말한다.
19. "지적공부"란 토지대장, 임야대장, 공유지연명부, 대지권등록부, 지적도, 임야도 및 경계점좌표등록부 등 지적측량 등을 통하여 조사된 토지의 표시와 해당 토지의 소유자 등을 기록한 대장 및 도면(정보처리시스템을 통하여 기록·저장된 것을 포함한다)을 말한다.
19의2. "연속지적도"란 지적측량을 하지 아니하고 전산화된 지적도 및 임야도 파일을 이용하여, 도면상 경계점들을 연결하여 작성한 도면으로서 측량에 활용할 수 없는 도면을 말한다.
19의3. "부동산종합공부"란 토지의 표시와 소유자에 관한 사항, 건축물의 표시와 소유자에 관한 사항, 토지의 이용 및 규제에 관한 사항, 부동산의 가격에 관한 사항 등 부동산에 관한 종합정보를 정보관리체계를 통하여 기록·저장한 것을 말한다.
20. "토지의 표시"란 지적공부에 토지의 소재·지번(地番)·지목(地目)·면적·경계 또는 좌표를 등록한 것을 말한다.
21. "필지"란 대통령령으로 정하는 바에 따라 구획되는 토지의 등록단위를 말한다.
22. "지번"이란 필지에 부여하여 지적공부에 등록한 번호를 말한다.
23. "지번부여지역"이란 지번을 부여하는 단위지역으로서 동·리 또는 이에 준하는 지역을 말한다.
24. "지목"이란 토지의 주된 용도에 따라 토지의 종류를 구분하여 지적공부에 등록한 것을 말한다.
25. "경계점"이란 필지를 구획하는 선의 굴곡점으로서 지적도나 임야도에 도해(圖解) 형태로 등록하거나 경계점좌표등록부에 좌표 형태로 등록하는 점을 말한다.
26. "경계"란 필지별로 경계점들을 직선으로 연결하여 지적공부에 등록한 선을 말한다.
27. "면적"이란 지적공부에 등록한 필지의 수평면상 넓이를 말한다.
28. "토지의 이동(異動)"이란 토지의 표시를 새로 정하거나 변경 또는 말소하는 것을 말한다.

04 「지적재조사에 관한 특별법」상 지적재조사사업에 관한 기본계획의 수립과 관련한 사항으로 가장 옳지 않은 것은?

① 지적재조사사업에 필요한 인력의 확보에 관한 계획
② 국토교통부장관은 기본계획이 수립된 날부터 3년이 지나면 그 타당성을 다시 검토하고 필요하면 이를 변경해야 함
③ 지적재조사사업비의 연도별 집행계획
④ 지적재조사사업의 시행기간 및 규모

[풀이] **지적재조사에 관한 특별법 제4조(기본계획의 수립)**

① 국토교통부장관은 지적재조사사업을 효율적으로 시행하기 위하여 다음 각 호의 사항이 포함된 지적재조사사업에 관한 기본계획(이하 "기본계획"이라 한다)을 수립하여야 한다. 〈개정 2021.1.12.〉

> 1. 지적재조사사업의 시행기간 및 [규]모
> 2. 지적재조사사업비의 [연]도별 집행계획
> 3. 지적재조사사업에 필요한 [인]력의 확보에 관한 계획
> 4. 지적재조사사업에 관한 기본[방]향
> 5. 지적재조사사업비의 특별시 · 광역[시] · [도] · 특별자치도 · 특별자치시 및 「지방자치법」 제175조에 따른 대도시로서 구(區)를 둔 시(이하 "시 · 도"라 한다)별 배분 계획
> 6. 그 밖에 지적재조사사업의 효율적 시행을 위하여 필요한 사항으로서 대통령령으로 정하는 사항
>
> > 1. 디지털 지적(地籍)의 운영 · 관리에 필요한 [표][준]의 제정 및 그 활용
> > 2. 지적재조사사업의 효율적 추진을 위하여 필요한 [교][육] 및 [연][구] · [개][발]
> > 3. 그 밖에 국토교통부장관이 법 제4조제1항에 따른 지적재조사사업에 관한 기본계획(이하 "기본계획"이라 한다)의 수립에 필요하다고 인정하는 사항

② 국토교통부장관은 기본계획을 수립할 때에는 미리 공청회를 개최하여 관계 전문가 등의 의견을 들어 기본계획안을 작성하고, 특별시장 · 광역시장 · 도지사 · 특별자치도지사 · 특별자치시장 및 「지방자치법」 제198조에 따른 대도시로서 구를 둔 시의 시장(이하 "시 · 도지사"라 한다)에게 그 안을 송부하여 의견을 들은 후 제28조에 따른 중앙지적재조사위원회의 심의를 거쳐야 한다. 〈개정 2021.1.12.〉
③ 시 · 도지사는 제2항에 따라 기본계획안을 송부받았을 때에는 이를 지체 없이 지적소관청에 송부하여 그 의견을 들어야 한다.
④ 지적소관청은 제3항에 따라 기본계획안을 송부받은 날부터 20일 이내에 시 · 도지사에게 의견을 제출하여야 하며, 시 · 도지사는 제2항에 따라 기본계획안을 송부받은 날부터 30일 이내에 지적소관청의 의견에 자신의 의견을 첨부하여 국토교통부장관에게 제출하여야 한다. 이 경우 기간 내에 의견을 제출하지 아니하면 의견이 없는 것으로 본다. 〈개정 2013.3.23.〉
⑤ 제2항부터 제4항까지의 규정은 기본계획을 변경할 때에도 적용한다. 다만, 대통령령으로 정하는 경미한 사항을 변경할 때에는 제외한다.
⑥ 국토교통부장관은 기본계획을 수립하거나 변경하였을 때에는 이를 관보에 고시하고 시 · 도지사에게 통지하여야 하며, 시 · 도지사는 이를 지체 없이 지적소관청에 통지하여야 한다. 〈개정 2013.3.23.〉
⑦ 국토교통부장관은 기본계획이 수립된 날부터 5년이 지나면 그 타당성을 다시 검토하고 필요하면 이를 변경하여야 한다.

[정답] 04 ②

05 「지적재조사에 관한 특별법」상 지적재조사사업과 관련하여 경계결정에 대한 이의신청에 대한 설명으로 가장 옳은 것은?

① 경계에 관한 결정을 통지받은 토지소유자나 이해관계인이 이에 대하여 불복하는 경우에는 통지를 받은 날부터 90일 이내에 지적소관청에 이의신청을 할 수 있다.

② 지적소관청은 이의신청서가 접수된 날부터 7일 이내에 이의신청서에 의견서를 첨부하여 경계결정위원회에 송부하여야 한다.

③ 이의신청서를 송부받은 경계결정위원회는 이의신청서를 송부받은 날부터 30일 이내에 이의신청에 대한 결정을 하여야 한다. 다만, 부득이한 경우에는 30일의 범위에서 처리기간을 연장할 수 있다.

④ 경계결정위원회는 이의신청에 대한 결정을 하였을 때에는 그 내용을 소관청에 통지하여야 하며, 지적소관청은 결정내용을 통지받은 날부터 14일 이내에 결정서를 작성하여 이의신청인에게는 그 정본을, 그 밖의 토지소유자나 이해관계인에게는 그 부본을 송달하여야 한다.

풀이 지적재조사에 관한 특별법 제16조(경계의 결정)

① 지적재조사에 따른 경계결정은 경계결정위원회의 의결을 거쳐 결정한다.

② 지적소관청은 제1항에 따른 경계에 관한 결정을 신청하고자 할 때에는 제15조제2항에 따른 지적확정예정조서에 토지소유자나 이해관계인의 의견을 첨부하여 경계결정위원회에 제출하여야 한다. 〈개정 2017. 4. 18.〉

③ 제2항에 따른 신청을 받은 경계결정위원회는 지적확정예정조서를 제출받은 날부터 30일 이내에 경계에 관한 결정을 하고 이를 지적소관청에 통지하여야 한다. 이 기간 안에 경계에 관한 결정을 할 수 없는 부득이한 사유가 있을 때에는 경계결정위원회는 의결을 거쳐 30일의 범위에서 그 기간을 연장할 수 있다. 〈개정 2017. 4. 18.〉

④ 토지소유자나 이해관계인은 경계결정위원회에 참석하여 의견을 진술할 수 있다. 경계결정위원회는 토지소유자나 이해관계인이 의견진술을 신청하는 경우에는 특별한 사정이 없으면 이에 따라야 한다. 〈개정 2020. 6. 9.〉

⑤ 경계결정위원회는 제3항에 따라 경계에 관한 결정을 하기에 앞서 토지소유자들로 하여금 경계에 관한 합의를 하도록 권고할 수 있다.

⑥ 지적소관청은 제3항에 따라 경계결정위원회로부터 경계에 관한 결정을 통지받았을 때에는 지체 없이 이를 토지소유자나 이해관계인에게 통지하여야 한다. 이 경우 제17조제1항에 따른 기간 안에 이의신청이 없으면 경계결정위원회의 결정대로 경계가 확정된다는 취지를 명시하여야 한다.

지적재조사에 관한 특별법 제17조(경계결정에 대한 이의신청)

① 제16조제6항에 따라 경계에 관한 결정을 통지받은 토지소유자나 이해관계인이 이에 대하여 불복하는 경우에는 통지를 받은 날부터 60일 이내에 지적소관청에 이의신청을 할 수 있다.

② 제1항에 따라 이의신청을 하고자 하는 토지소유자나 이해관계인은 지적소관청에 이의신청서를 제출하여야 한다. 이 경우 이의신청서에는 증빙서류를 첨부하여야 한다.

③ 지적소관청은 제2항에 따라 이의신청서가 접수된 날부터 14일 이내에 이의신청서에 의견서를 첨부하여 경계결정위원회에 송부하여야 한다.

④ 제3항에 따라 이의신청서를 송부받은 경계결정위원회는 이의신청서를 송부받은 날부터 30일 이내에 이의신청에 대한 결정을 하여야 한다. 다만, 부득이한 경우에는 30일의 범위에서 처리기간을 연장할 수 있다.

⑤ 경계결정위원회는 이의신청에 대한 결정을 하였을 때에는 그 내용을 지적소관청에 통지하여야 하며, 지적소관청은 결정내용을 통지받은 날부터 7일 이내에 결정서를 작성하여 이의신청인에게는 그 정본을, 그 밖의 토지소유자나 이해관계인에게는 그 부본을 송달하여야 한다. 이 경우 토지소유자는 결정서를 송부받은 날부터 60일 이내에 경계결정위원회의 결정에 대하여 행정심판이나 행정소송을 통하여 불복할지 여부를 지적소관청에 알려야 한다.

06 공간정보의 구축 및 관리 등에 관한 법령상 지적공부의 복구절차로 가장 옳은 것은?

① 복구측량을 한 결과가 복구자료와 부합하지 아니하는 때에는 지적소관청이 직권으로 경계 또는 면적 등을 조정할 수 있다.

② 복구자료의 조사 또는 복구측량 등이 완료되어 지적공부를 복구하려는 경우에는 복구하려는 토지의 표시 등을 시·군·구 게시판 및 인터넷 홈페이지에 10일 이상 게시하여야 한다.

③ 지적공부 복구 시 소유자에 관한 사항은 토지대장·임야대장 및 공유지연명부의 등록 내용에 따라 복구하여야 한다.

④ 지적복구자료 조사서의 조사된 면적이 $A=0.026^2M\sqrt{F}$ 계산식에 따른 허용범위 이내인 경우에는 그 조사된 면적을 복구면적으로 결정하여야 한다.

> **풀이** 공간정보의 구축 및 관리 등에 관한 법률 시행령 제61조(지적공부의 복구)
>
> ① 지적소관청이 법 제74조에 따라 지적공부를 복구할 때에는 멸실·훼손 당시의 지적공부와 가장 부합된다고 인정되는 관계 자료에 따라 토지의 표시에 관한 사항을 복구하여야 한다. 다만, 소유자에 관한 사항은 부동산등기부나 법원의 확정판결에 따라 복구하여야 한다.
>
> ② 제1항에 따른 지적공부의 복구에 관한 관계 자료 및 복구절차 등에 관하여 필요한 사항은 국토교통부령으로 정한다.
>
> **공간정보의 구축 및 관리 등에 관한 법률 시행규칙 제73조(지적공부의 복구절차 등)**
>
> ① 지적소관청은 법 제74조 및 영 제61조제1항에 따라 지적공부를 복구하려는 경우에는 제72조 각 호의 복구자료를 조사하여야 한다.
>
> ② 지적소관청은 제1항에 따라 조사된 복구자료 중 토지대장·임야대장 및 공유지연명부의 등록 내용을 증명하는 서류 등에 따라 별지 제70호서식의 지적복구자료 조사서를 작성하고, 지적도면의 등록 내용을 증명하는 서류 등에 따라 복구자료도를 작성하여야 한다.
>
> ③ 제2항에 따라 작성된 복구자료도에 따라 측정한 면적과 지적복구자료 조사서의 조사된 면적의 증감이 영 제19조제1항제2호가목($A=0.026^2M\sqrt{F}$)의 계산식에 따른 허용범위를 초과하거나 복구자료도를 작성할 복구자료가 없는 경우에는 복구측량을 하여야 한다. 이 경우 같은 계산식 중 A는 오차 허용면적, M은 축척분모, F는 조사된 면적을 말한다.
>
> ④ 제2항에 따라 작성된 지적복구자료 조사서의 조사된 면적이 영 제19조제1항제2호가목의 계산식에 따른 허용범위 이내인 경우에는 그 면적을 복구면적으로 결정하여야 한다.
>
> ⑤ 제3항에 따라 복구측량을 한 결과가 복구자료와 부합하지 아니하는 때에는 토지소유자 및 이해관계인의 동의를 받아 경계 또는 면적 등을 조정할 수 있다. 이 경우 경계를 조정한 때에는 제60조제2항에 따른 경계점표지를 설치하여야 한다.
>
> ⑥ 지적소관청은 제1항부터 제5항까지의 규정에 따른 복구자료의 조사 또는 복구측량 등이 완료되어 지적공부를 복구하려는 경우에는 복구하려는 토지의 표시 등을 시·군·구 게시판 및 인터넷 홈페이지에 15일 이상 게시하여야 한다.
>
> ⑦ 복구하려는 토지의 표시 등에 이의가 있는 자는 제6항의 게시기간 내에 지적소관청에 이의신청을 할 수 있다. 이 경우 이의신청을 받은 지적소관청은 이의사유를 검토하여 이유 있다고 인정되는 때에는 그 시정에 필요한 조치를 하여야 한다.
>
> ⑧ 지적소관청은 제6항 및 제7항에 따른 절차를 이행한 때에는 지적복구자료 조사서, 복구자료도 또는 복구측량 결과도 등에 따라 토지대장·임야대장·공유지연명부 또는 지적도면을 복구하여야 한다.
>
> ⑨ 토지대장·임야대장 또는 공유지연명부는 복구되고 지적도면이 복구되지 아니한 토지가 법 제83조에 따른 축척변경 시행지역이나 법 제86조에 따른 도시개발사업 등의 시행지역에 편입된 때에는 지적도면을 복구하지 아니할 수 있다.

07 「공간정보의 구축 및 관리 등에 관한 법률 시행령」상 경계점좌표등록부가 있는 지역의 토지분할을 위한 면적을 결정할 때, 분할 후 각 필지의 면적합계가 분할 전 면적보다 많은 경우에 대한 설명으로 가장 옳은 것은?

① 구하려는 끝자리 숫자가 큰 것부터 순차적으로 버려서 정하되, 분할 전 면적에 증감이 없도록 한다.

② 구하려는 끝자리 숫자가 작은 것부터 순차적으로 버려서 정하되, 분할 전 면적에 증감이 없도록 한다.

③ 구하려는 끝자리 다음 숫자가 큰 것부터 순차적으로 버려서 정하되, 분할 전 면적에 증감이 없도록 한다.

④ 구하려는 끝자리 다음 숫자가 작은 것부터 순차적으로 버려서 정하되, 분할 전 면적에 증감이 없도록 한다.

풀이 공간정보의 구축 및 관리 등에 관한 법률 시행령 제19조(등록전환이나 분할에 따른 면적 오차의 허용범위 및 배분 등)

① 법 제26조제2항에 따른 등록전환이나 분할을 위하여 면적을 정할 때에 발생하는 오차의 허용범위 및 처리방법은 다음 각 호와 같다.

1. 등록전환을 하는 경우

   가. 임야대장의 면적과 등록전환될 면적의 오차 허용범위는 다음의 계산식에 따른다. 이 경우 오차의 허용범위를 계산할 때 축척이 3천분의 1인 지역의 축척분모는 6천으로 한다.

   $$A = 0.026^2 M\sqrt{F}$$
   (A는 오차 허용면적, M은 임야도 축척분모, F는 등록전환될 면적)

   나. 임야대장의 면적과 등록전환될 면적의 차이가 가목의 계산식에 따른 허용범위 이내인 경우에는 등록전환될 면적을 등록전환 면적으로 결정하고, 허용범위를 초과하는 경우에는 임야대장의 면적 또는 임야도의 경계를 지적소관청이 직권으로 정정하여야 한다.

2. 토지를 분할하는 경우

   가. 분할 후의 각 필지의 면적의 합계와 분할 전 면적과의 오차의 허용범위는 제1호가목의 계산식에 따른다. 이 경우 A는 오차 허용면적, M은 축척분모, F는 원면적으로 하되, 축척이 3천분의 1인 지역의 축척분모는 6천으로 한다.

   나. 분할 전후 면적의 차이가 가목의 계산식에 따른 허용범위 이내인 경우에는 그 오차를 분할 후의 각 필지의 면적에 따라 나누고, 허용범위를 초과하는 경우에는 지적공부(地籍公簿)상의 면적 또는 경계를 정정하여야 한다.

   다. 분할 전후 면적의 차이를 배분한 산출면적은 다음의 계산식에 따라 필요한 자리까지 계산하고, 결정면적은 원면적과 일치하도록 산출면적의 구하려는 끝자리의 다음 숫자가 큰 것부터 순차로 올려서 정하되, 구하려는 끝자리의 다음 숫자가 서로 같을 때에는 산출면적이 큰 것을 올려서 정한다.

   $$r = \frac{F}{A} \times a$$
   (r은 각 필지의 산출면적, F는 원면적, A는 측정면적 합계 또는 보정면적 합계, a는 각 필지의 측정면적 또는 보정면적)

② 경계점좌표등록부가 있는 지역의 토지분할을 위하여 면적을 정할 때에는 제1항제2호나목에도 불구하고 다음 각 호의 기준에 따른다.

1. 분할 후 각 필지의 면적합계가 분할 전 면적보다 많은 경우에는 구하려는 끝자리의 다음 숫자가 작은 것부터 순차적으로 버려서 정하되, 분할 전 면적에 증감이 없도록 할 것

2. 분할 후 각 필지의 면적합계가 분할 전 면적보다 적은 경우에는 구하려는 끝자리의 다음 숫자가 큰 것부터 순차적으로 올려서 정하되, 분할 전 면적에 증감이 없도록 할 것

08 〈보기〉의 ㉠과 ㉡에 해당하는 사항을 옳게 짝지은 것은?

> 〈보기〉
> 「공간정보의 구축 및 관리 등에 관한 법률 시행규칙」상 경계점좌표등록부를 갖춰 두는 지역의 지적도에는 해당도면의 제명 끝에 "(___㉠___)"라고 표시하고, 도곽선의 ___㉡___ 에 "이 도면에 의하여 측량을 할 수 없음"이라고 적어야 한다.

	㉠	㉡
①	좌표	오른쪽 아래 끝
②	좌표	왼쪽 아래 끝
③	수치	오른쪽 아래 끝
④	수치	왼쪽 아래 끝

풀이 공간정보의 구축 및 관리 등에 관한 법률 시행규칙 제69조(지적도면 등의 등록사항 등)
① 법 제72조에 따른 지적도 및 임야도는 각각 별지 제67호서식 및 별지 제68호서식과 같다.
② 법 제72조제5호에서 "그 밖에 국토교통부령으로 정하는 사항"이란 다음 각 호의 사항을 말한다. 〈개정 2013.3.23.〉
  1. 지적도면의 색인도(인접도면의 연결 순서를 표시하기 위하여 기재한 도표와 번호를 말한다)
  2. 지적도면의 제명 및 축척
  3. 도곽선(圖廓線)과 그 수치
  4. 좌표에 의하여 계산된 경계점 간의 거리(경계점좌표등록부를 갖춰 두는 지역으로 한정한다)
  5. 삼각점 및 지적기준점의 위치
  6. 건축물 및 구조물 등의 위치
  7. 그 밖에 국토교통부장관이 정하는 사항
③ 경계점좌표등록부를 갖춰 두는 지역의 지적도에는 해당 도면의 제명 끝에 "(좌표)"라고 표시하고, 도곽선의 오른쪽 아래 끝에 "이 도면에 의하여 측량을 할 수 없음"이라고 적어야 한다.
④ 지적도면에는 지적소관청의 직인을 날인하여야 한다. 다만, 정보처리시스템을 이용하여 관리하는 지적도면의 경우에는 그러하지 아니하다.
⑤ 지적소관청은 지적도면의 관리에 필요한 경우에는 지번부여지역마다 일람도와 지번색인표를 작성하여 갖춰 둘 수 있다.
⑥ 지적도면의 축척은 다음 각 호의 구분에 따른다.
  1. 지적도 : 1/500, 1/600, 1/1000, 1/1200, 1/2400, 1/3000, 1/6000
  2. 임야도 : 1/3000, 1/6000

09 「지적재조사에 관한 특별법」상 지적재조사지구에서 사업완료 공고 전에도 경계복원측량 및 지적공부정리가 가능한 경우로 가장 옳지 않은 것은?

① 법원의 판결에 따라 경계복원측량을 하는 경우
② 지적재조사사업의 시행을 위하여 경계복원측량을 하는 경우
③ 법원의 결정에 따라 지적공부정리를 하는 경우
④ 토지소유자의 신청에 따라 시·군·구 경계결정위원회가 경계복원측량이 필요하다고 결정하는 경우

지적재조사에 관한 특별법 제12조(경계복원측량 및 지적공부정리의 정지)

① 제8조에 따른 지적재조사지구 지정고시가 있으면 해당 지적재조사지구 내의 토지에 대해서는 제23조에 따른 사업완료 공고 전까지 다음 각 호의 행위를 할 수 없다. 〈개정 2019.12.10.〉

> 1. 「공간정보의 구축 및 관리 등에 관한 법률」 제23조제1항제4호에 따라 경계점을 지상에 복원하기 위하여 하는 지적측량(이하 "경계복원측량"이라 한다)
> 2. 「공간정보의 구축 및 관리 등에 관한 법률」 제77조부터 제84조까지에 따른 지적공부의 정리(이하 "지적공부정리"라 한다)

② 제1항에도 불구하고 다음 각 호의 어느 하나에 해당하는 경우에는 경계복원측량 또는 지적공부정리를 할 수 있다.

> 1. 지적재조사사업의 시행을 위하여 경계복원측량을 하는 경우
> 2. 법원의 판결 또는 결정에 따라 경계복원측량 또는 지적공부정리를 하는 경우
> 3. 토지소유자의 신청에 따라 제30조에 따른 시·군·구 지적재조사위원회가 경계복원측량 또는 지적공부정리가 필요하다고 결정하는 경우

10 「지적측량 시행규칙」상 위성기준점, 통합기준점, 지적기준점 및 경계점을 기초로 하여 세부측량을 실시할 때 따라야 하는 측량방법으로 가장 옳지 않은 것은?

① 사진측량방법
② 평판측량방법
③ 위성측량방법
④ 경위의측량방법

지적측량 시행규칙 제7조(지적측량의 방법 등)

① 법 제23조제2항에 따른 지적측량의 방법은 다음 각 호의 어느 하나에 따른다. 〈개정 2013.3.23.〉

　　1. 지적삼각점측량 : 위성기준점, 통합기준점, 삼각점 및 지적삼각점을 기초로 하여 경위의측량방법, 전파기 또는 광파기측량방법, 위성측량방법 및 국토교통부장관이 승인한 측량방법에 따르되, 그 계산은 평균계산법이나 망평균계산법에 따를 것

　　2. 지적삼각보조점측량 : 위성기준점, 통합기준점, 삼각점, 지적삼각점 및 지적삼각보조점을 기초로 하여 경위의측량방법, 전파기 또는 광파기측량방법, 위성측량방법 및 국토교통부장관이 승인한 측량방법에 따르되, 그 계산은 교회법(交會法) 또는 다각망도선법에 따를 것

　　3. 지적도근점측량 : 위성기준점, 통합기준점, 삼각점 및 지적기준점을 기초로 하여 경위의측량방법, 전파기 또는 광파기측량방법, 위성측량방법 및 국토교통부장관이 승인한 측량방법에 따르되, 그 계산은 도선법, 교회법 및 다각망도선법에 따를 것

　　4. 세부측량 : 위성기준점, 통합기준점, 지적기준점 및 경계점을 기초로 하여 경위의측량방법, 평판측량방법, 위성측량방법 및 전자평판측량방법에 따를 것

② 위성측량의 방법 및 절차 등에 관하여 필요한 사항은 국토교통부장관이 따로 정한다.

③ 법 제23조제1항제1호에 따른 지적기준점측량의 절차는 다음 각 호의 순서에 따른다.

　　1. 계획의 수립
　　2. 준비 및 현지답사
　　3. 선점(選點) 및 조표(調標)
　　4. 관측 및 계산과 성과표의 작성

④ 지적측량의 계산 및 결과 작성에 사용하는 소프트웨어는 국토교통부장관이 정한다.

11 「공간정보의 구축 및 관리 등에 관한 법률 시행령」상 1필지로 정할 수 있는 기준으로 가장 옳은 것은?

① 주된 용도의 토지의 편의를 위하여 설치된 도로·구거 등의 부지는 주된 용도의 토지에 편입하여 1필지로 할 수 없다.

② 종된 용도의 토지면적이 주된 용도의 토지면적의 300제곱미터를 초과하는 경우에는 주된 용도의 토지에 편입하여 1필지로 할 수 없다.

③ 주된 용도의 토지에 접속되거나 주된 용도의 토지로 둘러싸인 토지로서 다른 용도로 사용되고 있는 토지는 주된 용도의 토지에 편입하여 1필지로 할 수 없다.

④ 종된 용도의 토지면적이 주된 용도의 토지면적의 10퍼센트를 초과하는 경우에는 주된 용도의 토지에 편입하여 1필지로 할 수 없다.

풀이 공간정보의 구축 및 관리 등에 관한 법률 시행령 제5조(1필지로 정할 수 있는 기준)

① 법 제2조제21호에 따라 지번부여지역의 토지로서 소유자와 용도가 같고 지반이 연속된 토지는 1필지로 할 수 있다.

② 제1항에도 불구하고 다음 각 호의 어느 하나에 해당하는 토지는 주된 용도의 토지에 편입하여 1필지로 할 수 있다. 다만, 종된 용도의 토지의 지목(地目)이 "대"(垈)인 경우와 종된 용도의 토지 면적이 주된 용도의 토지 면적의 10퍼센트를 초과하거나 330제곱미터를 초과하는 경우에는 그러하지 아니하다.

> 1. 주된 용도의 토지의 편의를 위하여 설치된 도로·구거(溝渠: 도랑) 등의 부지
> 2. 주된 용도의 토지에 접속되거나 주된 용도의 토지로 둘러싸인 토지로서 다른 용도로 사용되고 있는 토지

12 「지적재조사업무규정」상 지적재조사지구에 대한 기초조사 항목과 조사내용을 옳지 않게 짝지은 것은?

	조사항목	조사내용
①	건축물	유형별 건축물(단독, 공동 등)
②	용도별 분포	국유지, 공유지, 사유지 구분
③	위치와 면적	사업지구의 위치와 면적
④	토지의 이용상황	지목별 면적과 분포

풀이 지적재조사업무규정 제5조(실시계획의 수립)

① 지적소관청은 실시계획 수립을 위하여 당해 지적재조사지구의 토지소유 현황·주택의 현황, 토지의 이용상황 등을 조사하여야 한다.

② 지적재조사지구에 대한 기초조사는 공간정보 및 국토정보화사업의 추진에 따라 토지이용·건축물 등에 대하여 전산화된 자료와 각종 문헌이나 통계자료를 충분히 활용하도록 하며, 기초조사 항목과 조사내용은 다음과 같다.

조사항목	조사내용	비고
위치와 면적	사업지구의 위치와 면적	지적도 및 지형도
건축물	유형별 건축물(단독, 공동 등)	건축물대장
용도별 분포	용도지역 · 지구 · 구역별 면적	토지이용계획자료
토지 소유현황	국유지, 공유지, 사유지 구분	토지(임야)대장
개별공시지가현황	지목별 평균지가	지가자료
토지의 이용상황	지목별 면적과 분포	토지대장

③ 지적재조사지구의 토지면적은 토지대장 및 임야대장에 의한 면적으로 한다. 다만, 지적재조사지구를 지나는 도로 · 구거 · 하천 등 국 · 공유지는 실시계획 수립을 위한 지적도면에서 지적재조사지구로 포함되는 부분을 산정한 면적으로 한다.

④ 지적소관청이 지적재조사 사업을 시행하기 위하여 수립한 실시계획이 법 제7조제7항에 따라 시 · 도지사의 지적재조사지구 변경고시가 있은 때에는 고시된 날로부터 10일 이내에 실시계획을 변경하고, 30일 이상 주민에게 공람공고를 하는 등 후속조치를 하여야 한다. 다만, 법 제7조제7항 단서에 따라 시행령에서 정하는 경미한 사항을 변경할 때에는 제외한다.

13 「지적업무처리규정」상 일람도에 등재하여야 하는 사항으로 가장 옳지 않은 것은?

① 지번 및 지목
② 도곽선과 그 수치
③ 지번부여지역의 경계 및 인접지역의 행정구역명칭
④ 도로 · 철도 · 하천 · 구거 · 유지 · 취락 등 주요 지형 · 지물의 표시

풀이 지적업무처리규정 제37조(일람도 및 지번색인표의 등재사항)

규칙 제69조제5항에 따른 일람도 및 지번색인표에는 다음 각 호의 사항을 등재하여야 한다.

1. 일람도

> 가. 지번부여지역의 경계 및 인접지역의 행정구역명칭
> 나. 도면의 제명 및 축척
> 다. 도곽선과 그 수치
> 라. 도면번호
> 마. 도로 · 철도 · 하천 · 구거 · 유지 · 취락 등 주요 지형 · 지물의 표시

2. 지번색인표

> 가. 제명
> 나. 지번 · 도면번호 및 결번

정답 13 ①

14 〈보기〉의 ⑦과 ⓛ에 해당하는 사항을 옳게 짝지은 것은?

〈보기〉
「공간정보의 구축 및 관리 등에 관한 법률 시행령」상 지적소관청은 청산금의 결정을 공고한 날부터
___⑦___ 이내에 토지소유자에게 청산금의 납부고지 또는수령통지를 하여야 하고, 납부고지되거나 수령
통지된 청산금에 관하여 이의가 있는 자는 납부고지 또는 수령통지를 받은 날부터 ___ⓛ___ 이내에 지적소
관청에 이의신청을 할 수 있다.

	⑦	ⓛ
①	10일	20일
②	15일	20일
③	20일	1개월
④	30일	1개월

풀이 공간정보의 구축 및 관리 등에 관한 법률 시행령 제76조(청산금의 납부고지 등)
① 지적소관청은 제75조제4항에 따라 청산금의 결정을 공고한 날부터 20일 이내에 토지소유자에게 청산금의
납부고지 또는 수령통지를 하여야 한다.
② 제1항에 따른 납부고지를 받은 자는 그 고지를 받은 날부터 6개월 이내에 청산금을 지적소관청에 내야 한다.
〈개정 2017.1.10.〉
③ 지적소관청은 제1항에 따른 수령통지를 한 날부터 6개월 이내에 청산금을 지급하여야 한다.
④ 지적소관청은 청산금을 지급받을 자가 행방불명 등으로 받을 수 없거나 받기를 거부할 때에는 그 청산금을
공탁할 수 있다.
⑤ 지적소관청은 청산금을 내야 하는 자가 제77조제1항에 따른 기간 내에 청산금에 관한 이의신청을 하지 아니
하고 제2항에 따른 기간 내에 청산금을 내지 아니하면 지방세 체납처분의 예에 따라 징수할 수 있다.

공간정보의 구축 및 관리 등에 관한 법률 시행령 제77조(청산금에 관한 이의신청)
① 제76조제1항에 따라 납부고지되거나 수령통지된 청산금에 관하여 이의가 있는 자는 납부고지 또는 수령통지
를 받은 날부터 1개월 이내에 지적소관청에 이의신청을 할 수 있다.
② 제1항에 따른 이의신청을 받은 지적소관청은 1개월 이내에 축척변경위원회의 심의·의결을 거쳐 그 인용(認
容) 여부를 결정한 후 지체 없이 그 내용을 이의신청인에게 통지하여야 한다.

15 공간정보의 구축 및 관리 등에 관한 법령상 등록전환을 신청할 수 있는 경우로 가장 옳지 않은 것은?
① 임야도에 등록된 토지가 사실상 형질변경되었으나 지목변경을 할 수 없는 경우
② 잦은 토지의 이동으로 1필지의 규모가 작아서 소축척으로는 지적측량성과의 결정이 곤란한 경우
③ 도시·군관리계획선에 따라 토지를 분할하는 경우
④ 「산지관리법」에 따른 산지전용허가·신고 등 관계 법령에 따른 개발행위 허가 등을 받은 경우

풀이 공간정보의 구축 및 관리 등에 관한 법률 시행령 제64조(등록전환 신청)
① 법 제78조에 따라 등록전환을 신청할 수 있는 경우는 다음 각 호와 같다. 〈개정 2020.6.9.〉
1. 「산지관리법」에 따른 산지전용허가·신고, 산지일시사용허가·신고, 「건축법」에 따른 건축허가·신고
또는 그 밖의 관계 법령에 따른 개발행위 허가 등을 받은 경우
2. 대부분의 토지가 등록전환되어 나머지 토지를 임야도에 계속 존치하는 것이 불합리한 경우

정답 14 ③ 15 ②

3. 임야도에 등록된 토지가 사실상 형질변경되었으나 지목변경을 할 수 없는 경우

4. 도시·군관리계획선에 따라 토지를 분할하는 경우

② 삭제 〈2020.6.9.〉

③ 토지소유자는 법 제78조에 따라 등록전환을 신청할 때에는 등록전환 사유를 적은 신청서에 국토교통부령으로 정하는 서류를 첨부하여 지적소관청에 제출하여야 한다.

공간정보의 구축 및 관리 등에 관한 법률 시행령 제65조(분할 신청)

① 법 제79조제1항에 따라 분할을 신청할 수 있는 경우는 다음 각 호와 같다. 다만, 관계 법령에 따라 해당 토지에 대한 분할이 개발행위 허가 등의 대상인 경우에는 개발행위 허가 등을 받은 이후에 분할을 신청할 수 있다. 〈개정 2014.1.17., 2020.6.9.〉

1. 소유권이전, 매매 등을 위하여 필요한 경우

2. 토지이용상 불합리한 지상 경계를 시정하기 위한 경우

3. 삭제 〈2020.6.9.〉

② 토지소유자는 법 제79조에 따라 토지의 분할을 신청할 때에는 분할 사유를 적은 신청서에 국토교통부령으로 정하는 서류를 첨부하여 지적소관청에 제출하여야 한다. 이 경우 법 제79조제2항에 따라 1필지의 일부가 형질변경 등으로 용도가 변경되어 분할을 신청할 때에는 제67조제2항에 따른 지목변경 신청서를 함께 제출하여야 한다.

16 「지적재조사에 관한 특별법 시행령」상 지적재조사 책임 수행기관의 지정요건 및 지정취소에 대한 설명으로 가장 옳은 것은?

① 책임수행기관의 지정기간은 1년으로 한다.

② 권역별로 책임수행기관을 지정하는 경우에는 권역별로 지적분야 측량기술자 100명 이상이 상시 근무해야 한다.

③ 국토교통부장관은 거짓이나 부정한 방법으로 지적재조사·측량업무를 수행한 경우 책임수행기관 지정을 취소해야 한다.

④ 사업범위를 전국으로 하는 책임수행기관을 지정하는 경우에는 지적분야 측량기술자 500명 이상이 상시 근무해야 한다.

풀이 지적재조사에 관한 특별법 시행령 제4조의2(책임수행기관의 지정 요건 등)

① 국토교통부장관은 법 제5조의2제1항에 따라 사업범위를 전국으로 하는 책임수행기관을 지정하거나 인접한 2개 이상의 특별시·광역시·도·특별자치도·특별자치시를 묶은 권역별로 책임수행기관을 지정할 수 있다.

② 법 제5조의2제1항에 따른 책임수행기관의 지정대상은 다음 각 호에 해당하는 자로 한다.

> 1. 「국가공간정보 기본법」 제12조에 따른 한국국토정보공사(이하 "한국국토정보공사"라 한다)
> 2. 다음 각 목의 기준을 모두 충족하는 자
>   가. 「민법」 또는 「상법」에 따라 설립된 법인일 것
>   나. 지적재조사사업을 전담하기 위한 조직과 측량장비를 갖추고 있을 것
>   다. 「공간정보의 구축 및 관리 등에 관한 법률」 제39조에 따른 측량기술자(지적분야로 한정한다) 1,000명(제1항에 따라 권역별로 책임수행기관을 지정하는 경우에는 권역별로 200명) 이상이 상시 근무할 것

③ 책임수행기관의 지정기간은 5년으로 한다.

[본조신설 2021.6.8.]

정답 16 ③

지적재조사에 관한 특별법 시행령 제4조의3(책임수행기관의 지정절차)

① 법 제5조의2제1항에 따른 지정을 받으려는 자는 국토교통부령으로 정하는 지정신청서에 다음 각 호의 서류를 첨부하여 국토교통부장관에게 제출해야 한다.

> 1. 사업계획서
> 2. 제4조의2제2항에 따른 지정 기준을 충족했음을 증명하는 서류

② 제1항에 따른 지정신청을 받은 국토교통부장관은 다음 각 호의 사항을 고려하여 지정 여부를 결정한다.

> 1. 사업계획의 충실성 및 실행가능성
> 2. 지적재조사사업을 전담하기 위한 조직과 측량장비의 적정성
> 3. 기술인력의 확보 수준
> 4. 지적재조사사업의 조속한 이행 필요성

③ 국토교통부장관은 제1항에 따른 지정신청이 없거나 제4조의2제2항제2호에 해당하는 자의 지정신청을 검토한 결과 적합한 자가 없는 경우에는 한국국토정보공사를 책임수행기관으로 지정할 수 있다.

④ 국토교통부장관은 책임수행기관을 지정한 경우에는 이를 관보 및 인터넷 홈페이지에 공고하고 시·도지사 및 신청자에게 통지해야 한다. 이 경우 시·도지사는 이를 지체 없이 지적소관청에 통보해야 한다.

[본조신설 2021.6.8.]

지적재조사에 관한 특별법 시행령 제4조의4(책임수행기관의 지정취소)

① 국토교통부장관은 법 제5조의2제2항에 따라 책임수행기관이 다음 각 호의 어느 하나에 해당하는 경우 그 지정을 취소할 수 있다. 다만, 제1호 또는 제2호에 해당하는 경우에는 지정을 취소해야 한다.

> 1. 거짓이나 부정한 방법으로 지정을 받은 경우
> 2. 거짓이나 부정한 방법으로 지적재조사·측량업무를 수행한 경우
> 3. 90일 이상 계속하여 제4조의2제2항제2호에 따른 지정기준에 미달되는 경우
> 4. 정당한 사유 없이 지적소관청으로부터 위탁받은 업무를 위탁받은 날부터 1개월 이내에 시작하지 않거나 3개월 이상 계속하여 중단한 경우

② 국토교통부장관은 제1항에 따라 지정을 취소하려는 경우에는 청문을 실시해야 한다.

③ 책임수행기관 지정취소의 공고 및 통지에 관하여는 제4조의3제4항을 준용한다.

[본조신설 2021.6.8.]

---

17 축척 1/1,200 지적도에 등록되어 있는 원면적 361m²의 필지를 축척 1/600로 축척변경하고자 한다. 측정 면적이 356m²일 경우 오차 허용면적 산식으로 가장 옳은 것은?

① $A = 0.026^2 \times 600 \times \sqrt{356}$

② $A = 0.026^2 \times 1,200 \times \sqrt{356}$

③ $A = 0.026^2 \times 600 \times \sqrt{361}$

④ $A = 0.026^2 \times 1,200 \times \sqrt{361}$

풀이 **공간정보의 구축 및 관리 등에 관한 법률 시행규칙 제87조(축척변경 절차 및 면적 결정방법 등)**

① 영 제72조제3항에 따라 면적을 새로 정하는 때에는 축척변경 측량결과도에 따라야 한다.

② 축척변경 측량 결과도에 따라 면적을 측정한 결과 축척변경 전의 면적과 축척변경 후의 면적의 오차가 영 제19조제1항제2호가목($A = 0.026^2 M\sqrt{F}$)의 계산식에 따른 허용범위 이내인 경우에는 축척변경 전의 면적을 결정면적으로 하고, 허용면적을 초과하는 경우에는 축척변경 후의 면적을 결정면적으로 한다. 이 경우 같은 계산식 중 A는 오차 허용면적, M은 축척이 변경될 지적도의 축척분모, F는 축척변경 전의 면적을 말한다.

③ 경계점좌표등록부를 갖춰 두지 아니하는 지역을 경계점좌표등록부를 갖춰 두는 지역으로 축척변경을 하는

경우에는 그 필지의 경계점을 평판(平板) 측량방법이나 전자평판(電子平板) 측량방법으로 지상에 복원시킨 후 경위의(經緯儀) 측량방법 등으로 경계점좌표를 구하여야 한다. 이 경우 면적은 제2항에도 불구하고 경계점좌표에 따라 결정하여야 한다.

$$A = 0.026^2 M\sqrt{F} = 0.026^2 \times 600 \times \sqrt{361}$$
(A는 오차 허용면적, M은 축척이 변경될 지적도의 축척분모, F는 축척변경 전의 면적)

18 「공간정보의 구축 및 관리 등에 관한 법률」 및 「지적측량 시행규칙」상 지적소관청으로부터 측량성과에 대한 검사를 받지 않아도 되는 측량으로 가장 옳은 것은?

① 경계복원측량, 신규등록측량
② 신규등록측량, 지적확정측량
③ 지적확정측량, 지적현황측량
④ 지적현황측량, 경계복원측량

풀이 공간정보의 구축 및 관리 등에 관한 법률 제25조(지적측량성과의 검사)
① 지적측량수행자가 제23조에 따라 지적측량을 하였으면 시·도지사, 대도시 시장(「지방자치법」 제198조에 따라 서울특별시·광역시 및 특별자치시를 제외한 인구 50만 이상의 시의 시장을 말한다. 이하 같다) 또는 지적소관청으로부터 측량성과에 대한 검사를 받아야 한다. 다만, 지적공부를 정리하지 아니하는 측량으로서 국토교통부령으로 정하는 측량의 경우에는 그러하지 아니하다. 〈개정 2021.1.12.〉
② 제1항에 따른 지적측량성과의 검사방법 및 검사절차 등에 필요한 사항은 국토교통부령으로 정한다.

지적측량 시행규칙 제28조(지적측량성과의 검사방법 등)
① 법 제25조제1항 단서에서 "국토교통부령으로 정하는 측량의 경우"란 경계복원측량 및 지적현황측량을 하는 경우를 말한다.

19 「공간정보의 구축 및 관리 등에 관한 법률 시행규칙」상 지적측량수행자가 지적도근점을 33점 설치하여 지적측량을 실시한 경우 최대 지적측량 검사기간은?(단, 지적측량의뢰인과 지적측량수행자가 측량기간에 대하여 따로 기간을 정하지 않은 경우이다.)

① 7일
② 8일
③ 9일
④ 10일

풀이 공간정보의 구축 및 관리 등에 관한 법률 시행규칙 제25조(지적측량 의뢰 등)
① 법 제24조제1항에 따라 지적측량을 의뢰하려는 자는 별지 제15호서식의 지적측량 의뢰서(전자문서로 된 의뢰서를 포함한다)에 의뢰 사유를 증명하는 서류(전자문서를 포함한다)를 첨부하여 지적측량수행자에게 제출하여야 한다.
② 지적측량수행자는 제1항에 따른 지적측량 의뢰를 받은 때에는 측량기간, 측량일자 및 측량 수수료 등을 적은 별지 제16호서식의 지적측량 수행계획서를 그 다음 날까지 지적소관청에 제출하여야 한다. 제출한 지적측량 수행계획서를 변경한 경우에도 같다.
③ 지적측량의 측량기간은 5일로 하며, 측량검사기간은 4일로 한다. 다만, 지적기준점을 설치하여 측량 또는 측량검사를 하는 경우 지적기준점이 15점 이하인 경우에는 4일을, 15점을 초과하는 경우에는 4일에 15점을 초과하는 4점마다 1일을 가산한다.
④ 제3항에도 불구하고 지적측량 의뢰인과 지적측량수행자가 서로 합의하여 따로 기간을 정하는 경우에는 그 기간에 따르되, 전체 기간의 4분의 3은 측량기간으로, 전체 기간의 4분의 1은 측량검사기간으로 본다.

정답 **18** ④ **19** 모두 정답 처리

20 〈보기〉에서 「국가공간정보 기본법」상 국가공간정보정책 기본계획의 수립 시 포함할 사항을 모두 고른 것은?

〈보기〉

ㄱ. 국가공간정보체계에 관한 연구 · 개발
ㄴ. 국가공간정보체계의 활용 및 공간정보의 유통
ㄷ. 국가공간정보체계의 구축 및 공간정보의 활용 촉진을 위한 정책의 기본 방향
ㄹ. 국가공간정보체계의 구축 · 관리 및 유통 촉진에 필요한 투자 및 재원조달 계획

① ㄱ, ㄷ
② ㄱ, ㄴ, ㄹ
③ ㄴ, ㄷ, ㄹ
④ ㄱ, ㄴ, ㄷ, ㄹ

풀이 국가공간정보 기본법 제6조(국가공간정보정책 기본계획의 수립)

① 정부는 국가공간정보체계의 구축 및 활용을 촉진하기 위하여 국가공간정보정책 기본계획(이하 "기본계획"이라 한다)을 5년마다 수립하고 시행하여야 한다.

② 기본계획에는 다음 각 호의 사항이 포함되어야 한다. 〈개정 2014.6.3., 2021.3.16.〉

1. 국가공간정보체계의 구축 및 공간정보의 활용 촉진을 위한 ㉓책의 기본 방향
2. 제19조에 따른 기본공간정보의 ㉔득 및 관리
3. 국가공간정보체계에 관한 ㉕구 · 개발
4. 공간정보 관련 ㉒문인력의 양성
5. 국가공간정보체계의 활용 및 ㉓간정보의 유통
6. 국가공간정보체계의 구축 · 관리 및 유통 촉진에 필요한 투㉓ 및 재원조달 계획
7. 국가공간정보체계와 관련한 국가적 표준의 연㉓ · 보급 및 기술기준의 관리
8. 「공간정보산업 진흥법」제2조제1항제2호에 따른 공간정보산업의 육㉓에 관한 사항
9. 그 밖에 국가공간정보정책에 관한 사항

③ 관계 중앙행정기관의 장은 제2항 각 호의 사항 중 소관 업무에 관한 기관별 국가공간정보정책 기본계획(이하 "기관별 기본계획"이라 한다)을 작성하여 대통령령으로 정하는 바에 따라 국토교통부장관에게 제출하여야 한다. 〈개정 2013.3.23.〉

④ 국토교통부장관은 제3항에 따라 관계 중앙행정기관의 장이 제출한 기관별 기본계획을 종합하여 기본계획을 수립하고 위원회의 심의를 거쳐 이를 확정한다. 〈개정 2009.5.22., 2013.3.23.〉

⑤ 제4항에 따라 확정된 기본계획을 변경하는 경우 그 절차에 관하여는 제4항을 준용한다. 다만, 대통령령으로 정하는 경미한 사항을 변경하는 경우에는 그러하지 아니하다.

정답 20 ④

공인중개사 기출문제

···01 제16회 공인중개사 기출문제

01 「공간정보의 구축 및 관리 등에 관한 법률」에서 규정하고 있는 지적공부로만 나열된 것은?

① 임야대장 · 공유지연명부 · 부동산등기부

② 건축물대장 · 색인도 · 지번도

③ 대지권등록부 · 토지대장 · 행정구역도

④ 토지대장 · 임야대장 · 경계점좌표등록부

⑤ 지적도 · 임야도 · 일람도

풀이	
지적공부	토지대장, 임야대장, 공유지연명부, 대지권등록부, 지적도, 임야도 및 경계점좌표등록부 등 지적측량 등을 통하여 조사된 토지의 표시와 해당 토지의 소유자 등을 기록한 대장 및 도면(정보처리시스템을 통하여 기록 · 저장된 것을 포함한다)을 말한다. 지적공부 유형 / 무형 대장 / 도면 / 경계점좌표등록부 / 지적 파일 토지대장 / 임야대장 / 공유지연명부 / 대지권등록부 / 지적도 / 임야도 가시적인 지적공부 / 비가시적 지적공부
연속지적도	지적측량을 하지 아니하고 전산화된 지적도 및 임야도 파일을 이용하여, 도면상 경계점들을 연결하여 작성한 도면으로서 측량에 활용할 수 없는 도면을 말한다.
부동산종합공부	토지의 표시와 소유자에 관한 사항, 건축물의 표시와 소유자에 관한 사항, 토지의 이용 및 규제에 관한 사항, 부동산의 가격에 관한 사항 등 부동산에 관한 종합정보를 정보관리체계를 통하여 기록 · 저장한 것을 말한다.

정답 01 ④

02 「공간정보의 구축 및 관리 등에 관한 법률」상 용어의 정의로 틀린 것은?

① "신규등록"이라 함은 임야대장 및 임야도에 등록된 토지를 토지대장 및 지적도에 옮겨 등록하는 것을 말한다.

② "토지의 표시"라 함은 지적공부에 토지의 소재·지번·지목·면적·경계 또는 좌표를 등록한 것을 말한다.

③ "지번부여지역"이라 함은 지번을 부여하는 단위지역으로서 동·리 또는 이에 준하는 지역을 말한다.

④ "면적"이라 함은 지적공부에 등록한 필지의 수평면상 넓이를 말한다.

⑤ "지적측량기준점"이라 함은 지적삼각점·지적삼각보조점·지적도근점을 말한다.

풀이

토지의 표시	지적공부에 토지의 소재·지번(地番)·지목(地目)·면적·경계 또는 좌표를 등록한 것을 말한다.
지번	필지에 부여하여 지적공부에 등록한 번호를 말한다.
지목	토지의 주된 용도에 따라 토지의 종류를 구분하여 지적공부에 등록한 것을 말한다.
면적	지적공부에 등록한 필지의 수평면상 넓이를 말한다.
경계	필지별로 경계점들을 직선으로 연결하여 지적공부에 등록한 선을 말한다.
좌표	지적측량기준점 또는 경계점의 위치를 평면직각종횡선수치로 표시한 것을 말한다.
필지	대통령령으로 정하는 바에 따라 구획되는 토지의 등록 단위를 말한다.
지번부여지역	지번을 부여하는 단위지역으로서 동·리 또는 이에 준하는 지역을 말한다.
경계점	필지를 구획하는 선의 굴곡점으로서 지적도나 임야도에 도해(圖解) 형태로 등록하거나 경계점좌표등록부에 좌표 형태로 등록하는 점을 말한다.
토지의 이동	토지의 표시를 새로 정하거나 변경 또는 말소하는 것을 말한다.
신규등록	새로 조성된 토지와 지적공부에 등록되어 있지 아니한 토지를 지적공부에 등록하는 것을 말한다.
등록 전환	임야대장 및 임야도에 등록된 토지를 토지대장 및 지적도에 옮겨 등록하는 것을 말한다.
분할	지적공부에 등록된 1필지를 2필지 이상으로 나누어 등록하는 것을 말한다.
합병	지적공부에 등록된 2필지 이상을 1필지로 합하여 등록하는 것을 말한다.
지목변경	지적공부에 등록된 지목을 다른 지목으로 바꾸어 등록하는 것을 말한다.
축척 변경	지적도에 등록된 경계점의 정밀도를 높이기 위하여 작은 축척을 큰 축척으로 변경하여 등록하는 것을 말한다.

정답 02 ①

03 **부동산을 매매하고자 하는 경우 매수인의 요청에 의하여 매도인이 매매대상 토지에 대한 지적공부상의 경계를 지상(地上)에 확인시켜 주고자 할 경우 의뢰하여야 하는 지적측량은?**

① 신규등록측량
② 등록전환측량
③ 경계복원측량
④ 지적확정측량
⑤ 축척변경측량

[풀이] 경계복원측량이란 지적공부에 등록된 토지의 경계를 지상에 복원할 목적으로 실시하는 측량을 말한다.

04 **지적측량수행자가 하는 토지의 이동조사 또는 지적측량 시행에 관한 설명 중 틀린 것은?**

① 토지의 이동조사 또는 지적측량을 하는 자가 조사 · 측량을 위하여 필요한 때에는 타인의 토지를 일시적으로 사용할 수 있다.
② 토지의 이동조사 또는 지적측량을 위하여 필요한 경우에는 죽목이나 그 밖의 장애물을 변경하거나 제거할 수 있다.
③ 토지소유자는 조사 · 측량을 위하여 토지를 출입하는 것을 거부하거나 방해하지 못한다. 정당한 사유 없이 이를 위반한 경우에는 200만 원 이하의 과태료에 처한다.
④ 토지의 이동조사 또는 지적측량을 위하여 타인의 토지를 출입하고자 하는 때에는 그 권한을 표시하는 증표를 관계인에게 내보여야 한다.
⑤ 조사 · 측량을 위하여 타인의 토지에 출입하고자 하는 때에는 미리 소유자 · 점유자 또는 관리인에게 그 뜻을 통지하여야 한다.

[풀이] **공간정보의 구축 및 관리 등에 관한 법률 제111조(과태료)**

① 다음 각 호의 어느 하나에 해당하는 자에게는 300만 원 이하의 과태료를 부과한다.

300만 원 이하의 과태료 [암기] [정][업][검] [성][직][거]　[정] : [측][출][보][조]　[업] : [등][폐][승]　[검] : [등][폐][검]

1. [정]당한 사유 없이 [측]량을 방해한 자
2. 정당한 사유 없이 제101조제7항을 위반하여 토지 등에의 [출]입 등을 방해하거나 거부한 자
3. 정당한 사유 없이 제99조제1항에 따른 [보]고를 하지 아니하거나 거짓으로 보고를 한 자
4. 정당한 사유 없이 제99조제1항에 따른 [조]사를 거부 · 방해 또는 기피한 자
5. 제44조제4항을 위반하여 측량[업] [등]록사항의 변경신고를 하지 아니한 자
6. 제48조(제54조제6항에 따라 준용되는 경우를 포함한다)를 위반하여 측량업의 휴업 · [폐]업 등의 신고를 하지 아니하거나 거짓으로 신고한 자
7. 제46조제2항(제54조제6항에 따라 준용되는 경우를 포함한다)을 위반하여 측량업자의 지위 [승]계 신고를 하지 아니한 자
8. 제93조제1항을 위반하여 성능[검]사대행자의 [등]록사항 변경을 신고하지 아니한 자
9. 제93조제3항을 위반하여 성능검사대행업무의 [폐]업신고를 하지 아니한 자
10. 제92조제1항을 위반하여 측량기기에 대한 성능[검]사를 받지 아니하거나 부정한 방법으로 성능검사를 받은 자
11. 제13조제4항을 위반하여 고시된 측량[성]과에 어긋나는 측량성과를 사용한 자
12. 제50조제2항을 위반하여 본인, 배우자 또는 [직]계 존속 · 비속이 소유한 토지에 대한 지적측량을 한 자
13. 제40조제1항(제43조제3항에 따라 준용되는 경우를 포함한다)을 위반하여 [거]짓으로 측량기술자 또는 수로기술자의 신고를 한 자

정답 03 ③　04 ③

② 정당한 사유 없이 제98조제2항(성능검사대행자 및 그 소속 직원은 측량기기 성능검사의 품질향상과 서비스 제고를 위하여 국토교통부령으로 정하는 바에 따라 국토교통부장관이 실시하는 교육을 받아야 한다.)에 따른 교육을 받지 아니한 자에게는 100만 원 이하의 과태료를 부과한다. 〈신설 2020.4.7.〉

③ 제1항 및 제2항에 따른 과태료는 대통령령으로 정하는 바에 따라 국토교통부장관, 시·도지사, 대도시 시장 또는 지적소관청이 부과·징수한다. 〈개정 2020.4.7.〉

05 다음은 소유자부분을 생략한 토지대장이다. 중개대상물인 이 토지에 대한 공인중개사 갑(甲)의 설명 중 틀린 것은?

고유번호	4121010100-10158-0000								
토지소재	△△도 ○○시 ◇◇동		**토지대장**						
지 번	158	축척	1:1,200						

토 지 표 시							
지목	면적 (m²)	사 유					
(01) 전	*100	(02)1971년 8월 1일 신규등록(매립준공)					
(01) 전	*60	(20)1978년 2월 2일 분할되어 본번에 -1을 부함					
(08) 대	*60	(40)1999년 9월 9일 지목변경					
(08) 대	*80	(30)2004년 1월 3일 159번과 합병					
등 급 수 정 연 월 일	1980년 1월 1일 수정	1983년 1월 1일 수정					
토 지 등 급 (기준수확량등급)	82	91					
개별공시지가기준일	2003년 1월 1일	2004년 1월 1일					
개별공시지가(원/m²)	1,200,000	1,500,000					

토지대장에 의하여 작성한 등본입니다.

2005 년 1 월 9 일

△△도 ○○시장

① 158번지 토지는 1971년 8월 1일 토지대장과 지적도에 최초로 등록되었다.

② 1978년 2월 2일 분할된 158-1번지 토지의 최초 면적은 40m²이다.

③ 158번지 토지는 1999년 9월 9일 "대"에서 "전"으로 지목이 변경되었다.

④ 2004년 1월 3일 합병되어 말소된 159번지 토지의 면적은 20m²이다.

⑤ 158번지 토지는 2004년 1월 3일 159번지와 합병되어 면적이 80m²가 되었다.

풀이 158번지 토지는 1999년 9월 9일 "전"에서 "대"로 지목변경이 되었다.

정답 05 ③

06 토지대장과 임야대장의 등록사항에 관한 설명 중 옳은 것은?

① 토지대장과 임야대장에 등록된 대지권 비율은 집합건물등기부를 정리하는 기준이 된다.

② 토지대장과 임야대장에 등록된 경계는 모든 지적측량의 기준이 된다.

③ 토지대장과 임야대장에 등록된 소유자가 변경된 날은 부동산등기부의 등기원인일을 정리하는 기준이 된다.

④ 토지대장과 임야대장에 등록된 개별공시지가는 지적공부 정리신청수수료의 기준이 된다.

⑤ 토지대장과 임야대장에 등록된 토지의 소재·지번·지목·면적은 부동산등기부의 표제부에 토지의 표시사항을 기재하는 기준이 된다.

> **풀이** 토지대장과 임야대장에 등록된 토지의 소재·지번·지목·면적은 국가가 조사·측량하여 지적공부에 등록하여야 하며, 이는 부동산등기부 표제부의 토지의 표시사항의 기준이 된다.

지적공부의 등록사항

구분	토지표시사항	소유권에 관한 사항	기타
토지대장 (土地臺帳, Land Books) & 임야대장 (林野臺帳, Forest Books)	• **토**지 소재 • **지번** • **지**목 • 면**적** • 토지의 **이**동 사유	• 토지소유자 **변**동일자 • **변동**원인 • **주**민등록번호 • 성**명** 또는 명칭 • 주**소**	• 토지의 고**유**번호(각 필지를 서로 구별하기 위하여 필지마다 붙이는 고유한 번호를 말한다) • 지적도 또는 임야**도** 번호 • 필지별 토지대장 또는 임야대장의 **장**번호 • **축**척 • **토**지등급 또는 기준수확량 등급과 그 설정·수정 연월일 • 개별**공**시지가와 그 기준일

07 국토교통부장관이 주민등록전산자료, 가족관계등록전산자료, 부동산등기전산자료 또는 공시지가전산자료 등 지적공부의 효율적인 관리 및 활용을 위하여 설치·운영하는 것은?

① 지역정보센터   ② 토지정보센터

③ 국토정보센터   ④ 지적정보 전담 관리기구

⑤ 주민정보센터

> **풀이** 공간정보의 구축 및 관리 등에 관한 법률 제70조(지적정보 전담 관리기구의 설치)
>
> ① 국토교통부장관은 지적공부의 효율적인 관리 및 활용을 위하여 지적정보 전담 관리기구를 설치·운영한다. 〈개정 2013.3.23.〉
>
> ② 국토교통부장관은 지적공부를 과세나 부동산정책자료 등으로 활용하기 위하여 주민등록전산자료, 가족관계등록전산자료, 부동산등기전산자료 또는 공시지가전산자료 등을 관리하는 기관에 그 자료를 요청할 수 있으며 요청을 받은 관리기관의 장은 특별한 사정이 없으면 그 요청을 따라야 한다. 〈개정 2013.3.23., 2020.6.9.〉
>
> ③ 제1항에 따른 지적정보 전담 관리기구의 설치·운영에 관한 세부사항은 대통령령으로 정한다.

08 「공간정보의 구축 및 관리 등에 관한 법률」상 토지소유자가 하여야 하는 신청을 대위할 수 있는 자가 아닌 것은?

① 공공사업 등으로 인하여 학교용지 · 도로 · 철도용지 · 제방 등의 지목으로 되는 토지의 경우에는 그 사업시행자
② 국가 또는 지방자치단체가 취득하는 토지의 경우에는 그 토지를 관리하는 행정기관의 장 또는 지방자치단체의 장
③ 「주택법」에 의한 공동주택의 부지의 경우에는 「집합건물의 소유 및 관리에 관한 법률」에 의한 사업시행자
④ 「민법」 제404조(채권자의 대위신청)의 규정에 의한 채권자와 지상권자
⑤ 「주택법」에 의한 공동주택의 부지의 경우에는 「집합건물의 소유 및 관리에 관한 법률」에 의한 관리인

풀이 지상권자는 토지소유자가 하여야 하는 신청을 대위할 수 있는 자가 아니다.

공간정보의 구축 및 관리 등에 관한 법률 제87조(신청의 대위)
다음 각 호의 어느 하나에 해당하는 자는 이 법에 따라 토지소유자가 하여야 하는 신청을 대신할 수 있다. 다만, 제84조에 따른 등록사항 정정 대상토지는 제외한다. 〈개정 2014.6.3.〉
1. 공공사업 등에 따라 학교용지 · 도로 · 철도용지 · 제방 · 하천 · 구거 · 유지 · 수도용지 등의 지목으로 되는 토지인 경우 : 해당 사업의 시행자
2. 국가나 지방자치단체가 취득하는 토지인 경우 : 해당 토지를 관리하는 행정기관의 장 또는 지방자치단체의 장
3. 「주택법」에 따른 공동주택의 부지인 경우 : 「집합건물의 소유 및 관리에 관한 법률」에 따른 관리인(관리인이 없는 경우에는 공유자가 선임한 대표자) 또는 해당 사업의 시행자
4. 「민법」 제404조에 따른 채권자

09 지적공부에 등록된 토지소유자의 변경사항은 등기관서에서 등기한 것을 증명하는 등기필통지에 의하여 정리할 수 있다. 이 경우 등기부에 기재된 토지의 표시가 지적공부와 부합하지 않을 때의 설명 중 옳은 것은?

① 지적공부를 등기필통지 내역에 의하여 정리하고, 부합하지 않는 사실을 관할 등기관서에 통지한다.
② 지적공부를 등기필통지 내역에 의하여 정리할 수 없으며, 그 뜻을 관할 등기관서에 통지한다.
③ 지적공부를 등기필통지 내역에 의하여 정리할 수 없으며, 그 뜻을 관할 등기관서에 통지하지 않아도 된다.
④ 지적공부를 등기필통지 내역에 의하여 정리만 하면 된다.
⑤ 지적공부를 등기필통지 내역에 의하여 정리하고, 정리한 사항을 관할 등기관서에 통지한다.

풀이 **공간정보의 구축 및 관리 등에 관한 법률 제88조(토지소유자의 정리)**
① 지적공부에 등록된 토지소유자의 변경사항은 등기관서에서 등기한 것을 증명하는 등기필증, 등기완료통지서, 등기사항증명서 또는 등기관서에서 제공한 등기전산정보자료에 따라 정리한다. 다만, 신규등록하는 토지의 소유자는 지적소관청이 직접 조사하여 등록한다. 〈개정 2011.4.12.〉
② 「국유재산법」 제2조제10호에 따른 총괄청이나 같은 조 제11호에 따른 중앙관서의 장이 같은 법 제12조제3항에 따라 소유자 없는 부동산에 대한 소유자 등록을 신청하는 경우 지적소관청은 지적공부에 해당 토지의

소유자가 등록되지 아니한 경우에만 등록할 수 있다. 〈개정 2011.3.30.〉

③ 등기부에 적혀 있는 토지의 표시가 지적공부와 일치하지 아니하면 제1항에 따라 토지소유자를 정리할 수 없다. 이 경우 토지의 표시와 지적공부가 일치하지 아니하다는 사실을 관할 등기관서에 통지하여야 한다.

④ 지적소관청은 필요하다고 인정하는 경우에는 관할 등기관서의 등기부를 열람하여 지적공부와 부동산등기부가 일치하는지 여부를 조사·확인하여야 하며, 일치하지 아니하는 사항을 발견하면 등기사항증명서 또는 등기관서에서 제공한 등기전산정보자료에 따라 지적공부를 직권으로 정리하거나, 토지소유자나 그 밖의 이해관계인에게 그 지적공부와 부동산등기부가 일치하게 하는 데에 필요한 신청 등을 하도록 요구할 수 있다. 〈개정 2011.4.12.〉

⑤ 지적소관청 소속 공무원이 지적공부와 부동산등기부의 부합 여부를 확인하기 위하여 등기부를 열람하거나, 등기사항증명서의 발급을 신청하거나, 등기전산정보자료의 제공을 요청하는 경우 그 수수료는 무료로 한다.

10 「공간정보의 구축 및 관리 등에 관한 법률」상의 벌칙규정 중 틀린 것은?

① 신의와 성실로써 공정하게 지적측량을 하여야 하나 이를 위반하여 고의로 지적측량을 잘못한 지적측량수행자에게는 200만 원 이하의 과태료에 처한다.

② 측량업의 등록을 하지 아니하거나 거짓이나 그 밖의 부정한 방법으로 측량업의 등록을 하고 측량업을 한 자는 2년 이하의 징역 또는 2천만 원 이하의 벌금에 처한다.

③ 자기·배우자 또는 직계 존·비속의 소유토지에 대하여 지적측량을 한 지적측량수행자는 300만 원 이하의 과태료에 처한다.

④ 국토교통부장관이 감독상 필요한 때 지적측량수행자에게 보고 또는 자료제출을 요구하였으나, 거짓으로 보고 또는 자료제출을 한 자는 300만 원 이하의 과태료에 처한다.

⑤ 국토교통부장관이 감독상 필요한 때 소속공무원에게 지적측량수행자의 장부와 서류를 검사하도록 하였으나, 이 검사를 거부·방해 또는 기피한 자는 300만 원 이하의 과태료에 처한다.

풀이 공간정보의 구축 및 관리 등에 관한 법률 제111조(과태료)

① 다음 각 호의 어느 하나에 해당하는 자에게는 300만 원 이하의 과태료를 부과한다.

300만 원 이하의 과태료 암기 청업검 성검가 청 : 측출보조 업 : 등폐승 검 : 등폐검

1. 정당한 사유 없이 측량을 방해한 자
2. 정당한 사유 없이 제101조제7항을 위반하여 토지 등에의 출입 등을 방해하거나 거부한 자
3. 정당한 사유 없이 제99조제1항에 따른 보고를 하지 아니하거나 거짓으로 보고를 한 자
4. 정당한 사유 없이 제99조제1항에 따른 조사를 거부·방해 또는 기피한 자
5. 제44조제4항을 위반하여 측량업 등록사항의 변경신고를 하지 아니한 자
6. 제48조(제54조제6항에 따라 준용되는 경우를 포함한다)를 위반하여 측량업의 휴업·폐업 등의 신고를 하지 아니하거나 거짓으로 신고한 자
7. 제46조제2항(제54조제6항에 따라 준용되는 경우를 포함한다)을 위반하여 측량업자의 지위 승계 신고를 하지 아니한 자
8. 제93조제1항을 위반하여 성능검사대행자의 등록사항 변경을 신고하지 아니한 자
9. 제93조제3항을 위반하여 성능검사대행업무의 폐업신고를 하지 아니한 자
10. 제92조제1항을 위반하여 측량기기에 대한 성능검사를 받지 아니하거나 부정한 방법으로 성능검사를 받은 자
11. 제13조제4항을 위반하여 고시된 측량성과에 어긋나는 측량성과를 사용한 자

정답 10 ①

12. 제50조제2항을 위반하여 본인, 배우자 또는 [직]계 존속 · 비속이 소유한 토지에 대한 지적측량을 한 자
13. 제40조제1항(제43조제3항에 따라 준용되는 경우를 포함한다)을 위반하여 [거]짓으로 측량기술자 또는 수로기술자의 신고를 한 자

② 정당한 사유 없이 제98조제2항(성능검사대행자 및 그 소속 직원은 측량기기 성능검사의 품질향상과 서비스제고를 위하여 국토교통부령으로 정하는 바에 따라 국토교통부장관이 실시하는 교육을 받아야 한다.)에 따른 교육을 받지 아니한 자에게는 100만 원 이하의 과태료를 부과한다. 〈신설 2020.4.7.〉

③ 제1항 및 제2항에 따른 과태료는 대통령령으로 정하는 바에 따라 국토교통부장관, 시 · 도지사, 대도시 시장 또는 지적소관청이 부과 · 징수한다. 〈개정 2020.4.7.〉

공간정보의 구축 및 관리 등에 관한 법률 제107~109조(벌칙)

벌칙(법률 제107~109조)	
3년 이하의 징역 또는 3천만 원 이하의 벌금 암기 [임][위][공]	측량업자로서 속[임]수, [위]력(威力), 그 밖의 방법으로 측량업과 관련된 입찰의 [공]정성을 해친 자는 3년 이하의 징역 또는 3천만 원 이하의 벌금에 처한다.
2년 이하의 징역 또는 2천만 원 이하의 벌금 암기 [거][부][등] [외][표][성][검]	1. 측량업의 등록을 하지 아니하거나 [거]짓이나 그 밖의 [부]정한 방법으로 측량업의 [등]록을 하고 측량업을 한 자 2. 성능검사대행자의 등록을 하지 아니하거나 [거]짓이나 그 밖의 [부]정한 방법으로 성능검사대행자의 [등]록을 하고 성능검사업무를 한 자 3. 측량성과를 국[외]로 반출한 자 4. 측량기준점[표]지를 이전 또는 파손하거나 그 효용을 해치는 행위를 한 자 5. 고의로 측량[성]과를 사실과 다르게 한 자 6. 성능[검]사를 부정하게 한 성능검사대행자
1년 이하의 징역 또는 1천만 원 이하의 벌금 암기 [둘][비][허][불] [대][판][대][복]	1. [둘] 이상의 측량업자에게 소속된 측량기술자 2. 업무상 알게 된 [비]밀을 누설한 측량기술자 3. 거짓([허]위)으로 다음 각 목의 신청을 한 자 가. 신규등록 신청 / 나. 등록전환 신청 다. 분할 신청 / 라. 합병 신청 마. 지목변경 신청 / 바. 바다로 된 토지의 등록말소 신청 사. 축척변경 신청 / 아. 등록사항의 정정 신청 자. 도시개발사업 등 시행지역의 토지이동 신청 4. 측량기술자가 아님에도 [불]구하고 측량을 한 자 5. 지적측량수수료 외의 [대]가를 받은 지적측량기술자 6. 심사를 받지 아니하고 지도 등을 간행하여 [판]매하거나 배포한 자 7. 다른 사람에게 측량업등록증 또는 측량업등록수첩을 빌려([대]여)주거나 자기의 성명 또는 상호를 사용하여 측량업무를 하게 한 자 8. 다른 사람의 측량업등록증 또는 측량업등록수첩을 빌려서([대]여) 사용하거나 다른 사람의 성명 또는 상호를 사용하여 측량업무를 한 자 9. 다른 사람에게 자기의 성능검사대행자 등록증을 빌려([대]여)주거나 자기의 성명 또는 상호를 사용하여 성능검사대행업무를 수행하게 한 자 10. 다른 사람의 성능검사대행자 등록증을 빌려서([대]여) 사용하거나 다른 사람의 성명 또는 상호를 사용하여 성능검사대행업무를 수행한 자 11. 무단으로 측량성과 또는 측량기록을 [복]제한 자

정답

11 토지이동에 따른 지적공부정리 및 등기촉탁에 관한 설명 중 틀린 것은?

① 소관청은 토지의 이동이 있는 경우에는 토지이동정리결의서를 작성하여야 한다.

② 소관청은 지번을 변경하는 경우 지적공부를 정리하여야 한다. 이 경우 이미 작성된 지적공부에 정리할 수 없는 때에는 지적공부를 새로이 작성하여야 한다.

③ 토지표시의 변경에 관한 등기를 할 필요가 있는 경우에는 소관청은 지체 없이 관할 등기관서에 그 등기를 촉탁하여야 한다.

④ 소관청 소속공무원이 지적공부와 부동산등기부의 부합 여부를 확인하기 위하여 등기부를 열람하거나 등기부등·초본의 교부를 신청하는 경우 그 수수료는 무료이다.

⑤ 소관청이 지적정리를 한 때에는 그 토지소유자에게 통지하여야 한다. 다만, 통지받는 자의 주소를 알 수 없는 때에는 시·도의 게시판에 게시하거나 일간신문에 게재하여야 한다.

풀이 공간정보의 구축 및 관리 등에 관한 법률 제90조(지적정리 등의 통지)

제64조제2항 단서, 제66조제2항, 제74조, 제82조제2항, 제84조제2항, 제85조제2항, 제86조제2항, 제87조 또는 제89조에 따라 지적소관청이 지적공부에 등록하거나 지적공부를 복구 또는 말소하거나 등기촉탁을 하였으면 대통령령으로 정하는 바에 따라 해당 토지소유자에게 통지하여야 한다. 다만, 통지받을 자의 주소나 거소를 알 수 없는 경우에는 국토교통부령으로 정하는 바에 따라 일간신문, 해당 시·군·구의 공보 또는 인터넷홈페이지에 공고하여야 한다. 〈개정 2013.3.23.〉

12 지적측량에 관한 설명 중 틀린 것은?

① 지적측량업을 영위하고자 하는 자는 국토교통부장관에게 등록하여야 한다.

② 토지소유자와 이해관계인은 지적측량수행자에게 지적측량을 의뢰할 수 있다.

③ 지적측량을 의뢰하는 자는 지적측량수행자에게 지적측량 수수료를 지급하여야 한다.

④ 지적측량은 소관청이 각 필지의 경계 또는 좌표와 면적을 정하는 것을 말한다.

⑤ 지적측량은 토지를 지적공부에 등록하거나 지적공부에 등록된 경계점을 지상에 복원하는 것을 목적으로 한다.

풀이 공간정보의 구축 및 관리 등에 관한 법률 제44조(측량업의 등록)

① 측량업은 다음 각 호의 업종으로 구분한다.
　　1. 측지측량업
　　2. 지적측량업
　　3. 그 밖에 항공촬영, 지도제작 등 대통령령으로 정하는 업종

② 측량업을 하려는 자는 업종별로 대통령령으로 정하는 기술인력·장비 등의 등록기준을 갖추어 국토교통부장관 또는 시·도지사 또는 대도시 시장에게 등록하여야 한다. 다만, 한국국토정보공사는 측량업의 등록을 하지 아니하고 제1항제2호의 지적측량업을 할 수 있다. 〈개정 2013.3.23., 2014.6.3., 2020.2.18.〉

③ 국토교통부장관 또는 시·도지사 또는 대도시 시장은 제2항에 따른 측량업의 등록을 한 자(이하 "측량업자"라 한다)에게 측량업등록증 및 측량업등록수첩을 발급하여야 한다. 〈개정 2013.3.23., 2020.2.18.〉

④ 측량업자는 등록사항이 변경된 경우에는 국토교통부장관 또는 시·도지사 또는 대도시 시장에게 신고하여야 한다. 〈개정 2013.3.23.〉

⑤ 측량업의 등록, 등록사항의 변경신고, 측량업등록증 및 측량업등록수첩의 발급절차 등에 필요한 사항은 대통령령으로 정한다.

공간정보의 구축 및 관리 등에 관한 법률 시행령 제35조(측량업의 등록 등)

① 법 제44조제1항제1호의 측지측량업과 이 영 제34조제1항제3호부터 제9호까지의 측량업은 국토교통부장관에게 등록하고, 법 제44조제1항제2호의 지적측량업과 이 영 제34조제1항제1호 및 제2호의 측량업은 특별시장·광역시장·특별자치시장 또는 도지사에게 등록하여야 한다. 다만, 특별자치도의 경우에는 법 제44조제1항제1호 및 제2호와 이 영 제34조제1항 각 호의 측량업을 특별자치도지사에게 등록하여야 한다. 〈개정 2013.3.23., 2013.6.11.〉

② 제1항에 따라 측량업의 등록을 하려는 자는 국토교통부령으로 정하는 신청서(전자문서로 된 신청서를 포함한다)에 다음 각 호의 서류(전자문서를 포함한다)를 첨부하여 국토교통부장관 또는 시·도지사에게 제출하여야 한다. 〈개정 2013.3.23., 2014.1.17., 2017.1.10.〉

1. 별표 8에 따른 기술인력을 갖춘 사실을 증명하기 위한 다음 각 목의 서류

> 가. 보유하고 있는 측량기술자의 명단
> 나. 가목의 인력에 대한 측량기술 경력증명서

2. 별표 8에 따른 장비를 갖춘 사실을 증명하기 위한 다음 각 목의 서류

> 가. 보유하고 있는 장비의 명세서
> 나. 가목의 장비의 성능검사서 사본
> 다. 소유권 또는 사용권을 보유한 사실을 증명할 수 있는 서류

13 경위의측량방법에 의하여 지적확정측량을 시행하는 지역에서 1필지의 면적을 산출한 결과 730.45m²인 경우 지적공부에 등록할 면적으로 옳은 것은?

① 730m²
② 730.4m²
③ 730.45m²
④ 730.5m²
⑤ 731m²

풀이 공간정보의 구축 및 관리 등에 관한 법률 시행령 제60조(면적의 결정 및 측량계산의 끝수처리)

① 면적의 결정은 다음 각 호의 방법에 따른다.

> 1. 토지의 면적에 1제곱미터 미만의 끝수가 있는 경우 0.5제곱미터 미만일 때에는 버리고 0.5제곱미터를 초과하는 때에는 올리며, 0.5제곱미터일 때에는 구하려는 끝자리의 숫자가 0 또는 짝수이면 버리고 홀수이면 올린다. 다만, 1필지의 면적이 1제곱미터 미만일 때에는 1제곱미터로 한다.
> 2. 지적도의 축척이 600분의 1인 지역과 경계점좌표등록부에 등록하는 지역의 토지 면적은 제1호에도 불구하고 제곱미터 이하 한 자리 단위로 하되, 0.1제곱미터 미만의 끝수가 있는 경우 0.05제곱미터 미만일 때에는 버리고 0.05제곱미터를 초과할 때에는 올리며, 0.05제곱미터일 때에는 구하려는 끝자리의 숫자가 0 또는 짝수이면 버리고 홀수이면 올린다. 다만, 1필지의 면적이 0.1제곱미터 미만일 때에는 0.1제곱미터로 한다.

② 방위각의 각치(角値), 종횡선의 수치 또는 거리를 계산하는 경우 구하려는 끝자리의 다음 숫자가 5 미만일 때에는 버리고 5를 초과할 때에는 올리며, 5일 때에는 구하려는 끝자리의 숫자가 0 또는 짝수이면 버리고 홀수이면 올린다. 다만, 전자계산조직을 이용하여 연산할 때에는 최종수치에만 이를 적용한다.

정답 13 ②

01 「공간정보의 구축 및 관리 등에 관한 법률」상 용어의 정의 중 옳은 것은?

① "소관청"이라 함은 지적공부를 관리하는 지방자치단체인 시·군·구를 말한다.

② "지목"이라 함은 토지의 주된 형상에 따라 토지의 종류를 구분하여 지적공부에 등록한 것을 말한다.

③ "축척변경"이라 함은 지적도에 등록된 경계점의 정밀도를 높이기 위하여 작은 축척을 큰 축척으로 변경하여 등록하는 것을 말한다.

④ "토지의 표시"라 함은 지적공부에 토지의 소재, 지번, 소유자, 지목, 면적, 경계 또는 좌표를 등록한 것을 말한다.

⑤ "좌표"라 함은 지적측량기준점 또는 경계점의 위치를 경위도좌표로 표시한 것을 말한다.

> **풀이** 공간정보의 구축 및 관리 등에 관한 법률 제2조(정의)
>
> 이 법에서 사용하는 용어의 뜻은 다음과 같다.
>
> 18. "지적소관청"이란 지적공부를 관리하는 시장(「제주특별자치도 설치 및 국제자유도시 조성을 위한 특별법」 제10조제2항에 따른 행정시의 시장을 포함하며, 「지방자치법」 제3조제3항에 따라 자치구가 아닌 구를 두는 시의 시장은 제외한다)·군수 또는 구청장(자치구가 아닌 구의 구청장을 포함한다)을 말한다.
> 20. "토지의 표시"란 지적공부에 토지의 소재·지번(地番)·지목(地目)·면적·경계 또는 좌표를 등록한 것을 말한다.
> 24. "지목"이란 토지의 주된 용도에 따라 토지의 종류를 구분하여 지적공부에 등록한 것을 말한다.
> 25. "경계점"이란 필지를 구획하는 선의 굴곡점으로서 지적도나 임야도에 도해(圖解) 형태로 등록하거나 경계점좌표등록부에 좌표 형태로 등록하는 점을 말한다.
> 34. "축척변경"이란 지적도에 등록된 경계점의 정밀도를 높이기 위하여 작은 축척을 큰 축척으로 변경하여 등록하는 것을 말한다.

02 「공간정보의 구축 및 관리 등에 관한 법률」상 지적공부에 등록하는 토지의 표시사항에 대한 설명으로 틀린 것은?

① 등록전환하여 토지의 지번을 부여할 때 그 지번부여지역 안에서 인접토지의 본번에 부번을 붙이는 것이 원칙이다.

② 소관청이 직권으로 토지표시의 이동현황을 조사하여 지목 등을 결정할 때에는 토지이용현황 조사계획을 수립한다.

③ 지목은 일필지일지목의 원칙, 주지목추종의 원칙, 일시변경불변의 원칙을 적용하여 설정한다.

④ 면적단위는 제곱미터로 하며, 경계점좌표등록부에 등록하는 지역의 토지면적은 제곱미터 이하 한자리 단위이다.

⑤ 도로 및 구거 등의 토지에 절토된 부분이 있는 경우에는 그 경사면의 상단부를 지상경계로 결정한다.

> **풀이** 공간정보의 구축 및 관리 등에 관한 법률 시행규칙 제59조(토지의 조사·등록)
>
> ① 지적소관청은 법 제64조제2항 단서에 따라 토지의 이동현황을 직권으로 조사·측량하여 토지의 지번·지목·면적·경계 또는 좌표를 결정하려는 때에는 토지이동현황 조사계획을 수립하여야 한다. 이 경우 토지이

동현황 조사계획은 시·군·구별로 수립하되, 부득이한 사유가 있는 때에는 읍·면·동별로 수립할 수 있다.

② 지적소관청은 제1항에 따른 토지이동현황 조사계획에 따라 토지의 이동현황을 조사한 때에는 별지 제55호 서식의 토지이동 조사부에 토지의 이동현황을 적어야 한다.

③ 지적소관청은 제2항에 따른 토지이동현황 조사 결과에 따라 토지의 지번·지목·면적·경계 또는 좌표를 결정한 때에는 이에 따라 지적공부를 정리하여야 한다.

④ 지적소관청은 제3항에 따라 지적공부를 정리하려는 때에는 제2항에 따른 토지이동 조사부를 근거로 별지 제56호 서식의 토지이동 조서를 작성하여 별지 제57호 서식의 토지이동정리 결의서에 첨부하여야 하며, 토지이동조서의 아래 부분 여백에 "「공간정보의 구축 및 관리 등에 관한 법률」 제64조제2항 단서에 따른 직권정리"라고 적어야 한다. 〈개정 2017.1.31.〉

03 지목의 설정에 대한 다음의 설명 중 틀린 것은?

① 실외에 기능교육장을 갖춘 자동차운전학원의 부지는 "잡종지"로 한다.
② 경부고속철도와 접속하여 민간자본으로 건축된 역사(驛舍)의 부지는 "대"로 한다.
③ 일반공중의 위락·휴양 등에 적합한 시설물을 종합적으로 갖춘 어린이놀이터는 "유원지"로 한다.
④ 「주차장법」 제19조제4항의 규정에 의하여 시설물의 부지 인근에 설치된 부설주차장은 "주차장"으로 한다.
⑤ 육상에 수산생물 양식을 위하여 인공적으로 설치한 시설물의 부지는 "양어장"으로 한다.

풀이	
주차장	자동차 등의 주차에 필요한 독립적인 시설을 갖춘 부지와 주차전용 건축물 및 이에 접속된 부속시설물의 부지. 다만, 다음 각 목의 어느 하나에 해당하는 시설의 부지는 제외한다. 가. 「주차장법」 제2조제1호가목 및 다목에 따른 노상주차장 및 부설주차장(「주차장법」 제19조제4항에 따라 시설물의 부지 인근에 설치된 부설주차장은 제외한다) 나. 자동차 등의 판매 목적으로 설치된 물류장 및 야외전시장
도로	다음 각 목의 토지. 다만, 아파트·공장 등 단일 용도의 일정한 단지 안에 설치된 통로 등은 제외한다. 가. 일반 공중(公衆)의 교통 운수를 위하여 보행이나 차량운행에 필요한 일정한 설비 또는 형태를 갖추어 이용되는 토지 나. 「도로법」 등 관계 법령에 따라 도로로 개설된 토지 다. 고속도로의 휴게소 부지 라. 2필지 이상에 진입하는 통로로 이용되는 토지
철도용지	교통 운수를 위하여 일정한 궤도 등의 설비와 형태를 갖추어 이용되는 토지와 이에 접속된 역사(驛舍)·차고·발전시설 및 공작창(工作廠) 등 부속시설물의 부지
양어장	육상에 인공으로 조성된 수산생물의 번식 또는 양식을 위한 시설을 갖춘 부지와 이에 접속된 부속시설물의 부지
체육용지	국민의 건강증진 등을 위한 체육활동에 적합한 시설과 형태를 갖춘 종합운동장·실내체육관·야구장·골프장·스키장·승마장·경륜장 등 체육시설의 토지와 이에 접속된 부속시설물의 부지. 다만, 체육시설로서의 영속성과 독립성이 미흡한 정구장·골프연습장·실내수영장 및 체육도장, 유수(流水)를 이용한 요트장 및 카누장 등의 토지는 제외한다.

유원지	일반 공중의 위락·휴양 등에 적합한 시설물을 종합적으로 갖춘 수영장·유선장(遊船場)·낚시터·어린이놀이터·동물원·식물원·민속촌·경마장·야영장 등의 토지와 이에 접속된 부속시설물의 부지. 다만, 이들 시설과의 거리 등으로 보아 독립적인 것으로 인정되는 숙식시설 및 유기장(遊技場)의 부지와 하천·구거 또는 유지[공유(公有)인 것으로 한정한다]로 분류되는 것은 제외한다.
잡종지	다음 각 목의 토지. 다만, 원상회복을 조건으로 돌을 캐내는 곳 또는 흙을 파내는 곳으로 허가된 토지는 제외한다. 가. 갈대밭, 실외에 물건을 쌓아두는 곳, 돌을 캐내는 곳, 흙을 파내는 곳, 야외시장 및 공동우물 나. 변전소, 송신소, 수신소 및 송유시설 등의 부지 다. 여객자동차터미널, 자동차운전학원 및 폐차장 등 자동차와 관련된 독립적인 시설물을 갖춘 부지 라. 공항시설 및 항만시설 부지 마. 도축장, 쓰레기처리장 및 오물처리장 등의 부지 바. 그 밖에 다른 지목에 속하지 않는 토지

04 「공간정보의 구축 및 관리 등에 관한 법률」상 토지이동 신청의 특례 등에 관한 설명 중 틀린 것은?

① 도시개발사업으로 인하여 사업의 착수신고가 된 토지의 소유자가 해당 토지의 이동을 원하는 경우에는 해당 사업의 시행자에게 그 토지의 이동을 신청하도록 요청하여야 하며, 요청을 받은 시행자는 해당 사업에 지장이 없다고 판단되면 지적소관청에 그 이동을 신청하여야 한다.

② 농어촌정비사업으로 인하여 토지의 이동이 있는 때에는 그 사업시행자가 소관청에 그 이동을 신청하여야 한다.

③ 주택법에 의한 공동주택의 부지를 지목변경하는 경우 집합건물의 소유 및 관리에 관한 법률에 의한 관리인이 토지소유자의 신청을 대위할 수 있다.

④ 소관청이 지적측량적부(재)심사 의결서 사본을 송부받아 그 내용에 따라 지적공부의 경계를 정정하는 경우에는 이해관계인의 승낙서를 받아야 한다.

⑤ 주택법의 규정에 의한 주택건설사업의 시행자가 파산으로 토지의 이동을 신청할 수 없는 때에는 그 주택의 시공을 보증한 자 또는 입주예정자 등이 신청할 수 있다.

풀이 공간정보의 구축 및 관리 등에 관한 법률 제86조(도시개발사업 등 시행지역의 토지이동 신청에 관한 특례)

① 「도시개발법」에 따른 도시개발사업, 「농어촌정비법」에 따른 농어촌정비사업, 그 밖에 대통령령으로 정하는 토지개발사업의 시행자는 대통령령으로 정하는 바에 따라 그 사업의 착수·변경 및 완료 사실을 지적소관청에 신고하여야 한다.

② 제1항에 따른 사업과 관련하여 토지의 이동이 필요한 경우에는 해당 사업의 시행자가 지적소관청에 토지의 이동을 신청하여야 한다.

③ 제2항에 따른 토지의 이동은 토지의 형질변경 등의 공사가 준공된 때에 이루어진 것으로 본다.

④ 제1항에 따라 사업의 착수 또는 변경의 신고가 된 토지의 소유자가 해당 토지의 이동을 원하는 경우에는 해당 사업의 시행자에게 그 토지의 이동을 신청하도록 요청하여야 하며, 요청을 받은 시행자는 해당 사업에 지장이 없다고 판단되면 지적소관청에 그 이동을 신청하여야 한다.

공간정보의 구축 및 관리 등에 관한 법률 제87조(신청의 대위)

다음 각 호의 어느 하나에 해당하는 자는 이 법에 따라 토지소유자가 하여야 하는 신청을 대신할 수 있다. 다만, 제84조에 따른 등록사항 정정 대상토지는 제외한다. 〈개정 2014.6.3.〉

1. 공공사업 등에 따라 학교용지 · 도로 · 철도용지 · 제방 · 하천 · 구거 · 유지 · 수도용지 등의 지목으로 되는 토지인 경우 : 해당 사업의 시행자
2. 국가나 지방자치단체가 취득하는 토지인 경우 : 해당 토지를 관리하는 행정기관의 장 또는 지방자치단체의 장
3. 「주택법」에 따른 공동주택의 부지인 경우 : 「집합건물의 소유 및 관리에 관한 법률」에 따른 관리인(관리인이 없는 경우에는 공유자가 선임한 대표자) 또는 해당 사업의 시행자
4. 「민법」 제404조에 따른 채권자

공간정보의 구축 및 관리 등에 관한 법률 시행령 제83조(토지개발사업 등의 범위 및 신고)

② 법 제86조제1항에 따른 도시개발사업 등의 착수 · 변경 또는 완료 사실의 신고는 그 사유가 발생한 날부터 15일 이내에 하여야 한다.

③ 법 제86조제2항에 따른 토지의 이동 신청은 그 신청대상지역이 환지(換地)를 수반하는 경우에는 법 제86조제1항에 따른 사업완료 신고로써 이를 갈음할 수 있다. 이 경우 사업완료 신고서에 법 제86조제2항에 따른 토지의 이동 신청을 갈음한다는 뜻을 적어야 한다.

④ 「주택법」에 따른 주택건설사업의 시행자가 파산 등의 이유로 토지의 이동 신청을 할 수 없을 때에는 그 주택의 시공을 보증한 자 또는 입주예정자 등이 신청할 수 있다.

공간정보의 구축 및 관리 등에 관한 법률 제29조(지적측량의 적부심사 등)

⑨ 시 · 도지사는 제4항에 따라 지방지적위원회의 의결서를 받은 후 해당 지적측량 적부심사 청구인 및 이해관계인이 제6항에 따른 기간에 재심사를 청구하지 아니하면 그 의결서 사본을 지적소관청에 보내야 하며, 제8항에 따라 중앙지적위원회의 의결서를 받은 경우에는 그 의결서 사본에 제4항에 따라 받은 지방지적위원회의 의결서 사본을 첨부하여 지적소관청에 보내야 한다.

⑩ 제9항에 따라 지방지적위원회 또는 중앙지적위원회의 의결서 사본을 받은 지적소관청은 그 내용에 따라 지적공부의 등록사항을 정정하거나 측량성과를 수정하여야 한다.

⑪ 제9항 및 제10항에도 불구하고 특별자치시장은 제4항에 따라 지방지적위원회의 의결서를 받은 후 해당 지적측량 적부심사 청구인 및 이해관계인이 제6항에 따른 기간에 재심사를 청구하지 아니하거나 제8항에 따라 중앙지적위원회의 의결서를 받은 경우에는 직접 그 내용에 따라 지적공부의 등록사항을 정정하거나 측량성과를 수정하여야 한다. 〈신설 2012.12.18.〉

⑫ 지방지적위원회의 의결이 있은 후 제6항에 따른 기간에 재심사를 청구하지 아니하거나 중앙지적위원회의 의결이 있는 경우에는 해당 지적측량성과에 대하여 다시 지적측량 적부심사청구를 할 수 없다.

05 지적측량의뢰인이 지적측량에 따른 손해배상금으로 보험금을 지급받으려고 보험회사에 청구하는 때에 첨부하여야 하는 서류로서 옳은 것은?

① 지적측량수행자가 소관청에 제출한 지적측량수행계획서
② 지적측량 손해배상 대상 토지의 개별공시지가 확인서
③ 지적측량의뢰인이 제출한 지적측량적부심사청구서 사본
④ 지적측량수행자가 시행한 지적측량방법에 대한 의견서
⑤ 지적측량의뢰인과 지적측량수행자 간의 손해배상합의서

공간정보의 구축 및 관리 등에 관한 법률 시행령 제43조(보험금 등의 지급 등)

① 지적측량의뢰인은 법 제51조제1항에 따른 손해배상으로 보험금 · 보증금 또는 공제금을 지급받으려면 다음 각 호의 어느 하나에 해당하는 서류를 첨부하여 보험회사 또는 공간정보산업협회에 손해배상금 지급을 청구하여야 한다. 〈개정 2017.1.10.〉

> 1. 지적측량의뢰인과 지적측량수행자 간의 손해배상합의서 또는 화해조서
> 2. 확정된 법원의 판결문 사본
> 3. 제1호 또는 제2호에 준하는 효력이 있는 서류

② 지적측량수행자는 보험금 · 보증금 또는 공제금으로 손해배상을 하였을 때에는 지체 없이 다시 보증설정을 하고 그 사실을 증명하는 서류를 제35조제1항에 따라 등록한 시 · 도지사에게 제출하여야 한다. 〈개정 2017.1.10.〉

③ 지적소관청은 제1항에 따라 지적측량수행자가 지급하는 손해배상금의 일부를 지적소관청의 지적측량성과 검사 과실로 인하여 지급하여야 하는 경우에 대비하여 공제에 가입할 수 있다.

06 지적측량에 의하여 필지의 면적을 측정하여야 하는 대상으로 틀린 것은?

① 임야대장 등록지를 토지대장 등록지로 옮기는 경우
② 축척이 다른 토지의 합병을 위해 축척변경을 하는 경우
③ 미터법의 시행으로 면적을 환산하여 등록하는 경우
④ 경계침범 부분을 시정하기 위해 분할 등록하는 경우
⑤ 미등록된 토지를 새로이 지적공부에 등록하는 경우

지적측량 시행규칙 제19조(면적측정의 대상)

① 세부측량을 하는 경우 다음 각 호의 어느 하나에 해당하면 필지마다 면적을 측정하여야 한다.
  1. 지적공부의 복구 · 신규등록 · 등록전환 · 분할 및 축척변경을 하는 경우
  2. 법 제84조에 따라 면적 또는 경계를 정정하는 경우
  3. 법 제86조에 따른 도시개발사업 등으로 인한 토지의 이동에 따라 토지의 표시를 새로 결정하는 경우
  4. 경계복원측량 및 지적현황측량에 면적측정이 수반되는 경우

② 제1항에도 불구하고 법 제23조제1항제4호의 경계복원측량과 영 제18조의 지적현황측량을 하는 경우에는 필지마다 면적을 측정하지 아니한다.

면적결정 기준	① 면적결정은 지적측량에 의하여 결정한다. ② 다만, 합병에 따른 면적은 지적측량을 실시하지 않고 합병 전의 각 필지의 면적을 합산하여 결정한다.
면적측정 대상	① 지적공부를 복구하는 경우 ② 신규등록을 하는 경우 ③ 등록전환을 하는 경우 ④ 분할을 하는 경우 ⑤ 도시개발사업 등으로 새로이 경계를 확정하는 경우 ⑥ 축척변경을 하는 경우 ⑦ 등록사항(면적 또는 경계) 정정을 하는 경우 ⑧ 경계복원측량 및 지적현황측량 등에 의하여 면적측정을 필요로 하는 경우

07 「공간정보의 구축 및 관리 등에 관한 법률」상 지번의 구성 및 부여방법에 대한 설명으로 옳은 것은?

① 지번은 소관청이 지번부여지역별로 남동에서 북서로 순차적으로 부여한다.

② 지번은 아라비아숫자로 표기하되, 임야대장 및 임야도에 등록하는 토지의 지번은 숫자 앞에 "임"자를 붙인다.

③ 지번은 본번과 부번으로 구성하되, 본번과 부번 사이에 "-" 또는 "의"로 표시한다.

④ 분할의 경우에는 분할 후의 필지 중 1필지의 지번은 분할 전의 지번으로 하고, 나머지 필지의 지번은 본번의 최종 부번의 다음 순번으로 부번을 부여한다.

⑤ 합병의 경우에는 원칙적으로 합병 대상 지번 중 후순위의 지번을 그 지번으로 하되, 본번으로 된 지번이 있는 때에는 본번 중 선순위의 지번을 합병 후의 지번으로 한다.

풀이 공간정보의 구축 및 관리 등에 관한 법률 시행령 제56조(지번의 구성 및 부여방법 등)

구분		토지이동에 따른 지번의 부여방법
부여방법		① 지번(地番)은 아라비아숫자로 표기하되, 임야대장 및 임야도에 등록하는 토지의 지번은 숫자 앞에 "산"자를 붙인다. ② 지번은 본번(本番)과 부번(副番)으로 구성하되, 본번과 부번 사이에 "-" 표시로 연결한다. 이 경우 "-" 표시는 "의"라고 읽는다. ③ 법 제66조에 따른 지번의 부여방법은 다음 각 호와 같다. 1. 지번은 북서에서 남동으로 순차적으로 부여할 것
신규등록 · 등록전환	원칙	지번부여지역에서 인접토지의 본번에 부번을 붙여서 지번을 부여한다.
	예외	다음의 경우에는 그 지번부여지역의 최종 본번의 다음 순번부터 본번으로 하여 순차적으로 지번을 부여할 수 있다. ① 대상 토지가 그 지번부여지역의 최종 지번의 토지에 인접하여 있는 경우 ② 대상 토지가 이미 등록된 토지와 멀리 떨어져 있어서 등록된 토지의 본번에 부번을 부여하는 것이 불합리한 경우 ③ 대상 토지가 여러 필지로 되어 있는 경우
분할	원칙	분할 후의 필지 중 1필지의 지번은 분할 전의 지번으로 하고, 나머지 필지의 지번은 본번의 최종 부번 다음 순번으로 부번을 부여한다.
	예외	주거·사무실 등의 건축물이 있는 필지에 대해서는 분할 전의 지번을 우선하여 부여하여야 한다.
합병	원칙	합병 대상 지번 중 선순위의 지번을 그 지번으로 하되, 본번으로 된 지번이 있을 때에는 본번 중 선순위의 지번을 합병 후의 지번으로 한다.
	예외	토지소유자가 합병 전의 필지에 주거·사무실 등의 건축물이 있어서 그 건축물이 위치한 지번을 합병 후의 지번으로 신청할 때에는 그 지번을 합병 후의 지번으로 부여하여야 한다.

구분		토지이동에 따른 지번의 부여방법
지적확정측량을 실시한 지역의 각 필지에 지번을 새로 부여하는 경우	원칙	다음 각 목의 지번을 제외한 본번으로 부여한다. ① 지적확정측량을 실시한 지역 안의 종전의 지번과 지적확정측량을 실시한 지역 밖에 있는 본번이 같은 지번이 있을 때 그 지번 ② 지적확정측량을 실시한 지역의 경계에 걸쳐 있는 지번
	예외	부여할 수 있는 종전 지번의 수가 새로 부여할 지번의 수보다 적을 때에는 블록 단위로 하나의 본번을 부여한 후 필지별로 부번을 부여하거나, 그 지번부여지역의 최종 본번 다음 순번부터 본번으로 하여 차례로 지번을 부여할 수 있다.

08 축척변경위원회의 구성 및 기능에 관한 사항으로 틀린 것은?

① 축척변경위원회는 위원의 3분의 1 이상을 토지소유자로 하여야 한다.
② 축척변경위원회는 축척변경시행계획에 관한 사항을 심의 · 의결한다.
③ 축척변경위원회는 5인 이상 10인 이내의 위원으로 구성한다.
④ 축척변경위원회는 청산금의 산정에 관한 사항을 심의 · 의결한다.
⑤ 축척변경위원회는 청산금의 이의신청에 관한 사항을 심의 · 의결한다.

풀이 **공간정보의 구축 및 관리 등에 관한 법률 시행령 제79조(축척변경위원회의 구성 등)**

① 축척변경위원회는 5명 이상 10명 이하의 위원으로 구성하되, 위원의 2분의 1 이상을 토지소유자로 하여야 한다. 이 경우 그 축척변경 시행지역의 토지소유자가 5명 이하일 때에는 토지소유자 전원을 위원으로 위촉하여야 한다.
② 위원장은 위원 중에서 지적소관청이 지명한다.
③ 위원은 다음 각 호의 사람 중에서 지적소관청이 위촉한다.

> 1. 해당 축척변경 시행지역의 토지소유자로서 지역 사정에 정통한 사람
> 2. 지적에 관하여 전문지식을 가진 사람

④ 축척변경위원회의 위원에게는 예산의 범위에서 출석수당과 여비, 그 밖의 실비를 지급할 수 있다. 다만, 공무원인 위원이 그 소관 업무와 직접적으로 관련되어 출석하는 경우에는 그러하지 아니하다.

공간정보의 구축 및 관리 등에 관한 법률 시행령 제80조(축척변경위원회의 기능) **암기** **축⑪**하고 **청④**해라
축척변경위원회는 지적소관청이 회부하는 다음 각 호의 사항을 심의 · 의결한다.

> 1. **축**척변경 시행계획에 관한 사항
> 2. 지번별 **㎡**곱미터당 금액의 결정과 청산금의 산정에 관한 사항
> 3. **청**산금의 이의신청에 관한 사항
> 4. 그 밖에 축척변경과 관련하여 지적**소**관청이 회의에 부치는 사항

09 「공간정보의 구축 및 관리 등에 관한 법률」상 토지의 이동신청 및 정리에 관한 다음의 설명 중 틀린 것은?

① 합병하고자 하는 2필지의 토지가 다른 합병요건을 충족하는 때에는 1필지의 토지에 전세권의 등기가 있을 경우에도 합병 신청을 할 수 있다.

② 합병하고자 하는 2필지의 토지가 다른 합병요건은 충족하나 소유자의 주소가 서로 다른 경우에 합병신청을 할 수 없다.

③ 지적공부의 등록사항이 토지이동정리결의서의 내용과 다르게 정리된 경우에는 소관청이 직권으로 조사하여 이를 정정할 수 있다.

④ 임야도에 등록된 토지가 사실상 형질변경되었으나 지목변경을 할 수 없는 경우 지목변경 없이 등록전환을 신청할 수 있다.

⑤ 토지소유자가 토지이동신청 의무를 이행하지 않아 소관청이 직권으로 조사·측량하여 지적공부를 정리한 때에는 소관청이 이에 소요되는 지적공부정리 신청수수료를 토지소유자에게 징수할 수 있다.

풀이 **공간정보의 구축 및 관리 등에 관한 법률 제80조(합병 신청)** **암기** ㄷㅔㅊㄱㅇㅠ ㅅㅎㅊㅅ공ㅊ

① 토지소유자는 토지를 합병하려면 대통령령으로 정하는 바에 따라 지적소관청에 합병을 신청하여야 한다.

② 토지소유자는 「주택법」에 따른 공동주택의 부지, ㄷ로, ㅊ방, 하ㅊ, 구ㄱ, ㅇ지, 그 밖에 대통령령으로 정하는 토지로서 합병하여야 할 토지가 있으면 그 사유가 발생한 날부터 60일 이내에 지적소관청에 합병을 신청하여야 한다.

③ 다음 각 호의 어느 하나에 해당하는 경우에는 합병 신청을 할 수 없다. 〈개정 2020.2.4.〉

1. 합병하려는 토지의 지번부여지역, 지목 또는 소유자가 서로 다른 경우
2. 합병하려는 토지에 다음 각 목의 등기 외의 등기가 있는 경우

> 가. 소유권·지상권·전세권 또는 임차권의 등기
> 나. 승역지(承役地)에 대한 지역권의 등기
> 다. 합병하려는 토지 전부에 대한 등기원인(登記原因) 및 그 연월일과 접수번호가 같은 저당권의 등기
> 라. 합병하려는 토지 전부에 대한 「부동산등기법」 제81조제1항 각 호의 등기사항이 동일한 신탁등기

3. 그 밖에 합병하려는 토지의 지적도 및 임야도의 축척이 서로 다른 경우 등 대통령령으로 정하는 경우

공간정보의 구축 및 관리 등에 관한 법률 시행령 제66조(합병 신청)

① 토지소유자는 법 제80조제1항 및 제2항에 따라 토지의 합병을 신청할 때에는 합병 사유를 적은 신청서를 지적소관청에 제출하여야 한다.

② 법 제80조제2항에서 "대통령령으로 정하는 토지"란 공ㅈ용지·ㅎ교용지·ㅊ도용지·ㅅ도용지·공원·ㅊ육용지 등 다른 지목의 토지를 말한다.

③ 법 제80조제3항제3호에서 "합병하려는 토지의 지적도 및 임야도의 축척이 서로 다른 경우 등 대통령령으로 정하는 경우"란 다음 각 호의 경우를 말한다. 〈개정 2020.6.9.〉

> 1. 합병하려는 토지의 지적도 및 임야도의 축척이 서로 다른 경우
> 2. 합병하려는 각 필지가 서로 연접하지 않은 경우
> 3. 합병하려는 토지가 등기된 토지와 등기되지 아니한 토지인 경우
> 4. 합병하려는 각 필지의 지목은 같으나 일부 토지의 용도가 다르게 되어 법 제79조제2항에 따른 분할대상 토지인 경우. 다만, 합병 신청과 동시에 토지의 용도에 따라 분할 신청을 하는 경우는 제외한다.

정답 **09** ①

5. 합병하려는 토지의 소유자별 공유지분이 다르거나 소유자의 주소가 서로 다른 경우
6. 합병하려는 토지가 구획정리, 경지정리 또는 축척변경을 시행하고 있는 지역의 토지와 그 지역 밖의 토지인 경우

10 지적공부에 관한 전산자료를 이용 또는 활용하고자 하는 자는 다음 중 누구의 심사를 거쳐야 하는가?(단, 지방자치단체의 장이 승인을 신청하는 경우는 제외한다.)

① 관계 중앙행정기관의 장
② 시 · 도지사
③ 시장 · 군수 · 구청장
④ 지적정보센터장
⑤ 한국전산원장

풀이 **공간정보의 구축 및 관리 등에 관한 법률 시행령 제62조(지적전산자료의 이용 등)**

① 법 제76조제1항에 따라 지적공부에 관한 전산자료(이하 "지적전산자료"라 한다)를 이용하거나 활용하려는 자는 같은 조 제2항에 따라 다음 각 호의 사항을 적은 신청서를 관계 중앙행정기관의 장에게 제출하여 심사를 신청하여야 한다. **암기** **이**용**근** **범내**는 **제보전**하라

1. 자료의 **이**용 또는 활용 **목**적 및 **근**거
2. 자료의 **범**위 및 **내**용
3. 자료의 **제**공 방식, **보**관 기관 및 안**전**관리대책 등

② 제1항에 따른 심사 신청을 받은 관계 중앙행정기관의 장은 다음 각 호의 사항을 심사한 후 그 결과를 신청인에게 통지하여야 한다. **암기** **타적공**은 **사**정 외 **방안** 마련하라

1. 신청 내용의 **타**당성, **적**합성 및 **공**익성
2. 개인의 **사**생활 침해 여부
3. 자료의 목**적** 외 사용 **방**지 및 **안**전관리대책

③ 법 제76조제1항에 따라 지적전산자료의 이용 또는 활용에 관한 승인을 받으려는 자는 승인신청을 할 때에 제2항에 따른 심사 결과를 제출하여야 한다. 다만, 중앙행정기관의 장이 승인을 신청하는 경우에는 제2항에 따른 심사 결과를 제출하지 아니할 수 있다.

④ 제3항에 따른 승인신청을 받은 국토교통부장관, 시 · 도지사 또는 지적소관청은 다음 각 호의 사항을 심사하여야 한다. 〈개정 2013.3.23.〉 **암기** **타적공**은 **사**정 외 **방안** 마련하라 **전지** 여부를

1. 신청 내용의 **타**당성, **적**합성 및 **공**익성
2. 개인의 **사**생활 침해 여부
3. 자료의 목**적** 외 사용 **방**지 및 **안**전관리대책
4. 신청한 사항의 처리가 **전**산정보처리조직으로 가능한지 여부
5. 신청한 사항의 처리가 **지**적업무수행에 지장을 주지 않는지 여부

⑤ 국토교통부장관, 시 · 도지사 또는 지적소관청은 제4항에 따른 심사를 거쳐 지적전산자료의 이용 또는 활용을 승인하였을 때에는 지적전산자료 이용 · 활용 승인대장에 그 내용을 기록 · 관리하고 승인한 자료를 제공하여야 한다. 〈개정 2013.3.23.〉

⑥ 제5항에 따라 지적전산자료의 이용 또는 활용에 관한 승인을 받은 자는 국토교통부령으로 정하는 사용료를 내야 한다. 다만, 국가나 지방자치단체에 대해서는 사용료를 면제한다. 〈개정 2013.3.23.〉

정답 10 ①

11 「공간정보의 구축 및 관리 등에 관한 법률」상 지적측량업의 등록을 할 수 없는 결격 사유가 아닌 것은?

① 피성년후견인 또는 피한정후견인

② 파산자로서 복권되지 아니한 자

③ 금고 이상의 실형을 선고받고 그 집행이 끝나거나 집행이 면제된 날로부터 2년이 지나지 아니한 자

④ 형의 집행유예선고를 받고 그 유예기간 중에 있는 자

⑤ 지적측량업의 등록이 취소된 후 2년이 지나지 아니한 자

풀이 공간정보의 구축 및 관리 등에 관한 법률 제47조(측량업등록의 결격사유)

다음 각 호의 어느 하나에 해당하는 자는 측량업의 등록을 할 수 없다.

1. 피성년후견인 또는 피한정후견인
2. 이 법이나 「국가보안법」 또는 「형법」 제87조부터 제104조까지의 규정을 위반하여 금고 이상의 실형을 선고받고 그 집행이 끝나거나(집행이 끝난 것으로 보는 경우를 포함한다) 집행이 면제된 날부터 2년이 지나지 아니한 자
3. 이 법이나 「국가보안법」 또는 「형법」 제87조부터 제104조까지의 규정을 위반하여 금고 이상의 형의 집행유예를 선고받고 그 집행유예기간 중에 있는 자
4. 제52조에 따라 측량업의 등록이 취소(제47조제1호에 해당하여 등록이 취소된 경우는 제외한다)된 후 2년이 지나지 아니한 자
5. 임원 중에 제1호부터 제4호까지의 어느 하나에 해당하는 자가 있는 법인

12 다음 지적도에 대한 설명으로 틀린 것은?

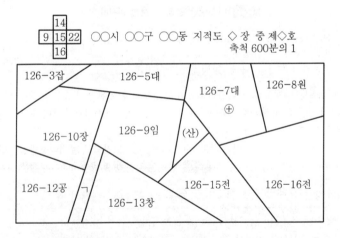

① 지적도의 도면번호는 제15호이다.

② 126-10의 지목은 공장용지이다.

③ 126-7에 제도된 "⊕"은 지적삼각점 위치의 표시이다.

④ (산)으로 표기된 토지는 임야대장등록지이다.

⑤ 126-9의 동쪽 경계는 0.2mm 폭으로 제도한다.

풀이 토지의 경계는 0.1mm 폭의 검은색으로 제도한다.

13 대지권등록부의 등록사항으로만 나열된 것은?

① 토지의 소재 · 지번 · 지목 · 전유분의 건물표시

② 대지권 비율 · 소유권 지분 · 건물명칭 · 개별공시지가

③ 집합건물별 대지권등록부의 장번호 · 토지의 이동사유 · 대지권 비율 · 지번

④ 건물명칭 · 대지권 비율 · 소유권 지분 · 토지의 고유번호

⑤ 지번 · 대지권 비율 · 소유권 지분 · 도면번호

풀이 공간정보의 구축 및 관리 등에 관한 법률 제71조(토지대장 등의 등록사항)

구분	토지표시사항	소유권에 관한 사항	기타
토지대장 (土地臺帳, Land Books) & 임야대장 (林野臺帳, Forest Books)	• **토**지 소재 • **지**번 • **지**목 • **면**적 • 토지의 **이동** 사유	• 토지소유자 **변**동일자 • **변동**원인 • **주**민등록번호 • 성**명** 또는 명칭 • 주**소**	• 토지의 고**유**번호(각 필지를 서로 구별하기 위하여 필지마다 붙이는 고유한 번호를 말한다) • 지적도 또는 임야**도** 번호 • 필지별 토지대장 또는 임야대장의 **장**번호 • **축**척 • **토**지등급 또는 기준수확량 등급과 그 설정 · 수정 연월일 • 개별**공**시지가와 그 기준일
공유지연명부 (共有地連名簿, Common Land Books)	• **토**지 소재 • **지**번	• 토지소유자 **변**동일자 • 변**동**원인 • **주**민등록번호 • 성**명** · 주**소** • 소유권 **지**분	• 토지의 **고**유번호 • 필지별 공유지연명부의 **장**번호
대지권등록부 (垈地權登錄簿, Building Site Rights Books)	• **토**지 소재 • **지**번	• 토지소유자 **변**동일자 및 변동원인 • **주**민등록번호 • 성**명** 또는 명칭 · 주**소** • 대**지**권 비율 • 소유**권** 지분	• 토지의 **고**유번호 • 집합건물별 대지권등록부의 **장**번호 • **건**물의 명칭 • **전**유부분의 건물의 표시

01 「공간정보의 구축 및 관리 등에 관한 법률」에서 규정하고 있는 내용에 관한 설명 중 틀린 것은?

① 지적공부의 관리에 관한 사항

② 토지에 관련된 정보의 지적공부 등록에 관한 사항

③ 지적공부에 등록된 정보의 제공에 관한 사항

④ 국토계획 및 도시환경의 개선에 관한 사항

⑤ 토지에 관련된 정보의 조사·측량에 관한 사항

풀이 국토계획 및 도시환경의 개선에 관한 사항은 「국토의 계획 및 이용에 관한 법률」이다.

공간정보의 구축 및 관리 등에 관한 법률 제1조(목적)
이 법은 측량의 기준 및 절차와 지적공부(地籍公簿)·부동산종합공부(不動産綜合公簿)의 작성 및 관리 등에 관한 사항을 규정함으로써 국토의 효율적 관리 및 국민의 소유권 보호에 기여함을 목적으로 한다.

02 토지의 이동(異動)에 따른 지번부여방법에 관한 설명 중 틀린 것은?

① 등록전환 대상토지가 여러 필지로 되어 있는 경우 그 지번부여지역의 최종 본번의 다음 순번부터 본번으로 하여 순차적으로 지번을 부여할 수 있다.

② 분할의 경우 분할 후의 필지 중 주거·사무실 등의 건축물이 있는 필지에 대하여는 분할 전의 지번을 우선하여 부여하여야 한다.

③ 신규등록의 경우로서 대상토지가 그 지번부여지역 안의 최종 지번의 토지에 인접한 경우 그 지번부여지역의 최종 본번의 다음 본번에 부번을 붙여서 부여하여야 한다.

④ 합병의 경우 합병 전의 필지에 주거·사무실 등의 건축물이 있는 경우 토지소유자가 건축물이 위치한 지번을 합병 후의 지번으로 신청하는 때에는 그 지번을 합병 후의 지번으로 부여하여야 한다.

⑤ 축척변경시행지역 안의 필지에 지번을 새로이 부여하는 때에는 도시개발사업 등이 완료됨에 따라 지적확정측량을 실시한 지역 안에서의 지번부여방법을 준용한다.

풀이 공간정보의 구축 및 관리 등에 관한 법률 시행령 제56조(지번의 구성 및 부여방법 등)

구분	토지이동에 따른 지번의 부여방법
부여방법	① 지번(地番)은 아라비아숫자로 표기하되, 임야대장 및 임야도에 등록하는 토지의 지번은 숫자 앞에 "산"자를 붙인다. ② 지번은 본번(本番)과 부번(副番)으로 구성하되, 본번과 부번 사이에 "－" 표시로 연결한다. 이 경우 "－" 표시는 "의"라고 읽는다. ③ 법 제66조에 따른 지번의 부여방법은 다음 각 호와 같다. 　1. 지번은 북서에서 남동으로 순차적으로 부여할 것

정답 **01** ④ **02** ③

구분		토지이동에 따른 지번의 부여방법
신규등록 · 등록전환	원칙	지번부여지역에서 인접토지의 본번에 부번을 붙여서 지번을 부여한다.
	예외	다음의 경우에는 그 지번부여지역의 최종 본번의 다음 순번부터 본번으로 하여 순차적으로 지번을 부여할 수 있다. ① 대상 토지가 그 지번부여지역의 최종 지번의 토지에 인접하여 있는 경우 ② 대상 토지가 이미 등록된 토지와 멀리 떨어져 있어서 등록된 토지의 본번에 부번을 부여하는 것이 불합리한 경우 ③ 대상 토지가 여러 필지로 되어 있는 경우
분할	원칙	분할 후의 필지 중 1필지의 지번은 분할 전의 지번으로 하고, 나머지 필지의 지번은 본번의 최종 부번 다음 순번으로 부번을 부여한다.
	예외	주거 · 사무실 등의 건축물이 있는 필지에 대해서는 분할 전의 지번을 우선하여 부여하여야 한다.
합병	원칙	합병 대상 지번 중 선순위의 지번을 그 지번으로 하되, 본번으로 된 지번이 있을 때에는 본번 중 선순위의 지번을 합병 후의 지번으로 한다.
	예외	토지소유자가 합병 전의 필지에 주거 · 사무실 등의 건축물이 있어서 그 건축물이 위치한 지번을 합병 후의 지번으로 신청할 때에는 그 지번을 합병 후의 지번으로 부여하여야 한다.
지적확정측량을 실시한 지역의 각 필지에 지번을 새로 부여하는 경우	원칙	다음 각 목의 지번을 제외한 본번으로 부여한다. ① 지적확정측량을 실시한 지역 안의 종전의 지번과 지적확정측량을 실시한 지역 밖에 있는 본번이 같은 지번이 있을 때 그 지번 ② 지적확정측량을 실시한 지역의 경계에 걸쳐 있는 지번
	예외	부여할 수 있는 종전 지번의 수가 새로 부여할 지번의 수보다 적을 때에는 블록 단위로 하나의 본번을 부여한 후 필지별로 부번을 부여하거나, 그 지번부여지역의 최종 본번 다음 순번부터 본번으로 하여 차례로 지번을 부여할 수 있다.
지적확정측량에 준용		① 법 제66조제2항(지적소관청은 지적공부에 등록된 지번을 변경할 필요가 있다고 인정하면 시 · 도지사나 대도시 시장의 승인을 받아 지번부여지역의 전부 또는 일부에 대하여 지번을 새로 부여할 수 있다.)에 따라 지번부여지역의 지번을 변경할 때 ② 법 제85조제2항(지번부여지역의 일부가 행정구역의 개편으로 다른 지번부여지역에 속하게 되었으면 지적소관청은 새로 속하게 된 지번부여지역의 지번을 부여하여야 한다.)에 따른 행정구역 개편에 따라 새로 지번을 부여할 때 ③ 제72조제1항(지적소관청은 축척변경 시행지역의 각 필지별 지번 · 지목 · 면적 · 경계 또는 좌표를 새로 정하여야 한다.)에 따라 축척변경 시행지역의 필지에 지번을 부여할 때
도시개발사업 등의 준공 전		도시개발사업 등이 준공되기 전에 사업시행자가 지번부여를 신청하는 경우에는 국토교통부령으로 정하는 바에 따라 지번을 부여할 수 있다. 지적소관청은 도시개발사업 등이 준공되기 전에 지번을 부여하는 때에는 사업계획도에 따르되, 지적확정측량을 실시한 지역의 각 필지에 지번을 새로 부여하는 경우의 지번부여방식에 따라 지번을 부여하여야 한다.

03 「공간정보의 구축 및 관리 등에 관한 법률」에서 규정한 용어의 정의로서 '토지의 표시'에 해당하는 것은?

① 도곽선의 수치　　　　　　　　　　② 도면번호
③ 대장의 장번호　　　　　　　　　　④ 토지등급
⑤ 경계 또는 좌표

 풀이

토지의 표시	지적공부에 토지의 소재 · 지번(地番) · 지목(地目) · 면적 · 경계 또는 좌표를 등록한 것을 말한다.
필지	대통령령으로 정하는 바에 따라 구획되는 토지의 등록 단위를 말한다.
지번	필지에 부여하여 지적공부에 등록한 번호를 말한다.
지번 부여 지역	지번을 부여하는 단위지역으로서 동 · 리 또는 이에 준하는 지역을 말한다.
지목	토지의 주된 용도에 따라 토지의 종류를 구분하여 지적공부에 등록한 것을 말한다.
경계점	필지를 구획하는 선의 굴곡점으로서 지적도나 임야도에 도해(圖解) 형태로 등록하거나 경계점좌표등록부에 좌표 형태로 등록하는 점을 말한다.
경계	필지별로 경계점들을 직선으로 연결하여 지적공부에 등록한 선을 말한다.
면적	지적공부에 등록한 필지의 수평면상 넓이를 말한다.
토지의 이동(異動)	토지의 표시를 새로 정하거나 변경 또는 말소하는 것을 말한다.

04 지적공부의 복구에 관한 설명 중 틀린 것은?

① 지적공부의 복구에 관한 관계 자료 및 복구절차 등에 관하여 필요한 사항은 국토교통부령으로 정한다.
② 소유자에 관한 사항은 부동산등기부나 법원의 확정판결에 따라 복구하여야 한다.
③ 지적소관청이 작성하거나 발행한 지적공부의 등록내용을 증명하는 서류는 지적공부의 복구자료이다.
④ 측량성과도나 토지이동정리 결의서도 지적공부의 복구자료이다.
⑤ 지적공부를 복구할 때에는 멸실 · 훼손 당시의 지적공부와 가장 부합된다고 인정되는 관계 자료에 따라 토지의 표시에 관한 사항을 복구하여야 한다.

풀이 공간정보의 구축 및 관리 등에 관한 법률 제61조(지적공부의 복구)

① 지적소관청이 법 제74조에 따라 지적공부를 복구할 때에는 멸실 · 훼손 당시의 지적공부와 가장 부합된다고 인정되는 관계 자료에 따라 토지의 표시에 관한 사항을 복구하여야 한다. 다만, 소유자에 관한 사항은 부동산등기부나 법원의 확정판결에 따라 복구하여야 한다.
② 제1항에 따른 지적공부의 복구에 관한 관계 자료 및 복구절차 등에 관하여 필요한 사항은 국토교통부령으로 정한다.

공간정보의 구축 및 관리 등에 관한 법률 시행규칙 제72조(지적공부의 복구자료)
영 제61조제1항에 따른 지적공부의 복구에 관한 관계 자료(이하 "복구자료"라 한다)는 다음 각 호와 같다.

암기 🔵🔵🔵🔵🔵🔵은 🔵🔵🔵에서

1. 🔵동산등기부 🔵본 등 등기사실을 증명하는 서류
2. 🔵적공부의 🔵본

3. 법 제69조제3항(지적공부를 복제하여 관리하는 정보관리체계를 구축하여야 한다)에 따라 **복**제된 지적 공부
4. 지적소관청이 작성하거나 발행한 지적공부의 등록내용을 증**명**하는 서류
5. 측**량** 결과도
6. 토**지**이동정리 결의서
7. 법**원**의 확정판결서 정본 또는 사본

05 부동산중개업자 갑(甲)이 매도의뢰 대상토지를 매수의뢰인 을(乙)에게 중개하기 위하여 해당 지적도등본의 등록사항을 보고 설명할 수 없는 것은?

① 지번에 관한 사항
② 소유자에 관한 사항
③ 지목에 관한 사항
④ 경계에 관한 사항
⑤ 토지의 소재에 관한 사항

풀이 공간정보의 구축 및 관리 등에 관한 법률 제71조(토지대장 등의 등록사항)

구분	토지표시사항	소유권에 관한 사항	기타
토지대장 (土地臺帳, Land Books) & 임야대장 (林野臺帳, Forest Books)	• **토**지 소재 • **지**번 • **지**목 • **면적** • 토지의 **이**동 사유	• 토지소유자 **변**동일자 • 변**동**원인 • **주**민등록번호 • 성**명** 또는 명칭 • 주**소**	• 토지의 고**유**번호(각 필지를 서로 구별하기 위하여 필지마다 붙이는 고유한 번호를 말한다) • 지적도 또는 임야**도** 번호 • 필지별 토지대장 또는 임야대장의 **장**번호 • **축**척 • **토**지등급 또는 기준수확량등급과 그 설정·수정 연월일 • 개별**공**시지가와 그 기준일
지적도(地籍圖, Land Books) & 임야도(林野圖, Forest Books)	• **토**지소재 • **지**번 • **지**목 • **경계** • 경계**점** 간의 거리		• **도**면의 색인도 • 도**면**의 제명 및 축척 • 도곽**선**과 그 수치 • 삼**각**점 및 **지**적기준점의 위치 • 건축물 및 구조물 등의 위치

06 「공간정보의 구축 및 관리 등에 관한 법률」에서 규정하고 있는 면적에 관한 설명 중 틀린 것은?

① 경위의 측량방법으로 세부측량을 한 지역의 필지별 면적측정은 전자면적측정기에 의한다.
② 경계점좌표등록부에 등록하는 지역의 토지면적은 제곱미터 이하 한 자리 단위로 결정한다.
③ '면적'이란 지적공부에 등록된 필지의 수평면상의 넓이를 말한다.
④ 신규등록·등록전환을 하는 때에는 새로이 측량하여 각 필지의 면적을 정한다.
⑤ 토지합병을 하는 경우의 면적결정은 합병 전의 각 필지의 면적을 합산하여 그 필지의 면적으로 한다.

풀이 지적측량 시행규칙 제20조(면적측정의 방법 등)

① 좌표면적계산법에 따른 면적측정은 다음 각 호의 기준에 따른다.

> 1. 경위의 측량방법으로 세부측량을 한 지역의 필지별 면적측정은 경계점 좌표에 따를 것
> 2. 산출면적은 1천분의 1제곱미터까지 계산하여 10분의 1제곱미터 단위로 정할 것

07 신규등록에 관한 설명 중 틀린 것은?

① '신규등록'이라 함은 새로이 조성된 토지 및 등록이 누락되어 있는 토지를 지적공부에 등록하는 것을 말한다.

② 토지소유자는 신규등록할 토지가 있으면 대통령령으로 정하는 바에 따라 그 사유가 발생한 날부터 60일 이내에 지적소관청에 신규등록을 신청하여야 한다.

③ 토지소유자의 신청에 의하여 신규등록을 한 경우 소관청은 토지표시에 관한 사항을 지체 없이 등기관서에 그 등기를 촉탁하여야 한다.

④ 공유수면매립에 의거 신규등록을 신청하는 때에는 신규등록사유를 기재한 신청서에 「공유수면 관리 및 매립에 관한 법률」에 따른 준공검사확인증 사본을 첨부하여 소관청에 제출하여야 한다.

⑤ 신규등록 신청 시 첨부해야 하는 서류를 그 소관청이 관리하는 경우에는 소관청의 확인으로써 그 서류의 제출에 갈음할 수 있다.

풀이 공간정보의 구축 및 관리 등에 관한 법률 제77조(신규등록 신청)

토지소유자는 신규등록할 토지가 있으면 대통령령으로 정하는 바에 따라 그 사유가 발생한 날부터 60일 이내에 지적소관청에 신규등록을 신청하여야 한다.

공간정보의 구축 및 관리 등에 관한 법률 시행령 제63조(신규등록 신청)

토지소유자는 법 제77조에 따라 신규등록을 신청할 때에는 신규등록 사유를 적은 신청서에 국토교통부령으로 정하는 서류를 첨부하여 지적소관청에 제출하여야 한다. 〈개정 2013.3.23.〉

공간정보의 구축 및 관리 등에 관한 법률 시행규칙 제81조(신규등록 신청)

① 영 제63조에서 "국토교통부령으로 정하는 서류"란 다음 각 호의 어느 하나에 해당하는 서류를 말한다. 〈개정 2010.10.15., 2013.3.23.〉

> 1. 법원의 확정판결서 정본 또는 사본
> 2. 「공유수면 관리 및 매립에 관한 법률」에 따른 준공검사확인증 사본
> 3. 법률 제6389호 지적법 개정법률 부칙 제5조에 따라 도시계획구역의 토지를 그 지방자치단체의 명의로 등록하는 때에는 기획재정부장관과 협의한 문서의 사본
> 4. 그 밖에 소유권을 증명할 수 있는 서류의 사본

② 제1항 각 호의 어느 하나에 해당하는 서류를 해당 지적소관청이 관리하는 경우에는 지적소관청의 확인으로 그 서류의 제출을 갈음할 수 있다.

공간정보의 구축 및 관리 등에 관한 법률 제89조(등기촉탁)

① 지적소관청은 제64조제2항(신규등록은 제외한다), 제66조제2항, 제82조, 제83조제2항, 제84조제2항 또는 제85조제2항에 따른 사유로 토지의 표시 변경에 관한 등기를 할 필요가 있는 경우에는 지체 없이 관할 등기관서에 그 등기를 촉탁하여야 한다. 이 경우 등기촉탁은 국가가 국가를 위하여 하는 등기로 본다.

② 제1항에 따른 등기촉탁에 필요한 사항은 국토교통부령으로 정한다.

정답 07 ①

08 지적측량을 하는 자가 지적측량을 위하여 장애물을 제거한 경우 발생한 손실보상에 관한 설명 중 틀린 것은?

① 손실보상은 토지, 건물, 나무, 그 밖의 공작물 등의 임대료 · 거래가격 · 수익성 등을 고려한 적정가격으로 하여야 한다.

② 타인의 토지에 업무로 출입하는 행위로 손실을 받은 자가 있으면 그 행위를 한 자는 그 손실을 보상하여야 한다.

③ 손실보상에 관하여 그 손실을 보상하여야 할 자는 그 손실을 입은 자와 협의하여야 한다.

④ 손실보상에 관한 협의가 성립되지 않을 경우 관할 토지수용위원회에 재결을 신청할 수 있다.

⑤ 재결에 불복하는 자는 재결서 정본(正本)을 송달받은 날부터 30일 이내에 지방토지수용위원회에 이의를 신청할 수 있다. 이 경우 그 이의신청은 해당 지방토지수용위원회를 거쳐야 한다.

> **풀이** 공간정보의 구축 및 관리 등에 관한 법률 제102조(토지 등의 출입 등에 따른 손실보상)
>
> ① 제101조제1항에 따른 행위로 손실을 받은 자가 있으면 그 행위를 한 자는 그 손실을 보상하여야 한다.
>
> > 제101조(토지 등에의 출입 등) ① 이 법에 따라 측량을 하거나, 측량기준점을 설치하거나, 토지의 이동을 조사하는 자는 그 측량 또는 조사 등에 필요한 경우에는 타인의 토지 · 건물 · 공유수면 등(이하 "토지 등"이라 한다)에 출입하거나 일시 사용할 수 있으며, 특히 필요한 경우에는 나무, 흙, 돌, 그 밖의 장애물(이하 "장애물"이라 한다)을 변경하거나 제거할 수 있다. 〈개정 2020.2.18.〉
>
> ② 제1항에 따른 손실보상에 관하여는 손실을 보상할 자와 손실을 받은 자가 협의하여야 한다.
>
> ③ 손실을 보상할 자 또는 손실을 받은 자는 제2항에 따른 협의가 성립되지 아니하거나 협의를 할 수 없는 경우에는 관할 토지수용위원회에 재결(裁決)을 신청할 수 있다.
>
> ④ 관할 토지수용위원회의 재결에 관하여는 「공익사업을 위한 토지 등의 취득 및 보상에 관한 법률」 제84조부터 제88조까지의 규정을 준용한다.

공간정보의 구축 및 관리 등에 관한 법률 시행령 102조(손실보상) **암기** 재량은 손보협에서

① 법 제102조제1항에 따른 손실보상은 토지, 건물, 나무, 그 밖의 공작물 등의 임대료 · 거래가격 · 수익성 등을 고려한 적정가격으로 하여야 한다.

② 법 제102조제3항에 따라 재결을 신청하려는 자는 국토교통부령으로 정하는 바에 따라 다음 각 호의 사항을 적은 재결신청서를 관할 토지수용위원회에 제출하여야 한다. 〈개정 2013.3.23.〉

> 1. 재결의 신청자와 상대방의 성명 및 주소
> 2. 측량의 종류
> 3. 손실 발생 사실
> 4. 보상받으려는 손실액과 그 명세
> 5. 협의의 내용

③ 제2항에 따른 재결에 불복하는 자는 재결서 정본(正本)을 송달받은 날부터 30일 이내에 중앙토지수용위원회에 이의를 신청할 수 있다. 이 경우 그 이의신청은 해당 지방토지수용위원회를 거쳐야 한다.

09 지적측량에 관한 설명 중 틀린 것은?

① 지적측량은 토지를 지적공부에 등록하거나 지적공부에 등록된 경계점을 지상에 복원할 목적으로 한다.

② 민간 개발사업자가 각 필지의 경계 또는 좌표와 면적을 정하는 측량이다.

③ 측판측량, 경위의측량, 전파기 또는 광파기측량, 사진측량 및 위성측량 등의 방법에 의한다.

④ 토지소유자 등 이해관계인은 필요한 경우 지적측량수행자에게 해당 지적측량을 의뢰하여야 한다.

⑤ 지상건축물 등의 현황을 지적도·임야도에 등록된 경계와 대비하여 표시하는 측량을 '지적현황측량'이라고 한다.

풀이 지적은 국가가 전 국토에 대하여 필지 단위로 구획하고 이에 대한 물리적 현황과 법적 권리관계 등을 공적장부에 등록·관리하며 이를 이용·활용하는 행정행위를 말하며 국가의 고유사무로서 지적국정주의의 원칙에 따라 지적공부의 등록사항인 토지의 소재, 지번, 지목, 경계, 좌표 또는 면적 등은 국가(지적소관청)만이 결정할수 있는 권한을 가진다.

10 지적위원회에 관한 설명 중 틀린 것은?

① 시·도에는 중앙지적위원회, 시·군·구에는 지방지적위원회를 둔다.

② 지방지적위원회는 지적측량에 대한 적부심사청구사항을 심의·의결한다.

③ 중앙지적위원회의 위원장 및 부위원장을 제외한 위원의 임기는 2년으로 한다.

④ 중앙지적위원회의 간사는 국토교통부의 지적업무담당 공무원 중에서 국토교통부장관이 임명한다.

⑤ 지방지적위원회는 위원장 및 부위원장 각 1인을 포함하여 5인 이상 10인 이내의 위원으로 구성한다.

풀이 공간정보의 구축 및 관리 등에 관한 법률 제28조(지적위원회) **암기** 정무연개사양무요

① 다음 각 호의 사항을 심의·의결하기 위하여 국토교통부에 중앙지적위원회를 둔다.

> 1. 지적 관련 **정**책 개발 및 업**무** 개선 등에 관한 사항
> 2. 지적측량기술의 **연**구·**개**발 및 보급에 관한 사항
> 3. 제29조제6항에 따른 지적측량 적부심**사**(適否審査)에 대한 재심사(再審査)
> 4. 제39조에 따른 측량기술자 중 지적분야 측량기술자(이하 "지적기술자"라 한다)의 **양**성에 관한 사항
> 5. 제42조에 따른 지적기술자의 업**무**정지 처분 및 징계**요**구에 관한 사항

② 제29조에 따른 지적측량에 대한 적부심사 청구사항을 심의·의결하기 위하여 특별시·광역시·특별자치시·도 또는 특별자치도(이하 "시·도"라 한다)에 지방지적위원회를 둔다. 〈신설 2013.7.17.〉

③ 중앙지적위원회와 지방지적위원회의 위원 구성 및 운영에 필요한 사항은 대통령령으로 정한다. 〈개정 2013.7.17., 2017.10.24.〉

④ 중앙지적위원회와 지방지적위원회의 위원 중 공무원이 아닌 사람은 「형법」 제127조 및 제129조부터 제132조까지의 규정을 적용할 때에는 공무원으로 본다.

공간정보의 구축 및 관리 등에 관한 법률 시행령 제20조(중앙지적위원회의 구성 등)

① 법 제28조제1항에 따른 중앙지적위원회(이하 "중앙지적위원회"라 한다)는 위원장 1명과 부위원장 1명을 포함하여 5명 이상 10명 이하의 위원으로 구성한다. 〈개정 2012.7.4.〉

② 위원장은 국토교통부의 지적업무 담당 국장이, 부위원장은 국토교통부의 지적업무 담당 과장이 된다. 〈개정 2013.3.23.〉

정답 09 ② 10 ①

③ 위원은 지적에 관한 학식과 경험이 풍부한 사람 중에서 국토교통부장관이 임명하거나 위촉한다. 〈개정 2013.3.23.〉

④ 위원장 및 부위원장을 제외한 위원의 임기는 2년으로 한다.

⑤ 중앙지적위원회의 간사는 국토교통부의 지적업무 담당 공무원 중에서 국토교통부장관이 임명하며, 회의 준비, 회의록 작성 및 회의 결과에 따른 업무 등 중앙지적위원회의 서무를 담당한다. 〈개정 2013.3.23.〉

⑥ 중앙지적위원회의 위원에게는 예산의 범위에서 출석수당과 여비, 그 밖의 실비를 지급할 수 있다. 다만, 공무원인 위원이 그 소관 업무와 직접적으로 관련되어 출석하는 경우에는 그러하지 아니하다.

정답

01 지번에 관한 설명으로 옳은 것은?

① 지번은 아라비아숫자로 표기하되, 임야대장 및 임야도에 등록하는 숫자 앞에 "임"자를 붙인다.

② 지번은 소관청이 지번부여지역별로 남동(南東)에서 북서(北西)로 순차적으로 부여한다.

③ 합병의 경우에는 합병대상 지번 중 선순위의 지번을 그 지번으로 하되, 본번으로 된 지번이 있는 때에는 본번 중 최종순위의 지번을 합병 후의 지번으로 하는 것을 원칙으로 한다.

④ 등록전환의 경우에는 그 지번부여지역 안에서 인접토지의 본번에 부번을 붙여서 지번을 부여하는 것을 원칙으로 한다.

⑤ 소관청은 도시개발사업 시행 등의 사유로 지번에 결번이 생긴 때에는 지체 없이 그 사유를 지번대장에 기재하여 영구히 보존하여야 한다.

풀이	
지번의 구성	① 지번(地番)은 아라비아숫자로 표기하되, 임야대장 및 임야도에 등록하는 토지의 지번은 숫자 앞에 "산"자를 붙인다. ② 지번은 본번(本番)과 부번(副番)으로 구성하되, 본번과 부번 사이에 "-" 표시로 연결한다. 이 경우 "-" 표시는 "의"라고 읽는다.
지번부여 기준	① 지번은 지적소관청이 지번부여지역별로 차례대로 부여한다. ② 지번은 북서에서 남동으로 순차적으로 부여할 것
결번대장	지적소관청은 행정구역의 변경, 도시개발사업의 시행, 지번변경, 축척변경, 지번정정 등의 사유로 지번에 결번이 생긴 때에는 지체 없이 그 사유를 결번대장에 적어 영구히 보존하여야 한다.

02 지목에 관한 설명으로 틀린 것은?

① 1필지가 2 이상의 용도로 활용되는 경우에는 주된 용도에 따라 지목을 설정하여야 한다.

② 토지가 일시적 또는 임시적인 용도로 사용되는 때에는 지목을 변경하지 아니한다.

③ 물이 고이거나 상시적으로 물을 저장하고 있는 댐·소류지·연못 등의 토지는 지목을 "유지"로 한다.

④ 용수 또는 배수를 위하여 일정한 형태를 갖춘 인공적인 수로의 지목은 "하천"으로 한다.

⑤ 「국토의 계획 및 이용에 관한 법률」 등 관계법령에 의한 택지조성공사가 준공된 토지는 지목을 "대"로 한다.

풀이 **공간정보의 구축 및 관리 등에 관한 법률 시행령 제58조(지목의 구분)**

법 제67조제1항에 따른 지목의 구분은 다음 각 호의 기준에 따른다.

17. 하천

자연의 유수(流水)가 있거나 있을 것으로 예상되는 토지

18. 구거

용수(用水) 또는 배수(排水)를 위하여 일정한 형태를 갖춘 인공적인 수로·둑 및 그 부속시설물의 부지와 자연의 유수(流水)가 있거나 있을 것으로 예상되는 소규모 수로부지

정답 01 ④ 02 ④

03 토지에 대한 지상경계를 새로이 결정하고자 하는 경우의 기준으로 틀린 것은?(단, 지상경계의 구획을 형성하는 구조물 등의 소유자가 다른 경우는 제외)

① 연접되는 토지 사이에 고저가 없는 경우에는 그 구조물 등의 중앙

② 연접되는 토지 사이에 고저가 있는 경우에는 그 구조물 등의 하단부

③ 공유수면매립지의 토지 중 제방 등을 토지에 편입하여 등록하는 경우에는 안쪽 하단부분

④ 토지가 해면 또는 수면에 접하는 경우에는 최대만조위 또는 최대만수위가 되는 선

⑤ 도로 · 구거 등의 토지에 절토된 부분이 있는 경우에는 그 경사면의 상단부

풀이

공유 수면 매립지의 토지 중 제방 등을 토지에 편입하여 등록하는 경우에는 그림과 같이 바깥쪽 어깨부분을 경계로 부여하여야 한다.

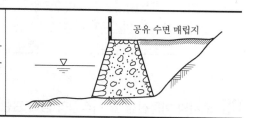

04 다음 지적도면에 표기된 지목의 부호에 관한 설명으로 틀린 것은?

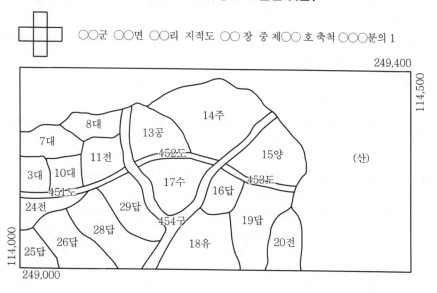

○○군 ○○면 ○○리 지적도 ○○ 장 중 제○○ 호 축척 ○○○분의 1

① 지번 13의 지목은 "공원"이다.
② 지번 14의 지목은 "주차장"이다.
③ 지번 15의 지목은 "양어장"이다.
④ 지번 17의 지목은 "수도용지"이다.
⑤ 지번 18의 지목은 "유지"이다.

풀이 지번 14의 지목은 "주유소용지"이다. 주차장은 차문자인 "차"로 표기한다.

지목의 부호 표기

지목	부호	지목	부호	지목	부호	지목	부호
전	전	대	대	철도용지	철	공원	공
답	답	공장용지	㉓	제방	제	체육용지	체
과수원	과	학교용지	학	하천	㉛	유원지	㉒
목장용지	목	주차장	㉗	구거	구	종교용지	종
임야	임	주유소용지	주	유지	유	사적지	사
광천지	광	창고용지	창	양어장	양	묘지	묘
염전	염	도로	도	수도용지	수	잡종지	잡

05 토지의 이동신청 및 지적정리 등에 관한 설명으로 틀린 것은?

① 합병하고자 하는 토지의 소유자별 공유지분이 다르거나 소유자의 주소가 서로 다른 경우 토지소유자는 합병을 신청할 수 없다.

② 소유권 이전과 매매 그리고 토지이용상 불합리한 지상경계를 시정하기 위한 경우 토지소유자는 분할을 신청할 수 있다.

③ 「국토의 계획 및 이용에 관한 법률」 등 관계법령에 의한 토지의 형질변경 등의 공사가 준공된 경우 토지소유자는 지목변경을 신청할 수 있다.

④ 지적공부의 등록사항이 토지이동정리결의서의 내용과 다르게 정리된 경우 소관청이 직권으로 조사·측량하여 정정할 수 없다.

⑤ 바다로 되어 등록이 말소된 토지가 지형의 변화 등으로 다시 토지로 된 경우 소관청은 회복등록을 할 수 있다.

풀이 공간정보의 구축 및 관리 등에 관한 법률 시행령 제82조(등록사항의 직권정정 등)

① 지적소관청이 법 제84조제2항에 따라 지적공부의 등록사항에 잘못이 있는지를 직권으로 조사·측량하여 정정할 수 있는 경우는 다음 각 호와 같다. 〈개정 2015.6.1., 2017.1.10.〉

> 1. 제84조제2항에 따른 토지이동정리 결의서의 내용과 다르게 정리된 경우
> 2. 지적도 및 임야도에 등록된 필지가 면적의 증감 없이 경계의 위치만 잘못된 경우
> 3. 1필지가 각각 다른 지적도나 임야도에 등록되어 있는 경우로서 지적공부에 등록된 면적과 측량한 실제면적은 일치하지만 지적도나 임야도에 등록된 경계가 서로 접합되지 않아 지적도나 임야도에 등록된 경계를 지상의 경계에 맞추어 정정하여야 하는 토지가 발견된 경우
> 4. 지적공부의 작성 또는 재작성 당시 잘못 정리된 경우
> 5. 지적측량성과와 다르게 정리된 경우
> 6. 법 제29조제10항에 따라 지적공부의 등록사항을 정정하여야 하는 경우
> 7. 지적공부의 등록사항이 잘못 입력된 경우
> 8. 「부동산등기법」 제37조제2항에 따른 통지가 있는 경우(지적소관청의 착오로 잘못 합병한 경우만 해당한다)
> 9. 법률 제2801호 지적법 개정법률 부칙 제3조에 따른 면적 환산이 잘못된 경우

정답 05 ④

② 지적소관청은 제1항 각 호의 어느 하나에 해당하는 토지가 있을 때에는 지체 없이 관계 서류에 따라 지적공부의 등록사항을 정정하여야 한다.

③ 지적공부의 등록사항 중 경계나 면적 등 측량을 수반하는 토지의 표시가 잘못된 경우에는 지적소관청은 그 정정이 완료될 때까지 지적측량을 정지시킬 수 있다. 다만, 잘못 표시된 사항의 정정을 위한 지적측량은 그러하지 아니하다.

06 1필지의 토지에 대한 지목과 면적 등이 등록된 것은?

① 일람도

② 토지대장

③ 지번색인표

④ 대지권등록부

⑤ 공유지연명부

풀이 공간정보의 구축 및 관리 등에 관한 법률 제71조(토지대장 등의 등록사항)

구분	토지표시사항	소유권에 관한 사항	기타
토지대장 (土地臺帳, Land Books) & 임야대장 (林野臺帳, Forest Books)	• **토**지 소재 • **지**번 • 지목 • 면**적** • 토지의 **이**동 사유	• 토지소유자 **변**동일자 • 변**동**원인 • **주**민등록번호 • 성**명** 또는 명칭 • 주**소**	• 토지의 고**유**번호(각 필지를 서로 구별하기 위하여 필지마다 붙이는 고유한 번호를 말한다) • 지적도 또는 임야**도** 번호 • 필지별 토지대장 또는 임야대장의 **장**번호 • **축**척 • **토**지등급 또는 기준수확량 등급과 그 설정·수정 연월일 • 개별**공**시지가와 그 기준일
공유지연명부 (共有地連名簿, Common Land Books)	• **토**지 소재 • **지**번	• 토지소유자 **변**동일자 • 변**동**원인 • **주**민등록번호 • 성**명**·주**소** • 소유권 **지**분	• 토지의 **고**유번호 • 필지별 공유지연명부의 **장**번호

07 지적공부의 토지소유자 정리 등에 관한 설명으로 틀린 것은?

① 신규등록을 제외한 토지소유자의 변경사항은 등기관서에서 등기한 것을 증명하는 등기필통지서, 등기필증, 등기부등·초본 또는 등기관서에서 제공한 등기전산정보자료에 의하여 정리한다.

② 국유재산법에 의한 총괄청 또는 관리청이 지적공부에 소유자가 등록되지 아니한 토지에 대하여 소유자등록신청을 하는 경우 소관청은 이를 등록할 수 있다.

③ 등기부에 기재된 토지의 표시가 지적공부와 부합하지 아니하는 때에는 지적공부의 토지소유자를 정리할 수 없다. 이 경우 그 뜻을 관할 등기관서에 통지하여야 한다.

④ 소관청 소속공무원이 지적공부와 부동산등기부의 부합 여부를 확인하기 위하여 등기부를 열람하거나 등기부등·초본의 교부를 신청하거나 등기전산정보자료의 제공을 요청하는 경우 그 수수료는 무료로 한다.

⑤ 소관청은 토지소유자의 변동 등에 따른 지적공부를 정리하고자 하는 경우에는 토지이동정리 결의서를 작성하여야 한다.

풀이 **공간정보의 구축 및 관리 등에 관한 법률 제88조(토지소유자의 정리)**

① 지적공부에 등록된 토지소유자의 변경사항은 등기관서에서 등기한 것을 증명하는 등기필증, 등기완료통지서, 등기사항증명서 또는 등기관서에서 제공한 등기전산정보자료에 따라 정리한다. 다만, 신규등록하는 토지의 소유자는 지적소관청이 직접 조사하여 등록한다. 〈개정 2011.4.12.〉

② 「국유재산법」 제2조제10호에 따른 총괄청이나 같은 조 제11호에 따른 중앙관서의 장이 같은 법 제12조제3항에 따라 소유자 없는 부동산에 대한 소유자 등록을 신청하는 경우 지적소관청은 지적공부에 해당 토지의 소유자가 등록되지 아니한 경우에만 등록할 수 있다. 〈개정 2011.3.30.〉

③ 등기부에 적혀 있는 토지의 표시가 지적공부와 일치하지 아니하면 제1항에 따라 토지소유자를 정리할 수 없다. 이 경우 토지의 표시와 지적공부가 일치하지 아니하다는 사실을 관할 등기관서에 통지하여야 한다.

④ 지적소관청은 필요하다고 인정하는 경우에는 관할 등기관서의 등기부를 열람하여 지적공부와 부동산등기부가 일치하는지 여부를 조사·확인하여야 하며, 일치하지 아니하는 사항을 발견하면 등기사항증명서 또는 등기관서에서 제공한 등기전산정보자료에 따라 지적공부를 직권으로 정리하거나, 토지소유자나 그 밖의 이해관계인에게 그 지적공부와 부동산등기부가 일치하게 하는 데에 필요한 신청 등을 하도록 요구할 수 있다. 〈개정 2011.4.12.〉

⑤ 지적소관청 소속 공무원이 지적공부와 부동산등기부의 부합 여부를 확인하기 위하여 등기부를 열람하거나, 등기사항증명서의 발급을 신청하거나, 등기전산정보자료의 제공을 요청하는 경우 그 수수료는 무료로 한다. 〈개정 2011.4.12.〉

공간정보의 구축 및 관리 등에 관한 법률 시행령 제84조(지적공부의 정리 등)

① 지적소관청은 지적공부가 다음 각 호의 어느 하나에 해당하는 경우에는 지적공부를 정리하여야 한다. 이 경우 이미 작성된 지적공부에 정리할 수 없을 때에는 새로 작성하여야 한다.

> 1. 법 제66조제2항에 따라 지번을 변경하는 경우
> 2. 법 제74조에 따라 지적공부를 복구하는 경우
> 3. 법 제77조부터 제86조까지의 규정에 따른 신규등록·등록전환·분할·합병·지목변경 등 토지의 이동이 있는 경우

② 지적소관청은 제1항에 따른 토지의 이동이 있는 경우에는 토지이동정리 결의서를 작성하여야 하고, 토지소유자의 변동 등에 따라 지적공부를 정리하려는 경우에는 소유자정리 결의서를 작성하여야 한다.

③ 제1항 및 제2항에 따른 지적공부의 정리방법, 토지이동정리 결의서 및 소유자정리 결의서 작성방법 등에 관하여 필요한 사항은 국토교통부령으로 정한다.

08 축척변경에 관한 설명으로 틀린 것은?

① 청산금의 납부 및 지급이 완료된 때에는 소관청은 지체 없이 축척변경의 확정공고를 하여야 하며, 확정공고일에 토지의 이동이 있는 것으로 본다.

② 청산금의 납부고지 또는 수령통지된 청산금에 관하여 이의가 있는 자는 납부고지 또는 수령통지를 받은 날부터 60일 이내에 소관청에 이의신청을 할 수 있다.

③ 축척변경 시행지역 안의 토지소유자 또는 점유자는 시행 공고가 있는 날부터 30일 이내에 시행공고일 현재 점유하고 있는 경계에 경계점표지를 설치하여야 한다.

④ 소관청은 청산금의 결정을 공고한 날부터 20일 이내에 토지소유자에게 청산금의 납부고지 또는 수령통지를 하여야 한다.

⑤ 청산금의 납부고지를 받은 자는 그 고지를 받은 날부터 6개월 이내에 청산금을 소관청에 납부하여야 한다.

> **풀이** 공간정보의 구축 및 관리 등에 관한 법률 시행령 제76조(청산금의 납부고지 등)
> ① 지적소관청은 제75조제4항에 따라 청산금의 결정을 공고한 날부터 20일 이내에 토지소유자에게 청산금의 납부고지 또는 수령통지를 하여야 한다.
> ② 제1항에 따른 납부고지를 받은 자는 그 고지를 받은 날부터 6개월 이내에 청산금을 지적소관청에 내야 한다. 〈개정 2017.1.10.〉
> ③ 지적소관청은 제1항에 따른 수령통지를 한 날부터 6개월 이내에 청산금을 지급하여야 한다.
> ④ 지적소관청은 청산금을 지급받을 자가 행방불명 등으로 받을 수 없거나 받기를 거부할 때에는 그 청산금을 공탁할 수 있다.
> ⑤ 지적소관청은 청산금을 내야 하는 자가 제77조제1항에 따른 기간 내에 청산금에 관한 이의신청을 하지 아니하고 제2항에 따른 기간 내에 청산금을 내지 아니하면 지방세 체납처분의 예에 따라 징수할 수 있다.
>
> **공간정보의 구축 및 관리 등에 관한 법률 시행령 제77조(청산금에 관한 이의신청)**
> ① 제76조제1항에 따라 납부고지되거나 수령통지된 청산금에 관하여 이의가 있는 자는 납부고지 또는 수령통지를 받은 날부터 1개월 이내에 지적소관청에 이의신청을 할 수 있다.
> ② 제1항에 따른 이의신청을 받은 지적소관청은 1개월 이내에 축척변경위원회의 심의·의결을 거쳐 그 인용(認容) 여부를 결정한 후 지체 없이 그 내용을 이의신청인에게 통지하여야 한다.
>
> **공간정보의 구축 및 관리 등에 관한 법률 시행령 제78조(축척변경의 확정공고)**
> ① 청산금의 납부 및 지급이 완료되었을 때에는 지적소관청은 지체 없이 축척변경의 확정공고를 하여야 한다.
> ② 지적소관청은 제1항에 따른 확정공고를 하였을 때에는 지체 없이 축척변경에 따라 확정된 사항을 지적공부에 등록하여야 한다.
> ③ 축척변경 시행지역의 토지는 제1항에 따른 확정공고일에 토지의 이동이 있는 것으로 본다.

09 소관청이 지적정리로 인한 토지표시의 변경에 관한 등기촉탁을 하여야 할 필요가 있는 경우에 해당되지 않는 것은?

① 「공유수면매립법」에 의해 준공된 토지를 신규등록한 때
② 토지의 형질변경 등의 공사가 준공되어 지목변경한 때
③ 지적공부에 등록된 지번을 변경할 필요가 있어 지번을 새로이 부여한 때
④ 행정구역의 개편으로 새로이 지번을 부여한 때
⑤ 바다로 된 토지의 등록을 말소한 때

(풀이) **공간정보의 구축 및 관리 등에 관한 법률 제89조(등기촉탁)**

등기촉탁대상	• 지적공부의 등록된 토지의 표시사항(토지의 소재·지번·지목·면적·경계 등)을 변경 정리한 경우 • 지번을 변경한 때 • 바다로 된 토지를 등록말소한 때 • 축척변경을 한 때 • 행정구역의 개편으로 새로이 지번을 정할 때 • 직권으로 등록사항을 정정한 때
등기촉탁대상 제외	신규등록은 토지소유자가 보존등기를 하여야 하므로 등기촉탁의 대상에서 제외된다.

10 갑(甲) 소유의 토지 300m²의 일부를 을(乙)에게 매도하기 위하여 분할하고자 하는 경우에 관한 설명으로 틀린 것은?

① 甲이 분할을 위한 측량을 의뢰하고자 하는 경우 지적측량 수행자에게 하여야 한다.
② 매도할 토지가 분할허가 대상인 경우에는 甲이 분할사유를 기재한 신청서에 허가서 사본을 첨부하여야 한다.
③ 분할측량을 하는 때에는 분할되는 필지마다 면적을 측정하지 않아도 된다.
④ 분할에 따른 지상경계는 지상건축물을 걸리게 결정하지 않는 것이 원칙이다.
⑤ 분할측량을 하고자 하는 경우에는 지상경계점에 경계점표지를 설치한 후 측량할 수 있다.

(풀이) **지적측량 시행규칙 제19조(면적측정의 대상)**
① 세부측량을 하는 경우 다음 각 호의 어느 하나에 해당하면 필지마다 면적을 측정하여야 한다.
   1. 지적공부의 복구·신규등록·등록전환·분할 및 축척변경을 하는 경우
   2. 법 제84조에 따라 면적 또는 경계를 정정하는 경우
   3. 법 제86조에 따른 도시개발사업 등으로 인한 토지의 이동에 따라 토지의 표시를 새로 결정하는 경우
   4. 경계복원측량 및 지적현황측량에 면적측정이 수반되는 경우
② 제1항에도 불구하고 법 제23조제1항제4호의 경계복원측량과 영 제18조의 지적현황측량을 하는 경우에는 필지마다 면적을 측정하지 아니한다.

11 지적측량에 관한 설명으로 틀린 것은?

① 지적현황측량은 지상건축물 등의 현황을 지적도면에 등록된 경계와 대비하여 표시하기 위해 실시하는 측량을 말한다.

② 지적측량수행자는 지적측량의뢰가 있는 경우 지적측량을 실시하여 그 측량성과를 결정하여야 한다.

③ 지적측량수행자가 경계복원측량을 실시한 때에는 시·도지사 또는 소관청에게 측량성과에 대한 검사를 받아야 한다.

④ 지적측량은 기초측량 및 세부측량으로 구분하며, 측판측량·경위의측량·전파기 또는 광파기측량·사진측량 및 위성측량 등의 방법에 의한다.

⑤ "지적측량"이란 토지를 지적공부에 등록하거나 지적공부에 등록된 경계점을 지상에 복원하기 위하여 제21호에 따른 필지의 경계 또는 좌표와 면적을 정하는 측량을 말하며, 지적확정측량 및 지적재조사측량을 포함한다.

풀이 공간정보의 구축 및 관리 등에 관한 법률 제25조(지적측량성과의 검사)

① 지적측량수행자가 제23조에 따라 지적측량을 하였으면 시·도지사, 대도시 시장(「지방자치법」제3조제3항에 따라 자치구가 아닌 구가 설치된 시의 시장을 말한다. 이하 같다) 또는 지적소관청으로부터 측량성과에 대한 검사를 받아야 한다. 다만, 지적공부를 정리하지 아니하는 측량으로서 국토교통부령으로 정하는 측량(경계복원측량 및 지적현황측량)의 경우에는 그러하지 아니하다.

② 제1항에 따른 지적측량성과의 검사방법 및 검사절차 등에 필요한 사항은 국토교통부령으로 정한다.

12 동(洞)지역의 1필지 토지에 대하여 지적측량기준점을 설치하지 않고 분할측량을 하고자 하는 경우, 지적측량수행자의 측량기간과 소관청의 검사기간으로 옳은 것은?(단, 측량의뢰인과 지적측량수행자가 합의하여 기간을 정한 경우는 제외)

① 측량기간 5일, 검사기간 4일   ② 측량기간 6일, 검사기간 4일

③ 측량기간 7일, 검사기간 5일   ④ 측량기간 5일, 검사기간 6일

⑤ 측량기간 6일, 검사기간 5일

풀이 공간정보의 구축 및 관리 등에 관한 법률 시행규칙 제25조(지적측량 의뢰 등)

① 법 제24조제1항에 따라 지적측량을 의뢰하려는 자는 별지 제15호 서식의 지적측량 의뢰서(전자문서로 된 의뢰서를 포함한다)에 의뢰 사유를 증명하는 서류(전자문서를 포함한다)를 첨부하여 지적측량수행자에게 제출하여야 한다. 〈개정 2014.1.17.〉

② 지적측량수행자는 제1항에 따른 지적측량 의뢰를 받은 때에는 측량기간, 측량일자 및 측량 수수료 등을 적은 별지 제16호 서식의 지적측량 수행계획서를 그 다음 날까지 지적소관청에 제출하여야 한다. 제출한 지적측량 수행계획서를 변경한 경우에도 같다. 〈개정 2014.1.17.〉

③ 지적측량의 측량기간은 5일로 하며, 측량검사기간은 4일로 한다. 다만, 지적기준점을 설치하여 측량 또는 측량검사를 하는 경우 지적기준점이 15점 이하인 경우에는 4일을, 15점을 초과하는 경우에는 4일에 15점을 초과하는 4점마다 1일을 가산한다. 〈개정 2010.6.17.〉

④ 제3항에도 불구하고 지적측량 의뢰인과 지적측량수행자가 서로 합의하여 따로 기간을 정하는 경우에는 그 기간에 따르되, 전체 기간의 4분의 3은 측량기간으로, 전체 기간의 4분의 1은 측량검사기간으로 본다.

정답 11 ③   12 ①

01 지목을 지적도 및 임야도에 등록하는 때에는 부호로 표기하여야 한다. 다음 중 지목과 부호의 연결이 옳은 것은?

① 철도용지 – 철
② 공장용지 – 공
③ 주유소용지 – 유
④ 목장용지 – 장
⑤ 양어장 – 어

풀이 지목의 부호 표기

지목	부호	지목	부호	지목	부호	지목	부호
전	전	대	대	철도용지	철	공원	공
답	답	공장용지	㉛	제방	제	체육용지	체
과수원	과	학교용지	학	하천	㉜	유원지	㉝
목장용지	목	주차장	㉔	구거	구	종교용지	종
임야	임	주유소용지	주	유지	유	사적지	사
광천지	광	창고용지	창	양어장	양	묘지	묘
염전	염	도로	도	수도용지	수	잡종지	잡

02 토지대장의 등록사항에 해당되는 것을 모두 고른 것은?

ㄱ. 토지의 소재　　　　　ㄴ. 지번　　　　　ㄷ. 지목
ㄹ. 면적　　　　　ㅁ. 소유자의 성명 또는 명칭　　　　　ㅂ. 대지권 비율
ㅅ. 경계 또는 좌표

① ㄱ, ㄴ, ㄷ, ㄹ, ㅁ
② ㄱ, ㄴ, ㄷ, ㄹ, ㅂ
③ ㄱ, ㄴ, ㄷ, ㅁ, ㅅ
④ ㄱ, ㄴ, ㄹ, ㅁ, ㅂ
⑤ ㄱ, ㄴ, ㄹ, ㅂ, ㅅ

풀이 공간정보의 구축 및 관리 등에 관한 법률 제71조(토지대장 등의 등록사항)

구분	토지표시사항	소유권에 관한 사항	기타
토지대장 (土地臺帳, Land Books) & 임야대장 (林野臺帳, Forest Books)	• **토**지 소재 • **지**번 • **지목** • **면적** • 토지의 **이동** 사유	• 토지소유자 **변**동일자 • 변**동**원인 • **주**민등록번호 • 성**명** 또는 명칭 • 주**소**	• 토지의 고유번호(각 필지를 서로 구별하기 위하여 필지마다 붙이는 고유한 번호를 말한다) • 지적도 또는 임야**도** 번호 • 필지별 토지대장 또는 임야대장의 **장**번호

정답 01 ① 02 ①

구분	토지표시사항	소유권에 관한 사항	기타
토지대장 (土地臺帳, Land Books) & 임야대장 (林野臺帳, Forest Books)			• **축**척 • **토**지등급 또는 기준수확량 등급과 그 설정·수정 연 월일 • 개별**공**시지가와 그 기준일

03 「공간정보의 구축 및 관리 등에 관한 법률」에서 정의하고 있는 용어에 관한 설명으로 틀린 것은?

① '토지의 표시'라 함은 지적공부에 토지의 소재·지번·지목·면적·경계 또는 좌표를 등록한 것을 말한다.

② '지번부여지역'이라 함은 지번을 부여하는 단위지역으로서 동·리 또는 이에 준하는 지역을 말한다.

③ '지목'이라 함은 토지의 지형에 따라 토지의 종류를 구분하여 지적공부에 등록한 것을 말한다.

④ '경계점'이라 함은 지적공부에 등록하는 필지를 구획하는 선의 굴곡점과 경계점좌표등록부에 등록하는 평면직각종횡선수치의 교차점을 말한다.

⑤ '토지의 이동'이라 함은 토지의 표시를 새로이 정하거나 변경 또는 말소하는 것을 말한다.

풀이	
토지의 표시	지적공부에 토지의 소재·지번(地番)·지목(地目)·면적·경계 또는 좌표를 등록한 것을 말한다.
필지	대통령령으로 정하는 바에 따라 구획되는 토지의 등록 단위를 말한다.
지번	필지에 부여하여 지적공부에 등록한 번호를 말한다.
지번 부여 지역	지번을 부여하는 단위 지역으로서 동·리 또는 이에 준하는 지역을 말한다.
지목	토지의 주된 용도에 따라 토지의 종류를 구분하여 지적공부에 등록한 것을 말한다.
경계점	필지를 구획하는 선의 굴곡점으로서 지적도나 임야도에 도해(圖解) 형태로 등록하거나 경계점좌표등록부에 좌표 형태로 등록하는 점을 말한다.
경계	필지별로 경계점들을 직선으로 연결하여 지적공부에 등록한 선을 말한다.
면적	지적공부에 등록한 필지의 수평면상 넓이를 말한다.
토지의 이동(異動)	토지의 표시를 새로 정하거나 변경 또는 말소하는 것을 말한다.

04 토지의 이동이 있는 때 토지소유자의 신청이 없어 소관청이 직권으로 조사·측량하여 토지의 지번·지목·면적·경계 또는 좌표를 결정하고자 하는 경우 공간정보관리법에서 수립하도록 규정한 계획은?

① 토지이용기본계획

② 지적재조사기본계획

③ 토지이동현황 조사계획

④ 지적불부합지정리계획

⑤ 시·군·구 도시관리계획

① 지적소관청은 법 제64조제2항 단서에 따라 토지의 이동현황을 직권으로 조사·측량하여 토지의 지번·지목·면적·경계 또는 좌표를 결정하려는 때에는 토지이동현황 조사계획을 수립하여야 한다. 이 경우 토지이동현황 조사계획은 시·군·구별로 수립하되, 부득이한 사유가 있는 때에는 읍·면·동별로 수립할 수 있다.

05 토지의 조건이 다음과 같을 때 1필지로 할 수 있는 경우는?

> • 지번부여지역 안의 토지로서 소유자가 동일하고 지반이 연속된 토지임
> • 주된 용도(과수원)의 토지가 종된 용도(유지)의 토지를 둘러싸고 있음

① 과수원의 면적이 5,000m²이고, 유지의 면적이 450m²인 경우
② 과수원의 면적이 4,000m²이고, 유지의 면적이 331m²인 경우
③ 과수원의 면적이 3,000m²이고, 유지의 면적이 301m²인 경우
④ 과수원의 면적이 2,000m²이고, 유지의 면적이 220m²인 경우
⑤ 과수원의 면적이 1,000m²이고, 유지의 면적이 100m²인 경우

풀이 공간정보의 구축 및 관리 등에 관한 법률 시행령 제5조(1필지로 정할 수 있는 기준)
① 법 제2조제21호에 따라 지번부여지역의 토지로서 소유자와 용도가 같고 지반이 연속된 토지는 1필지로 할 수 있다.
② 제1항에도 불구하고 다음 각 호의 어느 하나에 해당하는 토지는 주된 용도의 토지에 편입하여 1필지로 할 수 있다. 다만, 종된 용도의 토지의 지목(地目)이 "대"(垈)인 경우와 종된 용도의 토지 면적이 주된 용도의 토지 면적의 10퍼센트를 초과하거나 330제곱미터를 초과하는 경우에는 그러하지 아니하다.
 1. 주된 용도의 토지의 편의를 위하여 설치된 도로·구거(溝渠 : 도랑) 등의 부지
 2. 주된 용도의 토지에 접속되거나 주된 용도의 토지로 둘러싸인 토지로서 다른 용도로 사용되고 있는 토지

06 지적공부의 열람 및 등본교부 등에 관한 설명으로 틀린 것은?

① 지적공부를 열람하거나 그 등본을 교부받고자 하는 자는 지적공부열람·등본교부신청서를 소관청에 제출하여야 한다.
② 지적공부를 열람하거나 그 등본을 교부받고자 하는 자는 열람 및 등본교부 수수료를 그 지방자치단체의 수입인지로 소관청에 납부하여야 한다.
③ 지적측량업무에 종사하는 지적기술자가 그 업무와 관련하여 지적공부를 열람하는 경우 그 수수료를 면제한다.
④ 국토교통부장관은 정보통신망을 이용하여 전자화폐·전자결제 등의 방법으로 지적공부의 열람 및 등본교부 수수료를 납부하게 할 수 있다.
⑤ 토지대장의 열람 및 등본교부 수수료는 1필지를 기준으로 하되, 1필지당 20장을 초과하는 매 1장당 100원을 가산한다.

풀이 공간정보의 구축 및 관리 등에 관한 법률 시행규칙 제115조(수수료)

⑥ 제1항부터 제5항까지의 수수료는 수입인지, 수입증지 또는 현금으로 내야 한다. 다만, 법 제93조제1항에 따라 등록한 성능검사대행자가 하는 성능검사 수수료와 법 제105조제2항에 따라 공간정보산업협회 등에 위탁된 업무의 수수료는 현금으로 내야 한다.

⑦ 국토교통부장관, 국토지리정보원장, 국립해양조사원장, 시·도지사 및 지적소관청은 제6항에도 불구하고 정보통신망을 이용하여 전자화폐·전자결제 등의 방법으로 수수료를 내게 할 수 있다.

공간정보의 구축 및 관리 등에 관한 법률 시행규칙 [별표 12] 〈개정 2019.2.25.〉

업무 종류에 따른 수수료의 금액(제115조제1항 관련)

11. 지적공부의 열람 신청			법 제106조제1항제13호
가. 방문 열람			
1) 토지대장	1필지당	300원	
2) 임야대장	1필지당	300원	
3) 지적도	1장당	400원	
4) 임야도	1장당	400원	
5) 경계점좌표등록부	1필지당	300원	
나. 인터넷 열람			
1) 토지대장	1필지당	무료	
2) 임야대장	1필지당	무료	
3) 지적도	1장당	무료	
4) 임야도	1장당	무료	
5) 경계점좌표등록부	1필지당	무료	
13. 지적전산자료의 이용 또는 활용 신청			법 제106조제1항제14호
가. 자료를 인쇄물로 제공하는 경우	1필지당	30원	
나. 자료를 자기디스크 등 전산매체로 제공하는 경우	1필지당	20원	

[비고]

가) 국가 또는 지방자치단체의 지적공부정리 신청 수수료는 면제한다.

나) 부동산종합증명서 방문 발급 시 1통에 대한 발급수수료는 20장까지는 기본수수료를 적용하고, 1통이 20장을 초과하는 때에는 초과 1장마다 50원의 수수료를 추가 적용한다.

다) 토지(임야)대장 및 경계점좌표등록부의 열람 및 등본발급 수수료는 1필지를 기준으로 하되, 1필지당 20장을 초과하는 경우에는 초과하는 매 1장당 100원을 가산하며, 지적(임야)도면 등본의 크기가 기본단위(가로 21cm, 세로 30cm)의 4배를 초과하는 경우에는 기본단위당 700원을 가산한다.

라) 다)에도 불구하고 지적(임야)도면 등본을 제도방법(연필로 하는 제도방법은 제외한다)으로 작성·발급하는 경우 그 등본 발급 수수료는 기본단위당 5필지를 기준하여 2,400원으로 하되, 5필지를 초과하는 경우에는 초과하는 매 1필지당 150원을 가산하며, 도면 등본의 크기가 기본단위를 초과하는 경우에는 기본단위당 500원을 가산한다.

마) 지적측량업무에 종사하는 측량기술자가 그 업무와 관련하여 지적측량기준점성과 또는 그 측량부의 열람 및 등본 발급을 신청하는 경우에는 수수료를 면제한다.

바) 국가 또는 지방자치단체가 업무수행에 필요하여 지적공부의 열람 및 등본 발급을 신청하는 경우에는 수수료를 면제한다.

사) 지적측량업무에 종사하는 측량기술자가 그 업무와 관련하여 지적공부를 열람(복사하기 위하여 열람하는 것을 포함한다)하는 경우에는 수수료를 면제한다.

07 토지의 분할에 관한 설명으로 틀린 것은?

① 토지이용상 불합리한 지상경계를 시정하기 위한 경우에는 분할을 신청할 수 있다.

② 지적공부에 등록된 1필지의 일부가 관계법령에 의한 형질변경 등으로 용도가 다르게 된 때에는 소관청에 토지의 분할을 신청하여야 한다.

③ 토지를 분할하는 경우 주거·사무실 등의 건축물이 있는 필지에 대하여는 분할 전의 지번을 우선하여 부여하여야 한다.

④ 공공사업으로 도로를 개설하기 위하여 토지를 분할하는 경우에는 지상건축물이 걸리게 지상경계를 결정하여서는 아니 된다.

⑤ 토지의 매매를 위하여 필요한 경우에는 분할을 신청할 수 있다.

> **풀이** **공간정보의 구축 및 관리 등에 관한 법률 제87조(신청의 대위)**
>
> 다음 각 호의 어느 하나에 해당하는 자는 이 법에 따라 토지소유자가 하여야 하는 신청을 대신할 수 있다. 다만, 제84조에 따른 등록사항 정정 대상토지는 제외한다. 〈개정 2014.6.3.〉
>
> > 1. 공공사업 등에 따라 학교용지·도로·철도용지·제방·하천·구거·유지·수도용지 등의 지목으로 되는 토지인 경우 : 해당 사업의 시행자
> > 2. 국가나 지방자치단체가 취득하는 토지인 경우 : 해당 토지를 관리하는 행정기관의 장 또는 지방자치단체의 장
> > 3. 「주택법」에 따른 공동주택의 부지인 경우 : 「집합건물의 소유 및 관리에 관한 법률」에 따른 관리인(관리인이 없는 경우에는 공유자가 선임한 대표자) 또는 해당 사업의 시행자
> > 4. 「민법」 제404조에 따른 채권자

공간정보의 구축 및 관리 등에 관한 법률 시행령 제55조(지상 경계의 결정기준 등)

② 지상 경계의 구획을 형성하는 구조물 등의 소유자가 다른 경우에는 제1항제1호부터 제3호까지의 규정에도 불구하고 그 소유권에 따라 지상 경계를 결정한다.

③ 다음 각 호의 어느 하나에 해당하는 경우에는 지상 경계점에 법 제65조제1항에 따른 경계점표지를 설치하여 측량할 수 있다. 〈개정 2012.4.10., 2014.1.17.〉

> 1. 법 제86조제1항에 따른 도시개발사업 등의 사업시행자가 사업지구의 경계를 결정하기 위하여 토지를 분할하려는 경우
> 2. 법 제87조제1호 및 제2호에 따른 사업시행자와 행정기관의 장 또는 지방자치단체의 장이 토지를 취득하기 위하여 분할하려는 경우
> 3. 「국토의 계획 및 이용에 관한 법률」 제30조제6항에 따른 도시·군관리계획 결정고시와 같은 법 제32조제4항에 따른 지형도면 고시가 된 지역의 도시·군관리계획선에 따라 토지를 분할하려는 경우
> 4. 제65조제1항에 따라 토지를 분할하려는 경우
> 5. 관계 법령에 따라 인가·허가 등을 받아 토지를 분할하려는 경우

④ 분할에 따른 지상 경계는 지상건축물을 걸리게 결정해서는 아니 된다. 다만, 다음 각 호의 어느 하나에 해당하는 경우에는 그러하지 아니하다.

> 1. 법원의 확정판결이 있는 경우
> 2. 법 제87조제1호에 해당하는 토지를 분할하는 경우
> 3. 제3항제1호 또는 제3호에 따라 토지를 분할하는 경우

⑤ 지적확정측량의 경계는 공사가 완료된 현황대로 결정하되, 공사가 완료된 현황이 사업계획도와 다를 때에는 미리 사업시행자에게 그 사실을 통지하여야 한다.

08 지적공부의 등록사항 정정에 관한 설명으로 틀린 것은?

① 지적도 및 임야도에 등록된 필지가 면적의 증감 없이 경계의 위치만 잘못 등록된 경우 소관청이 직권으로 조사·측량하여 정정할 수 있다.

② 토지소유자가 경계 또는 면적의 변경을 가져오는 등록사항에 대한 정정신청을 하는 때에는 정정사유를 기재한 신청서에 등록사항정정측량성과도를 첨부하여 소관청에 제출하여야 한다.

③ 등록사항정정대상토지에 대한 대장을 열람하게 하거나 등본을 발급하는 때에는 '등록사항정정대상토지'라고 기재한 부분을 흑백의 반전으로 표시하거나 붉은색으로 기재하여야 한다.

④ 등기된 토지의 지적공부 등록사항 정정 내용이 토지의 표시에 관한 사항인 경우 등기필증, 등기부등·초본 또는 등기관서에서 제공한 등기전산정보자료에 의하여 정정하여야 한다.

⑤ 등록사항정정 신청사항이 미등기 토지의 소유자 성명에 관한 사항으로서 명백히 잘못 기재된 경우에는 가족관계 기록사항에 관한 증명서에 의하여 정정할 수 있다.

풀이 **공간정보의 구축 및 관리 등에 관한 법률 제84조(등록사항의 정정)**

① 토지소유자는 지적공부의 등록사항에 잘못이 있음을 발견하면 지적소관청에 그 정정을 신청할 수 있다.

② 지적소관청은 지적공부의 등록사항에 잘못이 있음을 발견하면 대통령령으로 정하는 바에 따라 직권으로 조사·측량하여 정정할 수 있다.

③ 제1항에 따른 정정으로 인접 토지의 경계가 변경되는 경우에는 다음 각 호의 어느 하나에 해당하는 서류를 지적소관청에 제출하여야 한다.

　1. 인접 토지소유자의 승낙서

　2. 인접 토지소유자가 승낙하지 아니하는 경우에는 이에 대항할 수 있는 확정판결서 정본(正本)

④ 지적소관청이 제1항 또는 제2항에 따라 등록사항을 정정할 때 그 정정사항이 토지소유자에 관한 사항인 경우에는 등기필증, 등기완료통지서, 등기사항증명서 또는 등기관서에서 제공한 등기전산정보자료에 따라 정정하여야 한다. 다만, 제1항에 따라 미등기 토지에 대하여 토지소유자의 성명 또는 명칭, 주민등록번호, 주소 등에 관한 사항의 정정을 신청한 경우로서 그 등록사항이 명백히 잘못된 경우에는 가족관계 기록사항에 관한 증명서에 따라 정정하여야 한다. 〈개정 2011.4.12.〉

공간정보의 구축 및 관리 등에 관한 법률 시행령 제82조(등록사항의 직권정정 등)

① 지적소관청이 법 제84조제2항에 따라 지적공부의 등록사항에 잘못이 있는지를 직권으로 조사·측량하여 정정할 수 있는 경우는 다음 각 호와 같다. 〈개정 2015.6.1., 2017.1.10.〉

> 1. 제84조제2항에 따른 토지이동정리 결의서의 내용과 다르게 정리된 경우
> 2. 지적도 및 임야도에 등록된 필지가 면적의 증감 없이 경계의 위치만 잘못된 경우
> 3. 1필지가 각각 다른 지적도나 임야도에 등록되어 있는 경우로서 지적공부에 등록된 면적과 측량한 실제면적은 일치하지만 지적도나 임야도에 등록된 경계가 서로 접합되지 않아 지적도나 임야도에 등록된 경계를 지상의 경계에 맞추어 정정하여야 하는 토지가 발견된 경우
> 4. 지적공부의 작성 또는 재작성 당시 잘못 정리된 경우
> 5. 지적측량성과와 다르게 정리된 경우
> 6. 법 제29조제10항에 따라 지적공부의 등록사항을 정정하여야 하는 경우
> 7. 지적공부의 등록사항이 잘못 입력된 경우
> 8. 「부동산등기법」 제37조제2항에 따른 통지가 있는 경우(지적소관청의 착오로 잘못 합병한 경우만 해당한다)
> 9. 법률 제2801호 지적법 개정법률 부칙 제3조에 따른 면적 환산이 잘못된 경우

② 지적소관청은 제1항 각 호의 어느 하나에 해당하는 토지가 있을 때에는 지체 없이 관계 서류에 따라 지적공부의 등록사항을 정정하여야 한다.

③ 지적공부의 등록사항 중 경계나 면적 등 측량을 수반하는 토지의 표시가 잘못된 경우에는 지적소관청은 그 정정이 완료될 때까지 지적측량을 정지시킬 수 있다. 다만, 잘못 표시된 사항의 정정을 위한 지적측량은 그러하지 아니하다.

공간정보의 구축 및 관리 등에 관한 법률 시행규칙 제93조(등록사항의 정정 신청)

① 토지소유자는 법 제84조제1항에 따라 지적공부의 등록사항에 대한 정정을 신청할 때에는 정정사유를 적은 신청서에 다음 각 호의 구분에 따른 서류를 첨부하여 지적소관청에 제출하여야 한다. 〈개정 2014.1.17.〉

> 1. 경계 또는 면적의 변경을 가져오는 경우 : 등록사항 정정 측량성과도
> 2. 그 밖의 등록사항을 정정하는 경우 : 변경사항을 확인할 수 있는 서류

② 제1항에 따른 서류를 해당 지적소관청이 관리하는 경우에는 지적소관청의 확인으로 해당 서류의 제출을 갈음할 수 있다. 〈신설 2014.1.17.〉

공간정보의 구축 및 관리 등에 관한 법률 시행규칙 제94조(등록사항 정정 대상토지의 관리 등)

① 지적소관청은 토지의 표시가 잘못되었음을 발견하였을 때에는 지체 없이 등록사항 정정에 필요한 서류와 등록사항 정정 측량성과도를 작성하고, 영 제84조제2항에 따라 토지이동정리 결의서를 작성한 후 대장의 사유란에 "등록사항정정 대상토지"라고 적고, 토지소유자에게 등록사항 정정 신청을 할 수 있도록 그 사유를 통지하여야 한다. 다만, 영 제82조제1항에 따라 지적소관청이 직권으로 정정할 수 있는 경우에는 토지소유자에게 통지를 하지 아니할 수 있다.

② 제1항에 따른 등록사항 정정 대상토지에 대한 대장을 열람하게 하거나 등본을 발급하는 때에는 "등록사항 정정 대상토지"라고 적은 부분을 흑백의 반전(反轉)으로 표시하거나 붉은색으로 적어야 한다.

09 「공간정보의 구축 및 관리 등에 관한 법령」에 따라 지적정리를 한 때 소관청이 토지소유자에게 통지하여야 하는 경우가 아닌 것은?

① 바다로 된 토지에 대하여 토지소유자의 등록말소신청이 없어 소관청이 직권으로 지적공부를 말소한 때
② 지적공부의 전부 또는 일부가 멸실·훼손되어 이를 복구한 때
③ 지번부여지역의 일부가 행정구역의 개편으로 다른 지번부여지역에 속하게 되어 새로이 지번을 부여하여 지적공부에 등록한 때
④ 등기관서의 등기필통지서에 의하여 지적공부에 등록된 토지소유자의 변경사항을 정리한 때
⑤ 토지표시의 변경에 관한 등기를 할 필요가 있는 경우로서 토지표시의 변경에 관한 등기촉탁을 한 때

풀이 **공간정보의 구축 및 관리 등에 관한 법률 제90조(지적정리 등의 통지)**
제64조제2항 단서, 제66조제2항, 제74조, 제82조제2항, 제84조제2항, 제85조제2항, 제86조제2항, 제87조 또는 제89조에 따라 지적소관청이 지적공부에 등록하거나 지적공부를 복구 또는 말소하거나 등기촉탁을 하였으면 대통령령으로 정하는 바에 따라 해당 토지소유자에게 통지하여야 한다. 다만, 통지받을 자의 주소나 거소를 알 수 없는 경우에는 국토교통부령으로 정하는 바에 따라 일간신문, 해당 시·군·구의 공보 또는 인터넷홈페이지에 공고하여야 한다.

통지대상	지적소관청이 지적공부에 등록하거나 지적공부를 복구 또는 말소하거나 등기촉탁을 하였으면 해당 토지소유자에게 통지하여야 한다. ① 지적소관청이 직권으로 조사·측량하여 등록하는 경우(제64조제2항 단서) ② 지번 변경 시(제66조제2항) ③ 지적공부의 복구 시(제74조) ④ 바다로 된 토지를 등록 말소하는 경우(제82조제2항) ⑤ 지적소관청의 직권으로 등록사항을 정정하는 경우(제84조제2항) ⑥ 행정구역개편으로 지적소관청이 새로이 지번을 부여한 경우(제85조제2항) ⑦ 도시개발사업 등의 신고가 있는 경우(제86조제2항) ⑧ 토지소유자가 하여야 하는 신청을 대위한 경우(제87조) ⑨ 등기촉탁을 한 때(제89조)
통지대상이 아닌 것	① 신청에 의한 정리 ② 축척변경 ③ 등기관서의 등기필통지서에 의하여 지적공부에 등록된 토지소유자의 변경사항을 정리한 때
통지받을 자의 주소나 거소를 알 수 없는 경우	일간신문, 해당 시·군·구의 공보 또는 인터넷홈페이지에 공고하여야 한다.
토지소유자에게 지적정리 등을 통지하여야 하는 시기	① 토지의 표시에 관한 변경등기가 필요한 경우 : 그 등기완료의 통지서를 접수한 날부터 15일 이내 ② 토지의 표시에 관한 변경등기가 필요하지 아니한 경우 : 지적공부에 등록한 날부터 7일 이내

10 지적측량에 관한 설명으로 틀린 것은?

① 토지소유자 등 이해관계인은 지적측량을 하여야 할 필요가 있는 때에는 지적측량수행자에게 해당 지적측량을 의뢰하여야 한다.

② 지적측량은 기초측량 및 세부측량으로 구분한다.

③ 검사측량을 제외한 지적측량을 의뢰하고자 하는 자는 지적측량의뢰서에 의뢰사유를 증명하는 서류를 첨부하여 지적측량수행자에게 제출하여야 한다.

④ 지적측량수행자는 지적측량의뢰를 받은 때에는 측량기간·측량일자 및 측량수수료 등을 기재한 지적측량수행계획서를 그 다음날까지 소관청에 제출하여야 한다.

⑤ 신규등록·등록전환 및 합병 등을 하는 때에는 새로이 측량하여 각 필지의 경계 또는 좌표와 면적을 정한다.

풀이 공간정보의 구축 및 관리 등에 관한 법률 제26조(토지의 이동에 따른 면적 등의 결정방법)

① 합병에 따른 경계·좌표 또는 면적은 따로 지적측량을 하지 아니하고 다음 각 호의 구분에 따라 결정한다.

> 1. 합병 후 필지의 경계 또는 좌표 : 합병 전 각 필지의 경계 또는 좌표 중 합병으로 필요 없게 된 부분을 말소하여 결정
> 2. 합병 후 필지의 면적 : 합병 전 각 필지의 면적을 합산하여 결정

② 등록전환이나 분할에 따른 면적을 정할 때 오차가 발생하는 경우 그 오차의 허용 범위 및 처리방법 등에 필요한 사항은 대통령령으로 정한다.

정답 10 ⑤

01 「공간정보의 구축 및 관리 등에 관한 법률」에 의한 지목의 종류에 해당하지 않는 것은?

① 비행장용지　　　　　　　　　　② 과수원
③ 양어장　　　　　　　　　　　　④ 하천
⑤ 잡종지

풀이 지목의 부호 표기

지목	부호	지목	부호	지목	부호	지목	부호
전	전	대	대	철도용지	철	공원	공
답	답	공장용지	㉫	제방	제	체육용지	체
과수원	과	학교용지	학	하천	㉥	유원지	㉝
목장용지	목	주차장	㉧	구거	구	종교용지	종
임야	임	주유소용지	주	유지	유	사적지	사
광천지	광	창고용지	창	양어장	양	묘지	묘
염전	염	도로	도	수도용지	수	잡종지	잡

02 공유지연명부의 등록사항이 아닌 것은?

① 소유권 지분　　　　　　　　　② 토지의 소재
③ 대지권 비율　　　　　　　　　④ 토지의 고유번호
⑤ 토지소유자가 변경된 날과 그 원인

풀이 공간정보의 구축 및 관리 등에 관한 법률 제71조(토지대장 등의 등록사항)

구분	토지표시사항	소유권에 관한 사항	기타
토지대장 (土地臺帳, Land Books) & 임야대장 (林野臺帳, Forest Books)	• **토**지 소재 • **지**번 • **지목** • **면적** • 토지의 **이**동 사유	• 토지소유자 **변**동일자 • **변동** 원인 • **주**민등록번호 • 성**명** 또는 명칭 • **주소**	• 토지의 고**유**번호(각 필지를 서로 구별하기 위하여 필지마다 붙이는 고유한 번호를 말한다) • 지적도 또는 임야**도** 번호 • 필지별 토지대장 또는 임야대장의 **장**번호 • **축척** • **토**지등급 또는 기준수확량 등급과 그 설정·수정 연월일 • 개별**공**시지가와 그 기준일

구분	토지표시사항	소유권에 관한 사항	기타
공유지연명부 (共有地連名簿, Common Land Books)	• **토**지 소재 • **지**번	• 토지소유자 **변**동일자 • 변**동**원인 • **주**민등록번호 • 성**명** · 주**소** • 소유권 **지**분	• 토지의 **고**유번호 • 필지별 공유지연명부의 **장**번호
대지권등록부 (垈地權登錄簿, Building Site Rights Books)	• **토**지 소재 • **지**번	• 토지소유자 **변**동일자 및 변**동**원인 • **주**민등록번호 • 성**명** 또는 명칭 · 주**소** • 대**지**권 비율 • 소유**권** 지분	• 토지의 **고**유번호 • 집합건물별 대지권등록부의 **장**번호 • **건**물의 명칭 • **전**유부분의 건물의 표시

03 지적도의 축척이 600분의 1인 지역 내 신규등록할 토지의 측정면적을 계산한 값이 325.551m²인 경우 토지의 대장에 등록할 면적은?

① 325m²
② 326m²
③ 325.5m²
④ 325.6m²
⑤ 325.55m²

풀이 측량계산의 끝수처리

① 제곱미터 단위로 면적을 결정할 때

토지의 면적에 1제곱미터 미만의 끝수가 있는 경우 0.5제곱미터 미만일 때에는 버리고, 0.5제곱미터를 초과하는 때에는 올리며, 0.5제곱미터일 때에는 구하려는 끝자리의 숫자가 0 또는 짝수이면 버리고 홀수이면 올린다. 다만, 1필지의 면적이 1제곱미터 미만일 때에는 1제곱미터로 한다.

② 제곱미터 이하 1자리 단위로 면적을 결정할 때

0.1제곱미터 미만의 끝수가 있는 경우 0.05제곱미터 미만일 때에는 버리고, 0.05제곱미터를 초과할 때에는 올리며, 0.05제곱미터일 때에는 구하려는 끝자리의 숫자가 0 또는 짝수이면 버리고 홀수이면 올린다. 다만, 1필지의 면적이 0.1제곱미터 미만일 때에는 0.1제곱미터로 한다.

〈면적의 단위와 끝수처리〉

축척	경계점좌표등록부 시행지역	1/600	그 이외의 지역
등록단위	0.1m²		1m²
최소등록단위	0.1m²		1m²
끝수처리	반올림하되 등록하고자 하는 자릿수의 다음 수가 5인 경우에 한하여 5사5입(五捨五入)법을 적용한다.		

04 토지의 조사·등록 등에 관한 설명으로 틀린 것은?

① 국토교통부장관은 토지의 효율적 관리 등을 위하여 지적재조사사업을 할 수 있다.

② 지적공부에 등록하는 지번·지목·면적·경계·도로명 및 건물번호의 변경이 있을 때 토지소유자의 신청을 받아 국토교통부장관이 결정한다.

③ 지적소관청은 「도시개발법」에 따른 도시개발사업에 따라 새로이 지적공부에 등록하는 토지에 대하여는 경계점좌표등록부를 작성하고 갖추어 두어야 한다.

④ 지적소관청은 지번변경의 사유로 지번에 결번이 생긴 때에는 결번대장에 적어 영구히 보존하여야 한다.

⑤ 지적소관청은 행정구역의 변경, 도시개발사업 등의 사유로 지번에 결번이 생긴 때에는 결번대장에 적어 영구히 보존하여야 한다.

풀이 **지적재조사에 관한 특별법 제4조(기본계획의 수립)**

① 국토교통부장관은 지적재조사사업을 효율적으로 시행하기 위하여 다음 각 호의 사항이 포함된 지적재조사사업에 관한 기본계획(이하 "기본계획"이라 한다)을 수립하여야 한다.

공간정보의 구축 및 관리 등에 관한 법률 제64조(토지의 조사·등록 등)

① 국토교통부장관은 모든 토지에 대하여 필지별로 소재·지번·지목·면적·경계 또는 좌표 등을 조사·측량하여 지적공부에 등록하여야 한다.

② 지적공부에 등록하는 지번·지목·면적·경계 또는 좌표는 토지의 이동이 있을 때 토지소유자(법인이 아닌 사단이나 재단의 경우에는 그 대표자나 관리인을 말한다. 이하 같다)의 신청을 받아 지적소관청이 결정한다. 다만, 신청이 없으면 지적소관청이 직권으로 조사·측량하여 결정할 수 있다.

공간정보의 구축 및 관리 등에 관한 법률 제73조(경계점좌표등록부의 등록사항)

지적소관청은 제86조에 따른 도시개발사업 등에 따라 새로이 지적공부에 등록하는 토지에 대하여는 다음 각 호의 사항을 등록한 경계점좌표등록부를 작성하고 갖추어 두어야 한다.

1. 토지의 소재
2. 지번
3. 좌표
4. 그 밖에 국토교통부령으로 정하는 사항

공간정보의 구축 및 관리 등에 관한 법률 시행규칙 제63조(결번대장의 비치)

지적소관청은 행정구역의 변경, 도시개발사업의 시행, 지번변경, 축척변경, 지번정정 등의 사유로 지번에 결번이 생긴 때에는 지체 없이 그 사유를 별지 제61호 서식의 결번대장에 적어 영구히 보존하여야 한다.

05 지목의 구분 기준에 관한 설명으로 옳은 것은?

① 연ㆍ왕골 등이 자생하는 배수가 잘 되지 아니하는 토지는 '유지'로 한다.

② 천일제염 방식으로 하지 아니하고 동력으로 바닷물을 끌어들여 소금을 제조하는 공장시설물의 부지는 '염전'으로 한다.

③ 자동차 등의 판매 목적으로 설치된 물류장 및 야외전시장은 '주차장'으로 한다.

④ 자동차ㆍ선박ㆍ기차 등의 제작 또는 정비공장 안에 설치된 급유ㆍ송유시설의 부지는 '주유소용지'로 한다.

⑤ 학교용지ㆍ공원ㆍ종교용지 등 다른 지목으로 된 토지에 있는 유적ㆍ고적ㆍ기념물을 보호하기 위하여 구획된 토지는 '사적지'로 한다.

풀이 **공간정보의 구축 및 관리 등에 관한 법률 시행령 제58조(지목의 구분)**

법 제67조제1항에 따른 지목의 구분은 다음 각 호의 기준에 따른다.

7. 염전(鹽田)

바닷물을 끌어들여 소금을 채취하기 위하여 조성된 토지와 이에 접속된 제염장(製鹽場) 등 부속시설물의 부지. 다만, 천일제염 방식으로 하지 아니하고 동력으로 바닷물을 끌어들여 소금을 제조하는 공장시설물의 부지는 제외한다.

11. 주차장(駐車場)

자동차 등의 주차에 필요한 독립적인 시설을 갖춘 부지와 주차전용 건축물 및 이에 접속된 부속시설물의 부지. 다만, 다음의 어느 하나에 해당하는 시설의 부지는 제외한다.

> 가. 「주차장법」 제2조제1호가목 및 다목에 따른 노상주차장 및 부설주차장(「주차장법」 제19조제4항에 따라 시설물의 부지 인근에 설치된 부설주차장은 제외한다)
> 나. 자동차 등의 판매 목적으로 설치된 물류장 및 야외전시장

12. 주유소용지(注油所用地)

다음의 토지는 "주유소용지"로 한다. 다만, 자동차ㆍ선박ㆍ기차 등의 제작 또는 정비공장 안에 설치된 급유ㆍ송유시설 등의 부지는 제외한다.

> 가. 석유ㆍ석유제품 또는 액화석유가스, 전기 또는 수소 등의 판매를 위하여 일정한 설비를 갖춘 시설물의 부지
> 나. 저유소(貯油所) 및 원유저장소의 부지와 이에 접속된 부속시설물의 부지

26. 사적지(史蹟地)

문화재로 지정된 역사적인 유적ㆍ고적ㆍ기념물 등을 보존하기 위하여 구획된 토지. 다만, 학교용지ㆍ공원ㆍ종교용지 등 다른 지목으로 된 토지에 있는 유적ㆍ고적ㆍ기념물 등을 보호하기 위하여 구획된 토지는 제외한다.

정답 05 ①

06 토지의 이동 신청에 관한 설명으로 틀린 것은?

① 공유수면매립 준공에 의하여 신규등록할 토지가 있는 경우 토지소유자는 그 사유가 발생한 날부터 60일 이내 지적소관청에 신규등록을 신청하여야 한다.

② 임야도에 등록된 토지를 도시관리계획선에 따라 분할하는 경우 토지소유자는 등록전환을 신청할 수 있다.

③ 토지소유자는 「주택법」에 따른 공동주택의 부지로서 합병할 토지가 있으면 그 사유가 발생한 날부터 60일 이내 지적소관청에 합병을 신청하여야 한다.

④ 토지소유자는 토지나 건축물의 용도가 변경되어 지목변경을 하여야 할 토지가 있으면 그 사유가 발생한 날부터 60일 이내 지적소관청에 지목변경을 신청하여야 한다.

⑤ 바다로 되어 말소된 토지가 지형의 변화 등으로 다시 토지가 된 경우 토지소유자는 그 사유가 발생한 날부터 90일 이내 토지의 회복등록을 지적소관청에 신청하여야 한다.

풀이 **공간정보의 구축 및 관리 등에 관한 법률 제82조(바다로 된 토지의 등록말소 신청)**

① 지적소관청은 지적공부에 등록된 토지가 지형의 변화 등으로 바다로 된 경우로서 원상(原狀)으로 회복될 수 없거나 다른 지목의 토지로 될 가능성이 없는 경우에는 지적공부에 등록된 토지소유자에게 지적공부의 등록말소 신청을 하도록 통지하여야 한다.

② 지적소관청은 제1항에 따른 토지소유자가 통지를 받은 날부터 90일 이내에 등록말소 신청을 하지 아니하면 대통령령으로 정하는 바에 따라 등록을 말소한다.

③ 지적소관청은 제2항에 따라 말소한 토지가 지형의 변화 등으로 다시 토지가 된 경우에는 대통령령으로 정하는 바에 따라 토지로 회복등록을 할 수 있다.

공간정보의 구축 및 관리 등에 관한 법률 시행령 제68조(바다로 된 토지의 등록말소 및 회복)

① 법 제82조제2항에 따라 토지소유자가 등록말소 신청을 하지 아니하면 지적소관청이 직권으로 그 지적공부의 등록사항을 말소하여야 한다.

② 지적소관청은 법 제82조제3항에 따라 회복등록을 하려면 그 지적측량성과 및 등록말소 당시의 지적공부 등 관계 자료에 따라야 한다.

③ 제1항 및 제2항에 따라 지적공부의 등록사항을 말소하거나 회복등록하였을 때에는 그 정리 결과를 토지소유자 및 해당 공유수면의 관리청에 통지하여야 한다.

공간정보의 구축 및 관리 등에 관한 법률 시행령 제64조(등록전환 신청)

① 법 제78조에 따라 등록전환을 신청할 수 있는 경우는 다음 각 호와 같다. 〈개정 2020.6.9.〉

> 1. 「산지관리법」에 따른 산지전용허가·신고, 산지일시사용허가·신고, 「건축법」에 따른 건축허가·신고 또는 그 밖의 관계 법령에 따른 개발행위 허가 등을 받은 경우
> 2. 대부분의 토지가 등록전환되어 나머지 토지를 임야도에 계속 존치하는 것이 불합리한 경우
> 3. 임야도에 등록된 토지가 사실상 형질변경되었으나 지목변경을 할 수 없는 경우
> 4. 도시·군관리계획선에 따라 토지를 분할하는 경우

② 삭제 〈2020.6.9.〉

③ 토지소유자는 법 제78조에 따라 등록전환을 신청할 때에는 등록전환 사유를 적은 신청서에 국토교통부령으로 정하는 서류를 첨부하여 지적소관청에 제출하여야 한다.

07 지적공부에 등록하는 토지의 표시사항 등에 관한 설명으로 틀린 것은?

① 지적소관청은 지적공부에 등록된 지번을 변경할 필요가 있다고 인정하면 시·도지사나 대도시 시장의 승인을 받아 지번부여지역의 지번을 새로 부여할 수 있다.

② 신규등록하고자 하는 대상 토지가 여러 필지로 되어 있는 경우의 지번부여는 그 지번부여지역의 최종 본번 다음 순번부터 본번으로 하여 순차적으로 지번을 부여할 수 있다.

③ 지번부여지역의 일부가 행정구역의 개편으로 다른 지번부여지역에 속하게 된 경우 시·도지사는 개편 전 지번부여지역의 지번을 부여하여야 한다.

④ 경계점좌표등록부에 등록하는 지역의 1필지 면적이 0.1m² 미만일 때에는 0.1m²로 하며, 임야도에 등록하는 지역의 1필지 면적이 1m² 미만일 때에는 1m²로 한다.

⑤ 도로·구거 등이 토지에 절토된 부분이 있는 토지의 지상경계를 새로이 결정하고자 하는 경우 그 경사면의 상단부를 기준으로 한다.

풀이 공간정보의 구축 및 관리 등에 관한 법률 시행령 제56조(지번의 구성 및 부여방법 등)

구분	토지이동에 따른 지번의 부여방법	
부여방법	① 지번(地番)은 아라비아숫자로 표기하되, 임야대장 및 임야도에 등록하는 토지의 지번은 숫자 앞에 "산"자를 붙인다. ② 지번은 본번(本番)과 부번(副番)으로 구성하되, 본번과 부번 사이에 "-" 표시로 연결한다. 이 경우 "-" 표시는 "의"라고 읽는다. ③ 법 제66조에 따른 지번의 부여방법은 다음 각 호와 같다. 1. 지번은 북서에서 남동으로 순차적으로 부여할 것	
지적확정측량을 실시한 지역의 각 필지에 지번을 새로 부여하는 경우	원칙	다음 각 목의 지번을 제외한 본번으로 부여한다. ① 지적확정측량을 실시한 지역 안의 종전의 지번과 지적확정측량을 실시한 지역 밖에 있는 본번이 같은 지번이 있을 때 그 지번 ② 지적확정측량을 실시한 지역의 경계에 걸쳐 있는 지번
	예외	부여할 수 있는 종전 지번의 수가 새로 부여할 지번의 수보다 적을 때에는 블록 단위로 하나의 본번을 부여한 후 필지별로 부번을 부여하거나, 그 지번부여지역의 최종 본번 다음 순번부터 본번으로 하여 차례로 지번을 부여할 수 있다.
지적확정측량에 준용	① 법 제66조제2항(지적소관청은 지적공부에 등록된 지번을 변경할 필요가 있다고 인정하면 시·도지사나 대도시 시장의 승인을 받아 지번부여지역의 전부 또는 일부에 대하여 지번을 새로 부여할 수 있다.)에 따라 지번부여지역의 지번을 변경할 때 ② 법 제85조제2항(지번부여지역의 일부가 행정구역의 개편으로 다른 지번부여지역에 속하게 되었으면 지적소관청은 새로 속하게 된 지번부여지역의 지번을 부여하여야 한다.)에 따른 행정구역 개편에 따라 새로 지번을 부여할 때 ③ 제72조제1항(지적소관청은 축척변경 시행지역의 각 필지별 지번·지목·면적·경계 또는 좌표를 새로 정하여야 한다.)에 따라 축척변경 시행지역의 필지에 지번을 부여할 때	
도시개발사업 등의 준공 전	도시개발사업 등이 준공되기 전에 사업시행자가 지번부여를 신청하는 경우에는 국토교통부령으로 정하는 바에 따라 지번을 부여할 수 있다. 지적소관청은 도시개발사업 등이 준공되기 전에 지번을 부여하는 때에는 사업계획도에 따르되, 지적확정측량을 실시한 지역의 각 필지에 지번을 새로 부여하는 경우의 지번부여방식에 따라 지번을 부여하여야 한다.	

08 토지의 이동 및 지적정리 등에 관한 설명으로 틀린 것은?

① 지적소관청은 분할·합병에 따른 사유로 토지의 표시변경에 관한 등기를 할 필요가 있는 경우 지체 없이 관할 등기관서에 그 등기를 촉탁하여야 한다.

② 지적소관청은 등록전환으로 인하여 토지의 표시에 관한 변경등기가 필요한 경우 그 변경등기를 등 기관서에 접수한 날부터 15일 이내 해당 토지소유자에게 지적정리를 통지하여야 한다.

③ 지적소관청은 지적공부 정리를 하여야 할 토지의 이동이 있는 경우에는 토지이동정리 결의서를 작 성하여야 한다.

④ 지적소관청은 토지의 표시에 관한 변경등기가 필요하지 아니한 경우 지적정리의 통지는 지적공부에 등록한 날부터 7일 이내에 토지소유자에게 하여야 한다.

⑤ 지적소관청은 지적공부를 복구하였으나 지적공부 정리내용을 통지받을 자의 주소나 거소를 알 수 없는 경우에는 일간신문, 해당 시·군·구의 공보 또는 인터넷홈페이지에 공고하여야 한다.

> **풀이** **공간정보의 구축 및 관리 등에 관한 법률 제89조(등기촉탁)**

① 지적소관청은 제64조제2항(신규등록은 제외한다), 제66조제2항, 제82조, 제83조제2항, 제84조제2항 또 는 제85조제2항에 따른 사유로 토지의 표시 변경에 관한 등기를 할 필요가 있는 경우에는 지체 없이 관할 등기관서에 그 등기를 촉탁하여야 한다. 이 경우 등기촉탁은 국가가 국가를 위하여 하는 등기로 본다.

공간정보의 구축 및 관리 등에 관한 법률 시행령 제85조(지적정리 등의 통지)

지적소관청이 법 제90조에 따라 토지소유자에게 지적정리 등을 통지하여야 하는 시기는 다음 각 호의 구분에 따른다.

1. 토지의 표시에 관한 변경등기가 필요한 경우 : 그 등기완료의 통지서를 접수한 날부터 15일 이내
2. 토지의 표시에 관한 변경등기가 필요하지 아니한 경우 : 지적공부에 등록한 날부터 7일 이내

공간정보의 구축 및 관리 등에 관한 법률 시행령 제84조(지적공부의 정리 등)

② 지적소관청은 제1항에 따른 토지의 이동이 있는 경우에는 토지이동정리 결의서를 작성하여야 하고, 토지소 유자의 변동 등에 따라 지적공부를 정리하려는 경우에는 소유자정리 결의서를 작성하여야 한다.

공간정보의 구축 및 관리 등에 관한 법률 제90조(지적정리 등의 통지)

제64조제2항 단서, 제66조제2항, 제74조, 제82조제2항, 제84조제2항, 제85조제2항, 제86조제2항, 제87조 또는 제89조에 따라 지적소관청이 지적공부에 등록하거나 지적공부를 복구 또는 말소하거나 등기촉탁을 하였 으면 대통령령으로 정하는 바에 따라 해당 토지소유자에게 통지하여야 한다. 다만, 통지받을 자의 주소나 거소 를 알 수 없는 경우에는 국토교통부령으로 정하는 바에 따라 일간신문, 해당 시·군·구의 공보 또는 인터넷홈페 이지에 공고하여야 한다.

정답 08 ②

09 지적측량의 적부심사 등에 관한 설명으로 틀린 것은?

① 지적측량 적부심사를 청구할 수 있는 자는 토지소유자, 이해관계인 또는 지적측량수행자이다.

② 지적측량 적부심사 청구를 받은 시·도지사는 30일 이내에 다툼이 되는 지적측량의 경위 및 그 성과 등을 조사하여 지방지적위원회에 회부하여야 한다.

③ 지적측량 적부심사를 청구하려는 자는 지적측량을 신청하여 측량을 실시한 후 심사청구서에 그 측량성과와 심사청구 경위서를 첨부하여 시·도지사에게 제출하여야 한다.

④ 지적측량 적부심사 청구서를 회부받은 지방지적위원회는 부득이한 경우가 아닌 경우 그 심사청구를 회부받은 날부터 90일 이내에 심의·의결하여야 한다.

⑤ 지적측량 적부심사 청구자가 지방지적위원회의 의결사항에 대하여 불복하는 경우에는 그 의결서를 받은 날부터 90일 이내에 국토교통부장관에 재심사를 청구할 수 있다.

풀이 공간정보의 구축 및 관리 등에 관한 법률 제29조(지적측량의 적부심사 등) **암기** **위성이 연기**하면 **예측**하라

① 토지소유자, 이해관계인 또는 지적측량수행자는 지적측량성과에 대하여 다툼이 있는 경우에는 대통령령으로 정하는 바에 따라 관할 시·도지사를 거쳐 지방지적위원회에 지적측량 적부심사를 청구할 수 있다.

② 제1항에 따른 지적측량 적부심사청구를 받은 시·도지사는 30일 이내에 다음 각 호의 사항을 조사하여 지방지적위원회에 회부하여야 한다.

> 1. 다툼이 되는 지적측량의 경**위** 및 그 **성**과
> 2. 해당 토지에 대한 토지**이**동 및 소유권 변동 **연**혁
> 3. 해당 토지 주변의 측량**기**준점, 경**계**, 주요 구조물 등 현황 실**측**도

③ 제2항에 따라 지적측량 적부심사청구를 회부받은 지방지적위원회는 그 심사청구를 회부받은 날부터 60일 이내에 심의·의결하여야 한다. 다만, 부득이한 경우에는 그 심의기간을 해당 지적위원회의 의결을 거쳐 30일 이내에서 한 번만 연장할 수 있다.

④ 지방지적위원회는 지적측량 적부심사를 의결하였으면 대통령령으로 정하는 바에 따라 의결서를 작성하여 시·도지사에게 송부하여야 한다.

⑤ 시·도지사는 제4항에 따라 의결서를 받은 날부터 7일 이내에 지적측량 적부심사 청구인 및 이해관계인에게 그 의결서를 통지하여야 한다.

⑥ 제5항에 따라 의결서를 받은 자가 지방지적위원회의 의결에 불복하는 경우에는 그 의결서를 받은 날부터 90일 이내에 국토교통부장관을 거쳐 중앙지적위원회에 재심사를 청구할 수 있다.

⑦ 제6항에 따른 재심사청구에 관하여는 제2항부터 제5항까지의 규정을 준용한다. 이 경우 "시·도지사"는 "국토교통부장관"으로, "지방지적위원회"는 "중앙지적위원회"로 본다.

⑧ 제7항에 따라 중앙지적위원회로부터 의결서를 받은 국토교통부장관은 그 의결서를 관할 시·도지사에게 송부하여야 한다.

⑨ 시·도지사는 제4항에 따라 지방지적위원회의 의결서를 받은 후 해당 지적측량 적부심사 청구인 및 이해관계인이 제6항에 따른 기간에 재심사를 청구하지 아니하면 그 의결서 사본을 지적소관청에 보내야 하며, 제8항에 따라 중앙지적위원회의 의결서를 받은 경우에는 그 의결서 사본에 제4항에 따라 받은 지방지적위원회의 의결서 사본을 첨부하여 지적소관청에 보내야 한다.

⑩ 제9항에 따라 지방지적위원회 또는 중앙지적위원회의 의결서 사본을 받은 지적소관청은 그 내용에 따라 지적공부의 등록사항을 정정하거나 측량성과를 수정하여야 한다.

⑪ 제9항 및 제10항에도 불구하고 특별자치시장은 제4항에 따라 지방지적위원회의 의결서를 받은 후 해당 지적측량 적부심사 청구인 및 이해관계인이 제6항에 따른 기간에 재심사를 청구하지 아니하거나 제8항에 따라 중앙지적위원회의 의결서를 받은 경우에는 직접 그 내용에 따라 지적공부의 등록사항을 정정하거나 측량성

과를 수정하여야 한다.

⑫ 지방지적위원회의 의결이 있은 후 제6항에 따른 기간에 재심사를 청구하지 아니하거나 중앙지적위원회의 의결이 있는 경우에는 해당 지적측량성과에 대하여 다시 지적측량 적부심사청구를 할 수 없다. 〈개정 2012. 12.18.〉

10 경계점좌표등록부를 갖추어 두는 지역의 지적도가 아래와 같은 경우 이에 관한 설명으로 옳은 것은?

○○시 ○○동 지적도(좌표) 20장 중 제8호 축척 500분의 1

① 73-2에 대한 면적측정은 전자면적측정기에 의한다.
② 73-2의 경계선상에 등록된 '22.41'은 좌표에 의하여 계산된 경계점 간의 거리를 나타낸다.
③ 73-2에 대한 경계복원측량은 본 도면으로 실시하여야 한다.
④ 73-1에 대한 토지면적은 경계점좌표등록부에 등록한다.
⑤ 73-2에 대한 토지지목은 '주차장'이다.

풀이 ① 73-2에 대한 면적측정은 경계점좌표등록지이므로 좌표면적계산법에 의한다.
③ 73-2에 대한 경계복원측량은 본 도면으로 실시할 수 없다.
④ 73-1에 대한 토지면적은 경계점좌표등록부에 등록하지 않는다.
⑤ 73-2에 대한 토지지목은 '주'는 주유소용지이다.

11 지적측량에 관한 설명이다. 옳은 것을 모두 고른 것은?

> ㄱ. 지적기준점측량의 절차는 계획의 수립, 준비 및 현지답사, 선점 및 조표, 관측 및 계산과 성과표의 작성 순서에 따른다.
> ㄴ. 지적측량수행자가 지적측량 의뢰를 받은 때에는 지적측량 수행계획서를 그 다음날까지 지적소관청에 제출하여야 한다.
> ㄷ. 경계복원측량은 지상건축물 등의 현황을 지적도 및 임야도에 등록된 경계와 대비하여 표시하는 데에 필요한 경우 실시한다.
> ㄹ. 합병에 따른 경계·좌표 또는 면적은 따로 지적측량을 하지 아니하고 결정한다.
> ㅁ. 지상 경계의 구획을 형성하는 구조물 등의 소유자가 다른 경우에는 그 소유권에 따라 지상 경계를 결정한다.

① ㄱ, ㄴ, ㄷ, ㄹ   ② ㄱ, ㄴ, ㄷ, ㅁ
③ ㄱ, ㄴ, ㄹ, ㅁ   ④ ㄱ, ㄷ, ㄹ, ㅁ
⑤ ㄴ, ㄷ, ㄹ, ㅁ

풀이 경계복원측량은 지적공부에 등록된 경계점을 지표상에 복원하기 위한 측량이다.

12 지적공부의 효율적인 관리 및 활용을 위하여 지적정보 전담 관리기구를 설치·운영하는 자는?

① 읍·면·동장   ② 지적소관청
③ 시·도지사   ④ 행정안전부장관
⑤ 국토교통부장관

풀이 공간정보의 구축 및 관리 등에 관한 법률 제70조(지적정보 전담 관리기구의 설치)
① 국토교통부장관은 지적공부의 효율적인 관리 및 활용을 위하여 지적정보 전담 관리기구를 설치·운영한다.
② 국토교통부장관은 지적공부를 과세나 부동산정책자료 등으로 활용하기 위하여 주민등록전산자료, 가족관계등록전산자료, 부동산등기전산자료 또는 공시지가전산자료 등을 관리하는 기관에 그 자료를 요청할 수 있으며 요청을 받은 관리기관의 장은 특별한 사정이 없는 한 이에 응하여야 한다.
③ 제1항에 따른 지적정보 전담 관리기구의 설치·운영에 관한 세부사항은 대통령령으로 정한다.

01 다음 중 부동산 중개업자 갑(甲)이 매도의뢰 대상토지에 대한 소재, 지번, 지목과 면적을 모두 매수의뢰인 을(乙)에게 설명하고자 하는 경우 적합한 것은?

① 토지대장 등본 ② 지적측량기준점성과 등본

③ 지적도 등본 ④ 임야도 등본

⑤ 경계점좌표등록부 등본

> **풀이** 공간정보의 구축 및 관리 등에 관한 법률 제71조(토지대장 등의 등록사항)
>
> ① 토지대장과 임야대장에는 다음 각 호의 사항을 등록하여야 한다.
>
> 1. 토지의 소재
> 2. 지번
> 3. 지목
> 4. 면적
> 5. 소유자의 성명 또는 명칭, 주소 및 주민등록번호(국가, 지방자치단체, 법인, 법인 아닌 사단이나 재단 및 외국인의 경우에는 「부동산등기법」 제49조에 따라 부여된 등록번호를 말한다. 이하 같다) 〈개정 2011.4.12.〉
> 6. 그 밖에 국토교통부령으로 정하는 사항

02 「공간정보의 구축 및 관리 등에 관한 법률」상 지적공부의 복구자료가 아닌 것은?

① 토지이용계획확인서

② 측량 결과도

③ 토지이동정리 결의서

④ 지적공부의 등본

⑤ 법원의 확정판결서 정본 또는 사본

> **풀이** 공간정보의 구축 및 관리 등에 관한 법률 시행규칙 제72조(지적공부의 복구자료)
>
> 영 제61조제1항에 따른 지적공부의 복구에 관한 관계 자료(이하 "복구자료"라 한다)는 다음 각 호와 같다.
>
> **암기** 부등지등복명은 량지원에서
>
> 1. 부동산등기부 등본 등 등기사실을 증명하는 서류
> 2. 지적공부의 등본
> 3. 법 제69조제3항에 따라 복제된 지적공부
> 4. 지적소관청이 작성하거나 발행한 지적공부의 등록내용을 증명하는 서류
> 5. 측량 결과도
> 6. 토지이동정리 결의서
> 7. 법원의 확정판결서 정본 또는 사본

03 지적측량을 하여야 하는 경우가 아닌 것은?

① 소유권 이전, 매매 등을 위하여 분할하는 경우로서 측량을 할 필요가 있는 경우
② 공유수면매립 등으로 토지를 신규등록하는 경우로서 측량을 할 필요가 있는 경우
③ 「도시개발법」에 따른 도시개발사업 시행지역에서 토지의 이동이 있는 경우로서 측량을 할 필요가 있는 경우
④ 지적공부에 등록된 지목이 불분명하여 지적공부를 재작성하는 경우로서 측량을 할 필요가 있는 경우
⑤ 지적공부의 전부 또는 일부가 멸실되거나 훼손된 경우로서 측량을 할 필요가 있는 경우

풀이 공간정보의 구축 및 관리 등에 관한 법률 제23조(지적측량의 실시 등)

① 다음 각 호의 어느 하나에 해당하는 경우에는 지적측량을 하여야 한다.

> 1. 제7조제1항제3호에 따른 지적기준점을 정하는 경우
> 2. 제25조에 따라 지적측량성과를 검사하는 경우
> 3. 다음 각 목의 어느 하나에 해당하는 경우로서 측량을 할 필요가 있는 경우
>
> > 가. 제74조에 따라 지적공부를 복구하는 경우
> > 나. 제77조에 따라 토지를 신규등록하는 경우
> > 다. 제78조에 따라 토지를 등록전환하는 경우
> > 라. 제79조에 따라 토지를 분할하는 경우
> > 마. 제82조에 따라 바다가 된 토지의 등록을 말소하는 경우
> > 바. 제83조에 따라 축척을 변경하는 경우
> > 사. 제84조에 따라 지적공부의 등록사항을 정정하는 경우
> > 아. 제86조에 따른 도시개발사업 등의 시행지역에서 토지의 이동이 있는 경우
>
> 4. 경계점을 지상에 복원하는 경우
> 5. 그 밖에 대통령령으로 정하는 경우

② 지적측량의 방법 및 절차 등에 필요한 사항은 국토교통부령으로 정한다.

04 지적도 및 임야도의 등록사항만으로 나열된 것은?

① 토지의 소재, 지번, 건축물의 번호, 삼각점 및 지적기준점의 위치
② 지번, 경계, 건축물 및 구조물 등의 위치, 삼각점 및 지적기준점의 위치
③ 토지의 소재, 지번, 토지의 고유번호, 삼각점 및 지적기준점의 위치
④ 지목, 부호 및 부호도, 도곽선과 그 수치, 토지의 고유번호
⑤ 지목, 도곽선과 그 수치, 토지의 고유번호, 건축물 및 구조물 등의 위치

풀이 공간정보의 구축 및 관리 등에 관한 법률 제72조(지적도 등의 등록사항) **암기** ㉠㉡㉢㉣㉤점은 ㉥㉦㉧㉨㉩

지적도 및 임야도에는 다음 각 호의 사항을 등록하여야 한다.
1. ㉠지의 소재
2. ㉡번
3. ㉢목
4. 경㉣
5. 그 밖에 국토교통부령으로 정하는 사항

공간정보의 구축 및 관리 등에 관한 법률 시행규칙 제69조(지적도면 등의 등록사항 등)

② 법 제72조제5호에서 “그 밖에 국토교통부령으로 정하는 사항”이란 다음 각 호의 사항을 말한다.

1. 지적[도]면의 색인도(인접도면의 연결순서를 표시하기 위하여 기재한 도표와 번호를 말한다)
2. 도[면]의 제명 및 축척
3. 도곽[선](圖廓線)과 그 수치
4. 좌표에 의하여 계산된 경계[점] 간의 거리(경계점좌표등록부를 갖추어 두는 지역으로 한정한다)
5. 삼[각]점 및 지적측량기준점의 위치
6. 건축[물] 및 구조물 등의 위치
7. 그 밖에 국토교통부장관이 정하는 사항

05 지상경계점등록부의 등록사항으로 옳은 것은?

① 지목　② 면적
③ 경계점 위치 설명도　④ 토지의 고유번호
⑤ 토지소유자의 성명 또는 명칭

[풀이] **지상경계점등록부의 등록사항**

지상경계점등록부 (지적재조사에 관한 특별법 시행규칙 제10조) 암기 [토][지][목][성][도] [경][번][지] [세][관][위][기][경] [소][직][명] [확][직][명]	지상경계점등록부 (공간정보의 구축 및 관리 등에 관한 법률 제65조) 암기 [토][지][경][계] [공][계][점]
1. [토]지의 소재 2. [지]번 3. 지[목] 4. 작[성]일 5. 위치[도] 6. [경]계점 [번]호 및 표[지]종류 7. 경계점 [세]부설명 및 [관]련 자료 8. 경계[위]치 9. 경계설정[기]준 및 [경]계형태 10. 작성자의 [소]속 · [직]급(직위) · 성[명] 11. [확]인자의 [직]급 · 성[명]	1. [토]지의 소재 2. [지]번 3. [경]계점 좌표(경계점좌표등록부 시행 지역에 한정한다) 4. 경[계]점 위치 설명도 5. [공]부상 지목과 실제 토지이용 지목 6. 경[계]점의 사진 파일 7. 경계[점]표지의 종류 및 경계점 위치

정답 05 ③

06 등록전환에 관한 설명으로 틀린 것은?

① 토지소유자는 등록전환할 토지가 있으면 그 사유가 발생한 날부터 60일 이내에 지적소관청에 등록전환을 신청하여야 한다.

② 「산지관리법」에 따른 산지전용허가·신고, 산지일시사용허가·신고, 「건축법」에 따른 건축허가·신고 또는 그 밖의 관계 법령에 따른 개발행위 허가 등을 받은 경우

③ 임야도에 등록된 토지가 사실상 형질변경되었으나 지목 변경을 할 수 없는 경우에는 등록전환을 신청할 수 있다.

④ 등록전환에 따른 면적을 정할 때 임야대장의 면적과 등록전환될 면적의 차이가 오차의 허용범위 이내의 경우, 임야대장의 면적을 등록전환 면적으로 결정한다.

⑤ 지적소관청은 등록전환에 따라 지적공부를 정리한 경우, 지체 없이 관할 등기관서에 토지의 표시 변경에 관한 등기를 촉탁하여야 한다.

풀이 **공간정보의 구축 및 관리 등에 관한 법률 제78조(등록전환 신청)**

토지소유자는 등록전환할 토지가 있으면 대통령령으로 정하는 바에 따라 그 사유가 발생한 날부터 60일 이내에 지적소관청에 등록전환을 신청하여야 한다.

공간정보의 구축 및 관리 등에 관한 법률 시행령 제64조(등록전환 신청)

① 법 제78조에 따라 등록전환을 신청할 수 있는 경우는 다음 각 호와 같다. 〈개정 2020.6.9.〉

> 1. 「산지관리법」에 따른 산지전용허가·신고, 산지일시사용허가·신고, 「건축법」에 따른 건축허가·신고 또는 그 밖의 관계 법령에 따른 개발행위 허가 등을 받은 경우
> 2. 대부분의 토지가 등록전환되어 나머지 토지를 임야도에 계속 존치하는 것이 불합리한 경우
> 3. 임야도에 등록된 토지가 사실상 형질변경되었으나 지목변경을 할 수 없는 경우
> 4. 도시·군관리계획선에 따라 토지를 분할하는 경우

② 삭제 〈2020.6.9.〉

③ 토지소유자는 법 제78조에 따라 등록전환을 신청할 때에는 등록전환 사유를 적은 신청서에 국토교통부령으로 정하는 서류를 첨부하여 지적소관청에 제출하여야 한다. 〈개정 2013.3.23.〉

공간정보의 구축 및 관리 등에 관한 법률 시행규칙 제19조(등록전환이나 분할에 따른 면적 오차의 허용범위 및 배분 등)

① 법 제26조제2항에 따른 등록전환이나 분할을 위하여 면적을 정할 때에 발생하는 오차의 허용범위 및 처리방법은 다음 각 호와 같다.

  1. 등록전환을 하는 경우

> 가. 임야대장의 면적과 등록전환될 면적의 오차 허용범위는 다음의 계산식에 따른다. 이 경우 오차의 허용범위를 계산할 때 축척이 3천분의 1인 지역의 축척분모는 6천으로 한다.
> $A = 0.026^2 M\sqrt{F}$
> (A는 오차 허용면적, M은 임야도 축척분모, F는 등록전환될 면적)
> 나. 임야대장의 면적과 등록전환될 면적의 차이가 가목의 계산식에 따른 허용범위 이내인 경우에는 등록전환될 면적을 등록전환 면적으로 결정하고, 허용범위를 초과하는 경우에는 임야대장의 면적 또는 임야도의 경계를 지적소관청이 직권으로 정정하여야 한다.

공간정보의 구축 및 관리 등에 관한 법률 제89조(등기촉탁)

① 지적소관청은 제64조제2항(신규등록은 제외한다), 제66조제2항, 제82조, 제83조제2항, 제84조제2항 또는 제85조제2항에 따른 사유로 토지의 표시 변경에 관한 등기를 할 필요가 있는 경우에는 지체 없이 관할

등기관서에 그 등기를 촉탁하여야 한다. 이 경우 등기촉탁은 국가가 국가를 위하여 하는 등기로 본다.

② 제1항에 따른 등기촉탁에 필요한 사항은 국토교통부령으로 정한다.

07 지목변경 신청에 관한 설명으로 틀린 것은?

① 토지소유자는 지목변경을 할 토지가 있으면 그 사유가 발생한 날부터 60일 이내에 지적소관청에 지목변경을 신청하여야 한다.

② 「국토의 계획 및 이용에 관한 법률」 등 관계 법령에 따른 토지의 형질변경 등의 공사가 준공된 경우에는 지목변경을 신청할 수 있다.

③ 전·답·과수원 상호 간의 지목변경을 신청하는 경우에는 토지의 용도가 변경되었음을 증명하는 서류의 사본첨부를 생략할 수 있다.

④ 지목변경 신청에 따른 첨부서류를 해당 지적소관청이 관리하는 경우에는 시·도지사의 확인으로 그 서류의 제출을 갈음할 수 있다.

⑤ 「도시개발법」에 따른 도시개발사업의 원활한 추진을 위하여 사업시행자가 공사 준공 전에 토지의 합병을 신청하는 경우에는 지목변경을 신청할 수 있다.

풀이 **공간정보의 구축 및 관리 등에 관한 법률 제81조(지목변경 신청)**

토지소유자는 지목변경을 할 토지가 있으면 대통령령으로 정하는 바에 따라 그 사유가 발생한 날부터 60일 이내에 지적소관청에 지목변경을 신청하여야 한다.

공간정보의 구축 및 관리 등에 관한 법률 시행령 제67조(지목변경 신청)

① 법 제81조에 따라 지목변경을 신청할 수 있는 경우는 다음 각 호와 같다.

> 1. 「국토의 계획 및 이용에 관한 법률」 등 관계 법령에 따른 토지의 형질변경 등의 공사가 준공된 경우
> 2. 토지나 건축물의 용도가 변경된 경우
> 3. 법 제86조에 따른 도시개발사업 등의 원활한 추진을 위하여 사업시행자가 공사 준공 전에 토지의 합병을 신청하는 경우

② 토지소유자는 법 제81조에 따라 지목변경을 신청할 때에는 지목변경 사유를 적은 신청서에 국토교통부령으로 정하는 서류를 첨부하여 지적소관청에 제출하여야 한다.

공간정보의 구축 및 관리 등에 관한 법률 시행규칙 제84조(지목변경 신청)

① 영 제67조제2항에서 "국토교통부령으로 정하는 서류"란 다음 각 호의 어느 하나에 해당하는 서류를 말한다.

> 1. 관계법령에 따라 토지의 형질변경 등의 공사가 준공되었음을 증명하는 서류의 사본
> 2. 국유지·공유지의 경우에는 용도폐지 되었거나 사실상 공공용으로 사용되고 있지 아니함을 증명하는 서류의 사본
> 3. 토지 또는 건축물의 용도가 변경되었음을 증명하는 서류의 사본

② 개발행위허가·농지전용허가·보전산지전용허가 등 지목변경과 관련된 규제를 받지 아니하는 토지의 지목변경이나 전·답·과수원 상호 간의 지목변경인 경우에는 제1항에 따른 서류의 첨부를 생략할 수 있다.

③ 제1항 각 호의 어느 하나에 해당하는 서류를 해당 지적소관청이 관리하는 경우에는 지적소관청의 확인으로 그 서류의 제출을 갈음할 수 있다.

정답 **07 ④**

08 다음은 「공간정보의 구축 및 관리 등에 관한 법률」상 합병신청을 할 수 없는 경우이다. 틀린 것은?

① 합병하려는 토지의 지번부여지역, 지목 또는 소유자가 서로 다른 경우

② 합병하려는 각 필지의 지반이 연속되지 아니한 경우

③ 합병하려는 토지의 소유자별 공유지분이 같은 경우

④ 합병하려는 토지의 지적도 및 임야도의 축척이 서로 다른 경우

⑤ 합병하려는 토지가 등기된 토지와 등기되지 아니한 토지인 경우

> **풀이** 공간정보의 구축 및 관리 등에 관한 법률 제80조(합병 신청)
> ① 토지소유자는 토지를 합병하려면 대통령령으로 정하는 바에 따라 지적소관청에 합병을 신청하여야 한다.
> ② 토지소유자는 「주택법」에 따른 공동주택의 부지, 도로, 제방, 하천, 구거, 유지, 그 밖에 대통령령으로 정하는 토지로서 합병하여야 할 토지가 있으면 그 사유가 발생한 날부터 60일 이내에 지적소관청에 합병을 신청하여야 한다.
> ③ 다음 각 호의 어느 하나에 해당하는 경우에는 합병 신청을 할 수 없다.
> 　1. 합병하려는 토지의 지번부여지역, 지목 또는 소유자가 서로 다른 경우
> 　2. 합병하려는 토지에 다음 각 목의 등기 외의 등기가 있는 경우
>
> > 가. 소유권·지상권·전세권 또는 임차권의 등기
> > 나. 승역지(承役地)에 대한 지역권의 등기
> > 다. 합병하려는 토지 전부에 대한 등기원인(登記原因) 및 그 연월일과 접수번호가 같은 저당권의 등기
> > 라. 합병하려는 토지 전부에 대한 「부동산등기법」 제81조제1항 각 호의 등기사항이 동일한 신탁 등기
>
> 　3. 그 밖에 합병하려는 토지의 지적도 및 임야도의 축척이 서로 다른 경우 등 대통령령으로 정하는 경우

공간정보의 구축 및 관리 등에 관한 법률 시행령 제66조(합병 신청)

① 토지소유자는 법 제80조제1항 및 제2항에 따라 토지의 합병을 신청할 때에는 합병 사유를 적은 신청서를 지적소관청에 제출하여야 한다.

② 법 제80조제2항에서 "대통령령으로 정하는 토지"란 공장용지·학교용지·철도용지·수도용지·공원·체육용지 등 다른 지목의 토지를 말한다.

③ 법 제80조제3항제3호에서 "합병하려는 토지의 지적도 및 임야도의 축척이 서로 다른 경우 등 대통령령으로 정하는 경우"란 다음 각 호의 경우를 말한다.

> 1. 합병하려는 토지의 지적도 및 임야도의 축척이 서로 다른 경우
> 2. 합병하려는 각 필지가 서로 연접하지 않은 경우
> 3. 합병하려는 토지가 등기된 토지와 등기되지 아니한 토지인 경우
> 4. 합병하려는 각 필지의 지목은 같으나 일부 토지의 용도가 다르게 되어 법 제79조제2항에 따른 분할대상 토지인 경우. 다만, 합병 신청과 동시에 토지의 용도에 따라 분할 신청을 하는 경우는 제외한다.
> 5. 합병하려는 토지의 소유자별 공유지분이 다르거나 소유자의 주소가 서로 다른 경우
> 6. 합병하려는 토지가 구획정리, 경지정리 또는 축척변경을 시행하고 있는 지역의 토지와 그 지역 밖의 토지인 경우

09 「공간정보의 구축 및 관리 등에 관한 법률」상 바다로 된 토지의 등록말소에 관한 설명으로 옳은 것은?

① 지적소관청은 지적공부에 등록된 토지가 일시적인 지형의 변화 등으로 바다로 된 경우에는 공유수면의 관리청에 지적공부의 등록말소 신청을 하도록 통지하여야 한다.

② 지적소관청은 등록말소 신청 통지를 받은 자가 통지를 받은 날부터 60일 이내에 등록말소 신청을 하지 아니하면 직권으로 그 지적공부의 등록사항을 말소하여야 한다.

③ 지적소관청이 직권으로 등록말소를 할 경우에는 시·도 지사의 승인을 받아야 하며, 시·도지사는 그 내용을 승인하기 전에 토지소유자의 의견을 청취하여야 한다.

④ 지적소관청은 말소한 토지가 지형의 변화 등으로 다시 토지가 된 경우에는 그 지적측량성과 및 등록말소 당시의 지적공부 등 관계 자료에 따라 토지로 회복등록을 할 수 있다.

⑤ 지적소관청이 지적공부의 등록사항을 말소하거나 회복등록하였을 때에는 그 정리 결과를 시·도지사 및 행정안전부장관에게 통보하여야 한다.

> **풀이** 공간정보의 구축 및 관리 등에 관한 법률 제82조(바다로 된 토지의 등록말소 신청)
> ① 지적소관청은 지적공부에 등록된 토지가 지형의 변화 등으로 바다로 된 경우로서 원상(原狀)으로 회복될 수 없거나 다른 지목의 토지로 될 가능성이 없는 경우에는 지적공부에 등록된 토지소유자에게 지적공부의 등록말소 신청을 하도록 통지하여야 한다.
> ② 지적소관청은 제1항에 따른 토지소유자가 통지를 받은 날부터 90일 이내에 등록말소 신청을 하지 아니하면 대통령령으로 정하는 바에 따라 등록을 말소한다.
> ③ 지적소관청은 제2항에 따라 말소한 토지가 지형의 변화 등으로 다시 토지가 된 경우에는 대통령령으로 정하는 바에 따라 토지로 회복등록을 할 수 있다.
>
> **공간정보의 구축 및 관리 등에 관한 법률 시행령 제68조(바다로 된 토지의 등록말소 및 회복)**
> ① 법 제82조제2항에 따라 토지소유자가 등록말소 신청을 하지 아니하면 지적소관청이 직권으로 그 지적공부의 등록사항을 말소하여야 한다.
> ② 지적소관청은 법 제82조제3항에 따라 회복등록을 하려면 그 지적측량성과 및 등록말소 당시의 지적공부 등 관계 자료에 따라야 한다.
> ③ 제1항 및 제2항에 따라 지적공부의 등록사항을 말소하거나 회복등록하였을 때에는 그 정리 결과를 토지소유자 및 해당 공유수면의 관리청에 통지하여야 한다.

10 「공간정보의 구축 및 관리 등에 관한 법률」상 지상 경계의 위치표시 및 결정 등에 관한 설명으로 틀린 것은?

① 토지의 지상 경계는 둑, 담장이나 그 밖에 구획의 목표가 될 만한 구조물 및 경계점표지 등으로 표시한다.

② 지적소관청은 토지의 이동에 따라 지상 경계를 새로 정한 경우에는 지상경계점등록부를 작성 · 관리하여야 한다.

③ 지상 경계의 구획을 형성하는 구조물 등의 소유자가 다른 경우에는 그 소유권에 따라 지상 경계를 결정한다.

④ 행정기관의 장 또는 지방자치단체의 장이 토지를 취득하기 위하여 분할하려는 경우에는 지상 경계점에 경계점표지를 설치한 후 지적측량을 할 수 있다.

⑤ 도시개발사업 등의 사업시행자가 사업지구의 경계를 결정하기 위하여 토지를 분할하는 경우, 지상 경계는 지상건축물을 걸리게 결정해서는 아니 된다.

풀이 공간정보의 구축 및 관리 등에 관한 법률 제65조(지상경계의 구분 등) **암기 토지경계**

① 토지의 지상경계는 둑, 담장이나 그 밖에 구획의 목표가 될 만한 구조물 및 경계점표지 등으로 구분한다.

② 지적소관청은 토지의 이동에 따라 지상경계를 새로 정한 경우에는 다음 각 호의 사항을 등록한 지상경계점등록부를 작성 · 관리하여야 한다.

    1. **토**지의 소재

    2. **지**번

    3. **경**계점 좌표(경계점좌표등록부 시행지역에 한정한다)

    4. 경**계**점 위치 설명도

    5. 그 밖에 국토교통부령으로 정하는 사항

③ 제1항에 따른 지상경계의 결정 기준 등 지상경계의 결정에 필요한 사항은 대통령령으로 정하고, 경계점표지의 규격과 재질 등에 필요한 사항은 국토교통부령으로 정한다.

공간정보의 구축 및 관리 등에 관한 법률 시행령 제55조(지상경계의 결정 등)

① 지상 경계를 새로 결정하려는 경우 그 기준은 다음 각 호의 구분에 따른다.

> 1. 연접되는 토지 간에 높낮이 차이가 없는 경우 : 그 구조물 등의 중앙
> 2. 연접되는 토지 간에 높낮이 차이가 있는 경우 : 그 구조물 등의 하단부
> 3. 도로 · 구거 등의 토지에 절토(切土)된 부분이 있는 경우 : 그 경사면의 상단부
> 4. 토지가 해면 또는 수면에 접하는 경우 : 최대만조위 또는 최대만수위가 되는 선
> 5. 공유수면매립지의 토지 중 제방 등을 토지에 편입하여 등록하는 경우 : 바깥쪽 어깨부분

② 지상 경계의 구획을 형성하는 구조물 등의 소유자가 다른 경우에는 제1항제1호부터 제3호까지의 규정에도 불구하고 그 소유권에 따라 지상 경계를 결정한다.

③ 다음 각 호의 어느 하나에 해당하는 경우에는 지상 경계점에 제54조제1항에 따른 경계점표지를 설치한 후 측량할 수 있다.

> 1. 법 제86조제1항에 따른 도시개발사업 등의 사업시행자가 사업지구의 경계를 결정하기 위하여 토지를 분할하려는 경우
> 2. 법 제87조제1호 및 제2호에 따른 사업시행자와 행정기관의 장 또는 지방자치단체의 장이 토지를 취득하기 위하여 분할하려는 경우

3. 「국토의 계획 및 이용에 관한 법률」 제30조제6항에 따른 도시관리계획 결정고시와 같은 법 제32조제4항에 따른 지형도면 고시가 된 지역의 도시관리계획선에 따라 토지를 분할하려는 경우
4. 제65조제1항에 따라 토지를 분할하려는 경우
5. 관계 법령에 따라 인가·허가 등을 받아 토지를 분할하려는 경우

④ 분할에 따른 지상 경계는 지상건축물을 걸리게 결정해서는 아니 된다. 다만, 다음 각 호의 어느 하나에 해당하는 경우에는 그러하지 아니하다.

1. 법원의 확정판결이 있는 경우
2. 법 제87조제1호에 해당하는 토지를 분할하는 경우
3. 제3항제1호 또는 제3호에 따라 토지를 분할하는 경우

⑤ 법 제86조제1항에 따른 도시개발사업 등이 완료되어 실시하는 법 제45조제2호에 따른 지적확정측량의 경계는 공사가 완료된 현황대로 결정하되, 공사가 완료된 현황이 사업계획도와 다를 때에는 미리 사업시행자에게 그 사실을 통지하여야 한다.

11 다음은 지적측량의 기간에 관한 내용이다. (   )에 들어갈 내용으로 옳은 것은?

> 지적측량의 측량기간은 (ㄱ)로 하며, 측량검사기간은 (ㄴ)로 한다. 다만, 지적기준점을 설치하여 측량 또는 측량검사를 하는 경우 지적기준점이 15점 이하인 경우에는 4일을, 15점을 초과하는 경우에는 4일에 15점을 초과하는 (ㄷ)마다 1일을 가산한다. 이와 같은 기준에도 불구하고, 지적측량 의뢰인과 지적측량수행자가 서로 합의하여 따로 기간을 정하는 경우에는 그 기간에 따르되, 전체 기간의 (ㄹ)은 측량기간으로, 전체 기간의 (ㅁ)은(는) 측량검사기간으로 본다.

① ㄱ-4일, ㄴ-3일, ㄷ-5점, ㄹ-4분의 3, ㅁ-4분의 1
② ㄱ-4일, ㄴ-3일, ㄷ-4점, ㄹ-5분의 3, ㅁ-5분의 2
③ ㄱ-5일, ㄴ-4일, ㄷ-4점, ㄹ-4분의 3, ㅁ-4분의 1
④ ㄱ-5일, ㄴ-4일, ㄷ-4점, ㄹ-5분의 3, ㅁ-5분의 2
⑤ ㄱ-5일, ㄴ-4일, ㄷ-5점, ㄹ-5분의 3, ㅁ-5분의 2

풀이 공간정보의 구축 및 관리 등에 관한 법률 시행규칙 제25조(지적측량 의뢰 등)

① 법 제24조제1항에 따라 지적측량을 의뢰하려는 자는 별지 제15호 서식의 지적측량 의뢰서에 의뢰 사유를 증명하는 서류를 첨부하여 지적측량수행자에게 제출하여야 한다.
② 지적측량수행자는 제1항에 따른 지적측량 의뢰를 받은 때에는 측량기간, 측량일자 및 측량 수수료 등을 적은 별지 제16호 서식의 지적측량 수행계획서를 그 다음 날까지 지적소관청에 제출하여야 한다.
③ 지적측량의 측량기간은 5일로 하며, 측량검사기간은 4일로 한다. 다만, 지적기준점을 설치하여 측량 또는 측량검사를 하는 경우 지적기준점이 15점 이하인 경우에는 4일을, 15점을 초과하는 경우에는 4일에 15점을 초과하는 4점마다 1일을 가산한다. 〈개정 2010.6.17.〉
④ 제3항에도 불구하고 지적측량 의뢰인과 지적측량수행자가 서로 합의하여 따로 기간을 정하는 경우에는 그 기간에 따르되, 전체 기간의 4분의 3은 측량기간으로, 전체 기간의 4분의 1은 측량검사기간으로 본다.

12 「공간정보의 구축 및 관리 등에 관한 법률」상 지목의 구분에 관한 설명으로 옳은 것은?

① 산림 및 원야를 이루고 있는 자갈땅·모래땅·습지·황무지 등의 토지는 '잡종지'로 한다.

② 물건 등을 보관하거나 저장하기 위하여 독립적으로 설치된 보관시설물의 부지와 이에 접속된 부속 시설물의 부지는 '창고용지'로 한다.

③ 과수류를 집단적으로 재배하는 토지와 이에 접속된 주거용 건축물의 부지는 '과수원'으로 한다.

④ 용수 또는 배수를 위하여 일정한 형태를 갖춘 인공적인 수로·둑 및 그 부속시설물의 부지는 '유지' 로 한다.

⑤ 지하에서 석유류 등이 용출되는 용출구와 그 유지에 사용되는 부지는 '주유소용지'로 한다.

풀이 공간정보의 구축 및 관리 등에 관한 법률 시행령 제58조(지목의 구분)

법 제67조제1항에 따른 지목의 구분은 다음 각 호의 기준에 따른다.

3. 과수원

　사과·배·밤·호두·귤나무 등 과수류를 집단적으로 재배하는 토지와 이에 접속된 저장고 등 부속시설물 의 부지. 다만, 주거용 건축물의 부지는 "대"로 한다.

5. 임야

　산림 및 원야(原野)를 이루고 있는 수림지(樹林地)·죽림지·암석지·자갈땅·모래땅·습지·황무지 등 의 토지

6. 광천지

　지하에서 온수·약수·석유류 등이 용출되는 용출구(湧出口)와 그 유지(維持)에 사용되는 부지. 다만, 온 수·약수·석유류 등을 일정한 장소로 운송하는 송수관·송유관 및 저장시설의 부지는 제외한다.

12. 주유소용지

　다음 각 목의 토지. 다만, 자동차·선박·기차 등의 제작 또는 정비공장 안에 설치된 급유·송유시설 등의 부지는 제외한다.

　가. 석유·석유제품 또는 액화석유가스, 전기 또는 수소 등의 판매를 위하여 일정한 설비를 갖춘 시설물의 부지

　나. 저유소(貯油所) 및 원유저장소의 부지와 이에 접속된 부속시설물의 부지

13. 창고용지

　물건 등을 보관하거나 저장하기 위하여 독립적으로 설치된 보관시설물의 부지와 이에 접속된 부속시설물 의 부지

18. 구거

　용수(用水) 또는 배수(排水)를 위하여 일정한 형태를 갖춘 인공적인 수로·둑 및 그 부속시설물의 부지와 자연의 유수(流水)가 있거나 있을 것으로 예상되는 소규모 수로부지

19. 유지(溜池)

　물이 고이거나 상시적으로 물을 저장하고 있는 댐·저수지·소류지(沼溜地)·호수·연못 등의 토지와 연· 왕골 등이 자생하는 배수가 잘 되지 아니하는 토지

28. 잡종지

　다음 각 목의 토지. 다만, 원상회복을 조건으로 돌을 캐내는 곳 또는 흙을 파내는 곳으로 허가된 토지는 제외한다.

　가. 갈대밭, 실외에 물건을 쌓아두는 곳, 돌을 캐내는 곳, 흙을 파내는 곳, 야외시장 및 공동우물

　나. 변전소, 송신소, 수신소 및 송유시설 등의 부지

　다. 여객자동차터미널, 자동차운전학원 및 폐차장 등 자동차와 관련된 독립적인 시설물을 갖춘 부지

　라. 공항시설 및 항만시설 부지

　마. 도축장, 쓰레기처리장 및 오물처리장 등의 부지

　바. 그 밖에 다른 지목에 속하지 않는 토지

01 지적측량수행자가 실시한 지적측량성과에 대하여 시·도지사, 대도시 시장 또는 지적소관청으로부터 측량성과 검사를 받지 않아도 되는 측량은?

① 신규등록측량   ② 지적현황측량

③ 분할측량   ④ 등록전환측량

⑤ 지적확정측량

> **풀이** 공간정보의 구축 및 관리 등에 관한 법률 제25조(지적측량성과의 검사)
> ① 지적측량수행자가 제23조에 따라 지적측량을 하였으면 시·도지사, 대도시 시장(「지방자치법」제198조에 따라 서울특별시·광역시 및 특별자치시를 제외한 인구 50만 이상의 시의 시장을 말한다. 이하 같다) 또는 지적소관청으로부터 측량성과에 대한 검사를 받아야 한다. 다만, 지적공부를 정리하지 아니하는 측량으로서 국토교통부령으로 정하는 측량의 경우에는 그러하지 아니하다. 〈개정 2012.12.18., 2013.3.23.〉
>
> **지적측량 시행규칙 제28조(지적측량성과의 검사방법 등)**
> ① 법 제25조제1항 단서에서 "국토교통부령으로 정하는 측량의 경우"란 경계복원측량 및 지적현황측량을 하는 경우를 말한다.

02 지적기준점성과와 그 측량기록의 보관 및 열람 등에 관한 설명으로 틀린 것은?

① 시·도지사나 지적소관청은 지적기준점성과와 그 측량 기록을 보관하여야 한다.

② 지적삼각점성과를 열람하거나 등본을 발급받으려는 자는 시·도지사에게 신청하여야 한다.

③ 지적삼각보조점성과를 열람하거나 등본을 발급받으려는 자는 지적소관청에 신청하여야 한다.

④ 지적도근점성과를 열람하거나 등본을 발급받으려는 자는 지적소관청에 신청하여야 한다.

⑤ 지적기준점성과의 열람 및 등본 발급신청을 받은 지적측량수행자는 이를 열람하게 하거나 등본을 발급하여야 한다.

> **풀이** 공간정보의 구축 및 관리 등에 관한 법률 시행규칙 제26조(지적기준점성과의 열람 및 등본발급)
> ① 법 제27조에 따라 지적측량기준점성과 또는 그 측량부를 열람하거나 등본을 발급받으려는 자는 지적삼각점성과에 대해서는 특별시장·광역시장·도지사 또는 특별자치도지사(이하 "시·도지사"라 한다) 또는 지적소관청에 신청하고, 지적삼각보조점성과 및 지적도근점성과에 대해서는 지적소관청에 신청하여야 한다.
> ② 제1항에 따른 지적측량기준점성과 또는 그 측량부의 열람 및 등본발급 신청서는 별지 제17호 서식과 같다.
> ③ 지적측량기준점성과 또는 그 측량부의 열람이나 등본 발급 신청을 받은 해당 기관은 이를 열람하게 하거나 별지 제18호 서식의 지적측량기준점성과 등본을 발급하여야 한다.

03 지목의 구분 및 설정밥법 등에 관한 설명으로 틀린 것은?

① 필지마다 하나는 지목을 설정하여야 한다.

② 1필지가 둘 이상의 용도로 활용되는 경우에는 주된 용도에 따라 지목을 설정하여야 한다.

③ 토지가 일시적 또는 임시적인 용도로 사용될 때에는 지목을 변경하지 아니한다.

④ 조수·자연유수(自然流水)·모래 바람 등을 막기 위하여 설치된 방조제·방수제·방사제 등의 부지는 '제방'으로 한다.

⑤ 지목이 공장용지인 경우 이를 지적도에 등록하는 때는 '공'으로 표기하여야 한다.

> **풀이** 공간정보의 구축 및 관리 등에 관한 법률 시행령 제59조(지목의 설정방법 등)
> ① 법 제67조제1항에 따른 지목의 설정은 다음 각 호의 방법에 따른다.
>   1. 필지마다 하나의 지목을 설정할 것
>   2. 1필지가 둘 이상의 용도로 활용되는 경우에는 주된 용도에 따라 지목을 설정할 것
> ② 토지가 일시적 또는 임시적인 용도로 사용될 때에는 지목을 변경하지 아니한다.

공간정보의 구축 및 관리 등에 관한 법률 시행규칙 제64조(지목의 표기방법)

지목을 지적도 및 임야도(이하 "지적도면"이라 한다)에 등록하는 때에는 다음의 부호로 표기하여야 한다.

지목	부호	지목	부호	지목	부호	지목	부호
전	전	대	대	철도용지	철	공원	공
답	답	공장용지	㉮	제방	제	체육용지	체
과수원	과	학교용지	학	하천	㉬	유원지	㉢
목장용지	목	주차장	㉱	구거	구	종교용지	종
임야	임	주유소용지	주	유지	유	사적지	사
광천지	광	창고용지	창	양어장	양	묘지	묘
염전	염	도로	도	수도용지	수	잡종지	잡

04 지번의 부여 및 부여방법 등에 관한 설명으로 틀린 것은?

① 지적소관청은 지번을 변경할 필요가 있다고 인정하면 시·도지사나 대도시 시장의 승인을 받아 지번부여지역의 전부 또는 일부에 대하여 지번을 새로 부여할 수 있다.

② 신규등록의 경우에는 그 지번부여지역에서 인접토지의 본번에 부번을 붙여서 지번을 부여하는 것을 원칙으로 한다.

③ 분할의 경우에는 분할 후의 필지 중 1필지의 지번은 분할 전의 지번으로 하고, 나머지 필지의 지번은 최종 본번 다음 순번의 본번을 순차적으로 부여하여야 한다.

④ 등록전환 대상토지가 여러 필지로 되어 있는 경우에는 그 지번부여지역의 최종 본번의 다음 순번부터 본번으로 하여 순차적으로 지번을 부여할 수 있다.

⑤ 합병의 경우로서 토지 소유자가 합병 전의 필지에 주거·사무실 등의 건축물이 있어서 그 건축물이 위치한 지번을 합병 후의 지번으로 신청할 때에는 그 지번을 합병 후의 지번으로 부여하여야 한다.

구분		토지이동에 따른 지번의 부여방법
부여방법		① 지번(地番)은 아라비아숫자로 표기하되, 임야대장 및 임야도에 등록하는 토지의 지번은 숫자 앞에 "산"자를 붙인다. ② 지번은 본번(本番)과 부번(副番)으로 구성하되, 본번과 부번 사이에 "-" 표시로 연결한다. 이 경우 "-" 표시는 "의"라고 읽는다. ③ 법 제66조에 따른 지번의 부여방법은 다음 각 호와 같다. 　1. 지번은 북서에서 남동으로 순차적으로 부여할 것
신규등록 · 등록전환	원칙	지번부여지역에서 인접토지의 본번에 부번을 붙여서 지번을 부여한다.
	예외	다음의 경우에는 그 지번부여지역의 최종 본번의 다음 순번부터 본번으로 하여 순차적으로 지번을 부여할 수 있다. ① 대상 토지가 그 지번부여지역의 최종 지번의 토지에 인접하여 있는 경우 ② 대상 토지가 이미 등록된 토지와 멀리 떨어져 있어서 등록된 토지의 본번에 부번을 부여하는 것이 불합리한 경우 ③ 대상 토지가 여러 필지로 되어 있는 경우
분할	원칙	분할 후의 필지 중 1필지의 지번은 분할 전의 지번으로 하고, 나머지 필지의 지번은 본번의 최종 부번 다음 순번으로 부번을 부여한다.
	예외	주거 · 사무실 등의 건축물이 있는 필지에 대해서는 분할 전의 지번을 우선하여 부여하여야 한다.
합병	원칙	합병 대상 지번 중 선순위의 지번을 그 지번으로 하되, 본번으로 된 지번이 있을 때에는 본번 중 선순위의 지번을 합병 후의 지번으로 한다.
	예외	토지소유자가 합병 전의 필지에 주거 · 사무실 등의 건축물이 있어서 그 건축물이 위치한 지번을 합병 후의 지번으로 신청할 때에는 그 지번을 합병 후의 지번으로 부여하여야 한다.
지적확정측량을 실시한 지역의 각 필지에 지번을 새로 부여하는 경우	원칙	다음 각 목의 지번을 제외한 본번으로 부여한다. ① 지적확정측량을 실시한 지역 안의 종전의 지번과 지적확정측량을 실시한 지역 밖에 있는 본번이 같은 지번이 있을 때 그 지번 ② 지적확정측량을 실시한 지역의 경계에 걸쳐 있는 지번
	예외	부여할 수 있는 종전 지번의 수가 새로 부여할 지번의 수보다 적을 때에는 블록 단위로 하나의 본번을 부여한 후 필지별로 부번을 부여하거나, 그 지번부여지역의 최종 본번 다음 순번부터 본번으로 하여 차례로 지번을 부여할 수 있다.
지적확정측량에 준용		① 법 제66조제2항(지적소관청은 지적공부에 등록된 지번을 변경할 필요가 있다고 인정하면 시 · 도지사나 대도시 시장의 승인을 받아 지번부여지역의 전부 또는 일부에 대하여 지번을 새로 부여할 수 있다.)에 따라 지번부여지역의 지번을 변경할 때 ② 법 제85조제2항(지번부여지역의 일부가 행정구역의 개편으로 다른 지번부여지역에 속하게 되었으면 지적소관청은 새로 속하게 된 지번부여지역의 지번을 부여하여야 한다.)에 따른 행정구역 개편에 따라 새로 지번을 부여할 때 ③ 제72조제1항(지적소관청은 축척변경 시행지역의 각 필지별 지번 · 지목 · 면적 · 경계 또는 좌표를 새로 정하여야 한다.)에 따라 축척변경 시행지역의 필지에 지번을 부여할 때

정답

구분	토지이동에 따른 지번의 부여방법
도시개발사업 등의 준공 전	도시개발사업 등이 준공되기 전에 사업시행자가 지번부여를 신청하는 경우에는 국토교통부령으로 정하는 바에 따라 지번을 부여할 수 있다. 지적소관청은 도시개발사업 등이 준공되기 전에 지번을 부여하는 때에는 사업계획도에 따르되, 지적확정측량을 실시한 지역의 각 필지에 지번을 새로 부여하는 경우의 지번부여방식에 따라 지번을 부여하여야 한다.

05 「공간정보의 구축 및 관리 등에 관한 법령」상 토지의 조사 · 등록 등에 관한 내용이다. (   )에 들어갈 사항으로 옳은 것은?

> (ㄱ)은(는) (ㄴ)에 대하여 필지별로 소재 · 지번 · 지목 · 면적 · 경계 또는 좌표 등을 조사 · 측량하여 지적공부에 등록하여야 한다. 지적공부에 등록하는 지번 · 지목 · 면적 · 경계 또는 좌표는 (ㄷ)이 있을 때 토지소유자의 신청을 받아 (ㄹ)이 결정한다.

① ㄱ : 지적소관청   ㄴ : 모든 토지   ㄷ : 토지의 이용   ㄹ : 국토교통부장관
② ㄱ : 지적측량수행자   ㄴ : 관리 토지   ㄷ : 토지의 이동   ㄹ : 국토교통부장관
③ ㄱ : 지적측량수행자   ㄴ : 모든 토지   ㄷ : 토지의 이동   ㄹ : 지적소관청
④ ㄱ : 국토교통부장관   ㄴ : 관리 토지   ㄷ : 토지의 이용   ㄹ : 지적소관청
⑤ ㄱ : 국토교통부장관   ㄴ : 모든 토지   ㄷ : 토지의 이동   ㄹ : 지적소관청

풀이 공간정보의 구축 및 관리 등에 관한 법률 제64조(토지의 조사 · 등록 등)
① 국토교통부장관은 모든 토지에 대하여 필지별로 소재 · 지번 · 지목 · 면적 · 경계 또는 좌표 등을 조사 · 측량하여 지적공부에 등록하여야 한다.
② 지적공부에 등록하는 지번 · 지목 · 면적 · 경계 또는 좌표는 토지의 이동이 있을 때 토지소유자(법인이 아닌 사단이나 재단의 경우에는 그 대표자나 관리인을 말한다. 이하 같다)의 신청을 받아 지적소관청이 결정한다. 다만, 신청이 없으면 지적소관청이 직권으로 조사 · 측량하여 결정할 수 있다.
③ 제2항 단서에 따른 조사 · 측량의 절차 등에 필요한 사항은 국토교통부령으로 정한다.

06 다음은 지적소관청이 토지소유자에게 지적정리 등을 통지하여야 하는 시기에 관한 내용이다. (   )에 들어갈 사항으로 옳은 것은?

> • 토지의 표시에 관한 변경등기가 필요하지 아니한 경우 : 지적공부에 등록한 날부터 (ㄱ) 이내
> • 토지의 표시에 관한 변경등기가 필요한 경우 : 그 등기완료의 통지서를 접수한 날부터 (ㄴ) 이내

① ㄱ : 7일, ㄴ : 15일   ② ㄱ : 15일, ㄴ : 7일
③ ㄱ : 30일, ㄴ : 30일   ④ ㄱ : 60일, ㄴ : 30일
⑤ ㄱ : 30일, ㄴ : 60일

풀이 공간정보의 구축 및 관리 등에 관한 법률 시행령 제85조(지적정리 등의 통지)

지적소관청이 법 제90조에 따라 토지소유자에게 지적정리 등을 통지하여야 하는 시기는 다음 각 호의 구분에 따른다.

> 1. 토지의 표시에 관한 변경등기가 필요한 경우 : 그 등기완료의 통지서를 접수한 날부터 15일 이내
> 2. 토지의 표시에 관한 변경등기가 필요하지 아니한 경우 : 지적공부에 등록한 날부터 7일 이내

07

「공간정보의 구축 및 관리 등에 관한 법령」상 지적소관청은 토지의 이동 등으로 토지의 표시 변경에 관한 등기를 할 필요가 있는 경우에는 지체 없이 관할 등기관서에 그 등기를 촉탁하여야 한다. 등기촉탁 대상이 아닌 것은?

① 신규등록　　　　　　　② 합병
③ 지목변경　　　　　　　④ 등록전환
⑤ 분할

풀이 공간정보의 구축 및 관리 등에 관한 법률 제89조(등기촉탁)

① 지적소관청은 제64조제2항(신규등록은 제외한다), 제66조제2항, 제82조, 제83조제2항, 제84조제2항 또는 제85조제2항에 따른 사유로 토지의 표시 변경에 관한 등기를 할 필요가 있는 경우에는 지체 없이 관할 등기관서에 그 등기를 촉탁하여야 한다. 이 경우 등기촉탁은 국가가 국가를 위하여 하는 등기로 본다.

08

토지소유자가 신규등록을 신청할 때에는 신규등록 사유를 적은 신청서에 해당 서류가 아닌 것은?

① 법원의 확정판결서 정본 또는 사본
② 「공유수면 관리 및 매립에 관한 법률」에 따른 준공검사확인증 사본
③ 도시계획구역의 토지를 그 지방자치단체의 명의로 등록하는 때에는 기획재정부장관과 협의한 문서의 사본
④ 지형도면에 고시된 도시관리계획도 사본
⑤ 소유권을 증명할 수 있는 서류의 사본

풀이 공간정보의 구축 및 관리 등에 관한 법률 시행규칙 제81조(신규등록 신청)

① 영 제63조에서 "국토교통부령으로 정하는 서류"란 다음 각 호의 어느 하나에 해당하는 서류를 말한다.

> 1. 법원의 확정판결서 정본 또는 사본
> 2. 「공유수면 관리 및 매립에 관한 법률」에 따른 준공검사확인증 사본
> 3. 법률 제6389호 지적법 개정법률 부칙 제5조에 따라 도시계획구역의 토지를 그 지방자치단체의 명의로 등록하는 때에는 기획재정부장관과 협의한 문서의 사본
> 4. 그 밖에 소유권을 증명할 수 있는 서류의 사본

② 제1항 각 호의 어느 하나에 해당하는 서류를 해당 지적소관청이 관리하는 경우에는 지적소관청의 확인으로 그 서류의 제출을 갈음할 수 있다.

09 「공간정보의 구축 및 관리 등에 관한 법령」상 대지권등록부의 등록사항이 아닌 것은?

① 대지권 비율

② 건물의 명칭

③ 소유권 지분

④ 건물의 경계

⑤ 토지소유자가 변경된 날과 그 원인

> **풀이** 공간정보의 구축 및 관리 등에 관한 법률 제71조(토지대장 등의 등록사항)
> ③ 토지대장이나 임야대장에 등록하는 토지가 「부동산등기법」에 따라 대지권 등기가 되어 있는 경우에는 대지
> 권등록부에 다음 각 호의 사항을 등록하여야 한다.
> 1. 토지의 소재
> 2. 지번
> 3. 대지권 비율
> 4. 소유자의 성명 또는 명칭, 주소 및 주민등록번호
> 5. 그 밖에 국토교통부령으로 정하는 사항
>
> **공간정보의 구축 및 관리 등에 관한 법률 시행규칙 제68조(토지대장 등의 등록사항 등)**
> ④ 법 제71조제3항제5호에서 "그 밖에 국토교통부령으로 정하는 사항"이란 다음 각 호의 사항을 말한다.
> 1. 토지의 고유번호
> 2. 전유부분(專有部分)의 건물표시
> 3. 건물의 명칭
> 4. 집합건물별 대지권등록부의 장번호
> 5. 토지소유자가 변경된 날과 그 원인
> 6. 소유권 지분

10 「공간정보의 구축 및 관리 등에 관한 법령」상 지적소관청은 지적공부의 등록사항에 잘못이 있음을 발견하면 직권으로 조사·측량하여 정정할 수 있다. 직권으로 조사·측량하여 정정할 수 있는 경우가 아닌 것은?

① 지적공부의 등록사항이 잘못 입력된 경우

② 지적측량성과와 다르게 정리된 경우

③ 토지이용계획서의 내용과 다르게 정리된 경우

④ 지적공부의 작성 또는 재작성 당시 잘못 정리된 경우

⑤ 지적도 및 임야도에 등록된 필지가 면적의 증감 없이 경계의 위치만 잘못된 경우

> **풀이** 공간정보의 구축 및 관리 등에 관한 법률 시행령 제82조(등록사항의 직권정정 등)
> ① 지적소관청이 법 제84조제2항에 따라 지적공부의 등록사항에 잘못이 있는지를 직권으로 조사·측량하여
> 정정할 수 있는 경우는 다음 각 호와 같다.
>
> > 1. 제84조제2항에 따른 토지이동정리 결의서의 내용과 다르게 정리된 경우
> > 2. 지적도 및 임야도에 등록된 필지가 면적의 증감 없이 경계의 위치만 잘못된 경우
> > 3. 1필지가 각각 다른 지적도나 임야도에 등록되어 있는 경우로서 지적공부에 등록된 면적과 측량한 실
> >   제면적은 일치하지만 지적도나 임야도에 등록된 경계가 서로 접합되지 않아 지적도나 임야도에 등록
> >   된 경계를 지상의 경계에 맞추어 정정하여야 하는 토지가 발견된 경우

정답 09 ④ 10 ③

4. 지적공부의 작성 또는 재작성 당시 잘못 정리된 경우
5. 지적측량성과와 다르게 정리된 경우
6. 법 제29조제10항에 따라 지적공부의 등록사항을 정정하여야 하는 경우
7. 지적공부의 등록사항이 잘못 입력된 경우
8. 「부동산등기법」 제90조의3제2항에 따른 통지가 있는 경우
9. 법률 제2801호 지적법 개정법률 부칙 제3조에 따른 면적 환산이 잘못된 경우

11 「공간정보의 구축 및 관리 등에 관한 법령」상 지번에 관한 설명으로 틀린 것은?

① 지번은 북동에서 남서로 순차적으로 부여한다.
② 지번은 지적소관청이 지번부여지역별로 차례대로 부여한다.
③ 토지대장 및 지적도에 등록하는 토지의 지번은 아라비아숫자로 표기한다.
④ 지번은 본번과 부번으로 구성하되, 본번과 부번 사이에 "-" 표시로 연결한다.
⑤ 임야대장 및 임야도에 등록하는 토지의 지번은 아라비아숫자로 표기하되 숫자 앞에 "산"자를 붙여 표기한다.

풀이 공간정보의 구축 및 관리 등에 관한 법률 시행령 제56조(지번의 구성 및 부여방법 등)

구분		토지이동에 따른 지번의 부여방법
부여방법		① 지번(地番)은 아라비아숫자로 표기하되, 임야대장 및 임야도에 등록하는 토지의 지번은 숫자 앞에 "산"자를 붙인다. ② 지번은 본번(本番)과 부번(副番)으로 구성하되, 본번과 부번 사이에 "-" 표시로 연결한다. 이 경우 "-" 표시는 "의"라고 읽는다. ③ 법 제66조에 따른 지번의 부여방법은 다음 각 호와 같다. 1. 지번은 북서에서 남동으로 순차적으로 부여할 것
신규등록 · 등록전환	원칙	지번부여지역에서 인접토지의 본번에 부번을 붙여서 지번을 부여한다.
	예외	다음의 경우에는 그 지번부여지역의 최종 본번의 다음 순번부터 본번으로 하여 순차적으로 지번을 부여할 수 있다. ① 대상 토지가 그 지번부여지역의 최종 지번의 토지에 인접하여 있는 경우 ② 대상 토지가 이미 등록된 토지와 멀리 떨어져 있어서 등록된 토지의 본번에 부번을 부여하는 것이 불합리한 경우 ③ 대상 토지가 여러 필지로 되어 있는 경우
분할	원칙	분할 후의 필지 중 1필지의 지번은 분할 전의 지번으로 하고, 나머지 필지의 지번은 본번의 최종 부번 다음 순번으로 부번을 부여한다.
	예외	주거·사무실 등의 건축물이 있는 필지에 대해서는 분할 전의 지번을 우선하여 부여하여야 한다.
합병	원칙	합병 대상 지번 중 선순위의 지번을 그 지번으로 하되, 본번으로 된 지번이 있을 때에는 본번 중 선순위의 지번을 합병 후의 지번으로 한다.
	예외	토지소유자가 합병 전의 필지에 주거·사무실 등의 건축물이 있어서 그 건축물이 위치한 지번을 합병 후의 지번으로 신청할 때에는 그 지번을 합병 후의 지번으로 부여하여야 한다.

정답 11 ①

구분		토지이동에 따른 지번의 부여방법
지적확정측량을 실시한 지역의 각 필지에 지번을 새로 부여하는 경우	원칙	다음 각 목의 지번을 제외한 본번으로 부여한다. ① 지적확정측량을 실시한 지역 안의 종전의 지번과 지적확정측량을 실시한 지역 밖에 있는 본번이 같은 지번이 있을 때 그 지번 ② 지적확정측량을 실시한 지역의 경계에 걸쳐 있는 지번
	예외	부여할 수 있는 종전 지번의 수가 새로 부여할 지번의 수보다 적을 때에는 블록 단위로 하나의 본번을 부여한 후 필지별로 부번을 부여하거나, 그 지번부여지역의 최종 본번 다음 순번부터 본번으로 하여 차례로 지번을 부여할 수 있다.
지적확정측량에 준용		① 법 제66조제2항(지적소관청은 지적공부에 등록된 지번을 변경할 필요가 있다고 인정하면 시·도지사나 대도시 시장의 승인을 받아 지번부여지역의 전부 또는 일부에 대하여 지번을 새로 부여할 수 있다.)에 따라 지번부여지역의 지번을 변경할 때 ② 법 제85조제2항(지번부여지역의 일부가 행정구역의 개편으로 다른 지번부여지역에 속하게 되었으면 지적소관청은 새로 속하게 된 지번부여지역의 지번을 부여하여야 한다.)에 따른 행정구역 개편에 따라 새로 지번을 부여할 때 ③ 제72조제1항(지적소관청은 축척변경 시행지역의 각 필지별 지번·지목·면적·경계 또는 좌표를 새로 정하여야 한다.)에 따라 축척변경 시행지역의 필지에 지번을 부여할 때
도시개발사업 등의 준공 전		도시개발사업 등이 준공되기 전에 사업시행자가 지번부여를 신청하는 경우에는 국토교통부령으로 정하는 바에 따라 지번을 부여할 수 있다. 지적소관청은 도시개발사업 등이 준공되기 전에 지번을 부여하는 때에는 사업계획도에 따르되, 지적확정측량을 실시한 지역의 각 필지에 지번을 새로 부여하는 경우의 지번부여방식에 따라 지번을 부여하여야 한다.

12 지적측량에 관한 설명으로 틀린 것은?

① 지적측량은 지적기준점을 정하기 위한 기초측량과 1필지의 경계와 면적을 정하는 세부측량으로 구분하며, 평판측량, 전자평판측량, 경위의측량, 전파기 또는 광파기측량, 사진측량 및 위성측량 등의 방법에 따른다.

② 지적측량수행자가 지적측량 의뢰를 받은 때에는 측량기간, 측량일자 및 측량수수료 등을 적은 지적측량 수행계획서를 그 다음 날까지 시·도지사에게 제출하여야 한다.

③ 지적기준점을 설치하지 아니하고, 지적측량 의뢰인과 지적측량수행자가 서로 합의하여 따로 기간을 정하는 경우를 제외한 지적측량의 측량기간은 5일, 측량검사기간은 4일로 한다.

④ 지적공부의 복구·신규등록·등록전환 및 축척변경을 하기 위하여 세부측량을 하는 경우에는 필지마다 면적을 측정하여야 한다.

⑤ 지적기준점측량의 절차는 계획의 수립, 준비 및 현지답사, 선점(選點)및 조표(調標), 관측 및 계산과 성과표의 작성 순서에 따른다.

풀이 공간정보의 구축 및 관리 등에 관한 법률 시행규칙 제25조(지적측량 의뢰 등)

① 법 제24조제1항에 따라 지적측량을 의뢰하려는 자는 별지 제15호 서식의 지적측량 의뢰서에 의뢰 사유를 증명하는 서류를 첨부하여 지적측량수행자에게 제출하여야 한다.

② 지적측량수행자는 제1항에 따른 지적측량 의뢰를 받은 때에는 측량기간, 측량일자 및 측량 수수료 등을 적은 별지 제16호 서식의 지적측량 수행계획서를 그 다음 날까지 지적소관청에 제출하여야 한다.

③ 지적측량의 측량기간은 5일로 하며, 측량검사기간은 4일로 한다. 다만, 지적기준점을 설치하여 측량 또는 측량검사를 하는 경우 지적기준점이 15점 이하인 경우에는 4일을, 15점을 초과하는 경우에는 4일에 15점을 초과하는 4점마다 1일을 가산한다. 〈개정 2010.6.17.〉

01 「공간정보의 구축 및 관리 등에 관한 법령」상 지번의 구성 및 부여방법 등에 관한 설명으로 틀린 것은?

① 지번은 아라비아숫자로 표기하되, 임야대장 및 임야도에 등록하는 토지의 지번은 숫자 앞에 "산"자를 붙인다.

② 지번은 본번과 부번으로 구성하되, 본번과 부번 사이에 "-"표시로 연결한다. 이 경우 "-"표시는 "의"라고 읽는다.

③ 축척변경 시행지역의 필지에 지번을 부여할 때에는 그 지번부여지역에서 인접토지의 본번에 부번을 붙여서 지번을 부여하여야 한다.

④ 신규등록 대상토지가 그 지번부여지역의 최종 지번의 토지에 인접하여 있는 경우에는 그 지번부여지역의 최종 본번의 다음 순번부터 본번으로 하여 순차적으로 지번을 부여할 수 있다.

⑤ 행정구역 개편에 따라 새로 지번을 부여할 때에는 도시개발사업 등이 완료됨에 따라 지적확정측량을 실시한 지역의 지번부여방법을 준용한다.

풀이 공간정보의 구축 및 관리 등에 관한 법률 시행령 제56조(지번의 구성 및 부여방법 등)

구분		토지이동에 따른 지번의 부여방법
부여방법		① 지번(地番)은 아라비아숫자로 표기하되, 임야대장 및 임야도에 등록하는 토지의 지번은 숫자 앞에 "산"자를 붙인다. ② 지번은 본번(本番)과 부번(副番)으로 구성하되, 본번과 부번 사이에 "-" 표시로 연결한다. 이 경우 "-" 표시는 "의"라고 읽는다. ③ 법 제66조에 따른 지번의 부여방법은 다음 각 호와 같다. 　1. 지번은 북서에서 남동으로 순차적으로 부여할 것
신규등록 · 등록전환	원칙	지번부여지역에서 인접토지의 본번에 부번을 붙여서 지번을 부여한다.
	예외	다음의 경우에는 그 지번부여지역의 최종 본번의 다음 순번부터 본번으로 하여 순차적으로 지번을 부여할 수 있다. ① 대상 토지가 그 지번부여지역의 최종 지번의 토지에 인접하여 있는 경우 ② 대상 토지가 이미 등록된 토지와 멀리 떨어져 있어서 등록된 토지의 본번에 부번을 부여하는 것이 불합리한 경우 ③ 대상 토지가 여러 필지로 되어 있는 경우
분할	원칙	분할 후의 필지 중 1필지의 지번은 분할 전의 지번으로 하고, 나머지 필지의 지번은 본번의 최종 부번 다음 순번으로 부번을 부여한다.
	예외	주거·사무실 등의 건축물이 있는 필지에 대해서는 분할 전의 지번을 우선하여 부여하여야 한다.
합병	원칙	합병 대상 지번 중 선순위의 지번을 그 지번으로 하되, 본번으로 된 지번이 있을 때에는 본번 중 선순위의 지번을 합병 후의 지번으로 한다.
	예외	토지소유자가 합병 전의 필지에 주거·사무실 등의 건축물이 있어서 그 건축물이 위치한 지번을 합병 후의 지번으로 신청할 때에는 그 지번을 합병 후의 지번으로 부여하여야 한다.

정답 01 ③

구분		토지이동에 따른 지번의 부여방법
지적확정측량을 실시한 지역의 각 필지에 지번을 새로 부여하는 경우	원칙	다음 각 목의 지번을 제외한 본번으로 부여한다. ① 지적확정측량을 실시한 지역 안의 종전의 지번과 지적확정측량을 실시한 지역 밖에 있는 본번이 같은 지번이 있을 때 그 지번 ② 지적확정측량을 실시한 지역의 경계에 걸쳐 있는 지번
	예외	부여할 수 있는 종전 지번의 수가 새로 부여할 지번의 수보다 적을 때에는 블록 단위로 하나의 본번을 부여한 후 필지별로 부번을 부여하거나, 그 지번부여지역의 최종 본번 다음 순번부터 본번으로 하여 차례로 지번을 부여할 수 있다.
지적확정측량에 준용		① 법 제66조제2항(지적소관청은 지적공부에 등록된 지번을 변경할 필요가 있다고 인정하면 시 · 도지사나 대도시 시장의 승인을 받아 지번부여지역의 전부 또는 일부에 대하여 지번을 새로 부여할 수 있다.)에 따라 지번부여지역의 지번을 변경할 때 ② 법 제85조제2항(지번부여지역의 일부가 행정구역의 개편으로 다른 지번부여지역에 속하게 되었으면 지적소관청은 새로 속하게 된 지번부여지역의 지번을 부여하여야 한다.)에 따른 행정구역 개편에 따라 새로 지번을 부여할 때 ③ 제72조제1항(지적소관청은 축척변경 시행지역의 각 필지별 지번 · 지목 · 면적 · 경계 또는 좌표를 새로 정하여야 한다.)에 따라 축척변경 시행지역의 필지에 지번을 부여할 때
도시개발사업 등의 준공 전		도시개발사업 등이 준공되기 전에 사업시행자가 지번부여를 신청하는 경우에는 국토교통부령으로 정하는 바에 따라 지번을 부여할 수 있다. 지적소관청은 도시개발사업 등이 준공되기 전에 지번을 부여하는 때에는 사업계획도에 따르되, 지적확정측량을 실시한 지역의 각 필지에 지번을 새로 부여하는 경우의 지번부여방식에 따라 지번을 부여하여야 한다.

02 「공간정보의 구축 및 관리 등에 관한 법령」상 지목을 구분하는 기준으로 옳은 것은?

① 유수(流水)를 이용한 요트장 및 카누장은 "체육용지"로 한다.
② 호두나무를 집단적으로 재배하는 토지는 "과수원"으로 한다.
③ 「장사 등에 관한 법률」에 따른 봉안시설과 이에 접속된 부속시설물 부지는 "대"로 한다.
④ 자동차 정비공장 안에 설치된 급유시설의 부지는 "주유소용지"로 한다.
⑤ 원야(原野)를 이루고 있는 암석지 및 황무지는 "잡종지"로 한다.

풀이 공간정보의 구축 및 관리 등에 관한 법률 시행령 제58조(지목의 구분)

법 제67조제1항에 따른 지목의 구분은 다음 각 호의 기준에 따른다.

3. 과수원

사과 · 배 · 밤 · 호두 · 귤나무 등 과수류를 집단적으로 재배하는 토지와 이에 접속된 저장고 등 부속시설물의 부지. 다만, 주거용 건축물의 부지는 "대"로 한다.

5. 임야

산림 및 원야(原野)를 이루고 있는 수림지(樹林地) · 죽림지 · 암석지 · 자갈땅 · 모래땅 · 습지 · 황무지 등의 토지

8. 대

가. 영구적 건축물 중 주거 · 사무실 · 점포와 박물관 · 극장 · 미술관 등 문화시설과 이에 접속된 정원 및 부속시설물의 부지

나. 「국토의 계획 및 이용에 관한 법률」 등 관계 법령에 따른 택지조성공사가 준공된 토지

12. 주유소용지

다음 각 목의 토지. 다만, 자동차 · 선박 · 기차 등의 제작 또는 정비공장 안에 설치된 급유 · 송유시설 등의 부지는 제외한다.

가. 석유 · 석유제품 또는 액화석유가스, 전기 또는 수소 등의 판매를 위하여 일정한 설비를 갖춘 시설물의 부지

나. 저유소(貯油所) 및 원유저장소의 부지와 이에 접속된 부속시설물의 부지

23. 체육용지

국민의 건강증진 등을 위한 체육활동에 적합한 시설과 형태를 갖춘 종합운동장 · 실내체육관 · 야구장 · 골프장 · 스키장 · 승마장 · 경륜장 등 체육시설의 토지와 이에 접속된 부속시설물의 부지. 다만, 체육시설로서의 영속성과 독립성이 미흡한 정구장 · 골프연습장 · 실내수영장 및 체육도장, 유수(流水)를 이용한 요트장 및 카누장 등의 토지는 제외한다.

27. 묘지

사람의 시체나 유골이 매장된 토지, 「도시공원 및 녹지 등에 관한 법률」에 따른 묘지공원으로 결정 · 고시된 토지 및 「장사 등에 관한 법률」 제2조제9호에 따른 봉안시설과 이에 접속된 부속시설물의 부지. 다만, 묘지의 관리를 위한 건축물의 부지는 "대"로 한다.

28. 잡종지

다음 각 목의 토지. 다만, 원상회복을 조건으로 돌을 캐내는 곳 또는 흙을 파내는 곳으로 허가된 토지는 제외한다.

가. 갈대밭, 실외에 물건을 쌓아두는 곳, 돌을 캐내는 곳, 흙을 파내는 곳, 야외시장 및 공동우물

나. 변전소, 송신소, 수신소 및 송유시설 등의 부지

다. 여객자동차터미널, 자동차운전학원 및 폐차장 등 자동차와 관련된 독립적인 시설물을 갖춘 부지

라. 공항시설 및 항만시설 부지

마. 도축장, 쓰레기처리장 및 오물처리장 등의 부지

바. 그 밖에 다른 지목에 속하지 않는 토지

03 다음 중 「공간정보의 구축 및 관리 등에 관한 법령」에서 규정하고 있는 지목의 종류에 해당하는 것은?

① 초지 ② 선하지

③ 저수지 ④ 항만용지

⑤ 유원지

[풀이] **지목의 종류**

토지조사사업 당시 지목 (18개)	• [과]세지 : [전], [답], [대](垈), [지]소(池沼), [임]야(林野), [잡]종지(雜種地)(6개) • [비]과세지 : [도]로, 하[천], 구[거], [제]방, [성]첩, [철]도선로, [수]도선로(7개) • [면]세지 : [사]사지, [분]묘지, [공]원지, [철]도용지, [수]도용지(5개)
1918년 지세령 개정 (19개)	지소(池沼) : 지소(池沼), 유지로 세분
1950년 구 지적법 (21개)	잡종지(雜種地) : 잡종지, 염전, 광천지로 세분

정답 03 ⑤

1975년 지적법 2차 개정 (24개)	통합	철도용지＋철도선로＝철도용지 수도용지＋수도선로＝수도용지 유지＋지소＝유지						
	신설	[과]수원, [목]장용지, 공[장]용지, [학]교용지, 유[원]지, 운동[장] (6개)						
	명칭 변경	사사지 ⇒ 종교용지 성첩 ⇒ 사적지 분묘지 ⇒ 묘지 운동장 ⇒ 체육용지						
2001년 지적법 10차 개정 (28개)	[주]차장, [주]유소용지, [창]고용지, [양]어장(4개 신설)							
현행(28개)	지목	부호	지목	부호	지목	부호	지목	부호
	전	전	대	대	철도용지	철	공원	공
	답	답	공장용지	[장]	제방	제	체육용지	체
	과수원	과	학교용지	학	하천	[천]	유원지	[원]
	목장용지	목	주차장	[차]	구거	구	종교용지	종
	임야	임	주유소용지	주	유지	유	사적지	사
	광천지	광	창고용지	창	양어장	양	묘지	묘
	염전	염	도로	도	수도용지	수	잡종지	잡

04 **다음 중 「공간정보의 구축 및 관리 등에 관한 법령」상 토지 소유자가 하여야 하는 토지의 이동 신청을 대신할 수 있는 자가 아닌 것은?**

① 「민법」 제404조에 따른 채권자

② 주차전용 건축물 및 이에 접속된 부속시설물의 부지인 경우는 해당 토지를 관리하는 관리인

③ 국가나 지방자치단체가 취득하는 토지인 경우는 해당 토지를 관리하는 행정기관의 장 또는 지방자치단체의 장

④ 공공사업 등에 따라 하천 · 구거 · 유지 · 수도용지 등의 지목으로 되는 토지인 경우는 해당 사업의 시행자

⑤ 「주택법」에 따른 공동주택의 부지인 경우는 「집합건물의 소유 및 관리에 관한 법률」에 따른 관리인(관리인이 없는 경우에는 공유자가 선임한 대표자) 또는 해당 사업의 시행자

[풀이] **공간정보의 구축 및 관리 등에 관한 법률 제87조(신청의 대위)**

다음 각 호의 어느 하나에 해당하는 자는 이 법에 따라 토지소유자가 하여야 하는 신청을 대신할 수 있다.

1. 공공사업 등에 따라 학교용지 · 도로 · 철도용지 · 제방 · 하천 · 구거 · 유지 · 수도용지 등의 지목으로 되는 토지인 경우 : 해당 사업의 시행자
2. 국가나 지방자치단체가 취득하는 토지인 경우 : 해당 토지를 관리하는 행정기관의 장 또는 지방자치단체의 장
3. 「주택법」에 따른 공동주택의 부지인 경우 : 「집합건물의 소유 및 관리에 관한 법률」에 따른 관리인(관리인이 없는 경우에는 공유자가 선임한 대표자) 또는 해당 사업의 시행자
4. 「민법」 제404조에 따른 채권자

정답 **04** ②

05 「공간정보의 구축 및 관리 등에 관한 법령」상 분할에 따른 지상경계를 지상건축물에 걸리게 결정할 수 없는 경우는?

① 소유권 이전 및 매매를 위하여 토지를 분할하는 경우
② 법원의 확정판결에 따라 토지를 분할하는 경우
③ 도시개발사업 시행자가 사업지구의 경계를 결정하기 위하여 토지를 분할하는 경우
④ 「국토의 계획 및 이용에 관한 법률」에 따른 도시 · 군관리계획 결정고시와 지형도면 고시가 된 지역의 도시 · 군관리계획선에 따라 토지를 분할하는 경우
⑤ 공공사업 등에 따라 학교용지 · 도로 · 철도용지 · 제방 등의 지목으로 되는 토지를 분할하는 경우

풀이 **공간정보의 구축 및 관리 등에 관한 법률 시행령 제55조(지상 경계의 결정기준 등)**
④ 분할에 따른 지상 경계는 지상건축물을 걸리게 결정해서는 아니 된다. 다만, 다음 각 호의 어느 하나에 해당하는 경우에는 그러하지 아니하다.
　1. 법원의 확정판결이 있는 경우
　2. 법 제87조제1호에 해당하는 토지를 분할하는 경우
　3. 제3항제1호 또는 제3호에 따라 토지를 분할하는 경우

공간정보의 구축 및 관리 등에 관한 법률 제87조(신청의 대위)
다음 각 호의 어느 하나에 해당하는 자는 이 법에 따라 토지소유자가 하여야 하는 신청을 대신할 수 있다. 다만, 제84조에 따른 등록사항 정정 대상토지는 제외한다. 〈개정 2014.6.3.〉
1. 공공사업 등에 따라 학교용지 · 도로 · 철도용지 · 제방 · 하천 · 구거 · 유지 · 수도용지 등의 지목으로 되는 토지인 경우 : 해당 사업의 시행자
2. 국가나 지방자치단체가 취득하는 토지인 경우 : 해당 토지를 관리하는 행정기관의 장 또는 지방자치단체의 장
3. 「주택법」에 따른 공동주택의 부지인 경우 : 「집합건물의 소유 및 관리에 관한 법률」에 따른 관리인(관리인이 없는 경우에는 공유자가 선임한 대표자) 또는 해당 사업의 시행자
4. 「민법」 제404조에 따른 채권자

06 「공간정보의 구축 및 관리 등에 관한 법령」상 세부측량 시 필지마다 면적을 측정하여야 하는 경우가 아닌 것은?

① 지적공부의 복구를 하는 경우
② 등록전환을 하는 경우
③ 지목변경을 하는 경우
④ 축척변경을 하는 경우
⑤ 도시개발사업 등으로 인한 토지의 이동에 따라 토지의 표시를 새로 결정하는 경우

풀이 **지적측량 시행규칙 제19조(면적측정의 대상)**
① 세부측량을 하는 경우 다음 각 호의 어느 하나에 해당하면 필지마다 면적을 측정하여야 한다.
　1. 지적공부의 복구 · 신규등록 · 등록전환 · 분할 및 축척변경을 하는 경우
　2. 법 제84조에 따라 면적 또는 경계를 정정하는 경우
　3. 법 제86조에 따른 도시개발사업 등으로 인한 토지의 이동에 따라 토지의 표시를 새로 결정하는 경우
　4. 경계복원측량 및 지적현황측량에 면적측정이 수반되는 경우

07 「공간정보의 구축 및 관리 등에 관한 법령」상 지적측량을 하여야 하는 경우가 아닌 것은?

① 지적측량성과를 검사하는 경우
② 경계점을 지상에 복원하는 경우
③ 지상건축물 등의 현황을 지적도 및 임야도에 등록된 경계와 대비하여 표시하는 데 필요한 경우
④ 위성기준점 및 공공기준점을 설치하는 경우
⑤ 바다가 된 토지의 등록을 말소하는 경우로서 지적측량을 할 필요가 있는 경우

풀이 **공간정보의 구축 및 관리 등에 관한 법률 제23조(지적측량의 실시 등)**

① 다음 각 호의 어느 하나에 해당하는 경우에는 지적측량을 하여야 한다.
    1. 제7조제1항제3호에 따른 지적기준점을 정하는 경우
    2. 제25조에 따라 지적측량성과를 검사하는 경우
    3. 다음 각 목의 어느 하나에 해당하는 경우로서 측량을 할 필요가 있는 경우
        가. 제74조에 따라 지적공부를 복구하는 경우
        나. 제77조에 따라 토지를 신규등록하는 경우
        다. 제78조에 따라 토지를 등록전환하는 경우
        라. 제79조에 따라 토지를 분할하는 경우
        마. 제82조에 따라 바다가 된 토지의 등록을 말소하는 경우
        바. 제83조에 따라 축척을 변경하는 경우
        사. 제84조에 따라 지적공부의 등록사항을 정정하는 경우
        아. 제86조에 따른 도시개발사업 등의 시행지역에서 토지의 이동이 있는 경우
    4. 경계점을 지상에 복원하는 경우
    5. 그 밖에 대통령령으로 정하는 경우

공간정보의 구축 및 관리 등에 관한 법률 시행령 제18조(지적현황측량)
법 제23조제1항제5호에서 "대통령령으로 정하는 경우"란 지상건축물 등의 현황을 지적도 및 임야도에 등록된 경계와 대비하여 표시하는 데에 필요한 경우를 말한다.

08 지적도 및 임야도의 등록사항이 아닌 것은?

① 지적도면의 일람도
② 도곽선과 그 수치
③ 지적도면의 제명 및 축척
④ 삼각점 및 지적기준점의 위치
⑤ 건축물 및 구조물의 위치

풀이 **공간정보의 구축 및 관리 등에 관한 법률 제72조(지적도 등의 등록사항)**
지적도 및 임야도에는 다음 각 호의 사항을 등록하여야 한다.
1. 토지의 소재
2. 지번
3. 지목
4. 경계
5. 그 밖에 국토교통부령으로 정하는 사항

공간정보의 구축 및 관리 등에 관한 법률 시행규칙 제69조(지적도면 등의 등록사항 등)
② 법 제72조제5호에서 "그 밖에 국토교통부령으로 정하는 사항"이란 다음 각 호의 사항을 말한다.
　　1. 지적도면의 색인도(인접도면의 연결순서를 표시하기 위하여 기재한 도표와 번호를 말한다)
　　2. 도면의 제명 및 축척
　　3. 도곽선(圖廓線)과 그 수치
　　4. 좌표에 의하여 계산된 경계점 간의 거리(경계점좌표등록부를 갖추어 두는 지역으로 한정한다)
　　5. 삼각점 및 지적측량기준점의 위치
　　6. 건축물 및 구조물 등의 위치
　　7. 그 밖에 국토교통부장관이 정하는 사항

09 지적공부와 등록사항을 연결한 것으로 틀린 것은?

① 지적도 – 토지의 소재
② 토지대장 – 토지의 이동사유
③ 공유지연명부 – 소유권 지분
④ 대지권등록부 – 전유부분의 건물표시
⑤ 경계점좌표등록부 – 색인도

풀이 지적공부의 등록사항

구분	토지표시사항	소유권에 관한 사항	기타
토지대장 (土地臺帳, Land Books) & 임야대장 (林野臺帳, Forest Books)	• **토**지 소재 • **지**번 • **지**목 • 면**적** • 토지의 **이동** 사유	• 토지소유자 **변**동일자 • 변**동**원인 • **주**민등록번호 • 성**명** 또는 명칭 • 주**소**	• 토지의 고**유**번호(각 필지를 서로 구별하기 위하여 필지마다 붙이는 고유한 번호를 말한다) • 지적도 또는 임야**도** 번호 • 필지별 토지대장 또는 임야대장의 **장**번호 • **축척** • **토**지등급 또는 기준수확량 등급과 그 설정·수정 연월일 • 개별**공**시지가와 그 기준일
공유지연명부 (共有地連名簿, Common Land Books)	• **토**지 소재 • **지**번	• 토지소유자 **변**동일자 • 변**동**원인 • **주**민등록번호 • 성**명**·주**소** • 소유권 **지**분	• 토지의 고**유**번호 • 필지별 공유지연명부의 **장**번호
대지권등록부 (垈地權登錄簿, Building Site Rights Books)	• **토**지 소재 • **지**번	• 토지소유자 **변**동일자 및 **변동**원인 • **주**민등록번호 • 성**명** 또는 명칭·주**소** • 대**지**권 비율 • 소유**권** 지분	• 토지의 고**유**번호 • 집합건물별 대지권등록부의 **장**번호 • **건물**의 명칭 • **전**유부분의 건물의 표시

구분	토지표시사항	소유권에 관한 사항	기타
경계점좌표등록부 (境界點座標登錄 簿, Boundary Point Coordinate Books)	• **토**지소재 • **지**번 • 좌**표**		• **고**유번호 • 장번호 • **부**호 및 부호도 • **도**면번호
지적도(地籍圖, Land Books) & 임야도(林野圖, Forest Books)	• **토**지소재 • **지**번 • **지**목 • 경**계** • 경계**점** 간의 거리		• **도**면의 색인도 • 도**면**의 제명 및 축척 • 도곽**선**과 그 수치 • 삼**각**점 및 **지**적기준점의 위 치 • 건축**물** 및 구조물 등의 위치

10 「공간정보의 구축 및 관리 등에 관한 법령」상 토지의 이동 신청 및 지적정리 등에 관한 설명으로 틀린 것은?

① 토지소유자는 지적공부에 등록된 1필지의 일부가 형질변경 등으로 용도가 변경된 경우에는 용도가 변경된 날부터 60일 이내에 지적소관청에 토지의 분할을 신청하여야 한다.

② 지적소관청은 지적공부의 등록사항에 토지이동정리 결의서의 내용과 다르게 정리된 경우 직권으로 조사·측량하여 정정할 수 있다.

③ 지적소관청은 토지소유자의 변동 등에 따라 지적공부를 정리하려는 경우에는 소유자정리 결의서를 작성하여야 한다.

④ 지적소관청은 토지이동(신규등록은 제외)에 따른 토지의 표시 변경에 관한 등기를 할 필요가 있는 경우에는 지체 없이 관할 등기관서에 그 등기를 촉탁하여야 한다.

⑤ 지적소관청은 토지이동에 따른 토지의 표시에 관한 변경등기가 필요한 경우 그 등기완료의 통지서를 접수한 날부터 30일 이내에 토지소유자에게 지적정리 등을 통지하여야 한다.

풀이 **공간정보의 구축 및 관리 등에 관한 법률 제79조(분할 신청)**

② 토지소유자는 지적공부에 등록된 1필지의 일부가 형질변경 등으로 용도가 변경된 경우에는 대통령령으로 정하는 바에 따라 용도가 변경된 날부터 60일 이내에 지적소관청에 토지의 분할을 신청하여야 한다.

공간정보의 구축 및 관리 등에 관한 법률 시행령 제82조(등록사항의 직권정정 등)

① 지적소관청이 법 제84조제2항에 따라 지적공부의 등록사항에 잘못이 있는지를 직권으로 조사·측량하여 정정할 수 있는 경우는 다음 각 호와 같다.

　1. 제84조제2항에 따른 토지이동정리 결의서의 내용과 다르게 정리된 경우

공간정보의 구축 및 관리 등에 관한 법률 시행령 제84조(지적공부의 정리 등)

② 지적소관청은 제1항에 따른 토지의 이동이 있는 경우에는 토지이동정리 결의서를 작성하여야 하고, 토지소유자의 변동 등에 따라 지적공부를 정리하려는 경우에는 소유자정리 결의서를 작성하여야 한다.

공간정보의 구축 및 관리 등에 관한 법률 제89조(등기촉탁)

① 지적소관청은 제64조제2항(신규등록은 제외한다), 제66조제2항, 제82조, 제83조제2항, 제84조제2항 또는 제85조제2항에 따른 사유로 토지의 표시 변경에 관한 등기를 할 필요가 있는 경우에는 지체 없이 관할 등기관서에 그 등기를 촉탁하여야 한다. 이 경우 등기촉탁은 국가가 국가를 위하여 하는 등기로 본다.

정답 10 ⑤

공간정보의 구축 및 관리 등에 관한 법률 시행령 제85조(지적정리 등의 통지)
지적소관청이 법 제90조에 따라 토지소유자에게 지적정리 등을 통지하여야 하는 시기는 다음 각 호의 구분에 따른다.
1. 토지의 표시에 관한 변경등기가 필요한 경우 : 그 등기완료의 통지서를 접수한 날부터 15일 이내
2. 토지의 표시에 관한 변경등기가 필요하지 아니한 경우 : 지적공부에 등록한 날부터 7일 이내

11 「공간정보의 구축 및 관리 등에 관한 법령」상 토지의 조사·등록에 관한 설명으로 틀린 것은?

① 국토교통부장관은 모든 토지에 대하여 필지별로 소재·지번·지목·면적·경계 또는 좌표 등을 조사·측량하여 지적공부에 등록하여야 한다.

② 지적공부에 등록하는 지번·지목·면적·경계 또는 좌표는 토지의 이동이 있을 때 토지소유자의 신청을 받아 지적소관청이 결정한다. 다만, 신청이 없으면 지적소관청이 직권으로 조사·측량하여 결정할 수 있다.

③ 지적소관청은 토지의 이동현황을 직권으로 조사·측량하여 토지의 지번·지목·면적·경계 또는 좌표를 결정하려는 때에는 토지 이동현황 조사계획을 수립하여 시·도지사 또는 대도시 시장의 승인을 받아야 한다.

④ 지적소관청은 토지이동현황 조사계획에 따라 토지의 이동현황을 조사한 때에는 토지이동 조사부에 토지의 이동현황을 적어야 한다.

⑤ 지적소관청은 토지이동현황 조사 결과에 따라 토지의 지번·지목·면적·경계 또는 좌표를 결정한 때에는 이에 따라 지적 공부를 정리하여야 한다.

풀이 공간정보의 구축 및 관리 등에 관한 법률 제64조(토지의 조사·등록 등)

① 국토교통부장관은 모든 토지에 대하여 필지별로 소재·지번·지목·면적·경계 또는 좌표 등을 조사·측량하여 지적공부에 등록하여야 한다.

공간정보의 구축 및 관리 등에 관한 법률 시행규칙 제59조(토지의 조사·등록)

① 지적소관청은 법 제64조제2항 단서에 따라 토지의 이동현황을 직권으로 조사·측량하여 토지의 지번·지목·면적·경계 또는 좌표를 결정하려는 때에는 토지이동현황 조사계획을 수립하여야 한다. 이 경우 토지이동현황 조사계획은 시·군·구별로 수립하되, 부득이한 사유가 있는 때에는 읍·면·동별로 수립할 수 있다.

② 지적소관청은 제1항에 따른 토지이동현황 조사계획에 따라 토지의 이동현황을 조사한 때에는 별지 제55호 서식의 토지이동 조사부에 토지의 이동현황을 적어야 한다.

③ 지적소관청은 제2항에 따른 토지이동현황 조사 결과에 따라 토지의 지번·지목·면적·경계 또는 좌표를 결정한 때에는 이에 따라 지적공부를 정리하여야 한다.

④ 지적소관청은 제3항에 따라 지적공부를 정리하려는 때에는 제2항에 따른 토지이동 조사부를 근거로 별지 제56호 서식의 토지이동 조서를 작성하여 별지 제57호 서식의 토지이동정리 결의서에 첨부하여야 하며, 토지이동조서의 아래 부분 여백에 "「공간정보의 구축 및 관리 등에 관한 법률」 제64조제2항 단서에 따른 직권정리"라고 적어야 한다.

12 「공간정보의 구축 및 관리 등에 관한 법령」상 축척변경에 관한 설명으로 틀린 것은?(단, 축척변경위원회의 의결 및 시·도지사 또는 대도시 시장의 승인을 받은 경우에 한함)

① 지적소관청은 하나의 지번부여지역에 서로 다른 축척의 지적도가 있는 경우에는 토지소유자의 신청 또는 지적소관청의 직권으로 일정한 지역을 정하여 그 지역의 축척을 변경할 수 있다.

② 축척변경을 신청하는 토지소유자는 축척 변경 사유를 적은 신청서에 토지소유자 3분의 2 이상의 동의서를 첨부하여 지적소관청에 제출하여야 한다.

③ 축척변경 시행지역의 토지소유자 또는 점유자는 시행공고일 현재 점유하고 있는 경계에 경계점표지를 설치하여야 한다.

④ 축척변경에 따른 청산금의 납부고지를 받은 자는 그 고지를 받은 날부터 3개월 이내에 청산금을 지적소관청에 내야 한다.

⑤ 축척변경에 따른 청산금의 납부 및 지급이 완료되었을 때에는 지적소관청은 지체 없이 축척변경의 확정공고를 하고 확정된 사항을 지적공부에 등록하여야 한다.

풀이 **공간정보의 구축 및 관리 등에 관한 법률 제83조(축척변경)**

① 축척변경에 관한 사항을 심의·의결하기 위하여 지적소관청에 축척변경위원회를 둔다.

② 지적소관청은 지적도가 다음 각 호의 어느 하나에 해당하는 경우에는 토지소유자의 신청 또는 지적소관청의 직권으로 일정한 지역을 정하여 그 지역의 축척을 변경할 수 있다.

> 1. 잦은 토지의 이동으로 1필지의 규모가 작아서 소축척으로는 지적측량성과의 결정이나 토지의 이동에 따른 정리를 하기가 곤란한 경우
> 2. 하나의 지번부여지역에 서로 다른 축척의 지적도가 있는 경우
> 3. 그 밖에 지적공부를 관리하기 위하여 필요하다고 인정되는 경우

③ 지적소관청은 제2항에 따라 축척변경을 하려면 축척변경 시행지역의 토지소유자 3분의 2 이상의 동의를 받아 제1항에 따른 축척변경위원회의 의결을 거친 후 시·도지사 또는 대도시 시장의 승인을 받아야 한다. 다만, 다음 각 호의 어느 하나에 해당하는 경우에는 축척변경위원회의 의결 및 시·도지사 또는 대도시 시장의 승인 없이 축척변경을 할 수 있다.

> 1. 합병하려는 토지가 축척이 다른 지적도에 각각 등록되어 있어 축척변경을 하는 경우
> 2. 제86조에 따른 도시개발사업 등의 시행지역에 있는 토지로서 그 사업 시행에서 제외된 토지의 축척변경을 하는 경우

공간정보의 구축 및 관리 등에 관한 법률 시행령 제71조(축척변경 시행공고 등)

③ 축척변경 시행지역의 토지소유자 또는 점유자는 시행공고가 된 날(이하 "시행공고일"이라 한다)부터 30일 이내에 시행공고일 현재 점유하고 있는 경계에 국토교통부령으로 정하는 경계점표지를 설치하여야 한다.

공간정보의 구축 및 관리 등에 관한 법률 시행령 제76조(청산금의 납부고지 등)

② 제1항에 따른 납부고지를 받은 자는 그 고지를 받은 날부터 6개월 이내에 청산금을 지적소관청에 내야 한다. 〈개정 2017.1.10.〉

공간정보의 구축 및 관리 등에 관한 법률 시행령 제78조(축척변경의 확정공고)

① 청산금의 납부 및 지급이 완료되었을 때에는 지적소관청은 지체 없이 축척변경의 확정공고를 하여야 한다.

② 지적소관청은 제1항에 따른 확정공고를 하였을 때에는 지체 없이 축척변경에 따라 확정된 사항을 지적공부에 등록하여야 한다.

③ 축척변경 시행지역의 토지는 제1항에 따른 확정공고일에 토지의 이동이 있는 것으로 본다.

정답 12 ④

01 「공간정보의 구축 및 관리 등에 관한 법령」상 토지소유자가 지적소관청에 신청할 수 있는 토지의 이동 종목이 아닌 것은?

① 신규등록   ② 분할

③ 지목변경   ④ 등록전환

⑤ 소유자변경

> **풀이** **공간정보의 구축 및 관리 등에 관한 법률 제77조(신규등록 신청)**
> 토지소유자는 신규등록할 토지가 있으면 대통령령으로 정하는 바에 따라 그 사유가 발생한 날부터 60일 이내에 지적소관청에 신규등록을 신청하여야 한다.
>
> **공간정보의 구축 및 관리 등에 관한 법률 제78조(등록전환 신청)**
> 토지소유자는 등록전환할 토지가 있으면 대통령령으로 정하는 바에 따라 그 사유가 발생한 날부터 60일 이내에 지적소관청에 등록전환을 신청하여야 한다.
>
> **공간정보의 구축 및 관리 등에 관한 법률 제79조(분할 신청)**
> ① 토지소유자는 토지를 분할하려면 대통령령으로 정하는 바에 따라 지적소관청에 분할을 신청하여야 한다.
> ② 토지소유자는 지적공부에 등록된 1필지의 일부가 형질변경 등으로 용도가 변경된 경우에는 대통령령으로 정하는 바에 따라 용도가 변경된 날부터 60일 이내에 지적소관청에 토지의 분할을 신청하여야 한다.
>
> **공간정보의 구축 및 관리 등에 관한 법률 제80조(합병 신청)**
> ① 토지소유자는 토지를 합병하려면 대통령령으로 정하는 바에 따라 지적소관청에 합병을 신청하여야 한다.
> ② 토지소유자는 「주택법」에 따른 공동주택의 부지, 도로, 제방, 하천, 구거, 유지, 그 밖에 대통령령으로 정하는 토지로서 합병하여야 할 토지가 있으면 그 사유가 발생한 날부터 60일 이내에 지적소관청에 합병을 신청하여야 한다.
>
> **공간정보의 구축 및 관리 등에 관한 법률 제81조(지목변경 신청)**
> 토지소유자는 지목변경을 할 토지가 있으면 대통령령으로 정하는 바에 따라 그 사유가 발생한 날부터 60일 이내에 지적소관청에 지목변경을 신청하여야 한다.
>
> **공간정보의 구축 및 관리 등에 관한 법률 제88조(토지소유자의 정리)**
> ① 지적공부에 등록된 토지소유자의 변경사항은 등기관서에서 등기한 것을 증명하는 등기필증, 등기완료통지서, 등기사항증명서 또는 등기관서에서 제공한 등기전산정보자료에 따라 정리한다. 다만, 신규등록하는 토지의 소유자는 지적소관청이 직접 조사하여 등록한다.

02 토지대장에 등록된 토지소유자의 변경사항은 등기관서에서 등기한 것을 증명하거나 제공한 자료에 따라 정리한다. 다음 중 등기관서에서 등기한 것을 증명하거나 제공한 자료가 아닌 것은?

① 등기필증   ② 등기완료통지서

③ 등기사항증명서   ④ 등기신청접수증

⑤ 등기전산정보자료

풀이 공간정보의 구축 및 관리 등에 관한 법률 제84조(등록사항의 정정)

① 토지소유자는 지적공부의 등록사항에 잘못이 있음을 발견하면 지적소관청에 그 정정을 신청할 수 있다.

② 지적소관청은 지적공부의 등록사항에 잘못이 있음을 발견하면 대통령령으로 정하는 바에 따라 직권으로 조사·측량하여 정정할 수 있다.

③ 제1항에 따른 정정으로 인접 토지의 경계가 변경되는 경우에는 다음 각 호의 어느 하나에 해당하는 서류를 지적소관청에 제출하여야 한다.

> 1. 인접 토지소유자의 승낙서
> 2. 인접 토지소유자가 승낙하지 아니하는 경우에는 이에 대항할 수 있는 확정판결서 정본(正本)

④ 지적소관청이 제1항 또는 제2항에 따라 등록사항을 정정할 때 그 정정사항이 토지소유자에 관한 사항인 경우에는 등기필증, 등기완료통지서, 등기사항증명서 또는 등기관서에서 제공한 등기전산정보자료에 따라 정정하여야 한다. 다만, 제1항에 따라 미등기 토지에 대하여 토지소유자의 성명 또는 명칭, 주민등록번호, 주소 등에 관한 사항의 정정을 신청한 경우로서 그 등록사항이 명백히 잘못된 경우에는 가족관계 기록사항에 관한 증명서에 따라 정정하여야 한다.

03 「공간정보의 구축 및 관리 등에 관한 법령」상 부동산종합공부의 등록사항에 해당하지 않는 것은?

① 토지의 표시와 소유자에 관한 사항 : 「공간정보의 구축 및 관리 등에 관한 법률」에 따른 지적공부의 내용

② 건축물의 표시와 소유자에 관한 사항(토지에 건축물이 있는 경우만 해당한다) : 「건축법」 제38조에 따른 건축물대장의 내용

③ 토지의 이용 및 규제에 관한 사항 : 「토지이용규제 기본법」 제10조에 따른 토지이용계획확인서의 내용

④ 부동산의 보상에 관한 사항 : 「공익사업을 위한 토지 등의 취득 및 보상에 관한 법률」 제68조에 따른 부동산의 보상 가격 내용

⑤ 부동산의 가격에 관한 사항 : 「부동산 가격공시 및 감정평가에 관한 법률」 제11조에 따른 개별공시지가, 같은 법 제16조 및 제17조에 따른 개별주택가격 및 공동주택가격 공시 내용

풀이 공간정보의 구축 및 관리 등에 관한 법률 제76조의3(부동산종합공부의 등록사항 등)

지적소관청은 부동산종합공부에 다음 각 호의 사항을 등록하여야 한다.

1. 토지의 표시와 소유자에 관한 사항 : 이 법에 따른 지적공부의 내용
2. 건축물의 표시와 소유자에 관한 사항(토지에 건축물이 있는 경우만 해당한다) : 「건축법」 제38조에 따른 건축물대장의 내용
3. 토지의 이용 및 규제에 관한 사항 : 「토지이용규제 기본법」 제10조에 따른 토지이용계획확인서의 내용
4. 부동산의 가격에 관한 사항 : 「부동산 가격공시 및 감정평가에 관한 법률」 제11조에 따른 개별공시지가, 같은 법 제16조 및 제17조에 따른 개별주택가격 및 공동주택가격 공시내용
5. 그 밖에 부동산의 효율적 이용과 부동산과 관련된 정보의 종합적 관리·운영을 위하여 필요한 사항으로서 대통령령으로 정하는 사항

공간정보의 구축 및 관리 등에 관한 법률 시행령 제62조의2(부동산종합공부의 등록사항)

법 제76조의3제5호에서 "대통령령으로 정하는 사항"이란 「부동산등기법」 제48조에 따른 부동산의 권리에 관한 사항을 말한다.

부동산 등기법 제48조(등기사항)

① 등기관이 갑구 또는 을구에 권리에 관한 등기를 할 때에는 다음 각 호의 사항을 기록하여야 한다.

1. 순위번호
2. 등기목적
3. 접수연월일 및 접수번호
4. 등기원인 및 그 연월일
5. 권리자

② 제1항제5호의 권리자에 관한 사항을 기록할 때에는 권리자의 성명 또는 명칭 외에 주민등록번호 또는 부동산 등기용등록번호와 주소 또는 사무소 소재지를 함께 기록하여야 한다.

③ 제26조에 따라 법인 아닌 사단이나 재단 명의의 등기를 할 때에는 그 대표자나 관리인의 성명, 주소 및 주민등록번호를 함께 기록하여야 한다.

④ 제1항제5호의 권리자가 2인 이상인 경우에는 권리자별 지분을 기록하여야 하고 등기할 권리가 합유(合有)인 때에는 그 뜻을 기록하여야 한다.

04 「공간정보의 구축 및 관리 등에 관한 법령」상 지적정리 등의 통지에 관한 설명으로 틀린 것은?

① 지적소관청이 시·도지사나 대도시 시장의 승인을 받아 지번부여지역의 일부에 대한 지번을 변경하여 지적공부에 등록한 경우 해당 토지소유자에게 통지하여야 한다.

② 토지의 표시에 관한 변경등기가 필요하지 아니한 지적정리 등의 통지는 지적소관청이 지적공부에 등록한 날부터 10일 이내 해당 토지소유자에게 하여야 한다.

③ 지적소관청은 지적공부의 전부 또는 일부가 멸실되거나 훼손되어 이를 복구 등록한 경우 해당 토지소유자에게 통지하여야 한다.

④ 토지의 표시에 관한 변경등기가 필요한 지적정리 등의 통지는 지적소관청이 그 등기완료의 통지서를 접수한 날부터 15일 이내 해당 토지소유자에게 하여야 한다.

⑤ 지적소관청이 직권으로 조사·측량하여 결정한 지번·지목·면적·경계 또는 좌표를 지적공부에 등록한 경우 해당 토지소유자에게 통지하여야 한다.

풀이 **공간정보의 구축 및 관리 등에 관한 법률 제90조(지적정리 등의 통지)**

제64조제2항 단서, 제66조제2항, 제74조, 제82조제2항, 제84조제2항, 제85조제2항, 제86조제2항, 제87조 또는 제89조에 따라 지적소관청이 지적공부에 등록하거나 지적공부를 복구 또는 말소하거나 등기촉탁을 하였으면 대통령령으로 정하는 바에 따라 해당 토지소유자에게 통지하여야 한다. 다만, 통지받을 자의 주소나 거소를 알 수 없는 경우에는 국토교통부령으로 정하는 바에 따라 일간신문, 해당 시·군·구의 공보 또는 인터넷홈페이지에 공고하여야 한다.

> **제64조(토지의 조사·등록 등)**
> ② 지적공부에 등록하는 지번·지목·면적·경계 또는 좌표는 토지의 이동이 있을 때 토지소유자(법인이 아닌 사단이나 재단의 경우에는 그 대표자나 관리인을 말한다. 이하 같다)의 신청을 받아 지적소관청이 결정한다. 다만, 신청이 없으면 지적소관청이 직권으로 조사·측량하여 결정할 수 있다.
>
> **제66조(지번의 부여 등)**
> ② 지적소관청은 지적공부에 등록된 지번을 변경할 필요가 있다고 인정하면 시·도지사나 대도시 시장의 승인을 받아 지번부여지역의 전부 또는 일부에 대하여 지번을 새로 부여할 수 있다.

제74조(지적공부의 복구)
지적소관청(제69조제2항에 따른 지적공부의 경우에는 시·도지사, 시장·군수 또는 구청장)은 지적공부의 전부 또는 일부가 멸실되거나 훼손된 경우에는 대통령령으로 정하는 바에 따라 지체 없이 이를 복구하여야 한다.

제82조(바다로 된 토지의 등록말소 신청)
② 지적소관청은 제1항에 따른 토지소유자가 통지를 받은 날부터 90일 이내에 등록말소 신청을 하지 아니하면 대통령령으로 정하는 바에 따라 등록을 말소한다.

제84조(등록사항의 정정)
② 지적소관청은 지적공부의 등록사항에 잘못이 있음을 발견하면 대통령령으로 정하는 바에 따라 직권으로 조사·측량하여 정정할 수 있다.

제85조(행정구역의 명칭변경 등)
② 지번부여지역의 일부가 행정구역의 개편으로 다른 지번부여지역에 속하게 되었으면 지적소관청은 새로 속하게 된 지번부여지역의 지번을 부여하여야 한다.

제86조(도시개발사업 등 시행지역의 토지이동 신청에 관한 특례)
② 제1항에 따른 사업과 관련하여 토지의 이동이 필요한 경우에는 해당 사업의 시행자가 지적소관청에 토지의 이동을 신청하여야 한다.

제87조(신청의 대위)
다음 각 호의 어느 하나에 해당하는 자는 이 법에 따라 토지소유자가 하여야 하는 신청을 대신할 수 있다. 다만, 제84조에 따른 등록사항 정정 대상토지는 제외한다. 〈개정 2014.6.3.〉
1. 공공사업 등에 따라 학교용지·도로·철도용지·제방·하천·구거·유지·수도용지 등의 지목으로 되는 토지인 경우 : 해당 사업의 시행자
2. 국가나 지방자치단체가 취득하는 토지인 경우 : 해당 토지를 관리하는 행정기관의 장 또는 지방자치단체의 장
3. 「주택법」에 따른 공동주택의 부지인 경우 : 「집합건물의 소유 및 관리에 관한 법률」에 따른 관리인(관리인이 없는 경우에는 공유자가 선임한 대표자) 또는 해당 사업의 시행자
4. 「민법」 제404조에 따른 채권자

제89조(등기촉탁)
① 지적소관청은 제64조제2항(신규등록은 제외한다), 제66조제2항, 제82조, 제83조제2항, 제84조제2항 또는 제85조제2항에 따른 사유로 토지의 표시 변경에 관한 등기를 할 필요가 있는 경우에는 지체 없이 관할 등기관서에 그 등기를 촉탁하여야 한다. 이 경우 등기촉탁은 국가가 국가를 위하여 하는 등기로 본다.
② 제1항에 따른 등기촉탁에 필요한 사항은 국토교통부령으로 정한다.

공간정보의 구축 및 관리 등에 관한 법률 시행령 제85조(지적정리 등의 통지)
지적소관청이 법 제90조에 따라 토지소유자에게 지적정리 등을 통지하여야 하는 시기는 다음 각 호의 구분에 따른다.
1. 토지의 표시에 관한 변경등기가 필요한 경우 : 그 등기완료의 통지서를 접수한 날부터 15일 이내
2. 토지의 표시에 관한 변경등기가 필요하지 아니한 경우 : 지적공부에 등록한 날부터 7일 이내

05 지적공부에 등록하는 면적에 관한 설명으로 틀린 것은?

① 면적은 토지대장 및 경계점좌표등록부의 등록사항이다.

② 지적도의 축척이 600분의 1인 지역의 토지 면적은 제곱미터 이하 한 자리 단위로 한다.

③ 지적도의 축척이 1200분의 1인 지역의 1필지 면적이 1제곱미터 미만일 때에는 1제곱미터로 한다.

④ 임야도의 축척이 6000분의 1인 지역의 1필지 면적이 1제곱미터 미만일 때에는 1제곱미터로 한다.

⑤ 경계점좌표등록부에 등록하는 지역의 1필지 면적이 0.1제곱미터 미만일 때에는 0.1제곱미터로 한다.

[풀이] 공간정보의 구축 및 관리 등에 관한 법률 시행령 제60조(면적의 결정 및 측량계산의 끝수처리)

① 면적의 결정은 다음 각 호의 방법에 따른다.

1. 토지의 면적에 1제곱미터 미만의 끝수가 있는 경우 0.5제곱미터 미만일 때에는 버리고 0.5제곱미터를 초과하는 때에는 올리며, 0.5제곱미터일 때에는 구하려는 끝자리의 숫자가 0 또는 짝수이면 버리고 홀수이면 올린다. 다만, 1필지의 면적이 1제곱미터 미만일 때에는 1제곱미터로 한다.

2. 지적도의 축척이 600분의 1인 지역과 경계점좌표등록부에 등록하는 지역의 토지 면적은 제1호에도 불구하고 제곱미터 이하 한 자리 단위로 하되, 0.1제곱미터 미만의 끝수가 있는 경우 0.05제곱미터 미만일 때에는 버리고 0.05제곱미터를 초과할 때에는 올리며, 0.05제곱미터일 때에는 구하려는 끝자리의 숫자가 0 또는 짝수이면 버리고 홀수이면 올린다. 다만, 1필지의 면적이 0.1제곱미터 미만일 때에는 0.1제곱미터로 한다.

② 방위각의 각치(角値), 종횡선의 수치 또는 거리를 계산하는 경우 구하려는 끝자리의 다음 숫자가 5 미만일 때에는 버리고 5를 초과할 때에는 올리며, 5일 때에는 구하려는 끝자리의 숫자가 0 또는 짝수이면 버리고 홀수이면 올린다. 다만, 전자계산조직을 이용하여 연산할 때에는 최종수치에만 이를 적용한다.

06 지방지적위원회의 심의·의결사항으로 옳은 것은?

① 지적측량에 대한 적부심사(適否審査) 청구사항

② 지적측량기술의 연구·개발 및 보급에 관한 사항

③ 지적 관련 정책 개발 및 업무 개선 등에 관한 사항

④ 지적기술자의 업무정지 처분 및 징계요구에 관한 사항

⑤ 지적분야 측량기술자의 양성에 관한 사항

[풀이] 공간정보의 구축 및 관리 등에 관한 법률 제28조(지적위원회) **암기** 정무연개사양우요

① 다음 각 호의 사항을 심의·의결하기 위하여 국토교통부에 중앙지적위원회를 둔다.

1. 지적 관련 **정**책 개발 및 업**무** 개선 등에 관한 사항
2. 지적측량기술의 **연**구·**개**발 및 보급에 관한 사항
3. 제29조제6항에 따른 지적측량 적부심**사**(適否審査)에 대한 재심사(再審査)
4. 제39조에 따른 측량기술자 중 지적분야 측량기술자(이하 "지적기술자"라 한다)의 **양**성에 관한 사항
5. 제42조에 따른 지적기술자의 업**무**정지 처분 및 징계**요**구에 관한 사항

② 제29조에 따른 지적측량에 대한 적부심사 청구사항을 심의·의결하기 위하여 특별시·광역시·특별자치시·도 또는 특별자치도(이하 "시·도"라 한다)에 지방지적위원회를 둔다. 〈신설 2013.7.17.〉

③ 중앙지적위원회와 지방지적위원회의 구성 및 운영에 필요한 사항은 대통령령으로 정한다.

07 「공간정보의 구축 및 관리 등에 관한 법령」상 지상 경계의 결정기준에 관한 설명으로 옳은 것을 모두 고른 것은?(단, 지상 경계의 구획을 형성하는 구조물 등의 소유자가 다른 경우는 제외함)

> ㉠ 연접되는 토지 간에 높낮이 차이가 없는 경우 : 그 구조물 등의 바깥쪽 면
> ㉡ 연접되는 토지 간에 높낮이 차이가 있는 경우 : 그 구조물 등의 상단부
> ㉢ 도로 · 구거 등의 토지에 절토(切土)된 부분이 있는 경우 : 그 경사면의 하단부
> ㉣ 토지가 해면 또는 수면에 접하는 경우 : 최대만조위 또는 최대만수위가 되는 선
> ㉤ 공유수면매립지의 토지 중 제방 등을 토지에 편입하여 등록하는 경우 : 바깥쪽 어깨부분

① ㉠, ㉡
② ㉠, ㉤
③ ㉡, ㉢
④ ㉢, ㉣
⑤ ㉣, ㉤

풀이 공간정보의 구축 및 관리 등에 관한 법률 시행령 제55조(지상 경계의 결정기준 등)
> ① 법 제65조제1항에 따른 지상 경계의 결정기준은 다음 각 호의 구분에 따른다.
> 1. 연접되는 토지 간에 높낮이 차이가 없는 경우 : 그 구조물 등의 중앙
> 2. 연접되는 토지 간에 높낮이 차이가 있는 경우 : 그 구조물 등의 하단부
> 3. 도로 · 구거 등의 토지에 절토(切土)된 부분이 있는 경우 : 그 경사면의 상단부
> 4. 토지가 해면 또는 수면에 접하는 경우 : 최대만조위 또는 최대만수위가 되는 선
> 5. 공유수면매립지의 토지 중 제방 등을 토지에 편입하여 등록하는 경우 : 바깥쪽 어깨부분

08 「공간정보의 구축 및 관리 등에 관한 법령」상 지목의 구분 기준에 관한 설명으로 옳은 것은?

① 물을 상시적으로 이용하지 않고 닥나무 · 묘목 · 관상수 등의 식물을 주로 재배하는 토지는 "전"으로 한다.
② 온수 · 약수 · 석유류 등을 일정한 장소로 운송하는 송수관 · 송유관 및 저장시설의 부지는 "광천지"로 한다.
③ 아파트 · 공장 등 단일 용도의 일정한 단지 안에 설치된 통로 등은 "도로"로 한다.
④ 「도시공원 및 녹지 등에 관한 법률」에 따른 묘지공원으로 결정 · 고시된 토지는 "공원"으로 한다.
⑤ 자연의 유수(流水)가 있거나 있을 것으로 예상되는 소규모 수로부지는 "하천"으로 한다.

풀이 공간정보의 구축 및 관리 등에 관한 법률 시행령 제58조(지목의 구분)
> 법 제67조제1항에 따른 지목의 구분은 다음 각 호의 기준에 따른다.
> 1. 전
> 물을 상시적으로 이용하지 않고 곡물 · 원예작물(과수류는 제외한다) · 약초 · 뽕나무 · 닥나무 · 묘목 · 관상수 등의 식물을 주로 재배하는 토지와 식용(食用)으로 죽순을 재배하는 토지
> 6. 광천지
> 지하에서 온수 · 약수 · 석유류 등이 용출되는 용출구(湧出口)와 그 유지(維持)에 사용되는 부지. 다만, 온수 · 약수 · 석유류 등을 일정한 장소로 운송하는 송수관 · 송유관 및 저장시설의 부지는 제외한다.
> 14. 도로
> 다음 각 목의 토지. 다만, 아파트 · 공장 등 단일 용도의 일정한 단지 안에 설치된 통로 등은 제외한다.
> 가. 일반 공중(公衆)의 교통 운수를 위하여 보행이나 차량운행에 필요한 일정한 설비 또는 형태를 갖추어 이용되는 토지

나. 「도로법」등 관계 법령에 따라 도로로 개설된 토지

다. 고속도로의 휴게소 부지

라. 2필지 이상에 진입하는 통로로 이용되는 토지

17. 하천

자연의 유수(流水)가 있거나 있을 것으로 예상되는 토지

18. 구거

용수(用水) 또는 배수(排水)를 위하여 일정한 형태를 갖춘 인공적인 수로·둑 및 그 부속시설물의 부지와 자연의 유수(流水)가 있거나 있을 것으로 예상되는 소규모 수로부지

22. 공원

일반 공중의 보건·휴양 및 정서생활에 이용하기 위한 시설을 갖춘 토지로서 「국토의 계획 및 이용에 관한 법률」에 따라 공원 또는 녹지로 결정·고시된 토지

09 「공간정보의 구축 및 관리 등에 관한 법령」상 지적측량 의뢰 등에 관한 설명으로 틀린 것은?

① 토지소유자는 토지를 분할하는 경우로서 지적측량을 할 필요가 있는 경우에는 지적측량수행자에게 지적측량을 의뢰하여야 한다.

② 지적측량을 의뢰하려는 자는 지적측량 의뢰서(전자문서로 된 의뢰서를 포함한다)에 의뢰 사유를 증명하는 서류(전자문서를 포함한다)를 첨부하여 지적측량수행자에게 제출하여야 한다.

③ 지적측량수행자는 지적측량 의뢰를 받은 때에는 측량기간, 측량일자 및 측량 수수료 등을 적은 지적측량 수행계획서를 그 다음 날까지 지적소관청에 제출하여야 한다.

④ 지적기준점을 설치하지 않고 측량 또는 측량검사를 하는 경우 지적측량의 측량기간은 5일, 측량검사기간은 4일을 원칙으로 한다.

⑤ 지적측량 의뢰인과 지적측량수행자가 서로 합의하여 따로 기간을 정하는 경우에는 그 기간에 따르되, 전체 기간의 5분의 3은 측량기간으로, 전체 기간의 5분의 2는 측량검사기간으로 본다.

풀이 **공간정보의 구축 및 관리 등에 관한 법률 제24조(지적측량 의뢰 등)**

① 토지소유자 등 이해관계인은 제23조제1항제1호 및 제3호(자목은 제외한다)부터 제5호까지의 사유로 지적측량을 할 필요가 있는 경우에는 다음 각 호의 어느 하나에 해당하는 자(이하 "지적측량수행자"라 한다)에게 지적측량을 의뢰하여야 한다. 〈개정 2013.7.17., 2014.6.3.〉

1. 제44조제1항제2호의 지적측량업의 등록을 한 자
2. 「국가공간정보 기본법」제12조에 따라 설립된 한국국토정보공사(이하 "한국국토정보공사"라 한다)

② 지적측량수행자는 제1항에 따른 지적측량 의뢰를 받으면 지적측량을 하여 그 측량성과를 결정하여야 한다.

공간정보의 구축 및 관리 등에 관한 법률 시행규칙 제25조(지적측량 의뢰 등)

① 법 제24조제1항에 따라 지적측량을 의뢰하려는 자는 별지 제15호 서식의 지적측량 의뢰서(전자문서로 된 의뢰서를 포함한다)에 의뢰 사유를 증명하는 서류(전자문서를 포함한다)를 첨부하여 지적측량수행자에게 제출하여야 한다. 〈개정 2014.1.17.〉

② 지적측량수행자는 제1항에 따른 지적측량 의뢰를 받은 때에는 측량기간, 측량일자 및 측량 수수료 등을 적은 별지 제16호 서식의 지적측량 수행계획서를 그 다음 날까지 지적소관청에 제출하여야 한다. 제출한 지적측량 수행계획서를 변경한 경우에도 같다. 〈개정 2014.1.17.〉

③ 지적측량의 측량기간은 5일로 하며, 측량검사기간은 4일로 한다. 다만, 지적기준점을 설치하여 측량 또는 측량검사를 하는 경우 지적기준점이 15점 이하인 경우에는 4일을, 15점을 초과하는 경우에는 4일에 15점을 초과하는 4점마다 1일을 가산한다. 〈개정 2010.6.17.〉

④ 제3항에도 불구하고 지적측량 의뢰인과 지적측량수행자가 서로 합의하여 따로 기간을 정하는 경우에는 그 기간에 따르되, 전체 기간의 4분의 3은 측량기간으로, 전체 기간의 4분의 1은 측량검사기간으로 본다.

10 중앙지적위원회의 위원이 중앙지적위원회의 심의 · 의결에서 제척(除斥)되는 경우에 해당하지 않는 것은?

① 위원이 해당 안건의 당사자와 친족이거나 친족이었던 경우
② 위원이 해당 안건에 대하여 증언, 진술 또는 감정을 한 경우
③ 위원이 중앙지적위원회에서 해당 안건에 대하여 현지조사 결과를 보고 받거나 관계인의 의견을 들은 경우
④ 위원이 속한 법인 · 단체 등이 해당 안건의 당사자의 대리인이거나 대리인이었던 경우
⑤ 위원의 배우자이었던 사람이 해당 안건의 당사자와 공동권리자 또는 공동의무자인 경우

> **풀이** **공간정보의 구축 및 관리 등에 관한 법률 시행령 제20조의2(위원의 제척 · 기피 · 회피)**
> ① 중앙지적위원회의 위원이 다음 각 호의 어느 하나에 해당하는 경우에는 중앙지적위원회의 심의 · 의결에서 제척(除斥)된다.
>
> > 1. 위원 또는 그 배우자나 배우자이었던 사람이 해당 안건의 당사자가 되거나 그 안건의 당사자와 공동권리자 또는 공동의무자인 경우
> > 2. 위원이 해당 안건의 당사자와 친족이거나 친족이었던 경우
> > 3. 위원이 해당 안건에 대하여 증언, 진술 또는 감정을 한 경우
> > 4. 위원이나 위원이 속한 법인 · 단체 등이 해당 안건의 당사자의 대리인이거나 대리인이었던 경우
> > 5. 위원이 해당 안건의 원인이 된 처분 또는 부작위에 관여한 경우
>
> ② 해당 안건의 당사자는 위원에게 공정한 심의 · 의결을 기대하기 어려운 사정이 있는 경우에는 중앙지적위원회에 기피 신청을 할 수 있고, 중앙지적위원회는 의결로 이를 결정한다. 이 경우 기피 신청의 대상인 위원은 그 의결에 참여하지 못한다.
> ③ 위원이 제1항 각 호에 따른 제척 사유에 해당하는 경우에는 스스로 해당 안건의 심의 · 의결에서 회피(回避)하여야 한다.

11 부동산종합공부에 관한 설명으로 틀린 것은?

① 지적소관청은 부동산의 효율적 이용과 부동산과 관련된 정보의 종합적 관리 · 운영을 위하여 부동산종합공부를 관리 · 운영한다.
② 지적소관청은 부동산종합공부를 영구히 보존하여야 하며, 멸실 또는 훼손에 대비하여 이를 별도로 복제하여 관리하는 정보관리체계를 구축하여야 한다.
③ 지적소관청은 부동산종합공부의 불일치 등록사항에 대하여는 등록사항을 정정하고, 등록사항을 관리하는 기관의 장에게 그 내용을 통지하여야 한다.
④ 지적소관청은 부동산종합공부의 정확한 등록 및 관리를 위하여 필요한 경우에는 부동산종합공부의 등록사항을 관리하는 기관의 장에게 관련 자료의 제출을 요구할 수 있다.
⑤ 부동산종합공부의 등록사항을 관리하는 기관의 장은 지적소관청에 상시적으로 관련 정보를 제공하여야 한다.

풀이 공간정보의 구축 및 관리 등에 관한 법률 제76조의2(부동산종합공부의 관리 및 운영)

① 지적소관청은 부동산의 효율적 이용과 부동산과 관련된 정보의 종합적 관리·운영을 위하여 부동산종합공부를 관리·운영한다.

② 지적소관청은 부동산종합공부를 영구히 보존하여야 하며, 부동산종합공부의 멸실 또는 훼손에 대비하여 이를 별도로 복제하여 관리하는 정보관리체계를 구축하여야 한다.

③ 제76조의3 각 호의 등록사항을 관리하는 기관의 장은 지적소관청에 상시적으로 관련 정보를 제공하여야 한다.

④ 지적소관청은 부동산종합공부의 정확한 등록 및 관리를 위하여 필요한 경우에는 제76조의3 각 호의 등록사항을 관리하는 기관의 장에게 관련 자료의 제출을 요구할 수 있다. 이 경우 자료의 제출을 요구받은 기관의 장은 특별한 사유가 없으면 자료를 제공하여야 한다.

12 다음 중 지적공부와 등록사항의 연결이 틀린 것은?

① 임야대장-토지의 소재 및 개별공시지가와 그 기준일
② 경계점좌표등록부-좌표와 건축물 및 구조물 등의 위치
③ 대지권등록부-대지권 비율과 전유부분(專有部分)의 건물표시
④ 임야도-경계와 삼각점 및 지적기준점의 위치
⑤ 공유지연명부-소유권 지분 및 토지소유자가 변경된 날과 그 원인

풀이 지적공부의 등록사항

구분	토지표시사항	소유권에 관한 사항	기타
토지대장 (土地臺帳, Land Books) & 임야대장 (林野臺帳, Forest Books)	• **토**지 소재 • **지**번 • **지**목 • **면적** • 토지의 **이**동 사유	• 토지소유자 **변**동일자 • **변동**원인 • **주**민등록번호 • 성**명** 또는 명칭 • 주**소**	• 토지의 고**유**번호(각 필지를 서로 구별하기 위하여 필지마다 붙이는 고유한 번호를 말한다) • 지적도 또는 임야**도** 번호 • 필지별 토지대장 또는 임야대장의 **장**번호 • **축**척 • **토**지등급 또는 기준수확량 등급과 그 설정·수정 연월일 • 개별**공**시지가와 그 기준일
공유지연명부 (共有地連名簿, Common Land Books)	• **토**지 소재 • **지**번	• 토지소유자 **변**동일자 • **변동**원인 • **주**민등록번호 • 성**명**·주**소** • 소유권 **지**분	• 토지의 고**유**번호 • 필지별 공유지연명부의 **장**번호
대지권등록부 (垈地權登錄簿, Building Site Rights Books)	• **토**지 소재 • **지**번	• 토지소유자 **변**동일자 및 **변동**원인 • **주**민등록번호 • 성**명** 또는 명칭·주**소** • 대**지**권 비율 • 소유**권** 지분	• 토지의 고**유**번호 • 집합건물별 대지권등록부의 **장**번호 • **건**물의 명칭 • **전**유부분의 건물의 표시

구분	토지표시사항	소유권에 관한 사항	기타
경계점좌표등록부 (境界點座標登錄簿, Boundary Point Coordinate Books)	• **토**지소재 • **지**번 • 좌**표**		• **고**유번호 • 장번호 • **부**호 및 부호도 • **도**면번호
지적도(地籍圖, Land Books) & 임야도(林野圖, Forest Books)	• **토**지소재 • **지**번 • **지**목 • 경**계** • 경계**점** 간의 거리		• **도**면의 색인도 • 도**면**의 제명 및 축척 • 도곽**선**과 그 수치 • 삼**각**점 및 **지**적기준점의 위치 • 건축**물** 및 구조물 등의 위치

공간정보의 구축 및 관리 등에 관한 법률 시행규칙 제69조(지적도면 등의 등록사항 등)

③ 경계점좌표등록부를 갖춰 두는 지역의 지적도에는 해당 도면의 제명 끝에 "(좌표)"라고 표시하고, 도곽선의 오른쪽 아래 끝에 "이 도면에 의하여 측량을 할 수 없음"이라고 적어야 한다.

④ 지적도면에는 지적소관청의 직인을 날인하여야 한다. 다만, 정보처리시스템을 이용하여 관리하는 지적도면의 경우에는 그러하지 아니하다.

⑤ 지적소관청은 지적도면의 관리에 필요한 경우에는 지번부여지역마다 일람도와 지번색인표를 작성하여 갖춰 둘 수 있다.

⑥ 지적도면의 축척은 다음 각 호의 구분에 따른다.

　1. 지적도 : 1/500, 1/600, 1/1000, 1/1200, 1/2400, 1/3000, 1/6000

　2. 임야도 : 1/3000, 1/6000

01 「공간정보의 구축 및 관리 등에 관한 법령」상 토지의 이동사유를 등록하는 지적공부는?

① 경계점좌표등록부   ② 대지권등록부

③ 토지대장   ④ 공유지연명부

⑤ 지적도

풀이 지적공부의 등록사항

구분	토지표시사항	소유권에 관한 사항	기타

토지대장
(土地臺帳,
Land Books)
&
임야대장
(林野臺帳,
Forest Books)
	• **토**지 소재
	• **지**번
	• **지**목
	• 면**적**
	• 토지의 **이동** 사유
		• 토지소유자 **변**동일자
		• 변**동**원인
		• **주**민등록번호
		• 성**명** 또는 명칭
		• 주**소**
			• 토지의 고**유**번호(각 필지
			  를 서로 구별하기 위하여
			  필지마다 붙이는 고유한
			  번호를 말한다)
			• 지적도 또는 임야**도** 번호
			• 필지별 토지대장 또는 임
			  야대장의 **장**번호
			• **축**척
			• **토**지등급 또는 기준수확량
			  등급과 그 설정·수정 연
			  월일
			• 개별**공**시지가와 그 기준일

공유지연명부 (共有地連名簿, Common Land Books)	• **토**지 소재 • **지**번	• 토지소유자 **변**동일자 • 변**동**원인 • **주**민등록번호 • 성**명**·주**소** • 소유권 **지**분	• 토지의 고**유**번호 • 필지별 공유지연명부의 **장**번호

대지권등록부
(垈地權登錄簿,
Building Site
Rights Books)
	• **토**지 소재
	• **지**번
		• 토지소유자 **변**동일자
		  및 변**동**원인
		• **주**민등록번호
		• 성**명** 또는 명칭·주**소**
		• 대**지**권 비율
		• 소유**권** 지분
			• 토지의 고**유**번호
			• 집합건물별 대지권등록부의
			  장번호
			• **건**물의 명칭
			• **전**유부분의 건물의 표시

경계점좌표등록부 (境界點座標登錄簿, Boundary Point Coordinate Books)	• **토**지소재 • **지**번 • 좌**표**		• **고**유번호 • 장번호 • **부**호 및 부호도 • **도**면번호
지적도(地籍圖, Land Books) & 임야도(林野圖, Forest Books)	• **토**지소재 • **지**번 • **지**목 • 경**계** • 경계**점** 간의 거리		• **도**면의 색인도 • 도**면**의 제명 및 축척 • 도곽**선**과 그 수치 • 삼**각**점 및 **지**적기준점의 위치 • 건축**물** 및 구조물 등의 위치

정답 01 ③

02 「공간정보의 구축 및 관리 등에 관한 법령」에 따라 지적 측량의뢰인과 지적측량수행자가 서로 합의하여 토지의 분할을 위한 측량기간과 측량검사기간을 합쳐 20일로 정하였다. 이 경우 측량검사기간은?(단, 지적기준점의 설치가 필요 없는 지역임)

① 5일   ② 8일
③ 10일   ④ 12일
⑤ 15일

> **풀이** 공간정보의 구축 및 관리 등에 관한 법률 시행규칙 제25조(지적측량 의뢰 등)
> ① 법 제24조제1항에 따라 지적측량을 의뢰하려는 자는 별지 제15호 서식의 지적측량 의뢰서(전자문서로 된 의뢰서를 포함한다)에 의뢰 사유를 증명하는 서류(전자문서를 포함한다)를 첨부하여 지적측량수행자에게 제출하여야 한다.
> ② 지적측량수행자는 제1항에 따른 지적측량 의뢰를 받은 때에는 측량기간, 측량일자 및 측량 수수료 등을 적은 별지 제16호 서식의 지적측량 수행계획서를 그 다음 날까지 지적소관청에 제출하여야 한다. 제출한 지적측량 수행계획서를 변경한 경우에도 같다.
> ③ 지적측량의 측량기간은 5일로 하며, 측량검사기간은 4일로 한다. 다만, 지적기준점을 설치하여 측량 또는 측량검사를 하는 경우 지적기준점이 15점 이하인 경우에는 4일을, 15점을 초과하는 경우에는 4일에 15점을 초과하는 4점마다 1일을 가산한다.
> ④ 제3항에도 불구하고 지적측량 의뢰인과 지적측량수행자가 서로 합의하여 따로 기간을 정하는 경우에는 그 기간에 따르되, 전체 기간의 4분의 3은 측량기간으로, 전체 기간의 4분의 1은 측량검사기간으로 본다.

03 「공간정보의 구축 및 관리 등에 관한 법령」상 지번에 관한 설명으로 옳은 것은?

① 지적소관청이 지번을 변경하기 위해서는 국토교통부장관의 승인을 받아야 한다.
② 임야대장 및 임야도에 등록하는 토지의 지번은 숫자 뒤에 "산"자를 붙인다.
③ 지번은 본번(本番)과 부번(副番)으로 구성하며, 북동에서 남서로 순차적으로 부여한다.
④ 분할의 경우에는 분할된 필지마다 새로운 본번을 부여한다.
⑤ 지적소관청은 축척변경으로 지번에 결번이 생긴 때에는 지체 없이 그 사유를 결번대장에 적어 영구히 보존하여야 한다.

> **풀이** 공간정보의 구축 및 관리 등에 관한 법률 제66조(지번의 부여 등)
> ① 지번은 지적소관청이 지번부여지역별로 차례대로 부여한다.
> ② 지적소관청은 지적공부에 등록된 지번을 변경할 필요가 있다고 인정하면 시·도지사나 대도시 시장의 승인을 받아 지번부여지역의 전부 또는 일부에 대하여 지번을 새로 부여할 수 있다.
> ③ 제1항과 제2항에 따른 지번의 부여방법 및 부여절차 등에 필요한 사항은 대통령령으로 정한다.

> 공간정보의 구축 및 관리 등에 관한 법률 시행령 제56조(지번의 구성 및 부여방법 등)

구분	토지이동에 따른 지번의 부여방법
부여방법	① 지번(地番)은 아라비아숫자로 표기하되, 임야대장 및 임야도에 등록하는 토지의 지번은 숫자 앞에 "산"자를 붙인다. ② 지번은 본번(本番)과 부번(副番)으로 구성하되, 본번과 부번 사이에 "－" 표시로 연결한다. 이 경우 "－" 표시는 "의"라고 읽는다. ③ 법 제66조에 따른 지번의 부여방법은 다음 각 호와 같다. 1. 지번은 북서에서 남동으로 순차적으로 부여할 것

구분		토지이동에 따른 지번의 부여방법
신규등록 · 등록전환	원칙	지번부여지역에서 인접토지의 본번에 부번을 붙여서 지번을 부여한다.
	예외	다음의 경우에는 그 지번부여지역의 최종 본번의 다음 순번부터 본번으로 하여 순차적으로 지번을 부여할 수 있다. ① 대상 토지가 그 지번부여지역의 최종 지번의 토지에 인접하여 있는 경우 ② 대상 토지가 이미 등록된 토지와 멀리 떨어져 있어서 등록된 토지의 본번에 부번을 부여하는 것이 불합리한 경우 ③ 대상 토지가 여러 필지로 되어 있는 경우
분할	원칙	분할 후의 필지 중 1필지의 지번은 분할 전의 지번으로 하고, 나머지 필지의 지번은 본번의 최종 부번 다음 순번으로 부번을 부여한다.
	예외	주거 · 사무실 등의 건축물이 있는 필지에 대해서는 분할 전의 지번을 우선하여 부여하여야 한다.
합병	원칙	합병 대상 지번 중 선순위의 지번을 그 지번으로 하되, 본번으로 된 지번이 있을 때에는 본번 중 선순위의 지번을 합병 후의 지번으로 한다.
	예외	토지소유자가 합병 전의 필지에 주거 · 사무실 등의 건축물이 있어서 그 건축물이 위치한 지번을 합병 후의 지번으로 신청할 때에는 그 지번을 합병 후의 지번으로 부여하여야 한다.
지적확정측량을 실시한 지역의 각 필지에 지번을 새로 부여하는 경우	원칙	다음 각 목의 지번을 제외한 본번으로 부여한다. ① 지적확정측량을 실시한 지역 안의 종전의 지번과 지적확정측량을 실시한 지역 밖에 있는 본번이 같은 지번이 있을 때 그 지번 ② 지적확정측량을 실시한 지역의 경계에 걸쳐 있는 지번
	예외	부여할 수 있는 종전 지번의 수가 새로 부여할 지번의 수보다 적을 때에는 블록 단위로 하나의 본번을 부여한 후 필지별로 부번을 부여하거나, 그 지번부여지역의 최종 본번 다음 순번부터 본번으로 하여 차례로 지번을 부여할 수 있다.
지적확정측량에 준용		① 법 제66조제2항(지적소관청은 지적공부에 등록된 지번을 변경할 필요가 있다고 인정하면 시 · 도지사나 대도시 시장의 승인을 받아 지번부여지역의 전부 또는 일부에 대하여 지번을 새로 부여할 수 있다.)에 따라 지번부여지역의 지번을 변경할 때 ② 법 제85조제2항(지번부여지역의 일부가 행정구역의 개편으로 다른 지번부여지역에 속하게 되었으면 지적소관청은 새로 속하게 된 지번부여지역의 지번을 부여하여야 한다.)에 따른 행정구역 개편에 따라 새로 지번을 부여할 때 ③ 제72조제1항(지적소관청은 축척변경 시행지역의 각 필지별 지번 · 지목 · 면적 · 경계 또는 좌표를 새로 정하여야 한다.)에 따라 축척변경 시행지역의 필지에 지번을 부여할 때
도시개발사업 등의 준공 전		도시개발사업 등이 준공되기 전에 사업시행자가 지번부여를 신청하는 경우에는 국토교통부령으로 정하는 바에 따라 지번을 부여할 수 있다. 지적소관청은 도시개발사업 등이 준공되기 전에 지번을 부여하는 때에는 사업계획도에 따르되, 지적확정측량을 실시한 지역의 각 필지에 지번을 새로 부여하는 경우의 지번부여방식에 따라 지번을 부여하여야 한다.

공간정보의 구축 및 관리 등에 관한 법률 시행규칙 제63조(결번대장의 비치)

지적소관청은 행정구역의 변경, 도시개발사업의 시행, 지번변경, 축척변경, 지번정정 등의 사유로 지번에 결번이 생긴 때에는 지체 없이 그 사유를 별지 제61호 서식의 결번대장에 적어 영구히 보존하여야 한다.

정답

04 「공간정보의 구축 및 관리 등에 관한 법령」상 도시개발사업 등 시행지역의 토지이용 신청 특례에 관한 설명으로 틀린 것은?

① 「농어촌정비법」에 따른 농어촌정비사업의 시행자는 그 사업의 착수 · 변경 및 완료 사실을 시 · 도지 사에게 신고하여야 한다.

② 도시개발사업 등의 사업의 착수 또는 변경의 신고가 된 토지의 소유자가 해당 토지의 이동을 원하는 경우에는 해당 사업의 시행자에게 그 토지의 이동을 신청하도록 요청하여야 한다.

③ 도시개발사업 등의 사업시행자가 토지의 이동을 신청한 경우 토지의 이동은 토지의 형질변경 등의 공사가 준공된 때에 이루어진 것으로 본다.

④ 「도시개발법」에 따른 도시개발사업의 시행자는 그 사업의 착수 · 변경 또는 완료 사실의 신고를 그 사유가 발생한 날부터 15일 이내에 하여야 한다.

⑤ 「주택법」에 따른 주택건설사업의 시행자가 파산 등의 이유로 토지의 이동 신청을 할 수 없을 때에는 그 주택의 시공을 보증한 자 또는 입주예정자 등이 신청할 수 있다.

풀이 공간정보의 구축 및 관리 등에 관한 법률 제86조(도시개발사업 등 시행지역의 토지이동 신청에 관한 특례)

① 「도시개발법」에 따른 도시개발사업, 「농어촌정비법」에 따른 농어촌정비사업, 그 밖에 대통령령으로 정하는 토지개발사업의 시행자는 대통령령으로 정하는 바에 따라 그 사업의 착수 · 변경 및 완료 사실을 지적소관청 에 신고하여야 한다.

② 제1항에 따른 사업과 관련하여 토지의 이동이 필요한 경우에는 해당 사업의 시행자가 지적소관청에 토지의 이동을 신청하여야 한다.

③ 제2항에 따른 토지의 이동은 토지의 형질변경 등의 공사가 준공된 때에 이루어진 것으로 본다.

④ 제1항에 따라 사업의 착수 또는 변경의 신고가 된 토지의 소유자가 해당 토지의 이동을 원하는 경우에는 해당 사업의 시행자에게 그 토지의 이동을 신청하도록 요청하여야 하며, 요청을 받은 시행자는 해당 사업에 지장이 없다고 판단되면 지적소관청에 그 이동을 신청하여야 한다.

공간정보의 구축 및 관리 등에 관한 법률 시행령 제83조(토지개발사업 등의 범위 및 신고)

① 법 제86조제1항에서 "대통령령으로 정하는 토지개발사업"이란 다음 각 호의 사업을 말한다.

> 1. 「주택법」에 따른 주택건설사업
> 2. 「택지개발촉진법」에 따른 택지개발사업
> 3. 「산업입지 및 개발에 관한 법률」에 따른 산업단지개발사업
> 4. 「도시 및 주거환경정비법」에 따른 정비사업
> 5. 「지역 개발 및 지원에 관한 법률」에 따른 지역개발사업
> 6. 「체육시설의 설치 · 이용에 관한 법률」에 따른 체육시설 설치를 위한 토지개발사업
> 7. 「관광진흥법」에 따른 관광단지 개발사업
> 8. 「공유수면 관리 및 매립에 관한 법률」에 따른 매립사업
> 9. 「항만법」, 「신항만건설촉진법」에 따른 항만개발사업 및 「항만 재개발 및 주변지역 발전에 관한 법률」 에 따른 항만재개발사업
> 10. 「공공주택 특별법」에 따른 공공주택지구조성사업
> 11. 「물류시설의 개발 및 운영에 관한 법률」 및 「경제자유구역의 지정 및 운영에 관한 특별법」에 따른 개발사업
> 12. 「철도의 건설 및 철도시설 유지관리에 관한 법률」에 따른 고속철도, 일반철도 및 광역철도 건설사업
> 13. 「도로법」에 따른 고속국도 및 일반국도 건설사업

14. 그 밖에 제1호부터 제13호까지의 사업과 유사한 경우로서 국토교통부장관이 고시하는 요건에 해당하는 토지개발사업

② 법 제86조제1항에 따른 도시개발사업 등의 착수·변경 또는 완료 사실의 신고는 그 사유가 발생한 날부터 15일 이내에 하여야 한다.

③ 법 제86조제2항에 따른 토지의 이동 신청은 그 신청대상지역이 환지(換地)를 수반하는 경우에는 법 제86조제1항에 따른 사업완료 신고로써 이를 갈음할 수 있다. 이 경우 사업완료 신고서에 법 제86조제2항에 따른 토지의 이동 신청을 갈음한다는 뜻을 적어야 한다.

④ 「주택법」에 따른 주택건설사업의 시행자가 파산 등의 이유로 토지의 이동 신청을 할 수 없을 때에는 그 주택의 시공을 보증한 자 또는 입주예정자 등이 신청할 수 있다.

05 「공간정보의 구축 및 관리 등에 관한 법령」상 지적공부의 복구에 관한 관계 자료에 해당하지 않는 것은?

① 지적공부의 등본
② 부동산종합증명서
③ 토지이동정리 결의서
④ 지적측량 수행계획서
⑤ 법원의 확정판결서 정본 또는 사본

풀이 공간정보의 구축 및 관리 등에 관한 법률 시행규칙 제72조(지적공부의 복구자료)

영 제61조제1항에 따른 지적공부의 복구에 관한 관계 자료(이하 "복구자료"라 한다)는 다음 각 호와 같다.

암기 부등지등복명은 량지원에서

1. 부동산등기부 등본 등 등기사실을 증명하는 서류
2. 지적공부의 등본
3. 법 제69조제3항에 따라 복제된 지적공부
4. 지적소관청이 작성하거나 발행한 지적공부의 등록내용을 증명하는 서류
5. 측량 결과도
6. 토지이동정리 결의서
7. 법원의 확정판결서 정본 또는 사본

06 「공간정보의 구축 및 관리 등에 관한 법령」상 지목의 구분으로 옳은 것은?

① 축산업 및 낙농업을 하기 위하여 초지를 조성한 토지와 그 토지에 설치된 주거용 건축물의 부지의 지목은 "목장용지"로 한다.
② 물건 등을 보관하거나 저장하기 위하여 독립적으로 설치된 보관시설물의 부지와 이에 접속된 부속시설물의 부지의 지목은 "대"로 한다.
③ 제조업을 하고 있는 공장시설물의 부지와 같은 구역에 있는 의료시설 등 부속시설물의 부지의 지목은 "공장용지"로 한다.
④ 물을 상시적으로 직접 이용하여 벼·연(蓮)·미나리·왕골 등의 식물을 주로 재배하는 토지의 지목은 "농지"로 한다.
⑤ 용수(用水) 또는 배수(排水)를 위하여 일정한 형태를 갖춘 인공적인 수로·둑 및 그 부속시설물의 부지의 지목은 "제방"으로 한다.

풀이 **공간정보의 구축 및 관리 등에 관한 법률 시행령 제58조(지목의 구분)**

법 제67조제1항에 따른 지목의 구분은 다음 각 호의 기준에 따른다.

1. 전

   물을 상시적으로 이용하지 않고 곡물 · 원예작물(과수류는 제외한다) · 약초 · 뽕나무 · 닥나무 · 묘목 · 관상수 등의 식물을 주로 재배하는 토지와 식용(食用)으로 죽순을 재배하는 토지

2. 답

   물을 상시적으로 직접 이용하여 벼 · 연(蓮) · 미나리 · 왕골 등의 식물을 주로 재배하는 토지

3. 과수원

   사과 · 배 · 밤 · 호두 · 귤나무 등 과수류를 집단적으로 재배하는 토지와 이에 접속된 저장고 등 부속시설물의 부지. 다만, 주거용 건축물의 부지는 "대"로 한다.

4. 목장용지

   다음 각 목의 토지. 다만, 주거용 건축물의 부지는 "대"로 한다.

   가. 축산업 및 낙농업을 하기 위하여 초지를 조성한 토지

   나. 「축산법」 제2조제1호에 따른 가축을 사육하는 축사 등의 부지

   다. 가목 및 나목의 토지와 접속된 부속시설물의 부지

8. 대

   가. 영구적 건축물 중 주거 · 사무실 · 점포와 박물관 · 극장 · 미술관 등 문화시설과 이에 접속된 정원 및 부속시설물의 부지

   나. 「국토의 계획 및 이용에 관한 법률」 등 관계 법령에 따른 택지조성공사가 준공된 토지

9. 공장용지

   가. 제조업을 하고 있는 공장시설물의 부지

   나. 「산업집적활성화 및 공장설립에 관한 법률」 등 관계 법령에 따른 공장부지 조성공사가 준공된 토지

   다. 가목 및 나목의 토지와 같은 구역에 있는 의료시설 등 부속시설물의 부지

13. 창고용지

    물건 등을 보관하거나 저장하기 위하여 독립적으로 설치된 보관시설물의 부지와 이에 접속된 부속시설물의 부지

16. 제방

    조수 · 자연유수(自然流水) · 모래 · 바람 등을 막기 위하여 설치된 방조제 · 방수제 · 방사제 · 방파제 등의 부지

17. 하천

    자연의 유수(流水)가 있거나 있을 것으로 예상되는 토지

18. 구거

    용수(用水) 또는 배수(排水)를 위하여 일정한 형태를 갖춘 인공적인 수로 · 둑 및 그 부속시설물의 부지와 자연의 유수(流水)가 있거나 있을 것으로 예상되는 소규모 수로부지

07 경계점좌표등록부를 갖추어 두는 지역의 지적도에 등록하는 사항으로 옳은 것은?

① 좌표에 의하여 계산된 경계점 간의 높이

② 좌표에 의하여 계산된 경계점 간의 거리

③ 좌표에 의하여 계산된 경계점 간의 오차

④ 좌표에 의하여 계산된 경계점 간의 각도

⑤ 좌표에 의하여 계산된 경계점 간의 방위

풀이 공간정보의 구축 및 관리 등에 관한 법률 시행규칙 제69조(지적도면 등의 등록사항 등)

① 법 제72조에 따른 지적도 및 임야도는 각각 별지 제67호 서식 및 별지 제68호 서식과 같다.

② 법 제72조제5호에서 "그 밖에 국토교통부령으로 정하는 사항"이란 다음 각 호의 사항을 말한다.

> 1. 지적도면의 색인도(인접도면의 연결 순서를 표시하기 위하여 기재한 도표와 번호를 말한다)
> 2. 지적도면의 제명 및 축척
> 3. 도곽선(圖廓線)과 그 수치
> 4. 좌표에 의하여 계산된 경계점 간의 거리(경계점좌표등록부를 갖추어 두는 지역으로 한정한다)
> 5. 삼각점 및 지적기준점의 위치
> 6. 건축물 및 구조물 등의 위치
> 7. 그 밖에 국토교통부장관이 정하는 사항

③ 경계점좌표등록부를 갖추어 두는 지역의 지적도에는 해당 도면의 제명 끝에 "(좌표)"라고 표시하고, 도곽선의 오른쪽 아래 끝에 "이 도면에 의하여 측량을 할 수 없음"이라고 적어야 한다.

④ 지적도면에는 지적소관청의 직인을 날인하여야 한다. 다만, 정보처리시스템을 이용하여 관리하는 지적도면의 경우에는 그러하지 아니하다.

⑤ 지적소관청은 지적도면의 관리에 필요한 경우에는 지번부여지역마다 일람도와 지번색인표를 작성하여 갖춰 둘 수 있다.

⑥ 지적도면의 축척은 다음 각 호의 구분에 따른다.

> 1. 지적도 : 1/500, 1/600, 1/1000, 1/1200, 1/2400, 1/3000, 1/6000
> 2. 임야도 : 1/3000, 1/6000

08 「공간정보의 구축 및 관리 등에 관한 법령」상 지적측량을 실시하여야 할 대상으로 틀린 것은?

① 「지적재조사에 관한 특별법」에 따른 지적재조사사업에 따라 토지의 이동이 있는 경우로서 측량을 할 필요가 있는 경우
② 지적측량수행자가 실시한 측량성과에 대하여 지적소관청이 검사를 위해 측량을 하는 경우
③ 연속지적도에 있는 경계점을 지상에 표시하기 위해 측량을 하는 경우
④ 지상건축물 등의 현황을 지적도 및 임야도에 등록된 경계와 대비하여 표시하기 위해 측량을 할 필요가 있는 경우
⑤ 「도시 및 주거환경정비법」에 따른 정비사업 시행지역에서 토지의 이동이 있는 경우로서 측량을 할 필요가 있는 경우

풀이 공간정보의 구축 및 관리 등에 관한 법률 제23조(지적측량의 실시 등)

① 다음 각 호의 어느 하나에 해당하는 경우에는 지적측량을 하여야 한다. 〈개정 2013.7.17.〉

> 1. 제7조제1항제3호에 따른 지적기준점을 정하는 경우
> 2. 제25조에 따라 지적측량성과를 검사하는 경우
> 3. 다음 각 목의 어느 하나에 해당하는 경우로서 측량을 할 필요가 있는 경우
>
> > 가. 제74조에 따라 지적공부를 복구하는 경우
> > 나. 제77조에 따라 토지를 신규등록하는 경우
> > 다. 제78조에 따라 토지를 등록전환하는 경우

정답 08 ③

라. 제79조에 따라 토지를 분할하는 경우
마. 제82조에 따라 바다가 된 토지의 등록을 말소하는 경우
바. 제83조에 따라 축척을 변경하는 경우
사. 제84조에 따라 지적공부의 등록사항을 정정하는 경우
아. 제86조에 따른 도시개발사업 등의 시행지역에서 토지의 이동이 있는 경우
자. 「지적재조사에 관한 특별법」에 따른 지적재조사사업에 따라 토지의 이동이 있는 경우

4. 경계점을 지상에 복원하는 경우
5. 그 밖에 대통령령으로 정하는 경우

② 지적측량의 방법 및 절차 등에 필요한 사항은 국토교통부령으로 정한다.

09 「공간정보의 구축 및 관리 등에 관한 법령」상 지상경계점등록부의 등록사항에 해당하는 것을 모두 고른 것은?

ㄱ. 경계점표지의 종류 및 경계점 위치
ㄴ. 공부상 지목과 실제 토지이용 지목
ㄷ. 토지소유자와 인접토지소유자의 서명·날인
ㄹ. 경계점 위치 설명도와 경계점의 사진 파일

① ㄱ, ㄹ
② ㄴ, ㄷ
③ ㄷ, ㄹ
④ ㄱ, ㄴ, ㄹ
⑤ ㄱ, ㄴ, ㄷ, ㄹ

풀이 지상경계점등록부의 등록사항

지상경계점등록부 (지적재조사에 관한 특별법 시행규칙 제10조) **암기** 토지목성토 경판지 세관위기경 소직명 확직명	지상경계점등록부 (공간정보의 구축 및 관리 등에 관한 법률 제65조) **암기** 토지경계 공계점
1. 토지의 소재	1. 토지의 소재
2. 지번	2. 지번
3. 지목	3. 경계점 좌표(경계점좌표등록부 시행 지역에 한정한다)
4. 작성일	
5. 위치도	4. 경계점 위치 설명도
6. 경계점 번호 및 표지종류	5. 공부상 지목과 실제 토지이용 지목
7. 경계점 세부설명 및 관련 자료	6. 경계점의 사진 파일
8. 경계위치	7. 경계점표지의 종류 및 경계점 위치
9. 경계설정기준 및 경계형태	
10. 작성자의 소속·직급(직위)·성명	
11. 확인자의 직급·성명	

10 「공간정보의 구축 및 관리 등에 관한 법령」상 지적공부의 관리 등에 관한 설명으로 틀린 것은?

① 지적공부를 정보처리시스템을 통하여 기록·저장한 경우 관할 시·도지사, 시장·군수 또는 구청장은 그 지적공부를 지적정보관리체계에 영구히 보존하여야 한다.

② 지적소관청은 해당 청사에 지적서고를 설치하고 그곳에 지적공부(정보처리시스템을 통하여 기록·저장한 경우는 제외한다)를 영구히 보존하여야 한다.

③ 국토교통부장관은 지적공부를 과세나 부동산정책자료 등으로 활용하기 위하여 주민등록전산자료, 가족관계등록전산자료, 부동산등기전산자료 또는 공시지가전산자료 등을 관리하는 기관에 그 자료를 요청할 수 있다.

④ 토지소유자가 자기 토지에 대한 지적전산자료를 신청하거나, 토지소유자가 사망하여 그 상속인이 피상속인의 토지에 대한 지적전산자료를 신청하는 경우에는 승인을 받지 아니할 수 있다.

⑤ 지적소관청은 지적공부의 전부 또는 일부가 멸실되거나 훼손되어 이를 복구하고자 하는 경우에는 국토교통부장관의 승인을 받아야 한다.

풀이 공간정보의 구축 및 관리 등에 관한 법률 제69조(지적공부의 보존 등)
① 지적소관청은 해당 청사에 지적서고를 설치하고 그곳에 지적공부(정보처리시스템을 통하여 기록·저장한 경우는 제외한다. 이하 이 항에서 같다)를 영구히 보존하여야 하며, 다음 각 호의 어느 하나에 해당하는 경우 외에는 해당 청사 밖으로 지적공부를 반출할 수 없다.

> 1. 천재지변이나 그 밖에 이에 준하는 재난을 피하기 위하여 필요한 경우
> 2. 관할 시·도지사 또는 대도시 시장의 승인을 받은 경우

② 지적공부를 정보처리시스템을 통하여 기록·저장한 경우 관할 시·도지사, 시장·군수 또는 구청장은 그 지적공부를 지적정보관리체계에 영구히 보존하여야 한다.
③ 국토교통부장관은 제2항에 따라 보존하여야 하는 지적공부가 멸실되거나 훼손될 경우를 대비하여 지적공부를 복제하여 관리하는 정보관리체계를 구축하여야 한다.
④ 지적서고의 설치기준, 지적공부의 보관방법 및 반출승인 절차 등에 필요한 사항은 국토교통부령으로 정한다.

공간정보의 구축 및 관리 등에 관한 법률 제70조(지적정보 전담 관리기구의 설치)
① 국토교통부장관은 지적공부의 효율적인 관리 및 활용을 위하여 지적정보 전담 관리기구를 설치·운영한다.
② 국토교통부장관은 지적공부를 과세나 부동산정책자료 등으로 활용하기 위하여 주민등록전산자료, 가족관계등록전산자료, 부동산등기전산자료 또는 공시지가전산자료 등을 관리하는 기관에 그 자료를 요청할 수 있으며 요청을 받은 관리기관의 장은 특별한 사정이 없는 한 이에 응하여야 한다.
③ 제1항에 따른 지적정보 전담 관리기구의 설치·운영에 관한 세부사항은 대통령령으로 정한다.

공간정보의 구축 및 관리 등에 관한 법률 제74조(지적공부의 복구)
지적소관청(제69조제2항에 따른 지적공부의 경우에는 시·도지사, 시장·군수 또는 구청장)은 지적공부의 전부 또는 일부가 멸실되거나 훼손된 경우에는 대통령령으로 정하는 바에 따라 지체 없이 이를 복구하여야 한다.

11 「공간정보의 구축 및 관리 등에 관한 법령」상 축척변경사업에 따른 청산금에 관한 내용이다. ( )에 들어갈 사항으로 옳은 것은?

> • 지적소관청이 납부고지하거나 수령통지한 청산금에 관하여 이의가 있는 자는 납부고지 또는 수령통지를 받은 날부터 (ㄱ) 이내에 지적소관청에 이의신청을 할 수 있다.
> • 지적소관청으로부터 청산금의 납부고지를 받은 자는 그 고지를 받은 날부터 (ㄴ) 이내에 청산금을 지적소관청에 내야 한다.

① ㄱ : 15일, ㄴ : 6개월 　　　② ㄱ : 1개월, ㄴ : 3개월

③ ㄱ : 1개월, ㄴ : 6개월 　　　④ ㄱ : 3개월, ㄴ : 6개월

⑤ ㄱ : 3개월, ㄴ : 1년

풀이 공간정보의 구축 및 관리 등에 관한 법률 시행령 제76조(청산금의 납부고지 등)

① 지적소관청은 제75조제4항에 따라 청산금의 결정을 공고한 날부터 20일 이내에 토지소유자에게 청산금의 납부고지 또는 수령통지를 하여야 한다.

② 제1항에 따른 납부고지를 받은 자는 그 고지를 받은 날부터 6개월 이내에 청산금을 지적소관청에 내야 한다. 〈개정 2017.1.10.〉

③ 지적소관청은 제1항에 따른 수령통지를 한 날부터 6개월 이내에 청산금을 지급하여야 한다.

④ 지적소관청은 청산금을 지급받을 자가 행방불명 등으로 받을 수 없거나 받기를 거부할 때에는 그 청산금을 공탁할 수 있다.

⑤ 지적소관청은 청산금을 내야 하는 자가 제77조제1항에 따른 기간 내에 청산금에 관한 이의신청을 하지 아니하고 제2항에 따른 기간 내에 청산금을 내지 아니하면 지방세 체납처분의 예에 따라 징수할 수 있다.

공간정보의 구축 및 관리 등에 관한 법률 시행령 제77조(청산금에 관한 이의신청)

① 제76조제1항에 따라 납부고지되거나 수령통지된 청산금에 관하여 이의가 있는 자는 납부고지 또는 수령통지를 받은 날부터 1개월 이내에 지적소관청에 이의신청을 할 수 있다.

② 제1항에 따른 이의신청을 받은 지적소관청은 1개월 이내에 축척변경위원회의 심의·의결을 거쳐 그 인용(認容) 여부를 결정한 후 지체 없이 그 내용을 이의신청인에게 통지하여야 한다.

12 「공간정보의 구축 및 관리 등에 관한 법령」상 지적측량성과에 대하여 다툼이 있는 경우에 토지소유자, 이해관계인 또는 지적측량수행자가 관할 시·도지사를 거쳐 지적측량 적부심사를 청구할 수 있는 위원회는?

① 지적재조사위원회 　　　② 지방지적위원회

③ 축척변경위원회 　　　④ 토지수용위원회

⑤ 국가지명위원회

풀이 공간정보의 구축 및 관리 등에 관한 법률 제29조(지적측량의 적부심사 등)　**암기** **위상이 연기**하면 **계층**하라

① 토지소유자, 이해관계인 또는 지적측량수행자는 지적측량성과에 대하여 다툼이 있는 경우에는 대통령령으로 정하는 바에 따라 관할 시·도지사를 거쳐 지방지적위원회에 지적측량 적부심사를 청구할 수 있다.

② 제1항에 따른 지적측량 적부심사청구를 받은 시·도지사는 30일 이내에 다음 각 호의 사항을 조사하여 지방지적위원회에 회부하여야 한다.

1. 다툼이 되는 지적측량의 경**위** 및 그 **성**과
2. 해당 토지에 대한 토지**이**동 및 소유권 변동 **연**혁
3. 해당 토지 주변의 측량**기**준점, 경**계**, 주요 구조물 등 현황 실**측**도

③ 제2항에 따라 지적측량 적부심사청구를 회부받은 지방지적위원회는 그 심사청구를 회부받은 날부터 60일 이내에 심의·의결하여야 한다. 다만, 부득이한 경우에는 그 심의기간을 해당 지적위원회의 의결을 거쳐 30일 이내에서 한 번만 연장할 수 있다.

④ 지방지적위원회는 지적측량 적부심사를 의결하였으면 대통령령으로 정하는 바에 따라 의결서를 작성하여 시·도지사에게 송부하여야 한다.

⑤ 시·도지사는 제4항에 따라 의결서를 받은 날부터 7일 이내에 지적측량 적부심사 청구인 및 이해관계인에게 그 의결서를 통지하여야 한다.

⑥ 제5항에 따라 의결서를 받은 자가 지방지적위원회의 의결에 불복하는 경우에는 그 의결서를 받은 날부터 90일 이내에 국토교통부장관을 거쳐 중앙지적위원회에 재심사를 청구할 수 있다.

⑦ 제6항에 따른 재심사청구에 관하여는 제2항부터 제5항까지의 규정을 준용한다. 이 경우 "시·도지사"는 "국토교통부장관"으로, "지방지적위원회"는 "중앙지적위원회"로 본다.

⑧ 제7항에 따라 중앙지적위원회로부터 의결서를 받은 국토교통부장관은 그 의결서를 관할 시·도지사에게 송부하여야 한다.

⑨ 시·도지사는 제4항에 따라 지방지적위원회의 의결서를 받은 후 해당 지적측량 적부심사 청구인 및 이해관계 인이 제6항에 따른 기간에 재심사를 청구하지 아니하면 그 의결서 사본을 지적소관청에 보내야 하며, 제8항 에 따라 중앙지적위원회의 의결서를 받은 경우에는 그 의결서 사본에 제4항에 따라 받은 지방지적위원회의 의결서 사본을 첨부하여 지적소관청에 보내야 한다.

⑩ 제9항에 따라 지방지적위원회 또는 중앙지적위원회의 의결서 사본을 받은 지적소관청은 그 내용에 따라 지적공부의 등록사항을 정정하거나 측량성과를 수정하여야 한다.

⑪ 제9항 및 제10항에도 불구하고 특별자치시장은 제4항에 따라 지방지적위원회의 의결서를 받은 후 해당 지적 측량 적부심사 청구인 및 이해관계인이 제6항에 따른 기간에 재심사를 청구하지 아니하거나 제8항에 따라 중앙지적위원회의 의결서를 받은 경우에는 직접 그 내용에 따라 지적공부의 등록사항을 정정하거나 측량성 과를 수정하여야 한다.

⑫ 지방지적위원회의 의결이 있은 후 제6항에 따른 기간에 재심사를 청구하지 아니하거나 중앙지적위원회의 의결이 있는 경우에는 해당 지적측량성과에 대하여 다시 지적측량 적부심사청구를 할 수 없다.

01 「공간정보의 구축 및 관리 등에 관한 법령」상 지목의 구분, 표기방법, 설정방법 등에 관한 설명으로 틀린 것은?

① 지목을 지적도 및 임야도에 등록하는 때에는 부호로 표기하여야 한다.
② 온수·약수·석유류 등을 일정한 장소로 운송하는 송수관·송유관 및 저장시설의 부지의 지목은 "광천지"로 한다.
③ 필지마다 하나의 지목을 설정하여야 한다.
④ 1필지가 둘 이상의 용도로 활용되는 경우에는 주된 용도에 따라 지목을 설정하여야 한다.
⑤ 토지가 일시적 또는 임시적인 용도로 사용될 때에는 지목을 변경하지 아니한다.

> **풀이** **공간정보의 구축 및 관리 등에 관한 법률 시행규칙 제64조(지목의 표기방법)**
> 지목을 지적도 및 임야도(이하 "지적도면"이라 한다)에 등록하는 때에는 부호로 표기하여야 한다.
>
> **공간정보의 구축 및 관리 등에 관한 법률 시행령 제59조(지목의 설정방법 등)**
> ① 법 제67조제1항에 따른 지목의 설정은 다음 각 호의 방법에 따른다.
>
> > 1. 필지마다 하나의 지목을 설정할 것
> > 2. 1필지가 둘 이상의 용도로 활용되는 경우에는 주된 용도에 따라 지목을 설정할 것
>
> ② 토지가 일시적 또는 임시적인 용도로 사용될 때에는 지목을 변경하지 아니한다.
>
> **공간정보의 구축 및 관리 등에 관한 법률 시행령 제58조(지목의 구분)**
> 법 제67조제1항에 따른 지목의 구분은 다음 각 호의 기준에 따른다.
> 6. 광천지
>   지하에서 온수·약수·석유류 등이 용출되는 용출구(湧出口)와 그 유지(維持)에 사용되는 부지. 다만, 온수·약수·석유류 등을 일정한 장소로 운송하는 송수관·송유관 및 저장시설의 부지는 제외한다.

02 「공간정보의 구축 및 관리 등에 관한 법령」상 지목의 구분으로 틀린 것은?

① 학교의 교사(校舍)와 이에 접속된 체육장 등 부속시설물의 부지의 지목은 "학교용지"로 한다.
② 물건 등을 보관하거나 저장하기 위하여 독립적으로 설치된 보관시설물의 부지와 이에 접속된 부속시설물의 부지의 지목은 "창고용지"로 한다.
③ 사람의 시체나 유골이 매장된 토지, 「장사 등에 관한 법률」 제2조제9호에 따른 봉안시설과 이에 접속된 부속시설물의 부지 및 묘지의 관리를 위한 건축물의 부지의 지목은 "묘지"로 한다.
④ 교통 운수를 위하여 일정한 궤도 등의 설비와 형태를 갖추어 이용되는 토지와 이에 접속된 역사(驛舍)·차고·발전시설 및 공작창(工作廠) 등 부속시설물의 부지의 지목은 "철도용지"로 한다.
⑤ 육상에 인공으로 조성된 수산생물의 번식 또는 양식을 위한 시설을 갖춘 부지와 이에 접속된 부속시설물의 부지의 지목은 "양어장"으로 한다.

정답 01 ② 02 ③

공간정보의 구축 및 관리 등에 관한 법률 시행령 제58조(지목의 구분)

법 제67조제1항에 따른 지목의 구분은 다음 각 호의 기준에 따른다.

8. 대

　가. 영구적 건축물 중 주거 · 사무실 · 점포와 박물관 · 극장 · 미술관 등 문화시설과 이에 접속된 정원 및 부속시설물의 부지

　나. 「국토의 계획 및 이용에 관한 법률」 등 관계 법령에 따른 택지조성공사가 준공된 토지

10. 학교용지

　학교의 교사(校舍)와 이에 접속된 체육장 등 부속시설물의 부지

13. 창고용지

　물건 등을 보관하거나 저장하기 위하여 독립적으로 설치된 보관시설물의 부지와 이에 접속된 부속시설물의 부지

15. 철도용지

　교통 운수를 위하여 일정한 궤도 등의 설비와 형태를 갖추어 이용되는 토지와 이에 접속된 역사(驛舍) · 차고 · 발전시설 및 공작창(工作廠) 등 부속시설물의 부지

20. 양어장

　육상에 인공으로 조성된 수산생물의 번식 또는 양식을 위한 시설을 갖춘 부지와 이에 접속된 부속시설물의 부지

27. 묘지

　사람의 시체나 유골이 매장된 토지, 「도시공원 및 녹지 등에 관한 법률」에 따른 묘지공원으로 결정 · 고시된 토지 및 「장사 등에 관한 법률」 제2조제9호에 따른 봉안시설과 이에 접속된 부속시설물의 부지. 다만, 묘지의 관리를 위한 건축물의 부지는 "대"로 한다.

03 경계점좌표등록부에 등록하는 지역에서 1필지의 면적측정을 위해 계산한 값이 $1,029.551m^2$인 경우 토지대장에 등록할 면적으로 옳은 것은?

① $1,029.55m^2$　　　　　　　② $1,029.56m^2$

③ $1,029.5m^2$　　　　　　　④ $1,029.6m^2$

⑤ $1,030.0m^2$

공간정보의 구축 및 관리 등에 관한 법률 시행령 제60조(면적의 결정 및 측량계산의 끝수처리)

① 면적의 결정은 다음 각 호의 방법에 따른다.

> 1. 토지의 면적에 1제곱미터 미만의 끝수가 있는 경우 0.5제곱미터 미만일 때에는 버리고 0.5제곱미터를 초과하는 때에는 올리며, 0.5제곱미터일 때에는 구하려는 끝자리의 숫자가 0 또는 짝수이면 버리고 홀수이면 올린다. 다만, 1필지의 면적이 1제곱미터 미만일 때에는 1제곱미터로 한다.
> 2. 지적도의 축척이 600분의 1인 지역과 경계점좌표등록부에 등록하는 지역의 토지 면적은 제1호에도 불구하고 제곱미터 이하 한 자리 단위로 하되, 0.1제곱미터 미만의 끝수가 있는 경우 0.05제곱미터 미만일 때에는 버리고 0.05제곱미터를 초과할 때에는 올리며, 0.05제곱미터일 때에는 구하려는 끝자리의 숫자가 0 또는 짝수이면 버리고 홀수이면 올린다. 다만, 1필지의 면적이 0.1제곱미터 미만일 때에는 0.1제곱미터로 한다.

② 방위각의 각치(角値), 종횡선의 수치 또는 거리를 계산하는 경우 구하려는 끝자리의 다음 숫자가 5 미만일 때에는 버리고 5를 초과할 때에는 올리며, 5일 때에는 구하려는 끝자리의 숫자가 0 또는 짝수이면 버리고 홀수이면 올린다. 다만, 전자계산조직을 이용하여 연산할 때에는 최종수치에만 이를 적용한다.

04 「공간정보의 구축 및 관리 등에 관한 법령」상 지상 경계의 구분 및 결정기준 등에 관한 설명으로 틀린 것은?

① 토지의 지상경계는 둑, 담장이나 그 밖에 구획의 목표가 될 만한 구조물 및 경계점표지 등으로 구분한다.

② 토지가 해면 또는 수면에 접하는 경우 평균해수면이 되는 선을 지상 경계의 결정기준으로 한다.

③ 분할에 따른 지상 경계는 지상건축물을 걸리게 결정해서는 아니 된다. 다만, 법원의 확정판결이 있는 경우에는 그러하지 아니하다.

④ 매매 등을 위하여 토지를 분할하려는 경우 지상 경계점에 경계점표지를 설치하여 측량할 수 있다.

⑤ 공유수면매립지의 토지 중 제방 등을 토지에 편입하여 등록하는 경우 바깥쪽 어깨부분을 지상 경계의 결정기준으로 한다.

> **풀이** 공간정보의 구축 및 관리 등에 관한 법률 제65조(지상경계의 구분 등) **암기** **토지경계**
>
> ① 토지의 지상경계는 둑, 담장이나 그 밖에 구획의 목표가 될 만한 구조물 및 경계점표지 등으로 구분한다.
> ② 지적소관청은 토지의 이동에 따라 지상경계를 새로 정한 경우에는 다음 각 호의 사항을 등록한 지상경계점등록부를 작성·관리하여야 한다.
>
> > 1. **토**지의 소재
> > 2. **지**번
> > 3. **경**계점 좌표(경계점좌표등록부 시행지역에 한정한다)
> > 4. 경**계**점 위치 설명도
> > 5. 그 밖에 국토교통부령으로 정하는 사항
>
> ③ 제1항에 따른 지상경계의 결정 기준 등 지상경계의 결정에 필요한 사항은 대통령령으로 정하고, 경계점표지의 규격과 재질 등에 필요한 사항은 국토교통부령으로 정한다.

공간정보의 구축 및 관리 등에 관한 법률 시행령 제55조(지상 경계의 결정 등)

① 지상 경계를 새로 결정하려는 경우 그 기준은 다음 각 호의 구분에 따른다.

> 1. 연접되는 토지 간에 높낮이 차이가 없는 경우 : 그 구조물 등의 중앙
> 2. 연접되는 토지 간에 높낮이 차이가 있는 경우 : 그 구조물 등의 하단부
> 3. 도로·구거 등의 토지에 절토(切土)된 부분이 있는 경우 : 그 경사면의 상단부
> 4. 토지가 해면 또는 수면에 접하는 경우 : 최대만조위 또는 최대만수위가 되는 선
> 5. 공유수면매립지의 토지 중 제방 등을 토지에 편입하여 등록하는 경우 : 바깥쪽 어깨부분

② 지상 경계의 구획을 형성하는 구조물 등의 소유자가 다른 경우에는 제1항제1호부터 제3호까지의 규정에도 불구하고 그 소유권에 따라 지상 경계를 결정한다.

③ 다음 각 호의 어느 하나에 해당하는 경우에는 지상 경계점에 법 제65조제1항에 따른 경계점표지를 설치하여 측량할 수 있다.

> 1. 법 제86조제1항에 따른 도시개발사업 등의 사업시행자가 사업지구의 경계를 결정하기 위하여 토지를 분할하려는 경우
> 2. 법 제87조제1호 및 제2호에 따른 사업시행자와 행정기관의 장 또는 지방자치단체의 장이 토지를 취득하기 위하여 분할하려는 경우
> 3. 「국토의 계획 및 이용에 관한 법률」 제30조제6항에 따른 도시·군관리계획 결정고시와 같은 법 제32조제4항에 따른 지형도면 고시가 된 지역의 도시·군관리계획선에 따라 토지를 분할하려는 경우

정답 04 ②

4. 제65조제1항에 따라 토지를 분할하려는 경우
5. 관계 법령에 따라 인가·허가 등을 받아 토지를 분할하려는 경우

④ 분할에 따른 지상 경계는 지상건축물을 걸리게 결정해서는 아니 된다. 다만, 다음 각 호의 어느 하나에 해당하는 경우에는 그러하지 아니하다.
　1. 법원의 확정판결이 있는 경우
　2. 법 제87조제1호에 해당하는 토지를 분할하는 경우
　3. 제3항제1호 또는 제3호에 따라 토지를 분할하는 경우
⑤ 지적확정측량의 경계는 공사가 완료된 현황대로 결정하되, 공사가 완료된 현황이 사업계획도와 다를 때에는 미리 사업시행자에게 그 사실을 통지하여야 한다.

05 「공간정보의 구축 및 관리 등에 관한 법령」상 지번부여에 관한 설명이다. (　　) 안에 들어갈 내용으로 옳은 것은?

> 지적소관청은 도시개발사업 등이 준공되기 전에 사업시행자가 지번부여 신청을 하면 지번을 부여할 수 있으며, 도시개발사업 등이 준공되기 전에 지번을 부여하는 때에는 (　　)에 따르되, 지적확정측량을 실시한 지역의 지번부여방법에 따라 지번을 부여하여야 한다.

① 사업계획도　　　　　　　　　　② 사업인가서
③ 지적도　　　　　　　　　　　　④ 토지대장
⑤ 토지분할조서

풀이 **공간정보의 구축 및 관리 등에 관한 법률 시행규칙 제61조(도시개발사업 등 준공 전 지번부여)**
지적소관청은 영 제56조제4항(법 제86조에 따른 도시개발사업 등이 준공되기 전에 사업시행자가 지번부여 신청을 하면 국토교통부령으로 정하는 바에 따라 지번을 부여할 수 있다)에 따라 도시개발사업 등이 준공되기 전에 지번을 부여하는 때에는 제95조제1항제3호의 사업계획도에 따르되, 영 제56조제3항제5호에 따라 부여하여야 한다.

영 제56조(지번의 구성 및 부여방법 등)제3항
5. 지적확정측량을 실시한 지역의 각 필지에 지번을 새로 부여하는 경우에는 다음 각 목의 지번을 제외한 본번으로 부여할 것. 다만, 부여할 수 있는 종전 지번의 수가 새로 부여할 지번의 수보다 적을 때에는 블록 단위로 하나의 본번을 부여한 후 필지별로 부번을 부여하거나, 그 지번부여지역의 최종 본번 다음 순번부터 본번으로 하여 차례로 지번을 부여할 수 있다.
　가. 지적확정측량을 실시한 지역의 종전의 지번과 지적확정측량을 실시한 지역 밖에 있는 본번이 같은 지번이 있을 때에는 그 지번
　나. 지적확정측량을 실시한 지역의 경계에 걸쳐 있는 지번

공간정보의 구축 및 관리 등에 관한 법률 시행규칙 제95조(도시개발사업 등의 신고)
① 법 제86조제1항 및 영 제83조제2항에 따른 도시개발사업 등의 착수 또는 변경의 신고를 하려는 자는 별지 제81호 서식의 도시개발사업 등의 착수(시행)·변경·완료 신고서에 다음 각 호의 서류를 첨부하여야 한다. 다만, 변경신고의 경우에는 변경된 부분으로 한정한다.

1. 사업인가서
2. 지번별 조서
3. 사업계획도

06 「공간정보의 구축 및 관리 등에 관한 법령」상 중앙지적위원회 구성 및 회의 등에 관한 설명으로 틀린 것은?

① 위원장은 국토교통부의 지적업무 담당 국장이, 부위원장은 국토교통부의 지적업무 담당 과장이 된다.

② 중앙지적위원회는 관계인을 출석하게 하여 의견을 들을 수 있으며, 필요하면 현지조사를 할 수 있다.

③ 중앙지적위원회는 위원장 1명과 부위원장 1명을 포함하여 5명 이상 10명 이하의 위원으로 구성한다.

④ 중앙지적위원회의 회의는 재적위원 과반수의 출석으로 개의(開議)하고, 출석위원 과반수의 찬성으로 의결한다.

⑤ 위원장이 중앙지적위원회의 회의를 소집할 때에는 회의일시·장소 및 심의 안건을 회의 7일 전까지 각 위원에게 서면으로 통지하여야 한다.

풀이 **공간정보의 구축 및 관리 등에 관한 법률 시행령 제20조(중앙지적위원회의 구성 등)**

① 법 제28조제1항에 따른 중앙지적위원회(이하 "중앙지적위원회"라 한다)는 위원장 1명과 부위원장 1명을 포함하여 5명 이상 10명 이하의 위원으로 구성한다.

② 위원장은 국토교통부의 지적업무 담당 국장이, 부위원장은 국토교통부의 지적업무 담당 과장이 된다.

③ 위원은 지적에 관한 학식과 경험이 풍부한 사람 중에서 국토교통부장관이 임명하거나 위촉한다.

④ 위원장 및 부위원장을 제외한 위원의 임기는 2년으로 한다.

⑤ 중앙지적위원회의 간사는 국토교통부의 지적업무 담당 공무원 중에서 국토교통부장관이 임명하며, 회의 준비, 회의록 작성 및 회의 결과에 따른 업무 등 중앙지적위원회의 서무를 담당한다.

⑥ 중앙지적위원회의 위원에게는 예산의 범위에서 출석수당과 여비, 그 밖의 실비를 지급할 수 있다. 다만, 공무원인 위원이 그 소관 업무와 직접적으로 관련되어 출석하는 경우에는 그러하지 아니하다.

공간정보의 구축 및 관리 등에 관한 법률 시행령 제21조(중앙지적위원회의 회의 등)

① 중앙지적위원회 위원장은 회의를 소집하고 그 의장이 된다.

② 위원장이 부득이한 사유로 직무를 수행할 수 없을 때에는 부위원장이 그 직무를 대행하고, 위원장 및 부위원장이 모두 부득이한 사유로 직무를 수행할 수 없을 때에는 위원장이 미리 지명한 위원이 그 직무를 대행한다.

③ 중앙지적위원회의 회의는 재적위원 과반수의 출석으로 개의(開議)하고, 출석위원 과반수의 찬성으로 의결한다.

④ 중앙지적위원회는 관계인을 출석하게 하여 의견을 들을 수 있으며, 필요하면 현지조사를 할 수 있다.

⑤ 위원장이 중앙지적위원회의 회의를 소집할 때에는 회의 일시·장소 및 심의 안건을 회의 5일 전까지 각 위원에게 서면으로 통지하여야 한다.

⑥ 위원이 법 제29조제6항에 따른 재심사 시 그 측량 사안에 관하여 관련이 있는 경우에는 그 안건의 심의 또는 의결에 참석할 수 없다.

07 「공간정보의 구축 및 관리 등에 관한 법령」상 지적공부와 등록사항의 연결이 틀린 것은?

① 토지대장 – 토지의 소재, 토지의 고유번호
② 임야대장 – 지번, 개별공시지가와 그 기준일
③ 지적도 – 경계, 건축물 및 구조물 등의 위치
④ 공유지연명부 – 소유권 지분, 전유부분의 건물표시
⑤ 대지권등록부 – 대지권 비율, 건물의 명칭

풀이 지적공부의 등록사항

구분	토지표시사항	소유권에 관한 사항	기타
토지대장 (土地臺帳, Land Books) & 임야대장 (林野臺帳, Forest Books)	• **토**지 소재 • **지**번 • **지**목 • 면**적** • 토지의 **이**동 사유	• 토지소유자 **변**동일자 • 변**동**원인 • **주**민등록번호 • 성**명** 또는 명칭 • 주**소**	• 토지의 고**유**번호(각 필지를 서로 구별하기 위하여 필지마다 붙이는 고유한 번호를 말한다) • 지적도 또는 임야**도** 번호 • 필지별 토지대장 또는 임야대장의 **장**번호 • **축**척 • **토**지등급 또는 기준수확량 등급과 그 설정·수정 연월일 • 개별**공**시지가와 그 기준일
공유지연명부 (共有地連名簿, Common Land Books)	• **토**지 소재 • **지**번	• 토지소유자 **변**동일자 • 변**동**원인 • **주**민등록번호 • 성**명**·주**소** • 소유권 **지**분	• 토지의 **고**유번호 • 필지별 공유지연명부의 **장**번호
대지권등록부 (垈地權登錄簿, Building Site Rights Books)	• **토**지 소재 • **지**번	• 토지소유자 **변**동일자 및 변**동**원인 • **주**민등록번호 • 성**명** 또는 명칭·주**소** • 대**지**권 비율 • 소유**권** 지분	• 토지의 **고**유번호 • 집합건물별 대지권등록부의 **장**번호 • **건**물의 명칭 • **전**유부분의 건물의 표시
경계점좌표등록부 (境界點座標登錄簿, Boundary Point Coordinate Books)	• **토**지소재 • **지**번 • 좌**표**		• **고**유번호 • 장번호 • **부**호 및 부호도 • **도**면번호
지적도(地籍圖, Land Books) & 임야도(林野圖, Forest Books)	• **토**지소재 • **지**번 • **지**목 • 경**계** • 경계**점** 간의 거리		• **도**면의 색인도 • 도**면**의 제명 및 축척 • 도곽**선**과 그 수치 • 삼**각**점 및 **지**적기준점의 위치 • 건축**물** 및 구조물 등의 위치

08 「공간정보의 구축 및 관리 등에 관한 법령」상 부동산 종합공부에 관한 설명으로 틀린 것은?

① 부동산종합공부를 열람하거나 부동산종합공부 기록사항의 전부 또는 일부에 관한 증명서를 발급받으려는 자는 지적소관청이나 읍·면·동의 장에게 신청할 수 있다.

② 지적소관청은 부동산종합공부의 등록사항정정을 위하여 등록사항 상호 간에 일치하지 아니하는 사항을 확인 및 관리하여야 한다.

③ 토지소유자는 부동산종합공부의 토지의 표시에 관한 사항(「공간정보의 구축 및 관리 등에 관한 법률」에 따른 지적공부의 내용)의 등록사항에 잘못이 있음을 발견하면 지적소관청이나 읍·면·동의 장에게 그 정정을 신청할 수 있다.

④ 토지의 이용 및 규제에 관한 사항(「토지이용규제 기본법」 제10조에 따른 토지이용계획확인서의 내용)은 부동산종합공부의 등록사항이다.

⑤ 지적소관청은 부동산종합공부의 등록사항 중 등록사항 상호 간에 일치하지 아니하는 사항에 대해서는 등록사항을 관리하는 기관의 장에게 그 내용을 통지하여 등록사항정정을 요청할 수 있다.

풀이 **공간정보의 구축 및 관리 등에 관한 법률 제75조(지적공부의 열람 및 등본 발급)**

① 지적공부를 열람하거나 그 등본을 발급받으려는 자는 해당 지적소관청에 그 열람 또는 발급을 신청하여야 한다. 다만, 정보처리시스템을 통하여 기록·저장된 지적공부(지적도 및 임야도는 제외한다)를 열람하거나 그 등본을 발급받으려는 경우에는 특별자치시장, 시장·군수 또는 구청장이나 읍·면·동의 장에게 신청할 수 있다.

② 제1항에 따른 지적공부의 열람 및 등본 발급의 절차 등에 필요한 사항은 국토교통부령으로 정한다.

공간정보의 구축 및 관리 등에 관한 법률 시행규칙 제74조(지적공부 및 부동산종합공부의 열람·발급 등)

① 법 제75조에 따라 지적공부를 열람하거나 그 등본을 발급받으려는 자는 별지 제71호 서식의 지적공부·부동산종합공부 열람·발급 신청서(전자문서로 된 신청서를 포함한다)를 지적소관청 또는 읍·면·동장에게 제출하여야 한다.

② 법 제76조의4에 따라 부동산종합공부를 열람하거나 부동산종합공부 기록사항의 전부 또는 일부에 관한 증명서(이하 "부동산종합증명서"라 한다)를 발급받으려는 자는 별지 제71호 서식의 지적공부·부동산종합공부 열람·발급 신청서(전자문서로 된 신청서를 포함한다)를 지적소관청 또는 읍·면·동장에게 제출하여야 한다. 〈신설 2014.1.17.〉

③ 부동산종합증명서의 건축물현황도 중 평면도 및 단위세대별 평면도의 열람·발급의 방법과 절차에 관하여는 「건축물대장의 기재 및 관리 등에 관한 규칙」 제11조제3항에 따른다. 〈신설 2014.1.17.〉

④ 부동산종합증명서는 별지 제71호의2서식부터 별지 제71호의4서식까지와 같다.

공간정보의 구축 및 관리 등에 관한 법률 제76조의3(부동산종합공부의 등록사항 등)

지적소관청은 부동산종합공부에 다음 각 호의 사항을 등록하여야 한다.

1. 토지의 표시와 소유자에 관한 사항 : 이 법에 따른 지적공부의 내용
2. 건축물의 표시와 소유자에 관한 사항(토지에 건축물이 있는 경우만 해당한다) : 「건축법」 제38조에 따른 건축물대장의 내용
3. 토지의 이용 및 규제에 관한 사항 : 「토지이용규제 기본법」 제10조에 따른 토지이용계획확인서의 내용
4. 부동산의 가격에 관한 사항 : 「부동산 가격공시 및 감정평가에 관한 법률」 제11조에 따른 개별공시지가, 같은 법 제16조 및 제17조에 따른 개별주택가격 및 공동주택가격 공시내용
5. 그 밖에 부동산의 효율적 이용과 부동산과 관련된 정보의 종합적 관리·운영을 위하여 필요한 사항으로서 대통령령으로 정하는 사항

정답 08 ③

공간정보의 구축 및 관리 등에 관한 법률 시행령 제62조의3(부동산종합공부의 등록사항 정정 등)

① 지적소관청은 법 제76조의5에 따라 준용되는 법 제84조에 따른 부동산종합공부의 등록사항 정정을 위하여 법 제76조의3 각 호의 등록사항 상호 간에 일치하지 아니하는 사항(이하 이 조에서 "불일치 등록사항"이라 한다)을 확인 및 관리하여야 한다.

② 지적소관청은 제1항에 따른 불일치 등록사항에 대해서는 법 제76조의3 각 호의 등록사항을 관리하는 기관의 장에게 그 내용을 통지하여 등록사항 정정을 요청할 수 있다.

③ 제1항 및 제2항에 따른 부동산종합공부의 등록사항 정정 절차 등에 관하여 필요한 사항은 국토교통부장관이 따로 정한다.

09 「공간정보의 구축 및 관리 등에 관한 법령」상 경계점 좌표등록부의 등록사항으로 옳은 것만 나열한 것은?

① 지번, 토지의 이동사유

② 토지의 고유번호, 부호 및 부호도

③ 경계, 삼각점 및 지적기준점의 위치

④ 좌표, 건축물 및 구조물 등의 위치

⑤ 면적, 필지별 경계점좌표등록부의 장번호

[풀이] **공간정보의 구축 및 관리 등에 관한 법률 제73조(경계점좌표등록부의 등록사항)** [암기] [토][지][표][고][장][부][도]

지적소관청은 제86조에 따른 도시개발사업 등에 따라 새로이 지적공부에 등록하는 토지에 대하여는 다음 각 호의 사항을 등록한 경계점좌표등록부를 작성하고 갖춰 두어야 한다.

1. [토]지의 소재
2. [지]번
3. 좌[표]
4. 그 밖에 국토교통부령으로 정하는 사항

공간정보의 구축 및 관리 등에 관한 법률 시행규칙 제71조(경계점좌표등록부의 등록사항 등)

① 법 제73조의 경계점좌표등록부는 별지 제69호 서식과 같다.

② 법 제73조에 따라 경계점좌표등록부를 갖추어 두는 토지는 지적확정측량 또는 축척변경을 위한 측량을 실시하여 경계점을 좌표로 등록한 지역의 토지로 한다.

③ 법 제73조제4호에서 "그 밖에 국토교통부령으로 정하는 사항"이란 다음 각 호의 사항을 말한다.

1. 토지의 [고]유번호
2. 필지별 경계점좌표등록부의 [장]번호
3. [부]호 및 부호도
4. 지적[도]면의 번호

[정답] 09 ②

10 「공간정보의 구축 및 관리 등에 관한 법령」상 축척변경위원회의 심의 · 의결사항으로 틀린 것은?

① 축척변경 시행계획에 관한 사항
② 지번별 제곱미터당 금액의 결정에 관한 사항
③ 축척변경 승인에 관한 사항
④ 청산금의 산정에 관한 사항
⑤ 청산금의 이의신청에 관한 사항

풀이 공간정보의 구축 및 관리 등에 관한 법률 시행령 제80조(축척변경위원회의 기능) **암기** **축**(제)하고 **청소**해라
축척변경위원회는 지적소관청이 회부하는 다음 각 호의 사항을 심의 · 의결한다.

> 1. **축**척변경 시행계획에 관한 사항
> 2. 지번별 **제**곱미터당 금액의 결정과 청산금의 산정에 관한 사항
> 3. **청**산금의 이의신청에 관한 사항
> 4. 그 밖에 축척변경과 관련하여 지적**소**관청이 회의에 부치는 사항

11 「공간정보의 구축 및 관리 등에 관한 법령」상 토지의 등록, 지적공부 등에 관한 설명으로 틀린 것은?

① 지번은 지적소관청이 지번부여지역별로 차례대로 부여한다.
② 지적소관청은 도시개발사업의 시행 등의 사유로 지번에 결번이 생긴 때에는 지체 없이 그 사유를 결번대장에 적어 영구히 보존하여야 한다.
③ 지적소관청은 토지의 이동에 따라 지상경계를 새로 정한 경우에는 지상경계점등록부를 작성 · 관리하여야 한다.
④ 합병에 따른 경계 · 좌표 또는 면적은 지적측량을 하여 결정한다.
⑤ 지적공부를 정보처리시스템을 통하여 기록 · 저장한 경우 관할 시 · 도지사, 시장 · 군수 또는 구청장은 그 지적공부를 지적정보관리체계에 영구히 보존하여야 한다.

풀이 공간정보의 구축 및 관리 등에 관한 법률 제65조(지상경계의 구분 등) **암기** **토지경계**

> ① 토지의 지상경계는 둑, 담장이나 그 밖에 구획의 목표가 될 만한 구조물 및 경계점표지 등으로 구분한다.
> ② 지적소관청은 토지의 이동에 따라 지상경계를 새로 정한 경우에는 다음 각 호의 사항을 등록한 지상경계점등록부를 작성 · 관리하여야 한다.
>   1. **토**지의 소재
>   2. **지**번
>   3. **경**계점 좌표(경계점좌표등록부 시행지역에 한정한다)
>   4. 경**계**점 위치 설명도
>   5. 그 밖에 국토교통부령으로 정하는 사항

공간정보의 구축 및 관리 등에 관한 법률 제66조(지번의 부여 등)
① 지번은 지적소관청이 지번부여지역별로 차례대로 부여한다.

공간정보의 구축 및 관리 등에 관한 법률 시행규칙 제63조(결번대장의 비치)
지적소관청은 행정구역의 변경, 도시개발사업의 시행, 지번변경, 축척변경, 지번정정 등의 사유로 지번에 결번이 생긴 때에는 지체 없이 그 사유를 별지 제61호 서식의 결번대장에 적어 영구히 보존하여야 한다.

공간정보의 구축 및 관리 등에 관한 법률 제69조(지적공부의 보존 등)

① 지적소관청은 해당 청사에 지적서고를 설치하고 그곳에 지적공부(정보처리시스템을 통하여 기록 · 저장한 경우는 제외한다. 이하 이 항에서 같다)를 영구히 보존하여야 하며, 다음 각 호의 어느 하나에 해당하는 경우 외에는 해당 청사 밖으로 지적공부를 반출할 수 없다.

> 1. 천재지변이나 그 밖에 이에 준하는 재난을 피하기 위하여 필요한 경우
> 2. 관할 시 · 도지사 또는 대도시 시장의 승인을 받은 경우

② 지적공부를 정보처리시스템을 통하여 기록 · 저장한 경우 관할 시 · 도지사, 시장 · 군수 또는 구청장은 그 지적공부를 지적정보관리체계에 영구히 보존하여야 한다.

12 「공간정보의 구축 및 관리 등에 관한 법령」상 토지의 이동 신청 및 지적정리 등에 관한 설명이다. ( ) 안에 들어갈 내용으로 옳은 것은?

> 지적소관청은 토지의 표시가 잘못되었음을 발견하였을 때에는 (ㄱ) 등록사항정정에 필요한 서류와 등록사항정정 측량성과도를 작성하고, 「공간정보의 구축 및 관리 등에 관한 법률 시행령」 제84조제2항에 따라 토지이동정리 결의서를 작성한 후 대장의 사유란에 (ㄴ)라고 적고, 토지소유자에게 등록사항 정정 신청을 할 수 있도록 그 사유를 통지하여야 한다.

① ㄱ : 지체 없이, ㄴ : 등록사항 정정 대상토지
② ㄱ : 지체 없이, ㄴ : 지적불부합 토지
③ ㄱ : 7일 이내, ㄴ : 등록사항 정정 대상토지
④ ㄱ : 30일 이내, ㄴ : 지적불부합 토지
⑤ ㄱ : 30일 이내, ㄴ : 등록사항 정정 대상토지

풀이 공간정보의 구축 및 관리 등에 관한 법률 시행규칙 제94조(등록사항 정정 대상토지의 관리 등)

① 지적소관청은 토지의 표시가 잘못되었음을 발견하였을 때에는 (지체 없이) 등록사항 정정에 필요한 서류와 등록사항 정정 측량성과도를 작성하고, 영 제84조제2항에 따라 토지이동정리 결의서를 작성한 후 대장의 사유란에 ("등록사항 정정 대상토지")라고 적고, 토지소유자에게 등록사항 정정 신청을 할 수 있도록 그 사유를 통지하여야 한다. 다만, 영 제82조제1항에 따라 지적소관청이 직권으로 정정할 수 있는 경우에는 토지소유자에게 통지를 하지 아니할 수 있다.

② 제1항에 따른 등록사항 정정 대상토지에 대한 대장을 열람하게 하거나 등본을 발급하는 때에는 "등록사항 정정 대상토지"라고 적은 부분을 흑백의 반전(反轉)으로 표시하거나 붉은색으로 적어야 한다.

01 「공간정보의 구축 및 관리 등에 관한 법령」상 다음의 예시에 따를 경우 지적측량의 측량기간과 측량검사기간으로 옳은 것은?

> • 지적기준점의 설치가 필요 없는 경우임
> • 지적측량의뢰인과 지적측량수행자가 서로 합의하여 측량기간과 측량검사기간을 합쳐 40일로 정함

	측량기간	측량검사기간
①	33일	7일
②	30일	10일
③	26일	14일
④	25일	15일
⑤	20일	20일

(풀이) **공간정보의 구축 및 관리 등에 관한 법률 시행규칙 제25조(지적측량 의뢰 등)**

① 법 제24조제1항에 따라 지적측량을 의뢰하려는 자는 별지 제15호 서식의 지적측량 의뢰서(전자문서로 된 의뢰서를 포함한다)에 의뢰 사유를 증명하는 서류(전자문서를 포함한다)를 첨부하여 지적측량수행자에게 제출하여야 한다. 〈개정 2014.1.17.〉

② 지적측량수행자는 제1항에 따른 지적측량 의뢰를 받은 때에는 측량기간, 측량일자 및 측량 수수료 등을 적은 별지 제16호 서식의 지적측량 수행계획서를 그 다음 날까지 지적소관청에 제출하여야 한다. 제출한 지적측량 수행계획서를 변경한 경우에도 같다. 〈개정 2014.1.17.〉

③ 지적측량의 측량기간은 5일로 하며, 측량검사기간은 4일로 한다. 다만, 지적기준점을 설치하여 측량 또는 측량검사를 하는 경우 지적기준점이 15점 이하인 경우에는 4일을, 15점을 초과하는 경우에는 4일에 15점을 초과하는 4점마다 1일을 가산한다. 〈개정 2010.6.17.〉

④ 제3항에도 불구하고 지적측량 의뢰인과 지적측량수행자가 서로 합의하여 따로 기간을 정하는 경우에는 그 기간에 따르되, 전체 기간의 4분의 3은 측량기간으로, 전체 기간의 4분의 1은 측량검사기간으로 본다.

02 「공간정보의 구축 및 관리 등에 관한 법령」에서 규정하고 있는 지목의 종류를 모두 고른 것은?

> ㄱ. 선로용지   ㄴ. 체육용지   ㄷ. 창고용지
> ㄹ. 철도용지   ㅁ. 종교용지   ㅂ. 항만용지

① ㄱ, ㄴ, ㄷ   ② ㄴ, ㅁ, ㅂ

③ ㄱ, ㄷ, ㄹ, ㅂ   ④ ㄱ, ㄹ, ㅁ, ㅂ

⑤ ㄴ, ㄷ, ㄹ, ㅁ

정답 01 ②   02 ⑤

토지조사사업 당시 지목 (18개)	• 과세지 : 전, 답, 대(垈), 지소(池沼), 임야(林野), 잡종지(雜種地)(6개) • 비과세지 : 도로, 하천, 구거, 제방, 성첩, 철도선로, 수도선로(7개) • 면세지 : 사사지, 분묘지, 공원지, 철도용지, 수도용지(5개)						
1918년 지세령 개정 (19개)	지소(池沼) : 지소(池沼), 유지로 세분						
1950년 구 지적법 (21개)	잡종지(雜種地) : 잡종지, 염전, 광천지로 세분						

1975년 지적법 2차 개정 (24개)	통합	철도용지 + 철도선로 = 철도용지 수도용지 + 수도선로 = 수도용지 유지 + 지소 = 유지					
	신설	과수원, 목장용지, 공장용지, 학교용지, 유원지, 운동장 (6개)					
	명칭 변경	사사지 ⇒ 종교용지 성첩 ⇒ 사적지 분묘지 ⇒ 묘지 운동장 ⇒ 체육용지					

2001년 지적법 10차 개정 (28개)	주차장, 주유소용지, 창고용지, 양어장(4개 신설)						

현행(28개)	지목	부호	지목	부호	지목	부호	지목	부호
	전	전	대	대	철도용지	철	공원	공
	답	답	공장용지	장	제방	제	체육용지	체
	과수원	과	학교용지	학	하천	천	유원지	원
	목장용지	목	주차장	차	구거	구	종교용지	종
	임야	임	주유소용지	주	유지	유	사적지	사
	광천지	광	창고용지	창	양어장	양	묘지	묘
	염전	염	도로	도	수도용지	수	잡종지	잡

03 「공간정보의 구축 및 관리 등에 관한 법령」상 지상경계점등록부의 등록사항으로 옳은 것은?

① 경계점표지의 설치 사유
② 경계점의 사진 파일
③ 경계점표지의 보존 기간
④ 경계점의 설치 비용
⑤ 경계점표지의 제조 연월일

풀이 **지상경계점등록부의 등록사항**

지상경계점등록부 (지적재조사에 관한 특별법 시행규칙 제10조) 암기 토지목성도 경번지 세관위기경 소직성 확직성	지상경계점등록부 (공간정보의 구축 및 관리 등에 관한 법률 제65조) 암기 토지경계 공계점
1. 토지의 소재 2. 지번 3. 지목 4. 작성일 5. 위치도 6. 경계점 번호 및 표지종류 7. 경계점 세부설명 및 관련 자료 8. 경계위치 9. 경계설정기준 및 경계형태 10. 작성자의 소속·직급(직위)·성명 11. 확인자의 직급·성명	1. 토지의 소재 2. 지번 3. 경계점 좌표(경계점좌표등록부 시행 지역에 한정한다) 4. 경계점 위치 설명도 5. 공부상 지목과 실제 토지이용 지목 6. 경계점의 사진 파일 7. 경계점표지의 종류 및 경계점 위치

04 「공간정보의 구축 및 관리 등에 관한 법령」상 토지의 등록 등에 관한 설명으로 옳은 것은?

① 지적공부에 등록하는 지번·지목·면적·경계 또는 좌표는 토지의 이동이 있을 때 토지소유자의 신청을 받아 지적소관청이 결정하되, 신청이 없으면 지적소관청이 직권으로 조사·측량하여 결정할 수 있다.

② 지적소관청은 토지의 이용현황을 직권으로 조사·측량하여 토지의 지번·지목·면적·경계 또는 좌표를 결정하려는 때에는 토지이용계획을 수립하여야 한다.

③ 토지소유자가 지번을 변경하려면 지번변경 사유와 지번 변경 대상토지의 지번·지목·면적에 대한 상세한 내용을 기재하여 지적소관청에 신청하여야 한다.

④ 지적소관청은 토지가 일시적 또는 임시적인 용도로 사용되는 경우로서 토지소유자의 신청이 있는 경우에는 지목을 변경할 수 있다.

⑤ 지적도의 축척이 600분의 1인 지역과 경계점좌표등록부에 등록하는 지역의 1필지 면적이 1제곱미터 미만일 때에는 1제곱미터로 한다.

풀이 **공간정보의 구축 및 관리 등에 관한 법률 제64조(토지의 조사·등록 등)**

① 국토교통부장관은 모든 토지에 대하여 필지별로 소재·지번·지목·면적·경계 또는 좌표 등을 조사·측량하여 지적공부에 등록하여야 한다.

② 지적공부에 등록하는 지번·지목·면적·경계 또는 좌표는 토지의 이동이 있을 때 토지소유자(법인이 아닌 사단이나 재단의 경우에는 그 대표자나 관리인을 말한다. 이하 같다)의 신청을 받아 지적소관청이 결정한다. 다만, 신청이 없으면 지적소관청이 직권으로 조사·측량하여 결정할 수 있다.

③ 제2항 단서에 따른 조사·측량의 절차 등에 필요한 사항은 국토교통부령으로 정한다.

공간정보의 구축 및 관리 등에 관한 법률 시행규칙 제59조(토지의 조사·등록)

① 지적소관청은 법 제64조제2항 단서에 따라 토지의 이동현황을 직권으로 조사·측량하여 토지의 지번·지목·면적·경계 또는 좌표를 결정하려는 때에는 토지이동현황 조사계획을 수립하여야 한다. 이 경우 토지이동현황 조사계획은 시·군·구별로 수립하되, 부득이한 사유가 있는 때에는 읍·면·동별로 수립할 수 있다.

정답 **04** ①

396 PART 01 지적법 기출문제

② 지적소관청은 제1항에 따른 토지이동현황 조사계획에 따라 토지의 이동현황을 조사한 때에는 별지 제55호 서식의 토지이동 조사부에 토지의 이동현황을 적어야 한다.

③ 지적소관청은 제2항에 따른 토지이동현황 조사 결과에 따라 토지의 지번·지목·면적·경계 또는 좌표를 결정한 때에는 이에 따라 지적공부를 정리하여야 한다.

공간정보의 구축 및 관리 등에 관한 법률 시행령 제57조(지번변경 승인신청 등)

① 지적소관청은 법 제66조제2항에 따라 지번을 변경하려면 지번변경 사유를 적은 승인신청서에 지번변경 대상 지역의 지번·지목·면적·소유자에 대한 상세한 내용(이하 "지번 등 명세"라 한다)을 기재하여 시·도지사 또는 대도시 시장(법 제25조제1항의 대도시 시장을 말한다. 이하 같다)에게 제출하여야 한다. 이 경우 시·도 지사 또는 대도시 시장은 「전자정부법」 제36조제1항에 따른 행정정보의 공동이용을 통하여 지번변경 대상 지역의 지적도 및 임야도를 확인하여야 한다. 〈개정 2010.11.2.〉

② 제1항에 따라 신청을 받은 시·도지사 또는 대도시 시장은 지번변경 사유 등을 심사한 후 그 결과를 지적소관 청에 통지하여야 한다.

공간정보의 구축 및 관리 등에 관한 법률 시행령 제59조(지목의 설정방법 등)

① 법 제67조제1항에 따른 지목의 설정은 다음 각 호의 방법에 따른다.
　1. 필지마다 하나의 지목을 설정할 것
　2. 1필지가 둘 이상의 용도로 활용되는 경우에는 주된 용도에 따라 지목을 설정할 것

② 토지가 일시적 또는 임시적인 용도로 사용될 때에는 지목을 변경하지 아니한다.

공간정보의 구축 및 관리 등에 관한 법률 시행령 제60조(면적의 결정 및 측량계산의 끝수처리)

① 면적의 결정은 다음 각 호의 방법에 따른다.

> 1. 토지의 면적에 1제곱미터 미만의 끝수가 있는 경우 0.5제곱미터 미만일 때에는 버리고 0.5제곱미터 를 초과하는 때에는 올리며, 0.5제곱미터일 때에는 구하려는 끝자리의 숫자가 0 또는 짝수이면 버리 고 홀수이면 올린다. 다만, 1필지의 면적이 1제곱미터 미만일 때에는 1제곱미터로 한다.
> 2. 지적도의 축척이 600분의 1인 지역과 경계점좌표등록부에 등록하는 지역의 토지 면적은 제1호에도 불 구하고 제곱미터 이하 한 자리 단위로 하되, 0.1제곱미터 미만의 끝수가 있는 경우 0.05제곱미터 미만일 때에는 버리고 0.05제곱미터를 초과할 때에는 올리며, 0.05제곱미터일 때에는 구하려는 끝자리의 숫자 가 0 또는 짝수이면 버리고 홀수이면 올린다. 다만, 1필지의 면적이 0.1제곱미터 미만일 때에는 0.1제 곱미터로 한다.

05 「공간정보의 구축 및 관리 등에 관한 법령」상 축척변경에 관한 설명이다. ( ) 안에 들어갈 내용으로 옳은 것은?

> • 지적소관청은 축척변경을 하려면 축척변경 시행 지역의 토지소유자 (ㄱ)의 동의를 받아 축척변경위원회의 의견을 거친 후 (ㄴ)의 승인을 받아야 한다.
> • 축척변경 시행지역의 토지소유자 또는 점유자는 시행 공고일부터 (ㄷ) 이내에 시행 공고일 현재 점유하고 있는 경계에 경계점표지를 설치하여야 한다.

	ㄱ	ㄴ	ㄷ
①	2분의 1 이상	국토교통부장관	30일
②	2분의 1 이상	시 · 도지사 또는 대도시 시장	60일
③	2분의 1 이상	국토교통부장관	60일
④	3분의 2 이상	시 · 도지사 또는 대도시 시장	30일
⑤	3분의 2 이상	국토교통부장관	60일

풀이 공간정보의 구축 및 관리 등에 관한 법률 제83조(축척변경)

① 축척변경에 관한 사항을 심의 · 의결하기 위하여 지적소관청에 축척변경위원회를 둔다.

② 지적소관청은 지적도가 다음 각 호의 어느 하나에 해당하는 경우에는 토지소유자의 신청 또는 지적소관청의 직권으로 일정한 지역을 정하여 그 지역의 축척을 변경할 수 있다.

> 1. 잦은 토지의 이동으로 1필지의 규모가 작아서 소축척으로는 지적측량성과의 결정이나 토지의 이동에 따른 정리를 하기가 곤란한 경우
> 2. 하나의 지번부여지역에 서로 다른 축척의 지적도가 있는 경우
> 3. 그 밖에 지적공부를 관리하기 위하여 필요하다고 인정되는 경우

③ 지적소관청은 제2항에 따라 축척변경을 하려면 축척변경 시행지역의 토지소유자 3분의 2 이상의 동의를 받아 제1항에 따른 축척변경위원회의 의결을 거친 후 시 · 도지사 또는 대도시 시장의 승인을 받아야 한다. 다만, 다음 각 호의 어느 하나에 해당하는 경우에는 축척변경위원회의 의결 및 시 · 도지사 또는 대도시 시장의 승인 없이 축척변경을 할 수 있다.

> 1. 합병하려는 토지가 축척이 다른 지적도에 각각 등록되어 있어 축척변경을 하는 경우
> 2. 제86조에 따른 도시개발사업 등의 시행지역에 있는 토지로서 그 사업 시행에서 제외된 토지의 축척변경을 하는 경우

④ 축척변경의 절차, 축척변경으로 인한 면적 증감의 처리, 축척변경 결과에 대한 이의신청 및 축척변경위원회의 구성 · 운영 등에 필요한 사항은 대통령령으로 정한다.

공간정보의 구축 및 관리 등에 관한 법률 시행령 제71조(축척변경 시행공고 등) 암기 ㉠㉘㉧ ⑳⑥⑯

① 지적소관청은 법 제83조제3항에 따라 시 · 도지사 또는 대도시 시장으로부터 축척변경 승인을 받았을 때에는 지체 없이 다음 각 호의 사항을 20일 이상 공고하여야 한다.

> 1. 축척변경의 ⑳적, 시행㉘역 및 시행㉧간
> 2. 축척변경의 시행에 따른 ⑳산방법
> 3. 축척변경의 시행에 따른 토지⑥유자 등의 협조에 관한 사항
> 4. 축척변경의 시행에 관한 ⑯부계획

② 제1항에 따른 시행공고는 시 · 군 · 구(자치구가 아닌 구를 포함한다) 및 축척변경 시행지역 동 · 리의 게시판

에 주민이 볼 수 있도록 게시하여야 한다.

③ 축척변경 시행지역의 토지소유자 또는 점유자는 시행공고가 된 날(이하 "시행공고일"이라 한다)부터 30일 이내에 시행공고일 현재 점유하고 있는 경계에 국토교통부령으로 정하는 경계점표지를 설치하여야 한다.

06 「공간정보의 구축 및 관리 등에 관한 법령」상 지목의 구분에 관한 설명으로 옳은 것은?

① 물을 정수하여 공급하기 위한 취수·저수·도수(導水)·정수·송수 및 배수 시설의 부지 및 이에 접속된 부속시설물의 부지 지목은 "수도용지"로 한다.

② 「산업집적활성화 및 공장설립에 관한 법률」 등 관계 법령에 따른 공장부지 조성공사가 준공된 토지의 지목은 "산업용지"로 한다.

③ 물이 고이거나 상시적으로 물을 저장하고 있는 댐·저수지·소류지(沼溜地) 등의 토지와 연·왕골 등을 재배하는 토지의 지목은 "유지"로 한다.

④ 물을 상시적으로 이용하지 않고 곡물·원예작물(과수류 포함) 등의 식물을 주로 재배하는 토지와 죽림지의 지목은 "전"으로 한다.

⑤ 학교용지·공원 등 다른 지목으로 된 토지에 있는 유적·고적·기념물 등을 보호하기 위하여 구획된 토지의 지목은 "사적지"로 한다.

> **풀이** 공간정보의 구축 및 관리 등에 관한 법률 시행령 제58조(지목의 구분)
>
> 법 제67조제1항에 따른 지목의 구분은 다음 각 호의 기준에 따른다.

수도용지	물을 정수하여 공급하기 위한 취수·저수·도수(導水)·정수·송수 및 배수 시설의 부지 및 이에 접속된 부속시설물의 부지
공장용지	가. 제조업을 하고 있는 공장시설물의 부지 나. 「산업집적활성화 및 공장설립에 관한 법률」 등 관계 법령에 따른 공장부지 조성공사가 준공된 토지 다. 가목 및 나목의 토지와 같은 구역에 있는 의료시설 등 부속시설물의 부지
유지(溜池)	물이 고이거나 상시적으로 물을 저장하고 있는 댐·저수지·소류지(沼溜地)·호수·연못 등의 토지와 연·왕골 등이 자생하는 배수가 잘 되지 아니하는 토지
전	물을 상시적으로 이용하지 않고 곡물·원예작물(과수류는 제외한다)·약초·뽕나무·닥나무·묘목·관상수 등의 식물을 주로 재배하는 토지와 식용(食用)으로 죽순을 재배하는 토지
사적지	문화재로 지정된 역사적인 유적·고적·기념물 등을 보존하기 위하여 구획된 토지. 다만, 학교용지·공원·종교용지 등 다른 지목으로 된 토지에 있는 유적·고적·기념물 등을 보호하기 위하여 구획된 토지는 제외한다.
학교용지	학교의 교사(校舍)와 이에 접속된 체육장 등 부속시설물의 부지

07 「공간정보의 구축 및 관리 등에 관한 법령」상 토지 소유자 등 이해관계인이 지적측량수행자에게 지적측량을 의뢰할 수 없는 경우는?

① 바다가 된 토지의 등록을 말소하는 경우로서 지적측량을 할 필요가 있는 경우

② 토지를 등록전환하는 경우로서 지적측량을 할 필요가 있는 경우

③ 지적공부의 등록사항을 정정하는 경우로서 지적측량을 할 필요가 있는 경우

④ 도시개발사업 등의 시행지역에서 토지의 이동이 있는 경우로서 지적측량을 할 필요가 있는 경우

⑤ 「지적재조사에 관한 특별법」에 따른 지적재조사사업에 따라 토지의 이동이 있는 경우로서 지적측량을 할 필요가 있는 경우

> **풀이** 공간정보의 구축 및 관리 등에 관한 법률 제23조(지적측량의 실시 등)
>
> ① 다음 각 호의 어느 하나에 해당하는 경우에는 지적측량을 하여야 한다. 〈개정 2013.7.17.〉
>
> > 1. 제7조제1항제3호에 따른 지적기준점을 정하는 경우
> > 2. 제25조에 따라 지적측량성과를 검사하는 경우
> > 3. 다음 각 목의 어느 하나에 해당하는 경우로서 측량을 할 필요가 있는 경우
> >
> > > 가. 제74조에 따라 지적공부를 복구하는 경우
> > > 나. 제77조에 따라 토지를 신규등록하는 경우
> > > 다. 제78조에 따라 토지를 등록전환하는 경우
> > > 라. 제79조에 따라 토지를 분할하는 경우
> > > 마. 제82조에 따라 바다가 된 토지의 등록을 말소하는 경우
> > > 바. 제83조에 따라 축척을 변경하는 경우
> > > 사. 제84조에 따라 지적공부의 등록사항을 정정하는 경우
> > > 아. 제86조에 따른 도시개발사업 등의 시행지역에서 토지의 이동이 있는 경우
> > > 자. 「지적재조사에 관한 특별법」에 따른 지적재조사사업에 따라 토지의 이동이 있는 경우
> >
> > 4. 경계점을 지상에 복원하는 경우
> > 5. 그 밖에 대통령령으로 정하는 경우
>
> ② 지적측량의 방법 및 절차 등에 필요한 사항은 국토교통부령으로 정한다. 〈개정 2013.3.23.〉
>
> **공간정보의 구축 및 관리 등에 관한 법률 제24조(지적측량 의뢰 등)**
>
> ① 토지소유자 등 이해관계인은 제23조제1항제1호 및 제3호(자목은 제외한다)부터 제5호까지의 사유로 지적측량을 할 필요가 있는 경우에는 다음 각 호의 어느 하나에 해당하는 자(이하 "지적측량수행자"라 한다)에게 지적측량을 의뢰하여야 한다.
>
> > 1. 제44조제1항제2호의 지적측량업의 등록을 한 자
> > 2. 「국가공간정보 기본법」 제12조에 따라 설립된 한국국토정보공사(이하 "한국국토정보공사"라 한다)
>
> ② 지적측량수행자는 제1항에 따른 지적측량 의뢰를 받으면 지적측량을 하여 그 측량성과를 결정하여야 한다.
>
> ③ 제1항 및 제2항에 따른 지적측량 의뢰 및 측량성과 결정 등에 필요한 사항은 국토교통부령으로 정한다.

08 「공간정보의 구축 및 관리 등에 관한 법령」상 지적확정측량을 실시한 지역의 각 필지에 지번을 새로 부여하는 방법을 준용하는 것을 모두 고른 것은?

> ㄱ. 지번부여지역의 지번을 변경할 때
> ㄴ. 행정구역 개편에 따라 새로 지번을 부여할 때
> ㄷ. 축척변경 시행지역의 필지에 지번을 부여할 때
> ㄹ. 등록사항 정정으로 지번을 정정하여 부여할 때
> ㅁ. 바다로 된 토지가 등록 말소된 후 다시 회복 등록을 위해 지번을 부여할 때

① ㄱ
② ㄱ, ㄴ
③ ㄱ, ㄴ, ㄷ
④ ㄱ, ㄴ, ㄷ, ㄹ
⑤ ㄴ, ㄷ, ㄹ, ㅁ

풀이 공간정보의 구축 및 관리 등에 관한 법률 시행령 제56조(지번의 구성 및 부여방법 등)

구분		토지이동에 따른 지번의 부여방법
부여방법		① 지번(地番)은 아라비아숫자로 표기하되, 임야대장 및 임야도에 등록하는 토지의 지번은 숫자 앞에 "산"자를 붙인다. ② 지번은 본번(本番)과 부번(副番)으로 구성하되, 본번과 부번 사이에 "‒" 표시로 연결한다. 이 경우 "‒" 표시는 "의"라고 읽는다. ③ 법 제66조에 따른 지번의 부여방법은 다음 각 호와 같다. 　1. 지번은 북서에서 남동으로 순차적으로 부여할 것
신규등록 · 등록전환	원칙	지번부여지역에서 인접토지의 본번에 부번을 붙여서 지번을 부여한다.
	예외	다음의 경우에는 그 지번부여지역의 최종 본번의 다음 순번부터 본번으로 하여 순차적으로 지번을 부여할 수 있다. ① 대상 토지가 그 지번부여지역의 최종 지번의 토지에 인접하여 있는 경우 ② 대상 토지가 이미 등록된 토지와 멀리 떨어져 있어서 등록된 토지의 본번에 부번을 부여하는 것이 불합리한 경우 ③ 대상 토지가 여러 필지로 되어 있는 경우
분할	원칙	분할 후의 필지 중 1필지의 지번은 분할 전의 지번으로 하고, 나머지 필지의 지번은 본번의 최종 부번 다음 순번으로 부번을 부여한다.
	예외	주거 · 사무실 등의 건축물이 있는 필지에 대해서는 분할 전의 지번을 우선하여 부여하여야 한다.
합병	원칙	합병 대상 지번 중 선순위의 지번을 그 지번으로 하되, 본번으로 된 지번이 있을 때에는 본번 중 선순위의 지번을 합병 후의 지번으로 한다.
	예외	토지소유자가 합병 전의 필지에 주거 · 사무실 등의 건축물이 있어서 그 건축물이 위치한 지번을 합병 후의 지번으로 신청할 때에는 그 지번을 합병 후의 지번으로 부여하여야 한다.

구분		토지이동에 따른 지번의 부여방법
지적확정측량을 실시한 지역의 각 필지에 지번을 새로 부여하는 경우	원칙	다음 각 목의 지번을 제외한 본번으로 부여한다. ① 지적확정측량을 실시한 지역 안의 종전의 지번과 지적확정측량을 실시한 지역 밖에 있는 본번이 같은 지번이 있을 때 그 지번 ② 지적확정측량을 실시한 지역의 경계에 걸쳐 있는 지번
	예외	부여할 수 있는 종전 지번의 수가 새로 부여할 지번의 수보다 적을 때에는 블록 단위로 하나의 본번을 부여한 후 필지별로 부번을 부여하거나, 그 지번부여지역의 최종 본번 다음 순번부터 본번으로 하여 차례로 지번을 부여할 수 있다.
지적확정측량에 준용		① 법 제66조제2항(지적소관청은 지적공부에 등록된 지번을 변경할 필요가 있다고 인정하면 시·도지사나 대도시 시장의 승인을 받아 지번부여지역의 전부 또는 일부에 대하여 지번을 새로 부여할 수 있다.)에 따라 지번부여지역의 지번을 변경할 때 ② 법 제85조제2항(지번부여지역의 일부가 행정구역의 개편으로 다른 지번부여지역에 속하게 되었으면 지적소관청은 새로 속하게 된 지번부여지역의 지번을 부여하여야 한다.)에 따른 행정구역 개편에 따라 새로 지번을 부여할 때 ③ 제72조제1항(지적소관청은 축척변경 시행지역의 각 필지별 지번·지목·면적·경계 또는 좌표를 새로 정하여야 한다.)에 따라 축척변경 시행지역의 필지에 지번을 부여할 때
도시개발사업 등의 준공 전		도시개발사업 등이 준공되기 전에 사업시행자가 지번부여를 신청하는 경우에는 국토교통부령으로 정하는 바에 따라 지번을 부여할 수 있다. 지적소관청은 도시개발사업 등이 준공되기 전에 지번을 부여하는 때에는 사업계획도에 따르되, 지적확정측량을 실시한 지역의 각 필지에 지번을 새로 부여하는 경우의 지번부여방식에 따라 지번을 부여하여야 한다.

09 「공간정보의 구축 및 관리 등에 관한 법령」상 지적소관청은 토지의 이동 등으로 토지의 표시 변경에 관한 등기를 할 필요가 있는 경우에는 지체 없이 관할 등기관서에 그 등기를 촉탁하여야 한다. 등기촉탁 대상이 아닌 것은?

① 지번부여지역의 전부 또는 일부에 대하여 지번을 새로 부여한 경우
② 바다로 된 토지의 등록을 말소한 경우
③ 하나의 지번부여지역에 서로 다른 축척의 지적도가 있어 축척을 변경한 경우
④ 지적소관청이 신규등록하는 토지의 소유자를 직접 조사하여 등록한 경우
⑤ 지적소관청이 직권으로 조사·측량하여 지적공부의 등록사항을 정정한 경우

풀이 공간정보의 구축 및 관리 등에 관한 법률 제89조(등기촉탁)

① 지적소관청은 제64조제2항(신규등록은 제외한다), 제66조제2항, 제82조, 제83조제2항, 제84조제2항 또는 제85조제2항에 따른 사유로 토지의 표시 변경에 관한 등기를 할 필요가 있는 경우에는 지체 없이 관할 등기관서에 그 등기를 촉탁하여야 한다. 이 경우 등기촉탁은 국가가 국가를 위하여 하는 등기로 본다.

> • 지적소관청은 지적공부에 등록하는 지번·지목·면적·경계 또는 좌표는 토지의 이동이 있을 때(제64조제2항. 단, 신규등록은 제외한다)
> • 지적소관청은 지적공부에 등록된 지번을 변경할 필요가 있을 때(제66조제2항)
> • 바다로 된 토지의 등록말소 신청(제82조)

정답 09 ④

- 축척변경을 한 때(제83조제2항)
- 지적소관청은 지적공부의 등록사항에 잘못이 있음을 발견하면 대통령령으로 정하는 바에 따라 직권으로 조사·측량하여 정정할 수 있다.(제84조제2항)
- 지번부여지역의 일부가 행정구역의 개편으로 다른 지번부여지역에 속하게 되었으면 지적소관청은 새로 속하게 된 지번부여지역의 지번을 부여하여야 한다.(제85조제2항)

② 제1항에 따른 등기촉탁에 필요한 사항은 국토교통부령으로 정한다.

10 「공간정보의 구축 및 관리 등에 관한 법령」상 경계점 좌표등록부를 갖추어 두는 지역의 지적공부 및 토지의 등록 등에 관한 설명으로 틀린 것은?

① 지적도에는 해당 도면의 제명 앞에 "(수치)"라고 표시하여야 한다.

② 지적도에는 도곽선의 오른쪽 아래 끝에 "이 도면에 의하여 측량할 수 없음"이라고 한다.

③ 토지 면적은 제곱미터 이하 한 자리 단위로 결정하여야 한다.

④ 면적측정 방법은 좌표면적계산법에 의한다.

⑤ 경계점좌표등록부를 갖추어 두는 토지는 지적확정측량 또는 축척변경을 위한 측량을 실시하여 경계점을 좌표로 등록한 지역의 토지로 한다.

풀이 공간정보의 구축 및 관리 등에 관한 법률 시행규칙 제69조(지적도면 등의 등록사항 등)

① 법 제72조에 따른 지적도 및 임야도는 각각 별지 제67호 서식 및 별지 제68호 서식과 같다.

② 법 제72조제5호에서 "그 밖에 국토교통부령으로 정하는 사항"이란 다음 각 호의 사항을 말한다. 〈개정 2013.3.23.〉

> 1. 지적도면의 색인도(인접도면의 연결 순서를 표시하기 위하여 기재한 도표와 번호를 말한다)
> 2. 지적도면의 제명 및 축척
> 3. 도곽선(圖廓線)과 그 수치
> 4. 좌표에 의하여 계산된 경계점 간의 거리(경계점좌표등록부를 갖추어 두는 지역으로 한정한다)
> 5. 삼각점 및 지적기준점의 위치
> 6. 건축물 및 구조물 등의 위치
> 7. 그 밖에 국토교통부장관이 정하는 사항

③ 경계점좌표등록부를 갖추어 두는 지역의 지적도에는 해당 도면의 제명 끝에 "(좌표)"라고 표시하고, 도곽선의 오른쪽 아래 끝에 "이 도면에 의하여 측량을 할 수 없음"이라고 적어야 한다.

④ 지적도면에는 지적소관청의 직인을 날인하여야 한다. 다만, 정보처리시스템을 이용하여 관리하는 지적도면의 경우에는 그러하지 아니하다.

⑤ 지적소관청은 지적도면의 관리에 필요한 경우에는 지번부여지역마다 일람도와 지번색인표를 작성하여 갖춰 둘 수 있다.

11 「공간정보의 구축 및 관리 등에 관한 법령」상 지적공부(정보처리시스템을 통하여 기록·저장한 경우는 제외)의 복구에 관한 설명으로 틀린 것은?

① 지적소관청은 지적공부의 전부 또는 일부가 멸실되거나 훼손된 경우에는 지체 없이 이를 복구하여야 한다.

② 지적공부를 복구할 때 소유자에 관한 사항은 부동산 등기부나 법원의 확정판결에 따라 복구하여야 한다.

③ 토지이동정리 결의서는 지적공부의 복구에 관한 관계자료에 해당한다.

④ 복구자료도에 따라 측정한 면적과 지적복구자료 조사서의 조사된 면적의 증감이 허용범위를 초과하는 경우에는 복구측량을 하여야 한다.

⑤ 지적소관청이 지적공부를 복구하려는 경우에는 해당토지의 소유자에게 지적공부의 복구신청을 하도록 통지하여야 한다.

풀이 **공간정보의 구축 및 관리 등에 관한 법률 제74조(지적공부의 복구)**

지적소관청(제69조제2항에 따른 지적공부의 경우에는 시·도지사, 시장·군수 또는 구청장)은 지적공부의 전부 또는 일부가 멸실되거나 훼손된 경우에는 대통령령으로 정하는 바에 따라 지체 없이 이를 복구하여야 한다.

공간정보의 구축 및 관리 등에 관한 법률 시행규칙 제72조(지적공부의 복구자료)

영 제61조제1항에 따른 지적공부의 복구에 관한 관계 자료(이하 "복구자료"라 한다)는 다음 각 호와 같다.

암기 **부**등**지**등**복**명은 **량지원**에서

> 1. **부**동산등기부 **등**본 등 등기사실을 증명하는 서류
> 2. **지**적공부의 **등**본
> 3. 법 제69조제3항에 따라 **복**제된 지적공부
> 4. 지적소관청이 작성하거나 발행한 지적공부의 등록내용을 증**명**하는 서류
> 5. 측**량** 결과도
> 6. 토**지**이동정리 결의서
> 7. 법**원**의 확정판결서 정본 또는 사본

공간정보의 구축 및 관리 등에 관한 법률 시행규칙 제73조(지적공부의 복구절차 등)

① 지적소관청은 법 제74조 및 영 제61조제1항에 따라 지적공부를 복구하려는 경우에는 제72조 각 호의 복구자료를 조사하여야 한다.

② 지적소관청은 제1항에 따라 조사된 복구자료 중 토지대장·임야대장 및 공유지연명부의 등록 내용을 증명하는 서류 등에 따라 별지 제70호 서식의 지적복구자료 조사서를 작성하고, 지적도면의 등록 내용을 증명하는 서류 등에 따라 복구자료도를 작성하여야 한다.

③ 제2항에 따라 작성된 복구자료도에 따라 측정한 면적과 지적복구자료 조사서의 조사된 면적의 증감이 영 제19조제1항제2호가목의 계산식에 따른 허용범위를 초과하거나 복구자료도를 작성할 복구자료가 없는 경우에는 복구측량을 하여야 한다. 이 경우 같은 계산식 중 A는 오차허용면적, M은 축척분모, F는 조사된 면적을 말한다.

④ 제2항에 따라 작성된 지적복구자료 조사서의 조사된 면적이 영 제19조제1항제2호가목의 계산식에 따른 허용범위 이내인 경우에는 그 면적을 복구면적으로 결정하여야 한다.

⑤ 제3항에 따라 복구측량을 한 결과가 복구자료와 부합하지 아니하는 때에는 토지소유자 및 이해관계인의 동의를 받아 경계 또는 면적 등을 조정할 수 있다. 이 경우 경계를 조정한 때에는 제60조제2항에 따른 경계점 표지를 설치하여야 한다.

정답 11 ⑤

⑥ 지적소관청은 제1항부터 제5항까지의 규정에 따른 복구자료의 조사 또는 복구측량 등이 완료되어 지적공부를 복구하려는 경우에는 복구하려는 토지의 표시 등을 시·군·구 게시판 및 인터넷 홈페이지에 15일 이상 게시하여야 한다.

⑦ 복구하려는 토지의 표시 등에 이의가 있는 자는 제6항의 게시기간 내에 지적소관청에 이의신청을 할 수 있다. 이 경우 이의신청을 받은 지적소관청은 이의사유를 검토하여 이유 있다고 인정되는 때에는 그 시정에 필요한 조치를 하여야 한다.

⑧ 지적소관청은 제6항 및 제7항에 따른 절차를 이행한 때에는 지적복구자료 조사서, 복구자료도 또는 복구측량 결과도 등에 따라 토지대장·임야대장·공유지연명부 또는 지적도면을 복구하여야 한다.

⑨ 토지대장·임야대장 또는 공유지연명부는 복구되고 지적도면이 복구되지 아니한 토지가 법 제83조에 따른 축척변경 시행지역이나 법 제86조에 따른 도시개발사업 등의 시행지역에 편입된 때에는 지적도면을 복구하지 아니할 수 있다.

12 「공간정보의 구축 및 관리 등에 관한 법령」상 지적소관청이 토지소유자에게 지적정리 등을 통지하여야 하는 경우로 틀린 것은?(단, 통지받을 자의 주소나 거소를 알 수 없는 경우는 제외)

① 도시개발사업 시행지역에 있는 토지로서 그 사업 시행에서 제외된 토지의 축척을 지적소관청이 변경하여 등록한 경우

② 지적공부의 등록사항에 잘못이 있음을 발견하여 지적소관청이 직권으로 조사·측량하여 정정 등록한 경우

③ 토지소유자가 하여야 하는 토지이동 신청을 「민법」 제404조에 따른 채권자가 대위하여 지적소관청이 등록한 경우

④ 토지소유자의 토지이동신청이 없어 지적소관청이 직권으로 조사·측량하여 지적공부에 등록하는 지번·지목·면적·경계 또는 좌표를 결정하여 등록한 경우

⑤ 지번부여지역의 일부가 행정구역의 개편으로 다른 지번 부여지역에 속하게 되어 지적소관청이 새로 속하게 된 지번부여지역의 지번을 부여하여 등록한 경우

풀이 공간정보의 구축 및 관리 등에 관한 법률 제90조(지적정리 등의 통지)
제64조제2항 단서, 제66조제2항, 제74조, 제82조제2항, 제84조제2항, 제85조제2항, 제86조제2항, 제87조 또는 제89조에 따라 지적소관청이 지적공부에 등록하거나 지적공부를 복구 또는 말소하거나 등기촉탁을 하였으면 대통령령으로 정하는 바에 따라 해당 토지소유자에게 통지하여야 한다. 다만, 통지받을 자의 주소나 거소를 알 수 없는 경우에는 국토교통부령으로 정하는 바에 따라 일간신문, 해당 시·군·구의 공보 또는 인터넷홈페이지에 공고하여야 한다.

> 제64조(토지의 조사·등록 등)
> ② 지적공부에 등록하는 지번·지목·면적·경계 또는 좌표는 토지의 이동이 있을 때 토지소유자(법인이 아닌 사단이나 재단의 경우에는 그 대표자나 관리인을 말한다. 이하 같다)의 신청을 받아 지적소관청이 결정한다. 다만, 신청이 없으면 지적소관청이 직권으로 조사·측량하여 결정할 수 있다.
>
> 제66조(지번의 부여 등)
> ② 지적소관청은 지적공부에 등록된 지번을 변경할 필요가 있다고 인정하면 시·도지사나 대도시 시장의 승인을 받아 지번부여지역 의 전부 또는 일부에 대하여 지번을 새로 부여할 수 있다.

제74조(지적공부의 복구)
지적소관청(제69조제2항에 따른 지적공부의 경우에는 시·도지사, 시장·군수 또는 구청장)은 지적공부의 전부 또는 일부가 멸실되거나 훼손된 경우에는 대통령령으로 정하는 바에 따라 지체 없이 이를 복구하여야 한다.

제82조(바다로 된 토지의 등록말소 신청)
② 지적소관청은 제1항에 따른 토지소유자가 통지를 받은 날부터 90일 이내에 등록말소 신청을 하지 아니하면 대통령령으로 정하는 바에 따라 등록을 말소한다.

제84조(등록사항의 정정)
② 지적소관청은 지적공부의 등록사항에 잘못이 있음을 발견하면 대통령령으로 정하는 바에 따라 직권으로 조사·측량하여 정정할 수 있다.

제85조(행정구역의 명칭변경 등)
② 지번부여지역의 일부가 행정구역의 개편으로 다른 지번부여지역에 속하게 되었으면 지적소관청은 새로 속하게 된 지번부여지역의 지번을 부여하여야 한다.

제86조(도시개발사업 등 시행지역의 토지이동 신청에 관한 특례)
② 제1항에 따른 사업과 관련하여 토지의 이동이 필요한 경우에는 해당 사업의 시행자가 지적소관청에 토지의 이동을 신청하여야 한다.

제87조(신청의 대위)
다음 각 호의 어느 하나에 해당하는 자는 이 법에 따라 토지소유자가 하여야 하는 신청을 대신할 수 있다. 다만, 제84조에 따른 등록사항 정정 대상토지는 제외한다. 〈개정 2014.6.3.〉
1. 공공사업 등에 따라 학교용지·도로·철도용지·제방·하천·구거·유지·수도용지 등의 지목으로 되는 토지인 경우 : 해당 사업의 시행자
2. 국가나 지방자치단체가 취득하는 토지인 경우 : 해당 토지를 관리하는 행정기관의 장 또는 지방자치단체의 장
3. 「주택법」에 따른 공동주택의 부지인 경우 : 「집합건물의 소유 및 관리에 관한 법률」에 따른 관리인(관리인이 없는 경우에는 공유자가 선임한 대표자) 또는 해당 사업의 시행자
4. 「민법」 제404조에 따른 채권자

제89조(등기촉탁)
① 지적소관청은 제64조제2항(신규등록은 제외한다), 제66조제2항, 제82조, 제83조제2항, 제84조제2항 또는 제85조제2항에 따른 사유로 토지의 표시 변경에 관한 등기를 할 필요가 있는 경우에는 지체 없이 관할 등기관서에 그 등기를 촉탁하여야 한다. 이 경우 등기촉탁은 국가가 국가를 위하여 하는 등기로 본다.
② 제1항에 따른 등기촉탁에 필요한 사항은 국토교통부령으로 정한다.

공간정보의 구축 및 관리 등에 관한 법률 시행령 제85조(지적정리 등의 통지)
지적소관청이 법 제90조에 따라 토지소유자에게 지적정리 등을 통지하여야 하는 시기는 다음 각 호의 구분에 따른다.
1. 토지의 표시에 관한 변경등기가 필요한 경우 : 그 등기완료의 통지서를 접수한 날부터 15일 이내
2. 토지의 표시에 관한 변경등기가 필요하지 아니한 경우 : 지적공부에 등록한 날부터 7일 이내

정답

01 「공간정보의 구축 및 관리 등에 관한 법령」상 지목과 지적도면에 등록하는 부호의 연결이 틀린 것을 모두 고른 것은?

ㄱ. 공원 – 공	ㄴ. 목장용지 – 장	ㄷ. 하천 – 하
ㄹ. 주차장 – 차	ㅁ. 양어장 – 어	

① ㄴ, ㄷ, ㅁ
② ㄴ, ㄹ, ㅁ
③ ㄷ, ㄹ, ㅁ
④ ㄱ, ㄴ, ㄷ, ㄹ
⑤ ㄱ, ㄴ, ㄹ, ㅁ

풀이 지목의 부호 표기

지목	부호	지목	부호	지목	부호	지목	부호
전	전	대	대	철도용지	철	공원	공
답	답	공장용지	㉫	제방	제	체육용지	체
과수원	과	학교용지	학	하천	㉫	유원지	㉬
목장용지	목	주차장	㉠	구거	구	종교용지	종
임야	임	주유소용지	주	유지	유	사적지	사
광천지	광	창고용지	창	양어장	양	묘지	묘
염전	염	도로	도	수도용지	수	잡종지	잡

02 「공간정보의 구축 및 관리 등에 관한 법령」상 지상경계의 구분 및 결정기준 등에 관한 설명으로 틀린 것은?

① 토지의 지상경계는 둑, 담장이나 그 밖에 구획의 목표가 될 만한 구조물 및 경계점표지 등으로 구분한다.

② 지적소관청은 토지의 이동에 따라 지상경계를 새로 정한 경우에는 경계점 위치 설명도 등을 등록한 경계점좌표등록부를 작성, 관리하여야 한다.

③ 도시개발사업 등의 사업시행자가 사업지구의 경계를 결정하기 위하여 토지를 분할하려는 경우에는 지상경계점에 경계점 표지를 설치하여 측량할 수 있다.

④ 토지가 수면에 접하는 경우 지상경계의 결정기준은 최대만수위가 되는 선으로 한다.

⑤ 공유수면매립지의 토지 중 제방 등을 토지에 편입하여 등록하는 경우 지상경계의 결정기준은 바깥쪽 어깨부분으로 한다.

풀이 공간정보의 구축 및 관리 등에 관한 법률 제65조(지상경계의 구분 등) **암기** ㉠㉡㉢㉣

① 토지의 지상경계는 둑, 담장이나 그 밖에 구획의 목표가 될 만한 구조물 및 경계점표지 등으로 구분한다.

② 지적소관청은 토지의 이동에 따라 지상경계를 새로 정한 경우에는 다음 각 호의 사항을 등록한 지상경계점등록부를 작성 · 관리하여야 한다.

정답 01 ① 02 ②

1. **토**지의 소재
2. **지**번
3. **경**계점 좌표(경계점좌표등록부 시행지역에 한정한다)
4. 경**계**점 위치 설명도
5. 그 밖에 국토교통부령으로 정하는 사항

③ 제1항에 따른 지상경계의 결정 기준 등 지상경계의 결정에 필요한 사항은 대통령령으로 정하고, 경계점표지의 규격과 재질 등에 필요한 사항은 국토교통부령으로 정한다.

공간정보의 구축 및 관리 등에 관한 법률 시행령 제55조(지상 경계의 결정기준 등)

① 법 제65조제1항에 따른 지상 경계의 결정기준은 다음 각 호의 구분에 따른다. 〈개정 2014.1.17.〉

> 1. 연접되는 토지 간에 높낮이 차이가 없는 경우 : 그 구조물 등의 중앙
> 2. 연접되는 토지 간에 높낮이 차이가 있는 경우 : 그 구조물 등의 하단부
> 3. 도로ㆍ구거 등의 토지에 절토(切土)된 부분이 있는 경우 : 그 경사면의 상단부
> 4. 토지가 해면 또는 수면에 접하는 경우 : 최대만조위 또는 최대만수위가 되는 선
> 5. 공유수면매립지의 토지 중 제방 등을 토지에 편입하여 등록하는 경우 : 바깥쪽 어깨부분

② 지상 경계의 구획을 형성하는 구조물 등의 소유자가 다른 경우에는 제1항제1호부터 제3호까지의 규정에도 불구하고 그 소유권에 따라 지상 경계를 결정한다.

③ 다음 각 호의 어느 하나에 해당하는 경우에는 지상 경계점에 법 제65조제1항에 따른 경계점표지를 설치하여 측량할 수 있다. 〈개정 2012.4.10., 2014.1.17.〉

1. 법 제86조제1항에 따른 도시개발사업 등의 사업시행자가 사업지구의 경계를 결정하기 위하여 토지를 분할하려는 경우
2. 법 제87조제1호 및 제2호에 따른 사업시행자와 행정기관의 장 또는 지방자치단체의 장이 토지를 취득하기 위하여 분할하려는 경우
3. 「국토의 계획 및 이용에 관한 법률」 제30조제6항에 따른 도시ㆍ군관리계획 결정고시와 같은 법 제32조제4항에 따른 지형도면 고시가 된 지역의 도시ㆍ군관리계획선에 따라 토지를 분할하려는 경우
4. 제65조제1항에 따라 토지를 분할하려는 경우
5. 관계 법령에 따라 인가ㆍ허가 등을 받아 토지를 분할하려는 경우

④ 분할에 따른 지상 경계는 지상건축물을 걸리게 결정해서는 아니 된다. 다만, 다음 각 호의 어느 하나에 해당하는 경우에는 그러하지 아니하다.

> 1. 법원의 확정판결이 있는 경우
> 2. 법 제87조제1호에 해당하는 토지를 분할하는 경우
> 3. 제3항제1호 또는 제3호에 따라 토지를 분할하는 경우

⑤ 지적확정측량의 경계는 공사가 완료된 현황대로 결정하되, 공사가 완료된 현황이 사업계획도와 다를 때에는 미리 사업시행자에게 그 사실을 통지하여야 한다.

공간정보의 구축 및 관리 등에 관한 법률 시행규칙 제71조(경계점좌표등록부의 등록사항 등)

① 법 제73조의 경계점좌표등록부는 별지 제69호 서식과 같다.

② 법 제73조에 따라 경계점좌표등록부를 갖추어 두는 토지는 지적확정측량 또는 축척변경을 위한 측량을 실시하여 경계점을 좌표로 등록한 지역의 토지로 한다.

③ 법 제73조제4호에서 "그 밖에 국토교통부령으로 정하는 사항"이란 다음 각 호의 사항을 말한다. 〈개정 2013.3.23.〉

> 1. 토지의 고유번호
> 2. 지적도면의 번호

정답

3. 필지별 경계점좌표등록부의 장번호
4. 부호 및 부호도

03 「공간정보의 구축 및 관리 등에 관한 법령」상 지번의 구성 및 부여방법 등에 관한 설명으로 틀린 것은?

① 지번은 아라비아숫자로 표기하되, 임야대장 및 임야도에 등록하는 토지의 지번은 숫자 앞에 "산"자를 붙인다.
② 지번은 북서에서 남동으로 순차적으로 부여한다.
③ 지번은 본번과 부번으로 구성하되, 본번과 부번 사이에 "-"표시로 연결한다.
④ 지번은 국토교통부장관이 시·군·구별로 차례대로 부여한다.
⑤ 분할의 경우에는 분할 후의 필지 중 1필지의 지번은 분할 전의 지번으로 하고, 나머지 필지의 지번은 본번의 최종 부번 다음 순번으로 부번을 부여한다.

풀이 공간정보의 구축 및 관리 등에 관한 법률 제66조(지번의 부여 등)
① 지번은 지적소관청이 지번부여지역별로 차례대로 부여한다.
② 지적소관청은 지적공부에 등록된 지번을 변경할 필요가 있다고 인정하면 시·도지사나 대도시 시장의 승인을 받아 지번부여지역 의 전부 또는 일부에 대하여 지번을 새로 부여할 수 있다.
③ 제1항과 제2항에 따른 지번의 부여방법 및 부여절차 등에 필요한 사항은 대통령령으로 정한다.

공간정보의 구축 및 관리 등에 관한 법률 시행령 제56조(지번의 구성 및 부여방법 등)

구분		토지이동에 따른 지번의 부여방법
부여방법		① 지번(地番)은 아라비아숫자로 표기하되, 임야대장 및 임야도에 등록하는 토지의 지번은 숫자 앞에 "산"자를 붙인다. ② 지번은 본번(本番)과 부번(副番)으로 구성하되, 본번과 부번 사이에 "-" 표시로 연결한다. 이 경우 "-" 표시는 "의"라고 읽는다. ③ 법 제66조에 따른 지번의 부여방법은 다음 각 호와 같다. 1. 지번은 북서에서 남동으로 순차적으로 부여할 것
신규등록 · 등록전환	원칙	지번부여지역에서 인접토지의 본번에 부번을 붙여서 지번을 부여한다.
	예외	다음의 경우에는 그 지번부여지역의 최종 본번의 다음 순번부터 본번으로 하여 순차적으로 지번을 부여할 수 있다. ① 대상 토지가 그 지번부여지역의 최종 지번의 토지에 인접하여 있는 경우 ② 대상 토지가 이미 등록된 토지와 멀리 떨어져 있어서 등록된 토지의 본번에 부번을 부여하는 것이 불합리한 경우 ③ 대상 토지가 여러 필지로 되어 있는 경우
분할	원칙	분할 후의 필지 중 1필지의 지번은 분할 전의 지번으로 하고, 나머지 필지의 지번은 본번의 최종 부번 다음 순번으로 부번을 부여한다.
	예외	주거·사무실 등의 건축물이 있는 필지에 대해서는 분할 전의 지번을 우선하여 부여하여야 한다.

구분		토지이동에 따른 지번의 부여방법
합병	원칙	합병 대상 지번 중 선순위의 지번을 그 지번으로 하되, 본번으로 된 지번이 있을 때에는 본번 중 선순위의 지번을 합병 후의 지번으로 한다.
	예외	토지소유자가 합병 전의 필지에 주거·사무실 등의 건축물이 있어서 그 건축물이 위치한 지번을 합병 후의 지번으로 신청할 때에는 그 지번을 합병 후의 지번으로 부여하여야 한다.
지적확정측량을 실시한 지역의 각 필지에 지번을 새로 부여하는 경우	원칙	다음 각 목의 지번을 제외한 본번으로 부여한다. ① 지적확정측량을 실시한 지역 안의 종전의 지번과 지적확정측량을 실시한 지역 밖에 있는 본번이 같은 지번이 있을 때 그 지번 ② 지적확정측량을 실시한 지역의 경계에 걸쳐 있는 지번
	예외	부여할 수 있는 종전 지번의 수가 새로 부여할 지번의 수보다 적을 때에는 블록 단위로 하나의 본번을 부여한 후 필지별로 부번을 부여하거나, 그 지번부여지역의 최종 본번 다음 순번부터 본번으로 하여 차례로 지번을 부여할 수 있다.
지적확정측량에 준용		① 법 제66조제2항(지적소관청은 지적공부에 등록된 지번을 변경할 필요가 있다고 인정하면 시·도지사나 대도시 시장의 승인을 받아 지번부여지역의 전부 또는 일부에 대하여 지번을 새로 부여할 수 있다.)에 따라 지번부여지역의 지번을 변경할 때 ② 법 제85조제2항(지번부여지역의 일부가 행정구역의 개편으로 다른 지번부여지역에 속하게 되었으면 지적소관청은 새로 속하게 된 지번부여지역의 지번을 부여하여야 한다.)에 따른 행정구역 개편에 따라 새로 지번을 부여할 때 ③ 제72조제1항(지적소관청은 축척변경 시행지역의 각 필지별 지번·지목·면적·경계 또는 좌표를 새로 정하여야 한다.)에 따라 축척변경 시행지역의 필지에 지번을 부여할 때
도시개발사업 등의 준공 전		도시개발사업 등이 준공되기 전에 사업시행자가 지번부여를 신청하는 경우에는 국토교통부령으로 정하는 바에 따라 지번을 부여할 수 있다. 지적소관청은 도시개발사업 등이 준공되기 전에 지번을 부여하는 때에는 사업계획도에 따르되, 지적확정측량을 실시한 지역의 각 필지에 지번을 새로 부여하는 경우의 지번부여방식에 따라 지번을 부여하여야 한다.

04 「공간정보의 구축 및 관리 등에 관한 법령」상 지적도의 축척에 해당하는 것을 모두 고른 것은?

> ㄱ. 1/1000   ㄴ. 1/2000   ㄷ. 1/2400
> ㄹ. 1/3000   ㅁ. 1/6000

① ㄱ, ㄷ   ② ㄱ, ㄴ, ㄷ
③ ㄱ, ㄹ, ㅁ   ④ ㄴ, ㄹ, ㅁ
⑤ ㄱ, ㄷ, ㄹ, ㅁ

풀이 공간정보의 구축 및 관리 등에 관한 법률 시행규칙 제69조(지적도면 등의 등록사항 등)
① 법 제72조에 따른 지적도 및 임야도는 각각 별지 제67호 서식 및 별지 제68호 서식과 같다.
② 법 제72조제5호에서 "그 밖에 국토교통부령으로 정하는 사항"이란 다음 각 호의 사항을 말한다. 〈개정 2013.3.23.〉
  1. 지적도면의 색인도(인접도면의 연결 순서를 표시하기 위하여 기재한 도표와 번호를 말한다)

2. 지적도면의 제명 및 축척

3. 도곽선(圖廓線)과 그 수치

4. 좌표에 의하여 계산된 경계점 간의 거리(경계점좌표등록부를 갖추어 두는 지역으로 한정한다)

5. 삼각점 및 지적기준점의 위치

6. 건축물 및 구조물 등의 위치

7. 그 밖에 국토교통부장관이 정하는 사항

③ 경계점좌표등록부를 갖추어 두는 지역의 지적도에는 해당 도면의 제명 끝에 "(좌표)"라고 표시하고, 도곽선의 오른쪽 아래 끝에 "이 도면에 의하여 측량을 할 수 없음"이라고 적어야 한다.

④ 지적도면에는 지적소관청의 직인을 날인하여야 한다. 다만, 정보처리시스템을 이용하여 관리하는 지적도면의 경우에는 그러하지 아니하다.

⑤ 지적소관청은 지적도면의 관리에 필요한 경우에는 지번부여지역마다 일람도와 지번색인표를 작성하여 갖춰 둘 수 있다.

⑥ 지적도면의 축척은 다음 각 호의 구분에 따른다.

1. 지적도 : 1/500, 1/600, 1/1000, 1/1200, 1/2400, 1/3000, 1/6000

2. 임야도 : 1/3000, 1/6000

05 「공간정보의 구축 및 관리 등에 관한 법령」상 지목의 구분에 관한 설명으로 옳은 것은?

① 일반 공중의 보건·휴양 및 정서생활에 이용하기 위한 시설을 갖춘 토지로서 「국토의 계획 및 이용에 관한 법률」에 따라 공원 또는 녹지로 결정·고시된 토지는 "체육용지"로 한다.

② 온수·약수·석유류 등을 일정한 장소로 운송하는 송수관·송유관 및 저장시설의 부지는 "광천지"로 한다.

③ 물을 상시적으로 직접 이용하여 연(蓮)·미나리·왕골 등의 식물을 주로 재배하는 토지는 "답"으로 한다.

④ 해상에 인공으로 조성된 수산생물의 번식 또는 양식을 위한 시설을 갖춘 부지는 "양어장"으로 한다.

⑤ 자연의 유수(流水)가 있거나 있을 것으로 예상되는 소규모 수로부지는 "하천"으로 한다.

풀이 공간정보의 구축 및 관리 등에 관한 법률 시행령 제58조(지목의 구분)

법 제67조제1항에 따른 지목의 구분은 다음 각 호의 기준에 따른다.

1. 전

물을 상시적으로 이용하지 않고 곡물·원예작물(과수류는 제외한다)·약초·뽕나무·닥나무·묘목·관상수 등의 식물을 주로 재배하는 토지와 식용(食用)으로 죽순을 재배하는 토지

2. 답

물을 상시적으로 직접 이용하여 벼·연(蓮)·미나리·왕골 등의 식물을 주로 재배하는 토지

6. 광천지

지하에서 온수·약수·석유류 등이 용출되는 용출구(湧出口)와 그 유지(維持)에 사용되는 부지. 다만, 온수·약수·석유류 등을 일정한 장소로 운송하는 송수관·송유관 및 저장시설의 부지는 제외한다.

17. 하천

자연의 유수(流水)가 있거나 있을 것으로 예상되는 토지

18. 구거

용수(用水) 또는 배수(排水)를 위하여 일정한 형태를 갖춘 인공적인 수로·둑 및 그 부속시설물의 부지와 자연의 유수(流水)가 있거나 있을 것으로 예상되는 소규모 수로부지

정답 05 ③

20. 양어장

육상에 인공으로 조성된 수산생물의 번식 또는 양식을 위한 시설을 갖춘 부지와 이에 접속된 부속시설물의 부지

22. 공원

일반 공중의 보건 · 휴양 및 정서생활에 이용하기 위한 시설을 갖춘 토지로서「국토의 계획 및 이용에 관한 법률」에 따라 공원 또는 녹지로 결정 · 고시된 토지

23. 체육용지

국민의 건강증진 등을 위한 체육활동에 적합한 시설과 형태를 갖춘 종합운동장 · 실내체육관 · 야구장 · 골프장 · 스키장 · 승마장 · 경륜장 등 체육시설의 토지와 이에 접속된 부속시설물의 부지. 다만, 체육시설로서의 영속성과 독립성이 미흡한 정구장 · 골프연습장 · 실내수영장 및 체육도장, 유수(流水)를 이용한 요트장 및 카누장 등의 토지는 제외한다.

06 「공간정보의 구축 및 관리 등에 관한 법령」상 지적측량의 측량기간 및 검사기간에 관한 설명이다. ( ) 안에 들어갈 내용으로 옳은 것은?(단, 합의하여 따로 기간을 정하는 경우는 제외함)

> 지적측량의 측량기간은 5일로 하며, 측량검사기간은 4일로 한다. 다만, 지적기준점을 설치하여 측량 또는 측량검사를 하는 경우 지적기준점이 15점 이하인 경우에는 (ㄱ)을, 15점을 초과하는 경우에는 (ㄴ)에 15점을 초과하는 (ㄷ)마다 1일을 가산한다.

① ㄱ : 4일, ㄴ : 4일, ㄷ : 4점
② ㄱ : 4일, ㄴ : 5일, ㄷ : 5점
③ ㄱ : 5일, ㄴ : 4일, ㄷ : 4점
④ ㄱ : 5일, ㄴ : 5일, ㄷ : 4점
⑤ ㄱ : 5일, ㄴ : 5일, ㄷ : 5점

풀이 공간정보의 구축 및 관리 등에 관한 법률 시행규칙 제25조(지적측량 의뢰 등)

① 법 제24조제1항에 따라 지적측량을 의뢰하려는 자는 별지 제15호 서식의 지적측량 의뢰서(전자문서로 된 의뢰서를 포함한다)에 의뢰 사유를 증명하는 서류(전자문서를 포함한다)를 첨부하여 지적측량수행자에게 제출하여야 한다. 〈개정 2014.1.17.〉

② 지적측량수행자는 제1항에 따른 지적측량 의뢰를 받은 때에는 측량기간, 측량일자 및 측량 수수료 등을 적은 별지 제16호 서식의 지적측량 수행계획서를 그 다음 날까지 지적소관청에 제출하여야 한다. 제출한 지적측량 수행계획서를 변경한 경우에도 같다. 〈개정 2014.1.17.〉

③ 지적측량의 측량기간은 5일로 하며, 측량검사기간은 4일로 한다. 다만, 지적기준점을 설치하여 측량 또는 측량 검사를 하는 경우 지적기준점이 15점 이하인 경우에는 4일을, 15점을 초과하는 경우에는 4일에 15점을 초과하는 4점마다 1일을 가산한다. 〈개정 2010.6.17.〉

④ 제3항에도 불구하고 지적측량 의뢰인과 지적측량수행자가 서로 합의하여 따로 기간을 정하는 경우에는 그 기간에 따르되, 전체 기간의 4분의 3은 측량기간으로, 전체 기간의 4분의 1은 측량검사기간으로 본다.

07 「공간정보의 구축 및 관리 등에 관한 법령」상 토지소유자의 정리 등에 관한 설명으로 틀린 것은?

① 지적소관청은 등기부에 적혀 있는 토지의 표시가 지적공부와 일치하지 아니하면 토지소유자를 정리할 수 없다.

② 「국유재산법」에 따른 총괄청이나 같은 법에 따른 중앙관서의 장이 소유자 없는 부동산에 대한 소유자 등록을 신청하는 경우 지적소관청은 지적공부에 해당 토지의 소유자가 등록되지 아니한 경우에는 등록할 수 있다.

③ 지적공부에 신규등록하는 토지의 소유자에 관한 사항은 등기관서에 등기한 것을 증명하는 등기필증, 등기완료통지서, 등기사항증명서 또는 등기관서에서 제공한 등기전산정보자료에 따라 정리한다.

④ 지적소관청은 필요하다고 인정하는 경우에는 관할 등기관서의 등기부를 열람하여 지적공부와 부동산등기부가 일치하는지 여부를 조사·확인하여야 한다.

⑤ 지적소관청 소속 공무원이 지적공부와 부동산등기부의 부합 여부를 확인하기 위하여 등기전산정보자료의 제공을 요청하는 경우 그 수수료는 무료로 한다.

풀이 **공간정보의 구축 및 관리 등에 관한 법률 제88조(토지소유자의 정리)**

① 지적공부에 등록된 토지소유자의 변경사항은 등기관서에서 등기한 것을 증명하는 등기필증, 등기완료통지서, 등기사항증명서 또는 등기관서에서 제공한 등기전산정보자료에 따라 정리한다. 다만, **신규등록하는 토지의 소유자는 지적소관청이 직접 조사하여 등록한다.**

② 「국유재산법」 제2조제10호에 따른 총괄청이나 같은 조 제11호에 따른 중앙관서의 장이 같은 법 제12조제3항에 따라 소유자 없는 부동산에 대한 소유자 등록을 신청하는 경우 지적소관청은 지적공부에 해당 토지의 소유자가 등록되지 아니한 경우에만 등록할 수 있다.

③ 등기부에 적혀 있는 토지의 표시가 지적공부와 일치하지 아니하면 제1항에 따라 토지소유자를 정리할 수 없다. 이 경우 토지의 표시와 지적공부가 일치하지 아니하다는 사실을 관할 등기관서에 통지하여야 한다.

④ 지적소관청은 필요하다고 인정하는 경우에는 관할 등기관서의 등기부를 열람하여 지적공부와 부동산등기부가 일치하는지 여부를 조사·확인하여야 하며, 일치하지 아니하는 사항을 발견하면 등기사항증명서 또는 등기관서에서 제공한 등기전산정보자료에 따라 지적공부를 직권으로 정리하거나, 토지소유자나 그 밖의 이해관계인에게 그 지적공부와 부동산등기부가 일치하게 하는 데에 필요한 신청 등을 하도록 요구할 수 있다.

⑤ 지적소관청 소속 공무원이 지적공부와 부동산등기부의 부합 여부를 확인하기 위하여 등기부를 열람하거나, 등기사항증명서의 발급을 신청하거나, 등기전산정보자료의 제공을 요청하는 경우 그 수수료는 무료로 한다

08 「공간정보의 구축 및 관리 등에 관한 법령」상 지적도면 등의 등록사항 등에 관한 설명으로 틀린 것은?

① 지적소관청은 지적도면의 관리에 필요한 경우에는 지번부여지역마다 일람도와 지번색인표를 작성하여 갖춰 둘 수 있다.

② 지적도면의 축척은 지적도 7종, 임야도 2종으로 구분한다.

③ 지적도면의 색인도, 건축물 및 구조물 등의 위치는 지적도면의 등록사항에 해당한다.

④ 경계점좌표등록부를 갖추어 두는 지역의 임야도에는 해당도면의 제명 끝에 "(좌표)"라고 표시하고, 도곽선의 오른쪽 아래 끝에 "이 도면에 의하여 측량을 할 수 없음"이라고 적어야 한다.

⑤ 지적도면에는 지적소관청의 직인을 날인하여야 한다. 다만, 정보처리시스템을 이용하여 관리하는 지적도면의 경우에는 그러하지 아니하다.

정답 07 ③ 08 ④

지적도 및 임야도에는 다음 각 호의 사항을 등록하여야 한다.

> 1. **토**지의 소재
> 2. **지**번
> 3. **지**목
> 4. 경**계**
> 5. 그 밖에 국토교통부령으로 정하는 사항

공간정보의 구축 및 관리 등에 관한 법률 시행규칙 제69조(지적도면 등의 등록사항 등)
① 법 제72조에 따른 지적도 및 임야도는 각각 별지 제67호 서식 및 별지 제68호 서식과 같다.
② 법 제72조제5호에서 "그 밖에 국토교통부령으로 정하는 사항"이란 다음 각 호의 사항을 말한다.

> 1. 지적**도**면의 색인도(인접도면의 연결 순서를 표시하기 위하여 기재한 도표와 번호를 말한다)
> 2. 지적도**면**의 제명 및 축척
> 3. 도곽**선**(圖廓線)과 그 수치
> 4. 좌표에 의하여 계산된 경계**점** 간의 거리(경계점좌표등록부를 갖추어 두는 지역으로 한정한다)
> 5. 삼**각**점 및 지적기준점의 위치
> 6. 건축**물** 및 구조물 등의 위치
> 7. 그 밖에 국토교통부장관이 정하는 사항

③ 경계점좌표등록부를 갖추어 두는 지역의 지적도에는 해당 도면의 제명 끝에 "(좌표)"라고 표시하고, 도곽선의 오른쪽 아래 끝에 "이 도면에 의하여 측량을 할 수 없음"이라고 적어야 한다.
④ 지적도면에는 지적소관청의 직인을 날인하여야 한다. 다만, 정보처리시스템을 이용하여 관리하는 지적도면의 경우에는 그러하지 아니하다.
⑤ 지적소관청은 지적도면의 관리에 필요한 경우에는 지번부여지역마다 일람도와 지번색인표를 작성하여 갖춰 둘 수 있다.
⑥ 지적도면의 축척은 다음 각 호의 구분에 따른다.

> 1. 지적도 : 1/500, 1/600, 1/1000, 1/1200, 1/2400, 1/3000, 1/6000
> 2. 임야도 : 1/3000, 1/6000

09 「공간정보의 구축 및 관리 등에 관한 법령」상 지적위원회 및 지적측량의 적부심사 등에 관한 설명으로 틀린 것은?

① 토지소유자, 이해관계인 또는 지적측량수행자는 지적측량성과에 대하여 다툼이 있는 경우에는 관할 시·도지사를 거쳐 지방지적위원회에 지적측량 적부심사를 청구할 수 있다.
② 지방지적위원회는 지적측량에 대한 적부심사 청구사항과 지적기술자의 징계요구에 관한 사항을 심의·의결한다.
③ 시·도지사는 지방지적위원회의 의결서를 받은 날부터 7일 이내에 지적측량 적부심사 청구인 및 이해관계인에게 그 의결서를 통지하여야 한다.
④ 시·도지사로부터 의결서를 받은 자가 지방지적위원회의 의결에 불복하는 경우에는 그 의결서를 받은 날부터 90일 이내에 국토교통부장관을 거쳐 중앙지적위원회에 재심사를 청구할 수 있다.
⑤ 중앙지적위원회는 관계인을 출석하게 하여 의견을 들을 수 있으며, 필요하면 현지조사를 할 수 있다.

정답 **09** ②

[풀이] **공간정보의 구축 및 관리 등에 관한 법률 제28조(지적위원회)** [암기] [정][무][연][개][사][양][무][요]

① 다음 각 호의 사항을 심의 · 의결하기 위하여 국토교통부에 중앙지적위원회를 둔다.

1. 지적 관련 [정]책 개발 및 업[무] 개선 등에 관한 사항
2. 지적측량기술의 [연]구 · [개]발 및 보급에 관한 사항
3. 제29조제6항에 따른 지적측량 적부심[사](適否審査)에 대한 재심사(再審査)
4. 제39조에 따른 측량기술자 중 지적분야 측량기술자(이하 "지적기술자"라 한다)의 [양]성에 관한 사항
5. 제42조에 따른 지적기술자의 업[무]정지 처분 및 징계[요]구에 관한 사항

② 제29조에 따른 지적측량에 대한 적부심사 청구사항을 심의 · 의결하기 위하여 특별시 · 광역시 · 특별자치시 · 도 또는 특별자치도(이하 "시 · 도"라 한다)에 지방지적위원회를 둔다.

③ 중앙지적위원회와 지방지적위원회의 위원 구성 및 운영에 필요한 사항은 대통령령으로 정한다. 〈개정 2013.7.17., 2017.10.24.〉

④ 중앙지적위원회와 지방지적위원회의 위원 중 공무원이 아닌 사람은 「형법」 제127조 및 제129조부터 제132조까지의 규정을 적용할 때에는 공무원으로 본다. 〈신설 2017.10.24.〉

10 「공간정보의 구축 및 관리 등에 관한 법령」상 지적서고의 설치기준 등에 관한 설명으로 틀린 것은?

① 지적서고는 지적사무를 처리하는 사무실과 연접하여 설치하여야 한다.

② 바닥과 벽은 2중으로 하고 영구적인 방수설비를 하여야 한다.

③ 창문과 출입문은 2중으로 하되, 안쪽 문은 반드시 철제로 하고 바깥쪽 문은 곤충 · 쥐 등의 침입을 막을 수 있도록 철망 등을 설치하여야 한다.

④ 온도 및 습도 자동조절장치를 설치하고, 연중평균온도는 섭씨 20±5도를, 연중평균습도는 65±5퍼센트를 유지하여야 한다.

⑤ 전기시설을 설치하는 때에는 단독퓨즈를 설치하고 소화 장비를 갖춰 두어야 한다.

[풀이] **공간정보의 구축 및 관리 등에 관한 법률 시행규칙 제65조(지적서고의 설치기준 등)**

① 법 제69조제1항에 따른 지적서고는 지적사무를 처리하는 사무실과 연접(連接)하여 설치하여야 한다.

② 제1항에 따른 지적서고의 구조는 다음 각 호의 기준에 따라야 한다.

1. 골조는 철근콘크리트 이상의 강질로 할 것
2. 지적서고의 면적은 별표 7의 기준면적에 따를 것
3. 바닥과 벽은 2중으로 하고 영구적인 방수설비를 할 것
4. 창문과 출입문은 2중으로 하되, 바깥쪽 문은 반드시 철제로 하고 안쪽 문은 곤충 · 쥐 등의 침입을 막을 수 있도록 철망 등을 설치할 것
5. 온도 및 습도 자동조절장치를 설치하고, 연중평균온도는 섭씨 20±5도를, 연중평균습도는 65±5퍼센트를 유지할 것
6. 전기시설을 설치하는 때에는 단독퓨즈를 설치하고 소화장비를 갖춰 둘 것
7. 열과 습도의 영향을 받지 아니하도록 내부공간을 넓게 하고 천장을 높게 설치할 것

③ 지적서고는 다음 각 호의 기준에 따라 관리하여야 한다.

1. 지적서고는 제한구역으로 지정하고, 출입자를 지적사무담당공무원으로 한정할 것
2. 지적서고에는 인화물질의 반입을 금지하며, 지적공부, 지적 관계 서류 및 지적측량장비만 보관할 것

④ 지적공부 보관상자는 벽으로부터 15센티미터 이상 띄어야 하며, 높이 10센티미터 이상의 깔판 위에 올려놓아야 한다.

정답 10 ③

11 「공간정보의 구축 및 관리 등에 관한 법령」상 공유지연명부와 대지권등록부의 공통된 등록사항을 모두 고른 것은?

> ㄱ. 대지권 비율 ㄴ. 토지소유자가 변경된 날과 그 원인
> ㄷ. 토지의 소재 ㄹ. 토지의 고유번호
> ㅁ. 소유권 지분

① ㄱ, ㄷ, ㄹ   ② ㄱ, ㄷ, ㅁ

③ ㄴ, ㄷ, ㄹ   ④ ㄱ, ㄴ, ㄹ, ㅁ

⑤ ㄴ, ㄷ, ㄹ, ㅁ

풀이 지적공부의 등록사항

구분	토지표시사항	소유권에 관한 사항	기타
토지대장 (土地臺帳, Land Books) & 임야대장 (林野臺帳, Forest Books)	• **토**지 소재 • **지**번 • **지**목 • 면**적** • 토지의 **이**동 사유	• 토지소유자 **변**동일자 • **변동**원인 • **주**민등록번호 • 성**명** 또는 명칭 • 주**소**	• 토지의 **고유**번호(각 필지를 서로 구별하기 위하여 필지마다 붙이는 고유한 번호를 말한다) • 지적도 또는 임야**도** 번호 • 필지별 토지대장 또는 임야대장의 **장**번호 • **축**척 • **토**지등급 또는 기준수확량 등급과 그 설정·수정 연월일 • 개별**공**시지가와 그 기준일
공유지연명부 (共有地連名簿, Common Land Books)	• **토**지 소재 • **지**번	• 토지소유자 **변**동일자 • **변동**원인 • **주**민등록번호 • 성**명**·주**소** • 소유권 **지**분	• 토지의 **고**유번호 • 필지별 공유지연명부의 **장**번호
대지권등록부 (垈地權登錄簿, Building Site Rights Books)	• **토**지 소재 • **지**번	• 토지소유자 **변**동일자 및 **변동**원인 • **주**민등록번호 • 성**명** 또는 명칭·주**소** • 대**지**권 비율 • 소유**권** 지분	• 토지의 **고**유번호 • 집합건물별 대지권등록부의 **장**번호 • **건물**의 명칭 • **전**유부분의 건물의 표시

12 「공간정보의 구축 및 관리 등에 관한 법령」상 축척변경에 따른 청산금 등에 관한 설명으로 틀린 것은?

① 지적소관청은 청산금의 결정을 공고한 날부터 20일 이내에 토지소유자에게 청산금의 납부고지 또는 수령통지를 하여야 한다.

② 청산금의 납부고지를 받은 자는 그 고지를 받은 날부터 1년 이내에 청산금을 지적소관청에 내야 한다.

③ 지적소관청은 청산금의 수령통지를 한 날부터 6개월 이내에 청산금을 지급하여야 한다.

④ 지적소관청은 청산금을 지급받을 자가 행방불명 등으로 받을 수 없거나 받기를 거부할 때에는 그 청산금을 공탁할 수 있다.

⑤ 수령통지된 청산금에 관하여 이의가 있는 자는 수령통지를 받은 날부터 1개월 이내에 지적소관청에 이의신청을 할 수 있다.

풀이 공간정보의 구축 및 관리 등에 관한 법률 시행령 제75조(청산금의 산정)

① 지적소관청은 축척변경에 관한 측량을 한 결과 측량 전에 비하여 면적의 증감이 있는 경우에는 그 증감면적에 대하여 청산을 하여야 한다. 다만, 다음 각 호의 어느 하나에 해당하는 경우에는 그러하지 아니하다.

> 1. 필지별 증감면적이 제19조제1항제2호가목에 따른 허용범위 이내인 경우. 다만, 축척변경위원회의 의결이 있는 경우는 제외한다.
> 2. 토지소유자 전원이 청산하지 아니하기로 합의하여 서면으로 제출한 경우

② 제1항 본문에 따라 청산을 할 때에는 축척변경위원회의 의결을 거쳐 지번별로 제곱미터당 금액(이하 "지번별 제곱미터당 금액"이라 한다)을 정하여야 한다. 이 경우 지적소관청은 시행공고일 현재를 기준으로 그 축척변경 시행지역의 토지에 대하여 지번별 제곱미터당 금액을 미리 조사하여 축척변경위원회에 제출하여야 한다.

③ 청산금은 제73조에 따라 작성된 축척변경 지번별 조서의 필지별 증감면적에 제2항에 따라 결정된 지번별 제곱미터당 금액을 곱하여 산정한다.

④ 지적소관청은 청산금을 산정하였을 때에는 청산금 조서(축척변경 지번별 조서에 필지별 청산금 명세를 적은 것을 말한다)를 작성하고, 청산금이 결정되었다는 뜻을 제71조제2항의 방법에 따라 15일 이상 공고하여 일반인이 열람할 수 있게 하여야 한다.

⑤ 제3항에 따라 청산금을 산정한 결과 증가된 면적에 대한 청산금의 합계와 감소된 면적에 대한 청산금의 합계에 차액이 생긴 경우 초과액은 그 지방자치단체(「제주특별자치도 설치 및 국제자유도시 조성을 위한 특별법」제10조제2항에 따른 행정시의 경우에는 해당 행정시가 속한 특별자치도를 말하고, 「지방자치법」제3조제3항에 따른 자치구가 아닌 구의 경우에는 해당 구가 속한 시를 말한다. 이하 이 항에서 같다)의 수입으로 하고, 부족액은 그 지방자치단체가 부담한다. 〈개정 2016.1.22.〉

공간정보의 구축 및 관리 등에 관한 법률 시행령 제76조(청산금의 납부고지 등)

① 지적소관청은 제75조제4항에 따라 청산금의 결정을 공고한 날부터 20일 이내에 토지소유자에게 청산금의 납부고지 또는 수령통지를 하여야 한다.

② 제1항에 따른 납부고지를 받은 자는 그 고지를 받은 날부터 6개월 이내에 청산금을 지적소관청에 내야 한다. 〈개정 2017.1.10.〉

③ 지적소관청은 제1항에 따른 수령통지를 한 날부터 6개월 이내에 청산금을 지급하여야 한다.

④ 지적소관청은 청산금을 지급받을 자가 행방불명 등으로 받을 수 없거나 받기를 거부할 때에는 그 청산금을 공탁할 수 있다.

⑤ 지적소관청은 청산금을 내야 하는 자가 제77조제1항에 따른 기간 내에 청산금에 관한 이의신청을 하지 아니하고 제2항에 따른 기간 내에 청산금을 내지 아니하면 지방세 체납처분의 예에 따라 징수할 수 있다.

정답 12 ②

공간정보의 구축 및 관리 등에 관한 법률 시행령 제77조(청산금에 관한 이의신청)

① 제76조제1항에 따라 납부고지되거나 수령통지된 청산금에 관하여 이의가 있는 자는 납부고지 또는 수령통지를 받은 날부터 1개월 이내에 지적소관청에 이의신청을 할 수 있다.

② 제1항에 따른 이의신청을 받은 지적소관청은 1개월 이내에 축척변경위원회의 심의·의결을 거쳐 그 인용(認容) 여부를 결정한 후 지체 없이 그 내용을 이의신청인에게 통지하여야 한다.

01 「공간정보의 구축 및 관리 등에 관한 법령」상 물이 고이거나 상시적으로 물을 저장하고 있는 저수지·호수 등의 토지와 연·왕골 등이 자생하는 배수가 잘 되지 아니하는 토지의 지목 구분은?

① 유지(溜池)　　　　　　　　　② 양어장

③ 구거　　　　　　　　　　　　④ 답

⑤ 유원지

풀이 공간정보의 구축 및 관리 등에 관한 법률 시행령 제58조(지목의 구분)

법 제67조제1항에 따른 지목의 구분은 다음 각 호의 기준에 따른다.

1. 전

물을 상시적으로 이용하지 않고 곡물·원예작물(과수류는 제외한다)·약초·뽕나무·닥나무·묘목·관상수 등의 식물을 주로 재배하는 토지와 식용(食用)으로 죽순을 재배하는 토지

2. 답

물을 상시적으로 직접 이용하여 벼·연(蓮)·미나리·왕골 등의 식물을 주로 재배하는 토지

18. 구거

용수(用水) 또는 배수(排水)를 위하여 일정한 형태를 갖춘 인공적인 수로·둑 및 그 부속시설물의 부지와 자연의 유수(流水)가 있거나 있을 것으로 예상되는 소규모 수로부지

19. 유지(溜池)

물이 고이거나 상시적으로 물을 저장하고 있는 댐·저수지·소류지(沼溜地)·호수·연못 등의 토지와 연·왕골 등이 자생하는 배수가 잘 되지 아니하는 토지

20. 양어장

육상에 인공으로 조성된 수산생물의 번식 또는 양식을 위한 시설을 갖춘 부지와 이에 접속된 부속시설물의 부지

24. 유원지

일반 공중의 위락·휴양 등에 적합한 시설물을 종합적으로 갖춘 수영장·유선장(遊船場)·낚시터·어린이놀이터·동물원·식물원·민속촌·경마장·야영장 등의 토지와 이에 접속된 부속시설물의 부지. 다만, 이들 시설과의 거리 등으로 보아 독립적인 것으로 인정되는 숙식시설 및 유기장(遊技場)의 부지와 하천·구거 또는 유지[공유(公有)인 것으로 한정한다]로 분류되는 것은 제외한다.

02 「공간정보의 구축 및 관리 등에 관한 법령」상 지적측량적부심사에 대한 재심사와 지적분야 측량 기술자의 양성에 관한 사항을 심의·의결하기 위하여 설치한 위원회는?

① 축척변경위원회　　　　　　　② 중앙지적위원회

③ 토지수용위원회　　　　　　　④ 경계결정위원회

⑤ 지방지적위원회

[풀이] **공간정보의 구축 및 관리 등에 관한 법률 제28조(지적위원회)** [암기] [정][무][연][개][사][양][무][요]

① 다음 각 호의 사항을 심의·의결하기 위하여 국토교통부에 중앙지적위원회를 둔다.

1. 지적 관련 [정]책 개발 및 업[무] 개선 등에 관한 사항
2. 지적측량기술의 [연]구·[개]발 및 보급에 관한 사항
3. 제29조제6항에 따른 지적측량 적부심[사](適否審査)에 대한 재심사(再審査)
4. 제39조에 따른 측량기술자 중 지적분야 측량기술자(이하 "지적기술자"라 한다)의 [양]성에 관한 사항
5. 제42조에 따른 지적기술자의 업[무]정지 처분 및 징계[요]구에 관한 사항

② 제29조에 따른 지적측량에 대한 적부심사 청구사항을 심의·의결하기 위하여 특별시·광역시·특별자치시·도 또는 특별자치도(이하 "시·도"라 한다)에 지방지적위원회를 둔다. 〈신설 2013.7.17.〉

③ 중앙지적위원회와 지방지적위원회의 위원 구성 및 운영에 필요한 사항은 대통령령으로 정한다. 〈개정 2013.7.17., 2017.10.24.〉

④ 중앙지적위원회와 지방지적위원회의 위원 중 공무원이 아닌 사람은 「형법」 제127조 및 제129조부터 제132조까지의 규정을 적용할 때에는 공무원으로 본다.

03 「공간정보의 구축 및 관리 등에 관한 법령」상 지적소관청이 토지의 이동에 따라 지상경계를 새로 정한 경우에 경계점 위치 설명도와 경계점 표지의 종류 등을 등록하여 관리하는 장부는?

① 토지이동조사부 ② 부동산종합공부
③ 경계점좌표등록부 ④ 지상경계점등록부
⑤ 토지이동정리결의서

[풀이] **공간정보의 구축 및 관리 등에 관한 법률 제65조(지상경계의 구분 등)** [암기] [토][지][경][계]는 [공][계][점]

① 토지의 지상경계는 둑, 담장이나 그 밖에 구획의 목표가 될 만한 구조물 및 경계점표지 등으로 구분한다.

② 지적소관청은 토지의 이동에 따라 지상경계를 새로 정한 경우에는 다음 각 호의 사항을 등록한 지상경계점등록부를 작성·관리하여야 한다.

1. [토]지의 소재
2. [지]번
3. [경]계점 좌표(경계점좌표등록부 시행지역에 한정한다)
4. 경[계]점 위치 설명도
5. 그 밖에 국토교통부령으로 정하는 사항

③ 제1항에 따른 지상경계의 결정 기준 등 지상경계의 결정에 필요한 사항은 대통령령으로 정하고, 경계점표지의 규격과 재질 등에 필요한 사항은 국토교통부령으로 정한다.

공간정보의 구축 및 관리 등에 관한 법률 시행규칙 제60조(지상경계점등록부 작성 등)

① 경계점 위치 설명도의 작성 등에 관하여 필요한 사항은 국토교통부장관이 정한다.

② "그 밖에 국토교통부령으로 정하는 사항"이란 다음 각 호의 사항을 말한다.

1. [공]부상 지목과 실제 토지이용 지목
2. 경[계]점의 사진 파일
3. 경계[점]표지의 종류 및 경계점 위치

③ 법 제65조제2항에 따른 지상경계점등록부는 별지 제58호 서식과 같다. 〈신설 2014.1.17.〉

④ 법 제65조제3항에 따른 경계점표지의 규격과 재질은 별표 6과 같다.

정답 03 ④

04 「공간정보의 구축 및 관리 등에 관한 법령」상 지적공부에 등록된 토지가 지형의 변화 등으로 바다로 된 토지의 등록말소 및 회복 등에 관한 설명으로 틀린 것은?

① 지적소관청은 지적공부에 등록된 토지가 지형의 변화 등으로 바다로 된 경우로서 원상(原狀)으로 회복될 수 없는 경우에는 지적공부에 등록된 토지소유자에게 지적공부의 등록말소 신청을 통지하여야 한다.

② 지적소관청은 바다로 된 토지의 등록말소 신청에 의하여 토지의 표시 변경에 관한 등기를 할 필요가 있는 경우에는 지체 없이 관할 등기관서에 그 등기를 촉탁하여야 한다.

③ 지적소관청이 직권으로 지적공부의 등록사항을 말소한 후 지형의 변화 등으로 다시 토지가 된 경우에 토지로 회복등록을 하려면 그 지적측량성과 및 등록말소 당시의 지적공부 등 관계 자료에 따라야 한다.

④ 지적소관청으로부터 지적공부의 등록말소 신청을 하도록 통지를 받은 토지소유자가 통지를 받은 날부터 60일 이내에 등록말소 신청을 하지 아니하면, 지적소관청은 직권으로 그 지적공부의 등록사항을 말소하여야 한다.

⑤ 지적소관청이 직권으로 지적공부의 등록사항을 말소하거나 회복 등록하였을 때에는 그 정리 결과를 토지소유자 및 해당 공유수면의 관리청에 통지하여야 한다.

풀이 공간정보의 구축 및 관리 등에 관한 법률 제82조(바다로 된 토지의 등록말소 신청)
① 지적소관청은 지적공부에 등록된 토지가 지형의 변화 등으로 바다로 된 경우로서 원상(原狀)으로 회복될 수 없거나 다른 지목의 토지로 될 가능성이 없는 경우에는 지적공부에 등록된 토지소유자에게 지적공부의 등록말소 신청을 하도록 통지하여야 한다.
② 지적소관청은 제1항에 따른 토지소유자가 **통지를 받은 날부터 90일 이내에 등록말소** 신청을 하지 아니하면 대통령령으로 정하는 바에 따라 등록을 말소한다.
③ 지적소관청은 제2항에 따라 말소한 토지가 지형의 변화 등으로 다시 토지가 된 경우에는 대통령령으로 정하는 바에 따라 토지로 회복등록을 할 수 있다.

공간정보의 구축 및 관리 등에 관한 법률 시행령 제68조(바다로 된 토지의 등록말소 및 회복)
① 법 제82조제2항에 따라 토지소유자가 등록말소 신청을 하지 아니하면 지적소관청이 직권으로 그 지적공부의 등록사항을 말소하여야 한다.
② 지적소관청은 법 제82조제3항에 따라 회복등록을 하려면 그 지적측량성과 및 등록말소 당시의 지적공부 등 관계 자료에 따라야 한다.
③ 제1항 및 제2항에 따라 지적공부의 등록사항을 말소하거나 회복등록하였을 때에는 그 정리 결과를 토지소유자 및 해당 공유수면의 관리청에 통지하여야 한다.

05 「공간정보의 구축 및 관리 등에 관한 법령」상 축척변경위원회의 구성과 회의 등에 관한 설명으로 옳은 것을 모두 고른 것은?

> ㄱ. 축척변경위원회의 회의는 위원장을 포함한 재적위원 과반수의 출석으로 개의(開議)하고, 출석위원 과반수의 찬성으로 의결한다.
> ㄴ. 축척변경위원회는 5명 이상 15명 이하의 위원으로 구성하되, 위원의 3분의 2 이상을 토지소유자로 하여야 한다. 이 경우 그 축척변경 시행지역의 토지소유자가 5명 이하일 때에는 토지소유자 전원을 위원으로 위촉하여야 한다.
> ㄷ. 위원은 해당 축척변경 시행지역의 토지소유자로서 지역 사정에 정통한 사람과 지적에 관하여 전문지식을 가진 사람 중에서 지적소관청이 위촉한다.

① ㄱ　　② ㄴ
③ ㄱ, ㄷ　　④ ㄴ, ㄷ
⑤ ㄱ, ㄴ, ㄷ

[풀이] **공간정보의 구축 및 관리 등에 관한 법률 시행령 제79조(축척변경위원회의 구성 등)**

① 축척변경위원회는 5명 이상 10명 이하의 위원으로 구성하되, 위원의 2분의 1 이상을 토지소유자로 하여야 한다. 이 경우 그 축척변경 시행지역의 토지소유자가 5명 이하일 때에는 토지소유자 전원을 위원으로 위촉하여야 한다.
② 위원장은 위원 중에서 지적소관청이 지명한다.
③ 위원은 다음 각 호의 사람 중에서 지적소관청이 위촉한다.

> 1. 해당 축척변경 시행지역의 토지소유자로서 지역 사정에 정통한 사람
> 2. 지적에 관하여 전문지식을 가진 사람

④ 축척변경위원회의 위원에게는 예산의 범위에서 출석수당과 여비, 그 밖의 실비를 지급할 수 있다. 다만, 공무원인 위원이 그 소관 업무와 직접적으로 관련되어 출석하는 경우에는 그러하지 아니하다.

공간정보의 구축 및 관리 등에 관한 법률 시행령 제80조(축척변경위원회의 기능) [암기] [축][제]하고 [청][소]해라

축척변경위원회는 지적소관청이 회부하는 다음 각 호의 사항을 심의·의결한다.

> 1. [축]척변경 시행계획에 관한 사항
> 2. 지번별 [제]곱미터당 금액의 결정과 청산금의 산정에 관한 사항
> 3. [청]산금의 이의신청에 관한 사항
> 4. 그 밖에 축척변경과 관련하여 지적[소]관청이 회의에 부치는 사항

공간정보의 구축 및 관리 등에 관한 법률 시행령 제81조(축척변경위원회의 회의)

① 축척변경위원회의 회의는 지적소관청이 제80조 각 호의 어느 하나에 해당하는 사항을 축척변경위원회에 회부하거나 위원장이 필요하다고 인정할 때에 위원장이 소집한다.
② 축척변경위원회의 회의는 위원장을 포함한 재적위원 과반수의 출석으로 개의(開議)하고, 출석위원 과반수의 찬성으로 의결한다.
③ 위원장은 축척변경위원회의 회의를 소집할 때에는 회의일시·장소 및 심의안건을 회의 개최 5일 전까지 각 위원에게 서면으로 통지하여야 한다.

[정답] 05 ③

06 「공간정보의 구축 및 관리 등에 관한 법령」상 지적공부의 열람 및 등본 발급, 부동산종합공부의 등록사항 및 열람·증명서 발급 등에 관한 설명으로 틀린 것은?

① 정보처리시스템을 통하여 기록·저장된 지적공부(지적도 및 임야도는 제외한다)를 열람하거나 그 등본을 발급받으려는 경우에는 시·도지사, 시장·군수 또는 구청장이나 읍·면·동의 장에게 신청할 수 있다.

② 지적소관청은 부동산종합공부에 「공간정보의 구축 및 관리 등에 관한 법률」에 따른 지적공부의 내용에서 토지의 표시와 소유자에 관한 사항을 등록하여야 한다.

③ 부동산종합공부를 열람하거나 부동산종합공부 기록사항에 관한 증명서를 발급받으려는 자는 지적공부·부동산 종합공부 열람·발급 신청서(전자문서로 된 신청서를 포함한다)를 지적소관청 또는 읍·면·동장에게 제출하여야 한다.

④ 지적소관청은 부동산종합공부에 「토지이용규제 기본법」 제10조에 따른 토지이용계획확인서의 내용에서 토지의 이용 및 규제에 관한 사항을 등록하여야 한다.

⑤ 지적소관청은 부동산종합공부에 「건축법」 제38조에 따른 건축물대장의 내용에서 건축물의 표시와 소유자에 관한 사항(토지에 건축물이 있는 경우만 해당한다)을 등록하여야 한다.

풀이 **공간정보의 구축 및 관리 등에 관한 법률 제75조(지적공부의 열람 및 등본 발급)**

① 지적공부를 열람하거나 그 등본을 발급받으려는 자는 해당 지적소관청에 그 열람 또는 발급을 신청하여야 한다. 다만, 정보처리시스템을 통하여 기록·저장된 지적공부(지적도 및 임야도는 제외한다)를 열람하거나 그 등본을 발급받으려는 경우에는 특별자치시장, 시장·군수 또는 구청장이나 읍·면·동의 장에게 신청할 수 있다.

② 제1항에 따른 지적공부의 열람 및 등본 발급의 절차 등에 필요한 사항은 국토교통부령으로 정한다.

공간정보의 구축 및 관리 등에 관한 법률 제76조의3(부동산종합공부의 등록사항 등)

지적소관청은 부동산종합공부에 다음 각 호의 사항을 등록하여야 한다. 〈개정 2016.1.19.〉

> 1. 토지의 표시와 소유자에 관한 사항 : 이 법에 따른 지적공부의 내용
> 2. 건축물의 표시와 소유자에 관한 사항(토지에 건축물이 있는 경우만 해당한다) : 「건축법」 제38조에 따른 건축물대장의 내용
> 3. 토지의 이용 및 규제에 관한 사항 : 「토지이용규제 기본법」 제10조에 따른 토지이용계획확인서의 내용
> 4. 부동산의 가격에 관한 사항 : 「부동산 가격공시에 관한 법률」 제10조에 따른 개별공시지가, 같은 법 제16조, 제17조 및 제18조에 따른 개별주택가격 및 공동주택가격 공시내용
> 5. 그 밖에 부동산의 효율적 이용과 부동산과 관련된 정보의 종합적 관리·운영을 위하여 필요한 사항으로서 대통령령으로 정하는 사항

공간정보의 구축 및 관리 등에 관한 법률 시행령 제62조의2(부동산종합공부의 등록사항)

법 제76조의3제5호에서 "대통령령으로 정하는 사항"이란 「부동산등기법」 제48조에 따른 부동산의 권리에 관한 사항을 말한다.

공간정보의 구축 및 관리 등에 관한 법률 제76조의4(부동산종합공부의 열람 및 증명서 발급)

① 부동산종합공부를 열람하거나 부동산종합공부 기록사항의 전부 또는 일부에 관한 증명서(이하 "부동산종합증명서"라 한다)를 발급받으려는 자는 지적소관청이나 읍·면·동의 장에게 신청할 수 있다.

② 제1항에 따른 부동산종합공부의 열람 및 부동산종합증명서 발급의 절차 등에 관하여 필요한 사항은 국토교통부령으로 정한다.

공간정보의 구축 및 관리 등에 관한 법률 시행규칙 제74조(지적공부 및 부동산종합공부의 열람·발급 등)

① 법 제75조에 따라 지적공부를 열람하거나 그 등본을 발급받으려는 자는 별지 제71호 서식의 지적공부·부동산종합공부 열람·발급 신청서(전자문서로 된 신청서를 포함한다)를 지적소관청 또는 읍·면·동장에게 제출하여야 한다.

② 법 제76조의4에 따라 부동산종합공부를 열람하거나 부동산종합공부 기록사항의 전부 또는 일부에 관한 증명서(이하 "부동산종합증명서"라 한다)를 발급받으려는 자는 별지 제71호 서식의 지적공부·부동산종합공부 열람·발급 신청서(전자문서로 된 신청서를 포함한다)를 지적소관청 또는 읍·면·동장에게 제출하여야 한다. 〈신설 2014.1.17.〉

③ 부동산종합증명서의 건축물현황도 중 평면도 및 단위세대별 평면도의 열람·발급의 방법과 절차에 관하여는 「건축물대장의 기재 및 관리 등에 관한 규칙」 제11조제3항에 따른다. 〈신설 2014.1.17.〉

④ 부동산종합증명서는 별지 제71호의2서식부터 별지 제71호의4서식까지와 같다.

07 「공간정보의 구축 및 관리 등에 관한 법령」상 지적소관청이 지적공부의 등록사항에 잘못이 있는지를 직권으로 조사·측량하여 정정할 수 있는 경우를 모두 고른 것은?

ㄱ. 지적공부의 작성 또는 재작성 당시 잘못 정리된 경우
ㄴ. 지적도에 등록된 필지의 경계가 지상 경계와 일치하지 않아 면적의 증감이 있는 경우
ㄷ. 측량 준비 파일과 다르게 정리된 경우
ㄹ. 지적공부의 등록사항이 잘못 입력된 경우

① ㄷ
② ㄹ
③ ㄱ, ㄹ
④ ㄴ, ㄷ
⑤ ㄱ, ㄷ, ㄹ

풀이 공간정보의 구축 및 관리 등에 관한 법률 제84조(등록사항의 정정)

① 토지소유자는 지적공부의 등록사항에 잘못이 있음을 발견하면 지적소관청에 그 정정을 신청할 수 있다.

② 지적소관청은 지적공부의 등록사항에 잘못이 있음을 발견하면 대통령령으로 정하는 바에 따라 직권으로 조사·측량하여 정정할 수 있다.

③ 제1항에 따른 정정으로 인접 토지의 경계가 변경되는 경우에는 다음 각 호의 어느 하나에 해당하는 서류를 지적소관청에 제출하여야 한다.

1. 인접 토지소유자의 승낙서
2. 인접 토지소유자가 승낙하지 아니하는 경우에는 이에 대항할 수 있는 확정판결서 정본(正本)

④ 지적소관청이 제1항 또는 제2항에 따라 등록사항을 정정할 때 그 정정사항이 토지소유자에 관한 사항인 경우에는 등기필증, 등기완료통지서, 등기사항증명서 또는 등기관서에서 제공한 등기전산정보자료에 따라 정정하여야 한다. 다만, 제1항에 따라 미등기 토지에 대하여 토지소유자의 성명 또는 명칭, 주민등록번호, 주소 등에 관한 사항의 정정을 신청한 경우로서 그 등록사항이 명백히 잘못된 경우에는 가족관계 기록사항에 관한 증명서에 따라 정정하여야 한다.

공간정보의 구축 및 관리 등에 관한 법률 시행령 제82조(등록사항의 직권정정 등)

① 지적소관청이 법 제84조제2항에 따라 지적공부의 등록사항에 잘못이 있는지를 직권으로 조사·측량하여 정정할 수 있는 경우는 다음 각 호와 같다. 〈개정 2015.6.1., 2017.1.10.〉

1. 제84조제2항에 따른 토지이동정리 결의서의 내용과 다르게 정리된 경우
2. 지적도 및 임야도에 등록된 필지가 면적의 증감 없이 경계의 위치만 잘못된 경우
3. 1필지가 각각 다른 지적도나 임야도에 등록되어 있는 경우로서 지적공부에 등록된 면적과 측량한 실제면적은 일치하지만 지적도나 임야도에 등록된 경계가 서로 접합되지 않아 지적도나 임야도에 등록된 경계를 지상의 경계에 맞추어 정정하여야 하는 토지가 발견된 경우
4. 지적공부의 작성 또는 재작성 당시 잘못 정리된 경우
5. 지적측량성과와 다르게 정리된 경우
6. 법 제29조제10항에 따라 지적공부의 등록사항을 정정하여야 하는 경우
7. 지적공부의 등록사항이 잘못 입력된 경우
8. 「부동산등기법」 제37조제2항에 따른 통지가 있는 경우(지적소관청의 착오로 잘못 합병한 경우만 해당한다)
9. 법률 제2801호 지적법 개정법률 부칙 제3조에 따른 면적 환산이 잘못된 경우

② 지적소관청은 제1항 각 호의 어느 하나에 해당하는 토지가 있을 때에는 지체 없이 관계 서류에 따라 지적공부의 등록사항을 정정하여야 한다.

③ 지적공부의 등록사항 중 경계나 면적 등 측량을 수반하는 토지의 표시가 잘못된 경우에는 지적소관청은 그 정정이 완료될 때까지 지적측량을 정지시킬 수 있다. 다만, 잘못 표시된 사항의 정정을 위한 지적측량은 그러하지 아니하다.

08 「공간정보의 구축 및 관리 등에 관한 법령」상 지적도의 축척이 600분의 1인 지역에서 신규 등록할 1필지의 면적을 계산한 값이 $0.050m^2$이었다. 토지대장에 등록하는 면적의 결정으로 옳은 것은?

① $0.01m^2$ ② $0.05m^2$
③ $0.1m^2$ ④ $0.5m^2$
⑤ $1.0m^2$

풀이 공간정보의 구축 및 관리 등에 관한 법률 시행령 제60조(면적의 결정 및 측량계산의 끝수처리)
① 면적의 결정은 다음 각 호의 방법에 따른다.

1. 토지의 면적에 1제곱미터 미만의 끝수가 있는 경우 0.5제곱미터 미만일 때에는 버리고 0.5제곱미터를 초과하는 때에는 올리며, 0.5제곱미터일 때에는 구하려는 끝자리의 숫자가 0 또는 짝수이면 버리고 홀수이면 올린다. 다만, 1필지의 면적이 1제곱미터 미만일 때에는 1제곱미터로 한다.
2. 지적도의 축척이 600분의 1인 지역과 경계점좌표등록부에 등록하는 지역의 토지 면적은 제1호에도 불구하고 제곱미터 이하 한 자리 단위로 하되, 0.1제곱미터 미만의 끝수가 있는 경우 0.05제곱미터 미만일 때에는 버리고 0.05제곱미터를 초과할 때에는 올리며, 0.05제곱미터일 때에는 구하려는 끝자리의 숫자가 0 또는 짝수이면 버리고 홀수이면 올린다. 다만, 1필지의 면적이 0.1제곱미터 미만일 때에는 0.1제곱미터로 한다.

② 방위각의 각치(角値), 종횡선의 수치 또는 거리를 계산하는 경우 구하려는 끝자리의 다음 숫자가 5 미만일 때에는 버리고 5를 초과할 때에는 올리며, 5일 때에는 구하려는 끝자리의 숫자가 0 또는 짝수이면 버리고 홀수이면 올린다. 다만, 전자계산조직을 이용하여 연산할 때에는 최종수치에만 이를 적용한다.

09 「공간정보의 구축 및 관리 등에 관한 법령」상 도시개발사업 등 시행지역의 토지이동 신청에 관한 특례의 설명으로 틀린 것은?

① 「도시개발법」에 따른 도시개발사업의 착수를 지적소관청에 신고하려는 자는 도시개발사업 등의 착수(시행)·변경·완료 신고서에 사업인가서, 지번별 조서, 사업계획도를 첨부하여야 한다.

② 「농어촌정비법」에 따른 농어촌정비사업의 사업시행자가 지적소관청에 토지의 이동을 신청한 경우 토지의 이동은 토지의 형질변경 등의 공사가 착수(시행)된 때에 이루어진 것으로 본다.

③ 「도시 및 주거환경정비법」에 따른 정비사업의 착수·변경 또는 완료 사실의 신고는 그 사유가 발생한 날부터 15일 이내에 하여야 한다.

④ 「주택법」에 따른 주택건설사업의 시행자가 파산 등의 이유로 토지의 이동 신청을 할 수 없을 때에는 그 주택의 시공을 보증한 자 또는 입주예정자 등이 신청할 수 있다.

⑤ 「택지개발촉진법」에 따른 택지개발사업의 사업시행자가 지적소관청에 토지의 이동을 신청한 경우 신청 대상지역이 환지(換地)를 수반하는 경우에는 지적소관청에 신고한 사업완료 신고로써 이를 갈음할 수 있다. 이 경우 사업완료 신고서에 택지개발 사업시행자가 토지의 이동 신청을 갈음한다는 뜻을 적어야 한다.

> **풀이** 공간정보의 구축 및 관리 등에 관한 법률 제86조(도시개발사업 등 시행지역의 토지이동 신청에 관한 특례)
>
> ① 「도시개발법」에 따른 도시개발사업, 「농어촌정비법」에 따른 농어촌정비사업, 그 밖에 대통령령으로 정하는 토지개발사업의 시행자는 대통령령으로 정하는 바에 따라 그 사업의 착수·변경 및 완료 사실을 지적소관청에 신고하여야 한다.
>
> ② 제1항에 따른 사업과 관련하여 토지의 이동이 필요한 경우에는 해당 사업의 시행자가 지적소관청에 토지의 이동을 신청하여야 한다.
>
> ③ 제2항에 따른 토지의 이동은 **토지의 형질변경 등의 공사가 준공된 때에** 이루어진 것으로 본다.
>
> ④ 제1항에 따라 사업의 착수 또는 변경의 신고가 된 토지의 소유자가 해당 토지의 이동을 원하는 경우에는 해당 사업의 시행자에게 그 토지의 이동을 신청하도록 요청하여야 하며, 요청을 받은 시행자는 해당 사업에 지장이 없다고 판단되면 지적소관청에 그 이동을 신청하여야 한다.
>
> **공간정보의 구축 및 관리 등에 관한 법률 시행령 제83조(토지개발사업 등의 범위 및 신고)**
>
> ① 법 제86조제1항에서 "대통령령으로 정하는 토지개발사업"이란 다음 각 호의 사업을 말한다. 〈개정 2019. 3.12.〉
>
>> 1. 「주택법」에 따른 주택건설사업
>> 2. 「택지개발촉진법」에 따른 택지개발사업
>> 3. 「산업입지 및 개발에 관한 법률」에 따른 산업단지개발사업
>> 4. 「도시 및 주거환경정비법」에 따른 정비사업
>> 5. 「지역 개발 및 지원에 관한 법률」에 따른 지역개발사업
>> 6. 「체육시설의 설치·이용에 관한 법률」에 따른 체육시설 설치를 위한 토지개발사업
>> 7. 「관광진흥법」에 따른 관광단지 개발사업
>> 8. 「공유수면 관리 및 매립에 관한 법률」에 따른 매립사업
>> 9. 「항만법」, 「신항만건설촉진법」에 따른 항만개발사업 및 「항만 재개발 및 주변지역 발전에 관한 법률」에 따른 항만재개발사업
>> 10. 「공공주택 특별법」에 따른 공공주택지구조성사업
>> 11. 「물류시설의 개발 및 운영에 관한 법률」 및 「경제자유구역의 지정 및 운영에 관한 특별법」에 따른 개발사업

12. 「철도의 건설 및 철도시설 유지관리에 관한 법률」에 따른 고속철도, 일반철도 및 광역철도 건설사업
13. 「도로법」에 따른 고속국도 및 일반국도 건설사업
14. 그 밖에 제1호부터 제13호까지의 사업과 유사한 경우로서 국토교통부장관이 고시하는 요건에 해당하는 토지개발사업

② 법 제86조제1항에 따른 도시개발사업 등의 착수ㆍ변경 또는 완료 사실의 신고는 그 사유가 발생한 날부터 15일 이내에 하여야 한다.

③ 법 제86조제2항에 따른 토지의 이동 신청은 그 신청대상지역이 환지(換地)를 수반하는 경우에는 법 제86조제1항에 따른 사업완료 신고로써 이를 갈음할 수 있다. 이 경우 사업완료 신고서에 법 제86조제2항에 따른 토지의 이동 신청을 갈음한다는 뜻을 적어야 한다.

④ 「주택법」에 따른 주택건설사업의 시행자가 파산 등의 이유로 토지의 이동 신청을 할 수 없을 때에는 그 주택의 시공을 보증한 자 또는 입주예정자 등이 신청할 수 있다.

공간정보의 구축 및 관리 등에 관한 법률 시행규칙 제95조(도시개발사업 등의 신고)
① 법 제86조제1항 및 영 제83조제2항에 따른 도시개발사업 등의 착수 또는 변경의 신고를 하려는 자는 별지 제81호 서식의 도시개발사업 등의 착수(시행)ㆍ변경ㆍ완료 신고서에 다음 각 호의 서류를 첨부하여야 한다. 다만, 변경신고의 경우에는 변경된 부분으로 한정한다.

1. 사업인가서
2. 지번별 조서
3. 사업계획도

② 법 제86조제1항 및 영 제83조제2항에 따른 도시개발사업 등의 완료신고를 하려는 자는 별지 제81호 서식의 신청서에 다음 각 호의 서류를 첨부하여야 한다. 이 경우 지적측량수행자가 지적소관청에 측량검사를 의뢰하면서 미리 제출한 서류는 첨부하지 아니할 수 있다.

1. 확정될 토지의 지번별 조서 및 종전 토지의 지번별 조서
2. 환지처분과 같은 효력이 있는 고시된 환지계획서. 다만, 환지를 수반하지 아니하는 사업인 경우에는 사업의 완료를 증명하는 서류를 말한다.

10 「공간정보의 구축 및 관리 등에 관한 법령」상 지적측량을 실시하여야 하는 경우를 모두 고른 것은?

ㄱ. 토지소유자가 지적소관청에 신규등록 신청을 하기 위하여 측량을 할 필요가 있는 경우
ㄴ. 지적소관청이 지적공부의 일부가 멸실되어 이를 복구하기 위하여 측량을 할 필요가 있는 경우
ㄷ. 「지적재조사에 관한 특별법」에 따른 지적재조사사업에 따라 토지의 이동이 있어 측량을 할 필요가 있는 경우
ㄹ. 토지소유자가 지적소관청에 바다가 된 토지에 대하여 지적공부의 등록말소를 신청하기 위하여 측량을 할 필요가 있는 경우

① ㄱ, ㄴ, ㄷ   ② ㄱ, ㄴ, ㄹ
③ ㄱ, ㄷ, ㄹ   ④ ㄴ, ㄷ, ㄹ
⑤ ㄱ, ㄴ, ㄷ, ㄹ

[풀이] 공간정보의 구축 및 관리 등에 관한 법률 제23조(지적측량의 실시 등)

① 다음 각 호의 어느 하나에 해당하는 경우에는 지적측량을 하여야 한다. 〈개정 2013.7.17.〉

1. 제7조제1항제3호에 따른 지적기준점을 정하는 경우
2. 제25조에 따라 지적측량성과를 검사하는 경우
3. 다음 각 목의 어느 하나에 해당하는 경우로서 측량을 할 필요가 있는 경우
   - 가. 제74조에 따라 지적공부를 복구하는 경우
   - 나. 제77조에 따라 토지를 신규등록하는 경우
   - 다. 제78조에 따라 토지를 등록전환하는 경우
   - 라. 제79조에 따라 토지를 분할하는 경우
   - 마. 제82조에 따라 바다가 된 토지의 등록을 말소하는 경우
   - 바. 제83조에 따라 축척을 변경하는 경우
   - 사. 제84조에 따라 지적공부의 등록사항을 정정하는 경우
   - 아. 제86조에 따른 도시개발사업 등의 시행지역에서 토지의 이동이 있는 경우
   - 자. 「지적재조사에 관한 특별법」에 따른 지적재조사사업에 따라 토지의 이동이 있는 경우
4. 경계점을 지상에 복원하는 경우
5. 그 밖에 대통령령으로 정하는 경우

② 지적측량의 방법 및 절차 등에 필요한 사항은 국토교통부령으로 정한다.

11 「공간정보의 구축 및 관리 등에 관한 법령」상 지목을 지적도에 등록하는 때에 표기하는 부호로써 옳은 것은?

① 광천지－천　② 공장용지－공

③ 유원지－유　④ 제방－제

⑤ 도로－로

[풀이] 공간정보의 구축 및 관리 등에 관한 법률 시행규칙 제64조(지목의 표기방법)

지목을 지적도 및 임야도(이하 "지적도면"이라 한다)에 등록하는 때에는 다음의 부호로 표기하여야 한다.

지목	부호	지목	부호	지목	부호	지목	부호
전	전	대	대	철도용지	철	공원	공
답	답	공장용지	[장]	제방	제	체육용지	체
과수원	과	학교용지	학	하천	[천]	유원지	[원]
목장용지	목	주차장	[차]	구거	구	종교용지	종
임야	임	주유소용지	주	유지	유	사적지	사
광천지	광	창고용지	창	양어장	양	묘지	묘
염전	염	도로	도	수도용지	수	잡종지	잡

[정답] 11 ④

12 「공간정보의 구축 및 관리 등에 관한 법령」상 토지의 합병 및 지적공부의 정리 등에 관한 설명으로 틀린 것은?

① 합병에 따른 면적은 따로 지적측량을 하지 않고 합병 전 각 필지의 면적을 합산하여 합병 후 필지의 면적으로 결정한다.

② 토지소유자가 합병 전의 필지에 주거·사무실 등의 건축물이 있어서 그 건축물이 위치한 지번을 합병 후의 지번으로 신청할 때에는 그 지번을 합병 후의 지번으로 부여하여야 한다.

③ 합병에 따른 경계는 따로 지적측량을 하지 않고 합병 전 각 필지의 경계 중 합병으로 필요 없게 된 부분을 말소하여 합병 후 필지의 경계로 결정한다.

④ 지적소관청은 토지소유자의 합병신청에 의하여 토지의 이동이 있는 경우에는 지적공부를 정리하여야 하며, 이 경우에는 토지이동정리 결의서를 작성하여야 한다.

⑤ 토지소유자는 도로, 제방, 하천, 구거, 유지의 토지로서 합병하여야 할 토지가 있으면 그 사유가 발생한 날부터 90일 이내에 지적소관청에 합병을 신청하여야 한다.

풀이 **공간정보의 구축 및 관리 등에 관한 법률 제26조(토지의 이동에 따른 면적 등의 결정방법)**

① 합병에 따른 경계·좌표 또는 면적은 따로 지적측량을 하지 아니하고 다음 각 호의 구분에 따라 결정한다.

> 1. 합병 후 필지의 경계 또는 좌표 : 합병 전 각 필지의 경계 또는 좌표 중 합병으로 필요 없게 된 부분을 말소하여 결정
> 2. 합병 후 필지의 면적 : 합병 전 각 필지의 면적을 합산하여 결정

② 등록전환이나 분할에 따른 면적을 정할 때 오차가 발생하는 경우 그 오차의 허용 범위 및 처리방법 등에 필요한 사항은 대통령령으로 정한다.

공간정보의 구축 및 관리 등에 관한 법률 제80조(합병 신청)

① 토지소유자는 토지를 합병하려면 대통령령으로 정하는 바에 따라 지적소관청에 합병을 신청하여야 한다.

② 토지소유자는 「주택법」에 따른 공동주택의 부지, 도로, 제방, 하천, 구거, 유지, 그 밖에 대통령령으로 정하는 토지로서 합병하여야 할 토지가 있으면 그 사유가 발생한 날부터 60일 이내에 지적소관청에 합병을 신청하여야 한다.

③ 다음 각 호의 어느 하나에 해당하는 경우에는 합병 신청을 할 수 없다.

> 1. 합병하려는 토지의 지번부여지역, 지목 또는 소유자가 서로 다른 경우
> 2. 합병하려는 토지에 다음 각 목의 등기 외의 등기가 있는 경우

> > 가. 소유권·지상권·전세권 또는 임차권의 등기
> > 나. 승역지(承役地)에 대한 지역권의 등기
> > 다. 합병하려는 토지 전부에 대한 등기원인(登記原因) 및 그 연월일과 접수번호가 같은 저당권의 등기
> > 라. 합병하려는 토지 전부에 대한 「부동산등기법」 제81조제1항 각 호의 등기사항이 동일한 신탁등기

> 3. 그 밖에 합병하려는 토지의 지적도 및 임야도의 축척이 서로 다른 경우 등 대통령령으로 정하는 경우

공간정보의 구축 및 관리 등에 관한 법률 시행령 제66조(합병 신청)

① 토지소유자는 법 제80조제1항 및 제2항에 따라 토지의 합병을 신청할 때에는 합병 사유를 적은 신청서를 지적소관청에 제출하여야 한다.

② 법 제80조제2항에서 "대통령령으로 정하는 토지"란 공장용지·학교용지·철도용지·수도용지·공원·

체육용지 등 다른 지목의 토지를 말한다.

③ 법 제80조제3항제3호에서 "합병하려는 토지의 지적도 및 임야도의 축척이 서로 다른 경우 등 대통령령으로 정하는 경우"란 다음 각 호의 경우를 말한다.

> 1. 합병하려는 토지의 지적도 및 임야도의 축척이 서로 다른 경우
> 2. 합병하려는 각 필지의 지반이 연속되지 아니한 경우
> 3. 합병하려는 토지가 등기된 토지와 등기되지 아니한 토지인 경우
> 4. 합병하려는 각 필지의 지목은 같으나 일부 토지의 용도가 다르게 되어 법 제79조제2항에 따른 분할대상 토지인 경우. 다만, 합병 신청과 동시에 토지의 용도에 따라 분할 신청을 하는 경우는 제외한다.
> 5. 합병하려는 토지의 소유자별 공유지분이 다르거나 소유자의 주소가 서로 다른 경우
> 6. 합병하려는 토지가 구획정리, 경지정리 또는 축척변경을 시행하고 있는 지역의 토지와 그 지역 밖의 토지인 경우

공간정보의 구축 및 관리 등에 관한 법률 시행령 제56조(지번의 구성 및 부여방법 등)

③ 법 제66조에 따른 지번의 부여방법은 다음 각 호와 같다.

4. 합병의 경우에는 합병 대상 지번 중 선순위의 지번을 그 지번으로 하되, 본번으로 된 지번이 있을 때에는 본번 중 선순위의 지번을 합병 후의 지번으로 할 것. 이 경우 토지소유자가 합병 전의 필지에 주거ㆍ사무실 등의 건축물이 있어서 그 건축물이 위치한 지번을 합병 후의 지번으로 신청할 때에는 그 지번을 합병 후의 지번으로 부여하여야 한다.

공간정보의 구축 및 관리 등에 관한 법률 시행령 제84조(지적공부의 정리 등)

① 지적소관청은 지적공부가 다음 각 호의 어느 하나에 해당하는 경우에는 지적공부를 정리하여야 한다. 이 경우 이미 작성된 지적공부에 정리할 수 없을 때에는 새로 작성하여야 한다.

> 1. 법 제66조제2항에 따라 지번을 변경하는 경우
> 2. 법 제74조에 따라 지적공부를 복구하는 경우
> 3. 법 제77조부터 제86조까지의 규정에 따른 신규등록ㆍ등록전환ㆍ분할ㆍ합병ㆍ지목변경 등 토지의 이동이 있는 경우

② 지적소관청은 제1항에 따른 토지의 이동이 있는 경우에는 **토지이동정리 결의서**를 작성하여야 하고, 토지소유자의 변동 등에 따라 지적공부를 정리하려는 경우에는 소유자정리 결의서를 작성하여야 한다.

③ 제1항 및 제2항에 따른 지적공부의 정리방법, 토지이동정리 결의서 및 소유자정리 결의서 작성방법 등에 관하여 필요한 사항은 국토교통부령으로 정한다.

01 「공간정보의 구축 및 관리 등에 관한 법령」상 지적공부의 보존 및 보관방법 등에 관한 설명으로 틀린 것은?(단, 정보처리시스템을 통하여 기록·저장한 지적공부는 제외함)

① 지적소관청은 해당 청사에 지적서고를 설치하고 그 곳에 지적공부를 영구히 보존하여야 한다.

② 국토교통부장관의 승인을 받은 경우 지적공부를 해당 청사 밖으로 반출할 수 있다.

③ 지적서고는 지적사무를 처리하는 사무실과 연접(連接)하여 설치하여야 한다.

④ 지적도면은 지번부여지역별로 도면번호순으로 보관하되, 각 장별로 보호대에 넣어야 한다.

⑤ 카드로 된 토지대장·임야대장·공유지연명부·대지권등록부 및 경계점좌표등록부는 100장 단위로 바인더(binder)에 넣어 보관하여야 한다.

풀이 **공간정보의 구축 및 관리 등에 관한 법률 제69조(지적공부의 보존 등)**

① 지적소관청은 해당 청사에 지적서고를 설치하고 그 곳에 지적공부(정보처리시스템을 통하여 기록·저장한 경우는 제외한다. 이하 이 항에서 같다)를 영구히 보존하여야 하며, 다음 각 호의 어느 하나에 해당하는 경우 외에는 해당 청사 밖으로 지적공부를 반출할 수 없다.

> 1. 천재지변이나 그 밖에 이에 준하는 재난을 피하기 위하여 필요한 경우
> 2. 관할 시·도지사 또는 대도시 시장의 승인을 받은 경우

② 지적공부를 정보처리시스템을 통하여 기록·저장한 경우 관할 시·도지사, 시장·군수 또는 구청장은 그 지적공부를 지적정보관리체계에 영구히 보존하여야 한다. 〈개정 2013.7.17.〉

③ 국토교통부장관은 제2항에 따라 보존하여야 하는 지적공부가 멸실되거나 훼손될 경우를 대비하여 지적공부를 복제하여 관리하는 정보관리체계를 구축하여야 한다.

공간정보의 구축 및 관리 등에 관한 법률 시행규칙 제65조(지적서고의 설치기준 등)

① 법 제69조제1항에 따른 지적서고는 지적사무를 처리하는 사무실과 연접(連接)하여 설치하여야 한다.

공간정보의 구축 및 관리 등에 관한 법률 시행규칙 제66조(지적공부의 보관방법 등)

① 부책(簿册)으로 된 토지대장·임야대장 및 공유지연명부는 지적공부 보관상자에 넣어 보관하고, 카드로 된 토지대장·임야대장·공유지연명부·대지권등록부 및 경계점좌표등록부는 100장 단위로 바인더(binder)에 넣어 보관하여야 한다.

② 일람도·지번색인표 및 지적도면은 지번부여지역별로 도면번호순으로 보관하되, 각 장별로 보호대에 넣어야 한다.

③ 법 제69조제2항에 따라 지적공부를 정보처리시스템을 통하여 기록·보존하는 때에는 그 지적공부를 「공공기관의 기록물 관리에 관한 법률」 제19조제2항에 따라 기록물관리기관에 이관할 수 있다.

02 「공간정보의 구축 및 관리 등에 관한 법령」상 지적공부와 등록사항의 연결이 옳은 것은?

① 토지대장 – 경계와 면적
② 임야대장 – 건축물 및 구조물 등의 위치
③ 공유지연명부 – 소유권 지분과 토지의 이동사유
④ 대지권등록부 – 대지권 비율과 지목
⑤ 토지대장 · 임야대장 · 공유지연명부 · 대지권등록부 – 토지소유자가 변경된 날과 그 원인

풀이 지적공부의 등록사항

구분	토지표시사항	소유권에 관한 사항	기타
토지대장 (土地臺帳, Land Books) & 임야대장 (林野臺帳, Forest Books)	• **토**지 소재 • **지**번 • **지**목 • 면**적** • 토지의 **이**동 사유	• 토지소유자 **변**동일자 • **변**동원인 • **주**민등록번호 • 성**명** 또는 명칭 • **주**소	• 토지의 고**유**번호(각 필지 를 서로 구별하기 위하여 필지마다 붙이는 고유한 번호를 말한다) • 지적도 또는 임야**도** 번호 • 필지별 토지대장 또는 임 야대장의 **장**번호 • **축**척 • **토**지등급 또는 기준수확량 등급과 그 설정 · 수정 연 월일 • 개별**공**시지가와 그 기준일
공유지연명부 (共有地連名簿, Common Land Books)	• **토**지 소재 • **지**번	• 토지소유자 **변**동일자 • **변**동원인 • **주**민등록번호 • 성**명** · 주**소** • 소유권 **지**분	• 토지의 **고**유번호 • 필지별 공유지연명부의 **장**번호
대지권등록부 (坐地權登錄簿, Building Site Rights Books)	• **토**지 소재 • **지**번	• 토지소유자 **변**동일자 및 변동원인 • **주**민등록번호 • 성**명** 또는 명칭 · 주**소** • 대**지**권 비율 • 소유**권** 지분	• 토지의 **고**유번호 • 집합건물별 대지권등록부의 **장**번호 • **건**물의 명칭 • **전**유부분의 건물의 표시
경계점좌표등록부 (境界點座標登錄簿, Boundary Point Coordinate Books)	• **토**지소재 • **지**번 • 좌**표**		• **고**유번호 • 장번호 • **부**호 및 부호도 • **도**면번호
지적도(地籍圖, Land Books) & 임야도(林野圖, Forest Books)	• **토**지소재 • **지**번 • **지**목 • 경계 • 경계**점** 간의 거리		• **도**면의 색인도 • 도**면**의 제명 및 축척 • 도곽**선**과 그 수치 • 삼**각**점 및 **지**적기준점의 위치 • 건축**물** 및 구조물 등의 위치

정답 02 ⑤

03 「공간정보의 구축 및 관리 등에 관한 법령」상 지목을 잡종지로 정할 수 있는 것으로만 나열한 것은?(단, 원상회복을 조건으로 돌을 캐내는 곳 또는 흙을 파내는 곳으로 허가된 토지는 제외함)

① 변전소, 송신소, 수신소 및 지하에서 석유류 등이 용출되는 용출구(湧出口)와 그 유지(維持)에 사용되는 부지

② 여객자동차터미널, 자동차운전학원 및 폐차장 등 자동차와 관련된 독립적인 시설들을 갖춘 부지

③ 갈대밭, 실외에 물건을 쌓아두는 곳, 산림 및 원야(原野)를 이루고 있는 암석지·자갈땅·모래땅·황무지 등의 토지

④ 공항 항만시설 부지 및 물건 등을 보관하거나 저장하기 위하여 독립적으로 설치된 보관시설물의 부지

⑤ 도축장, 쓰레기처리장, 오물처리장 및 일반 공중의 위락·휴양 등에 적합한 시설물을 종합적으로 갖춘 야영장·식물원 등의 토지

풀이 공간정보의 구축 및 관리 등에 관한 법률 시행령 제58조(지목의 구분)

법 제67조제1항에 따른 지목의 구분은 다음 각 호의 기준에 따른다. 〈개정 2020.6.9.〉

5. 임야

　산림 및 원야(原野)를 이루고 있는 수림지(樹林地)·죽림지·암석지·자갈땅·모래땅·습지·황무지 등의 토지

6. 광천지

　지하에서 온수·약수·석유류 등이 용출되는 용출구(湧出口)와 그 유지(維持)에 사용되는 부지. 다만, 온수·약수·석유류 등을 일정한 장소로 운송하는 송수관·송유관 및 저장시설의 부지는 제외한다.

13. 창고용지

　물건 등을 보관하거나 저장하기 위하여 독립적으로 설치된 보관시설물의 부지와 이에 접속된 부속시설물의 부지

24. 유원지

　일반 공중의 위락·휴양 등에 적합한 시설물을 종합적으로 갖춘 수영장·유선장(遊船場)·낚시터·어린이놀이터·동물원·식물원·민속촌·경마장·야영장 등의 토지와 이에 접속된 부속시설물의 부지. 다만, 이들 시설과의 거리 등으로 보아 독립적인 것으로 인정되는 숙식시설 및 유기장(遊技場)의 부지와 하천·구거 또는 유지[공유(公有)인 것으로 한정한다]로 분류되는 것은 제외한다.

28. 잡종지

　다음 각 목의 토지. 다만, 원상회복을 조건으로 돌을 캐내는 곳 또는 흙을 파내는 곳으로 허가된 토지는 제외한다.

　가. 갈대밭, 실외에 물건을 쌓아두는 곳, 돌을 캐내는 곳, 흙을 파내는 곳, 야외시장 및 공동우물

　나. 변전소, 송신소, 수신소 및 송유시설 등의 부지

　다. 여객자동차터미널, 자동차운전학원 및 폐차장 등 자동차와 관련된 독립적인 시설물을 갖춘 부지

　라. 공항시설 및 항만시설 부지

　마. 도축장, 쓰레기처리장 및 오물처리장 등의 부지

　바. 그 밖에 다른 지목에 속하지 않는 토지

04 「공간정보의 구축 및 관리 등에 관한 법령」상 지적소관청이 축척변경 시행공고를 할 때 공고하여야 할 사항으로 틀린 것은?

① 축척변경의 목적, 시행지역 및 시행기간
② 축척변경의 시행에 관한 세부계획
③ 축척변경의 시행자 선정 및 평가방법
④ 축척변경의 시행에 따른 청산방법
⑤ 축척변경의 시행에 따른 토지소유자 등의 협조에 관한 사항

풀이 공간정보의 구축 및 관리 등에 관한 법률 시행령 제71조(축척변경 시행공고 등)

① 지적소관청은 법 제83조제3항에 따라 시·도지사 또는 대도시 시장으로부터 축척변경 승인을 받았을 때에는 지체 없이 다음 각 호의 사항을 20일 이상 공고하여야 한다. **암기** 목지기 청소세

> 1. 축척변경의 **목**적, 시행**지**역 및 시행**기**간
> 2. 축척변경의 시행에 따른 **청**산방법
> 3. 축척변경의 시행에 따른 토지**소**유자 등의 협조에 관한 사항
> 4. 축척변경의 시행에 관한 **세**부계획

② 제1항에 따른 시행공고는 시·군·구(자치구가 아닌 구를 포함한다) 및 축척변경 시행지역 동·리의 게시판에 주민이 볼 수 있도록 게시하여야 한다.
③ 축척변경 시행지역의 토지소유자 또는 점유자는 시행공고가 된 날(이하 "시행공고일"이라 한다)부터 30일 이내에 시행공고일 현재 점유하고 있는 경계에 국토교통부령으로 정하는 경계점표지를 설치하여야 한다.

05 「공간정보의 구축 및 관리 등에 관한 법령」상 지적공부의 복구 및 복구절차 등에 관한 설명으로 틀린 것은?

① 지적소관청(정보처리시스템을 통하여 기록·저장한 지적공부의 경우에는 시·도지사, 시장·군수 또는 구청장)은 지적공부의 전부 또는 일부가 멸실되거나 훼손된 경우에는 지체 없이 이를 복구하여야 한다.
② 지적공부를 복구할 때에는 멸실·훼손 당시의 지적공부와 가장 부합된다고 인정되는 관계 자료에 따라 토지의 표시에 관한 사항을 복구하여야 한다. 다만, 소유자에 관한 사항은 부동산등기부나 법원의 확정판결에 따라 복구하여야 한다.
③ 지적공부의 등본, 개별공시지가 자료, 측량신청서 및 측량 준비도, 법원의 확정판결서 정본 또는 사본은 지적공부의 복구자료이다.
④ 지적소관청은 조사된 복구자료 중 토지대장·임야대장 및 공유지연명부의 등록 내용을 증명하는 서류 등에 따라 지적복구자료 조사서를 작성하고, 지적도면의 등록 내용을 증명하는 서류 등에 따라 복구자료도를 작성하여야 한다.
⑤ 복구자료도에 따라 측정한 면적과 지적복구자료 조사서의 조사된 면적의 증감이 오차의 허용범위를 초과하거나 복구자료도를 작성할 복구료가 없는 경우에는 복구측량을 하여야 한다.

풀이 공간정보의 구축 및 관리 등에 관한 법률 시행규칙 제72조(지적공부의 복구자료)

영 제61조제1항에 따른 지적공부의 복구에 관한 관계 자료(이하 "복구자료"라 한다)는 다음 각 호와 같다.

암기 🔵동🟢지🟠등🟡목🟣명은 🔴법🟤지🔵원에서

1. 🔵동산등기부 🟡등본 등 등기사실을 증명하는 서류
2. 🟢지적공부의 🟡등본
3. 법 제69조제3항(지적공부를 복제하여 관리하는 정보관리체계를 구축하여야 한다)에 따라 🟠복제된 지적 공부
4. 지적소관청이 작성하거나 발행한 지적공부의 등록내용을 증🟡명하는 서류
5. 측🟣량 결과도
6. 토🟤지이동정리 결의서
7. 법🔵원의 확정판결서 정본 또는 사본

공간정보의 구축 및 관리 등에 관한 법률 제74조(지적공부의 복구)

지적소관청(제69조제2항(② 지적공부를 정보처리시스템을 통하여 기록·저장한 경우 관할 시·도지사, 시장·군수 또는 구청장은 그 지적공부를 지적정보관리체계에 영구히 보존하여야 한다)에 따른 지적공부의 경우에는 시·도지사, 시장·군수 또는 구청장)은 지적공부의 전부 또는 일부가 멸실되거나 훼손된 경우에는 대통령령으로 정하는 바에 따라 지체 없이 이를 복구하여야 한다.

공간정보의 구축 및 관리 등에 관한 법률 시행령 제61조(지적공부의 복구)

① 지적소관청이 법 제74조에 따라 지적공부를 복구할 때에는 멸실·훼손 당시의 지적공부와 가장 부합된다고 인정되는 관계 자료에 따라 토지의 표시에 관한 사항을 복구하여야 한다. 다만, 소유자에 관한 사항은 부동산등 기부나 법원의 확정판결에 따라 복구하여야 한다.

② 제1항에 따른 지적공부의 복구에 관한 관계 자료 및 복구절차 등에 관하여 필요한 사항은 국토교통부령으로 정한다.

공간정보의 구축 및 관리 등에 관한 법률 시행규칙 제73조(지적공부의 복구절차 등)

① 지적소관청은 법 제74조 및 영 제61조제1항에 따라 지적공부를 복구하려는 경우에는 제72조 각 호의 복구자료를 조사하여야 한다.

② 지적소관청은 제1항에 따라 조사된 복구자료 중 토지대장·임야대장 및 공유지연명부의 등록 내용을 증명하는 서류 등에 따라 별지 제70호 서식의 지적복구자료 조사서를 작성하고, 지적도면의 등록 내용을 증명하는 서류 등에 따라 복구자료도를 작성하여야 한다.

③ 제2항에 따라 작성된 복구자료도에 따라 측정한 면적과 지적복구자료 조사서의 조사된 면적의 증감이 영 제19조제1항제2호가목의 계산식에 따른 허용범위를 초과하거나 복구자료도를 작성할 복구자료가 없는 경우에는 복구측량을 하여야 한다. 이 경우 같은 계산식 중 A는 오차허용면적, M은 축척분모, F는 조사된 면적을 말한다.

④ 제2항에 따라 작성된 지적복구자료 조사서의 조사된 면적이 영 제19조제1항제2호가목의 계산식에 따른 허용범위 이내인 경우에는 그 면적을 복구면적으로 결정하여야 한다.

⑤ 제3항에 따라 복구측량을 한 결과가 복구자료와 부합하지 아니하는 때에는 토지소유자 및 이해관계인의 동의를 받아 경계 또는 면적 등을 조정할 수 있다. 이 경우 경계를 조정한 때에는 제60조제2항에 따른 경계점 표지를 설치하여야 한다.

⑥ 지적소관청은 제1항부터 제5항까지의 규정에 따른 복구자료의 조사 또는 복구측량 등이 완료되어 지적공부를 복구하려는 경우에는 복구하려는 토지의 표시 등을 시·군·구 게시판 및 인터넷 홈페이지에 15일 이상 게시하여야 한다.

⑦ 복구하려는 토지의 표시 등에 이의가 있는 자는 제6항의 게시기간 내에 지적소관청에 이의신청을 할 수 있다. 이 경우 이의신청을 받은 지적소관청은 이의사유를 검토하여 이유 있다고 인정되는 때에는 그 시정에 필요한

조치를 하여야 한다.

⑧ 지적소관청은 제6항 및 제7항에 따른 절차를 이행한 때에는 지적복구자료 조사서, 복구자료도 또는 복구측량 결과도 등에 따라 토지대장 · 임야대장 · 공유지연명부 또는 지적도면을 복구하여야 한다.

⑨ 토지대장 · 임야대장 또는 공유지연명부는 복구되고 지적도면이 복구되지 아니한 토지가 법 제83조에 따른 축척변경 시행지역이나 법 제86조에 따른 도시개발사업 등의 시행지역에 편입된 때에는 지적도면을 복구하지 아니할 수 있다.

06 「공간정보의 구축 및 관리 등에 관한 법령」상 등록전환을 할 때 임야대장의 면적과 등록전환된 면적의 차이가 오차의 허용범위를 초과하는 경우 처리 방법으로 옳은 것은?

① 지적소관청이 임야대장의 면적 또는 임야도의 경계를 직권으로 정정하여야 한다.
② 지적소관청이 시 · 도지사의 승인을 받아 허용범위를 초과하는 면적을 등록전환 면적으로 결정하여야 한다.
③ 지적측량수행자가 지적소관청의 승인을 받아 허용범위를 초과하는 면적을 등록전환 면적으로 결정하여야 한다.
④ 지적측량수행자가 토지소유자와 합의한 면적을 등록전환 면적으로 결정하여야 한다.
⑤ 지적측량수행자가 임야대장의 면적 또는 임야도의 경계를 직권으로 정정하여야 한다.

풀이 공간정보의 구축 및 관리 등에 관한 법률 시행령 제19조(등록전환이나 분할에 따른 면적 오차의 허용범위 및 배분 등)
① 법 제26조제2항에 따른 등록전환이나 분할을 위하여 면적을 정할 때에 발생하는 오차의 허용범위 및 처리방법은 다음 각 호와 같다.
1. 등록전환을 하는 경우

> 가. 임야대장의 면적과 등록전환될 면적의 오차 허용범위는 다음의 계산식에 따른다. 이 경우 오차의 허용범위를 계산할 때 축척이 3천분의 1인 지역의 축척분모는 6천으로 한다.
>
> $$A = 0.026^2 M \sqrt{F}$$
> (A는 오차 허용면적, M은 임야도 축척분모, F는 등록전환될 면적)
>
> 나. 임야대장의 면적과 등록전환될 면적의 차이가 가목의 계산식에 따른 허용범위 이내인 경우에는 등록전환될 면적을 등록전환 면적으로 결정하고, 허용범위를 초과하는 경우에는 임야대장의 면적 또는 임야도의 경계를 지적소관청이 직권으로 정정하여야 한다.

2. 토지를 분할하는 경우

> 가. 분할 후의 각 필지의 면적의 합계와 분할 전 면적과의 오차의 허용범위는 제1호가목의 계산식에 따른다. 이 경우 A는 오차 허용면적, M은 축척분모, F는 원면적으로 하되, 축척이 3천분의 1인 지역의 축척분모는 6천으로 한다.
> 나. 분할 전후 면적의 차이가 가목의 계산식에 따른 허용범위 이내인 경우에는 그 오차를 분할 후의 각 필지의 면적에 따라 나누고, 허용범위를 초과하는 경우에는 지적공부(地籍公簿)상의 면적 또는 경계를 정정하여야 한다.
> 다. 분할 전후 면적의 차이를 배분한 산출면적은 다음의 계산식에 따라 필요한 자리까지 계산하고, 결정면적은 원면적과 일치하도록 산출면적의 구하려는 끝자리의 다음 숫자가 큰 것부터 순차로 올려서 정하되, 구하려는 끝자리의 다음 숫자가 서로 같을 때에는 산출면적이 큰 것을 올려서 정한다.

정답 06 ①

$$r = \frac{F}{A} \times a$$

(r은 각 필지의 산출면적, F는 원면적, A는 측정면적 합계 또는 보정면적 합계, a는 각 필지의 측정면적 또는 보정면적)

② 경계점좌표등록부가 있는 지역의 토지분할을 위하여 면적을 정할 때에는 제1항제2호나목에도 불구하고 다음 각 호의 기준에 따른다.

> 1. 분할 후 각 필지의 면적합계가 분할 전 면적보다 많은 경우에는 구하려는 끝자리의 다음 숫자가 작은 것부터 순차적으로 버려서 정하되, 분할 전 면적에 증감이 없도록 할 것
> 2. 분할 후 각 필지의 면적합계가 분할 전 면적보다 적은 경우에는 구하려는 끝자리의 다음 숫자가 큰 것부터 순차적으로 올려서 정하되, 분할 전 면적에 증감이 없도록 할 것

07 「공간정보의 구축 및 관리 등에 관한 법령」상 지목을 도로로 정할 수 없는 것은?(단, 아파트·공장 등 단일용도의 일정한 단지 안에 설치된 통로 등은 제외함)

① 일반 공중(公衆)의 교공 운수를 위하여 보행이나 차량운행에 필요한 일정한 설비 또는 형태를 갖추어 이용되는 토지
② 「도로법」 등 관계 법령에 따라 도로로 개설된 토지
③ 고속도로의 휴게소 부지
④ 2필지 이상에 진입하는 통로로 이용되는 토지
⑤ 교통 운수를 위하여 일정한 제도 동의 설비와 형태를 갖추어 이용되는 토지

풀이 **공간정보의 구축 및 관리 등에 관한 법률 시행령 제58조(지목의 구분)**
법 제67조제1항에 따른 지목의 구분은 다음 각 호의 기준에 따른다. 〈개정 2020.6.9.〉
14. 도로
다음 각 목의 토지. 다만, 아파트·공장 등 단일 용도의 일정한 단지 안에 설치된 통로 등은 제외한다.

> 가. 일반 공중(公衆)의 교통 운수를 위하여 보행이나 차량운행에 필요한 일정한 설비 또는 형태를 갖추어 이용되는 토지
> 나. 「도로법」 등 관계 법령에 따라 도로로 개설된 토지
> 다. 고속도로의 휴게소 부지
> 라. 2필지 이상에 진입하는 통로로 이용되는 토지

08 「공간정보의 구축 및 관리 등에 관한 법령」상 중앙지적위원회의 심의·의결사항으로 틀린 것은?

① 측량기술자 중 지적기술자의 양성에 관한 사항
② 지적측량기술의 연구·개발 및 보급에 관한 사항
③ 지적재조사 기본계획의 수립 및 변경에 관한 사항
④ 지적 관련 정책 개발 및 업무 개선 등에 관한 사항
⑤ 지적기술자의 업무정지 처분 및 징계요구에 관한 사항

[풀이] **공간정보의 구축 및 관리 등에 관한 법률 제28조(지적위원회)**

① 다음 각 호의 사항을 심의 · 의결하기 위하여 국토교통부에 중앙지적위원회를 둔다.

중앙지적위원회		지방지적위원회	
심의 · 의결사항 (영 제28조)	[암기] [정][무][연][개][사][양][무][요] 1. 지적 관련 [정]책 개발 및 업[무] 개선 등에 관한 사항 2. 지적측량기술의 [연]구 · [개]발 및 보급에 관한 사항 3. 제29조제6항에 따른 지적측량 적부심[사](適否審査)에 대한 재심사(再審査) 4. 제39조에 따른 측량기술자 중 지적분야 측량기술자(이하 "지적기술자"라 한다)의 [양]성에 관한 사항 5. 제42조에 따른 지적기술자의 업[무]정지 처분 및 징계[요]구에 관한 사항	적부 심사청구 (영 제24조)	① 법 제29조제1항에 따라 지적측량 적부심사(適否審査)를 청구하려는 자는 심사청구서에 다음 각 호의 구분에 따른 서류를 첨부하여 특별시장 · 광역시장 · 특별자치시장 · 도지사 또는 특별자치도지사(이하 "시 · 도지사"라 한다)를 거쳐 지방지적위원회에 제출하여야 한다. 〈개정 2014. 1.17.〉 1. 토지소유자 또는 이해관계인 : 지적측량을 의뢰하여 발급받은 지적측량성과 2. 지적측량수행자(지적측량수행자 소속 지적기술자가 청구하는 경우만 해당한다) : 직접 실시한 지적측량성과
회의 (영 제21조)	① 중앙지적위원회 위원장은 회의를 소집하고 그 의장이 된다. ② 위원장이 부득이한 사유로 직무를 수행할 수 없을 때에는 부위원장이 그 직무를 대행하고, 위원장 및 부위원장이 모두 부득이한 사유로 직무를 수행할 수 없을 때에는 위원장이 미리 지명한 위원이 그 직무를 대행한다. ③ 중앙지적위원회의 회의는 재적위원 과반수의 출석으로 개의(開議)하고, 출석위원 과반수의 찬성으로 의결한다. ④ 중앙지적위원회는 관계인을 출석하게 하여 의견을 들을 수 있으며, 필요하면 현지조사를 할 수 있다. ⑤ 위원장이 중앙지적위원회의 회의를 소집할 때에는 회의 일시 · 장소 및 심의 안건을 회의 5일 전까지 각 위원에게 서면으로 통지하여야 한다. ⑥ 위원이 법 제29조제6항에 따른 재심사 시 그 측량 사안에 관하여 관련이 있는 경우에는 그 안건의 심의 또는 의결에 참석할 수 없다.	지방지적 위원회 회부 (법 제29조)	② 제1항에 따른 지적측량 적부심사청구를 받은 시 · 도지사는 [30]일 이내에 다음 각 호의 사항을 조사하여 지방지적위원회에 회부하여야 한다. [암기] [위][성][이] [연][기]되면 [계][측]하라 1. 다툼이 되는 지적측량의 경[위] 및 그 [성]과 2. 해당 토지에 대한 토지[이]동 및 소유권 변동 [연]혁 3. 해당 토지 주변의 측량[기]준점, 경[계], 주요 구조물 등 현황 실[측]도

정답

09 다음은 「공간정보의 구축 및 관리 등에 관한 법령」상 도시개발사업 등 시행지역의 토지이동 신청 특례에 관한 설명이다. ( )에 들어갈 내용으로 옳은 것은?

> • 「도시개발법」에 따른 도시개발사업, 「농어촌정비법」에 따른 농어촌정비사업 등의 사업시행자는 그 사업의 착수·변경 및 완료 사실을 (ㄱ)에(게) 신고하여야 한다.
> • 도시개발사업 등의 착수·변경 또는 완료 사실의 신고는 그 사유가 발생한 날부터 (ㄴ) 이내에 하여야 한다.

① ㄱ : 시·도지사, ㄴ : 15일
② ㄱ : 시·도지사, ㄴ : 30일
③ ㄱ : 시·도지사, ㄴ : 60일
④ ㄱ : 지적소관청, ㄴ : 15일
⑤ ㄱ : 지적소관청, ㄴ : 30일

풀이 공간정보의 구축 및 관리 등에 관한 법률 제86조(도시개발사업 등 시행지역의 토지이동 신청에 관한 특례)

① 「도시개발법」에 따른 도시개발사업, 「농어촌정비법」에 따른 농어촌정비사업, 그 밖에 대통령령으로 정하는 토지개발사업의 시행자는 대통령령으로 정하는 바에 따라 그 사업의 착수·변경 및 완료 사실을 **지적소관청**에 신고하여야 한다.

② 제1항에 따른 사업과 관련하여 토지의 이동이 필요한 경우에는 해당 사업의 시행자가 지적소관청에 토지의 이동을 신청하여야 한다.

③ 제2항에 따른 **토지의 이동**은 토지의 형질변경 등의 공사가 준공된 때에 이루어진 것으로 본다.

④ 제1항에 따라 사업의 착수 또는 변경의 신고가 된 토지의 소유자가 해당 토지의 이동을 원하는 경우에는 해당 사업의 시행자에게 그 토지의 이동을 신청하도록 요청하여야 하며, 요청을 받은 시행자는 해당 사업에 지장이 없다고 판단되면 지적소관청에 그 이동을 신청하여야 한다.

공간정보의 구축 및 관리 등에 관한 법률 시행령 제83조(토지개발사업 등의 범위 및 신고)

① 법 제86조제1항에서 "대통령령으로 정하는 토지개발사업"이란 다음 각 호의 사업을 말한다.

② 법 제86조제1항에 따른 도시개발사업 등의 착수·변경 또는 완료 사실의 신고는 그 사유가 발생한 날부터 15일 이내에 하여야 한다.

③ 법 제86조제2항에 따른 토지의 이동 신청은 그 신청대상지역이 환지(換地)를 수반하는 경우에는 법 제86조제1항에 따른 사업완료 신고로써 이를 갈음할 수 있다. 이 경우 사업완료 신고서에 법 제86조제2항에 따른 토지의 이동 신청을 갈음한다는 뜻을 적어야 한다.

④ 「주택법」에 따른 주택건설사업의 시행자가 파산 등의 이유로 토지의 이동 신청을 할 수 없을 때에는 그 주택의 시공을 보증한 자 또는 입주예정자 등이 신청할 수 있다.

10 다음은 「공간정보의 구축 및 관리 등에 관한 법령」상 등록사항 정정 대상토지에 대한 대장의 열람 또는 등본의 발급에 관한 설명이다. (   )에 들어갈 내용으로 옳은 것은?

> 지적소관청은 등록사항 정정 대상토지에 대한 대장을 열람하게 하거나 등본을 발급하는 때에는 (ㄱ)라고 적은 부분을 흑백의 반전(反轉)으로 표시하거나 (ㄴ)(으)로 적어야 한다.

① ㄱ : 지적불부합지   ㄴ : 붉은색
② ㄱ : 지적불부합지   ㄴ : 굵은 고딕체
③ ㄱ : 지적불부합지   ㄴ : 담당자의 자필
④ ㄱ : 등록사항 정정 대상토지   ㄴ : 붉은색
⑤ ㄱ : 등록사항 정정 대상토지   ㄴ : 굵은 고딕체

풀이 공간정보의 구축 및 관리 등에 관한 법률 시행규칙 제94조(등록사항 정정 대상토지의 관리 등)

① 지적소관청은 토지의 표시가 잘못되었음을 발견하였을 때에는 지체 없이 등록사항 정정에 필요한 서류와 등록사항 정정 측량성과도를 작성하고, 영 제84조제2항에 따라 토지이동정리 결의서를 작성한 후 대장의 사유란에 "등록사항 정정 대상토지"라고 적고, 토지소유자에게 등록사항 정정 신청을 할 수 있도록 그 사유를 통지하여야 한다. 다만, 영 제82조제1항에 따라 지적소관청이 직권으로 정정할 수 있는 경우에는 토지소유자에게 통지를 하지 아니할 수 있다.

② 제1항에 따른 등록사항 정정 대상토지에 대한 대장을 열람하게 하거나 등본을 발급하는 때에는 "등록사항 정정 대상토지"라고 적은 부분을 흑백의 반전(反轉)으로 표시하거나 붉은색으로 적어야 한다.

11 「공간정보의 구축 및 관리 등에 관한 법령」상 지적소관청이 지체 없이 축척변경의 확정공고를 하여야 하는 때로 옳은 것은?

① 청산금의 납부 및 지급이 완료되었을 때
② 축척변경을 위한 수량이 완료되었을 때
③ 축척변경에 관한 측량에 따라 필지별 증감 면적의 산정이 완료되었을 때
④ 축척변경에 관한 측량에 따라 변동사항을 표시한 축척변경 지번 조서 작성이 완료되었을 때
⑤ 축척변경에 따라 확정된 사항이 지적공부에 등록되었을 때

풀이 공간정보의 구축 및 관리 등에 관한 법률 시행령 제78조(축척변경의 확정공고)

① 청산금의 납부 및 지급이 완료되었을 때에는 지적소관청은 지체 없이 축척변경의 확정공고를 하여야 한다.
② 지적소관청은 제1항에 따른 확정공고를 하였을 때에는 지체 없이 축척변경에 따라 확정된 사항을 지적공부에 등록하여야 한다.
③ 축척변경 시행지역의 토지는 제1항에 따른 확정공고일에 토지의 이동이 있는 것으로 본다.

12 「공간정보의 구축 및 관리 등에 관한 법령」상 지적기준점성과와 지적기준점성과의 열람 및 등본 발급 신청기관의 연결이 옳은 것은?

① 지적삼각점성과 — 시 · 도지사 또는 지적소관청
② 지적삼각보조점성과 — 시 · 도지사 또는 지적소관청
③ 지적삼각보조점성과 — 지적소관청 또는 한국국토정보공사
④ 지적도근점성과 — 시 · 도지사 또는 한국국토정보공사
⑤ 지적도근점성과 — 지적소관청 또는 한국국토정보공사

풀이 공간정보의 구축 및 관리 등에 관한 법률 시행규칙 제26조(지적기준점성과의 열람 및 등본발급)

① 법 제27조에 따라 지적측량기준점성과 또는 그 측량부를 열람하거나 등본을 발급받으려는 자는 지적삼각점 성과에 대해서는 특별시장 · 광역시장 · 특별자치시장 · 도지사 · 특별자치도지사(이하 "시 · 도지사"라 한다) 또는 **지적소관청**에 신청하고, 지적삼각보조점성과 및 지적도근점성과에 대해서는 **지적소관청**에 신청하 여야 한다. 〈개정 2013.6.19., 2015.6.4.〉

② 제1항에 따른 지적측량기준점성과 또는 그 측량부의 열람 및 등본발급 신청서는 별지 제17호 서식과 같다.

③ 지적측량기준점성과 또는 그 측량부의 열람이나 등본 발급 신청을 받은 해당 기관은 이를 열람하게 하거나 별지 제18호 서식의 지적측량기준점성과 등본을 발급하여야 한다.

지적법
합격모의고사

공간정보의 구축 및 관리 등에 관한 법률 관련 문제

··· 01 제1회 합격모의고사

01 「공간정보의 구축 및 관리 등에 관한 법률」에서 정의한 지적과 관련된 용어의 뜻으로 옳지 않은 것은?

(10년지방9급)

① 경계점 – 필지를 구획하는 선의 굴곡점으로서 지적도나 임야도에 도해(圖解) 형태로 등록하거나 경계점좌표등록부에 좌표 형태로 등록하는 점을 말한다.

② 등록전환 – 임야대장 및 임야도에 등록된 토지를 토지대장 및 지적도에 옮겨 등록하는 것을 말한다.

③ 축척변경 – 지적도에 등록된 경계점의 정밀도를 높이기 위하여 작은 축척을 큰 축척으로 변경하여 등록하는 것을 말한다.

④ 토지의 표시 – 지적공부에 토지의 소재 · 지번(地番) · 지목(地目) · 소유자 · 면적 · 경계 또는 좌표를 등록한 것을 말한다.

풀이 공간정보의 구축 및 관리 등에 관한 법률 제2조(정의)

20. "토지의 표시"란 지적공부에 토지의 소재 · 지번(地番) · 지목(地目) · 면적 · 경계 또는 좌표를 등록한 것을 말한다.

21. "필지"란 대통령령으로 정하는 바에 따라 구획되는 토지의 등록단위를 말한다.

22. "지번"이란 필지에 부여하여 지적공부에 등록한 번호를 말한다.

23. "지번부여지역"이란 지번을 부여하는 단위지역으로서 동 · 리 또는 이에 준하는 지역을 말한다.

24. "지목"이란 토지의 주된 용도에 따라 토지의 종류를 구분하여 지적공부에 등록한 것을 말한다.

25. "경계점"이란 필지를 구획하는 선의 굴곡점으로서 지적도나 임야도에 도해(圖解) 형태로 등록하거나 경계점좌표등록부에 좌표 형태로 등록하는 점을 말한다.

26. "경계"란 필지별로 경계점들을 직선으로 연결하여 지적공부에 등록한 선을 말한다.

27. "면적"이란 지적공부에 등록한 필지의 수평면상 넓이를 말한다.

28. "토지의 이동(異動)"이란 토지의 표시를 새로 정하거나 변경 또는 말소하는 것을 말한다.

29. "신규등록"이란 새로 조성된 토지와 지적공부에 등록되어 있지 아니한 토지를 지적공부에 등록하는 것을 말한다.

30. "등록전환"이란 임야대장 및 임야도에 등록된 토지를 토지대장 및 지적도에 옮겨 등록하는 것을 말한다.

31. "분할"이란 지적공부에 등록된 1필지를 2필지 이상으로 나누어 등록하는 것을 말한다.

32. "합병"이란 지적공부에 등록된 2필지 이상을 1필지로 합하여 등록하는 것을 말한다.

33. "지목변경"이란 지적공부에 등록된 지목을 다른 지목으로 바꾸어 등록하는 것을 말한다.

정답 01 ④

34. "축척변경"이란 지적도에 등록된 경계점의 정밀도를 높이기 위하여 작은 축척을 큰 축척으로 변경하여 등록하는 것을 말한다.

02 「공간정보의 구축 및 관리 등에 관한 법률」(지적)의 성격에 대한 설명으로 옳은 것은?

(07년서울7급)

① 토지등록공시법, 실체법적 성격을 지닌 절차법, 강행적 성격을 지닌 임의법
② 실체법적 성격을 지닌 절차법, 공법적 성격을 지닌 토지사법, 임의법적 성격을 지닌 강행법
③ 토지사법적 성격을 지닌 공법, 절차법 성격을 지닌 실체법, 임의법적 성격을 지닌 강행법
④ 임의법적 성격을 지닌 강행법, 토지사법적 성격을 지닌 공법, 실체법적 성격을 지닌 절차법
⑤ 토지사법적 성격을 지닌 공법, 절차법 성격을 지닌 실체법, 토지등록공시법

풀이 지적에 관한 법률의 성격 **암기** ㉠㉯㉱㉰

토지의 등록공시에 관한 ㉠본법	지적에 관한 법률에 의하여 지적공부에 토지표시사항이 등록·공시되어야 등기부가 창설되므로 토지의 등록공시에 관한 기본법이라 할 수 있다. ※ 토지공시법은 「공간정보의 구축 및 관리 등에 관한 법률」과 「부동산등기법」이 있다.
사법적 성격을 지닌 ㉯지공법	지적에 관한 법률은 효율적인 토지관리와 소유권 보호에 기여함을 목적으로 하고 있으므로 토지소유권 보호라는 사법적 성격과 효율적인 토지관리를 위한 공법적 성격을 함께 나타내고 있다.
실체법적 성격을 지닌 ㉱차법	지적에 관한 법률은 토지와 관련된 정보를 조사·측량하여 지적공부에 등록·관리하고, 등록된 정보를 제공하는 데 있어 필요한 절차와 방법을 규정하고 있으므로 절차법적 성격을 지니고 있으며, 국가기관의 장인 시장·군수·구청장 및 토지소유자가 하여야 할 행위와 의무 등에 관한 사항도 규정하고 있으므로 실체법적 성격을 지니고 있다.
임의법적 성격을 지닌 ㉰행법	지적에 관한 법률은 토지소유자의 의사에 따라 토지등록 및 토지이동을 신청할 수 있는 임의법적 성격과, 일정한 기한 내 신청이 없는 경우 국가가 강제적으로 지적공부에 등록·공시하는 강행법적 성격을 지니고 있다.

03 도시개발사업 등이 준공되기 전에 지번을 부여하는 경우 무엇에 의하여 부여하는가?

(07년서울7급)

① 개발계획도
② 사업계획도
③ 지번별조사
④ 환지계획서
⑤ 개발계획서

풀이 공간정보의 구축 및 관리 등에 관한 법률 시행규칙 제61조(도시개발사업 등 준공 전 지번부여)
지적소관청은 영 제56조제4항에 따라 도시개발사업 등이 준공되기 전에 지번을 부여하는 때에는 제95조제1항제3호의 사업계획도에 따르되, 영 제56조제3항제5호에 따라 부여하여야 한다.

04 다음 중 지적서고의 설치기준에 대해 설명이 잘못된 것은? (07년서울7급)

① 지적서고는 지적사무를 처리하는 사무실과 연접하여 설치하여야 한다.
② 전기시설을 설치한 때에는 단독퓨즈를 설치하고 소화장비를 비치한다.
③ 바닥과 벽은 2중으로 하고 영구적인 방수설비를 한다.
④ 지적서고는 연중평균온도 섭씨 10±5도를, 연중평균습도는 75±5퍼센트를 유지한다.
⑤ 창문과 출입문은 2중으로 한다.

> **풀이** 공간정보의 구축 및 관리 등에 관한 법률 시행규칙 제65조(지적서고의 설치기준 등)
>
> ① 법 제69조제1항에 따른 지적서고는 지적사무를 처리하는 사무실과 연접(連接)하여 설치하여야 한다.
> ② 제1항에 따른 지적서고의 구조는 다음 각 호의 기준에 따라야 한다.
>
>> 1. 골조는 철근콘크리트 이상의 강질로 할 것
>> 2. 지적서고의 면적은 별표 7의 기준면적에 따를 것
>> 3. 바닥과 벽은 2중으로 하고 영구적인 방수설비를 할 것
>> 4. 창문과 출입문은 2중으로 하되, 바깥쪽 문은 반드시 철제로 하고 안쪽 문은 곤충·쥐 등의 침입을 막을 수 있도록 철망 등을 설치할 것
>> 5. 온도 및 습도 자동조절장치를 설치하고, 연중평균온도는 섭씨 20±5도를, 연중평균습도는 65±5퍼센트를 유지할 것
>> 6. 전기시설을 설치하는 때에는 단독퓨즈를 설치하고 소화장비를 갖춰 둘 것
>> 7. 열과 습도의 영향을 받지 아니하도록 내부공간을 넓게 하고 천장을 높게 설치할 것
>
> ③ 지적서고는 다음 각 호의 기준에 따라 관리하여야 한다.
>
>> 1. 지적서고는 제한구역으로 지정하고, 출입자를 지적사무담당공무원으로 한정할 것
>> 2. 지적서고에는 인화물질의 반입을 금지하며, 지적공부, 지적 관계 서류 및 지적측량장비만 보관할 것
>
> ④ 지적공부 보관상자는 벽으로부터 15센티미터 이상 띄어야 하며, 높이 10센티미터 이상의 깔판 위에 올려놓아야 한다.

05 다음 중 현행 「공간정보의 구축 및 관리 등에 관한 법령」상 지적공부의 관리에 대해 잘못 설명한 것은? (07년서울7급)

① 지적공부 관리 장소는 지적사무를 처리하는 사무실로 한정한다.
② 지적소관청은 해당 청사에 지적서고를 설치하고 그곳에 지적공부(정보처리시스템을 통하여 기록·저장한 경우도 포함한다. 이하 이 항에서 같다)를 영구히 보존하여야 한다.
③ 지적공부사용을 완료한 때에는 즉시 보관상자에 넣는다.
④ 도면은 항상 보호대에 넣어 보관하며, 말거나 접지 못한다.
⑤ 지적공부를 정보처리시스템을 통하여 기록·저장한 경우 관할 시·도지사, 시장·군수 또는 구청장은 그 지적공부를 지적정보관리체계에 영구히 보존하여야 한다.

> **풀이** 공간정보의 구축 및 관리 등에 관한 법률 시행규칙 제66조(지적공부의 보관방법 등)
>
> ① 부책(簿冊)으로 된 토지대장·임야대장 및 공유지연명부는 지적공부 보관상자에 넣어 보관하고, 카드로 된 토지대장·임야대장·공유지연명부·대지권등록부 및 경계점좌표등록부는 100장 단위로 바인더(binder)에 넣어 보관하여야 한다.

② 일람도 · 지번색인표 및 지적도면은 지번부여지역별로 도면번호순으로 보관하되, 각 장별로 보호대에 넣어야 한다.

③ 법 제69조제2항에 따라 지적공부를 정보처리시스템을 통하여 기록 · 보존하는 때에는 그 지적공부를 「공공기관의 기록물 관리에 관한 법률」 제19조제2항에 따라 기록물관리기관에 이관할 수 있다.

공간정보의 구축 및 관리 등에 관한 법률 제69조(지적공부의 보존 등)

① 지적소관청은 해당 청사에 지적서고를 설치하고 그곳에 지적공부(정보처리시스템을 통하여 기록 · 저장한 경우는 제외한다. 이하 이 항에서 같다)를 영구히 보존하여야 하며, 다음 각 호의 어느 하나에 해당하는 경우 외에는 해당 청사 밖으로 지적공부를 반출할 수 없다.

> 1. 천재지변이나 그 밖에 이에 준하는 재난을 피하기 위하여 필요한 경우
> 2. 관할 시 · 도지사 또는 대도시 시장의 승인을 받은 경우

② 지적공부를 정보처리시스템을 통하여 기록 · 저장한 경우 관할 시 · 도지사, 시장 · 군수 또는 구청장은 그 지적공부를 지적정보관리체계에 영구히 보존하여야 한다.

③ 국토교통부장관은 제2항에 따라 보존하여야 하는 지적공부가 멸실되거나 훼손될 경우를 대비하여 지적공부를 복제하여 관리하는 정보관리체계를 구축하여야 한다.

④ 지적서고의 설치기준, 지적공부의 보관방법 및 반출승인 절차 등에 필요한 사항은 국토교통부령으로 정한다.

06 축척변경위원회의 심의 · 의결사항 중 틀린 것은? (07년서울7급)

① 지번별 m²당 금액의 결정에 관한 사항

② 축척변경에 관하여 시 · 도지사가 회의에 부치는 사항

③ 청산금의 산정에 관한 사항

④ 청산금의 이의신청에 관한 사항

⑤ 축척변경의 시행계획에 관한 사항

> **풀이** **공간정보의 구축 및 관리 등에 관한 법률 시행령 제80조(축척변경위원회의 기능)** **암기** **축㉖**하고 **청㉕**해라
> 축척변경위원회는 지적소관청이 회부하는 다음 각 호의 사항을 심의 · 의결한다.
>
> 1. **축**척변경 시행계획에 관한 사항
> 2. 지번별 **㉖**곱미터당 금액의 결정과 청산금의 산정에 관한 사항
> 3. **청**산금의 이의신청에 관한 사항
> 4. 그 밖에 축척변경과 관련하여 지적**㉕**관청이 회의에 부치는 사항

07 다음 중 중앙지적위원회의 심의 · 의결사항에 해당하지 않는 것은? (07년서울7급)

① 지적 관련 정책 개발 및 업무 개선 등에 관한 사항

② 지적측량적부심사

③ 지적기술자의 양성에 관한 사항

④ 지적기술자의 업무정지 처분 및 징계요구에 관한 사항

⑤ 지적측량기술의 연구 · 개발 및 보급에 관한 사항

풀이 공간정보의 구축 및 관리 등에 관한 법률 제28조(지적위원회) **암기** 정무연개사양무요

① 다음 각 호의 사항을 심의·의결하기 위하여 국토교통부에 중앙지적위원회를 둔다.

> 1. 지적 관련 정책 개발 및 업무 개선 등에 관한 사항
> 2. 지적측량기술의 연구·개발 및 보급에 관한 사항
> 3. 제29조제6항에 따른 지적측량 적부심사(適否審査)에 대한 재심사(再審査)
> 4. 제39조에 따른 측량기술자 중 지적분야 측량기술자(이하 "지적기술자"라 한다)의 양성에 관한 사항
> 5. 제42조에 따른 지적기술자의 업무정지 처분 및 징계요구에 관한 사항

② 제29조에 따른 지적측량에 대한 적부심사 청구사항을 심의·의결하기 위하여 특별시·광역시·특별자치시·도 또는 특별자치도(이하 "시·도"라 한다)에 지방지적위원회를 둔다. 〈신설 2013.7.17.〉
③ 중앙지적위원회와 지방지적위원회의 위원 구성 및 운영에 필요한 사항은 대통령령으로 정한다.
④ 중앙지적위원회와 지방지적위원회의 위원 중 공무원이 아닌 사람은 「형법」 제127조 및 제129조부터 제132조까지의 규정을 적용할 때에는 공무원으로 본다.

08 다음 중 지목변경신청에 대한 내용이 잘못 설명된 것은? (07년서울7급)

① 토지소유자가 지목변경신청을 할 때에는 신청서에 국토교통부령이 정하는 서류를 첨부하여 소관청에 제출한다.
② 「국토의 계획 및 이용에 관한 법률」 등 관계법령에 의한 토지의 형질변경 등의 공사가 준공된 경우에도 지목변경신청을 할 수 있다.
③ 토지의 용도가 변경된 경우에도 지목변경신청을 할 수 있다.
④ 도시개발사업의 원활한 사업추진을 위하여 사업시행자가 공사 중에 토지의 분할을 신청하는 경우에도 지목변경신청을 할 수 있다.
⑤ 건축물의 용도가 변경된 경우에도 지목변경신청을 할 수 있다.

풀이 공간정보의 구축 및 관리 등에 관한 법률 제81조(지목변경 신청)

토지소유자는 지목변경을 할 토지가 있으면 대통령령으로 정하는 바에 따라 그 사유가 발생한 날부터 60일 이내에 지적소관청에 지목변경을 신청하여야 한다.

공간정보의 구축 및 관리 등에 관한 법률 시행령 제67조(지목변경 신청)

① 법 제81조에 따라 지목변경을 신청할 수 있는 경우는 다음 각 호와 같다.

> 1. 「국토의 계획 및 이용에 관한 법률」 등 관계 법령에 따른 토지의 형질변경 등의 공사가 준공된 경우
> 2. 토지나 건축물의 용도가 변경된 경우
> 3. 법 제86조에 따른 도시개발사업 등의 원활한 추진을 위하여 사업시행자가 공사 준공 전에 토지의 합병을 신청하는 경우

② 토지소유자는 법 제81조에 따라 지목변경을 신청할 때에는 지목변경 사유를 적은 신청서에 국토교통부령으로 정하는 서류를 첨부하여 지적소관청에 제출하여야 한다.

공간정보의 구축 및 관리 등에 관한 법률 시행규칙 제84조(지목변경 신청)

① 영 제67조제2항에서 "국토교통부령으로 정하는 서류"란 다음 각 호의 어느 하나에 해당하는 서류를 말한다. 〈개정 2013.3.23.〉

> 1. 관계법령에 따라 토지의 형질변경 등의 공사가 준공되었음을 증명하는 서류의 사본

정답 08 ④

② 개발행위허가·농지전용허가·보전산지전용허가 등 지목변경과 관련된 규제를 받지 아니하는 토지의 지목변경이나 전·답·과수원 상호 간의 지목변경인 경우에는 제1항에 따른 서류의 첨부를 생략할 수 있다.

③ 제1항 각 호의 어느 하나에 해당하는 서류를 해당 지적소관청이 관리하는 경우에는 지적소관청의 확인으로 그 서류의 제출을 갈음할 수 있다.

09 다음 중 현행 「공간정보의 구축 및 관리 등에 관한 법률」상 신청을 대위할 수 없는 자는?

(07년서울7급)

① 공공사업 등으로 인하여 도로·제방·구거의 지목으로 되는 토지의 경우 그 사업 시행자
② 지방자치단체가 취득하는 토지의 경우에는 그 토지를 관리하는 지방자치단체의 장
③ 채권자는 일신에 전속한 권리를 제외하고는 자기의 채권을 보전하기 위하여 채무자의 권리를 행사할 수 있다는 민법규정에 의한 채권자
④ 국가가 취득하는 토지의 경우에는 그 토지를 관리하는 행정기관의 장
⑤ 주택법에 의한 공동주택의 부지의 경우에는 주택법에 의한 사업시행자

풀이 **공간정보의 구축 및 관리 등에 관한 법률 제87조(신청의 대위)**

다음 각 호의 어느 하나에 해당하는 자는 이 법에 따라 토지소유자가 하여야 하는 신청을 대신할 수 있다. 다만, 제84조에 따른 등록사항 정정 대상토지는 제외한다. 〈개정 2014.6.3.〉

1. 공공사업 등에 따라 학교용지·도로·철도용지·제방·하천·구거·유지·수도용지 등의 지목으로 되는 토지인 경우 : 해당 사업의 시행자
2. 국가나 지방자치단체가 취득하는 토지인 경우 : 해당 토지를 관리하는 행정기관의 장 또는 지방자치단체의 장
3. 「주택법」에 따른 공동주택의 부지인 경우 : 「집합건물의 소유 및 관리에 관한 법률」에 따른 관리인(관리인이 없는 경우에는 공유자가 선임한 대표자) 또는 해당 사업의 시행자
4. 「민법」 제404조에 따른 채권자

10 도시개발사업 등의 완료신고가 있는 때에 지적소관청이 확인하여야 하는 사항으로 가장 옳지 않은 것은?

① 확정될 토지의 지번별 조서와 면적측정부 및 환지계획서의 부합여부
② 종전토지 소유명의인 동일여부 및 종전토지 등기부에 소유권등기 이외의 다른 등기사항이 없는지 여부
③ 측량결과도 또는 경계점좌표와 새로이 작성된 지적도와의 부합여부
④ 지번별 조서와 지적공부등록사항과의 부합여부

풀이 **공간정보의 구축 및 관리 등에 관한 법률 제95조(도시개발사업 등의 신고)**

① 법 제86조제1항 및 영 제83조제2항에 따른 도시개발사업 등의 착수 또는 변경의 신고를 하려는 자는 별지 제81호 서식의 도시개발사업 등의 착수(시행)·변경·완료 신고서에 다음 각 호의 서류를 첨부하여야 한다. 다만, 변경신고의 경우에는 변경된 부분으로 한정한다.

1. 사업인가서
2. 지번별 조서
3. 사업계획도

② 법 제86조제1항 및 영 제83조제2항에 따른 도시개발사업 등의 완료신고를 하려는 자는 별지 제81호 서식의 신청서에 다음 각 호의 서류를 첨부하여야 한다. 이 경우 지적측량수행자가 지적소관청에 측량검사를 의뢰하면서 미리 제출한 서류는 첨부하지 아니할 수 있다.

1. 확정될 토지의 지번별 조서 및 종전 토지의 지번별 조서
2. 환지처분과 같은 효력이 있는 고시된 환지계획서. 다만, 환지를 수반하지 아니하는 사업인 경우에는 사업의 완료를 증명하는 서류를 말한다.

지적업무처리규정 제58조(도시개발 등의 사업신고)

① 지적소관청은 규칙 제95조제1항에 따른 도시개발사업 등의 착수(시행) 또는 변경신고가 있는 때에는 다음 각 호에 따라 처리한다.
   1. 다음 각 목의 사항을 확인한다.

   가. 지번별 조서와 지적공부등록사항과의 부합여부
   나. 지번별 조서·지적(임야)도와 사업계획도와의 부합여부
   다. 착수 전 각종 집계의 정확여부

   2. 제1호에 따라 서류의 확인이 완료된 때에는 지체 없이 지적공부에 그 사유를 정리하여야 한다.
② 지적소관청은 규칙 제95조제2항에 따라 도시개발사업 등의 완료신고가 있는 때에는 다음 각 호에 따라 처리한다.
   1. 다음 각 목의 사항을 확인한다.

   가. 확정될 토지의 지번별 조서와 면적측정부 및 환지계획서의 부합여부
   나. 종전토지의 지번별 조서와 지적공부등록사항 및 환지계획서의 부합여부
   다. 측량결과도 또는 경계점좌표와 새로이 작성된 지적도와의 부합여부
   라. 종전토지 소유명의인 동일여부 및 종전토지 등기부에 소유권등기 이외의 다른 등기사항이 없는 지 여부
   마. 그 밖에 필요한 사항

   2. 제1호에 따른 서류의 확인이 완료된 때에는 확정될 토지의 지번별 조서에 따라 **토지대장**을, 측량성과에 따라 **경계점좌표등록부** 등을 작성한다. 이 경우 토지대장에 등록하는 소유자의 성명 또는 명칭과 등록번호 및 주소는 **환지계획서**에 따르되, 소유자의 변동일자와 변동원인은 다음 각 목에 따라 정리한다.

   가. 소유자변동일자 : 환지처분 또는 사업준공 인가일자(환지처분을 아니할 경우에만 해당한다)
   나. 소유자변동원인 : 환지 또는 지적확정(환지처분을 아니하는 경우에만 해당한다)

   3. 지적공부의 작성이 완료된 때에는 새로 지적공부가 확정 시행됨을 7일 이상 시·군·구 게시판 또는 홈페이지 등에 게시한다.
   4. 도시개발사업 등의 완료로 인하여 폐쇄되는 지적공부는 폐쇄사유를 그 지적공부에 정리하고 별도로 영구 보관한다.

11 토지를 지적공부에 등록할 때 국가가 결정하고 등록하는 주된 이유는?

(07년서울7급)

① 토지를 대상으로 하는 세금의 과다부과
② 등록사항 결정과 등록의 공정처리
③ 지적직 공무원의 지위확보
④ 직권처리보다 자유재량의 최대화
⑤ 부동산등기부과 부합일지

풀이 토지를 지적공부에 등록할 때 국가가 결정하고 등록하는 주된 이유는 등록사항 결정과 등록의 공정처리이다.

공간정보의 구축 및 관리 등에 관한 법률 제64조(토지의 조사 · 등록 등)

① 국토교통부장관은 모든 토지에 대하여 필지별로 소재 · 지번 · 지목 · 면적 · 경계 또는 좌표 등을 조사 · 측량하여 지적공부에 등록하여야 한다.
② 지적공부에 등록하는 지번 · 지목 · 면적 · 경계 또는 좌표는 토지의 이동이 있을 때 토지소유자(법인이 아닌 사단이나 재단의 경우에는 그 대표자나 관리인을 말한다. 이하 같다)의 신청을 받아 지적소관청이 결정한다. 다만, 신청이 없으면 지적소관청이 직권으로 조사 · 측량하여 결정할 수 있다.

12 축척변경에 관한 내용으로 옳은 것은?

(07년서울7급)

① 지적위원회의 의결을 거쳐야 한다.
② 축척변경위원회의 위원은 10~15인이다.
③ 축척변경은 지적소관청이 시행한다.
④ 축척변경은 시행지역 안의 토지소유자 1/3 이상의 동의가 필요하다.
⑤ 지적측량 시행기관인 한국국토정보공사장의 승인이 필요하다.

풀이 공간정보의 구축 및 관리 등에 관한 법률 제83조(축척변경)

① 축척변경에 관한 사항을 심의 · 의결하기 위하여 지적소관청에 축척변경위원회를 둔다.
② 지적소관청은 지적도가 다음 각 호의 어느 하나에 해당하는 경우에는 토지소유자의 신청 또는 지적소관청의 직권으로 일정한 지역을 정하여 그 지역의 축척을 변경할 수 있다.

> 1. 잦은 토지의 이동으로 1필지의 규모가 작아서 소축척으로는 지적측량성과의 결정이나 토지의 이동에 따른 정리를 하기가 곤란한 경우
> 2. 하나의 지번부여지역에 서로 다른 축척의 지적도가 있는 경우
> 3. 그 밖에 지적공부를 관리하기 위하여 필요하다고 인정되는 경우

③ 지적소관청은 제2항에 따라 축척변경을 하려면 축척변경 시행지역의 토지소유자 3분의 2 이상의 동의를 받아 제1항에 따른 축척변경위원회의 의결을 거친 후 시 · 도지사 또는 대도시 시장의 승인을 받아야 한다. 다만, 다음 각 호의 어느 하나에 해당하는 경우에는 축척변경위원회의 의결 및 시 · 도지사 또는 대도시 시장의 승인 없이 축척변경을 할 수 있다.

> 1. 합병하려는 토지가 축척이 다른 지적도에 각각 등록되어 있어 축척변경을 하는 경우
> 2. 제86조에 따른 도시개발사업 등의 시행지역에 있는 토지로서 그 사업 시행에서 제외된 토지의 축척변경을 하는 경우

④ 축척변경의 절차, 축척변경으로 인한 면적 증감의 처리, 축척변경 결과에 대한 이의신청 및 축척변경위원회의 구성 · 운영 등에 필요한 사항은 대통령령으로 정한다.

정답 **11** ② **12** ③

공간정보의 구축 및 관리 등에 관한 법률 시행령 제79조(축척변경위원회의 구성 등)

① 축척변경위원회는 5명 이상 10명 이하의 위원으로 구성하되, 위원의 2분의 1 이상을 토지소유자로 하여야 한다. 이 경우 그 축척변경 시행지역의 토지소유자가 5명 이하일 때에는 토지소유자 전원을 위원으로 위촉하여야 한다.

② 위원장은 위원 중에서 지적소관청이 지명한다.

③ 위원은 다음 각 호의 사람 중에서 지적소관청이 위촉한다.

> 1. 해당 축척변경 시행지역의 토지소유자로서 지역 사정에 정통한 사람
> 2. 지적에 관하여 전문지식을 가진 사람

④ 축척변경위원회의 위원에게는 예산의 범위에서 출석수당과 여비, 그 밖의 실비를 지급할 수 있다. 다만, 공무원인 위원이 그 소관 업무와 직접적으로 관련되어 출석하는 경우에는 그러하지 아니하다.

13 지적측량에 관한 사항 중에서 틀린 것은?

(07년서울7급)

① 지적측량은 소유권 한계를 규명하는 법률적 측면을 수반하는 측량이다.

② 지적측량은 국가가 시행하는 행정행위에 속하는 기속측량이다.

③ 지적측량은 측량법의 규정에 따라 행하는 일반측량과는 다르다.

④ 지적측량은 토지경계의 위치나 법률적 경계를 결정하기 위한 측량이다.

⑤ 지적측량은 점의 위치를 측정하는 포괄적인 대지측량에 속한다.

풀이 지적측량의 특성

기속측량 (羈屬測量)	지적측량은 토지표시사항 중 경계와 면적을 평면적으로 측정하는 측량으로 측량방법은 법률로서 정하고 법률로 정하여진 규정 속에서 국가가 시행하는 행정행위(行政行爲)에 속한다.
준사법측량 (準司法測量)	국가가 토지에 대한 물권이 미치는 범위와 면적 등을 지적측량에 의하여 결정하고 지적공부에 등록, 공시하면 법률적으로 확정된 것과 같은 효력을 지닌다.
측량성과(測量成果)의 영속성(永續性)	지적측량의 성과는 토지에 대한 물권이 미치는 범위와 면적 등을 결정하여 지적공부에 등록하고 필요시 언제라도 이를 공개 또는 확인할 수 있도록 영구적으로 보존하여야 하는 특성을 지니고 있다.
평면측량 (平面測量)	측량은 대상지역의 넓이 또는 면적과 지구곡률의 고려 여부에 따라 평면측량과 측지측량으로 구분하고 있다. 따라서 지적측량은 지구곡률을 고려하지 않고 측량대상지역이 반경 11km 이내이므로 평면측량으로 구분하고 있다.

14 지적전산자료의 이용의 승인신청을 받아 심사할 사항이 아닌 것은?

(07년서울7급)

① 지적전산자료의 이용, 활용지의 사용료 납부 여부

② 신청한 사항의 처리가 지적업무수행에 지장이 없는지의 여부

③ 신청내용의 타당성 · 적합성 · 공익성 여부

④ 개인의 사생활 침해 여부

⑤ 신청한 사항의 처리가 전산정보처리조직으로 가능한지의 여부

풀이 공간정보의 구축 및 관리 등에 관한 법률 시행령 제62조(지적전산자료의 이용 등)

① 법 제76조제1항에 따라 지적공부에 관한 전산자료(이하 "지적전산자료"라 한다)를 이용하거나 활용하려는 자는 같은 조 제2항에 따라 다음 각 호의 사항을 적은 신청서를 관계 중앙행정기관의 장에게 제출하여 심사를 신청하여야 한다. **암기** 이용은 범내는 제보전하라

> 1. 자료의 이용 또는 활용 목적 및 근거
> 2. 자료의 범위 및 내용
> 3. 자료의 제공 방식, 보관 기관 및 안전관리대책 등

② 제1항에 따른 심사 신청을 받은 관계 중앙행정기관의 장은 다음 각 호의 사항을 심사한 후 그 결과를 신청인에게 통지하여야 한다. **암기** 타적공은 사생 외 방안 마련하라

> 1. 신청 내용의 타당성, 적합성 및 공익성
> 2. 개인의 사생활 침해 여부
> 3. 자료의 목적 외 사용 방지 및 안전관리대책

③ 법 제76조제1항에 따라 지적전산자료의 이용 또는 활용에 관한 승인을 받으려는 자는 승인신청을 할 때에 제2항에 따른 심사 결과를 제출하여야 한다. 다만, 중앙행정기관의 장이 승인을 신청하는 경우에는 제2항에 따른 심사 결과를 제출하지 아니할 수 있다.

④ 제3항에 따른 승인신청을 받은 국토교통부장관, 시·도지사 또는 지적소관청은 다음 각 호의 사항을 심사하여야 한다. 〈개정 2013.3.23.〉 **암기** 타적공은 사생 외 방안 마련하라 전지 여부를

> 1. 신청 내용의 타당성, 적합성 및 공익성
> 2. 개인의 사생활 침해 여부
> 3. 자료의 목적 외 사용 방지 및 안전관리대책
> 4. 신청한 사항의 처리가 전산정보처리조직으로 가능한지 여부
> 5. 신청한 사항의 처리가 지적업무수행에 지장을 주지 않는지 여부

⑤ 국토교통부장관, 시·도지사 또는 지적소관청은 제4항에 따른 심사를 거쳐 지적전산자료의 이용 또는 활용을 승인하였을 때에는 지적전산자료 이용·활용 승인대장에 그 내용을 기록·관리하고 승인한 자료를 제공하여야 한다. 〈개정 2013.3.23.〉

⑥ 제5항에 따라 지적전산자료의 이용 또는 활용에 관한 승인을 받은 자는 국토교통부령으로 정하는 사용료를 내야 한다. 다만, 국가나 지방자치단체에 대해서는 사용료를 면제한다. 〈개정 2013.3.23.〉

15 시·도지사가 지적측량적부심사를 지방지적위원회에 회부할 때 첨부하는 서류가 아닌 것은?

(07년서울7급)

① 측량자의 의견서
② 토지의 이동연혁
③ 측량자별 측량경위
④ 측량자별 측량성과
⑤ 소유권의 변동연혁

풀이 공간정보의 구축 및 관리 등에 관한 법률 제29조(지적측량의 적부심사 등) **암기** 위성이 연기하면 제측하라

① 토지소유자, 이해관계인 또는 지적측량수행자는 지적측량성과에 대하여 다툼이 있는 경우에는 대통령령으로 정하는 바에 따라 관할 시·도지사를 거쳐 지방지적위원회에 지적측량 적부심사를 청구할 수 있다.

② 제1항에 따른 지적측량 적부심사청구를 받은 시·도지사는 30일 이내에 다음 각 호의 사항을 조사하여 지방지적위원회에 회부하여야 한다.

정답 15 ①

16 다음 중 손해배상 책임 및 보험의 내용으로 틀린 것은?

① 지적측량수행자가 고의 또는 과실로 지적측량을 부실하게 함으로써 지적측량의뢰인에게 손해를 발생케 한 경우 그 손해를 배상할 책임이 있다.

② 지적측량수행자가 손해배상책임을 보장하기 위해 지적측량업자는 보장기간이 10년 이상이고 보증금액이 1억 원 이상, 한국국토정보공사는 보증금액이 20억 원 이상의 보증보험에 가입하여야 한다.

③ 지적측량수행자가 가입한 그 보증보험을 다른 보증보험으로 변경하고자 할 때에는 이미 가입한 보험의 효력이 만료된 후 다른 보증보험에 가입할 수 있다.

④ 지적측량업자는 지적측량업등록증을 교부받은 날부터 10일 이내에 해당 금액의 보증보험에 가입하여야 한다.

⑤ 지적측량업자는 보증보험에 가입한 경우, 이를 증명하는 서류를 시·도지사에게 제출하여야 한다.

풀이 공간정보의 구축 및 관리 등에 관한 법률 시행령 제41조(손해배상책임의 보장)

① 지적측량수행자는 법 제51조제2항에 따라 손해배상책임을 보장하기 위하여 다음 각 호의 구분에 따라 보증보험에 가입하거나 공간정보산업협회가 운영하는 보증 또는 공제에 가입하는 방법으로 보증설정(이하 "보증설정"이라 한다)을 하여야 한다. 〈개정 2017.1.10.〉

1. 지적측량업자 : 보장기간 10년 이상 및 보증금액 1억 원 이상
2. 「국가공간정보 기본법」 제12조에 따라 설립된 한국국토정보공사(이하 "한국국토정보공사"라 한다) : 보증금액 20억 원 이상

② 지적측량업자는 지적측량업 등록증을 발급받은 날부터 10일 이내에 제1항제1호의 기준에 따라 보증설정을 하여야 하며, 보증설정을 하였을 때에는 이를 증명하는 서류를 제35조제1항에 따라 등록한 시·도지사에게 제출하여야 한다.

공간정보의 구축 및 관리 등에 관한 법률 시행령 제42조(보증설정의 변경)

① 법 제51조에 따라 보증설정을 한 지적측량수행자는 그 보증설정을 다른 보증설정으로 변경하려는 경우에는 해당 보증설정의 효력이 있는 기간 중에 다른 보증설정을 하고 그 사실을 증명하는 서류를 제35조제1항에 따라 등록한 시·도지사에게 제출하여야 한다.

② 보증설정을 한 지적측량수행자는 보증기간의 만료로 인하여 다시 보증설정을 하려는 경우에는 그 보증기간 만료일까지 다시 보증설정을 하고 그 사실을 증명하는 서류를 제35조제1항에 따라 등록한 시·도지사에게 제출하여야 한다.

17 「공간정보의 구축 및 관리 등에 관한 법률 제101조」의 규정에서 타인의 토지 출입 등에 관한 설명으로 옳지 않은 것은?

① 재결에 불복하는 자는 재결서 정본(正本)을 송달받은 날부터 30일 이내에 지방토지수용위원회에 이의를 신청할 수 있다.

② 타인의 토지에 출입하려는 자가 허가를 받아야 할 자로는 관할 특별자치시장, 특별자치도지사, 시장 · 군수 또는 구청장 등이 포함된다.

③ 토지 출입에 따른 손실보상 협의가 성립되지 아니한 경우 관할 토지수용위원회에 재결을 신청할 수 있다.

④ 해가 뜨기 전이나 담장으로 둘러싸인 토지의 출입인 경우에는 소유자의 승낙 없이 타인의 토지에 출입할 수 없다.

풀이 공간정보의 구축 및 관리 등에 관한 법률 제101조(토지 등에의 출입 등)

① 이 법에 따라 측량을 하거나, 측량기준점을 설치하거나, 토지의 이동을 조사하는 자는 그 측량 또는 조사 등에 필요한 경우에는 타인의 토지 · 건물 · 공유수면 등(이하 "토지 등"이라 한다)에 출입하거나 일시 사용할 수 있으며, 특히 필요한 경우에는 나무, 흙, 돌, 그 밖의 장애물(이하 "장애물"이라 한다)을 변경하거나 제거할 수 있다.

② 제1항에 따라 타인의 토지 등에 출입하려는 자는 관할 특별자치시장, 특별자치도지사, 시장 · 군수 또는 구청장의 허가를 받아야 하며, 출입하려는 날의 3일 전까지 해당 토지 등의 소유자 · 점유자 또는 관리인에게 그 일시와 장소를 통지하여야 한다. 다만, 행정청인 자는 허가를 받지 아니하고 타인의 토지 등에 출입할 수 있다.

③ 제1항에 따라 타인의 토지 등을 일시 사용하거나 장애물을 변경 또는 제거하려는 자는 그 소유자 · 점유자 또는 관리인의 동의를 받아야 한다. 다만, 소유자 · 점유자 또는 관리인의 동의를 받을 수 없는 경우 행정청인 자는 관할 특별자치시장, 특별자치도지사, 시장 · 군수 또는 구청장에게 그 사실을 통지하여야 하며, 행정청이 아닌 자는 미리 관할 특별자치시장, 특별자치도지사, 시장 · 군수 또는 구청장의 허가를 받아야 한다.

④ 특별자치시장, 특별자치도지사, 시장 · 군수 또는 구청장은 제3항 단서에 따라 허가를 하려면 미리 그 소유자 · 점유자 또는 관리인의 의견을 들어야 한다.

⑤ 제3항에 따라 토지 등을 일시 사용하거나 장애물을 변경 또는 제거하려는 자는 토지 등을 사용하려는 날이나 장애물을 변경 또는 제거하려는 날의 3일 전까지 그 소유자 · 점유자 또는 관리인에게 통지하여야 한다. 다만, 토지 등의 소유자 · 점유자 또는 관리인이 현장에 없거나 주소 또는 거소가 분명하지 아니할 때에는 관할 특별자치시장, 특별자치도지사, 시장 · 군수 또는 구청장에게 통지하여야 한다.

⑥ 해 뜨기 전이나 해가 진 후에는 그 토지 등의 점유자의 승낙 없이 택지나 담장 또는 울타리로 둘러싸인 타인의 토지에 출입할 수 없다.

⑦ 토지 등의 점유자는 정당한 사유 없이 제1항에 따른 행위를 방해하거나 거부하지 못한다.

⑧ 제1항에 따른 행위를 하려는 자는 그 권한을 표시하는 허가증을 지니고 관계인에게 이를 내보여야 한다.

⑨ 제8항에 따른 허가증에 관하여 필요한 사항은 국토교통부령으로 정한다.

공간정보의 구축 및 관리 등에 관한 법률 제102조(토지 등의 출입 등에 따른 손실보상)

① 제101조제1항에 따른 행위로 손실을 받은 자가 있으면 그 행위를 한 자는 그 손실을 보상하여야 한다.

② 제1항에 따른 손실보상에 관하여는 손실을 보상할 자와 손실을 받은 자가 협의하여야 한다.

③ 손실을 보상할 자 또는 손실을 받은 자는 제2항에 따른 협의가 성립되지 아니하거나 협의를 할 수 없는 경우에는 관할 토지수용위원회에 재결(裁決)을 신청할 수 있다.

④ 관할 토지수용위원회의 재결에 관하여는 「공익사업을 위한 토지 등의 취득 및 보상에 관한 법률」 제84조부터 제88조까지의 규정을 준용한다.

공간정보의 구축 및 관리 등에 관한 법률 시행령 제102조(손실보상)

① 법 제102조제1항에 따른 손실보상은 토지, 건물, 나무, 그 밖의 공작물 등의 임대료 · 거래가격 · 수익성 등을 고려한 적정가격으로 하여야 한다.

② 법 제102조제3항에 따라 재결을 신청하려는 자는 국토교통부령으로 정하는 바에 따라 다음 각 호의 사항을 적은 재결신청서를 관할 토지수용위원회에 제출하여야 한다.

> 1. 재결의 신청자와 상대방의 성명 및 주소
> 2. 측량의 종류
> 3. 손실 발생 사실
> 4. 보상받으려는 손실액과 그 명세
> 5. 협의의 내용

③ 제2항에 따른 재결에 불복하는 자는 재결서 정본(正本)을 송달받은 날부터 30일 이내에 중앙토지수용위원회에 이의를 신청할 수 있다. 이 경우 그 이의신청은 해당 지방토지수용위원회를 거쳐야 한다.

18 「공간정보의 구축 및 관리 등에 관한 법률 제106조」의 규정에서 토지소유자가 신규등록을 신청할 때에 지적소관청에 제출할 신청서에 첨부할 서류로 옳지 않은 것은?

① 도시계획구역 안의 미등록 토지를 지방자치단체 명의로 신규등록하는 때에는 국토교통부장관과 협의한 문서의 사본
② 「공유수면 관리 및 매립에 관한 법률」에 따른 준공검사확인증 사본
③ 법원의 확정판결서 정본 또는 사본
④ 소유권을 증명할 수 있는 서류의 사본

풀이 공간정보의 구축 및 관리 등에 관한 법률 시행령 제63조(신규등록 신청)

토지소유자는 신규등록을 신청할 때에는 신규등록 사유를 적은 신청서에 국토교통부령으로 정하는 서류를 첨부하여 지적소관청에 제출하여야 한다.

공간정보의 구축 및 관리 등에 관한 법률 시행규칙 제81조(신규등록 신청) `암기` 정준기소사

① 영 제63조에서 "국토교통부령으로 정하는 서류"란 다음 각 호의 어느 하나에 해당하는 서류를 말한다.

> 1. 법원의 확정판결서 정본 또는 사본
> 2. 「공유수면 관리 및 매립에 관한 법률」에 따른 준공검사확인증 사본
> 3. 법률 제6389호 지적법 개정법률 부칙 제5조에 따라 도시계획구역의 토지를 그 지방자치단체의 명의로 등록하는 때에는 기획재정부장관과 협의한 문서의 사본
> 4. 그 밖에 소유권을 증명할 수 있는 서류의 사본

② 제1항 각 호의 어느 하나에 해당하는 서류를 해당 지적소관청이 관리하는 경우에는 지적소관청의 확인으로 그 서류의 제출을 갈음할 수 있다.

19 「공간정보의 구축 및 관리 등에 관한 법률 제106조」의 규정에서 수수료 등에 관한 내용으로 옳지 않은 것은?

① 지적측량을 의뢰하는 자는 국토교통부령으로 정하는 바에 따라 지적측량수행자에게 지적측량수수료를 내야 한다.

② 지적소관청이 직권으로 조사·측량하여 지적공부를 등록말소한 경우에는 그 조사·측량에 들어간 비용을 토지소유자로부터 징수한다.

③ 지적소관청이 직권으로 조사·측량하여 지적공부를 정리한 경우에는 그 조사·측량에 들어간 수수료는 지적공부를 정리한 날부터 30일 내에 내야 한다.

④ 지적측량수수료는 국토교통부장관이 매년 12월 말일까지 고시하여야 한다.

풀이 공간정보의 구축 및 관리 등에 관한 법률 제106조(수수료 등)

① 다음 각 호의 어느 하나에 해당하는 신청 등을 하는 자는 국토교통부령으로 정하는 바에 따라 수수료를 내야 한다. 〈개정 2020.2.18.〉

> 1. 제14조제2항 및 제19조제2항에 따른 측량성과 등의 복제 또는 사본의 발급 신청
> 2. 제15조에 따른 기본측량성과·기본측량기록 또는 같은 조 제1항에 따라 간행한 지도 등의 활용 신청
> 3. 제15조제3항에 따른 지도 등 간행의 심사 신청
> 4. 제16조 또는 제21조에 따른 측량성과의 국외 반출 허가 신청
> 5. 제18조에 따른 공공측량성과의 심사 요청
> 6. 제27조에 따른 지적기준점성과의 열람 또는 그 등본의 발급 신청
> 7. 삭제 〈2020.2.18.〉
> 8. 삭제 〈2020.2.18.〉
> 9. 제44조제2항에 따른 측량업의 등록 신청
> 10. 제44조제3항에 따른 측량업등록증 및 측량업등록수첩의 재발급 신청
> 11. 삭제 〈2020.2.18.〉
> 12. 삭제 〈2020.2.18.〉
> 13. 제75조에 따른 지적공부의 열람 및 등본 발급 신청
> 14. 제76조에 따른 지적전산자료의 이용 또는 활용 신청
> 14의2. 제76조의4에 따른 부동산종합공부의 열람 및 부동산종합증명서 발급 신청
> 15. 제77조에 따른 신규등록 신청, 제78조에 따른 등록전환 신청, 제79조에 따른 분할 신청, 제80조에 따른 합병 신청, 제81조에 따른 지목변경 신청, 제82조에 따른 바다로 된 토지의 등록말소 신청, 제83조에 따른 축척변경 신청, 제84조에 따른 등록사항의 정정 신청 또는 제86조에 따른 도시개발사업 등 시행지역의 토지이동 신청
> 16. 제92조제1항에 따른 측량기기의 성능검사 신청
> 17. 제93조제1항에 따른 성능검사대행자의 등록 신청
> 18. 제93조제2항에 따른 성능검사대행자 등록증의 재발급 신청

② 제24조제1항에 따라 지적측량을 의뢰하는 자는 국토교통부령으로 정하는 바에 따라 지적측량수행자에게 지적측량수수료를 내야 한다. 〈개정 2013.3.23.〉

③ 제2항에 따른 지적측량수수료는 국토교통부장관이 매년 12월 31일까지 고시하여야 한다. 〈개정 2013.3. 23., 2020.6.9.〉

④ 지적소관청이 제64조제2항 단서에 따라 직권으로 조사·측량하여 지적공부를 정리한 경우에는 그 조사·측량에 들어간 비용을 제2항에 준하여 토지소유자로부터 징수한다. 다만, 제82조에 따라 지적공부를 등록말소한 경우에는 그러하지 아니하다.

⑤ 제1항에도 불구하고 다음 각 호의 경우에는 수수료를 면제할 수 있다. 〈개정 2012.12.18., 2013.7.17.,

2020.2.18.〉

⑥ 제1항 및 제4항에 따른 수수료를 국토교통부령으로 정하는 기간 내에 내지 아니하면 국세 또는 지방세 체납처분의 예에 따라 징수한다. 〈개정 2013.3.23., 2020.2.18.〉

공간정보의 구축 및 관리 등에 관한 법률 시행규칙 제117조(수수료 납부기간)
법 제106조제4항에 따른 수수료는 지적공부를 정리한 날부터 30일 내에 내야 한다.

20 「공간정보의 구축 및 관리 등에 관한 법률 시행령 제56조」의 규정에서 지번의 부여 등에 대한 설명으로 옳지 않은 것은?

① 신규등록 및 등록전환의 경우 대상토지가 여러 필지로 되어 있는 경우에는 그 지번부여지역에서 인접토지의 본번에 부번을 붙여서 지번을 부여한다.

② 지번(地番)은 아라비아숫자로 표기하되, 임야대장 및 임야도에 등록하는 토지의 지번은 숫자 앞에 "산"자를 붙인다.

③ 지적소관청은 지적공부에 등록된 지번을 변경할 필요가 있다고 인정하면 시·도지사나 대도시 시장의 승인을 받아 지번부여지역의 전부 또는 일부에 대하여 지번을 새로 부여할 수 있다.

④ 지번은 본번(本番)과 부번(副番)으로 구성하되, 본번과 부번 사이에 "-" 표시로 연결한다. 이 경우 "-" 표시는 "의"라고 읽는다.

풀이 **공간정보의 구축 및 관리 등에 관한 법률 제66조(지번의 부여 등)**
① 지번은 지적소관청이 지번부여지역별로 차례대로 부여한다.
② 지적소관청은 지적공부에 등록된 지번을 변경할 필요가 있다고 인정하면 시·도지사나 대도시 시장의 승인을 받아 지번부여지역의 전부 또는 일부에 대하여 지번을 새로 부여할 수 있다.
③ 제1항과 제2항에 따른 지번의 부여방법 및 부여절차 등에 필요한 사항은 대통령령으로 정한다.

공간정보의 구축 및 관리 등에 관한 법률 시행령 제56조(지번의 구성 및 부여방법 등)
① 지번(地番)은 아라비아숫자로 표기하되, 임야대장 및 임야도에 등록하는 토지의 지번은 숫자 앞에 "산"자를 붙인다.
② 지번은 본번(本番)과 부번(副番)으로 구성하되, 본번과 부번 사이에 "-" 표시로 연결한다. 이 경우 "-" 표시는 "의"라고 읽는다.
③ 지번의 부여방법은 다음 각 호와 같다.
　1. 지번은 북서에서 남동으로 순차적으로 부여할 것
　2. 신규등록 및 등록전환의 경우에는 그 지번부여지역에서 인접토지의 본번에 부번을 붙여서 지번을 부여할 것. 다만, 다음 각 목의 어느 하나에 해당하는 경우에는 그 지번부여지역의 최종 본번의 다음 순번부터 본번으로 하여 순차적으로 지번을 부여할 수 있다.

　　가. 대상토지가 그 지번부여지역의 최종 지번의 토지에 인접하여 있는 경우
　　나. 대상토지가 이미 등록된 토지와 멀리 떨어져 있어서 등록된 토지의 본번에 부번을 부여하는 것이 불합리한 경우
　　다. 대상토지가 여러 필지로 되어 있는 경우

01 「공간정보의 구축 및 관리 등에 관한 법률 시행령 제8조(측량기준점의 구분)」에서 측량기준점에 대한 설명으로 옳은 것은?

① 지리학적 경위도, 직각좌표 및 지구중심 직교좌표 측정의 기준으로 사용하기 위하여 위성기준점 및 통합기준점을 기초로 정한 기준점은 위성기준점이다.

② 국가측지기준계를 정립하기 위하여 전 세계 초장거리간섭계와 연결하여 정한 기준점은 위성기준점이다.

③ 국가기준점 중 지리학적 경위도, 직각좌표, 지구중심 직교좌표, 높이 및 중력 측정의 기준으로 사용하기 위하여 위성기준점, 수준점 및 중력점을 기초로 정한 기준점은 통합기준점이다.

④ 지리학적 경위도, 직각좌표 및 지구중심 직교좌표의 측정기준으로 사용하기 위하여 대한민국 경위도원점을 기초로 정한 기준점은 우주측지기준점이다.

풀이 공간정보의 구축 및 관리 등에 관한 법률 시행령 제8조(측량기준점의 구분)

① 법 제7조제1항에 따른 측량기준점은 다음 각 호의 구분에 따른다.

암기 우리가 위통이 심하면 중지를 모아 수영을 수삼 번 해라

측량기준점	측량의 정확도를 확보하고 효율성을 높이기 위하여 특정 지점을 제6조에 따른 측량기준에 따라 측정하고 좌표 등으로 표시하여 측량 시에 기준으로 사용되는 점
국가기준점	측량의 정확도를 확보하고 효율성을 높이기 위하여 국토교통부장관이 전 국토를 대상으로 주요 지점마다 정한 측량의 기본이 되는 측량기준점
우주측지기준점	국가측지기준계를 정립하기 위하여 전 세계 초장거리간섭계와 연결하여 정한 기준점
위성기준점	지리학적 경위도, 직각좌표 및 지구 중심 직교좌표의 측정 기준으로 사용하기 위하여 대한민국 경위도원점을 기초로 정한 기준점
통합기준점	지리학적 경위도, 직각좌표, 지구 중심 직교좌표, 높이 및 중력 측정의 기준으로 사용하기 위하여 위성기준점, 수준점 및 중력점을 기초로 정한 기준점
중력점	중력 측정의 기준으로 사용하기 위하여 정한 기준점
지자기점(地磁氣點)	지구자기 측정의 기준으로 사용하기 위하여 정한 기준점
수준점	높이 측정의 기준으로 사용하기 위하여 대한민국 수준원점을 기초로 정한 기준점
영해기준점	우리나라의 영해를 획정(劃定)하기 위하여 정한 기준점 〈삭제 2021.2.9.〉
수로기준점	수로조사 시 해양에서의 수평 위치와 높이, 수심 측정 및 해안선 결정 기준으로 사용하기 위하여 위성기준점과 법 제6조제1항제3호의 기본수준면을 기초로 정한 기준점으로서 수로측량기준점, 기본수준점, 해안선기준점으로 구분 〈삭제 2021.2.9.〉
삼각점	지리학적 경위도, 직각좌표 및 지구중심 직교좌표 측정의 기준으로 사용하기 위하여 위성기준점 및 통합기준점을 기초로 정한 기준점

정답 01 ③

공공기준점	제17조제2항에 따른 공공측량 시행자가 공공측량을 정확하고 효율적으로 시행하기 위하여 국가기준점을 기준으로 하여 따로 정하는 측량기준점
공공삼각점	공공측량 시 수평 위치의 기준으로 사용하기 위하여 국가기준점을 기초로 하여 정한 기준점
공공수준점	공공측량 시 높이의 기준으로 사용하기 위하여 국가기준점을 기초로 하여 정한 기준점
지적기준점	특별시장·광역시장·특별자치시장·도지사 또는 특별자치도지사(이하 "시·도지사"라 한다)나 지적소관청이 지적측량을 정확하고 효율적으로 시행하기 위하여 국가기준점을 기준으로 하여 따로 정하는 측량기준점
지적삼각점 (地籍三角點)	지적측량 시 수평 위치 측량의 기준으로 사용하기 위하여 국가기준점을 기준으로 하여 정한 기준점
지적삼각보조점	지적측량 시 수평 위치 측량의 기준으로 사용하기 위하여 국가기준점과 지적삼각점을 기준으로 하여 정한 기준점
지적도근점 (地籍圖根點)	지적측량 시 필지에 대한 수평 위치 측량 기준으로 사용하기 위하여 국가기준점, 지적삼각점, 지적삼각보조점 및 다른 지적도근점을 기초로 하여 정한 기준점

02 다음 중 등록전환을 신청할 수 있는 사항으로 옳지 않은 것은?

① 도시·군관리계획선에 따라 토지를 분할하는 경우
② 임야도에 등록된 토지가 사실상 형질변경되었으나 지목변경을 할 수 없는 경우
③ 소유권이전, 매매 등을 위하여 필요한 경우
④ 대부분의 토지가 등록전환되어 나머지 토지를 임야도에 계속 존치하는 것이 불합리한 경우

풀이 **공간정보의 구축 및 관리 등에 관한 법률 시행령 제65조(분할 신청)**

① 법 제79조제1항에 따라 분할을 신청할 수 있는 경우는 다음 각 호와 같다. 다만, 관계 법령에 따라 해당 토지에 대한 분할이 개발행위 허가 등의 대상인 경우에는 개발행위 허가 등을 받은 이후에 분할을 신청할 수 있다. 〈개정 2014.1.17., 2020.6.9.〉

> 1. 소유권이전, 매매 등을 위하여 필요한 경우
> 2. 토지이용상 불합리한 지상 경계를 시정하기 위한 경우
> 3. 삭제 〈2020.6.9.〉

② 토지소유자는 법 제79조에 따라 토지의 분할을 신청할 때에는 분할 사유를 적은 신청서에 국토교통부령으로 정하는 서류를 첨부하여 지적소관청에 제출하여야 한다. 이 경우 법 제79조제2항에 따라 1필지의 일부가 형질변경 등으로 용도가 변경되어 분할을 신청할 때에는 제67조제2항에 따른 지목변경 신청서를 함께 제출하여야 한다. 〈개정 2013.3.23.〉

공간정보의 구축 및 관리 등에 관한 법률 시행령 제64조(등록전환 신청)

① 법 제78조에 따라 등록전환을 신청할 수 있는 경우는 다음 각 호와 같다. 〈개정 2020.6.9.〉

> 1. 「산지관리법」에 따른 산지전용허가·신고, 산지일시사용허가·신고, 「건축법」에 따른 건축허가·신고 또는 그 밖의 관계 법령에 따른 개발행위 허가 등을 받은 경우
> 2. 대부분의 토지가 등록전환되어 나머지 토지를 임야도에 계속 존치하는 것이 불합리한 경우
> 3. 임야도에 등록된 토지가 사실상 형질변경되었으나 지목변경을 할 수 없는 경우
> 4. 도시·군관리계획선에 따라 토지를 분할하는 경우

정답 02 ③

② 삭제 〈2020.6.9.〉

③ 토지소유자는 법 제78조에 따라 등록전환을 신청할 때에는 등록전환 사유를 적은 신청서에 국토교통부령으로 정하는 서류를 첨부하여 지적소관청에 제출하여야 한다. 〈개정 2013.3.23.〉

03 측량기술자가 아님에도 불구하고 「공간정보의 구축 및 관리 등에 관한 법률」에서 정하는 측량(수로측량 제외)을 한 자에 대한 벌칙기준으로 옳은 것은?

① 3년 이하의 징역 또는 3천만 원 이하의 벌금   ② 2년 이하의 징역 또는 2천만 원 이하의 벌금

③ 1년 이하의 징역 또는 1천만 원 이하의 벌금   ④ 300만 원 이하의 과태료

풀이 공간정보의 구축 및 관리 등에 관한 법률 제107~109조(벌칙)

벌칙(법률 제107~109조)	
3년 이하의 징역 또는 3천만 원 이하의 벌금 **암기** 암위공	측량업자로서 속**임**수, 위력(威力), 그 밖의 방법으로 측량업과 관련된 입찰의 **공**정성을 해친 자는 3년 이하의 징역 또는 3천만 원 이하의 벌금에 처한다.
2년 이하의 징역 또는 2천만 원 이하의 벌금 **암기** 거부등 외표성검	1. 측량업의 등록을 하지 아니하거나 **거**짓이나 그 밖의 **부**정한 방법으로 측량업의 **등**록을 하고 측량업을 한 자 2. 성능검사대행자의 등록을 하지 아니하거나 **거**짓이나 그 밖의 **부**정한 방법으로 성능검사대행자의 **등**록을 하고 성능검사업무를 한 자 3. 측량성과를 국**외**로 반출한 자 4. 측량기준점**표**지를 이전 또는 파손하거나 그 효용을 해치는 행위를 한 자 5. 고의로 측량**성**과를 사실과 다르게 한 자 6. 성능**검**사를 부정하게 한 성능검사대행자
1년 이하의 징역 또는 1천만 원 이하의 벌금 **암기** 둘비허불 대판대여	1. **둘** 이상의 측량업자에게 소속된 측량기술자 2. 업무상 알게 된 **비**밀을 누설한 측량기술자 3. 거짓(**허**위)으로 다음 각 목의 신청을 한 자 가. 신규등록 신청 나. 등록전환 신청 다. 분할 신청 라. 합병 신청 마. 지목변경 신청 바. 바다로 된 토지의 등록말소 신청 사. 축척변경 신청 아. 등록사항의 정정 신청 자. 도시개발사업 등 시행지역의 토지이동 신청 4. 측량기술자가 아님에도 **불**구하고 측량을 한 자 5. 지적측량수수료 외의 **대**가를 받은 지적측량기술자 6. 심사를 받지 아니하고 지도 등을 간행하여 **판**매하거나 배포한 자 7. 다른 사람에게 측량업등록증 또는 측량업등록수첩을 빌려(**대**여)주거나 자기의 성명 또는 상호를 사용하여 측량업무를 하게 한 자 8. 다른 사람의 측량업등록증 또는 측량업등록수첩을 빌려서(**대**여) 사용하거나 다른 사람의 성명 또는 상호를 사용하여 측량업무를 한 자 9. 다른 사람에게 자기의 성능검사대행자 등록증을 빌려(**여**)주거나 자기의 성명 또는 상호를 사용하여 성능검사대행업무를 수행하게 한 자 10. 다른 사람의 성능검사대행자 등록증을 빌려서(**여**) 사용하거나 다른 사람의 성명 또는 상호를 사용하여 성능검사대행업무를 수행한 자 11. 무단으로 측량성과 또는 측량기록을 **복**제한 자

정답 03 ③

04 「공간정보의 구축 및 관리 등에 관한 법률 제88조」에서 지적소관청이 지적공부에 등록된 토지소유자의 변경사항을 정리하고자 한다. 옳지 않은 것은?

① 등기부에 적혀 있는 토지의 표시가 지적공부와 일치하지 아니하면 토지소유자를 정리할 수 없다. 이 경우 토지의 표시와 지적공부가 일치하지 아니하다는 사실을 관할 등기관서에 통지하여야 한다.

② 지적소관청 소속 공무원이 지적공부와 부동산등기부의 부합 여부를 확인하기 위하여 등기부를 열람하거나, 등기사항증명서의 발급을 신청하거나, 등기전산정보자료의 제공을 요청하는 경우 그 수수료는 무료로 한다.

③ 지적공부에 등록된 토지소유자의 변경사항은 등기관서에서 등기한 것을 증명하는 등기필증, 등기완료신청서, 등기사항증명서 또는 등기관서에서 제공한 등기전산정보자료에 따라 정리한다.

④ 지적소관청은 필요하다고 인정하는 경우에는 관할 등기관서의 등기부를 열람하여 지적공부와 부동산등기부가 일치하는지 여부를 조사·확인하여야 하며, 일치하지 아니하는 사항을 발견하면 등기사항증명서 또는 등기관서에서 제공한 등기전산정보자료에 따라 지적공부를 직권으로 정리할 수 있다.

> **풀이** 공간정보의 구축 및 관리 등에 관한 법률 제88조(토지소유자의 정리)
> ① 지적공부에 등록된 토지소유자의 변경사항은 등기관서에서 등기한 것을 증명하는 **등기필증, 등기완료통지서,** 등기사항증명서 또는 등기관서에서 제공한 등기전산정보자료에 따라 정리한다. 다만, 신규등록하는 토지의 소유자는 지적소관청이 직접 조사하여 등록한다.
> ② 「국유재산법」 제2조제10호에 따른 총괄청이나 같은 조 제11호에 따른 중앙관서의 장이 같은 법 제12조제3항에 따라 소유자 없는 부동산에 대한 소유자 등록을 신청하는 경우 지적소관청은 지적공부에 해당 토지의 소유자가 등록되지 아니한 경우에만 등록할 수 있다.
> ③ 등기부에 적혀 있는 토지의 표시가 지적공부와 일치하지 아니하면 제1항에 따라 토지소유자를 정리할 수 없다. 이 경우 토지의 표시와 지적공부가 일치하지 아니하다는 사실을 관할 등기관서에 통지하여야 한다.
> ④ 지적소관청은 필요하다고 인정하는 경우에는 관할 등기관서의 등기부를 열람하여 지적공부와 부동산등기부가 일치하는지 여부를 조사·확인하여야 하며, 일치하지 아니하는 사항을 발견하면 등기사항증명서 또는 등기관서에서 제공한 등기전산정보자료에 따라 지적공부를 직권으로 정리하거나, 토지소유자나 그 밖의 이해관계인에게 그 지적공부와 부동산등기부가 일치하게 하는 데에 필요한 신청 등을 하도록 요구할 수 있다.
> ⑤ 지적소관청 소속 공무원이 지적공부와 부동산등기부의 부합 여부를 확인하기 위하여 등기부를 열람하거나, 등기사항증명서의 발급을 신청하거나, 등기전산정보자료의 제공을 요청하는 경우 그 수수료는 무료로 한다.

05 지목의 종류 및 구분 등에 대한 설명으로 옳지 않은 것은?

① '주차장'은 자동차 등의 주차에 필요한 독립적인 시설을 갖춘 부지를 말한다. 다만, 자동차 등의 판매 목적으로 설치된 물류장 및 야외전시장의 토지는 제외한다.

② '과수원'은 사과·배·밤·호두·귤나무 등 과수류를 집단적으로 재배하는 토지와 이에 접속된 저장고 등 부속시설물의 부지를 말한다. 다만, 주거용 건축물의 부지는 '대'로 한다.

③ '광천지'는 지하에서 온수·약수·석유류 등이 용출되는 용출구(湧出口)와 그 유지(維持)에 사용되는 부지를 말한다. 다만, 온수·약수·석유류 등을 일정한 장소로 운송하는 송수관·송유관 및 저장시설의 부지는 제외한다.

④ '유지(溜池)'는 물이 고이거나 상시적으로 물을 저장하고 있는 댐·저수지·소류지(沼溜地)·호수·연못 등의 토지와 연·왕골 등이 자생하는 배수가 잘 되는 토지를 말한다.

> **풀이** 공간정보의 구축 및 관리 등에 관한 법률 시행령 제58조(지목의 구분)

법 제67조제1항에 따른 지목의 구분은 다음 각 호의 기준에 따른다.

3. 과수원

사과·배·밤·호두·귤나무 등 과수류를 집단적으로 재배하는 토지와 이에 접속된 저장고 등 부속시설물의 부지. 다만, 주거용 건축물의 부지는 "대"로 한다.

6. 광천지

지하에서 온수·약수·석유류 등이 용출되는 용출구(湧出口)와 그 유지(維持)에 사용되는 부지. 다만, 온수·약수·석유류 등을 일정한 장소로 운송하는 송수관·송유관 및 저장시설의 부지는 제외한다.

7. 염전

바닷물을 끌어들여 소금을 채취하기 위하여 조성된 토지와 이에 접속된 제염장(製鹽場) 등 부속시설물의 부지. 다만, 천일제염 방식으로 하지 아니하고 동력으로 바닷물을 끌어들여 소금을 제조하는 공장시설물의 부지는 제외한다.

11. 주차장

자동차 등의 주차에 필요한 독립적인 시설을 갖춘 부지와 주차전용 건축물 및 이에 접속된 부속시설물의 부지. 다만, 다음 각 목의 어느 하나에 해당하는 시설의 부지는 제외한다.

가. 「주차장법」 제2조제1호가목 및 다목에 따른 노상주차장 및 부설주차장(「주차장법」 제19조제4항에 따라 시설물의 부지 인근에 설치된 부설주차장은 제외한다)

나. 자동차 등의 판매 목적으로 설치된 물류장 및 야외전시장

12. 주유소용지

다음 각 목의 토지. 다만, 자동차·선박·기차 등의 제작 또는 정비공장 안에 설치된 급유·송유시설 등의 부지는 제외한다.

가. 석유·석유제품 또는 액화석유가스, 전기 또는 수소 등의 판매를 위하여 일정한 설비를 갖춘 시설물의 부지

나. 저유소(貯油所) 및 원유저장소의 부지와 이에 접속된 부속시설물의 부지

19. 유지(溜池)

물이 고이거나 상시적으로 물을 저장하고 있는 댐·저수지·소류지(沼溜地)·호수·연못 등의 토지와 연·왕골 등이 자생하는 배수가 잘 되지 아니하는 토지

28. 잡종지

다음 각 목의 토지. 다만, 원상회복을 조건으로 돌을 캐내는 곳 또는 흙을 파내는 곳으로 허가된 토지는 제외한다.

가. 갈대밭, 실외에 물건을 쌓아두는 곳, 돌을 캐내는 곳, 흙을 파내는 곳, 야외시장 및 공동우물

나. 변전소, 송신소, 수신소 및 송유시설 등의 부지

다. 여객자동차터미널, 자동차운전학원 및 폐차장 등 자동차와 관련된 독립적인 시설물을 갖춘 부지

라. 공항시설 및 항만시설 부지

마. 도축장, 쓰레기처리장 및 오물처리장 등의 부지

바. 그 밖에 다른 지목에 속하지 않는 토지

06 다음 중 토지대장의 사유란에 기록되는 사항으로 옳지 않은 것은?

① 등록사항 정정 대상토지 ② 구획정리 시행신고 폐지
③ 축척변경 시행 폐지 ④ 집합건물대지 사용승인

> **풀이** 토지의 이동사유

토지 이동이 이루어질 경우 토지이동사유코드 및 이동 연월일 및 그 사유를 등록한다.

<table>
<tr><td colspan="2">고유번호</td><td colspan="3" rowspan="3">토지 대장</td><td>도면번호</td><td></td><td>발급번호</td><td></td></tr>
<tr><td colspan="2">토지소재</td><td>장 번 호</td><td></td><td>처리시각</td><td></td></tr>
<tr><td>지 번</td><td>축 척</td><td>비 고</td><td></td><td>발 급 자</td><td></td></tr>
</table>

		토 지 표 시			소 유 자			
지 목	면 적 (m²)	사 유		변동 일자		주 소		
				변동 원인	성명 또는 명칭		등 록 번 호	
				년 월 일				
				년 월 일				

등 급 수 정 연 월 일																
토 지 등 급 (기준수확량등급)	( )	( )	( )	( )	( )	( )	( )	( )	( )	( )	( )	( )	( )	( )	( )	( )
개별공시지가 기준일													용도지역 등			
개별공시지가(원/m²)																

코드	토지 이동사유	약부호
01	년 월 일 신규등록	신규등록
02	년 월 일 신규등록(매립준공)	매립준공
10	년 월 일 산 번에서 등록전환	등록전환
11	년 월 일 번에서 등록전환되어 말소	전환말소
20	년 월 일 분할되어 본번에 을 부함	을부함
21	년 월 일 번에서 분할	에서 분할
22	년 월 일 분할개시결정	분할결정
23	년 월 일 분할개시 결정 취소	분할취소
30	년 월 일 번과 합병	합병
31	년 월 일 번과 합병되어 말소	합병말소
40	년 월 일 지목변경	지목변경
41	년 월 일 지목변경(매립준공)	지목매립
42	년 월 일 해면성말소	해면말소
43	년 월 일 번에서 지번변경	지번변경
44	년 월 일 면적정정	면적정정
45	년 월 일 경계정정	경계정정
46	년 월 일 위치정정	위치정정
47	년 월 일 지적복구	지적복구
50	년 월 일 에서 행정구역명칭변경	명칭변경
51	년 월 일 에서 행정관할구역변경	관할변경
52	년 월 일 번에서 행정관할구역변경	관할지번
60	년 월 일 구획정리 시행신고	구획시행
61	년 월 일 구획정리 시행신고폐지	구획폐지
62	년 월 일 구획정리 완료	구획완료
63	년 월 일 구획정리되어 폐쇄	구획폐쇄
65	년 월 일 경지정리 시행신고	경지시행
66	년 월 일 경지정리 시행신고폐지	경지폐지
67	년 월 일 경지정리 완료	경지완료

정답

68	년 월 일 경지정리되어 폐쇄	경지폐쇄
70	년 월 일 축척변경 시행	축척시행
71	년 월 일 축척변경 시행 폐지	축척폐지
72	년 월 일 축척변경 완료	축척완료
73	년 월 일 축척변경되어 폐쇄	축척폐쇄
80	년 월 일 등록사항 정정 대상토지	정정대상
81	년 월 일 등록사항 정정( )	등록정정

07 「공간정보의 구축 및 관리 등에 관한 법률」에서 지적공부에 토지의 조사·등록사항에 대하여 옳지 않은 것은?

① 지적공부에 등록하는 지번·지목·면적·경계 또는 좌표는 토지의 이동이 있을 때 토지소유자(법인이 아닌 사단이나 재단의 경우에는 그 대표자나 관리인을 말한다. 이하 같다)의 신청을 받아 국토교통부장관이 결정한다.

② 지적소관청은 토지의 이동현황을 직권으로 조사·측량하여 토지의 지번·지목·면적·경계 또는 좌표를 결정하려는 때에는 토지이동현황 조사계획을 수립하여야 한다.

③ 지적소관청은 토지이동현황 조사 결과에 따라 토지의 지번·지목·면적·경계 또는 좌표를 결정한 때에는 이에 따라 지적공부를 정리하여야 한다.

④ 국토교통부장관은 모든 토지에 대하여 필지별로 소재·지번·지목·면적·경계 또는 좌표 등을 조사·측량하여 지적공부에 등록하여야 한다.

풀이 **공간정보의 구축 및 관리 등에 관한 법률 제64조(토지의 조사·등록 등)**
① 국토교통부장관은 모든 토지에 대하여 필지별로 소재·지번·지목·면적·경계 또는 좌표 등을 조사·측량하여 지적공부에 등록하여야 한다.
② 지적공부에 등록하는 지번·지목·면적·경계 또는 좌표는 토지의 이동이 있을 때 토지소유자(법인이 아닌 사단이나 재단의 경우에는 그 대표자나 관리인을 말한다. 이하 같다)의 신청을 받아 지적소관청이 결정한다. 다만, 신청이 없으면 지적소관청이 직권으로 조사·측량하여 결정할 수 있다.
③ 제2항 단서에 따른 조사·측량의 절차 등에 필요한 사항은 국토교통부령으로 정한다.

공간정보의 구축 및 관리 등에 관한 법률 시행규칙 제59조(토지의 조사·등록)
① 지적소관청은 토지의 이동현황을 직권으로 조사·측량하여 토지의 지번·지목·면적·경계 또는 좌표를 결정하려는 때에는 **토지이동현황 조사계획**을 수립하여야 한다. 이 경우 토지이동현황 조사계획은 시·군·구별로 수립하되, 부득이한 사유가 있는 때에는 읍·면·동별로 수립할 수 있다.
② 지적소관청은 제1항에 따른 토지이동현황 조사계획에 따라 토지의 이동현황을 조사한 때에는 별지 제55호 서식의 토지이동 조사부에 토지의 이동현황을 적어야 한다.
③ 지적소관청은 제2항에 따른 토지이동현황 조사 결과에 따라 토지의 지번·지목·면적·경계 또는 좌표를 결정한 때에는 이에 따라 지적공부를 정리하여야 한다.
④ 지적소관청은 제3항에 따라 지적공부를 정리하려는 때에는 제2항에 따른 토지이동 조사부를 근거로 별지 제56호 서식의 토지이동 조서를 작성하여 별지 제57호 서식의 토지이동정리 결의서에 첨부하여야 하며, 토지이동조서의 아래 부분 여백에 "「공간정보의 구축 및 관리 등에 관한 법률」 제64조제2항 단서에 따른 직권정리"라고 적어야 한다.

정답 07 ①

08 토지대장에 등록된 토지소유자의 변경사항은 등기관서에서 등기한 것을 증명하거나 제공한 자료에 따라 정리한다. 다음 중 미등기 토지에 대하여 토지소유자의 성명 또는 명칭, 주민등록번호, 주소 등에 관한 사항의 정정을 신청한 경우로서 그 등록사항이 명백히 잘못된 경우에 필요한 자료는? (25회공인)

① 등기필증
② 등기완료통지서
③ 등기사항증명서
④ 가족관계 기록사항에 관한 증명서
⑤ 등기전산정보자료

풀이 공간정보의 구축 및 관리 등에 관한 법률 제84조(등록사항의 정정)

① 토지소유자는 지적공부의 등록사항에 잘못이 있음을 발견하면 지적소관청에 그 정정을 신청할 수 있다.
② 지적소관청은 지적공부의 등록사항에 잘못이 있음을 발견하면 대통령령으로 정하는 바에 따라 직권으로 조사·측량하여 정정할 수 있다.
③ 제1항에 따른 정정으로 인접 토지의 경계가 변경되는 경우에는 다음 각 호의 어느 하나에 해당하는 서류를 지적소관청에 제출하여야 한다.

> 1. 인접 토지소유자의 승낙서
> 2. 인접 토지소유자가 승낙하지 아니하는 경우에는 이에 대항할 수 있는 확정판결서 정본(正本)

④ 지적소관청이 제1항 또는 제2항에 따라 등록사항을 정정할 때 그 정정사항이 토지소유자에 관한 사항인 경우에는 등기필증, 등기완료통지서, 등기사항증명서 또는 등기관서에서 제공한 등기전산정보자료에 따라 정정하여야 한다. 다만, 제1항에 따라 미등기 토지에 대하여 토지소유자의 성명 또는 명칭, 주민등록번호, 주소 등에 관한 사항의 정정을 신청한 경우로서 그 등록사항이 명백히 잘못된 경우에는 가족관계 기록사항에 관한 증명서에 따라 정정하여야 한다.

09 지번을 부여할 때 지적확정측량을 실시한 지역과 동일한 지번부여방법을 준용하지 않는 대상지역은?

① 지번부여지역의 전부 또는 일부에 대하여 지번을 변경하는 경우
② 대상토지가 여러 필지로 되어 지번을 변경하는 경우
③ 행정구역 개편에 따라 새로 지번을 부여하는 경우
④ 축척변경 시행지역의 필지에 지번을 부여하는 경우

풀이 공간정보의 구축 및 관리 등에 관한 법률 시행령 제56조(지번의 구성 및 부여방법 등)

구분	토지이동에 따른 지번의 부여방법
부여방법	① 지번(地番)은 아라비아숫자로 표기하되, 임야대장 및 임야도에 등록하는 토지의 지번은 숫자 앞에 "산"자를 붙인다. ② 지번은 본번(本番)과 부번(副番)으로 구성하되, 본번과 부번 사이에 "－" 표시로 연결한다. 이 경우 "－" 표시는 "의"라고 읽는다. ③ 법 제66조에 따른 지번의 부여방법은 다음 각 호와 같다. 　1. 지번은 북서에서 남동으로 순차적으로 부여할 것

구분		토지이동에 따른 지번의 부여방법
신규등록 · 등록전환	원칙	지번부여지역에서 인접토지의 본번에 부번을 붙여서 지번을 부여한다.
	예외	다음의 경우에는 그 지번부여지역의 최종 본번의 다음 순번부터 본번으로 하여 순차적으로 지번을 부여할 수 있다. ① 대상 토지가 그 지번부여지역의 최종 지번의 토지에 인접하여 있는 경우 ② 대상 토지가 이미 등록된 토지와 멀리 떨어져 있어서 등록된 토지의 본번에 부번을 부여하는 것이 불합리한 경우 ③ 대상 토지가 여러 필지로 되어 있는 경우
분할	원칙	분할 후의 필지 중 1필지의 지번은 분할 전의 지번으로 하고, 나머지 필지의 지번은 본번의 최종 부번 다음 순번으로 부번을 부여한다.
	예외	주거 · 사무실 등의 건축물이 있는 필지에 대해서는 분할 전의 지번을 우선하여 부여하여야 한다.
합병	원칙	합병 대상 지번 중 선순위의 지번을 그 지번으로 하되, 본번으로 된 지번이 있을 때에는 본번 중 선순위의 지번을 합병 후의 지번으로 한다.
	예외	토지소유자가 합병 전의 필지에 주거 · 사무실 등의 건축물이 있어서 그 건축물이 위치한 지번을 합병 후의 지번으로 신청할 때에는 그 지번을 합병 후의 지번으로 부여하여야 한다.
지적확정측량을 실시한 지역의 각 필지에 지번을 새로 부여하는 경우	원칙	다음 각 목의 지번을 제외한 본번으로 부여한다. ① 지적확정측량을 실시한 지역 안의 종전의 지번과 지적확정측량을 실시한 지역 밖에 있는 본번이 같은 지번이 있을 때 그 지번 ② 지적확정측량을 실시한 지역의 경계에 걸쳐 있는 지번
	예외	부여할 수 있는 종전 지번의 수가 새로 부여할 지번의 수보다 적을 때에는 블록 단위로 하나의 본번을 부여한 후 필지별로 부번을 부여하거나, 그 지번부여지역의 최종 본번 다음 순번부터 본번으로 하여 차례로 지번을 부여할 수 있다.
지적확정측량에 준용		① 법 제66조제2항(지적소관청은 지적공부에 등록된 지번을 변경할 필요가 있다고 인정하면 시 · 도지사나 대도시 시장의 승인을 받아 지번부여지역의 전부 또는 일부에 대하여 지번을 새로 부여할 수 있다.)에 따라 지번부여지역의 지번을 변경할 때 ② 법 제85조제2항(지번부여지역의 일부가 행정구역의 개편으로 다른 지번부여지역에 속하게 되었으면 지적소관청은 새로 속하게 된 지번부여지역의 지번을 부여하여야 한다.)에 따른 행정구역 개편에 따라 새로 지번을 부여할 때 ③ 제72조제1항(지적소관청은 축척변경 시행지역의 각 필지별 지번 · 지목 · 면적 · 경계 또는 좌표를 새로 정하여야 한다.)에 따라 축척변경 시행지역의 필지에 지번을 부여할 때
도시개발사업 등의 준공 전		도시개발사업 등이 준공되기 전에 사업시행자가 지번부여를 신청하는 경우에는 국토교통부령으로 정하는 바에 따라 지번을 부여할 수 있다. 지적소관청은 도시개발사업 등이 준공되기 전에 지번을 부여하는 때에는 사업계획도에 따르되, 지적확정측량을 실시한 지역의 각 필지에 지번을 새로 부여하는 경우의 지번부여방식에 따라 지번을 부여하여야 한다.

공간정보의 구축 및 관리 등에 관한 법률 제72조(토지의 표시 등)
① 지적소관청은 축척변경 시행지역의 각 필지별 지번 · 지목 · 면적 · 경계 또는 좌표를 새로 정하여야 한다.

공간정보의 구축 및 관리 등에 관한 법률 시행령 제85조(행정구역의 명칭변경 등)
① 행정구역의 명칭이 변경되었으면 지적공부에 등록된 토지의 소재는 새로운 행정구역의 명칭으로 변경된 것으로 본다.
② 지번부여지역의 일부가 행정구역의 개편으로 다른 지번부여지역에 속하게 되었으면 지적소관청은 새로 속하게 된 지번부여지역의 지번을 부여하여야 한다.

10 지상경계점등록부를 작성하는 경우에 등록하는 사항이 아닌 것은?

① 지적공부상 지목과 실제 토지이용 지목   ② 경계점좌표등록부 시행지역의 경계점 좌표
③ 기준점의 표지의 종류 및 기준점 위치   ④ 토지의 소재 및 경계점 표지의 종류

풀이 지상경계점등록부의 등록사항

지상경계점등록부 (지적재조사에 관한 특별법 시행규칙 제10조) **암기** 토지목성토 경번지 세관위기경 소직명 확직명	지상경계점등록부 (공간정보의 구축 및 관리 등에 관한 법률 제65조) **암기** 토지경계 공계점
1. **토**지의 소재 2. **지**번 3. 지**목** 4. 작**성**일 5. 위치**도** 6. **경**계점 **번**호 및 표**지**종류 7. 경계점 **세**부설명 및 **관**련 자료 8. 경계**위**치 9. 경계설정**기**준 및 **경**계형태 10. 작성자의 **소**속 · 직**급**(직위) · 성**명** 11. **확**인자의 직**급** · 성**명**	1. **토**지의 소재 2. **지**번 3. **경**계점 좌표(경계점좌표등록부 시행 지역에 한정한다) 4. 경**계**점 위치 설명도 5. **공**부상 지목과 실제 토지이용 지목 6. 경**계**점의 사진 파일 7. 경계**점**표지의 종류 및 경계점 위치

11 부동산종합공부에 기록 · 저장되는 내용에 대한 설명으로 옳지 않은 것은?

① 토지의 표시와 소유자에 관한 사항   ② 건축물의 표시와 소유자에 관한 사항
③ 건축물이용자에 관한 사항   ④ 토지의 이용 및 규제에 관한 사항

풀이 공간정보의 구축 및 관리 등에 관한 법률 제2조(정의)
이 법에서 사용하는 용어의 뜻은 다음과 같다.
19. "지적공부"란 토지대장, 임야대장, 공유지연명부, 대지권등록부, 지적도, 임야도 및 경계점좌표등록부 등 지적측량 등을 통하여 조사된 토지의 표시와 해당 토지의 소유자 등을 기록한 대장 및 도면(정보처리시스템을 통하여 기록 · 저장된 것을 포함한다)을 말한다.
19의2. "연속지적도"란 지적측량을 하지 아니하고 전산화된 지적도 및 임야도 파일을 이용하여, 도면상 경계점들을 연결하여 작성한 도면으로서 측량에 활용할 수 없는 도면을 말한다.
19의3. "부동산종합공부"란 토지의 표시와 소유자에 관한 사항, 건축물의 표시와 소유자에 관한 사항, 토지의 이용 및 규제에 관한 사항, 부동산의 가격에 관한 사항 등 부동산에 관한 종합정보를 정보관리체계를 통하여 기록 · 저장한 것을 말한다.

공간정보의 구축 및 관리 등에 관한 법률 제76조의3(부동산종합공부의 등록사항 등)

지적소관청은 부동산종합공부에 다음 각 호의 사항을 등록하여야 한다. 〈개정 2016.1.19.〉

1. 토지의 표시와 소유자에 관한 사항 : 이 법에 따른 지적공부의 내용
2. 건축물의 표시와 소유자에 관한 사항(토지에 건축물이 있는 경우만 해당한다) :「건축법」제38조에 따른 건축물대장의 내용
3. 토지의 이용 및 규제에 관한 사항 :「토지이용규제 기본법」제10조에 따른 토지이용계획확인서의 내용
4. 부동산의 가격에 관한 사항 :「부동산 가격공시에 관한 법률」제10조에 따른 개별공시지가, 같은 법 제16조, 제17조 및 제18조에 따른 개별주택가격 및 공동주택가격 공시내용
5. 그 밖에 부동산의 효율적 이용과 부동산과 관련된 정보의 종합적 관리·운영을 위하여 필요한 사항으로서 대통령령으로 정하는 사항

12 다음 중 지목을 부호로 표기하는 지적공부는?

(19년2회지산)

① 지적도
② 임야대장
③ 토지대장
④ 경계점좌표등록부

풀이 지목의 부호 표기

지목	부호	지목	부호	지목	부호	지목	부호
전	전	대	대	철도용지	철	공원	공
답	답	공장용지	장	제방	제	체육용지	체
과수원	과	학교용지	학	하천	천	유원지	원
목장용지	목	주차장	차	구거	구	종교용지	종
임야	임	주유소용지	주	유지	유	사적지	사
광천지	광	창고용지	창	양어장	양	묘지	묘
염전	염	도로	도	수도용지	수	잡종지	잡

13 토지소유자 등 이해관계인은 지적측량을 할 필요가 있는 경우에는 지적측량수행자에게 지적측량을 의뢰하여야 한다. 지적측량 의뢰 내용으로 옳지 않은 것은?

① 지적측량 의뢰를 받은 때에는 측량기간, 측량일자 및 측량 수수료 등을 적은 지적측량 수행계획서를 그 다음 날까지 지적소관청에 제출하여야 한다.
② 지적측량 의뢰인과 지적측량수행자가 서로 합의하여 따로 기간을 정하는 경우에는 그 기간에 따르되, 전체 기간의 4분의 3은 측량기간으로, 전체 기간의 4분의 1은 측량검사기간으로 본다.
③ 지적기준점을 설치하여 측량 또는 측량검사를 하는 경우 지적기준점이 15점 이하인 경우에는 4일을, 15점을 초과하는 경우에는 4일에 15점을 초과하는 5점마다 1일을 가산한다.
④ 지적측량을 의뢰하려는 자는 지적측량 의뢰서에 의뢰 사유를 증명하는 서류를 첨부하여 지적측량수행자에게 제출하여야 한다.

풀이 공간정보의 구축 및 관리 등에 관한 법률 제24조(지적측량 의뢰 등)

① 토지소유자 등 이해관계인은 제23조제1항제1호 및 제3호(자목은 제외한다)부터 제5호까지의 사유로 지적측량을 할 필요가 있는 경우에는 다음 각 호의 어느 하나에 해당하는 자(이하 "지적측량수행자"라 한다)에게

정답 12 ① 13 ③

지적측량을 의뢰하여야 한다.

1. 제44조제1항제2호의 지적측량업의 등록을 한 자
2. 「국가공간정보 기본법」 제12조에 따라 설립된 한국국토정보공사(이하 "한국국토정보공사"라 한다)

② 지적측량수행자는 제1항에 따른 지적측량 의뢰를 받으면 지적측량을 하여 그 측량성과를 결정하여야 한다.

③ 제1항 및 제2항에 따른 지적측량 의뢰 및 측량성과 결정 등에 필요한 사항은 국토교통부령으로 정한다.

공간정보의 구축 및 관리 등에 관한 법률 시행규칙 제25조(지적측량 의뢰 등)

① 지적측량을 의뢰하려는 자는 별지 제15호 서식의 지적측량 의뢰서(전자문서로 된 의뢰서를 포함한다)에 의뢰 사유를 증명하는 서류(전자문서를 포함한다)를 첨부하여 지적측량수행자에게 제출하여야 한다.

② 지적측량수행자는 제1항에 따른 지적측량 의뢰를 받은 때에는 측량기간, 측량일자 및 측량 수수료 등을 적은 지적측량 수행계획서를 그 다음 날까지 지적소관청에 제출하여야 한다. 제출한 지적측량 수행계획서를 변경한 경우에도 같다.

③ 지적측량의 측량기간은 5일로 하며, 측량검사기간은 4일로 한다. 다만, 지적기준점을 설치하여 측량 또는 측량검사를 하는 경우 지적기준점이 15점 이하인 경우에는 4일을, 15점을 초과하는 경우에는 4일에 15점을 초과하는 4점마다 1일을 가산한다.

④ 제3항에도 불구하고 지적측량 의뢰인과 지적측량수행자가 서로 합의하여 따로 기간을 정하는 경우에는 그 기간에 따르되, 전체 기간의 4분의 3은 측량기간으로, 전체 기간의 4분의 1은 측량검사기간으로 본다.

14 지적재조사사업을 위한 지적측량 시에 관한 벌칙사항 중 300만 원 이하의 과태료를 부과하는 것으로 옳은 것은?

① 임시경계점표지 또는 경계점표지를 이전 또는 파손하거나 그 효용을 해치는 행위를 한 자
② 지적재조사사업을 위한 지적측량을 고의로 진실에 반하게 측량하거나 지적재조사사업 성과를 거짓으로 등록을 한 자
③ 지적재조사사업 중에 알게 된 타인의 비밀을 누설하거나 사용한 자
④ 법인 또는 개인이 그 위반행위를 방지하기 위하여 해당 업무에 관하여 상당한 주의와 감독을 게을리하지 아니한 경우
⑤ 지적재조사사업성과를 거짓으로 등록한 자

풀이 지적재조사에 관한 특별법 **암기** ⓟⓢ하고 ⓑⓓ하라

벌칙 (제43조)	① 지적재조사사업을 위한 지적측량을 고의로 진실에 ⓟ하게 측량하거나 지적재조사사업 ⓢ과를 거짓으로 등록을 한 자는 2년 이하의 징역 또는 2천만 원 이하의 벌금에 처한다. ② 제41조를 위반하여 지적재조사사업 중에 알게 된 타인의 ⓑ밀을 ⓓ설하거나 사용한 자는 1년 이하의 징역 또는 1천만 원 이하의 벌금에 처한다.
양벌규정 (제44조)	법인의 대표자나 법인 또는 개인의 대리인, 사용인, 그 밖의 종업원이 그 법인 또는 개인의 업무에 관하여 제43조의 위반행위를 하면 그 행위자를 벌하는 외에 그 법인 또는 개인에게도 해당 조문의 벌금형을 과(科)한다. 다만, 법인 또는 개인이 그 위반행위를 방지하기 위하여 해당 업무에 관하여 상당한 주의와 감독을 게을리하지 아니한 경우에는 그러하지 아니하다.
과태료 (제45조)	① 다음 각 호의 어느 하나에 해당하는 자에게는 300만 원 이하의 과태료를 부과한다. 　1. 제15조제4항 또는 제18조제3항을 위반하여 임시경계점표지 또는 경계점표지를 이전 또는 파손하거나 그 효용을 해치는 행위를 한 자 　2. 지적재조사사업을 정당한 이유 없이 방해한 자

과태료 (제45조)	② 제1항에 따른 과태료는 대통령령으로 정하는 바에 따라 국토교통부장관, 시 · 도지사 또는 지적소관청이 부과 · 징수한다. 〈개정 2013.3.23.〉

15 손해배상책임에 관한 설명으로 옳은 것은?

(11년서울9급)

① 지적측량수행자가 타인의 의뢰에 의하여 지적측량을 함에 있어서 고의 또는 과실로 지적측량을 부실하게 함으로써 지적측량의뢰인이나 제 3자에게 재산상의 손해와 정신적 손해를 발생하게 한 때에는 지적측량수행자는 그 손해를 배상할 책임이 있다.

② 지적측량수행자는 손해배상책임을 보장하기 위하여 국토교통부령에 정하는 바에 따라 보험가입 등 필요한 조치를 하여야 한다.

③ 지적측량업자는 1억 원 이상, 한국국토정보공사는 10억 원 이상의 보증보험에 가입하여야 한다.

④ 지적측량업자는 지적측량업 등록증을 발급받는 날부터 10일 이내에 해당하는 금액의 보증설정을 하여야 한다.

⑤ 보증설정을 하였을 때에는 이를 증명하는 서류를 등록한 지적소관청에 제출하여야 한다.

풀이 **공간정보의 구축 및 관리 등에 관한 법률 제51조(손해배상책임의 보장)**

① 지적측량수행자가 타인의 의뢰에 의하여 지적측량을 하는 경우 고의 또는 과실로 지적측량을 부실하게 함으로써 지적측량의뢰인이나 제3자에게 재산상의 손해를 발생하게 한 때에는 지적측량수행자는 그 손해를 배상할 책임이 있다.

② 지적측량수행자는 제1항에 따른 손해배상책임을 보장하기 위하여 대통령령으로 정하는 바에 따라 보험가입 등 필요한 조치를 하여야 한다.

가. 보증보험 가입(시행령 제41조(손해배상책임의 보장))

지적측량수행자는 법 제51조제2항에 따라 손해배상책임을 보장하기 위하여 다음 각 호의 구분에 따라 보증보험에 가입하거나 공간정보산업협회가 운영하는 보증 또는 공제에 가입하는 방법으로 보증설정(이하 "보증설정"이라 한다)을 하여야 한다. 〈개정 2017.1.10.〉

보증보험 가입금액	① 지적측량업자 : 보장기간 10년 이상 및 보증금액 1억 원 이상 ② 「국가공간정보 기본법」 제12조에 따라 설립된 한국국토정보공사(이하 "한국국토정 보공사"라 한다) : 보증금액 20억 원 이상
보증보험의 가입	지적측량업자는 지적측량업 등록증을 발급받은 날부터 10일 이내에 제1항제1호의 기준 에 따라 보증설정을 하여야 하며, 보증설정을 하였을 때에는 이를 증명하는 서류를 등록한 시 · 도지사에게 제출하여야 한다. 〈개정 2017.1.10.〉

나. 보험의 변경 및 보험금의 지급(시행령 제42조(보증설정의 변경))

보정설정의 변경	① 법 제51조에 따라 보증설정을 한 지적측량수행자는 그 보증설정을 다른 보증설정으 로 변경하려는 경우에는 해당 보증설정의 효력이 있는 기간 중에 다른 보증설정을 하고 그 사실을 증명하는 서류를 제35조제1항에 따라 등록한 시 · 도지사에게 제출 하여야 한다. ② 보증설정을 한 지적측량수행자는 보증기간의 만료로 인하여 다시 보증설정을 하려 는 경우에는 그 보증기간 만료일까지 다시 보증설정을 하고 그 사실을 증명하는 서류 를 제35조제1항에 따라 등록한 시 · 도지사에게 제출하여야 한다.

정답 **15** ④

	① 지적측량의뢰인은 법 제51조제1항에 따른 손해배상으로 보험금·보증금 또는 공제금을 지급받으려면 다음 각 호의 어느 하나에 해당하는 서류를 첨부하여 보험회사 또는 공간정보산업협회에 손해배상금 지급을 청구하여야 한다. 〈개정 2017.1.10.〉
보험금의 지급	1. 지적측량의뢰인과 지적측량수행자 간의 손해배상합의서 또는 화해조서 2. 확정된 법원의 판결문 사본 3. 제1호 또는 제2호에 준하는 효력이 있는 서류
	② 지적측량수행자는 보험금·보증금 또는 공제금으로 손해배상을 하였을 때에는 지체 없이 다시 보증설정을 하고 그 사실을 증명하는 서류를 제35조제1항에 따라 등록한 시·도지사에게 제출하여야 한다. 〈개정 2017.1.10.〉 ③ 지적소관청은 제1항에 따라 지적측량수행자가 지급하는 손해배상금의 일부를 지적소관청의 지적측량성과 검사 과실로 인하여 지급하여야 하는 경우에 대비하여 공제에 가입할 수 있다. 〈신설 2014.1.17.〉

16 다음 중 지적기술자의 위반행위에 따른 업무정지 기준에 대한 설명으로 옳지 않은 것은?

① 지적측량수행자 소속 지적기술자가 영업정지기간 중에 이를 알고도 지적측량업무를 행한 경우 : 1년
② 지적기술자가 법 제50조제1항을 위반하여 정당한 사유 없이 지적측량 신청을 거부한 경우 : 3개월
③ 다른 사람에게 손해를 입혀 금고 이상의 형을 선고받고 그 형이 확정된 경우 : 2년
④ 지적측량수행자 소속 지적기술자가 법 제45조에 따른 업무범위를 위반하여 지적측량을 한 경우 : 2년

풀이 지적기술자의 업무정지 기준(제44조제3항 관련)

1. 일반기준
   국토교통부장관은 다음 각 목의 구분에 따라 업무정지의 기간을 줄일 수 있다.
   가. 위반행위가 있은 날 이전 최근 2년 이내에 업무정지 처분을 받은 사실이 없는 경우 : 4분의 1 경감
   나. 해당 위반행위가 과실 또는 상당한 이유에 의한 것으로서 보완이 가능한 경우 : 4분의 1 경감
   다. 가목과 나목 모두에 해당하는 경우 : 2분의 1 경감

2. 개별기준 **암기** ㉮대 신청범 과금벌손가

위반사항	해당 법조문	행정처분기준
가. 법 제40조제1항에 따른 근무처 및 경력 등의 신고 또는 변경신고를 ㉮짓으로 한 경우	법 제42조 제1항제1호	1년
나. 법 제41조제4항을 위반하여 다른 사람에게 측량기술경력증을 빌려(대여)주거나 자기의 성명을 사용하여 측량업무를 수행하게 한 경우	법 제42조 제1항제2호	1년
다. 법 제50조제1항을 위반하여 신의와 성실로써 공정하게 지적측량을 하지 아니한 경우		
1) 지적측량수행자 소속 지적기술자가 영업정지기간 중에 이를 알고도 지적측량업무를 행한 경우	법 제42조 제1항제3호	2년
2) 지적측량수행자 소속 지적기술자가 법 제45조에 따른 업무범위를 위반하여 지적측량을 한 경우		2년

위반사항	해당 법조문	행정처분기준
라. 고의 또는 중[과]실로 지적측량을 잘못하여 다른 사람에게 손해를 입힌 경우	법 제42조 제1항제3호	
1) 다른 사람에게 손해를 입혀 [금]고 이상의 형을 선고받고 그 형이 확정된 경우		2년
2) 다른 사람에게 손해를 입혀 [벌]금 이하의 형을 선고받고 그 형이 확정된 경우		1년 6개월
3) 그 밖에 고의 또는 중대한 과실로 지적측량을 잘못하여 다른 사람에게 [손]해를 입힌 경우		1년
마. 지적기술자가 법 제50조제1항을 위반하여 정당한 사유 없이 지적측량 신청을 [거]부한 경우	법 제42조 제1항제4호	3개월

17 다음 중 국가공간정보위원회의 심의사항으로 옳지 않은 것은? (17년3회지기)

① 공간정보의 유통과 보호에 관한 사항
② 국가공간정보체계의 중복투자 방지 등 투자 효율화에 관한 사항
③ 국가공간정보체계의 구축 · 관리 및 활용에 관한 주요 정책의 조정에 관한 사항
④ 국가공간정보정책 종합계획의 수립 · 변경 및 집행실적의 평가

[풀이] **국가공간정보위원회(국가공간정보 기본법 제5조)** [암기] [계][시][수][변][가] [유][보]는 [방][화][정][위]에서

심의사항	1. 제6조에 따른 국가공간정보정책 기본[계]획의 수립 · 변경 및 집행실적의 평가 2. 제7조에 따른 국가공간정보정책 [시]행계획(제7조에 따른 기관별 국가공간정보정책 시행계획을 포함한다)의 [수]립 · [변]경 및 집행실적의 평[가] 3. 공간정보의 [유]통과 [보]호에 관한 사항 4. 국가공간정보체계의 중복투자 [방]지 등 투자 효율[화]에 관한 사항 5. 국가공간정보체계의 구축 · 관리 및 활용에 관한 주요 [정]책의 조정에 관한 사항 6. 그 밖에 국가공간정보정책 및 국가공간정보체계와 관련된 사항으로서 [위]원장이 회의에 부치는 사항
위원회	③ 위원회는 위원장을 포함하여 30인 이내의 위원으로 구성한다. ④ 위원장은 국토교통부장관이 되고, 위원은 다음 각 호의 자가 된다. 〈개정 2012.12.18., 2013.3.23.〉 1. 국가공간정보체계를 관리하는 중앙행정기관의 차관급 공무원으로서 대통령령으로 정하는 자 2. 지방자치단체의 장(특별시 · 광역시 · 특별자치시 · 도 · 특별자치도의 경우에는 부시장 또는 부지사)으로서 위원장이 위촉하는 자 7인 이상 3. 공간정보체계에 관한 전문지식과 경험이 풍부한 민간전문가로서 위원장이 위촉하는 자 7인 이상 ⑤ 제4항제2호 및 제3호에 해당하는 위원의 임기는 2년으로 한다. 다만, 위원의 사임 등으로 새로 위촉된 위원의 임기는 전임 위원의 남은 임기로 한다. ⑥ 위원회는 제2항에 따른 심의 사항을 전문적으로 검토하기 위하여 전문위원회를 둘 수 있다. 〈개정 2014.6.3.〉 ⑦ 그 밖에 위원회 및 전문위원회의 구성 · 운영 등에 관하여 필요한 사항은 대통령령으로 정한다.

[정답] 17 ④

위원	① 법 제5조제4항제1호에 따른 위원은 다음 각 호의 사람으로 한다. 〈개정 2013.3.23., 2013.11.22., 2014.11.19.〉
	
	    1. 기획재정부 제1차관, 교육부차관, 미래창조과학부 제2차관, 국방부차관, 행정안전부차관, 농림축산식품부차관, 산업통상자원부 제1차관, 환경부차관, 해양수산부차관 및 국민안전처의 소방사무를 담당하는 본부장
	    2. 통계청장, 문화재청장, 농촌진흥청장 및 산림청장
	
	② 법 제5조에 따른 국가공간정보위원회(이하 "위원회"라 한다)의 위원장은 법 제5조제4항제3호에 따라 민간전문가를 위원으로 위촉하는 경우 관계 중앙행정기관의 장의 의견을 들을 수 있다.

운영 (제4조)	① 위원회의 위원장(이하 "위원장"이라 한다)은 위원회를 대표하고, 위원회의 업무를 총괄한다. ② 위원장이 부득이한 사유로 직무를 수행할 수 없을 때에는 위원장이 지명하는 위원의 순으로 그 직무를 대행한다. ③ 위원장은 회의 개최 5일 전까지 회의 일시·장소 및 심의안건을 각 위원에게 통보하여야 한다. 다만, 긴급한 경우에는 회의 개최 전까지 통보할 수 있다. ④ 회의는 재적위원 과반수의 출석으로 개의(開議)하고, 출석위원 과반수의 찬성으로 의결한다.
간사	위원회에 간사 2명을 두되, 간사는 국토교통부와 행정안전부 소속 3급 또는 고위공무원단에 속하는 일반직공무원 중에서 국토교통부장관과 행정안전부장관이 각각 지명한다.

18 지적위원회에 관한 설명 중 틀린 것은?

① 위원장이 중앙지적위원회의 회의를 소집할 때에는 회의 일시·장소 및 심의 안건을 회의 5일 전까지 각 위원에게 서면으로 통지하여야 한다.
② 지방지적위원회는 지적측량기술의 연구·개발 및 보급에 관한 사항을 심의·의결한다.
③ 위원장은 국토교통부의 지적업무 담당 국장이, 부위원장은 국토교통부의 지적업무 담당 과장이 된다.
④ 중앙지적위원회의 간사는 국토교통부의 지적업무담당 공무원 중에서 국토교통부장관이 임명한다.

풀이 공간정보의 구축 및 관리 등에 관한 법률 제28조(지적위원회) **암기** 정무연개사재양무징구
① 다음 각 호의 사항을 심의·의결하기 위하여 국토교통부에 중앙지적위원회를 둔다.

    1. 지적 관련 정책 개발 및 업무 개선 등에 관한 사항
    2. 지적측량기술의 연구·개발 및 보급에 관한 사항
    3. 제29조제6항에 따른 지적측량 적부심사(適否審査)에 대한 재심사(再審査)
    4. 제39조에 따른 측량기술자 중 지적분야 측량기술자(이하 "지적기술자"라 한다)의 양성에 관한 사항
    5. 제42조에 따른 지적기술자의 업무정지 처분 및 징계요구에 관한 사항

② 제29조에 따른 지적측량에 대한 적부심사 청구사항을 심의·의결하기 위하여 특별시·광역시·특별자치시·도 또는 특별자치도(이하 "시·도"라 한다)에 지방지적위원회를 둔다. 〈신설 2013.7.17.〉
③ 중앙지적위원회와 지방지적위원회의 구성 및 운영에 필요한 사항은 대통령령으로 정한다.
④ 중앙지적위원회와 지방지적위원회의 위원 중 공무원이 아닌 사람은 「형법」 제127조 및 제129조부터 제132조까지의 규정을 적용할 때에는 공무원으로 본다. 〈신설 2017.10.24.〉

공간정보의 구축 및 관리 등에 관한 법률 시행령 제20조(중앙지적위원회의 구성 등)
① 법 제28조제1항에 따른 중앙지적위원회(이하 "중앙지적위원회"라 한다)는 위원장 1명과 부위원장 1명을 포함하여 5명 이상 10명 이하의 위원으로 구성한다. 〈개정 2012.7.4.〉

② 위원장은 국토교통부의 지적업무 담당 국장이, 부위원장은 국토교통부의 지적업무 담당 과장이 된다.

③ 위원은 지적에 관한 학식과 경험이 풍부한 사람 중에서 국토교통부장관이 임명하거나 위촉한다.

④ 위원장 및 부위원장을 제외한 위원의 임기는 2년으로 한다.

⑤ 중앙지적위원회의 간사는 국토교통부의 지적업무 담당 공무원 중에서 국토교통부장관이 임명하며, 회의 준비, 회의록 작성 및 회의 결과에 따른 업무 등 중앙지적위원회의 서무를 담당한다. 〈개정 2013.3.23.〉

⑥ 중앙지적위원회의 위원에게는 예산의 범위에서 출석수당과 여비, 그 밖의 실비를 지급할 수 있다. 다만, 공무원인 위원이 그 소관 업무와 직접적으로 관련되어 출석하는 경우에는 그러하지 아니하다.

공간정보의 구축 및 관리 등에 관한 법률 시행령 제21조(중앙지적위원회의 회의 등)

① 중앙지적위원회 위원장은 회의를 소집하고 그 의장이 된다.

② 위원장이 부득이한 사유로 직무를 수행할 수 없을 때에는 부위원장이 그 직무를 대행하고, 위원장 및 부위원장이 모두 부득이한 사유로 직무를 수행할 수 없을 때에는 위원장이 미리 지명한 위원이 그 직무를 대행한다.

③ 중앙지적위원회의 회의는 재적위원 과반수의 출석으로 개의(開議)하고, 출석위원 과반수의 찬성으로 의결한다.

④ 중앙지적위원회는 관계인을 출석하게 하여 의견을 들을 수 있으며, 필요하면 현지조사를 할 수 있다.

⑤ 위원장이 중앙지적위원회의 회의를 소집할 때에는 회의 일시 · 장소 및 심의 안건을 회의 5일 전까지 각 위원에게 서면으로 통지하여야 한다.

⑥ 위원이 법 제29조제6항에 따른 재심사 시 그 측량 사안에 관하여 관련이 있는 경우에는 그 안건의 심의 또는 의결에 참석할 수 없다.

19 지적재조사사업에 있어서 시 · 도 지적재조사위원회에 대한 설명으로 옳지 않은 것은?

① 시 · 도 위원회는 위원장 및 부위원장 각 1명을 포함한 10명 이내의 위원으로 구성한다.

② 시 · 도 위원회는 경계복원측량 또는 지적공부정리의 허용 여부를 심의 · 의결한다.

③ 시 · 도 위원회의 위원장은 시 · 도지사가 되며, 부위원장은 위원 중에서 위원장이 지명한다.

④ 시 · 도종합계획의 수립 및 변경사항을 심의 · 의결한다.

풀이 지적재조사에 관한 특별법 제29조(시 · 도 지적재조사위원회) **암기** 실종사우위

① 시 · 도의 지적재조사사업에 관한 주요 정책을 심의 · 의결하기 위하여 시 · 도지사 소속으로 시 · 도 지적재조사위원회(이하 "시 · 도 위원회"라 한다)를 둘 수 있다.

② 시 · 도 위원회는 다음 각 호의 사항을 심의 · 의결한다. 〈개정 2017.4.18., 2020.6.9.〉

> 1. 지적소관청이 수립한 실시계획
> 1의2. 시 · 도종합계획의 수립 및 변경
> 2. 지적재조사지구의 지정 및 변경
> 3. 시 · 군 · 구별 지적재조사사업의 우선순위 조정
> 4. 그 밖에 지적재조사사업에 필요하여 시 · 도 위원회의 위원장이 회의에 부치는 사항

③ 시 · 도 위원회는 위원장 및 부위원장 각 1명을 포함한 10명 이내의 위원으로 구성한다.

④ 시 · 도 위원회의 위원장은 시 · 도지사가 되며, 부위원장은 위원 중에서 위원장이 지명한다.

⑤ 시 · 도 위원회의 위원은 다음 각 호의 어느 하나에 해당하는 사람 중에서 위원장이 임명 또는 위촉한다.

> 1. 해당 시 · 도의 3급 이상 공무원
> 2. 판사 · 검사 또는 변호사
> 3. 법학이나 지적 또는 측량 분야의 교수로 재직하고 있거나 있었던 사람
> 4. 그 밖에 지적재조사사업에 관하여 전문성을 갖춘 사람

⑥ 시·도 위원회의 위원 중 공무원이 아닌 위원의 임기는 2년으로 한다.

⑦ 시·도 위원회는 재적위원 과반수의 출석과 출석위원 과반수의 찬성으로 의결한다.

⑧ 그 밖에 시·도 위원회의 조직 및 운영 등에 관하여 필요한 사항은 해당 시·도의 조례로 정한다.

지적재조사에 관한 특별법 제30조(시·군·구 지적재조사위원회) 암기 복토지정은 이장이

① 시·군·구의 지적재조사사업에 관한 주요 정책을 심의·의결하기 위하여 지적소관청 소속으로 시·군·구 지적재조사위원회(이하 "시·군·구 위원회"라 한다)를 둘 수 있다.

② 시·군·구 위원회는 다음 각 호의 사항을 심의·의결한다. 〈개정 2017.4.18.〉

　1. 제12조제2항제3호(토지소유자의 신청에 따라 제30조에 따른 시·군·구 지적재조사위원회가 경계복원측량 또는 지적공부정리가 필요하다고 결정하는 경우)에 따른 경계복원측량 또는 지적공부정리의 허용 여부

　2. 제19조(지적재조사측량 결과 기존의 지적공부상 지목이 실제의 이용현황과 다른 경우 지적소관청은 제30조에 따른 시·군·구 지적재조사위원회의 심의를 거쳐 기존의 지적공부상의 지목을 변경할 수 있다. 이 경우 지목을 변경하기 위하여 다른 법령에 따른 인허가 등을 받아야 할 때에는 그 인허가 등을 받거나 관계 기관과 협의한 경우에 한하여 실제의 지목으로 변경할 수 있다.)에 따른 지목의 변경

　3. 제20조에 따른 조정금의 산정

　3의2. 제21조의2제2항에 따른 조정금 이의신청에 관한 결정

> **제20조(조정금의 산정)**
> ① 지적소관청은 제18조에 따른 경계 확정으로 지적공부상의 면적이 증감된 경우에는 필지별 면적 증감내역을 기준으로 조정금을 산정하여 징수하거나 지급한다.
> ② 제1항에도 불구하고 국가 또는 지방자치단체 소유의 국유지·공유지 행정재산의 조정금은 징수하거나 지급하지 아니한다.
> ③ 조정금은 제18조에 따라 경계가 확정된 시점을 기준으로 「감정평가 및 감정평가사에 관한 법률」에 따른 감정평가업자가 평가한 감정평가액으로 산정한다. 다만, 토지소유자협의회가 요청하는 경우에는 제30조에 따른 시·군·구 지적재조사위원회의 심의를 거쳐 「부동산 가격공시에 관한 법률」에 따른 개별공시지가로 산정할 수 있다. 〈개정 2017.4.18.〉
> ④ 지적소관청은 제3항에 따라 조정금을 산정하고자 할 때에는 제30조에 따른 시·군·구 지적재조사위원회의 심의를 거쳐야 한다.
> ⑤ 제2항부터 제4항까지에 규정된 것 외에 조정금의 산정에 필요한 사항은 대통령령으로 정한다.
>
> **제21조의2(조정금에 관한 이의신청)**
> ① 제21조제3항에 따라 수령통지 또는 납부고지된 조정금에 이의가 있는 토지소유자는 수령통지 또는 납부고지를 받은 날부터 60일 이내에 지적소관청에 이의신청을 할 수 있다.
> ② 지적소관청은 제1항에 따른 이의신청을 받은 날부터 30일 이내에 제30조에 따른 시·군·구 지적재조사위원회의 심의·의결을 거쳐 이의신청에 대한 결과를 신청인에게 서면으로 알려야 한다.
> [본조신설 2017.4.18.]

　4. 그 밖에 지적재조사사업에 필요하여 시·군·구 위원회의 위원장이 회의에 부치는 사항

③ 시·군·구 위원회는 위원장 및 부위원장 각 1명을 포함한 10명 이내의 위원으로 구성한다.

④ 시·군·구 위원회의 위원장은 시장·군수 또는 구청장이 되며, 부위원장은 위원 중에서 위원장이 지명한다.

⑤ 시·군·구 위원회의 위원은 다음 각 호의 어느 하나에 해당하는 사람 중에서 위원장이 임명 또는 위촉한다.

> 1. 해당 시·군·구의 5급 이상 공무원
> 2. 해당 지적재조사지구의 읍장·면장·동장
> 3. 판사·검사 또는 변호사
> 4. 법학이나 지적 또는 측량 분야의 교수로 재직하고 있거나 있었던 사람
> 5. 그 밖에 지적재조사사업에 관하여 전문성을 갖춘 사람

정답

⑥ 시 · 군 · 구 위원회의 위원 중 공무원이 아닌 위원의 임기는 2년으로 한다.

⑦ 시 · 군 · 구 위원회는 재적위원 과반수의 출석과 출석위원 과반수의 찬성으로 의결한다.

⑧ 그 밖에 시 · 군 · 구 위원회의 조직 및 운영 등에 관하여 필요한 사항은 해당 시 · 군 · 구의 조례로 정한다.

[시행일 : 2017.10.19.] 제30조

20 중앙지적위원회에 대한 설명이다. 이 중 옳은 것은?

① 위원장이 부득이한 사유로 직무를 수행할 수 없을 때에는 부위원장이 그 직무를 대행하고, 위원장 및 부위원장이 모두 부득이한 사유로 직무를 수행할 수 없을 때에는 가장 연장자가 그 직무를 대행한다.

② 중앙지적위원회의 회의는 재적위원 과반수의 출석으로 개의하고 출석위원 과반수의 찬성으로 의결한다.

③ 재심사 시 그 측량 사안에 관하여 관련이 있는 경우에는 그 안건의 심의 또는 의결에 참석할 수 있다.

④ 위원장이 위원회의 회의를 소집하는 때에는 회의일시 · 장소 및 심의안건을 회의 7일 전까지 각 위원에게 서면으로 통지하여야 한다.

풀이 공간정보의 구축 및 관리 등에 관한 법률 시행령 제21조(중앙지적위원회의 회의 등)

① 중앙지적위원회 위원장은 회의를 소집하고 그 의장이 된다.

② 위원장이 부득이한 사유로 직무를 수행할 수 없을 때에는 부위원장이 그 직무를 대행하고, 위원장 및 부위원장이 모두 부득이한 사유로 직무를 수행할 수 없을 때에는 위원장이 미리 지명한 위원이 그 직무를 대행한다.

③ 중앙지적위원회의 회의는 재적위원 과반수의 출석으로 개의(開議)하고, 출석위원 과반수의 찬성으로 의결한다.

④ 중앙지적위원회는 관계인을 출석하게 하여 의견을 들을 수 있으며, 필요하면 현지조사를 할 수 있다.

⑤ 위원장이 중앙지적위원회의 회의를 소집할 때에는 회의 일시 · 장소 및 심의 안건을 회의 5일 전까지 각 위원에게 서면으로 통지하여야 한다.

⑥ 위원이 법 제29조제6항에 따른 재심사 시 그 측량 사안에 관하여 관련이 있는 경우에는 그 안건의 심의 또는 의결에 참석할 수 없다.

01 벌칙 규정에 대한 설명으로 옳지 않은 것은? (18년2회측산)

① 심사를 받지 아니하고 지도 등을 간행하여 판매하거나 배포한 자는 1년 이하의 징역 또는 2천만 원 이하의 벌금에 처한다.

② 다른 사람에게 측량업등록증 또는 측량업등록수첩을 빌려주거나 자기의 성명 또는 상호를 사용하여 측량업무를 하게 한 자는 1년 이하의 징역 또는 1천만 원 이하의 벌금에 처한다.

③ 측량업자로서 속임수, 위력(威力) 그 밖의 방법으로 측량업과 관련된 입찰의 공정성을 해친 자는 3년 이하의 징역 또는 3천만 원 이하의 벌금에 처한다.

④ 성능검사를 부정하게 한 성능검사대행자는 2년 이하의 징역 또는 2천만 원 이하의 벌금에 처한다.

풀이 공간정보의 구축 및 관리 등에 관한 법률 제107~109조(벌칙)

벌칙(법률 제107~109조)	
3년 이하의 징역 또는 3천만 원 이하의 벌금 **암기** 임위공	측량업자로서 속임수, 위력(威力), 그 밖의 방법으로 측량업과 관련된 입찰의 공정성을 해친 자는 3년 이하의 징역 또는 3천만 원 이하의 벌금에 처한다.
2년 이하의 징역 또는 2천만 원 이하의 벌금 **암기** 거부등 외표성검	1. 측량업의 등록을 하지 아니하거나 거짓이나 그 밖의 부정한 방법으로 측량업의 등록을 하고 측량업을 한 자 2. 성능검사대행자의 등록을 하지 아니하거나 거짓이나 그 밖의 부정한 방법으로 성능검사대행자의 등록을 하고 성능검사업무를 한 자 3. 측량성과를 국외로 반출한 자 4. 측량기준점표지를 이전 또는 파손하거나 그 효용을 해치는 행위를 한 자 5. 고의로 측량성과를 사실과 다르게 한 자 6. 성능검사를 부정하게 한 성능검사대행자
1년 이하의 징역 또는 1천만 원 이하의 벌금 **암기** 둘비허불 대판대복	1. 둘 이상의 측량업자에게 소속된 측량기술자 2. 업무상 알게 된 비밀을 누설한 측량기술자 3. 거짓(허위)으로 다음 각 목의 신청을 한 자 가. 신규등록 신청 나. 등록전환 신청 다. 분할 신청 라. 합병 신청 마. 지목변경 신청 바. 바다로 된 토지의 등록말소 신청 사. 축척변경 신청 아. 등록사항의 정정 신청 자. 도시개발사업 등 시행지역의 토지이동 신청 4. 측량기술자가 아님에도 불구하고 측량을 한 자 5. 지적측량수수료 외의 대가를 받은 지적측량기술자 6. 심사를 받지 아니하고 지도 등을 간행하여 판매하거나 배포한 자 7. 다른 사람에게 측량업등록증 또는 측량업등록수첩을 빌려(대여)주거나 자기의 성명 또는 상호를 사용하여 측량업무를 하게 한 자 8. 다른 사람의 측량업등록증 또는 측량업등록수첩을 빌려서(대여) 사용하거나 다른 사람의 성명 또는 상호를 사용하여 측량업무를 한 자

벌칙(법률 제107~109조)	
1년 이하의 징역 또는 1천만 원 이하의 벌금 **암기** 통비허롱 대판대롱	9. 다른 사람에게 자기의 성능검사대행자 등록증을 빌려(**대**여)주거나 자기의 성명 또는 상호를 사용하여 성능검사대행업무를 수행하게 한 자 10. 다른 사람의 성능검사대행자 등록증을 빌려서(**대**여) 사용하거나 다른 사람의 성명 또는 상호를 사용하여 성능검사대행업무를 수행한 자 11. 무단으로 측량성과 또는 측량기록을 **복**제한 자

02 지적공부의 등록사항 정정에 관한 설명으로 틀린 것은?

① 미등기 토지에 대하여 토지소유자의 성명 또는 명칭, 주민등록번호, 주소 등에 관한 사항의 정정을 신청한 경우로서 그 등록사항이 명백히 잘못된 경우에는 가족관계 기록사항에 관한 증명서에 따라 정정하여야 한다.

② 토지소유자가 경계 또는 면적의 변경을 가져오는 등록사항에 대한 정정신청을 하는 때에는 정정사유를 기재한 신청서에 변경사항을 확인할 수 있는 서류를 첨부하여 소관청에 제출하여야 한다.

③ 등록사항 정정 대상토지에 대한 대장을 열람하게 하거나 등본을 발급하는 때에는 '등록사항 정정 대상토지'라고 기재한 부분을 흑백의 반전으로 표시하거나 붉은색으로 기재하여야 한다.

④ 등기된 토지의 지적공부 등록사항 정정 내용이 토지소유자에 관한 사항인 경우 등기필증, 등기완료통지서, 등기사항증명서 또는 등기관서에서 제공한 등기전산정보자료에 의하여 정정하여야 한다.

⑤ 지적공부의 작성 또는 재작성 당시 잘못 정리된 경우와 지적측량성과와 다르게 정리된 경우 소관청이 직권으로 조사·측량하여 정정할 수 있다.

풀이 **공간정보의 구축 및 관리 등에 관한 법률 제84조(등록사항의 정정)**

① 토지소유자는 지적공부의 등록사항에 잘못이 있음을 발견하면 지적소관청에 그 정정을 신청할 수 있다.

② 지적소관청은 지적공부의 등록사항에 잘못이 있음을 발견하면 대통령령으로 정하는 바에 따라 직권으로 조사·측량하여 정정할 수 있다.

③ 제1항에 따른 정정으로 인접 토지의 경계가 변경되는 경우에는 다음 각 호의 어느 하나에 해당하는 서류를 지적소관청에 제출하여야 한다.

> 1. 인접 토지소유자의 승낙서
> 2. 인접 토지소유자가 승낙하지 아니하는 경우에는 이에 대항할 수 있는 확정판결서 정본(正本)

④ 지적소관청이 제1항 또는 제2항에 따라 등록사항을 정정할 때 그 정정사항이 토지소유자에 관한 사항인 경우에는 등기필증, 등기완료통지서, 등기사항증명서 또는 등기관서에서 제공한 등기전산정보자료에 따라 정정하여야 한다. 다만, 제1항에 따라 미등기 토지에 대하여 토지소유자의 성명 또는 명칭, 주민등록번호, 주소 등에 관한 사항의 정정을 신청한 경우로서 그 등록사항이 명백히 잘못된 경우에는 가족관계 기록사항에 관한 증명서에 따라 정정하여야 한다. 〈개정 2011.4.12.〉

공간정보의 구축 및 관리 등에 관한 법률 시행령 제82조(등록사항의 직권정정 등)

① 지적소관청이 법 제84조제2항에 따라 지적공부의 등록사항에 잘못이 있는지를 직권으로 조사·측량하여 정정할 수 있는 경우는 다음 각 호와 같다. 〈개정 2015.6.1., 2017.1.10.〉

1. 제84조제2항에 따른 토지이동정리 결의서의 내용과 다르게 정리된 경우
2. 지적도 및 임야도에 등록된 필지가 면적의 증감 없이 경계의 위치만 잘못된 경우
3. 1필지가 각각 다른 지적도나 임야도에 등록되어 있는 경우로서 지적공부에 등록된 면적과 측량한 실제면적은 일치하지만 지적도나 임야도에 등록된 경계가 서로 접합되지 않아 지적도나 임야도에 등록된 경계를 지상의 경계에 맞추어 정정하여야 하는 토지가 발견된 경우
4. 지적공부의 작성 또는 재작성 당시 잘못 정리된 경우
5. 지적측량성과와 다르게 정리된 경우
6. 법 제29조제10항에 따라 지적공부의 등록사항을 정정하여야 하는 경우
7. 지적공부의 등록사항이 잘못 입력된 경우
8. 「부동산등기법」 제37조제2항에 따른 통지가 있는 경우(지적소관청의 착오로 잘못 합병한 경우만 해당한다)
9. 법률 제2801호 지적법 개정법률 부칙 제3조에 따른 면적 환산이 잘못된 경우

② 지적소관청은 제1항 각 호의 어느 하나에 해당하는 토지가 있을 때에는 지체 없이 관계 서류에 따라 지적공부의 등록사항을 정정하여야 한다.

③ 지적공부의 등록사항 중 경계나 면적 등 측량을 수반하는 토지의 표시가 잘못된 경우에는 지적소관청은 그 정정이 완료될 때까지 지적측량을 정지시킬 수 있다. 다만, 잘못 표시된 사항의 정정을 위한 지적측량은 그러하지 아니하다.

공간정보의 구축 및 관리 등에 관한 법률 시행규칙 제93조(등록사항의 정정 신청)

① 토지소유자는 법 제84조제1항에 따라 지적공부의 등록사항에 대한 정정을 신청할 때에는 정정사유를 적은 신청서에 다음 각 호의 구분에 따른 서류를 첨부하여 지적소관청에 제출하여야 한다. 〈개정 2014.1.17.〉

1. 경계 또는 면적의 변경을 가져오는 경우 : 등록사항 정정 측량성과도
2. 그 밖의 등록사항을 정정하는 경우 : 변경사항을 확인할 수 있는 서류

② 제1항에 따른 서류를 해당 지적소관청이 관리하는 경우에는 지적소관청의 확인으로 해당 서류의 제출을 갈음할 수 있다. 〈신설 2014.1.17.〉

공간정보의 구축 및 관리 등에 관한 법률 시행규칙 제94조(등록사항 정정 대상토지의 관리 등)

① 지적소관청은 토지의 표시가 잘못되었음을 발견하였을 때에는 지체 없이 등록사항 정정에 필요한 서류와 등록사항 정정 측량성과도를 작성하고, 영 제84조제2항에 따라 토지이동정리 결의서를 작성한 후 대장의 사유란에 "등록사항정정 대상토지"라고 적고, 토지소유자에게 등록사항 정정 신청을 할 수 있도록 그 사유를 통지하여야 한다. 다만, 영 제82조제1항에 따라 지적소관청이 직권으로 정정할 수 있는 경우에는 토지소유자에게 통지를 하지 아니할 수 있다.

② 제1항에 따른 등록사항 정정 대상토지에 대한 대장을 열람하게 하거나 등본을 발급하는 때에는 "등록사항 정정 대상토지"라고 적은 부분을 흑백의 반전(反轉)으로 표시하거나 붉은색으로 적어야 한다.

03 「공간정보의 구축 및 관리 등에 관한 법령」상 부동산종합공부의 등록사항에 해당하지 않는 것은?

① 부동산의 가격에 관한 사항 : 「부동산 가격공시 및 감정평가에 관한 법률」 제11조에 따른 개별공시지가, 같은 법 제16조 및 제17조에 따른 개별주택가격 및 공동주택가격 공시 내용

② 건축물의 표시와 소유자에 관한 사항(토지에 건축물이 있는 경우만 해당한다) : 「건축법」 제38조에 따른 건축물대장의 내용

③ 토지의 이용 및 규제에 관한 사항 : 「토지이용규제 기본법」 제10조에 따른 토지이용계획확인서의 내용

④ 부동산의 보상에 관한 사항 : 「부동산등기법」 제48조에 따른 부동산의 권리에 관한 사항

⑤ 토지의 표시와 소유자에 관한 사항 : 「공간정보의 구축 및 관리 등에 관한 법률」에 따른 지적공부의 내용

> **풀이** 공간정보의 구축 및 관리 등에 관한 법률 제76조의3(부동산종합공부의 등록사항 등)
> 지적소관청은 부동산종합공부에 다음 각 호의 사항을 등록하여야 한다.
>
> 1. 토지의 표시와 소유자에 관한 사항 : 이 법에 따른 지적공부의 내용
> 2. 건축물의 표시와 소유자에 관한 사항(토지에 건축물이 있는 경우만 해당한다) : 「건축법」 제38조에 따른 건축물대장의 내용
> 3. 토지의 이용 및 규제에 관한 사항 : 「토지이용규제 기본법」 제10조에 따른 토지이용계획확인서의 내용
> 4. 부동산의 가격에 관한 사항 : 「부동산 가격공시 및 감정평가에 관한 법률」 제11조에 따른 개별공시지가, 같은 법 제16조 및 제17조에 따른 개별주택가격 및 공동주택가격 공시내용
> 5. 그 밖에 부동산의 효율적 이용과 부동산과 관련된 정보의 종합적 관리·운영을 위하여 필요한 사항으로서 대통령령으로 정하는 사항

공간정보의 구축 및 관리 등에 관한 법률 시행령 제62조의2(부동산종합공부의 등록사항)
법 제76조의3제5호에서 "대통령령으로 정하는 사항"이란 「부동산등기법」 제48조에 따른 부동산의 권리에 관한 사항을 말한다.

부동산등기법 제48조(등기사항)
① 등기관이 갑구 또는 을구에 권리에 관한 등기를 할 때에는 다음 각 호의 사항을 기록하여야 한다.

> 1. 순위번호
> 2. 등기목적
> 3. 접수연월일 및 접수번호
> 4. 등기원인 및 그 연월일
> 5. 권리자

② 제1항제5호의 권리자에 관한 사항을 기록할 때에는 권리자의 성명 또는 명칭 외에 주민등록번호 또는 부동산등기용등록번호와 주소 또는 사무소 소재지를 함께 기록하여야 한다.

③ 제26조에 따라 법인 아닌 사단이나 재단 명의의 등기를 할 때에는 그 대표자나 관리인의 성명, 주소 및 주민등록번호를 함께 기록하여야 한다.

④ 제1항제5호의 권리자가 2인 이상인 경우에는 권리자별 지분을 기록하여야 하고 등기할 권리가 합유(合有)인 때에는 그 뜻을 기록하여야 한다.

04 측량업의 등록취소 등의 관련 사항 중 1년 이내의 기간을 정하여 영업정지를 명할 수 있는 경우가 아닌 것은?

① 임원의 직무정지 명령을 이행하지 아니한 경우
② 정당한 사유 없이 1년 이상 휴업한 경우
③ 영업정지기간 중에 계속하여 영업을 한 경우
④ 측량업 등록사항의 변경신고를 하지 아니한 경우

풀이 공간정보의 구축 및 관리 등에 관한 법률 제52조(측량업의 등록취소 등)

① 국토교통부장관, 시·도지사 또는 대도시시장은 측량업자가 다음 각 호의 어느 하나에 해당하는 경우에는 측량업의 등록을 취소하거나 1년 이내의 기간을 정하여 영업의 정지를 명할 수 있다. 다만, 제2호·제4호·제7호·제8호·제11호 또는 제15호에 해당하는 경우에는 측량업의 등록을 취소하여야 한다. 〈개정 2020.6.9.〉

측량업 영업의 정지 암기 교과 수요업 보상휴변

1. 고의 또는 과실로 측량을 부정확하게 한 경우
13. 지적측량업자가 제106조제2항에 따른 지적측량수수료를 같은 조 제3항에 따라 고시한 금액보다 과다 또는 과소하게 받은 경우
14. 다른 행정기관이 관계 법령에 따라 영업정지를 요구한 경우
6. 지적측량업자가 제45조에 따른 업무 범위를 위반하여 지적측량을 한 경우
10. 제51조를 위반하여 보험가입 등 필요한 조치를 하지 아니한 경우
9. 지적측량업자가 제50조(성실의무)를 위반한 경우
3. 정당한 사유 없이 측량업의 등록을 한 날부터 1년 이내에 영업을 시작하지 아니하거나 계속하여 1년 이상 휴업한 경우
5. 제44조제4항을 위반하여 측량업 등록사항의 변경신고를 하지 아니한 경우
12. 제52조제3항에 따른 임원의 직무정지 명령을 이행하지 아니한 경우

측량업 등록 취소 암기 영미대결 가분취

11. 영업정지기간 중에 계속하여 영업을 한 경우
4. 제44조제2항에 따른 등록기준에 미달하게 된 경우. 다만, 일시적으로 등록기준에 미달되는 등 대통령령으로 정하는 경우는 제외한다.
15. 「국가기술자격법」 제15조제2항을 위반하여 측량업자가 측량기술자의 국가기술자격증을 대여 받은 사실이 확인된 경우
8. 제49조제1항을 위반하여 다른 사람에게 자기의 측량업등록증 또는 측량업등록수첩을 빌려주거나 자기의 성명 또는 상호를 사용하여 측량업무를 하게 한 경우
7. 제47조(측량업등록의 결격사유) 각 호의 어느 하나에 해당하게 된 경우. 다만, 측량업자가 같은 조 제5호에 해당하게 된 경우로서 그 사유가 발생한 날부터 3개월 이내에 그 사유를 해소한 경우는 제외한다.

> **법 제47조(측량업등록의 결격사유)**
> 다음 각 호의 어느 하나에 해당하는 자는 측량업의 등록을 할 수 없다. 〈개정 2013.7.17., 2015.12.29.〉
> 1. 피성년후견인 또는 피한정후견인
> 2. 이 법이나 「국가보안법」 또는 「형법」 제87조부터 제104조까지의 규정을 위반하여 금고 이상의 실형을 선고받고 그 집행이 끝나거나(집행이 끝난 것으로 보는 경우를 포함한다) 집행이 면제된 날부터 2년이 지나지 아니한 자
> 3. 이 법이나 「국가보안법」 또는 「형법」 제87조부터 제104조까지의 규정을 위반하여 금고 이상의 형의 집행유예를 선고받고 그 집행유예기간 중에 있는 자

2. ㉔짓이나 그 밖의 ㉕정한 방법으로 측량업의 등록을 한 경우
14. 다른 행정기관이 관계 법령에 따라 등록㉖소를 요구한 경우

② 측량업자의 지위를 승계한 상속인이 제47조에 따른 측량업등록의 결격사유에 해당하는 경우에는 그 결격사유에 해당하게 된 날부터 6개월이 지난 날까지는 제1항제7호를 적용하지 아니한다.

③ 국토교통부장관, 시·도지사 또는 대도시 시장은 측량업자가 제47조제5호에 해당하게 된 경우에는 같은 조 제1호부터 제4호까지의 어느 하나에 해당하는 임원의 직무를 정지하도록 해당 측량업자에게 명할 수 있다. 〈개정 2020.2.18.〉

④ 국토교통부장관, 시·도지사 또는 대도시 시장은 제1항에 따라 측량업등록을 취소하거나 영업정지의 처분을 하였으면 그 사실을 공고하여야 한다. 〈개정 2020.2.18.〉

⑤ 측량업등록의 취소 및 영업정지 처분에 관한 세부 기준은 국토교통부령으로 정한다. 〈개정 2020.2.18.〉

05 지적도 및 임야도의 등록사항이 아닌 것은?

① 건축물 및 구조물의 위치
② 도곽선과 그 수치
③ 지적도면의 제명 및 축척
④ 삼각점 및 지적기준점의 위치
⑤ 부호 및 부호도

풀이 공간정보의 구축 및 관리 등에 관한 법률 제72조(지적도 등의 등록사항)

구분	토지표시사항	소유권에 관한 사항	기타
토지대장 (土地臺帳, Land Books) & 임야대장 (林野臺帳, Forest Books)	• **토**지 소재 • **지**번 • **지**목 • 면**적** • 토지의 **이**동 사유	• 토지소유자 **변**동일자 • 변**동**원인 • **주**민등록번호 • 성**명** 또는 명칭 • 주**소**	• 토지의 고**유**번호(각 필지를 서로 구별하기 위하여 필지마다 붙이는 고유한 번호를 말한다) • 지적도 또는 임야**도** 번호 • 필지별 토지대장 또는 임야대장의 **장**번호 • **축**척 • **토**지등급 또는 기준수확량 등급과 그 설정·수정 연월일 • 개별**공**시지가와 그 기준일
공유지연명부 (共有地連名簿, Common Land Books)	• **토**지 소재 • **지**번	• 토지소유자 **변**동일자 • 변**동**원인 • **주**민등록번호 • 성**명**·주**소** • 소유권 **지**분	• 토지의 **고**유번호 • 필지별 공유지연명부의 **장**번호
대지권등록부 (垈地權登錄簿, Building Site Rights Books)	• **토**지 소재 • **지**번	• 토지소유자 **변**동일자 및 변**동**원인 • **주**민등록번호 • 성**명** 또는 명칭·주**소** • 대**지**권 비율 • 소유**권** 지분	• 토지의 **고**유번호 • 집합건물별 대지권등록부의 **장**번호 • **건**물의 명칭 • **전**유부분의 건물의 표시

정답 05 ⑤

구분	토지표시사항	소유권에 관한 사항	기타
경계점좌표등록부 (境界點座標登錄 簿, Boundary Point Coordinate Books)	• **토**지소재 • **지**번 • 좌**표**		• **고**유번호 • 장번호 • **부**호 및 부호도 • **도**면번호
지적도(地籍圖, Land Books) & 임야도(林野圖, Forest Books)	• **토**지소재 • **지**번 • **지**목 • 경**계** • 경계**점** 간의 거리		• **도**면의 색인도 • 도**면**의 제명 및 축척 • 도곽**선**과 그 수치 • 삼**각**점 및 **지**적기준점의 위치 • 건축물 및 구조물 등의 위치

06 지적재조사사업을 위한 지적측량 시에 관한 벌칙사항 중 300만 원 이하의 과태료를 부과하는 기준으로 옳은 것은?

① 경계점표지를 이전 또는 파손하거나 그 효용을 해치는 행위를 한 경우 1차 위반하면 150만 원의 과태료를 부과한다.

② 지적재조사사업을 정당한 이유 없이 방해한 경우 1차 위반하면 100만 원의 과태료를 부과한다.

③ 법을 위반하여 경계점표지를 이전 또는 파손하거나 그 효용을 해치는 행위를 한 경우 2차 위반하면 100만 원의 과태료를 부과한다.

④ 법인 또는 개인이 그 위반행위를 방지하기 위하여 해당 업무에 관하여 상당한 주의와 감독을 게을리 하지 아니한 경우 2차 위반하면 100만 원의 과태료를 부과한다.

풀이 지적재조사에 관한 특별법 시행령 [별표] 〈개정 2020.6.23.〉

과태료의 부과기준(제29조 관련)

1. 일반기준

  가. 위반행위의 횟수에 따른 행정처분의 기준은 최근 3년간 같은 위반행위로 과태료를 부과받은 경우에 적용한다. 이 경우 위반횟수는 같은 위반행위에 대하여 과태료를 부과받은 날과 다시 같은 위반행위로 적발된 날을 기준으로 한다.

  나. 부과권자는 다음의 어느 하나에 해당하는 경우에는 제2호의 개별기준에 따른 과태료 금액의 2분의 1의 범위에서 그 금액을 줄일 수 있다. 다만, 과태료를 체납하고 있는 위반행위자의 경우에는 그러하지 아니하다.

   1) 위반행위자가 「질서위반행위규제법 시행령」 제2조의2제1항 각 호의 어느 하나에 해당하는 경우

   2) 위반행위가 사소한 부주의나 오류로 인한 것으로 인정되는 경우

   3) 위반행위자가 위반행위를 바로 정정하거나 시정하여 법 위반상태를 해소한 경우

   4) 그 밖에 위반행위의 정도, 위반행위의 동기와 그 결과 등을 고려하여 과태료 금액을 줄일 필요가 있다고 인정되는 경우

  다. 부과권자는 다음의 어느 하나에 해당하는 경우에는 제2호의 개별기준에 따른 과태료 금액의 2분의 1의 범위에서 그 금액을 늘릴 수 있다. 다만, 법 제45조제1항에 따른 과태료 금액의 상한을 넘을 수 없다.

   1) 위반의 내용·정도가 중대하여 이해관계인 등에게 미치는 피해가 크다고 인정되는 경우

   2) 법 위반상태의 기간이 6개월 이상인 경우

   3) 그 밖에 위반행위의 정도, 위반행위의 동기와 그 결과 등을 고려하여 과태료 금액을 늘릴 필요가 있다고 인정되는 경우

2. 개별기준 암기 [임][경][방]

위반행위	근거 법조문	과태료 금액		
		1차 위반	2차 위반	3차 이상 위반
가. 법 제15조제4항 또는 제18조제3항을 위반하여 [임]시경계점표지를 이전 또는 파손하거나 그 효용을 해치는 행위를 한 경우	법 제45조 제1항제1호	100만 원	150만 원	200만 원
나. 법 제15조제4항 또는 제18조제3항을 위반하여 [경]계점표지를 이전 또는 파손하거나 그 효용을 해치는 행위를 한 경우	법 제45조 제1항제1호	150만 원	200만 원	300만 원
다. 지적재조사사업을 정당한 이유 없이 [방]해한 경우	법 제45조 제1항제2호	50만 원	75만 원	100만 원

07 「국가공간정보 기본법」에 관한 벌칙사항 중 가장 무거운 벌금형으로 옳은 것은?

① 공사가 아닌 자가 한국국토정보공사와 유사한 명칭을 사용한 경우
② 공간정보 또는 공간정보데이터베이스를 관리기관의 승인 없이 무단으로 열람 · 복제 · 유출한 자
③ 국가공간정보체계의 구축 · 관리 및 활용과 관련한 직무를 수행함에 있어서 알게 된 비밀을 누설하거나 도용한 자
④ 공사가 아닌 자가 한국국토정보공사의 명칭을 사용한 경우
⑤ 공간정보 또는 공간정보데이터베이스를 무단으로 침해하거나 훼손한 자

풀이 국가공간정보 기본법 암기 [무][침][훼] 먹고 [승][무][복] 버리면 [비][누][도] 씻어라. [보][수][자]와 [무][방][자]도

벌칙 (제39조)	제37조제1항(누구든지 관리기관이 생산 또는 관리하는 공간정보 또는 공간정보데이터베이스를 침해 또는 훼손하거나 법령에 따라 공개가 제한되는 공간정보를 관리기관의 승인 없이 무단으로 열람 · 복제 · 유출하여서는 아니 된다.)을 위반하여 공간정보 또는 공간정보데이터베이스를 [무]단으로 [침]해하거나 [훼]손한 자는 2년 이하의 징역 또는 2천만 원 이하의 벌금에 처한다.
벌칙 (제40조)	다음 각 호의 어느 하나에 해당하는 자는 1년 이하의 징역 또는 1천만 원 이하의 벌금에 처한다. 1. 제37조제1항(누구든지 관리기관이 생산 또는 관리하는 공간정보 또는 공간정보데이터베이스를 침해 또는 훼손하거나 법령에 따라 공개가 제한되는 공간정보를 관리기관의 승인 없이 무단으로 열람 · 복제 · 유출하여서는 아니 된다.)을 위반하여 공간정보 또는 공간정보데이터베이스를 관리기관의 [승]인 없이 [무]단으로 열람 · [복]제 · 유출한 자 2. 제38조(관리기관 또는 이 법이나 다른 법령에 따라 위탁을 받은 국가공간정보체계 관련 업무를 수행하는 기관, 법인, 단체에 소속되거나 소속되었던 자(용역계약 등에 따라 해당 업무를 수임한 자 또는 그 사용인을 포함한다)는 국가공간정보체계의 구축 · 관리 및 활용과 관련한 직무를 수행함에 있어서 알게 된 비밀을 누설하거나 도용하여서는 아니 된다.)를 위반하여 직무상 알게 된 [비]밀을 [누]설하거나 [도]용한 자 3. 제34조제3항을 위반하여 [보]안관리규정을 준[수]하지 아니한 [자] 4. 거짓이나 그 밖의 [부]정한 [방]법으로 전문기관으로 지정받은 [자]

정답 07 ⑤

양벌규정	법인의 대표자나 법인 또는 개인의 대리인, 사용인, 그 밖의 종업원이 그 법인 또는 개인의 업무에 관하여 제39조 또는 제40조의 위반행위를 하면 그 행위자를 벌하는 외에 그 법인 또는 개인에게 도 해당 조문의 벌금형을 과(科)한다. 다만, 법인 또는 개인이 그 위반 행위를 방지하기 위하여 해당 업무에 관하여 상당한 주의와 감독을 게을리하지 아니한 경우에는 그러하지 아니하다.
과태료	① 제17조(공사가 아닌 자는 한국국토정보공사 또는 이와 유사한 명칭을 사용하지 못한다.)를 위반한 자에게는 500만 원 이하의 과태료를 부과한다. ② 제1항에 따른 과태료는 대통령령으로 정하는 바에 따라 국토교통부장관이 부과 · 징수한다.
과태료 부과기준	법 제42조제1항에 따른 과태료의 부과기준은 다음 각 호와 같다. 1. 공사가 아닌 자가 한국국토정보공사의 명칭을 사용한 경우 : 400만 원 2. 공사가 아닌 자가 한국국토정보공사와 유사한 명칭을 사용한 경우 : 300만 원

08 지적위원회에 관한 설명 중 옳은 것은?

① 중앙지적위원회와 지방지적위원회의 위원 구성 및 운영에 필요한 사항은 국토교통부령으로 정한다.
② 지방지적위원회는 측량기술자 중 지적분야 측량기술자(이하 "지적기술자"라 한다)의 양성에 관한 사항을 심의 · 의결한다.
③ 중앙지적위원회의 간사는 국토교통부의 지적업무담당 공무원 중에서 국토교통부장관이 임명하며, 회의 준비, 회의록 작성 및 회의 결과에 따른 업무 등 중앙지적위원회의 서무를 담당한다.
④ 지방지적위원회는 지적기술자의 업무정지 처분 및 징계요구에 관한 사항을 심의 · 의결한다.

풀이 공간정보의 구축 및 관리 등에 관한 법률 제28조(지적위원회) **암기** 정무연개사양무요

① 다음 각 호의 사항을 심의 · 의결하기 위하여 국토교통부에 중앙지적위원회를 둔다.

> 1. 지적 관련 **정**책 개발 및 업**무** 개선 등에 관한 사항
> 2. 지적측량기술의 **연**구 · **개**발 및 보급에 관한 사항
> 3. 제29조제6항에 따른 지적측량 적부심**사**(適否審査)에 대한 재심사(再審査)
> 4. 제39조에 따른 측량기술자 중 지적분야 측량기술자(이하 "지적기술자"라 한다)의 **양**성에 관한 사항
> 5. 제42조에 따른 지적기술자의 업**무**정지 처분 및 징계**요**구에 관한 사항

② 제29조에 따른 지적측량에 대한 적부심사 청구사항을 심의 · 의결하기 위하여 특별시 · 광역시 · 특별자치 시 · 도 또는 특별자치도(이하 "시 · 도"라 한다)에 지방지적위원회를 둔다.
③ 중앙지적위원회와 지방지적위원회의 위원 구성 및 운영에 필요한 사항은 대통령령으로 정한다.

공간정보의 구축 및 관리 등에 관한 법률 시행령 제20조(중앙지적위원회의 구성 등)
① 법 제28조제1항에 따른 중앙지적위원회(이하 "중앙지적위원회"라 한다)는 위원장 1명과 부위원장 1명을 포함하여 5명 이상 10명 이하의 위원으로 구성한다.
② 위원장은 국토교통부의 지적업무 담당 국장이, 부위원장은 국토교통부의 지적업무 담당 과장이 된다.
③ 위원은 지적에 관한 학식과 경험이 풍부한 사람 중에서 국토교통부장관이 임명하거나 위촉한다.
④ 위원장 및 부위원장을 제외한 위원의 임기는 2년으로 한다.
⑤ 중앙지적위원회의 간사는 국토교통부의 지적업무 담당 공무원 중에서 국토교통부장관이 임명하며, 회의 준비, 회의록 작성 및 회의 결과에 따른 업무 등 중앙지적위원회의 서무를 담당한다.
⑥ 중앙지적위원회의 위원에게는 예산의 범위에서 출석수당과 여비, 그 밖의 실비를 지급할 수 있다. 다만, 공무 원인 위원이 그 소관 업무와 직접적으로 관련되어 출석하는 경우에는 그러하지 아니하다.

공간정보의 구축 및 관리 등에 관한 법률 시행령 제21조(중앙지적위원회의 회의 등)

① 중앙지적위원회 위원장은 회의를 소집하고 그 의장이 된다.

② 위원장이 부득이한 사유로 직무를 수행할 수 없을 때에는 부위원장이 그 직무를 대행하고, 위원장 및 부위원장이 모두 부득이한 사유로 직무를 수행할 수 없을 때에는 위원장이 미리 지명한 위원이 그 직무를 대행한다.

③ 중앙지적위원회의 회의는 재적위원 과반수의 출석으로 개의(開議)하고, 출석위원 과반수의 찬성으로 의결한다.

④ 중앙지적위원회는 관계인을 출석하게 하여 의견을 들을 수 있으며, 필요하면 현지조사를 할 수 있다.

⑤ 위원장이 중앙지적위원회의 회의를 소집할 때에는 회의 일시 · 장소 및 심의 안건을 회의 5일 전까지 각 위원에게 서면으로 통지하여야 한다.

⑥ 위원이 법 제29조제6항에 따른 재심사 시 그 측량 사안에 관하여 관련이 있는 경우에는 그 안건의 심의 또는 의결에 참석할 수 없다.

09 지적소관청은 토지의 이동에 따라 지상경계를 새로 정한 경우에는 지상경계점등록부를 작성 · 관리해야 한다. 다음 중 지상경계점등록부에 작성해야 하는 사항이 아닌 것은?

① 기준점의 사진 파일

② 경계점 위치 설명도

③ 공부상 지목과 실제 토지이용 지목

④ 경계점표지의 종류 및 경계점 위치

풀이 지상경계점등록부의 등록사항

지상경계점등록부 (지적재조사에 관한 특별법 시행규칙 제10조) **암기** 토지목성도 경반지 세관위기경 소직명 확직명	지상경계점등록부 (공간정보의 구축 및 관리 등에 관한 법률 제65조) **암기** 토지경계 공계점
1. 토지의 소재 2. 지번 3. 지목 4. 작성일 5. 위치도 6. 경계점 번호 및 표지 종류 7. 경계점 세부설명 및 관련 자료 8. 경계위치 9. 경계설정기준 및 경계형태 10. 작성자의 소속 · 직급(직위) · 성명 11. 확인자의 직급 · 성명	1. 토지의 소재 2. 지번 3. 경계점 좌표(경계점좌표등록부 시행 지역에 한정한다) 4. 경계점 위치 설명도 5. 공부상 지목과 실제 토지이용 지목 6. 경계점의 사진 파일 7. 경계점표지의 종류 및 경계점 위치

10 다음 중 토지이동현황 조사에 대한 설명으로 가장 옳지 않은 것은?

① 지적소관청이 토지의 이동현황을 직권으로 조사·측량하여 지적공부를 정리하려는 때에는 토지이동조서의 아래 부분 여백에 "「공간정보의 구축 및 관리 등에 관한 법률」 단서에 따른 직권정리"라고 적어야 한다.

② 지적공부에 등록하는 지번·지목·면적·경계 또는 좌표는 토지의 이동이 있을 때 토지소유자(법인이 아닌 사단이나 재단의 경우에는 그 대표자나 관리인을 말한다. 이하 같다)의 신청을 받아 지적소관청이 결정한다.

③ 지적소관청은 토지이동현황 조사 결과에 따라 토지의 지번·지목·면적·경계 또는 좌표를 결정한 때에는 이에 따라 지적공부를 정리하여야 한다.

④ 지적소관청은 모든 토지에 대하여 필지별로 소재·지번·지목·면적·경계 또는 좌표 등을 조사·측량하여 지적공부에 등록하여야 한다.

> **풀이** 공간정보의 구축 및 관리 등에 관한 법률 제64조(토지의 조사·등록 등)
> ① 국토교통부장관은 모든 토지에 대하여 필지별로 소재·지번·지목·면적·경계 또는 좌표 등을 조사·측량하여 지적공부에 등록하여야 한다.
> ② 지적공부에 등록하는 지번·지목·면적·경계 또는 좌표는 토지의 이동이 있을 때 토지소유자(법인이 아닌 사단이나 재단의 경우에는 그 대표자나 관리인을 말한다. 이하 같다)의 신청을 받아 지적소관청이 결정한다. 다만, 신청이 없으면 지적소관청이 직권으로 조사·측량하여 결정할 수 있다.
> ③ 제2항 단서에 따른 조사·측량의 절차 등에 필요한 사항은 국토교통부령으로 정한다.
>
> **공간정보의 구축 및 관리 등에 관한 법률 시행규칙 제59조(토지의 조사·등록)**
> ① 지적소관청은 법 제64조제2항 단서에 따라 토지의 이동현황을 직권으로 조사·측량하여 토지의 지번·지목·면적·경계 또는 좌표를 결정하려는 때에는 토지이동현황 조사계획을 수립하여야 한다. 이 경우 토지이동현황 조사계획은 시·군·구별로 수립하되, 부득이한 사유가 있는 때에는 읍·면·동별로 수립할 수 있다.
> ② 지적소관청은 제1항에 따른 토지이동현황 조사계획에 따라 토지의 이동현황을 조사한 때에는 별지 제55호 서식의 토지이동 조사부에 토지의 이동현황을 적어야 한다.
> ③ 지적소관청은 제2항에 따른 토지이동현황 조사 결과에 따라 토지의 지번·지목·면적·경계 또는 좌표를 결정한 때에는 이에 따라 지적공부를 정리하여야 한다.
> ④ 지적소관청은 제3항에 따라 지적공부를 정리하려는 때에는 제2항에 따른 토지이동 조사부를 근거로 별지 제56호 서식의 토지이동 조서를 작성하여 별지 제57호 서식의 토지이동정리 결의서에 첨부하여야 하며, 토지이동조서의 아래 부분 여백에 "「공간정보의 구축 및 관리 등에 관한 법률」 제64조제2항 단서에 따른 직권정리"라고 적어야 한다.

11 지적전산자료의 이용에 대한 설명으로 옳지 않은 것은?

① 지적소관청은 전국단위, 시·도 단위, 시·군·구 단위 지적전산자료의 이용 또는 활용 신청권자에 해당한다.

② 국토교통부장관, 시·도지사 또는 지적소관청은 심사를 거쳐 지적전산자료의 이용 또는 활용을 승인하였을 때에는 지적전산자료 이용·활용 승인대장에 그 내용을 기록·관리하고 승인한 자료를 제공하여야 한다.

③ 토지소유자가 사망하여 그 상속인이 피상속인의 토지에 대한 지적전산자료를 신청하는 경우에는 관계 중앙행정기관의 심사를 받아야 한다.

④ 지적전산자료를 신청하려는 자는 대통령령으로 정하는 바에 따라 지적전산자료의 이용 또는 활용 목적 등에 관하여 미리 관계 중앙행정기관의 심사를 받아야 한다

풀이 공간정보의 구축 및 관리 등에 관한 법률 제76조(지적전산자료의 이용 등)

① 지적공부에 관한 전산자료(연속지적도를 포함하며, 이하 "지적전산자료"라 한다)를 이용하거나 활용하려는 자는 다음 각 호의 구분에 따라 국토교통부장관, 시·도지사 또는 지적소관청에 지적전산자료를 신청하여야 한다.

> 1. 전국 단위의 지적전산자료 : 국토교통부장관, 시·도지사 또는 지적소관청
> 2. 시·도 단위의 지적전산자료 : 시·도지사 또는 지적소관청
> 3. 시·군·구(자치구가 아닌 구를 포함한다) 단위의 지적전산자료 : 지적소관청

② 제1항에 따라 지적전산자료를 신청하려는 자는 대통령령으로 정하는 바에 따라 지적전산자료의 이용 또는 활용 목적 등에 관하여 미리 관계 중앙행정기관의 심사를 받아야 한다. 다만, 중앙행정기관의 장, 그 소속 기관의 장 또는 지방자치단체의 장이 신청하는 경우에는 그러하지 아니하다.

③ 제2항에도 불구하고 다음 각 호의 어느 하나에 해당하는 경우에는 관계 중앙행정기관의 심사를 받지 아니할 수 있다.

> 1. 토지소유자가 자기 토지에 대한 지적전산자료를 신청하는 경우
> 2. 토지소유자가 사망하여 그 상속인이 피상속인의 토지에 대한 지적전산자료를 신청하는 경우
> 3. 「개인정보 보호법」 제2조제1호에 따른 개인정보를 제외한 지적전산자료를 신청하는 경우

④ 제1항 및 제3항에 따른 지적전산자료의 이용 또는 활용에 필요한 사항은 대통령령으로 정한다.

공간정보의 구축 및 관리 등에 관한 법률 시행령 제62조(지적전산자료의 이용 등)

① 법 제76조제1항에 따라 지적공부에 관한 전산자료(이하 "지적전산자료"라 한다)를 이용하거나 활용하려는 자는 같은 조 제2항에 따라 다음 각 호의 사항을 적은 신청서를 관계 중앙행정기관의 장에게 제출하여 심사를 신청하여야 한다. **암기** 이목근 범내는 제보전하라

> 1. 자료의 이용 또는 활용 목적 및 근거
> 2. 자료의 범위 및 내용
> 3. 자료의 제공 방식, 보관 기관 및 안전관리대책 등

② 제1항에 따른 심사 신청을 받은 관계 중앙행정기관의 장은 다음 각 호의 사항을 심사한 후 그 결과를 신청인에게 통지하여야 한다. **암기** 타적공은 사적 외 방안 마련하라

> 1. 신청 내용의 타당성, 적합성 및 공익성
> 2. 개인의 사생활 침해 여부
> 3. 자료의 목적 외 사용 방지 및 안전관리대책

③ 법 제76조제1항에 따라 지적전산자료의 이용 또는 활용에 관한 승인을 받으려는 자는 승인신청을 할 때에 제2항에 따른 심사 결과를 제출하여야 한다. 다만, 중앙행정기관의 장이 승인을 신청하는 경우에는 제2항에 따른 심사 결과를 제출하지 아니할 수 있다.

④ 제3항에 따른 승인신청을 받은 국토교통부장관, 시·도지사 또는 지적소관청은 다음 각 호의 사항을 심사하여야 한다. 〈개정 2013.3.23.〉 **암기** **타적공**은 **사적** 외 **방안** 마련하라 **전지** 여부를

> 1. 신청 내용의 **타**당성, **적**합성 및 **공**익성
> 2. 개인의 **사**생활 침해 여부
> 3. 자료의 목**적** 외 사용 **방**지 및 **안**전관리대책
> 4. 신청한 사항의 처리가 **전**산정보처리조직으로 가능한지 여부
> 5. 신청한 사항의 처리가 **지**적업무수행에 지장을 주지 않는지 여부

⑤ 국토교통부장관, 시·도지사 또는 지적소관청은 제4항에 따른 심사를 거쳐 지적전산자료의 이용 또는 활용을 승인하였을 때에는 지적전산자료 이용·활용 승인대장에 그 내용을 기록·관리하고 승인한 자료를 제공하여야 한다. 〈개정 2013.3.23.〉

⑥ 제5항에 따라 지적전산자료의 이용 또는 활용에 관한 승인을 받은 자는 국토교통부령으로 정하는 사용료를 내야 한다. 다만, 국가나 지방자치단체에 대해서는 사용료를 면제한다. 〈개정 2013.3.23.〉

12 측량계산의 끝수처리에 대하여 ㉠~㉫에 각각 들어갈 숫자의 합으로 옳은 것은?(단, 지적도의 축척이 600분의 1인 지역과 경계점좌표등록부에 등록하는 지역의 토지는 제외한다.)

> 토지의 면적에 (㉠)제곱미터 미만의 끝수가 있는 경우 (㉡)제곱미터 미만일 때에는 버리고 (㉢)제곱미터를 초과하는 때에는 올리며, (㉣)제곱미터일 때에는 구하려는 끝자리의 숫자가 0 또는 짝수이면 버리고 홀수이면 올린다. 다만, (㉤) 필지의 면적이 (㉥)제곱미터 미만일 때에는 (㉫)제곱미터로 한다.

① 3.5
② 4.5
③ 5.5
④ 6.5

풀이 **공간정보의 구축 및 관리 등에 관한 법률 시행령 제60조(면적의 결정 및 측량계산의 끝수처리)**
① 면적의 결정은 다음 각 호의 방법에 따른다.

> 1. 토지의 면적에 1제곱미터 미만의 끝수가 있는 경우 0.5제곱미터 미만일 때에는 버리고 0.5제곱미터를 초과하는 때에는 올리며, 0.5제곱미터일 때에는 구하려는 끝자리의 숫자가 0 또는 짝수이면 버리고 홀수이면 올린다. 다만, 1필지의 면적이 1제곱미터 미만일 때에는 1제곱미터로 한다.
> 2. 지적도의 축척이 600분의 1인 지역과 경계점좌표등록부에 등록하는 지역의 토지 면적은 제1호에도 불구하고 제곱미터 이하 한 자리 단위로 하되, 0.1제곱미터 미만의 끝수가 있는 경우 0.05제곱미터 미만일 때에는 버리고 0.05제곱미터를 초과할 때에는 올리며, 0.05제곱미터일 때에는 구하려는 끝자리의 숫자가 0 또는 짝수이면 버리고 홀수이면 올린다. 다만, 1필지의 면적이 0.1제곱미터 미만일 때에는 0.1제곱미터로 한다.

② 방위각의 각치(角値), 종횡선의 수치 또는 거리를 계산하는 경우 구하려는 끝자리의 다음 숫자가 5 미만일 때에는 버리고 5를 초과할 때에는 올리며, 5일 때에는 구하려는 끝자리의 숫자가 0 또는 짝수이면 버리고 홀수이면 올린다. 다만, 전자계산조직을 이용하여 연산할 때에는 최종수치에만 이를 적용한다.

13 지목의 구분과 표기방법에 대한 설명으로 가장 옳은 것은?

① 자동차 등의 판매 목적으로 설치된 물류장 및 야외전시장 부지의 지목은 주차장에서 제외하며, 지적도 및 임야도에 등록할 때에는 '주'라는 부호로 표기한다.

② 일반 공중의 보건 · 휴양 및 정서생활에 이용하기 위한 시설을 갖춘 토지로서 「국토의 계획 및 이용에 관한 법률」에 따라 공원 또는 녹지로 결정 · 고시된 토지의 지목은 공원이며, 지적도 및 임야도에 등록할 때에는 '원'이라는 부호로 표기한다.

③ 온수 · 약수 · 석유류 등을 일정한 장소로 운송하는 송수관 · 송유관 및 저장시설 부지의 지목은 광천지이며, 지적도 및 임야도에 등록할 때에는 '광'이라는 부호로 표기한다.

④ 육상에 인공으로 조성된 수산생물의 번식 또는 양식을 위한 시설을 갖춘 부지와 이에 접속된 부속시설물 부지의 지목은 양어장이며, 지적도 및 임야도에 등록할 때에는 '양'이라는 부호로 표기한다.

[풀이] **공간정보의 구축 및 관리 등에 관한 법률 시행규칙 제64조(지목의 표기방법)**

지목을 지적도 및 임야도(이하 "지적도면"이라 한다)에 등록하는 때에는 다음의 부호로 표기하여야 한다.

지목	부호	지목	부호	지목	부호	지목	부호
전	전	대	대	철도용지	철	공원	공
답	답	공장용지	[장]	제방	제	체육용지	체
과수원	과	학교용지	학	하천	[천]	유원지	[원]
목장용지	목	주차장	[차]	구거	구	종교용지	종
임야	임	주유소용지	주	유지	유	사적지	사
광천지	광	창고용지	창	양어장	양	묘지	묘
염전	염	도로	도	수도용지	수	잡종지	잡

공간정보의 구축 및 관리 등에 관한 법률 시행령 제58조(지목의 구분)

법 제67조제1항에 따른 지목의 구분은 다음 각 호의 기준에 따른다.

6. 광천지
   지하에서 온수 · 약수 · 석유류 등이 용출되는 용출구(湧出口)와 그 유지(維持)에 사용되는 부지. 다만, 온수 · 약수 · 석유류 등을 일정한 장소로 운송하는 송수관 · 송유관 및 저장시설의 부지는 제외한다.

11. 주차장
   자동차 등의 주차에 필요한 독립적인 시설을 갖춘 부지와 주차전용 건축물 및 이에 접속된 부속시설물의 부지. 다만, 다음 각 목의 어느 하나에 해당하는 시설의 부지는 제외한다.
   가. 「주차장법」 제2조제1호가목 및 다목에 따른 노상주차장 및 부설주차장(「주차장법」 제19조제4항에 따라 시설물의 부지 인근에 설치된 부설주차장은 제외한다)
   나. 자동차 등의 판매 목적으로 설치된 물류장 및 야외전시장

20. 양어장
   육상에 인공으로 조성된 수산생물의 번식 또는 양식을 위한 시설을 갖춘 부지와 이에 접속된 부속시설물의 부지

22. 공원
   일반 공중의 보건 · 휴양 및 정서생활에 이용하기 위한 시설을 갖춘 토지로서 「국토의 계획 및 이용에 관한 법률」에 따라 공원 또는 녹지로 결정 · 고시된 토지

정답 13 ④

14 지적측량수행자의 손해배상책임 보장에 대한 설명으로 옳지 않은 것은?

① 보증설정을 한 지적측량수행자는 그 보증설정을 다른 보증설정으로 변경하려는 경우에는 해당 보증설정의 효력이 있는 기간 중에 다른 보증설정을 하고 그 사실을 증명하는 서류를 등록한 시·도지사에게 제출하여야 한다.

② 한국국토정보공사는 손해배상책임을 보장하기 위하여 보증금액이 20억 원 이상인 보증보험에 가입하거나 공간정보산업협회가 운영하는 보증 또는 공제에 가입하는 방법으로 보증설정(이하 "보증설정"이라 한다)을 하여야 한다.

③ 지적측량업자는 손해배상책임을 보장하기 위하여 지적측량업 등록증을 발급받은 날부터 10일 이내에 보증설정을 하여야 한다.

④ 보증설정을 한 지적측량수행자는 보증기간의 만료로 인하여 다시 보증설정을 하려는 경우에는 그 보증기간 전일까지 다시 보증설정을 하고 그 사실을 증명하는 서류를 등록한 시·도지사에게 제출하여야 한다.

풀이 공간정보의 구축 및 관리 등에 관한 법률 제51조(손해배상책임의 보장)

① 지적측량수행자가 타인의 의뢰에 의하여 지적측량을 하는 경우 고의 또는 과실로 지적측량을 부실하게 함으로써 지적측량의뢰인이나 제3자에게 재산상의 손해를 발생하게 한 때에는 지적측량수행자는 그 손해를 배상할 책임이 있다.

② 지적측량수행자는 제1항에 따른 손해배상책임을 보장하기 위하여 대통령령으로 정하는 바에 따라 보험가입 등 필요한 조치를 하여야 한다.

공간정보의 구축 및 관리 등에 관한 법률 시행령 제41조(손해배상책임의 보장)

① 지적측량수행자는 법 제51조제2항에 따라 손해배상책임을 보장하기 위하여 다음 각 호의 구분에 따라 보증보험에 가입하거나 공간정보산업협회가 운영하는 보증 또는 공제에 가입하는 방법으로 보증설정(이하 "보증설정"이라 한다)을 하여야 한다.

> 1. 지적측량업자 : 보장기간 10년 이상 및 보증금액 1억 원 이상
> 2. 「국가공간정보 기본법」 제12조에 따라 설립된 한국국토정보공사(이하 "한국국토정보공사"라 한다) : 보증금액 20억 원 이상

② 지적측량업자는 지적측량업 등록증을 발급받은 날부터 10일 이내에 제1항제1호의 기준에 따라 보증설정을 하여야 하며, 보증설정을 하였을 때에는 이를 증명하는 서류를 제35조제1항에 따라 등록한 시·도지사에게 제출하여야 한다.

공간정보의 구축 및 관리 등에 관한 법률 시행령 제42조(보증설정의 변경)

① 법 제51조에 따라 보증설정을 한 지적측량수행자는 그 보증설정을 다른 보증설정으로 변경하려는 경우에는 해당 보증설정의 효력이 있는 기간 중에 다른 보증설정을 하고 그 사실을 증명하는 서류를 제35조제1항에 따라 등록한 시·도지사에게 제출하여야 한다.

② 보증설정을 한 지적측량수행자는 보증기간의 만료로 인하여 다시 보증설정을 하려는 경우에는 그 보증기간 만료일까지 다시 보증설정을 하고 그 사실을 증명하는 서류를 제35조제1항에 따라 등록한 시·도지사에게 제출하여야 한다.

15 다음 중 등록전환을 신청할 수 있는 경우가 아닌 것은?

① 대부분의 토지가 등록전환되어 나머지 토지를 임야도에 계속 존치하는 것이 불합리한 경우
② 도시·군관리계획선에 따라 토지를 분할하는 경우
③ 토지이용상 불합리한 지상 경계를 시정하기 위한 경우
④ 임야도에 등록된 토지가 사실상 형질변경되었으나 지목변경을 할 수 없는 경우

[풀이] **공간정보의 구축 및 관리 등에 관한 법률 제78조(등록전환 신청)**
토지소유자는 등록전환할 토지가 있으면 대통령령으로 정하는 바에 따라 그 사유가 발생한 날부터 60일 이내에 지적소관청에 등록전환을 신청하여야 한다.

공간정보의 구축 및 관리 등에 관한 법률 시행령 제64조(등록전환 신청)
① 법 제78조에 따라 등록전환을 신청할 수 있는 경우는 다음 각 호와 같다. 〈개정 2020.6.9.〉

> 1. 「산지관리법」에 따른 산지전용허가·신고, 산지일시사용허가·신고, 「건축법」에 따른 건축허가·신고 또는 그 밖의 관계 법령에 따른 개발행위 허가 등을 받은 경우
> 2. 대부분의 토지가 등록전환되어 나머지 토지를 임야도에 계속 존치하는 것이 불합리한 경우
> 3. 임야도에 등록된 토지가 사실상 형질변경되었으나 지목변경을 할 수 없는 경우
> 4. 도시·군관리계획선에 따라 토지를 분할하는 경우

② 삭제 〈2020.6.9.〉
③ 토지소유자는 법 제78조에 따라 등록전환을 신청할 때에는 등록전환 사유를 적은 신청서에 국토교통부령으로 정하는 서류를 첨부하여 지적소관청에 제출하여야 한다. 〈개정 2013.3.23.〉

공간정보의 구축 및 관리 등에 관한 법률 시행규칙 제82조(등록전환 신청)
① 영 제64조제3항에서 "국토교통부령으로 정하는 서류"란 관계 법령에 따른 개발행위 허가 등을 증명하는 서류의 사본(영 제64조제1항제1호에 해당하는 경우로 한정한다)을 말한다. 〈개정 2020.6.11.〉
② 제1항에 따른 서류를 그 지적소관청이 관리하는 경우에는 지적소관청의 확인으로 그 서류의 제출을 갈음할 수 있다.

공간정보의 구축 및 관리 등에 관한 법률 시행령 제65조(분할 신청)
① 법 제79조제1항에 따라 분할을 신청할 수 있는 경우는 다음 각 호와 같다. 다만, 관계 법령에 따라 해당 토지에 대한 분할이 개발행위 허가 등의 대상인 경우에는 개발행위 허가 등을 받은 이후에 분할을 신청할 수 있다. 〈개정 2014.1.17., 2020.6.9.〉

> 1. 소유권이전, 매매 등을 위하여 필요한 경우
> 2. 토지이용상 불합리한 지상 경계를 시정하기 위한 경우
> 3. 삭제 〈2020.6.9.〉

② 토지소유자는 법 제79조에 따라 토지의 분할을 신청할 때에는 분할 사유를 적은 신청서에 국토교통부령으로 정하는 서류를 첨부하여 지적소관청에 제출하여야 한다. 이 경우 법 제79조제2항에 따라 1필지의 일부가 형질변경 등으로 용도가 변경되어 분할을 신청할 때에는 제67조제2항에 따른 지목변경 신청서를 함께 제출하여야 한다. 〈개정 2013.3.23.〉

16 지상경계의 구분 및 결정기준에 대한 설명으로 가장 옳지 않은 것은?

① 지상경계의 구획을 형성하는 구조물 등의 소유자가 다른 경우에는 소유권에 따라 지상경계를 결정한다.

② 도시개발사업 등의 사업시행자가 사업지구의 경계를 결정하기 위하여 토지를 분할하려는 경우에는 지상경계점에 경계점표지를 설치하여 측량할 수 있다.

③ 지적소관청은 토지의 이동에 따라 지상경계를 새로 정한 경우에는 토지의 소재, 지번, 경계점 좌표 (경계점좌표등록부 시행지역에 한함), 경계점 위치 설명도 등을 등록한 지상경계점등록부를 작성·관리하여야 한다.

④ 법원의 확정판결이 있는 경우에는 분할에 따른 지상경계는 지상건축물을 걸리게 결정해서는 아니 된다.

풀이 공간정보의 구축 및 관리 등에 관한 법률 제65조(지상경계의 구분 등) **암기** **토지경계**

① 토지의 지상경계는 둑, 담장이나 그 밖에 구획의 목표가 될 만한 구조물 및 경계점표지 등으로 구분한다.

② 지적소관청은 토지의 이동에 따라 지상경계를 새로 정한 경우에는 다음 각 호의 사항을 등록한 지상경계점등록부를 작성·관리하여야 한다.

　1. **토**지의 소재

　2. **지**번

　3. **경**계점 좌표(경계점좌표등록부 시행지역에 한정한다)

　4. 경**계**점 위치 설명도

　5. 그 밖에 국토교통부령으로 정하는 사항

③ 제1항에 따른 지상경계의 결정 기준 등 지상경계의 결정에 필요한 사항은 대통령령으로 정하고, 경계점표지의 규격과 재질 등에 필요한 사항은 국토교통부령으로 정한다.

공간정보의 구축 및 관리 등에 관한 법률 시행령 제55조(지상경계의 결정기준 등)

① 법 제65조제1항에 따른 지상경계의 결정기준은 다음 각 호의 구분에 따른다.

> 1. 연접되는 토지 간에 높낮이 차이가 없는 경우 : 그 구조물 등의 중앙
> 2. 연접되는 토지 간에 높낮이 차이가 있는 경우 : 그 구조물 등의 하단부
> 3. 도로·구거 등의 토지에 절토(切土)된 부분이 있는 경우 : 그 경사면의 상단부
> 4. 토지가 해면 또는 수면에 접하는 경우 : 최대만조위 또는 최대만수위가 되는 선
> 5. 공유수면매립지의 토지 중 제방 등을 토지에 편입하여 등록하는 경우 : 바깥쪽 어깨부분

② 지상경계의 구획을 형성하는 구조물 등의 소유자가 다른 경우에는 제1항제1호부터 제3호까지의 규정에도 불구하고 그 소유권에 따라 지상경계를 결정한다.

③ 다음 각 호의 어느 하나에 해당하는 경우에는 지상경계점에 법 제65조제1항에 따른 경계점표지를 설치하여 측량할 수 있다.

> 1. 법 제86조제1항에 따른 도시개발사업 등의 사업시행자가 사업지구의 경계를 결정하기 위하여 토지를 분할하려는 경우
> 2. 법 제87조제1호 및 제2호에 따른 사업시행자와 행정기관의 장 또는 지방자치단체의 장이 토지를 취득하기 위하여 분할하려는 경우
> 3. 「국토의 계획 및 이용에 관한 법률」 제30조제6항에 따른 도시·군관리계획 결정고시와 같은 법 제32조제4항에 따른 지형도면 고시가 된 지역의 도시·군관리계획선에 따라 토지를 분할하려는 경우
> 4. 제65조제1항에 따라 토지를 분할하려는 경우
> 5. 관계 법령에 따라 인가·허가 등을 받아 토지를 분할하려는 경우

④ 분할에 따른 지상경계는 지상건축물을 걸리게 결정해서는 아니 된다. 다만, 다음 각 호의 어느 하나에 해당하는 경우에는 그러하지 아니하다.

> 1. 법원의 확정판결이 있는 경우
> 2. 법 제87조제1호에 해당하는 토지를 분할하는 경우
> 3. 제3항제1호 또는 제3호에 따라 토지를 분할하는 경우

⑤ 지적확정측량의 경계는 공사가 완료된 현황대로 결정하되, 공사가 완료된 현황이 사업계획도와 다를 때에는 미리 사업시행자에게 그 사실을 통지하여야 한다.

17 다음 중 토지소유자의 정리에 대한 설명으로 가장 옳지 않은 것은?

① 등기부에 적혀 있는 토지의 표시가 지적공부와 일치하지 아니하면 등기관서에서 등기한 것을 증명하는 자료에 의해 토지소유자를 정리할 수 있다.
② 지적소관청은 필요하다고 인정하는 경우에는 관할 등기관서의 등기부를 열람하여 지적공부와 부동산등기부가 일치하는지 여부를 조사·확인하여야 한다.
③ 지적공부에 등록된 토지소유자의 변경사항은 등기관서에서 등기한 것을 증명하는 등기필증, 등기완료통지서, 등기사항증명서 또는 등기관서에서 제공한 등기전산정보자료에 따라 정리한다.
④ 「국유재산법」에 따른 총괄청이나 중앙관서의 장이 소유자 없는 부동산에 대한 소유자 등록을 신청하는 경우 지적소관청은 지적공부에 해당 토지의 소유자가 등록되지 아니한 경우에는 등록할 수 있다.

풀이 공간정보의 구축 및 관리 등에 관한 법률 제88조(토지소유자의 정리)
① 지적공부에 등록된 토지소유자의 변경사항은 등기관서에서 등기한 것을 증명하는 등기필증, 등기완료통지서, 등기사항증명서 또는 등기관서에서 제공한 등기전산정보자료에 따라 정리한다. 다만, 신규등록하는 토지의 소유자는 지적소관청이 직접 조사하여 등록한다.
② 「국유재산법」 제2조제10호에 따른 총괄청이나 같은 조 제11호에 따른 중앙관서의 장이 같은 법 제12조제3항에 따라 소유자 없는 부동산에 대한 소유자 등록을 신청하는 경우 지적소관청은 지적공부에 해당 토지의 소유자가 등록되지 아니한 경우에만 등록할 수 있다.
③ 등기부에 적혀 있는 토지의 표시가 지적공부와 일치하지 아니하면 제1항에 따라 토지소유자를 정리할 수 없다. 이 경우 토지의 표시와 지적공부가 일치하지 아니하다는 사실을 관할 등기관서에 통지하여야 한다.
④ 지적소관청은 필요하다고 인정하는 경우에는 관할 등기관서의 등기부를 열람하여 지적공부와 부동산등기부가 일치하는지 여부를 조사·확인하여야 하며, 일치하지 아니하는 사항을 발견하면 등기사항증명서 또는 등기관서에서 제공한 등기전산정보자료에 따라 지적공부를 직권으로 정리하거나, 토지소유자나 그 밖의 이해관계인에게 그 지적공부와 부동산등기부가 일치하게 하는 데에 필요한 신청 등을 하도록 요구할 수 있다.
⑤ 지적소관청 소속 공무원이 지적공부와 부동산등기부의 부합 여부를 확인하기 위하여 등기부를 열람하거나, 등기사항증명서의 발급을 신청하거나, 등기전산정보자료의 제공을 요청하는 경우 그 수수료는 무료로 한다.

18 다음 중 공유지연명부와 대지권등록부의 등록사항으로 공통되는 것만을 나열한 것은?

① 토지의 고유번호, 토지의 소재, 대지권 비율
② 토지의 고유번호, 대지권 비율, 지번
③ 소유권 지분, 대지권 비율, 토지의 소재
④ 토지의 고유번호, 토지소유자가 변경된 날과 그 원인, 소유권 지분

풀이 지적공부의 등록사항

구분	토지표시사항	소유권에 관한 사항	기타
토지대장(土地臺帳, Land Books) & 임야대장(林野臺帳, Forest Books)	• **토**지 소재 • **지**번 • **지**목 • 면**적** • 토지의 **이**동 사유	• 토지소유자 **변**동일자 • 변**동**원인 • **주**민등록번호 • 성**명** 또는 명칭 • 주**소**	• 토지의 고**유**번호(각 필지를 서로 구별하기 위하여 필지마다 붙이는 고유한 번호를 말한다) • 지적도 또는 임야**도** 번호 • 필지별 토지대장 또는 임야대장의 **장**번호 • **축**척 • **토**지등급 또는 기준수확량등급과 그 설정 · 수정 연월일 • 개별**공**시지가와 그 기준일
공유지연명부(共有地連名簿, Common Land Books)	• **토**지 소재 • **지**번	• 토지소유자 **변**동일자 • 변**동**원인 • **주**민등록번호 • 성**명** · 주**소** • 소유권 **지**분	• 토지의 **고**유번호 • 필지별 공유지연명부의 **장**번호
대지권등록부(垈地權登錄簿, Building Site Rights Books)	• **토**지 소재 • **지**번	• 토지소유자 **변**동일자 및 변**동**원인 • **주**민등록번호 • 성**명** 또는 명칭 · 주**소** • 대**지**권 비율 • 소유**권** 지분	• 토지의 **고**유번호 • 집합건물별 대지권등록부의 **장**번호 • **건**물의 명칭 • **전**유부분의 건물의 표시

19 다음은 중앙지적위원회의 구성에 대한 설명이다. ㉠~㉥에 각각 들어갈 내용으로 옳은 것은?

> • 위원장 1명과 부위원장 1명을 포함하여 (㉠) 이상 (㉡) 이하의 위원으로 구성한다.
> • 위원장은 국토교통부의 (㉢)이, 부위원장은 국토교통부의 (㉣)이 된다.
> • 위원은 지적에 관한 학식과 경험이 풍부한 사람 중에서 (㉤)이 임명하거나 위촉한다.
> • 중앙지적위원회의 간사는 국토교통부의 지적업무 담당 공무원 중에서 (㉥)이 임명하며, 회의 준비, 회의록 작성 및 회의 결과에 따른 업무 등 중앙지적위원회의 서무를 담당한다.

	㉠	㉡	㉢	㉣	㉤	㉥
①	5명	10명	국토교통부장관	국토교통부 업무담당	위원장	국토교통부장관
②	5명	10명	지적업무 담당 국장	지적업무 담당 과장	국토교통부장관	국토교통부장관
③	7명	15명	국토교통부장관	국토교통부 업무담당	위원장	국토교통부장관
④	7명	15명	지적업무 담당 국장	지적업무 담당 과장	국토교통부장관	위원장

풀이 공간정보의 구축 및 관리 등에 관한 법률 시행령 제20조(중앙지적위원회의 구성 등)

① 법 제28조제1항에 따른 중앙지적위원회(이하 "중앙지적위원회"라 한다)는 위원장 1명과 부위원장 1명을 포함하여 5명 이상 10명 이하의 위원으로 구성한다.

정답 19 ②

② 위원장은 국토교통부의 지적업무 담당 국장이, 부위원장은 국토교통부의 지적업무 담당 과장이 된다.

③ 위원은 지적에 관한 학식과 경험이 풍부한 사람 중에서 **국토교통부장관**이 임명하거나 위촉한다.

④ 위원장 및 부위원장을 제외한 위원의 임기는 2년으로 한다.

⑤ 중앙지적위원회의 간사는 국토교통부의 지적업무 담당 공무원 중에서 국토교통부장관이 임명하며, 회의 준비, 회의록 작성 및 회의 결과에 따른 업무 등 중앙지적위원회의 서무를 담당한다.

⑥ 중앙지적위원회의 위원에게는 예산의 범위에서 출석수당과 여비, 그 밖의 실비를 지급할 수 있다. 다만, 공무원인 위원이 그 소관 업무와 직접적으로 관련되어 출석하는 경우에는 그러하지 아니하다.

20 다음은 「지적재조사에 관한 특별법 제32조(지적재조사기획단 등)」에 관한 내용이다. (   ) 안에 들어갈 용어로 옳은 것은?

> • 지적재조사사업의 지도 · 감독, 기술 · 인력 및 예산 등의 지원을 위하여 시 · 도에 (㉠)을, 실시계획의 입안, 지적재조사사업의 시행, 사업대행자에 대한 지도 · 감독 등을 위하여 지적소관청에 (㉡)을 둘 수 있다.
> • 기본계획의 입안, 지적재조사사업의 지도 · 감독, 기술 · 인력 및 예산 등의 지원, 중앙위원회 심의 · 의결사항에 대한 보좌를 위하여 국토교통부에 (㉢)을 둔다.
> • 지적재조사기획단의 조직과 운영에 관하여 필요한 사항은 대통령령으로, 지적재조사지원단과 지적재조사추진단의 조직과 운영에 관하여 필요한 사항은 해당 (㉣)로 정한다.

	㉠	㉡	㉢	㉣
①	지적재조사지원단	지적재조사추진단	지적재조사기획단	대통령령
②	지적재조사기획단	지적재조사지원단	지적재조사추진단	대통령령
③	지적재조사지원단	지적재조사추진단	지적재조사기획단	지방자치단체의 조례
④	지적재조사기획단	지적재조사지원단	지적재조사추진단	지방자치단체의 조례

풀이 지적재조사에 관한 특별법 제32조(지적재조사기획단 등)

① 기본계획의 입안, 지적재조사사업의 지도 · 감독, 기술 · 인력 및 예산 등의 지원, 중앙위원회 심의 · 의결사항에 대한 보좌를 위하여 국토교통부에 지적재조사기획단을 둔다.

② 지적재조사사업의 지도 · 감독, 기술 · 인력 및 예산 등의 지원을 위하여 시 · 도에 지적재조사지원단을, 실시계획의 입안, 지적재조사사업의 시행, 사업대행자에 대한 지도 · 감독 등을 위하여 지적소관청에 지적재조사추진단을 둘 수 있다.

③ 제1항에 따른 지적재조사기획단의 조직과 운영에 관하여 필요한 사항은 대통령령으로, 제2항에 따른 지적재조사지원단과 지적재조사추진단의 조직과 운영에 관하여 필요한 사항은 해당 지방자치단체의 조례로 정한다.

지적재조사에 관한 특별법 시행령 제26조(지적재조사기획단의 구성 등)

① 법 제32조제1항에 따른 지적재조사기획단(이하 "기획단"이라 한다)은 단장 1명과 소속 직원으로 구성하며, 단장은 국토교통부의 고위공무원단에 속하는 일반직공무원 중에서 국토교통부장관이 지명하는 자가 겸직한다.

② 국토교통부장관은 기획단의 업무수행을 위하여 필요하다고 인정할 때에는 관계 행정기관의 공무원 및 관련 기관 · 단체의 임직원의 파견을 요청할 수 있다.

③ 제1항 및 제2항에서 규정한 사항 외에 기획단의 조직과 운영에 필요한 사항은 국토교통부장관이 정한다.

01 「공간정보의 구축 및 관리 등에 관한 법령」상 토지의 이동이 있는 경우 지적공부정리에 대한 설명이다. ( ) 안에 들어갈 내용으로 옳은 것은?

> 지적소관청은 토지의 이동이 있는 경우에는 (ㄱ)를 작성하여야 하고, 토지소유자의 변동 등에 따라 지적공부를 정리하려는 경우에는 (ㄴ)를 작성하여야 한다. 토지이동정리 결의서의 작성은 토지대장·임야대장 또는 경계점좌표등록부별로 구분하여 작성하되, 토지이동정리 결의서에는 (ㄷ) 또는 (ㄹ) 등을 첨부하여야 하며, 소유자정리 결의서의 작성은 별지 제85호 서식에 따르되 등기필증, 등기부 등본 또는 그 밖에 토지소유자가 변경되었음을 증명하는 서류를 첨부하여야 한다.

	㉠	㉡	㉢	㉣
①	소유자정리 결의서	토지이동신청서	토지이동정리 결의서	도시개발사업 등의 완료신고서
②	토지이동신청서	토지이동정리 결의서	도시개발사업 등의 완료신고서	소유자정리 결의서
③	토지이동정리 결의서	소유자정리 결의서	토지이동신청서	도시개발사업 등의 완료신고서
④	소유자정리 결의서	토지이동정리 결의서	도시개발사업 등의 완료신고서	토지이동신청서
⑤	토지이동신청서	도시개발사업 등의 완료신고서	소유자정리 결의서	토지이동정리 결의서

풀이 **공간정보의 구축 및 관리 등에 관한 법률 시행령 제84조(지적공부의 정리 등)**

① 지적소관청은 지적공부가 다음 각 호의 어느 하나에 해당하는 경우에는 지적공부를 정리하여야 한다. 이 경우 이미 작성된 지적공부에 정리할 수 없을 때에는 새로 작성하여야 한다.

> 1. 법 제66조제2항에 따라 지번을 변경하는 경우
> 2. 법 제74조에 따라 지적공부를 복구하는 경우
> 3. 법 제77조부터 제86조까지의 규정에 따른 신규등록·등록전환·분할·합병·지목변경 등 토지의 이동이 있는 경우

② 지적소관청은 제1항에 따른 토지의 이동이 있는 경우에는 토지이동정리 결의서를 작성하여야 하고, 토지소유자의 변동 등에 따라 지적공부를 정리하려는 경우에는 소유자정리 결의서를 작성하여야 한다.

③ 제1항 및 제2항에 따른 지적공부의 정리방법, 토지이동정리 결의서 및 소유자정리 결의서 작성방법 등에 관하여 필요한 사항은 국토교통부령으로 정한다. 〈개정 2013.3.23.〉

공간정보의 구축 및 관리 등에 관한 법률 시행규칙 제98조(지적공부의 정리방법 등)

① 영 제84조제2항에 따른 토지이동정리 결의서의 작성은 별지 제57호 서식에 따라 토지대장·임야대장 또는 경계점좌표등록부별로 구분하여 작성하되, 토지이동정리 결의서에는 토지이동신청서 또는 도시개발사업 등의 완료신고서 등을 첨부하여야 하며, 소유자정리 결의서의 작성은 별지 제85호 서식에 따르되 등기필증, 등기부 등본 또는 그 밖에 토지소유자가 변경되었음을 증명하는 서류를 첨부하여야 한다. 다만, 「전자정부법」 제36조제1항에 따른 행정정보의 공동이용을 통하여 첨부서류에 대한 정보를 확인할 수 있는 경우에는 그

확인으로 첨부서류를 갈음할 수 있다. 〈개정 2011.4.11.〉

② 제1항의 대장 외에 지적공부의 정리와 토지이동정리 결의서 및 소유자정리 결의서의 작성에 필요한 사항은 국토교통부장관이 정한다. 〈개정 2013.3.23.〉

02 「공간정보의 구축 및 관리 등에 관한 법령」상 축척변경사업에 따른 청산금에 관한 내용이다. ( )에 들어갈 숫자의 합으로 옳은 것은?

> • 지적소관청이 납부고지하거나 수령통지한 청산금에 관하여 이의가 있는 자는 납부고지 또는 수령통지를 받은 날부터 (ㄱ) 이내에 지적소관청에 이의신청을 할 수 있다.
> • 지적소관청으로부터 청산금의 납부고지를 받은 자는 그 고지를 받은 날부터 (ㄴ) 이내에 청산금을 지적소관청에 내야 한다.
> • 이의신청을 받은 지적소관청은 (ㄷ) 이내에 축척변경위원회의 심의·의결을 거쳐 그 인용(認容) 여부를 결정한 후 지체 없이 그 내용을 이의신청인에게 통지하여야 한다.
> • 지적소관청은 수령통지를 한 날부터 (ㄹ) 이내에 청산금을 지급하여야 한다.

① 13개월   ② 14개월
③ 15개월   ④ 16개월
⑤ 17개월

풀이 공간정보의 구축 및 관리 등에 관한 법률 시행령 제76조(청산금의 납부고지 등)

① 지적소관청은 제75조제4항에 따라 청산금의 결정을 공고한 날부터 20일 이내에 토지소유자에게 청산금의 납부고지 또는 수령통지를 하여야 한다.

② 제1항에 따른 납부고지를 받은 자는 그 고지를 받은 날부터 6개월 이내에 청산금을 지적소관청에 내야 한다. 〈개정 2017.1.10.〉

③ 지적소관청은 제1항에 따른 수령통지를 한 날부터 6개월 이내에 청산금을 지급하여야 한다.

④ 지적소관청은 청산금을 지급받을 자가 행방불명 등으로 받을 수 없거나 받기를 거부할 때에는 그 청산금을 공탁할 수 있다.

⑤ 지적소관청은 청산금을 내야 하는 자가 제77조제1항에 따른 기간 내에 청산금에 관한 이의신청을 하지 아니하고 제2항에 따른 기간 내에 청산금을 내지 아니하면 지방세 체납처분의 예에 따라 징수할 수 있다.

공간정보의 구축 및 관리 등에 관한 법률 시행령 제77조(청산금에 관한 이의신청)

① 제76조제1항에 따라 납부고지되거나 수령통지된 청산금에 관하여 이의가 있는 자는 납부고지 또는 수령통지를 받은 날부터 1개월 이내에 지적소관청에 이의신청을 할 수 있다.

② 제1항에 따른 이의신청을 받은 지적소관청은 1개월 이내에 축척변경위원회의 심의·의결을 거쳐 그 인용(認容) 여부를 결정한 후 지체 없이 그 내용을 이의신청인에게 통지하여야 한다.

03 지적공부의 소유자정리에 관한 설명이다. (   )에 들어갈 사항으로 옳은 것은?

> • 대장의 소유자변동일자는 등기필통지서, 등기필증, 등기부 등본 · 초본 또는 등기관서에서 제공한 등기 전산정보자료의 경우에는 (ㄱ)로, 법 제84조제4항 단서의 미등기토지 소유자에 관한 정정신청의 경우 와 법 제88조제2항에 따른 소유자등록신청의 경우에는 (ㄴ)로, 공유수면 매립준공에 따른 신규 등록 의 경우에는 (ㄷ)로 정리한다.
> • 주소 · 성명 · 명칭의 변경 또는 경정 및 소유권이전 등이 같은 날짜에 등기가 된 경우의 지적공부정리 는 (ㄹ)에 따라 모두 정리하여야 한다.

	㉠	㉡	㉢	㉣
①	등기접수 순서	등기접수일자	매립준공일자	소유자정리결의일자
②	소유자정리결의일자	등기접수 순서	등기접수일자	매립준공일자
③	등기접수일자	소유자정리결의일자	매립준공일자	등기접수 순서
④	소유자정리결의일자	매립준공일자	등기접수 순서	등기접수일자
⑤	매립준공일자	등기접수 순서	등기접수일자	소유자정리결의일자

풀이 **지적업무처리규정 제60조(소유자정리)**

① 대장의 소유자변동일자는 등기필통지서, 등기필증, 등기부 등본 · 초본 또는 등기관서에서 제공한 등기전산 정보자료의 경우에는 등기접수일자로, 법 제84조제4항 단서의 미등기토지 소유자에 관한 정정신청의 경우 와 법 제88조제2항(「국유재산법」 제2조제10호에 따른 총괄청이나 같은 조 제11호에 따른 중앙관서의 장이 같은 법 제12조제3항에 따라 소유자 없는 부동산에 대한 소유자 등록을 신청하는 경우 지적소관청은 지적공부 에 해당 토지의 소유자가 등록되지 아니한 경우에만 등록할 수 있다)에 따른 소유자등록신청의 경우에는 소유 자정리결의일자로, 공유수면 매립준공에 따른 신규 등록의 경우에는 매립준공일자로 정리한다.

② 주소 · 성명 · 명칭의 변경 또는 경정 및 소유권이전 등이 같은 날짜에 등기가 된 경우의 지적공부정리는 등기 접수 순서에 따라 모두 정리하여야 한다.

③ 소유자의 주소가 토지소재지와 같은 경우에도 등기부와 일치하게 정리한다. 다만, 등기관서에서 제공한 등기 전산정보자료에 따라 정리하는 경우에는 등기전산정보자료에 따른다.

④ 법 제88조제4항에 따라 지적소관청이 소유자에 관한 사항이 대장과 부합되지 아니하는 토지소유자를 정리할 때에는 제1항부터 제3항까지와 제65조제2항을 준용하며, 토지소유자 등 이해관계인이 등기부 등본 · 초본 등에 따라 소유자정정을 신청하는 경우에는 별지 제9호 서식의 소유자정정 신청서를 제출하여야 한다.

⑤ 국토교통부장관은 등기관서로부터 법인 또는 재외국민의 부동산등기용등록번호 정정통보가 있는 때에는 정정 전 등록번호에 따라 토지소재를 조사하여 시 · 도지사에게 그 내용을 통지하여야 한다. 이 경우 시 · 도 지사는 지체 없이 그 내용을 해당 지적소관청에 통지하여야 한다.

⑥ 소유자등록사항 중 토지이동과 함께 소유자가 결정되는 신규 등록, 도시개발사업 등의 환지 등록 시에는 토지이동업무 처리와 동시에 소유자를 정리하여야 한다.

지적업무처리규정 제61조(미등기토지의 소유자정정 등)

① 법 제84조제4항 단서에 따른 적용대상 토지는 미등기토지로서 소유자의 정정에 관한 사항과 토지조사 당시 에 사정 또는 재결 등에 따라 대장에 소유자는 등록하였으나, 소유자의 주소가 등록되어 있지 아니한 토지와 종전 「지적법 시행령」(대통령령 제497호 1951년 4월 1일 제정) 제3조제4호에 따라 국유지를 매각 · 교환 또는 양여하여 취득한 토지(이하 "국유지의 취득"이라 한다)의 소유자주소가 대장에 등록되어 있지 아니한 미등기토지로 한다. 다만, 1950.12.1. 법률 제165호로 제정된 「지적법」(1975.12.31. 법률 제2801호로 전문 개정되기 이전의 법률을 말한다)이 시행된 시기에 복구, 소유권확인청구의 소에 따른 확정판결이 있었 거나, 이에 관한 소송이 법원에 진행 중인 토지는 제외한다.

② 미등기토지의 소유자주소를 대장에 등록하고자 하는 때에는 사정·재결 또는 국유지의 취득 당시 최초 주소를 등록한다.

③ 법 제84조제4항 단서의 미등기토지 소유자에 관한 정정신청은 별지 제10호 서식에 따르며, 지적소관청은 미등기토지의 소유자정정 등에 관한 신청이 있는 때에는 14일 이내에 다음 각 호의 사항을 확인하여 처리하여야 하며, 별지 제11호의 조사서를 작성하여야 한다.

> 1. 적용대상토지 여부
> 2. 대장상 소유자와 가족관계등록부·제적부에 등재된 자와의 동일인 여부
> 3. 적용대상토지에 대한 확정판결이나 소송의 진행여부
> 4. 첨부서류의 적합여부
> 5. 그 밖에 지적소관청이 필요하다고 인정되는 사항

④ 지적소관청은 제3항에 따른 조사를 할 때에는 기간을 정하여 신청인에게 필요한 자료의 제출 또는 보완을 요구할 수 있다.

⑤ 지적소관청은 대장에 소유자의 주소 등을 등록한 때에는 지체 없이 신청인에게 그 내용을 통지하여야 한다.

04 다음 등록사항의 정정에 대한 설명 중 ( ) 안에 해당하지 않는 것은? (16년3회지산)

> 지적소관청이 제1항 또는 제2항에 따라 등록사항을 정정할 때 그 정정사항이 토지소유자에 관한 사항인 경우에는 ( ) 또는 등기관서에서 제공한 등기전산정보자료에 따라 정정하여야 한다.

① 등기부등본
② 등기필증
③ 등기완료통지서
④ 등기사항증명서

풀이 **공간정보의 구축 및 관리 등에 관한 법률 제84조(등록사항의 정정)**

① 토지소유자는 지적공부의 등록사항에 잘못이 있음을 발견하면 지적소관청에 그 정정을 신청할 수 있다.

② 지적소관청은 지적공부의 등록사항에 잘못이 있음을 발견하면 대통령령으로 정하는 바에 따라 직권으로 조사·측량하여 정정할 수 있다.

③ 제1항에 따른 정정으로 인접 토지의 경계가 변경되는 경우에는 다음 각 호의 어느 하나에 해당하는 서류를 지적소관청에 제출하여야 한다.

1. 인접 토지소유자의 승낙서

2. 인접 토지소유자가 승낙하지 아니하는 경우에는 이에 대항할 수 있는 확정판결서 정본(正本)

④ 지적소관청이 제1항 또는 제2항에 따라 등록사항을 정정할 때 그 정정사항이 토지소유자에 관한 사항인 경우에는 등기필증, 등기완료통지서, 등기사항증명서 또는 등기관서에서 제공한 등기전산정보자료에 따라 정정하여야 한다. 다만, 제1항에 따라 미등기 토지에 대하여 토지소유자의 성명 또는 명칭, 주민등록번호, 주소 등에 관한 사항의 정정을 신청한 경우로서 그 등록사항이 명백히 잘못된 경우에는 가족관계 기록사항에 관한 증명서에 따라 정정하여야 한다.

05 「공간정보의 구축 및 관리 등에 관한 법령」상 토지의 조사 · 등록 등에 관한 내용이다. (   )에 들어갈 사항으로 옳은 것은?

> (ㄱ)은(는) 모든 토지에 대하여 필지별로 소재 · 지번 · 지목 · 면적 · 경계 또는 좌표 등을 조사 · 측량하여 지적공부에 등록하여야 한다. 지적공부에 등록하는 지번 · 지목 · 면적 · 경계 또는 좌표는 토지이동이 있을 때 토지소유자의 신청을 받아 (ㄴ)이 결정한다. 지적소관청은 법 제64조제2항 단서에 따라 토지의 이동현황을 직권으로 조사 · 측량하여 토지의 지번 · 지목 · 면적 · 경계 또는 좌표를 결정하려는 때에는 (ㄷ)을 수립하여야 한다. 이 경우 토지이동현황 조사계획은 (ㄹ)별로 수립하되, 부득이한 사유가 있는 때에는 (ㅁ)별로 수립할 수 있다.

	ㄱ	ㄴ	ㄷ	ㄹ	ㅁ
①	지적소관청	지적소관청	토지의 이용현황	읍 · 면 · 동	시 · 군 · 구
②	지적측량수행자	지적소관청	토지의 이동조서	시 · 군 · 구	읍 · 면 · 동
③	지적측량수행자	지적소관청	토지의 이동현황	시 · 군 · 구	읍 · 면 · 동
④	국토교통부장관	지적소관청	토지의 이용조서	읍 · 면 · 동	시 · 군 · 구
⑤	국토교통부장관	지적소관청	토지이동현황 조사계획	시 · 군 · 구	읍 · 면 · 동

풀이 **공간정보의 구축 및 관리 등에 관한 법률 제64조(토지의 조사 · 등록 등)**

① 국토교통부장관은 모든 토지에 대하여 필지별로 소재 · 지번 · 지목 · 면적 · 경계 또는 좌표 등을 조사 · 측량하여 지적공부에 등록하여야 한다. 〈개정 2013.3.23.〉

② 지적공부에 등록하는 지번 · 지목 · 면적 · 경계 또는 좌표는 토지의 이동이 있을 때 토지소유자(법인이 아닌 사단이나 재단의 경우에는 그 대표자나 관리인을 말한다. 이하 같다)의 신청을 받아 지적소관청이 결정한다. 다만, 신청이 없으면 지적소관청이 직권으로 조사 · 측량하여 결정할 수 있다.

③ 제2항 단서에 따른 조사 · 측량의 절차 등에 필요한 사항은 국토교통부령으로 정한다.

공간정보의 구축 및 관리 등에 관한 법률 시행규칙 제59조(토지의 조사 · 등록)

① 지적소관청은 법 제64조제2항 단서에 따라 토지의 이동현황을 직권으로 조사 · 측량하여 토지의 지번 · 지목 · 면적 · 경계 또는 좌표를 결정하려는 때에는 토지이동현황 조사계획을 수립하여야 한다. 이 경우 토지이동현황 조사계획은 시 · 군 · 구별로 수립하되, 부득이한 사유가 있는 때에는 읍 · 면 · 동별로 수립할 수 있다.

② 지적소관청은 제1항에 따른 토지이동현황 조사계획에 따라 토지의 이동현황을 조사한 때에는 별지 제55호 서식의 토지이동 조사부에 토지의 이동현황을 적어야 한다.

③ 지적소관청은 제2항에 따른 토지이동현황 조사 결과에 따라 토지의 지번 · 지목 · 면적 · 경계 또는 좌표를 결정한 때에는 이에 따라 지적공부를 정리하여야 한다.

④ 지적소관청은 제3항에 따라 지적공부를 정리하려는 때에는 제2항에 따른 토지이동 조사부를 근거로 별지 제56호 서식의 토지이동 조서를 작성하여 별지 제57호 서식의 토지이동정리 결의서에 첨부하여야 하며, 토지이동조서의 아래 부분 여백에 "「공간정보의 구축 및 관리 등에 관한 법률」 제64조제2항 단서에 따른 직권정리"라고 적어야 한다.

06 「공간정보의 구축 및 관리 등에 관한 법령」상 토지의 조사 · 등록 등에 관한 내용이다. (　)에 들어갈 사항으로 옳은 것은? (23회공인)

> (ㄱ)은(는) (ㄴ)에 대하여 필지별로 소재 · 지번 · 지목 · 면적 · 경계 또는 좌표 등을 조사 · 측량하여 지적공부에 등록하여야 한다. 지적공부에 등록하는 지번 · 지목 · 면적 · 경계 또는 좌표는 (ㄷ)이 있을 때 토지소유자의 신청을 받아 (ㄹ)이 결정한다.

	㉠	㉡	㉢	㉣
①	지적소관청	모든 토지	토지의 이용	국토교통부장관
②	지적측량수행자	관리 토지	토지의 이동	국토교통부장관
③	지적측량수행자	모든 토지	토지의 이동	지적소관청
④	국토교통부장관	관리 토지	토지의 이용	지적소관청
⑤	국토교통부장관	모든 토지	토지의 이동	지적소관청

풀이 공간정보의 구축 및 관리 등에 관한 법률 제64조(토지의 조사 · 등록 등)
① 국토교통부장관은 모든 토지에 대하여 필지별로 소재 · 지번 · 지목 · 면적 · 경계 또는 좌표 등을 조사 · 측량하여 지적공부에 등록하여야 한다.
② 지적공부에 등록하는 지번 · 지목 · 면적 · 경계 또는 좌표는 토지의 이동이 있을 때 토지소유자(법인이 아닌 사단이나 재단의 경우에는 그 대표자나 관리인을 말한다. 이하 같다)의 신청을 받아 지적소관청이 결정한다. 다만, 신청이 없으면 지적소관청이 직권으로 조사 · 측량하여 결정할 수 있다.

07 다음은 「공간정보의 구축 및 관리 등에 관한 법률」에서 토지의 조사 · 등록 등에 관한 내용이다. (　) 안에 들어갈 사항으로 옳은 것은?

> 지적소관청은 지적공부에 등록하는 지번 · 지목 · 면적 · 경계 또는 좌표는 토지의 이동이 있을 때 토지소유자(법인이 아닌 사단이나 재단의 경우에는 그 대표자나 관리인을 말한다. 이하 같다)의 신청을 받아 지적소관청이 결정한다. 다만, 신청이 없으면 토지의 이동현황을 직권으로 조사 · 측량하여 토지의 지번 · 지목 · 면적 · 경계 또는 좌표를 결정하려는 때에는 (ㄱ)을 수립하여야 한다. 이 경우 토지이동현황 조사계획은 (ㄴ)별로 수립하되, 부득이한 사유가 있는 때에는 (ㄷ)별로 수립할 수 있다.

	㉠	㉡	㉢
①	토지이용기본계획	시 · 도	시 · 군 · 구
②	지적재조사기본계획	읍 · 면 · 동	시 · 도
③	지적불부합지정리계획	시 · 도	읍 · 면 · 동
④	토지이동현황 조사계획	시 · 군 · 구	읍 · 면 · 동
⑤	시 · 군 · 구 도시관리계획	읍 · 면 · 동	시 · 군 · 구

풀이 공간정보의 구축 및 관리 등에 관한 법률 제64조(토지의 조사 · 등록 등)
① 국토교통부장관은 모든 토지에 대하여 필지별로 소재 · 지번 · 지목 · 면적 · 경계 또는 좌표 등을 조사 · 측량하여 지적공부에 등록하여야 한다. 〈개정 2013.3.23.〉

정답　**06** ⑤　**07** ④

② 지적공부에 등록하는 지번·지목·면적·경계 또는 좌표는 토지의 이동이 있을 때 토지소유자(법인이 아닌 사단이나 재단의 경우에는 그 대표자나 관리인을 말한다. 이하 같다)의 신청을 받아 지적소관청이 결정한다. 다만, 신청이 없으면 지적소관청이 직권으로 조사·측량하여 결정할 수 있다.
③ 제2항 단서에 따른 조사·측량의 절차 등에 필요한 사항은 국토교통부령으로 정한다.

공간정보의 구축 및 관리 등에 관한 법률 시행규칙 제59조(토지의 조사·등록)
① 지적소관청은 법 제64조제2항 단서에 따라 토지의 이동현황을 직권으로 조사·측량하여 토지의 지번·지목·면적·경계 또는 좌표를 결정하려는 때에는 **토지이동현황 조사계획**을 수립하여야 한다. 이 경우 토지이동현황 조사계획은 시·군·구별로 수립하되, 부득이한 사유가 있는 때에는 읍·면·동별로 수립할 수 있다.
② 지적소관청은 제1항에 따른 토지이동현황 조사계획에 따라 토지의 이동현황을 조사한 때에는 별지 제55호 서식의 **토지이동 조사부**에 토지의 이동현황을 적어야 한다.
③ 지적소관청은 제2항에 따른 토지이동현황 조사 결과에 따라 토지의 지번·지목·면적·경계 또는 좌표를 결정한 때에는 이에 따라 지적공부를 정리하여야 한다.
④ 지적소관청은 제3항에 따라 지적공부를 정리하려는 때에는 제2항에 따른 토지이동 조사부를 근거로 별지 제56호 서식의 토지이동 조서를 작성하여 별지 제57호 서식의 토지이동정리 결의서에 첨부하여야 하며, 토지이동조서의 아래 부분 여백에 "「공간정보의 구축 및 관리 등에 관한 법률」 제64조제2항 단서에 따른 직권정리"라고 적어야 한다.

08 다음은 지적소관청이 토지소유자에게 지적정리 등을 통지하여야 하는 시기에 관한 내용이다. ( )에 들어갈 사항으로 옳은 것은?

> • 토지의 표시에 관한 변경등기가 필요하지 아니한 경우 : 지적공부에 등록한 날부터 (ㄱ) 이내
> • 토지의 표시에 관한 변경등기가 필요한 경우 : 그 등기완료의 통지서를 접수한 날부터 (ㄴ) 이내

① ㄱ : 7일, ㄴ : 15일
② ㄱ : 15일, ㄴ : 7일
③ ㄱ : 30일, ㄴ : 30일
④ ㄱ : 60일, ㄴ : 30일
⑤ ㄱ : 30일, ㄴ : 60일

풀이 공간정보의 구축 및 관리 등에 관한 법률 제90조(지적정리 등의 통지)
제64조제2항 단서, 제66조제2항, 제74조, 제82조제2항, 제84조제2항, 제85조제2항, 제86조제2항, 제87조 또는 제89조에 따라 지적소관청이 지적공부에 등록하거나 지적공부를 복구 또는 말소하거나 등기촉탁을 하였으면 대통령령으로 정하는 바에 따라 해당 토지소유자에게 통지하여야 한다. 다만, 통지받을 자의 주소나 거소를 알 수 없는 경우에는 국토교통부령으로 정하는 바에 따라 일간신문, 해당 시·군·구의 공보 또는 인터넷홈페이지에 공고하여야 한다.

제64조(토지의 조사·등록 등)
② 지적공부에 등록하는 지번·지목·면적·경계 또는 좌표는 토지의 이동이 있을 때 토지소유자(법인이 아닌 사단이나 재단의 경우에는 그 대표자나 관리인을 말한다. 이하 같다)의 신청을 받아 지적소관청이 결정한다. 다만, 신청이 없으면 지적소관청이 직권으로 조사·측량하여 결정할 수 있다.

제66조(지번의 부여 등)
② 지적소관청은 지적공부에 등록된 지번을 변경할 필요가 있다고 인정하면 시·도지사나 대도시 시장의 승인을 받아 지번부여지역 의 전부 또는 일부에 대하여 지번을 새로 부여할 수 있다.

제74조(지적공부의 복구)
지적소관청(제69조제2항에 따른 지적공부의 경우에는 시·도지사, 시장·군수 또는 구청장)은 지적공부의 전부 또는 일부가 멸실되거나 훼손된 경우에는 대통령령으로 정하는 바에 따라 지체 없이 이를 복구하여야 한다.

제82조(바다로 된 토지의 등록말소 신청)
② 지적소관청은 제1항에 따른 토지소유자가 통지를 받은 날부터 90일 이내에 등록말소 신청을 하지 아니하면 대통령령으로 정하는 바에 따라 등록을 말소한다.

제84조(등록사항의 정정)
② 지적소관청은 지적공부의 등록사항에 잘못이 있음을 발견하면 대통령령으로 정하는 바에 따라 직권으로 조사·측량하여 정정할 수 있다.

제85조(행정구역의 명칭변경 등)
② 지번부여지역의 일부가 행정구역의 개편으로 다른 지번부여지역에 속하게 되었으면 지적소관청은 새로 속하게 된 지번부여지역의 지번을 부여하여야 한다.

제86조(도시개발사업 등 시행지역의 토지이동 신청에 관한 특례)
② 제1항에 따른 사업과 관련하여 토지의 이동이 필요한 경우에는 해당 사업의 시행자가 지적소관청에 토지의 이동을 신청하여야 한다.

제87조(신청의 대위)
다음 각 호의 어느 하나에 해당하는 자는 이 법에 따라 토지소유자가 하여야 하는 신청을 대신할 수 있다. 다만, 제84조에 따른 등록사항 정정 대상토지는 제외한다. 〈개정 2014.6.3.〉
1. 공공사업 등에 따라 학교용지·도로·철도용지·제방·하천·구거·유지·수도용지 등의 지목으로 되는 토지인 경우 : 해당 사업의 시행자
2. 국가나 지방자치단체가 취득하는 토지인 경우 : 해당 토지를 관리하는 행정기관의 장 또는 지방자치단체의 장
3. 「주택법」에 따른 공동주택의 부지인 경우 : 「집합건물의 소유 및 관리에 관한 법률」에 따른 관리인(관리인이 없는 경우에는 공유자가 선임한 대표자) 또는 해당 사업의 시행자
4. 「민법」 제404조에 따른 채권자

제89조(등기촉탁)
① 지적소관청은 제64조제2항(신규등록은 제외한다), 제66조제2항, 제82조, 제83조제2항, 제84조제2항 또는 제85조제2항에 따른 사유로 토지의 표시 변경에 관한 등기를 할 필요가 있는 경우에는 지체 없이 관할 등기관서에 그 등기를 촉탁하여야 한다. 이 경우 등기촉탁은 국가가 국가를 위하여 하는 등기로 본다.
② 제1항에 따른 등기촉탁에 필요한 사항은 국토교통부령으로 정한다.

공간정보의 구축 및 관리 등에 관한 법률 시행령 제85조(지적정리 등의 통지)
지적소관청이 법 제90조에 따라 토지소유자에게 지적정리 등을 통지하여야 하는 시기는 다음 각 호의 구분에 따른다.
1. 토지의 표시에 관한 변경등기가 필요한 경우 : 그 등기완료의 통지서를 접수한 날부터 15일 이내
2. 토지의 표시에 관한 변경등기가 필요하지 아니한 경우 : 지적공부에 등록한 날부터 7일 이내

정답

09 「공간정보의 구축 및 관리 등에 관한 법령」상 토지의 등록사항 정정에 관한 내용이다. (   )에 들어갈 사항으로 옳은 것은?

> 지적소관청이 등록사항을 정정할 때 그 정정사항이 토지소유자에 관한 사항인 경우에는 (ㄱ), (ㄴ), (ㄷ) 또는 등기관서에서 제공한 등기전산정보자료에 따라 정정하여야 한다. 다만, 제1항에 따라 미등기 토지에 대하여 토지소유자의 성명 또는 명칭, 주민등록번호, 주소 등에 관한 사항의 정정을 신청한 경우로서 그 등록사항이 명백히 잘못된 경우에는 (ㄹ)에 관한 증명서에 따라 정정하여야 한다.

	㉠	㉡	㉢	㉣
①	가족관계 기록사항	등기필증	등기사항증명서	등기필증
②	등기사항증명서	가족관계 기록사항	등기필증	등기전산정보자료
③	등기필증	등기완료통지서	등기사항증명서	가족관계 기록사항
④	등기완료통지서	등기필증	가족관계 기록사항	등기사항증명서
⑤	가족관계 기록사항	등기사항증명서	등기완료통지서	등기완료통지서

풀이 공간정보의 구축 및 관리 등에 관한 법률 제84조(등록사항의 정정)

① 토지소유자는 지적공부의 등록사항에 잘못이 있음을 발견하면 지적소관청에 그 정정을 신청할 수 있다.

② 지적소관청은 지적공부의 등록사항에 잘못이 있음을 발견하면 대통령령으로 정하는 바에 따라 직권으로 조사·측량하여 정정할 수 있다.

③ 제1항에 따른 정정으로 인접 토지의 경계가 변경되는 경우에는 다음 각 호의 어느 하나에 해당하는 서류를 지적소관청에 제출하여야 한다.

  1. 인접 토지소유자의 승낙서

  2. 인접 토지소유자가 승낙하지 아니하는 경우에는 이에 대항할 수 있는 확정판결서 정본(正本)

④ 지적소관청이 제1항 또는 제2항에 따라 등록사항을 정정할 때 그 정정사항이 토지소유자에 관한 사항인 경우에는 등기필증, 등기완료통지서, 등기사항증명서 또는 등기관서에서 제공한 등기전산정보자료에 따라 정정하여야 한다. 다만, 제1항에 따라 미등기 토지에 대하여 토지소유자의 성명 또는 명칭, 주민등록번호, 주소 등에 관한 사항의 정정을 신청한 경우로서 그 등록사항이 명백히 잘못된 경우에는 가족관계 기록사항에 관한 증명서에 따라 정정하여야 한다.

10 다음은 지적공부 복구에 관한 사항이다. (   ) 안에 들어갈 내용으로 알맞은 것은? (11년서울9급)

> • 지적소관청은 조사된 복구자료 중 토지대장·임야대장 및 공유지연명부의 등록내용을 증명하는 서류 등에 따라 (㉠)을 작성하고, 지적도면의 등록 내용을 증명하는 서류 등에 따라 (㉡)를 작성하여야 한다.
> • 지적소관청은 복구자료의 조사 또는 복구측량 등이 완료되어 지적공부를 복구하려는 경우에는 복구하려는 토지의 표시 등을 (㉢) 및 인터넷 홈페이지에 (㉣)일 이상 게시하여야 한다.

	㉠	㉡	㉢	㉣
①	지적복구자료 조사서	복구자료도	시·군·구 게시판	15
②	복구자료도	지적복구자료 조사	시·도 게시판	15
③	지적복구자료 조사서	복구자료도	시·도 게시판	15
④	복구자료도	지적복구자료 조사	시·군·구 게시판	20
⑤	지적복구자료 조사서	복구자료도	읍·면·동 게시판	15

① 지적소관청은 법 제74조 및 영 제61조제1항에 따라 지적공부를 복구하려는 경우에는 제72조 각 호의 복구자료를 조사하여야 한다.

② 지적소관청은 제1항에 따라 조사된 복구자료 중 토지대장·임야대장 및 공유지연명부의 등록 내용을 증명하는 서류 등에 따라 별지 제70호 서식의 **지적복구자료 조사서**를 작성하고, 지적도면의 등록 내용을 증명하는 서류 등에 따라 **복구자료도**를 작성하여야 한다.

③ 제2항에 따라 작성된 복구자료도에 따라 측정한 면적과 지적복구자료 조사서의 조사된 면적의 증감이 영 제19조제1항제2호가목의 계산식에 따른 허용범위를 초과하거나 복구자료도를 작성할 복구자료가 없는 경우에는 복구측량을 하여야 한다. 이 경우 같은 계산식 중 A는 오차허용면적, M은 축척분모, F는 조사된 면적을 말한다.

④ 제2항에 따라 작성된 지적복구자료 조사서의 조사된 면적이 영 제19조제1항제2호가목의 계산식에 따른 허용범위 이내인 경우에는 그 면적을 복구면적으로 결정하여야 한다.

⑤ 제3항에 따라 복구측량을 한 결과가 복구자료와 부합하지 아니하는 때에는 토지소유자 및 이해관계인의 동의를 받아 경계 또는 면적 등을 조정할 수 있다. 이 경우 경계를 조정한 때에는 제60조제2항에 따른 경계점표지를 설치하여야 한다.

⑥ 지적소관청은 제1항부터 제5항까지의 규정에 따른 복구자료의 조사 또는 복구측량 등이 완료되어 지적공부를 복구하려는 경우에는 복구하려는 토지의 표시 등을 시·군·구 게시판 및 인터넷 홈페이지에 15일 이상 게시하여야 한다.

⑦ 복구하려는 토지의 표시 등에 이의가 있는 자는 제6항의 게시기간 내에 지적소관청에 이의신청을 할 수 있다. 이 경우 이의신청을 받은 지적소관청은 이의사유를 검토하여 이유 있다고 인정되는 때에는 그 시정에 필요한 조치를 하여야 한다.

⑧ 지적소관청은 제6항 및 제7항에 따른 절차를 이행한 때에는 지적복구자료 조사서, 복구자료도 또는 복구측량 결과도 등에 따라 토지대장·임야대장·공유지연명부 또는 지적도면을 복구하여야 한다.

⑨ 토지대장·임야대장 또는 공유지연명부는 복구되고 지적도면이 복구되지 아니한 토지가 법 제83조에 따른 축척변경 시행지역이나 법 제86조에 따른 도시개발사업 등의 시행지역에 편입된 때에는 지적도면을 복구하지 아니할 수 있다.

11 다음은 지적측량의 기간에 관한 내용이다. (　　)에 들어갈 내용으로 옳은 것은?

지적측량의 측량기간은 (ㄱ)로 하며, 측량검사기간은 (ㄴ)로 한다. 다만, 지적기준점을 설치하여 측량 또는 측량검사를 하는 경우 지적기준점이 15점 이하인 경우에는 4일을, 15점을 초과하는 경우에는 4일에 15점을 초과하는 (ㄷ)마다 1일을 가산한다. 이와 같은 기준에도 불구하고, 지적측량 의뢰인과 지적측량수행자가 서로 합의하여 따로 기간을 정하는 경우에는 그 기간에 따르되, 전체 기간의 (ㄹ)은 측량기간으로, 전체 기간의 (ㅁ)은(는) 측량검사기간으로 본다.

① ㄱ-4일, ㄴ-3일, ㄷ-5점, ㄹ-4분의 3, ㅁ-4분의 1
② ㄱ-4일, ㄴ-3일, ㄷ-4점, ㄹ-5분의 3, ㅁ-5분의 2
③ ㄱ-5일, ㄴ-4일, ㄷ-4점, ㄹ-4분의 3, ㅁ-4분의 1
④ ㄱ-5일, ㄴ-4일, ㄷ-4점, ㄹ-5분의 3, ㅁ-5분의 2
⑤ ㄱ-5일, ㄴ-4일, ㄷ-5점, ㄹ-5분의 3, ㅁ-5분의 2

공간정보의 구축 및 관리 등에 관한 법률 시행규칙 제25조(지적측량 의뢰 등)

① 법 제24조제1항에 따라 지적측량을 의뢰하려는 자는 별지 제15호 서식의 지적측량 의뢰서(전자문서로 된 의뢰서를 포함한다)에 의뢰 사유를 증명하는 서류(전자문서를 포함한다)를 첨부하여 지적측량수행자에게 제출하여야 한다. 〈개정 2014.1.17.〉

② 지적측량수행자는 제1항에 따른 지적측량 의뢰를 받은 때에는 측량기간, 측량일자 및 측량 수수료 등을 적은 별지 제16호 서식의 지적측량 수행계획서를 그 다음 날까지 지적소관청에 제출하여야 한다. 제출한 지적측량 수행계획서를 변경한 경우에도 같다. 〈개정 2014.1.17.〉

③ 지적측량의 측량기간은 5일로 하며, 측량검사기간은 4일로 한다. 다만, 지적기준점을 설치하여 측량 또는 측량검사를 하는 경우 지적기준점이 15점 이하인 경우에는 4일을, 15점을 초과하는 경우에는 4일에 15점을 초과하는 4점마다 1일을 가산한다. 〈개정 2010.6.17.〉

④ 제3항에도 불구하고 지적측량 의뢰인과 지적측량수행자가 서로 합의하여 따로 기간을 정하는 경우에는 그 기간에 따르되, 전체 기간의 4분의 3은 측량기간으로, 전체 기간의 4분의 1은 측량검사기간으로 본다.

⑤ 삭제 〈2015.6.4.〉

12 측량계산의 끝수처리에 대하여 ㉮~㉯에 들어갈 숫자의 합으로 옳은 것은?(단, 지적도의 축척이 600분의 1인 지역과 경계점좌표등록부에 등록하는 지역이다.)

(16년서울9급)

> 토지 면적은 제곱미터 이하 한 자리 단위로 하되, (㉮)제곱미터 미만의 끝수가 있는 경우 (㉯)제곱미터 미만일 때에는 버리고 (㉰)제곱미터를 초과할 때에는 올리며, (㉱)제곱미터일 때에는 구하려는 끝자리의 숫자가 0 또는 짝수이면 버리고 홀수이면 올린다. 다만, (㉲)필지의 면적이 (㉳)제곱미터 미만일 때에는 (㉴)제곱미터로 한다.

① 1.45
② 2.45
③ 3.45
④ 5.5

공간정보의 구축 및 관리 등에 관한 법률 시행령 제60조(면적의 결정 및 측량계산의 끝수처리)

① 면적의 결정은 다음 각 호의 방법에 따른다.

> 1. 토지의 면적에 1제곱미터 미만의 끝수가 있는 경우 0.5제곱미터 미만일 때에는 버리고 0.5제곱미터를 초과하는 때에는 올리며, 0.5제곱미터일 때에는 구하려는 끝자리의 숫자가 0 또는 짝수이면 버리고 홀수이면 올린다. 다만, 1필지의 면적이 1제곱미터 미만일 때에는 1제곱미터로 한다.
> 2. 지적도의 축척이 600분의 1인 지역과 경계점좌표등록부에 등록하는 지역의 토지 면적은 제1호에도 불구하고 제곱미터 이하 한 자리 단위로 하되, 0.1제곱미터 미만의 끝수가 있는 경우 0.05제곱미터 미만일 때에는 버리고 0.05제곱미터를 초과할 때에는 올리며, 0.05제곱미터일 때에는 구하려는 끝자리의 숫자가 0 또는 짝수이면 버리고 홀수이면 올린다. 다만, 1필지의 면적이 0.1제곱미터 미만일 때에는 0.1제곱미터로 한다.

② 방위각의 각치(角値), 종횡선의 수치 또는 거리를 계산하는 경우 구하려는 끝자리의 다음 숫자가 5 미만일 때에는 버리고 5를 초과할 때에는 올리며, 5일 때에는 구하려는 끝자리의 숫자가 0 또는 짝수이면 버리고 홀수이면 올린다. 다만, 전자계산조직을 이용하여 연산할 때에는 최종수치에만 이를 적용한다.

13 다음은 지적소관청이 토지소유자에게 지적정리 등을 통지하여야 하는 시기에 관한 설명이다. ( ) 안에 들어갈 내용으로 알맞은 것은?

(11년서울9급)

- 토지의 표시에 관한 변경등기가 필요한 경우 : 그 등기완료의 통지서를 (ㄱ) 날부터 (ㄴ)일 이내
- 토지의 표시에 관한 변경등기가 필요하지 아니한 경우 : 지적공부에 (ㄷ) 날부터 (ㄹ)일 이내

① ㄱ : 접수한, ㄴ : 15, ㄷ : 등록한, ㄹ : 7　　② ㄱ : 등록한, ㄴ : 15, ㄷ : 접수한, ㄹ : 7
③ ㄱ : 접수한, ㄴ : 7, ㄷ : 등록한, ㄹ : 15　　④ ㄱ : 접수한, ㄴ : 15, ㄷ : 등록한, ㄹ : 15
⑤ ㄱ : 등록한, ㄴ : 7, ㄷ : 접수한, ㄹ : 7

풀이 공간정보의 구축 및 관리 등에 관한 법률 시행령 제85조(지적정리 등의 통지)

지적소관청이 법 제90조에 따라 토지소유자에게 지적정리 등을 통지하여야 하는 시기는 다음 각 호의 구분에 따른다.

> 1. 토지의 표시에 관한 변경등기가 필요한 경우 : 그 등기완료의 통지서를 접수한 날부터 15일 이내
> 2. 토지의 표시에 관한 변경등기가 필요하지 아니한 경우 : 지적공부에 등록한 날부터 7일 이내

14 다음은 중앙지적위원회의 구성에 대한 설명이다. (가)~(마)에 각각 들어갈 내용으로 옳은 것은?

- 위원장 1명과 부위원장 1명을 포함하여 (가) 이상 (나) 이하의 위원으로 구성한다.
- 위원은 지적에 관한 학식과 경험이 풍부한 사람 중에서 (다)이 임명하거나 위촉한다.
- 위원장은 국토교통부의 지적업무 담당 (라)이, 부위원장은 국토교통부의 지적업무 담당 (마)이 된다.

	(가)	(나)	(다)	(라)	(마)
①	5명	10명	위원장	국장	과장
②	5명	10명	국토교통부장관	국장	과장
③	7명	15명	위원장	과장	계장
④	7명	15명	국토교통부장관	장관	국장

풀이 공간정보의 구축 및 관리 등에 관한 법률 시행령 제20조(중앙지적위원회의 구성 등)

① 법 제28조제1항에 따른 중앙지적위원회(이하 "중앙지적위원회"라 한다)는 위원장 1명과 부위원장 1명을 포함하여 5명 이상 10명 이하의 위원으로 구성한다. 〈개정 2012.7.4.〉
② 위원장은 국토교통부의 지적업무 담당 국장이, 부위원장은 국토교통부의 지적업무 담당 과장이 된다. 〈개정 2013.3.23.〉
③ 위원은 지적에 관한 학식과 경험이 풍부한 사람 중에서 국토교통부장관이 임명하거나 위촉한다. 〈개정 2013.3.23.〉
④ 위원장 및 부위원장을 제외한 위원의 임기는 2년으로 한다.
⑤ 중앙지적위원회의 간사는 국토교통부의 지적업무 담당 공무원 중에서 국토교통부장관이 임명하며, 회의 준비, 회의록 작성 및 회의 결과에 따른 업무 등 중앙지적위원회의 서무를 담당한다. 〈개정 2013.3.23.〉
⑥ 중앙지적위원회의 위원에게는 예산의 범위에서 출석수당과 여비, 그 밖의 실비를 지급할 수 있다. 다만, 공무원인 위원이 그 소관 업무와 직접적으로 관련되어 출석하는 경우에는 그러하지 아니하다.

정답 13 ① 14 ②

15 「공간정보의 구축 및 관리 등에 관한 법령」상 축척변경사업에 따른 청산금에 관한 내용이다. ( )에 들어갈 사항으로 옳은 것은?

> • 지적소관청이 납부고지하거나 수령통지한 청산금에 관하여 이의가 있는 자는 납부고지 또는 수령통지를 받은 날부터 (ㄱ) 이내에 지적소관청에 이의신청을 할 수 있다.
> • 지적소관청으로부터 청산금의 납부고지를 받은 자는 그 고지를 받은 날부터 (ㄴ) 이내에 청산금을 지적소관청에 내야 한다.
> • 이의신청을 받은 지적소관청은 (ㄷ) 이내에 축척변경위원회의 심의·의결을 거쳐 그 인용(認容) 여부를 결정한 후 지체 없이 그 내용을 이의신청인에게 통지하여야 한다.

① ㄱ : 15일, ㄴ : 6개월, ㄷ : 2개월　　② ㄱ : 1개월, ㄴ : 6개월, ㄷ : 1개월
③ ㄱ : 1개월, ㄴ : 6개월, ㄷ : 3개월　　④ ㄱ : 3개월, ㄴ : 6개월, ㄷ : 4개월
⑤ ㄱ : 3개월, ㄴ : 1년,　 ㄷ : 5개월

> **풀이** 공간정보의 구축 및 관리 등에 관한 법률 시행령 제76조(청산금의 납부고지 등)
> ① 지적소관청은 제75조제4항에 따라 청산금의 결정을 공고한 날부터 20일 이내에 토지소유자에게 청산금의 납부고지 또는 수령통지를 하여야 한다.
> ② 제1항에 따른 납부고지를 받은 자는 그 고지를 받은 날부터 6개월 이내에 청산금을 지적소관청에 내야 한다. 〈개정 2017.1.10.〉
> ③ 지적소관청은 제1항에 따른 수령통지를 한 날부터 6개월 이내에 청산금을 지급하여야 한다.
> ④ 지적소관청은 청산금을 지급받을 자가 행방불명 등으로 받을 수 없거나 받기를 거부할 때에는 그 청산금을 공탁할 수 있다.
> ⑤ 지적소관청은 청산금을 내야 하는 자가 제77조제1항에 따른 기간 내에 청산금에 관한 이의신청을 하지 아니하고 제2항에 따른 기간 내에 청산금을 내지 아니하면 지방세 체납처분의 예에 따라 징수할 수 있다.
>
> 공간정보의 구축 및 관리 등에 관한 법률 시행령 제77조(청산금에 관한 이의신청)
> ① 제76조제1항에 따라 납부고지되거나 수령통지된 청산금에 관하여 이의가 있는 자는 납부고지 또는 수령통지를 받은 날부터 1개월 이내에 지적소관청에 이의신청을 할 수 있다.
> ② 제1항에 따른 이의신청을 받은 지적소관청은 1개월 이내에 축척변경위원회의 심의·의결을 거쳐 그 인용(認容) 여부를 결정한 후 지체 없이 그 내용을 이의신청인에게 통지하여야 한다.

16 「공간정보의 구축 및 관리 등에 관한 법령」상 지번부여에 관한 설명이다. ( ) 안에 들어갈 내용으로 옳은 것은?

> 지적소관청은 도시개발사업 등이 준공되기 전에 사업시행자가 지번부여 신청을 하면 지번을 부여할 수 있으며, 도시개발사업 등이 준공되기 전에 지번을 부여하는 때에는 ( )에 따르되, 지적확정측량을 실시한 지역의 지번부여 방법에 따라 지번을 부여하여야 한다.

① 사업계획도　　　　　　　　② 사업인가서
③ 지적도　　　　　　　　　　④ 토지대장
⑤ 토지분할조서

공간정보의 구축 및 관리 등에 관한 법률 시행규칙 제61조(도시개발사업 등 준공 전 지번부여)

지적소관청은 영 제56조제4항(법 제86조에 따른 도시개발사업 등이 준공되기 전에 사업시행자가 지번부여 신청을 하면 국토교통부령으로 정하는 바에 따라 지번을 부여할 수 있다)에 따라 도시개발사업 등이 준공되기 전에 지번을 부여하는 때에는 제95조제1항제3호의 사업계획도에 따르되, 영 제56조제3항제5호에 따라 부여하여야 한다.

공간정보의 구축 및 관리 등에 관한 법률 시행규칙 제95조(도시개발사업 등의 신고)

① 법 제86조제1항 및 영 제83조제2항에 따른 도시개발사업 등의 착수 또는 변경의 신고를 하려는 자는 별지 제81호 서식의 도시개발사업 등의 착수(시행)·변경·완료 신고서에 다음 각 호의 서류를 첨부하여야 한다. 다만, 변경신고의 경우에는 변경된 부분으로 한정한다.

1. 사업인가서
2. 지번별 조서
3. 사업계획도

> **제56조(지번의 구성 및 부여방법 등)제3항**
> 5. 지적확정측량을 실시한 지역의 각 필지에 지번을 새로 부여하는 경우에는 다음 각 목의 지번을 제외한 본번으로 부여할 것. 다만, 부여할 수 있는 종전 지번의 수가 새로 부여할 지번의 수보다 적을 때에는 블록 단위로 하나의 본번을 부여한 후 필지별로 부번을 부여하거나, 그 지번부여지역의 최종 본번 다음 순번부터 본번으로 하여 차례로 지번을 부여할 수 있다.
>   가. 지적확정측량을 실시한 지역의 종전의 지번과 지적확정측량을 실시한 지역 밖에 있는 본번이 같은 지번이 있을 때에는 그 지번
>   나. 지적확정측량을 실시한 지역의 경계에 걸쳐 있는 지번

17 「공간정보의 구축 및 관리 등에 관한 법령」상 토지의 이동 신청 및 지적정리 등에 관한 설명이다. ( ) 안에 들어갈 내용으로 옳은 것은?

지적소관청은 토지의 표시가 잘못되었음을 발견하였을 때에는 (ㄱ) 등록사항정정에 필요한 서류와 (ㄴ)를 작성하고, 「공간정보의 구축 및 관리 등에 관한 법률 시행령」 제84조제2항에 따라 (ㄷ)를 작성한 후 대장의 사유란에 (ㄹ)라고 적고, 토지소유자에게 등록사항정정 신청을 할 수 있도록 그 사유를 통지하여야 한다.

	㉠	㉡	㉢	㉣
①	지체 없이	등록사항정정 측량성과도	토지이동정리 결의서	등록사항정정 대상토지
②	지체 없이	지적불부합 토지	토지이동정리 결의서	등록사항정정 대상토지
③	7일 이내	등록사항정정 대상토지	토지이동정리 결의서	등록사항정정 측량성과도
④	30일 이내	지적불부합 토지	토지이동정리 결의서	등록사항정정 대상토지
⑤	30일 이내	등록사항정정 대상토지	토지이동정리 결의서	등록사항정정 측량성과도

공간정보의 구축 및 관리 등에 관한 법률 시행규칙 제94조(등록사항 정정 대상토지의 관리 등)

① 지적소관청은 토지의 표시가 잘못되었음을 발견하였을 때에는 지체 없이 등록사항 정정에 필요한 서류와 등록사항 정정 측량성과도를 작성하고, 영 제84조제2항에 따라 토지이동정리 결의서를 작성한 후 대장의 사유란에 "등록사항정정 대상토지"라고 적고, 토지소유자에게 등록사항 정정 신청을 할 수 있도록 그 사유를 통지하여야 한다. 다만, 영 제82조제1항에 따라 지적소관청이 직권으로 정정할 수 있는 경우에는 토지소유자에게 통지를 하지 아니할 수 있다.

② 제1항에 따른 등록사항 정정 대상토지에 대한 대장을 열람하게 하거나 등본을 발급하는 때에는 "등록사항 정정 대상토지"라고 적은 부분을 흑백의 반전(反轉)으로 표시하거나 붉은색으로 적어야 한다.

18 측량계산의 끝수처리에 대하여 (가)~(라)에 각각 들어갈 내용으로 옳은 것은?(단, 지적도의 축척이 600분의 1인 지역과 경계점좌표등록부에 등록하는 지역이다.) (16년서울9급)

> 토지의 면적이 제곱미터 이하 한 자리 단위로 하되, 0.1제곱미터 미만의 끝수가 있는 경우 0.05제곱미터 (가)일 때에는 버리고 0.05제곱미터를 (나)할 때에는 올리며, 0.05제곱미터일 때에는 구하려는 끝자리의 숫자가 0 또는 짝수이면 (다) 홀수이면 (라). 다만, 1필지의 면적이 0.1제곱미터 미만일 때에는 0.1제곱미터로 한다.

	(가)	(나)	(다)	(라)
①	이하	이상	올리고	버린다
②	미만	초과	올리고	버린다
③	이하	이상	버리고	올린다
④	미만	초과	버리고	올린다

풀이 공간정보의 구축 및 관리 등에 관한 법률 시행령 제60조(면적의 결정 및 측량계산의 끝수처리)

① 면적의 결정은 다음 각 호의 방법에 따른다.

> 1. 토지의 면적에 1제곱미터 미만의 끝수가 있는 경우 0.5제곱미터 미만일 때에는 버리고 0.5제곱미터를 초과하는 때에는 올리며, 0.5제곱미터일 때에는 구하려는 끝자리의 숫자가 0 또는 짝수이면 버리고 홀수이면 올린다. 다만, 1필지의 면적이 1제곱미터 미만일 때에는 1제곱미터로 한다.
> 2. 지적도의 축척이 600분의 1인 지역과 경계점좌표등록부에 등록하는 지역의 토지 면적은 제1호에도 불구하고 제곱미터 이하 한 자리 단위로 하되, 0.1제곱미터 미만의 끝수가 있는 경우 0.05제곱미터 미만일 때에는 버리고 0.05제곱미터를 초과할 때에는 올리며, 0.05제곱미터일 때에는 구하려는 끝자리의 숫자가 0 또는 짝수이면 버리고 홀수이면 올린다. 다만, 1필지의 면적이 0.1제곱미터 미만일 때에는 0.1제곱미터로 한다.

② 방위각의 각치(角値), 종횡선의 수치 또는 거리를 계산하는 경우 구하려는 끝자리의 다음 숫자가 5 미만일 때에는 버리고 5를 초과할 때에는 올리며, 5일 때에는 구하려는 끝자리의 숫자가 0 또는 짝수이면 버리고 홀수이면 올린다. 다만, 전자계산조직을 이용하여 연산할 때에는 최종수치에만 이를 적용한다.

19 다음은 현행 「지적재조사에 관한 특별법」에 따른 지적재조사기획단에 관한 내용이다. ( ) 안에 들어갈 용어로 옳은 것은? (16년서울9급)

> 지적재조사사업의 기본계획의 입안, 지적재조사사업의 지도·감독, 기술·인력 및 예산 등의 지원, 중앙위원회 심의·의결사항에 대한 보좌를 위하여 국토교통부에 (ㄱ)을, 지도·감독, 기술·인력 및 예산 등의 지원을 위하여 시·도에 (ㄴ)을, 실시계획의 입안, 지적재조사사업의 시행, 사업대행자에 대한 지도·감독 등을 위하여 지적소관청에 (ㄷ)을 둘 수 있다.

① ㄱ : 지적재조사기획단   ㄴ : 지적재조사지원단   ㄷ : 지적재조사추진단
② ㄱ : 지적재조사지원단   ㄴ : 지적재조사기획단   ㄷ : 지적재조사총괄단
③ ㄱ : 지적재조사추진단   ㄴ : 지적재조사총괄단   ㄷ : 지적재조사지원단
④ ㄱ : 지적재조사기획단   ㄴ : 지적재조사추진단   ㄷ : 지적재조사총괄단

정답 18 ④ 19 ①

풀이 지적재조사에 관한 특별법 제32조(지적재조사기획단 등)

① 기본계획의 입안, 지적재조사사업의 지도 · 감독, 기술 · 인력 및 예산 등의 지원, 중앙위원회 심의 · 의결사항에 대한 보좌를 위하여 국토교통부에 지적재조사기획단을 둔다.

② 지적재조사사업의 지도 · 감독, 기술 · 인력 및 예산 등의 지원을 위하여 시 · 도에 지적재조사지원단을, 실시계획의 입안, 지적재조사사업의 시행, 사업대행자에 대한 지도 · 감독 등을 위하여 지적소관청에 지적재조사추진단을 둘 수 있다.

③ 제1항에 따른 지적재조사기획단의 조직과 운영에 관하여 필요한 사항은 대통령령으로, 제2항에 따른 지적재조사지원단과 지적재조사추진단의 조직과 운영에 관하여 필요한 사항은 해당 지방자치단체의 조례로 정한다.

지적재조사에 관한 특별법 시행령 제26조(지적재조사기획단의 구성 등)

① 법 제32조제1항에 따른 지적재조사기획단(이하 "기획단"이라 한다)은 단장 1명과 소속 직원으로 구성하며, 단장은 국토교통부의 고위공무원단에 속하는 일반직공무원 중에서 국토교통부장관이 지명하는 자가 겸직한다.

② 국토교통부장관은 기획단의 업무수행을 위하여 필요하다고 인정할 때에는 관계 행정기관의 공무원 및 관련기관 · 단체의 임직원의 파견을 요청할 수 있다.

③ 제1항 및 제2항에서 규정한 사항 외에 기획단의 조직과 운영에 필요한 사항은 국토교통부장관이 정한다.

---

20 다음은 「공간정보의 구축 및 관리 등에 관한 법률 시행령」상 측량기준점의 구분에 대한 설명이다. ( ) 안에 들어갈 용어로 옳은 것은?

- (㉠)은 지리학적 경위도, 직각좌표, 지구중심 직교좌표, 높이 및 중력 측정의 기준으로 사용하기 위하여 위성기준점, 수준점 및 중력점을 기초로 정한 기준점을 말한다.
- (㉡)은 지리학적 경위도, 직각좌표 및 지구중심 직교좌표 측정의 기준으로 사용하기 위하여 위성기준점 및 통합기준점을 기초로 정한 기준점을 말한다.
- (㉢)은 특별시장 · 광역시장 · 도지사 또는 특별자치도지사(이하 "시 · 도지사"라 한다)나 지적소관청이 지적측량을 정확하고 효율적으로 시행하기 위하여 국가기준점을 기준으로 하여 따로 정하는 측량기준점을 말한다.
- (㉣)은 지리학적 경위도, 직각좌표 및 지구중심 직교좌표의 측정 기준으로 사용하기 위하여 대한민국경위도원점을 기초로 정한 기준점이다.

	㉠	㉡	㉢	㉣
①	통합기준점	삼각점	지적기준점	위성기준점
②	통합기준점	국가기준점	지적도근점	우주측지기준점
③	국가기준점	통합기준점	지적삼각점	위성기준점
④	국가기준점	지적삼각점	지적기준점	위성기준점

풀이 공간정보의 구축 및 관리 등에 관한 법률 시행령 제8조(측량기준점의 구분)

① 법 제7조제1항에 따른 측량기준점은 다음 각 호의 구분에 따른다.

암기 우리가 위통이 심하면 중지를 모아 수영을 수삼 번 해라

측량기준점	측량의 정확도를 확보하고 효율성을 높이기 위하여 특정 지점을 제6조에 따른 측량기준에 따라 측정하고 좌표 등으로 표시하여 측량 시에 기준으로 사용되는 점
국가기준점	측량의 정확도를 확보하고 효율성을 높이기 위하여 국토교통부장관이 전 국토를 대상으로 주요 지점마다 정한 측량의 기본이 되는 측량기준점
우주측지기준점	국가측지기준계를 정립하기 위하여 전 세계 초장거리간섭계와 연결하여 정한 기준점
위성기준점	지리학적 경위도, 직각좌표 및 지구 중심 직교좌표의 측정 기준으로 사용하기 위하여 대한민국 경위도원점을 기초로 정한 기준점
통합기준점	지리학적 경위도, 직각좌표, 지구 중심 직교좌표, 높이 및 중력 측정의 기준으로 사용하기 위하여 위성기준점, 수준점 및 중력점을 기초로 정한 기준점
중력점	중력 측정의 기준으로 사용하기 위하여 정한 기준점
지자기점(地磁氣點)	지구자기 측정의 기준으로 사용하기 위하여 정한 기준점
수준점	높이 측정의 기준으로 사용하기 위하여 대한민국 수준원점을 기초로 정한 기준점
영해기준점	우리나라의 영해를 획정(劃定)하기 위하여 정한 기준점 〈삭제 2021.2.9.〉
수로기준점	수로조사 시 해양에서의 수평 위치와 높이, 수심 측정 및 해안선 결정 기준으로 사용하기 위하여 위성기준점과 법 제6조제1항제3호의 기본수준면을 기초로 정한 기준점으로서 수로측량기준점, 기본수준점, 해안선기준점으로 구분 〈삭제 2021.2.9.〉
삼각점	지리학적 경위도, 직각좌표 및 지구중심 직교좌표 측정의 기준으로 사용하기 위하여 위성기준점 및 통합기준점을 기초로 정한 기준점
공공기준점	제17조제2항에 따른 공공측량 시행자가 공공측량을 정확하고 효율적으로 시행하기 위하여 국가기준점을 기준으로 하여 따로 정하는 측량기준점
공공삼각점	공공측량 시 수평 위치의 기준으로 사용하기 위하여 국가기준점을 기초로 하여 정한 기준점
공공수준점	공공측량 시 높이의 기준으로 사용하기 위하여 국가기준점을 기초로 하여 정한 기준점
지적기준점	특별시장·광역시장·특별자치시장·도지사 또는 특별자치도지사(이하 "시·도지사"라 한다)나 지적소관청이 지적측량을 정확하고 효율적으로 시행하기 위하여 국가기준점을 기준으로 하여 따로 정하는 측량기준점
지적삼각점 (地籍三角點)	지적측량 시 수평 위치 측량의 기준으로 사용하기 위하여 국가기준점을 기준으로 하여 정한 기준점
지적삼각보조점	지적측량 시 수평 위치 측량의 기준으로 사용하기 위하여 국가기준점과 지적삼각점을 기준으로 하여 정한 기준점
지적도근점 (地籍圖根點)	지적측량 시 필지에 대한 수평 위치 측량 기준으로 사용하기 위하여 국가기준점, 지적삼각점, 지적삼각보조점 및 다른 지적도근점을 기초로 하여 정한 기준점

정답

05 제5회 합격모의고사

01 「공간정보의 구축 및 관리 등에 관한 법률」상 측량업의 등록을 1년 이내의 기간을 정하여 영업의 정지를 명할 수 있는 경우가 아닌 것은?

① 고의 또는 과실로 인하여 측량을 부정확하게 한 경우
② 정당한 사유 없이 1년 이상 휴업한 경우
③ 측량업 등록사항의 변경신고를 하지 아니한 경우
④ 다른 행정기관이 관계 법령에 따라 등록취소를 요구한 경우

[풀이] **공간정보의 구축 및 관리 등에 관한 법률 제52조(측량업의 등록취소 등)**

① 국토교통부장관, 시 · 도지사 또는 대도시시장은 측량업자가 다음 각 호의 어느 하나에 해당하는 경우에는 측량업의 등록을 취소하거나 1년 이내의 기간을 정하여 영업의 정지를 명할 수 있다. 다만, 제2호 · 제4호 · 제7호 · 제8호 · 제11호 또는 제15호에 해당하는 경우에는 측량업의 등록을 취소하여야 한다. 〈개정 2020.6.9.〉

측량업 영업의 정지 [암기] [고][과] [수][요][업] [보][성][휴][변]

1. [고]의 또는 [과]실로 측량을 부정확하게 한 경우
13. 지적측량업자가 제106조제2항에 따른 지적측량[수]수료를 같은 조 제3항에 따라 고시한 금액보다 과다 또는 과소하게 받은 경우
14. 다른 행정기관이 관계 법령에 따라 영업정지를 [요]구한 경우
6. 지적측량업자가 제45조에 따른 [업]무 범위를 위반하여 지적측량을 한 경우
10. 제51조를 위반하여 [보]험가입 등 필요한 조치를 하지 아니한 경우
9. 지적측량업자가 제50조([성]실의무)를 위반한 경우
3. 정당한 사유 없이 측량업의 등록을 한 날부터 1년 이내에 영업을 시작하지 아니하거나 계속하여 1년 이상 [휴]업한 경우
5. 제44조제4항을 위반하여 측량업 등록사항의 [변]경신고를 하지 아니한 경우
12. 제52조제3항에 따른 임원의 직무정지 명령을 이행하지 아니한 경우

측량업 등록 취소 [암기] [영][미][대][결] [거][부][취]

11. [영]업정지기간 중에 계속하여 영업을 한 경우
4. 제44조제2항에 따른 등록기준에 [미]달하게 된 경우. 다만, 일시적으로 등록기준에 미달되는 등 대통령령으로 정하는 경우는 제외한다.
15. 「국가기술자격법」 제15조제2항을 위반하여 측량업자가 측량기술자의 국가기술자격증을 [대]여 받은 사실이 확인된 경우
8. 제49조제1항을 위반하여 다른 사람에게 자기의 측량업등록증 또는 측량업등록수첩을 빌려주거나 자기의 성명 또는 상호를 사용하여 측량업무를 하게 한 경우
7. 제47조(측량업등록의 [결]격사유) 각 호의 어느 하나에 해당하게 된 경우. 다만, 측량업자가 같은 조 제5호에 해당하게 된 경우로서 그 사유가 발생한 날부터 3개월 이내에 그 사유를 해소한 경우는 제외한다.

[정답] 01 ④

> **법 제47조(측량업등록의 결격사유)**
> 다음 각 호의 어느 하나에 해당하는 자는 측량업의 등록을 할 수 없다. 〈개정 2013.7.17., 2015.12.29.〉
> 1. 피성년후견인 또는 피한정후견인
> 2. 이 법이나 「국가보안법」 또는 「형법」 제87조부터 제104조까지의 규정을 위반하여 금고 이상의 실형을 선고받고 그 집행이 끝나거나(집행이 끝난 것으로 보는 경우를 포함한다) 집행이 면제된 날부터 2년이 지나지 아니한 자
> 3. 이 법이나 「국가보안법」 또는 「형법」 제87조부터 제104조까지의 규정을 위반하여 금고 이상의 형의 집행유예를 선고받고 그 집행유예기간 중에 있는 자
> 4. 제52조에 따라 측량업의 등록이 취소(제47조제1호에 해당하여 등록이 취소된 경우는 제외한다)된 후 2년이 지나지 아니한 자
> 5. 임원 중에 제1호부터 제4호까지의 어느 하나에 해당하는 자가 있는 법인

　2. ㉮짓이나 그 밖의 ㉴정한 방법으로 측량업의 등록을 한 경우

　14. 다른 행정기관이 관계 법령에 따라 등록㉦소를 요구한 경우

② 측량업자의 지위를 승계한 상속인이 제47조에 따른 측량업등록의 결격사유에 해당하는 경우에는 그 결격사유에 해당하게 된 날부터 6개월이 지난 날까지는 제1항제7호를 적용하지 아니한다.

③ 국토교통부장관, 시·도지사 또는 대도시 시장은 측량업자가 제47조제5호에 해당하게 된 경우에는 같은 조 제1호부터 제4호까지의 어느 하나에 해당하는 임원의 직무를 정지하도록 해당 측량업자에게 명할 수 있다. 〈개정 2020.2.18.〉

④ 국토교통부장관, 시·도지사 또는 대도시 시장은 제1항에 따라 측량업등록을 취소하거나 영업정지의 처분을 하였으면 그 사실을 공고하여야 한다. 〈개정 2020.2.18.〉

⑤ 측량업등록의 취소 및 영업정지 처분에 관한 세부 기준은 국토교통부령으로 정한다. 〈개정 2020.2.18.〉

02 「공간정보의 구축 및 관리 등에 관한 법률」상 측량업의 등록취소 또는 영업정지 처분의 기준이 다른 것은?

① 다른 행정기관이 관계 법령에 따라 영업정지를 요구한 경우

② 지적측량업자가 법에 따른 성실의무를 위반한 경우

③ 지적측량업자가 법에 따른 지적측량수수료를 고시한 금액보다 과다 또는 과소하게 받은 경우

④ 지적측량업자가 업무범위를 위반하여 지적측량을 한 경우

풀이 측량업의 등록취소 또는 영업정지 처분의 기준(제53조 관련) [별표 4] 〈개정 2010.6.17.〉

　1. 일반 기준

　　가. 위반행위의 횟수에 따른 행정처분의 기준은 최근 3년간 같은 위반행위로 행정처분을 받은 경우에 적용한다. 이 경우 행정처분의 기준 적용은 같은 위반행위에 대한 행정처분일과 그 처분 후의 재적발일을 기준으로 한다.

　　나. 위반행위가 둘 이상인 경우로서 그에 해당하는 각각의 처분기준이 다른 경우에는 그 중 무거운 처분기준에 따른다. 다만, 둘 이상의 처분기준이 모두 영업정지인 경우에는 각 처분기준을 합산한 기간을 넘지 아니하는 범위에서 무거운 처분기준의 2분의 1의 범위까지 가중하되, 그 가중한 기간을 합산한 기간은 6개월을 초과할 수 없다.

　　다. 가목 및 나목에 따른 행정처분이 영업정지인 경우에는 고의나 중대한 과실 여부 또는 공중에 미치는 피해의 규모 등 위반행위의 동기·내용 및 위반의 정도 등을 고려하여 그 처분기준의 2분의 1의 범위에서 가중하거나 감경할 수 있다. 이 경우 그 가중한 기간을 합산한 기간은 6개월을 초과할 수 없다.

정답 02 ②

2. 개별 기준 [암기] [고][과] [수][요][업] [보][성][휴][변][취]

위반행위	해당 법조문	행정처분기준		
		1차 위반	2차 위반	3차 위반
가. [고]의로 측량을 부정확하게 한 경우	법 제52조제1항제1호	등록취소		
나. [과]실로 측량을 부정확하게 한 경우	법 제52조제1항제1호	영업정지 4개월	등록취소	
아. 지적측량업자가 법 제106조제2항에 따른 지적측량수[수]료를 같은 조 제3항에 따라 고시한 금액보다 과다 또는 과소하게 받은 경우	법 제52조제1항제12호	영업정지 3개월	영업정지 6개월	등록취소
자. 다른 행정기관이 관계 법령에 따라 영업정지를 [요]구한 경우	법 제52조제1항제13호	영업정지 3개월	영업정지 6개월	등록취소
마. 지적측량업자가 법 제45조의 [업]무범위를 위반하여 지적측량을 한 경우	법 제52조제1항제6호	영업정지 3개월	영업정지 6개월	등록취소
사. 법 제51조를 위반해서 [보]험가입 등 필요한 조치를 하지 않은 경우	법 제52조제1항제10호	영업정지 2개월	영업정지 6개월	등록취소
바. 지적측량업자가 법 제50조에 따른 [성]실의무를 위반한 경우	법 제52조제1항제9호	영업정지 1개월	영업정지 3개월	영업정지 6개월 또는 등록취소
다. 정당한 사유 없이 측량업의 등록을 한 날부터 1년 이내에 영업을 시작하지 아니하거나 계속하여 1년 이상 [휴]업한 경우	법 제52조제1항제3호	경고	영업정지 6개월	등록취소
라. 법 제44조제4항을 위반해서 측량업 등록사항의 [변]경신고를 하지 아니한 경우	법 제52조제1항제5호	경고	영업정지 3개월	등록취소
차. 다른 행정기관이 관계 법령에 따라 등록[취]소를 요구한 경우	법 제52조제1항제13호	등록취소		

03 **「공간정보의 구축 및 관리 등에 관한 법률」상 도시개발사업 등 시행지역의 토지이동을 거짓으로 신청한 자에 대한 벌칙은?** (16년서울9급)

① 3년 이하의 징역 또는 3천만 원 이하의 벌금
② 2년 이하의 징역 또는 2천만 원 이하의 벌금
③ 1년 이하의 징역 또는 1천만 원 이하의 벌금
④ 300만 원 이하의 과태료

정답 03 ③

	벌칙(법률 제107~109조)	
1년 이하의 징역 또는 1천만 원 이하의 벌금 **암기** 둘비허둘 대판대둘	1. 둘 이상의 측량업자에게 소속된 측량기술자 2. 업무상 알게 된 비밀을 누설한 측량기술자 3. 거짓(허위)으로 다음 각 목의 신청을 한 자	
	가. 신규등록 신청　　　　　나. 등록전환 신청 다. 분할 신청　　　　　　　라. 합병 신청 마. 지목변경 신청　　　　　바. 바다로 된 토지의 등록말소 신청 사. 축척변경 신청　　　　　아. 등록사항의 정정 신청 자. 도시개발사업 등 시행지역의 토지이동 신청	
	4. 측량기술자가 아님에도 불구하고 측량을 한 자 5. 지적측량수수료 외의 대가를 받은 지적측량기술자 6. 심사를 받지 아니하고 지도 등을 간행하여 판매하거나 배포한 자 7. 다른 사람에게 측량업등록증 또는 측량업등록수첩을 빌려(대여)주거나 자기의 성명 또는 상호를 사용하여 측량업무를 하게 한 자 8. 다른 사람의 측량업등록증 또는 측량업등록수첩을 빌려서(대여) 사용하거나 다른 사람의 성명 또는 상호를 사용하여 측량업무를 한 자 9. 다른 사람에게 자기의 성능검사대행자 등록증을 빌려(대여)주거나 자기의 성명 또는 상호를 사용하여 성능검사대행업무를 수행하게 한 자 10. 다른 사람의 성능검사대행자 등록증을 빌려서(대여) 사용하거나 다른 사람의 성명 또는 상호를 사용하여 성능검사대행업무를 수행한 자 11. 무단으로 측량성과 또는 측량기록을 복제한 자	

04 「공간정보의 구축 및 관리 등에 관한 법률」상 벌칙 규정에 대한 설명으로 옳지 않은 것은?

(18년2회측산)

① 심사를 받지 아니하고 지도 등을 간행하여 판매하거나 배포한 자는 1년 이하의 징역 또는 2천만 원 이하의 벌금에 처한다.

② 다른 사람에게 측량업등록증 또는 측량업등록수첩을 빌려주거나 자기의 성명 또는 상호를 사용하여 측량업무를 하게 한 자는 1년 이하의 징역 또는 1천만 원 이하의 벌금에 처한다.

③ 측량업자로서 속임수, 위력(威力) 그 밖의 방법으로 측량업과 관련된 입찰의 공정성을 해친 자는 3년 이하의 징역 또는 3천만 원 이하의 벌금에 처한다.

④ 성능검사를 부정하게 한 성능검사대행자는 2년 이하의 징역 또는 2천만 원 이하의 벌금에 처한다.

풀이 공간정보의 구축 및 관리 등에 관한 법률 제107~108조(벌칙)

	벌칙(법률 제107~108조)
3년 이하의 징역 또는 3천만 원 이하의 벌금 **암기** 임위공	측량업자로서 속임수, 위력(威力), 그 밖의 방법으로 측량업과 관련된 입찰의 공정성을 해친 자는 3년 이하의 징역 또는 3천만 원 이하의 벌금에 처한다.

벌칙(법률 제107~108조)	
2년 이하의 징역 또는 2천만 원 이하의 벌금 **암기** ㉔㉫㉵ ㉣㉤㉥㉦	1. 측량업의 등록을 하지 아니하거나 ㉔짓이나 그 밖의 ㉫정한 방법으로 측량업의 ㉵록을 하고 측량업을 한 자 2. 성능검사대행자의 등록을 하지 아니하거나 ㉔짓이나 그 밖의 ㉫정한 방법으로 성능검사대행자의 ㉵록을 하고 성능검사업무를 한 자 3. 측량성과를 국㉣로 반출한 자 4. 측량기준점㉤지를 이전 또는 파손하거나 그 효용을 해치는 행위를 한 자 5. 고의로 측량㉥과를 사실과 다르게 한 자 6. 성능㉦사를 부정하게 한 성능검사대행자

05 「공간정보의 구축 및 관리 등에 관한 법률」상 측량업자로서 속임수, 위력(威力), 그 밖의 방법으로 측량업과 관련된 입찰의 공정성을 해친 자에 대한 벌칙 기준은? (18년1회측기)

① 300만 원 이상의 과태료에 처한다.
② 1년 이하의 징역 또는 1,000만 원 이하의 벌금에 처한다.
③ 2년 이하의 징역 또는 2,000만 원 이하의 벌금에 처한다.
④ 3년 이하의 징역 또는 3,000만 원 이하의 벌금에 처한다.

풀이 공간정보의 구축 및 관리 등에 관한 법률 제107조(벌칙) **암기** ㉜㉴㉳

측량업자로서 속㉜수, ㉴력(威力), 그 밖의 방법으로 측량업과 관련된 입찰의 ㉳정성을 해친 자는 3년 이하의 징역 또는 3천만 원 이하의 벌금에 처한다.

공간정보의 구축 및 관리 등에 관한 법률 제108조(벌칙) **암기** ㉔㉫㉵ ㉣㉤㉥㉦

다음 각 호의 어느 하나에 해당하는 자는 2년 이하의 징역 또는 2천만 원 이하의 벌금에 처한다.
1. 측량업의 등록을 하지 아니하거나 ㉔짓이나 그 밖의 ㉫정한 방법으로 측량업의 ㉵록을 하고 측량업을 한 자
2. 성능검사대행자의 등록을 하지 아니하거나 ㉔짓이나 그 밖의 ㉫정한 방법으로 성능검사대행자의 ㉵록을 하고 성능검사업무를 한 자
3. 측량성과를 국㉣로 반출한 자
4. 측량기준점㉤지를 이전 또는 파손하거나 그 효용을 해치는 행위를 한 자
5. 고의로 측량㉥과를 사실과 다르게 한 자
6. 성능㉦사를 부정하게 한 성능검사대행자

06 「공간정보의 구축 및 관리 등에 관한 법률」상 1년 이하의 징역 또는 1천만 원 이하의 벌금 대상으로 옳은 것은? (18년2회지기)

① 정당한 사유 없이 측량을 방해한 자
② 측량업 등록사항의 변경신고를 하지 아니한 자
③ 무단으로 측량성과 또는 측량기록을 복제한 자
④ 고시된 측량성과에 어긋나는 측량성과를 사용한 자

	벌칙(법률 제107~109조)
3년 이하의 징역 또는 3천만 원 이하의 벌금 **암기** ㈜⑭⑭	측량업자로서 속㈜수, ⑭력(威力), 그 밖의 방법으로 측량업과 관련된 입찰의 ⑭정성을 해친 자는 3년 이하의 징역 또는 3천만 원 이하의 벌금에 처한다.
2년 이하의 징역 또는 2천만 원 이하의 벌금 **암기** ㈜⑭⑤ ⑭⑭⑭	1. 측량업의 등록을 하지 아니하거나 ㈜짓이나 그 밖의 ⑭정한 방법으로 측량업의 ⑤록을 하고 측량업을 한 자 2. 성능검사대행자의 등록을 하지 아니하거나 ㈜짓이나 그 밖의 ⑭정한 방법으로 성능검사대행자의 ⑤록을 하고 성능검사업무를 한 자 3. 측량성과를 국⑭로 반출한 자 4. 측량기준점⑭지를 이전 또는 파손하거나 그 효용을 해치는 행위를 한 자 5. 고의로 측량⑭과를 사실과 다르게 한 자 6. 성능⑭사를 부정하게 한 성능검사대행자
1년 이하의 징역 또는 1천만 원 이하의 벌금 **암기** ⑤⑭⑭⑭ ⑭⑭⑭⑭	1. ⑤ 이상의 측량업자에게 소속된 측량기술자 2. 업무상 알게 된 ⑭밀을 누설한 측량기술자 3. 거짓(⑭위)으로 다음 각 목의 신청을 한 자 가. 신규등록 신청 나. 등록전환 신청 다. 분할 신청 라. 합병 신청 마. 지목변경 신청 바. 바다로 된 토지의 등록말소 신청 사. 축척변경 신청 아. 등록사항의 정정 신청 자. 도시개발사업 등 시행지역의 토지이동 신청 4. 측량기술자가 아님에도 ⑭구하고 측량을 한 자 5. 지적측량수수료 외의 ⑭가를 받은 지적측량기술자 6. 심사를 받지 아니하고 지도 등을 간행하여 ⑭매하거나 배포한 자 7. 다른 사람에게 측량업등록증 또는 측량업등록수첩을 빌려(⑭여)주거나 자기의 성명 또는 상호를 사용하여 측량업무를 하게 한 자 8. 다른 사람의 측량업등록증 또는 측량업등록수첩을 빌려서(⑭여) 사용하거나 다른 사람의 성명 또는 상호를 사용하여 측량업무를 한 자 9. 다른 사람에게 자기의 성능검사대행자 등록증을 빌려(⑭여)주거나 자기의 성명 또는 상호를 사용하여 성능검사대행업무를 수행하게 한 자 10. 다른 사람의 성능검사대행자 등록증을 빌려서(⑭여) 사용하거나 다른 사람의 성명 또는 상호를 사용하여 성능검사대행업무를 수행한 자 11. 무단으로 측량성과 또는 측량기록을 ⑭제한 자

정답

07 다음 중 지적기술자의 위반행위에 따른 업무정지 기준에 대한 설명으로 옳지 않은 것은?

① 지적측량수행자 소속 지적기술자가 영업정지기간 중에 이를 알고도 지적측량업무를 행한 경우 : 2년
② 지적기술자가 법 제50조제1항을 위반하여 정당한 사유 없이 지적측량 신청을 거부한 경우 : 3개월
③ 다른 사람에게 손해를 입혀 금고 이상의 형을 선고받고 그 형이 확정된 경우 : 1년
④ 지적측량수행자 소속 지적기술자가 법 제45조에 따른 업무범위를 위반하여 지적측량을 한 경우 : 2년

풀이 **공간정보의 구축 및 관리 등에 관한 법률 시행규칙 제44조(측량기술자에 대한 업무정지 기준 등)**

① 법 제42조제1항에 따른 측량기술자(지적기술자는 제외한다)의 업무정지의 기준은 다음 각 호의 구분과 같다. 〈개정 2014.1.17.〉
   1. 법 제40조제1항에 따른 근무처 및 경력 등의 신고 또는 변경신고를 거짓으로 한 경우 : 1년
   2. 법 제41조제4항을 위반하여 다른 사람에게 측량기술경력증을 빌려주거나 자기의 성명을 사용하여 측량 업무를 수행하게 한 경우 : 1년
② 국토지리정보원장은 위반행위의 동기 및 횟수 등을 고려하여 다음 각 호의 구분에 따라 제1항에 따른 업무정지의 기간을 줄일 수 있다. 〈개정 2017.1.31.〉
   1. 위반행위가 있은 날 이전 최근 2년 이내에 업무정지처분을 받은 사실이 없는 경우 : 4분의 1 경감
   2. 해당 위반행위가 과실 또는 상당한 이유에 의한 것으로서 보완이 가능한 경우 : 4분의 1 경감
   3. 제1호와 제2호 모두에 해당할 경우 : 2분의 1 경감
③ 법 제42조제1항에 따른 지적기술자의 업무정지의 기준은 별표 3의2와 같다. 〈신설 2014.1.17.〉
④ 영 제32조의2 제1항에 따른 지적기술자 업무정지 심의요청서는 별지 제36호의2 서식과 같고, 같은 조 제2항에 따른 지적기술자 업무정지 의결서는 별지 제36호의3 서식과 같으며, 같은 조 제3항에 따른 지적기술자 업무정지 처분서는 별지 제36호의4 서식과 같다. 〈신설 2014.1.17.〉

지적기술자의 업무정지 기준(제44조제3항 관련) [별표 3의2] 〈개정 2017.1.31.〉

1. 일반기준

국토교통부장관은 다음 각 목의 구분에 따라 업무정지의 기간을 줄일 수 있다.
   가. 위반행위가 있은 날 이전 최근 2년 이내에 업무정지 처분을 받은 사실이 없는 경우 : 4분의 1 경감
   나. 해당 위반행위가 과실 또는 상당한 이유에 의한 것으로서 보완이 가능한 경우 : 4분의 1 경감
   다. 가목과 나목 모두에 해당하는 경우 : 2분의 1 경감

2. 개별기준 **암기** ㉔㉗ 신청법 ㉘금벌손㉔

위반사항	해당 법조문	행정처분기준
가. 법 제40조제1항에 따른 근무처 및 경력 등의 신고 또는 변경신고를 ㉔짓으로 한 경우	법 제42조 제1항제1호	1년
나. 법 제41조제4항을 위반하여 다른 사람에게 측량기술경력증을 빌려(㉗여)주거나 자기의 성명을 사용하여 측량업무를 수행하게 한 경우	법 제42조 제1항제2호	1년
다. 법 제50조제1항을 위반하여 ㉘의와 성실로써 공정하게 지적측량을 하지 아니한 경우		
1) 지적측량수행자 소속 지적기술자가 영업㉘지기간 중에 이를 알고도 지적측량업무를 행한 경우	법 제42조 제1항제3호	2년
2) 지적측량수행자 소속 지적기술자가 법 제45조에 따른 업무㉘위를 위반하여 지적측량을 한 경우		2년

정답 **07** ③

위반사항	해당 법조문	행정처분기준
라. 고의 또는 중②실로 지적측량을 잘못하여 다른 사람에게 손해를 입힌 경우	법 제42조 제1항제3호	'
1) 다른 사람에게 손해를 입혀 ⓔ고 이상의 형을 선고받고 그 형이 확정된 경우		2년
2) 다른 사람에게 손해를 입혀 ⓔ금 이하의 형을 선고받고 그 형이 확정된 경우		1년 6개월
3) 그 밖에 고의 또는 중대한 과실로 지적측량을 잘못하여 다른 사람에게 ⓢ해를 입힌 경우		1년
마. 지적기술자가 법 제50조제1항을 위반하여 정당한 사유 없이 지적측량 신청을 ②부한 경우	법 제42조 제1항제4호	3개월

08 다음 중 측량업자의 위반행위에 따른 행정처분의 기준에 대한 설명으로 옳지 않은 것은?

① 다른 행정기관이 관계 법령에 따라 영업정지를 요구한 경우 1차 위반 시 영업정지 3개월, 2차 위반 시 영업정지 6개월, 3차 위반 시 등록취소

② 법 제44조제4항을 위반해서 측량업 등록사항의 변경신고를 하지 아니한 경우 1차 위반 시 경고, 2차 위반 시 영업정지 6개월, 3차 위반 시 등록취소

③ 법 제51조를 위반해서 보험가입 등 필요한 조치를 하지 않은 경우 1차 위반 시 영업정지 2개월, 2차 위반 시 영업정지 6개월, 3차 위반 시 등록취소

④ 지적측량업자가 지적측량수수료를 고시한 금액보다 과다 또는 과소하게 받은 경우 1차 위반 시 영업정지 3개월, 2차 위반 시 영업정지 6개월, 3차 위반 시 등록취소

풀이 측량업의 등록취소 또는 영업정지 처분의 기준(제53조 관련) [별표 4] 〈개정 2010.6.17.〉

1. 일반 기준

　가. 위반행위의 횟수에 따른 행정처분의 기준은 최근 3년간 같은 위반행위로 행정처분을 받은 경우에 적용한다. 이 경우 행정처분의 기준 적용은 같은 위반행위에 대한 행정처분일과 그 처분 후의 재적발일을 기준으로 한다.

　나. 위반행위가 둘 이상인 경우로서 그에 해당하는 각각의 처분기준이 다른 경우에는 그 중 무거운 처분기준에 따른다. 다만, 둘 이상의 처분기준이 모두 영업정지인 경우에는 각 처분기준을 합산한 기간을 넘지 아니하는 범위에서 무거운 처분기준의 2분의 1의 범위까지 가중하되, 그 가중한 기간을 합산한 기간은 6개월을 초과할 수 없다.

　다. 가목 및 나목에 따른 행정처분이 영업정지인 경우에는 고의나 중대한 과실 여부 또는 공중에 미치는 피해의 규모 등 위반행위의 동기·내용 및 위반의 정도 등을 고려하여 그 처분기준의 2분의 1의 범위에서 가중하거나 감경할 수 있다. 이 경우 그 가중한 기간을 합산한 기간은 6개월을 초과할 수 없다.

2. 개별 기준 [암기] [고][과] [수][요][업] [보][성][휴][변][취]

위반행위	해당 법조문	행정처분기준		
		1차 위반	2차 위반	3차 위반
가. [고]의로 측량을 부정확하게 한 경우	법 제52조제1항제1호	등록취소		
나. [과]실로 측량을 부정확하게 한 경우	법 제52조제1항제1호	영업정지 4개월	등록취소	
아. 지적측량업자가 법 제106조제2항에 따른 지적측량수[수]료를 같은 조 제3항에 따라 고시한 금액보다 과다 또는 과소하게 받은 경우	법 제52조제1항제12호	영업정지 3개월	영업정지 6개월	등록취소
자. 다른 행정기관이 관계 법령에 따라 영업정지를 [요]구한 경우	법 제52조제1항제13호	영업정지 3개월	영업정지 6개월	등록취소
마. 지적측량업자가 법 제45조의 [업]무범위를 위반하여 지적측량을 한 경우	법 제52조제1항제6호	영업정지 3개월	영업정지 6개월	등록취소
사. 법 제51조를 위반해서 [보]험가입 등 필요한 조치를 하지 않은 경우	법 제52조제1항제10호	영업정지 2개월	영업정지 6개월	등록취소
바. 지적측량업자가 법 제50조에 따른 [성]실의무를 위반한 경우	법 제52조제1항제9호	영업정지 1개월	영업정지 3개월	영업정지 6개월 또는 등록취소
다. 정당한 사유 없이 측량업의 등록을 한 날부터 1년 이내에 영업을 시작하지 아니하거나 계속하여 1년 이상 [휴]업한 경우	법 제52조제1항제3호	경고	영업정지 6개월	등록취소
라. 법 제44조제4항을 위반해서 측량업 등록사항의 [변]경신고를 하지 아니한 경우	법 제52조제1항제5호	경고	영업정지 3개월	등록취소
차. 다른 행정기관이 관계 법령에 따라 등록[취]소를 요구한 경우	법 제52조제1항제13호	등록취소		

09 지적재조사사업을 위한 지적측량 시에 관한 벌칙사항 중 300만 원 이하의 과태료를 부과하는 기준으로 옳지 않은 것은?

① 지적재조사사업을 정당한 이유 없이 방해한 자
② 경계점표지를 이전 또는 파손하거나 그 효용을 해치는 행위를 한 자
③ 지적재조사사업 중에 알게 된 타인의 비밀을 누설하거나 사용한 자
④ 임시경계점표지를 이전 또는 파손하거나 그 효용을 해치는 행위를 한 자

[정답] 09 ③

벌칙 (제43조)	① 지적재조사사업을 위한 지적측량을 고의로 진실에 반하게 측량하거나 지적재조사사업 성과를 거짓으로 등록을 한 자는 2년 이하의 징역 또는 2천만 원 이하의 벌금에 처한다. ② 제41조를 위반하여 지적재조사사업 중에 알게 된 타인의 비밀을 누설하거나 사용한 자는 1년 이하의 징역 또는 1천만 원 이하의 벌금에 처한다.
양벌규정 (제44조)	법인의 대표자나 법인 또는 개인의 대리인, 사용인, 그 밖의 종업원이 그 법인 또는 개인의 업무에 관하여 제43조의 위반행위를 하면 그 행위자를 벌하는 외에 그 법인 또는 개인에게도 해당 조문의 벌금형을 과(科)한다. 다만, 법인 또는 개인이 그 위반행위를 방지하기 위하여 해당 업무에 관하여 상당한 주의와 감독을 게을리하지 아니한 경우에는 그러하지 아니하다.
과태료 (제45조)	① 다음 각 호의 어느 하나에 해당하는 자에게는 300만 원 이하의 과태료를 부과한다. 　1. 제15조제4항 또는 제18조제3항을 위반하여 임시경계점표지 또는 경계점표지를 이전 또는 파손하거나 그 효용을 해치는 행위를 한 자 　2. 지적재조사사업을 정당한 이유 없이 방해한 자 ② 제1항에 따른 과태료는 대통령령으로 정하는 바에 따라 국토교통부장관, 시·도지사 또는 지적소관청이 부과·징수한다. 〈개정 2013.3.23.〉

10 「지적재조사에 관한 특별법」에 의한 지적측량 시에 관한 과태료를 부과하는 기준으로 옳지 않은 것은?

① 임시경계점표지를 이전 또는 파손하거나 그 효용을 해치는 행위를 한 경우 1차 위반 시 100만 원, 2차 위반 시 150만 원, 3차 위반 시 200만 원

② 경계점표지를 이전 또는 파손하거나 그 효용을 해치는 행위를 한 경우 1차 위반 시 150만 원, 2차 위반 시 200만 원, 3차 위반 시 300만 원

③ 지적재조사사업 중에 알게 된 타인의 비밀을 누설하거나 사용한 경우 1차 위반 시 50만 원, 2차 위반 시 100만 원, 3차 위반 시 200만 원

④ 지적재조사사업을 정당한 이유 없이 방해한 경우 1차 위반 시 50만 원, 2차 위반 시 75만 원, 3차 위반 시 100만 원

■풀이 지적재조사에 관한 특별법 시행령 [별표] 〈개정 2020.6.23.〉
과태료의 부과기준(제29조 관련)

1. 일반기준
　가. 위반행위의 횟수에 따른 행정처분의 기준은 최근 3년간 같은 위반행위로 과태료를 부과받은 경우에 적용한다. 이 경우 위반횟수는 같은 위반행위에 대하여 과태료를 부과받은 날과 다시 같은 위반행위로 적발된 날을 기준으로 한다.
　나. 부과권자는 다음의 어느 하나에 해당하는 경우에는 제2호의 개별기준에 따른 과태료 금액의 2분의 1의 범위에서 그 금액을 줄일 수 있다. 다만, 과태료를 체납하고 있는 위반행위자의 경우에는 그러하지 아니하다.
　　1) 위반행위자가 「질서위반행위규제법 시행령」 제2조의2제1항 각 호의 어느 하나에 해당하는 경우
　　2) 위반행위가 사소한 부주의나 오류로 인한 것으로 인정되는 경우
　　3) 위반행위자가 위반행위를 바로 정정하거나 시정하여 법 위반상태를 해소한 경우
　　4) 그 밖에 위반행위의 정도, 위반행위의 동기와 그 결과 등을 고려하여 과태료 금액을 줄일 필요가 있다고 인정되는 경우

다. 부과권자는 다음의 어느 하나에 해당하는 경우에는 제2호의 개별기준에 따른 과태료 금액의 2분의 1의 범위에서 그 금액을 늘릴 수 있다. 다만, 법 제45조제1항에 따른 과태료 금액의 상한을 넘을 수 없다.

1) 위반의 내용·정도가 중대하여 이해관계인 등에게 미치는 피해가 크다고 인정되는 경우
2) 법 위반상태의 기간이 6개월 이상인 경우
3) 그 밖에 위반행위의 정도, 위반행위의 동기와 그 결과 등을 고려하여 과태료 금액을 늘릴 필요가 있다고 인정되는 경우

2. 개별기준 [암기] ㉙㉓㉱

위반행위	근거 법조문	과태료 금액		
		1차 위반	2차 위반	3차 이상 위반
가. 법 제15조제4항 또는 제18조제3항을 위반하여 ㉙시경계점표지를 이전 또는 파손하거나 그 효용을 해치는 행위를 한 경우	법 제45조제1항제1호	100만 원	150만 원	200만 원
나. 법 제15조제4항 또는 제18조제3항을 위반하여 ㉓계점표지를 이전 또는 파손하거나 그 효용을 해치는 행위를 한 경우	법 제45조제1항제1호	150만 원	200만 원	300만 원
다. 지적재조사사업을 정당한 이유 없이 ㉱해한 경우	법 제45조제1항제2호	50만 원	75만 원	100만 원

11 「국가공간정보 기본법」에 관한 벌칙사항 중 가장 가벼운 벌금형으로 옳은 것은?

① 공간정보 또는 공간정보데이터베이스를 관리기관의 승인 없이 무단으로 열람·복제·유출한 자
② 공사가 아닌 자가 한국국토정보공사의 명칭을 사용한 경우
③ 공간정보 또는 공간정보데이터베이스를 무단으로 침해하거나 훼손한 자
④ 직무상 알게 된 비밀을 누설하거나 도용한 자

국가공간정보 기본법 [암기] ㉻㉠㉲ 먹고 ㉥㉻㉡ 버리면 ㉥㉕㉖ 씻어라. ㉦㉣㉴와 ㉻㉳㉴도

벌칙 (제39조)	제37조제1항(누구든지 관리기관이 생산 또는 관리하는 공간정보 또는 공간정보데이터베이스를 침해 또는 훼손하거나 법령에 따라 공개가 제한되는 공간정보를 관리기관의 승인 없이 무단으로 열람·복제·유출하여서는 아니 된다.)을 위반하여 공간정보 또는 공간정보데이터베이스를 ㉻단으로 ㉠해하거나 ㉲손한 자는 2년 이하의 징역 또는 2천만 원 이하의 벌금에 처한다.
벌칙 (제40조)	다음 각 호의 어느 하나에 해당하는 자는 1년 이하의 징역 또는 1천만 원 이하의 벌금에 처한다. 1. 제37조제1항(누구든지 관리기관이 생산 또는 관리하는 공간정보 또는 공간정보데이터베이스를 침해 또는 훼손하거나 법령에 따라 공개가 제한되는 공간정보를 관리기관의 승인 없이 무단으로 열람·복제·유출하여서는 아니 된다.)을 위반하여 공간정보 또는 공간정보데이터베이스를 관리기관의 ㉥인 없이 ㉻단으로 열람·㉡제·유출한 자 2. 제38조(관리기관 또는 이 법이나 다른 법령에 따라 위탁을 받은 국가공간정보체계 관련 업무를 수행하는 기관, 법인, 단체에 소속되거나 소속되었던 자(용역계약 등에 따라 해당 업무를 수임한 자 또는 그 사용인을 포함한다)는 국가공간정보체계의 구축·관리 및 활용과 관련한 직무를 수행함에 있어서 알게 된 비밀을 누설하거나 도용하여서는 아니 된다.)를 위반하여 직무상 알게 된 ㉥밀을 ㉦설하거나 ㉣용한 자 3. 제34조제3항을 위반하여 ㉻안관리규정을 준㉥하지 아니한 ㉴ 4. 거짓이나 그 밖의 ㉻정한 ㉳법으로 전문기관으로 지정받은 ㉴

양벌규정	법인의 대표자나 법인 또는 개인의 대리인, 사용인, 그 밖의 종업원이 그 법인 또는 개인의 업무에 관하여 제39조 또는 제40조의 위반행위를 하면 그 행위자를 벌하는 외에 그 법인 또는 개인에게도 해당 조문의 벌금형을 과(科)한다. 다만, 법인 또는 개인이 그 위반 행위를 방지하기 위하여 해당 업무에 관하여 상당한 주의와 감독을 게을리하지 아니한 경우에는 그러하지 아니하다.
과태료	① 제17조(공사가 아닌 자는 한국국토정보공사 또는 이와 유사한 명칭을 사용하지 못한다.)를 위반한 자에게는 500만 원 이하의 과태료를 부과한다. ② 제1항에 따른 과태료는 대통령령으로 정하는 바에 따라 국토교통부장관이 부과·징수한다.
과태료 부과기준	법 제42조제1항에 따른 과태료의 부과기준은 다음 각 호와 같다. 1. 공사가 아닌 자가 한국국토정보공사의 명칭을 사용한 경우 : 400만 원 2. 공사가 아닌 자가 한국국토정보공사와 유사한 명칭을 사용한 경우 : 300만 원

12 공간정보산업진흥에 관한 벌칙사항 중 허위 그 밖에 부정한 방법으로 제12조에 따른 품질인증을 받은 자의 벌금형으로 옳은 것은?

① 1년 이하의 징역 또는 1천만 원 이하의 벌금
② 2년 이하의 징역 또는 2천만 원 이하의 벌금
③ 3년 이하의 징역 또는 3천만 원 이하의 벌금
④ 500만 원 이하의 과태료를 부과 한다.

풀이 공간정보산업진흥법 **암기** 무방자 요통 신고

벌칙 (제29조)	허위 그 밖에 **부**정한 **방**법으로 제12조에 따른 품질인증을 받은 **자**는 2년 이하의 징역 또는 2천만 원 이하의 벌금에 처한다.
양벌규정 (제30조)	법인의 대표자나 법인 또는 개인의 대리인, 사용인, 그 밖의 종업원이 그 법인 또는 개인의 업무에 관하여 제29조의 위반행위를 하면 그 행위자를 벌하는 외에 그 법인 또는 개인에게도 해당 조문의 벌금형을 과(科)한다. 다만, 법인 또는 개인이 그 위반행위를 방지하기 위하여 해당 업무에 관하여 상당한 주의와 감독을 게을리하지 아니한 경우에는 그러하지 아니하다.
과태료 (제31조)	① 다음 각 호의 어느 하나에 해당하는 자에게는 500만 원 이하의 과태료를 부과한다. 〈개정 2014.6.3.〉 1. 정당한 사유 없이 제8조제3항에 따른 **요**청을 따르지 아니한 유**통**사업자 2. 제22조의2제1항을 위반하여 그 **신**고 또는 변경신고를 하지 아니하거나 거짓으로 신고 또는 변경신고를 한 자 3. 제22조의3제1항을 위반하여 그 **신**고 또는 변경신**고**를 하지 아니하거나 거짓으로 신고 또는 변경신고를 한 자 ② 제1항에 따른 과태료는 대통령령으로 정하는 바에 따라 국토교통부장관이 부과·징수한다.

13 「공간정보의 구축 및 관리 등에 관한 법률」에 행정질서법의 과태료 부과기준이 옳지 않은 것은?

① 본인, 배우자 또는 직계 존속 · 비속이 소유한 토지에 대한 지적측량을 한 자
② 둘 이상의 측량업자에게 소속된 측량기술자 또는 수로기술자
③ 고시된 측량성과에 어긋나는 측량성과를 사용한 자
④ 거짓으로 측량기술자 또는 수로기술자의 신고를 한 자

[풀이] **공간정보의 구축 및 관리 등에 관한 법률 제111조(과태료)**

① **300만 원 이하의 과태료** **암기** [정][업][검] [성][직][거] [정] : [측][출][보][조] [업] : [등][폐][승] [검] : [등][폐][검]

1. [정]당한 사유 없이 [측]량을 방해한 자
2. 정당한 사유 없이 제101조제7항을 위반하여 토지 등에의 [출]입 등을 방해하거나 거부한 자
3. 정당한 사유 없이 제99조제1항에 따른 [보]고를 하지 아니하거나 거짓으로 보고를 한 자
4. 정당한 사유 없이 제99조제1항에 따른 [조]사를 거부 · 방해 또는 기피한 자
5. 제44조제4항을 위반하여 측량[업] [등]록사항의 변경신고를 하지 아니한 자
6. 제48조(제54조제6항에 따라 준용되는 경우를 포함한다)를 위반하여 측량업의 휴업 · [폐]업 등의 신고를 하지 아니하거나 거짓으로 신고한 자
7. 제46조제2항(제54조제6항에 따라 준용되는 경우를 포함한다)을 위반하여 측량업자의 지위 [승]계 신고를 하지 아니한 자
8. 제93조제1항을 위반하여 성능[검]사대행자의 [등]록사항 변경을 신고하지 아니한 자
9. 제93조제3항을 위반하여 성능검사대행업무의 [폐]업신고를 하지 아니한 자
10. 제92조제1항을 위반하여 측량기기에 대한 성능[검]사를 받지 아니하거나 부정한 방법으로 성능검사를 받은 자
11. 제13조제4항을 위반하여 고시된 측량[성]과에 어긋나는 측량성과를 사용한 자
12. 제50조제2항을 위반하여 본인, 배우자 또는 [직]계 존속 · 비속이 소유한 토지에 대한 지적측량을 한 자
13. 제40조제1항(제43조제3항에 따라 준용되는 경우를 포함한다)을 위반하여 [거]짓으로 측량기술자 또는 수로기술자의 신고를 한 자

③ 제1항 및 제2항에 따른 과태료는 대통령령으로 정하는 바에 따라 국토교통부장관, 시 · 도지사, 대도시 시장 또는 지적소관청이 부과 · 징수한다.

14 「공간정보의 구축 및 관리 등에 관한 법률」에 행정질서법의 과태료 부과기준이 다른 것은?

① 정당한 사유 없이 법 제101조제7항을 위반하여 토지 등에의 출입 등을 방해하거나 거부한 경우
② 정당한 사유 없이 법 제99조제1항에 따른 조사를 거부 · 방해 또는 기피한 경우
③ 측량업 등록사항의 변경신고를 하지 않은 경우
④ 정당한 사유 없이 측량을 방해한 경우

[풀이] **과태료의 부과기준(제105조 관련)** [별표 13] 〈개정 2021.4.6.〉

1. 일반기준
   가. 위반행위의 횟수에 따른 과태료의 부과기준은 최근 5년간 같은 위반행위로 과태료를 부과받은 경우에 적용한다. 이 경우 위반횟수는 같은 위반행위에 대하여 과태료를 부과받은 날과 다시 같은 위반행위로 적발된 날을 기준으로 하여 계산한다.
   나. 하나의 위반행위가 둘 이상의 과태료 부과기준에 해당하는 경우에는 그 중 금액이 큰 과태료 부과기준을 적용한다.

정답 13 ② 14 ③

다. 부과권자는 다음의 어느 하나에 해당하는 경우에는 위반행위의 정도, 위반행위의 동기와 그 결과 등을 고려하여 제2호에 따른 과태료 금액의 2분의 1의 범위에서 그 금액을 줄일 수 있다. 다만, 과태료를 체납하고 있는 위반행위자에 대해서는 그러하지 아니하다.

  1) 위반행위자가 「질서위반행위규제법 시행령」 제2조의2제1항 각 호의 어느 하나에 해당하는 경우
  2) 위반행위가 사소한 부주의나 오류로 인한 것으로 인정되는 경우
  3) 위반행위자가 법 위반상태를 시정하거나 해소하기 위하여 노력한 것이 인정되는 경우
  4) 그 밖에 위반행위의 정도, 위반행위의 동기와 그 결과 등을 고려하여 그 금액을 줄일 필요가 있다고 인정되는 경우

라. 부과권자는 다음의 어느 하나에 해당하는 경우에는 제2호에 따른 과태료 금액의 2분의 1 범위에서 그 금액을 늘릴 수 있다. 다만, 늘리는 경우에도 과태료의 총액은 법 제111조제1항에 따른 과태료 금액의 상한을 넘을 수 없다.

  1) 위반의 내용·정도가 중대하여 이해관계인 등에게 미치는 피해가 크다고 인정되는 경우
  2) 법 위반상태의 기간이 6개월 이상인 경우

2. 개별기준 **암기** 청업검 성직가교 청 : 측출보조 업 : 등폐승 검 : 등폐검

(단위 : 만 원)

위반행위	근거 법조문	과태료 금액		
		1차	2차	3차 이상
가. 정당한 사유 없이 측량을 방해한 경우	법 제111조 제1항제1호	25	50	100
나. 정당한 사유 없이 법 제101조제7항을 위반하여 토지 등에의 출입 등을 방해하거나 거부한 경우	법 제111조 제1항제18호	25	50	100
다. 정당한 사유 없이 법 제99조제1항에 따른 보고를 하지 않거나 거짓으로 보고를 한 경우	법 제111조 제1항제16호	25	50	100
라. 정당한 사유 없이 법 제99조제1항에 따른 조사를 거부·방해 또는 기피한 경우	법 제111조 제1항제17호	25	50	100
마. 법 제44조제4항을 위반하여 측량업 등록사항의 변경신고를 하지 않은 경우	법 제111조 제1항제8호	7	15	30
바. 법 제48조(법 제54조제6항에 따라 준용되는 경우를 포함한다)를 위반하여 측량업의 휴업·폐업 등의 신고를 하지 않거나 거짓으로 신고한 경우	법 제111조 제1항제10호	30		
사. 법 제46조제2항(법 제54조제6항에 따라 준용되는 경우를 포함한다)을 위반하여 측량업자의 지위 승계 신고를 하지 않은 경우	법 제111조 제1항제9호	50		
아. 법 제93조제1항을 위반하여 성능검사대행자의 등록사항 변경을 신고하지 않은 경우	법 제111조 제1항제14호	6	12	25
자. 법 제93조제3항을 위반하여 성능검사대행업무의 폐업신고를 하지 않은 경우	법 제111조 제1항제15호	25		
차. 법 제92조제1항을 위반하여 측량기기에 대한 성능검사를 받지 않거나 부정한 방법으로 성능검사를 받은 경우	법 제111조 제1항제13호	25	50	100
카. 법 제13조제4항을 위반하여 고시된 측량성과에 어긋나는 측량성과를 사용한 경우	법 제111조 제1항제2호	37	75	150

위반행위	근거 법조문	과태료 금액		
		1차	2차	3차 이상
타. 법 제50조제2항을 위반하여 본인, 배우자 또는 [직]계 존속 · 비속이 소유한 토지에 대한 지적측량을 한 경우	법 제111조 제1항제11호	10	20	40
파. 법 제40조제1항(법 제43조제3항에 따라 준용되는 경우를 포함한다)을 위반하여 [거]짓으로 측량기술자의 신고를 한 경우	법 제111조 제1항제7호	6	12	25
하. 정당한 사유 없이 법 제98조제2항에 따른 [교]육을 받지 않은 경우	법 제111조 제2항	30	60	100

15 「공간정보의 구축 및 관리 등에 관한 법률」상 성능검사대행자의 등록을 1년 이내의 기간을 정하여 영업의 정지를 명할 수 있는 경우가 아닌 것은?

① 등록사항 변경신고를 하지 아니한 경우
② 정당한 사유 없이 성능검사를 거부하거나 기피한 경우
③ 거짓이나 부정한 방법으로 성능검사를 한 경우
④ 다른 행정기관이 관계 법령에 따라 업무정지를 요구한 경우

[풀이] **공간정보의 구축 및 관리 등에 관한 법률 제96조(성능검사대행자의 등록취소 등)**

① 시 · 도지사는 성능검사대행자가 다음 각 호의 어느 하나에 해당하는 경우에는 성능검사대행자의 등록을 취소하거나 1년 이내의 기간을 정하여 업무정지 처분을 할 수 있다. 다만, 제1호 · 제4호 · 제6호 또는 제7호에 해당하는 경우에는 성능검사대행자의 등록을 취소하여야 한다.

업무정지 [암기] [시][미][변][검][요]

1의2. 제92조제5항에 따른 [시]정명령을 따르지 아니한 경우
2. 제93조제1항의 등록기준에 [미]달하게 된 경우. 다만, 일시적으로 등록기준에 미달하는 등 대통령령으로 정하는 경우는 제외한다.
3. 제93조제1항에 따른 등록사항 [변]경신고를 하지 아니한 경우
5. 정당한 사유 없이 성능[검]사를 거부하거나 기피한 경우
8. 다른 행정기관이 관계 법령에 따라 업무정지를 [요]구한 경우

등록을 취소 [암기] [거][부][등][검] [빌][정][취]

1. [거]짓이나 그 밖의 [부]정한 방법으로 [등]록을 한 경우
6. 거짓이나 부정한 방법으로 성능[검]사를 한 경우
4. 제95조를 위반하여 다른 사람에게 자기의 성능검사대행자 등록증을 [빌]려주거나 자기의 성명 또는 상호를 사용하여 성능검사대행업무를 수행하게 한 경우
7. 업무[정]지기간 중에 계속하여 성능검사대행업무를 한 경우
8. 다른 행정기관이 관계 법령에 따라 등록[취]소

② 시 · 도지사는 제1항에 따라 성능검사대행자의 등록을 취소하였으면 취소 사실을 공고한 후 국토교통부장관에게 통지하여야 한다. 〈개정 2013.3.23.〉
③ 성능검사대행자의 등록취소 및 업무정지 처분에 관한 기준은 국토교통부령으로 정한다. 〈개정 2013.3.23.〉

[정답] 15 ③

16 「공간정보의 구축 및 관리 등에 관한 법률」상 성능검사대행자의 등록취소 또는 업무정지의 처분 기준이 옳지 않은 것은?

① 성능검사대행자 등록사항의 변경신고를 하지 아니한 경우 1차 위반 시 경고, 2차 위반 시 업무정지 2개월, 3차 위반 시 업무정지 2개월

② 다른 행정기관이 관계 법령에 따라 업무정지를 요구한 경우 1차 위반 시 업무정지 3개월, 2차 위반 시 업무정지 5개월, 3차 위반 시 등록취소

③ 정당한 사유 없이 성능검사를 거부하거나 또는 기피한 경우 1차 위반 시 업무정지 6개월

④ 법 제93조제1항에 따른 등록기준에 미달하게 된 경우 1차 위반 시 업무정지 2개월, 2차 위반 시 등록취소

풀이 측량기기 성능검사대행자의 등록취소 또는 업무정지의 처분기준(제108조 관련) [별표 11] 〈개정 2021.4.8.〉

1. 일반 기준

   가. 위반행위의 횟수에 따른 행정처분의 기준은 최근 3년간 같은 위반행위로 행정처분을 받은 경우에 적용한다. 이 경우 행정처분 기준의 적용은 같은 위반행위에 대한 행정처분일과 그 처분 후의 재적발일을 기준으로 한다.

   나. 위반행위가 둘 이상인 경우로서 그에 해당하는 각각의 처분기준이 다른 경우에는 그 중 무거운 처분기준에 따른다. 다만, 둘 이상의 처분기준이 모두 업무정지인 경우에는 각 처분기준을 합산한 기간을 넘지 아니하는 범위에서 무거운 처분기준의 2분의 1의 범위까지 가중할 수 있되, 그 가중한 기간을 합산한 기간은 6개월을 초과할 수 없다.

   다. 가목 및 나목에 따른 행정처분이 업무정지인 경우에는 고의나 중대한 과실 여부 또는 공중에 미치는 피해의 규모 등 위반행위의 동기·내용 및 위반의 정도 등을 고려하여 그 처분기준의 2분의 1의 범위에서 가중하거나 감경할 수 있다. 이 경우 그 가중한 기간을 합산한 기간은 6개월을 초과할 수 없다.

2. 개별 기준 **암기** Ⓢ Ⓜ Ⓥ Ⓖ Ⓖ Ⓡ Ⓣ

위반행위	해당 법조문	행정처분기준		
		1차 위반	2차 위반	3차 위반
가. 법 제92조제5항에 따른 Ⓢ정명령을 따르지 않은 경우	법 제96조 제1항제1호의2	경고	업무정지 1개월	업무정지 2개월
나. 법 제93조제1항에 따른 등록기준에 Ⓜ달하게 된 경우	법 제96조 제1항제2호	업무정지 2개월	등록취소	
다. 법 제93조제1항에 따른 성능검사대행자 등록사항의 Ⓥ경신고를 하지 아니한 경우	법 제96조 제1항제3호	경고	업무정지 2개월	업무정지 2개월
라. 정당한 사유 없이 성능Ⓖ사를 거부하거나 또는 기피한 경우	법 제96조 제1항제5호	업무정지 6개월		
마. 다른 행정기관이 관계 법령에 따라 업무정지를 Ⓖ구한 경우	법 제96조 제1항제8호	업무정지 3개월	업무정지 6개월	등록취소
바. 다른 행정기관이 관계 법령에 따라 등록Ⓣ소를 요구한 경우	법 제96조 제1항제8호	등록취소		

17 「공간정보의 구축 및 관리 등에 관한 법률」에 관한 측량기술자의 업무정지 등에 관한 사항으로 옳지 않은 것은?

① 측량기술경력증을 빌려주거나 자기의 성명을 사용하여 측량업무를 수행하게 한 경우
② 지적기술자가 신의와 성실로써 공정하게 지적측량을 하지 아니하거나 고의 또는 중대한 과실로 지적측량을 잘못하여 다른 사람에게 손해를 입힌 경우
③ 거짓으로 분할 및 등록전환 신청을 한 경우
④ 근무처 및 경력 등의 신고 또는 변경신고를 거짓으로 한 경우

풀이 **공간정보의 구축 및 관리 등에 관한 법률 제42조(측량기술자의 업무정지 등)**

① 국토교통부장관은 측량기술자(「건설기술 진흥법」 제2조제8호에 따른 건설기술인인 측량기술자는 제외한다)가 다음 각 호의 어느 하나에 해당하는 경우에는 1년(지적기술자의 경우에는 2년) 이내의 기간을 정하여 측량업무의 수행을 정지시킬 수 있다. 이 경우 지적기술자에 대하여는 대통령령으로 정하는 바에 따라 중앙지적위원회의 심의·의결을 거쳐야 한다.

> 1. 제40조제1항에 따른 근무처 및 경력 등의 신고 또는 변경신고를 거짓으로 한 경우
> 2. 제41조제4항을 위반하여 다른 사람에게 측량기술경력증을 빌려주거나 자기의 성명을 사용하여 측량업무를 수행하게 한 경우
> 3. 지적기술자가 제50조제1항을 위반하여 신의와 성실로써 공정하게 지적측량을 하지 아니하거나 고의 또는 중대한 과실로 지적측량을 잘못하여 다른 사람에게 손해를 입힌 경우
> 4. 지적기술자가 제50조제1항을 위반하여 정당한 사유 없이 지적측량 신청을 거부한 경우

② 국토교통부장관은 지적기술자가 제1항 각 호의 어느 하나에 해당하는 경우 위반행위의 횟수, 정도, 동기 및 결과 등을 고려하여 지적기술자가 소속된 한국국토정보공사 또는 지적측량업자에게 해임 등 적절한 징계를 할 것을 요청할 수 있다. 〈신설 2013.7.17., 2014.6.3.〉
③ 제1항에 따른 업무정지의 기준과 그 밖에 필요한 사항은 국토교통부령으로 정한다.

18 「공간정보의 구축 및 관리 등에 관한 법률」상 과태료 부과기준이 옳지 않은 것은?

① 본인, 배우자 또는 직계 존속·비속이 소유한 토지에 대한 지적측량을 한 경우 1차 위반 시 10만 원, 2차 위반 시 20만 원, 3차 위반 시 40만 원
② 정당한 사유 없이 법 제101조제7항을 위반하여 토지 등에의 출입 등을 방해하거나 거부한 경우 1차 위반 시 25만 원, 2차 위반 시 50만 원, 3차 위반 시 100만 원
③ 측량업 등록사항의 변경신고를 하지 않은 경우 1차 위반 시 10만 원, 2차 위반 시 15만 원, 3차 위반 시 30만 원
④ 정당한 사유 없이 측량을 방해한 경우 1차 위반 시 25만 원, 2차 위반 시 50만 원, 3차 위반 시 100만 원

풀이 **과태료의 부과기준(제105조 관련)** [별표 13] 〈개정 2021.4.6.〉

1. 일반기준
   가. 위반행위의 횟수에 따른 과태료의 부과기준은 최근 5년간 같은 위반행위로 과태료를 부과받은 경우에 적용한다. 이 경우 위반횟수는 같은 위반행위에 대하여 과태료를 부과받은 날과 다시 같은 위반행위로 적발된 날을 기준으로 하여 계산한다.

나. 하나의 위반행위가 둘 이상의 과태료 부과기준에 해당하는 경우에는 그 중 금액이 큰 과태료 부과기준을 적용한다.

다. 부과권자는 다음의 어느 하나에 해당하는 경우에는 위반행위의 정도, 위반행위의 동기와 그 결과 등을 고려하여 제2호에 따른 과태료 금액의 2분의 1의 범위에서 그 금액을 줄일 수 있다. 다만, 과태료를 체납하고 있는 위반행위자에 대해서는 그러하지 아니하다.

1) 위반행위자가 「질서위반행위규제법 시행령」 제2조의2제1항 각 호의 어느 하나에 해당하는 경우

2) 위반행위가 사소한 부주의나 오류로 인한 것으로 인정되는 경우

3) 위반행위자가 법 위반상태를 시정하거나 해소하기 위하여 노력한 것이 인정되는 경우

4) 그 밖에 위반행위의 정도, 위반행위의 동기와 그 결과 등을 고려하여 그 금액을 줄일 필요가 있다고 인정되는 경우

라. 부과권자는 다음의 어느 하나에 해당하는 경우에는 제2호에 따른 과태료 금액의 2분의 1 범위에서 그 금액을 늘릴 수 있다. 다만, 늘리는 경우에도 과태료의 총액은 법 제111조제1항에 따른 과태료 금액의 상한을 넘을 수 없다.

1) 위반의 내용·정도가 중대하여 이해관계인 등에게 미치는 피해가 크다고 인정되는 경우

2) 법 위반상태의 기간이 6개월 이상인 경우

2. 개별기준 암기 정업검 성직거교   청 : 측출보조   업 : 등폐승   검 : 등폐검

(단위 : 만 원)

위반행위	근거 법조문	과태료 금액		
		1차	2차	3차 이상
가. 정당한 사유 없이 측량을 방해한 경우	법 제111조 제1항제1호	25	50	100
나. 정당한 사유 없이 법 제101조제7항을 위반하여 토지 등에의 출입 등을 방해하거나 거부한 경우	법 제111조 제1항제18호	25	50	100
다. 정당한 사유 없이 법 제99조제1항에 따른 보고를 하지 않거나 거짓으로 보고를 한 경우	법 제111조 제1항제16호	25	50	100
라. 정당한 사유 없이 법 제99조제1항에 따른 조사를 거부·방해 또는 기피한 경우	법 제111조 제1항제17호	25	50	100
마. 법 제44조제4항을 위반하여 측량업 등록사항의 변경신고를 하지 않은 경우	법 제111조 제1항제8호	7	15	30
바. 법 제48조(법 제54조제6항에 따라 준용되는 경우를 포함한다)를 위반하여 측량업의 휴업·폐업 등의 신고를 하지 않거나 거짓으로 신고한 경우	법 제111조 제1항제10호	30		
사. 법 제46조제2항(법 제54조제6항에 따라 준용되는 경우를 포함한다)을 위반하여 측량업자의 지위 승계 신고를 하지 않은 경우	법 제111조 제1항제9호	50		
아. 법 제93조제1항을 위반하여 성능검사대행자의 등록사항 변경을 신고하지 않은 경우	법 제111조 제1항제14호	6	12	25
자. 법 제93조제3항을 위반하여 성능검사대행업무의 폐업신고를 하지 않은 경우	법 제111조 제1항제15호	25		
차. 법 제92조제1항을 위반하여 측량기기에 대한 성능검사를 받지 않거나 부정한 방법으로 성능검사를 받은 경우	법 제111조 제1항제13호	25	50	100
카. 법 제13조제4항을 위반하여 고시된 측량성과에 어긋나는 측량성과를 사용한 경우	법 제111조 제1항제2호	37	75	150

정답

위반행위	근거 법조문	과태료 금액		
		1차	2차	3차 이상
타. 법 제50조제2항을 위반하여 본인, 배우자 또는 ㉛계 존속 · 비속이 소유한 토지에 대한 지적측량을 한 경우	법 제111조 제1항제11호	10	20	40
파. 법 제40조제1항(법 제43조제3항에 따라 준용되는 경우를 포함한다)을 위반하여 ㉔짓으로 측량기술자의 신고를 한 경우	법 제111조 제1항제7호	6	12	25
하. 정당한 사유 없이 법 제98조제2항에 따른 ㉙육을 받지 않은 경우	법 제111조 제2항	30	60	100

19 토지 등의 출입에 따른 손실보상에 관한 사항 중 옳지 않은 것은?

① 타인의 토지에 업무로 출입하는 행위로 손실을 받은 자가 있으면 그 행위를 한 자는 그 손실을 보상 하여야 한다.

② 재결에 불복하는 자는 재결서 정본을 송달받은 날부터 30일 이내에 중앙토지수용위원회에 이의를 신청할 수 있다.

③ 협의가 성립되지 아니하거나 협의를 할 수 없는 경우에는 관할 토지수용위원회에 재결을 신청할 수 있다.

④ 손실보상은 토지, 건물, 나무, 그 밖의 공작물 등의 임대료 · 거래가격 · 수익성 등을 고려한 시중가 격으로 하여야 한다.

풀이 공간정보의 구축 및 관리 등에 관한 법률 제102조(토지 등의 출입 등에 따른 손실보상)

① 제101조제1항에 따른 행위로 손실을 받은 자가 있으면 그 행위를 한 자는 그 손실을 보상하여야 한다.

② 제1항에 따른 손실보상에 관하여는 손실을 보상할 자와 손실을 받은 자가 협의하여야 한다.

③ 손실을 보상할 자 또는 손실을 받은 자는 제2항에 따른 협의가 성립되지 아니하거나 협의를 할 수 없는 경우에 는 관할 토지수용위원회에 재결(裁決)을 신청할 수 있다.

④ 관할 토지수용위원회의 재결에 관하여는 「공익사업을 위한 토지 등의 취득 및 보상에 관한 법률」 제84조부터 제88조까지의 규정을 준용한다.

공간정보의 구축 및 관리 등에 관한 법률 시행령 제102조(손실보상)

① 법 제102조제1항에 따른 손실보상은 토지, 건물, 나무, 그 밖의 공작물 등의 임대료 · 거래가격 · 수익성 등을 고려한 적정가격으로 하여야 한다.

② 법 제102조제3항에 따라 재결을 신청하려는 자는 국토교통부령으로 정하는 바에 따라 다음 각 호의 사항을 적은 재결신청서를 관할 토지수용위원회에 제출하여야 한다.

> 1. 재결의 신청자와 상대방의 성명 및 주소
> 2. 측량의 종류
> 3. 손실 발생 사실
> 4. 보상받으려는 손실액과 그 명세
> 5. 협의의 내용

③ 제2항에 따른 재결에 불복하는 자는 재결서 정본(正本)을 송달받은 날부터 30일 이내에 중앙토지수용위원회에 이의를 신청할 수 있다. 이 경우 그 이의신청은 해당 지방토지수용위원회를 거쳐야 한다.

정답 19 ④

20 「공간정보의 구축 및 관리 등에 관한 법률」상 측량업의 당연 등록취소 사유에 해당하는 것을 모두 고른 것은?

> ㉠ 측량업 등록사항의 변경신고를 하지 아니한 경우
> ㉡ 지적측량수수료를 고시한 금액보다 과다 또는 과소하게 받은 경우
> ㉢ 측량업자가 측량기술자의 국가기술자격증을 대여 받은 사실이 확인된 경우
> ㉣ 지적측량업자가 업무 범위를 위반하여 지적측량을 한 경우
> ㉤ 다른 사람에게 자기의 측량업등록증 또는 측량업등록수첩을 빌려주거나 자기의 성명 또는 상호를
>   사용하여 측량업무를 하게 한 경우
> ㉥ 고의 또는 과실로 측량을 부정확하게 한 경우
> ㉦ 영업정지기간 중에 계속하여 영업을 한 경우

① ㉠, ㉢, ㉣
② ㉤, ㉥, ㉦, ㉧
③ ㉢, ㉤, ㉦
④ ㉣, ㉤, ㉥, ㉦

풀이 공간정보의 구축 및 관리 등에 관한 법률 제52조(측량업의 등록취소 등)

① 국토교통부장관, 시·도지사 또는 대도시시장은 측량업자가 다음 각 호의 어느 하나에 해당하는 경우에는 측량업의 등록을 취소하거나 1년 이내의 기간을 정하여 영업의 정지를 명할 수 있다. 다만, 제2호·제4호·제7호·제8호·제11호 또는 제15호에 해당하는 경우에는 측량업의 등록을 취소하여야 한다. 〈개정 2020.6.9.〉

측량업 영업의 정지 암기 ㉠㉮ 수요업 보상흥변

1. ㉮의 또는 ㉯실로 측량을 부정확하게 한 경우
13. 지적측량업자가 제106조제2항에 따른 지적측량㉮수료를 같은 조 제3항에 따라 고시한 금액보다 과다 또는 과소하게 받은 경우
14. 다른 행정기관이 관계 법령에 따라 영업정지를 ㉮구한 경우
6. 지적측량업자가 제45조에 따른 ㉮무 범위를 위반하여 지적측량을 한 경우
10. 제51조를 위반하여 ㉮험가입 등 필요한 조치를 하지 아니한 경우
9. 지적측량업자가 제50조(㉮실의무)를 위반한 경우
3. 정당한 사유 없이 측량업의 등록을 한 날부터 1년 이내에 영업을 시작하지 아니하거나 계속하여 1년 이상 ㉮업한 경우
5. 제44조제4항을 위반하여 측량업 등록사항의 ㉮경신고를 하지 아니한 경우
12. 제52조제3항에 따른 임원의 직무정지 명령을 이행하지 아니한 경우

측량업 등록 취소 암기 ㉯㉮㉰㉱ 가무취

11. ㉮업정지기간 중에 계속하여 영업을 한 경우
4. 제44조제2항에 따른 등록기준에 ㉮달하게 된 경우. 다만, 일시적으로 등록기준에 미달되는 등 대통령령으로 정하는 경우는 제외한다.
15. 「국가기술자격법」 제15조제2항을 위반하여 측량업자가 측량기술자의 국가기술자격증을 ㉮여 받은 사실이 확인된 경우
8. 제49조제1항을 위반하여 다른 사람에게 자기의 측량업등록증 또는 측량업등록수첩을 빌려주거나 자기의 성명 또는 상호를 사용하여 측량업무를 하게 한 경우
7. 제47조(측량업등록의 ㉮격사유) 각 호의 어느 하나에 해당하게 된 경우. 다만, 측량업자가 같은 조 제5호에 해당하게 된 경우로서 그 사유가 발생한 날부터 3개월 이내에 그 사유를 해소한 경우는 제외한다.

> **법 제47조(측량업등록의 결격사유)**
>
> 다음 각 호의 어느 하나에 해당하는 자는 측량업의 등록을 할 수 없다. 〈개정 2013.7.17., 2015.12.29.〉
> 1. 피성년후견인 또는 피한정후견인
> 2. 이 법이나「국가보안법」또는「형법」제87조부터 제104조까지의 규정을 위반하여 금고 이상의 실형을 선고받고 그 집행이 끝나거나(집행이 끝난 것으로 보는 경우를 포함한다) 집행이 면제된 날부터 2년이 지나지 아니한 자
> 3. 이 법이나「국가보안법」또는「형법」제87조부터 제104조까지의 규정을 위반하여 금고 이상의 형의 집행유예를 선고받고 그 집행유예기간 중에 있는 자
> 4. 제52조에 따라 측량업의 등록이 취소(제47조제1호에 해당하여 등록이 취소된 경우는 제외한다) 된 후 2년이 지나지 아니한 자
> 5. 임원 중에 제1호부터 제4호까지의 어느 하나에 해당하는 자가 있는 법인

　2. ㉔짓이나 그 밖의 ㉕정한 방법으로 측량업의 등록을 한 경우

　14. 다른 행정기관이 관계 법령에 따라 등록㉖소를 요구한 경우

② 측량업자의 지위를 승계한 상속인이 제47조에 따른 측량업등록의 결격사유에 해당하는 경우에는 그 결격사유에 해당하게 된 날부터 6개월이 지난 날까지는 제1항제7호를 적용하지 아니한다.

③ 국토교통부장관, 시·도지사 또는 대도시 시장은 측량업자가 제47조제5호에 해당하게 된 경우에는 같은 조 제1호부터 제4호까지의 어느 하나에 해당하는 임원의 직무를 정지하도록 해당 측량업자에게 명할 수 있다. 〈개정 2020.2.18.〉

④ 국토교통부장관, 시·도지사 또는 대도시 시장은 제1항에 따라 측량업등록을 취소하거나 영업정지의 처분을 하였으면 그 사실을 공고하여야 한다. 〈개정 2020.2.18.〉

⑤ 측량업등록의 취소 및 영업정지 처분에 관한 세부 기준은 국토교통부령으로 정한다. 〈개정 2020.2.18.〉

01 지적소관청이 시·도지사 또는 대도시 시장으로부터 축척변경 승인을 받았을 때 공고사항으로 옳지 않은 것은?

① 축척변경의 시행에 관한 세부계획
② 축척변경의 시행에 따른 이해관계인 등의 협조에 관한 사항
③ 축척변경의 시행에 따른 청산방법
④ 축척변경 목적, 시행지역 및 시행기간

> **풀이** 공간정보의 구축 및 관리 등에 관한 법률 시행령 제71조(축척변경 시행공고 등) **암기** ㉠㉨❀ ❀❀❀
>
> ① 지적소관청은 법 제83조제3항에 따라 시·도지사 또는 대도시 시장으로부터 축척변경 승인을 받았을 때에는 지체 없이 다음 각 호의 사항을 20일 이상 공고하여야 한다.
>
> > 1. 축척변경의 ❀적, 시행❀역 및 시행❀간
> > 2. 축척변경의 시행에 따른 ❀산방법
> > 3. 축척변경의 시행에 따른 토지❀유자 등의 협조에 관한 사항
> > 4. 축척변경의 시행에 관한 ❀부계획
>
> ② 제1항에 따른 시행공고는 시·군·구(자치구가 아닌 구를 포함한다) 및 축척변경 시행지역 동·리의 게시판에 주민이 볼 수 있도록 게시하여야 한다.
> ③ 축척변경 시행지역의 토지소유자 또는 점유자는 시행공고가 된 날(이하 "시행공고일"이라 한다)부터 30일 이내에 시행공고일 현재 점유하고 있는 경계에 국토교통부령으로 정하는 경계점표지를 설치하여야 한다.
>
> **공간정보의 구축 및 관리 등에 관한 법률 시행령 제78조(축척변경의 확정공고)**
> ① 청산금의 납부 및 지급이 완료되었을 때에는 지적소관청은 지체 없이 축척변경의 확정공고를 하여야 한다.
> ② 지적소관청은 제1항에 따른 확정공고를 하였을 때에는 지체 없이 축척변경에 따라 확정된 사항을 지적공부에 등록하여야 한다.
> ③ 축척변경 시행지역의 토지는 제1항에 따른 확정공고일에 토지의 이동이 있는 것으로 본다.
>
> **공간정보의 구축 및 관리 등에 관한 법률 시행규칙 제92조(축척변경의 확정공고)** **암기** ❀❀❀은 ❀❀에서
> ① 영 제78조제1항에 따른 축척변경의 확정공고에는 다음 각 호의 사항이 포함되어야 한다.
>
> > 1. 토지의 ❀재 및 ❀역명
> > 2. 영 제73조에 따른 축❀변경 지번별 조서
> > 3. 영 제75조제4항에 따른 ❀산금 조서
> > 4. 지적❀의 축척
>
> ② 영 제78조제2항에 따라 지적공부에 등록하는 때에는 다음 각 호의 기준에 따라야 한다.
>
> > 1. 토지대장은 제1항제2호에 따라 확정공고된 축척변경 지번별 조서에 따를 것
> > 2. 지적도는 확정측량 결과도 또는 경계점좌표에 따를 것

02 축척변경에 관한 내용으로 옳은 것은?

(07년서울7급)

① 지적위원회의 의결을 거쳐야 한다.
② 축척변경위원회의 위원은 10~15인이다.
③ 축척변경은 지적소관청이 시행한다.
④ 축척변경은 시행지역 안의 토지소유자 1/3 이상의 동의가 필요하다.
⑤ 지적측량 시행기관인 한국국토정보공사장의 승인도 필요하다.

풀이 **공간정보의 구축 및 관리 등에 관한 법률 제83조(축척변경)**
① 축척변경에 관한 사항을 심의·의결하기 위하여 지적소관청에 **축척변경위원회를 둔다.**
② 지적소관청은 지적도가 다음 각 호의 어느 하나에 해당하는 경우에는 토지소유자의 신청 또는 지적소관청의 직권으로 일정한 지역을 정하여 그 지역의 축척을 변경할 수 있다.

> 1. 잦은 토지의 이동으로 1필지의 규모가 작아서 소축척으로는 지적측량성과의 결정이나 토지의 이동에 따른 정리를 하기가 곤란한 경우
> 2. 하나의 지번부여지역에 서로 다른 축척의 지적도가 있는 경우
> 3. 그 밖에 지적공부를 관리하기 위하여 필요하다고 인정되는 경우

③ 지적소관청은 제2항에 따라 축척변경을 하려면 축척변경 시행지역의 **토지소유자 3분의 2 이상의 동의를** 받아 제1항에 따른 축척변경위원회의 의결을 거친 후 시·도지사 또는 대도시 시장의 승인을 받아야 한다. 다만, 다음 각 호의 어느 하나에 해당하는 경우에는 축척변경위원회의 의결 및 시·도지사 또는 대도시 시장의 승인 없이 축척변경을 할 수 있다.

> 1. 합병하려는 토지가 축척이 다른 지적도에 각각 등록되어 있어 축척변경을 하는 경우
> 2. 제86조에 따른 도시개발사업 등의 시행지역에 있는 토지로서 그 사업 시행에서 제외된 토지의 축척변경을 하는 경우

④ 축척변경의 절차, 축척변경으로 인한 면적 증감의 처리, 축척변경 결과에 대한 이의신청 및 축척변경위원회의 구성·운영 등에 필요한 사항은 대통령령으로 정한다.

공간정보의 구축 및 관리 등에 관한 법률 시행령 제79조(축척변경위원회의 구성 등)
① 축척변경위원회는 5명 이상 10명 이하의 위원으로 구성하되, 위원의 2분의 1 이상을 토지소유자로 하여야 한다. 이 경우 그 축척변경 시행지역의 토지소유자가 5명 이하일 때에는 토지소유자 전원을 위원으로 위촉하여야 한다.
② 위원장은 위원 중에서 지적소관청이 지명한다.
③ 위원은 다음 각 호의 사람 중에서 지적소관청이 위촉한다.

> 1. 해당 축척변경 시행지역의 토지소유자로서 지역 사정에 정통한 사람
> 2. 지적에 관하여 전문지식을 가진 사람

④ 축척변경위원회의 위원에게는 예산의 범위에서 출석수당과 여비, 그 밖의 실비를 지급할 수 있다. 다만, 공무원인 위원이 그 소관 업무와 직접적으로 관련되어 출석하는 경우에는 그러하지 아니하다.

정답 02 ③

03 「공간정보의 구축 및 관리 등에 관한 법률 시행령 제79조(축척변경위원회의 구성 등)」에서 축척변경위원회는 지적소관청이 회부하는 다음 각 호의 사항을 심의 · 의결한다. 심의 · 의결 사항으로 옳지 않은 것은?

① 지번별 제곱미터당 금액의 결정과 청산금의 산정에 관한 사항
② 조정금의 이의신청에 관한 사항
③ 축척변경과 관련하여 지적소관청이 회의에 부치는 사항
④ 축척변경 시행계획에 관한 사항

[풀이] **공간정보의 구축 및 관리 등에 관한 법률 시행령 제79조(축척변경위원회의 구성 등)**

① 축척변경위원회는 5명 이상 10명 이하의 위원으로 구성하되, 위원의 2분의 1 이상을 토지소유자로 하여야 한다. 이 경우 그 축척변경 시행지역의 토지소유자가 5명 이하일 때에는 토지소유자 전원을 위원으로 위촉하여야 한다.
② 위원장은 위원 중에서 지적소관청이 지명한다.
③ 위원은 다음 각 호의 사람 중에서 지적소관청이 위촉한다.

> 1. 해당 축척변경 시행지역의 토지소유자로서 지역 사정에 정통한 사람
> 2. 지적에 관하여 전문지식을 가진 사람

④ 축척변경위원회의 위원에게는 예산의 범위에서 출석수당과 여비, 그 밖의 실비를 지급할 수 있다. 다만, 공무원인 위원이 그 소관 업무와 직접적으로 관련되어 출석하는 경우에는 그러하지 아니하다.

공간정보의 구축 및 관리 등에 관한 법률 시행령 제80조(축척변경위원회의 기능) [암기] [축][제]하고 [청][소]해라

축척변경위원회는 지적소관청이 회부하는 다음 각 호의 사항을 심의 · 의결한다.

> 1. [축]척변경 시행계획에 관한 사항
> 2. 지번별 [제]곱미터당 금액의 결정과 청산금의 산정에 관한 사항
> 3. [청]산금의 이의신청에 관한 사항
> 4. 그 밖에 축척변경과 관련하여 지적[소]관청이 회의에 부치는 사항

공간정보의 구축 및 관리 등에 관한 법률 시행령 제81조(축척변경위원회의 회의)

① 축척변경위원회의 회의는 지적소관청이 제80조 각 호의 어느 하나에 해당하는 사항을 축척변경위원회에 회부하거나 위원장이 필요하다고 인정할 때에 위원장이 소집한다.
② 축척변경위원회의 회의는 위원장을 포함한 재적위원 과반수의 출석으로 개의(開議)하고, 출석위원 과반수의 찬성으로 의결한다.
③ 위원장은 축척변경위원회의 회의를 소집할 때에는 회의일시 · 장소 및 심의안건을 회의 개최 5일 전까지 각 위원에게 서면으로 통지하여야 한다.

정답 03 ②

04 「공간정보의 구축 및 관리 등에 관한 법률 시행령 제79조(축척변경위원회의 구성 등)」에서 축척변경위원회에 관한 내용으로 옳지 않은 것은?

① 위원장은 축척변경위원회의 회의를 소집할 때에는 회의일시·장소 및 심의안건을 회의 개최 5일 전까지 각 위원에게 서면으로 통지하여야 한다.

② 축척변경 시행지역의 토지소유자가 3명 이하일 때에는 토지소유자 전원을 위원으로 위촉하여야 한다.

③ 축척변경위원회의 회의는 위원장을 포함한 재적위원 과반수의 출석으로 개의(開議)하고, 출석위원 과반수의 찬성으로 의결한다.

④ 축척변경위원회는 5명 이상 10명 이하의 위원으로 구성하되, 위원의 2분의 1 이상을 토지소유자로 하여야 한다.

풀이 공간정보의 구축 및 관리 등에 관한 법률 시행령 제79조(축척변경위원회의 구성 등)

① 축척변경위원회는 5명 이상 10명 이하의 위원으로 구성하되, 위원의 2분의 1 이상을 토지소유자로 하여야 한다. 이 경우 그 축척변경 시행지역의 토지소유자가 5명 이하일 때에는 토지소유자 전원을 위원으로 위촉하여야 한다.

② 위원장은 위원 중에서 지적소관청이 지명한다.

③ 위원은 다음 각 호의 사람 중에서 지적소관청이 위촉한다.

> 1. 해당 축척변경 시행지역의 토지소유자로서 지역 사정에 정통한 사람
> 2. 지적에 관하여 전문지식을 가진 사람

④ 축척변경위원회의 위원에게는 예산의 범위에서 출석수당과 여비, 그 밖의 실비를 지급할 수 있다. 다만, 공무원인 위원이 그 소관 업무와 직접적으로 관련되어 출석하는 경우에는 그러하지 아니하다.

공간정보의 구축 및 관리 등에 관한 법률 시행령 제80조(축척변경위원회의 기능) 암기 축제하고 청소해라

축척변경위원회는 지적소관청이 회부하는 다음 각 호의 사항을 심의·의결한다.

> 1. ㈜척변경 시행계획에 관한 사항
> 2. 지번별 ㉙곱미터당 금액의 결정과 청산금의 산정에 관한 사항
> 3. ㉛산금의 이의신청에 관한 사항
> 4. 그 밖에 축척변경과 관련하여 지적㈜관청이 회의에 부치는 사항

공간정보의 구축 및 관리 등에 관한 법률 시행령 제81조(축척변경위원회의 회의)

① 축척변경위원회의 회의는 지적소관청이 제80조 각 호의 어느 하나에 해당하는 사항을 축척변경위원회에 회부하거나 위원장이 필요하다고 인정할 때에 위원장이 소집한다.

② 축척변경위원회의 회의는 위원장을 포함한 재적위원 과반수의 출석으로 개의(開議)하고, 출석위원 과반수의 찬성으로 의결한다.

③ 위원장은 축척변경위원회의 회의를 소집할 때에는 회의일시·장소 및 심의안건을 회의 개최 5일 전까지 각 위원에게 서면으로 통지하여야 한다.

05 축척변경에 대한 설명으로 가장 옳지 않은 것은? (18년서울9급)

① 하나의 지번부여지역에 서로 다른 축척의 임야도가 있는 경우 토지소유자의 신청 또는 지적소관청의 직권으로 그 지역의 축척을 변경할 수 있다.

② 축척변경 시행지역의 토지소유자 또는 점유자는 시행공고가 된 날부터 30일 이내에 시행공고일 현재 점유하고 있는 경계에 국토교통부령으로 정하는 경계점표지를 설치하여야 한다.

③ 지적소관청은 축척변경 승인을 받았을 때에는 시 · 군 · 구 및 시행지역 동 · 리 게시판에 20일 이상 축척변경 시행공고를 하여야 한다.

④ 축척변경에 관한 사항을 심의 · 의결하기 위하여 지적소관청에 축척변경위원회를 둔다.

풀이 **공간정보의 구축 및 관리 등에 관한 법률 제83조(축척변경)**

① 축척변경에 관한 사항을 심의 · 의결하기 위하여 지적소관청에 축척변경위원회를 둔다.

② 지적소관청은 지적도가 다음 각 호의 어느 하나에 해당하는 경우에는 토지소유자의 신청 또는 지적소관청의 직권으로 일정한 지역을 정하여 그 지역의 축척을 변경할 수 있다.

> 1. 잦은 토지의 이동으로 1필지의 규모가 작아서 소축척으로는 지적측량성과의 결정이나 토지의 이동에 따른 정리를 하기가 곤란한 경우
> 2. 하나의 지번부여지역에 서로 다른 축척의 지적도가 있는 경우
> 3. 그 밖에 지적공부를 관리하기 위하여 필요하다고 인정되는 경우

③ 지적소관청은 제2항에 따라 축척변경을 하려면 축척변경 시행지역의 토지소유자 3분의 2 이상의 동의를 받아 제1항에 따른 축척변경위원회의 의결을 거친 후 시 · 도지사 또는 대도시 시장의 승인을 받아야 한다. 다만, 다음 각 호의 어느 하나에 해당하는 경우에는 축척변경위원회의 의결 및 시 · 도지사 또는 대도시 시장의 승인 없이 축척변경을 할 수 있다.

> 1. 합병하려는 토지가 축척이 다른 지적도에 각각 등록되어 있어 축척변경을 하는 경우
> 2. 제86조에 따른 도시개발사업 등의 시행지역에 있는 토지로서 그 사업 시행에서 제외된 토지의 축척변경을 하는 경우

④ 축척변경의 절차, 축척변경으로 인한 면적 증감의 처리, 축척변경 결과에 대한 이의신청 및 축척변경위원회의 구성 · 운영 등에 필요한 사항은 대통령령으로 정한다.

공간정보의 구축 및 관리 등에 관한 법률 시행령 제71조(축척변경 시행공고 등) **암기** ㉠㉣㉧ ㉫㉒㉙

① 지적소관청은 법 제83조제3항에 따라 시 · 도지사 또는 대도시 시장으로부터 축척변경 승인을 받았을 때에는 지체 없이 다음 각 호의 사항을 20일 이상 공고하여야 한다.

> 1. 축척변경의 ㉧적, 시행㉣역 및 시행㉠간
> 2. 축척변경의 시행에 따른 ㉫산방법
> 3. 축척변경의 시행에 따른 토지㉒유자 등의 협조에 관한 사항
> 4. 축척변경의 시행에 관한 ㉙부계획

② 제1항에 따른 시행공고는 시 · 군 · 구(자치구가 아닌 구를 포함한다) 및 축척변경 시행지역 동 · 리의 게시판에 주민이 볼 수 있도록 게시하여야 한다.

③ 축척변경 시행지역의 토지소유자 또는 점유자는 시행공고가 된 날(이하 "시행공고일"이라 한다)부터 30일 이내에 시행공고일 현재 점유하고 있는 경계에 국토교통부령으로 정하는 경계점표지를 설치하여야 한다.

06 축척변경의 확정공고에 대한 설명으로 가장 옳지 않은 것은?

① 지적공부에 등록하는 때에 토지대장은 확정공고된 축척변경 지번별 조서에 따라야 한다.
② 축척변경 시행지역의 토지는 확정완료일에 토지의 이동이 있는 것으로 본다.
③ 지적소관청은 확정공고를 하였을 때에는 지체 없이 축척변경에 따라 확정된 사항을 지적공부에 등록하여야 한다.
④ 청산금의 납부 및 지급이 완료되었을 때에는 지적소관청은 지체 없이 축척변경의 확정공고를 하여야 한다.

풀이 공간정보의 구축 및 관리 등에 관한 법률 시행령 제78조(축척변경의 확정공고)
① 청산금의 납부 및 지급이 완료되었을 때에는 지적소관청은 지체 없이 축척변경의 확정공고를 하여야 한다.
② 지적소관청은 제1항에 따른 확정공고를 하였을 때에는 지체 없이 축척변경에 따라 확정된 사항을 지적공부에 등록하여야 한다.
③ 축척변경 시행지역의 토지는 제1항에 따른 확정공고일에 토지의 이동이 있는 것으로 본다.

공간정보의 구축 및 관리 등에 관한 법률 시행규칙 제92조(축척변경의 확정공고) **암기** **소**지**청**은 **청**도에서
① 영 제78조제1항에 따른 축척변경의 확정공고에는 다음 각 호의 사항이 포함되어야 한다.

> 1. 토지의 **소**재 및 **지**역명
> 2. 영 제73조에 따른 축**척**변경 지번별 조서
> 3. 영 제75조제4항에 따른 **청**산금 조서
> 4. 지적**도**의 축척

② 영 제78조제2항에 따라 지적공부에 등록하는 때에는 다음 각 호의 기준에 따라야 한다.

> 1. 토지대장은 제1항제2호에 따라 확정공고된 축척변경 지번별 조서에 따를 것
> 2. 지적도는 확정측량 결과도 또는 경계점좌표에 따를 것

07 축척변경의 확정공고의 사항이 아닌 것은?

① 청산금 조서
② 축척변경의 목적, 시행지역 및 시행기간
③ 축척변경 지번별 조서
④ 토지의 소재 및 지역명

풀이 공간정보의 구축 및 관리 등에 관한 법률 시행령 제71조(축척변경 시행공고 등) **암기** **기**지**목** **청**소**세**
① 지적소관청은 법 제83조제3항에 따라 시·도지사 또는 대도시 시장으로부터 축척변경 승인을 받았을 때에는 지체 없이 다음 각 호의 사항을 20일 이상 공고하여야 한다.

> 1. 축척변경의 **목**적, 시행**지**역 및 시행**기**간
> 2. 축척변경의 시행에 따른 **청**산방법
> 3. 축척변경의 시행에 따른 토지**소**유자 등의 협조에 관한 사항
> 4. 축척변경의 시행에 관한 **세**부계획

② 제1항에 따른 시행공고는 시·군·구(자치구가 아닌 구를 포함한다) 및 축척변경 시행지역 동·리의 게시판에 주민이 볼 수 있도록 게시하여야 한다.

③ 축척변경 시행지역의 토지소유자 또는 점유자는 시행공고가 된 날(이하 "시행공고일"이라 한다)부터 30일 이내에 시행공고일 현재 점유하고 있는 경계에 국토교통부령으로 정하는 경계점표지를 설치하여야 한다.

공간정보의 구축 및 관리 등에 관한 법률 시행규칙 제92조(축척변경의 확정공고) [암기] [소][지][청]은 [청][도]에서

① 영 제78조제1항에 따른 축척변경의 확정공고에는 다음 각 호의 사항이 포함되어야 한다.

1. 토지의 [소]재 및 [지]역명
2. 영 제73조에 따른 축[청]변경 지번별 조서
3. 영 제75조제4항에 따른 [청]산금 조서
4. 지적[도]의 축척

② 영 제78조제2항에 따라 지적공부에 등록하는 때에는 다음 각 호의 기준에 따라야 한다.

1. 토지대장은 제1항제2호에 따라 확정공고된 축척변경 지번별 조서에 따를 것
2. 지적도는 확정측량 결과도 또는 경계점좌표에 따를 것

08 「공간정보의 구축 및 관리 등에 관한 법령」상 축척변경사업에 따른 청산금에 관한 내용이다. (   )에 들어갈 사항으로 옳은 것은?

- 지적소관청이 납부고지하거나 수령통지한 청산금에 관하여 이의가 있는 자는 납부고지 또는 수령통지를 받은 날부터 (ㄱ) 이내에 지적소관청에 이의신청을 할 수 있다.
- 지적소관청으로부터 청산금의 납부고지를 받은 자는 그 고지를 받은 날부터 (ㄴ) 이내에 청산금을 지적소관청에 내야 한다.
- 지적소관청은 청산금의 결정을 공고한 날부터 (ㄷ) 이내에 토지소유자에게 청산금의 납부고지 또는 수령통지를 하여야 한다.
- 이의신청을 받은 지적소관청은 (ㄹ) 이내에 축척변경위원회의 심의 · 의결을 거쳐 그 인용(認容) 여부를 결정한 후 지체 없이 그 내용을 이의신청인에게 통지하여야 한다.

① ㄱ : 15일, ㄴ : 6개월, ㄷ : 20일, ㄹ : 3개월
② ㄱ : 1개월, ㄴ : 3개월, ㄷ : 10일, ㄹ : 2개월
③ ㄱ : 1개월, ㄴ : 6개월, ㄷ : 20일, ㄹ : 1개월
④ ㄱ : 3개월, ㄴ : 6개월, ㄷ : 30일, ㄹ : 2개월

[풀이] **공간정보의 구축 및 관리 등에 관한 법률 시행령 제76조(청산금의 납부고지 등)**

① 지적소관청은 제75조제4항에 따라 청산금의 결정을 공고한 날부터 20일 이내에 토지소유자에게 청산금의 납부고지 또는 수령통지를 하여야 한다.

② 제1항에 따른 납부고지를 받은 자는 그 고지를 받은 날부터 6개월 이내에 청산금을 지적소관청에 내야 한다. 〈개정 2017.1.10.〉

③ 지적소관청은 제1항에 따른 수령통지를 한 날부터 6개월 이내에 청산금을 지급하여야 한다.

④ 지적소관청은 청산금을 지급받을 자가 행방불명 등으로 받을 수 없거나 받기를 거부할 때에는 그 청산금을 공탁할 수 있다.

⑤ 지적소관청은 청산금을 내야 하는 자가 제77조제1항에 따른 기간 내에 청산금에 관한 이의신청을 하지 아니하고 제2항에 따른 기간 내에 청산금을 내지 아니하면 지방세 체납처분의 예에 따라 징수할 수 있다.

정답 08 ③

공간정보의 구축 및 관리 등에 관한 법률 시행령 제77조(청산금에 관한 이의신청)

① 제76조제1항에 따라 납부고지되거나 수령통지된 청산금에 관하여 이의가 있는 자는 납부고지 또는 수령통지를 받은 날부터 1개월 이내에 지적소관청에 이의신청을 할 수 있다.

② 제1항에 따른 이의신청을 받은 지적소관청은 1개월 이내에 축척변경위원회의 심의·의결을 거쳐 그 인용(認容) 여부를 결정한 후 지체 없이 그 내용을 이의신청인에게 통지하여야 한다.

09 「공간정보의 구축 및 관리 등에 관한 법령」상 축척변경에 대한 설명으로 옳지 않은 것은?

① 합병하려는 토지가 축척이 다른 지적도에 각각 등록되어 있어 축척변경을 하는 경우에는 축척변경위원회의 의결 및 시·도지사 또는 대도시 시장의 승인을 받아 축척변경을 할 수 있다.

② 지적소관청은 축척변경을 할 때에는 축척변경 사유를 적은 승인신청서에 토지소유자의 동의서와 축척변경의 사유 등의 서류를 첨부하여 시·도지사 또는 대도시 시장에게 제출하여야 한다.

③ 지적소관청은 지적도가 하나의 지번부여지역에 서로 다른 축척의 지적도가 있는 경우에는 토지소유자의 신청 또는 지적소관청의 직권으로 일정한 지역을 정하여 그 지역의 축척을 변경할 수 있다.

④ 축척변경의 절차, 축척변경으로 인한 면적 증감의 처리, 축척변경 결과에 대한 이의신청 및 축척변경위원회의 구성·운영 등에 필요한 사항은 대통령령으로 정한다.

풀이 공간정보의 구축 및 관리 등에 관한 법률 제83조(축척변경)

① 축척변경에 관한 사항을 심의·의결하기 위하여 지적소관청에 축척변경위원회를 둔다.

② 지적소관청은 지적도가 다음 각 호의 어느 하나에 해당하는 경우에는 토지소유자의 신청 또는 지적소관청의 직권으로 일정한 지역을 정하여 그 지역의 축척을 변경할 수 있다.

> 1. 잦은 토지의 이동으로 1필지의 규모가 작아서 소축척으로는 지적측량성과의 결정이나 토지의 이동에 따른 정리를 하기가 곤란한 경우
> 2. 하나의 지번부여지역에 서로 다른 축척의 지적도가 있는 경우
> 3. 그 밖에 지적공부를 관리하기 위하여 필요하다고 인정되는 경우

③ 지적소관청은 제2항에 따라 축척변경을 하려면 축척변경 시행지역의 토지소유자 3분의 2 이상의 동의를 받아 제1항에 따른 축척변경위원회의 의결을 거친 후 시·도지사 또는 대도시 시장의 승인을 받아야 한다. 다만, 다음 각 호의 어느 하나에 해당하는 경우에는 축척변경위원회의 의결 및 시·도지사 또는 대도시 시장의 승인 없이 축척변경을 할 수 있다.

> 1. 합병하려는 토지가 축척이 다른 지적도에 각각 등록되어 있어 축척변경을 하는 경우
> 2. 제86조에 따른 도시개발사업 등의 시행지역에 있는 토지로서 그 사업 시행에서 제외된 토지의 축척변경을 하는 경우

④ 축척변경의 절차, 축척변경으로 인한 면적 증감의 처리, 축척변경 결과에 대한 이의신청 및 축척변경위원회의 구성·운영 등에 필요한 사항은 대통령령으로 정한다.

공간정보의 구축 및 관리 등에 관한 법률 시행령 제70조(축척변경 승인신청) **암기** **변경**은 **동의**가 **필**요하다

① 지적소관청은 법 제83조제2항에 따라 축척변경을 할 때에는 축척변경 사유를 적은 승인신청서에 다음 각 호의 서류를 첨부하여 시·도지사 또는 대도시 시장에게 제출하여야 한다. 이 경우 시·도지사 또는 대도시 시장은 「전자정부법」 제36조제1항에 따른 행정정보의 공동이용을 통하여 축척변경 대상지역의 지적도를 확인하여야 한다. 〈개정 2010.11.2.〉

정답 09 ①

② 제1항에 따른 신청을 받은 시·도지사 또는 대도시 시장은 축척변경 사유 등을 심사한 후 그 승인 여부를 지적소관청에 통지하여야 한다.

10 「공간정보의 구축 및 관리 등에 관한 법령」상 축척변경에 대한 설명으로 옳지 않은 것은?

① 축척변경 시행지역의 토지소유자 또는 점유자는 시행공고가 된 날(이하 "시행공고일"이라 한다)부터 30일 이내에 시행공고일 현재 점유하고 있는 경계에 국토교통부령으로 정하는 경계점표지를 설치하여야 한다.

② 지적소관청은 청산금을 결정한 날부터 20일 이내에 토지소유자에게 청산금의 납부고지 또는 수령통지를 하여야 한다.

③ 지적소관청은 시·도지사 또는 대도시 시장으로부터 축척변경 승인을 받았을 때에는 지체 없이 축척변경의 목적, 시행지역 및 시행기간, 축척변경의 시행에 관한 세부계획 등을 20일 이상 공고하여야 한다.

④ 지적소관청은 청산금을 산정하였을 때에는 청산금 조서(축척변경 지번별 조서에 필지별 청산금 명세를 적은 것을 말한다)를 작성하고, 청산금이 결정되었다는 뜻을 15일 이상 공고하여 일반인이 열람할 수 있게 하여야 한다.

풀이 **공간정보의 구축 및 관리 등에 관한 법률 시행령 제71조(축척변경 시행공고 등)** **암기** ⑦⑧⑧ ⑧⑧⑧

① 지적소관청은 법 제83조제3항에 따라 시·도지사 또는 대도시 시장으로부터 축척변경 승인을 받았을 때에는 지체 없이 다음 각 호의 사항을 20일 이상 공고하여야 한다.

② 제1항에 따른 시행공고는 시·군·구(자치구가 아닌 구를 포함한다) 및 축척변경 시행지역 동·리의 게시판에 주민이 볼 수 있도록 게시하여야 한다.
③ 축척변경 시행지역의 토지소유자 또는 점유자는 시행공고가 된 날(이하 "시행공고일"이라 한다)부터 30일 이내에 시행공고일 현재 점유하고 있는 경계에 국토교통부령으로 정하는 경계점표지를 설치하여야 한다.

공간정보의 구축 및 관리 등에 관한 법률 시행령 제75조(청산금의 산정)
① 지적소관청은 축척변경에 관한 측량을 한 결과 측량 전에 비하여 면적의 증감이 있는 경우에는 그 증감면적에 대하여 청산을 하여야 한다. 다만, 다음 각 호의 어느 하나에 해당하는 경우에는 그러하지 아니하다.

정답 10 ②

② 제1항 본문에 따라 청산을 할 때에는 축척변경위원회의 의결을 거쳐 지번별로 제곱미터당 금액(이하 "지번별 제곱미터당 금액"이라 한다)을 정하여야 한다. 이 경우 지적소관청은 시행공고일 현재를 기준으로 그 축척변경 시행지역의 토지에 대하여 지번별 제곱미터당 금액을 미리 조사하여 축척변경위원회에 제출하여야 한다.

③ 청산금은 제73조에 따라 작성된 축척변경 지번별 조서의 필지별 증감면적에 제2항에 따라 결정된 지번별 제곱미터당 금액을 곱하여 산정한다.

④ 지적소관청은 청산금을 산정하였을 때에는 청산금 조서(축척변경 지번별 조서에 필지별 청산금 명세를 적은 것을 말한다)를 작성하고, 청산금이 결정되었다는 뜻을 제71조제2항의 방법에 따라 15일 이상 공고하여 일반인이 열람할 수 있게 하여야 한다.

⑤ 제3항에 따라 청산금을 산정한 결과 증가된 면적에 대한 청산금의 합계와 감소된 면적에 대한 청산금의 합계에 차액이 생긴 경우 초과액은 그 지방자치단체(「제주특별자치도 설치 및 국제자유도시 조성을 위한 특별법」 제10조제2항에 따른 행정시의 경우에는 해당 행정시가 속한 특별자치도를 말하고, 「지방자치법」 제3조제3항에 따른 자치구가 아닌 구의 경우에는 해당 구가 속한 시를 말한다. 이하 이 항에서 같다)의 수입으로 하고, 부족액은 그 지방자치단체가 부담한다.

공간정보의 구축 및 관리 등에 관한 법률 시행령 제76조(청산금의 납부고지 등)

① 지적소관청은 제75조제4항에 따라 청산금의 결정을 공고한 날부터 20일 이내에 토지소유자에게 청산금의 납부고지 또는 수령통지를 하여야 한다.

② 제1항에 따른 납부고지를 받은 자는 그 고지를 받은 날부터 6개월 이내에 청산금을 지적소관청에 내야 한다. 〈개정 2017.1.10.〉

③ 지적소관청은 제1항에 따른 수령통지를 한 날부터 6개월 이내에 청산금을 지급하여야 한다.

④ 지적소관청은 청산금을 지급받을 자가 행방불명 등으로 받을 수 없거나 받기를 거부할 때에는 그 청산금을 공탁할 수 있다.

⑤ 지적소관청은 청산금을 내야 하는 자가 제77조제1항에 따른 기간 내에 청산금에 관한 이의신청을 하지 아니하고 제2항에 따른 기간 내에 청산금을 내지 아니하면 지방세 체납처분의 예에 따라 징수할 수 있다.

11 「공간정보의 구축 및 관리 등에 관한 법령」상 축척변경에 대한 설명으로 옳지 않은 것은?

① 청산금이 납부고지되거나 수령통지된 청산금에 관하여 이의가 있는 자는 납부고지 또는 수령통지를 받은 날부터 1개월 이내에 지적소관청에 이의신청을 할 수 있다.

② 지적소관청은 확정공고를 하였을 때에는 10일 이내에 축척변경에 따라 확정된 사항을 지적공부에 등록하여야 한다.

③ 청산금의 납부 및 지급이 완료되었을 때에는 지적소관청은 지체 없이 축척변경의 확정공고를 하여야 한다.

④ 청산금 납부고지를 받은 자는 그 고지를 받은 날부터 6개월 이내에 청산금을 지적소관청에 내야 한다.

풀이 공간정보의 구축 및 관리 등에 관한 법률 시행령 제76조(청산금의 납부고지 등)

① 지적소관청은 제75조제4항에 따라 청산금의 결정을 공고한 날부터 20일 이내에 토지소유자에게 청산금의 납부고지 또는 수령통지를 하여야 한다.

② 제1항에 따른 납부고지를 받은 자는 그 고지를 받은 날부터 6개월 이내에 청산금을 지적소관청에 내야 한다. 〈개정 2017.1.10.〉

③ 지적소관청은 제1항에 따른 수령통지를 한 날부터 6개월 이내에 청산금을 지급하여야 한다.

④ 지적소관청은 청산금을 지급받을 자가 행방불명 등으로 받을 수 없거나 받기를 거부할 때에는 그 청산금을 공탁할 수 있다.

정답 11 ②

⑤ 지적소관청은 청산금을 내야 하는 자가 제77조제1항에 따른 기간 내에 청산금에 관한 이의신청을 하지 아니하고 제2항에 따른 기간 내에 청산금을 내지 아니하면 지방세 체납처분의 예에 따라 징수할 수 있다.

공간정보의 구축 및 관리 등에 관한 법률 시행령 제77조(청산금에 관한 이의신청)

① 제76조제1항에 따라 납부고지되거나 수령통지된 청산금에 관하여 이의가 있는 자는 납부고지 또는 수령통지를 받은 날부터 1개월 이내에 지적소관청에 이의신청을 할 수 있다.

② 제1항에 따른 이의신청을 받은 지적소관청은 1개월 이내에 축척변경위원회의 심의 · 의결을 거쳐 그 인용(認容) 여부를 결정한 후 지체 없이 그 내용을 이의신청인에게 통지하여야 한다.

공간정보의 구축 및 관리 등에 관한 법률 시행령 제78조(축척변경의 확정공고)

① 청산금의 납부 및 지급이 완료되었을 때에는 지적소관청은 지체 없이 축척변경의 확정공고를 하여야 한다.

② 지적소관청은 제1항에 따른 확정공고를 하였을 때에는 지체 없이 축척변경에 따라 확정된 사항을 지적공부에 등록하여야 한다.

③ 축척변경 시행지역의 토지는 제1항에 따른 확정공고일에 토지의 이동이 있는 것으로 본다.

12 「공간정보의 구축 및 관리 등에 관한 법령」상 축척변경에 대한 설명으로 옳지 않은 것은?

① 지적소관청은 축척변경 시행기간 중에는 축척변경 시행지역의 지적공부정리와 경계복원측량(제71조제3항에 따른 경계점표지의 설치를 위한 경계복원측량은 제외한다)을 축척변경 확정공고일까지 정지하여야 한다.

② 지적소관청은 청산금을 산정하였을 때에는 청산금 조서(축척변경 지번별 조서에 필지별 청산금 명세를 적은 것을 말한다)를 작성하고, 청산금이 결정되었다는 뜻을 30일 이상 공고하여 일반인이 열람할 수 있게 하여야 한다.

③ 지적소관청이 축척변경을 위한 측량을 할 때에는 토지소유자 또는 점유자가 설치한 경계점표지를 기준으로 새로운 축척에 따라 면적 · 경계 또는 좌표를 정하여야 한다.

④ 지적소관청은 축척변경에 관한 측량을 완료하였을 때에는 시행공고일 현재의 지적공부상의 면적과 측량 후의 면적을 비교하여 그 변동사항을 표시한 축척변경 지번별 조서를 작성하여야 한다.

풀이 **공간정보의 구축 및 관리 등에 관한 법률 시행령 제72조(토지의 표시 등)**

① 지적소관청은 축척변경 시행지역의 각 필지별 지번 · 지목 · 면적 · 경계 또는 좌표를 새로 정하여야 한다.

② 지적소관청이 축척변경을 위한 측량을 할 때에는 제71조제3항에 따라 토지소유자 또는 점유자가 설치한 경계점표지를 기준으로 새로운 축척에 따라 면적 · 경계 또는 좌표를 정하여야 한다.

③ 법 제83조제3항 단서에 따라 축척을 변경할 때에는 제1항에도 불구하고 각 필지별 지번 · 지목 및 경계는 종전의 지적공부에 따르고 면적만 새로 정하여야 한다.

④ 제3항에 따른 축척변경절차 및 면적결정방법 등에 관하여 필요한 사항은 국토교통부령으로 정한다.

공간정보의 구축 및 관리 등에 관한 법률 시행령 제73조(축척변경 지번별 조서의 작성)

지적소관청은 제72조제2항에 따라 축척변경에 관한 측량을 완료하였을 때에는 시행공고일 현재의 지적공부상의 면적과 측량 후의 면적을 비교하여 그 변동사항을 표시한 축척변경 지번별 조서를 작성하여야 한다.

공간정보의 구축 및 관리 등에 관한 법률 시행령 제74조(지적공부정리 등의 정지)

지적소관청은 축척변경 시행기간 중에는 축척변경 시행지역의 지적공부정리와 경계복원측량(제71조제3항에 따른 경계점표지의 설치를 위한 경계복원측량은 제외한다)을 제78조에 따른 축척변경 확정공고일까지 정지하여야 한다. 다만, 축척변경위원회의 의결이 있는 경우에는 그러하지 아니하다.

공간정보의 구축 및 관리 등에 관한 법률 시행령 제75조(청산금의 산정)

① 지적소관청은 축척변경에 관한 측량을 한 결과 측량 전에 비하여 면적의 증감이 있는 경우에는 그 증감면적에 대하여 청산을 하여야 한다. 다만, 다음 각 호의 어느 하나에 해당하는 경우에는 그러하지 아니하다.

> 1. 필지별 증감면적이 제19조제1항제2호가목에 따른 허용범위 이내인 경우. 다만, 축척변경위원회의 의결이 있는 경우는 제외한다.
> 2. 토지소유자 전원이 청산하지 아니하기로 합의하여 서면으로 제출한 경우

② 제1항 본문에 따라 청산을 할 때에는 축척변경위원회의 의결을 거쳐 지번별로 제곱미터당 금액(이하 "지번별 제곱미터당 금액"이라 한다)을 정하여야 한다. 이 경우 지적소관청은 시행공고일 현재를 기준으로 그 축척변경 시행지역의 토지에 대하여 지번별 제곱미터당 금액을 미리 조사하여 축척변경위원회에 제출하여야 한다.

③ 청산금은 제73조에 따라 작성된 축척변경 지번별 조서의 필지별 증감면적에 제2항에 따라 결정된 지번별 제곱미터당 금액을 곱하여 산정한다.

④ 지적소관청은 청산금을 산정하였을 때에는 청산금 조서(축척변경 지번별 조서에 필지별 청산금 명세를 적은 것을 말한다)를 작성하고, 청산금이 결정되었다는 뜻을 제71조제2항의 방법에 따라 15일 이상 공고하여 일반인이 열람할 수 있게 하여야 한다.

⑤ 제3항에 따라 청산금을 산정한 결과 증가된 면적에 대한 청산금의 합계와 감소된 면적에 대한 청산금의 합계에 차액이 생긴 경우 초과액은 그 지방자치단체(「제주특별자치도 설치 및 국제자유도시 조성을 위한 특별법」 제10조제2항에 따른 행정시의 경우에는 해당 행정시가 속한 특별자치도를 말하고, 「지방자치법」 제3조제3항에 따른 자치구가 아닌 구의 경우에는 해당 구가 속한 시를 말한다. 이하 이 항에서 같다)의 수입으로 하고, 부족액은 그 지방자치단체가 부담한다.

13 「공간정보의 구축 및 관리 등에 관한 법령」상 축척변경에 대한 설명으로 옳지 않은 것은?

① 청산금은 작성된 축척변경 지번별 조서의 필지별 증감면적에 제2항에 따라 결정된 지번별 제곱미터당 금액을 곱하여 산정한다.

② 축척변경 확정공고에는 토지의 소재 및 지역명, 축척변경 지번별 조서 등이 포함되어야 한다.

③ 지적소관청은 축척변경에 관한 측량을 한 결과 측량 전에 비하여 면적의 증감면적이 허용범위 이내인 경우에는 그 증감면적에 대하여 청산을 하여야 한다.

④ 청산금을 산정한 결과 증가된 면적에 대한 청산금의 합계와 감소된 면적에 대한 청산금의 합계에 차액이 생긴 경우 초과액은 그 지방자치단체의 수입으로 하고, 부족액은 그 지방자치단체가 부담한다.

풀이 공간정보의 구축 및 관리 등에 관한 법률 시행령 제75조(청산금의 산정)

① 지적소관청은 축척변경에 관한 측량을 한 결과 측량 전에 비하여 면적의 증감이 있는 경우에는 그 증감면적에 대하여 청산을 하여야 한다. 다만, 다음 각 호의 어느 하나에 해당하는 경우에는 그러하지 아니하다.

> 1. 필지별 증감면적이 제19조제1항제2호가목에 따른 허용범위 이내인 경우. 다만, 축척변경위원회의 의결이 있는 경우는 제외한다.
> 2. 토지소유자 전원이 청산하지 아니하기로 합의하여 서면으로 제출한 경우

② 제1항 본문에 따라 청산을 할 때에는 축척변경위원회의 의결을 거쳐 지번별로 제곱미터당 금액(이하 "지번별 제곱미터당 금액"이라 한다)을 정하여야 한다. 이 경우 지적소관청은 시행공고일 현재를 기준으로 그 축척변경 시행지역의 토지에 대하여 지번별 제곱미터당 금액을 미리 조사하여 축척변경위원회에 제출하여야 한다.

③ 청산금은 제73조에 따라 작성된 축척변경 지번별 조서의 필지별 증감면적에 제2항에 따라 결정된 지번별 제곱미터당 금액을 곱하여 산정한다.

④ 지적소관청은 청산금을 산정하였을 때에는 청산금 조서(축척변경 지번별 조서에 필지별 청산금 명세를 적은 것을 말한다)를 작성하고, 청산금이 결정되었다는 뜻을 제71조제2항의 방법에 따라 15일 이상 공고하여 일반인이 열람할 수 있게 하여야 한다.

⑤ 제3항에 따라 청산금을 산정한 결과 증가된 면적에 대한 청산금의 합계와 감소된 면적에 대한 청산금의 합계에 차액이 생긴 경우 초과액은 그 지방자치단체(「제주특별자치도 설치 및 국제자유도시 조성을 위한 특별법」 제10조제2항에 따른 행정시의 경우에는 해당 행정시가 속한 특별자치도를 말하고, 「지방자치법」 제3조제3항에 따른 자치구가 아닌 구의 경우에는 해당 구가 속한 시를 말한다. 이하 이 항에서 같다)의 수입으로 하고, 부족액은 그 지방자치단체가 부담한다.

공간정보의 구축 및 관리 등에 관한 법률 시행규칙 제92조(축척변경의 확정공고) 암기 ⓢⓩⓒ은 ⓒⓓ에서

① 영 제78조제1항에 따른 축척변경의 확정공고에는 다음 각 호의 사항이 포함되어야 한다.

> 1. 토지의 ⓢ재 및 ⓩ역명
> 2. 영 제73조에 따른 축ⓒ변경 지번별 조서
> 3. 영 제75조제4항에 따른 ⓒ산금 조서
> 4. 지적ⓓ의 축척

② 영 제78조제2항에 따라 지적공부에 등록하는 때에는 다음 각 호의 기준에 따라야 한다.

> 1. 토지대장은 제1항제2호에 따라 확정공고된 축척변경 지번별 조서에 따를 것
> 2. 지적도는 확정측량 결과도 또는 경계점좌표에 따를 것

14 「공간정보의 구축 및 관리 등에 관한 법령」상 축척변경에 대한 설명으로 옳지 않은 것은?

① 축척변경위원회는 5명 이상 10명 이하의 위원으로 구성하되, 위원의 2분의 1 이상을 토지소유자로 하여야 한다.

② 지적소관청은 시행공고일 현재를 기준으로 그 축척변경 시행지역의 토지에 대하여 지번별 제곱미터당 금액을 미리 조사하여 축척변경위원회에 제출하여야 한다.

③ 축척변경 시행지역의 토지소유자가 6명 이하일 때에는 토지소유자 전원을 위원으로 위촉하여야 한다.

④ 축척변경위원회는 지적소관청이 회부하는 지번별 제곱미터당 금액의 결정과 청산금의 산정에 관한 사항을 심의·의결한다.

풀이 공간정보의 구축 및 관리 등에 관한 법률 시행령 제75조(청산금의 산정)

① 지적소관청은 축척변경에 관한 측량을 한 결과 측량 전에 비하여 면적의 증감이 있는 경우에는 그 증감면적에 대하여 청산을 하여야 한다. 다만, 다음 각 호의 어느 하나에 해당하는 경우에는 그러하지 아니하다.

> 1. 필지별 증감면적이 제19조제1항제2호가목에 따른 허용범위 이내인 경우. 다만, 축척변경위원회의 의결이 있는 경우는 제외한다.
> 2. 토지소유자 전원이 청산하지 아니하기로 합의하여 서면으로 제출한 경우

② 제1항 본문에 따라 청산을 할 때에는 축척변경위원회의 의결을 거쳐 지번별로 제곱미터당 금액(이하 "지번별 제곱미터당 금액"이라 한다)을 정하여야 한다. 이 경우 지적소관청은 시행공고일 현재를 기준으로 그 축척변경 시행지역의 토지에 대하여 지번별 제곱미터당 금액을 미리 조사하여 축척변경위원회에 제출하여야 한다.

③ 청산금은 제73조에 따라 작성된 축척변경 지번별 조서의 필지별 증감면적에 제2항에 따라 결정된 지번별 제곱미터당 금액을 곱하여 산정한다.

정답 14 ③

④ 지적소관청은 청산금을 산정하였을 때에는 청산금 조서(축척변경 지번별 조서에 필지별 청산금 명세를 적은 것을 말한다)를 작성하고, 청산금이 결정되었다는 뜻을 제71조제2항의 방법에 따라 15일 이상 공고하여 일반인이 열람할 수 있게 하여야 한다.

⑤ 제3항에 따라 청산금을 산정한 결과 증가된 면적에 대한 청산금의 합계와 감소된 면적에 대한 청산금의 합계에 차액이 생긴 경우 초과액은 그 지방자치단체(「제주특별자치도 설치 및 국제자유도시 조성을 위한 특별법」 제10조제2항에 따른 행정시의 경우에는 해당 행정시가 속한 특별자치도를 말하고, 「지방자치법」 제3조제3항에 따른 자치구가 아닌 구의 경우에는 해당 구가 속한 시를 말한다. 이하 이 항에서 같다)의 수입으로 하고, 부족액은 그 지방자치단체가 부담한다.

공간정보의 구축 및 관리 등에 관한 법률 시행령 제79조(축척변경위원회의 구성 등)

① 축척변경위원회는 5명 이상 10명 이하의 위원으로 구성하되, 위원의 2분의 1 이상을 토지소유자로 하여야 한다. 이 경우 그 축척변경 시행지역의 토지소유자가 5명 이하일 때에는 토지소유자 전원을 위원으로 위촉하여야 한다.

② 위원장은 위원 중에서 지적소관청이 지명한다.

③ 위원은 다음 각 호의 사람 중에서 지적소관청이 위촉한다.

> 1. 해당 축척변경 시행지역의 토지소유자로서 지역 사정에 정통한 사람
> 2. 지적에 관하여 전문지식을 가진 사람

④ 축척변경위원회의 위원에게는 예산의 범위에서 출석수당과 여비, 그 밖의 실비를 지급할 수 있다. 다만, 공무원인 위원이 그 소관 업무와 직접적으로 관련되어 출석하는 경우에는 그러하지 아니하다.

공간정보의 구축 및 관리 등에 관한 법률 시행령 제80조(축척변경위원회의 기능) 암기 축체하고 청소해라

축척변경위원회는 지적소관청이 회부하는 다음 각 호의 사항을 심의·의결한다.

> 1. 축척변경 시행계획에 관한 사항
> 2. 지번별 제곱미터당 금액의 결정과 청산금의 산정에 관한 사항
> 3. 청산금의 이의신청에 관한 사항
> 4. 그 밖에 축척변경과 관련하여 지적소관청이 회의에 부치는 사항

15 「공간정보의 구축 및 관리 등에 관한 법령」상 축척변경 절차 및 면적결정방법에 대한 설명으로 옳지 않은 것은?

① 축척변경 측량 결과도에 따라 면적을 측정한 결과 축척변경 전의 면적과 축척변경 후의 면적의 오차가 $A = 0.026^2 M\sqrt{F}$ 의 계산식에 따른 허용범위 이내인 경우에는 축척변경 전의 면적을 결정면적으로 한다.

② 면적을 새로 정하는 때에는 축척변경 측량결과도에 따라야 한다.

③ 허용면적을 초과하는 경우에는 축척변경 전의 면적을 결정면적으로 한다.

④ 경계점좌표등록부를 갖춰 두지 아니하는 지역을 경계점좌표등록부를 갖추어 두는 지역으로 축척변경을 하는 경우에는 그 필지의 경계점을 평판(平板) 측량방법이나 전자평판(電子平板) 측량방법으로 지상에 복원시킨 후 경위의(經緯儀) 측량방법 등으로 경계점좌표를 구하여야 한다.

정답 **15** ③

공간정보의 구축 및 관리 등에 관한 법률 시행규칙 제87조(축척변경 절차 및 면적 결정방법 등)

   ① 영 제72조제3항에 따라 면적을 새로 정하는 때에는 축척변경 측량결과도에 따라야 한다.

   ② 축척변경 측량 결과도에 따라 면적을 측정한 결과 축척변경 전의 면적과 축척변경 후의 면적의 오차가 영 제19조제1항제2호가목($A = 0.026^2 M \sqrt{F}$)의 계산식에 따른 허용범위 이내인 경우에는 축척변경 전의 면적을 결정면적으로 하고, 허용면적을 초과하는 경우에는 축척변경 후의 면적을 결정면적으로 한다. 이 경우 같은 계산식 중 A는 오차 허용면적, M은 축척이 변경될 지적도의 축척분모, F는 축척변경 전의 면적을 말한다.

   ③ 경계점좌표등록부를 갖춰 두지 아니하는 지역을 경계점좌표등록부를 갖추어 두는 지역으로 축척변경을 하는 경우에는 그 필지의 경계점을 평판(平板) 측량방법이나 전자평판(電子平板) 측량방법으로 지상에 복원시킨 후 경위의(經緯儀) 측량방법 등으로 경계점좌표를 구하여야 한다. 이 경우 면적은 제2항에도 불구하고 경계점좌표에 따라 결정하여야 한다.

16 「공간정보의 구축 및 관리 등에 관한 법령」상 축척변경 시행공고에 대한 설명으로 옳지 않은 것은?

① 시행공고는 시·군·구(자치구가 아닌 구를 포함한다) 및 축척변경 시행지역 동·리의 게시판에 주민이 볼 수 있도록 게시하여야 한다.

② 지적소관청은 시·도지사 또는 대도시 시장으로부터 축척변경 승인을 받았을 때에는 지체 없이 축척변경의 목적, 시행지역 및 시행기간 등을 20일 이상 공고하여야 한다.

③ 축척변경의 시행에 관한 세부계획 및 축척변경의 시행에 따른 이해관계인 등의 협조에 관한 사항은 축척변경 시행공고에 대한 사항이다.

④ 축척변경 시행지역의 토지소유자 또는 점유자는 시행공고가 된 날(이하 "시행공고일"이라 한다)부터 30일 이내에 시행공고일 현재 점유하고 있는 경계에 국토교통부령으로 정하는 경계점표지를 설치하여야 한다.

공간정보의 구축 및 관리 등에 관한 법률 시행령 제71조(축척변경 시행공고 등) **암기** ㉠㉯㉱ ㉓㉔㉲

   ① 지적소관청은 법 제83조제3항에 따라 시·도지사 또는 대도시 시장으로부터 축척변경 승인을 받았을 때에는 지체 없이 다음 각 호의 사항을 20일 이상 공고하여야 한다.

> 1. 축척변경의 ㉱적, 시행㉮역 및 시행㉠간
> 2. 축척변경의 시행에 따른 ㉲산방법
> 3. 축척변경의 시행에 따른 토지㉓유자 등의 협조에 관한 사항
> 4. 축척변경의 시행에 관한 ㉲부계획

   ② 제1항에 따른 시행공고는 시·군·구(자치구가 아닌 구를 포함한다) 및 축척변경 시행지역 동·리의 게시판에 주민이 볼 수 있도록 게시하여야 한다.

   ③ 축척변경 시행지역의 토지소유자 또는 점유자는 시행공고가 된 날(이하 "시행공고일"이라 한다)부터 30일 이내에 시행공고일 현재 점유하고 있는 경계에 국토교통부령으로 정하는 경계점표지를 설치하여야 한다.

17 「공간정보의 구축 및 관리 등에 관한 법령」상 축척변경 시행지역의 토지소유자 또는 점유자가 점유하고 있는 경계에 국토교통부령으로 정하는 경계점표지를 설치하여야 하는 날은?

① 시행공고가 된 날(이하 "시행공고일"이라 한다)부터 10일 이내
② 시행공고가 된 날(이하 "시행공고일"이라 한다)부터 20일 이내
③ 시행공고가 된 날(이하 "시행공고일"이라 한다)부터 30일 이내
④ 시행공고가 된 날(이하 "시행공고일"이라 한다)부터 40일 이내

[풀이] **공간정보의 구축 및 관리 등에 관한 법률 시행령 제71조(축척변경 시행공고 등)** **암기** [기][지][목] [청][소][세]

① 지적소관청은 법 제83조제3항에 따라 시·도지사 또는 대도시 시장으로부터 축척변경 승인을 받았을 때에는 지체 없이 다음 각 호의 사항을 20일 이상 공고하여야 한다.

> 1. 축척변경의 [목]적, 시행[지]역 및 시행[기]간
> 2. 축척변경의 시행에 따른 [청]산방법
> 3. 축척변경의 시행에 따른 토지[소]유자 등의 협조에 관한 사항
> 4. 축척변경의 시행에 관한 [세]부계획

② 제1항에 따른 시행공고는 시·군·구(자치구가 아닌 구를 포함한다) 및 축척변경 시행지역 동·리의 게시판에 주민이 볼 수 있도록 게시하여야 한다.
③ 축척변경 시행지역의 토지소유자 또는 점유자는 시행공고가 된 날(이하 "시행공고일"이라 한다)부터 30일 이내에 시행공고일 현재 점유하고 있는 경계에 국토교통부령으로 정하는 경계점표지를 설치하여야 한다.

18 「공간정보의 구축 및 관리 등에 관한 법령」상 축척변경 지번별 조서를 작성하여야 하는 날짜는?

① 축척변경 승인을 받았을 때
② 시행공고가 된 날(이하 "시행공고일"이라 한다)부터
③ 축척변경에 관한 측량을 완료하였을 때
④ 축척변경의 확정공고일

[풀이] **공간정보의 구축 및 관리 등에 관한 법률 시행령 제73조(축척변경 지번별 조서의 작성)**
지적소관청은 제72조제2항에 따라 축척변경에 관한 측량을 완료하였을 때에는 시행공고일 현재의 지적공부상의 면적과 측량 후의 면적을 비교하여 그 변동사항을 표시한 축척변경 지번별 조서를 작성하여야 한다.

19 다음 중 지적소관청이 축척변경 승인신청서에 첨부하여야 하는 서류로 옳지 않은 것은?

(11년서울9급)

① 축척변경의 사유
② 지적도 사본
③ 지번 등 명세
④ 토지소유자의 동의서
⑤ 축척변경위원회의 의결서 사본

정답 17 ③ 18 ③ 19 ②

풀이 공간정보의 구축 및 관리 등에 관한 법률 시행령 제70조(축척변경 승인신청) **암기** **변경**은 **동의**가 **필**요하다

① 지적소관청은 법 제83조제2항에 따라 축척변경을 할 때에는 축척변경 사유를 적은 승인신청서에 다음 각 호의 서류를 첨부하여 시·도지사 또는 대도시 시장에게 제출하여야 한다. 이 경우 시·도지사 또는 대도시 시장은 「전자정부법」 제36조제1항에 따른 행정정보의 공동이용을 통하여 축척변경 대상지역의 지적도를 확인하여야 한다. 〈개정 2010.11.2.〉

> 1. 축척**변**경의 사유
> 2. 삭제 〈2010.11.2.〉
> 3. 지번 등 **명**세
> 4. 법 제83조제3항에 따른 토지소유자의 **동**의서
> 5. 법 제83조제1항에 따른 축척변경위원회(이하 "축척변경위원회"라 한다)의 **의**결서 사본
> 6. 그 밖에 축척변경 승인을 위하여 시·도지사 또는 대도시 시장이 **필**요하다고 인정하는 서류

② 제1항에 따른 신청을 받은 시·도지사 또는 대도시 시장은 축척변경 사유 등을 심사한 후 그 승인 여부를 지적소관청에 통지하여야 한다.

20 축척변경의 확정공고에 대한 설명으로 가장 옳지 않은 것은? (16년서울9급)

① 청산금의 납부 및 지급이 완료되었을 때에는 지적소관청은 지체 없이 축척변경의 확정공고를 하여야 한다.

② 축척변경 시행지역의 토지는 확정공고일에 토지의 이동이 있는 것으로 본다.

③ 지적소관청은 확정공고를 하였을 때에는 지체 없이 축척변경에 따라 확정된 사항을 지적공부에 등록하여야 한다.

④ 지적공부에 등록하는 때에 지적도는 확정공고된 축척변경 지번별 조서에 따라야 한다.

풀이 공간정보의 구축 및 관리 등에 관한 법률 시행령 제78조(축척변경의 확정공고)

① 청산금의 납부 및 지급이 완료되었을 때에는 지적소관청은 지체 없이 축척변경의 확정공고를 하여야 한다.

② 지적소관청은 제1항에 따른 확정공고를 하였을 때에는 지체 없이 축척변경에 따라 확정된 사항을 지적공부에 등록하여야 한다.

③ 축척변경 시행지역의 토지는 제1항에 따른 확정공고일에 토지의 이동이 있는 것으로 본다.

공간정보의 구축 및 관리 등에 관한 법률 시행규칙 제92조(축척변경의 확정공고) **암기** **소지청**은 **청도**에서

① 영 제78조제1항에 따른 축척변경의 확정공고에는 다음 각 호의 사항이 포함되어야 한다.

> 1. 토지의 **소**재 및 **지**역명
> 2. 영 제73조에 따른 축**척**변경 지번별 조서
> 3. 영 제75조제4항에 따른 **청**산금 조서
> 4. 지적**도**의 축척

② 영 제78조제2항에 따라 지적공부에 등록하는 때에는 다음 각 호의 기준에 따라야 한다.

> 1. 토지대장은 제1항제2호에 따라 확정공고된 축척변경 지번별 조서에 따를 것
> 2. 지적도는 확정측량 결과도 또는 경계점좌표에 따를 것

01 다음 용어의 정의 중 옳지 않은 것은?

① 축척변경이란 지적도에 등록된 경계점의 정밀도를 높이기 위하여 작은 축척을 큰 축척으로 변경하여 등록하는 것을 말한다.

② 임야대장 및 임야도에 등록된 토지를 토지대장 및 지적도에 옮겨 등록하는 것은 등록전환에 속한다.

③ 대통령령으로 정하는 바에 따라 구획되는 토지의 등록단위를 필지라 한다.

④ 지적공부에 토지의 소재 · 지번(地番) · 지목(地目) · 면적 · 경계 또는 좌표를 등록한 것을 토지의 이동이라 한다.

> **풀이** **공간정보의 구축 및 관리 등에 관한 법률 제2조(정의)**
>
> 이 법에서 사용하는 용어의 뜻은 다음과 같다.
>
> 20. "토지의 표시"란 지적공부에 토지의 소재 · 지번(地番) · 지목(地目) · 면적 · 경계 또는 좌표를 등록한 것을 말한다.
> 21. "필지"란 대통령령으로 정하는 바에 따라 구획되는 토지의 등록단위를 말한다.
> 22. "지번"이란 필지에 부여하여 지적공부에 등록한 번호를 말한다.
> 23. "지번부여지역"이란 지번을 부여하는 단위지역으로서 동 · 리 또는 이에 준하는 지역을 말한다.
> 24. "지목"이란 토지의 주된 용도에 따라 토지의 종류를 구분하여 지적공부에 등록한 것을 말한다.
> 28. "토지의 이동(異動)"이란 토지의 표시를 새로 정하거나 변경 또는 말소하는 것을 말한다.
> 29. "신규등록"이란 새로 조성된 토지와 지적공부에 등록되어 있지 아니한 토지를 지적공부에 등록하는 것을 말한다.
> 30. "등록전환"이란 임야대장 및 임야도에 등록된 토지를 토지대장 및 지적도에 옮겨 등록하는 것을 말한다.
> 31. "분할"이란 지적공부에 등록된 1필지를 2필지 이상으로 나누어 등록하는 것을 말한다.
> 32. "합병"이란 지적공부에 등록된 2필지 이상을 1필지로 합하여 등록하는 것을 말한다.
> 33. "지목변경"이란 지적공부에 등록된 지목을 다른 지목으로 바꾸어 등록하는 것을 말한다.
> 34. "축척변경"이란 지적도에 등록된 경계점의 정밀도를 높이기 위하여 작은 축척을 큰 축척으로 변경하여 등록하는 것을 말한다.

02 다음 중 측량기준점에 관한 설명으로 옳지 않은 것은?

① 공공기준점에는 공공삼각점, 공공수준점 등이 있다.

② 국가기준점은 측량의 정확도를 확보하고 효율성을 높이기 위하여 국토교통부장관이 전 국토를 대상으로 주요 지점마다 정한 측량의 기본이 되는 측량기준점이다.

③ 공공기준점은 공공측량시행자가 공공측량을 정확하고 효율적으로 시행하기 위하여 국가기준점을 기준으로 하여 따로 정하는 측량기준점이다.

④ 지적기준점은 특별시장 · 광역시장 · 도지사 또는 특별자치도지사나 지적소관청이 지적측량을 정확하고 효율적으로 시행하기 위하여 국가기준점을 기준으로 하여 따로 정하는 측량기준점이다.

⑤ 지적기준점에는 지적삼각점, 지적삼각보조점, 지적도근점, 지적위성기준점이 있다.

풀이 공간정보의 구축 및 관리 등에 관한 법률 시행령 제8조(측량기준점의 구분)

① 법 제7조제1항에 따른 측량기준점은 다음 각 호의 구분에 따른다.

암기 **우**리가 **위**통이 심하면 **중지**를 모아 **수영**을 **수삼** 번 해라

측량기준점	측량의 정확도를 확보하고 효율성을 높이기 위하여 특정 지점을 제6조에 따른 측량기준에 따라 측정하고 좌표 등으로 표시하여 측량 시에 기준으로 사용되는 점
국가기준점	측량의 정확도를 확보하고 효율성을 높이기 위하여 국토교통부장관이 전 국토를 대상으로 주요 지점마다 정한 측량의 기본이 되는 측량기준점
우주측지기준점	국가측지기준계를 정립하기 위하여 전 세계 초장거리간섭계와 연결하여 정한 기준점
위성기준점	지리학적 경위도, 직각좌표 및 지구 중심 직교좌표의 측정 기준으로 사용하기 위하여 대한민국 경위도원점을 기초로 정한 기준점
통합기준점	지리학적 경위도, 직각좌표, 지구 중심 직교좌표, 높이 및 중력 측정의 기준으로 사용하기 위하여 위성기준점, 수준점 및 중력점을 기초로 정한 기준점
중력점	중력 측정의 기준으로 사용하기 위하여 정한 기준점
지자기점(地磁氣點)	지구자기 측정의 기준으로 사용하기 위하여 정한 기준점
수준점	높이 측정의 기준으로 사용하기 위하여 대한민국 수준원점을 기초로 정한 기준점
영해기준점	우리나라의 영해를 획정(劃定)하기 위하여 정한 기준점 〈삭제 2021.2.9.〉
수로기준점	수로조사 시 해양에서의 수평 위치와 높이, 수심 측정 및 해안선 결정 기준으로 사용하기 위하여 위성기준점과 법 제6조제1항제3호의 기본수준면을 기초로 정한 기준점으로서 수로측량기준점, 기본수준점, 해안선기준점으로 구분 〈삭제 2021.2.9.〉
삼각점	지리학적 경위도, 직각좌표 및 지구중심 직교좌표 측정의 기준으로 사용하기 위하여 위성기준점 및 통합기준점을 기초로 정한 기준점
공공기준점	제17조제2항에 따른 공공측량 시행자가 공공측량을 정확하고 효율적으로 시행하기 위하여 국가기준점을 기준으로 하여 따로 정하는 측량기준점
공공삼각점	공공측량 시 수평 위치의 기준으로 사용하기 위하여 국가기준점을 기초로 하여 정한 기준점
공공수준점	공공측량 시 높이의 기준으로 사용하기 위하여 국가기준점을 기초로 하여 정한 기준점
지적기준점	특별시장·광역시장·특별자치시장·도지사 또는 특별자치도지사(이하 "시·도지사"라 한다)나 지적소관청이 지적측량을 정확하고 효율적으로 시행하기 위하여 국가기준점을 기준으로 하여 따로 정하는 측량기준점
지적삼각점 (地籍三角點)	지적측량 시 수평 위치 측량의 기준으로 사용하기 위하여 국가기준점을 기준으로 하여 정한 기준점
지적삼각보조점	지적측량 시 수평 위치 측량의 기준으로 사용하기 위하여 국가기준점과 지적삼각점을 기준으로 하여 정한 기준점
지적도근점 (地籍圖根點)	지적측량 시 필지에 대한 수평 위치 측량 기준으로 사용하기 위하여 국가기준점, 지적삼각점, 지적삼각보조점 및 다른 지적도근점을 기초로 하여 정한 기준점

정답

03 「공간정보의 구축 및 관리 등에 관한 법률」에서 규정하고 있는 지적 관련 용어에 대한 설명으로 적합하지 않은 것은?

① 필지란 대통령령으로 정하는 바에 따라 구획되는 토지의 등록단위이다.

② 면적이란 지적공부에 등록한 필지의 수평면상의 넓이를 말한다.

③ 지번부여지역이란 지번을 부여하는 단위지역으로서 동 · 리 또는 이에 준하는 지역을 말한다.

④ 지적공부란 토지대장, 임야대장, 지적도, 임야도, 대지권등록부, 공유지연명부, 지번색인표 등을 말한다.

⑤ 축척변경이란 지적도에 등록된 경계점의 정밀도를 높이기 위하여 작은 축척을 큰 축척으로 변경하여 등록하는 것을 말한다.

> **풀이** 공간정보의 구축 및 관리 등에 관한 법률 제2조(정의)
>
> 이 법에서 사용하는 용어의 뜻은 다음과 같다.
>
> 19. "지적공부"란 토지대장, 임야대장, 공유지연명부, 대지권등록부, 지적도, 임야도 및 경계점좌표등록부 등 지적측량 등을 통하여 조사된 토지의 표시와 해당 토지의 소유자 등을 기록한 대장 및 도면(정보처리시스템을 통하여 기록 · 저장된 것을 포함한다)을 말한다.
>
> 19의2. "연속지적도"란 지적측량을 하지 아니하고 전산화된 지적도 및 임야도 파일을 이용하여, 도면상 경계점들을 연결하여 작성한 도면으로서 측량에 활용할 수 없는 도면을 말한다.
>
> 19의3. "부동산종합공부"란 토지의 표시와 소유자에 관한 사항, 건축물의 표시와 소유자에 관한 사항, 토지의 이용 및 규제에 관한 사항, 부동산의 가격에 관한 사항 등 부동산에 관한 종합정보를 정보관리체계를 통하여 기록 · 저장한 것을 말한다.

04 「지적업무처리규정」에 의한 용어 구분에 대한 설명이다. ( ) 안에 들어갈 용어로 옳은 것은?

- (㉠)이란 전자평판측량 및 위성측량방법으로 관측한 데이터 및 지적측량에 필요한 각종 정보가 들어 있는 파일을 말한다.
- (㉡)이란 부동산종합공부시스템에서 지적측량 업무를 수행하기 위하여 도면 및 대장속성 정보를 추출한 파일을 말한다.
- (㉢)이란 전자평판측량 및 위성측량방법으로 관측 후 지적측량정보를 처리할 수 있는 시스템에 따라 작성된 측량결과도파일과 토지이동정리를 위한 지번, 지목 및 경계점의 좌표가 포함된 파일을 말한다.
- (㉣)이란 기초측량에서는 국가기준점 또는 지적기준점을 말하고, 세부측량에서는 지적기준점 또는 지적도면상 필지를 구획하는 선의 경계점과 상호 부합되는 지상의 경계점을 말한다.

	㉠	㉡	㉢	㉣
①	측량현형파일	측량성과파일	측량준비파일	기지점
②	측량성과파일	측량준비파일	측량현형파일	기지점
③	측량준비파일	측량현형파일	측량성과파일	기지점
④	측량현형파일	측량준비파일	측량성과파일	기지점

> **풀이** 지적업무처리규정 제3조(정의)
>
> 이 규정에서 사용하는 용어의 뜻은 다음 각 호와 같다.

1. “기지점(旣知點)”이란 기초측량에서는 국가기준점 또는 지적기준점을 말하고, 세부측량에서는 지적기준점 또는 지적도면상 필지를 구획하는 선의 경계점과 상호 부합되는 지상의 경계점을 말한다.
2. “기지경계선(旣知境界線)”이란 세부측량성과를 결정하는 기준이 되는 기지점을 필지별로 직선으로 연결한 선을 말한다.
3. “전자평판측량”이란 토탈스테이션과 지적측량 운영프로그램 등이 설치된 컴퓨터를 연결하여 세부측량을 수행하는 측량을 말한다.
4. “토탈스테이션”이란 경위의측량방법에 따른 기초측량 및 세부측량에 사용되는 장비를 말한다.
5. “지적측량파일”이란 측량준비파일, 측량현형파일 및 측량성과파일을 말한다.
6. “측량준비파일”이란 부동산종합공부시스템에서 지적측량 업무를 수행하기 위하여 도면 및 대장속성 정보를 추출한 파일을 말한다.
7. “측량현형(現形)파일”이란 전자평판측량 및 위성측량방법으로 관측한 데이터 및 지적측량에 필요한 각종 정보가 들어있는 파일을 말한다.
8. “측량성과파일”이란 전자평판측량 및 위성측량방법으로 관측 후 지적측량정보를 처리할 수 있는 시스템에 따라 작성된 측량결과도파일과 토지이동정리를 위한 지번, 지목 및 경계점의 좌표가 포함된 파일을 말한다.
9. “측량부”란 기초측량 또는 세부측량성과를 결정하기 위하여 사용한 관측부 · 계산부 등 이에 수반되는 기록을 말한다.

05 「지적재조사에 관한 특별법」상 지적재조사사업에 관한 기본계획의 수립과 관련한 사항으로 가장 옳지 않은 것은?

① 지적재조사사업에 필요한 인력의 확보에 관한 계획
② 국토교통부장관은 기본계획이 수립된 날부터 3년이 지나면 그 타당성을 다시 검토하고 필요하면 이를 변경해야 함
③ 지적재조사사업비의 연도별 집행계획
④ 지적재조사사업의 시행기간 및 규모

[풀이] **지적재조사에 관한 특별법 제4조(기본계획의 수립)**

① 국토교통부장관은 지적재조사사업을 효율적으로 시행하기 위하여 다음 각 호의 사항이 포함된 지적재조사사업에 관한 기본계획(이하 “기본계획”이라 한다)을 수립하여야 한다. 〈개정 2021.1.12.〉

1. 지적재조사사업의 시행기간 및 [규]모
2. 지적재조사사업비의 [연]도별 집행계획
3. 지적재조사사업에 필요한 [인]력의 확보에 관한 계획
4. 지적재조사사업에 관한 기본[방]향
5. 지적재조사사업비의 특별시 · 광역[시] · [도] · 특별자치도 · 특별자치시 및 「지방자치법」 제175조에 따른 대도시로서 구(區)를 둔 시(이하 “시 · 도”라 한다)별 배분 계획
6. 그 밖에 지적재조사사업의 효율적 시행을 위하여 필요한 사항으로서 대통령령으로 정하는 사항

   1. 디지털 지적(地籍)의 운영 · 관리에 필요한 [표][준]의 제정 및 그 활용
   2. 지적재조사사업의 효율적 추진을 위하여 필요한 [교][육] 및 [연][구] · [개][발]
   3. 그 밖에 국토교통부장관이 법 제4조제1항에 따른 지적재조사사업에 관한 기본계획(이하 “기본계획”이라 한다)의 수립에 필요하다고 인정하는 사항

② 국토교통부장관은 기본계획을 수립할 때에는 미리 공청회를 개최하여 관계 전문가 등의 의견을 들어 기본계

정답 05 ②

획안을 작성하고, 특별시장 · 광역시장 · 도지사 · 특별자치도지사 · 특별자치시장 및 「지방자치법」 제198조에 따른 대도시로서 구를 둔 시의 시장(이하 "시 · 도지사"라 한다)에게 그 안을 송부하여 의견을 들은 후 제28조에 따른 중앙지적재조사위원회의 심의를 거쳐야 한다. 〈개정 2021.1.12.〉

③ 시 · 도지사는 제2항에 따라 기본계획안을 송부받았을 때에는 이를 지체 없이 지적소관청에 송부하여 그 의견을 들어야 한다.

④ 지적소관청은 제3항에 따라 기본계획안을 송부받은 날부터 20일 이내에 시 · 도지사에게 의견을 제출하여야 하며, 시 · 도지사는 제2항에 따라 기본계획안을 송부받은 날부터 30일 이내에 지적소관청의 의견에 자신의 의견을 첨부하여 국토교통부장관에게 제출하여야 한다. 이 경우 기간 내에 의견을 제출하지 아니하면 의견이 없는 것으로 본다. 〈개정 2013.3.23.〉

⑤ 제2항부터 제4항까지의 규정은 기본계획을 변경할 때에도 적용한다. 다만, 대통령령으로 정하는 경미한 사항을 변경할 때에는 제외한다.

⑥ 국토교통부장관은 기본계획을 수립하거나 변경하였을 때에는 이를 관보에 고시하고 시 · 도지사에게 통지하여야 하며, 시 · 도지사는 이를 지체 없이 지적소관청에 통지하여야 한다. 〈개정 2013.3.23.〉

⑦ 국토교통부장관은 기본계획이 수립된 날부터 5년이 지나면 그 타당성을 다시 검토하고 필요하면 이를 변경하여야 한다.

06 「공간정보의 구축 및 관리 등에 관한 법률」에서 규정하고 있는 지적 관련 용어에 대한 설명이다. 이 중 틀린 것은?

① "등록전환"이란 임야대장 및 임야도에 등록된 토지를 토지대장 및 지적도에 옮겨 등록하는 것을 말한다.

② "연속지적도"란 지적측량을 수반하고 전산화된 지적도 및 임야도 파일을 이용하여, 도면상 경계점들을 연결하여 작성한 도면으로서 측량에 활용할 수 없는 도면을 말한다.

③ "토지의 표시"란 지적공부에 토지의 소재 · 지번 · 지목 · 면적 · 경계 또는 좌표를 등록한 것을 말한다.

④ "경계점"이란 필지를 구획하는 선의 굴곡점으로서 지적도나 임야도에 도해 형태로 등록하거나 경계점좌표등록부에 좌표 형태로 등록한 점을 말한다.

⑤ "축척변경"이란 지적도에 등록된 경계점의 정밀도를 높이기 위하여 작은 축척을 큰 축척으로 변경하여 등록하는 것을 말한다.

풀이 공간정보의 구축 및 관리 등에 관한 법률 제2조(정의)

4. "지적측량"이란 토지를 지적공부에 등록하거나 지적공부에 등록된 경계점을 지상에 복원하기 위하여 제21호에 따른 필지의 경계 또는 좌표와 면적을 정하는 측량을 말하며, 지적확정측량 및 지적재조사측량을 포함한다.

4의2. "지적확정측량"이란 제86조제1항에 따른 사업이 끝나 토지의 표시를 새로 정하기 위하여 실시하는 지적측량을 말한다.

4의3. "지적재조사측량"이란 「지적재조사에 관한 특별법」에 따른 지적재조사사업에 따라 토지의 표시를 새로 정하기 위하여 실시하는 지적측량을 말한다.

19. "지적공부"란 토지대장, 임야대장, 공유지연명부, 대지권등록부, 지적도, 임야도 및 경계점좌표등록부 등 지적측량 등을 통하여 조사된 토지의 표시와 해당 토지의 소유자 등을 기록한 대장 및 도면(정보처리시스템을 통하여 기록 · 저장된 것을 포함한다)을 말한다.

19의2. "연속지적도"란 지적측량을 하지 아니하고 전산화된 지적도 및 임야도 파일을 이용하여, 도면상 경계점들을 연결하여 작성한 도면으로서 측량에 활용할 수 없는 도면을 말한다.

정답 06 ②

19의3. "부동산종합공부"란 토지의 표시와 소유자에 관한 사항, 건축물의 표시와 소유자에 관한 사항, 토지의 이용 및 규제에 관한 사항, 부동산의 가격에 관한 사항 등 부동산에 관한 종합정보를 정보관리체계를 통하여 기록·저장한 것을 말한다.

20. "토지의 표시"란 지적공부에 토지의 소재·지번(地番)·지목(地目)·면적·경계 또는 좌표를 등록한 것을 말한다.

21. "필지"란 대통령령으로 정하는 바에 따라 구획되는 토지의 등록단위를 말한다.

22. "지번"이란 필지에 부여하여 지적공부에 등록한 번호를 말한다.

23. "지번부여지역"이란 지번을 부여하는 단위지역으로서 동·리 또는 이에 준하는 지역을 말한다.

24. "지목"이란 토지의 주된 용도에 따라 토지의 종류를 구분하여 지적공부에 등록한 것을 말한다.

25. "경계점"이란 필지를 구획하는 선의 굴곡점으로서 지적도나 임야도에 도해(圖解) 형태로 등록하거나 경계점좌표등록부에 좌표 형태로 등록하는 점을 말한다.

30. "등록전환"이란 임야대장 및 임야도에 등록된 토지를 토지대장 및 지적도에 옮겨 등록하는 것을 말한다.

34. "축척변경"이란 지적도에 등록된 경계점의 정밀도를 높이기 위하여 작은 축척을 큰 축척으로 변경하여 등록하는 것을 말한다.

07 공간정보의 구축 및 관리 등에 관한 법령상 지적공부의 복구절차로 가장 옳지 않은 것은?

① 복구측량을 한 결과가 복구자료와 부합하지 아니하는 때에는 토지소유자 및 이해관계인의 동의를 받아 경계 또는 면적 등을 조정할 수 있다.

② 복구자료의 조사 또는 복구측량 등이 완료되어 지적공부를 복구하려는 경우에는 복구하려는 토지의 표시 등을 시·군·구 게시판 및 인터넷 홈페이지에 15일 이상 게시하여야 한다.

③ 지적공부 복구 시 소유자에 관한 사항은 토지대장·임야대장 및 공유지연명부의 등록 내용에 따라 복구하여야 한다.

④ 지적복구자료 조사서의 조사된 면적이 $A = 0.026^2 M\sqrt{F}$ 계산식에 따른 허용범위 이내인 경우에는 그 조사된 면적을 복구면적으로 결정하여야 한다.

풀이 공간정보의 구축 및 관리 등에 관한 법률 시행령 제61조(지적공부의 복구)

① 지적소관청이 법 제74조에 따라 지적공부를 복구할 때에는 멸실·훼손 당시의 지적공부와 가장 부합된다고 인정되는 관계 자료에 따라 토지의 표시에 관한 사항을 복구하여야 한다. 다만, 소유자에 관한 사항은 부동산등기부나 법원의 확정판결에 따라 복구하여야 한다.

② 제1항에 따른 지적공부의 복구에 관한 관계 자료 및 복구절차 등에 관하여 필요한 사항은 국토교통부령으로 정한다.

공간정보의 구축 및 관리 등에 관한 법률 시행규칙 제73조(지적공부의 복구절차 등)

① 지적소관청은 법 제74조 및 영 제61조제1항에 따라 지적공부를 복구하려는 경우에는 제72조 각 호의 복구자료를 조사하여야 한다.

② 지적소관청은 제1항에 따라 조사된 복구자료 중 토지대장·임야대장 및 공유지연명부의 등록 내용을 증명하는 서류 등에 따라 별지 제70호서식의 지적복구자료 조사서를 작성하고, 지적도면의 등록 내용을 증명하는 서류 등에 따라 복구자료도를 작성하여야 한다.

③ 제2항에 따라 작성된 복구자료도에 따라 측정한 면적과 지적복구자료 조사서의 조사된 면적의 증감이 영 제19조제1항제2호가목($A = 0.026^2 M\sqrt{F}$)의 계산식에 따른 허용범위를 초과하거나 복구자료도를 작성할 복구자료가 없는 경우에는 복구측량을 하여야 한다. 이 경우 같은 계산식 중 A는 오차허용면적, M은 축척분

모, *F*는 조사된 면적을 말한다.

④ 제2항에 따라 작성된 지적복구자료 조사서의 조사된 면적이 영 제19조제1항제2호가목의 계산식에 따른 허용범위 이내인 경우에는 그 면적을 복구면적으로 결정하여야 한다.

⑤ 제3항에 따라 복구측량을 한 결과가 복구자료와 부합하지 아니하는 때에는 토지소유자 및 이해관계인의 동의를 받아 경계 또는 면적 등을 조정할 수 있다. 이 경우 경계를 조정한 때에는 제60조제2항에 따른 경계점표지를 설치하여야 한다.

⑥ 지적소관청은 제1항부터 제5항까지의 규정에 따른 복구자료의 조사 또는 복구측량 등이 완료되어 지적공부를 복구하려는 경우에는 복구하려는 토지의 표시 등을 시·군·구 게시판 및 인터넷 홈페이지에 15일 이상 게시하여야 한다.

⑦ 복구하려는 토지의 표시 등에 이의가 있는 자는 제6항의 게시기간 내에 지적소관청에 이의신청을 할 수 있다. 이 경우 이의신청을 받은 지적소관청은 이의사유를 검토하여 이유 있다고 인정되는 때에는 그 시정에 필요한 조치를 하여야 한다.

⑧ 지적소관청은 제6항 및 제7항에 따른 절차를 이행한 때에는 지적복구자료 조사서, 복구자료도 또는 복구측량 결과도 등에 따라 토지대장·임야대장·공유지연명부 또는 지적도면을 복구하여야 한다.

⑨ 토지대장·임야대장 또는 공유지연명부는 복구되고 지적도면이 복구되지 아니한 토지가 법 제83조에 따른 축척변경 시행지역이나 법 제86조에 따른 도시개발사업 등의 시행지역에 편입된 때에는 지적도면을 복구하지 아니할 수 있다.

08 「지적재조사업무규정」상 지적재조사지구에 대한 기초조사 항목과 조사내용을 옳지 않게 짝지은 것은?

	조사항목	조사내용
①	건축물	유형별 건축물(단독, 공동 등)
②	용도별 분포	용도구역·지구·구역별 면적
③	위치와 면적	사업지구의 위치와 면적
④	토지의 이용상황	국유지, 공유지, 사유지 구분

풀이 지적재조사업무규정 제5조(실시계획의 수립)

① 지적소관청은 실시계획 수립을 위하여 당해 지적재조사지구의 토지소유 현황·주택의 현황, 토지의 이용상황 등을 조사하여야 한다.

② 지적재조사지구에 대한 기초조사는 공간정보 및 국토정보화사업의 추진에 따라 토지이용·건축물 등에 대하여 전산화된 자료와 각종 문헌이나 통계자료를 충분히 활용하도록 하며, 기초조사 항목과 조사내용은 다음과 같다.

조사항목	조사내용	비고
위치와 면적	사업지구의 위치와 면적	지적도 및 지형도
건축물	유형별 건축물(단독, 공동 등)	건축물대장
용도별 분포	용도지역·지구·구역별 면적	토지이용계획자료
토지 소유현황	국유지, 공유지, 사유지 구분	토지(임야)대장
개별공시지가현황	지목별 평균지가	지가자료
토지의 이용상황	지목별 면적과 분포	토지대장

③ 지적재조사지구의 토지면적은 토지대장 및 임야대장에 의한 면적으로 한다. 다만, 지적재조사지구를 지나는

도로 · 구거 · 하천 등 국 · 공유지는 실시계획 수립을 위한 지적도면에서 지적재조사지구로 포함되는 부분을 산정한 면적으로 한다.

④ 지적소관청이 지적재조사 사업을 시행하기 위하여 수립한 실시계획이 법 제7조제7항에 따라 시 · 도지사의 지적재조사지구 변경고시가 있은 때에는 고시된 날로부터 10일 이내에 실시계획을 변경하고, 30일 이상 주민에게 공람공고를 하는 등 후속조치를 하여야 한다. 다만, 법 제7조제7항 단서에 따라 시행령에서 정하는 경미한 사항을 변경할 때에는 제외한다.

09 다음 중 측량기준점에 관한 설명으로 옳은 것은?

① 공공기준점에는 공공삼각점, 공공수준점, 수로기준점 등이 있다.
② 국가기준점은 측량의 정확도를 확보하고 효율성을 높이기 위하여 국토교통부장관이 전 국토를 대상으로 주요 지점마다 정한 측량의 기본이 되는 측량기준점이다.
③ 공공기준점은 공공측량시행자가 공공측량을 정확하고 효율적으로 시행하기 위하여 공공기준점을 기준으로 하여 따로 정하는 측량기준점이다.
④ 지적기준점은 특별시장 · 광역시장 · 도지사 또는 특별자치도지사나 지적소관청이 지적측량을 정확하고 효율적으로 시행하기 위하여 공공기준점을 기준으로 하여 따로 정하는 측량기준점이다.
⑤ 지적기준점에는 지적삼각점, 지적삼각보조점, 지적도근점, 지적위성기준점이 있다.

풀이 공간정보의 구축 및 관리 등에 관한 법률 시행령 제8조(측량기준점의 구분)

① 법 제7조제1항에 따른 측량기준점은 다음 각 호의 구분에 따른다.

암기 ㉾리가 ㉽㉨이 심하면 ㉐㉯를 모아 ㉢㉳을 ㉢㉥ 번 해라

측량기준점	측량의 정확도를 확보하고 효율성을 높이기 위하여 특정 지점을 제6조에 따른 측량기준에 따라 측정하고 좌표 등으로 표시하여 측량 시에 기준으로 사용되는 점
국가기준점	측량의 정확도를 확보하고 효율성을 높이기 위하여 국토교통부장관이 전 국토를 대상으로 주요 지점마다 정한 측량의 기본이 되는 측량기준점
㉾주측지기준점	국가측지기준계를 정립하기 위하여 전 세계 초장거리간섭계와 연결하여 정한 기준점
㉽성기준점	지리학적 경위도, 직각좌표 및 지구 중심 직교좌표의 측정 기준으로 사용하기 위하여 대한민국 경위도원점을 기초로 정한 기준점
㉨합기준점	지리학적 경위도, 직각좌표, 지구 중심 직교좌표, 높이 및 중력 측정의 기준으로 사용하기 위하여 위성기준점, 수준점 및 중력점을 기초로 정한 기준점
㉐력점	중력 측정의 기준으로 사용하기 위하여 정한 기준점
㉯자기점(地磁氣點)	지구자기 측정의 기준으로 사용하기 위하여 정한 기준점
㉢준점	높이 측정의 기준으로 사용하기 위하여 대한민국 수준원점을 기초로 정한 기준점
㉳해기준점	우리나라의 영해를 획정(劃定)하기 위하여 정한 기준점 〈삭제 2021.2.9.〉
㉢로기준점	수로조사 시 해양에서의 수평 위치와 높이, 수심 측정 및 해안선 결정 기준으로 사용하기 위하여 위성기준점과 법 제6조제1항제3호의 기본수준면을 기초로 정한 기준점으로서 수로측량기준점, 기본수준점, 해안선기준점으로 구분 〈삭제 2021.2.9.〉
㉥각점	지리학적 경위도, 직각좌표 및 지구중심 직교좌표 측정의 기준으로 사용하기 위하여 위성기준점 및 통합기준점을 기초로 정한 기준점

공공기준점	제17조제2항에 따른 공공측량 시행자가 공공측량을 정확하고 효율적으로 시행하기 위하여 국가기준점을 기준으로 하여 따로 정하는 측량기준점
공공삼각점	공공측량 시 수평 위치의 기준으로 사용하기 위하여 국가기준점을 기초로 하여 정한 기준점
공공수준점	공공측량 시 높이의 기준으로 사용하기 위하여 국가기준점을 기초로 하여 정한 기준점
지적기준점	특별시장·광역시장·특별자치시장·도지사 또는 특별자치도지사(이하 "시·도지사"라 한다)나 지적소관청이 지적측량을 정확하고 효율적으로 시행하기 위하여 국가기준점을 기준으로 하여 따로 정하는 측량기준점
지적삼각점 (地籍三角點)	지적측량 시 수평 위치 측량의 기준으로 사용하기 위하여 국가기준점을 기준으로 하여 정한 기준점
지적삼각보조점	지적측량 시 수평 위치 측량의 기준으로 사용하기 위하여 국가기준점과 지적삼각점을 기준으로 하여 정한 기준점
지적도근점 (地籍圖根點)	지적측량 시 필지에 대한 수평 위치 측량 기준으로 사용하기 위하여 국가기준점, 지적삼각점, 지적삼각보조점 및 다른 지적도근점을 기초로 하여 정한 기준점

10 「지적재조사에 관한 특별법 시행령」상 지적재조사 책임 수행기관의 지정요건 및 지정취소에 대한 설명으로 가장 옳은 것은?

① 책임수행기관의 지정기간은 3년으로 한다.
② 권역별로 책임수행기관을 지정하는 경우에는 권역별로 지적분야 측량기술자 300명 이상이 상시 근무해야 한다.
③ 국토교통부장관은 정당한 사유 없이 지적소관청으로부터 위탁받은 업무를 위탁받은 날부터 1개월 이내에 시작하지 않거나 3개월 이상 계속하여 중단한 경우 책임수행기관 지정을 취소해야 한다.
④ 사업범위를 전국으로 하는 책임수행기관을 지정하는 경우에는 지적분야 측량기술자 1,000명 이상이 상시 근무해야 한다.

풀이 지적재조사에 관한 특별법 시행령 제4조의2(책임수행기관의 지정 요건 등)
① 국토교통부장관은 법 제5조의2제1항에 따라 사업범위를 전국으로 하는 책임수행기관을 지정하거나 인접한 2개 이상의 특별시·광역시·도·특별자치도·특별자치시를 묶은 권역별로 책임수행기관을 지정할 수 있다.
② 법 제5조의2제1항에 따른 책임수행기관의 지정대상은 다음 각 호에 해당하는 자로 한다.

> 1. 「국가공간정보 기본법」제12조에 따른 한국국토정보공사(이하 "한국국토정보공사"라 한다)
> 2. 다음 각 목의 기준을 모두 충족하는 자
>   가. 「민법」또는「상법」에 따라 설립된 법인일 것
>   나. 지적재조사사업을 전담하기 위한 조직과 측량장비를 갖추고 있을 것
>   다. 「공간정보의 구축 및 관리 등에 관한 법률」제39조에 따른 측량기술자(지적분야로 한정한다) 1,000명(제1항에 따라 권역별로 책임수행기관을 지정하는 경우에는 권역별로 200명) 이상이 상시 근무할 것

③ 책임수행기관의 지정기간은 5년으로 한다.
[본조신설 2021.6.8.]

지적재조사에 관한 특별법 시행령 제4조의3(책임수행기관의 지정절차)

① 법 제5조의2제1항에 따른 지정을 받으려는 자는 국토교통부령으로 정하는 지정신청서에 다음 각 호의 서류를 첨부하여 국토교통부장관에게 제출해야 한다.

> 1. 사업계획서
> 2. 제4조의2제2항에 따른 지정 기준을 충족했음을 증명하는 서류

② 제1항에 따른 지정신청을 받은 국토교통부장관은 다음 각 호의 사항을 고려하여 지정 여부를 결정한다.

> 1. 사업계획의 충실성 및 실행가능성
> 2. 지적재조사사업을 전담하기 위한 조직과 측량장비의 적정성
> 3. 기술인력의 확보 수준
> 4. 지적재조사사업의 조속한 이행 필요성

③ 국토교통부장관은 제1항에 따른 지정신청이 없거나 제4조의2제2항제2호에 해당하는 자의 지정신청을 검토한 결과 적합한 자가 없는 경우에는 한국국토정보공사를 책임수행기관으로 지정할 수 있다.

④ 국토교통부장관은 책임수행기관을 지정한 경우에는 이를 관보 및 인터넷 홈페이지에 공고하고 시·도지사 및 신청자에게 통지해야 한다. 이 경우 시·도지사는 이를 지체 없이 지적소관청에 통보해야 한다.

[본조신설 2021.6.8.]

지적재조사에 관한 특별법 시행령 제4조의4(책임수행기관의 지정취소)

① 국토교통부장관은 법 제5조의2제2항에 따라 책임수행기관이 다음 각 호의 어느 하나에 해당하는 경우 그 지정을 취소할 수 있다. 다만, 제1호 또는 제2호에 해당하는 경우에는 지정을 취소해야 한다.

> 1. 거짓이나 부정한 방법으로 지정을 받은 경우
> 2. 거짓이나 부정한 방법으로 지적재조사·측량업무를 수행한 경우
> 3. 90일 이상 계속하여 제4조의2제2항제2호에 따른 지정기준에 미달되는 경우
> 4. 정당한 사유 없이 지적소관청으로부터 위탁받은 업무를 위탁받은 날부터 1개월 이내에 시작하지 않거나 3개월 이상 계속하여 중단한 경우

② 국토교통부장관은 제1항에 따라 지정을 취소하려는 경우에는 청문을 실시해야 한다.

③ 책임수행기관 지정취소의 공고 및 통지에 관하여는 제4조의3제4항을 준용한다.

[본조신설 2021.6.8.]

11 〈보기〉에서 「국가공간정보 기본법」상 국가공간정보정책 기본계획의 수립 시 포함할 사항을 모두 고른 것은?

> 〈보기〉
> ㄱ. 국가공간정보체계에 관한 연구·개발
> ㄴ. 국가공간정보체계의 활용 및 공간정보의 유통
> ㄷ. 국가공간정보체계의 구축 및 공간정보의 활용 촉진을 위한 정책의 기본 방향
> ㄹ. 국가공간정보체계의 구축·관리 및 유통 촉진에 필요한 투자 및 재원조달 계획

① ㄱ, ㄷ   ② ㄱ, ㄴ, ㄹ
③ ㄴ, ㄷ, ㄹ   ④ ㄱ, ㄴ, ㄷ, ㄹ

국가공간정보 기본법 제6조(국가공간정보정책 기본계획의 수립)

① 정부는 국가공간정보체계의 구축 및 활용을 촉진하기 위하여 국가공간정보정책 기본계획(이하 "기본계획"이라 한다)을 5년마다 수립하고 시행하여야 한다.

② 기본계획에는 다음 각 호의 사항이 포함되어야 한다. 〈개정 2014.6.3., 2021.3.16.〉

> 1. 국가공간정보체계의 구축 및 공간정보의 활용 촉진을 위한 **정**책의 기본 방향
> 2. 제19조에 따른 기본공간정보의 **취**득 및 관리
> 3. 국가공간정보체계에 관한 **연**구 · 개발
> 4. 공간정보 관련 **전**문인력의 양성
> 5. 국가공간정보체계의 활용 및 **공**간정보의 유통
> 6. 국가공간정보체계의 구축 · 관리 및 유통 촉진에 필요한 투**자** 및 재원조달 계획
> 7. 국가공간정보체계와 관련한 국가적 표준의 연**구** · 보급 및 기술기준의 관리
> 8. 「공간정보산업 진흥법」 제2조제1항제2호에 따른 공간정보산업의 육**성**에 관한 사항
> 9. 그 밖에 국가공간정보정책에 관한 사항

③ 관계 중앙행정기관의 장은 제2항 각 호의 사항 중 소관 업무에 관한 기관별 국가공간정보정책 기본계획(이하 "기관별 기본계획"이라 한다)을 작성하여 대통령령으로 정하는 바에 따라 국토교통부장관에게 제출하여야 한다. 〈개정 2013.3.23.〉

④ 국토교통부장관은 제3항에 따라 관계 중앙행정기관의 장이 제출한 기관별 기본계획을 종합하여 기본계획을 수립하고 위원회의 심의를 거쳐 이를 확정한다. 〈개정 2009.5.22., 2013.3.23.〉

⑤ 제4항에 따라 확정된 기본계획을 변경하는 경우 그 절차에 관하여는 제4항을 준용한다. 다만, 대통령령으로 정하는 경미한 사항을 변경하는 경우에는 그러하지 아니하다.

12 공간정보의 구축 및 관리 등에 관한 법령상 「산지관리법」에 따른 산지전용허가를 받아 임야대장에 등록된 토지를 토지대장에 옮겨 등록하려는 경우, 이에 대한 설명으로 가장 옳지 않은 것은?

① 토지소유자는 대통령령으로 정하는 바에 따라 그 사유가 발생한 날부터 60일 이내에 지적소관청에 등록전환을 신청하여야 한다.

② 토지소유자는 등록전환 사유를 적은 신청서에 관계 법령에 따른 개발행위 허가 등을 증명하는 서류의 사본을 첨부하여 지적소관청에 제출하여야 한다.

③ 임야대장의 면적과 등록전환될 면적의 차이가 허용범위를 초과하는 경우에는 토지소유자의 신청에 의해 임야대장의 면적을 정정한 후에 등록전환을 하여야 한다.

④ 임야대장의 면적과 등록전환될 면적의 오차 허용범위를 계산할 때 축척이 3천분의 1인 지역의 축척분모는 6천으로 한다.

공간정보의 구축 및 관리 등에 관한 법률 제78조(등록전환 신청)

토지소유자는 등록전환할 토지가 있으면 대통령령으로 정하는 바에 따라 그 사유가 발생한 날부터 60일 이내에 지적소관청에 등록전환을 신청하여야 한다.

공간정보의 구축 및 관리 등에 관한 법률 시행령 제64조(등록전환 신청)

① 법 제78조에 따라 등록전환을 신청할 수 있는 경우는 다음 각 호와 같다. 〈개정 2020.6.9.〉

> 1. 「산지관리법」에 따른 산지전용허가 · 신고, 산지일시사용허가 · 신고, 「건축법」에 따른 건축허가 · 신고 또는 그 밖의 관계 법령에 따른 개발행위 허가 등을 받은 경우

정답 12 ③

2. 대부분의 토지가 등록전환되어 나머지 토지를 임야도에 계속 존치하는 것이 불합리한 경우
3. 임야도에 등록된 토지가 사실상 형질변경되었으나 지목변경을 할 수 없는 경우
4. 도시·군관리계획선에 따라 토지를 분할하는 경우

② 삭제 〈2020.6.9.〉
③ 토지소유자는 법 제78조에 따라 등록전환을 신청할 때에는 등록전환 사유를 적은 신청서에 국토교통부령으로 정하는 서류를 첨부하여 지적소관청에 제출하여야 한다.

공간정보의 구축 및 관리 등에 관한 법률 시행규칙 제82조(등록전환 신청)
① 영 제64조제3항에서 "국토교통부령으로 정하는 서류"란 관계 법령에 따른 개발행위 허가 등을 증명하는 서류의 사본(영 제64조제1항제1호에 해당하는 경우로 한정한다)을 말한다.
② 제1항에 따른 서류를 그 지적소관청이 관리하는 경우에는 지적소관청의 확인으로 그 서류의 제출을 갈음할 수 있다.

공간정보의 구축 및 관리 등에 관한 법률 시행령 제19조(등록전환이나 분할에 따른 면적 오차의 허용범위 및 배분 등)
① 법 제26조제2항에 따른 등록전환이나 분할을 위하여 면적을 정할 때에 발생하는 오차의 허용범위 및 처리방법은 다음 각 호와 같다.
  1. 등록전환을 하는 경우
     가. 임야대장의 면적과 등록전환될 면적의 오차 허용범위는 다음의 계산식에 따른다. 이 경우 오차의 허용범위를 계산할 때 축척이 3천분의 1인 지역의 축척분모는 6천으로 한다.

$$A = 0.026^2 M\sqrt{F}$$
(A는 오차 허용면적, M은 임야도 축척분모, F는 등록전환될 면적)

     나. 임야대장의 면적과 등록전환될 면적의 차이가 가목의 계산식에 따른 허용범위 이내인 경우에는 등록전환될 면적을 등록전환 면적으로 결정하고, 허용범위를 초과하는 경우에는 임야대장의 면적 또는 임야도의 경계를 지적소관청이 직권으로 정정하여야 한다.

13 「공간정보의 구축 및 관리 등에 관한 법률」에서 규정된 용어의 정의로 틀린 것은? (17년2회지기)

① "경계"란 필지별로 경계점들을 곡선으로 연결하여 지적공부에 등록한 선을 말한다.
② "면적"이란 지적공부에 등록한 필지의 수평면상 넓이를 말한다.
③ "신규등록"이란 새로 조성된 토지와 지적공부에 등록되어 있지 아니한 토지를 지적공부에 등록하는 것을 말한다.
④ "축척변경"이란 지적도에 등록된 경계점의 정밀도를 높이기 위하여 작은 축척을 큰 축척으로 변경하여 등록하는 것을 말한다.

풀이 공간정보의 구축 및 관리 등에 관한 법률 제2조(정의)
이 법에서 사용하는 용어의 뜻은 다음과 같다.
  25. "경계점"이란 필지를 구획하는 선의 굴곡점으로서 지적도나 임야도에 도해(圖解) 형태로 등록하거나 경계점좌표등록부에 좌표 형태로 등록하는 점을 말한다.
  26. "경계"란 필지별로 경계점들을 직선으로 연결하여 지적공부에 등록한 선을 말한다.
  27. "면적"이란 지적공부에 등록한 필지의 수평면상 넓이를 말한다.
  28. "토지의 이동(異動)"이란 토지의 표시를 새로 정하거나 변경 또는 말소하는 것을 말한다.

29. "신규등록"이란 새로 조성된 토지와 지적공부에 등록되어 있지 아니한 토지를 지적공부에 등록하는 것을 말한다.

30. "등록전환"이란 임야대장 및 임야도에 등록된 토지를 토지대장 및 지적도에 옮겨 등록하는 것을 말한다.

31. "분할"이란 지적공부에 등록된 1필지를 2필지 이상으로 나누어 등록하는 것을 말한다.

32. "합병"이란 지적공부에 등록된 2필지 이상을 1필지로 합하여 등록하는 것을 말한다.

33. "지목변경"이란 지적공부에 등록된 지목을 다른 지목으로 바꾸어 등록하는 것을 말한다.

34. "축척변경"이란 지적도에 등록된 경계점의 정밀도를 높이기 위하여 작은 축척을 큰 축척으로 변경하여 등록하는 것을 말한다.

14 「공간정보의 구축 및 관리 등에 관한 법률 시행령」상 측량기준점의 구분에 대한 설명으로 옳은 것은?

(16년지방9급)

① 국가기준점은 위성기준점, 삼각점, 수준점, 공공기준점 등이 있다.

② 지적기준점은 지적삼각점, 지적삼각보조점, 지적도근점, 지적경계점이 있다.

③ 통합기준점은 삼각점, 수준점, 중력점, 지자기점을 기초로 정한 기준점이다.

④ 우주측지기준점은 국가측지기준계를 정립하기 위하여 전 세계 초장거리간섭계와 연결하여 정한 기준점이다.

풀이 공간정보의 구축 및 관리 등에 관한 법률 시행령 제8조(측량기준점의 구분)

① 법 제7조제1항에 따른 측량기준점은 다음 각 호의 구분에 따른다.

암기 ㉿리가 ㉇㉏이 심하면 ㉗㉚를 모아 ㉟㉰을 ㉟㉛ 번 해라

측량기준점	측량의 정확도를 확보하고 효율성을 높이기 위하여 특정 지점을 제6조에 따른 측량기준에 따라 측정하고 좌표 등으로 표시하여 측량 시에 기준으로 사용되는 점
국가기준점	측량의 정확도를 확보하고 효율성을 높이기 위하여 국토교통부장관이 전 국토를 대상으로 주요 지점마다 정한 측량의 기본이 되는 측량기준점
㉿주측지기준점	국가측지기준계를 정립하기 위하여 전 세계 초장거리간섭계와 연결하여 정한 기준점
㉇성기준점	지리학적 경위도, 직각좌표 및 지구 중심 직교좌표의 측정 기준으로 사용하기 위하여 대한민국 경위도원점을 기초로 정한 기준점
㉏합기준점	지리학적 경위도, 직각좌표, 지구 중심 직교좌표, 높이 및 중력 측정의 기준으로 사용하기 위하여 위성기준점, 수준점 및 중력점을 기초로 정한 기준점
㉗력점	중력 측정의 기준으로 사용하기 위하여 정한 기준점
㉚자기점(地磁氣點)	지구자기 측정의 기준으로 사용하기 위하여 정한 기준점
㉟준점	높이 측정의 기준으로 사용하기 위하여 대한민국 수준원점을 기초로 정한 기준점
㉰해기준점	우리나라의 영해를 획정(劃定)하기 위하여 정한 기준점 〈삭제 2021.2.9.〉
㉟로기준점	수로조사 시 해양에서의 수평 위치와 높이, 수심 측정 및 해안선 결정 기준으로 사용하기 위하여 위성기준점과 법 제6조제1항제3호의 기본수준면을 기초로 정한 기준점으로서 수로측량기준점, 기본수준점, 해안선기준점으로 구분 〈삭제 2021.2.9.〉
㉛각점	지리학적 경위도, 직각좌표 및 지구중심 직교좌표 측정의 기준으로 사용하기 위하여 위성기준점 및 통합기준점을 기초로 정한 기준점

공공기준점	제17조제2항에 따른 공공측량 시행자가 공공측량을 정확하고 효율적으로 시행하기 위하여 국가기준점을 기준으로 하여 따로 정하는 측량기준점
공공삼각점	공공측량 시 수평 위치의 기준으로 사용하기 위하여 국가기준점을 기초로 하여 정한 기준점
공공수준점	공공측량 시 높이의 기준으로 사용하기 위하여 국가기준점을 기초로 하여 정한 기준점
지적기준점	특별시장·광역시장·특별자치시장·도지사 또는 특별자치도지사(이하 "시·도지사"라 한다)나 지적소관청이 지적측량을 정확하고 효율적으로 시행하기 위하여 국가기준점을 기준으로 하여 따로 정하는 측량기준점
지적삼각점 (地籍三角點)	지적측량 시 수평 위치 측량의 기준으로 사용하기 위하여 국가기준점을 기준으로 하여 정한 기준점
지적삼각보조점	지적측량 시 수평 위치 측량의 기준으로 사용하기 위하여 국가기준점과 지적삼각점을 기준으로 하여 정한 기준점
지적도근점 (地籍圖根點)	지적측량 시 필지에 대한 수평 위치 측량 기준으로 사용하기 위하여 국가기준점, 지적삼각점, 지적삼각보조점 및 다른 지적도근점을 기초로 하여 정한 기준점

15 「지적업무처리규정」(국토교통부 훈령 제899호)상 용어 정의에 대한 설명으로 가장 옳지 않은 것은?

① "기지점(旣知點)"이란 기초측량에서는 국가기준점 또는 지적기준점을 말하고, 세부측량에서는 지적기준점 또는 지적도면상 필지를 구획하는 선의 경계점과 상호 부합되는 지상의 경계점을 말한다.

② "측량현형(現形)파일"이란 전자평판측량 및 위성측량방법으로 관측 후 지적측량정보를 처리할 수 있는 시스템에 따라 작성된 측량결과도파일과 토지이동정리를 위한 지번, 지목 및 경계점의 좌표가 포함된 파일을 말한다.

③ "전자평판측량"이란 토탈스테이션과 지적측량 운영프로그램 등이 설치된 컴퓨터를 연결하여 세부측량을 수행하는 측량을 말한다.

④ "기지경계선(旣知境界線)"이란 세부측량성과를 결정하는 기준이 되는 기지점을 필지별로 직선으로 연결한 선을 말한다.

풀이 지적업무처리규정 제3조(정의)

이 규정에서 사용하는 용어의 뜻은 다음 각 호와 같다.

1. "기지점(旣知點)"이란 기초측량에서는 국가기준점 또는 지적기준점을 말하고, 세부측량에서는 지적기준점 또는 지적도면상 필지를 구획하는 선의 경계점과 상호 부합되는 지상의 경계점을 말한다.
2. "기지경계선(旣知境界線)"이란 세부측량성과를 결정하는 기준이 되는 기지점을 필지별로 직선으로 연결한 선을 말한다.
3. "전자평판측량"이란 토탈스테이션과 지적측량 운영프로그램 등이 설치된 컴퓨터를 연결하여 세부측량을 수행하는 측량을 말한다.
4. "토탈스테이션"이란 경위의측량방법에 따른 기초측량 및 세부측량에 사용되는 장비를 말한다.
5. "지적측량파일"이란 측량준비파일, 측량현형파일 및 측량성과파일을 말한다.
6. "측량준비파일"이란 부동산종합공부시스템에서 지적측량 업무를 수행하기 위하여 도면 및 대장속성 정보를 추출한 파일을 말한다.

정답 15 ②

7. "측량현형(現形)파일"이란 전자평판측량 및 위성측량방법으로 관측한 데이터 및 지적측량에 필요한 각종 정보가 들어있는 파일을 말한다.

8. "측량성과파일"이란 전자평판측량 및 위성측량방법으로 관측 후 지적측량정보를 처리할 수 있는 시스템에 따라 작성된 측량결과도파일과 토지이동정리를 위한 지번, 지목 및 경계점의 좌표가 포함된 파일을 말한다.

9. "측량부"란 기초측량 또는 세부측량성과를 결정하기 위하여 사용한 관측부·계산부 등 이에 수반되는 기록을 말한다.

16 토지이동시기에 대한 설명으로 가장 옳지 않은 것은?

① 「도시개발법」에 따른 도시개발사업 시행지역의 토지는 사업완료 신고일에 토지의 이동이 있는 것으로 본다.

② 「농어촌정비법」에 따른 농어촌정비사업 시행지역의 토지는 토지의 형질변경 등의 공사가 준공된 때에 토지의 이동이 있는 것으로 본다.

③ 축척변경 시행지역의 토지는 축척변경 확정공고일에 토지의 이동이 있는 것으로 본다.

④ 지적재조사지구의 토지는 사업완료 공고일에 토지의 이동이 있는 것으로 본다.

풀이 공간정보의 구축 및 관리 등에 관한 법률 제86조(도시개발사업 등 시행지역의 토지이동 신청에 관한 특례)

① 「도시개발법」에 따른 도시개발사업, 「농어촌정비법」에 따른 농어촌정비사업, 그 밖에 대통령령으로 정하는 토지개발사업의 시행자는 대통령령으로 정하는 바에 따라 그 사업의 착수·변경 및 완료 사실을 지적소관청에 신고하여야 한다.

② 제1항에 따른 사업과 관련하여 토지의 이동이 필요한 경우에는 해당 사업의 시행자가 지적소관청에 토지의 이동을 신청하여야 한다.

③ 제2항에 따른 토지의 이동은 토지의 형질변경 등의 공사가 준공된 때에 이루어진 것으로 본다.

④ 제1항에 따라 사업의 착수 또는 변경의 신고가 된 토지의 소유자가 해당 토지의 이동을 원하는 경우에는 해당 사업의 시행자에게 그 토지의 이동을 신청하도록 요청하여야 하며, 요청을 받은 시행자는 해당 사업에 지장이 없다고 판단되면 지적소관청에 그 이동을 신청하여야 한다.

> • 「농어촌정비법」에 따른 농어촌정비사업 시행지역의 토지는 **토지의 이동이 토지의 형질변경 등의 공사가 준공된 때에 이루어진 것으로 본다.**
> • 「도시개발법」에 따른 도시개발사업 시행지역의 토지는 **토지의 이동이 토지의 형질변경 등의 공사가 준공된 때에 이루어진 것으로 본다.**

공간정보의 구축 및 관리 등에 관한 법률 시행령 제78조(축척변경의 확정공고)

① 청산금의 납부 및 지급이 완료되었을 때에는 지적소관청은 지체 없이 축척변경의 확정공고를 하여야 한다.

② 지적소관청은 제1항에 따른 확정공고를 하였을 때에는 지체 없이 축척변경에 따라 확정된 사항을 지적공부에 등록하여야 한다.

③ 축척변경 시행지역의 토지는 제1항에 따른 확정공고일에 토지의 이동이 있는 것으로 본다.

지적재조사에 관한 특별법 제24조(새로운 지적공부의 작성)

① 지적소관청은 제23조에 따른 사업완료 공고가 있었을 때에는 기존의 지적공부를 폐쇄하고 새로운 지적공부를 작성하여야 한다. 이 경우 그 토지는 제23조제1항에 따른 사업완료 공고일에 토지의 이동이 있은 것으로 본다.

정답 16 ①

17 「국가공간정보 기본법」상 용어에 대한 설명으로 옳지 않은 것은?

① "공간정보데이터베이스"란 공간정보를 체계적으로 정리하여 사용자가 검색하고 활용할 수 있도록 가공한 정보의 집합체를 말한다.

② "공간객체등록번호"란 공간정보를 효율적으로 관리 및 활용하기 위하여 자연적 또는 인공적 객체에 부여하는 공간정보의 유일식별번호를 말한다.

③ "국가공간정보체계"란 공간정보를 효과적으로 수집 · 저장 · 가공 · 분석 · 표현할 수 있도록 서로 유기적으로 연계된 컴퓨터의 하드웨어, 소프트웨어, 데이터베이스 및 인적자원의 결합체를 말한다.

④ "공간정보"란 지상 · 지하 · 수상 · 수중 등 공간상에 존재하는 자연적 또는 인공적인 객체에 대한 위치정보 및 이와 관련된 공간적 인지 및 의사결정에 필요한 정보를 말한다.

[풀이] 국가공간정보 기본법 제2조(정의)

이 법에서 사용하는 용어의 뜻은 다음과 같다. 〈개정 2012.12.18., 2013.3.23., 2014.6.3.〉

1. "공간정보"란 지상 · 지하 · 수상 · 수중 등 공간상에 존재하는 자연적 또는 인공적인 객체에 대한 위치정보 및 이와 관련된 공간적 인지 및 의사결정에 필요한 정보를 말한다.
2. "공간정보데이터베이스"란 공간정보를 체계적으로 정리하여 사용자가 검색하고 활용할 수 있도록 가공한 정보의 집합체를 말한다.
3. "공간정보체계"란 공간정보를 효과적으로 수집 · 저장 · 가공 · 분석 · 표현할 수 있도록 서로 유기적으로 연계된 컴퓨터의 하드웨어, 소프트웨어, 데이터베이스 및 인적자원의 결합체를 말한다.
4. "관리기관"이란 공간정보를 생산하거나 관리하는 중앙행정기관, 지방자치단체, 「공공기관의 운영에 관한 법률」 제4조에 따른 공공기관(이하 "공공기관"이라 한다), 그 밖에 대통령령으로 정하는 민간기관을 말한다.
5. "국가공간정보체계"란 관리기관이 구축 및 관리하는 공간정보체계를 말한다.
6. "국가공간정보통합체계"란 제19조제3항의 기본공간정보데이터베이스를 기반으로 국가공간정보체계를 통합 또는 연계하여 국토교통부장관이 구축 · 운용하는 공간정보체계를 말한다.
7. "공간객체등록번호"란 공간정보를 효율적으로 관리 및 활용하기 위하여 자연적 또는 인공적 객체에 부여하는 공간정보의 유일식별번호를 말한다.

18 「국가공간정보 기본법」에서 다음과 같이 정의되는 것은? (18년1회측기)

> 공간정보를 효과적으로 수집 · 저장 · 가공 · 분석 · 표현할 수 있도록 서로 유기적으로 연계된 컴퓨터의 하드웨어, 소프트웨어, 데이터베이스 및 인적자원의 결합체를 말한다.

① 공간정보데이터베이스   ② 국가공간정보통합체계

③ 공간정보체계   ④ 공간객체

[풀이] 국가공간정보 기본법(약칭 : 공간정보법) 제2조(정의)

이 법에서 사용하는 용어의 뜻은 다음과 같다.

1. "공간정보"란 지상 · 지하 · 수상 · 수중 등 공간상에 존재하는 자연적 또는 인공적인 객체에 대한 위치정보 및 이와 관련된 공간적 인지 및 의사결정에 필요한 정보를 말한다.
2. "공간정보데이터베이스"란 공간정보를 체계적으로 정리하여 사용자가 검색하고 활용할 수 있도록 가공한 정보의 집합체를 말한다.
3. "공간정보체계"란 공간정보를 효과적으로 수집 · 저장 · 가공 · 분석 · 표현할 수 있도록 서로 유기적으로 연계된 컴퓨터의 하드웨어, 소프트웨어, 데이터베이스 및 인적자원의 결합체를 말한다.

정답 17 ③   18 ③

4. "관리기관"이란 공간정보를 생산하거나 관리하는 중앙행정기관, 지방자치단체, 「공공기관의 운영에 관한 법률」 제4조에 따른 공공기관(이하 "공공기관"이라 한다), 그 밖에 대통령령으로 정하는 민간기관을 말한다.
5. "국가공간정보체계"란 관리기관이 구축 및 관리하는 공간정보체계를 말한다.
6. "국가공간정보통합체계"란 제19조제3항의 기본공간정보데이터베이스를 기반으로 국가공간정보체계를 통합 또는 연계하여 국토교통부장관이 구축·운용하는 공간정보체계를 말한다.
7. "공간객체등록번호"란 공간정보를 효율적으로 관리 및 활용하기 위하여 자연적 또는 인공적 객체에 부여하는 공간정보의 유일식별번호를 말한다.

19 「국가공간정보 기본법」에 대하여 (   ) 안에 공통적으로 들어갈 용어로 알맞은 것은?

(18년4회측기)

• 관리기관의 장은 해당 기관이 관리하고 있는 (   )가/이 최신 정보를 기반으로 유지될 수 있도록 노력하여야 한다.
• 관리기관의 장은 해당 기관이 생산 또는 관리하는 공간정보가 다른 기관이 생산 또는 관리하는 공간정보와 호환이 가능하도록 공간정보와 관련한 표준 또는 기술기준에 따라 (   )를/을 구축·관리하여야 한다.

① 공간정보데이터베이스
② 위성측위시스템
③ 국가공간정보센터
④ 한국국토정보공사

풀이 **국가공간정보 기본법 제28조(공간정보데이터베이스의 구축 및 관리)**
① 관리기관의 장은 해당 기관이 생산 또는 관리하는 공간정보가 다른 기관이 생산 또는 관리하는 공간정보와 호환이 가능하도록 제21조에 따른 공간정보와 관련한 표준 또는 기술기준에 따라 공간정보데이터베이스를 구축·관리하여야 한다. 〈개정 2014.6.3.〉
② 관리기관의 장은 해당 기관이 관리하고 있는 공간정보데이터베이스가 최신 정보를 기반으로 유지될 수 있도록 노력하여야 한다.
③ 관리기관의 장은 중앙행정기관 및 지방자치단체로부터 공간정보데이터베이스의 구축·관리 등을 위하여 필요한 공간정보의 열람·복제 등 관련 자료의 제공 요청을 받은 때에는 특별한 사유가 없는 한 이에 응하여야 한다.
④ 관리기관의 장은 중앙행정기관 및 지방자치단체를 제외한 다른 관리기관으로부터 공간정보데이터베이스의 구축·관리 등을 위하여 필요한 공간정보의 열람·복제 등 관련 자료의 제공 요청을 받은 때에는 이에 협조할 수 있다.
⑤ 제3항 및 제4항에 따라 제공받은 공간정보는 제1항에 따른 공간정보데이터베이스의 구축·관리 외의 용도로 이용되어서는 아니 된다.

국가공간정보 기본법 제2조(정의)
이 법에서 사용하는 용어의 뜻은 다음과 같다. 〈개정 2012.12.18., 2013.3.23., 2014.6.3.〉
1. "공간정보"란 지상·지하·수상·수중 등 공간상에 존재하는 자연적 또는 인공적인 객체에 대한 위치정보 및 이와 관련된 공간적 인지 및 의사결정에 필요한 정보를 말한다.
2. "공간정보데이터베이스"란 공간정보를 체계적으로 정리하여 사용자가 검색하고 활용할 수 있도록 가공한 정보의 집합체를 말한다.
3. "공간정보체계"란 공간정보를 효과적으로 수집·저장·가공·분석·표현할 수 있도록 서로 유기적으로 연계된 컴퓨터의 하드웨어, 소프트웨어, 데이터베이스 및 인적자원의 결합체를 말한다.
4. "관리기관"이란 공간정보를 생산하거나 관리하는 중앙행정기관, 지방자치단체, 「공공기관의 운영에 관한 법률」 제4조에 따른 공공기관(이하 "공공기관"이라 한다), 그 밖에 대통령령으로 정하는 민간기관을 말한다.

정답 19 ①

5. "국가공간정보체계"란 관리기관이 구축 및 관리하는 공간정보체계를 말한다.
6. "국가공간정보통합체계"란 제19조제3항의 기본공간정보데이터베이스를 기반으로 국가공간정보체계를 통합 또는 연계하여 국토교통부장관이 구축·운용하는 공간정보체계를 말한다.
7. "공간객체등록번호"란 공간정보를 효율적으로 관리 및 활용하기 위하여 자연적 또는 인공적 객체에 부여하는 공간정보의 유일식별번호를 말한다.

20 「지적재조사에 관한 특별법」상 용어에 대한 설명으로 옳지 않은 것은?

① "지적재조사사업"이란 지적공부의 등록사항을 조사·측량하여 기존의 지적공부를 디지털에 의한 새로운 지적공부로 대체함과 동시에 지적공부의 등록사항이 토지의 실제 현황과 일치하지 아니하는 경우 이를 바로잡기 위하여 실시하는 국가사업을 말한다.
② "지적재조사지구"란 지적재조사사업을 시행하기 위하여 제7조(지적재조사지구의 지정) 및 제8조(지적재조사지구 지정고시)에 따라 지정·고시된 지구를 말한다.
③ "토지현황조사"란 지적재조사사업을 시행하기 위하여 필지별로 소유자, 지번, 지목, 면적, 경계 또는 좌표, 지상건축물 및 지하건축물의 위치, 표준공시지가 등을 조사하는 것을 말한다.
④ "연속지적도"란 지적측량을 하지 아니하고 전산화된 지적도 및 임야도 파일을 이용하여, 도면상 경계점들을 연결하여 작성한 도면으로서 측량에 활용할 수 없는 도면을 말한다.

풀이 지적재조사에 관한 특별법 제2조(정의)

이 법에서 사용하는 용어의 정의는 다음과 같다. 〈개정 2014.6.3., 2017.4.18., 2019.12.10.〉

지적공부	토지대장, 임야대장, 공유지연명부, 대지권등록부, 지적도, 임야도 및 경계점좌표등록부 등 지적측량 등을 통하여 조사된 토지의 표시와 해당 토지의 소유자 등을 기록한 대장 및 도면(정보처리시스템을 통하여 기록·저장된 것을 포함한다)을 말한다.
연속지적도	지적측량을 하지 아니하고 전산화된 지적도 및 임야도 파일을 이용하여, 도면상 경계점들을 연결하여 작성한 도면으로서 측량에 활용할 수 없는 도면을 말한다.
부동산종합공부	토지의 표시와 소유자에 관한 사항, 건축물의 표시와 소유자에 관한 사항, 토지의 이용 및 규제에 관한 사항, 부동산의 가격에 관한 사항 등 부동산에 관한 종합정보를 정보관리체계를 통하여 기록·저장한 것을 말한다.
지적재조사사업	「공간정보의 구축 및 관리 등에 관한 법률」 제71조(토지대장 등의 등록사항), 제72조(지적도 등의 등록사항)부터 제73조(경계점좌표등록부의 등록사항)까지의 규정에 따른 지적공부의 등록사항을 조사·측량하여 기존의 지적공부를 디지털에 의한 새로운 지적공부로 대체함과 동시에 지적공부의 등록사항이 토지의 실제 현황과 일치하지 아니하는 경우 이를 바로잡기 위하여 실시하는 국가사업을 말한다.
지적재조사지구	지적재조사사업을 시행하기 위하여 제7조(지적재조사지구의 지정) 및 제8조(지적재조사지구 지정고시)에 따라 지정·고시된 지구를 말한다.
토지현황조사	"토지현황조사"란 지적재조사사업을 시행하기 위하여 필지별로 소유자, 지번, 지목, 면적, 경계 또는 좌표, 지상건축물 및 지하건축물의 위치, 개별공시지가 등을 조사하는 것을 말한다.
지적소관청	"지적소관청"이란 지적공부를 관리하는 특별자치시장, 시장(「제주특별자치도 설치 및 국제자유도시 조성을 위한 특별법」 제15조제2항에 따른 행정시의 시장을 포함하며, 「지방자치법」 제3조제3항에 따라 자치구가 아닌 구를 두는 시의 시장은 제외한다)·군수 또는 구청장(자치구가 아닌 구의 구청장을 포함한다)을 말한다.
시·도지사	특별시장·광역시장·특별자치시장·도지사·특별자치도지사

01 부동산의 효율적 이용과 관련 정보의 종합적 관리·운영을 위하여 활용되고 있는 부동산종합공부의 등록사항으로 옳지 않은 것은?

① 지적공부의 내용
② 건축물대장의 내용
③ 부동산권리에 관한 내용
④ 토지이용계획확인서 내용
⑤ 공동공시지가에 대한 내용

풀이 공간정보의 구축 및 관리 등에 관한 법률 제76조의3(부동산종합공부의 등록사항 등)
지적소관청은 부동산종합공부에 다음 각 호의 사항을 등록하여야 한다.

> 1. 토지의 표시와 소유자에 관한 사항 : 이 법에 따른 지적공부의 내용
> 2. 건축물의 표시와 소유자에 관한 사항(토지에 건축물이 있는 경우만 해당한다) : 「건축법」 제38조에 따른 건축물대장의 내용
> 3. 토지의 이용 및 규제에 관한 사항 : 「토지이용규제 기본법」 제10조에 따른 토지이용계획확인서의 내용
> 4. 부동산의 가격에 관한 사항 : 「부동산 가격공시 및 감정평가에 관한 법률」 제11조에 따른 개별공시지가, 같은 법 제16조 및 제17조에 따른 개별주택가격 및 공동주택가격 공시내용
> 5. 그 밖에 부동산의 효율적 이용과 부동산과 관련된 정보의 종합적 관리·운영을 위하여 필요한 사항으로서 대통령령으로 정하는 사항

공간정보의 구축 및 관리 등에 관한 법률 시행령 제62조의2(부동산종합공부의 등록사항)
법 제76조의3제5호에서 "대통령령으로 정하는 사항"이란 「부동산등기법」 제48조에 따른 부동산의 권리에 관한 사항을 말한다.

02 지적공부 중 대지권등록부의 등록사항으로 옳지 않은 것은?

① 대지권 비율
② 토지의 고유번호
③ 집합건물별 대지권등록부의 장번호
④ 지번
⑤ 축척

풀이 공간정보의 구축 및 관리 등에 관한 법률 제71조(토지대장 등의 등록사항) **암기** 토지번동주명소 지권고장건전하다.
③ 토지대장이나 임야대장에 등록하는 토지가 「부동산등기법」에 따라 대지권 등기가 되어 있는 경우에는 대지권등록부에 다음 각 호의 사항을 등록하여야 한다.
> 1. 토지의 소재
> 2. 지번
> 3. 대지권 비율
> 4. 소유자의 성명 또는 명칭, 주소 및 주민등록번호
> 5. 그 밖에 국토교통부령으로 정하는 사항

공간정보의 구축 및 관리 등에 관한 법률 시행령 제68조(토지대장 등의 등록사항 등)
④ 법 제71조제3항제5호에서 "그 밖에 국토교통부령으로 정하는 사항"이란 다음 각 호의 사항을 말한다.
> 1. 소유권 지분

정답 01 ⑤ 02 ⑤

2. 토지의 [고]유번호
3. 집합건물별 대지권등록부의 [장]번호
4. [건]물의 명칭
5. [전]유부분(專有部分)의 건물표시
6. 토지소유자가 [변]경된 날과 그 [원]인

03 지적공부 중 대지권등록부의 등록사항으로 옳은 것은?

① 지목
② 경계
③ 면적
④ 지번
⑤ 축척

[풀이] **공간정보의 구축 및 관리 등에 관한 법률 제71조(토지대장 등의 등록사항)**

③ 토지대장이나 임야대장에 등록하는 토지가 「부동산등기법」에 따라 대지권 등기가 되어 있는 경우에는 대지권등록부에 다음 각 호의 사항을 등록하여야 한다. 〈개정 2013.3.23.〉

구분		[소]재	[지]번	지[목]=[축]척	[면]적	[경]계	[좌]표	[소]유자	[도]면번호	[고]유번호	소유권([지][분])	대지권([비][율])	기타 등록사항
대장	토지, 임야대[장]	●	●	[장] ●	[장] ●			[장] ●	[장] ●	[장] ●			토지 [이][동] 사유 [개]별공시지가 [기]준수확량등급 필지별 토지, 임야대장의 장번호
대장	[공]유지연명부	●	●					[공] ●		[공] ●	[공] ●		필지별 공유지연명부의 장번호
대장	[대]지권등록부	●	●					[대] ●		[대] ●	[대] ●	[대] ●	[건]물의 명칭 [전]유건물표시 집합건물별 대지권등록부의 장번호
[경]계점좌표등록표		●	●				[경] ●		[경] ●	[경] ●			[부]호, 부호[도] 필지별 경계점좌표등록부의 장번호
도면	지적·임야[도]	●	●	[도] ●		[도] ●							색[인]도 [지]적기준점 위치 [도]곽선과 수치 [건]축물의 위치 [좌]표에 의한 계산된 경계점 간 거리

[암기] [소][지]는 공통이고, [목][장][도]=[축]장도, [면][장], [경][도]는 [좌][경]이요,
[소][경][도], [도][공][대][도] [고][도]가 없고,
[소]대장, [지][분]은 공, 대에만 있다.
[이][동][개][기][건][전]하면 [부][도]없이 [인][지][도] [건][좌]하다.

정답 03 ④

04 「공간정보의 구축 및 관리 등에 관한 법령」상 대지권등록부의 등록사항이 아닌 것은?

① 대지권 비율 ② 건물의 명칭
③ 소유권 지분 ④ 건물의 경계
⑤ 토지소유자가 변경된 날과 그 원인

> **풀이** 공간정보의 구축 및 관리 등에 관한 법률 제71조(토지대장 등의 등록사항)
> ③ 토지대장이나 임야대장에 등록하는 토지가 「부동산등기법」에 따라 대지권 등기가 되어 있는 경우에는 대지권등록부에 다음 각 호의 사항을 등록하여야 한다.
> 1. 토지의 소재
> 2. 지번
> 3. 대지권 비율
> 4. 소유자의 성명 또는 명칭, 주소 및 주민등록번호
> 5. 그 밖에 국토교통부령으로 정하는 사항
>
> 공간정보의 구축 및 관리 등에 관한 법률 시행규칙 제68조(토지대장 등의 등록사항 등)
> ④ 법 제71조제3항제5호에서 "그 밖에 국토교통부령으로 정하는 사항"이란 다음 각 호의 사항을 말한다.
> 1. 토지의 고유번호
> 2. 전유부분(專有部分)의 건물표시
> 3. 건물의 명칭
> 4. 집합건물별 대지권등록부의 장번호
> 5. 토지소유자가 변경된 날과 그 원인
> 6. 소유권 지분

05 지적도의 등록사항에 해당하지 않는 것은?

(12년서울9급)

① 삼각점 및 지적기준점의 명칭 및 번호 ② 도면의 제명 및 축척
③ 도곽선 및 수치 ④ 도면의 색인도
⑤ 건축물 및 구조물의 위치

> **풀이** 공간정보의 구축 및 관리 등에 관한 법률 제72조(지적도 등의 등록사항) **암기** ㅌㅈㅈㅈ경은 ㄷ면선강을
> 지적도 및 임야도에는 다음 각 호의 사항을 등록하여야 한다.
> 1. ㅌ지의 소재
> 2. ㅈ번
> 3. ㅈ목
> 4. 경ㅈ
> 5. 그 밖에 국토교통부령으로 정하는 사항
>
> 공간정보의 구축 및 관리 등에 관한 법률 시행규칙 제69조(지적도면 등의 등록사항 등)
> ② 법 제72조제5호에서 "그 밖에 국토교통부령으로 정하는 사항"이란 다음 각 호의 사항을 말한다.
> 1. 지적ㄷ면의 색인도(인접도면의 연결 순서를 표시하기 위하여 기재한 도표와 번호를 말한다)
> 2. 지적도ㅕ의 제명 및 축척
> 3. 도곽ㅅ(圖廓線)과 그 수치
> 4. 좌표에 의하여 계산된 경계ㅈ 간의 거리(경계점좌표등록부를 갖추어 두는 지역으로 한정한다)

정답 04 ④ 05 ①

5. 삼②점 및 지적기준점의 위치
6. 건축❺ 및 구조물 등의 위치
7. 그 밖에 국토교통부장관이 정하는 사항

06 지적도의 등록사항에 해당하지 않는 것은?

① 건축물 및 구조물 등의 위치
② 도면의 제명 및 축척
③ 도곽선 및 수치
④ 도면의 색인도
⑤ 토지의 고유번호

풀이 공간정보의 구축 및 관리 등에 관한 법률 제72조(지적도 등의 등록사항) **암기** ⓣⓩⓩⓒ점은 ⓓⓞⓢⓒ⑤
지적도 및 임야도에는 다음 각 호의 사항을 등록하여야 한다.
1. ⓣ지의 소재
2. ⓩ번
3. ⓩ목
4. 경ⓒ
5. 그 밖에 국토교통부령으로 정하는 사항

공간정보의 구축 및 관리 등에 관한 법률 시행규칙 제69조(지적도면 등의 등록사항 등)
② 법 제72조제5호에서 "그 밖에 국토교통부령으로 정하는 사항"이란 다음 각 호의 사항을 말한다.
1. 지적ⓓ면의 색인도(인접도면의 연결 순서를 표시하기 위하여 기재한 도표와 번호를 말한다)
2. 지적도ⓝ의 제명 및 축척
3. 도곽ⓢ(圖廓線)과 그 수치
4. 좌표에 의하여 계산된 경계ⓒ 간의 거리(경계점좌표등록부를 갖추어 두는 지역으로 한정한다)
5. 삼②점 및 지적기준점의 위치
6. 건축❺ 및 구조물 등의 위치
7. 그 밖에 국토교통부장관이 정하는 사항

07 지적도 및 임야도의 등록사항만으로 나열된 것은?

① 토지의 소재, 지번, 건축물의 번호, 삼각점 및 지적기준점의 위치
② 지번, 경계, 건축물 및 구조물 등의 위치, 삼각점 및 지적기준점의 위치
③ 토지의 소재, 지번, 토지의 고유번호, 삼각점 및 지적기준점의 위치
④ 지목, 부호 및 부호도, 도곽선과 그 수치, 토지의 고유번호
⑤ 지목, 도곽선과 그 수치, 토지의 고유번호, 건축물 및 구조물 등의 위치

풀이 공간정보의 구축 및 관리 등에 관한 법률 제72조(지적도 등의 등록사항) **암기** ⓣⓩⓩⓒ점은 ⓓⓞⓢⓒ⑤
지적도 및 임야도에는 다음 각 호의 사항을 등록하여야 한다.
1. ⓣ지의 소재
2. ⓩ번
3. ⓩ목
4. 경ⓒ
5. 그 밖에 국토교통부령으로 정하는 사항

공간정보의 구축 및 관리 등에 관한 법률 시행규칙 제69조(지적도면 등의 등록사항 등)
② 법 제72조제5호에서 "그 밖에 국토교통부령으로 정하는 사항"이란 다음 각 호의 사항을 말한다.
　1. 지적도면의 색인도(인접도면의 연결 순서를 표시하기 위하여 기재한 도표와 번호를 말한다)
　2. 지적도면의 제명 및 축척
　3. 도곽선(圖廓線)과 그 수치
　4. 좌표에 의하여 계산된 경계점 간의 거리(경계점좌표등록부를 갖추어 두는 지역으로 한정한다)
　5. 삼각점 및 지적기준점의 위치
　6. 건축물 및 구조물 등의 위치
　7. 그 밖에 국토교통부장관이 정하는 사항

08 지적도 및 임야도의 등록사항으로 나열된 것으로 옳지 않은 것은?

① 토지의 소재, 지번, 삼각점 및 지적기준점의 위치

② 지번, 경계, 건축물 및 구조물 등의 위치, 삼각점 및 지적기준점의 위치

③ 토지의 소재, 지번, 지목, 경계, 삼각점 및 지적기준점의 위치

④ 지목, 도면의 제명 및 축척, 도곽선과 그 수치, 지적도면의 색인도(인접도면의 연결순서를 표시하기 위하여 기재한 도표와 번호를 말한다)

⑤ 지목, 도곽선과 그 수치, 토지의 고유번호, 건축물 및 구조물 등의 위치

풀이 공간정보의 구축 및 관리 등에 관한 법률 제72조(지적도 등의 등록사항) **암기** 토지지지경점은 도면선강물

지적도 및 임야도에는 다음 각 호의 사항을 등록하여야 한다.
　1. 토지의 소재
　2. 지번
　3. 지목
　4. 경계
　5. 그 밖에 국토교통부령으로 정하는 사항

공간정보의 구축 및 관리 등에 관한 법률 시행규칙 제69조(지적도면 등의 등록사항 등)
② 법 제72조제5호에서 "그 밖에 국토교통부령으로 정하는 사항"이란 다음 각 호의 사항을 말한다.
　1. 지적도면의 색인도(인접도면의 연결 순서를 표시하기 위하여 기재한 도표와 번호를 말한다)
　2. 지적도면의 제명 및 축척
　3. 도곽선(圖廓線)과 그 수치
　4. 좌표에 의하여 계산된 경계점 간의 거리(경계점좌표등록부를 갖추어 두는 지역으로 한정한다)
　5. 삼각점 및 지적기준점의 위치
　6. 건축물 및 구조물 등의 위치
　7. 그 밖에 국토교통부장관이 정하는 사항

09 지상경계점등록부의 등록사항으로 옳지 않은 것은?

① 경계점 좌표(경계점좌표등록부 시행지역에 한정한다)

② 경계점표지의 종류 및 경계점 위치

③ 경계점 위치 설명도

④ 공부상 지목과 실제 토지이용 지목

⑤ 토지소유자의 성명 또는 명칭

지상경계점등록부 (지적재조사에 관한 특별법 시행규칙 제10조) **암기** 토지목성도 경번지 세관위기경 소침명 확직명	지상경계점등록부 (공간정보의 구축 및 관리 등에 관한 법률 제65조) **암기** 토지경계 공계점
1. **토**지의 소재 2. **지**번 3. 지**목** 4. 작**성**일 5. 위치**도** 6. **경**계점 **번**호 및 표**지**종류 7. 경계점 **세**부설명 및 **관**련 자료 8. 경계**위**치 9. 경계설정**기**준 및 **경**계형태 10. 작성자의 **소**속 · **직**급(직위) · 성**명** 11. **확**인자의 **직**급 · 성**명**	1. **토**지의 소재 2. **지**번 3. **경**계점 좌표(경계점좌표등록부 시행 지역에 한정 한다) 4. 경계**점** 위치 설명도 5. **공**부상 지목과 실제 토지이용 지목 6. 경계**점**의 사진 파일 7. 경계**점**표지의 종류 및 경계점 위치

10 지적소관청은 토지의 이동에 따라 지상경계를 새로 정한 경우에는 다음 각 호의 사항을 등록한 지상경계점등록부를 작성 · 관리하여야 한다. 지상경계점등록부를 작성하는 경우에 등록하는 사항이 아닌 것은?

① 지적공부상 면적과 실제 토지이용 면적
② 경계점좌표등록부 시행지역의 경계점 좌표
③ 경계점의 사진 파일 및 경계점 위치 설명도
④ 토지의 소재 및 경계점표지의 종류

　① 토지의 지상경계는 둑, 담장이나 그 밖에 구획의 목표가 될 만한 구조물 및 경계점표지 등으로 구분한다.
　② 지적소관청은 토지의 이동에 따라 지상경계를 새로 정한 경우에는 다음 각 호의 사항을 등록한 지상경계점등록부를 작성 · 관리하여야 한다.
　　1. **토**지의 소재
　　2. **지**번
　　3. **경**계점 좌표(경계점좌표등록부 시행지역에 한정한다)
　　4. 경**계**점 위치 설명도
　　5. 그 밖에 국토교통부령으로 정하는 사항
　③ 제1항에 따른 지상경계의 결정 기준 등 지상경계의 결정에 필요한 사항은 대통령령으로 정하고, 경계점표지의 규격과 재질 등에 필요한 사항은 국토교통부령으로 정한다.

　공간정보의 구축 및 관리 등에 관한 법률 시행규칙 제60조(지상경계점등록부 작성 등)
　① 경계점 위치 설명도의 작성 등에 관하여 필요한 사항은 국토교통부장관이 정한다.
　② "그 밖에 국토교통부령으로 정하는 사항"이란 다음 각 호의 사항을 말한다.
　　1. **공**부상 지목과 실제 토지이용 지목
　　2. 경**계**점의 사진 파일

3. 경계점표지의 종류 및 경계점 위치
③ 법 제65조제2항에 따른 지상경계점등록부는 별지 제58호 서식과 같다. 〈신설 2014.1.17.〉
④ 법 제65조제3항에 따른 경계점표지의 규격과 재질은 별표 6과 같다.

11 지상경계점등록부를 작성하는 경우에 등록하는 사항이 아닌 것은?

① 지적공부상 지목과 실제 토지이용 지목
② 경계점좌표등록부 시행지역 외의 경계점 좌표
③ 경계점의 사진 파일 및 경계점 위치 설명도
④ 토지의 소재 및 경계점표지의 종류

풀이 공간정보의 구축 및 관리 등에 관한 법률 제65조(지상경계의 구분 등) **암기** 토지경계는 공계점

① 토지의 지상경계는 둑, 담장이나 그 밖에 구획의 목표가 될 만한 구조물 및 경계점표지 등으로 구분한다.
② 지적소관청은 토지의 이동에 따라 지상경계를 새로 정한 경우에는 다음 각 호의 사항을 등록한 지상경계점등록부를 작성·관리하여야 한다.
　　1. 토지의 소재
　　2. 지번
　　3. 경계점 좌표(경계점좌표등록부 시행지역에 한정한다)
　　4. 경계점 위치 설명도
　　5. 그 밖에 국토교통부령으로 정하는 사항
③ 제1항에 따른 지상경계의 결정 기준 등 지상경계의 결정에 필요한 사항은 대통령령으로 정하고, 경계점표지의 규격과 재질 등에 필요한 사항은 국토교통부령으로 정한다.

공간정보의 구축 및 관리 등에 관한 법률 시행규칙 제60조(지상경계점등록부 작성 등)
① 경계점 위치 설명도의 작성 등에 관하여 필요한 사항은 국토교통부장관이 정한다.
② "그 밖에 국토교통부령으로 정하는 사항"이란 다음 각 호의 사항을 말한다.
　　1. 공부상 지목과 실제 토지이용 지목
　　2. 경계점의 사진 파일
　　3. 경계점표지의 종류 및 경계점 위치
③ 법 제65조제2항에 따른 지상경계점등록부는 별지 제58호 서식과 같다. 〈신설 2014.1.17.〉
④ 법 제65조제3항에 따른 경계점표지의 규격과 재질은 별표 6과 같다.

12 지적재조사사업에 의해 경계를 확정하였을 때 지적소관청이 작성하여 관리하는 지상경계점등록부에 포함되는 항목은?

① 건물 현황　　　　　　　　　　　　　② 표준공시지가
③ 경계설정기준 및 경계형태　　　　　④ 경계점의 사진 파일

풀이 지적재조사에 관한 특별법 시행규칙 제10조(지상경계점등록부)
암기 토지목성도 경번지 세관위 기경 소질명 확질명
① 법 제18조제2항에 따라 지적소관청이 작성하여 관리하는 지상경계점등록부에는 다음 각 호의 사항이 포함되어야 한다. 〈개정 2017.10.19., 2020.10.15.〉
　　1. 토지의 소재

2. [지]번
3. 지[목]
4. 작[성]일
5. 위치[도]
6. [경]계점 [번]호 및 표[지]종류
7. 경계점 [세]부설명 및 [관]련자료
8. 경계[위]치
9. 경계설정[기]준 및 [경]계형태
10. 작성자의 [소]속 · [직]급(직위) · 성[명]
11. [확]인자의 [직]급 · 성[명]
12. 삭제 〈2020.10.15.〉
13. 삭제 〈2020.10.15.〉
14. 삭제 〈2020.10.15.〉
15. 삭제 〈2017.10.19.〉
16. 삭제 〈2017.10.19.〉

② 법 제18조제2항에 따른 지상경계점등록부는 별지 제6호 서식에 따른다. 〈개정 2017.10.19.〉

③ 제1항 및 제2항에서 규정한 사항 외에 지상경계점등록부 작성 방법에 관하여 필요한 사항은 국토교통부장관이 정하여 고시한다. 〈개정 2013.3.23., 2017.10.19.〉

13 경계점좌표등록부를 갖춰두는 지역의 지적도가 아래와 같은 경우 이에 관한 설명으로 옳은 것은?

(21회공인)

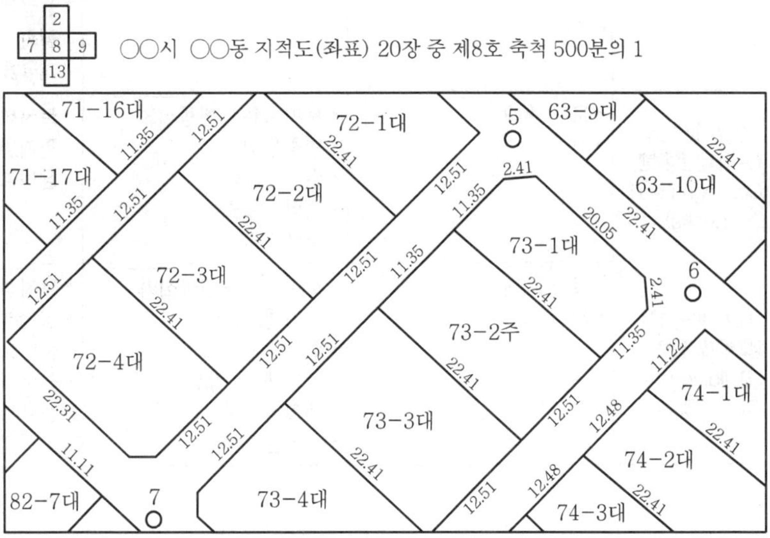

① 73-2에 대한 면적측정은 전자면적측정기에 의한다.

② 73-2의 경계선상에 등록된 '22.41'은 좌표에 의하여 계산된 경계점 간의 거리를 나타낸다.

③ 73-2에 대한 경계복원측량은 본 도면으로 실시하여야 한다.

④ 73-1에 대한 토지면적은 경계점좌표등록부에 등록한다.

⑤ 73-2에 대한 토지지목은 '주차장'이다.

정답 13 ②

① 73-2에 대한 면적측정은 경계점좌표등록지이므로 좌표면적계산법에 의한다.

③ 73-2에 대한 경계복원측량은 본 도면으로 실시할 수 없다.

④ 73-1에 대한 토지면적은 경계점좌표등록부에 등록하지 않는다.

⑤ 73-2에 대한 토지지목은 '주'는 주유소용지이다.

14 공유지연명부의 등록사항이 아닌 것은? (21회공인)

① 주민등록번호 ② 토지의 소재

③ 토지의 지목 ④ 토지의 고유번호

⑤ 토지소유자가 변경된 날과 그 원인

지적공부의 등록사항

구분	토지표시사항	소유권에 관한 사항	기타
토지대장 (土地臺帳, Land Books) & 임야대장 (林野臺帳, Forest Books)	• **토**지 소재 • **지번** • **지목** • 면**적** • 토지의 **이동** 사유	• 토지소유자 **변동**일자 • **변동**원인 • **주**민등록번호 • 성**명** 또는 명칭 • 주**소**	• 토지의 고**유**번호(각 필지를 서로 구별하기 위하여 필지마다 붙이는 고유한 번호를 말한다) • 지적도 또는 임야**도** 번호 • 필지별 토지대장 또는 임야대장의 **장**번호 • **축**척 • **토**지등급 또는 기준수확량 등급과 그 설정·수정 연월일 • 개별**공**시지가와 그 기준일
공유지연명부 (共有地連名簿, Common Land Books)	• **토**지 소재 • **지번**	• 토지소유자 **변동**일자 • **변동**원인 • **주**민등록번호 • 성**명**·주**소** • 소유권 **지분**	• 토지의 고**유**번호 • 필지별 공유지연명부의 **장**번호
대지권등록부 (垈地權登錄簿, Building Site Rights Books)	• **토**지 소재 • **지번**	• 토지소유자 **변**동일자 및 **변동**원인 • **주**민등록번호 • 성**명** 또는 명칭·주**소** • 대**지**권 비율 • 소유**권** 지분	• 토지의 고**유**번호 • 집합건물별 대지권등록부의 **장**번호 • **건물**의 명칭 • **전**유부분의 건물의 표시

15 다음 중 부동산 중개업자 갑(甲)이 매도의뢰 대상토지에 대한 소재, 지번, 지목과 면적을 모두 매수의뢰인 을(乙)에게 설명하고자 하는 경우 적합한 것은?

① 토지대장 등본 ② 지적측량기준 점성과 등본

③ 지적도 등본 ④ 임야도 등본

⑤ 경계점좌표등록부 등본

풀이 공간정보의 구축 및 관리 등에 관한 법률 제71조(토지대장 등의 등록사항)

① 토지대장과 임야대장에는 다음 각 호의 사항을 등록하여야 한다. 〈개정 2011.4.12., 2013.3.23.〉

    1. 토지의 소재

    2. 지번

    3. 지목

    4. 면적

    5. 소유자의 성명 또는 명칭, 주소 및 주민등록번호(국가, 지방자치단체, 법인, 법인 아닌 사단이나 재단 및 외국인의 경우에는 「부동산등기법」 제49조에 따라 부여된 등록번호를 말한다. 이하 같다)

    6. 그 밖에 국토교통부령으로 정하는 사항

공간정보의 구축 및 관리 등에 관한 법률 시행규칙 제68조(토지대장 등의 등록사항 등)

① 법 제71조에 따른 토지대장 · 임야대장 · 공유지연명부 및 대지권등록부는 각각 별지 제63호 서식부터 별지 제66호 서식까지와 같다.

② 법 제71조제1항제6호에서 "그 밖에 국토교통부령으로 정하는 사항"이란 다음 각 호의 사항을 말한다. 〈개정 2013.3.23.〉

    1. 토지의 고유번호(각 필지를 서로 구별하기 위하여 필지마다 붙이는 고유한 번호를 말한다. 이하 같다)

    2. 지적도 또는 임야도의 번호와 필지별 토지대장 또는 임야대장의 장번호 및 축척

    3. 토지의 이동사유

    4. 토지소유자가 변경된 날과 그 원인

    5. 토지등급 또는 기준수확량등급과 그 설정 · 수정 연월일

    6. 개별공시지가와 그 기준일

    7. 그 밖에 국토교통부장관이 정하는 사항

16 「공간정보의 구축 및 관리 등에 관한 법령」상 토지의 이동사유를 등록하는 지적공부는?

① 경계점좌표등록부　　　　　　　② 대지권등록부

③ 토지대장　　　　　　　　　　　④ 공유지연명부

⑤ 지적도

풀이 지적공부의 등록사항

구분	토지표시사항	소유권에 관한 사항	기타
토지대장 (土地臺帳, Land Books) & 임야대장 (林野臺帳, Forest Books)	• **토**지 소재 • **지**번 • **지**목 • 면**적** • 토지의 **이**동 사유	• 토지소유자 **변**동일자 • 변**동**원인 • **주**민등록번호 • 성**명** 또는 명칭 • **주소**	• 토지의 고**유**번호(각 필지를 서로 구별하기 위하여 필지마다 붙이는 고유한 번호를 말한다) • 지적도 또는 임야**도** 번호 • 필지별 토지대장 또는 임야대장의 **장**번호 • **축척** • **토**지등급 또는 기준수확량 등급과 그 설정 · 수정 연월일 • 개별**공**시지가와 그 기준일

17 다음 중 지적공부와 등록사항의 연결이 틀린 것은?

① 임야대장−토지의 소재 및 토지의 이동사유

② 경계점좌표등록부−좌표와 필지별 경계점좌표등록부의 장번호

③ 대지권등록부−대지권 비율과 전유부분(專有部分)의 건물표시

④ 임야도−경계와 삼각점 및 지적기준점의 위치

⑤ 공유지연명부−토지의 지목 및 토지소유자가 변경된 날과 그 원인

풀이 지적공부의 등록사항

구분	토지표시사항	소유권에 관한 사항	기타
토지대장 (土地臺帳, Land Books) & 임야대장 (林野臺帳, Forest Books)	• **토**지 소재 • **지**번 • **지**목 • 면**적** • 토지의 **이**동 사유	• 토지소유자 **변**동일자 • 변**동**원인 • **주**민등록번호 • 성**명** 또는 명칭 • **주소**	• 토지의 고**유**번호(각 필지를 서로 구별하기 위하여 필지마다 붙이는 고유한 번호를 말한다) • 지적도 또는 임야**도** 번호 • 필지별 토지대장 또는 임야대장의 **장**번호 • **축척** • **토**지등급 또는 기준수확량 등급과 그 설정·수정 연월일 • 개별**공**시지가와 그 기준일
공유지연명부 (共有地連名簿, Common Land Books)	• **토**지 소재 • **지**번	• 토지소유자 **변**동일자 • 변**동**원인 • **주**민등록번호 • 성**명**·**주소** • 소유권 **지**분	• 토지의 **고**유번호 • 필지별 공유지연명부의 **장**번호
대지권등록부 (垈地權登錄簿, Building Site Rights Books)	• **토**지 소재 • **지**번	• 토지소유자 **변**동일자 및 변**동**원인 • **주**민등록번호 • 성**명** 또는 명칭·**주소** • 대**지**권 비율 • 소유**권** 지분	• 토지의 **고**유번호 • 집합건물별 대지권등록부의 **장**번호 • **건물**의 명칭 • **전**유부분의 건물의 표시
경계점좌표등록부 (境界點座標登錄 簿, Boundary Point Coordinate Books)	• **토**지소재 • **지**번 • 좌**표**		• **고**유번호 • 장번호 • **부호** 및 부호도 • **도**면번호
지적도(地籍圖, Land Books) & 임야도(林野圖, Forest Books)	• **토**지소재 • **지**번 • **지**목 • 경**계** • 경계**점** 간의 거리		• **도**면의 색인도 • 도**면**의 제명 및 축척 • 도곽**선**과 그 수치 • 삼**각**점 및 **지**적기준점의 위치 • 건축**물** 및 구조물 등의 위치

18 다음 중 경계점좌표등록부와 지적도의 등록사항에서 공통으로 등록되는 사항으로 옳은 것은?

① 부호 및 부호도

② 토지소재, 지번

③ 도면의 색인도

④ 좌표

⑤ 지적도면의 번호

풀이 지적공부의 등록사항

구분	토지표시사항	소유권에 관한 사항	기타
경계점좌표등록부 (境界點座標登錄簿, Boundary Point Coordinate Books)	• **토**지소재 • **지**번 • **좌표**		• **고유번호** • 장번호 • **부호 및 부호도** • **도**면번호
지적도(地籍圖, Land Books) & 임야도(林野圖, Forest Books)	• **토**지소재 • **지**번 • **지**목 • 경**계** • 경계**점** 간의 거리		• **도**면의 색인도 • 도**면**의 제명 및 축척 • 도곽**선**과 그 수치 • 삼**각**점 및 **지**적기준점의 위치 • 건축**물** 및 구조물 등의 위치

19 토지대장, 지적도, 경계점좌표등록부, 대지권등록부 중 하나의 지적공부에만 등록되는 사항으로만 묶인 것은?

(17년1회지산)

① 지목, 면적, 경계, 소유권 지분

② 면적, 경계, 좌표, 대지권 비율

③ 지목, 경계, 좌표, 대지권 비율

④ 지목, 면적, 좌표, 소유권 지분

풀이 지적공부의 등록사항

구분	토지표시사항	소유권에 관한 사항	기타
토지대장 (土地臺帳, Land Books) & 임야대장 (林野臺帳, Forest Books)	• **토**지 소재 • **지**번 • **지**목 • 면**적** • 토지의 **이**동 사유	• 토지소유자 **변**동일자 • 변**동**원인 • **주**민등록번호 • 성**명** 또는 명칭 • 주**소**	• 토지의 고**유**번호(각 필지를 서로 구별하기 위하여 필지마다 붙이는 고유한 번호를 말한다) • 지적도 또는 임야**도** 번호 • 필지별 토지대장 또는 임야대장의 **장**번호 • **축척** • **토**지등급 또는 기준수확량 등급과 그 설정·수정 연월일 • 개별**공**시지가와 그 기준일

구분	토지표시사항	소유권에 관한 사항	기타
공유지연명부 (共有地連名簿, Common Land Books)	• **토**지 소재 • **지**번	• 토지소유자 **변**동일자 • **변동**원인 • **주**민등록번호 • 성**명** · 주소 • 소유권 **지**분	• 토지의 **고**유번호 • 필지별 공유지연명부의 **장**번호

대지권등록부
(垈地權登錄簿,
Building Site
Rights Books)
	• **토**지 소재
	• **지**번
		• 토지소유자 **변**동일자
		  및 **변동**원인
		• **주**민등록번호
		• 성**명** 또는 명칭 · 주**소**
		• 대**지**권 비율
		• 소유**권** 지분
			• 토지의 **고**유번호
			• 집합건물별 대지권등록부의
			  장번호
			• **건**물의 명칭
			• **전**유부분의 건물의 표시

경계점좌표등록부 (境界點座標登錄 簿, Boundary Point Coordinate Books)	• **토**지소재 • **지**번 • 좌**표**		• **고**유번호 • 장번호 • **부**호 및 부호도 • **도**면번호
지적도(地籍圖, Land Books) & 임야도(林野圖, Forest Books)	• **토**지소재 • **지**번 • **지**목 • 경**계** • 경계**점** 간의 거리		• **도**면의 색인도 • 도**면**의 제명 및 축척 • 도곽**선**과 그 수치 • 삼**각**점 및 지**적**기준점의 위 치 • 건축**물** 및 구조물 등의 위치

20 지적도 및 임야도의 등록사항이 아닌 것은?

① 건축물 및 구조물의 위치
② 도곽선과 그 수치
③ 지적도면의 제명 및 축척
④ 삼각점 및 지적기준점의 위치
⑤ 부호 및 부호도

풀이 지적공부의 등록사항

구분	토지표시사항	소유권에 관한 사항	기타

토지대장
(土地臺帳,
Land Books)
&
임야대장
(林野臺帳,
Forest Books)
	• **토**지 소재
	• **지**번
	• **지**목
	• 면**적**
	• 토지의 **이**동 사유
		• 토지소유자 **변**동일자
		• **변동**원인
		• **주**민등록번호
		• 성**명** 또는 명칭
		• 주**소**
			• 토지의 고**유**번호(각 필지
			  를 서로 구별하기 위하여
			  필지마다 붙이는 고유한
			  번호를 말한다)
			• 지적도 또는 임야**도** 번호
			• 필지별 토지대장 또는 임
			  야대장의 **장**번호
			• **축**척
			• **토**지등급 또는 기준수확량
			  등급과 그 설정 · 수정 연
			  월일
			• 개별**공**시지가와 그 기준일

구분	토지표시사항	소유권에 관한 사항	기타
공유지연명부 (共有地連名簿, Common Land Books)	• **토**지 소재 • **지**번	• 토지소유자 **변**동일자 • **변동**원인 • **주**민등록번호 • 성**명** · 주**소** • 소유권 **지**분	• 토지의 **고**유번호 • 필지별 공유지연명부의 **장**번호
대지권등록부 (垈地權登錄簿, Building Site Rights Books)	• **토**지 소재 • **지**번	• 토지소유자 **변**동일자 및 변**동**원인 • **주**민등록번호 • 성**명** 또는 명칭 · 주**소** • 대**지**권 비율 • 소유**권** 지분	• 토지의 **고**유번호 • 집합건물별 대지권등록부의 **장**번호 • **건**물의 명칭 • **전**유부분의 건물의 표시
경계점좌표등록부 (境界點座標登錄 簿, Boundary Point Coordinate Books)	• **토**지소재 • **지**번 • 좌**표**		• **고**유번호 • 장번호 • **부**호 및 부호도 • **도**면번호
지적도(地籍圖, Land Books) & 임야도(林野圖, Forest Books)	• **토**지소재 • **지**번 • **지**목 • 경**계** • 경계**점** 간의 거리		• **도**면의 색인도 • 도**면**의 제명 및 축척 • 도곽**선**과 그 수치 • 삼**각**점 및 **지**적기준점의 위 치 • 건축**물** 및 구조물 등의 위치

01 시 · 도지사가 지적측량 적부심사를 지방지적위원회에 회부할 때 첨부하는 서류가 아닌 것은?

(07년서울7급)

① 측량자의 의견서 ② 토지의 이동연혁
③ 측량자별 측량경위 ④ 측량자별 측량성과
⑤ 소유권의 변동연혁

> **풀이** 공간정보의 구축 및 관리 등에 관한 법률 제29조(지적측량의 적부심사 등) **암기** 위성이 연기하면 계측하라
> ① 토지소유자, 이해관계인 또는 지적측량수행자는 지적측량성과에 대하여 다툼이 있는 경우에는 대통령령으로 정하는 바에 따라 관할 시 · 도지사를 거쳐 지방지적위원회에 지적측량 적부심사를 청구할 수 있다.
> ② 제1항에 따른 지적측량 적부심사청구를 받은 시 · 도지사는 ⑳일 이내에 다음 각 호의 사항을 조사하여 지방지적위원회에 회부하여야 한다.
>
> > 1. 다툼이 되는 지적측량의 경위 및 그 성과
> > 2. 해당 토지에 대한 토지이동 및 소유권 변동 연혁
> > 3. 해당 토지 주변의 측량기준점, 경계, 주요 구조물 등 현황 실측도

02 「공간정보의 구축 및 관리 등에 관한 법률」상 지적측량 적부심사에 대한 내용으로 옳지 않은 것은?

(17년지방9급)

① 토지소유자로부터 지적측량 적부심사를 청구받은 시 · 도지사는 90일 이내에 지방지적위원회에 회부하여야 한다.
② 다툼이 되는 지적측량의 경위 및 그 성과와 해당 토지 주변의 측량기준점, 경계, 주요 구조물 등 현황실측도는 지방지적위원회 회부 사항에 해당된다.
③ 지방지적위원회는 지적측량 적부심사를 의결하였으면 시 · 도지사에게 적부심사 의결서를 송부하여야 한다.
④ 시 · 도지사는 적부심사 의결서를 송부받은 날부터 7일 이내에 적부심사 청구인 및 이해관계인에게 이를 통지하여야 한다.

> **풀이** 공간정보의 구축 및 관리 등에 관한 법률 제29조(지적측량의 적부심사 등)
> ① 토지소유자, 이해관계인 또는 지적측량수행자는 지적측량성과에 대하여 다툼이 있는 경우에는 대통령령으로 정하는 바에 따라 관할 시 · 도지사를 거쳐 지방지적위원회에 지적측량 적부심사를 청구할 수 있다. 〈개정 2013.7.17.〉
> ② 제1항에 따른 지적측량 적부심사청구를 받은 시 · 도지사는 ⑳일 이내에 다음 각 호의 사항을 조사하여 지방지적위원회에 회부하여야 한다.
>
> > 1. 다툼이 되는 지적측량의 경위 및 그 성과
> > 2. 해당 토지에 대한 토지이동 및 소유권 변동 연혁
> > 3. 해당 토지 주변의 측량기준점, 경계, 주요 구조물 등 현황 실측도

③ 제2항에 따라 지적측량 적부심사청구를 회부받은 지방지적위원회는 그 심사청구를 회부받은 날부터 ⑥⓪일 이내에 심의 · 의결하여야 한다. 다만, 부득이한 경우에는 그 심의기간을 해당 지적위원회의 의결을 거쳐 ③⓪일 이내에서 한 번만 연장할 수 있다.

④ 지방지적위원회는 지적측량 적부심사를 의결하였으면 대통령령으로 정하는 바에 따라 의결서를 작성하여 시 · 도지사에게 송부하여야 한다.

⑤ 시 · 도지사는 제4항에 따라 의결서를 받은 날부터 ⑦일 이내에 지적측량 적부심사 청구인 및 이해관계인에게 그 의결서를 통지하여야 한다.

⑥ 제5항에 따라 의결서를 받은 자가 지방지적위원회의 의결에 불복하는 경우에는 그 의결서를 받은 날부터 ⑨⓪일 이내에 국토교통부장관을 거쳐 중앙지적위원회에 재심사를 청구할 수 있다.

03 다음은 지적측량 적부심사에 대한 설명이다. (   ) 안에 들어갈 사항으로 옳은 것은?

- 지적측량 적부심사청구를 받은 시 · 도지사는 (㉠) 이내에 다툼이 되는 지적측량의 경위 및 그 성과 등을 조사하여 지방지적위원회에 회부하여야 한다.
- 지적측량 적부심사청구를 회부받은 지방지적위원회는 그 심사청구를 회부받은 날부터 (㉡) 이내에 심의 · 의결하여야 한다.
- 부득이한 경우에는 그 심의기간을 해당 지적위원회의 의결을 거쳐 (㉢) 이내에서 한 번만 연장할 수 있다.
- 의결서를 받은 날부터 (㉣) 이내에 지적측량 적부심사 청구인 및 이해관계인에게 그 의결서를 통지하여야 한다.
- 의결서를 받은 자가 지방지적위원회의 의결에 불복하는 경우에는 그 의결서를 받은 날부터 (㉤) 이내에 국토교통부장관을 거쳐 중앙지적위원회에 재심사를 청구할 수 있다.

	㉠	㉡	㉢	㉣	㉤
①	60일	30일	10일	5일	60일
②	30일	30일	20일	5일	30일
③	30일	60일	30 일	7일	90일
④	10일	10일	60일	10일	60일

풀이 공간정보의 구축 및 관리 등에 관한 법률 제29조(지적측량의 적부심사 등) **암기** 위ᄉᆞ이 연기하면 재측하라

① 토지소유자, 이해관계인 또는 지적측량수행자는 지적측량성과에 대하여 다툼이 있는 경우에는 대통령령으로 정하는 바에 따라 관할 시 · 도지사를 거쳐 지방지적위원회에 지적측량 적부심사를 청구할 수 있다.

② 제1항에 따른 지적측량 적부심사청구를 받은 시 · 도지사는 ③⓪일 이내에 다음 각 호의 사항을 조사하여 지방지적위원회에 회부하여야 한다.

> 1. 다툼이 되는 지적측량의 경위 및 그 성과
> 2. 해당 토지에 대한 토지이동 및 소유권 변동 연혁
> 3. 해당 토지 주변의 측량기준점, 경계, 주요 구조물 등 현황 실측도

③ 제2항에 따라 지적측량 적부심사청구를 회부받은 지방지적위원회는 그 심사청구를 회부받은 날부터 ⑥⓪일 이내에 심의 · 의결하여야 한다. 다만, 부득이한 경우에는 그 심의기간을 해당 지적위원회의 의결을 거쳐 ③⓪일 이내에서 한 번만 연장할 수 있다.

정답 03 ③

④ 지방지적위원회는 지적측량 적부심사를 의결하였으면 대통령령으로 정하는 바에 따라 의결서를 작성하여 시·도지사에게 송부하여야 한다.

⑤ 시·도지사는 제4항에 따라 의결서를 받은 날부터 ⑦일 이내에 지적측량 적부심사 청구인 및 이해관계인에게 그 의결서를 통지하여야 한다.

⑥ 제5항에 따라 의결서를 받은 자가 지방지적위원회의 의결에 불복하는 경우에는 그 의결서를 받은 날부터 ⑨일 이내에 국토교통부장관을 거쳐 중앙지적위원회에 재심사를 청구할 수 있다.

⑦ 제6항에 따른 재심사청구에 관하여는 제2항부터 제5항까지의 규정을 준용한다. 이 경우 "시·도지사"는 "국토교통부장관"으로, "지방지적위원회"는 "중앙지적위원회"로 본다.

⑧ 제7항에 따라 중앙지적위원회로부터 의결서를 받은 국토교통부장관은 그 의결서를 관할 시·도지사에게 송부하여야 한다.

⑨ 시·도지사는 제4항에 따라 지방지적위원회의 의결서를 받은 후 해당 지적측량 적부심사 청구인 및 이해관계인이 제6항에 따른 기간에 재심사를 청구하지 아니하면 그 의결서 사본을 지적소관청에 보내야 하며, 제8항에 따라 중앙지적위원회의 의결서를 받은 경우에는 그 의결서 사본에 제4항에 따라 받은 지방지적위원회의 의결서 사본을 첨부하여 지적소관청에 보내야 한다.

⑩ 제9항에 따라 지방지적위원회 또는 중앙지적위원회의 의결서 사본을 받은 지적소관청은 그 내용에 따라 지적공부의 등록사항을 정정하거나 측량성과를 수정하여야 한다.

⑪ 제9항 및 제10항에도 불구하고 특별자치시장은 제4항에 따라 지방지적위원회의 의결서를 받은 후 해당 지적측량 적부심사 청구인 및 이해관계인이 제6항에 따른 기간에 재심사를 청구하지 아니하거나 제8항에 따라 중앙지적위원회의 의결서를 받은 경우에는 직접 그 내용에 따라 지적공부의 등록사항을 정정하거나 측량성과를 수정하여야 한다.

⑫ 지방지적위원회의 의결이 있은 후 제6항에 따른 기간에 재심사를 청구하지 아니하거나 중앙지적위원회의 의결이 있는 경우에는 해당 지적측량성과에 대하여 다시 지적측량 적부심사청구를 할 수 없다.

04 지적측량 적부심사에 대한 설명으로 옳지 못한 것은?

① 토지소유자, 이해관계인 또는 지적측량수행자는 지적측량성과에 대하여 다툼이 있는 경우에는 대통령령으로 정하는 바에 따라 관할 시·도지사를 거쳐 지방지적위원회에 지적측량 적부심사를 청구할 수 있다.

② 지적측량 적부심사청구를 받은 시·도지사는 30일 이내에 다툼이 되는 지적측량의 경위 및 그 성과 등을 조사하여 지방지적위원회에 회부하여야 한다.

③ 지적측량 적부심사청구를 회부받은 지방지적위원회는 그 심사청구를 회부받은 날부터 60일 이내에 심의·의결하여야 한다. 다만, 부득이한 경우에는 그 심의기간을 해당 지적위원회의 의결을 거쳐 60일 이내에서 한 번만 연장할 수 있다.

④ 지방지적위원회는 지적측량 적부심사를 의결하였으면 위원장과 참석위원 전원이 서명 및 날인한 지적측량 적부심사 의결서를 지체 없이 시·도지사에게 송부하여야 하며, 지적소관청은 의결서를 받은 날부터 7일 이내에 지적측량 적부심사 청구인 및 이해관계인에게 그 의결서를 통지하여야 한다.

⑤ 지방지적위원회 의결서 사본을 받은 지적소관청은 그 내용에 따라 지적공부의 등록사항을 정정하거나 측량 성과를 수정하여야 한다.

풀이 공간정보의 구축 및 관리 등에 관한 법률 제29조(지적측량의 적부심사 등) **암기** 위성이 연기하면 세종하라

① 토지소유자, 이해관계인 또는 지적측량수행자는 지적측량성과에 대하여 다툼이 있는 경우에는 대통령령으로 정하는 바에 따라 관할 시·도지사를 거쳐 지방지적위원회에 지적측량 적부심사를 청구할 수 있다.

② 제1항에 따른 지적측량 적부심사청구를 받은 시·도지사는 ㉚일 이내에 다음 각 호의 사항을 조사하여 지방지적위원회에 회부하여야 한다.

> 1. 다툼이 되는 지적측량의 경위 및 그 성과
> 2. 해당 토지에 대한 토지이동 및 소유권 변동 연혁
> 3. 해당 토지 주변의 측량기준점, 경계, 주요 구조물 등 현황 실측도

③ 제2항에 따라 지적측량 적부심사청구를 회부받은 지방지적위원회는 그 심사청구를 회부받은 날부터 �60일 이내에 심의·의결하여야 한다. 다만, 부득이한 경우에는 그 심의기간을 해당 지적위원회의 의결을 거쳐 ㉚일 이내에서 한 번만 연장할 수 있다.

④ 지방지적위원회는 지적측량 적부심사를 의결하였으면 대통령령으로 정하는 바에 따라 의결서를 작성하여 시·도지사에게 송부하여야 한다.

⑤ 시·도지사는 제4항에 따라 의결서를 받은 날부터 �7일 이내에 지적측량 적부심사 청구인 및 이해관계인에게 그 의결서를 통지하여야 한다.

⑥ 제5항에 따라 의결서를 받은 자가 지방지적위원회의 의결에 불복하는 경우에는 그 의결서를 받은 날부터 �90일 이내에 국토교통부장관을 거쳐 중앙지적위원회에 재심사를 청구할 수 있다.

⑦ 제6항에 따른 재심사청구에 관하여는 제2항부터 제5항까지의 규정을 준용한다. 이 경우 "시·도지사"는 "국토교통부장관"으로, "지방지적위원회"는 "중앙지적위원회"로 본다.

⑧ 제7항에 따라 중앙지적위원회로부터 의결서를 받은 국토교통부장관은 그 의결서를 관할 시·도지사에게 송부하여야 한다.

⑨ 시·도지사는 제4항에 따라 지방지적위원회의 의결서를 받은 후 해당 지적측량 적부심사 청구인 및 이해관계인이 제6항에 따른 기간에 재심사를 청구하지 아니하면 그 의결서 사본을 지적소관청에 보내야 하며, 제8항에 따라 중앙지적위원회의 의결서를 받은 경우에는 그 의결서 사본에 제4항에 따라 받은 지방지적위원회의 의결서 사본을 첨부하여 지적소관청에 보내야 한다.

⑩ 제9항에 따라 지방지적위원회 또는 중앙지적위원회의 의결서 사본을 받은 지적소관청은 그 내용에 따라 지적공부의 등록사항을 정정하거나 측량성과를 수정하여야 한다.

⑪ 제9항 및 제10항에도 불구하고 특별자치시장은 제4항에 따라 지방지적위원회의 의결서를 받은 후 해당 지적측량 적부심사 청구인 및 이해관계인이 제6항에 따른 기간에 재심사를 청구하지 아니하거나 제8항에 따라 중앙지적위원회의 의결서를 받은 경우에는 직접 그 내용에 따라 지적공부의 등록사항을 정정하거나 측량성과를 수정하여야 한다.

⑫ 지방지적위원회의 의결이 있은 후 제6항에 따른 기간에 재심사를 청구하지 아니하거나 중앙지적위원회의 의결이 있는 경우에는 해당 지적측량성과에 대하여 다시 지적측량 적부심사청구를 할 수 없다.

05 지적측량 적부심사에 대한 설명으로 옳지 못한 것은? (13년서울9급)

① 토지소유자, 이해관계인 또는 지적측량수행자는 지적측량성과에 대하여 다툼이 있는 경우에는 대통령령으로 정하는 바에 따라 관할 시·도지사에게 지적측량 적부심사를 청구할 수 있다.

② 지적측량 적부심사청구를 받은 시·도지사는 30일 이내에 다툼이 되는 지적측량의 경위 및 그 성과 등을 조사하여 지방지적위원회에 회부하여야 한다.

③ 지적측량 적부심사청구를 회부받은 지방지적위원회는 그 심사청구를 회부받은 날부터 60일 이내에 심의·의결하여야 한다.

④ 지방지적위원회는 지적측량 적부심사를 의결하였으면 위원장과 참석위원 전원이 서명 및 날인한 지적측량 적부심사 의결서를 지체 없이 시·도지사에게 송부하여야 하며, 지적소관청은 의결서를 받은 날부터 7일 이내에 지적측량 적부심사 청구인 및 이해관계인에게 그 의결서를 통지하여야 한다.

⑤ 지방지적위원회 의결서 사본을 받은 지적소관청은 그 내용에 따라 지적공부의 등록사항을 정정하거나 측량 성과를 수정하여야 한다.

풀이 공간정보의 구축 및 관리 등에 관한 법률 제29조(지적측량의 적부심사 등) **암기** 위상이 연기하면 계측하라

① 토지소유자, 이해관계인 또는 지적측량수행자는 지적측량성과에 대하여 다툼이 있는 경우에는 대통령령으로 정하는 바에 따라 관할 시·도지사를 거쳐 지방지적위원회에 지적측량 적부심사를 청구할 수 있다.

② 제1항에 따른 지적측량 적부심사청구를 받은 시·도지사는 ㉚일 이내에 다음 각 호의 사항을 조사하여 지방지적위원회에 회부하여야 한다.

> 1. 다툼이 되는 지적측량의 경위 및 그 성과
> 2. 해당 토지에 대한 토지이동 및 소유권 변동 연혁
> 3. 해당 토지 주변의 측량기준점, 경계, 주요 구조물 등 현황 실측도

③ 제2항에 따라 지적측량 적부심사청구를 회부받은 지방지적위원회는 그 심사청구를 회부받은 날부터 ㉠일 이내에 심의·의결하여야 한다. 다만, 부득이한 경우에는 그 심의기간을 해당 지적위원회의 의결을 거쳐 ㉚일 이내에서 한 번만 연장할 수 있다.

④ 지방지적위원회는 지적측량 적부심사를 의결하였으면 대통령령으로 정하는 바에 따라 의결서를 작성하여 시·도지사에게 송부하여야 한다.

⑤ 시·도지사는 제4항에 따라 의결서를 받은 날부터 ㉠일 이내에 지적측량 적부심사 청구인 및 이해관계인에게 그 의결서를 통지하여야 한다.

⑥ 제5항에 따라 의결서를 받은 자가 지방지적위원회의 의결에 불복하는 경우에는 그 의결서를 받은 날부터 �90일 이내에 국토교통부장관을 거쳐 중앙지적위원회에 재심사를 청구할 수 있다.

⑦ 제6항에 따른 재심사청구에 관하여는 제2항부터 제5항까지의 규정을 준용한다. 이 경우 "시·도지사"는 "국토교통부장관"으로, "지방지적위원회"는 "중앙지적위원회"로 본다.

⑧ 제7항에 따라 중앙지적위원회로부터 의결서를 받은 국토교통부장관은 그 의결서를 관할 시·도지사에게 송부하여야 한다.

⑨ 시·도지사는 제4항에 따라 지방지적위원회의 의결서를 받은 후 해당 지적측량 적부심사 청구인 및 이해관계인이 제6항에 따른 기간에 재심사를 청구하지 아니하면 그 의결서 사본을 지적소관청에 보내야 하며, 제8항에 따라 중앙지적위원회의 의결서를 받은 경우에는 그 의결서 사본에 제4항에 따라 받은 지방지적위원회의 의결서 사본을 첨부하여 지적소관청에 보내야 한다.

⑩ 제9항에 따라 지방지적위원회 또는 중앙지적위원회의 의결서 사본을 받은 지적소관청은 그 내용에 따라 지적공부의 등록사항을 정정하거나 측량성과를 수정하여야 한다.

⑪ 제9항 및 제10항에도 불구하고 특별자치시장은 제4항에 따라 지방지적위원회의 의결서를 받은 후 해당 지적측량 적부심사 청구인 및 이해관계인이 제6항에 따른 기간에 재심사를 청구하지 아니하거나 제8항에 따라 중앙지적위원회의 의결서를 받은 경우에는 직접 그 내용에 따라 지적공부의 등록사항을 정정하거나 측량성과를 수정하여야 한다.

⑫ 지방지적위원회의 의결이 있은 후 제6항에 따른 기간에 재심사를 청구하지 아니하거나 중앙지적위원회의 의결이 있는 경우에는 해당 지적측량성과에 대하여 다시 지적측량 적부심사청구를 할 수 없다.

정답

06 다음 설명 중 옳지 않은 것은?

① 지적측량 적부심사청구를 회부받은 지방지적위원회는 그 심사청구를 회부받은 날부터 60일 이내에 심의 · 의결하여야 한다. 다만, 부득이한 경우에는 그 심의기간을 해당 지적위원회의 의결을 거쳐 30일 이내에서 한 번만 연장할 수 있다.

② 지방지적위원회의 의결에 불복하는 경우에는 그 의결서를 받은 날부터 90일 이내에 국토교통부장관을 거쳐 중앙 지적위원회에 재심사를 청구할 수 있다.

③ 도시개발사업 등의 착수 · 변경 또는 완료 사실의 신고는 그 사유가 발생한 날부터 30일 이내에 하여야 한다.

④ 토지소유자, 이해관계인 또는 지적측량수행자로부터 지적측량 적부심사청구를 받은 시 · 도지사는 30일 이내에 지방 지적위원회에 회부하여야 한다.

⑤ 축척변경 시행지역의 토지소유자 또는 점유자는 시행공고가 된 날부터 30일 이내에 시행공고일 현재 점유하고 있는 경계에 국토교통부령으로 정하는 경계점표지를 설치하여야 한다.

풀이 공간정보의 구축 및 관리 등에 관한 법률 제29조(지적측량의 적부심사 등) **암기** 위생이 연기하면 계측하라

① 토지소유자, 이해관계인 또는 지적측량수행자는 지적측량성과에 대하여 다툼이 있는 경우에는 대통령령으로 정하는 바에 따라 관할 시 · 도지사를 거쳐 지방지적위원회에 지적측량 적부심사를 청구할 수 있다. 〈개정 2013.7.17.〉

② 제1항에 따른 지적측량 적부심사청구를 받은 시 · 도지사는 ③0일 이내에 다음 각 호의 사항을 조사하여 지방지적위원회에 회부하여야 한다.

> 1. 다툼이 되는 지적측량의 경위 및 그 성과
> 2. 해당 토지에 대한 토지이동 및 소유권 변동 연혁
> 3. 해당 토지 주변의 측량기준점, 경계, 주요 구조물 등 현황 실측도

③ 제2항에 따라 지적측량 적부심사청구를 회부받은 지방지적위원회는 그 심사청구를 회부받은 날부터 60일 이내에 심의 · 의결하여야 한다. 다만, 부득이한 경우에는 그 심의기간을 해당 지적위원회의 의결을 거쳐 30일 이내에서 한 번만 연장할 수 있다.

④ 지방지적위원회는 지적측량 적부심사를 의결하였으면 대통령령으로 정하는 바에 따라 의결서를 작성하여 시 · 도지사에게 송부하여야 한다.

⑤ 시 · 도지사는 제4항에 따라 의결서를 받은 날부터 ⑦일 이내에 지적측량 적부심사 청구인 및 이해관계인에게 그 의결서를 통지하여야 한다.

⑥ 제5항에 따라 의결서를 받은 자가 지방지적위원회의 의결에 불복하는 경우에는 그 의결서를 받은 날부터 90일 이내에 국토교통부장관을 거쳐 중앙지적위원회에 재심사를 청구할 수 있다.

공간정보의 구축 및 관리 등에 관한 법률 시행령 제71조(축척변경 시행공고 등) **암기** 기지목 청소세

① 지적소관청은 법 제83조제3항에 따라 시 · 도지사 또는 대도시 시장으로부터 축척변경 승인을 받았을 때에는 지체 없이 다음 각 호의 사항을 ②0일 이상 공고하여야 한다.

> 1. 축척변경의 목적, 시행지역 및 시행기간
> 2. 축척변경의 시행에 따른 청산방법
> 3. 축척변경의 시행에 따른 토지소유자 등의 협조에 관한 사항
> 4. 축척변경의 시행에 관한 세부계획

② 제1항에 따른 시행공고는 시 · 군 · 구(자치구가 아닌 구를 포함한다) 및 축척변경 시행지역 동 · 리의 게시판에 주민이 볼 수 있도록 게시하여야 한다.

③ 축척변경 시행지역의 토지소유자 또는 점유자는 시행공고가 된 날(이하 "시행공고일"이라 한다)부터 ㉚일 이내에 시행공고일 현재 점유하고 있는 경계에 국토교통부령으로 정하는 경계점표지를 설치하여야 한다.

공간정보의 구축 및 관리 등에 관한 법률 시행령 제83조(토지개발사업 등의 범위 및 신고)

② 법 제86조제1항에 따른 도시개발사업 등의 착수 · 변경 또는 완료 사실의 신고는 그 사유가 발생한 날부터 ⑮일 이내에 하여야 한다.

07 지적측량 적부심사청구를 받은 시 · 도지사가 지방지적위원회에 회부하기 위한 조사 사항으로 가장 옳지 않은 것은? (18년서울9급)

① 다툼이 되는 지적측량의 경위 및 그 성과

② 해당 토지에 대한 지역권 등 물권 변동 연혁

③ 해당 토지에 대한 토지이동 연혁

④ 해당 토지 주변의 측량기준점, 경계, 주요 구조물 등 현황 실측도

⑤ 해당 토지에 대한 소유권 변동 연혁

풀이 **공간정보의 구축 및 관리 등에 관한 법률 제29조(지적측량의 적부심사 등)** **암기** **위성이 연기하면 계측하라**

① 토지소유자, 이해관계인 또는 지적측량수행자는 지적측량성과에 대하여 다툼이 있는 경우에는 대통령령으로 정하는 바에 따라 관할 시 · 도지사를 거쳐 지방지적위원회에 지적측량 적부심사를 청구할 수 있다. 〈개정 2013.7.17.〉

② 제1항에 따른 지적측량 적부심사청구를 받은 시 · 도지사는 ㉚일 이내에 다음 각 호의 사항을 조사하여 지방지적위원회에 회부하여야 한다.

> 1. 다툼이 되는 지적측량의 경**위** 및 그 **성**과
> 2. 해당 토지에 대한 토지**이**동 및 소유권 변동 **연**혁
> 3. 해당 토지 주변의 측량**기**준점, 경**계**, 주요 구조물 등 현황 실**측**도

③ 제2항에 따라 지적측량 적부심사청구를 회부받은 지방지적위원회는 그 심사청구를 회부받은 날부터 (60)일 이내에 심의 · 의결하여야 한다. 다만, 부득이한 경우에는 그 심의기간을 해당 지적위원회의 의결을 거쳐 ㉚일 이내에서 한 번만 연장할 수 있다.

④ 지방지적위원회는 지적측량 적부심사를 의결하였으면 대통령령으로 정하는 바에 따라 의결서를 작성하여 시 · 도지사에게 송부하여야 한다.

⑤ 시 · 도지사는 제4항에 따라 의결서를 받은 날부터 ⑦일 이내에 지적측량 적부심사 청구인 및 이해관계인에게 그 의결서를 통지하여야 한다.

⑥ 제5항에 따라 의결서를 받은 자가 지방지적위원회의 의결에 불복하는 경우에는 그 의결서를 받은 날부터 (90)일 이내에 국토교통부장관을 거쳐 중앙지적위원회에 재심사를 청구할 수 있다. 〈개정 2013.3.23., 2013.7.17.〉

정답 07 ②

08 다음 중 지적측량 적부심사에 관한 사항으로 옳은 것은? (11년서울9급)

① 토지소유자, 이해관계인 또는 지적측량수행자는 지적측량성과에 대하여 다툼이 있는 경우 대통령령으로 정하는 바에 따라 관할 시·도지사를 거쳐서 지방지적위원회에 지적측량 적부심사를 청구할 수 있다.

② 지적측량 적부심사청구를 받은 시·도지사는 60일 이내에 각 사항을 조사하여 지방지적위원회에 회부하여야 한다.

③ 지적측량 적부심사청구를 회부받은 지방지적위원회는 그 심사청구를 회부받은 날부터 30일 이내에 심의·의결하여야 한다. 다만, 부득이한 경우에는 그 심의 기간을 해당 지적위원회의 의결을 거쳐 30일 이내에서 한 번만 연장할 수 있다.

④ 시·도지사는 의결을 거친 날부터 7일 이내에 지적측량 적부심사 청구인 및 이해관계인에게 그 의결서를 통지하여야 한다.

⑤ 의결서를 받은 자가 지방지적위원회의 의결에 불복하는 경우에는 그 의결서를 받은 날부터 60일 이내에 국토교통부장관에게 재심사를 청구할 수 있다.

풀이 공간정보의 구축 및 관리 등에 관한 법률 제29조(지적측량의 적부심사 등)　**암기**　위성이 연기하면 제숙하라

① 토지소유자, 이해관계인 또는 지적측량수행자는 지적측량성과에 대하여 다툼이 있는 경우에는 대통령령으로 정하는 바에 따라 관할 시·도지사를 거쳐 지방지적위원회에 지적측량 적부심사를 청구할 수 있다.

② 제1항에 따른 지적측량 적부심사청구를 받은 시·도지사는 30일 이내에 다음 각 호의 사항을 조사하여 지방지적위원회에 회부하여야 한다.

> 1. 다툼이 되는 지적측량의 경위 및 그 성과
> 2. 해당 토지에 대한 토지이동 및 소유권 변동 연혁
> 3. 해당 토지 주변의 측량기준점, 경계, 주요 구조물 등 현황 실측도

③ 제2항에 따라 지적측량 적부심사청구를 회부받은 지방지적위원회는 그 심사청구를 회부받은 날부터 60일 이내에 심의·의결하여야 한다. 다만, 부득이한 경우에는 그 심의기간을 해당 지적위원회의 의결을 거쳐 30일 이내에서 한 번만 연장할 수 있다.

④ 지방지적위원회는 지적측량 적부심사를 의결하였으면 대통령령으로 정하는 바에 따라 의결서를 작성하여 시·도지사에게 송부하여야 한다.

⑤ 시·도지사는 제4항에 따라 의결서를 받은 날부터 7일 이내에 지적측량 적부심사 청구인 및 이해관계인에게 그 의결서를 통지하여야 한다.

⑥ 제5항에 따라 의결서를 받은 자가 지방지적위원회의 의결에 불복하는 경우에는 그 의결서를 받은 날부터 90일 이내에 국토교통부장관을 거쳐 중앙지적위원회에 재심사를 청구할 수 있다.

⑦ 제6항에 따른 재심사청구에 관하여는 제2항부터 제5항까지의 규정을 준용한다. 이 경우 "시·도지사"는 "국토교통부장관"으로, "지방지적위원회"는 "중앙지적위원회"로 본다.

⑧ 제7항에 따라 중앙지적위원회로부터 의결서를 받은 국토교통부장관은 그 의결서를 관할 시·도지사에게 송부하여야 한다.

⑨ 시·도지사는 제4항에 따라 지방지적위원회의 의결서를 받은 후 해당 지적측량 적부심사 청구인 및 이해관계인이 제6항에 따른 기간에 재심사를 청구하지 아니하면 그 의결서 사본을 지적소관청에 보내야 하며, 제8항에 따라 중앙지적위원회의 의결서를 받은 경우에는 그 의결서 사본에 제4항에 따라 받은 지방지적위원회의 의결서 사본을 첨부하여 지적소관청에 보내야 한다.

⑩ 제9항에 따라 지방지적위원회 또는 중앙지적위원회의 의결서 사본을 받은 지적소관청은 그 내용에 따라 지적공부의 등록사항을 정정하거나 측량성과를 수정하여야 한다.

⑪ 제9항 및 제10항에도 불구하고 특별자치시장은 제4항에 따라 지방지적위원회의 의결서를 받은 후 해당 지적측량 적부심사 청구인 및 이해관계인이 제6항에 따른 기간에 재심사를 청구하지 아니하거나 제8항에 따라 중앙지적위원회의 의결서를 받은 경우에는 직접 그 내용에 따라 지적공부의 등록사항을 정정하거나 측량성과를 수정하여야 한다.

⑫ 지방지적위원회의 의결이 있은 후 제6항에 따른 기간에 재심사를 청구하지 아니하거나 중앙지적위원회의 의결이 있는 경우에는 해당 지적측량성과에 대하여 다시 지적측량 적부심사청구를 할 수 없다.

09 지적측량의 적부심사 등에 관한 설명으로 틀린 것은? (21회공인)

① 지적측량 적부심사를 청구할 수 있는 자는 토지소유자, 이해관계인 또는 지적측량수행자이다.

② 지적측량 적부심사청구를 받은 시 · 도지사는 30일 이내에 다툼이 되는 지적측량의 경위 및 그 성과 등을 조사하여 지방지적위원회에 회부하여야 한다.

③ 지적측량 적부심사를 청구하려는 자는 지적측량을 신청하여 측량을 실시한 후 심사청구서에 그 측량성과와 심사청구 경위서를 첨부하여 국토교통부장관에게 제출하여야 한다.

④ 지적측량 적부심사 청구서를 회부받은 지방지적위원회는 그 심사청구를 회부받은 날부터 60일 이내에 심의 · 의결하여야 한다. 다만, 부득이한 경우에는 그 심의기간을 해당 지적위원회의 의결을 거쳐 30일 이내에서 한 번만 연장할 수 있다.

⑤ 지적측량 적부심사 청구자가 지방지적위원회의 의결사항에 대하여 불복하는 경우에는 그 의결서를 받은 날부터 90일 이내에 국토교통부장관에게 재심사를 청구할 수 있다.

풀이 **공간정보의 구축 및 관리 등에 관한 법률 제29조(지적측량의 적부심사 등)** **암기** (위)(성)(이) (연)(기)하면 (계)(측)하라

① 토지소유자, 이해관계인 또는 지적측량수행자는 지적측량성과에 대하여 다툼이 있는 경우에는 대통령령으로 정하는 바에 따라 관할 시 · 도지사를 거쳐 지방지적위원회에 지적측량 적부심사를 청구할 수 있다.

② 제1항에 따른 지적측량 적부심사청구를 받은 시 · 도지사는 ㉚일 이내에 다음 각 호의 사항을 조사하여 지방지적위원회에 회부하여야 한다.

> 1. 다툼이 되는 지적측량의 경(위) 및 그 (성)과
> 2. 해당 토지에 대한 토지(이)동 및 소유권 변동 (연)혁
> 3. 해당 토지 주변의 측량(기)준점, 경(계), 주요 구조물 등 현황 실(측)도

③ 제2항에 따라 지적측량 적부심사청구를 회부받은 지방지적위원회는 그 심사청구를 회부받은 날부터 (60)일 이내에 심의 · 의결하여야 한다. 다만, 부득이한 경우에는 그 심의기간을 해당 지적위원회의 의결을 거쳐 ㉚일 이내에서 한 번만 연장할 수 있다.

④ 지방지적위원회는 지적측량 적부심사를 의결하였으면 대통령령으로 정하는 바에 따라 의결서를 작성하여 시 · 도지사에게 송부하여야 한다.

⑤ 시 · 도지사는 제4항에 따라 의결서를 받은 날부터 ⑦일 이내에 지적측량 적부심사 청구인 및 이해관계인에게 그 의결서를 통지하여야 한다.

⑥ 제5항에 따라 의결서를 받은 자가 지방지적위원회의 의결에 불복하는 경우에는 그 의결서를 받은 날부터 (90)일 이내에 국토교통부장관을 거쳐 중앙지적위원회에 재심사를 청구할 수 있다.

⑦ 제6항에 따른 재심사청구에 관하여는 제2항부터 제5항까지의 규정을 준용한다. 이 경우 "시 · 도지사"는 "국토교통부장관"으로, "지방지적위원회"는 "중앙지적위원회"로 본다.

⑧ 제7항에 따라 중앙지적위원회로부터 의결서를 받은 국토교통부장관은 그 의결서를 관할 시 · 도지사에게 송부하여야 한다.

정답 09 ③

⑨ 시·도지사는 제4항에 따라 지방지적위원회의 의결서를 받은 후 해당 지적측량 적부심사 청구인 및 이해관계인이 제6항에 따른 기간에 재심사를 청구하지 아니하면 그 의결서 사본을 지적소관청에 보내야 하며, 제8항에 따라 중앙지적위원회의 의결서를 받은 경우에는 그 의결서 사본에 제4항에 따라 받은 지방지적위원회의 의결서 사본을 첨부하여 지적소관청에 보내야 한다.

⑩ 제9항에 따라 지방지적위원회 또는 중앙지적위원회의 의결서 사본을 받은 지적소관청은 그 내용에 따라 지적공부의 등록사항을 정정하거나 측량성과를 수정하여야 한다.

⑪ 제9항 및 제10항에도 불구하고 특별자치시장은 제4항에 따라 지방지적위원회의 의결서를 받은 후 해당 지적측량 적부심사 청구인 및 이해관계인이 제6항에 따른 기간에 재심사를 청구하지 아니하거나 제8항에 따라 중앙지적위원회의 의결서를 받은 경우에는 직접 그 내용에 따라 지적공부의 등록사항을 정정하거나 측량성과를 수정하여야 한다.

⑫ 지방지적위원회의 의결이 있은 후 제6항에 따른 기간에 재심사를 청구하지 아니하거나 중앙지적위원회의 의결이 있는 경우에는 해당 지적측량성과에 대하여 다시 지적측량 적부심사청구를 할 수 없다.

10 다음 중 지적측량 적부심사에 관한 사항으로 옳지 않은 것은?

① 의결서를 받은 자가 지방지적위원회의 의결에 불복하는 경우에는 그 의결서를 받은 날부터 60일 이내에 국토교통부장관에게 재심사를 청구할 수 있다.

② 지적측량 적부심사청구를 받은 시·도지사는 30일 이내에 각 사항을 조사하여 지방지적위원회에 회부하여야 한다.

③ 지적측량 적부심사청구를 회부받은 지방지적위원회는 그 심사청구를 회부받은 날부터 60일 이내에 심의·의결하여야 한다. 다만, 부득이한 경우에는 그 심의기간을 해당 지적위원회의 의결을 거쳐 30일 이내에서 한 번만 연장할 수 있다.

④ 시·도지사는 의결서를 받은 날부터 7일 이내에 지적측량 적부심사 청구인 및 이해관계인에게 그 의결서를 통지하여야 한다.

⑤ 토지소유자, 이해관계인 또는 지적측량수행자는 지적측량성과에 대하여 다툼이 있는 경우 대통령령으로 정하는 바에 따라 관할 시·도지사를 거쳐서 지방지적위원회에 지적측량 적부심사를 청구할 수 있다.

풀이 공간정보의 구축 및 관리 등에 관한 법률 제29조(지적측량의 적부심사 등) 암기 위상이 연기하면 제측하라

① 토지소유자, 이해관계인 또는 지적측량수행자는 지적측량성과에 대하여 다툼이 있는 경우에는 대통령령으로 정하는 바에 따라 관할 시·도지사를 거쳐 지방지적위원회에 지적측량 적부심사를 청구할 수 있다.

② 제1항에 따른 지적측량 적부심사청구를 받은 시·도지사는 30일 이내에 다음 각 호의 사항을 조사하여 지방지적위원회에 회부하여야 한다.

> 1. 다툼이 되는 지적측량의 경위 및 그 성과
> 2. 해당 토지에 대한 토지이동 및 소유권 변동 연혁
> 3. 해당 토지 주변의 측량기준점, 경계, 주요 구조물 등 현황 실측도

③ 제2항에 따라 지적측량 적부심사청구를 회부받은 지방지적위원회는 그 심사청구를 회부받은 날부터 60일 이내에 심의·의결하여야 한다. 다만, 부득이한 경우에는 그 심의기간을 해당 지적위원회의 의결을 거쳐 30일 이내에서 한 번만 연장할 수 있다.

④ 지방지적위원회는 지적측량 적부심사를 의결하였으면 대통령령으로 정하는 바에 따라 의결서를 작성하여 시·도지사에게 송부하여야 한다.

정답 10 ①

⑤ 시 · 도지사는 제4항에 따라 의결서를 받은 날부터 ⑦일 이내에 지적측량 적부심사 청구인 및 이해관계인에게 그 의결서를 통지하여야 한다.

⑥ 제5항에 따라 의결서를 받은 자가 지방지적위원회의 의결에 불복하는 경우에는 그 의결서를 받은 날부터 ⑨0일 이내에 국토교통부장관을 거쳐 중앙지적위원회에 재심사를 청구할 수 있다.

⑦ 제6항에 따른 재심사청구에 관하여는 제2항부터 제5항까지의 규정을 준용한다. 이 경우 "시 · 도지사"는 "국토교통부장관"으로, "지방지적위원회"는 "중앙지적위원회"로 본다.

⑧ 제7항에 따라 중앙지적위원회로부터 의결서를 받은 국토교통부장관은 그 의결서를 관할 시 · 도지사에게 송부하여야 한다.

⑨ 시 · 도지사는 제4항에 따라 지방지적위원회의 의결서를 받은 후 해당 지적측량 적부심사 청구인 및 이해관계인이 제6항에 따른 기간에 재심사를 청구하지 아니하면 그 의결서 사본을 지적소관청에 보내야 하며, 제8항에 따라 중앙지적위원회의 의결서를 받은 경우에는 그 의결서 사본에 제4항에 따라 받은 지방지적위원회의 의결서 사본을 첨부하여 지적소관청에 보내야 한다.

⑩ 제9항에 따라 지방지적위원회 또는 중앙지적위원회의 의결서 사본을 받은 지적소관청은 그 내용에 따라 지적공부의 등록사항을 정정하거나 측량성과를 수정하여야 한다.

⑪ 제9항 및 제10항에도 불구하고 특별자치시장은 제4항에 따라 지방지적위원회의 의결서를 받은 후 해당 지적측량 적부심사 청구인 및 이해관계인이 제6항에 따른 기간에 재심사를 청구하지 아니하거나 제8항에 따라 중앙지적위원회의 의결서를 받은 경우에는 직접 그 내용에 따라 지적공부의 등록사항을 정정하거나 측량성과를 수정하여야 한다.

⑫ 지방지적위원회의 의결이 있은 후 제6항에 따른 기간에 재심사를 청구하지 아니하거나 중앙지적위원회의 의결이 있는 경우에는 해당 지적측량성과에 대하여 다시 지적측량 적부심사청구를 할 수 없다.

11 「공간정보의 구축 및 관리 등에 관한 법률」상 지적측량 적부심사에 대한 내용으로 옳지 않은 것은?
(17년지방9급)

① 토지소유자로부터 지적측량 적부심사를 청구받은 시 · 도지사는 30일 이내에 지방지적위원회에 회부하여야 한다.

② 다툼이 되는 지적측량의 경위 및 그 성과와 해당 토지 주변의 측량기준점, 경계, 주요 구조물 등 현황실측도는 지방지적위원회 회부사항에 해당된다.

③ 지방지적위원회는 지적측량 적부심사를 의결하였으면 중앙지적위원회에 적부심사 의결서를 송부하여야 한다.

④ 시 · 도지사는 적부심사 의결서를 송부받은 날부터 7일 이내에 적부심사 청구인 및 이해관계인에게 이를 통지하여야 한다.

풀이 공간정보의 구축 및 관리 등에 관한 법률 제29조(지적측량의 적부심사 등) **암기** 위성이 연기하면 계측하라

① 토지소유자, 이해관계인 또는 지적측량수행자는 지적측량성과에 대하여 다툼이 있는 경우에는 대통령령으로 정하는 바에 따라 관할 시 · 도지사를 거쳐 지방지적위원회에 지적측량 적부심사를 청구할 수 있다. 〈개정 2013. 7. 17.〉

② 제1항에 따른 지적측량 적부심사청구를 받은 시 · 도지사는 ⑩일 이내에 다음 각 호의 사항을 조사하여 지방지적위원회에 회부하여야 한다.

> 1. 다툼이 되는 지적측량의 경위 및 그 성과
> 2. 해당 토지에 대한 토지이동 및 소유권 변동 연혁
> 3. 해당 토지 주변의 측량기준점, 경계, 주요 구조물 등 현황 실측도

정답 11 ③

③ 제2항에 따라 지적측량 적부심사청구를 회부받은 지방지적위원회는 그 심사청구를 회부받은 날부터 ⑥⓪일 이내에 심의 · 의결하여야 한다. 다만, 부득이한 경우에는 그 심의기간을 해당 지적위원회의 의결을 거쳐 ③⓪일 이내에서 한 번만 연장할 수 있다.

④ 지방지적위원회는 지적측량 적부심사를 의결하였으면 대통령령으로 정하는 바에 따라 의결서를 작성하여 시 · 도지사에게 송부하여야 한다.

⑤ 시 · 도지사는 제4항에 따라 의결서를 받은 날부터 7일 이내에 지적측량 적부심사 청구인 및 이해관계인에게 그 의결서를 통지하여야 한다.

⑥ 제5항에 따라 의결서를 받은 자가 지방지적위원회의 의결에 불복하는 경우에는 그 의결서를 받은 날부터 ⑨⓪일 이내에 국토교통부장관을 거쳐 중앙지적위원회에 재심사를 청구할 수 있다.

12 다각망도선법에 의한 지적삼각보조점측량 및 지적도근점측량을 시행하는 경우, 기지점 간 직선상의 외부에 두는 지적삼각보조점 및 지적도근점의 선점은 기지점 직선과의 사이각을 얼마 이내로 하도록 규정하고 있는가?

(19년2회지산)

① 10° 이내   ② 20° 이내

③ 30° 이내   ④ 40° 이내

풀이 **지적업무처리규정 제10조(지적기준점의 확인 및 선점 등)**

① 지적삼각점측량 및 지적삼각보조점측량을 할 때에는 미리 사용하고자 하는 삼각점 · 지적삼각점 및 지적삼각보조점의 변동유무를 확인하여야 한다. 이 경우 확인결과 기지각과의 오차가 ±40초 이내인 경우에는 그 삼각점 · 지적삼각점 및 지적삼각보조점에 변동이 없는 것으로 본다.

② 지적기준점을 선점할 때에는 다음 각 호에 따른다.

> 1. 후속측량에 편리하고 영구적으로 보존할 수 있는 위치이어야 한다.
> 2. 지적도근점을 선점할 때에는 되도록이면 지적도근점간의 거리를 동일하게 하되 측량대상지역의 후속측량에 지장이 없도록 하여야 한다.
> 3. 「지적측량 시행규칙」 제11조제3항 및 제12조제6항에 따라 다각망도선법으로 지적삼각보조점측량 및 지적도근점측량을 할 경우에 기지점 간 직선상의 외부에 두는 지적삼각보조점 및 지적도근점과 기지점 직선과의 사이각은 30도 이내로 한다.

③ 암석 · 석재구조물 · 콘크리트구조물 · 맨홀 및 건축물 등 견고한 고정물에 지적기준점을 설치할 필요가 있는 경우에는 그 고정물에 각인하거나, 그 구조물에 고정하여 설치할 수 있다.

④ 지적삼각보조점의 규격과 재질은 규칙 제3조제1항에 따른 지적기준점표지의 규격과 재질을 준용한다.

13 지적기준점에 대한 설명으로 옳지 않은 것은?

① 이전경비 납부통지서를 받은 신청인은 이전을 원하는 날의 10일 전까지 측량기준점표지를 설치한 자에게 이전경비를 내야 한다.

② 지적삼각보조점 표지의 점간거리는 평균 1,000m 이상 3,000m 이하로 한다. 다만, 다각망도선법에 따르는 경우에는 평균 500m 이상 1,000m 이하로 한다.

③ 지적기준점표지의 이전을 신청하려는 자는 신청서에 현장사진을 첨부하여 이전을 원하는 날의 30일 전까지 측량기준점표지를 설치한 자에게 제출하여야 한다.

④ 지적도근점은 지적측량 시 필지에 대한 수평위치 측량 기준으로 사용하기 위하여 국가기준점, 지적삼각점, 지적삼각보조점 및 다른 지적도근점을 기초로 하여 정한 기준점이다.

풀이 지적기준점

구분	지적삼각측량		지적삼각보조측량		
종류	경위의 측량방법	전파(광파)측량법	경위의 측량방법, 교회법	전파(광파)기 측량방법, 교회법	경위의 측량방법, 전파(광파)기 측량방법, 다각망도선법
점간거리 측정		5회 측정. 최대치와 최소치의 교차(허용교차) 1/10만 이내		5회 측정. 최대치와 최소치의 교차(허용교차) 1/10만 이내	
경위의의 정밀도	10초독 이상	표준편차 ±(5mm+5ppm) 이상의 정밀기기	20초독 이상	20초독 이상	
점간거리	2~5km		1~3km	0.5~1km 이하 1도선 거리 4km 이하	

1. 지적기준점
   가. 지적삼각점(地籍三角點) : 지적측량 시 수평위치 측량의 기준으로 사용하기 위하여 국가기준점을 기준으로 하여 정한 기준점
   나. 지적삼각보조점 : 지적측량 시 수평위치 측량의 기준으로 사용하기 위하여 국가기준점과 지적삼각점을 기준으로 하여 정한 기준점
   다. 지적도근점(地籍圖根點) : 지적측량 시 필지에 대한 수평위치 측량 기준으로 사용하기 위하여 국가기준점, 지적삼각점, 지적삼각보조점 및 다른 지적도근점을 기초로 하여 정한 기준점
2. 표지의 관리

조사	지적소관청은 연 1회 이상 지적기준점표지의 이상 유무를 조사하여야 한다. 이 경우 멸실되거나 훼손된 지적기준점표지를 계속 보존할 필요가 없을 때에는 폐기할 수 있다.
멸실 훼손	지적소관청이 관리하는 지적기준점표지가 멸실되거나 훼손되었을 때에는 지적소관청은 다시 설치하거나 보수하여야 한다.

3. 지적기준점의 관리협조
   ① 시·도지사 또는 지적소관청은 타인의 토지·건축물 또는 구조물 등에 지적기준점을 설치한 때에는 소유자 또는 점유자에게 법 제9조제1항에 따른 선량한 관리자로서 보호의무가 있음을 통지하여야 한다.
   ② 지적소관청은 도로·상하수도·전화 및 전기시설 등의 공사로 지적기준점이 망실 또는 훼손될 것으로 예상되는 때에는 공사시행자와 공사 착수 전에 지적기준점의 이전·재설치 또는 보수 등에 관하여 미리 협의한 후 공사를 시행하도록 하여야 한다.
   ③ 시·도지사 또는 지적소관청은 지적기준점의 관리를 위하여 제9조제2항제1호부터 제3호까지에 따른 지적기준점망도, 지적기준점성과표 등을 첨부하여 관계기관에 연 1회 이상 송부하여 지적기준점 관리 협조를 요청하여야 한다.
   ④ 지적측량수행자는 지적기준점표지의 망실을 확인하였거나 훼손될 것으로 예상되는 때에는 지적소관청에 지체 없이 이를 통보하여야 한다.

공간정보의 구축 및 관리 등에 관한 법률 시행규칙 제6조(측량기준점표지의 이전 신청 절차)
① 법 제9조제2항에 따라 측량기준점표지의 이전을 신청하려는 자는 별지 제3호 서식의 신청서에 현장사진을 첨부하여 이전을 원하는 날의 30일 전까지 측량기준점표지를 설치한 자에게 제출하여야 한다.
② 제1항에 따른 이전 신청을 받은 자는 신청받은 날부터 10일 이내에 별지 제4호 서식의 이전경비 납부통지서를

정답

신청인에게 통지하여야 한다.

③ 제2항에 따라 이전경비 납부통지서를 받은 신청인은 이전을 원하는 날의 7일 전까지 측량기준점표지를 설치한 자에게 이전경비를 내야 한다.

14 지적확정측량 시 필지별 경계점의 기준이 되는 점이 아닌 것은?

(16년2회지기)

① 수준점
② 위성기준점
③ 통합기준점
④ 지적삼각점

풀이 공간정보의 구축 및 관리 등에 관한 법률 시행령 제8조(측량기준점의 구분)

① 법 제7조제1항에 따른 측량기준점은 다음 각 호의 구분에 따른다.

암기 ㈜리가 ㈜통이 심하면 ㈜㈜를 모아 ㈜㈜을 ㈜㈜ 번 해라

측량기준점	측량의 정확도를 확보하고 효율성을 높이기 위하여 특정 지점을 제6조에 따른 측량기준에 따라 측정하고 좌표 등으로 표시하여 측량 시에 기준으로 사용되는 점
국가기준점	측량의 정확도를 확보하고 효율성을 높이기 위하여 국토교통부장관이 전 국토를 대상으로 주요 지점마다 정한 측량의 기본이 되는 측량기준점
㈜주측지기준점	국가측지기준계를 정립하기 위하여 전 세계 초장거리간섭계와 연결하여 정한 기준점
㈜성기준점	지리학적 경위도, 직각좌표 및 지구 중심 직교좌표의 측정 기준으로 사용하기 위하여 대한민국 경위도원점을 기초로 정한 기준점
㈜합기준점	지리학적 경위도, 직각좌표, 지구 중심 직교좌표, 높이 및 중력 측정의 기준으로 사용하기 위하여 위성기준점, 수준점 및 중력점을 기초로 정한 기준점
㈜력점	중력 측정의 기준으로 사용하기 위하여 정한 기준점
㈜자기점(地磁氣點)	지구자기 측정의 기준으로 사용하기 위하여 정한 기준점
㈜준점	높이 측정의 기준으로 사용하기 위하여 대한민국 수준원점을 기초로 정한 기준점
㈜해기준점	우리나라의 영해를 획정(劃定)하기 위하여 정한 기준점 〈삭제 2021.2.9.〉
㈜로기준점	수로조사 시 해양에서의 수평 위치와 높이, 수심 측정 및 해안선 결정 기준으로 사용하기 위하여 위성기준점과 법 제6조제1항제3호의 기본수준면을 기초로 정한 기준점으로서 수로측량기준점, 기본수준점, 해안선기준점으로 구분 〈삭제 2021.2.9.〉
㈜각점	지리학적 경위도, 직각좌표 및 지구중심 직교좌표 측정의 기준으로 사용하기 위하여 위성기준점 및 통합기준점을 기초로 정한 기준점
공공기준점	제17조제2항에 따른 공공측량 시행자가 공공측량을 정확하고 효율적으로 시행하기 위하여 국가기준점을 기준으로 하여 따로 정하는 측량기준점
공공삼각점	공공측량 시 수평 위치의 기준으로 사용하기 위하여 국가기준점을 기초로 하여 정한 기준점
공공수준점	공공측량 시 높이의 기준으로 사용하기 위하여 국가기준점을 기초로 하여 정한 기준점

정답 14 ①

지적기준점	특별시장 · 광역시장 · 특별자치시장 · 도지사 또는 특별자치도지사(이하 "시 · 도지사"라 한다)나 지적소관청이 지적측량을 정확하고 효율적으로 시행하기 위하여 국가기준점을 기준으로 하여 따로 정하는 측량기준점
지적삼각점 (地籍三角點)	지적측량 시 수평 위치 측량의 기준으로 사용하기 위하여 국가기준점을 기준으로 하여 정한 기준점
지적삼각보조점	지적측량 시 수평 위치 측량의 기준으로 사용하기 위하여 국가기준점과 지적삼각점을 기준으로 하여 정한 기준점
지적도근점 (地籍圖根點)	지적측량 시 필지에 대한 수평 위치 측량 기준으로 사용하기 위하여 국가기준점, 지적삼각점, 지적삼각보조점 및 다른 지적도근점을 기초로 하여 정한 기준점

15 지리학적 경위도, 높이 및 중력 측정 등 3차원의 기준으로 사용하기 위하여 설치된 국가기준점은?

① 통합기준점
② 위성기준점
③ 삼각점
④ 수준점

풀이 국가기준점 **암기** ㉒리가 ㉚㉠이 심하면 ㉛㉣를 모아 ㉢㉥을 ㉢㉣ 번 해라

국가기준점	측량의 정확도를 확보하고 효율성을 높이기 위하여 국토교통부장관이 전 국토를 대상으로 주요 지점마다 정한 측량의 기본이 되는 측량기준점
㉒주측지기준점	국가측지기준계를 정립하기 위하여 전 세계 초장거리간섭계와 연결하여 정한 기준점
㉚성기준점	지리학적 경위도, 직각좌표 및 지구 중심 직교좌표의 측정 기준으로 사용하기 위하여 대한민국 경위도원점을 기초로 정한 기준점
㉠합기준점	지리학적 경위도, 직각좌표, 지구 중심 직교좌표, 높이 및 중력 측정의 기준으로 사용하기 위하여 위성기준점, 수준점 및 중력점을 기초로 정한 기준점
㉛력점	중력 측정의 기준으로 사용하기 위하여 정한 기준점
㉣자기점(地磁氣點)	지구자기 측정의 기준으로 사용하기 위하여 정한 기준점
㉢준점	높이 측정의 기준으로 사용하기 위하여 대한민국 수준원점을 기초로 정한 기준점
㉥해기준점	우리나라의 영해를 획정(劃定)하기 위하여 정한 기준점 〈삭제 2021.2.9.〉
㉢로기준점	수로조사 시 해양에서의 수평 위치와 높이, 수심 측정 및 해안선 결정 기준으로 사용하기 위하여 위성기준점과 법 제6조제1항제3호의 기본수준면을 기초로 정한 기준점으로서 수로측량기준점, 기본수준점, 해안선기준점으로 구분 〈삭제 2021.2.9.〉
㉣각점	지리학적 경위도, 직각좌표 및 지구중심 직교좌표 측정의 기준으로 사용하기 위하여 위성기준점 및 통합기준점을 기초로 정한 기준점

16 지적기준점에 대한 용어 설명으로 옳지 않은 것은? (11년지방9급)

① 지적기준점은 국토교통부장관이 지적측량을 정확하고 효율적으로 시행하기 위하여 국가기준점을 기준으로 하여 따로 정하는 측량기준점이다.

② 지적삼각점은 지적측량 시 수평위치 측량의 기준으로 사용하기 위하여 국가기준점을 기준으로 하여 정한 기준점이다.

③ 지적삼각보조점은 지적측량 시 수평위치 측량의 기준으로 사용하기 위하여 국가기준점과 지적삼각점을 기준으로 정한 기준점이다.

④ 지적도근점은 지적측량 시 필지에 대한 수평위치 측량 기준으로 사용하기 위하여 국가기준점, 지적삼각점, 지적삼각보조점 및 다른 지적도근점을 기초로 하여 정한 기준점이다.

[풀이] **지적기준점**

지적기준점	특별시장 · 광역시장 · 특별자치시장 · 도지사 또는 특별자치도지사(이하 "시 · 도지사"라 한다)나 지적소관청이 지적측량을 정확하고 효율적으로 시행하기 위하여 국가기준점을 기준으로 하여 따로 정하는 측량기준점
지적삼각점(地籍三角點)	지적측량 시 수평 위치 측량의 기준으로 사용하기 위하여 국가기준점을 기준으로 하여 정한 기준점
지적삼각보조점	지적측량 시 수평 위치 측량의 기준으로 사용하기 위하여 국가기준점과 지적삼각점을 기준으로 하여 정한 기준점
지적도근점(地籍圖根點)	지적측량 시 필지에 대한 수평 위치 측량 기준으로 사용하기 위하여 국가기준점, 지적삼각점, 지적삼각보조점 및 다른 지적도근점을 기초로 하여 정한 기준점

17 측량기준점의 국가기준점에 대한 설명으로 옳은 것은? (18년1회측기)

① 수준점 : 수로조사 시 해양에서의 수평위치와 높이, 수심 측정 및 해안선 결정 기준으로 사용하기 위한 기준점

② 중력점 : 지구자기 측정의 기준으로 사용하기 위하여 정한 기준점

③ 통합기준점 : 지리학적 경위도, 직각좌표 및 지구중심 직교좌표의 측정 기준으로 사용하기 위하여 대한민국 경위도원점을 기초로 정한 기준점

④ 삼각점 : 지리학적 경위도, 직각좌표 및 지구중심 직교좌표 측정의 기준으로 사용하기 위하여 위성기준점 및 통합기준점을 기초로 정한 기준점

[풀이] **국가기준점** [암기] [우]리가 [위][통]이 심하면 [중][지]를 모아 [수][영]을 [수][삼] 번 해라

국가기준점	측량의 정확도를 확보하고 효율성을 높이기 위하여 국토교통부장관이 전 국토를 대상으로 주요 지점마다 정한 측량의 기본이 되는 측량기준점
[우]주측지기준점	국가측지기준계를 정립하기 위하여 전 세계 초장거리간섭계와 연결하여 정한 기준점
[위]성기준점	지리학적 경위도, 직각좌표 및 지구 중심 직교좌표의 측정 기준으로 사용하기 위하여 대한민국 경위도원점을 기초로 정한 기준점
[통]합기준점	지리학적 경위도, 직각좌표, 지구 중심 직교좌표, 높이 및 중력 측정의 기준으로 사용하기 위하여 위성기준점, 수준점 및 중력점을 기초로 정한 기준점

정답 16 ① 17 ④

(중)력점	중력 측정의 기준으로 사용하기 위하여 정한 기준점
(지)자기점(地磁氣點)	지구자기 측정의 기준으로 사용하기 위하여 정한 기준점
(수)준점	높이 측정의 기준으로 사용하기 위하여 대한민국 수준원점을 기초로 정한 기준점
(영)해기준점	우리나라의 영해를 획정(劃定)하기 위하여 정한 기준점 〈삭제 2021.2.9.〉
(수)로기준점	수로조사 시 해양에서의 수평 위치와 높이, 수심 측정 및 해안선 결정 기준으로 사용하기 위하여 위성기준점과 법 제6조제1항제3호의 기본수준면을 기초로 정한 기준점으로서 수로측량기준점, 기본수준점, 해안선기준점으로 구분 〈삭제 2021.2.9.〉
(삼)각점	지리학적 경위도, 직각좌표 및 지구중심 직교좌표 측정의 기준으로 사용하기 위하여 위성기준점 및 통합기준점을 기초로 정한 기준점

18 지적측량수수료의 반환 기준에 대한 설명 중 옳은 것은?

① 측량의뢰 후 현지에 출장하여 의뢰인이 측량착수 전에 취소하는 경우에는 기본 1필지에 대한 수수료의 10퍼센트를 차감한 잔액을 반환한다.

② 현지측량을 완료하였으나 지적측량수행자의 사정에 의하여 측량성과를 제시하지 못하는 경우에는 수수료의 50퍼센트를 반환한다.

③ 지적공부의 정리를 목적으로 실시한 측량을 완료하였으나 관계법규에 저촉되어 지적공부를 정리할 수 없는 경우에는 측량의뢰인과 협의하여 업무를 종결하거나 지적현황측량으로 종목을 변경하고 그 차액을 반환한다.

④ 수수료 기준을 잘못 적용하여 과다 수입되었음을 발견하면 30일 이내 과다 수입된 금액을 반환하며, 반환금액은 1천원 단위(1,000원 미만은 절상)로 한다.

[풀이] 지적측량수수료 산정기준 등에 관한 규정 제25조(수수료의 반환)

의뢰인 취소 (제1호)	측량의뢰 후 의뢰인이 취소하는 경우에는 다음 각 목의 기준에 따라 취소한 시점까지 수행된 작업공정을 감안하여 수수료를 반환한다.	
	전액	현지에 출장가기 전에 취소한 경우에는 수수료 전액
	100분의 30	현지에 출장하여 측량착수 전에 취소하는 경우에는 기본 1필지에 대한 수수료의 100분의 30을 차감한 잔액
기초측량 취소 (제1호)	전액	선점을 하지 아니한 경우에는 수수료의 전액
	100분의 10	선점을 완료한 경우에는 선점한 점수에 대하여 기본단가의 100분의 10을 차감한 잔액
	100분의 30	관측을 완료한 경우에는 관측한 점수에 대하여 기본단가의 100분의 30을 차감한 잔액
전액 및 차감 (제2~3호)	현지측량을 완료하였으나 지적측량수행자의 사정에 의하여 측량성과를 제시하지 못하는 경우에는 수수료 전액을 반환한다.	

전액 및 차감 (제2~3호)	의뢰인이 같은 필지에 대하여 2종목 이상의 지적측량을 의뢰하여 전체 종목을 동시에 취소하면 의뢰받은 종목 중 수수료가 저렴한 종목의 기본 1필지에 대하여 제1호(현지에 출장가기 전에 취소한 경우에는 수수료 전액. 현지에 출장하여 측량착수 전에 취소하는 경우에는 기본 1필지에 대한 수수료의 100분의 30을 차감한 잔액)의 따라 반환하고 나머지 종목은 전액을 반환한다.
차액 및 전액 (제4호)	지적공부의 정리를 목적으로 실시한 측량을 완료하였으나 관계법규에 저촉되어 지적공부를 정리할 수 없는 경우에는 측량의뢰인과 협의하여 업무를 종결 하거나 지적현황측량으로 종목을 변경하고 그 차액을 반환한다. 다만, 측량 접수 시에 관계법규에 저촉되는 사항을 알 수 있었음에도 불구하고 착오로 접수하였을 때에는 수수료 전액을 반환한다.
보류	현장 여건상 수목, 장애물 등 현장사정으로 인하여 측량수행이 불가능하거나 의뢰인의 사정으로 지적측량이 측량일 또는 계약만료일로부터 3개월 이상 보류된 경우에는 3개월이 지난 날부터 10일 이내에 제1호부터 제4호까지의 기준에 따라 수수료를 반환한다.
연기	의뢰인이 서면으로 측량연기를 요청한 경우에는 요청일부터 1년의 범위에서 연기할 수 있고, 연기 만료일로 부터 10일 이내에 제1호부터 제4호까지의 기준에 따라 수수료를 반환한다.
감소	측량결과 의뢰수량 보다 완료수량이 감소된 경우에는 감소된 수량에 대한 수수료 금액을 반환한다.
초과금액	수수료 기준을 잘못 적용하여 기준보다 초과하여 받은 경우에는 초과 금액에 대하여 즉시 반환한다.
반환금액	반환금액은 1천원단위(1,000원미만은 절상)로 한다.

19 지적측량수수료의 감면 기준에 대한 설명 중 옳지 않은 것은?

① 국민의 재산권 행사에 대한 불편을 해소하고 편익을 도모하기 위하여 기준점정비, 지적불부합정리 등에 해당하는 사업에는 국토교통부장관의 승인을 받아 해당 연도 수수료의 100분의 30을 감면하여 적용한다.

② 국민의 편익을 도모하기 위하여 농업기반시설 정부보조사업 및 저소득층 지원사업 등 특수시책사업 등 사업에는 국토교통부장관의 승인을 받아 해당 연도 수수료의 100분의 50을 감면하여 적용한다.

③ 산불·폭설·태풍 등 천재지변으로 인한 피해정보를 국민안전처로부터 제공받은 경우 측량 수수료는 해당 연도 수수료의 100분의 50을 감면하여 적용한다.

④ 국토교통부장관은 지적재조사사업의 원활한 추진을 위해 필요한 경우 해당 연도 수수료의 100분의 50이내에서 감면 조정하여 적용할 수 있다.

100분의 30	국민의 재산권행사에 대한 불편을 해소하고 편익을 도모하기 위하여 다음 각 호의 어느 하나에 해당하는 사업에는 국토교통부장관의 승인을 받아 해당 연도 수수료의 100분의 30을 감면하여 적용한다. ⇨ 기준점정비, 지적불부합정리 등 국가 · 지방자치단체에서 시행하는 국가시책사업 ⇨ 농업기반시설 정부보조사업 및 저소득층 지원사업 등 특수시책사업
100분의 50	지적측량수행자가 산불 · 폭설 · 태풍 등 천재지변으로 인한 피해정보를 국민안전처로부터 제공받은 경우와 의뢰인이 「자연재해대책법」 제74조의 피해사실확인서를 제출한 경우 재해지역복구를 위한 측량 수수료는 해당 연도 수수료의 100분의 50을 감면하여 적용한다. ⇨ 재난 발생일로부터 2년이 경과하였거나 국가 · 지방자치단체 또는 「공공기관의 운영에 관한 법률」 제4조에 따른 공공기관이 의뢰하는 경우에는 그러지 아니한다.
100분의 50 이내	국토교통부장관은 지적재조사 사업의 원활한 추진을 위해 필요한 경우와 국가안보와 관련된 돌발사태로 상당한 피해를 받아 피해복구가 필요한 경우, 해당 연도 수수료의 100분의 50이내에서 감면 조정하여 적용할 수 있다.
지적측량수수료 한도 내	사회공헌활동 등 특별한 사유로 인하여 추진되는 사업은 한국국토정보공사장이 정부에서 고시한 지적측량수수료 한도 내에서 국토교통부장관의 승인을 받아 감면 적용할 수 있다.
100분의 30	「감정인등 선정과 감정료 산정기준 등에 관한 예규」 제29조에 따라 이동정리를 수반하지 않는 측량감정의 경우에는 해당 연도 수수료의 100분의 30을 감면한다.
중복되는 경우	수수료 감면요건이 둘 이상 중복되는 경우에는 감면율이 높은 한 가지만 적용한다.

지적측량수수료 산정기준 등에 관한 규정 제24조(동일지번 두 종목 이상 지적측량신청 감면)

100분의 30	소유자가 같은 동일 지번 또는 연접된 필지를 두 종목 이상의 지적측량을 신청하여 1회 측량으로 완료될 경우 추가종목 당 기본단가의 100분의 30을 감면 적용한다.
감면조건	경계복원측량, 도시계획선명시측량, 지적현황측량, 분할측량, 등록전환측량을 순차적으로 적용하며, 연속지 · 집단지일 경우 적용하지 아니한다.

20 지적측량수수료의 기준에 대한 설명 중 옳지 않은 것은?

① 측량의뢰 후 현지에 출장하여 기초측량의 선점을 완료한 경우에는 선점한 점수에 대하여 기본단가의 100분의 10을 차감한 잔액을 반환한다.

② 측량의뢰 후 현지에 출장하여 측량착수 전에 취소하는 경우에는 기본 1필지에 대한 수수료의 100분의 30을 차감한 잔액을 반환한다.

③ 지적측량수행자가 산불 · 폭설 · 태풍 등 천재지변으로 인한 피해정보를 국민안전처로부터 제공받은 경우 측량 수수료는 해당 연도 수수료의 100분의 30을 감면하여 적용한다.

④ 국민의 재산권 행사에 대한 불편을 해소하고 편익을 도모하기 위하여 저소득층 지원사업에는 국토교통부장관의 승인을 받아 해당 연도 수수료의 100분의 30을 감면하여 적용한다.

풀이 지적측량수수료산정 등에 관한 규정 제23조(재해지역 등 수수료 감면)

① 국민의 재산권행사에 대한 불편을 해소하고 편익을 도모하기 위하여 다음 각 호의 어느 하나에 해당하는 사업에는 국토교통부장관의 승인을 받아 해당 연도 수수료의 100분의 30을 감면하여 적용한다.

> 1. 기준점정비, 지적불부합정리 등 국가·지방자치단체에서 시행하는 국가시책사업
> 2. 농업기반시설 정부보조사업 및 저소득층 지원사업 등 특수시책사업

② 지적측량수행자가 산불·폭설·태풍 등 천재지변으로 인한 피해정보를 국민안전처로부터 제공받은 경우와 의뢰인이「자연재해대책법」제74조의 피해사실확인서를 제출한 경우 재해지역 복구를 위한 측량 수수료는 해당 연도 수수료의 100분의 50을 감면하여 적용한다. 다만, 재난 발생일로부터 2년이 경과하였거나 국가·지방자치단체 또는「공공기관의 운영에 관한 법률」제4조에 따른 공공기관이 의뢰하는 경우에는 그러지 아니한다.

③ 국토교통부장관은 지적재조사 사업의 원활한 추진을 위해 필요한 경우와 국가안보와 관련된 돌발사태로 상당한 피해를 받아 피해복구가 필요한 경우, 해당 연도 수수료의 100분의 50 이내에서 감면 조정하여 적용할 수 있다.

④ 사회공헌활동 등 특별한 사유로 인하여 추진되는 사업 및 국민부담 경감을 위한 서비스제도 등은 한국국토정보공사장이 국토교통부장관의 승인을 받아 감면 적용할 수 있다.

⑤「감정인등 선정과 감정료 산정기준 등에 관한 예규」제29조에 따라 이동정리를 수반하지 않는 측량감정의 경우에는 해당 연도 수수료의 100분의 30을 감면한다.

⑥ 제1항부터 제5항까지 수수료 감면요건이 둘 이상 중복되는 경우에는 감면율이 높은 한 가지만 적용한다.

지적측량수수료산정 등에 관한 규정 제24조(동일지번 두 종목 이상 지적측량신청 감면)

① 소유자가 같은 동일 지번 또는 연접된 필지를 두 종목 이상의 지적측량을 신청하여 1회 측량으로 완료될 경우 추가종목 당 기본단가의 100분의 30을 감면 적용한다.

② 제1항에 따른 감면은 경계복원측량, 도시계획선명시측량, 지적현황측량, 분할측량, 등록전환측량을 순차적으로 적용하며, 연속지·집단지일 경우 적용하지 아니한다.

01 「공간정보의 구축 및 관리 등에 관한 법령」상 지적측량수수료에 관한 설명으로 틀린 것은?

(20년1 · 2회지기)

① 지적측량 종목별 세부 산정기준은 국토교통부장관이 정한다.
② 지적측량수수료는 국토교통부장관이 매년 12월 말일까지 고시하여야 한다.
③ 국토교통부장관이 고시하는 표준품셈 중 지적측량품에 지적기술자의 정부노임단가를 적용하여 산정한다.
④ 지적소관청이 직권으로 조사 · 측량하여 지적공부를 정리한 경우, 조사 · 측량에 들어간 비용을 면제한다.

> **풀이** 공간정보의 구축 및 관리 등에 관한 법률 제64조(토지의 조사 · 등록 등)
> ① 국토교통부장관은 모든 토지에 대하여 필지별로 소재 · 지번 · 지목 · 면적 · 경계 또는 좌표 등을 조사 · 측량하여 지적공부에 등록하여야 한다. 〈개정 2013.3.23.〉
> ② 지적공부에 등록하는 지번 · 지목 · 면적 · 경계 또는 좌표는 토지의 이동이 있을 때 토지소유자(법인이 아닌 사단이나 재단의 경우에는 그 대표자나 관리인을 말한다. 이하 같다)의 신청을 받아 지적소관청이 결정한다. 다만, 신청이 없으면 지적소관청이 직권으로 조사 · 측량하여 결정할 수 있다.
> ③ 제2항 단서에 따른 조사 · 측량의 절차 등에 필요한 사항은 국토교통부령으로 정한다.
>
> **공간정보의 구축 및 관리 등에 관한 법률 제106조(수수료 등)**
> ① 다음 각 호의 어느 하나에 해당하는 신청 등을 하는 자는 국토교통부령으로 정하는 바에 따라 수수료를 내야 한다.
> ② 제24조제1항에 따라 지적측량을 의뢰하는 자는 국토교통부령으로 정하는 바에 따라 지적측량수행자에게 지적측량수수료를 내야 한다. 〈개정 2013.3.23.〉
> ③ 제2항에 따른 지적측량수수료는 국토교통부장관이 매년 12월 31일까지 고시하여야 한다. 〈개정 2013. 3.23., 2020.6.9.〉
> ④ 지적소관청이 제64조제2항 단서에 따라 직권으로 조사 · 측량하여 지적공부를 정리한 경우에는 그 조사 · 측량에 들어간 비용을 제2항에 준하여 토지소유자로부터 징수한다. 다만, 제82조에 따라 지적공부를 등록말소한 경우에는 그러하지 아니하다.

02 「지적측량 시행규칙」상 세부측량을 하는 때에 필지마다 면적을 측정해야 하는 경우로 가장 옳지 않은 것은?

① 경계점을 지상에 복원하는 경우의 경계복원측량을 표시하는 데에 필요한 경우
② 「공간정보의 구축 및 관리 등에 관한 법률」상 등록사항 정정에 따라 지적공부의 경계를 정정하는 경우
③ 도시개발사업 등으로 인한 토지의 이동에 따라 토지의 표시를 새로 결정하는 경우
④ 지적공부를 복구하는 경우

> **풀이** 지적측량 시행규칙 제19조(면적측정의 대상)
> ① 세부측량을 하는 경우 다음 각 호의 어느 하나에 해당하면 필지마다 면적을 측정하여야 한다.

정답 **01** ④ **02** ①

1. 지적공부의 복구·신규등록·등록전환·분할 및 축척변경을 하는 경우
2. 법 제84조에 따라 면적 또는 경계를 정정하는 경우
3. 법 제86조에 따른 도시개발사업 등으로 인한 토지의 이동에 따라 토지의 표시를 새로 결정하는 경우
4. 경계복원측량 및 지적현황측량에 면적측정이 수반되는 경우

② 제1항에도 불구하고 법 제23조제1항제4호(경계점을 지상에 복원하는 경우)의 경계복원측량과 영 제18조의 지적현황측량을 하는 경우에는 필지마다 면적을 측정하지 아니한다.

03 「공간정보의 구축 및 관리 등에 관한 법률」상 축척변경 시 시·도지사 또는 대도시 시장의 승인을 받지 않아도 되는 경우로 가장 옳은 것은?

① 잦은 토지의 이동으로 1필지의 규모가 작아서 소축척으로는 토지의 이동에 따른 정리를 하기가 곤란한 경우
② 도시개발사업 등의 시행지역에 있는 토지로서 그 사업 시행에서 제외된 토지의 축척변경을 하는 경우
③ 하나의 지번부여지역에 서로 다른 축척의 지적도가 있는 경우
④ 잦은 토지의 이동으로 1필지의 규모가 작아서 소축척으로는 지적측량성과의 결정이 곤란한 경우

풀이 **공간정보의 구축 및 관리 등에 관한 법률 제83조(축척변경)**
① 축척변경에 관한 사항을 심의·의결하기 위하여 지적소관청에 축척변경위원회를 둔다.
② 지적소관청은 지적도가 다음 각 호의 어느 하나에 해당하는 경우에는 토지소유자의 신청 또는 지적소관청의 직권으로 일정한 지역을 정하여 그 지역의 축척을 변경할 수 있다.

1. 잦은 토지의 이동으로 1필지의 규모가 작아서 소축척으로는 지적측량성과의 결정이나 토지의 이동에 따른 정리를 하기가 곤란한 경우
2. 하나의 지번부여지역에 서로 다른 축척의 지적도가 있는 경우
3. 그 밖에 지적공부를 관리하기 위하여 필요하다고 인정되는 경우

③ 지적소관청은 제2항에 따라 축척변경을 하려면 축척변경 시행지역의 토지소유자 3분의 2 이상의 동의를 받아 제1항에 따른 축척변경위원회의 의결을 거친 후 시·도지사 또는 대도시 시장의 승인을 받아야 한다. 다만, 다음 각 호의 어느 하나에 해당하는 경우에는 축척변경위원회의 의결 및 시·도지사 또는 대도시 시장의 승인 없이 축척변경을 할 수 있다.

1. 합병하려는 토지가 축척이 다른 지적도에 각각 등록되어 있어 축척변경을 하는 경우
2. 제86조에 따른 도시개발사업 등의 시행지역에 있는 토지로서 그 사업 시행에서 제외된 토지의 축척변경을 하는 경우

④ 축척변경의 절차, 축척변경으로 인한 면적 증감의 처리, 축척변경 결과에 대한 이의신청 및 축척변경위원회의 구성·운영 등에 필요한 사항은 대통령령으로 정한다.

04 「지적재조사에 관한 특별법」상 중앙지적재조사위원회의 위원이 심의·의결에서 제척되는 사유로 가장 옳지 않은 것은?

① 위원이 해당 심의·의결 안건에 관하여 연구·용역의 방법으로 직접 관여한 경우
② 위원이 최근 3년 이내에 심의·의결 안건과 관련된 업체에 임원 또는 직원으로 재직한 경우

③ 심신장애로 인하여 직무를 수행할 수 없게 된 경우

④ 심의 · 의결하는 사항과 직접적인 이해관계가 있다고 인정되는 경우

풀이 **지적재조사에 관한 특별법 시행령 제20조(중앙위원회 위원의 제척 · 기피 · 회피)**

① 중앙위원회의 위원은 다음 각 호의 어느 하나에 해당하는 경우에는 그 안건의 심의 · 의결에서 제척(除斥)된다.

> 1. 위원이 해당 심의 · 의결 안건에 관하여 연구 · 용역 또는 그 밖의 방법으로 직접 관여한 경우
> 2. 위원이 최근 3년 이내에 심의 · 의결 안건과 관련된 업체의 임원 또는 직원으로 재직한 경우
> 3. 그 밖에 심의 · 의결 안건과 직접적인 이해관계가 있다고 인정되는 경우

② 중앙위원회가 심의 · 의결하는 사항과 직접적인 이해관계가 있는 자는 제1항에 따른 제척 사유가 있거나 공정한 심의 · 의결을 기대하기 어려운 사유가 있는 중앙위원회의 위원에 대해서는 그 사유를 밝혀 중앙위원회에 그 위원에 대한 기피신청을 할 수 있다. 이 경우 중앙위원회는 의결로 해당 위원의 기피 여부를 결정하여야 한다.

③ 중앙위원회의 위원은 제1항 또는 제2항에 해당하는 경우에는 스스로 심의 · 의결을 회피할 수 있다.

지적재조사에 관한 특별법 시행령 제21조(중앙위원회 위원의 해촉)

위원장은 중앙위원회의 위원 중 위원장이 위촉한 위원이 다음 각 호의 어느 하나에 해당하는 경우에는 해당 위원을 해촉할 수 있다. 〈개정 2016.5.10.〉

> 1. 심신장애로 인하여 직무를 수행할 수 없게 된 경우
> 2. 직무와 관련된 비위사실이 있는 경우
> 3. 직무태만, 품위손상, 그 밖의 사유로 인하여 위원으로 적합하지 아니하다고 인정된 경우
> 4. 위원이 제20조제1항 각 호의 제척 사유에 해당함에도 불구하고 회피하지 아니한 경우
> 5. 위원 스스로 직무를 수행하는 것이 곤란하다고 의사를 밝히는 경우

05 「공간정보의 구축 및 관리 등에 관한 법령」상 청산금의 납부고지 및 이의신청 기준으로 틀린 것은?

(20년1 · 2회지기)

① 지적소관청은 수령통지를 한 날부터 6개월 이내에 청산금을 지급하여야 한다.

② 납부고지를 받은 자는 그 고지를 받은 날부터 6개월 이내에 청산금을 지적소관청에 내야 한다.

③ 지적소관청은 청산금의 결정을 공고한 날부터 1개월 이내에 토지소유자에게 청산금의 납부고지 또는 수령통지를 하여야 한다.

④ 납부고지되거나 수령통지된 청산금에 관하여 이의가 있는 자는 납부고지 또는 수령통지를 받은 날부터 1개월 이내에 지적소관청에 이의 신청을 할 수 있다.

풀이 **공간정보의 구축 및 관리 등에 관한 법률 시행령 제76조(청산금의 납부고지 등)**

① 지적소관청은 제75조제4항에 따라 청산금의 결정을 공고한 날부터 ⑳일 이내에 토지소유자에게 청산금의 납부고지 또는 수령통지를 하여야 한다.

② 제1항에 따른 납부고지를 받은 자는 그 고지를 받은 날부터 ⑥개월 이내에 청산금을 지적소관청에 내야 한다. 〈개정 2017.1.10.〉

③ 지적소관청은 제1항에 따른 수령통지를 한 날부터 ⑥개월 이내에 청산금을 지급하여야 한다.

④ 지적소관청은 청산금을 지급받을 자가 행방불명 등으로 받을 수 없거나 받기를 거부할 때에는 그 청산금을 공탁할 수 있다.

⑤ 지적소관청은 청산금을 내야 하는 자가 제77조제1항에 따른 기간 내에 청산금에 관한 이의신청을 하지 아니하고 제2항에 따른 기간 내에 청산금을 내지 아니하면 지방세 체납처분의 예에 따라 징수할 수 있다.

정답 05 ③

공간정보의 구축 및 관리 등에 관한 법률 시행령 제77조(청산금에 관한 이의신청)

① 제76조제1항에 따라 납부고지되거나 수령통지된 청산금에 관하여 이의가 있는 자는 납부고지 또는 수령통지를 받은 날부터 ①개월 이내에 지적소관청에 이의신청을 할 수 있다.

② 제1항에 따른 이의신청을 받은 지적소관청은 ①개월 이내에 축척변경위원회의 심의·의결을 거쳐 그 인용(認容) 여부를 결정한 후 지체 없이 그 내용을 이의신청인에게 통지하여야 한다.

06 「지적재조사에 관한 특별법」상 토지현황조사에 대한 설명 중 가장 옳지 않은 것은?

① 지적재조사지구 지정고시가 있으면 그 지적재조사 지구의 토지를 대상으로 토지현황조사를 하여야 한다.

② 토지현황조사는 지적재조사측량과 병행하여 실시할 수 없다.

③ 토지현황조사를 할 때에는 소유자, 지번, 지목, 경계 또는 좌표, 지상건축물 및 지하건축물의 위치, 개별공시지가 등을 기재한 토지현황조사서를 작성하여야 한다.

④ 토지현황조사에 따른 조사 범위·대상·항목과 토지현황조사서 기재·작성 방법에 관련된 사항은 국토교통부령으로 정한다.

[풀이] **지적재조사에 관한 특별법 제10조(토지현황조사)** [암기] [소][지][목][계][표]는 [지][하][공][간]에서 [토][지][건][축][이][용][현][황][시][설]을

① 지적소관청은 제6조에 따른 실시계획을 수립한 때에는 지적재조사예정지구임이 지적공부에 등록된 토지를 대상으로 토지현황조사를 하여야 하며, 토지현황조사는 지적재조사측량과 병행하여 실시할 수 있다. 〈개정 2017.4.18., 2019.12.10., 2020.12.22.〉

② 토지현황조사를 할 때에는 [소]유자, [지]번, 지[목], 경[계] 또는 좌[표], [지]상건축물 및 지[하]건축물의 위치, 개별[공]시지가 등을 기재한 토지현황조사서를 작성하여야 한다. 〈개정 2017.4.18.〉

③ 토지현황조사에 따른 조사 범위·대상·항목과 토지현황조사서 기재·작성 방법에 관련된 사항은 국토교통부령으로 정한다.

07 「공간정보의 구축 및 관리 등에 관한 법률」 및 하위 법령상 자연의 유수(流水)가 있거나 있을 것으로 예상되는 소규모 수로부지의 지목 부호는?

① 답　　② 광

③ 유　　④ 구

[풀이]

전	물을 상시적으로 이용하지 않고 곡물·원예작물(과수류는 제외한다)·약초·뽕나무·닥나무·묘목·관상수 등의 식물을 주로 재배하는 토지와 식용(食用)으로 죽순을 재배하는 토지
답	물을 상시적으로 직접 이용하여 벼·연(蓮)·미나리·왕골 등의 식물을 주로 재배하는 토지
광천지	지하에서 온수·약수·석유류 등이 용출되는 용출구(湧出口)와 그 유지(維持)에 사용되는 부지. 다만, 온수·약수·석유류 등을 일정한 장소로 운송하는 송수관·송유관 및 저장시설의 부지는 제외한다.
유지(溜池)	물이 고이거나 상시적으로 물을 저장하고 있는 댐·저수지·소류지(沼溜地)·호수·연못 등의 토지와 연·왕골 등이 자생하는 배수가 잘 되지 아니하는 토지

[정답] **06** ② **07** ④

| 구거 | 용수(用水) 또는 배수(排水)를 위하여 일정한 형태를 갖춘 인공적인 수로·둑 및 그 부속
시설물의 부지와 자연의 유수(流水)가 있거나 있을 것으로 예상되는 소규모 수로부지 |

08 「공간정보의 구축 및 관리 등에 관한 법률」상 지적전산자료의 이용 또는 활용 목적 등에 관하여 미리 관계 중앙행정기관의 심사를 받지 않을 수 있는 경우가 아닌 것은?

① 시·도 단위의 지적전산자료 및 시·군·구 단위의 지적전산자료를 신청하는 경우

② 토지소유자가 사망하여 그 상속인이 피상속인의 토지에 대한 지적전산자료를 신청하는 경우

③ 토지소유자가 자기 토지에 대한 지적전산자료를 신청하는 경우

④ 「개인정보 보호법」에 따른 개인정보를 제외한 지적전산자료를 신청하는 경우

> **풀이** 공간정보의 구축 및 관리 등에 관한 법률 제76조(지적전산자료의 이용 등)
>
> ① 지적공부에 관한 전산자료(연속지적도를 포함하며, 이하 "지적전산자료"라 한다)를 이용하거나 활용하려는 자는 다음 각 호의 구분에 따라 국토교통부장관, 시·도지사 또는 지적소관청에 지적전산자료를 신청하여야 한다. 〈개정 2013.3.23., 2013.7.17., 2017.10.24.〉
>
> > 1. 전국 단위의 지적전산자료 : 국토교통부장관, 시·도지사 또는 지적소관청
> > 2. 시·도 단위의 지적전산자료 : 시·도지사 또는 지적소관청
> > 3. 시·군·구(자치구가 아닌 구를 포함한다) 단위의 지적전산자료 : 지적소관청
>
> ② 제1항에 따라 지적전산자료를 신청하려는 자는 대통령령으로 정하는 바에 따라 지적전산자료의 이용 또는 활용 목적 등에 관하여 미리 관계 중앙행정기관의 심사를 받아야 한다. 다만, 중앙행정기관의 장, 그 소속 기관의 장 또는 지방자치단체의 장이 신청하는 경우에는 그러하지 아니하다. 〈개정 2017.10.24.〉
>
> ③ 제2항에도 불구하고 다음 각 호의 어느 하나에 해당하는 경우에는 관계 중앙행정기관의 심사를 받지 아니할 수 있다. 〈개정 2017.10.24.〉
>
> > 1. 토지소유자가 자기 토지에 대한 지적전산자료를 신청하는 경우
> > 2. 토지소유자가 사망하여 그 상속인이 피상속인의 토지에 대한 지적전산자료를 신청하는 경우
> > 3. 「개인정보 보호법」 제2조제1호에 따른 개인정보를 제외한 지적전산자료를 신청하는 경우
>
> ④ 제1항 및 제3항에 따른 지적전산자료의 이용 또는 활용에 필요한 사항은 대통령령으로 정한다.

09 「공간정보의 구축 및 관리 등에 관한 법률」상 지적소관청이 지적공부의 등록사항에 잘못이 있는지를 직권으로 조사·측량하여 정정할 수 있는 경우로 가장 옳지 않은 것은?

① 토지이동정리 결의서의 내용과 다르게 정리된 경우

② 1필지가 각각 다른 지적도나 임야도에 등록되어 있는 경우로서 지적공부에 등록된 면적과 측량한 실제면적은 일치하지만 지적도나 임야도에 등록된 경계가 서로 접합되지 않아 지적도나 임야도에 등록된 경계를 지상의 경계에 맞추어 정정하여야 하는 토지가 발견된 경우

③ 지적도 및 임야도에 등록된 필지가 면적의 증감 없이 경계의 위치만 잘못된 경우

④ 「부동산등기법」상 합필제한에 따른 통지가 있는 경우로 등기관의 착오에 의해 잘못 합병한 경우

공간정보의 구축 및 관리 등에 관한 법률 시행령 제82조(등록사항의 직권정정 등)

① 지적소관청이 법 제84조제2항에 따라 지적공부의 등록사항에 잘못이 있는지를 직권으로 조사·측량하여 정정할 수 있는 경우는 다음 각 호와 같다. 〈개정 2015.6.1., 2017.1.10.〉

> 1. 제84조제2항에 따른 토지이동정리 결의서의 내용과 다르게 정리된 경우
> 2. 지적도 및 임야도에 등록된 필지가 면적의 증감 없이 경계의 위치만 잘못된 경우
> 3. 1필지가 각각 다른 지적도나 임야도에 등록되어 있는 경우로서 지적공부에 등록된 면적과 측량한 실제면적은 일치하지만 지적도나 임야도에 등록된 경계가 서로 접합되지 않아 지적도나 임야도에 등록된 경계를 지상의 경계에 맞추어 정정하여야 하는 토지가 발견된 경우
> 4. 지적공부의 작성 또는 재작성 당시 잘못 정리된 경우
> 5. 지적측량성과와 다르게 정리된 경우
> 6. 법 제29조제10항에 따라 지적공부의 등록사항을 정정하여야 하는 경우
> 7. 지적공부의 등록사항이 잘못 입력된 경우
> 8. 「부동산등기법」 제37조제2항에 따른 통지가 있는 경우(지적소관청의 착오로 잘못 합병한 경우만 해당한다)
> 9. 법률 제2801호 지적법 개정법률 부칙 제3조에 따른 면적 환산이 잘못된 경우

② 지적소관청은 제1항 각 호의 어느 하나에 해당하는 토지가 있을 때에는 지체 없이 관계 서류에 따라 지적공부의 등록사항을 정정하여야 한다.

③ 지적공부의 등록사항 중 경계나 면적 등 측량을 수반하는 토지의 표시가 잘못된 경우에는 지적소관청은 그 정정이 완료될 때까지 지적측량을 정지시킬 수 있다. 다만, 잘못 표시된 사항의 정정을 위한 지적측량은 그러하지 아니하다.

10 「지적재조사에 관한 특별법」상 지적재조사사업에 따른 경계의 확정시기로 가장 옳지 않은 것은?

① 지적확정조서를 제출하였을 때
② 이의신청에 대한 결정에 대하여 60일 이내에 불복의사를 표명하지 아니하였을 때
③ 경계에 관한 결정에 불복하여 행정소송을 제기한 경우 그 판결이 확정되었을 때
④ 이의신청 기간에 이의를 신청하지 아니하였을 때

지적재조사에 관한 특별법 제18조(경계의 확정)

① 지적재조사사업에 따른 경계는 다음 각 호의 시기에 확정된다.

> 1. 제17조제1항에 따른 이의신청 기간에 이의를 신청하지 아니하였을 때
> 2. 제17조제4항에 따른 이의신청에 대한 결정에 대하여 60일 이내에 불복의사를 표명하지 아니하였을 때
> 3. 제16조제3항에 따른 경계에 관한 결정이나 제17조제4항에 따른 이의신청에 대한 결정에 불복하여 행정소송을 제기한 경우에는 그 판결이 확정되었을 때

② 제1항에 따라 경계가 확정되었을 때에는 지적소관청은 지체 없이 경계점표지를 설치하여야 하며, 국토교통부령으로 정하는 바에 따라 지상경계점등록부를 작성하고 관리하여야 한다. 이 경우 제1항에 따라 확정된 경계가 제15조제1항 및 제3항에 따라 설정된 경계와 동일할 때에는 같은 조 제1항 및 제3항에 따른 임시경계점표지를 경계점표지로 본다. 〈개정 2013.3.23., 2017.4.18.〉

③ 누구든지 제2항에 따른 경계점표지를 이전 또는 파손하거나 그 효용을 해치는 행위를 하여서는 아니 된다.

11 「공간정보의 구축 및 관리 등에 관한 법령」상 부지(또는 토지)에 따른 지목의 구분이 올바르게 연결된 것은?

(20년1 · 2회지산)

① 철도역사 → 철도용지
② 갈대밭과 황무지 → 잡종지
③ 경마장과 경륜장 → 유원지
④ 대학교 운동장 → 체육용지

풀이 **공간정보의 구축 및 관리 등에 관한 법률 시행령 제58조(지목의 구분)**

법 제67조제1항에 따른 지목의 구분은 다음 각 호의 기준에 따른다.

임야	산림 및 원야(原野)를 이루고 있는 수림지(樹林地)·죽림지·암석지·자갈땅·모래땅·습지·황무지 등의 토지
학교용지	학교의 교사(校舍)와 이에 접속된 체육장 등 부속시설물의 부지
체육용지	국민의 건강증진 등을 위한 체육활동에 적합한 시설과 형태를 갖춘 종합운동장·실내체육관·야구장·골프장·스키장·승마장·경륜장 등 체육시설의 토지와 이에 접속된 부속시설물의 부지. 다만, 체육시설로서의 영속성과 독립성이 미흡한 정구장·골프연습장·실내수영장 및 체육도장, 유수(流水)를 이용한 요트장 및 카누장 등의 토지는 제외한다.
유원지	일반 공중의 위락·휴양 등에 적합한 시설물을 종합적으로 갖춘 수영장·유선장(遊船場)·낚시터·어린이놀이터·동물원·식물원·민속촌·경마장·야영장 등의 토지와 이에 접속된 부속시설물의 부지. 다만, 이들 시설과의 거리 등으로 보아 독립적인 것으로 인정되는 숙식시설 및 유기장(遊技場)의 부지와 하천·구거 또는 유지[공유(公有)인 것으로 한정한다]로 분류되는 것은 제외한다.
종교용지	일반 공중의 종교의식을 위하여 예배·법요·설교·제사 등을 하기 위한 교회·사찰·향교 등 건축물의 부지와 이에 접속된 부속시설물의 부지
사적지	문화재로 지정된 역사적인 유적·고적·기념물 등을 보존하기 위하여 구획된 토지. 다만, 학교용지·공원·종교용지 등 다른 지목으로 된 토지에 있는 유적·고적·기념물 등을 보호하기 위하여 구획된 토지는 제외한다.
철도용지	교통 운수를 위하여 일정한 궤도 등의 설비와 형태를 갖추어 이용되는 토지와 이에 접속된 역사(驛舍)·차고·발전시설 및 공작창(工作廠) 등 부속시설물의 부지
잡종지	다음 각 목의 토지. 다만, 원상회복을 조건으로 돌을 캐내는 곳 또는 흙을 파내는 곳으로 허가된 토지는 제외한다. 가. 갈대밭, 실외에 물건을 쌓아두는 곳, 돌을 캐내는 곳, 흙을 파내는 곳, 야외시장 및 공동우물 나. 변전소, 송신소, 수신소 및 송유시설 등의 부지 다. 여객자동차터미널, 자동차운전학원 및 폐차장 등 자동차와 관련된 독립적인 시설물을 갖춘 부지 라. 공항시설 및 항만시설 부지 마. 도축장, 쓰레기처리장 및 오물처리장 등의 부지 바. 그 밖에 다른 지목에 속하지 않는 토지

정답 **11** ①

12 「공간정보의 구축 및 관리 등에 관한 법률」상 중앙지적위원회에서 심의·의결하는 사항으로 가장 옳지 않은 것은?

① 지적기술자의 업무정지 처분 및 징계요구에 관한 사항
② 지적 관련 정책 개발 및 업무 개선 등에 관한 사항
③ 지적측량 적부심사(適否審査)에 관한 사항
④ 지적측량기술의 연구·개발 및 보급에 관한 사항

풀이 공간정보의 구축 및 관리 등에 관한 법률 제28조(지적위원회) **암기** 정무연개사양무요

① 다음 각 호의 사항을 심의·의결하기 위하여 국토교통부에 중앙지적위원회를 둔다.

> 1. 지적 관련 정책 개발 및 업무 개선 등에 관한 사항
> 2. 지적측량기술의 연구·개발 및 보급에 관한 사항
> 3. 제29조제6항에 따른 지적측량 적부심사(適否審査)에 대한 재심사(再審査)
> 4. 제39조에 따른 측량기술자 중 지적분야 측량기술자(이하 "지적기술자"라 한다)의 양성에 관한 사항
> 5. 제42조에 따른 지적기술자의 업무정지 처분 및 징계요구에 관한 사항

② 제29조에 따른 지적측량에 대한 적부심사 청구사항을 심의·의결하기 위하여 특별시·광역시·특별자치시·도 또는 특별자치도(이하 "시·도"라 한다)에 지방지적위원회를 둔다. 〈신설 2013.7.17.〉
③ 중앙지적위원회와 지방지적위원회의 위원 구성 및 운영에 필요한 사항은 대통령령으로 정한다. 〈개정 2013.7.17., 2017.10.24.〉
④ 중앙지적위원회와 지방지적위원회의 위원 중 공무원이 아닌 사람은 「형법」 제127조 및 제129조부터 제132조까지의 규정을 적용할 때에는 공무원으로 본다.

13 「공간정보의 구축 및 관리 등에 관한 법률」상 토지소유자의 정리에 관한 설명으로 가장 옳지 않은 것은?

① 지적공부에 등록된 토지소유자의 변경사항은 등기관서에서 등기한 것을 증명하는 등기필증, 등기완료통지서, 등기사항증명서 또는 등기관서에서 제공한 등기전산정보자료에 따라 정리한다.
② 소유자 없는 부동산에 대한 소유자 등록을 신청하는 경우 지적소관청은 지적공부에 해당 토지의 소유자가 등록되지 아니한 경우에는 등록할 수 있다.
③ 등기부에 적혀 있는 토지의 표시가 지적공부와 일치하지 아니하면 토지소유자를 정리할 수 있다. 이 경우 토지의 표시와 지적공부가 일치하지 아니하다는 사실을 관할 등기관서에 통지하여야 한다.
④ 지적소관청은 필요하다고 인정하는 경우에는 관할 등기관서의 등기부를 열람하여 지적공부와 부동산 등기부가 일치하는지 여부를 조사·확인하여야 한다.

풀이 공간정보의 구축 및 관리 등에 관한 법률 제88조(토지소유자의 정리)

① 지적공부에 등록된 토지소유자의 변경사항은 등기관서에서 등기한 것을 증명하는 등기필증, 등기완료통지서, 등기사항증명서 또는 등기관서에서 제공한 등기전산정보자료에 따라 정리한다. 다만, 신규등록하는 토지의 소유자는 지적소관청이 직접 조사하여 등록한다. 〈개정 2011.4.12.〉
② 「국유재산법」 제2조제10호에 따른 총괄청이나 같은 조 제11호에 따른 중앙관서의 장이 같은 법 제12조제3항에 따라 소유자 없는 부동산에 대한 소유자 등록을 신청하는 경우 지적소관청은 지적공부에 해당 토지의 소유자가 등록되지 아니한 경우에만 등록할 수 있다. 〈개정 2011.3.30.〉
③ 등기부에 적혀 있는 토지의 표시가 지적공부와 일치하지 아니하면 제1항에 따라 토지소유자를 정리할 수 없다. 이 경우 토지의 표시와 지적공부가 일치하지 아니하다는 사실을 관할 등기관서에 통지하여야 한다.

④ 지적소관청은 필요하다고 인정하는 경우에는 관할 등기관서의 등기부를 열람하여 지적공부와 부동산등기부가 일치하는지 여부를 조사·확인하여야 하며, 일치하지 아니하는 사항을 발견하면 등기사항증명서 또는 등기관서에서 제공한 등기전산정보자료에 따라 지적공부를 직권으로 정리하거나, 토지소유자나 그 밖의 이해관계인에게 그 지적공부와 부동산등기부가 일치하게 하는 데에 필요한 신청 등을 하도록 요구할 수 있다. 〈개정 2011.4.12.〉

⑤ 지적소관청 소속 공무원이 지적공부와 부동산등기부의 부합 여부를 확인하기 위하여 등기부를 열람하거나, 등기사항증명서의 발급을 신청하거나, 등기전산정보자료의 제공을 요청하는 경우 그 수수료는 무료로 한다.

14 「공간정보의 구축 및 관리 등에 관한 법령」상 지적도면 등의 등록사항에 해당하지 않는 것은?

① 건축물 및 구조물 등의 위치
② 경계점좌표등록부를 갖추어 두는 지역의 경우 경계점 좌표
③ 좌표에 의하여 계산된 경계점 간의 거리(경계점좌표등록부를 갖추어 두는 지역으로 한정한다)
④ 삼각점 및 지적기준점의 위치

풀이 공간정보의 구축 및 관리 등에 관한 법률 제72조(지적도 등의 등록사항) **암기** **토지지계점**은 **도면선강울**

지적도 및 임야도에는 다음 각 호의 사항을 등록하여야 한다. 〈개정 2013.3.23.〉

1. **토**지의 소재
2. **지**번
3. **지**목
4. 경**계**
5. 그 밖에 국토교통부령으로 정하는 사항

공간정보의 구축 및 관리 등에 관한 법률 시행규칙 제69조(지적도면 등의 등록사항 등)

① 법 제72조에 따른 지적도 및 임야도는 각각 별지 제67호 서식 및 별지 제68호 서식과 같다.
② 법 제72조제5호에서 "그 밖에 국토교통부령으로 정하는 사항"이란 다음 각 호의 사항을 말한다. 〈개정 2013.3.23.〉

1. 지적**도**면의 색인도(인접도면의 연결 순서를 표시하기 위하여 기재한 도표와 번호를 말한다)
2. 지적도**면**의 제명 및 축척
3. 도곽**선**(圖廓線)과 그 수치
4. 좌표에 의하여 계산된 경계**점** 간의 거리(경계점좌표등록부를 갖추어 두는 지역으로 한정한다)
5. 삼**각**점 및 지적기준점의 위치
6. 건축**물** 및 구조물 등의 위치
7. 그 밖에 국토교통부장관이 정하는 사항

③ 경계점좌표등록부를 갖추어 두는 지역의 지적도에는 해당 도면의 제명 끝에 "(좌표)"라고 표시하고, 도곽선의 오른쪽 아래 끝에 "이 도면에 의하여 측량을 할 수 없음"이라고 적어야 한다.
④ 지적도면에는 지적소관청의 직인을 날인하여야 한다. 다만, 정보처리시스템을 이용하여 관리하는 지적도면의 경우에는 그러하지 아니하다.
⑤ 지적소관청은 지적도면의 관리에 필요한 경우에는 지번부여지역마다 일람도와 지번색인표를 작성하여 갖춰 둘 수 있다.
⑥ 지적도면의 축척은 다음 각 호의 구분에 따른다.

1. 지적도 : 1/500, 1/600, 1/1000, 1/1200, 1/2400, 1/3000, 1/6000
2. 임야도 : 1/3000, 1/6000

정답 14 ②

15 「공간정보의 구축 및 관리 등에 관한 법률 시행규칙 제73조(지적공부의 복구절차)」에 관한 규정에서 지적공부의 복구절차로 옳은 것은?

① 복구자료 조사 → 복구자료도 → 면적 및 경계 조정 → 복구측량 → 면적 결정 → 복구사항 게시 → 이의신청 → 지적공부 복구

② 복구자료 조사 → 복구자료도 → 복구측량 → 복구사항 게시 → 면적 결정 → 면적 및 경계 조정 → 이의신청 → 지적공부 복구

③ 복구자료 조사 → 복구자료도 → 복구측량 → 면적 및 경계 조정 → 면적 결정 → 복구사항 게시 → 이의신청 → 지적공부 복구

④ 복구측량 → 복구자료도 → 복구자료 조사 → 면적 결정 → 면적 및 경계 조정 → 복구사항 게시 → 이의신청 → 지적공부 복구

⑤ 복구측량 → 면적 및 경계 조정 → 복구자료 조사 → 복구자료도 → 면적 결정 → 복구사항 게시 → 이의신청 → 지적공부 복구

풀이 공간정보의 구축 및 관리 등에 관한 법률 시행규칙 제73조(지적공부의 복구절차 등)

복구자료 조사	지적소관청은 지적공부를 복구하려는 경우에는 복구자료를 조사하여야 한다.
지적복구자료 조사서 및 복구자료도 작성	지적소관청은 조사된 복구자료 중 토지대장·임야대장 및 공유지연명부의 등록 내용을 증명하는 서류 등에 따라 지적복구자료 조사서를 작성하고, 지적도면의 등록 내용을 증명하는 서류 등에 따라 복구자료도를 작성하여야 한다.
복구측량	작성된 복구자료도에 따라 측정한 면적과 지적복구자료 조사서의 조사된 면적의 증감이 $A = 0.026^2 M\sqrt{F}$ 에 따른 허용범위를 초과하거나 복구자료도를 작성할 복구 자료가 없는 경우에는 복구측량을 하여야 한다.(이 경우 같은 A는 오차허용면적, M은 축척분모, F는 조사된 면적을 말한다.)
복구면적 결정	지적복구자료 조사서의 조사된 면적이 $0.026^2 M\sqrt{F}$ 에 따른 허용범위 이내인 경우에는 그 면적을 복구면적으로 결정하여야 한다.
경계·면적의 조정	복구측량을 한 결과가 복구 자료와 부합하지 아니하는 때에는 토지소유자 및 이해관계인의 동의를 받아 경계 또는 면적 등을 조정할 수 있다. 이 경우 경계를 조정한 때에는 경계점표지를 설치하여야 한다.
토지표시의 게시	지적소관청은 복구자료의 조사 또는 복구측량 등이 완료되어 지적공부를 복구하려는 경우에는 복구하려는 토지의 표시 등을 시·군·구 게시판 및 인터넷 홈페이지에 15일 이상 게시하여야 한다.
이의신청	복구하려는 토지의 표시 등에 이의가 있는 자는 위의 게시기간 내에 지적소관청에 이의신청을 할 수 있다. 이 경우 이의신청을 받은 지적소관청은 이의사유를 검토하여 이유 있다고 인정되는 때에는 그 시정에 필요한 조치를 하여야 한다.
대장과 도면의 복구	① 지적소관청은 토지표시의 게시 및 이의신청에 따른 절차를 이행한 때에는 지적복구자료 조사서, 복구자료도 또는 복구측량 결과도 등에 따라 토지대장·임야대장·공유지연명부 또는 지적도면을 복구하여야 한다. ② 토지대장·임야대장 또는 공유지연명부는 복구되고 지적도면이 복구되지 아니한 토지가 축척변경 시행지역이나 도시개발사업 등의 시행지역에 편입된 때에는 지적도면을 복구하지 아니할 수 있다.

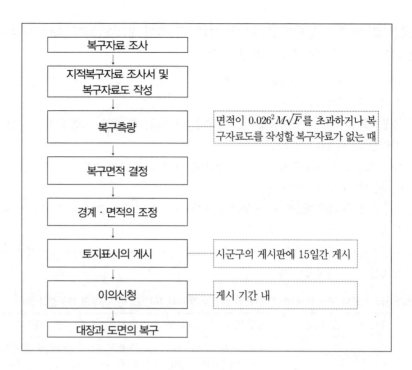

16 지적공부의 복구에 대한 설명으로 가장 옳지 않은 것은?

① 지적소관청은 복구측량 등이 완료되어 지적공부를 복구하려는 경우에는 복구하려는 토지의 표시 등을 시·군·구 게시판에 15일 이상 게시하여야 한다.

② 복구측량을 한 결과가 복구자료와 부합하지 아니하는 때에는 토지소유자 및 이해관계인의 동의를 받아 경계 또는 면적 등을 조정할 수 있다.

③ 측량 결과도, 토지이동정리 결의서, 법원의 확정판결서 정본 또는 사본은 지적공부의 복구자료로 활용할 수 있다.

④ 토지대장·임야대장 또는 공유지연명부는 복구되고 지적도면이 복구되지 아니한 토지가 축척변경 시행지역에 편입된 때에는 지적도면을 복구하여야한다.

풀이 공간정보의 구축 및 관리 등에 관한 법률 시행규칙 제72조(지적공부의 복구자료)

영 제61조제1항에 따른 지적공부의 복구에 관한 관계 자료(이하 "복구자료"라 한다)는 다음 각 호와 같다.

암기 부등지등복명은 량지원에서

1. 부동산등기부 등본 등 등기사실을 증명하는 서류
2. 지적공부의 등본
3. 법 제69조제3항에 따라 복제된 지적공부
4. 지적소관청이 작성하거나 발행한 지적공부의 등록내용을 증명하는 서류
5. 측량 결과도
6. 토지이동정리 결의서
7. 법원의 확정판결서 정본 또는 사본

공간정보의 구축 및 관리 등에 관한 법률 시행규칙 제73조(지적공부의 복구절차 등)

① 지적소관청은 법 제74조 및 영 제61조제1항에 따라 지적공부를 복구하려는 경우에는 제72조 각 호의 복구자료를 조사하여야 한다.

② 지적소관청은 제1항에 따라 조사된 복구자료 중 토지대장·임야대장 및 공유지연명부의 등록 내용을 증명하는 서류 등에 따라 별지 제70호 서식의 지적복구자료 조사서를 작성하고, 지적도면의 등록 내용을 증명하는 서류 등에 따라 복구자료도를 작성하여야 한다.

③ 제2항에 따라 작성된 복구자료도에 따라 측정한 면적과 지적복구자료 조사서의 조사된 면적의 증감이 영 제19조제1항제2호가목의 계산식에 따른 허용범위를 초과하거나 복구자료도를 작성할 복구자료가 없는 경우에는 복구측량을 하여야 한다. 이 경우 같은 계산식 중 A는 오차허용면적, M은 축척분모, F는 조사된 면적을 말한다.

④ 제2항에 따라 작성된 지적복구자료 조사서의 조사된 면적이 영 제19조제1항제2호가목의 계산식에 따른 허용범위 이내인 경우에는 그 면적을 복구면적으로 결정하여야 한다.

⑤ 제3항에 따라 복구측량을 한 결과가 복구자료와 부합하지 아니하는 때에는 토지소유자 및 이해관계인의 동의를 받아 경계 또는 면적 등을 조정할 수 있다. 이 경우 경계를 조정한 때에는 제60조제2항에 따른 경계점표지를 설치하여야 한다.

⑥ 지적소관청은 제1항부터 제5항까지의 규정에 따른 복구자료의 조사 또는 복구측량 등이 완료되어 지적공부를 복구하려는 경우에는 복구하려는 토지의 표시 등을 시·군·구 게시판 및 인터넷 홈페이지에 15일 이상 게시하여야 한다.

⑦ 복구하려는 토지의 표시 등에 이의가 있는 자는 제6항의 게시기간 내에 지적소관청에 이의신청을 할 수 있다. 이 경우 이의신청을 받은 지적소관청은 이의사유를 검토하여 이유 있다고 인정되는 때에는 그 시정에 필요한 조치를 하여야 한다.

⑧ 지적소관청은 제6항 및 제7항에 따른 절차를 이행한 때에는 지적복구자료 조사서, 복구자료도 또는 복구측량 결과도 등에 따라 토지대장·임야대장·공유지연명부 또는 지적도면을 복구하여야 한다.

⑨ 토지대장·임야대장 또는 공유지연명부는 복구되고 지적도면이 복구되지 아니한 토지가 법 제83조에 따른 축척변경 시행지역이나 법 제86조에 따른 도시개발사업 등의 시행지역에 편입된 때에는 지적도면을 복구하지 아니할 수 있다.

17 「공간정보의 구축 및 관리 등에 관한 법률 시행규칙 제72조(지적공부의 복구자료)」에 관한 규정에서 지적공부의 복구에 관한 관계자료로 옳지 않은 것은?

① 법원의 확정판결서 정본 또는 사본
② 지적소관청이 작성하거나 발행한 지적공부의 등록내용을 증명하는 서류
③ 부동산등기부 등본 등 등기사실을 증명하는 서류
④ 측량 현황도

풀이 **공간정보의 구축 및 관리 등에 관한 법률 시행규칙 제72조(지적공부의 복구자료)**

영 제61조제1항에 따른 지적공부의 복구에 관한 관계 자료(이하 "복구자료"라 한다)는 다음 각 호와 같다.

암기 부등지등복명은 양지원에서

1. 부동산등기부 등본 등 등기사실을 증명하는 서류
2. 지적공부의 등본
3. 법 제69조제3항에 따라 복제된 지적공부
4. 지적소관청이 작성하거나 발행한 지적공부의 등록내용을 증명하는 서류

5. 측량 결과도
6. 토지이동정리 결의서
7. 법원의 확정판결서 정본 또는 사본

18 다음은 지적공부 복구에 관한 사항이다. (   ) 안에 들어갈 내용으로 알맞은 것은? (11년서울9급)

- 지적소관청은 조사된 복구자료 중 토지대장 · 임야대장 및 공유지연명부의 등록내용을 증명하는 서류 등에 따라 (㉠)을 작성하고, 지적도면의 등록 내용을 증명하는 서류 등에 따라 (㉡)를 작성하여야 한다.
- 지적소관청은 복구자료의 조사 또는 복구측량 등이 완료되어 지적공부를 복구하려는 경우에는 복구하려는 토지의 표시 등을 (㉢) 및 인터넷 홈페이지에 (㉣)일 이상 게시하여야 한다.

	㉠	㉡	㉢	㉣
①	지적복구자료 조사서	복구자료도	시 · 군 · 구 게시판	15
②	복구자료도	지적복구자료 조사서	시 · 도 게시판	15
③	지적복구자료 조사서	복구자료도	시 · 도 게시판	15
④	복구자료도	지적복구자료 조사서	시 · 군 · 구 게시판	20
⑤	지적복구자료 조사서	복구자료도	읍 · 면 · 동 게시판	15

풀이 공간정보의 구축 및 관리 등에 관한 법률 시행규칙 제73조(지적공부의 복구절차 등)

① 지적소관청은 법 제74조 및 영 제61조제1항에 따라 지적공부를 복구하려는 경우에는 제72조 각 호의 복구자료를 조사하여야 한다.

② 지적소관청은 제1항에 따라 조사된 복구자료 중 토지대장 · 임야대장 및 공유지연명부의 등록 내용을 증명하는 서류 등에 따라 별지 제70호 서식의 **지적복구자료 조사서**를 작성하고, 지적도면의 등록 내용을 증명하는 서류 등에 따라 **복구자료도**를 작성하여야 한다.

③ 제2항에 따라 작성된 복구자료도에 따라 측정한 면적과 지적복구자료 조사서의 조사된 면적의 증감이 영 제19조제1항제2호가목의 계산식에 따른 허용범위를 초과하거나 복구자료도를 작성할 복구자료가 없는 경우에는 복구측량을 하여야 한다. 이 경우 같은 계산식 중 A는 오차허용면적, M은 축척분모, F는 조사된 면적을 말한다.

④ 제2항에 따라 작성된 지적복구자료 조사서의 조사된 면적이 영 제19조제1항제2호가목의 계산식에 따른 허용범위 이내인 경우에는 그 면적을 복구면적으로 결정하여야 한다.

⑤ 제3항에 따라 복구측량을 한 결과가 복구자료와 부합하지 아니하는 때에는 토지소유자 및 이해관계인의 동의를 받아 경계 또는 면적 등을 조정할 수 있다. 이 경우 경계를 조정한 때에는 제60조제2항에 따른 경계점 표지를 설치하여야 한다.

⑥ 지적소관청은 제1항부터 제5항까지의 규정에 따른 복구자료의 조사 또는 복구측량 등이 완료되어 지적공부를 복구하려는 경우에는 복구하려는 토지의 표시 등을 시 · 군 · 구 게시판 및 인터넷 홈페이지에 15일 이상 게시하여야 한다.

⑦ 복구하려는 토지의 표시 등에 이의가 있는 자는 제6항의 게시기간 내에 지적소관청에 이의신청을 할 수 있다. 이 경우 이의신청을 받은 지적소관청은 이의사유를 검토하여 이유 있다고 인정되는 때에는 그 시정에 필요한 조치를 하여야 한다.

⑧ 지적소관청은 제6항 및 제7항에 따른 절차를 이행한 때에는 지적복구자료 조사서, 복구자료도 또는 복구측량

결과도 등에 따라 토지대장 · 임야대장 · 공유지연명부 또는 지적도면을 복구하여야 한다.

⑨ 토지대장 · 임야대장 또는 공유지연명부는 복구되고 지적도면이 복구되지 아니한 토지가 법 제83조에 따른 축척변경 시행지역이나 법 제86조에 따른 도시개발사업 등의 시행지역에 편입된 때에는 지적도면을 복구하지 아니할 수 있다.

19 다음은 지적공부의 복구에 관한 내용이다. ( ) 안에 들어갈 내용으로 옳은 것은? (16년3회지기)

> 지적소관청이 지적공부를 복구할 때에는 멸실 · 훼손 당시의 지적공부와 가장 부합된다고 인정되는 관계 자료에 따라 토지의 표시에 관한 사항을 복구하여야 한다. 다만, 소유자에 관한 사항은 ( )(이)나 법원의 확정판결에 따라 복구하여야 한다.

① 부본   ② 부동산등기부
③ 지적공부 등본   ④ 복제된 법인등기부 등본

풀이 공간정보의 구축 및 관리 등에 관한 법률 시행령 제61조(지적공부의 복구)

① 지적소관청이 법 제74조에 따라 지적공부를 복구할 때에는 멸실 · 훼손 당시의 지적공부와 가장 부합된다고 인정되는 관계 자료에 따라 토지의 표시에 관한 사항을 복구하여야 한다. 다만, 소유자에 관한 사항은 부동산 등기부나 법원의 확정판결에 따라 복구하여야 한다.

② 제1항에 따른 지적공부의 복구에 관한 관계 자료 및 복구절차 등에 관하여 필요한 사항은 국토교통부령으로 정한다.

20 복구측량이 완료되어 지적공부를 복구하려는 경우 복구하려는 토지의 표시 등을 시 · 군 · 구 게 시판 및 인터넷 홈페이지에 최소 며칠 이상 게시하여야 하는가?

① 7일 이상   ② 10일 이상
③ 15일 이상   ④ 30일 이상

풀이 공간정보의 구축 및 관리 등에 관한 법률 시행 제73조(지적공부의 복구절차 등)

① 지적소관청은 법 제74조 및 영 제61조제1항에 따라 지적공부를 복구하려는 경우에는 제72조 각 호의 복구자료를 조사하여야 한다.

② 지적소관청은 제1항에 따라 조사된 복구자료 중 토지대장 · 임야대장 및 공유지연명부의 등록 내용을 증명하는 서류 등에 따라 별지 제70호 서식의 지적복구자료 조사서를 작성하고, 지적도면의 등록 내용을 증명하는 서류 등에 따라 복구자료도를 작성하여야 한다.

③ 제2항에 따라 작성된 복구자료도에 따라 측정한 면적과 지적복구자료 조사서의 조사된 면적의 증감이 영 제19조제1항제2호가목의 계산식에 따른 허용범위를 초과하거나 복구자료도를 작성할 복구자료가 없는 경우에는 복구측량을 하여야 한다. 이 경우 같은 계산식 중 A는 오차허용면적, M은 축척분모, F는 조사된 면적을 말한다.

④ 제2항에 따라 작성된 지적복구자료 조사서의 조사된 면적이 영 제19조제1항제2호가목의 계산식에 따른 허용범위 이내인 경우에는 그 면적을 복구면적으로 결정하여야 한다.

⑤ 제3항에 따라 복구측량을 한 결과가 복구자료와 부합하지 아니하는 때에는 토지소유자 및 이해관계인의 동의를 받아 경계 또는 면적 등을 조정할 수 있다. 이 경우 경계를 조정한 때에는 제60조제2항에 따른 경계점 표지를 설치하여야 한다.

⑥ 지적소관청은 제1항부터 제5항까지의 규정에 따른 복구자료의 조사 또는 복구측량 등이 완료되어 지적공부를 복구하려는 경우에는 복구하려는 토지의 표시 등을 시·군·구 게시판 및 인터넷 홈페이지에 15일 이상 게시하여야 한다.

⑦ 복구하려는 토지의 표시 등에 이의가 있는 자는 제6항의 게시기간 내에 지적소관청에 이의신청을 할 수 있다. 이 경우 이의신청을 받은 지적소관청은 이의사유를 검토하여 이유 있다고 인정되는 때에는 그 시정에 필요한 조치를 하여야 한다.

⑧ 지적소관청은 제6항 및 제7항에 따른 절차를 이행한 때에는 지적복구자료 조사서, 복구자료도 또는 복구측량 결과도 등에 따라 토지대장·임야대장·공유지연명부 또는 지적도면을 복구하여야 한다.

⑨ 토지대장·임야대장 또는 공유지연명부는 복구되고 지적도면이 복구되지 아니한 토지가 법 제83조에 따른 축척변경 시행지역이나 법 제86조에 따른 도시개발사업 등의 시행지역에 편입된 때에는 지적도면을 복구하지 아니할 수 있다.

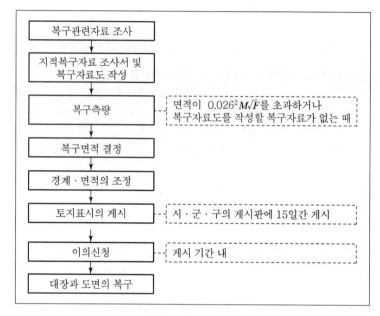

지적복구 업무처리 절차

01 「공간정보의 구축 및 관리 등에 관한 법령」상 토지의 이동 신청 및 지적정리 등에 관한 설명이다. ( ) 안에 들어갈 내용으로 옳은 것은?

> 지적소관청은 토지의 표시가 잘못되었음을 발견하였을 때에는 (ㄱ) 등록사항정정에 필요한 서류와 (ㄴ)를 작성하고, 「공간정보의 구축 및 관리 등에 관한 법률 시행령 제84조제2항」에 따라 토지이동정리 결의서를 작성한 후 대장의 사유란에 (ㄷ)라고 적고, 토지소유자에게 등록사항정정 신청을 할 수 있도록 그 사유를 통지하여야 한다.

① ㄱ : 지체 없이, ㄴ : 등록사항정정 측량성과도, ㄷ : 등록사항정정 대상토지
② ㄱ : 7일 이내, ㄴ : 등록사항정정 대상토지, ㄷ : 등록사항정정 측량성과도
③ ㄱ : 30일 이내, ㄴ : 지적불부합 토지, ㄷ : 등록사항정정 측량성과도
④ ㄱ : 30일 이내, ㄴ : 등록사항정정 대상토지, ㄷ : 등록사항정정 측량성과도

풀이 공간정보의 구축 및 관리 등에 관한 법률 시행규칙 제94조(등록사항 정정 대상토지의 관리 등)

① 지적소관청은 토지의 표시가 잘못되었음을 발견하였을 때에는 **지체 없이** 등록사항 정정에 필요한 서류와 **등록사항 정정 측량성과도**를 작성하고, 영 제84조제2항에 따라 **토지이동정리 결의서**를 작성한 후 대장의 사유란에 "**등록사항정정 대상토지**"라고 적고, 토지소유자에게 등록사항 정정 신청을 할 수 있도록 그 사유를 통지하여야 한다. 다만, 영 제82조제1항에 따라 지적소관청이 직권으로 정정할 수 있는 경우에는 토지소유자에게 통지를 하지 아니할 수 있다.

② 제1항에 따른 등록사항 정정 대상토지에 대한 대장을 열람하게 하거나 등본을 발급하는 때에는 "등록사항 정정 대상토지"라고 적은 부분을 흑백의 반전(反轉)으로 표시하거나 붉은색으로 적어야 한다.

02 우리나라 위치측정의 기준이 되는 세계측지계에 대한 설명이다. ( ) 안에 알맞은 용어로 짝지어진 것은?

(18년3회측산)

> 회전타원체의 ( )이 지구의 자전축과 일치하고, 중심은 지구의 ( )과 일치할 것

① 장축, 투영중심　　　　　　　　② 단축, 투영중심
③ 장축, 질량중심　　　　　　　　④ 단축, 질량중심

풀이 공간정보의 구축 및 관리 등에 관한 법률 시행령 제7조(세계측지계 등)

① 법 제6조제1항에 따른 세계측지계(世界測地系)는 지구를 편평한 회전타원체로 상정하여 실시하는 위치측정의 기준으로서 다음 각 호의 요건을 갖춘 것을 말한다. 〈개정 2020.6.9.〉

> 1. 회전타원체의 긴반지름 및 편평률(扁平率)은 다음 각 목과 같을 것
>
> 　가. 긴반지름 : 6,378,137미터
> 　나. 편평률 : 298.257222101분의 1
>
> 2. 회전타원체의 중심이 지구의 질량중심과 일치할 것
> 3. 회전타원체의 단축(短軸)이 지구의 자전축과 일치할 것

② 법 제6조제1항에 따른 대한민국 경위도원점(經緯度原點) 및 수준원점(水準原點)의 지점과 그 수치는 다음 각 호와 같다. 〈개정 2015.6.1., 2017.1.10.〉

1. 대한민국 경위도원점
   가. 지점 : 경기도 수원시 영통구 월드컵로 92(국토지리정보원에 있는 대한민국 경위도원점 금속표의 십자선 교점)
   나. 수치
   1) 경도 : 동경 127도 03분 14.8913초
   2) 위도 : 북위 37도 16분 33.3659초
   3) 원방위각 : 165도 03분 44.538초(원점으로부터 진북을 기준으로 오른쪽 방향으로 측정한 우주측지 관측센터에 있는 위성기준점 안테나 참조점 중앙)

2. 대한민국 수준원점
   가. 지점 : 인천광역시 남구 인하로 100(인하공업전문대학에 있는 원점표석 수정판의 영 눈금선 중앙점
   나. 수치 : 인천만 평균해수면상의 높이로부터 26.6871미터 높이
③ 법 제6조제1항에 따른 직각좌표의 기준은 별표 2와 같다.

---

03 「공간정보의 구축 및 관리 등에 관한 법률 시행령」상 측량기준점의 구분에 대한 설명이다. ( ) 안에 들어갈 용어로 옳은 것은?

- (㉠)은 측량의 정확도를 확보하고 효율성을 높이기 위하여 국토교통부장관이 전 국토를 대상으로 주요 지점마다 정한 측량의 기본이 되는 측량기준점을 말한다.
- (㉡)은 지리학적 경위도, 직각좌표, 지구중심 직교좌표, 높이 및 중력 측정의 기준으로 사용하기 위하여 위성기준점, 수준점 및 중력점을 기초로 정한 기준점을 말한다.
- (㉢)은 지적측량 시 수평위치 측량의 기준으로 사용하기 위하여 국가기준점과 지적삼각점을 기준으로 하여 정한 기준점을 말한다.
- (㉣)은 국가측지기준계를 정립하기 위하여 전 세계 초장거리간섭계와 연결하여 정한 기준점이다.

	㉠	㉡	㉢	㉣
①	국가기준점	통합기준점	지적삼각점	위성기준점
②	통합기준점	국가기준점	지적도근점	우주측지기준점
③	국가기준점	통합기준점	지적삼각점	위성기준점
④	국가기준점	통합기준점	지적삼각보조점	우주측지기준점

풀이 공간정보의 구축 및 관리 등에 관한 법률 시행령 제8조(측량기준점의 구분)

① 측량기준점은 다음 각 호의 구분에 따른다.

1. 국가 · 공공 · 지적 기준점

암기 ㉧리가 ㉖㉨이 심하면 ㉗㉙를 모아 ㉲㉳을 ㉲㉴ 번 해라

측량기준점	측량의 정확도를 확보하고 효율성을 높이기 위하여 특정 지점을 제6조에 따른 측량기준에 따라 측정하고 좌표 등으로 표시하여 측량 시에 기준으로 사용되는 점
국가기준점	측량의 정확도를 확보하고 효율성을 높이기 위하여 국토교통부장관이 전 국토를 대상으로 주요 지점마다 정한 측량의 기본이 되는 측량기준점

㉷주측지기준점	국가측지기준계를 정립하기 위하여 전 세계 초장거리간섭계와 연결하여 정한 기준점
㉶성기준점	지리학적 경위도, 직각좌표 및 지구 중심 직교좌표의 측정 기준으로 사용하기 위하여 대한민국 경위도원점을 기초로 정한 기준점
㉧합기준점	지리학적 경위도, 직각좌표, 지구 중심 직교좌표, 높이 및 중력 측정의 기준으로 사용하기 위하여 위성기준점, 수준점 및 중력점을 기초로 정한 기준점
㉨력점	중력 측정의 기준으로 사용하기 위하여 정한 기준점
㉩자기점(地磁氣點)	지구자기 측정의 기준으로 사용하기 위하여 정한 기준점
㉪준점	높이 측정의 기준으로 사용하기 위하여 대한민국 수준원점을 기초로 정한 기준점
㉯해기준점	우리나라의 영해를 획정(劃定)하기 위하여 정한 기준점 〈삭제 2021.2.9.〉
㉰로기준점	수로조사 시 해양에서의 수평 위치와 높이, 수심 측정 및 해안선 결정 기준으로 사용하기 위하여 위성기준점과 법 제6조제1항제3호의 기본수준면을 기초로 정한 기준점으로서 수로측량기준점, 기본수준점, 해안선기준점으로 구분 〈삭제 2021.2.9.〉
㉱각점	지리학적 경위도, 직각좌표 및 지구중심 직교좌표 측정의 기준으로 사용하기 위하여 위성기준점 및 통합기준점을 기초로 정한 기준점
공공기준점	제17조제2항에 따른 공공측량 시행자가 공공측량을 정확하고 효율적으로 시행하기 위하여 국가기준점을 기준으로 하여 따로 정하는 측량기준점
공공삼각점	공공측량 시 수평 위치의 기준으로 사용하기 위하여 국가기준점을 기초로 하여 정한 기준점
공공수준점	공공측량 시 높이의 기준으로 사용하기 위하여 국가기준점을 기초로 하여 정한 기준점
지적기준점	특별시장·광역시장·특별자치시장·도지사 또는 특별자치도지사(이하 "시·도지사"라 한다)나 지적소관청이 지적측량을 정확하고 효율적으로 시행하기 위하여 국가기준점을 기준으로 하여 따로 정하는 측량기준점
지적삼각점 (地籍三角點)	지적측량 시 수평 위치 측량의 기준으로 사용하기 위하여 국가기준점을 기준으로 하여 정한 기준점
지적삼각보조점	지적측량 시 수평 위치 측량의 기준으로 사용하기 위하여 국가기준점과 지적삼각점을 기준으로 하여 정한 기준점
지적도근점 (地籍圖根點)	지적측량 시 필지에 대한 수평 위치 측량 기준으로 사용하기 위하여 국가기준점, 지적삼각점, 지적삼각보조점 및 다른 지적도근점을 기초로 하여 정한 기준점

04 측량업자로서 속임수, 위력(威力), 그 밖의 방법으로 측량업과 관련된 입찰의 공정성을 해친 자에 대한 벌칙 기준은?

① 300만 원 이상의 과태료에 처한다.
② 1년 이하의 징역 또는 1,000만 원 이하의 벌금에 처한다.
③ 2년 이하의 징역 또는 2,000만 원 이하의 벌금에 처한다.
④ 3년 이하의 징역 또는 3,000만 원 이하의 벌금에 처한다.

풀이 **공간정보의 구축 및 관리 등에 관한 법률 제107~109조(벌칙)**

벌칙(법률 제107~109조)	
3년 이하의 징역 또는 3천만 원 이하의 벌금 **암기** 임위공	측량업자로서 속임수, 위력(威力), 그 밖의 방법으로 측량업과 관련된 입찰의 공정성을 해친 자는 3년 이하의 징역 또는 3천만 원 이하의 벌금에 처한다.
2년 이하의 징역 또는 2천만 원 이하의 벌금 **암기** 거부등 외표성검	1. 측량업의 등록을 하지 아니하거나 거짓이나 그 밖의 부정한 방법으로 측량업의 등록을 하고 측량업을 한 자 2. 성능검사대행자의 등록을 하지 아니하거나 거짓이나 그 밖의 부정한 방법으로 성능검사대행자의 등록을 하고 성능검사업무를 한 자 3. 측량성과를 국외로 반출한 자 4. 측량기준점표지를 이전 또는 파손하거나 그 효용을 해치는 행위를 한 자 5. 고의로 측량성과를 사실과 다르게 한 자 6. 성능검사를 부정하게 한 성능검사대행자
1년 이하의 징역 또는 1천만 원 이하의 벌금 **암기** 둘비허불 대판대복	1. 둘 이상의 측량업자에게 소속된 측량기술자 2. 업무상 알게 된 비밀을 누설한 측량기술자 3. 거짓(허위)으로 다음 각 목의 신청을 한 자 가. 신규등록 신청 / 나. 등록전환 신청 다. 분할 신청 / 라. 합병 신청 마. 지목변경 신청 / 바. 바다로 된 토지의 등록말소 신청 사. 축척변경 신청 / 아. 등록사항의 정정 신청 자. 도시개발사업 등 시행지역의 토지이동 신청 4. 측량기술자가 아님에도 불구하고 측량을 한 자 5. 지적측량수수료 외의 대가를 받은 지적측량기술자 6. 심사를 받지 아니하고 지도 등을 간행하여 판매하거나 배포한 자 7. 다른 사람에게 측량업등록증 또는 측량업등록수첩을 빌려(대여)주거나 자기의 성명 또는 상호를 사용하여 측량업무를 하게 한 자 8. 다른 사람의 측량업등록증 또는 측량업등록수첩을 빌려서(대여) 사용하거나 다른 사람의 성명 또는 상호를 사용하여 측량업무를 한 자 9. 다른 사람에게 자기의 성능검사대행자 등록증을 빌려(대여)주거나 자기의 성명 또는 상호를 사용하여 성능검사대행업무를 수행하게 한 자 10. 다른 사람의 성능검사대행자 등록증을 빌려서(대여) 사용하거나 다른 사람의 성명 또는 상호를 사용하여 성능검사대행업무를 수행한 자 11. 무단으로 측량성과 또는 측량기록을 복제한 자

정답

05 〈보기〉에서 「국가공간정보 기본법」상 국가공간정보정책 기본계획의 수립 시 포함할 사항을 모두 고른 것은?

> 〈보기〉
> ㄱ. 국가공간정보체계에 관한 연구·개발
> ㄴ. 국가공간정보체계의 활용 및 공간정보의 유통
> ㄷ. 국가공간정보체계의 구축 및 공간정보의 활용 촉진을 위한 정책의 기본 방향
> ㄹ. 국가공간정보체계의 구축·관리 및 유통 촉진에 필요한 투자 및 재원조달 계획

① ㄱ, ㄷ 　　　　　　　　　　　② ㄱ, ㄴ, ㄹ
③ ㄴ, ㄷ, ㄹ　　　　　　　　　　④ ㄱ, ㄴ, ㄷ, ㄹ

풀이 국가공간정보 기본법 제6조(국가공간정보정책 기본계획의 수립)

① 정부는 국가공간정보체계의 구축 및 활용을 촉진하기 위하여 국가공간정보정책 기본계획(이하 "기본계획"이라 한다)을 5년마다 수립하고 시행하여야 한다.

② 기본계획에는 다음 각 호의 사항이 포함되어야 한다. 〈개정 2014.6.3., 2021.3.16.〉

> 1. 국가공간정보체계의 구축 및 공간정보의 활용 촉진을 위한 ㉚책의 기본 방향
> 2. 제19조에 따른 기본공간정보의 ㉗득 및 관리
> 3. 국가공간정보체계에 관한 ㉖구·개발
> 4. 공간정보 관련 ㉓문인력의 양성
> 5. 국가공간정보체계의 활용 및 ㉢간정보의 유통
> 6. 국가공간정보체계의 구축·관리 및 유통 촉진에 필요한 투㉙ 및 재원조달 계획
> 7. 국가공간정보체계와 관련한 국가적 표준의 연㉢·보급 및 기술기준의 관리
> 8. 「공간정보산업 진흥법」 제2조제1항제2호에 따른 공간정보산업의 육㉛에 관한 사항
> 9. 그 밖에 국가공간정보정책에 관한 사항

③ 관계 중앙행정기관의 장은 제2항 각 호의 사항 중 소관 업무에 관한 기관별 국가공간정보정책 기본계획(이하 "기관별 기본계획"이라 한다)을 작성하여 대통령령으로 정하는 바에 따라 국토교통부장관에게 제출하여야 한다. 〈개정 2013.3.23.〉

④ 국토교통부장관은 제3항에 따라 관계 중앙행정기관의 장이 제출한 기관별 기본계획을 종합하여 기본계획을 수립하고 위원회의 심의를 거쳐 이를 확정한다. 〈개정 2009.5.22., 2013.3.23.〉

⑤ 제4항에 따라 확정된 기본계획을 변경하는 경우 그 절차에 관하여는 제4항을 준용한다. 다만, 대통령령으로 정하는 경미한 사항을 변경하는 경우에는 그러하지 아니하다.

06 지목을 '대'로 구분할 수 없는 것은?

① 목장용지 내 주거용 건축물의 부지
② 영구적 건축물 중 변전소 시설의 부지
③ 과수원에 접속된 주거용 건축물의 부지
④ 「국토의 계획 및 이용에 관한 법률」 등 관계법령에 따른 택지조성공사가 준공된 토지

풀이

대	가. 영구적 건축물 중 주거 · 사무실 · 점포와 박물관 · 극장 · 미술관 등 문화시설과 이에 접속된 정원 및 부속시설물의 부지 나. 「국토의 계획 및 이용에 관한 법률」 등 관계 법령에 따른 택지조성공사가 준공된 토지
목장용지	다음 각 목의 토지. 다만, 주거용 건축물의 부지는 "대"로 한다. 가. 축산업 및 낙농업을 하기 위하여 초지를 조성한 토지 나. 「축산법」 제2조제1호에 따른 가축을 사육하는 축사 등의 부지 다. 가목 및 나목의 토지와 접속된 부속시설물의 부지
과수원	사과 · 배 · 밤 · 호두 · 귤나무 등 과수류를 집단적으로 재배하는 토지와 이에 접속된 저장고 등 부속시설물의 부지. 다만, 주거용 건축물의 부지는 "대"로 한다.
잡종지	다음 각 목의 토지. 다만, 원상회복을 조건으로 돌을 캐내는 곳 또는 흙을 파내는 곳으로 허가된 토지는 제외한다. 가. 갈대밭, 실외에 물건을 쌓아두는 곳, 돌을 캐내는 곳, 흙을 파내는 곳, 야외시장 및 공동우물 나. 변전소, 송신소, 수신소 및 송유시설 등의 부지 다. 여객자동차터미널, 자동차운전학원 및 폐차장 등 자동차와 관련된 독립적인 시설물을 갖춘 부지 라. 공항시설 및 항만시설 부지 마. 도축장, 쓰레기처리장 및 오물처리장 등의 부지 바. 그 밖에 다른 지목에 속하지 않는 토지

07 측량기기의 검사주기에 관한 사항으로 옳은 것은?

(18년2회측기)

① 레벨 : 2년
② 토털 스테이션 : 3년
③ 트랜싯(데오드라이트) : 4년
④ 지피에스(GPS) 수신기 : 1년

풀이 공간정보의 구축 및 관리 등에 관한 법률 시행령 제97조(성능검사의 대상 및 주기 등)

① 법 제92조제1항에 따라 성능검사를 받아야 하는 측량기기와 검사주기는 다음 각 호와 같다.

> 1. 트랜싯(데오드라이트) : 3년
> 2. 레벨 : 3년
> 3. 거리측정기 : 3년
> 4. 토털 스테이션 : 3년
> 5. 지피에스(GPS) 수신기 : 3년
> 6. 금속관로 탐지기 : 3년

② 법 제92조제1항에 따른 성능검사(신규 성능검사는 제외한다)는 제1항에 따른 성능검사 유효기간 만료일 2개월 전부터 유효기간 만료일까지의 기간에 받아야 한다. 〈개정 2015.6.1.〉

③ 법 제92조제1항에 따른 성능검사의 유효기간은 종전 유효기간 만료일의 다음 날부터 기산(起算)한다. 다만, 제2항에 따른 기간 외의 기간에 성능검사를 받은 경우에는 그 검사를 받은 날의 다음 날부터 기산한다.

08 「공간정보의 구축 및 관리 등에 관한 법률」에서 사용하는 용어의 정의로 옳지 않은 것은?

(18년3회측기)

① 기본측량이란 모든 측량의 기초가 되는 공간정보를 제공하기 위하여 대통령이 실시하는 측량을 말한다.
② 측량성과란 측량을 통하여 얻은 최종결과를 말한다.
③ 일반측량이란 기본측량, 공공측량, 지적측량 외의 측량을 말한다.
④ 측량기록이란 측량성과를 얻을 때까지의 측량에 관한 작업의 기록을 말한다.

풀이 공간정보의 구축 및 관리 등에 관한 법률 제2조(정의)

이 법에서 사용하는 용어의 뜻은 다음과 같다.

1. "측량"이란 공간상에 존재하는 일정한 점들의 위치를 측정하고 그 특성을 조사하여 도면 및 수치로 표현하거나 도면상의 위치를 현지(現地)에 재현하는 것을 말하며, 측량용 사진의 촬영, 지도의 제작 및 각종 건설사업에서 요구하는 도면작성 등을 포함한다.
2. "기본측량"이란 모든 측량의 기초가 되는 공간정보를 제공하기 위하여 국토교통부장관이 실시하는 측량을 말한다.
3. "공공측량"이란 다음 각 목의 측량을 말한다.

> 가. 국가, 지방자치단체, 그 밖에 대통령령으로 정하는 기관이 관계 법령에 따른 사업 등을 시행하기 위하여 기본측량을 기초로 실시하는 측량
> 나. 가목 외의 자가 시행하는 측량 중 공공의 이해 또는 안전과 밀접한 관련이 있는 측량으로서 대통령령으로 정하는 측량

4. "지적측량"이란 토지를 지적공부에 등록하거나 지적공부에 등록된 경계점을 지상에 복원하기 위하여 제21호에 따른 필지의 경계 또는 좌표와 면적을 정하는 측량을 말하며, 지적확정측량 및 지적재조사측량을 포함한다.
4의2. "지적확정측량"이란 제86조제1항에 따른 사업이 끝나 토지의 표시를 새로 정하기 위하여 실시하는 지적

측량을 말한다.

4의3. "지적재조사측량"이란 「지적재조사에 관한 특별법」에 따른 지적재조사사업에 따라 토지의 표시를 새로 정하기 위하여 실시하는 지적측량을 말한다.

5. "수로측량"이란 해양의 수심·지구자기(地球磁氣)·중력·지형·지질의 측량과 해안선 및 이에 딸린 토지의 측량을 말한다. 〈삭제 2020.2.18.〉

6. "일반측량"이란 기본측량, 공공측량, 지적측량 외의 측량을 말한다.

7. "측량기준점"이란 측량의 정확도를 확보하고 효율성을 높이기 위하여 특정 지점을 제6조에 따른 측량기준에 따라 측정하고 좌표 등으로 표시하여 측량 시에 기준으로 사용되는 점을 말한다.

8. "측량성과"란 측량을 통하여 얻은 최종 결과를 말한다.

9. "측량기록"이란 측량성과를 얻을 때까지의 측량에 관한 작업의 기록을 말한다.

09 측량업을 폐업한 경우에 측량업자는 그 사유가 발생한 날로부터 최대 며칠 이내에 신고하여야 하는가?

① 10일
② 15일
③ 20일
④ 30일

풀이 공간정보의 구축 및 관리 등에 관한 법률 제48조(측량업의 휴업·폐업 등 신고)

다음 각 호의 어느 하나에 해당하는 자는 국토교통부령으로 정하는 바에 따라 국토교통부장관, 시·도지사 또는 대도시 시장에게 해당 각 호의 사실이 발생한 날부터 30일 이내에 그 사실을 신고하여야 한다. 〈개정 2013. 3.23., 2020.2.18.〉

1. 측량업자인 법인이 파산 또는 합병 외의 사유로 해산한 경우 : 해당 법인의 청산인
2. 측량업자가 폐업한 경우 : 폐업한 측량업자
3. 측량업자가 30일을 넘는 기간 동안 휴업하거나, 휴업 후 업무를 재개한 경우 : 해당 측량업자

10 측량기기의 성능검사는 외관검사, 구조·기능검사 및 측정검사로 구분된다. 토털스테이션의 구조·기능검사 항목이 아닌 것은? (18년3회측기)

① 연직축 및 수평축의 회전상태
② 수평각 및 연직각의 정확도
③ 기포관의 부착 상태 및 기포의 정상적인 움직임
④ 광학구심장치 점검

풀이 공간정보의 구축 및 관리 등에 관한 법률 시행규칙 [별표 8]
측량기기 성능검사 항목(제101조제1항 관련)

1. 외관검사: 다음 각목의 항목
   가. 깨짐, 흠집, 부식, 구부러짐, 도금 및 도장 부문의 손상
   나. 형식 및 제조번호의 이상유무
   다. 눈금선 및 디지털표시부의 손상

2. 구조 · 기능검사 및 측정검사의 경우 : 측량기기별로 다음 표의 항목

측량기기	구조 · 기능검사	측정검사
트랜싯 (데오드라이트)	• 연직축 및 수평축의 회전상태 • 기포관의 부착 상태 및 기포의 정상적인 움직임 • 광학구심장치 점검 • 최소눈금	• 수평각의 정확도 • 연직각의 정확도
레벨	• 연직축 회전상태 • 기포관의 부착 상태 및 기포의 정상적인 움직임 • 보상판(자동, 전자) • 최소눈금	• 기포관의 감도 • 보상판의 기능범위 • 1킬로미터 거리를 측정한 경우의 정확도
거리측정기	• 연직축 및 수평축의 회전상태 • 기포관의 부착 상태 및 기포의 정상적인 움직임 • 광학구심장치 점검	• 기선장에서의 거리 비교 측정 • 변조주파수 검사
토털스테이션	• 연직축 및 수평축의 회전상태 • 기포관의 부착 상태 및 기포의 정상적인 움직임 • 광학구심장치 점검	• 각도측정 : 트랜싯 검사항목을 적용 • 거리측정 : 거리측정기검사항목을 적용
GPS수신기	• 수신기 및 안테나, 케이블 이상 유무	• 기선 측정 비교 • 1 · 2주파 확인
금속관로탐지기	• 탐지기 · 케이블 등의 이상유무 • 송수신장치 이상 유무 • 액정표시부 이상 유무 • 전원부 이상 유무	• 평면위치의 정확도 • 탐사깊이의 정확도

11 지적공부의 복구 자료에 해당하지 않는 것은?

(20년1 · 2회지산)

① 측량 결과도
② 지적공부의 등본
③ 토지이용계획 확인서
④ 토지이동정리 결의서

풀이 공간정보의 구축 및 관리 등에 관한 법률 시행규칙 제72조(지적공부의 복구자료)

영 제61조제1항에 따른 지적공부의 복구에 관한 관계 자료(이하 "복구자료"라 한다)는 다음 각 호와 같다.

암기 부등지등목명은 량지원에서

1. 부동산등기부 등본 등 등기사실을 증명하는 서류
2. 지적공부의 등본
3. 법 제69조제3항에 따라 복제된 지적공부
4. 지적소관청이 작성하거나 발행한 지적공부의 등록내용을 증명하는 서류
5. 측량 결과도
6. 토지이동정리 결의서
7. 법원의 확정판결서 정본 또는 사본

12 측량기준에 대한 설명으로 옳지 않은 것은?

① 측량의 원점은 대한민국 경위도원점 및 수준원점으로 한다.

② 수로조사에서 간출지의 높이와 수심은 약최고고조면을 기준으로 측량한다.

③ 지도 제작 등을 위하여 필요한 경우에는 직각좌표와 높이, 극좌표와 높이, 지구중심 직교좌표 및 그 밖의 다른 좌표로 표시할 수 있다.

④ 위치는 세계측지계에 따라 측정한 지리학적 경위도와 높이(평균해수면으로부터의 높이를 말한다.) 로 표시한다.

풀이 공간정보의 구축 및 관리 등에 관한 법률 제6조(측량기준)

① 측량의 기준은 다음 각 호와 같다. 〈개정 2013.3.23.〉

> 1. 위치는 세계측지계(世界測地系)에 따라 측정한 지리학적 경위도와 높이(평균해수면으로부터의 높이를 말한다. 이하 이 항에서 같다)로 표시한다. 다만, 지도 제작 등을 위하여 필요한 경우에는 직각좌표와 높이, 극좌표와 높이, 지구중심 직교좌표 및 그 밖의 다른 좌표로 표시할 수 있다.
> 2. 측량의 원점은 대한민국 경위도원점(經緯度原點) 및 수준원점(水準原點)으로 한다. 다만, 섬 등 대통령령으로 정하는 지역에 대하여는 국토교통부장관이 따로 정하여 고시하는 원점을 사용할 수 있다.
> 3. 수로조사에서 간출지(干出地)의 높이와 수심은 기본수준면(일정 기간 조석을 관측하여 분석한 결과 가장 낮은 해수면)을 기준으로 측량한다. 〈삭제 2020.2.18.〉
> 4. 해안선은 해수면이 약최고고조면(略最高高潮面 : 일정 기간 조석을 관측하여 분석한 결과 가장 높은 해수면)에 이르렀을 때의 육지와 해수면과의 경계로 표시한다. 〈삭제 2020.2.18.〉

② 해양수산부장관은 수로조사와 관련된 평균해수면, 기본수준면 및 약최고고조면에 관한 사항을 정하여 고시하여야 한다. 〈삭제 2020.2.18.〉

③ 제1항에 따른 세계측지계, 측량의 원점 값의 결정 및 직각좌표의 기준 등에 필요한 사항은 대통령령으로 정한다.

13 다음은 지번부여방법을 설명한 것이다. 옳지 않은 것은?

① 신규등록의 경우 대상토지가 그 지번부여지역의 최종 지번의 토지에 인접한 경우 그 지번부여지역의 최종 본번의 다음 순번부터 본번으로 하여 순차적으로 지번을 부여할 수 있다.

② 지번은 지적소관청이 지번부여지역별로 차례대로 부여한다.

③ 등록전환 대상토지가 여러 필지로 되어 있는 경우에는 지번부여지역의 최종 본번의 다음 순번부터 본번으로 하여 순차적으로 지번을 부여할 수 있다.

④ 지적확정측량을 실시한 지역의 경계에 걸쳐 있는 지번이 있는 경우에는 그 지번부여지역의 최종 본번 다음 순번부터 본번으로 하여 차례로 지번을 부여할 수 있다.

풀이 공간정보의 구축 및 관리 등에 관한 법률 시행령 제56조(지번의 구성 및 부여방법 등)

구분	토지이동에 따른 지번의 부여방법
부여방법	① 지번(地番)은 아라비아숫자로 표기하되, 임야대장 및 임야도에 등록하는 토지의 지번은 숫자 앞에 "산"자를 붙인다. ② 지번은 본번(本番)과 부번(副番)으로 구성하되, 본번과 부번 사이에 "–" 표시로 연결한다. 이 경우 "–" 표시는 "의"라고 읽는다. ③ 법 제66조에 따른 지번의 부여방법은 다음 각 호와 같다. 　1. 지번은 북서에서 남동으로 순차적으로 부여할 것

정답 12 ② 13 ④

구분		토지이동에 따른 지번의 부여방법
신규등록 · 등록전환	원칙	지번부여지역에서 인접토지의 본번에 부번을 붙여서 지번을 부여한다.
	예외	다음의 경우에는 그 지번부여지역의 최종 본번의 다음 순번부터 본번으로 하여 순차적으로 지번을 부여할 수 있다. ① 대상 토지가 그 지번부여지역의 최종 지번의 토지에 인접하여 있는 경우 ② 대상 토지가 이미 등록된 토지와 멀리 떨어져 있어서 등록된 토지의 본번에 부번을 부여하는 것이 불합리한 경우 ③ 대상 토지가 여러 필지로 되어 있는 경우
분할	원칙	분할 후의 필지 중 1필지의 지번은 분할 전의 지번으로 하고, 나머지 필지의 지번은 본번의 최종 부번 다음 순번으로 부번을 부여한다.
	예외	주거 · 사무실 등의 건축물이 있는 필지에 대해서는 분할 전의 지번을 우선하여 부여하여야 한다.
합병	원칙	합병 대상 지번 중 선순위의 지번을 그 지번으로 하되, 본번으로 된 지번이 있을 때에는 본번 중 선순위의 지번을 합병 후의 지번으로 한다.
	예외	토지소유자가 합병 전의 필지에 주거 · 사무실 등의 건축물이 있어서 그 건축물이 위치한 지번을 합병 후의 지번으로 신청할 때에는 그 지번을 합병 후의 지번으로 부여하여야 한다.
지적확정측량을 실시한 지역의 각 필지에 지번을 새로 부여하는 경우	원칙	다음 각 목의 지번을 제외한 본번으로 부여한다. ① 지적확정측량을 실시한 지역 안의 종전의 지번과 지적확정측량을 실시한 지역 밖에 있는 본번이 같은 지번이 있을 때 그 지번 ② 지적확정측량을 실시한 지역의 경계에 걸쳐 있는 지번
	예외	부여할 수 있는 종전 지번의 수가 새로 부여할 지번의 수보다 적을 때에는 블록 단위로 하나의 본번을 부여한 후 필지별로 부번을 부여하거나, 그 지번부여지역의 최종 본번 다음 순번부터 본번으로 하여 차례로 지번을 부여할 수 있다.
지적확정측량에 준용		① 법 제66조제2항(지적소관청은 지적공부에 등록된 지번을 변경할 필요가 있다고 인정하면 시 · 도지사나 대도시 시장의 승인을 받아 지번부여지역의 전부 또는 일부에 대하여 지번을 새로 부여할 수 있다.)에 따라 지번부여지역의 지번을 변경할 때 ② 법 제85조제2항(지번부여지역의 일부가 행정구역의 개편으로 다른 지번부여지역에 속하게 되었으면 지적소관청은 새로 속하게 된 지번부여지역의 지번을 부여하여야 한다.)에 따른 행정구역 개편에 따라 새로 지번을 부여할 때 ③ 제72조제1항(지적소관청은 축척변경 시행지역의 각 필지별 지번 · 지목 · 면적 · 경계 또는 좌표를 새로 정하여야 한다.)에 따라 축척변경 시행지역의 필지에 지번을 부여할 때
도시개발사업 등의 준공 전		도시개발사업 등이 준공되기 전에 사업시행자가 지번부여를 신청하는 경우에는 국토교통부령으로 정하는 바에 따라 지번을 부여할 수 있다. 지적소관청은 도시개발사업 등이 준공되기 전에 지번을 부여하는 때에는 사업계획도에 따르되, 지적확정측량을 실시한 지역의 각 필지에 지번을 새로 부여하는 경우의 지번부여방식에 따라 지번을 부여하여야 한다.

14 부동산종합공부에 등록해야 하는 내용으로 옳지 않은 것은?

① 건축물의 표시와 소유자에 관한 사항(토지에 건축물이 있는 경우만 해당한다) : 「건축법」 제38조에 따른 건축물 대장의 내용

② 토지의 이용 및 규제에 관한 사항 : 「토지이용규제 기본법」 제10조에 따른 토지이용계획확인서의 내용

③ 부동산의 가격에 관한 사항 : 「부동산 가격공시 및 감정평가에 관한 법률」 제11조에 따른 개별공시지가, 같은 법 제16조 및 제17조에 따른 개별주택가격 및 공동주택가격 공시내용

④ 토지의 표시와 소유자에 관한 사항 : 「국가공간정보 기본법에 관한 법률」에 따른 지적공부의 내용

[풀이] **공간정보의 구축 및 관리 등에 관한 법률 제2조(정의)**

이 법에서 사용하는 용어의 뜻은 다음과 같다.

19. "지적공부"란 토지대장, 임야대장, 공유지연명부, 대지권등록부, 지적도, 임야도 및 경계점좌표등록부 등 지적측량 등을 통하여 조사된 토지의 표시와 해당 토지의 소유자 등을 기록한 대장 및 도면(정보처리시스템을 통하여 기록 · 저장된 것을 포함한다)을 말한다.

19의2. "연속지적도"란 지적측량을 하지 아니하고 전산화된 지적도 및 임야도 파일을 이용하여, 도면상 경계점들을 연결하여 작성한 도면으로서 측량에 활용할 수 없는 도면을 말한다.

19의3. "부동산종합공부"란 토지의 표시와 소유자에 관한 사항, 건축물의 표시와 소유자에 관한 사항, 토지의 이용 및 규제에 관한 사항, 부동산의 가격에 관한 사항 등 부동산에 관한 종합정보를 정보관리체계를 통하여 기록 · 저장한 것을 말한다.

공간정보의 구축 및 관리 등에 관한 법률 제76조의3(부동산종합공부의 등록사항 등)

지적소관청은 부동산종합공부에 다음 각 호의 사항을 등록하여야 한다. 〈개정 2016.1.19.〉

1. 토지의 표시와 소유자에 관한 사항 : 이 법에 따른 지적공부의 내용
2. 건축물의 표시와 소유자에 관한 사항(토지에 건축물이 있는 경우만 해당한다) : 「건축법」 제38조에 따른 건축물대장의 내용
3. 토지의 이용 및 규제에 관한 사항 : 「토지이용규제 기본법」 제10조에 따른 토지이용계획확인서의 내용
4. 부동산의 가격에 관한 사항 : 「부동산 가격공시에 관한 법률」 제10조에 따른 개별공시지가, 같은 법 제16조, 제17조 및 제18조에 따른 개별주택가격 및 공동주택가격 공시내용
5. 그 밖에 부동산의 효율적 이용과 부동산과 관련된 정보의 종합적 관리 · 운영을 위하여 필요한 사항으로서 대통령령으로 정하는 사항

15 지적위원회에 대한 설명으로 옳지 않은 것은?

① 중앙지적위원회는 위원장 1명과 부위원장 1명을 포함하여 5명 이상 10명 이하의 위원으로 구성한다.

② 지적측량적부심사는 지방지적위원회의 심의 · 의결사항이다.

③ 토지소유자 및 이해관계인 · 지적측량수행자는 지적측량 적부심사를 청구할 수 있다.

④ 지방지적위원회는 지적기술자의 업무정지 처분 및 징계요구에 관한 사항을 심의 · 의결한다.

[풀이] **공간정보의 구축 및 관리 등에 관한 법률 제28조(지적위원회)** [암기] [정][무][연][개][사][양][무][요]

① 다음 각 호의 사항을 심의 · 의결하기 위하여 국토교통부에 중앙지적위원회를 둔다.

1. 지적 관련 [정]책 개발 및 업[무] 개선 등에 관한 사항
2. 지적측량기술의 [연]구 · [개]발 및 보급에 관한 사항

정답 14 ④ 15 ④

3. 제29조제6항에 따른 지적측량 적부심사(適否審査)에 대한 재심사(再審査)
4. 제39조에 따른 측량기술자 중 지적분야 측량기술자(이하 "지적기술자"라 한다)의 양성에 관한 사항
5. 제42조에 따른 지적기술자의 업무정지 처분 및 징계요구에 관한 사항

② 지적측량에 대한 적부심사 청구사항을 심의·의결하기 위하여 특별시·광역시·특별자치시·도 또는 특별자치도(이하 "시·도"라 한다)에 지방지적위원회를 둔다.

③ 중앙지적위원회와 지방지적위원회의 위원 구성 및 운영에 필요한 사항은 대통령령으로 정한다.

④ 중앙지적위원회와 지방지적위원회의 위원 중 공무원이 아닌 사람은 「형법」 제127조 및 제129조부터 제132조까지의 규정을 적용할 때에는 공무원으로 본다. 〈신설 2017.10.24.〉

공간정보의 구축 및 관리 등에 관한 법률 시행령 제20조(중앙지적위원회의 구성 등)

① 중앙지적위원회(이하 "중앙지적위원회"라 한다)는 위원장 1명과 부위원장 1명을 포함하여 5명 이상 10명 이하의 위원으로 구성한다.

② 위원장은 국토교통부의 지적업무 담당 국장이, 부위원장은 국토교통부의 지적업무 담당 과장이 된다.

③ 위원은 지적에 관한 학식과 경험이 풍부한 사람 중에서 국토교통부장관이 임명하거나 위촉한다.

④ 위원장 및 부위원장을 제외한 위원의 임기는 2년으로 한다.

⑤ 중앙지적위원회의 간사는 국토교통부의 지적업무 담당 공무원 중에서 국토교통부장관이 임명하며, 회의 준비, 회의록 작성 및 회의 결과에 따른 업무 등 중앙지적위원회의 서무를 담당한다.

⑥ 중앙지적위원회의 위원에게는 예산의 범위에서 출석수당과 여비, 그 밖의 실비를 지급할 수 있다. 다만, 공무원인 위원이 그 소관 업무와 직접적으로 관련되어 출석하는 경우에는 그러하지 아니하다.

공간정보의 구축 및 관리 등에 관한 법률 시행령 제24조(지적측량의 적부심사 청구 등)

① 법 제29조제1항에 따라 지적측량 적부심사(適否審査)를 청구하려는 자는 심사청구서에 다음 각 호의 구분에 따른 서류를 첨부하여 특별시장·광역시장·특별자치시장·도지사 또는 특별자치도지사(이하 "시·도지사"라 한다)를 거쳐 지방지적위원회에 제출하여야 한다.

1. 토지소유자 또는 이해관계인 : 지적측량을 의뢰하여 발급받은 지적측량성과
2. 지적측량수행자(지적측량수행자 소속 지적기술자가 청구하는 경우만 해당한다) : 직접 실시한 지적측량성과

② 시·도지사는 법 제29조제2항제3호에 따른 현황 실측도를 작성하기 위하여 필요한 경우에는 관계 공무원을 지정하여 지적측량을 하게 할 수 있으며, 필요하면 지적측량수행자에게 그 소속 지적기술자를 참여시키도록 요청할 수 있다.

16 「지적업무처리규정」에 의한 용어 구분에 대한 설명이다. (   ) 안에 들어갈 용어로 옳은 것은?

- (㉠)이란 전자평판측량 및 위성측량방법으로 관측한 데이터 및 지적측량에 필요한 각종 정보가 들어 있는 파일을 말한다.
- (㉡)이란 부동산종합공부시스템에서 지적측량 업무를 수행하기 위하여 도면 및 대장속성 정보를 추출한 파일을 말한다.
- (㉢)이란 전자평판측량 및 위성측량방법으로 관측 후 지적측량정보를 처리할 수 있는 시스템에 따라 작성된 측량결과도파일과 토지이동정리를 위한 지번, 지목 및 경계점의 좌표가 포함된 파일을 말한다.
- (㉣)이란 기초측량에서는 국가기준점 또는 지적기준점을 말하고, 세부측량에서는 지적기준점 또는 지적도면상 필지를 구획하는 선의 경계점과 상호 부합되는 지상의 경계점을 말한다.

	㉠	㉡	㉢	㉣
①	측량현형파일	측량성과파일	측량준비파일	기지점
②	측량성과파일	측량준비파일	측량현형파일	기지점
③	측량준비파일	측량현형파일	측량성과파일	기지점
④	측량현형파일	측량준비파일	측량성과파일	기지점

물이 지적업무처리규정 제3조(정의)

이 규정에서 사용하는 용어의 뜻은 다음 각 호와 같다.

1. "기지점(既知點)"이란 기초측량에서는 국가기준점 또는 지적기준점을 말하고, 세부측량에서는 지적기준점 또는 지적도면상 필지를 구획하는 선의 경계점과 상호 부합되는 지상의 경계점을 말한다.
2. "기지경계선(既知境界線)"이란 세부측량성과를 결정하는 기준이 되는 기지점을 필지별로 직선으로 연결한 선을 말한다.
3. "전자평판측량"이란 토탈스테이션과 지적측량 운영프로그램 등이 설치된 컴퓨터를 연결하여 세부측량을 수행하는 측량을 말한다.
4. "토탈스테이션"이란 경위의측량방법에 따른 기초측량 및 세부측량에 사용되는 장비를 말한다.
5. "지적측량파일"이란 측량준비파일, 측량현형파일 및 측량성과파일을 말한다.
6. "측량준비파일"이란 부동산종합공부시스템에서 지적측량 업무를 수행하기 위하여 도면 및 대장속성 정보를 추출한 파일을 말한다.
7. "측량현형(現形)파일"이란 전자평판측량 및 위성측량방법으로 관측한 데이터 및 지적측량에 필요한 각종 정보가 들어있는 파일을 말한다.
8. "측량성과파일"이란 전자평판측량 및 위성측량방법으로 관측 후 지적측량정보를 처리할 수 있는 시스템에 따라 작성된 측량결과도파일과 토지이동정리를 위한 지번, 지목 및 경계점의 좌표가 포함된 파일을 말한다.
9. "측량부"란 기초측량 또는 세부측량성과를 결정하기 위하여 사용한 관측부·계산부 등 이에 수반되는 기록을 말한다.

17 「지적업무처리규정」상 소유자정리에 관한 사항으로 (　　) 안에 들어갈 일자로 옳은 것은?

대장의 소유자변동일자는 등기필통지서, 등기필증, 등기부 등본·초본 또는 등기관서에서 제공한 등기전산정보자료의 경우에는 (㉠)로, 법 제84조제4항 단서의 미등기토지 소유자에 관한 정정신청의 경우와 법 제88조제2항에 따른 소유자등록신청의 경우에는 (㉡)로, 공유수면 매립준공에 따른 신규 등록의 경우에는 (㉢)로 정리한다.

	㉠	㉡	㉢
①	등기접수일자	소유자정리결의일자	매립준공일자
②	등기접수일자	매립준공일자	소유자정리결의일자
③	매립준공일자	소유자정리결의일자	등기접수일자
④	소유자정리결의일자	매립준공일자	등기접수일자

물이 지적업무처리규정 제60조(소유자정리)

① 대장의 소유자변동일자는 등기필통지서, 등기필증, 등기부 등본·초본 또는 등기관서에서 제공한 등기전산정보자료의 경우에는 **등기접수일자**로, 법 제84조제4항 단서의 미등기토지 소유자에 관한 정정신청의 경우와 법 제88조제2항에 따른 소유자등록신청의 경우에는 **소유자정리결의일자**로, 공유수면 매립준공에 따른

정답 17 ①

신규 등록의 경우에는 **매립준공일자**로 정리한다.

② 주소·성명·명칭의 변경 또는 경정 및 소유권이전 등이 같은 날짜에 등기가 된 경우의 지적공부정리는 **등기접수 순서**에 따라 모두 정리하여야 한다.

③ 소유자의 주소가 토지소재지와 같은 경우에도 **등기부와 일치**하게 정리한다. 다만, 등기관서에서 제공한 등기전산정보자료에 따라 정리하는 경우에는 **등기전산정보자료**에 따른다.

④ 법 제88조제4항에 따라 지적소관청이 소유자에 관한 사항이 대장과 부합되지 아니하는 토지소유자를 정리할 때에는 제1항부터 제3항까지와 제65조제2항을 준용하며, 토지소유자 등 이해관계인이 등기부 등본·초본 등에 따라 소유자정정을 신청하는 경우에는 별지 제9호 서식의 **소유자정정 신청서**를 제출하여야 한다.

⑤ 국토교통부장관은 등기관서로부터 법인 또는 재외국민의 부동산등기용등록번호 정정통보가 있는 때에는 정정 전 등록번호에 따라 토지소재를 조사하여 시·도지사에게 그 내용을 통지하여야 한다. 이 경우 시·도지사는 지체 없이 그 내용을 해당 지적소관청에 통지하여야 한다.

⑥ 소유자등록사항 중 토지이동과 함께 소유자가 결정되는 신규 등록, 도시개발사업 등의 환지 등록 시에는 토지이동업무 처리와 동시에 소유자를 정리하여야 한다.

공간정보의 구축 및 관리 등에 관한 법률 제84조(등록사항의 정정)

① 토지소유자는 지적공부의 등록사항에 잘못이 있음을 발견하면 지적소관청에 그 정정을 신청할 수 있다.

② 지적소관청은 지적공부의 등록사항에 잘못이 있음을 발견하면 대통령령으로 정하는 바에 따라 직권으로 조사·측량하여 정정할 수 있다.

③ 제1항에 따른 정정으로 인접 토지의 경계가 변경되는 경우에는 다음 각 호의 어느 하나에 해당하는 서류를 지적소관청에 제출하여야 한다.

> 1. 인접 토지소유자의 승낙서
> 2. 인접 토지소유자가 승낙하지 아니하는 경우에는 이에 대항할 수 있는 확정판결서 정본(正本)

④ 지적소관청이 제1항 또는 제2항에 따라 등록사항을 정정할 때 그 정정사항이 토지소유자에 관한 사항인 경우에는 등기필증, 등기완료통지서, 등기사항증명서 또는 등기관서에서 제공한 등기전산정보자료에 따라 정정하여야 한다. 다만, 제1항에 따라 미등기 토지에 대하여 토지소유자의 성명 또는 명칭, 주민등록번호, 주소 등에 관한 사항의 정정을 신청한 경우로서 그 등록사항이 명백히 잘못된 경우에는 가족관계 기록사항에 관한 증명서에 따라 정정하여야 한다.

공간정보의 구축 및 관리 등에 관한 법률 제88조(토지소유자의 정리)

① 지적공부에 등록된 토지소유자의 변경사항은 등기관서에서 등기한 것을 증명하는 등기필증, 등기완료통지서, 등기사항증명서 또는 등기관서에서 제공한 등기전산정보자료에 따라 정리한다. 다만, 신규등록하는 토지의 소유자는 지적소관청이 직접 조사하여 등록한다. 〈개정 2011.4.12.〉

② 「국유재산법」 제2조제10호에 따른 총괄청이나 같은 조 제11호에 따른 중앙관서의 장이 같은 법 제12조제3항에 따라 소유자 없는 부동산에 대한 소유자 등록을 신청하는 경우 지적소관청은 지적공부에 해당 토지의 소유자가 등록되지 아니한 경우에만 등록할 수 있다. 〈개정 2011.3.30.〉

③ 등기부에 적혀 있는 토지의 표시가 지적공부와 일치하지 아니하면 제1항에 따라 토지소유자를 정리할 수 없다. 이 경우 토지의 표시와 지적공부가 일치하지 아니하다는 사실을 관할 등기관서에 통지하여야 한다.

④ 지적소관청은 필요하다고 인정하는 경우에는 관할 등기관서의 등기부를 열람하여 지적공부와 부동산등기부가 일치하는지 여부를 조사·확인하여야 하며, 일치하지 아니하는 사항을 발견하면 등기사항증명서 또는 등기관서에서 제공한 등기전산정보자료에 따라 지적공부를 직권으로 정리하거나, 토지소유자나 그 밖의 이해관계인에게 그 지적공부와 부동산등기부가 일치하게 하는 데에 필요한 신청 등을 하도록 요구할 수 있다. 〈개정 2011.4.12.〉

⑤ 지적소관청 소속 공무원이 지적공부와 부동산등기부의 부합 여부를 확인하기 위하여 등기부를 열람하거나, 등기사항증명서의 발급을 신청하거나, 등기전산정보자료의 제공을 요청하는 경우 그 수수료는 무료로 한다.

정답

18 지번 및 지목을 제도할 때에는 지번 다음에 지목을 제도한다. 이 경우 (㉠) 이상 (㉡) 이하 크기의 명조체로 하고, 지번의 글자 간격은 글자크기의 (㉢) 정도, 지번과 지목의 글자 간격은 글자크기의 (㉣) 정도 띄어서 제도한다. 다만, 부동산종합공부시스템이나 레터링으로 작성할 경우에는 고딕체로 할 수 있다. ㉠, ㉡, ㉢, ㉣에 들어갈 옳은 말은?

	㉠	㉡	㉢	㉣
①	3밀리미터	2밀리미터	2분의 1	4분의 1
②	3밀리미터	2밀리미터	4분의 1	2분의 1
③	2밀리미터	3밀리미터	4분의 1	2분의 1
④	3밀리미터	2밀리미터	2분의 1	4분의 1

> **풀이** 지적업무처리규정 제42조(지번 및 지목의 제도)
> ① 지번 및 지목은 경계에 닿지 않도록 필지의 중앙에 제도한다. 다만, 1필지의 토지의 형상이 좁고 길어서 필지의 중앙에 제도하기가 곤란한 때에는 가로쓰기가 되도록 도면을 왼쪽 또는 오른쪽으로 돌려서 제도할 수 있다.
> ② 지번 및 지목을 제도할 때에는 지번 다음에 지목을 제도한다. 이 경우 2밀리미터 이상 3밀리미터 이하 크기의 명조체로 하고, 지번의 글자 간격은 글자크기의 4분의 1정도, 지번과 지목의 글자 간격은 글자크기의 2분의 1정도 띄어서 제도한다. 다만, 부동산종합공부시스템이나 레터링으로 작성할 경우에는 고딕체로 할 수 있다.
> ③ 1필지의 면적이 작아서 지번과 지목을 필지의 중앙에 제도할 수 없는 때에는 ㄱ, ㄴ, ㄷ, …, ㄱ¹, ㄴ¹, ㄷ¹, …, ㄱ², ㄴ², ㄷ² … 등으로 부호를 붙이고, 도곽선 밖에 그 부호·지번 및 지목을 제도한다. 이 경우 부호가 많아서 그 도면의 도곽선 밖에 제도할 수 없는 때에는 별도로 부호도를 작성할 수 있다.
> ④ 부동산종합공부시스템에 따라 지번 및 지목을 제도할 경우에는 제2항 중 글자의 크기에 대한 규정과 제3항을 적용하지 아니할 수 있다.

19 측량계산의 끝수처리에 대하여 (가)~(라)에 각각 들어갈 내용으로 옳은 것은?(단, 지적도의 축척이 600분의 1인 지역과 경계점좌표등록부에 등록하는 지역의 토지는 제외한다.)

> 토지의 면적에 1제곱미터 미만의 끝수가 있는 경우 0.5제곱미터 (가) 일 때에는 버리고 0.5제곱미터(를) (나) 일(하는) 때에는 올리며, 0.5제곱미터일 때에는 구하려는 끝자리의 숫자가 0 또는 짝수이면 (다) 홀수이면 (라). 다만, 1필지의 면적이 1제곱미터 미만일 때에는 1제곱미터로 한다.

	(가)	(나)	(다)	(라)
①	이하	이상	올리고	버린다
②	미만	초과	올리고	버린다
③	이하	이상	버리고	올린다
④	미만	초과	버리고	올린다

> **풀이** 공간정보의 구축 및 관리 등에 관한 법률 시행령 제60조(면적의 결정 및 측량계산의 끝수처리)
> ① 면적의 결정은 다음 각 호의 방법에 따른다.
>   1. 토지의 면적에 1제곱미터 미만의 끝수가 있는 경우 0.5제곱미터 미만일 때에는 버리고 0.5제곱미터를 초과하는 때에는 올리며, 0.5제곱미터일 때에는 구하려는 끝자리의 숫자가 0 또는 짝수이면 버리고 홀수

이면 올린다. 다만, 1필지의 면적이 1제곱미터 미만일 때에는 1제곱미터로 한다.

2. 지적도의 축척이 600분의 1인 지역과 경계점좌표등록부에 등록하는 지역의 토지 면적은 제1호에도 불구하고 제곱미터 이하 한 자리 단위로 하되, 0.1제곱미터 미만의 끝수가 있는 경우 0.05제곱미터 미만일 때에는 버리고 0.05제곱미터를 초과할 때에는 올리며, 0.05제곱미터일 때에는 구하려는 끝자리의 숫자가 0 또는 짝수이면 버리고 홀수이면 올린다. 다만, 1필지의 면적이 0.1제곱미터 미만일 때에는 0.1제곱미터로 한다.

② 방위각의 각치(角値), 종횡선의 수치 또는 거리를 계산하는 경우 구하려는 끝자리의 다음 숫자가 5 미만일 때에는 버리고 5를 초과할 때에는 올리며, 5일 때에는 구하려는 끝자리의 숫자가 0 또는 짝수이면 버리고 홀수이면 올린다. 다만, 전자계산조직을 이용하여 연산할 때에는 최종수치에만 이를 적용한다.

20 아래는 「지적재조사에 관한 특별법」에 따른 기본계획의 수립에 관한 내용이다. ( ) 안에 들어갈 일자로 옳은 것은?

> 지적소관청은 기본계획안을 송부받은 날부터 (㉠) 이내에 시 · 도지사에게 의견을 제출하여야 하며, 시 · 도지사는 기본계획안을 송부받은 날부터 (㉡) 이내에 지적소관청의 의견에 자신의 의견을 첨부하여 국토교통부장관에게 제출하여야 한다. 이 경우 기간 내에 의견을 제출하지 아니하면 의견이 없는 것으로 본다.

① ㉠ 10일, ㉡ 20일 ② ㉠ 20일, ㉡ 30일

③ ㉠ 30일, ㉡ 40일 ④ ㉠ 40일, ㉡ 50일

[풀이] **지적재조사에 관한 특별법 제4조(기본계획의 수립)** [암기] [규][연][인][방]기 [시][도]하라

① 국토교통부장관은 지적재조사사업을 효율적으로 시행하기 위하여 다음 각 호의 사항이 포함된 지적재조사사업에 관한 기본계획(이하 "기본계획"이라 한다)을 수립하여야 한다. 〈개정 2013.3.23., 2017.4.18.〉

1. 지적재조사사업의 시행기간 및 [규]모
2. 지적재조사사업비의 [연]도별 집행계획
3. 지적재조사사업에 필요한 [인]력의 확보에 관한 계획
4. 지적재조사사업에 관한 기본[방]향
5. 지적재조사사업비의 특별시 · 광역시 · 도 · 특별자치도 · 특별자치시 및 「지방자치법」 제198조에 따른 대도시로서 구(區)를 둔 시(이하 "[시] · [도]"라 한다)별 배분 계획
6. 그 밖에 지적재조사사업의 효율적 시행을 위하여 필요한 사항으로서 대통령령으로 정하는 사항

② 국토교통부장관은 기본계획을 수립할 때에는 미리 공청회를 개최하여 관계 전문가 등의 의견을 들어 기본계획안을 작성하고, 특별시장 · 광역시장 · 도지사 · 특별자치도지사 · 특별자치시장 및 「지방자치법」 제198조에 따른 대도시로서 구를 둔 시의 시장(이하 "시 · 도지사"라 한다)에게 그 안을 송부하여 의견을 들은 후 제28조에 따른 중앙지적재조사위원회의 심의를 거쳐야 한다. 〈개정 2013.3.23., 2017.4.18.〉

③ 시 · 도지사는 제2항에 따라 기본계획안을 송부받았을 때에는 이를 지체 없이 지적소관청에 송부하여 그 의견을 들어야 한다.

④ 지적소관청은 제3항에 따라 기본계획안을 송부받은 날부터 20일 이내에 시 · 도지사에게 의견을 제출하여야 하며, 시 · 도지사는 제2항에 따라 기본계획안을 송부받은 날부터 30일 이내에 지적소관청의 의견에 자신의 의견을 첨부하여 국토교통부장관에게 제출하여야 한다. 이 경우 기간 내에 의견을 제출하지 아니하면 의견이 없는 것으로 본다. 〈개정 2013.3.23.〉

⑤ 제2항부터 제4항까지의 규정은 기본계획을 변경할 때에도 적용한다. 다만, 대통령령으로 정하는 경미한

정답 20 ②

사항을 변경할 때에는 제외한다.

⑥ 국토교통부장관은 기본계획을 수립하거나 변경하였을 때에는 이를 관보에 고시하고 시 · 도지사에게 통지하여야 하며, 시 · 도지사는 이를 지체 없이 지적소관청에 통지하여야 한다. 〈개정 2013.3.23.〉

⑦ 국토교통부장관은 기본계획이 수립된 날부터 5년이 지나면 그 타당성을 다시 검토하고 필요하면 이를 변경하여야 한다.

12 제12회 합격모의고사

01 다음 중 국가공간정보위원회에 관한 사항으로 옳지 않은 것은?

① 위원회는 위원장을 포함하여 30인 이내의 위원으로 구성한다.
② 위원장은 회의 개최 5일 전까지 회의 일시 · 장소 및 심의안건을 각 위원에게 통보하여야 한다.
③ 위원회에 간사 2명을 두되, 간사는 국토교통부와 행정안전부 소속 3급 또는 고위공무원단에 속하는 일반직공무원 중에서 위원장이 각각 지명한다.
④ 국가공간정보정책 기본계획의 수립 · 변경 및 집행실적의 평가는 국가공간정보위원회 심의사항이다.

[풀이] **국가공간정보위원회(국가공간정보 기본법 제5조)** [암기] [계][시][수][변][가] [유][보]는 [방][화][정][위]에서

심의사항	1. 제6조에 따른 국가공간정보정책 기본[계]획의 수립 · 변경 및 집행실적의 평가 2. 제7조에 따른 국가공간정보정책 [시]행계획(제7조에 따른 기관별 국가공간정보정책 시행계획을 포함한다)의 [수]립 · [변]경 및 집행실적의 평[가] 3. 공간정보의 [유]통과 [보]호에 관한 사항 4. 국가공간정보체계의 중복투자 [방]지 등 투자 효율[화]에 관한 사항 5. 국가공간정보체계의 구축 · 관리 및 활용에 관한 주요 [정]책의 조정에 관한 사항 6. 그 밖에 국가공간정보정책 및 국가공간정보체계와 관련된 사항으로서 [위]원장이 회의에 부치는 사항
위원회	③ 위원회는 위원장을 포함하여 30인 이내의 위원으로 구성한다. ④ 위원장은 국토교통부장관이 되고, 위원은 다음 각 호의 자가 된다. 〈개정 2012.12.18., 2013.3.23.〉 1. 국가공간정보체계를 관리하는 중앙행정기관의 차관급 공무원으로서 대통령령으로 정하는 자 2. 지방자치단체의 장(특별시 · 광역시 · 특별자치시 · 도 · 특별자치도의 경우에는 부시장 또는 부지사)으로서 위원장이 위촉하는 자 7인 이상 3. 공간정보체계에 관한 전문지식과 경험이 풍부한 민간전문가로서 위원장이 위촉하는 자 7인 이상 ⑤ 제4항제2호 및 제3호에 해당하는 위원의 임기는 2년으로 한다. 다만, 위원의 사임 등으로 새로 위촉된 위원의 임기는 전임 위원의 남은 임기로 한다. ⑥ 위원회는 제2항에 따른 심의 사항을 전문적으로 검토하기 위하여 전문위원회를 둘 수 있다. 〈개정 2014.6.3.〉 ⑦ 그 밖에 위원회 및 전문위원회의 구성 · 운영 등에 관하여 필요한 사항은 대통령령으로 정한다.
위원	① 법 제5조제4항제1호에 따른 위원은 다음 각 호의 사람으로 한다. 〈개정 2013.3.23., 2013.11.22., 2014.11.19.〉 1. 기획재정부 제1차관, 교육부차관, 미래창조과학부 제2차관, 국방부차관, 행정안전부차관, 농림축산식품부차관, 산업통상자원부 제1차관, 환경부차관, 해양수산부차관 및 국민안전처의 소방사무를 담당하는 본부장 2. 통계청장, 문화재청장, 농촌진흥청장 및 산림청장 ② 법 제5조에 따른 국가공간정보위원회(이하 "위원회"라 한다)의 위원장은 법 제5조제4항제3호에 따라 민간전문가를 위원으로 위촉하는 경우 관계 중앙행정기관의 장의 의견을 들을 수 있다.

[정답] 01 ③

운영 (제4조)	① 위원회의 위원장(이하 "위원장"이라 한다)은 위원회를 대표하고, 위원회의 업무를 총괄한다. ② 위원장이 부득이한 사유로 직무를 수행할 수 없을 때에는 위원장이 지명하는 위원의 순으로 그 직무를 대행한다. ③ 위원장은 회의 개최 5일 전까지 회의 일시 · 장소 및 심의안건을 각 위원에게 통보하여야 한다. 다만, 긴급한 경우에는 회의 개최 전까지 통보할 수 있다. ④ 회의는 재적위원 과반수의 출석으로 개의(開議)하고, 출석위원 과반수의 찬성으로 의결한다.
간사	위원회에 간사 2명을 두되, 간사는 국토교통부와 행정안전부 소속 3급 또는 고위공무원단에 속하는 일반직공무원 중에서 국토교통부장관과 행정안전부장관이 각각 지명한다.

02 지적재조사지구의 토지소유자협의회 기능 및 사항으로 옳지 않은 것은? (14년서울9급)

① 지적재조사지구의 토지소유자는 토지소유자 총수의 2분의 1 이상과 토지면적 2분의 1 이상에 해당하는 토지소유자의 동의를 받아 토지소유자협의회를 구성할 수 있다.

② 토지소유자협의회의 위원은 그 지적재조사지구에 있는 토지의 소유자이어야 하며, 위원장은 위원 중에서 호선한다.

③ 경계결정위원회(이하 "경계결정위원회"라 한다) 위원의 추천 및 지적소관청에 대한 우선지적재조사지구의 신청 등은 토지소유자협의회의 기능이다.

④ 토지소유자협의회는 위원장을 포함한 5명 이상 20명 이하의 위원으로 구성한다.

⑤ 동의자 수의 산정방법 및 동의절차, 토지소유자협의회의 구성 및 운영, 그 밖에 필요한 사항은 국토교통부령으로 정한다.

[풀이] **지적재조사에 관한 특별법 제13조(토지소유자협의회)** [암기] [지][표]는 [현][금]으로 [정]하라

① 지적재조사지구의 토지소유자는 토지소유자 총수의 2분의 1 이상과 토지면적 2분의 1 이상에 해당하는 토지소유자의 동의를 받아 토지소유자협의회를 구성할 수 있다. 〈개정 2017.4.18., 2019.12.10.〉

② 토지소유자협의회는 위원장을 포함한 5명 이상 20명 이하의 위원으로 구성한다. 토지소유자협의회의 위원은 그 지적재조사지구에 있는 토지의 소유자이어야 하며, 위원장은 위원 중에서 호선한다. 〈개정 2019.12.10.〉

③ 토지소유자협의회의 기능은 다음 각 호와 같다. 〈개정 2019.12.10.〉

1. 지적소관청에 대한 제7조제3항에 따른 [지]적재조사지구의 신청

> 제7조 ③ 제2항에도 불구하고 지적소관청은 지적재조사지구에 제13조에 따른 토지소유자협의회(이하 "토지소유자협의회"라 한다)가 구성되어 있고 토지소유자 총수의 4분의 3 이상의 동의가 있는 지구에 대하여는 우선하여 지적재조사지구로 지정을 신청할 수 있다. 〈개정 2019.12.10.〉

2. 임시경계점[표]지 및 경계점표지의 설치에 대한 입회
3. 토지[현]황조사에 대한 입회
4. 삭제 〈2017.4.18.〉
5. 제20조제3항에 따른 조정[금] 산정기준에 대한 의견 제출
6. 제31조에 따른 경계결[정]위원회(이하 "경계결정위원회"라 한다) 위원의 추천

④ 제1항에 따른 동의자 수의 산정방법 및 동의절차, 토지소유자협의회의 구성 및 운영, 그 밖에 필요한 사항은 대통령령으로 정한다.

지적재조사에 관한 특별법 시행령 제10조(토지소유자협의회의 구성 등)

① 법 제13조제1항에 따른 토지소유자협의회(이하 이 조에서 "협의회"라 한다)를 구성할 때 토지소유자 수 및

[정답] 02 ⑤

동의자 수 산정은 제7조제1항의 기준에 따른다.

② 토지소유자가 협의회구성에 동의하거나 그 동의를 철회할경우에는 국토교통부령으로 정하는 협의회 구성 동의서 또는 동의철회서에 본인임을 확인한후 동의란에 서명 또는 날인하여 지적소관청에 제출하여야 한다. 〈개정 2017.10.16.〉

③ 협의회의 위원장은 협의회를 대표하고, 협의회의 업무를 총괄한다.

④ 협의회의 회의는 재적위원 과반수의 출석으로 개의(開議)하고, 출석위원 과반수의 찬성으로 의결한다.

⑤ 제1항부터 제4항까지에서 규정한 사항 외에 협의회의 운영 등에 필요한 사항은 협의회의 의결을 거쳐 위원장이 정한다.

지적재조사에 관한 특별법 시행령 제10조의2(경계설정합의서)

법 제14조제2항에 따라 토지소유자들이 합의하여 경계를 설정하는 경우에는 별지 제1호 서식의 경계설정합의서를 법 제15조제1항에 따른 임시경계점표지 설치 전까지 지적소관청에 제출하여야 한다. 〈신설 2017.10.16.〉

03 지적위원회에 관한 설명 중 틀린 것은?

① 국토교통부에는 중앙지적위원회, 시 · 도에는 지방지적위원회를 둔다.

② 중앙지적위원회는 지적측량에 대한 적부심사청구사항을 심의 · 의결한다.

③ 중앙지적위원회는 지적측량기술의 연구 · 개발 및 보급에 관한 사항을 심의 · 의결한다.

④ 중앙지적위원회의 간사는 국토교통부의 지적업무담당 공무원 중에서 국토교통부장관이 임명한다.

⑤ 중앙지적위원회는 위원장 및 부위원장 각 1인을 포함하여 5인 이상 10인 이내의 위원으로 구성한다.

풀이 **공간정보의 구축 및 관리 등에 관한 법률 제28조(지적위원회)** **암기** **정무연개사양무요**

① 다음 각 호의 사항을 심의 · 의결하기 위하여 국토교통부에 중앙지적위원회를 둔다.

> 1. 지적 관련 **정**책 개발 및 업**무** 개선 등에 관한 사항
> 2. 지적측량기술의 **연**구 · **개**발 및 보급에 관한 사항
> 3. 제29조제6항에 따른 지적측량 적부심**사**(適否審査)에 대한 재심사(再審査)
> 4. 제39조에 따른 측량기술자 중 지적분야 측량기술자(이하 "지적기술자"라 한다)의 **양**성에 관한 사항
> 5. 제42조에 따른 지적기술자의 업**무**정지 처분 및 징계**요**구에 관한 사항

② 제29조에 따른 지적측량에 대한 적부심사 청구사항을 심의 · 의결하기 위하여 특별시 · 광역시 · 특별자치시 · 도 또는 특별자치도(이하 "시 · 도"라 한다)에 지방지적위원회를 둔다. 〈신설 2013.7.17.〉

③ 중앙지적위원회와 지방지적위원회의 구성 및 운영에 필요한 사항은 대통령령으로 정한다.

④ 중앙지적위원회와 지방지적위원회의 위원 중 공무원이 아닌 사람은 「형법」 제127조 및 제129조부터 제132조까지의 규정을 적용할 때에는 공무원으로 본다. 〈신설 2017.10.24.〉

공간정보의 구축 및 관리 등에 관한 법률 시행령 제20조(중앙지적위원회의 구성 등)

① 법 제28조제1항에 따른 중앙지적위원회(이하 "중앙지적위원회"라 한다)는 위원장 1명과 부위원장 1명을 포함하여 5명 이상 10명 이하의 위원으로 구성한다. 〈개정 2012.7.4.〉

② 위원장은 국토교통부의 지적업무 담당 국장이, 부위원장은 국토교통부의 지적업무 담당 과장이 된다.

③ 위원은 지적에 관한 학식과 경험이 풍부한 사람 중에서 국토교통부장관이 임명하거나 위촉한다.

④ 위원장 및 부위원장을 제외한 위원의 임기는 2년으로 한다.

⑤ 중앙지적위원회의 간사는 국토교통부의 지적업무 담당 공무원 중에서 국토교통부장관이 임명하며, 회의 준비, 회의록 작성 및 회의 결과에 따른 업무 등 중앙지적위원회의 서무를 담당한다. 〈개정 2013.3.23.〉

⑥ 중앙지적위원회의 위원에게는 예산의 범위에서 출석수당과 여비, 그 밖의 실비를 지급할 수 있다. 다만, 공무원인 위원이 그 소관 업무와 직접적으로 관련되어 출석하는 경우에는 그러하지 아니하다.

정답 **03** ②

공간정보의 구축 및 관리 등에 관한 법률 시행령 제21조(중앙지적위원회의 회의 등)

① 중앙지적위원회 위원장은 회의를 소집하고 그 의장이 된다.

② 위원장이 부득이한 사유로 직무를 수행할 수 없을 때에는 부위원장이 그 직무를 대행하고, 위원장 및 부위원장이 모두 부득이한 사유로 직무를 수행할 수 없을 때에는 위원장이 미리 지명한 위원이 그 직무를 대행한다.

③ 중앙지적위원회의 회의는 재적위원 과반수의 출석으로 개의(開議)하고, 출석위원 과반수의 찬성으로 의결한다.

④ 중앙지적위원회는 관계인을 출석하게 하여 의견을 들을 수 있으며, 필요하면 현지조사를 할 수 있다.

⑤ 위원장이 중앙지적위원회의 회의를 소집할 때에는 회의 일시 · 장소 및 심의 안건을 회의 5일 전까지 각 위원에게 서면으로 통지하여야 한다.

⑥ 위원이 법 제29조제6항에 따른 재심사 시 그 측량 사안에 관하여 관련이 있는 경우에는 그 안건의 심의 또는 의결에 참석할 수 없다.

04 「지적재조사에 관한 특별법」에서 지적소관청 소속으로 두는 경계결정위원회에 대한 설명으로 옳지 않은 것은?

① 경계결정위원회의 위원에는 각 지적재조사지구의 토지소유자(토지소유자협의회가 구성된 경우에는 토지소유자협의회가 추천하는 사람을 말한다)는 위원이 반드시 포함되어야 한다.

② 경계결정위원회는 위원장 및 부위원장 각 1명을 포함한 11명 이내의 위원으로 구성한다.

③ 경계결정위원회의 위원장은 위원인 판사가 되며, 부위원장은 위원 중에서 지적소관청이 지정한다.

④ 경계결정위원회는 경계설정에 따른 이의신청에 관한 결정 사항에 대해서만 의결한다.

풀이 지적재조사에 관한 특별법 제31조(경계결정위원회) **암기** ㉓㉔하라

① 다음 각 호의 사항을 의결하기 위하여 지적소관청 소속으로 경계결정위원회를 둔다.

> 1. ㉓계설정에 관한 결정
> 2. 경계설정에 따른 이의㉔청에 관한 결정

② 경계결정위원회는 위원장 및 부위원장 각 1명을 포함한 11명 이내의 위원으로 구성한다.

③ 경계결정위원회의 위원장은 위원인 판사가 되며, 부위원장은 위원 중에서 **지적소관청이** 지정한다.

④ 경계결정위원회의 위원은 다음 각 호에서 정하는 사람이 된다. 다만, 제3호 및 제4호의 위원은 해당 지적재조사지구에 관한 안건인 경우에 위원으로 참석할 수 있다.

> 1. 관할 지방법원장이 지명하는 판사
> 2. 다음 각 목의 어느 하나에 해당하는 사람으로서 지적소관청이 임명 또는 위촉하는 사람
>   가. 지적소관청 소속 5급 이상 공무원
>   나. 변호사, 법학교수, 그 밖에 법률지식이 풍부한 사람
>   다. 지적측량기술자, 감정평가사, 그 밖에 지적재조사사업에 관한 전문성을 갖춘 사람
> 3. 각 지적재조사지구의 토지소유자(토지소유자협의회가 구성된 경우에는 토지소유자협의회가 추천하는 사람을 말한다)
> 4. 각 지적재조사지구의 읍장 · 면장 · 동장

⑤ 경계결정위원회의 위원에는 제4항제3호에 해당하는 위원이 반드시 포함되어야 한다.

⑥ 경계결정위원회의 위원 중 공무원이 아닌 위원의 임기는 2년으로 한다.

⑦ 경계결정위원회는 직권 또는 토지소유자나 이해관계인의 신청에 따라 사실조사를 하거나 신청인 또는 토지소유자나 이해관계인에게 필요한 서류의 제출을 요청할 수 있으며, 지적소관청의 소속 공무원으로 하여금 사실조사를 하게 할 수 있다.

정답 04 ④

⑧ 토지소유자나 이해관계인은 경계결정위원회에 출석하여 의견을 진술하거나 필요한 증빙서류를 제출할 수 있다.

⑨ 경계결정위원회의 결정 또는 의결은 문서로써 재적위원 과반수의 찬성이 있어야 한다.

⑩ 제9항에 따른 결정서 또는 의결서에는 주문, 결정 또는 의결 이유, 결정 또는 의결 일자 및 결정 또는 의결에 참여한 위원의 성명을 기재하고, 결정 또는 의결에 참여한 위원 전원이 서명날인하여야 한다. 다만, 서명날인을 거부하거나 서명날인을 할 수 없는 부득이한 사유가 있는 위원의 경우 해당 위원의 서명날인을 생략하고 그 사유만을 기재할 수 있다.

⑪ 경계결정위원회의 조직 및 운영 등에 관하여 필요한 사항은 해당 시 · 군 · 구의 조례로 정한다.

05 중앙지적위원회에 대한 설명이다. 이 중 틀린 것은?

① 위원이 재심사 시 그 측량 사안에 관하여 관련이 있는 경우에는 그 안건의 심의 또는 의결에 참석할 수 있다.

② 위원장이 부득이한 사유로 직무를 수행할 수 없을 때에는 부위원장이 그 직무를 대행하고, 위원장 및 부위원장이 모두 부득이한 사유로 직무를 수행할 수 없을 때에는 위원장이 미리 지명한 위원이 그 직무를 대행한다.

③ 위원장이 위원회의 회의를 소집하는 때에는 회의일시 · 장소 및 심의안건을 회의 5일 전까지 각 위원에게 서면으로 통지하여야 한다.

④ 위원회는 관계인을 출석하게 해서 의견을 들을 수 있으며, 필요한 경우에는 현지조사를 할 수 있다.

> **풀이** **공간정보의 구축 및 관리 등에 관한 법률 시행령 제20조(중앙지적위원회의 구성 등)**
> ① 법 제28조제1항에 따른 중앙지적위원회(이하 "중앙지적위원회"라 한다)는 위원장 1명과 부위원장 1명을 포함하여 5명 이상 10명 이하의 위원으로 구성한다.
> ② 위원장은 국토교통부의 지적업무 담당 국장이, 부위원장은 국토교통부의 지적업무 담당 과장이 된다.
> ③ 위원은 지적에 관한 학식과 경험이 풍부한 사람 중에서 국토교통부장관이 임명하거나 위촉한다.
> ④ 위원장 및 부위원장을 제외한 위원의 임기는 2년으로 한다.
> ⑤ 중앙지적위원회의 간사는 국토교통부의 지적업무 담당 공무원 중에서 국토교통부장관이 임명하며, 회의 준비, 회의록 작성 및 회의 결과에 따른 업무 등 중앙지적위원회의 서무를 담당한다.
> ⑥ 중앙지적위원회의 위원에게는 예산의 범위에서 출석수당과 여비, 그 밖의 실비를 지급할 수 있다. 다만, 공무원인 위원이 그 소관 업무와 직접적으로 관련되어 출석하는 경우에는 그러하지 아니하다.
>
> **공간정보의 구축 및 관리 등에 관한 법률 시행령 제21조(중앙지적위원회의 회의 등)**
> ① 중앙지적위원회 위원장은 회의를 소집하고 그 의장이 된다.
> ② 위원장이 부득이한 사유로 직무를 수행할 수 없을 때에는 부위원장이 그 직무를 대행하고, 위원장 및 부위원장이 모두 부득이한 사유로 직무를 수행할 수 없을 때에는 위원장이 미리 지명한 위원이 그 직무를 대행한다.
> ③ 중앙지적위원회의 회의는 재적위원 과반수의 출석으로 개의(開議)하고, 출석위원 과반수의 찬성으로 의결한다.
> ④ 중앙지적위원회는 관계인을 출석하게 하여 의견을 들을 수 있으며, 필요하면 현지조사를 할 수 있다.
> ⑤ 위원장이 중앙지적위원회의 회의를 소집할 때에는 회의 일시 · 장소 및 심의 안건을 회의 5일 전까지 각 위원에게 서면으로 통지하여야 한다.
> ⑥ 위원이 법 제29조제6항에 따른 재심사 시 그 측량 사안에 관하여 관련이 있는 경우에는 그 안건의 심의 또는 의결에 참석할 수 없다.

06 지적재조사사업에 있어서 시·도 지적재조사위원회에 대한 설명으로 옳지 않은 것은?

① 시·도 위원회는 위원장 및 부위원장 각 1명을 포함한 10명 이내의 위원으로 구성한다.

② 시·도 위원회는 경계복원측량 또는 지적공부정리의 허용 여부를 심의·의결한다.

③ 시·도 위원회의 위원장은 시·도지사가 되며, 부위원장은 위원 중에서 위원장이 지명한다.

④ 시·도종합계획의 수립 및 변경사항을 심의·의결한다.

풀이 지적재조사에 관한 특별법 제29조(시·도 지적재조사위원회) [암기] 실종사우위

① 시·도의 지적재조사사업에 관한 주요 정책을 심의·의결하기 위하여 시·도지사 소속으로 시·도 지적재조사위원회(이하 "시·도 위원회"라 한다)를 둘 수 있다.

② 시·도 위원회는 다음 각 호의 사항을 심의·의결한다. 〈개정 2017.4.18., 2020.6.9.〉

> 1. 지적소관청이 수립한 실시계획
> 1의2. 시·도종합계획의 수립 및 변경
> 2. 지적재조사지구의 지정 및 변경
> 3. 시·군·구별 지적재조사사업의 우선순위 조정
> 4. 그 밖에 지적재조사사업에 필요하여 시·도 위원회의 위원장이 회의에 부치는 사항

③ 시·도 위원회는 위원장 및 부위원장 각 1명을 포함한 10명 이내의 위원으로 구성한다.

④ 시·도 위원회의 위원장은 시·도지사가 되며, 부위원장은 위원 중에서 위원장이 지명한다.

⑤ 시·도 위원회의 위원은 다음 각 호의 어느 하나에 해당하는 사람 중에서 위원장이 임명 또는 위촉한다.

> 1. 해당 시·도의 3급 이상 공무원
> 2. 판사·검사 또는 변호사
> 3. 법학이나 지적 또는 측량 분야의 교수로 재직하고 있거나 있었던 사람
> 4. 그 밖에 지적재조사사업에 관하여 전문성을 갖춘 사람

⑥ 시·도 위원회의 위원 중 공무원이 아닌 위원의 임기는 2년으로 한다.

⑦ 시·도 위원회는 재적위원 과반수의 출석과 출석위원 과반수의 찬성으로 의결한다.

⑧ 그 밖에 시·도 위원회의 조직 및 운영 등에 관하여 필요한 사항은 해당 시·도의 조례로 정한다.

지적재조사에 관한 특별법 제30조(시·군·구 지적재조사위원회) [암기] 복부지청은 의장이

① 시·군·구의 지적재조사사업에 관한 주요 정책을 심의·의결하기 위하여 지적소관청 소속으로 시·군·구 지적재조사위원회(이하 "시·군·구 위원회"라 한다)를 둘 수 있다.

② 시·군·구 위원회는 다음 각 호의 사항을 심의·의결한다. 〈개정 2017.4.18., 2020.6.9.〉

> 1. 제12조제2항제3호(토지소유자의 신청에 따라 제30조에 따른 시·군·구 지적재조사위원회가 경계복원측량 또는 지적공부정리가 필요하다고 결정하는 경우)에 따른 경계복원측량 또는 지적공부정리의 허용 여부
> 2. 제19조(지적재조사측량 결과 기존의 지적공부상 지목이 실제의 이용현황과 다른 경우 지적소관청은 제30조에 따른 시·군·구 지적재조사위원회의 심의를 거쳐 기존의 지적공부상의 지목을 변경할 수 있다. 이 경우 지목을 변경하기 위하여 다른 법령에 따른 인허가 등을 받아야 할 때에는 그 인허가 등을 받거나 관계 기관과 협의한 경우에 한하여 실제의 지목으로 변경할 수 있다.)에 따른 지목의 변경
> 3. 제20조에 따른 조정금의 산정
> 3의2. 제21조의2제2항에 따른 조정금 이의신청에 관한 결정

> 제20조(조정금의 산정)
> ① 지적소관청은 제18조에 따른 경계 확정으로 지적공부상의 면적이 증감된 경우에는 필지별 면적 증감 내역을 기준으로 조정금을 산정하여 징수하거나 지급한다.

정답 06 ②

② 제1항에도 불구하고 국가 또는 지방자치단체 소유의 국유지·공유지 행정재산의 조정금은 징수하거나 지급하지 아니한다.

③ 조정금은 제18조에 따라 경계가 확정된 시점을 기준으로 「감정평가 및 감정평가사에 관한 법률」에 따른 감정평가업자가 평가한 감정평가액으로 산정한다. 다만, 토지소유자협의회가 요청하는 경우에는 제30조에 따른 시·군·구 지적재조사위원회의 심의를 거쳐 「부동산 가격공시에 관한 법률」에 따른 개별공시지가로 산정할 수 있다. 〈개정 2017.4.18.〉

④ 지적소관청은 제3항에 따라 조정금을 산정하고자 할 때에는 제30조에 따른 시·군·구 지적재조사위원회의 심의를 거쳐야 한다.

⑤ 제2항부터 제4항까지에 규정된 것 외에 조정금의 산정에 필요한 사항은 대통령령으로 정한다.

제21조의2(조정금에 관한 이의신청)

① 제21조제3항에 따라 수령통지 또는 납부고지된 조정금에 이의가 있는 토지소유자는 수령통지 또는 납부고지를 받은 날부터 60일 이내에 지적소관청에 이의신청을 할 수 있다.

② 지적소관청은 제1항에 따른 이의신청을 받은 날부터 30일 이내에 제30조에 따른 시·군·구 지적재조사위원회의 심의·의결을 거쳐 이의신청에 대한 결과를 신청인에게 서면으로 알려야 한다.
[본조신설 2017.4.18.]

4. 그 밖에 지적재조사사업에 필요하여 시·군·구 위원회의 위원장이 회의에 부치는 사항

③ 시·군·구 위원회는 위원장 및 부위원장 각 1명을 포함한 10명 이내의 위원으로 구성한다.

④ 시·군·구 위원회의 위원장은 시장·군수 또는 구청장이 되며, 부위원장은 위원 중에서 위원장이 지명한다.

⑤ 시·군·구 위원회의 위원은 다음 각 호의 어느 하나에 해당하는 사람 중에서 위원장이 임명 또는 위촉한다.

1. 해당 시·군·구의 5급 이상 공무원
2. 해당 지적재조사지구의 읍장·면장·동장
3. 판사·검사 또는 변호사
4. 법학이나 지적 또는 측량 분야의 교수로 재직하고 있거나 있었던 사람
5. 그 밖에 지적재조사사업에 관하여 전문성을 갖춘 사람

⑥ 시·군·구 위원회의 위원 중 공무원이 아닌 위원의 임기는 2년으로 한다.

⑦ 시·군·구 위원회는 재적위원 과반수의 출석과 출석위원 과반수의 찬성으로 의결한다.

⑧ 그 밖에 시·군·구 위원회의 조직 및 운영 등에 관하여 필요한 사항은 해당 시·군·구의 조례로 정한다.

07 시·군·구의 지적재조사사업에 관한 주요 정책을 심의·의결하기 위하여 지적소관청 소속으로 시·군·구 지적재조사위원회(이하 "시·군·구 위원회"라 한다)의 심의·의결에 대한 사항으로 옳지 않은 것은?

① 경계 확정으로 지적공부상의 면적이 증감된 경우에는 필지별 면적 증감내역을 기준으로 조정금을 산정

② 지적재조사측량 결과 기존의 지적공부상 지목이 실제의 이용현황과 다른 경우 지적공부상의 지목변경

③ 지적재조사사업의 효율적 수행을 위하여 불가피할 때에는 토지의 분할에 따른 지적공부정리와 경계복원측량을 일정한 기간 동안 정지대상

④ 토지소유자의 신청에 따라 시·군·구 지적재조사위원회가 경계복원측량 또는 지적공부정리가 필요하다고 결정하는 경우에 따른 경계복원측량 또는 지적공부정리의 허용 여부

풀이 지적재조사에 관한 특별법 제30조(시·군·구 지적재조사위원회) **암기** **목분지청**은 **의장**이

① 시·군·구의 지적재조사사업에 관한 주요 정책을 심의·의결하기 위하여 지적소관청 소속으로 시·군·구 지적재조사위원회(이하 "시·군·구 위원회"라 한다)를 둘 수 있다.

② 시·군·구 위원회는 다음 각 호의 사항을 심의·의결한다. 〈개정 2017.4.18., 2020.6.9.〉

> 1. 제12조제2항제3호(토지소유자의 신청에 따라 제30조에 따른 시·군·구 지적재조사위원회가 경계복원측량 또는 지적공부정리가 필요하다고 결정하는 경우)에 따른 경계**복**원측량 또는 지적공**부**정리의 허용 여부
> 2. 제19조(지적재조사측량 결과 기존의 지적공부상 지목이 실제의 이용현황과 다른 경우 지적소관청은 제30조에 따른 시·군·구 지적재조사위원회의 심의를 거쳐 기존의 지적공부상의 지목을 변경할 수 있다. 이 경우 지목을 변경하기 위하여 다른 법령에 따른 인허가 등을 받아야 할 때에는 그 인허가 등을 받거나 관계 기관과 협의한 경우에 한하여 실제의 지목으로 변경할 수 있다.)에 따른 **지**목의 변경
> 3. 제20조에 따른 조**정**금의 산정
> 3의2. 제21조의2제2항에 따른 조정금 이**의**신청에 관한 결정
>
> > **제20조(조정금의 산정)**
> > ① 지적소관청은 제18조에 따른 경계 확정으로 지적공부상의 면적이 증감된 경우에는 필지별 면적 증감내역을 기준으로 조정금을 산정하여 징수하거나 지급한다.
> > ② 제1항에도 불구하고 국가 또는 지방자치단체 소유의 국유지·공유지 행정재산의 조정금은 징수하거나 지급하지 아니한다.
> > ③ 조정금은 제18조에 따라 경계가 확정된 시점을 기준으로 「감정평가 및 감정평가사에 관한 법률」에 따른 감정평가업자가 평가한 감정평가액으로 산정한다. 다만, 토지소유자협의회가 요청하는 경우에는 제30조에 따른 시·군·구 지적재조사위원회의 심의를 거쳐 「부동산 가격 공시에 관한 법률」에 따른 개별공시지가로 산정할 수 있다. 〈개정 2017.4.18.〉
> > ④ 지적소관청은 제3항에 따라 조정금을 산정하고자 할 때에는 제30조에 따른 시·군·구 지적재조사위원회의 심의를 거쳐야 한다.
> > ⑤ 제2항부터 제4항까지에 규정된 것 외에 조정금의 산정에 필요한 사항은 대통령령으로 정한다.
> >
> > **제21조의2(조정금에 관한 이의신청)**
> > ① 제21조제3항에 따라 수령통지 또는 납부고지된 조정금에 이의가 있는 토지소유자는 수령통지 또는 납부고지를 받은 날부터 60일 이내에 지적소관청에 이의신청을 할 수 있다.
> > ② 지적소관청은 제1항에 따른 이의신청을 받은 날부터 30일 이내에 제30조에 따른 시·군·구 지적재조사위원회의 심의·의결을 거쳐 이의신청에 대한 결과를 신청인에게 서면으로 알려야 한다.
> > [본조신설 2017.4.18.]
>
> 4. 그 밖에 지적재조사사업에 필요하여 시·군·구 위원회의 위원**장**이 회의에 부치는 사항

③ 시·군·구 위원회는 위원장 및 부위원장 각 1명을 포함한 10명 이내의 위원으로 구성한다.

④ 시·군·구 위원회의 위원장은 시장·군수 또는 구청장이 되며, 부위원장은 위원 중에서 위원장이 지명한다.

⑤ 시·군·구 위원회의 위원은 다음 각 호의 어느 하나에 해당하는 사람 중에서 위원장이 임명 또는 위촉한다.

> 1. 해당 시·군·구의 5급 이상 공무원
> 2. 해당 지적재조사지구의 읍장·면장·동장
> 3. 판사·검사 또는 변호사
> 4. 법학이나 지적 또는 측량 분야의 교수로 재직하고 있거나 있었던 사람
> 5. 그 밖에 지적재조사사업에 관하여 전문성을 갖춘 사람

⑥ 시·군·구 위원회의 위원 중 공무원이 아닌 위원의 임기는 2년으로 한다.

⑦ 시·군·구 위원회는 재적위원 과반수의 출석과 출석위원 과반수의 찬성으로 의결한다.

⑧ 그 밖에 시·군·구 위원회의 조직 및 운영 등에 관하여 필요한 사항은 해당 시·군·구의 조례로 정한다.

08 다음은 중앙지적위원회의 구성에 대한 설명이다. ⑦~ⓑ에 각각 들어갈 내용으로 옳은 것은?

- 위원장 1명과 부위원장 1명을 포함하여 (㉠) 이상 (㉡) 이하의 위원으로 구성한다.
- 위원장은 국토교통부의 (㉢)이, 부위원장은 국토교통부의 (㉣)이 된다.
- 위원은 지적에 관한 학식과 경험이 풍부한 사람 중에서 (㉤)이 임명하거나 위촉한다.
- 중앙지적위원회의 간사는 국토교통부의 지적업무 담당 공무원 중에서 (㉥)이 임명하며, 회의 준비, 회의록 작성 및 회의 결과에 따른 업무 등 중앙지적위원회의 서무를 담당한다.

	㉠	㉡	㉢	㉣	㉤	㉥
①	5명	10명	국토교통부장관	국토교통부 업무담당	위원장	국토교통부장관
②	5명	10명	지적업무 담당 국장	지적업무 담당 과장	국토교통부장관	국토교통부장관
③	7명	15명	국토교통부장관	국토교통부 업무담당	위원장	국토교통부장관
④	7명	15명	지적업무 담당 국장	지적업무 담당 과장	국토교통부장관	위원장

풀이 공간정보의 구축 및 관리 등에 관한 법률 시행령 제20조(중앙지적위원회의 구성 등)

① 법 제28조제1항에 따른 중앙지적위원회(이하 "중앙지적위원회"라 한다)는 위원장 1명과 부위원장 1명을 포함하여 5명 이상 10명 이하의 위원으로 구성한다.

② 위원장은 국토교통부의 지적업무 담당 국장이, 부위원장은 국토교통부의 지적업무 담당 과장이 된다.

③ 위원은 지적에 관한 학식과 경험이 풍부한 사람 중에서 국토교통부장관이 임명하거나 위촉한다.

④ 위원장 및 부위원장을 제외한 위원의 임기는 2년으로 한다.

⑤ 중앙지적위원회의 간사는 국토교통부의 지적업무 담당 공무원 중에서 **국토교통부장관**이 임명하며, 회의 준비, 회의록 작성 및 회의 결과에 따른 업무 등 중앙지적위원회의 서무를 담당한다.

⑥ 중앙지적위원회의 위원에게는 예산의 범위에서 출석수당과 여비, 그 밖의 실비를 지급할 수 있다. 다만, 공무원인 위원이 그 소관 업무와 직접적으로 관련되어 출석하는 경우에는 그러하지 아니하다.

09 아래는 「지적재조사에 관한 특별법」에 따른 기본계획의 수립에 관한 내용이다. ( ) 안에 들어갈 일자로 옳은 것은?

- 지적소관청은 기본계획안을 송부받은 날부터 (㉠) 이내에 시·도지사에게 의견을 제출하여야 하며, 시·도지사는 기본계획안을 송부받은 날부터 (㉡) 이내에 지적소관청의 의견에 자신의 의견을 첨부하여 (㉢)에게 제출하여야 한다. 이 경우 기간 내에 의견을 제출하지 아니하면 의견이 없는 것으로 본다.
- 국토교통부장관은 기본계획이 수립된 날부터 (㉣)이 지나면 그 타당성을 다시 검토하고 필요하면 이를 변경하여야 한다.

	㉠	㉡	㉢	㉣
①	10일	20일	시 · 도지사	4년
②	20일	30일	국토교통부장관	5년
③	30일	40일	국토교통부장관	3년
④	40일	50일	시 · 도지사	2년

[풀이] 지적재조사에 관한 특별법 제4조(기본계획의 수립)

① 국토교통부장관은 지적재조사사업을 효율적으로 시행하기 위하여 다음 각 호의 사항이 포함된 지적재조사사업에 관한 기본계획(이하 "기본계획"이라 한다)을 수립하여야 한다. 〈개정 2013.3.23., 2017.4.18.〉

암기 [규][연][인][방]기 [시][도]하라 [표][준] [교][육] [연][구] [개][발]을

1. 지적재조사사업의 시행기간 및 [규]모
2. 지적재조사사업비의 [연]도별 집행계획
3. 지적재조사사업에 필요한 [인]력의 확보에 관한 계획
4. 지적재조사사업에 관한 기본[방]향
5. 지적재조사사업비의 특별시 · 광역시 · 도 · 특별자치도 · 특별자치시 및 「지방자치법」 제198조에 따른 대도시로서 구(區)를 둔 시(이하 "[시] · [도]"라 한다)별 배분 계획
6. 그 밖에 지적재조사사업의 효율적 시행을 위하여 필요한 사항으로서 대통령령으로 정하는 사항

> 1. 디지털 지적(地籍)의 운영 · 관리에 필요한 [표][준]의 제정 및 그 활용
> 2. 지적재조사사업의 효율적 추진을 위하여 필요한 [교][육] 및 [연][구] · [개][발]
> 3. 그 밖에 국토교통부장관이 법 제4조제1항에 따른 지적재조사사업에 관한 기본계획(이하 "기본계획"이라 한다)의 수립에 필요하다고 인정하는 사항

② 국토교통부장관은 기본계획을 수립할 때에는 미리 공청회를 개최하여 관계 전문가 등의 의견을 들어 기본계획안을 작성하고, 특별시장 · 광역시장 · 도지사 · 특별자치도지사 · 특별자치시장 및 「지방자치법」 제198조에 따른 대도시로서 구를 둔 시의 시장(이하 "시 · 도지사"라 한다)에게 그 안을 송부하여 의견을 들은 후 제28조에 따른 중앙지적재조사위원회의 심의를 거쳐야 한다. 〈개정 2013.3.23., 2017.4.18.〉

③ 시 · 도지사는 제2항에 따라 기본계획안을 송부받았을 때에는 이를 지체 없이 지적소관청에 송부하여 그 의견을 들어야 한다.

④ 지적소관청은 제3항에 따라 기본계획안을 송부받은 날부터 20일 이내에 시 · 도지사에게 의견을 제출하여야 하며, 시 · 도지사는 제2항에 따라 기본계획안을 송부받은 날부터 30일 이내에 지적소관청의 의견에 자신의 의견을 첨부하여 **국토교통부장관**에게 제출하여야 한다. 이 경우 기간 내에 의견을 제출하지 아니하면 의견이 없는 것으로 본다. 〈개정 2013.3.23.〉

⑤ 제2항부터 제4항까지의 규정은 기본계획을 변경할 때에도 적용한다. 다만, 대통령령으로 정하는 경미한 사항을 변경할 때에는 제외한다.

⑥ 국토교통부장관은 기본계획을 수립하거나 변경하였을 때에는 이를 관보에 고시하고 시 · 도지사에게 통지하여야 하며, 시 · 도지사는 이를 지체 없이 지적소관청에 통지하여야 한다. 〈개정 2013.3.23.〉

⑦ 국토교통부장관은 기본계획이 수립된 날부터 5년이 지나면 그 타당성을 다시 검토하고 필요하면 이를 변경하여야 한다.

정답

10 「공간정보의 구축 및 관리 등에 관한 법령」상 축척변경사업에 따른 청산금에 관한 내용이다. ( )에 들어갈 사항으로 옳은 것은?

> • 지적소관청은 청산금의 결정을 공고한 날부터 (㉠) 이내에 토지소유자에게 청산금의 납부고지 또는 수령통지를 하여야 한다.
> • 지적소관청으로부터 청산금의 납부고지를 받은 자는 그 고지를 받은 날부터 (㉡) 이내에 청산금을 지적소관청에 내야 한다.
> • 이의신청을 받은 지적소관청은 (㉢) 이내에 축척변경위원회의 심의·의결을 거쳐 그 인용(認容) 여부를 결정한 후 지체 없이 그 내용을 이의신청인에게 통지하여야 한다.
> • 지적소관청이 납부고지되거나 수령통지된 청산금에 관하여 이의가 있는 자는 납부고지 또는 수령통지를 받은 날부터 (㉣) 이내에 지적소관청에 이의신청을 할 수 있다.

① ㉠ : 15일, ㉡ : 6개월, ㉢ : 1개월, ㉣ : 3개월
② ㉠ : 15일, ㉡ : 3개월, ㉢ : 2개월, ㉣ : 2개월
③ ㉠ : 20일, ㉡ : 6개월, ㉢ : 1개월, ㉣ : 1개월
④ ㉠ : 20일, ㉡ : 6개월, ㉢ : 2개월, ㉣ : 2개월

풀이 **공간정보의 구축 및 관리 등에 관한 법률 시행령 제76조(청산금의 납부고지 등)**

① 지적소관청은 제75조제4항에 따라 청산금의 결정을 공고한 날부터 20일 이내에 토지소유자에게 청산금의 납부고지 또는 수령통지를 하여야 한다.

② 제1항에 따른 납부고지를 받은 자는 그 고지를 받은 날부터 6개월 이내에 청산금을 지적소관청에 내야 한다.

③ 지적소관청은 제1항에 따른 수령통지를 한 날부터 6개월 이내에 청산금을 지급하여야 한다.

④ 지적소관청은 청산금을 지급받을 자가 행방불명 등으로 받을 수 없거나 받기를 거부할 때에는 그 청산금을 공탁할 수 있다.

⑤ 지적소관청은 청산금을 내야 하는 자가 제77조제1항에 따른 기간 내에 청산금에 관한 이의신청을 하지 아니하고 제2항에 따른 기간 내에 청산금을 내지 아니하면 지방세 체납처분의 예에 따라 징수할 수 있다.

공간정보의 구축 및 관리 등에 관한 법률 시행령 제77조(청산금에 관한 이의신청)

① 제76조제1항에 따라 납부고지되거나 수령통지된 청산금에 관하여 이의가 있는 자는 납부고지 또는 수령통지를 받은 날부터 1개월 이내에 지적소관청에 이의신청을 할 수 있다.

② 제1항에 따른 이의신청을 받은 지적소관청은 1개월 이내에 축척변경위원회의 심의·의결을 거쳐 그 인용(認容) 여부를 결정한 후 지체 없이 그 내용을 이의신청인에게 통지하여야 한다.

11 지적측량 적부심사에 대한 설명으로 ( )에 들어갈 사항으로 옳은 것은?

- 지적측량 적부심사청구를 받은 시·도지사는 (㉠) 이내에 다툼이 되는 지적측량의 경위 및 그 성과 등을 조사하여 지방지적위원회에 회부하여야 한다.
- 지적측량 적부심사청구를 회부받은 지방지적위원회는 그 심사청구를 회부받은 날부터 (㉡) 이내에 심의·의결하여야 한다.
- 부득이한 경우에는 그 심의기간을 해당 지적위원회의 의결을 거쳐 (㉢) 이내에서 한 번만 연장할 수 있다.
- 의결서를 받은 날부터 (㉣) 이내에 지적측량 적부심사 청구인 및 이해관계인에게 그 의결서를 통지하여야 한다.
- 의결서를 받은 자가 지방지적위원회의 의결에 불복하는 경우에는 그 의결서를 받은 날부터 (㉤) 이내에 국토교통부장관을 거쳐 (㉥)에 재심사를 청구할 수 있다.

	㉠	㉡	㉢	㉣	㉤	㉥
①	60일	30일	10일	5일	60일	지방지적위원회
②	30일	30일	20일	5일	30일	중앙지적위원회
③	30일	60일	30일	7일	90일	중앙지적위원회
④	10일	10일	60일	10일	60일	지방지적위원회

풀이 공간정보의 구축 및 관리 등에 관한 법률 제29조(지적측량의 적부심사 등) **암기** **위성이 연기**하면 **제총**하라

① 토지소유자, 이해관계인 또는 지적측량수행자는 지적측량성과에 대하여 다툼이 있는 경우에는 대통령령으로 정하는 바에 따라 관할 시·도지사를 거쳐 지방지적위원회에 지적측량 적부심사를 청구할 수 있다.

② 제1항에 따른 지적측량 적부심사청구를 받은 시·도지사는 30일 이내에 다음 각 호의 사항을 조사하여 지방지적위원회에 회부하여야 한다.

1. 다툼이 되는 지적측량의 경**위** 및 그 **성**과
2. 해당 토지에 대한 토지**이**동 및 소유권 변동 **연**혁
3. 해당 토지 주변의 측량**기**준점, 경**계**, 주요 구조물 등 현황 실**측**도

③ 제2항에 따라 지적측량 적부심사청구를 회부받은 지방지적위원회는 그 심사청구를 회부받은 날부터 60일 이내에 심의·의결하여야 한다. 다만, 부득이한 경우에는 그 심의기간을 해당 지적위원회의 의결을 거쳐 30일 이내에서 한 번만 연장할 수 있다.

④ 지방지적위원회는 지적측량 적부심사를 의결하였으면 대통령령으로 정하는 바에 따라 의결서를 작성하여 시·도지사에게 송부하여야 한다.

⑤ 시·도지사는 제4항에 따라 의결서를 받은 날부터 7일 이내에 지적측량 적부심사 청구인 및 이해관계인에게 그 의결서를 통지하여야 한다.

⑥ 제5항에 따라 의결서를 받은 자가 지방지적위원회의 의결에 불복하는 경우에는 그 의결서를 받은 날부터 90일 이내에 국토교통부장관을 거쳐 중앙지적위원회에 재심사를 청구할 수 있다.

⑦ 제6항에 따른 재심사청구에 관하여는 제2항부터 제5항까지의 규정을 준용한다. 이 경우 "시·도지사"는 "국토교통부장관"으로, "지방지적위원회"는 "중앙지적위원회"로 본다.

⑧ 제7항에 따라 중앙지적위원회로부터 의결서를 받은 국토교통부장관은 그 의결서를 관할 시·도지사에게 송부하여야 한다.

⑨ 시·도지사는 제4항에 따라 지방지적위원회의 의결서를 받은 후 해당 지적측량 적부심사 청구인 및 이해관계인이 제6항에 따른 기간에 재심사를 청구하지 아니하면 그 의결서 사본을 지적소관청에 보내야 하며, 제8항

정답 11 ③

에 따라 중앙지적위원회의 의결서를 받은 경우에는 그 의결서 사본에 제4항에 따라 받은 지방지적위원회의 의결서 사본을 첨부하여 지적소관청에 보내야 한다.

⑩ 제9항에 따라 지방지적위원회 또는 중앙지적위원회의 의결서 사본을 받은 지적소관청은 그 내용에 따라 지적공부의 등록사항을 정정하거나 측량성과를 수정하여야 한다.

12 지적측량수행자의 손해배상책임 보장에 대한 설명으로 (　　) 안에 들어갈 내용으로 옳은 것은?

• 지적측량업자는 지적측량업 등록증을 발급받은 날부터 (㉠) 이내에 제1항제1호(보장기간 10년 이상 및 보증금액 1억 원 이상)의 기준에 따라 보증설정을 하여야 하며, 보증설정을 하였을 때에는 이를 증명하는 서류를 등록한 시 · 도지사에게 제출하여야 한다.

• 보증설정을 한 지적측량수행자는 보증기간의 만료로 인하여 다시 보증설정을 하려는 경우에는 그 (㉡)일까지 다시 보증설정을 하고 그 사실을 증명하는 서류를 등록한 시 · 도지사에게 제출하여야 한다.

• 보증설정을 한 지적측량수행자는 그 보증설정을 다른 보증설정으로 변경하려는 경우에는 해당 (㉢) 중에 다른 보증설정을 하여야 한다.

	㉠	㉡	㉢
①	10일	보증기간 만료	보증설정의 효력이 있는 기간
②	20일	보증기간 중	보증설정의 효력이 만료된 기간
③	30일	보증기간 만료	보증설정의 효력이 있는 기간
④	30일	보증기간 중	보증설정의 효력이 만료된 기간

풀이 **공간정보의 구축 및 관리 등에 관한 법률 시행령 제41조(손해배상책임의 보장)**

① 지적측량수행자는 법 제51조제2항에 따라 손해배상책임을 보장하기 위하여 다음 각 호의 구분에 따라 보증보험에 가입하거나 공간정보산업협회가 운영하는 보증 또는 공제에 가입하는 방법으로 보증설정(이하 "보증설정"이라 한다)을 하여야 한다.

> 1. 지적측량업자 : 보장기간 10년 이상 및 보증금액 1억 원 이상
> 2. 「국가공간정보 기본법」 제12조에 따라 설립된 한국국토정보공사(이하 "한국국토정보공사"라 한다) : 보증금액 20억 원 이상

② 지적측량업자는 지적측량업 등록증을 발급받은 날부터 10일 이내에 제1항제1호의 기준에 따라 보증설정을 하여야 하며, 보증설정을 하였을 때에는 이를 증명하는 서류를 제35조제1항에 따라 등록한 시 · 도지사에게 제출하여야 한다.

공간정보의 구축 및 관리 등에 관한 법률 시행령 제42조(보증설정의 변경)

① 법 제51조에 따라 보증설정을 한 지적측량수행자는 그 보증설정을 다른 보증설정으로 변경하려는 경우에는 해당 보증설정의 효력이 있는 기간 중에 다른 보증설정을 하고 그 사실을 증명하는 서류를 제35조제1항에 따라 등록한 시 · 도지사에게 제출하여야 한다.

② 보증설정을 한 지적측량수행자는 보증기간의 만료로 인하여 다시 보증설정을 하려는 경우에는 그 보증기간 만료일까지 다시 보증설정을 하고 그 사실을 증명하는 서류를 제35조제1항에 따라 등록한 시 · 도지사에게 제출하여야 한다.

공간정보의 구축 및 관리 등에 관한 법률 시행령 제43조(보험금 등의 지급 등)

① 지적측량의뢰인은 법 제51조제1항에 따른 손해배상으로 보험금 · 보증금 또는 공제금을 지급받으려면 다음

각 호의 어느 하나에 해당하는 서류를 첨부하여 보험회사 또는 공간정보산업협회에 손해배상금 지급을 청구하여야 한다.

> 1. 지적측량의뢰인과 지적측량수행자 간의 손해배상합의서 또는 화해조서
> 2. 확정된 법원의 판결문 사본
> 3. 제1호 또는 제2호에 준하는 효력이 있는 서류

② 지적측량수행자는 보험금·보증금 또는 공제금으로 손해배상을 하였을 때에는 지체 없이 다시 보증설정을 하고 그 사실을 증명하는 서류를 제35조제1항에 따라 등록한 시·도지사에게 제출하여야 한다.

③ 지적소관청은 제1항에 따라 지적측량수행자가 지급하는 손해배상금의 일부를 지적소관청의 지적측량성과 검사 과실로 인하여 지급하여야 하는 경우에 대비하여 공제에 가입할 수 있다.

13 「공간정보의 구축 및 관리 등에 관한 법령」상 측량기기의 성능검사에 관한 설명이다. (   ) 안에 들어갈 내용으로 옳은 것은?

> • 측량업자는 트랜싯, 레벨, 그 밖에 대통령령으로 정하는 측량기기에 대하여 (㉠)의 범위에서 대통령령으로 정하는 기간마다 국토교통부장관이 실시하는 성능검사를 받아야 한다.
> • 성능검사(신규 성능검사는 제외한다)는 성능검사 유효기간 만료일 (㉡) 전부터 유효기간 만료일까지의 기간에 받아야 한다.
> • 성능검사의 유효기간은 종전 (㉢)부터 기산(起算)한다. 다만, 기간 외의 기간에 성능검사를 받은 경우에는 그 (㉣)부터 기산한다.

	㉠	㉡	㉢	㉣
①	3년	3개월	유효기간 만료일의 다음 날	검사를 받은 날의 다음 날
②	4년	2개월	검사를 받은 날의 다음 날	유효기간 만료일의 다음 날
③	5년	2개월	유효기간 만료일의 다음 날	검사를 받은 날의 다음 날
④	6년	3개월	검사를 받은 날의 다음 날	유효기간 만료일의 다음 날

풀이 **공간정보의 구축 및 관리 등에 관한 법률 제92조(측량기기의 검사)**

① 측량업자는 트랜싯, 레벨, 그 밖에 대통령령으로 정하는 측량기기에 대하여 5년의 범위에서 대통령령으로 정하는 기간마다 국토교통부장관이 실시하는 성능검사를 받아야 한다. 다만, 「국가표준기본법」제14조에 따라 국가교정업무 전담기관의 교정검사를 받은 측량기기로서 국토교통부장관이 제6항에 따른 성능검사 기준에 적합하다고 인정한 경우에는 성능검사를 받은 것으로 본다. 〈개정 2013.3.23., 2020.4.7.〉

② 한국국토정보공사는 성능검사를 위한 적합한 시설과 장비를 갖추고 자체적으로 검사를 실시하여야 한다. 〈개정 2014.6.3.〉

③ 제93조제1항에 따라 측량기기의 성능검사업무를 대행하는 자로 등록한 자(이하 "성능검사대행자"라 한다)는 제1항에 따른 국토교통부장관의 성능검사업무를 대행할 수 있다. 〈개정 2013.3.23., 2020.4.7.〉

④ 한국국토정보공사와 성능검사대행자는 제6항에 따른 성능검사의 기준, 방법 및 절차와 다르게 성능검사를 하여서는 아니 된다. 〈신설 2020.4.7.〉

⑤ 국토교통부장관은 한국국토정보공사와 성능검사대행자가 제6항에 따른 기준, 방법 및 절차에 따라 성능검사를 정확하게 하는지 실태를 점검하고, 필요한 경우에는 시정을 명할 수 있다. 〈신설 2020.4.7.〉

⑥ 제1항 및 제2항에 따른 성능검사의 기준, 방법 및 절차와 제5항에 따른 실태점검 및 시정명령 등에 필요한 사항은 국토교통부령으로 정한다. 〈개정 2013.3.23., 2020.4.7.〉

공간정보의 구축 및 관리 등에 관한 법률 시행령 제97조(성능검사의 대상 및 주기 등)

① 법 제92조제1항에 따라 성능검사를 받아야 하는 측량기기와 검사주기는 다음 각 호와 같다.

    1. 트랜싯(데오드라이트) : 3년

    2. 레벨 : 3년

    3. 거리측정기 : 3년

    4. 토털 스테이션 : 3년

    5. 지피에스(GPS) 수신기 : 3년

    6. 금속관로 탐지기 : 3년

② 법 제92조제1항에 따른 성능검사(신규 성능검사는 제외한다)는 제1항에 따른 성능검사 유효기간 만료일 2개월 전부터 유효기간 만료일까지의 기간에 받아야 한다.

③ 법 제92조제1항에 따른 성능검사의 유효기간은 종전 유효기간 만료일의 다음 날부터 기산(起算)한다. 다만, 제2항에 따른 기간 외의 기간에 성능검사를 받은 경우에는 그 검사를 받은 날의 다음 날부터 기산한다.

14 다음은 지적소관청이 토지소유자에게 지적정리 등을 통지하여야 하는 시기에 관한 설명이다. ( ) 안에 들어갈 내용으로 알맞은 것은?

> • 토지의 표시에 관한 변경등기가 필요한 경우 : 그 등기완료의 통지서를 (㉠) 날부터 (㉡)일 이내
> • 토지의 표시에 관한 변경등기가 필요하지 아니한 경우 : 지적공부에 (㉢) 날부터 (㉣)일 이내

① ㉠ : 접수한, ㉡ : 15, ㉢ : 등록한, ㉣ : 7   ② ㉠ : 등록한, ㉡ : 7, ㉢ : 접수한, ㉣ : 7

③ ㉠ : 접수한, ㉡ : 7, ㉢ : 등록한, ㉣ : 15   ④ ㉠ : 등록한, ㉡ : 15, ㉢ : 등록한, ㉣ : 15

풀이 공간정보의 구축 및 관리 등에 관한 법률 시행령 제85조(지적정리 등의 통지)

지적소관청이 법 제90조에 따라 토지소유자에게 지적정리 등을 통지하여야 하는 시기는 다음 각 호의 구분에 따른다.

1. 토지의 표시에 관한 변경등기가 필요한 경우 : 그 등기완료의 통지서를 접수한 날부터 15일 이내

2. 토지의 표시에 관한 변경등기가 필요하지 아니한 경우 : 지적공부에 등록한 날부터 7일 이내

15 「공간정보의 구축 및 관리 등에 관한 법령」상 토지의 이동 신청 및 지적정리 등에 관한 설명이다. ( ) 안에 들어갈 내용으로 옳은 것은?

> 지적소관청은 토지의 표시가 잘못되었음을 발견하였을 때에는 (㉠) 등록사항 정정에 필요한 서류와 (㉡)를 작성하고, 토지이동정리 결의서를 작성한 후 대장의 사유란에 (㉢)라고 적고, 토지소유자에게 (㉣) 신청을 할 수 있도록 그 사유를 통지하여야 한다.

	㉠	㉡	㉢	㉣
①	지체 없이	등록사항 정정 측량성과도	등록사항 정정 대상토지	등록사항 정정
②	7일 이내	등록사항 정정 대상토지	등록사항 정정 측량성과도	등록사항 정정
③	30일 이내	지적불부합 토지	등록사항 정정 측량성과도	등록사항 정정
④	30일 이내	등록사항 정정 대상토지	등록사항 정정 대상토지	등록사항 정정

① 지적소관청은 토지의 표시가 잘못되었음을 발견하였을 때에는 지체 없이 등록사항 정정에 필요한 서류와 등록사항 정정 측량성과도를 작성하고, 영 제84조제2항에 따라 토지이동정리 결의서를 작성한 후 대장의 사유란에 "등록사항 정정 대상토지"라고 적고, 토지소유자에게 등록사항 정정 신청을 할 수 있도록 그 사유를 통지하여야 한다. 다만, 영 제82조제1항에 따라 지적소관청이 직권으로 정정할 수 있는 경우에는 토지소유자에게 통지를 하지 아니할 수 있다.

② 제1항에 따른 등록사항 정정 대상토지에 대한 대장을 열람하게 하거나 등본을 발급하는 때에는 "등록사항 정정 대상토지"라고 적은 부분을 흑백의 반전(反轉)으로 표시하거나 붉은색으로 적어야 한다.

16 「공간정보의 구축 및 관리 등에 관한 법령」상 축척변경사업에 따른 청산금에 관한 내용이다. ( )에 들어갈 사항으로 옳은 것은?

> • 지적소관청이 납부고지되거나 수령통지된 청산금에 관하여 이의가 있는 자는 납부고지 또는 수령통지를 받은 날부터 (㉠) 이내에 지적소관청에 이의신청을 할 수 있다.
> • 지적소관청으로부터 청산금의 납부고지를 받은 자는 그 고지를 받은 날부터 (㉡) 이내에 청산금을 지적소관청에 내야 한다.
> • 이의신청을 받은 지적소관청은 (㉢) 이내에 축척변경위원회의 심의 · 의결을 거쳐 그 인용(認容) 여부를 결정한 후 지체 없이 그 내용을 이의신청인에게 통지하여야 한다.

① ㉠ : 15일,　㉡ : 6개월,　㉢ : 2개월
② ㉠ : 1개월,　㉡ : 6개월,　㉢ : 1개월
③ ㉠ : 1개월,　㉡ : 6개월,　㉢ : 3개월
④ ㉠ : 3개월,　㉡ : 1년,　㉢ : 4개월

풀이 공간정보의 구축 및 관리 등에 관한 법률 시행령 제76조(청산금의 납부고지 등)

① 지적소관청은 제75조제4항에 따라 청산금의 결정을 공고한 날부터 20일 이내에 토지소유자에게 청산금의 납부고지 또는 수령통지를 하여야 한다.

② 제1항에 따른 납부고지를 받은 자는 그 고지를 받은 날부터 6개월 이내에 청산금을 지적소관청에 내야 한다.

③ 지적소관청은 제1항에 따른 수령통지를 한 날부터 6개월 이내에 청산금을 지급하여야 한다.

④ 지적소관청은 청산금을 지급받을 자가 행방불명 등으로 받을 수 없거나 받기를 거부할 때에는 그 청산금을 공탁할 수 있다.

⑤ 지적소관청은 청산금을 내야 하는 자가 제77조제1항에 따른 기간 내에 청산금에 관한 이의신청을 하지 아니하고 제2항에 따른 기간 내에 청산금을 내지 아니하면 지방세 체납처분의 예에 따라 징수할 수 있다.

공간정보의 구축 및 관리 등에 관한 법률 시행령 제77조(청산금에 관한 이의신청)

① 제76조제1항에 따라 납부고지되거나 수령통지된 청산금에 관하여 이의가 있는 자는 납부고지 또는 수령통지를 받은 날부터 1개월 이내에 지적소관청에 이의신청을 할 수 있다.

② 제1항에 따른 이의신청을 받은 지적소관청은 1개월 이내에 축척변경위원회의 심의 · 의결을 거쳐 그 인용(認容) 여부를 결정한 후 지체 없이 그 내용을 이의신청인에게 통지하여야 한다.

정답 16 ②

17 다음은 지적측량의 기간에 관한 내용이다. (   )에 들어갈 내용으로 옳은 것은?

> 지적측량의 측량기간은 (㉠)로 하며, 측량검사기간은 (㉡)로 한다. 다만, 지적기준점을 설치하여 측량 또는 측량검사를 하는 경우 지적기준점이 (㉢) 이하인 경우에는 (㉣)일을, 15점을 초과하는 경우에는 4일에 15점을 초과하는 (㉤)마다 1일을 가산한다. 이와 같은 기준에도 불구하고, 지적측량 의뢰인과 지적측량수행자가 서로 합의하여 따로 기간을 정하는 경우에는 그 기간에 따르되, 전체 기간의 (㉥)은 측량기간으로, 전체 기간의 (㉦)은(는) 측량검사기간으로 본다.

① ㉠ – 3일, ㉡ – 3일, ㉢ – 10점, ㉣ – 4일, ㉤ – 4점, ㉥ – 4분의 3, ㉦ – 4분의 1
② ㉠ – 4일, ㉡ – 3일, ㉢ – 14점, ㉣ – 5일, ㉤ – 5점, ㉥ – 5분의 3, ㉦ – 5분의 2
③ ㉠ – 5일, ㉡ – 4일, ㉢ – 15점, ㉣ – 4일, ㉤ – 4점, ㉥ – 4분의 3, ㉦ – 4분의 1
④ ㉠ – 6일, ㉡ – 4일, ㉢ – 15점, ㉣ – 6일, ㉤ – 5점, ㉥ – 5분의 3, ㉦ – 5분의 2

풀이 공간정보의 구축 및 관리 등에 관한 법률 시행규칙 제25조(지적측량 의뢰 등)

① 법 제24조제1항에 따라 지적측량을 의뢰하려는 자는 별지 제15호 서식의 지적측량 의뢰서(전자문서로 된 의뢰서를 포함한다)에 의뢰 사유를 증명하는 서류(전자문서를 포함한다)를 첨부하여 지적측량수행자에게 제출하여야 한다.

② 지적측량수행자는 제1항에 따른 지적측량 의뢰를 받은 때에는 측량기간, 측량일자 및 측량 수수료 등을 적은 별지 제16호 서식의 지적측량 수행계획서를 그 다음 날까지 지적소관청에 제출하여야 한다. 제출한 지적측량 수행계획서를 변경한 경우에도 같다.

③ 지적측량의 측량기간은 5일로 하며, 측량검사기간은 4일로 한다. 다만, 지적기준점을 설치하여 측량 또는 측량검사를 하는 경우 지적기준점이 15점 이하인 경우에는 4일을, 15점을 초과하는 경우에는 4일에 15점을 초과하는 4점마다 1일을 가산한다.

④ 제3항에도 불구하고 지적측량 의뢰인과 지적측량수행자가 서로 합의하여 따로 기간을 정하는 경우에는 그 기간에 따르되, 전체 기간의 4분의 3은 측량기간으로, 전체 기간의 4분의 1은 측량검사기간으로 본다.

⑤ 삭제 〈2015.6.4.〉

18 다음은 지적공부 복구에 관한 사항이다. (   ) 안에 들어갈 내용으로 알맞은 것은?

> • 지적소관청은 조사된 복구자료 중 토지대장·임야대장 및 공유지연명부의 등록 내용을 증명하는 서류 등에 따라 (㉠)을 작성하고, 지적도면의 등록 내용을 증명하는 서류 등에 따라 (㉡)를 작성하여야 한다.
> • 지적소관청은 복구자료의 조사 또는 복구측량 등이 완료되어 지적공부를 복구하려는 경우에는 복구하려는 토지의 표시 등을 (㉢) 및 인터넷 홈페이지에 (㉣)일 이상 게시하여야 한다.

	㉠	㉡	㉢	㉣
①	지적복구자료 조사서	복구자료도	시·군·구 게시판	15
②	복구자료도	지적복구자료 조사서	시·도 게시판	20
③	지적복구자료 조사서	복구자료도	시·도 게시판	15
④	복구자료도	지적복구자료 조사서	시·군·구 게시판	20

공간정보의 구축 및 관리 등에 관한 법률 시행규칙 제73조(지적공부의 복구절차 등)

① 지적소관청은 법 제74조 및 영 제61조제1항에 따라 지적공부를 복구하려는 경우에는 제72조 각 호의 복구자료를 조사하여야 한다.

② 지적소관청은 제1항에 따라 조사된 복구자료 중 토지대장·임야대장 및 공유지연명부의 등록 내용을 증명하는 서류 등에 따라 별지 제70호 서식의 **지적복구자료 조사서**를 작성하고, 지적도면의 등록 내용을 증명하는 서류 등에 따라 **복구자료도**를 작성하여야 한다.

③ 제2항에 따라 작성된 복구자료도에 따라 측정한 면적과 지적복구자료 조사서의 조사된 면적의 증감이 영 제19조제1항제2호가목의 계산식에 따른 허용범위를 초과하거나 복구자료도를 작성할 복구자료가 없는 경우에는 복구측량을 하여야 한다. 이 경우 같은 계산식 중 A는 오차허용면적, M은 축척분모, F는 조사된 면적을 말한다.

④ 제2항에 따라 작성된 지적복구자료 조사서의 조사된 면적이 영 제19조제1항제2호가목의 계산식에 따른 허용범위 이내인 경우에는 그 면적을 복구면적으로 결정하여야 한다.

⑤ 제3항에 따라 복구측량을 한 결과가 복구자료와 부합하지 아니하는 때에는 토지소유자 및 이해관계인의 동의를 받아 경계 또는 면적 등을 조정할 수 있다. 이 경우 경계를 조정한 때에는 제60조제2항에 따른 경계점표지를 설치하여야 한다.

⑥ 지적소관청은 제1항부터 제5항까지의 규정에 따른 복구자료의 조사 또는 복구측량 등이 완료되어 지적공부를 복구하려는 경우에는 복구하려는 토지의 표시 등을 시·군·구 게시판 및 인터넷 홈페이지에 15일 이상 게시하여야 한다.

⑦ 복구하려는 토지의 표시 등에 이의가 있는 자는 제6항의 게시기간 내에 지적소관청에 이의신청을 할 수 있다. 이 경우 이의신청을 받은 지적소관청은 이의사유를 검토하여 이유 있다고 인정되는 때에는 그 시정에 필요한 조치를 하여야 한다.

⑧ 지적소관청은 제6항 및 제7항에 따른 절차를 이행한 때에는 지적복구자료 조사서, 복구자료도 또는 복구측량 결과도 등에 따라 토지대장·임야대장·공유지연명부 또는 지적도면을 복구하여야 한다.

⑨ 토지대장·임야대장 또는 공유지연명부는 복구되고 지적도면이 복구되지 아니한 토지가 법 제83조에 따른 축척변경 시행지역이나 법 제86조에 따른 도시개발사업 등의 시행지역에 편입된 때에는 지적도면을 복구하지 아니할 수 있다.

19 「공간정보의 구축 및 관리 등에 관한 법률」상 용어의 정의에 관한 내용이다. ( )에 들어갈 용어로 옳은 것은?

- "(㉠)"이란 토지의 표시를 새로 정하거나 변경 또는 말소하는 것을 말한다.
- "(㉡)"이란 대통령령으로 정하는 바에 따라 구획되는 토지의 등록단위를 말한다.
- "(㉢)"란 지적공부에 토지의 소재·지번(地番)·지목(地目)·면적·경계 또는 좌표를 등록한 것을 말한다.
- "(㉣)"이란 필지별로 경계점들을 직선으로 연결하여 지적공부에 등록한 선을 말한다.

	㉠	㉡	㉢	㉣
①	경계	토지의 표시	필지	토지의 이동
②	토지의 표시	경계	토지의 이동	필지
③	토지의 이동	필지	토지의 표시	경계
④	필지	토지의 표시	경계	토지의 이동

풀이 공간정보의 구축 및 관리 등에 관한 법률 제2조(정의)

이 법에서 사용하는 용어의 뜻은 다음과 같다.

20. "토지의 표시"란 지적공부에 토지의 소재·지번(地番)·지목(地目)·면적·경계 또는 좌표를 등록한 것을 말한다.

21. "필지"란 대통령령으로 정하는 바에 따라 구획되는 토지의 등록단위를 말한다.

22. "지번"이란 필지에 부여하여 지적공부에 등록한 번호를 말한다.

23. "지번부여지역"이란 지번을 부여하는 단위지역으로서 동·리 또는 이에 준하는 지역을 말한다.

24. "지목"이란 토지의 주된 용도에 따라 토지의 종류를 구분하여 지적공부에 등록한 것을 말한다.

25. "경계점"이란 필지를 구획하는 선의 굴곡점으로서 지적도나 임야도에 도해(圖解) 형태로 등록하거나 경계점좌표등록부에 좌표 형태로 등록하는 점을 말한다.

26. "경계"란 필지별로 경계점들을 직선으로 연결하여 지적공부에 등록한 선을 말한다.

27. "면적"이란 지적공부에 등록한 필지의 수평면상 넓이를 말한다.

28. "토지의 이동(異動)"이란 토지의 표시를 새로 정하거나 변경 또는 말소하는 것을 말한다.

29. "신규등록"이란 새로 조성된 토지와 지적공부에 등록되어 있지 아니한 토지를 지적공부에 등록하는 것을 말한다.

30. "등록전환"이란 임야대장 및 임야도에 등록된 토지를 토지대장 및 지적도에 옮겨 등록하는 것을 말한다.

31. "분할"이란 지적공부에 등록된 1필지를 2필지 이상으로 나누어 등록하는 것을 말한다.

32. "합병"이란 지적공부에 등록된 2필지 이상을 1필지로 합하여 등록하는 것을 말한다.

33. "지목변경"이란 지적공부에 등록된 지목을 다른 지목으로 바꾸어 등록하는 것을 말한다.

34. "축척변경"이란 지적도에 등록된 경계점의 정밀도를 높이기 위하여 작은 축척을 큰 축척으로 변경하여 등록하는 것을 말한다.

20 지목의 종류 및 구분 등에 대한 설명이다. (　　) 안에 들어갈 지목으로 옳은 것은?

- (㉠)는 저유소(貯油所) 및 원유저장소의 부지와 이에 접속된 부속시설물의 부지 등의 부지
- (㉡)는 일반 공중의 위락·휴양 등에 적합한 시설물을 종합적으로 갖춘 수영장·유선장(遊船場)·낚시터·어린이놀이터·동물원·식물원·민속촌·경마장 등의 토지와 이에 접속된 부속시설물의 부지
- (㉢)는 문화재로 지정된 역사적인 유적·고적·기념물 등을 보존하기 위하여 구획된 토지
- (㉣)는 국민의 건강증진 등을 위한 체육활동에 적합한 시설과 형태를 갖춘 종합운동장·실내체육관·야구장·골프장·스키장·승마장·경륜장 등 체육시설의 토지와 이에 접속된 부속시설물의 부지
- (㉤)는 갈대밭, 실외에 물건을 쌓아두는 곳, 돌을 캐내는 곳, 흙을 파내는 곳, 야외시장, 비행장, 공동우물

	㉠	㉡	㉢	㉣	㉤
①	광천지	주유소용지	사적지	체육용지	잡종지
②	주유소용지	유원지	사적지	체육용지	잡종지
③	광천지	유원지	체육용지	사적지	잡종지
④	주유소용지	광천지	체육용지	사적지	잡종지

풀이 지목에서 제외되는 부분

과수원	사과 · 배 · 밤 · 호두 · 귤나무 등 과수류를 집단적으로 재배하는 토지와 이에 접속된 저장고 등 부속시설물의 부지. 다만, 주거용 건축물의 부지는 "대"로 한다.
목장용지	다음 각 목의 토지. 다만, 주거용 건축물의 부지는 "대"로 한다. 가. 축산업 및 낙농업을 하기 위하여 초지를 조성한 토지 나. 「축산법」 제2조제1호에 따른 가축을 사육하는 축사 등의 부지 다. 가목 및 나목의 토지와 접속된 부속시설물의 부지
광천지	지하에서 온수 · 약수 · 석유류 등이 용출되는 용출구(湧出口)와 그 유지(維持)에 사용되는 부지. 다만, 온수 · 약수 · 석유류 등을 일정한 장소로 운송하는 송수관 · 송유관 및 저장시설의 부지는 제외한다.
염전	바닷물을 끌어들여 소금을 채취하기 위하여 조성된 토지와 이에 접속된 제염장(製鹽場) 등 부속시설물의 부지. 다만, 천일제염 방식으로 하지 아니하고 동력으로 바닷물을 끌어들여 소금을 제조하는 공장시설물의 부지는 제외한다.
주차장	자동차 등의 주차에 필요한 독립적인 시설을 갖춘 부지와 주차전용 건축물 및 이에 접속된 부속시설물의 부지. 다만, 다음 각 목의 어느 하나에 해당하는 시설의 부지는 제외한다. 가. 「주차장법」 제2조제1호가목 및 다목에 따른 노상주차장 및 부설주차장(「주차장법」 제19조제4항에 따라 시설물의 부지 인근에 설치된 부설주차장은 제외한다) 나. 자동차 등의 판매 목적으로 설치된 물류장 및 야외전시장
주유소용지	다음 각 목의 토지. 다만, 자동차 · 선박 · 기차 등의 제작 또는 정비공장 안에 설치된 급유 · 송유시설 등의 부지는 제외한다. 가. 석유 · 석유제품 또는 액화석유가스, 전기 또는 수소 등의 판매를 위하여 일정한 설비를 갖춘 시설물의 부지 나. 저유소(貯油所) 및 원유저장소의 부지와 이에 접속된 부속시설물의 부지
도로	다음 각 목의 토지. 다만, 아파트 · 공장 등 단일 용도의 일정한 단지 안에 설치된 통로 등은 제외한다. 가. 일반 공중(公衆)의 교통 운수를 위하여 보행이나 차량운행에 필요한 일정한 설비 또는 형태를 갖추어 이용되는 토지 나. 「도로법」 등 관계 법령에 따라 도로로 개설된 토지 다. 고속도로의 휴게소 부지 라. 2필지 이상에 진입하는 통로로 이용되는 토지
체육용지	국민의 건강증진 등을 위한 체육활동에 적합한 시설과 형태를 갖춘 종합운동장 · 실내체육관 · 야구장 · 골프장 · 스키장 · 승마장 · 경륜장 등 체육시설의 토지와 이에 접속된 부속시설물의 부지. 다만, 체육시설로서의 영속성과 독립성이 미흡한 정구장 · 골프연습장 · 실내수영장 및 체육도장, 유수(流水)를 이용한 요트장 및 카누장 등의 토지는 제외한다.
유원지	일반 공중의 위락 · 휴양 등에 적합한 시설물을 종합적으로 갖춘 수영장 · 유선장(遊船場) · 낚시터 · 어린이놀이터 · 동물원 · 식물원 · 민속촌 · 경마장 · 야영장 등의 토지와 이에 접속된 부속시설물의 부지. 다만, 이들 시설과의 거리 등으로 보아 독립적인 것으로 인정되는 숙식시설 및 유기장(遊技場)의 부지와 하천 · 구거 또는 유지[공유(公有)인 것으로 한정한다]로 분류되는 것은 제외한다.

정답

사적지	문화재로 지정된 역사적인 유적·고적·기념물 등을 보존하기 위하여 구획된 토지. 다만, 학교용지·공원·종교용지 등 다른 지목으로 된 토지에 있는 유적·고적·기념물 등을 보호하기 위하여 구획된 토지는 제외한다.
묘지	사람의 시체나 유골이 매장된 토지, 「도시공원 및 녹지 등에 관한 법률」에 따른 묘지공원으로 결정·고시된 토지 및 「장사 등에 관한 법률」 제2조제9호에 따른 봉안시설과 이에 접속된 부속시설물의 부지. 다만, 묘지의 관리를 위한 건축물의 부지는 "대"로 한다.
잡종지	다음 각 목의 토지. 다만, 원상회복을 조건으로 돌을 캐내는 곳 또는 흙을 파내는 곳으로 허가된 토지는 제외한다. 가. 갈대밭, 실외에 물건을 쌓아두는 곳, 돌을 캐내는 곳, 흙을 파내는 곳, 야외시장 및 공동우물 나. 변전소, 송신소, 수신소 및 송유시설 등의 부지 다. 여객자동차터미널, 자동차운전학원 및 폐차장 등 자동차와 관련된 독립적인 시설물을 갖춘 부지 라. 공항시설 및 항만시설 부지 마. 도축장, 쓰레기처리장 및 오물처리장 등의 부지 바. 그 밖에 다른 지목에 속하지 않는 토지

정답

01 지적기술자의 업무정지 등에 관한 사항으로 옳지 않은 것은?

① 근무처 및 경력 등의 신고 또는 변경신고를 거짓으로 한 경우

② 측량기술자가 아님에도 불구하고 측량을 한 자

③ 신의와 성실로써 공정하게 지적측량을 하지 아니하거나 고의 또는 중대한 과실로 지적측량을 잘못하여 다른 사람에게 손해를 입힌 경우

④ 다른 사람에게 측량기술경력증을 빌려주거나 자기의 성명을 사용하여 측량업무를 수행하게 한 경우

풀이 지적기술자의 업무정지 기준(제44조제3항 관련) [별표 3의2] 〈개정 2017.1.31.〉

1. 일반기준

국토교통부장관은 다음 각 목의 구분에 따라 업무정지의 기간을 줄일 수 있다.

가. 위반행위가 있은 날 이전 최근 2년 이내에 업무정지 처분을 받은 사실이 없는 경우 : 4분의 1 경감

나. 해당 위반행위가 과실 또는 상당한 이유에 의한 것으로서 보완이 가능한 경우 : 4분의 1 경감

다. 가목과 나목 모두에 해당하는 경우 : 2분의 1 경감

2. 개별기준 **암기** 거대 신청법 과금별손거

위반사항	해당 법조문	행정처분기준
가. 법 제40조제1항에 따른 근무처 및 경력 등의 신고 또는 변경신고를 **거**짓으로 한 경우	법 제42조 제1항제1호	1년
나. 법 제41조제4항을 위반하여 다른 사람에게 측량기술경력증을 빌려(**대**여)주거나 자기의 성명을 사용하여 측량업무를 수행하게 한 경우	법 제42조 제1항제2호	1년
다. 법 제50조제1항을 위반하여 **신**의와 성실로써 공정하게 지적측량을 하지 아니한 경우		
1) 지적측량수행자 소속 지적기술자가 영업**정**지기간 중에 이를 알고도 지적측량업무를 행한 경우	법 제42조 제1항제3호	2년
2) 지적측량수행자 소속 지적기술자가 법 제45조에 따른 업무**범**위를 위반하여 지적측량을 한 경우		2년
라. 고의 또는 중**과**실로 지적측량을 잘못하여 다른 사람에게 손해를 입힌 경우		
1) 다른 사람에게 손해를 입혀 **금**고 이상의 형을 선고받고 그 형이 확정된 경우	법 제42조 제1항제3호	2년
2) 다른 사람에게 손해를 입혀 **벌**금 이하의 형을 선고받고 그 형이 확정된 경우		1년 6개월
3) 그 밖에 고의 또는 중대한 과실로 지적측량을 잘못하여 다른 사람에게 **손**해를 입힌 경우		1년
마. 지적기술자가 법 제50조제1항을 위반하여 정당한 사유 없이 지적측량 신청을 **거**부한 경우	법 제42조 제1항제4호	3개월

정답 01 ②

02 측량업 등록을 하지 않고 측량업을 한 자에 대한 벌칙 기준은?

① 3년 이하의 징역 또는 3천만 원 이하의 벌금
② 2년 이하의 징역 또는 2천만 원 이하의 벌금
③ 1년 이하의 징역 또는 1천만 원 이하의 벌금
④ 300만 원 이하의 과태료

[풀이] **공간정보의 구축 및 관리 등에 관한 법률 제107~109조(벌칙)**

벌칙(법률 제107~109조)	
3년 이하의 징역 또는 3천만 원 이하의 벌금 암기 [임][위][공]	측량업자로서 속[임]수, [위]력(威力), 그 밖의 방법으로 측량업과 관련된 입찰의 [공]정성을 해친 자는 3년 이하의 징역 또는 3천만 원 이하의 벌금에 처한다.
2년 이하의 징역 또는 2천만 원 이하의 벌금 암기 [거][부][등] [외][표][성][검]	1. 측량업의 등록을 하지 아니하거나 [거]짓이나 그 밖의 [부]정한 방법으로 측량업의 [등]록을 하고 측량업을 한 자 2. 성능검사대행자의 등록을 하지 아니하거나 [거]짓이나 그 밖의 [부]정한 방법으로 성능검사대행자의 [등]록을 하고 성능검사업무를 한 자 3. 측량성과를 국[외]로 반출한 자 4. 측량기준점[표]지를 이전 또는 파손하거나 그 효용을 해치는 행위를 한 자 5. 고의로 측량[성]과를 사실과 다르게 한 자 6. 성능[검]사를 부정하게 한 성능검사대행자
1년 이하의 징역 또는 1천만 원 이하의 벌금 암기 [둘][비][허][물] [대][판][대][목]	1. [둘] 이상의 측량업자에게 소속된 측량기술자 2. 업무상 알게 된 [비]밀을 누설한 측량기술자 3. 거짓([허]위)으로 다음 각 목의 신청을 한 자 가. 신규등록 신청 나. 등록전환 신청 다. 분할 신청 라. 합병 신청 마. 지목변경 신청 바. 바다로 된 토지의 등록말소 신청 사. 축척변경 신청 아. 등록사항의 정정 신청 자. 도시개발사업 등 시행지역의 토지이동 신청 4. 측량기술자가 아님에도 [물]구하고 측량을 한 자 5. 지적측량수수료 외의 [대]가를 받은 지적측량기술자 6. 심사를 받지 아니하고 지도 등을 간행하여 [판]매하거나 배포한 자 7. 다른 사람에게 측량업등록증 또는 측량업등록수첩을 빌려([대]여)주거나 자기의 성명 또는 상호를 사용하여 측량업무를 하게 한 자 8. 다른 사람의 측량업등록증 또는 측량업등록수첩을 빌려서([대]여) 사용하거나 다른 사람의 성명 또는 상호를 사용하여 측량업무를 한 자 9. 다른 사람에게 자기의 성능검사대행자 등록증을 빌려([대]여)주거나 자기의 성명 또는 상호를 사용하여 성능검사대행업무를 수행하게 한 자 10. 다른 사람의 성능검사대행자 등록증을 빌려서([대]여) 사용하거나 다른 사람의 성명 또는 상호를 사용하여 성능검사대행업무를 수행한 자 11. 무단으로 측량성과 또는 측량기록을 [복]제한 자

정답 02 ②

03 측량업의 등록취소 등의 관련 사항 중 1년 이내의 기간을 정하여 영업정지를 명할 수 있는 경우가 아닌 것은?

① 다른 행정기관이 관계 법령에 따라 영업정지를 요구한 경우
② 정당한 사유 없이 1년 이상 휴업한 경우
③ 측량업자가 측량기술자의 국가기술자격증을 대여 받은 사실이 확인된 경우
④ 측량업 등록사항의 변경신고를 하지 아니한 경우

풀이 공간정보의 구축 및 관리 등에 관한 법률 제52조(측량업의 등록취소 등)

① 국토교통부장관, 시·도지사 또는 대도시시장은 측량업자가 다음 각 호의 어느 하나에 해당하는 경우에는 측량업의 등록을 취소하거나 1년 이내의 기간을 정하여 영업의 정지를 명할 수 있다. 다만, 제2호·제4호·제7호·제8호·제11호 또는 제15호에 해당하는 경우에는 측량업의 등록을 취소하여야 한다. 〈개정 2020.6.9.〉

측량업 영업의 정지 암기 ㉠㉫ ㉠㉭㉤ ㉤㉥㉭㉫

1. ㉠의 또는 ㉫실로 측량을 부정확하게 한 경우
13. 지적측량업자가 제106조제2항에 따른 지적측량㉤수료를 같은 조 제3항에 따라 고시한 금액보다 과다 또는 과소하게 받은 경우
14. 다른 행정기관이 관계 법령에 따라 영업정지를 ㉭구한 경우
6. 지적측량업자가 제45조에 따른 ㉤무 범위를 위반하여 지적측량을 한 경우
10. 제51조를 위반하여 ㉫험가입 등 필요한 조치를 하지 아니한 경우
9. 지적측량업자가 제50조(㉤실의무)를 위반한 경우
3. 정당한 사유 없이 측량업의 등록을 한 날부터 1년 이내에 영업을 시작하지 아니하거나 계속하여 1년 이상 ㉭업한 경우
5. 제44조제4항을 위반하여 측량업 등록사항의 ㉫경신고를 하지 아니한 경우
12. 제52조제3항에 따른 임원의 직무정지 명령을 이행하지 아니한 경우

측량업 등록 취소 암기 ㉯㉠㉭㉤ ㉠㉭㉭

11. ㉯업정지기간 중에 계속하여 영업을 한 경우
4. 제44조제2항에 따른 등록기준에 ㉠달하게 된 경우. 다만, 일시적으로 등록기준에 미달되는 등 대통령령으로 정하는 경우는 제외한다.
15. 「국가기술자격법」 제15조제2항을 위반하여 측량업자가 측량기술자의 국가기술자격증을 ㉭여 받은 사실이 확인된 경우
8. 제49조제1항을 위반하여 다른 사람에게 자기의 측량업등록증 또는 측량업등록수첩을 빌려주거나 자기의 성명 또는 상호를 사용하여 측량업무를 하게 한 경우
7. 제47조(측량업등록의 ㉤격사유) 각 호의 어느 하나에 해당하게 된 경우. 다만, 측량업자가 같은 조 제5호에 해당하게 된 경우로서 그 사유가 발생한 날부터 3개월 이내에 그 사유를 해소한 경우는 제외한다.

> **법 제47조(측량업등록의 결격사유)**
> 다음 각 호의 어느 하나에 해당하는 자는 측량업의 등록을 할 수 없다. 〈개정 2013.7.17., 2015.12.29.〉
> 1. 피성년후견인 또는 피한정후견인
> 2. 이 법이나 「국가보안법」 또는 「형법」 제87조부터 제104조까지의 규정을 위반하여 금고 이상의 실형을 선고받고 그 집행이 끝나거나(집행이 끝난 것으로 보는 경우를 포함한다) 집행이 면제된 날부터 2년이 지나지 아니한 자
> 3. 이 법이나 「국가보안법」 또는 「형법」 제87조부터 제104조까지의 규정을 위반하여 금고 이상의 형의 집행유예를 선고받고 그 집행유예기간 중에 있는 자

4. 제52조에 따라 측량업의 등록이 취소(제47조제1호에 해당하여 등록이 취소된 경우는 제외한다) 된 후 2년이 지나지 아니한 자
5. 임원 중에 제1호부터 제4호까지의 어느 하나에 해당하는 자가 있는 법인

2. [거]짓이나 그 밖의 [부]정한 방법으로 측량업의 등록을 한 경우
14. 다른 행정기관이 관계 법령에 따라 등록[취]소를 요구한 경우

② 측량업자의 지위를 승계한 상속인이 제47조에 따른 측량업등록의 결격사유에 해당하는 경우에는 그 결격사유에 해당하게 된 날부터 6개월이 지난 날까지는 제1항제7호를 적용하지 아니한다.
③ 국토교통부장관, 시·도지사 또는 대도시 시장은 측량업자가 제47조제5호에 해당하게 된 경우에는 같은 조 제1호부터 제4호까지의 어느 하나에 해당하는 임원의 직무를 정지하도록 해당 측량업자에게 명할 수 있다. 〈개정 2020.2.18.〉
④ 국토교통부장관, 시·도지사 또는 대도시 시장은 제1항에 따라 측량업등록을 취소하거나 영업정지의 처분을 하였으면 그 사실을 공고하여야 한다. 〈개정 2020.2.18.〉
⑤ 측량업등록의 취소 및 영업정지 처분에 관한 세부 기준은 국토교통부령으로 정한다. 〈개정 2020.2.18.〉

04 지적재조사사업을 위한 지적측량 시에 관한 벌칙사항 중 가장 무거운 벌금형으로 옳은 것은?

① 임시경계점표지 또는 경계점표지를 이전 또는 파손하거나 그 효용을 해치는 행위를 한 자
② 지적재조사사업을 위한 지적측량을 고의로 진실에 반하게 측량하거나 지적재조사사업 성과를 거짓으로 등록을 한 자
③ 지적재조사사업 중에 알게 된 타인의 비밀을 누설하거나 사용한 자
④ 법인 또는 개인이 그 위반행위를 방지하기 위하여 해당 업무에 관하여 상당한 주의와 감독을 게을리하지 아니한 경우
⑤ 지적재조사사업을 정당한 이유 없이 방해한 자

[풀이] **지적재조사에 관한 특별법** [암기] [반][성]하고 [비][누]하라

벌칙 (제43조)	① 지적재조사사업을 위한 지적측량을 고의로 진실에 [반]하게 측량하거나 지적재조사사업 [성]과를 거짓으로 등록을 한 자는 2년 이하의 징역 또는 2천만 원 이하의 벌금에 처한다. ② 제41조를 위반하여 지적재조사사업 중에 알게 된 타인의 [비]밀을 [누]설하거나 사용한 자는 1년 이하의 징역 또는 1천만 원 이하의 벌금에 처한다.
양벌규정 (제44조)	법인의 대표자나 법인 또는 개인의 대리인, 사용인, 그 밖의 종업원이 그 법인 또는 개인의 업무에 관하여 제43조의 위반행위를 하면 그 행위자를 벌하는 외에 그 법인 또는 개인에게도 해당 조문의 벌금형을 과(科)한다. 다만, 법인 또는 개인이 그 위반행위를 방지하기 위하여 해당 업무에 관하여 상당한 주의와 감독을 게을리하지 아니한 경우에는 그러하지 아니하다.
과태료 (제45조)	① 다음 각 호의 어느 하나에 해당하는 자에게는 300만 원 이하의 과태료를 부과한다. 1. 제15조제4항 또는 제18조제3항을 위반하여 임시경계점표지 또는 경계점표지를 이전 또는 파손하거나 그 효용을 해치는 행위를 한 자 2. 지적재조사사업을 정당한 이유 없이 방해한 자 ② 제1항에 따른 과태료는 대통령령으로 정하는 바에 따라 국토교통부장관, 시·도지사 또는 지적소관청이 부과·징수한다. 〈개정 2013.3.23.〉

[정답] 04 ②

05 다음 중 지적기술자의 위반행위에 따른 업무정지 기준에 대한 설명으로 옳지 않은 것은?

① 지적측량수행자 소속 지적기술자가 영업정지기간 중에 이를 알고도 지적측량업무를 행한 경우 : 2년

② 지적기술자가 법 제50조제1항을 위반하여 정당한 사유 없이 지적측량 신청을 거부한 경우 : 3개월

③ 다른 사람에게 손해를 입혀 금고 이상의 형을 선고받고 그 형이 확정된 경우 : 2년

④ 지적측량수행자 소속 지적기술자가 법 제45조에 따른 업무범위를 위반하여 지적측량을 한 경우 : 1년

[풀이] **지적기술자의 업무정지 기준(제44조제3항 관련)** [별표 3의2] 〈개정 2017.1.31.〉

1. 일반기준

국토교통부장관은 다음 각 목의 구분에 따라 업무정지의 기간을 줄일 수 있다.

가. 위반행위가 있은 날 이전 최근 2년 이내에 업무정지 처분을 받은 사실이 없는 경우 : 4분의 1 경감

나. 해당 위반행위가 과실 또는 상당한 이유에 의한 것으로서 보완이 가능한 경우 : 4분의 1 경감

다. 가목과 나목 모두에 해당하는 경우 : 2분의 1 경감

2. 개별기준 [암기] [거][대] [신][정][범] [과][금][벌][손][거]

위반사항	해당 법조문	행정처분기준
가. 법 제40조제1항에 따른 근무처 및 경력 등의 신고 또는 변경신고를 [거]짓으로 한 경우	법 제42조 제1항제1호	1년
나. 법 제41조제4항을 위반하여 다른 사람에게 측량기술경력증을 빌려([대]여)주거나 자기의 성명을 사용하여 측량업무를 수행하게 한 경우	법 제42조 제1항제2호	1년
다. 법 제50조제1항을 위반하여 [신]의와 성실로써 공정하게 지적측량을 하지 아니한 경우	법 제42조 제1항제3호	
1) 지적측량수행자 소속 지적기술자가 영업[정]지기간 중에 이를 알고도 지적측량업무를 행한 경우		2년
2) 지적측량수행자 소속 지적기술자가 법 제45조에 따른 업무[범]위를 위반하여 지적측량을 한 경우		2년
라. 고의 또는 중[과]실로 지적측량을 잘못하여 다른 사람에게 손해를 입힌 경우	법 제42조 제1항제3호	
1) 다른 사람에게 손해를 입혀 [금]고 이상의 형을 선고받고 그 형이 확정된 경우		2년
2) 다른 사람에게 손해를 입혀 [벌]금 이하의 형을 선고받고 그 형이 확정된 경우		1년 6개월
3) 그 밖에 고의 또는 중대한 과실로 지적측량을 잘못하여 다른 사람에게 [손]해를 입힌 경우		1년
마. 지적기술자가 법 제50조제1항을 위반하여 정당한 사유 없이 지적측량 신청을 [거]부한 경우	법 제42조 제1항제4호	3개월

[정답] 05 ④

06 「국가공간정보 기본법」에 관한 벌칙사항 중 가장 무거운 벌금형으로 옳은 것은?

① 공사가 아닌 자가 한국국토정보공사와 유사한 명칭을 사용한 경우
② 공간정보 또는 공간정보데이터베이스를 관리기관의 승인 없이 무단으로 열람·복제·유출한 자
③ 국가공간정보체계의 구축·관리 및 활용과 관련한 직무를 수행함에 있어서 알게 된 비밀을 누설하거나 도용한 자
④ 공사가 아닌 자가 한국국토정보공사의 명칭을 사용한 경우
⑤ 공간정보 또는 공간정보데이터베이스를 무단으로 침해하거나 훼손한 자

풀이 국가공간정보 기본법 **암기** 무침해 먹고 승무복 버리면 비수도 씻어라. 모수자와 무방자도

벌칙 **(제39조)**	제37조제1항(누구든지 관리기관이 생산 또는 관리하는 공간정보 또는 공간정보데이터베이스를 침해 또는 훼손하거나 법령에 따라 공개가 제한되는 공간정보를 관리기관의 승인 없이 무단으로 열람·복제·유출하여서는 아니 된다.)을 위반하여 공간정보 또는 공간정보데이터베이스를 **무**단으로 **침**해하거나 **훼**손한 자는 2년 이하의 징역 또는 2천만 원 이하의 벌금에 처한다.
벌칙 **(제40조)**	다음 각 호의 어느 하나에 해당하는 자는 1년 이하의 징역 또는 1천만 원 이하의 벌금에 처한다. 1. 제37조제1항(누구든지 관리기관이 생산 또는 관리하는 공간정보 또는 공간정보데이터베이스를 침해 또는 훼손하거나 법령에 따라 공개가 제한되는 공간정보를 관리기관의 승인 없이 무단으로 열람·복제·유출하여서는 아니 된다.)을 위반하여 공간정보 또는 공간정보데이터베이스를 관리기관의 **승**인 없이 **무**단으로 열람·**복**제·유출한 자 2. 제38조(관리기관 또는 이 법이나 다른 법령에 따라 위탁을 받은 국가공간정보체계 관련 업무를 수행하는 기관, 법인, 단체에 소속되거나 소속되었던 자(용역계약 등에 따라 해당 업무를 수임한 자 또는 그 사용인을 포함한다)는 국가공간정보체계의 구축·관리 및 활용과 관련한 직무를 수행함에 있어서 알게 된 비밀을 누설하거나 도용하여서는 아니 된다.)를 위반하여 직무상 알게 된 **비**밀을 **누**설하거나 **도**용한 자 3. 제34조제3항을 위반하여 **보**안관리규정을 준**수**하지 아니한 **자** 4. 거짓이나 그 밖의 **부**정한 **방**법으로 전문기관으로 지정받은 **자**
양벌규정	법인의 대표자나 법인 또는 개인의 대리인, 사용인, 그 밖의 종업원이 그 법인 또는 개인의 업무에 관하여 제39조 또는 제40조의 위반행위를 하면 그 행위자를 벌하는 외에 그 법인 또는 개인에게도 해당 조문의 벌금형을 과(科)한다. 다만, 법인 또는 개인이 그 위반 행위를 방지하기 위하여 해당 업무에 관하여 상당한 주의와 감독을 게을리하지 아니한 경우에는 그러하지 아니하다.
과태료	① 제17조(공사가 아닌 자는 한국국토정보공사 또는 이와 유사한 명칭을 사용하지 못한다.)를 위반한 자에게는 500만 원 이하의 과태료를 부과한다. ② 제1항에 따른 과태료는 대통령령으로 정하는 바에 따라 국토교통부장관이 부과·징수한다.
과태료 부과기준	법 제42조제1항에 따른 과태료의 부과기준은 다음 각 호와 같다. 1. 공사가 아닌 자가 한국국토정보공사의 명칭을 사용한 경우 : 400만 원 2. 공사가 아닌 자가 한국국토정보공사와 유사한 명칭을 사용한 경우 : 300만 원

07 「공간정보산업진흥법」에 관한 벌칙사항 중 가장 무거운 벌금형으로 옳은 것은?

① 정당한 사유 없이 제8조제3항(지원을 받은 유통사업자는 국토교통부장관이 요청하는 경우에는 공간 정보의 유통현황 등 관련 정보를 제공하여야 한다)에 따른 요청에 불응한 유통사업자

② 공간정보사업을 영위하려는 자는 소속 공간정보기술자 등 국토교통부령으로 정하는 사항을 국토교통부장관에게 신고하여야 하며, 신고한 사항이 변경된 경우에는 그 변경신고를 하여야 한다. 변경신고를 하지 아니하거나 거짓으로 신고 또는 변경신고를 한 자

③ 공간정보산업에 종사하는 사람으로서 공간정보기술자로 인정받으려는 사람은 그 자격·경력·학력 및 근무처 등 국토교통부령으로 정하는 사항을 국토교통부장관에게 신고하여야 하며, 신고한 사항이 변경된 경우에는 그 변경신고를 하여야 한다. 그 신고 또는 변경신고를 하지 아니하거나 거짓으로 신고 또는 변경신고를 한 자

④ 허위 그 밖에 부정한 방법으로 품질인증을 받은 경우

풀이 공간정보산업진흥법 **암기** 무정자 요통 신고

벌칙 (제29조)	허위 그 밖에 부정한 방법으로 제12조에 따른 품질인증을 받은 자는 2년 이하의 징역 또는 2천만 원 이하의 벌금에 처한다.
양벌규정 (제30조)	법인의 대표자나 법인 또는 개인의 대리인, 사용인, 그 밖의 종업원이 그 법인 또는 개인의 업무에 관하여 제29조의 위반행위를 하면 그 행위자를 벌하는 외에 그 법인 또는 개인에게도 해당 조문의 벌금형을 과(科)한다. 다만, 법인 또는 개인이 그 위반행위를 방지하기 위하여 해당 업무에 관하여 상당한 주의와 감독을 게을리하지 아니한 경우에는 그러하지 아니하다.
과태료 (제31조)	① 다음 각 호의 어느 하나에 해당하는 자에게는 500만 원 이하의 과태료를 부과한다. 〈개정 2014.6.3.〉 　1. 정당한 사유 없이 제8조제3항에 따른 요청을 따르지 아니한 유통사업자 　2. 제22조의2제1항을 위반하여 그 신고 또는 변경신고를 하지 아니하거나 거짓으로 신고 또는 변경신고를 한 자 　3. 제22조의3제1항을 위반하여 그 신고 또는 변경신고를 하지 아니하거나 거짓으로 신고 또는 변경신고를 한 자 ② 제1항에 따른 과태료는 대통령령으로 정하는 바에 따라 국토교통부장관이 부과·징수한다.

공간정보산업진흥법 제12조(품질인증)

① 국토교통부장관은 공간정보등의 품질확보 및 유통촉진을 위하여 공간정보 및 가공공간정보와 관련한 기기·소프트웨어·서비스 등에 대한 품질인증을 대통령령으로 정하는 바에 따라 실시할 수 있다.

② 제1항의 품질인증을 받은 제품 중 중소기업자가 생산한 제품은 「중소기업제품 구매촉진 및 판로지원에 관한 법률」 제6조에 따라 지정된 경쟁제품으로 본다. 〈개정 2015.5.18.〉

③ 국토교통부장관은 제1항의 품질인증을 받은 제품 중 중소기업자가 생산한 제품을 우선 구매하도록 관리기관에 요청할 수 있으며, 공간정보 인력양성기관 및 교육기관으로 하여금 동 제품을 우선하여 활용하도록 지원할 수 있다. 〈개정 2013.3.23.〉

④ 국토교통부장관은 제1항의 품질인증을 실시하기 위하여 인증기관을 지정할 수 있다. 〈개정 2013.3.23.〉

⑤ 제1항에 따른 품질인증의 절차와 제4항에 따른 인증기관의 지정요건 등 품질인증의 실시에 관하여 필요한 사항은 대통령령으로 정한다.

공간정보산업진흥법 제8조(공간정보등의 유통 활성화)

① 정부는 공간정보산업의 진흥을 위하여 공간정보등의 유통 활성화에 노력하여야 한다.

② 국토교통부장관은 공간정보등의 공유와 유통 등을 목적으로 유통망을 설치ㆍ운영하는 민간사업자(이하 "유통사업자"라고 한다) 또는 유통사업자가 되고자 하는 자에게 유통시스템 구축에 소요되는 자금의 일부를 융자의 방식으로 지원할 수 있다. 〈개정 2013.3.23.〉

③ 제2항에 따라 지원을 받은 유통사업자는 국토교통부장관이 요청하는 경우에는 공간정보의 유통현황 등 관련 정보를 제공하여야 한다. 〈개정 2013.3.23.〉

④ 제2항에 따른 유통사업자에 대한 자금의 지원방법 및 기준 등은 대통령령으로 정한다.

공간정보산업진흥법 제22조의2(공간정보사업자의 신고 등)

① 공간정보사업을 영위하려는 자는 소속 공간정보기술자 등 국토교통부령으로 정하는 사항을 국토교통부장관에게 신고하여야 하며, 신고한 사항이 변경된 경우에는 그 변경신고를 하여야 한다. 다만, 「공간정보의 구축 및 관리 등에 관한 법률」에 따라 해당 사업의 등록 등을 한 경우에는 국토교통부장관에게 신고한 것으로 본다.

공간정보산업진흥법 제22조의3(공간정보기술자의 신고 등)

① 공간정보산업에 종사하는 사람으로서 공간정보기술자로 인정받으려는 사람은 그 자격ㆍ경력ㆍ학력 및 근무처 등 국토교통부령으로 정하는 사항을 국토교통부장관에게 신고하여야 하며, 신고한 사항이 변경된 경우에는 그 변경신고를 하여야 한다. 다만, 「공간정보의 구축 및 관리 등에 관한 법률」 제39조 및 같은 법 제43조에 따른 측량기술자 및 수로기술자가 「공간정보의 구축 및 관리 등에 관한 법률」 및 「건설기술 진흥법」에 따라 그 신고 등을 한 경우에는 국토교통부장관에게 신고한 것으로 본다.

08 현행 「지적재조사에 관한 특별법」에서 규정하고 있는 벌칙으로 옳지 않은 것은?

① 지적재조사사업 중에 알게 된 타인의 비밀을 누설하거나 사용한 자는 1년 이하의 징역 또는 1천만 원 이하의 벌금에 처한다.

② 임시경계점표지 또는 경계점표지를 이전 또는 파손하거나 그 효용을 해치는 행위를 한 경우 1차 위반 자에게는 100만 원 이하의 과태료를 부과한다.

③ 지적재조사사업을 정당한 이유 없이 방해한 경우 1차 위반한 자에게는 50만 원 이하의 과태료를 부과한다.

④ 지적재조사사업을 위한 지적측량을 고의로 진실에 반하게 측량을 한 자는 2년 이하의 징역 또는 2천만 원 이하의 벌금에 처한다.

풀이 지적재조사에 관한 특별법 **암기** **반**(상)하고 **비**(누)하라

벌칙 (제43조)	① 지적재조사사업을 위한 지적측량을 고의로 진실에 **반**하게 측량하거나 지적재조사사업 **성**과를 거짓으로 등록을 한 자는 2년 이하의 징역 또는 2천만 원 이하의 벌금에 처한다. ② 제41조를 위반하여 지적재조사사업 중에 알게 된 타인의 **비**밀을 **누**설하거나 사용한 자는 1년 이하의 징역 또는 1천만 원 이하의 벌금에 처한다.
양벌규정 (제44조)	법인의 대표자나 법인 또는 개인의 대리인, 사용인, 그 밖의 종업원이 그 법인 또는 개인의 업무에 관하여 제43조의 위반행위를 하면 그 행위자를 벌하는 외에 그 법인 또는 개인에게도 해당 조문의 벌금형을 과(科)한다. 다만, 법인 또는 개인이 그 위반행위를 방지하기 위하여 해당 업무에 관하여 상당한 주의와 감독을 게을리하지 아니한 경우에는 그러하지 아니하다.

과태료 (제45조)	① 다음 각 호의 어느 하나에 해당하는 자에게는 300만 원 이하의 과태료를 부과한다. 　1. 제15조제4항 또는 제18조제3항을 위반하여 임시경계점표지 또는 경계점표지를 이전 　　또는 파손하거나 그 효용을 해치는 행위를 한 자 　2. 지적재조사사업을 정당한 이유 없이 방해한 자 ② 제1항에 따른 과태료는 대통령령으로 정하는 바에 따라 국토교통부장관, 시ㆍ도지사 또는 　지적소관청이 부과ㆍ징수한다. 〈개정 2013.3.23.〉

풀이 지적재조사에 관한 특별법 시행령 [별표] 〈개정 2020.6.23.〉

과태료의 부과기준(제29조 관련)

1. 일반기준

　가. 위반행위의 횟수에 따른 행정처분의 기준은 최근 3년간 같은 위반행위로 과태료를 부과받은 경우에 적용한다. 이 경우 위반횟수는 같은 위반행위에 대하여 과태료를 부과받은 날과 다시 같은 위반행위로 적발된 날을 기준으로 한다.

　나. 부과권자는 다음의 어느 하나에 해당하는 경우에는 제2호의 개별기준에 따른 과태료 금액의 2분의 1의 범위에서 그 금액을 줄일 수 있다. 다만, 과태료를 체납하고 있는 위반행위자의 경우에는 그러하지 아니하다.

　　1) 위반행위자가 「질서위반행위규제법 시행령」 제2조의2제1항 각 호의 어느 하나에 해당하는 경우

　　2) 위반행위가 사소한 부주의나 오류로 인한 것으로 인정되는 경우

　　3) 위반행위자가 위반행위를 바로 정정하거나 시정하여 법 위반상태를 해소한 경우

　　4) 그 밖에 위반행위의 정도, 위반행위의 동기와 그 결과 등을 고려하여 과태료 금액을 줄일 필요가 있다고 인정되는 경우

　다. 부과권자는 다음의 어느 하나에 해당하는 경우에는 제2호의 개별기준에 따른 과태료 금액의 2분의 1의 범위에서 그 금액을 늘릴 수 있다. 다만, 법 제45조제1항에 따른 과태료 금액의 상한을 넘을 수 없다.

　　1) 위반의 내용ㆍ정도가 중대하여 이해관계인 등에게 미치는 피해가 크다고 인정되는 경우

　　2) 법 위반상태의 기간이 6개월 이상인 경우

　　3) 그 밖에 위반행위의 정도, 위반행위의 동기와 그 결과 등을 고려하여 과태료 금액을 늘릴 필요가 있다고 인정되는 경우

2. 개별기준 **암기** **임경방**

위반행위	근거 법조문	과태료 금액		
		1차 위반	2차 위반	3차 이상 위반
가. 법 제15조제4항 또는 제18조제3항을 위반하여 **임**시경계점표지를 이전 또는 파손하거나 그 효용을 해치는 행위를 한 경우	법 제45조 제1항제1호	100만 원	150만 원	200만 원
나. 법 제15조제4항 또는 제18조제3항을 위반하여 **경**계점표지를 이전 또는 파손하거나 그 효용을 해치는 행위를 한 경우	법 제45조 제1항제1호	150만 원	200만 원	300만 원
다. 지적재조사사업을 정당한 이유 없이 **방**해한 경우	법 제45조 제1항제2호	50만 원	75만 원	100만 원

09 다음 중 측량업자의 위반행위에 따른 행정처분 기준에 대한 설명으로 옳지 않은 것은?

① 지적측량업자가 업무범위를 위반하여 지적측량을 한 경우 1차 위반 시 영업정지 3개월, 2차 위반 시 영업정지 6개월, 3차 위반 시 등록취소

② 지적측량업자가 성실의무를 위반한 경우 1차 위반 시 영업정지 1개월, 2차 위반 시 영업정지 3개월, 3차 위반 시 영업정지 6개월 또는 등록취소

③ 과실로 측량을 부정확하게 한 경우 1차 위반 시 영업정지 2개월, 2차 위반 시 영업정지 6개월, 3차 위반 시 등록취소

④ 지적측량업자가 지적측량수수료를 고시한 금액보다 과다 또는 과소하게 받은 경우 1차 위반 시 영업정지 3개월, 2차 위반 시 영업정지 6개월, 3차 위반 시 등록취소

⑤ 측량업 등록사항의 변경신고를 하지 아니한 경우 1차 위반 시 경고, 2차 위반 시 영업정지 3개월, 3차 위반 시 등록취소

풀이 **공간정보의 구축 및 관리 등에 관한 법률 시행규칙 제53조(측량업에 대한 행정처분기준)**
법 제52조제1항에 따른 측량업의 등록취소 또는 영업정지 처분의 기준은 별표 4와 같다.

측량업의 등록취소 또는 영업정지 처분의 기준(제53조 관련) [별표 4] 〈개정 2010.6.17.〉
1. 일반 기준
　　가. 위반행위의 횟수에 따른 행정처분의 기준은 최근 3년간 같은 위반행위로 행정처분을 받은 경우에 적용한다. 이 경우 행정처분의 기준 적용은 같은 위반행위에 대한 행정처분일과 그 처분 후의 재적발일을 기준으로 한다.
　　나. 위반행위가 둘 이상인 경우로서 그에 해당하는 각각의 처분기준이 다른 경우에는 그 중 무거운 처분기준에 따른다. 다만, 둘 이상의 처분기준이 모두 영업정지인 경우에는 각 처분기준을 합산한 기간을 넘지 아니하는 범위에서 무거운 처분기준의 2분의 1의 범위까지 가중하되, 그 가중한 기간을 합산한 기간은 6개월을 초과할 수 없다.
　　다. 가목 및 나목에 따른 행정처분이 영업정지인 경우에는 고의나 중대한 과실 여부 또는 공중에 미치는 피해의 규모 등 위반행위의 동기·내용 및 위반의 정도 등을 고려하여 그 처분기준의 2분의 1의 범위에서 가중하거나 감경할 수 있다. 이 경우 그 가중한 기간을 합산한 기간은 6개월을 초과할 수 없다.
2. 개별 기준　**암기** **고과** **수요업** **보상홍변취**

위반행위	해당 법조문	행정처분기준		
		1차 위반	2차 위반	3차 위반
가. ㉠의로 측량을 부정확하게 한 경우	법 제52조제1항제1호	등록취소		
나. ㉣실로 측량을 부정확하게 한 경우	법 제52조제1항제1호	영업정지 4개월	등록취소	
아. 지적측량업자가 법 제106조제2항에 따른 지적측량수㉡료를 같은 조 제3항에 따라 고시한 금액보다 과다 또는 과소하게 받은 경우	법 제52조제1항제12호	영업정지 3개월	영업정지 6개월	등록취소
자. 다른 행정기관이 관계 법령에 따라 영업정지를 ㉣구한 경우	법 제52조제1항제13호	영업정지 3개월	영업정지 6개월	등록취소

위반행위	해당 법조문	행정처분기준		
		1차 위반	2차 위반	3차 위반
마. 지적측량업자가 법 제45조의 [업]무범위를 위반하여 지적측량을 한 경우	법 제52조제1항제6호	영업정지 3개월	영업정지 6개월	등록취소
사. 법 제51조를 위반해서 [보]험가입 등 필요한 조치를 하지 않은 경우	법 제52조제1항제10호	영업정지 2개월	영업정지 6개월	등록취소
바. 지적측량업자가 법 제50조에 따른 [성]실의 무를 위반한 경우	법 제52조제1항제9호	영업정지 1개월	영업정지 3개월	영업정지 6개월 또는 등록취소
다. 정당한 사유 없이 측량업의 등록을 한 날부터 1년 이내에 영업을 시작하지 아니하거나 계속하여 1년 이상 [휴]업한 경우	법 제52조제1항제3호	경고	영업정지 6개월	등록취소
라. 법 제44조제4항을 위반해서 측량업 등록사항의 [변]경신고를 하지 아니한 경우	법 제52조제1항제5호	경고	영업정지 3개월	등록취소
차. 다른 행정기관이 관계 법령에 따라 등록[취]소를 요구한 경우	법 제52조제1항제13호	등록취소		

10 「국가공간정보 기본법」에서 규정하고 있는 벌칙 구분 중 2년 이하의 징역 또는 2천만 원 이하의 벌금형에 해당되는 것은?

① 공사가 아닌 자는 한국국토정보공사 또는 이와 유사한 명칭을 사용한자
② 직무상 알게 된 비밀을 누설하거나 도용한 자
③ 공간정보 또는 공간정보데이터베이스를 관리기관의 승인 없이 무단으로 열람 · 복제 · 유출한 자
④ 공간정보 또는 공간정보데이터베이스를 무단으로 침해하거나 훼손한 자

[풀이] **국가공간정보 기본법 제39조(벌칙)** [암기] [무][침][훼] 먹고 [승][무][복] 버리면 [비][누][도] 씻어라. [보][수][자]와 [부][방][자]도

제37조제1항을 위반하여 공간정보 또는 공간정보데이터베이스를 [무]단으로 [침]해하거나 [훼]손한 자는 2년 이하의 징역 또는 2천만 원 이하의 벌금에 처한다.

국가공간정보 기본법 제40조(벌칙)

다음 각 호의 어느 하나에 해당하는 자는 1년 이하의 징역 또는 1천만 원 이하의 벌금에 처한다. 〈개정 2014.6.3.〉

1. 제37조제1항을 위반하여 공간정보 또는 공간정보데이터베이스를 관리기관의 [승]인 없이 [무]단으로 열람 · [복]제 · 유출한 자
2. 제38조를 위반하여 직무상 알게 된 [비]밀을 [누]설하거나 [도]용한 자
3. 제34조제3항을 위반하여 [보]안관리규정을 준[수]하지 아니한 [자]
4. 거짓이나 그 밖의 [부]정한 [방]법으로 전문기관으로 지정받은 [자]

국가공간정보 기본법 제41조(양벌규정)

법인의 대표자나 법인 또는 개인의 대리인, 사용인, 그 밖의 종업원이 그 법인 또는 개인의 업무에 관하여 제39조 또는 제40조의 위반행위를 하면 그 행위자를 벌하는 외에 그 법인 또는 개인에게도 해당 조문의 벌금형을 과(科)

[정답] 10 ④

한다. 다만, 법인 또는 개인이 그 위반 행위를 방지하기 위하여 해당 업무에 관하여 상당한 주의와 감독을 게을리하지 아니한 경우에는 그러하지 아니하다. 〈개정 2014.6.3.〉
[제34조에서 이동 〈2014.6.3.〉]

국가공간정보 기본법 제42조(과태료)

① 제17조를 위반한 자에게는 500만 원 이하의 과태료를 부과한다.

② 제1항에 따른 과태료는 대통령령으로 정하는 바에 따라 국토교통부장관이 부과·징수한다.

국가공간정보 기본법 제17조(유사 명칭의 사용 금지)

공사가 아닌 자는 한국국토정보공사 또는 이와 유사한 명칭을 사용하지 못한다.

11 「지적재조사에 관한 특별법」에서 규정하고 있는 벌칙으로 옳지 않은 것은?

① 지적재조사사업 중에 알게 된 타인의 비밀을 누설하거나 사용한 자는 2년 이하의 징역 또는 2천만 원 이하의 벌금에 처한다.

② 임시경계점표지 또는 경계점표지를 이전 또는 파손하거나 그 효용을 해치는 행위를 한 자는 300만 원 이하의 과태료를 부과한다.

③ 지적재조사사업을 정당한 이유 없이 방해한 자는 300만 원 이하의 과태료를 부과한다.

④ 지적재조사사업을 위한 지적측량을 고의로 진실에 반하게 측량하거나 지적재조사사업 성과를 거짓으로 등록을 한 자는 2년 이하의 징역 또는 2천만 원 이하의 벌금에 처한다.

> **풀이** 지적재조사에 관한 특별법 제43조(벌칙) **암기** ㉫㉒하고 ㉯㉦하라
>
> ① 지적재조사사업을 위한 지적측량을 고의로 진실에 ㉫하게 측량하거나 지적재조사사업 ㉒과를 거짓으로 등록을 한 자는 2년 이하의 징역 또는 2천만 원 이하의 벌금에 처한다.
>
> ② 제41조를 위반하여 지적재조사사업 중에 알게 된 타인의 ㉯밀을 ㉦설하거나 사용한 자는 1년 이하의 징역 또는 1천만 원 이하의 벌금에 처한다.
>
> **지적재조사에 관한 특별법 제44조(양벌규정)**
>
> 법인의 대표자나 법인 또는 개인의 대리인, 사용인, 그 밖의 종업원이 그 법인 또는 개인의 업무에 관하여 제43조의 위반행위를 하면 그 행위자를 벌하는 외에 그 법인 또는 개인에게도 해당 조문의 벌금형을 과(科)한다. 다만, 법인 또는 개인이 그 위반행위를 방지하기 위하여 해당 업무에 관하여 상당한 주의와 감독을 게을리하지 아니한 경우에는 그러하지 아니하다.
>
> **지적재조사에 관한 특별법 제45조(과태료)**
>
> ① 다음 각 호의 어느 하나에 해당하는 자에게는 300만 원 이하의 과태료를 부과한다.
>
> 　1. 제15조제4항 또는 제18조제3항을 위반하여 임시경계점표지 또는 경계점표지를 이전 또는 파손하거나 그 효용을 해치는 행위를 한 자
>
> 　2. 지적재조사사업을 정당한 이유 없이 방해한 자
>
> ② 제1항에 따른 과태료는 대통령령으로 정하는 바에 따라 국토교통부장관, 시·도지사 또는 지적소관청이 부과·징수한다.

12 측량업의 등록을 1년 이내의 기간을 정하여 영업의 정지를 명할 수 있는 경우가 아닌 것은?

① 고의 또는 과실로 인하여 측량을 부정확하게 한 경우

② 정당한 사유 없이 1년 이상 휴업한 경우

③ 측량업 등록사항의 변경신고를 하지 아니한 경우

④ 다른 행정기관이 관계 법령에 따라 등록취소를 요구한 경우

풀이 공간정보의 구축 및 관리 등에 관한 법률 제52조(측량업의 등록취소 등)

① 국토교통부장관, 시·도지사 또는 대도시시장은 측량업자가 다음 각 호의 어느 하나에 해당하는 경우에는 측량업의 등록을 취소하거나 1년 이내의 기간을 정하여 영업의 정지를 명할 수 있다. 다만, 제2호·제4호·제7호·제8호·제11호 또는 제15호에 해당하는 경우에는 측량업의 등록을 취소하여야 한다. 〈개정 2020.6.9.〉

측량업 영업의 정지 암기 고과 수요업 보상휴변

1. 고의 또는 과실로 측량을 부정확하게 한 경우

13. 지적측량업자가 제106조제2항에 따른 지적측량수수료를 같은 조 제3항에 따라 고시한 금액보다 과다 또는 과소하게 받은 경우

14. 다른 행정기관이 관계 법령에 따라 영업정지를 요구한 경우

6. 지적측량업자가 제45조에 따른 업무 범위를 위반하여 지적측량을 한 경우

10. 제51조를 위반하여 보험가입 등 필요한 조치를 하지 아니한 경우

9. 지적측량업자가 제50조(성실의무)를 위반한 경우

3. 정당한 사유 없이 측량업의 등록을 한 날부터 1년 이내에 영업을 시작하지 아니하거나 계속하여 1년 이상 휴업한 경우

5. 제44조제4항을 위반하여 측량업 등록사항의 변경신고를 하지 아니한 경우

12. 제52조제3항에 따른 임원의 직무정지 명령을 이행하지 아니한 경우

측량업 등록 취소 암기 영미대결 거부취

11. 영업정지기간 중에 계속하여 영업을 한 경우

4. 제44조제2항에 따른 등록기준에 미달하게 된 경우. 다만, 일시적으로 등록기준에 미달되는 등 대통령령으로 정하는 경우는 제외한다.

15. 「국가기술자격법」 제15조제2항을 위반하여 측량업자가 측량기술자의 국가기술자격증을 대여 받은 사실이 확인된 경우

8. 제49조제1항을 위반하여 다른 사람에게 자기의 측량업등록증 또는 측량업등록수첩을 빌려주거나 자기의 성명 또는 상호를 사용하여 측량업무를 하게 한 경우

7. 제47조(측량업등록의 결격사유) 각 호의 어느 하나에 해당하게 된 경우. 다만, 측량업자가 같은 조 제5호에 해당하게 된 경우로서 그 사유가 발생한 날부터 3개월 이내에 그 사유를 해소한 경우는 제외한다.

> **법 제47조(측량업등록의 결격사유)**
> 다음 각 호의 어느 하나에 해당하는 자는 측량업의 등록을 할 수 없다. 〈개정 2013.7.17., 2015.12.29.〉
> 1. 피성년후견인 또는 피한정후견인
> 2. 이 법이나 「국가보안법」 또는 「형법」 제87조부터 제104조까지의 규정을 위반하여 금고 이상의 실형을 선고받고 그 집행이 끝나거나(집행이 끝난 것으로 보는 경우를 포함한다) 집행이 면제된 날부터 2년이 지나지 아니한 자
> 3. 이 법이나 「국가보안법」 또는 「형법」 제87조부터 제104조까지의 규정을 위반하여 금고 이상의 형의 집행유예를 선고받고 그 집행유예기간 중에 있는 자

4. 제52조에 따라 측량업의 등록이 취소(제47조제1호에 해당하여 등록이 취소된 경우는 제외한다) 된 후 2년이 지나지 아니한 자
5. 임원 중에 제1호부터 제4호까지의 어느 하나에 해당하는 자가 있는 법인

2. ㉓짓이나 그 밖의 ㉔정한 방법으로 측량업의 등록을 한 경우
14. 다른 행정기관이 관계 법령에 따라 등록㉕소를 요구한 경우

② 측량업자의 지위를 승계한 상속인이 제47조에 따른 측량업등록의 결격사유에 해당하는 경우에는 그 결격사유에 해당하게 된 날부터 6개월이 지난 날까지는 제1항제7호를 적용하지 아니한다.

③ 국토교통부장관, 시·도지사 또는 대도시 시장은 측량업자가 제47조제5호에 해당하게 된 경우에는 같은 조 제1호부터 제4호까지의 어느 하나에 해당하는 임원의 직무를 정지하도록 해당 측량업자에게 명할 수 있다. 〈개정 2020.2.18.〉

④ 국토교통부장관, 시·도지사 또는 대도시 시장은 제1항에 따라 측량업등록을 취소하거나 영업정지의 처분을 하였으면 그 사실을 공고하여야 한다. 〈개정 2020.2.18.〉

⑤ 측량업등록의 취소 및 영업정지 처분에 관한 세부 기준은 국토교통부령으로 정한다. 〈개정 2020.2.18.〉

13 다음 중 측량업자의 위반행위에 따른 행정처분에 기준에 대한 설명으로 옳지 않은 것은?

(11년서울9급)

① 지적측량업자가 업무범위를 위반하여 지적측량을 한 경우 1차 위반 시 영업정지 3개월, 2차 위반 시 영업정지 6개월, 3차 위반 시 등록취소

② 지적측량업자가 성실의무를 위반한 경우 1차 위반 시 영업정지 1개월, 2차 위반 시 영업정지 3개월, 3차 위반 시 영업정지 6개월 또는 등록취소

③ 보험가입 등 필요한 조치를 하지 않은 경우 1차 위반 시 영업정지 2개월, 2차 위반 시 영업정지 6개월, 3차 위반 시 등록취소

④ 지적측량업자가 지적측량수수료를 고시한 금액보다 과다 또는 과소하게 받은 경우 1차 위반 시 영업정지 3개월, 2차 위반 시 영업정지 6개월, 3차 위반 시 등록취소

⑤ 측량업 등록사항의 변경신고를 하지 아니한 경우 1차 위반 시 영업정지 3개월, 2차 위반 시 영업정지 6개월, 3차 위반 시 등록취소

풀이 측량업의 등록취소 또는 영업정지 처분의 기준(제53조 관련) [별표 4] 〈개정 2010.6.17.〉

1. 일반 기준
   가. 위반행위의 횟수에 따른 행정처분의 기준은 최근 3년간 같은 위반행위로 행정처분을 받은 경우에 적용한다. 이 경우 행정처분의 기준 적용은 같은 위반행위에 대한 행정처분일과 그 처분 후의 재적발일을 기준으로 한다.
   나. 위반행위가 둘 이상인 경우로서 그에 해당하는 각각의 처분기준이 다른 경우에는 그 중 무거운 처분기준에 따른다. 다만, 둘 이상의 처분기준이 모두 영업정지인 경우에는 각 처분기준을 합산한 기간을 넘지 아니하는 범위에서 무거운 처분기준의 2분의 1의 범위까지 가중하되, 그 가중한 기간을 합산한 기간은 6개월을 초과할 수 없다.
   다. 가목 및 나목에 따른 행정처분이 영업정지인 경우에는 고의나 중대한 과실 여부 또는 공중에 미치는 피해의 규모 등 위반행위의 동기·내용 및 위반의 정도 등을 고려하여 그 처분기준의 2분의 1의 범위에서 가중하거나 감경할 수 있다. 이 경우 그 가중한 기간을 합산한 기간은 6개월을 초과할 수 없다.

2. 개별 기준 [암기] [고][과] [수][요][업] [보][성][휴][변][취]

위반행위	해당 법조문	행정처분기준		
		1차 위반	2차 위반	3차 위반
가. [고]의로 측량을 부정확하게 한 경우	법 제52조제1항제1호	등록취소		
나. [과]실로 측량을 부정확하게 한 경우	법 제52조제1항제1호	영업정지 4개월	등록취소	
아. 지적측량업자가 법 제106조제2항에 따른 지적측량수[수]료를 같은 조 제3항에 따라 고시한 금액보다 과다 또는 과소하게 받은 경우	법 제52조제1항제12호	영업정지 3개월	영업정지 6개월	등록취소
자. 다른 행정기관이 관계 법령에 따라 영업정지를 [요]구한 경우	법 제52조제1항제13호	영업정지 3개월	영업정지 6개월	등록취소
마. 지적측량업자가 법 제45조의 [업]무범위를 위반하여 지적측량을 한 경우	법 제52조제1항제6호	영업정지 3개월	영업정지 6개월	등록취소
사. 법 제51조를 위반해서 [보]험가입 등 필요한 조치를 하지 않은 경우	법 제52조제1항제10호	영업정지 2개월	영업정지 6개월	등록취소
바. 지적측량업자가 법 제50조에 따른 [성]실의무를 위반한 경우	법 제52조제1항제9호	영업정지 1개월	영업정지 3개월	영업정지 6개월 또는 등록취소
다. 정당한 사유 없이 측량업의 등록을 한 날부터 1년 이내에 영업을 시작하지 아니하거나 계속하여 1년 이상 [휴]업한 경우	법 제52조제1항제3호	경고	영업정지 6개월	등록취소
라. 법 제44조제4항을 위반해서 측량업 등록사항의 [변]경신고를 하지 아니한 경우	법 제52조제1항제5호	경고	영업정지 3개월	등록취소
차. 다른 행정기관이 관계 법령에 따라 등록[취]소를 요구한 경우	법 제52조제1항제13호	등록취소		

14 다음 중 지적기술자의 위반행위에 따른 업무정지 기준에 대한 설명으로 옳지 않은 것은?

① 지적측량업자가 다른 사람에게 손해를 입혀 금고 이상의 형을 선고받고 그 형이 확정된 경우 : 2년
② 지적기술자가 법 제50조제1항을 위반하여 정당한 사유 없이 지적측량 신청을 거부한 경우 : 3개월
③ 다른 사람에게 측량기술경력증을 빌려주거나 자기의 성명을 사용하여 측량업무를 수행하게 한 경우 : 1년
④ 다른 사람에게 손해를 입혀 벌금 이하의 형을 선고받고 그 형이 확정된 경우 : 1년 6개월
⑤ 지적측량수행자 소속 지적기술자가 영업정지기간 중에 이를 알고도 지적측량업무를 행한 경우 : 1년

[풀이] **공간정보의 구축 및 관리 등에 관한 법률 시행규칙 제44조(측량기술자에 대한 업무정지 기준 등)**

① 법 제42조제1항에 따른 측량기술자(지적기술자는 제외한다)의 업무정지의 기준은 다음 각 호의 구분과 같다. 〈개정 2014.1.17.〉

[정답] 14 ⑤

1. 법 제40조제1항에 따른 근무처 및 경력 등의 신고 또는 변경신고를 거짓으로 한 경우 : 1년
2. 법 제41조제4항을 위반하여 다른 사람에게 측량기술경력증을 빌려주거나 자기의 성명을 사용하여 측량업무를 수행하게 한 경우 : 1년

② 국토지리정보원장은 위반행위의 동기 및 횟수 등을 고려하여 다음 각 호의 구분에 따라 제1항에 따른 업무정지의 기간을 줄일 수 있다. 〈개정 2017.1.31.〉
1. 위반행위가 있은 날 이전 최근 2년 이내에 업무정지처분을 받은 사실이 없는 경우 : 4분의 1 경감
2. 해당 위반행위가 과실 또는 상당한 이유에 의한 것으로서 보완이 가능한 경우 : 4분의 1 경감
3. 제1호와 제2호 모두에 해당할 경우 : 2분의 1 경감

③ 법 제42조제1항에 따른 **지적기술자의 업무정지의 기준**은 별표 3의2와 같다. 〈신설 2014.1.17.〉

④ 영 제32조의2제1항에 따른 지적기술자 업무정지 심의요청서는 별지 제36호의2서식과 같고, 같은 조 제2항에 따른 지적기술자 업무정지 의결서는 별지 제36호의3서식과 같으며, 같은 조 제3항에 따른 지적기술자 업무정지 처분서는 별지 제36호의4서식과 같다. 〈신설 2014.1.17.〉

지적기술자의 업무정지 기준(제44조제3항 관련) [별표 3의2] 〈개정 2017.1.31.〉

1. 일반기준
국토교통부장관은 다음 각 목의 구분에 따라 업무정지의 기간을 줄일 수 있다.
가. 위반행위가 있은 날 이전 최근 2년 이내에 업무정지 처분을 받은 사실이 없는 경우 : 4분의 1 경감
나. 해당 위반행위가 과실 또는 상당한 이유에 의한 것으로서 보완이 가능한 경우 : 4분의 1 경감
다. 가목과 나목 모두에 해당하는 경우 : 2분의 1 경감

2. 개별기준 암기 ㉮대 ㈅㈄㈇ 과금벌손㉮

위반사항	해당 법조문	행정처분기준
가. 법 제40조제1항에 따른 근무처 및 경력 등의 신고 또는 변경신고를 ㉮짓으로 한 경우	법 제42조 제1항제1호	1년
나. 법 제41조제4항을 위반하여 다른 사람에게 측량기술경력증을 빌려(㈅여)주거나 자기의 성명을 사용하여 측량업무를 수행하게 한 경우	법 제42조 제1항제2호	1년
다. 법 제50조제1항을 위반하여 ㈄의와 성실로써 공정하게 지적측량을 하지 아니한 경우		
1) 지적측량수행자 소속 지적기술자가 영업㈉지기간 중에 이를 알고도 지적측량업무를 행한 경우	법 제42조 제1항제3호	2년
2) 지적측량수행자 소속 지적기술자가 법 제45조에 따른 업무㈜위를 위반하여 지적측량을 한 경우		2년
라. 고의 또는 중㈄실로 지적측량을 잘못하여 다른 사람에게 손해를 입힌 경우		
1) 다른 사람에게 손해를 입혀 금고 이상의 형을 선고받고 그 형이 확정된 경우	법 제42조 제1항제3호	2년
2) 다른 사람에게 손해를 입혀 벌금 이하의 형을 선고받고 그 형이 확정된 경우		1년 6개월
3) 그 밖에 고의 또는 중대한 과실로 지적측량을 잘못하여 다른 사람에게 손해를 입힌 경우		1년
마. 지적기술자가 법 제50조제1항을 위반하여 정당한 사유 없이 지적측량 신청을 ㉮부한 경우	법 제42조 제1항제4호	3개월

정답

15 「공간정보의 구축 및 관리 등에 관한 법률 시행령」상 측량기준점의 구분에 대한 설명으로 옳은 것은?

(16년지방9급)

① 국가기준점은 위성기준점, 삼각점, 수준점, 공공기준점 등이 있다.

② 지적기준점은 지적삼각점, 지적삼각보조점, 지적도근점, 지적경계점이 있다.

③ 통합기준점은 삼각점, 수준점, 중력점, 지자기점을 기초로 정한 기준점이다.

④ 우주측지기준점은 국가측지기준계를 정립하기 위하여 전 세계 초장거리간섭계와 연결하여 정한 기준점이다.

풀이 공간정보의 구축 및 관리 등에 관한 법률 시행령 제8조(측량기준점의 구분)

① 법 제7조제1항에 따른 측량기준점은 다음 각 호의 구분에 따른다.

암기 **우**리가 **위통**이 심하면 **중지**를 모아 **수영**을 **수삼** 번 해라

측량기준점	측량의 정확도를 확보하고 효율성을 높이기 위하여 특정 지점을 제6조에 따른 측량기준에 따라 측정하고 좌표 등으로 표시하여 측량 시에 기준으로 사용되는 점
국가기준점	측량의 정확도를 확보하고 효율성을 높이기 위하여 국토교통부장관이 전 국토를 대상으로 주요 지점마다 정한 측량의 기본이 되는 측량기준점
우주측지기준점	국가측지기준계를 정립하기 위하여 전 세계 초장거리간섭계와 연결하여 정한 기준점
위성기준점	지리학적 경위도, 직각좌표 및 지구 중심 직교좌표의 측정 기준으로 사용하기 위하여 대한민국 경위도원점을 기초로 정한 기준점
통합기준점	지리학적 경위도, 직각좌표, 지구 중심 직교좌표, 높이 및 중력 측정의 기준으로 사용하기 위하여 위성기준점, 수준점 및 중력점을 기초로 정한 기준점
중력점	중력 측정의 기준으로 사용하기 위하여 정한 기준점
지자기점(地磁氣點)	지구자기 측정의 기준으로 사용하기 위하여 정한 기준점
수준점	높이 측정의 기준으로 사용하기 위하여 대한민국 수준원점을 기초로 정한 기준점
영해기준점	우리나라의 영해를 획정(劃定)하기 위하여 정한 기준점 〈삭제 2021.2.9.〉
수로기준점	수로조사 시 해양에서의 수평 위치와 높이, 수심 측정 및 해안선 결정 기준으로 사용하기 위하여 위성기준점과 법 제6조제1항제3호의 기본수준면을 기초로 정한 기준점으로서 수로측량기준점, 기본수준점, 해안선기준점으로 구분 〈삭제 2021.2.9.〉
삼각점	지리학적 경위도, 직각좌표 및 지구중심 직교좌표 측정의 기준으로 사용하기 위하여 위성기준점 및 통합기준점을 기초로 정한 기준점
공공기준점	제17조제2항에 따른 공공측량 시행자가 공공측량을 정확하고 효율적으로 시행하기 위하여 국가기준점을 기준으로 하여 따로 정하는 측량기준점
공공삼각점	공공측량 시 수평 위치의 기준으로 사용하기 위하여 국가기준점을 기초로 하여 정한 기준점
공공수준점	공공측량 시 높이의 기준으로 사용하기 위하여 국가기준점을 기초로 하여 정한 기준점

정답 15 ④

지적기준점	특별시장 · 광역시장 · 특별자치시장 · 도지사 또는 특별자치도지사(이하 "시 · 도지사"라 한다)나 지적소관청이 지적측량을 정확하고 효율적으로 시행하기 위하여 국가기준점을 기준으로 하여 따로 정하는 측량기준점
지적삼각점 (地籍三角點)	지적측량 시 수평 위치 측량의 기준으로 사용하기 위하여 국가기준점을 기준으로 하여 정한 기준점
지적삼각보조점	지적측량 시 수평 위치 측량의 기준으로 사용하기 위하여 국가기준점과 지적삼각점을 기준으로 하여 정한 기준점
지적도근점 (地籍圖根點)	지적측량 시 필지에 대한 수평 위치 측량 기준으로 사용하기 위하여 국가기준점, 지적삼각점, 지적삼각보조점 및 다른 지적도근점을 기초로 하여 정한 기준점

16 지적기준점 설치 및 관리에 대한 설명으로 옳지 않은 것은? (17년지방9급)

① 국토교통부장관은 필요하다고 인정하는 경우에는 직접 측량 기준점표지의 현황을 조사할 수 있다.

② 국토지리정보원장이 지적기준점표지를 설치한 경우에는 그 사실을 고시하여야 한다.

③ 지적삼각보조점과 지적도근점표지의 설치에 대한 고시는 지적소관청의 공보 또는 인터넷 홈페이지에 게재할 수 있다.

④ 지적소관청은 연 1회 이상 지적기준점표지의 이상 유무를 조사하여야 한다.

[풀이] 공간정보의 구축 및 관리 등에 관한 법률 제8조(측량기준점표지의 설치 및 관리)

① 측량기준점을 정한 자는 측량기준점표지를 설치하고 관리하여야 한다.

② 제1항에 따라 측량기준점표지를 설치한 자는 대통령령으로 정하는 바에 따라 그 종류와 설치 장소를 국토교통부장관, 관계 시 · 도지사, 시장 · 군수 또는 구청장(자치구의 구청장을 말한다. 이하 같다) 및 측량기준점표지를 설치한 부지의 소유자 또는 점유자에게 통지하여야 한다. 설치한 측량기준점표지를 이전 · 철거하거나 폐기한 경우에도 같다. 〈개정 2013.3.23., 2020.2.18.〉

③ 삭제 〈2020.2.18.〉

④ 시 · 도지사 또는 지적소관청은 지적기준점표지를 설치 · 이전 · 복구 · 철거하거나 폐기한 경우에는 그 사실을 고시하여야 한다. 〈개정 2013.7.17.〉

⑤ 특별자치시장, 특별자치도지사, 시장 · 군수 또는 구청장은 국토교통부령으로 정하는 바에 따라 매년 관할 구역에 있는 측량기준점표지의 현황을 조사하고 그 결과를 시 · 도지사를 거쳐(특별자치시장 및 특별자치도지사의 경우는 제외한다) 국토교통부장관에게 보고하여야 한다. 측량기준점표지가 멸실 · 파손되거나 그 밖에 이상이 있음을 발견한 경우에도 같다. 〈개정 2012.12.18., 2013.3.23.〉

⑥ 제5항에도 불구하고 국토교통부장관은 필요하다고 인정하는 경우에는 직접 측량기준점표지의 현황을 조사할 수 있다. 〈개정 2013.3.23., 2020.2.18.〉

⑦ 측량기준점표지의 형상, 규격, 관리방법 등에 필요한 사항은 국토교통부령으로 정한다. 〈개정 2013.3.23., 2020.2.18.〉

공간정보의 구축 및 관리 등에 관한 법률 시행령 제10조(측량기준점표지 설치 등의 고시)

암기 [기][준][좌][표][경][위][도][설]치[보][관]해라

법 제8조제4항에 따른 지적기준점표지의 설치(이전 · 복구 · 철거 또는 폐기를 포함한다. 이하 이 조에서 같다)에 대한 고시는 다음 각 호의 사항을 공보 또는 인터넷 홈페이지에 게재하는 방법으로 한다.

1. [기][준]점의 명칭 및 번호

정답 16 ②

2. 직각⊗표계의 원점명(지적기준점에 한정한다)
　　3. 좌⊞ 및 표고
　　4. ⊗도와 ⊗⊗
　　5. ⊗⊗일, 소재지 및 표지의 재질
　　6. 측량성과 ⊗⊗ 장소

지적측량 시행규칙 제2조(지적기준점표지의 설치·관리 등)

① 「공간정보의 구축 및 관리 등에 관한 법률」(이하 "법"이라 한다) 제8조제1항에 따른 지적기준점표지의 설치는 다음 각 호의 기준에 따른다. 〈개정 2015.4.23.〉

　　1. 지적삼각점표지의 점간거리는 평균 2킬로미터 이상 5킬로미터 이하로 할 것

　　2. 지적삼각보조점표지의 점간거리는 평균 1킬로미터 이상 3킬로미터 이하로 할 것. 다만, 다각망도선법(多角網道線法)에 따르는 경우에는 평균 0.5킬로미터 이상 1킬로미터 이하로 한다.

　　3. 지적도근점표지의 점간거리는 평균 50미터 이상 300미터 이하로 할 것. 다만, 다각망도선법에 따르는 경우에는 평균 500미터 이하로 한다.

② 지적소관청은 연 1회 이상 지적기준점표지의 이상 유무를 조사하여야 한다. 이 경우 멸실되거나 훼손된 지적기준점표지를 계속 보존할 필요가 없을 때에는 폐기할 수 있다.

17 다음 중 측량기준점에 관한 설명으로 옳은 것은?

① 공공기준점에는 공공삼각점, 공공수준점, 수로기준점 등이 있다.

② 국가기준점은 측량의 정확도를 확보하고 효율성을 높이기 위하여 국토교통부장관이 전 국토를 대상으로 주요 지점마다 정한 측량의 기본이 되는 측량기준점이다.

③ 공공기준점은 공공측량시행자가 공공측량을 정확하고 효율적으로 시행하기 위하여 공공기준점을 기준으로 하여 따로 정하는 측량기준점이다.

④ 지적기준점은 특별시장·광역시장·도지사 또는 특별자치도지사나 지적소관청이 지적측량을 정확하고 효율적으로 시행하기 위하여 공공기준점을 기준으로 하여 따로 정하는 측량기준점이다.

⑤ 지적기준점에는 지적삼각점, 지적삼각보조점, 지적도근점, 지적위성기준점이 있다.

풀이 **공간정보의 구축 및 관리 등에 관한 법률 시행령 제8조(측량기준점의 구분)**

① 법 제7조제1항에 따른 측량기준점은 다음 각 호의 구분에 따른다.

암기 ⊗리가 ⊗⊗이 심하면 ⊗⊗를 모아 ⊗⊗을 ⊗⊗ 번 해라

측량기준점	측량의 정확도를 확보하고 효율성을 높이기 위하여 특정 지점을 제6조에 따른 측량기준에 따라 측정하고 좌표 등으로 표시하여 측량 시에 기준으로 사용되는 점
국가기준점	측량의 정확도를 확보하고 효율성을 높이기 위하여 국토교통부장관이 전 국토를 대상으로 주요 지점마다 정한 측량의 기본이 되는 측량기준점
⊗수측지기준점	국가측지기준계를 정립하기 위하여 전 세계 초장거리간섭계와 연결하여 정한 기준점
⊗성기준점	지리학적 경위도, 직각좌표 및 지구 중심 직교좌표의 측정 기준으로 사용하기 위하여 대한민국 경위도원점을 기초로 정한 기준점
⊗합기준점	지리학적 경위도, 직각좌표, 지구 중심 직교좌표, 높이 및 중력 측정의 기준으로 사용하기 위하여 위성기준점, 수준점 및 중력점을 기초로 정한 기준점

중력점	중력 측정의 기준으로 사용하기 위하여 정한 기준점
지자기점(地磁氣點)	지구자기 측정의 기준으로 사용하기 위하여 정한 기준점
수준점	높이 측정의 기준으로 사용하기 위하여 대한민국 수준원점을 기초로 정한 기준점
영해기준점	우리나라의 영해를 획정(劃定)하기 위하여 정한 기준점 〈삭제 2021.2.9.〉
수로기준점	수로조사 시 해양에서의 수평 위치와 높이, 수심 측정 및 해안선 결정 기준으로 사용하기 위하여 위성기준점과 법 제6조제1항제3호의 기본수준면을 기초로 정한 기준점으로서 수로측량기준점, 기본수준점, 해안선기준점으로 구분 〈삭제 2021.2.9.〉
삼각점	지리학적 경위도, 직각좌표 및 지구중심 직교좌표 측정의 기준으로 사용하기 위하여 위성기준점 및 통합기준점을 기초로 정한 기준점
공공기준점	제17조제2항에 따른 공공측량 시행자가 공공측량을 정확하고 효율적으로 시행하기 위하여 국가기준점을 기준으로 하여 따로 정하는 측량기준점
공공삼각점	공공측량 시 수평 위치의 기준으로 사용하기 위하여 국가기준점을 기초로 하여 정한 기준점
공공수준점	공공측량 시 높이의 기준으로 사용하기 위하여 국가기준점을 기초로 하여 정한 기준점
지적기준점	특별시장·광역시장·특별자치시장·도지사 또는 특별자치도지사(이하 "시·도지사"라 한다)나 지적소관청이 지적측량을 정확하고 효율적으로 시행하기 위하여 국가기준점을 기준으로 하여 따로 정하는 측량기준점
지적삼각점 (地籍三角點)	지적측량 시 수평 위치 측량의 기준으로 사용하기 위하여 국가기준점을 기준으로 하여 정한 기준점
지적삼각보조점	지적측량 시 수평 위치 측량의 기준으로 사용하기 위하여 국가기준점과 지적삼각점을 기준으로 하여 정한 기준점
지적도근점 (地籍圖根點)	지적측량 시 필지에 대한 수평 위치 측량 기준으로 사용하기 위하여 국가기준점, 지적삼각점, 지적삼각보조점 및 다른 지적도근점을 기초로 하여 정한 기준점

18 다음 중 측량기준점에 관한 설명으로 옳지 않은 것은?

① 공공기준점에는 공공삼각점, 공공수준점 등이 있다.

② 국가기준점은 측량의 정확도를 확보하고 효율성을 높이기 위하여 국토교통부장관이 전 국토를 대상으로 주요 지점마다 정한 측량의 기본이 되는 측량기준점이다.

③ 공공기준점은 공공측량시행자가 공공측량을 정확하고 효율적으로 시행하기 위하여 국가기준점을 기준으로 하여 따로 정하는 측량기준점이다.

④ 지적기준점은 특별시장·광역시장·도지사 또는 특별자치도지사나 지적소관청이 지적측량을 정확하고 효율적으로 시행하기 위하여 국가기준점을 기준으로 하여 따로 정하는 측량기준점이다.

⑤ 지적기준점에는 지적삼각점, 지적삼각보조점, 지적도근점, 지적위성기준점이 있다.

풀이 **공간정보의 구축 및 관리 등에 관한 법률 시행령 제8조(측량기준점의 구분)**

① 법 제7조제1항에 따른 측량기준점은 다음 각 호의 구분에 따른다.

암기 ㉮리가 ㉯㉰이 심하면 ㉱㉲를 모아 ㉳㉴을 ㉵㉶ 번 해라

측량기준점	측량의 정확도를 확보하고 효율성을 높이기 위하여 특정 지점을 제6조에 따른 측량기준에 따라 측정하고 좌표 등으로 표시하여 측량 시에 기준으로 사용되는 점
국가기준점	측량의 정확도를 확보하고 효율성을 높이기 위하여 국토교통부장관이 전 국토를 대상으로 주요 지점마다 정한 측량의 기본이 되는 측량기준점
㉮주측지기준점	국가측지기준계를 정립하기 위하여 전 세계 초장거리간섭계와 연결하여 정한 기준점
㉯성기준점	지리학적 경위도, 직각좌표 및 지구 중심 직교좌표의 측정 기준으로 사용하기 위하여 대한민국 경위도원점을 기초로 정한 기준점
㉰합기준점	지리학적 경위도, 직각좌표, 지구 중심 직교좌표, 높이 및 중력 측정의 기준으로 사용하기 위하여 위성기준점, 수준점 및 중력점을 기초로 정한 기준점
㉱력점	중력 측정의 기준으로 사용하기 위하여 정한 기준점
㉲자기점(地磁氣點)	지구자기 측정의 기준으로 사용하기 위하여 정한 기준점
㉳준점	높이 측정의 기준으로 사용하기 위하여 대한민국 수준원점을 기초로 정한 기준점
㉴해기준점	우리나라의 영해를 획정(劃定)하기 위하여 정한 기준점 〈삭제 2021.2.9.〉
㉵로기준점	수로조사 시 해양에서의 수평 위치와 높이, 수심 측정 및 해안선 결정 기준으로 사용하기 위하여 위성기준점과 법 제6조제1항제3호의 기본수준면을 기초로 정한 기준점으로서 수로측량기준점, 기본수준점, 해안선기준점으로 구분 〈삭제 2021.2.9.〉
㉶각점	지리학적 경위도, 직각좌표 및 지구중심 직교좌표 측정의 기준으로 사용하기 위하여 위성기준점 및 통합기준점을 기초로 정한 기준점
공공기준점	제17조제2항에 따른 공공측량 시행자가 공공측량을 정확하고 효율적으로 시행하기 위하여 국가기준점을 기준으로 하여 따로 정하는 측량기준점
공공삼각점	공공측량 시 수평 위치의 기준으로 사용하기 위하여 국가기준점을 기초로 하여 정한 기준점
공공수준점	공공측량 시 높이의 기준으로 사용하기 위하여 국가기준점을 기초로 하여 정한 기준점
지적기준점	특별시장·광역시장·특별자치시장·도지사 또는 특별자치도지사(이하 "시·도지사"라 한다)나 지적소관청이 지적측량을 정확하고 효율적으로 시행하기 위하여 국가기준점을 기준으로 하여 따로 정하는 측량기준점
지적삼각점 (地籍三角點)	지적측량 시 수평 위치 측량의 기준으로 사용하기 위하여 국가기준점을 기준으로 하여 정한 기준점
지적삼각보조점	지적측량 시 수평 위치 측량의 기준으로 사용하기 위하여 국가기준점과 지적삼각점을 기준으로 하여 정한 기준점
지적도근점 (地籍圖根點)	지적측량 시 필지에 대한 수평 위치 측량 기준으로 사용하기 위하여 국가기준점, 지적삼각점, 지적삼각보조점 및 다른 지적도근점을 기초로 하여 정한 기준점

정답

19 「공간정보의 구축 및 관리 등에 관한 법률」에서 정의한 지적과 관련된 용어의 뜻으로 옳지 않은 것은? (10년지방9급)

① 경계점 : 필지를 구획하는 선의 굴곡점으로서 지적도나 임야도에 도해(圖解) 형태로 등록하거나 경계점좌표등록부에 좌표 형태로 등록하는 점을 말한다.

② 등록전환 : 임야대장 및 임야도에 등록된 토지를 토지대장 및 지적도에 옮겨 등록하는 것을 말한다.

③ 축척변경 : 지적도에 등록된 경계점의 정밀도를 높이기 위하여 작은 축척을 큰 축척으로 변경하여 등록하는 것을 말한다.

④ 토지의 표시 : 지적공부에 토지의 소재ㆍ지번(地番)ㆍ지목(地目)ㆍ소유자ㆍ면적ㆍ경계 또는 좌표를 등록한 것을 말한다.

풀이 공간정보의 구축 및 관리 등에 관한 법률 제2조(정의)

　20. "토지의 표시"란 지적공부에 토지의 소재ㆍ지번(地番)ㆍ지목(地目)ㆍ면적ㆍ경계 또는 좌표를 등록한 것을 말한다.

　21. "필지"란 대통령령으로 정하는 바에 따라 구획되는 토지의 등록단위를 말한다.

　22. "지번"이란 필지에 부여하여 지적공부에 등록한 번호를 말한다.

　23. "지번부여지역"이란 지번을 부여하는 단위지역으로서 동ㆍ리 또는 이에 준하는 지역을 말한다.

　24. "지목"이란 토지의 주된 용도에 따라 토지의 종류를 구분하여 지적공부에 등록한 것을 말한다.

　25. "경계점"이란 필지를 구획하는 선의 굴곡점으로서 지적도나 임야도에 도해(圖解) 형태로 등록하거나 경계점좌표등록부에 좌표 형태로 등록하는 점을 말한다.

　26. "경계"란 필지별로 경계점들을 직선으로 연결하여 지적공부에 등록한 선을 말한다.

　27. "면적"이란 지적공부에 등록한 필지의 수평면상 넓이를 말한다.

　28. "토지의 이동(異動)"이란 토지의 표시를 새로 정하거나 변경 또는 말소하는 것을 말한다.

　29. "신규등록"이란 새로 조성된 토지와 지적공부에 등록되어 있지 아니한 토지를 지적공부에 등록하는 것을 말한다.

　30. "등록전환"이란 임야대장 및 임야도에 등록된 토지를 토지대장 및 지적도에 옮겨 등록하는 것을 말한다.

　31. "분할"이란 지적공부에 등록된 1필지를 2필지 이상으로 나누어 등록하는 것을 말한다.

　32. "합병"이란 지적공부에 등록된 2필지 이상을 1필지로 합하여 등록하는 것을 말한다.

　33. "지목변경"이란 지적공부에 등록된 지목을 다른 지목으로 바꾸어 등록하는 것을 말한다.

　34. "축척변경"이란 지적도에 등록된 경계점의 정밀도를 높이기 위하여 작은 축척을 큰 축척으로 변경하여 등록하는 것을 말한다.

20 측량목적별 지적측량의 정의로 가장 옳은 것은?

① 등록전환측량은 임야대장 및 임야도에 등록된 토지를 토지대장 및, 지적도에 등록하기 위한 측량이다.

② 신규등록측량은 도시개발사업 등으로 토지를 구획하고 환지를 마친 토지의 지목, 면적, 경계 또는 좌표를 지적공부에 새로이 등록하기 위한 측량이다.

③ 지적확정측량은 간척사업에 따른 공유수면 매립 등으로 새로운 토지가 생겼을 경우, 토지를 새로이 지적공부에 등록하기 위한 측량이다.

④ 축척변경측량은 지적도의 정확도를 높이기 위하여 대축척 도면을 소축척 도면으로 축척을 변경하는 경우에 시행하는 측량이다.

풀이 **공간정보의 구축 및 관리 등에 관한 법률 제2조(정의)**

이 법에서 사용하는 용어의 뜻은 다음과 같다.

4. "지적측량"이란 토지를 지적공부에 등록하거나 지적공부에 등록된 경계점을 지상에 복원하기 위하여 제21호에 따른 필지의 경계 또는 좌표와 면적을 정하는 측량을 말하며, 지적확정측량 및 지적재조사측량을 포함한다.

4의2. "지적확정측량"이란 제86조제1항(「도시개발법」에 따른 도시개발사업, 「농어촌정비법」에 따른 농어촌정비사업, 그 밖에 대통령령으로 정하는 토지개발사업의 시행자는 대통령령으로 정하는 바에 따라 그 사업의 착수·변경 및 완료 사실을 지적소관청에 신고하여야 한다.)에 따른 사업이 끝나 토지의 표시를 새로 정하기 위하여 실시하는 지적측량을 말한다.

4의3. "지적재조사측량"이란 「지적재조사에 관한 특별법」에 따른 지적재조사사업에 따라 토지의 표시를 새로 정하기 위하여 실시하는 지적측량을 말한다.

9. "신규등록"이란 새로 조성된 토지와 지적공부에 등록되어 있지 아니한 토지를 지적공부에 등록하는 것을 말한다.

30. "등록전환"이란 임야대장 및 임야도에 등록된 토지를 토지대장 및 지적도에 옮겨 등록하는 것을 말한다.

34. "축척변경"이란 지적도에 등록된 경계점의 정밀도를 높이기 위하여 작은 축척을 큰 축척으로 변경하여 등록하는 것을 말한다.

01 지목의 종류 및 구분 등에 대한 설명이다. (   ) 안에 들어갈 지목으로 옳은 것은?

- (㉠)는 저유소(貯油所) 및 원유저장소의 부지와 이에 접속된 부속시설물의 부지
- (㉡)는 일반 공중의 위락 · 휴양 등에 적합한 시설을 종합적으로 갖춘 수영장 · 유선장(遊船場) · 낚시터 · 어린이놀이터 · 동물원 · 식물원 · 민속촌 · 경마장 등의 토지와 이에 접속된 부속시설물의 부지
- (㉢)는 문화재로 지정된 역사적인 유적 · 고적 · 기념물 등을 보존하기 위하여 구획된 토지
- (㉣)는 국민의 건강증진 등을 위한 체육활동에 적합한 시설과 형태를 갖춘 종합운동장 · 실내체육관 · 야구장 · 골프장 · 스키장 · 승마장 · 경륜장 등 체육시설의 토지와 이에 접속된 부속시설물의 부지
- (㉤)는 갈대밭, 실외에 물건을 쌓아두는 곳, 돌을 캐내는 곳, 흙을 파내는 곳, 야외시장, 비행장, 공동우물

	㉠	㉡	㉢	㉣	㉤
①	광천지	주유소용지	사적지	체육용지	잡종지
②	주유소용지	유원지	사적지	체육용지	잡종지
③	광천지	유원지	체육용지	사적지	잡종지
④	주유소용지	광천지	체육용지	사적지	잡종지

풀이 지목에서 제외되는 부분

과수원	사과 · 배 · 밤 · 호두 · 귤나무 등 과수류를 집단적으로 재배하는 토지와 이에 접속된 저장고 등 부속시설물의 부지. 다만, 주거용 건축물의 부지는 "대"로 한다.
목장용지	다음 각 목의 토지. 다만, 주거용 건축물의 부지는 "대"로 한다. 가. 축산업 및 낙농업을 하기 위하여 초지를 조성한 토지 나. 「축산법」제2조제1호에 따른 가축을 사육하는 축사 등의 부지 다. 가목 및 나목의 토지와 접속된 부속시설물의 부지
광천지	지하에서 온수 · 약수 · 석유류 등이 용출되는 용출구(湧出口)와 그 유지(維持)에 사용되는 부지. 다만, 온수 · 약수 · 석유류 등을 일정한 장소로 운송하는 송수관 · 송유관 및 저장시설의 부지는 제외한다.
염전	바닷물을 끌어들여 소금을 채취하기 위하여 조성된 토지와 이에 접속된 제염장(製鹽場) 등 부속시설물의 부지. 다만, 천일제염 방식으로 하지 아니하고 동력으로 바닷물을 끌어들여 소금을 제조하는 공장시설물의 부지는 제외한다.
주차장	자동차 등의 주차에 필요한 독립적인 시설을 갖춘 부지와 주차전용 건축물 및 이에 접속된 부속시설물의 부지. 다만, 다음 각 목의 어느 하나에 해당하는 시설의 부지는 제외한다. 가. 「주차장법」제2조제1호가목 및 다목에 따른 노상주차장 및 부설주차장(「주차장법」제19조제4항에 따라 시설물의 부지 인근에 설치된 부설주차장은 제외한다) 나. 자동차 등의 판매 목적으로 설치된 물류장 및 야외전시장
주유소용지	다음 각 목의 토지. 다만, 자동차 · 선박 · 기차 등의 제작 또는 정비공장 안에 설치된 급유 · 송유시설 등의 부지는 제외한다. 가. 석유 · 석유제품 또는 액화석유가스, 전기 또는 수소 등의 판매를 위하여 일정한 설비를 갖춘 시설물의 부지 나. 저유소(貯油所) 및 원유저장소의 부지와 이에 접속된 부속시설물의 부지

도로	다음 각 목의 토지. 다만, 아파트·공장 등 단일 용도의 일정한 단지 안에 설치된 통로 등은 제외한다. 가. 일반 공중(公衆)의 교통 운수를 위하여 보행이나 차량운행에 필요한 일정한 설비 또는 형태를 갖추어 이용되는 토지 나. 「도로법」 등 관계 법령에 따라 도로로 개설된 토지 다. 고속도로의 휴게소 부지 라. 2필지 이상에 진입하는 통로로 이용되는 토지
체육용지	국민의 건강증진 등을 위한 체육활동에 적합한 시설과 형태를 갖춘 종합운동장·실내체육관·야구장·골프장·스키장·승마장·경륜장 등 체육시설의 토지와 이에 접속된 부속시설물의 부지. 다만, 체육시설로서의 영속성과 독립성이 미흡한 정구장·골프연습장·실내수영장 및 체육도장, 유수(流水)를 이용한 요트장 및 카누장 등의 토지는 제외한다.
유원지	일반 공중의 위락·휴양 등에 적합한 시설물을 종합적으로 갖춘 수영장·유선장(遊船場)·낚시터·어린이놀이터·동물원·식물원·민속촌·경마장·야영장 등의 토지와 이에 접속된 부속시설물의 부지. 다만, 이들 시설과의 거리 등으로 보아 독립적인 것으로 인정되는 숙식시설 및 유기장(遊技場)의 부지와 하천·구거 또는 유지[공유(公有)인 것으로 한정한다]로 분류되는 것은 제외한다.
사적지	문화재로 지정된 역사적인 유적·고적·기념물 등을 보존하기 위하여 구획된 토지. 다만, 학교용지·공원·종교용지 등 다른 지목으로 된 토지에 있는 유적·고적·기념물 등을 보호하기 위하여 구획된 토지는 제외한다.
묘지	사람의 시체나 유골이 매장된 토지, 「도시공원 및 녹지 등에 관한 법률」에 따른 묘지공원으로 결정·고시된 토지 및 「장사 등에 관한 법률」 제2조제9호에 따른 봉안시설과 이에 접속된 부속시설물의 부지. 다만, 묘지의 관리를 위한 건축물의 부지는 "대"로 한다.
잡종지	다음 각 목의 토지. 다만, 원상회복을 조건으로 돌을 캐내는 곳 또는 흙을 파내는 곳으로 허가된 토지는 제외한다. 가. 갈대밭, 실외에 물건을 쌓아두는 곳, 돌을 캐내는 곳, 흙을 파내는 곳, 야외시장 및 공동우물 나. 변전소, 송신소, 수신소 및 송유시설 등의 부지 다. 여객자동차터미널, 자동차운전학원 및 폐차장 등 자동차와 관련된 독립적인 시설물을 갖춘 부지 라. 공항시설 및 항만시설 부지 마. 도축장, 쓰레기처리장 및 오물처리장 등의 부지 바. 그 밖에 다른 지목에 속하지 않는 토지

02 지번을 부여할 때 지적확정측량을 실시한 지역과 동일한 지번부여방법을 준용하지 않는 대상지역은?

① 지번부여지역의 전부 또는 일부에 대하여 지번을 변경하는 경우
② 행정구역 개편에 따라 새로 지번을 부여하는 경우
③ 대상 토지가 그 지번부여지역의 최종 지번의 토지에 인접하여 있는 경우
④ 축척변경 시행지역의 필지에 지번을 부여하는 경우

구분		토지이동에 따른 지번의 부여방법
부여방법		① 지번(地番)은 아라비아숫자로 표기하되, 임야대장 및 임야도에 등록하는 토지의 지번은 숫자 앞에 "산"자를 붙인다. ② 지번은 본번(本番)과 부번(副番)으로 구성하되, 본번과 부번 사이에 "－" 표시로 연결한다. 이 경우 "－" 표시는 "의"라고 읽는다. ③ 법 제66조에 따른 지번의 부여방법은 다음 각 호와 같다. 　1. 지번은 북서에서 남동으로 순차적으로 부여할 것
신규등록 · 등록전환	원칙	지번부여지역에서 인접토지의 본번에 부번을 붙여서 지번을 부여한다.
	예외	다음의 경우에는 그 지번부여지역의 최종 본번의 다음 순번부터 본번으로 하여 순차적으로 지번을 부여할 수 있다. ① 대상 토지가 그 지번부여지역의 최종 지번의 토지에 인접하여 있는 경우 ② 대상 토지가 이미 등록된 토지와 멀리 떨어져 있어서 등록된 토지의 본번에 부번을 부여하는 것이 불합리한 경우 ③ 대상 토지가 여러 필지로 되어 있는 경우
분할	원칙	분할 후의 필지 중 1필지의 지번은 분할 전의 지번으로 하고, 나머지 필지의 지번은 본번의 최종 부번 다음 순번으로 부번을 부여한다.
	예외	주거·사무실 등의 건축물이 있는 필지에 대해서는 분할 전의 지번을 우선하여 부여하여야 한다.
합병	원칙	합병 대상 지번 중 선순위의 지번을 그 지번으로 하되, 본번으로 된 지번이 있을 때에는 본번 중 선순위의 지번을 합병 후의 지번으로 한다.
	예외	토지소유자가 합병 전의 필지에 주거·사무실 등의 건축물이 있어서 그 건축물이 위치한 지번을 합병 후의 지번으로 신청할 때에는 그 지번을 합병 후의 지번으로 부여하여야 한다.
지적확정측량을 실시한 지역의 각 필지에 지번을 새로 부여하는 경우	원칙	다음 각 목의 지번을 제외한 본번으로 부여한다. ① 지적확정측량을 실시한 지역 안의 종전의 지번과 지적확정측량을 실시한 지역 밖에 있는 본번이 같은 지번이 있을 때 그 지번 ② 지적확정측량을 실시한 지역의 경계에 걸쳐 있는 지번
	예외	부여할 수 있는 종전 지번의 수가 새로 부여할 지번의 수보다 적을 때에는 블록 단위로 하나의 본번을 부여한 후 필지별로 부번을 부여하거나, 그 지번부여지역의 최종 본번 다음 순번부터 본번으로 하여 차례로 지번을 부여할 수 있다.
지적확정측량에 준용		① 법 제66조제2항(지적소관청은 지적공부에 등록된 지번을 변경할 필요가 있다고 인정하면 시·도지사나 대도시 시장의 승인을 받아 지번부여지역의 전부 또는 일부에 대하여 지번을 새로 부여할 수 있다.)에 따라 지번부여지역의 지번을 변경할 때 ② 법 제85조제2항(지번부여지역의 일부가 행정구역의 개편으로 다른 지번부여지역에 속하게 되었으면 지적소관청은 새로 속하게 된 지번부여지역의 지번을 부여하여야 한다.)에 따른 행정구역 개편에 따라 새로 지번을 부여할 때 ③ 제72조제1항(지적소관청은 축척변경 시행지역의 각 필지별 지번·지목·면적·경계 또는 좌표를 새로 정하여야 한다.)에 따라 축척변경 시행지역의 필지에 지번을 부여할 때

구분	토지이동에 따른 지번의 부여방법
도시개발사업 등의 준공 전	도시개발사업 등이 준공되기 전에 사업시행자가 지번부여를 신청하는 경우에는 국토교통부령으로 정하는 바에 따라 지번을 부여할 수 있다. 지적소관청은 도시개발사업 등이 준공되기 전에 지번을 부여하는 때에는 사업계획도에 따르되, 지적확정측량을 실시한 지역의 각 필지에 지번을 새로 부여하는 경우의 지번부여방식에 따라 지번을 부여하여야 한다.

03 지목의 종류 및 구분 등에 대한 설명으로 옳지 않은 것은?

① '주차장'은 자동차 등의 주차에 필요한 독립적인 시설을 갖춘 부지. 다만 자동차 등의 판매 목적으로 설치된 물류장 및 야외전시장의 토지는 제외한다.

② '과수원'은 사과·배·밤·호두·귤나무 등 과수류를 집단적으로 재배하는 토지와 이에 접속된 저장고 등 부속시설물의 부지를 말한다. 다만, 주거용 건축물의 부지는 '대'로 한다.

③ '광천지'는 지하에서 온수·약수·석유류 등이 용출되는 용출구(湧出口)와 그 유지(維持)에 사용되는 부지와 온수·약수·석유류 등을 일정한 장소로 운송하는 송수관·송유관 및 저장시설의 부지로 한다.

④ '유지(溜池)'는 물이 고이거나 상시적으로 물을 저장하고 있는 댐·저수지·소류지(沼溜地)·호수·연못 등의 토지와 연·왕골 등이 자생하는 배수가 잘 되지 않는 토지를 말한다.

(풀이) 공간정보의 구축 및 관리 등에 관한 법률 시행령 제58조(지목의 구분)

법 제67조제1항에 따른 지목의 구분은 다음 각 호의 기준에 따른다.

3. 과수원

사과·배·밤·호두·귤나무 등 과수류를 집단적으로 재배하는 토지와 이에 접속된 저장고 등 부속시설물의 부지. 다만, 주거용 건축물의 부지는 "대"로 한다.

6. 광천지

지하에서 온수·약수·석유류 등이 용출되는 용출구(湧出口)와 그 유지(維持)에 사용되는 부지. 다만, 온수·약수·석유류 등을 일정한 장소로 운송하는 송수관·송유관 및 저장시설의 부지는 제외한다.

7. 염전

바닷물을 끌어들여 소금을 채취하기 위하여 조성된 토지와 이에 접속된 제염장(製鹽場) 등 부속시설물의 부지. 다만, 천일제염 방식으로 하지 아니하고 동력으로 바닷물을 끌어들여 소금을 제조하는 공장시설물의 부지는 제외한다.

11. 주차장

자동차 등의 주차에 필요한 독립적인 시설을 갖춘 부지와 주차전용 건축물 및 이에 접속된 부속시설물의 부지. 다만, 다음 각 목의 어느 하나에 해당하는 시설의 부지는 제외한다.

가. 「주차장법」 제2조제1호가목 및 다목에 따른 노상주차장 및 부설주차장(「주차장법」 제19조제4항에 따라 시설물의 부지 인근에 설치된 부설주차장은 제외한다)

나. 자동차 등의 판매 목적으로 설치된 물류장 및 야외전시장

12. 주유소용지

다음 각 목의 토지. 다만, 자동차·선박·기차 등의 제작 또는 정비공장 안에 설치된 급유·송유시설 등의 부지는 제외한다.

가. 석유·석유제품 또는 액화석유가스, 전기 또는 수소 등의 판매를 위하여 일정한 설비를 갖춘 시설물의 부지

정답 03 ③

나. 저유소(貯油所) 및 원유저장소의 부지와 이에 접속된 부속시설물의 부지

19. 유지(溜池)

물이 고이거나 상시적으로 물을 저장하고 있는 댐·저수지·소류지(沼溜地)·호수·연못 등의 토지와 연·왕골 등이 자생하는 배수가 잘 되지 아니하는 토지

28. 잡종지

다음 각 목의 토지. 다만, 원상회복을 조건으로 돌을 캐내는 곳 또는 흙을 파내는 곳으로 허가된 토지는 제외한다.

가. 갈대밭, 실외에 물건을 쌓아두는 곳, 돌을 캐내는 곳, 흙을 파내는 곳, 야외시장 및 공동우물

나. 변전소, 송신소, 수신소 및 송유시설 등의 부지

다. 여객자동차터미널, 자동차운전학원 및 폐차장 등 자동차와 관련된 독립적인 시설물을 갖춘 부지

라. 공항시설 및 항만시설 부지

마. 도축장, 쓰레기처리장 및 오물처리장 등의 부지

바. 그 밖에 다른 지목에 속하지 않는 토지

04 「공간정보의 구축 및 관리 등에 관한 법령」상 지적공부에 등록할 때 지목을 '대'로 설정할 수 없는 것은?

(18년3회지기)

① 택지조성공사가 준공된 토지

② 목장용지 내의 주거용 건축물의 부지

③ 과수원 내에 있는 주거용 건축물의 부지

④ 제조업 공장시설물 부지 내의 의료시설 부지

풀이 공간정보의 구축 및 관리 등에 관한 법률 시행령 제58조(지목의 구분)

법 제67조제1항에 따른 지목의 구분은 다음 각 호의 기준에 따른다.

전	물을 상시적으로 이용하지 않고 곡물·원예작물(과수류는 제외한다)·약초·뽕나무·닥나무·묘목·관상수 등의 식물을 주로 재배하는 토지와 식용(食用)으로 죽순을 재배하는 토지
답	물을 상시적으로 직접 이용하여 벼·연(蓮)·미나리·왕골 등의 식물을 주로 재배하는 토지
과수원	사과·배·밤·호두·귤나무 등 과수류를 집단적으로 재배하는 토지와 이에 접속된 저장고 등 부속시설물의 부지. 다만, 주거용 건축물의 부지는 "대"로 한다.
목장용지	다음 각 목의 토지. 다만, 주거용 건축물의 부지는 "대"로 한다. 가. 축산업 및 낙농업을 하기 위하여 초지를 조성한 토지 나. 「축산법」 제2조제1호에 따른 가축을 사육하는 축사 등의 부지 다. 가목 및 나목의 토지와 접속된 부속시설물의 부지
임야	산림 및 원야(原野)를 이루고 있는 수림지(樹林地)·죽림지·암석지·자갈땅·모래땅·습지·황무지 등의 토지
광천지	지하에서 온수·약수·석유류 등이 용출되는 용출구(湧出口)와 그 유지(維持)에 사용되는 부지. 다만, 온수·약수·석유류 등을 일정한 장소로 운송하는 송수관·송유관 및 저장시설의 부지는 제외한다.

염전	바닷물을 끌어들여 소금을 채취하기 위하여 조성된 토지와 이에 접속된 제염장(製鹽場) 등 부속시설물의 부지. 다만, 천일제염 방식으로 하지 아니하고 동력으로 바닷물을 끌어들여 소금을 제조하는 공장시설물의 부지는 제외한다.
대	가. 영구적 건축물 중 주거 · 사무실 · 점포와 박물관 · 극장 · 미술관 등 문화시설과 이에 접속된 정원 및 부속시설물의 부지 나. 「국토의 계획 및 이용에 관한 법률」 등 관계 법령에 따른 택지조성공사가 준공된 토지
공장용지	가. 제조업을 하고 있는 공장시설물의 부지 나. 「산업집적활성화 및 공장설립에 관한 법률」 등 관계 법령에 따른 공장부지 조성공사가 준공된 토지 다. 가목 및 나목의 토지와 같은 구역에 있는 의료시설 등 부속시설물의 부지
학교용지	학교의 교사(校舍)와 이에 접속된 체육장 등 부속시설물의 부지

05 다음은 지번부여방법을 설명한 것이다. 옳지 않은 것은?

① 신규등록의 경우 대상토지가 그 지번부여지역의 최종 지번의 토지에 인접한 경우 그 지번부여지역의 최종 본번의 다음 순번부터 본번으로 하여 순차적으로 지번을 부여할 수 있다.

② 지번은 지적소관청이 지번부여지역별로 차례대로 부여한다.

③ 등록전환 대상토지가 여러 필지로 되어 있는 경우에는 지번부여지역의 최종 본번의 다음 순번부터 본번으로 하여 순차적으로 지번을 부여할 수 있다.

④ 지적확정측량을 실시한 지역의 경계에 걸쳐 있는 지번이 있는 경우에는 그 지번부여지역의 최종 본번 다음 순번부터 본번으로 하여 차례로 지번을 부여할 수 있다.

풀이 공간정보의 구축 및 관리 등에 관한 법률 시행령 제56조(지번의 구성 및 부여방법 등)

구분		토지이동에 따른 지번의 부여방법
부여방법		① 지번(地番)은 아라비아숫자로 표기하되, 임야대장 및 임야도에 등록하는 토지의 지번은 숫자 앞에 "산"자를 붙인다. ② 지번은 본번(本番)과 부번(副番)으로 구성하되, 본번과 부번 사이에 "-" 표시로 연결한다. 이 경우 "-" 표시는 "의"라고 읽는다. ③ 법 제66조에 따른 지번의 부여방법은 다음 각 호와 같다. 　1. 지번은 북서에서 남동으로 순차적으로 부여할 것
신규등록 · 등록전환	원칙	지번부여지역에서 인접토지의 본번에 부번을 붙여서 지번을 부여한다.
	예외	다음의 경우에는 그 지번부여지역의 최종 본번의 다음 순번부터 본번으로 하여 순차적으로 지번을 부여할 수 있다. ① 대상 토지가 그 지번부여지역의 최종 지번의 토지에 인접하여 있는 경우 ② 대상 토지가 이미 등록된 토지와 멀리 떨어져 있어서 등록된 토지의 본번에 부번을 부여하는 것이 불합리한 경우 ③ 대상 토지가 여러 필지로 되어 있는 경우

구분		토지이동에 따른 지번의 부여방법
분할	원칙	분할 후의 필지 중 1필지의 지번은 분할 전의 지번으로 하고, 나머지 필지의 지번은 본번의 최종 부번 다음 순번으로 부번을 부여한다.
	예외	주거 · 사무실 등의 건축물이 있는 필지에 대해서는 분할 전의 지번을 우선하여 부여하여야 한다.
합병	원칙	합병 대상 지번 중 선순위의 지번을 그 지번으로 하되, 본번으로 된 지번이 있을 때에는 본번 중 선순위의 지번을 합병 후의 지번으로 한다.
	예외	토지소유자가 합병 전의 필지에 주거 · 사무실 등의 건축물이 있어서 그 건축물이 위치한 지번을 합병 후의 지번으로 신청할 때에는 그 지번을 합병 후의 지번으로 부여하여야 한다.
지적확정측량을 실시한 지역의 각 필지에 지번을 새로 부여하는 경우	원칙	다음 각 목의 지번을 제외한 본번으로 부여한다. ① 지적확정측량을 실시한 지역 안의 종전의 지번과 지적확정측량을 실시한 지역 밖에 있는 본번이 같은 지번이 있을 때 그 지번 ② 지적확정측량을 실시한 지역의 경계에 걸쳐 있는 지번
	예외	부여할 수 있는 종전 지번의 수가 새로 부여할 지번의 수보다 적을 때에는 블록 단위로 하나의 본번을 부여한 후 필지별로 부번을 부여하거나, 그 지번부여지역의 최종 본번 다음 순번부터 본번으로 하여 차례로 지번을 부여할 수 있다.
지적확정측량에 준용		① 법 제66조제2항(지적소관청은 지적공부에 등록된 지번을 변경할 필요가 있다고 인정하면 시 · 도지사나 대도시 시장의 승인을 받아 지번부여지역의 전부 또는 일부에 대하여 지번을 새로 부여할 수 있다.)에 따라 지번부여지역의 지번을 변경할 때 ② 법 제85조제2항(지번부여지역의 일부가 행정구역의 개편으로 다른 지번부여지역에 속하게 되었으면 지적소관청은 새로 속하게 된 지번부여지역의 지번을 부여하여야 한다.)에 따른 행정구역 개편에 따라 새로 지번을 부여할 때 ③ 제72조제1항(지적소관청은 축척변경 시행지역의 각 필지별 지번 · 지목 · 면적 · 경계 또는 좌표를 새로 정하여야 한다.)에 따라 축척변경 시행지역의 필지에 지번을 부여할 때
도시개발사업 등의 준공 전		도시개발사업 등이 준공되기 전에 사업시행자가 지번부여를 신청하는 경우에는 국토교통부령으로 정하는 바에 따라 지번을 부여할 수 있다. 지적소관청은 도시개발사업 등이 준공되기 전에 지번을 부여하는 때에는 사업계획도에 따르되, 지적확정측량을 실시한 지역의 각 필지에 지번을 새로 부여하는 경우의 지번부여방식에 따라 지번을 부여하여야 한다.

06 「공간정보의 구축 및 관리 등에 관한 법령」상 지목의 구분 기준에 관한 설명으로 옳지 않은 것은?

① 물을 상시적으로 이용하지 않고 닥나무 · 묘목 · 관상수 등의 식물을 주로 재배하는 토지는 "전"으로 한다.

② 온수 · 약수 · 석유류 등이 용출되는 용출구와 그 유지에 사용되는 부지는 "광천지"로 한다.

③ 2필지 이상에 진입하는 통로로 이용되는 토지 등은 "도로"로 한다.

④ 「도시공원 및 녹지 등에 관한 법률」에 따른 묘지공원으로 결정 · 고시된 토지는 "공원"으로 한다.

⑤ 자연의 유수(流水)가 있거나 있을 것으로 예상되는 토지는 "하천"으로 한다.

풀이 공간정보의 구축 및 관리 등에 관한 법률 시행령 제58조(지목의 구분)

법 제67조제1항에 따른 지목의 구분은 다음 각 호의 기준에 따른다.

1. 전

   물을 상시적으로 이용하지 않고 곡물 · 원예작물(과수류는 제외한다) · 약초 · 뽕나무 · 닥나무 · 묘목 · 관상수 등의 식물을 주로 재배하는 토지와 식용(食用)으로 죽순을 재배하는 토지

6. 광천지

   지하에서 온수 · 약수 · 석유류 등이 용출되는 용출구(湧出口)와 그 유지(維持)에 사용되는 부지. 다만, 온수 · 약수 · 석유류 등을 일정한 장소로 운송하는 송수관 · 송유관 및 저장시설의 부지는 제외한다.

14. 도로

    다음 각 목의 토지. 다만, 아파트 · 공장 등 단일 용도의 일정한 단지 안에 설치된 통로 등은 제외한다.

    가. 일반 공중(公衆)의 교통 운수를 위하여 보행이나 차량운행에 필요한 일정한 설비 또는 형태를 갖추어 이용되는 토지

    나. 「도로법」 등 관계 법령에 따라 도로로 개설된 토지

    다. 고속도로의 휴게소 부지

    라. 2필지 이상에 진입하는 통로로 이용되는 토지

17. 하천

    자연의 유수(流水)가 있거나 있을 것으로 예상되는 토지

22. 공원

    일반 공중의 보건 · 휴양 및 정서생활에 이용하기 위한 시설을 갖춘 토지로서 「국토의 계획 및 이용에 관한 법률」에 따라 공원 또는 녹지로 결정 · 고시된 토지

27. 묘지

    사람의 시체나 유골이 매장된 토지, 「도시공원 및 녹지 등에 관한 법률」에 따른 묘지공원으로 결정 · 고시된 토지 및 「장사 등에 관한 법률」 제2조제9호에 따른 봉안시설과 이에 접속된 부속시설물의 부지. 다만, 묘지의 관리를 위한 건축물의 부지는 "대"로 한다.

07 다음 지적도면에 표기된 지목의 부호에 관한 설명으로 틀린 것은?

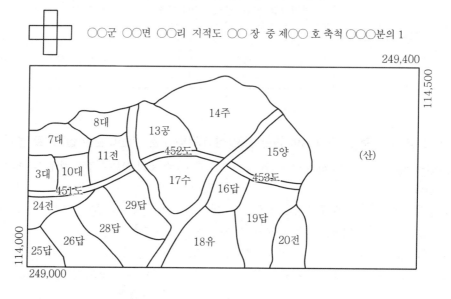

① 지번 13의 지목은 "공원"이다.　　② 지번 14의 지목은 "주유소용지"이다.

③ 지번 15의 지목은 "양어장"이다.　　④ 지번 17의 지목은 "수도용지"이다.

⑤ 지번 18의 지목은 "유원지"이다.

풀이 지번 18의 지목은 "유지"이다. 유원지는 차문자인 "원"으로 표기한다.

지목의 부호 표기

지목	부호	지목	부호	지목	부호	지목	부호
전	전	대	대	철도용지	철	공원	공
답	답	공장용지	㉧	제방	제	체육용지	체
과수원	과	학교용지	학	하천	㉝	유원지	㉝
목장용지	목	주차장	㉩	구거	구	종교용지	종
임야	임	주유소용지	주	유지	유	사적지	사
광천지	광	창고용지	창	양어장	양	묘지	묘
염전	염	도로	도	수도용지	수	잡종지	잡

08 「공간정보의 구축 및 관리 등에 관한 법령」상 지번부여에 관한 설명이다. (　　) 안에 들어갈 내용으로 옳은 것은?

> 지적소관청은 도시개발사업 등이 준공되기 전에 사업시행자가 지번부여 신청을 하면 지번을 부여할 수 있으며, 도시개발사업 등이 준공되기 전에 지번을 부여하는 때에는 (　　)에 따르되, 지적확정측량을 실시한 지역의 지번부여 방법에 따라 지번을 부여하여야 한다.

① 사업계획도　　　　　　　　② 사업인가서

③ 지적도　　　　　　　　　　④ 토지대장

⑤ 토지분할조서

풀이 **공간정보의 구축 및 관리 등에 관한 법률 시행규칙 제61조(도시개발사업 등 준공 전 지번부여)**

지적소관청은 영 제56조제4항(법 제86조에 따른 도시개발사업 등이 준공되기 전에 사업시행자가 지번부여 신청을 하면 국토교통부령으로 정하는 바에 따라 지번을 부여할 수 있다)에 따라 도시개발사업 등이 준공되기 전에 지번을 부여하는 때에는 제95조제1항제3호의 사업계획도에 따르되, 영 제56조제3항제5호에 따라 부여하여야 한다.

공간정보의 구축 및 관리 등에 관한 법률 시행규칙 제95조(도시개발사업 등의 신고)

① 법 제86조제1항 및 영 제83조제2항에 따른 도시개발사업 등의 착수 또는 변경의 신고를 하려는 자는 별지 제81호 서식의 도시개발사업 등의 착수(시행)·변경·완료 신고서에 다음 각 호의 서류를 첨부하여야 한다. 다만, 변경신고의 경우에는 변경된 부분으로 한정한다.

> 1. 사업인가서
> 2. 지번별 조서
> 3. 사업계획도

5. 지적확정측량을 실시한 지역의 각 필지에 지번을 새로 부여하는 경우에는 다음 각 목의 지번을 제외한 본번으로 부여할 것. 다만, 부여할 수 있는 종전 지번의 수가 새로 부여할 지번의 수보다 적을 때에는 블록 단위로 하나의 본번을 부여한 후 필지별로 부번을 부여하거나, 그 지번부여지역의 최종 본번 다음 순번부터 본번으로 하여 차례로 지번을 부여할 수 있다.
　가. 지적확정측량을 실시한 지역의 종전의 지번과 지적확정측량을 실시한 지역 밖에 있는 본번이 같은 지번이 있을 때에는 그 지번
　나. 지적확정측량을 실시한 지역의 경계에 걸쳐 있는 지번

09 지목의 구분 기준에 관한 설명으로 옳은 것은?

① 학교용지 · 공원 · 종교용지 등 다른 지목으로 된 토지에 있는 유적 · 고적 · 기념물을 보호하기 위하여 구획된 토지는 '사적지'로 한다.

② 천일제염 방식으로 하지 아니하고 동력으로 바닷물을 끌어들여 소금을 제조하는 공장시설물의 부지는 '염전'으로 한다.

③ 자동차 등의 판매 목적으로 설치된 물류장 및 야외전시장은 '주차장'으로 한다.

④ 자동차 · 선박 · 기차 등의 제작 또는 정비공장 안에 설치된 급유 · 송유시설의 부지는 '주유소용지'로 한다.

⑤ 국민의 건강증진 등을 위한 체육활동에 적합한 시설과 형태를 갖춘 스키장 · 승마장 · 경륜장 등의 체육시설의 토지와 이에 접속된 부속시설물의 부지는 '체육용지'로 한다.

풀이 공간정보의 구축 및 관리 등에 관한 법률 시행령 제58조(지목의 구분)

법 제67조제1항에 따른 지목의 구분은 다음 각 호의 기준에 따른다.

7. 염전(鹽田)

바닷물을 끌어들여 소금을 채취하기 위하여 조성된 토지와 이에 접속된 제염장(製鹽場) 등 부속시설물의 부지. 다만, 천일제염 방식으로 하지 아니하고 동력으로 바닷물을 끌어들여 소금을 제조하는 공장시설물의 부지는 제외한다.

11. 주차장(駐車場)

자동차 등의 주차에 필요한 독립적인 시설을 갖춘 부지와 주차전용 건축물 및 이에 접속된 부속시설물의 부지. 다만, 다음의 어느 하나에 해당하는 시설의 부지는 제외한다.

① 「주차장법」 제2조제1호가목 및 다목에 따른 노상주차장 및 부설주차장(「주차장법」 제19조제4항에 따라 시설물의 부지 인근에 설치된 부설주차장은 제외한다)

② 자동차 등의 판매 목적으로 설치된 물류장 및 야외전시장

12. 주유소용지(注油所用地)

다음의 토지는 "주유소용지"로 한다. 다만, 자동차 · 선박 · 기차 등의 제작 또는 정비공장 안에 설치된 급유 · 송유시설 등의 부지는 제외한다.

① 석유 · 석유제품 또는 액화석유가스, 전기 또는 수소 등의 판매를 위하여 일정한 설비를 갖춘 시설물의 부지

② 저유소(貯油所) 및 원유저장소의 부지와 이에 접속된 부속시설물의 부지

19. 유지(溜池)

물이 고이거나 상시적으로 물을 저장하고 있는 댐 · 저수지 · 소류지(沼溜地) · 호수 · 연못 등의 토지와 연 · 왕골 등이 자생하는 배수가 잘 되지 아니하는 토지

정답 09 ⑤

23. 체육용지

국민의 건강증진 등을 위한 체육활동에 적합한 시설과 형태를 갖춘 종합운동장 · 실내체육관 · 야구장 · 골프장 · 스키장 · 승마장 · 경륜장 등 체육시설의 토지와 이에 접속된 부속시설물의 부지. 다만, 체육시설로서의 영속성과 독립성이 미흡한 정구장 · 골프연습장 · 실내수영장 및 체육도장, 유수(流水)를 이용한 요트장 및 카누장 등의 토지는 제외한다.

26. 사적지(史蹟地)

문화재로 지정된 역사적인 유적 · 고적 · 기념물 등을 보존하기 위하여 구획된 토지. 다만, 학교용지 · 공원 · 종교용지 등 다른 지목으로 된 토지에 있는 유적 · 고적 · 기념물 등을 보호하기 위하여 구획된 토지는 제외한다.

10 다음 중 지목을 주차장으로 설정할 수 있는 것은?

(11년서울9급)

① 도로 노면의 일정한 구역에 설치된 주차장으로서 일반의 이용에 제공되는 것
② 교통광장의 일정한 구역에 설치된 주차장으로 일반의 이용에 제공되는 것
③ 골프연습장 등 주차수요를 유발하는 시설에 부대하여 설치된 주차장으로서 해당 건축물 · 시설의 이용자 또는 일반의 이용에 제공되는 것
④ 자동차 등의 판매 목적으로 설치된 물류장 및 야외전시장
⑤ 도로의 노면 및 교통광장 외의 장소에 설치된 주차장으로서 일반의 이용에 제공되는 것

풀이 **공간정보의 구축 및 관리 등에 관한 법률 제67조(지목의 종류)**

① 지목은 전 · 답 · 과수원 · 목장용지 · 임야 · 광천지 · 염전 · 대(垈) · 공장용지 · 학교용지 · 주차장 · 주유소용지 · 창고용지 · 도로 · 철도용지 · 제방(堤防) · 하천 · 구거(溝渠) · 유지(溜池) · 양어장 · 수도용지 · 공원 · 체육용지 · 유원지 · 종교용지 · 사적지 · 묘지 · 잡종지로 구분하여 정한다.

공간정보의 구축 및 관리 등에 관한 법률 시행령 제58조(지목의 구분)

법 제67조제1항에 따른 지목의 구분은 다음 각 호의 기준에 따른다.

11. 주차장

자동차 등의 주차에 필요한 독립적인 시설을 갖춘 부지와 주차전용 건축물 및 이에 접속된 부속시설물의 부지. 다만, 다음 각 목의 어느 하나에 해당하는 시설의 부지는 제외한다.

가. 「주차장법」 제2조제1호가목 및 다목에 따른 노상주차장 및 부설주차장(「주차장법」 제19조제4항에 따라 시설물의 부지 인근에 설치된 부설주차장은 제외한다)

나. 자동차 등의 판매 목적으로 설치된 물류장 및 야외전시장

정답 **10** ⑤

11 토지의 이동(異動)에 따른 지번부여 방법에 관한 설명 중 틀린 것은?

① 축척변경시행지역 안의 필지에 지번을 새로이 부여하는 때에는 도시개발사업 등이 완료됨에 따라 지적확정측량을 실시한 지역 안에서의 지번부여 방법을 준용한다.

② 등록전환 대상토지가 여러 필지로 되어 있는 경우 그 지번부여지역의 최종 본번의 다음 본번에 부번을 붙여서 지번을 부여하여야 한다.

③ 신규등록의 경우로서 대상토지가 그 지번부여지역 안의 최종 지번의 토지에 인접한 경우 그 지번부여지역의 최종 본번의 다음 순번부터 본번으로 하여 순차적으로 지번을 부여할 수 있다.

④ 합병의 경우 합병 전의 필지에 주거·사무실 등의 건축물이 있는 경우 토지소유자가 건축물이 위치한 지번을 합병 후의 지번으로 신청하는 때에는 그 지번을 합병 후의 지번으로 부여하여야 한다.

⑤ 분할의 경우 분할 후의 필지 중 주거·사무실 등의 건축물이 있는 필지에 대하여는 분할 전의 지번을 우선하여 부여하여야 한다.

풀이 **공간정보의 구축 및 관리 등에 관한 법률 시행령 제56조(지번의 구성 및 부여방법 등)**

구분		토지이동에 따른 지번의 부여방법
부여방법		① 지번(地番)은 아라비아숫자로 표기하되, 임야대장 및 임야도에 등록하는 토지의 지번은 숫자 앞에 "산"자를 붙인다. ② 지번은 본번(本番)과 부번(副番)으로 구성하되, 본번과 부번 사이에 "-"표시로 연결한다. 이 경우 "-"표시는 "의"라고 읽는다. ③ 법 제66조에 따른 지번의 부여방법은 다음 각 호와 같다. 　1. 지번은 북서에서 남동으로 순차적으로 부여할 것
신규등록 · 등록전환	원칙	지번부여지역에서 인접토지의 본번에 부번을 붙여서 지번을 부여한다.
	예외	다음의 경우에는 그 지번부여지역의 최종 본번의 다음 순번부터 본번으로 하여 순차적으로 지번을 부여할 수 있다. ① 대상 토지가 그 지번부여지역의 최종 지번의 토지에 인접하여 있는 경우 ② 대상 토지가 이미 등록된 토지와 멀리 떨어져 있어서 등록된 토지의 본번에 부번을 부여하는 것이 불합리한 경우 ③ 대상 토지가 여러 필지로 되어 있는 경우
분할	원칙	분할 후의 필지 중 1필지의 지번은 분할 전의 지번으로 하고, 나머지 필지의 지번은 본번의 최종 부번 다음 순번으로 부번을 부여한다.
	예외	주거·사무실 등의 건축물이 있는 필지에 대해서는 분할 전의 지번을 우선하여 부여하여야 한다.
합병	원칙	합병 대상 지번 중 선순위의 지번을 그 지번으로 하되, 본번으로 된 지번이 있을 때에는 본번 중 선순위의 지번을 합병 후의 지번으로 한다.
	예외	토지소유자가 합병 전의 필지에 주거·사무실 등의 건축물이 있어서 그 건축물이 위치한 지번을 합병 후의 지번으로 신청할 때에는 그 지번을 합병 후의 지번으로 부여하여야 한다.

구분		토지이동에 따른 지번의 부여방법
지적확정측량을 실시한 지역의 각 필지에 지번을 새로 부여하는 경우	원칙	다음 각 목의 지번을 제외한 본번으로 부여한다. ① 지적확정측량을 실시한 지역 안의 종전의 지번과 지적확정측량을 실시한 지역 밖에 있는 본번이 같은 지번이 있을 때 그 지번 ② 지적확정측량을 실시한 지역의 경계에 걸쳐 있는 지번
	예외	부여할 수 있는 종전 지번의 수가 새로 부여할 지번의 수보다 적을 때에는 블록 단위로 하나의 본번을 부여한 후 필지별로 부번을 부여하거나, 그 지번부여지역의 최종 본번 다음 순번부터 본번으로 하여 차례로 지번을 부여할 수 있다.
지적확정측량에 준용		① 법 제66조제2항(지적소관청은 지적공부에 등록된 지번을 변경할 필요가 있다고 인정하면 시·도지사나 대도시 시장의 승인을 받아 지번부여지역의 전부 또는 일부에 대하여 지번을 새로 부여할 수 있다.)에 따라 지번부여지역의 지번을 변경할 때 ② 법 제85조제2항(지번부여지역의 일부가 행정구역의 개편으로 다른 지번부여지역에 속하게 되었으면 지적소관청은 새로 속하게 된 지번부여지역의 지번을 부여하여야 한다.)에 따른 행정구역 개편에 따라 새로 지번을 부여할 때 ③ 제72조제1항(지적소관청은 축척변경 시행지역의 각 필지별 지번·지목·면적·경계 또는 좌표를 새로 정하여야 한다.)에 따라 축척변경 시행지역의 필지에 지번을 부여할 때
도시개발사업 등의 준공 전		도시개발사업 등이 준공되기 전에 사업시행자가 지번부여를 신청하는 경우에는 국토교통부령으로 정하는 바에 따라 지번을 부여할 수 있다. 지적소관청은 도시개발사업 등이 준공되기 전에 지번을 부여하는 때에는 사업계획도에 따르되, 지적확정측량을 실시한 지역의 각 필지에 지번을 새로 부여하는 경우의 지번부여방식에 따라 지번을 부여하여야 한다.

12 지목의 부호 표기방법으로 옳지 않은 것은?

(11년서울9급)

① 공장용지 – 장
② 유원지 – 원
③ 주유소용지 – 유
④ 종교용지 – 종
⑤ 광천지 – 광

풀이 지목의 부호 표기

지목	부호	지목	부호	지목	부호	지목	부호
전	전	대	대	철도용지	철	공원	공
답	답	공장용지	㉮	제방	제	체육용지	체
과수원	과	학교용지	학	하천	㉡	유원지	㉧
목장용지	목	주차장	㉩	구거	구	종교용지	종
임야	임	주유소용지	주	유지	유	사적지	사
광천지	광	창고용지	창	양어장	양	묘지	묘
염전	염	도로	도	수도용지	수	잡종지	잡

13 지목이란 토지의 주된 용도에 따라 종류를 구분하여 지적공부에 등록하는 것을 말한다. 다음 설명 중 틀린 것은? (12년서울9급)

① 잡종지는 영구적 건축물 중 변전소, 송신소, 수신소, 송유시설, 도축장, 자동차운전학원, 쓰레기 및 오물처리장 등의 부지로 한다.

② 공원은 일반공중의 보건·휴양 및 정서생활에 이용하기 위한 시설을 갖춘 토지로서 「국토의 계획 및 이용에 관한 법률」에 의하여 공원 또는 녹지로 결정·고시된 토지로 한다.

③ 창고용지는 물건 등을 보관 또는 저장하기 위하여 독립적으로 설치된 보관시설물의 부지와 이에 접속된 부속시설물의 부지로 한다.

④ 임야는 산림 및 원야(原野)를 이루고 있는 수림지(樹林地)·죽림지·암석지·자갈땅·모래땅·습지·황무지·비행장 등의 토지로 한다.

⑤ 수도용지는 물을 정수하여 공급하기 위한 취수·저수·도수(導水)·정수·송수 및 배수시설의 부지 및 이에 접속된 부속시설물의 부지로 한다.

풀이 **공간정보의 구축 및 관리 등에 관한 법률 시행령 제58조(지목의 구분)**
법 제67조제1항에 따른 지목의 구분은 다음 각 호의 기준에 따른다.

5. 임야
   산림 및 원야(原野)를 이루고 있는 수림지(樹林地)·죽림지·암석지·자갈땅·모래땅·습지·황무지 등의 토지

13. 창고용지
   물건 등을 보관하거나 저장하기 위하여 독립적으로 설치된 보관시설물의 부지와 이에 접속된 부속시설물의 부지

21. 수도용지
   물을 정수하여 공급하기 위한 취수·저수·도수(導水)·정수·송수 및 배수 시설의 부지 및 이에 접속된 부속시설물의 부지

22. 공원
   일반 공중의 보건·휴양 및 정서생활에 이용하기 위한 시설을 갖춘 토지로서 「국토의 계획 및 이용에 관한 법률」에 따라 공원 또는 녹지로 결정·고시된 토지

28. 잡종지
   다음 각 목의 토지. 다만, 원상회복을 조건으로 돌을 캐내는 곳 또는 흙을 파내는 곳으로 허가된 토지는 제외한다.
   가. 갈대밭, 실외에 물건을 쌓아두는 곳, 돌을 캐내는 곳, 흙을 파내는 곳, 야외시장 및 공동우물
   나. 변전소, 송신소, 수신소 및 송유시설 등의 부지
   다. 여객자동차터미널, 자동차운전학원 및 폐차장 등 자동차와 관련된 독립적인 시설물을 갖춘 부지
   라. 공항시설 및 항만시설 부지
   마. 도축장, 쓰레기처리장 및 오물처리장 등의 부지
   바. 그 밖에 다른 지목에 속하지 않는 토지

14 다음 중 지목 분류에 대한 설명으로 옳지 않은 것은?

① 사과, 배, 밤, 호두, 굴나무 등 과수류를 집단 재배하는 토지는 과수원이다.

② 유선장, 낚시터, 경마장 등의 부지는 유원지다.

③ 방조제, 방수제, 방사제, 방파제 등의 부지는 제방이다.

④ 2필지 이상에 진입하는 통로나 고속도로 휴게소 부지는 도로이다.

⑤ 원상회복을 조건으로 돌을 캐내는 곳 또는 흙을 파내는 곳으로 허가된 토지는 잡종지이다.

풀이 **공간정보의 구축 및 관리 등에 관한 법률 시행령 제58조(지목의 구분)**

법 제67조제1항에 따른 지목의 구분은 다음 각 호의 기준에 따른다.

3. 과수원

사과 · 배 · 밤 · 호두 · 굴나무 등 과수류를 집단적으로 재배하는 토지와 이에 접속된 저장고 등 부속시설물의 부지. 다만, 주거용 건축물의 부지는 "대"로 한다.

14. 도로

다음 각 목의 토지. 다만, 아파트 · 공장 등 단일 용도의 일정한 단지 안에 설치된 통로 등은 제외한다.

가. 일반 공중(公衆)의 교통 운수를 위하여 보행이나 차량운행에 필요한 일정한 설비 또는 형태를 갖추어 이용되는 토지

나. 「도로법」 등 관계 법령에 따라 도로로 개설된 토지

다. 고속도로의 휴게소 부지

라. 2필지 이상에 진입하는 통로로 이용되는 토지

16. 제방

조수 · 자연유수(自然流水) · 모래 · 바람 등을 막기 위하여 설치된 방조제 · 방수제 · 방사제 · 방파제 등의 부지

24. 유원지

일반 공중의 위락 · 휴양 등에 적합한 시설물을 종합적으로 갖춘 수영장 · 유선장(遊船場) · 낚시터 · 어린이 놀이터 · 동물원 · 식물원 · 민속촌 · 경마장 · 야영장 등의 토지와 이에 접속된 부속시설물의 부지. 다만, 이들 시설과의 거리 등으로 보아 독립적인 것으로 인정되는 숙식시설 및 유기장(遊技場)의 부지와 하천 · 구거 또는 유지[공유(公有)인 것으로 한정한다]로 분류되는 것은 제외한다.

28. 잡종지

다음 각 목의 토지. 다만, 원상회복을 조건으로 돌을 캐내는 곳 또는 흙을 파내는 곳으로 허가된 토지는 제외한다.

가. 갈대밭, 실외에 물건을 쌓아두는 곳, 돌을 캐내는 곳, 흙을 파내는 곳, 야외시장 및 공동우물

나. 변전소, 송신소, 수신소 및 송유시설 등의 부지

다. 여객자동차터미널, 자동차운전학원 및 폐차장 등 자동차와 관련된 독립적인 시설물을 갖춘 부지

라. 공항시설 및 항만시설 부지

마. 도축장, 쓰레기처리장 및 오물처리장 등의 부지

바. 그 밖에 다른 지목에 속하지 않는 토지

정답 14 ⑤

15 지번의 부여 및 부여방법 등에 관한 설명으로 틀린 것은?

① 지적소관청은 지번을 변경할 필요가 있다고 인정하면 시·도지사나 대도시 시장의 승인을 받아 지번부여지역의 전부 또는 일부에 대하여 지번을 새로 부여할 수 있다.

② 신규등록의 경우에는 그 지번부여지역에서 인접토지의 본번에 부번을 붙여서 지번을 부여하는 것을 원칙으로 한다.

③ 분할의 경우에는 분할 후의 필지 중 1필지의 지번은 분할 전의 지번으로 하고, 나머지 필지의 지번은 최종 부번 다음 순번으로 부번을 순차적으로 부여하여야 한다.

④ 등록전환 대상토지가 여러 필지로 되어 있는 경우에는 그 지번부여지역의 최종 본번에 부번을 붙여서 순차적으로 지번을 부여할 수 있다.

⑤ 합병의 경우로서 토지 소유자가 합병 전의 필지에 주거·사무실 등의 건축물이 있어서 그 건축물이 위치한 지번을 합병 후의 지번으로 신청할 때에는 그 지번을 합병 후의 지번으로 부여하여야 한다.

> **풀이** 공간정보의 구축 및 관리 등에 관한 법률 시행령 제56조(지번의 구성 및 부여방법 등)

구분		토지이동에 따른 지번의 부여방법
부여방법		① 지번(地番)은 아라비아숫자로 표기하되, 임야대장 및 임야도에 등록하는 토지의 지번은 숫자 앞에 "산"자를 붙인다. ② 지번은 본번(本番)과 부번(副番)으로 구성하되, 본번과 부번 사이에 "ー" 표시로 연결한다. 이 경우 "ー" 표시는 "의"라고 읽는다. ③ 법 제66조에 따른 지번의 부여방법은 다음 각 호와 같다. 　1. 지번은 북서에서 남동으로 순차적으로 부여할 것
신규등록 · 등록전환	원칙	지번부여지역에서 인접토지의 본번에 부번을 붙여서 지번을 부여한다.
	예외	다음의 경우에는 그 지번부여지역의 최종 본번의 다음 순번부터 본번으로 하여 순차적으로 지번을 부여할 수 있다. ① 대상 토지가 그 지번부여지역의 최종 지번의 토지에 인접하여 있는 경우 ② 대상 토지가 이미 등록된 토지와 멀리 떨어져 있어서 등록된 토지의 본번에 부번을 부여하는 것이 불합리한 경우 ③ 대상 토지가 여러 필지로 되어 있는 경우
분할	원칙	분할 후의 필지 중 1필지의 지번은 분할 전의 지번으로 하고, 나머지 필지의 지번은 본번의 최종 부번 다음 순번으로 부번을 부여한다.
	예외	주거·사무실 등의 건축물이 있는 필지에 대해서는 분할 전의 지번을 우선하여 부여하여야 한다.
합병	원칙	합병 대상 지번 중 선순위의 지번을 그 지번으로 하되, 본번으로 된 지번이 있을 때에는 본번 중 선순위의 지번을 합병 후의 지번으로 한다.
	예외	토지소유자가 합병 전의 필지에 주거·사무실 등의 건축물이 있어서 그 건축물이 위치한 지번을 합병 후의 지번으로 신청할 때에는 그 지번을 합병 후의 지번으로 부여하여야 한다.

구분		토지이동에 따른 지번의 부여방법
지적확정측량을 실시한 지역의 각 필지에 지번을 새로 부여하는 경우	원칙	다음 각 목의 지번을 제외한 본번으로 부여한다. ① 지적확정측량을 실시한 지역 안의 종전의 지번과 지적확정측량을 실시한 지역 밖에 있는 본번이 같은 지번이 있을 때 그 지번 ② 지적확정측량을 실시한 지역의 경계에 걸쳐 있는 지번
	예외	부여할 수 있는 종전 지번의 수가 새로 부여할 지번의 수보다 적을 때에는 블록 단위로 하나의 본번을 부여한 후 필지별로 부번을 부여하거나, 그 지번부여지역의 최종 본번 다음 순번부터 본번으로 하여 차례로 지번을 부여할 수 있다.
지적확정측량에 준용		① 법 제66조제2항(지적소관청은 지적공부에 등록된 지번을 변경할 필요가 있다고 인정하면 시·도지사나 대도시 시장의 승인을 받아 지번부여지역의 전부 또는 일부에 대하여 지번을 새로 부여할 수 있다.)에 따라 지번부여지역의 지번을 변경할 때 ② 법 제85조제2항(지번부여지역의 일부가 행정구역의 개편으로 다른 지번부여지역에 속하게 되었으면 지적소관청은 새로 속하게 된 지번부여지역의 지번을 부여하여야 한다.)에 따른 행정구역 개편에 따라 새로 지번을 부여할 때 ③ 제72조제1항(지적소관청은 축척변경 시행지역의 각 필지별 지번·지목·면적·경계 또는 좌표를 새로 정하여야 한다.)에 따라 축척변경 시행지역의 필지에 지번을 부여할 때
도시개발사업 등의 준공 전		도시개발사업 등이 준공되기 전에 사업시행자가 지번부여를 신청하는 경우에는 국토교통부령으로 정하는 바에 따라 지번을 부여할 수 있다. 지적소관청은 도시개발사업 등이 준공되기 전에 지번을 부여하는 때에는 사업계획도에 따르되, 지적확정측량을 실시한 지역의 각 필지에 지번을 새로 부여하는 경우의 지번부여방식에 따라 지번을 부여하여야 한다.

16 지목의 종류 및 구분 등에 대한 설명으로 옳지 않은 것은?

① '주차장'은 자동차 등의 판매 목적으로 설치된 물류장 및 야외전시장의 토지를 말한다.

② '과수원'은 사과·배·밤·호두·귤나무 등 과수류를 집단적으로 재배하는 토지와 이에 접속된 저장고 등 부속시설물의 부지를 말한다. 다만, 주거용 건축물의 부지는 '대'로 한다.

③ '광천지'는 지하에서 온수·약수·석유류 등이 용출되는 용출구(湧出口)와 그 유지(維持)에 사용되는 부지. 다만, 온수·약수·석유류 등을 일정한 장소로 운송하는 송수관·송유관 및 저장시설의 부지는 제외한다.

④ '유지(溜池)'는 물이 고이거나 상시적으로 물을 저장하고 있는 댐·저수지·소류지(沼溜地)·호수·연못 등의 토지와 연·왕골 등이 자생하는 배수가 잘 되지 아니하는 토지를 말한다.

풀이 공간정보의 구축 및 관리 등에 관한 법률 시행령 제58조(지목의 구분)

법 제67조제1항에 따른 지목의 구분은 다음 각 호의 기준에 따른다.

3. 과수원

사과·배·밤·호두·귤나무 등 과수류를 집단적으로 재배하는 토지와 이에 접속된 저장고 등 부속시설물의 부지. 다만, 주거용 건축물의 부지는 "대"로 한다.

6. 광천지

지하에서 온수·약수·석유류 등이 용출되는 용출구(湧出口)와 그 유지(維持)에 사용되는 부지. 다만, 온수·약수·석유류 등을 일정한 장소로 운송하는 송수관·송유관 및 저장시설의 부지는 제외한다.

7. 염전

바닷물을 끌어들여 소금을 채취하기 위하여 조성된 토지와 이에 접속된 제염장(製鹽場) 등 부속시설물의 부지. 다만, 천일제염 방식으로 하지 아니하고 동력으로 바닷물을 끌어들여 소금을 제조하는 공장시설물의 부지는 제외한다.

11. 주차장

자동차 등의 주차에 필요한 독립적인 시설을 갖춘 부지와 주차전용 건축물 및 이에 접속된 부속시설물의 부지. 다만, 다음 각 목의 어느 하나에 해당하는 시설의 부지는 제외한다.

가. 「주차장법」 제2조제1호가목 및 다목에 따른 노상주차장 및 부설주차장(「주차장법」 제19조제4항에 따라 시설물의 부지 인근에 설치된 부설주차장은 제외한다)

나. 자동차 등의 판매 목적으로 설치된 물류장 및 야외전시장

12. 주유소용지

다음 각 목의 토지. 다만, 자동차·선박·기차 등의 제작 또는 정비공장 안에 설치된 급유·송유시설 등의 부지는 제외한다.

가. 석유·석유제품 또는 액화석유가스, 전기 또는 수소 등의 판매를 위하여 일정한 설비를 갖춘 시설물의 부지

나. 저유소(貯油所) 및 원유저장소의 부지와 이에 접속된 부속시설물의 부지

19. 유지(溜池)

물이 고이거나 상시적으로 물을 저장하고 있는 댐·저수지·소류지(沼溜地)·호수·연못 등의 토지와 연·왕골 등이 자생하는 배수가 잘 되지 아니하는 토지

28. 잡종지

다음 각 목의 토지. 다만, 원상회복을 조건으로 돌을 캐내는 곳 또는 흙을 파내는 곳으로 허가된 토지는 제외한다.

가. 갈대밭, 실외에 물건을 쌓아두는 곳, 돌을 캐내는 곳, 흙을 파내는 곳, 야외시장 및 공동우물

나. 변전소, 송신소, 수신소 및 송유시설 등의 부지

다. 여객자동차터미널, 자동차운전학원 및 폐차장 등 자동차와 관련된 독립적인 시설물을 갖춘 부지

라. 공항시설 및 항만시설 부지

마. 도축장, 쓰레기처리장 및 오물처리장 등의 부지

바. 그 밖에 다른 지목에 속하지 않는 토지

17 지목의 종류 및 구분 등에 대한 설명이다. (   ) 안에 들어갈 지목으로 옳은 것은?

- (㉠)는 지하에서 온수·약수·석유류 등이 용출되는 용출구(湧出口)와 그 유지(維持)에 사용되는 부지
- (㉡)는 일반 공중의 위락·휴양 등에 적합한 시설물을 종합적으로 갖춘 수영장·유선장(遊船場)·낚시터·어린이놀이터·경마장 등의 토지와 이에 접속된 부속시설물의 부지
- (㉢)는 국민의 건강증진 등을 위한 체육활동에 적합한 시설과 형태를 갖춘 골프장·스키장·승마장·경륜장 등 체육시설의 토지와 이에 접속된 부속시설물의 부지
- (㉣)는 문화재로 지정된 역사적인 유적·고적·기념물 등을 보존하기 위하여 구획된 토지
- (㉤)는 갈대밭, 실외에 물건을 쌓아두는 곳, 돌을 캐내는 곳, 흙을 파내는 곳, 야외시장, 비행장, 공동우물

	㉠	㉡	㉢	㉣	㉤
①	광천지	주유소용지	사적지	체육용지	잡종지
②	주유소용지	유원지	사적지	체육용지	잡종지
③	광천지	유원지	체육용지	사적지	잡종지
④	주유소용지	광천지	체육용지	사적지	잡종지

정답 17 ③

과수원	사과 · 배 · 밤 · 호두 · 귤나무 등 과수류를 집단적으로 재배하는 토지와 이에 접속된 저장고 등 부속시설물의 부지. 다만, 주거용 건축물의 부지는 "대"로 한다.
목장용지	다음 각 목의 토지. 다만, 주거용 건축물의 부지는 "대"로 한다. 가. 축산업 및 낙농업을 하기 위하여 초지를 조성한 토지 나. 「축산법」 제2조제1호에 따른 가축을 사육하는 축사 등의 부지 다. 가목 및 나목의 토지와 접속된 부속시설물의 부지
광천지	지하에서 온수 · 약수 · 석유류 등이 용출되는 용출구(湧出口)와 그 유지(維持)에 사용되는 부지. 다만, 온수 · 약수 · 석유류 등을 일정한 장소로 운송하는 송수관 · 송유관 및 저장시설의 부지는 제외한다.
염전	바닷물을 끌어들여 소금을 채취하기 위하여 조성된 토지와 이에 접속된 제염장(製鹽場) 등 부속시설물의 부지. 다만, 천일제염 방식으로 하지 아니하고 동력으로 바닷물을 끌어들여 소금을 제조하는 공장시설물의 부지는 제외한다.
주차장	자동차 등의 주차에 필요한 독립적인 시설을 갖춘 부지와 주차전용 건축물 및 이에 접속된 부속시설물의 부지. 다만, 다음 각 목의 어느 하나에 해당하는 시설의 부지는 제외한다. 가. 「주차장법」 제2조제1호가목 및 다목에 따른 노상주차장 및 부설주차장(「주차장법」 제19조제4항에 따라 시설물의 부지 인근에 설치된 부설주차장은 제외한다) 나. 자동차 등의 판매 목적으로 설치된 물류장 및 야외전시장
주유소용지	다음 각 목의 토지. 다만, 자동차 · 선박 · 기차 등의 제작 또는 정비공장 안에 설치된 급유 · 송유시설 등의 부지는 제외한다. 가. 석유 · 석유제품 또는 액화석유가스, 전기 또는 수소 등의 판매를 위하여 일정한 설비를 갖춘 시설물의 부지 나. 저유소(貯油所) 및 원유저장소의 부지와 이에 접속된 부속시설물의 부지
도로	다음 각 목의 토지. 다만, 아파트 · 공장 등 단일 용도의 일정한 단지 안에 설치된 통로 등은 제외한다. 가. 일반 공중(公衆)의 교통 운수를 위하여 보행이나 차량운행에 필요한 일정한 설비 또는 형태를 갖추어 이용되는 토지 나. 「도로법」 등 관계 법령에 따라 도로로 개설된 토지 다. 고속도로의 휴게소 부지 라. 2필지 이상에 진입하는 통로로 이용되는 토지
체육용지	국민의 건강증진 등을 위한 체육활동에 적합한 시설과 형태를 갖춘 종합운동장 · 실내체육관 · 야구장 · 골프장 · 스키장 · 승마장 · 경륜장 등 체육시설의 토지와 이에 접속된 부속시설물의 부지. 다만, 체육시설로서의 영속성과 독립성이 미흡한 정구장 · 골프연습장 · 실내수영장 및 체육도장, 유수(流水)를 이용한 요트장 및 카누장 등의 토지는 제외한다.
유원지	일반 공중의 위락 · 휴양 등에 적합한 시설물을 종합적으로 갖춘 수영장 · 유선장(遊船場) · 낚시터 · 어린이놀이터 · 동물원 · 식물원 · 민속촌 · 경마장 · 야영장 등의 토지와 이에 접속된 부속시설물의 부지. 다만, 이들 시설과의 거리 등으로 보아 독립적인 것으로 인정되는 숙식시설 및 유기장(遊技場)의 부지와 하천 · 구거 또는 유지[공유(公有)인 것으로 한정한다]로 분류되는 것은 제외한다.

정답

사적지	문화재로 지정된 역사적인 유적·고적·기념물 등을 보존하기 위하여 구획된 토지. 다만, 학교용지·공원·종교용지 등 다른 지목으로 된 토지에 있는 유적·고적·기념물 등을 보호하기 위하여 구획된 토지는 제외한다.
묘지	사람의 시체나 유골이 매장된 토지, 「도시공원 및 녹지 등에 관한 법률」에 따른 묘지공원으로 결정·고시된 토지 및 「장사 등에 관한 법률」 제2조제9호에 따른 봉안시설과 이에 접속된 부속시설물의 부지. 다만, 묘지의 관리를 위한 건축물의 부지는 "대"로 한다.
잡종지	다음 각 목의 토지. 다만, 원상회복을 조건으로 돌을 캐내는 곳 또는 흙을 파내는 곳으로 허가된 토지는 제외한다. 가. 갈대밭, 실외에 물건을 쌓아두는 곳, 돌을 캐내는 곳, 흙을 파내는 곳, 야외시장 및 공동우물 나. 변전소, 송신소, 수신소 및 송유시설 등의 부지 다. 여객자동차터미널, 자동차운전학원 및 폐차장 등 자동차와 관련된 독립적인 시설물을 갖춘 부지 라. 공항시설 및 항만시설 부지 마. 도축장, 쓰레기처리장 및 오물처리장 등의 부지 바. 그 밖에 다른 지목에 속하지 않는 토지

18 지목의 구분과 표기방법에 대한 설명으로 가장 옳지 않은 것은?

① 자동차 등의 판매 목적으로 설치된 물류장 및 야외전시장 부지의 지목은 주차장에서 제외하며, 지적도 및 임야도에 등록할 때에는 '주'라는 부호로 표기한다.

② 일반 공중의 보건·휴양 및 정서생활에 이용하기 위한 시설을 갖춘 토지로서 「국토의 계획 및 이용에 관한 법률」에 따라 공원 또는 녹지로 결정·고시된 토지의 지목은 공원이며, 지적도 및 임야도에 등록할 때에는 '공'이라는 부호로 표기한다.

③ 온수·약수·석유류 등을 일정한 장소로 운송하는 송수관·송유관 및 저장시설 부지의 지목은 광천지에서 제외되며, 지적도 및 임야도에 등록할 때에는 '광'이라는 부호로 표기한다.

④ 육상에 인공으로 조성된 수산생물의 번식 또는 양식을 위한 시설을 갖춘 부지와 이에 접속된 부속시설물 부지의 지목은 양어장이며, 지적도 및 임야도에 등록할 때에는 '양'이라는 부호로 표기한다.

풀이 공간정보의 구축 및 관리 등에 관한 법률 시행규칙 제64조(지목의 표기방법)

지목을 지적도 및 임야도(이하 "지적도면"이라 한다)에 등록하는 때에는 다음의 부호로 표기하여야 한다.

지목	부호	지목	부호	지목	부호	지목	부호
전	전	대	대	철도용지	철	공원	공
답	답	공장용지	㉧	제방	제	체육용지	체
과수원	과	학교용지	학	하천	㉓	유원지	㉔
목장용지	목	주차장	㉧	구거	구	종교용지	종
임야	임	주유소용지	주	유지	유	사적지	사
광천지	광	창고용지	창	양어장	양	묘지	묘
염전	염	도로	도	수도용지	수	잡종지	잡

공간정보의 구축 및 관리 등에 관한 법률 시행령 제58조(지목의 구분)

법 제67조제1항에 따른 지목의 구분은 다음 각 호의 기준에 따른다.

6. 광천지

지하에서 온수·약수·석유류 등이 용출되는 용출구(湧出口)와 그 유지(維持)에 사용되는 부지. 다만, 온수·약수·석유류 등을 일정한 장소로 운송하는 송수관·송유관 및 저장시설의 부지는 제외한다.

11. 주차장

자동차 등의 주차에 필요한 독립적인 시설을 갖춘 부지와 주차전용 건축물 및 이에 접속된 부속시설물의 부지. 다만, 다음 각 목의 어느 하나에 해당하는 시설의 부지는 제외한다.

가. 「주차장법」 제2조제1호가목 및 다목에 따른 노상주차장 및 부설주차장(「주차장법」 제19조제4항에 따라 시설물의 부지 인근에 설치된 부설주차장은 제외한다)

나. 자동차 등의 판매 목적으로 설치된 물류장 및 야외전시장

20. 양어장

육상에 인공으로 조성된 수산생물의 번식 또는 양식을 위한 시설을 갖춘 부지와 이에 접속된 부속시설물의 부지

22. 공원

일반 공중의 보건·휴양 및 정서생활에 이용하기 위한 시설을 갖춘 토지로서 「국토의 계획 및 이용에 관한 법률」에 따라 공원 또는 녹지로 결정·고시된 토지

19 다음은 지번부여에 대한 설명이다. 이 중 틀린 것은?

① 신규등록 및 등록전환의 경우에는 대상토지가 그 지번부여지역의 최종 지번의 토지에 인접하여 있는 경우 그 지번부여지역에서 인접토지의 본번에 부번을 붙여서 지번을 부여한다.

② 합병대상 지번 중 선순위의 지번을 그 지번으로 하되, 본번으로 된 지번이 있는 때에는 본번 중 선순위의 지번을 합병 후의 지번으로 한다.

③ 분할 후의 필지 중 1필지의 지번은 분할 전의 지번으로 하고, 나머지 필지의 지번은 본번의 최종 부번의 다음 순번으로 부번을 부여한다.

④ 지번은 아라비아숫자로 표기하되, 임야대장 및 임야도에 등록하는 토지의 지번은 숫자 앞에 "산"자를 붙인다.

⑤ 신규등록의 경우에는 그 지번부여지역 안에서 인접토지의 본번에 부번을 붙여서 지번을 부여한다.

풀이 공간정보의 구축 및 관리 등에 관한 법률 시행령 제56조(지번의 구성 및 부여방법 등)

구분	토지이동에 따른 지번의 부여방법
부여방법	① 지번(地番)은 아라비아숫자로 표기하되, 임야대장 및 임야도에 등록하는 토지의 지번은 숫자 앞에 "산"자를 붙인다. ② 지번은 본번(本番)과 부번(副番)으로 구성하되, 본번과 부번 사이에 "−" 표시로 연결한다. 이 경우 "−" 표시는 "의"라고 읽는다. ③ 법 제66조에 따른 지번의 부여방법은 다음 각 호와 같다. 1. 지번은 북서에서 남동으로 순차적으로 부여할 것

정답 19 ①

구분		토지이동에 따른 지번의 부여방법
신규등록·등록전환	원칙	지번부여지역에서 인접토지의 본번에 부번을 붙여서 지번을 부여한다.
	예외	다음의 경우에는 그 지번부여지역의 최종 본번의 다음 순번부터 본번으로 하여 순차적으로 지번을 부여할 수 있다. ① 대상 토지가 그 지번부여지역의 최종 지번의 토지에 인접하여 있는 경우 ② 대상 토지가 이미 등록된 토지와 멀리 떨어져 있어서 등록된 토지의 본번에 부번을 부여하는 것이 불합리한 경우 ③ 대상 토지가 여러 필지로 되어 있는 경우
분할	원칙	분할 후의 필지 중 1필지의 지번은 분할 전의 지번으로 하고, 나머지 필지의 지번은 본번의 최종 부번 다음 순번으로 부번을 부여한다.
	예외	주거·사무실 등의 건축물이 있는 필지에 대해서는 분할 전의 지번을 우선하여 부여하여야 한다.
합병	원칙	합병 대상 지번 중 선순위의 지번을 그 지번으로 하되, 본번으로 된 지번이 있을 때에는 본번 중 선순위의 지번을 합병 후의 지번으로 한다.
	예외	토지소유자가 합병 전의 필지에 주거·사무실 등의 건축물이 있어서 그 건축물이 위치한 지번을 합병 후의 지번으로 신청할 때에는 그 지번을 합병 후의 지번으로 부여하여야 한다.
지적확정측량을 실시한 지역의 각 필지에 지번을 새로 부여하는 경우	원칙	다음 각 목의 지번을 제외한 본번으로 부여한다. ① 지적확정측량을 실시한 지역 안의 종전의 지번과 지적확정측량을 실시한 지역 밖에 있는 본번이 같은 지번이 있을 때 그 지번 ② 지적확정측량을 실시한 지역의 경계에 걸쳐 있는 지번
	예외	부여할 수 있는 종전 지번의 수가 새로 부여할 지번의 수보다 적을 때에는 블록 단위로 하나의 본번을 부여한 후 필지별로 부번을 부여하거나, 그 지번부여지역의 최종 본번 다음 순번부터 본번으로 하여 차례로 지번을 부여할 수 있다.
지적확정측량에 준용		① 법 제66조제2항(지적소관청은 지적공부에 등록된 지번을 변경할 필요가 있다고 인정하면 시·도지사나 대도시 시장의 승인을 받아 지번부여지역의 전부 또는 일부에 대하여 지번을 새로 부여할 수 있다.)에 따라 지번부여지역의 지번을 변경할 때 ② 법 제85조제2항(지번부여지역의 일부가 행정구역의 개편으로 다른 지번부여지역에 속하게 되었으면 지적소관청은 새로 속하게 된 지번부여지역의 지번을 부여하여야 한다.)에 따른 행정구역 개편에 따라 새로 지번을 부여할 때 ③ 제72조제1항(지적소관청은 축척변경 시행지역의 각 필지별 지번·지목·면적·경계 또는 좌표를 새로 정하여야 한다.)에 따라 축척변경 시행지역의 필지에 지번을 부여할 때
도시개발사업 등의 준공 전		도시개발사업 등이 준공되기 전에 사업시행자가 지번부여를 신청하는 경우에는 국토교통부령으로 정하는 바에 따라 지번을 부여할 수 있다. 지적소관청은 도시개발사업 등이 준공되기 전에 지번을 부여하는 때에는 사업계획도에 따르되, 지적확정측량을 실시한 지역의 각 필지에 지번을 새로 부여하는 경우의 지번부여방식에 따라 지번을 부여하여야 한다.

20 지목의 종류 및 구분 등에 대한 설명으로 옳은 것은?

① 주유소용지는 저유소(貯油所) 및 원유저장소의 부지와 이에 접속된 부속시설물의 부지 등의 부지로 한다.

② 유원지는 독립적인 것으로 인정되는 숙식시설 및 유기장(遊技場)의 부지와 하천 · 구거 또는 유지[공유(公有)인 것으로 한정한다]로 분류되는 부지로 한다.

③ 사적지는 학교용지 · 공원 · 종교용지 등 다른 지목으로 된 토지에 있는 유적 · 고적 · 기념물 등을 보호하기 위하여 구획된 토지 등의 부지로 한다.

④ 체육용지는 체육시설로서의 영속성과 독립성이 미흡한 정구장 · 골프연습장 · 실내수영장 및 체육도장, 유수(流水)를 이용한 요트장 및 카누장, 산림 안의 야영장 등의 토지로 한다.

⑤ 잡종지는 원상회복을 조건으로 돌을 캐내는 곳 또는 흙을 파내는 곳으로 허가된 토지로 한다.

풀이 지목에서 제외되는 부분

과수원	사과 · 배 · 밤 · 호두 · 귤나무 등 과수류를 집단적으로 재배하는 토지와 이에 접속된 저장고 등 부속시설물의 부지. 다만, 주거용 건축물의 부지는 "대"로 한다.
목장용지	다음 각 목의 토지. 다만, 주거용 건축물의 부지는 "대"로 한다. 가. 축산업 및 낙농업을 하기 위하여 초지를 조성한 토지 나. 「축산법」 제2조제1호에 따른 가축을 사육하는 축사 등의 부지 다. 가목 및 나목의 토지와 접속된 부속시설물의 부지
광천지	지하에서 온수 · 약수 · 석유류 등이 용출되는 용출구(湧出口)와 그 유지(維持)에 사용되는 부지. 다만, 온수 · 약수 · 석유류 등을 일정한 장소로 운송하는 송수관 · 송유관 및 저장시설의 부지는 제외한다.
염전	바닷물을 끌어들여 소금을 채취하기 위하여 조성된 토지와 이에 접속된 제염장(製鹽場) 등 부속시설물의 부지. 다만, 천일제염 방식으로 하지 아니하고 동력으로 바닷물을 끌어들여 소금을 제조하는 공장시설물의 부지는 제외한다.
주차장	자동차 등의 주차에 필요한 독립적인 시설을 갖춘 부지와 주차전용 건축물 및 이에 접속된 부속시설물의 부지. 다만, 다음 각 목의 어느 하나에 해당하는 시설의 부지는 제외한다. 가. 「주차장법」 제2조제1호가목 및 다목에 따른 노상주차장 및 부설주차장(「주차장법」 제19조제4항에 따라 시설물의 부지 인근에 설치된 부설주차장은 제외한다) 나. 자동차 등의 판매 목적으로 설치된 물류장 및 야외전시장
주유소용지	다음 각 목의 토지. 다만, 자동차 · 선박 · 기차 등의 제작 또는 정비공장 안에 설치된 급유 · 송유시설 등의 부지는 제외한다. 가. 석유 · 석유제품 또는 액화석유가스, 전기 또는 수소 등의 판매를 위하여 일정한 설비를 갖춘 시설물의 부지 나. 저유소(貯油所) 및 원유저장소의 부지와 이에 접속된 부속시설물의 부지
도로	다음 각 목의 토지. 다만, 아파트 · 공장 등 단일 용도의 일정한 단지 안에 설치된 통로 등은 제외한다. 가. 일반 공중(公衆)의 교통 운수를 위하여 보행이나 차량운행에 필요한 일정한 설비 또는 형태를 갖추어 이용되는 토지 나. 「도로법」 등 관계 법령에 따라 도로로 개설된 토지 다. 고속도로의 휴게소 부지 라. 2필지 이상에 진입하는 통로로 이용되는 토지

체육용지	국민의 건강증진 등을 위한 체육활동에 적합한 시설과 형태를 갖춘 종합운동장·실내체육관·야구장·골프장·스키장·승마장·경륜장 등 체육시설의 토지와 이에 접속된 부속시설물의 부지. 다만, 체육시설로서의 영속성과 독립성이 미흡한 정구장·골프연습장·실내수영장 및 체육도장, 유수(流水)를 이용한 요트장 및 카누장 등의 토지는 제외한다.
유원지	일반 공중의 위락·휴양 등에 적합한 시설물을 종합적으로 갖춘 수영장·유선장(遊船場)·낚시터·어린이놀이터·동물원·식물원·민속촌·경마장·야영장 등의 토지와 이에 접속된 부속시설물의 부지. 다만, 이들 시설과의 거리 등으로 보아 독립적인 것으로 인정되는 숙식시설 및 유기장(遊技場)의 부지와 하천·구거 또는 유지[공유(公有)인 것으로 한정한다]로 분류되는 것은 제외한다.
사적지	문화재로 지정된 역사적인 유적·고적·기념물 등을 보존하기 위하여 구획된 토지. 다만, 학교용지·공원·종교용지 등 다른 지목으로 된 토지에 있는 유적·고적·기념물 등을 보호하기 위하여 구획된 토지는 제외한다.
묘지	사람의 시체나 유골이 매장된 토지, 「도시공원 및 녹지 등에 관한 법률」에 따른 묘지공원으로 결정·고시된 토지 및 「장사 등에 관한 법률」 제2조제9호에 따른 봉안시설과 이에 접속된 부속시설물의 부지. 다만, 묘지의 관리를 위한 건축물의 부지는 "대"로 한다.
잡종지	다음 각 목의 토지. 다만, 원상회복을 조건으로 돌을 캐내는 곳 또는 흙을 파내는 곳으로 허가된 토지는 제외한다. 가. 갈대밭, 실외에 물건을 쌓아두는 곳, 돌을 캐내는 곳, 흙을 파내는 곳, 야외시장 및 공동우물 나. 변전소, 송신소, 수신소 및 송유시설 등의 부지 다. 여객자동차터미널, 자동차운전학원 및 폐차장 등 자동차와 관련된 독립적인 시설물을 갖춘 부지 라. 공항시설 및 항만시설 부지 마. 도축장, 쓰레기처리장 및 오물처리장 등의 부지 바. 그 밖에 다른 지목에 속하지 않는 토지

15 제15회 합격모의고사

01 「지적재조사에 관한 특별법」에서 국토교통부장관은 지적재조사사업을 효율적으로 시행하기 위한 지적재조사사업에 관한 기본계획을 수립하여야 한다. 수립사항에 관한 사항으로 옳지 않은 것은?

① 지적소관청은 기본계획안을 송부받은 날부터 20일 이내에 시 · 도지사에게 의견을 제출하여야 한다.

② 국토교통부장관은 기본계획이 수립된 날부터 3년이 지나면 그 타당성을 다시 검토하고 필요하면 이를 변경하여야 한다.

③ 시 · 도지사는 기본계획안을 송부받은 날부터 30일 이내에 지적소관청의 의견에 자신의 의견을 첨부하여 국토교통부장관에게 제출하여야 하며 기간 내에 의견을 제출하지 아니하면 의견이 없는 것으로 본다.

④ 국토교통부장관은 기본계획을 수립할 때에는 미리 공청회를 개최하여 관계 전문가 등의 의견을 들어 기본계획안을 작성하고, 시 · 도지사에게 그 안을 송부하여 의견을 들은 후 중앙지적재조사위원회의 심의를 거쳐야 한다.

[풀이] **지적재조사에 관한 특별법 제4조(기본계획의 수립)** [암기] [규][연][인][방]기 [시][도]하라 [표][준] [교][육] [연][구] [개][발]을

① 국토교통부장관은 지적재조사사업을 효율적으로 시행하기 위하여 다음 각 호의 사항이 포함된 지적재조사사업에 관한 기본계획(이하 "기본계획"이라 한다)을 수립하여야 한다. 〈개정 2013.3.23., 2017.4.18.〉

> 1. 지적재조사사업의 시행기간 및 [규]모
> 2. 지적재조사사업비의 [연]도별 집행계획
> 3. 지적재조사사업에 필요한 [인]력의 확보에 관한 계획
> 4. 지적재조사사업에 관한 기본[방]향
> 5. 지적재조사사업비의 특별시 · 광역시 · 도 · 특별자치도 · 특별자치시 및 「지방자치법」 제198조에 따른 대도시로서 구(區)를 둔 시(이하 "[시] · [도]"라 한다)별 배분 계획
> 6. 그 밖에 지적재조사사업의 효율적 시행을 위하여 필요한 사항으로서 대통령령으로 정하는 사항

② 국토교통부장관은 기본계획을 수립할 때에는 미리 공청회를 개최하여 관계 전문가 등의 의견을 들어 기본계획안을 작성하고, 특별시장 · 광역시장 · 도지사 · 특별자치도지사 · 특별자치시장 및 「지방자치법」 제198조에 따른 대도시로서 구를 둔 시의 시장(이하 "시 · 도지사"라 한다)에게 그 안을 송부하여 의견을 들은 후 제28조에 따른 중앙지적재조사위원회의 심의를 거쳐야 한다. 〈개정 2013.3.23., 2017.4.18.〉

③ 시 · 도지사는 제2항에 따라 기본계획안을 송부받았을 때에는 이를 지체 없이 지적소관청에 송부하여 그 의견을 들어야 한다.

④ 지적소관청은 제3항에 따라 기본계획안을 송부받은 날부터 20일 이내에 시 · 도지사에게 의견을 제출하여야 하며, 시 · 도지사는 제2항에 따라 기본계획안을 송부받은 날부터 30일 이내에 지적소관청의 의견에 자신의 의견을 첨부하여 국토교통부장관에게 제출하여야 한다. 이 경우 기간 내에 의견을 제출하지 아니하면 의견이 없는 것으로 본다. 〈개정 2013.3.23.〉

⑤ 제2항부터 제4항까지의 규정은 기본계획을 변경할 때에도 적용한다. 다만, 대통령령으로 정하는 경미한 사항을 변경할 때에는 제외한다.

⑥ 국토교통부장관은 기본계획을 수립하거나 변경하였을 때에는 이를 관보에 고시하고 시 · 도지사에게 통지하여야 하며, 시 · 도지사는 이를 지체 없이 지적소관청에 통지하여야 한다. 〈개정 2013.3.23.〉

[정답] 01 ②

⑦ 국토교통부장관은 기본계획이 수립된 날부터 5년이 지나면 그 타당성을 다시 검토하고 필요하면 이를 변경하여야 한다. 〈개정 2013.3.23.〉

지적재조사에 관한 특별법 시행령 제2조(기본계획의 수립 등)

① 「지적재조사에 관한 특별법」(이하 "법"이라 한다) 제4조제1항제6호에서 "대통령령으로 정하는 사항"이란 다음 각 호의 사항을 말한다.

> 1. 디지털 지적(地籍)의 운영·관리에 필요한 표준의 제정 및 그 활용
> 2. 지적재조사사업의 효율적 추진을 위하여 필요한 교육 및 연구·개발
> 3. 그 밖에 국토교통부장관이 법 제4조제1항에 따른 지적재조사사업에 관한 기본계획(이하 "기본계획"이라 한다)의 수립에 필요하다고 인정하는 사항

② 국토교통부장관은 기본계획 수립을 위하여 관계 중앙행정기관의 장에게 필요한 자료제출을 요청할 수 있다. 이 경우 자료제출을 요청받은 관계 중앙행정기관의 장은 특별한 사정이 없으면 요청에 따라야 한다.

02 「공간정보의 구축 및 관리 등에 관한 법령」상 축척변경사업에 따른 청산금에 관한 내용이다. ( )에 들어갈 사항으로 옳은 것은?

> • 지적소관청이 납부고지하거나 수령통지한 청산금에 관하여 이의가 있는 자는 납부고지 또는 수령통지를 받은 날부터 (㉠) 이내에 지적소관청에 이의신청을 할 수 있다.
> • 지적소관청으로부터 청산금의 납부고지를 받은 자는 그 고지를 받은 날부터 (㉡) 이내에 청산금을 지적소관청에 내야 한다.
> • 이의신청을 받은 지적소관청은 (㉢) 이내에 축척변경위원회의 심의·의결을 거쳐 그 인용(認容) 여부를 결정한 후 지체 없이 그 내용을 이의신청인에게 통지하여야 한다.

① ㉠ : 15일, ㉡ : 6개월, ㉢ : 2개월
② ㉠ : 1개월, ㉡ : 6개월, ㉢ : 1개월
③ ㉠ : 1개월, ㉡ : 6개월, ㉢ : 3개월
④ ㉠ : 3개월, ㉡ : 6개월, ㉢ : 4개월
⑤ ㉠ : 3개월, ㉡ : 1년, ㉢ : 5개월

풀이 **공간정보의 구축 및 관리 등에 관한 법률 시행령 제76조(청산금의 납부고지 등)**

① 지적소관청은 제75조제4항에 따라 청산금의 결정을 공고한 날부터 20일 이내에 토지소유자에게 청산금의 납부고지 또는 수령통지를 하여야 한다.

② 제1항에 따른 납부고지를 받은 자는 그 고지를 받은 날부터 6개월 이내에 청산금을 지적소관청에 내야 한다. 〈개정 2017.1.10.〉

③ 지적소관청은 제1항에 따른 수령통지를 한 날부터 6개월 이내에 청산금을 지급하여야 한다.

④ 지적소관청은 청산금을 지급받을 자가 행방불명 등으로 받을 수 없거나 받기를 거부할 때에는 그 청산금을 공탁할 수 있다.

⑤ 지적소관청은 청산금을 내야 하는 자가 제77조제1항에 따른 기간 내에 청산금에 관한 이의신청을 하지 아니하고 제2항에 따른 기간 내에 청산금을 내지 아니하면 지방세 체납처분의 예에 따라 징수할 수 있다.

공간정보의 구축 및 관리 등에 관한 법률 시행령 제77조(청산금에 관한 이의신청)

① 제76조제1항에 따라 납부고지되거나 수령통지된 청산금에 관하여 이의가 있는 자는 납부고지 또는 수령통지를 받은 날부터 1개월 이내에 지적소관청에 이의신청을 할 수 있다.

② 제1항에 따른 이의신청을 받은 지적소관청은 1개월 이내에 축척변경위원회의 심의·의결을 거쳐 그 인용(認容) 여부를 결정한 후 지체 없이 그 내용을 이의신청인에게 통지하여야 한다.

정답 02 ②

03 다음 중 토지소유자의 토지이동 신청기한이 나머지 셋과 다른 것은?

① 적부심사 재심사청구
② 등록전환
③ 지목변경
④ 신규등록
⑤ 분할

풀이 공간정보의 구축 및 관리 등에 관한 법률 제82조(바다로 된 토지의 등록말소 신청)

① 지적소관청은 지적공부에 등록된 토지가 지형의 변화 등으로 바다로 된 경우로서 원상(原狀)으로 회복될 수 없거나 다른 지목의 토지로 될 가능성이 없는 경우에는 지적공부에 등록된 토지소유자에게 지적공부의 등록말소 신청을 하도록 통지하여야 한다.

② 지적소관청은 제1항에 따른 토지소유자가 통지를 받은 날부터 90일 이내에 등록말소 신청을 하지 아니하면 대통령령으로 정하는 바에 따라 등록을 말소한다.

③ 지적소관청은 제2항에 따라 말소한 토지가 지형의 변화 등으로 다시 토지가 된 경우에는 대통령령으로 정하는 바에 따라 토지로 회복등록을 할 수 있다.

60일	**법률 제29조(지적측량의 적부심사 등)** 지적측량 적부심사청구를 회부 받은 지방(중앙)지적위원회는 그 심사청구를 회부 받은 날부터 60일 이내에 심의 · 의결하여야 한다. 부득이한 경우 지적위원회의 의결을 거쳐 심의기간을 30일 이내에서 한 번 연장 가능
60일	**법률 제77조(신규등록 신청)** 토지소유자는 신규등록 할 토지가 있으면 그 사유가 발생한 날부터 60일 이내에 지적소관청에 신규등록을 신청하여야 한다.
60일	**법률 제78조(등록전환 신청)** 토지소유자는 등록전환 할 토지가 있으면 그 사유가 발생한 날부터 60일 이내에 지적소관청에 등록전환을 신청하여야 한다.
60일	**법률 제79조(분할 신청)** 의무 : 토지소유자는 지적공부에 등록된 1필지의 일부가 형질변경 등으로 용도가 변경된 경우에는 대통령령으로 정하는 바에 따라 용도가 변경된 날부터 60일 이내에 지적소관청에 토지의 분할을 신청하여야 한다.
60일	**법률 제80조(합병 신청)** 의무 : 토지소유자는 「주택법」에 따른 공동주택의 부지, 도로, 제방, 하천, 구거, 유지, 그 밖에 대통령령으로 정하는 토지로서 합병하여야 할 토지가 있으면 그 사유가 발생한 날부터 60일 이내에 지적소관청에 합병을 신청하여야 한다.
60일	**법률 제81조(지목변경 신청)** 토지소유자는 지목변경을 할 토지가 있으면 그 사유가 발생한 날부터 60일 이내에 지적소관청에 지목변경을 신청하여야 한다.
60일	**시행규칙 제105조(성능검사대행자의 등록사항의 변경)** 성능검사대행자가 등록사항을 변경하려는 경우에는 그 변경된 날부터 60일 이내에 시 · 도지사에게 변경신고를 하여야 한다.
90일	**법률 제29조(지적측량의 적부심사 등)** 의결서를 받은 자가 지방지적위원회의 의결에 불복하는 경우에는 그 의결서를 받은 날부터 90일 이내에 국토교통부장관을 거쳐 중앙지적위원회에 재심사를 청구할 수 있다.
90일	**법률 제82조(바다로 된 토지의 등록말소 신청)** 지적소관청은 토지소유자가 통지를 받은 날부터 90일 이내에 등록말소 신청을 하지 아니하면 직권으로 등록을 말소한다.

04 「지적재조사에 관한 특별법령」상 지적소관청이 지적재조사지구 지정고시를 한 날부터 토지현황 조사 및 지적재조사측량을 시행하여야 하는 기간은?

① 6개월 이내
② 1년 이내
③ 2년 이내
④ 3년 이내

> **풀이** 지적재조사에 관한 특별법 제9조(지적재조사지구 지정의 효력상실 등)
> ① 지적소관청은 지적재조사지구 지정고시를 한 날부터 2년 내에 토지현황조사 및 지적재조사를 위한 지적측량 (이하 "지적재조사측량"이라 한다)을 시행하여야 한다. 〈개정 2017.4.18.〉
> ② 제1항의 기간 내에 토지현황조사 및 지적재조사측량을 시행하지 아니할 때에는 그 기간의 만료로 지적재조사 지구의 지정은 효력이 상실된다. 〈개정 2017.4.18.〉
> ③ 시·도지사는 제2항에 따라 지적재조사지구 지정의 효력이 상실되었을 때에는 이를 시·도 공보에 고시하고 국토교통부장관에게 보고하여야 한다. 〈개정 2013.3.23.〉

05 아래는 「지적재조사에 관한 특별법」에 따른 기본계획의 수립에 관한 내용이다. ( ) 안에 들어갈 일자로 옳은 것은?

> • 지적소관청은 기본계획안을 송부받은 날부터 (㉠) 이내에 시·도지사에게 의견을 제출하여야 하며, 시·도지사는 기본계획안을 송부받은 날부터 (㉡) 이내에 지적소관청의 의견에 자신의 의견을 첨부하여 (㉢)에게 제출하여야 한다. 이 경우 기간 내에 의견을 제출하지 아니하면 의견이 없는 것으로 본다.
> • 국토교통부장관은 기본계획이 수립된 날부터 (㉣)이 지나면 그 타당성을 다시 검토하고 필요하면 이를 변경하여야 한다.

	㉠	㉡	㉢	㉣
①	10일	20일	시·도지사	4년
②	20일	30일	국토교통부장관	5년
③	30일	40일	국토교통부장관	3년
④	40일	50일	시·도지사	2년

> **풀이** 지적재조사에 관한 특별법 제4조(기본계획의 수립) **암기** ㉮㉯㉰㉱기 ㉲㉳하라
> ① 국토교통부장관은 지적재조사사업을 효율적으로 시행하기 위하여 다음 각 호의 사항이 포함된 지적재조사사 업에 관한 기본계획(이하 "기본계획"이라 한다)을 수립하여야 한다. 〈개정 2013.3.23., 2017.4.18.〉
>
> > 1. 지적재조사사업의 시행기간 및 ㉮모
> > 2. 지적재조사사업비의 ㉯도별 집행계획
> > 3. 지적재조사사업에 필요한 ㉰력의 확보에 관한 계획
> > 4. 지적재조사사업에 관한 기본㉱향
> > 5. 지적재조사사업비의 특별시·광역시·도·특별자치도·특별자치시 및 「지방자치법」 제198조에 따른 대도시로서 구(區)를 둔 시(이하 "㉲·㉳"라 한다)별 배분 계획
> > 6. 그 밖에 지적재조사사업의 효율적 시행을 위하여 필요한 사항으로서 대통령령으로 정하는 사항
>
> ② 국토교통부장관은 기본계획을 수립할 때에는 미리 공청회를 개최하여 관계 전문가 등의 의견을 들어 기본계 획안을 작성하고, 특별시장·광역시장·도지사·특별자치도지사·특별자치시장 및 「지방자치법」 제198

정답 04 ③ 05 ②

조에 따른 대도시로서 구를 둔 시의 시장(이하 "시·도지사"라 한다)에게 그 안을 송부하여 의견을 들은 후 제28조에 따른 중앙지적재조사위원회의 심의를 거쳐야 한다. 〈개정 2013.3.23., 2017.4.18.〉

③ 시·도지사는 제2항에 따라 기본계획안을 송부받았을 때에는 이를 지체 없이 지적소관청에 송부하여 그 의견을 들어야 한다.

④ 지적소관청은 제3항에 따라 기본계획안을 송부받은 날부터 20일 이내에 시·도지사에게 의견을 제출하여야 하며, 시·도지사는 제2항에 따라 기본계획안을 송부받은 날부터 30일 이내에 지적소관청의 의견에 자신의 의견을 첨부하여 국토교통부장관에게 제출하여야 한다. 이 경우 기간 내에 의견을 제출하지 아니하면 의견이 없는 것으로 본다.

⑤ 제2항부터 제4항까지의 규정은 기본계획을 변경할 때에도 적용한다. 다만, 대통령령으로 정하는 경미한 사항을 변경할 때에는 제외한다.

⑥ 국토교통부장관은 기본계획을 수립하거나 변경하였을 때에는 이를 관보에 고시하고 시·도지사에게 통지하여야 하며, 시·도지사는 이를 지체 없이 지적소관청에 통지하여야 한다.

⑦ 국토교통부장관은 기본계획이 수립된 날부터 5년이 지나면 그 타당성을 다시 검토하고 필요하면 이를 변경하여야 한다.

06 「공간정보의 구축 및 관리 등에 관한 법령」상 축척변경사업에 따른 청산금에 관한 내용이다. ( )에 들어갈 사항으로 옳은 것은?

- 지적소관청은 청산금의 결정을 공고한 날부터 (㉠) 이내에 토지소유자에게 청산금의 납부고지 또는 수령통지를 하여야 한다.
- 지적소관청으로부터 청산금의 납부고지를 받은 자는 그 고지를 받은 날부터 (㉡) 이내에 청산금을 지적소관청에 내야 한다.
- 지적소관청은 수령통지를 한 날부터 (㉢) 이내에 청산금을 지급하여야 한다.
- 이의신청을 받은 지적소관청은 (㉣) 이내에 축척변경위원회의 심의·의결을 거쳐 그 인용(認容) 여부를 결정한 후 지체 없이 그 내용을 이의신청인에게 통지하여야 한다.
- 지적소관청이 납부고지되거나 수령통지된 청산금에 관하여 이의가 있는 자는 납부고지 또는 수령통지를 받은 날부터 (㉤) 이내에 지적소관청에 이의신청을 할 수 있다.

① ㉠ : 15일, ㉡ : 6개월, ㉢ : 1개월, ㉣ : 3개월, ㉤ 1개월
② ㉠ : 15일, ㉡ : 3개월, ㉢ : 3개월, ㉣ : 2개월, ㉤ 1개월
③ ㉠ : 20일, ㉡ : 6개월, ㉢ : 6개월, ㉣ : 1개월, ㉤ 1개월
④ ㉠ : 20일, ㉡ : 6개월, ㉢ : 6개월, ㉣ : 2개월, ㉤ 1개월

풀이 공간정보의 구축 및 관리 등에 관한 법률 시행령 제76조(청산금의 납부고지 등)

① 지적소관청은 제75조제4항에 따라 청산금의 결정을 공고한 날부터 20일 이내에 토지소유자에게 청산금의 납부고지 또는 수령통지를 하여야 한다.

② 제1항에 따른 납부고지를 받은 자는 그 고지를 받은 날부터 6개월 이내에 청산금을 지적소관청에 내야 한다.

③ 지적소관청은 제1항에 따른 수령통지를 한 날부터 6개월 이내에 청산금을 지급하여야 한다.

④ 지적소관청은 청산금을 지급받을 자가 행방불명 등으로 받을 수 없거나 받기를 거부할 때에는 그 청산금을 공탁할 수 있다.

⑤ 지적소관청은 청산금을 내야 하는 자가 제77조제1항에 따른 기간 내에 청산금에 관한 이의신청을 하지 아니하고 제2항에 따른 기간 내에 청산금을 내지 아니하면 지방세 체납처분의 예에 따라 징수할 수 있다.

정답 06 ③

공간정보의 구축 및 관리 등에 관한 법률 시행령 제77조(청산금에 관한 이의신청)

① 제76조제1항에 따라 납부고지되거나 수령통지된 청산금에 관하여 이의가 있는 자는 납부고지 또는 수령통지를 받은 날부터 1개월 이내에 지적소관청에 이의신청을 할 수 있다.

② 제1항에 따른 이의신청을 받은 지적소관청은 1개월 이내에 축척변경위원회의 심의 · 의결을 거쳐 그 인용(認容) 여부를 결정한 후 지체 없이 그 내용을 이의신청인에게 통지하여야 한다.

07 지적측량 적부심사에 대한 설명이다. (   )에 들어갈 사항으로 옳은 것은?

• 지적측량 적부심사청구를 받은 시 · 도지사는 (㉠) 이내에 다툼이 되는 지적측량의 경위 및 그 성과 등을 조사하여 지방지적위원회에 회부하여야 한다.

• 지적측량 적부심사청구를 회부받은 지방지적위원회는 그 심사청구를 회부받은 날부터 (㉡) 이내에 심의 · 의결하여야 한다.

• 부득이한 경우에는 그 심의기간을 해당 지적위원회의 의결을 거쳐 (㉢) 이내에서 한 번만 연장할 수 있다.

• 의결서를 받은 날부터 (㉣) 이내에 지적측량 적부심사 청구인 및 이해관계인에게 그 의결서를 통지하여야 한다.

• 의결서를 받은 자가 지방지적위원회의 의결에 불복하는 경우에는 그 의결서를 받은 날부터 (㉤) 이내에 (㉥)을 거쳐 중앙지적위원회에 재심사를 청구할 수 있다.

	㉠	㉡	㉢	㉣	㉤	㉥
①	60일	30일	10일	5일	60일	국토교통부장관
②	30일	30일	20일	5일	30일	국토교통부장관
③	30일	60일	30일	7일	90일	국토교통부장관
④	10일	10일	60일	10일	60일	국토교통부장관

풀이 공간정보의 구축 및 관리 등에 관한 법률 제29조(지적측량의 적부심사 등) **암기** 위성이 연기하면 재송하라

① 토지소유자, 이해관계인 또는 지적측량수행자는 지적측량성과에 대하여 다툼이 있는 경우에는 대통령령으로 정하는 바에 따라 관할 시 · 도지사를 거쳐 지방지적위원회에 지적측량 적부심사를 청구할 수 있다.

② 제1항에 따른 지적측량 적부심사청구를 받은 시 · 도지사는 30일 이내에 다음 각 호의 사항을 조사하여 지방지적위원회에 회부하여야 한다.

> 1. 다툼이 되는 지적측량의 경위 및 그 성과
> 2. 해당 토지에 대한 토지이동 및 소유권 변동 연혁
> 3. 해당 토지 주변의 측량기준점, 경계, 주요 구조물 등 현황 실측도

③ 제2항에 따라 지적측량 적부심사청구를 회부받은 지방지적위원회는 그 심사청구를 회부받은 날부터 60일 이내에 심의 · 의결하여야 한다. 다만, 부득이한 경우에는 그 심의기간을 해당 지적위원회의 의결을 거쳐 30일 이내에서 한 번만 연장할 수 있다.

④ 지방지적위원회는 지적측량 적부심사를 의결하였으면 대통령령으로 정하는 바에 따라 의결서를 작성하여 시 · 도지사에게 송부하여야 한다.

⑤ 시 · 도지사는 제4항에 따라 의결서를 받은 날부터 7일 이내에 지적측량 적부심사 청구인 및 이해관계인에게 그 의결서를 통지하여야 한다.

⑥ 제5항에 따라 의결서를 받은 자가 지방지적위원회의 의결에 불복하는 경우에는 그 의결서를 받은 날부터 90일 이내에 국토교통부장관을 거쳐 중앙지적위원회에 재심사를 청구할 수 있다.

정답 07 ③

⑦ 제6항에 따른 재심사청구에 관하여는 제2항부터 제5항까지의 규정을 준용한다. 이 경우 "시·도지사"는 "국토교통부장관"으로, "지방지적위원회"는 "중앙지적위원회"로 본다.

⑧ 제7항에 따라 중앙지적위원회로부터 의결서를 받은 국토교통부장관은 그 의결서를 관할 시·도지사에게 송부하여야 한다.

⑨ 시·도지사는 제4항에 따라 지방지적위원회의 의결서를 받은 후 해당 지적측량 적부심사 청구인 및 이해관계인이 제6항에 따른 기간에 재심사를 청구하지 아니하면 그 의결서 사본을 지적소관청에 보내야 하며, 제8항에 따라 중앙지적위원회의 의결서를 받은 경우에는 그 의결서 사본에 제4항에 따라 받은 지방지적위원회의 의결서 사본을 첨부하여 지적소관청에 보내야 한다.

⑩ 제9항에 따라 지방지적위원회 또는 중앙지적위원회의 의결서 사본을 받은 지적소관청은 그 내용에 따라 지적공부의 등록사항을 정정하거나 측량성과를 수정하여야 한다.

⑪ 제9항 및 제10항에도 불구하고 특별자치시장은 제4항에 따라 지방지적위원회의 의결서를 받은 후 해당 지적 측량 적부심사 청구인 및 이해관계인이 제6항에 따른 기간에 재심사를 청구하지 아니하거나 제8항에 따라 중앙지적위원회의 의결서를 받은 경우에는 직접 그 내용에 따라 지적공부의 등록사항을 정정하거나 측량성 과를 수정하여야 한다.

⑫ 지방지적위원회의 의결이 있은 후 제6항에 따른 기간에 재심사를 청구하지 아니하거나 중앙지적위원회의 의결이 있는 경우에는 해당 지적측량성과에 대하여 다시 지적측량 적부심사청구를 할 수 없다.

08 지적측량수행자의 손해배상책임 보장에 대한 설명이다. (   ) 안에 들어갈 내용으로 옳은 것은?

- 지적측량업자는 지적측량업 등록증을 발급받은 날부터 (㉠) 이내에 제1항제1호(보장기간 10년 이상 및 보증금액 1억 원 이상)의 기준에 따라 보증설정을 하여야 하며, 보증설정을 하였을 때에는 이를 증명하는 서류를 등록한 시·도지사에게 제출하여야 한다.
- 보증설정을 한 지적측량수행자는 보증기간의 만료로 인하여 다시 보증설정을 하려는 경우에는 그 (㉡)일까지 다시 보증설정을 하고 그 사실을 증명하는 서류를 등록한 시·도지사에게 제출하여야 한다.
- 보증설정을 한 지적측량수행자는 그 보증설정을 다른 보증설정으로 변경하려는 경우에는 해당 (㉢) 중에 다른 보증설정을 하고 그 사실을 증명하는 서류를 등록한 (㉣)에게 제출하여야 한다.

	㉠	㉡	㉢	㉣
①	10일	보증기간 만료	보증설정의 효력이 있는 기간	시·도지사
②	20일	보증기간 중	보증설정의 효력이 만료된 기간	시·도지사
③	30일	보증기간 만료	보증설정의 효력이 있는 기간	지적소관청
④	30일	보증기간 중	보증설정의 효력이 만료된 기간	지적소관청

풀이 공간정보의 구축 및 관리 등에 관한 법률 시행령 제41조(손해배상책임의 보장)

① 지적측량수행자는 법 제51조제2항에 따라 손해배상책임을 보장하기 위하여 다음 각 호의 구분에 따라 보증 보험에 가입하거나 공간정보산업협회가 운영하는 보증 또는 공제에 가입하는 방법으로 보증설정(이하 "보증 설정"이라 한다)을 하여야 한다.

1. 지적측량업자 : 보장기간 10년 이상 및 보증금액 1억 원 이상
2. 「국가공간정보 기본법」 제12조에 따라 설립된 한국국토정보공사(이하 "한국국토정보공사"라 한 다) : 보증금액 20억 원 이상

② 지적측량업자는 지적측량업 등록증을 발급받은 날부터 10일 이내에 제1항제1호의 기준에 따라 보증설정을 하여야 하며, 보증설정을 하였을 때에는 이를 증명하는 서류를 제35조제1항에 따라 등록한 시·도지사에게 제출하여야 한다.

공간정보의 구축 및 관리 등에 관한 법률 시행령 제42조(보증설정의 변경)

① 법 제51조에 따라 보증설정을 한 지적측량수행자는 그 보증설정을 다른 보증설정으로 변경하려는 경우에는 해당 보증설정의 효력이 있는 기간 중에 다른 보증설정을 하고 그 사실을 증명하는 서류를 제35조제1항에 따라 등록한 시·도지사에게 제출하여야 한다.

② 보증설정을 한 지적측량수행자는 보증기간의 만료로 인하여 다시 보증설정을 하려는 경우에는 그 보증기간 만료일까지 다시 보증설정을 하고 그 사실을 증명하는 서류를 제35조제1항에 따라 등록한 시·도지사에게 제출하여야 한다.

공간정보의 구축 및 관리 등에 관한 법률 시행령 제43조(보험금 등의 지급 등)

① 지적측량의뢰인은 법 제51조제1항에 따른 손해배상으로 보험금·보증금 또는 공제금을 지급받으려면 다음 각 호의 어느 하나에 해당하는 서류를 첨부하여 보험회사 또는 공간정보산업협회에 손해배상금 지급을 청구하여야 한다.

> 1. 지적측량의뢰인과 지적측량수행자 간의 손해배상합의서 또는 화해조서
> 2. 확정된 법원의 판결문 사본
> 3. 제1호 또는 제2호에 준하는 효력이 있는 서류

② 지적측량수행자는 보험금·보증금 또는 공제금으로 손해배상을 하였을 때에는 지체 없이 다시 보증설정을 하고 그 사실을 증명하는 서류를 제35조제1항에 따라 등록한 시·도지사에게 제출하여야 한다.

③ 지적소관청은 제1항에 따라 지적측량수행자가 지급하는 손해배상금의 일부를 지적소관청의 지적측량성과 검사 과실로 인하여 지급하여야 하는 경우에 대비하여 공제에 가입할 수 있다.

09 「공간정보의 구축 및 관리 등에 관한 법령」상 측량기기의 성능검사에 관한 설명이다. (   ) 안에 들어갈 내용으로 옳은 것은?

> • 측량업자는 트랜싯, 레벨, 그 밖에 대통령령으로 정하는 측량기기에 대하여 (㉠)의 범위에서 대통령령으로 정하는 기간마다 국토교통부장관이 실시하는 성능검사를 받아야 한다.
> • 성능검사(신규 성능검사는 제외한다)는 성능검사 유효기간 만료일 (㉡) 전부터 유효기간 만료일까지의 기간에 받아야 한다.
> • 성능검사의 유효기간은 종전 (㉢)부터 기산(起算)한다. 다만, 기간 외의 기간에 성능검사를 받은 경우에는 그 (㉣)부터 기산한다.

	㉠	㉡	㉢	㉣
①	3년	3개월	유효기간 만료일의 다음 날	검사를 받은 날의 다음 날
②	4년	2개월	검사를 받은 날의 다음 날	유효기간 만료일의 다음 날
③	5년	2개월	유효기간 만료일의 다음 날	검사를 받은 날의 다음 날
④	6년	3개월	검사를 받은 날의 다음 날	유효기간 만료일의 다음 날

풀이 공간정보의 구축 및 관리 등에 관한 법률 제92조(측량기기의 검사)

① 측량업자는 트랜싯, 레벨, 그 밖에 대통령령으로 정하는 측량기기에 대하여 5년의 범위에서 대통령령으로

정하는 기간마다 국토교통부장관이 실시하는 성능검사를 받아야 한다. 다만, 「국가표준기본법」 제14조에 따라 국가교정업무 전담기관의 교정검사를 받은 측량기기로서 국토교통부장관이 제6항에 따른 성능검사 기준에 적합하다고 인정한 경우에는 성능검사를 받은 것으로 본다. 〈개정 2013.3.23., 2020.4.7.〉

② 한국국토정보공사는 성능검사를 위한 적합한 시설과 장비를 갖추고 자체적으로 검사를 실시하여야 한다. 〈개정 2014.6.3.〉

③ 제93조제1항에 따라 측량기기의 성능검사업무를 대행하는 자로 등록한 자(이하 "성능검사대행자"라 한다)는 제1항에 따른 국토교통부장관의 성능검사업무를 대행할 수 있다. 〈개정 2013.3.23., 2020.4.7.〉

④ 한국국토정보공사와 성능검사대행자는 제6항에 따른 성능검사의 기준, 방법 및 절차와 다르게 성능검사를 하여서는 아니 된다. 〈신설 2020.4.7.〉

⑤ 국토교통부장관은 한국국토정보공사와 성능검사대행자가 제6항에 따른 기준, 방법 및 절차에 따라 성능검사를 정확하게 하는지 실태를 점검하고, 필요한 경우에는 시정을 명할 수 있다. 〈신설 2020.4.7.〉

⑥ 제1항 및 제2항에 따른 성능검사의 기준, 방법 및 절차와 제5항에 따른 실태점검 및 시정명령 등에 필요한 사항은 국토교통부령으로 정한다. 〈개정 2013.3.23., 2020.4.7.〉

공간정보의 구축 및 관리 등에 관한 법률 시행령 제97조(성능검사의 대상 및 주기 등)

① 법 제92조제1항에 따라 성능검사를 받아야 하는 측량기기와 검사주기는 다음 각 호와 같다.

> 1. 트랜싯(데오드라이트) : 3년
> 2. 레벨 : 3년
> 3. 거리측정기 : 3년
> 4. 토털 스테이션 : 3년
> 5. 지피에스(GPS) 수신기 : 3년
> 6. 금속관로 탐지기 : 3년

② 법 제92조제1항에 따른 성능검사(신규 성능검사는 제외한다)는 제1항에 따른 성능검사 유효기간 만료일 2개월 전부터 유효기간 만료일까지의 기간에 받아야 한다.

③ 법 제92조제1항에 따른 성능검사의 유효기간은 종전 유효기간 만료일의 다음 날부터 기산(起算)한다. 다만, 제2항에 따른 기간 외의 기간에 성능검사를 받은 경우에는 그 검사를 받은 날의 다음 날부터 기산한다.

10 다음은 지적소관청이 토지소유자에게 지적정리 등을 통지하여야 하는 시기에 관한 설명이다. ( ) 안에 들어갈 내용으로 알맞은 것은?

> • 토지의 표시에 관한 변경등기가 필요한 경우 : 그 등기완료의 통지서를 (㉠) 날부터 (㉡)일 이내
> • 토지의 표시에 관한 변경등기가 필요하지 아니한 경우 : 지적공부에 (㉢) 날부터 (㉣)일 이내

	㉠	㉡	㉢	㉣
①	접수한	15	등록한	7
②	등록한	7	접수한	7
③	접수한	7	등록한	15
④	등록한	15	등록한	15

풀이 **공간정보의 구축 및 관리 등에 관한 법률 시행령 제85조(지적정리 등의 통지)**
지적소관청이 법 제90조에 따라 토지소유자에게 지적정리 등을 통지하여야 하는 시기는 다음 각 호의 구분에 따른다.

11 「공간정보의 구축 및 관리 등에 관한 법령」상 토지의 이동 신청 및 지적정리 등에 관한 설명이다. ( ) 안에 들어갈 내용으로 옳은 것은?

> 지적소관청은 토지의 표시가 잘못되었음을 발견하였을 때에는 (㉠) 등록사항 정정에 필요한 서류와 (㉡)를 작성하고, 토지이동정리 결의서를 작성한 후 대장의 사유란에 (㉢)라고 적고, 토지소유자에게 (㉣) 신청을 할 수 있도록 그 사유를 통지하여야 한다.

	㉠	㉡	㉢	㉣
①	지체 없이	등록사항 정정 측량성과도	등록사항 정정 대상토지	등록사항 정정
②	7일 이내	등록사항 정정 대상토지	등록사항 정정 측량성과도	등록사항 정정
③	30일 이내	지적불부합 토지	등록사항 정정 측량성과도	등록사항 정정
④	30일 이내	등록사항 정정 대상토지	등록사항 정정 대상토지	등록사항 정정

풀이 공간정보의 구축 및 관리 등에 관한 법률 시행규칙 제94조(등록사항 정정 대상토지의 관리 등)

① 지적소관청은 토지의 표시가 잘못되었음을 발견하였을 때에는 **지체 없이** 등록사항 정정에 필요한 서류와 **등록사항 정정 측량성과도**를 작성하고, 영 제84조제2항에 따라 토지이동정리 결의서를 작성한 후 대장의 사유란에 "**등록사항 정정 대상토지**"라고 적고, 토지소유자에게 **등록사항 정정** 신청을 할 수 있도록 그 사유를 통지하여야 한다. 다만, 영 제82조제1항에 따라 지적소관청이 직권으로 정정할 수 있는 경우에는 토지소유자에게 통지를 하지 아니할 수 있다.

② 제1항에 따른 등록사항 정정 대상토지에 대한 대장을 열람하게 하거나 등본을 발급하는 때에는 "등록사항 정정 대상토지"라고 적은 부분을 흑백의 반전(反轉)으로 표시하거나 붉은색으로 적어야 한다.

12 「공간정보의 구축 및 관리 등에 관한 법령」상 축척변경사업에 따른 청산금에 관한 내용이다. ( )에 들어갈 사항으로 옳은 것은?

> • 지적소관청이 납부고지 되거나 수령통지된 청산금에 관하여 이의가 있는 자는 납부고지 또는 수령통지를 받은 날부터 (㉠) 이내에 지적소관청에 이의신청을 할 수 있다.
> • 지적소관청으로부터 청산금의 납부고지를 받은 자는 그 고지를 받은 날부터 (㉡) 이내에 청산금을 지적소관청에 내야 한다.
> • 이의신청을 받은 지적소관청은 (㉢) 이내에 축척변경위원회의 심의·의결을 거쳐 그 인용(認容) 여부를 결정한 후 지체 없이 그 내용을 이의신청인에게 통지하여야 한다.

	㉠	㉡	㉢		㉠	㉡	㉢
①	15일	6개월	2개월	②	1개월	6개월	1개월
③	1개월	6개월	3개월	④	3개월	1년	4개월

정답 11 ① 12 ②

공간정보의 구축 및 관리 등에 관한 법률 시행령 제76조(청산금의 납부고지 등)

① 지적소관청은 제75조제4항에 따라 청산금의 결정을 공고한 날부터 20일 이내에 토지소유자에게 청산금의 납부고지 또는 수령통지를 하여야 한다.

② 제1항에 따른 납부고지를 받은 자는 그 고지를 받은 날부터 6개월 이내에 청산금을 지적소관청에 내야 한다.

③ 지적소관청은 제1항에 따른 수령통지를 한 날부터 6개월 이내에 청산금을 지급하여야 한다.

④ 지적소관청은 청산금을 지급받을 자가 행방불명 등으로 받을 수 없거나 받기를 거부할 때에는 그 청산금을 공탁할 수 있다.

⑤ 지적소관청은 청산금을 내야 하는 자가 제77조제1항에 따른 기간 내에 청산금에 관한 이의신청을 하지 아니하고 제2항에 따른 기간 내에 청산금을 내지 아니하면 지방세 체납처분의 예에 따라 징수할 수 있다.

공간정보의 구축 및 관리 등에 관한 법률 시행령 제77조(청산금에 관한 이의신청)

① 제76조제1항에 따라 납부고지되거나 수령통지된 청산금에 관하여 이의가 있는 자는 납부고지 또는 수령통지를 받은 날부터 1개월 이내에 지적소관청에 이의신청을 할 수 있다.

② 제1항에 따른 이의신청을 받은 지적소관청은 1개월 이내에 축척변경위원회의 심의·의결을 거쳐 그 인용(認容) 여부를 결정한 후 지체 없이 그 내용을 이의신청인에게 통지하여야 한다.

13 다음은 지적측량의 기간에 관한 내용이다. (   )에 들어갈 내용의 전체 합의 숫자로 옳은 것은?

> 지적측량의 측량기간은 (   )로 하며, 측량검사기간은 (   )로 한다. 다만, 지적기준점을 설치하여 측량 또는 측량검사를 하는 경우 지적기준점이 (   ) 이하인 경우에는 (   )일을, (   )을 초과하는 경우에는 (   )에 (   )을 초과하는 (   )마다 (   )을 가산한다. 이와 같은 기준에도 불구하고, 지적측량 의뢰인과 지적측량수행자가 서로 합의하여 따로 기간을 정하는 경우에는 그 기간에 따르되, 전체 기간의 4분의 3은 측량기간으로, 전체 기간의 4분의 1 측량검사기간으로 본다.

① 57   ② 67

③ 87   ④ 97

공간정보의 구축 및 관리 등에 관한 법률 시행규칙 제25조(지적측량 의뢰 등)

① 법 제24조제1항에 따라 지적측량을 의뢰하려는 자는 별지 제15호 서식의 지적측량 의뢰서(전자문서로 된 의뢰서를 포함한다)에 의뢰 사유를 증명하는 서류(전자문서를 포함한다)를 첨부하여 지적측량수행자에게 제출하여야 한다.

② 지적측량수행자는 제1항에 따른 지적측량 의뢰를 받은 때에는 측량기간, 측량일자 및 측량 수수료 등을 적은 별지 제16호 서식의 지적측량 수행계획서를 그 다음 날까지 지적소관청에 제출하여야 한다. 제출한 지적측량 수행계획서를 변경한 경우에도 같다.

③ 지적측량의 측량기간은 5일로 하며, 측량검사기간은 4일로 한다. 다만, 지적기준점을 설치하여 측량 또는 측량검사를 하는 경우 지적기준점이 15점 이하인 경우에는 4일을, 15점을 초과하는 경우에는 4일에 15점을 초과하는 4점마다 1일을 가산한다.

④ 제3항에도 불구하고 지적측량 의뢰인과 지적측량수행자가 서로 합의하여 따로 기간을 정하는 경우에는 그 기간에 따르되, 전체 기간의 4분의 3은 측량기간으로, 전체 기간의 4분의 1은 측량검사기간으로 본다.

⑤ 삭제 〈2015.6.4.〉

14 다음은 지적공부 복구에 관한 사항이다. ( ) 안에 들어갈 내용으로 알맞은 것은?

> • 지적소관청은 조사된 복구자료 중 토지대장·임야대장 및 공유지연명부의 등록 내용을 증명하는 서류 등에 따라 (㉠)을 작성하고, 지적도면의 등록 내용을 증명하는 서류 등에 따라 (㉡)를 작성하여야 한다.
> • 지적소관청은 복구자료의 조사 또는 복구측량 등이 완료되어 지적공부를 복구하려는 경우에는 복구하려는 토지의 표시 등을 (㉢) 및 인터넷 홈페이지에 (㉣)일 이상 게시하여야 한다.

	㉠	㉡	㉢	㉣
①	지적복구자료 조사서	복구자료도	시·군·구 게시판	15
②	복구자료도	지적복구자료 조사	시·도 게시판	20
③	지적복구자료 조사서	복구자료도	시·도 게시판	15
④	복구자료도	지적복구자료 조사	시·군·구 게시판	20

풀이 공간정보의 구축 및 관리 등에 관한 법률 시행규칙 제73조(지적공부의 복구절차 등)

① 지적소관청은 법 제74조 및 영 제61조제1항에 따라 지적공부를 복구하려는 경우에는 제72조 각 호의 복구자료를 조사하여야 한다.

② 지적소관청은 제1항에 따라 조사된 복구자료 중 토지대장·임야대장 및 공유지연명부의 등록 내용을 증명하는 서류 등에 따라 별지 제70호 서식의 지적복구자료 조사서를 작성하고, 지적도면의 등록 내용을 증명하는 서류 등에 따라 복구자료도를 작성하여야 한다.

③ 제2항에 따라 작성된 복구자료도에 따라 측정한 면적과 지적복구자료 조사서의 조사된 면적의 증감이 영 제19조제1항제2호가목의 계산식에 따른 허용범위를 초과하거나 복구자료도를 작성할 복구자료가 없는 경우에는 복구측량을 하여야 한다. 이 경우 같은 계산식 중 A는 오차허용면적, M은 축척분모, F는 조사된 면적을 말한다.

④ 제2항에 따라 작성된 지적복구자료 조사서의 조사된 면적이 영 제19조제1항제2호가목의 계산식에 따른 허용범위 이내인 경우에는 그 면적을 복구면적으로 결정하여야 한다.

⑤ 제3항에 따라 복구측량을 한 결과가 복구자료와 부합하지 아니하는 때에는 토지소유자 및 이해관계인의 동의를 받아 경계 또는 면적 등을 조정할 수 있다. 이 경우 경계를 조정한 때에는 제60조제2항에 따른 경계점 표지를 설치하여야 한다.

⑥ 지적소관청은 제1항부터 제5항까지의 규정에 따른 복구자료의 조사 또는 복구측량 등이 완료되어 지적공부를 복구하려는 경우에는 복구하려는 토지의 표시 등을 시·군·구 게시판 및 인터넷 홈페이지에 15일 이상 게시하여야 한다.

⑦ 복구하려는 토지의 표시 등에 이의가 있는 자는 제6항의 게시기간 내에 지적소관청에 이의신청을 할 수 있다. 이 경우 이의신청을 받은 지적소관청은 이의사유를 검토하여 이유 있다고 인정되는 때에는 그 시정에 필요한 조치를 하여야 한다.

⑧ 지적소관청은 제6항 및 제7항에 따른 절차를 이행한 때에는 지적복구자료 조사서, 복구자료도 또는 복구측량 결과도 등에 따라 토지대장·임야대장·공유지연명부 또는 지적도면을 복구하여야 한다.

⑨ 토지대장·임야대장 또는 공유지연명부는 복구되고 지적도면이 복구되지 아니한 토지가 법 제83조에 따른 축척변경 시행지역이나 법 제86조에 따른 도시개발사업 등의 시행지역에 편입된 때에는 지적도면을 복구하지 아니할 수 있다.

정답 14 ①

15 다음은 「지적재조사에 관한 특별법」에서 규정하는 내용들이다. (   ) 안에 들어갈 내용의 전체 합의 숫자로 옳은 것은?

> • 경계결정위원회는 지적확정예정조서를 제출받은 날부터 (   ) 이내에 경계에 관한 결정을 하고 이를 지적소관청에 통지하여야 한다. 이 기간 안에 경계에 관한 결정을 할 수 없는 부득이한 사유가 있을 때에는 경계결정위원회는 의결을 거쳐 (   )의 범위에서 그 기간을 연장할 수 있다.
> • 경계에 관한 결정을 통지받은 토지소유자나 이해관계인이 이에 대하여 불복하는 경우에는 통지를 받은 날부터 (   ) 이내에 지적소관청에 이의신청을 할 수 있다.
> • 지적소관청은 이의신청서가 접수된 날부터 (   ) 이내에 이의신청서에 의견서를 첨부하여 경계결정위원회에 송부하여야 한다.
> • 이의신청서를 송부받은 경계결정위원회는 이의신청서를 송부받은 날부터 (   ) 이내에 이의신청에 대한 결정을 하여야 한다. 다만, 부득이한 경우에는 (   )의 범위에서 처리기간을 연장할 수 있다.

① 179일
② 224일
③ 194일
④ 254일

풀이 지적재조사에 관한 특별법 제16조(경계의 결정)
① 지적재조사에 따른 경계결정은 경계결정위원회의 의결을 거쳐 결정한다.
② 지적소관청은 제1항에 따른 경계에 관한 결정을 신청하고자 할 때에는 제15조제2항에 따른 지적확정예정조서에 토지소유자나 이해관계인의 의견을 첨부하여 경계결정위원회에 제출하여야 한다.
③ 제2항에 따른 신청을 받은 경계결정위원회는 지적확정예정조서를 제출받은 날부터 30일 이내에 경계에 관한 결정을 하고 이를 지적소관청에 통지하여야 한다. 이 기간 안에 경계에 관한 결정을 할 수 없는 부득이한 사유가 있을 때에는 경계결정위원회는 의결을 거쳐 30일의 범위에서 그 기간을 연장할 수 있다.
④ 토지소유자나 이해관계인은 경계결정위원회에 참석하여 의견을 진술할 수 있다. 경계결정위원회는 토지소유자나 이해관계인이 의견진술을 신청하는 경우에는 특별한 사정이 없는 한 이에 따라야 한다.
⑤ 경계결정위원회는 제3항에 따라 경계에 관한 결정을 하기에 앞서 토지소유자들로 하여금 경계에 관한 합의를 하도록 권고할 수 있다.
⑥ 지적소관청은 제3항에 따라 경계결정위원회로부터 경계에 관한 결정을 통지받았을 때에는 지체 없이 이를 토지소유자나 이해관계인에게 통지하여야 한다. 이 경우 제17조제1항에 따른 기간 안에 이의신청이 없으면 경계결정위원회의 결정대로 경계가 확정된다는 취지를 명시하여야 한다.

지적재조사에 관한 특별법 제17조(경계결정에 대한 이의신청)
① 제16조제6항에 따라 경계에 관한 결정을 통지받은 토지소유자나 이해관계인이 이에 대하여 불복하는 경우에는 통지를 받은 날부터 60일 이내에 지적소관청에 이의신청을 할 수 있다.
② 제1항에 따라 이의신청을 하고자 하는 토지소유자나 이해관계인은 지적소관청에 이의신청서를 제출하여야 한다. 이 경우 이의신청서에는 증빙서류를 첨부하여야 한다.
③ 지적소관청은 제2항에 따라 이의신청서가 접수된 날부터 14일 이내에 이의신청서에 의견서를 첨부하여 경계결정위원회에 송부하여야 한다.
④ 제3항에 따라 이의신청서를 송부받은 경계결정위원회는 이의신청서를 송부받은 날부터 30일 이내에 이의신청에 대한 결정을 하여야 한다. 다만, 부득이한 경우에는 30일의 범위에서 처리기간을 연장할 수 있다.
⑤ 경계결정위원회는 이의신청에 대한 결정을 하였을 때에는 그 내용을 지적소관청에 통지하여야 하며, 지적소관청은 결정내용을 통지받은 날부터 7일 이내에 결정서를 작성하여 이의신청인에게는 그 정본을, 그 밖의 토지소유자나 이해관계인에게는 그 부본을 송달하여야 한다. 이 경우 토지소유자는 결정서를 송부받은 날부터 60일 이내에 경계결정위원회의 결정에 대하여 행정심판이나 행정소송을 통하여 불복할 지 여부를 지적소

관청에 알려야 한다.

⑥ 삭제 〈2017.4.18.〉

16 다음은 「지적재조사에 관한 특별법」에서 규정하는 내용들이다. (   ) 안에 들어갈 내용의 전체 합의 숫자로 옳은 것은?

- 경계에 관한 결정을 통지받은 토지소유자나 이해관계인이 이에 대하여 불복하는 경우에는 통지를 받은 날부터 (   ) 이내에 지적소관청에 이의신청을 할 수 있다.
- 지적소관청은 이의신청서가 접수된 날부터 (   ) 이내에 이의신청서에 의견서를 첨부하여 경계결정위원회에 송부하여야 한다.
- 이의신청서를 송부받은 경계결정위원회는 이의신청서를 송부받은 날부터 (   ) 이내에 이의신청에 대한 결정을 하여야 한다. 다만, 부득이한 경우에는 (   )의 범위에서 처리기간을 연장할 수 있다.
- 경계결정위원회는 이의신청에 대한 결정을 하였을 때에는 그 내용을 지적소관청에 통지하여야 하며, 지적소관청은 결정내용을 통지받은 날부터 (   ) 이내에 결정서를 작성하여 이의신청인에게는 그 정본을, 그 밖의 토지소유자나 이해관계인에게는 그 부본을 송달하여야 한다. 이 경우 토지소유자는 결정서를 송부받은 날부터 (   ) 이내에 경계결정위원회의 결정에 대하여 행정심판이나 행정소송을 통하여 불복할지 여부를 지적소관청에 알려야 한다.

① 186일
② 231일
③ 201일
④ 199일

풀이 지적재조사에 관한 특별법 제16조(경계의 결정)

① 지적재조사에 따른 경계결정은 경계결정위원회의 의결을 거쳐 결정한다.

② 지적소관청은 제1항에 따른 경계에 관한 결정을 신청하고자 할 때에는 제15조제2항에 따른 지적확정예정조서에 토지소유자나 이해관계인의 의견을 첨부하여 경계결정위원회에 제출하여야 한다.

③ 제2항에 따른 신청을 받은 경계결정위원회는 지적확정예정조서를 제출받은 날부터 30일 이내에 경계에 관한 결정을 하고 이를 지적소관청에 통지하여야 한다. 이 기간 안에 경계에 관한 결정을 할 수 없는 부득이한 사유가 있을 때에는 경계결정위원회는 의결을 거쳐 30일의 범위에서 그 기간을 연장할 수 있다.

④ 토지소유자나 이해관계인은 경계결정위원회에 참석하여 의견을 진술할 수 있다. 경계결정위원회는 토지소유자나 이해관계인이 의견진술을 신청하는 경우에는 특별한 사정이 없는 한 이에 따라야 한다.

⑤ 경계결정위원회는 제3항에 따라 경계에 관한 결정을 하기에 앞서 토지소유자들로 하여금 경계에 관한 합의를 하도록 권고할 수 있다.

⑥ 지적소관청은 제3항에 따라 경계결정위원회로부터 경계에 관한 결정을 통지받았을 때에는 지체 없이 이를 토지소유자나 이해관계인에게 통지하여야 한다. 이 경우 제17조제1항에 따른 기간 안에 이의신청이 없으면 경계결정위원회의 결정대로 경계가 확정된다는 취지를 명시하여야 한다.

지적재조사에 관한 특별법 제17조(경계결정에 대한 이의신청)

① 제16조제6항에 따라 경계에 관한 결정을 통지받은 토지소유자나 이해관계인이 이에 대하여 불복하는 경우에는 통지를 받은 날부터 60일 이내에 지적소관청에 이의신청을 할 수 있다.

② 제1항에 따라 이의신청을 하고자 하는 토지소유자나 이해관계인은 지적소관청에 이의신청서를 제출하여야 한다. 이 경우 이의신청서에는 증빙서류를 첨부하여야 한다.

③ 지적소관청은 제2항에 따라 이의신청서가 접수된 날부터 14일 이내에 이의신청서에 의견서를 첨부하여 경계결정위원회에 송부하여야 한다.

정답 **16** ③

④ 제3항에 따라 이의신청서를 송부받은 경계결정위원회는 이의신청서를 송부받은 날부터 30일 이내에 이의신청에 대한 결정을 하여야 한다. 다만, 부득이한 경우에는 30일의 범위에서 처리기간을 연장할 수 있다.

⑤ 경계결정위원회는 이의신청에 대한 결정을 하였을 때에는 그 내용을 지적소관청에 통지하여야 하며, 지적소관청은 결정내용을 통지받은 날부터 7일 이내에 결정서를 작성하여 이의신청인에게는 그 정본을, 그 밖의 토지소유자나 이해관계인에게는 그 부본을 송달하여야 한다. 이 경우 토지소유자는 결정서를 송부받은 날부터 60일 이내에 경계결정위원회의 결정에 대하여 행정심판이나 행정소송을 통하여 불복할 지 여부를 지적소관청에 알려야 한다.

⑥ 삭제 〈2017.4.18.〉

17 다음은 「지적재조사에 관한 특별법」에서 규정하는 내용들이다. (   ) 안에 들어갈 내용의 전체 합의 숫자로 옳은 것은?

> • 지적재조사지구 지정 신청을 받은 특별시장·광역시장·도지사·특별자치도지사·특별자치시장 및 「지방자치법」 제175조에 따른 대도시로서 구를 둔 시의 시장(이하 "시·도지사"라 한다)은 (   ) 이내에 그 신청을 법 제29조제1항에 따른 시·도 지적재조사위원회(이하 "시·도 위원회"라 한다)에 회부하여야 한다.
> • 지적재조사지구 지정 신청을 회부받은 시·도 위원회는 그 신청을 회부받은 날부터 (   ) 이내에 지적재조사지구의 지정 여부에 대하여 심의·의결하여야 한다. 다만, 사실 확인이 필요한 경우 등 불가피한 사유가 있을 때에는 그 심의기간을 해당 시·도 위원회의 의결을 거쳐 (   )의 범위에서 그 기간을 한 차례만 연장할 수 있다.
> • 시·도지사는 제3항에 따라 의결서를 받은 날부터 (   ) 이내에 법 제8조에 따라 지적재조사지구를 지정·고시하거나, 지적재조사지구를 지정하지 아니한다는 결정을 하고, 그 사실을 지적소관청에 통지하여야 한다.

① 65일
② 82일
③ 67일
④ 77일

풀이 지적재조사에 관한 특별법 제7조(지적재조사지구의 지정)

① 지적소관청은 실시계획을 수립하여 시·도지사에게 지적재조사지구 지정 신청을 하여야 한다. 〈개정 2019.12.10.〉

② 지적소관청이 시·도지사에게 지적재조사지구 지정을 신청하고자 할 때에는 다음 각 호의 사항을 고려하여 지적재조사지구 토지소유자(국유지·공유지의 경우에는 그 재산관리청을 말한다. 이하 같다) 총수의 3분의 2 이상과 토지면적 3분의 2 이상에 해당하는 토지소유자의 동의를 받아야 한다. 〈개정 2017.4.18., 2019.12.10.〉

> 1. 지적공부의 등록사항과 토지의 실제 현황이 다른 정도가 심하여 주민의 불편이 많은 지역인지 여부
> 2. 사업시행이 용이한지 여부
> 3. 사업시행의 효과 여부

③ 제2항에도 불구하고 지적소관청은 지적재조사지구에 제13조에 따른 토지소유자협의회(이하 "토지소유자협의회"라 한다)가 구성되어 있고 토지소유자 총수의 4분의 3 이상의 동의가 있는 지구에 대하여는 우선하여 지적재조사지구로 지정을 신청할 수 있다. 〈개정 2019.12.10.〉

④ 지적소관청은 지적재조사지구 지정을 신청하고자 할 때에는 실시계획 수립 내용을 주민에게 서면으로 통보한 후 주민설명회를 개최하고 실시계획을 30일 이상 주민에게 공람하여야 한다. 〈삭제 2020.12.2.〉

정답 **17** ③

⑤ 지적재조사지구에 있는 토지소유자와 이해관계인은 제4항에 따른 공람기간 안에 지적소관청에 의견을 제출할 수 있으며, 지적소관청은 제출된 의견이 타당하다고 인정할 때에는 이를 반영하여야 한다. 〈삭제 2020.12.22.〉

⑥ 시 · 도지사는 지적재조사지구를 지정할 때에는 대통령령으로 정하는 바에 따라 제29조에 따른 시 · 도 지적재조사위원회의 심의를 거쳐야 한다. 〈개정 2019.12.10.〉

⑦ 제1항부터 제3항까지, 제6항 및 제6조제2항부터 제4항까지의 규정은 지적재조사지구를 변경할 때에도 적용한다. 다만, 대통령령으로 정하는 경미한 사항을 변경할 때에는 제외한다. 〈개정 2019.12.10.〉

⑧ 제2항에 따른 동의자 수의 산정방법, 동의절차, 그 밖에 필요한 사항은 대통령령으로 정한다.

지적재조사에 관한 특별법 시행령 제6조(지적재조사지구의 지정 등)

① 법 제7조제1항에 따른 지적재조사지구 지정 신청을 받은 특별시장 · 광역시장 · 도지사 · 특별자치도지사 · 특별자치시장 및 「지방자치법」 제198조에 따른 대도시로서 구를 둔 시의 시장(이하 "시 · 도지사"라 한다)은 15일 이내에 그 신청을 법 제29조제1항에 따른 시 · 도 지적재조사위원회(이하 "시 · 도 위원회"라 한다)에 회부하여야 한다.

② 제1항에 따라 지적재조사지구 지정 신청을 회부받은 시 · 도 위원회는 그 신청을 회부받은 날부터 30일 이내에 지적재조사지구의 지정 여부에 대하여 심의 · 의결하여야 한다. 다만, 사실 확인이 필요한 경우 등 불가피한 사유가 있을 때에는 그 심의기간을 해당 시 · 도 위원회의 의결을 거쳐 15일의 범위에서 그 기간을 한 차례만 연장할 수 있다.

③ 시 · 도 위원회는 지적재조사지구 지정 신청에 대하여 의결을 하였을 때에는 의결서를 작성하여 지체 없이 시 · 도지사에게 송부하여야 한다.

④ 시 · 도지사는 제3항에 따라 의결서를 받은 날부터 7일 이내에 법 제8조에 따라 지적재조사지구를 지정 · 고시하거나, 지적재조사지구를 지정하지 아니한다는 결정을 하고, 그 사실을 지적소관청에 통지하여야 한다.

⑤ 제1항부터 제4항까지의 규정은 지적재조사지구를 변경할 때에도 적용한다.

18 다음은 「공간정보의 구축 및 관리 등에 관한 법률 시행령」에서 규정하는 내용들이다. ( ) 안에 들어갈 내용의 전체 합의 숫자로 옳은 것은?

> • 측량업의 등록신청을 받은 국토교통부장관 또는 시 · 도지사는 신청받은 날부터 ( ) 이내에 등록기준에 적합한지와 결격사유가 없는지를 심사한 후 적합하다고 인정할 때에는 측량업등록부에 기록하고, 측량업등록증과 측량업등록수첩을 발급하여야 한다.
> • 국토교통부장관 또는 시 · 도지사는 등록을 하였을 때에는 이를 해당 기관의 게시판이나 인터넷 홈페이지에 ( ) 이상 공고하여야 한다.
> • 측량업의 등록을 한 자는 등록사항 중 다음 각 호의 어느 하나에 해당하는 사항을 변경하였을 때에는 변경된 날부터 ( ) 이내에 국토교통부령으로 정하는 바에 따라 변경신고를 하여야 한다. 다만, 기술인력 및 장비에 해당하는 사항을 변경한 때에는 그 변경이 있은 날부터 ( ) 이내에 변경신고를 하여야 한다.

① 100일
② 120일
③ 140일
④ 160일

풀이 공간정보의 구축 및 관리 등에 관한 법률 시행령 제35조(측량업의 등록 등)

① 법 제44조제1항제1호의 측지측량업과 이 영 제34조제1항제3호부터 제9호까지의 측량업은 국토교통부장관에게 등록하고, 법 제44조제1항제2호의 지적측량업과 이 영 제34조제1항제1호 및 제2호의 측량업은 특별시장·광역시장·특별자치시장 또는 도지사에게 등록하여야 한다. 다만, 특별자치도의 경우에는 법 제44조제1항제1호 및 제2호와 이 영 제34조제1항 각 호의 측량업을 특별자치도지사에게 등록하여야 한다.

② 제1항에 따라 측량업의 등록을 하려는 자는 국토교통부령으로 정하는 신청서(전자문서로 된 신청서를 포함한다)에 다음 각 호의 서류(전자문서를 포함한다)를 첨부하여 국토교통부장관 또는 시·도지사에게 제출하여야 한다. 〈개정 2013.3.23., 2014.1.17., 2017.1.10.〉

> 1. 별표 8에 따른 기술인력을 갖춘 사실을 증명하기 위한 다음 각 목의 서류
>   가. 보유하고 있는 측량기술자의 명단
>   나. 가목의 인력에 대한 측량기술 경력증명서
> 2. 별표 8에 따른 장비를 갖춘 사실을 증명하기 위한 다음 각 목의 서류
>   가. 보유하고 있는 장비의 명세서
>   나. 가목의 장비의 성능검사서 사본
>   다. 소유권 또는 사용권을 보유한 사실을 증명할 수 있는 서류

③ 제1항에 따른 등록신청을 받은 국토교통부장관 또는 시·도지사는 「전자정부법」 제36조제1항에 따른 행정정보의 공동이용을 통하여 다음 각 호의 행정정보를 확인하여야 한다. 다만, 사업자등록증 및 제2호의 서류에 대해서는 신청인으로부터 확인에 대한 동의를 받고, 신청인이 확인에 동의하지 아니하는 경우에는 해당 서류의 사본을 첨부하도록 하여야 한다. 〈개정 2010.5.4., 2013.3.23.〉

> 1. 사업자등록증 또는 법인등기부 등본(법인인 경우만 해당한다)
> 2. 「국가기술자격법」에 따른 국가기술자격(정보처리기사의 경우만 해당한다)

④ 제2항에 따른 측량업의 등록신청을 받은 국토교통부장관 또는 시·도지사는 신청받은 날부터 10일 이내에 법 제44조에 따른 등록기준에 적합한지와 법 제47조 각 호의 결격사유가 없는지를 심사한 후 적합하다고 인정할 때에는 측량업등록부에 기록하고, 측량업등록증과 측량업등록수첩을 발급하여야 한다.

⑤ 국토교통부장관 또는 시·도지사는 제2항에 따른 측량업의 등록신청이 등록기준에 적합하지 아니하다고 인정할 때에는 신청인에게 그 뜻을 통지하여야 한다. 〈개정 2013.3.23.〉

⑥ 국토교통부장관 또는 시·도지사는 법 제44조제2항에 따라 등록을 하였을 때에는 이를 해당 기관의 게시판이나 인터넷 홈페이지에 10일 이상 공고하여야 한다.

공간정보의 구축 및 관리 등에 관한 법률 시행령 제37조(등록사항의 변경)

① 측량업의 등록을 한 자는 등록사항 중 다음 각 호의 어느 하나에 해당하는 사항을 변경하였을 때에는 법 제44조제4항에 따라 변경된 날부터 30일 이내에 국토교통부령으로 정하는 바에 따라 변경신고를 하여야 한다. 다만, 제4호에 해당하는 사항을 변경한 때에는 그 변경이 있은 날부터 90일 이내에 변경신고를 하여야 한다. 〈개정 2012.6.25., 2014.1.17.〉

1. 주된 영업소 또는 지점의 소재지
2. 상호
3. 대표자
4. 기술인력 및 장비

② 둘 이상의 측량업에 등록한 자가 제1항제1호부터 제3호까지의 등록사항을 변경한 경우로서 제35조제1항에 따라 등록한 기관이 같은 경우에는 이를 한꺼번에 신고할 수 있다.

정답

19 다음은 「공간정보의 구축 및 관리 등에 관한 법률」에서 규정하는 내용들이다. (   ) 안에 들어갈 내용으로 옳은 것은?

- 측량기준점표지의 이전을 신청하려는 자는 신청서를 이전을 원하는 날의 (㉠) 전까지 측량기준점표지를 설치한 자에게 제출하여야 한다.
- 이전 신청을 받은 자는 신청받은 날부터 (㉡) 이내에 이전경비 납부통지서를 신청인에게 통지하여야 한다.
- 이전경비 납부통지서를 받은 신청인은 이전을 원하는 날의 (㉢) 전까지 측량기준점표지를 설치한 자에게 이전경비를 내야 한다.
- 측량기준점표지의 이전에 드는 비용은 신청인이 부담한다. 다만, 측량기준점표지 중 국가기준점표지(수로기준점표지는 제외한다)의 이전에 드는 비용은 (㉣)가 부담한다.

	㉠	㉡	㉢	㉣
①	30일	10일	7일	설치자
②	30일	10일	10일	수행자
③	30일	30일	7일	설치자
④	30일	15일	15일	수행자

풀이 **공간정보의 구축 및 관리 등에 관한 법률 제9조(측량기준점표지의 보호)**
① 누구든지 측량기준점표지를 이전·파손하거나 그 효용을 해치는 행위를 하여서는 아니 된다.
② 측량기준점표지를 파손하거나 그 효용을 해칠 우려가 있는 행위를 하려는 자는 그 측량기준점표지를 설치한 자에게 이전을 신청하여야 한다.
③ 제2항에 따른 신청을 받은 측량기준점표지의 설치자는 측량기준점표지를 이전하지 아니하고 제2항에 따른 신청인의 목적을 달성할 수 있는 경우를 제외하고는 그 측량기준점표지를 이전하여야 하며, 그 측량기준점표지를 이전하지 아니하는 경우에는 그 사유를 제2항에 따른 신청인에게 알려야 한다.
④ 제3항에 따른 측량기준점표지의 이전에 드는 비용은 제2항에 따른 신청인이 부담한다. 다만, 측량기준점표지 중 국가기준점표지(수로기준점표지는 제외한다)의 이전에 드는 비용은 설치자가 부담한다.

공간정보의 구축 및 관리 등에 관한 법률 시행규칙 제6조(측량기준점표지의 이전 신청 절차)
① 법 제9조제2항에 따라 측량기준점표지의 이전을 신청하려는 자는 별지 제3호 서식의 신청서를 이전을 원하는 날의 30일 전까지 측량기준점표지를 설치한 자에게 제출하여야 한다. 〈개정 2017.1.31.〉
② 제1항에 따른 이전 신청을 받은 자는 신청받은 날부터 10일 이내에 별지 제4호 서식의 이전경비 납부통지서를 신청인에게 통지하여야 한다.
③ 제2항에 따라 이전경비 납부통지서를 받은 신청인은 이전을 원하는 날의 7일 전까지 측량기준점표지를 설치한 자에게 이전경비를 내야 한다.

정답 **19** ①

20 다음은 「지적재조사에 관한 특별법」에서 규정하는 내용이다. (   ) 안에 들어갈 내용으로 옳은 것은?

> • 경계결정위원회는 지적확정예정조서를 제출받은 날부터 (㉠) 이내에 경계에 관한 결정을 하고 이를 지적소관청에 통지하여야 한다. 이 기간 안에 경계에 관한 결정을 할 수 없는 부득이한 사유가 있을 때에는 경계결정위원회는 의결을 거쳐 (㉡)의 범위에서 그 기간을 연장할 수 있다.
> • 경계에 관한 결정을 통지받은 토지소유자나 이해관계인이 이에 대하여 불복하는 경우에는 통지를 받은 날부터 (㉢) 이내에 지적소관청에 이의신청을 할 수 있다.
> • 지적소관청은 제2항에 따라 이의신청서가 접수된 날부터 (㉣) 이내에 이의신청서에 의견서를 첨부하여 경계결정위원회에 송부하여야 한다.
> • 이의신청서를 송부받은 경계결정위원회는 이의신청서를 송부받은 날부터 (㉤) 이내에 이의신청에 대한 결정을 하여야 한다. 다만, 부득이한 경우에는 (㉥)의 범위에서 처리기간을 연장할 수 있다.

	㉠	㉡	㉢	㉣	㉤	㉥
①	30일	30일	60일	14일	30일	30일
②	30일	10일	10일	7일	15일	30일
③	30일	30일	7일	14일	30일	15일
④	30일	10일	15일	7일	15일	30일

풀이 **지적재조사에 관한 특별법 제16조(경계의 결정)**

① 지적재조사에 따른 경계결정은 경계결정위원회의 의결을 거쳐 결정한다.

② 지적소관청은 제1항에 따른 경계에 관한 결정을 신청하고자 할 때에는 제15조제2항에 따른 지적확정예정조서에 토지소유자나 이해관계인의 의견을 첨부하여 경계결정위원회에 제출하여야 한다.

③ 제2항에 따른 신청을 받은 경계결정위원회는 지적확정예정조서를 제출받은 날부터 30일 이내에 경계에 관한 결정을 하고 이를 지적소관청에 통지하여야 한다. 이 기간 안에 경계에 관한 결정을 할 수 없는 부득이한 사유가 있을 때에는 경계결정위원회는 의결을 거쳐 30일의 범위에서 그 기간을 연장할 수 있다.

④ 토지소유자나 이해관계인은 경계결정위원회에 참석하여 의견을 진술할 수 있다. 경계결정위원회는 토지소유자나 이해관계인이 의견진술을 신청하는 경우에는 특별한 사정이 없는 한 이에 따라야 한다.

⑤ 경계결정위원회는 제3항에 따라 경계에 관한 결정을 하기에 앞서 토지소유자들로 하여금 경계에 관한 합의를 하도록 권고할 수 있다.

⑥ 지적소관청은 제3항에 따라 경계결정위원회로부터 경계에 관한 결정을 통지받았을 때에는 지체 없이 이를 토지소유자나 이해관계인에게 통지하여야 한다. 이 경우 제17조제1항에 따른 기간 안에 이의신청이 없으면 경계결정위원회의 결정대로 경계가 확정된다는 취지를 명시하여야 한다.

지적재조사에 관한 특별법 제17조(경계결정에 대한 이의신청)

① 제16조제6항에 따라 경계에 관한 결정을 통지받은 토지소유자나 이해관계인이 이에 대하여 불복하는 경우에는 통지를 받은 날부터 60일 이내에 지적소관청에 이의신청을 할 수 있다.

② 제1항에 따라 이의신청을 하고자 하는 토지소유자나 이해관계인은 지적소관청에 이의신청서를 제출하여야 한다. 이 경우 이의신청서에는 증빙서류를 첨부하여야 한다.

③ 지적소관청은 제2항에 따라 이의신청서가 접수된 날부터 14일 이내에 이의신청서에 의견서를 첨부하여 경계결정위원회에 송부하여야 한다.

④ 제3항에 따라 이의신청서를 송부받은 경계결정위원회는 이의신청서를 송부받은 날부터 30일 이내에 이의신청에 대한 결정을 하여야 한다. 다만, 부득이한 경우에는 30일의 범위에서 처리기간을 연장할 수 있다.

⑤ 경계결정위원회는 이의신청에 대한 결정을 하였을 때에는 그 내용을 지적소관청에 통지하여야 하며, 지적소관청은 결정내용을 통지받은 날부터 7일 이내에 결정서를 작성하여 이의신청인에게는 그 정본을, 그 밖의 토지소유자나 이해관계인에게는 그 부본을 송달하여야 한다. 이 경우 토지소유자는 결정서를 송부받은 날부터 60일 이내에 경계결정위원회의 결정에 대하여 행정심판이나 행정소송을 통하여 불복할 지 여부를 지적소관청에 알려야 한다.

⑥ 삭제 〈2017.4.18.〉

01 지적전산자료의 수수료에 대한 설명으로 옳지 않은 것은?(단, 정보통신망을 이용하여 전자화폐·전자결제 등의 방법으로 납부하게 하는 경우는 고려하지 않는다.)

① 지적전산자료를 인쇄물로 제공하는 경우의 수수료는 1필지당 30원이다.

② 공간정보산업협회 등에 위탁된 업무의 수수료는 현금으로 내야 한다.

③ 지적전산자료를 시·도지사 또는 지적소관청이 제공하는 경우에는 현금으로만 납부해야 한다.

④ 지적전산자료를 자기디스크 등 전산매체로 제공하는 경우의 수수료는 1필지당 20원이다.

풀이 **공간정보의 구축 및 관리 등에 관한 법률 시행령 제62조(지적전산자료의 이용 등)**

⑤ 국토교통부장관, 시·도지사 또는 지적소관청은 제4항에 따른 심사를 거쳐 지적전산자료의 이용 또는 활용을 승인하였을 때에는 지적전산자료 이용·활용 승인대장에 그 내용을 기록·관리하고 승인한 자료를 제공하여야 한다. 〈개정 2013.3.23.〉

⑥ 제5항에 따라 지적전산자료의 이용 또는 활용에 관한 승인을 받은 자는 국토교통부령으로 정하는 사용료를 내야 한다. 다만, 국가나 지방자치단체에 대해서는 사용료를 면제한다.

공간정보의 구축 및 관리 등에 관한 법률 시행규칙 제115조(수수료)

① 법 제106조제1항제1호부터 제4호까지, 제6호, 제9호부터 제14호까지, 제14호의2, 제15호, 제17호 및 제18호에 따른 수수료는 별표 12와 같다. 〈개정 2014.1.17.〉

⑥ 제1항부터 제5항까지의 수수료는 수입인지, 수입증지 또는 현금으로 내야 한다. 다만, 법 제93조제1항에 따라 등록한 성능검사대행자가 하는 성능검사 수수료와 법 제105조제2항에 따라 공간정보산업협회 등에 위탁된 업무의 수수료는 현금으로 내야 한다. 〈개정 2015.6.4.〉

⑦ 국토교통부장관, 국토지리정보원장, 시·도지사 및 지적소관청은 제6항에도 불구하고 정보통신망을 이용하여 전자화폐·전자결제 등의 방법으로 수수료를 내게 할 수 있다. 〈개정 2021.2.19.〉

공간정보의 구축 및 관리 등에 관한 법률 시행규칙 [별표 12] 〈개정 2019.2.25.〉
업무 종류에 따른 수수료의 금액(제115조제1항 관련)

해당 업무	단위	수수료	해당 법조문
13. 지적전산자료의 이용 또는 활용 신청 가. 자료를 인쇄물로 제공하는 경우 나. 자료를 자기디스크 등 전산매체로 제공하는 경우	1필지당 1필지당	30원 20원	법 제106조 제1항제14호
14. 부동산종합공부의 인터넷 열람 신청	1필지당	무료	법 제106조 제1항제14호의2

02 축척변경위원회의 의결 및 시 · 도지사 또는 대도시 시장의 승인 없이 축척변경을 할 수 있는 경우는?

① 하나의 지번부여지역에서로 다른 축척의 지적도가 있는 경우

② 잦은 토지의 이동으로 1필지의 규모가 작아서 소축척으로는 지적측량성과의 결정이나 토지의 이동에 따른 정리를 하기가 곤란한 경우

③ 합병하려는 토지가 축척이 다른 지적도에 각각 등록되어 있어 축척변경을 하는 경우

④ 지적공부를 관리하기 위하여 필요하다고 인정되는 경우

풀이 공간정보의 구축 및 관리 등에 관한 법률 제83조(축척변경)

① 축척변경에 관한 사항을 심의 · 의결하기 위하여 지적소관청에 축척변경위원회를 둔다.

② 지적소관청은 지적도가 다음 각 호의 어느 하나에 해당하는 경우에는 토지소유자의 신청 또는 지적소관청의 직권으로 일정한 지역을 정하여 그 지역의 축척을 변경할 수 있다.

> 1. 잦은 토지의 이동으로 1필지의 규모가 작아서 소축척으로는 지적측량성과의 결정이나 토지의 이동에 따른 정리를 하기가 곤란한 경우
> 2. 하나의 지번부여지역에 서로 다른 축척의 지적도가 있는 경우
> 3. 그 밖에 지적공부를 관리하기 위하여 필요하다고 인정되는 경우

③ 지적소관청은 제2항에 따라 축척변경을 하려면 축척변경 시행지역의 토지소유자 3분의 2 이상의 동의를 받아 제1항에 따른 축척변경위원회의 의결을 거친 후 시 · 도지사 또는 대도시 시장의 승인을 받아야 한다. 다만, 다음 각 호의 어느 하나에 해당하는 경우에는 축척변경위원회의 의결 및 시 · 도지사 또는 대도시 시장의 승인 없이 축척변경을 할 수 있다.

> 1. 합병하려는 토지가 축척이 다른 지적도에 각각 등록되어 있어 축척변경을 하는 경우
> 2. 제86조에 따른 도시개발사업 등의 시행지역에 있는 토지로서 그 사업 시행에서 제외된 토지의 축척변경을 하는 경우

④ 축척변경의 절차, 축척변경으로 인한 면적 증감의 처리, 축척변경 결과에 대한 이의신청 및 축척변경위원회의 구성 · 운영 등에 필요한 사항은 대통령령으로 정한다.

03 지적공부 작성 시 도곽선 제도에 대한 설명으로 가장 옳지 않은 것은?

① 도면의 위 방향은 항상 북쪽이 되어야 한다.

② 지적도의 도곽 크기는 가로 40센티미터, 세로 30센티미터의 직사각형으로 한다.

③ 도면에 등록하는 도곽선은 0.1밀리미터의 폭으로, 도곽선의 수치는 도곽선 오른쪽 아랫부분과 왼쪽 윗부분의 종횡선교차점 바깥쪽에 2밀리미터 크기의 아라비아숫자로 제도한다.

④ 이미 사용하고 있는 도면의 도곽크기는 종전에 구획되어 있는 도곽과 그 수치로 한다.

풀이 지적업무처리규정 제40조(도곽선의 제도)

① 도면의 위 방향은 항상 북쪽이 되어야 한다.

② 지적도의 도곽 크기는 가로 40센티미터, 세로 30센티미터의 직사각형으로 한다.

③ 도곽의 구획은 영 제7조제3항 각 호에서 정한 좌표의 원점을 기준으로 하여 정하되, 그 도곽의 종횡선수치는 좌표의 원점으로부터 기산하여 영 제7조제3항에서 정한 종횡선수치를 각각 가산한다.

④ 이미 사용하고 있는 도면의 도곽크기는 제2항에도 불구하고 종전에 구획되어 있는 도곽과 그 수치로 한다.

정답 **02** ③ **03** ③

⑤ 도면에 등록하는 도곽선은 0.1밀리미터의 폭으로, 도곽선의 수치는 도곽선 왼쪽 아랫부분과 오른쪽 윗부분의 종횡선교차점 바깥쪽에 2밀리미터 크기의 아라비아숫자로 제도한다.

04 「지적재조사에 관한 특별법」상 규정된 토지소유자협의회에 대한 설명으로 가장 옳지 않은 것은?

① 토지소유자협의회의 회의는 재적위원 과반수의 출석으로 개의(開議)하고, 출석위원 과반수의 찬성으로 의결한다.

② 지적공부정리, 경계복원측량정지에 대한 의견제출은 토지소유자협의회의 기능이다.

③ 토지소유자가 협의회 구성에 동의하거나 그 동의를 철회하려는 경우에는 협의회구성동의서 또는 동의철회서에 본인임을 확인한 후 서명 또는 날인하여 지적소관청에 제출하여야 한다.

④ 지적재조사지구의 토지소유자는 토지소유자 총수의 2분의 1 이상과 토지면적 2분의 1 이상에 해당하는 토지소유자의 동의를 받아 토지소유자협의회를 구성할 수 있다.

[풀이] **지적재조사에 관한 특별법 제13조(토지소유자협의회)** [암기] [지][표]는 [현][금]으로 [정]하라

① 지적재조사지구의 토지소유자는 토지소유자 총수의 2분의 1 이상과 토지면적 2분의 1 이상에 해당하는 토지소유자의 동의를 받아 토지소유자협의회를 구성할 수 있다. 〈개정 2017.4.18., 2019.12.10.〉

② 토지소유자협의회는 위원장을 포함한 5명 이상 20명 이하의 위원으로 구성한다. 토지소유자협의회의 위원은 그 지적재조사지구에 있는 토지의 소유자이어야 하며, 위원장은 위원 중에서 호선한다. 〈개정 2019.12.10.〉

③ 토지소유자협의회의 기능은 다음 각 호와 같다. 〈개정 2019.12.10.〉

> 1. 지적소관청에 대한 제7조제3항에 따른 [지]적재조사지구의 신청
>
> > 제7조 ③ 제2항에도 불구하고 지적소관청은 지적재조사지구에 제13조에 따른 토지소유자협의회(이하 "토지소유자협의회"라 한다)가 구성되어 있고 토지소유자 총수의 4분의 3 이상의 동의가 있는 지구에 대하여는 우선하여 지적재조사지구로 지정을 신청할 수 있다. 〈개정 2019.12.10.〉
>
> 2. 임시경계점[표]지 및 경계점표지의 설치에 대한 입회
> 3. 토지[현]황조사에 대한 입회
> 4. 삭제 〈2017.4.18.〉
> 5. 제20조제3항에 따른 조정[금] 산정기준에 대한 의견 제출
> 6. 제31조에 따른 경계결[정]위원회(이하 "경계결정위원회"라 한다) 위원의 추천

④ 제1항에 따른 동의자 수의 산정방법 및 동의절차, 토지소유자협의회의 구성 및 운영, 그 밖에 필요한 사항은 대통령령으로 정한다.

지적재조사에 관한 특별법 시행령 제10조(토지소유자협의회의 구성 등)

① 법 제13조제1항에 따른 토지소유자협의회(이하 이 조에서 "협의회"라 한다)를 구성할 때 토지소유자 수 및 동의자 수 산정은 제7조제1항의 기준에 따른다.

② 토지소유자가 협의회 구성에 동의하거나 그 동의를 철회하려는 경우에는 국토교통부령으로 정하는 협의회구성동의서 또는 동의철회서에 본인임을 확인한 후 서명 또는 날인하여 지적소관청에 제출하여야 한다. 〈개정 2017.10.17.〉

③ 협의회의 위원장은 협의회를 대표하고, 협의회의 업무를 총괄한다.

④ 협의회의 회의는 재적위원 과반수의 출석으로 개의(開議)하고, 출석위원 과반수의 찬성으로 의결한다.

⑤ 제1항부터 제4항까지에서 규정한 사항 외에 협의회의 운영 등에 필요한 사항은 협의회의 의결을 거쳐 위원장이 정한다.

[정답] 04 ②

05 지적재조사사업의 조정금에 대한 설명으로 가장 옳지 않은 것은?

① 지적소관청은 조정금을 산정하였을 때에는 10일 이내에 조정금조서를 작성하고, 토지소유자에게 개별적으로 조정금액을 통보하여야 한다.

② 지적소관청은 조정금액을 통지한 날부터 10일 이내에 토지소유자에게 조정금의 수령통지 또는 납부고지를 하여야 한다.

③ 지적소관청은 수령통지를 한 날부터 6개월 이내에 조정금을 지급하여야 한다.

④ 지적재조사지구 지정이 있은 후 권리의 변동이 있을 때에는 그 권리를 승계한 자가 조정금 또는 공탁금을 수령하거나 납부한다.

[풀이] 지적재조사에 관한 특별법 제21조(조정금의 지급·징수 또는 공탁)

① 조정금은 현금으로 지급하거나 납부하여야 한다. 〈개정 2017.4.18.〉

② 지적소관청은 제20조제1항에 따라 조정금을 산정하였을 때에는 지체 없이 조정금조서를 작성하고, 토지소유자에게 개별적으로 조정금액을 통보하여야 한다.

③ 지적소관청은 제2항에 따라 조정금액을 통지한 날부터 10일 이내에 토지소유자에게 조정금의 수령통지 또는 납부고지를 하여야 한다.

④ 지적소관청은 제3항에 따라 수령통지를 한 날부터 6개월 이내에 조정금을 지급하여야 한다.

⑤ 제3항에 따라 납부고지를 받은 자는 그 부과일부터 6개월 이내에 조정금을 납부하여야 한다. 다만, 지적소관청은 1년의 범위에서 대통령령으로 정하는 바에 따라 조정금을 분할납부하게 할 수 있다. 〈개정 2017.4.18.〉

⑥ 지적소관청은 조정금을 납부하여야 할 자가 기한까지 납부하지 아니할 때에는 「지방행정제재·부과금의 징수 등에 관한 법률」에 따라 징수할 수 있다. 〈신설 2017.4.18., 2020.3.24., 2020.6.9.〉

⑦ 지적소관청은 조정금을 지급하여야 하는 경우로서 다음 각 호의 어느 하나에 해당하는 때에는 조정금을 지급받을 자의 토지 소재지 공탁소에 그 조정금을 공탁할 수 있다. 〈개정 2017.4.18.〉

> 1. 조정금을 받을 자가 그 수령을 거부하거나 주소 불분명 등의 이유로 조정금을 수령할 수 없을 때
> 2. 지적소관청이 과실 없이 조정금을 받을 자를 알 수 없을 때
> 3. 압류 또는 가압류에 따라 조정금의 지급이 금지되었을 때

⑧ 지적재조사지구 지정이 있은 후 권리의 변동이 있을 때에는 그 권리를 승계한 자가 제1항에 따른 조정금 또는 제7항에 따른 공탁금을 수령하거나 납부한다.

06 지목의 구분에 대한 설명으로 가장 옳지 않은 것은?

① '전'은 물을 상시적으로 이용하지 않고 곡물·원예작물 등의 식물을 주로 재배하는 토지와 식용(食用)으로 죽순을 재배하는 토지를 말한다.

② '유지(溜池)'는 물이 고이거나 상시적으로 물을 저장하고 있는 댐·저수지·소류지(沼溜地)·호수·연못 등의 토지와 연·왕골 등이 자생하는 배수가 잘 되지 아니하는 토지를 말한다.

③ '잡종지'는 공항시설 및 항만시설 부지와 도축장, 쓰레기처리장 및 오물처리장 등의 부지를 말한다.

④ '임야'는 산림 및 원야(原野)를 이루고 있는 수림지(樹林地)·죽림지·암석지·자갈땅·모래땅·습지·황무지, 갈대밭 등의 토지를 말한다.

[풀이] 공간정보의 구축 및 관리 등에 관한 법률 시행령 제58조(지목의 구분)
법 제67조제1항에 따른 지목의 구분은 다음 각 호의 기준에 따른다.

[정답] 05 ① 06 ④

PART 02 지적법 합격모의고사

1. 전

   물을 상시적으로 이용하지 않고 곡물·원예작물(과수류는 제외한다)·약초·뽕나무·닥나무·묘목·관상수 등의 식물을 주로 재배하는 토지와 식용(食用)으로 죽순을 재배하는 토지

5. 임야

   산림 및 원야(原野)를 이루고 있는 수림지(樹林地)·죽림지·암석지·자갈땅·모래땅·습지·황무지 등의 토지

19. 유지(溜池)

   물이 고이거나 상시적으로 물을 저장하고 있는 댐·저수지·소류지(沼溜地)·호수·연못 등의 토지와 연·왕골 등이 자생하는 배수가 잘 되지 아니하는 토지

28. 잡종지

   다음 각 목의 토지. 다만, 원상회복을 조건으로 돌을 캐내는 곳 또는 흙을 파내는 곳으로 허가된 토지는 제외한다.

   가. 갈대밭, 실외에 물건을 쌓아두는 곳, 돌을 캐내는 곳, 흙을 파내는 곳, 야외시장 및 공동우물

   나. 변전소, 송신소, 수신소 및 송유시설 등의 부지

   다. 여객자동차터미널, 자동차운전학원 및 폐차장 등 자동차와 관련된 독립적인 시설물을 갖춘 부지

   라. 공항시설 및 항만시설 부지

   마. 도축장, 쓰레기처리장 및 오물처리장 등의 부지

   바. 그 밖에 다른 지목에 속하지 않는 토지

07 토지소유자가 합병신청을 할 수 없는 경우로 가장 옳지 않은 것은?

① 합병하려는 각 필지의 지반이 연속되지 아니한 경우

② 합병하려는 토지의 지적도 및 임야도의 축척이 서로 다른 경우

③ 합병하려는 토지 전부에 대한 「부동산등기법」 제81조제1항 각 호의 등기사항이 동일한 신탁등기

④ 합병하려는 토지의 지번부여지역, 지목 또는 소유자가 서로 다른 경우

풀이 공간정보의 구축 및 관리 등에 관한 법률 제80조(합병 신청)

① 토지소유자는 토지를 합병하려면 대통령령으로 정하는 바에 따라 지적소관청에 합병을 신청하여야 한다.

② 토지소유자는 「주택법」에 따른 공동주택의 부지, 도로, 제방, 하천, 구거, 유지, 그 밖에 대통령령으로 정하는 토지로서 합병하여야 할 토지가 있으면 그 사유가 발생한 날부터 60일 이내에 지적소관청에 합병을 신청하여야 한다.

③ 다음 각 호의 어느 하나에 해당하는 경우에는 합병 신청을 할 수 없다.

   1. 합병하려는 토지의 지번부여지역, 지목 또는 소유자가 서로 다른 경우

   2. 합병하려는 토지에 다음 각 목의 등기 외의 등기가 있는 경우

   > 가. 소유권·지상권·전세권 또는 임차권의 등기
   > 나. 승역지(承役地)에 대한 지역권의 등기
   > 다. 합병하려는 토지 전부에 대한 등기원인(登記原因) 및 그 연월일과 접수번호가 같은 저당권의 등기
   > 라. 합병하려는 토지 전부에 대한 「부동산등기법」 제81조제1항 각 호의 등기사항이 동일한 신탁등기

   3. 그 밖에 합병하려는 토지의 지적도 및 임야도의 축척이 서로 다른 경우 등 대통령령으로 정하는 경우

정답 **07** ③

08 지적 관계 법규상 용어의 정의에 대한 설명으로 가장 옳지 않은 것은?

① '연속지적도'란 지적측량을 하지 아니하고 전산화된 지적도 및 임야도 파일을 이용하여, 도면상 경계점들을 연결하여 작성한 도면으로서 측량에 활용할 수 없는 도면을 말한다.

② '등록전환'이란 임야대장 및 임야도에 등록된 토지를 토지대장 및 지적도에 옮겨 등록하는 것을 말한다.

③ '토지현황조사'란 지적재조사사업을 시행하기 위하여 필지별로 소유자, 지번, 지목, 면적, 경계 또는 좌표, 지상건축물 및 지하건축물의 위치, 공동공시지가 등을 조사하는 것을 말한다.

④ '지적확정측량'이란 도시개발사업 등에 따른 사업이 끝나 토지의 표시를 새로 정하기 위하여 실시하는 지적측량을 말한다.

> **풀이** **공간정보의 구축 및 관리 등에 관한 법률 제2조(정의)**
>
> 이 법에서 사용하는 용어의 뜻은 다음과 같다.
>
> 4. "지적측량"이란 토지를 지적공부에 등록하거나 지적공부에 등록된 경계점을 지상에 복원하기 위하여 제21호에 따른 필지의 경계 또는 좌표와 면적을 정하는 측량을 말하며, 지적확정측량 및 지적재조사측량을 포함한다.
>
> 4의2. "지적확정측량"이란 제86조제1항에 따른 사업이 끝나 토지의 표시를 새로 정하기 위하여 실시하는 지적측량을 말한다.
>
> 4의3. "지적재조사측량"이란 「지적재조사에 관한 특별법」에 따른 지적재조사사업에 따라 토지의 표시를 새로 정하기 위하여 실시하는 지적측량을 말한다.
>
> 19. "지적공부"란 토지대장, 임야대장, 공유지연명부, 대지권등록부, 지적도, 임야도 및 경계점좌표등록부 등 지적측량 등을 통하여 조사된 토지의 표시와 해당 토지의 소유자 등을 기록한 대장 및 도면(정보처리시스템을 통하여 기록·저장된 것을 포함한다)을 말한다.
>
> 19의2. "연속지적도"란 지적측량을 하지 아니하고 전산화된 지적도 및 임야도 파일을 이용하여, 도면상 경계점들을 연결하여 작성한 도면으로서 측량에 활용할 수 없는 도면을 말한다.
>
> 19의3. "부동산종합공부"란 토지의 표시와 소유자에 관한 사항, 건축물의 표시와 소유자에 관한 사항, 토지의 이용 및 규제에 관한 사항, 부동산의 가격에 관한 사항 등 부동산에 관한 종합정보를 정보관리체계를 통하여 기록·저장한 것을 말한다.
>
> 29. "신규등록"이란 새로 조성된 토지와 지적공부에 등록되어 있지 아니한 토지를 지적공부에 등록하는 것을 말한다.
>
> 30. "등록전환"이란 임야대장 및 임야도에 등록된 토지를 토지대장 및 지적도에 옮겨 등록하는 것을 말한다.
>
> **지적재조사에 관한 특별법 제2조(정의)**
>
> 이 법에서 사용하는 용어의 정의는 다음과 같다.
>
> 1. "지적공부"란 「공간정보의 구축 및 관리 등에 관한 법률」 제2조제19호에 따른 지적공부를 말한다.
>
> 2. "지적재조사사업"이란 「공간정보의 구축 및 관리 등에 관한 법률」 제71조부터 제73조까지의 규정에 따른 지적공부의 등록사항을 조사·측량하여 기존의 지적공부를 디지털에 의한 새로운 지적공부로 대체함과 동시에 지적공부의 등록사항이 토지의 실제 현황과 일치하지 아니하는 경우 이를 바로잡기 위하여 실시하는 국가사업을 말한다.
>
> 3. "지적재조사지구"란 지적재조사사업을 시행하기 위하여 제7조 및 제8조에 따라 지정·고시된 지구를 말한다.
>
> 4. "토지현황조사"란 지적재조사사업을 시행하기 위하여 필지별로 소유자, 지번, 지목, 면적, 경계 또는 좌표, 지상건축물 및 지하건축물의 위치, 개별공시지가 등을 조사하는 것을 말한다.

09 시·도지사의 승인 사항이 아닌 것은?

(20년서울7급)

① 지적측량적부심사
② 지적공부반출
③ 지번변경
④ 축척변경

풀이 **공간정보의 구축 및 관리 등에 관한 법률 제29조(지적측량의 적부심사 등)**

① 토지소유자, 이해관계인 또는 지적측량수행자는 지적측량성과에 대하여 다툼이 있는 경우에는 대통령령으로 정하는 바에 따라 관할 시·도지사를 거쳐 지방지적위원회에 지적측량 적부심사를 청구할 수 있다.

공간정보의 구축 및 관리 등에 관한 법률 제66조(지번의 부여 등)

① 지번은 지적소관청이 지번부여지역별로 차례대로 부여한다.

② 지적소관청은 지적공부에 등록된 지번을 변경할 필요가 있다고 인정하면 시·도지사나 대도시 시장의 승인을 받아 지번부여지역의 전부 또는 일부에 대하여 지번을 새로 부여할 수 있다.

공간정보의 구축 및 관리 등에 관한 법률 제69조(지적공부의 보존 등)

① 지적소관청은 해당 청사에 지적서고를 설치하고 그 곳에 지적공부(정보처리시스템을 통하여 기록·저장한 경우는 제외한다. 이하 이 항에서 같다)를 영구히 보존하여야 하며, 다음 각 호의 어느 하나에 해당하는 경우 외에는 해당 청사 밖으로 지적공부를 반출할 수 없다.

> 1. 천재지변이나 그 밖에 이에 준하는 재난을 피하기 위하여 필요한 경우
> 2. 관할 시·도지사 또는 대도시 시장의 승인을 받은 경우

② 지적공부를 정보처리시스템을 통하여 기록·저장한 경우 관할 시·도지사, 시장·군수 또는 구청장은 그 지적공부를 지적정보관리체계에 영구히 보존하여야 한다. 〈개정 2013.7.17.〉

③ 국토교통부장관은 제2항에 따라 보존하여야 하는 지적공부가 멸실되거나 훼손될 경우를 대비하여 지적공부를 복제하여 관리하는 정보관리체계를 구축하여야 한다. 〈개정 2013.3.23., 2013.7.17.〉

④ 지적서고의 설치기준, 지적공부의 보관방법 및 반출승인 절차 등에 필요한 사항은 국토교통부령으로 정한다.

공간정보의 구축 및 관리 등에 관한 법률 제83조(축척변경)

① 축척변경에 관한 사항을 심의·의결하기 위하여 지적소관청에 축척변경위원회를 둔다.

② 지적소관청은 지적도가 다음 각 호의 어느 하나에 해당하는 경우에는 토지소유자의 신청 또는 지적소관청의 직권으로 일정한 지역을 정하여 그 지역의 축척을 변경할 수 있다.

> 1. 잦은 토지의 이동으로 1필지의 규모가 작아서 소축척으로는 지적측량성과의 결정이나 토지의 이동에 따른 정리를 하기가 곤란한 경우
> 2. 하나의 지번부여지역에 서로 다른 축척의 지적도가 있는 경우
> 3. 그 밖에 지적공부를 관리하기 위하여 필요하다고 인정되는 경우

③ 지적소관청은 제2항에 따라 축척변경을 하려면 축척변경 시행지역의 토지소유자 3분의 2 이상의 동의를 받아 제1항에 따른 축척변경위원회의 의결을 거친 후 시·도지사 또는 대도시 시장의 승인을 받아야 한다. 다만, 다음 각 호의 어느 하나에 해당하는 경우에는 축척변경위원회의 의결 및 시·도지사 또는 대도시 시장의 승인 없이 축척변경을 할 수 있다.

> 1. 합병하려는 토지가 축척이 다른 지적도에 각각 등록되어 있어 축척변경을 하는 경우
> 2. 제86조에 따른 도시개발사업 등의 시행지역에 있는 토지로서 그 사업 시행에서 제외된 토지의 축척변경을 하는 경우

④ 축척변경의 절차, 축척변경으로 인한 면적 증감의 처리, 축척변경 결과에 대한 이의신청 및 축척변경위원회의 구성·운영 등에 필요한 사항은 대통령령으로 정한다.

정답 09 ①

10 〈보기〉의 지적공부 중에서 소유자 정보를 포함하는 것을 모두 고른 것은?

〈보기〉
ㄱ. 토지대장　　　　　ㄴ. 임야대장　　　　　ㄷ. 지적도 ㄹ. 임야도　　　　　　ㅁ. 공유지연명부　　　　ㅂ. 대지권등록부

① ㄱ, ㄴ　　　　　　　　　　　　　　② ㄱ, ㄴ, ㅁ
③ ㄱ, ㄴ, ㅁ, ㅂ　　　　　　　　　　④ ㄱ, ㄴ, ㄷ, ㄹ, ㅇ

풀이 지적공부의 등록사항

구분	토지표시사항	소유권에 관한 사항	기타
토지대장 (土地臺帳, Land Books) & 임야대장 (林野臺帳, Forest Books)	• **토**지 소재 • **지**번 • **지**목 • 면**적** • 토지의 **이**동 사유	• 토지소유자 **변**동일자 • **변동**원인 • **주**민등록번호 • 성**명** 또는 명칭 • 주소	• 토지의 고**유**번호(각 필지를 서로 구별하기 위하여 필지마 다 붙이는 고유한 번호를 말 한다) • 지적도 또는 임야**도** 번호 • 필지별 토지대장 또는 임야 대장의 **장**번호 • **축**척 • **토**지등급 또는 기준수확량등 급과 그 설정 · 수정 연월일 • 개별**공**시지가와 그 기준일
공유지연명부 (共有地連名簿, Common Land Books)	• **토**지 소재 • **지**번	• 토지소유자 **변**동일자 • **변동**원인 • **주**민등록번호 • 성**명** · 주**소** • 소유권 **지**분	• 토지의 **고유**번호 • 필지별 공유지연명부의 **장**번호
대지권등록부 (垈地權登錄簿, Building Site Rights Books)	• **토**지 소재 • **지**번	• 토지소유자 **변**동일자 및 변**동**원인 • **주**민등록번호 • 성**명** 또는 명칭 · 주**소** • 대**지**권 비율 • 소유**권** 지분	• 토지의 **고유**번호 • 집합건물별 대지권등록부의 **장**번호 • **건**물의 명칭 • **전**유부분의 건물의 표시
경계점좌표등록부 (境界點座標登錄 簿, Boundary Point Coordinate Books)	• **토**지소재 • **지**번 • 좌**표**		• **고**유번호 • 장번호 • **부**호 및 부호도 • **도**면번호
지적도(地籍圖, Land Books) & 임야도(林野圖, Forest Books)	• **토**지소재 • **지**번 • **지**목 • 경**계** • 경계**점** 간의 거리		• **도**면의 색인도 • 도**면**의 제명 및 축척 • 도곽**선**과 그 수치 • 삼**각**점 및 **지**적기준점의 위치 • 건축**물** 및 구조물 등의 위치

11 다음 중 등록전환을 신청할 수 있는 경우가 아닌 것은?

① 토지이용상 불합리한 지상경계를 시정하기 위한 경우

② 대부분의 토지가 등록전환되어 나머지 토지를 임야도에 계속 존치하는 것이 불합리한 경우

③ 임야도에 등록된 토지가 사실상 형질변경되었으나 지목 변경을 할 수 없는 경우

④ 도시·군관리계획선에 따라 토지를 분할하는 경우

풀이 **공간정보의 구축 및 관리 등에 관한 법률 제78조(등록전환 신청)**

토지소유자는 등록전환할 토지가 있으면 대통령령으로 정하는 바에 따라 그 사유가 발생한 날부터 60일 이내에 지적소관청에 등록전환을 신청하여야 한다.

공간정보의 구축 및 관리 등에 관한 법률 시행령 제64조(등록전환 신청)

① 법 제78조에 따라 등록전환을 신청할 수 있는 경우는 다음 각 호와 같다. 〈개정 2020.6.9.〉

> 1. 「산지관리법」에 따른 산지전용허가·신고, 산지일시사용허가·신고, 「건축법」에 따른 건축허가·신고 또는 그 밖의 관계 법령에 따른 개발행위 허가 등을 받은 경우
> 2. 대부분의 토지가 등록전환되어 나머지 토지를 임야도에 계속 존치하는 것이 불합리한 경우
> 3. 임야도에 등록된 토지가 사실상 형질변경되었으나 지목변경을 할 수 없는 경우
> 4. 도시·군관리계획선에 따라 토지를 분할하는 경우

② 삭제 〈2020.6.9.〉

③ 토지소유자는 법 제78조에 따라 등록전환을 신청할 때에는 등록전환 사유를 적은 신청서에 국토교통부령으로 정하는 서류를 첨부하여 지적소관청에 제출하여야 한다. 〈개정 2013.3.23.〉

공간정보의 구축 및 관리 등에 관한 법률 시행규칙 제82조(등록전환 신청)

① 영 제64조제3항에서 "국토교통부령으로 정하는 서류"란 관계 법령에 따른 개발행위 허가 등을 증명하는 서류의 사본(영 제64조제1항제1호에 해당하는 경우로 한정한다)을 말한다. 〈개정 2020.6.11.〉

② 제1항에 따른 서류를 그 지적소관청이 관리하는 경우에는 지적소관청의 확인으로 그 서류의 제출을 갈음할 수 있다.

12 분할에 따라 지상건축물을 걸리게 하여 지상경계를 결정할 수 있는 경우로 가장 옳지 않은 것은?

① 공공사업 등에 따라 학교용지·도로·철도용지·제방·하천·구거·유지·수도용지 등의 지목으로 되는 토지일 때 해당 사업의 시행자가 토지를 분할하는 경우

② 도시개발사업 등의 사업 시행자가 사업지구의 경계를 결정하기 위하여 토지를 분할하는 경우

③ 지방자치단체의 장이 토지를 취득하기 위하여 분할하려는 경우

④ 도시·군관리계획 결정고시와 지형도면 고시가 된 지역의 도시·군관리계획선에 따라 토지를 분할하려는 경우

풀이 **공간정보의 구축 및 관리 등에 관한 법률 시행령 제55조(지상 경계의 결정기준 등)**

① 법 제65조제1항에 따른 지상 경계의 결정기준은 다음 각 호의 구분에 따른다.

1. 연접되는 토지 간에 높낮이 차이가 없는 경우 : 그 구조물 등의 중앙
2. 연접되는 토지 간에 높낮이 차이가 있는 경우 : 그 구조물 등의 하단부
3. 도로·구거 등의 토지에 절토(切土)된 부분이 있는 경우 : 그 경사면의 상단부
4. 토지가 해면 또는 수면에 접하는 경우 : 최대만조위 또는 최대만수위가 되는 선

정답 11 ① 12 ③

5. 공유수면매립지의 토지 중 제방 등을 토지에 편입하여 등록하는 경우 : 바깥쪽 어깨부분

② 지상 경계의 구획을 형성하는 구조물 등의 소유자가 다른 경우에는 제1항제1호부터 제3호까지의 규정에도 불구하고 그 소유권에 따라 지상 경계를 결정한다.

③ 다음 각 호의 어느 하나에 해당하는 경우에는 지상 경계점에 법 제65조제1항에 따른 경계점표지를 설치하여 측량할 수 있다. 〈개정 2012.4.10., 2014.1.17.〉

1. 법 제86조제1항에 따른 도시개발사업 등의 사업시행자가 사업지구의 경계를 결정하기 위하여 토지를 분할하려는 경우
2. 법 제87조제1호 및 제2호에 따른 사업시행자와 행정기관의 장 또는 지방자치단체의 장이 토지를 취득하기 위하여 분할하려는 경우
3. 「국토의 계획 및 이용에 관한 법률」 제30조제6항에 따른 도시·군관리계획 결정고시와 같은 법 제32조제4항에 따른 지형도면 고시가 된 지역의 도시·군관리계획선에 따라 토지를 분할하려는 경우
4. 제65조제1항에 따라 토지를 분할하려는 경우
5. 관계 법령에 따라 인가·허가 등을 받아 토지를 분할하려는 경우

④ 분할에 따른 지상 경계는 지상건축물을 걸리게 결정해서는 아니 된다. 다만, 다음 각 호의 어느 하나에 해당하는 경우에는 그러하지 아니하다.

1. 법원의 확정판결이 있는 경우
2. 법 제87조제1호(공공사업 등에 따라 학교용지·도로·철도용지·제방·하천·구거·유지·수도용지 등의 지목으로 되는 토지인 경우 : 해당 사업의 시행자)에 해당하는 토지를 분할하는 경우
3. 제3항제1호 또는 제3호에 따라 토지를 분할하는 경우

⑤ 지적확정측량의 경계는 공사가 완료된 현황대로 결정하되, 공사가 완료된 현황이 사업계획도와 다를 때에는 미리 사업시행자에게 그 사실을 통지하여야 한다.

13 「공간정보의 구축 및 관리 등에 관한 법률」 상 측량업의 당연 등록취소 사유에 해당하는 것을 모두 고른 것은?

ㄱ. 영업정지기간 중에 계속하여 영업을 한 경우
ㄴ. 거짓이나 그 밖의 부정한 방법으로 측량업의 등록을 한 경우
ㄷ. 정당한 사유 없이 측량업의 등록을 한 날부터 1년 이내에 영업을 시작하지 아니하거나 계속하여 1년 이상 휴업한 경우
ㄹ. 지적측량업자가 지적측량수수료를 고시한 금액보다 과다 또는 과소하게 받은 경우

① ㄱ, ㄴ　　② ㄱ, ㄹ
③ ㄴ, ㄷ　　④ ㄷ, ㄹ

[풀이] **공간정보의 구축 및 관리 등에 관한 법률 제52조(측량업의 등록취소 등)**

① 국토교통부장관, 시·도지사 또는 대도시시장은 측량업자가 다음 각 호의 어느 하나에 해당하는 경우에는 측량업의 등록을 취소하거나 1년 이내의 기간을 정하여 영업의 정지를 명할 수 있다. 다만, 제2호·제4호·제7호·제8호·제11호 또는 제15호에 해당하는 경우에는 측량업의 등록을 취소하여야 한다. 〈개정 2020.6.9.〉

측량업 영업의 정지 [암기] [고][과] [수][요][업] [보][성][휴][변]

1. [고]의 또는 [과]실로 측량을 부정확하게 한 경우
13. 지적측량업자가 제106조제2항에 따른 지적측량[수]수료를 같은 조 제3항에 따라 고시한 금액보다 과다

정답 13 ①

또는 과소하게 받은 경우

14. 다른 행정기관이 관계 법령에 따라 영업정지를 [요]구한 경우
6. 지적측량업자가 제45조에 따른 [업]무 범위를 위반하여 지적측량을 한 경우
10. 제51조를 위반하여 [보]험가입 등 필요한 조치를 하지 아니한 경우
9. 지적측량업자가 제50조([성]실의무)를 위반한 경우
3. 정당한 사유 없이 측량업의 등록을 한 날부터 1년 이내에 영업을 시작하지 아니하거나 계속하여 1년 이상 [휴]업한 경우
5. 제44조제4항을 위반하여 측량업 등록사항의 [변]경신고를 하지 아니한 경우
12. 제52조제3항에 따른 임원의 직무정지 명령을 이행하지 아니한 경우

측량업 등록 취소 [암기] [영][미][대][결] [거][부][취]

11. [영]업정지기간 중에 계속하여 영업을 한 경우
4. 제44조제2항에 따른 등록기준에 [미]달하게 된 경우. 다만, 일시적으로 등록기준에 미달되는 등 대통령령으로 정하는 경우는 제외한다.
15. 「국가기술자격법」 제15조제2항을 위반하여 측량업자가 측량기술자의 국가기술자격증을 [대]여 받은 사실이 확인된 경우
8. 제49조제1항을 위반하여 다른 사람에게 자기의 측량업등록증 또는 측량업등록수첩을 빌려주거나 자기의 성명 또는 상호를 사용하여 측량업무를 하게 한 경우
7. 제47조(측량업등록의 [결]격사유) 각 호의 어느 하나에 해당하게 된 경우. 다만, 측량업자가 같은 조 제5호에 해당하게 된 경우로서 그 사유가 발생한 날부터 3개월 이내에 그 사유를 해소한 경우는 제외한다.

> **법 제47조(측량업등록의 결격사유)**
> 다음 각 호의 어느 하나에 해당하는 자는 측량업의 등록을 할 수 없다. 〈개정 2013.7.17., 2015.12.29.〉
> 1. 피성년후견인 또는 피한정후견인
> 2. 이 법이나 「국가보안법」 또는 「형법」 제87조부터 제104조까지의 규정을 위반하여 금고 이상의 실형을 선고받고 그 집행이 끝나거나(집행이 끝난 것으로 보는 경우를 포함한다) 집행이 면제된 날부터 2년이 지나지 아니한 자
> 3. 이 법이나 「국가보안법」 또는 「형법」 제87조부터 제104조까지의 규정을 위반하여 금고 이상의 형의 집행유예를 선고받고 그 집행유예기간 중에 있는 자
> 4. 제52조에 따라 측량업의 등록이 취소(제47조제1호에 해당하여 등록이 취소된 경우는 제외한다)된 후 2년이 지나지 아니한 자
> 5. 임원 중에 제1호부터 제4호까지의 어느 하나에 해당하는 자가 있는 법인

2. [거]짓이나 그 밖의 [부]정한 방법으로 측량업의 등록을 한 경우
14. 다른 행정기관이 관계 법령에 따라 등록[취]소를 요구한 경우

② 측량업자의 지위를 승계한 상속인이 제47조에 따른 측량업등록의 결격사유에 해당하는 경우에는 그 결격사유에 해당하게 된 날부터 6개월이 지난 날까지는 제1항제7호를 적용하지 아니한다.
③ 국토교통부장관, 시·도지사 또는 대도시 시장은 측량업자가 제47조제5호에 해당하게 된 경우에는 같은 조 제1호부터 제4호까지의 어느 하나에 해당하는 임원의 직무를 정지하도록 해당 측량업자에게 명할 수 있다. 〈개정 2020.2.18.〉
④ 국토교통부장관, 시·도지사 또는 대도시 시장은 제1항에 따라 측량업등록을 취소하거나 영업정지의 처분을 하였으면 그 사실을 공고하여야 한다. 〈개정 2020.2.18.〉
⑤ 측량업등록의 취소 및 영업정지 처분에 관한 세부 기준은 국토교통부령으로 정한다. 〈개정 2020.2.18.〉

정답

14 축척변경의 확정공고에 대한 설명으로 가장 옳지 않은 것은?

① 축척변경의 확정공고에는 토지의 소재 및 지역명, 축척변경 지번별 조서 및 조정금 조서 사항 등이 포함되어야 한다.

② 축척변경 시행지역의 토지는 확정공고일에 토지의 이동이 있는 것으로 본다.

③ 지적소관청은 확정공고를 하였을 때에는 지체 없이 축척변경에 따라 확정된 사항을 지적공부에 등록하여야 한다.

④ 지적공부에 등록하는 때에 지적도는 확정측량 결과도 또는 경계점좌표에 따라야 한다.

풀이 공간정보의 구축 및 관리 등에 관한 법률 시행령 제78조(축척변경의 확정공고)

① 청산금의 납부 및 지급이 완료되었을 때에는 지적소관청은 지체 없이 축척변경의 확정공고를 하여야 한다.

② 지적소관청은 제1항에 따른 확정공고를 하였을 때에는 지체 없이 축척변경에 따라 확정된 사항을 지적공부에 등록하여야 한다.

③ 축척변경 시행지역의 토지는 제1항에 따른 확정공고일에 토지의 이동이 있는 것으로 본다.

공간정보의 구축 및 관리 등에 관한 법률 시행규칙 제92조(축척변경의 확정공고) **암기** ㉠㉥㉞은 ㉛㉡에서

① 영 제78조제1항에 따른 축척변경의 확정공고에는 다음 각 호의 사항이 포함되어야 한다.

> 1. 토지의 ㉠재 및 ㉥역명
> 2. 영 제73조에 따른 축㉞변경 지번별 조서
> 3. 영 제75조제4항에 따른 ㉛산금 조서
> 4. 지적㉡의 축척

② 영 제78조제2항에 따라 지적공부에 등록하는 때에는 다음 각 호의 기준에 따라야 한다.

> 1. 토지대장은 제1항제2호에 따라 확정공고된 축척변경 지번별 조서에 따를 것
> 2. 지적도는 확정측량 결과도 또는 경계점좌표에 따를 것

15 지적확정측량을 실시한 지역의 지번부여 방법을 준용하여 지번을 부여하는 것으로 가장 옳지 않은 것은?

① 등록전환 및 분할의 방법으로 지번을 부여할 때

② 지번부여지역 일부의 행정구역 개편으로 새로 지번을 부여할 때

③ 축척변경 시행지역의 필지에 지번을 부여할 때

④ 시·도지사나 대도시 시장의 승인을 받아 지번부여 지역의 지번을 변경할 때

구분		토지이동에 따른 지번의 부여방법
신규등록 · 등록전환	원칙	지번부여지역에서 인접토지의 본번에 부번을 붙여서 지번을 부여한다.
	예외	다음의 경우에는 그 지번부여지역의 최종 본번의 다음 순번부터 본번으로 하여 순차적으로 지번을 부여할 수 있다. ① 대상 토지가 그 지번부여지역의 최종 지번의 토지에 인접하여 있는 경우 ② 대상 토지가 이미 등록된 토지와 멀리 떨어져 있어서 등록된 토지의 본번에 부번을 부여하는 것이 불합리한 경우 ③ 대상 토지가 여러 필지로 되어 있는 경우
지적확정측량을 실시한 지역의 각 필지에 지번을 새로 부여하는 경우	원칙	다음 각 목의 지번을 제외한 본번으로 부여한다. ① 지적확정측량을 실시한 지역 안의 종전의 지번과 지적확정측량을 실시한 지역 밖에 있는 본번이 같은 지번이 있을 때 그 지번 ② 지적확정측량을 실시한 지역의 경계에 걸쳐 있는 지번
	예외	부여할 수 있는 종전 지번의 수가 새로 부여할 지번의 수보다 적을 때에는 블록 단위로 하나의 본번을 부여한 후 필지별로 부번을 부여하거나, 그 지번부여지역의 최종 본번 다음 순번부터 본번으로 하여 차례로 지번을 부여할 수 있다.
지적확정측량에 준용		① 법 제66조제2항(지적소관청은 지적공부에 등록된 지번을 변경할 필요가 있다고 인정하면 시 · 도지사나 대도시 시장의 승인을 받아 지번부여지역의 전부 또는 일부에 대하여 지번을 새로 부여할 수 있다.)에 따라 지번부여지역의 지번을 변경할 때 ② 법 제85조제2항(지번부여지역의 일부가 행정구역의 개편으로 다른 지번부여지역에 속하게 되었으면 지적소관청은 새로 속하게 된 지번부여지역의 지번을 부여하여야 한다.)에 따른 행정구역 개편에 따라 새로 지번을 부여할 때 ③ 제72조제1항(지적소관청은 축척변경 시행지역의 각 필지별 지번 · 지목 · 면적 · 경계 또는 좌표를 새로 정하여야 한다.)에 따라 축척변경 시행지역의 필지에 지번을 부여할 때

16 「공간정보의 구축 및 관리 등에 관한 법률」에서 측량 또는 토지이동 조사 시 타인의 토지 등에 출입 · 사용에 관한 설명으로 가장 옳지 않은 것은?

① 비행정청인 자가 타인의 토지 등에 출입하려면 관할 특별자치시장, 특별자치도지사, 시장 · 군수 또는 구청장의 허가를 받아야 한다.

② 토지 등을 일시 사용하거나 장애물을 변경 또는 제거하려는 자는 토지 등을 사용하려는 날이나 장애물을 변경 또는 제거하려는 날의 하루 전까지 그 소유자 · 점유자 또는 관리인에게 통지하여야 한다.

③ 일출 전이나 일몰 후에는 그 토지 등의 점유자의 승낙 없이 택지나 담장 또는 울타리로 둘러싸인 타인의 토지에 출입할 수 없다.

④ 필요한 경우에는 타인의 토지 등에 출입하거나 일시 사용할 수 있으며, 나무, 흙, 돌, 그 밖의 장애물을 변경하거나 제거할 수 있다.

풀이 공간정보의 구축 및 관리 등에 관한 법률 제101조(토지 등에의 출입 등)

① 이 법에 따라 측량을 하거나, 측량기준점을 설치하거나, 토지의 이동을 조사하는 자는 그 측량 또는 조사 등에 필요한 경우에는 타인의 토지 · 건물 · 공유수면 등(이하 "토지 등"이라 한다)에 출입하거나 일시 사용

할 수 있으며, 특히 필요한 경우에는 나무, 흙, 돌, 그 밖의 장애물(이하 "장애물"이라 한다)을 변경하거나 제거할 수 있다. 〈개정 2020.2.18.〉

② 제1항에 따라 타인의 토지 등에 출입하려는 자는 관할 특별자치시장, 특별자치도지사, 시장·군수 또는 구청장의 허가를 받아야 하며, 출입하려는 날의 3일 전까지 해당 토지 등의 소유자·점유자 또는 관리인에게 그 일시와 장소를 통지하여야 한다. 다만, 행정청인 자는 허가를 받지 아니하고 타인의 토지 등에 출입할 수 있다. 〈개정 2012.12.18.〉

③ 제1항에 따라 타인의 토지 등을 일시 사용하거나 장애물을 변경 또는 제거하려는 자는 그 소유자·점유자 또는 관리인의 동의를 받아야 한다. 다만, 소유자·점유자 또는 관리인의 동의를 받을 수 없는 경우 행정청인 자는 관할 특별자치시장, 특별자치도지사, 시장·군수 또는 구청장에게 그 사실을 통지하여야 하며, 행정청이 아닌 자는 미리 관할 특별자치시장, 특별자치도지사, 시장·군수 또는 구청장의 허가를 받아야 한다. 〈개정 2012.12.18.〉

④ 특별자치시장, 특별자치도지사, 시장·군수 또는 구청장은 제3항 단서에 따라 허가를 하려면 미리 그 소유자·점유자 또는 관리인의 의견을 들어야 한다. 〈개정 2012.12.18.〉

⑤ 제3항에 따라 토지 등을 일시 사용하거나 장애물을 변경 또는 제거하려는 자는 토지 등을 사용하려는 날이나 장애물을 변경 또는 제거하려는 날의 3일 전까지 그 소유자·점유자 또는 관리인에게 통지하여야 한다. 다만, 토지 등의 소유자·점유자 또는 관리인이 현장에 없거나 주소 또는 거소가 분명하지 아니할 때에는 관할 특별자치시장, 특별자치도지사, 시장·군수 또는 구청장에게 통지하여야 한다. 〈개정 2012.12.18.〉

⑥ 해 뜨기 전이나 해가 진 후에는 그 토지 등의 점유자의 승낙 없이 택지나 담장 또는 울타리로 둘러싸인 타인의 토지에 출입할 수 없다.

⑦ 토지 등의 점유자는 정당한 사유 없이 제1항에 따른 행위를 방해하거나 거부하지 못한다.

⑧ 제1항에 따른 행위를 하려는 자는 그 권한을 표시하는 허가증을 지니고 관계인에게 이를 내보여야 한다. 〈개정 2012.12.18.〉

⑨ 제8항에 따른 허가증에 관하여 필요한 사항은 국토교통부령으로 정한다.

17 「공간정보의 구축 및 관리 등에 관한 법률」에서 규정하고 있는 지적측량수행자의 성실의무 등에 관한 설명으로 가장 옳지 않은 것은?

① 지적측량수행자는 정당한 사유 없이 그 업무상 알게 된 비밀을 누설하여서는 아니 된다.

② 지적측량수행자는 정당한 사유 없이 지적측량 신청을 거부하여서는 아니 된다.

③ 지적측량수행자는 지적측량수수료 외에는 어떠한 명목으로도 그 업무와 관련된 대가를 받으면 아니 된다.

④ 지적측량수행자는 본인, 배우자 또는 직계 존속·비속이 소유한 토지에 대한 지적측량을 하여서는 아니 된다.

[풀이] 공간정보의 구축 및 관리 등에 관한 법률 제50조(지적측량수행자의 성실의무 등)

① 지적측량수행자(소속 지적기술자를 포함한다. 이하 이 조에서 같다)는 신의와 성실로써 공정하게 지적측량을 하여야 하며, 정당한 사유 없이 지적측량 신청을 거부하여서는 아니 된다. 〈개정 2013.7.17.〉

② 지적측량수행자는 본인, 배우자 또는 직계 존속·비속이 소유한 토지에 대한 지적측량을 하여서는 아니 된다.

③ 지적측량수행자는 제106조제2항에 따른 지적측량수수료 외에는 어떠한 명목으로도 그 업무와 관련된 대가를 받으면 아니 된다.

18 「지적재조사에 관한 특별법」(이하 '동법'이라 함.)에서 지적소관청이 사무를 수행하기 위하여 불가피한 경우로서 「개인정보 보호법 시행령 제19조」에 따른 주민등록번호 또는 외국인등록번호가 포함된 자료를 처리할 수 있는 사무에 해당하지 않는 것은?

① 동법 제7조제2항에 따른 토지소유자의 동의에 관한 사무
② 동법 제10조제2항에 따른 토지현황조사서 작성에 관한 사무
③ 동법 제21조제3항에 따른 청산금 수령통지 또는 납부고지에 관한 사무
④ 법 제25조제1항에 따른 등기촉탁에 관한 사무

풀이 **지적재조사에 관한 특별법 시행규칙 제28조의2(고유식별정보의 처리)**
지적소관청은 다음 각 호의 사무를 수행하기 위하여 불가피한 경우 「개인정보 보호법 시행령」 제19조에 따른 주민등록번호 또는 외국인등록번호가 포함된 자료를 처리할 수 있다.

> 1. 법 제6조제1항에 따른 실시계획 수립에 관한 사무
> 2. 법 제7조제2항에 따른 토지소유자의 동의에 관한 사무
> 3. 법 제10조제2항에 따른 토지현황조사서 작성에 관한 사무
> 4. 법 제15조제2항에 따른 지적확정예정조서 작성에 관한 사무
> 5. 법 제21조제3항에 따른 조정금 수령통지 또는 납부고지에 관한 사무
> 6. 법 제24조제1항에 따른 새로운 지적공부의 작성에 관한 사무
> 7. 법 제25조제1항에 따른 등기촉탁에 관한 사무 〈본조신설 2017.10.17.〉

지적재조사에 관한 특별법 제6조(실시계획의 수립)
① 지적소관청은 시·도종합계획을 통지받았을 때에는 다음 각 호의 사항이 포함된 지적재조사사업에 관한 실시계획(이하 "실시계획"이라 한다)을 수립하여야 한다.

지적재조사에 관한 특별법 제7조(지적재조사지구의 지정)
① 지적소관청은 실시계획을 수립하여 시·도지사에게 지적재조사지구 지정 신청을 하여야 한다.
② 지적소관청이 시·도지사에게 지적재조사지구 지정을 신청하고자 할 때에는 다음 각 호의 사항을 고려하여 지적재조사지구 토지소유자(국유지·공유지의 경우에는 그 재산관리청을 말한다. 이하 같다) 총수의 3분의 2 이상과 토지면적 3분의 2 이상에 해당하는 토지소유자의 동의를 받아야 한다.

지적재조사에 관한 특별법 제10조(토지현황조사)
② 토지현황조사를 할 때에는 소유자, 지번, 지목, 경계 또는 좌표, 지상건축물 및 지하건축물의 위치, 개별공시지가 등을 기재한 토지현황조사서를 작성하여야 한다.

지적재조사에 관한 특별법 제15조(경계점표지 설치 및 지적확정예정조서 작성 등)
① 지적소관청은 제14조에 따라 경계를 설정하면 지체 없이 임시경계점표지를 설치하고 지적재조사측량을 실시하여야 한다.
② 지적소관청은 지적재조사측량을 완료하였을 때에는 대통령령으로 정하는 바에 따라 기존 지적공부상의 종전 토지면적과 지적재조사를 통하여 산정된 토지면적에 대한 지번별 내역 등을 표시한 지적확정예정조서를 작성하여야 한다.

지적재조사에 관한 특별법 제21조(조정금의 지급·징수 또는 공탁)
② 지적소관청은 제20조제1항에 따라 조정금을 산정하였을 때에는 지체 없이 조정금조서를 작성하고, 토지소유자에게 개별적으로 조정금액을 통보하여야 한다.
③ 지적소관청은 제2항에 따라 조정금액을 통지한 날부터 10일 이내에 토지소유자에게 조정금의 수령통지 또는 납부고지를 하여야 한다.

지적재조사에 관한 특별법 제24조(새로운 지적공부의 작성)
① 지적소관청은 제23조에 따른 사업완료 공고가 있었을 때에는 기존의 지적공부를 폐쇄하고 새로운 지적공부를 작성하여야 한다. 이 경우 그 토지는 제23조제1항에 따른 사업완료 공고일에 토지의 이동이 있은 것으로 본다.

지적재조사에 관한 특별법 제25조(등기촉탁)
① 지적소관청은 제24조에 따라 새로이 지적공부를 작성하였을 때에는 지체 없이 관할 등기소에 그 등기를 촉탁하여야 한다. 이 경우 그 등기촉탁은 국가가 자기를 위하여 하는 등기로 본다.
② 토지소유자나 이해관계인은 지적소관청이 제1항에 따른 등기촉탁을 지연하고 있는 경우에는 대통령령으로 정하는 바에 따라 직접 제1항에 따른 등기를 신청할 수 있다.

19 지적측량의 적부심사에 대한 내용으로 옳지 않은 것은?

① 중앙지적위원회는 지적측량 적부심사를 의결하였으면 대통령령으로 정하는 바에 따라 의결서를 작성하여 시·도지사에게 송부하여야 한다.
② 지적측량 적부심사청구를 회부받은 지방지적위원회는 그 심사청구를 회부받은 날부터 60일 이내에 심의·의결하여야 한다.
③ 시·도지사는 지방지적위원회가 작성한 의결서를 받은 날로부터 7일 이내에 지적측량 적부심사 청구인 및 이해 관계인에게 그 의결서를 통지하여야 한다.
④ 의결서를 받은 자가 지방지적위원회의 의결에 불복하는 경우에는 그 의결서를 받은 날로부터 90일 이내에 국토교통부장관을 거쳐 중앙지적위원회에 재심사를 청구할 수 있다.

풀이 공간정보의 구축 및 관리 등에 관한 법률 제29조(지적측량의 적부심사 등) **암기** 위성이 연기하면 계층하라
① 토지소유자, 이해관계인 또는 지적측량수행자는 지적측량성과에 대하여 다툼이 있는 경우에는 대통령령으로 정하는 바에 따라 관할 시·도지사를 거쳐 지방지적위원회에 지적측량 적부심사를 청구할 수 있다.
② 제1항에 따른 지적측량 적부심사청구를 받은 시·도지사는 30일 이내에 다음 각 호의 사항을 조사하여 지방지적위원회에 회부하여야 한다.

> 1. 다툼이 되는 지적측량의 경위 및 그 성과
> 2. 해당 토지에 대한 토지이동 및 소유권 변동 연혁
> 3. 해당 토지 주변의 측량기준점, 경계, 주요 구조물 등 현황 실측도

③ 제2항에 따라 지적측량 적부심사청구를 회부받은 지방지적위원회는 그 심사청구를 회부받은 날부터 60일 이내에 심의·의결하여야 한다. 다만, 부득이한 경우에는 그 심의기간을 해당 지적위원회의 의결을 거쳐 30일 이내에서 한 번만 연장할 수 있다.
④ 지방지적위원회는 지적측량 적부심사를 의결하였으면 대통령령으로 정하는 바에 따라 의결서를 작성하여 시·도지사에게 송부하여야 한다.
⑤ 시·도지사는 제4항에 따라 의결서를 받은 날부터 7일 이내에 지적측량 적부심사 청구인 및 이해관계인에게 그 의결서를 통지하여야 한다.
⑥ 제5항에 따라 의결서를 받은 자가 지방지적위원회의 의결에 불복하는 경우에는 그 의결서를 받은 날부터 90일 이내에 **국토교통부장관**을 거쳐 중앙지적위원회에 재심사를 청구할 수 있다.
⑦ 제6항에 따른 재심사청구에 관하여는 제2항부터 제5항까지의 규정을 준용한다. 이 경우 "시·도지사"는 "국토교통부장관"으로, "지방지적위원회"는 "중앙지적위원회"로 본다.

⑧ 제7항에 따라 중앙지적위원회로부터 의결서를 받은 국토교통부장관은 그 의결서를 관할 시·도지사에게 송부하여야 한다.

⑨ 시·도지사는 제4항에 따라 지방지적위원회의 의결서를 받은 후 해당 지적측량 적부심사 청구인 및 이해관계인이 제6항에 따른 기간에 재심사를 청구하지 아니하면 그 의결서 사본을 지적소관청에 보내야 하며, 제8항에 따라 중앙지적위원회의 의결서를 받은 경우에는 그 의결서 사본에 제4항에 따라 받은 지방지적위원회의 의결서 사본을 첨부하여 지적소관청에 보내야 한다.

⑩ 제9항에 따라 지방지적위원회 또는 중앙지적위원회의 의결서 사본을 받은 지적소관청은 그 내용에 따라 지적공부의 등록사항을 정정하거나 측량성과를 수정하여야 한다.

⑪ 제9항 및 제10항에도 불구하고 특별자치시장은 제4항에 따라 지방지적위원회의 의결서를 받은 후 해당 지적측량 적부심사 청구인 및 이해관계인이 제6항에 따른 기간에 재심사를 청구하지 아니하거나 제8항에 따라 중앙지적위원회의 의결서를 받은 경우에는 직접 그 내용에 따라 지적공부의 등록사항을 정정하거나 측량성과를 수정하여야 한다.

⑫ 지방지적위원회의 의결이 있은 후 제6항에 따른 기간에 재심사를 청구하지 아니하거나 중앙지적위원회의 의결이 있는 경우에는 해당 지적측량성과에 대하여 다시 지적측량 적부심사청구를 할 수 없다.

20 「지적재조사업무규정」에 따라 토지현황 사전조사를 할 경우 조사 항목과 참고 자료를 연결한 것으로 가장 옳지 않은 것은?

① 토지소유자－등기사항증명서
② 건축물소유자－건축물대장
③ 토지 면적－토지(임야)대장
④ 토지이용 현황 및 건축물 현황－개별공시지가 토지특성조사표

풀이 지적재조사에 관한 특별법 제10조(토지현황조사)

토지현황조사 (법 제10조 및 규칙 제4조) 암기 소지목적계표는 지목공간에서 토지 건축 이용 현황 시설	"토지현황조사"란 지적재조사사업을 시행하기 위하여 필지별로 ⑤유자, ⑥번, 지⑧, 면⑧, 경⑩ 또는 좌⑨, ⑥상건축물 및 지⑥건축물의 위치, 개별⑤시지가 등을 조사하는 것을 말한다.	
	1. 토지에 관한 사항 2. 건축물에 관한 사항 3. 토지이용계획에 관한 사항 4. 토지이용 현황 및 건축물 현황 5. 지하시설물(지하구조물) 등에 관한 사항 6. 그 밖에 국토교통부장관이 토지현황조사와 관련하여 필요하다고 인정하는 사항	
사전조사 (업무규정 제11조)	토지에 관한 사항 : 지적공부 및 토지등기부	가. 소유자 : 등기사항증명서 나. 이해관계인 : 등기사항증명서 다. 지번 : 토지(임야)대장 또는 지적(임야)도 라. 지목 : 토지(임야)대장 마. 토지면적 : 토지(임야)대장

사전조사 (업무규정 제11조)	건축물에 관한 사항 : 건축물 대장 및 건물등기부	가. 소유자 : 등기사항증명서 나. 이해관계인 : 등기사항증명서 다. 건물면적 : 건축물대장 라. 구조물 및 용도 : 건축물대장
	토지이용계획에 관한 사항	토지이용계획확인서(토지이용규제기본법령에 따라 구축 · 운영하고 있는 국토이용정보체계의 지역 · 지구 등의 정보)
	토지이용 현황 및 건축물 현황	개별공시지가 토지특성조사표, 국 · 공유지 실태 조사표, 건축물대장 현황 및 배치도
	지하시설(구조)물 등 현황	도시철도 및 지하상가 등 지하시설물을 관리하는 관리기관 · 관리부서의 자료와 구분지상권 등기 사항

01 다음 중 전자평판측량을 이용한 지적측량결과의 작성방법에 대한 설명으로 옳지 않은 것은?

① 측량결과의 작성 시 사용되는 측량준비도파일은 반드시 담당 행정청으로부터 새로이 제공받아서 이를 이용하여 측량성과를 작성하여야 한다.

② 측정점의 표시는 측량자의 경우 적색의 짧은 십자선(+) 표시를 하고, 검사자는 삼각형(△)으로 표시하며, 측정점은 적색 점선으로 연결한다.

③ 담당 행정청에 측량성과 검사 의뢰 시 측량성과파일, 지적측량결과도 및 지적측량결과부를 작성하여 제출한다. 다만, 지적측량결과도 하단에 "전자평판측량"이라고 표기하여야 하고, 측량성과파일 내에 측량성과에 관한 모든 사항이 수록되어 있어야 한다.

④ 레이어명 71의 속성은 도근점이며, 규격은 2mm, 검은색 원으로 이루어져 있다.

⑤ 전자평판측량으로 관측한 타점의 오른쪽 상단에는 관측 일련번호 또는 측정거리를 표시하여야 한다. 다만, 소축척 등으로 식별이 불가능할 때에는 생략할 수 있다.

풀이 지적업무처리규정 제24조(측량기하적)

① 평판측량방법 또는 전자평판측량방법으로 세부측량을 하는 때에는 측량준비파일에 측량한 기하적(幾何跡)을 다음 각 호와 같이 작성하여야 하며, 부득이한 경우 지적측량준비도에 연필로 표시할 수 있다.

> 1. 평판점 · 측정점 및 방위표정에 사용한 기지점 등에는 방향선을 긋고 실측한 거리를 기재한다. 이 경우 측정점의 방향선 길이는 측정점을 중심으로 약 1센티미터로 표시한다. 다만, 전자측량시스템에 따라 작성할 경우 필지선이 복잡한 때는 방향선과 측정거리를 생략할 수 있다.
> 2. 평판점은 측량자는 직경 1.5밀리미터 이상 3밀리미터 이하의 검은색 원으로 표시하고, 검사자는 1변의 길이가 2밀리미터 이상 4밀리미터 이하의 삼각형으로 표시한다. 이 경우 평판점 옆에 평판이동순서에 따라 不₁, 不₂ …으로 표시한다.
> 3. 평판점의 결정 및 방위표정에 사용한 기지점은 측량자는 직경 1밀리미터와 2밀리미터의 2중 원으로 표시하고, 검사자는 1변의 길이가 2밀리미터와 3밀리미터의 2중 삼각형으로 표시한다.
> 4. 평판점과 기지점 사이의 도상거리와 실측거리를 방향선상에 다음과 같이 기재한다.
>   (측 량 자)   (검 사 자)
>   (도상거리)   △(도상거리)
>   ────   ────
>   실측거리   △실측거리
> 5. 측량대상토지에 지상구조물 등이 있는 경우와 새로이 설정하는 경계에 지상건물 등이 걸리는 경우에는 그 위치현황을 표시하여야 한다. 다만, 영 제55조제4항제2호와 제3호의 규정에 의해 분할하는 경우에는 그러하지 아니하다.

② 경위의측량방법으로 세부측량을 하려면 지상건물 등의 위치현황표시는 제1항제5호를 준용한다.

③ 「지적측량 시행규칙」 제26조제1항제6호 및 같은 조 제2항제7호에 따른 측량대상토지의 점유현황선은 붉은색 점선으로 표시한다.

④ 「지적측량 시행규칙」 제26조 및 이 규정 제29조에 따른 측량결과도의 문자와 숫자는 레터링 또는 전자측량시스템에 따라 작성한다.

⑤ 전자평판측량을 이용한 지적측량결과도의 작성방법은 다음 각 호와 같다.

> 1. 관측한 측정점의 오른쪽 상단에는 측정거리를 표시하여야 한다. 다만, 소축척 등으로 식별이 불가능한 때에는 방향선과 측정거리를 생략할 수 있다.

정답 01 ③

2. 측정점의 표시는 측량자의 경우 붉은색 짧은 십자선(+)으로 표시하고, 검사자는 삼각형(△)으로 표시하며, 각 측정점은 붉은색 점선으로 연결한다.
3. 지적측량결과도 상단 중앙에 "전자평판측량"이라 표기하고, 상단 오른쪽에 측량성과파일명을 표기하여야 하며, 측량성과파일에는 측량성과 결정에 관한 모든 사항이 수록되어 있어야 한다.
4. 측량결과의 파일 형식은 표준화된 공통포맷을 지원할 수 있어야 하며, 측량결과에 대한 측량파일 코드 일람표는 별표 3과 같다.
5. 이미 작성되어 있는 지적측량파일을 이용하여 측량할 경우에는 기존 측량파일 코드의 내용·규격·도식은 파란색으로 표시한다.

측량파일 코드 일람표(지적업무처리규정 [별표 3])

코드	내용	규격	도식	제도형태
1	지적경계선	기본값	————	검은색
10	지번, 지목	2mm	1591−10 대	검은색
71	도근점	2mm	○	검은색 원
211	현황선		- - - - -	붉은색 점선
217	경계점표지	2mm	○	붉은색 원
282	분할선		————	붉은색 실선
291	측정점		+	붉은색 십자선
292	측정점 방향선		$\angle$	붉은색 실선
294	평판점	4mm (규격 변동가능)	不	검은색 원 옆에 파란색 不$_1$, 不$_2$ 등으로 표시
297	이동 도근점	2mm	○	파란색 원
298	방위각 표정거리	2mm	000−00−00 000.000	붉은색

※ 기존 측량파일 코드의 내용·규격·도식은 "파란색"으로 표시한다.

02 다음 중 측량업자의 위반행위에 따른 행정처분의 기준에 대한 설명으로 옳지 않은 것은?

① 정당한 사유 없이 측량업의 등록을 한 날부터 1년 이내에 영업을 시작하지 아니하거나 계속하여 1년 이상 휴업한 경우 1차 위반 시 경고, 2차 위반 시 영업정지 6개월, 3차 위반 시 등록취소

② 지적측량업자가 성실의무를 위반한 경우 1차 위반 시 영업정지 1개월, 2차 위반 시 영업정지 3개월, 3차 위반 시 영업정지 6개월 또는 등록취소

③ 지적측량업자가 업무범위를 위반하여 지적측량을 한 경우 1차 위반 시 영업정지 3개월, 2차 위반 시 영업정지 6개월, 3차 위반 시 등록취소

④ 지적측량업자가 지적측량수수료를 고시한 금액보다 과다 또는 과소하게 받은 경우 1차 위반 시 영업정지 3개월, 2차 위반 시 영업정지 6개월, 3차 위반 시 등록취소

⑤ 측량업 등록사항의 변경신고를 하지 아니한 경우 1차 위반 시 영업정지 1개월, 2차 위반 시 영업정지 3개월, 3차 위반 시 등록취소

풀이 측량업의 등록취소 또는 영업정지 처분의 기준(제53조 관련) [별표 4] 〈개정 2010.6.17.〉

1. 일반 기준
   가. 위반행위의 횟수에 따른 행정처분의 기준은 최근 3년간 같은 위반행위로 행정처분을 받은 경우에 적용한다. 이 경우 행정처분의 기준 적용은 같은 위반행위에 대한 행정처분일과 그 처분 후의 재적발일을 기준으로 한다.
   나. 위반행위가 둘 이상인 경우로서 그에 해당하는 각각의 처분기준이 다른 경우에는 그 중 무거운 처분기준에 따른다. 다만, 둘 이상의 처분기준이 모두 영업정지인 경우에는 각 처분기준을 합산한 기간을 넘지 아니하는 범위에서 무거운 처분기준의 2분의 1의 범위까지 가중하되, 그 가중한 기간을 합산한 기간은 6개월을 초과할 수 없다.
   다. 가목 및 나목에 따른 행정처분이 영업정지인 경우에는 고의나 중대한 과실 여부 또는 공중에 미치는 피해의 규모 등 위반행위의 동기·내용 및 위반의 정도 등을 고려하여 그 처분기준의 2분의 1의 범위에서 가중하거나 감경할 수 있다. 이 경우 그 가중한 기간을 합산한 기간은 6개월을 초과할 수 없다.

2. 개별 기준 **암기** ㉠㉯ ⓢⓎⓔ ⓜⓈⓗ ㉰㉱

위반행위	해당 법조문	행정처분기준		
		1차 위반	2차 위반	3차 위반
가. ㉠의로 측량을 부정확하게 한 경우	법 제52조제1항제1호	등록취소		
나. ㉯실로 측량을 부정확하게 한 경우	법 제52조제1항제1호	영업정지 4개월	등록취소	
아. 지적측량업자가 법 제106조제2항에 따른 지적측량수ⓢ료를 같은 조 제3항에 따라 고시한 금액보다 과다 또는 과소하게 받은 경우	법 제52조제1항제12호	영업정지 3개월	영업정지 6개월	등록취소
자. 다른 행정기관이 관계 법령에 따라 영업정지를 Ⓨ구한 경우	법 제52조제1항제13호	영업정지 3개월	영업정지 6개월	등록취소
마. 지적측량업자가 법 제45조의 ⓔ무범위를 위반하여 지적측량을 한 경우	법 제52조제1항제6호	영업정지 3개월	영업정지 6개월	등록취소
사. 법 제51조를 위반해서 ⓜ험가입 등 필요한 조치를 하지 않은 경우	법 제52조제1항제10호	영업정지 2개월	영업정지 6개월	등록취소
바. 지적측량업자가 법 제50조에 따른 Ⓢ실의 무를 위반한 경우	법 제52조제1항제9호	영업정지 1개월	영업정지 3개월	영업정지 6개월 또는 등록취소
다. 정당한 사유 없이 측량업의 등록을 한 날부터 1년 이내에 영업을 시작하지 아니하거나 계속하여 1년 이상 ⓗ업한 경우	법 제52조제1항제3호	경고	영업정지 6개월	등록취소
라. 법 제44조제4항을 위반해서 측량업 등록사항의 ㉰경신고를 하지 아니한 경우	법 제52조제1항제5호	경고	영업정지 3개월	등록취소
차. 다른 행정기관이 관계 법령에 따라 등록㉱소를 요구한 경우	법 제52조제1항제13호	등록취소		

03 「지적확정측량규정」(국토교통부 예규, 2020.8.10.)에 의한 설명으로 가장 옳지 않은 것은?

① 지적소관청은 지적공부정리가 완료되면 새로운 지적공부가 확정 시행된다는 내용을 7일 이상 게시판 또는 인터넷 홈페이지 등에 게시하여야 한다.

② 지적공부정리에 대하여 소유자는 환지계획서에 의하되, 소유권변동일자는 환지처분일 또는 사업준공일로 정리한다.

③ 지구계 측량 시 지적기준점을 사용하여 기지경계선과 지구계점을 측정하여 그 부합여부를 수치측량방법으로 결정한다. 단, 기존 경계점좌표등록부 지역을 재확정 측량하는 경우에는 수치측량방법으로 결정한다.

④ 지적확정측량성과검사 기준에 대하여 측량성과 검사대상은 지적기준점, 지구계점 및 필계점으로 한다.

풀이 지적확정측량규정 제12조(지구계 측량)

① 사업지구 인가 · 허가선에 의한 지구계 확정을 위하여 분할측량, 경계복원측량 또는 지적현황측량을 실시하여야 한다. 이 경우 세부측량방법은 「지적측량 시행규칙」 제18조에 따른다.

② 지구계 측량은 다음 각 호에 따른다.

> 1. 지적기준점을 사용하여 기지경계선과 지구계점을 측정하여 그 부합여부를 **도해측량방법**으로 결정한다. 단 기존 경계점좌표등록부 지역을 재확정 측량하는 경우에는 수치측량방법으로 결정한다.
> 2. 지구계점 좌표는 제1호에 따라 설치된 경계점표지를 경위의 또는 지적위성측량방법으로 측량하여 산출한다.

③ 예정지적좌표 작성은 사업승인 및 시공 등을 위하여 확정측량 이전에 실시하여야 한다. 이 경우 지구계점 좌표는 제1항 및 제2항에 의해 산출하고 지구내 예정지적좌표는 사업계획도와 대비하여 산출한다.

지적확정측량규정 제19조(지번부여 및 지목설정)

① 지번의 구성 및 부여방법에 대하여는 영 제56조에 따른다.

② 부번은 지번의 진행방향에 따라 부여하되 도곽이 다른 경우에도 같은 본번에 부번을 차례로 부여한다.

③ 도시개발사업 등이 준공되기 전에 지번을 부여하는 경우에는 규칙 제61조에 따른다.

④ 지목의 설정방법은 영 제59조를 준용하여 설정하되 토지의 이용이 일시적인 경우 사업계획에 따라 지목을 설정할 수 있다.

⑤ 사업지역내의 제척 토지는 축척변경을 할 수 있다.

지적확정측량규정 제25조(확정측량 성과검사 기준)

① 측량성과 검사대상은 지적기준점, 지구계점 및 필계점으로 한다.

② 확정측량 성과검사는 측량에 사용한 기지점과 신설점, 신설점 상호간의 실측거리에 의하여 비교하여야 하며 검사성과의 연결교차 허용기준은 다음 각 호와 같다.

> 1. 지적삼각점 : ±20cm 이내
> 2. 지적삼각보조점 : ±25cm 이내
> 2. 지적도근점 (도선을 달리하여 검사) : ±15cm 이내
> 3. 경계점 : ±10cm 이내

지적확정측량규정 제28조(지적공부 정리)

① 지적공부정리는 세계좌표로 한다.

② 지적공부정리는 확정 토지의 지번별 조서에 따라 지적전산파일을 정리하고, 확정측량 성과에 따라 경계점좌표등록부를 작성한다.

③ 소유자는 환지계획서에 의하되, 소유권변동일자는 환지처분일 또는 사업준공일로 정리한다.

④ 지적소관청은 지적공부정리가 완료되면 새로운 지적공부가 확정 시행된다는 내용을 7일 이상 게시판 또는 인터넷 홈페이지 등에 게시하여야 한다.

04 「지적재조사 책임수행기관 운영규정」(국토교통부 고시 제2021-879호, 2021.6.18., 제정)상 지적재조사 책임수행기관에 대한 사항으로 옳지 않은 것은?

① 책임수행기관은 대행자를 선정하려면 국토교통부장관과 협의하여 국가종합전자조달시스템, 지적재조사행정시스템, 책임수행기관 홈페이지 등에 사업의 개요 등의 사항을 1주 이상 공고하여야 한다.

② 국토교통부장관은 책임수행기관을 지정하려면 지정신청에 관한 사항을 2주 이상 인터넷 홈페이지 등에 공고하여야 한다.

③ 지적소관청은 업무 위탁계약 체결 시 책임수행기관에게 업무 위탁 측량수수료를 지급하여야 한다.

④ 책임수행기관을 지정하거나 지정취소하려는 경우에는 중앙지적재조사위원회의 심의·의결을 거쳐야 한다.

풀이 지적재조사 책임수행기관 운영규정 제4조(책임수행기관 지정)

① 국토교통부장관은 법 제5조의2제1항에 따른 책임수행기관을 지정하려면 지정신청에 관한 사항을 2주 이상 인터넷 홈페이지 등에 공고하여야 한다.

② 국토교통부장관은 영 제4조의3제1항에 따라 책임수행기관 지정 신청이 있는 경우 다음 각 호의 사항을 심사하여 책임수행기관으로 지정할 수 있다.

> 1. 지적재조사 업무를 전문적으로 수행할 수 있는지 여부
> 2. 영 제4조의2제2항제2호에 따른 요건을 충족하는지 여부
> 3. 그 밖에 책임수행기관으로서 적합한지 여부

③ 국토교통부장관은 권역별로 책임수행기관을 지정하려면 이미 지정한 책임수행기관의 권역과 중복되지 않도록 사전에 조정하여야 하며, 권역별로 책임수행기관을 지정한 경우에는 이미 지정하였던 책임수행기관의 권역은 조정에 의해 변경된 것으로 본다.

④ 책임수행기관의 지정 효력은 제5조에 따라 책임수행기관 지정이 취소되거나 새로운 책임수행기관이 지정되기 전까지 지속되는 것으로 본다.

지적재조사 책임수행기관 운영규정 제5조(책임수행기관 지정취소)

국토교통부장관은 영 제4조의4제1항에 따라 다음 각 호의 사항을 심사하여 책임수행기관 지정을 취소할 수 있다.

> 1. 영 제4조의4제1항제3호 또는 제4호의 어느 하나에 해당되는지 여부
> 2. 그 밖에 책임수행기관으로서 원활한 업무수행이 불가능하다고 판단되는 경우

지적재조사 책임수행기관 운영규정 제6조(중앙지적재조사위원회 심의)

제4조 및 제5조에 따라 책임수행기관을 지정하거나 지정취소하려는 경우에는 법 제28조제2항에 따른 중앙지적재조사위원회의 심의·의결을 거쳐야 한다.

지적재조사 책임수행기관 운영규정 제7조(업무 위탁)

지적소관청(「공간정보의 구축 및 관리 등에 관한 법률」 제2조제18호에 따른 지적소관청을 말한다. 이하 같다)은 다음 각 호의 업무를 책임수행기관에게 위탁할 수 있다.

1. 법 제10조제1항 및 제2항에 따른 토지현황조사 및 토지현황조사서 작성
2. 법 제11조제1항에 따른 지적재조사측량 중 경계점 측량 및 필지별 면적산정
3. 법 제14조에 따른 경계설정
4. 법 제15조제1항에 따른 임시경계점표지 설치, 같은 조 제2항에 따른 지적확정예정조서 작성, 같은 조 제3항에 따른 경계재설정 및 임시경계점표지 재설치
5. 법 제18조제2항에 따른 경계점표지 설치, 경계확정측량 및 지상경계점등록부 작성
6. 「지적재조사 측량규정」(이하 "측량규정"이라 한다) 제9조에 따른 지적재조사지구의 내·외 경계 확정
7. 측량규정 제14조에 따른 측량성과물 작성

지적재조사 책임수행기관 운영규정 제8조(업무 위탁계약)

① 지적소관청은 제7조에 따라 업무를 책임수행기관에게 위탁하는 경우에는 위탁계약을 체결하여야 한다.
② 제1항에 따른 업무 위탁계약에는 다음 각 호의 사항이 포함되어야 한다.

1. 업무 위탁의 목적과 업무 범위
2. 사업 주요내용과 위탁수행기간
3. 업무 위탁 측량수수료
4. 책임수행기관의 의무
5. 계약 위반 시의 책임과 조치사항
6. 그 밖에 책임수행기관의 운영에 필요한 사항

지적재조사 책임수행기관 운영규정 제9조(업무 위탁 측량수수료)

① 지적소관청은 업무 위탁계약 체결 시 책임수행기관에게 업무 위탁 측량수수료를 지급하여야 한다.
② 업무 위탁 측량수수료는 실시계획에 포함된 필지 수를 기준으로 산정하며, 규칙 제6조에 따라 지적재조사측량성과 검사가 완료된 때에 지적재조사지구 지정 필지 수를 기준으로 정산한다.
③ 책임수행기관은 제2항에 따른 정산결과 업무 위탁 측량수수료가 남는 경우에는 지적소관청에 반납하여야 하며, 업무 위탁 측량수수료가 부족한 경우에는 지적소관청에 추가 지급을 요청하여야 한다. 다만, 정산결과 필지수의 증감이 100분의 5 이내인 경우에는 그러하지 아니하다.
④ 지적소관청은 제3항에 따른 업무 위탁 측량수수료 정산금액을 국토교통부에 반환하거나 다음 연도의 보조금을 교부받아 지급하여야 한다.
⑤ 제2항부터 제4항까지에서 정한 업무 위탁 측량수수료의 정산금액은 계약체결 당시의 「지적측량수수료 단가 산출기준」에 따르며, 업무 위탁 측량수수료의 관리에 관하여는 「보조금 관리에 관한 법률」을 따른다.

지적재조사 책임수행기관 운영규정 제10조(대행자 선정 공고)

① 책임수행기관은 대행자를 선정하려면 국토교통부장관과 협의하여 국가종합전자조달시스템, 지적재조사행정 시스템, 책임수행기관 홈페이지 등에 다음 각 호의 사항을 2주 이상 공고하여야 한다.

1. 사업의 개요
2. 공모에 따른 신청자격 및 참여조건
3. 공모일정 및 절차
4. 대행자 평가항목 및 배점기준
5. 그 밖에 공모 시행에 필요한 사항 등

② 책임수행기관은 지적소관청별로 대행자를 선정할 수 있으며, 지적소관청이 요청한 경우 구역을 분리하여 공고할 수 있다.

정답

05 도시개발사업 등의 착수(시행) 또는 변경신고가 있는 때에 지적소관청이 확인하여야 하는 사항으로 가장 옳지 않은 것은?

① 지번별 조서 · 지적(임야)도와 사업계획도와의 부합여부
② 착수 전 각종 집계의 정확여부
③ 종전토지의 지번별 조서와 지적공부등록사항 및 환지계획서의 부합여부
④ 지번별 조서와 지적공부등록사항과의 부합여부

[풀이] **공간정보의 구축 및 관리 등에 관한 법률 시행규칙 제95조(도시개발사업 등의 신고)**

① 법 제86조제1항 및 영 제83조제2항에 따른 도시개발사업 등의 착수 또는 변경의 신고를 하려는 자는 별지 제81호 서식의 도시개발사업 등의 착수(시행) · 변경 · 완료 신고서에 다음 각 호의 서류를 첨부하여야 한다. 다만, 변경신고의 경우에는 변경된 부분으로 한정한다. **암기** [인][지][도]

1. 사업[인]가서
2. [지]번별 조서
3. 사업계획[도]

② 법 제86조제1항 및 영 제83조제2항에 따른 도시개발사업 등의 완료신고를 하려는 자는 별지 제81호 서식의 신청서에 다음 각 호의 서류를 첨부하여야 한다. 이 경우 지적측량수행자가 지적소관청에 측량검사를 의뢰하면서 미리 제출한 서류는 첨부하지 아니할 수 있다. **암기** [확][종][지][환]

1. [확]정될 토지의 지번별 조서 및 [종]전 토지의 [지]번별 조서
2. 환지처분과 같은 효력이 있는 고시된 [환]지계획서. 다만, 환지를 수반하지 아니하는 사업인 경우에는 사업의 완료를 증명하는 서류를 말한다.

지적업무처리규정 제58조(도시개발 등의 사업신고)

① 지적소관청은 규칙 제95조제1항에 따른 도시개발사업 등의 착수(시행) 또는 변경신고가 있는 때에는 다음 각 호에 따라 처리한다.

1. 다음 각 목의 사항을 확인한다. **암기** [지][공][부] [지][사][부] [수][집][부]

   가. [지]번별 조서와 지적[공]부등록사항과의 [부]합 여부
   나. [지]번별 조서 · 지적(임야)도와 [사]업계획도와의 [부]합 여부
   다. 착[수] 전 각종 [집]계의 정확 여[부]

2. 제1호에 따라 서류의 확인이 완료된 때에는 지체 없이 지적공부에 그 사유를 정리하여야 한다.

② 지적소관청은 규칙 제95조제2항에 따라 도시개발사업 등의 완료신고가 있는 때에는 다음 각 호에 따라 처리한다.

1. 다음 각 목의 사항을 확인한다. **암기** [지][면][환][부] [지][공][환][부] [측][경][지][부] [종][소][등][부]

   가. 확정될 토지의 [지]번별 조서와 [면]적측정부 및 [환]지계획서의 [부]합 여부
   나. 종전토지의 [지]번별 조서와 지적[공]부등록사항 및 [환]지계획서의 [부]합 여부
   다. [측]량결과도 또는 [경]계점좌표와 새로이 작성된 [지]적도와의 [부]합 여부
   라. [종]전토지 [소]유명의인 동일 여부 및 종전토지 [등]기부에 소유권등기 이외의 다른 등기사항이 없는지 여[부]
   마. 그 밖에 필요한 사항

2. 제1호에 따른 서류의 확인이 완료된 때에는 확정될 토지의 지번별 조서에 따라 토지대장을, 측량성과에 따라 경계점좌표등록부 등을 작성한다. 이 경우 토지대장에 등록하는 소유자의 성명 또는 명칭과 등록번호 및 주소는 환지계획서에 따르되, 소유자의 변동일자와 변동원인은 다음 각 목에 따라 정리한다.

정답 05 ③

가. 소유자변동일자 : 환지처분 또는 사업준공 인가일자(환지처분을 아니할 경우에만 해당한다)
나. 소유자변동원인 : 환지 또는 지적확정(환지처분을 아니하는 경우에만 해당한다)

3. 지적공부의 작성이 완료된 때에는 새로 지적공부가 확정 시행됨을 7일 이상 시 · 군 · 구 게시판 또는 홈페이지 등에 게시한다.
4. 도시개발사업 등의 완료로 인하여 폐쇄되는 지적공부는 폐쇄사유를 그 지적공부에 정리하고 별도로 영구 보관한다.

06 「공간정보의 구축 및 관리 등에 관한 법률」상 측량업의 당연 등록취소 사유에 해당하는 것을 모두 고른 것은?

> ㉠ 측량업 등록사항의 변경신고를 하지 아니한 경우
> ㉡ 지적측량수수료를 고시한 금액보다 과다 또는 과소하게 받은 경우
> ㉢ 측량업자가 측량기술자의 국가기술자격증을 대여 받은 사실이 확인된 경우
> ㉣ 지적측량업자가 업무 범위를 위반하여 지적측량을 한 경우
> ㉤ 다른 사람에게 자기의 측량업등록증 또는 측량업등록수첩을 빌려주거나 자기의 성명 또는 상호를 사용하여 측량업무를 하게 한 경우
> ㉥ 고의 또는 과실로 측량을 부정확하게 한 경우
> ㉦ 영업정지기간 중에 계속하여 영업을 한 경우

① ㉠, ㉢, ㉣ ② ㉤, ㉥, ㉦, ㉧
③ ㉢, ㉤, ㉦ ④ ㉣, ㉤, ㉥, ㉦

[풀이] **공간정보의 구축 및 관리 등에 관한 법률 제52조(측량업의 등록취소 등)**

① 국토교통부장관, 시 · 도지사 또는 대도시시장은 측량업자가 다음 각 호의 어느 하나에 해당하는 경우에는 측량업의 등록을 취소하거나 1년 이내의 기간을 정하여 영업의 정지를 명할 수 있다. 다만, 제2호 · 제4호 · 제7호 · 제8호 · 제11호 또는 제15호에 해당하는 경우에는 측량업의 등록을 취소하여야 한다. 〈개정 2020.6.9.〉

측량업 영업의 정지 [암기] [고][과] [수][요][업] [보][성][휴][변]

1. [고]의 또는 [과]실로 측량을 부정확하게 한 경우
13. 지적측량업자가 제106조제2항에 따른 지적측량[수]수료를 같은 조 제3항에 따라 고시한 금액보다 과다 또는 과소하게 받은 경우
14. 다른 행정기관이 관계 법령에 따라 영업정지를 [요]구한 경우
6. 지적측량업자가 제45조에 따른 [업]무 범위를 위반하여 지적측량을 한 경우
10. 제51조를 위반하여 [보]험가입 등 필요한 조치를 하지 아니한 경우
9. 지적측량업자가 제50조([성]실의무)를 위반한 경우
3. 정당한 사유 없이 측량업의 등록을 한 날부터 1년 이내에 영업을 시작하지 아니하거나 계속하여 1년 이상 [휴]업한 경우
5. 제44조제4항을 위반하여 측량업 등록사항의 [변]경신고를 하지 아니한 경우
12. 제52조제3항에 따른 임원의 직무정지 명령을 이행하지 아니한 경우

측량업 등록 취소 [암기] [영][미][대][결] [거][부][취]

11. [영]업정지기간 중에 계속하여 영업을 한 경우
4. 제44조제2항에 따른 등록기준에 [미]달하게 된 경우. 다만, 일시적으로 등록기준에 미달되는 등 대통령령

[정답] 06 ③

으로 정하는 경우는 제외한다.

15. 「국가기술자격법」 제15조제2항을 위반하여 측량업자가 측량기술자의 국가기술자격증을 ⓑ여 받은 사실이 확인된 경우

8. 제49조제1항을 위반하여 다른 사람에게 자기의 측량업등록증 또는 측량업등록수첩을 빌려주거나 자기의 성명 또는 상호를 사용하여 측량업무를 하게 한 경우

7. 제47조(측량업등록의 ⓖ격사유) 각 호의 어느 하나에 해당하게 된 경우. 다만, 측량업자가 같은 조 제5호에 해당하게 된 경우로서 그 사유가 발생한 날부터 3개월 이내에 그 사유를 해소한 경우는 제외한다.

> **법 제47조(측량업등록의 결격사유)**
> 다음 각 호의 어느 하나에 해당하는 자는 측량업의 등록을 할 수 없다. 〈개정 2013. 7. 17., 2015. 12. 29.〉
> 1. 피성년후견인 또는 피한정후견인
> 2. 이 법이나 「국가보안법」 또는 「형법」 제87조부터 제104조까지의 규정을 위반하여 금고 이상의 실형을 선고받고 그 집행이 끝나거나(집행이 끝난 것으로 보는 경우를 포함한다) 집행이 면제된 날부터 2년이 지나지 아니한 자
> 3. 이 법이나 「국가보안법」 또는 「형법」 제87조부터 제104조까지의 규정을 위반하여 금고 이상의 형의 집행유예를 선고받고 그 집행유예기간 중에 있는 자
> 4. 제52조에 따라 측량업의 등록이 취소(제47조제1호에 해당하여 등록이 취소된 경우는 제외한다)된 후 2년이 지나지 아니한 자
> 5. 임원 중에 제1호부터 제4호까지의 어느 하나에 해당하는 자가 있는 법인

2. ⓐ짓이나 그 밖의 ⓤ정한 방법으로 측량업의 등록을 한 경우

14. 다른 행정기관이 관계 법령에 따라 등록ⓒ소를 요구한 경우

② 측량업자의 지위를 승계한 상속인이 제47조에 따른 측량업등록의 결격사유에 해당하는 경우에는 그 결격사유에 해당하게 된 날부터 6개월이 지난 날까지는 제1항제7호를 적용하지 아니한다.

③ 국토교통부장관, 시·도지사 또는 대도시 시장은 측량업자가 제47조제5호에 해당하게 된 경우에는 같은 조 제1호부터 제4호까지의 어느 하나에 해당하는 임원의 직무를 정지하도록 해당 측량업자에게 명할 수 있다. 〈개정 2020. 2. 18.〉

④ 국토교통부장관, 시·도지사 또는 대도시 시장은 제1항에 따라 측량업등록을 취소하거나 영업정지의 처분을 하였으면 그 사실을 공고하여야 한다. 〈개정 2020. 2. 18.〉

⑤ 측량업등록의 취소 및 영업정지 처분에 관한 세부 기준은 국토교통부령으로 정한다. 〈개정 2020. 2. 18.〉

07 「국가공간정보 기본법」에 대하여 (   ) 안에 공통적으로 들어갈 용어로 알맞은 것은?

> • 관리기관의 장은 해당 기관이 생산 또는 관리하는 공간정보가 다른 기관이 생산 또는 관리하는 공간정보와 호환이 가능하도록 공간정보와 관련한 표준 또는 기술기준에 따라 (   )를 구축·관리하여야 한다.
> • 관리기관의 장은 중앙행정기관 및 지방자치단체로부터 (   )의 구축·관리 등을 위하여 필요한 공간정보의 열람·복제 등 관련 자료의 제공 요청을 받은 때에는 특별한 사유가 없는 한 이에 응하여야 한다.
> • 관리기관의 장은 중앙행정기관 및 지방자치단체를 제외한 다른 관리기관으로부터 (   )의 구축·관리 등을 위하여 필요한 공간정보의 열람·복제 등 관련 자료의 제공 요청을 받은 때에는 이에 협조할 수 있다.

① 공간정보데이터베이스
② 위성측위시스템
③ 국가공간정보센터
④ 한국국토정보공사

국가공간정보 기본법 제28조(공간정보데이터베이스의 구축 및 관리)

① 관리기관의 장은 해당 기관이 생산 또는 관리하는 공간정보가 다른 기관이 생산 또는 관리하는 공간정보와 호환이 가능하도록 제21조에 따른 공간정보와 관련한 표준 또는 기술기준에 따라 공간정보데이터베이스를 구축·관리하여야 한다.

② 관리기관의 장은 해당 기관이 관리하고 있는 공간정보데이터베이스가 최신 정보를 기반으로 유지될 수 있도록 노력하여야 한다.

③ 관리기관의 장은 중앙행정기관 및 지방자치단체로부터 공간정보데이터베이스의 구축·관리 등을 위하여 필요한 공간정보의 열람·복제 등 관련 자료의 제공 요청을 받은 때에는 특별한 사유가 없으면 그 요청을 따라야 한다.

④ 관리기관의 장은 중앙행정기관 및 지방자치단체를 제외한 다른 관리기관으로부터 공간정보데이터베이스의 구축·관리 등을 위하여 필요한 공간정보의 열람·복제 등 관련 자료의 제공 요청을 받은 때에는 이에 협조할 수 있다.

⑤ 제3항 및 제4항에 따라 제공받은 공간정보는 제1항에 따른 공간정보데이터베이스의 구축·관리 외의 용도로 이용되어서는 아니 된다.

국가공간정보 기본법 제2조(정의)

이 법에서 사용하는 용어의 뜻은 다음과 같다.

1. "공간정보"란 지상·지하·수상·수중 등 공간상에 존재하는 자연적 또는 인공적인 객체에 대한 위치정보 및 이와 관련된 공간적 인지 및 의사결정에 필요한 정보를 말한다.

2. "공간정보데이터베이스"란 공간정보를 체계적으로 정리하여 사용자가 검색하고 활용할 수 있도록 가공한 정보의 집합체를 말한다.

3. "공간정보체계"란 공간정보를 효과적으로 수집·저장·가공·분석·표현할 수 있도록 서로 유기적으로 연계된 컴퓨터의 하드웨어, 소프트웨어, 데이터베이스 및 인적자원의 결합체를 말한다.

4. "관리기관"이란 공간정보를 생산하거나 관리하는 중앙행정기관, 지방자치단체, 「공공기관의 운영에 관한 법률」 제4조에 따른 공공기관(이하 "공공기관"이라 한다), 그 밖에 대통령령으로 정하는 민간기관을 말한다.

5. "국가공간정보체계"란 관리기관이 구축 및 관리하는 공간정보체계를 말한다.

6. "국가공간정보통합체계"란 제19조제3항의 기본공간정보데이터베이스를 기반으로 국가공간정보체계를 통합 또는 연계하여 국토교통부장관이 구축·운용하는 공간정보체계를 말한다.

7. "공간객체등록번호"란 공간정보를 효율적으로 관리 및 활용하기 위하여 자연적 또는 인공적 객체에 부여하는 공간정보의 유일식별번호를 말한다.

08 「국가공간정보 기본법」에서 다음과 같이 정의되는 것은?

> 공간정보를 효과적으로 수집·저장·가공·분석·표현할 수 있도록 서로 유기적으로 연계된 컴퓨터의 하드웨어, 소프트웨어, 데이터베이스 및 인적자원의 결합체를 말한다.

① 공간정보데이터베이스   ② 국가공간정보통합체계
③ 공간정보체계   ④ 공간객체

국가공간정보 기본법 제2조(정의)

이 법에서 사용하는 용어의 뜻은 다음과 같다.

1. "공간정보"란 지상·지하·수상·수중 등 공간상에 존재하는 자연적 또는 인공적인 객체에 대한 위치정보 및 이와 관련된 공간적 인지 및 의사결정에 필요한 정보를 말한다.

08 ③

2. "공간정보데이터베이스"란 공간정보를 체계적으로 정리하여 사용자가 검색하고 활용할 수 있도록 가공한 정보의 집합체를 말한다.

3. "공간정보체계"란 공간정보를 효과적으로 수집 · 저장 · 가공 · 분석 · 표현할 수 있도록 서로 유기적으로 연계된 컴퓨터의 하드웨어, 소프트웨어, 데이터베이스 및 인적자원의 결합체를 말한다.

4. "관리기관"이란 공간정보를 생산하거나 관리하는 중앙행정기관, 지방자치단체, 「공공기관의 운영에 관한 법률」 제4조에 따른 공공기관(이하 "공공기관"이라 한다), 그 밖에 대통령령으로 정하는 민간기관을 말한다.

5. "국가공간정보체계"란 관리기관이 구축 및 관리하는 공간정보체계를 말한다.

6. "국가공간정보통합체계"란 제19조제3항의 기본공간정보데이터베이스를 기반으로 국가공간정보체계를 통합 또는 연계하여 국토교통부장관이 구축 · 운용하는 공간정보체계를 말한다.

7. "공간객체등록번호"란 공간정보를 효율적으로 관리 및 활용하기 위하여 자연적 또는 인공적 객체에 부여하는 공간정보의 유일식별번호를 말한다.

09 측량기준점의 국가기준점에 대한 설명으로 옳은 것은?

① 수준점 : 수로조사 시 해양에서의 수평위치와 높이, 수심 측정 및 해안선 결정 기준으로 사용하기 위한 기준점

② 중력점 : 지구자기 측정의 기준으로 사용하기 위하여 정한 기준점

③ 통합기준점 : 지리학적 경위도, 직각좌표 및 지구중심 직교좌표의 측정 기준으로 사용하기 위하여 대한민국 경위도원점을 기초로 정한 기준점

④ 삼각점 : 지리학적 경위도, 직각좌표 및 지구중심 직교좌표 측정의 기준으로 사용하기 위하여 위성기준점 및 통합기준점을 기초로 정한 기준점

풀이 공간정보의 구축 및 관리 등에 관한 법률 시행령 제8조(측량기준점의 구분)

① 법 제7조제1항에 따른 측량기준점은 다음 각 호의 구분에 따른다.

암기 우리가 위통이 심하면 중지를 모아 수영을 수삼 번 해라

측량기준점	측량의 정확도를 확보하고 효율성을 높이기 위하여 특정 지점을 제6조에 따른 측량기준에 따라 측정하고 좌표 등으로 표시하여 측량 시에 기준으로 사용되는 점
국가기준점	측량의 정확도를 확보하고 효율성을 높이기 위하여 국토교통부장관이 전 국토를 대상으로 주요 지점마다 정한 측량의 기본이 되는 측량기준점
우주측지기준점	국가측지기준계를 정립하기 위하여 전 세계 초장거리간섭계와 연결하여 정한 기준점
위성기준점	지리학적 경위도, 직각좌표 및 지구 중심 직교좌표의 측정 기준으로 사용하기 위하여 대한민국 경위도원점을 기초로 정한 기준점
통합기준점	지리학적 경위도, 직각좌표, 지구 중심 직교좌표, 높이 및 중력 측정의 기준으로 사용하기 위하여 위성기준점, 수준점 및 중력점을 기초로 정한 기준점
중력점	중력 측정의 기준으로 사용하기 위하여 정한 기준점
지자기점(地磁氣點)	지구자기 측정의 기준으로 사용하기 위하여 정한 기준점
수준점	높이 측정의 기준으로 사용하기 위하여 대한민국 수준원점을 기초로 정한 기준점
영해기준점	우리나라의 영해를 획정(劃定)하기 위하여 정한 기준점 〈삭제 2021.2.9.〉

수로기준점	수로조사 시 해양에서의 수평 위치와 높이, 수심 측정 및 해안선 결정 기준으로 사용하기 위하여 위성기준점과 법 제6조제1항제3호의 기본수준면을 기초로 정한 기준점으로서 수로측량기준점, 기본수준점, 해안선기준점으로 구분 〈삭제 2021.2.9.〉
삼각점	지리학적 경위도, 직각좌표 및 지구중심 직교좌표 측정의 기준으로 사용하기 위하여 위성기준점 및 통합기준점을 기초로 정한 기준점
공공기준점	제17조제2항에 따른 공공측량 시행자가 공공측량을 정확하고 효율적으로 시행하기 위하여 국가기준점을 기준으로 하여 따로 정하는 측량기준점
공공삼각점	공공측량 시 수평 위치의 기준으로 사용하기 위하여 국가기준점을 기초로 하여 정한 기준점
공공수준점	공공측량 시 높이의 기준으로 사용하기 위하여 국가기준점을 기초로 하여 정한 기준점
지적기준점	특별시장·광역시장·특별자치시장·도지사 또는 특별자치도지사(이하 "시·도지사"라 한다)나 지적소관청이 지적측량을 정확하고 효율적으로 시행하기 위하여 국가기준점을 기준으로 하여 따로 정하는 측량기준점
지적삼각점 (地籍三角點)	지적측량 시 수평 위치 측량의 기준으로 사용하기 위하여 국가기준점을 기준으로 하여 정한 기준점
지적삼각보조점	지적측량 시 수평 위치 측량의 기준으로 사용하기 위하여 국가기준점과 지적삼각점을 기준으로 하여 정한 기준점
지적도근점 (地籍圖根點)	지적측량 시 필지에 대한 수평 위치 측량 기준으로 사용하기 위하여 국가기준점, 지적삼각점, 지적삼각보조점 및 다른 지적도근점을 기초로 하여 정한 기준점

10 측량기기의 검사주기에 관한 사항으로 옳은 것은?

① 레벨 : 2년
② 토털 스테이션 : 3년
③ 트랜싯(데오드라이트) : 4년
④ 지피에스(GPS) 수신기 : 1년

풀이 공간정보의 구축 및 관리 등에 관한 법률 시행령 제97조(성능검사의 대상 및 주기 등)

① 법 제92조제1항에 따라 성능검사를 받아야 하는 측량기기와 검사주기는 다음 각 호와 같다.

> 1. 트랜싯(데오드라이트) : 3년
> 2. 레벨 : 3년
> 3. 거리측정기 : 3년
> 4. 토털 스테이션 : 3년
> 5. 지피에스(GPS) 수신기 : 3년
> 6. 금속관로 탐지기 : 3년

② 법 제92조제1항에 따른 성능검사(신규 성능검사는 제외한다)는 제1항에 따른 성능검사 유효기간 만료일 2개월 전부터 유효기간 만료일까지의 기간에 받아야 한다. 〈개정 2015.6.1.〉
③ 법 제92조제1항에 따른 성능검사의 유효기간은 종전 유효기간 만료일의 다음 날부터 기산(起算)한다. 다만, 제2항에 따른 기간 외의 기간에 성능검사를 받은 경우에는 그 검사를 받은 날의 다음 날부터 기산한다.

정답 10 ②

11 다음 중 가장 무거운 벌칙의 기준이 적용되는 자는?

① 측량성과를 위조한 자

② 입찰의 공정성을 해친 자

③ 측량기준점표지를 파손한 자

④ 측량업 등록을 하지 아니하고 측량업을 영위한 자

풀이 **공간정보의 구축 및 관리 등에 관한 법률 제107조(벌칙)** **암기** **임위공**

측량업자로서 속임수, 위력(威力), 그 밖의 방법으로 측량업과 관련된 입찰의 공정성을 해친 자는 3년 이하의 징역 또는 3천만 원 이하의 벌금에 처한다.

공간정보의 구축 및 관리 등에 관한 법률 제108조(벌칙) **암기** **거무등 외표성검**

다음 각 호의 어느 하나에 해당하는 자는 2년 이하의 징역 또는 2천만 원 이하의 벌금에 처한다.

1. 측량업의 등록을 하지 아니하거나 거짓이나 그 밖의 부정한 방법으로 측량업의 등록을 하고 측량업을 한 자
2. 성능검사대행자의 등록을 하지 아니하거나 거짓이나 그 밖의 부정한 방법으로 성능검사대행자의 등록을 하고 성능검사업무를 한 자
3. 측량성과를 국외로 반출한 자
4. 측량기준점표지를 이전 또는 파손하거나 그 효용을 해치는 행위를 한 자
5. 고의로 측량성과를 사실과 다르게 한 자
6. 성능검사를 부정하게 한 성능검사대행자

12 측량기기의 성능검사는 외관검사, 구조·기능검사 및 측정검사로 구분된다. 토털스테이션의 구조·기능검사 항목이 아닌 것은?

(18년3회지기)

① 연직축 및 수평축의 회전상태

② 수평각 및 연직각의 정확도

③ 기포관의 부착 상태 및 기포의 정상적인 움직임

④ 광학구심장치 점검

풀이 **공간정보의 구축 및 관리 등에 관한 법률 시행규칙 [별표 8]**

측량기기 성능검사 항목(제101조제1항 관련)

1. 외관검사 : 다음 각목의 항목
   가. 깨짐, 흠집, 부식, 구부러짐, 도금 및 도장 부문의 손상
   나. 형식 및 제조번호의 이상유무
   다. 눈금선 및 디지털표시부의 손상
2. 구조·기능검사 및 측정검사의 경우 : 측량기기별로 다음 표의 항목

측량기기	구조·기능검사	측정검사
트랜싯 (데오드라이트)	• 연직축 및 수평축의 회전상태 • 기포관의 부착 상태 및 기포의 정상적인 움직임 • 광학구심장치 점검 • 최소눈금	• 수평각의 정확도 • 연직각의 정확도

측량기기	구조·기능검사	측정검사
레벨	• 연직축 회전상태 • 기포관의 부착 상태 및 기포의 정상적인 움직임 • 보상판(자동, 전자) • 최소눈금	• 기포관의 감도 • 보상판의 기능범위 • 1킬로미터 거리를 측정한 경우의 정확도
거리측정기	• 연직축 및 수평축의 회전상태 • 기포관의 부착 상태 및 기포의 정상적인 움직임 • 광학구심장치 점검	• 기선장에서의 거리 비교 측정 • 변조주파수 검사
토털스테이션	• 연직축 및 수평축의 회전상태 • 기포관의 부착 상태 및 기포의 정상적인 움직임 • 광학구심장치 점검	• 각도측정 : 트랜싯 검사항목을 적용 • 거리측정 : 거리측정기검사 항목을 적용
GPS수신기	• 수신기 및 안테나, 케이블 이상 유무	• 기선 측정 비교 • 1·2주파 확인
금속관로탐지기	• 탐지기·케이블 등의 이상유무 • 송수신장치 이상 유무 • 액정표시부 이상 유무 • 전원부 이상 유무	• 평면위치의 정확도 • 탐사깊이의 정확도

13 우리나라 위치측정의 기준이 되는 세계측지계에 대한 설명이다. (   ) 안에 알맞은 용어로 짝지어진 것은?

> 회전타원체의 (   )이 지구의 자전축과 일치하고, 중심은 지구의 (   )과 일치할 것

① 장축, 투영중심   ② 단축, 투영중심
③ 장축, 질량중심   ④ 단축, 질량중심

풀이 공간정보의 구축 및 관리 등에 관한 법률 시행령 제7조(세계측지계 등)

① 법 제6조제1항에 따른 세계측지계(世界測地系)는 지구를 편평한 회전타원체로 상정하여 실시하는 위치측정의 기준으로서 다음 각 호의 요건을 갖춘 것을 말한다. 〈개정 2020.6.9.〉

> 1. 회전타원체의 긴반지름 및 편평률(扁平率)은 다음 각 목과 같을 것
>
>> 가. 긴반지름 : 6,378,137미터
>> 나. 편평률 : 298.257222101분의 1
>
> 2. 회전타원체의 중심이 지구의 질량중심과 일치할 것
> 3. 회전타원체의 단축(短軸)이 지구의 자전축과 일치할 것

② 법 제6조제1항에 따른 대한민국 경위도원점(經緯度原點) 및 수준원점(水準原點)의 지점과 그 수치는 다음 각 호와 같다. 〈개정 2015.6.1., 2017.1.10.〉

1. 대한민국 경위도원점

> 가. 지점 : 경기도 수원시 영통구 월드컵로 92(국토지리정보원에 있는 대한민국 경위도원점 금속표의 십자선 교점)

정답 13 ④

나. 수치
1) 경도 : 동경 127도 03분 14.8913초
2) 위도 : 북위 37도 16분 33.3659초
3) 원방위각 : 165도 03분 44.538초(원점으로부터 진북을 기준으로 오른쪽 방향으로 측정한 우주측지관측센터에 있는 위성기준점 안테나 참조점 중앙)

2. 대한민국 수준원점
가. 지점 : 인천광역시 남구 인하로 100(인하공업전문대학에 있는 원점표석 수정판의 영 눈금선 중앙점
나. 수치 : 인천만 평균해수면상의 높이로부터 26.6871미터 높이

③ 법 제6조제1항에 따른 직각좌표의 기준은 별표 2와 같다.

14 측량기록의 정의로 옳은 것은?

① 당해 측량에서 얻은 최종결과
② 측량계획과 실시결과에 관한 공문 기록
③ 측량을 끝내고 내업에서 얻은 최종결과의 심사 기록
④ 측량성과를 얻을 때까지의 측량에 관한 작업의 기록

풀이 **공간정보의 구축 및 관리 등에 관한 법률 제2조(정의)**

이 법에서 사용하는 용어의 뜻은 다음과 같다.
1. "측량"이란 공간상에 존재하는 일정한 점들의 위치를 측정하고 그 특성을 조사하여 도면 및 수치로 표현하거나 도면상의 위치를 현지(現地)에 재현하는 것을 말하며, 측량용 사진의 촬영, 지도의 제작 및 각종 건설사업에서 요구하는 도면작성 등을 포함한다.
2. "기본측량"이란 모든 측량의 기초가 되는 공간정보를 제공하기 위하여 국토교통부장관이 실시하는 측량을 말한다.
3. "공공측량"이란 다음 각 목의 측량을 말한다.
가. 국가, 지방자치단체, 그 밖에 대통령령으로 정하는 기관이 관계 법령에 따른 사업 등을 시행하기 위하여 기본측량을 기초로 실시하는 측량
나. 가목 외의 자가 시행하는 측량 중 공공의 이해 또는 안전과 밀접한 관련이 있는 측량으로서 대통령령으로 정하는 측량
4. "지적측량"이란 토지를 지적공부에 등록하거나 지적공부에 등록된 경계점을 지상에 복원하기 위하여 제21호에 따른 필지의 경계 또는 좌표와 면적을 정하는 측량을 말하며, 지적확정측량 및 지적재조사측량을 포함한다.
4의2. "지적확정측량"이란 제86조제1항에 따른 사업이 끝나 토지의 표시를 새로 정하기 위하여 실시하는 지적측량을 말한다.
4의3. "지적재조사측량"이란 「지적재조사에 관한 특별법」에 따른 지적재조사사업에 따라 토지의 표시를 새로 정하기 위하여 실시하는 지적측량을 말한다.
6. "일반측량"이란 기본측량, 공공측량, 지적측량 외의 측량을 말한다.
7. "측량기준점"이란 측량의 정확도를 확보하고 효율성을 높이기 위하여 특정 지점을 제6조에 따른 측량기준에 따라 측정하고 좌표 등으로 표시하여 측량 시에 기준으로 사용되는 점을 말한다.
8. "측량성과"란 측량을 통하여 얻은 최종 결과를 말한다.
9. "측량기록"이란 측량성과를 얻을 때까지의 측량에 관한 작업의 기록을 말한다.

15 「공간정보의 구축 및 관리 등에 관한 법률」에서 규정하는 수치주제도에 속하지 않는 것은?

① 지하시설물도
② 토지피복지도
③ 행정구역도
④ 수치지적도

풀이	
지도	"지도"란 측량 결과에 따라 공간상의 위치와 지형 및 지명 등 여러 공간정보를 일정한 축척에 따라 기호나 문자 등으로 표시한 것을 말하며, 정보처리시스템을 이용하여 분석, 편집 및 입력·출력할 수 있도록 제작된 수치지형도[항공기나 인공위성 등을 통하여 얻은 영상정보를 이용하여 제작하는 정사영상지도(正射映像地圖)를 포함한다]와 이를 이용하여 특정한 주제에 관하여 제작된 지하시설물도·토지이용현황도 등 대통령령으로 정하는 수치주제도(數値主題圖)를 포함한다.
수치주제도 알기 토지도 국토도 지하수산 자생지 토임토식 관동재행	1. **토**지이용현황도 2. **지**하시설물도 3. **도**시계획도 4. **국**토이용계획도 5. **지**적성도 6. **도**로망도 7. **지**하수맥도 8. **하**천현황도 9. **수**계도 10. **산**림이용기본도 11. **자**연공원현황도 12. **생**태·자연도 13. **지**질도 14. **토**양도 15. **임**상도 16. **토**지피복지도 17. **식**생도 18. **관**광지도 19. **풍**수해보험관리지도 20. **재**해지도 21. **행**정구역도 22. 제1호부터 제21호까지에 규정된 것과 유사한 수치주제도 중 관련 법령상 정보유통 및 활용을 위하여 정확도의 확보가 필수적이거나 공공목적상 정확도의 확보가 필수적인 것으로서 국토교통부장관이 정하여 고시하는 수치주제도

16 측량기준에 대한 설명으로 옳지 않은 것은?

① 측량의 원점은 대한민국 경위도원점 및 수준원점으로 한다.
② 수로조사에서 간출지의 높이와 수심은 약최고고조면을 기준으로 측량한다.
③ 지도 제작 등을 위하여 필요한 경우에는 직각좌표와 높이, 극좌표와 높이, 지구중심 직교좌표 및 그 밖의 다른 좌표로 표시할 수 있다.
④ 위치는 세계측지계에 따라 측정한 지리학적 경위도와 높이(평균해수면으로부터의 높이를 말한다.)로 표시한다.

풀이 공간정보의 구축 및 관리 등에 관한 법률 제6조(측량기준)

① 측량의 기준은 다음 각 호와 같다. 〈개정 2013.3.23.〉

> 1. 위치는 세계측지계(世界測地系)에 따라 측정한 지리학적 경위도와 높이(평균해수면으로부터의 높이를 말한다. 이하 이 항에서 같다)로 표시한다. 다만, 지도 제작 등을 위하여 필요한 경우에는 직각좌표와 높이, 극좌표와 높이, 지구중심 직교좌표 및 그 밖의 다른 좌표로 표시할 수 있다.
> 2. 측량의 원점은 대한민국 경위도원점(經緯度原點) 및 수준원점(水準原點)으로 한다. 다만, 섬 등 대통령령으로 정하는 지역에 대하여는 국토교통부장관이 따로 정하여 고시하는 원점(제주도, 울릉도, 독도)을 사용할 수 있다.
> 3. 수로조사에서 간출지(干出地)의 높이와 수심은 기본수준면(일정 기간 조석을 관측하여 분석한 결과 가장 낮은 해수면)을 기준으로 측량한다. 〈삭제 2020.2.18.〉
> 4. 해안선은 해수면이 약최고고조면(略最高高潮面 : 일정 기간 조석을 관측하여 분석한 결과 가장 높은 해수면)에 이르렀을 때의 육지와 해수면과의 경계로 표시한다. 〈삭제 2020.2.18.〉

② 해양수산부장관은 수로조사와 관련된 평균해수면, 기본수준면 및 약최고고조면에 관한 사항을 정하여 고시하여야 한다. 〈삭제 2020.2.18.〉
③ 제1항에 따른 세계측지계, 측량의 원점 값의 결정 및 직각좌표의 기준 등에 필요한 사항은 대통령령으로 정한다.

정답 15 ④ 16 ②

17 벌칙 규정에 대한 설명으로 옳지 않은 것은?

① 심사를 받지 아니하고 지도 등을 간행하여 판매하거나 배포한 자는 1년 이하의 징역 또는 2천만 원 이하의 벌금에 처한다.

② 다른 사람에게 측량업등록증 또는 측량업등록수첩을 빌려주거나 자기의 성명 또는 상호를 사용하여 측량업무를 하게 한 자는 1년 이하의 징역 또는 1천만 원 이하의 벌금에 처한다.

③ 측량업자로서 속임수, 위력(威力) 그 밖의 방법으로 측량업과 관련된 입찰의 공정성을 해친 자는 3년 이하의 징역 또는 3천만 원 이하의 벌금에 처한다.

④ 성능검사를 부정하게 한 성능검사대행자는 2년 이하의 징역 또는 2천만 원 이하의 벌금에 처한다.

풀이 공간정보의 구축 및 관리 등에 관한 법률 제107~109조(벌칙)

벌칙(법률 제107~109조)	
3년 이하의 징역 또는 3천만 원 이하의 벌금 **암기** 임위공	측량업자로서 속임수, 위력(威力), 그 밖의 방법으로 측량업과 관련된 입찰의 공정성을 해친 자는 3년 이하의 징역 또는 3천만 원 이하의 벌금에 처한다.
2년 이하의 징역 또는 2천만 원 이하의 벌금 **암기** 거부등 외표성검	1. 측량업의 등록을 하지 아니하거나 거짓이나 그 밖의 부정한 방법으로 측량업의 등록을 하고 측량업을 한 자 2. 성능검사대행자의 등록을 하지 아니하거나 거짓이나 그 밖의 부정한 방법으로 성능검사대행자의 등록을 하고 성능검사업무를 한 자 3. 측량성과를 국외로 반출한 자 4. 측량기준점표지를 이전 또는 파손하거나 그 효용을 해치는 행위를 한 자 5. 고의로 측량성과를 사실과 다르게 한 자 6. 성능검사를 부정하게 한 성능검사대행자
1년 이하의 징역 또는 1천만 원 이하의 벌금 **암기** 둘비허둘 대판대복	1. 둘 이상의 측량업자에게 소속된 측량기술자 2. 업무상 알게 된 비밀을 누설한 측량기술자 3. 거짓(허위)으로 다음 각 목의 신청을 한 자 가. 신규등록 신청　　나. 등록전환 신청 다. 분할 신청　　　　라. 합병 신청 마. 지목변경 신청　　바. 바다로 된 토지의 등록말소 신청 사. 축척변경 신청　　아. 등록사항의 정정 신청 자. 도시개발사업 등 시행지역의 토지이동 신청 4. 측량기술자가 아님에도 불구하고 측량을 한 자 5. 지적측량수수료 외의 대가를 받은 지적측량기술자 6. 심사를 받지 아니하고 지도 등을 간행하여 판매하거나 배포한 자 7. 다른 사람에게 측량업등록증 또는 측량업등록수첩을 빌려(대여)주거나 자기의 성명 또는 상호를 사용하여 측량업무를 하게 한 자 8. 다른 사람의 측량업등록증 또는 측량업등록수첩을 빌려서(대여) 사용하거나 다른 사람의 성명 또는 상호를 사용하여 측량업무를 한 자 9. 다른 사람에게 자기의 성능검사대행자 등록증을 빌려(대여)주거나 자기의 성명 또는 상호를 사용하여 성능검사대행업무를 수행하게 한 자 10. 다른 사람의 성능검사대행자 등록증을 빌려서(대여) 사용하거나 다른 사람의 성명 또는 상호를 사용하여 성능검사대행업무를 수행한 자 11. 무단으로 측량성과 또는 측량기록을 복제한 자

18 측량업을 폐업한 경우에 측량업자는 그 사유가 발생한 날로부터 최대 며칠 이내에 신고하여야 하는가?

① 10일   ② 15일   ③ 20일   ④ 30일

풀이 **공간정보의 구축 및 관리 등에 관한 법률 제48조(측량업의 휴업·폐업 등 신고)**

다음 각 호의 어느 하나에 해당하는 자는 국토교통부령으로 정하는 바에 따라 국토교통부장관, 시·도지사 또는 대도시 시장에게 해당 각 호의 사실이 발생한 날부터 30일 이내에 그 사실을 신고하여야 한다. 〈개정 2013.3.23., 2020.2.18.〉

> 1. 측량업자인 법인이 파산 또는 합병 외의 사유로 해산한 경우 : 해당 법인의 청산인
> 2. 측량업자가 폐업한 경우 : 폐업한 측량업자
> 3. 측량업자가 30일을 넘는 기간 동안 휴업하거나, 휴업 후 업무를 재개한 경우 : 해당 측량업자

19 「공간정보의 구축 및 관리 등에 관한 법률」의 제정 목적와 거리가 먼 것은?

① 국토의 효율적 관리
② 국민의 소유권 보호
③ 지적공부의 작성 및 관리 등에 관한 사항 규정
④ 공간정보 구축 및 관리 기술의 향상

풀이 **공간정보의 구축 및 관리 등에 관한 법률 제1조(목적)**

이 법은 측량의 기준 및 절차와 지적공부(地籍公簿)·부동산종합공부(不動産綜合公簿)의 작성 및 관리 등에 관한 사항을 규정함으로써 국토의 효율적 관리 및 국민의 소유권 보호에 기여함을 목적으로 한다.

20 측량업의 종류에 해당하지 않는 것은?

① 기본측량업   ② 공공측량업
③ 연안조사측량업   ④ 지적측량업

풀이 **공간정보의 구축 및 관리 등에 관한 법률 제44조(측량업의 등록)** **암기** **측공일연항**은 **공영수지지지**

① 측량업은 다음 각 호의 업종으로 구분한다.

> 1. **측**지측량업
> 2. **지**적측량업
> 3. 그 밖에 항공촬영, 지도제작 등 대통령령으로 정하는 업종

② 측량업을 하려는 자는 업종별로 대통령령으로 정하는 기술인력·장비 등의 등록기준을 갖추어 국토교통부장관, 시·도지사 또는 대도시 시장에게 등록하여야 한다. 다만, 한국국토정보공사는 측량업의 등록을 하지 아니하고 제1항제2호의 지적측량업을 할 수 있다. 〈개정 2013.3.23., 2014.6.3., 2020.2.18.〉

③ 국토교통부장관, 시·도지사 또는 대도시 시장은 제2항에 따른 측량업의 등록을 한 자(이하 "측량업자"라 한다)에게 측량업등록증 및 측량업등록수첩을 발급하여야 한다. 〈개정 2013.3.23., 2020.2.18.〉

④ 측량업자는 등록사항이 변경된 경우에는 국토교통부장관, 시·도지사 또는 대도시 시장에게 신고하여야 한다. 〈개정 2013.3.23., 2020.2.18.〉

정답 **18** ④   **19** ④   **20** ①

⑤ 측량업의 등록, 등록사항의 변경신고, 측량업등록증 및 측량업등록수첩의 발급절차 등에 필요한 사항은 대통령령으로 정한다.

공간정보의 구축 및 관리 등에 관한 법률 시행령 제34조(측량업의 종류)

① 법 제44조제1항제3호에 따른 "항공촬영, 지도제작 등 대통령령으로 정하는 업종"이란 다음 각 호와 같다.

1. [공]공측량업
2. [일]반측량업
3. [연]안조사측량업
4. [항]공촬영업
5. [공]간영상도화업
6. [영]상처리업
7. [수]치지도제작업
8. [지]도제작업
9. [지]하시설물측량업

② 측량업의 종류별 업무 내용은 별표 7과 같다.

정답

01 「국가공간정보 기본법」에 따라 "지상·지하·수상·수중 등 공간상에 존재하는 자연적 또는 인공적인 객체에 대한 위치정보와 이와 관련된 공간적 인지 및 의사결정에 필요한 정보"로 정의되는 것은?

① 지리정보
② 속성정보
③ 공간정보
④ 지형정보

풀이 국가공간정보 기본법 제2조(정의)

이 법에서 사용하는 용어의 뜻은 다음과 같다.

1. "공간정보"란 지상·지하·수상·수중 등 공간상에 존재하는 자연적 또는 인공적인 객체에 대한 위치정보 및 이와 관련된 공간적 인지 및 의사결정에 필요한 정보를 말한다.
2. "공간정보데이터베이스"란 공간정보를 체계적으로 정리하여 사용자가 검색하고 활용할 수 있도록 가공한 정보의 집합체를 말한다.
3. "공간정보체계"란 공간정보를 효과적으로 수집·저장·가공·분석·표현할 수 있도록 서로 유기적으로 연계된 컴퓨터의 하드웨어, 소프트웨어, 데이터베이스 및 인적자원의 결합체를 말한다.

02 측량기준에서 국토교통부장관이 따로 정하여 고시하는 원점을 사용할 수 있는 '섬 등 대통령령으로 정하는 지역'에 해당되지 않는 곳은?

① 울릉도
② 거제도
③ 독도
④ 제주도

풀이 공간정보의 구축 및 관리 등에 관한 법률 제6조(측량기준)

① 측량의 기준은 다음 각 호와 같다. 〈개정 2013.3.23.〉

1. 위치는 세계측지계(世界測地系)에 따라 측정한 지리학적 경위도와 높이(평균해수면으로부터의 높이를 말한다. 이하 이 항에서 같다)로 표시한다. 다만, 지도 제작 등을 위하여 필요한 경우에는 직각좌표와 높이, 극좌표와 높이, 지구중심 직교좌표 및 그 밖의 다른 좌표로 표시할 수 있다.
2. 측량의 원점은 대한민국 경위도원점(經緯度原點) 및 수준원점(水準原點)으로 한다. 다만, 섬 등 대통령령으로 정하는 지역에 대하여는 국토교통부장관이 따로 정하여 고시하는 원점(제주도. 울릉도. 독도)을 사용할 수 있다.
3. 수로조사에서 간출지(干出地)의 높이와 수심은 기본수준면(일정 기간 조석을 관측하여 분석한 결과 가장 낮은 해수면)을 기준으로 측량한다. 〈삭제 2020.2.18.〉
4. 해안선은 해수면이 약최고고조면(略最高高潮面 : 일정 기간 조석을 관측하여 분석한 결과 가장 높은 해수면)에 이르렀을 때의 육지와 해수면과의 경계로 표시한다. 〈삭제 2020.2.18.〉

정답 **01** ③ **02** ②

03 「공간정보의 구축 및 관리 등에 관한 법률」에 따른 설명으로 옳지 않은 것은?

① 모든 측량의 기초가 되는 공간정보를 제공하기 위하여 국토교통부장관이 실시하는 측량을 기본측량이라 한다.

② 국가, 지방자치단체, 그 밖에 대통령령으로 정하는 기관이 관계 법령에 따른 사업 등을 시행하기 위하여 기본측량을 기초로 실시하는 측량을 공공측량이라 한다.

③ 공공의 이해 또는 안전과 밀접한 관련이 있는 측량은 기본측량으로 지정할 수 있다.

④ 일반측량은 기본측량, 공공측량, 지적측량 외의 측량을 말한다.

> **풀이** **공간정보의 구축 및 관리 등에 관하 법률 제2조(정의)**
>
> 이 법에서 사용하는 용어의 뜻은 다음과 같다.
>
> 1. "측량"이란 공간상에 존재하는 일정한 점들의 위치를 측정하고 그 특성을 조사하여 도면 및 수치로 표현하거나 도면상의 위치를 현지(現地)에 재현하는 것을 말하며, 측량용 사진의 촬영, 지도의 제작 및 각종 건설사업에서 요구하는 도면작성 등을 포함한다.
> 2. "기본측량"이란 모든 측량의 기초가 되는 공간정보를 제공하기 위하여 국토교통부장관이 실시하는 측량을 말한다.
> 3. "공공측량"이란 다음 각 목의 측량을 말한다.
>
>> 가. 국가, 지방자치단체, 그 밖에 대통령령으로 정하는 기관이 관계 법령에 따른 사업 등을 시행하기 위하여 기본측량을 기초로 실시하는 측량
>> 나. 가목 외의 자가 시행하는 측량 중 공공의 이해 또는 안전과 밀접한 관련이 있는 측량으로서 대통령령으로 정하는 측량
>
> 4. "지적측량"이란 토지를 지적공부에 등록하거나 지적공부에 등록된 경계점을 지상에 복원하기 위하여 제21호에 따른 필지의 경계 또는 좌표와 면적을 정하는 측량을 말하며, 지적확정측량 및 지적재조사측량을 포함한다.
> 4의2. "지적확정측량"이란 제86조제1항에 따른 사업이 끝나 토지의 표시를 새로 정하기 위하여 실시하는 지적측량을 말한다.
> 4의3. "지적재조사측량"이란 「지적재조사에 관한 특별법」에 따른 지적재조사사업에 따라 토지의 표시를 새로 정하기 위하여 실시하는 지적측량을 말한다.
> 6. "일반측량"이란 기본측량, 공공측량, 지적측량 외의 측량을 말한다.

04 2년 이하의 징역 또는 2천만 원 이하의 벌금에 해당되지 않는 사항은?

① 측량기준점표지를 이전 또는 파손한 자

② 성능검사를 부정하게 한 성능검사대행자

③ 법을 위반하여 측량성과를 국외로 반출한 자

④ 측량성과 또는 측량기록을 무단으로 복제한 자

> **풀이** **공간정보의 구축 및 관리 등에 관한 법률 제107~109조(벌칙)**
>
> | 벌칙(법률 제107~109조) | |
> | --- | --- |
> | 3년 이하의 징역
또는 3천만 원 이하의 벌금
암기 **매위공** | 측량업자로서 속**임**수, **위**력(威力), 그 밖의 방법으로 측량업과 관련된 입찰의 **공**정성을 해친 자는 3년 이하의 징역 또는 3천만 원 이하의 벌금에 처한다. |

벌칙(법률 제107~109조)	
2년 이하의 징역 또는 2천만 원 이하의 벌금 **암기** 거부등 외표성검	1. 측량업의 등록을 하지 아니하거나 **거**짓이나 그 밖의 **부**정한 방법으로 측량업의 **등**록을 하고 측량업을 한 자 2. 성능검사대행자의 등록을 하지 아니하거나 **거**짓이나 그 밖의 **부**정한 방법으로 성능검사대행자의 **등**록을 하고 성능검사업무를 한 자 3. 측량성과를 국**외**로 반출한 자 4. 측량기준점**표**지를 이전 또는 파손하거나 그 효용을 해치는 행위를 한 자 5. 고의로 측량**성**과를 사실과 다르게 한 자 6. 성능**검**사를 부정하게 한 성능검사대행자
1년 이하의 징역 또는 1천만 원 이하의 벌금 **암기** 둘비허불 대판대복	1. **둘** 이상의 측량업자에게 소속된 측량기술자 2. 업무상 알게 된 **비**밀을 누설한 측량기술자 3. 거짓(**허**위)으로 다음 각 목의 신청을 한 자 가. 신규등록 신청 　　나. 등록전환 신청 다. 분할 신청 　　　　라. 합병 신청 마. 지목변경 신청 　　바. 바다로 된 토지의 등록말소 신청 사. 축척변경 신청 　　아. 등록사항의 정정 신청 자. 도시개발사업 등 시행지역의 토지이동 신청 4. 측량기술자가 아님에도 **불**구하고 측량을 한 자 5. 지적측량수수료 외의 **대**가를 받은 지적측량기술자 6. 심사를 받지 아니하고 지도 등을 간행하여 **판**매하거나 배포한 자 7. 다른 사람에게 측량업등록증 또는 측량업등록수첩을 빌려(**대**여)주거나 자기의 성명 또는 상호를 사용하여 측량업무를 하게 한 자 8. 다른 사람의 측량업등록증 또는 측량업등록수첩을 빌려서(**대**여) 사용하거나 다른 사람의 성명 또는 상호를 사용하여 측량업무를 한 자 9. 다른 사람에게 자기의 성능검사대행자 등록증을 빌려(**대**여)주거나 자기의 성명 또는 상호를 사용하여 성능검사대행업무를 수행하게 한 자 10. 다른 사람의 성능검사대행자 등록증을 빌려서(**대**여) 사용하거나 다른 사람의 성명 또는 상호를 사용하여 성능검사대행업무를 수행한 자 11. 무단으로 측량성과 또는 측량기록을 **복**제한 자

05 1필지의 일부가 형질변경 등으로 용도가 변경되어 분할을 신청하는 경우 함께 제출할 신청서로 옳은 것은? (19년1회지산)

① 신규등록 신청서　　　　　　　② 용도전용 신청서
③ 지목변경 신청서　　　　　　　④ 토지합병 신청서

풀이 공간정보의 구축 및 관리 등에 관한 법률 시행령 제65조(분할 신청)

① 법 제79조제1항에 따라 분할을 신청할 수 있는 경우는 다음 각 호와 같다. 다만, 관계 법령에 따라 해당 토지에 대한 분할이 개발행위 허가 등의 대상인 경우에는 개발행위 허가 등을 받은 이후에 분할을 신청할 수 있다. 〈개정 2014.1.17., 2020.6.9.〉

1. 소유권이전, 매매 등을 위하여 필요한 경우
2. 토지이용상 불합리한 지상 경계를 시정하기 위한 경우
3. 삭제 〈2020.6.9.〉

② 토지소유자는 법 제79조에 따라 토지의 분할을 신청할 때에는 분할 사유를 적은 신청서에 국토교통부령으로 정하는 서류를 첨부하여 지적소관청에 제출하여야 한다. 이 경우 법 제79조제2항에 따라 1필지의 일부가 형질변경 등으로 용도가 변경되어 분할을 신청할 때에는 제67조제2항에 따른 지목변경 신청서를 함께 제출하여야 한다. 〈개정 2013.3.23.〉

06 다음 중 등록전환을 신청할 수 있는 경우가 아닌 것은?

(19년1회지산)

① 소유권 이전, 매매 등을 위하여 필요한 경우
② 도시 · 군관리계획선에 따라 토지를 분할하는 경우
③ 임야도에 등록된 토지가 사실상 형질변경되었으나 지목변경을 할 수 없는 경우
④ 대부분의 토지가 등록전환되어 나머지 토지를 임야도에 계속 존치하는 것이 불합리한 경우

풀이 공간정보의 구축 및 관리 등에 관한 법률 시행령 제64조(등록전환 신청)
① 법 제78조에 따라 등록전환을 신청할 수 있는 경우는 다음 각 호와 같다. 〈개정 2020.6.9.〉

> 1. 「산지관리법」에 따른 산지전용허가 · 신고, 산지일시사용허가 · 신고, 「건축법」에 따른 건축허가 · 신고 또는 그 밖의 관계 법령에 따른 개발행위 허가 등을 받은 경우
> 2. 대부분의 토지가 등록전환되어 나머지 토지를 임야도에 계속 존치하는 것이 불합리한 경우
> 3. 임야도에 등록된 토지가 사실상 형질변경되었으나 지목변경을 할 수 없는 경우
> 4. 도시 · 군관리계획선에 따라 토지를 분할하는 경우

② 삭제 〈2020.6.9.〉
③ 토지소유자는 법 제78조에 따라 등록전환을 신청할 때에는 등록전환 사유를 적은 신청서에 국토교통부령으로 정하는 서류를 첨부하여 지적소관청에 제출하여야 한다. 〈개정 2013.3.23.〉

공간정보의 구축 및 관리 등에 관한 법률 시행령 제65조(분할 신청)
① 법 제79조제1항에 따라 분할을 신청할 수 있는 경우는 다음 각 호와 같다. 다만, 관계 법령에 따라 해당 토지에 대한 분할이 개발행위 허가 등의 대상인 경우에는 개발행위 허가 등을 받은 이후에 분할을 신청할 수 있다. 〈개정 2014.1.17., 2020.6.9.〉

> 1. 소유권이전, 매매 등을 위하여 필요한 경우
> 2. 토지이용상 불합리한 지상 경계를 시정하기 위한 경우
> 3. 삭제 〈2020.6.9.〉

② 토지소유자는 법 제79조에 따라 토지의 분할을 신청할 때에는 분할 사유를 적은 신청서에 국토교통부령으로 정하는 서류를 첨부하여 지적소관청에 제출하여야 한다. 이 경우 법 제79조제2항에 따라 1필지의 일부가 형질변경 등으로 용도가 변경되어 분할을 신청할 때에는 제67조제2항에 따른 지목변경 신청서를 함께 제출하여야 한다.

07 「공간정보의 구축 및 관리 등에 관한 법률」상 국유재산법에 따른 총괄청이 소유자 없는 부동산에 대한 소유자 등록을 신청하는 경우의 소유자변동일자는?(단, 지적공부에 해당 토지의 소유자가 등록되지 아니한 경우)

(19년1회지산)

① 등기신청일
② 등기접수일자
③ 신규등록신청일
④ 소유자정리결의일자

풀이 **지적업무처리규정 제60조(소유자정리)**

① 대장의 소유자변동일자는 등기필통지서, 등기필증, 등기부 등본·초본 또는 등기관서에서 제공한 등기전산 정보자료의 경우에는 **등기접수일자**로, 법 제84조제4항 단서의 미등기토지 소유자에 관한 정정신청의 경우 와 법 제88조제2항에 따른 소유자등록신청의 경우에는 소유자정리결의일자로, 공유수면 매립준공에 따른 신규 등록의 경우에는 **매립준공일자**로 정리한다.

② 주소·성명·명칭의 변경 또는 경정 및 소유권이전 등이 같은 날짜에 등기가 된 경우의 지적공부정리는 등기 접수 순서에 따라 모두 정리하여야 한다.

③ 소유자의 주소가 토지소재지와 같은 경우에도 등기부와 일치하게 정리한다. 다만, 등기관서에서 제공한 등기 전산정보자료에 따라 정리하는 경우에는 등기전산정보자료에 따른다.

④ 법 제88조제4항에 따라 지적소관청이 소유자에 관한 사항이 대장과 부합되지 아니하는 토지소유자를 정리할 때에는 제1항부터 제3항까지와 제65조제2항을 준용하며, 토지소유자 등 이해관계인이 등기부 등본·초본 등에 따라 소유자정정을 신청하는 경우에는 별지 제9호 서식의 소유자정정 신청서를 제출하여야 한다.

⑤ 국토교통부장관은 등기관서로부터 법인 또는 재외국민의 부동산등기용등록번호 정정통보가 있는 때에는 정정 전 등록번호에 따라 토지소재를 조사하여 시·도지사에게 그 내용을 통지하여야 한다. 이 경우 시·도 지사는 지체 없이 그 내용을 해당 지적소관청에 통지하여야 한다.

⑥ 소유자등록사항 중 토지이동과 함께 소유자가 결정되는 신규 등록, 도시개발사업 등의 환지 등록 시에는 토지이동업무 처리와 동시에 소유자를 정리하여야 한다.

공간정보의 구축 및 관리 등에 관한 법률 제88조(토지소유자의 정리)

① 지적공부에 등록된 토지소유자의 변경사항은 등기관서에서 등기한 것을 증명하는 등기필증, 등기완료통지 서, 등기사항증명서 또는 등기관서에서 제공한 등기전산정보자료에 따라 정리한다. 다만, 신규등록하는 토 지의 소유자는 지적소관청이 직접 조사하여 등록한다. 〈개정 2011.4.12.〉

② 「국유재산법」 제2조제10호에 따른 총괄청이나 같은 조 제11호에 따른 중앙관서의 장이 같은 법 제12조제3항 에 따라 소유자 없는 부동산에 대한 소유자 등록을 신청하는 경우 지적소관청은 지적공부에 해당 토지의 소유자 가 등록되지 아니한 경우에만 등록할 수 있다. 〈개정 2011.3.30.〉

③ 등기부에 적혀 있는 토지의 표시가 지적공부와 일치하지 아니하면 제1항에 따라 토지소유자를 정리할 수 없다. 이 경우 토지의 표시와 지적공부가 일치하지 아니하다는 사실을 관할 등기관서에 통지하여야 한다.

08 지적재조사측량에 따른 경계설정 기준으로 옳은 것은?

(19년1회지산)

① 지상경계에 대하여 다툼이 있는 경우 현재의 지적공부상 경계
② 지상경계에 대하여 다툼이 없는 경우 등록할 때의 측량기록을 조사한 경계
③ 지상경계에 대하여 다툼이 있는 경우 토지소유자가 점유하는 토지의 현실경계
④ 지상경계에 대하여 다툼이 없는 경우 토지소유자가 점유하는 토지의 현실경계

풀이 **지적재조사에 관한 특별법 제14조(경계설정의 기준)**

① 지적소관청은 다음 각 호의 순위로 지적재조사를 위한 경계를 설정하여야 한다.

> 1. 지상경계에 대하여 다툼이 없는 경우 토지소유자가 점유하는 토지의 현실경계
> 2. 지상경계에 대하여 다툼이 있는 경우 등록할 때의 측량기록을 조사한 경계
> 3. 지방관습에 의한 경계

② 지적소관청은 제1항 각 호의 방법에 따라 지적재조사를 위한 경계설정을 하는 것이 불합리하다고 인정하는 경우에는 토지소유자들이 합의한 경계를 기준으로 지적재조사를 위한 경계를 설정할 수 있다. 〈개정 2017.4.18.〉

정답 08 ④

③ 지적소관청은 제1항과 제2항에 따라 지적재조사를 위한 경계를 설정할 때에는 「도로법」, 「하천법」 등 관계 법령에 따라 고시되어 설치된 공공용지의 경계가 변경되지 아니하도록 하여야 한다. 다만, 해당 토지소유자들 간에 합의한 경우에는 그러하지 아니하다.

09 토지이동과 관련하여 지적공부에 등록하는 시기로 옳은 것은?

(19년1회지산)

① 신규등록 – 공유수면 매립 인가일
② 축척변경 – 축척변경 확정 공고일
③ 도시개발사업 – 사업의 완료 신고일
④ 지목변경 – 토지형질변경 공사 허가일

풀이 **공간정보의 구축 및 관리 등에 관한 법률 시행령 제78조(축척변경의 확정공고)**

① 청산금의 납부 및 지급이 완료되었을 때에는 지적소관청은 지체 없이 축척변경의 확정공고를 하여야 한다.
② 지적소관청은 제1항에 따른 확정공고를 하였을 때에는 지체 없이 축척변경에 따라 확정된 사항을 지적공부에 등록하여야 한다.
③ 축척변경 시행지역의 토지는 제1항에 따른 확정공고일에 토지의 이동이 있는 것으로 본다.

공간정보의 구축 및 관리 등에 관한 법률 시행령 제67조(지목변경 신청)

① 법 제81조에 따라 지목변경을 신청할 수 있는 경우는 다음 각 호와 같다.

> 1. 「국토의 계획 및 이용에 관한 법률」 등 관계 법령에 따른 토지의 형질변경 등의 공사가 준공된 경우
> 2. 토지나 건축물의 용도가 변경된 경우
> 3. 법 제86조에 따른 도시개발사업 등의 원활한 추진을 위하여 사업시행자가 공사 준공 전에 토지의 합병을 신청하는 경우

② 토지소유자는 법 제81조에 따라 지목변경을 신청할 때에는 지목변경 사유를 적은 신청서에 국토교통부령으로 정하는 서류를 첨부하여 지적소관청에 제출하여야 한다.

공간정보의 구축 및 관리 등에 관한 법률 제77조(신규등록 신청)

토지소유자는 신규등록할 토지가 있으면 대통령령으로 정하는 바에 따라 그 사유가 발생한 날부터 60일 이내에 지적소관청에 신규등록을 신청하여야 한다.

공간정보의 구축 및 관리 등에 관한 법률 시행령 제63조(신규등록 신청)

토지소유자는 법 제77조에 따라 신규등록을 신청할 때에는 신규등록 사유를 적은 신청서에 국토교통부령으로 정하는 서류를 첨부하여 지적소관청에 제출하여야 한다.

공간정보의 구축 및 관리 등에 관한 법률 시행규칙 제81조(신규등록 신청)

① 영 제63조에서 "국토교통부령으로 정하는 서류"란 다음 각 호의 어느 하나에 해당하는 서류를 말한다. 〈개정 2010.10.15., 2013.3.23.〉

> 1. 법원의 확정판결서 정본 또는 사본
> 2. 「공유수면 관리 및 매립에 관한 법률」에 따른 준공검사확인증 사본
> 3. 법률 제6389호 지적법 개정법률 부칙 제5조에 따라 도시계획구역의 토지를 그 지방자치단체의 명의로 등록하는 때에는 기획재정부장관과 협의한 문서의 사본
> 4. 그 밖에 소유권을 증명할 수 있는 서류의 사본

② 제1항 각 호의 어느 하나에 해당하는 서류를 해당 지적소관청이 관리하는 경우에는 지적소관청의 확인으로 그 서류의 제출을 갈음할 수 있다.

정답 09 ②

공간정보의 구축 및 관리 등에 관한 법률 제86조(도시개발사업 등 시행지역의 토지이동 신청에 관한 특례)

① 「도시개발법」에 따른 도시개발사업, 「농어촌정비법」에 따른 농어촌정비사업, 그 밖에 대통령령으로 정하는 토지개발사업의 시행자는 대통령령으로 정하는 바에 따라 그 사업의 착수·변경 및 완료 사실을 지적소관청에 신고하여야 한다.

② 제1항에 따른 사업과 관련하여 토지의 이동이 필요한 경우에는 해당 사업의 시행자가 지적소관청에 토지의 이동을 신청하여야 한다.

③ 제2항에 따른 토지의 이동은 토지의 형질변경 등의 공사가 준공된 때에 이루어진 것으로 본다.

④ 제1항에 따라 사업의 착수 또는 변경의 신고가 된 토지의 소유자가 해당 토지의 이동을 원하는 경우에는 해당 사업의 시행자에게 그 토지의 이동을 신청하도록 요청하여야 하며, 요청을 받은 시행자는 해당 사업에 지장이 없다고 판단되면 지적소관청에 그 이동을 신청하여야 한다.

공간정보의 구축 및 관리 등에 관한 법률 시행령 제78조(축척변경의 확정공고)

① 청산금의 납부 및 지급이 완료되었을 때에는 지적소관청은 지체 없이 축척변경의 확정공고를 하여야 한다.

② 지적소관청은 제1항에 따른 확정공고를 하였을 때에는 지체 없이 축척변경에 따라 확정된 사항을 지적공부에 등록하여야 한다.

③ 축척변경 시행지역의 토지는 제1항에 따른 확정공고일에 토지의 이동이 있는 것으로 본다.

지적재조사에 관한 특별법 제24조(새로운 지적공부의 작성)

① 지적소관청은 제23조에 따른 사업완료 공고가 있었을 때에는 기존의 지적공부를 폐쇄하고 새로운 지적공부를 작성하여야 한다. 이 경우 그 토지는 제23조제1항에 따른 사업완료 공고일에 토지의 이동이 있은 것으로 본다.

10 지적삼각점성과표에 기록·관리하여야 하는 사항 중 필요한 경우로 한정하여 기록·관리하는 사항은? (19년1회지기)

① 자오선수차
② 경도 및 위도
③ 시준점의 명칭
④ 좌표 및 표고

풀이 지적측량 시행규칙 제4조(지적기준점성과표의 기록·관리 등)

암기 지좌경자는 명소요 위표도 도표도 지도관사

① 제3조에 따라 시·도지사가 지적삼각점성과를 관리할 때에는 다음 각 호의 사항을 지적삼각점성과표에 기록·관리하여야 한다.
 1. 지적삼각점의 명칭과 기준 원점명
 2. 좌표 및 표고
 3. 경도 및 위도(필요한 경우로 한정한다)
 4. 자오선수차(子午線收差)
 5. 시준점(視準點)의 명칭, 방위각 및 거리
 6. 소재지와 측량연월일
 7. 그 밖의 참고사항

② 제3조에 따라 지적소관청이 지적삼각보조점성과 및 지적도근점성과를 관리할 때에는 다음 각 호의 사항을 지적삼각보조점성과표 및 지적도근점성과표에 기록·관리하여야 한다.
 1. 번호 및 위치의 약도
 2. 좌표와 직각좌표계 원점명
 3. 경도와 위도(필요한 경우로 한정한다)

정답 10 ②

4. [표]고(필요한 경우로 한정한다)
5. 소재[지]와 측량연월일
6. [도]선등급 및 도선명
7. 표[지]의 재질
8. [도]면번호
9. 설치기[관]
10. 조[사]연월일, 조사자의 직위 · 성명 및 조사 내용

11 「공간정보의 구축 및 관리 등에 관한 법률 시행령」에서 다음 측량업의 종류 중 지적편집도의 제작이 포함된 업은 어느 것인가?

① 공간영상도화업
② 영상처리업
③ 수치지도제작업
④ 지도제작업

[풀이] 공간정보의 구축 및 관리 등에 관한 법률 시행령 [별표 7] 〈개정 2014.1.17.〉

측량업의 종류별 업무 내용(제34조제2항 관련) **암기** [측][공][일][연][항]은 [공][영][수][지][지]

종류	업무내용
[측]지측량업	• 기본측량으로서 국가기준점의 측량 및 지형 · 지물에 대한 측량 • 공공측량업 및 일반측량업 업무 범위에 해당하는 사항
[공]공측량업	• 공공측량으로서 토지 및 지형 · 지물에 대한 측량 • 일반측량업 업무 범위에 해당하는 사항
[일]반측량업	• 공공측량(설계금액이 3천만 원 이하인 경우로 한정한다)으로서 토지 및 지형 · 지물에 대한 측량 • 일반측량으로서 토지 및 지형 · 지물에 대한 측량 • 설계에 수반되는 조사측량과 측량 관련 도면의 작성 • 각종 인허가 관련 측량도면 및 설계도서의 작성
[연]안조사측량업	• 하천, 내수면, 연안지역 및 댐에 대한 측량과 이에 수반되는 토지에 대한 측량 및 데이터베이스 구축 • 기본측량의 성과로서의 기본도의 연장을 위한 연안조사측량과 이에 수반되는 토지에 대한 측량
[항]공촬영업	• 항공기를 이용한 측량용 공간영상정보 등의 촬영 · 제작과 데이터베이스 구축
[공]간영상도화업	• 측량용 사진과 위성영상을 이용한 도화기상에서의 지형 · 지물의 측정 및 묘사와 그에 관련된 좌표측량, 영상판독 및 현지조사
[영]상처리업	• 측량용 공간영상정보를 이용한 데이터베이스 구축, 정사사진지도제작 및 입체영상지도의 제작과 그에 관련된 좌표측량, 영상분석 · 지리조사 및 제작, 데이터의 입력 · 출력 및 편집
[수]치지도제작업	• 지도(수치지도 포함) 제작을 위한 지리조사, 영상판독, 데이터의 입력 · 출력 및 편집, 지형공간정보체계의 구축
[지]도제작업	• 지도책자 등을 간행하거나 인터넷 등 통신매체를 통하여 지도를 제공하기 위한 지리조사, 데이터의 입력 · 출력 및 편집 · 제도(스크라이브 포함) • 지적편집도 제작
[지]하시설물측량업	• 지하시설물에 대한 측량과 데이터베이스 구축

정답 11 ④

종류	업무내용
[지]적측량업	• 법 제73조에 따른 경계점좌표등록부가 있는 지역에서의 지적측량 • 「지적재조사에 관한 특별법」에 따른 사업지구에서 실시하는 지적재조사측량 • 법 제86조에 따른 도시개발사업 등이 끝남에 따라 하는 지적확정측량 • 지적전산자료를 활용한 정보화사업

12 「공간정보의 구축 및 관리 등에 관한 법률 시행규칙」에서 사용자권한 등록파일에 등록하는 사용자의 권한 중 옳은 것은?

① 표준 공시지가 변동의 관리
② 토지등급 및 기준 수확량 등급 변동의 관리
③ 기업별 토지소유 현황의 조회
④ 지적편집도의 승인

[풀이] **공간정보의 구축 및 관리 등에 관한 법률 시행규칙 제78조(사용자의 권한구분 등)**
제76조제1항에 따라 사용자권한 등록파일에 등록하는 사용자의 권한은 다음 각 호의 사항에 관한 권한으로 구분한다. 〈개정 2014.1.17.〉 **암기** [신][변][법][이] [개][정]되면 [전][산][통][지]하고 [토][지][소][지]하면 [지][적][일][지][인][비]로

1. 사용자의 [신]규등록
2. 사용자 등록의 [변]경 및 삭제
3. [법]인이 아닌 사단 · 재단 등록번호의 업무관리
4. 법인[이] 아닌 사단 · 재단 등록번호의 직권수정
5. [개]별공시지가 변동의 관리
6. 지적전산코드의 입력 · 수[정] 및 삭제
7. 지적[전]산코드의 조회
8. 지적전[산]자료의 조회
9. 지적[통]계의 관리
10. 토[지] 관련 정책정보의 관리
11. [토]지이동 신청의 접수
12. 토[지]이동의 정리
13. 토지[소]유자 변경의 관리
14. 토[지]등급 및 기준수확량등급 변동의 관리
15. [지]적공부의 열람 및 등본 발급의 관리
15의2. 부동산종합공부의 열람 및 부동산종합증명서 발급의 관리
16. 일반 지[적]업무의 관리
17. [일]일마감 관리
18. [지]적전산자료의 정비
19. 개[인]별 토지소유현황의 조회
20. [비]밀번호의 변경

13 지적서고의 설치기준으로 틀린 것은?

① 바닥과 벽은 2중으로 하고 영구적인 방화설비를 한다.
② 창문과 출입문은 2중으로 하되, 바깥쪽 문은 반드시 철제로 하고 안쪽 문은 곤충, 쥐 등의 침입을 막을 수 있도록 철망 등을 설치할 것
③ 온도 및 습도 자동 조절 장치를 설치하고, 연중 평균 온도는 섭씨 20±5도를, 연중 평균 습도는 65±5퍼센트를 유지할 것
④ 전기시설을 설치하는 때에는 단독퓨즈를 설치하고 소화 장비를 갖춰둘 것

[풀이] **공간정보의 구축 및 관리 등에 관한 법률 시행규칙 제65조(지적서고의 설치기준 등)**
① 법 제69조제1항에 따른 지적서고는 지적사무를 처리하는 사무실과 연접(連接)하여 설치하여야 한다.
② 제1항에 따른 지적서고의 구조는 다음 각 호의 기준에 따라야 한다.

정답 12 ② 13 ①

1. 골조는 철근콘크리트 이상의 강질로 할 것
2. 지적서고의 면적은 별표 7의 기준면적에 따를 것
3. 바닥과 벽은 2중으로 하고 영구적인 방수설비를 할 것
4. 창문과 출입문은 2중으로 하되, 바깥쪽 문은 반드시 철제로 하고 안쪽 문은 곤충·쥐 등의 침입을 막을 수 있도록 철망 등을 설치할 것
5. 온도 및 습도 자동조절장치를 설치하고, 연중 평균온도는 섭씨 20±5도를, 연중평균습도는 65±5퍼센트를 유지할 것
6. 전기시설을 설치하는 때에는 단독퓨즈를 설치하고 소화장비를 갖춰 둘 것
7. 열과 습도의 영향을 받지 아니하도록 내부공간을 넓게 하고 천장을 높게 설치할 것

③ 지적서고는 다음 각 호의 기준에 따라 관리하여야 한다.

1. 지적서고는 제한구역으로 지정하고, 출입자를 지적사무담당공무원으로 한정할 것
2. 지적서고에는 인화물질의 반입을 금지하며, 지적공부, 지적 관계 서류 및 지적측량장비만 보관할 것

④ 지적공부 보관상자는 벽으로부터 15센티미터 이상 띄어야 하며, 높이 10센티미터 이상의 깔판 위에 올려놓아야 한다.

14 지적공부의 등록필지수가 75만 필지일 때 지적서고의 면적으로 옳은 것은?(단위는 m²)

① 185
② 190
③ 195
④ 200

풀이 공간정보의 구축 및 관리 등에 관한 법률 시행규칙 [별표 7]

지적서고의 기준면적(제65조제2항제2호 관련)

지적공부 등록 필지 수	지적서고의 기준면적
10만 필지 이하	80제곱미터
10만 필지 초과 20만 필지 이하	110제곱미터
20만 필지 초과 30만 필지 이하	130제곱미터
30만 필지 초과 40만 필지 이하	150제곱미터
40만 필지 초과 50만 필지 이하	165제곱미터
50만 필지 초과	180제곱미터에 60만 필지를 초과하는 10만 필지마다 10제곱미터를 가산한 면적
50만~60만 필지	180제곱미터
60만~70만 필지	190제곱미터
70만~80만 필지	200제곱미터

15 지적측량기준점을 설치하여 측량 또는 측량 검사를 하는 경우 지적기준점이 30개일 때의 측량 또는 측량검사 기간은 며칠인가?

① 5일　　　　　　　　　　　　　　　② 6일
③ 7일　　　　　　　　　　　　　　　④ 8일

풀이 공간정보의 구축 및 관리 등에 관한 법률 시행규칙 제25조(지적측량 의뢰 등)

① 법 제24조제1항에 따라 지적측량을 의뢰하려는 자는 별지 제15호 서식의 지적측량 의뢰서(전자문서로 된 의뢰서를 포함한다)에 의뢰 사유를 증명하는 서류(전자문서를 포함한다)를 첨부하여 지적측량수행자에게 제출하여야 한다. 〈개정 2014.1.17.〉

② 지적측량수행자는 제1항에 따른 지적측량 의뢰를 받은 때에는 측량기간, 측량일자 및 측량 수수료 등을 적은 별지 제16호 서식의 지적측량 수행계획서를 그 다음 날까지 지적소관청에 제출하여야 한다. 제출한 지적측량 수행계획서를 변경한 경우에도 같다. 〈개정 2014.1.17.〉

③ 지적측량의 측량기간은 5일로 하며, 측량검사기간은 4일로 한다. 다만, 지적기준점을 설치하여 측량 또는 측량검사를 하는 경우 지적기준점이 15점 이하인 경우에는 4일을, 15점을 초과하는 경우에는 4일에 15점을 초과하는 4점마다 1일을 가산한다. 〈개정 2010.6.17.〉

④ 제3항에도 불구하고 지적측량 의뢰인과 지적측량수행자가 서로 합의하여 따로 기간을 정하는 경우에는 그 기간에 따르되, 전체 기간의 4분의 3은 측량기간으로, 전체 기간의 4분의 1은 측량검사기간으로 본다.

기준점수	기간
15점 이하	4일
16~19점	5일
20~23점	6일
24~27점	7일
28~31점	8일

16 지적공부정리신청의 수수료에 관한 사항이다. 틀린 것은?

① 신규등록 1필지당 1,400원
② 분할신청 분할 후 1필지당 1,400원
③ 지목변경 1필지당 1,000원
④ 합병신청 합병 후 1필지당 1,000원

풀이 공간정보의 구축 및 관리 등에 관한 법률 시행규칙 [별표 12] 〈개정 2019.2.25.〉
업무 종류에 따른 수수료의 금액(제115조제1항 관련)

해당 업무	단위	수수료	해당 법조문
5. 지적기준점성과의 열람 신청 가. 지적삼각점 나. 지적삼각보조점 다. 지적도근점	 1점당 1점당 1점당	 300원 300원 200원	법 제106조 제1항제6호

해당 업무	단위	수수료	해당 법조문
6. 지적기준점성과의 등본 발급 신청 　가. 지적삼각점 　나. 지적삼각보조점 　다. 지적도근점	 1점당 1점당 1점당	 500원 500원 400원	법 제106조 제1항제6호
7. 측량업의 등록 신청	1건당	20,000원	법 제106조 제1항제9호
8. 측량업등록증 및 측량업등록수첩의 재발급 신청	1건당	2,000원	법 제106조 제1항제10호
9. 수로사업의 등록 신청	1건당	20,000원	법 제106조 제1항제11호
10. 수로사업등록증 및 수로사업등록수첩의 재발급 신청	1건당	2,000원	법 제106조 제1항제12호
11. 지적공부의 열람 신청 　가. 방문 열람 　　1) 토지대장 　　2) 임야대장 　　3) 지적도 　　4) 임야도 　　5) 경계점좌표등록부 　나. 인터넷 열람 　　1) 토지대장 　　2) 임야대장 　　3) 지적도 　　4) 임야도 　　5) 경계점좌표등록부	 1필지당 1필지당 1장당 1장당 1필지당 1필지당 1필지당 1장당 1장당 1필지당	 300원 300원 400원 400원 300원 무료 무료 무료 무료 무료	법 제106조 제1항제13호
12. 지적공부의 등본 발급 신청 　가. 방문 발급 　　1) 토지대장 　　2) 임야대장 　　3) 지적도 　　4) 임야도 　　5) 경계점좌표등록부 　나. 인터넷 발급 　　1) 토지대장 　　2) 임야대장 　　3) 지적도 　　4) 임야도 　　5) 경계점좌표등록부	 1필지당 1필지당 가로 21cm, 세로 30cm 가로 21cm, 세로 30cm 1필지당 1필지당 1필지당 가로 21cm, 세로 30cm 가로 21cm, 세로 30cm 1필지당	 500원 500원 700원 700원 500원 무료 무료 무료 무료 무료	법 제106조 제1항제13호
13. 지적전산자료의 이용 또는 활용 신청 　가. 자료를 인쇄물로 제공하는 경우 　나. 자료를 자기디스크 등 전산매체로 제공하는 경우	 1필지당 1필지당	 30원 20원	법 제106조 제1항제14호

정답

해당 업무	단위	수수료	해당 법조문
14. 부동산종합공부의 인터넷 열람 신청	1필지당	무료	법 제106조 제1항제14호의2
15. 부동산종합증명서 발급 신청 가. 방문 발급 　1) 종합형 　2) 맞춤형 나. 인터넷 발급 　1) 종합형 　2) 맞춤형	 1필지당 1필지당 1필지당 1필지당	 1,500원 1,000원 1,000원 800원	법 제106조 제1항제14호의2
16. 지적공부정리 신청 가. 신규등록 신청 나. 등록전환 신청 다. 분할 신청 라. 합병 신청 마. 지목변경 신청 바. 바다로 된 토지의 등록말소 신청 사. 축척변경 신청 아. 등록사항의 정정 신청 자. 법 제86조에 따른 토지이동 신청	 1필지당 1필지당 분할 후 1필지당 합병 전 1필지당 1필지당 1필지당 1필지당 1필지당 확정 후 1필지당	 1,400원 1,400원 1,400원 1,000원 1,000원 무료 1,400원 무료 1,400원	법 제106조 제1항제15호
17. 성능검사대행자의 등록 신청	1건당	20,000원	법 제106조 제1항제17호
18. 성능검사대행자 등록증의 재발급 신청	1건당	2,000원	법 제106조 제1항제18호

비고

가) 국가 또는 지방자치단체의 지적공부정리 신청 수수료는 면제한다.

나) 부동산종합증명서 방문 발급 시 1통에 대한 발급수수료는 20장까지는 기본수수료를 적용하고, 1통이 20장을 초과하는 때에는 초과 1장마다 50원의 수수료를 추가 적용한다.

다) 토지(임야)대장 및 경계점좌표등록부의 열람 및 등본발급 수수료는 1필지를 기준으로 하되, 1필지당 20장을 초과하는 경우에는 초과하는 매 1장당 100원을 가산하며, 지적(임야)도면 등본의 크기가 기본단위(가로 21cm, 세로 30cm)의 4배를 초과하는 경우에는 기본단위당 700원을 가산한다.

라) 다)에도 불구하고 지적(임야)도면 등본을 제도방법(연필로 하는 제도방법은 제외한다)으로 작성·발급하는 경우 그 등본 발급 수수료는 기본단위당 5필지를 기준하여 2,400원으로 하되, 5필지를 초과하는 경우에는 초과하는 매 1필지당 150원을 가산하며, 도면 등본의 크기가 기본단위를 초과하는 경우에는 기본단위당 500원을 가산한다.

마) 지적측량업무에 종사하는 측량기술자가 그 업무와 관련하여 지적측량기준점성과 또는 그 측량부의 열람 및 등본 발급을 신청하는 경우에는 수수료를 면제한다.

바) 국가 또는 지방자치단체가 업무수행에 필요하여 지적공부의 열람 및 등본 발급을 신청하는 경우에는 수수료를 면제한다.

사) 지적측량업무에 종사하는 측량기술자가 그 업무와 관련하여 지적공부를 열람(복사하기 위하여 열람하는 것을 포함한다)하는 경우에는 수수료를 면제한다.

17 1975년 지적법 제2차 전문개정 내용으로 옳지 않은 것은?

① 지적공부에 지적파일을 추가하였다.

② 지번을 한자에서 아라비아숫자로 표기하였다.

③ 평으로 된 단위에서 평방미터 단위로 전환하였다.

④ 수치지적부를 작성하여 비치·관리하였다.

> **풀이** 지적법 제2차 전문개정(1975.12.31. 법률 제2801호)
> ① 지적법의 입법목적을 규정
> ② 지적공부·소관청·필지·지번·지번지역·지목 등 지적에 관한 용어의 정의를 규정
> ③ 시·군·구에 토지대장, 지적도, 임야대장, 임야도 및 수치지적도를 비치 관리하도록 하고 그 등록사항을 규정
> ④ 토지대장의 등록사항 중 지상권자의 주소·성명·명칭 등의 등록규정을 삭제
> ⑤ 시의 동과 군의 읍·면에 토지대장 부본 및 지적약도와 임야대장 부본 및 임야약도를 작성·비치하도록 규정
> ⑥ 지목을 21개 종목에서 24개 종목으로 통·폐합 및 신설
> ⑦ 면적단위를 척관법의 「坪」과 「畝」에서 미터법의 「평방미터」로 개정
> ⑧ 토지(임야)대장에 토지소유자의 등록번호를 등록하도록 규정
> ⑨ 경계복원측량·현황측량 등을 지적측량으로 규정
> ⑩ 지적측량을 사진측량과 수치측량방법으로 실시할 수 있도록 제도신설
> ⑪ 지적도의 축척을 변경할 수 있도록 제도신설
> ⑫ 소관청은 연 1회 이상 등기부를 열람하여 지적공부와 부합되지 아니할 때에는 부합에 필요한 조치를 할 수 있도록 제도신설
> ⑬ 지적측량기술자격을 기술계와 기능계로 구분하도록 개정
> ⑭ 지적측량업무의 일부를 지적측량을 주된 업무로 하여 설립된 비영리법인에게 대행시킬 수 있도록 규정
> ⑮ 토지(임야)대장 서식을 「한지부책식(韓紙簿册式)」에서 「카드식」으로 개정
> ⑯ 소관청이 직권으로 조사 또는 측량하여 지적공부를 정리한 경우와 지번경정·축척변경·행정구역변경·등록사항정정 등을 한 경우에는 관할 등기소에 토지표시변경등기를 촉탁하도록 제도신설
> ⑰ 지적위원회를 설치하여 지적측량적부심사청구사안 등을 심의·의결하도록 제도신설

18 한국국토정보공사의 설립등기사항이 아닌 것은?

① 공고의 방법　　　　　　　　② 이사회에 관한 사항

③ 자산에 관한 사항　　　　　　④ 주된 사무소의 소재지

> **풀이** 국가공간정보 기본법 시행령 제14조의2(한국국토정보공사의 설립등기 사항)　**암기**　목명주이자공
> 법 제12조제1항에 따른 한국국토정보공사(이하 "공사"라 한다)의 같은 조 제4항에 따른 설립등기 사항은 다음 각 호와 같다.
>
> > 1. 목적
> > 2. 명칭
> > 3. 주된 사무소의 소재지
> > 4. 이사 및 감사의 성명과 주소
> > 5. 자산에 관한 사항
> > 6. 공고의 방법

법 제14조제1호 각 목 외의 부분에서 "대통령령으로 정하는 사업"이란 다음 각 호의 사업을 말한다.

> 1. 국가공간정보체계 구축 및 활용 관련 계획수립에 관한 지원
> 2. 국가공간정보체계 구축 및 활용에 관한 지원
> 3. 공간정보체계 구축과 관련한 출자(出資) 및 출연(出捐)

19 지적소관청은 토지의 이동에 따라 지상경계를 새로 정한 경우에는 지상경계점등록부를 작성·관리하여야 한다. 지상경계점등록부를 작성하는 경우에 등록하는 사항이 아닌 것은?

① 지적공부상 지목과 실제 토지이용 지목
② 경계점좌표등록부 시행지역의 경계점 좌표
③ 기준점의 사진 파일 및 기준점 위치 설명도
④ 토지의 소재 및 경계점 표지의 종류

풀이 **공간정보의 구축 및 관리 등에 관한 법률 제65조(지상경계의 구분 등)** **암기** **토지경계는 공계점**

① 토지의 지상경계는 둑, 담장이나 그 밖에 구획의 목표가 될 만한 구조물 및 경계점표지 등으로 구분한다.
② 지적소관청은 토지의 이동에 따라 지상경계를 새로 정한 경우에는 다음 각 호의 사항을 등록한 지상경계점등록부를 작성·관리하여야 한다.

> 1. **토**지의 소재
> 2. **지**번
> 3. **경**계점 좌표(경계점좌표등록부 시행지역에 한정한다)
> 4. 경**계**점 위치 설명도
> 5. 그 밖에 국토교통부령으로 정하는 사항

③ 제1항에 따른 지상경계의 결정 기준 등 지상경계의 결정에 필요한 사항은 대통령령으로 정하고, 경계점표지의 규격과 재질 등에 필요한 사항은 국토교통부령으로 정한다.

공간정보의 구축 및 관리 등에 관한 법률 시행규칙 제60조(지상경계점등록부 작성 등)

① 경계점 위치 설명도의 작성 등에 관하여 필요한 사항은 국토교통부장관이 정한다.
② "그 밖에 국토교통부령으로 정하는 사항"이란 다음 각 호의 사항을 말한다.

> 1. **공**부상 지목과 실제 토지이용 지목
> 2. 경**계**점의 사진 파일
> 3. 경계**점**표지의 종류 및 경계점 위치

정답 19 ③

20 지적재조사사업에 의해 경계를 확정하였을 때 지적소관청이 작성하여 관리하는 지상경계점등록부에 포함되지 않는 항목은?

① 경계점 세부설명 및 관련자료
② 경계점의 사진 파일
③ 위치도 및 작성일
④ 작성자의 소속ㆍ직급(직위)ㆍ성명

풀이 지적재조사에 관한 특별법 시행규칙 제10조(지상경계점등록부)

암기 🅣🅙🅞🅢🅣 🅖🅟🅙 🅢🅟🅙 🅖🅖 🅢🅙🅜 🅗🅙🅜

① 법 제18조제2항에 따라 지적소관청이 작성하여 관리하는 지상경계점등록부에는 다음 각 호의 사항이 포함되어야 한다. 〈개정 2017.10.19., 2020.10.15.〉

> 1. 🅣지의 소재
> 2. 🅙번
> 3. 지🅞
> 4. 작🅢일
> 5. 위치🅣
> 6. 🅖계점 🅝호 및 표🅙종류
> 7. 경계점 🅢부설명 및 🅜련자료
> 8. 경계🅙치
> 9. 경계설정🅖준 및 🅖계형태
> 10. 작성자의 🅢속ㆍ🅙급(직위)ㆍ성🅜
> 11. 🅗인자의 🅙급ㆍ성🅜
> 12. 삭제 〈2020.10.15.〉
> 13. 삭제 〈2020.10.15.〉
> 14. 삭제 〈2020.10.15.〉
> 15. 삭제 〈2017.10.19.〉
> 16. 삭제 〈2017.10.19.〉

② 법 제18조제2항에 따른 지상경계점등록부는 별지 제6호 서식에 따른다. 〈개정 2017.10.19.〉
③ 제1항 및 제2항에서 규정한 사항 외에 지상경계점등록부 작성 방법에 관하여 필요한 사항은 국토교통부장관이 정하여 고시한다. 〈개정 2013.3.23., 2017.10.19.〉

19 제19회 합격모의고사

01 다음은 지적공부의 복구에 관한 관계 자료이다. 옳지 않은 것은?

① 등기사실을 증명하는 서류 ② 부동산등기부의 사본
③ 법원의 확정판결서 정본 또는 사본 ④ 토지이동정리 결의서

[풀이] **공간정보의 구축 및 관리 등에 관한 법률 시행령 제61조(지적공부의 복구)**

① 지적소관청이 법 제74조에 따라 지적공부를 복구할 때에는 멸실·훼손 당시의 지적공부와 가장 부합된다고 인정되는 관계 자료에 따라 토지의 표시에 관한 사항을 복구하여야 한다. 다만, 소유자에 관한 사항은 부동산등기부나 법원의 확정판결에 따라 복구하여야 한다.

② 제1항에 따른 지적공부의 복구에 관한 관계 자료 및 복구절차 등에 관하여 필요한 사항은 국토교통부령으로 정한다.

공간정보의 구축 및 관리 등에 관한 법률 시행규칙 제72조(지적공부의 복구자료)

영 제61조제1항에 따른 지적공부의 복구에 관한 관계 자료(이하 "복구자료"라 한다)는 다음 각 호와 같다.

[암기] [부][등][지][등][복][명]은 [량][지][원]에서

1. [부]동산등기부 [등]본 등 등기사실을 증명하는 서류
2. [지]적공부의 [등]본
3. 법 제69조제3항에 따라 [복]제된 지적공부
4. 지적소관청이 작성하거나 발행한 지적공부의 등록내용을 증[명]하는 서류
5. 측[량] 결과도
6. 토[지]이동정리 결의서
7. 법[원]의 확정판결서 정본 또는 사본

02 지적소관청이 시·도지사 또는 대도시 시장으로부터 축척변경 승인을 받았을 때 공고사항으로 옳지 않은 것은?

① 축척변경의 시행에 관한 세부계획
② 축척변경 목적, 시행지역 및 시행기간
③ 축척변경의 시행에 따른 청산방법
④ 축척변경의 시행에 따른 이해관계인 등의 협조에 관한 사항

[풀이] **공간정보의 구축 및 관리 등에 관한 법률 시행령 제71조(축척변경 시행공고 등)** [암기] [기][지][목] [청][소][세]

① 지적소관청은 법 제83조제3항에 따라 시·도지사 또는 대도시 시장으로부터 축척변경 승인을 받았을 때에는 지체 없이 다음 각 호의 사항을 20일 이상 공고하여야 한다.

1. 축척변경의 [목]적, 시행[지]역 및 시행[기]간
2. 축척변경의 시행에 따른 [청]산방법
3. 축척변경의 시행에 따른 토지[소]유자 등의 협조에 관한 사항
4. 축척변경의 시행에 관한 [세]부계획

② 제1항에 따른 시행공고는 시·군·구(자치구가 아닌 구를 포함한다) 및 축척변경 시행지역 동·리의 게시판

[정답] 01 ② 02 ④

에 주민이 볼 수 있도록 게시하여야 한다.

③ 축척변경 시행지역의 토지소유자 또는 점유자는 시행공고가 된 날(이하 "시행공고일"이라 한다)부터 30일 이내에 시행공고일 현재 점유하고 있는 경계에 국토교통부령으로 정하는 경계점표지를 설치하여야 한다.

03 지적재조사사업을 시행하기 위한 토지현황조사의 내용으로 옳지 않은 것은?

① 소유자 및 지번조사　　② 표준등급 조사

③ 지상건축물 및 지하건축물의 위치 조사　　④ 경계 또는 좌표 조사

[풀이] **지적재조사에 관한 특별법 제2조(정의)**

이 법에서 사용하는 용어의 정의는 다음과 같다.

2. "지적재조사사업"이란 「공간정보의 구축 및 관리 등에 관한 법률」 제71조부터 제73조까지의 규정에 따른 지적공부의 등록사항을 조사·측량하여 기존의 지적공부를 디지털에 의한 새로운 지적공부로 대체함과 동시에 지적공부의 등록사항이 토지의 실제 현황과 일치하지 아니하는 경우 이를 바로잡기 위하여 실시하는 국가사업을 말한다.
3. "지적재조사지구"란 지적재조사사업을 시행하기 위하여 제7조 및 제8조에 따라 지정·고시된 지구를 말한다.
4. "토지현황조사"란 지적재조사사업을 시행하기 위하여 필지별로 소유자, 지번, 지목, 면적, 경계 또는 좌표, 지상건축물 및 지하건축물의 위치, 개별공시지가 등을 조사하는 것을 말한다.

지적재조사에 관한 특별법 제10조(토지현황조사) [암기] [소][지][목][계][표]는 [지][하][공][간]에서 [토][지][건][축][이][용][현][황][시][설]을

① 지적소관청은 제6조에 따른 실시계획을 수립한 때에는 지적재조사예정지구임이 지적공부에 등록된 토지를 대상으로 토지현황조사를 하여야 하며, 토지현황조사는 지적재조사측량과 병행하여 실시할 수 있다. 〈개정 2017.4.18., 2019.12.10., 2020.12.22.〉

② 토지현황조사를 할 때에는 [소]유자, [지]번, 지[목], 경[계] 또는 좌[표], [지]상건축물 및 지[하]건축물의 위치, 개별[공]시지가 등을 기재한 토지현황조사서를 작성하여야 한다.

③ 토지현황조사에 따른 조사 범위·대상·항목과 토지현황조사서 기재·작성 방법에 관련된 사항은 국토교통부령으로 정한다.

지적재조사에 관한 특별법 시행규칙 제4조(토지현황조사)

① 법 제10조제1항에 따른 토지현황조사(이하 "토지현황조사"라 한다)는 지적재조사지구의 필지별로 다음 각 호의 사항에 대하여 조사한다.

1. [토][지]에 관한 사항
2. [건][축]물에 관한 사항
3. 토지[이][용]계획에 관한 사항
4. 토지이용 [현][황] 및 건축물 현황
5. 지하[시][설]물(지하구조물) 등에 관한 사항
6. 그 밖에 국토교통부장관이 토지현황조사와 관련하여 필요하다고 인정하는 사항

② 토지현황조사는 사전조사와 현지조사로 구분하여 실시하며, 현지조사는 법 제9조제1항에 따른 지적재조사를 위한 지적측량(이하 "지적재조사측량"이라 한다)과 함께 할 수 있다.

③ 법 제10조제2항에 따른 토지현황조사서는 별지 제3호 서식에 따른다.

④ 제1항부터 제3항까지에서 규정한 사항 외에 토지현황조사서 작성에 필요한 사항은 국토교통부장관이 정하여 고시한다.

[정답] 03 ②

04 지적재조사사업을 효율적으로 시행하기 위한 지적재조사사업에 관한 기본계획 수립사항에 포함되지 않은 것은?

① 지적재조사사업의 시행기간 및 규모
② 지적재조사사업에 필요한 장비 및 인력의 확보에 관한 계획
③ 지적재조사사업에 관한 기본방향
④ 지적재조사사업비의 연도별 집행계획

풀이 지적재조사에 관한 특별법 제4조(기본계획의 수립) **암기** 규연인방기 시도하라 표준 교육 연구 개발을

① 국토교통부장관은 지적재조사사업을 효율적으로 시행하기 위하여 다음 각 호의 사항이 포함된 지적재조사사업에 관한 기본계획(이하 "기본계획"이라 한다)을 수립하여야 한다. 〈개정 2013.3.23., 2017.4.18.〉

> 1. 지적재조사사업의 시행기간 및 규모
> 2. 지적재조사사업비의 연도별 집행계획
> 3. 지적재조사사업에 필요한 인력의 확보에 관한 계획
> 4. 지적재조사사업에 관한 기본방향
> 5. 지적재조사사업비의 특별시·광역시·도·특별자치도·특별자치시 및 「지방자치법」 제198조에 따른 대도시로서 구(區)를 둔 시(이하 "시·도"라 한다)별 배분 계획
> 6. 그 밖에 지적재조사사업의 효율적 시행을 위하여 필요한 사항으로서 대통령령으로 정하는 사항

② 국토교통부장관은 기본계획을 수립할 때에는 미리 공청회를 개최하여 관계 전문가 등의 의견을 들어 기본계획안을 작성하고, 특별시장·광역시장·도지사·특별자치도지사·특별자치시장 및 「지방자치법」 제198조에 따른 대도시로서 구를 둔 시의 시장(이하 "시·도지사"라 한다)에게 그 안을 송부하여 의견을 들은 후 제28조에 따른 중앙지적재조사위원회의 심의를 거쳐야 한다. 〈개정 2013.3.23., 2017.4.18.〉

③ 시·도지사는 제2항에 따라 기본계획안을 송부받았을 때에는 이를 지체 없이 지적소관청에 송부하여 그 의견을 들어야 한다.

④ 지적소관청은 제3항에 따라 기본계획안을 송부받은 날부터 20일 이내에 시·도지사에게 의견을 제출하여야 하며, 시·도지사는 제2항에 따라 기본계획안을 송부받은 날부터 30일 이내에 지적소관청의 의견에 자신의 의견을 첨부하여 국토교통부장관에게 제출하여야 한다. 이 경우 기간 내에 의견을 제출하지 아니하면 의견이 없는 것으로 본다. 〈개정 2013.3.23.〉

⑤ 제2항부터 제4항까지의 규정은 기본계획을 변경할 때에도 적용한다. 다만, 대통령령으로 정하는 경미한 사항을 변경할 때에는 제외한다.

⑥ 국토교통부장관은 기본계획을 수립하거나 변경하였을 때에는 이를 관보에 고시하고 시·도지사에게 통지하여야 하며, 시·도지사는 이를 지체 없이 지적소관청에 통지하여야 한다. 〈개정 2013.3.23.〉

⑦ 국토교통부장관은 기본계획이 수립된 날부터 5년이 지나면 그 타당성을 다시 검토하고 필요하면 이를 변경하여야 한다. 〈개정 2013.3.23.〉

지적재조사에 관한 특별법 시행령 제2조(기본계획의 수립 등)

① 「지적재조사에 관한 특별법」(이하 "법"이라 한다) 제4조제1항제6호에서 "대통령령으로 정하는 사항"이란 다음 각 호의 사항을 말한다.

> 1. 디지털 지적(地籍)의 운영·관리에 필요한 표준의 제정 및 그 활용
> 2. 지적재조사사업의 효율적 추진을 위하여 필요한 교육 및 연구·개발
> 3. 그 밖에 국토교통부장관이 법 제4조제1항에 따른 지적재조사사업에 관한 기본계획(이하 "기본계획"이라 한다)의 수립에 필요하다고 인정하는 사항

② 국토교통부장관은 기본계획 수립을 위하여 관계 중앙행정기관의 장에게 필요한 자료제출을 요청할 수 있다. 이 경우 자료제출을 요청받은 관계 중앙행정기관의 장은 특별한 사정이 없으면 요청에 따라야 한다.

05 시 · 도지사는 기본계획을 토대로 지적재조사사업에 관한 종합계획을 수립하여야 한다. 종합계획에서 수립하여야 할 사항으로 옳지 않은 것은?

① 지적재조사사업의 교육과 홍보에 관한 사항
② 지적재조사사업비의 지적소관청별 배분 계획
③ 시 · 군 · 구의 지적재조사사업을 위하여 필요한 사항
④ 지적재조사사업의 연도별 · 지적소관청별 사업량

[풀이] **지적재조사에 관한 특별법 제4조의2(시 · 도종합계획의 수립)** [암기] [추][소][세][교][사] [연][인]

① 시 · 도지사는 기본계획을 토대로 다음 각 호의 사항이 포함된 지적재조사사업에 관한 종합계획(이하 "시 · 도종합계획"이라 한다)을 수립하여야 한다.

> 1. 지적재조사사업비의 연도별 [추]산액
> 2. 지적재조사사업비의 지적[소]관청별 배분 계획
> 3. 지적재조사지구 지정의 [세]부기준
> 4. 지적재조사사업의 [교]육과 홍보에 관한 사항
> 5. 그 밖에 시 · 도의 지적재조사[사]업을 위하여 필요한 사항
> 6. 지적재조사사업의 [연]도별 · 지적소관청별 사업량
> 7. 지적재조사사업에 필요한 [인]력의 확보에 관한 계획

② 시 · 도지사는 시 · 도종합계획을 수립할 때에는 시 · 도종합계획안을 지적소관청에 송부하여 의견을 들은 후 제29조에 따른 시 · 도 지적재조사위원회의 심의를 거쳐야 한다.
③ 지적소관청은 제2항에 따라 시 · 도종합계획안을 송부받았을 때에는 송부받은 날부터 14일 이내에 의견을 제출하여야 한다. 이 경우 기간 내에 의견을 제출하지 아니하면 의견이 없는 것으로 본다.
④ 시 · 도지사는 시 · 도종합계획을 확정한 때에는 지체 없이 국토교통부장관에게 제출하여야 한다.
⑤ 국토교통부장관은 제4항에 따라 제출된 시 · 도종합계획이 기본계획과 부합되지 아니할 때에는 그 사유를 명시하여 시 · 도지사에게 시 · 도종합계획의 변경을 요구할 수 있다. 이 경우 시 · 도지사는 정당한 사유가 없으면 그 요구에 따라야 한다.
⑥ 시 · 도지사는 시 · 도종합계획이 수립된 날부터 5년이 지나면 그 타당성을 다시 검토하고 필요하면 변경하여야 한다.
⑦ 제2항부터 제5항까지의 규정은 제6항에 따라 시 · 도종합계획을 변경할 때에도 적용한다. 다만, 대통령령으로 정하는 경미한 사항을 변경할 때에는 그러하지 아니하다.
⑧ 시 · 도지사는 제1항에 따라 시 · 도종합계획을 수립하거나 제6항에 따라 변경하였을 때에는 시 · 도의 공보에 고시하고 지적소관청에 통지하여야 한다.
⑨ 시 · 도종합계획의 작성 기준, 작성 방법, 그 밖에 시 · 도종합계획의 수립에 관한 세부적인 사항은 국토교통부장관이 정한다.

06 지적소관청은 시 · 도종합계획을 통지받았을 때에는 지적재조사사업에 관한 실시계획을 수립하여야 한다. 실시계획 수립사항으로 옳지 않은 것은?

① 지적재조사측량에 관한 시행계획
② 지적재조사사업의 시행에 따른 홍보
③ 지적측량대행자 선정에 관한 사항
④ 지적재조사사업의 시행에 관한 세부계획

정답 05 ③ 06 ③

기본계획(제4조) **암기** ㋬㋚㋧㋑㋧기 ㋵㋤하라 ㋠㋣ ㋢㋧ ㋚㋨ ㋐㋰을	1. 지적재조사사업의 시행기간 및 ㋬모 2. 지적재조사사업비의 ㋚도별 집행계획 3. 지적재조사사업에 필요한 ㋧력의 확보에 관한 계획 4. 지적재조사사업에 관한 기본㋬향 5. 지적재조사사업비의 특별시·광역시·도·특별자치도·특별자치시 및 「지방자치법」 제198조에 따른 대도시로서 구(區)를 둔 시(이하 "㋝·㋤"라 한다)별 배분 계획 1. 디지털 지적(地籍)의 운영·관리에 필요한 ㋠준의 제정 및 그 활용 2. 지적재조사사업의 효율적 추진을 위하여 필요한 ㋢육 및 ㋚구·㋐발 3. 그 밖에 국토교통부장관이 법 제4조제1항에 따른 지적재조사사업에 관한 기본계획(이하 "기본계획"이라 한다)의 수립에 필요하다고 인정하는 사항
시·도종합계획(제4조의2) **암기** ㋬㋚㋝㋢㋝ ㋚㋧	1. 지적재조사사업비의 연도별 ㋬산액 2. 지적재조사사업비의 지적㋝관청별 배분 계획 3. 지적재조사지구의 ㋝부기준 4. 지적재조사사업의 ㋢육과 홍보에 관한 사항 5. 그 밖에 시·도의 지적재조사㋝업을 위하여 필요한 사항 6. 지적재조사사업의 ㋚도별·지적소관청별 사업량 7. 지적재조사사업에 필요한 ㋧력의 확보에 관한 계획
실시계획(제6조) **암기** ㋬㋗㋢㋱㋬㋝㋝㋑ ㋝㋝ ㋬㋝	1. 지적재조사사업의 시행에 따른 ㋬보 2. 지적재조사지구의 ㋗칭 3. 지적재조사지구의 ㋢치 및 면적 4. 지적재조사지구의 ㋱황 5. 지적재조사사업비의 ㋬산액 6. 지적재조사사업의 ㋝행자 1. 토지현황조㋝에 관한 사항 2. 지적재조사사업의 시행시기 및 ㋑간 3. 그 밖에 지적소관청이 법 제6조제1항에 따른 지적재조사㋝업에 관한 실시계획(이하 "실시계획"이라 한다)의 수립에 필요하다고 인정하는 사항 4. 지적재조사사업의 ㋝행에 관한 세부계획 5. 지적재조사㋬량에 관한 시행계획 6. 지적소관청은 실시계획을 수립할 때에는 ㋝·도종합계획과 연계되도록 하여야 한다.

07 지적재조사지구의 토지소유자협의회에 대한 내용 및 기능으로 옳지 않은 것은?

① 지적재조사지구의 토지소유자는 토지소유자 총수의 3분의 2 이상과 토지면적 3분의 2 이상에 해당하는 토지소유자의 동의를 받아 토지소유자협의회를 구성할 수 있다.

② 토지소유자협의회의 위원은 그 지적재조사지구에 있는 토지의 소유자이어야 하며, 위원장은 위원 중에서 호선한다.

③ 경계결정위원회(이하 "경계결정위원회"라 한다) 위원의 추천 및 지적소관청에 대한 우선 지적재조사지구의 신청 등은 토지소유자협의회의 기능이다.

④ 토지소유자협의회는 위원장을 포함한 5명 이상 20명 이하의 위원으로 구성한다.

[풀이] **지적재조사에 관한 특별법 제13조(토지소유자협의회)** [암기] [지][표]는 [현][금]으로 [정]하라

① 지적재조사지구의 토지소유자는 토지소유자 총수의 2분의 1 이상과 토지면적 2분의 1 이상에 해당하는 토지소유자의 동의를 받아 토지소유자협의회를 구성할 수 있다. 〈개정 2017.4.18., 2019.12.10.〉

② 토지소유자협의회는 위원장을 포함한 5명 이상 20명 이하의 위원으로 구성한다. 토지소유자협의회의 위원은 그 지적재조사지구에 있는 토지의 소유자이어야 하며, 위원장은 위원 중에서 호선한다. 〈개정 2019.12.10.〉

③ 토지소유자협의회의 기능은 다음 각 호와 같다. 〈개정 2019.12.10.〉

1. 지적소관청에 대한 제7조제3항에 따른 [지]적재조사지구의 신청

> 제7조 ③ 제2항에도 불구하고 지적소관청은 지적재조사지구에 제13조에 따른 토지소유자협의회(이하 "토지소유자협의회"라 한다)가 구성되어 있고 토지소유자 총수의 4분의 3 이상의 동의가 있는 지구에 대하여는 우선하여 지적재조사지구로 지정을 신청할 수 있다. 〈개정 2019.12.10.〉

2. 임시경계점[표]지 및 경계점표지의 설치에 대한 입회
3. 토지[현]황조사에 대한 입회
4. 삭제 〈2017.4.18.〉
5. 제20조제3항에 따른 조정[금] 산정기준에 대한 의견 제출
6. 제31조에 따른 경계결[정]위원회(이하 "경계결정위원회"라 한다) 위원의 추천

④ 제1항에 따른 동의자 수의 산정방법 및 동의절차, 토지소유자협의회의 구성 및 운영, 그 밖에 필요한 사항은 대통령령으로 정한다.

08 시 · 도의 지적재조사사업에 관한 사항을 심의 · 의결하기 위하여 운영하는 시 · 도 지적재조사위원회에 대한 설명으로 옳지 않은 것은?

① 시 · 군 · 구별 지적재조사사업의 우선순위를 조정한다.

② 위원회는 위원장 및 부위원장 각 1명을 포함한 15명 이내의 위원으로 구성한다.

③ 지적재조사지구의 지정 및 변경을 심의한다.

④ 시 · 도 위원회는 재적위원 과반수의 출석과 출석위원 과반수의 찬성으로 의결한다.

[풀이] **지적재조사에 관한 특별법 제29조(시 · 도 지적재조사위원회)** [암기] [심][종][사][우][위]

① 시 · 도의 지적재조사사업에 관한 주요 정책을 심의 · 의결하기 위하여 시 · 도지사 소속으로 시 · 도 지적재조사위원회(이하 "시 · 도 위원회"라 한다)를 둘 수 있다.

② 시 · 도 위원회는 다음 각 호의 사항을 심의 · 의결한다. 〈개정 2017.4.18., 2020.6.9.〉

1. 지적소관청이 수립한 [심]시계획
1의2. 시 · 도[종]합계획의 수립 및 변경
2. 지적재조[사]지구의 지정 및 변경
3. 시 · 군 · 구별 지적재조사사업의 [우]선순위 조정
4. 그 밖에 지적재조사사업에 필요하여 시 · 도 위원회의 [위]원장이 회의에 부치는 사항

③ 시 · 도 위원회는 위원장 및 부위원장 각 1명을 포함한 10명 이내의 위원으로 구성한다.

④ 시 · 도 위원회의 위원장은 시 · 도지사가 되며, 부위원장은 위원 중에서 위원장이 지명한다.

⑤ 시 · 도 위원회의 위원은 다음 각 호의 어느 하나에 해당하는 사람 중에서 위원장이 임명 또는 위촉한다.

1. 해당 시 · 도의 3급 이상 공무원
2. 판사 · 검사 또는 변호사
3. 법학이나 지적 또는 측량 분야의 교수로 재직하고 있거나 있었던 사람
4. 그 밖에 지적재조사사업에 관하여 전문성을 갖춘 사람

[정답] **08** ②

⑥ 시·도 위원회의 위원 중 공무원이 아닌 위원의 임기는 2년으로 한다.

⑦ 시·도 위원회는 재적위원 과반수의 출석과 출석위원 과반수의 찬성으로 의결한다.

⑧ 그 밖에 시·도 위원회의 조직 및 운영 등에 관하여 필요한 사항은 해당 시·도의 조례로 정한다.

09 「지적재조사에 관한 특별법」에 의한 지적소관청 소속으로 경계결정위원회에 대한 설명으로 옳지 않은 것은?

① 경계결정위원회의 위원장은 위원인 구청장이 되며, 부위원장은 위원 중에서 지적소관청이 지정한다.

② 경계결정위원회는 직권 또는 토지소유자나 이해관계인의 신청에 따라 사실조사를 하거나 신청인 또는 토지소유자나 이해관계인에게 필요한 서류의 제출을 요청할 수 있다.

③ 경계결정위원회의 위원 중 공무원이 아닌 위원의 임기는 2년으로 한다.

④ 경계결정위원회의 결정 또는 의결은 문서로써 재적위원 과반수의 찬성이 있어야 한다.

풀이 지적재조사에 관한 특별법 제31조(경계결정위원회) **암기** **경**사하라

① 다음 각 호의 사항을 의결하기 위하여 지적소관청 소속으로 경계결정위원회를 둔다.

> 1. **경**계설정에 관한 결정
> 2. 경계설정에 따른 이의**신**청에 관한 결정

② 경계결정위원회는 위원장 및 부위원장 각 1명을 포함한 11명 이내의 위원으로 구성한다.

③ 경계결정위원회의 위원장은 위원인 판사가 되며, 부위원장은 위원 중에서 지적소관청이 지정한다.

④ 경계결정위원회의 위원은 다음 각 호에서 정하는 사람이 된다. 다만, 제3호 및 제4호의 위원은 해당 지적재조사지구에 관한 안건인 경우에 위원으로 참석할 수 있다.

> 1. 관할 지방법원장이 지명하는 판사
> 2. 다음 각 목의 어느 하나에 해당하는 사람으로서 지적소관청이 임명 또는 위촉하는 사람
>   가. 지적소관청 소속 5급 이상 공무원
>   나. 변호사, 법학교수, 그 밖에 법률지식이 풍부한 사람
>   다. 지적측량기술자, 감정평가사, 그 밖에 지적재조사사업에 관한 전문성을 갖춘 사람
> 3. 각 지적재조사지구의 토지소유자(토지소유자협의회가 구성된 경우에는 토지소유자협의회가 추천하는 사람을 말한다)
> 4. 각 지적재조사지구의 읍장·면장·동장

⑤ 경계결정위원회의 위원에는 제4항제3호에 해당하는 위원이 반드시 포함되어야 한다.

⑥ 경계결정위원회의 위원 중 공무원이 아닌 위원의 임기는 2년으로 한다.

⑦ 경계결정위원회는 직권 또는 토지소유자나 이해관계인의 신청에 따라 사실조사를 하거나 신청인 또는 토지소유자나 이해관계인에게 필요한 서류의 제출을 요청할 수 있으며, 지적소관청의 소속 공무원으로 하여금 사실조사를 하게 할 수 있다.

⑧ 토지소유자나 이해관계인은 경계결정위원회에 출석하여 의견을 진술하거나 필요한 증빙서류를 제출할 수 있다.

⑨ 경계결정위원회의 결정 또는 의결은 문서로써 재적위원 과반수의 찬성이 있어야 한다.

⑩ 제9항에 따른 결정서 또는 의결서에는 주문, 결정 또는 의결 이유, 결정 또는 의결 일자 및 결정 또는 의결에 참여한 위원의 성명을 기재하고, 결정 또는 의결에 참여한 위원 전원이 서명날인하여야 한다. 다만, 서명날인을 거부하거나 서명날인을 할 수 없는 부득이한 사유가 있는 위원의 경우 해당 위원의 서명날인을 생략하고 그 사유만을 기재할 수 있다.

⑪ 경계결정위원회의 조직 및 운영 등에 관하여 필요한 사항은 해당 시·군·구의 조례로 정한다.

정답 09 ①

10 시 · 군 · 구의 지적재조사사업에 관한 주요 정책을 심의 · 의결하기 위하여 지적소관청 소속으로 시 · 군 · 구 지적재조사위원회(이하 "시 · 군 · 구 위원회"라 한다)의 심의 · 의결에 대한 사항으로 옳지 않은 것은?

① 경계 확정으로 지적공부상의 면적이 증감된 경우에는 필지별 면적 증감내역을 기준으로 조정금을 산정

② 지적재조사측량 결과 기존의 지적공부상 지목이 실제의 이용현황과 다른 경우 지적공부상의 지목변경

③ 지적재조사사업의 효율적 수행을 위하여 불가피할 때에는 토지의 분할에 따른 지적공부정리와 경계복원측량을 일정한 기간 동안 정지대상

④ 토지소유자의 신청에 따라 시 · 군 · 구 지적재조사위원회가 경계복원측량 또는 지적공부정리가 필요하다고 결정하는 경우에 따른 경계복원측량 또는 지적공부정리의 허용 여부

> **풀이** 지적재조사에 관한 특별법 제30조(시 · 군 · 구 지적재조사위원회) **암기** 복부지청은 의상이
>
> ① 시 · 군 · 구의 지적재조사사업에 관한 주요 정책을 심의 · 의결하기 위하여 지적소관청 소속으로 시 · 군 · 구 지적재조사위원회(이하 "시 · 군 · 구 위원회"라 한다)를 둘 수 있다.
>
> ② 시 · 군 · 구 위원회는 다음 각 호의 사항을 심의 · 의결한다. 〈개정 2017.4.18., 2020.6.9.〉
>
> > 1. 제12조제2항제3호(토지소유자의 신청에 따라 제30조에 따른 시 · 군 · 구 지적재조사위원회가 경계복원측량 또는 지적공부정리가 필요하다고 결정하는 경우)에 따른 경계**복**원측량 또는 지적공**부**정리의 허용 여부
> > 2. 제19조(지적재조사측량 결과 기존의 지적공부상 지목이 실제의 이용현황과 다른 경우 지적소관청은 제30조에 따른 시 · 군 · 구 지적재조사위원회의 심의를 거쳐 기존의 지적공부상의 지목을 변경할 수 있다. 이 경우 지목을 변경하기 위하여 다른 법령에 따른 인허가 등을 받아야 할 때에는 그 인허가 등을 받거나 관계 기관과 협의한 경우에 한하여 실제의 지목으로 변경할 수 있다.)에 따른 **지**목의 변경
> > 3. 제20조에 따른 조**정**금의 산정
> > 3의2. 제21조의2제2항에 따른 조정금 이**의**신청에 관한 결정
> > 4. 그 밖에 지적재조사사업에 필요하여 시 · 군 · 구 위원회의 위원**장**이 회의에 부치는 사항
>
> ③ 시 · 군 · 구 위원회는 위원장 및 부위원장 각 1명을 포함한 10명 이내의 위원으로 구성한다.
>
> ④ 시 · 군 · 구 위원회의 위원장은 시장 · 군수 또는 구청장이 되며, 부위원장은 위원 중에서 위원장이 지명한다.
>
> ⑤ 시 · 군 · 구 위원회의 위원은 다음 각 호의 어느 하나에 해당하는 사람 중에서 위원장이 임명 또는 위촉한다.
>
> > 1. 해당 시 · 군 · 구의 5급 이상 공무원
> > 2. 해당 지적재조사지구의 읍장 · 면장 · 동장
> > 3. 판사 · 검사 또는 변호사
> > 4. 법학이나 지적 또는 측량 분야의 교수로 재직하고 있거나 있었던 사람
> > 5. 그 밖에 지적재조사사업에 관하여 전문성을 갖춘 사람
>
> ⑥ 시 · 군 · 구 위원회의 위원 중 공무원이 아닌 위원의 임기는 2년으로 한다.
>
> ⑦ 시 · 군 · 구 위원회는 재적위원 과반수의 출석과 출석위원 과반수의 찬성으로 의결한다.
>
> ⑧ 그 밖에 시 · 군 · 구 위원회의 조직 및 운영 등에 관하여 필요한 사항은 해당 시 · 군 · 구의 조례로 정한다.

> **지적재조사에 관한 특별법 제20조(조정금의 산정)**
>
> ① 지적소관청은 제18조에 따른 경계 확정으로 지적공부상의 면적이 증감된 경우에는 필지별 면적 증감내역을 기준으로 조정금을 산정하여 징수하거나 지급한다.
>
> ② 제1항에도 불구하고 국가 또는 지방자치단체 소유의 국유지 · 공유지 행정재산의 조정금은 징수하거나 지급

하지 아니한다.

③ 조정금은 제18조에 따라 경계가 확정된 시점을 기준으로 「감정평가 및 감정평가사에 관한 법률」에 따른 감정평가법인 등이 평가한 감정평가액으로 산정한다. 다만, 토지소유자협의회가 요청하는 경우에는 제30조에 따른 시ㆍ군ㆍ구 지적재조사위원회의 심의를 거쳐 「부동산 가격공시에 관한 법률」에 따른 개별공시지가로 산정할 수 있다. 〈개정 2020.4.7.〉

④ 지적소관청은 제3항에 따라 조정금을 산정하고자 할 때에는 제30조에 따른 시ㆍ군ㆍ구 지적재조사위원회의 심의를 거쳐야 한다.

⑤ 제2항부터 제4항까지에 규정된 것 외에 조정금의 산정에 필요한 사항은 대통령령으로 정한다.

지적재조사에 관한 특별법 제21조의2(조정금에 관한 이의신청)

① 제21조제3항에 따라 수령통지 또는 납부고지된 조정금에 이의가 있는 토지소유자는 수령통지 또는 납부고지를 받은 날부터 60일 이내에 지적소관청에 이의신청을 할 수 있다.

② 지적소관청은 제1항에 따른 이의신청을 받은 날부터 30일 이내에 제30조에 따른 시ㆍ군ㆍ구 지적재조사위원회의 심의ㆍ의결을 거쳐 이의신청에 대한 결과를 신청인에게 서면으로 알려야 한다.

11 국가공간정보센터에서 수행하는 업무로 옳은 것은?

① 지적공부(地籍公簿)정보의 수집ㆍ가공 및 제공

② 건물등기부 수집ㆍ가공 및 제공

③ 지적공부(地籍公簿)의 관리 및 활용

④ 토지등기부 수집ㆍ가공 및 제공

풀이 **국가공간정보센터 운영규정 제4조(국가공간정보센터의 운영)**

① 국가공간정보센터는 다음 각 호의 업무를 수행한다.

> 1. 공간정보의 수집ㆍ가공ㆍ제공 및 유통
> 2. 「공간정보의 구축 및 관리 등에 관한 법률」 제2조제19호에 따른 지적공부(地籍公簿)의 관리 및 활용
> 3. 부동산 관련 자료의 조사ㆍ평가 및 이용
> 4. 부동산 관련 정책정보와 통계의 생산
> 5. 공간정보를 활용한 성공사례의 발굴 및 포상
> 6. 공간정보의 활용 활성화를 위한 국내외 교육 및 세미나
> 7. 그 밖에 국토교통부장관이 공간정보의 수집ㆍ가공ㆍ제공 및 유통 활성화와 지적공부의 관리 및 활용을 위하여 필요하다고 인정하는 업무

② 국토교통부장관은 제1항의 업무를 수행하기 위하여 필요한 전산시스템을 구축하여야 한다.

③ 국토교통부장관은 제2항에 따른 전산시스템과 관련 중앙행정기관ㆍ지방자치단체 및 「공공기관의 운영에 관한 법률」 제4조에 따른 공공기관(이하 "공공기관"이라 한다)의 전산시스템과의 연계체계를 유지하여야 한다.

④ 국토교통부장관은 국가공간정보센터를 효율적으로 운영하기 위하여 관계 중앙행정기관ㆍ지방자치단체 소속 공무원 또는 공공기관의 임직원의 파견을 요청할 수 있다.

12 중앙지적위원회에 대한 설명이다. 이 중 틀린 것은?

① 위원장이 부득이한 사유로 직무를 수행할 수 없을 때에는 부위원장이 그 직무를 대행하고, 위원장 및 부위원장이 모두 부득이한 사유로 직무를 수행할 수 없을 때에는 위원장이 미리 지명한 위원이 그 직무를 대행한다.

② 회의는 재적위원 과반수의 출석으로 개의하고 출석위원 3분의 2의 찬성으로 의결한다.

③ 위원회는 관계인을 출석하게 해서 의견을 들을 수 있으며, 필요한 경우에는 현지조사를 할 수 있다.

④ 위원장이 위원회의 회의를 소집하는 때에는 회의일시 · 장소 및 심의안건을 회의 5일 전까지 각 위원에게 서면으로 통지하여야 한다.

풀이 **공간정보의 구축 및 관리 등에 관한 법률 제28조(지적위원회)** **암기** 정무연개사양무요

① 다음 각 호의 사항을 심의 · 의결하기 위하여 국토교통부에 중앙지적위원회를 둔다.

> 1. 지적 관련 **정**책 개발 및 업**무** 개선 등에 관한 사항
> 2. 지적측량기술의 **연**구 · **개**발 및 보급에 관한 사항
> 3. 제29조제6항에 따른 지적측량 적부심**사**(適否審査)에 대한 재심사(再審査)
> 4. 제39조에 따른 측량기술자 중 지적분야 측량기술자(이하 "지적기술자"라 한다)의 **양**성에 관한 사항
> 5. 제42조에 따른 지적기술자의 업**무**정지 처분 및 징계**요**구에 관한 사항

② 제29조에 따른 지적측량에 대한 적부심사 청구사항을 심의 · 의결하기 위하여 특별시 · 광역시 · 특별자치시 · 도 또는 특별자치도(이하 "시 · 도"라 한다)에 지방지적위원회를 둔다.

③ 중앙지적위원회와 지방지적위원회의 위원 구성 및 운영에 필요한 사항은 대통령령으로 정한다.

④ 중앙지적위원회와 지방지적위원회의 위원 중 공무원이 아닌 사람은 「형법」 제127조 및 제129조부터 제132조까지의 규정을 적용할 때에는 공무원으로 본다. 〈신설 2017.10.24.〉

공간정보의 구축 및 관리 등에 관한 법률 시행령 제21조(중앙지적위원회의 회의 등)

① 중앙지적위원회 위원장은 회의를 소집하고 그 의장이 된다.

② 위원장이 부득이한 사유로 직무를 수행할 수 없을 때에는 부위원장이 그 직무를 대행하고, 위원장 및 부위원장이 모두 부득이한 사유로 직무를 수행할 수 없을 때에는 위원장이 미리 지명한 위원이 그 직무를 대행한다.

③ 중앙지적위원회의 회의는 재적위원 과반수의 출석으로 개의(開議)하고, 출석위원 과반수의 찬성으로 의결한다.

④ 중앙지적위원회는 관계인을 출석하게 하여 의견을 들을 수 있으며, 필요하면 현지조사를 할 수 있다.

⑤ 위원장이 중앙지적위원회의 회의를 소집할 때에는 회의 일시 · 장소 및 심의 안건을 회의 5일 전까지 각 위원에게 서면으로 통지하여야 한다.

⑥ 위원이 법 제29조제6항에 따른 재심사 시 그 측량 사안에 관하여 관련이 있는 경우에는 그 안건의 심의 또는 의결에 참석할 수 없다.

13 다음 중 국가공간정보위원회 심의사항으로 옳지 않은 것은?

① 국가공간정보체계의 중복투자 방지 등 투자 효율화에 관한 사항

② 국가공간정보체계의 구축 · 관리 및 활용에 관한 주요 정책의 조정에 관한 사항

③ 국가공간정보정책 종합계획의 수립 · 변경 및 집행실적의 평가

④ 국가공간정보정책 기본계획의 수립 · 변경 및 집행실적의 평가

[풀이] **국가공간정보 기본법 제5조(국가공간정보위원회)** [암기] [계][시][수][변][가][유][보]하고 [방][화][정][위]에서

① 국가공간정보정책에 관한 사항을 심의 · 조정하기 위하여 국토교통부에 국가공간정보위원회(이하 "위원회"라 한다)를 둔다.

② 위원회는 다음 각 호의 사항을 심의한다. 〈개정 2020.6.9.〉

1. 제6조에 따른 국가공간정보정책 기본[계]획의 수립 · 변경 및 집행실적의 평가
2. 제7조에 따른 국가공간정보정책 [시]행계획(제7조에 따른 기관별 국가공간정보정책 시행계획을 포함한다)의 [수]립 · [변]경 및 집행실적의 평[가]
3. 공간정보의 [유]통과 [보]호에 관한 사항
4. 국가공간정보체계의 중복투자 [방]지 등 투자 효율[화]에 관한 사항
5. 국가공간정보체계의 구축 · 관리 및 활용에 관한 주요 [정]책의 조정에 관한 사항
6. 그 밖에 국가공간정보정책 및 국가공간정보체계와 관련된 사항으로서 [위]원장이 회의에 부치는 사항

③ 위원회는 위원장을 포함하여 30인 이내의 위원으로 구성한다.

④ 위원장은 국토교통부장관이 되고, 위원은 다음 각 호의 자가 된다.

1. 국가공간정보체계를 관리하는 중앙행정기관의 차관급 공무원으로서 대통령령으로 정하는 자
2. 지방자치단체의 장(특별시 · 광역시 · 특별자치시 · 도 · 특별자치도의 경우에는 부시장 또는 부지사)으로서 위원장이 위촉하는 자 7인 이상
3. 공간정보체계에 관한 전문지식과 경험이 풍부한 민간전문가로서 위원장이 위촉하는 자 7인 이상

⑤ 제4항제2호 및 제3호에 해당하는 위원의 임기는 2년으로 한다. 다만, 위원의 사임 등으로 새로 위촉된 위원의 임기는 전임 위원의 남은 임기로 한다.

⑥ 위원회는 제2항에 따른 심의 사항을 전문적으로 검토하기 위하여 전문위원회를 둘 수 있다.

⑦ 그 밖에 위원회 및 전문위원회의 구성 · 운영 등에 관하여 필요한 사항은 대통령령으로 정한다.

국가공간정보 기본법 시행령 제3조(국가공간정보위원회의 위원)

① 법 제5조제4항제1호에 따른 위원은 다음 각 호의 사람으로 한다.

1. 기획재정부 제1차관, 교육부차관, 과학기술정보통신부 제2차관, 국방부차관, 행정안전부차관, 농림축산식품부차관, 산업통상자원부차관, 환경부차관 및 해양수산부차관
2. 통계청장, 소방청장, 문화재청장, 농촌진흥청장 및 산림청장

② 법 제5조에 따른 국가공간정보위원회(이하 "위원회"라 한다)의 위원장은 법 제5조제4항제3호에 따라 민간전문가를 위원으로 위촉하는 경우 관계 중앙행정기관의 장의 의견을 들을 수 있다.

국가공간정보 기본법 시행령 제4조(위원회의 운영)

① 위원회의 위원장(이하 "위원장"이라 한다)은 위원회를 대표하고, 위원회의 업무를 총괄한다.

② 위원장이 부득이한 사유로 직무를 수행할 수 없을 때에는 위원장이 지명하는 위원의 순으로 그 직무를 대행한다.

③ 위원장은 회의 개최 5일 전까지 회의 일시 · 장소 및 심의안건을 각 위원에게 통보하여야 한다. 다만, 긴급한 경우에는 회의 개최 전까지 통보할 수 있다.

④ 회의는 재적위원 과반수의 출석으로 개의(開議)하고, 출석위원 과반수의 찬성으로 의결한다.

국가공간정보 기본법 시행령 제5조(위원회의 간사)

위원회에 간사 2명을 두되, 간사는 국토교통부와 행정안전부 소속 3급 또는 고위공무원단에 속하는 일반직공무원 중에서 국토교통부장관과 행정안전부장관이 각각 지명한다.

[정답]

14 다음 중 축척변경위원회에 대한 설명에 해당하는 것은?

① 축척변경위원회는 지적소관청이 회부하는 축척변경 시행계획에 관한 사항을 심의 · 의결하는 기구이다.

② 토지 관련 자료의 효율적인 관리를 위하여 설치된 기구이다.

③ 지적측량의 적부심사 청구 사항에 대한 심의 기구이다.

④ 축척변경에 대한 연구를 수행하는 주민자치 기구이다.

풀이 공간정보의 구축 및 관리 등에 관한 법률 시행령 제79조(축척변경위원회의 구성 등)

① 축척변경위원회는 5명 이상 10명 이하의 위원으로 구성하되, 위원의 2분의 1 이상을 토지소유자로 하여야 한다. 이 경우 그 축척변경 시행지역의 토지소유자가 5명 이하일 때에는 토지소유자 전원을 위원으로 위촉하여야 한다.

② 위원장은 위원 중에서 지적소관청이 지명한다.

③ 위원은 다음 각 호의 사람 중에서 지적소관청이 위촉한다.

> 1. 해당 축척변경 시행지역의 토지소유자로서 지역 사정에 정통한 사람
> 2. 지적에 관하여 전문지식을 가진 사람

④ 축척변경위원회의 위원에게는 예산의 범위에서 출석수당과 여비, 그 밖의 실비를 지급할 수 있다. 다만, 공무원인 위원이 그 소관 업무와 직접적으로 관련되어 출석하는 경우에는 그러하지 아니하다.

공간정보의 구축 및 관리 등에 관한 법률 시행령 제80조(축척변경위원회의 기능) **암기** **축**체하고 **청소**해라

축척변경위원회는 지적소관청이 회부하는 다음 각 호의 사항을 심의 · 의결한다.

> 1. **축**척변경 시행계획에 관한 사항
> 2. 지번별 **제**곱미터당 금액의 결정과 청산금의 산정에 관한 사항
> 3. **청**산금의 이의신청에 관한 사항
> 4. 그 밖에 축척변경과 관련하여 지적**소**관청이 회의에 부치는 사항

공간정보의 구축 및 관리 등에 관한 법률 시행령 제81조(축척변경위원회의 회의)

① 축척변경위원회의 회의는 지적소관청이 제80조 각 호의 어느 하나에 해당하는 사항을 축척변경위원회에 회부하거나 위원장이 필요하다고 인정할 때에 위원장이 소집한다.

② 축척변경위원회의 회의는 위원장을 포함한 재적위원 과반수의 출석으로 개의(開議)하고, 출석위원 과반수의 찬성으로 의결한다.

③ 위원장은 축척변경위원회의 회의를 소집할 때에는 회의일시 · 장소 및 심의안건을 회의 개최 5일 전까지 각 위원에게 서면으로 통지하여야 한다.

15 부동산의 효율적 이용과 관련 정보의 종합적 관리 · 운영을 위하여 활용되고 있는 부동산종합공부의 등록사항으로 옳지 않은 것은?

① 토지이용계획확인서 내용

② 건축물대장의 내용

③ 공동공시지가에 대한 내용

④ 지적공부의 내용

지적소관청은 부동산종합공부에 다음 각 호의 사항을 등록하여야 한다.

> 1. 토지의 표시와 소유자에 관한 사항 : 이 법에 따른 지적공부의 내용
> 2. 건축물의 표시와 소유자에 관한 사항(토지에 건축물이 있는 경우만 해당한다) : 「건축법」 제38조에 따른 건축물대장의 내용
> 3. 토지의 이용 및 규제에 관한 사항 : 「토지이용규제 기본법」 제10조에 따른 토지이용계획확인서의 내용
> 4. 부동산의 가격에 관한 사항 : 「부동산 가격공시에 관한 법률」 제10조에 따른 개별공시지가, 같은 법 제16조 및 제17조 및 제18조에 따른 개별주택가격 및 공동주택가격 공시내용
> 5. 그 밖에 부동산의 효율적 이용과 부동산과 관련된 정보의 종합적 관리 · 운영을 위하여 필요한 사항으로서 대통령령으로 정하는 사항

공간정보의 구축 및 관리 등에 관한 법률 시행령 제62조의2(부동산종합공부의 등록사항)
법 제76조의3제5호에서 "대통령령으로 정하는 사항"이란 「부동산등기법」 제48조에 따른 부동산의 권리에 관한 사항을 말한다.

16 지적소관청은 토지의 이동에 따라 지상경계를 새로 정한 경우에는 지상경계점등록부를 작성 · 관리하여야 한다. 지상경계점등록부의 등록사항으로 옳지 않은 것은?

① 경계점 위치 설명도
② 기준점의 사진 파일
③ 공부상 지목과 실제 토지이용 지목
④ 경계점표지의 종류 및 경계점 위치

풀이 지상경계점등록부의 등록사항

지상경계점등록부 (지적재조사에 관한 특별법 시행규칙 제10조) **암기** 토지목성도 경번지 세관위기경 소직명 확직명	지상경계점등록부 (공간정보의 구축 및 관리 등에 관한 법률 제65조) **암기** 토지경계 공계점
1. 토지의 소재 2. 지번 3. 지목 4. 작성일 5. 위치도 6. 경계점 번호 및 표지 종류 7. 경계점 세부설명 및 관련 자료 8. 경계위치 9. 경계설정기준 및 경계형태 10. 작성자의 소속 · 직급(직위) · 성명 11. 확인자의 직급 · 성명	1. 토지의 소재 2. 지번 3. 경계점 좌표(경계점좌표등록부 시행 지역에 한정한다) 4. 경계점 위치 설명도 5. 공부상 지목과 실제 토지이용 지목 6. 경계점의 사진 파일 7. 경계표지의 종류 및 경계점 위치

17 다음 중 공유지연명부와 대지권등록부의 등록사항으로 공통되는 것만을 나열한 것은?

① 토지의 고유번호, 전유부분(專有部分)의 건물표시
② 토지의 고유번호, 대지권 비율
③ 소유권 지분, 대지권 비율
④ 토지의 고유번호, 토지소유자가 변경된 날과 그 원인

풀이 지적공부의 등록사항

구분	토지표시사항	소유권에 관한 사항	기타
토지대장 (土地臺帳, Land Books) & 임야대장 (林野臺帳, Forest Books)	• **토**지 소재 • **지**번 • **지**목 • 면**적** • 토지의 **이**동 사유	• 토지소유자 **변**동일자 • 변**동**원인 • **주**민등록번호 • 성**명** 또는 명칭 • 주**소**	• 토지의 고**유**번호(각 필지를 서로 구별하기 위하여 필지마다 붙이는 고유한 번호를 말한다) • 지적도 또는 임야**도** 번호 • 필지별 토지대장 또는 임야대장의 **장**번호 • **축**척 • **토**지등급 또는 기준수확량 등급과 그 설정·수정 연월일 • 개별**공**시지가와 그 기준일
공유지연명부 (共有地連名簿, Common Land Books)	• **토**지 소재 • **지**번	• 토지소유자 **변**동일자 • 변**동**원인 • **주**민등록번호 • 성**명**·주**소** • 소유권 **지**분	• 토지의 **고**유번호 • 필지별 공유지연명부의 **장**번호
대지권등록부 (垈地權登錄簿, Building Site Rights Books)	• **토**지 소재 • **지**번	• 토지소유자 **변**동일자 및 변**동**원인 • **주**민등록번호 • 성**명** 또는 명칭·주**소** • 대**지권** 비율 • 소유**권** 지분	• 토지의 **고**유번호 • 집합건물별 대지권등록부의 **장**번호 • **건물**의 명칭 • **전**유부분의 건물의 표시

18 지적재조사사업에 의해 경계를 확정하였을 때 지적소관청이 작성하여 관리하는 지상경계점등록부에 포함되지 않는 항목은?

① 위치도
② 토지의 소재
③ 확인자의 직급·성명
④ 지적기준점의 사진 파일

풀이 지적재조사에 관한 특별법 시행규칙 제10조(지상경계점등록부)

암기 토지목성도 경번지 세관위 가경 소직성 확직성

① 법 제18조제2항에 따라 지적소관청이 작성하여 관리하는 지상경계점등록부에는 다음 각 호의 사항이 포함되어야 한다. 〈개정 2017.10.19., 2020.10.15.〉

> 1. 토지의 소재
> 2. 지번
> 3. 지목
> 4. 작성일
> 5. 위치도
> 6. 경계점 번호 및 표지종류
> 7. 경계점 세부설명 및 관련자료
> 8. 경계위치
> 9. 경계설정기준 및 경계형태
> 10. 작성자의 소속·직급(직위)·성명
> 11. 확인자의 직급·성명
> 12. 삭제 〈2020.10.15.〉
> 13. 삭제 〈2020.10.15.〉
> 14. 삭제 〈2020.10.15.〉
> 15. 삭제 〈2017.10.19.〉
> 16. 삭제 〈2017.10.19.〉

② 법 제18조제2항에 따른 지상경계점등록부는 별지 제6호 서식에 따른다. 〈개정 2017.10.19.〉

③ 제1항 및 제2항에서 규정한 사항 외에 지상경계점등록부 작성 방법에 관하여 필요한 사항은 국토교통부장관이 정하여 고시한다. 〈개정 2013.3.23., 2017.10.19.〉

19 지적측량기준점을 설치하여 측량 또는 측량 검사를 하는 경우 지적기준점이 29개일 때의 측량 또는 측량 검사 기간은 며칠인가?

① 5일 ② 6일
③ 7일 ④ 8일

풀이 공간정보의 구축 및 관리 등에 관한 법률 시행규칙 제25조(지적측량 의뢰 등)

① 법 제24조제1항에 따라 지적측량을 의뢰하려는 자는 별지 제15호 서식의 지적측량 의뢰서(전자문서로 된 의뢰서를 포함한다)에 의뢰 사유를 증명하는 서류(전자문서를 포함한다)를 첨부하여 지적측량수행자에게 제출하여야 한다. 〈개정 2014.1.17.〉

② 지적측량수행자는 제1항에 따른 지적측량 의뢰를 받은 때에는 측량기간, 측량일자 및 측량 수수료 등을 적은 별지 제16호 서식의 지적측량 수행계획서를 그 다음 날까지 지적소관청에 제출하여야 한다. 제출한 지적측량 수행계획서를 변경한 경우에도 같다. 〈개정 2014.1.17.〉

③ 지적측량의 측량기간은 5일로 하며, 측량검사기간은 4일로 한다. 다만, 지적기준점을 설치하여 측량 또는 측량검사를 하는 경우 지적기준점이 15점 이하인 경우에는 4일을, 15점을 초과하는 경우에는 4일에 15점을 초과하는 4점마다 1일을 가산한다. 〈개정 2010.6.17.〉

④ 제3항에도 불구하고 지적측량 의뢰인과 지적측량수행자가 서로 합의하여 따로 기간을 정하는 경우에는 그 기간에 따르되, 전체 기간의 4분의 3은 측량기간으로, 전체 기간의 4분의 1은 측량검사기간으로 본다.

기준점수	기간
15점 이하	4일
16~19점	5일
20~23점	6일
24~27점	7일
28~31점	8일

20 「공간정보의 구축 및 관리 등에 관한 법률 제92조(축척변경의 확정공고)」에 따른 지적공부등록 작성 기준의 연결이 잘못된 것은?

① 지적도 – 확정측량결과도

② 지적도 – 경계점좌표

③ 토지대장 – 확정공고된 축척변경 지번별 조서

④ 지적도 – 측판측량방법에 의한 측량결과도

풀이 공간정보의 구축 및 관리 등에 관한 법률 시행규칙 제92조(축척변경의 확정공고) **암기** ㉠㉢㉣은 ㉧㉤에서

① 영 제78조제1항에 따른 축척변경의 확정공고에는 다음 각 호의 사항이 포함되어야 한다.

> 1. 토지의 ㉠재 및 ㉢역명
> 2. 영 제73조에 따른 축㉧변경 지번별 조서
> 3. 영 제75조제4항에 따른 ㉧산금 조서
> 4. 지적㉤의 축척

② 영 제78조제2항에 따라 지적공부에 등록하는 때에는 다음 각 호의 기준에 따라야 한다.

> 1. 토지대장은 제1항제2호에 따라 확정공고된 축척변경 지번별 조서에 따를 것
> 2. 지적도는 확정측량 결과도 또는 경계점좌표에 따를 것

01 다음 중 가장 무거운 벌칙의 기준이 적용되는 자는?

(18년3회측산)

① 측량성과를 위조한 자
② 입찰의 공정성을 해친 자
③ 측량기준점표지를 파손한 자
④ 측량업 등록을 하지 아니하고 측량업을 영위한 자

풀이 공간정보의 구축 및 관리 등에 관한 법률 제107~109조(벌칙)

벌칙(법률 제107~109조)	
3년 이하의 징역 또는 3천만 원 이하의 벌금 **암기** 암위공	측량업자로서 속임수, 위력(威力), 그 밖의 방법으로 측량업과 관련된 입찰의 공정성을 해친 자는 3년 이하의 징역 또는 3천만 원 이하의 벌금에 처한다.
2년 이하의 징역 또는 2천만 원 이하의 벌금 **암기** 가무등 외표성검	1. 측량업의 등록을 하지 아니하거나 거짓이나 그 밖의 부정한 방법으로 측량업의 등록을 하고 측량업을 한 자 2. 성능검사대행자의 등록을 하지 아니하거나 거짓이나 그 밖의 부정한 방법으로 성능검사대행자의 등록을 하고 성능검사업무를 한 자 3. 측량성과를 국외로 반출한 자 4. 측량기준점표지를 이전 또는 파손하거나 그 효용을 해치는 행위를 한 자 5. 고의로 측량성과를 사실과 다르게 한 자 6. 성능검사를 부정하게 한 성능검사대행자
1년 이하의 징역 또는 1천만 원 이하의 벌금 **암기** 둘비허위 대판대복	1. 둘 이상의 측량업자에게 소속된 측량기술자 2. 업무상 알게 된 비밀을 누설한 측량기술자 3. 거짓(허위)으로 다음 각 목의 신청을 한 자 가. 신규등록 신청　　　　　나. 등록전환 신청 다. 분할 신청　　　　　　　라. 합병 신청 마. 지목변경 신청　　　　　바. 바다로 된 토지의 등록말소 신청 사. 축척변경 신청　　　　　아. 등록사항의 정정 신청 자. 도시개발사업 등 시행지역의 토지이동 신청 4. 측량기술자가 아님에도 불구하고 측량을 한 자 5. 지적측량수수료 외의 대가를 받은 지적측량기술자 6. 심사를 받지 아니하고 지도 등을 간행하여 판매하거나 배포한 자 7. 다른 사람에게 측량업등록증 또는 측량업등록수첩을 빌려(대여)주거나 자기의 성명 또는 상호를 사용하여 측량업무를 하게 한 자 8. 다른 사람의 측량업등록증 또는 측량업등록수첩을 빌려서(대여) 사용하거나 다른 사람의 성명 또는 상호를 사용하여 측량업무를 한 자 9. 다른 사람에게 자기의 성능검사대행자 등록증을 빌려(대여)주거나 자기의 성명 또는 상호를 사용하여 성능검사대행업무를 수행하게 한 자 10. 다른 사람의 성능검사대행자 등록증을 빌려서(대여) 사용하거나 다른 사람의 성명 또는 상호를 사용하여 성능검사대행업무를 수행한 자 11. 무단으로 측량성과 또는 측량기록을 복제한 자

정답 01 ②

02 「공간정보의 구축 및 관리 등에 관한 법률 시행령」에서 토지개발사업에 대한 내용으로 옳지 않은 것은?

① 토지의 이동신청은 그 신청대상지역이 환지를 수반하는 경우에는 사업계획 신고로써 갈음할 수 있다.

② 도시개발사업 등의 착수 · 변경 또는 완료 사실의 신고는 그 사유가 발생한 날부터 15일 이내에 하여야 한다.

③ 「주택법」에 따른 주택건설사업의 시행자가 파산 등의 이유로 토지의 이동 신청을 할 수 없을 때에는 그 주택의 시공을 보증한 자 또는 입주예정자 등이 신청할 수 있다.

④ 「농어촌정비법」에 따른 농어촌정비사업의 시행자는 대통령령으로 정하는 바에 따라 그 사업의 착수 · 변경 및 완료 사실을 지적소관청에 신고하여야 한다.

풀이 **공간정보의 구축 및 관리 등에 관한 법률 제86조(도시개발사업 등 시행지역의 토지이동 신청에 관한 특례)**

① 「도시개발법」에 따른 도시개발사업, 「농어촌정비법」에 따른 농어촌정비사업, 그 밖에 대통령령으로 정하는 토지개발사업의 시행자는 대통령령으로 정하는 바에 따라 그 사업의 착수 · 변경 및 완료 사실을 지적소관청에 신고하여야 한다.

② 제1항에 따른 사업과 관련하여 토지의 이동이 필요한 경우에는 해당 사업의 시행자가 지적소관청에 토지의 이동을 신청하여야 한다.

③ 제2항에 따른 토지의 이동은 토지의 형질변경 등의 공사가 준공된 때에 이루어진 것으로 본다.

④ 제1항에 따라 사업의 착수 또는 변경의 신고가 된 토지의 소유자가 해당 토지의 이동을 원하는 경우에는 해당 사업의 시행자에게 그 토지의 이동을 신청하도록 요청하여야 하며, 요청을 받은 시행자는 해당 사업에 지장이 없다고 판단되면 지적소관청에 그 이동을 신청하여야 한다.

공간정보의 구축 및 관리 등에 관한 법률 시행령 제83조(토지개발사업 등의 범위 및 신고)

① 법 제86조제1항에서 "대통령령으로 정하는 토지개발사업"이란 다음 각 호의 사업을 말한다.

> 1. 「주택법」에 따른 주택건설사업
> 2. 「택지개발촉진법」에 따른 택지개발사업
> 3. 「산업입지 및 개발에 관한 법률」에 따른 산업단지개발사업
> 4. 「도시 및 주거환경정비법」에 따른 정비사업
> 5. 「지역 개발 및 지원에 관한 법률」에 따른 지역개발사업
> 6. 「체육시설의 설치 · 이용에 관한 법률」에 따른 체육시설 설치를 위한 토지개발사업
> 7. 「관광진흥법」에 따른 관광단지 개발사업
> 8. 「공유수면 관리 및 매립에 관한 법률」에 따른 매립사업
> 9. 「항만법」, 「신항만건설촉진법」에 따른 항만개발사업 및 「항만 재개발 및 주변지역 발전에 관한 법률」에 따른 항만재개발사업
> 10. 「공공주택 특별법」에 따른 공공주택지구조성사업
> 11. 「물류시설의 개발 및 운영에 관한 법률」 및 「경제자유구역의 지정 및 운영에 관한 특별법」에 따른 개발사업
> 12. 「철도의 건설 및 철도시설 유지관리에 관한 법률」에 따른 고속철도, 일반철도 및 광역철도 건설사업
> 13. 「도로법」에 따른 고속국도 및 일반국도 건설사업
> 14. 그 밖에 제1호부터 제13호까지의 사업과 유사한 경우로서 국토교통부장관이 고시하는 요건에 해당하는 토지개발사업

② 도시개발사업 등의 착수 · 변경 또는 완료 사실의 신고는 그 사유가 발생한 날부터 15일 이내에 하여야 한다.

③ 토지의 이동 신청은 그 신청대상지역이 환지(換地)를 수반하는 경우에는 법 제86조제1항에 따른 사업완료 신고로써 이를 갈음할 수 있다. 이 경우 사업완료 신고서에 법 제86조제2항에 따른 토지의 이동 신청을 갈음한다는

뜻을 적어야 한다.

④ 「주택법」에 따른 주택건설사업의 시행자가 파산 등의 이유로 토지의 이동 신청을 할 수 없을 때에는 그 주택의 시공을 보증한 자 또는 입주예정자 등이 신청할 수 있다.

03 토지소유자가 지적공부의 등록사항에 잘못이 있음을 발견하여 정정을 신청할 때, 경계 또는 면적의 변경을 가져오는 경우 정정사유를 적은 신청서에 첨부해야 하는 서류는? (16년3회지기)

① 토지대장등본
② 등기전산정보자료
③ 축척변경 지번별 조서
④ 등록사항 정정 측량성과도

풀이 공간정보의 구축 및 관리 등에 관한 법률 시행규칙 제93조(등록사항의 정정 신청)

① 토지소유자는 법 제84조제1항에 따라 지적공부의 등록사항에 대한 정정을 신청할 때에는 정정사유를 적은 신청서에 다음 각 호의 구분에 따른 서류를 첨부하여 지적소관청에 제출하여야 한다.

> 1. 경계 또는 면적의 변경을 가져오는 경우 : 등록사항 정정 측량성과도
> 2. 그 밖의 등록사항을 정정하는 경우 : 변경사항을 확인할 수 있는 서류

② 제1항에 따른 서류를 해당 지적소관청이 관리하는 경우에는 지적소관청의 확인으로 해당 서류의 제출을 갈음할 수 있다.

04 부동산의 효율적 이용과 관련 정보의 종합적 관리 · 운영을 위하여 활용되고 있는 부동산종합공부의 등록사항으로 옳지 않은 것은?

① 지적공부의 내용
② 건축물대장의 내용
③ 부동산권리에 관한 내용
④ 토지이용계획확인서 내용
⑤ 공동공시지가에 대한 내용

풀이 공간정보의 구축 및 관리 등에 관한 법률 제76조의3(부동산종합공부의 등록사항 등)

지적소관청은 부동산종합공부에 다음 각 호의 사항을 등록하여야 한다.

> 1. 토지의 표시와 소유자에 관한 사항 : 이 법에 따른 지적공부의 내용
> 2. 건축물의 표시와 소유자에 관한 사항(토지에 건축물이 있는 경우만 해당한다) : 「건축법」 제38조에 따른 건축물대장의 내용
> 3. 토지의 이용 및 규제에 관한 사항 : 「토지이용규제 기본법」 제10조에 따른 토지이용계획확인서의 내용
> 4. 부동산의 가격에 관한 사항 : 「부동산 가격공시 및 감정평가에 관한 법률」 제11조에 따른 개별공시지가, 같은 법 제16조 및 제17조에 따른 개별주택가격 및 공동주택가격 공시내용
> 5. 그 밖에 부동산의 효율적 이용과 부동산과 관련된 정보의 종합적 관리 · 운영을 위하여 필요한 사항으로서 대통령령으로 정하는 사항

공간정보의 구축 및 관리 등에 관한 법률 시행령 제62조의2(부동산종합공부의 등록사항)

법 제76조의3제5호에서 "대통령령으로 정하는 사항"이란 「부동산등기법」 제48조에 따른 부동산의 권리에 관한 사항을 말한다.

05 「공간정보의 구축 및 관리 등에 관한 법령」상 토지의 조사·등록 등에 관한 설명이다. (   ) 안에 들어갈 내용으로 옳은 것은? (14년서울9급)

> • 지적소관청은 토지의 이동현황을 직권으로 조사·측량하여 토지의 지번·지목·면적·경계 또는 좌표를 결정하려는 때에는 (ㄱ)을 수립하여야 한다. 이 경우 토지이동현황 조사계획은 (ㄴ)별로 수립하되, 부득이한 사유가 있는 때에는 (ㄷ)별로 수립할 수 있다.
> • 지적소관청은 토지이동현황 조사계획에 따라 토지의 이동현황을 조사한 때에는 토지이동 조사부에 토지의 이동현황을 적어야 하며 지적소관청은 토지이동현황 조사 결과에 따라 토지의 지번·지목·면적·경계 또는 좌표를 결정한 때에는 이에 따라 지적공부를 정리하여야 한다.

	㉠	㉡	㉢
①	토지이동현황 조사계획	시·군·구	읍·면·동
②	토지이동현황 현지조사·측량계획	시·군·구	읍·면·동
③	토지이동현황 조사·측량계획	시·군·구	읍·면·동
④	토지이동현황 현지조사계획	시·군·구	읍·면·동

풀이 공간정보의 구축 및 관리 등에 관한 법률 시행규칙 제59조(토지의 조사·등록)

① 지적소관청은 토지의 이동현황을 직권으로 조사·측량하여 토지의 지번·지목·면적·경계 또는 좌표를 결정하려는 때에는 토지이동현황 조사계획을 수립하여야 한다. 이 경우 토지이동현황 조사계획은 시·군·구별로 수립하되, 부득이한 사유가 있는 때에는 읍·면·동별로 수립할 수 있다.

② 지적소관청은 제1항에 따른 토지이동현황 조사계획에 따라 토지의 이동현황을 조사한 때에는 별지 제55호 서식의 토지이동 조사부에 토지의 이동현황을 적어야 한다.

③ 지적소관청은 제2항에 따른 토지이동현황 조사 결과에 따라 토지의 지번·지목·면적·경계 또는 좌표를 결정한 때에는 이에 따라 지적공부를 정리하여야 한다.

④ 지적소관청은 제3항에 따라 지적공부를 정리하려는 때에는 제2항에 따른 토지이동 조사부를 근거로 별지 제56호 서식의 토지이동 조서를 작성하여 별지 제57호 서식의 토지이동정리 결의서에 첨부하여야 하며, 토지이동조서의 아래 부분 여백에 "「공간정보의 구축 및 관리 등에 관한 법률」 제64조제2항 단서에 따른 직권정리"라고 적어야 한다.

06 지적공부와 등록사항을 연결한 것으로 틀린 것은?

① 지적도 – 부호 및 부호도
② 토지대장 – 토지의 이동사유
③ 공유지연명부 – 소유권 지분
④ 대지권등록부 – 전유부분의 건물표시
⑤ 경계점좌표등록부 – 토지의 고유번호

구분	토지표시사항	소유권에 관한 사항	기타
토지대장 (土地臺帳, Land Books) & 임야대장 (林野臺帳, Forest Books)	• **토**지 소재 • **지**번 • **지**목 • 면**적** • 토지의 **이**동 사유	• 토지소유자 **변**동일자 • 변**동**원인 • **주**민등록번호 • 성**명** 또는 명칭 • 주**소**	• 토지의 고**유**번호(각 필지 를 서로 구별하기 위하여 필지마다 붙이는 고유한 번호를 말한다) • 지적도 또는 임야**도** 번호 • 필지별 토지대장 또는 임 야대장의 **장**번호 • **축**척 • **토**지등급 또는 기준수확량 등급과 그 설정·수정 연 월일 • 개별**공**시지가와 그 기준일
공유지연명부 (共有地連名簿, Common Land Books)	• **토**지 소재 • **지**번	• 토지소유자 **변**동일자 • 변**동**원인 • **주**민등록번호 • 성**명**·주**소** • 소유권 **지**분	• 토지의 고**유**번호 • 필지별 공유지연명부의 **장**번호
대지권등록부 (垈地權登錄簿, Building Site Rights Books)	• **토**지 소재 • **지**번	• 토지소유자 **변**동일자 및 변동원인 • **주**민등록번호 • 성**명** 또는 명칭·주**소** • 대**지**권 비율 • 소유**권** 지분	• 토지의 고**유**번호 • 집합건물별 대지권등록부의 **장**번호 • **건**물의 명칭 • **전**유부분의 건물의 표시
경계점좌표등록부 (境界點座標登錄 簿, Boundary Point Coordinate Books)	• **토**지소재 • **지**번 • 좌**표**		• **고**유번호 • 장번호 • **부**호 및 부호도 • **도**면번호
지적도(地籍圖, Land Books) & 임야도(林野圖, Forest Books)	• **토**지소재 • **지**번 • **지**목 • 경**계** • 경계**점** 간의 거리		• **도**면의 색인도 • 도**면**의 제명 및 축척 • 도곽**선**과 그 수치 • 삼**각**점 및 **지**적기준점의 위 치 • 건축**물** 및 구조물 등의 위치

07 지적재조사사업을 위한 지적측량 시에 관한 벌칙사항 중 가장 무거운 벌금형으로 옳은 것은?

① 임시경계점표지 또는 경계점표지를 이전 또는 파손하거나 그 효용을 해치는 행위를 한 자

② 지적재조사사업을 위한 지적측량을 고의로 진실에 반하게 측량하거나 지적재조사사업 성과를 거짓으로 등록을 한 자

③ 지적재조사사업 중에 알게 된 타인의 비밀을 누설하거나 사용한 자

④ 법인 또는 개인이 그 위반행위를 방지하기 위하여 해당 업무에 관하여 상당한 주의와 감독을 게을리하지 아니한 경우

⑤ 지적재조사사업을 정당한 이유 없이 방해한 자

풀이 지적재조사에 관한 특별법 **암기** 반성하고 비누하라

벌칙 (제43조)	① 지적재조사사업을 위한 지적측량을 고의로 진실에 반하게 측량하거나 지적재조사사업 성과를 거짓으로 등록을 한 자는 2년 이하의 징역 또는 2천만 원 이하의 벌금에 처한다. ② 제41조를 위반하여 지적재조사사업 중에 알게 된 타인의 비밀을 누설하거나 사용한 자는 1년 이하의 징역 또는 1천만 원 이하의 벌금에 처한다.
양벌규정 (제44조)	법인의 대표자나 법인 또는 개인의 대리인, 사용인, 그 밖의 종업원이 그 법인 또는 개인의 업무에 관하여 제43조의 위반행위를 하면 그 행위자를 벌하는 외에 그 법인 또는 개인에게도 해당 조문의 벌금형을 과(科)한다. 다만, 법인 또는 개인이 그 위반행위를 방지하기 위하여 해당 업무에 관하여 상당한 주의와 감독을 게을리하지 아니한 경우에는 그러하지 아니하다.
과태료 (제45조)	① 다음 각 호의 어느 하나에 해당하는 자에게는 300만 원 이하의 과태료를 부과한다. 1. 제15조제4항 또는 제18조제3항을 위반하여 임시경계점표지 또는 경계점표지를 이전 또는 파손하거나 그 효용을 해치는 행위를 한 자 2. 지적재조사사업을 정당한 이유 없이 방해한 자 ② 제1항에 따른 과태료는 대통령령으로 정하는 바에 따라 국토교통부장관, 시·도지사 또는 지적소관청이 부과·징수한다. 〈개정 2013.3.23.〉

08 「공간정보의 구축 및 관리 등에 관한 법령」상 지적측량의뢰인이 손해배상금으로 보험금을 지급받고자 하는 경우의 첨부 서류에 해당되는 것은?

(18년1회지기)

① 공정증서   ② 인낙조서
③ 조정조서   ④ 화해조서

풀이 공간정보의 구축 및 관리 등에 관한 법률 시행령 제43조(보험금 등의 지급 등)

① 지적측량의뢰인은 법 제51조제1항에 따른 손해배상으로 보험금·보증금 또는 공제금을 지급받으려면 다음 각 호의 어느 하나에 해당하는 서류를 첨부하여 보험회사 또는 공간정보산업협회에 손해배상금 지급을 청구하여야 한다. 〈개정 2017.1.10.〉

1. 지적측량의뢰인과 지적측량수행자 간의 손해배상합의서 또는 화해조서
2. 확정된 법원의 판결문 사본
3. 제1호 또는 제2호에 준하는 효력이 있는 서류

② 지적측량수행자는 보험금·보증금 또는 공제금으로 손해배상을 하였을 때에는 지체 없이 다시 보증설정을 하고 그 사실을 증명하는 서류를 제35조제1항에 따라 등록한 시·도지사에게 제출하여야 한다. 〈개정 2017.1.10.〉

③ 지적소관청은 제1항에 따라 지적측량수행자가 지급하는 손해배상금의 일부를 지적소관청의 지적측량성과 검사 과실로 인하여 지급하여야 하는 경우에 대비하여 공제에 가입할 수 있다.

09 지적재조사지구의 토지소유자협의회 기능 및 사항으로 옳지 않은 것은?

① 지적재조사지구의 토지소유자는 토지소유자 총수의 2분의 1 이상과 토지면적 2분의 1 이상에 해당하는 토지소유자의 동의를 받아 토지소유자협의회를 구성할 수 있다.

② 토지소유자협의회의 위원은 그 지적재조사지구에 있는 토지의 소유자이어야 하며, 위원장은 위원 중에서 호선한다.

③ 동의자 수의 산정방법 및 동의절차, 토지소유자협의회의 구성 및 운영, 그 밖에 필요한 사항은 국토 교통부령으로 정한다.

④ 토지소유자협의회는 위원장을 포함한 5명 이상 20명 이하의 위원으로 구성한다.

⑤ 경계결정위원회(이하 "경계결정위원회"라 한다) 위원의 추천 및 지적소관청에 대한 우선 지적재조 사지구의 신청 등은 토지소유자협의회의 기능이다.

풀이 지적재조사에 관한 특별법 제13조(토지소유자협의회)

구성	위원	회의	기능
지적재조사지구의 토지소유자는 토지소유자 총수의 2분의 1 이상, 토지면적 2분의 1 이상에 해당하는 토지소유자의 동의를 받아 토지소유자협의회 구성 〈개정 2017. 4.18.〉	위원장을 포함한 5~20명 이하의 위원으로 구성, 위원은 지적재조사지구 내의 토지소유자이여야 하며, 위원장은 위원 중에서 호선한다.	토지소유자협의회의 회의는 재적위원 과반수의 출석으로 개의하며, 출석위원 과반수의 찬성으로 의결한다.	**암기** 지표현금청 • 지적소관청에 대한 제7조제3항에 따른 **지**적재조사지구 신청 • 임시 경계점 **표**지 및 경계점 표지의 설치에 대한 입회 • 토지**현**황조사에 대한 입회 • 조정**금** 산정에 대한 의견제출 • 경계결**정**위원회 위원의 추천 • 지적공부정리 정지기간에 대한 의견제출 〈삭제 2017.4.18.〉

동의자 수의 산정방법 및 동의절차, 토지소유자협의회의 구성 및 운영, 그 밖에 필요한 사항은 대통령령으로 정한다.

지적재조사에 관한 특별법 시행령 제10조의2(경계설정합의서)
법 제14조제2항에 따라 토지소유자들이 합의하여 경계를 설정하는 경우에는 별지 제1호 서식의 경계설정합의서를 법 제15조제1항에 따른 임시경계점표지 설치 전까지 지적소관청에 제출하여야 한다. 〈신설 2017.10. 16.〉

정답 09 ③

10 합병에 대한 설명으로 가장 옳지 않은 것은?

① 합병 후 필지의 면적은 지적측량을 수반하고 오차범위 이하이면 합병 전 각 필지의 면적을 합산하여 결정한다.

② 합병하려는 토지에 소유권·지상권·전세권 또는 임차권의 등기가 있으면 합병 신청을 할 수 있다.

③ 합병 후 필지의 경계에 대해서는 합병 전 각 필지의 경계 또는 좌표 중 합병으로 필요 없게 된 부분을 말소하여 결정한다.

④ 합병에 따른 좌표는 따로 지적측량을 실시하지 아니하고 합병 전 각 필지의 좌표 중에서 합병으로 필요 없게 된 부분을 말소하여 결정한다.

> **풀이** 공간정보의 구축 및 관리 등에 관한 법률 제26조(토지의 이동에 따른 면적 등의 결정방법)
>
> ① 합병에 따른 경계·좌표 또는 면적은 따로 지적측량을 하지 아니하고 다음 각 호의 구분에 따라 결정한다.
>
> > 1. 합병 후 필지의 경계 또는 좌표 : 합병 전 각 필지의 경계 또는 좌표 중 합병으로 필요 없게 된 부분을 말소하여 결정
> > 2. 합병 후 필지의 면적 : 합병 전 각 필지의 면적을 합산하여 결정
>
> ② 등록전환이나 분할에 따른 면적을 정할 때 오차가 발생하는 경우 그 오차의 허용 범위 및 처리방법 등에 필요한 사항은 대통령령으로 정한다.
>
> **공간정보의 구축 및 관리 등에 관한 법률 제80조(합병 신청)** 〔암기〕 〔도체천가유 상학철수공체〕
>
> ① 토지소유자는 토지를 합병하려면 대통령령으로 정하는 바에 따라 지적소관청에 합병을 신청하여야 한다.
>
> ② 토지소유자는 「주택법」에 따른 공동주택의 부지, 도로, 제방, 하천, 구거, 유지, 그 밖에 대통령령으로 정하는 토지로서 합병하여야 할 토지가 있으면 그 사유가 발생한 날부터 60일 이내에 지적소관청에 합병을 신청하여야 한다.
>
> ③ 다음 각 호의 어느 하나에 해당하는 경우에는 합병 신청을 할 수 없다. 〈개정 2020.2.4.〉
>
> > 1. 합병하려는 토지의 지번부여지역, 지목 또는 소유자가 서로 다른 경우
> > 2. 합병하려는 토지에 다음 각 목의 등기 외의 등기가 있는 경우
> >
> > > 가. 소유권·지상권·전세권 또는 임차권의 등기
> > > 나. 승역지(承役地)에 대한 지역권의 등기
> > > 다. 합병하려는 토지 전부에 대한 등기원인(登記原因) 및 그 연월일과 접수번호가 같은 저당권의 등기
> > > 라. 합병하려는 토지 전부에 대한 「부동산등기법」 제81조제1항 각 호의 등기사항이 동일한 신탁 등기
> >
> > 3. 그 밖에 합병하려는 토지의 지적도 및 임야도의 축척이 서로 다른 경우 등 대통령령으로 정하는 경우
>
> **공간정보의 구축 및 관리 등에 관한 법률 시행령 제66조(합병 신청)**
>
> ① 토지소유자는 법 제80조제1항 및 제2항에 따라 토지의 합병을 신청할 때에는 합병 사유를 적은 신청서를 지적소관청에 제출하여야 한다.
>
> ② 법 제80조제2항에서 "대통령령으로 정하는 토지"란 공장용지·학교용지·철도용지·수도용지·공원·체육용지 등 다른 지목의 토지를 말한다.
>
> ③ 법 제80조제3항제3호에서 "합병하려는 토지의 지적도 및 임야도의 축척이 서로 다른 경우 등 대통령령으로 정하는 경우"란 다음 각 호의 경우를 말한다. 〈개정 2020.6.9.〉

1. 합병하려는 토지의 지적도 및 임야도의 축척이 서로 다른 경우
2. 합병하려는 각 필지가 서로 연접하지 않은 경우
3. 합병하려는 토지가 등기된 토지와 등기되지 아니한 토지인 경우
4. 합병하려는 각 필지의 지목은 같으나 일부 토지의 용도가 다르게 되어 법 제79조제2항에 따른 분할대상 토지인 경우. 다만, 합병 신청과 동시에 토지의 용도에 따라 분할 신청을 하는 경우는 제외한다.
5. 합병하려는 토지의 소유자별 공유지분이 다르거나 소유자의 주소가 서로 다른 경우
6. 합병하려는 토지가 구획정리, 경지정리 또는 축척변경을 시행하고 있는 지역의 토지와 그 지역 밖의 토지인 경우

11 다음은 중앙지적위원회의 구성에 대한 설명이다. (가)~(마)에 각각 들어갈 내용으로 옳은 것은?

• 위원장 1명과 부위원장 1명을 포함하여 (가) 이상 (나) 이하의 위원으로 구성한다.
• 위원은 지적에 관한 학식과 경험이 풍부한 사람 중에서 (다)이 임명하거나 위촉한다.
• 위원장은 국토교통부의 지적업무 담당 (라)이, 부위원장은 국토교통부의 지적업무 담당 (마)이 된다.

	(가)	(나)	(다)	(라)	(마)
①	5명	10명	위원장	국장	과장
②	5명	10명	국토교통부장관	국장	과장
③	7명	15명	위원장	과장	계장
④	7명	15명	국토교통부장관	장관	국장

풀이 공간정보의 구축 및 관리 등에 관한 법률 시행령 제20조(중앙지적위원회의 구성 등)

① 법 제28조제1항에 따른 중앙지적위원회(이하 "중앙지적위원회"라 한다)는 위원장 1명과 부위원장 1명을 포함하여 5명 이상 10명 이하의 위원으로 구성한다. 〈개정 2012.7.4.〉

② 위원장은 국토교통부의 지적업무 담당 국장이, 부위원장은 국토교통부의 지적업무 담당 과장이 된다. 〈개정 2013.3.23.〉

③ 위원은 지적에 관한 학식과 경험이 풍부한 사람 중에서 **국토교통부장관**이 임명하거나 위촉한다. 〈개정 2013.3.23.〉

④ 위원장 및 부위원장을 제외한 위원의 임기는 2년으로 한다.

⑤ 중앙지적위원회의 간사는 국토교통부의 지적업무 담당 공무원 중에서 국토교통부장관이 임명하며, 회의 준비, 회의록 작성 및 회의 결과에 따른 업무 등 중앙지적위원회의 서무를 담당한다. 〈개정 2013.3.23.〉

⑥ 중앙지적위원회의 위원에게는 예산의 범위에서 출석수당과 여비, 그 밖의 실비를 지급할 수 있다. 다만, 공무원인 위원이 그 소관 업무와 직접적으로 관련되어 출석하는 경우에는 그러하지 아니하다.

12 다음은 지적측량적부심사에 대한 설명이다. ( ) 안에 들어갈 사항으로 옳은 것은?

- 지적측량 적부심사청구를 받은 시 · 도지사는 (㉠) 이내에 다툼이 되는 지적측량의 경위 및 그 성과 등을 조사하여 지방지적위원회에 회부하여야 한다.
- 지적측량 적부심사청구를 회부받은 지방지적위원회는 그 심사청구를 회부받은 날부터 (㉡) 이내에 심의 · 의결하여야 한다.
- 부득이한 경우에는 그 심의기간을 해당 지적위원회의 의결을 거쳐 (㉢) 이내에서 한 번만 연장할 수 있다.
- 의결서를 받은 날부터 (㉣) 이내에 지적측량 적부심사 청구인 및 이해관계인에게 그 의결서를 통지하여야 한다.
- 의결서를 받은 자가 지방지적위원회의 의결에 불복하는 경우에는 그 의결서를 받은 날부터 (㉤) 이내에 국토교통부장관을 거쳐 중앙지적위원회에 재심사를 청구할 수 있다.

	㉠	㉡	㉢	㉣	㉤
①	60일	30일	10일	5일	60일
②	30일	30일	20일	5일	30일
③	30일	60일	30 일	7일	90일
④	10일	10일	60일	10일	60일

풀이 공간정보의 구축 및 관리 등에 관한 법률 제29조(지적측량의 적부심사 등) **암기** 위성이 연기하면 제출하라

① 토지소유자, 이해관계인 또는 지적측량수행자는 지적측량성과에 대하여 다툼이 있는 경우에는 대통령령으로 정하는 바에 따라 관할 시 · 도지사를 거쳐 지방지적위원회에 지적측량 적부심사를 청구할 수 있다.

② 제1항에 따른 지적측량 적부심사청구를 받은 시 · 도지사는 30일 이내에 다음 각 호의 사항을 조사하여 지방지적위원회에 회부하여야 한다.

> 1. 다툼이 되는 지적측량의 경위 및 그 성과
> 2. 해당 토지에 대한 토지이동 및 소유권 변동 연혁
> 3. 해당 토지 주변의 측량기준점, 경계, 주요 구조물 등 현황 실측도

③ 제2항에 따라 지적측량 적부심사청구를 회부받은 지방지적위원회는 그 심사청구를 회부받은 날부터 60일 이내에 심의 · 의결하여야 한다. 다만, 부득이한 경우에는 그 심의기간을 해당 지적위원회의 의결을 거쳐 30일 이내에서 한 번만 연장할 수 있다.

④ 지방지적위원회는 지적측량 적부심사를 의결하였으면 대통령령으로 정하는 바에 따라 의결서를 작성하여 시 · 도지사에게 송부하여야 한다.

⑤ 시 · 도지사는 제4항에 따라 의결서를 받은 날부터 7일 이내에 지적측량 적부심사 청구인 및 이해관계인에게 그 의결서를 통지하여야 한다.

⑥ 제5항에 따라 의결서를 받은 자가 지방지적위원회의 의결에 불복하는 경우에는 그 의결서를 받은 날부터 90일 이내에 **국토교통부장관**을 거쳐 **중앙지적위원회**에 재심사를 청구할 수 있다.

⑦ 제6항에 따른 재심사청구에 관하여는 제2항부터 제5항까지의 규정을 준용한다. 이 경우 "시 · 도지사"는 "국토교통부장관"으로, "지방지적위원회"는 "중앙지적위원회"로 본다.

⑧ 제7항에 따라 중앙지적위원회로부터 의결서를 받은 국토교통부장관은 그 의결서를 관할 시 · 도지사에게 송부하여야 한다.

⑨ 시 · 도지사는 제4항에 따라 지방지적위원회의 의결서를 받은 후 해당 지적측량 적부심사 청구인 및 이해관계인이 제6항에 따른 기간에 재심사를 청구하지 아니하면 그 의결서 사본을 지적소관청에 보내야 하며, 제8항

에 따라 중앙지적위원회의 의결서를 받은 경우에는 그 의결서 사본에 제4항에 따라 받은 지방지적위원회의 의결서 사본을 첨부하여 지적소관청에 보내야 한다.

⑩ 제9항에 따라 지방지적위원회 또는 중앙지적위원회의 의결서 사본을 받은 지적소관청은 그 내용에 따라 지적공부의 등록사항을 정정하거나 측량성과를 수정하여야 한다.

⑪ 제9항 및 제10항에도 불구하고 특별자치시장은 제4항에 따라 지방지적위원회의 의결서를 받은 후 해당 지적측량 적부심사 청구인 및 이해관계인이 제6항에 따른 기간에 재심사를 청구하지 아니하거나 제8항에 따라 중앙지적위원회의 의결서를 받은 경우에는 직접 그 내용에 따라 지적공부의 등록사항을 정정하거나 측량성과를 수정하여야 한다.

⑫ 지방지적위원회의 의결이 있은 후 제6항에 따른 기간에 재심사를 청구하지 아니하거나 중앙지적위원회의 의결이 있는 경우에는 해당 지적측량성과에 대하여 다시 지적측량 적부심사청구를 할 수 없다.

13 다음 중 측량업자의 위반행위에 따른 행정처분의 기준에 대한 설명으로 옳지 않은 것은?

(11년서울9급)

① 지적측량업자가 업무범위를 위반하여 지적측량을 한 경우 1차 위반 시 영업정지 3개월, 2차 위반 시 영업정지 6개월, 3차 위반 시 등록취소

② 지적측량업자가 성실의무를 위반한 경우 1차 위반 시 영업정지 1개월, 2차 위반 시 영업정지 3개월, 3차 위반 시 영업정지 6개월 또는 등록취소

③ 보험가입 등 필요한 조치를 하지 않은 경우 1차 위반 시 영업정지 2개월, 2차 위반 시 영업정지 6개월, 3차 위반 시 등록취소

④ 지적측량업자가 지적측량수수료를 고시한 금액보다 과다 또는 과소하게 받은 경우 1차 위반 시 영업정지 3개월, 2차 위반 시 영업정지 6개월, 3차 위반 시 등록취소

⑤ 측량업 등록사항의 변경신고를 하지 아니한 경우 1차 위반 시 영업정지 3개월, 2차 위반 시 영업정지6개월, 3차 위반 시 등록취소

풀이 측량업의 등록취소 또는 영업정지 처분의 기준(제53조 관련) [별표 4] 〈개정 2010.6.17.〉

1. 일반 기준

　가. 위반행위의 횟수에 따른 행정처분의 기준은 최근 3년간 같은 위반행위로 행정처분을 받은 경우에 적용한다. 이 경우 행정처분의 기준 적용은 같은 위반행위에 대한 행정처분일과 그 처분 후의 재적발일을 기준으로 한다.

　나. 위반행위가 둘 이상인 경우로서 그에 해당하는 각각의 처분기준이 다른 경우에는 그 중 무거운 처분기준에 따른다. 다만, 둘 이상의 처분기준이 모두 영업정지인 경우에는 각 처분기준을 합산한 기간을 넘지 아니하는 범위에서 무거운 처분기준의 2분의 1의 범위까지 가중하되, 그 가중한 기간을 합산한 기간은 6개월을 초과할 수 없다.

　다. 가목 및 나목에 따른 행정처분이 영업정지인 경우에는 고의나 중대한 과실 여부 또는 공중에 미치는 피해의 규모 등 위반행위의 동기·내용 및 위반의 정도 등을 고려하여 그 처분기준의 2분의 1의 범위에서 가중하거나 감경할 수 있다. 이 경우 그 가중한 기간을 합산한 기간은 6개월을 초과할 수 없다.

정답 13 ⑤

2. 개별 기준 | 암기 | 고과 수요업 보상후변취

위반행위	해당 법조문	행정처분기준		
		1차 위반	2차 위반	3차 위반
가. 고의로 측량을 부정확하게 한 경우	법 제52조제1항제1호	등록취소		
나. 과실로 측량을 부정확하게 한 경우	법 제52조제1항제1호	영업정지 4개월	등록취소	
아. 지적측량업자가 법 제106조제2항에 따른 지적측량수수료를 같은 조 제3항에 따라 고시한 금액보다 과다 또는 과소하게 받은 경우	법 제52조제1항제12호	영업정지 3개월	영업정지 6개월	등록취소
자. 다른 행정기관이 관계 법령에 따라 영업정지를 요구한 경우	법 제52조제1항제13호	영업정지 3개월	영업정지 6개월	등록취소
마. 지적측량업자가 법 제45조의 업무범위를 위반하여 지적측량을 한 경우	법 제52조제1항제6호	영업정지 3개월	영업정지 6개월	등록취소
사. 법 제51조를 위반해서 보험가입 등 필요한 조치를 하지 않은 경우	법 제52조제1항제10호	영업정지 2개월	영업정지 6개월	등록취소
바. 지적측량업자가 법 제50조에 따른 성실의무를 위반한 경우	법 제52조제1항제9호	영업정지 1개월	영업정지 3개월	영업정지 6개월 또는 등록취소
다. 정당한 사유 없이 측량업의 등록을 한 날부터 1년 이내에 영업을 시작하지 아니하거나 계속하여 1년 이상 휴업한 경우	법 제52조제1항제3호	경고	영업정지 6개월	등록취소
라. 법 제44조제4항을 위반해서 측량업 등록사항의 변경신고를 하지 아니한 경우	법 제52조제1항제5호	경고	영업정지 3개월	등록취소
차. 다른 행정기관이 관계 법령에 따라 등록취소를 요구한 경우	법 제52조제1항제13호	등록취소		

14 다음 중 가장 최근에 신설된 지목은 무엇인가?

① 공장용지   ② 주차장   ③ 광천지   ④ 철도용지

풀이 지목의 종류

토지조사사업 당시 지목 (18개)	• 과세지 : 전, 답, 대(垈), 지소(池沼), 임야(林野), 잡종지(雜種地)(6개) • 비과세지 : 도로, 하천, 구거, 제방, 성첩, 철도선로, 수도선로(7개) • 면세지 : 사사지, 분묘지, 공원지, 철도용지, 수도용지(5개)
1918년 지세령 개정 (19개)	지소(池沼) : 지소(池沼), 유지로 세분
1950년 구 지적법 (21개)	잡종지(雜種地) : 잡종지, 염전, 광천지로 세분

1975년 지적법 2차 개정 (24개)	통합	철도용지＋철도선로＝철도용지 수도용지＋수도선로＝수도용지 유지＋지소＝유지
	신설	[과]수원, [목]장용지, 공[장]용지, [학]교용지, 유[원]지, 운동[장] (6개)
	명칭 변경	사사지 ⇒ 종교용지 성첩 ⇒ 사적지 분묘지 ⇒ 묘지 운동장 ⇒ 체육용지
2001년 지적법 10차 개정 (28개)	[주]차장, [주]유소용지, [창]고용지, [양]어장(4개 신설)	

	지목	부호	지목	부호	지목	부호	지목	부호
현행(28개)	전	전	대	대	철도용지	철	공원	공
	답	답	공장용지	[장]	제방	제	체육용지	체
	과수원	과	학교용지	학	하천	[천]	유원지	[원]
	목장용지	목	주차장	[차]	구거	구	종교용지	종
	임야	임	주유소용지	주	유지	유	사적지	사
	광천지	광	창고용지	창	양어장	양	묘지	묘
	염전	염	도로	도	수도용지	수	잡종지	잡

15 **지목이란 토지의 주된 용도에 따라 종류를 구분하여 지적공부에 등록하는 것을 말한다. 다음 설명 중 틀린 것은?**

① 잡종지는 석유 · 석유제품 또는 액화석유가스 등의 판매를 위하여 일정한 설비를 갖춘 시설물의 부지와 자동차 · 선박 · 기차 등의 제작 또는 정비공장 안에 설치된 급유 · 송유시설 등의 부지로 한다.

② 사적지는 문화재로 지정된 역사적인 유적 · 고적 · 기념물 등을 보존하기 위하여 구획된 토지로 한다. 다만, 학교용지 · 공원 · 종교용지 등 다른 지목으로 된 토지에 있는 유적 · 고적 · 기념물 등을 보호하기 위하여 구획된 토지는 제외한다.

③ 유원지는 일반 공중의 위락 · 휴양 등에 적합한 시설물을 종합적으로 갖춘 수영장 · 유선장(遊船場) · 낚시터 · 어린이놀이터 · 동물원 · 식물원 · 민속촌 · 경마장 등의 토지와 이에 접속된 부속시설물의 부지로 한다.

④ 광천지는 지하에서 온수 · 약수 · 석유류 등이 용출되는 용출구(湧出口)와 그 유지(維持)에 사용되는 부지로 한다. 다만, 온수 · 약수 · 석유류 등을 일정한 장소로 운송하는 송수관 · 송유관 및 저장시설의 부지는 제외한다.

⑤ 염전은 바닷물을 끌어들여 소금을 채취하기 위하여 조성된 토지와 이에 접속된 제염장(製鹽場) 등 부속시설물의 부지로 한다. 다만, 천일제염 방식으로 하지 아니하고 동력으로 바닷물을 끌어들여 소금을 제조하는 공장시설물의 부지는 제외한다.

정답 15 ①

과수원	사과·배·밤·호두·귤나무 등 과수류를 집단적으로 재배하는 토지와 이에 접속된 저장고 등 부속시설물의 부지. 다만, 주거용 건축물의 부지는 "대"로 한다.
목장용지	다음 각 목의 토지. 다만, 주거용 건축물의 부지는 "대"로 한다. 가. 축산업 및 낙농업을 하기 위하여 초지를 조성한 토지 나. 「축산법」 제2조제1호에 따른 가축을 사육하는 축사 등의 부지 다. 가목 및 나목의 토지와 접속된 부속시설물의 부지
광천지	지하에서 온수·약수·석유류 등이 용출되는 용출구(湧出口)와 그 유지(維持)에 사용되는 부지. 다만, 온수·약수·석유류 등을 일정한 장소로 운송하는 송수관·송유관 및 저장시설의 부지는 제외한다.
염전	바닷물을 끌어들여 소금을 채취하기 위하여 조성된 토지와 이에 접속된 제염장(製鹽場) 등 부속시설물의 부지. 다만, 천일제염 방식으로 하지 아니하고 동력으로 바닷물을 끌어들여 소금을 제조하는 공장시설물의 부지는 제외한다.
주차장	자동차 등의 주차에 필요한 독립적인 시설을 갖춘 부지와 주차전용 건축물 및 이에 접속된 부속시설물의 부지. 다만, 다음 각 목의 어느 하나에 해당하는 시설의 부지는 제외한다. 가. 「주차장법」 제2조제1호가목 및 다목에 따른 노상주차장 및 부설주차장(「주차장법」 제19조제4항에 따라 시설물의 부지 인근에 설치된 부설주차장은 제외한다) 나. 자동차 등의 판매 목적으로 설치된 물류장 및 야외전시장
주유소용지	다음 각 목의 토지. 다만, 자동차·선박·기차 등의 제작 또는 정비공장 안에 설치된 급유·송유시설 등의 부지는 제외한다. 가. 석유·석유제품 또는 액화석유가스, 전기 또는 수소 등의 판매를 위하여 일정한 설비를 갖춘 시설물의 부지 나. 저유소(貯油所) 및 원유저장소의 부지와 이에 접속된 부속시설물의 부지
도로	다음 각 목의 토지. 다만, 아파트·공장 등 단일 용도의 일정한 단지 안에 설치된 통로 등은 제외한다. 가. 일반 공중(公衆)의 교통 운수를 위하여 보행이나 차량운행에 필요한 일정한 설비 또는 형태를 갖추어 이용되는 토지 나. 「도로법」 등 관계 법령에 따라 도로로 개설된 토지 다. 고속도로의 휴게소 부지 라. 2필지 이상에 진입하는 통로로 이용되는 토지
체육용지	국민의 건강증진 등을 위한 체육활동에 적합한 시설과 형태를 갖춘 종합운동장·실내체육관·야구장·골프장·스키장·승마장·경륜장 등 체육시설의 토지와 이에 접속된 부속시설물의 부지. 다만, 체육시설로서의 영속성과 독립성이 미흡한 정구장·골프연습장·실내수영장 및 체육도장, 유수(流水)를 이용한 요트장 및 카누장 등의 토지는 제외한다.
유원지	일반 공중의 위락·휴양 등에 적합한 시설물을 종합적으로 갖춘 수영장·유선장(遊船場)·낚시터·어린이놀이터·동물원·식물원·민속촌·경마장·야영장 등의 토지와 이에 접속된 부속시설물의 부지. 다만, 이들 시설과의 거리 등으로 보아 독립적인 것으로 인정되는 숙식시설 및 유기장(遊技場)의 부지와 하천·구거 또는 유지[공유(公有)인 것으로 한정한다]로 분류되는 것은 제외한다.

정답

사적지	문화재로 지정된 역사적인 유적·고적·기념물 등을 보존하기 위하여 구획된 토지. 다만, 학교용지·공원·종교용지 등 다른 지목으로 된 토지에 있는 유적·고적·기념물 등을 보호하기 위하여 구획된 토지는 제외한다.
묘지	사람의 시체나 유골이 매장된 토지, 「도시공원 및 녹지 등에 관한 법률」에 따른 묘지공원으로 결정·고시된 토지 및 「장사 등에 관한 법률」 제2조제9호에 따른 봉안시설과 이에 접속된 부속시설물의 부지. 다만, 묘지의 관리를 위한 건축물의 부지는 "대"로 한다.
잡종지	다음 각 목의 토지. 다만, 원상회복을 조건으로 돌을 캐내는 곳 또는 흙을 파내는 곳으로 허가된 토지는 제외한다. 가. 갈대밭, 실외에 물건을 쌓아두는 곳, 돌을 캐내는 곳, 흙을 파내는 곳, 야외시장 및 공동우물 나. 변전소, 송신소, 수신소 및 송유시설 등의 부지 다. 여객자동차터미널, 자동차운전학원 및 폐차장 등 자동차와 관련된 독립적인 시설물을 갖춘 부지 라. 공항시설 및 항만시설 부지 마. 도축장, 쓰레기처리장 및 오물처리장 등의 부지 바. 그 밖에 다른 지목에 속하지 않는 토지

16 면적측정의 방법에 관한 내용으로 옳은 것은?

(19년1회지산)

① 좌표면적계산법에 따른 산출면적은 1000분의 $1m^2$까지 계산하여 100분의 $1m^2$ 단위로 정해야 한다.

② 전자면적측정기에 따른 측정면적은 100분의 $1m^2$까지 계산하여 10분의 $1m^2$ 단위로 정해야 한다.

③ 경위의측량방법으로 세부측량을 한 지역의 필지별 면적측정은 경계점 좌표에 따라야 한다.

④ 면적을 측정하는 경우 도곽선의 길이에 1mm 이상의 신축이 있을 때에는 이를 보정하여야 한다.

풀이 지적측량 시행규칙 제20조(면적측정의 방법 등)

① 좌표면적계산법에 따른 면적측정은 다음 각 호의 기준에 따른다.

> 1. 경위의측량방법으로 세부측량을 한 지역의 필지별 면적측정은 경계점 좌표에 따를 것
> 2. 산출면적은 1천분의 1제곱미터까지 계산하여 10분의 1제곱미터 단위로 정할 것

② 전자면적측정기에 따른 면적측정은 다음 각 호의 기준에 따른다.

> 1. 도상에서 2회 측정하여 그 교차가 다음 계산식에 따른 허용면적 이하일 때에는 그 평균치를 측정면적으로 할 것
>
> $$A = 0.023^2 M\sqrt{F}$$
>
> (A는 허용면적, M은 축척분모, F는 2회 측정한 면적의 합계를 2로 나눈 수)
>
> 2. 측정면적은 1천분의 1제곱미터까지 계산하여 10분의 1제곱미터 단위로 정할 것

정답 16 ③

17 지적측량업의 등록에 필요한 기술능력의 등급별 인원 기준으로 옳은 것은?(단, 상위 등급의 기술능력으로 하위 등급의 기술능력을 대체하는 경우는 고려하지 않는다.) (19년1회지기)

① 고급기술인 1명 이상
② 중급기술인 1명 이상
③ 초급기술인 1명 이상
④ 지적분야의 초급기능사 2명 이상

풀이 지적측량업

1. 특급기술인 1명 또는 고급기술인 2명 이상	1. 토털 스테이션 1대 이상
2. 중급기술인 2명 이상	2. 출력장치 1대 이상
3. 초급기술인 1명 이상	• 해상도 : 2400DPI×1200DPI
4. 지적 분야의 초급기능사 1명 이상	• 출력범위 : 600밀리미터×1060밀리미터 이상

18 「공간정보의 구축 및 관리 등에 관한 법률 시행규칙」에서 수수료에 관한 사항이다. 틀린 것은?

① 지적삼각점 성과열람 : 1점당 300원
② 토지대장 방문 열람 : 1필지당 300원
③ 지목변경 : 1필지당 1,000원
④ 바다로 된 토지의 등록말소 신청 : 1필지당 1,000원

풀이 공간정보의 구축 및 관리 등에 관한 법률 시행규칙 [별표 12] 〈개정 2019.2.25.〉

업무 종류에 따른 수수료의 금액(제115조제1항 관련)

해당 업무	단위	수수료	해당 법조문
5. 지적기준점성과의 열람 신청 가. 지적삼각점 나. 지적삼각보조점 다. 지적도근점	 1점당 1점당 1점당	 300원 300원 200원	법 제106조 제1항제6호
6. 지적기준점성과의 등본 발급 신청 가. 지적삼각점 나. 지적삼각보조점 다. 지적도근점	 1점당 1점당 1점당	 500원 500원 400원	법 제106조 제1항제6호
7. 측량업의 등록 신청	1건당	20,000원	법 제106조 제1항제9호
8. 측량업등록증 및 측량업등록수첩의 재발급 신청	1건당	2,000원	법 제106조 제1항제10호
9. 수로사업의 등록 신청	1건당	20,000원	법 제106조 제1항제11호
10. 수로사업등록증 및 수로사업등록수첩의 재발급 신청	1건당	2,000원	법 제106조 제1항제12호
11. 지적공부의 열람 신청 가. 방문 열람 1) 토지대장 2) 임야대장	 1필지당 1필지당	 300원 300원	법 제106조 제1항제13호

해당 업무	단위	수수료	해당 법조문
3) 지적도	1장당	400원	법 제106조 제1항제13호
4) 임야도	1장당	400원	
5) 경계점좌표등록부	1필지당	300원	
나. 인터넷 열람			
1) 토지대장	1필지당	무료	
2) 임야대장	1필지당	무료	
3) 지적도	1장당	무료	
4) 임야도	1장당	무료	
5) 경계점좌표등록부	1필지당	무료	
12. 지적공부의 등본 발급 신청			법 제106조 제1항제13호
가. 방문 발급			
1) 토지대장	1필지당	500원	
2) 임야대장	1필지당	500원	
3) 지적도	가로 21cm, 세로 30cm	700원	
4) 임야도	가로 21cm, 세로 30cm	700원	
5) 경계점좌표등록부	1필지당	500원	
나. 인터넷 발급			
1) 토지대장	1필지당	무료	
2) 임야대장	1필지당	무료	
3) 지적도	가로 21cm, 세로 30cm	무료	
4) 임야도	가로 21cm, 세로 30cm	무료	
5) 경계점좌표등록부	1필지당	무료	
13. 지적전산자료의 이용 또는 활용 신청			법 제106조 제1항제14호
가. 자료를 인쇄물로 제공하는 경우	1필지당	30원	
나. 자료를 자기디스크 등 전산매체로 제공하는 경우	1필지당	20원	
14. 부동산종합공부의 인터넷 열람 신청	1필지당	무료	법 제106조 제1항제14호의2
15. 부동산종합증명서 발급 신청			법 제106조 제1항제14호의2
가. 방문 발급			
1) 종합형	1필지당	1,500원	
2) 맞춤형	1필지당	1,000원	
나. 인터넷 발급			
1) 종합형	1필지당	1,000원	
2) 맞춤형	1필지당	800원	
16. 지적공부정리 신청			법 제106조 제1항제15호
가. 신규등록 신청	1필지당	1,400원	
나. 등록전환 신청	1필지당	1,400원	
다. 분할 신청	분할 후 1필지당	1,400원	
라. 합병 신청	합병 전 1필지당	1,000원	
마. 지목변경 신청	1필지당	1,000원	
바. 바다로 된 토지의 등록말소 신청	1필지당	무료	

해당 업무	단위	수수료	해당 법조문
사. 축척변경 신청 아. 등록사항의 정정 신청 자. 법 제86조에 따른 토지이동 신청	1필지당 1필지당 확정 후 1필지당	1,400원 무료 1,400원	법 제106조 제1항제15호
17. 성능검사대행자의 등록 신청	1건당	20,000원	법 제106조 제1항제17호
18. 성능검사대행자 등록증의 재발급 신청	1건당	2,000원	법 제106조 제1항제18호

[비고]
가) 국가 또는 지방자치단체의 지적공부정리 신청 수수료는 면제한다.
나) 부동산종합증명서 방문 발급 시 1통에 대한 발급수수료는 20장까지는 기본수수료를 적용하고, 1통이 20장을 초과하는 때에는 초과 1장마다 50원의 수수료를 추가 적용한다.
다) 토지(임야)대장 및 경계점좌표등록부의 열람 및 등본발급 수수료는 1필지를 기준으로 하되, 1필지당 20장을 초과하는 경우에는 초과하는 매 1장당 100원을 가산하며, 지적(임야)도면 등본의 크기가 기본단위(가로 21cm, 세로 30cm)의 4배를 초과하는 경우에는 기본단위당 700원을 가산한다.
라) 다)에도 불구하고 지적(임야)도면 등본을 제도방법(연필로 하는 제도방법은 제외한다)으로 작성·발급하는 경우 그 등본 발급 수수료는 기본단위당 5필지를 기준하여 2,400원으로 하되, 5필지를 초과하는 경우에는 초과하는 매 1필지당 150원을 가산하며, 도면 등본의 크기가 기본단위를 초과하는 경우에는 기본단위당 500원을 가산한다.
마) 지적측량업무에 종사하는 측량기술자가 그 업무와 관련하여 지적측량기준점성과 또는 그 측량부의 열람 및 등본 발급을 신청하는 경우에는 수수료를 면제한다.
바) 국가 또는 지방자치단체가 업무수행에 필요하여 지적공부의 열람 및 등본 발급을 신청하는 경우에는 수수료를 면제한다.
사) 지적측량업무에 종사하는 측량기술자가 그 업무와 관련하여 지적공부를 열람(복사하기 위하여 열람하는 것을 포함한다)하는 경우에는 수수료를 면제한다.

19 지적측량기준점을 설치하여 측량 또는 측량 검사를 하는 경우 지적기준점이 25개일 때의 측량 또는 측량 검사 기간은 며칠인가?

① 5일   ② 6일
③ 7일   ④ 8일

풀이 공간정보의 구축 및 관리 등에 관한 법률 시행규칙 제25조(지적측량 의뢰 등)
① 법 제24조제1항에 따라 지적측량을 의뢰하려는 자는 별지 제15호 서식의 지적측량 의뢰서(전자문서로 된 의뢰서를 포함한다)에 의뢰 사유를 증명하는 서류(전자문서를 포함한다)를 첨부하여 지적측량수행자에게 제출하여야 한다. 〈개정 2014.1.17.〉
② 지적측량수행자는 제1항에 따른 지적측량 의뢰를 받은 때에는 측량기간, 측량일자 및 측량 수수료 등을 적은 별지 제16호 서식의 지적측량 수행계획서를 그 다음 날까지 지적소관청에 제출하여야 한다. 제출한 지적측량 수행계획서를 변경한 경우에도 같다. 〈개정 2014.1.17.〉
③ 지적측량의 측량기간은 5일로 하며, 측량검사기간은 4일로 한다. 다만, 지적기준점을 설치하여 측량 또는 측량검사를 하는 경우 지적기준점이 15점 이하인 경우에는 4일을, 15점을 초과하는 경우에는 4일에 15점을 초과하는 4점마다 1일을 가산한다. 〈개정 2010.6.17.〉
④ 제3항에도 불구하고 지적측량 의뢰인과 지적측량수행자가 서로 합의하여 따로 기간을 정하는 경우에는 그 기간에 따르되, 전체 기간의 4분의 3은 측량기간으로, 전체 기간의 4분의 1은 측량검사기간으로 본다.

기준점 수	기간
15점 이하	4일
16~19점	5일
20~23점	6일
24~27점	7일
28~31점	8일

20 「공간정보의 구축 및 관리 등에 관한 법률 제92조(축척변경의 확정공고)」에 따른 축척변경의 확정공고에 포함되는 사항이 아닌 것은?

① 축척변경 지번별 조서
② 청산금 조서
③ 토지의 소재 및 지역명
④ 임야도의 축척

풀이 공간정보의 구축 및 관리 등에 관한 법률 시행규칙 제92조(축척변경의 확정공고) **암기** 소지청은 청도에서

① 영 제78조제1항에 따른 축척변경의 확정공고에는 다음 각 호의 사항이 포함되어야 한다.

> 1. 토지의 ㉠재 및 ㉯역명
> 2. 영 제73조에 따른 축㉰변경 지번별 조서
> 3. 영 제75조제4항에 따른 ㉱산금 조서
> 4. 지적㉲의 축척

② 영 제78조제2항에 따라 지적공부에 등록하는 때에는 다음 각 호의 기준에 따라야 한다.

> 1. 토지대장은 제1항제2호에 따라 확정공고된 축척변경 지번별 조서에 따를 것
> 2. 지적도는 확정측량 결과도 또는 경계점좌표에 따를 것

지적재조사에 관한 특별법 관련 문제

···01 제1회 합격모의고사

01 「지적재조사에 관한 특별법」상 시·도 지적재조사위원회에서 심의 및 의결할 수 있는 사항이 아
닌 것은?

(18년지방9급)

① 지적재조사지구의 지정 및 변경

② 시·군·구별 지적재조사사업의 우선순위 조정

③ 경계설정에 따른 이의신청에 관한 결정

④ 지적소관청이 수립한 실시계획

> **풀이** 지적재조사에 관한 특별법 제29조(시·도 지적재조사위원회) **암기** **실종사우위**
>
> ① 시·도의 지적재조사사업에 관한 주요 정책을 심의·의결하기 위하여 시·도지사 소속으로 시·도 지적재
> 조사위원회(이하 "시·도 위원회"라 한다)를 둘 수 있다.
>
> ② 시·도 위원회는 다음 각 호의 사항을 심의·의결한다. 〈개정 2017.4.18., 2020.6.9.〉
>
> > 1. 지적소관청이 수립한 **실**시계획
> > 1의2. 시·도**종**합계획의 수립 및 변경
> > 2. 지적재조**사**지구의 지정 및 변경
> > 3. 시·군·구별 지적재조사사업의 **우**선순위 조정
> > 4. 그 밖에 지적재조사사업에 필요하여 시·도 위원회의 **위**원장이 회의에 부치는 사항
>
> ③ 시·도 위원회는 위원장 및 부위원장 각 1명을 포함한 10명 이내의 위원으로 구성한다.
>
> ④ 시·도 위원회의 위원장은 시·도지사가 되며, 부위원장은 위원 중에서 위원장이 지명한다.
>
> ⑤ 시·도 위원회의 위원은 다음 각 호의 어느 하나에 해당하는 사람 중에서 위원장이 임명 또는 위촉한다.
>
> > 1. 해당 시·도의 3급 이상 공무원
> > 2. 판사·검사 또는 변호사
> > 3. 법학이나 지적 또는 측량 분야의 교수로 재직하고 있거나 있었던 사람
> > 4. 그 밖에 지적재조사사업에 관하여 전문성을 갖춘 사람
>
> ⑥ 시·도 위원회의 위원 중 공무원이 아닌 위원의 임기는 2년으로 한다.
>
> ⑦ 시·도 위원회는 재적위원 과반수의 출석과 출석위원 과반수의 찬성으로 의결한다.
>
> ⑧ 그 밖에 시·도 위원회의 조직 및 운영 등에 관하여 필요한 사항은 해당 시·도의 조례로 정한다.

정답 01 ③

지적재조사에 관한 특별법 제31조(경계결정위원회)

① 다음 각 호의 사항을 의결하기 위하여 지적소관청 소속으로 경계결정위원회를 둔다.

> 1. 경계설정에 관한 결정
> 2. 경계설정에 따른 이의신청에 관한 결정

② 경계결정위원회는 위원장 및 부위원장 각 1명을 포함한 11명 이내의 위원으로 구성한다.

③ 경계결정위원회의 위원장은 위원인 판사가 되며, 부위원장은 위원 중에서 지적소관청이 지정한다.

④ 경계결정위원회의 위원은 다음 각 호에서 정하는 사람이 된다. 다만, 제3호 및 제4호의 위원은 해당 지적재조사지구에 관한 안건인 경우에 위원으로 참석할 수 있다. 〈개정 2019.12.10.〉

> 1. 관할 지방법원장이 지명하는 판사
> 2. 다음 각 목의 어느 하나에 해당하는 사람으로서 지적소관청이 임명 또는 위촉하는 사람
>   가. 지적소관청 소속 5급 이상 공무원
>   나. 변호사, 법학교수, 그 밖에 법률지식이 풍부한 사람
>   다. 지적측량기술자, 감정평가사, 그 밖에 지적재조사사업에 관한 전문성을 갖춘 사람
> 3. 각 지적재조사지구의 토지소유자(토지소유자협의회가 구성된 경우에는 토지소유자협의회가 추천하는 사람을 말한다)
> 4. 각 지적재조사지구의 읍장 · 면장 · 동장

⑤ 경계결정위원회의 위원에는 제4항제3호에 해당하는 위원이 반드시 포함되어야 한다.

⑥ 경계결정위원회의 위원 중 공무원이 아닌 위원의 임기는 2년으로 한다.

⑦ 경계결정위원회는 직권 또는 토지소유자나 이해관계인의 신청에 따라 사실조사를 하거나 신청인 또는 토지소유자나 이해관계인에게 필요한 서류의 제출을 요청할 수 있으며, 지적소관청의 소속 공무원으로 하여금 사실조사를 하게 할 수 있다.

⑧ 토지소유자나 이해관계인은 경계결정위원회에 출석하여 의견을 진술하거나 필요한 증빙서류를 제출할 수 있다.

⑨ 경계결정위원회의 결정 또는 의결은 문서로써 재적위원 과반수의 찬성이 있어야 한다.

⑩ 제9항에 따른 결정서 또는 의결서에는 주문, 결정 또는 의결 이유, 결정 또는 의결 일자 및 결정 또는 의결에 참여한 위원의 성명을 기재하고, 결정 또는 의결에 참여한 위원 전원이 서명날인하여야 한다. 다만, 서명날인을 거부하거나 서명날인을 할 수 없는 부득이한 사유가 있는 위원의 경우 해당 위원의 서명날인을 생략하고 그 사유만을 기재할 수 있다.

⑪ 경계결정위원회의 조직 및 운영 등에 관하여 필요한 사항은 해당 시 · 군 · 구의 조례로 정한다.

---

02 지적재조사사업에 관련된 설명으로 옳지 않은 것은? (15년서울9급)

① 지적공부의 등록사항과 일치하지 않는 토지의 실제 현황을 바로잡기 위한 사업이다.

② 종이에 구현된 지적을 디지털 지적으로 전환하기 위한 사업이다.

③ 국토를 효율적으로 관리하기 위해 추진되는 사업이다.

④ 국민의 재산권을 보호해 주기 위해 추진되는 국가사업이다.

풀이 지적재조사에 관한 특별법 제1조(목적)

이 법은 토지의 실제 현황과 일치하지 아니하는 지적공부(地籍公簿)의 등록사항을 바로잡고 종이에 구현된 지적(地籍)을 디지털 지적으로 전환함으로써 국토를 효율적으로 관리함과 아울러 국민의 재산권 보호에 기여함을 목적으로 한다.

정답 02 ①

지적재조사에 관한 특별법 제2조(정의)

이 법에서 사용하는 용어의 정의는 다음과 같다.〈개정 2014.6.3., 2017.4.18., 2019.12.10.〉

1. "지적공부"란 「공간정보의 구축 및 관리 등에 관한 법률」 제2조제19호에 따른 지적공부를 말한다.
2. "지적재조사사업"이란 「공간정보의 구축 및 관리 등에 관한 법률」 제71조부터 제73조까지의 규정에 따른 지적공부의 등록사항을 조사·측량하여 기존의 지적공부를 디지털에 의한 새로운 지적공부로 대체함과 동시에 지적공부의 등록사항이 토지의 실제 현황과 일치하지 아니하는 경우 이를 바로잡기 위하여 실시하는 국가사업을 말한다.
3. "지적재조사지구"란 지적재조사사업을 시행하기 위하여 제7조 및 제8조에 따라 지정·고시된 지구를 말한다.
4. "토지현황조사"란 지적재조사사업을 시행하기 위하여 필지별로 소유자, 지번, 지목, 면적, 경계 또는 좌표, 지상건축물 및 지하건축물의 위치, 개별공시지가 등을 조사하는 것을 말한다.
5. "지적소관청"이란 「공간정보의 구축 및 관리 등에 관한 법률」 제2조제18호에 따른 지적소관청을 말한다.

03 측량계산의 끝수처리에 대하여 ㉮~㉯에 들어갈 숫자의 합으로 옳은 것은?(단, 지적도의 축척이 600분의 1인 지역과 경계점좌표등록부에 등록하는 지역이다.)

(16년서울9급)

토지 면적은 제곱미터 이하 한 자리 단위로 하되, (㉮)제곱미터 미만의 끝수가 있는 경우 (㉯)제곱미터 미만일 때에는 버리고 (㉰)제곱미터를 초과할 때에는 올리며, (㉱)제곱미터일 때에는 구하려는 끝자리의 숫자가 0 또는 짝수이면 버리고 홀수이면 올린다. 다만, (㉲)필지의 면적이 (㉳)제곱미터 미만일 때에는 (㉴)제곱미터로 한다.

① 1.45 　　　　　　　　　　　② 2.45
③ 3.45 　　　　　　　　　　　④ 5.5

풀이 공간정보의 구축 및 관리 등에 관한 법률 시행령 제60조(면적의 결정 및 측량계산의 끝수처리)

① 면적의 결정은 다음 각 호의 방법에 따른다.

1. 토지의 면적에 1제곱미터 미만의 끝수가 있는 경우 0.5제곱미터 미만일 때에는 버리고 0.5제곱미터를 초과하는 때에는 올리며, 0.5제곱미터일 때에는 구하려는 끝자리의 숫자가 0 또는 짝수이면 버리고 홀수이면 올린다. 다만, 1필지의 면적이 1제곱미터 미만일 때에는 1제곱미터로 한다.
2. 지적도의 축척이 600분의 1인 지역과 경계점좌표등록부에 등록하는 지역의 토지 면적은 제1호에도 불구하고 제곱미터 이하 한 자리 단위로 하되, 0.1제곱미터 미만의 끝수가 있는 경우 0.05제곱미터 미만일 때에는 버리고 0.05제곱미터를 초과할 때에는 올리며, 0.05제곱미터일 때에는 구하려는 끝자리의 숫자가 0 또는 짝수이면 버리고 홀수이면 올린다. 다만, 1필지의 면적이 0.1제곱미터 미만일 때에는 0.1제곱미터로 한다.

② 방위각의 각치(角値), 종횡선의 수치 또는 거리를 계산하는 경우 구하려는 끝자리의 다음 숫자가 5 미만일 때에는 버리고 5를 초과할 때에는 올리며, 5일 때에는 구하려는 끝자리의 숫자가 0 또는 짝수이면 버리고 홀수이면 올린다. 다만, 전자계산조직을 이용하여 연산할 때에는 최종수치에만 이를 적용한다.

04 「지적재조사에 관한 특별법」에서 지적소관청 소속으로 두는 경계결정위원회에 대한 설명으로 옳은 것은? (16년서울7급)

① 경계결정위원회는 경계설정에 관한 결정과 경계설정에 따른 이의신청에 관한 결정 등 두 가지 사항을 의결한다.

② 경계결정위원회는 위원장 및 부위원장 각 1명을 포함한 9명 이상 11명 이내의 위원으로 구성한다.

③ 경계결정위원회의 위원장은 관할 지방법원장이 되며, 부위원장은 위원장이 위원 중에서 지명한다.

④ 경계결정위원회의 위원에는 각 지적재조사지구의 읍장·면장·동장에 해당하는 위원이 반드시 포함되어야 한다.

풀이 지적재조사에 관한 특별법 제31조(경계결정위원회) **암기** **경신**

① 다음 각 호의 사항을 의결하기 위하여 지적소관청 소속으로 경계결정위원회를 둔다.

> 1. **경**계설정에 관한 결정
> 2. 경계설정에 따른 이의**신**청에 관한 결정

② 경계결정위원회는 위원장 및 부위원장 각 1명을 포함한 11명 이내의 위원으로 구성한다.

③ 경계결정위원회의 위원장은 위원인 판사가 되며, 부위원장은 위원 중에서 지적소관청이 지정한다.

④ 경계결정위원회의 위원은 다음 각 호에서 정하는 사람이 된다. 다만, 제3호 및 제4호의 위원은 해당 지적재조사지구에 관한 안건인 경우에 위원으로 참석할 수 있다. 〈개정 2019.12.10.〉

> 1. 관할 지방법원장이 지명하는 판사
> 2. 다음 각 목의 어느 하나에 해당하는 사람으로서 지적소관청이 임명 또는 위촉하는 사람
>   가. 지적소관청 소속 5급 이상 공무원
>   나. 변호사, 법학교수, 그 밖에 법률지식이 풍부한 사람
>   다. 지적측량기술자, 감정평가사, 그 밖에 지적재조사사업에 관한 전문성을 갖춘 사람
> 3. 각 지적재조사지구의 토지소유자(토지소유자협의회가 구성된 경우에는 토지소유자협의회가 추천하는 사람을 말한다)
> 4. 각 지적재조사지구의 읍장·면장·동장

⑤ 경계결정위원회의 위원에는 제4항제3호에 해당하는 위원이 반드시 포함되어야 한다.

⑥ 경계결정위원회의 위원 중 공무원이 아닌 위원의 임기는 2년으로 한다.

⑦ 경계결정위원회는 직권 또는 토지소유자나 이해관계인의 신청에 따라 사실조사를 하거나 신청인 또는 토지소유자나 이해관계인에게 필요한 서류의 제출을 요청할 수 있으며, 지적소관청의 소속 공무원으로 하여금 사실조사를 하게 할 수 있다.

⑧ 토지소유자나 이해관계인은 경계결정위원회에 출석하여 의견을 진술하거나 필요한 증빙서류를 제출할 수 있다.

⑨ 경계결정위원회의 결정 또는 의결은 문서로써 재적위원 과반수의 찬성이 있어야 한다.

⑩ 제9항에 따른 결정서 또는 의결서에는 주문, 결정 또는 의결 이유, 결정 또는 의결 일자 및 결정 또는 의결에 참여한 위원의 성명을 기재하고, 결정 또는 의결에 참여한 위원 전원이 서명날인하여야 한다. 다만, 서명날인을 거부하거나 서명날인을 할 수 없는 부득이한 사유가 있는 위원의 경우 해당 위원의 서명날인을 생략하고 그 사유만을 기재할 수 있다.

⑪ 경계결정위원회의 조직 및 운영 등에 관하여 필요한 사항은 해당 시·군·구의 조례로 정한다.

정답 04 ①

05 「지적재조사에 관한 특별법」에서 지적재조사지구 지정고시 및 효력 상실에 대한 설명으로 가장 옳지 않은 것은? (16년서울9급)

① 지적재조사지구의 지정 또는 변경에 대한 고시가 있을 때에는 지적공부에 지적재조사지구로 지정된 사실을 기재하여야 한다.

② 지적소관청은 지적재조사지구 지정고시를 한 날부터 2년 내에 지적재조사사업에 관한 실시계획을 수립하여야 한다.

③ 지적소관청이 토지현황조사 및 지적재조사측량 기간 내에 조사 및 측량을 시행하지 아니할 때에는 그 기간의 만료로 지적재조사지구의 지정은 효력이 상실된다.

④ 시·도지사는 지적재조사지구 지정의 효력이 상실되었을 때에는 이를 시·도 공보에 고시하고 국토교통부장관에게 보고하여야 한다.

풀이 지적재조사에 관한 특별법 제8조(지적재조사지구 지정고시)

① 시·도지사는 지적재조사지구를 지정하거나 변경한 경우에 시·도 공보에 고시하고 그 지정내용 또는 변경내용을 국토교통부장관에게 보고하여야 하며, 관계 서류를 일반인이 열람할 수 있도록 하여야 한다. 〈개정 2013.3.23., 2019.12.10.〉

② 지적재조사지구의 지정 또는 변경에 대한 고시가 있을 때에는 지적공부에 지적재조사지구로 지정된 사실을 기재하여야 한다. 〈개정 2019.12.10.〉

지적재조사에 관한 특별법 제9조(지적재조사지구 지정의 효력상실 등)

① 지적소관청은 지적재조사지구 지정고시를 한 날부터 2년 내에 토지현황조사 및 지적재조사를 위한 지적측량(이하 "지적재조사측량"이라 한다)을 시행하여야 한다. 〈개정 2017.4.18., 2019.12.10.〉

② 제1항의 기간 내에 토지현황조사 및 지적재조사측량을 시행하지 아니할 때에는 그 기간의 만료로 지적재조사지구의 지정은 효력이 상실된다. 〈개정 2017.4.18., 2019.12.10.〉

③ 시·도지사는 제2항에 따라 지적재조사지구 지정의 효력이 상실되었을 때에는 이를 시·도 공보에 고시하고 국토교통부장관에게 보고하여야 한다. 〈개정 2013.3.23., 2019.12.10.〉

06 지적재조사사업에 있어서 시·도 지적재조사위원회의 심의·의결사항이 아닌 것은? (16년서울7급)

① 지적재조사지구의 지정 및 변경

② 시·군·구별 지적재조사사업의 우선순위 조정

③ 시·군·구 지적재조사위원회의 위원장이 회의에 부치는 사항

④ 지적소관청이 수립한 실시계획

풀이 지적재조사에 관한 특별법 제29조(시·도 지적재조사위원회) **암기** **실종사우위**

① 시·도의 지적재조사사업에 관한 주요 정책을 심의·의결하기 위하여 시·도지사 소속으로 시·도 지적재조사위원회(이하 "시·도 위원회"라 한다)를 둘 수 있다.

② 시·도 위원회는 다음 각 호의 사항을 심의·의결한다. 〈개정 2017.4.18., 2020.6.9.〉

> 1. 지적소관청이 수립한 **실**시계획
> 1의2. 시·도**종**합계획의 수립 및 변경

2. 지적재조사⒮지구의 지정 및 변경
3. 시 · 군 · 구별 지적재조사사업의 ⓤ선순위 조정
4. 그 밖에 지적재조사사업에 필요하여 시 · 도 위원회의 ⓦ원장이 회의에 부치는 사항

③ 시 · 도 위원회는 위원장 및 부위원장 각 1명을 포함한 10명 이내의 위원으로 구성한다.
④ 시 · 도 위원회의 위원장은 시 · 도지사가 되며, 부위원장은 위원 중에서 위원장이 지명한다.
⑤ 시 · 도 위원회의 위원은 다음 각 호의 어느 하나에 해당하는 사람 중에서 위원장이 임명 또는 위촉한다.

1. 해당 시 · 도의 3급 이상 공무원
2. 판사 · 검사 또는 변호사
3. 법학이나 지적 또는 측량 분야의 교수로 재직하고 있거나 있었던 사람
4. 그 밖에 지적재조사사업에 관하여 전문성을 갖춘 사람

⑥ 시 · 도 위원회의 위원 중 공무원이 아닌 위원의 임기는 2년으로 한다.
⑦ 시 · 도 위원회는 재적위원 과반수의 출석과 출석위원 과반수의 찬성으로 의결한다.
⑧ 그 밖에 시 · 도 위원회의 조직 및 운영 등에 관하여 필요한 사항은 해당 시 · 도의 조례로 정한다.

07 다음 「지적재조사에 관한 특별법」에 의한 조정금의 산정 및 조정금 등에 관한 설명 중 옳은 것은?

(15년서울9급)

① 조정금에 관하여 이의가 있는 자는 납부고지를 받은 날부터 30일 이내에 지적소관청에 이의신청을 할 수 있다.
② 지방자치단체 소유의 공유지 행정재산의 조정금은 징수하지 않는다.
③ 조정금은 사업이 완료한 이후에 감정평가법인에 의뢰하여 평가한 감정평가액으로 산정한다.
④ 조정금에 대한 이의신청을 받은 지적소관청은 60일 이내에 시 · 군 · 구 지적재조사위원회의 심의 · 의결을 거쳐 그 인용 여부를 결정한다.

풀이 **지적재조사에 관한 특별법 제20조(조정금의 산정)**
① 지적소관청은 제18조에 따른 경계 확정으로 지적공부상의 면적이 증감된 경우에는 필지별 면적 증감내역을 기준으로 조정금을 산정하여 징수하거나 지급한다.
② 제1항에도 불구하고 국가 또는 지방자치단체 소유의 국유지 · 공유지 행정재산의 조정금은 징수하거나 지급하지 아니한다.
③ 조정금은 제18조에 따라 경계가 확정된 시점을 기준으로 「감정평가 및 감정평가사에 관한 법률」에 따른 감정평가법인 등이 평가한 감정평가액으로 산정한다. 다만, 토지소유자협의회가 요청하는 경우에는 제30조에 따른 시 · 군 · 구 지적재조사위원회의 심의를 거쳐 「부동산 가격공시에 관한 법률」에 따른 개별공시지가로 산정할 수 있다. 〈개정 2017.4.18., 2020.4.7.〉
④ 지적소관청은 제3항에 따라 조정금을 산정하고자 할 때에는 제30조에 따른 시 · 군 · 구 지적재조사위원회의 심의를 거쳐야 한다.
⑤ 제2항부터 제4항까지에 규정된 것 외에 조정금의 산정에 필요한 사항은 대통령령으로 정한다.

지적재조사에 관한 특별법 제21조의2(조정금에 관한 이의신청)
① 제21조제3항에 따라 수령통지 또는 납부고지된 조정금에 이의가 있는 토지소유자는 수령통지 또는 납부고지를 받은 날부터 60일 이내에 지적소관청에 이의신청을 할 수 있다.
② 지적소관청은 제1항에 따른 이의신청을 받은 날부터 30일 이내에 제30조에 따른 시 · 군 · 구 지적재조사위원회의 심의 · 의결을 거쳐 이의신청에 대한 결과를 신청인에게 서면으로 알려야 한다.

정답 07 ②

820 PART 02 지적법 합격모의고사

지적재조사에 관한 특별법 시행령 제12조(조정금의 산정)

법 제20조제3항 단서에 따라 조정금을 「부동산 가격공시에 관한 법률」 제10조에 따른 개별공시지가(이하 "개별공시지가"라 한다)로 산정하는 경우에는 법 제18조에 따라 경계가 확정된 시점을 기준으로 필지별 증감면적에 개별공시지가를 곱하여 산정한다.

지적재조사에 관한 특별법 시행령 제13조(분할납부)

① 지적소관청은 법 제21조제5항 단서에 따라 조정금이 1천만 원을 초과하는 경우에는 그 조정금을 부과한 날부터 1년 이내의 기간을 정하여 4회 이내에서 나누어 내게 할 수 있다. 〈개정 2017.10.17.〉

② 제1항에 따라 분할납부를 신청하려는 자는 국토교통부령으로 정하는 조정금 분할납부신청서에 분할납부 사유 등을 적고, 분할납부 사유를 증명할 수 있는 자료 등을 첨부하여 지적소관청에 제출하여야 한다. 〈개정 2017.10.17.〉

③ 지적소관청은 제2항에 따라 분할납부신청서를 받은 날부터 15일 이내에 신청인에게 분할납부 여부를 서면으로 알려야 한다.

08 다음 「지적재조사에 관한 특별법」에 의한 조정금의 산정 및 조정금 등에 관한 설명 중 옳지 않은 것은?

① 조정금에 관하여 이의가 있는 자는 납부고지를 받은 날부터 60일 이내에 지적소관청에 이의신청을 할 수 있다.

② 지적소관청은 분할납부신청서를 받은 날부터 7일 이내에 신청인에게 분할납부 여부를 서면으로 알려야 한다.

③ 조정금은 경계가 확정된 시점을 기준으로 「감정평가 및 감정평가사에 관한 법률」에 따른 감정평가법인 등이 평가한 감정평가액으로 산정한다.

④ 조정금에 대한 이의신청을 받은 지적소관청은 30일 이내에 시·군·구 지적재조사위원회의 심의·의결을 거쳐 그 인용 여부를 결정한다.

풀이 **지적재조사에 관한 특별법 제20조(조정금의 산정)**

① 지적소관청은 제18조에 따른 경계 확정으로 지적공부상의 면적이 증감된 경우에는 필지별 면적 증감내역을 기준으로 조정금을 산정하여 징수하거나 지급한다.

② 제1항에도 불구하고 국가 또는 지방자치단체 소유의 국유지·공유지 행정재산의 조정금은 징수하거나 지급하지 아니한다.

③ 조정금은 제18조에 따라 경계가 확정된 시점을 기준으로 「감정평가 및 감정평가사에 관한 법률」에 따른 감정평가법인 등이 평가한 감정평가액으로 산정한다. 다만, 토지소유자협의회가 요청하는 경우에는 제30조에 따른 시·군·구 지적재조사위원회의 심의를 거쳐 「부동산 가격공시에 관한 법률」에 따른 개별공시지가로 산정할 수 있다. 〈개정 2017.4.18., 2020.4.7.〉

④ 지적소관청은 제3항에 따라 조정금을 산정하고자 할 때에는 제30조에 따른 시·군·구 지적재조사위원회의 심의를 거쳐야 한다.

⑤ 제2항부터 제4항까지에 규정된 것 외에 조정금의 산정에 필요한 사항은 대통령령으로 정한다.

지적재조사에 관한 특별법 제21조의2(조정금에 관한 이의신청)

① 제21조제3항에 따라 수령통지 또는 납부고지된 조정금에 이의가 있는 토지소유자는 수령통지 또는 납부고지를 받은 날부터 60일 이내에 지적소관청에 이의신청을 할 수 있다.

② 지적소관청은 제1항에 따른 이의신청을 받은 날부터 30일 이내에 제30조에 따른 시·군·구 지적재조사위

원회의 심의·의결을 거쳐 이의신청에 대한 결과를 신청인에게 서면으로 알려야 한다.

지적재조사에 관한 특별법 시행령 제12조(조정금의 산정)
법 제20조제3항 단서에 따라 조정금을 「부동산 가격공시에 관한 법률」 제10조에 따른 개별공시지가(이하 "개별공시지가"라 한다)로 산정하는 경우에는 법 제18조에 따라 경계가 확정된 시점을 기준으로 필지별 증감면적에 개별공시지가를 곱하여 산정한다.

지적재조사에 관한 특별법 시행령 제13조(분할납부)
① 지적소관청은 법 제21조제5항 단서에 따라 조정금이 1천만 원을 초과하는 경우에는 그 조정금을 부과한 날부터 1년 이내의 기간을 정하여 4회 이내에서 나누어 내게 할 수 있다. 〈개정 2017.10.17.〉
② 제1항에 따라 분할납부를 신청하려는 자는 국토교통부령으로 정하는 조정금 분할납부신청서에 분할납부 사유 등을 적고, 분할납부 사유를 증명할 수 있는 자료 등을 첨부하여 지적소관청에 제출하여야 한다.
③ 지적소관청은 제2항에 따라 분할납부신청서를 받은 날부터 15일 이내에 신청인에게 분할납부 여부를 서면으로 알려야 한다.

09 지적재조사지구 지정에 따른 토지소유자 수 및 동의자 수의 산정기준에 대한 설명으로 옳지 않은 것은?
(15년서울9급)

① 1필지의 토지가 수인의 공유에 속할 때에는 그 수인을 대표하는 1인을 토지소유자로 산정한다.
② 1인이 다수 필지의 토지를 소유하고 있는 경우에는 필지 수에 관계없이 토지소유자를 1인으로 산정한다.
③ 토지등기부 및 토지대장에 소유자로 등재될 당시 주민등록번호의 기재가 없거나, 기재된 주소가 현재 주소와 다른 경우 또는 소재가 확인되지 아니한 자는 토지소유자의 수에서 제외한다.
④ 국유지에 대해서는 그 재산관리청을 토지소유자로 산정한다.

풀이 지적재조사에 관한 특별법 시행령 제7조(토지소유자 수 및 동의자 수 산정방법 등)
① 법 제7조제2항에 따른 토지소유자 수 및 동의자 수는 다음 각 호의 기준에 따라 산정한다.

> 1. 1필지의 토지가 수인의 공유에 속할 때에는 그 수인을 대표하는 1인을 토지소유자로 산정할 것
> 2. 1인이 다수 필지의 토지를 소유하고 있는 경우에는 필지 수에 관계없이 토지소유자를 1인으로 산정할 것
> 3. 토지등기부 및 토지대장·임야대장에 소유자로 등재될 당시 주민등록번호의 기재가 없거나 기재된 주소가 현재 주소와 다른 경우 또는 소재가 확인되지 아니한 자는 토지소유자의 수에서 제외할 것
> 4. 국유지·공유지에 대해서는 그 재산관리청을 토지소유자로 산정할 것 〈삭제 2017.10.17.〉

② 토지소유자가 법 제7조제2항 또는 제3항에 따라 동의하거나 그 동의를 철회할 경우에는 국토교통부령으로 정하는 지적재조사지구 지정 신청동의서 또는 동의철회서를 지적소관청에 제출하여야 한다. 〈개정 2013.3.23., 2017.10.17., 2020.6.23.〉
③ 제1항제1호에 해당하는 공유토지의 대표 소유자는 국토교통부령으로 정하는 대표자 지정 동의서를 첨부하여 제2항에 따른 동의서 또는 동의철회서와 함께 지적소관청에 제출하여야 한다. 〈개정 2013.3.23.〉
④ 토지소유자가 외국인인 경우에는 지적소관청은 「전자정부법」 제36조제1항에 따른 행정정보의 공동이용을 통하여 「출입국관리법」 제88조에 따른 외국인등록 사실증명을 확인하여야 하되, 토지소유자가 행정정보의 공동이용을 통한 외국인등록 사실증명의 확인에 동의하지 아니하는 경우에는 해당 서류를 첨부하게 하여야 한다.
⑤ 지적소관청은 지적재조사지구 지정 신청에 관한 업무를 위하여 필요한 때에는 관계 기관에 주민등록 및 가족관계 등록사항에 관한 자료 제공을 요청할 수 있다. 이 경우 요청을 받은 관계 기관은 정당한 사유가 없는 한 이에 따라야 한다. 〈신설 2017.10.17., 2020.6.23.〉

정답 09 ④

10 다음 「지적재조사에 관한 특별법」에서 규정하는 내용 중 옳지 않은 것은? (15년서울9급)

① 지적재조사사업은 지적소관청이 시행한다.

② 지적재조사를 위한 경계설정의 기준은 지상경계에 대하여 다툼이 없는 경우에는 등록할 때의 측량기록을 조사한 경계를 기준으로 한다.

③ 지적재조사에 따른 경계결정은 경계결정위원회의 의결을 거쳐 결정한다.

④ 중앙지적재조사위원회는 기본계획의 수립 및 변경, 관계 법령의 제정·개정 및 제도의 개선에 관한 사항 등을 심의·의결한다.

풀이 **지적재조사에 관한 특별법 제5조(지적재조사사업의 시행자)**

① 지적재조사사업은 지적소관청이 시행한다.

② 지적소관청은 지적재조사사업의 측량·조사 등을 제5조의2에 따른 책임수행기관에 위탁할 수 있다. 〈개정 2014.6.3., 2020.12.22.〉

③ 지적소관청이 지적재조사사업의 측량·조사 등을 책임수행기관에 위탁한 때에는 대통령령으로 정하는 바에 따라 이를 고시하여야 한다. 〈개정 2020.12.22.〉

지적재조사에 관한 특별법 제5조의2(책임수행기관의 지정 등)

① 국토교통부장관은 지적재조사사업의 측량·조사 등의 업무를 전문적으로 수행하는 책임수행기관을 지정할 수 있다.

② 국토교통부장관은 제1항에 따라 지정된 책임수행기관이 거짓 또는 부정한 방법으로 지정을 받거나 업무를 게을리 하는 등 대통령령으로 정하는 사유가 있는 때에는 그 지정을 취소할 수 있다.

③ 국토교통부장관은 제1항에 따른 책임수행기관을 지정·지정취소할 때에는 대통령령으로 정하는 바에 따라 이를 고시하여야 한다.

④ 그 밖에 책임수행기관의 지정·지정취소 및 운영 등에 필요한 사항은 대통령령으로 정한다. [본조신설 2020.12.22.]

지적재조사에 관한 특별법 제14조(경계설정의 기준)

① 지적소관청은 다음 각 호의 순위로 지적재조사를 위한 경계를 설정하여야 한다.

> 1. 지상경계에 대하여 다툼이 없는 경우 토지소유자가 점유하는 토지의 현실경계
> 2. 지상경계에 대하여 다툼이 있는 경우 등록할 때의 측량기록을 조사한 경계
> 3. 지방관습에 의한 경계

② 지적소관청은 제1항 각 호의 방법에 따라 지적재조사를 위한 경계설정을 하는 것이 불합리하다고 인정하는 경우에는 토지소유자들이 합의한 경계를 기준으로 지적재조사를 위한 경계를 설정할 수 있다. 〈개정 2017.4.18.〉

③ 지적소관청은 제1항과 제2항에 따라 지적재조사를 위한 경계를 설정할 때에는 「도로법」, 「하천법」 등 관계 법령에 따라 고시되어 설치된 공공용지의 경계가 변경되지 아니하도록 하여야 한다. 다만, 해당 토지소유자들 간에 합의한 경우에는 그러하지 아니하다. 〈개정 2017.4.18.〉

지적재조사에 관한 특별법 제16조(경계의 결정)

① 지적재조사에 따른 경계결정은 경계결정위원회의 의결을 거쳐 결정한다.

② 지적소관청은 제1항에 따른 경계에 관한 결정을 신청하고자 할 때에는 제15조제2항에 따른 지적확정예정조서에 토지소유자나 이해관계인의 의견을 첨부하여 경계결정위원회에 제출하여야 한다. 〈개정 2017.4.18.〉

③ 제2항에 따른 신청을 받은 경계결정위원회는 지적확정예정조서를 제출받은 날부터 30일 이내에 경계에 관한 결정을 하고 이를 지적소관청에 통지하여야 한다. 이 기간 안에 경계에 관한 결정을 할 수 없는 부득이한

사유가 있을 때에는 경계결정위원회는 의결을 거쳐 30일의 범위에서 그 기간을 연장할 수 있다. 〈개정 2017.4.18.〉

④ 토지소유자나 이해관계인은 경계결정위원회에 참석하여 의견을 진술할 수 있다. 경계결정위원회는 토지소유자나 이해관계인이 의견진술을 신청하는 경우에는 특별한 사정이 없으면 이에 따라야 한다. 〈개정 2020.6.9.〉

⑤ 경계결정위원회는 제3항에 따라 경계에 관한 결정을 하기에 앞서 토지소유자들로 하여금 경계에 관한 합의를 하도록 권고할 수 있다.

⑥ 지적소관청은 제3항에 따라 경계결정위원회로부터 경계에 관한 결정을 통지받았을 때에는 지체 없이 이를 토지소유자나 이해관계인에게 통지하여야 한다. 이 경우 제17조제1항에 따른 기간 안에 이의신청이 없으면 경계결정위원회의 결정대로 경계가 확정된다는 취지를 명시하여야 한다.

지적재조사에 관한 특별법 제28조(중앙지적재조사위원회) 암기 ㉠㉮㉝

① 지적재조사사업에 관한 주요 정책을 심의·의결하기 위하여 국토교통부장관 소속으로 중앙지적재조사위원회(이하 "중앙위원회"라 한다)를 둔다.

② 중앙위원회는 다음 각 호의 사항을 심의·의결한다. 〈개정 2020.6.9.〉

> 1. ㉠본계획의 수립 및 변경
> 2. ㉓계 법령의 제정·개정 및 제도의 개선에 관한 사항
> 3. 그 밖에 지적재조사사업에 필요하여 중앙위원회의 위원㉝이 회의에 부치는 사항

③ 중앙위원회는 위원장 및 부위원장 각 1명을 포함한 15명 이상 20명 이하의 위원으로 구성한다.

④ 중앙위원회의 위원장은 국토교통부장관이 되며, 부위원장은 위원 중에서 위원장이 지명한다. 〈개정 2013. 3.23.〉

⑤ 중앙위원회의 위원은 다음 각 호의 어느 하나에 해당하는 사람 중에서 위원장이 임명 또는 위촉한다.

11 현행 「지적재조사에 관한 특별법」에 따라 지적재조사사업 기본계획의 입안, 지적재조사사업의 지도·감독, 기술·인력 및 예산 등의 지원, 중앙위원회 심의·의결사항에 대한 보좌를 위하여 국토교통부에 설치한 것은?

(16년서울9급)

① 지적재조사기획단
② 지적재조사지원단
③ 지적재조사추진단
④ 지적재조사총괄단

풀이 지적재조사에 관한 특별법 제32조(지적재조사기획단 등)

① 기본계획의 입안, 지적재조사사업의 지도·감독, 기술·인력 및 예산 등의 지원, 중앙위원회 심의·의결사항에 대한 보좌를 위하여 국토교통부에 지적재조사기획단을 둔다.

② 지적재조사사업의 지도·감독, 기술·인력 및 예산 등의 지원을 위하여 시·도에 지적재조사지원단을, 실시계획의 입안, 지적재조사사업의 시행, 사업대행자에 대한 지도·감독 등을 위하여 지적소관청에 지적재조사추진단을 둘 수 있다.

③ 제1항에 따른 지적재조사기획단의 조직과 운영에 관하여 필요한 사항은 대통령령으로, 제2항에 따른 지적재조사지원단과 지적재조사추진단의 조직과 운영에 관하여 필요한 사항은 해당 지방자치단체의 조례로 정한다.

지적재조사에 관한 특별법 시행령 제26조(지적재조사기획단의 구성 등)

① 법 제32조제1항에 따른 지적재조사기획단(이하 "기획단"이라 한다)은 단장 1명과 소속 직원으로 구성하며, 단장은 국토교통부의 고위공무원단에 속하는 일반직공무원 중에서 국토교통부장관이 지명하는 자가 겸직한다.

② 국토교통부장관은 기획단의 업무수행을 위하여 필요하다고 인정할 때에는 관계 행정기관의 공무원 및 관련 기관·단체의 임직원의 파견을 요청할 수 있다.

③ 제1항 및 제2항에서 규정한 사항 외에 기획단의 조직과 운영에 필요한 사항은 국토교통부장관이 정한다.

12 「지적재조사에 관한 특별법」상 지적재조사지구의 경미한 변경에 해당하지 않는 사항은?

(18년2회지산)

① 지적재조사지구 명칭의 변경
② 면적의 100분의 20 이내의 증감
③ 필지의 100분의 30 이내의 증감
④ 1년 이내의 범위에서의 지적재조사사업기간의 조정

풀이 지적재조사에 관한 특별법 제7조(지적재조사지구의 지정)

① 지적소관청은 실시계획을 수립하여 시·도지사에게 지적재조사지구 지정 신청을 하여야 한다.〈개정 2019.12.10.〉
② 지적소관청이 시·도지사에게 지적재조사지구 지정을 신청하고자 할 때에는 다음 각 호의 사항을 고려하여 지적재조사지구 토지소유자(국유지·공유지의 경우에는 그 재산관리청을 말한다. 이하 같다) 총수의 3분의 2 이상과 토지면적 3분의 2 이상에 해당하는 토지소유자의 동의를 받아야 한다.〈개정 2017.4.18., 2019.12.10.〉
  1. 지적공부의 등록사항과 토지의 실제 현황이 다른 정도가 심하여 주민의 불편이 많은 지역인지 여부
  2. 사업시행이 용이한지 여부
  3. 사업시행의 효과 여부
③ 제2항에도 불구하고 지적소관청은 지적재조사지구에 제13조에 따른 토지소유자협의회(이하 "토지소유자협의회"라 한다)가 구성되어 있고 토지소유자 총수의 4분의 3 이상의 동의가 있는 지구에 대하여는 우선하여 지적재조사지구로 지정을 신청할 수 있다.〈개정 2019.12.10.〉
④ 지적소관청은 지적재조사지구 지정을 신청하고자 할 때에는 실시계획 수립 내용을 주민에게 서면으로 통보한 후 주민설명회를 개최하고 실시계획을 30일 이상 주민에게 공람하여야 한다.〈삭제 2020.12.22.〉
⑤ 지적재조사지구에 있는 토지소유자와 이해관계인은 제4항에 따른 공람기간 안에 지적소관청에 의견을 제출할 수 있으며, 지적소관청은 제출된 의견이 타당하다고 인정할 때에는 이를 반영하여야 한다.〈삭제 2020.12.22.〉
⑥ 시·도지사는 지적재조사지구를 지정할 때에는 대통령령으로 정하는 바에 따라 제29조에 따른 시·도 지적재조사위원회의 심의를 거쳐야 한다.〈개정 2019.12.10.〉
⑦ 제1항부터 제3항까지, 제6항 및 제6조제2항부터 제4항까지의 규정은 지적재조사지구를 변경할 때에도 적용한다. 다만, 대통령령으로 정하는 경미한 사항을 변경할 때에는 제외한다.〈개정 2019.12.10.〉
⑧ 제2항에 따른 동의자 수의 산정방법, 동의절차, 그 밖에 필요한 사항은 대통령령으로 정한다.

지적재조사에 관한 특별법 시행령 제8조(지적재조사지구의 경미한 변경)

법 제7조제7항 단서에서 "대통령령으로 정하는 경미한 사항"이란 다음 각 호의 어느 하나에 해당하는 사항을 말한다.〈개정 2017.10.17., 2020.6.23.〉

  1. 지적재조사지구 명칭의 변경
  2. 1년 이내의 범위에서의 지적재조사사업기간의 조정
  3. 다음 각 목의 요건을 모두 충족하는 지적재조사사업 대상 토지의 증감
    가. 필지의 100분의 20 이내의 증감
    나. 면적의 100분의 20 이내의 증감

[제목개정 2020.6.23.]

13 「지적재조사업무규정」에서 경계가 확정되었을 때 지상경계점등록부를 작성할 경우로 가장 옳지 않은 것은? (19년서울9급)

① 토지소재의 지번, 지목 및 면적은 새로이 확정한 지번, 지목 및 면적으로 기재한다.

② 도로, 구거, 하천, 제방 등 공공용지와 그 밖에 지적소관청이 인정하는 경우에는 지상경계점등록부의 작성을 생략할 수 있다. 이 경우 지상경계점등록부 작성조서를 지적소관청에 제출하여야 한다.

③ 경계점번호는 위치도에 표시한 경계점좌표등록부의 부호를 기재한다.

④ 작성자는 지적재조사측량수행자의 기술자격과 성명을 기재하고, 확인자는 지적소관청의 검사자 성명을 기재한다.

풀이 지적재조사에 관한 특별법 시행규칙 제10조(지상경계점등록부)

등록사항 (규칙 제10조)	① 법 제18조제2항에 따라 지적소관청이 작성하여 관리하는 지상경계점등록부에는 다음 각 호의 사항이 포함되어야 한다. 〈개정 2017.10.19., 2020.10.15.〉 **암기** **토**지**목성도** 경계**번지** 세**관위**기**경** 소**직성** 확**직성** 1. **토**지의 소재 2. **지**번 3. 지**목** 4. 작**성**일 5. 위치**도** 6. **경**계점 **번**호 및 표**지**종류 7. 경계점 **세**부설명 및 **관**련 자료 8. 경계**위**치 9. 경계설정**기**준 및 **경**계형태 10. 작성자의**소**속 · 직**급**(직위) · 성**명** 11. **확**인자의 직**급** · 성**명** ② 법 제18조제2항에 따른 지상경계점등록부는 별지 제6호 서식에 따른다. 〈개정 2017.10.19.〉 ③ 제1항 및 제2항에서 규정한 사항 외에 지상경계점등록부 작성 방법에 관하여 필요한 사항은 **국토교통부장관이** 정하여 고시한다. 〈개정 2013.3.23., 2017.10.19.〉
작성 (규정 제22조)	① 규칙 제10조에 따른 지상경계점등록부는 다음 각 호에 따라 예시 3과 같이 작성한다. 1. 토지소재의 지번, 지목 및 면적은 새로이 확정한 지번, 지목 및 면적으로 기재한다. 2. 위치도는 해당 토지 위주로 작성하여야 하며, 드론 또는 항공사진측량 등으로 촬영한 정사영상자료에 확정된 경계를 붉은색으로 표시하고 경계점번호는 경계점좌표등록부의 부호 순서대로 일련번호(1, 2, 3, 4, 5........순)를 부여한다. 다만, 비행금지구역 또는 보안규정 등으로 인하여 정사영상자료가 없는 경우에는 정사영상자료를 생략하고 확정된 경계에 의하여 작성할 수 있다. 3. 지목은 법 제19조에 따라 변경된 지목을 기재한다. 4. 〈삭제〉 5. 작성자는 지적재조사측량수행자의 기술자격과 성명을 기재하고, 확인자는 지적소관청의 검사자 성명을 기재한다. 6. 경계점 위치 상세설명 가. 경계점번호는 위치도에 표시한 경계점좌표등록부의 부호를 기재한다. 나. 표지의 종류는 「지적재조사측량규정」 별표 3에 따른 경계점표지의 규격 코드로 등록한다. 다. 경계설정기준은 법 제14조에 따라 확정된 경계의 기준을 등록한다. 라. 경계형태는 경계선에 설치된 구조물(담장, 울타리, 축대, 논 · 밭의 두렁 등)과 경계점표지로 작성한다.

정답 13 ②

	마. 경계위치는 확정된 경계점의 구조물의 위치를 중앙, 상단, 하단, 안·바깥 등 구체적으로 구분하여 등록한다. 바. 세부설명과 관련자료는 경계를 확정하게 된 특별한 사유를 상세하게 작성하고, 연접토지와 합의한 경우 합의서를 별첨으로 등록하여야 한다.
작성 (규정 제22조)	7. 〈삭제〉 8. 지상경계점등록부는 파일형태로 전자적 매체에 저장하여 관리하여야 한다. 9. ~13. 삭제 ② 제1항에 불구하고 도로, 구거, 하천, 제방 등 공공용지와 그 밖에 지적소관청이 인정하는 경우에는 지상경계점등록부의 작성을 생략할 수 있다. 이 경우 별지 제15호 서식의 지상경계점등록부 미작성조서를 지적소관청에 제출하여야 한다.

14 「공간정보의 구축 및 관리 등에 관한 법령」상 축척변경사업에 따른 청산금에 관한 내용이다. ( )에 들어갈 숫자의 합으로 옳은 것은?

- 지적소관청이 납부고지하거나 수령통지한 청산금에 관하여 이의가 있는 자는 납부고지 또는 수령통지를 받은 날부터 (ㄱ) 이내에 지적소관청에 이의신청을 할 수 있다.
- 지적소관청으로부터 청산금의 납부고지를 받은 자는 그 고지를 받은 날부터 (ㄴ) 이내에 청산금을 지적소관청에 내야 한다.
- 이의신청을 받은 지적소관청은 (ㄷ) 이내에 축척변경위원회의 심의·의결을 거쳐 그 인용(認容) 여부를 결정한 후 지체 없이 그 내용을 이의신청인에게 통지하여야 한다.
- 지적소관청은 수령통지를 한 날부터 (ㄹ) 이내에 청산금을 지급하여야 한다.

① 13개월
② 14개월
③ 15개월
④ 16개월
⑤ 17개월

풀이 **공간정보의 구축 및 관리 등에 관한 법률 시행령 제76조(청산금의 납부고지 등)**
① 지적소관청은 제75조제4항에 따라 청산금의 결정을 공고한 날부터 20일 이내에 토지소유자에게 청산금의 납부고지 또는 수령통지를 하여야 한다.
② 제1항에 따른 납부고지를 받은 자는 그 고지를 받은 날부터 6개월 이내에 청산금을 지적소관청에 내야 한다. 〈개정 2017.1.10.〉
③ 지적소관청은 제1항에 따른 수령통지를 한 날부터 6개월 이내에 청산금을 지급하여야 한다.
④ 지적소관청은 청산금을 지급받을 자가 행방불명 등으로 받을 수 없거나 받기를 거부할 때에는 그 청산금을 공탁할 수 있다.
⑤ 지적소관청은 청산금을 내야 하는 자가 제77조제1항에 따른 기간 내에 청산금에 관한 이의신청을 하지 아니하고 제2항에 따른 기간 내에 청산금을 내지 아니하면 지방세 체납처분의 예에 따라 징수할 수 있다.

공간정보의 구축 및 관리 등에 관한 법률 시행령 제77조(청산금에 관한 이의신청)
① 제76조제1항에 따라 납부고지되거나 수령통지된 청산금에 관하여 이의가 있는 자는 납부고지 또는 수령통지를 받은 날부터 1개월 이내에 지적소관청에 이의신청을 할 수 있다.
② 제1항에 따른 이의신청을 받은 지적소관청은 1개월 이내에 축척변경위원회의 심의·의결을 거쳐 그 인용(認容) 여부를 결정한 후 지체 없이 그 내용을 이의신청인에게 통지하여야 한다.

15 「지적재조사에 관한 특별법」상 조정금을 받을 권리나 징수할 권리를 몇 년간 행사하지 아니하면 시효의 완성으로 소멸하는가? (18년2회지산)

① 1년 　　　　② 2년 　　　　③ 3년 　　　　④ 5년

> **풀이** 지적재조사에 관한 특별법 제22조(조정금의 소멸시효)
> 조정금을 받을 권리나 징수할 권리는 5년간 행사하지 아니하면 시효의 완성으로 소멸한다.

16 아래의 조정금에 관한 이의신청에 대한 내용 중 (　) 안에 들어갈 알맞은 일자는? (19년2회지산)

> • 수령통지 또는 납부고지된 조정금에 이의가 있는 토지소유자는 수령통지 또는 납부고지를 받은 날부터 (㉠) 이내에 지적소관청에 이의신청을 할 수 있다.
> • 지적소관청은 이의신청을 받은 날부터 (㉡) 이내에 시 · 군 · 구 지적재조사위원회의 심의 · 의결을 거쳐 이의신청에 대한 결과를 신청인에게 서면으로 알려야 한다.

① ㉠ : 30일, ㉡ : 30일 　　　　② ㉠ : 30일, ㉡ : 60일
③ ㉠ : 60일, ㉡ : 30일 　　　　④ ㉠ : 60일, ㉡ : 60일

> **풀이** 지적재조사에 관한 특별법 제21조의2(조정금에 관한 이의신청)
> ① 제21조제3항에 따라 수령통지 또는 납부고지된 조정금에 이의가 있는 토지소유자는 수령통지 또는 납부고지를 받은 날부터 60일 이내에 지적소관청에 이의신청을 할 수 있다.
> ② 지적소관청은 제1항에 따른 이의신청을 받은 날부터 30일 이내에 제30조에 따른 시 · 군 · 구 지적재조사위원회의 심의 · 의결을 거쳐 이의신청에 대한 결과를 신청인에게 서면으로 알려야 한다.

17 「지적재조사에 관한 특별법」상 지적재조사지구의 경미한 변경에 해당하는 사항으로 옳지 않은 것은?

① 지적재조사지구 명칭의 변경
② 1년 이내의 범위에서의 지적재조사사업기간의 조정
③ 지적재조사사업 총사업비의 처음 계획 대비 100분의 20 이내의 증감
④ 지적재조사사업 대상 필지의 100분의 20 이내 및 면적의 100분의 20 이내의 증감

> **풀이** 지적재조사에 관한 특별법 시행령 제8조(지적재조사지구의 경미한 변경)
> 법 제7조제7항 단서에서 "대통령령으로 정하는 경미한 사항"이란 다음 각 호의 어느 하나에 해당하는 사항을 말한다. 〈개정 2017.10.17., 2020.6.23.〉
>
> > 1. 지적재조사지구 명칭의 변경
> > 2. 1년 이내의 범위에서의 지적재조사사업기간의 조정
> > 3. 다음 각 목의 요건을 모두 충족하는 지적재조사사업 대상 토지의 증감
> > 　　가. 필지의 100분의 20 이내의 증감
> > 　　나. 면적의 100분의 20 이내의 증감
>
> [제목개정 2020.6.23.]

18 「지적재조사에 관한 특별법」상 지적소관청이 지적재조사지구의 지정을 신청하고자 할 때, 그에 대한 설명으로 옳지 않은 것은? (19년지방9급)

① 시·도지사는 지적재조사지구를 지정할 때에는 시·도 지적재조사위원회의 심의를 거쳐야 한다.
② 지적재조사지구 토지소유자 총수의 3/5 이상의 동의가 있는 지구에 대하여는 우선하여 지적재조사지구로의 지정을 신청할 수 있다.
③ 지적재조사지구 토지소유자 총수의 2/3 이상과 토지면적 2/3 이상에 해당하는 토지소유자의 동의를 받아야 한다.
④ 지적재조사지구 지정 신청을 받은 시·도지사는 15일 이내에 그 신청을 시·도 지적재조사위원회에 회부해야 한다.

풀이 지적재조사에 관한 특별법 제7조(지적재조사지구의 지정)

① 지적소관청은 실시계획을 수립하여 시·도지사에게 지적재조사지구 지정 신청을 하여야 한다. 〈개정 2019.12.10.〉
② 지적소관청이 시·도지사에게 지적재조사지구 지정을 신청하고자 할 때에는 다음 각 호의 사항을 고려하여 지적재조사지구 토지소유자(국유지·공유지의 경우에는 그 재산관리청을 말한다. 이하 같다) 총수의 3분의 2 이상과 토지면적 3분의 2 이상에 해당하는 토지소유자의 동의를 받아야 한다. 〈개정 2017.4.18., 2019.12.10.〉

> 1. 지적공부의 등록사항과 토지의 실제 현황이 다른 정도가 심하여 주민의 불편이 많은 지역인지 여부
> 2. 사업시행이 용이한지 여부
> 3. 사업시행의 효과 여부

③ 제2항에도 불구하고 지적소관청은 지적재조사지구에 제13조에 따른 토지소유자협의회(이하 "토지소유자협의회"라 한다)가 구성되어 있고 토지소유자 총수의 4분의 3 이상의 동의가 있는 지구에 대하여는 우선하여 지적재조사지구로 지정을 신청할 수 있다. 〈개정 2019.12.10.〉
④ 지적소관청은 지적재조사지구 지정을 신청하고자 할 때에는 실시계획 수립 내용을 주민에게 서면으로 통보한 후 주민설명회를 개최하고 실시계획을 30일 이상 주민에게 공람하여야 한다. 〈삭제 2020.12.22.〉
⑤ 지적재조사지구에 있는 토지소유자와 이해관계인은 제4항에 따른 공람기간 안에 지적소관청에 의견을 제출할 수 있으며, 지적소관청은 제출된 의견이 타당하다고 인정할 때에는 이를 반영하여야 한다. 〈삭제 2020.12.22.〉
⑥ 시·도지사는 지적재조사지구를 지정할 때에는 대통령령으로 정하는 바에 따라 제29조에 따른 시·도 지적재조사위원회의 심의를 거쳐야 한다. 〈개정 2019.12.10.〉
⑦ 제1항부터 제3항까지, 제6항 및 제6조제2항부터 제4항까지의 규정은 지적재조사지구를 변경할 때에도 적용한다. 다만, 대통령령으로 정하는 경미한 사항을 변경할 때에는 제외한다. 〈개정 2019.12.10.〉
⑧ 제2항에 따른 동의자 수의 산정방법, 동의절차, 그 밖에 필요한 사항은 대통령령으로 정한다.

지적재조사에 관한 특별법 시행령 제6조(지적재조사지구의 지정 등)

① 법 제7조제1항에 따른 지적재조사지구 지정 신청을 받은 특별시장·광역시장·도지사·특별자치도지사·특별자치시장 및 「지방자치법」 제175조에 따른 대도시로서 구를 둔 시의 시장(이하 "시·도지사"라 한다)은 15일 이내에 그 신청을 법 제29조제1항에 따른 시·도 지적재조사위원회(이하 "시·도 위원회"라 한다)에 회부해야 한다. 〈개정 2017.10.17., 2020.6.23.〉
② 제1항에 따라 지적재조사지구 지정 신청을 회부받은 시·도 위원회는 그 신청을 회부받은 날부터 30일 이내에 지적재조사지구의 지정 여부에 대하여 심의·의결해야 한다. 다만, 사실 확인이 필요한 경우 등 불가피한 사유가 있을 때에는 그 심의기간을 해당 시·도 위원회의 의결을 거쳐 15일의 범위에서 그 기간을 한 차례만

연장할 수 있다. 〈개정 2020.6.23.〉

③ 시·도 위원회는 지적재조사지구 지정 신청에 대하여 의결을 하였을 때에는 의결서를 작성하여 지체 없이 시·도지사에게 송부해야 한다. 〈개정 2020.6.23.〉

④ 시·도지사는 제3항에 따라 의결서를 받은 날부터 7일 이내에 법 제8조에 따라 지적재조사지구를 지정·고시하거나, 지적재조사지구를 지정하지 않는다는 결정을 하고, 그 사실을 지적소관청에 통지해야 한다. 〈개정 2020.6.23.〉

⑤ 제1항부터 제4항까지의 규정은 지적재조사지구를 변경할 때에도 적용한다. 〈개정 2020.6.23.〉

[제목개정 2020.6.23.]

19 시·군·구의 지적재조사사업에 관한 주요 정책을 심의·의결하기 위하여 지적소관청 소속으로 둘 수 있는 시·군·구 지적재조사위원회(이하 "시·군·구 위원회"라 한다)에 대한 설명으로 옳지 않은 것은?

① 경계 확정으로 지적공부상의 면적이 증감된 경우에는 필지별 면적 증감내역을 기준으로 조정금을 산정

② 지적재조사측량 결과 기존의 지적공부상 지목이 실제의 이용현황과 다른 경우 지적공부상의 지목변경

③ 지적재조사사업의 시행을 위하여 경계복원측량을 하는 경우

④ 시·군·구 위원회는 위원장 및 부위원장 각 1명을 포함한 15명 이내의 위원으로 구성

풀이 지적재조사에 관한 특별법 제30조(시·군·구 지적재조사위원회) **암기** 복부지청은 의상이

① 시·군·구의 지적재조사사업에 관한 주요 정책을 심의·의결하기 위하여 지적소관청 소속으로 시·군·구 지적재조사위원회(이하 "시·군·구 위원회"라 한다)를 둘 수 있다.

② 시·군·구 위원회는 다음 각 호의 사항을 심의·의결한다. 〈개정 2017.4.18., 2020.6.9.〉

1. 제12조제2항제3호에 따른 경계**복**원측량 또는 지적공**부**정리의 허용 여부

> **제12조(경계복원측량 및 지적공부정리의 정지)제2항**
> 3. 토지소유자의 신청에 따라 제30조에 따른 시·군·구 지적재조사위원회가 경계복원측량 또는 지적공부정리가 필요하다고 결정하는 경우

2. 제19조에 따른 **지**목의 변경

> **제19조(지목의 변경)**
> 지적재조사측량 결과 기존의 지적공부상 지목이 실제의 이용현황과 다른 경우 지적소관청은 제30조에 따른 시·군·구 지적재조사위원회의 심의를 거쳐 기존의 지적공부상의 지목을 변경할 수 있다. 이 경우 지목을 변경하기 위하여 다른 법령에 따른 인허가 등을 받아야 할 때에는 그 인허가 등을 받거나 관계 기관과 협의한 경우에 한하여 실제의 지목으로 변경할 수 있다.

3. 제20조에 따른 조**정**금의 산정

> **제20조(조정금의 산정)**
> ① 지적소관청은 제18조에 따른 경계 확정으로 지적공부상의 면적이 증감된 경우에는 필지별 면적 증감 내역을 기준으로 조정금을 산정하여 징수하거나 지급한다.
> ② 제1항에도 불구하고 국가 또는 지방자치단체 소유의 국유지·공유지 행정재산의 조정금은 징수하거나 지급하지 아니한다.

③ 조정금은 제18조에 따라 경계가 확정된 시점을 기준으로 「감정평가 및 감정평가사에 관한 법률」에 따른 감정평가법인 등이 평가한 감정평가액으로 산정한다. 다만, 토지소유자협의회가 요청하는 경우에는 제30조에 따른 시·군·구 지적재조사위원회의 심의를 거쳐 「부동산 가격공시에 관한 법률」에 따른 개별공시지가로 산정할 수 있다. 〈개정 2017.4.18., 2020.4.7.〉

3의2. 제21조의2제2항에 따른 조정금 이의신청에 관한 결정

제21조의2(조정금에 관한 이의신청)

② 지적소관청은 제1항에 따른 이의신청을 받은 날부터 30일 이내에 제30조에 따른 시·군·구 지적재조사위원회의 심의·의결을 거쳐 이의신청에 대한 결과를 신청인에게 서면으로 알려야 한다.

4. 그 밖에 지적재조사사업에 필요하여 시·군·구 위원회의 위원장이 회의에 부치는 사항

③ 시·군·구 위원회는 위원장 및 부위원장 각 1명을 포함한 10명 이내의 위원으로 구성한다.

④ 시·군·구 위원회의 위원장은 시장·군수 또는 구청장이 되며, 부위원장은 위원 중에서 위원장이 지명한다.

⑤ 시·군·구 위원회의 위원은 다음 각 호의 어느 하나에 해당하는 사람 중에서 위원장이 임명 또는 위촉한다. 〈개정 2019.12.10.〉

1. 해당 시·군·구의 5급 이상 공무원
2. 해당 지적재조사지구의 읍장·면장·동장
3. 판사·검사 또는 변호사
4. 법학이나 지적 또는 측량 분야의 교수로 재직하고 있거나 있었던 사람
5. 그 밖에 지적재조사사업에 관하여 전문성을 갖춘 사람

⑥ 시·군·구 위원회의 위원 중 공무원이 아닌 위원의 임기는 2년으로 한다.

⑦ 시·군·구 위원회는 재적위원 과반수의 출석과 출석위원 과반수의 찬성으로 의결한다.

⑧ 그 밖에 시·군·구 위원회의 조직 및 운영 등에 관하여 필요한 사항은 해당 시·군·구의 조례로 정한다.

20 지적재조사사업을 시행하기 위한 토지현황조사의 내용으로 옳지 않은 것은?

① 소유자 및 지번·지목 조사
② 경계 또는 좌표 조사
③ 지상건축물 및 지하건축물의 위치 조사
④ 개별주택가격 조사

풀이 지적재조사에 관한 특별법 제10조(토지현황조사)

① 지적소관청은 제6조에 따른 실시계획을 수립한 때에는 지적재조사예정지구임이 지적공부에 등록된 토지를 대상으로 토지현황조사를 하여야 하며, 토지현황조사는 지적재조사측량과 병행하여 실시할 수 있다. 〈개정 2017.4.18., 2019.12.10., 2020.12.22.〉

② 토지현황조사를 할 때에는 소유자, 지번, 지목, 경계 또는 좌표, 지상건축물 및 지하건축물의 위치, 개별공시지가 등을 기재한 토지현황조사서를 작성하여야 한다.

③ 토지현황조사에 따른 조사 범위·대상·항목과 토지현황조사서 기재·작성 방법에 관련된 사항은 국토교통부령으로 정한다.

토지현황조사 **암기** ㋬㋨㋧㋕㋞는 ㋠㋩㋐간에서 ㋤㋤ 건축 ㋑㋧ ㋩㋞ ㋡㋞	"토지현황조사"란 지적재조사사업을 시행하기 위하여 필지별로 ㋠유자, ㋨번, 지㋧, 면㋧, 경㋁ 또는 좌㋤, ㋨상건축물 및 지㋩건축물의 위치, 개별㋩시지가 등을 조사하는 것을 말한다. 1. ㋬㋨에 관한 사항 2. ㋞㋥물에 관한 사항 3. 토지㋑㋧계획에 관한 사항 4. 토지이용 ㋩㋞ 및 건축물 현황 5. 지하㋠㋞물(지하구조물) 등에 관한 사항 6. 그 밖에 국토교통부장관이 토지현황조사와 관련하여 필요하다고 인정하는 사항

01 「지적재조사에 관한 특별법」의 용어 정의로 옳지 않은 것은?

① "토지현황조사"란 지적재조사사업을 시행하기 위하여 필지별로 소유자, 지번, 지목, 면적, 경계 또는 좌표, 지상건축물 및 지하건축물의 위치, 개별공시지가 등을 조사하는 것을 말한다.

② "연속지적도"란 지적측량을 수행하고 전산화된 지적도 및 임야도 파일을 이용하여, 도면상 경계점들을 연결하여 작성한 도면으로서 측량에 활용할 수 없는 도면을 말한다.

③ "지적재조사사업"이란 지적공부의 등록사항을 조사·측량하여 기존의 지적공부를 디지털에 의한 새로운 지적공부로 대체함과 동시에 지적공부의 등록사항이 토지의 실제 현황과 일치하지 아니하는 경우 이를 바로잡기 위하여 실시하는 국가사업을 말한다.

④ "지적소관청"이란 지적공부를 관리하는 특별자치시장, 시장(「제주특별자치도 설치 및 국제자유도시 조성을 위한 특별법」 제10조제2항에 따른 행정시의 시장을 포함하며, 「지방자치법」 제3조제3항에 따라 자치구가 아닌 구를 두는 시의 시장은 제외한다)·군수 또는 구청장(자치구가 아닌 구의 구청장을 포함한다)을 말한다.

> **풀이** 지적재조사에 관한 특별법 제2조(정의)
>
> 이 법에서 사용하는 용어의 정의는 다음과 같다.
> 1. "지적공부"란 「공간정보의 구축 및 관리 등에 관한 법률」 제2조제19호에 따른 지적공부를 말한다.
> 2. "지적재조사사업"이란 「공간정보의 구축 및 관리 등에 관한 법률」 제71조부터 제73조까지의 규정에 따른 지적공부의 등록사항을 조사·측량하여 기존의 지적공부를 디지털에 의한 새로운 지적공부로 대체함과 동시에 지적공부의 등록사항이 토지의 실제 현황과 일치하지 아니하는 경우 이를 바로잡기 위하여 실시하는 국가사업을 말한다.
> 3. "지적재조사지구"란 지적재조사사업을 시행하기 위하여 제7조 및 제8조에 따라 지정·고시된 지구를 말한다.
> 4. "토지현황조사"란 지적재조사사업을 시행하기 위하여 필지별로 소유자, 지번, 지목, 면적, 경계 또는 좌표, 지상건축물 및 지하건축물의 위치, 개별공시지가 등을 조사하는 것을 말한다.
> 5. "지적소관청"이란 「공간정보의 구축 및 관리 등에 관한 법률」 제2조제18호에 따른 지적소관청을 말한다.
>
> **공간정보의 구축 및 관리 등에 관한 법률 제2조(정의)**
>
> 이 법에서 사용하는 용어의 뜻은 다음과 같다.
> 18. "지적소관청"이란 지적공부를 관리하는 특별자치시장, 시장(「제주특별자치도 설치 및 국제자유도시 조성을 위한 특별법」 제10조제2항에 따른 행정시의 시장을 포함하며, 「지방자치법」 제3조제3항에 따라 자치구가 아닌 구를 두는 시의 시장은 제외한다)·군수 또는 구청장(자치구가 아닌 구의 구청장을 포함한다)을 말한다.
> 19. "지적공부"란 토지대장, 임야대장, 공유지연명부, 대지권등록부, 지적도, 임야도 및 경계점좌표등록부 등 지적측량 등을 통하여 조사된 토지의 표시와 해당 토지의 소유자 등을 기록한 대장 및 도면(정보처리시스템을 통하여 기록·저장된 것을 포함한다)을 말한다.
> 19의2. "연속지적도"란 지적측량을 하지 아니하고 전산화된 지적도 및 임야도 파일을 이용하여, 도면상 경계점들을 연결하여 작성한 도면으로서 측량에 활용할 수 없는 도면을 말한다.
> 19의3. "부동산종합공부"란 토지의 표시와 소유자에 관한 사항, 건축물의 표시와 소유자에 관한 사항, 토지의 이용 및 규제에 관한 사항, 부동산의 가격에 관한 사항 등 부동산에 관한 종합정보를 정보관리체계를 통하여 기록·저장한 것을 말한다.

02 지적재조사사업을 효율적으로 시행하기 위한 지적재조사사업에 관한 기본계획 수립사항에 포함되지 않은 것은?

① 지적재조사사업의 시행기간 및 규모
② 지적재조사사업의 효율적 추진을 위하여 필요한 교육 및 연구ㆍ개발
③ 지적재조사사업에 관한 기본방향
④ 지적재조사사업비의 월별 집행계획

풀이 지적재조사에 관한 특별법 제4조(기본계획의 수립) **암기** ㉮연㉿㉯기 ㉠㉱하라 ㉾㉾ ㉾㉾ ㉾㉾ ㉮㉺을

① 국토교통부장관은 지적재조사사업을 효율적으로 시행하기 위하여 다음 각 호의 사항이 포함된 지적재조사사업에 관한 기본계획(이하 "기본계획"이라 한다)을 수립하여야 한다. 〈개정 2013.3.23., 2017.4.18.〉

> 1. 지적재조사사업의 시행기간 및 ㉶모
> 2. 지적재조사사업비의 ㉭도별 집행계획
> 3. 지적재조사사업에 필요한 ㉮력의 확보에 관한 계획
> 4. 지적재조사사업에 관한 기본㉱향
> 5. 지적재조사사업비의 특별시ㆍ광역시ㆍ도ㆍ특별자치도ㆍ특별자치시 및 「지방자치법」 제198조에 따른 대도시로서 구(區)를 둔 시(이하 "㉾ㆍ㉱"라 한다)별 배분 계획
> 6. 그 밖에 지적재조사사업의 효율적 시행을 위하여 필요한 사항으로서 대통령령으로 정하는 사항

② 국토교통부장관은 기본계획을 수립할 때에는 미리 공청회를 개최하여 관계 전문가 등의 의견을 들어 기본계획안을 작성하고, 특별시장ㆍ광역시장ㆍ도지사ㆍ특별자치도지사ㆍ특별자치시장 및 「지방자치법」 제198조에 따른 대도시로서 구를 둔 시의 시장(이하 "시ㆍ도지사"라 한다)에게 그 안을 송부하여 의견을 들은 후 제28조에 따른 중앙지적재조사위원회의 심의를 거쳐야 한다. 〈개정 2013.3.23., 2017.4.18.〉

③ 시ㆍ도지사는 제2항에 따라 기본계획안을 송부받았을 때에는 이를 지체 없이 지적소관청에 송부하여 그 의견을 들어야 한다.

④ 지적소관청은 제3항에 따라 기본계획안을 송부받은 날부터 20일 이내에 시ㆍ도지사에게 의견을 제출하여야 하며, 시ㆍ도지사는 제2항에 따라 기본계획안을 송부받은 날부터 30일 이내에 지적소관청의 의견에 자신의 의견을 첨부하여 국토교통부장관에게 제출하여야 한다. 이 경우 기간 내에 의견을 제출하지 아니하면 의견이 없는 것으로 본다. 〈개정 2013.3.23.〉

⑤ 제2항부터 제4항까지의 규정은 기본계획을 변경할 때에도 적용한다. 다만, 대통령령으로 정하는 경미한 사항을 변경할 때에는 제외한다.

⑥ 국토교통부장관은 기본계획을 수립하거나 변경하였을 때에는 이를 관보에 고시하고 시ㆍ도지사에게 통지하여야 하며, 시ㆍ도지사는 이를 지체 없이 지적소관청에 통지하여야 한다. 〈개정 2013.3.23.〉

⑦ 국토교통부장관은 기본계획이 수립된 날부터 5년이 지나면 그 타당성을 다시 검토하고 필요하면 이를 변경하여야 한다. 〈개정 2013.3.23.〉

지적재조사에 관한 특별법 시행령 제2조(기본계획의 수립 등)

① 「지적재조사에 관한 특별법」(이하 "법"이라 한다) 제4조제1항제6호에서 "대통령령으로 정하는 사항"이란 다음 각 호의 사항을 말한다.

> 1. 디지털 지적(地籍)의 운영ㆍ관리에 필요한 ㉾㉾의 제정 및 그 활용
> 2. 지적재조사사업의 효율적 추진을 위하여 필요한 ㉾㉾ 및 ㉭㉶ㆍ㉮㉺
> 3. 그 밖에 국토교통부장관이 법 제4조제1항에 따른 지적재조사사업에 관한 기본계획(이하 "기본계획"이라 한다)의 수립에 필요하다고 인정하는 사항

② 국토교통부장관은 기본계획 수립을 위하여 관계 중앙행정기관의 장에게 필요한 자료제출을 요청할 수 있다. 이 경우 자료제출을 요청받은 관계 중앙행정기관의 장은 특별한 사정이 없으면 요청에 따라야 한다.

정답 02 ④

03 지적재조사사업을 효율적으로 시행하기 위한 지적재조사사업에 관한 기본계획 수립사항으로 옳지 않은 것은?

① 국토교통부장관은 기본계획을 수립하거나 변경하였을 때에는 이를 관보에 고시하고 시·도지사에게 통지하여야 하며, 시·도지사는 이를 지체 없이 지적소관청에 통지하여야 한다.

② 지적소관청은 기본계획안을 송부받은 날부터 20일 이내에 시·도지사에게 의견을 제출하여야 하며, 시·도지사는 기본계획안을 송부받은 날부터 30일 이내에 지적소관청의 의견에 자신의 의견을 첨부하여 국토교통부장관에게 제출하여야 한다.

③ 시·도지사는 기본계획안을 송부받았을 때에는 이를 지체 없이 지적소관청에 송부하여 그 의견을 들어야 한다.

④ 국토교통부장관은 기본계획을 수립할 때에는 미리 공청회를 개최하여 관계 전문가 등의 의견을 들어 기본계획안을 작성하여야 하고, 시·도지사에게 그 안을 송부하여 의견을 들은 후 시·도지적재조사위원회의 심의를 거쳐야 한다.

> **풀이** 지적재조사에 관한 특별법 제4조(기본계획의 수립) **암기** 규연인항기 시도하라
>
> ① 국토교통부장관은 지적재조사사업을 효율적으로 시행하기 위하여 다음 각 호의 사항이 포함된 지적재조사사업에 관한 기본계획(이하 "기본계획"이라 한다)을 수립하여야 한다. 〈개정 2013.3.23., 2017.4.18.〉
>
> > 1. 지적재조사사업의 시행기간 및 규모
> > 2. 지적재조사사업비의 연도별 집행계획
> > 3. 지적재조사사업에 필요한 인력의 확보에 관한 계획
> > 4. 지적재조사사업에 관한 기본방향
> > 5. 지적재조사사업비의 특별시·광역시·도·특별자치도·특별자치시 및 「지방자치법」 제198조에 따른 대도시로서 구(區)를 둔 시(이하 "시·도"라 한다)별 배분 계획
> > 6. 그 밖에 지적재조사사업의 효율적 시행을 위하여 필요한 사항으로서 대통령령으로 정하는 사항
>
> ② 국토교통부장관은 기본계획을 수립할 때에는 미리 공청회를 개최하여 관계 전문가 등의 의견을 들어 기본계획안을 작성하고, 특별시장·광역시장·도지사·특별자치도지사·특별자치시장 및 「지방자치법」 제198조에 따른 대도시로서 구를 둔 시의 시장(이하 "시·도지사"라 한다)에게 그 안을 송부하여 의견을 들은 후 제28조에 따른 중앙지적재조사위원회의 심의를 거쳐야 한다. 〈개정 2013.3.23., 2017.4.18.〉
>
> ③ 시·도지사는 제2항에 따라 기본계획안을 송부받았을 때에는 이를 지체 없이 지적소관청에 송부하여 그 의견을 들어야 한다.
>
> ④ 지적소관청은 제3항에 따라 기본계획안을 송부받은 날부터 20일 이내에 시·도지사에게 의견을 제출하여야 하며, 시·도지사는 제2항에 따라 기본계획안을 송부받은 날부터 30일 이내에 지적소관청의 의견에 자신의 의견을 첨부하여 국토교통부장관에게 제출하여야 한다. 이 경우 기간 내에 의견을 제출하지 아니하면 의견이 없는 것으로 본다. 〈개정 2013.3.23.〉
>
> ⑤ 제2항부터 제4항까지의 규정은 기본계획을 변경할 때에도 적용한다. 다만, 대통령령으로 정하는 경미한 사항을 변경할 때에는 제외한다.
>
> ⑥ 국토교통부장관은 기본계획을 수립하거나 변경하였을 때에는 이를 관보에 고시하고 시·도지사에게 통지하여야 하며, 시·도지사는 이를 지체 없이 지적소관청에 통지하여야 한다. 〈개정 2013.3.23.〉
>
> ⑦ 국토교통부장관은 기본계획이 수립된 날부터 5년이 지나면 그 타당성을 다시 검토하고 필요하면 이를 변경하여야 한다. 〈개정 2013.3.23.〉

04 **시 · 도지사는 기본계획을 토대로 지적재조사사업에 관한 종합계획을 수립하여야 한다. 종합계획에서 수립하여야 할 사항으로 옳지 않은 것은?**

① 지적재조사사업에 필요한 인력의 확보에 관한 계획
② 지적재조사사업비의 지적소관청별 배분 계획
③ 지적재조사사업비의 연도별 집행계획
④ 지적재조사사업의 연도별 · 지적소관청별 사업량

[풀이] **지적재조사에 관한 특별법 제4조의2(시 · 도종합계획의 수립)** [암기] [추][소][세][교][사] [연][인]

① 시 · 도지사는 기본계획을 토대로 다음 각 호의 사항이 포함된 지적재조사사업에 관한 종합계획(이하 "시 · 도종합계획"이라 한다)을 수립하여야 한다.

1. 지적재조사사업비의 연도별 [추]산액
2. 지적재조사사업비의 지적[소]관청별 배분 계획
3. 지적재조사지구 지정의 [세]부기준
4. 지적재조사사업의 [교]육과 홍보에 관한 사항
5. 그 밖에 시 · 도의 지적재조사[사]업을 위하여 필요한 사항
6. 지적재조사사업의 [연]도별 · 지적소관청별 사업량
7. 지적재조사사업에 필요한 [인]력의 확보에 관한 계획

② 시 · 도지사는 시 · 도종합계획을 수립할 때에는 시 · 도종합계획안을 지적소관청에 송부하여 의견을 들은 후 제29조에 따른 시 · 도 지적재조사위원회의 심의를 거쳐야 한다.

③ 지적소관청은 제2항에 따라 시 · 도종합계획안을 송부받았을 때에는 송부받은 날부터 14일 이내에 의견을 제출하여야 한다. 이 경우 기간 내에 의견을 제출하지 아니하면 의견이 없는 것으로 본다.

지적재조사에 관한 특별법 제4조(기본계획의 수립) [암기] [규][연][인][방]기 [시][도]하라

① 국토교통부장관은 지적재조사사업을 효율적으로 시행하기 위하여 다음 각 호의 사항이 포함된 지적재조사사업에 관한 기본계획(이하 "기본계획"이라 한다)을 수립하여야 한다. 〈개정 2013.3.23., 2017.4.18.〉

1. 지적재조사사업의 시행기간 및 [규]모
2. 지적재조사사업비의 [연]도별 집행계획
3. 지적재조사사업에 필요한 [인]력의 확보에 관한 계획
4. 지적재조사사업에 관한 기본[방]향
5. 지적재조사사업비의 특별시 · 광역시 · 도 · 특별자치도 · 특별자치시 및 「지방자치법」 제198조에 따른 대도시로서 구(區)를 둔 시(이하 "[시] · [도]"라 한다)별 배분 계획
6. 그 밖에 지적재조사사업의 효율적 시행을 위하여 필요한 사항으로서 대통령령으로 정하는 사항

정답 04 ③

05 시 · 도지사는 지적재조사사업에 관한 종합계획을 수립하여야 한다. 종합계획으로 옳지 않은 것은?

① 시 · 도지사는 시 · 도종합계획을 수립하거나 변경하였을 때에는 시 · 도의 공보에 고시하고 지적소관청에 통지하여야 한다.

② 시 · 도지사는 시 · 도종합계획이 수립된 날부터 5년이 지나면 그 타당성을 다시 검토하고 필요하면 변경하여야 한다.

③ 지적소관청은 시 · 도종합계획안을 송부받았을 때에는 송부받은 날부터 14일 이내에 의견을 제출하여야 한다

④ 시 · 도지사는 시 · 도종합계획을 수립할 때에는 시 · 도종합계획안을 지적소관청에 송부하여 의견을 들은 후 중앙지적재조사위원회의 심의를 거쳐야 한다.

> **풀이** 지적재조사에 관한 특별법 제4조의2(시 · 도종합계획의 수립) **암기** ⟨총⟩⟨소⟩⟨세⟩⟨교⟩⟨사⟩ ⟨연⟩⟨인⟩

① 시 · 도지사는 기본계획을 토대로 다음 각 호의 사항이 포함된 지적재조사사업에 관한 종합계획(이하 "시 · 도종합계획"이라 한다)을 수립하여야 한다.

> 1. 지적재조사사업비의 연도별 ⟨총⟩산액
> 2. 지적재조사사업비의 지적⟨소⟩관청별 배분 계획
> 3. 지적재조사지구 지정의 ⟨세⟩부기준
> 4. 지적재조사사업의 ⟨교⟩육과 홍보에 관한 사항
> 5. 그 밖에 시 · 도의 지적재조사⟨사⟩업을 위하여 필요한 사항
> 6. 지적재조사사업의 ⟨연⟩도별 · 지적소관청별 사업량
> 7. 지적재조사사업에 필요한 ⟨인⟩력의 확보에 관한 계획

② 시 · 도지사는 시 · 도종합계획을 수립할 때에는 시 · 도종합계획안을 지적소관청에 송부하여 의견을 들은 후 제29조에 른 시 · 도 지적재조사위원회의 심의를 거쳐야 한다.

③ 지적소관청은 제2항에 따라 시 · 도종합계획안을 송부받았을 때에는 송부받은 날부터 14일 이내에 의견을 제출하여야 한다. 이 경우 기간 내에 의견을 제출하지 아니하면 의견이 없는 것으로 본다.

④ 시 · 도지사는 시 · 도종합계획을 확정한 때에는 지체 없이 국토교통부장관에게 제출하여야 한다.

⑤ 국토교통부장관은 제4항에 따라 제출된 시 · 도종합계획이 기본계획과 부합되지 아니할 때에는 그 사유를 명시하여 시 · 도지사에게 시 · 도종합계획의 변경을 요구할 수 있다. 이 경우 시 · 도지사는 정당한 사유가 없으면 그 요구에 따라야 한다.

⑥ 시 · 도지사는 시 · 도종합계획이 수립된 날부터 5년이 지나면 그 타당성을 다시 검토하고 필요하면 변경하여야 한다.

⑦ 제2항부터 제5항까지의 규정은 제6항에 따라 시 · 도종합계획을 변경할 때에도 적용한다. 다만, 대통령령으로 정하는 경미한 사항을 변경할 때에는 그러하지 아니하다.

⑧ 시 · 도지사는 제1항에 따라 시 · 도종합계획을 수립하거나 제6항에 따라 변경하였을 때에는 시 · 도의 공보에 고시하고 지적소관청에 통지하여야 한다.

⑨ 시 · 도종합계획의 작성 기준, 작성 방법, 그 밖에 시 · 도종합계획의 수립에 관한 세부적인 사항은 국토교통부장관이 정한다.

06 지적소관청은 지적재조사사업에 관한 실시계획을 수립하여야 한다. 실시계획 수립사항으로 옳지 않은 것은?

① 지적재조사사업의 시행시기 및 기간
② 지적재조사사업의 시행에 관한 실시계획
③ 지적재조사사업비의 추산액
④ 지적재조사사업의 시행자

풀이 **지적재조사에 관한 특별법 제6조(실시계획의 수립)**

① 지적소관청은 시·도종합계획을 통지받았을 때에는 다음 각 호의 사항이 포함된 지적재조사사업에 관한 실시계획(이하 "실시계획"이라 한다)을 수립하여야 한다. 〈개정 2019.12.10.〉

> 1. 지적재조사사업의 시행자
> 2. 지적재조사지구의 명칭
> 3. 지적재조사지구의 위치 및 면적
> 4. 지적재조사사업의 시행시기 및 기간
> 5. 지적재조사사업비의 추산액
> 6. 토지현황조사에 관한 사항
> 7. 그 밖에 지적재조사사업의 시행을 위하여 필요한 사항으로서 대통령령으로 정하는 사항

② 실시계획의 작성 기준 및 방법은 국토교통부장관이 정한다.

지적재조사에 관한 특별법 시행령 제5조(실시계획의 수립 등)

① 법 제6조제1항제7호에서 "대통령령으로 정하는 사항"이란 다음 각 호의 사항을 말한다.

> 1. 지적재조사지구의 현황
> 2. 지적재조사사업의 시행에 관한 세부계획
> 3. 지적재조사측량에 관한 시행계획
> 4. 지적재조사사업의 시행에 따른 홍보
> 5. 그 밖에 지적소관청이 법 제6조제1항에 따른 지적재조사사업에 관한 실시계획(이하 "실시계획"이라 한다)의 수립에 필요하다고 인정하는 사항

② 지적소관청은 실시계획을 수립할 때에는 시·도종합계획과 연계되도록 하여야 한다.

실시계획의 수립 **암기** 홍명위현축시시기 사시 총시

> 1. 지적재조사사업의 시행에 따른 홍보
> 2. 지적재조사지구의 명칭
> 3. 지적재조사지구의 위치 및 면적
> 4. 지적재조사지구의 현황
> 5. 지적재조사사업비의 추산액
> 6. 지적재조사사업의 시행자

> 1. 토지현황조사에 관한 사항
> 2. 지적재조사사업의 시행시기 및 기간
> 3. 그 밖에 지적소관청이 법 제6조제1항에 따른 지적재조사사업에 관한 실시계획(이하 "실시계획"이라 한다)의 수립에 필요하다고 인정하는 사항
> 4. 지적재조사사업의 시행에 관한 세부계획
> 5. 지적재조사측량에 관한 시행계획
> 6. 지적소관청은 실시계획을 수립할 때에는 시·도종합계획과 연계되도록 하여야 한다.

정답 06 ②

07 「지적재조사업무규정」상 지상경계점등록부 작성에 대한 내용으로 가장 옳지 않은 것은?

① 경계형태는 경계선에 설치된 구조물(담장, 울타리, 축대, 논·밭의 두렁 등)과 경계점표지로 작성한다.

② 경계점번호는 위치도에 표시한 지상경계점등록부의 부호를 기재한다.

③ 도로, 구거, 하천, 제방 등 공공용지와 그 밖에 지적소관청이 인정하는 경우에는 지상경계점등록부의 작성을 생략할 수 있다.

④ 경계위치는 확정된 경계점의 구조물의 위치를 중앙, 상단, 하단, 안·바깥 등 구체적으로 구분하여 등록한다.

풀이 지적재조사업무규정 제22조(지상경계점등록부 작성)

① 규칙 제10조에 따른 지상경계점등록부는 다음 각 호에 따라 예시 3과 같이 작성한다.

1. 토지소재의 지번, 지목 및 면적은 새로이 확정한 지번, 지목 및 면적으로 기재한다.
2. 위치도는 해당 토지 위주로 작성하여야 하며, 드론 또는 항공사진측량 등으로 촬영한 정사영상자료에 확정된 경계를 붉은색으로 표시하고 경계점번호는 경계점좌표등록부의 부호 순서대로 일련번호(1, 2, 3, 4, 5……순)를 부여한다. 다만, 비행금지구역 또는 보안규정 등으로 인하여 정사영상자료가 없는 경우에는 정사영상자료를 생략하고 확정된 경계에 의하여 작성할 수 있다.
3. 지목은 법 제19조에 따라 변경된 지목을 기재한다.
4. 〈삭제〉
5. 작성자는 지적재조사측량수행자의 기술자격과 성명을 기재하고, 확인자는 지적소관청의 검사자 성명을 기재한다.
6. 경계점 위치 상세설명

> 가. 경계점번호는 위치도에 표시한 경계점좌표등록부의 부호를 기재한다.
> 나. 표지의 종류는 「지적재조사측량규정」별표 3에 따른 경계점표지의 규격 코드로 등록한다.
> 다. 경계설정기준은 법 제14조에 따라 확정된 경계의 기준을 등록한다.
> 라. 경계형태는 경계선에 설치된 구조물(담장, 울타리, 축대, 논·밭의 두렁 등)과 경계점표지로 작성한다.
> 마. 경계위치는 확정된 경계점의 구조물의 위치를 중앙, 상단, 하단, 안·바깥 등 구체적으로 구분하여 등록한다.
> 바. 세부설명과 관련자료는 경계를 확정하게 된 특별한 사유를 상세하게 작성하고, 연접토지와 합의한 경우 합의서를 별첨으로 등록하여야 한다.

7. 〈삭제〉
8. 지상경계점등록부는 파일형태로 전자적 매체에 저장하여 관리하여야 한다.
9. ~13. 삭제

② 제1항에 불구하고 도로, 구거, 하천, 제방 등 공공용지와 그 밖에 지적소관청이 인정하는 경우에는 지상경계점등록부의 작성을 생략할 수 있다. 이 경우 별지 제15호 서식의 지상경계점등록부 미작성조서를 지적소관청에 제출하여야 한다.

08 「지적재조사에 관한 특별법」에서 지적재조사사업에 대한 내용으로 타당하지 않은 것은?

① 지적소관청은 지적재조사사업의 측량·조사 등을 한국국토정보공사와 지적측량업의 등록을 한 자에게 대행하게 할 수 있다.

② 지적재조사지구 지정고시를 한 날부터 2년 내에 토지현황조사 및 지적재조사측량을 시행하지 아니할 때에는 그 기간의 만료로 지적재조사지구의 지정은 효력이 상실된다.

③ 시·도지사는 지적재조사지구 지정의 효력이 상실되었을 때에는 이를 시·도 공보에 고시하고 중앙지적재조사위원회에게 보고하여야 한다.

④ 지적소관청은 지적재조사지구 지정고시를 한 날부터 2년 내에 토지현황조사 및 지적재조사를 위한 지적측량을 시행하여야 한다.

풀이 **지적재조사에 관한 특별법 제5조(지적재조사사업의 시행자)**

① 지적재조사사업은 지적소관청이 시행한다.

② 지적소관청은 지적재조사사업의 측량·조사 등을 제5조의2에 따른 책임수행기관에 위탁할 수 있다. 〈개정 2014.6.3., 2020.12.22.〉

③ 지적소관청이 지적재조사사업의 측량·조사 등을 책임수행기관에 위탁한 때에는 대통령령으로 정하는 바에 따라 이를 고시하여야 한다. 〈개정 2020.12.22.〉

지적재조사에 관한 특별법 제5조의2(책임수행기관의 지정 등)

① 국토교통부장관은 지적재조사사업의 측량·조사 등의 업무를 전문적으로 수행하는 책임수행기관을 지정할 수 있다.

② 국토교통부장관은 제1항에 따라 지정된 책임수행기관이 거짓 또는 부정한 방법으로 지정을 받거나 업무를 게을리 하는 등 대통령령으로 정하는 사유가 있는 때에는 그 지정을 취소할 수 있다.

③ 국토교통부장관은 제1항에 따른 책임수행기관을 지정·지정취소할 때에는 대통령령으로 정하는 바에 따라 이를 고시하여야 한다.

④ 그 밖에 책임수행기관의 지정·지정취소 및 운영 등에 필요한 사항은 대통령령으로 정한다.
[본조신설 2020.12.22.]

지적재조사에 관한 특별법 제9조(지적재조사지구 지정의 효력상실 등)

① 지적소관청은 지적재조사지구 지정고시를 한 날부터 2년 내에 토지현황조사 및 지적재조사를 위한 지적측량(이하 "지적재조사측량"이라 한다)을 시행하여야 한다.

② 제1항의 기간 내에 토지현황조사 및 지적재조사측량을 시행하지 아니할 때에는 그 기간의 만료로 지적재조사지구의 지정은 효력이 상실된다.

③ 시·도지사는 제2항에 따라 지적재조사지구 지정의 효력이 상실되었을 때에는 이를 시·도 공보에 고시하고 **국토교통부장관**에게 보고하여야 한다.

09 지적재조사사업을 시행하기 위한 토지현황조사의 내용으로 옳지 않은 것은?

① 토지이용 현황 및 건축물 현황
② 지하시설물(지하구조물) 등에 관한 사항
③ 개별표준지가
④ 건축물에 관한 사항

[풀이] **지적재조사에 관한 특별법 제10조(토지현황조사)**

<table>
<tr><td>토지현황조사
(법 제10조 및 규칙 제4조)
[암기] [소][지][목][적][계][표]는 [지][하][공]간에서 [토][지] [건][축] [이][용] [현][황] [시][설]</td><td colspan="2">“토지현황조사”란 지적재조사사업을 시행하기 위하여 필지별로 [소]유자, [지]번, 지[목], 면[적], 경[계] 또는 좌[표], [지]상건축물 및 지[하]건축물의 위치, 개별[공]시지가 등을 조사하는 것을 말한다.
1. [토][지]에 관한 사항
2. [건][축]물에 관한 사항
3. 토지[이][용]계획에 관한 사항
4. 토지이용 [현][황] 및 건축물 현황
5. 지하[시][설]물(지하구조물) 등에 관한 사항
6. 그 밖에 국토교통부장관이 토지현황조사와 관련하여 필요하다고 인정하는 사항</td></tr>
<tr><td rowspan="5">사전조사
(업무규정 제11조)</td><td>토지에 관한 사항 : 지적공부 및 토지등기부</td><td>가. 소유자 : 등기사항증명서
나. 이해관계인 : 등기사항증명서
다. 지번 : 토지(임야)대장 또는 지적(임야)도
라. 지목 : 토지(임야)대장
마. 토지면적 : 토지(임야)대장</td></tr>
<tr><td>건축물에 관한 사항 : 건축물대장 및 건물등기부</td><td>가. 소유자 : 등기사항증명서
나. 이해관계인 : 등기사항증명서
다. 건물면적 : 건축물대장
라. 구조물 및 용도 : 건축물대장</td></tr>
<tr><td>토지이용계획에 관한 사항</td><td>토지이용계획확인서(토지이용규제기본법령에 따라 구축 · 운영하고 있는 국토이용정보체계의 지역 · 지구 등의 정보)</td></tr>
<tr><td>토지이용 현황 및 건축물 현황</td><td>개별공시지가 토지특성조사표, 국 · 공유지 실태조사표, 건축물대장 현황 및 배치도</td></tr>
<tr><td>지하시설(구조)물 등 현황</td><td>도시철도 및 지하상가 등 지하시설물을 관리하는 관리기관 · 관리부서의 자료와 구분지상권 등기사항</td></tr>
</table>

10 지적재조사지구 지정 · 고시가 있어 경계복원측량 및 지적공부정리를 할 수 있는 경우로 틀린 것은?

① 지적재조사지구 지정고시가 있어 해당 지적재조사지구 내의 토지에 대해 경계점을 지상에 복원하기 위하여 지적측량을 하는 경우

② 법원의 판결 또는 결정에 따라 경계복원측량 또는 지적공부정리를 하는 경우

③ 토지소유자의 신청에 따라 시 · 군 · 구 지적재조사위원회가 경계복원측량 또는 지적공부정리가 필요하다고 결정하는 경우

④ 지적재조사사업의 시행을 위하여 경계복원측량을 하는 경우

[풀이] **지적재조사에 관한 특별법 제12조(경계복원측량 및 지적공부정리의 정지)**

① 제8조에 따른 지적재조사지구 지정고시가 있으면 해당 지적재조사지구 내의 토지에 대해서는 제23조에 따른 사업완료 공고 전까지 다음 각 호의 행위를 할 수 없다. 〈개정 2019.12.10.〉

정답 10 ①

1. 「공간정보의 구축 및 관리 등에 관한 법률」 제23조제1항제4호에 따라 경계점을 지상에 복원하기 위하여 하는 지적측량(이하 "경계복원측량"이라 한다)
2. 「공간정보의 구축 및 관리 등에 관한 법률」 제77조부터 제84조까지에 따른 지적공부의 정리(이하 "지적공부정리"라 한다)

② 제1항에도 불구하고 다음 각 호의 어느 하나에 해당하는 경우에는 경계복원측량 또는 지적공부정리를 할 수 있다.

1. 지적재조사사업의 시행을 위하여 경계복원측량을 하는 경우
2. 법원의 판결 또는 결정에 따라 경계복원측량 또는 지적공부정리를 하는 경우
3. 토지소유자의 신청에 따라 제30조에 따른 시·군·구 지적재조사위원회가 경계복원측량 또는 지적공부정리가 필요하다고 결정하는 경우

11 지적재조사지구의 토지소유자협의회에 대한 내용 및 기능으로 옳지 않은 것은?

① 지적재조사지구의 토지소유자는 토지소유자 총수의 2분의 1 이상과 토지면적 2분의 1 이상에 해당하는 토지소유자의 동의를 받아 토지소유자협의회를 구성할 수 있다.

② 토지소유자협의회의 위원은 그 지적재조사지구에 있는 토지의 소유자이어야 하며, 위원장은 위원 중에서 호선한다.

③ 경계결정위원회(이하 "경계결정위원회"라 한다) 위원의 추천 및 지적소관청에 대한 우선하여 지적재조사지구의 신청 등은 토지소유자협의회의 기능이다.

④ 토지소유자가 협의회 구성에 동의하거나 그 동의를 철회하려는 경우에는 국토교통부령으로 정하는 협의회구성동의서 또는 동의철회서에 본인임을 확인한 후 서명 또는 날인하여 토지소유자협의회에 제출하여야 한다.

풀이 지적재조사에 관한 특별법 제13조(토지소유자협의회) **암기** ㉜⊞는 ㈜金으로 ㉛하라

① 지적재조사지구의 토지소유자는 토지소유자 총수의 2분의 1 이상과 토지면적 2분의 1 이상에 해당하는 토지소유자의 동의를 받아 토지소유자협의회를 구성할 수 있다. 〈개정 2017.4.18., 2019.12.10.〉
② 토지소유자협의회는 위원장을 포함한 5명 이상 20명 이하의 위원으로 구성한다. 토지소유자협의회의 위원은 그 지적재조사지구에 있는 토지의 소유자이어야 하며, 위원장은 위원 중에서 호선한다. 〈개정 2019.12.10.〉
③ 토지소유자협의회의 기능은 다음 각 호와 같다. 〈개정 2019.12.10.〉

1. 지적소관청에 대한 제7조제3항에 따른 ㉜적재조사지구의 신청

제7조 ③ 제2항에도 불구하고 지적소관청은 지적재조사지구에 제13조에 따른 토지소유자협의회(이하 "토지소유자협의회"라 한다)가 구성되어 있고 토지소유자 총수의 4분의 3 이상의 동의가 있는 지구에 대하여는 우선하여 지적재조사지구로 지정을 신청할 수 있다. 〈개정 2019.12.10.〉

2. 임시경계점⊞지 및 경계점표지의 설치에 대한 입회
3. 토지㈜황조사에 대한 입회
4. 삭제 〈2017.4.18.〉
5. 제20조제3항에 따른 조정金 산정기준에 대한 의견 제출
6. 제31조에 따른 경계결㉛위원회(이하 "경계결정위원회"라 한다) 위원의 추천

④ 제1항에 따른 동의자 수의 산정방법 및 동의절차, 토지소유자협의회의 구성 및 운영, 그 밖에 필요한 사항은 대통령령으로 정한다.

지적재조사에 관한 특별법 시행령 제10조(토지소유자협의회의 구성 등)

① 법 제13조제1항에 따른 토지소유자협의회(이하 이 조에서 "협의회"라 한다)를 구성할 때 토지소유자 수 및 동의자 수 산정은 제7조제1항의 기준에 따른다.

② 토지소유자가 협의회 구성에 동의하거나 그 동의를 철회하려는 경우에는 국토교통부령으로 정하는 협의회구성동의서 또는 동의철회서에 본인임을 확인한 후 서명 또는 날인하여 지적소관청에 제출하여야 한다. 〈개정 2017.10.17.〉

③ 협의회의 위원장은 협의회를 대표하고, 협의회의 업무를 총괄한다.

④ 협의회의 회의는 재적위원 과반수의 출석으로 개의(開議)하고, 출석위원 과반수의 찬성으로 의결한다.

⑤ 제1항부터 제4항까지에서 규정한 사항 외에 협의회의 운영 등에 필요한 사항은 협의회의 의결을 거쳐 위원장이 정한다.

12 지적재조사를 위한 경계설정의 기준으로 옳지 않은 것은?

① 지상경계에 대하여 다툼이 있는 경우 등록할 때의 측량기록을 조사한 경계

② 지방관습에 의한 경계

③ 지적재조사를 위한 경계설정을 하는 것이 불합리하다고 인정하는 경우에는 토지소유자들이 합의한 경계를 기준으로 지적재조사를 위한 경계 설정

④ 지상경계에 대하여 다툼이 있는 경우 토지소유자가 점유하는 토지의 현실경계

풀이 지적재조사에 관한 특별법 제14조(경계설정의 기준)

① 지적소관청은 다음 각 호의 순위로 지적재조사를 위한 경계를 설정하여야 한다.

> 1. 지상경계에 대하여 다툼이 없는 경우 토지소유자가 점유하는 토지의 현실경계
> 2. 지상경계에 대하여 다툼이 있는 경우 등록할 때의 측량기록을 조사한 경계
> 3. 지방관습에 의한 경계

② 지적소관청은 제1항 각 호의 방법에 따라 지적재조사를 위한 경계설정을 하는 것이 불합리하다고 인정하는 경우에는 토지소유자들이 합의한 경계를 기준으로 지적재조사를 위한 경계를 설정할 수 있다. 〈개정 2017.4.18.〉

③ 지적소관청은 제1항과 제2항에 따라 지적재조사를 위한 경계를 설정할 때에는 「도로법」, 「하천법」 등 관계 법령에 따라 고시되어 설치된 공공용지의 경계가 변경되지 아니하도록 하여야 한다. 다만, 해당 토지소유자들 간에 합의한 경우에는 그러하지 아니하다.

13 경계점표지 설치 및 지적확정예정조서 작성에 관한 설명으로 옳지 않은 것은?

① 지적소관청은 지적재조사측량을 완료하였을 때에는 기존 지적공부상의 종전 토지면적과 지적재조사를 통하여 산정된 토지면적에 대한 지번별 내역 등을 표시한 지적확정예정조서를 작성하여야 한다.

② 지적소관청은 지적확정예정조서를 작성하였을 때에는 토지소유자나 지적측량수행자에게 그 내용을 통보하여야 한다.

③ 지적소관청은 토지소유자나 이해관계인이 제출한 의견이 타당하다고 인정할 때에는 경계를 다시 설정하고, 임시경계점표지를 다시 설치하는 등의 조치를 하여야 한다.

④ 지적소관청은 경계를 설정하면 지체 없이 임시경계점표지를 설치하고 지적재조사측량을 실시하여야 한다.

정답 12 ④ 13 ②

지적재조사에 관한 특별법 제15조(경계점표지 설치 및 지적확정예정조서 작성 등)

① 지적소관청은 제14조에 따라 경계를 설정하면 지체 없이 임시경계점표지를 설치하고 지적재조사측량을 실시하여야 한다.

② 지적소관청은 지적재조사측량을 완료하였을 때에는 대통령령으로 정하는 바에 따라 기존 지적공부상의 종전 토지면적과 지적재조사를 통하여 산정된 토지면적에 대한 지번별 내역 등을 표시한 지적확정예정조서를 작성하여야 한다. 〈개정 2017.4.18.〉

③ 지적소관청은 제2항에 따른 지적확정예정조서를 작성하였을 때에는 **토지소유자나 이해관계인**에게 그 내용을 통보하여야 하며, 통보를 받은 토지소유자나 이해관계인은 지적소관청에 의견을 제출할 수 있다. 이 경우 지적소관청은 제출된 의견이 타당하다고 인정할 때에는 경계를 다시 설정하고, 임시경계점표지를 다시 설치하는 등의 조치를 하여야 한다. 〈개정 2017.4.18.〉

④ 누구든지 제1항 및 제3항에 따른 임시경계점표지를 이전 또는 파손하거나 그 효용을 해치는 행위를 하여서는 아니 된다.

⑤ 그 밖에 지적확정예정조서의 작성에 필요한 사항은 국토교통부령으로 정한다.

14 지적재조사사업에 의한 경계의 결정에 관한 사항으로 옳지 않은 것은?

① 토지소유자나 이해관계인의 신청을 받은 경계결정위원회는 지적확정예정조서를 제출받은 날부터 60일 이내에 경계에 관한 결정을 하고 이를 지적소관청에 통지하여야 한다.

② 지적소관청은 경계결정위원회로부터 경계에 관한 결정을 통지받았을 때에는 지체 없이 토지소유자나 이해관계인에게 통지하여야 한다.

③ 지적소관청은 경계에 관한 결정을 신청하고자 할 때에는 지적확정예정조서에 토지소유자나 이해관계인의 의견을 첨부하여 경계결정위원회에 제출하여야 한다.

④ 기간 안에 경계에 관한 결정을 할 수 없는 부득이한 사유가 있을 때에는 경계결정위원회는 의결을 거쳐 30일의 범위에서 그 기간을 연장할 수 있다.

지적재조사에 관한 특별법 제16조(경계의 결정)

① 지적재조사에 따른 경계결정은 경계결정위원회의 의결을 거쳐 결정한다.

② 지적소관청은 제1항에 따른 경계에 관한 결정을 신청하고자 할 때에는 제15조제2항에 따른 지적확정예정조서에 토지소유자나 이해관계인의 의견을 첨부하여 경계결정위원회에 제출하여야 한다. 〈개정 2017.4.18.〉

③ 제2항에 따른 신청을 받은 경계결정위원회는 지적확정예정조서를 제출받은 날부터 30일 이내에 경계에 관한 결정을 하고 이를 지적소관청에 통지하여야 한다. 이 기간 안에 경계에 관한 결정을 할 수 없는 부득이한 사유가 있을 때에는 경계결정위원회는 의결을 거쳐 30일의 범위에서 그 기간을 연장할 수 있다. 〈개정 2017.4.18.〉

④ 토지소유자나 이해관계인은 경계결정위원회에 참석하여 의견을 진술할 수 있다. 경계결정위원회는 토지소유자나 이해관계인이 의견진술을 신청하는 경우에는 특별한 사정이 없으면 이에 따라야 한다.

⑤ 경계결정위원회는 제3항에 따라 경계에 관한 결정을 하기에 앞서 토지소유자들로 하여금 경계에 관한 합의를 하도록 권고할 수 있다.

⑥ 지적소관청은 제3항에 따라 경계결정위원회로부터 경계에 관한 결정을 통지받았을 때에는 지체 없이 이를 토지소유자나 이해관계인에게 통지하여야 한다. 이 경우 제17조제1항에 따른 기간 안에 이의신청이 없으면 경계결정위원회의 결정대로 경계가 확정된다는 취지를 명시하여야 한다.

15 지적재조사업에 있어 경계결정에 대한 이의신청에 관한 사항으로 옳은 것은?

① 토지소유자는 결정서를 송부받은 날부터 60일 이내에 경계결정위원회의 결정에 대하여 행정심판이나 행정소송을 통하여 불복할지 여부를 지적소관청에 알려야 한다.

② 이의신청서를 송부받은 경계결정위원회는 이의신청서를 송부받은 날부터 60일 이내에 이의신청에 대한 결정을 하여야 한다. 다만, 부득이한 경우에는 30일의 범위에서 처리기간을 연장할 수 있다.

③ 경계에 관한 결정을 통지받은 토지소유자나 이해관계인이 이에 대하여 불복하는 경우에는 통지를 받은 날부터 30일 이내에 지적소관청에 이의신청을 할 수 있다.

④ 지적소관청은 토지소유자나 이해관계인의 이의신청서가 접수된 날부터 30일 이내에 이의신청서에 의견서를 첨부하여 경계결정위원회에 송부하여야 한다.

풀이 지적재조사에 관한 특별법 제17조(경계결정에 대한 이의신청)

① 제16조제6항에 따라 경계에 관한 결정을 통지받은 토지소유자나 이해관계인이 이에 대하여 불복하는 경우에는 통지를 받은 날부터 60일 이내에 지적소관청에 이의신청을 할 수 있다.

② 제1항에 따라 이의신청을 하고자 하는 토지소유자나 이해관계인은 지적소관청에 이의신청서를 제출하여야 한다. 이 경우 이의신청서에는 증빙서류를 첨부하여야 한다.

③ 지적소관청은 제2항에 따라 이의신청서가 접수된 날부터 14일 이내에 이의신청서에 의견서를 첨부하여 경계결정위원회에 송부하여야 한다.

④ 제3항에 따라 이의신청서를 송부받은 경계결정위원회는 이의신청서를 송부받은 날부터 30일 이내에 이의신청에 대한 결정을 하여야 한다. 다만, 부득이한 경우에는 30일의 범위에서 처리기간을 연장할 수 있다.

⑤ 경계결정위원회는 이의신청에 대한 결정을 하였을 때에는 그 내용을 지적소관청에 통지하여야 하며, 지적소관청은 결정내용을 통지받은 날부터 7일 이내에 결정서를 작성하여 이의신청인에게는 그 정본을, 그 밖의 토지소유자나 이해관계인에게는 그 부본을 송달하여야 한다. 이 경우 토지소유자는 결정서를 송부받은 날부터 60일 이내에 경계결정위원회의 결정에 대하여 행정심판이나 행정소송을 통하여 불복할 지 여부를 지적소관청에 알려야 한다.

⑥ 삭제 〈2017.4.18.〉

16 지적재조사사업에 따른 경계의 확정에 관한 사항으로 옳지 않은 것은?

① 이의신청에 대한 결정에 대하여 60일 이내에 불복의사를 표명하지 아니하였을 때

② 이의신청에 대한 결정에 불복하여 행정소송을 제기한 경우에는 그 판결이 확정되었을 때

③ 경계결정위원회는 지적확정예정조서를 제출받은 날부터 60일 이내에 경계에 관한 결정을 하고 이를 지적소관청에 통지하였을 때

④ 경계에 관한 결정을 통지받은 토지소유자나 이해관계인이 이에 대하여 불복하는 경우에는 통지를 받은 날부터 60일 이내에 지적소관청에 이의신청을 하지 아니하였을 때

풀이 지적재조사에 관한 특별법 제18조(경계의 확정)

① 지적재조사사업에 따른 경계는 다음 각 호의 시기에 확정된다.

> 1. 제17조제1항(제16조제6항에 따라 경계에 관한 결정을 통지받은 토지소유자나 이해관계인이 이에 대하여 불복하는 경우에는 통지를 받은 날부터 60일 이내에 지적소관청에 이의신청을 할 수 있다.)에 따른 이의신청 기간에 이의를 신청하지 아니하였을 때

② 제1항에 따라 경계가 확정되었을 때에는 지적소관청은 지체 없이 경계점표지를 설치하여야 하며, 국토교통부령으로 정하는 바에 따라 지상경계점등록부를 작성하고 관리하여야 한다. 이 경우 제1항에 따라 확정된 경계가 제15조제1항 및 제3항에 따라 설정된 경계와 동일할 때에는 같은 조 제1항 및 제3항에 따른 임시경계점표지를 경계점표지로 본다. 〈개정 2013.3.23., 2017.4.18.〉

③ 누구든지 제2항에 따른 경계점표지를 이전 또는 파손하거나 그 효용을 해치는 행위를 하여서는 아니 된다.

지적재조사에 관한 특별법 제16조(경계의 결정)

① 지적재조사에 따른 경계결정은 경계결정위원회의 의결을 거쳐 결정한다.

② 지적소관청은 제1항에 따른 경계에 관한 결정을 신청하고자 할 때에는 제15조제2항에 따른 지적확정예정조서에 토지소유자나 이해관계인의 의견을 첨부하여 경계결정위원회에 제출하여야 한다. 〈개정 2017.4.18.〉

③ 제2항에 따른 신청을 받은 경계결정위원회는 지적확정예정조서를 제출받은 날부터 30일 이내에 경계에 관한 결정을 하고 이를 지적소관청에 통지하여야 한다. 이 기간 안에 경계에 관한 결정을 할 수 없는 부득이한 사유가 있을 때에는 경계결정위원회는 의결을 거쳐 30일의 범위에서 그 기간을 연장할 수 있다. 〈개정 2017.4.18.〉

④ 토지소유자나 이해관계인은 경계결정위원회에 참석하여 의견을 진술할 수 있다. 경계결정위원회는 토지소유자나 이해관계인이 의견진술을 신청하는 경우에는 특별한 사정이 없으면 이에 따라야 한다.

⑤ 경계결정위원회는 제3항에 따라 경계에 관한 결정을 하기에 앞서 토지소유자들로 하여금 경계에 관한 합의를 하도록 권고할 수 있다.

⑥ 지적소관청은 제3항에 따라 경계결정위원회로부터 경계에 관한 결정을 통지받았을 때에는 지체 없이 이를 토지소유자나 이해관계인에게 통지하여야 한다. 이 경우 제17조제1항에 따른 기간 안에 이의신청이 없으면 경계결정위원회의 결정대로 경계가 확정된다는 취지를 명시하여야 한다.

17 다음 「지적재조사에 관한 특별법」에 의한 조정금의 산정에 관한 설명 중 옳지 않은 것은?

① 지적소관청은 조정금을 산정하고자 할 때에는 시·군·구 지적재조사위원회의 심의를 거쳐야 한다.

② 조정금은 토지소유자협의회가 요청하는 경우에는 시·도 지적재조사위원회의 심의를 거쳐 「부동산 가격공시에 관한 법률」에 따른 개별공시지가로 산정할 수 있다.

③ 지적소관청은 경계 확정으로 지적공부상의 면적이 증감된 경우에는 필지별 면적 증감내역을 기준으로 조정금을 산정하여 징수하거나 지급한다.

④ 조정금은 경계가 확정된 시점을 기준으로 「감정평가 및 감정평가사에 관한 법률」에 따른 감정평가법인 등이 평가한 감정평가액으로 산정한다.

풀이 지적재조사에 관한 특별법 제20조(조정금의 산정)

① 지적소관청은 제18조에 따른 경계 확정으로 지적공부상의 면적이 증감된 경우에는 필지별 면적 증감내역을 기준으로 조정금을 산정하여 징수하거나 지급한다.

② 제1항에도 불구하고 국가 또는 지방자치단체 소유의 국유지·공유지 행정재산의 조정금은 징수하거나 지급하지 아니한다.

③ 조정금은 제18조에 따라 경계가 확정된 시점을 기준으로 「감정평가 및 감정평가사에 관한 법률」에 따른 감정평가법인 등이 평가한 감정평가액으로 산정한다. 다만, 토지소유자협의회가 요청하는 경우에는 제30조

정답 17 ②

에 따른 시·군·구 지적재조사위원회의 심의를 거쳐 「부동산 가격공시에 관한 법률」에 따른 개별공시지가로 산정할 수 있다. 〈개정 2017.4.18.〉

④ 지적소관청은 제3항에 따라 조정금을 산정하고자 할 때에는 제30조에 따른 시·군·구 지적재조사위원회의 심의를 거쳐야 한다.

⑤ 제2항부터 제4항까지에 규정된 것 외에 조정금의 산정에 필요한 사항은 대통령령으로 정한다.

18 다음 「지적재조사에 관한 특별법」에 의한 조정금의 지급·징수·공탁에 관한 설명 중 옳지 않은 것은?

① 지적소관청은 수령통지를 한 날부터 6개월 이내에 조정금을 지급하여야 하고, 납부고지를 받은 자는 그 부과일부터 6개월 이내에 조정금을 납부하여야 한다.

② 수령통지 또는 납부고지된 조정금에 이의가 있는 토지소유자는 수령통지 또는 납부고지를 받은 날부터 60일 이내에 지적소관청에 이의신청을 할 수 있다.

③ 지적소관청은 조정금을 지급하여야 하는 경우로서 압류 또는 가압류에 따라 조정금의 지급이 금지되었을 때에는 조정금을 지급받을 자의 토지 소재지 공탁소에 그 조정금을 공탁할 수 있다.

④ 지적소관청은 이의신청을 받은 날부터 30일 이내에 시·도 지적재조사위원회의 심의·의결을 거쳐 이의신청에 대한 결과를 신청인에게 서면으로 알려야 한다.

풀이 지적재조사에 관한 특별법 제21조(조정금의 지급·징수 또는 공탁)

① 조정금은 현금으로 지급하거나 납부하여야 한다.

② 지적소관청은 제20조제1항에 따라 조정금을 산정하였을 때에는 지체 없이 조정금조서를 작성하고, 토지소유자에게 개별적으로 조정금액을 통보하여야 한다.

③ 지적소관청은 제2항에 따라 조정금액을 통지한 날부터 10일 이내에 토지소유자에게 조정금의 수령통지 또는 납부고지를 하여야 한다.

④ 지적소관청은 제3항에 따라 수령통지를 한 날부터 6개월 이내에 조정금을 지급하여야 한다.

⑤ 제3항에 따라 납부고지를 받은 자는 그 부과일부터 6개월 이내에 조정금을 납부하여야 한다. 다만, 지적소관청은 1년의 범위에서 대통령령으로 정하는 바에 따라 조정금을 분할납부하게 할 수 있다. 〈개정 2017.4.18.〉

⑥ 지적소관청은 조정금을 납부하여야 할 자가 기한 내에 납부하지 아니할 때에는 「지방행정제재·부과금의 징수 등에 관한 법률」에 따라 징수할 수 있다. 〈신설 2017.4.18., 2020.6.9.〉

⑦ 지적소관청은 조정금을 지급하여야 하는 경우로서 다음 각 호의 어느 하나에 해당하는 때에는 조정금을 지급받을 자의 토지 소재지 공탁소에 그 조정금을 공탁할 수 있다. 〈개정 2017.4.18.〉

> 1. 조정금을 받을 자가 그 수령을 거부하거나 주소 불분명 등의 이유로 조정금을 수령할 수 없을 때
> 2. 지적소관청이 과실 없이 조정금을 받을 자를 알 수 없을 때
> 3. 압류 또는 가압류에 따라 조정금의 지급이 금지되었을 때

⑧ 지적재조사지구 지정이 있은 후 권리의 변동이 있을 때에는 그 권리를 승계한 자가 제1항에 따른 조정금 또는 제7항에 따른 공탁금을 수령하거나 납부한다. 〈개정 2017.4.18., 2019.12.10.〉

지적재조사에 관한 특별법 제21조의2(조정금에 관한 이의신청)

① 제21조제3항에 따라 수령통지 또는 납부고지된 조정금에 이의가 있는 토지소유자는 수령통지 또는 납부고지를 받은 날부터 60일 이내에 지적소관청에 이의신청을 할 수 있다.

② 지적소관청은 제1항에 따른 이의신청을 받은 날부터 30일 이내에 제30조에 따른 시·군·구 지적재조사위원회의 심의·의결을 거쳐 이의신청에 대한 결과를 신청인에게 서면으로 알려야 한다.

정답 18 ④

19 다음 중 「지적재조사에 관한 특별법」에 의한 새로운 지적공부의 등록사항으로 옳지 않은 것은?

① 좌표에 의하여 계산된 경계점 사이의 거리

② 건축물의 표시와 건축물 현황도에 관한 사항

③ 개별주택가격, 공동주택가격, 개별공시지가 및 부동산 실거래가격과 그 기준일

④ 지적필계점의 위치

풀이 지적재조사에 관한 특별법 제24조(새로운 지적공부의 작성)

암기 토지지적좌유권시상걸렸다 유사자가 지문건물 표지별지표지명

① 지적소관청은 제23조에 따른 사업완료 공고가 있었을 때에는 기존의 지적공부를 폐쇄하고 새로운 지적공부를 작성하여야 한다. 이 경우 그 토지는 제23조제1항에 따른 사업완료 공고일에 토지의 이동이 있은 것으로 본다.

② 제1항에 따라 새로이 작성하는 지적공부에는 다음 각 호의 사항을 등록하여야 한다.

지적재조사에 관한 특별법에서 정하는 사항	국토교통부령에서 정하는 사항
• 토지의 소재 • 지번 • 지목 • 면적 • 경계점좌표 • 소유자의 성명 또는 명칭, 주소 및 주민등록번호(국가, 지방자치단체, 법인, 법인 아닌 사단이나 재단 및 외국인의 경우에는 「부동산등기법」 제49조에 따라 부여된 등록번호를 말한다. 이하 같다) • 소유권지분 • 대지권비율 • 지상건축물 및 지하건축물의 위치 • 국토교통부령으로 정하는 사항	• 토지의 고유번호 • 토지의 이동 사유 • 토지소유자가 변경된 날과 그 원인 • 개별공시지가, 개별주택가격, 공동주택가격 및 부동산 실거래가격과 그 기준일 • 필지별 공유지 연명부의 장 번호 • 전유(專有) 부분의 건물 표시 • 건물의 명칭 • 집합건물별 대지권등록부의 장 번호 • 좌표에 의하여 계산된 경계점 사이의 거리 • 지적기준점의 위치 • 필지별 경계점좌표의 부호 및 부호도 • 「토지이용규제 기본법」에 따른 토지이용과 관련된 지역 · 지구 등의 지정에 관한 사항 • 건축물의 표시와 건축물 현황도에 관한 사항 • 구분지상권에 관한 사항 • 도로명주소

20 「지적재조사에 관한 특별법 시행규칙」상 지적재조사측량성과 검사방법에 대한 내용으로 옳지 않은 것은?

① 지적소관청은 지적기준점측량성과의 검사에 필요한 자료를 시 · 도지사에게 송부하고, 그 정확성에 대한 검사를 요청하여야 한다.

② 지적재조사측량성과와 지적재조사측량성과에 대한 검사의 연결교차가 지적기준점은 ±0.03미터 이내 이다.

③ 지적소관청은 위성측량, 토털 스테이션측량 및 항공사진측량 방법 등으로 지적재조사측량성과(지적기준점측량성과는 제외한다)의 정확성을 검사하여야 한다.

④ 지적재조사측량성과와 지적재조사측량성과에 대한 검사의 연결교차가 경계점은 ±0.10미터 이내 이다.

풀이 **지적재조사에 관한 특별법 시행규칙 제6조(지적재조사측량성과검사의 방법 등)**

① 지적측량수행자는 지적재조사측량성과의 검사에 필요한 자료를 지적소관청에 제출하여야 한다. 〈개정 2017.10.19.〉

② 지적소관청은 위성측량, 토털 스테이션측량 및 항공사진측량 방법 등으로 지적재조사측량성과(지적기준점 측량성과는 제외한다)의 정확성을 검사하여야 한다.

③ 제2항에도 불구하고 지적소관청은 인력 및 장비 부족 등의 부득이한 사유로 지적재조사측량성과의 정확성에 대한 검사를 할 수 없는 경우에는 특별시장 · 광역시장 · 도지사 · 특별자치도지사 · 특별자치시장 및 「지방 자치법」 제175조에 따른 대도시로서 구를 둔 시의 시장(이하 "시 · 도지사"라 한다)에게 그 검사를 요청할 수 있다. 이 경우 시 · 도지사는 검사를 하였을 때에는 그 결과를 지적소관청에 통지하여야 한다. 〈개정 2017.10.19.〉

④ 지적소관청은 지적기준점측량성과의 검사에 필요한 자료를 시 · 도지사에게 송부하고, 그 정확성에 대한 검사를 요청하여야 한다. 이 경우 시 · 도지사는 검사를 하였을 때에는 그 결과를 지적소관청에 통지하여야 한다.

지적재조사에 관한 특별법 시행규칙 제7조(지적재조사측량성과의 결정)
지적재조사측량성과와 지적재조사측량성과에 대한 검사의 연결교차가 다음 각 호의 범위 이내일 때에는 해당 지적재조사측량성과를 최종 측량성과로 결정한다.

1. 지적기준점 : ±0.03미터
2. 경계점 : ±0.07미터

01 지적소관청의 지적재조사지구 지정에 대한 설명 중 옳지 않은 것은?

① 지적소관청은 지적재조사지구에 토지소유자협의회가 구성되어 있고 토지소유자 총수의 4분의 3 이상의 동의가 있는 지구에 대하여는 우선하여 지적재조사지구로 지정을 신청할 수 있다.

② 지적재조사지구 지정 신청을 회부받은 시·도 위원회는 회부받은 날로부터 10일 이내에 지적재조사지구 지정 여부에 대하여 심의·의결하여야 한다. 다만, 사실 확인이 필요한 경우 등 불가피한 사유가 있을 때에는 그 심의기간을 해당 시·도 위원회의 의결을 거쳐 15일의 범위에서 그 기간을 한 차례만 연장할 수 있다.

③ 시·도 위원회는 지적재조사지구 지정 신청에 대하여 의결하였을 때에는 의결서를 작성하여 지체 없이 시·도지사에게 송부하여야 한다.

④ 시·도지사는 의결서를 받은 날부터 7일 이내에 사업지구를 지정·고시하거나 사업지구를 지정하지 아니한다는 결정을 하고, 그 사실을 지적소관청에 통지하여야 한다.

풀이 지적재조사에 관한 특별법 제7조(지적재조사지구의 지정)

① 지적소관청은 실시계획을 수립하여 시·도지사에게 지적재조사지구 지정 신청을 하여야 한다. 〈개정 2019.12.10.〉

② 지적소관청이 시·도지사에게 지적재조사지구 지정을 신청하고자 할 때에는 다음 각 호의 사항을 고려하여 지적재조사지구 토지소유자(국유지·공유지의 경우에는 그 재산관리청을 말한다. 이하 같다) 총수의 3분의 2 이상과 토지면적 3분의 2 이상에 해당하는 토지소유자의 동의를 받아야 한다. 〈개정 2017.4.18., 2019.12.10.〉

> 1. 지적공부의 등록사항과 토지의 실제 현황이 다른 정도가 심하여 주민의 불편이 많은 지역인지 여부
> 2. 사업시행이 용이한지 여부
> 3. 사업시행의 효과 여부

③ 제2항에도 불구하고 지적소관청은 지적재조사지구에 제13조에 따른 토지소유자협의회(이하 "토지소유자협의회"라 한다)가 구성되어 있고 토지소유자 총수의 4분의 3 이상의 동의가 있는 지구에 대하여는 우선하여 지적재조사지구로 지정을 신청할 수 있다. 〈개정 2019.12.10.〉

④ 지적소관청은 지적재조사지구 지정을 신청하고자 할 때에는 실시계획 수립 내용을 주민에게 서면으로 통보한 후 주민설명회를 개최하고 실시계획을 30일 이상 주민에게 공람하여야 한다. 〈삭제 2020.12.22.〉

⑤ 지적재조사지구에 있는 토지소유자와 이해관계인은 제4항에 따른 공람기간 안에 지적소관청에 의견을 제출할 수 있으며, 지적소관청은 제출된 의견이 타당하다고 인정할 때에는 이를 반영하여야 한다. 〈삭제 2020.12.22.〉

⑥ 시·도지사는 지적재조사지구를 지정할 때에는 대통령령으로 정하는 바에 따라 제29조에 따른 시·도 지적재조사위원회의 심의를 거쳐야 한다. 〈개정 2019.12.10.〉

⑦ 제1항부터 제3항까지, 제6항 및 제6조제2항부터 제4항까지의 규정은 지적재조사지구를 변경할 때에도 적용한다. 다만, 대통령령으로 정하는 경미한 사항을 변경할 때에는 제외한다. 〈개정 2019.12.10.〉

⑧ 제2항에 따른 동의자 수의 산정방법, 동의절차, 그 밖에 필요한 사항은 대통령령으로 정한다.

정답 01 ②

지적재조사에 관한 특별법 시행령 제6조(지적재조사지구의 지정 등)

① 법 제7조제1항에 따른 지적재조사지구 지정 신청을 받은 특별시장·광역시장·도지사·특별자치도지사·특별자치시장 및 「지방자치법」 제198조에 따른 대도시로서 구를 둔 시의 시장(이하 "시·도지사"라 한다)은 15일 이내에 그 신청을 법 제29조제1항에 따른 시·도 지적재조사위원회(이하 "시·도 위원회"라 한다)에 회부하여야 한다. 〈개정 2017.10.17.〉

② 제1항에 따라 지적재조사지구 지정 신청을 회부받은 시·도 위원회는 그 신청을 회부받은 날부터 30일 이내에 지적재조사지구의 지정 여부에 대하여 심의·의결하여야 한다. 다만, 사실 확인이 필요한 경우 등 불가피한 사유가 있을 때에는 그 심의기간을 해당 시·도 위원회의 의결을 거쳐 15일의 범위에서 그 기간을 한 차례만 연장할 수 있다.

③ 시·도 위원회는 지적재조사지구 지정 신청에 대하여 의결을 하였을 때에는 의결서를 작성하여 지체 없이 시·도지사에게 송부하여야 한다.

④ 시·도지사는 제3항에 따라 의결서를 받은 날부터 7일 이내에 법 제8조에 따라 지적재조사지구를 지정·고시하거나, 지적재조사지구를 지정하지 아니한다는 결정을 하고, 그 사실을 지적소관청에 통지하여야 한다.

⑤ 제1항부터 제4항까지의 규정은 지적재조사지구를 변경할 때에도 적용한다.

02 다음 중 지적재조사측량에 관한 사항으로 옳지 않은 것은?

① 지적소관청은 지적기준점측량성과의 검사에 필요한 자료를 시·도지사에게 송부하고, 그 정확성에 대한 검사를 요청하여야 한다.

② 기초측량은 위성측량 및 토털 스테이션측량의 방법으로 세부측량은 위성측량, 토털 스테이션측량 및 항공사진측량 등의 방법으로 한다.

③ 지적소관청은 위성측량, 토털 스테이션측량 및 항공사진측량 방법 등으로 지적재조사측량성과(지적기준점측량성과는 제외)의 정확성을 검사하여야 한다.

④ 지적기준점의 지적재조사측량성과와 지적재조사측량성과에 대한 검사의 연결교차가 ±0.1미터 이내이면 지적재조사측량성과를 최종 측량성과로 결정한다.

풀이 지적재조사에 관한 특별법 시행규칙 제5조(지적재조사측량)

① 지적재조사측량은 지적기준점을 정하기 위한 기초측량과 일필지의 경계와 면적을 정하는 세부측량으로 구분한다.

② 기초측량과 세부측량은 「공간정보의 구축 및 관리 등에 관한 법률 시행령」 제8조제1항에 따른 국가기준점 및 지적기준점을 기준으로 측정하여야 한다. 〈개정 2017.10.19.〉

③ 기초측량은 위성측량 및 토털 스테이션측량의 방법으로 한다.

④ 세부측량은 위성측량, 토털 스테이션측량 및 항공사진측량 등의 방법으로 한다.

⑤ 제1항부터 제4항까지에서 규정한 사항 외에 지적재조사측량의 기준, 방법 및 절차 등에 관하여 필요한 사항은 국토교통부장관이 정하여 고시한다.

지적재조사에 관한 특별법 시행규칙 제6조(지적재조사측량성과검사의 방법 등)

① 지적측량수행자는 지적재조사측량성과의 검사에 필요한 자료를 지적소관청에 제출하여야 한다. 〈개정 2017.10.19.〉

② 지적소관청은 위성측량, 토털 스테이션측량 및 항공사진측량 방법 등으로 지적재조사측량성과(지적기준점측량성과는 제외한다)의 정확성을 검사하여야 한다.

③ 제2항에도 불구하고 지적소관청은 인력 및 장비 부족 등의 부득이한 사유로 지적재조사측량성과의 정확성에

대한 검사를 할 수 없는 경우에는 특별시장·광역시장·도지사·특별자치도지사·특별자치시장 및 「지방자치법」 제175조에 따른 대도시로서 구를 둔 시의 시장(이하 "시·도지사"라 한다)에게 그 검사를 요청할 수 있다. 이 경우 시·도지사는 검사를 하였을 때에는 그 결과를 지적소관청에 통지하여야 한다. 〈개정 2017.10.19.〉

④ 지적소관청은 지적기준점측량성과의 검사에 필요한 자료를 시·도지사에게 송부하고, 그 정확성에 대한 검사를 요청하여야 한다. 이 경우 시·도지사는 검사를 하였을 때에는 그 결과를 지적소관청에 통지하여야 한다.

지적재조사에 관한 특별법 시행규칙 제7조(지적재조사측량성과의 결정)

지적재조사측량성과와 지적재조사측량성과에 대한 검사의 연결교차가 다음 각 호의 범위 이내일 때에는 해당 지적재조사측량성과를 최종 측량성과로 결정한다.

> 1. 지적기준점 : ±0.03미터
> 2. 경계점 : ±0.07미터

03 지적재조사사업에 의해 경계를 확정하였을 때 지적소관청이 작성하여 관리하는 지상경계점등록부에 포함되지 않는 항목은?

① 기준점 위치설명도
② 경계위치
③ 경계설정기준 및 경계형태
④ 경계점 세부설명 및 관련자료

풀이 지상경계점등록부의 등록사항

지상경계점등록부 (지적재조사에 관한 특별법 시행규칙 제10조) 암기 **토지목성도 경번지 세관위기경 소직명 확직명**	지상경계점등록부 (공간정보의 구축 및 관리 등에 관한 법률 제65조) 암기 **토지경 공계점**
1. **토**지의 소재 2. **지**번 3. 지**목** 4. 작**성**일 5. 위치**도** 6. **경**계점 **번**호 및 표**지**종류 7. 경계점 **세**부설명 및 **관**련 자료 8. 경계**위**치 9. 경계설정**기**준 및 **경**계형태 10. 작성자의 **소**속·**직**급(직위)·성**명** 11. **확**인자의 **직**급·성**명**	1. **토**지의 소재 2. **지**번 3. **경**계점 좌표(경계점좌표등록부 시행 지역에 한정한다) 4. 경**계**점 위치 설명도 5. **공**부상 지목과 실제 토지이용 지목 6. 경**계**점의 사진 파일 7. 경계**점**표지의 종류 및 경계점 위치

04 지적소관청은 시 · 도종합계획을 통지받았을 때에는 지적재조사사업에 관한 실시계획을 수립하여야 한다. 실시계획 수립사항으로 옳지 않은 것은?

① 지적재조사측량에 관한 시행계획
② 지적재조사사업의 시행에 따른 홍보
③ 지적측량대행자 선정에 관한 사항
④ 지적재조사사업의 시행에 관한 세부계획

풀이 지적재조사에 관한 특별법 제6조(실시계획의 수립)

① 지적소관청은 시 · 도종합계획을 통지받았을 때에는 다음 각 호의 사항이 포함된 지적재조사사업에 관한 실시계획(이하 "실시계획"이라 한다)을 수립하여야 한다. 〈개정 2019.12.10.〉

> 1. 지적재조사사업의 시행자
> 2. 지적재조사지구의 명칭
> 3. 지적재조사지구의 위치 및 면적
> 4. 지적재조사사업의 시행시기 및 기간
> 5. 지적재조사사업비의 추산액
> 6. 토지현황조사에 관한 사항
> 7. 그 밖에 지적재조사사업의 시행을 위하여 필요한 사항으로서 대통령령으로 정하는 사항

② 실시계획의 작성 기준 및 방법은 국토교통부장관이 정한다.

지적재조사에 관한 특별법 시행령 제5조(실시계획의 수립 등)

① 법 제6조제1항제7호에서 "대통령령으로 정하는 사항"이란 다음 각 호의 사항을 말한다.

> 1. 지적재조사지구의 현황
> 2. 지적재조사사업의 시행에 관한 세부계획
> 3. 지적재조사측량에 관한 시행계획
> 4. 지적재조사사업의 시행에 따른 홍보
> 5. 그 밖에 지적소관청이 법 제6조제1항에 따른 지적재조사사업에 관한 실시계획(이하 "실시계획"이라 한다)의 수립에 필요하다고 인정하는 사항

② 지적소관청은 실시계획을 수립할 때에는 시 · 도종합계획과 연계되도록 하여야 한다.

실시계획의 수립 **암기** 홍명위현추시사기 사시 종시

> 1. 지적재조사사업의 시행에 따른 **홍**보
> 2. 지적재조사지구의 **명**칭
> 3. 지적재조사지구의 **위**치 및 면적
> 4. 지적재조사지구의 **현**황
> 5. 지적재조사사업비의 **추**산액
> 6. 지적재조사사업의 **시**행자

> 1. 토지현황조**사**에 관한 사항
> 2. 지적재조사사업의 시행시기 및 **기**간
> 3. 그 밖에 지적소관청이 법 제6조제1항에 따른 지적재조사**사**업에 관한 실시계획(이하 "실시계획"이라 한다)의 수립에 필요하다고 인정하는 사항
> 4. 지적재조사사업의 **시**행에 관한 세부계획
> 5. 지적재조사측**량**에 관한 시행계획
> 6. 지적소관청은 실시계획을 수립할 때에는 **시** · 도종합계획과 연계되도록 하여야 한다.

05 지적재조사사업을 시행하기 위한 토지현황조사의 내용으로 옳지 않은 것은?

① 토지이용 현황 및 건축물 현황
② 표준지가 조사
③ 지상건축물 및 지하건축물의 위치 조사
④ 지하시설물(지하구조물) 등에 관한 사항

풀이 지적재조사에 관한 특별법 제10조(토지현황조사) **암기** 소지목계표는 지하공간에서 토지 건축 이용 현황 시설

① 지적소관청은 제6조에 따른 실시계획을 수립한 때에는 지적재조사예정지구임이 지적공부에 등록된 토지를 대상으로 토지현황조사를 하여야 하며, 토지현황조사는 지적재조사측량과 병행하여 실시할 수 있다. 〈개정 2017.4.18., 2019.12.10., 2020.12.22.〉

② 토지현황조사를 할 때에는 소유자, 지번, 지목, 경계 또는 좌표, 지상건축물 및 지하건축물의 위치, 개별공시지가 등을 기재한 토지현황조사서를 작성하여야 한다. 〈개정 2017.4.18.〉

③ 토지현황조사에 따른 조사 범위·대상·항목과 토지현황조사서 기재·작성 방법에 관련된 사항은 국토교통부령으로 정한다. 〈개정 2013.3.23., 2017.4.18.〉

지적재조사에 관한 특별법 시행규칙 제4조(토지현황조사)

① 법 제10조제1항에 따른 토지현황조사(이하 "토지현황조사"라 한다)는 지적재조사지구의 필지별로 다음 각 호의 사항에 대하여 조사한다. 〈개정 2013.3.23., 2017.10.19.〉

> 1. 토지에 관한 사항
> 2. 건축물에 관한 사항
> 3. 토지이용계획에 관한 사항
> 4. 토지이용 현황 및 건축물 현황
> 5. 지하시설물(지하구조물) 등에 관한 사항
> 6. 그 밖에 국토교통부장관이 토지현황조사와 관련하여 필요하다고 인정하는 사항

② 토지현황조사는 사전조사와 현지조사로 구분하여 실시하며, 현지조사는 법 제9조제1항에 따른 지적재조사를 위한 지적측량(이하 "지적재조사측량"이라 한다)과 함께 할 수 있다. 〈개정 2017.10.19.〉

③ 법 제10조제2항에 따른 토지현황조사서는 별지 제3호 서식에 따른다. 〈개정 2017.10.19.〉

④ 제1항부터 제3항까지에서 규정한 사항 외에 토지현황조사서 작성에 필요한 사항은 국토교통부장관이 정하여 고시한다. 〈개정 2013.3.23., 2017.10.19.〉

06 시·도의 지적재조사사업에 관한 사항을 심의·의결하기 위하여 운영하는 시·도 지적재조사위원회에 대한 설명으로 옳지 않은 것은?

① 시·군·구별 지적재조사사업의 우선순위를 조정한다.
② 위원회는 위원장 및 부위원장 각 1명을 포함한 10명 이내의 위원으로 구성한다.
③ 법학이나 지적 또는 측량 분야의 교수로 재직하고 있거나 있었던 사람은 시·도 위원회의 위원으로 위촉받을 수 있다
④ 시·도 실시계획의 수립 및 변경과 지적재조사지구의 지정 및 변경은 시·도 위원회 심의·의결사항이다.

풀이 지적재조사에 관한 특별법 제29조(시 · 도 지적재조사위원회) **암기** **실총사우위**

① 시 · 도의 지적재조사사업에 관한 주요 정책을 심의 · 의결하기 위하여 시 · 도지사 소속으로 시 · 도 지적재조사위원회(이하 "시 · 도 위원회"라 한다)를 둘 수 있다.

② 시 · 도 위원회는 다음 각 호의 사항을 심의 · 의결한다. 〈개정 2017.4.18., 2020.6.9.〉

> 1. 지적소관청이 수립한 **실**시계획
> 1의2. 시 · 도**종**합계획의 수립 및 변경
> 2. 지적재조**사**지구의 지정 및 변경
> 3. 시 · 군 · 구별 지적재조사사업의 **우**선순위 조정
> 4. 그 밖에 지적재조사사업에 필요하여 시 · 도 위원회의 **위**원장이 회의에 부치는 사항

③ 시 · 도 위원회는 위원장 및 부위원장 각 1명을 포함한 10명 이내의 위원으로 구성한다.

④ 시 · 도 위원회의 위원장은 시 · 도지사가 되며, 부위원장은 위원 중에서 위원장이 지명한다.

⑤ 시 · 도 위원회의 위원은 다음 각 호의 어느 하나에 해당하는 사람 중에서 위원장이 임명 또는 위촉한다.

> 1. 해당 시 · 도의 3급 이상 공무원
> 2. 판사 · 검사 또는 변호사
> 3. 법학이나 지적 또는 측량 분야의 교수로 재직하고 있거나 있었던 사람
> 4. 그 밖에 지적재조사사업에 관하여 전문성을 갖춘 사람

⑥ 시 · 도 위원회의 위원 중 공무원이 아닌 위원의 임기는 2년으로 한다.

⑦ 시 · 도 위원회는 재적위원 과반수의 출석과 출석위원 과반수의 찬성으로 의결한다.

⑧ 그 밖에 시 · 도 위원회의 조직 및 운영 등에 관하여 필요한 사항은 해당 시 · 도의 조례로 정한다.

07 다음 「지적재조사에 관한 특별법」에 의한 조정금의 산정 및 조정금 등에 관한 설명 중 옳지 않은 것은?

① 조정금에 이의가 있는 토지소유자는 수령통지 또는 납부고지를 받은 날부터 60일 이내에 지적소관청에 이의신청을 할 수 있다.

② 조정금을 부동산가격공시에 관한 법률에 따른 개별공시지가(이하 "개별공시지가"라 한다)로 산정하는 경우에는 사업완료된 시점을 기준으로 필지별 증감면적에 개별공시지가를 곱하여 산정한다.

③ 조정금은 경계가 확정된 시점을 기준으로 「감정평가 및 감정평가사에 관한 법률」에 따른 감정평가법인 등이 평가한 감정평가액으로 산정한다.

④ 지적소관청은 이의신청을 받은 날부터 30일 이내에 시 · 군 · 구 지적재조사위원회의 심의 · 의결을 거쳐 이의신청에 대한 결과를 신청인에게 서면으로 알려야 한다.

풀이 지적재조사에 관한 특별법 제20조(조정금의 산정)

① 지적소관청은 제18조에 따른 경계 확정으로 지적공부상의 면적이 증감된 경우에는 필지별 면적 증감내역을 기준으로 조정금을 산정하여 징수하거나 지급한다.

② 제1항에도 불구하고 국가 또는 지방자치단체 소유의 국유지 · 공유지 행정재산의 조정금은 징수하거나 지급하지 아니한다.

③ 조정금은 제18조에 따라 경계가 확정된 시점을 기준으로 「감정평가 및 감정평가사에 관한 법률」에 따른 감정평가법인 등이 평가한 감정평가액으로 산정한다. 다만, 토지소유자협의회가 요청하는 경우에는 제30조에 따른 시 · 군 · 구 지적재조사위원회의 심의를 거쳐 「부동산 가격공시에 관한 법률」에 따른 개별공시지가로 산정할 수 있다. 〈개정 2017.4.18., 2020.4.7.〉

정답 07 ②

④ 지적소관청은 제3항에 따라 조정금을 산정하고자 할 때에는 제30조에 따른 시·군·구 지적재조사위원회의 심의를 거쳐야 한다.

⑤ 제2항부터 제4항까지에 규정된 것 외에 조정금의 산정에 필요한 사항은 대통령령으로 정한다.

지적재조사에 관한 특별법 제21조의2(조정금에 관한 이의신청)

① 제21조제3항에 따라 수령통지 또는 납부고지된 조정금에 이의가 있는 토지소유자는 수령통지 또는 납부고지를 받은 날부터 60일 이내에 지적소관청에 이의신청을 할 수 있다.

② 지적소관청은 제1항에 따른 이의신청을 받은 날부터 30일 이내에 제30조에 따른 시·군·구 지적재조사위원회의 심의·의결을 거쳐 이의신청에 대한 결과를 신청인에게 서면으로 알려야 한다.

지적재조사에 관한 특별법 시행령 제12조(조정금의 산정)

법 제20조제3항 단서에 따라 조정금을 「부동산 가격공시에 관한 법률」 제10조에 따른 개별공시지가(이하 "개별공시지가"라 한다)로 산정하는 경우에는 법 제18조에 따라 경계가 확정된 시점을 기준으로 필지별 증감면적에 개별공시지가를 곱하여 산정한다.

08 다음 「지적재조사에 관한 특별법」에서 규정하는 내용 중 옳지 않은 것은?

① 지적소관청이 지적재조사사업의 측량·조사 등을 책임수행기관에 위탁한 때에는 대통령령으로 정하는 바에 따라 이를 고시하여야 한다.

② 지적소관청은 지적재조사를 위한 경계설정을 하는 것이 불합리하다고 인정하는 경우에는 토지소유자들이 합의한 경계를 기준으로 지적재조사를 위한 경계를 설정할 수 있다.

③ 경계결정위원회는 지적확정예정조서를 제출받은 날부터 30일 이내에 경계에 관한 결정을 하고 이를 지적소관청에 통지하여야 한다.

④ 중앙지적재조사위원회는 종합계획의 수립 및 변경, 관계 법령의 제정·개정 및 제도의 개선에 관한 사항 등을 심의·의결한다.

풀이 지적재조사에 관한 특별법 제5조(지적재조사사업의 시행자)

① 지적재조사사업은 지적소관청이 시행한다.

② 지적소관청은 지적재조사사업의 측량·조사 등을 제5조의2에 따른 책임수행기관에 위탁할 수 있다. 〈개정 2014.6.3., 2020.12.22.〉

③ 지적소관청이 지적재조사사업의 측량·조사 등을 책임수행기관에 위탁한 때에는 대통령령으로 정하는 바에 따라 이를 고시하여야 한다. 〈개정 2020.12.22.〉

지적재조사에 관한 특별법 제5조의2(책임수행기관의 지정 등)

① 국토교통부장관은 지적재조사사업의 측량·조사 등의 업무를 전문적으로 수행하는 책임수행기관을 지정할 수 있다.

② 국토교통부장관은 제1항에 따라 지정된 책임수행기관이 거짓 또는 부정한 방법으로 지정을 받거나 업무를 게을리 하는 등 대통령령으로 정하는 사유가 있는 때에는 그 지정을 취소할 수 있다.

③ 국토교통부장관은 제1항에 따른 책임수행기관을 지정·지정취소할 때에는 대통령령으로 정하는 바에 따라 이를 고시하여야 한다.

④ 그 밖에 책임수행기관의 지정·지정취소 및 운영 등에 필요한 사항은 대통령령으로 정한다.
[본조신설 2020.12.22.]

지적재조사에 관한 특별법 제16조(경계의 결정)

① 지적재조사에 따른 경계결정은 경계결정위원회의 의결을 거쳐 결정한다.

② 지적소관청은 제1항에 따른 경계에 관한 결정을 신청하고자 할 때에는 제15조제2항에 따른 지적확정예정조서에 토지소유자나 이해관계인의 의견을 첨부하여 경계결정위원회에 제출하여야 한다.

③ 제2항에 따른 신청을 받은 경계결정위원회는 지적확정예정조서를 제출받은 날부터 30일 이내에 경계에 관한 결정을 하고 이를 지적소관청에 통지하여야 한다. 이 기간 안에 경계에 관한 결정을 할 수 없는 부득이한 사유가 있을 때에는 경계결정위원회는 의결을 거쳐 30일의 범위에서 그 기간을 연장할 수 있다.

④ 토지소유자나 이해관계인은 경계결정위원회에 참석하여 의견을 진술할 수 있다. 경계결정위원회는 토지소유자나 이해관계인이 의견진술을 신청하는 경우에는 특별한 사정이 없는 한 이에 따라야 한다.

⑤ 경계결정위원회는 제3항에 따라 경계에 관한 결정을 하기에 앞서 토지소유자들로 하여금 경계에 관한 합의를 하도록 권고할 수 있다.

⑥ 지적소관청은 제3항에 따라 경계결정위원회로부터 경계에 관한 결정을 통지받았을 때에는 지체 없이 이를 토지소유자나 이해관계인에게 통지하여야 한다. 이 경우 제17조제1항에 따른 기간 안에 이의신청이 없으면 경계결정위원회의 결정대로 경계가 확정된다는 취지를 명시하여야 한다.

지적재조사에 관한 특별법 제14조(경계설정의 기준)

① 지적소관청은 다음 각 호의 순위로 지적재조사를 위한 경계를 설정하여야 한다.

1. 지상경계에 대하여 다툼이 없는 경우 토지소유자가 점유하는 토지의 현실경계
2. 지상경계에 대하여 다툼이 있는 경우 등록할 때의 측량기록을 조사한 경계
3. 지방관습에 의한 경계

② 지적소관청은 제1항 각 호의 방법에 따라 지적재조사를 위한 경계설정을 하는 것이 불합리하다고 인정하는 경우에는 토지소유자들이 합의한 경계를 기준으로 지적재조사를 위한 경계를 설정할 수 있다.

③ 지적소관청은 제1항과 제2항에 따라 지적재조사를 위한 경계를 설정할 때에는 「도로법」, 「하천법」 등 관계 법령에 따라 고시되어 설치된 공공용지의 경계가 변경되지 아니하도록 하여야 한다. 다만, 해당 토지소유자들 간에 합의한 경우에는 그러하지 아니하다.

지적재조사에 관한 특별법 제28조(중앙지적재조사위원회) 암기 [기][관][장]

① 지적재조사사업에 관한 주요 정책을 심의·의결하기 위하여 국토교통부장관 소속으로 중앙지적재조사위원회(이하 "중앙위원회"라 한다)를 둔다.

② 중앙위원회는 다음 각 호의 사항을 심의·의결한다. 〈개정 2020.6.9.〉

1. [기]본계획의 수립 및 변경
2. [관]계 법령의 제정·개정 및 제도의 개선에 관한 사항
3. 그 밖에 지적재조사사업에 필요하여 중앙위원회의 위원[장]이 회의에 부치는 사항

③ 중앙위원회는 위원장 및 부위원장 각 1명을 포함한 15명 이상 20명 이하의 위원으로 구성한다.

④ 중앙위원회의 위원장은 국토교통부장관이 되며, 부위원장은 위원 중에서 위원장이 지명한다.

⑤ 중앙위원회의 위원은 다음 각 호의 어느 하나에 해당하는 사람 중에서 위원장이 임명 또는 위촉한다.

1. 기획재정부·법무부·행정안전부 또는 국토교통부의 1급부터 3급까지 상당의 공무원 또는 고위공무원단에 속하는 공무원
2. 판사·검사 또는 변호사
3. 법학이나 지적 또는 측량 분야의 교수로 재직하고 있거나 있었던 사람
4. 그 밖에 지적재조사사업에 관하여 전문성을 갖춘 사람

⑥ 중앙위원회의 위원 중 공무원이 아닌 위원의 임기는 2년으로 한다.

정답

⑦ 중앙위원회는 재적위원 과반수의 출석과 출석위원 과반수의 찬성으로 의결한다.

⑧ 그 밖에 중앙위원회의 조직 및 운영 등에 관하여 필요한 사항은 대통령령으로 정한다.

09 지적재조사측량 및 지적재조사측량성과검사의 방법으로 옳지 않은 것은?

① 지적소관청은 인력 및 장비 부족 등의 부득이한 사유로 지적재조사측량성과의 정확성에 대한 검사를 할 수 없는 경우에는 특별시장 · 광역시장 · 도지사 · 특별자치도지사 · 특별자치시장 및 「지방자치법」에 따른 대도시로서 구를 둔 시의 시장(이하 "시 · 도지사"라 한다)에게 그 검사를 요청할 수 있다.

② 지적소관청은 지적기준점측량성과의 검사에 필요한 자료를 시 · 도지사에게 송부하고, 그 정확성에 대한 검사를 요청하여야 한다. 이 경우 시 · 도지사는 검사를 하였을 때에는 그 결과를 지적측량수행자에 통지하여야 한다.

③ 지적소관청은 위성측량, 토털 스테이션측량 및 항공사진측량 방법 등으로 지적재조사측량성과의 정확성을 검사하여야 한다.

④ 기초측량과 세부측량은 「공간정보의 구축 및 관리 등에 관한 법률 시행령」에 따른 국가기준점 및 지적기준점을 기준으로 측정하여야 한다.

> **풀이** **지적재조사에 관한 특별법 시행규칙 제5조(지적재조사측량)**
>
> ① 지적재조사측량은 지적기준점을 정하기 위한 기초측량과 일필지의 경계와 면적을 정하는 세부측량으로 구분한다.
>
> ② 기초측량과 세부측량은 「공간정보의 구축 및 관리 등에 관한 법률 시행령」 제8조제1항에 따른 국가기준점 및 지적기준점을 기준으로 측정하여야 한다. 〈개정 2017.10.19.〉
>
> ③ 기초측량은 위성측량 및 토털 스테이션측량의 방법으로 한다.
>
> ④ 세부측량은 위성측량, 토털 스테이션측량 및 항공사진측량 등의 방법으로 한다.
>
> ⑤ 제1항부터 제4항까지에서 규정한 사항 외에 지적재조사측량의 기준, 방법 및 절차 등에 관하여 필요한 사항은 국토교통부장관이 정하여 고시한다.

지적재조사에 관한 특별법 시행규칙 제6조(지적재조사측량성과검사의 방법 등)

① 지적측량수행자는 지적재조사측량성과의 검사에 필요한 자료를 지적소관청에 제출하여야 한다. 〈개정 2017.10.19.〉

② 지적소관청은 위성측량, 토털 스테이션측량 및 항공사진측량 방법 등으로 지적재조사측량성과(지적재조사측량성과는 제외한다)의 정확성을 검사하여야 한다.

③ 제2항에도 불구하고 지적소관청은 인력 및 장비 부족 등의 부득이한 사유로 지적재조사측량성과의 정확성에 대한 검사를 할 수 없는 경우에는 특별시장 · 광역시장 · 도지사 · 특별자치도지사 · 특별자치시장 및 「지방자치법」 제175조에 따른 대도시로서 구를 둔 시의 시장(이하 "시 · 도지사"라 한다)에게 그 검사를 요청할 수 있다. 이 경우 시 · 도지사는 검사를 하였을 때에는 그 결과를 지적소관청에 통지하여야 한다. 〈개정 2017.10.19.〉

④ 지적소관청은 지적기준점측량성과의 검사에 필요한 자료를 시 · 도지사에게 송부하고, 그 정확성에 대한 검사를 요청하여야 한다. 이 경우 시 · 도지사는 검사를 하였을 때에는 그 결과를 지적소관청에 통지하여야 한다.

정답 09 ②

10 타인의 토지 등의 출입에 대한 설명으로 틀린 것은?

① 지적소관청은 소속 공무원 또는 지적측량수행자로 하여금 타인의 토지 등에 출입하게 하거나 이를 일시 사용하게 하거나 장애물 등을 변경 또는 제거하게 하려는 때에는 출입 등을 하려는 날의 5일 전까지 해당 토지 등의 소유자ㆍ점유자 또는 관리인에게 그 일시와 장소를 통지하여야 한다.

② 지적소관청 또는 손실을 입은 자와 협의가 성립되지 아니하거나 협의를 할 수 없는 경우에는 「공익사업을 위한 토지 등의 취득 및 보상에 관한 법률」에 따른 관할 토지수용위원회에 재결을 신청할 수 있다.

③ 해 뜨기 전이나 해가 진 후에는 그 토지 등의 점유자의 승낙 없이 택지나 담장 또는 울타리로 둘러싸인 타인의 토지 등에 출입할 수 없다.

④ 지적소관청은 지적재조사사업을 위하여 필요한 경우에는 소속 공무원 또는 지적측량수행자로 하여금 타인의 토지ㆍ건물ㆍ공유수면 등에 출입하거나 이를 일시 사용하게 할 수 있다.

> **풀이** 지적재조사에 관한 특별법 제37조(토지 등에의 출입 등)
>
> ① 지적소관청은 지적재조사사업을 위하여 필요한 경우에는 소속 공무원 또는 지적측량수행자로 하여금 타인의 토지ㆍ건물ㆍ공유수면 등(이하 이 조에서 "토지 등"이라 한다)에 출입하거나 이를 일시 사용하게 할 수 있으며, 특히 필요한 경우에는 나무ㆍ흙ㆍ돌, 그 밖의 장애물(이하 "장애물등"이라 한다)을 변경하거나 제거하게 할 수 있다.
>
> ② 지적소관청은 제1항에 따라 소속 공무원 또는 지적측량수행자로 하여금 타인의 토지 등에 출입하게 하거나 이를 일시 사용하게 하거나 장애물등을 변경 또는 제거하게 하려는 때에는 출입 등을 하려는 날의 3일 전까지 해당 토지 등의 소유자ㆍ점유자 또는 관리인에게 그 일시와 장소를 통지하여야 한다.
>
> ③ 해 뜨기 전이나 해가 진 후에는 그 토지 등의 점유자의 승낙 없이 택지나 담장 또는 울타리로 둘러싸인 타인의 토지 등에 출입할 수 없다.
>
> ④ 토지 등의 점유자는 정당한 사유 없이 제1항에 따른 행위를 방해하거나 거부하지 못한다.
>
> ⑤ 제1항에 따른 행위를 하려는 자는 그 권한을 표시하는 증표와 허가증을 지니고 이를 관계인에게 내보여야 한다.
>
> ⑥ 지적소관청은 제1항의 행위로 인하여 손실을 입은 자가 있으면 이를 보상하여야 한다.
>
> ⑦ 제6항에 따른 손실보상에 관하여는 지적소관청과 손실을 입은 자가 협의하여야 한다.
>
> ⑧ 지적소관청 또는 손실을 입은 자는 제7항에 따른 협의가 성립되지 아니하거나 협의를 할 수 없는 경우에는 「공익사업을 위한 토지 등의 취득 및 보상에 관한 법률」에 따른 관할 토지수용위원회에 재결을 신청할 수 있다.
>
> ⑨ 제8항에 따른 관할 토지수용위원회의 재결에 관하여는 「공익사업을 위한 토지 등의 취득 및 보상에 관한 법률」 제84조부터 제88조까지의 규정을 준용한다.

정답 10 ①

11 현행 「지적재조사에 관한 특별법」에서 규정하고 있는 벌칙으로 옳지 않은 것은?

① 지적재조사사업 중에 알게 된 타인의 비밀을 누설하거나 사용한 자는 1년 이하의 징역 또는 1천만 원 이하의 벌금에 처한다.

② 임시경계점표지 또는 경계점표지를 이전 또는 파손하거나 그 효용을 해치는 행위를 한 경우 2차 위반자에게는 200만 원 이하의 과태료를 부과한다.

③ 지적재조사사업을 정당한 이유 없이 방해한 경우 2차 위반한 자에게는 75만 원 이하의 과태료를 부과한다.

④ 지적재조사사업을 위한 지적측량을 고의로 진실에 반하게 측량을 한 자는 2년 이하의 징역 또는 2천만 원 이하의 벌금에 처한다.

풀이 지적재조사에 관한 특별법 **암기** 廛生하고 秘수하라

벌칙 (제43조)	① 지적재조사사업을 위한 지적측량을 고의로 진실에 廛하게 측량하거나 지적재조사사업 生과를 거짓으로 등록을 한 자는 2년 이하의 징역 또는 2천만 원 이하의 벌금에 처한다. ② 제41조를 위반하여 지적재조사사업 중에 알게 된 타인의 秘밀을 수설하거나 사용한 자는 1년 이하의 징역 또는 1천만 원 이하의 벌금에 처한다.
양벌규정 (제44조)	법인의 대표자나 법인 또는 개인의 대리인, 사용인, 그 밖의 종업원이 그 법인 또는 개인의 업무에 관하여 제43조의 위반행위를 하면 그 행위자를 벌하는 외에 그 법인 또는 개인에게도 해당 조문의 벌금형을 과(科)한다. 다만, 법인 또는 개인이 그 위반행위를 방지하기 위하여 해당 업무에 관하여 상당한 주의와 감독을 게을리하지 아니한 경우에는 그러하지 아니하다.
과태료 (제45조)	① 다음 각 호의 어느 하나에 해당하는 자에게는 300만 원 이하의 과태료를 부과한다. 　　1. 제15조제4항 또는 제18조제3항을 위반하여 임시경계점표지 또는 경계점표지를 이전 또는 파손하거나 그 효용을 해치는 행위를 한 자 　　2. 지적재조사사업을 정당한 이유 없이 방해한 자 ② 제1항에 따른 과태료는 대통령령으로 정하는 바에 따라 국토교통부장관, 시·도지사 또는 지적소관청이 부과·징수한다. 〈개정 2013.3.23.〉

지적재조사에 관한 특별법 시행령 [별표] 〈개정 2020.6.23.〉
과태료의 부과기준(제29조 관련)

1. 일반기준
    가. 위반행위의 횟수에 따른 행정처분의 기준은 최근 3년간 같은 위반행위로 과태료를 부과받은 경우에 적용한다. 이 경우 위반횟수는 같은 위반행위에 대하여 과태료를 부과받은 날과 다시 같은 위반행위로 적발된 날을 기준으로 한다.
    나. 부과권자는 다음의 어느 하나에 해당하는 경우에는 제2호의 개별기준에 따른 과태료 금액의 2분의 1의 범위에서 그 금액을 줄일 수 있다. 다만, 과태료를 체납하고 있는 위반행위자의 경우에는 그러하지 아니하다.
        1) 위반행위자가 「질서위반행위규제법 시행령」 제2조의2제1항 각 호의 어느 하나에 해당하는 경우
        2) 위반행위가 사소한 부주의나 오류로 인한 것으로 인정되는 경우
        3) 위반행위자가 위반행위를 바로 정정하거나 시정하여 법 위반상태를 해소한 경우
        4) 그 밖에 위반행위의 정도, 위반행위의 동기와 그 결과 등을 고려하여 과태료 금액을 줄일 필요가 있다고 인정되는 경우
    다. 부과권자는 다음의 어느 하나에 해당하는 경우에는 제2호의 개별기준에 따른 과태료 금액의 2분의 1의 범위에서 그 금액을 늘릴 수 있다. 다만, 법 제45조제1항에 따른 과태료 금액의 상한을 넘을 수 없다.
        1) 위반의 내용·정도가 중대하여 이해관계인 등에게 미치는 피해가 크다고 인정되는 경우

정답 11 ②

2) 법 위반상태의 기간이 6개월 이상인 경우

3) 그 밖에 위반행위의 정도, 위반행위의 동기와 그 결과 등을 고려하여 과태료 금액을 늘릴 필요가 있다고 인정되는 경우

2. 개별기준 암기 [임][경][방]

위반행위	근거 법조문	과태료 금액		
		1차 위반	2차 위반	3차 이상 위반
가. 법 제15조제4항 또는 제18조제3항을 위반하여 [임]시경계점표지를 이전 또는 파손하거나 그 효용을 해치는 행위를 한 경우	법 제45조 제1항제1호	100만 원	150만 원	200만 원
나. 법 제15조제4항 또는 제18조제3항을 위반하여 [경]계점표지를 이전 또는 파손하거나 그 효용을 해치는 행위를 한 경우	법 제45조 제1항제1호	150만 원	200만 원	300만 원
다. 지적재조사사업을 정당한 이유 없이 [방]해한 경우	법 제45조 제1항제2호	50만 원	75만 원	100만 원

12 「지적재조사에 관한 특별법」에 의한 지적소관청 소속으로 경계결정위원회에 대한 설명으로 옳지 않은 것은?

① 경계결정위원회의 위원장은 위원인 판사가 되며, 부위원장은 위원 중에서 지적소관청이 지정한다.

② 경계결정위원회는 직권 또는 토지소유자나 이해관계인의 신청에 따라 사실조사를 하거나 신청인 또는 토지소유자나 이해관계인에게 필요한 서류의 제출을 요청할 수 있다.

③ 경계결정위원회는 직권 또는 토지소유자나 이해관계인의 신청에 따라 사실조사를 하거나 신청인 또는 토지소유자나 이해관계인에게 필요한 서류의 제출을 요청할 수 있으며, 지적소관청의 소속 공무원으로 하여금 사실조사를 하게 할 수 있다.

④ 경계결정위원회의 결정 또는 의결은 전화통화로써 재적위원 과반수의 찬성이 있어야 한다.

풀이 지적재조사에 관한 특별법 제31조(경계결정위원회) 암기 [경][신]

① 다음 각 호의 사항을 의결하기 위하여 지적소관청 소속으로 경계결정위원회를 둔다.

> 1. [경]계설정에 관한 결정
> 2. 경계설정에 따른 이의[신]청에 관한 결정

② 경계결정위원회는 위원장 및 부위원장 각 1명을 포함한 11명 이내의 위원으로 구성한다.

③ 경계결정위원회의 위원장은 위원인 판사가 되며, 부위원장은 위원 중에서 지적소관청이 지정한다.

④ 경계결정위원회의 위원은 다음 각 호에서 정하는 사람이 된다. 다만, 제3호 및 제4호의 위원은 해당 지적재조사지구에 관한 안건인 경우에 위원으로 참석할 수 있다. 〈개정 2019.12.10.〉

> 1. 관할 지방법원장이 지명하는 판사
> 2. 다음 각 목의 어느 하나에 해당하는 사람으로서 지적소관청이 임명 또는 위촉하는 사람
>   가. 지적소관청 소속 5급 이상 공무원
>   나. 변호사, 법학교수, 그 밖에 법률지식이 풍부한 사람
>   다. 지적측량기술자, 감정평가사, 그 밖에 지적재조사사업에 관한 전문성을 갖춘 사람

정답 12 ④

> 3. 각 지적재조사지구의 토지소유자(토지소유자협의회가 구성된 경우에는 토지소유자협의회가 추천하는 사람을 말한다)
> 4. 각 지적재조사지구의 읍장 · 면장 · 동장

⑤ 경계결정위원회의 위원에는 제4항제3호에 해당하는 위원이 반드시 포함되어야 한다.
⑥ 경계결정위원회의 위원 중 공무원이 아닌 위원의 임기는 2년으로 한다.
⑦ 경계결정위원회는 직권 또는 토지소유자나 이해관계인의 신청에 따라 사실조사를 하거나 신청인 또는 토지소유자나 이해관계인에게 필요한 서류의 제출을 요청할 수 있으며, 지적소관청의 소속 공무원으로 하여금 사실조사를 하게 할 수 있다.
⑧ 토지소유자나 이해관계인은 경계결정위원회에 출석하여 의견을 진술하거나 필요한 증빙서류를 제출할 수 있다.
⑨ 경계결정위원회의 결정 또는 의결은 문서로써 재적위원 과반수의 찬성이 있어야 한다.
⑩ 제9항에 따른 결정서 또는 의결서에는 주문, 결정 또는 의결 이유, 결정 또는 의결 일자 및 결정 또는 의결에 참여한 위원의 성명을 기재하고, 결정 또는 의결에 참여한 위원 전원이 서명날인하여야 한다. 다만, 서명날인을 거부하거나 서명날인을 할 수 없는 부득이한 사유가 있는 위원의 경우 해당 위원의 서명날인을 생략하고 그 사유만을 기재할 수 있다.
⑪ 경계결정위원회의 조직 및 운영 등에 관하여 필요한 사항은 해당 시 · 군 · 구의 조례로 정한다.

13 지적재조사지구의 토지소유자협의회 기능 및 사항으로 옳지 않은 것은?

① 임시경계점표지 및 경계점표지의 설치에 대한 입회
② 토지소유자협의회의 위원은 그 지적재조사지구에 있는 토지의 소유자이어야 하며, 위원장은 위원 중에서 호선한다.
③ 토지소유자들이 합의하여 경계를 설정하는 경우에는 국토교통부령으로 정하는 경계설정합의서를 임시경계점표지 설치 후에 지적소관청에 제출하여야 한다.
④ 지적소관청에 대한 우선지적재조사지구의 신청

[풀이] **지적재조사에 관한 특별법 제13조(토지소유자협의회)** [암기] [지][표]는 [현][금]으로 [정]하라

① 지적재조사지구의 토지소유자는 토지소유자 총수의 2분의 1 이상과 토지면적 2분의 1 이상에 해당하는 토지소유자의 동의를 받아 토지소유자협의회를 구성할 수 있다. 〈개정 2017.4.18., 2019.12.10.〉
② 토지소유자협의회는 위원장을 포함한 5명 이상 20명 이하의 위원으로 구성한다. 토지소유자협의회의 위원은 그 지적재조사지구에 있는 토지의 소유자이어야 하며, 위원장은 위원 중에서 호선한다. 〈개정 2019.12.10.〉
③ 토지소유자협의회의 기능은 다음 각 호와 같다. 〈개정 2019.12.10.〉

> 1. 지적소관청에 대한 제7조제3항에 따른 [지]적재조사지구의 신청
>
> > 제7조 ③ 제2항에도 불구하고 지적소관청은 지적재조사지구에 제13조에 따른 토지소유자협의회(이하 "토지소유자협의회"라 한다)가 구성되어 있고 토지소유자 총수의 4분의 3 이상의 동의가 있는 지구에 대하여는 우선하여 지적재조사지구로 지정을 신청할 수 있다. 〈개정 2019.12.10.〉
>
> 2. 임시경계점[표]지 및 경계점표지의 설치에 대한 입회
> 3. 토지[현]황조사에 대한 입회
> 4. 삭제 〈2017.4.18.〉
> 5. 제20조제3항에 따른 조정[금] 산정기준에 대한 의견 제출
> 6. 제31조에 따른 경계결[정]위원회(이하 "경계결정위원회"라 한다) 위원의 추천

[정답] 13 ③

④ 제1항에 따른 동의자 수의 산정방법 및 동의절차, 토지소유자협의회의 구성 및 운영, 그 밖에 필요한 사항은 대통령령으로 정한다.

지적재조사에 관한 특별법 시행령 제10조(토지소유자협의회의 구성 등)
① 법 제13조제1항에 따른 토지소유자협의회(이하 이 조에서 "협의회"라 한다)를 구성할 때 토지소유자 수 및 동의자 수 산정은 제7조제1항의 기준에 따른다.
② 토지소유자가 협의회 구성에 동의하거나 그 동의를 철회하려는 경우에는 국토교통부령으로 정하는 협의회 구성동의서 또는 동의철회서에 본인임을 확인한 후 서명 또는 날인하여 지적소관청에 제출하여야 한다.
③ 협의회의 위원장은 협의회를 대표하고, 협의회의 업무를 총괄한다.
④ 협의회의 회의는 재적위원 과반수의 출석으로 개의(開議)하고, 출석위원 과반수의 찬성으로 의결한다.
⑤ 제1항부터 제4항까지에서 규정한 사항 외에 협의회의 운영 등에 필요한 사항은 협의회의 의결을 거쳐 위원장이 정한다.

지적재조사에 관한 특별법 시행령 제10조의2(경계설정합의서)
법 제14조제2항에 따라 토지소유자들이 합의하여 경계를 설정하는 경우에는 국토교통부령으로 정하는 경계설정합의서를 법 제15조제1항에 따른 임시경계점표지 설치 전까지 지적소관청에 제출하여야 한다.

14 현행 「지적재조사에 관한 특별법」에 따라 설치한 지적재조사기획단에 대한 설명에서 (   ) 안에 들어갈 내용으로 옳은 것은?

- 기본계획의 입안, 지적재조사사업의 지도 · 감독, 기술 · 인력 및 예산 등의 지원, 중앙위원회 심의 · 의결사항에 대한 보좌를 위하여 국토교통부에 (㉠)을 둔다.
- 지적재조사사업의 지도 · 감독, 기술 · 인력 및 예산 등의 지원을 위하여 시 · 도에 (㉡)을, 실시계획의 입안, 지적재조사사업의 시행, 사업대행자에 대한 지도 · 감독 등을 위하여 지적소관청에 (㉢)을 둘 수 있다.
- 지적재조사기획단의 조직과 운영에 관하여 필요한 사항은 (㉣)으로, 지적재조사지원단과 지적재조사추진단의 조직과 운영에 관하여 필요한 사항은 해당 (㉤)의 조례로 정한다.

	㉠	㉡	㉢	㉣	㉤
①	지적재조사기획단	지적재조사지원단	지적재조사추진단	대통령령	국토교통부령
②	지적재조사기획단	지적재조사추진단	지적재조사지원단	국토교통부령	대통령령
③	지적재조사기획단	지적재조사지원단	지적재조사추진단	대통령령	지방자치단체
④	지적재조사기획단	지적재조사지원단	지적재조사추진단	국토교통부령	대통령령

풀이 지적재조사에 관한 특별법 제32조(지적재조사기획단 등)
① 기본계획의 입안, 지적재조사사업의 지도 · 감독, 기술 · 인력 및 예산 등의 지원, 중앙위원회 심의 · 의결사항에 대한 보좌를 위하여 국토교통부에 지적재조사기획단을 둔다.
② 지적재조사사업의 지도 · 감독, 기술 · 인력 및 예산 등의 지원을 위하여 시 · 도에 지적재조사지원단을, 실시계획의 입안, 지적재조사사업의 시행, 사업대행자에 대한 지도 · 감독 등을 위하여 지적소관청에 지적재조사추진단을 둘 수 있다.
③ 제1항에 따른 지적재조사기획단의 조직과 운영에 관하여 필요한 사항은 대통령령으로, 제2항에 따른 지적재조사지원단과 지적재조사추진단의 조직과 운영에 관하여 필요한 사항은 해당 지방자치단체의 조례로 정한다.

정답 14 ③

지적재조사에 관한 특별법 시행령 제26조(지적재조사기획단의 구성 등)

① 법 제32조제1항에 따른 지적재조사기획단(이하 "기획단"이라 한다)은 단장 1명과 소속 직원으로 구성하며, 단장은 국토교통부의 고위공무원단에 속하는 일반직공무원 중에서 국토교통부장관이 지명하는 자가 겸직한다.

② 국토교통부장관은 기획단의 업무수행을 위하여 필요하다고 인정할 때에는 관계 행정기관의 공무원 및 관련 기관·단체의 임직원의 파견을 요청할 수 있다.

③ 제1항 및 제2항에서 규정한 사항 외에 기획단의 조직과 운영에 필요한 사항은 국토교통부장관이 정한다.

15 다음 「지적재조사에 관한 특별법」에서 규정하는 내용 중 옳지 않은 것은?

① 경계결정위원회는 지적확정예정조서를 제출받은 날부터 30일 이내에 경계에 관한 결정을 하고 이를 지적소관청에 통지하여야 한다. 이 기간 안에 경계에 관한 결정을 할 수 없는 부득이한 사유가 있을 때에는 경계결정위원회는 의결을 거쳐 30일의 범위에서 그 기간을 연장할 수 있다.

② 지적재조사를 위한 경계설정의 기준은 지상경계에 대하여 다툼이 있는 경우 등록할 때의 측량기록을 조사한 경계를 결정한다.

③ 지적소관청은 경계결정위원회로부터 경계에 관한 결정을 통지받았을 때에는 지체 없이 토지소유자나 지적측량수행자에게 통지하여야 한다.

④ 중앙지적재조사위원회는 기본계획의 수립 및 변경, 관계 법령의 제정·개정 및 제도의 개선에 관한 사항 등을 심의·의결한다.

풀이 **지적재조사에 관한 특별법 제5조(지적재조사사업의 시행자)**

① 지적재조사사업은 지적소관청이 시행한다.

② 지적소관청은 지적재조사사업의 측량·조사 등을 제5조의2에 따른 책임수행기관에 위탁할 수 있다. 〈개정 2014.6.3., 2020.12.22.〉

③ 지적소관청이 지적재조사사업의 측량·조사 등을 책임수행기관에 위탁한 때에는 대통령령으로 정하는 바에 따라 이를 고시하여야 한다. 〈개정 2020.12.22.〉

지적재조사에 관한 특별법 제5조의2(책임수행기관의 지정 등)

① 국토교통부장관은 지적재조사사업의 측량·조사 등의 업무를 전문적으로 수행하는 책임수행기관을 지정할 수 있다.

② 국토교통부장관은 제1항에 따라 지정된 책임수행기관이 거짓 또는 부정한 방법으로 지정을 받거나 업무를 게을리 하는 등 대통령령으로 정하는 사유가 있는 때에는 그 지정을 취소할 수 있다.

③ 국토교통부장관은 제1항에 따른 책임수행기관을 지정·지정취소할 때에는 대통령령으로 정하는 바에 따라 이를 고시하여야 한다.

④ 그 밖에 책임수행기관의 지정·지정취소 및 운영 등에 필요한 사항은 대통령령으로 정한다.
[본조신설 2020.12.22.]

지적재조사에 관한 특별법 제14조(경계설정의 기준)

① 지적소관청은 다음 각 호의 순위로 지적재조사를 위한 경계를 설정하여야 한다.

> 1. 지상경계에 대하여 다툼이 없는 경우 토지소유자가 점유하는 토지의 현실경계
> 2. 지상경계에 대하여 다툼이 있는 경우 등록할 때의 측량기록을 조사한 경계
> 3. 지방관습에 의한 경계

② 지적소관청은 제1항 각 호의 방법에 따라 지적재조사를 위한 경계설정을 하는 것이 불합리하다고 인정하는 경우에는 토지소유자들이 합의한 경계를 기준으로 지적재조사를 위한 경계를 설정할 수 있다.
③ 지적소관청은 제1항과 제2항에 따라 지적재조사를 위한 경계를 설정할 때에는 「도로법」, 「하천법」 등 관계 법령에 따라 고시되어 설치된 공공용지의 경계가 변경되지 아니하도록 하여야 한다. 다만, 해당 토지소유자들 간에 합의한 경우에는 그러하지 아니하다.

지적재조사에 관한 특별법 제16조(경계의 결정)

① 지적재조사에 따른 경계결정은 경계결정위원회의 의결을 거쳐 결정한다.
② 지적소관청은 제1항에 따른 경계에 관한 결정을 신청하고자 할 때에는 제15조제2항에 따른 지적확정예정조서에 토지소유자나 이해관계인의 의견을 첨부하여 경계결정위원회에 제출하여야 한다.
③ 제2항에 따른 신청을 받은 경계결정위원회는 지적확정예정조서를 제출받은 날부터 30일 이내에 경계에 관한 결정을 하고 이를 지적소관청에 통지하여야 한다. 이 기간 안에 경계에 관한 결정을 할 수 없는 부득이한 사유가 있을 때에는 경계결정위원회는 의결을 거쳐 30일의 범위에서 그 기간을 연장할 수 있다.
④ 토지소유자나 이해관계인은 경계결정위원회에 참석하여 의견을 진술할 수 있다. 경계결정위원회는 토지소유자나 이해관계인이 의견진술을 신청하는 경우에는 특별한 사정이 없으면 이에 따라야 한다.
⑤ 경계결정위원회는 제3항에 따라 경계에 관한 결정을 하기에 앞서 토지소유자들로 하여금 경계에 관한 하도록 권고할 수 있다.
⑥ 지적소관청은 제3항에 따라 경계결정위원회로부터 경계에 관한 결정을 통지받았을 때에는 지체 없이 이를 토지소유자나 이해관계인에게 통지하여야 한다. 이 경우 제17조제1항에 따른 기간 안에 이의신청이 없으면 경계결정위원회의 결정대로 경계가 확정된다는 취지를 명시하여야 한다.

지적재조사에 관한 특별법 제28조(중앙지적재조사위원회) [암기] [기][관][장]

① 지적재조사사업에 관한 주요 정책을 심의 · 의결하기 위하여 국토교통부장관 소속으로 중앙지적재조사위원회(이하 "중앙위원회"라 한다)를 둔다.
② 중앙위원회는 다음 각 호의 사항을 심의 · 의결한다. 〈개정 2020.6.9.〉

> 1. [기]본계획의 수립 및 변경
> 2. [관]계 법령의 제정 · 개정 및 제도의 개선에 관한 사항
> 3. 그 밖에 지적재조사사업에 필요하여 중앙위원회의 위원[장]이 회의에 부치는 사항

③ 중앙위원회는 위원장 및 부위원장 각 1명을 포함한 15명 이상 20명 이하의 위원으로 구성한다.
④ 중앙위원회의 위원장은 국토교통부장관이 되며, 부위원장은 위원 중에서 위원장이 지명한다.
⑤ 중앙위원회의 위원은 다음 각 호의 어느 하나에 해당하는 사람 중에서 위원장이 임명 또는 위촉한다.

> 1. 기획재정부 · 법무부 · 행정안전부 또는 국토교통부의 1급부터 3급까지 상당의 공무원 또는 고위공무원단에 속하는 공무원
> 2. 판사 · 검사 또는 변호사
> 3. 법학이나 지적 또는 측량 분야의 교수로 재직하고 있거나 있었던 사람
> 4. 그 밖에 지적재조사사업에 관하여 전문성을 갖춘 사람

⑥ 중앙위원회의 위원 중 공무원이 아닌 위원의 임기는 2년으로 한다.
⑦ 중앙위원회는 재적위원 과반수의 출석과 출석위원 과반수의 찬성으로 의결한다.
⑧ 그 밖에 중앙위원회의 조직 및 운영 등에 관하여 필요한 사항은 대통령령으로 정한다.

정답

16 아래는 「지적재조사에 관한 특별법」에 따른 기본계획의 수립에 관한 내용이다. (   ) 안에 들어갈 일자로 옳은 것은?

(17년2회지산)

> 지적소관청은 기본계획안을 송부받은 날부터 (㉠) 이내에 시 · 도지사에게 의견을 제출하여야 하며, 시 · 도지사는 기본계획안을 송부받은 날부터 (㉡) 이내에 지적소관청의 의견에 자신의 의견을 첨부하여 국토교통부장관에게 제출하여야 한다. 이 경우 기간 내에 의견을 제출하지 아니하면 의견이 없는 것으로 본다.

① ㉠ 10일, ㉡ 20일
② ㉠ 20일, ㉡ 30일
③ ㉠ 30일, ㉡ 40일
④ ㉠ 40일, ㉡ 50일

풀이 지적재조사에 관한 특별법 제4조(기본계획의 수립) **암기** 규연인방기 시도하라

① 국토교통부장관은 지적재조사사업을 효율적으로 시행하기 위하여 다음 각 호의 사항이 포함된 지적재조사사업에 관한 기본계획(이하 "기본계획"이라 한다)을 수립하여야 한다. 〈개정 2013.3.23., 2017.4.18.〉

> 1. 지적재조사사업의 시행기간 및 **규**모
> 2. 지적재조사사업비의 **연**도별 집행계획
> 3. 지적재조사사업에 필요한 **인**력의 확보에 관한 계획
> 4. 지적재조사사업에 관한 기본**방**향
> 5. 지적재조사사업비의 특별시 · 광역시 · 도 · 특별자치도 · 특별자치시 및 「지방자치법」 제198조에 따른 대도시로서 구(區)를 둔 시(이하 "**시** · **도**"라 한다)별 배분 계획
> 6. 그 밖에 지적재조사사업의 효율적 시행을 위하여 필요한 사항으로서 대통령령으로 정하는 사항

② 국토교통부장관은 기본계획을 수립할 때에는 미리 공청회를 개최하여 관계 전문가 등의 의견을 들어 기본계획안을 작성하고, 특별시장 · 광역시장 · 도지사 · 특별자치도지사 · 특별자치시장 및 「지방자치법」 제198조에 따른 대도시로서 구를 둔 시의 시장(이하 "시 · 도지사"라 한다)에게 그 안을 송부하여 의견을 들은 후 제28조에 따른 중앙지적재조사위원회의 심의를 거쳐야 한다. 〈개정 2013.3.23., 2017.4.18.〉

③ 시 · 도지사는 제2항에 따라 기본계획안을 송부받았을 때에는 이를 지체 없이 지적소관청에 송부하여 그 의견을 들어야 한다.

④ 지적소관청은 제3항에 따라 기본계획안을 송부받은 날부터 20일 이내에 시 · 도지사에게 의견을 제출하여야 하며, 시 · 도지사는 제2항에 따라 기본계획안을 송부받은 날부터 30일 이내에 지적소관청의 의견에 자신의 의견을 첨부하여 국토교통부장관에게 제출하여야 한다. 이 경우 기간 내에 의견을 제출하지 아니하면 의견이 없는 것으로 본다. 〈개정 2013.3.23.〉

⑤ 제2항부터 제4항까지의 규정은 기본계획을 변경할 때에도 적용한다. 다만, 대통령령으로 정하는 경미한 사항을 변경할 때에는 제외한다.

⑥ 국토교통부장관은 기본계획을 수립하거나 변경하였을 때에는 이를 관보에 고시하고 시 · 도지사에게 통지하여야 하며, 시 · 도지사는 이를 지체 없이 지적소관청에 통지하여야 한다. 〈개정 2013.3.23.〉

⑦ 국토교통부장관은 기본계획이 수립된 날부터 5년이 지나면 그 타당성을 다시 검토하고 필요하면 이를 변경하여야 한다.

정답 16 ②

17 「지적재조사에 관한 특별법」에 의한 새로운 지적공부의 등록사항으로 옳지 않은 것은?

① 집합건물별 대지권등록부의 장번호
② 토지이용규제 기본법에 따른 토지이용과 관련된 지역, 지구 등의 지정에 관한 사항
③ 개별공시지가, 개별주택가격, 공동주택가격 및 부동산실거래 가격과 그 기준일
④ 경계점의 위치설명도

풀이 지적재조사에 관한 특별법 제24조(새로운 지적공부의 작성)

암기 토지지적좌유권비상걸렸다 유사자 지문건물 표지별지표지명

① 지적소관청은 제23조에 따른 사업완료 공고가 있었을 때에는 기존의 지적공부를 폐쇄하고 새로운 지적공부를 작성하여야 한다. 이 경우 그 토지는 제23조제1항에 따른 사업완료 공고일에 토지의 이동이 있는 것으로 본다.
② 제1항에 따라 새로이 작성하는 지적공부에는 다음 각 호의 사항을 등록하여야 한다.

지적재조사에 관한 특별법에서 정하는 사항	국토교통부령에서 정하는 사항
• 토지의 소재 • 지번 • 지목 • 면적 • 경계점좌표 • 소유자의 성명 또는 명칭, 주소 및 주민등록번호(국가, 지방자치단체, 법인, 법인 아닌 사단이나 재단 및 외국인의 경우에는 「부동산등기법」 제49조에 따라 부여된 등록번호를 말한다. 이하 같다) • 소유권지분 • 대지권비율 • 지상건축물 및 지하건축물의 위치 • 국토교통부령으로 정하는 사항	• 토지의 고유번호 • 토지의 이동 사유 • 토지소유자가 변경된 날과 그 원인 • 개별공시지가, 개별주택가격, 공동주택가격 및 부동산 실거래가격과 그 기준일 • 필지별 공유지 연명부의 장 번호 • 전유(專有) 부분의 건물 표시 • 건물의 명칭 • 집합건물별 대지권등록부의 장 번호 • 좌표에 의하여 계산된 경계점 사이의 거리 • 지적기준점의 위치 • 필지별 경계점좌표의 부호 및 부호도 • 「토지이용규제 기본법」에 따른 토지이용과 관련된 지역·지구 등의 지정에 관한 사항 • 건축물의 표시와 건축물 현황도에 관한 사항 • 구분지상권에 관한 사항 • 도로명주소

18 지적소관청은 토지의 이동에 따라 지상경계를 새로 정한 경우에는 지상경계점등록부를 작성·관리해야 한다. 다음 중 지상경계점등록부에 작성해야 하는 사항이 아닌 것은?

① 경계점의 사진 파일
② 경계점표지의 종류 및 경계점 위치
③ 토지의 소재 · 지목 · 면적
④ 경계점 위치 설명도

풀이 공간정보의 구축 및 관리 등에 관한 법률 제65조(지상경계의 구분 등) **암기** 토지경계는 공계점

① 토지의 지상경계는 둑, 담장이나 그 밖에 구획의 목표가 될 만한 구조물 및 경계점표지 등으로 구분한다.
② 지적소관청은 토지의 이동에 따라 지상경계를 새로 정한 경우에는 다음 각 호의 사항을 등록한 지상경계점등록부를 작성·관리하여야 한다.

        1. ㉧지의 소재
        2. ㉧번
        3. ㉧계점 좌표(경계점좌표등록부 시행지역에 한정한다)
        4. 경계㉧점 위치 설명도
        5. 그 밖에 국토교통부령으로 정하는 사항

    ③ 제1항에 따른 지상경계의 결정 기준 등 지상경계의 결정에 필요한 사항은 대통령령으로 정하고, 경계점표지
       의 규격과 재질 등에 필요한 사항은 국토교통부령으로 정한다.

공간정보의 구축 및 관리 등에 관한 법률 시행규칙 제60조(지상경계점등록부 작성 등)
① 경계점 위치 설명도의 작성 등에 관하여 필요한 사항은 국토교통부장관이 정한다.
② "그 밖에 국토교통부령으로 정하는 사항"이란 다음 각 호의 사항을 말한다.

        1. ㉧부상 지목과 실제 토지이용 지목
        2. 경계㉧점의 사진 파일
        3. 경계㉧표지의 종류 및 경계점 위치

    ③ 법 제65조제2항에 따른 지상경계점등록부는 별지 제58호 서식과 같다.

19 지적재조사사업에 의해 경계를 확정하였을 때 지적소관청이 작성하여 관리하는 지상경계점등록
부에 작성해야 하는 사항이 아닌 것은?

① 작성일 및 위치도   ② 경계점 번호 및 표지종류
③ 건물현황   ④ 경계점 세부설명 및 관련자료

풀이 지적재조사에 관한 특별법 시행규칙 제10조(지상경계점등록부)
    암기 ㉧㉧㉧㉧㉧ ㉧㉧㉧ ㉧㉧㉧ ㉧㉧ ㉧㉧㉧ ㉧㉧㉧
    ① 법 제18조제2항에 따라 지적소관청이 작성하여 관리하는 지상경계점등록부에는 다음 각 호의 사항이 포함되
       어야 한다. 〈개정 2017.10.19., 2020.10.15.〉
        1. ㉧지의 소재
        2. ㉧번
        3. 지㉧
        4. 작㉧일
        5. 위치㉧
        6. ㉧계점 ㉧호 및 표㉧종류
        7. 경계점 ㉧부설명 및 ㉧련자료
        8. 경계㉧치
        9. 경계설정㉧준 및 ㉧계형태
        10. 작성자의 ㉧속 · ㉧급(직위) · 성㉧
        11. ㉧인자의 ㉧급 · 성㉧
        12. 삭제 〈2020.10.15.〉
        13. 삭제 〈2020.10.15.〉
        14. 삭제 〈2020.10.15.〉
        15. 삭제 〈2017.10.19.〉
        16. 삭제 〈2017.10.19.〉

② 법 제18조제2항에 따른 지상경계점등록부는 별지 제6호 서식에 따른다. 〈개정 2017.10.19.〉

③ 제1항 및 제2항에서 규정한 사항 외에 지상경계점등록부 작성 방법에 관하여 필요한 사항은 국토교통부장관이 정하여 고시한다. 〈개정 2013.3.23., 2017.10.19.〉

20 국토교통부장관은 지적재조사사업을 효율적으로 시행하기 위한 지적재조사사업에 관한 기본계획을 수립하여야 한다. 수립사항에 관한 사항으로 옳지 않은 것은?

① 디지털 지적(地籍)의 운영 · 관리에 필요한 표준의 제정 및 그 활용

② 지적재조사사업비의 연도별 집행계획

③ 지적재조사사업의 효율적 추진을 위하여 필요한 교육 및 연구 · 개발

④ 지적재조사사업비의 지적소관청별 배분계획

[풀이] **지적재조사에 관한 특별법 제4조(기본계획의 수립)** [암기] [규][연][인][방]기 [시][도]하라 [표][준] [교][육] [연][구] [개][발]을

① 국토교통부장관은 지적재조사사업을 효율적으로 시행하기 위하여 다음 각 호의 사항이 포함된 지적재조사사업에 관한 기본계획(이하 "기본계획"이라 한다)을 수립하여야 한다. 〈개정 2013.3.23., 2017.4.18.〉

> 1. 지적재조사사업의 시행기간 및 [규]모
> 2. 지적재조사사업비의 [연]도별 집행계획
> 3. 지적재조사사업에 필요한 [인]력의 확보에 관한 계획
> 4. 지적재조사사업에 관한 기본[방]향
> 5. 지적재조사사업비의 특별시 · 광역시 · 도 · 특별자치도 · 특별자치시 및 「지방자치법」 제198조에 따른 대도시로서 구(區)를 둔 시(이하 "[시] · [도]"라 한다)별 배분 계획
> 6. 그 밖에 지적재조사사업의 효율적 시행을 위하여 필요한 사항으로서 대통령령으로 정하는 사항

② 국토교통부장관은 기본계획을 수립할 때에는 미리 공청회를 개최하여 관계 전문가 등의 의견을 들어 기본계획안을 작성하고, 특별시장 · 광역시장 · 도지사 · 특별자치도지사 · 특별자치시장 및 「지방자치법」 제198조에 따른 대도시로서 구를 둔 시의 시장(이하 "시 · 도지사"라 한다)에게 그 안을 송부하여 의견을 들은 후 제28조에 따른 중앙지적재조사위원회의 심의를 거쳐야 한다. 〈개정 2013.3.23., 2017.4.18.〉

③ 시 · 도지사는 제2항에 따라 기본계획안을 송부받았을 때에는 이를 지체 없이 지적소관청에 송부하여 그 의견을 들어야 한다.

④ 지적소관청은 제3항에 따라 기본계획안을 송부받은 날부터 20일 이내에 시 · 도지사에게 의견을 제출하여야 하며, 시 · 도지사는 제2항에 따라 기본계획안을 송부받은 날부터 30일 이내에 지적소관청의 의견에 자신의 의견을 첨부하여 국토교통부장관에게 제출하여야 한다. 이 경우 기간 내에 의견을 제출하지 아니하면 의견이 없는 것으로 본다.

⑤ 제2항부터 제4항까지의 규정은 기본계획을 변경할 때에도 적용한다. 다만, 대통령령으로 정하는 경미한 사항을 변경할 때에는 제외한다.

⑥ 국토교통부장관은 기본계획을 수립하거나 변경하였을 때에는 이를 관보에 고시하고 시 · 도지사에게 통지하여야 하며, 시 · 도지사는 이를 지체 없이 지적소관청에 통지하여야 한다.

⑦ 국토교통부장관은 기본계획이 수립된 날부터 5년이 지나면 그 타당성을 다시 검토하고 필요하면 이를 변경하여야 한다.

지적재조사에 관한 특별법 시행령 제2조(기본계획의 수립 등)

① 「지적재조사에 관한 특별법」(이하 "법"이라 한다) 제4조제1항제6호에서 "대통령령으로 정하는 사항"이란 다음 각 호의 사항을 말한다.

[정답] 20 ④

1. 디지털 지적(地籍)의 운영 · 관리에 필요한 [표][준]의 제정 및 그 활용
2. 지적재조사사업의 효율적 추진을 위하여 필요한 [교][육] 및 [연][구] · [개][발]
3. 그 밖에 국토교통부장관이 법 제4조제1항에 따른 지적재조사사업에 관한 기본계획(이하 "기본계획"이라 한다)의 수립에 필요하다고 인정하는 사항

② 국토교통부장관은 기본계획 수립을 위하여 관계 중앙행정기관의 장에게 필요한 자료제출을 요청할 수 있다. 이 경우 자료제출을 요청받은 관계 중앙행정기관의 장은 특별한 사정이 없으면 요청에 따라야 한다.

지적재조사에 관한 특별법 제4조의2(시 · 도종합계획의 수립)

① 시 · 도지사는 기본계획을 토대로 다음 각 호의 사항이 포함된 지적재조사사업에 관한 종합계획(이하 "시 · 도종합계획"이라 한다)을 수립하여야 한다.
1. 지적재조사지구 지정의 세부기준
2. 지적재조사사업의 연도별 · 지적소관청별 사업량
3. 지적재조사사업비의 연도별 추산액
4. 지적재조사사업비의 지적소관청별 배분 계획
5. 지적재조사사업에 필요한 인력의 확보에 관한 계획
6. 지적재조사사업의 교육과 홍보에 관한 사항
7. 그 밖에 시 · 도의 지적재조사사업을 위하여 필요한 사항

② 시 · 도지사는 시 · 도종합계획을 수립할 때에는 시 · 도종합계획안을 지적소관청에 송부하여 의견을 들은 후 제29조에 따른 시 · 도 지적재조사위원회의 심의를 거쳐야 한다.

지적재조사에 관한 특별법 제6조(실시계획의 수립)

기본계획(제4조) 암기 [규][연][인][방]기 [시][도]하라 [표][준] [교][육] [연][구] [개][발]을	1. 지적재조사사업의 시행기간 및 [규]모 2. 지적재조사사업비의 [연]도별 집행계획 3. 지적재조사사업에 필요한 [인]력의 확보에 관한 계획 4. 지적재조사사업에 관한 기본[방]향 5. 지적재조사사업비의 특별시 · 광역시 · 도 · 특별자치도 · 특별자치시 및 「지방자치법」 제198조에 따른 대도시로서 구(區)를 둔 시(이하 "[시] · [도]"라 한다)별 배분 계획 1. 디지털 지적(地籍)의 운영 · 관리에 필요한 [표][준]의 제정 및 그 활용 2. 지적재조사사업의 효율적 추진을 위하여 필요한 [교][육] 및 [연][구] · [개][발] 3. 그 밖에 국토교통부장관이 법 제4조제1항에 따른 지적재조사사업에 관한 기본계획(이하 "기본계획"이라 한다)의 수립에 필요하다고 인정하는 사항
시 · 도종합계획(제4조의2) 암기 [추][소][세][교][사] [연][인]	1. 지적재조사사업비의 연도별 [추]산액 2. 지적재조사사업비의 지적[소]관청별 배분 계획 3. 지적재조사지구 지정의 [세]부기준 4. 지적재조사사업의 [교]육과 홍보에 관한 사항 5. 그 밖에 시 · 도의 지적재조사[사]업을 위하여 필요한 사항 6. 지적재조사사업의 [연]도별 · 지적소관청별 사업량 7. 지적재조사사업에 필요한 [인]력의 확보에 관한 계획

정답

실시계획(제6조) **암기** 홍명위현추시사기 사시 측시	1. 지적재조사사업의 시행에 따른 **홍**보 2. 지적재조사지구의 **명**칭 3. 지적재조사지구의 **위**치 및 면적 4. 지적재조사지구의 **현**황 5. 지적재조사사업비의 **추**산액 6. 지적재조사사업의 **시**행자 1. 토지현황조**사**에 관한 사항 2. 지적재조사사업의 시행시기 및 **기**간 3. 그 밖에 지적소관청이 법 제6조제1항에 따른 지적재조사**사**업에 관한 실시계획(이하 "실시계획"이라 한다)의 수립에 필요하다고 인정하는 사항 4. 지적재조사사업의 **시**행에 관한 세부계획 5. 지적재조사**측**량에 관한 시행계획 6. 지적소관청은 실시계획을 수립할 때에는 **시** · 도종합계획과 연계되도록 하여야 한다.

04 제4회 합격모의고사

01 **「지적재조사에 관한 특별법 제4조(기본계획의 수립)」에서 국토교통부장관은 지적재조사사업을 효율적으로 시행하기 위하여 지적재조사사업에 관한 기본계획(이하 "기본계획"이라 한다)을 수립하여야 한다. 기본계획 수립 사항에 포함되지 않는 것은?**

① 지적재조사사업에 필요한 인력의 확보에 관한 계획
② 디지털 지적(地籍)의 운영 · 관리에 필요한 표준의 제정 및 그 활용
③ 지적재조사사업비의 연도별 추산액
④ 지적재조사사업비의 연도별 집행계획

[풀이] **지적재조사에 관한 특별법 제4조(기본계획의 수립)** [암기] [규][연][인][방]기 [시][도]하라 [표][준] [교][육] [연][구] [개][발]을

① 국토교통부장관은 지적재조사사업을 효율적으로 시행하기 위하여 다음 각 호의 사항이 포함된 지적재조사사업에 관한 기본계획(이하 "기본계획"이라 한다)을 수립하여야 한다. 〈개정 2013.3.23., 2017.4.18.〉

> 1. 지적재조사사업의 시행기간 및 [규]모
> 2. 지적재조사사업비의 [연]도별 집행계획
> 3. 지적재조사사업에 필요한 [인]력의 확보에 관한 계획
> 4. 지적재조사사업에 관한 기본[방]향
> 5. 지적재조사사업비의 특별시 · 광역시 · 도 · 특별자치도 · 특별자치시 및 「지방자치법」 제198조에 따른 대도시로서 구(區)를 둔 시(이하 "[시] · [도]"라 한다)별 배분 계획
> 6. 그 밖에 지적재조사사업의 효율적 시행을 위하여 필요한 사항으로서 대통령령으로 정하는 사항
>
> > 1. 디지털 지적(地籍)의 운영 · 관리에 필요한 [표][준]의 제정 및 그 활용
> > 2. 지적재조사사업의 효율적 추진을 위하여 필요한 [교][육] 및 [연][구] · [개][발]
> > 3. 그 밖에 국토교통부장관이 법 제4조제1항에 따른 지적재조사사업에 관한 기본계획(이하 "기본계획"이라 한다)의 수립에 필요하다고 인정하는 사항

② 국토교통부장관은 기본계획을 수립할 때에는 미리 공청회를 개최하여 관계 전문가 등의 의견을 들어 기본계획안을 작성하고, 특별시장 · 광역시장 · 도지사 · 특별자치도지사 · 특별자치시장 및 「지방자치법」 제198조에 따른 대도시로서 구를 둔 시의 시장(이하 "시 · 도지사"라 한다)에게 그 안을 송부하여 의견을 들은 후 제28조에 따른 중앙지적재조사위원회의 심의를 거쳐야 한다. 〈개정 2013.3.23., 2017.4.18.〉

③ 시 · 도지사는 제2항에 따라 기본계획안을 송부받았을 때에는 이를 지체 없이 지적소관청에 송부하여 그 의견을 들어야 한다.

④ 지적소관청은 제3항에 따라 기본계획안을 송부받은 날부터 20일 이내에 시 · 도지사에게 의견을 제출하여야 하며, 시 · 도지사는 제2항에 따라 기본계획안을 송부받은 날부터 30일 이내에 지적소관청의 의견에 자신의 의견을 첨부하여 **국토교통부장관**에게 제출하여야 한다. 이 경우 기간 내에 의견을 제출하지 아니하면 의견이 없는 것으로 본다. 〈개정 2013.3.23.〉

⑤ 제2항부터 제4항까지의 규정은 기본계획을 변경할 때에도 적용한다. 다만, 대통령령으로 정하는 경미한 사항을 변경할 때에는 제외한다.

⑥ 국토교통부장관은 기본계획을 수립하거나 변경하였을 때에는 이를 관보에 고시하고 시 · 도지사에게 통지하여야 하며, 시 · 도지사는 이를 지체 없이 지적소관청에 통지하여야 한다. 〈개정 2013.3.23.〉

⑦ 국토교통부장관은 기본계획이 수립된 날부터 5년이 지나면 그 타당성을 다시 검토하고 필요하면 이를 변경하여야 한다.

정답 01 ③

지적재조사에 관한 특별법 시행령 제2조(기본계획의 수립 등)

① 「지적재조사에 관한 특별법」(이하 "법"이라 한다) 제4조제1항제6호에서 "대통령령으로 정하는 사항"이란 다음 각 호의 사항을 말한다. 〈개정 2013.3.23.〉

1. 디지털 지적(地籍)의 운영 · 관리에 필요한 [표][준]의 제정 및 그 활용
2. 지적재조사사업의 효율적 추진을 위하여 필요한 [교][육] 및 [연][구] · [개][발]
3. 그 밖에 국토교통부장관이 법 제4조제1항에 따른 지적재조사사업에 관한 기본계획(이하 "기본계획"이라 한다)의 수립에 필요하다고 인정하는 사항

② 국토교통부장관은 기본계획 수립을 위하여 관계 중앙행정기관의 장에게 필요한 자료제출을 요청할 수 있다. 이 경우 자료제출을 요청받은 관계 중앙행정기관의 장은 특별한 사정이 없으면 요청에 따라야 한다. 〈개정 2013.3.23.〉

02 **「지적재조사에 관한 특별법 제4조의2(시 · 도종합계획의 수립)」에서 시 · 도지사는 기본계획을 토대로 다음 각 호의 사항이 포함된 지적재조사사업에 관한 종합계획(이하 "시 · 도종합계획"이라 한다)을 수립하여야 한다. 시 · 도종합계획 수립 사항에 포함되지 않는 것은?**

① 지적재조사사업비의 연도별 집행계획
② 지적재조사사업의 교육과 홍보에 관한 사항
③ 지적재조사사업비의 연도별 추산액
④ 지적재조사사업의 연도별 · 지적소관청별 사업량

[풀이] **지적재조사에 관한 특별법 제4조의2(시 · 도종합계획의 수립)** [암기] [추][소][세][교][사] [연][인]

① 시 · 도지사는 기본계획을 토대로 다음 각 호의 사항이 포함된 지적재조사사업에 관한 종합계획(이하 "시 · 도종합계획"이라 한다)을 수립하여야 한다.

1. 지적재조사사업비의 연도별 [추]산액
2. 지적재조사사업비의 지적[소]관청별 배분 계획
3. 지적재조사지구 지정의 [세]부기준
4. 지적재조사사업의 [교]육과 홍보에 관한 사항
5. 그 밖에 시 · 도의 지적재조사[사]업을 위하여 필요한 사항
6. 지적재조사사업의 [연]도별 · 지적소관청별 사업량
7. 지적재조사사업에 필요한 [인]력의 확보에 관한 계획

② 시 · 도지사는 시 · 도종합계획을 수립할 때에는 시 · 도종합계획안을 지적소관청에 송부하여 의견을 들은 후 제29조에 따른 시 · 도 지적재조사위원회의 심의를 거쳐야 한다.

③ 지적소관청은 제2항에 따라 시 · 도종합계획안을 송부받았을 때에는 송부받은 날부터 14일 이내에 의견을 제출하여야 한다. 이 경우 기간 내에 의견을 제출하지 아니하면 의견이 없는 것으로 본다.

④ 시 · 도지사는 시 · 도종합계획을 확정한 때에는 지체 없이 국토교통부장관에게 제출하여야 한다.

⑤ 국토교통부장관은 제4항에 따라 제출된 시 · 도종합계획이 기본계획과 부합되지 아니할 때에는 그 사유를 명시하여 시 · 도지사에게 시 · 도종합계획의 변경을 요구할 수 있다. 이 경우 시 · 도지사는 정당한 사유가 없으면 그 요구에 따라야 한다.

⑥ 시 · 도지사는 시 · 도종합계획이 수립된 날부터 5년이 지나면 그 타당성을 다시 검토하고 필요하면 변경하여야 한다.

⑦ 제2항부터 제5항까지의 규정은 제6항에 따라 시 · 도종합계획을 변경할 때에도 적용한다. 다만, 대통령령으로 정하는 경미한 사항을 변경할 때에는 그러하지 아니하다.

⑧ 시 · 도지사는 제1항에 따라 시 · 도종합계획을 수립하거나 제6항에 따라 변경하였을 때에는 시 · 도의 공보에 고시하고 지적소관청에 통지하여야 한다.

정답 02 ①

⑨ 시·도종합계획의 작성 기준, 작성 방법, 그 밖에 시·도종합계획의 수립에 관한 세부적인 사항은 국토교통부장관이 정한다.

[본조신설 2017.4.18.]

03 「지적재조사에 관한 특별법 제6조(실시계획의 수립)」에서 지적소관청은 시·도종합계획을 통지받았을 때에는 다음 각 호의 사항이 포함된 지적재조사사업에 관한 실시계획(이하 "실시계획"이라 한다)을 수립하여야 한다. 실시계획 수립 사항에 포함되지 않는 것은?

① 지적재조사지구 지정의 세부기준
② 지적재조사사업비의 추산액
③ 지적재조사사업의 시행에 관한 세부계획
④ 지적재조사지구의 위치 및 면적

> **풀이** 지적재조사에 관한 특별법 제6조(실시계획의 수립)
> ① 지적소관청은 시·도종합계획을 통지받았을 때에는 다음 각 호의 사항이 포함된 지적재조사사업에 관한 실시계획(이하 "실시계획"이라 한다)을 수립하여야 한다. 〈개정 2019.12.10.〉
> 1. 지적재조사사업의 시행자
> 2. 지적재조사지구의 명칭
> 3. 지적재조사지구의 위치 및 면적
> 4. 지적재조사사업의 시행시기 및 기간
> 5. 지적재조사사업비의 추산액
> 6. 토지현황조사에 관한 사항
> 7. 그 밖에 지적재조사사업의 시행을 위하여 필요한 사항으로서 대통령령으로 정하는 사항
> ② 실시계획의 작성 기준 및 방법은 국토교통부장관이 정한다.
>
> **지적재조사에 관한 특별법 시행령 제5조(실시계획의 수립 등)**
> ① 법 제6조제1항제7호에서 "대통령령으로 정하는 사항"이란 다음 각 호의 사항을 말한다.
> 1. 지적재조사지구의 현황
> 2. 지적재조사사업의 시행에 관한 세부계획
> 3. 지적재조사측량에 관한 시행계획
> 4. 지적재조사사업의 시행에 따른 홍보
> 5. 그 밖에 지적소관청이 법 제6조제1항에 따른 지적재조사사업에 관한 실시계획(이하 "실시계획"이라 한다)의 수립에 필요하다고 인정하는 사항
> ② 지적소관청은 실시계획을 수립할 때에는 시·도종합계획과 연계되도록 하여야 한다.
>
> **실시계획의 수립** 암기 **홍명위현충사시가 사사 총시**
>
> | | |
> |---|---|
> | 1. 지적재조사사업의 시행에 따른 **홍**보 | 1. 토지현황조**사**에 관한 사항 |
> | 2. 지적재조사지구의 **명**칭 | 2. 지적재조사사업의 시행시기 및 **기**간 |
> | 3. 지적재조사지구의 **위**치 및 면적 | 3. 그 밖에 지적소관청이 법 제6조제1항에 따른 지적재조**사**업에 관한 실시계획(이하 "실시계획"이라 한다)의 수립에 필요하다고 인정하는 사항 |
> | 4. 지적재조사지구의 **현**황 | 4. 지적재조사사업의 **시**행에 관한 세부계획 |
> | 5. 지적재조사사업비의 **추**산액 | 5. 지적재조사**측**량에 관한 시행계획 |
> | 6. 지적재조사사업의 **시**행자 | 6. 지적소관청은 실시계획을 수립할 때에는 **시**·도종합계획과 연계되도록 하여야 한다. |

04 **「지적재조사에 관한 특별법 제28조(중앙지적재조사위원회)」에서 지적재조사사업에 관한 주요 정책을 심의 · 의결하기 위하여 국토교통부장관 소속으로 중앙지적재조사위원회(이하 "중앙위원회"라 한다)를 둔다. 중앙위원회의 심의 · 의결사항으로 옳지 않은 것은?**

① 지적재조사사업에 필요하여 중앙위원회의 위원장이 회의에 부치는 사항
② 지적재조사지구의 지정 및 변경
③ 기본계획의 수립 및 변경
④ 관계 법령의 제정 · 개정 및 제도의 개선에 관한 사항

[풀이] **지적재조사에 관한 특별법 제28조(중앙지적재조사위원회)** [암기] [기][관][장]

① 지적재조사사업에 관한 주요 정책을 심의 · 의결하기 위하여 국토교통부장관 소속으로 중앙지적재조사위원회(이하 "중앙위원회"라 한다)를 둔다.
② 중앙위원회는 다음 각 호의 사항을 심의 · 의결한다. 〈개정 2020.6.9.〉

> 1. [기]본계획의 수립 및 변경
> 2. [관]계 법령의 제정 · 개정 및 제도의 개선에 관한 사항
> 3. 그 밖에 지적재조사사업에 필요하여 중앙위원회의 위원[장]이 회의에 부치는 사항

③ 중앙위원회는 위원장 및 부위원장 각 1명을 포함한 15명 이상 20명 이하의 위원으로 구성한다.
④ 중앙위원회의 위원장은 국토교통부장관이 되며, 부위원장은 위원 중에서 위원장이 지명한다. 〈개정 2013.3.23.〉
⑤ 중앙위원회의 위원은 다음 각 호의 어느 하나에 해당하는 사람 중에서 위원장이 임명 또는 위촉한다. 〈개정 2013.3.23., 2014.11.19., 2017.7.26.〉

> 1. 기획재정부 · 법무부 · 행정안전부 또는 국토교통부의 1급부터 3급까지 상당의 공무원 또는 고위공무원단에 속하는 공무원
> 2. 판사 · 검사 또는 변호사
> 3. 법학이나 지적 또는 측량 분야의 교수로 재직하고 있거나 있었던 사람
> 4. 그 밖에 지적재조사사업에 관하여 전문성을 갖춘 사람

⑥ 중앙위원회의 위원 중 공무원이 아닌 위원의 임기는 2년으로 한다.
⑦ 중앙위원회는 재적위원 과반수의 출석과 출석위원 과반수의 찬성으로 의결한다.
⑧ 그 밖에 중앙위원회의 조직 및 운영 등에 관하여 필요한 사항은 대통령령으로 정한다.

05 **「지적재조사에 관한 특별법 제29조(시 · 도지적재조사위원회)」에서 시 · 도의 지적재조사사업에 관한 주요 정책을 심의 · 의결하기 위하여 시 · 도지사 소속으로 시 · 도 지적재조사위원회(이하 "시 · 도 위원회"라 한다)를 둘 수 있다. 시 · 도위원회의 심의 · 의결사항으로 옳지 않은 것은?**

① 시 · 군 · 구별 지적재조사사업의 우선순위 조정
② 관계 법령의 제정 · 개정 및 제도의 개선에 관한 사항
③ 지적재조사지구의 지정 및 변경
④ 시 · 도종합계획의 수립 및 변경

정답 04 ② 05 ②

풀이 지적재조사에 관한 특별법 제29조(시·도 지적재조사위원회) **암기** ⓛⓒⓢⓤⓦ

① 시·도의 지적재조사사업에 관한 주요 정책을 심의·의결하기 위하여 시·도지사 소속으로 시·도 지적재조사위원회(이하 "시·도 위원회"라 한다)를 둘 수 있다.

② 시·도 위원회는 다음 각 호의 사항을 심의·의결한다. 〈개정 2017.4.18., 2020.6.9.〉

> 1. 지적소관청이 수립한 ⓛ시계획
> 1의2. 시·도ⓒ합계획의 수립 및 변경
> 2. 지적재ⓢ지구의 지정 및 변경
> 3. 시·군·구별 지적재조사사업의 ⓤ선순위 조정
> 4. 그 밖에 지적재조사사업에 필요하여 시·도 위원회의 ⓦ원장이 회의에 부치는 사항

③ 시·도 위원회는 위원장 및 부위원장 각 1명을 포함한 10명 이내의 위원으로 구성한다.

④ 시·도 위원회의 위원장은 시·도지사가 되며, 부위원장은 위원 중에서 위원장이 지명한다.

⑤ 시·도 위원회의 위원은 다음 각 호의 어느 하나에 해당하는 사람 중에서 위원장이 임명 또는 위촉한다.

> 1. 해당 시·도의 3급 이상 공무원
> 2. 판사·검사 또는 변호사
> 3. 법학이나 지적 또는 측량 분야의 교수로 재직하고 있거나 있었던 사람
> 4. 그 밖에 지적재조사사업에 관하여 전문성을 갖춘 사람

⑥ 시·도 위원회의 위원 중 공무원이 아닌 위원의 임기는 2년으로 한다.

⑦ 시·도 위원회는 재적위원 과반수의 출석과 출석위원 과반수의 찬성으로 의결한다.

⑧ 그 밖에 시·도 위원회의 조직 및 운영 등에 관하여 필요한 사항은 해당 시·도의 조례로 정한다.

06 「지적재조사에 관한 특별법 제30조(시·군·구 지적재조사위원회)」에서 시·군·구의 지적재조사사업에 관한 주요 정책을 심의·의결하기 위하여 지적소관청 소속으로 시·군·구 지적재조사위원회(이하 "시·군·구 위원회"라 한다)를 둘 수 있다. 시·군·구 위원회의 심의·의결사항으로 옳지 않은 것은?

① 시·군·구별 지적재조사사업의 우선순위 조정

② 지적재조사측량 결과 기존의 지적공부상 지목이 실제의 이용현황과 다른 경우 지적공부상의 지목변경

③ 경계 확정으로 지적공부상의 면적이 증감된 경우에는 필지별 면적 증감내역을 기준으로 조정금을 산정

④ 시·군·구 지적재조사위원회가 경계복원측량 또는 지적공부정리가 필요하다고 결정하는 경우에 따른 경계복원측량 또는 지적공부정리의 허용 여부

풀이 지적재조사에 관한 특별법 제30조(시·군·구 지적재조사위원회) **암기** ⓜⓑⓙ정은 ⓨⓢ이

① 시·군·구의 지적재조사사업에 관한 주요 정책을 심의·의결하기 위하여 지적소관청 소속으로 시·군·구 지적재조사위원회(이하 "시·군·구 위원회"라 한다)를 둘 수 있다.

② 시·군·구 위원회는 다음 각 호의 사항을 심의·의결한다. 〈개정 2017.4.18., 2020.6.9.〉

> 1. 제12조제2항제3호에 따른 경계ⓑ원측량 또는 지적공ⓑ정리의 허용 여부
>
> **제12조(경계복원측량 및 지적공부정리의 정지)제2항**
> 3. 토지소유자의 신청에 따라 제30조에 따른 시·군·구 지적재조사위원회가 경계복원측량 또는 지적공부정리가 필요하다고 결정하는 경우

2. 제19조에 따른 ㉙목의 변경

> **제19조(지목의 변경)**
> 지적재조사측량 결과 기존의 지적공부상 지목이 실제의 이용현황과 다른 경우 지적소관청은 제30조에 따른 시·군·구 지적재조사위원회의 심의를 거쳐 기존의 지적공부상의 지목을 변경할 수 있다. 이 경우 지목을 변경하기 위하여 다른 법령에 따른 인허가 등을 받아야 할 때에는 그 인허가 등을 받거나 관계 기관과 협의한 경우에 한하여 실제의 지목으로 변경할 수 있다.

3. 제20조에 따른 조㉟금의 산정

> **제20조(조정금의 산정)**
> ① 지적소관청은 제18조에 따른 경계 확정으로 지적공부상의 면적이 증감된 경우에는 필지별 면적 증감내역을 기준으로 조정금을 산정하여 징수하거나 지급한다.
> ② 제1항에도 불구하고 국가 또는 지방자치단체 소유의 국유지·공유지 행정재산의 조정금은 징수하거나 지급하지 아니한다.
> ③ 조정금은 제18조에 따라 경계가 확정된 시점을 기준으로 「감정평가 및 감정평가사에 관한 법률」에 따른 감정평가법인 등이 평가한 감정평가액으로 산정한다. 다만, 토지소유자협의회가 요청하는 경우에는 제30조에 따른 시·군·구 지적재조사위원회의 심의를 거쳐 「부동산 가격공시에 관한 법률」에 따른 개별공시지가로 산정할 수 있다. 〈개정 2017.4.18., 2020.4.7.〉

3의2. 제21조의2제2항에 따른 조정금 이㉙신청에 관한 결정

> **제21조의2(조정금에 관한 이의신청)**
> ② 지적소관청은 제1항에 따른 이의신청을 받은 날부터 30일 이내에 제30조에 따른 시·군·구 지적재조사위원회의 심의·의결을 거쳐 이의신청에 대한 결과를 신청인에게 서면으로 알려야 한다.

4. 그 밖에 지적재조사사업에 필요하여 시·군·구 위원회의 위원㉟이 회의에 부치는 사항

③ 시·군·구 위원회는 위원장 및 부위원장 각 1명을 포함한 10명 이내의 위원으로 구성한다.

④ 시·군·구 위원회의 위원장은 시장·군수 또는 구청장이 되며, 부위원장은 위원 중에서 위원장이 지명한다.

⑤ 시·군·구 위원회의 위원은 다음 각 호의 어느 하나에 해당하는 사람 중에서 위원장이 임명 또는 위촉한다. 〈개정 2019.12.10.〉

> 1. 해당 시·군·구의 5급 이상 공무원
> 2. 해당 지적재조사지구의 읍장·면장·동장
> 3. 판사·검사 또는 변호사
> 4. 법학이나 지적 또는 측량 분야의 교수로 재직하고 있거나 있었던 사람
> 5. 그 밖에 지적재조사사업에 관하여 전문성을 갖춘 사람

⑥ 시·군·구 위원회의 위원 중 공무원이 아닌 위원의 임기는 2년으로 한다.

⑦ 시·군·구 위원회는 재적위원 과반수의 출석과 출석위원 과반수의 찬성으로 의결한다.

⑧ 그 밖에 시·군·구 위원회의 조직 및 운영 등에 관하여 필요한 사항은 해당 시·군·구의 조례로 정한다.

정답

07 「지적재조사에 관한 특별법 제31조(경계결정위원회)」에서 지적소관청 소속으로 경계결정위원회를 둔다. 경계결정위원회 의결사항으로만 옳은 것은?

> ㉠ 시·군·구별 지적재조사사업의 우선순위 조정
> ㉡ 경계설정에 따른 이의신청에 관한 결정
> ㉢ 경계 확정으로 지적공부상의 면적이 증감된 경우에는 필지별 면적 증감내역을 기준으로 조정금을 산정
> ㉣ 경계설정에 관한 결정

① ㉠, ㉡, ㉢, ㉣

② ㉠, ㉡

③ ㉡, ㉢

④ ㉡, ㉣

풀이 지적재조사에 관한 특별법 제31조(경계결정위원회) **암기** ㉓㉔

① 다음 각 호의 사항을 의결하기 위하여 지적소관청 소속으로 경계결정위원회를 둔다.

> 1. ㉓계설정에 관한 결정
> 2. 경계설정에 따른 이의㉝청에 관한 결정

② 경계결정위원회는 위원장 및 부위원장 각 1명을 포함한 11명 이내의 위원으로 구성한다.

③ 경계결정위원회의 위원장은 위원인 판사가 되며, 부위원장은 위원 중에서 지적소관청이 지정한다.

④ 경계결정위원회의 위원은 다음 각 호에서 정하는 사람이 된다. 다만, 제3호 및 제4호의 위원은 해당 지적재조사지구에 관한 안건인 경우에 위원으로 참석할 수 있다. 〈개정 2019.12.10.〉

> 1. 관할 지방법원장이 지명하는 판사
> 2. 다음 각 목의 어느 하나에 해당하는 사람으로서 지적소관청이 임명 또는 위촉하는 사람
>   가. 지적소관청 소속 5급 이상 공무원
>   나. 변호사, 법학교수, 그 밖에 법률지식이 풍부한 사람
>   다. 지적측량기술자, 감정평가사, 그 밖에 지적재조사사업에 관한 전문성을 갖춘 사람
> 3. 각 지적재조사지구의 토지소유자(토지소유자협의회가 구성된 경우에는 토지소유자협의회가 추천하는 사람을 말한다)
> 4. 각 지적재조사지구의 읍장·면장·동장

⑤ 경계결정위원회의 위원에는 제4항제3호에 해당하는 위원이 반드시 포함되어야 한다.

⑥ 경계결정위원회의 위원 중 공무원이 아닌 위원의 임기는 2년으로 한다.

⑦ 경계결정위원회는 직권 또는 토지소유자나 이해관계인의 신청에 따라 사실조사를 하거나 신청인 또는 토지소유자나 이해관계인에게 필요한 서류의 제출을 요청할 수 있으며, 지적소관청의 소속 공무원으로 하여금 사실조사를 하게 할 수 있다.

⑧ 토지소유자나 이해관계인은 경계결정위원회에 출석하여 의견을 진술하거나 필요한 증빙서류를 제출할 수 있다.

⑨ 경계결정위원회의 결정 또는 의결은 문서로써 재적위원 과반수의 찬성이 있어야 한다.

⑩ 제9항에 따른 결정서 또는 의결서에는 주문, 결정 또는 의결 이유, 결정 또는 의결 일자 및 결정 또는 의결에 참여한 위원의 성명을 기재하고, 결정 또는 의결에 참여한 위원 전원이 서명날인하여야 한다. 다만, 서명날인을 거부하거나 서명날인을 할 수 없는 부득이한 사유가 있는 위원의 경우 해당 위원의 서명날인을 생략하고 그 사유만을 기재할 수 있다.

⑪ 경계결정위원회의 조직 및 운영 등에 관하여 필요한 사항은 해당 시·군·구의 조례로 정한다.

정답 07 ④

08 「지적재조사에 관한 특별법 제13조(토지소유자협의회)」에서 토지소유자협의회 기능으로 옳지 않은 것은?

① 지적공부 정리, 경계복원측량정지에 대한 의견 제출
② 경계결정위원회 위원의 추천
③ 토지현황조사에 대한 입회
④ 임시경계점표지 및 경계점표지의 설치에 대한 입회

[풀이] **지적재조사에 관한 특별법 제13조(토지소유자협의회)** [암기] [지][표]는 [현][금]으로 [정]하라

① 지적재조사지구의 토지소유자는 토지소유자 총수의 2분의 1 이상과 토지면적 2분의 1 이상에 해당하는 토지소유자의 동의를 받아 토지소유자협의회를 구성할 수 있다. 〈개정 2017.4.18., 2019.12.10.〉
② 토지소유자협의회는 위원장을 포함한 5명 이상 20명 이하의 위원으로 구성한다. 토지소유자협의회의 위원은 그 지적재조사지구에 있는 토지의 소유자이어야 하며, 위원장은 위원 중에서 호선한다. 〈개정 2019.12.10.〉
③ 토지소유자협의회의 기능은 다음 각 호와 같다. 〈개정 2019.12.10.〉

> 1. 지적소관청에 대한 제7조제3항에 따른 [지]적재조사지구의 신청
>
> > 제7조 ③ 제2항에도 불구하고 지적소관청은 지적재조사지구에 제13조에 따른 토지소유자협의회(이하 "토지소유자협의회"라 한다)가 구성되어 있고 토지소유자 총수의 4분의 3 이상의 동의가 있는 지구에 대하여는 우선하여 지적재조사지구로 지정을 신청할 수 있다. 〈개정 2019.12.10.〉
>
> 2. 임시경계점[표]지 및 경계점표지의 설치에 대한 입회
> 3. 토지[현]황조사에 대한 입회
> 4. 삭제 〈2017.4.18.〉
> 5. 제20조제3항에 따른 조정[금] 산정기준에 대한 의견 제출
> 6. 제31조에 따른 경계결[정]위원회(이하 "경계결정위원회"라 한다) 위원의 추천

④ 제1항에 따른 동의자 수의 산정방법 및 동의절차, 토지소유자협의회의 구성 및 운영, 그 밖에 필요한 사항은 대통령령으로 정한다.

09 「공간정보의 구축 및 관리 등에 관한 법률 시행령 제79조(축척변경위원회의 구성 등)」에서 축척변경위원회는 지적소관청이 회부하는 다음 각 호의 사항을 심의 · 의결한다. 심의 · 의결 사항으로 옳지 않은 것은?

① 지번별 제곱미터당 금액의 결정과 청산금의 산정에 관한 사항
② 청산금의 이의신청에 관한 사항
③ 축척변경과 관련하여 지적소관청이 회의에 부치는 사항
④ 축척변경 종합계획에 관한 사항

[정답] 08 ① 09 ④

풀이 공간정보의 구축 및 관리 등에 관한 법률 시행령 제79조(축척변경위원회의 구성 등)
① 축척변경위원회는 5명 이상 10명 이하의 위원으로 구성하되, 위원의 2분의 1 이상을 토지소유자로 하여야 한다. 이 경우 그 축척변경 시행지역의 토지소유자가 5명 이하일 때에는 토지소유자 전원을 위원으로 위촉하여야 한다.

② 위원장은 위원 중에서 지적소관청이 지명한다.

③ 위원은 다음 각 호의 사람 중에서 지적소관청이 위촉한다.

> 1. 해당 축척변경 시행지역의 토지소유자로서 지역 사정에 정통한 사람
> 2. 지적에 관하여 전문지식을 가진 사람

④ 축척변경위원회의 위원에게는 예산의 범위에서 출석수당과 여비, 그 밖의 실비를 지급할 수 있다. 다만, 공무원인 위원이 그 소관 업무와 직접적으로 관련되어 출석하는 경우에는 그러하지 아니하다.

공간정보의 구축 및 관리 등에 관한 법률 시행령 제80조(축척변경위원회의 기능) 암기 **축제**하고 **청소**해라

축척변경위원회는 지적소관청이 회부하는 다음 각 호의 사항을 심의·의결한다.

> 1. **축**척변경 시행계획에 관한 사항
> 2. 지번별 **제**곱미터당 금액의 결정과 청산금의 산정에 관한 사항
> 3. **청**산금의 이의신청에 관한 사항
> 4. 그 밖에 축척변경과 관련하여 지적**소**관청이 회의에 부치는 사항

공간정보의 구축 및 관리 등에 관한 법률 시행령 제81조(축척변경위원회의 회의)

① 축척변경위원회의 회의는 지적소관청이 제80조 각 호의 어느 하나에 해당하는 사항을 축척변경위원회에 회부하거나 위원장이 필요하다고 인정할 때에 위원장이 소집한다.

② 축척변경위원회의 회의는 위원장을 포함한 재적위원 과반수의 출석으로 개의(開議)하고, 출석위원 과반수의 찬성으로 의결한다.

③ 위원장은 축척변경위원회의 회의를 소집할 때에는 회의일시·장소 및 심의안건을 회의 개최 5일 전까지 각 위원에게 서면으로 통지하여야 한다.

10 「공간정보의 구축 및 관리 등에 관한 법률 시행령 제79조(축척변경위원회의 구성 등)」에서 축척변경위원회에 관한 내용으로 옳지 않은 것은?

① 위원장은 축척변경위원회의 회의를 소집할 때에는 회의일시·장소 및 심의안건을 회의 개최 5일 전까지 각 위원에게 서면으로 통지하여야 한다.

② 축척변경 시행지역의 토지소유자가 5명 이하일 때에는 토지소유자 전원을 위원으로 위촉하여야 한다.

③ 축척변경위원회의 회의는 위원장을 포함한 재적위원 과반수의 출석으로 개의(開議)하고, 출석위원 과반수의 찬성으로 의결한다.

④ 축척변경위원회는 5명 이상 10명 이하의 위원으로 구성하되, 위원의 3분의 1 이상을 토지소유자로 하여야 한다.

풀이 공간정보의 구축 및 관리 등에 관한 법률 시행령 제79조(축척변경위원회의 구성 등)

① 축척변경위원회는 5명 이상 10명 이하의 위원으로 구성하되, 위원의 2분의 1 이상을 토지소유자로 하여야 한다. 이 경우 그 축척변경 시행지역의 토지소유자가 5명 이하일 때에는 토지소유자 전원을 위원으로 위촉하여야 한다.

정답 **10** ④

② 위원장은 위원 중에서 지적소관청이 지명한다.
③ 위원은 다음 각 호의 사람 중에서 지적소관청이 위촉한다.

> 1. 해당 축척변경 시행지역의 토지소유자로서 지역 사정에 정통한 사람
> 2. 지적에 관하여 전문지식을 가진 사람

④ 축척변경위원회의 위원에게는 예산의 범위에서 출석수당과 여비, 그 밖의 실비를 지급할 수 있다. 다만, 공무원인 위원이 그 소관 업무와 직접적으로 관련되어 출석하는 경우에는 그러하지 아니하다.

공간정보의 구축 및 관리 등에 관한 법률 시행령 제80조(축척변경위원회의 기능) **암기** [축][제]하고 [청][소]해라

축척변경위원회는 지적소관청이 회부하는 다음 각 호의 사항을 심의 · 의결한다.

> 1. [축]척변경 시행계획에 관한 사항
> 2. 지번별 [제]곱미터당 금액의 결정과 청산금의 산정에 관한 사항
> 3. [청]산금의 이의신청에 관한 사항
> 4. 그 밖에 축척변경과 관련하여 지적[소]관청이 회의에 부치는 사항

공간정보의 구축 및 관리 등에 관한 법률 시행령 제81조(축척변경위원회의 회의)

① 축척변경위원회의 회의는 지적소관청이 제80조 각 호의 어느 하나에 해당하는 사항을 축척변경위원회에 회부하거나 위원장이 필요하다고 인정할 때에 위원장이 소집한다.
② 축척변경위원회의 회의는 위원장을 포함한 재적위원 과반수의 출석으로 개의(開議)하고, 출석위원 과반수의 찬성으로 의결한다.
③ 위원장은 축척변경위원회의 회의를 소집할 때에는 회의일시 · 장소 및 심의안건을 회의 개최 5일 전까지 각 위원에게 서면으로 통지하여야 한다.

11 「공간정보의 구축 및 관리 등에 관한 법률 시행규칙 제72조(지적공부의 복구자료)」에서 지적공부의 복구에 관한 관계자료로 옳지 않은 것은?

① 법원의 확정판결서 정본 또는 사본
② 지적소관청이 작성하거나 발행한 지적공부의 등록내용을 증명하는 서류
③ 부동산등기부 등본 등 등기사실을 증명하는 서류
④ 측량 현황도

풀이 **공간정보의 구축 및 관리 등에 관한 법률 시행규칙 제72조(지적공부의 복구자료)**

영 제61조제1항에 따른 지적공부의 복구에 관한 관계 자료(이하 "복구자료"라 한다)는 다음 각 호와 같다.

암기 [부][등][지][등][복][명]은 [량][지][원]에서

> 1. [부]동산등기부 [등]본 등 등기사실을 증명하는 서류
> 2. [지]적공부의 [등]본
> 3. 법 제69조제3항에 따라 [복]제된 지적공부
> 4. 지적소관청이 작성하거나 발행한 지적공부의 등록내용을 증[명]하는 서류
> 5. 측[량] 결과도
> 6. 토[지]이동정리 결의서
> 7. 법[원]의 확정판결서 정본 또는 사본

정답 11 ④

12 「공간정보의 구축 및 관리 등에 관한 법률 시행규칙 제73조(지적공부의 복구절차)」에서 지적공부의 복구절차로 옳은 것은?

① 복구자료조사 → 복구자료도 → 면적 및 경계 조정 → 복구측량 → 면적결정 → 복구사항 게시 → 이의신청 → 지적공부 복구

② 복구자료조사 → 복구자료도 → 복구측량 → 복구사항 게시 → 면적결정 → 면적 및 경계 조정 → 이의신청 → 지적공부 복구

③ 복구자료조사 → 복구자료도 → 복구측량 → 면적 및 경계 조정 → 면적결정 → 복구사항 게시 → 이의신청 → 지적공부 복구

④ 복구측량 → 복구자료도 → 복구자료조사 → 면적결정 → 면적 및 경계 조정 → 복구사항 게시 → 이의신청 → 지적공부 복구

⑤ 복구측량 → 면적 및 경계 조정 → 복구자료조사 → 복구자료도 → 면적결정 → 복구사항 게시 → 이의신청 → 지적공부 복구

풀이 공간정보의 구축 및 관리 등에 관한 법률 시행규칙 제73조(지적공부의 복구절차 등)

복구관련자료 조사	지적소관청은 지적공부를 복구하려는 경우에는 복구자료를 조사하여야 한다.
지적복구자료조사서 및 복구자료도 작성	지적소관청은 조사된 복구자료 중 토지대장·임야대장 및 공유지연명부의 등록 내용을 증명하는 서류 등에 따라 지적복구자료 조사서를 작성하고, 지적도면의 등록 내용을 증명하는 서류 등에 따라 복구자료도를 작성하여야 한다.
복구측량	작성된 복구자료도에 따라 측정한 면적과 지적복구자료 조사서의 조사된 면적의 증감이 $A = 0.026^2 M\sqrt{F}$에 따른 허용범위를 초과하거나 복구자료도를 작성할 복구자료가 없는 경우에는 복구측량을 하여야 한다.(이 경우 같은 A는 오차허용면적, M은 축척분모, F는 조사된 면적을 말한다.)
복구면적 결정	지적복구자료 조사서의 조사된 면적이 $0.026^2 M\sqrt{F}$에 따른 허용범위 이내인 경우에는 그 면적을 복구면적으로 결정하여야 한다.
경계·면적의 조정	복구측량을 한 결과가 복구 자료와 부합하지 아니하는 때에는 토지소유자 및 이해관계인의 동의를 받아 경계 또는 면적 등을 조정할 수 있다. 이 경우 경계를 조정한 때에는 경계점표지를 설치하여야 한다.
토지표시의 게시	지적소관청은 복구 자료의 조사 또는 복구측량 등이 완료되어 지적공부를 복구하려는 경우에는 복구하려는 토지의 표시 등을 시·군·구 게시판 및 인터넷 홈페이지에 15일 이상 게시하여야 한다.
이의신청	복구하려는 토지의 표시 등에 이의가 있는 자는 위의 게시기간 내에 지적소관청에 이의신청을 할 수 있다. 이 경우 이의신청을 받은 지적소관청은 이의사유를 검토하여 이유 있다고 인정되는 때에는 그 시정에 필요한 조치를 하여야 한다.
대장과 도면의 복구	① 지적소관청은 토지표시의 게시 및 이의신청에 따른 절차를 이행한 때에는 지적복구자료 조사서, 복구 자료도 또는 복구측량 결과도 등에 따라 토지대장·임야대장·공유지연명부 또는 지적도면을 복구하여야 한다. ② 토지대장·임야대장 또는 공유지연명부는 복구되고 지적도면이 복구되지 아니한 토지가 축척변경 시행지역이나 도시개발사업 등의 시행지역에 편입된 때에는 지적도면을 복구하지 아니할 수 있다.

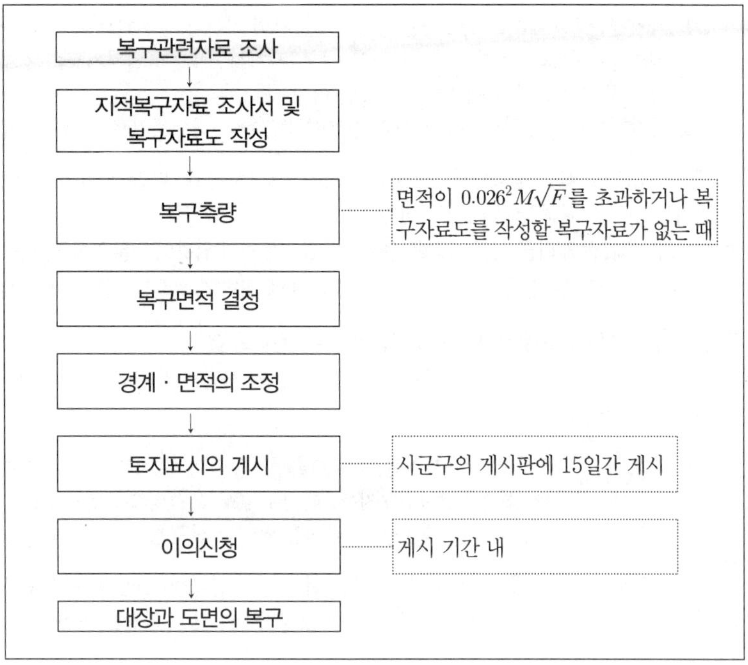

13 **「국가공간정보 기본법 제5조(국가공간정보위원회)」에서 국가공간정보정책에 관한 사항을 심의 · 조정하기 위하여 국토교통부에 국가공간정보위원회(이하 "위원회"라 한다)를 둔다. 위원회의 심의 사항으로 옳지 않은 것은?**

① 기관별 국가공간정보정책 시행계획을 제외한 국가공간정보정책 시행계획
② 국가공간정보체계의 구축 · 관리 및 활용에 관한 주요 정책의 조정에 관한 사항
③ 국가공간정보체계의 중복투자 방지 등 투자 효율화에 관한 사항
④ 국가공간정보정책 기본계획의 수립 · 변경 및 집행실적의 평가

[풀이] 국가공간정보 기본법 제5조(국가공간정보위원회) **암기** [계][시][수][변][가] [유][보]는 [방][화][정][위]에서

① 국가공간정보정책에 관한 사항을 심의 · 조정하기 위하여 국토교통부에 국가공간정보위원회(이하 "위원회" 라 한다)를 둔다.
② 위원회는 다음 각 호의 사항을 심의한다. 〈개정 2020.6.9.〉

> 1. 제6조에 따른 국가공간정보정책 기본[계]획의 수립 · 변경 및 집행실적의 평가
> 2. 제7조에 따른 국가공간정보정책 [시]행계획(제7조에 따른 기관별 국가공간정보정책 시행계획을 포함한다)의 [수]립 · [변]경 및 집행실적의 평[가]
> 3. 공간정보의 [유]통과 [보]호에 관한 사항
> 4. 국가공간정보체계의 중복투자 [방]지 등 투자 효율[화]에 관한 사항
> 5. 국가공간정보체계의 구축 · 관리 및 활용에 관한 주요 [정]책의 조정에 관한 사항
> 6. 그 밖에 국가공간정보정책 및 국가공간정보체계와 관련된 사항으로서 [위]원장이 회의에 부치는 사항

③ 위원회는 위원장을 포함하여 30인 이내의 위원으로 구성한다.
④ 위원장은 국토교통부장관이 되고, 위원은 다음 각 호의 자가 된다. 〈개정 2012.12.18., 2013.3.23.〉

정답 **13** ①

1. 국가공간정보체계를 관리하는 중앙행정기관의 차관급 공무원으로서 대통령령으로 정하는 자
2. 지방자치단체의 장(특별시·광역시·특별자치시·도·특별자치도의 경우에는 부시장 또는 부지사)으로서 위원장이 위촉하는 자 7인 이상
3. 공간정보체계에 관한 전문지식과 경험이 풍부한 민간전문가로서 위원장이 위촉하는 자 7인 이상

⑤ 제4항제2호 및 제3호에 해당하는 위원의 임기는 2년으로 한다. 다만, 위원의 사임 등으로 새로 위촉된 위원의 임기는 전임 위원의 남은 임기로 한다.
⑥ 위원회는 제2항에 따른 심의 사항을 전문적으로 검토하기 위하여 전문위원회를 둘 수 있다. 〈개정 2014.6.3.〉
⑦ 그 밖에 위원회 및 전문위원회의 구성·운영 등에 관하여 필요한 사항은 대통령령으로 정한다.

국가공간정보 기본법 시행령 제3조(국가공간정보위원회의 위원)
① 법 제5조제4항제1호에 따른 위원은 다음 각 호의 사람으로 한다. 〈개정 2013.3.23., 2013.11.22., 2014.11.19., 2017.7.26.〉

1. 기획재정부 제1차관, 교육부차관, 과학기술정보통신부 제2차관, 국방부차관, 행정안전부차관, 농림축산식품부차관, 산업통상자원부차관, 환경부차관 및 해양수산부차관
2. 통계청장, 소방청장, 문화재청장, 농촌진흥청장 및 산림청장

② 법 제5조에 따른 국가공간정보위원회(이하 "위원회"라 한다)의 위원장은 법 제5조제4항제3호에 따라 민간전문가를 위원으로 위촉하는 경우 관계 중앙행정기관의 장의 의견을 들을 수 있다.

국가공간정보 기본법 시행령 제4조(위원회의 운영)
① 위원회의 위원장(이하 "위원장"이라 한다)은 위원회를 대표하고, 위원회의 업무를 총괄한다.
② 위원장이 부득이한 사유로 직무를 수행할 수 없을 때에는 위원장이 지명하는 위원의 순으로 그 직무를 대행한다.
③ 위원장은 회의 개최 5일 전까지 회의 일시·장소 및 심의안건을 각 위원에게 통보하여야 한다. 다만, 긴급한 경우에는 회의 개최 전까지 통보할 수 있다.
④ 회의는 재적위원 과반수의 출석으로 개의(開議)하고, 출석위원 과반수의 찬성으로 의결한다.

국가공간정보 기본법 시행령 제5조(위원회의 간사)
위원회에 간사 2명을 두되, 간사는 국토교통부와 행정안전부 소속 3급 또는 고위공무원단에 속하는 일반직공무원 중에서 국토교통부장관과 행정안전부장관이 각각 지명한다.

14 「국가공간정보 기본법 시행령 제7조(전문위원회의 구성 및 운영)」에서 전문위원회의 구성 및 운영의 내용으로 옳지 않은 것은?

① 전문위원회 위원은 공간정보와 관련한 4급 이상 공무원과 민간전문가 중에서 국토교통부장관이 임명 또는 위촉하되, 성별을 고려하여야 한다.
② 전문위원회에 간사 2명을 두며, 간사는 국토교통부 소속 공무원 중에서 국토교통부장관이 지명하는 자가 된다.
③ 전문위원회 위원장은 전문위원회 위원 중에서 국토교통부장관이 지명하는 자가 된다.
④ 전문위원회는 위원장 1명을 포함하여 30명 이내의 위원으로 구성한다.

풀이 국가공간정보 기본법 시행령 제7조(전문위원회의 구성 및 운영)
① 법 제5조제6항(위원회는 제2항에 따른 심의 사항을 전문적으로 검토하기 위하여 전문위원회를 둘 수 있다)에 따른 전문위원회(이하 "전문위원회"라 한다)는 위원장 1명을 포함하여 30명 이내의 위원으로 구성한다.

② 전문위원회 위원은 공간정보와 관련한 4급 이상 공무원과 민간전문가 중에서 국토교통부장관이 임명 또는 위촉하되, 성별을 고려하여야 한다.

③ 전문위원회 위원장은 전문위원회 위원 중에서 국토교통부장관이 지명하는 자가 된다.

④ 전문위원회 위촉위원의 임기는 2년으로 한다.

⑤ 전문위원회에 간사 1명을 두며, 간사는 국토교통부 소속 공무원 중에서 국토교통부장관이 지명하는 자가 된다.

⑥ 전문위원회의 운영에 관하여는 제4조를 준용한다.

국가공간정보 기본법 시행령 제8조(의견청취 및 현지조사)

위원회와 전문위원회는 안건심의와 업무수행에 필요하다고 인정하는 경우에는 관계기관에 자료의 제출을 요청하거나 관계인 또는 전문가를 출석하게 하여 그 의견을 들을 수 있으며 현지조사를 할 수 있다

---

15 「국가공간정보 기본법 제6조(국가공간정보정책 기본계획의 수립)」에서 정부는 국가공간정보체계의 구축 및 활용을 촉진하기 위하여 국가공간정보정책 기본계획을 5년마다 수립하고 시행하여야 한다. 국가공간정보정책 기본계획 수립 사항으로 옳지 않은 것은?

① 국가공간정보체계의 구축 · 관리 및 유통 촉진에 필요한 투자 및 재원조달 계획

② 국가공간정보체계에 관한 연구 · 개발

③ 국가공간정보체계에 관한 사업비 및 재원조달 계획

④ 국가공간정보체계의 구축 및 공간정보의 활용 촉진을 위한 정책의 기본 방향

풀이 **국가공간정보 기본법 제6조(국가공간정보정책 기본계획의 수립)** 암기 ⓟⓣⓔⓔⓔ은 ⓣⓙⓔⓣ로 ⓖⓢ

① 정부는 국가공간정보체계의 구축 및 활용을 촉진하기 위하여 국가공간정보정책 기본계획(이하 "기본계획"이라 한다)을 5년마다 수립하고 시행하여야 한다.

② 기본계획에는 다음 각 호의 사항이 포함되어야 한다. 〈개정 2014.6.3.〉

> 1. 국가공간정보체계의 구축 및 공간정보의 활용 촉진을 위한 ⓟ책의 기본 방향
> 2. 제19조에 따른 기본공간정보의 ⓣ득 및 관리
> 3. 국가공간정보체계에 관한 ⓔ구 · 개발
> 4. 공간정보 관련 ⓣ문인력의 양성
> 5. 국가공간정보체계의 활용 및 ⓖ간정보의 유통
> 6. 국가공간정보체계의 구축 · 관리 및 유통 촉진에 필요한 투ⓣ 및 재원조달 계획
> 7. 국가공간정보체계와 관련한 국가적 표준의 연ⓣ · 보급 및 기술기준의 관리
> 8. 「공간정보산업 진흥법」 제2조제1항제2호에 따른 공간정보산업의 육ⓢ에 관한 사항
> 9. 그 밖에 국가공간정보정책에 관한 사항

③ 관계 중앙행정기관의 장은 제2항 각 호의 사항 중 소관 업무에 관한 기관별 국가공간정보정책 기본계획(이하 "기관별 기본계획"이라 한다)을 작성하여 대통령령으로 정하는 바에 따라 국토교통부장관에게 제출하여야 한다. 〈개정 2013.3.23.〉

④ 국토교통부장관은 제3항에 따라 관계 중앙행정기관의 장이 제출한 기관별 기본계획을 종합하여 기본계획을 수립하고 위원회의 심의를 거쳐 이를 확정한다. 〈개정 2009.5.22., 2013.3.23.〉

⑤ 제4항에 따라 확정된 기본계획을 변경하는 경우 그 절차에 관하여는 제4항을 준용한다. 다만, 대통령령으로 정하는 경미한 사항을 변경하는 경우에는 그러하지 아니하다.

국가공간정보 기본법 시행령 제12조(국가공간정보정책 기본계획의 수립)

① 관계 중앙행정기관의 장은 법 제6조제3항에 따라 소관 업무에 관한 기관별 국가공간정보정책 기본계획을 국토교통부장관이 정하는 수립·제출 일정에 따라 국토교통부장관에게 제출하여야 한다. 이 경우 국토교통부장관은 기관별 국가공간정보정책 기본계획 수립에 필요한 지침을 정하여 관계 중앙행정기관의 장에게 통보할 수 있다. 〈개정 2013.3.23.〉

② 국토교통부장관은 법 제6조제4항에 따라 국가공간정보정책 기본계획의 수립을 위하여 필요하면 시·도지사에게 법 제6조제2항 각 호의 사항 중 소관 업무에 관한 자료의 제출을 요청할 수 있다. 이 경우 시·도지사는 특별한 사유가 없으면 이에 따라야 한다. 〈개정 2013.3.23.〉

③ 국토교통부장관은 법 제6조제4항 및 제5항에 따라 국가공간정보정책 기본계획을 확정하거나 변경한 경우에는 이를 관보에 고시하여야 한다. 〈개정 2013.3.23.〉

④ 법 제6조제5항 단서에서 "대통령령으로 정하는 경미한 사항을 변경하는 경우"란 다음 각 호의 경우를 말한다.

> 1. 법 제6조제2항제2호부터 제5호까지, 제7호 또는 제8호와 관련된 사업으로서 사업기간을 2년 이내에서 가감하거나 사업비를 처음 계획의 100분의 10 이내에서 증감하는 경우
> 2. 법 제6조제2항제6호의 투자 및 재원조달 계획에 따른 투자금액 또는 재원조달금액을 처음 계획의 100분의 10 이내에서 증감하는 경우

16 「국가공간정보 기본법 제6조(국가공간정보정책 기본계획의 수립)」에서 국가공간정보정책 기본계획 수립 사항으로 옳지 않은 것은?

① 관계 중앙행정기관의 장은 소관 업무에 관한 기관별 국가공간정보정책 기본계획을 국토교통부장관이 정하는 수립·제출 일정에 따라 국토교통부장관에게 제출하여야 한다

② 국토교통부장관은 중앙행정기관의 장이 제출한 기관별 기본계획을 종합하여 기본계획을 수립하고 위원회의 심의를 거쳐 이를 확정한다.

③ 국가공간정보체계에 관한 사업비 및 재원조달 계획은 국가공간정보정책 기본계획 수립 사항이다.

④ 정부는 국가공간정보체계의 구축 및 활용을 촉진하기 위하여 국가공간정보정책 기본계획을 5년마다 수립하고 시행하여야 한다.

풀이 국가공간정보 기본법 제6조(국가공간정보정책 기본계획의 수립) **암기** 정취연은 전공자로 구성

① 정부는 국가공간정보체계의 구축 및 활용을 촉진하기 위하여 국가공간정보정책 기본계획(이하 "기본계획"이라 한다)을 5년마다 수립하고 시행하여야 한다.

② 기본계획에는 다음 각 호의 사항이 포함되어야 한다. 〈개정 2014.6.3.〉

> 1. 국가공간정보체계의 구축 및 공간정보의 활용 촉진을 위한 **정**책의 기본 방향
> 2. 제19조에 따른 기본공간정보의 **취**득 및 관리
> 3. 국가공간정보체계에 관한 **연**구 · 개발
> 4. 공간정보 관련 **전**문인력의 양성
> 5. 국가공간정보체계의 활용 및 **공**간정보의 유통
> 6. 국가공간정보체계의 구축 · 관리 및 유통 촉진에 필요한 투**자** 및 재원조달 계획
> 7. 국가공간정보체계와 관련한 국가적 표준의 연**구** · 보급 및 기술기준의 관리
> 8. 「공간정보산업 진흥법」 제2조제1항제2호에 따른 공간정보산업의 육**성**에 관한 사항
> 9. 그 밖에 국가공간정보정책에 관한 사항

③ 관계 중앙행정기관의 장은 제2항 각 호의 사항 중 소관 업무에 관한 기관별 국가공간정보정책 기본계획(이하

"기관별 기본계획"이라 한다)을 작성하여 대통령령으로 정하는 바에 따라 국토교통부장관에게 제출하여야
한다. 〈개정 2013.3.23.〉

④ 국토교통부장관은 제3항에 따라 관계 중앙행정기관의 장이 제출한 기관별 기본계획을 종합하여 기본계획을
수립하고 위원회의 심의를 거쳐 이를 확정한다. 〈개정 2009.5.22., 2013.3.23.〉

⑤ 제4항에 따라 확정된 기본계획을 변경하는 경우 그 절차에 관하여는 제4항을 준용한다. 다만, 대통령령으로
정하는 경미한 사항을 변경하는 경우에는 그러하지 아니하다.

국가공간정보 기본법 시행령 제12조(국가공간정보정책 기본계획의 수립)

① 관계 중앙행정기관의 장은 법 제6조제3항에 따라 소관 업무에 관한 기관별 국가공간정보정책 기본계획을
국토교통부장관이 정하는 수립·제출 일정에 따라 국토교통부장관에게 제출하여야 한다. 이 경우 국토교통
부장관은 기관별 국가공간정보정책 기본계획 수립에 필요한 지침을 정하여 관계 중앙행정기관의 장에게
통보할 수 있다. 〈개정 2013.3.23.〉

② 국토교통부장관은 법 제6조제4항에 따라 국가공간정보정책 기본계획의 수립을 위하여 필요하면 시·도지
사에게 법 제6조제2항 각 호의 사항 중 소관 업무에 관한 자료의 제출을 요청할 수 있다. 이 경우 시·도지사는
특별한 사유가 없으면 이에 따라야 한다. 〈개정 2013.3.23.〉

③ 국토교통부장관은 법 제6조제4항 및 제5항에 따라 국가공간정보정책 기본계획을 확정하거나 변경한 경우에
는 이를 관보에 고시하여야 한다. 〈개정 2013.3.23.〉

④ 법 제6조제5항 단서에서 "대통령령으로 정하는 경미한 사항을 변경하는 경우"란 다음 각 호의 경우를 말한다.

> 1. 법 제6조제2항제2호부터 제5호까지, 제7호 또는 제8호와 관련된 사업으로서 사업기간을 2년 이내에
>   서 가감하거나 사업비를 처음 계획의 100분의 10 이내에서 증감하는 경우
> 2. 법 제6조제2항제6호의 투자 및 재원조달 계획에 따른 투자금액 또는 재원조달금액을 처음 계획의
>   100분의 10 이내에서 증감하는 경우

17 「국가공간정보 기본법 제7조(국가공간정보정책 시행계획)」에서 국가공간정보정책 시행계획에 관한 내용으로 옳지 않은 것은?

① 국토교통부장관은 시행계획 또는 기관별 시행계획의 집행에 필요한 예산에 대하여 위원회의 심의를
거쳐 기획재정부장관에게 의견을 제시할 수 있다.

② 국토교통부장관, 관계 중앙행정기관의 장 및 시·도지사는 국가공간정보정책 시행계획 또는 기관별
시행계획의 집행실적에 대하여 국가공간정보정책 기본계획의 목표 및 추진방향과의 적합성 여부 사
항을 평가하여야 한다.

③ 국토교통부장관은 제출된 기관별 시행계획을 통합하여 2년마다 국가공간정보정책 시행계획을 수립
하고 위원회의 심의를 거쳐 이를 확정한다.

④ 시·도지사는 매년 기본계획에 따라 소관 업무와 관련된 기관별 국가공간정보정책 시행계획을 수립
한다.

풀이 국가공간정보 기본법 제7조(국가공간정보정책 시행계획)

① 관계 중앙행정기관의 장과 특별시장·광역시장·특별자치시장·도지사 및 특별자치도지사(이하 "시·도지
사"라 한다)는 매년 기본계획에 따라 소관 업무와 관련된 기관별 국가공간정보정책 시행계획(이하 "기관별 시행
계획"이라 한다)을 수립한다. 〈개정 2012.12.18.〉

② 관계 중앙행정기관의 장과 시·도지사는 제1항에 따라 수립한 기관별 시행계획을 대통령령으로 정하는 바에
따라 국토교통부장관에게 제출하여야 하며, 국토교통부장관은 제출된 기관별 시행계획을 통합하여 매년 국가

공간정보정책 시행계획(이하 "시행계획"이라 한다)을 수립하고 위원회의 심의를 거쳐 이를 확정한다. 〈개정 2013.3.23.〉

③ 제2항에 따라 확정된 시행계획을 변경하고자 하는 경우에는 제2항을 준용한다. 다만, 대통령령으로 정하는 경미한 사항을 변경하는 경우에는 그러하지 아니하다.

④ 국토교통부장관, 관계 중앙행정기관의 장 및 시·도지사는 제2항 또는 제3항에 따라 확정 또는 변경된 시행계획 및 기관별 시행계획을 시행하고 그 집행실적을 평가하여야 한다. 〈개정 2013.3.23.〉

⑤ 국토교통부장관은 시행계획 또는 기관별 시행계획의 집행에 필요한 예산에 대하여 위원회의 심의를 거쳐 기획재정부장관에게 의견을 제시할 수 있다. 〈개정 2013.3.23.〉

⑥ 시행계획 또는 기관별 시행계획의 수립, 시행 및 집행실적의 평가와 제5항에 따른 국토교통부장관의 의견제시에 관하여 필요한 사항은 대통령령으로 정한다.

국가공간정보 기본법 시행령 제13조(국가공간정보정책 시행계획의 수립 등)

① 관계 중앙행정기관의 장과 시·도지사는 법 제7조제2항에 따라 다음 각 호의 사항이 포함된 다음 연도의 기관별 국가공간정보정책 시행계획(이하 "기관별 시행계획"이라 한다)과 전년도 기관별 시행계획의 집행실적(제3항에 따른 평가결과를 포함한다)을 매년 2월 말까지 국토교통부장관에게 제출하여야 한다. 〈개정 2013.3.23.〉

> 1. 사업 추진방향
> 2. 세부 사업계획
> 3. 사업비 및 재원조달 계획

② 법 제7조제3항 단서에서 "대통령령으로 정하는 경미한 사항을 변경하는 경우"란 해당 연도 사업비를 100분의 10 이내에서 증감하는 경우를 말한다.

③ 국토교통부장관, 관계 중앙행정기관의 장 및 시·도지사는 법 제7조제4항에 따라 국가공간정보정책 시행계획 또는 기관별 시행계획의 집행실적에 대하여 다음 각 호의 사항을 평가하여야 한다. 〈개정 2013.3.23.〉

> 1. 국가공간정보정책 기본계획의 목표 및 추진방향과의 적합성 여부
> 2. 법 제22조에 따라 중복되는 국가공간정보체계 사업 간의 조정 및 연계
> 3. 그 밖에 국가공간정보체계의 투자효율성을 높이기 위하여 필요한 사항

④ 국토교통부장관이 법 제7조제5항에 따라 기획재정부장관에게 의견을 제시하는 경우에는 제3항에 따른 평가결과를 그 의견에 반영하여야 한다.

18 「공간정보의 구축 및 관리 등에 관한 법률 제28조(지적위원회)」에서 국토교통부에 중앙지적위원회를 둔다. 중앙지적위원회 심의·의결사항으로 옳지 않은 것은?

① 지적기술자의 업무정지 처분 및 징계요구에 관한 사항

② 측량기술자 중 지적분야 측량기술자의 양성에 관한 사항

③ 지적측량에 대한 적부심사 청구사항

④ 지적 관련 정책 개발 및 업무 개선 등에 관한 사항

풀이 공간정보의 구축 및 관리 등에 관한 법률 제28조(지적위원회) **암기** 정무연개사양우요

① 다음 각 호의 사항을 심의·의결하기 위하여 국토교통부에 중앙지적위원회를 둔다.

> 1. 지적 관련 **정**책 개발 및 업**무** 개선 등에 관한 사항
> 2. 지적측량기술의 **연**구·**개**발 및 보급에 관한 사항

정답 18 ③

3. 제29조제6항에 따른 지적측량 적부심사(適否審査)에 대한 재심사(再審査)
4. 제39조에 따른 측량기술자 중 지적분야 측량기술자(이하 "지적기술자"라 한다)의 양성에 관한 사항
5. 제42조에 따른 지적기술자의 업무정지 처분 및 징계요구에 관한 사항

② 제29조에 따른 지적측량에 대한 적부심사 청구사항을 심의 · 의결하기 위하여 특별시 · 광역시 · 특별자치시 · 도 또는 특별자치도(이하 "시 · 도"라 한다)에 지방지적위원회를 둔다. 〈신설 2013.7.17.〉
③ 중앙지적위원회와 지방지적위원회의 위원 구성 및 운영에 필요한 사항은 대통령령으로 정한다. 〈개정 2013.7.17., 2017.10.24.〉
④ 중앙지적위원회와 지방지적위원회의 위원 중 공무원이 아닌 사람은 「형법」 제127조 및 제129조부터 제132조까지의 규정을 적용할 때에는 공무원으로 본다. 〈신설 2017.10.24.〉

19 「공간정보의 구축 및 관리 등에 관한 법률 시행령 제20조(중앙지적위원회의 구성)」에서 중앙지적위원회에 대한 내용으로 옳지 않은 것은?

① 위원장이 중앙지적위원회의 회의를 소집할 때에는 회의 일시 · 장소 및 심의 안건을 회의 5일 전까지 각 위원에게 서면으로 통지하여야 한다.
② 중앙지적위원회의 간사는 국토교통부의 지적업무 담당 공무원 중에서 국토교통부장관이 임명하며, 회의 준비, 회의록 작성 및 회의 결과에 따른 업무 등 중앙지적위원회의 서무를 담당한다.
③ 중앙지적위원회의 공무원인 위원이 그 소관 업무와 직접적으로 관련되어 출석하는 위원에게는 예산의 범위에서 출석수당과 여비, 그 밖의 실비를 지급할 수 있다.
④ 중앙지적위원회는 위원장 1명과 부위원장 1명을 포함하여 5명 이상 10명 이하의 위원으로 구성한다.

풀이 **공간정보의 구축 및 관리 등에 관한 법률 시행령 제20조(중앙지적위원회의 구성 등)**
① 법 제28조제1항에 따른 중앙지적위원회(이하 "중앙지적위원회"라 한다)는 위원장 1명과 부위원장 1명을 포함하여 5명 이상 10명 이하의 위원으로 구성한다. 〈개정 2012.7.4.〉
② 위원장은 국토교통부의 지적업무 담당 국장이, 부위원장은 국토교통부의 지적업무 담당 과장이 된다.
③ 위원은 지적에 관한 학식과 경험이 풍부한 사람 중에서 국토교통부장관이 임명하거나 위촉한다.
④ 위원장 및 부위원장을 제외한 위원의 임기는 2년으로 한다.
⑤ 중앙지적위원회의 간사는 국토교통부의 지적업무 담당 공무원 중에서 국토교통부장관이 임명하며, 회의 준비, 회의록 작성 및 회의 결과에 따른 업무 등 중앙지적위원회의 서무를 담당한다.
⑥ 중앙지적위원회의 위원에게는 예산의 범위에서 출석수당과 여비, 그 밖의 실비를 지급할 수 있다. 다만, 공무원인 위원이 그 소관 업무와 직접적으로 관련되어 출석하는 경우에는 그러하지 아니하다.

공간정보의 구축 및 관리 등에 관한 법률 시행령 제21조(중앙지적위원회의 회의 등)
① 중앙지적위원회 위원장은 회의를 소집하고 그 의장이 된다.
② 위원장이 부득이한 사유로 직무를 수행할 수 없을 때에는 부위원장이 그 직무를 대행하고, 위원장 및 부위원장이 모두 부득이한 사유로 직무를 수행할 수 없을 때에는 위원장이 미리 지명한 위원이 그 직무를 대행한다.
③ 중앙지적위원회의 회의는 재적위원 과반수의 출석으로 개의(開議)하고, 출석위원 과반수의 찬성으로 의결한다.
④ 중앙지적위원회는 관계인을 출석하게 하여 의견을 들을 수 있으며, 필요하면 현지조사를 할 수 있다.
⑤ 위원장이 중앙지적위원회의 회의를 소집할 때에는 회의 일시 · 장소 및 심의 안건을 회의 5일 전까지 각 위원에게 서면으로 통지하여야 한다.
⑥ 위원이 법 제29조제6항에 따른 재심사 시 그 측량 사안에 관하여 관련이 있는 경우에는 그 안건의 심의 또는 의결에 참석할 수 없다.

공간정보의 구축 및 관리 등에 관한 법률 시행령 제23조(지방지적위원회의 구성 등)

법 제28조제2항에 따른 지방지적위원회의 구성 및 회의 등에 관하여는 제20조, 제20조의2, 제20조의3, 제21조 및 제22조를 준용한다. 이 경우 제20조, 제20조의2, 제20조의3, 제21조 및 제22조 중 "중앙지적위원회"는 "지방지적위원회"로, "국토교통부"는 "시·도"로, "국토교통부장관"은 "특별시장·광역시장·특별자치시장·도지사 또는 특별자치도지사"로, "법 제29조제6항에 따른 재심사"는 "법 제29조제1항에 따른 지적측량 적부심사"로 본다. 〈개정 2012.7.4., 2013.3.23., 2013.6.11., 2014.1.17.〉

20 「공간정보의 구축 및 관리 등에 관한 법률 시행령 제20조의2(위원의 제척·기피·회피)」에서 중앙지적위원회에 대한 내용으로 옳지 않은 것은?

① 위원이 해당 안건에 대하여 증언, 진술 또는 감정을 한 경우에는 중앙지적위원회의 심의·의결에서 제척(除斥)된다.

② 직무태만, 품위손상이나 그 밖의 사유로 인하여 위원으로 적합하지 아니하다고 인정되는 경우에는 해당 위원을 해임하거나 해촉(解囑)할 수 있다.

③ 위원이 해당 안건의 원인이 안된 처분 또는 부작위에 관여한 경우에는 중앙지적위원회의 심의·의결에서 제척(除斥)된다.

④ 위원 또는 그 배우자나 배우자이었던 사람이 해당 안건의 당사자가 되거나 그 안건의 당사자와 공동권리자 또는 공동의무자인 경우에는 중앙지적위원회의 심의·의결에서 제척(除斥)된다.

🔖풀이 **공간정보의 구축 및 관리 등에 관한 법률 시행령 제20조의2(위원의 제척·기피·회피)**

① 중앙지적위원회의 위원이 다음 각 호의 어느 하나에 해당하는 경우에는 중앙지적위원회의 심의·의결에서 제척(除斥)된다.

> 1. 위원 또는 그 배우자나 배우자이었던 사람이 해당 안건의 당사자가 되거나 그 안건의 당사자와 공동권리자 또는 공동의무자인 경우
> 2. 위원이 해당 안건의 당사자와 친족이거나 친족이었던 경우
> 3. 위원이 해당 안건에 대하여 증언, 진술 또는 감정을 한 경우
> 4. 위원이나 위원이 속한 법인·단체 등이 해당 안건의 당사자의 대리인이거나 대리인이었던 경우
> 5. 위원이 해당 안건의 원인이 된 처분 또는 부작위에 관여한 경우

② 해당 안건의 당사자는 위원에게 공정한 심의·의결을 기대하기 어려운 사정이 있는 경우에는 중앙지적위원회에 기피 신청을 할 수 있고, 중앙지적위원회는 의결로 이를 결정한다. 이 경우 기피 신청의 대상인 위원은 그 의결에 참여하지 못한다.

③ 위원이 제1항 각 호에 따른 제척 사유에 해당하는 경우에는 스스로 해당 안건의 심의·의결에서 회피(回避)하여야 한다.

공간정보의 구축 및 관리 등에 관한 법률 시행령 제20조의3(위원의 해임·해촉)
국토교통부장관은 중앙지적위원회의 위원이 다음 각 호의 어느 하나에 해당하는 경우에는 해당 위원을 해임하거나 해촉(解囑)할 수 있다. 〈개정 2013.3.23.〉

> 1. 심신장애로 인하여 직무를 수행할 수 없게 된 경우
> 2. 직무태만, 품위손상이나 그 밖의 사유로 인하여 위원으로 적합하지 아니하다고 인정되는 경우
> 3. 제20조의2제1항 각 호의 어느 하나에 해당하는 데에도 불구하고 회피하지 아니한 경우

정답 20 ③

01 「공간정보의 구축 및 관리 등에 관한 법률」상 측량업의 등록을 1년 이내의 기간을 정하여 영업의 정지를 명할 수 있는 경우가 아닌 것은?

① 고의 또는 과실로 인하여 측량을 부정확하게 한 경우

② 정당한 사유 없이 1년 이상 휴업한 경우

③ 측량업 등록사항의 변경신고를 하지 아니한 경우

④ 다른 행정기관이 관계 법령에 따라 등록취소를 요구한 경우

풀이 공간정보의 구축 및 관리 등에 관한 법률 제52조(측량업의 등록취소 등)

① 국토교통부장관, 시·도지사 또는 대도시시장은 측량업자가 다음 각 호의 어느 하나에 해당하는 경우에는 측량업의 등록을 취소하거나 1년 이내의 기간을 정하여 영업의 정지를 명할 수 있다. 다만, 제2호·제4호·제7호·제8호·제11호 또는 제15호에 해당하는 경우에는 측량업의 등록을 취소하여야 한다. 〈개정 2020.6.9.〉

측량업 영업의 정지 암기 고과 수요업 보상휴변

1. 고의 또는 과실로 측량을 부정확하게 한 경우

13. 지적측량업자가 제106조제2항에 따른 지적측량수수료를 같은 조 제3항에 따라 고시한 금액보다 과다 또는 과소하게 받은 경우

14. 다른 행정기관이 관계 법령에 따라 영업정지를 요구한 경우

6. 지적측량업자가 제45조에 따른 업무 범위를 위반하여 지적측량을 한 경우

10. 제51조를 위반하여 보험가입 등 필요한 조치를 하지 아니한 경우

9. 지적측량업자가 제50조(성실의무)를 위반한 경우

3. 정당한 사유 없이 측량업의 등록을 한 날부터 1년 이내에 영업을 시작하지 아니하거나 계속하여 1년 이상 휴업한 경우

5. 제44조제4항을 위반하여 측량업 등록사항의 변경신고를 하지 아니한 경우

12. 제52조제3항에 따른 임원의 직무정지 명령을 이행하지 아니한 경우

측량업 등록 취소 암기 영미대결 거부취

11. 영업정지기간 중에 계속하여 영업을 한 경우

4. 제44조제2항에 따른 등록기준에 미달하게 된 경우. 다만, 일시적으로 등록기준에 미달되는 등 대통령령으로 정하는 경우는 제외한다.

15. 「국가기술자격법」 제15조제2항을 위반하여 측량업자가 측량기술자의 국가기술자격증을 대여 받은 사실이 확인된 경우

8. 제49조제1항을 위반하여 다른 사람에게 자기의 측량업등록증 또는 측량업등록수첩을 빌려주거나 자기의 성명 또는 상호를 사용하여 측량업무를 하게 한 경우

7. 제47조(측량업등록의 결격사유) 각 호의 어느 하나에 해당하게 된 경우. 다만, 측량업자가 같은 조 제5호에 해당하게 된 경우로서 그 사유가 발생한 날부터 3개월 이내에 그 사유를 해소한 경우는 제외한다.

정답 01 ④

2. ㉙짓이나 그 밖의 ㉫정한 방법으로 측량업의 등록을 한 경우

14. 다른 행정기관이 관계 법령에 따라 등록㉙소를 요구한 경우

② 측량업자의 지위를 승계한 상속인이 제47조에 따른 측량업등록의 결격사유에 해당하는 경우에는 그 결격사유에 해당하게 된 날부터 6개월이 지난 날까지는 제1항제7호를 적용하지 아니한다.

③ 국토교통부장관, 시·도지사 또는 대도시 시장은 측량업자가 제47조제5호에 해당하게 된 경우에는 같은 조 제1호부터 제4호까지의 어느 하나에 해당하는 임원의 직무를 정지하도록 해당 측량업자에게 명할 수 있다. 〈개정 2020.2.18.〉

④ 국토교통부장관, 시·도지사 또는 대도시 시장은 제1항에 따라 측량업등록을 취소하거나 영업정지의 처분을 하였으면 그 사실을 공고하여야 한다. 〈개정 2020.2.18.〉

⑤ 측량업등록의 취소 및 영업정지 처분에 관한 세부 기준은 국토교통부령으로 정한다. 〈개정 2020.2.18.〉

02 「공간정보의 구축 및 관리 등에 관한 법률」상 측량업의 등록취소 또는 영업정지 처분의 기준이 다른 것은?

① 다른 행정기관이 관계 법령에 따라 영업정지를 요구한 경우
② 지적측량업자가 법에 따른 성실의무를 위반한 경우
③ 지적측량업자가 법에 따른 지적측량수수료를 고시한 금액보다 과다 또는 과소하게 받은 경우
④ 지적측량업자가 업무범위를 위반하여 지적측량을 한 경우

풀이 공간정보의 구축 및 관리 등에 관한 법률 시행규칙 [별표 4] 〈개정 2010.6.17.〉

측량업의 등록취소 또는 영업정지 처분의 기준(제53조 관련)

1. 일반 기준
   가. 위반행위의 횟수에 따른 행정처분의 기준은 최근 3년간 같은 위반행위로 행정처분을 받은 경우에 적용한다. 이 경우 행정처분의 기준 적용은 같은 위반행위에 대한 행정처분일과 그 처분 후의 재적발일을 기준으로 한다.
   나. 위반행위가 둘 이상인 경우로서 그에 해당하는 각각의 처분기준이 다른 경우에는 그 중 무거운 처분기준에 따른다. 다만, 둘 이상의 처분기준이 모두 영업정지인 경우에는 각 처분기준을 합산한 기간을 넘지 아니하는 범위에서 무거운 처분기준의 2분의 1의 범위까지 가중하되, 그 가중한 기간을 합산한 기간은 6개월을 초과할 수 없다.
   다. 가목 및 나목에 따른 행정처분이 영업정지인 경우에는 고의나 중대한 과실 여부 또는 공중에 미치는 피해의 규모 등 위반행위의 동기·내용 및 위반의 정도 등을 고려하여 그 처분기준의 2분의 1의 범위에서 가중하거나 감경할 수 있다. 이 경우 그 가중한 기간을 합산한 기간은 6개월을 초과할 수 없다.

정답 02 ②

2. 개별 기준 `암기` ㉠㉣ ㉣㉤㉥ ㉦㉧㉨㉩㉪

위반행위	해당 법조문	행정처분기준		
		1차 위반	2차 위반	3차 위반
가. ㉠의로 측량을 부정확하게 한 경우	법 제52조제1항제1호	등록취소		
나. ㉣실로 측량을 부정확하게 한 경우	법 제52조제1항제1호	영업정지 4개월	등록취소	
아. 지적측량업자가 법 제106조제2항에 따른 지적측량수㉣료를 같은 조 제3항에 따라 고시한 금액보다 과다 또는 과소하게 받은 경우	법 제52조제1항제12호	영업정지 3개월	영업정지 6개월	등록취소
자. 다른 행정기관이 관계 법령에 따라 영업정지를 ㉤구한 경우	법 제52조제1항제13호	영업정지 3개월	영업정지 6개월	등록취소
마. 지적측량업자가 법 제45조의 ㉥무범위를 위반하여 지적측량을 한 경우	법 제52조제1항제6호	영업정지 3개월	영업정지 6개월	등록취소
사. 법 제51조를 위반해서 ㉦험가입 등 필요한 조치를 하지 않은 경우	법 제52조제1항제10호	영업정지 2개월	영업정지 6개월	등록취소
바. 지적측량업자가 법 제50조에 따른 ㉧실의 무를 위반한 경우	법 제52조제1항제9호	영업정지 1개월	영업정지 3개월	영업정지 6개월 또는 등록취소
다. 정당한 사유 없이 측량업의 등록을 한 날부터 1년 이내에 영업을 시작하지 아니하거나 계속하여 1년 이상 ㉨업한 경우	법 제52조제1항제3호	경고	영업정지 6개월	등록취소
라. 법 제44조제4항을 위반해서 측량업 등록사항의 ㉩경신고를 하지 아니한 경우	법 제52조제1항제5호	경고	영업정지 3개월	등록취소
차. 다른 행정기관이 관계 법령에 따라 등록㉪소를 요구한 경우	법 제52조제1항제13호	등록취소		

03 「공간정보의 구축 및 관리 등에 관한 법률」상 도시개발사업 등 시행지역의 토지이동을 거짓으로 신청한 자에 대한 벌칙은? (16년서울9급)

① 3년 이하의 징역 또는 3천만 원 이하의 벌금

② 2년 이하의 징역 또는 2천만 원 이하의 벌금

③ 1년 이하의 징역 또는 1천만 원 이하의 벌금

④ 300만 원 이하의 과태료

`정답` **03** ③

공간정보의 구축 및 관리 등에 관한 법률 제109조(벌칙)

벌칙(법률 제109조)	
1년 이하의 징역 또는 1천만 원 이하의 벌금 **암기** 솔비취롤 대판대록	1. **솔** 이상의 측량업자에게 소속된 측량기술자 2. 업무상 알게 된 **비**밀을 누설한 측량기술자 3. 거짓(**허**위)으로 다음 각 목의 신청을 한 자 가. 신규등록 신청 　　　 나. 등록전환 신청 다. 분할 신청 　　　　　 라. 합병 신청 마. 지목변경 신청 　　　 바. 바다로 된 토지의 등록말소 신청 사. 축척변경 신청 　　　 아. 등록사항의 정정 신청 자. 도시개발사업 등 시행지역의 토지이동 신청 4. 측량기술자가 아님에도 **불**구하고 측량을 한 자 5. 지적측량수수료 외의 **대**가를 받은 지적측량기술자 6. 심사를 받지 아니하고 지도 등을 간행하여 **판**매하거나 배포한 자 7. 다른 사람에게 측량업등록증 또는 측량업등록수첩을 빌려(**대**여)주거나 자기의 성명 또는 상호를 사용하여 측량업무를 하게 한 자 8. 다른 사람의 측량업등록증 또는 측량업등록수첩을 빌려서(**대**여) 사용하거나 다른 사람의 성명 또는 상호를 사용하여 측량업무를 한 자 9. 다른 사람에게 자기의 성능검사대행자 등록증을 빌려(**대**여)주거나 자기의 성명 또는 상호를 사용하여 성능검사대행업무를 수행하게 한 자 10. 다른 사람의 성능검사대행자 등록증을 빌려서(**대**여) 사용하거나 다른 사람의 성명 또는 상호를 사용하여 성능검사대행업무를 수행한 자 11. 무단으로 측량성과 또는 측량기록을 **복**제한 자

04 「공간정보의 구축 및 관리 등에 관한 법률」상 벌칙 규정에 대한 설명으로 옳지 않은 것은?

(18년2회측산)

① 심사를 받지 아니하고 지도 등을 간행하여 판매하거나 배포한 자는 1년 이하의 징역 또는 2천만 원 이하의 벌금에 처한다.

② 다른 사람에게 측량업등록증 또는 측량업등록수첩을 빌려주거나 자기의 성명 또는 상호를 사용하여 측량업무를 하게 한 자는 1년 이하의 징역 또는 1천만 원 이하의 벌금에 처한다.

③ 측량업자로서 속임수, 위력(威力), 그 밖의 방법으로 측량업과 관련된 입찰의 공정성을 해친 자는 3년 이하의 징역 또는 3천만 원 이하의 벌금에 처한다.

④ 성능검사를 부정하게 한 성능검사대행자는 2년 이하의 징역 또는 2천만 원 이하의 벌금에 처한다.

공간정보의 구축 및 관리 등에 관한 법률 제107조(벌칙) **암기** 임위공

측량업자로서 속**임**수, **위**력(威力), 그 밖의 방법으로 측량업과 관련된 입찰의 **공**정성을 해친 자는 3년 이하의 징역 또는 3천만 원 이하의 벌금에 처한다.

공간정보의 구축 및 관리 등에 관한 법률 제108조(벌칙) **암기** 거부등 외표성검

다음 각 호의 어느 하나에 해당하는 자는 2년 이하의 징역 또는 2천만 원 이하의 벌금에 처한다.

1. 측량업의 등록을 하지 아니하거나 **거**짓이나 그 밖의 **부**정한 방법으로 측량업의 **등**록을 하고 측량업을 한 자

04 ①

2. 성능검사대행자의 등록을 하지 아니하거나 [거]짓이나 그 밖의 [부]정한 방법으로 성능검사대행자의 [등]록을 하고 성능검사업무를 한 자
3. 측량성과를 국[외]로 반출한 자
4. 측량기준점[표]지를 이전 또는 파손하거나 그 효용을 해치는 행위를 한 자
5. 고의로 측량[성]과를 사실과 다르게 한 자
6. 성능[검]사를 부정하게 한 성능검사대행자

05 「공간정보의 구축 및 관리 등에 관한 법률」상 측량업자로서 속임수, 위력(威力), 그 밖의 방법으로 측량업과 관련된 입찰의 공정성을 해친 자에 대한 벌칙 기준은? (18년1회측기)

① 300만 원 이상의 과태료에 처한다.
② 1년 이하의 징역 또는 1000만 원 이하의 벌금에 처한다.
③ 2년 이하의 징역 또는 2000만 원 이하의 벌금에 처한다.
④ 3년 이하의 징역 또는 3000만 원 이하의 벌금에 처한다.

[풀이] **공간정보의 구축 및 관리 등에 관한 법률 제107조(벌칙)** **암기** [임][위][공]
측량업자로서 속[임]수, [위]력(威力), 그 밖의 방법으로 측량업과 관련된 입찰의 [공]정성을 해친 자는 3년 이하의 징역 또는 3천만 원 이하의 벌금에 처한다.

공간정보의 구축 및 관리 등에 관한 법률 제108조(벌칙) **암기** [거][부][등] [외][표][성][검]
다음 각 호의 어느 하나에 해당하는 자는 2년 이하의 징역 또는 2천만 원 이하의 벌금에 처한다.
1. 측량업의 등록을 하지 아니하거나 [거]짓이나 그 밖의 [부]정한 방법으로 측량업의 [등]록을 하고 측량업을 한 자
2. 성능검사대행자의 등록을 하지 아니하거나 [거]짓이나 그 밖의 [부]정한 방법으로 성능검사대행자의 [등]록을 하고 성능검사업무를 한 자
3. 측량성과를 국[외]로 반출한 자
4. 측량기준점[표]지를 이전 또는 파손하거나 그 효용을 해치는 행위를 한 자
5. 고의로 측량[성]과를 사실과 다르게 한 자
6. 성능[검]사를 부정하게 한 성능검사대행자

06 「공간정보의 구축 및 관리 등에 관한 법률」상 1년 이하의 징역 또는 1천만 원 이하의 벌금 대상으로 옳은 것은? (18년2회지기)

① 정당한 사유 없이 측량을 방해한 자
② 측량업 등록사항의 변경신고를 하지 아니한 자
③ 무단으로 측량성과 또는 측량기록을 복제한 자
④ 고시된 측량성과에 어긋나는 측량성과를 사용한 자

[풀이] **공간정보의 구축 및 관리 등에 관한 법률 제108조(벌칙)** **암기** [거][부][등] [외][표][성][검]
다음 각 호의 어느 하나에 해당하는 자는 2년 이하의 징역 또는 2천만 원 이하의 벌금에 처한다.
1. 측량업의 등록을 하지 아니하거나 [거]짓이나 그 밖의 [부]정한 방법으로 측량업의 [등]록을 하고 측량업을 한 자
2. 성능검사대행자의 등록을 하지 아니하거나 [거]짓이나 그 밖의 [부]정한 방법으로 성능검사대행자의 [등]록을 하고 성능검사업무를 한 자

정답 05 ④ 06 ③

3. 측량성과를 국[외]로 반출한 자
4. 측량기준점[표]지를 이전 또는 파손하거나 그 효용을 해치는 행위를 한 자
5. 고의로 측량[성]과를 사실과 다르게 한 자
6. 성능[검]사를 부정하게 한 성능검사대행자

공간정보의 구축 및 관리 등에 관한 법률 제109조(벌칙) **암기** [둘][비][허][불] [대][판][대][복]

1. [둘] 이상의 측량업자에게 소속된 측량기술자
2. 업무상 알게 된 [비]밀을 누설한 측량기술자
3. 거짓([허]위)으로 다음 각 목의 신청을 한 자

가. 신규등록 신청	나. 등록전환 신청
다. 분할 신청	라. 합병 신청
마. 지목변경 신청	바. 바다로 된 토지의 등록말소 신청
사. 축척변경 신청	아. 등록사항의 정정 신청
자. 도시개발사업 등 시행지역의 토지이동 신청	

4. 측량기술자가 아님에도 [불]구하고 측량을 한 자
5. 지적측량수수료 외의 [대]가를 받은 지적측량기술자
6. 심사를 받지 아니하고 지도 등을 간행하여 [판]매하거나 배포한 자
7. 다른 사람에게 측량업등록증 또는 측량업등록수첩을 빌려([대]여)주거나 자기의 성명 또는 상호를 사용하여 측량업무를 하게 한 자
8. 다른 사람의 측량업등록증 또는 측량업등록수첩을 빌려서([대]여) 사용하거나 다른 사람의 성명 또는 상호를 사용하여 측량업무를 한 자
9. 다른 사람에게 자기의 성능검사대행자 등록증을 빌려([대]여)주거나 자기의 성명 또는 상호를 사용하여 성능검사대행업무를 수행하게 한 자
10. 다른 사람의 성능검사대행자 등록증을 빌려서([대]여) 사용하거나 다른 사람의 성명 또는 상호를 사용하여 성능검사대행업무를 수행한 자
11. 무단으로 측량성과 또는 측량기록을 [복]제한 자

07 다음 중 지적기술자의 위반행위에 따른 업무정지 기준에 대한 설명으로 옳지 않은 것은?

① 지적측량수행자 소속 지적기술자가 영업정지기간 중에 이를 알고도 지적측량업무를 행한 경우 : 2년
② 지적기술자가 법 제50조제1항을 위반하여 정당한 사유 없이 지적측량 신청을 거부한 경우 : 3개월
③ 다른 사람에게 손해를 입혀 금고 이상의 형을 선고받고 그 형이 확정된 경우 : 1년
④ 지적측량수행자 소속 지적기술자가 법 제45조에 따른 업무범위를 위반하여 지적측량을 한 경우 : 2년

풀이 **공간정보의 구축 및 관리 등에 관한 법률 시행규칙 제44조(측량기술자에 대한 업무정지 기준 등)**

① 법 제42조제1항에 따른 측량기술자(지적기술자는 제외한다)의 업무정지의 기준은 다음 각 호의 구분과 같다. 〈개정 2014.1.17.〉
  1. 법 제40조제1항에 따른 근무처 및 경력 등의 신고 또는 변경신고를 거짓으로 한 경우 : 1년
  2. 법 제41조제4항을 위반하여 다른 사람에게 측량기술경력증을 빌려주거나 자기의 성명을 사용하여 측량업무를 수행하게 한 경우 : 1년
② 국토지리정보원장은 위반행위의 동기 및 횟수 등을 고려하여 다음 각 호의 구분에 따라 제1항에 따른 업무정지의 기간을 줄일 수 있다. 〈개정 2017.1.31.〉

정답 07 ③

1. 위반행위가 있은 날 이전 최근 2년 이내에 업무정지처분을 받은 사실이 없는 경우 : 4분의 1 경감
2. 해당 위반행위가 과실 또는 상당한 이유에 의한 것으로서 보완이 가능한 경우 : 4분의 1 경감
3. 제1호와 제2호 모두에 해당할 경우 : 2분의 1 경감

③ 법 제42조제1항에 따른 지적기술자의 업무정지의 기준은 별표 3의2와 같다. 〈신설 2014.1.17.〉

④ 영 제32조의2 제1항에 따른 지적기술자 업무정지 심의요청서는 별지 제36호의2서식과 같고, 같은 조 제2항에 따른 지적기술자 업무정지 의결서는 별지 제36호의3서식과 같으며, 같은 조 제3항에 따른 지적기술자 업무정지 처분서는 별지 제36호의4서식과 같다. 〈신설 2014.1.17.〉

지적기술자의 업무정지 기준(제44조제3항 관련) [별표 3의2] 〈개정 2017.1.31.〉

1. 일반기준

국토교통부장관은 다음 각 목의 구분에 따라 업무정지의 기간을 줄일 수 있다.

가. 위반행위가 있은 날 이전 최근 2년 이내에 업무정지 처분을 받은 사실이 없는 경우 : 4분의 1 경감

나. 해당 위반행위가 과실 또는 상당한 이유에 의한 것으로서 보완이 가능한 경우 : 4분의 1 경감

다. 가목과 나목 모두에 해당하는 경우 : 2분의 1 경감

2. 개별기준 **암기** 🐵🐶 신정법 과금별손거

위반사항	해당 법조문	행정처분기준
가. 법 제40조제1항에 따른 근무처 및 경력 등의 신고 또는 변경신고를 **거**짓으로 한 경우	법 제42조 제1항제1호	1년
나. 법 제41조제4항을 위반하여 다른 사람에게 측량기술경력증을 **빌려(대)**여주거나 자기의 성명을 사용하여 측량업무를 수행하게 한 경우	법 제42조 제1항제2호	1년
다. 법 제50조제1항을 위반하여 **신**의와 성실로써 공정하게 지적측량을 하지 아니한 경우	법 제42조 제1항제3호	
1) 지적측량수행자 소속 지적기술자가 영업**정**지기간 중에 이를 알고도 지적측량업무를 행한 경우	법 제42조 제1항제3호	2년
2) 지적측량수행자 소속 지적기술자가 법 제45조에 따른 업무**범**위를 위반하여 지적측량을 한 경우		2년
라. 고의 또는 중**과**실로 지적측량을 잘못하여 다른 사람에게 손해를 입힌 경우	법 제42조 제1항제3호	
1) 다른 사람에게 손해를 입혀 **금**고 이상의 형을 선고받고 그 형이 확정된 경우	법 제42조 제1항제3호	2년
2) 다른 사람에게 손해를 입혀 **벌**금 이하의 형을 선고받고 그 형이 확정된 경우		1년 6개월
3) 그 밖에 고의 또는 중대한 과실로 지적측량을 잘못하여 다른 사람에게 **손**해를 입힌 경우		1년
마. 지적기술자가 법 제50조제1항을 위반하여 정당한 사유 없이 지적측량 신청을 **거**부한 경우	법 제42조 제1항제4호	3개월

08 다음 중 측량업자의 위반행위에 따른 행정처분 기준에 대한 설명으로 옳지 않은 것은?

① 다른 행정기관이 관계 법령에 따라 영업정지를 요구한 경우 1차 위반 시 영업정지 3개월, 2차 위반 시 영업정지 6개월, 3차 위반 시 등록취소

② 법 제44조제4항을 위반해서 측량업 등록사항의 변경신고를 하지 아니한 경우 1차 위반 시 경고, 2차 위반 시 영업정지 6개월, 3차 위반 시 등록취소

③ 법 제51조를 위반해서 보험가입 등 필요한 조치를 하지 않은 경우 1차 위반 시 영업정지 2개월, 2차 위반 시 영업정지 6개월, 3차 위반 시 등록취소

④ 지적측량업자가 지적측량수수료를 고시한 금액보다 과다 또는 과소하게 받은 경우 1차 위반 시 영업정지 3개월, 2차 위반 시 영업정지 6개월, 3차 위반 시 등록취소

풀이 **측량업의 등록취소 또는 영업정지 처분의 기준(제53조 관련)** [별표 4] 〈개정 2010.6.17.〉

1. 일반 기준

　가. 위반행위의 횟수에 따른 행정처분의 기준은 최근 3년간 같은 위반행위로 행정처분을 받은 경우에 적용한다. 이 경우 행정처분의 기준 적용은 같은 위반행위에 대한 행정처분일과 그 처분 후의 재적발일을 기준으로 한다.

　나. 위반행위가 둘 이상인 경우로서 그에 해당하는 각각의 처분기준이 다른 경우에는 그 중 무거운 처분기준에 따른다. 다만, 둘 이상의 처분기준이 모두 영업정지인 경우에는 각 처분기준을 합산한 기간을 넘지 아니하는 범위에서 무거운 처분기준의 2분의 1의 범위까지 가중하되, 그 가중한 기간을 합산한 기간은 6개월을 초과할 수 없다.

　다. 가목 및 나목에 따른 행정처분이 영업정지인 경우에는 고의나 중대한 과실 여부 또는 공중에 미치는 피해의 규모 등 위반행위의 동기·내용 및 위반의 정도 등을 고려하여 그 처분기준의 2분의 1의 범위에서 가중하거나 감경할 수 있다. 이 경우 그 가중한 기간을 합산한 기간은 6개월을 초과할 수 없다.

2. 개별 기준 **암기** 고교 수요일 무상등록취

위반행위	해당 법조문	행정처분기준		
		1차 위반	2차 위반	3차 위반
가. 고의로 측량을 부정확하게 한 경우	법 제52조제1항제1호	등록취소		
나. 과실로 측량을 부정확하게 한 경우	법 제52조제1항제1호	영업정지 4개월	등록취소	
아. 지적측량업자가 법 제106조제2항에 따른 지적측량수수료를 같은 조 제3항에 따라 고시한 금액보다 과다 또는 과소하게 받은 경우	법 제52조제1항제12호	영업정지 3개월	영업정지 6개월	등록취소
자. 다른 행정기관이 관계 법령에 따라 영업정지를 요구한 경우	법 제52조제1항제13호	영업정지 3개월	영업정지 6개월	등록취소
마. 지적측량업자가 법 제45조의 업무범위를 위반하여 지적측량을 한 경우	법 제52조제1항제6호	영업정지 3개월	영업정지 6개월	등록취소
사. 법 제51조를 위반해서 보험가입 등 필요한 조치를 하지 않은 경우	법 제52조제1항제10호	영업정지 2개월	영업정지 6개월	등록취소

위반행위	해당 법조문	행정처분기준		
		1차 위반	2차 위반	3차 위반
바. 지적측량업자가 법 제50조에 따른 ㉛실의 무를 위반한 경우	법 제52조제1항제9호	영업정지 1개월	영업정지 3개월	영업정지 6개월 또는 등록취소
다. 정당한 사유 없이 측량업의 등록을 한 날부터 1년 이내에 영업을 시작하지 아니하거나 계속하여 1년 이상 ㉮업한 경우	법 제52조제1항제3호	경고	영업정지 6개월	등록취소
라. 법 제44조제4항을 위반해서 측량업 등록사항의 ㉲경신고를 하지 아니한 경우	법 제52조제1항제5호	경고	영업정지 3개월	등록취소
차. 다른 행정기관이 관계 법령에 따라 등록㉲소를 요구한 경우	법 제52조제1항제13호	등록취소		

09 지적재조사사업을 위한 지적측량 시에 관한 벌칙사항 중 300만 원 이하의 과태료를 부과하는 기준으로 옳지 않은 것은?

① 지적재조사사업을 정당한 이유 없이 방해한 자
② 경계점표지를 이전 또는 파손하거나 그 효용을 해치는 행위를 한 자
③ 지적재조사사업 중에 알게 된 타인의 비밀을 누설하거나 사용한 자
④ 임시경계점표지를 이전 또는 파손하거나 그 효용을 해치는 행위를 한 자

풀이 지적재조사에 관한 특별법 **암기** ㉮㉛하고 ㉲㉲하라

벌칙 (제43조)	① 지적재조사사업을 위한 지적측량을 고의로 진실에 ㉮하게 측량하거나 지적재조사사업 ㉛과를 거짓으로 등록을 한 자는 2년 이하의 징역 또는 2천만 원 이하의 벌금에 처한다. ② 제41조를 위반하여 지적재조사사업 중에 알게 된 타인의 ㉲밀을 ㉲설하거나 사용한 자는 1년 이하의 징역 또는 1천만 원 이하의 벌금에 처한다.
양벌규정 (제44조)	법인의 대표자나 법인 또는 개인의 대리인, 사용인, 그 밖의 종업원이 그 법인 또는 개인의 업무에 관하여 제43조의 위반행위를 하면 그 행위자를 벌하는 외에 그 법인 또는 개인에게도 해당 조문의 벌금형을 과(科)한다. 다만, 법인 또는 개인이 그 위반행위를 방지하기 위하여 해당 업무에 관하여 상당한 주의와 감독을 게을리하지 아니한 경우에는 그러하지 아니하다.
과태료 (제45조)	① 다음 각 호의 어느 하나에 해당하는 자에게는 300만 원 이하의 과태료를 부과한다. 1. 제15조제4항 또는 제18조제3항을 위반하여 임시경계점표지 또는 경계점표지를 이전 또는 파손하거나 그 효용을 해치는 행위를 한 자 2. 지적재조사사업을 정당한 이유 없이 방해한 자 ② 제1항에 따른 과태료는 대통령령으로 정하는 바에 따라 국토교통부장관, 시·도지사 또는 지적소관청이 부과·징수한다. 〈개정 2013.3.23.〉

10 「지적재조사에 관한 특별법」에 의한 지적측량 시에 관한 과태료를 부과하는 기준으로 옳지 않은 것은?

① 임시경계점표지를 이전 또는 파손하거나 그 효용을 해치는 행위를 한 경우 1차 위반 시 100만 원, 2차 위반 시 150만 원, 3차 위반 시 200만 원

② 경계점표지를 이전 또는 파손하거나 그 효용을 해치는 행위를 한 경우 1차 위반 시 150만 원, 2차 위반 시 200만 원, 3차 위반 시 300만 원

③ 지적재조사사업 중에 알게 된 타인의 비밀을 누설하거나 사용한 경우 1차 위반 시 50만 원, 2차 위반 시 100만 원, 3차 위반 시 200만 원

④ 지적재조사사업을 정당한 이유 없이 방해한 경우 1차 위반 시 50만 원, 2차 위반 시 75만 원, 3차 위반 시 100만 원

풀이 지적재조사에 관한 특별법 시행령 [별표] 〈개정 2020.6.23.〉

과태료의 부과기준(제29조 관련)

1. 일반기준

가. 위반행위의 횟수에 따른 행정처분의 기준은 최근 3년간 같은 위반행위로 과태료를 부과받은 경우에 적용한다. 이 경우 위반횟수는 같은 위반행위에 대하여 과태료를 부과받은 날과 다시 같은 위반행위로 적발된 날을 기준으로 한다.

나. 부과권자는 다음의 어느 하나에 해당하는 경우에는 제2호의 개별기준에 따른 과태료 금액의 2분의 1의 범위에서 그 금액을 줄일 수 있다. 다만, 과태료를 체납하고 있는 위반행위자의 경우에는 그러하지 아니하다.

  1) 위반행위자가 「질서위반행위규제법 시행령」 제2조의2제1항 각 호의 어느 하나에 해당하는 경우

  2) 위반행위가 사소한 부주의나 오류로 인한 것으로 인정되는 경우

  3) 위반행위자가 위반행위를 바로 정정하거나 시정하여 법 위반상태를 해소한 경우

  4) 그 밖에 위반행위의 정도, 위반행위의 동기와 그 결과 등을 고려하여 과태료 금액을 줄일 필요가 있다고 인정되는 경우

다. 부과권자는 다음의 어느 하나에 해당하는 경우에는 제2호의 개별기준에 따른 과태료 금액의 2분의 1의 범위에서 그 금액을 늘릴 수 있다. 다만, 법 제45조제1항에 따른 과태료 금액의 상한을 넘을 수 없다.

  1) 위반의 내용·정도가 중대하여 이해관계인 등에게 미치는 피해가 크다고 인정되는 경우

  2) 법 위반상태의 기간이 6개월 이상인 경우

  3) 그 밖에 위반행위의 정도, 위반행위의 동기와 그 결과 등을 고려하여 과태료 금액을 늘릴 필요가 있다고 인정되는 경우

2. 개별기준 **암기** 임경방

위반행위	근거 법조문	과태료 금액		
		1차 위반	2차 위반	3차 이상 위반
가. 법 제15조제4항 또는 제18조제3항을 위반하여 **임**시경계점표지를 이전 또는 파손하거나 그 효용을 해치는 행위를 한 경우	법 제45조 제1항제1호	100만 원	150만 원	200만 원
나. 법 제15조제4항 또는 제18조제3항을 위반하여 **경**계점표지를 이전 또는 파손하거나 그 효용을 해치는 행위를 한 경우	법 제45조 제1항제1호	150만 원	200만 원	300만 원
다. 지적재조사사업을 정당한 이유 없이 **방**해한 경우	법 제45조 제1항제2호	50만 원	75만 원	100만 원

11 「국가공간정보 기본법」상 벌칙사항 중 가장 가벼운 벌금형으로 옳은 것은?

① 공간정보 또는 공간정보데이터베이스를 관리기관의 승인 없이 무단으로 열람 · 복제 · 유출한 자
② 공사가 아닌 자가 한국국토정보공사의 명칭을 사용한 경우
③ 공간정보 또는 공간정보데이터베이스를 무단으로 침해하거나 훼손한 자
④ 직무상 알게 된 비밀을 누설하거나 도용한 자

풀이 국가공간정보 기본법 **암기** 무침훼 먹고 승무율 버리면 비수도 씻어라. 문수자와 무방자도

벌칙 (제39조)	제37조제1항(누구든지 관리기관이 생산 또는 관리하는 공간정보 또는 공간정보데이터베이스를 침해 또는 훼손하거나 법령에 따라 공개가 제한되는 공간정보를 관리기관의 승인 없이 무단으로 열람 · 복제 · 유출하여서는 아니 된다.)을 위반하여 공간정보 또는 공간정보데이터베이스를 **무**단으로 **침**해하거나 **훼**손한 자는 2년 이하의 징역 또는 2천만 원 이하의 벌금에 처한다.
벌칙 (제40조)	다음 각 호의 어느 하나에 해당하는 자는 1년 이하의 징역 또는 1천만 원 이하의 벌금에 처한다. 1. 제37조제1항(누구든지 관리기관이 생산 또는 관리하는 공간정보 또는 공간정보데이터베이스를 침해 또는 훼손하거나 법령에 따라 공개가 제한되는 공간정보를 관리기관의 승인 없이 무단으로 열람 · 복제 · 유출하여서는 아니 된다.)을 위반하여 공간정보 또는 공간정보데이터베이스를 관리기관의 **승**인 없이 **무**단으로 열람 · **복**제 · 유출한 자 2. 제38조(관리기관 또는 이 법이나 다른 법령에 따라 위탁을 받은 국가공간정보체계 관련 업무를 수행하는 기관, 법인, 단체에 소속되거나 소속되었던 자(용역계약 등에 따라 해당 업무를 수임한 자 또는 그 사용인을 포함한다)는 국가공간정보체계의 구축 · 관리 및 활용과 관련한 직무를 수행함에 있어서 알게 된 비밀을 누설하거나 도용하여서는 아니 된다.)를 위반하여 직무상 알게 된 **비**밀을 **누**설하거나 **도**용한 자 3. 제34조제3항을 위반하여 **보**안관리규정을 준**수**하지 아니한 **자** 4. 거짓이나 그 밖의 **부**정한 **방**법으로 전문기관으로 지정받은 **자**
양벌규정	법인의 대표자나 법인 또는 개인의 대리인, 사용인, 그 밖의 종업원이 그 법인 또는 개인의 업무에 관하여 제39조 또는 제40조의 위반행위를 하면 그 행위자를 벌하는 외에 그 법인 또는 개인에게도 해당 조문의 벌금형을 과(科)한다. 다만, 법인 또는 개인이 그 위반 행위를 방지하기 위하여 해당 업무에 관하여 상당한 주의와 감독을 게을리하지 아니한 경우에는 그러하지 아니하다.
과태료	① 제17조(공사가 아닌 자는 한국국토정보공사 또는 이와 유사한 명칭을 사용하지 못한다.)를 위반한 자에게는 500만 원 이하의 과태료를 부과한다. ② 제1항에 따른 과태료는 대통령령으로 정하는 바에 따라 국토교통부장관이 부과 · 징수한다.
과태료 부과기준	법 제42조제1항에 따른 과태료의 부과기준은 다음 각 호와 같다. 1. 공사가 아닌 자가 한국국토정보공사의 명칭을 사용한 경우 : 400만 원 2. 공사가 아닌 자가 한국국토정보공사와 유사한 명칭을 사용한 경우 : 300만 원

12 공간정보산업진흥에 관한 벌칙사항 중 허위 그 밖에 부정한 방법으로 제12조에 따른 품질인증을 받은 자의 벌금형으로 옳은 것은?

① 1년 이하의 징역 또는 1천만 원 이하의 벌금
② 2년 이하의 징역 또는 2천만 원 이하의 벌금
③ 3년 이하의 징역 또는 3천만 원 이하의 벌금
④ 500만 원 이하의 과태료를 부과 한다.

벌칙 (제29조)	허위 그 밖에 부정한 방법으로 제12조에 따른 품질인증을 받은 자는 2년 이하의 징역 또는 2천만 원 이하의 벌금에 처한다.
양벌규정 (제30조)	법인의 대표자나 법인 또는 개인의 대리인, 사용인, 그 밖의 종업원이 그 법인 또는 개인의 업무에 관하여 제29조의 위반행위를 하면 그 행위자를 벌하는 외에 그 법인 또는 개인에게도 해당 조문의 벌금형을 과(科)한다. 다만, 법인 또는 개인이 그 위반행위를 방지하기 위하여 해당 업무에 관하여 상당한 주의와 감독을 게을리하지 아니한 경우에는 그러하지 아니하다.
과태료 (제31조)	① 다음 각 호의 어느 하나에 해당하는 자에게는 500만 원 이하의 과태료를 부과한다. 〈개정 2014.6.3.〉 　1. 정당한 사유 없이 제8조제3항에 따른 요청을 따르지 아니한 유통사업자 　2. 제22조의2제1항을 위반하여 그 신고 또는 변경신고를 하지 아니하거나 거짓으로 신고 또는 변경신고를 한 자 　3. 제22조의3제1항을 위반하여 그 신고 또는 변경신고를 하지 아니하거나 거짓으로 신고 또는 변경신고를 한 자 ② 제1항에 따른 과태료는 대통령령으로 정하는 바에 따라 국토교통부장관이 부과·징수한다.

13 「공간정보의 구축 및 관리 등에 관한 법률」상 행정질서법의 과태료 부과기준이 옳지 않은 것은?

① 본인, 배우자 또는 직계 존속·비속이 소유한 토지에 대한 지적측량을 한 자
② 둘 이상의 측량업자에게 소속된 측량기술자
③ 고시된 측량성과에 어긋나는 측량성과를 사용한 자
④ 거짓으로 측량기술자의 신고를 한 자

① 300만 원 이하의 과태료 **암기** 정업검 성직가 성: 측출보조 업: 등페승 검: 등페검

1. 정당한 사유 없이 측량을 방해한 자
2. 정당한 사유 없이 제101조제7항을 위반하여 토지 등에의 출입 등을 방해하거나 거부한 자
3. 정당한 사유 없이 제99조제1항에 따른 보고를 하지 아니하거나 거짓으로 보고를 한 자
4. 정당한 사유 없이 제99조제1항에 따른 조사를 거부·방해 또는 기피한 자
5. 제44조제4항을 위반하여 측량업 등록사항의 변경신고를 하지 아니한 자
6. 제48조(제54조제6항에 따라 준용되는 경우를 포함한다)를 위반하여 측량업의 휴업·폐업 등의 신고를 하지 아니하거나 거짓으로 신고한 자
7. 제46조제2항(제54조제6항에 따라 준용되는 경우를 포함한다)을 위반하여 측량업자의 지위 승계 신고를 하지 아니한 자
8. 제93조제1항을 위반하여 성능검사대행자의 등록사항 변경을 신고하지 아니한 자
9. 제93조제3항을 위반하여 성능검사대행업무의 폐업신고를 하지 아니한 자
10. 제92조제1항을 위반하여 측량기기에 대한 성능검사를 받지 아니하거나 부정한 방법으로 성능검사를 받은 자
11. 제13조제4항을 위반하여 고시된 측량성과에 어긋나는 측량성과를 사용한 자
12. 제50조제2항을 위반하여 본인, 배우자 또는 직계 존속·비속이 소유한 토지에 대한 지적측량을 한 자

13. 제40조제1항을 위반하여 ㉘짓으로 측량기술자의 신고를 한 자

② 정당한 사유 없이 제98조제2항에 따른 교육을 받지 아니한 자에게는 100만 원 이하의 과태료를 부과한다. 〈신설 2020.4.7.〉

③ 제1항 및 제2항에 따른 과태료는 대통령령으로 정하는 바에 따라 국토교통부장관, 시·도지사, 대도시 시장 또는 지적소관청이 부과·징수한다.

14 「공간정보의 구축 및 관리 등에 관한 법률」상 행정질서법의 과태료 부과기준이 다른 것은?

① 정당한 사유 없이 법 제101조제7항을 위반하여 토지 등에의 출입 등을 방해하거나 거부한 경우

② 정당한 사유 없이 법 제99조제1항에 따른 조사를 거부·방해 또는 기피한 경우

③ 측량업 등록사항의 변경신고를 하지 않은 경우

④ 정당한 사유 없이 측량을 방해한 경우

풀이 공간정보의 구축 및 관리 등에 관한 법률 시행령 [별표 13] 〈개정 2021.4.6.〉

과태료의 부과기준(제105조 관련)

1. 일반기준

   가. 위반행위의 횟수에 따른 과태료의 부과기준은 최근 5년간 같은 위반행위로 과태료를 부과받은 경우에 적용한다. 이 경우 위반횟수는 같은 위반행위에 대하여 과태료를 부과받은 날과 다시 같은 위반행위로 적발된 날을 기준으로 하여 계산한다.

   나. 하나의 위반행위가 둘 이상의 과태료 부과기준에 해당하는 경우에는 그 중 금액이 큰 과태료 부과기준을 적용한다.

   다. 부과권자는 다음의 어느 하나에 해당하는 경우에는 위반행위의 정도, 위반행위의 동기와 그 결과 등을 고려하여 제2호에 따른 과태료 금액의 2분의 1의 범위에서 그 금액을 줄일 수 있다. 다만, 과태료를 체납하고 있는 위반행위자에 대해서는 그러하지 아니하다.

      1) 위반행위자가 「질서위반행위규제법 시행령」 제2조의2제1항 각 호의 어느 하나에 해당하는 경우

      2) 위반행위가 사소한 부주의나 오류로 인한 것으로 인정되는 경우

      3) 위반행위자가 법 위반상태를 시정하거나 해소하기 위하여 노력한 것이 인정되는 경우

      4) 그 밖에 위반행위의 정도, 위반행위의 동기와 그 결과 등을 고려하여 그 금액을 줄일 필요가 있다고 인정되는 경우

   라. 부과권자는 다음의 어느 하나에 해당하는 경우에는 제2호에 따른 과태료 금액의 2분의 1 범위에서 그 금액을 늘릴 수 있다. 다만, 늘리는 경우에도 과태료의 총액은 법 제111조제1항에 따른 과태료 금액의 상한을 넘을 수 없다.

      1) 위반의 내용·정도가 중대하여 이해관계인 등에게 미치는 피해가 크다고 인정되는 경우

      2) 법 위반상태의 기간이 6개월 이상인 경우

2. 개별기준 **암기** 청업검 성청가교 청 : 측출보조   업 : 등폐승   검 : 등폐검

(단위 : 만 원)

위반행위	근거 법조문	과태료 금액		
		1차	2차	3차 이상
가. ㉝당한 사유 없이 ㉝량을 방해한 경우	법 제111조 제1항제1호	25	50	100
나. 정당한 사유 없이 법 제101조제7항을 위반하여 토지 등에의 ㉝입 등을 방해하거나 거부한 경우	법 제111조 제1항제18호	25	50	100

정답 14 ③

위반행위	근거 법조문	과태료 금액		
		1차	2차	3차 이상
다. 정당한 사유 없이 법 제99조제1항에 따른 [보]고를 하지 않거나 거짓으로 보고를 한 경우	법 제111조 제1항제16호	25	50	100
라. 정당한 사유 없이 법 제99조제1항에 따른 [조]사를 거부 · 방해 또는 기피한 경우	법 제111조 제1항제17호	25	50	100
마. 법 제44조제4항을 위반하여 측량[업] [등]록사항의 변경신고를 하지 않은 경우	법 제111조 제1항제8호	7	15	30
바. 법 제48조(법 제54조제6항에 따라 준용되는 경우를 포함한다)를 위반하여 측량업의 휴업 · [폐]업 등의 신고를 하지 않거나 거짓으로 신고한 경우	법 제111조 제1항제10호	30		
사. 법 제46조제2항(법 제54조제6항에 따라 준용되는 경우를 포함한다)을 위반하여 측량업자의 지위 [승]계 신고를 하지 않은 경우	법 제111조 제1항제9호	50		
아. 법 제93조제1항을 위반하여 성능[검]사대행자의 [등]록사항 변경을 신고하지 않은 경우	법 제111조 제1항제14호	6	12	25
자. 법 제93조제3항을 위반하여 성능검사대행업무의 [폐]업신고를 하지 않은 경우	법 제111조 제1항제15호	25		
차. 법 제92조제1항을 위반하여 측량기기에 대한 성능검사를 받지 않거나 부정한 방법으로 성능[검]사를 받은 경우	법 제111조 제1항제13호	25	50	100
카. 법 제13조제4항을 위반하여 고시된 측량[성]과에 어긋나는 측량성과를 사용한 경우	법 제111조 제1항제2호	37	75	150
타. 법 제50조제2항을 위반하여 본인, 배우자 또는 [직]계 존속 · 비속이 소유한 토지에 대한 지적측량을 한 경우	법 제111조 제1항제11호	10	20	40
파. 법 제40조제1항(법 제43조제3항에 따라 준용되는 경우를 포함한다)을 위반하여 [거]짓으로 측량기술자의 신고를 한 경우	법 제111조 제1항제7호	6	12	25
하. 정당한 사유 없이 법 제98조제2항에 따른 [교]육을 받지 않은 경우	법 제111조 제2항	30	60	100

15 **「공간정보의 구축 및 관리 등에 관한 법률」상 성능검사대행자의 등록을 1년 이내의 기간을 정하여 영업의 정지를 명할 수 있는 경우가 아닌 것은?**

① 등록사항 변경신고를 하지 아니한 경우
② 정당한 사유 없이 성능검사를 거부하거나 기피한 경우
③ 거짓이나 부정한 방법으로 성능검사를 한 경우
④ 다른 행정기관이 관계 법령에 따라 등록취소 또는 업무정지를 요구한 경우

[풀이] **공간정보의 구축 및 관리 등에 관한 법률 제96조(성능검사대행자의 등록취소 등)**

① 시 · 도지사는 성능검사대행자가 다음 각 호의 어느 하나에 해당하는 경우에는 성능검사대행자의 등록을 취소하거나 1년 이내의 기간을 정하여 업무정지 처분을 할 수 있다. 다만, 제1호 · 제4호 · 제6호 또는 제7호에 해당하는 경우에는 성능검사대행자의 등록을 취소하여야 한다.

[정답] 15 ③

1의2. 제92조제5항에 따른 ⓢ정명령을 따르지 아니한 경우

2. 제93조제1항의 등록기준에 ⓜ달하게 된 경우. 다만, 일시적으로 등록기준에 미달하는 등 대통령령으로 정하는 경우는 제외한다.

3. 제93조제1항에 따른 등록사항 ⓥ경신고를 하지 아니한 경우

5. 정당한 사유 없이 성능ⓢ사를 거부하거나 기피한 경우

8. 다른 행정기관이 관계 법령에 따라 등록취소 또는 업무정지를 ⓡ구한 경우

등록을 취소 암기 ⓖⓟ등ⓢ ⓥ정취

1. ⓖ짓이나 그 밖의 ⓟ정한 방법으로 ⓔ록을 한 경우

6. 거짓이나 부정한 방법으로 성능ⓢ사를 한 경우

4. 제95조를 위반하여 다른 사람에게 자기의 성능검사대행자 등록증을 ⓥ려주거나 자기의 성명 또는 상호를 사용하여 성능검사대행업무를 수행하게 한 경우

7. 업무ⓢ지기간 중에 계속하여 성능검사대행업무를 한 경우

8. 다른 행정기관이 관계 법령에 따라 등록ⓣ소

② 시ㆍ도지사는 제1항에 따라 성능검사대행자의 등록을 취소하였으면 취소 사실을 공고한 후 국토교통부장관에게 통지하여야 한다. 〈개정 2013.3.23.〉

③ 성능검사대행자의 등록취소 및 업무정지 처분에 관한 기준은 국토교통부령으로 정한다.

16 「공간정보의 구축 및 관리 등에 관한 법률」상 성능검사대행자의 등록취소 또는 업무정지의 처분 기준이 옳지 않은 것은?

① 성능검사대행자 등록사항의 변경신고를 하지 아니한 경우 1차 위반 시 경고, 2차 위반 시 업무정지 2개월, 3차 위반 시 업무정지 2개월

② 다른 행정기관이 관계 법령에 따라 업무정지를 요구한 경우 1차 위반 시 업무정지 3개월, 2차 위반 시 업무정지 5개월, 3차 위반 시 등록취소

③ 정당한 사유 없이 성능검사를 거부하거나 또는 기피한 경우 1차 위반 시 업무정지 6개월

④ 법 제93조제1항에 따른 등록기준에 미달하게 된 경우 1차 위반 시 업무정지 2개월, 2차 위반 시 등록취소

풀이 측량기기 성능검사대행자의 등록취소 또는 업무정지의 처분기준(제108조 관련) [별표 11] 〈개정 2021.4.8.〉

1. 일반 기준

가. 위반행위의 횟수에 따른 행정처분의 기준은 최근 3년간 같은 위반행위로 행정처분을 받은 경우에 적용한다. 이 경우 행정처분 기준의 적용은 같은 위반행위에 대한 행정처분일과 그 처분 후의 재적발일을 기준으로 한다.

나. 위반행위가 둘 이상인 경우로서 그에 해당하는 각각의 처분기준이 다른 경우에는 그 중 무거운 처분기준에 따른다. 다만, 둘 이상의 처분기준이 모두 업무정지인 경우에는 각 처분기준을 합산한 기간을 넘지 아니하는 범위에서 무거운 처분기준의 2분의 1의 범위까지 가중할 수 있되, 그 가중한 기간을 합산한 기간은 6개월을 초과할 수 없다.

다. 가목 및 나목에 따른 행정처분이 업무정지인 경우에는 고의나 중대한 과실 여부 또는 공중에 미치는 피해의 규모 등 위반행위의 동기ㆍ내용 및 위반의 정도 등을 고려하여 그 처분기준의 2분의 1의 범위에서 가중하거나 감경할 수 있다. 이 경우 그 가중한 기간을 합산한 기간은 6개월을 초과할 수 없다.

2. 개별 기준 암기 ㈆㈎㈎㈎㈎㈎㈎

위반행위	해당 법조문	행정처분기준		
		1차 위반	2차 위반	3차 위반
가. 법 제92조제5항에 따른 ㈎정명령을 따르지 않은 경우	법 제96조 제1항제1호의2	경고	업무정지 1개월	업무정지 2개월
나. 법 제93조제1항에 따른 등록기준에 ㈒달하게 된 경우	법 제96조 제1항제2호	업무정지 2개월	등록취소	
다. 법 제93조제1항에 따른 성능검사대행자 등록사항의 ㈎경신고를 하지 아니한 경우	법 제96조 제1항제3호	경고	업무정지 2개월	업무정지 2개월
라. 정당한 사유 없이 성능㈒사를 거부하거나 또는 기피한 경우	법 제96조 제1항제5호	업무정지 6개월		
마. 다른 행정기관이 관계 법령에 따라 업무정지를 ㈎구한 경우	법 제96조 제1항제8호	업무정지 3개월	업무정지 6개월	등록취소
바. 다른 행정기관이 관계 법령에 따라 등록㈎소를 요구한 경우	법 제96조 제1항제8호	등록취소		

17 「공간정보의 구축 및 관리 등에 관한 법률」상 측량기술자의 업무정지 등에 관한 사항으로 옳지 않은 것은?

① 측량기술경력증을 빌려주거나 자기의 성명을 사용하여 측량업무를 수행하게 한 경우

② 지적기술자가 신의와 성실로써 공정하게 지적측량을 하지 아니하거나 고의 또는 중대한 과실로 지적측량을 잘못하여 다른 사람에게 손해를 입힌 경우

③ 거짓으로 분할 및 등록전환 신청을 한 경우

④ 근무처 및 경력 등의 신고 또는 변경신고를 거짓으로 한 경우

풀이 **공간정보의 구축 및 관리 등에 관한 법률 제42조(측량기술자의 업무정지 등)**

① 국토교통부장관은 측량기술자(「건설기술 진흥법」 제2조제8호에 따른 건설기술인인 측량기술자는 제외한다)가 다음 각 호의 어느 하나에 해당하는 경우에는 1년(지적기술자의 경우에는 2년) 이내의 기간을 정하여 측량업무의 수행을 정지시킬 수 있다. 이 경우 지적기술자에 대하여는 대통령령으로 정하는 바에 따라 중앙지적위원회의 심의 · 의결을 거쳐야 한다. 〈개정 2018.8.14.〉

> 1. 제40조제1항에 따른 근무처 및 경력 등의 신고 또는 변경신고를 거짓으로 한 경우
> 2. 제41조제4항을 위반하여 다른 사람에게 측량기술경력증을 빌려주거나 자기의 성명을 사용하여 측량업무를 수행하게 한 경우
> 3. 지적기술자가 제50조제1항을 위반하여 신의와 성실로써 공정하게 지적측량을 하지 아니하거나 고의 또는 중대한 과실로 지적측량을 잘못하여 다른 사람에게 손해를 입힌 경우
> 4. 지적기술자가 제50조제1항을 위반하여 정당한 사유 없이 지적측량 신청을 거부한 경우

② 국토교통부장관은 지적기술자가 제1항 각 호의 어느 하나에 해당하는 경우 위반행위의 횟수, 정도, 동기 및 결과 등을 고려하여 지적기술자가 소속된 한국국토정보공사 또는 지적측량업자에게 해임 등 적절한 징계를 할 것을 요청할 수 있다. 〈신설 2013.7.17., 2014.6.3.〉

③ 제1항에 따른 업무정지의 기준과 그 밖에 필요한 사항은 국토교통부령으로 정한다.

정답 **17** ③

18 「공간정보의 구축 및 관리 등에 관한 법률」상 과태료 부과기준이 옳지 않은 것은?

① 본인, 배우자 또는 직계 존속·비속이 소유한 토지에 대한 지적측량을 한 경우 1차 위반 시 10만 원, 2차 위반 시 20만 원, 3차 위반 시 40만 원

② 정당한 사유 없이 법 제101조제7항을 위반하여 토지 등에의 출입 등을 방해하거나 거부한 경우 1차 위반 시 25만 원, 2차 위반 시 50만 원, 3차 위반 시 100만 원

③ 측량업 등록사항의 변경신고를 하지 않은 경우 1차 위반 시 10만 원, 2차 위반 시 15만 원, 3차 위반 시 30만 원

④ 정당한 사유 없이 측량을 방해한 경우 1차 위반 시 25만 원, 2차 위반 시 50만 원, 3차 위반 시 100만 원

풀이 공간정보의 구축 및 관리 등에 관한 법률 시행령 [별표 13] 〈개정 2021.4.6.〉

과태료의 부과기준(제105조 관련)

1. 일반기준

    가. 위반행위의 횟수에 따른 과태료의 부과기준은 최근 5년간 같은 위반행위로 과태료를 부과받은 경우에 적용한다. 이 경우 위반횟수는 같은 위반행위에 대하여 과태료를 부과받은 날과 다시 같은 위반행위로 적발된 날을 기준으로 하여 계산한다.

    나. 하나의 위반행위가 둘 이상의 과태료 부과기준에 해당하는 경우에는 그 중 금액이 큰 과태료 부과기준을 적용한다.

    다. 부과권자는 다음의 어느 하나에 해당하는 경우에는 위반행위의 정도, 위반행위의 동기와 그 결과 등을 고려하여 제2호에 따른 과태료 금액의 2분의 1의 범위에서 그 금액을 줄일 수 있다. 다만, 과태료를 체납하고 있는 위반행위자에 대해서는 그러하지 아니하다.

        1) 위반행위자가 「질서위반행위규제법 시행령」 제2조의2제1항 각 호의 어느 하나에 해당하는 경우

        2) 위반행위가 사소한 부주의나 오류로 인한 것으로 인정되는 경우

        3) 위반행위자가 법 위반상태를 시정하거나 해소하기 위하여 노력한 것이 인정되는 경우

        4) 그 밖에 위반행위의 정도, 위반행위의 동기와 그 결과 등을 고려하여 그 금액을 줄일 필요가 있다고 인정되는 경우

    라. 부과권자는 다음의 어느 하나에 해당하는 경우에는 제2호에 따른 과태료 금액의 2분의 1 범위에서 그 금액을 늘릴 수 있다. 다만, 늘리는 경우에도 과태료의 총액은 법 제111조제1항에 따른 과태료 금액의 상한을 넘을 수 없다.

        1) 위반의 내용·정도가 중대하여 이해관계인 등에게 미치는 피해가 크다고 인정되는 경우

        2) 법 위반상태의 기간이 6개월 이상인 경우

2. 개별기준 **암기** 정업검 성직가교 정:총출보조 업:등예승 검:등예검

(단위 : 만 원)

위반행위	근거 법조문	과태료 금액		
		1차	2차	3차 이상
가. **정**당한 사유 없이 **측**량을 방해한 경우	법 제111조 제1항제1호	25	50	100
나. 정당한 사유 없이 법 제101조제7항을 위반하여 토지 등에의 **출**입 등을 방해하거나 거부한 경우	법 제111조 제1항제18호	25	50	100
다. 정당한 사유 없이 법 제99조제1항에 따른 **보**고를 하지 않거나 거짓으로 보고를 한 경우	법 제111조 제1항제16호	25	50	100

정답 18 ③

위반행위	근거 법조문	과태료 금액		
		1차	2차	3차 이상
라. 정당한 사유 없이 법 제99조제1항에 따른 [조]사를 거부 · 방해 또는 기피한 경우	법 제111조 제1항제17호	25	50	100
마. 법 제44조제4항을 위반하여 측량[업] [등]록사항의 변경신고를 하지 않은 경우	법 제111조 제1항제8호	7	15	30
바. 법 제48조를 위반하여 측량업의 휴업 · [폐]업 등의 신고를 하지 않거나 거짓으로 신고한 경우	법 제111조 제1항제10호	30		
사. 법 제46조제2항을 위반하여 측량업자의 지위 [승]계 신고를 하지 않은 경우	법 제111조 제1항제9호	50		
아. 법 제93조제1항을 위반하여 성능[검]사대행자의 [등]록사항 변경을 신고하지 않은 경우	법 제111조 제1항제14호	6	12	25
자. 법 제93조제3항을 위반하여 성능검사대행업무의 [폐]업신고를 하지 않은 경우	법 제111조 제1항제15호	25		
차. 법 제92조제1항을 위반하여 측량기기에 대한 성능검사를 받지 않거나 부정한 방법으로 성능[검]사를 받은 경우	법 제111조 제1항제13호	25	50	100
카. 법 제13조제4항을 위반하여 고시된 측량[성]과에 어긋나는 측량성과를 사용한 경우	법 제111조 제1항제2호	37	75	150
타. 법 제50조제2항을 위반하여 본인, 배우자 또는 [직]계 존속 · 비속이 소유한 토지에 대한 지적측량을 한 경우	법 제111조 제1항제11호	10	20	40
파. 법 제40조제1항을 위반하여 [거]짓으로 측량기술자의 신고를 한 경우	법 제111조 제1항제7호	6	12	25
하. 정당한 사유 없이 법 제98조제2항에 따른 [교]육을 받지 않은 경우	법 제111조 제2항	30	60	100

19 토지 등의 출입에 따른 손실보상에 관한 사항 중 옳지 않은 것은?

① 타인의 토지에 업무로 출입하는 행위로 손실을 받은 자가 있으면 그 행위를 한 자는 그 손실을 보상하여야 한다.

② 재결에 불복하는 자는 재결서 정본을 송달받은 날부터 30일 이내에 중앙토지수용위원회에 이의를 신청할 수 있다.

③ 협의가 성립되지 아니하거나 협의를 할 수 없는 경우에는 관할 토지수용위원회에 재결을 신청할 수 있다.

④ 손실보상은 토지, 건물, 나무, 그 밖의 공작물 등의 임대료 · 거래가격 · 수익성 등을 고려한 시중가격으로 하여야 한다.

[풀이] **공간정보의 구축 및 관리 등에 관한 법률 제102조(토지 등의 출입 등에 따른 손실보상)**

① 제101조제1항에 따른 행위로 손실을 받은 자가 있으면 그 행위를 한 자는 그 손실을 보상하여야 한다.

② 제1항에 따른 손실보상에 관하여는 손실을 보상할 자와 손실을 받은 자가 협의하여야 한다.

③ 손실을 보상할 자 또는 손실을 받은 자는 제2항에 따른 협의가 성립되지 아니하거나 협의를 할 수 없는 경우에는 관할 토지수용위원회에 재결(裁決)을 신청할 수 있다.

④ 관할 토지수용위원회의 재결에 관하여는 「공익사업을 위한 토지 등의 취득 및 보상에 관한 법률」 제84조부터 제88조까지의 규정을 준용한다.

정답 19 ④

공간정보의 구축 및 관리 등에 관한 법률 시행령 제102조(손실보상) 암기 재측은 손보협에서

① 법 제102조제1항에 따른 손실보상은 토지, 건물, 나무, 그 밖의 공작물 등의 임대료·거래가격·수익성 등을 고려한 적정가격으로 하여야 한다.

② 법 제102조제3항에 따라 재결을 신청하려는 자는 국토교통부령으로 정하는 바에 따라 다음 각 호의 사항을 적은 재결신청서를 관할 토지수용위원회에 제출하여야 한다.

> 1. 재결의 신청자와 상대방의 성명 및 주소
> 2. 측량의 종류
> 3. 손실 발생 사실
> 4. 보상받으려는 손실액과 그 명세
> 5. 협의의 내용

③ 제2항에 따른 재결에 불복하는 자는 재결서 정본(正本)을 송달받은 날부터 30일 이내에 중앙토지수용위원회에 이의를 신청할 수 있다. 이 경우 그 이의신청은 해당 지방토지수용위원회를 거쳐야 한다.

---

20 「공간정보의 구축 및 관리 등에 관한 법률」상 측량업의 당연 등록취소 사유에 해당하는 것을 모두 고른 것은?

> ㉠ 측량업 등록사항의 변경신고를 하지 아니한 경우
> ㉡ 지적측량수수료를 고시한 금액보다 과다 또는 과소하게 받은 경우
> ㉢ 측량업자가 측량기술자의 국가기술자격증을 대여받은 사실이 확인된 경우
> ㉣ 지적측량업자가 업무 범위를 위반하여 지적측량을 한 경우
> ㉤ 다른 사람에게 자기의 측량업등록증 또는 측량업등록수첩을 빌려주거나 자기의 성명 또는 상호를 사용하여 측량업무를 하게 한 경우
> ㉥ 고의 또는 과실로 측량을 부정확하게 한 경우
> ㉦ 영업정지기간 중에 계속하여 영업을 한 경우

① ㉠, ㉢, ㉣　　　　　　　　　　② ㉤, ㉥, ㉦
③ ㉢, ㉤, ㉦　　　　　　　　　　④ ㉣, ㉤, ㉥, ㉦

풀이 **공간정보의 구축 및 관리 등에 관한 법률 제52조(측량업의 등록취소 등)**

① 국토교통부장관, 시·도지사 또는 대도시시장은 측량업자가 다음 각 호의 어느 하나에 해당하는 경우에는 측량업의 등록을 취소하거나 1년 이내의 기간을 정하여 영업의 정지를 명할 수 있다. 다만, 제2호·제4호·제7호·제8호·제11호 또는 제15호에 해당하는 경우에는 측량업의 등록을 취소하여야 한다. 〈개정 2020.6.9.〉

측량업 영업의 정지 암기 고과 수요요 보성청배

> 1. 고의 또는 과실로 측량을 부정확하게 한 경우
> 13. 지적측량업자가 제106조제2항에 따른 지적측량수수료를 같은 조 제3항에 따라 고시한 금액보다 과다 또는 과소하게 받은 경우
> 14. 다른 행정기관이 관계 법령에 따라 영업정지를 요구한 경우
> 6. 지적측량업자가 제45조에 따른 업무 범위를 위반하여 지적측량을 한 경우
> 10. 제51조를 위반하여 보험가입 등 필요한 조치를 하지 아니한 경우
> 9. 지적측량업자가 제50조(성실의무)를 위반한 경우

3. 정당한 사유 없이 측량업의 등록을 한 날부터 1년 이내에 영업을 시작하지 아니하거나 계속하여 1년 이상 **휴**업한 경우

5. 제44조제4항을 위반하여 측량업 등록사항의 **변**경신고를 하지 아니한 경우

12. 제52조제3항에 따른 임원의 직무정지 명령을 이행하지 아니한 경우

측량업 등록 취소 암기 영이대결 가무취

11. **영**업정지기간 중에 계속하여 영업을 한 경우

4. 제44조제2항에 따른 등록기준에 **미**달하게 된 경우. 다만, 일시적으로 등록기준에 미달되는 등 대통령령으로 정하는 경우는 제외한다.

15. 「국가기술자격법」 제15조제2항을 위반하여 측량업자가 측량기술자의 국가기술자격증을 **대**여 받은 사실이 확인된 경우

8. 제49조제1항을 위반하여 다른 사람에게 자기의 측량업등록증 또는 측량업등록수첩을 빌려주거나 자기의 성명 또는 상호를 사용하여 측량업무를 하게 한 경우

7. 제47조(측량업등록의 **결**격사유) 각 호의 어느 하나에 해당하게 된 경우. 다만, 측량업자가 같은 조 제5호에 해당하게 된 경우로서 그 사유가 발생한 날부터 3개월 이내에 그 사유를 해소한 경우는 제외한다.

> **법 제47조(측량업등록의 결격사유)**
> 다음 각 호의 어느 하나에 해당하는 자는 측량업의 등록을 할 수 없다. 〈개정 2013.7.17., 2015.12.29.〉
> 1. 피성년후견인 또는 피한정후견인
> 2. 이 법이나 「국가보안법」 또는 「형법」 제87조부터 제104조까지의 규정을 위반하여 금고 이상의 실형을 선고받고 그 집행이 끝나거나(집행이 끝난 것으로 보는 경우를 포함한다) 집행이 면제된 날부터 2년이 지나지 아니한 자
> 3. 이 법이나 「국가보안법」 또는 「형법」 제87조부터 제104조까지의 규정을 위반하여 금고 이상의 형의 집행유예를 선고받고 그 집행유예기간 중에 있는 자
> 4. 제52조에 따라 측량업의 등록이 취소(제47조제1호에 해당하여 등록이 취소된 경우는 제외한다)된 후 2년이 지나지 아니한 자
> 5. 임원 중에 제1호부터 제4호까지의 어느 하나에 해당하는 자가 있는 법인

2. **거**짓이나 그 밖의 **부**정한 방법으로 측량업의 등록을 한 경우

14. 다른 행정기관이 관계 법령에 따라 등록**취**소를 요구한 경우

② 측량업자의 지위를 승계한 상속인이 제47조에 따른 측량업등록의 결격사유에 해당하는 경우에는 그 결격사유에 해당하게 된 날부터 6개월이 지난 날까지는 제1항제7호를 적용하지 아니한다.

③ 국토교통부장관, 시·도지사 또는 대도시 시장은 측량업자가 제47조제5호에 해당하게 된 경우에는 같은 조 제1호부터 제4호까지의 어느 하나에 해당하는 임원의 직무를 정지하도록 해당 측량업자에게 명할 수 있다. 〈개정 2020.2.18.〉

④ 국토교통부장관, 시·도지사 또는 대도시 시장은 제1항에 따라 측량업등록을 취소하거나 영업정지의 처분을 하였으면 그 사실을 공고하여야 한다. 〈개정 2020.2.18.〉

⑤ 측량업등록의 취소 및 영업정지 처분에 관한 세부 기준은 국토교통부령으로 정한다. 〈개정 2020.2.18.〉

정답

01 아래는 「지적재조사에 관한 특별법」에 따른 기본계획의 수립에 관한 내용이다. (   ) 안에 들어갈 일자로 옳은 것은?

> 지적소관청은 기본계획안을 송부받은 날부터 (㉠) 이내에 시·도지사에게 의견을 제출하여야 하며, 시·도지사는 기본계획안을 송부받은 날부터 (㉡) 이내에 지적소관청의 의견에 자신의 의견을 첨부하여 국토교통부장관에게 제출하여야 한다. 이 경우 기간 내에 의견을 제출하지 아니하면 의견이 없는 것으로 본다.

① ㉠ 10일, ㉡ 20일　　　　　　　　　② ㉠ 20일, ㉡ 30일
③ ㉠ 30일, ㉡ 40일　　　　　　　　　④ ㉠ 40일, ㉡ 50일

풀이 지적재조사에 관한 특별법 제4조(기본계획의 수립) **암기** 규연인향기 시도하라

① 국토교통부장관은 지적재조사사업을 효율적으로 시행하기 위하여 다음 각 호의 사항이 포함된 지적재조사사업에 관한 기본계획(이하 "기본계획"이라 한다)을 수립하여야 한다. 〈개정 2013.3.23., 2017.4.18.〉

> 1. 지적재조사사업의 시행기간 및 ㉮모
> 2. 지적재조사사업비의 ㉯도별 집행계획
> 3. 지적재조사사업에 필요한 ㉰력의 확보에 관한 계획
> 4. 지적재조사사업에 관한 기본㉱향
> 5. 지적재조사사업비의 특별시·광역시·도·특별자치도·특별자치시 및 「지방자치법」 제198조에 따른 대도시로서 구(區)를 둔 시(이하 "㉲·㉳"라 한다)별 배분 계획
> 6. 그 밖에 지적재조사사업의 효율적 시행을 위하여 필요한 사항으로서 대통령령으로 정하는 사항

② 국토교통부장관은 기본계획을 수립할 때에는 미리 공청회를 개최하여 관계 전문가 등의 의견을 들어 기본계획안을 작성하고, 특별시장·광역시장·도지사·특별자치도지사·특별자치시장 및 「지방자치법」 제198조에 따른 인구 50만 이상 대도시의 시장(이하 "시·도지사"라 한다)에게 그 안을 송부하여 의견을 들은 후 제28조에 따른 중앙지적재조사위원회의 심의를 거쳐야 한다. 〈개정 2013.3.23., 2017.4.18.〉

③ 시·도지사는 제2항에 따라 기본계획안을 송부받았을 때에는 이를 지체 없이 지적소관청에 송부하여 그 의견을 들어야 한다.

④ 지적소관청은 제3항에 따라 기본계획안을 송부받은 날부터 20일 이내에 시·도지사에게 의견을 제출하여야 하며, 시·도지사는 제2항에 따라 기본계획안을 송부받은 날부터 30일 이내에 지적소관청의 의견에 자신의 의견을 첨부하여 국토교통부장관에게 제출하여야 한다. 이 경우 기간 내에 의견을 제출하지 아니하면 의견이 없는 것으로 본다. 〈개정 2013.3.23.〉

⑤ 제2항부터 제4항까지의 규정은 기본계획을 변경할 때에도 적용한다. 다만, 대통령령으로 정하는 경미한 사항을 변경할 때에는 제외한다.

⑥ 국토교통부장관은 기본계획을 수립하거나 변경하였을 때에는 이를 관보에 고시하고 시·도지사에게 통지하여야 하며, 시·도지사는 이를 지체 없이 지적소관청에 통지하여야 한다. 〈개정 2013.3.23.〉

⑦ 국토교통부장관은 기본계획이 수립된 날부터 5년이 지나면 그 타당성을 다시 검토하고 필요하면 이를 변경하여야 한다.

02 「공간정보의 구축 및 관리 등에 관한 법령」상 축척변경사업에 따른 청산금에 관한 내용이다. ( )에 들어갈 사항으로 옳은 것은?

- 지적소관청이 납부고지하거나 수령통지한 청산금에 관하여 이의가 있는 자는 납부고지 또는 수령통지를 받은 날부터 (㉠) 이내에 지적소관청에 이의신청을 할 수 있다.
- 지적소관청으로부터 청산금의 납부고지를 받은 자는 그 고지를 받은 날부터 (㉡) 이내에 청산금을 지적소관청에 내야 한다.
- 지적소관청은 청산금의 결정을 공고한 날부터 (㉢) 이내에 토지소유자에게 청산금의 납부고지 또는 수령통지를 하여야 한다.
- 이의신청을 받은 지적소관청은 (㉣) 이내에 축척변경위원회의 심의·의결을 거쳐 그 인용(認容) 여부를 결정한 후 지체 없이 그 내용을 이의신청인에게 통지하여야 한다.

	㉠	㉡	㉢	㉣
①	15일	6개월	20일	3개월
②	1개월	3개월	10일	2개월
③	1개월	6개월	20일	1개월
④	3개월	6개월	30일	2개월

풀이 공간정보의 구축 및 관리 등에 관한 법률 시행령 제76조(청산금의 납부고지 등)

① 지적소관청은 제75조제4항에 따라 청산금의 결정을 공고한 날부터 20일 이내에 토지소유자에게 청산금의 납부고지 또는 수령통지를 하여야 한다.

② 제1항에 따른 납부고지를 받은 자는 그 고지를 받은 날부터 6개월 이내에 청산금을 지적소관청에 내야 한다. 〈개정 2017.1.10.〉

③ 지적소관청은 제1항에 따른 수령통지를 한 날부터 6개월 이내에 청산금을 지급하여야 한다.

④ 지적소관청은 청산금을 지급받을 자가 행방불명 등으로 받을 수 없거나 받기를 거부할 때에는 그 청산금을 공탁할 수 있다.

⑤ 지적소관청은 청산금을 내야 하는 자가 제77조제1항에 따른 기간 내에 청산금에 관한 이의신청을 하지 아니하고 제2항에 따른 기간 내에 청산금을 내지 아니하면 지방세 체납처분의 예에 따라 징수할 수 있다.

공간정보의 구축 및 관리 등에 관한 법률 시행령 제77조(청산금에 관한 이의신청)

① 제76조제1항에 따라 납부고지되거나 수령통지된 청산금에 관하여 이의가 있는 자는 납부고지 또는 수령통지를 받은 날부터 1개월 이내에 지적소관청에 이의신청을 할 수 있다.

② 제1항에 따른 이의신청을 받은 지적소관청은 1개월 이내에 축척변경위원회의 심의·의결을 거쳐 그 인용(認容) 여부를 결정한 후 지체 없이 그 내용을 이의신청인에게 통지하여야 한다.

03 지적측량적부심사에 대한 설명 중 ( ) 안에 들어갈 사항으로 옳은 것은? (13년서울9급)

- 지적측량 적부심사청구를 받은 시·도지사는 (㉠) 이내에 다툼이 되는 지적측량의 경위 및 그 성과 등을 조사하여 지방지적위원회에 회부하여야 한다.
- 지적측량 적부심사청구를 회부받은 지방지적위원회는 그 심사청구를 회부받은 날부터 (㉡) 이내에 심의·의결하여야 한다.
- 부득이한 경우에는 그 심의기간을 해당 지적위원회의 의결을 거쳐 (㉢) 이내에서 한 번만 연장할 수 있다.
- 의결서를 받은 날부터 (㉣) 이내에 지적측량 적부심사 청구인 및 이해관계인에게 그 의결서를 통지하여야 한다.
- 의결서를 받은 자가 지방지적위원회의 의결에 불복하는 경우에는 그 의결서를 받은 날부터 (㉤) 이내에 국토교통부장관을 거쳐 중앙지적위원회에 재심사를 청구할 수 있다.

	㉠	㉡	㉢	㉣	㉤
①	60일	30일	10일	5일	60일
②	30일	30일	20일	5일	30일
③	30일	60일	30일	7일	90일
④	10일	10일	60일	10일	60일

풀이 공간정보의 구축 및 관리 등에 관한 법률 제29조(지적측량의 적부심사 등) **암기** 위성이 연기하면 예층하라

① 토지소유자, 이해관계인 또는 지적측량수행자는 지적측량성과에 대하여 다툼이 있는 경우에는 대통령령으로 정하는 바에 따라 관할 시·도지사를 거쳐 지방지적위원회에 지적측량 적부심사를 청구할 수 있다.

② 제1항에 따른 지적측량 적부심사청구를 받은 시·도지사는 ㉚일 이내에 다음 각 호의 사항을 조사하여 지방지적위원회에 회부하여야 한다.

> 1. 다툼이 되는 지적측량의 경위 및 그 성과
> 2. 해당 토지에 대한 토지이동 및 소유권 변동 연혁
> 3. 해당 토지 주변의 측량기준점, 경계, 주요 구조물 등 현황 실측도

③ 제2항에 따라 지적측량 적부심사청구를 회부받은 지방지적위원회는 그 심사청구를 회부받은 날부터 �60일 이내에 심의·의결하여야 한다. 다만, 부득이한 경우에는 그 심의기간을 해당 지적위원회의 의결을 거쳐 ㉚일 이내에서 한 번만 연장할 수 있다.

④ 지방지적위원회는 지적측량 적부심사를 의결하였으면 대통령령으로 정하는 바에 따라 의결서를 작성하여 시·도지사에게 송부하여야 한다.

⑤ 시·도지사는 제4항에 따라 의결서를 받은 날부터 ⑦일 이내에 지적측량 적부심사 청구인 및 이해관계인에게 그 의결서를 통지하여야 한다.

⑥ 제5항에 따라 의결서를 받은 자가 지방지적위원회의 의결에 불복하는 경우에는 그 의결서를 받은 날부터 �90일 이내에 **국토교통부장관**을 거쳐 **중앙지적위원회**에 재심사를 청구할 수 있다.

⑦ 제6항에 따른 재심사청구에 관하여는 제2항부터 제5항까지의 규정을 준용한다. 이 경우 "시·도지사"는 "국토교통부장관"으로, "지방지적위원회"는 "중앙지적위원회"로 본다.

⑧ 제7항에 따라 중앙지적위원회로부터 의결서를 받은 국토교통부장관은 그 의결서를 관할 시·도지사에게 송부하여야 한다.

⑨ 시·도지사는 제4항에 따라 지방지적위원회의 의결서를 받은 후 해당 지적측량 적부심사 청구인 및 이해관계인이 제6항에 따른 기간에 재심사를 청구하지 아니하면 그 의결서 사본을 지적소관청에 보내야 하며, 제8항

에 따라 중앙지적위원회의 의결서를 받은 경우에는 그 의결서 사본에 제4항에 따라 받은 지방지적위원회의 의결서 사본을 첨부하여 지적소관청에 보내야 한다.

⑩ 제9항에 따라 지방지적위원회 또는 중앙지적위원회의 의결서 사본을 받은 지적소관청은 그 내용에 따라 지적공부의 등록사항을 정정하거나 측량성과를 수정하여야 한다.

⑪ 제9항 및 제10항에도 불구하고 특별자치시장은 제4항에 따라 지방지적위원회의 의결서를 받은 후 해당 지적측량 적부심사 청구인 및 이해관계인이 제6항에 따른 기간에 재심사를 청구하지 아니하거나 제8항에 따라 중앙지적위원회의 의결서를 받은 경우에는 직접 그 내용에 따라 지적공부의 등록사항을 정정하거나 측량성과를 수정하여야 한다.

⑫ 지방지적위원회의 의결이 있은 후 제6항에 따른 기간에 재심사를 청구하지 아니하거나 중앙지적위원회의 의결이 있는 경우에는 해당 지적측량성과에 대하여 다시 지적측량 적부심사청구를 할 수 없다.

04 지적측량수행자의 손해배상책임 보장에 대한 설명 중 (   ) 안에 들어갈 내용으로 옳은 것은?

• 지적측량업자는 지적측량업 등록증을 발급받은 날부터 (㉠) 이내에 제1항제1호(보장기간 10년 이상 및 보증금액 1억 원 이상)의 기준에 따라 보증설정을 하여야 하며, 보증설정을 하였을 때에는 이를 증명하는 서류를 등록한 시·도지사에게 제출하여야 한다.
• 보증설정을 한 지적측량수행자는 보증기간의 만료로 인하여 다시 보증설정을 하려는 경우에는 그 (㉡)일까지 다시 보증설정을 하고 그 사실을 증명하는 서류를 등록한 시·도지사에게 제출하여야 한다.
• 보증설정을 한 지적측량수행자는 그 보증설정을 다른 보증설정으로 변경하려는 경우에는 해당 (㉢) 중에 다른 보증설정을 하고 그 사실을 증명하는 서류를 등록한 (㉣)에게 제출하여야 한다.

	㉠	㉡	㉢	㉣
①	10일	보증기간 만료	보증설정의 효력이 있는 기간	시·도지사
②	20일	보증기간 중	보증설정의 효력이 만료된 기간	시·도지사
③	30일	보증기간 만료	보증설정의 효력이 있는 기간	지적소관청
④	30일	보증기간 중	보증설정의 효력이 만료된 기간	지적소관청

풀이 공간정보의 구축 및 관리 등에 관한 법률 시행령 제41조(손해배상책임의 보장)

① 지적측량수행자는 법 제51조제2항에 따라 손해배상책임을 보장하기 위하여 다음 각 호의 구분에 따라 보증보험에 가입하거나 공간정보산업협회가 운영하는 보증 또는 공제에 가입하는 방법으로 보증설정(이하 "보증설정"이라 한다)을 하여야 한다.

> 1. 지적측량업자 : 보장기간 10년 이상 및 보증금액 1억 원 이상
> 2. 「국가공간정보 기본법」 제12조에 따라 설립된 한국국토정보공사(이하 "한국국토정보공사"라 한다) : 보증금액 20억 원 이상

② 지적측량업자는 지적측량업 등록증을 발급받은 날부터 10일 이내에 제1항제1호의 기준에 따라 보증설정을 하여야 하며, 보증설정을 하였을 때에는 이를 증명하는 서류를 제35조제1항에 따라 등록한 시·도지사에게 제출하여야 한다.

공간정보의 구축 및 관리 등에 관한 법률 시행령 제42조(보증설정의 변경)

① 법 제51조에 따라 보증설정을 한 지적측량수행자는 그 보증설정을 다른 보증설정으로 변경하려는 경우에는 해당 보증설정의 효력이 있는 기간 중에 다른 보증설정을 하고 그 사실을 증명하는 서류를 제35조제1항에

정답 04 ①

따라 등록한 시 · 도지사에게 제출하여야 한다.

② 보증설정을 한 지적측량수행자는 보증기간의 만료로 인하여 다시 보증설정을 하려는 경우에는 그 보증기간 만료일까지 다시 보증설정을 하고 그 사실을 증명하는 서류를 제35조제1항에 따라 등록한 시 · 도지사에게 제출하여야 한다.

공간정보의 구축 및 관리 등에 관한 법률 시행령 제43조(보험금 등의 지급 등)

① 지적측량의뢰인은 법 제51조제1항에 따른 손해배상으로 보험금 · 보증금 또는 공제금을 지급받으려면 다음 각 호의 어느 하나에 해당하는 서류를 첨부하여 보험회사 또는 공간정보산업협회에 손해배상금 지급을 청구하여야 한다.

> 1. 지적측량의뢰인과 지적측량수행자 간의 손해배상합의서 또는 화해조서
> 2. 확정된 법원의 판결문 사본
> 3. 제1호 또는 제2호에 준하는 효력이 있는 서류

② 지적측량수행자는 보험금 · 보증금 또는 공제금으로 손해배상을 하였을 때에는 지체 없이 다시 보증설정을 하고 그 사실을 증명하는 서류를 제35조제1항에 따라 등록한 시 · 도지사에게 제출하여야 한다.

③ 지적소관청은 제1항에 따라 지적측량수행자가 지급하는 손해배상금의 일부를 지적소관청의 지적측량성과 검사 과실로 인하여 지급하여야 하는 경우에 대비하여 공제에 가입할 수 있다.

---

05 「공간정보의 구축 및 관리 등에 관한 법령」상 측량기기의 성능검사에 관한 설명이다. (   ) 안에 들어갈 내용으로 옳은 것은?

> • 측량업자는 트랜싯, 레벨, 그 밖에 대통령령으로 정하는 측량기기에 대하여 (㉠)의 범위에서 대통령령으로 정하는 기간마다 국토교통부장관이 실시하는 성능검사를 받아야 한다.
> • 성능검사(신규 성능검사는 제외한다)는 성능검사 유효기간 만료일 (㉡) 전부터 유효기간 만료일까지의 기간에 받아야 한다.
> • 성능검사의 유효기간은 종전 (㉢)부터 기산(起算)한다. 다만, 기간 외의 기간에 성능검사를 받은 경우에는 그 (㉣)부터 기산한다.

	㉠	㉡	㉢	㉣
①	3년	3개월	유효기간 만료일의 다음 날	검사를 받은 날의 다음 날
②	4년	2개월	검사를 받은 날의 다음 날	유효기간 만료일의 다음 날
③	5년	2개월	유효기간 만료일의 다음 날	검사를 받은 날의 다음 날
④	6년	3개월	검사를 받은 날의 다음 날	유효기간 만료일의 다음 날

풀이 공간정보의 구축 및 관리 등에 관한 법률 제92조(측량기기의 검사)

① 측량업자는 트랜싯, 레벨, 그 밖에 대통령령으로 정하는 측량기기에 대하여 5년의 범위에서 대통령령으로 정하는 기간마다 국토교통부장관이 실시하는 성능검사를 받아야 한다. 다만, 「국가표준기본법」 제14조에 따라 국가교정업무 전담기관의 교정검사를 받은 측량기기로서 국토교통부장관이 제6항에 따른 성능검사 기준에 적합하다고 인정한 경우에는 성능검사를 받은 것으로 본다. 〈개정 2013.3.23., 2020.4.7.〉

② 한국국토정보공사는 성능검사를 위한 적합한 시설과 장비를 갖추고 자체적으로 검사를 실시하여야 한다. 〈개정 2014.6.3.〉

③ 제93조제1항에 따라 측량기기의 성능검사업무를 대행하는 자로 등록한 자(이하 "성능검사대행자"라 한다)

는 제1항에 따른 국토교통부장관의 성능검사업무를 대행할 수 있다. 〈개정 2013.3.23., 2020.4.7.〉

④ 한국국토정보공사와 성능검사대행자는 제6항에 따른 성능검사의 기준, 방법 및 절차와 다르게 성능검사를 하여서는 아니 된다. 〈신설 2020.4.7.〉

⑤ 국토교통부장관은 한국국토정보공사와 성능검사대행자가 제6항에 따른 기준, 방법 및 절차에 따라 성능검사를 정확하게 하는지 실태를 점검하고, 필요한 경우에는 시정을 명할 수 있다. 〈신설 2020.4.7.〉

⑥ 제1항 및 제2항에 따른 성능검사의 기준, 방법 및 절차와 제5항에 따른 실태점검 및 시정명령 등에 필요한 사항은 국토교통부령으로 정한다. 〈개정 2013.3.23., 2020.4.7.〉

공간정보의 구축 및 관리 등에 관한 법률 시행령 제97조(성능검사의 대상 및 주기 등)

① 법 제92조제1항에 따라 성능검사를 받아야 하는 측량기기와 검사주기는 다음 각 호와 같다.

> 1. 트랜싯(데오드라이트) : 3년
> 2. 레벨 : 3년
> 3. 거리측정기 : 3년
> 4. 토털 스테이션 : 3년
> 5. 지피에스(GPS) 수신기 : 3년
> 6. 금속관로 탐지기 : 3년

② 법 제92조제1항에 따른 성능검사(신규 성능검사는 제외한다)는 제1항에 따른 성능검사 유효기간 만료일 2개월 전부터 유효기간 만료일까지의 기간에 받아야 한다.

③ 법 제92조제1항에 따른 성능검사의 유효기간은 종전 유효기간 만료일의 다음 날부터 기산(起算)한다. 다만, 제2항에 따른 기간 외의 기간에 성능검사를 받은 경우에는 그 검사를 받은 날의 다음 날부터 기산한다.

06 지적소관청이 토지소유자에게 지적정리 등을 통지하여야 하는 시기에 관한 설명 중 ( ) 안에 들어갈 내용으로 알맞은 것은?

> 1. 토지의 표시에 관한 변경등기가 필요한 경우 : 그 등기완료의 통지서를 (ㄱ)날부터 (ㄴ)일 이내
> 2. 토지의 표시에 관한 변경등기가 필요하지 아니한 경우 : 지적공부에 (ㄷ)날부터 (ㄹ)일 이내

① ㄱ : 접수한, ㄴ : 15, ㄷ : 등록한, ㄹ : 7

② ㄱ : 등록한, ㄴ : 15, ㄷ : 접수한, ㄹ : 7

③ ㄱ : 접수한, ㄴ : 7, ㄷ : 등록한, ㄹ : 15

④ ㄱ : 접수한, ㄴ : 15, ㄷ : 등록한, ㄹ : 15

⑤ ㄱ : 등록한, ㄴ : 7, ㄷ : 접수한, ㄹ : 7

풀이 **공간정보의 구축 및 관리 등에 관한 법률 시행령 제85조(지적정리 등의 통지)**

지적소관청이 법 제90조에 따라 토지소유자에게 지적정리 등을 통지하여야 하는 시기는 다음 각 호의 구분에 따른다.

1. 토지의 표시에 관한 변경등기가 필요한 경우 : 그 등기완료의 통지서를 접수한 날부터 15일 이내
2. 토지의 표시에 관한 변경등기가 필요하지 아니한 경우 : 지적공부에 등록한 날부터 7일 이내

정답 06 ①

07 「공간정보의 구축 및 관리 등에 관한 법령」상 토지의 이동 신청 및 지적정리 등에 관한 설명이다. ( ) 안에 들어갈 내용으로 옳은 것은?

> 지적소관청은 토지의 표시가 잘못되었음을 발견하였을 때에는 (㉠) 등록사항정정에 필요한 서류와 (㉡)를 작성하고, 「공간정보의 구축 및 관리 등에 관한 법률 시행령」 제84조제2항에 따라 토지이동정리 결의서를 작성한 후 대장의 사유란에 (㉢)라고 적고, 토지소유자에게 등록사항정정 신청을 할 수 있도록 그 사유를 통지하여야 한다.

	㉠	㉡	㉢
①	지체 없이	등록사항정정 측량성과도	등록사항정정 대상토지
②	7일 이내	등록사항정정 대상토지	등록사항정정 측량성과도
③	30일 이내	지적불부합 토지	등록사항정정 측량성과도
④	30일 이내	등록사항정정 대상토지	등록사항정정 측량성과도

풀이 공간정보의 구축 및 관리 등에 관한 법률 시행규칙 제94조(등록사항 정정 대상토지의 관리 등)

① 지적소관청은 토지의 표시가 잘못되었음을 발견하였을 때에는 **지체 없이** 등록사항 정정에 필요한 서류와 **등록사항정정 측량성과도**를 작성하고, 영 제84조제2항에 따라 토지이동정리 결의서를 작성한 후 대장의 사유란에 "**등록사항정정 대상토지**"라고 적고, 토지소유자에게 등록사항 정정 신청을 할 수 있도록 그 사유를 통지하여야 한다. 다만, 영 제82조제1항에 따라 지적소관청이 직권으로 정정할 수 있는 경우에는 토지소유자에게 통지를 하지 아니할 수 있다.

② 제1항에 따른 등록사항 정정 대상토지에 대한 대장을 열람하게 하거나 등본을 발급하는 때에는 "등록사항 정정 대상토지"라고 적은 부분을 흑백의 반전(反轉)으로 표시하거나 붉은색으로 적어야 한다.

08 「공간정보의 구축 및 관리 등에 관한 법령」상 축척변경사업에 따른 청산금에 관한 내용이다. ( )에 들어갈 사항으로 옳은 것은?

> • 지적소관청이 납부고지하거나 수령통지한 청산금에 관하여 이의가 있는 자는 납부고지 또는 수령통지를 받은 날부터 (ㄱ) 이내에 지적소관청에 이의신청을 할 수 있다.
> • 지적소관청으로부터 청산금의 납부고지를 받은 자는 그 고지를 받은 날부터 (ㄴ) 이내에 청산금을 지적소관청에 내야 한다.
> • 이의신청을 받은 지적소관청은 (ㄷ) 이내에 축척변경위원회의 심의·의결을 거쳐 그 인용(認容) 여부를 결정한 후 지체 없이 그 내용을 이의신청인에게 통지하여야 한다.
> • 지적소관청은 청산금의 결정을 공고한 날부터 (ㄹ)일 이내에 토지소유자에게 청산금의 납부고지 또는 수령통지를 하여야 한다.

① ㄱ : 15일, ㄴ : 6개월, ㄷ : 2개월, ㄹ : 10일
② ㄱ : 1개월, ㄴ : 6개월, ㄷ : 1개월, ㄹ : 20일
③ ㄱ : 1개월, ㄴ : 6개월, ㄷ : 3개월, ㄹ : 30일
④ ㄱ : 3개월, ㄴ : 6개월, ㄷ : 4개월, ㄹ : 40일
⑤ ㄱ : 3개월, ㄴ : 1년, ㄷ : 5개월, ㄹ : 50일

① 지적소관청은 제75조제4항에 따라 청산금의 결정을 공고한 날부터 20일 이내에 토지소유자에게 청산금의 납부고지 또는 수령통지를 하여야 한다.

② 제1항에 따른 납부고지를 받은 자는 그 고지를 받은 날부터 6개월 이내에 청산금을 지적소관청에 내야 한다.

③ 지적소관청은 제1항에 따른 수령통지를 한 날부터 6개월 이내에 청산금을 지급하여야 한다.

④ 지적소관청은 청산금을 지급받을 자가 행방불명 등으로 받을 수 없거나 받기를 거부할 때에는 그 청산금을 공탁할 수 있다.

⑤ 지적소관청은 청산금을 내야 하는 자가 제77조제1항에 따른 기간 내에 청산금에 관한 이의신청을 하지 아니하고 제2항에 따른 기간 내에 청산금을 내지 아니하면 지방세 체납처분의 예에 따라 징수할 수 있다.

공간정보의 구축 및 관리 등에 관한 법률 시행령 제77조(청산금에 관한 이의신청)

① 제76조제1항에 따라 납부고지되거나 수령통지된 청산금에 관하여 이의가 있는 자는 납부고지 또는 수령통지를 받은 날부터 1개월 이내에 지적소관청에 이의신청을 할 수 있다.

② 제1항에 따른 이의신청을 받은 지적소관청은 1개월 이내에 축척변경위원회의 심의·의결을 거쳐 그 인용(認容) 여부를 결정한 후 지체 없이 그 내용을 이의신청인에게 통지하여야 한다.

09 다음은 지적측량의 기간에 관한 내용이다. ( ) 안에 들어갈 내용으로 옳은 것은?

> 지적측량의 측량기간은 (ㄱ)로 하며, 측량검사기간은 (ㄴ)로 한다. 다만, 지적기준점을 설치하여 측량 또는 측량검사를 하는 경우 지적기준점이 (ㄷ) 이하인 경우에는 (ㄹ)을, 15점을 초과하는 경우에는 4일에 15점을 초과하는 (ㅁ)마다 1일을 가산한다. 이와 같은 기준에도 불구하고, 지적측량 의뢰인과 지적측량수행자가 서로 합의하여 따로 기간을 정하는 경우에는 그 기간에 따르되, 전체 기간의 (ㅂ)은 측량기간으로, 전체 기간의 (ㅅ)은(는) 측량검사기간으로 본다.

① ㄱ – 3일, ㄴ – 3일, ㄷ – 10점, ㄹ – 4일, ㅁ – 4점, ㅂ – 4분의 3, ㅅ – 4분의 1

② ㄱ – 4일, ㄴ – 3일, ㄷ – 14점, ㄹ – 5일, ㅁ – 5점, ㅂ – 5분의 3, ㅅ – 5분의 2

③ ㄱ – 5일, ㄴ – 4일, ㄷ – 15점, ㄹ – 4일, ㅁ – 4점, ㅂ – 4분의 3, ㅅ – 4분의 1

④ ㄱ – 6일, ㄴ – 4일, ㄷ – 15점, ㄹ – 6일, ㅁ – 5점, ㅂ – 5분의 3, ㅅ – 5분의 2

⑤ ㄱ – 7일, ㄴ – 4일, ㄷ – 16점, ㄹ – 7일, ㅁ – 5점, ㅂ – 5분의 3, ㅅ – 5분의 1

풀이 공간정보의 구축 및 관리 등에 관한 법률 시행규칙 제25조(지적측량 의뢰 등)

① 법 제24조제1항에 따라 지적측량을 의뢰하려는 자는 별지 제15호 서식의 지적측량 의뢰서(전자문서로 된 의뢰서를 포함한다)에 의뢰 사유를 증명하는 서류(전자문서를 포함한다)를 첨부하여 지적측량수행자에게 제출하여야 한다. 〈개정 2014.1.17.〉

② 지적측량수행자는 제1항에 따른 지적측량 의뢰를 받은 때에는 측량기간, 측량일자 및 측량 수수료 등을 적은 별지 제16호 서식의 지적측량 수행계획서를 그 다음 날까지 지적소관청에 제출하여야 한다. 제출한 지적측량 수행계획서를 변경한 경우에도 같다. 〈개정 2014.1.17.〉

③ 지적측량의 측량기간은 5일로 하며, 측량검사기간은 4일로 한다. 다만, 지적기준점을 설치하여 측량 또는 측량검사를 하는 경우 지적기준점이 15점 이하인 경우에는 4일을, 15점을 초과하는 경우에는 4일에 15점을 초과하는 4점마다 1일을 가산한다. 〈개정 2010.6.17.〉

④ 제3항에도 불구하고 지적측량 의뢰인과 지적측량수행자가 서로 합의하여 따로 기간을 정하는 경우에는 그 기간에 따르되, 전체 기간의 4분의 3은 측량기간으로, 전체 기간의 4분의 1은 측량검사기간으로 본다.

⑤ 삭제 〈2015.6.4.〉

정답 09 ③

10 다음은 지적공부 복구에 관한 사항이다. (   ) 안에 들어갈 내용으로 알맞은 것은?

(11년서울9급)

- 지적소관청은 조사된 복구자료 중 토지대장·임야대장 및 공유지연명부의 등록내용을 증명하는 서류 등에 따라 (㉠)를 작성하고, 지적도면의 등록 내용을 증명하는 서류 등에 따라 (㉡)를 작성하여야 한다.
- 지적소관청은 복구자료의 조사 또는 복구측량 등이 완료되어 지적공부를 복구하려는 경우에는 복구하려는 토지의 표시 등을 (㉢) 및 인터넷 홈페이지에 (㉣)일 이상 게시하여야 한다.

	㉠	㉡	㉢	㉣
①	지적복구자료 조사서	복구자료도	시·군·구 게시판	15
②	복구자료도	지적복구자료 조사서	시·도 게시판	15
③	지적복구자료 조사서	복구자료도	시·도 게시판	15
④	복구자료도	지적복구자료 조사서	시·군·구 게시판	20
⑤	지적복구자료 조사서	복구자료도	읍·면·동 게시판	15

풀이 공간정보의 구축 및 관리 등에 관한 법률 시행규칙 제73조(지적공부의 복구절차 등)

① 지적소관청은 법 제74조 및 영 제61조제1항에 따라 지적공부를 복구하려는 경우에는 제72조 각 호의 복구자료를 조사하여야 한다.

② 지적소관청은 제1항에 따라 조사된 복구자료 중 토지대장·임야대장 및 공유지연명부의 등록 내용을 증명하는 서류 등에 따라 별지 제70호 서식의 **지적복구자료 조사서**를 작성하고, 지적도면의 등록 내용을 증명하는 서류 등에 따라 **복구자료도**를 작성하여야 한다.

③ 제2항에 따라 작성된 복구자료도에 따라 측정한 면적과 지적복구자료 조사서의 조사된 면적의 증감이 영 제19조제1항제2호가목의 계산식에 따른 허용범위를 초과하거나 복구자료도를 작성할 복구자료가 없는 경우에는 복구측량을 하여야 한다. 이 경우 같은 계산식 중 A는 오차허용면적, M은 축척분모, F는 조사된 면적을 말한다.

④ 제2항에 따라 작성된 지적복구자료 조사서의 조사된 면적이 영 제19조제1항제2호가목의 계산식에 따른 허용범위 이내인 경우에는 그 면적을 복구면적으로 결정하여야 한다.

⑤ 제3항에 따라 복구측량을 한 결과가 복구자료와 부합하지 아니하는 때에는 토지소유자 및 이해관계인의 동의를 받아 경계 또는 면적 등을 조정할 수 있다. 이 경우 경계를 조정한 때에는 제60조제2항에 따른 경계점표지를 설치하여야 한다.

⑥ 지적소관청은 제1항부터 제5항까지의 규정에 따른 복구자료의 조사 또는 복구측량 등이 완료되어 지적공부를 복구하려는 경우에는 복구하려는 토지의 표시 등을 시·군·구 게시판 및 인터넷 홈페이지에 15일 이상 게시하여야 한다.

⑦ 복구하려는 토지의 표시 등에 이의가 있는 자는 제6항의 게시기간 내에 지적소관청에 이의신청을 할 수 있다. 이 경우 이의신청을 받은 지적소관청은 이의사유를 검토하여 이유 있다고 인정되는 때에는 그 시정에 필요한 조치를 하여야 한다.

⑧ 지적소관청은 제6항 및 제7항에 따른 절차를 이행한 때에는 지적복구자료 조사서, 복구자료도 또는 복구측량 결과도 등에 따라 토지대장·임야대장·공유지연명부 또는 지적도면을 복구하여야 한다.

⑨ 토지대장·임야대장 또는 공유지연명부는 복구되고 지적도면이 복구되지 아니한 토지가 법 제83조에 따른 축척변경 시행지역이나 법 제86조에 따른 도시개발사업 등의 시행지역에 편입된 때에는 지적도면을 복구하지 아니할 수 있다.

11 「지적재조사 책임수행기관 운영규정」[국토교통부고시 제2021-879호, 2021.6.18., 제정]상 지적재조사 책임수행기관에 대한 사항으로 옳지 않은 것은?

① 책임수행기관은 대행자를 선정하려면 국토교통부장관과 협의하여 국가종합전자조달시스템, 지적재조사행정시스템, 책임수행기관 홈페이지 등에 사업의 개요 등의 사항을 1주 이상 공고하여야 한다.

② 국토교통부장관은 책임수행기관을 지정하려면 지정신청에 관한 사항을 2주 이상 인터넷 홈페이지 등에 공고하여야 한다.

③ 지적소관청은 업무 위탁계약 체결 시 책임수행기관에게 업무 위탁 측량수수료를 지급하여야 한다.

④ 책임수행기관을 지정하거나 지정취소하려는 경우에는 중앙지적재조사위원회의 심의·의결을 거쳐야 한다.

풀이 **지적재조사 책임수행기관 운영규정 제4조(책임수행기관 지정)**

① 국토교통부장관은 법 제5조의2제1항에 따른 책임수행기관을 지정하려면 지정신청에 관한 사항을 2주 이상 인터넷 홈페이지 등에 공고하여야 한다.

② 국토교통부장관은 영 제4조의3제1항에 따라 책임수행기관 지정 신청이 있는 경우 다음 각 호의 사항을 심사하여 책임수행기관으로 지정할 수 있다.

> 1. 지적재조사 업무를 전문적으로 수행할 수 있는지 여부
> 2. 영 제4조의2제2항제2호에 따른 요건을 충족하는지 여부
> 3. 그 밖에 책임수행기관으로서 적합한지 여부

③ 국토교통부장관은 권역별로 책임수행기관을 지정하려면 이미 지정한 책임수행기관의 권역과 중복되지 않도록 사전에 조정하여야 하며, 권역별로 책임수행기관을 지정한 경우에는 이미 지정하였던 책임수행기관의 권역은 조정에 의해 변경된 것으로 본다.

④ 책임수행기관의 지정 효력은 제5조에 따라 책임수행기관 지정이 취소되거나 새로운 책임수행기관이 지정되기 전까지 지속되는 것으로 본다.

지적재조사 책임수행기관 운영규정 제6조(중앙지적재조사위원회 심의)

제4조 및 제5조에 따라 책임수행기관을 지정하거나 지정취소하려는 경우에는 법 제28조제2항에 따른 중앙지적재조사위원회의 심의·의결을 거쳐야 한다.

지적재조사 책임수행기관 운영규정 제9조(업무 위탁 측량수수료)

① 지적소관청은 업무 위탁계약 체결 시 책임수행기관에게 업무 위탁 측량수수료를 지급하여야 한다.

② 업무 위탁 측량수수료는 실시계획에 포함된 필지 수를 기준으로 산정하며, 규칙 제6조에 따라 지적재조사측량성과 검사가 완료된 때에 지적재조사지구 지정 필지 수를 기준으로 정산한다.

③ 책임수행기관은 제2항에 따른 정산결과 업무 위탁 측량수수료가 남는 경우에는 지적소관청에 반납하여야 하며, 업무 위탁 측량수수료가 부족한 경우에는 지적소관청에 추가 지급을 요청하여야 한다. 다만, 정산결과 필지수의 증감이 100분의 5 이내인 경우에는 그러하지 아니하다.

④ 지적소관청은 제3항에 따른 업무 위탁 측량수수료 정산금액을 국토교통부에 반환하거나 다음 연도의 보조금을 교부받아 지급하여야 한다.

지적재조사 책임수행기관 운영규정 제10조(대행자 선정 공고)

① 책임수행기관은 대행자를 선정하려면 국토교통부장관과 협의하여 국가종합전자조달시스템, 지적재조사행정시스템, 책임수행기관 홈페이지 등에 다음 각 호의 사항을 2주 이상 공고하여야 한다.

정답 11 ①

② 책임수행기관은 지적소관청별로 대행자를 선정할 수 있으며, 지적소관청이 요청한 경우 구역을 분리하여 공고할 수 있다.

12 지적측량적부심사에 대한 설명으로 옳지 못한 것은? (13년서울9급)

① 토지소유자, 이해관계인 또는 지적측량수행자는 지적측량성과에 대하여 다툼이 있는 경우에는 대통령령으로 정하는 바에 따라 관할 시 · 도지사에게 지적측량 적부심사를 청구할 수 있다.

② 지적측량 적부심사청구를 받은 시 · 도지사는 30일 이내에 다툼이 되는 지적측량의 경위 및 그 성과 등을 조사하여 지방지적위원회에 회부하여야 한다.

③ 지적측량 적부심사청구를 회부받은 지방지적위원회는 그 심사청구를 회부받은 날부터 60일 이내에 심의 · 의결하여야 한다.

④ 지방지적위원회는 지적측량 적부심사를 의결하였으면 위원장과 참석위원 전원이 서명 및 날인한 지적측량 적부심사 의결서를 지체 없이 시 · 도지사에게 송부하여야 하며, 지적소관청은 의결서를 받은 날부터 7일 이내에 지적측량 적부심사 청구인 및 이해관계인에게 그 의결서를 통지하여야 한다.

⑤ 지방지적위원회 의결서 사본을 받은 지적소관청은 그 내용에 따라 지적공부의 등록사항을 정정하거나 측량 성과를 수정하여야 한다.

> **풀이** **공간정보의 구축 및 관리 등에 관한 법률 제29조(지적측량의 적부심사 등)** 암기 **위⑤이 연⑦하면 예⑥하라**
>
> ① 토지소유자, 이해관계인 또는 지적측량수행자는 지적측량성과에 대하여 다툼이 있는 경우에는 대통령령으로 정하는 바에 따라 관할 시 · 도지사를 거쳐 지방지적위원회에 지적측량 적부심사를 청구할 수 있다.
>
> ② 제1항에 따른 지적측량 적부심사청구를 받은 시 · 도지사는 30일 이내에 다음 각 호의 사항을 조사하여 지방지적위원회에 회부하여야 한다.
>
> > 1. 다툼이 되는 지적측량의 경⑨ 및 그 ⑤과
> > 2. 해당 토지에 대한 토지⑩동 및 소유권 변동 ⑩혁
> > 3. 해당 토지 주변의 측량⑦준점, 경⑥, 주요 구조물 등 현황 실⑥도
>
> ③ 제2항에 따라 지적측량 적부심사청구를 회부받은 지방지적위원회는 그 심사청구를 회부받은 날부터 60일 이내에 심의 · 의결하여야 한다. 다만, 부득이한 경우에는 그 심의기간을 해당 지적위원회의 의결을 거쳐 30일 이내에서 한 번만 연장할 수 있다.
>
> ④ 지방지적위원회는 지적측량 적부심사를 의결하였으면 대통령령으로 정하는 바에 따라 의결서를 작성하여 시 · 도지사에게 송부하여야 한다.
>
> ⑤ 시 · 도지사는 제4항에 따라 의결서를 받은 날부터 7일 이내에 지적측량 적부심사 청구인 및 이해관계인에게 그 의결서를 통지하여야 한다.
>
> ⑥ 제5항에 따라 의결서를 받은 자가 지방지적위원회의 의결에 불복하는 경우에는 그 의결서를 받은 날부터 90일 이내에 국토교통부장관을 거쳐 중앙지적위원회에 재심사를 청구할 수 있다.
>
> ⑦ 제6항에 따른 재심사청구에 관하여는 제2항부터 제5항까지의 규정을 준용한다. 이 경우 "시 · 도지사"는

"국토교통부장관"으로, "지방지적위원회"는 "중앙지적위원회"로 본다.

⑧ 제7항에 따라 중앙지적위원회로부터 의결서를 받은 국토교통부장관은 그 의결서를 관할 시·도지사에게 송부하여야 한다.

⑨ 시·도지사는 제4항에 따라 지방지적위원회의 의결서를 받은 후 해당 지적측량 적부심사 청구인 및 이해관계인이 제6항에 따른 기간에 재심사를 청구하지 아니하면 그 의결서 사본을 지적소관청에 보내야 하며, 제8항에 따라 중앙지적위원회의 의결서를 받은 경우에는 그 의결서 사본에 제4항에 따라 받은 지방지적위원회의 의결서 사본을 첨부하여 지적소관청에 보내야 한다.

⑩ 제9항에 따라 지방지적위원회 또는 중앙지적위원회의 의결서 사본을 받은 지적소관청은 그 내용에 따라 지적공부의 등록사항을 정정하거나 측량성과를 수정하여야 한다.

⑪ 제9항 및 제10항에도 불구하고 특별자치시장은 제4항에 따라 지방지적위원회의 의결서를 받은 후 해당 지적측량 적부심사 청구인 및 이해관계인이 제6항에 따른 기간에 재심사를 청구하지 아니하거나 제8항에 따라 중앙지적위원회의 의결서를 받은 경우에는 직접 그 내용에 따라 지적공부의 등록사항을 정정하거나 측량성과를 수정하여야 한다.

⑫ 지방지적위원회의 의결이 있은 후 제6항에 따른 기간에 재심사를 청구하지 아니하거나 중앙지적위원회의 의결이 있는 경우에는 해당 지적측량성과에 대하여 다시 지적측량 적부심사청구를 할 수 없다.

13 다음 설명 중 옳지 않은 것은?

① 지적측량 적부심사청구를 회부받은 지방지적위원회는 그 심사청구를 회부받은 날부터 60일 이내에 심의·의결하여야 한다. 다만, 부득이한 경우에는 그 심의기간을 해당 지적위원회의 의결을 거쳐 30일 이내에서 한 번만 연장할 수 있다.

② 지방지적위원회의 의결에 불복하는 경우에는 그 의결서를 받은 날부터 90일 이내에 국토교통부장관을 거쳐 중앙 지적위원회에 재심사를 청구할 수 있다.

③ 도시개발사업 등의 착수·변경 또는 완료 사실의 신고는 그 사유가 발생한 날부터 30일 이내에 하여야 한다.

④ 토지소유자, 이해관계인 또는 지적측량수행자로부터 지적측량 적부심사청구를 받은 시·도지사는 30일 이내에 지방 지적위원회에 회부하여야 한다.

⑤ 축척변경 시행지역의 토지소유자 또는 점유자는 시행공고가 된 날부터 30일 이내에 시행공고일 현재 점유하고 있는 경계에 국토교통부령으로 정하는 경계점표지를 설치하여야 한다.

> **풀이** 공간정보의 구축 및 관리 등에 관한 법률 제29조(지적측량의 적부심사 등) **암기** 위상이 연기하면 위축하라
> ① 토지소유자, 이해관계인 또는 지적측량수행자는 지적측량성과에 대하여 다툼이 있는 경우에는 대통령령으로 정하는 바에 따라 관할 시·도지사를 거쳐 지방지적위원회에 지적측량 적부심사를 청구할 수 있다.
> ② 제1항에 따른 지적측량 적부심사청구를 받은 시·도지사는 30일 이내에 다음 각 호의 사항을 조사하여 지방지적위원회에 회부하여야 한다.
>
> > 1. 다툼이 되는 지적측량의 경위 및 그 성과
> > 2. 해당 토지에 대한 토지이동 및 소유권 변동 연혁
> > 3. 해당 토지 주변의 측량기준점, 경계, 주요 구조물 등 현황 실측도
>
> ③ 제2항에 따라 지적측량 적부심사청구를 회부받은 지방지적위원회는 그 심사청구를 회부받은 날부터 60일 이내에 심의·의결하여야 한다. 다만, 부득이한 경우에는 그 심의기간을 해당 지적위원회의 의결을 거쳐 30일 이내에서 한 번만 연장할 수 있다.

④ 지방지적위원회는 지적측량 적부심사를 의결하였으면 대통령령으로 정하는 바에 따라 의결서를 작성하여 시 · 도지사에게 송부하여야 한다.

⑤ 시 · 도지사는 제4항에 따라 의결서를 받은 날부터 7일 이내에 지적측량 적부심사 청구인 및 이해관계인에게 그 의결서를 통지하여야 한다.

⑥ 제5항에 따라 의결서를 받은 자가 지방지적위원회의 의결에 불복하는 경우에는 그 의결서를 받은 날부터 90일 이내에 국토교통부장관을 거쳐 중앙지적위원회에 재심사를 청구할 수 있다.

공간정보의 구축 및 관리 등에 관한 법률 시행령 제71조(축척변경 시행공고 등) [암기] [기][지][목] [청][소][세]

① 지적소관청은 법 제83조제3항에 따라 시 · 도지사 또는 대도시 시장으로부터 축척변경 승인을 받았을 때에는 지체 없이 다음 각 호의 사항을 20일 이상 공고하여야 한다.

1. 축척변경의 [목]적, 시행[지]역 및 시행[기]간
2. 축척변경의 시행에 따른 [청]산방법
3. 축척변경의 시행에 따른 토지[소]유자 등의 협조에 관한 사항
4. 축척변경의 시행에 관한 [세]부계획

② 제1항에 따른 시행공고는 시 · 군 · 구(자치구가 아닌 구를 포함한다) 및 축척변경 시행지역 동 · 리의 게시판에 주민이 볼 수 있도록 게시하여야 한다.

③ 축척변경 시행지역의 토지소유자 또는 점유자는 시행공고가 된 날(이하 "시행공고일"이라 한다)부터 30일 이내에 시행공고일 현재 점유하고 있는 경계에 국토교통부령으로 정하는 경계점표지를 설치하여야 한다.

공간정보의 구축 및 관리 등에 관한 법률 시행령 제83조(토지개발사업 등의 범위 및 신고)

② 법 제86조제1항에 따른 도시개발사업 등의 착수 · 변경 또는 완료 사실의 신고는 그 사유가 발생한 날부터 15일 이내에 하여야 한다.

14 다음 중 지적측량 적부심사에 관한 사항으로 옳은 것은? (11년서울9급)

① 토지소유자, 이해관계인 또는 지적측량수행자는 지적측량성과에 대하여 다툼이 있는 경우 대통령령으로 정하는 바에 따라 관할 시 · 도지사를 거쳐서 지방지적위원회에 지적측량 적부심사를 청구할 수 있다.

② 지적측량 적부심사청구를 받은 시 · 도지사는 60일 이내에 각 사항을 조사하여 지방지적위원회에 회부하여야 한다.

③ 지적측량 적부심사청구를 회부받은 지방지적위원회는 그 심사청구를 회부받은 날부터 30일 이내에 심의 · 의결하여야 한다. 다만, 부득이한 경우에는 그 심의기간을 해당 지적위원회의 의결을 거쳐 30일 이내에서 한 번만 연장할 수 있다.

④ 시 · 도지사는 의결을 거친 날부터 7일 이내에 지적측량 적부심사 청구인 및 이해관계인에게 그 의결서를 통지하여야 한다.

⑤ 의결서를 받은 자가 지방지적위원회의 의결에 불복하는 경우에는 그 의결서를 받은 날부터 60일 이내에 국토교통부장관에게 재심사를 청구할 수 있다.

[풀이] **공간정보의 구축 및 관리 등에 관한 법률 제29조(지적측량의 적부심사 등)** [암기] [위][성][이] [연][기]하면 [계][측]하라

① 토지소유자, 이해관계인 또는 지적측량수행자는 지적측량성과에 대하여 다툼이 있는 경우에는 대통령령으로 정하는 바에 따라 관할 시 · 도지사를 거쳐 지방지적위원회에 지적측량 적부심사를 청구할 수 있다.

정답 14 ①

② 제1항에 따른 지적측량 적부심사청구를 받은 시 · 도지사는 30일 이내에 다음 각 호의 사항을 조사하여 지방지적위원회에 회부하여야 한다.

> 1. 다툼이 되는 지적측량의 경**위** 및 그 **성**과
> 2. 해당 토지에 대한 토지**이**동 및 소유권 변동 **연**혁
> 3. 해당 토지 주변의 측량**기**준점, 경**계**, 주요 구조물 등 현황 실**측**도

③ 제2항에 따라 지적측량 적부심사청구를 회부받은 지방지적위원회는 그 심사청구를 회부받은 날부터 60일 이내에 심의 · 의결하여야 한다. 다만, 부득이한 경우에는 그 심의기간을 해당 지적위원회의 의결을 거쳐 30일 이내에서 한 번만 연장할 수 있다.

④ 지방지적위원회는 지적측량 적부심사를 의결하였으면 대통령령으로 정하는 바에 따라 의결서를 작성하여 시 · 도지사에게 송부하여야 한다.

⑤ 시 · 도지사는 제4항에 따라 의결서를 받은 날부터 7일 이내에 지적측량 적부심사 청구인 및 이해관계인에게 그 의결서를 통지하여야 한다.

⑥ 제5항에 따라 의결서를 받은 자가 지방지적위원회의 의결에 불복하는 경우에는 그 의결서를 받은 날부터 90일 이내에 국토교통부장관을 거쳐 중앙지적위원회에 재심사를 청구할 수 있다.

⑦ 제6항에 따른 재심사청구에 관하여는 제2항부터 제5항까지의 규정을 준용한다. 이 경우 "시 · 도지사"는 "국토교통부장관"으로, "지방지적위원회"는 "중앙지적위원회"로 본다.

⑧ 제7항에 따라 중앙지적위원회로부터 의결서를 받은 국토교통부장관은 그 의결서를 관할 시 · 도지사에게 송부하여야 한다.

⑨ 시 · 도지사는 제4항에 따라 지방지적위원회의 의결서를 받은 후 해당 지적측량 적부심사 청구인 및 이해관계인이 제6항에 따른 기간에 재심사를 청구하지 아니하면 그 의결서 사본을 지적소관청에 보내야 하며, 제8항에 따라 중앙지적위원회의 의결서를 받은 경우에는 그 의결서 사본에 제4항에 따라 받은 지방지적위원회의 의결서 사본을 첨부하여 지적소관청에 보내야 한다.

⑩ 제9항에 따라 지방지적위원회 또는 중앙지적위원회의 의결서 사본을 받은 지적소관청은 그 내용에 따라 지적공부의 등록사항을 정정하거나 측량성과를 수정하여야 한다.

⑪ 제9항 및 제10항에도 불구하고 특별자치시장은 제4항에 따라 지방지적위원회의 의결서를 받은 후 해당 지적측량 적부심사 청구인 및 이해관계인이 제6항에 따른 기간에 재심사를 청구하지 아니하거나 제8항에 따라 중앙지적위원회의 의결서를 받은 경우에는 직접 그 내용에 따라 지적공부의 등록사항을 정정하거나 측량성과를 수정하여야 한다.

⑫ 지방지적위원회의 의결이 있은 후 제6항에 따른 기간에 재심사를 청구하지 아니하거나 중앙지적위원회의 의결이 있는 경우에는 해당 지적측량성과에 대하여 다시 지적측량 적부심사청구를 할 수 없다.

15 지적측량의 적부심사 등에 관한 설명으로 틀린 것은?

(21회공인)

① 지적측량 적부심사를 청구할 수 있는 자는 토지소유자, 이해관계인 또는 지적측량수행자이다.

② 지적측량 적부심사 청구를 받은 시 · 도지사는 30일 이내에 다툼이 되는 지적측량의 경위 및 그 성과 등을 조사하여 지방지적위원회에 회부하여야 한다.

③ 지적측량 적부심사를 청구하려는 자는 지적측량을 신청하여 측량을 실시한 후 심사청구서에 그 측량성과와 심사청구 경위서를 첨부하여 국토교통부장관에게 제출하여야 한다.

④ 지적측량 적부심사 청구서를 회부받은 지방지적위원회는 그 심사청구를 회부받은 날부터 60일 이내에 심의 · 의결하여야 한다. 다만, 부득이한 경우에는 그 심의기간을 해당 지적위원회의 의결을 거쳐 30일 이내에서 한 번만 연장할 수 있다.

⑤ 지적측량 적부심사 청구자가 지방지적위원회의 의결사항에 대하여 불복하는 경우에는 그 의결서를 받은 날부터 90일 이내에 국토교통부장관에게 재심사를 청구할 수 있다.

[풀이] **공간정보의 구축 및 관리 등에 관한 법률 제29조(지적측량의 적부심사 등)** [암기] [위][성][이] [연][기]하면 [계][측]하라

① 토지소유자, 이해관계인 또는 지적측량수행자는 지적측량성과에 대하여 다툼이 있는 경우에는 대통령령으로 정하는 바에 따라 관할 시 · 도지사를 거쳐 지방지적위원회에 지적측량 적부심사를 청구할 수 있다.

② 제1항에 따른 지적측량 적부심사청구를 받은 시 · **도지사는 30일 이내**에 다음 각 호의 사항을 조사하여 지방지적위원회에 회부하여야 한다.

> 1. 다툼이 되는 지적측량의 경[위] 및 그 [성]과
> 2. 해당 토지에 대한 토지[이]동 및 소유권 변동 [연]혁
> 3. 해당 토지 주변의 측량[기]준점, 경[계], 주요 구조물 등 현황 실[측]도

③ 제2항에 따라 지적측량 적부심사청구를 회부받은 지방지적위원회는 **그 심사청구를 회부받은 날부터 60일 이내에 심의 · 의결**하여야 한다. 다만, 부득이한 경우에는 그 심의기간을 해당 **지적위원회의 의결을 거쳐 30일 이내에서 한 번만 연장**할 수 있다.

④ 지방지적위원회는 지적측량 적부심사를 의결하였으면 대통령령으로 정하는 바에 따라 의결서를 작성하여 시 · 도지사에게 송부하여야 한다.

⑤ 시 · 도지사는 제4항에 따라 **의결서를 받은 날부터 7일 이내에 지적측량 적부심사 청구인 및 이해관계인에게 그 의결서를 통지**하여야 한다.

⑥ 제5항에 따라 의결서를 받은 자가 **지방지적위원회의 의결에 불복하는 경우에는 그 의결서를 받은 날부터 90일 이내에 국토교통부장관을 거쳐 중앙지적위원회에 재심사를 청구**할 수 있다.

⑦ 제6항에 따른 재심사청구에 관하여는 제2항부터 제5항까지의 규정을 준용한다. 이 경우 "시 · 도지사"는 "국토교통부장관"으로, "지방지적위원회"는 "중앙지적위원회"로 본다.

⑧ 제7항에 따라 중앙지적위원회로부터 의결서를 받은 국토교통부장관은 그 의결서를 관할 시 · 도지사에게 송부하여야 한다.

⑨ 시 · 도지사는 제4항에 따라 지방지적위원회의 의결서를 받은 후 해당 지적측량 적부심사 청구인 및 이해관계인이 제6항에 따른 기간에 재심사를 청구하지 아니하면 그 의결서 사본을 지적소관청에 보내야 하며, 제8항에 따라 중앙지적위원회의 의결서를 받은 경우에는 그 의결서 사본에 제4항에 따라 받은 지방지적위원회의 의결서 사본을 첨부하여 지적소관청에 보내야 한다.

⑩ 제9항에 따라 지방지적위원회 또는 중앙지적위원회의 의결서 사본을 받은 지적소관청은 그 내용에 따라 지적공부의 등록사항을 정정하거나 측량성과를 수정하여야 한다.

⑪ 제9항 및 제10항에도 불구하고 특별자치시장은 제4항에 따라 지방지적위원회의 의결서를 받은 후 해당 지적측량 적부심사 청구인 및 이해관계인이 제6항에 따른 기간에 재심사를 청구하지 아니하거나 제8항에 따라 중앙지적위원회의 의결서를 받은 경우에는 직접 그 내용에 따라 지적공부의 등록사항을 정정하거나 측량성과를 수정하여야 한다.

⑫ 지방지적위원회의 의결이 있은 후 제6항에 따른 기간에 재심사를 청구하지 아니하거나 중앙지적위원회의 의결이 있는 경우에는 해당 지적측량성과에 대하여 다시 지적측량 적부심사청구를 할 수 없다.

정답

16 「공간정보의 구축 및 관리 등에 관한 법률 시행령」상 경계점좌표등록부가 있는 지역의 토지분할을 위하여 면적을 정하고자 한다. 분할 후 각 필지의 면적합계가 분할 전 면적보다 많은 경우 처리방법으로 적절한 것은?

(20년지방9급)

① 구하려는 끝자리의 숫자가 큰 것부터 순차적으로 올려서 정하되, 분할 전 면적에 증감이 없도록 하여야 한다.

② 구하려는 끝자리의 다음 숫자가 큰 것부터 순차적으로 올려서 정하되, 분할 전 면적과 동일하게 하거나 오차를 최소화할 수 있도록 하여야 한다.

③ 구하려는 끝자리의 다음 숫자가 작은 것부터 순차적으로 버려서 정하되, 분할 전 면적에 증감이 없도록 하여야 한다.

④ 구하려는 끝자리의 숫자가 작은 것부터 순차적으로 버려서 정하되, 분할 전 면적과 동일하게 하거나 오차를 최소화할 수 있도록 하여야 한다.

풀이 공간정보의 구축 및 관리 등에 관한 법률 시행령 제19조(등록전환이나 분할에 따른 면적 오차의 허용범위 및 배분 등)

① 법 제26조제2항에 따른 등록전환이나 분할을 위하여 면적을 정할 때에 발생하는 오차의 허용범위 및 처리방법은 다음 각 호와 같다.

1. 등록전환을 하는 경우

> 가. 임야대장의 면적과 등록전환될 면적의 오차 허용범위는 다음의 계산식에 따른다. 이 경우 오차의 허용범위를 계산할 때 축척이 3천분의 1인 지역의 축척분모는 6천으로 한다.
>
> $$A = 0.026^2 M\sqrt{F}$$
> (A는 오차 허용면적, M은 임야도 축척분모, F는 등록전환될 면적)
>
> 나. 임야대장의 면적과 등록전환될 면적의 차이가 가목의 계산식에 따른 허용범위 이내인 경우에는 등록전환될 면적을 등록전환 면적으로 결정하고, 허용범위를 초과하는 경우에는 임야대장의 면적 또는 임야도의 경계를 지적소관청이 직권으로 정정하여야 한다.

2. 토지를 분할하는 경우

> 가. 분할 후의 각 필지의 면적의 합계와 분할 전 면적과의 오차의 허용범위는 제1호가목의 계산식에 따른다. 이 경우 A는 오차 허용면적, M은 축척분모, F는 원면적으로 하되, 축척이 3천분의 1인 지역의 축척분모는 6천으로 한다.
>
> 나. 분할 전후 면적의 차이가 가목의 계산식에 따른 허용범위 이내인 경우에는 그 오차를 분할 후의 각 필지의 면적에 따라 나누고, 허용범위를 초과하는 경우에는 지적공부(地籍公簿)상의 면적 또는 경계를 정정하여야 한다.
>
> 다. 분할 전후 면적의 차이를 배분한 산출면적은 다음의 계산식에 따라 필요한 자리까지 계산하고, 결정면적은 원면적과 일치하도록 산출면적의 구하려는 끝자리의 다음 숫자가 큰 것부터 순차로 올려서 정하되, 구하려는 끝자리의 다음 숫자가 서로 같을 때에는 산출면적이 큰 것을 올려서 정한다.
>
> $$r = \frac{F}{A} \times a$$
> (r은 각 필지의 산출면적, F는 원면적, A는 측정면적 합계 또는 보정면적 합계, a는 각 필지의 측정면적 또는 보정면적)

정답 16 ③

② 경계점좌표등록부가 있는 지역의 토지분할을 위하여 면적을 정할 때에는 제1항제2호나목에도 불구하고 다음 각 호의 기준에 따른다.

> 1. 분할 후 각 필지의 면적합계가 분할 전 면적보다 많은 경우에는 구하려는 끝자리의 다음 숫자가 작은 것부터 순차적으로 버려서 정하되, 분할 전 면적에 증감이 없도록 할 것
> 2. 분할 후 각 필지의 면적합계가 분할 전 면적보다 적은 경우에는 구하려는 끝자리의 다음 숫자가 큰 것부터 순차적으로 올려서 정하되, 분할 전 면적에 증감이 없도록 할 것

17 「공간정보의 구축 및 관리 등에 관한 법률」상 지적측량 적부심사에 대한 내용으로 옳지 않은 것은?

(17년지방9급)

① 토지소유자로부터 지적측량 적부심사를 청구받은 시·도지사는 30일 이내에 지방지적위원회에 회부하여야 한다.

② 다툼이 되는 지적측량의 경위 및 그 성과와 해당 토지 주변의 측량기준점, 경계, 주요 구조물 등 현황실측도는 지방지적위원회 회부 사항에 해당된다.

③ 지방지적위원회는 지적측량 적부심사를 의결하였으면 중앙지적위원회에 적부심사 의결서를 송부하여야 한다.

④ 시·도지사는 적부심사 의결서를 송부받은 날부터 7일 이내에 적부심사 청구인 및 이해관계인에게 이를 통지하여야 한다.

풀이 공간정보의 구축 및 관리 등에 관한 법률 제29조(지적측량의 적부심사 등) **암기** 위성이 연기하면 계측하라

① 토지소유자, 이해관계인 또는 지적측량수행자는 지적측량성과에 대하여 다툼이 있는 경우에는 대통령령으로 정하는 바에 따라 관할 시·도지사를 거쳐 지방지적위원회에 지적측량 적부심사를 청구할 수 있다.

② 제1항에 따른 지적측량 적부심사청구를 받은 시·도지사는 30일 이내에 다음 각 호의 사항을 조사하여 지방지적위원회에 회부하여야 한다.

> 1. 다툼이 되는 지적측량의 경위 및 그 성과
> 2. 해당 토지에 대한 토지이동 및 소유권 변동 연혁
> 3. 해당 토지 주변의 측량기준점, 경계, 주요 구조물 등 현황 실측도

③ 제2항에 따라 지적측량 적부심사청구를 회부받은 지방지적위원회는 그 심사청구를 회부받은 날부터 60일 이내에 심의·의결하여야 한다. 다만, 부득이한 경우에는 그 심의기간을 해당 지적위원회의 의결을 거쳐 30일 이내에서 한 번만 연장할 수 있다.

④ 지방지적위원회는 지적측량 적부심사를 의결하였으면 대통령령으로 정하는 바에 따라 의결서를 작성하여 시·도지사에게 송부하여야 한다.

⑤ 시·도지사는 제4항에 따라 의결서를 받은 날부터 7일 이내에 지적측량 적부심사 청구인 및 이해관계인에게 그 의결서를 통지하여야 한다.

⑥ 제5항에 따라 의결서를 받은 자가 지방지적위원회의 의결에 불복하는 경우에는 그 의결서를 받은 날부터 90일 이내에 국토교통부장관을 거쳐 중앙지적위원회에 재심사를 청구할 수 있다.

18 복구측량이 완료되어 지적공부를 복구하려는 경우 복구하려는 토지의 표시 등을 시·군·구 게시판 및 인터넷 홈페이지에 최소 며칠 이상 게시하여야 하는가?

① 7일　　　　　　　　　　　　　② 10일

③ 15일　　　　　　　　　　　　④ 30일

풀이 공간정보의 구축 및 관리 등에 관한 법률 시행규칙 제73조(지적공부의 복구절차 등)

① 지적소관청은 법 제74조 및 영 제61조제1항에 따라 지적공부를 복구하려는 경우에는 제72조 각 호의 복구자료를 조사하여야 한다.

② 지적소관청은 제1항에 따라 조사된 복구자료 중 토지대장·임야대장 및 공유지연명부의 등록 내용을 증명하는 서류 등에 따라 별지 제70호 서식의 지적복구자료 조사서를 작성하고, 지적도면의 등록 내용을 증명하는 서류 등에 따라 복구자료도를 작성하여야 한다.

③ 제2항에 따라 작성된 복구자료도에 따라 측정한 면적과 지적복구자료 조사서의 조사된 면적의 증감이 영 제19조제1항제2호가목의 계산식에 따른 허용범위를 초과하거나 복구자료도를 작성할 복구자료가 없는 경우에는 복구측량을 하여야 한다. 이 경우 같은 계산식 중 A는 오차허용면적, M은 축척분모, F는 조사된 면적을 말한다.

④ 제2항에 따라 작성된 지적복구자료 조사서의 조사된 면적이 영 제19조제1항제2호가목의 계산식에 따른 허용범위 이내인 경우에는 그 면적을 복구면적으로 결정하여야 한다.

⑤ 제3항에 따라 복구측량을 한 결과가 복구자료와 부합하지 아니하는 때에는 토지소유자 및 이해관계인의 동의를 받아 경계 또는 면적 등을 조정할 수 있다. 이 경우 경계를 조정한 때에는 제60조제2항에 따른 경계점 표지를 설치하여야 한다.

⑥ 지적소관청은 제1항부터 제5항까지의 규정에 따른 복구자료의 조사 또는 복구측량 등이 완료되어 지적공부를 복구하려는 경우에는 복구하려는 토지의 표시 등을 시·군·구 게시판 및 인터넷 홈페이지에 15일 이상 게시하여야 한다.

⑦ 복구하려는 토지의 표시 등에 이의가 있는 자는 제6항의 게시기간 내에 지적소관청에 이의신청을 할 수 있다. 이 경우 이의신청을 받은 지적소관청은 이의사유를 검토하여 이유 있다고 인정되는 때에는 그 시정에 필요한 조치를 하여야 한다.

⑧ 지적소관청은 제6항 및 제7항에 따른 절차를 이행한 때에는 지적복구자료 조사서, 복구자료도 또는 복구측량 결과도 등에 따라 토지대장·임야대장·공유지연명부 또는 지적도면을 복구하여야 한다.

⑨ 토지대장·임야대장 또는 공유지연명부는 복구되고 지적도면이 복구되지 아니한 토지가 법 제83조에 따른 축척변경 시행지역이나 법 제86조에 따른 도시개발사업 등의 시행지역에 편입된 때에는 지적도면을 복구하지 아니할 수 있다.

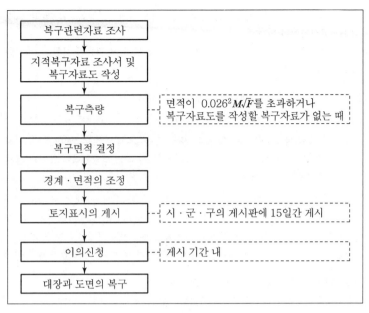

복구관련자료 조사

지적복구자료 조사서 및
복구자료도 작성

복구측량 ----- 면적이 $0.026^2 M\sqrt{F}$를 초과하거나
복구자료도를 작성할 복구자료가 없는 때

복구면적 결정

경계 · 면적의 조정

토지표시의 게시 ----- 시 · 군 · 구의 게시판에 15일간 게시

이의신청 ----- 게시 기간 내

대장과 도면의 복구

지적복구 업무처리 절차

19 다음 「지적재조사에 관한 특별법」에서 규정하는 내용 중 옳지 않은 것은?

① 경계결정위원회는 지적확정조서를 제출받은 날부터 30일 이내에 경계에 관한 결정을 하고 이를 지적소관청에 통지하여야 한다. 이 기간 안에 경계에 관한 결정을 할 수 없는 부득이한 사유가 있을 때에는 경계결정위원회는 의결을 거쳐 30일의 범위에서 그 기간을 연장할 수 있다.

② 지적재조사를 위한 경계설정의 기준은 지상경계에 대하여 다툼이 없는 경우에는 토지소유자가 점유하는 토지의 현실경계를 결정한다.

③ 지적재조사에 따른 경계결정은 경계결정위원회의 의결을 거쳐 결정한다.

④ 지적소관청은 경계결정위원회로부터 경계에 관한 결정을 통지받았을 때에는 5일 이내에 토지소유자나 이해관계인에게 통지하여야 한다.

풀이 지적재조사에 관한 특별법 제5조(지적재조사사업의 시행자)

① 지적재조사사업은 지적소관청이 시행한다.

② 지적소관청은 지적재조사사업의 측량 · 조사 등을 제5조의2에 따른 책임수행기관에 위탁할 수 있다. 〈개정 2014.6.3., 2020.12.22.〉

③ 지적소관청이 지적재조사사업의 측량 · 조사 등을 책임수행기관에 위탁한 때에는 대통령령으로 정하는 바에 따라 이를 고시하여야 한다. 〈개정 2020.12.22.〉

지적재조사에 관한 특별법 제5조의2(책임수행기관의 지정 등)

① 국토교통부장관은 지적재조사사업의 측량 · 조사 등의 업무를 전문적으로 수행하는 책임수행기관을 지정할 수 있다.

② 국토교통부장관은 제1항에 따라 지정된 책임수행기관이 거짓 또는 부정한 방법으로 지정을 받거나 업무를 게을리 하는 등 대통령령으로 정하는 사유가 있는 때에는 그 지정을 취소할 수 있다.

③ 국토교통부장관은 제1항에 따른 책임수행기관을 지정·지정취소할 때에는 대통령령으로 정하는 바에 따라 이를 고시하여야 한다.

④ 그 밖에 책임수행기관의 지정·지정취소 및 운영 등에 필요한 사항은 대통령령으로 정한다.

[본조신설 2020.12.22.]

지적재조사에 관한 특별법 제14조(경계설정의 기준)

① 지적소관청은 다음 각 호의 순위로 지적재조사를 위한 경계를 설정하여야 한다.

> 1. 지상경계에 대하여 다툼이 없는 경우 토지소유자가 점유하는 토지의 현실경계
> 2. 지상경계에 대하여 다툼이 있는 경우 등록할 때의 측량기록을 조사한 경계
> 3. 지방관습에 의한 경계

② 제1항에도 불구하고 경계를 같이 하는 토지소유자들이 경계에 합의한 경우 그 경계를 기준으로 한다. 다만, 국유지·공유지가 경계를 같이 하는 토지를 구성하는 때에는 그러하지 아니하다.

③ 지적소관청이 제1항과 제2항에 따라 지적재조사를 위한 경계를 설정할 때에는 「도로법」, 「하천법」 등 관계 법령에 따라 고시되어 설치된 공공용지의 경계가 변경되지 아니하도록 하여야 한다.

지적재조사에 관한 특별법 제16조(경계의 결정)

① 지적재조사에 따른 경계결정은 경계결정위원회의 의결을 거쳐 결정한다.

② 지적소관청은 제1항에 따른 경계에 관한 결정을 신청하고자 할 때에는 제15조제2항에 따른 지적확정조서에 토지소유자나 이해관계인의 의견을 첨부하여 경계결정위원회에 제출하여야 한다.

③ 제2항에 따른 신청을 받은 경계결정위원회는 지적확정조서를 제출받은 날부터 30일 이내에 경계에 관한 결정을 하고 이를 지적소관청에 통지하여야 한다. 이 기간 안에 경계에 관한 결정을 할 수 없는 부득이한 사유가 있을 때에는 경계결정위원회는 의결을 거쳐 30일의 범위에서 그 기간을 연장할 수 있다.

④ 토지소유자나 이해관계인은 경계결정위원회에 참석하여 의견을 진술할 수 있다. 경계결정위원회는 토지소유자나 이해관계인이 의견진술을 신청하는 경우에는 특별한 사정이 없으면 이에 따라야 한다.

⑤ 경계결정위원회는 제3항에 따라 경계에 관한 결정을 하기에 앞서 토지소유자들로 하여금 경계에 관한 합의를 하도록 권고할 수 있다.

⑥ 지적소관청은 제3항에 따라 경계결정위원회로부터 경계에 관한 결정을 통지받았을 때에는 **지체 없이** 이를 토지소유자나 이해관계인에게 통지하여야 한다. 이 경우 제17조제1항에 따른 기간 안에 이의신청이 없으면 경계결정위원회의 결정대로 경계가 확정된다는 취지를 명시하여야 한다.

20 다음 설명 중 옳지 않은 것은?

① 토지소유자, 이해관계인 또는 지적측량수행자로부터 지적측량 적부심사청구를 받은 시·도지사는 30일 이내에 지방지적위원회에 회부하여야 한다.

② 지방지적위원회는 지적측량 적부심사를 의결하였으면 대통령령으로 정하는 바에 따라 의결서를 작성하여 시·도지사에게 송부하여야 한다. 시·도지사는 의결서를 받은 날부터 5일 이내에 지적측량 적부심사 청구인 및 이해관계인에게 그 의결서를 통지하여야 한다.

③ 도시개발사업 등의 착수·변경 또는 완료 사실의 신고는 그 사유가 발생한 날부터 15일 이내에 하여야 한다.

④ 축척변경 시행지역의 토지소유자 또는 점유자는 시행공고가 된 날부터 30일 이내에 시행공고일 현재 점유하고 있는 경계에 국토교통부령으로 정하는 경계점표지를 설치하여야 한다.

정답 20 ②

풀이 **공간정보의 구축 및 관리 등에 관한 법률 제29조(지적측량의 적부심사 등)** 암기 위성이 연기하면 재측하라

① 토지소유자, 이해관계인 또는 지적측량수행자는 지적측량성과에 대하여 다툼이 있는 경우에는 대통령령으로 정하는 바에 따라 관할 시·도지사를 거쳐 지방지적위원회에 지적측량 적부심사를 청구할 수 있다.

② 제1항에 따른 지적측량 적부심사청구를 받은 시·도지사는 30일 이내에 다음 각 호의 사항을 조사하여 지방지적위원회에 회부하여야 한다.

> 1. 다툼이 되는 지적측량의 경**위** 및 그 **성**과
> 2. 해당 토지에 대한 토지**이**동 및 소유권 변동 **연**혁
> 3. 해당 토지 주변의 측량**기**준점, 경**계**, 주요 구조물 등 현황 실**측**도

③ 제2항에 따라 지적측량 적부심사청구를 회부받은 지방지적위원회는 그 심사청구를 회부받은 날부터 60일 이내에 심의·의결하여야 한다. 다만, 부득이한 경우에는 그 심의기간을 해당 지적위원회의 의결을 거쳐 30일 이내에서 한 번만 연장할 수 있다.

④ 지방지적위원회는 지적측량 적부심사를 의결하였으면 대통령령으로 정하는 바에 따라 의결서를 작성하여 시·도지사에게 송부하여야 한다.

⑤ 시·도지사는 제4항에 따라 의결서를 받은 날부터 7일 이내에 지적측량 적부심사 청구인 및 이해관계인에게 그 의결서를 통지하여야 한다.

⑥ 제5항에 따라 의결서를 받은 자가 지방지적위원회의 의결에 불복하는 경우에는 그 의결서를 받은 날부터 90일 이내에 국토교통부장관을 거쳐 중앙지적위원회에 재심사를 청구할 수 있다.

공간정보의 구축 및 관리 등에 관한 법률 시행령 제71조(축척변경 시행공고 등) 암기 기지목 청소세

① 지적소관청은 법 제83조제3항에 따라 시·도지사 또는 대도시 시장으로부터 축척변경 승인을 받았을 때에는 지체 없이 다음 각 호의 사항을 20일 이상 공고하여야 한다.

> 1. 축척변경의 **목**적, 시행**지**역 및 시행**기**간
> 2. 축척변경의 시행에 따른 **청**산방법
> 3. 축척변경의 시행에 따른 토지**소**유자 등의 협조에 관한 사항
> 4. 축척변경의 시행에 관한 **세**부계획

② 제1항에 따른 시행공고는 시·군·구(자치구가 아닌 구를 포함한다) 및 축척변경 시행지역 동·리의 게시판에 주민이 볼 수 있도록 게시하여야 한다.

③ 축척변경 시행지역의 토지소유자 또는 점유자는 시행공고가 된 날(이하 "시행공고일"이라 한다)부터 30일 이내에 시행공고일 현재 점유하고 있는 경계에 국토교통부령으로 정하는 경계점표지를 설치하여야 한다.

공간정보의 구축 및 관리 등에 관한 법률 시행령 제83조(토지개발사업 등의 범위 및 신고)

② 법 제86조제1항에 따른 도시개발사업 등의 착수·변경 또는 완료 사실의 신고는 그 사유가 발생한 날부터 15일 이내에 하여야 한다.

··· 01 제1회 합격모의고사

01 「지적재조사업무규정」에 따라 토지현황 사전조사를 할 경우 조사 항목과 참고 자료를 연결한 것으로 가장 옳지 않은 것은?

① 토지소유자 – 등기사항증명서
② 건축물소유자 – 등기사항증명서
③ 토지 지번 – 토지(임야)대장 또는 지적(임야)도
④ 토지이용 현황 및 건축물 현황 – 등기사항증명서

풀이 지적재조사에 관한 특별법 제10조(토지현황조사)

토지현황조사 (법 제10조 및 규칙 제4조) **암기** ③⑳⑳⑳⑳는 ⑳⑳⑳간에서 ⑳⑳ ⑳⑳ ⑳⑳ ⑳⑳ ⑳⑳	"토지현황조사"란 지적재조사사업을 시행하기 위하여 필지별로 ③유자, ⑳번, 지⑳, 면⑳, 경⑳ 또는 좌⑳, ⑳상건축물 및 지⑳건축물의 위치, 개별⑳시지가 등을 조사하는 것을 말한다.
	1. ⑳⑳에 관한 사항 2. ⑳⑳물에 관한 사항 3. 토지⑳⑳계획에 관한 사항 4. 토지이용 ⑳⑳ 및 건축물 현황 5. 지하⑳⑳물(지하구조물) 등에 관한 사항 6. 그 밖에 국토교통부장관이 토지현황조사와 관련하여 필요하다고 인정하는 사항
사전조사 (업무규정 제11조)	토지에 관한 사항 : 지적공부 및 토지등기부 가. 소유자 : 등기사항증명서 나. 이해관계인 : 등기사항증명서 다. 지번 : 토지(임야)대장 또는 지적(임야)도 라. 지목 : 토지(임야)대장 마. 토지면적 : 토지(임야)대장
	건축물에 관한 사항 : 건축물대장 및 건물등기부 가. 소유자 : 등기사항증명서 나. 이해관계인 : 등기사항증명서 다. 건물면적 : 건축물대장 라. 구조물 및 용도 : 건축물대장

정답 01 ④

	토지이용계획에 관한 사항	토지이용계획확인서(토지이용규제기본법령에 따라 구축·운영하고 있는 국토이용정보체계의 지역·지구 등의 정보)
사전조사 (업무규정 제11조)	토지이용 현황 및 건축물 현황	개별공시지가 토지특성조사표, 국·공유지 실태조사표, 건축물대장 현황 및 배치도
	지하시설(구조)물 등 현황	도시철도 및 지하상가 등 지하시설물을 관리하는 관리기관·관리부서의 자료와 구분지상권 등기사항

02 「지적재조사업무규정」에 따른 지적소관청의 실시계획 수립사항이 옳지 않은 것은?

① 지적재조사지구의 토지면적은 토지대장 및 임야대장에 의한 면적으로 한다. 다만, 지적재조사지구를 지나는 도로·구거·하천 등 국·공유지는 실시계획 수립을 위한 지적도면에서 지적재조사지구로 포함되는 부분을 산정한 면적으로 한다.

② 지적소관청이 지적재조사사업을 시행하기 위하여 수립한 실시계획이 경미한 변경에 따라 시·도지사의 지적재조사지구 변경고시가 있은 때에는 고시된 날로부터 30일 이내에 실시계획을 변경하고, 30일 이상 주민에게 공람공고를 하는 등 후속조치를 하여야 한다.

③ 지적소관청은 실시계획 수립을 위하여 당해 지적재조사지구의 토지소유 현황·주택의 현황, 토지의 이용 상황 등을 조사하여야 한다.

④ 지적재조사지구에 대한 기초조사는 공간정보 및 국토정보화사업의 추진에 따라 토지이용·건축물 등에 대하여 전산화된 자료와 각종 문헌이나 통계자료를 충분히 활용하도록 한다.

> **풀이** 지적재조사에 관한 특별법 시행령 제5조(실시계획의 수립 등)
> ① 법 제6조제1항제7호에서 "대통령령으로 정하는 사항"이란 다음 각 호의 사항을 말한다. 〈개정 2020.6.23.〉
> 1. 지적재조사지구의 현황
> 2. 지적재조사사업의 시행에 관한 세부계획
> 3. 지적재조사측량에 관한 시행계획
> 4. 지적재조사사업의 시행에 따른 홍보
> 5. 그 밖에 지적소관청이 법 제6조제1항에 따른 지적재조사사업에 관한 실시계획(이하 "실시계획"이라 한다)의 수립에 필요하다고 인정하는 사항
> ② 지적소관청은 실시계획을 수립할 때에는 시·도종합계획과 연계되도록 하여야 한다.
>
> **지적재조사업무규정 제5조(실시계획의 수립)**
> ① 지적소관청은 실시계획 수립을 위하여 당해 지적재조사지구의 토지소유 현황·주택의 현황, 토지의 이용 상황 등을 조사하여야 한다.
> ② 지적재조사지구에 대한 기초조사는 공간정보 및 국토정보화사업의 추진에 따라 토지이용·건축물 등에 대하여 전산화된 자료와 각종 문헌이나 통계자료를 충분히 활용하도록 하며, 기초조사 항목과 조사내용은 다음과 같다.

조사항목	조사내용	비고
위치와 면적	지적재조사지구의 위치와 면적	지적도 및 지형도
건축물	유형별 건축물(단독, 공동 등)	건축물대장
용도별 분포	용도지역 · 지구 · 구역별 면적	토지이용계획자료
토지 소유현황	국유지, 공유지, 사유지 구분	토지(임야)대장
개별공시지가현황	지목별 평균지가	지가자료
토지의 이용상황	지목별 면적과 분포	토지대장

③ 지적재조사지구의 토지면적은 토지대장 및 임야대장에 의한 면적으로 한다. 다만, 지적재조사지구를 지나는 도로 · 구거 · 하천 등 국 · 공유지는 실시계획 수립을 위한 지적도면에서 지적재조사지구로 포함되는 부분을 산정한 면적으로 한다.

④ 지적소관청이 지적재조사 사업을 시행하기 위하여 수립한 실시계획이 법 제7조제7항 단서에 따른 경미한 변경에 따라 시 · 도지사의 지적재조사지구 변경고시가 있은 때에는 고시된 날로부터 10일 이내에 실시계획을 변경하고, 30일 이상 주민에게 공람공고를 하는 등 후속조치를 하여야 한다.

지적재조사에 관한 특별법 제6조(실시계획의 수립)

기본계획(제4조) 암기 [규][연][인][방]기 [시][도]하라 [표][준] [교][육] [연][구] [개][발]을	1. 지적재조사사업의 시행기간 및 [규]모 2. 지적재조사사업비의 [연]도별 집행계획 3. 지적재조사사업에 필요한 [인]력의 확보에 관한 계획 4. 지적재조사사업에 관한 기본[방]향 5. 지적재조사사업비의 특별시 · 광역시 · 도 · 특별자치도 · 특별자치시 및 「지방자치법」 제198조에 따른 대도시로서 구(區)를 둔 시(이하 "[시] · [도]"라 한다)별 배분 계획 1. 디지털 지적(地籍)의 운영 · 관리에 필요한 [표][준]의 제정 및 그 활용 2. 지적재조사사업의 효율적 추진을 위하여 필요한 [교][육] 및 [연][구] · [개][발] 3. 그 밖에 국토교통부장관이 법 제4조제1항에 따른 지적재조사사업에 관한 기본계획(이하 "기본계획"이라 한다)의 수립에 필요하다고 인정하는 사항
시 · 도종합계획(제4조의2) 암기 [추][소][세][교][사] [연][인]	1. 지적재조사사업비의 연도별 [추]산액 2. 지적재조사사업비의 지적[소]관청별 배분 계획 3. 지적재조사지구 지정의 [세]부기준 4. 지적재조사사업의 [교]육과 홍보에 관한 사항 5. 그 밖에 시 · 도의 지적재조사[사]업을 위하여 필요한 사항 6. 지적재조사사업의 [연]도별 · 지적소관청별 사업량 7. 지적재조사사업에 필요한 [인]력의 확보에 관한 계획

정답

	1. 지적재조사사업의 시행에 따른 ⑧보
	2. 지적재조사지구의 ⑱칭
	3. 지적재조사지구의 ⑪치 및 면적
	4. 지적재조사지구의 ⑲황
	5. 지적재조사사업비의 ⑧산액
	6. 지적재조사사업의 ⑭행자
실시계획(제6조) ⑧⑱⑪⑲⑧⑭⑭⑦ ⑭⑭ ⑧⑭	1. 토지현황조⑭에 관한 사항
	2. 지적재조사사업의 시행시기 및 ⑦간
암기	3. 그 밖에 지적소관청이 법 제6조제1항에 따른 지적재조사⑭업에 관한 실시계획(이하 "실시계획"이라 한다)의 수립에 필요하다고 인정하는 사항
	4. 지적재조사사업의 ⑭행에 관한 세부계획
	5. 지적재조사⑧량에 관한 시행계획
	6. 지적소관청은 실시계획을 수립할 때에는 ⑭ · 도종합계획과 연계되도록 하여야 한다.

03 「지적재조사업무규정」에 따른 주민설명회 의견청취에 대한 내용으로 가장 옳지 않은 것은?

① 지적소관청은 주민설명회 개최 등을 통하여 제출된 의견은 면밀히 검토하여 제출된 의견이 타당하다고 인정될 때에는 이를 실시계획에 반영하여야 한다.

② 주민설명회는 주민의 편의를 고려하여 지적재조사지구를 둘 이상으로 나누어 실시할 수 있다.

③ 지적소관청은 작성된 실시계획에 대하여 해당 토지소유자와 이해관계인 및 지역 주민들이 참석하는 주민설명회를 개최하고, 실시계획을 30일 이상 공람공고를 하여 의견을 청취하여야 한다.

④ 주민설명회를 개최할 때에는 실시계획 수립 내용을 해당 지적재조사지구 토지소유자와 이해관계인에게 서면으로 통보한 후 설명회 개최예정일 15일 전까지 주민설명회 개최목적 등을 게시판에 게시하여야 한다.

풀이 지적재조사업무규정 제6조(주민설명회 의견청취)

① 지적소관청은 작성된 실시계획에 대하여 해당 토지소유자와 이해관계인 및 지역 주민들이 참석하는 주민설명회를 개최하고, 실시계획을 별지 제1호 서식에 따라 30일 이상 공람공고를 하여 의견을 청취하여야 하며, 주민설명회를 개최할 때에는 실시계획 수립 내용을 해당 지적재조사지구 토지소유자와 이해관계인에게 서면으로 통보한 후 설명회 개최예정일 14일 전까지 다음 각 호의 사항을 게시판에 게시하여야 한다.

1. 주민설명회 개최목적
2. 주민설명회 개최 일시 및 장소
3. 실시계획의 개요
4. 그 밖에 필요한 사항

② 주민설명회에는 다음 각 호의 사항을 설명 내용에 포함시켜야 한다.

1. 지적재조사사업의 목적 및 지구 선정배경
2. 사업추진절차
3. 토지소유자협의회의 구성 및 역할
4. 지적재조사지구지정신청동의서 제출 방법
5. 토지현황조사 및 경계설정에 따른 주민 협조사항
6. 그 밖에 주민설명회에 필요한 사항 등

정답 03 ④

③ 주민설명회는 주민의 편의를 고려하여 지적재조사지구를 둘 이상으로 나누어 실시할 수 있다.

④ 지적재조사지구에 있는 토지소유자와 이해관계인이 실시계획 수립에 따른 의견서를 제출하는 때에는 별지 제2호 서식에 따른다.

⑤ 지적소관청은 주민설명회 개최 등을 통하여 제출된 의견은 면밀히 검토하여 제출된 의견이 타당하다고 인정될 때에는 이를 실시계획에 반영하여야 하며, 제출된 의견은 조치결과, 미조치사유 등 의견청취결과 요지를 지적재조사지구 지정을 신청할 때에 첨부하여야 한다.

지적재조사업무규정 제7조(주민홍보 등)

① 시·도지사 및 지적소관청은 지적재조사사업에 관한 홍보물을 제작하여 주민 등에게 배포하거나 게시할 수 있다.

② 지적소관청은 연도별, 지구별 주민홍보계획을 수립하여 시행할 수 있다.

04 「지적재조사업무규정」에 따른 동의서 산정에 대한 내용으로 가장 옳지 않은 것은?

① 토지소유자가 종중, 마을회 등 기타단체인 경우에는 동의서에 대표자임을 확인할 수 있는 서면을 첨부하여야 한다.

② 토지소유자에게 동의서 제출을 우편으로 안내하는 경우에는 토지소유자의 주민등록주소지 또는 토지소유자가 송달받을 곳을 지정한 경우 그 주소지로 등기우편으로 발송하여야 하고, 주소불명 등으로 송달이 불가능하여 반송된 때에는 공고일로부터 10일이 지난 경우 토지소유자 총수 및 전체 토지면적에서 제외할 수 있다.

③ 동의자 수 기준 시점은 지적재조사지구지정 신청일로 한다.

④ 토지소유자가 미성년자이거나 심신 미약, 사망 등으로 권리행사 능력이 없는 경우에는 민법의 규정을 따른다. 이 경우 동의서에 친권자, 후견인 또는 상속인임을 증명하는 서면을 첨부하여야 한다.

풀이 지적재조사업무규정 제8조(동의서 산정 등)

① 영 제7조제1항의 토지소유자 수 및 동의자 수를 산정하는 세부기준은 다음 각 호와 같다.

> 1. 토지소유자의 수를 산정할 때는 등기사항전부증명서에 따른다.
> 2. 토지소유자에게 동의서 제출을 우편으로 안내하는 경우에는 토지소유자의 주민등록주소지 또는 토지소유자가 송달 받을 곳을 지정한 경우 그 주소지로 등기우편으로 발송하여야 하고, 주소불명 등으로 송달이 불가능하여 반송된 때에는 행정절차법 제14조제4항 및 제15조제3항에 따른 공고일로부터 14일이 지난 경우 법 제7조제2항 및 제13조제1항의 토지소유자 총수 및 전체 토지면적에서 제외할 수 있다.
> 3. 동의자 수 기준 시점은 지적재조사지구지정 신청일로 한다.

② 동의서는 방문, 우편, 이메일, 팩스, 전산매체 등 다양한 방법으로 받을 수 있다.

③ 토지소유자가 본인의 사정상 동의서를 제출할 수 없을 경우 다른 사람에게 그 행위를 위임할 수 있다. 이 경우 동의서에 위임사실을 기재한 위임장과 신분증 사본을 첨부하여야 하며, 위임장은 별지 제3호 서식에 따른다.

④ 토지소유자가 미성년자이거나 심신 미약, 사망 등으로 권리행사 능력이 없는 경우에는 민법의 규정을 따른다. 이 경우 동의서에 친권자, 후견인 또는 상속인임을 증명하는 서면을 첨부하여야 한다.

⑤ 토지소유자가 종중, 마을회 등 기타단체인 경우에는 동의서에 대표자임을 확인할 수 있는 서면을 첨부하여야 한다.

정답 04 ②

05 「지적재조사업무규정」상 지적소관청이 시·도지사에게 지적재조사지구 지정을 신청할 때 지적 재조사지구 지정 신청서에 첨부해야 할 서류로 가장 옳지 않은 것은?

① 주민 의견청취 내용과 반영 여부
② 주민 서면통보, 주민설명회 및 주민공람 개요 등 현황
③ 토지소유자 및 이해관계인 동의서
④ 지적재조사사업 실시계획 내용

풀이 지적재조사업무규정 제9조(지적재조사지구의 지정신청 등)

① 지적소관청이 법 제7조제1항의 규정에 따라 시·도지사에게 지적재조사지구 지정을 신청할 때에는 별지 제4호 서식의 지적재조사지구 지정 신청서에 다음 각 호의 서류를 첨부하여야 한다.

> 1. 지적재조사사업 실시계획 내용
> 2. 주민 서면통보, 주민설명회 및 주민공람 개요 등 현황
> 3. 주민 의견청취 내용과 반영 여부
> 4. 토지소유자 동의서
> 5. 토지소유자협의회 구성 현황
> 6. 별지 제5호 서식에 의한 토지의 지번별 조서

② 지적재조사지구 지정 신청서를 받은 시·도지사는 다음 각 호의 사항을 검토한 후 시·도 지적재조사위원회 심의안건을 별지 제6호 서식에 따라 작성하여 시·도 지적재조사위원회에 회부하여야 한다.

> 1. 지적소관청의 실시계획 수립내용이 기본계획 및 종합계획과 연계성 여부
> 2. 주민 의견청취에 대한 적정성 여부
> 3. 토지소유자 동의요건 충족 여부
> 4. 그 밖에 시·도 지적재조사위원회 심의에 필요한 사항 등

③ 시·도지사는 지적재조사지구를 지정하거나 변경한 경우에 별지 제7호 서식에 따라 시·도 공보에 고시하여 야 한다.

④ 시·도지사로부터 지적재조사지구 지정 또는 변경을 통보받은 지적소관청은 관계서류를 해당 지적재조사 지구 토지소유자와 주민들에게 열람시켜야 하며, 지적공부에 지적재조사지구로 지정된 사실을 기재하여야 한다.

06 「지적재조사업무규정」상 토지현황 현지조사에 대한 내용으로 가장 옳지 않은 것은?

① 지상 건축물 및 지하 건축물의 위치를 조사하여 측량도면에 표시하여야 한다
② 조사항목별 내용을 기록할 때는 별표의 토지현황조사표 항목코드에 따라 속성 및 코드로 항목속성에 부합되게 작성한다.
③ 토지의 이용현황과 담장, 옹벽, 전주, 통신주 및 도로시설물 등 구조물의 위치를 조사하여 측량도면에 표시하여야 한다.
④ 조사서에 사용하였던 관련서류는 디지털화하고, 디지털화하기 어려운 규격 용지의 경우 별도의 장소에 보관한다.

지적재조사업무규정 제12조(토지현황 현지조사)

토지현황 현지조사는 지적재조사측량과 병행하여 다음 각 호의 방법으로 한다.

1. 토지의 이용현황과 담장, 옹벽, 전주, 통신주 및 도로시설물 등 구조물의 위치를 조사하여 측량도면에 표시하여야 한다.

2. 지상 건축물 및 지하 건축물의 위치를 조사하여 측량도면에 표시하여야 한다. 이 경우 측량할 수 없는 지하 건축물은 제외하며, 건축물대장에 기재되어 있지 않은 건축물이 있는 경우 또는 면적과 위치가 다른 경우 관련부서로 통보하여야 한다.

3. 경계 등 조사내용은 점유경계 현황, 임대차 현황 등 특이사항이 있는 경우 조사자 의견란에 구체적으로 작성하여야 한다.

지적재조사업무규정 제13조(토지현황조사서 작성 등)

토지현황조사서는 다음 각 호와 같이 작성한다.

1. 조사항목별 내용을 기록할 때는 별표의 토지현황조사표 항목코드에 따라 속성 및 코드로 항목속성에 부합되게 작성한다. 다만, 코드화하지 못한 사항은 수기로 작성하여야 한다.

2. 새로 조사한 사항 또는 변경사항이 발생하여 미리 조사한 조사서 내용과 부합되지 않는 경우 현장사실조사를 실시하고 조사서를 작성 또는 수정한다.

3. 조사서에 사용하였던 관련서류는 디지털화하고, 디지털화하기 어려운 비규격 용지의 경우 별도의 장소에 보관한다.

4. 면적, 지번 등의 사항은 지적재조사측량 결과를 기준으로 다시 작성하여야 한다.

5. 경계 미확정 사유는 경계를 확정하지 못한 사유를 구체적으로 작성하여야 한다.

6. 토지현황조사와 지적재조사측량 과정에서 나타나는 문제점 등 특이사항 등은 측량자 의견란에 구체적으로 작성하여야 한다.

7. 토지 및 건물 소유자가 다수인 경우 등기부상 권리관계나 이해관계인 유무, 기타구조(시설)물 현황, 조사자의견, 경계미확정 사유, 측량자 의견 등을 작성하여야 할 내용이 많은 경우 별지로 작성할 수 있다.

07 「지적재조사업무규정」에 따라 토지현황 사전조사를 할 경우 조사 항목과 참고 자료를 연결한 것으로 가장 옳지 않은 것은?

(19년서울9급)

① 토지소유자 및 이해관계인 – 등기사항증명서

② 토지이용계획에 관한 사항 – 토지이용계획확인서

③ 토지 면적 – 토지(임야)대장 또는 지적(임야)도

④ 지하시설(구조)물 등 현황 – 도시철도 및 지하상가 등 지하시설물을 관리하는 관리기관 · 관리부서의 자료와 구분지상권 등기사항

07 ③

풀이 **지적재조사에 관한 특별법 제10조(토지현황조사)**

<table>
<tr><td>토지현황조사
(법 제10조 및 규칙 제4조)

암기 [소][지][목][적][계][표]는 [지][하][공]간에서 [토][지] [건][축] [이][용] [현][황] [시][설]</td><td colspan="2">"토지현황조사"란 지적재조사사업을 시행하기 위하여 필지별로 [소]유자, [지]번, 지[목], 면[적], 경[계] 또는 좌[표], [지]상건축물 및 지[하]건축물의 위치, 개별[공]시지가 등을 조사하는 것을 말한다.
1. [토][지]에 관한 사항
2. [건][축]물에 관한 사항
3. 토지[이][용]계획에 관한 사항
4. 토지이용 [현][황] 및 건축물 현황
5. 지하[시][설]물(지하구조물) 등에 관한 사항
6. 그 밖에 국토교통부장관이 토지현황조사와 관련하여 필요하다고 인정하는 사항</td></tr>
<tr><td rowspan="5">사전조사
(업무규정 제11조)</td><td>토지에 관한 사항 : 지적공부 및 토지등기부</td><td>가. 소유자 : 등기사항증명서
나. 이해관계인 : 등기사항증명서
다. 지번 : 토지(임야)대장 또는 지적(임야)도
라. 지목 : 토지(임야)대장
마. 토지면적 : 토지(임야)대장</td></tr>
<tr><td>건축물에 관한 사항 : 건축물대장 및 건물등기부</td><td>가. 소유자 : 등기사항증명서
나. 이해관계인 : 등기사항증명서
다. 건물면적 : 건축물대장
라. 구조물 및 용도 : 건축물대장</td></tr>
<tr><td>토지이용계획에 관한 사항</td><td>토지이용계획확인서(토지이용규제기본법령에 따라 구축 · 운영하고 있는 국토이용정보체계의 지역 · 지구 등의 정보)</td></tr>
<tr><td>토지이용 현황 및 건축물 현황</td><td>개별공시지가 토지특성조사표, 국 · 공유지 실태조사표, 건축물대장 현황 및 배치도</td></tr>
<tr><td>지하시설(구조)물 등 현황</td><td>도시철도 및 지하상가 등 지하시설물을 관리하는 관리기관 · 관리부서의 자료와 구분지상권 등기사항</td></tr>
</table>

08 「지적재조사업무규정」상 지상경계점등록부 작성에 대한 내용으로 가장 옳지 않은 것은?

① 경계형태는 경계선에 설치된 구조물(담장, 울타리, 축대, 논 · 밭의 두렁 등)과 경계점표지로 작성한다.
② 위치도는 해당 토지 위주로 작성하여야 하며, 드론 또는 항공사진측량 등으로 촬영한 정사영상자료에 확정된 경계를 붉은색으로 표시하고 경계점번호는 경계점좌표등록부의 부호 순서대로 일련번호(1, 2, 3, 4, 5........순)를 부여한다.
③ 도로, 구거, 하천, 제방 등 공공용지는 지상경계점등록부의 작성을 생략할 수 없다.
④ 경계위치는 확정된 경계점의 구조물의 위치를 중앙, 상단, 하단, 안 · 바깥 등 구체적으로 구분하여 등록한다.

풀이 **지적재조사업무규정 제22조(지상경계점등록부 작성)**

① 규칙 제10조에 따른 지상경계점등록부는 다음 각 호에 따라 예시 3과 같이 작성한다.

정답 08 ③

1. 토지소재의 지번, 지목 및 면적은 새로이 확정한 지번, 지목 및 면적으로 기재한다.
2. 위치도는 해당 토지 위주로 작성하여야 하며, 드론 또는 항공사진측량 등으로 촬영한 정사영상자료에 확정된 경계를 붉은색으로 표시하고 경계점번호는 경계점좌표등록부의 부호 순서대로 일련번호(1, 2, 3, 4, 5.......순)를 부여한다. 다만, 비행금지구역 또는 보안규정 등으로 인하여 정사영상자료가 없는 경우에는 정사영상자료를 생략하고 확정된 경계에 의하여 작성할 수 있다.
3. 지목은 법 제19조에 따라 변경된 지목을 기재한다.
4. 〈삭제〉
5. 작성자는 지적재조사측량수행자의 기술자격과 성명을 기재하고, 확인자는 지적소관청의 검사자 성명을 기재한다.
6. 경계점 위치 상세설명

> 가. 경계점번호는 위치도에 표시한 경계점좌표등록부의 부호를 기재한다.
> 나. 표지의 종류는 「지적재조사측량규정」 별표 3에 따른 경계점표지의 규격 코드로 등록한다.
> 다. 경계설정기준은 법 제14조에 따라 확정된 경계의 기준을 등록한다.
> 라. 경계형태는 경계선에 설치된 구조물(담장, 울타리, 축대, 논·밭의 두렁 등)과 경계점표지로 작성한다.
> 마. 경계위치는 확정된 경계점의 구조물의 위치를 중앙, 상단, 하단, 안·바깥 등 구체적으로 구분하여 등록한다.
> 바. 세부설명과 관련자료는 경계를 확정하게 된 특별한 사유를 상세하게 작성하고, 연접토지와 합의한 경우 합의서를 별첨으로 등록하여야 한다.

7. 〈삭제〉
8. 지상경계점등록부는 파일형태로 전자적 매체에 저장하여 관리하여야 한다.
9. ~13. 삭제

② 제1항에 불구하고 도로, 구거, 하천, 제방 등 공공용지와 그 밖에 지적소관청이 인정하는 경우에는 지상경계점등록부의 작성을 생략할 수 있다. 이 경우 별지 제15호 서식의 지상경계점등록부 미작성조서를 지적소관청에 제출하여야 한다.

09 「지적재조사업무규정」상 조정금의 산정에 대한 내용으로 옳지 않은 것은?

① 토지소유자에게 조정금의 납부고지를 하는 때에는 납부할 조정금액이 1천만 원을 초과하는 경우 그 조정금을 부과한 날부터 1년 이내의 기간을 정하여 4회 이내로 분할 납부가 가능함을 안내하여야 한다.
② 조정금은 지적확정예정조서의 지번별 증감면적에 감정평가액의 제곱미터당 금액 또는 개별공시지가를 곱하여 산정한다.
③ 조정금 산정방법은 지적확정예정조서가 작성된 후에 결정하여야 한다.
④ 지적소관청은 조정금 산정을 위한 감정평가수수료를 예산에 반영할 수 있다.

풀이 지적재조사업무규정 제25조(조정금의 산정 등)
① 조정금 산정방법은 법 제15조에 따른 지적확정예정조서가 작성되기 전에 결정하여야 한다.
② 조정금을 산정하고자 할 때에는 별지 제16호 서식의 조정금 조서를 작성하여야 한다.
③ 조정금은 지적확정예정조서의 지번별 증감면적에 법 제20조제3항에 따른 감정평가액의 제곱미터당 금액 또는 개별공시지가를 곱하여 산정한다. 단, 개별공시지가가 없는 경우와 개별공시지가가 산정에 오류가 있는 경우에는 개별공시지가 담당부서에 의뢰하여야 한다.
④ 지적소관청은 조정금의 납부와 지급을 처리하기 위해 「지방재정법」 제36조에 따라 세입·세출예산으로

편성하여 운영해야 한다.

⑤ 지적소관청은 조정금 산정을 위한 감정평가수수료를 예산에 반영할 수 있으며, 감정평가를 하고자 할 경우에는 해당토지의 증감된 면적에 대하여만 의뢰하여야 한다.

지적재조사업무규정 제26조(조정금 등의 통지)
조정금 등의 통지 및 서류의 송달은 행정절차법의 규정을 따른다.

지적재조사업무규정 제27조(조정금의 분할납부)
토지소유자에게 조정금의 납부고지를 하는 때에는 납부할 조정금액이 1천만 원을 초과하는 경우 그 조정금을 부과한 날부터 1년 이내의 기간을 정하여 4회 이내로 분할 납부가 가능함을 안내하여야 한다.

지적재조사업무규정 제28조(조정금 수령통지)
지적소관청이 조정금 수령통지를 하는 때에는 별지 제17호 서식의 조정금 수령통지서에 따르며, 조정금 수령통지를 받은 토지소유자는 별지 제18호 서식의 조정금 청구서에 입금계좌 통장사본을 첨부하여 지적소관청에 제출하여야 한다.

지적재조사업무규정 제29조(조정금 공탁 공고)
법 제21조제7항에 따라 조정금을 공탁한 때에는 그 사실을 해당 시·군·구의 홈페이지 및 게시판에 14일 이상 공고하여야 한다.

10 「지적재조사업무규정」상 지적재조사사업에 따른 토지이동사유의 코드에 대한 내용으로 옳지 않은 것은?

① 53 : 년 월 일 지적재조사 지구 지정
② 55 : 년 월 일 지적재조사 완료
③ 56 : 년 월 일 지적재조사 경계미확정 토지
④ 54 : 년 월 일 지적재조사 지구 지정 폐지

풀이 지적재조사업무규정 제31조(토지이동사유 코드 등)
지적재조사사업에 따른 토지이동사유의 코드는 다음과 같고, 토지(임야)대장의 토지표시 연혁 기재는 예시 4와 같이 한다.

코드	코드명
33	년 월 일 지적재조사 예정지구
34	년 월 일 지적재조사 예정지구 폐지
53	년 월 일 지적재조사 지구 지정
54	년 월 일 지적재조사 지구 지정 폐지
55	년 월 일 지적재조사 완료
56	년 월 일 지적재조사 폐쇄
57	년 월 일 지적재조사 경계미확정 토지
58	년 월 일 지적재조사 경계확정 토지

지적재조사업무규정 제32조(소유자정리)

지적재조사사업 완료에 따른 소유자정리는 종전 토지의 소유권 변동연혁 중 최종 연혁만 새로운 지적공부에 이기한다.

11 「지적재조사행정시스템 운영규정」상 기획단장의 역할분담에 대한 내용으로 옳지 않은 것은?

① 시스템의 갱신, 유지 · 보수 및 응용프로그램 관리
② 법령 변경에 따른 시스템과 데이터베이스의 변경사항
③ 시스템 권한 부여 및 전산등록사항 관리
④ 시스템 운영 · 관리에 관한 교육 및 지도 · 감독

풀이 지적재조사행정시스템 운영규정 제5조(역할분담)

① 기획단장은 시스템 관리체계의 총괄 책임자로서 시스템의 원활한 운영 · 관리를 위하여 다음 각 호의 역할을 수행하여야 한다.

> 1. 법령 변경에 따른 시스템과 데이터베이스의 변경사항
> 2. 시스템의 갱신, 유지 · 보수 및 응용프로그램 관리
> 3. 시스템 운영 · 관리에 관한 교육 및 지도 · 감독
> 4. 그 밖에 시스템 관리 · 운영의 개선을 위하여 필요한 사항

② 지원단장 및 추진단장은 시스템의 원활한 운영 · 관리를 위하여 다음 각 호의 역할을 수행하여야 한다.

> 1. 시스템 자료의 등록 · 수정 · 갱신
> 2. 시스템 권한 부여 및 전산등록사항 관리

12 「지적재조사행정시스템 운영규정」상 지원단장의 업무에 대한 내용으로 옳지 않은 것은?

① 해당 사업지구의 연도별 사업추진 현황 등 통계 관리
② 추진단 권한관리자 및 지원단 사용자에 대한 사용자 권한 승인 및 관리
③ 지적재조사사업지구 등 실시계획에 관한 사항 전산등록
④ 추진단에서 승인 요청한 사업지구 승인 및 고시 사항 전산등록

풀이 지적재조사행정시스템 운영규정 제9조(지원단장의 업무)

지원단장은 다음 각 호의 업무를 수행한다.

> 1. 추진단에서 승인 요청한 사업지구 승인 및 고시 사항 전산등록
> 2. 사업지구별 지적기준점 성과검사
> 3. 해당 사업지구의 연도별 사업추진 현황 등 통계 관리
> 4. 추진단 권한관리자 및 지원단 사용자에 대한 사용자 권한 승인 및 관리

지적재조사행정시스템 운영규정 제10조(추진단장의 업무)

추진단장은 다음 각 호의 업무를 수행한다.

1. 지적재조사사업지구 등 실시계획에 관한 사항 전산등록
2. 일필지 사전조사 및 현지조사에 관한 사항 전산등록
3. 주민설명회 · 동의서 징구 등 사업지구 지정 신청에 관한 사항 전산등록
4. 추진단 업무담당자 및 해당 사업지구 대행자에 대한 사용자 권한 승인 및 관리
5. 그 밖에 지적재조사업무 전반에 관한 자료 전산등록 및 관리

13 「지적재조사행정시스템 운영규정」상 추진단장의 업무에 대한 내용으로 옳지 않은 것은?

① 해당 사업지구의 연도별 사업추진 현황 등 통계 관리
② 일필지 사전조사 및 현지조사에 관한 사항 전산등록
③ 지적재조사사업지구 등 실시계획에 관한 사항 전산등록
④ 추진단 업무담당자 및 해당 사업지구 대행자에 대한 사용자 권한 승인 및 관리

풀이 지적재조사행정시스템 운영규정 제9조(지원단장의 업무)

지원단장은 다음 각 호의 업무를 수행한다.

1. 추진단에서 승인 요청한 사업지구 승인 및 고시 사항 전산등록
2. 사업지구별 지적기준점 성과검사
3. 해당 사업지구의 연도별 사업추진 현황 등 통계 관리
4. 추진단 권한관리자 및 지원단 사용자에 대한 사용자 권한 승인 및 관리

지적재조사행정시스템 운영규정 제10조(추진단장의 업무)

추진단장은 다음 각 호의 업무를 수행한다.

1. 지적재조사사업지구 등 실시계획에 관한 사항 전산등록
2. 일필지 사전조사 및 현지조사에 관한 사항 전산등록
3. 주민설명회 · 동의서 징구 등 사업지구 지정 신청에 관한 사항 전산등록
4. 추진단 업무담당자 및 해당 사업지구 대행자에 대한 사용자 권한 승인 및 관리
5. 그 밖에 지적재조사업무 전반에 관한 자료 전산등록 및 관리

14 「지적재조사행정시스템 운영규정」상 대행자의 업무에 대한 내용으로 옳지 않은 것은?

① 지적재조사사업지구 등 실시계획에 관한 사항 전산등록
② 일필지 현지조사에 관한 사항 전산등록
③ 대국민공개시스템 및 모바일 현장지원 시스템 활용
④ 경계점 표지등록부 전산등록

정답 13 ① 14 ①

풀이 **지적재조사행정시스템 운영규정 제11조(대행자 업무)**

대행자는 다음 각 호의 업무를 수행한다.

> 1. 해당 사업지구 사용자 전산등록 및 승인 요청
> 2. 일필지측량 완료 후 지적확정조서에 관한 사항 전산등록
> 3. 일필지 현지조사에 관한 사항 전산등록
> 4. 대국민공개시스템 및 모바일 현장지원 시스템 활용
> 5. 경계점 표지등록부 전산등록
> 6. 그 밖에 지적재조사 측량규정에 의한 측량 성과 전산등록 등

지적재조사행정시스템 운영규정 제10조(추진단장의 업무)

추진단장은 다음 각 호의 업무를 수행한다.

> 1. 지적재조사사업지구 등 실시계획에 관한 사항 전산등록
> 2. 일필지 사전조사 및 현지조사에 관한 사항 전산등록
> 3. 주민설명회 · 동의서 징구 등 사업지구 지정 신청에 관한 사항 전산등록
> 4. 추진단 업무담당자 및 해당 사업지구 대행자에 대한 사용자 권한 승인 및 관리
> 5. 그 밖에 지적재조사업무 전반에 관한 자료 전산등록 및 관리

---

15 「지적재조사행정시스템 운영규정」상 운영관리책임자의 업무에 대한 내용으로 옳지 않은 것은?

① 일필지 현지조사에 관한 사항 전산등록 ② 사업지구별 통계자료 관리

③ 보안관리 및 침해대응 ④ 수시 예방점검 및 장애사항 처리

풀이 **지적재조사행정시스템 운영규정 제15조(운영관리책임자 등)**

① 시스템을 총괄하는 운영관리책임자는 지적재조사업무를 담당하는 담당과장이 되며, 담당과장은 운영 및 유지관리를 위하여 권한관리자를 지정하여야 한다.

② 운영관리책임자는 다음 각 호의 업무를 수행한다.

> 1. 수시 예방점검 및 장애사항 처리
> 2. 보안관리 및 침해대응
> 3. 사업지구별 통계자료 관리
> 4. 「개인정보 보호법」에 의한 개인정보 침해대응
> 5. 그 밖에 정보자원을 운영 · 관리함에 있어 필요한 사항

지적재조사행정시스템 운영규정 제11조(대행자 업무)

대행자는 다음 각 호의 업무를 수행한다.

> 1. 해당 사업지구 사용자 전산등록 및 승인 요청
> 2. 일필지측량 완료 후 지적확정조서에 관한 사항 전산등록
> 3. 일필지 현지조사에 관한 사항 전산등록
> 4. 대국민공개시스템 및 모바일 현장지원 시스템 활용
> 5. 경계점 표지등록부 전산등록
> 6. 그 밖에 지적재조사 측량규정에 의한 측량 성과 전산등록 등

정답 **15** ①

16 「지적재조사행정시스템 운영규정」상 운영관리책임자의 업무에 대한 내용으로 옳지 않은 것은?

① 지원단장 및 추진단장은 시스템 장애가 발생하여 처리할 수 없는 경우에는 기획단장에게 보고하고, 그에 따른 필요한 조치를 요청할 수 있다.

② 지원단장은 시스템 장애 사항이 정비될 수 있도록 필요한 조치를 하여야 한다.

③ 지원단장 및 추진단장은 지적재조사 행정시스템 자료에 오류가 발생한 경우에는 지체 없이 이를 수정하여야 한다.

④ 정부통합전산센터의 장은 프로그램 및 전산자료의 멸실·손괴에 대비하여 정기적으로 관련 자료를 백업하여야 한다.

풀이 **지적재조사행정시스템 운영규정 제17조(백업 및 복구)**
① 정부통합전산센터의 장은 프로그램 및 전산자료의 멸실·손괴에 대비하여 정기적으로 관련 자료를 백업하여야 한다. 백업 주기와 방법 및 범위는 「행정안전부 정부통합전산센터」의 백업지침에 따른다.
② 제1항의 백업자료는 도난·훼손·멸실되지 않도록 안전한 장소에 보관하여야 한다.

지적재조사행정시스템 운영규정 제18조(시스템 장애 및 전산자료 오류 수정)
① 지원단장 및 추진단장은 지적재조사 행정시스템 자료에 오류가 발생한 경우에는 지체 없이 이를 수정하여야 한다.
② 지원단장 및 추진단장은 시스템 장애가 발생하여 처리할 수 없는 경우에는 별지 제5호 서식에 따라 이를 기획단장에게 보고하고, 그에 따른 필요한 조치를 요청할 수 있다.
③ 제2항에 따라 보고 받은 기획단장은 시스템 장애 사항이 정비될 수 있도록 필요한 조치를 하여야 한다.

17 지적재조사사업의 지적재조사지구 지정에 대한 설명으로 가장 옳지 않은 것은?

① 지적소관청은 실시계획을 수립하여 시·도지사에게 지적재조사지구 지정 신청을 하여야 한다.

② 지적소관청이 지적재조사지구 지정 신청 시 지적재조사지구 토지 소유자 총수의 2분의 1 이상과 토지면적 3분의 2 이상에 해당하는 토지소유자의 동의를 받아야 한다.

③ 지적소관청은 지적재조사지구에 토지소유자협의회가 구성되어 있고 토지소유자 총수의 4분의 3 이상의 동의가 있는 지구에 대하여는 우선하여 지적재조사지구로 지정을 신청할 수 있다.

④ 시·도지사는 지적재조사지구를 지정할 때에는 시·도 지적재조사위원회의 심의를 거쳐야 한다.

풀이 **지적재조사에 관한 특별법 제7조(지적재조사지구의 지정)**
① 지적소관청은 실시계획을 수립하여 시·도지사에게 지적재조사지구 지정 신청을 하여야 한다. 〈개정 2019. 12.10.〉
② 지적소관청이 시·도지사에게 지적재조사지구 지정을 신청하고자 할 때에는 다음 각 호의 사항을 고려하여 지적재조사지구 토지소유자(국유지·공유지의 경우에는 그 재산관리청을 말한다. 이하 같다) 총수의 3분의 2 이상과 토지면적 3분의 2 이상에 해당하는 토지소유자의 동의를 받아야 한다. 〈개정 2017.4.18., 2019.12.10.〉

> 1. 지적공부의 등록사항과 토지의 실제 현황이 다른 정도가 심하여 주민의 불편이 많은 지역인지 여부
> 2. 사업시행이 용이한지 여부
> 3. 사업시행의 효과 여부

③ 제2항에도 불구하고 지적소관청은 지적재조사지구에 제13조에 따른 토지소유자협의회(이하 "토지소유자협의회"라 한다)가 구성되어 있고 토지소유자 총수의 4분의 3 이상의 동의가 있는 지구에 대하여는 우선하여 지적재조사지구로 지정을 신청할 수 있다. 〈개정 2019.12.10.〉

④ 지적소관청은 지적재조사지구 지정을 신청하고자 할 때에는 실시계획 수립 내용을 주민에게 서면으로 통보한 후 주민설명회를 개최하고 실시계획을 30일 이상 주민에게 공람하여야 한다. 〈삭제 2020.12.22.〉

⑤ 지적재조사지구에 있는 토지소유자와 이해관계인은 제4항에 따른 공람기간 안에 지적소관청에 의견을 제출할 수 있으며, 지적소관청은 제출된 의견이 타당하다고 인정할 때에는 이를 반영하여야 한다. 〈삭제 2020.12.22.〉

⑥ 시·도지사는 지적재조사지구를 지정할 때에는 대통령령으로 정하는 바에 따라 제29조에 따른 시·도 지적재조사위원회의 심의를 거쳐야 한다. 〈개정 2019.12.10.〉

⑦ 제1항부터 제3항까지, 제6항 및 제6조제2항부터 제4항까지의 규정은 지적재조사지구를 변경할 때에도 적용한다. 다만, 대통령령으로 정하는 경미한 사항을 변경할 때에는 제외한다. 〈개정 2019.12.10.〉

⑧ 제2항에 따른 동의자 수의 산정방법, 동의절차, 그 밖에 필요한 사항은 대통령령으로 정한다.

지적재조사에 관한 특별법 시행령 제7조(토지소유자 수 및 동의자 수 산정방법 등)

① 법 제7조제2항에 따른 토지소유자 수 및 동의자 수는 다음 각 호의 기준에 따라 산정한다.

> 1. 1필지의 토지가 수인의 공유에 속할 때에는 그 수인을 대표하는 1인을 토지소유자로 산정할 것
> 2. 1인이 다수 필지의 토지를 소유하고 있는 경우에는 필지 수에 관계없이 토지소유자를 1인으로 산정할 것
> 3. 토지등기부 및 토지대장·임야대장에 소유자로 등재될 당시 주민등록번호의 기재가 없거나 기재된 주소가 현재 주소와 다른 경우 또는 소재가 확인되지 아니한 자는 토지소유자의 수에서 제외할 것
> 4. 국유지·공유지에 대해서는 그 재산관리청을 토지소유자로 산정할 것 〈삭제 2017.10.17.〉

② 토지소유자가 법 제7조제2항 또는 제3항에 따라 동의하거나 그 동의를 철회할 경우에는 국토교통부령으로 정하는 지적재조사지구지정신청동의서 또는 동의철회서를 지적소관청에 제출하여야 한다. 〈개정 2013.3.23., 2017.10.17., 2020.6.23.〉

③ 제1항제1호에 해당하는 공유토지의 대표 소유자는 국토교통부령으로 정하는 대표자 지정 동의서를 첨부하여 제2항에 따른 동의서 또는 동의철회서와 함께 지적소관청에 제출하여야 한다. 〈개정 2013.3.23.〉

④ 토지소유자가 외국인인 경우에는 지적소관청은 「전자정부법」 제36조제1항에 따른 행정정보의 공동이용을 통하여 「출입국관리법」 제88조에 따른 외국인등록 사실증명을 확인하여야 하되, 토지소유자가 행정정보의 공동이용을 통한 외국인등록 사실증명의 확인에 동의하지 아니하는 경우에는 해당 서류를 첨부하게 하여야 한다.

⑤ 지적소관청은 지적재조사지구 지정 신청에 관한 업무를 위하여 필요한 때에는 관계 기관에 주민등록 및 가족관계 등록사항에 관한 자료 제공을 요청할 수 있다. 이 경우 요청을 받은 관계 기관은 정당한 사유가 없는 한 이에 따라야 한다. 〈신설 2017.10.17., 2020.6.23.〉

18 지적 관계 법규상 용어의 정의에 대한 설명으로 가장 옳지 않은 것은?

① '연속지적도'란 지적측량을 하지 아니하고 전산화된 지적도 및 임야도 파일을 이용하여, 도면상 경계점들을 연결하여 작성한 도면으로서 측량에 활용할 수 없는 도면을 말한다.

② '등록전환'이란 토지대장 및 지적도에 등록된 토지를 임야대장 및 임야도에 옮겨 등록하는 것을 말한다.

③ '토지현황조사'란 지적재조사사업을 시행하기 위하여 필지별로 소유자, 지번, 지목, 면적, 경계 또는 좌표 등을 조사하는 것을 말한다.

④ '지적확정측량'이란 도시개발사업 등에 따른 사업이 끝나 토지의 표시를 새로 정하기 위하여 실시하는 지적측량을 말한다.

풀이 **공간정보의 구축 및 관리 등에 관한 법률 제2조(정의)**

이 법에서 사용하는 용어의 뜻은 다음과 같다.

4. "지적측량"이란 토지를 지적공부에 등록하거나 지적공부에 등록된 경계점을 지상에 복원하기 위하여 제21호에 따른 필지의 경계 또는 좌표와 면적을 정하는 측량을 말하며, 지적확정측량 및 지적재조사측량을 포함한다.

4의2. "지적확정측량"이란 제86조제1항에 따른 사업이 끝나 토지의 표시를 새로 정하기 위하여 실시하는 지적측량을 말한다.

4의3. "지적재조사측량"이란 「지적재조사에 관한 특별법」에 따른 지적재조사사업에 따라 토지의 표시를 새로 정하기 위하여 실시하는 지적측량을 말한다.

19. "지적공부"란 토지대장, 임야대장, 공유지연명부, 대지권등록부, 지적도, 임야도 및 경계점좌표등록부 등 지적측량 등을 통하여 조사된 토지의 표시와 해당 토지의 소유자 등을 기록한 대장 및 도면(정보처리시스템을 통하여 기록·저장된 것을 포함한다)을 말한다.

19의2. "연속지적도"란 지적측량을 하지 아니하고 전산화된 지적도 및 임야도 파일을 이용하여, 도면상 경계점들을 연결하여 작성한 도면으로서 측량에 활용할 수 없는 도면을 말한다.

19의3. "부동산종합공부"란 토지의 표시와 소유자에 관한 사항, 건축물의 표시와 소유자에 관한 사항, 토지의 이용 및 규제에 관한 사항, 부동산의 가격에 관한 사항 등 부동산에 관한 종합정보를 정보관리체계를 통하여 기록·저장한 것을 말한다.

29. "신규등록"이란 새로 조성된 토지와 지적공부에 등록되어 있지 아니한 토지를 지적공부에 등록하는 것을 말한다.

30. "등록전환"이란 임야대장 및 임야도에 등록된 토지를 토지대장 및 지적도에 옮겨 등록하는 것을 말한다.

지적재조사에 관한 특별법 제2조(정의)

이 법에서 사용하는 용어의 정의는 다음과 같다.

1. "지적공부"란 「공간정보의 구축 및 관리 등에 관한 법률」 제2조제19호에 따른 지적공부를 말한다.

2. "지적재조사사업"이란 「공간정보의 구축 및 관리 등에 관한 법률」 제71조부터 제73조까지의 규정에 따른 지적공부의 등록사항을 조사·측량하여 기존의 지적공부를 디지털에 의한 새로운 지적공부로 대체함과 동시에 지적공부의 등록사항이 토지의 실제 현황과 일치하지 아니하는 경우 이를 바로잡기 위하여 실시하는 국가사업을 말한다.

3. "지적재조사지구"란 지적재조사사업을 시행하기 위하여 제7조 및 제8조에 따라 지정·고시된 지구를 말한다.

4. "토지현황조사"란 지적재조사사업을 시행하기 위하여 필지별로 소유자, 지번, 지목, 면적, 경계 또는 좌표, 지상건축물 및 지하건축물의 위치, 개별공시지가 등을 조사하는 것을 말한다.

19 지적재조사사업의 조정금에 대한 설명으로 가장 옳지 않은 것은?

① 조정금은 현금으로 지급하거나 납부하여야 한다.

② 지적소관청은 조정금액을 통지한 날부터 20일 이내에 토지소유자에게 조정금의 수령통지 또는 납부고지를 하여야 한다.

③ 지적소관청은 수령통지를 한 날부터 6개월 이내에 조정금을 지급하여야 한다.

④ 지적재조사지구 지정이 있은 후 권리의 변동이 있을 때에는 그 권리를 승계한 자가 조정금 또는 공탁금을 수령하거나 납부한다.

> **풀이** 지적재조사에 관한 특별법 제21조(조정금의 지급 · 징수 또는 공탁)
>
> ① 조정금은 현금으로 지급하거나 납부하여야 한다. 〈개정 2017.4.18.〉
>
> ② 지적소관청은 제20조제1항에 따라 조정금을 산정하였을 때에는 지체 없이 조정금조서를 작성하고, 토지소유자에게 개별적으로 조정금액을 통보하여야 한다.
>
> ③ 지적소관청은 제2항에 따라 조정금액을 통지한 날부터 10일 이내에 토지소유자에게 조정금의 수령통지 또는 납부고지를 하여야 한다.
>
> ④ 지적소관청은 제3항에 따라 수령통지를 한 날부터 6개월 이내에 조정금을 지급하여야 한다.
>
> ⑤ 제3항에 따라 납부고지를 받은 자는 그 부과일부터 6개월 이내에 조정금을 납부하여야 한다. 다만, 지적소관청은 1년의 범위에서 대통령령으로 정하는 바에 따라 조정금을 분할납부하게 할 수 있다. 〈개정 2017.4.18.〉
>
> ⑥ 지적소관청은 조정금을 납부하여야 할 자가 기한까지 납부하지 아니할 때에는 「지방행정제재 · 부과금의 징수 등에 관한 법률」에 따라 징수할 수 있다. 〈신설 2017.4.18., 2020.3.24., 2020.6.9.〉
>
> ⑦ 지적소관청은 조정금을 지급하여야 하는 경우로서 다음 각 호의 어느 하나에 해당하는 때에는 조정금을 지급받을 자의 토지 소재지 공탁소에 그 조정금을 공탁할 수 있다. 〈개정 2017.4.18.〉
>
> > 1. 조정금을 받을 자가 그 수령을 거부하거나 주소 불분명 등의 이유로 조정금을 수령할 수 없을 때
> > 2. 지적소관청이 과실 없이 조정금을 받을 자를 알 수 없을 때
> > 3. 압류 또는 가압류에 따라 조정금의 지급이 금지되었을 때
>
> ⑧ 지적재조사지구 지정이 있은 후 권리의 변동이 있을 때에는 그 권리를 승계한 자가 제1항에 따른 조정금 또는 제7항에 따른 공탁금을 수령하거나 납부한다. 〈개정 2017.4.18., 2019.12.10.〉

20 「지적재조사에 관한 특별법」상 토지소유자 협의회에 대한 설명으로 가장 옳지 않은 것은?

① 토지소유자협의회의 회의는 재적위원 3분의 1 이상의 출석으로 개의(開議)하고, 출석위원 과반수의 찬성으로 의결한다.

② 토지소유자협의회는 위원장을 포함한 5명 이상 20명 이하의 위원으로 구성하며, 위원은 그 지적재조사지구에 있는 토지의 소유자이어야 한다.

③ 토지소유자가 협의회 구성에 동의하거나 그 동의를 철회하려는 경우에는 협의회구성동의서 또는 동의 철회서에 본인임을 확인한 후 서명 또는 날인하여 지적소관청에 제출하여야 한다.

④ 지적재조사지구의 토지소유자는 토지소유자 총수의 2분의 1 이상과 토지면적 2분의 1 이상에 해당하는 토지소유자의 동의를 받아 토지소유자협의회를 구성할 수 있다.

풀이 지적재조사에 관한 특별법 제13조(토지소유자협의회) **암기** ㉜㉕는 ㉞㉤으로 ㉛하라

① 지적재조사지구의 토지소유자는 토지소유자 총수의 2분의 1 이상과 토지면적 2분의 1 이상에 해당하는 토지소유자의 동의를 받아 토지소유자협의회를 구성할 수 있다. 〈개정 2017.4.18., 2019.12.10.〉

② 토지소유자협의회는 위원장을 포함한 5명 이상 20명 이하의 위원으로 구성한다. 토지소유자협의회의 위원은 그 지적재조사지구에 있는 토지의 소유이어야 하며, 위원장은 위원 중에서 호선한다. 〈개정 2019.12.10.〉

③ 토지소유자협의회의 기능은 다음 각 호와 같다. 〈개정 2019.12.10.〉

> 1. 지적소관청에 대한 제7조제3항에 따른 ㉜적재조사지구의 신청
>
>> 제7조 ③ 제2항에도 불구하고 지적소관청은 지적재조사지구에 제13조에 따른 토지소유자협의회(이하 "토지소유자협의회"라 한다)가 구성되어 있고 토지소유자 총수의 4분의 3 이상의 동의가 있는 지구에 대하여는 우선하여 지적재조사지구로 지정을 신청할 수 있다. 〈개정 2019.12.10.〉
>
> 2. 임시경계점㉓지 및 경계점표지의 설치에 대한 입회
> 3. 토지㉞황조사에 대한 입회
> 4. 삭제 〈2017.4.18.〉
> 5. 제20조제3항에 따른 조정㉤ 산정기준에 대한 의견 제출
> 6. 제31조에 따른 경계결㉛위원회(이하 "경계결정위원회"라 한다) 위원의 추천

④ 제1항에 따른 동의자 수의 산정방법 및 동의절차, 토지소유자협의회의 구성 및 운영, 그 밖에 필요한 사항은 대통령령으로 정한다.

지적재조사에 관한 특별법 시행령 제10조(토지소유자협의회의 구성 등)

① 법 제13조제1항에 따른 토지소유자협의회(이하 이 조에서 "협의회"라 한다)를 구성할 때 토지소유자 수 및 동의자 수 산정은 제7조제1항의 기준에 따른다.

② 토지소유자가 협의회 구성에 동의하거나 그 동의를 철회하려는 경우에는 국토교통부령으로 정하는 협의회구성동의서 또는 동의철회서에 본인임을 확인한 후 서명 또는 날인하여 지적소관청에 제출하여야 한다. 〈개정 2017.10.17.〉

③ 협의회의 위원장은 협의회를 대표하고, 협의회의 업무를 총괄한다.

④ 협의회의 회의는 재적위원 과반수의 출석으로 개의(開議)하고, 출석위원 과반수의 찬성으로 의결한다.

⑤ 제1항부터 제4항까지에서 규정한 사항 외에 협의회의 운영 등에 필요한 사항은 협의회의 의결을 거쳐 위원장이 정한다.

···**01** 제1회 합격모의고사

01 「지적업무처리규정」(국토교통부 훈령 제899호)상 용어 정의에 대한 설명으로 가장 옳지 않은 것은?

① "기지점(旣知點)"이란 기초측량에서는 국가기준점 또는 지적기준점을 말하고, 세부측량에서는 지적기준점 또는 지적도면상 필지를 구획하는 선의 경계점과 상호 부합되는 지상의 경계점을 말한다.

② "측량현형(現形)파일"이란 전자평판측량 및 위성측량방법으로 관측 후 지적측량정보를 처리할 수 있는 시스템에 따라 작성된 측량결과도파일과 토지이동정리를 위한 지번, 지목 및 경계점의 좌표가 포함된 파일을 말한다.

③ "전자평판측량"이란 토탈스테이션과 지적측량 운영프로그램 등이 설치된 컴퓨터를 연결하여 세부측량을 수행하는 측량을 말한다.

④ "기지경계선(旣知境界線)"이란 세부측량성과를 결정하는 기준이 되는 기지점을 필지별로 직선으로 연결한 선을 말한다.

풀이 지적업무처리규정 제3조(정의)

이 규정에서 사용하는 용어의 뜻은 다음 각 호와 같다.

1. "기지점(旣知點)"이란 기초측량에서는 국가기준점 또는 지적기준점을 말하고, 세부측량에서는 지적기준점 또는 지적도면상 필지를 구획하는 선의 경계점과 상호 부합되는 지상의 경계점을 말한다.

2. "기지경계선(旣知境界線)"이란 세부측량성과를 결정하는 기준이 되는 기지점을 필지별로 직선으로 연결한 선을 말한다.

3. "전자평판측량"이란 토탈스테이션과 지적측량 운영프로그램 등이 설치된 컴퓨터를 연결하여 세부측량을 수행하는 측량을 말한다.

4. "토탈스테이션"이란 경위의측량방법에 따른 기초측량 및 세부측량에 사용되는 장비를 말한다.

5. "지적측량파일"이란 측량준비파일, 측량현형파일 및 측량성과파일을 말한다.

6. "측량준비파일"이란 부동산종합공부시스템에서 지적측량 업무를 수행하기 위하여 도면 및 대장속성 정보를 추출한 파일을 말한다.

7. "측량현형(現形)파일"이란 전자평판측량 및 위성측량방법으로 관측한 데이터 및 지적측량에 필요한 각종 정보가 들어있는 파일을 말한다.

8. "측량성과파일"이란 전자평판측량 및 위성측량방법으로 관측 후 지적측량정보를 처리할 수 있는 시스템에 따라 작성된 측량결과도파일과 토지이동정리를 위한 지번, 지목 및 경계점의 좌표가 포함된 파일을 말한다.

9. "측량부"란 기초측량 또는 세부측량성과를 결정하기 위하여 사용한 관측부·계산부 등 이에 수반되는 기록을 말한다.

정답 01 ②

02 「지적업무처리규정」상 지적도근점측량 시 기지경계점과 부합여부에 대한 설명이다. 이 중 틀린 것은?

① 지적도근점측량성과와 기지경계선이 부합하지 않는 경우에는 사용한 지적측량 기준점 및 측량방법을 다르게 하여 지적도근점측량성과를 재확인하여야 한다.

② 기지경계선의 부합여부를 확인한 결과 기지경계선이 같은 방향과 거리로 이동하여 등록되었음이 판명된 때에는 기지경계선 등록 당시 지적도근점측량성과에 오류가 있는 것으로 본다.

③ 지적도근점측량을 한 때에는 지적도근점측량성과에 의하여 기지경계선과 부합여부를 도해적으로 확인하여야 한다.

④ 수정한 좌표는 지적도근점측량계산부 및 지적도근점성과표의 좌표란 윗부분에 검은색으로 기재하여야 한다.

> **풀이** 지적업무처리규정 제13조(지적도근점 측량성과의 확인)
> ① 지적도근점측량을 한 때에는 지적도근점측량성과와 기지경계선과의 부합여부를 도해적으로 확인하여야 한다. 이 경우 지적도근점측량성과와 기지경계선이 부합하지 아니할 경우에는 사용한 지적기준점 및 측량방법을 다르게 하여 지적도근점측량성과를 재확인하여야 한다.
> ② 제1항에 따라 기지경계선의 부합여부를 확인한 결과 기지경계선이 같은 방향과 거리로 이동하여 등록되었음이 판명된 때에는 기지경계선 등록당시 지적도근점측량성과에 오류가 있는 것으로 보고, 지적소관청이 지적도근점측량성과에 그 이동수치를 가감하여 사용할 수 있다. 이 경우 수정한 좌표는 지적도근점측량계산부 및 지적도근점성과표의 좌표란 윗부분에 붉은색으로 기재하여야 한다.
> ③ 지적소관청은 제2항에 따라 지적도근점성과를 가감하여 사용한 지역에는 별도로 별지 제2호 서식의 지적도근점성과 가감지역 관리대장을 작성하여 측량결과를 관리하여야 하며, 이를 지적측량수행자에게 통보하여야 한다.

03 「지적업무처리규정」상 지적공부정리에 대한 설명으로 옳지 않은 것은?

① 토지이동정리결의서는 토지대장 · 임야대장 또는 경계점좌표등록부별로 구분하여 작성하되, 토지이동정리결의서에는 토지이동 신청서 또는 도시개발사업 등의 완료신고서 등을 첨부하여야 한다.

② 지적공부 등의 정리에 사용하는 문자 · 기호 및 경계는 따로 규정을 둔 사항을 제외하고 정리사항은 검은색, 도곽선과 그 수치 및 말소는 붉은색으로 한다.

③ 지적확정측량 · 축척변경 및 지번변경에 따른 토지이동의 경우를 제외하고는 폐쇄 또는 말소된 지번은 다시 사용할 수 있다.

④ 소유자정리결의서에는 등기필증 · 등기사항증명서 그 밖에 토지소유자가 변경되었음을 증명하는 서류를 첨부하여야 한다.

> **풀이** 공간정보의 구축 및 관리 등에 관한 법률 시행령 제84조(지적공부의 정리 등)
> ① 지적소관청은 지적공부가 다음 각 호의 어느 하나에 해당하는 경우에는 지적공부를 정리하여야 한다. 이 경우 이미 작성된 지적공부에 정리할 수 없을 때에는 새로 작성하여야 한다.
>
> > 1. 법 제66조제2항에 따라 지번을 변경하는 경우
> > 2. 법 제74조에 따라 지적공부를 복구하는 경우
> > 3. 법 제77조부터 제86조까지의 규정에 따른 신규등록 · 등록전환 · 분할 · 합병 · 지목변경 등 토지의 이동이 있는 경우

② 지적소관청은 제1항에 따른 토지의 이동이 있는 경우에는 토지이동정리 결의서를 작성하여야 하고, 토지소유자의 변동 등에 따라 지적공부를 정리하려는 경우에는 소유자정리 결의서를 작성하여야 한다.

③ 제1항 및 제2항에 따른 지적공부의 정리방법, 토지이동정리 결의서 및 소유자정리 결의서 작성방법 등에 관하여 필요한 사항은 국토교통부령으로 정한다.

공간정보의 구축 및 관리 등에 관한 법률 시행규칙 제98조(지적공부의 정리방법 등)

① 영 제84조제2항에 따른 토지이동정리 결의서의 작성은 별지 제57호 서식에 따라 토지대장·임야대장 또는 경계점좌표등록부별로 구분하여 작성하되, 토지이동정리 결의서에는 토지이동신청서 또는 도시개발사업 등의 완료신고서 등을 첨부하여야 하며, 소유자정리 결의서의 작성은 별지 제85호 서식에 따르되 등기필증, 등기부 등본 또는 그 밖에 토지소유자가 변경되었음을 증명하는 서류를 첨부하여야 한다. 다만, 「전자정부법」 제36조 제1항에 따른 행정정보의 공동이용을 통하여 첨부서류에 대한 정보를 확인할 수 있는 경우에는 그 확인으로 첨부서류를 갈음할 수 있다.

② 제1항의 대장 외에 지적공부의 정리와 토지이동정리 결의서 및 소유자정리 결의서의 작성에 필요한 사항은 국토교통부장관이 정한다.

지적업무처리규정 제63조(지적공부 등의 정리)

① 지적공부 등의 정리에 사용하는 문자·기호 및 경계는 따로 규정을 둔 사항을 제외하고 정리사항은 검은색, 도곽선과 그 수치 및 말소는 붉은색으로 한다.

② 지적확정측량·축척변경 및 지번변경에 따른 토지이동의 경우를 제외하고는 폐쇄 또는 말소된 지번을 다시 사용할 수 없다.

③ 토지의 이동에 따른 도면정리는 예시 2의 도면정리 예시에 따른다. 이 경우 법 제2조제19호의 지적공부를 이용하여 지적측량을 한 때에는 측량성과파일에 따라 지적공부를 정리할 수 있다.

04 「지적업무처리규정」상 전자평판측량방법에 따른 세부측량방법으로 옳지 않은 것은?

① 평판점의 이동거리는 지적도근점표지의 점간거리 400미터 이내로 한다.

② 현형법(現形法)으로 지적측량의 성과를 결정하려면 경계점은 반드시 지적공부 등록당시의 축척으로 한다.

③ 지적기준점을 기준으로 실시하여야 한다.

④ 지적기준점이 없는 지역에서는 보존이 용이한 고정물을 선점하여 보조점으로 사용할 수 있다.

풀이 지적업무처리규정 제20조(현지측량방법 등)

⑩ 전자평판측량에 따른 세부측량은 지적기준점을 기준으로 실시하여야 하며, 면적측정은 전산처리 방법에 따른다.

⑪ 제10항에 따른 세부측량 시 평판점의 이동거리는 「지적측량 시행규칙」 제2조제1항제3호에서 정한 지적도근점표지의 점간거리 이내로 한다.

> **지적측량 시행규칙 제2조(지적기준점표지의 설치·관리 등)**
> ① 「공간정보의 구축 및 관리 등에 관한 법률」(이하 "법"이라 한다) 제8조제1항에 따른 지적기준점표지의 설치는 다음 각 호의 기준에 따른다. 〈개정 2015.4.23.〉
> 1. 지적삼각점표지의 점간거리는 평균 2킬로미터 이상 5킬로미터 이하로 할 것
> 2. 지적삼각보조점표지의 점간거리는 평균 1킬로미터 이상 3킬로미터 이하로 할 것. 다만, 다각망도선법(多角網道線法)에 따르는 경우에는 평균 0.5킬로미터 이상 1킬로미터 이하로 한다.
> 3. 지적도근점표지의 점간거리는 평균 50미터 이상 300미터 이하로 할 것. 다만, 다각망도선법에 따르는 경우에는 평균 500미터 이하로 한다.

⑫ 지적기준점이 없는 지역에서 전자평판측량을 실시할 때에는 보존이 용이한 고정물을 선점하여 보조점으로 사용할 수 있다. 이 경우 설치된 보조점은 후속측량에 사용할 수 있도록 하여야 한다.

⑬ 현형법(現形法)으로 지적측량의 성과를 결정하려면 경계점은 반드시 지적공부 등록당시의 축척으로 하며, 기지점을 기준으로 지상경계선과 도상경계선의 부합여부를 확인하여야 한다.

⑭ 이미 작성되어 있는 지적측량파일을 이용하여 측량할 경우에는 기존 파일에서 지상경계선과 도상경계가 잘 부합되는 기지점과 신청토지 주변을 추가로 실측하여 성과를 결정하여야 한다.

⑮ 전자평판측량의 설치 및 표정방법은 다음 각 호에 따른다.

> 1. 토탈스테이션을 지적기준점 또는 보조점 위에 거치한 후 다른 지적기준점이나 고정물을 시준하고 수평각을 전자평판에서 0° 0′ 0″로 세팅하여 관측을 준비한다.
> 2. 지적기준점 간의 거리는 2회 이상 측정하여 확인한다.
> 3. 연직각은 천정을 0으로 설정한다.

05 지적공부의 소유자정리에 관한 설명이다. (   ) 안에 들어갈 사항으로 옳은 것은?

- 대장의 소유자변동일자는 등기필통지서, 등기필증, 등기부 등본·초본 또는 등기관서에서 제공한 등기 전산정보자료의 경우에는 (ㄱ)로, 법 제84조제4항 단서의 미등기토지 소유자에 관한 정정신청의 경우 와 법 제88조제2항에 따른 소유자등록신청의 경우에는 (ㄴ)로, 공유수면 매립준공에 따른 신규 등록 의 경우에는 (ㄷ)로 정리한다.
- 주소·성명·명칭의 변경 또는 경정 및 소유권이전 등이 같은 날짜에 등기가 된 경우의 지적공부정리 는 (ㄹ)에 따라 모두 정리하여야 한다.

	㉠	㉡	㉢	㉣
①	등기접수 순서	등기접수일자	매립준공일자	소유자정리결의일자
②	소유자정리결의일자	등기접수 순서	등기접수일자	매립준공일자
③	등기접수일자	소유자정리결의일자	매립준공일자	등기접수 순서
④	소유자정리결의일자	매립준공일자	등기접수 순서	등기접수일자
⑤	매립준공일자	등기접수 순서	등기접수일자	소유자정리결의일자

풀이 지적업무처리규정 제60조(소유자정리)

① 대장의 소유자변동일자는 등기필통지서, 등기필증, 등기부 등본·초본 또는 등기관서에서 제공한 등기전산 정보자료의 경우에는 **등기접수일자**로, 법 제84조제4항 단서의 미등기토지 소유자에 관한 정정신청의 경우 와 법 제88조제2항(「국유재산법」 제2조제10호에 따른 총괄청이나 같은 조 제11호에 따른 중앙관서의 장이 같은 법 제12조제3항에 따라 소유자 없는 부동산에 대한 소유자 등록을 신청하는 경우 지적소관청은 지적공부 에 해당 토지의 소유자가 등록되지 아니한 경우에만 등록할 수 있다)에 따른 소유자등록신청의 경우에는 **소유 자정리결의일자**로, 공유수면 매립준공에 따른 신규 등록의 경우에는 **매립준공일자**로 정리한다.

② 주소·성명·명칭의 변경 또는 경정 및 소유권이전 등이 같은 날짜에 등기가 된 경우의 지적공부정리는 **등기 접수 순서**에 따라 모두 정리하여야 한다.

③ 소유자의 주소가 토지소재지와 같은 경우에도 등기부와 일치하게 정리한다. 다만, 등기관서에서 제공한 등기 전산정보자료에 따라 정리하는 경우에는 등기전산정보자료에 따른다.

④ 법 제88조제4항에 따라 지적소관청이 소유자에 관한 사항이 대장과 부합되지 아니하는 토지소유자를 정리할 때에는 제1항부터 제3항까지와 제65조제2항을 준용하며, 토지소유자 등 이해관계인이 등기부 등본·초본 등에 따라 소유자정정을 신청하는 경우에는 별지 제9호 서식의 소유자정정 신청서를 제출하여야 한다.

⑤ 국토교통부장관은 등기관서로부터 법인 또는 재외국민의 부동산등기용등록번호 정정통보가 있는 때에는 정정 전 등록번호에 따라 토지소재를 조사하여 시·도지사에게 그 내용을 통지하여야 한다. 이 경우 시·도지사는 지체 없이 그 내용을 해당 지적소관청에 통지하여야 한다.

⑥ 소유자등록사항 중 토지이동과 함께 소유자가 결정되는 신규 등록, 도시개발사업 등의 환지 등록 시에는 토지이동업무 처리와 동시에 소유자를 정리하여야 한다.

지적업무처리규정 제61조(미등기토지의 소유자정정 등)

① 법 제84조제4항 단서에 따른 적용대상 토지는 미등기토지로서 소유자의 정정에 관한 사항과 토지조사 당시에 사정 또는 재결 등에 따라 대장에 소유자는 등록하였으나, 소유자의 주소가 등록되어 있지 아니한 토지와 종전 「지적법 시행령」(대통령령 제497호 1951년 4월 1일 제정) 제3조제4호에 따라 국유지를 매각·교환 또는 양여하여 취득한 토지(이하 "국유지의 취득"이라 한다)의 소유자주소가 대장에 등록되어 있지 아니한 미등기토지로 한다. 다만, 1950.12.1. 법률 제165호로 제정된 「지적법」(1975.12.31. 법률 제2801호로 전문 개정되기 이전의 법률을 말한다)이 시행된 시기에 복구, 소유권확인청구의 소에 따른 확정판결이 있었거나, 이에 관한 소송이 법원에 진행 중인 토지는 제외한다.

② 미등기토지의 소유자주소를 대장에 등록하고자 하는 때에는 사정·재결 또는 국유지의 취득 당시 최초 주소를 등록한다.

③ 법 제84조제4항 단서의 미등기토지 소유자에 관한 정정신청은 별지 제10호 서식에 따르며, 지적소관청은 미등기토지의 소유자정정 등에 관한 신청이 있는 때에는 14일 이내에 다음 각 호의 사항을 확인하여 처리하여야 하며, 별지 제11호의 조사서를 작성하여야 한다.

> 1. 적용대상토지 여부
> 2. 대장상 소유자와 가족관계등록부·제적부에 등재된 자와의 동일인 여부
> 3. 적용대상토지에 대한 확정판결이나 소송의 진행여부
> 4. 첨부서류의 적합여부
> 5. 그 밖에 지적소관청이 필요하다고 인정되는 사항

④ 지적소관청은 제3항에 따른 조사를 할 때에는 기간을 정하여 신청인에게 필요한 자료의 제출 또는 보완을 요구할 수 있다.

⑤ 지적소관청은 대장에 소유자의 주소 등을 등록한 때에는 지체 없이 신청인에게 그 내용을 통지하여야 한다.

06 「지적업무처리규정」상 지적삼각점성과표의 작성에 대한 설명으로 옳지 않은 것은?

① 시·도지사는 지적삼각점측량성과를 검사하여 그 측량성과를 결정한 때에는 그 측량성과를 지적삼각점성과표에 등재한다.

② 시·도지사는 지적삼각점성과표사본 1부를 지적소관청에 송부하여야 한다.

③ 시·도지사 및 지적소관청은 지적삼각점성과표에 등재한 지적삼각점에 대해 지형도에 지적삼각점의 제도에 따른 표시, 명칭, 및 일련번호를 기재하여야 한다.

④ 시·도지사가 지적삼각점성과를 관리할 때에는 자오선수차 및 표지의 재질을 지적삼각점성과표에 기록·관리하여야 한다.

풀이 지적업무처리규정 제6조(지적삼각점성과표의 작성)

① 시·도지사는 지적삼각점측량성과를 검사하여 그 측량성과를 결정한 때에는 그 측량성과를 「지적측량 시행규칙」 제4조에 따른 지적삼각점성과표에 등재한다. 이 경우 시·도지사는 지적삼각점성과표사본 1부를 지적소관청에 송부하여야 한다.

정답 06 ④

지적측량 시행규칙 제4조(지적기준점성과표의 기록 · 관리 등)

① 제3조에 따라 시 · 도지사가 지적삼각점성과를 관리할 때에는 다음 각 호의 사항을 지적삼각점성과 표에 기록 · 관리하여야 한다.

1. ㉢적삼각점의 명칭과 기준 원점명
2. ㉱표 및 표고
3. ㉰도 및 위도(필요한 경우로 한정한다)
4. ㉳오선수차(子午線收差)
5. 시준점(視準點)의 ㉧칭, 방위각 및 거리
6. ㉧재지와 측량연월일
7. 그 밖의 참고사항

② 제3조에 따라 지적소관청이 지적삼각보조점성과 및 지적도근점성과를 관리할 때에는 다음 각 호의 사항을 지적삼각보조점성과표 및 지적도근점성과표에 기록 · 관리하여야 한다.

1. 번호 및 ㉪치의 약도
2. 좌㉱와 직각좌표계 원점명
3. 경㉵와 위도(필요한 경우로 한정한다)
4. ㉱고(필요한 경우로 한정한다)
5. 소재㉢와 측량연월일
6. ㉵선등급 및 도선명
7. 표㉢의 재질
8. ㉵면번호
9. 설치기㉮
10. 조㉧연월일, 조사자의 직위 · 성명 및 조사 내용

② 시 · 도지사 및 지적소관청은 지적삼각점성과표에 등재한 지적삼각점에 대해 지형도에 제43조제1항제4호에 따른 표시, 명칭 및 일련번호를 기재하고, 지적삼각점성과표와 함께 관리한다.

제43조제1항제4호. 지적삼각점 및 지적삼각보조점은 직경 3밀리미터의 원으로 제도한다. 이 경우 지적삼각점은 원 안에 십자선을 표시하고, 지적삼각보조점은 원 안에 검은색으로 옅게 채색한다.

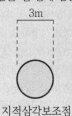

지적삼각점   지적삼각보조점

07 「지적업무처리규정」상 지적기준점성과의 열람 및 등본 발급에 대한 설명으로 옳지 않은 것은?

① 지적기준점성과 또는 그 측량부의 열람신청이 있는 때에는 신청종류와 수수료금액을 확인하여 신청서에 첨부된 수입증지를 소인한 후 담당공무원이 열람시킨다.

② 지적측량기준점성과 또는 그 측량부를 열람하거나 등본을 발급받으려는 자는 지적삼각점성과에 대해서는 시·도지사 또는 지적소관청에 신청하고, 지적삼각보조점성과 및 지적도근점성과에 대해서는 지적소관청에 신청하여야 한다.

③ 지적기준점성과 또는 그 측량부의 등본을 복사할 때에는 기재사항 끝부분에 가로 4cm, 세로 10cm 크기로 날인한다.

④ 지적기준점성과 또는 그 측량부의 등본은 복사하거나 부동산종합공부시스템으로 작성하여 발급한다.

풀이 **지적업무처리규정 제11조(지적기준점성과의 열람 및 등본 발급)**

① 규칙 제26조에 따른 지적기준점성과 또는 그 측량부의 열람신청이 있는 때에는 신청종류와 수수료금액을 확인하여 신청서에 첨부된 수입증지를 소인한 후 담당공무원이 열람시킨다.

② 지적기준점성과 또는 그 측량부의 등본은 복사하거나 부동산종합공부시스템으로 작성하여 발급한다.

③ 지적기준점성과 또는 그 측량부의 등본을 복사할 때에는 기재사항 끝부분에 다음과 같이 날인한다.

(지적기준점성과 등 등본 날인문안 및 규격)

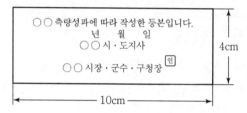

공간정보의 구축 및 관리 등에 관한 법률 시행규칙 제26조(지적기준점성과의 열람 및 등본발급)

① 법 제27조에 따라 지적측량기준점성과 또는 그 측량부를 열람하거나 등본을 발급받으려는 자는 지적삼각점성과에 대해서는 특별시장·광역시장·특별자치시장·도지사·특별자치도지사(이하 "시·도지사"라 한다) 또는 지적소관청에 신청하고, 지적삼각보조점성과 및 지적도근점성과에 대해서는 지적소관청에 신청하여야 한다. 〈개정 2013.6.19., 2015.6.4.〉

② 제1항에 따른 지적측량기준점성과 또는 그 측량부의 열람 및 등본발급 신청서는 별지 제17호 서식과 같다.

③ 지적측량기준점성과 또는 그 측량부의 열람이나 등본 발급 신청을 받은 해당 기관은 이를 열람하게 하거나 별지 제18호 서식의 지적측량기준점성과 등본을 발급하여야 한다.

08 「지적업무처리규정」상 신규등록과 등록전환측량에 대한 설명으로 옳지 않은 것은?

① 신규등록 시 누락된 도로·하천 및 구거 등의 토지를 등록하는 경우의 경계는 도면에 등록된 인접토지의 경계를 기준으로 하여 결정한다. 이 경우 토지의 경계와 이용현황 등을 조사하기 위한 측량을 하여야 한다.

② 토지대장에 등록하는 면적은 등록전환측량의 결과에 따라야 하며, 임야대장의 면적을 그대로 정리할 수 없다.

③ 임야도에 도곽선 또는 도곽선수치가 없거나, 1필지 전체를 등록전환 할 경우에만 등록전환으로 인하여 말소해야 할 필지의 임야측량결과도를 등록전환측량결과도에 함께 작성할 수 있다.

④ 등록전환 할 일단의 토지가 2필지 이상으로 분할되어야 할 토지의 경우에는 1필지로 등록전환 후 지목별로 분할하여야 한다. 이 경우 등록전환 할 토지의 지목은 변경될 지목으로 설정한다.

풀이 **지적업무처리규정 제21조(신규등록측량)**

1950.12.1. 법률 제165호로 제정된 「지적법」 제37조에 따른 신규등록 시 누락된 도로·하천 및 구거 등의 토지를 등록하는 경우의 경계는 도면에 등록된 인접토지의 경계를 기준으로 하여 결정한다. 이 경우 토지의 경계와 이용현황 등을 조사하기 위한 측량을 하여야 한다.

지적업무처리규정 제22조(등록전환측량)

① 1필지 전체를 등록전환 할 경우에는 임야대장등록사항과 토지대장등록사항의 부합여부 등을 확인하고 토지의 경계와 이용현황 등을 조사하기 위한 측량을 하여야 한다.

② 등록전환 할 일단의 토지가 2필지 이상으로 분할되어야 할 토지의 경우에는 1필지로 등록전환 후 지목별로 분할하여야 한다. 이 경우 등록 전환할 토지의 지목은 임야대장에 등록된 지목으로 설정하되, 분할 및 지목변경은 등록전환과 동시에 정리한다.

③ 경계점좌표등록부를 비치하는 지역과 연접되어 있는 토지를 등록전환하려면 경계점좌표등록부에 등록하여야 한다.

④ 토지대장에 등록하는 면적은 등록전환측량의 결과에 따라야 하며, 임야대장의 면적을 그대로 정리할 수 없다.

⑤ 1필지의 일부를 등록전환 하려면 등록전환으로 인하여 말소하여야 할 필지의 면적은 반드시 임야분할측량결과도에서 측정하여야 한다.

⑥ 임야도에 도곽선 또는 도곽선수치가 없거나, 1필지 전체를 등록전환 할 경우에만 등록전환으로 인하여 말소해야 할 필지의 임야측량결과도를 등록전환측량결과도에 함께 작성할 수 있다.

⑦ 토지의 형질변경이 수반되는 등록전환측량은 토목공사 등이 완료된 후에 실시하여야 하며, 제20조제3항에 따라 측량성과를 결정하여야 한다.

09 지적공부의 소유자정리에 관한 설명으로 옳지 않은 것은?

① 주소·성명·명칭의 변경 또는 경정 및 소유권 이전 등이 같은 날짜에 등기가 된 경우의 지적공부정리는 등기완료 순서에 따라 모두 정리하여야 한다.

② 대장의 소유자변동일자는 등기필통지서, 등기필증, 등기부등본·초본 또는 등기관서에서 제공한 등기전산정보자료의 경우에는 등기접수일자로 정리한다.

③ 국토교통부장관은 등기관서로부터 법인 또는 재외국민의 부동산등기용등록번호 정정통보가 있는 때에는 정정 전 등록번호에 따라 토지소재를 조사하여 시·도지사에게 그 내용을 통지하여야 한다.

④ 소유자등록사항 중 토지이동과 함께 소유자가 결정되는 신규등록, 도시개발사업 등의 환지등록 시에는 토지이동업무 처리와 동시에 소유자를 정리하여야 한다.

풀이 지적업무처리규정 제60조(소유자정리)

① 대장의 소유자변동일자는 등기필통지서, 등기필증, 등기부 등본·초본 또는 등기관서에서 제공한 등기전산정보자료의 경우에는 등기접수일자로, 법 제84조제4항 단서의 미등기토지 소유자에 관한 정정신청의 경우와 법 제88조제2항에 따른 소유자등록신청의 경우에는 소유자정리결의일자로, 공유수면 매립준공에 따른 신규 등록의 경우에는 매립준공일자로 정리한다.

② 주소·성명·명칭의 변경 또는 경정 및 소유권이전 등이 같은 날짜에 등기가 된 경우의 지적공부정리는 등기접수 순서에 따라 모두 정리하여야 한다.

③ 소유자의 주소가 토지소재지와 같은 경우에도 등기부와 일치하게 정리한다. 다만, 등기관서에서 제공한 등기전산정보자료에 따라 정리하는 경우에는 등기전산정보자료에 따른다.

④ 법 제88조제4항에 따라 지적소관청이 소유자에 관한 사항이 대장과 부합되지 아니하는 토지소유자를 정리할 때에는 제1항부터 제3항까지와 제65조제2항을 준용하며, 토지소유자 등 이해관계인이 등기부 등본·초본 등에 따라 소유자정정을 신청하는 경우에는 별지 제9호 서식의 소유자정정 신청서를 제출하여야 한다.

⑤ 국토교통부장관은 등기관서로부터 법인 또는 재외국민의 부동산등기용등록번호 정정통보가 있는 때에는 정정 전 등록번호에 따라 토지소재를 조사하여 시·도지사에게 그 내용을 통지하여야 한다. 이 경우 시·도지사는 지체 없이 그 내용을 해당 지적소관청에 통지하여야 한다.

⑥ 소유자등록사항 중 토지이동과 함께 소유자가 결정되는 신규 등록, 도시개발사업 등의 환지 등록 시에는 토지이동업무 처리와 동시에 소유자를 정리하여야 한다.

지적업무처리규정 제61조(미등기토지의 소유자정정 등)

① 법 제84조제4항 단서에 따른 적용대상 토지는 미등기토지로서 소유자의 정정에 관한 사항과 토지조사 당시에 사정 또는 재결 등에 따라 대장에 소유자는 등록하였으나, 소유자의 주소가 등록되어 있지 아니한 토지와 종전 「지적법 시행령」(대통령령 제497호 1951년 4월 1일 제정) 제3조제4호에 따라 국유지를 매각·교환 또는 양여하여 취득한 토지(이하 "국유지의 취득"이라 한다)의 소유자주소가 대장에 등록되어 있지 아니한 미등기토지로 한다. 다만, 1950.12.1. 법률 제165호로 제정된 「지적법」(1975.12.31. 법률 제2801호로 전문 개정되기 이전의 법률을 말한다)이 시행된 시기에 복구, 소유권확인청구의 소에 따른 확정판결이 있었거나, 이에 관한 소송이 법원에 진행 중인 토지는 제외한다.

② 미등기토지의 소유자주소를 대장에 등록하고자 하는 때에는 사정·재결 또는 국유지의 취득 당시 최초 주소를 등록한다.

③ 법 제84조제4항 단서의 미등기토지 소유자에 관한 정정신청은 별지 제10호 서식에 따르며, 지적소관청은 미등기토지의 소유자정정 등에 관한 신청이 있는 때에는 14일 이내에 다음 각 호의 사항을 확인하여 처리하여야 하며, 별지 제11호의 조사서를 작성하여야 한다.

정답 09 ①

④ 지적소관청은 제3항에 따른 조사를 할 때에는 기간을 정하여 신청인에게 필요한 자료의 제출 또는 보완을 요구할 수 있다.

⑤ 지적소관청은 대장에 소유자의 주소 등을 등록한 때에는 지체 없이 신청인에게 그 내용을 통지하여야 한다.

10 「지적업무처리규정」상 측량기하적에 대한 설명으로 옳지 않은 것은?

① 측량대상 토지의 점유현황선은 붉은색 실선으로 표시한다.

② 측량대상토지에 지상구조물 등이 있는 경우와 새로이 설정하는 경계에 지상건물 등이 걸리는 경우에는 그 위치현황을 표시하여야 한다.

③ 평판점과 기지점 사이의 도상거리와 실측거리를 방향선상에 측량자는 $\dfrac{(도상거리)}{실측거리}$, 검사자는 $\dfrac{\triangle(도상거리)}{\triangle 실측거리}$로 기재한다.

④ 전자평판측량을 이용한 지적측량결과도의 작성방법은 관측한 측정점의 오른쪽 상단에는 측정거리를 표시하여야 한다. 다만, 소축척 등으로 식별이 불가능한 때에는 방향선과 측정거리를 생략할 수 있다.

풀이 지적업무처리규정 제24조(측량기하적)

① 평판측량방법 또는 전자평판측량방법으로 세부측량을 하는 때에는 측량준비파일에 측량한 기하적(幾何跡)을 다음 각 호와 같이 작성하여야 하며, 부득이한 경우 지적측량준비도에 연필로 표시할 수 있다.

1. 평판점·측정점 및 방위표정에 사용한 기지점 등에는 방향선을 긋고 실측한 거리를 기재한다. 이 경우 측정점의 방향선 길이는 측정점을 중심으로 약 1센티미터로 표시한다. 다만, 전자측량시스템에 따라 작성할 경우 필지선이 복잡한 때는 방향선과 측정거리를 생략할 수 있다.
2. 평판점은 측량자는 직경 1.5밀리미터 이상 3밀리미터 이하의 검은색 원으로 표시하고, 검사자는 1변의 길이가 2밀리미터 이상 4밀리미터 이하의 삼각형으로 표시한다. 이 경우 평판점 옆에 평판이동순서에 따라 부₁, 부₂ …으로 표시한다.
3. 평판점의 결정 및 방위표정에 사용한 기지점은 측량자는 직경 1밀리미터와 2밀리미터의 2중 원으로 표시하고, 검사자는 1변의 길이가 2밀리미터와 3밀리미터의 2중 삼각형으로 표시한다.
4. 평판점과 기지점 사이의 도상거리와 실측거리를 방향선상에 다음과 같이 기재한다.

    (측 량 자)　　　(검 사 자)
    $\dfrac{(도상거리)}{실측거리}$　　$\dfrac{\triangle(도상거리)}{\triangle 실측거리}$
5. 측량대상토지에 지상구조물 등이 있는 경우와 새로이 설정하는 경계에 지상건물 등이 걸리는 경우에는 그 위치현황을 표시하여야 한다. 다만, 영 제55조제4항제2호와 제3호의 규정에 의해 분할하는 경우에는 그러하지 아니하다.

② 경위의측량방법으로 세부측량을 하려면 지상건물 등의 위치현황표시는 제1항제5호를 준용한다.

③ 「지적측량 시행규칙」 제26조제1항제6호 및 같은 조 제2항제7호에 따른 측량대상토지의 점유현황선은 붉은

색 점선으로 표시한다.

④ 「지적측량 시행규칙」 제26조 및 이 규정 제29조에 따른 측량결과도의 문자와 숫자는 레터링 또는 전자측량시스템에 따라 작성한다.

⑤ 전자평판측량을 이용한 지적측량결과도의 작성방법은 다음 각 호와 같다.

> 1. 관측한 측정점의 오른쪽 상단에는 측정거리를 표시하여야 한다. 다만, 소축척 등으로 식별이 불가능한 때에는 방향선과 측정거리를 생략할 수 있다.
> 2. 측정점의 표시는 측량자의 경우 붉은색 짧은 십자선(+)으로 표시하고, 검사자는 삼각형(△)으로 표시하며, 각 측정점은 붉은색 점선으로 연결한다.
> 3. 지적측량결과도 상단 중앙에 "전자평판측량"이라 표기하고, 상단 오른쪽에 측량성과파일명을 표기하여야 하며, 측량성과파일에는 측량성과 결정에 관한 모든 사항이 수록되어 있어야 한다.
> 4. 측량결과의 파일 형식은 표준화된 공통포맷을 지원할 수 있어야 하며, 측량결과에 대한 측량파일 코드 일람표는 별표 3과 같다.
> 5. 이미 작성되어 있는 지적측량파일을 이용하여 측량할 경우에는 기존 측량파일 코드의 내용 · 규격 · 도식은 파란색으로 표시한다.

11 「지적업무처리규정」상 일람도의 제도에 대한 설명으로 옳지 않은 것은?

① 도면의 장수가 많아서 한 장에 작성할 수 없는 경우에는 축척을 줄여서 작성할 수 있다.

② 도면의 장수가 4장 미만인 경우에는 일람도의 작성을 하지 않을 수 있다.

③ 경계점좌표등록부시행지역은 제명 중 일람도 다음에 "(좌표)"라고 기재하며 글자의 크기는 9mm로 하고 글자 사이의 간격은 글자크기의 2분의 1정도 띄운다.

④ 경계점좌표등록부시행지역에서 제명의 일람도와 축척 사이는 10mm를 띄운다.

풀이 지적업무처리규정 제38조(일람도의 제도)

① 규칙 제69조제5항에 따라 일람도를 작성할 경우 일람도의 축척은 그 도면축척의 10분의 1로 한다. 다만, 도면의 장수가 많아서 한 장에 작성할 수 없는 경우에는 축척을 줄여서 작성할 수 있으며, 도면의 장수가 4장 미만인 경우에는 일람도의 작성을 하지 아니할 수 있다.

② 제명 및 축척은 일람도 윗부분에 "○○시 · 도 ○○시 · 군 · 구 ○○읍 · 면 ○○동 · 리 일람도 축척 ○○○○ 분의 1"이라 제도한다. 이 경우 경계점좌표등록부시행지역은 제명 중 일람도 다음에 "(좌표)"라 기재하며, 그 제도방법은 다음 각 호와 같다.

> 1. 글자의 크기는 9밀리미터로 하고 글자 사이의 간격은 글자크기의 2분의 1정도 띄운다.
> 2. 제명의 일람도와 축척사이는 20밀리미터를 띄운다.

③ 도면번호는 지번부여지역 · 축척 및 지적도 · 임야도 · 경계점좌표등록부 시행지별로 일련번호를 부여하고 이 경우 신규 등록 및 등록전환으로 새로 도면을 작성할 경우의 도면번호는 그 지역 마지막 도면번호의 다음 번호로 부여한다. 다만, 제46조제12항에 따라 도면을 작성할 경우에는 종전 도면번호에 " – 1"과 같이 부호를 부여한다.

12 「지적업무처리규정」상 지적공부정리 접수에 대한 설명으로 옳지 않은 것은?

① 지적소관청은 지적공부정리신청이 있는 때에는 지적업무정리부에 토지이동 종목별로 접수하여야 한다.

② 지적공부정리가 완료된 때에는 사업시행자는 분할 목적 및 분할 결과를 토지소유자 등 이해관계인에게 통지하여야 한다.

③ 접수된 지적공부정리신청서를 보완 또는 반려(취하 포함)할 때에는 종목별로 그 처리내용을 정리하여야 한다. 이 경우 반려 또는 취하된 지적공부정리신청서가 다시 접수되었을 때에는 새로 접수하여야 한다.

④ 지적공부를 대위신청하여 정리 완료한 때에는 지적정리 결과를 신청인에게 반드시 통지하여야 한다.

풀이 지적업무처리규정 제51조(지적공부정리 접수 등)

① 지적소관청은 법 제77조부터 제82조까지, 법 제84조, 법 제86조 및 법 제87조에 따른 지적공부정리신청이 있는 때에는 지적업무정리부에 토지이동 종목별로 접수하여야 한다. 이 경우 부동산종합공부시스템에서 부여된 접수번호를 토지의 이동신청서에 기재하여야 한다.

② 제1항에 따라 접수된 신청서는 다음 각 호 사항을 검토하여 정리하여야 한다.

> 1. 신청사항과 지적전산자료의 일치여부
> 2. 첨부된 서류의 적정여부
> 3. 지적측량성과자료의 적정여부
> 4. 그 밖에 지적공부정리를 하기 위하여 필요한 사항

③ 제1항에 따라 접수된 지적공부정리신청서를 보완 또는 반려(취하 포함)할 때에는 종목별로 그 처리내용을 정리하여야 한다. 이 경우 반려 또는 취하된 지적공부정리신청서가 다시 접수되었을 때에는 새로 접수하여야 한다.

④ 제1항의 신청에 따라 지적공부가 정리 완료한 때에는 별지 제7호 서식에 따라 지적정리결과를 신청인에게 통지하여야 한다. 다만, 법 제87조에 따라 대위신청에 대한 지적정리결과통지는 달리할 수 있다.

⑤ 법 제87조에 따라 지적공부정리가 완료된 때에는 사업시행자는 분할 목적 및 분할 결과를 토지소유자 등 이해관계인에게 통지하여야 한다.

13 「지적업무처리규정」상 지번 및 지목의 제도에 대한 설명으로 옳지 않은 것은?

① 부동산종합공부시스템이나 레터링으로 작성할 경우에는 지번 및 지목을 제도할 때에는 지번 다음에 지목을 제도한다. 이 경우 2밀리미터 이상 3밀리미터 이하 크기의 명조체로 한다.

② 부동산종합공부시스템에 따라 지번 및 지목을 제도할 경우에는 글자의 크기에 대한 규정과 부호에 대한 규정을 적용하지 아니할 수 있다.

③ 1필지의 면적이 작아서 지번과 지목을 필지의 중앙에 제도할 수 없는 때에는 ㄱ, ㄴ, ㄷ 등으로 부호를 붙이고, 도곽선 밖에 그 부호·지번 및 지목을 제도한다. 이 경우 부호가 많아서 그 도면의 도곽선 밖에 제도할 수 없는 때에는 별도로 부호도를 작성할 수 있다.

④ 1필지의 토지의 형상이 좁고 길어서 필지의 중앙에 제도하기가 곤란한 때에는 가로쓰기가 되도록 도면을 왼쪽 또는 오른쪽으로 돌려서 제도할 수 있다.

> **풀이** 지적업무처리규정 제42조(지번 및 지목의 제도)
> ① 지번 및 지목은 경계에 닿지 않도록 필지의 중앙에 제도한다. 다만, 1필지의 토지의 형상이 좁고 길어서 필지의 중앙에 제도하기가 곤란한 때에는 가로쓰기가 되도록 도면을 왼쪽 또는 오른쪽으로 돌려서 제도할 수 있다.
> ② 지번 및 지목을 제도할 때에는 지번 다음에 지목을 제도한다. 이 경우 2밀리미터 이상 3밀리미터 이하 크기의 명조체로 하고, 지번의 글자 간격은 글자크기의 4분의 1정도, 지번과 지목의 글자 간격은 글자크기의 2분의 1정도 띄어서 제도한다. 다만, 부동산종합공부시스템이나 레터링으로 작성할 경우에는 고딕체로 할 수 있다.
> ③ 1필지의 면적이 작아서 지번과 지목을 필지의 중앙에 제도할 수 없는 때에는 ㄱ, ㄴ, ㄷ, … ㄱ¹, ㄴ¹, ㄷ¹, … ㄱ², ㄴ², ㄷ², … 등으로 부호를 붙이고, 도곽선 밖에 그 부호·지번 및 지목을 제도한다. 이 경우 부호가 많아서 그 도면의 도곽선 밖에 제도할 수 없는 때에는 별도로 부호도를 작성할 수 있다.
> ④ 부동산종합공부시스템에 따라 지번 및 지목을 제도할 경우에는 제2항 중 글자의 크기에 대한 규정과 제3항을 적용하지 아니할 수 있다.

14 전자평판측량방법에 따른 세부측량방법으로 옳지 않은 것은? (15년서울9급)

① 평판점의 이동거리는 지적도근점표지의 점간거리 이내로 한다.

② 면적측정은 전자면적측정기에 의해 도상에서 2회 측정하여 교차가 허용면적 이내일 때에는 그 평균치를 측정면적으로 한다.

③ 지적기준점을 기준으로 실시하여야 한다.

④ 지적기준점이 없는 지역에서는 보존이 용이한 고정물을 선점하여 보조점으로 사용할 수 있다.

> **풀이** 지적업무처리규정 제20조(현지측량방법 등)
> ⑩ 전자평판측량에 따른 세부측량은 지적기준점을 기준으로 실시하여야 하며, 면적측정은 전산처리 방법에 따른다.
> ⑪ 제10항에 따른 세부측량 시 평판점의 이동거리는 「지적측량 시행규칙」 제2조제1항제3호(지적도근점표지의 점간거리는 평균 50미터 이상 300미터 이하로 할 것. 다만, 다각망도선법에 따르는 경우에는 평균 500미터 이하로 한다.)에서 정한 지적도근점표지의 점간거리 이내로 한다.
> ⑫ 지적기준점이 없는 지역에서 전자평판측량을 실시할 때에는 보존이 용이한 고정물을 선점하여 보조점으로 사용할 수 있다. 이 경우 설치된 보조점은 후속측량에 사용할 수 있도록 하여야 한다.
> ⑬ 현형법(現形法)으로 지적측량의 성과를 결정하려면 경계점은 반드시 지적공부 등록당시의 축척으로 하며, 기지점을 기준으로 지상경계선과 도상경계선의 부합여부를 확인하여야 한다.

⑭ 이미 작성되어 있는 지적측량파일을 이용하여 측량할 경우에는 기존 파일에서 지상경계선과 도상경계가 잘 부합되는 기지점과 신청토지 주변을 추가로 실측하여 성과를 결정하여야 한다.

⑮ 전자평판측량의 설치 및 표정방법은 다음 각 호에 따른다.

> 1. 토탈스테이션을 지적기준점 또는 보조점 위에 거치한 후 다른 지적기준점이나 고정물을 시준하고 수평각을 전자평판에서 0° 0′ 0″로 세팅하여 관측을 준비한다.
> 2. 지적기준점 간의 거리는 2회 이상 측정하여 확인한다.
> 3. 연직각은 천정을 0으로 설정한다.

15 「지적업무처리규정」상 옳지 않은 것은?

① 연접한 여러 개의 삼각형 내각 전부를 관측한 경우 관측각의 오차배부에 나머지가 있는 경우 그 나머지는 90도에 가장 가까운 각에 배부한다.

② 다각망도선법으로 지적삼각보조점측량 및 지적도근점측량을 할 경우에 기지점 간 직선상의 외부에 두는 지적삼각보조점 및 지적도근점과 기지점 직선과의 사이각은 30도 이내로 한다.

③ 연접한 여러 개의 삼각형 내각 전부를 관측한 경우 관측각의 오차배부는 기지내각과 관측각의 차를 등분하여 배부한 다음 삼각형 내각의 합과 180도와의 차는 기지각을 포함한 각 각에 고르게 배부한다.

④ 지적삼각점측량 및 지적삼각보조점측량을 할 때에는 미리 사용하고자 하는 삼각점, 지적삼각점 및 지적삼각보조점의 변동유무를 확인하여야 하며 확인결과 기지각과의 오차가 40초 이내인 경우에는 변동이 없는 것으로 본다.

풀이 지적업무처리규정 제10조(지적기준점의 확인 및 선점 등)

① 지적삼각점측량 및 지적삼각보조점측량을 할 때에는 미리 사용하고자 하는 삼각점·지적삼각점 및 지적삼각보조점의 변동유무를 확인하여야 한다. 이 경우 확인결과 기지각과의 오차가 ±40초 이내인 경우에는 그 삼각점·지적삼각점 및 지적삼각보조점에 변동이 없는 것으로 본다.

② 지적기준점을 선점할 때에는 다음 각 호에 따른다.

> 1. 후속측량에 편리하고 영구적으로 보존할 수 있는 위치이어야 한다.
> 2. 지적도근점을 선점할 때에는 되도록이면 지적도근점간의 거리를 동일하게 하되 측량대상지역의 후속측량에 지장이 없도록 하여야 한다.
> 3. 「지적측량 시행규칙」제11조제3항 및 제12조제6항에 따라 다각망도선법으로 지적삼각보조점측량 및 지적도근점측량을 할 경우에 기지점 간 직선상의 외부에 두는 지적삼각보조점 및 지적도근점과 기지점 직선과의 사이각은 30도 이내로 한다.

③ 암석·석재구조물·콘크리트구조물·맨홀 및 건축물 등 견고한 고정물에 지적기준점을 설치할 필요가 있는 경우에는 그 고정물에 각인하거나, 그 구조물에 고정하여 설치할 수 있다.

지적업무처리규정 제12조(관측각의 오차배부)

연접한 여러 개의 삼각형 내각 전부를 관측한 경우 관측각의 오차배부는 다음 각 호에 따른다.

1. 기지내각과 관측각의 차를 등분하여 배부한 다음 삼각형 내각의 합과 180도와의 차는 기지각을 제외한 각 각에 고르게 배부한다.
2. 오차배부에 나머지가 있는 경우 그 나머지는 90도에 가장 가까운 각에 배부한다.

정답 **15** ③

16 「지적업무처리규정」상 행정구역경계의 설정에 대한 설명으로 옳지 않은 것은?

① 행정구역경계를 등록하여야 하는 경우에는 직접측량방법에 따라 등록하여야 한다. 다만 하천의 중앙 등 직접측량이 곤란한 경우에는 항공정사영상 또는 1/1000 수치지형도 등을 이용한 직접측량방법에 따라 등록할 수 있다.

② 산악은 분수선으로 행정관할구역 경계선을 등록한다.

③ 해안은 만조 시에 있어서 해면과 육지의 분계선으로 행정관할구역 경계선을 등록한다.

④ 도로, 구거, 하천은 그 중앙으로 행정관할구역 경계선을 등록한다.

풀이 지적업무처리규정 제56조(행정구역경계의 설정)

① 행정관할구역이 변경되거나 새로운 행정구역이 설치되는 경우의 행정관할구역 경계선은 다음 각 호에 따라 등록한다.

> 1. 도로, 구거, 하천은 그 중앙
> 2. 산악은 분수선(分水線)
> 3. 해안은 만조 시에 있어서 해면과 육지의 분계선

② 행정관할구역 경계를 결정할 때 공공시설의 관리 등의 이유로 제1항 각 호를 경계선으로 등록하는 것이 불합리한 경우에는 해당 시·군·구와 합의하여 행정구역경계를 설정할 수 있다.

③ 행정구역경계를 등록하여야 하는 경우에는 직접측량방법에 따라 등록하여야 한다. 다만 하천의 중앙 등 직접측량이 곤란한 경우에는 항공정사영상 또는 1/1000 수치지형도 등을 이용한 간접측량방법에 따라 등록할 수 있다.

17 「지적업무처리규정」상 일람도의 도면번호를 부여할 때 새로 도면을 작성할 경우의 도면번호를 그 지역 마지막 도면번호로 부여하는 경우로 묶은 것은?

① 신규등록, 분할

② 신규등록, 합병

③ 합병, 분할

④ 신규등록, 등록전환

풀이 지적업무처리규정 제38조(일람도의 제도)

① 규칙 제69조제5항에 따라 일람도를 작성할 경우 일람도의 축척은 그 도면축척의 10분의 1로 한다. 다만, 도면의 장수가 많아서 한 장에 작성할 수 없는 경우에는 축척을 줄여서 작성할 수 있으며, 도면의 장수가 4장 미만인 경우에는 일람도의 작성을 하지 아니할 수 있다.

② 제명 및 축척은 일람도 윗부분에 "○○시·도 ○○시·군·구 ○○읍·면 ○○동·리 일람도 축척 ○○○○ 분의 1"이라 제도한다. 이 경우 경계점좌표등록부시행지역은 제명 중 일람도 다음에 "(좌표)"라 기재하며, 그 제도방법은 다음 각 호와 같다.

> 1. 글자의 크기는 9밀리미터로 하고 글자 사이의 간격은 글자크기의 2분의 1정도 띄운다.
> 2. 제명의 일람도와 축척사이는 20밀리미터를 띄운다.

③ 도면번호는 지번부여지역·축척 및 지적도·임야도·경계점좌표등록부 시행지별로 일련번호를 부여하고 이 경우 신규 등록 및 등록전환으로 새로 도면을 작성할 경우의 도면번호는 그 지역 마지막 도면번호의 다음 번호로 부여한다. 다만, 제46조제12항에 따라 도면을 작성할 경우에는 종전 도면번호에 "–1"과 같이 부호를 부여한다.

정답 **16** ① **17** ④

④ 일람도의 제도방법은 다음 각 호와 같다.

1. 도곽선과 그 수치의 제도는 제40조제5항을 준용한다.
2. 도면번호는 3밀리미터의 크기로 한다.
3. 인접 동·리 명칭은 4밀리미터, 그 밖의 행정구역 명칭은 5밀리미터의 크기로 한다.
4. 지방도로 이상은 검은색 0.2밀리미터 폭의 2선으로, 그 밖의 도로는 0.1밀리미터의 폭으로 제도한다.
5. 철도용지는 붉은색 0.2밀리미터 폭의 2선으로 제도한다.
6. 수도용지 중 선로는 남색 0.1밀리미터 폭의 2선으로 제도한다.
7. 하천·구거(溝渠)·유지(溜池)는 남색 0.1밀리미터의 폭의 2선으로 제도하고, 그 내부를 남색으로 엷게 채색한다. 다만, 적은 양의 물이 흐르는 하천 및 구거는 0.1밀리미터의 남색 선으로 제도한다.
8. 취락지·건물 등은 검은색 0.1밀리미터의 폭으로 제도하고, 그 내부를 검은색으로 엷게 채색한다.
9. 삼각점 및 지적기준점의 제도는 제43조를 준용한다.
10. 도시개발사업·축척변경 등이 완료된 때에는 지구경계를 붉은색 0.1밀리미터 폭의 선으로 제도한 후 지구 안을 붉은색으로 엷게 채색하고, 그 중앙에 사업명 및 사업완료연도를 기재한다.

18 **「지적업무처리규정」상 기초측량과 세부측량의 성과검사 시 공통적으로 적용하는 지적측량성과 검사항목은?** (15년지방9급)

① 기지점사용의 적정여부
② 면적측정의 정확여부
③ 기지점과 지상경계와의 부합여부
④ 지적기준점 선점 및 표지설치의 정확여부

[풀이] **지적업무처리규정 제26조(지적측량성과의 검사항목)** [암기] [기][지][각][정][준][여][부] [기][준][점][계][정][여][부]

「지적측량 시행규칙」 제28조제2항에 따른 지적측량성과검사를 할 때에는 다음 각 호의 사항을 검사하여야 한다.

기초측량	세부측량
가. [기]지점사용의 적정여부	가. [기]지점사용의 적정여부
나. [지]적기준점설치망 구성의 적정여부	나. 측량[준]비도 및 측량결과도 작성의 적정여부
다. 관측[각] 및 거리측정의 정확여부	다. 기지[점]과 지상경계와의 부합여부
라. 계산의 [정]확여부	라. 경계점 간 [계]산거리(도상거리)와 실측거리의 부합여부
마. 지적기[준]점 선점 및 표지설치의 정확여부	마. 면적측정의 [정]확여부
바. 지적기준점성과와 기지경계선과의 부합[여][부]	바. 관계법령의 분할제한 등의 저촉 [여][부]. 다만, 제20조제3항(각종 인가·허가 등의 내용과 다르게 토지의 형질이 변경되었을 경우에는 그 변경된 토지의 현황대로 측량성과를 결정하여야 한다.)은 제외한다.

[정답] 18 ①

19 「지적업무처리규정」상 옳지 않은 것은?

① 지적측량수행자가 세부측량을 하고자 할 경우 측량성과결정에 지장이 없다고 판단되는 경우에는 지적측량자료부를 작성하지 않아도 된다.

② 지적측량수행자가 세부측량을 하고자 할 경우에는 지적측량자료부를 작성, 비치하여야 한다.

③ 측량준비파일을 작성하고자 하는 때 도곽선 및 그 수치와 지적기준점 간 거리, 지적기준점 및 그 번호와 좌표는 붉은 색으로 작성한다.

④ 지적측량자료부를 작성할 경우에는 측량 전에 토지이동측량결과도, 경계복원측량결과도 및 지적공부 등에 따라 측량대상 토지의 토지표시 변동사항, 지적측량연혁, 측량성과 결정에 사용한 기지점, 측량대상토지 주위의 기지점 및 지적기준점 유무 등을 조사하여 측량 시에 활용하여야 한다.

풀이 **지적업무처리규정 제18조(측량준비파일의 작성)**

① 평판측량방법 또는 전자평판측량방법으로 세부측량을 하고자 할 때에는 측량준비파일을 작성하여야 하며, 부득이한 경우 측량준비도면을 연필로 작성할 수 있다.

② 측량준비파일을 작성하고자 하는 때에는 「지적측량 시행규칙」 제17조제1항제1호, 제4호 및 제5호 중 지적기준점 및 그 번호와 좌표는 검은색으로, 「지적측량 시행규칙」 제17조제1항제6호, 제7호 및 제5호 중 도곽선 및 그 수치와 지적기준점 간 거리는 붉은색으로, 그 외는 검은색으로 작성한다.

③ 측량대상토지가 도곽에 접합되어 벌어지거나 겹쳐지는 경우와 필지의 경계가 행정구역선에 접하게 되는 경우에는 다른 행정구역선(동·리 경계선)과 벌어지거나 겹치지 아니하도록 측량준비파일을 작성하여야 한다.

④ 지적측량수행자는 측량 전에 측량준비파일 작성의 적정여부 등을 확인하여 필요한 조치를 하여야 한다.

⑤ 지적측량수행자가 도시·군관리계획선을 측량하기 위해 측량준비파일을 요청한 경우에는 지적소관청은 측량준비파일에 도시·군관리계획선을 포함하여 제공하여야 하며, 지적측량수행자는 도시·군관리계획선을 측량준비파일에 포함하여 작성한 후 시·군·구 도시계획부서 담당자의 서명 또는 확인을 받아야 한다.

⑥ 경위의측량방법으로 세부측량을 하고자 할 경우 측량준비파일의 작성에 관련된 사항은 제1항부터 제5항까지의 규정을 준용한다. 이 경우 지적기준점 간 거리 및 방위각은 붉은색으로 작성한다.

지적업무처리규정 제19조(지적측량 자료조사)

① 지적측량수행자가 세부측량을 하고자 하는 때에는 별지 제5호 서식의 지적측량자료부를 작성·비치하여야 한다. 다만, 측량성과결정에 지장이 없다고 판단되는 경우에는 그러하지 아니하다.

② 지적측량수행자는 지적측량정보를 처리할 수 있는 시스템에 측량준비파일을 등록하여 다음 각 호의 사항에 대한 자료를 조사하여야 한다.

1. 경계 및 면적	2. 지적측량성과의 결정방법
3. 측량연혁	4. 지적기준점 성과
5. 그 밖에 필요한 사항	

③ 지적측량자료부를 작성할 경우에는 측량 전에 토지이동측량결과도, 경계복원측량결과도 및 지적공부 등에 따라 측량대상토지의 토지표시 변동사항, 지적측량연혁, 측량성과 결정에 사용한 기지점, 측량대상토지 주위의 기지점 및 지적기준점 유무 등을 조사하여 측량 시에 활용하여야 한다.

④ 지적소관청은 지적측량수행자가 지적측량 자료조사를 위하여 지적공부, 지적측량성과(지적측량을 실시하여 작성한 측량부, 측량결과도, 면적측정부 및 측량성과파일에 등재된 측량결과를 말한다) 및 관계자료 등을 항상 조사할 수 있도록 협조하여야 한다.

⑤ 지적소관청은 지적측량 민원처리 등에 필요한 경우에는 지적측량수행자에게 경계복원·지적현황측량결과도 등 관련 자료의 제출을 요구할 수 있다.

정답 **19** ③

20 「지적업무처리규정」상 지적삼각점성과표의 작성에 대한 설명으로 옳은 것은?

① 지적소관청은 지적삼각점 측량성과를 검사하여 그 측량성과를 결정한 때에는 그 측량성과를 지적삼각점성과표에 등재한다.

② 국토교통부장관은 지적삼각점성과표에 등재한 지적삼각점에 대해 지형도에 따른 표시, 명칭 및 일련번호를 기재하고 지적삼각점성과표에 함께 관리한다.

③ 시 · 도지사 및 지적소관청은 측량부를 측량성과검사부와 함께 편철하여 보관하여야 한다.

④ 지적삼각점측량부의 연도별 일련번호는 지적소관청이 부여한다.

풀이 지적업무처리규정 제6조(지적삼각점성과표의 작성)

① 시 · 도지사는 지적삼각점측량성과를 검사하여 그 측량성과를 결정한 때에는 그 측량성과를 「지적측량 시행규칙」 제4조에 따른 지적삼각점성과표에 등재한다. 이 경우 시 · 도지사는 지적삼각점성과표사본 1부를 지적소관청에 송부하여야 한다.

② 시 · 도지사 및 지적소관청은 지적삼각점성과표에 등재한 지적삼각점에 대해 지형도에 제43조제1항제4호에 따른 표시, 명칭 및 일련번호를 기재하고, 지적삼각점성과표와 함께 관리한다.

지적업무처리규정 제8조(측량부의 작성 및 보관)

① 시 · 도지사 및 지적소관청은 별지 제1호 서식의 기준점측량부보관대장을 작성 · 비치하고, 측량부에 관한 사항을 기재하여야 한다.

② 시 · 도지사 및 지적소관청은 측량성과를 검사한 후 지적삼각점측량부 · 지적삼각보조점측량부 · 지적도근점측량부 및 경계점좌표측량부(지적확정측량만 해당한다) 왼쪽 윗부분 여백에 연도별 일련번호를 아라비아 숫자로 부여하여 그 측량성과검사부와 함께 편철하여 보관하여야 한다. 이 경우 연도별 일련번호는 지적삼각점측량부는 시 · 도지사가, 그 밖의 측량부는 지적소관청이 부여한다.

지적삼각점측량부		지적삼각보조점측량부		지적도근점측량부	경계점좌표측량부
기지점방위각 및 거리계산부		기지점방위각 및 거리계산부		기지점방위각 및 거리계산부	기지점방위각 및 거리계산부
수평각	관측부	수평각	관측부		
	개정계산부		개정계산부		
	측점귀심계산부		측점귀심계산부		
	점표귀심계산부		점표귀심계산부		
거리측정부		거리측정부			
평면거리계산부		평면거리계산부			
삼각형내각계산부		삼각형내각계산부			
연직각관측부		연직각관측부			
표고계산부		표고계산부			
유심다각망	조정 계산부				
삽입망					
사각망					
삼각쇄					
삼각망					

지적삼각점측량부	지적삼각보조점측량부	지적도근점측량부	경계점좌표측량부
변장계산부			
종횡선계산부			
좌표전환계산부 및 지형도에 작성한 지적삼각점망도			
	지적삼각보조점방위각계산부		
	교회점계산부	교회점계산부	교회점계산부
	교점다각망계산부 (X · Y · H · A형 포함)	교점다각망계산부 (X · Y · H · A형 포함)	교점다각망계산부 (X · Y · H · A형 포함)
	다각점좌표계산부 및 지형도에 작성한 지적삼각보조점망도		
		방위각관측 및 거리측정부	방위각관측 및 거리측정부
		지적도근측량계산부 및 그 지역의 일람도 축척으로 작성된 지적도근점망도	지적도근측량계산부 및 그 지역의 일람도 축척으로 작성된 지적도근점망도
			경계점관측부
			좌표면적계산부
			경계점 간 거리계산부
			교차점계산부

01 「지적업무처리규정」에 의한 용어 구분에 대한 설명이다. (   ) 안에 들어갈 용어로 옳은 것은?

> • (㉠)이란 전자평판측량 및 위성측량방법으로 관측한 데이터 및 지적측량에 필요한 각종 정보가 들어있는 파일을 말한다.
> • (㉡)이란 부동산종합공부시스템에서 지적측량 업무를 수행하기 위하여 도면 및 대장속성 정보를 추출한 파일을 말한다.
> • (㉢)이란 전자평판측량 및 위성측량방법으로 관측 후 지적측량정보를 처리할 수 있는 시스템에 따라 작성된 측량결과도파일과 토지이동정리를 위한 지번, 지목 및 경계점의 좌표가 포함된 파일을 말한다.
> • (㉣)이란 기초측량에서는 국가기준점 또는 지적기준점을 말하고, 세부측량에서는 지적기준점 또는 지적도면상 필지를 구획하는 선의 경계점과 상호 부합되는 지상의 경계점을 말한다.

	㉠	㉡	㉢	㉣
①	측량현형파일	측량성과파일	측량준비파일	기지점
②	측량성과파일	측량준비파일	측량현형파일	기지점
③	측량준비파일	측량현형파일	측량성과파일	기지점
④	측량현형파일	측량준비파일	측량성과파일	기지점

풀이 지적업무처리규정 제3조(정의)

이 규정에서 사용하는 용어의 뜻은 다음 각 호와 같다.

1. "기지점(旣知點)"이란 기초측량에서는 국가기준점 또는 지적기준점을 말하고, 세부측량에서는 지적기준점 또는 지적도면상 필지를 구획하는 선의 경계점과 상호 부합되는 지상의 경계점을 말한다.
2. "기지경계선(旣知境界線)"이란 세부측량성과를 결정하는 기준이 되는 기지점을 필지별로 직선으로 연결한 선을 말한다.
3. "전자평판측량"이란 토탈스테이션과 지적측량 운영프로그램 등이 설치된 컴퓨터를 연결하여 세부측량을 수행하는 측량을 말한다.
4. "토탈스테이션"이란 경위의측량방법에 따른 기초측량 및 세부측량에 사용되는 장비를 말한다.
5. "지적측량파일"이란 측량준비파일, 측량현형파일 및 측량성과파일을 말한다.
6. "측량준비파일"이란 부동산종합공부시스템에서 지적측량 업무를 수행하기 위하여 도면 및 대장속성 정보를 추출한 파일을 말한다.
7. "측량현형(現形)파일"이란 전자평판측량 및 위성측량방법으로 관측한 데이터 및 지적측량에 필요한 각종 정보가 들어있는 파일을 말한다.
8. "측량성과파일"이란 전자평판측량 및 위성측량방법으로 관측 후 지적측량정보를 처리할 수 있는 시스템에 따라 작성된 측량결과도파일과 토지이동정리를 위한 지번, 지목 및 경계점의 좌표가 포함된 파일을 말한다.
9. "측량부"란 기초측량 또는 세부측량성과를 결정하기 위하여 사용한 관측부·계산부 등 이에 수반되는 기록을 말한다.

정답 01 ④

02 지적공부의 소유자정리에 관한 설명으로 옳지 않은 것은? (14년서울9급)

① 주소·성명·명칭의 변경 또는 경정 및 소유권 이전 등이 같은 날짜에 등기가 된 경우의 지적공부정리는 등기접수 순서에 따라 모두 정리하여야 한다.

② 미등기토지의 소유자주소를 대장에 등록하고자 하는 때에는 사정·재결 또는 국유지의 취득 당시 최초 주소를 등록한다.

③ 국토교통부장관은 등기관서로부터 법인 또는 재외국민의 부동산등기용등록번호 정정통보가 있는 때에는 정정 후 등록번호에 따라 토지소재를 조사하여 시·도지사에게 그 내용을 통지하여야 한다.

④ 대장의 소유자변동일자는 등기필통지서, 등기필증, 등기부등본·초본 또는 등기관서에서 제공한 등기전산정보자료의 경우에는 등기접수일자로 정리한다.

[풀이] **지적업무처리규정 제60조(소유자정리)**

① 대장의 소유자변동일자는 등기필통지서, 등기필증, 등기부 등본·초본 또는 등기관서에서 제공한 등기전산정보자료의 경우에는 등기접수일자로, 법 제84조제4항 단서의 미등기토지 소유자에 관한 정정신청의 경우와 법 제88조제2항에 따른 소유자등록신청의 경우에는 소유자정리결의일자로, 공유수면 매립준공에 따른 신규 등록의 경우에는 매립준공일자로 정리한다.

② 주소·성명·명칭의 변경 또는 경정 및 소유권이전 등이 같은 날짜에 등기가 된 경우의 지적공부정리는 등기접수 순서에 따라 모두 정리하여야 한다.

③ 소유자의 주소가 토지소재지와 같은 경우에도 등기부와 일치하게 정리한다. 다만, 등기관서에서 제공한 등기전산정보자료에 따라 정리하는 경우에는 등기전산정보자료에 따른다.

④ 법 제88조제4항에 따라 지적소관청이 소유자에 관한 사항이 대장과 부합되지 아니하는 토지소유자를 정리할 때에는 제1항부터 제3항까지와 제65조제2항을 준용하며, 토지소유자 등 이해관계인이 등기부 등본·초본 등에 따라 소유자정정을 신청하는 경우에는 별지 제9호 서식의 소유자정정 신청서를 제출하여야 한다.

⑤ 국토교통부장관은 등기관서로부터 법인 또는 재외국민의 부동산등기용등록번호 정정통보가 있는 때에는 정정 전 등록번호에 따라 토지소재를 조사하여 시·도지사에게 그 내용을 통지하여야 한다. 이 경우 시·도지사는 지체 없이 그 내용을 해당 지적소관청에 통지하여야 한다.

⑥ 소유자등록사항 중 토지이동과 함께 소유자가 결정되는 신규 등록, 도시개발사업 등의 환지 등록 시에는 토지이동업무 처리와 동시에 소유자를 정리하여야 한다.

지적업무처리규정 제61조(미등기토지의 소유자정정 등)

① 법 제84조제4항 단서에 따른 적용대상 토지는 미등기토지로서 소유자의 정정에 관한 사항과 토지조사 당시에 사정 또는 재결 등에 따라 대장에 소유자는 등록하였으나, 소유자의 주소가 등록되어 있지 아니한 토지와 종전 「지적법 시행령」(대통령령 제497호 1951년 4월 1일 제정) 제3조제4호에 따라 국유지를 매각·교환 또는 양여하여 취득한 토지(이하 "국유지의 취득"이라 한다)의 소유자주소가 대장에 등록되어 있지 아니한 미등기토지로 한다. 다만, 1950.12.1. 법률 제165호로 제정된 「지적법」(1975.12.31. 법률 제2801호로 전문 개정되기 이전의 법률을 말한다)이 시행된 시기에 복구, 소유권확인청구의 소에 따른 확정판결이 있었거나, 이에 관한 소송이 법원에 진행 중인 토지는 제외한다.

② 미등기토지의 소유자주소를 대장에 등록하고자 하는 때에는 사정·재결 또는 국유지의 취득 당시 최초 주소를 등록한다.

③ 법 제84조제4항 단서의 미등기토지 소유자에 관한 정정신청은 별지 제10호 서식에 따르며, 지적소관청은 미등기토지의 소유자정정 등에 관한 신청이 있는 때에는 14일 이내에 다음 각 호의 사항을 확인하여 처리하여야 하며, 별지 제11호의 조사서를 작성하여야 한다.

정답 **02** ③

1. 적용대상토지 여부
2. 대장상 소유자와 가족관계등록부 · 제적부에 등재된 자와의 동일인 여부
3. 적용대상토지에 대한 확정판결이나 소송의 진행여부
4. 첨부서류의 적합여부
5. 그 밖에 지적소관청이 필요하다고 인정되는 사항

④ 지적소관청은 제3항에 따른 조사를 할 때에는 기간을 정하여 신청인에게 필요한 자료의 제출 또는 보완을 요구할 수 있다.

⑤ 지적소관청은 대장에 소유자의 주소 등을 등록한 때에는 지체 없이 신청인에게 그 내용을 통지하여야 한다.

03 「지적업무처리규정」상 측량기하적에 대한 설명으로 옳지 않은 것은?

① 평판점의 결정 및 방위표정에 사용한 기지점은 측량자는 직경 1mm와 2mm의 2중 원으로 표시하고, 검사자는 1변의 길이가 2mm와 3mm의 2중 삼각형으로 표시한다.

② 평판점 · 측정점 및 방위표정에 사용한 기지점 등에는 방향선을 긋고 실측한 거리를 기재한다. 이 경우 측정점의 방향선길이는 측정점을 중심으로 약 1cm로 표시한다.

③ 평판점은 측량자는 직경 1.5mm 이상 3mm 이하의 검은색 원으로 표시하고, 검사자는 1변의 길이가 2mm 이상 4mm 이하의 삼각형으로 표시한다. 이 경우 평판점 옆에 평판이동 순서에 따라 부$_1$으로 표시한다.

④ 전자평판측량을 이용한 지적측량결과도의 작성방법은 측정점의 표시는 측량자의 경우 붉은색 짧은 십자선(+)으로 표시하고, 검사자는 삼각형(△)으로 표시하며, 각 측정점은 검은색 점선으로 연결한다.

풀이 지적업무처리규정 제24조(측량기하적)

① 평판측량방법 또는 전자평판측량방법으로 세부측량을 하는 때에는 측량준비파일에 측량한 기하적(幾何跡)을 다음 각 호와 같이 작성하여야 하며, 부득이한 경우 지적측량준비도에 연필로 표시할 수 있다.

1. 평판점 · 측정점 및 방위표정에 사용한 기지점 등에는 방향선을 긋고 실측한 거리를 기재한다. 이 경우 측정점의 방향선 길이는 측정점을 중심으로 약 1센티미터로 표시한다. 다만, 전자측량시스템에 따라 작성할 경우 필지선이 복잡한 때는 방향선과 측정거리를 생략할 수 있다.
2. 평판점은 측량자는 직경 1.5밀리미터 이상 3밀리미터 이하의 검은색 원으로 표시하고, 검사자는 1변의 길이가 2밀리미터 이상 4밀리미터 이하의 삼각형으로 표시한다. 이 경우 평판점 옆에 평판이동순서에 따라 부$_1$, 부$_2$ …으로 표시한다.
3. 평판점의 결정 및 방위표정에 사용한 기지점은 측량자는 직경 1밀리미터와 2밀리미터의 2중 원으로 표시하고, 검사자는 1변의 길이가 2밀리미터와 3밀리미터의 2중 삼각형으로 표시한다.
4. 평판점과 기지점 사이의 도상거리와 실측거리를 방향선상에 다음과 같이 기재한다.

   (측 량 자)   (검 사 자)
   (도상거리)   △(도상거리)
   ─────────   ─────────
   실측거리   △실측거리
5. 측량대상토지에 지상구조물 등이 있는 경우와 새로이 설정하는 경계에 지상건물 등이 걸리는 경우에는 그 위치현황을 표시하여야 한다. 다만, 영 제55조제4항제2호와 제3호의 규정에 의해 분할하는 경우에는 그러하지 아니하다.

② 경위의측량방법으로 세부측량을 하려면 지상건물 등의 위치현황표시는 제1항제5호를 준용한다.

③ 「지적측량 시행규칙」 제26조제1항제6호 및 같은 조 제2항제7호에 따른 측량대상토지의 점유현황선은 붉은색 점선으로 표시한다.

정답 03 ④

④ 「지적측량 시행규칙」 제26조 및 이 규정 제29조에 따른 측량결과도의 문자와 숫자는 레터링 또는 전자측량시스템에 따라 작성한다.

⑤ 전자평판측량을 이용한 지적측량결과도의 작성방법은 다음 각 호와 같다.

> 1. 관측한 측정점의 오른쪽 상단에는 측정거리를 표시하여야 한다. 다만, 소축척 등으로 식별이 불가능한 때에는 방향선과 측정거리를 생략할 수 있다.
> 2. 측정점의 표시는 측량자의 경우 붉은색 짧은 십자선(+)으로 표시하고, 검사자는 삼각형(△)으로 표시하며, 각 측정점은 붉은색 점선으로 연결한다.
> 3. 지적측량결과도 상단 중앙에 "전자평판측량"이라 표기하고, 상단 오른쪽에 측량성과파일명을 표기하여야 하며, 측량성과파일에는 측량성과 결정에 관한 모든 사항이 수록되어 있어야 한다.
> 4. 측량결과의 파일 형식은 표준화된 공통포맷을 지원할 수 있어야 하며, 측량결과에 대한 측량파일 코드 일람표는 별표 3과 같다.
> 5. 이미 작성되어 있는 지적측량파일을 이용하여 측량할 경우에는 기존 측량파일 코드의 내용·규격·도식은 파란색으로 표시한다.

04 「지적업무처리규정」상 측량부의 작성 및 보관에 대한 설명으로 옳지 않은 것은?

① 지적삼각점측량부는 기지방위각 및 거리계산부·수평각측점귀심계산부·표고계산부·다각점좌표계산부 및 지형도에 작성한 지적삼각보조점망도 등을 포함한다.

② 경계점좌표측량부는 지적도근점측량부에 경계점관측부·좌표면적계산부 및 경계점 간 거리계산부·교차점계산부 등을 포함한다.

③ 연도별 일련번호는 지적삼각점측량부는 시·도지사가, 그 밖의 측량부는 지적소관청이 부여한다.

④ 시·도지사 및 지적소관청은 측량성과를 검사한 후 지적삼각점측량부·지적삼각보조점측량부·지적도근점측량부 및 경계점좌표측량부(지적확정측량만 해당한다.) 왼쪽 윗부분 여백에 연도별 일련번호를 아라비아숫자로 부여하여 그 측량성과검사부와 함께 편철하여 보관하여야 한다.

풀이 **지적업무처리규정 제8조(측량부의 작성 및 보관)**

① 시·도지사 및 지적소관청은 별지 제1호 서식의 기준점측량부보관대장을 작성·비치하고, 측량부에 관한 사항을 기재하여야 한다.

② 시·도지사 및 지적소관청은 측량성과를 검사한 후 지적삼각점측량부·지적삼각보조점측량부·지적도근점측량부 및 경계점좌표측량부(지적확정측량만 해당한다) 왼쪽 윗부분 여백에 연도별 일련번호를 아라비아숫자로 부여하여 그 측량성과검사부와 함께 편철하여 보관하여야 한다. 이 경우 연도별 일련번호는 지적삼각점측량부는 시·도지사가, 그 밖의 측량부는 지적소관청이 부여한다.

지적삼각점측량부		지적삼각보조점측량부		지적도근점측량부	경계점좌표측량부
기지점방위각 및 거리계산부		기지점방위각 및 거리계산부		기지점방위각 및 거리계산부	기지점방위각 및 거리계산부
수평각	관측부	수평각	관측부		
	개정계산부		개정계산부		
	측점귀심계산부		측점귀심계산부		
	점표귀심계산부		점표귀심계산부		

지적삼각점측량부		지적삼각보조점측량부	지적도근점측량부	경계점좌표측량부
거리측정부		거리측정부		
평면거리계산부		평면거리계산부		
삼각형내각계산부		삼각형내각계산부		
연직각관측부		연직각관측부		
표고계산부		표고계산부		
유심다각망	조정 계산부			
삽입망				
사각망				
삼각쇄				
삼각망				
변장계산부				
종횡선계산부				
좌표전환계산부 및 지형도 에 작성한 지적삼각점망도				
		지적삼각보조점방위각계 산부		
		교회점계산부	교회점계산부	교회점계산부
		교점다각망계산부 (X · Y · H · A형 포함)	교점다각망계산부 (X · Y · H · A형 포함)	교점다각망계산부 (X · Y · H · A형 포함)
		다각점좌표계산부 및 지형 도에 작성한 지적삼각보조 점망도		
			방위각관측 및 거리측정부	방위각관측 및 거리측정부
			지적도근측량계산부 및 그 지역의 일람도 축척으로 작성된 지적도근점망도	지적도근측량계산부 및 그 지역의 일람도 축척으로 작성된 지적도근점망도
				경계점관측부
				좌표면적계산부
				경계점 간 거리계산부
				교차점계산부

05 「지적업무처리규정」상 전자평판측량을 이용한 지적측량결과도의 작성에 대한 설명으로 옳지 않은 것은?

① 관측한 측정의 오른쪽 상단에는 측정거리를 표시하여야 한다. 다만, 소축척 등으로 식별이 불가능한 때에는 방향선과 측정거리를 생략할 수 있다.

② 이미 작성되어 있는 지적측량파일을 이용하여 측량할 경우에는 기존 측량파일 코드의 내용·규격·도식은 파란색으로 표시한다.

③ 지적측량결과도 상단 중앙에 "전자평판측량"이라 표기하고, 상단 오른쪽에 측량성과파일명을 표기하여야 하며, 측량성과파일에는 측량성과 결정에 관한 모든 사항이 수록되어 있어야 한다.

④ 측정점의 표시는 측량자의 경우 검은색 짧은 십자선(+)으로 표시하고, 검사자는 삼각형(△)으로 표시하며, 각 측정점은 붉은색 점선으로 연결한다.

풀이 지적업무처리규정 제24조(측량기하적)

① 평판측량방법 또는 전자평판측량방법으로 세부측량을 하는 때에는 측량준비파일에 측량한 기하적(幾何跡)을 다음 각 호와 같이 작성하여야 하며, 부득이한 경우 지적측량준비도에 연필로 표시할 수 있다.

> 1. 평판점·측정점 및 방위표정에 사용한 기지점 등에는 방향선을 긋고 실측한 거리를 기재한다. 이 경우 측정점의 방향선 길이는 측정점을 중심으로 약 1센티미터로 표시한다. 다만, 전자측량시스템에 따라 작성할 경우 필지선이 복잡한 때는 방향선과 측정거리를 생략할 수 있다.
> 2. 평판점은 측량자는 직경 1.5밀리미터 이상 3밀리미터 이하의 검은색 원으로 표시하고, 검사자는 1변의 길이가 2밀리미터 이상 4밀리미터 이하의 삼각형으로 표시한다. 이 경우 평판점 옆에 평판이동순서에 따라 부$_1$, 부$_2$ …으로 표시한다.
> 3. 평판점의 결정 및 방위표정에 사용한 기지점은 측량자는 직경 1밀리미터와 2밀리미터의 2중 원으로 표시하고, 검사자는 1변의 길이가 2밀리미터와 3밀리미터의 2중 삼각형으로 표시한다.
> 4. 평판점과 기지점 사이의 도상거리와 실측거리를 방향선상에 다음과 같이 기재한다.
>   (측 량 자)   (검 사 자)
>   (도상거리) △(도상거리)
>   실측거리   △실측거리
> 5. 측량대상토지에 지상구조물 등이 있는 경우와 새로이 설정하는 경계에 지상건물 등이 걸리는 경우에는 그 위치현황을 표시하여야 한다. 다만, 영 제55조제4항제2호와 제3호의 규정에 의해 분할하는 경우에는 그러하지 아니하다.

② 경위의측량방법으로 세부측량을 하려면 지상건물 등의 위치현황표시는 제1항제5호를 준용한다.

③ 「지적측량 시행규칙」 제26조제1항제6호 및 같은 조 제2항제7호에 따른 측량대상토지의 점유현황선은 붉은색 점선으로 표시한다.

④ 「지적측량 시행규칙」 제26조 및 이 규정 제29조에 따른 측량결과도의 문자와 숫자는 레터링 또는 전자측량시스템에 따라 작성한다.

⑤ 전자평판측량을 이용한 지적측량결과도의 작성방법은 다음 각 호와 같다.

> 1. 관측한 측정점의 오른쪽 상단에는 측정거리를 표시하여야 한다. 다만, 소축척 등으로 식별이 불가능한 때에는 방향선과 측정거리를 생략할 수 있다.
> 2. 측정점의 표시는 측량자의 경우 붉은색 짧은 십자선(+)으로 표시하고, 검사자는 삼각형(△)으로 표시하며, 각 측정점은 붉은색 점선으로 연결한다.
> 3. 지적측량결과도 상단 중앙에 "전자평판측량"이라 표기하고, 상단 오른쪽에 측량성과파일명을 표기하여야 하며, 측량성과파일에는 측량성과 결정에 관한 모든 사항이 수록되어 있어야 한다.

4. 측량결과의 파일 형식은 표준화된 공통포맷을 지원할 수 있어야 하며, 측량결과에 대한 측량파일 코드 일람표는 별표 3과 같다.
5. 이미 작성되어 있는 지적측량파일을 이용하여 측량할 경우에는 기존 측량파일 코드의 내용·규격·도식은 파란색으로 표시한다.

06 「지적업무처리규정」상 임시 파일 생성, 지목변경, 축척변경에 대한 설명으로 옳지 않은 것은?

① 등록전환을 하여야 할 토지 중 목장용지·과수원 등 일단의 면적이 크거나 토지대장등록지로부터 거리가 멀어서 등록전환하는 것이 부적당하다고 인정되는 경우에는 임야대장등록지에서 지목변경을 할 수 없다.

② 임시파일이 생성되면 지번별조사서를 출력하여 임시파일이 정확하게 생성되었는지 여부를 확인하여야 한다.

③ 지적소관청이 지번변경, 행정구역변경, 구획정리, 경지정리, 축척변경, 토지개발사업을 하고자 하는 때에는 임시파일을 생성하여야 한다.

④ 축척변경업무처리에 관하여는 도시개발 등의 사업신고를 준용한다.

풀이 지적업무처리규정 제52조(임시파일 생성)
① 지적소관청이 지번변경, 행정구역변경, 구획정리, 경지정리, 축척변경, 토지개발사업을 하고자 하는 때에는 임시파일을 생성하여야 한다.
② 제1항에 따라 임시파일이 생성되면 지번별 조서를 출력하여 임시파일이 정확하게 생성되었는지 여부를 확인하여야 한다.

지적업무처리규정 제53조(지목변경)
영 제64조제1항에 따라 등록전환을 하여야 할 토지 중 목장용지·과수원 등 일단의 면적이 크거나 토지대장등록지로부터 거리가 멀어서 등록 전환하는 것이 부적당하다고 인정되는 경우에는 임야대장등록지에서 지목변경을 할 수 있다.

지적업무처리규정 제54조(축척변경)
축척변경업무처리에 관하여는 제58조(도시개발 등의 사업신고)를 준용한다. 다만, 법 제83조제3항제1호 및 제2호에 따른 축척변경은 그러하지 아니하다.

공간정보의 구축 및 관리 등에 관한 법률 제83조(축척변경)
① 축척변경에 관한 사항을 심의·의결하기 위하여 지적소관청에 축척변경위원회를 둔다.
② 지적소관청은 지적도가 다음 각 호의 어느 하나에 해당하는 경우에는 토지소유자의 신청 또는 지적소관청의 직권으로 일정한 지역을 정하여 그 지역의 축척을 변경할 수 있다.

1. 잦은 토지의 이동으로 1필지의 규모가 작아서 소축척으로는 지적측량성과의 결정이나 토지의 이동에 따른 정리를 하기가 곤란한 경우
2. 하나의 지번부여지역에 서로 다른 축척의 지적도가 있는 경우
3. 그 밖에 지적공부를 관리하기 위하여 필요하다고 인정되는 경우

③ 지적소관청은 제2항에 따라 축척변경을 하려면 축척변경 시행지역의 토지소유자 3분의 2 이상의 동의를 받아 제1항에 따른 축척변경위원회의 의결을 거친 후 시·도지사 또는 대도시 시장의 승인을 받아야 한다. 다만, 다음 각 호의 어느 하나에 해당하는 경우에는 축척변경위원회의 의결 및 시·도지사 또는 대도시 시장

의 승인 없이 축척변경을 할 수 있다.

1. 합병하려는 토지가 축척이 다른 지적도에 각각 등록되어 있어 축척변경을 하는 경우
2. 제86조에 따른 도시개발사업 등의 시행지역에 있는 토지로서 그 사업 시행에서 제외된 토지의 축척변경을 하는 경우

07 「지적업무처리규정」상 토지이동정리결의서의 작성에 대한 설명으로 옳지 않은 것은?

① 등록전환은 이동전란에 임야대장에 등록된 지목·면적 및 지번수를, 이동후란에 토지대장에 등록될 지목·면적 및 지번수를, 증감란에는 면적을 기재한다.
② 등록사항정정은 이동전란에 정정 전의 지목·면적 및 지번수를, 이동후란에 정정 후의 지목·면적 및 지번수를, 증감란에는 면적 및 지번수를 기재한다.
③ 분할 및 합병은 이동전·후란에 지목 및 지번수를, 증감란에 면적 및 지번수를 기재한다.
④ 신규 등록은 이동후란에 지목·면적 및 지번수를, 증감란에는 면적 및 지번수를 기재한다.

풀이 지적업무처리규정 제65조(토지이동정리결의서 및 소유자정리결의서 작성)

① 규칙 제98조제2항에 따른 토지이동정리결의서는 다음 각 호와 같이 작성한다. 이 경우 증감란의 면적과 지번수는 늘어난 경우에는 (+)로, 줄어든 경우에는 (−)로 기재한다.

1. 지적공부정리종목은 토지이동종목별로 구분하여 기재한다.
2. 토지소재·이동 전·이동 후 및 증감란은 읍·면·동 단위로 지목별로 작성한다.

종목	이동 전	이동 후	증감란
신규 등록		지목·면적 및 지번수	면적 및 지번수
등록전환	임야대장에 등록된 지목·면적 및 지번수	토지대장에 등록될 지목·면적 및 지번수	면적
	이 경우 등록전환에 따른 임야대장 및 임야도의 말소정리는 등록전환결의서에 따른다.		
분할 및 합병	지목 및 지번수	지목 및 지번수	지번수
지목변경	변경 전의 지목·면적 및 지번수	변경 후의 지목·면적 및 지번수	
지적공부 등록말소	지목·면적 및 지번수		지목·면적 및 지번수
축척변경	축척변경 시행 전 토지의 지목·면적 및 지번수	축척이 변경된 토지의 지목·면적 및 지번수	
	이 경우 축척변경완료에 따른 종전 지적공부의 폐쇄정리는 축척변경결의서에 따른다.		
등록사항 정정	정정 전의 지목·면적 및 지번수	정정 후의 지목·면적 및 지번수	면적 및 지번수
도시개발 사업	사업 시행 전 토지의 지목·면적 및 지번수	확정된 토지의 지목·면적 및 지번수	
	이 경우 도시개발사업 등의 완료에 따른 종전 지적공부의 폐쇄정리는 도시개발사업 등 결의서에 따른다.		

정답 07 ③

② 규칙 제98조제2항에 따른 소유자정리결의서는 다음 각 호와 같이 작성한다. 다만, 등기전산정보자료에 따라 소유자를 정리하는 경우에는 생략할 수 있다.

> 1. 토지소재 · 소유권보존 · 소유권이전 및 기타란은 읍 · 면 · 동별로 기재한다.
> 2. 정리일자는 소유자정리결의일부터 정리완료일까지 기재한다.
> 3. 정리자는 업무담당자로 하고 확인자는 지적업무 담당으로 한다.
> 4. 소유자정리결과에 따라 접수 · 정리 · 기정리 및 불부합통지로 구분 기재한다.

지적업무처리규정 제66조(오기정정)

지적공부정리 중에 잘못 정리하였음을 즉시 발견하여 정정할 때에는 오기정정할 지적전산자료를 출력하여 지적전산자료책임관의 확인을 받은 후 정정하여야 한다. 다만, 잘못 정리하였음을 즉시 발견하지 못한 경우의 정정은 등록사항정정의 방법으로 하여야 한다.

08 「지적업무처리규정」상 등록사항정정대상토지의 관리에 대한 설명으로 옳지 않은 것은?

① 지적소관청은 등록사항정정대상 토지관리대장을 작성 · 비치하고, 토지의 표시에 잘못이 있음을 발견한 때에는 그 내용을 등록사항정정대상 토지관리대장에 기재하여야 한다.

② 해당토지가 소유권분쟁으로 소송계류 중일 때는 소송이 확정될 때까지 지적공부정리를 보류할 수 있다.

③ 지적소관청은 지적측량수행자로부터 토지의 표시에 잘못이 있음을 통보받은 때에는 10일 이내에 그 내용을 조사하여 처리하고, 그 결과를 지적측량수행자에게 통지하여야 한다.

④ 지적소관청이 지적측량성과를 제시할 수 없어 등록사항정정대상토지로 결정한 경우에는 그 정정할 사항이 정리되기 전까지는 지적측량을 할 수 없다는 뜻을 토지소유자에게 통지하고 일반인에게 공고하여야 한다.

풀이 지적업무처리규정 제55조(등록사항정정대상토지의 관리)

① 지적소관청은 등록사항정정대상 토지관리대장을 작성 · 비치하고, 토지의 표시에 잘못이 있음을 발견한 때에는 그 내용을 별지 제8호 서식의 등록사항정정대상 토지관리대장에 기재하여야 한다. 다만, 영 제82조제1항에 따라 지적소관청이 직권으로 지적공부의 등록사항을 정정할 경우에는 그러하지 아니하다.

② 지적소관청은 제20조제8항에 따라 지적측량수행자로부터 토지의 표시에 잘못이 있음을 통보받은 때에는 지체 없이 그 내용을 조사하여 규칙 제94조에 따라 처리하고, 그 결과를 지적측량수행자에게 통지하여야 한다. 다만, 해당토지가 소유권분쟁으로 소송계류 중 일 때는 소송이 확정 될 때까지 지적공부정리를 보류할 수 있다.

③ 지적소관청이 지적측량성과를 제시할 수 없어 등록사항정정대상토지로 결정한 경우에는 그 정정할 사항이 정리되기 전까지는 지적측량을 할 수 없다는 뜻을 토지소유자에게 통지하고 일반인에게 공고하여야 한다.

09 「지적업무처리규정」상 경계의 제도에 대한 설명으로 옳지 않은 것은?

① 지적기준점 등이 매설된 토지를 분할할 경우 그 토지가 작아서 제도하기가 곤란한 때에는 그 도면의 여백에 그 축척의 10배로 확대하여 제도할 수 있다.
② 1필지의 경계가 도곽선에 걸쳐 등록되어 있으면 도곽선 밖의 여백에 경계를 제도하거나, 도곽선을 기준으로 다른 도면에 나머지 경계를 제도한다. 이 경우 다른 도면에 경계를 제도할 때에는 지번 및 지목은 검은색으로 표시한다.
③ 경계는 0.1mm의 폭의 선으로 제도한다.
④ 경계점좌표등록부 등록지역의 도면(경계점 간 거리등록을 하지 아니한 도면을 제외한다)에 등록할 경계점 간 거리는 검은색의 1.0~1.5밀리미터 크기의 아라비아숫자로 제도한다.

풀이 지적업무처리규정 제41조(경계의 제도)
① 경계는 0.1밀리미터 폭의 선으로 제도한다.
② 1필지의 경계가 도곽선에 걸쳐 등록되어 있으면 도곽선 밖의 여백에 경계를 제도하거나, 도곽선을 기준으로 다른 도면에 나머지 경계를 제도한다. 이 경우 다른 도면에 경계를 제도할 때에는 지번 및 지목은 붉은색으로 표시한다.
③ 규칙 제69조제2항제4호에 따른 경계점좌표등록부 등록지역의 도면(경계점 간 거리등록을 하지 아니한 도면을 제외한다)에 등록할 경계점 간 거리는 검은색의 1.0~1.5밀리미터 크기의 아라비아숫자로 제도한다. 다만, 경계점 간 거리가 짧거나 경계가 원을 이루는 경우에는 거리를 등록하지 아니할 수 있다.
④ 지적기준점 등이 매설된 토지를 분할할 경우 그 토지가 작아서 제도하기가 곤란한 때에는 그 도면의 여백에 그 축척의 10배로 확대하여 제도할 수 있다.

10 「지적업무처리규정」상 전자평판측량을 이용한 지적측량결과도의 작성 방법으로 옳지 않은 것은?

① 측정거리는 소축척 등으로 식별이 불가능한 때에는 생략할 수 있다.
② 검사자의 경우 측정점의 표시는 삼각형(△)으로 표시한다.
③ 지적측량결과도 하단에 '전자평판측량'이라 표기한다.
④ 측량결과의 파일 형식은 표준화된 공통포맷을 지원해야 한다.

풀이 지적업무처리규정 제24조(측량기하적)
⑤ 전자평판측량을 이용한 지적측량결과도의 작성방법은 다음 각 호와 같다.

> 1. 관측한 측정점의 오른쪽 상단에는 측정거리를 표시하여야 한다. 다만, 소축척 등으로 식별이 불가능한 때에는 방향선과 측정거리를 생략할 수 있다.
> 2. 측정점의 표시는 측량자의 경우 붉은색 짧은 십자선(+)으로 표시하고, 검사자는 삼각형(△)으로 표시하며, 각 측정점은 붉은색 점선으로 연결한다.
> 3. 지적측량결과도 상단 중앙에 "전자평판측량"이라 표기하고, 상단 오른쪽에 측량성과파일명을 표기하여야 하며, 측량성과파일에는 측량성과 결정에 관한 모든 사항이 수록되어 있어야 한다.
> 4. 측량결과의 파일 형식은 표준화된 공통포맷을 지원할 수 있어야 하며, 측량결과에 대한 측량파일 코드 일람표는 별표 3과 같다.
> 5. 이미 작성되어 있는 지적측파일을 이용하여 측량할 경우에는 기존 측량파일 코드의 내용·규격·도식은 파란색으로 표시한다.

정답 09 ② 10 ③

11 「지적업무처리규정」상 지적측량을 할 때 현지측량방법으로 옳지 않은 것은?

① 세부측량성과를 결정하기 위하여 사용하는 기준점은 지적기준점이어야 한다. 다만, 도면의 기지점이 정확하고 보존이 양호하여 기지점을 이용하여도 측량에 지장이 없다고 인정되는 축척 1천분의 1 이하의 지역에는 그러하지 아니하다.

② 전자평판측량에 따른 세부측량 시 다각망도선법에 따르는 경우에는 평판점의 이동거리는 30~500m로 한다.

③ 지적기준점이 없는 지역에서 전자평판측량을 실시할 때에는 보존이 용이한 고정물을 선점하여 보조점으로 사용할 수 있다. 이 경우 설치된 보조점은 후속측량에 사용할 수 있어야 한다.

④ 전자평판측량의 설치 및 표정방법에서 연직각은 천정을 0으로 설정한다.

풀이 지적업무처리규정 제20조(현지측량방법 등)

① 지적측량을 할 때에는 토지소유자 및 이해관계인을 입회시켜 측량에 필요한 질문을 하거나 참고자료의 제시를 요구할 수 있다.

② 지적측량결과도에는 토지소유자 및 이해관계인의 서명·전자서명 또는 날인을 받아야 한다. 다만, 토지소유자 및 이해관계인이 입회하지 못하는 경우와 입회는 하였으나 서명 또는 날인을 거부하는 때에는 그 사유를 기재하여야 한다.

③ 각종 인가·허가 등의 내용과 다르게 토지의 형질이 변경되었을 경우에는 그 변경된 토지의 현황대로 측량성과를 결정하여야 한다.

④ 세부측량성과를 결정하기 위하여 사용하는 기지점은 지적기준점이어야 한다. 다만, 도면의 기지점이 정확하고 보존이 양호하여 기지점을 이용하여도 측량에 지장이 없다고 인정되는 축척 1천분의 1 이하의 지역에는 그러하지 아니하다.

⑤ 제4항에 따른 지적기준점은 세부측량을 하기 전에 설치하여야 하며, 그 설치비용을 지적측량의뢰인에게 부담시켜서는 아니 된다. 다만, 「지적측량 시행규칙」 제6조제2항제1호·제2호 또는 제4호에 해당하는 경우, 51필지 이상 연속지 또는 집단지 세부측량시에 지적기준점을 설치할 경우 및 제4항 단서에 따른 기지점에 따라 세부측량을 할 지역에서 지적측량의뢰인이 지적기준점의 설치를 요구할 경우에는 그러하지 아니하다.

⑥ 지적확정측량지구 안에서 지적측량을 하고자 할 경우에는 종전에 실시한 지적확정측량성과를 참고하여 성과를 결정하여야 한다.

⑦ 지적측량을 완료한 때에는 분할 등록될 경계점의 위치 또는 경계복원점의 위치를 지적기준점·담장모서리 및 전신주 등 주위 고정물로부터 거리를 측정하여 지적측량의뢰인 및 이해관계인에게 확인시키고, 측량결과도 여백에 그 거리를 기재하거나 경위의측량방법에 따른 평면직각종횡선좌표 등 측정점의 위치설명도를 [예시1] 지적측량결과도 작성 예시 목록과 같이 작성하여야 한다. 다만, 주위 고정물이 없는 경우와 도로, 구거, 하천 등 연속·집단된 토지 등의 경우에는 작성을 생략할 수 있다.

⑧ 지적측량수행자는 지적측량자료조사 또는 지적측량결과, 지적공부의 토지의 표시에 잘못이 있음을 발견한 때에는 지체 없이 지적소관청에 관계자료 등을 첨부하여 문서로 통보하고, 지적측량의뢰인에게 그 내용을 통지하여야 한다.

⑨ 법원의 감정측량을 할 때에는 별표 2의 법원감정측량 처리절차에 따른다.

⑩ 전자평판측량에 따른 세부측량은 지적기준점을 기준으로 실시하여야 하며, 면적측정은 전산처리 방법에 따른다.

⑪ 제10항에 따른 세부측량 시 평판점의 이동거리는 「지적측량 시행규칙」 제2조제1항제3호(지적도근점표지의 점간거리는 평균 50미터 이상 300미터 이하로 할 것. 다만, 다각망도선법에 따르는 경우에는 평균 500미터 이하로 한다.)에서 정한 지적도근점표지의 점간거리 이내로 한다.

⑫ 지적기준점이 없는 지역에서 전자평판측량을 실시할 때에는 보존이 용이한 고정물을 선점하여 보조점으로

사용할 수 있다. 이 경우 설치된 보조점은 후속측량에 사용할 수 있도록 하여야 한다.

⑬ 현형법(現形法)으로 지적측량의 성과를 결정하려면 경계점은 반드시 지적공부 등록당시의 축척으로 하며, 기지점을 기준으로 지상경계선과 도상경계선의 부합여부를 확인하여야 한다.

⑭ 이미 작성되어 있는 지적측량파일을 이용하여 측량할 경우에는 기존 파일에서 지상경계선과 도상경계가 잘 부합되는 기지점과 신청토지 주변을 추가로 실측하여 성과를 결정하여야 한다.

⑮ 전자평판측량의 설치 및 표정방법은 다음 각 호에 따른다.

> 1. 토탈스테이션을 지적기준점 또는 보조점 위에 거치한 후 다른 지적기준점이나 고정물을 시준하고 수평각을 전자평판에서 0° 0′ 0″로 세팅하여 관측을 준비한다.
> 2. 지적기준점 간의 거리는 2회 이상 측정하여 확인한다.
> 3. 연직각은 천정을 0으로 설정한다.

12 「지적업무처리규정」상 옳지 않은 것은?

① 지적도근점측량을 한 때에는 지적도근점측량성과와 기지경계선과의 부합여부를 도해적으로 확인하여야 한다.

② 기지경계선의 부합여부를 확인한 결과 기지경계선이 같은 방향과 거리로 이동하여 등록되었음이 판명된 때에는 기지경계선 등록당시 지적도근점측량성과에 오류가 있는 것으로 보고 수정한 좌표는 지적도근점측량계산부 및 지적도근점성과표의 좌표란 아랫부분에 붉은색으로 기재하여야 한다.

③ 지적확정측량과 시가지지역의 축척변경측량은 전파기 또는 광파기측량방법에 따라 할 수 있다.

④ 지적도근점측량성과와 기지경계선이 부합하지 아니할 경우에는 사용한 지적기준점 및 측량방법을 다르게 하여 지적도근점측량성과를 재확인하여야 한다.

(풀이) **지적업무처리규정 제13조(지적도근점 측량성과의 확인)**

① 지적도근점측량을 한 때에는 지적도근점측량성과와 기지경계선과의 부합여부를 도해적으로 확인하여야 한다. 이 경우 지적도근점측량성과와 기지경계선이 부합하지 아니할 경우에는 사용한 지적기준점 및 측량방법을 다르게 하여 지적도근점측량성과를 재확인하여야 한다.

② 제1항에 따라 기지경계선의 부합여부를 확인한 결과 기지경계선이 같은 방향과 거리로 이동하여 등록되었음이 판명된 때에는 기지경계선 등록당시 지적도근점측량성과에 오류가 있는 것으로 보고, 지적소관청이 지적도근점측량성과에 그 이동수치를 가감하여 사용할 수 있다. 이 경우 수정한 좌표는 지적도근점측량계산부 및 지적도근점성과표의 좌표란 윗부분에 붉은색으로 기재하여야 한다.

③ 지적소관청은 제2항에 따라 지적도근점성과를 가감하여 사용한 지역에는 별도로 별지 제2호 서식의 지적도근점성과 가감지역 관리대장을 작성하여 측량결과를 관리하여야 하며, 이를 지적측량수행자에게 통보하여야 한다.

지적업무처리규정 제14조(지적측량의 방법)

① 법 제86조제1항에 따른 지적확정측량과 시가지지역의 축척변경측량은 경위의측량방법, 전파기 또는 광파기측량방법 및 위성측량방법에 따른다.

② 「지적측량 시행규칙」 제7조제1항제4호에 따른 세부측량은 지적기준점 또는 경계점을 이용하여 전자평판측량 방법으로 할 수 있다.

13 「지적업무처리규정」상 지적기준점측량계획에 포함되는 사항이 아닌 것은?

① 정밀도
② 작업반의 편성
③ 교통
④ 날씨

풀이 지적업무처리규정 제9조(지적기준점 측량계획)

「지적측량 시행규칙」제7조제3항제1호의 지적기준점 측량계획에는 목적, 지역, 작업량, 기간, 정밀도, 작업반의 편성, 기계, 기구, 소모품, 표지, 재료 등의 종류와 수량, 작업경비, 교통, 후속측량에 미치는 영향 등이 포함되어야 한다.

14 「지적업무처리규정」상 일람도의 제도에 대한 설명으로 옳지 않은 것은?

① 도면번호는 지번부여지역·축척 및 지적도·임야도·경계점좌표등록부 시행지역별로 일련번호를 부여하고 신규등록 및 등록전환으로 새로 도면을 작성할 경우의 도면번호는 그 지역 마지막 도면번호의 다음 번호로 부여한다.
② 도면에 등록하는 도곽선은 0.2mm의 폭으로, 도곽선의 수치는 도곽선 왼쪽 아랫부분과 오른쪽 윗부분의 종횡선교차점 바깥쪽에 2mm 크기의 아라비아숫자로 제도한다.
③ 도면번호는 3mm의 크기로 인접 동·리의 명칭은 4mm, 그 밖의 행정구역의 명칭은 5mm의 크기로 한다.
④ 지방도로 이상은 검은색 0.2밀리미터 폭의 2선으로, 그 밖의 도로는 0.1밀리미터의 폭으로 제도한다.

풀이 지적업무처리규정 제38조(일람도의 제도)

④ 일람도의 제도방법은 다음 각 호와 같다.

> 1. 도곽선과 그 수치의 제도는 제40조제5항(도면에 등록하는 도곽선은 0.1밀리미터의 폭으로, 도곽선의 수치는 도곽선 왼쪽 아랫부분과 오른쪽 윗부분의 종횡선교차점 바깥쪽에 2밀리미터 크기의 아라비아숫자로 제도한다)을 준용한다.
> 2. 도면번호는 3밀리미터의 크기로 한다.
> 3. 인접 동·리 명칭은 4밀리미터, 그 밖의 행정구역 명칭은 5밀리미터의 크기로 한다.
> 4. 지방도로 이상은 검은색 0.2밀리미터 폭의 2선으로, 그 밖의 도로는 0.1밀리미터의 폭으로 제도한다.
> 5. 철도용지는 붉은색 0.2밀리미터 폭의 2선으로 제도한다.
> 6. 수도용지 중 선로는 남색 0.1밀리미터 폭의 2선으로 제도한다.
> 7. 하천·구거(溝渠)·유지(溜池)는 남색 0.1밀리미터의 폭의 2선으로 제도하고, 그 내부를 남색으로 옅게 채색한다. 다만, 적은 양의 물이 흐르는 하천 및 구거는 0.1밀리미터의 남색 선으로 제도한다.
> 8. 취락지·건물 등은 검은색 0.1밀리미터의 폭으로 제도하고, 그 내부를 검은색으로 옅게 채색한다.
> 9. 삼각점 및 지적기준점의 제도는 제43조를 준용한다.
> 10. 도시개발사업·축척변경 등이 완료된 때에는 지구경계를 붉은색 0.1밀리미터 폭의 선으로 제도한 후 지구 안을 붉은색으로 옅게 채색하고, 그 중앙에 사업명 및 사업완료연도를 기재한다.

15 「지적업무처리규정」상 전자평판측량을 이용한 지적측량 결과도의 작성 시 측정점의 표시 방법으로 가장 옳은 것은?　　　　　　　　　　　　　　　　　　　　　(19년서울9급)

① 측량자는 검은색 짧은 십자선(+), 검사자는 삼각형(△)으로 표시한다.
② 측량자는 검은색 삼각형(△), 검사자는 짧은 십자선(+)으로 표시한다.
③ 측량자는 붉은색 짧은 십자선(+), 검사자는 삼각형(△)으로 표시한다.
④ 측량자는 붉은색 삼각형(△), 검사자는 짧은 십자선(+)으로 표시한다.

풀이 지적업무처리규정 제24조(측량기하적)

① 평판측량방법 또는 전자평판측량방법으로 세부측량을 하는 때에는 측량준비파일에 측량한 기하적(幾何跡)을 다음 각 호와 같이 작성하여야 하며, 부득이한 경우 지적측량준비도에 연필로 표시할 수 있다.

> 1. 평판점·측정점 및 방위표정에 사용한 기지점 등에는 방향선을 긋고 실측한 거리를 기재한다. 이 경우 측정점의 방향선 길이는 측정점을 중심으로 약 1센티미터로 표시한다. 다만, 전자측량시스템에 따라 작성할 경우 필지선이 복잡한 때는 방향선과 측정거리를 생략할 수 있다.
> 2. 평판점은 측량자는 직경 1.5밀리미터 이상 3밀리미터 이하의 검은색 원으로 표시하고, 검사자는 1변의 길이가 2밀리미터 이상 4밀리미터 이하의 삼각형으로 표시한다. 이 경우 평판점 옆에 평판이동순서에 따라 부$_1$, 부$_2$ …으로 표시한다.
> 3. 평판점의 결정 및 방위표정에 사용한 기지점은 측량자는 직경 1밀리미터와 2밀리미터의 2중 원으로 표시하고, 검사자는 1변의 길이가 2밀리미터와 3밀리미터의 2중 삼각형으로 표시한다.
> 4. 평판점과 기지점 사이의 도상거리와 실측거리를 방향선상에 다음과 같이 기재한다.
>   (측 량 자)　　(검 사 자)
>   (도상거리)　△(도상거리)
>   ────────　────────
>   실측거리　△실측거리
> 5. 측량대상토지에 지상구조물 등이 있는 경우와 새로이 설정하는 경계에 지상건물 등이 걸리는 경우에는 그 위치현황을 표시하여야 한다. 다만, 영 제55조제4항제2호와 제3호의 규정에 의해 분할하는 경우에는 그러하지 아니하다.

② 경위의측량방법으로 세부측량을 하려면 지상건물 등의 위치현황표시는 제1항제5호를 준용한다.
③ 「지적측량 시행규칙」 제26조제1항제6호 및 같은 조 제2항제7호에 따른 측량대상토지의 점유현황선은 붉은색 점선으로 표시한다.
④ 「지적측량 시행규칙」 제26조 및 이 규정 제29조에 따른 측량결과도의 문자와 숫자는 레터링 또는 전자측량시스템에 따라 작성한다.
⑤ 전자평판측량을 이용한 지적측량결과도의 작성방법은 다음 각 호와 같다.

> 1. 관측한 측정점의 오른쪽 상단에는 측정거리를 표시하여야 한다. 다만, 소축척 등으로 식별이 불가능한 때에는 방향선과 측정거리를 생략할 수 있다.
> 2. 측정점의 표시는 측량자의 경우 붉은색 짧은 십자선(+)으로 표시하고, 검사자는 삼각형(△)으로 표시하며, 각 측정점은 붉은색 점선으로 연결한다.
> 3. 지적측량결과도 상단 중앙에 "전자평판측량"이라 표기하고, 상단 오른쪽에 측량성과파일명을 표기하여야 하며, 측량성과파일에는 측량성과 결정에 관한 모든 사항이 수록되어 있어야 한다.
> 4. 측량결과의 파일 형식은 표준화된 공통포맷을 지원할 수 있어야 하며, 측량결과에 대한 측량파일 코드 일람표는 별표 3과 같다.
> 5. 이미 작성되어 있는 지적측량파일을 이용하여 측량할 경우에는 기존 측량파일 코드의 내용·규격·도식은 파란색으로 표시한다.

정답 15 ③

16 지적도면의 작성에 대한 설명으로 옳은 것은?

(19년1회지기)

① 경계점 간 거리는 2mm 크기의 아라비아숫자로 제도한다.

② 도곽선의 수치는 2mm 크기의 아라비아숫자로 제도한다.

③ 도면에 등록하는 지번은 5mm 크기의 고딕체로 한다.

④ 삼각점 및 지적기준점은 0.5mm 폭의 선으로 제도한다.

풀이 **지적업무처리규정 제40조(도곽선의 제도)**

① 도면의 위 방향은 항상 북쪽이 되어야 한다.

② 지적도의 도곽 크기는 가로 40센티미터, 세로 30센티미터의 직사각형으로 한다.

③ 도곽의 구획은 영 제7조제3항 각 호에서 정한 좌표의 원점을 기준으로 하여 정하되, 그 도곽의 종횡선수치는 좌표의 원점으로부터 기산하여 영 제7조제3항에서 정한 종횡선수치를 각각 가산한다.

④ 이미 사용하고 있는 도면의 도곽크기는 제2항에도 불구하고 종전에 구획되어 있는 도곽과 그 수치로 한다.

⑤ 도면에 등록하는 도곽선은 0.1밀리미터의 폭으로, 도곽선의 수치는 도곽선 왼쪽 아랫부분과 오른쪽 윗부분의 종횡선교차점 바깥쪽에 2밀리미터 크기의 아라비아숫자로 제도한다.

지적업무처리규정 제41조(경계의 제도)

① 경계는 0.1밀리미터 폭의 선으로 제도한다.

② 1필지의 경계가 도곽선에 걸쳐 등록되어 있으면 도곽선 밖의 여백에 경계를 제도하거나, 도곽선을 기준으로 다른 도면에 나머지 경계를 제도한다. 이 경우 다른 도면에 경계를 제도할 때에는 지번 및 지목은 붉은색으로 표시한다.

③ 규칙 제69조제2항제4호에 따른 경계점좌표등록부 등록지역의 도면(경계점 간 거리등록을 하지 아니한 도면을 제외한다)에 등록할 경계점 간 거리는 검은색의 1.0~1.5밀리미터 크기의 아라비아숫자로 제도한다. 다만, 경계점 간 거리가 짧거나 경계가 원을 이루는 경우에는 거리를 등록하지 아니할 수 있다.

④ 지적기준점 등이 매설된 토지를 분할할 경우 그 토지가 작아서 제도하기가 곤란한 때에는 그 도면의 여백에 그 축척의 10배로 확대하여 제도할 수 있다.

지적업무처리규정 제42조(지번 및 지목의 제도)

① 지번 및 지목은 경계에 닿지 않도록 필지의 중앙에 제도한다. 다만, 1필지의 토지의 형상이 좁고 길어서 필지의 중앙에 제도하기가 곤란한 때에는 가로쓰기가 되도록 도면을 왼쪽 또는 오른쪽으로 돌려서 제도할 수 있다.

② 지번 및 지목을 제도할 때에는 지번 다음에 지목을 제도한다. 이 경우 2밀리미터 이상 3밀리미터 이하 크기의 명조체로 하고, 지번의 글자 간격은 글자크기의 4분의 1정도, 지번과 지목의 글자 간격은 글자크기의 2분의 1정도 띄어서 제도한다. 다만, 부동산종합공부시스템이나 레터링으로 작성할 경우에는 고딕체로 할 수 있다.

③ 1필지의 면적이 작아서 지번과 지목을 필지의 중앙에 제도할 수 없는 때에는 ㄱ, ㄴ, ㄷ, ···, ㄱ¹, ㄴ¹, ㄷ¹, ···, ㄱ², ㄴ², ㄷ², ··· 등으로 부호를 붙이고, 도곽선 밖에 그 부호·지번 및 지목을 제도한다. 이 경우 부호가 많아서 그 도면의 도곽선 밖에 제도할 수 없는 때에는 별도로 부호도를 작성할 수 있다.

④ 부동산종합공부시스템에 따라 지번 및 지목을 제도할 경우에는 제2항 중 글자의 크기에 대한 규정과 제3항을 적용하지 아니할 수 있다.

지적업무처리규정 제43조(지적기준점 등의 제도)

① 삼각점 및 지적기준점(제4조에 따라 지적측량수행자가 설치하고, 그 지적기준점성과를 지적소관청이 인정한 지적기준점을 포함한다.)은 0.2밀리미터 폭의 선으로 다음 각 호와 같이 제도한다.

정답 16 ②

17 「지적업무처리규정」상 지적삼각점의 명칭에 해당하지 않는 기관명은?

① 경기도
② 세종특별자치시
③ 제주특별자치도
④ 전주시

풀이 지적업무처리규정 제7조(지적삼각점의 명칭 등)
① 「지적측량 시행규칙」 제8조제2항에 따른 시·도별 지적삼각점의 명칭은 다음과 같다.

기관명	명칭	기관명	명칭	기관명	명칭
서울특별시	서울	울산광역시	울산	전라북도	전북
부산광역시	부산	경 기 도	경기	전라남도	전남
대구광역시	대구	강 원 도	강원	경상북도	경북
인천광역시	인천	충청북도	충북	경상남도	경남
광주광역시	광주	충청남도	충남	제주특별자치도	제주
대전광역시	대전	세종특별자치시	세종		

18 「지적업무처리규정」(국토교통부 훈령 제899호)상 현지측량방법에 대한 설명으로 가장 옳지 않은 것은?

① 지적확정측량지구 안에서 지적측량을 하고자 할 경우에는 종전에 실시한 지적확정측량성과를 참고하여 성과를 결정하여야 한다.
② 현형법(現形法)으로 지적측량의 성과를 결정하려면 경계점은 반드시 지적공부 등록당시의 축척으로 하며, 기지점을 기준으로 지상경계선과 도상경계선의 부합여부를 확인하여야 한다.
③ 각종 인가·허가 등의 내용과 다르게 토지의 형질이 변경되었을 경우에는 그 변경 전 토지의 현황대로 측량성과를 결정하여야 한다.
④ 이미 작성되어 있는 지적측량파일을 이용하여 측량할 경우에는 기존 파일에서 지상경계선과 도상경계가 잘 부합되는 기지점과 신청토지 주변을 추가로 실측하여 성과를 결정하여야 한다.

풀이 지적업무처리규정 제20조(현지측량방법 등)
① 지적측량을 할 때에는 토지소유자 및 이해관계인을 입회시켜 측량에 필요한 질문을 하거나 참고자료의 제시를 요구할 수 있다.
② 지적측량결과도에는 토지소유자 및 이해관계인의 서명·전자서명 또는 날인을 받아야 한다. 다만, 토지소유자 및 이해관계인이 입회하지 못하는 경우와 입회는 하였으나 서명 또는 날인을 거부하는 때에는 그 사유를 기재하여야 한다.
③ 각종 인가·허가 등의 내용과 다르게 토지의 형질이 변경되었을 경우에는 그 변경된 토지의 현황대로 측량성과를 결정하여야 한다.
④ 세부측량성과를 결정하기 위하여 사용하는 기지점은 지적기준점이어야 한다. 다만, 도면의 기지점이 정확하고 보존이 양호하여 기지점을 이용하여도 측량에 지장이 없다고 인정되는 축척 1천분의 1 이하의 지역에는 그러하지 아니하다.
⑤ 제4항에 따른 지적기준점은 세부측량을 하기 전에 설치하여야 하며, 그 설치비용을 지적측량의뢰인에게 부담시켜서는 아니 된다. 다만, 「지적측량 시행규칙」 제6조제2항제1호·제2호 또는 제4호에 해당하는 경우, 51필지 이상 연속지 또는 집단지 세부측량시에 지적기준점을 설치할 경우 및 제4항 단서에 따른 기지점에 따라 세부측량을 할 지역에서 지적측량의뢰인이 지적기준점의 설치를 요구할 경우에는 그러하지 아니하다.

⑥ 지적확정측량지구 안에서 지적측량을 하고자 할 경우에는 종전에 실시한 지적확정측량성과를 참고하여 성과를 결정하여야 한다.

⑦ 지적측량을 완료한 때에는 분할 등록될 경계점의 위치 또는 경계복원점의 위치를 지적기준점·담장모서리 및 전신주 등 주위 고정물로부터 거리를 측정하여 지적측량의뢰인 및 이해관계인에게 확인시키고, 측량결과도 여백에 그 거리를 기재하거나 경위의측량방법에 따른 평면직각종횡선좌표 등 측정점의 위치설명도를 [예시1] 지적측량결과도 작성 예시 목록과 같이 작성하여야 한다. 다만, 주위 고정물이 없는 경우와 도로, 구거, 하천 등 연속·집단된 토지 등의 경우에는 작성을 생략할 수 있다.

⑧ 지적측량수행자는 지적측량자료조사 또는 지적측량결과, 지적공부의 토지의 표시에 잘못이 있음을 발견한 때에는 지체 없이 지적소관청에 관계자료 등을 첨부하여 문서로 통보하고, 지적측량의뢰인에게 그 내용을 통지하여야 한다.

⑨ 법원의 감정측량을 할 때에는 별표 2의 법원감정측량 처리절차에 따른다.

⑩ 전자평판측량에 따른 세부측량은 지적기준점을 기준으로 실시하여야 하며, 면적측정은 전산처리 방법에 따른다.

⑪ 제10항에 따른 세부측량 시 평판점의 이동거리는 「지적측량 시행규칙」 제2조제1항제3호에서 정한 지적도 근점표지의 점간거리 이내로 한다.

⑫ 지적기준점이 없는 지역에서 전자평판측량을 실시할 때에는 보존이 용이한 고정물을 선점하여 보조점으로 사용할 수 있다. 이 경우 설치된 보조점은 후속측량에 사용할 수 있도록 하여야 한다.

⑬ 현형법(現形法)으로 지적측량의 성과를 결정하려면 경계점은 반드시 지적공부 등록당시의 축척으로 하며, 기지점을 기준으로 지상경계선과 도상경계선의 부합여부를 확인하여야 한다.

⑭ 이미 작성되어 있는 지적측량파일을 이용하여 측량할 경우에는 기존 파일에서 지상경계선과 도상경계가 잘 부합되는 기지점과 신청토지 주변을 추가로 실측하여 성과를 결정하여야 한다.

⑮ 전자평판측량의 설치 및 표정방법은 다음 각 호에 따른다.

> 1. 토탈스테이션을 지적기준점 또는 보조점 위에 거치한 후 다른 지적기준점이나 고정물을 시준하고 수평각을 전자평판에서 0° 0′ 0″로 세팅하여 관측을 준비한다.
> 2. 지적기준점 간의 거리는 2회 이상 측정하여 확인한다.
> 3. 연직각은 천정을 0으로 설정한다.

19 토지대장의 소유자변동일자의 정리기준에 대한 설명으로 옳지 않은 것은? (18년3회지기)

① 신규등록의 경우 : 매립준공일자

② 미등기토지의 경우 : 소유자정리결의일자

③ 등기부등본·초본에 의하는 경우 : 등기원인일자

④ 등기전산정보자료에 의하는 경우 : 등기접수일자

풀이 지적업무처리규정 제60조(소유자정리)

① 대장의 소유자변동일자는 등기필통지서, 등기필증, 등기부 등본·초본 또는 등기관서에서 제공한 등기전산정보자료의 경우에는 등기접수일자로, 법 제84조제4항 단서의 미등기토지 소유자에 관한 정정신청의 경우와 법 제88조제2항에 따른 소유자등록신청의 경우에는 소유자정리결의일자로, 공유수면 매립준공에 따른 신규 등록의 경우에는 매립준공일자로 정리한다.

② 주소·성명·명칭의 변경 또는 경정 및 소유권이전 등이 같은 날짜에 등기가 된 경우의 지적공부정리는 등기접수 순서에 따라 모두 정리하여야 한다.

③ 소유자의 주소가 토지소재지와 같은 경우에도 등기부와 일치하게 정리한다. 다만, 등기관서에서 제공한 등기전산정보자료에 따라 정리하는 경우에는 등기전산정보자료에 따른다.

20 「지적업무처리규정」(국토교통부 훈령 제899호)상 경계점좌표등록부 정리에 대한 설명으로 가장 옳은 것은? (18년서울9급)

① 부호도의 각 필지의 경계점부호는 오른쪽 위에서부터 왼쪽으로 경계를 따라 아라비아숫자로 연속하여 부여한다.

② 분할된 경우의 부호도 및 부호에는 새로 결정된 경계점의 부호를 그 필지의 시작부호 이전 번호부터 다시 부여한다.

③ 합병된 때에는 존치되는 필지의 경계점좌표등록부에 합병되는 필지의 좌표를 정리하고 부호도 및 부호를 새로 정리한다.

④ 합병으로 인하여 필지가 말소된 때에는 경계점좌표등록부의 부호도, 부호 및 좌표를 말소하고 경계점좌표등록부도 함께 삭제한다.

풀이 지적업무처리규정 제47조(경계점좌표등록부의정리)

① 부호도의 각 필지의 경계점부호는 왼쪽 위에서부터 오른쪽으로 경계를 따라 아라비아숫자로 연속하여 부여한다. 이 경우 토지의 빈번한 이동정리로 부호도가 복잡한 경우에는 아래 여백에 새로 정리할 수 있다.

② 분할된 경우의 부호도 및 부호에는 새로 결정된 경계점의 부호를 그 필지의 마지막 부호 다음 번호부터 부여하고, 다른 필지로 된 경계점의 부호도, 부호 및 좌표는 말소하여야 하며, 새로 결정된 경계점의 좌표를 다음 란에 정리한다.

③ 분할 후 필지의 부호도 및 부호의 정리는 제1항 본문을 준용한다.

④ 합병된 때에는 존치되는 필지의 경계점좌표등록부에 합병되는 필지의 좌표를 정리하고 부호도 및 부호를 새로 정리한다. 이 경우 부호는 마지막 부호 다음 부호부터 부여하고, 합병으로 인하여 필요 없게 된 경계점(일직선 상에 있는 경계점을 말한다)의 부호도·부호 및 좌표를 말소한다.

⑤ 합병으로 인하여 필지가 말소된 때에는 경계점좌표등록부의 부호도, 부호 및 좌표를 말소한다. 이 경우 말소된 경계점좌표등록부도 지번 순으로 함께 보관한다.

⑥ 등록사항 정정으로 경계점좌표등록부를 정리할 때에는 제1항부터 제5항까지 규정을 준용한다.

⑦ 부동산종합공부시스템에 따라 경계점좌표등록부를 정리할 때에는 제1항부터 제6항까지를 적용하지 아니할 수 있다.

정답 **20** ③

01 다음 중 「지적업무처리규정」상 용어에 대한 설명으로 옳지 않은 것은?

① "전자평판측량"이란 토탈스테이션과 지적측량 운영프로그램 등이 설치된 컴퓨터를 연결하여 세부측량을 수행하는 측량을 말한다.

② "측량성과파일"이란 전자평판측량 및 위성측량방법으로 관측 후 지적측량정보를 처리할 수 있는 시스템에 따라 작성된 측량결과도파일과 토지이동정리를 위한 지번, 지목 및 경계점의 좌표가 포함된 파일을 말한다.

③ "기지점"이란 기초측량에서는 국가기준점 또는 지적기준점을 말하고, 세부측량에서는 지적기준점 또는 지적도면상 필지를 구획하는 선의 경계점과 상호 부합되는 도상의 경계점을 말한다.

④ "지적측량파일"이란 측량준비파일, 측량현형파일, 측량성과파일을 말한다.

풀이 지적업무처리규정 제3조(정의)

이 규정에서 사용하는 용어의 뜻은 다음 각 호와 같다.

국가기준점	측량의 정확도를 확보하고 효율성을 높이기 위하여 국토교통부장관이 전 국토를 대상으로 주요 지점마다 정한 측량의 기본이 되는 측량기준점 **암기** **우**리가 **위통**이 심하면 **중지**를 모아 **수영**을 **수삼** 번 해라	
	우주측지기준점	국가측지기준계를 정립하기 위하여 전 세계 초장거리간섭계와 연결하여 정한 기준점
	위성기준점	지리학적 경위도, 직각좌표 및 지구중심 직교좌표의 측정 기준으로 사용하기 위하여 대한민국 경위도원점을 기초로 정한 기준점
	통합기준점	지리학적 경위도, 직각좌표, 지구중심 직교좌표, 높이 및 중력 측정의 기준으로 사용하기 위하여 위성기준점, 수준점 및 중력점을 기초로 정한 기준점
	중력점	중력 측정의 기준으로 사용하기 위하여 정한 기준점
	지자기점 (地磁氣點)	지구자기 측정의 기준으로 사용하기 위하여 정한 기준점
	수준점	높이 측정의 기준으로 사용하기 위하여 대한민국 수준원점을 기초로 정한 기준점
	영해기준점	우리나라의 영해를 획정(劃定)하기 위하여 정한 기준점 〈삭제 2021.2.9.〉
	수로기준점	수로 조사 시 해양에서의 수평위치와 높이, 수심 측정 및 해안선 결정 기준으로 사용하기 위하여 위성기준점과 법 제6조제1항제3호의 기본수준면을 기초로 정한 기준점으로서 수로측량기준점, 기본수준점, 해안선기준점으로 구분 〈삭제 2021.2.9.〉
	삼각점	지리학적 경위도, 직각좌표 및 지구중심 직교좌표 측정의 기준으로 사용하기 위하여 위성기준점 및 통합기준점을 기초로 정한 기준점
공공기준점	제17조제2항에 따른 공공측량시행자가 공공측량을 정확하고 효율적으로 시행하기 위하여 국가기준점을 기준으로 하여 따로 정하는 측량기준점	
	공공삼각점	공공측량 시 수평위치의 기준으로 사용하기 위하여 국가기준점을 기초로 하여 정한 기준점

공공기준점	공공수준점	공공측량 시 높이의 기준으로 사용하기 위하여 국가기준점을 기초로 하여 정한 기준점
지적기준점		특별시장·광역시장·특별자치시장·도지사 또는 특별자치도지사나 지적소관청이 지적측량을 정확하고 효율적으로 시행하기 위하여 국가기준점을 기준으로 하여 따로 정하는 측량기준점
	지적삼각점 (地籍三角點)	지적측량 시 수평위치 측량의 기준으로 사용하기 위하여 국가기준점을 기준으로 하여 정한 기준점
	지적삼각보조점 (地籍三角補助點)	지적측량 시 수평위치 측량의 기준으로 사용하기 위하여 국가기준점과 지적삼각점을 기준으로 하여 정한 기준점
	지적도근점 (地籍圖根點)	지적측량 시 필지에 대한 수평위치 측량 기준으로 사용하기 위하여 국가기준점, 지적삼각점, 지적삼각보조점 및 다른 지적도근점을 기초로 하여 정한 기준점
기지점 (旣知點)		기초측량에서는 국가기준점 또는 지적기준점을 말하고, 세부측량에서는 지적기준점 또는 지적도면상 필지를 구획하는 선의 경계점과 상호 부합되는 지상의 경계점을 말한다.
기지경계선 (旣知境界線)		세부 측량 성과를 결정하는 기준이 되는 기지점을 필지별로 직선으로 연결한 선을 말한다.
전자평판측량		토탈스테이션과 지적측량 운영 프로그램 등이 설치된 컴퓨터를 연결하여 세부 측량을 수행하는 측량을 말한다.
토탈스테이션		경위의 측량 방법에 따른 기초 측량 및 세부 측량에 사용되는 장비를 말한다.
지적측량파일		측량준비파일, 측량현형파일 및 측량성과파일을 말한다.
측량준비파일		부동산종합공부시스템에서 지적측량 업무를 수행하기 위하여 도면 및 대장속성 정보를 추출한 파일을 말한다.
측량현형(現形) 파일		전자평판측량 및 위성측량방법으로 관측한 데이터 및 지적측량에 필요한 각종 정보가 들어있는 파일을 말한다.
측량성과파일		전자평판측량 및 위성측량방법으로 관측 후 지적측량정보를 처리할 수 있는 시스템에 따라 작성된 측량결과도파일과 토지이동정리를 위한 지번, 지목 및 경계점의 좌표가 포함된 파일을 말한다.
측량부		기초측량 또는 세부측량성과를 결정하기 위하여 사용한 관측부, 계산부 등 이에 수반되는 기록을 말한다.

02 다음 중 지적공부의 정리 등에 관한 사항으로 옳은 것은?

① 토지소유자의 변동 등에 따라 지적공부를 정리하려는 경우에는 소유자정리 결의서를 작성하여야 한다.

② 토지이동에 따라 지적공부를 정리하려는 경우에는 소유자정리 결의서를 작성하여야 한다.

③ 소유자 없는 부동산에 대한 소유자 등록을 신청하는 경우 지적소관청은 지적공부에 해당 토지의 소유자가 등록된 경우에만 등록할 수 있다.

④ 토지의 표시에 관한 변경등기가 필요하지 아니한 경우에는 그 등기완료의 통지서를 접수한 날부터 15일 이내에 토지소유자에게 지적정리 등을 통지하여야 한다.

풀이 **공간정보의 구축 및 관리 등에 관한 법률 제88조(토지소유자의 정리)**

① 지적공부에 등록된 토지소유자의 변경사항은 등기관서에서 등기한 것을 증명하는 **등기필증, 등기완료통지서, 등기사항증명서 또는 등기관서에서 제공한 등기전산정보자료**에 따라 정리한다. 다만, 신규등록하는 토지의 소유자는 지적소관청이 직접 조사하여 등록한다. 〈개정 2011.4.12.〉

②「국유재산법」제2조제10호에 따른 총괄청이나 같은 조 제11호에 따른 중앙관서의 장이 같은 법 제12조제3항에 따라 소유자 없는 부동산에 대한 소유자 등록을 신청하는 경우 지적소관청은 지적공부에 해당 토지의 소유자가 등록되지 아니한 경우에만 등록할 수 있다. 〈개정 2011.3.30.〉

③ 등기부에 적혀 있는 토지의 표시가 지적공부와 일치하지 아니하면 제1항에 따라 토지소유자를 정리할 수 없다. 이 경우 토지의 표시와 지적공부가 일치하지 아니하다는 사실을 관할 등기관서에 통지하여야 한다.

④ 지적소관청은 필요하다고 인정하는 경우에는 관할 등기관서의 등기부를 열람하여 지적공부와 부동산등기부가 일치하는지 여부를 조사·확인하여야 하며, 일치하지 아니하는 사항을 발견하면 등기사항증명서 또는 등기관서에서 제공한 등기전산정보자료에 따라 지적공부를 직권으로 정리하거나, 토지소유자나 그 밖의 이해관계인에게 그 지적공부와 부동산등기부가 일치하게 하는 데에 필요한 신청 등을 하도록 요구할 수 있다. 〈개정 2011.4.12.〉

⑤ 지적소관청 소속 공무원이 지적공부와 부동산등기부의 부합 여부를 확인하기 위하여 등기부를 열람하거나, 등기사항증명서의 발급을 신청하거나, 등기전산정보자료의 제공을 요청하는 경우 그 수수료는 무료로 한다.

공간정보의 구축 및 관리 등에 관한 법률 시행령 제84조(지적공부의 정리 등)

① 지적소관청은 지적공부가 다음 각 호의 어느 하나에 해당하는 경우에는 지적공부를 정리하여야 한다. 이 경우 이미 작성된 지적공부에 정리할 수 없을 때에는 새로 작성하여야 한다.

> 1. 법 제66조제2항에 따라 지번을 변경하는 경우
> 2. 법 제74조에 따라 지적공부를 복구하는 경우
> 3. 법 제77조부터 제86조까지의 규정에 따른 신규등록·등록전환·분할·합병·지목변경 등 토지의 이동이 있는 경우

② 지적소관청은 제1항에 따른 토지의 이동이 있는 경우에는 **토지이동정리 결의서**를 작성하여야 하고, 토지소유자의 변동 등에 따라 지적공부를 정리하려는 경우에는 소유자정리 결의서를 작성하여야 한다.

③ 제1항 및 제2항에 따른 지적공부의 정리방법, 토지이동정리 결의서 및 소유자정리 결의서 작성방법 등에 관하여 필요한 사항은 국토교통부령으로 정한다. 〈개정 2013.3.23.〉

공간정보의 구축 및 관리 등에 관한 법률 시행령 제85조(지적정리 등의 통지)

지적소관청이 법 제90조에 따라 토지소유자에게 지적정리 등을 통지하여야 하는 시기는 다음 각 호의 구분에 따른다.

> 1. 토지의 표시에 관한 변경등기가 필요한 경우 : 그 등기완료의 통지서를 접수한 날부터 15일 이내
> 2. 토지의 표시에 관한 변경등기가 필요하지 아니한 경우 : 지적공부에 등록한 날부터 7일 이내

03 「지적업무처리규정」상 지적기준점의 확인 및 선점에 대한 설명으로 옳지 않은 것은?

① 지적삼각점측량 및 지적삼각보조점측량을 할 때에는 미리 사용하고자 하는 삼각점·지적삼각점 및 지적삼각보조점의 변동유무를 확인하여야 한다.

② 다각망도선법으로 지적삼각보조점측량 및 지적도근점측량을 할 경우에 기지점 간 직선상의 외부에 두는 지적삼각보조점 및 지적도근점과 기지점 직선과의 사이각은 30도 이내로 한다.

③ 지적도근점을 선점할 때에는 되도록 지적도근점 간의 거리를 동일하게 하되 측량대상지역의 후속측량에 지장이 없도록 하여야 한다.

④ 암석·석재구조물·콘크리트구조물·맨홀 및 건축물 등 견고한 고정물에 지적기준점을 설치할 필요가 있는 경우에는 그 고정물에 각인하거나, 그 구조물에 고정하여 설치할 수 없다.

풀이 지적업무처리규정 제10조(지적기준점의 확인 및 선점 등)

① 지적삼각점측량 및 지적삼각보조점측량을 할 때에는 미리 사용하고자 하는 삼각점·지적삼각점 및 지적삼각보조점의 변동유무를 확인하여야 한다. 이 경우 확인결과 기지각과의 오차가 ±40초 이내인 경우에는 그 삼각점·지적삼각점 및 지적삼각보조점에 변동이 없는 것으로 본다.

② 지적기준점을 선점할 때에는 다음 각 호에 따른다.

> 1. 후속측량에 편리하고 영구적으로 보존할 수 있는 위치이어야 한다.
> 2. 지적도근점을 선점할 때에는 되도록이면 지적도근점간의 거리를 동일하게 하되 측량대상지역의 후속측량에 지장이 없도록 하여야 한다.
> 3. 「지적측량 시행규칙」 제11조제3항 및 제12조제6항에 따라 다각망도선법으로 지적삼각보조점측량 및 지적도근점측량을 할 경우에 기지점 간 직선상의 외부에 두는 지적삼각보조점 및 지적도근점과 기지점 직선과의 사이각은 30도 이내로 한다.

③ 암석·석재구조물·콘크리트구조물·맨홀 및 건축물 등 견고한 고정물에 지적기준점을 설치할 필요가 있는 경우에는 그 고정물에 각인하거나, 그 구조물에 고정하여 설치할 수 있다.

④ 지적삼각보조점의 규격과 재질은 규칙 제3조제1항에 따른 지적기준점표지의 규격과 재질을 준용한다.

⑤ 지적삼각점 및 지적삼각보조점의 매설방법은 별표 1과 같다.

04 「지적업무처리규정」상 소유자정리에 관한 사항으로 ( ) 안에 들어갈 일자로 옳은 것은?

대장의 소유자변동일자는 등기필통지서, 등기필증, 등기부 등본·초본 또는 등기관서에서 제공한 등기전산정보자료의 경우에는 (㉠)로, 법 제84조제4항 단서의 미등기토지 소유자에 관한 정정신청의 경우와 법 제88조제2항에 따른 소유자등록신청의 경우에는 (㉡)로, 공유수면 매립준공에 따른 신규 등록의 경우에는 (㉢)로 정리한다.

	㉠	㉡	㉢
①	등기접수일자	소유자정리결의일자	매립준공일자
②	등기접수일자	매립준공일자	소유자정리결의일자
③	매립준공일자	소유자정리결의일자	등기접수일자
④	소유자정리결의일자	매립준공일자	등기접수일자

풀이 지적업무처리규정 제60조(소유자정리)

① 대장의 소유자변동일자는 등기필통지서, 등기필증, 등기부 등본 · 초본 또는 등기관서에서 제공한 등기전산 정보자료의 경우에는 **등기접수일자**로, 법 제84조제4항 단서의 미등기토지 소유자에 관한 정정신청의 경우 와 법 제88조제2항에 따른 소유자등록신청의 경우에는 **소유자정리결의일자**로, 공유수면 매립준공에 따른 신규 등록의 경우에는 **매립준공일자**로 정리한다.

② 주소 · 성명 · 명칭의 변경 또는 경정 및 소유권이전 등이 같은 날짜에 등기가 된 경우의 지적공부정리는 **등기 접수 순서**에 따라 모두 정리하여야 한다.

③ 소유자의 주소가 토지소재지와 같은 경우에도 **등기부와 일치**하게 정리한다. 다만, 등기관서에서 제공한 등기 전산정보자료에 따라 정리하는 경우에는 **등기전산정보자료**에 따른다.

④ 법 제88조제4항에 따라 지적소관청이 소유자에 관한 사항이 대장과 부합되지 아니하는 토지소유자를 정리할 때에는 제1항부터 제3항까지와 제65조제2항을 준용하며, 토지소유자 등 이해관계인이 등기부 등본 · 초본 등에 따라 소유자정정을 신청하는 경우에는 별지 제9호 서식의 소유자정정 신청서를 제출하여야 한다.

⑤ 국토교통부장관은 등기관서로부터 법인 또는 재외국민의 부동산등기용등록번호 정정통보가 있는 때에는 정정 전 등록번호에 따라 토지소재를 조사하여 시 · 도지사에게 그 내용을 통지하여야 한다. 이 경우 시 · 도 지사는 지체 없이 그 내용을 해당 지적소관청에 통지하여야 한다.

⑥ 소유자등록사항 중 토지이동과 함께 소유자가 결정되는 신규 등록, 도시개발사업 등의 환지 등록 시에는 토지이동업무 처리와 동시에 소유자를 정리하여야 한다.

공간정보의 구축 및 관리 등에 관한 법률 제84조(등록사항의 정정)

① 토지소유자는 지적공부의 등록사항에 잘못이 있음을 발견하면 지적소관청에 그 정정을 신청할 수 있다.

② 지적소관청은 지적공부의 등록사항에 잘못이 있음을 발견하면 대통령령으로 정하는 바에 따라 직권으로 조사 · 측량하여 정정할 수 있다.

③ 제1항에 따른 정정으로 인접 토지의 경계가 변경되는 경우에는 다음 각 호의 어느 하나에 해당하는 서류 를 지적소관청에 제출하여야 한다.
  1. 인접 토지소유자의 승낙서
  2. 인접 토지소유자가 승낙하지 아니하는 경우에는 이에 대항할 수 있는 확정판결서 정본(正本)

④ 지적소관청이 제1항 또는 제2항에 따라 등록사항을 정정할 때 그 정정사항이 토지소유자에 관한 사항인 경우에는 등기필증, 등기완료통지서, 등기사항증명서 또는 등기관서에서 제공한 등기전산정보자료에 따라 정정하여야 한다. 다만, 제1항에 따라 미등기 토지에 대하여 토지소유자의 성명 또는 명칭, 주민등록 번호, 주소 등에 관한 사항의 정정을 신청한 경우로서 그 등록사항이 명백히 잘못된 경우에는 가족관계 기록사항에 관한 증명서에 따라 정정하여야 한다.

공간정보의 구축 및 관리 등에 관한 법률 제88조(토지소유자의 정리)

① 지적공부에 등록된 토지소유자의 변경사항은 등기관서에서 등기한 것을 증명하는 등기필증, 등기완료 통지서, 등기사항증명서 또는 등기관서에서 제공한 등기전산정보자료에 따라 정리한다. 다만, 신규등록 하는 토지의 소유자는 지적소관청이 직접 조사하여 등록한다. 〈개정 2011.4.12.〉

② 「국유재산법」 제2조제10호에 따른 총괄청이나 같은 조 제11호에 따른 중앙관서의 장이 같은 법 제12조 제3항에 따라 소유자 없는 부동산에 대한 소유자 등록을 신청하는 경우 지적소관청은 지적공부에 해당 토지의 소유자가 등록되지 아니한 경우에만 등록할 수 있다. 〈개정 2011.3.30.〉

③ 등기부에 적혀 있는 토지의 표시가 지적공부와 일치하지 아니하면 제1항에 따라 토지소유자를 정리할 수 없다. 이 경우 토지의 표시와 지적공부가 일치하지 아니하다는 사실을 관할 등기관서에 통지하여야 한다.

④ 지적소관청은 필요하다고 인정하는 경우에는 관할 등기관서의 등기부를 열람하여 지적공부와 부동산등 기부가 일치하는지 여부를 조사 · 확인하여야 하며, 일치하지 아니하는 사항을 발견하면 등기사항증명 서 또는 등기관서에서 제공한 등기전산정보자료에 따라 지적공부를 직권으로 정리하거나, 토지소유자 나 그 밖의 이해관계인에게 그 지적공부와 부동산등기부가 일치하게 하는 데에 필요한 신청 등을 하도록 요구할 수 있다. 〈개정 2011.4.12.〉

⑤ 지적소관청 소속 공무원이 지적공부와 부동산등기부의 부합 여부를 확인하기 위하여 등기부를 열람하거나, 등기사항증명서의 발급을 신청하거나, 등기전산정보자료의 제공을 요청하는 경우 그 수수료는 무료로 한다.

정답

05 「지적업무처리규정」상 행정구역 변경을 할 수 있는 경우가 아닌 것은?

① 행정구역명칭변경
② 행정관할구역변경
③ 지목변경을 수반한 행정관할구역변경
④ 지번변경을 수반한 행정관할구역변경

풀이 지적업무처리규정 제57조(행정구역변경)
① 행정구역 변경은 다음 각 호의 어느 하나에 해당하는 경우에 할 수 있다.

> 1. 행정구역명칭변경
> 2. 행정관할구역변경
> 3. 지번변경을 수반한 행정관할구역변경

② 지적소관청은 제1항제3호에 따른 지번변경을 수반한 행정관할구역변경은 시행일 이전에 행정구역변경 임시자료를 생성하여 시행일 전일에 일일마감을 완료한 후 처리한다

06 「지적업무처리규정」상 지적기준점 등의 제도에 대한 설명으로 옳지 않은 것은?

① 3등 및 4등 삼각점은 직경 1mm 및 2mm의 2중 원으로 제도한다. 이 경우 3등 삼각점은 그 중심원 내부를 검은색으로 엷게 채색한다.
② 위성기준점은 직경 1mm, 2mm 및 3mm의 3중 원 안에 십자선을 표시하여 제도한다.
③ 1등 및 2등 삼각점은 직경 1mm, 2mm, 3mm 의 3중 원으로 제도한다. 이 경우 1등 삼각점은 그 내부를 검은색으로 엷게 채색한다.
④ 삼각점 및 지적기준점은 0.2mm 폭의 선으로 제도한다.

풀이 지적업무처리규정 제43조(지적기준점 등의 제도)
① 삼각점 및 지적기준점(제4조에 따라 지적측량수행자가 설치하고, 그 지적기준점성과를 지적소관청이 인정한 지적기준점을 포함한다.)은 0.2밀리미터 폭의 선으로 다음 각 호와 같이 제도한다.

지적기준점 제도(위성기준점은 제외)						
명칭	제도	직경 크기(mm)			비고	
		바깥쪽	중간	안쪽	십자가	내부채색
위성기준점	⊕	3	2		십자가	
1등삼각점	◉	3	2	1		채색
2등삼각점	◎	3	2	1		
3등삼각점	⊙		2	1		채색
4등삼각점	◎		2	1		
지적삼각점	⊕	3			십자가	
지적삼각보조점	●	3				채색
지적도근점	○		2			

07 「지적업무처리규정」상 경계와 지번 및 지목의 제도의 규정에서 옳은 것은?

① 경계점좌표등록부 등록지역의 경계점 간 거리는 검은색의 1.0~2.5mm 크기의 아라비아숫자로 제도한다.

② 경계는 0.2mm 폭으로 제도한다.

③ 1필지의 토지의 형상이 좁고 길어서 필지의 중앙에 제도하기가 곤란한 때에는 가로쓰기가 되도록 도면을 왼쪽 또는 오른쪽으로 돌려서 제도할 수 있다.

④ 지번 및 지목을 제도할 때에는 2mm 이상 3mm 이하 크기의 고딕체로 한다.

풀이 **지적업무처리규정 제41조(경계의 제도)**

① 경계는 0.1밀리미터 폭의 선으로 제도한다.

② 1필지의 경계가 도곽선에 걸쳐 등록되어 있으면 도곽선 밖의 여백에 경계를 제도하거나, 도곽선을 기준으로 다른 도면에 나머지 경계를 제도한다. 이 경우 다른 도면에 경계를 제도할 때에는 지번 및 지목은 붉은색으로 표시한다.

③ 규칙 제69조제2항제4호에 따른 경계점좌표등록부 등록지역의 도면(경계점 간 거리등록을 하지 아니한 도면을 제외한다)에 등록할 경계점 간 거리는 검은색의 1.0~1.5밀리미터 크기의 아라비아숫자로 제도한다. 다만, 경계점 간 거리가 짧거나 경계가 원을 이루는 경우에는 거리를 등록하지 아니할 수 있다.

④ 지적기준점 등이 매설된 토지를 분할할 경우 그 토지가 작아서 제도하기가 곤란한 때에는 그 도면의 여백에 그 축척의 10배로 확대하여 제도할 수 있다.

지적업무처리규정 제42조(지번 및 지목의 제도)

① 지번 및 지목은 경계에 닿지 않도록 필지의 중앙에 제도한다. 다만, 1필지의 토지의 형상이 좁고 길어서 필지의 중앙에 제도하기가 곤란한 때에는 가로쓰기가 되도록 도면을 왼쪽 또는 오른쪽으로 돌려서 제도할 수 있다.

② 지번 및 지목을 제도할 때에는 지번 다음에 지목을 제도한다. 이 경우 2밀리미터 이상 3밀리미터 이하 크기의 명조체로 하고, 지번의 글자 간격은 글자크기의 4분의 1정도, 지번과 지목의 글자 간격은 글자크기의 2분의 1정도 띄어서 제도한다. 다만, 부동산종합공부시스템이나 레터링으로 작성할 경우에는 고딕체로 할 수 있다.

③ 1필지의 면적이 작아서 지번과 지목을 필지의 중앙에 제도할 수 없는 때에는 ㄱ, ㄴ, ㄷ, …, ㄱ¹, ㄴ¹, ㄷ¹, …, ㄱ², ㄴ², ㄷ², … 등으로 부호를 붙이고, 도곽선 밖에 그 부호 · 지번 및 지목을 제도한다. 이 경우 부호가 많아서 그 도면의 도곽선 밖에 제도할 수 없는 때에는 별도로 부호도를 작성할 수 있다.

④ 부동산종합공부시스템에 따라 지번 및 지목을 제도할 경우에는 제2항 중 글자의 크기에 대한 규정과 제3항을 적용하지 아니할 수 있다.

08 「지적업무처리규정」상 지목변경 및 합병을 하여야 하는 토지가 있을 때와 등록전환에 따라 지목이 바뀔 때에 현지조사서에 작성해야 할 사항이 아닌 것은?

① 측량성과와 현지경계의 부합여부

② 관계법령의 저촉여부

③ 조사자의 의견, 조사연월일 및 조사자 직 · 성명

④ 토지의 이용현황

풀이 **지적업무처리규정 제50조(지적공부정리신청의 조사)**

① 지적소관청은 법 제77조부터 제82조까지, 법 제84조, 법 제86조 및 법 제87조에 따른 지적공부정리신청이 있는 때에는 다음 각 호의 사항을 확인 · 조사하여 처리한다.

1. 신청서의 기재사항과 지적공부등록사항과의 부합여부
2. 관계법령의 저촉여부
3. 대위신청에 관하여는 그 권한대위의 적법여부
4. 구비서류 및 수입증지의 첨부여부
5. 신청인의 신청권한 적법여부
6. 토지의 이동사유
7. 그 밖에 필요하다고 인정되는 사항

② 접수된 서류를 보완 또는 반려한 때에는 지적업무정리부의 비고란에 그 사유를 붉은색으로 기재한다.

③ 지목변경 및 합병을 하여야 하는 토지가 있을 때와 등록전환에 따라 지목이 바뀔 때에는 다음 각 호의 사항을 확인·조사하여 별지 제6호 서식에 따른 현지조사서를 작성하여야 한다.

1. 토지의 이용현황
2. 관계법령의 저촉여부
3. 조사자의 의견, 조사연월일 및 조사자 직·성명

④ 분할 및 등록전환 측량성과도가 발급된 지 1년이 경과한 후 지적공부정리 신청이 있는 때에는 지적소관청은 다음 각 호의 사항을 확인·조사하여야 한다.

1. 측량성과와 현지경계의 부합여부
2. 관계법령의 저촉여부

09 「지적업무처리규정」상 지적소관청이 임시파일을 생성하는 경우가 아닌 것은?

① 지번변경
② 구획정리
③ 토지개발사업
④ 등록전환

풀이 지적업무처리규정 제52조(임시파일 생성)

① 지적소관청이 지번변경, 행정구역변경, 구획정리, 경지정리, 축척변경, 토지개발사업을 하고자 하는 때에는 임시파일을 생성하여야 한다.

② 제1항에 따라 임시파일이 생성되면 지번별 조서를 출력하여 임시파일이 정확하게 생성되었는지 여부를 확인 하여야 한다.

10 「지적업무처리규정」상 지적삼각점측량부에 해당하지 않는 것은?

(19년서울9급)

① 표고계산부
② 좌표전환계산부
③ 교회점계산부
④ 평면거리계산부

풀이 지적업무처리규정 제8조(측량부의 작성 및 보관)

① 시·도지사 및 지적소관청은 별지 제1호 서식의 기준점측량부보관대장을 작성·비치하고, 측량부에 관한 사항을 기재하여야 한다.

② 시·도지사 및 지적소관청은 측량성과를 검사한 후 지적삼각점측량부·지적삼각보조점측량부·지적도근점측량부 및 경계점좌표측량부(지적확정측량만 해당한다) 왼쪽 윗부분 여백에 연도별 일련번호를 아라비아 숫자로 부여하여 그 측량성과검사부와 함께 편철하여 보관하여야 한다. 이 경우 연도별 일련번호는 지적삼각점측량부는 시·도지사가, 그 밖의 측량부는 지적소관청이 부여한다.

지적삼각점측량부		지적삼각보조점측량부		지적도근점측량부	경계점좌표측량부
기지점방위각 및 거리계산부		기지점방위각 및 거리계산부		기지점방위각 및 거리계산부	기지점방위각 및 거리계산부
수평각	관측부	수평각	관측부		
	개정계산부		개정계산부		
	측점귀심계산부		측점귀심계산부		
	점표귀심계산부		점표귀심계산부		
거리측정부		거리측정부			
평면거리계산부		평면거리계산부			
삼각형내각계산부		삼각형내각계산부			
연직각관측부		연직각관측부			
표고계산부		표고계산부			
유심다각망	조정 계산부				
삽입망					
사각망					
삼각쇄					
삼각망					
변장계산부					
종횡선계산부					
좌표전환계산부 및 지형도에 작성한 지적삼각점망도					
		지적삼각보조점방위각계산부			
		교회점계산부		교회점계산부	교회점계산부
		교점다각망계산부 (X·Y·H·A형 포함)		교점다각망계산부 (X·Y·H·A형 포함)	교점다각망계산부 (X·Y·H·A형 포함)
		다각점좌표계산부 및 지형도에 작성한 지적삼각보조점망도			

지적삼각점측량부	지적삼각보조점측량부	지적도근점측량부	경계점좌표측량부
		방위각관측 및 거리측정부	방위각관측 및 거리측정부
		지적도근측량계산부 및 그 지역의 일람도 축척으로 작성된 지적도근점망도	지적도근측량계산부 및 그 지역의 일람도 축척으로 작성된 지적도근점망도
			경계점관측부
			좌표면적계산부
			경계점 간 거리계산부
			교차점계산부

11 폐쇄 또는 말소된 지번을 다시 사용할 수 있는 토지이동으로 옳은 것은?

(07년서울7급)

① 지적확정측량, 축척변경, 등록전환
② 지적확정측량, 지번변경, 지번정정
③ 지번변경, 지번정정, 합병
④ 합병, 지번변경, 지적확정측량
⑤ 지적확정측량, 축척변경, 지번변경

> **풀이** **지적업무처리규정 제63조(지적공부 등의 정리)**
> ① 지적공부 등의 정리에 사용하는 문자 · 기호 및 경계는 따로 규정을 둔 사항을 제외하고 정리사항은 검은색, 도곽선과 그 수치 및 말소는 붉은색으로 한다.
> ② 지적확정측량, 축척변경 및 지번변경에 따른 토지이동의 경우를 제외하고는 폐쇄 또는 말소된 지번을 다시 사용할 수 없다.
> ③ 토지의 이동에 따른 도면정리는 예시 2의 도면정리 예시에 따른다. 이 경우 법 제2조제19호의 지적공부를 이용하여 지적측량을 한 때에는 측량성과파일에 따라 지적공부를 정리할 수 있다.

12 「지적업무처리규정」상 옳지 않은 것은?

① 행정구역경계를 등록하여야 하는 경우에는 직접측량방법에 따라 등록하여야 한다.
② 토지가 소유권분쟁으로 소송계류 중일 때에는 소송이 확정될 때까지 지적공부정리를 보류할 수 있다.
③ 등록전환을 하여야 할 토지 중 목장용지, 과수원 등 일단의 면적이 크거나 토지대장등록지로부터 거리가 멀어서 등록전환을 하는 것이 부적당하다고 인정되는 경우에는 임야대장등록지에서 지목변경을 할 수 없다.
④ 하천의 중앙 등의 행정구역경계는 항공정사영상 또는 1/1,000 수치지형도 등을 이용하여 등록할 수 있다.

> **풀이** **지적업무처리규정 제53조(지목변경)**
> 영 제64조제1항에 따라 등록전환을 하여야 할 토지 중 목장용지 · 과수원 등 일단의 면적이 크거나 토지대장등록지로부터 거리가 멀어서 등록 전환하는 것이 부적당하다고 인정되는 경우에는 임야대장등록지에서 지목변경을 할 수 있다.

지적업무처리규정 제55조(등록사항정정대상토지의 관리)

① 지적소관청은 등록사항정정대상 토지관리대장을 작성·비치하고, 토지의 표시에 잘못이 있음을 발견한 때에는 그 내용을 별지 제8호 서식의 등록사항정정대상 토지관리대장에 기재하여야 한다. 다만, 영 제82조제1항에 따라 지적소관청이 직권으로 지적공부의 등록사항을 정정할 경우에는 그러하지 아니하다.

② 지적소관청은 제20조제8항에 따라 지적측량수행자로부터 토지의 표시에 잘못이 있음을 통보받은 때에는 지체 없이 그 내용을 조사하여 규칙 제94조에 따라 처리하고, 그 결과를 지적측량수행자에게 통지하여야 한다. 다만, 해당토지가 소유권분쟁으로 소송계류 중일 때는 소송이 확정 될 때까지 지적공부정리를 보류할 수 있다.

③ 지적소관청이 지적측량성과를 제시할 수 없어 등록사항정정대상토지로 결정한 경우에는 그 정정할 사항이 정리되기 전까지는 지적측량을 할 수 없다는 뜻을 토지소유자에게 통지하고 일반인에게 공고하여야 한다.

지적업무처리규정 제56조(행정구역경계의 설정)

① 행정관할구역이 변경되거나 새로운 행정구역이 설치되는 경우의 행정관할구역 경계선은 다음 각 호에 따라 등록한다.

> 1. 도로, 구거, 하천은 그 중앙
> 2. 산악은 분수선(分水線)
> 3. 해안은 만조시에 있어서 해면과 육지의 분계선

② 행정관할구역 경계를 결정할 때 공공시설의 관리 등의 이유로 제1항 각 호를 경계선으로 등록하는 것이 불합리한 경우에는 해당 시·군·구와 합의하여 행정구역경계를 설정할 수 있다.

③ 행정구역경계를 등록하여야 하는 경우에는 직접측량방법에 따라 등록하여야 한다. 다만 하천의 중앙 등 직접측량이 곤란한 경우에는 항공정사영상 또는 1/1000 수치지형도 등을 이용한 간접측량방법에 따라 등록할 수 있다.

13 지번 및 지목을 제도할 때 지번의 글자 간격은 얼마를 기준으로 띄어서 제도하여야 하는가?

① 글자크기의 1/2 정도   ② 글자크기의 1/3 정도
③ 글자크기의 1/4 정도   ④ 글자크기의 1/5 정도

풀이 지적업무처리규정 제42조(지번 및 지목의 제도)

① 지번 및 지목은 경계에 닿지 않도록 필지의 중앙에 제도한다. 다만, 1필지의 토지의 형상이 좁고 길어서 필지의 중앙에 제도하기가 곤란한 때에는 가로쓰기가 되도록 도면을 왼쪽 또는 오른쪽으로 돌려서 제도할 수 있다.

② 지번 및 지목을 제도할 때에는 지번 다음에 지목을 제도한다. 이 경우 2밀리미터 이상 3밀리미터 이하 크기의 명조체로 하고, 지번의 글자 간격은 글자크기의 4분의 1정도, 지번과 지목의 글자 간격은 글자크기의 2분의 1정도 띄어서 제도한다. 다만, 부동산종합공부시스템이나 레터링으로 작성할 경우에는 고딕체로 할 수 있다.

③ 1필지의 면적이 작아서 지번과 지목을 필지의 중앙에 제도할 수 없는 때에는 ㄱ, ㄴ, ㄷ, …, ㄱ^1, ㄴ^1, ㄷ^1, …, ㄱ^2, ㄴ^2, ㄷ^2, … 등으로 부호를 붙이고, 도곽선 밖에 그 부호·지번 및 지목을 제도한다. 이 경우 부호가 많아서 그 도면의 도곽선 밖에 제도할 수 없는 때에는 별도로 부호도를 작성할 수 있다.

④ 부동산종합공부시스템에 따라 지번 및 지목을 제도할 경우에는 제2항 중 글자의 크기에 대한 규정과 제3항을 적용하지 아니할 수 있다.

정답 13 ③

14 「지적업무처리규정」상 도시개발사업 등의 착수(시행) 또는 변경신고 시 확인하여야 할 사항이 아닌 것은?

① 종전토지의 지번별 조서와 지적공부등록사항 및 환지계획서의 부합여부
② 지번별 조서와 지적공부등록사항과의 부합여부
③ 지번별 조서 · 지적(임야)도와 사업계획도와의 부합여부
④ 착수 전 각종 집계의 정확여부

풀이 지적업무처리규정 제58조(도시개발 등의 사업신고)

① 지적소관청은 규칙 제95조제1항에 따른 도시개발사업 등의 착수(시행) 또는 변경신고가 있는 때에는 다음 각 호에 따라 처리한다.

1. 다음 각 목의 사항을 확인한다. **암기** ㉜㉾㉻ ㉜㉠㉻ ㉧㉯㉻

　가. ㉜번별 조서와 지적㉾부등록사항과의 ㉻합 여부
　나. ㉜번별 조서 · 지적(임야)도와 ㉠업계획도와의 ㉻합 여부
　다. 착㉧ 전 각종 ㉯계의 정확 여㉻

2. 제1호에 따라 서류의 확인이 완료된 때에는 지체 없이 지적공부에 그 사유를 정리하여야 한다.

② 지적소관청은 규칙 제95조제2항에 따라 도시개발사업 등의 완료신고가 있는 때에는 다음 각 호에 따라 처리한다.

1. 다음 각 목의 사항을 확인한다. **암기** ㉜㉯㉻㉻ ㉜㉾㉻㉻ ㉠㉢㉜㉻ ㉬㉧㉲㉻

　가. 확정될 토지의 ㉜번별 조서와 ㉧적측정부 및 ㉯지계획서의 ㉻합 여부
　나. 종전토지의 ㉜번별 조서와 지적㉾부등록사항 및 ㉯지계획서의 ㉻합 여부
　다. ㉧량결과도 또는 ㉢계점좌표와 새로이 작성된 ㉜적도와의 ㉻합 여부
　라. ㉬전토지 ㉧유명의인 동일 여부 및 종전토지 ㉲기부에 소유권등기 이외의 다른 등기사항이 없는지 여㉻
　마. 그 밖에 필요한 사항

2. 제1호에 따른 서류의 확인이 완료된 때에는 확정될 토지의 지번별 조서에 따라 토지대장을, 측량성과에 따라 경계점좌표등록부 등을 작성한다. 이 경우 토지대장에 등록하는 소유자의 성명 또는 명칭과 등록번호 및 주소는 환지계획서에 따르되, 소유자의 변동일자와 변동원인은 다음 각 목에 따라 정리한다.

　가. 소유자변동일자 : 환지처분 또는 사업준공 인가일자(환지처분을 아니할 경우에만 해당한다)
　나. 소유자변동원인 : 환지 또는 지적확정(환지처분을 아니하는 경우에만 해당한다)

3. 지적공부의 작성이 완료된 때에는 새로 지적공부가 확정 시행됨을 7일 이상 시 · 군 · 구 게시판 또는 홈페이지 등에 게시한다.

4. 도시개발사업 등의 완료로 인하여 폐쇄되는 지적공부는 폐쇄사유를 그 지적공부에 정리하고 별도로 영구 보관한다.

15 전자평판측량을 이용한 지적측량결과도의 작성 방법으로 옳지 않은 것은? (15년서울7급)

① 측정거리는 소축척 등으로 식별이 불가능한 때에는 생략할 수 있다.
② 검사자의 경우 측정점의 표시는 삼각형(△)으로 표시한다.
③ 지적측량결과도 하단에 '전자평판측량'이라 표기한다.
④ 측량결과의 파일 형식은 표준화된 공통포맷을 지원해야 한다.

정답 14 ① 15 ③

풀이 지적업무처리규정 제24조(측량기하적)

⑤ 전자평판측량을 이용한 지적측량결과도의 작성방법은 다음 각 호와 같다.

1. 관측한 측정점의 오른쪽 상단에는 측정거리를 표시하여야 한다. 다만, 소축척 등으로 식별이 불가능한 때에는 방향선과 측정거리를 생략할 수 있다.
2. 측정점의 표시는 측량자의 경우 붉은색 짧은 십자선(+)으로 표시하고, 검사자는 삼각형(△)으로 표시하며, 각 측정점은 붉은색 점선으로 연결한다.
3. 지적측량결과도 상단 중앙에 "전자평판측량"이라 표기하고, 상단 오른쪽에 측량성과파일명을 표기하여야 하며, 측량성과파일에는 측량성과 결정에 관한 모든 사항이 수록되어 있어야 한다.
4. 측량결과의 파일 형식은 표준화된 공통포맷을 지원할 수 있어야 하며, 측량결과에 대한 측량파일 코드 일람표는 별표 3과 같다.
5. 이미 작성되어 있는 지적측파일을 이용하여 측량할 경우에는 기존 측량파일 코드의 내용·규격·도식은 파란색으로 표시한다.

지적업무처리규정 [별표 3]

측량파일 코드 일람표

코드	내용	규격	도식	제도형태
1	지적경계선	기본값	———	검은색
10	지번, 지목	2mm	1591−10 대	검은색
71	도근점	2mm	○	검은색 원
211	현황선		- - - - -	붉은색 점선
217	경계점표지	2mm	○	붉은색 원
281	방위표정 방향선		⟶	파란색 실선 화살표
282	분할선		———	붉은색 실선
291	측정점		+	붉은색 십자선
292	측정점 방향선		╱	붉은색 실선
294	평판점	1.5~3.0mm (규격 변동 가능)	○	검은색 원 옆에 파란색 不$_1$, 不$_2$ 등으로 표시
297	이동 도근점	2mm	○	파란색 원
298	방위각 표정거리	2mm	000−00−00 000.000	붉은색

※ 기존 측량파일 코드의 내용·규격·도식은 "파란색"으로 표시한다.

정답

16 「지적업무처리규정」상 지적측량성과의 검사방법에 대한 설명으로 옳지 않은 것은?

① 지적삼각점측량 및 지적삼각보조점측량은 신설된 점을, 지적도근점측량은 주요 선별로 지적도근점을 검사한다. 이 경우 후방교회법으로 검사할 수 있다. 다만, 구하고자 하는 지적기준점이 기지점과 같은 원주상에 있는 경우에는 그러하지 아니하다.

② 지적측량수행자가 지적측량 성과검사를 요청하는 경우와 지적소관청이 지적측량 성과검사 결과를 통보하는 경우에는 정보시스템을 이용하여 처리할 수 있다.

③ 면적측정검사는 필지별로 한다.

④ 세부측량결과를 검사할 때에는 새로 결정된 경계를 검사한다. 이 경우 측량성과 검사 시에 확인된 지역으로서 측량결과도만으로 그 측량성과가 정확하다고 인정되는 경우에는 현지측량검사를 하여야 한다.

풀이 지적업무처리규정 제27조(지적측량성과의 검사방법 등)

① 지적측량수행자가 지적측량 성과검사를 요청하는 경우와 지적소관청이 지적측량 성과검사 결과를 통보하는 경우에는 정보시스템을 이용하여 처리할 수 있다.

② 세부측량(지적공부를 정리하지 아니하는 세부측량을 포함한다)을 하기 전에 기초측량을 한 경우에는 미리 지적기준점성과에 대한 검사를 받은 후에 세부측량을 하여야 한다. 다만, 지적소관청과 사전 협의를 한 경우에는 지적기준점성과와 세부측량성과(지적공부를 정리하지 아니하는 세부측량은 제외한다)를 동시에 검사할 수 있다.

③ 전자평판측량에 따른 측량성과 파일은 도형자료와 속성자료 간의 일치성과 유효성을 검증하기 위하여 다음 각 호의 사항을 실시하고 최종적으로 종번(終番) 검사를 실시하여야 한다.

> 1. 면적공차 초과 검증
> 2. 누락필지 및 원필지 중복객체 검증
> 3. 지번중복 검증 및 도곽의 적정성 여부 검사
> 4. 법정 리·동계 및 축척 간 접합 중복 검사
> 5. 폐쇄도면 중첩검사
> 6. 성과레이어 중첩검사
> 7. 이격거리 측정 및 필계점 좌표 확인
> 8. 측정점위치설명도 작성의 적정 여부
> 9. 주위필지와의 부합여부
> 10. 그 밖에 필요한 사항

④ 지적소관청은 지적측량검사가 완료된 때에는 해당 측량성과 파일을 부동산종합공부시스템에 등록하여야 한다.

⑤ 「지적측량 시행규칙」 제28조에 따른 측량성과의 검사방법은 다음 각 호와 같다.

> 1. 측량성과를 검사하는 때에는 측량자가 실시한 측량방법과 다른 방법으로 한다. 다만, 부득이한 경우에는 그러하지 아니한다.
> 2. 지적삼각점측량 및 지적삼각보조점측량은 신설된 점을, 지적도근점측량은 주요도선별로 지적도근점을 검사한다. 이 경우 후방교회법으로 검사할 수 있다. 다만, 구하고자 하는 지적기준점이 기지점과 같은 원주상에 있는 경우에는 그러하지 아니하다.
> 3. 세부측량결과를 검사할 때에는 새로 결정된 경계를 검사한다. 이 경우 측량성과 검사 시에 확인된 지역으로서 측량결과도만으로 그 측량성과가 정확하다고 인정되는 경우에는 현지측량검사를 하지 아니할 수 있다.

정답 16 ④

4. 면적측정검사는 필지별로 한다.
5. 측량성과 파일의 검사는 부동산종합공부시스템으로 한다.
6. 지적측량수행자와 동일한 전자측량시스템을 이용하여 세부측량시 측량성과의 정확성을 검사할 수 있다.

⑥ 시 · 도지사, 대도시 시장 또는 지적소관청은 측량성과를 검사하여 그 측량성과가 정확하다고 인정되는 경우에는 측량부 · 측량결과도 · 면적측정부 및 측량성과도에 별표 4의 측량성과검사 필인을 각각 날인하여야 한다.

⑦ 시 · 도지사, 대도시 시장 또는 지적소관청은 측량성과 검사결과 측량성과가 부정확하다고 판단되는 경우에는 제17조에 따라 지적측량수행자가 제출한 측량성과를 보완하도록 조치하고, 측량성과검사정리부에 그 사유를 기재한다. 이 경우 측량성과 검사결과 제26조제2호바목 본문에 해당되는 경우에는 지적측량수행자에게 측량성과에 관한 자료를 되돌려 주고 그 사유를 지적측량 성과검사 정리부 비고란에 붉은색으로 기재한다.

17 「지적업무처리규정」상 기초측량성과의 검사항목이 아닌 것은?

① 기지점사용의 적정여부
② 관측각 및 거리측정의 정확여부
③ 계산의 정확여부
④ 측량준비도 및 측량결과도 작성 여부

[풀이] **지적업무처리규정 제26조(지적측량성과의 검사항목)** [암기] [기][지][각][정][준][여][부] [기][준][점][계][정][여][부]

「지적측량 시행규칙」 제28조제2항에 따른 지적측량성과검사를 할 때에는 다음 각 호의 사항을 검사하여야 한다.

기초측량	세부측량
가. [기]지점사용의 적정여부	가. [기]지점사용의 적정여부
나. [지]적기준점설치망 구성의 적정여부	나. 측량[준]비도 및 측량결과도 작성의 적정여부
다. 관측[각] 및 거리측정의 정확여부	다. 기지[점]과 지상경계와의 부합여부
라. 계산의 [정]확여부	라. 경계점 간 [계]산거리(도상거리)와 실측거리의 부합여부
마. 지적기[준]점 선점 및 표지설치의 정확여부	마. 면적측정의 [정]확여부
바. 지적기준점성과와 기지경계선과의 부합[여][부]	바. 관계법령의 분할제한 등의 저촉 [여][부]. 다만, 제20조제3항(각종 인가 · 허가 등의 내용과 다르게 토지의 형질이 변경되었을 경우에는 그 변경된 토지의 현황대로 측량성과를 결정하여야 한다.)은 제외한다.

18 「지적업무처리규정」상 일람도의 제도에 대한 설명으로 옳지 않은 것은?

① 지방도로 이상은 검은색 0.2mm 폭의 2선으로, 그 밖의 도로는 0.1mm의 폭으로 제도한다.
② 철도용지는 붉은색 0.2mm 폭의 2선으로 도면번호는 3밀리미터의 크기로 제도한다.
③ 수도용지 중 선로는 남색 0.2mm 폭의 2선으로 제도한다.
④ 하천 · 구거 · 유지는 남색 0.1mm 폭의 2선으로 제도하고, 그 내부를 남색으로 엷게 채색한다. 다만, 적은 양의 물이 흐르는 하천 및 구거는 0.1mm의 남색 선으로 제도한다.

정답 17 ④ 18 ③

④ 일람도의 제도방법은 다음 각 호와 같다.

> 1. 도곽선과 그 수치의 제도는 제40조제5항(도면에 등록하는 도곽선은 0.1밀리미터의 폭으로, 도곽선의 수치는 도곽선 왼쪽 아랫부분과 오른쪽 윗부분의 종횡선교차점 바깥쪽에 2밀리미터 크기의 아라비아숫자로 제도한다)을 준용한다.
> 2. 도면번호는 3밀리미터의 크기로 한다.
> 3. 인접 동·리 명칭은 4밀리미터, 그 밖의 행정구역 명칭은 5밀리미터의 크기로 한다.
> 4. 지방도로 이상은 검은색 0.2밀리미터 폭의 2선으로, 그 밖의 도로는 0.1밀리미터의 폭으로 제도한다.
> 5. 철도용지는 붉은색 0.2밀리미터 폭의 2선으로 제도한다.
> 6. 수도용지 중 선로는 남색 0.1밀리미터 폭의 2선으로 제도한다.
> 7. 하천·구거(溝渠)·유지(溜池)는 남색 0.1밀리미터의 폭의 2선으로 제도하고, 그 내부를 남색으로 엷게 채색한다. 다만, 적은 양의 물이 흐르는 하천 및 구거는 0.1밀리미터의 남색 선으로 제도한다.
> 8. 취락지·건물 등은 검은색 0.1밀리미터의 폭으로 제도하고, 그 내부를 검은색으로 엷게 채색한다.
> 9. 삼각점 및 지적기준점의 제도는 제43조를 준용한다.
> 10. 도시개발사업·축척변경 등이 완료된 때에는 지구경계를 붉은색 0.1밀리미터 폭의 선으로 제도한 후 지구 안을 붉은색으로 엷게 채색하고, 그 중앙에 사업명 및 사업완료연도를 기재한다.

19 지적공부정리에 대한 설명으로 옳지 않은 것은?

① 토지이동정리결의서는 토지대장·임야대장 또는 경계점좌표등록부별로 구분하여 작성하되, 토지이동정리결의서에는 토지이동 신청서 또는 도시개발사업 등의 완료신고서 등을 첨부하여야 한다.

② 지적공부 등의 정리에 사용하는 문자·기호 및 경계는 따로 규정을 둔 사항을 제외하고 정리사항은 청색, 도곽선과 그 수치 및 말소는 붉은색으로 한다.

③ 지적확정측량·축척변경 및 지번변경에 따른 토지이동의 경우를 제외하고는 폐쇄 또는 말소된 지번은 다시 사용할 수 없다.

④ 소유자정리결의서에는 등기필증·등기사항증명서 그 밖에 토지소유자가 변경되었음을 증명하는 서류를 첨부하여야 한다.

풀이 공간정보의 구축 및 관리 등에 관한 법률 시행령 제84조(지적공부의 정리 등)

① 지적소관청은 지적공부가 다음 각 호의 어느 하나에 해당하는 경우에는 지적공부를 정리하여야 한다. 이 경우 이미 작성된 지적공부에 정리할 수 없을 때에는 새로 작성하여야 한다.

> 1. 법 제66조제2항에 따라 지번을 변경하는 경우
> 2. 법 제74조에 따라 지적공부를 복구하는 경우
> 3. 법 제77조부터 제86조까지의 규정에 따른 신규등록·등록전환·분할·합병·지목변경 등 토지의 이동이 있는 경우

② 지적소관청은 제1항에 따른 토지의 이동이 있는 경우에는 토지이동정리 결의서를 작성하여야 하고, 토지소유자의 변동 등에 따라 지적공부를 정리하려는 경우에는 소유자정리 결의서를 작성하여야 한다.

③ 제1항 및 제2항에 따른 지적공부의 정리방법, 토지이동정리 결의서 및 소유자정리 결의서 작성방법 등에 관하여 필요한 사항은 국토교통부령으로 정한다.

공간정보의 구축 및 관리 등에 관한 법률 시행규칙 제98조(지적공부의 정리방법 등)

① 영 제84조제2항에 따른 토지이동정리 결의서의 작성은 별지 제57호 서식에 따라 토지대장·임야대장 또는

경계점좌표등록부별로 구분하여 작성하되, 토지이동정리 결의서에는 토지이동신청서 또는 도시개발사업 등의 완료신고서 등을 첨부하여야 하며, 소유자정리 결의서의 작성은 별지 제85호 서식에 따르되 등기필증, 등기부 등본 또는 그 밖에 토지소유자가 변경되었음을 증명하는 서류를 첨부하여야 한다. 다만, 「전자정부법」 제36조 제1항에 따른 행정정보의 공동이용을 통하여 첨부서류에 대한 정보를 확인할 수 있는 경우에는 그 확인으로 첨부서류를 갈음할 수 있다.

② 제1항의 대장 외에 지적공부의 정리와 토지이동정리 결의서 및 소유자정리 결의서의 작성에 필요한 사항은 국토교통부장관이 정한다.

지적업무처리규정 제63조(지적공부 등의 정리)

① 지적공부 등의 정리에 사용하는 문자 · 기호 및 경계는 따로 규정을 둔 사항을 제외하고 정리사항은 검은색, 도곽선과 그 수치 및 말소는 붉은색으로 한다.

② 지적확정측량 · 축척변경 및 지번변경에 따른 토지이동의 경우를 제외하고는 폐쇄 또는 말소된 지번을 다시 사용할 수 없다.

③ 토지의 이동에 따른 도면정리는 예시 2의 도면정리 예시에 따른다. 이 경우 법 제2조제19호의 지적공부를 이용하여 지적측량을 한 때에는 측량성과파일에 따라 지적공부를 정리할 수 있다.

20 「지적업무처리규정」상 지적기준점을 선점할 때에 대한 설명으로 옳지 않은 것은?

① 지적도근점을 선점할 때에는 되도록이면 지적도근점 간의 거리를 동일하게 하되 측량대상지역의 후속측량에 지장이 없도록 하여야 한다.

② 다각망도선법으로 지적삼각보조점측량 및 지적도근점측량을 할 경우에 기지점 간 직선상의 외부에 두는 지적삼각보조점 및 지적도근점과 기지점 직선과의 사이각은 40도 이내로 한다.

③ 후속측량에 편리하고 영구적으로 보존할 수 있는 위치이어야 한다.

④ 암석 · 석재구조물 · 콘크리트구조물 · 맨홀 및 건축물 등 견고한 고정물에 지적기준점을 설치할 필요가 있는 경우에는 그 고정물에 각인하거나, 그 구조물에 고정하여 설치할 수 있다.

풀이 지적업무처리규정 제10조(지적기준점의 확인 및 선점 등)

① 지적삼각점측량 및 지적삼각보조점측량을 할 때에는 미리 사용하고자 하는 삼각점 · 지적삼각점 및 지적삼각보조점의 변동유무를 확인하여야 한다. 이 경우 확인결과 기지각과의 오차가 ±40초 이내인 경우에는 그 삼각점 · 지적삼각점 및 지적삼각보조점에 변동이 없는 것으로 본다.

② 지적기준점을 선점할 때에는 다음 각 호에 따른다.

> 1. 후속측량에 편리하고 영구적으로 보존할 수 있는 위치이어야 한다.
> 2. 지적도근점을 선점할 때에는 되도록이면 지적도근점간의 거리를 동일하게 하되 측량대상지역의 후속측량에 지장이 없도록 하여야 한다.
> 3. 「지적측량 시행규칙」 제11조제3항 및 제12조제6항에 따라 다각망도선법으로 지적삼각보조점측량 및 지적도근점측량을 할 경우에 기지점 간 직선상의 외부에 두는 지적삼각보조점 및 지적도근점과 기지점 직선과의 사이각은 30도 이내로 한다.

③ 암석 · 석재구조물 · 콘크리트구조물 · 맨홀 및 건축물 등 견고한 고정물에 지적기준점을 설치할 필요가 있는 경우에는 그 고정물에 각인하거나, 그 구조물에 고정하여 설치할 수 있다.

④ 지적삼각보조점의 규격과 재질은 규칙 제3조제1항에 따른 지적기준점표지의 규격과 재질을 준용한다.

⑤ 지적삼각점 및 지적삼각보조점의 매설방법은 별표 1과 같다.

01 다음 중 「지적업무처리규정」상에서 용어 정의에 대한 설명으로 옳지 않은 것은?

① "측량부"란 기초측량 또는 세부측량성과를 결정하기 위하여 사용한 관측부·계산부 등 이에 수반되는 기록을 말한다.

② "측량현형파일"이란 전자평판측량 및 위성측량방법으로 관측한 데이터 및 지적측량에 필요한 각종 정보가 들어있는 파일을 말한다.

③ "기지경계선"이란 세부측량성과를 결정한 기준이 되는 기지점을 필지별로 직선으로 연결한 선을 말한다.

④ "측량준비파일"이란 지적공부시스템에서 지적측량 업무를 수행하기 위하여 도면 및 대장속성 정보를 추출한 파일을 말한다.

풀이 지적업무처리규정 제3조(정의)

이 규정에서 사용하는 용어의 뜻은 다음 각 호와 같다.

	측량의 정확도를 확보하고 효율성을 높이기 위하여 국토교통부장관이 전 국토를 대상으로 주요 지점마다 정한 측량의 기본이 되는 측량기준점 **암기** ㉾리가 ㉾통이 심하면 ㉾㉾를 모아 ㉾㉾을 ㉾㉾ 번 해라	
국가기준점	㉾주측지기준점	국가측지기준계를 정립하기 위하여 전 세계 초장거리간섭계와 연결하여 정한 기준점
	㉾성기준점	지리학적 경위도, 직각좌표 및 지구중심 직교좌표의 측정 기준으로 사용하기 위하여 대한민국 경위도원점을 기초로 정한 기준점
	㉾합기준점	지리학적 경위도, 직각좌표, 지구중심 직교좌표, 높이 및 중력 측정의 기준으로 사용하기 위하여 위성기준점, 수준점 및 중력점을 기초로 정한 기준점
	㉾력점	중력 측정의 기준으로 사용하기 위하여 정한 기준점
	㉾자기점 (地磁氣點)	지구자기 측정의 기준으로 사용하기 위하여 정한 기준점
	㉾준점	높이 측정의 기준으로 사용하기 위하여 대한민국 수준원점을 기초로 정한 기준점
	㉾해기준점	우리나라의 영해를 획정(劃定)하기 위하여 정한 기준점 〈삭제 2021.2.9.〉
	㉾로기준점	수로 조사 시 해양에서의 수평위치와 높이, 수심 측정 및 해안선 결정 기준으로 사용하기 위하여 위성기준점과 법 제6조제1항제3호의 기본수준면을 기초로 정한 기준점으로서 수로측량기준점, 기본수준점, 해안선기준점으로 구분 〈삭제 2021.2.9.〉
	㉾각점	지리학적 경위도, 직각좌표 및 지구중심 직교좌표 측정의 기준으로 사용하기 위하여 위성기준점 및 통합기준점을 기초로 정한 기준점
공공기준점	제17조제2항에 따른 공공측량시행자가 공공측량을 정확하고 효율적으로 시행하기 위하여 국가기준점을 기준으로 하여 따로 정하는 측량기준점	
	공공삼각점	공공측량 시 수평위치의 기준으로 사용하기 위하여 국가기준점을 기초로 하여 정한 기준점

정답 01 ④

공공기준점	공공수준점	공공측량 시 높이의 기준으로 사용하기 위하여 국가기준점을 기초로 하여 정한 기준점
지적기준점		특별시장·광역시장·특별자치시장·도지사 또는 특별자치도지사나 지적소관청이 지적측량을 정확하고 효율적으로 시행하기 위하여 국가기준점을 기준으로 하여 따로 정하는 측량기준점
	지적삼각점 (地籍三角點)	지적측량 시 수평위치 측량의 기준으로 사용하기 위하여 국가기준점을 기준으로 하여 정한 기준점
	지적삼각보조점 (地籍三角補助點)	지적측량 시 수평위치 측량의 기준으로 사용하기 위하여 국가기준점과 지적삼각점을 기준으로 하여 정한 기준점
	지적도근점 (地籍圖根點)	지적측량 시 필지에 대한 수평위치 측량 기준으로 사용하기 위하여 국가기준점, 지적삼각점, 지적삼각보조점 및 다른 지적도근점을 기초로 하여 정한 기준점
기지점 (旣知點)		기초측량에서는 국가기준점 또는 지적기준점을 말하고, 세부측량에서는 지적기준점 또는 지적도면상 필지를 구획하는 선의 경계점과 상호 부합되는 지상의 경계점을 말한다.
기지경계선 (旣知境界線)		세부 측량 성과를 결정하는 기준이 되는 기지점을 필지별로 직선으로 연결한 선을 말한다.
전자평판측량		토탈스테이션과 지적측량 운영 프로그램 등이 설치된 컴퓨터를 연결하여 세부 측량을 수행하는 측량을 말한다.
토탈스테이션		경위의 측량 방법에 따른 기초 측량 및 세부 측량에 사용되는 장비를 말한다.
지적측량파일		측량준비파일, 측량현형파일 및 측량성과파일을 말한다.
측량준비파일		부동산종합공부시스템에서 지적측량 업무를 수행하기 위하여 도면 및 대장속성 정보를 추출한 파일을 말한다.
측량현형(現形) 파일		전자평판측량 및 위성측량방법으로 관측한 데이터 및 지적측량에 필요한 각종 정보가 들어있는 파일을 말한다.
측량성과파일		전자평판측량 및 위성측량방법으로 관측 후 지적측량정보를 처리할 수 있는 시스템에 따라 작성된 측량결과도파일과 토지이동정리를 위한 지번, 지목 및 경계점의 좌표가 포함된 파일을 말한다.
측량부		기초측량 또는 세부측량성과를 결정하기 위하여 사용한 관측부, 계산부 등 이에 수반되는 기록을 말한다.

02 「지적업무처리규정」상 등록전환측량에 대한 설명으로 옳지 않은 것은?

① 토지의 형질변경이 수반되는 등록전환측량은 토목공사 등이 완료된 후에 실시하여야 하며, 각종 인가·허가 등의 내용과 다르게 토지의 형질이 변경되었을 경우에는 변경 전 토지의 현황대로 측량성과를 결정하여야 한다.

② 1필지의 일부를 등록전환 하려면 등록전환으로 인하여 말소하여야 할 필지의 면적은 반드시 임야분할측량결과도에서 측정하여야 한다.

③ 임야도에 도곽선 또는 도곽선수치가 없거나, 1필지 전체를 등록전환 할 경우에만 등록전환으로 인하여 말소해야 할 필지의 임야측량결과도를 등록전환측량결과도에 함께 작성할 수 있다.

④ 등록전환 할 일단의 토지가 2필지 이상으로 분할되어야 할 토지의 경우에는 1필지로 등록전환 후 지목별로 분할하여야 한다.

지적업무처리규정 제22조(등록전환측량)

① 1필지 전체를 등록전환 할 경우에는 임야대장등록사항과 토지대장등록사항의 부합여부 등을 확인하고 토지의 경계와 이용현황 등을 조사하기 위한 측량을 하여야 한다.

② 등록전환 할 일단의 토지가 2필지 이상으로 분할되어야 할 토지의 경우에는 1필지로 등록전환 후 지목별로 분할하여야 한다. 이 경우 등록 전환할 토지의 지목은 임야대장에 등록된 지목으로 설정하되, 분할 및 지목변경은 등록전환과 동시에 정리한다.

③ 경계점좌표등록부를 비치하는 지역과 연접되어 있는 토지를 등록전환하려면 경계점좌표등록부에 등록하여야 한다.

④ 토지대장에 등록하는 면적은 등록전환측량의 결과에 따라야 하며, 임야대장의 면적을 그대로 정리할 수 없다.

⑤ 1필지의 일부를 등록전환 하려면 등록전환으로 인하여 말소하여야 할 필지의 면적은 반드시 임야분할측량결과도에서 측정하여야 한다.

⑥ 임야도에 도곽선 또는 도곽선수치가 없거나, 1필지 전체를 등록전환 할 경우에만 등록전환으로 인하여 말소해야 할 필지의 임야측량결과도를 등록전환측량결과도에 함께 작성할 수 있다.

⑦ 토지의 형질변경이 수반되는 등록전환측량은 토목공사 등이 완료 된 후에 실시하여야 하며, 제20조제3항에 따라 측량성과를 결정하여야 한다.

> **제20조** ③ 각종 인가·허가 등의 내용과 다르게 토지의 형질이 변경되었을 경우에는 그 변경된 토지의 현황대로 측량성과를 결정하여야 한다.

03 「지적업무처리규정」상 지적기준점의 관리에 대한 설명으로 옳지 않은 것은?

① 시·도지사 또는 지적소관청은 지적기준점의 관리를 위하여 관계기간에 연 1회 이상 지적기준점 관리 협조를 요청하여야 한다.

② 지적측량수행자는 지적기준점 표지의 망실을 확인하였거나 훼손될 것으로 예상되는 때에는 지적소관청에 10일 이내에 이를 통보하여야 한다.

③ 지적측량수행자가 지적기준점표지를 설치한 때에는 측량성과에 대한 검사를 받아야 한다.

④ 지적소관청은 도로·상하수도·전화 및 전기시설 등의 공사로 지적기준점이 망실 또는 훼손될 것으로 예상되는 때에는 공사시행자와 공사 착수 전에 지적기준점의 이전·재설치 또는 보수 등에 관하여 미리 협의한 후 공사를 시행하도록 하여야 한다.

지적업무처리규정 제5조(지적기준점의 관리협조)

① 시·도지사 또는 지적소관청은 타인의 토지·건축물 또는 구조물 등에 지적기준점을 설치한 때에는 소유자 또는 점유자에게 법 제9조제1항에 따른 선량한 관리자로서 보호의무가 있음을 통지하여야 한다.

② 지적소관청은 도로·상하수도·전화 및 전기시설 등의 공사로 지적기준점이 망실 또는 훼손될 것으로 예상되는 때에는 공사시행자와 공사 착수 전에 지적기준점의 이전·재설치 또는 보수 등에 관하여 미리 협의한 후 공사를 시행하도록 하여야 한다.

③ 시·도지사 또는 지적소관청은 지적기준점의 관리를 위하여 관계기관에 연 1회 이상 지적기준점 관리 협조를 요청하여야 한다.

④ 지적측량수행자는 지적기준점표지의 망실을 확인하였거나 훼손될 것으로 예상되는 때에는 지적소관청에 지체 없이 이를 통보하여야 한다.

정답 03 ②

04 「지적업무처리규정」상 등록전환측량과 분할측량에 대한 설명으로 옳지 않은 것은?

① 임야도에 도곽선 또는 도곽선수치가 없거나, 1필지 전체를 등록전환 할 경우에만 등록전환으로 인하여 말소해야 할 필지의 임야측량결과도를 등록전환측량결과도에 함께 작성할 수 없다.

② 1필지의 일부를 등록전환 하려면 등록전환으로 인하여 말소하여야 할 필지의 면적은 반드시 임야분할측량결과도에서 측정하여야 한다.

③ 합병된 토지를 합병 전의 경계대로 분할하려면 합병 전 각 필지의 면적을 분할 후 각 필지의 면적으로 한다. 이 경우 분할되는 토지 중 일부가 등록사항정정대상토지이면 분할정리 후 그 토지에만 등록사항정정대상토지임을 등록하여야 한다.

④ 측량대상토지의 점유현황이 도면에 등록된 경계와 일치하지 않으면 분할 측량 시에 그 분할 등록될 경계점을 지상에 복원하여야 한다.

풀이 지적업무처리규정 제22조(등록전환측량)

① 1필지 전체를 등록전환 할 경우에는 임야대장등록사항과 토지대장등록사항의 부합여부 등을 확인하고 토지의 경계와 이용현황 등을 조사하기 위한 측량을 하여야 한다.

② 등록전환 할 일단의 토지가 2필지 이상으로 분할되어야 할 토지의 경우에는 1필지로 등록전환 후 지목별로 분할하여야 한다. 이 경우 등록전환 할 토지의 지목은 임야대장에 등록된 지목으로 설정하되, 분할 및 지목변경은 등록전환과 동시에 정리한다.

③ 경계점좌표등록부를 비치하는 지역과 연접되어 있는 토지를 등록전환하려면 경계점좌표등록부에 등록하여야 한다.

④ 토지대장에 등록하는 면적은 등록전환측량의 결과에 따라야 하며, 임야대장의 면적을 그대로 정리할 수 없다.

⑤ 1필지의 일부를 등록전환 하려면 등록전환으로 인하여 말소하여야 할 필지의 면적은 반드시 임야분할측량결과도에서 측정하여야 한다.

⑥ 임야도에 도곽선 또는 도곽선수치가 없거나, 1필지 전체를 등록전환 할 경우에만 등록전환으로 인하여 말소해야 할 필지의 임야측량결과도를 등록전환측량결과도에 함께 작성할 수 있다.

⑦ 토지의 형질변경이 수반되는 등록전환측량은 토목공사 등이 완료된 후에 실시하여야 하며, 제20조제3항에 따라 측량성과를 결정하여야 한다.

지적업무처리규정 제23조(분할측량)

① 측량대상토지의 점유현황이 도면에 등록된 경계와 일치하지 않으면 분할 측량 시에 그 분할 등록될 경계점을 지상에 복원하여야 한다.

② 합병된 토지를 합병 전의 경계대로 분할하려면 합병 전 각 필지의 면적을 분할 후 각 필지의 면적으로 한다. 이 경우 분할되는 토지 중 일부가 등록사항정정대상토지이면 분할정리 후 그 토지에만 등록사항정정대상토지임을 등록하여야 한다.

05 「지적업무처리규정」상 지적측량 표본검사에 대한 설명으로 옳지 않은 것은?

① 시 · 도지사는 지적측량업자가 정한 지적측량업무를 수행한 측량성과에 대하여는 연 1회 이상 표본검사를 시행하여야 하며, 그 결과 법령 등에 위배된다고 판단되는 경우에는 필요한 조치를 하여야 한다.

② 시 · 도지사는 지적공부를 정리한 측량성과에 대하여 연 1회 이상 표본검사를 실시하여야 하며, 그 결과 지적소관청의 검사사항이 법령 등에 위배된다고 판단되는 경우에는 국토교통부장관에게 보고하여야 한다.

③ 국토교통부장관은 지적측량수행자의 고의 또는 과실로 인한 지적측량 민원발생을 사전에 예방하고, 지적측량성과의 정확성을 확보하기 위하여 시 · 도지사에게는 표본검사를, 한국국토정보공사 사장에게는 기술검사를 실시하게 할 수 있다.

④ 공사 사장은 경계복원측량 및 지적현황측량성과에 대하여 지역본부별로 연 1회 이상 기술검사를 실시하여야 하며, 그 결과 법령 등에 위배된다고 판단되는 경우에는 필요한 조치를 취하고 그 내용을 국토교통부장관에게 보고하여야 한다.

풀이 지적업무처리규정 제27조의2(지적측량 표본검사 등)

① 국토교통부장관은 법 제99조제1항제1호에 따라 지적측량수행자의 고의 또는 과실로 인한 지적측량 민원발생을 사전에 예방하고, 지적측량성과의 정확성을 확보하기 위하여 시 · 도지사에게는 표본검사를, 한국국토정보공사(이하 "공사"라 한다) 사장에게는 기술검사를 실시하게 할 수 있다.

② 시 · 도지사는 지적공부를 정리한 측량성과에 대하여 연 1회 이상 표본검사를 실시하여야 하며, 그 결과 지적소관청의 검사사항이 법령 등에 위배된다고 판단되는 경우에는 국토교통부장관에게 보고하여야 한다.

③ 시 · 도지사는 지적측량업자가 법 제45조에서 정한 지적측량업무를 수행한 측량성과에 대하여는 정기적으로 표본검사를 시행하여야 하며, 그 결과 법령 등에 위배된다고 판단되는 경우에는 필요한 조치를 하여야 한다.

④ 공사 사장은 「지적측량 시행규칙」 제28조제1항에 따른 경계복원측량 및 지적현황측량성과에 대하여 지역본부별로 연 1회 이상 기술검사를 실시하여야 하며, 그 결과 법령 등에 위배된다고 판단되는 경우에는 필요한 조치를 취하고 그 내용을 국토교통부장관에게 보고하여야 한다.

06 「지적업무처리규정」(국토교통부 훈령 제899호)상 토지의 이동에 따른 도면의 제도에 대한 설명으로 가장 옳지 않은 것은?

① 토지의 이동으로 지번 및 지목을 제도하는 경우에는 이동 전 지번 및 지목을 말소한다.

② 신규등록 · 등록전환 및 등록사항정정으로 도면에 경계, 지번 및 지목을 새로 등록할 때에는 새로운 도면에 제도한다.

③ 필지를 분할할 경우에는 분할 전 지번 및 지목을 말소하고, 분할경계를 제도한 후 필지마다 지번 및 지목을 새로 제도한다.

④ 행정구역이 변경된 때에는 변경 전 행정구역선과 그 명칭 및 지번을 말소하고, 변경 후의 행정구역선과 그 명칭 및 지번을 제도한다.

풀이 지적업무처리규정 제46조(토지의 이동에 따른 도면의 제도)

① 토지의 이동으로 지번 및 지목을 제도하는 경우에는 이동 전 지번 및 지목을 말소하고, 새로 설정된 지번 및 지목을 가로 쓰기로 제도한다.

정답 05 ① 06 ②

② 경계를 말소할 때에는 해당 경계선을 말소한다.

③ 말소된 경계를 다시 등록할 때에는 말소 정리 이전의 자료로 원상회복 정리한다.

④ 신규등록 · 등록전환 및 등록사항 정정으로 도면에 경계, 지번 및 지목을 새로 등록할 때에는 이미 비치된 도면에 제도한다. 다만, 이미 비치된 도면에 정리할 수 없는 때에는 새로 도면을 작성한다.

⑤ 등록전환할 때에는 임야도의 그 지번 및 지목을 말소한다.

⑥ 필지를 분할할 경우에는 분할 전 지번 및 지목을 말소하고, 분할경계를 제도한 후 필지마다 지번 및 지목을 새로 제도한다.

⑦ 도곽선에 걸쳐 있는 필지가 분할되어 도곽선 밖에 분할경계가 제도된 때에는 도곽선 밖에 제도된 필지의 경계를 말소하고, 그 도곽선 안에 필지의 경계, 지번 및 지목을 제도한다.

⑧ 합병할 때에는 합병되는 필지 사이의 경계 · 지번 및 지목을 말소한 후 새로 부여하는 지번과 지목을 제도한다.

⑨ 지번 또는 지목을 변경할 때에는 지번 또는 지목만 말소하고, 새로 설정된 지번 또는 지목을 제도한다.

⑩ 지적공부에 등록된 토지가 바다가 된 때에는 경계 · 지번 및 지목을 말소한다.

⑪ 행정구역이 변경된 때에는 변경 전 행정구역선과 그 명칭 및 지번을 말소하고, 변경 후의 행정구역선과 그 명칭 및 지번을 제도한다.

⑫ 도시개발사업 · 축척변경 등의 시행지역으로서 시행 전과 시행 후의 도면축척이 같고 시행 전 도면에 등록된 필지의 일부가 사업지구 안에 편입된 때에는 이미 비치된 도면에 경계 · 지번 및 지목을 제도하거나, 남아 있는 일부 필지를 포함하여 도면을 작성한다. 다만, 도면과 확정측량결과도의 도곽선 차이가 0.5밀리미터 이상인 경우에는 확정측량결과도에 따라 새로이 도면을 작성한다.

⑬ 도시개발사업 · 축척변경 등의 완료로 새로 도면을 작성한 지역의 종전 도면의 지구 안의 지번 및 지목을 말소한다.

⑭ 부동산종합공부시스템으로 제1항부터 제13항까지를 정리한 경우에는 변동 전 · 후의 내용을 관리하여야 하며, 필요한 경우 필지별로 폐쇄 전 · 후의 내용을 열람 및 발급할 수 있어야 한다.

07 지적공부의 소유자정리에 관한 설명으로 옳지 않은 것은?

① 주소 · 성명 · 명칭의 변경 또는 경정 및 소유권 이전 등이 같은 날짜에 등기가 된 경우의 지적공부정리는 등기접수 순서에 따라 모두 정리하여야 한다.

② 대장의 소유자변동일자는 등기필통지서, 등기필증, 등기부등본 · 초본 또는 등기관서에서 제공한 등기전산정보자료의 경우에는 등기확정일자로 정리한다.

③ 국토교통부장관은 등기관서로부터 법인 또는 재외국민의 부동산등기용등록번호 정정통보가 있는 때에는 정정 전 등록번호에 따라 토지소재를 조사하여 시 · 도지사에게 그 내용을 통지하여야 한다.

④ 소유자등록사항 중 토지이동과 함께 소유자가 결정되는 신규 등록, 도시개발사업 등의 환지 등록 시에는 토지이동업무 처리와 동시에 소유자를 정리하여야 한다.

풀이 **지적업무처리규정 제60조(소유자정리)**

① 대장의 소유자변동일자는 등기필통지서, 등기필증, 등기부 등본 · 초본 또는 등기관서에서 제공한 등기전산정보자료의 경우에는 등기접수일자로, 법 제84조제4항 단서의 미등기토지 소유자에 관한 정정신청의 경우와 법 제88조제2항에 따른 소유자등록신청의 경우에는 소유자정리결의일자로, 공유수면 매립준공에 따른 신규등록의 경우에는 매립준공일자로 정리한다.

② 주소 · 성명 · 명칭의 변경 또는 경정 및 소유권이전 등이 같은 날짜에 등기가 된 경우의 지적공부정리는 등기접수 순서에 따라 모두 정리하여야 한다.

③ 소유자의 주소가 토지소재지와 같은 경우에도 등기부와 일치하게 정리한다. 다만, 등기관서에서 제공한 등기전산정보자료에 따라 정리하는 경우에는 등기전산정보자료에 따른다.

④ 법 제88조제4항에 따라 지적소관청이 소유자에 관한 사항이 대장과 부합되지 아니하는 토지소유자를 정리할 때에는 제1항부터 제3항까지와 제65조제2항을 준용하며, 토지소유자 등 이해관계인이 등기부 등본·초본 등에 따라 소유자정정을 신청하는 경우에는 별지 제9호 서식의 소유자정정 신청서를 제출하여야 한다.

⑤ 국토교통부장관은 등기관서로부터 법인 또는 재외국민의 부동산등기용등록번호 정정통보가 있는 때에는 정정 전 등록번호에 따라 토지소재를 조사하여 시·도지사에게 그 내용을 통지하여야 한다. 이 경우 시·도지사는 지체 없이 그 내용을 해당 지적소관청에 통지하여야 한다.

⑥ 소유자등록사항 중 토지이동과 함께 소유자가 결정되는 신규 등록, 도시개발사업 등의 환지 등록 시에는 토지이동업무 처리와 동시에 소유자를 정리하여야 한다.

지적업무처리규정 제61조(미등기토지의 소유자정정 등)

① 법 제84조제4항 단서에 따른 적용대상 토지는 미등기토지로서 소유자의 정정에 관한 사항과 토지조사 당시에 사정 또는 재결 등에 따라 대장에 소유자는 등록하였으나, 소유자의 주소가 등록되어 있지 아니한 토지와 종전 「지적법 시행령」(대통령령 제497호 1951년 4월 1일 제정) 제3조제4호에 따라 국유지를 매각·교환 또는 양여하여 취득한 토지(이하 "국유지의 취득"이라 한다)의 소유자주소가 대장에 등록되어 있지 아니한 미등기토지로 한다. 다만, 1950.12.1. 법률 제165호로 제정된 「지적법」(1975.12.31. 법률 제2801호로 전문 개정되기 이전의 법률을 말한다)이 시행된 시기에 복구, 소유권확인청구의 소에 따른 확정판결이 있었거나, 이에 관한 소송이 법원에 진행 중인 토지는 제외한다.

② 미등기토지의 소유자주소를 대장에 등록하고자 하는 때에는 사정·재결 또는 국유지의 취득 당시 최초 주소를 등록한다.

③ 법 제84조제4항 단서의 미등기토지 소유자에 관한 정정신청은 별지 제10호 서식에 따르며, 지적소관청은 미등기토지의 소유자정정 등에 관한 신청이 있는 때에는 14일 이내에 다음 각 호의 사항을 확인하여 처리하여야 하며, 별지 제11호의 조사서를 작성하여야 한다.

> 1. 적용대상토지 여부
> 2. 대장상 소유자와 가족관계등록부·제적부에 등재된 자와의 동일인 여부
> 3. 적용대상토지에 대한 확정판결이나 소송의 진행여부
> 4. 첨부서류의 적합여부
> 5. 그 밖에 지적소관청이 필요하다고 인정되는 사항

④ 지적소관청은 제3항에 따른 조사를 할 때에는 기간을 정하여 신청인에게 필요한 자료의 제출 또는 보완을 요구할 수 있다.

⑤ 지적소관청은 대장에 소유자의 주소 등을 등록한 때에는 지체 없이 신청인에게 그 내용을 통지하여야 한다.

08 「지적업무처리규정」상 평판측량방법 또는 전자평판측량방법으로 세부측량을 하는 때 측량준비 파일에 측량한 기하적(幾何跡)에 대한 설명으로 옳지 않은 것은?

① 평판점의 결정 및 방위표정에 사용한 기지점은 측량자는 직경 1밀리미터와 2밀리미터의 2중 원으로 표시하고, 검사자는 1변의 길이가 2밀리미터와 3밀리미터의 2중 삼각형으로 표시한다.

② 평판측량방법 및 경위의측량방법으로 세부측량을 한 경우 측량대상토지의 점유현황선은 검은색 점선으로 표시한다.

③ 전자평판측량을 이용한 지적측량결과도작성에서 측정점의 표시는 측량자의 경우 붉은색 짧은 십자선(+)으로 표시하고, 검사자는 삼각형(△)으로 표시하며, 각 측정점은 붉은색 점선으로 연결한다.

④ 평판점은 측량자는 직경 1.5밀리미터 이상 3밀리미터 이하의 검은색 원으로 표시하고, 검사자는 1변의 길이가 2밀리미터 이상 4밀리미터 이하의 삼각형으로 표시한다.

풀이 지적업무처리규정 제24조(측량기하적)

① 평판측량방법 또는 전자평판측량방법으로 세부측량을 하는 때에는 측량준비파일에 측량한 기하적(幾何跡)을 다음 각 호와 같이 작성하여야 하며, 부득이한 경우 지적측량준비도에 연필로 표시할 수 있다.

> 1. 평판점·측정점 및 방위표정에 사용한 기지점 등에는 방향선을 긋고 실측한 거리를 기재한다. 이 경우 측정점의 방향선 길이는 측정점을 중심으로 약 1센티미터로 표시한다. 다만, 전자측량시스템에 따라 작성할 경우 필지선이 복잡한 때는 방향선과 측정거리를 생략할 수 있다.
> 2. 평판점은 측량자는 직경 1.5밀리미터 이상 3밀리미터 이하의 검은색 원으로 표시하고, 검사자는 1변의 길이가 2밀리미터 이상 4밀리미터 이하의 삼각형으로 표시한다. 이 경우 평판점 옆에 평판이동순서에 따라 부₁, 부₂, …으로 표시한다.
> 3. 평판점의 결정 및 방위표정에 사용한 기지점은 측량자는 직경 1밀리미터와 2밀리미터의 2중 원으로 표시하고, 검사자는 1변의 길이가 2밀리미터와 3밀리미터의 2중 삼각형으로 표시한다.
> 4. 평판점과 기지점 사이의 도상거리와 실측거리를 방향선상에 다음과 같이 기재한다.
>   (측 량 자)　　(검 사 자)
> $\dfrac{(도상거리)}{실측거리}$　$\dfrac{△(도상거리)}{△실측거리}$
> 5. 측량대상토지에 지상구조물 등이 있는 경우와 새로이 설정하는 경계에 지상건물 등이 걸리는 경우에는 그 위치현황을 표시하여야 한다. 다만, 영 제55조제4항제2호와 제3호의 규정에 의해 분할하는 경우에는 그러하지 아니하다.

② 경위의측량방법으로 세부측량을 하려면 지상건물 등의 위치현황표시는 제1항제5호를 준용한다.

③ 「지적측량 시행규칙」 제26조제1항제6호 및 같은 조 제2항제7호에 따른 측량대상토지의 점유현황선은 붉은색 점선으로 표시한다.

> **제26조(세부측량성과의 작성)**
> ① 평판측량방법으로 세부측량을 한 경우 측량결과도에 다음 각 호의 사항을 적어야 한다. 다만, 1년 이내에 작성된 경계복원측량 또는 지적현황측량결과도와 지적도, 임야도의 도곽신축 차이가 0.5밀리미터 이하인 경우에는 종전의 측량결과도에 함께 작성할 수 있다.
>   6. 측량대상 토지의 점유현황선
> ② 경위의측량방법으로 세부측량을 한 경우 측량결과도 및 측량계산부에 그 성과를 적되, 측량결과도에는 다음 각 호의 사항을 적어야 한다.
>   7. 측량대상 토지의 점유현황선

④ 「지적측량 시행규칙」 제26조 및 이 규정 제29조에 따른 측량결과도의 문자와 숫자는 레터링 또는 전자측량시스템에 따라 작성한다.

⑤ 전자평판측량을 이용한 지적측량결과도의 작성방법은 다음 각 호와 같다.

> 1. 관측한 측정점의 오른쪽 상단에는 측정거리를 표시하여야 한다. 다만, 소축척 등으로 식별이 불가능한 때에는 방향선과 측정거리를 생략할 수 있다.
> 2. 측정점의 표시는 측량자의 경우 붉은색 짧은 십자선(+)으로 표시하고, 검사자는 삼각형(△)으로 표시하며, 각 측정점은 붉은색 점선으로 연결한다.
> 3. 지적측량결과도 상단 중앙에 "전자평판측량"이라 표기하고, 상단 오른쪽에 측량성과파일명을 표기하여야 하며, 측량성과파일에는 측량성과 결정에 관한 모든 사항이 수록되어 있어야 한다.
> 4. 측량결과의 파일 형식은 표준화된 공통포맷을 지원할 수 있어야 하며, 측량결과에 대한 측량파일 코드 일람표는 별표 3과 같다.
> 5. 이미 작성되어 있는 지적측파일을 이용하여 측량할 경우에는 기존 측량파일 코드의 내용·규격·도식은 파란색으로 표시한다.

09 「지적업무처리규정」상 지적측량성과의 검사방법에 대한 설명으로 옳지 않은 것은?

① 지적측량수행자와 동일한 전자측량시스템을 이용하여 세부측량 시 측량성과의 정확성을 검사할 수 있다.

② 시·도지사, 대도시시장 또는 지적소관청은 측량성과 검사 결과 측량성과가 부정확하다고 판단되는 경우에는 지적측량수행자가 제출한 측량성과를 보완하도록 조치하고, 측량성과검사정리부에 그 사유를 기재한다.

③ 지적소관청은 지적측량검사가 완료된 때에는 해당 측량성과 파일을 부동산종합공부시스템에 등록하여야 한다.

④ 측량성과 검사 결과 관계법령의 분할제한 등의 저촉이 있는 경우에는 지적측량수행자에게 지적측량 성과에 관한 자료를 되돌려 주고 그 사유를 지적측량 성과검사 정리부 비고란 검은색으로 기재한다.

풀이 지적업무처리규정 제27조(지적측량성과의 검사방법 등)

① 지적측량수행자가 지적측량 성과검사를 요청하는 경우와 지적소관청이 지적측량 성과검사 결과를 통보하는 경우에는 정보시스템을 이용하여 처리할 수 있다.

② 세부측량(지적공부를 정리하지 아니하는 세부측량을 포함한다)을 하기 전에 기초측량을 한 경우에는 미리 지적기준점성과에 대한 검사를 받은 후에 세부측량을 하여야 한다. 다만, 지적소관청과 사전 협의를 한 경우에는 지적기준점성과와 세부측량성과(지적공부를 정리하지 아니하는 세부측량은 제외한다)를 동시에 검사할 수 있다.

③ 전자평판측량에 따른 측량성과 파일은 도형자료와 속성자료 간의 일치성과 유효성을 검증하기 위하여 다음 각 호의 사항을 실시하고 최종적으로 종번(終番) 검사를 실시하여야 한다.

> 1. 면적공차 초과 검증
> 2. 누락필지 및 원필지 중복객체 검증
> 3. 지번중복 검증 및 도곽의 적정성 여부 검사
> 4. 법정 리·동계 및 축척 간 접합 중복 검사
> 5. 폐쇄도면 중첩검사
> 6. 성과레이어 중첩검사

7. 이격거리 측정 및 필계점 좌표 확인
8. 측정점위치설명도 작성의 적정 여부
9. 주위필지와의 부합여부
10. 그 밖에 필요한 사항

④ 지적소관청은 지적측량검사가 완료된 때에는 해당 측량성과 파일을 부동산종합공부시스템에 등록하여야한다.

⑤ 「지적측량 시행규칙」 제28조에 따른 측량성과의 검사방법은 다음 각 호와 같다.

1. 측량성과를 검사하는 때에는 측량자가 실시한 측량방법과 다른 방법으로 한다. 다만, 부득이한 경우에는 그러하지 아니한다.
2. 지적삼각점측량 및 지적삼각보조점측량은 신설된 점을, 지적도근점측량은 주요도선별로 지적도근점을 검사한다. 이 경우 후방교회법으로 검사할 수 있다. 다만, 구하고자 하는 지적기준점이 기지점과 같은 원주상에 있는 경우에는 그러하지 아니하다.
3. 세부측량결과를 검사할 때에는 새로 결정된 경계를 검사한다. 이 경우 측량성과 검사 시에 확인된 지역으로서 측량결과도만으로 그 측량성과가 정확하다고 인정되는 경우에는 현지측량검사를 하지 아니할 수 있다.
4. 면적측정검사는 필지별로 한다.
5. 측량성과 파일의 검사는 부동산종합공부시스템으로 한다.
6. 지적측량수행자와 동일한 전자측량시스템을 이용하여 세부측량시 측량성과의 정확성을 검사할 수 있다.

⑥ 시·도지사, 대도시 시장 또는 지적소관청은 측량성과를 검사하여 그 측량성과가 정확하다고 인정되는 경우에는 측량부·측량결과도·면적측정부 및 측량성과도에 별표 4의 측량성과검사 필인을 각각 날인하여야한다.

⑦ 시·도지사, 대도시 시장 또는 지적소관청은 측량성과 검사결과 측량성과가 부정확하다고 판단되는 경우에는 제17조에 따라 지적측량수행자가 제출한 측량성과를 보완하도록 조치하고, 측량성과검사정리부에 그 사유를 기재한다. 이 경우 측량성과 검사결과 제26조제2호바목 본문에 해당되는 경우에는 지적측량수행자에게 측량성과에 관한 자료를 되돌려 주고 그 사유를 지적측량 성과검사 정리부 비고란에 붉은색으로 기재한다.

10 「지적업무처리규정」상 일람도의 제도와 지번색인표의 제도에 대한 설명으로 옳지 않은 것은?

① 일람도의 제도에서 취락지·건물 등은 검은색 0.1밀리미터의 폭으로 제도하고, 그 내부를 검은색으로 엷게 채색한다.
② 일람도의 제도에서 도시개발사업·축척변경 등이 완료된 때에는 지구경계를 붉은색 0.1mm 폭의 선으로 제도한 후 지구 안을 붉은색으로 엷게 채색하고, 그 중앙에 사업명 및 사업완료연도를 기재한다.
③ 지번색인표의 제도에서 제명은 지번색인표 윗부분에 10mm의 크기로 "○○시·도 ○○시·군·구 ○○읍·면 ○○동·리 지번색인표"라 제도한다.
④ 지번색인표에는 도면번호별로 그 도면에 등록된 지번을, 토지의 이동으로 결번이 생긴 때에는 결번란에 그 지번을 제도한다.

풀이 지적업무처리규정 제38조(일람도의 제도)
④ 일람도의 제도방법은 다음 각 호와 같다.

1. 도곽선과 그 수치의 제도는 제40조제5항(도면에 등록하는 도곽선은 0.1밀리미터의 폭으로, 도곽선의 수치는 도곽선 왼쪽 아랫부분과 오른쪽 윗부분의 종횡선교차점 바깥쪽에 2밀리미터 크기의 아라비아숫자로 제도한다)을 준용한다.
2. 도면번호는 3밀리미터의 크기로 한다.
3. 인접 동·리 명칭은 4밀리미터, 그 밖의 행정구역 명칭은 5밀리미터의 크기로 한다.
4. 지방도로 이상은 검은색 0.2밀리미터 폭의 2선으로, 그 밖의 도로는 0.1밀리미터의 폭으로 제도한다.
5. 철도용지는 붉은색 0.2밀리미터 폭의 2선으로 제도한다.
6. 수도용지 중 선로는 남색 0.1밀리미터 폭의 2선으로 제도한다.
7. 하천·구거(溝渠)·유지(溜池)는 남색 0.1밀리미터의 폭의 2선으로 제도하고, 그 내부를 남색으로 엷게 채색한다. 다만, 적은 양의 물이 흐르는 하천 및 구거는 0.1밀리미터의 남색 선으로 제도한다.
8. 취락지·건물 등은 검은색 0.1밀리미터의 폭으로 제도하고, 그 내부를 검은색으로 엷게 채색한다.
9. 삼각점 및 지적기준점의 제도는 제43조를 준용한다.
10. 도시개발사업·축척변경 등이 완료된 때에는 지구경계를 붉은색 0.1밀리미터 폭의 선으로 제도한 후 지구 안을 붉은색으로 엷게 채색하고, 그 중앙에 사업명 및 사업완료연도를 기재한다.

지적업무처리규정 제39조(지번색인표의 제도)

① 제명은 지번색인표 윗부분에 9밀리미터의 크기로 "○○시·도 ○○시·군·구 ○○읍·면 ○○동·리 지번색인표"라 제도한다.

② 지번색인표에는 도면번호별로 그 도면에 등록된 지번을, 토지의 이동으로 결번이 생긴 때에는 결번란에 그 지번을 제도한다.

11 「지적업무처리규정」상 경위의측량방법으로 실시한 지적측량결과도를 파일로 작성한 때에는 데이터베이스에 저장하여 관리할 수 있다. 기재사항으로 옳지 않은 것은?

① 경계점(보조점) 관측 및 좌표 계산   ② 도상거리 계산
③ 좌표면적 및 점간거리   ④ 경계점(기준점) 좌표

풀이 지적업무처리규정 제25조(지적측량결과도의 작성 등)

① 「지적측량 시행규칙」 제26조에 따른 측량결과도(세부측량을 실시한 결과를 작성한 측량도면을 말한다)는 도면용지 또는 전자측량시스템을 사용하여 예시 1의 지적측량결과도 작성 예시에 따라 작성하고, 측량결과도를 파일로 작성한 때에는 데이터베이스에 저장하여 관리할 수 있다. 다만, 경위의 측량방법으로 실시한 지적측량결과를 별표 제7호 또는 제8호 서식으로 작성할 경우에는 다음 각 호의 사항을 별도 작성·관리·검사 요청하여야 한다.

1. 경계점(기준점) 좌표
2. 기지점 계산
3. 경계점(보조점) 관측 및 좌표 계산
4. 교차점 계산(필요한 경우)
5. 면적 지정분할 계산
6. 좌표면적 및 점간거리
7. 면적측정부

② 지적측량수행자 및 지적측량검사자는 지적측량결과도상의 측량준비도, 측량결과도, 측량성과도작성, 도면 등의 작성, 확인 및 검사란에 날인 또는 서명을 하여야 한다. 이 경우 서명은 정자(正字)로 하여야 한다.

③ 측량결과도의 보관은 지적소관청은 연도별, 측량종목별, 지적공부정리 일자별, 동·리별로, 지적측량수행

정답 11 ②

자는 연도별, 동·리별로, 지번 순으로 편철하여 보관하여야 한다.

④ 지적측량업자가 폐업하는 경우에는 보관중인 측량결과도 원본(전자측량시스템으로 작성한 전산파일을 포함한다)과 지적측량 프로그램을 시·도지사에게 제출하여야 하며, 시·도지사는 해당 지적소관청에 측량결과도 원본을 보내주어야 한다.

⑤ 지적측량수행자는 전자평판측량으로 측량을 하여 작성된 지적측량파일을 데이터베이스에 저장하여 후속측량자료 및 민원업무에 활용할 수 있도록 관리하여야 하며, 지적측량파일은 월1회 이상 데이터를 백업하여 보관하여야 한다.

⑥ 제1항에도 불구하고, 지적측량 시행규칙 제28조제1항에 따른 경계복원측량 및 지적현황측량의 경우에는 측량결과도를 전자파일 형태로 작성·보관한다.

12 「지적업무처리규정」상 지적기준점 등의 제도에 대한 설명으로 옳지 않은 것은?

① 지적삼각점 및 지적삼각보조점은 직경 3mm의 원으로 제도한다. 이 경우 지적삼각점은 원 안에 십자선을 표시하고, 지적삼각보조점은 원 안에 검은색으로 엷게 채색한다.

② 레터링으로 작성할 경우 지적기준점의 명칭과 번호는 그 지적기준점의 윗부분에 2mm 이상 3mm 이하 크기의 명조체로 제도한다.

③ 레터링으로 작성할 경우에는 고딕체로 할 수 있으며 경계에 닿는 경우에는 다른 위치에 제도할 수 있다.

④ 지적도근점은 직경 2mm의 원으로 제도한다.

풀이 지적업무처리규정 제43조(지적기준점 등의 제도)

① 삼각점 및 지적기준점(제4조에 따라 지적측량수행자가 설치하고, 그 지적기준점성과를 지적소관청이 인정한 지적기준점을 포함한다.)은 0.2밀리미터 폭의 선으로 다음 각 호와 같이 제도한다.

명칭	제도	직경 크기(mm)			비고	
		3mm	2mm	1mm	십자가	내부채색
위성기준점	⊕	3	2		십자가	
1등삼각점	◉	3	2	1		채색
2등삼각점	◎	3	2	1		
3등삼각점	⊙		2	1		채색
4등삼각점	◎		2	1		
지적삼각점	⊕	3			십자가	
지적삼각보조점	●	3				채색
지적도근점	○		2			

6. 지적기준점의 명칭과 번호는 그 지적기준점의 윗부분에 2밀리미터 이상 3밀리미터 이하 크기의 명조체로 제도한다. 다만, 레터링으로 작성할 경우에는 고딕체로 할 수 있으며 경계에 닿는 경우에는 다른 위치에 제도할 수 있다.

② 「지적측량 시행규칙」 제2조제2항 후단에 따라 지적기준점표지를 폐기한 때에는 도면에 등록된 그 지적기준점 표시사항을 말소한다.

13 지적소관청이 지적공부에 등록하거나 지적공부를 복구 또는 말소하거나 등기촉탁을 하였으면 대통령령으로 정하는 바에 따라 해당 토지소유자에게 통지하여야 한다. 지적소관청이 토지소유자에게 지적정리 등을 통지하여야 하는 시기로 옳은 것은?

① 토지의 표시에 관한 변경등기가 필요한 경우 : 그 등기완료의 통지서를 접수한 날부터 7일 이내
② 토지의 표시에 관한 변경등기가 필요한 경우 : 그 등기완료의 통지서를 접수한 날부터 10일 이내
③ 토지의 표시에 관한 변경등기가 필요한 경우 : 그 등기완료의 통지서를 접수한 날부터 30일 이내
④ 토지의 표시에 관한 변경등기가 필요하지 아니한 경우 : 지적공부에 등록한 날부터 7일 이내

풀이 공간정보의 구축 및 관리 등에 관한 법률 제90조(지적정리 등의 통지)
제64조제2항 단서, 제66조제2항, 제74조, 제82조제2항, 제84조제2항, 제85조제2항, 제86조제2항, 제87조 또는 제89조에 따라 지적소관청이 지적공부에 등록하거나 지적공부를 복구 또는 말소하거나 등기촉탁을 하였으면 대통령령으로 정하는 바에 따라 해당 토지소유자에게 통지하여야 한다. 다만, 통지받을 자의 주소나 거소를 알 수 없는 경우에는 국토교통부령으로 정하는 바에 따라 일간신문, 해당 시·군·구의 공보 또는 인터넷홈페이지에 공고하여야 한다.

공간정보의 구축 및 관리 등에 관한 법률 시행령 제85조(지적정리 등의 통지)
지적소관청이 법 제90조에 따라 토지소유자에게 지적정리 등을 통지하여야 하는 시기는 다음 각 호의 구분에 따른다.

> 1. 토지의 표시에 관한 변경등기가 필요한 경우 : 그 등기완료의 통지서를 접수한 날부터 15일 이내
> 2. 토지의 표시에 관한 변경등기가 필요하지 아니한 경우 : 지적공부에 등록한 날부터 7일 이내

14 도시개발사업 등의 완료신고가 있는 때에 지적소관청이 확인하여야 하는 사항으로 가장 옳지 않은 것은?

(18년서울9급)

① 지번별 조서와 지적공부등록사항과의 부합여부
② 확정될 토지의 지번별 조서와 면적측정부 및 환지계획서의 부합여부
③ 측량결과도 또는 경계점좌표와 새로이 작성된 지적도와의 부합여부
④ 종전토지 소유명의인 동일여부 및 종전토지 등기부에 소유권 등기 이외의 다른 등기사항이 없는지 여부

풀이 공간정보의 구축 및 관리 등에 관한 법률 시행규칙 제95조(도시개발사업 등의 신고)
① 법 제86조제1항 및 영 제83조제2항에 따른 도시개발사업 등의 착수 또는 변경의 신고를 하려는 자는 별지 제81호 서식의 도시개발사업 등의 착수(시행)·변경·완료 신고서에 다음 각 호의 서류를 첨부하여야 한다. 다만, 변경신고의 경우에는 변경된 부분으로 한정한다. **암기 인지계**

> 1. 사업인가서
> 2. 지번별 조서
> 3. 사업계획도

② 법 제86조제1항 및 영 제83조제2항에 따른 도시개발사업 등의 완료신고를 하려는 자는 별지 제81호 서식의 신청서에 다음 각 호의 서류를 첨부하여야 한다. 이 경우 지적측량수행자가 지적소관청에 측량검사를 의뢰하면서 미리 제출한 서류는 첨부하지 아니할 수 있다. **암기** **확종지환**

> 1. **확**정될 토지의 지번별 조서 및 **종**전 토지의 **지**번별 조서
> 2. 환지처분과 같은 효력이 있는 고시된 **환**지계획서. 다만, 환지를 수반하지 아니하는 사업인 경우에는 사업의 완료를 증명하는 서류를 말한다.

지적업무처리규정 제58조(도시개발 등의 사업신고)

① 지적소관청은 규칙 제95조제1항에 따른 도시개발사업 등의 착수(시행) 또는 변경신고가 있는 때에는 다음 각 호에 따라 처리한다.

1. 다음 각 목의 사항을 확인한다. **암기** **지공부 지사부 수집부**

> 가. **지**번별 조서와 지적**공**부등록사항과의 **부**합 여부
> 나. **지**번별 조서 · 지적(임야)도와 **사**업계획도와의 **부**합 여부
> 다. 착**수** 전 각종 **집**계의 정확 여**부**

2. 제1호에 따라 서류의 확인이 완료된 때에는 지체 없이 지적공부에 그 사유를 정리하여야 한다.

② 지적소관청은 규칙 제95조제2항에 따라 도시개발사업 등의 완료신고가 있는 때에는 다음 각 호에 따라 처리한다.

1. 다음 각 목의 사항을 확인한다. **암기** **지면환부 지공환부 측경지부 종소등부**

> 가. 확정될 토지의 **지**번별 조서와 **면**적측정부 및 **환**지계획서의 **부**합 여부
> 나. 종전토지의 **지**번별 조서와 지적**공**부등록사항 및 **환**지계획서의 **부**합 여부
> 다. **측**량결과도 또는 **경**계점좌표와 새로이 작성된 **지**적도와의 **부**합 여부
> 라. **종**전토지 **소**유명의인 동일 여부 및 종전토지 **등**기부에 소유권등기 이외의 다른 등기사항이 없는 지 여**부**
> 마. 그 밖에 필요한 사항

2. 제1호에 따른 서류의 확인이 완료된 때에는 확정될 토지의 지번별 조서에 따라 토지대장을, 측량성과에 따라 경계점좌표등록부 등을 작성한다. 이 경우 토지대장에 등록하는 소유자의 성명 또는 명칭과 등록번호 및 주소는 환지계획서에 따르되, 소유자의 **변동일자**와 **변동원인**은 다음 각 목에 따라 정리한다.

> 가. **소유자변동일자** : 환지처분 또는 사업준공 인가일자(환지처분을 아니할 경우에만 해당한다)
> 나. **소유자변동원인** : 환지 또는 지적확정(환지처분을 아니하는 경우에만 해당한다)

3. 지적공부의 작성이 완료된 때에는 새로 지적공부가 확정 시행됨을 7일 이상 시 · 군 · 구 게시판 또는 홈페이지 등에 게시한다.
4. 도시개발사업 등의 완료로 인하여 폐쇄되는 지적공부는 폐쇄사유를 그 지적공부에 정리하고 별도로 영구 보관한다.

15 「지적업무처리규정」상 대장의 소유자변동일자에 대한 설명으로 옳지 않은 것은?

① 대장의 소유자변동일자는 등기필통지서, 등기필증, 등기부 등본·초본 또는 등기관서에서 제공한 등기전산 정보자료 경우에는 등기접수일자로 정리한다.

② 미등기토지 소유자에 관한 정정신청의 경우에는 소유자정리결의일자로 정리한다.

③ 총괄청이나 중앙관서의 장이 소유자 없는 부동산에 대한 소유자 등록을 신청하는 경우 소유자정리 결의일자로 정리한다.

④ 등기관서에서 제공한 등기전산정보자료에 따라 정리하는 경우와 소유자의 주소가 토지소재지와 같은 경우에도 등기부와 일치하게 정리한다.

풀이 지적업무처리규정 제60조(소유자정리)

① 대장의 소유자변동일자는 등기필통지서, 등기필증, 등기부 등본·초본 또는 등기관서에서 제공한 등기전산 정보자료의 경우에는 등기접수일자로, 법 제84조제4항 단서의 미등기토지 소유자에 관한 정정신청의 경우와 법 제88조제2항(「국유재산법」 제2조제10호에 따른 총괄청이나 같은 조 제11호에 따른 중앙관서의 장이 같은 법 제12조제3항에 따라 소유자 없는 부동산에 대한 소유자 등록을 신청하는 경우 지적소관청은 지적공부에 해당 토지의 소유자가 등록되지 아니한 경우에만 등록할 수 있다)에 따른 소유자등록신청의 경우에는 소유자정리결의일자로, 공유수면 매립준공에 따른 신규 등록의 경우에는 매립준공일자로 정리한다.

② 주소·성명·명칭의 변경 또는 경정 및 소유권이전 등이 같은 날짜에 등기가 된 경우의 지적공부정리는 등기접수 순서에 따라 모두 정리하여야 한다.

③ 소유자의 주소가 토지소재지와 같은 경우에도 등기부와 일치하게 정리한다. 다만, 등기관서에서 제공한 등기전산정보자료에 따라 정리하는 경우에는 등기전산정보자료에 따른다.

④ 법 제88조제4항에 따라 지적소관청이 소유자에 관한 사항이 대장과 부합되지 아니하는 토지소유자를 정리할 때에는 제1항부터 제3항까지와 제65조제2항을 준용하며, 토지소유자 등 이해관계인이 등기부 등본·초본 등에 따라 소유자정정을 신청하는 경우에는 별지 제9호 서식의 소유자정정 신청서를 제출하여야 한다.

⑤ 국토교통부장관은 등기관서로부터 법인 또는 재외국민의 부동산등기용등록번호 정정통보가 있는 때에는 정정 전 등록번호에 따라 토지소재를 조사하여 시·도지사에게 그 내용을 통지하여야 한다. 이 경우 시·도지사는 지체 없이 그 내용을 해당 지적소관청에 통지하여야 한다.

⑥ 소유자등록사항 중 토지이동과 함께 소유자가 결정되는 신규 등록, 도시개발사업 등의 환지 등록 시에는 토지이동업무 처리와 동시에 소유자를 정리하여야 한다.

16 「지적업무처리규정」상 지적측량업의 등록에 관한 설명 중 옳지 않은 것은?

① 지적측량업을 등록한 자가 측량업을 휴업할 경우, 휴업기간에도 등록기준에 미달되지 않도록 보증보험 등 등록된 사항을 유지하여야 한다.

② 지적측량업을 등록하려는 개인, 법인의 대표자와 인원에 관한 신원조회는 등록지 시장, 구청장 또는 읍·면장에게 의뢰한다.

③ 지적측량업을 등록한자가 폐업신고 시에는 측량업 폐업신고서 및 등록된 기술 인력에 대한 자격상실증명원을 시·도지사에게 제출하여야 한다.

④ 등록신청에 따른 서류를 심사할 경우에는 정본(등본 또는 증명서)은 서류확인으로, 사본은 담당공무원이 원본과 대조하여 확인한다.

풀이 **지적업무처리규정 제15조(지적측량업의 등록 등)**

① 영 제35조제4항에 따라 시 · 도지사는 지적측량업등록신청에 관한 적합여부를 심사하는 때에는 다음 각 호에 따라 처리한다.

> 1. 등록신청에 따른 서류를 심사할 경우에는 정본(등본 또는 증명서)은 서류 확인으로, 사본은 담당공무원이 원본과 대조하여 확인한다.
> 2. 지적측량업을 등록하려는 개인, 법인의 대표자와 임원에 관한 신원조회는 등록지 시장 · 구청장 또는 읍 · 면장에게 의뢰한다.
> 3. 지적측량업의 등록번호는 시 · 도명에 업종코드와 전국일련번호를 합하여 정한다.

② 지적측량업을 등록한 자가 측량기기 성능검사를 받은 때에는 성능검사서 사본을 시 · 도지사에게 제출하여야 한다.

③ 지적측량업을 등록한 자가 폐업신고 시에는 측량업 폐업신고서 및 등록된 기술인력에 대한 자격상실증명원(4대 보험중 하나)을 시 · 도지사에게 제출하여야 한다.

④ 지적측량업을 등록한 자가 측량업을 휴업할 경우, 휴업기간 중에도 등록기준에 미달되지 않도록 등록된 사항을 유지하여야 한다. 다만, 보증보험은 제외한다.

17 「지적업무처리규정」에서 현지측량방법 등에 대한 설명으로 가장 옳지 않은 것은? (19년서울9급)

① 지적기준점이 없는 지역에서 전자평판측량을 실시할 때에는 보존이 용이한 고정물을 선점하여 보조점으로 사용할 수 있다. 이 경우 설치된 보조점은 후속측량에 사용할 수 있도록 하여야 한다.

② 이미 작성되어 있는 지적측량파일을 이용하여 측량할 경우에는 기존 파일에서 지상경계선과 도상경계가 잘 부합되는 기지점과 신청토지 주변을 추가로 실측하여 성과를 결정하여야 한다.

③ 세부측량성과를 결정하기 위하여 사용하는 기지점은 지적기준점이어야 한다. 다만, 도면의 기지점이 정확하고 보존이 양호하여 기지점을 이용하여도 측량에 지장이 없다고 인정되는 축척 1200분의 1 이하의 지역에는 그러하지 아니하다.

④ 현형법(現形法)으로 지적측량의 성과를 결정하려면 경계점은 반드시 지적공부 등록당시의 축척으로 하며, 기지점을 기준으로 지상경계선과 도상경계선의 부합 여부를 확인하여야 한다.

풀이 **지적업무처리규정 제20조(현지측량방법 등)**

① 지적측량을 할 때에는 토지소유자 및 이해관계인을 입회시켜 측량에 필요한 질문을 하거나 참고자료의 제시를 요구할 수 있다.

② 지적측량결과도에는 토지소유자 및 이해관계인의 서명 · 전자서명 또는 날인을 받아야 한다. 다만, 토지소유자 및 이해관계인이 입회하지 못하는 경우와 입회는 하였으나 서명 또는 날인을 거부하는 때에는 그 사유를 기재하여야 한다.

③ 각종 인가 · 허가 등의 내용과 다르게 토지의 형질이 변경되었을 경우에는 그 변경된 토지의 현황대로 측량성과를 결정하여야 한다.

④ 세부측량성과를 결정하기 위하여 사용하는 기지점은 지적기준점이어야 한다. 다만, 도면의 기지점이 정확하고 보존이 양호하여 기지점을 이용하여도 측량에 지장이 없다고 인정되는 축척 1천분의 1 이하의 지역에는 그러하지 아니하다.

⑤ 제4항에 따른 지적기준점은 세부측량을 하기 전에 설치하여야 하며, 그 설치비용을 지적측량의뢰인에게 부담시켜서는 아니 된다. 다만, 「지적측량 시행규칙」 제6조제2항제1호 · 제2호 또는 제4호에 해당하는 경우, 51필지 이상 연속지 또는 집단지 세부측량시에 지적기준점을 설치할 경우 및 제4항 단서에 따른 기지점에

따라 세부측량을 할 지역에서 지적측량의뢰인이 지적기준점의 설치를 요구할 경우에는 그러하지 아니하다.

⑥ 지적확정측량지구 안에서 지적측량을 하고자 할 경우에는 종전에 실시한 지적확정측량성과를 참고하여 성과를 결정하여야 한다.

⑦ 지적측량을 완료한 때에는 분할 등록될 경계점의 위치 또는 경계복원점의 위치를 지적기준점·담장모서리 및 전신주 등 주위 고정물로부터 거리를 측정하여 지적측량의뢰인 및 이해관계인에게 확인시키고, 측량결과도 여백에 그 거리를 기재하거나 경위의측량방법에 따른 평면직각종횡선좌표 등 측정점의 위치설명도를 [예시1] 지적측량결과도 작성 예시 목록과 같이 작성하여야 한다. 다만, 주위 고정물이 없는 경우와 도로, 구거, 하천 등 연속·집단된 토지 등의 경우에는 작성을 생략할 수 있다.

⑧ 지적측량수행자는 지적측량자료조사 또는 지적측량결과, 지적공부의 토지의 표시에 잘못이 있음을 발견한 때에는 지체 없이 지적소관청에 관계자료 등을 첨부하여 문서로 통보하고, 지적측량의뢰인에게 그 내용을 통지하여야 한다.

⑨ 법원의 감정측량을 할 때에는 별표 2의 법원감정측량 처리절차에 따른다.

⑩ 전자평판측량에 따른 세부측량은 지적기준점을 기준으로 실시하여야 하며, 면적측정은 전산처리 방법에 따른다.

⑪ 제10항에 따른 세부측량 시 평판점의 이동거리는「지적측량 시행규칙」제2조제1항제3호에서 정한 지적도 근점표지의 점간거리 이내로 한다.

⑫ 지적기준점이 없는 지역에서 전자평판측량을 실시할 때에는 보존이 용이한 고정물을 선점하여 보조점으로 사용할 수 있다. 이 경우 설치된 보조점은 후속측량에 사용할 수 있도록 하여야 한다.

⑬ 현형법(現形法)으로 지적측량의 성과를 결정하려면 경계점은 반드시 지적공부 등록당시의 축척으로 하며, 기지점을 기준으로 지상경계선과 도상경계선의 부합여부를 확인하여야 한다.

⑭ 이미 작성되어 있는 지적측량파일을 이용하여 측량할 경우에는 기존 파일에서 지상경계선과 도상경계가 잘 부합되는 기지점과 신청토지 주변을 추가로 실측하여 성과를 결정하여야 한다.

⑮ 전자평판측량의 설치 및 표정방법은 다음 각 호에 따른다.

> 1. 토탈스테이션을 지적기준점 또는 보조점 위에 거치한 후 다른 지적기준점이나 고정물을 시준하고 수평각을 전자평판에서 $0°0'0''$로 세팅하여 관측을 준비한다.
> 2. 지적기준점 간의 거리는 2회 이상 측정하여 확인한다.
> 3. 연직각은 천정을 0으로 설정한다.

18 다음 중 행정구역선의 제도에 관한 설명으로 틀린 것은? (07년서울7급)

① 국계는 실선 4mm와 허선 3mm로 연결하고 실선 중앙에 1mm로 교차하며, 허선에 직경 0.3mm의 점 2개를 제도한다.

② 시·도계는 실선 4mm와 허선 2mm로 연결하고 실선 중앙에 1mm로 교차하며, 허선에 직경 0.3mm의 점 1개를 제도한다.

③ 시·군계는 실선과 허선을 각각 3mm로 연결하고, 허선에 직경 0.3mm의 점 2개를 제도한다.

④ 읍·면·구계는 실선 3mm와 허선 2mm로 연결하고, 허선에 직경 0.3mm의 점 1개를 제도한다.

⑤ 동·리계는 실선 4mm와 허선 2mm로 연결하여 제도한다.

풀이 지적업무처리규정 제44조(행정구역선의 제도)

① 도면에 등록할 행정구역선은 0.4밀리미터 폭으로 다음 각 호와 같이 제도한다. 다만, 동·리의 행정구역선은 0.2밀리미터 폭으로 한다.

정답 18 ⑤

행정구역	제도방법	내용
국계	← 4 → ← 3 → ... 0.3 ... 1	4밀리미터와 허선 3밀리미터로 연결하고 실선 중앙에 실선과 직각으로 교차하는 1밀리미터의 실선을 긋고, 허선에 직경 0.3밀리미터의 점 2개를 제도한다.
시·도계	← 4 → ← 2 → ... 0.3 ... 1	실선 4밀리미터와 허선 2밀리미터로 연결하고 실선 중앙에 실선과 직각으로 교차하는 1밀리미터의 실선을 긋고, 허선에 직경 0.3밀리미터의 점 1개를 제도한다.
시·군계	← 3 → ← 3 → ... 0.3	실선과 허선을 각각 3밀리미터로 연결하고, 허선에 0.3밀리미터의 점 2개를 제도한다.
읍·면·구계	← 3 → ← 2 → ... 0.3	실선 3밀리미터와 허선 2밀리미터로 연결하고, 허선에 0.3밀리미터의 점 1개를 제도한다.
동·리계	← 3 → ← 1 →	실선 3밀리미터와 허선 1밀리미터로 연결하여 제도한다.
행정구역선이 2종 이상 겹칠 때		행정구역선이 2종 이상 겹치는 경우에는 최상급 행정구역선만 제도한다.
행정구역의 명칭		도면여백의 대소에 따라 4~6mm의 크기로 경계 및 지적기준점 등을 피하여 같은 간격으로 띄어서 제도한다.
도로, 철도, 하천, 유지 등의 고유명칭		도로·철도·하천·유지 등의 고유명칭은 3~4mm의 크기로 같은 간격으로 띄어서 제도한다.

19 「지적업무처리규정」상 지적도 및 임야도 경계의 제도 방법 기준에 대한 설명으로 옳은 것은?

(17년지방9급)

① 1필지의 경계가 도곽선에 걸쳐 등록되어 있는 경우에는 도곽선 밖의 여백에 경계를 제도할 수 없다.
② 지적측량기준점 등이 매설된 토지를 분할하는 경우 그 토지가 작아서 제도하기가 곤란한 경우에는 그 도면의 여백에 당해 축척의 20배로 확대하여 제도할 수 있다.
③ 경계점좌표등록부시행지역의 도면에 등록하는 경계점 간 거리는 1.5mm 크기의 붉은색 아라비아숫자로 제도한다.
④ 경계는 0.1mm 폭의 선으로 제도한다.

풀이 지적업무처리규정 제41조(경계의 제도)
① 경계는 0.1밀리미터 폭의 선으로 제도한다.
② 1필지의 경계가 도곽선에 걸쳐 등록되어 있으면 도곽선 밖의 여백에 경계를 제도하거나, 도곽선을 기준으로 다른 도면에 나머지 경계를 제도한다. 이 경우 다른 도면에 경계를 제도할 때에는 지번 및 지목은 붉은색으로 표시한다.

정답 19 ④

③ 규칙 제69조제2항제4호에 따른 경계점좌표등록부 등록지역의 도면(경계점 간 거리등록을 하지 아니한 도면을 제외한다)에 등록할 경계점 간 거리는 검은색의 1.0~1.5밀리미터 크기의 아라비아숫자로 제도한다. 다만, 경계점 간 거리가 짧거나 경계가 원을 이루는 경우에는 거리를 등록하지 아니할 수 있다.

④ 지적기준점 등이 매설된 토지를 분할할 경우 그 토지가 작아서 제도하기가 곤란한 때에는 그 도면의 여백에 그 축척의 10배로 확대하여 제도할 수 있다.

20 「지적업무처리규정」상 지적소관청이 지적공부정리신청이 있는 때에 확인, 조사하여야 할 사항이 아닌 것은?

① 구비서류 및 수입증지의 첨부여부
② 토지의 이용현황
③ 관계법령의 저촉여부
④ 신청인의 신청권한 적법여부

풀이 지적업무처리규정 제50조(지적공부정리신청의 조사)

① 지적소관청은 법 제77조부터 제82조까지, 법 제84조, 법 제86조 및 법 제87조에 따른 지적공부정리신청이 있는 때에는 다음 각 호의 사항을 확인·조사하여 처리한다.

> 1. 신청서의 기재사항과 지적공부등록사항과의 부합여부
> 2. 관계법령의 저촉여부
> 3. 대위신청에 관하여는 그 권한대위의 적법여부
> 4. 구비서류 및 수입증지의 첨부여부
> 5. 신청인의 신청권한 적법여부
> 6. 토지의 이동사유
> 7. 그 밖에 필요하다고 인정되는 사항

② 접수된 서류를 보완 또는 반려한 때에는 지적업무정리부의 비고란에 그 사유를 붉은색으로 기재한다.

③ 지목변경 및 합병을 하여야 하는 토지가 있을 때와 등록전환에 따라 지목이 바뀔 때에는 다음 각 호의 사항을 확인·조사하여 별지 제6호 서식에 따른 현지조사서를 작성하여야 한다.

> 1. 토지의 이용현황
> 2. 관계법령의 저촉여부
> 3. 조사자의 의견, 조사연월일 및 조사자 직·성명

④ 분할 및 등록전환 측량성과도가 발급된 지 1년이 경과한 후 지적공부정리 신청이 있는 때에는 지적소관청은 다음 각 호의 사항을 확인·조사하여야 한다.

> 1. 측량성과와 현지경계의 부합여부
> 2. 관계법령의 저촉여부

01 「지적업무처리규정」상 용어에 대한 설명으로 옳은 것은?

① "기지점"이란 기초측량에서는 국가기준점 또는 지적기준점을 말하고, 세부측량에서는 국가기준점 또는 지적기준점 또는 지적도면상 필지를 구획하는 선의 경계점과 상호 부합되는 도상의 경계점을 말한다.

② "전자평판측량"이란 토탈스테이션과 지적측량 운영프로그램 등이 설치된 컴퓨터를 연결하여 기초측량을 수행하는 측량을 말한다.

③ "측량현형파일"이란 전자평판 및 위성측량방법으로 관측한 데이터 및 지적측량에 필요한 각종 정보가 들어있는 파일을 말한다.

④ "측량성과파일"이란 부동산종합공부시스템에서 지적측량 업무를 수행하기 위하여 도면 및 대장속성 정보를 추출한 파일을 말한다.

풀이 지적업무처리규정 제3조(정의)

이 규정에서 사용하는 용어의 뜻은 다음 각 호와 같다.

국가기준점	측량의 정확도를 확보하고 효율성을 높이기 위하여 국토교통부장관이 전 국토를 대상으로 주요 지점마다 정한 측량의 기본이 되는 측량기준점 **암기** ⊕리가 ⑪통이 심하면 ⊛⒥를 모아 ⊕⑱을 ⊕⑪ 번 해라	
	⊕주측지기준점	국가측지기준계를 정립하기 위하여 전 세계 초장거리간섭계와 연결하여 정한 기준점
	⑪성기준점	지리학적 경위도, 직각좌표 및 지구중심 직교좌표의 측정 기준으로 사용하기 위하여 대한민국 경위도원점을 기초로 정한 기준점
	⑪합기준점	지리학적 경위도, 직각좌표, 지구중심 직교좌표, 높이 및 중력 측정의 기준으로 사용하기 위하여 위성기준점, 수준점 및 중력점을 기초로 정한 기준점
	⊛력점	중력 측정의 기준으로 사용하기 위하여 정한 기준점
	⒥자기점 (地磁氣點)	지구자기 측정의 기준으로 사용하기 위하여 정한 기준점
	⊕준점	높이 측정의 기준으로 사용하기 위하여 대한민국 수준원점을 기초로 정한 기준점
	⑱해기준점	우리나라의 영해를 획정(劃定)하기 위하여 정한 기준점 〈삭제 2021.2.9.〉
	⊕로기준점	수로 조사 시 해양에서의 수평위치와 높이, 수심 측정 및 해안선 결정 기준으로 사용하기 위하여 위성기준점과 법 제6조제1항제3호의 기본수준면을 기초로 정한 기준점으로서 수로측량기준점, 기본수준점, 해안선기준점으로 구분 〈삭제 2021.2.9.〉
	⑪각점	지리학적 경위도, 직각좌표 및 지구중심 직교좌표 측정의 기준으로 사용하기 위하여 위성기준점 및 통합기준점을 기초로 정한 기준점
공공기준점	제17조제2항에 따른 공공측량시행자가 공공측량을 정확하고 효율적으로 시행하기 위하여 국가기준점을 기준으로 하여 따로 정하는 측량기준점	
	공공삼각점	공공측량 시 수평위치의 기준으로 사용하기 위하여 국가기준점을 기초로 하여 정한 기준점

공공기준점	공공수준점	공공측량 시 높이의 기준으로 사용하기 위하여 국가기준점을 기초로 하여 정한 기준점
지적기준점		특별시장·광역시장·특별자치시장·도지사 또는 특별자치도지사나 지적소관청이 지적측량을 정확하고 효율적으로 시행하기 위하여 국가기준점을 기준으로 하여 따로 정하는 측량기준점
	지적삼각점 (地籍三角點)	지적측량 시 수평위치 측량의 기준으로 사용하기 위하여 국가기준점을 기준으로 하여 정한 기준점
	지적삼각보조점 (地籍三角補助點)	지적측량 시 수평위치 측량의 기준으로 사용하기 위하여 국가기준점과 지적삼각점을 기준으로 하여 정한 기준점
	지적도근점 (地籍圖根點)	지적측량 시 필지에 대한 수평위치 측량 기준으로 사용하기 위하여 국가기준점, 지적삼각점, 지적삼각보조점 및 다른 지적도근점을 기초로 하여 정한 기준점
기지점 (旣知點)		기초측량에서는 국가기준점 또는 지적기준점을 말하고, 세부측량에서는 지적기준점 또는 지적도면상 필지를 구획하는 선의 경계점과 상호 부합되는 지상의 경계점을 말한다.
기지경계선 (旣知境界線)		세부 측량 성과를 결정하는 기준이 되는 기지점을 필지별로 직선으로 연결한 선을 말한다.
전자평판측량		토탈스테이션과 지적측량 운영 프로그램 등이 설치된 컴퓨터를 연결하여 세부 측량을 수행하는 측량을 말한다.
토탈스테이션		경위의 측량 방법에 따른 기초 측량 및 세부 측량에 사용되는 장비를 말한다.
지적측량파일		측량준비파일, 측량현형파일 및 측량성과파일을 말한다.
측량준비파일		부동산종합공부시스템에서 지적측량 업무를 수행하기 위하여 도면 및 대장속성 정보를 추출한 파일을 말한다.
측량현형(現形) 파일		전자평판측량 및 위성측량방법으로 관측한 데이터 및 지적측량에 필요한 각종 정보가 들어있는 파일을 말한다.
측량성과파일		전자평판측량 및 위성측량방법으로 관측 후 지적측량정보를 처리할 수 있는 시스템에 따라 작성된 측량결과도파일과 토지이동정리를 위한 지번, 지목 및 경계점의 좌표가 포함된 파일을 말한다.
측량부		기초측량 또는 세부측량성과를 결정하기 위하여 사용한 관측부, 계산부 등 이에 수반되는 기록을 말한다.

02 「지적업무처리규정」상 지적측량성과의 검사방법으로 옳지 않은 것은?

① 전자평판측량에 따른 측량성과 파일은 도형자료와 속성자료 간의 일치성과 유효성을 검증하기 위하여 지번중복 검증 및 도곽의 적정성 여부 검사를 실시한다.

② 지적소관청은 지적측량검사가 완료된 때에는 해당 측량성과 파일을 부동산종합공부시스템에 등록하여야 한다.

③ 지적소관청과 사전 협의를 한 경우에는 지적기준점성과와 지적공부를 정리하지 아니하는 세부측량성과를 동시에 검사할 수 있다.

④ 세부측량을 하기 전에 기초측량을 한 경우에는 미리 지적기준점성과에 대한 검사를 받은 후에 세부측량을 하여야 한다.

풀이 지적업무처리규정 제27조(지적측량성과의 검사방법 등)

① 지적측량수행자가 지적측량 성과검사를 요청하는 경우와 지적소관청이 지적측량 성과검사 결과를 통보하는 경우에는 정보시스템을 이용하여 처리할 수 있다.

② 세부측량(지적공부를 정리하지 아니하는 세부측량을 포함한다)을 하기 전에 기초측량을 한 경우에는 미리 지적기준점성과에 대한 검사를 받은 후에 세부측량을 하여야 한다. 다만, 지적소관청과 사전 협의를 한 경우에는 지적기준점성과와 세부측량성과(지적공부를 정리하지 아니하는 세부측량은 제외한다)를 동시에 검사할 수 있다.

③ 전자평판측량에 따른 측량성과 파일은 도형자료와 속성자료 간의 일치성과 유효성을 검증하기 위하여 다음 각 호의 사항을 실시하고 최종적으로 종번(終番) 검사를 실시하여야 한다.

> 1. 면적공차 초과 검증
> 2. 누락필지 및 원필지 중복객체 검증
> 3. 지번중복 검증 및 도곽의 적정성 여부 검사
> 4. 법정 리·동계 및 축척 간 접합 중복 검사
> 5. 폐쇄도면 중첩검사
> 6. 성과레이어 중첩검사
> 7. 이격거리 측정 및 필계점 좌표 확인
> 8. 측정점위치설명도 작성의 적정 여부
> 9. 주위필지와의 부합여부
> 10. 그 밖에 필요한 사항

④ 지적소관청은 지적측량검사가 완료된 때에는 해당 측량성과 파일을 부동산종합공부시스템에 등록하여야 한다.

⑤ 「지적측량 시행규칙」 제28조에 따른 측량성과의 검사방법은 다음 각 호와 같다.

> 1. 측량성과를 검사하는 때에는 측량자가 실시한 측량방법과 다른 방법으로 한다. 다만, 부득이한 경우에는 그러하지 아니한다.
> 2. 지적삼각점측량 및 지적삼각보조점측량은 신설된 점을, 지적도근점측량은 주요도선별로 지적도근점을 검사한다. 이 경우 후방교회법으로 검사할 수 있다. 다만, 구하고자 하는 지적기준점이 기지점과 같은 원주상에 있는 경우에는 그러하지 아니하다.
> 3. 세부측량결과를 검사할 때에는 새로 결정된 경계를 검사한다. 이 경우 측량성과 검사 시에 확인된 지역으로서 측량결과도만으로 그 측량성과가 정확하다고 인정되는 경우에는 현지측량검사를 하지 아니할 수 있다.
> 4. 면적측정검사는 필지별로 한다.
> 5. 측량성과 파일의 검사는 부동산종합공부시스템으로 한다.
> 6. 지적측량수행자와 동일한 전자측량시스템을 이용하여 세부측량시 측량성과의 정확성을 검사할 수 있다.

⑥ 시·도지사, 대도시 시장 또는 지적소관청은 측량성과를 검사하여 그 측량성과가 정확하다고 인정되는 경우에는 측량부·측량결과도·면적측정부 및 측량성과도에 별표 4의 측량성과검사 필인을 각각 날인하여야 한다.

⑦ 시·도지사, 대도시 시장 또는 지적소관청은 측량성과 검사결과 측량성과가 부정확하다고 판단되는 경우에는 제17조에 따라 지적측량수행자가 제출한 측량성과를 보완하도록 조치하고, 측량성과검사정리부에 그 사유를 기재한다. 이 경우 측량성과 검사결과 제26조제2호바목 본문에 해당되는 경우에는 지적측량수행자에게 측량성과에 관한 자료를 되돌려 주고 그 사유를 지적측량 성과검사 정리부 비고란에 붉은색으로 기재한다.

정답

03 「지적업무처리규정」상 관측각의 오차배부와 측량성과 확인에 대한 설명으로 옳지 않은 것은?

① 기지내각과 관측각의 차를 등분하여 배부한 다음 삼각형 내각의 합과 180도와의 차는 기지각을 포함한 각 각에 고르게 배부한다.

② 지적도근점측량성과와 기지경계선이 부합하지 아니할 경우에는 사용한 지적기준점 및 측량방법을 다르게 하여 지적도근점측량성과를 재확인하여야 한다.

③ 기지경계선의 부합여부를 확인한 결과 기지경계선이 같은 방향과 거리로 이동하여 등록되었음이 판명된 때에는 기지경계선 등록당시 지적도근점측량성과에 오류가 있는 것으로 보고, 지적소관청이 지적도근점측량성과에 그 이동수치를 가감하여 사용할 수 있다.

④ 오차배부에 나머지가 있는 경우 그 나머지는 90도에 가장 가까운 각에 배부한다.

풀이 **지적업무처리규정 제12조(관측각의 오차배부)**

연접한 여러 개의 삼각형 내각 전부를 관측한 경우 관측각의 오차배부는 다음 각 호에 따른다.

> 1. 기지내각과 관측각의 차를 등분하여 배부한 다음 삼각형 내각의 합과 180도와의 차는 기지각을 제외한 각 각에 고르게 배부한다.
> 2. 오차배부에 나머지가 있는 경우 그 나머지는 90도에 가장 가까운 각에 배부한다.

지적업무처리규정 제13조(지적도근점 측량성과의 확인)

① 지적도근점측량을 한 때에는 지적도근점측량성과와 기지경계선과의 부합여부를 도해적으로 확인하여야 한다. 이 경우 지적도근점측량성과와 기지경계선이 부합하지 아니할 경우에는 사용한 지적기준점 및 측량방법을 다르게 하여 지적도근점측량성과를 재확인하여야 한다.

② 제1항에 따라 기지경계선의 부합여부를 확인한 결과 기지경계선이 같은 방향과 거리로 이동하여 등록되었음이 판명된 때에는 기지경계선 등록당시 지적도근점측량성과에 오류가 있는 것으로 보고, 지적소관청이 지적도근점측량성과에 그 이동수치를 가감하여 사용할 수 있다. 이 경우 수정한 좌표는 지적도근점측량계산부 및 지적도근점성과표의 좌표란 윗부분에 붉은색으로 기재하여야 한다.

③ 지적소관청은 제2항에 따라 지적도근점성과를 가감하여 사용한 지역에는 별도로 별지 제2호 서식의 지적도근점성과 가감지역 관리대장을 작성하여 측량결과를 관리하여야 하며, 이를 지적측량수행자에게 통보하여야 한다.

04 「지적업무처리규정」상 지적도근점 측량성과의 확인에 대한 설명으로 옳지 않은 것은?

① 지적소관청은 지적도근점성과를 가감하여 사용한 지역에는 별도로 지적도근점성과 가감지역 관리대장을 작성하여 측량결과를 관리하여야 하며, 이를 지적측량수행자에게 통보하여야 한다.

② 기지경계선의 부합여부를 확인한 결과 기지경계선이 같은 방향과 거리로 이동하여 등록되었음이 판명된 때에는 지적소관청이 지적도근점측량성과에 그 이동수치를 가감하여 사용할 수 있다. 이 경우 수정한 좌표는 지적도근점측량계산부 및 지적도근점성과표의 좌표란 아랫부분에 붉은색으로 기재하여야 한다.

③ 도근점측량성과와 기지경계선이 부합하지 아니할 경우에는 사용한 지적기준점 및 측량방법을 다르게 하여 지적도근점측량성과를 재확인하여야 한다.

④ 지적도근점측량을 한 때에는 지적도근점측량성과와 기지경계선과의 부합여부를 도해적으로 확인하여야 한다.

[풀이] **지적업무처리규정 제13조(지적도근점 측량성과의 확인)**

① 지적도근점측량을 한 때에는 지적도근점측량성과와 기지경계선과의 부합여부를 도해적으로 확인하여야 한다. 이 경우 지적도근점측량성과와 기지경계선이 부합하지 아니할 경우에는 사용한 지적기준점 및 측량방법을 다르게 하여 지적도근점측량성과를 재확인하여야 한다.

② 제1항에 따라 기지경계선의 부합여부를 확인한 결과 기지경계선이 같은 방향과 거리로 이동하여 등록되었음이 판명된 때에는 기지경계선 등록당시 지적도근점측량성과에 오류가 있는 것으로 보고, 지적소관청이 지적도근점측량성과에 그 이동수치를 가감하여 사용할 수 있다. 이 경우 수정한 좌표는 지적도근점측량계산부 및 지적도근점성과표의 좌표란 윗부분에 붉은색으로 기재하여야 한다.

③ 지적소관청은 제2항에 따라 지적도근점성과를 가감하여 사용한 지역에는 별도로 별지 제2호 서식의 지적도근점성과 가감지역 관리대장을 작성하여 측량결과를 관리하여야 하며, 이를 지적측량수행자에게 통보하여야 한다.

05 「지적업무처리규정」상 지적확정측량과 시가지지역의 축척변경측량의 측량방법이 아닌 것은?

① 경위의측량방법
② 전파기 또는 광파기측량방법
③ 전자평판측량방법
④ 위성측량방법

[풀이] **지적업무처리규정 제14조(지적측량의 방법)**

① 법 제86조제1항에 따른 지적확정측량과 시가지지역의 축척변경측량은 경위의측량방법, 전파기 또는 광파기측량방법 및 위성측량방법에 따른다.

② 「지적측량 시행규칙」 제7조제1항제4호에 따른 세부측량은 지적기준점 또는 경계점을 이용하여 전자평판측량 방법으로 할 수 있다.

06 도시개발사업 등의 착수 또는 변경신고가 있는 때에 지적소관청이 확인하여야 하는 사항으로 가장 옳지 않은 것은?

① 지번별 조서와 지적공부등록사항과의 부합여부
② 착수 전 각종 집계의 정확여부
③ 측량결과도 또는 경계점좌표와 새로이 작성된 지적도와의 부합여부
④ 지번별 조서 · 지적(임야)도와 사업계획도와의 부합여부

[풀이] **공간정보의 구축 및 관리 등에 관한 법률 시행규칙 제95조(도시개발사업 등의 신고)**

① 법 제86조제1항 및 영 제83조제2항에 따른 도시개발사업 등의 착수 또는 변경의 신고를 하려는 자는 별지 제81호 서식의 도시개발사업 등의 착수(시행) · 변경 · 완료 신고서에 다음 각 호의 서류를 첨부하여야 한다. 다만, 변경신고의 경우에는 변경된 부분으로 한정한다. **암기** [인][지][도]

> 1. 사업[인]가서
> 2. [지]번별 조서
> 3. 사업계획[도]

② 법 제86조제1항 및 영 제83조제2항에 따른 도시개발사업 등의 완료신고를 하려는 자는 별지 제81호 서식의 신청서에 다음 각 호의 서류를 첨부하여야 한다. 이 경우 지적측량수행자가 지적소관청에 측량검사를 의뢰하면서 미리 제출한 서류는 첨부하지 아니할 수 있다. **암기** [확][종][지][환]

정답 05 ③ 06 ③

1. **확**정될 토지의 지번별 조서 및 **종**전 토지의 **지**번별 조서
2. 환지처분과 같은 효력이 있는 고시된 **환**지계획서. 다만, 환지를 수반하지 아니하는 사업인 경우에는 사업의 완료를 증명하는 서류를 말한다.

지적업무처리규정 제58조(도시개발 등의 사업신고)

① 지적소관청은 규칙 제95조제1항에 따른 도시개발사업 등의 착수(시행) 또는 변경신고가 있는 때에는 다음 각 호에 따라 처리한다.

1. 다음 각 목의 사항을 확인한다. **암기** **지**공**부 지사부 수집부**

   가. **지**번별 조서와 지적**공**부등록사항과의 **부**합 여부
   나. **지**번별 조서 · 지적(임야)도와 **사**업계획도와의 **부**합 여부
   다. 착**수** 전 각종 **집**계의 정확 여**부**

2. 제1호에 따라 서류의 확인이 완료된 때에는 지체 없이 지적공부에 그 사유를 정리하여야 한다.

② 지적소관청은 규칙 제95조제2항에 따라 도시개발사업 등의 완료신고가 있는 때에는 다음 각 호에 따라 처리한다.

1. 다음 각 목의 사항을 확인한다. **암기** **지연환부 지공환부 측경지부 종소등부**

   가. 확정될 토지의 **지**번별 조서와 **면**적측정부 및 **환**지계획서의 **부**합 여부
   나. 종전토지의 **지**번별 조서와 지적**공**부등록사항 및 **환**지계획서의 **부**합 여부
   다. **측**량결과도 또는 **경**계점좌표와 새로이 작성된 **지**적도와의 **부**합 여부
   라. **종**전토지 **소**유명의인 동일 여부 및 종전토지 **등**기부에 소유권등기 이외의 다른 등기사항이 없는지 여**부**
   마. 그 밖에 필요한 사항

2. 제1호에 따른 서류의 확인이 완료된 때에는 확정될 토지의 지번별 조서에 따라 토지대장을, 측량성과에 따라 경계점좌표등록부 등을 작성한다. 이 경우 토지대장에 등록하는 소유자의 성명 또는 명칭과 등록번호 및 주소는 환지계획서에 따르되, 소유자의 **변동일자와 변동원인**은 다음 각 목에 따라 정리한다.

   가. 소유자변동일자 : 환지처분 또는 사업준공 인가일자(환지처분을 아니할 경우에만 해당한다)
   나. 소유자변동원인 : 환지 또는 지적확정(환지처분을 아니하는 경우에만 해당한다)

3. 지적공부의 작성이 완료된 때에는 새로 지적공부가 확정 시행됨을 7일 이상 시 · 군 · 구 게시판 또는 홈페이지 등에 게시한다.

4. 도시개발사업 등의 완료로 인하여 폐쇄되는 지적공부는 폐쇄사유를 그 지적공부에 정리하고 별도로 영구 보관한다.

07 「지적업무처리규정」상 측량성과도의 발급과 지적측량성과 파일 검사에 대한 설명으로 옳지 않은 것은?

① 지적소관청은 지적측량을 완료한 때에는 지적공부를 정리하기 위한 측량준비파일과 측량현형파일을 작성하여 지적소관청에 제출하여야 한다.

② 지적소관청은 지적측량성과도를 발급한 토지에는 지적공부정리 신청여부를 조사하여 필요한 조치를 하여야 한다.

③ 측량성과도를 정보시스템으로 작성한 경우 측량의뢰인이 파일로 제공할 것을 요구하면 편집이 불가능한 파일형식으로 변환하여 측량성과를 파일로 제공할 수 있다.

④ 지적소관청은 지적측량성과 파일의 정확성 여부를 부동산종합공부시스템에 따라 검사할 수 있다.

> **풀이** 지적업무처리규정 제29조(측량성과도의 발급 등)
> ① 「지적측량 시행규칙」 제28조제2항제2호에 따라 시·도지사 및 대도시 시장으로부터 지적측량성과 검사결과 측량성과가 정확하다고 통지를 받은 지적소관청은 「지적측량 시행규칙」 제28조제2항제3호에 따라 측량성과 및 지적측량성과도를 지적측량수행자에게 발급하여야 한다.
> ② 「지적측량 시행규칙」 제28조제1항의 경계복원측량과 지적현황측량을 완료하고 발급한 측량성과도와 「지적측량 시행규칙」 제28조제2항제3호 전단에 따른 측량성과도를 지적측량수행자가 지적측량의뢰인에게 송부하고자 하는 때에는 지체 없이 인터넷 등 정보통신망 또는 등기우편으로 송달하거나 직접 발급하여야 한다.
> ③ 측량성과도를 정보시스템으로 작성한 경우 측량의뢰인이 파일로 제공할 것을 요구하면 편집이 불가능한 파일형식으로 변환하여 측량성과를 파일로 제공할 수 있다.
> ④ 지적소관청은 제20조제3항에 따라 측량성과를 결정한 경우에는 그 측량성과에 따라 각종 인가·허가 등이 변경되어야 지적공부정리신청을 할 수 있다는 뜻을 지적측량성과도에 표시하고, 지적측량의뢰인에게 알려야 한다.
> ⑤ 지적소관청은 지적측량성과도를 발급한 토지에는 지적공부정리 신청여부를 조사하여 필요한 조치를 하여야 한다.
>
> 지적업무처리규정 제30조(지적측량성과 파일 검사)
> ① 지적측량수행자가 지적측량을 완료한 때에는 지적공부를 정리하기 위한 측량성과파일과 측량현형파일을 작성하여 지적소관청에 제출하여야 한다.
> ② 지적소관청은 지적측량성과 파일의 정확성 여부를 검사하여야 한다. 이 경우 부동산종합공부시스템에 따라 검사할 수 있다.

08 「지적업무처리규정」상 중앙지적위원회의 의안 제출에 대한 설명으로 옳지 않은 것은?

① 국토교통부장관, 시·도지사, 지적소관청은 토지등록업무의 개선 및 지적측량기술의 연구·개발 등의 장기계획안을 중앙지적위원회에 제출할 수 있다.

② 공사에 소속된 지적측량기술자는 공사 사장에게, 공간정보산업협회에 소속된 지적측량기술자는 공간정보산업협회장에게 중·단기 계획안을 제출할 수 있다.

③ 국토교통부장관은 의결된 결과를 송부받은 때에는 이를 시행하기 위하여 필요한 조치를 하여야 하고, 중·단기계획 제출자에게는 그 의결 결과를 통지하여야 한다.

④ 중앙지적위원회는 안건이 접수된 때에는 위원회의 회의를 소집하여 안건 접수일로부터 60일 이내에 심의·의결하고, 그 의결 결과를 지체 없이 국토교통부장관에게 송부하여야 한다.

[풀이] **지적업무처리규정 제32조(중앙지적위원회의 의안제출)**

① 국토교통부장관, 시 · 도지사, 지적소관청은 토지등록업무의 개선 및 지적측량기술의 연구 · 개발 등의 장기 계획안을 중앙지적위원회에 제출할 수 있다.

② 공사에 소속된 지적측량기술자는 공사 사장에게, 공간정보산업협회에 소속된 지적측량기술자는 공간정보산업협회장에게 제1항에 따른 중 · 단기 계획안을 제출 할 수 있다.

③ 국토교통부장관은 제2항에 따른 안건이 접수된 때에는 그 계획안을 검토하여 중앙지적위원회에 회부하여야 한다.

④ 중앙지적위원회는 제1항 및 제3항에 따른 안건이 접수된 때에는 영 제21조에 따라 위원회의 회의를 소집하여 안건 접수일로부터 30일 이내에 심의 · 의결하고, 그 의결 결과를 지체 없이 국토교통부장관에게 송부하여야 한다.

⑤ 국토교통부장관은 제4항에 따라 의결된 결과를 송부받은 때에는 이를 시행하기 위하여 필요한 조치를 하여야 하고, 중 · 단기계획 제출자에게는 그 의결 결과를 통지하여야 한다.

09 「지적업무처리규정」상 세부측량 시 검사항목에 해당하지 않는 것은?

① 경계점 간 계산거리(도상거리)와 실측거리의 부합여부

② 기지점과 지상경계와의 부합여부

③ 계산의 정확여부

④ 측량준비도 및 측량결과도 작성의 적정여부

[풀이] **지적업무처리규정 제26조(지적측량성과의 검사항목)** [암기] [기][지][각][정][준][여][부] [기][준][점][계][정][여][부]

「지적측량 시행규칙」 제28조제2항에 따른 지적측량성과검사를 할 때에는 다음 각 호의 사항을 검사하여야 한다.

기초측량	세부측량
가. [기]지점사용의 적정여부 나. [지]적기준점설치망 구성의 적정여부 다. 관측[각] 및 거리측정의 정확여부 라. 계산의 [정]확여부 마. 지적기[준]점 선점 및 표지설치의 정확여부 바. 지적기준점성과와 기지경계선과의 부합 [여][부]	가. [기]지점사용의 적정여부 나. 측량[준]비도 및 측량결과도 작성의 적정여부 다. 기지[점]과 지상경계와의 부합여부 라. 경계점 간 [계]산거리(도상거리)와 실측거리의 부합여부 마. 면적측정의 [정]확여부 바. 관계법령의 분할제한 등의 저촉 [여][부]. 다만, 제20조제3항(각종 인가 · 허가 등의 내용과 다르게 토지의 형질이 변경되었을 경우에는 그 변경된 토지의 현황대로 측량성과를 결정하여야 한다.)은 제외한다.

[정답] 09 ③

10 「지적업무처리규정」상 지적측량결과도의 작성에 대한 설명으로 옳지 않은 것은?

① 지적측량업자가 폐업하는 경우에는 보관 중인 측량결과도 원본(전자측량시스템으로 작성한 전산파일을 포함한다)과 지적측량 프로그램을 지적소관청에 제출하여야 한다.

② 측량결과도의 보관은 지적소관청은 연도별, 측량종목별, 지적공부정리 일자별, 동·리별로, 지적측량수행자는 연도별, 동·리별로, 지번 순으로 편철하여 보관하여야 한다.

③ 지적측량수행자 및 지적측량검사자는 지적측량결과도상의 측량준비도, 측량결과도, 측량성과작성도, 도면 등의 작성, 확인 및 검사란에 날인 또는 서명을 하여야 한다. 이 경우 서명은 정자로 한다.

④ 지적측량수행자는 전자평판측량으로 측량을 하여 작성된 지적측량파일을 데이터베이스에 저장하여 후속 측량자료 및 민원업무에 활용할 수 있도록 관리하여야 하며, 지적측량파일은 월 1회 이상 데이터를 백업하여 보관하여야 한다.

풀이 **지적업무처리규정 제25조(지적측량결과도의 작성 등)**

① 「지적측량 시행규칙」 제26조에 따른 측량결과도(세부측량을 실시한 결과를 작성한 측량도면을 말한다)는 도면용지 또는 전자측량시스템을 사용하여 예시 1의 지적측량결과도 작성 예시에 따라 작성하고, 측량결과도를 파일로 작성한 때에는 데이터베이스에 저장하여 관리할 수 있다. 다만, 경위의측량방법으로 실시한 지적측량결과를 별표 제7호 또는 제8호 서식으로 작성할 경우에는 다음 각 호의 사항을 별도 작성·관리·검사요청 하여야 한다.

> 1. 경계점(지적측량기준점) 좌표
> 2. 기지점 계산
> 3. 경계점(보조점) 관측 및 좌표 계산
> 4. 교차점 계산
> 5. 면적 지정분할 계산
> 6. 좌표면적 및 점간거리
> 7. 면적측정부

② 지적측량수행자 및 지적측량검사자는 지적측량결과도상의 측량준비도, 측량결과도, 측량성과도작성, 도면 등의 작성, 확인 및 검사란에 날인 또는 서명을 하여야 한다. 이 경우 서명은 정자(正字)로 하여야 한다.

③ 측량결과도의 보관은 지적소관청은 연도별, 측량종목별, 지적공부정리 일자별, 동·리별로, 지적측량수행자는 연도별, 동·리별로, 지번 순으로 편철하여 보관하여야 한다.

④ 지적측량업자가 폐업하는 경우에는 보관 중인 측량결과도 원본(전자측량시스템으로 작성한 전산파일을 포함한다)과 지적측량 프로그램을 시·도지사에게 제출하여야 하며, 시·도지사는 해당 지적소관청에 측량결과도 원본을 보내주어야 한다.

⑤ 지적측량수행자는 전자평판측량으로 측량을 하여 작성된 지적측량파일을 데이터베이스에 저장하여 후속 측량자료 및 민원업무에 활용할 수 있도록 관리하여야 하며, 지적측량파일은 월 1회 이상 데이터를 백업하여 보관하여야 한다.

11 「지적업무처리규정」상 도시개발사업 등의 완료신고 시 확인하여야 할 사항이 아닌 것은?

① 측량결과도 또는 경계점좌표와 새로이 작성된 지적도와의 부합여부
② 확정될 토지의 지번별 조서와 면적측정부 및 환지계획서의 부합여부
③ 종전토지 소유명의인 동일여부 및 종전토지 등기부에 소유권등기 이외의 다른 등기사항이 없는지 여부
④ 지번별 조서와 지적공부등록사항과의 부합여부

풀이 지적업무처리규정 제58조(도시개발 등의 사업신고)

① 지적소관청은 규칙 제95조제1항에 따른 도시개발사업 등의 착수(시행) 또는 변경신고가 있는 때에는 다음 각 호에 따라 처리한다.

1. 다음 각 목의 사항을 확인한다. **암기** ㉠㉤㉦㉨㉥㉞㉣㉕

> 가. ㉨번별 조서와 지적㉦부등록사항과의 ㉥합 여부
> 나. ㉨번별 조서 · 지적(임야)도와 ㉨업계획도와의 ㉥합 여부
> 다. 착㉥ 전 각종 ㉣계의 정확 여㉥

2. 제1호에 따라 서류의 확인이 완료된 때에는 지체 없이 지적공부에 그 사유를 정리하여야 한다.

② 지적소관청은 규칙 제95조제2항에 따라 도시개발사업 등의 완료신고가 있는 때에는 다음 각 호에 따라 처리한다.

1. 다음 각 목의 사항을 확인한다. **암기** ㉨㉰㉮㉥ ㉨㉦㉮㉥ ㉰㉰㉨㉥ ㉰㉮㉣㉥

> 가. 확정될 토지의 ㉨번별 조서와 ㉰적측정부 및 ㉮지계획서의 ㉥합 여부
> 나. 종전토지의 ㉨번별 조서와 지적㉦부등록사항 및 ㉮지계획서의 ㉥합 여부
> 다. ㉰량결과도 또는 ㉰계점좌표와 새로이 작성된 ㉨적도와의 ㉥합 여부
> 라. ㉰전토지 ㉮유명의인 동일 여부 및 종전토지 ㉣기부에 소유권등기 이외의 다른 등기사항이 없는지 여㉥
> 마. 그 밖에 필요한 사항

2. 제1호에 따른 서류의 확인이 완료된 때에는 확정될 토지의 지번별 조서에 따라 토지대장을, 측량성과에 따라 경계점좌표등록부 등을 작성한다. 이 경우 토지대장에 등록하는 소유자의 성명 또는 명칭과 등록번호 및 주소는 환지계획서에 따르되, 소유자의 변동일자와 변동원인은 다음 각 목에 따라 정리한다.

> 가. 소유자변동일자 : 환지처분 또는 사업준공 인가일자(환지처분을 아니할 경우에만 해당한다)
> 나. 소유자변동원인 : 환지 또는 지적확정(환지처분을 아니하는 경우에만 해당한다)

3. 지적공부의 작성이 완료된 때에는 새로 지적공부가 확정 시행됨을 7일 이상 시 · 군 · 구 게시판 또는 홈페이지 등에 게시한다.

4. 도시개발사업 등의 완료로 인하여 폐쇄되는 지적공부는 폐쇄사유를 그 지적공부에 정리하고 별도로 영구 보관한다.

12 「지적업무처리규정」상 도곽선의 제도에 대한 설명으로 옳지 않은 것은?

① 도면에 등록하는 도곽선은 1mm의 폭으로, 도곽선의 수치는 도곽선 왼쪽 아랫부분과 오른쪽 윗부분의 종횡선교차점 바깥쪽에 2mm 크기의 아라비아숫자로 제도한다.

② 도곽의 구획은 좌표의 원점을 기준으로 하여 정하되, 그 도곽의 종횡선수치는 좌표의 원점으로부터 기산하여 종횡선수치를 각각 가산한다.

③ 도면의 위 방향은 항상 북쪽이 되어야 한다.

④ 지적도의 도곽 크기는 가로 40cm, 세로 50cm의 직사각형으로 한다.

풀이 지적업무처리규정 제40조(도곽선의 제도)
① 도면의 위 방향은 항상 북쪽이 되어야 한다.
② 지적도의 도곽 크기는 가로 40센티미터, 세로 30센티미터의 직사각형으로 한다.
③ 도곽의 구획은 영 제7조제3항 각 호에서 정한 좌표의 원점을 기준으로 하여 정하되, 그 도곽의 종횡선수치는 좌표의 원점으로부터 기산하여 영 제7조제3항에서 정한 종횡선수치를 각각 가산한다.
④ 이미 사용하고 있는 도면의 도곽크기는 제2항에도 불구하고 종전에 구획되어 있는 도곽과 그 수치로 한다.
⑤ 도면에 등록하는 도곽선은 0.1밀리미터의 폭으로, 도곽선의 수치는 도곽선 왼쪽 아랫부분과 오른쪽 윗부분의 종횡선교차점 바깥쪽에 2밀리미터 크기의 아라비아숫자로 제도한다.

13 「지적업무처리규정」상 행정구역선의 제도에 대한 설명으로 옳은 것은?

① 시 · 군계는 실선 3mm와 허선 3mm로 연결하고, 허선에 0.2mm의 점 2개를 제도한다.

② 국계는 실선 4mm와 허선 3mm로 연결하고 실선 중앙에 실선과 직각으로 교차하는 1mm의 실선을 긋고, 허선에 직경 0.2mm의 점 2개를 제도한다.

③ 시 · 도계는 실선 4mm와 허선 2mm로 연결하고 실선 중앙에 실선과 직각으로 교차하는 1mm의 실선을 긋고, 허선에 직경 0.2mm의 점 1개를 제도한다.

④ 도면에 등록할 행정구역선은 0.4mm 폭으로 제도한다. 다만 동 · 리의 행정구역선은 0.2mm 폭으로 한다.

① 도면에 등록할 행정구역선은 0.4밀리미터 폭으로 다음 각 호와 같이 제도한다. 다만, 동·리의 행정구역선은 0.2밀리미터 폭으로 한다.

행정구역	제도방법	내용
국계	←4→←3→ ... 0.3 ... 1	4밀리미터와 허선 3밀리미터로 연결하고 실선 중앙에 실선과 직각으로 교차하는 1밀리미터의 실선을 긋고, 허선에 직경 0.3밀리미터의 점 2개를 제도한다.
시·도계	←4→←2→ ... 0.3 ... 1	실선 4밀리미터와 허선 2밀리미터로 연결하고 실선 중앙에 실선과 직각으로 교차하는 1밀리미터의 실선을 긋고, 허선에 직경 0.3밀리미터의 점 1개를 제도한다.
시·군계	←3→←3→ ... 0.3	실선과 허선을 각각 3밀리미터로 연결하고, 허선에 0.3밀리미터의 점 2개를 제도한다.
읍·면·구계	←3→←2→ ... 0.3	실선 3밀리미터와 허선 2밀리미터로 연결하고, 허선에 0.3밀리미터의 점 1개를 제도한다.
동·리계	←3→←1→ ...	실선 3밀리미터와 허선 1밀리미터로 연결하여 제도한다.
행정구역선이 2종 이상 겹칠 때		행정구역선이 2종 이상 겹치는 경우에는 최상급 행정구역선만 제도한다.
행정구역의 명칭		도면여백의 대소에 따라 4~6mm의 크기로 경계 및 지적기준점 등을 피하여 같은 간격으로 띄어서 제도한다.
도로, 철도, 하천, 유지 등의 고유명칭		도로·철도·하천·유지 등의 고유명칭은 3~4mm의 크기로 같은 간격으로 띄어서 제도한다.

14 「지적업무처리규정」상 도시개발 등의 사업신고에 대한 설명으로 옳지 않은 것은?

① 소유자변동원인은 환지처분 또는 사업준공 인가일자에 따르고 소유자변동일자는 환지 또는 지적확정에 따라 정리한다.

② 도시개발사업 등의 완료로 인하여 폐쇄되는 지적공부는 폐쇄사유를 그 지적공부에 정리하고 별도로 영구 보관한다.

③ 토지대장에 등록하는 소유자의 성명 또는 명칭과 등록번호 및 주소는 환지계획서에 따른다.

④ 도시개발사업 등의 착수(시행) 또는 변경고시 시 서류의 확인의 완료된 때에는 지체 없이 지적공부에 그 사유를 정리하여 한다.

① 지적소관청은 규칙 제95조제1항에 따른 도시개발사업 등의 착수(시행) 또는 변경신고가 있는 때에는 다음 각 호에 따라 처리한다.

　1. 다음 각 목의 사항을 확인한다. 　암기　 ㉘공㉔ ㉘㉚㉔ ㉙㉛㉔

　　가. ㉘번별 조서와 지적㉓부등록사항과의 ㉘합 여부
　　나. ㉘번별 조서·지적(임야)도와 ㉚업계획도와의 ㉘합 여부
　　다. 착㉙ 전 각종 ㉛계의 정확 여㉔

　2. 제1호에 따라 서류의 확인이 완료된 때에는 지체 없이 지적공부에 그 사유를 정리하여야 한다.

② 지적소관청은 규칙 제95조제2항에 따라 도시개발사업 등의 완료신고가 있는 때에는 다음 각 호에 따라 처리한다.

　1. 다음 각 목의 사항을 확인한다. 　암기　 ㉘㉚㉘㉔ ㉘공㉘㉔ ㉛㉕㉘㉔ ㉗㉙㉕㉔

　　가. 확정될 토지의 ㉘번별 조서와 ㉙적측정부 및 ㉘지계획서의 ㉘합 여부
　　나. 종전토지의 ㉘번별 조서와 지적㉓부등록사항 및 ㉘지계획서의 ㉘합 여부
　　다. ㉛량결과도 또는 ㉕계점좌표와 새로이 작성된 ㉘적도와의 ㉘합 여부
　　라. ㉗전토지 ㉙유명의인 동일 여부 및 종전토지 ㉕기부에 소유권등기 이외의 다른 등기사항이 없는 지 여㉔
　　마. 그 밖에 필요한 사항

　2. 제1호에 따른 서류의 확인이 완료된 때에는 확정될 토지의 지번별 조서에 따라 토지대장을, 측량성과에 따라 경계점좌표등록부 등을 작성한다. 이 경우 토지대장에 등록하는 소유자의 성명 또는 명칭과 등록번호 및 주소는 환지계획서에 따르되, 소유자의 변동일자와 변동원인은 다음 각 목에 따라 정리한다.

　　가. 소유자변동일자 : 환지처분 또는 사업준공 인가일자(환지처분을 아니할 경우에만 해당한다)
　　나. 소유자변동원인 : 환지 또는 지적확정(환지처분을 아니하는 경우에만 해당한다)

　3. 지적공부의 작성이 완료된 때에는 새로 지적공부가 확정 시행됨을 7일 이상 시·군·구 게시판 또는 홈페이지 등에 게시한다.

　4. 도시개발사업 등의 완료로 인하여 폐쇄되는 지적공부는 폐쇄사유를 그 지적공부에 정리하고 별도로 영구 보관한다.

15 「지적업무처리규정」상 평판측량방법 또는 전자평판측량방법으로 세부측량을 하는 때에 대한 설명으로 옳은 것은?

① 전자평판측량을 이용한 지적측량결과도의 작성방법에서 측정점의 표시는 측량자의 경우 붉은색 짧은 십자선(+)으로 표시하고, 검사자는 삼각형(△)으로 표시하며, 각 측정점은 붉은색 점선으로 연결한다.

② 평판점의 결정 및 방위표정에 사용한 기지점은 평판이동순서에 따라 부$_1$, 부$_2$로 표시한다.

③ 평판점의 결정 및 방위표정에 사용한 기지점을 표시할 때 검사자는 1.5mm와 3mm 2중 삼각형으로 표시한다.

④ 평판점의 결정 및 방위표정에 사용한 평판점을 표시할 때 측량자는 1mm와 2mm의 검은색 원으로 표시한다.

풀이 **지적업무처리규정 제24조(측량기하적)**

① 평판측량방법 또는 전자평판측량방법으로 세부측량을 하는 때에는 측량준비파일에 측량한 기하적(幾何跡)을 다음 각 호와 같이 작성하여야 하며, 부득이한 경우 지적측량준비도에 연필로 표시할 수 있다.

> 1. 평판점·측정점 및 방위표정에 사용한 기지점 등에는 방향선을 긋고 실측한 거리를 기재한다. 이 경우 측정점의 방향선 길이는 측정점을 중심으로 약 1센티미터로 표시한다. 다만, 전자측량시스템에 따라 작성할 경우 필지선이 복잡한 때는 방향선과 측정거리를 생략할 수 있다.
> 2. 평판점은 측량자는 직경 1.5밀리미터 이상 3밀리미터 이하의 검은색 원으로 표시하고, 검사자는 1변의 길이가 2밀리미터 이상 4밀리미터 이하의 삼각형으로 표시한다. 이 경우 평판점 옆에 평판이동순서에 따라 부$_1$, 부$_2$ …으로 표시한다.
> 3. 평판점의 결정 및 방위표정에 사용한 기지점은 측량자는 직경 1밀리미터와 2밀리미터의 2중 원으로 표시하고, 검사자는 1변의 길이가 2밀리미터와 3밀리미터의 2중 삼각형으로 표시한다.
> 4. 평판점과 기지점 사이의 도상거리와 실측거리를 방향선상에 다음과 같이 기재한다.
>
> | (측 량 자) | (검 사 자) |
> |---|---|
> | $\dfrac{(도상거리)}{실측거리}$ | $\dfrac{\triangle(도상거리)}{\triangle 실측거리}$ |
>
> 5. 측량대상토지에 지상구조물 등이 있는 경우와 새로이 설정하는 경계에 지상건물 등이 걸리는 경우에는 그 위치현황을 표시하여야 한다. 다만, 영 제55조제4항제2호와 제3호의 규정에 의해 분할하는 경우에는 그러하지 아니하다.

② 경위의측량방법으로 세부측량을 하려면 지상건물 등의 위치현황표시는 제1항제5호를 준용한다.

③ 「지적측량 시행규칙」 제26조제1항제6호 및 같은 조 제2항제7호에 따른 **측량대상토지의 점유현황선은 붉은색 점선으로 표시한다.**

④ 「지적측량 시행규칙」 제26조 및 이 규정 제29조에 따른 측량결과도의 문자와 숫자는 레터링 또는 전자측량시스템에 따라 작성한다.

⑤ 전자평판측량을 이용한 지적측량결과도의 작성방법은 다음 각 호와 같다.

> 1. 관측한 측정점의 오른쪽 상단에는 측정거리를 표시하여야 한다. 다만, 소축척 등으로 식별이 불가능한 때에는 방향선과 측정거리를 생략할 수 있다.
> 2. 측정점의 표시는 측량자의 경우 붉은색 짧은 십자선(+)으로 표시하고, 검사자는 삼각형(△)으로 표시하며, 각 측정점은 붉은색 점선으로 연결한다.
> 3. 지적측량결과도 상단 중앙에 "전자평판측량"이라 표기하고, 상단 오른쪽에 측량성과파일명을 표기하여야 하며, 측량성과파일에는 측량성과 결정에 관한 모든 사항이 수록되어 있어야 한다.
> 4. 측량결과의 파일 형식은 표준화된 공통포맷을 지원할 수 있어야 하며, 측량결과에 대한 측량파일 코드 일람표는 별표 3과 같다.
> 5. 이미 작성되어 있는 지적측량파일을 이용하여 측량할 경우에는 기존 측량파일 코드의 내용·규격·도식은 파란색으로 표시한다.

16 「지적업무처리규정」상 옳지 않은 것은?

① 지번변경을 수반한 행정관할구역변경은 시행일에 임시자료를 생성하여 일일마감을 완료한 후 처리한다.

② 도시개발사업 사업신고에서 지적공부의 작성이 완료된 때에는 새로 지적공부가 확정 시행됨을 7일이상 시군구게시판 또는 홈페이지 등에 게시한다.

③ 도시개발사업 사업신고에서 확정될 토지의 지번별 조서에 따라 토지대장을, 측량성과에 따라 경계점좌표등록부를 작성한다.

④ 도시개발사업 사업신고에서 토지대장의 소유자의 성명 또는 명칭과 등록번호 및 주소는 환지계획서에 따른다.

풀이 **지적업무처리규정 제57조(행정구역변경)**

① 행정구역 변경은 다음 각 호의 어느 하나에 해당하는 경우에 할 수 있다.

> 1. 행정구역명칭변경
> 2. 행정관할구역변경
> 3. 지번변경을 수반한 행정관할구역변경

② 지적소관청은 제1항제3호에 따른 지번변경을 수반한 행정관할구역변경은 시행일 이전에 행정구역변경 임시자료를 생성하여 시행일 전일에 일일마감을 완료한 후 처리한다.

지적업무처리규정 제58조(도시개발 등의 사업신고)

① 지적소관청은 규칙 제95조제1항에 따른 도시개발사업 등의 착수(시행) 또는 변경신고가 있는 때에는 다음 각 호에 따라 처리한다.

1. 다음 각 목의 사항을 확인한다. **암기** ㉛㉢㉣ ㉛㉚㉣ ㉗㉱㉣

> 가. ㉛번별 조서와 지적㉤부등록사항과의 ㉱합 여부
> 나. ㉛번별 조서 · 지적(임야)도와 ㉤업계획도와의 ㉱합 여부
> 다. 착㉗ 전 각종 ㉱계의 정확 여㉱

2. 제1호에 따라 서류의 확인이 완료된 때에는 지체 없이 지적공부에 그 사유를 정리하여야 한다.

② 지적소관청은 규칙 제95조제2항에 따라 도시개발사업 등의 **완료신고**가 있는 때에는 다음 각 호에 따라 처리한다.

1. 다음 각 목의 사항을 확인한다. **암기** ㉛㉩㉴㉣ ㉛㉤㉴㉣ ㉳㉒㉛㉣ ㉦㉒㉣㉣

> 가. 확정될 토지의 ㉛번별 조서와 ㉩적측정부 및 ㉴지계획서의 ㉱합 여부
> 나. 종전토지의 ㉛번별 조서와 지적㉤부등록사항 및 ㉴지계획서의 ㉱합 여부
> 다. ㉳량결과도 또는 ㉒계점좌표와 새로이 작성된 ㉛적도와의 ㉱합 여부
> 라. ㉦전토지 ㉒유명의인 동일 여부 및 종전토지 ㉣기부에 소유권등기 이외의 다른 등기사항이 없는지 여㉱
> 마. 그 밖에 필요한 사항

2. 제1호에 따른 서류의 확인이 완료된 때에는 확정될 토지의 지번별 조서에 따라 토지대장을, 측량성과에 따라 경계점좌표등록부 등을 작성한다. 이 경우 토지대장에 등록하는 소유자의 성명 또는 명칭과 등록번호 및 주소는 환지계획서에 따르되, 소유자의 변동일자와 변동원인은 다음 각 목에 따라 정리한다.

> 가. 소유자변동일자 : 환지처분 또는 사업준공 인가일자(환지처분을 아니할 경우에만 해당한다)
> 나. 소유자변동원인 : 환지 또는 지적확정(환지처분을 아니하는 경우에만 해당한다)

3. 지적공부의 작성이 완료된 때에는 새로 지적공부가 확정 시행됨을 7일 이상 시·군·구 게시판 또는 홈페이지 등에 게시한다.

4. 도시개발사업 등의 완료로 인하여 폐쇄되는 지적공부는 폐쇄사유를 그 지적공부에 정리하고 별도로 영구 보관한다.

17 「지적업무처리규정」상 등록전환측량에 대한 설명으로 옳지 않은 것은? (15년지방9급)

① 경계점좌표등록부를 비치하는 지역과 연접되어 있는 토지를 등록전환 하려면 경계점좌표등록부에 등록하여야 한다.

② 1필지의 일부를 등록전환 하려면 등록전환으로 인하여 말소하여야 할 필지의 면적은 반드시 임야분할측량결과도에서 측정하여야 한다.

③ 등록전환 할 일단의 토지가 2필지 이상으로 분할되어야 할 토지의 경우에는 지목별로 분할한 후 등록전환 하여야 한다.

④ 토지대장에 등록하는 면적은 등록전환측량의 결과에 따라야 하며, 임야대장의 면적을 그대로 정리할 수 없다.

풀이 지적업무처리규정 제22조(등록전환측량)

① 1필지 전체를 등록전환 할 경우에는 임야대장등록사항과 토지대장등록사항의 부합여부 등을 확인하고 토지의 경계와 이용현황 등을 조사하기 위한 측량을 하여야 한다.

② 등록전환 할 일단의 토지가 2필지 이상으로 분할되어야 할 토지의 경우에는 1필지로 등록전환 후 지목별로 분할하여야 한다. 이 경우 등록 전환할 토지의 지목은 임야대장에 등록된 지목으로 설정하되, 분할 및 지목변경은 등록전환과 동시에 정리한다.

③ 경계점좌표등록부를 비치하는 지역과 연접되어 있는 토지를 등록전환하려면 경계점좌표등록부에 등록하여야 한다.

④ 토지대장에 등록하는 면적은 등록전환측량의 결과에 따라야 하며, 임야대장의 면적을 그대로 정리할 수 없다.

⑤ 1필지의 일부를 등록전환 하려면 등록전환으로 인하여 말소하여야 할 필지의 면적은 반드시 임야분할측량결과도에서 측정하여야 한다.

⑥ 임야도에 도곽선 또는 도곽선수치가 없거나, 1필지 전체를 등록전환 할 경우에만 등록전환으로 인하여 말소해야 할 필지의 임야측량결과도를 등록전환측량결과도에 함께 작성할 수 있다.

⑦ 토지의 형질변경이 수반되는 등록전환측량은 토목공사 등이 완료 된 후에 실시하여야 하며, 제20조제3항에 따라 측량성과를 결정하여야 한다.

18 토지이동정리결의서 및 소유자정리결의서 작성에 대한 설명으로 틀린 것은? (07년서울7급)

① 신규등록은 이동후란에 지목·면적 및 지번수를, 증감란에 면적 및 지번수를 기재한다.
② 토지소재·이동 전·이동 후 및 증감란은 읍·면·동 단위로 지목별로 작성한다.
③ 등록전환에 따른 임야대장 및 임야도의 말소정리는 토지이동결의서에 의한다.
④ 분할 및 합병은 이동전·후란에 지목 및 지번수를, 증감란에 지번수를 기재한다.
⑤ 지적공부등록말소는 이동전·증감란에 지목·면적 및 지번수를 기재한다.

풀이 지적업무처리규정 제65조(토지이동정리결의서 및 소유자정리결의서 작성)

① 규칙 제98조제2항에 따른 토지이동정리결의서는 다음 각 호와 같이 작성한다. 이 경우 증감란의 면적과 지번수는 늘어난 경우에는 (+)로, 줄어든 경우에는 (−)로 기재한다.
  1. 지적공부정리종목은 토지이동종목별로 구분하여 기재한다.
  2. 토지소재·이동 전·이동 후 및 증감란은 읍·면·동 단위로 지목별로 작성한다.

종목	이동 전	이동 후	증감란
신규 등록		지목·면적 및 지번수	면적 및 지번수
등록전환	임야대장에 등록된 지목·면적 및 지번수	토지대장에 등록될 지목·면적 및 지번수	면적
	이 경우 등록전환에 따른 임야대장 및 임야도의 말소정리는 등록전환결의서에 따른다.		
분할 및 합병	지목 및 지번수	지목 및 지번수	지번수
지목변경	변경 전의 지목·면적 및 지번수	변경 후의 지목·면적 및 지번수	
지적공부 등록말소	지목·면적 및 지번수		지목·면적 및 지번수
축척변경	축척변경 시행 전 토지의 지목·면적 및 지번수	축척이 변경된 토지의 지목·면적 및 지번수	
	이 경우 축척변경완료에 따른 종전 지적공부의 폐쇄정리는 축척변경결의서에 따른다.		
등록사항 정정	정정 전의 지목·면적 및 지번수	정정 후의 지목·면적 및 지번수	면적 및 지번수
도시개발 사업	사업 시행 전 토지의 지목·면적 및 지번수	확정된 토지의 지목·면적 및 지번수	
	이 경우 도시개발사업 등의 완료에 따른 종전 지적공부의 폐쇄정리는 도시개발사업 등 결의서에 따른다.		

② 규칙 제98조제2항에 따른 소유자정리결의서는 다음 각 호와 같이 작성한다. 다만, 등기전산정보자료에 따라 소유자를 정리하는 경우에는 생략할 수 있다.

  1. 토지소재·소유권보존·소유권이전 및 기타란은 읍·면·동별로 기재한다.
  2. 정리일자는 소유자정리결의일부터 정리완료일까지 기재한다.
  3. 정리자는 업무담당자로 하고 확인자는 지적업무 담당으로 한다.
  4. 소유자정리결과에 따라 접수·정리·기정리 및 불부합통지로 구분 기재한다.

지적업무처리규정 제66조(오기정정)

지적공부정리 중에 잘못 정리하였음을 즉시 발견하여 정정할 때에는 오기정정할 지적전산자료를 출력하여 지적전산자료책임관의 확인을 받은 후 정정하여야 한다. 다만, 잘못 정리하였음을 즉시 발견하지 못한 경우의 정정은 등록사항정정의 방법으로 하여야 한다.

19 「지적업무처리규정」(국토교통부 훈령 제899호)상 지적측량 표본검사에 대한 설명으로 가장 옳지 않은 것은?

① 시 · 도지사는 지적공부를 정리한 측량성과에 대하여 연 1회 이상 표본검사를 실시하여야 한다.

② 공사 사장은 경계복원측량 및 지적현황측량성과에 대하여 지역본부별로 연 1회 이상 기술검사를 실시하여야 한다.

③ 시 · 도지사는 지적측량업자가 지적측량업무를 수행한 측량성과에 대하여는 연 1회 이상 표본검사를 시행하여야 한다.

④ 국토교통부장관은 지적측량수행자의 고의 또는 과실로 인한 지적측량 민원발생을 사전에 예방하고, 지적측량성과의 정확성을 확보하기 위하여 시 · 도지사에게는 표본검사를, 한국국토정보공사 사장에게는 기술검사를 실시하게 할 수 있다.

풀이 **지적업무처리규정 제27조의2(지적측량 표본검사 등)**

① 국토교통부장관은 법 제99조제1항제1호에 따라 지적측량수행자의 고의 또는 과실로 인한 지적측량 민원발생을 사전에 예방하고, 지적측량성과의 정확성을 확보하기 위하여 시 · 도지사에게는 표본검사를, 한국국토정보공사(이하 "공사"라 한다) 사장에게는 기술검사를 실시하게 할 수 있다.

② 시 · 도지사는 지적공부를 정리한 측량성과에 대하여 연 1회 이상 표본검사를 실시하여야 하며, 그 결과 지적소관청의 검사사항이 법령 등에 위배된다고 판단되는 경우에는 국토교통부장관에게 보고하여야 한다.

③ 시 · 도지사는 지적측량업자가 법 제45조에서 정한 지적측량업무를 수행한 측량성과에 대하여는 정기적으로 표본검사를 시행하여야 하며, 그 결과 법령 등에 위배된다고 판단되는 경우에는 필요한 조치를 하여야 한다.

④ 공사 사장은 「지적측량 시행규칙」 제28조제1항에 따른 경계복원측량 및 지적현황측량성과에 대하여 지역본부별로 연 1회 이상 기술검사를 실시하여야 하며, 그 결과 법령 등에 위배된다고 판단되는 경우에는 필요한 조치를 취하고 그 내용을 국토교통부장관에게 보고하여야 한다.

20 「지적업무처리규정」상 일람도의 제도기준으로 옳지 않은 것은?

① 인접 동 · 리 명칭은 4밀리미터, 그 밖의 행정구역 명칭은 5밀리미터의 크기로 한다.

② 도시개발사업 · 축척변경 등이 완료된 때에는 지구경계를 붉은색 0.2밀리미터 폭의 선으로 제도한 후 지구 안을 붉은색으로 엷게 채색하고, 그 중앙에 사업명 및 사업완료연도를 기재한다.

③ 하천 · 구거(溝渠) · 유지(溜池)는 남색 0.1밀리미터의 폭의 2선으로 제도하고, 그 내부를 남색으로 엷게 채색한다.

④ 제명 및 축척은 일람도 윗부분에 글자의 크기는 9밀리미터로 하고 글자 사이의 간격은 글자크기의 2분의 1정도 띄운다.

정답 19 ③ 20 ②

풀이 **지적업무처리규정 제38조(일람도의 제도)**

① 규칙 제69조제5항에 따라 일람도를 작성할 경우 일람도의 축척은 그 도면축척의 10분의 1로 한다. 다만, 도면의 장수가 많아서 한 장에 작성할 수 없는 경우에는 축척을 줄여서 작성할 수 있으며, 도면의 장수가 4장 미만인 경우에는 일람도의 작성을 하지 아니할 수 있다.

② 제명 및 축척은 일람도 윗부분에 "○○시·도 ○○시·군·구 ○○읍·면 ○○동·리 일람도 축척 ○○○○ 분의 1"이라 제도한다. 이 경우 경계점좌표등록부시행지역은 제명 중 일람도 다음에 "(좌표)"라 기재하며, 그 제도방법은 다음 각 호와 같다.

> 1. 글자의 크기는 9밀리미터로 하고 글자 사이의 간격은 글자크기의 2분의 1정도 띄운다.
> 2. 제명의 일람도와 축척사이는 20밀리미터를 띄운다.

③ 도면번호는 지번부여지역·축척 및 지적도·임야도·경계점좌표등록부 시행지별로 일련번호를 부여하고 신규 등록 및 등록전환으로 새로 도면을 작성할 경우의 도면번호는 그 지역 마지막 도면번호의 다음 번호로 부여한다. 다만, 제46조제12항에 따라 도면을 작성할 경우에는 종전 도면번호에 "-1"과 같이 부호를 부여한다.

④ 일람도의 제도방법은 다음 각 호와 같다.

> 1. 도곽선과 그 수치의 제도는 제40조제5항을 준용한다.
> 2. 도면번호는 3밀리미터의 크기로 한다.
> 3. 인접 동·리 명칭은 4밀리미터, 그 밖의 행정구역 명칭은 5밀리미터의 크기로 한다.
> 4. 지방도로 이상은 검은색 0.2밀리미터 폭의 2선으로, 그 밖의 도로는 0.1밀리미터의 폭으로 제도한다.
> 5. 철도용지는 붉은색 0.2밀리미터 폭의 2선으로 제도한다.
> 6. 수도용지 중 선로는 남색 0.1밀리미터 폭의 2선으로 제도한다.
> 7. 하천·구거(溝渠)·유지(溜池)는 남색 0.1밀리미터의 폭의 2선으로 제도하고, 그 내부를 남색으로 엷게 채색한다. 다만, 적은 양의 물이 흐르는 하천 및 구거는 0.1밀리미터의 남색 선으로 제도한다.
> 8. 취락지·건물 등은 검은색 0.1밀리미터의 폭으로 제도하고, 그 내부를 검은색으로 엷게 채색한다.
> 9. 삼각점 및 지적기준점의 제도는 제43조를 준용한다.
> 10. 도시개발사업·축척변경 등이 완료된 때에는 지구경계를 붉은색 0.1밀리미터 폭의 선으로 제도한 후 지구 안을 붉은색으로 엷게 채색하고, 그 중앙에 사업명 및 사업완료연도를 기재한다.

01 「지적업무처리규정」(국토교통부 훈련 제899호)상 용어 정의에 대한 설명으로 가장 옳지 않은 것은?

① "측량준비파일"이란 부동산종합공부시스템에서 지적측량 업무를 수행하기 위하여 도면 및 대장속성 정보를 추출한 파일을 말한다.

② "측량성과파일"이란 전자평판측량 및 위성측량방법으로 관측 후 지적측량정보를 처리할 수 있는 시스템에 따라 작성된 측량결과도파일과 토지이동정리를 위한 지번, 지목 및 경계점의 좌표가 포함된 파일을 말한다.

③ "측량현형(現形)파일"이란 전자평판측량 및 위성측량방법으로 관측한 데이터 및 지적측량에 필요한 각종 정보가 들어있는 파일을 말한다.

④ "기지경계선(旣知境界線)"이란 세부측량성과를 결정하는 기준이 되는 기지점을 필지별로 곡선으로 연결한 선을 말한다.

> **풀이** 지적업무처리규정 제3조(정의)
>
> 이 규정에서 사용하는 용어의 뜻은 다음 각 호와 같다.
> 1. "기지점(旣知點)"이란 기초측량에서는 국가기준점 또는 지적기준점을 말하고, 세부측량에서는 지적기준점 또는 지적도면상 필지를 구획하는 선의 경계점과 상호 부합되는 지상의 경계점을 말한다.
> 2. "기지경계선(旣知境界線)"이란 세부측량성과를 결정하는 기준이 되는 기지점을 필지별로 직선으로 연결한 선을 말한다.
> 3. "전자평판측량"이란 토탈스테이션과 지적측량 운영프로그램 등이 설치된 컴퓨터를 연결하여 세부측량을 수행하는 측량을 말한다.
> 4. "토탈스테이션"이란 경위의측량방법에 따른 기초측량 및 세부측량에 사용되는 장비를 말한다.
> 5. "지적측량파일"이란 측량준비파일, 측량현형파일 및 측량성과파일을 말한다.
> 6. "측량준비파일"이란 부동산종합공부시스템에서 지적측량 업무를 수행하기 위하여 도면 및 대장속성 정보를 추출한 파일을 말한다.
> 7. "측량현형(現形)파일"이란 전자평판측량 및 위성측량방법으로 관측한 데이터 및 지적측량에 필요한 각종 정보가 들어있는 파일을 말한다.
> 8. "측량성과파일"이란 전자평판측량 및 위성측량방법으로 관측 후 지적측량정보를 처리할 수 있는 시스템에 따라 작성된 측량결과도파일과 토지이동정리를 위한 지번, 지목 및 경계점의 좌표가 포함된 파일을 말한다.
> 9. "측량부"란 기초측량 또는 세부측량성과를 결정하기 위하여 사용한 관측부 · 계산부 등 이에 수반되는 기록을 말한다.

02 「지적업무처리규정」상 지번색인표와 도곽선제도에 대한 설명으로 옳은 것은?

① 지번색인표의 제명은 지번색인표 윗부분에 9밀리미터의 크기로 "○○시·도 ○○시·군·구 ○○읍·면 ○○동·리 지번색인표"라 제도한다.

② 도면에 등록하는 도곽선은 0.2mm 폭으로 제도한다.

③ 지적도의 도곽크기는 50cm, 40cm로 한다.

④ 도곽선의 수치는 도곽선 왼쪽 아랫부분과 오른쪽 윗부분의 종횡선교차점 바깥쪽에 1mm 크기의 아라비아숫자로 제도한다.

> **풀이** **지적업무처리규정 제39조(지번색인표의 제도)**
>
> ① 제명은 지번색인표 윗부분에 9밀리미터의 크기로 "○○시·도 ○○시·군·구 ○○읍·면 ○○동·리 지번색인표"라 제도한다.
> ② 지번색인표에는 도면번호별로 그 도면에 등록된 지번을, 토지의 이동으로 결번이 생긴 때에는 결번란에 그 지번을 제도한다.
>
> **지적업무처리규정 제40조(도곽선의 제도)**
> ① 도면의 위 방향은 항상 북쪽이 되어야 한다.
> ② 지적도의 도곽 크기는 가로 40센티미터, 세로 30센티미터의 직사각형으로 한다.
> ③ 도곽의 구획은 영 제7조제3항 각 호에서 정한 좌표의 원점을 기준으로 하여 정하되, 그 도곽의 종횡선수치는 좌표의 원점으로부터 기산하여 영 제7조제3항에서 정한 종횡선수치를 각각 가산한다.
> ④ 이미 사용하고 있는 도면의 도곽크기는 제2항에도 불구하고 종전에 구획되어 있는 도곽과 그 수치로 한다.
> ⑤ 도면에 등록하는 도곽선은 0.1밀리미터의 폭으로, 도곽선의 수치는 도곽선 왼쪽 아랫부분과 오른쪽 윗부분의 종횡선교차점 바깥쪽에 2밀리미터 크기의 아라비아숫자로 제도한다.

03 「지적업무처리규정」(국토교통부 훈령 제899호)상 등록전환측량에 대한 설명으로 가장 옳지 않은 것은?

① 등록전환 할 일단의 토지가 2필지 이상으로 분할되어야 할 토지의 경우에는 1필지로 등록전환 후 지목별로 분할하여야 한다.

② 1필지의 일부를 등록전환 하려면 등록전환으로 인하여 말소하여야 할 필지의 면적은 반드시 토지분할측량결과도에서 측정하여야 한다.

③ 임야도에 도곽선 또는 도곽선수치가 없거나, 1필지 전체를 등록전환 할 경우에만 등록전환으로 인하여 말소해야 할 필지의 임야측량결과도를 등록전환측량결과도에 함께 작성할 수 있다.

④ 토지대장에 등록하는 면적은 등록전환측량의 결과에 따라야 하며, 임야대장의 면적을 그대로 정리할 수 없다

> **풀이** **지적업무처리규정 제22조(등록전환측량)**
>
> ① 1필지 전체를 등록전환 할 경우에는 임야대장등록사항과 토지대장등록사항의 부합여부 등을 확인하고 토지의 경계와 이용현황 등을 조사하기 위한 측량을 하여야 한다.
> ② 등록전환 할 일단의 토지가 2필지 이상으로 분할되어야 할 토지의 경우에는 1필지로 등록전환 후 지목별로 분할하여야 한다. 이 경우 등록전환 할 토지의 지목은 임야대장에 등록된 지목으로 설정하되, 분할 및 지목변경은 등록전환과 동시에 정리한다.

③ 경계점좌표등록부를 비치하는 지역과 연접되어 있는 토지를 등록전환하려면 경계점좌표등록부에 등록하여야 한다.

④ 토지대장에 등록하는 면적은 등록전환측량의 결과에 따라야 하며, 임야대장의 면적을 그대로 정리할 수 없다.

⑤ 1필지의 일부를 등록전환 하려면 등록전환으로 인하여 말소하여야 할 필지의 면적은 반드시 임야분할측량결과도에서 측정하여야 한다.

⑥ 임야도에 도곽선 또는 도곽선수치가 없거나, 1필지 전체를 등록전환 할 경우에만 등록전환으로 인하여 말소해야 할 필지의 임야측량결과도를 등록전환측량결과도에 함께 작성할 수 있다.

⑦ 토지의 형질변경이 수반되는 등록전환측량은 토목공사 등이 완료된 후에 실시하여야 하며, 제20조제3항에 따라 측량성과를 결정하여야 한다.

04 「지적업무처리규정」(국토교통부 훈령 제899호)상 현지측량방법에 대한 설명으로 가장 옳지 않은 것은?

① 지적확정측량지구 안에서 지적측량을 하고자 할 경우에는 종전에 실시한 지적확정측량성과를 참고하여 성과를 결정하여야 한다.

② 현형법(現形法)으로 지적측량의 성과를 결정하려면 경계점은 반드시 지적공부의 현재 축척으로 하며, 기지점을 기준으로 지상경계선과 도상경계선의 부합여부를 확인하여야 한다.

③ 지적측량결과도에는 토지소유자 및 이해관계인의 서명·전자서명 또는 날인을 받아야 한다.

④ 지적측량수행자는 지적측량자료조사 또는 지적측량결과, 지적공부의 토지의 표시에 잘못이 있음을 발견한 때에는 지체 없이 지적소관청에 관계자료 등을 첨부하여 문서로 통보하고, 지적측량의뢰인에게 그 내용을 통지하여야 한다.

풀이 지적업무처리규정 제20조(현지측량방법 등)

① 지적측량을 할 때에는 토지소유자 및 이해관계인을 입회시켜 측량에 필요한 질문을 하거나 참고자료의 제시를 요구할 수 있다.

② 지적측량결과도에는 토지소유자 및 이해관계인의 서명·전자서명 또는 날인을 받아야 한다. 다만, 토지소유자 및 이해관계인이 입회하지 못하는 경우와 입회는 하였으나 서명 또는 날인을 거부하는 때에는 그 사유를 기재하여야 한다.

③ 각종 인가·허가 등의 내용과 다르게 토지의 형질이 변경되었을 경우에는 그 변경된 토지의 현황대로 측량성과를 결정하여야 한다.

④ 세부측량성과를 결정하기 위하여 사용하는 기지점은 지적기준점이어야 한다. 다만, 도면의 기지점이 정확하고 보존이 양호하여 기지점을 이용하여도 측량에 지장이 없다고 인정되는 축척 1천분의 1 이하의 지역에는 그러하지 아니하다.

⑤ 제4항에 따른 지적기준점은 세부측량을 하기 전에 설치하여야 하며, 그 설치비용을 지적측량의뢰인에게 부담시켜서는 아니 된다. 다만, 「지적측량 시행규칙」 제6조제2항제1호·제2호 또는 제4호에 해당하는 경우, 51 필지 이상 연속지 또는 집단지 세부측량시에 지적기준점을 설치할 경우 및 제4항 단서에 따른 기지점에 따라 세부측량을 할 지역에서 지적측량의뢰인이 지적기준점의 설치를 요구할 경우에는 그러하지 아니하다.

⑥ 지적확정측량지구 안에서 지적측량을 하고자 할 경우에는 종전에 실시한 지적확정측량성과를 참고하여 성과를 결정하여야 한다.

⑦ 지적측량을 완료한 때에는 분할 등록될 경계점의 위치 또는 경계복원점의 위치를 지적기준점·담장모서리 및 전신주 등 주위 고정물로부터 거리를 측정하여 지적측량의뢰인 및 이해관계인에게 확인시키고, 측량결과

도 여백에 그 거리를 기재하거나 경위의측량방법에 따른 평면직각종횡선좌표 등 측정점의 위치설명도를 [예시 1] 지적측량결과도 작성 예시 목록과 같이 작성하여야 한다. 다만, 주위 고정물이 없는 경우와 도로, 구거, 하천 등 연속·집단된 토지 등의 경우에는 작성을 생략할 수 있다.

⑧ 지적측량수행자는 지적측량자료조사 또는 지적측량결과, 지적공부의 토지의 표시에 잘못이 있음을 발견한 때에는 지체 없이 지적소관청에 관계자료 등을 첨부하여 문서로 통보하고, 지적측량의뢰인에게 그 내용을 통지하여야 한다.

⑨ 법원의 감정측량을 할 때에는 별표 2의 법원감정측량 처리절차에 따른다.

⑩ 전자평판측량에 따른 세부측량은 지적기준점을 기준으로 실시하여야 하며, 면적측정은 전산처리 방법에 따른다.

⑪ 제10항에 따른 세부측량 시 평판점의 이동거리는「지적측량 시행규칙」제2조제1항제3호에서 정한 지적도근점표지의 점간거리 이내로 한다.

⑫ 지적기준점이 없는 지역에서 전자평판측량을 실시할 때에는 보존이 용이한 고정물을 선점하여 보조점으로 사용할 수 있다. 이 경우 설치된 보조점은 후속측량에 사용할 수 있도록 하여야 한다.

⑬ 현형법(現形法)으로 지적측량의 성과를 결정하려면 경계점은 반드시 지적공부 등록당시의 축척으로 하며, 기지점을 기준으로 지상경계선과 도상경계선의 부합여부를 확인하여야 한다.

⑭ 이미 작성되어 있는 지적측량파일을 이용하여 측량할 경우에는 기존 파일에서 지상경계선과 도상경계가 잘 부합되는 기지점과 신청토지 주변을 추가로 실측하여 성과를 결정하여야 한다.

⑮ 전자평판측량의 설치 및 표정방법은 다음 각 호에 따른다.

> 1. 토탈스테이션을 지적기준점 또는 보조점 위에 거치한 후 다른 지적기준점이나 고정물을 시준하고 수평각을 전자평판에서 0° 0′ 0″로 세팅하여 관측을 준비한다.
> 2. 지적기준점 간의 거리는 2회 이상 측정하여 확인한다.
> 3. 연직각은 천정을 0으로 설정한다.

05 「지적업무처리규정」(국토교통부 훈령 제899호)상 지적측량성과의 검사방법에 대한 설명으로 가장 옳지 않은 것은?

① 세부측량(지적공부를 정리하지 아니하는 세부측량을 포함한다)을 하기 전에 기초측량을 한 경우에는 미리 지적기준점성과에 대한 검사를 받은 후에 세부측량을 하여야 한다.

② 측량성과를 검사하는 때에는 측량자가 실시한 측량방법과 다른 방법으로 한다. 다만, 부득이한 경우에는 그러하지 아니한다.

③ 지적삼각점측량 및 지적삼각보조점측량은 신설된 점을, 지적도근점측량은 주요 도선별로 지적도근점을 검사한다. 이 경우 측방교회법으로 검사할 수 있다.

④ 지적측량수행자와 동일한 전자측량시스템을 이용하여 세부측량 시 측량성과의 정확성을 검사할 수 있다.

풀이 **지적업무처리규정 제27조(지적측량성과의 검사방법 등)**
① 지적측량수행자가 지적측량 성과검사를 요청하는 경우와 지적소관청이 지적측량 성과검사 결과를 통보하는 경우에는 정보시스템을 이용하여 처리할 수 있다.
② 세부측량(지적공부를 정리하지 아니하는 세부측량을 포함한다)을 하기 전에 기초측량을 한 경우에는 미리 지적기준점성과에 대한 검사를 받은 후에 세부측량을 하여야 한다. 다만, 지적소관청과 사전 협의를 한 경우에는 지적기준점성과와 세부측량성과(지적공부를 정리하지 아니하는 세부측량은 제외한다)를 동시에 검사할 수 있다.

정답 05 ③

③ 전자평판측량에 따른 측량성과 파일은 도형자료와 속성자료 간의 일치성과 유효성을 검증하기 위하여 다음 각 호의 사항을 실시하고 최종적으로 종번(終番) 검사를 실시하여야 한다.

1. 면적공차 초과 검증
2. 누락필지 및 원필지 중복객체 검증
3. 지번중복 검증 및 도곽의 적정성 여부 검사
4. 법정 리·동계 및 축척 간 접합 중복 검사
5. 폐쇄도면 중첩검사
6. 성과레이어 중첩검사
7. 이격거리 측정 및 필계점 좌표 확인
8. 측정점위치설명도 작성의 적정 여부
9. 주위필지와의 부합여부
10. 그 밖에 필요한 사항

④ 지적소관청은 지적측량검사가 완료된 때에는 해당 측량성과 파일을 부동산종합공부시스템에 등록하여야 한다.

⑤ 「지적측량 시행규칙」 제28조에 따른 측량성과의 검사방법은 다음 각 호와 같다.

1. 측량성과를 검사하는 때에는 측량자가 실시한 측량방법과 다른 방법으로 한다. 다만, 부득이한 경우에는 그러하지 아니한다.
2. 지적삼각점측량 및 지적삼각보조점측량은 신설된 점을, 지적도근점측량은 주요도선별로 지적도근점을 검사한다. 이 경우 후방교회법으로 검사할 수 있다. 다만, 구하고자 하는 지적기준점이 기지점과 같은 원주상에 있는 경우에는 그러하지 아니하다.
3. 세부측량결과를 검사할 때에는 새로 결정된 경계를 검사한다. 이 경우 측량성과 검사 시에 확인된 지역으로서 측량결과도만으로 그 측량성과가 정확하다고 인정되는 경우에는 현지측량검사를 하지 아니할 수 있다.
4. 면적측정검사는 필지별로 한다.
5. 측량성과 파일의 검사는 부동산종합공부시스템으로 한다.
6. 지적측량수행자와 동일한 전자측량시스템을 이용하여 세부측량시 측량성과의 정확성을 검사할 수 있다.

⑥ 시·도지사, 대도시 시장 또는 지적소관청은 측량성과를 검사하여 그 측량성과가 정확하다고 인정되는 경우에는 측량부·측량결과도·면적측정부 및 측량성과도에 별표 4의 측량성과검사 필인을 각각 날인하여야 한다.

⑦ 시·도지사, 대도시 시장 또는 지적소관청은 측량성과 검사결과 측량성과가 부정확하다고 판단되는 경우에는 제17조에 따라 지적측량수행자가 제출한 측량성과를 보완하도록 조치하고, 측량성과검사정리부에 그 사유를 기재한다. 이 경우 측량성과 검사결과 제26조제2호바목 본문에 해당되는 경우에는 지적측량수행자에게 측량성과에 관한 자료를 되돌려 주고 그 사유를 지적측량 성과검사 정리부 비고란에 붉은색으로 기재한다.

06 도시개발사업 등의 완료신고가 있는 때에 지적소관청이 확인하여야 하는 사항으로 가장 옳지 않은 것은?

(18년서울9급)

① 지번별 조서와 지적공부등록사항과의 부합여부

② 확정될 토지의 지번별 조서와 면적측정부 및 환지계획서의 부합여부

③ 측량결과도 또는 경계점좌표와 새로이 작성된 지적도와의 부합여부

④ 종전토지 소유명의인 동일여부 및 종전토지 등기부에 소유권 등기 이외의 다른 등기사항이 없는지 여부

풀이 공간정보의 구축 및 관리 등에 관한 법률 시행규칙 제95조(도시개발사업 등의 신고)

① 법 제86조제1항 및 영 제83조제2항에 따른 도시개발사업 등의 착수 또는 변경의 신고를 하려는 자는 별지 제81호 서식의 도시개발사업 등의 착수(시행)·변경·완료 신고서에 다음 각 호의 서류를 첨부하여야 한다. 다만, 변경신고의 경우에는 변경된 부분으로 한정한다. **암기** **인지도**

> 1. 사업**인**가서
> 2. **지**번별 조서
> 3. 사업계획**도**

② 법 제86조제1항 및 영 제83조제2항에 따른 도시개발사업 등의 완료신고를 하려는 자는 별지 제81호 서식의 신청서에 다음 각 호의 서류를 첨부하여야 한다. 이 경우 지적측량수행자가 지적소관청에 측량검사를 의뢰하면서 미리 제출한 서류는 첨부하지 아니할 수 있다. **암기** **확종지환**

> 1. **확**정될 토지의 지번별 조서 및 **종**전 토지의 **지**번별 조서
> 2. 환지처분과 같은 효력이 있는 고시된 **환**지계획서. 다만, 환지를 수반하지 아니하는 사업인 경우에는 사업의 완료를 증명하는 서류를 말한다.

지적업무처리규정 제58조(도시개발 등의 사업신고)

① 지적소관청은 규칙 제95조제1항에 따른 도시개발사업 등의 착수(시행) 또는 변경신고가 있는 때에는 다음 각 호에 따라 처리한다.

　1. 다음 각 목의 사항을 확인한다. **암기** **지공부 지사부 수집부**

> 가. **지**번별 조서와 지적**공**부등록사항과의 **부**합 여부
> 나. **지**번별 조서·지적(임야)도와 **사**업계획도와의 **부**합 여부
> 다. 착**수** 전 각종 **집**계의 정확 여**부**

　2. 제1호에 따라 서류의 확인이 완료된 때에는 지체 없이 지적공부에 그 사유를 정리하여야 한다.

② 지적소관청은 규칙 제95조제2항에 따라 도시개발사업 등의 완료신고가 있는 때에는 다음 각 호에 따라 처리한다.

　1. 다음 각 목의 사항을 확인한다. **암기** **지면환부 지공환부 측경지부 종소등부**

> 가. 확정될 토지의 **지**번별 조서와 **면**적측정부 및 **환**지계획서의 **부**합 여부
> 나. 종전토지의 **지**번별 조서와 지적**공**부등록사항 및 **환**지계획서의 **부**합 여부
> 다. **측**량결과도 또는 **경**계점좌표와 새로이 작성된 **지**적도와의 **부**합 여부
> 라. **종**전토지 **소**유명의인 동일 여부 및 종전토지 **등**기부에 소유권등기 이외의 다른 등기사항이 없는지 여**부**
> 마. 그 밖에 필요한 사항

정답 06 ①

2. 제1호에 따른 서류의 확인이 완료된 때에는 확정될 토지의 지번별 조서에 따라 토지대장을, 측량성과에 따라 경계점좌표등록부 등을 작성한다. 이 경우 토지대장에 등록하는 소유자의 성명 또는 명칭과 등록번호 및 주소는 환지계획서에 따르되, 소유자의 변동일자와 변동원인은 다음 각 목에 따라 정리한다.

   가. 소유자변동일자 : 환지처분 또는 사업준공 인가일자(환지처분을 아니할 경우에만 해당한다)
   나. 소유자변동원인 : 환지 또는 지적확정(환지처분을 아니하는 경우에만 해당한다)

3. 지적공부의 작성이 완료된 때에는 새로 지적공부가 확정 시행됨을 7일 이상 시·군·구 게시판 또는 홈페이지 등에 게시한다.

4. 도시개발사업 등의 완료로 인하여 폐쇄되는 지적공부는 폐쇄사유를 그 지적공부에 정리하고 별도로 영구 보관한다.

07 「지적업무처리규정」상 지번 및 지목의 제도기준으로 옳지 않은 것은?

① 지번 및 지목을 제도할 때에는 지번 다음에 지목을 제도한다. 이 경우 2밀리미터 이상 3밀리미터 이하 크기의 명조체로 한다.

② 지번과 지목의 글자 간격은 글자크기의 2분의 1정도 띄어서 제도한다.

③ 지번 및 지목을 제도할 때에는 지번의 글자 간격은 글자크기의 2분의 1정도로 제도한다.

④ 1필지의 토지의 형상이 좁고 길어서 필지의 중앙에 제도하기가 곤란한 때에는 가로쓰기가 되도록 도면을 왼쪽 또는 오른쪽으로 돌려서 제도할 수 있다.

풀이 지적업무처리규정 제42조(지번 및 지목의 제도)

① 지번 및 지목은 경계에 닿지 않도록 필지의 중앙에 제도한다. 다만, 1필지의 토지의 형상이 좁고 길어서 필지의 중앙에 제도하기가 곤란한 때에는 가로쓰기가 되도록 도면을 왼쪽 또는 오른쪽으로 돌려서 제도할 수 있다.

② 지번 및 지목을 제도할 때에는 지번 다음에 지목을 제도한다. 이 경우 2밀리미터 이상 3밀리미터 이하 크기의 명조체로 하고, 지번의 글자 간격은 글자크기의 4분의 1정도, 지번과 지목의 글자 간격은 글자크기의 2분의 1정도 띄어서 제도한다. 다만, 부동산종합공부시스템이나 레터링으로 작성할 경우에는 고딕체로 할 수 있다.

③ 1필지의 면적이 작아서 지번과 지목을 필지의 중앙에 제도할 수 없는 때에는 ㄱ, ㄴ, ㄷ, …, ㄱ¹, ㄴ¹, ㄷ¹, …, ㄱ², ㄴ², ㄷ², … 등으로 부호를 붙이고, 도곽선 밖에 그 부호·지번 및 지목을 제도한다. 이 경우 부호가 많아서 그 도면의 도곽선 밖에 제도할 수 없는 때에는 별도로 부호도를 작성할 수 있다.

④ 부동산종합공부시스템에 따라 지번 및 지목을 제도할 경우에는 제2항 중 글자의 크기에 대한 규정과 제3항을 적용하지 아니할 수 있다.

08 「지적업무처리규정」상 지적측량업의 등록에 대한 설명으로 옳지 않은 것은?

① 지적측량업을 등록하려는 개인, 법인의 대표자와 임원에 관한 신원조회는 등록지 시장·구청장 또는 읍·면장에게 의뢰한다.

② 지적측량업을 등록한 자가 측량업을 휴업할 경우, 휴업기간 중에도 등록기준에 미달되지 않도록 보증보험 등을 포함한 등록된 사항을 유지하여야 한다.

③ 지적측량업을 등록한 자가 폐업신고 시에는 측량업 폐업신고서 및 등록된 기술인력에 대한 자격상실증명원(4대 보험중 하나)을 시·도지사에게 제출하여야 한다.

④ 등록신청에 따른 서류를 심사할 경우에는 정본(등본 또는 증명서)은 서류 확인으로, 사본은 담당공무원이 원본과 대조하여 확인한다.

풀이 지적업무처리규정 제15조(지적측량업의 등록 등)

　① 영 제35조제4항에 따라 시·도지사는 지적측량업등록신청에 관한 적합여부를 심사하는 때에는 다음 각 호에 따라 처리한다.

　　1. 등록신청에 따른 서류를 심사할 경우에는 정본(등본 또는 증명서)은 서류 확인으로, 사본은 담당공무원이 원본과 대조하여 확인한다.

　　2. 지적측량업을 등록하려는 개인, 법인의 대표자와 임원에 관한 신원조회는 등록지 시장·구청장 또는 읍·면장에게 의뢰한다.

　　3. 지적측량업의 등록번호는 시·도명에 업종코드와 전국일련번호를 합하여 정한다.

　② 지적측량업을 등록한 자가 측량기기 성능검사를 받은 때에는 성능검사서 사본을 시·도지사에게 제출하여야 한다.

　③ 지적측량업을 등록한 자가 폐업신고 시에는 측량업 폐업신고서 및 등록된 기술인력에 대한 자격상실증명원(4대 보험중 하나)을 시·도지사에게 제출하여야 한다.

　④ 지적측량업을 등록한 자가 측량업을 휴업할 경우, 휴업기간 중에도 등록기준에 미달되지 않도록 등록된 사항을 유지하여야 한다. 다만, 보증보험은 제외한다.

09 「지적업무처리규정」상 지적측량의뢰에 대한 설명으로 옳지 않은 것은?

① 지적측량수행자가 토지소유자 등 이해관계인으로부터 지적측량의뢰를 받은 때에는 지적측량수수료를 수납하고, 측량예정일자가 기재된 입금표를 측량의뢰인에게 발급하여야 한다.

② 지적측량수행자가 지적공부정리를 하여야 하는 지적측량의뢰를 의뢰인으로부터 위임을 받은 때에는 의뢰서 여백에 "신청위임"이라고 흑백의 반점으로 표시하거나 붉은색으로 기재하고, 소유자의 서명 또는 날인을 받아야 한다.

③ 지적측량수행자는 지적공부정리를 하여야 하는 지적측량의뢰를 받은 때에는 의뢰인에게 지적공부정리 및 지적공부등본발급신청을 직접 신청하거나 지적측량수행자에게 위임할 수 있다는 설명을 해야 한다.

④ 소유자로부터 위임을 받은 자가 의뢰를 할 때에는 소유자의 서명 또는 날인이 첨부된 위임장을 지적소관청에게 제출하여야 한다. 다만, 해당 토지가 국유지나 공유지일 경우에는 그러하지 아니하다.

풀이 지적업무처리규정 제16조(지적측량의뢰 등)

　① 지적측량수행자가 법 제24조제1항에 따라 토지소유자 등 이해관계인으로부터 지적측량의뢰를 받은 때에는 법 제106조제2항에 따른 지적측량수수료를 수납하고, 측량예정일자가 기재된 입금표를 측량의뢰인에게 발

급하여야 한다. 이 경우 소유자로부터 위임을 받은 자가 의뢰를 할 때에는 소유자의 서명 또는 날인이 첨부된 별지 제3호 서식에 따른 위임장을 지적측량수행자에게 제출하여야 한다. 다만, 해당 토지가 국유지나 공유지일 경우는 그러하지 아니하다.

② 지적측량수행자는 지적공부정리를 하여야 하는 지적측량의뢰를 받은 때에는 의뢰인에게 지적공부정리 및 지적공부등본발급신청을 지적소관청에 직접 신청하거나 지적측량수행자에게 위임할 수 있다는 설명을 하고, 의뢰인으로부터 위임을 받은 때에는 의뢰인이 하는 신청절차를 대행할 수 있다. 이 경우 의뢰서 여백에 "신청위임"이라고 흑백의 반전으로 표시하거나 붉은색으로 기재하고, 소유자의 서명 또는 날인을 받아야 한다.

③ 측량의뢰인은 전화 또는 인터넷 등 정보통신망을 사용하여 측량을 의뢰할 수 있으며, 이 경우 지적측량수행자는 규칙 별지 제15호 서식에 의뢰내용을 기록하여 저장할 수 있다.

④ 제3항의 기록내용은 측량의뢰서로 갈음한다.

10 「지적업무처리규정」상 지적공부의 관리에 대한 설명으로 옳지 않은 것은?

① 도면은 항상 보호대에 넣어 취급하되, 말거나 접어서 보관하며 직사광선을 받게 하거나 건습이 심한 장소에서 취급하지 못한다.

② 지적공부 사용을 완료한 때에는 즉시 보관 상자에 넣어야 한다. 다만, 간이보관 상자를 비치한 경우에는 그러하지 아니하다.

③ 지적공부를 지적서고 밖으로 반출하고자 할 때에는 훼손이 되지 않도록 보관·운반함 등을 사용한다.

④ 지적공부는 지적업무담당공무원 외에는 취급하지 못한다.

> **풀이** **지적업무처리규정 제33조(지적공부의 관리)**
>
> 법 제2조제19호의 지적공부 관리방법은 부동산종합공부시스템에 따른 방법을 제외하고는 다음 각 호와 같다.
> 1. 지적공부는 지적업무담당공무원 외에는 취급하지 못한다.
> 2. 지적공부 사용을 완료한 때에는 즉시 보관 상자에 넣어야 한다. 다만, 간이보관 상자를 비치한 경우에는 그러하지 아니하다.
> 3. 지적공부를 지적서고 밖으로 반출하고자 할 때에는 훼손이 되지 않도록 보관·운반함 등을 사용한다.
> 4. 도면은 항상 보호대에 넣어 취급하되, 말거나 접지 못하며 직사광선을 받게 하거나 건습이 심한 장소에서 취급하지 못한다.

11 「지적업무처리규정」상 행정구역선의 제도에 대한 설명으로 옳은 것은?

① 행정구역의 명칭은 도면여백의 넓이에 따라 4mm 이상 6mm 이하의 크기로 경계 및 지적기준점 등을 피하여 같은 간격으로 띄어서 제도한다.

② 동·리계는 실선 3mm와 허선 1mm로 연결하고, 허선에 0.3mm의 점 1개를 제도한다.

③ 도로·철도·하천·유지 등의 고유명칭은 3mm 이상 5mm 이하의 크기로 같은 간격으로 띄어서 제도한다.

④ 읍·면·구계는 실선 3mm와 허선 2mm로 연결하고, 허선에 0.2mm의 점 1개를 제도한다.

① 도면에 등록할 행정구역선은 0.4밀리미터 폭으로 다음 각 호와 같이 제도한다. 다만, 동·리의 행정구역선은 0.2밀리미터 폭으로 한다.

행정구역	제도방법	내용
국계	← 4 → ← 3 → ··· 0.3 ··· 1/1	4밀리미터와 허선 3밀리미터로 연결하고 실선 중앙에 실선과 직각으로 교차하는 1밀리미터의 실선을 긋고, 허선에 직경 0.3밀리미터의 점 2개를 제도한다.
시·도계	← 4 → ← 2 → ··· 0.3 ··· 1/1	실선 4밀리미터와 허선 2밀리미터로 연결하고 실선 중앙에 실선과 직각으로 교차하는 1밀리미터의 실선을 긋고, 허선에 직경 0.3밀리미터의 점 1개를 제도한다.
시·군계	← 3 → ← 3 → ··· 0.3	실선과 허선을 각각 3밀리미터로 연결하고, 허선에 0.3밀리미터의 점 2개를 제도한다.
읍·면·구계	← 3 → ← 2 → ··· 0.3	실선 3밀리미터와 허선 2밀리미터로 연결하고, 허선에 0.3밀리미터의 점 1개를 제도한다.
동·리계	← 3 → ← 1 →	실선 3밀리미터와 허선 1밀리미터로 연결하여 제도한다.
행정구역선이 2종 이상 겹칠 때		행정구역선이 2종 이상 겹치는 경우에는 최상급 행정구역선만 제도한다.
행정구역의 명칭		도면여백의 대소에 따라 4~6mm의 크기로 경계 및 지적기준점 등을 피하여 같은 간격으로 띄어서 제도한다.
도로, 철도, 하천, 유지 등의 고유명칭		도로·철도·하천·유지 등의 고유명칭은 3~4mm의 크기로 같은 간격으로 띄어서 제도한다.

12 「지적업무처리규정」상 색인도 등의 제도에 대한 설명으로 옳지 않은 것은?

① 제명 및 축척의 글자의 크기는 9mm로 하고, 글자 사이의 간격은 글자크기의 2분의 1정도 띄어 쓴다.

② 가로 7mm, 세로 6mm 크기의 직사각형을 중앙에 두고 그의 4변에 접하여 같은 규격으로 4개의 직사각형을 제도한다.

③ 축척은 제명 끝에서 10mm를 띄어 쓴다.

④ 색인도는 도곽선의 왼쪽 윗부분 여백 중앙에 제도한다.

① 색인도는 도곽선의 왼쪽 윗부분 여백의 중앙에 다음 각 호와 같이 제도한다.

　1. 가로 7밀리미터, 세로 6밀리미터 크기의 직사각형을 중앙에 두고 그의 4변에 접하여 같은 규격으로 4개의 직사각형을 제도한다.

2. 1장의 도면을 중앙으로 하여 동일 지번부여지역 안 위쪽·아래쪽·왼쪽 및 오른쪽의 인접 도면번호를 각각 3밀리미터의 크기로 제도한다.

② 제명 및 축척은 도곽선 윗부분 여백의 중앙에 "○○시·군·구 ○○읍·면 ○○동·리 지적도 또는 임야도 ○○장 중 제○○호 축척○○○○분의 1"이라 제도한다. 이 경우 그 제도방법은 다음 각 호와 같다.

1. 글자의 크기는 5밀리미터로 하고, 글자 사이의 간격은 글자크기의 2분의 1 정도 띄어 쓴다.
2. 축척은 제명 끝에서 10밀리미터를 띄어 쓴다.

13 「지적업무처리규정」상 지적공부의 복제와 지적공부등록현황의 비치·관리에 대한 설명으로 옳지 않은 것은?

① 복제된 지적공부 1부는 지적소관청이 정하는 안전한 장소에 이중문이 설치된 내화 금고 등에 6개월 이상 보관하여야 한다.

② 시장·군수·구청장은 지적공부를 복제할 때에는 2부를 복제하여야 한다.

③ 복제된 지적공부 1부는 지적정보관리체계에 영구적으로 보관하여야 한다.

④ 지적소관청은 부동산종합공부시스템에 의해 매월 말일 현재로 작성·관리되는 지적공부등록현황과 지적업무정리상황 등의 이상 유무를 점검·확인하여야 한다.

풀이 **지적업무처리규정 제34조(지적공부의 복제 등)**

① 시장·군수·구청장은 법 제69조제3항에 따라 지적공부를 복제할 때에는 2부를 복제하여야 한다.

② 제1항에 따라 복제된 지적공부 1부는 법 제69조제2항에 따라 보관하고, 나머지 1부는 시·도지사가 지정하는 안전한 장소에 이중문이 설치된 내화금고 등에 6개월 이상 보관하여야 한다.

지적업무처리규정 제35조(지적서고의 관리)

① 지적소관청은 지적부서 실·과장을 지적공부 보관 정책임자로, 지적업무담당을 부책임자로 지정하여 관리한다.

② 지적서고의 자물쇠는 바깥쪽 문과 안쪽 문에 각각 설치하고 열쇠는 2조를 마련하되, 1조는 지적소관청이 봉인하여 관리하고, 다른 1조는 지적부서 실·과장이 관리한다.

③ 지적서고의 출입문이 자동으로 개폐되는 경우에는 보안 관리의 책임자는 지적부서 실·과장이 되고 담당자는 보안관리 책임자가 별도로 지정한다.

지적업무처리규정 제36조(지적공부등록현황의 비치·관리)

지적소관청은 부동산종합공부시스템에 의해 매월 말일 현재로 작성·관리되는 지적공부등록현황과 지적업무정리상황 등의 이상 유무를 점검·확인하여야 한다.

> **공간정보의 구축 및 관리 등에 관한 법률 제69조(지적공부의 보존 등)**
>
> ① 지적소관청은 해당 청사에 지적서고를 설치하고 그곳에 지적공부(정보처리시스템을 통하여 기록·저장한 경우는 제외한다. 이하 이 항에서 같다)를 영구히 보존하여야 하며, 다음 각 호의 어느 하나에 해당하는 경우 외에는 해당 청사 밖으로 지적공부를 반출할 수 없다.
>
> 1. 천재지변이나 그 밖에 이에 준하는 재난을 피하기 위하여 필요한 경우
> 2. 관할 시·도지사 또는 대도시 시장의 승인을 받은 경우
>
> ② 지적공부를 정보처리시스템을 통하여 기록·저장한 경우 관할 시·도지사, 시장·군수 또는 구청장은 그 지적공부를 지적정보관리체계에 영구히 보존하여야 한다. 〈개정 2013.7.17.〉

정답 13 ①

14 「지적업무처리규정」상 소유자정리에 대한 설명으로 옳지 않은 것은?

① 주소·성명·명칭의 변경 또는 경정 및 소유권 이전 등이 같은 날짜에 등기가 된 경우의 지적공부정리는 등기접수 순서에 따라 모두 정리하여야 한다.

② 소유자의 주소가 토지소재지와 같은 경우에도 등기부와 일치하게 정리한다. 다만, 등기관서에서 제공한 등기전산정보자료에 따라 정리하는 경우에는 등기전산정보자료에 따른다.

③ 소유자등록사항 중 토지이동과 함께 소유자가 결정되는 신규 등록, 도시개발사업 등의 환지 등록 시에는 토지이동업무 처리와 동시에 소유자를 정리하여야 한다.

④ 시·도지사는 등기관서로부터 법인 또는 재외국민의 부동산등기용등록번호 정정통보가 있는 때에는 정정 전 등록번호에 따라 토지소재를 조사하여야 한다.

풀이 지적업무처리규정 제60조(소유자정리)

① 대장의 소유자변동일자는 등기필통지서, 등기필증, 등기부 등본·초본 또는 등기관서에서 제공한 등기전산정보자료의 경우에는 등기접수일자로, 법 제84조제4항 단서의 미등기토지 소유자에 관한 정정신청의 경우와 법 제88조제2항에 따른 소유자등록신청의 경우에는 소유자정리결의일자로, 공유수면 매립준공에 따른 신규 등록의 경우에는 매립준공일자로 정리한다.

② 주소·성명·명칭의 변경 또는 경정 및 소유권 이전 등이 같은 날짜에 등기가 된 경우의 지적공부정리는 등기접수 순서에 따라 모두 정리하여야 한다.

③ 소유자의 주소가 토지소재지와 같은 경우에도 등기부와 일치하게 정리한다. 다만, 등기관서에서 제공한 등기전산정보자료에 따라 정리하는 경우에는 등기전산정보자료에 따른다.

④ 법 제88조제4항에 따라 지적소관청이 소유자에 관한 사항이 대장과 부합되지 아니하는 토지소유자를 정리할 때에는 제1항부터 제3항까지와 제65조제2항을 준용하며, 토지소유자 등 이해관계인이 등기부 등본·초본 등에 따라 소유자정정을 신청하는 경우에는 별지 제9호 서식의 소유자정정 신청서를 제출하여야 한다.

⑤ 국토교통부장관은 등기관서로부터 법인 또는 재외국민의 부동산등기용등록번호 정정통보가 있는 때에는 정정 전 등록번호에 따라 토지소재를 조사하여 시·도지사에게 그 내용을 통지하여야 한다. 이 경우 시·도지사는 지체 없이 그 내용을 해당 지적소관청에 통지하여야 한다.

⑥ 소유자등록사항 중 토지이동과 함께 소유자가 결정되는 신규 등록, 도시개발사업 등의 환지 등록 시에는 토지이동업무 처리와 동시에 소유자를 정리하여야 한다.

15 「지적업무처리규정」상 미등기토지의 소유자정정에 대한 설명으로 옳지 않은 것은?

① 미등기토지의 소유자주소를 대장에 등록하고자 하는 때에는 사정·재결 또는 국유지의 취득 당시 최초 주소를 등록한다.

② 지적소관청은 대장에 소유자의 주소 등을 등록한 때에는 지체 없이 신청인에게 그 내용을 통지하여야 한다.

③ 지적소관청은 조사를 할 때에는 기간을 정하여 신청인에게 필요한 자료의 제출 또는 보완을 요구할 수 있다.

④ 지적소관청은 미등기토지의 소유자정정 등에 관한 신청이 있는 때에는 7일 이내에 처리하여야 하며, 조사서를 작성하여야 한다.

풀이 지적업무처리규정 제61조(미등기토지의 소유자정정 등)

① 법 제84조제4항 단서에 따른 적용대상 토지는 미등기토지로서 소유자의 정정에 관한 사항과 토지조사 당시에 사정 또는 재결 등에 따라 대장에 소유자는 등록하였으나, 소유자의 주소가 등록되어 있지 아니한 토지와 종전 「지적법 시행령」(대통령령 제497호 1951년 4월 1일 제정) 제3조제4호에 따라 국유지를 매각·교환 또는 양여하여 취득한 토지(이하 "국유지의 취득"이라 한다)의 소유자주소가 대장에 등록되어 있지 아니한 미등기토지로 한다. 다만, 1950.12.1. 법률 제165호로 제정된 「지적법」(1975.12.31. 법률 제2801호로 전문 개정되기 이전의 법률을 말한다)이 시행된 시기에 복구, 소유권확인청구의 소에 따른 확정판결이 있었거나, 이에 관한 소송이 법원에 진행 중인 토지는 제외한다.

② 미등기토지의 소유자주소를 대장에 등록하고자 하는 때에는 사정·재결 또는 국유지의 취득 당시 최초 주소를 등록한다.

③ 법 제84조제4항 단서의 미등기토지 소유자에 관한 정정신청은 별지 제10호 서식에 따르며, 지적소관청은 미등기토지의 소유자정정 등에 관한 신청이 있는 때에는 14일 이내에 다음 각 호의 사항을 확인하여 처리하여야 하며, 별지 제11호의 조사서를 작성하여야 한다.

> 1. 적용대상토지 여부
> 2. 대장상 소유자와 가족관계등록부·제적부에 등재된 자와의 동일인 여부
> 3. 적용대상토지에 대한 확정판결이나 소송의 진행여부
> 4. 첨부서류의 적합여부
> 5. 그 밖에 지적소관청이 필요하다고 인정되는 사항

④ 지적소관청은 제3항에 따른 조사를 할 때에는 기간을 정하여 신청인에게 필요한 자료의 제출 또는 보완을 요구할 수 있다.

⑤ 지적소관청은 대장에 소유자의 주소 등을 등록한 때에는 지체 없이 신청인에게 그 내용을 통지하여야 한다.

정답 15 ④

16 「지적업무처리규정」상 전자평판측량을 이용한 지적측량결과도의 작성방법에 대한 설명 중 옳지 않은 것은?

① 평판점 · 측정점 및 방위표정에 사용한 기지점 등에는 방향선을 긋고 실측한 거리를 기재한다. 이 경우 측정점의 방향선 길이는 측정점을 중심으로 약 1센티미터로 표시한다.

② 이미 작성되어 있는 지적측량파일을 이용하여 측량할 경우에는 기존 측량파일 코드의 내용, 규격, 도식은 파란색으로 표시한다.

③ 지적측량결과도 상단 중앙에 "전자평판측량"이라 표기하고, 상단 오른쪽에 측량성과파일명을 표기하여야 한다.

④ 측정점의 표시는 측량자의 경우 붉은색 짧은 십자선(+)으로 표시하고 검사자는 삼각형으로 표시하며, 각 측정점은 붉은색 실선으로 연결한다.

풀이 지적업무처리규정 제24조(측량기하적)

① 평판측량방법 또는 전자평판측량방법으로 세부측량을 하는 때에는 측량준비파일에 측량한 기하적(幾何跡)을 다음 각 호와 같이 작성하여야 하며, 부득이한 경우 지적측량준비도에 연필로 표시할 수 있다.

> 1. 평판점 · 측정점 및 방위표정에 사용한 기지점 등에는 방향선을 긋고 실측한 거리를 기재한다. 이 경우 측정점의 방향선 길이는 측정점을 중심으로 약 1센티미터로 표시한다. 다만, 전자측량시스템에 따라 작성할 경우 필지선이 복잡한 때는 방향선과 측정거리를 생략할 수 있다.
> 2. 평판점은 측량자는 직경 1.5밀리미터 이상 3밀리미터 이하의 검은색 원으로 표시하고, 검사자는 1변의 길이가 2밀리미터 이상 4밀리미터 이하의 삼각형으로 표시한다. 이 경우 평판점 옆에 평판이동순서에 따라 부₁, 부₂ …으로 표시한다.
> 3. 평판점의 결정 및 방위표정에 사용한 기지점은 측량자는 직경 1밀리미터와 2밀리미터의 2중 원으로 표시하고, 검사자는 1변의 길이가 2밀리미터와 3밀리미터의 2중 삼각형으로 표시한다.
> 4. 평판점과 기지점 사이의 도상거리와 실측거리를 방향선상에 다음과 같이 기재한다.
>   (측 량 자)　(검 사 자)
>   (도상거리)　△(도상거리)
>   실측거리　△실측거리
> 5. 측량대상토지에 지상구조물 등이 있는 경우와 새로이 설정하는 경계에 지상건물 등이 걸리는 경우에는 그 위치현황을 표시하여야 한다. 다만, 영 제55조제4항제2호와 제3호의 규정에 의해 분할하는 경우에는 그러하지 아니하다.

② 경위의측량방법으로 세부측량을 하려면 지상건물 등의 위치현황표시는 제1항제5호를 준용한다.

③ 「지적측량 시행규칙」 제26조제1항제6호 및 같은 조 제2항제7호에 따른 측량대상토지의 점유현황선은 붉은색 점선으로 표시한다.

④ 「지적측량 시행규칙」 제26조 및 이 규정 제29조에 따른 측량결과도의 문자와 숫자는 레터링 또는 전자측량시스템에 따라 작성한다.

⑤ 전자평판측량을 이용한 지적측량결과도의 작성방법은 다음 각 호와 같다.

> 1. 관측한 측정점의 오른쪽 상단에는 측정거리를 표시하여야 한다. 다만, 소축척 등으로 식별이 불가능한 때에는 방향선과 측정거리를 생략할 수 있다.
> 2. 측정점의 표시는 측량자의 경우 붉은색 짧은 십자선(+)으로 표시하고, 검사자는 삼각형(△)으로 표시하며, 각 측정점은 붉은색 점선으로 연결한다.
> 3. 지적측량결과도 상단 중앙에 "전자평판측량"이라 표기하고, 상단 오른쪽에 측량성과파일명을 표기하여야 하며, 측량성과파일에는 측량성과 결정에 관한 모든 사항이 수록되어 있어야 한다.

4. 측량결과의 파일 형식은 표준화된 공통포맷을 지원할 수 있어야 하며, 측량결과에 대한 측량파일 코드 일람표는 별표 3과 같다.
5. 이미 작성되어 있는 지적측량파일을 이용하여 측량할 경우에는 기존 측량파일 코드의 내용 · 규격 · 도식은 파란색으로 표시한다.

17 「지적업무처리규정」상 지적측량결과도 작성 등에 관한 설명으로 옳지 않은 것은?

① 측량결과도를 파일로 작성한 때에는 데이터베이스에 저장하여 관리할 수 있다.

② 측량결과도의 보관은 지적소관청은 연도별, 측량종목별, 지적공부정리 일자별, 동 · 리별로, 지적측량수행자는 연도별, 동 · 리별로, 지번 순으로 편철하여 보관하여야 한다.

③ 지적측량업자가 폐업하는 경우에는 보관 중인 측량결과도 원본(전자측량시스템으로 작성한 전산파일을 포함한다)과 지적측량프로그램을 시 · 도지사에게 제출하여야 한다.

④ 지적측량수행자는 전자평판으로 작성된 지적측량파일을 매일 1회 이상 데이터를 백업하여 보관하여야 한다.

풀이 지적업무처리규정 제25조(지적측량결과도의 작성 등)

① 「지적측량 시행규칙」 제26조에 따른 측량결과도(세부측량을 실시한 결과를 작성한 측량도면을 말한다)는 도면용지 또는 전자측량시스템을 사용하여 예시 1의 지적측량결과도 작성 예시에 따라 작성하고, 측량결과도를 파일로 작성한 때에는 데이터베이스에 저장하여 관리할 수 있다. 다만, 경위의측량방법으로 실시한 지적측량결과를 별표 제7호 또는 제8호 서식으로 작성할 경우에는 다음 각 호의 사항을 별도 작성 · 관리 · 검사요청 하여야 한다.

1. 경계점(지적측량기준점) 좌표
2. 기지점 계산
3. 경계점(보조점) 관측 및 좌표 계산
4. 교차점 계산
5. 면적 지정분할 계산
6. 좌표면적 및 점간거리
7. 면적측정부

② 지적측량수행자 및 지적측량검사자는 지적측량결과도상의 측량준비도, 측량결과도, 측량성과도작성, 도면 등의 작성, 확인 및 검사란에 날인 또는 서명을 하여야 한다. 이 경우 서명은 정자(正字)로 하여야 한다.

③ 측량결과도의 보관은 지적소관청은 연도별, 측량종목별, 지적공부정리 일자별, 동 · 리별로, 지적측량수행자는 연도별, 동 · 리별로, 지번 순으로 편철하여 보관하여야 한다.

④ 지적측량업자가 폐업하는 경우에는 보관 중인 측량결과도 원본(전자측량시스템으로 작성한 전산파일을 포함한다)과 지적측량 프로그램을 시 · 도지사에게 제출하여야 하며, 시 · 도지사는 해당 지적소관청에 측량결과도 원본을 보내주어야 한다.

⑤ 지적측량수행자는 전자평판측량으로 측량을 하여 작성된 지적측량파일을 데이터베이스에 저장하여 후속 측량자료 및 민원업무에 활용할 수 있도록 관리하여야 하며, 지적측량파일은 월 1회 이상 데이터를 백업하여 보관하여야 한다.

18 「지적업무처리규정」상 도시개발 등의 사업신고와 정리에 대한 설명으로 옳지 않은 것은?

① 지구계분할을 하고자 하는 경우에는 부동산종합공부시스템에 시행지 번호와 지구계 구분코드(지구 내 1, 지구외 0)를 입력하여야 한다.

② 지적소관청은 도시개발사업 등의 착수(시행) 또는 변경신고서를 접수할 때에는 사업시행지별로 등록하고, 접수 순으로 사업시행지 번호를 부여받아야 한다.

③ 지적공부의 작성이 완료된 때에는 새로 지적공부가 확정 시행됨을 7일 이상 시·군·구 게시판 또는 홈페이지 등에 게시한다.

④ 사업시행지 번호를 부여받은 때에는 지체 없이 사업시행지 번호별로 도시개발사업 등의 임시파일을 생성한 후 지번별 조서를 출력하여 임시파일이 정확하게 생성되었는지 여부를 확인하여야 한다.

풀이 지적업무처리규정 제58조(도시개발 등의 사업신고)

① 지적소관청은 규칙 제95조제1항에 따른 도시개발사업 등의 착수(시행) 또는 변경신고가 있는 때에는 다음 각 호에 따라 처리한다.

1. 다음 각 목의 사항을 확인한다. **암기** 지공부 지사부 수집부

> 가. 지번별 조서와 지적공부등록사항과의 부합 여부
> 나. 지번별 조서·지적(임야)도와 사업계획도와의 부합 여부
> 다. 착수 전 각종 집계의 정확 여부

2. 제1호에 따라 서류의 확인이 완료된 때에는 지체 없이 지적공부에 그 사유를 정리하여야 한다.

② 지적소관청은 규칙 제95조제2항에 따라 도시개발사업 등의 완료신고가 있는 때에는 다음 각 호에 따라 처리한다.

1. 다음 각 목의 사항을 확인한다. **암기** 지변환부 지공환부 측경지부 종소등부

> 가. 확정될 토지의 지번별 조서와 면적측정부 및 환지계획서의 부합 여부
> 나. 종전토지의 지번별 조서와 지적공부등록사항 및 환지계획서의 부합 여부
> 다. 측량결과도 또는 경계점좌표와 새로이 작성된 지적도와의 부합 여부
> 라. 종전토지 소유명의인 동일 여부 및 종전토지 등기부에 소유권등기 이외의 다른 등기사항이 없는지 여부
> 마. 그 밖에 필요한 사항

2. 제1호에 따른 서류의 확인이 완료된 때에는 확정될 토지의 지번별 조서에 따라 토지대장을, 측량성과에 따라 경계점좌표등록부 등을 작성한다. 이 경우 토지대장에 등록하는 소유자의 성명 또는 명칭과 등록번호 및 주소는 환지계획서에 따르되, 소유자의 변동일자와 변동원인은 다음 각 목에 따라 정리한다.

> 가. 소유자변동일자 : 환지처분 또는 사업준공 인가일자(환지처분을 아니할 경우에만 해당한다)
> 나. 소유자변동원인 : 환지 또는 지적확정(환지처분을 아니하는 경우에만 해당한다)

3. 지적공부의 작성이 완료된 때에는 새로 지적공부가 확정 시행됨을 7일 이상 시·군·구 게시판 또는 홈페이지 등에 게시한다.

4. 도시개발사업 등의 완료로 인하여 폐쇄되는 지적공부는 폐쇄사유를 그 지적공부에 정리하고 별도로 영구 보관한다.

지적업무처리규정 제59조(도시개발사업 등의 정리)

① 지적소관청은 규칙 제95조제1항에 따른 도시개발사업 등의 착수(시행) 또는 변경신고서를 접수할 때에는 사업시행지별로 등록하고, 접수 순으로 사업시행지 번호를 부여받아야 한다.

② 제1항에 따라 사업시행지 번호를 부여받은 때에는 지체 없이 사업시행지 번호별로 도시개발사업 등의 임시파일을 생성한 후 지번별 조서를 출력하여 임시파일이 정확하게 생성되었는지 여부를 확인하여야 한다.

③ 지구계분할을 하고자 하는 경우에는 부동산종합공부시스템에 시행지 번호와 지구계 구분코드(지구 내 0, 지구 외 1)를 입력하여야 한다.

19 「지적업무처리규정」상 토지의 이동에 따른 도면의 제도에 대한 설명으로 옳지 않은 것은?

① 도시개발사업 · 축척변경 등의 시행지역으로서 시행 전과 시행 후의 도면축척이 다르고 시행 전 도면에 등록된 필지의 일부가 사업지구 안에 편입된 때에는 이미 비치된 도면에 경계 · 지번 및 지목을 제도하거나, 남아 있는 일부 필지를 포함하여 도면을 작성한다.

② 도곽선에 걸쳐 있는 필지가 분할되어 도곽선 밖에 분할경계가 제도된 때에는 도곽선 밖에 제도된 필지의 경계를 말소하고, 그 도곽선 안에 필지의 경계, 지번 및 지목을 제도한다.

③ 토지의 이동으로 지번 및 지목을 제도하는 경우에는 이동 전 지번 및 지목을 말소하고, 새로 설정된 지번 및 지목을 가로쓰기로 제도한다.

④ 도시개발사업 · 축척변경 등의 완료로 새로 도면을 작성한 지역의 종전도면의 지구 안의 지번 및 지목을 말소한다.

풀이 지적업무처리규정 제46조(토지의 이동에 따른 도면의 제도)

① 토지의 이동으로 지번 및 지목을 제도하는 경우에는 이동 전 지번 및 지목을 말소하고, 새로 설정된 지번 및 지목을 가로쓰기로 제도한다.

② 경계를 말소할 때에는 해당 경계선을 말소한다.

③ 말소된 경계를 다시 등록할 때에는 말소정리 이전의 자료로 원상회복 정리한다.

④ 신규 등록 · 등록전환 및 등록사항정정으로 도면에 경계, 지번 및 지목을 새로 등록할 때에는 이미 비치된 도면에 제도한다. 다만, 이미 비치된 도면에 정리할 수 없는 때에는 새로 도면을 작성한다.

⑤ 등록전환 할 때에는 임야도의 그 지번 및 지목을 말소한다.

⑥ 필지를 분할할 경우에는 분할 전 지번 및 지목을 말소하고, 분할경계를 제도한 후 필지마다 지번 및 지목을 새로 제도한다.

⑦ 도곽선에 걸쳐 있는 필지가 분할되어 도곽선 밖에 분할경계가 제도된 때에는 도곽선 밖에 제도된 필지의 경계를 말소하고, 그 도곽선 안에 필지의 경계, 지번 및 지목을 제도한다.

⑧ 합병할 때에는 합병되는 필지 사이의 경계 · 지번 및 지목을 말소한 후 새로 부여하는 지번과 지목을 제도한다.

⑨ 지번 또는 지목을 변경할 때에는 지번 또는 지목만 말소하고, 새로 설정된 지번 또는 지목을 제도한다.

⑩ 지적공부에 등록된 토지가 바다가 된 때에는 경계 · 지번 및 지목을 말소한다.

⑪ 행정구역이 변경된 때에는 변경 전 행정구역선과 그 명칭 및 지번을 말소하고, 변경 후의 행정구역선과 그 명칭 및 지번을 제도한다.

⑫ 도시개발사업 · 축척변경 등의 시행지역으로서 시행 전과 시행 후의 도면축척이 같고 시행 전 도면에 등록된 필지의 일부가 사업지구 안에 편입된 때에는 이미 비치된 도면에 경계 · 지번 및 지목을 제도하거나, 남아 있는 일부 필지를 포함하여 도면을 작성한다. 다만, 도면과 확정측량결과도의 도곽선 차이가 0.5밀리미터 이상인 경우에는 확정측량결과도에 따라 새로이 도면을 작성한다.

⑬ 도시개발사업 · 축척변경 등의 완료로 새로 도면을 작성한 지역의 종전도면의 지구 안의 지번 및 지목을 말소한다.

⑭ 부동산종합공부시스템으로 제1항부터 제13항까지를 정리한 경우에는 변동 전 · 후의 내용을 관리하여야 하며, 필요한 경우 필지별로 폐쇄 전 · 후의 내용을 열람 및 발급할 수 있어야 한다.

20 「지적업무처리규정」상 일람도의 등재사항으로 해당하지 않는 것은?

① 도곽선과 그 수치
② 지번·도면번호 및 결번
③ 도면의 제명 및 축척
④ 지번부여지역의 경계 및 인접지역의 행정구역명칭

풀이 **지적업무처리규정 제37조(일람도 및 지번색인표의 등재사항)**

규칙 제69조제5항에 따른 일람도 및 지번색인표에는 다음 각 호의 사항을 등재하여야 한다.

1. 일람도

가. 지번부여지역의 경계 및 인접지역의 행정구역명칭
나. 도면의 제명 및 축척
다. 도곽선과 그 수치
라. 도면번호
마. 도로·철도·하천·구거·유지·취락 등 주요 지형·지물의 표시

2. 지번색인표

가. 제명
나. 지번·도면번호 및 결번

01 부동산종합공부시스템에서 지적측량 업무를 수행하기 위하여 도면 및 대장속성 정보를 추출한 파일을 무엇이라 하는가? (15년서울7급)

① 지적측량파일 ② 측량준비파일
③ 측량현형파일 ④ 측량성과파일

(풀이) **지적업무처리규정 제3조(정의)**

이 규정에서 사용하는 용어의 뜻은 다음 각 호와 같다.

5. "지적측량파일"이란 측량준비파일, 측량현형파일 및 측량성과파일을 말한다.
6. "측량준비파일"이란 부동산종합공부시스템에서 지적측량 업무를 수행하기 위하여 도면 및 대장속성 정보를 추출한 파일을 말한다.
7. "측량현형(現形)파일"이란 전자평판측량 및 위성측량방법으로 관측한 데이터 및 지적측량에 필요한 각종 정보가 들어있는 파일을 말한다.
8. "측량성과파일"이란 전자평판측량 및 위성측량방법으로 관측 후 지적측량정보를 처리할 수 있는 시스템에 따라 작성된 측량결과도파일과 토지이동정리를 위한 지번, 지목 및 경계점의 좌표가 포함된 파일을 말한다.

02 「지적업무처리규정」상 지적측량 성과검사 정리부에 대한 설명으로 옳지 않은 것은?

① 시 · 도지사, 대도시 시장 또는 지적소관청은 지적측량 성과검사정리부를 작성 · 비치하고, 지적측량수행계획서를 받은 때와 지적측량성과검사 요청이 있는 때에는 그 처리내용을 기재하여야 한다.
② 지적측량수행자는 지적측량성과검사를 위하여 측량결과도에 작성에 관한 제 규정 이행여부를 확인하여 검사를 의뢰하여야 한다.
③ 시 · 도지사, 대도시 시장 또는 지적소관청은 지적측량수행계획서에 기재된 측량기간 · 측량일자 등을 확인하여 측량이 지연되는 일이 없도록 조치하여야 한다.
④ 지적측량수행자가 지적도근점측량을 한 때에는 지적도근점측량성과와 경계가 부합하는지를 확인한 측량현황파일을 지적도근점측량성과와 함께 지적소관청에 제출하여야 한다.

(풀이) **지적업무처리규정 제17조(지적측량 성과검사 정리부 등)**

① 시 · 도지사, 대도시 시장 또는 지적소관청은 별지 제4호 서식의 지적측량 성과검사 정리부를 작성 · 비치하고, 지적측량수행계획서를 받은 때와 지적측량성과검사 요청이 있는 때에는 그 처리내용을 기재하여야 한다.
② 지적측량수행자가 지적도근점측량을 한 때에는 제13조제1항에 따라 지적도근점측량성과와 경계가 부합하는지를 확인한 측량결과도를 지적도근점측량성과와 함께 지적소관청에 제출하여야 한다.
③ 시 · 도지사, 대도시 시장 또는 지적소관청은 지적측량수행계획서에 기재된 측량기간 · 측량일자 등을 확인하여 측량이 지연되는 일이 없도록 조치하여야 한다.
④ 지적측량수행자는 지적측량성과검사를 위하여 측량결과도의 작성에 관한 제 규정 이행여부를 확인하여 검사를 의뢰하여야 한다.

03 「지적업무처리규정」상 토지의 이동에 따른 도면의 제도에 대한 설명으로 옳지 않은 것은?

① 부동산종합공부시스템으로 제1항부터 제13항까지를 정리한 경우에는 변동 전·후의 내용을 관리하여야 하며, 필요한 경우 필지별로 폐쇄 전·후의 내용을 열람 및 발급할 수 있어야 한다.

② 도면과 확정측량결과도의 도곽선 차이가 0.5mm 이상인 경우에는 확정측량결과도에 따라 새로이 도면을 작성한다.

③ 도시개발사업·축척변경 등의 시행지역으로서 시행 전과 시행 후의 도면축척이 같고 시행 전 도면에 등록된 필지의 일부가 사업지구 안에 편입된 때에는 이미 비치된 도면에 경계·지번 및 지목을 제도하거나, 남아있는 일부 필지를 포함하여 도면을 작성한다.

④ 행정구역이 변경된 때에는 변경 전 행정구역선과 그 명칭, 지번 및 지목을 말소하고, 변경 후의 행정구역선과 명칭, 지번 및 지목을 제도한다.

풀이 지적업무처리규정 제46조(토지의 이동에 따른 도면의 제도)

① 토지의 이동으로 지번 및 지목을 제도하는 경우에는 이동 전 지번 및 지목을 말소하고, 새로 설정된 지번 및 지목을 가로쓰기로 제도한다.

② 경계를 말소할 때에는 해당 경계선을 말소한다.

③ 말소된 경계를 다시 등록할 때에는 말소정리 이전의 자료로 원상회복 정리한다.

④ 신규 등록·등록전환 및 등록사항정정으로 도면에 경계, 지번 및 지목을 새로 등록할 때에는 이미 비치된 도면에 제도한다. 다만, 이미 비치된 도면에 정리할 수 없는 때에는 새로 도면을 작성한다.

⑤ 등록전환 할 때에는 임야도의 그 지번 및 지목을 말소한다.

⑥ 필지를 분할할 경우에는 분할 전 지번 및 지목을 말소하고, 분할경계를 제도한 후 필지마다 지번 및 지목을 새로 제도한다.

⑦ 도곽선에 걸쳐 있는 필지가 분할되어 도곽선 밖에 분할경계가 제도된 때에는 도곽선 밖에 제도된 필지의 경계를 말소하고, 그 도곽선 안에 필지의 경계, 지번 및 지목을 제도한다.

⑧ 합병할 때에는 합병되는 필지 사이의 경계·지번 및 지목을 말소한 후 새로 부여하는 지번과 지목을 제도한다.

⑨ 지번 또는 지목을 변경할 때에는 지번 또는 지목만 말소하고, 새로 설정된 지번 또는 지목을 제도한다.

⑩ 지적공부에 등록된 토지가 바다가 된 때에는 경계·지번 및 지목을 말소한다.

⑪ 행정구역이 변경된 때에는 변경 전 행정구역선과 그 명칭 및 지번을 말소하고, 변경 후의 행정구역선과 그 명칭 및 지번을 제도한다.

⑫ 도시개발사업·축척변경 등의 시행지역으로서 시행 전과 시행 후의 도면축척이 같고 시행 전 도면에 등록된 필지의 일부가 사업지구 안에 편입된 때에는 이미 비치된 도면에 경계·지번 및 지목을 제도하거나, 남아있는 일부 필지를 포함하여 도면을 작성한다. 다만, 도면과 확정측량결과도의 도곽선 차이가 0.5밀리미터 이상인 경우에는 확정측량결과도에 따라 새로이 도면을 작성한다.

⑬ 도시개발사업·축척변경 등의 완료로 새로 도면을 작성한 지역의 종전도면의 지구 안의 지번 및 지목을 말소한다.

⑭ 부동산종합공부시스템으로 제1항부터 제13항까지를 정리한 경우에는 변동 전·후의 내용을 관리하여야 하며, 필요한 경우 필지별로 폐쇄 전·후의 내용을 열람 및 발급할 수 있어야 한다.

04 「지적업무처리규정」상 폐쇄 또는 말소된 지번을 다시 사용할 수 있는 토지이동이 아닌 것은?

① 축척변경   ② 지번변경

③ 지적확정측량   ④ 등록전환

풀이 지적업무처리규정 제63조(지적공부 등의 정리)

① 지적공부 등의 정리에 사용하는 문자·기호 및 경계는 따로 규정을 둔 사항을 제외하고 정리사항은 검은색, 도곽선과 그 수치 및 말소는 붉은색으로 한다.

② 지적확정측량·축척변경 및 지번변경에 따른 토지이동의 경우를 제외하고는 폐쇄 또는 말소된 지번을 다시 사용할 수 없다.

③ 토지의 이동에 따른 도면정리는 예시 2의 도면정리 예시에 따른다. 이 경우 법 제2조제19호의 지적공부를 이용하여 지적측량을 한 때에는 측량성과파일에 따라 지적공부를 정리할 수 있다.

05 「지적업무처리규정」상 토지이동정리결의서의 작성에 대한 설명으로 옳지 않은 것은?

① 증감란의 면적과 지번수는 늘어난 경우에는 (+)로, 줄어든 경우에는 (−)로 기재한다.

② 등록전환은 이동전란에 임야대장에 등록된 지목·면적 및 지번수를, 이동후란에 토지대장에 등록될 지목·면적 및 지번수를, 증감란에는 면적을 기재한다. 이 경우 등록전환에 따른 임야대장 및 임야도의 말소정리는 등록전환결의서에 따른다.

③ 신규 등록은 이동후란에 지목·면적 및 지번수를, 증감란에는 면적 및 지번수를 기재한다.

④ 토지소재·이동 전·이동 후 및 증감란은 시·군·구 단위로 지목별로 작성한다.

풀이 지적업무처리규정 제65조(토지이동정리결의서 및 소유자정리결의서 작성)

① 규칙 제98조제2항에 따른 토지이동정리결의서는 다음 각 호와 같이 작성한다. 이 경우 증감란의 면적과 지번수는 늘어난 경우에는 (+)로, 줄어든 경우에는 (−)로 기재한다.

1. 지적공부정리종목은 토지이동종목별로 구분하여 기재한다.

2. 토지소재·이동 전·이동 후 및 증감란은 읍·면·동 단위로 지목별로 작성한다.

종목	이동 전	이동 후	증감란
신규 등록		지목·면적 및 지번수	면적 및 지번수
등록전환	임야대장에 등록된 지목·면적 및 지번수	토지대장에 등록될 지목·면적 및 지번수	면적
	이 경우 등록전환에 따른 임야대장 및 임야도의 말소정리는 등록전환결의서에 따른다.		
분할 및 합병	지목 및 지번수	지목 및 지번수	지번수
지목변경	변경 전의 지목·면적 및 지번수	변경 후의 지목·면적 및 지번수	
지적공부 등록말소	지목·면적 및 지번수		지목·면적 및 지번수
축척변경	축척변경 시행 전 토지의 지목·면적 및 지번수	축척이 변경된 토지의 지목·면적 및 지번수	
	이 경우 축척변경완료에 따른 종전 지적공부의 폐쇄정리는 축척변경결의서에 따른다.		

종목	이동 전	이동 후	증감란
등록사항 정정	정정 전의 지목 · 면적 및 지번수	정정 후의 지목 · 면적 및 지번수	면적 및 지번수
도시개발 사업	사업 시행 전 토지의 지목 · 면적 및 지번수	확정된 토지의 지목 · 면적 및 지번수	
	이 경우 도시개발사업 등의 완료에 따른 종전 지적공부의 폐쇄정리는 도시개발사업 등 결의서에 따른다.		

② 규칙 제98조제2항에 따른 소유자정리결의서는 다음 각 호와 같이 작성한다. 다만, 등기전산정보자료에 따라 소유자를 정리하는 경우에는 생략할 수 있다.

1. 토지소재 · 소유권보존 · 소유권이전 및 기타란은 읍 · 면 · 동별로 기재한다.
2. 정리일자는 소유자정리결의일부터 정리완료일까지 기재한다.
3. 정리자는 업무담당자로 하고 확인자는 지적업무 담당으로 한다.
4. 소유자정리결과에 따라 접수 · 정리 · 기정리 및 불부합통지로 구분 기재한다.

지적업무처리규정 제66조(오기정정)

지적공부정리 중에 잘못 정리하였음을 즉시 발견하여 정정할 때에는 오기정정할 지적전산자료를 출력하여 지적 전산자료책임관의 확인을 받은 후 정정하여야 한다. 다만, 잘못 정리하였음을 즉시 발견하지 못한 경우의 정정 은 등록사항정정의 방법으로 하여야 한다.

06 「지적업무처리규정」상 경계점좌표등록부의 정리에 대한 설명으로 옳지 않은 것은?

① 분할된 경우의 부호도 및 부호에는 새로 결정된 경계점의 부호를 그 필지의 마지막 부호 다음 번호 부터 부여하고, 다른 필지로 된 경계점의 부호도, 부호 및 좌표는 말소하여야 하며, 새로 결정된 경 계점의 좌표를 다음 란에 정리한다.

② 합병으로 인하여 필지가 말소된 때에는 경계점좌표등록부의 부호도, 부호 및 좌표를 말소한다. 이 경우 말소된 경계점좌표등록부는 보관하지 않아도 된다.

③ 합병된 때에는 존치되는 필지의 경계점좌표등록부에 합병되는 필지의 좌표를 정리하고 부호도 및 부호를 새로 정리한다.

④ 부호도의 각 필지의 경계점부호는 왼쪽 위에서부터 오른쪽으로 경계를 따라 아라비아숫자로 연속하여 부여한다. 토지의 빈번한 이동정리로 부호도가 복잡한 경우에는 아래 여백에 새로 정리할 수 있다.

풀이 지적업무처리규정 제47조(경계점좌표등록부의 정리)

① 부호도의 각 필지의 경계점부호는 왼쪽 위에서부터 오른쪽으로 경계를 따라 아라비아숫자로 연속하여 부여 한다. 이 경우 토지의 빈번한 이동정리로 부호도가 복잡한 경우에는 아래 여백에 새로 정리할 수 있다.

② 분할된 경우의 부호도 및 부호에는 새로 결정된 경계점의 부호를 그 필지의 마지막 부호 다음 번호부터 부여하 고, 다른 필지로 된 경계점의 부호도, 부호 및 좌표는 말소하여야 하며, 새로 결정된 경계점의 좌표를 다음 란에 정리한다.

③ 분할 후 필지의 부호도 및 부호의 정리는 제1항 본문을 준용한다.

④ 합병된 때에는 존치되는 필지의 경계점좌표등록부에 합병되는 필지의 좌표를 정리하고 부호도 및 부호를 새로 정리한다. 이 경우 부호는 마지막부호 다음부호부터 부여하고, 합병으로 인하여 필요 없는 된 경계점(일 직선상에 있는 경계점을 말한다)의 부호도 · 부호 및 좌표를 말소한다.

⑤ 합병으로 인하여 필지가 말소된 때에는 경계점좌표등록부의 부호도, 부호 및 좌표를 말소한다. 이 경우 말소된 경계점좌표등록부도 지번 순으로 함께 보관한다.

⑥ 등록사항정정으로 경계점좌표등록부를 정리할 때에는 제1항부터 제5항까지 규정을 준용한다.

⑦ 부동산종합공부시스템에 따라 경계점좌표등록부를 정리할 때에는 제1항부터 제6항까지를 적용하지 아니할 수 있다.

07 「지적업무처리규정」상 지적서고의 관리에 대한 설명으로 옳지 않은 것은?

① 지적소관청은 지적부서 실·과장을 지적공부 보관정책임자로, 지적업무담당을 부책임자로 지정하여 관리한다.

② 지적서고의 출입문이 자동으로 개폐되는 경우에는 보안 관리의 책임자는 지적부서 실·과장이 되고 담당자는 실·과장이 별도로 지정한다.

③ 열쇠 1조는 지적소관청이 봉인하여 관리하고, 다른 1조는 지적부서 실·과장이 관리한다.

④ 지적서고의 자물쇠는 바깥쪽 문과 안쪽 문에 각각 설치하고 열쇠는 2조를 마련한다.

풀이 **지적업무처리규정 제35조(지적서고의 관리)**

① 지적소관청은 지적부서 실·과장을 지적공부 보관 정책임자로, 지적업무담당을 부책임자로 지정하여 관리한다.

② 지적서고의 자물쇠는 바깥쪽 문과 안쪽 문에 각각 설치하고 열쇠는 2조를 마련하되, 1조는 지적소관청이 봉인하여 관리하고, 다른 1조는 지적부서 실·과장이 관리한다.

③ 지적서고의 출입문이 자동으로 개폐되는 경우에는 보안 관리의 책임자는 지적부서 실·과장이 되고 담당자는 보안관리 책임자가 별도로 지정한다.

지적업무처리규정 제36조(지적공부등록현황의 비치·관리)

지적소관청은 부동산종합공부시스템에 의해 매월 말일 현재로 작성·관리되는 지적공부등록현황과 지적업무 정리상황 등의 이상 유무를 점검·확인하여야 한다.

08 「지적업무처리규정」상 측량준비파일의 작성에 대한 설명으로 옳지 않은 것은?

① 평판측량방법 또는 전자평판측량방법으로 세부측량을 하고자 할 때에는 측량준비파일을 작성하여야 하며, 부득이한 경우 측량준비도면을 연필로 작성할 수 있다.

② 측량대상토지가 도곽에 접합되어 벌어지거나 겹쳐지는 경우와 필지의 경계가 행정구역선에 접하게 되는 경우에는 다른 행정구역선(동·리 경계선)과 벌어지거나 겹치지 아니하도록 측량준비파일을 작성하여야 한다.

③ 경위의측량방법으로 세부측량을 하고자 할 경우 측량준비파일의 작성에 관련된 사항에서 지적기준점 및 그 번호와 좌표와 지적기준점 간 거리 및 방위각은 붉은색으로 작성한다.

④ 지적측량수행자가 도시·군관리계획선을 측량하기 위해 측량준비파일을 요청한 경우에는 지적소관청은 측량준비파일에 도시·군관리계획선을 포함하여 제공하여야 하며, 지적측량수행자는 도시·군관리계획선을 측량준비파일에 포함하여 작성한 후 시·군·구 도시계획부서 담당자의 서명 또는 확인을 받아야 한다.

지적업무처리규정 제18조(측량준비파일의 작성)

① 평판측량방법 또는 전자평판측량방법으로 세부측량을 하고자 할 때에는 측량준비파일을 작성하여야 하며, 부득이한 경우 측량준비도면을 연필로 작성할 수 있다.

② 측량준비파일을 작성하고자 하는 때에는「지적측량 시행규칙」제17조제1항제1호, 제4호 및 제5호 중 지적기준점 및 그 번호와 좌표는 검은색으로,「지적측량 시행규칙」제17조제1항제6호, 제7호 및 제5호 중 도곽선 및 그 수치와 지적기준점 간 거리는 붉은색으로, 그 외는 검은색으로 작성한다.

③ 측량대상토지가 도곽에 접합되어 벌어지거나 겹쳐지는 경우와 필지의 경계가 행정구역선에 접하게 되는 경우에는 다른 행정구역선(동 · 리 경계선)과 벌어지거나 겹치지 아니하도록 측량준비파일을 작성하여야 한다.

④ 지적측량수행자는 측량 전에 측량준비파일 작성의 적정여부 등을 확인하여 필요한 조치를 하여야 한다.

⑤ 지적측량수행자가 도시 · 군관리계획선을 측량하기 위해 측량준비파일을 요청한 경우에는 지적소관청은 측량준비파일에 도시 · 군관리계획선을 포함하여 제공하여야 하며, 지적측량수행자는 도시 · 군관리계획선을 측량준비파일에 포함하여 작성한 후 시 · 군 · 구 도시계획부서 담당자의 서명 또는 확인을 받아야 한다.

⑥ 경위의측량방법으로 세부측량을 하고자 할 경우 측량준비파일의 작성에 관련된 사항은 제1항부터 제5항까지의 규정을 준용한다. 이 경우 지적기준점 간 거리 및 방위각은 붉은색으로 작성한다.

09 「지적업무처리규정」상 지적측량 표본검사방법으로 옳지 않은 것은?

① 시 · 도지사는 지적공부를 정리한 측량성과에 대하여 연 1회 이상 표본검사를 실시할 수 있다.

② 시 · 도지사는 지적측량업자가 지적측량업무를 수행한 측량성과에 대하여는 연 1회 이상 표본검사를 시행하여야 한다.

③ 국토교통부장관은 지적측량수행자의 고의 또는 과실로 인한 지적측량 민원발생을 사전에 예방하고, 지적측량성과의 정확성을 확보하기 위하여 시 · 도지사에게는 표본검사를, 한국국토정보공사 사장에게는 기술검사를 실시하게 할 수 있다.

④ 공사 사장은 경계복원측량 및 지적현황측량성과에 대하여 시 · 도본부별로 연 1회 이상 기술검사를 실시하여야 한다.

지적업무처리규정 제27조의2(지적측량 표본검사 등)

① 국토교통부장관은 법 제99조제1항제1호에 따라 지적측량수행자의 고의 또는 과실로 인한 지적측량 민원발생을 사전에 예방하고, 지적측량성과의 정확성을 확보하기 위하여 시 · 도지사에게는 표본검사를, 한국국토정보공사(이하 "공사"라 한다) 사장에게는 기술검사를 실시하게 할 수 있다.

② 시 · 도지사는 지적공부를 정리한 측량성과에 대하여 연 1회 이상 표본검사를 실시하여야 하며, 그 결과 검사사항이 법령 등에 위배된다고 판단되는 경우에는 국토교통부장관에게 보고하여야 한다.

③ 시 · 도지사는 지적측량업자가 법 제45조에서 정한 지적측량업무를 수행한 측량성과에 대하여는 정기적으로 표본검사를 시행하여야 하며, 그 결과 법령 등에 위배된다고 판단되는 경우에는 필요한 조치를 하여야 한다.

④ 공사 사장은「지적측량 시행규칙」제28조제1항에 따른 경계복원측량 및 지적현황측량성과에 대하여 시 · 도본부별로 연 1회 이상 기술검사를 실시하여야 하며, 그 결과 법령 등에 위배된다고 판단되는 경우에는 필요한 조치를 취하고 그 내용을 국토교통부장관에게 보고하여야 한다.

10 「지적업무처리규정」상 경계의 제도기준으로 옳지 않은 것은?

① 지적기준점 등이 매설된 토지를 분할할 경우 그 토지가 작아서 제도하기가 곤란한 때에는 그 도면의 여백에 그 축척의 10배로 확대하여 제도할 수 있다.

② 경계점좌표등록부 등록지역의 도면에 등록할 경계점 간 거리는 검은색의 1.0~1.5밀리미터 크기의 아라비아숫자로 제도한다.

③ 1필지의 경계가 도곽선에 걸쳐 등록되어 있으면 도곽선 밖의 여백에 경계를 제도하거나, 도곽선을 기준으로 다른 도면에 나머지 경계를 제도할 때에는 지번 및 지목은 검은색으로 표시한다.

④ 경계는 0.1밀리미터 폭의 선으로 제도한다.

> **풀이** **지적업무처리규정 제41조(경계의 제도)**
> ① 경계는 0.1밀리미터 폭의 선으로 제도한다.
> ② 1필지의 경계가 도곽선에 걸쳐 등록되어 있으면 도곽선 밖의 여백에 경계를 제도하거나, 도곽선을 기준으로 다른 도면에 나머지 경계를 제도한다. 이 경우 다른 도면에 경계를 제도할 때에는 지번 및 지목은 붉은색으로 표시한다.
> ③ 규칙 제69조제2항제4호에 따른 경계점좌표등록부 등록지역의 도면(경계점 간 거리등록을 하지 아니한 도면을 제외한다)에 등록할 경계점 간 거리는 검은색의 1.0~1.5밀리미터 크기의 아라비아숫자로 제도한다. 다만, 경계점 간 거리가 짧거나 경계가 원을 이루는 경우에는 거리를 등록하지 아니할 수 있다.
> ④ 지적기준점 등이 매설된 토지를 분할할 경우 그 토지가 작아서 제도하기가 곤란한 때에는 그 도면의 여백에 그 축척의 10배로 확대하여 제도할 수 있다.

11 「지적업무처리규정」상 지번색인표와 도곽선의 제도 기준으로 옳지 않은 것은?

① 도면에 등록하는 도곽선은 0.2밀리미터의 폭으로 제도한다.

② 도곽선의 수치는 도곽선 왼쪽 아랫부분과 오른쪽 윗부분의 종횡선교차점 바깥쪽에 2밀리미터 크기의 아라비아숫자로 제도한다.

③ 지적도의 도곽 크기는 가로 40센티미터, 세로 30센티미터의 직사각형으로 한다.

④ 지번색인표에는 도면번호별로 그 도면에 등록된 지번을, 토지의 이동으로 결번이 생긴 때에는 결번란에 그 지번을 제도한다.

> **풀이** **지적업무처리규정 제39조(지번색인표의 제도)**
> ① 제명은 지번색인표 윗부분에 9밀리미터의 크기로 "○○시·도 ○○시·군·구 ○○읍·면 ○○동·리 지번색인표"라 제도한다.
> ② 지번색인표에는 도면번호별로 그 도면에 등록된 지번을, 토지의 이동으로 결번이 생긴 때에는 결번란에 그 지번을 제도한다.
>
> **지적업무처리규정 제40조(도곽선의 제도)**
> ① 도면의 위 방향은 항상 북쪽이 되어야 한다.
> ② 지적도의 도곽 크기는 가로 40센티미터, 세로 30센티미터의 직사각형으로 한다.
> ③ 도곽의 구획은 영 제7조제3항 각 호에서 정한 좌표의 원점을 기준으로 하여 정하되, 그 도곽의 종횡선수치는 좌표의 원점으로부터 기산하여 영 제7조제3항에서 정한 종횡선수치를 각각 가산한다.
> ④ 이미 사용하고 있는 도면의 도곽크기는 제2항에도 불구하고 종전에 구획되어 있는 도곽과 그 수치로 한다.
> ⑤ 도면에 등록하는 도곽선은 0.1밀리미터의 폭으로, 도곽선의 수치는 도곽선 왼쪽 아랫부분과 오른쪽 윗부분의 종횡선교차점 바깥쪽에 2밀리미터 크기의 아라비아숫자로 제도한다.

12 「지적업무처리규정」상 지적공부 등의 정리와 지적업무정리부 등의 정리에 대한 설명으로 옳지 않은 것은?

① 지적업무정리부는 토지의 이동 종목별로, 소유자정리부는 소유권보존 · 이전 및 기타로 구분하여 기재한다.

② 부동산종합공부시스템을 통하여 정보를 확인 및 출력할 수 있으면 지적업무정리부와 소유자정리부의 별도 기재 없이 출력물로 대체할 수 있다.

③ 지적공부 등의 정리에 사용하는 문자 · 기호 및 경계는 따로 규정을 둔 사항을 제외하고 정리사항 및 도곽선과 그 수치 및 말소는 붉은색으로 한다.

④ 지적소관청은 토지의 이동 또는 소유자의 변경 등으로 지적공부를 정리하고자 하는 때에는 지적업무정리부와 소유자정리부에 그 처리내용을 기재하여야 한다.

[풀이] **지적업무처리규정 제63조(지적공부 등의 정리)**

① 지적공부 등의 정리에 사용하는 문자 · 기호 및 경계는 따로 규정을 둔 사항을 제외하고 정리사항은 검은색, 도곽선과 그 수치 및 말소는 붉은색으로 한다.

② 지적확정측량 · 축척변경 및 지번변경에 따른 토지이동의 경우를 제외하고는 폐쇄 또는 말소된 지번을 다시 사용할 수 없다.

③ 토지의 이동에 따른 도면정리는 예시 2의 도면정리 예시에 따른다. 이 경우 법 제2조제19호의 지적공부를 이용하여 지적측량을 한 때에는 측량성과파일에 따라 지적공부를 정리할 수 있다.

지적업무처리규정 제64조(지적업무정리부 등의 정리)

① 지적소관청은 토지의 이동 또는 소유자의 변경 등으로 지적공부를 정리하고자 하는 때에는 별지 제12호 서식의 지적업무정리부와 별지 제13호 서식의 소유자정리부에 그 처리내용을 기재하여야 한다.

② 제1항의 따른 지적업무정리부는 토지의 이동 종목별로, 소유자정리부는 소유권보존 · 이전 및 기타로 구분하여 기재한다. 다만, 부동산종합공부시스템을 통하여 정보를 확인 및 출력할 수 있으면 지적업무정리부와 소유자정리부의 별도 기재 없이 출력물로 대체할 수 있다.

13 「지적업무처리규정」상 세부측량성과검사 항목이 아닌 것은?

① 경계점 간 계산거리(도상거리)와 실측거리의 부합여부

② 면적측정의 적확여부

③ 측량준비도 및 측량결과도 작성의 적정여부

④ 계산의 정확여부

[풀이] **지적업무처리규정 제26조(지적측량성과의 검사항목)** [암기] [기][지][각][정][준][여][부] [기][준][점][계][정][여][부]

「지적측량 시행규칙」 제28조제2항에 따른 지적측량성과검사를 할 때에는 다음 각 호의 사항을 검사하여야 한다.

기초측량	세부측량
가. [기]지점사용의 적정여부 나. [지]적기준점설치망 구성의 적정여부 다. 관측[각] 및 거리측정의 정확여부 라. 계산의 [정]확여부 마. 지적기[준]점 선점 및 표지설치의 정확여부	가. [기]지점사용의 적정여부 나. 측량[준]비도 및 측량결과도 작성의 적정여부 다. 기지[점]과 지상경계와의 부합여부 라. 경계점 간 [계]산거리(도상거리)와 실측거리의 부합여부 마. 면적측정의 [정]확여부

[정답] 12 ③ 13 ④

기초측량	세부측량
바. 지적기준점성과와 기지경계선과의 부합 **여부**	바. 관계법령의 분할제한 등의 저촉 **여부**. 다만, 제20조제3항 (각종 인가·허가 등의 내용과 다르게 토지의 형질이 변경되었을 경우에는 그 변경된 토지의 현황대로 측량성과를 결정하여야 한다.)은 제외한다.

14 「지적업무처리규정」상 기초측량 시 검사항목에 해당하지 않은 것은?

① 지적기준점 선점 및 표지설치의 정확여부
② 지적기준점설치망 구성의 적정여부
③ 면적측정의 정확여부
④ 관측각 및 거리측정의 정확여부

풀이 지적업무처리규정 제26조(지적측량성과의 검사항목) **암기** **기지각정준여부 기준점계정여부**

「지적측량 시행규칙」 제28조제2항에 따른 지적측량성과검사를 할 때에는 다음 각 호의 사항을 검사하여야 한다.

기초측량	세부측량
가. **기**지점사용의 적정여부 나. **지**적기준점설치망 구성의 적정여부 다. 관측**각** 및 거리측정의 정확여부 라. 계산의 **정**확여부 마. 지적기**준**점 선점 및 표지설치의 정확여부 바. 지적기준점성과와 기지경계선과의 부합 **여부**	가. **기**지점사용의 적정여부 나. 측량**준**비도 및 측량결과도 작성의 적정여부 다. 기지**점**과 지상경계와의 부합여부 라. 경계점 간 **계**산거리(도상거리)와 실측거리의 부합여부 마. 면적측정의 **정**확여부 바. 관계법령의 분할제한 등의 저촉 **여부**. 다만, 제20조제3항 (각종 인가·허가 등의 내용과 다르게 토지의 형질이 변경되었을 경우에는 그 변경된 토지의 현황대로 측량성과를 결정하여야 한다.)은 제외한다.

15 「지적업무처리규정」상 지적공부의 열람 및 등본작성 방법에 대한 설명으로 옳지 않은 것은?

① 지적소관청은 지적공부의 열람신청이 있는 때에는 신청필지수와 수수료금액을 확인하여 신청서에 첨부된 수입증지를 소인한 후 컴퓨터 화면 등에 따라 담당공무원의 참여하에 지적공부를 열람시킨다.
② 지적공부의 등본은 지적공부를 복사·제도하여 작성하거나 부동산종합공부시스템으로 작성한다. 이 경우 대장등본은 작성일 현재의 최종사유를 기준으로 작성한다.
③ 열람자가 보기 쉬운 장소에서 열람 시 개인정보 등이 포함된 사항은 기록, 촬영하여서는 안 된다.
④ 도면등본을 복사에 따라 적성 발급하는 때에는 윗부분은 가로 13cm, 세로 4cm의 규격으로 날인하고 아랫부분은 가로 13cm, 세로 2cm의 규격으로 날인한다.

풀이 지적업무처리규정 제48조(지적공부의 열람 및 등본작성 방법 등)
① 지적공부의 열람 및 등본발급 신청은 신청자가 대상토지의 지번을 제시한 경우에만 할 수 있다.
② 지적소관청은 지적공부의 열람신청이 있는 때에는 신청필지수와 수수료금액을 확인하여 신청서에 첨부된 수입증지를 소인한 후 컴퓨터 화면 등에 따라 담당공무원의 참여하에 지적공부를 열람시킨다.
③ 열람자가 보기 쉬운 장소에 다음 각 호와 같이 열람시의 유의사항을 게시하고 알려주어야 한다.

1. 지정한 장소에서 열람하여 주십시오.

2. 화재의 위험이 있거나 지적공부를 훼손할 수 있는 물건을 휴대해서는 안 됩니다.

3. 열람 시 개인정보 등이 포함된 사항은 기록, 촬영하여서는 안 됩니다.

④ 지적공부의 등본은 지적공부를 복사·제도하여 작성하거나 부동산종합공부시스템으로 작성한다. 이 경우 대장등본은 작성일 현재의 최종사유를 기준으로 작성한다. 다만, 신청인의 요구가 있는 때에는 그러하지 아니하다.

⑤ 도면등본을 복사에 따라 작성 발급하는 때에는 윗부분과 아랫부분에 다음과 같이 날인하고, 축척은 규칙 제69조제6항에 따른다. 다만, 부동산종합공부시스템으로 발급하는 경우에는 신청인이 원하는 축척과 범위를 지정하여 발급할 수 있다.

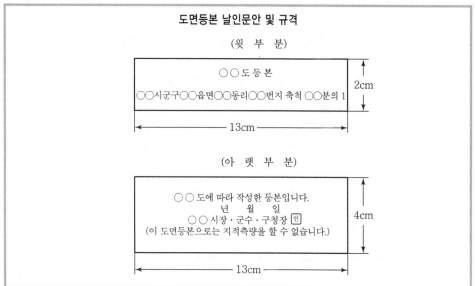

⑥ 제4항에 따라 작성한 등본에는 수입증지를 첨부하여 소인한 후 지적소관청의 직인을 날인하여야 한다. 이 경우 등본이 1장을 초과할 경우에는 첫 장에만 직인을 날인하고 다음 장부터는 천공 또는 간인하여 발급한다.

⑦ 대장등본을 복사하여 작성 발급하는 때에는 대장의 앞면과 뒷면을 각각 복사하여 기재사항 끝부분에 다음과 같이 날인한다.

⑧ 법 제106조에 따라 등본 발급의 수수료는 유료와 무료로 구분하여 처리하되, 무료로 발급할 경우에는 등본 앞면 여백에 붉은색으로 "무료"라 기재한다.

⑨ 폐쇄 또는 말소된 지적공부의 등본을 작성할 때에는 "폐쇄 또는 말소된 ○○○○에 따라 작성한 등본입니다"라고 붉은색으로 기재한다.

⑩ 부동산종합공부시스템으로 지적공부를 열람하는 경우 열람용 등본을 발급할 수 있으며, 이때에는 아랫부분에 "본토지(임야)대장은 열람용이므로 출력하신 토지(임야)대장은 법적인 효력이 없습니다."라고 기재한다.

⑪ 등본은 공용으로 발급할 수 있으며, 이때 등본의 아랫부분에 "본토지(임야)대장은 공용이므로 출력하신 토지(임야)대장은 민원용으로 사용할 수 없습니다."라고 기재한다.

16 「지적업무처리규정」상 오기정정, 도면 및 측량결과도용지의 규격, 권한을 표시하는 증표의 발급에 대한 설명으로 옳지 않은 것은?

① 지적공부정리 중에 잘못 정리하였음을 즉시 발견하여 정정할 때에는 오기정정할 지적전산자료를 출력하여 지적전산자료책임관의 확인을 받은 후 정정하여야 한다.

② 지적공부정리 중에 잘못 정리하였음을 즉시 발견하지 못한 경우의 정정은 등록사항정정의 방법으로 하여야 한다.

③ 측량결과도 용지의 규격은 가로 420±1.5mm, 세로 520±1.5mm이다.

④ 증표를 발급받은 자가 퇴직 또는 전출하는 경우에는 증표를 발급권자에게 즉시 반납하여야 하며, 증표 및 허가증의 유효기간이 경과한 경우에는 즉시 폐기하여야 한다.

풀이 지적업무처리규정 제66조(오기정정)

지적공부정리 중에 잘못 정리하였음을 즉시 발견하여 정정할 때에는 오기정정할 지적전산자료를 출력하여 지적전산자료책임관의 확인을 받은 후 정정하여야 한다. 다만, 잘못 정리하였음을 즉시 발견하지 못한 경우의 정정은 등록사항정정의 방법으로 하여야 한다.

지적업무처리규정 제69조(권한을 표시하는 증표의 발급)

② 증표를 발급받은 자가 퇴직 또는 전출하는 경우에는 증표를 발급권자에게 즉시 반납하여야 하며, 증표 및 허가증의 유효기간이 경과한 경우에는 즉시 폐기하여야 한다.

지적업무처리규정 제67조(도면 및 측량결과도용지의 규격)

① 측량결과도용지의 규격은 별표 6에 따른다. 다만, 동등 이상의 품질인 합성수지제 등을 사용하고자 할 때에는 국토교통부장관의 승인을 받아 사용할 수 있다.

지적업무처리규정 [별표 6]

측량결과도 용지의 규격

1. 측량결과도 용지의 규격은 다음과 같다.

항목	단위	측량결과도 용지	비고
		백상지	
크기	mm	가로 520±1.5 세로 420±1.5	
평량 (KSM7013)	g/m³	200 이상	
두께 (KSM7021)	mm	0.20 이상	
백색도 (KSM7026)	%	50 이상	
평활도 (KSM7028)	초	20 이상	
내절강도 (KSM7065)	회	종 : 300 이상 횡 : 200 이상	

항목	단위	측량결과도 용지	비고
		백상지	
회분 (KSM7033)	%	2 이하	
신축량	mm	0.5 이하	

2. 측량결과도 용지는 완제품 상태에서 시험한다. 이 경우 시험편제작 및 신축량의 측정은 다음 각 목에 따른다.

> 가. 시험편의 크기는 가로 520mm, 세로 420mm로 한다.
> 나. 전처리는 KSM 7012에 의한 시험용지의 전처리에 의거 4시간 이상 처리한다.
> 다. 도곽선은 4H~6H의 연필로 가로 400mm, 세로 300mm로 제도한다.
> 라. 상대습도 90±2%, 온도 40±1℃, 풍속 0.5~3m/s 정도의 상태에서 4시간 이상 방치하였다가 지체
> 없이 지적측량 시행규칙 제20조제3항의 규정에 의하여 신축량을 측정한다. 〈개정 2004.7.6.〉
> 마. 측정에 사용하는 자의 최소눈금 0.05mm의 캘리퍼를 사용한다.
> 바. 측정조건은 전처리 조건과 동일하게 한다.

3. 측량결과도 용지는 위 사항의 규격에 따른 전문기관의 시험에 합격하여야 한다.

17 「지적업무처리규정」(국토교통부 훈령 제899호)상 등록전환측량에 대한 설명으로 가장 옳지 않은 것은?

① 등록전환 할 일단의 토지가 2필지 이상으로 분할되어야 할 토지의 경우에는 1필지로 등록전환 후 지목별로 분할하여야 한다. 이 경우 등록전환 할 토지의 지목은 토지대장에 등록된 지목으로 설정하되, 분할 및 지목변경은 등록전환과 동시에 정리한다.

② 1필지의 일부를 등록전환 하려면 등록전환으로 인하여 말소하여야 할 필지의 면적은 반드시 임야분할측량결과도에서 측정하여야 한다.

③ 임야도에 도곽선 또는 도곽선수치가 없거나, 1필지 전체를 등록전환 할 경우에만 등록전환으로 인하여 말소해야 할 필지의 임야측량결과도를 등록전환측량결과도에 함께 작성할 수 있다.

④ 토지대장에 등록하는 면적은 등록전환측량의 결과에 따라야 하며, 임야대장의 면적을 그대로 정리할 수 없다.

풀이 지적업무처리규정 제22조(등록전환측량)

① 1필지 전체를 등록전환 할 경우에는 임야대장등록사항과 토지대장등록사항의 부합여부 등을 확인하고 토지의 경계와 이용현황 등을 조사하기 위한 측량을 하여야 한다.

② 등록전환 할 일단의 토지가 2필지 이상으로 분할되어야 할 토지의 경우에는 1필지로 등록전환 후 지목별로 분할하여야 한다. 이 경우 등록전환 할 토지의 지목은 임야대장에 등록된 지목으로 설정하되, 분할 및 지목변경은 등록전환과 동시에 정리한다.

③ 경계점좌표등록부를 비치하는 지역과 연접되어 있는 토지를 등록전환하려면 경계점좌표등록부에 등록하여야 한다.

④ 토지대장에 등록하는 면적은 등록전환측량의 결과에 따라야 하며, 임야대장의 면적을 그대로 정리할 수 없다.

⑤ 1필지의 일부를 등록전환 하려면 등록전환으로 인하여 말소하여야 할 필지의 면적은 반드시 임야분할측량결과도에서 측정하여야 한다.

⑥ 임야도에 도곽선 또는 도곽선수치가 없거나, 1필지 전체를 등록전환 할 경우에만 등록전환으로 인하여 말소

해야 할 필지의 임야측량결과도를 등록전환측량결과도에 함께 작성할 수 있다.

⑦ 토지의 형질변경이 수반되는 등록전환측량은 토목공사 등이 완료된 후에 실시하여야 하며, 제20조제3항에 따라 측량성과를 결정하여야 한다.

18 「지적업무처리규정」상 지적측량성과의 검사방법에 대한 설명으로 옳지 않은 것은?

① 지적소관청은 지적측량검사가 완료된 때에는 해당 측량성과 파일을 부동산종합공부시스템에 등록하여야 한다.

② 지적소관청과 사전 협의를 한 경우에는 지적기준점성과와 세부측량성과(지적공부를 정리하지 아니하는 세부측량은 제외한다)를 동시에 검사할 수 있다.

③ 전자평판측량에 따른 측량성과 파일은 도형자료와 속성자료 간의 일치성과 유효성을 검증하기 위하여 검증을 실시하고 최종적으로 종번검사를 실시하여야 한다.

④ 세부측량(지적공부를 정리하지 아니하는 세부측량은 제외한다)을 하기 전에 기초측량을 한 경우에는 미리 지적기준점성과에 대한 검사를 받은 후 세부측량을 하여야 한다.

풀이 지적업무처리규정 제27조(지적측량성과의 검사방법 등)

① 지적측량수행자가 지적측량 성과검사를 요청하는 경우와 지적소관청이 지적측량 성과검사 결과를 통보하는 경우에는 정보시스템을 이용하여 처리할 수 있다.

② 세부측량(지적공부를 정리하지 아니하는 세부측량을 포함한다)을 하기 전에 기초측량을 한 경우에는 미리 지적기준점성과에 대한 검사를 받은 후에 세부측량을 하여야 한다. 다만, 지적소관청과 사전 협의를 한 경우에는 지적기준점성과와 세부측량성과(지적공부를 정리하지 아니하는 세부측량은 제외한다)를 동시에 검사할 수 있다.

③ 전자평판측량에 따른 측량성과 파일은 도형자료와 속성자료 간의 일치성과 유효성을 검증하기 위하여 다음 각 호의 사항을 실시하고 최종적으로 종번(終番) 검사를 실시하여야 한다.

> 1. 면적공차 초과 검증
> 2. 누락필지 및 원필지 중복객체 검증
> 3. 지번중복 검증 및 도곽의 적정성 여부 검사
> 4. 법정 리·동계 및 축척 간 접합 중복 검사
> 5. 폐쇄도면 중첩검사
> 6. 성과레이어 중첩검사
> 7. 이격거리 측정 및 필계점 좌표 확인
> 8. 측정점위치설명도 작성의 적정 여부
> 9. 주위필지와의 부합여부
> 10. 그 밖에 필요한 사항

④ 지적소관청은 지적측량검사가 완료된 때에는 해당 측량성과 파일을 부동산종합공부시스템에 등록하여야 한다.

⑤ 「지적측량 시행규칙」제28조에 따른 측량성과의 검사방법은 다음 각 호와 같다.

> 1. 측량성과를 검사하는 때에는 측량자가 실시한 측량방법과 다른 방법으로 한다. 다만, 부득이한 경우에는 그러하지 아니한다.
> 2. 지적삼각점측량 및 지적삼각보조점측량은 신설된 점을, 지적도근점측량은 주요도선별로 지적도근점을 검사한다. 이 경우 후방교회법으로 검사할 수 있다. 다만, 구하고자 하는 지적기준점이 기지점과 같은 원주상에 있는 경우에는 그러하지 아니하다.

3. 세부측량결과를 검사할 때에는 새로 결정된 경계를 검사한다. 이 경우 측량성과 검사 시에 확인된 지역으로서 측량결과도만으로 그 측량성과가 정확하다고 인정되는 경우에는 현지측량검사를 하지 아니할 수 있다.
4. 면적측정검사는 필지별로 한다.
5. 측량성과 파일의 검사는 부동산종합공부시스템으로 한다.
6. 지적측량수행자와 동일한 전자측량시스템을 이용하여 세부측량시 측량성과의 정확성을 검사할 수 있다.

⑥ 시·도지사, 대도시 시장 또는 지적소관청은 측량성과를 검사하여 그 측량성과가 정확하다고 인정되는 경우에는 측량부·측량결과도·면적측정부 및 측량성과도에 별표 4의 측량성과검사 필인을 각각 날인하여야 한다.

⑦ 시·도지사, 대도시 시장 또는 지적소관청은 측량성과 검사결과 측량성과가 부정확하다고 판단되는 경우에는 제17조에 따라 지적측량수행자가 제출한 측량성과를 보완하도록 조치하고, 측량성과검사정리부에 그 사유를 기재한다. 이 경우 측량성과 검사결과 제26조제2호바목 본문에 해당되는 경우에는 지적측량수행자에게 측량성과에 관한 자료를 되돌려 주고 그 사유를 지적측량 성과검사 정리부 비고란에 붉은색으로 기재한다.

19 「지적업무처리규정」상 전자평판측량에 따른 측량성과 파일은 도형자료와 속성자료 간의 일치성과 유효성을 검증하기 위하여 검사를 실시하고 최종적으로 종번검사를 실시하여야 한다. 다음 중 검사 사항에 포함되지 않는 것은?

① 법정 리, 동계 및 축척 간 접합 중복 검사
② 이격거리 측정 및 필계점 좌표 확인
③ 지번중복 검증 및 도곽의 적정성 여부 검사
④ 기지점과 지상경계와의 부합여부

풀이 지적업무처리규정 제27조(지적측량성과의 검사방법 등)

① 지적측량수행자가 지적측량 성과검사를 요청하는 경우와 지적소관청이 지적측량 성과검사 결과를 통보하는 경우에는 정보시스템을 이용하여 처리할 수 있다.

② 세부측량(지적공부를 정리하지 아니하는 세부측량을 포함한다)을 하기 전에 기초측량을 한 경우에는 미리 지적기준점성과에 대한 검사를 받은 후에 세부측량을 하여야 한다. 다만, 지적소관청과 사전 협의를 한 경우에는 지적기준점성과와 세부측량성과(지적공부를 정리하지 아니하는 세부측량은 제외한다)를 동시에 검사할 수 있다.

③ 전자평판측량에 따른 측량성과 파일은 도형자료와 속성자료 간의 일치성과 유효성을 검증하기 위하여 다음 각 호의 사항을 실시하고 최종적으로 종번(終番) 검사를 실시하여야 한다.

1. 면적공차 초과 검증
2. 누락필지 및 원필지 중복객체 검증
3. 지번중복 검증 및 도곽의 적정성 여부 검사
4. 법정 리·동계 및 축척 간 접합 중복 검사
5. 폐쇄도면 중첩검사
6. 성과레이어 중첩검사
7. 이격거리 측정 및 필계점 좌표 확인
8. 측정점위치설명도 작성의 적정 여부

정답 19 ④

9. 주위필지와의 부합여부
10. 그 밖에 필요한 사항

20 「지적업무처리규정」상 지적기준점의 관리협조에 대한 설명으로 옳은 것은?

① 지적측량수행자는 타인의 토지 건축물 또는 구조물 등에 지적기준점을 설치한 때에는 소유자 또는 점유자에게 선량한 관리자로서 보호의무가 있음을 통지하여야 한다.

② 지적소관청은 도로, 상하수도, 전화 및 전기시설 등의 공사로 지적기준점이 망실 또는 훼손될 것으로 예상되는 때에는 공사시행자와 공사 착수 전에 지적기준점의 이전 재설치 또는 보수 등에 관하여 미리 협의한 후 공사를 시행하도록 하여야 한다.

③ 지적측량수행자는 지적기준점표지의 망실을 확인하였거나 훼손될 것으로 예상되는 때에는 시 · 도지사에 지체 없이 이를 통보하여야 한다.

④ 시 · 도지사 또는 지적소관청은 지적기준점의 관리를 위하여 관계기관에 월 1회 이상 지적기준점 관리 협조를 요청하여야 한다.

풀이 지적업무처리규정 제5조(지적기준점의 관리협조)

① 시 · 도지사 또는 지적소관청은 타인의 토지 · 건축물 또는 구조물 등에 지적기준점을 설치한 때에는 소유자 또는 점유자에게 법 제9조제1항에 따른 선량한 관리자로서 보호의무가 있음을 통지하여야 한다.

② 지적소관청은 도로 · 상하수도 · 전화 및 전기시설 등의 공사로 지적기준점이 망실 또는 훼손될 것으로 예상되는 때에는 공사시행자와 공사 착수 전에 지적기준점의 이전 · 재설치 또는 보수 등에 관하여 미리 협의한 후 공사를 시행하도록 하여야 한다.

③ 시 · 도지사 또는 지적소관청은 지적기준점의 관리를 위하여 관계기관에 연 1회 이상 지적기준점 관리 협조를 요청하여야 한다.

④ 지적측량수행자는 지적기준점표지의 망실을 확인하였거나 훼손될 것으로 예상되는 때에는 지적소관청에 지체 없이 이를 통보하여야 한다.

01 「지적업무처리규정」상 지적공부의 소유자정리에 관한 설명이다. (   )에 들어갈 사항으로 옳은 것은?

> • 대장의 소유자변동일자는 등기필통지서, 등기필증, 등기부 등본·초본 또는 등기관서에서 제공한 등기 전산정보자료의 경우에는 (ㄱ)로, 법 제84조제4항 단서의 미등기토지 소유자에 관한 정정신청의 경우와 법 제88조제2항에 따른 소유자등록신청의 경우에는 (ㄴ)로, 공유수면 매립준공에 따른 신규 등록의 경우에는 (ㄷ)로 정리한다.
> • 주소·성명·명칭의 변경 또는 경정 및 소유권이전 등이 같은 날짜에 등기가 된 경우의 지적공부정리는 (ㄹ)에 따라 모두 정리하여야 한다.

	ㄱ	ㄴ	ㄷ	ㄹ
①	등기접수 순서	등기접수일자	매립준공일자	소유자정리결의일자
②	소유자정리결의일자	등기접수 순서	등기접수일자	매립준공일자
③	등기접수일자	소유자정리결의일자	매립준공일자	등기접수 순서
④	소유자정리결의일자	매립준공일자	등기접수 순서	등기접수일자
⑤	매립준공일자	등기접수 순서	등기접수일자	소유자정리결의일자

풀이 **지적업무처리규정 제60조(소유자정리)**

① 대장의 소유자변동일자는 등기필통지서, 등기필증, 등기부 등본·초본 또는 등기관서에서 제공한 등기전산 정보자료의 경우에는 등기접수일자로, 법 제84조제4항 단서의 미등기토지 소유자에 관한 정정신청의 경우와 법 제88조제2항(「국유재산법」 제2조제10호에 따른 총괄청이나 같은 조 제11호에 따른 중앙관서의 장이 같은 법 제12조제3항에 따라 소유자 없는 부동산에 대한 소유자 등록을 신청하는 경우 지적소관청은 지적공부에 해당 토지의 소유자가 등록되지 아니한 경우에만 등록할 수 있다)에 따른 소유자등록신청의 경우에는 소유자정리결의일자로, 공유수면 매립준공에 따른 신규 등록의 경우에는 매립준공일자로 정리한다.

② 주소·성명·명칭의 변경 또는 경정 및 소유권이전 등이 같은 날짜에 등기가 된 경우의 지적공부정리는 등기접수 순서에 따라 모두 정리하여야 한다.

③ 소유자의 주소가 토지소재지와 같은 경우에도 등기부와 일치하게 정리한다. 다만, 등기관서에서 제공한 등기 전산정보자료에 따라 정리하는 경우에는 등기전산정보자료에 따른다.

④ 법 제88조제4항에 따라 지적소관청이 소유자에 관한 사항이 대장과 부합되지 아니하는 토지소유자를 정리할 때에는 제1항부터 제3항까지와 제65조제2항을 준용하며, 토지소유자 등 이해관계인이 등기부 등본·초본 등에 따라 소유자정정을 신청하는 경우에는 별지 제9호 서식의 소유자정정 신청서를 제출하여야 한다.

⑤ 국토교통부장관은 등기관서로부터 법인 또는 재외국민의 부동산등기용등록번호 정정통보가 있는 때에는 정정 전 등록번호에 따라 토지소재를 조사하여 시·도지사에게 그 내용을 통지하여야 한다. 이 경우 시·도 지사는 지체 없이 그 내용을 해당 지적소관청에 통지하여야 한다.

⑥ 소유자등록사항 중 토지이동과 함께 소유자가 결정되는 신규 등록, 도시개발사업 등의 환지 등록 시에는 토지이동업무 처리와 동시에 소유자를 정리하여야 한다.

지적업무처리규정 제61조(미등기토지의 소유자정정 등)

① 법 제84조제4항 단서에 따른 적용대상 토지는 미등기토지로서 소유자의 정정에 관한 사항과 토지조사 당시에 사정 또는 재결 등에 따라 대장에 소유자는 등록하였으나, 소유자의 주소가 등록되어 있지 아니한 토지와

종전 「지적법 시행령」(대통령령 제497호 1951년 4월 1일 제정) 제3조제4호에 따라 국유지를 매각·교환 또는 양여하여 취득한 토지(이하 "국유지의 취득"이라 한다)의 소유자주소가 대장에 등록되어 있지 아니한 미등기토지로 한다. 다만, 1950.12.1. 법률 제165호로 제정된 「지적법」(1975.12.31. 법률 제2801호로 전문 개정되기 이전의 법률을 말한다)이 시행된 시기에 복구, 소유권확인청구의 소에 따른 확정판결이 있었거나, 이에 관한 소송이 법원에 진행 중인 토지는 제외한다.

② 미등기토지의 소유자주소를 대장에 등록하고자 하는 때에는 사정·재결 또는 국유지의 취득 당시 최초 주소를 등록한다.

③ 법 제84조제4항 단서의 미등기토지 소유자에 관한 정정신청은 별지 제10호 서식에 따르며, 지적소관청은 미등기토지의 소유자정정 등에 관한 신청이 있는 때에는 14일 이내에 다음 각 호의 사항을 확인하여 처리하여야 하며, 별지 제11호의 조사서를 작성하여야 한다.

> 1. 적용대상토지 여부
> 2. 대장상 소유자와 가족관계등록부·제적부에 등재된 자와의 동일인 여부
> 3. 적용대상토지에 대한 확정판결이나 소송의 진행여부
> 4. 첨부서류의 적합여부
> 5. 그 밖에 지적소관청이 필요하다고 인정되는 사항

④ 지적소관청은 제3항에 따른 조사를 할 때에는 기간을 정하여 신청인에게 필요한 자료의 제출 또는 보완을 요구할 수 있다.

⑤ 지적소관청은 대장에 소유자의 주소 등을 등록한 때에는 지체 없이 신청인에게 그 내용을 통지하여야 한다.

02 「지적업무처리규정」상 지적측량성과의 검사방법으로 옳지 않은 것은?

① 지적삼각점측량 및 지적삼각보조점측량은 신설된 점을, 지적도근점측량은 주요 도선별로 지적도근점을 측방교회법으로 검사할 수 있다.

② 지적측량수행자와 동일한 전자측량시스템을 이용하여 세부측량 시 측량성과의 정확성을 검사할 수 있다.

③ 세부측량결과를 검사할 때에는 새로 결정된 경계를 검사한다.

④ 측량성과를 검사하는 때에는 측량자가 실시한 측량방법과 다른 방법으로 한다.

풀이 지적업무처리규정 제27조(지적측량성과의 검사방법 등)

① 지적측량수행자가 지적측량성과검사를 요청하는 경우와 지적소관청이 지적측량 성과검사 결과를 통보하는 경우에는 정보시스템을 이용하여 처리한다.

② 세부측량(지적공부를 정리하지 아니하는 세부측량을 포함한다)을 하기 전에 기초측량을 한 경우에는 미리 지적기준점성과에 대한 검사를 받은 후에 세부측량을 하여야 한다. 다만, 지적소관청과 사전 협의를 한 경우에는 지적기준점성과와 세부측량성과(지적공부를 정리하지 아니하는 세부측량은 제외한다)를 동시에 검사할 수 있다.

③ 전자평판측량에 따른 측량성과 파일은 도형자료와 속성자료 간의 일치성과 유효성을 검증하기 위하여 다음 각 호의 사항을 실시하고 최종적으로 종번(終番) 검사를 실시하여야 한다.

> 1. 면적공차 초과 검증
> 2. 누락필지 및 원필지 중복객체 검증
> 3. 지번중복 검증 및 도곽의 적정성 여부 검사
> 4. 법정 리·동계 및 축척 간 접합 중복 검사
> 5. 폐쇄도면 중첩검사

6. 성과레이어 중첩검사
7. 이격거리 측정 및 필계점 좌표 확인
8. 측정점위치설명도 작성의 적정 여부
9. 주위필지와의 부합여부
10. 그 밖에 필요한 사항

④ 지적소관청은 지적측량검사가 완료된 때에는 해당 측량성과 파일을 부동산종합공부시스템에 등록하여야 한다.

⑤ 「지적측량 시행규칙」 제28조에 따른 측량성과의 검사방법은 다음 각 호와 같다.

1. 측량성과를 검사하는 때에는 측량자가 실시한 측량방법과 다른 방법으로 한다. 다만, 부득이한 경우에는 그러하지 아니한다.
2. 지적삼각점측량 및 지적삼각보조점측량은 신설된 점을, 지적도근점측량은 주요도선별로 지적도근점을 검사한다. 이 경우 후방교회법으로 검사할 수 있다. 다만, 구하고자 하는 지적기준점이 기지점과 같은 원주상에 있는 경우에는 그러하지 아니하다.
3. 세부측량결과를 검사할 때에는 새로 결정된 경계를 검사한다. 이 경우 측량성과 검사 시에 확인된 지역으로서 측량결과도만으로 그 측량성과가 정확하다고 인정되는 경우에는 현지측량검사를 하지 아니할 수 있다.
4. 면적측정검사는 필지별로 한다.
5. 측량성과 파일의 검사는 부동산종합공부시스템으로 한다.
6. 지적측량수행자와 동일한 전자측량시스템을 이용하여 세부측량시 측량성과의 정확성을 검사할 수 있다.

⑥ 시 · 도지사, 대도시 시장 또는 지적소관청은 측량성과를 검사하여 그 측량성과가 정확하다고 인정되는 경우에는 측량부 · 측량결과도 · 면적측정부 및 측량성과도에 별표 4의 측량성과검사 필인을 각각 날인하여야 한다.

⑦ 시 · 도지사, 대도시 시장 또는 지적소관청은 측량성과 검사결과 측량성과가 부정확하다고 판단되는 경우에는 제17조에 따라 지적측량수행자가 제출한 측량성과를 보완하도록 조치하고, 측량성과검사정리부에 그 사유를 기재한다. 이 경우 측량성과 검사결과 제26조제2호바목 본문에 해당되는 경우에는 지적측량수행자에게 측량성과에 관한 자료를 되돌려 주고 그 사유를 지적측량 성과검사 정리부 비고란에 붉은색으로 기재한다.

지적측량 시행규칙 제28조(지적측량성과의 검사방법 등)
① 법 제25조제1항 단서에서 "국토교통부령으로 정하는 측량의 경우"란 경계복원측량 및 지적현황측량을 하는 경우를 말한다. 〈개정 2013.3.23.〉
② 법 제25조제2항에 따른 지적측량성과의 검사방법과 검사절차는 다음 각 호와 같다. 〈개정 2014.1. 17.〉
  1. 지적측량수행자는 측량부 · 측량결과도 · 면적측정부, 측량성과 파일 등 측량성과에 관한 자료(전자파일 형태로 저장한 매체 또는 인터넷 등 정보통신망을 이용하여 제출하는 자료를 포함한다)를 지적소관청에 제출하여 그 성과의 정확성에 관한 검사를 받아야 한다. 다만, 지적삼각점측량성과 및 경위의측량방법으로 실시한 지적확정측량성과인 경우에는 다음 각 목의 구분에 따라 검사를 받아야 한다.
    가. 국토교통부장관이 정하여 고시하는 면적 규모 이상의 지적확정측량성과 : 시 · 도지사 또는 대도시 시장(「지방자치법」 제198조에 따라 서울특별시 · 광역시 및 특별시를 제외한 인구 50만 이상 대도시의 시장을 말한다. 이하 같다)
    나. 국토교통부장관이 정하여 고시하는 면적 규모 미만의 지적확정측량성과 : 지적소관청
  2. 시 · 도지사 또는 대도시 시장은 제1호가목에 따른 검사를 하였을 때에는 그 결과를 지적소관청에 통지하여야 한다.

3. 지적소관청은 「건축법」 등 관계 법령에 따른 분할제한 저촉 여부 등을 판단하여 측량성과가 정확하다고 인정하면 지적측량성과도를 지적측량수행자에게 발급하여야 하며, 지적측량수행자는 측량의뢰인에게 그 지적측량성과도를 포함한 지적측량 결과부를 지체 없이 발급하여야 한다. 이 경우 검사를 받지 아니한 지적측량성과도는 측량의뢰인에게 발급할 수 없다.

③ 제2항에 따른 측량성과에 관한 자료의 제출방법 및 절차, 지적측량성과도의 작성방법 등에 관하여 필요한 사항은 국토교통부장관이 정한다.

03 「지적업무처리규정」상 일람도의 제도에 대한 설명으로 옳지 않은 것은?

① 경계점좌표등록부시행지역은 제명 중 일람도 다음에 "좌표"라고 기재한다.

② 수도용지 중 선로는 남색 0.1mm 폭의 2선으로 제도한다.

③ 하천, 구거, 유지는 남색 0.1mm 폭의 2선으로 제도하고 내부를 남색으로 엷게 채색한다.

④ 도시개발사업, 축척변경 등이 완료된 때에는 지구경계를 붉은색 0.1mm 폭의 선으로 제도한 후 지구 안을 붉은색으로 엷게 채색하고, 윗부분에 사업명 및 사업완료연도를 기재한다.

풀이 지적업무처리규정 제38조(일람도의 제도)

① 규칙 제69조제5항에 따라 일람도를 작성할 경우 일람도의 축척은 그 도면축척의 10분의 1로 한다. 다만, 도면의 장수가 많아서 한 장에 작성할 수 없는 경우에는 축척을 줄여서 작성할 수 있으며, 도면의 장수가 4장 미만인 경우에는 일람도의 작성을 하지 아니할 수 있다.

② 제명 및 축척은 일람도 윗부분에 "○○시 · 도 ○○시 · 군 · 구 ○○읍 · 면 ○○동 · 리 일람도 축척 ○○○○ 분의 1"이라 제도한다. 이 경우 경계점좌표등록부시행지역은 제명 중 일람도 다음에 "(좌표)"라 기재하며, 그 제도방법은 다음 각 호와 같다.

1. 글자의 크기는 9밀리미터로 하고 글자 사이의 간격은 글자크기의 2분의 1정도 띄운다.
2. 제명의 일람도와 축척사이는 20밀리미터를 띄운다.

③ 도면번호는 지번부여지역 · 축척 및 지적도 · 임야도 · 경계점좌표등록부 시행지별로 일련번호를 부여하고 이 경우 신규 등록 및 등록전환으로 새로 도면을 작성할 경우의 도면번호는 그 지역 마지막 도면번호의 다음 번호로 부여한다. 다만, 제46조제12항에 따라 도면을 작성할 경우에는 종전 도면번호에 "-1"과 같이 부호를 부여한다.

④ 일람도의 제도방법은 다음 각 호와 같다.

1. 도곽선과 그 수치의 제도는 제40조제5항을 준용한다.
2. 도면번호는 3밀리미터의 크기로 한다.
3. 인접 동 · 리 명칭은 4밀리미터, 그 밖의 행정구역 명칭은 5밀리미터의 크기로 한다.
4. 지방도로 이상은 검은색 0.2밀리미터 폭의 2선으로, 그 밖의 도로는 0.1밀리미터의 폭으로 제도한다.
5. 철도용지는 붉은색 0.2밀리미터 폭의 2선으로 제도한다.
6. 수도용지 중 선로는 남색 0.1밀리미터 폭의 2선으로 제도한다.
7. 하천 · 구거(溝渠) · 유지(溜池)는 남색 0.1밀리미터의 폭의 2선으로 제도하고, 그 내부를 남색으로 엷게 채색한다. 다만, 적은 양의 물이 흐르는 하천 및 구거는 0.1밀리미터의 남색 선으로 제도한다.
8. 취락지 · 건물 등은 검은색 0.1밀리미터의 폭으로 제도하고, 그 내부를 검은색으로 엷게 채색한다.
9. 삼각점 및 지적기준점의 제도는 제43조를 준용한다.
10. 도시개발사업 · 축척변경 등이 완료된 때에는 지구경계를 붉은색 0.1밀리미터 폭의 선으로 제도한 후 지구 안을 붉은색으로 엷게 채색하고, 그 중앙에 사업명 및 사업완료연도를 기재한다.

정답 03 ④

04 「지적업무처리규정」상 토지이동정리결의서의 작성에 대한 설명으로 옳지 않은 것은?

① 등록사항정정은 이동전란에 정정 전의 지목·면적 및 지번수를, 이동후란에 정정 후의 지목·면적 및 지번수를, 증감란에는 지목·면적 및 지번수를 기재한다.

② 등록전환에 따른 임야대장 및 임야도의 말소정리는 등록전환결의서에 따른다.

③ 분할 및 합병은 이동전·후란에 지목 및 지번수를, 증감람에 지번수를 기재한다.

④ 지목변경은 이동전란에 변경 전의 지목·면적 및 지번수를, 이동후란에 변경 후의 지목·면적 및 지번수를 기재한다.

풀이 지적업무처리규정 제65조(토지이동정리결의서 및 소유자정리결의서 작성)

① 규칙 제98조제2항에 따른 토지이동정리결의서는 다음 각 호와 같이 작성한다. 이 경우 증감란의 면적과 지번수는 늘어난 경우에는 (+)로, 줄어든 경우에는 (−)로 기재한다.

1. 지적공부정리종목은 토지이동종목별로 구분하여 기재한다.
2. 토지소재·이동 전·이동 후 및 증감란은 읍·면·동 단위로 지목별로 작성한다.

종목	이동 전	이동 후	증감란
신규 등록		지목·면적 및 지번수	면적 및 지번수
등록전환	임야대장에 등록된 지목·면적 및 지번수	토지대장에 등록될 지목·면적 및 지번수	면적
등록전환	이 경우 등록전환에 따른 임야대장 및 임야도의 말소정리는 등록전환결의서에 따른다.		
분할 및 합병	지목 및 지번수	지목 및 지번수	지번수
지목변경	변경 전의 지목·면적 및 지번수	변경 후의 지목·면적 및 지번수	
지적공부 등록말소	지목·면적 및 지번수		지목·면적 및 지번수
축척변경	축척변경 시행 전 토지의 지목·면적 및 지번수	축척이 변경된 토지의 지목·면적 및 지번수	
축척변경	이 경우 축척변경완료에 따른 종전 지적공부의 폐쇄정리는 축척변경결의서에 따른다.		
등록사항 정정	정정 전의 지목·면적 및 지번수	정정 후의 지목·면적 및 지번수	면적 및 지번수
도시개발 사업	사업 시행 전 토지의 지목·면적 및 지번수	확정된 토지의 지목·면적 및 지번수	
도시개발 사업	이 경우 도시개발사업 등의 완료에 따른 종전 지적공부의 폐쇄정리는 도시개발사업 등 결의서에 따른다.		

② 규칙 제98조제2항에 따른 소유자정리결의서는 다음 각 호와 같이 작성한다. 다만, 등기전산정보자료에 따라 소유자를 정리하는 경우에는 생략할 수 있다.

1. 토지소재·소유권보존·소유권이전 및 기타란은 읍·면·동별로 기재한다.
2. 정리일자는 소유자정리결의일부터 정리완료일까지 기재한다.
3. 정리자는 업무담당자로 하고 확인자는 지적업무 담당으로 한다.
4. 소유자정리결과에 따라 접수·정리·기정리 및 불부합통지로 구분 기재한다.

정답 04 ①

지적업무처리규정 제66조(오기정정)

지적공부정리 중에 잘못 정리하였음을 즉시 발견하여 정정할 때에는 오기정정할 지적전산자료를 출력하여 지적전산자료책임관의 확인을 받은 후 정정하여야 한다. 다만, 잘못 정리하였음을 즉시 발견하지 못한 경우의 정정은 등록사항정정의 방법으로 하여야 한다.

05 「지적업무처리규정」상 지적공부의 열람 및 등본작성 방법에 대한 설명으로 옳지 않은 것은?

① 등본 발급의 수수료는 유료와 부료로 구분하여 처리하되, 무료로 발급하는 경우에는 등본 앞면 여백에 검은색으로 "무료"라 기재한다.

② 등본은 공용으로 발급할 수 있으며, 이때 등본의 아랫부분에 "본토지(임야)대장은 공용이므로 출력하신 토지(임야)대장은 민원용으로 사용할 수 없습니다."라고 기재한다.

③ 부동산종합공부시스템으로 지적공부를 열람하는 경우 열람용 등본을 발급할 수 있으며, 이때에는 아랫부분에 "본토지(임야)대장은 열람용이므로 출력하신 토지(임야)대장은 법적인 효력이 없습니다."라고 기재한다.

④ 대장등본을 복사하여 작성 발급하는 때에는 대장의 앞면과 뒷면을 각각 복사하여 기재사항 끝부분에 가로 10cm, 세로 4cm 규격으로 날인한다.

풀이 지적업무처리규정 제48조(지적공부의 열람 및 등본작성 방법 등)

① 지적공부의 열람 및 등본발급 신청은 신청자가 대상토지의 지번을 제시한 경우에만 할 수 있다.

② 지적소관청은 지적공부의 열람신청이 있는 때에는 신청필지수와 수수료금액을 확인하여 신청서에 첨부된 수입증지를 소인한 후 컴퓨터 화면 등에 따라 담당공무원의 참여하에 지적공부를 열람시킨다.

③ 열람자가 보기 쉬운 장소에 다음 각 호와 같이 열람시의 유의사항을 게시하고 알려주어야 한다.

　1. 지정한 장소에서 열람하여 주십시오.

　2. 화재의 위험이 있거나 지적공부를 훼손할 수 있는 물건을 휴대해서는 안 됩니다.

　3. 열람 시 개인정보 등이 포함된 사항은 기록, 촬영하여서는 안 됩니다.

④ 지적공부의 등본은 지적공부를 복사·제도하여 작성하거나 부동산종합공부시스템으로 작성한다. 이 경우 대장등본은 작성일 현재의 최종사유를 기준으로 작성한다. 다만, 신청인의 요구가 있는 때에는 그러하지 아니하다.

⑤ 도면등본을 복사에 따라 작성 발급하는 때에는 윗부분과 아랫부분에 다음과 같이 날인하고, 축척은 규칙 제69조제6항에 따른다. 다만, 부동산종합공부시스템으로 발급하는 경우에는 신청인이 원하는 축척과 범위를 지정하여 발급할 수 있다.

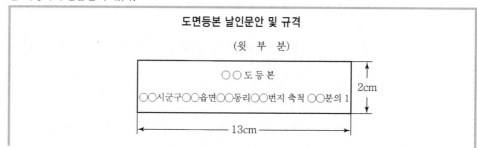

도면등본 날인문안 및 규격

（윗 부 분）

○○도 등 본
○○시군구○○읍면○○동리○○번지 축척 ○○분의 1

2cm

13cm

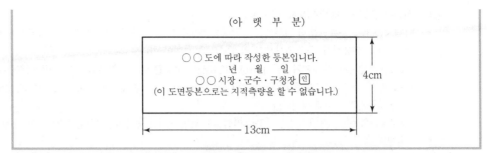

(아 랫 부 분)

○○도에 따라 작성한 등본입니다.
년   월   일
○○시장 · 군수 · 구청장 [인]
(이 도면등본으로는 지적측량을 할 수 없습니다.)

4cm

13cm

⑥ 제4항에 따라 작성한 등본에는 수입증지를 첨부하여 소인한 후 지적소관청의 직인을 날인하여야 한다. 이 경우 등본이 1장을 초과할 경우에는 첫 장에만 직인을 날인하고 다음 장부터는 천공 또는 간인하여 발급한다.

⑦ 대장등본을 복사하여 작성 발급하는 때에는 대장의 앞면과 뒷면을 각각 복사하여 기재사항 끝부분에 다음과 같이 날인한다.

대장등본 날인문안 및 규격

○○대장에 따라 작성한 등본입니다.
년   월   일

○○시장 · 군수 · 구청장 [인]

10cm

4cm

⑧ 법 제106조에 따라 등본 발급의 수수료는 유료와 무료로 구분하여 처리하되, 무료로 발급할 경우에는 등본 앞면 여백에 붉은색으로 "무료"라 기재한다.

⑨ 폐쇄 또는 말소된 지적공부의 등본을 작성할 때에는 "폐쇄 또는 말소된 ○○○○에 따라 작성한 등본입니다" 라고 붉은색으로 기재한다.

⑩ 부동산종합공부시스템으로 지적공부를 열람하는 경우 열람용 등본을 발급할 수 있으며, 이때에는 아랫부분에 "본토지(임야)대장은 열람용이므로 출력하신 토지(임야)대장은 법적인 효력이 없습니다."라고 기재한다.

⑪ 등본은 공용으로 발급할 수 있으며, 이때 등본의 아래 부분에 "본토지(임야)대장은 공용이므로 출력하신 토지(임야)대장은 민원용으로 사용할 수 없습니다."라고 기재한다.

06 「지적업무처리규정」상 등록전환 측량에 대한 설명으로 옳지 않은 것은?

① 토지대장에 등록하는 면적은 등록전환측량의 결과에 따라야 하며, 임야대장의 면적을 그대로 정리할 수 없다.

② 1필지의 일부를 등록전환 하려면 등록전환으로 인하여 말소하여야 할 필지의 면적은 반드시 임야분할측량결과도에서 측정하여야 한다.

③ 등록전환 할 일단의 토지가 2필지 이상으로 분할되어야 할 토지의 경우에는 1필지로 등록전환 후 지목별로 분할하여야 한다. 이 경우 등록전환 할 토지의 지목은 토지대장에 등록될 지목으로 설정하되, 분할 및 지목변경은 등록전환과 동시에 정리한다.

④ 1필지 전체를 등록전환 할 경우 등록전환으로 인하여 말소하여야 할 필지의 임야측량결과도를 등록전환측량결과도와 함께 작성할 수 있다.

지적업무처리규정 제22조(등록전환측량)

① 1필지 전체를 등록전환 할 경우에는 임야대장등록사항과 토지대장등록사항의 부합여부 등을 확인하고 토지의 경계와 이용현황 등을 조사하기 위한 측량을 하여야 한다.

② 등록전환 할 일단의 토지가 2필지 이상으로 분할되어야 할 토지의 경우에는 1필지로 등록전환 후 지목별로 분할하여야 한다. 이 경우 등록전환 할 토지의 지목은 임야대장에 등록된 지목으로 설정하되, 분할 및 지목변경은 등록전환과 동시에 정리한다.

③ 경계점좌표등록부를 비치하는 지역과 연접되어 있는 토지를 등록전환하려면 경계점좌표등록부에 등록하여야 한다.

④ 토지대장에 등록하는 면적은 등록전환측량의 결과에 따라야 하며, 임야대장의 면적을 그대로 정리할 수 없다.

⑤ 1필지의 일부를 등록전환 하려면 등록전환으로 인하여 말소하여야 할 필지의 면적은 반드시 임야분할측량결과도에서 측정하여야 한다.

⑥ 임야도에 도곽선 또는 도곽선수치가 없거나, 1필지 전체를 등록전환 할 경우에만 등록전환으로 인하여 말소해야 할 필지의 임야측량결과도를 등록전환측량결과도에 함께 작성할 수 있다.

⑦ 토지의 형질변경이 수반되는 등록전환측량은 토목공사 등이 완료된 후에 실시하여야 하며, 제20조제3항(각종 인가·허가 등의 내용과 다르게 토지의 형질이 변경되었을 경우에는 그 변경된 토지의 현황대로 측량성과를 결정하여야 한다.)에 따라 측량성과를 결정하여야 한다.

07 「지적업무처리규정」상 미등기토지의 소유자정정 등에 관한 신청이 있는 때 지적소관청이 확인하여야 할 사항이 아닌 것은?

① 적용대상토지 여부

② 대장상 소유자와 가족관계등록부·제적부에 등재된 자와의 동일인 여부

③ 적용대상토지에 대한 확정판결이나 소송의 진행여부

④ 소유자의 주소

지적업무처리규정 제61조(미등기토지의 소유자정정 등)

① 법 제84조제4항 단서에 따른 적용대상 토지는 미등기토지로서 소유자의 정정에 관한 사항과 토지조사 당시에 사정 또는 재결 등에 따라 대장에 소유자는 등록하였으나, 소유자의 주소가 등록되어 있지 아니한 토지와 종전 「지적법 시행령」(대통령령 제497호 1951년 4월 1일 제정) 제3조제4호에 따라 국유지를 매각·교환 또는 양여하여 취득한 토지(이하 "국유지의 취득"이라 한다)의 소유자주소가 대장에 등록되어 있지 아니한 미등기토지로 한다. 다만, 1950.12.1. 법률 제165호로 제정된 「지적법」(1975.12.31. 법률 제2801호로 전문 개정되기 이전의 법률을 말한다)이 시행된 시기에 복구, 소유권확인청구의 소에 따른 확정판결이 있었거나, 이에 관한 소송이 법원에 진행 중인 토지는 제외한다.

② 미등기토지의 소유자주소를 대장에 등록하고자 하는 때에는 사정·재결 또는 국유지의 취득 당시 최초 주소를 등록한다.

③ 법 제84조제4항 단서의 미등기토지 소유자에 관한 정정신청은 별지 제10호 서식에 따르며, 지적소관청은 미등기토지의 소유자정정 등에 관한 신청이 있는 때에는 14일 이내에 다음 각 호의 사항을 확인하여 처리하여야 하며, 별지 제11호의 조사서를 작성하여야 한다.

> 1. 적용대상토지 여부
> 2. 대장상 소유자와 가족관계등록부·제적부에 등재된 자와의 동일인 여부
> 3. 적용대상토지에 대한 확정판결이나 소송의 진행여부
> 4. 첨부서류의 적합여부
> 5. 그 밖에 지적소관청이 필요하다고 인정되는 사항

④ 지적소관청은 제3항에 따른 조사를 할 때에는 기간을 정하여 신청인에게 필요한 자료의 제출 또는 보완을 요구할 수 있다.

⑤ 지적소관청은 대장에 소유자의 주소 등을 등록한 때에는 지체 없이 신청인에게 그 내용을 통지하여야 한다.

08 「지적업무처리규정」상 토지이동정리결의서의 작성에 대한 설명으로 옳지 않은 것은?

① 지적공부등록말소는 이동전 · 증감란에 지목 · 면적 및 지번수를 기재한다.

② 지목변경은 이동전란에 변경 전의 지목 · 면적 및 지번수를, 이동후란에 변경 후의 지목 · 면적 및 지 번수를 기재한다.

③ 축척변경은 축척변경완료에 따른 종전 지적공부의 폐쇄정리는 토지이동정리결의서에 따른다.

④ 도시개발사업 등은 이동전란에 사업 시행 전 토지의 지목 · 면적 및 지번수를, 이동후란에 확정된 토 지의 지목 · 면적 및 지번수를 기재한다. 이 경우 도시개발사업 등의 완료에 따른 종전 지적공부의 폐쇄정리는 도시개발사업 등 결의서에 따른다.

풀이 지적업무처리규정 제65조(토지이동정리결의서 및 소유자정리결의서 작성)

① 규칙 제98조제2항에 따른 토지이동정리결의서는 다음 각 호와 같이 작성한다. 이 경우 증감란의 면적과 지번 수는 늘어난 경우에는 (+)로, 줄어든 경우에는 (−)로 기재한다.

1. 지적공부정리종목은 토지이동종목별로 구분하여 기재한다.
2. 토지소재 · 이동 전 · 이동 후 및 증감란은 읍 · 면 · 동 단위로 지목별로 작성한다.

종목	이동 전	이동 후	증감란
신규 등록		지목 · 면적 및 지번수	면적 및 지번수
등록전환	임야대장에 등록된 지목 · 면적 및 지번수	토지대장에 등록될 지목 · 면적 및 지번수	면적
	이 경우 등록전환에 따른 임야대장 및 임야도의 말소정리는 등록전환결의서에 따른다.		
분할 및 합병	지목 및 지번수	지목 및 지번수	지번수
지목변경	변경 전의 지목 · 면적 및 지번수	변경 후의 지목 · 면적 및 지번수	
지적공부 등록말소	지목 · 면적 및 지번수		지목 · 면적 및 지번수
축척변경	축척변경 시행 전 토지의 지목 · 면적 및 지번수	축척이 변경된 토지의 지목 · 면적 및 지번수	
	이 경우 축척변경완료에 따른 종전 지적공부의 폐쇄정리는 축척변경결의서에 따른다.		
등록사항 정정	정정 전의 지목 · 면적 및 지번수	정정 후의 지목 · 면적 및 지번수	면적 및 지번수
도시개발 사업	사업 시행 전 토지의 지목 · 면적 및 지번수	확정된 토지의 지목 · 면적 및 지번수	
	이 경우 도시개발사업 등의 완료에 따른 종전 지적공부의 폐쇄정리는 도시개발사업 등 결의서에 따른다.		

② 규칙 제98조제2항에 따른 소유자정리결의서는 다음 각 호와 같이 작성한다. 다만, 등기전산정보자료에 따라 소유자를 정리하는 경우에는 생략할 수 있다.

> 1. 토지소재 · 소유권보존 · 소유권이전 및 기타란은 읍 · 면 · 동별로 기재한다.
> 2. 정리일자는 소유자정리결의일부터 정리완료일까지 기재한다.
> 3. 정리자는 업무담당자로 하고 확인자는 지적업무 담당으로 한다.
> 4. 소유자정리결과에 따라 접수 · 정리 · 기정리 및 불부합통지로 구분 기재한다.

지적업무처리규정 제66조(오기정정)

지적공부정리 중에 잘못 정리하였음을 즉시 발견하여 정정할 때에는 오기정정할 지적전산자료를 출력하여 지적전산자료책임관의 확인을 받은 후 정정하여야 한다. 다만, 잘못 정리하였음을 즉시 발견하지 못한 경우의 정정은 등록사항정정의 방법으로 하여야 한다.

09 「지적업무처리규정」(국토교통부 훈령 제899호)상 지적기초측량성과의 검사항목으로 가장 옳지 않은 것은?

① 관측각 및 거리측정의 정확여부
② 지적기준점성과와 기지경계선과의 부합여부
③ 경계점 간 계산거리(도상거리)와 실측거리의 부합여부
④ 기지점사용의 적정여부

풀이 지적업무처리규정 제26조(지적측량성과의 검사항목) **암기** ㉯㉲④⑳㉰여부 ⑳준점㉔⑳여부

「지적측량 시행규칙」 제28조제2항에 따른 지적측량성과검사를 할 때에는 다음 각 호의 사항을 검사하여야 한다.

기초측량	세부측량
가. ㉯지점사용의 적정여부 나. ㉲적기준점설치망 구성의 적정여부 다. 관측④ 및 거리측정의 정확여부 라. 계산의 ⑳확여부 마. 지적기㉰점 선점 및 표지설치의 정확여부 바. 지적기준점성과와 기지경계선과의 부합 ㉰여부	가. ㉯지점사용의 적정여부 나. 측량㉰비도 및 측량결과도 작성의 적정여부 다. 기지㉴과 지상경계와의 부합여부 라. 경계점 간 ㉖산거리(도상거리)와 실측거리의 부합여부 마. 면적측정의 ⑳확여부 바. 관계법령의 분할제한 등의 저촉 ㉯여부. 다만, 제20조제3항(각종 인가 · 허가 등의 내용과 다르게 토지의 형질이 변경되었을 경우에는 그 변경된 토지의 현황대로 측량성과를 결정하여야 한다.)은 제외한다.

10 「지적업무처리규정」상 측량성과도의 작성방법에 대한 설명으로 옳지 않은 것은?

① 분할측량성과도를 작성하는 때에는 측량대상토지의 분할선과 점유현황선은 붉은색 점선으로 표시하여야 한다. 다만, 경계선과 점유현황선이 같을 경우에는 그러하지 아니하다.

② 경계점좌표로 등록된 지역의 측량성과도에는 경계점 간 계산거리를 기재하여야 한다.

③ 측량성과도의 명칭은 신규등록, 등록전환, 분할, 지적확정, 경계복원, 지적현황, 지적복구 또는 등록사항정정측량 성과도로 한다. 이 경우 경계점좌표로 등록된 지역인 경우에는 명칭 앞에 "(좌표)"라 기재한다.

④ 인가ㆍ허가 등의 내용과 다르게 토지의 형질이 변경되었을 경우에 변경된 토지의 현황대로 분할측량성과 등을 결정하였을 때에는 "인ㆍ허가 내용을 변경하여야 지적공부정리가 가능함"이라고 붉은색으로 표시하여야 한다.

> **풀이** 지적업무처리규정 제28조(측량성과도의 작성방법)
> ① 「지적측량 시행규칙」 제28조제2항제3호에 따른 측량성과도(측량결과도에 따라 작성한 측량성과도면을 말한다)의 문자와 숫자는 레터링 또는 전자측량시스템에 따라 작성하여야 한다.
> ② 측량성과도의 명칭은 신규 등록, 등록전환, 분할, 지적확정, 경계복원, 지적현황, 지적복구 또는 등록사항정정측량 성과도로 한다. 이 경우 경계점좌표로 등록된 지역인 경우에는 명칭 앞에 "(좌표)"라 기재한다.
> ③ 경계점좌표로 등록된 지역의 측량성과도에는 경계점간 계산거리를 기재하여야 한다.
> ④ 분할측량성과도를 작성하는 때에는 측량대상토지의 분할선은 붉은색 실선으로, 점유현황선은 붉은색 점선으로 표시하여야 한다. 다만, 경계와 점유현황선이 같을 경우에는 그러하지 아니하다.
> ⑤ 제20조제3항에 따라 분할측량성과 등을 결정하였을 때에는 "인ㆍ허가 내용을 변경하여야 지적공부정리가 가능함"이라고 붉은색으로 표시하여야 한다.
> ⑥ 경계복원측량성과도를 작성하는 때에는 복원된 경계점은 직경 2밀리미터 이상 3밀리미터 이하의 붉은색 원으로 표시하고, 측량대상토지의 점유현황선은 붉은색 점선으로 표시하여야 한다. 다만, 필지가 작아 식별하기 곤란한 경우에는 복원된 경계점을 직경 1밀리미터 이상 1.5밀리미터 이하의 붉은색 원으로 표시할 수 있다.
> ⑦ 복원된 경계점과 측량 대상토지의 점유현황선이 일치할 경우에는 제6항에 따른 점유현황선의 표시를 생략하고, 경계복원측량성과도를 현장에서 작성하여 지적측량 의뢰인에게 발급할 수 있다.
> ⑧ 지적현황측량성과도를 작성하는 때에는 별표 5의 도시방법에 따라 현황구조물의 위치 등을 판별할 수 있도록 표시하여야 한다.

11 다음 중 「지적업무처리규정」상 지적측량성과에 해당하지 않는 것은?

① 측량부   ② 측량현형파일
③ 측량결과도   ④ 면적측정부

> **풀이** 지적업무처리규정 제19조(지적측량 자료조사)
> ① 지적측량수행자가 세부측량을 하고자 하는 때에는 별지 제5호 서식의 지적측량자료부를 작성ㆍ비치하여야 한다. 다만, 측량성과결정에 지장이 없다고 판단되는 경우에는 그러하지 아니하다.
> ② 지적측량수행자는 지적측량정보를 처리할 수 있는 시스템에 측량준비파일을 등록하여 다음 각 호의 사항에 대한 자료를 조사하여야 한다.

1. 경계 및 면적
2. 지적측량성과의 결정방법
3. 측량연혁
4. 지적기준점 성과
5. 그 밖에 필요한 사항

③ 지적측량자료부를 작성할 경우에는 측량 전에 토지이동측량결과도, 경계복원측량결과도 및 지적공부 등에 따라 측량대상토지의 토지표시 변동사항, 지적측량연혁, 측량성과 결정에 사용한 기지점, 측량대상토지 주위의 기지점 및 지적기준점 유무 등을 조사하여 측량 시에 활용하여야 한다.

④ 지적소관청은 지적측량수행자가 지적측량 자료조사를 위하여 지적공부, 지적측량성과(지적측량을 실시하여 작성한 측량부, 측량결과도, 면적측정부 및 측량성과파일에 등재된 측량결과를 말한다) 및 관계자료 등을 항상 조사할 수 있도록 협조하여야 한다.

⑤ 지적소관청은 지적측량 민원처리 등에 필요한 경우에는 지적측량수행자에게 경계복원 · 지적현황측량결과도 등 관련 자료의 제출을 요구할 수 있다.

12 「지적업무처리규정」상 지적도에 직경 3밀리미터으로 제도하고 그 원 안에 검은색으로 엷게 채색하여 표시하는 지적기준점은?

① 지적도근점
② 지적삼각보조점
③ 지적삼각점
④ 위성기준점

풀이 지적업무처리규정 제43조(지적기준점 등의 제도)

① 삼각점 및 지적기준점(제4조에 따라 지적측량수행자가 설치하고, 그 지적기준점성과를 지적소관청이 인정한 지적기준점을 포함한다.)은 0.2밀리미터 폭의 선으로 다음 각 호와 같이 제도한다.

명칭	제도	직경 크기(mm)			비고	
		3mm	2mm	1mm	십자가	내부채색
위성기준점	⊕	3	2		십자가	
1등삼각점	◉	3	2	1		채색
2등삼각점	◎	3	2	1		
3등삼각점	◉		2	1		채색
4등삼각점	◎		2	1		
지적삼각점	⊕	3			십자가	
지적삼각보조점	●	3				채색
지적도근점	○		2			

13 「지적업무처리규정」상 전자평판측량을 이용한 지적측량결과의 작성방법에 대한 설명으로 옳지 않은 것은?

① 레이어명 71의 속성은 도근점이며, 규격은 2mm, 붉은색 원으로 이루어져 있다.

② 측정점의 표시는 측량자의 경우 적색의 짧은 십자선(+) 표시를 하고, 검사자는 삼각형(△)으로 표시하며, 측정점은 적색 점선으로 연결한다.

③ 담당 행정청에 측량성과 검사 의뢰 시 측량성과파일, 지적측량결과도 및 지적측량결과부를 작성하여 제출한다. 다만, 지적측량결과도 상단에 "전자평판측량"이라고 표기하여야 하고, 측량성과파일 내에 측량성과에 관한 모든 사항이 수록되어 있어야 한다.

④ 측량결과의 작성 시 사용되는 측량준비도파일은 반드시 담당 행정청으로부터 새로이 제공받아서 이를 이용하여 측량성과를 작성하여야 한다.

> **풀이** 지적업무처리규정 제24조(측량기하적)
>
> ① 평판측량방법 또는 전자평판측량방법으로 세부측량을 하는 때에는 측량준비파일에 측량한 기하적(幾何跡)을 다음 각 호와 같이 작성하여야 하며, 부득이한 경우 지적측량준비도에 연필로 표시할 수 있다.
>
> > 1. 평판점·측정점 및 방위표정에 사용한 기지점 등에는 방향선을 긋고 실측한 거리를 기재한다. 이 경우 측정점의 방향선 길이는 측정점을 중심으로 약 1센티미터로 표시한다. 다만, 전자측량시스템에 따라 작성할 경우 필지선이 복잡한 때는 방향선과 측정거리를 생략할 수 있다.
> > 2. 평판점은 측량자는 직경 1.5밀리미터 이상 3밀리미터 이하의 검은색 원으로 표시하고, 검사자는 1변의 길이가 2밀리미터 이상 4밀리미터 이하의 삼각형으로 표시한다. 이 경우 평판점 옆에 평판이동순서에 따라 不$_1$, 不$_2$ …으로 표시한다.
> > 3. 평판점의 결정 및 방위표정에 사용한 기지점은 측량자는 직경 1밀리미터와 2밀리미터의 2중 원으로 표시하고, 검사자는 1변의 길이가 2밀리미터와 3밀리미터의 2중 삼각형으로 표시한다.
> > 4. 평판점과 기지점 사이의 도상거리와 실측거리를 방향선상에 다음과 같이 기재한다.
> >
> > | (측 량 자) | (검 사 자) |
> > |---|---|
> > | (도상거리) | △(도상거리) |
> > | 실측거리 | △실측거리 |
> >
> > 5. 측량대상토지에 지상구조물 등이 있는 경우와 새로이 설정하는 경계에 지상건물 등이 걸리는 경우에는 그 위치현황을 표시하여야 한다. 다만, 영 제55조제4항제2호와 제3호의 규정에 의해 분할하는 경우에는 그러하지 아니하다.
>
> ② 경위의측량방법으로 세부측량을 하려면 지상건물 등의 위치현황표시는 제1항제5호를 준용한다.
> ③ 「지적측량 시행규칙」 제26조제1항제6호 및 같은 조 제2항제7호에 따른 측량대상토지의 점유현황선은 붉은색 점선으로 표시한다.
> ④ 「지적측량 시행규칙」 제26조 및 이 규정 제29조에 따른 측량결과도의 문자와 숫자는 레터링 또는 전자측량시스템에 따라 작성한다.
> ⑤ 전자평판측량을 이용한 지적측량결과도의 작성방법은 다음 각 호와 같다.
>
> > 1. 관측한 측정점의 오른쪽 상단에는 측정거리를 표시하여야 한다. 다만, 소축척 등으로 식별이 불가능한 때에는 방향선과 측정거리를 생략할 수 있다.
> > 2. 측정점의 표시는 측량자의 경우 붉은색 짧은 십자선(+)으로 표시하고, 검사자는 삼각형(△)으로 표시하며, 각 측정점은 붉은색 점선으로 연결한다.
> > 3. 지적측량결과도 상단 중앙에 "전자평판측량"이라 표기하고, 상단 오른쪽에 측량성과파일명을 표기하여야 하며, 측량성과파일에는 측량성과 결정에 관한 모든 사항이 수록되어 있어야 한다.

4. 측량결과의 파일 형식은 표준화된 공통포맷을 지원할 수 있어야 하며, 측량결과에 대한 측량파일 코드 일람표는 별표 3과 같다.
5. 이미 작성되어 있는 지적측량파일을 이용하여 측량할 경우에는 기존 측량파일 코드의 내용·규격·도식은 파란색으로 표시한다.

지적업무처리규정 [별표 3]

측량파일 코드 일람표

코드	내용	규격	도식	제도형태
1	지적경계선	기본값	———	검은색
10	지번, 지목	2mm	1591−10 대	검은색
71	도근점	2mm	○	검은색 원
211	현황선		- - - - -	붉은색 점선
217	경계점표지	2mm	○	붉은색 원
281	방위표정 방향선		→	파란색 실선 화살표
282	분할선	기본값	———	붉은색 실선
291	측정점		+	붉은색 십자선
292	측정점 방향선		/	붉은색 실선
294	평판점	1.5~3.0mm (규격 변동 가능)	○	검은색 원 옆에 파란색 不$_1$, 不$_2$ 등으로 표시
297	이동 도근점	2mm	○	파란색 원
298	방위각 표정거리	2mm	000−00−00 000.000	붉은색

※ 기존 측량파일 코드의 내용·규격·도식은 "파란색"으로 표시한다.

14 「지적업무처리규정」상 지적측량 자료조사에 대한 설명으로 옳지 않은 것은?

① 지적소관청은 지적측량수행자가 지적측량 자료조사를 위하여 지적공부, 지적측량성과 및 관계자료 등을 항상 조사할 수 있도록 협조하여야 한다.

② 지적측량수행자가 지적측량정보를 처리할 수 있는 시스템에 측량준비파일을 등록하여 자료를 조사 하여야 하는 시항에는 측량연혁 및 지적측량성과의 결정방법이 포함된다.

③ 지적측량수행자가 세부측량을 하고자 하는 때 측량성과결정에 지장이 없다고 판단되는 경우에는 지 적측량자료부를 작성 · 비치하여야 한다.

④ 지적측량자료부를 작성할 경우에는 측량 전에 경계복원측량결과도 및 지적공부 등에 따라 측량대상 토지의 토지표시 변동사항, 측량성과 결정에 사용한 기지점, 측량대상토지 주위의 기지점 및 지적기 준점 유무 등을 조사하여 측량 시에 활용하여야 한다.

풀이 **지적업무처리규정 제19조(지적측량 자료조사)**

① 지적측량수행자가 세부측량을 하고자 하는 때에는 별지 제5호 서식의 지적측량자료부를 작성 · 비치하여야 한다. 다만, 측량성과결정에 지장이 없다고 판단되는 경우에는 그러하지 아니하다.

② 지적측량수행자는 지적측량정보를 처리할 수 있는 시스템에 측량준비파일을 등록하여 다음 각 호의 사항에 대한 자료를 조사하여야 한다.

> 1. 경계 및 면적
> 2. 지적측량성과의 결정방법
> 3. 측량연혁
> 4. 지적기준점 성과
> 5. 그 밖에 필요한 사항

③ 지적측량자료부를 작성할 경우에는 측량 전에 토지이동측량결과도, 경계복원측량결과도 및 지적공부 등에 따라 측량대상토지의 토지표시 변동사항, 지적측량연혁, 측량성과 결정에 사용한 기지점, 측량대상토지 주위의 기지점 및 지적기준점 유무 등을 조사하여 측량 시에 활용하여야 한다.

④ 지적소관청은 지적측량수행자가 지적측량 자료조사를 위하여 지적공부, 지적측량성과(지적측량을 실시하여 작성한 측량부, 측량결과도. 면적측정부 및 측량성과파일에 등재된 측량결과를 말한다) 및 관계자료 등을 항상 조사할 수 있도록 협조하여야 한다.

⑤ 지적소관청은 지적측량 민원처리 등에 필요한 경우에는 지적측량수행자에게 경계복원 · 지적현황측량결과 도 등 관련 자료의 제출을 요구할 수 있다.

15 「지적업무처리규정」상 색인도의 제도에 대한 설명으로 옳은 것은?

① 색인도 가로 7mm, 세로 6mm 크기의 직사각형을 중앙에 두고 그의 4변에 접하여 같은 규격으로 4 개의 직사각형을 제도한다.

② 1장의 도면을 중앙으로 하여 동일 지번부여지역 안 위쪽, 아래쪽, 왼쪽 및 오른쪽의 인접도면번호를 각각 2mm의 크기로 제도한다.

③ 제명 및 축척은 글자의 크기는 5mm로 하고, 글자 사이의 간격은 글자크기의 4분의 1 정도 띄어 쓴다.

④ 축척은 제명 끝에서 6mm를 띄어 쓴다.

풀이 지적업무처리규정 제45조(색인도 등의 제도)

① 색인도는 도곽선의 왼쪽 윗부분 여백의 중앙에 다음 각 호와 같이 제도한다.

> 1. 가로 7밀리미터, 세로 6밀리미터 크기의 직사각형을 중앙에 두고 그의 4변에 접하여 같은 규격으로 4개의 직사각형을 제도한다.
> 2. 1장의 도면을 중앙으로 하여 동일 지번부여지역 안 위쪽 · 아래쪽 · 왼쪽 및 오른쪽의 인접 도면번호를 각각 3밀리미터의 크기로 제도한다.

② 제명 및 축척은 도곽선 윗부분 여백의 중앙에 "○○시 · 군 · 구 ○○읍 · 면 ○○동 · 리 지적도 또는 임야도 ○○장 중 제○○호 축척○○○○분의 1"이라 제도한다. 이 경우 그 제도방법은 다음 각 호와 같다.

> 1. 글자의 크기는 5밀리미터로 하고, 글자 사이의 간격은 글자크기의 2분의 1 정도 띄어 쓴다.
> 2. 축척은 제명 끝에서 10밀리미터를 띄어 쓴다.

16 「지적업무처리규정」상 도시개발 등의 착수 또는 변경신고가 있을 시 지적소관청이 확인하여 처리하여야 할 사항이 아닌 것은?

① 종전토지 소유명의인 동일여부 및 종전토지 등기부에 소유권등기 이외에 다른 등기사항이 없는지 여부

② 지번별 조서와 지적공부등록사항과의 부합여부

③ 착수 전 각종 집계의 정확여부

④ 지번별 조서, 지적(임야)도와 사업계획도와의 부합여부

풀이 지적업무처리규정 제58조(도시개발 등의 사업신고)

① 지적소관청은 규칙 제95조제1항에 따른 도시개발사업 등의 착수(시행) 또는 변경신고가 있는 때에는 다음 각 호에 따라 처리한다.

　1. 다음 각 목의 사항을 확인한다. **암기** 　㉥㉺부 ㉥㉒부 ㉦㉠부

> 가. ㉥번별 조서와 지적㉺부등록사항과의 ㉻합 여부
> 나. ㉥번별 조서 · 지적(임야)도와 ㉒업계획도와의 ㉻합 여부
> 다. 착㉠ 전 각종 ㉦계의 정확 여㉻

　2. 제1호에 따라 서류의 확인이 완료된 때에는 지체 없이 지적공부에 그 사유를 정리하여야 한다.

② 지적소관청은 규칙 제95조제2항에 따라 도시개발사업 등의 완료신고가 있는 때에는 다음 각 호에 따라 처리한다.

　1. 다음 각 목의 사항을 확인한다. **암기** 　㉥㉞㉻부 ㉥㉺㉻부 ㉧㉢㉥부 ㉧㉦㉵부

> 가. 확정될 토지의 ㉥번별 조서와 ㉞적측량정부 및 ㉻지계획서의 ㉻합 여부
> 나. 종전토지의 ㉥번별 조서와 지적㉺부등록사항 및 ㉻지계획서의 ㉻합 여부
> 다. ㉧량결과도 또는 ㉢계점좌표와 새로이 작성된 ㉥적도와의 ㉻합 여부
> 라. ㉧전토지 ㉤유명의인 동일 여부 및 종전토지 ㉵기부에 소유권등기 이외의 다른 등기사항이 없는지 여㉻
> 마. 그 밖에 필요한 사항

　2. 제1호에 따른 서류의 확인이 완료된 때에는 확정될 토지의 지번별 조서에 따라 토지대장을, 측량성과에 따라 경계점좌표등록부 등을 작성한다. 이 경우 토지대장에 등록하는 소유자의 성명 또는 명칭과 등록번호 및 주소는 환지계획서에 따르되, 소유자의 **변동일자와 변동원인**은 다음 각 목에 따라 정리한다.

3. 지적공부의 작성이 완료된 때에는 새로 지적공부가 확정 시행됨을 7일 이상 시·군·구 게시판 또는 홈페이지 등에 게시한다.
4. 도시개발사업 등의 완료로 인하여 폐쇄되는 지적공부는 폐쇄사유를 그 지적공부에 정리하고 별도로 영구보관한다.

17 「지적업무처리규정」상 행정구역선의 제도에 대한 설명으로 옳은 것은?

① 도로, 철도, 하천, 유지 등의 고유명칭은 3mm 이상 4mm 이하의 크기로 같은 간격으로 띄어서 제도한다.
② 행정구역선은 경계에서 약간 띄어서 그 내부에 제도한다.
③ 행정구역선의 명칭은 도면여백의 넓이에 따라 4mm 이상 5mm 이하의 크기로 경계 및 지적기준점 등을 피하여 같은 간격으로 띄어서 제도한다.
④ 도면에 등록할 행정구역선은 0.2mm 폭으로 제도한다.

풀이 지적업무처리규정 제44조(행정구역선의 제도)

① 도면에 등록할 행정구역선은 0.4밀리미터 폭으로 다음 각 호와 같이 제도한다. 다만, 동·리의 행정구역선은 0.2밀리미터 폭으로 한다.

행정구역	제도방법	내용
국계	|← 4 →|← 3 →| ··· 0.3 ··· 1/1	4밀리미터와 허선 3밀리미터로 연결하고 실선 중앙에 실선과 직각으로 교차하는 1밀리미터의 실선을 긋고, 허선에 직경 0.3밀리미터의 점 2개를 제도한다.
시·도계	|← 4 →|← 2 →| ··· 0.3 ··· 1/1	실선 4밀리미터와 허선 2밀리미터로 연결하고 실선 중앙에 실선과 직각으로 교차하는 1밀리미터의 실선을 긋고, 허선에 직경 0.3밀리미터의 점 1개를 제도한다.
시·군계	|← 3 →|← 3 →| ··· 0.3	실선과 허선을 각각 3밀리미터로 연결하고, 허선에 0.3밀리미터의 점 2개를 제도한다.
읍·면·구계	|← 3 →|← 2 →| ··· 0.3	실선 3밀리미터와 허선 2밀리미터로 연결하고, 허선에 0.3밀리미터의 점 1개를 제도한다.
동·리계	|← 3 →|← 1 →|	실선 3밀리미터와 허선 1밀리미터로 연결하여 제도한다.
행정구역선이 2종 이상 겹칠 때		행정구역선이 2종 이상 겹치는 경우에는 최상급 행정구역선만 제도한다.

정답 17 ①

행정구역	제도방법	내용
	행정구역의 명칭	도면여백의 대소에 따라 4~6mm의 크기로 경계 및 지적기준점 등을 피하여 같은 간격으로 띄어서 제도한다.
	도로, 철도, 하천. 유지 등의 고유명칭	도로 · 철도 · 하천 · 유지 등의 고유명칭은 3~4mm의 크기로 같은 간격으로 띄어서 제도한다.

18 「지적업무처리규정」상 지적측량성과의 표본검사와 기술검사에 대한 설명으로 옳은 것은?

① 국토교통부장관은 지적측량수행자의 고의 또는 과실로 인한 지적측량 민원발생을 사전에 예방하고, 지적측량성과의 정확성을 확보하기 위하여 시 · 도지사에게는 기술검사를, 한국국토정보공사 사장에게는 표본검사를 실시하게 할 수 있다.

② 시 · 도지사는 지적공부를 정리한 측량성과에 대하여 연 1회 이상 기술검사를 실시하여야 한다.

③ 공사 사장은 경계복원측량 및 지적현황측량성과에 대하여 지역본부별로 연 1회 이상 표본검사를 실시하여야 한다.

④ 시 · 도지사는 지적측량업자가 지적측량업무를 수행한 측량성과에 대하여는 정기적으로 표본검사를 시행하여야 하며, 그 결과 법령 등에 위배된다고 판단되는 경우에는 필요한 조치를 하여야 한다.

풀이 지적업무처리규정 제27조의2(지적측량 표본검사 등)

① 국토교통부장관은 법 제99조제1항제1호에 따라 지적측량수행자의 고의 또는 과실로 인한 지적측량 민원발생을 사전에 예방하고, 지적측량성과의 정확성을 확보하기 위하여 시 · 도지사에게는 표본검사를, 한국국토정보공사(이하 "공사"라 한다) 사장에게는 기술검사를 실시하게 할 수 있다.

② 시 · 도지사는 지적공부를 정리한 측량성과에 대하여 연 1회 이상 표본검사를 실시하여야 하며, 그 결과 지적소관청의 검사사항이 법령 등에 위배된다고 판단되는 경우에는 국토교통부장관에게 보고하여야 한다.

③ 시 · 도지사는 지적측량업자가 법 제45조에서 정한 지적측량업무를 수행한 측량성과에 대하여는 정기적으로 표본검사를 시행하여야 하며, 그 결과 법령 등에 위배된다고 판단되는 경우에는 필요한 조치를 하여야 한다.

④ 공사 사장은 「지적측량 시행규칙」 제28조제1항에 따른 경계복원측량 및 지적현황측량성과에 대하여 지역본부별로 연 1회 이상 기술검사를 실시하여야 하며, 그 결과 법령 등에 위배된다고 판단되는 경우에는 필요한 조치를 취하고 그 내용을 국토교통부장관에게 보고하여야 한다.

19 「지적업무처리규정」상 지적측량성과도의 작성방법에 대한 설명으로 옳지 않은 것은?

① 측량성과도의 문자와 숫자는 레터링 또는 전자측량시스템에 따라 작성하여야 한다.

② 필지가 작아 식별하기 곤란한 경우에는 복원된 경계점을 직경 0.1mm 이상 1.5mm 이하의 붉은색 원으로 표시할 수 있다.

③ 경계복원측량성과도를 작성하는 때에는 복원된 경계점은 2mm 이상 3mm 이하의 붉은색 원으로 표시한다.

④ 경계점좌표로 등록된 지역의 경우에 측량성과도는 명칭 앞에 "(좌표)"라 기재한다.

지적업무처리규정 제28조(측량성과도의 작성방법)

① 「지적측량 시행규칙」 제28조제2항제3호에 따른 측량성과도(측량결과도에 따라 작성한 측량성과도면을 말한다)의 문자와 숫자는 레터링 또는 전자측량시스템에 따라 작성하여야 한다.

② 측량성과도의 명칭은 신규 등록, 등록전환, 분할, 지적확정, 경계복원, 지적현황, 지적복구 또는 등록사항정정측량 성과도로 한다. 이 경우 경계점좌표로 등록된 지역인 경우에는 명칭 앞에 "(좌표)"라 기재한다.

③ 경계점좌표로 등록된 지역의 측량성과도에는 경계점간 계산거리를 기재하여야 한다.

④ 분할측량성과도를 작성하는 때에는 측량대상토지의 분할선은 붉은색 실선으로, 점유현황선은 붉은색 점선으로 표시하여야 한다. 다만, 경계와 점유현황선이 같을 경우에는 그러하지 아니하다.

⑤ 제20조제3항에 따라 분할측량성과 등을 결정하였을 때에는 "인ㆍ허가 내용을 변경하여야 지적공부정리가 가능함"이라고 붉은색으로 표시하여야 한다.

⑥ 경계복원측량성과도를 작성하는 때에는 복원된 경계점은 직경 2밀리미터 이상 3밀리미터 이하의 붉은색 원으로 표시하고, 측량대상토지의 점유현황선은 붉은색 점선으로 표시하여야 한다. 다만, 필지가 작아 식별하기 곤란한 경우에는 복원된 경계점을 직경 1밀리미터 이상 1.5밀리미터 이하의 붉은색 원으로 표시할 수 있다.

⑦ 복원된 경계점과 측량 대상토지의 점유현황선이 일치할 경우에는 제6항에 따른 점유현황선의 표시를 생략하고, 경계복원측량성과도를 현장에서 작성하여 지적측량 의뢰인에게 발급할 수 있다.

⑧ 지적현황측량성과도를 작성하는 때에는 별표 5의 도시방법에 따라 현황구조물의 위치 등을 판별할 수 있도록 표시하여야 한다.

20 「지적업무처리규정」상 미등기토지에 대하여 토지소유자의 성명 또는 명칭, 주민등록번호, 주소 등에 관한 사항의 정정을 신청한 경우로서 그 등록사항이 명백히 잘못된 경우 가족관계기록사항에 관한 증명서에 따라 정정할 수 있는 토지가 아닌 것은?

① 미등기토지로서 소유자의 정정에 관한 사항과 토지조사 당시에 사정 또는 재결 등에 따라 대장에 소유자는 등록하였으나 소유자의 주소가 등록되어 있지 아니한 토지

② 종전 지적법 시행령에 따라 국유지를 매각, 교환 또는 양여하여 취득한 토지(국유지의 취득)의 소유자주소가 대장에 등록되어 있지 아니한 미등기토지

③ 1950년 지적법이 시행된 시기에 복구, 소유권확인청구의 소에 따른 확정판결이 있었거나, 이에 관한 소송이 법원에 진행 중인 토지

④ 소유자주소가 대장에 등록되어 있지 아니한 미등기토지

지적업무처리규정 제61조(미등기토지의 소유자정정 등)

① 법 제84조제4항 단서에 따른 적용대상 토지는 미등기토지로서 소유자의 정정에 관한 사항과 토지조사 당시에 사정 또는 재결 등에 따라 대장에 소유자는 등록하였으나, 소유자의 주소가 등록되어 있지 아니한 토지와 종전 「지적법 시행령」(대통령령 제497호 1951년 4월 1일 제정) 제3조제4호에 따라 국유지를 매각ㆍ교환 또는 양여하여 취득한 토지(이하 "국유지의 취득"이라 한다)의 소유자주소가 대장에 등록되어 있지 아니한 미등기토지로 한다. 다만, 1950.12.1. 법률 제165호로 제정된 「지적법」(1975.12.31. 법률 제2801호로 전문 개정되기 이전의 법률을 말한다)이 시행된 시기에 복구, 소유권확인청구의 소에 따른 확정판결이 있었거나, 이에 관한 소송이 법원에 진행 중인 토지는 제외한다.

② 미등기토지의 소유자주소를 대장에 등록하고자 하는 때에는 사정ㆍ재결 또는 국유지의 취득 당시 최초 주소를 등록한다.

③ 법 제84조제4항 단서의 미등기토지 소유자에 관한 정정신청은 별지 제10호 서식에 따르며, 지적소관청은 미등기토지의 소유자정정 등에 관한 신청이 있는 때에는 14일 이내에 다음 각 호의 사항을 확인하여 처리하여

야 하며, 별지 제11호의 조사서를 작성하여야 한다.

1. 적용대상토지 여부
2. 대장상 소유자와 가족관계등록부·제적부에 등재된 자와의 동일인 여부
3. 적용대상토지에 대한 확정판결이나 소송의 진행여부
4. 첨부서류의 적합여부
5. 그 밖에 지적소관청이 필요하다고 인정되는 사항

④ 지적소관청은 제3항에 따른 조사를 할 때에는 기간을 정하여 신청인에게 필요한 자료의 제출 또는 보완을 요구할 수 있다.

⑤ 지적소관청은 대장에 소유자의 주소 등을 등록한 때에는 지체 없이 신청인에게 그 내용을 통지하여야 한다.

공간정보의 구축 및 관리 등에 관한 법률 제84조(등록사항의 정정)

① 토지소유자는 지적공부의 등록사항에 잘못이 있음을 발견하면 지적소관청에 그 정정을 신청할 수 있다.

② 지적소관청은 지적공부의 등록사항에 잘못이 있음을 발견하면 대통령령으로 정하는 바에 따라 직권으로 조사·측량하여 정정할 수 있다.

③ 제1항에 따른 정정으로 인접 토지의 경계가 변경되는 경우에는 다음 각 호의 어느 하나에 해당하는 서류를 지적소관청에 제출하여야 한다.

1. 인접 토지소유자의 승낙서
2. 인접 토지소유자가 승낙하지 아니하는 경우에는 이에 대항할 수 있는 확정판결서 정본(正本)

④ 지적소관청이 제1항 또는 제2항에 따라 등록사항을 정정할 때 그 정정사항이 토지소유자에 관한 사항인 경우에는 등기필증, 등기완료통지서, 등기사항증명서 또는 등기관서에서 제공한 등기전산정보자료에 따라 정정하여야 한다. 다만, 제1항에 따라 미등기 토지에 대하여 토지소유자의 성명 또는 명칭, 주민등록 번호, 주소 등에 관한 사항의 정정을 신청한 경우로서 그 등록사항이 명백히 잘못된 경우에는 가족관계 기록사항에 관한 증명서에 따라 정정하여야 한다.

01 「지적업무처리규정」상 용어에 대한 설명 중 옳지 않은 것은?

① "기지점(旣知點)"이란 기초측량에서는 국가기준점 또는 지적기준점을 말하고, 세부측량에서는 지적기준점 또는 지적도면상 필지를 구획하는 선의 경계점과 상호 부합되는 지상의 경계점을 말한다.

② "지적측량파일"이란 측량준비파일, 측량현형파일 및 측량성과파일을 말한다.

③ "측량성과파일"이란 전자평판측량 및 위성측량방법으로 관측 후 지적측량정보를 처리할 수 있는 시스템에 따라 작성된 측량결과도파일과 토지이동정리를 위한 지번, 지목 및 경계점의 좌표가 포함된 파일을 말한다.

④ "기지경계선(旣知境界線)"이란 기초측량성과를 결정하는 기준이 되는 기지점을 필지별로 직선으로 연결한 선을 말한다.

풀이 지적업무처리규정 제3조(정의)

이 규정에서 사용하는 용어의 뜻은 다음 각 호와 같다.

		측량의 정확도를 확보하고 효율성을 높이기 위하여 국토교통부장관이 전 국토를 대상으로 주요 지점마다 정한 측량의 기본이 되는 측량기준점
국가기준점	**암기** 우리가 위통이 심하면 중지를 모아 수영을 수삼 번 해라	
	우주측지기준점	국가측지기준계를 정립하기 위하여 전 세계 초장거리간섭계와 연결하여 정한 기준점
	위성기준점	지리학적 경위도, 직각좌표 및 지구중심 직교좌표의 측정 기준으로 사용하기 위하여 대한민국 경위도원점을 기초로 정한 기준점
	통합기준점	지리학적 경위도, 직각좌표, 지구중심 직교좌표, 높이 및 중력 측정의 기준으로 사용하기 위하여 위성기준점, 수준점 및 중력점을 기초로 정한 기준점
	중력점	중력 측정의 기준으로 사용하기 위하여 정한 기준점
	지자기점 (地磁氣點)	지구자기 측정의 기준으로 사용하기 위하여 정한 기준점
	수준점	높이 측정의 기준으로 사용하기 위하여 대한민국 수준원점을 기초로 정한 기준점
	영해기준점	우리나라의 영해를 획정(劃定)하기 위하여 정한 기준점 〈삭제 2021.2.9.〉
	수로기준점	수로 조사 시 해양에서의 수평위치와 높이, 수심 측정 및 해안선 결정 기준으로 사용하기 위하여 위성기준점과 법 제6조제1항제3호의 기본수준면을 기초로 정한 기준점으로서 수로측량기준점, 기본수준점, 해안선기준점으로 구분 〈삭제 2021.2.9.〉
	삼각점	지리학적 경위도, 직각좌표 및 지구중심 직교좌표 측정의 기준으로 사용하기 위하여 위성기준점 및 통합기준점을 기초로 정한 기준점
공공기준점		제17조제2항에 따른 공공측량시행자가 공공측량을 정확하고 효율적으로 시행하기 위하여 국가기준점을 기준으로 하여 따로 정하는 측량기준점
	공공삼각점	공공측량 시 수평위치의 기준으로 사용하기 위하여 국가기준점을 기초로 하여 정한 기준점

정답 01 ④

공공기준점	공공수준점	공공측량 시 높이의 기준으로 사용하기 위하여 국가기준점을 기초로 하여 정한 기준점
지적기준점		특별시장·광역시장·특별자치시장·도지사 또는 특별자치도지사나 지적소관청이 지적측량을 정확하고 효율적으로 시행하기 위하여 국가기준점을 기준으로 하여 따로 정하는 측량기준점
	지적삼각점 (地籍三角點)	지적측량 시 수평위치 측량의 기준으로 사용하기 위하여 국가기준점을 기준으로 하여 정한 기준점
	지적삼각보조점 (地籍三角補助點)	지적측량 시 수평위치 측량의 기준으로 사용하기 위하여 국가기준점과 지적삼각점을 기준으로 하여 정한 기준점
	지적도근점 (地籍圖根點)	지적측량 시 필지에 대한 수평위치 측량 기준으로 사용하기 위하여 국가기준점, 지적삼각점, 지적삼각보조점 및 다른 지적도근점을 기초로 하여 정한 기준점
기지점 (旣知點)		기초측량에서는 국가기준점 또는 지적기준점을 말하고, 세부측량에서는 지적기준점 또는 지적도면상 필지를 구획하는 선의 경계점과 상호 부합되는 지상의 경계점을 말한다.
기지경계선 (旣知境界線)		세부 측량 성과를 결정하는 기준이 되는 기지점을 필지별로 직선으로 연결한 선을 말한다.
전자평판측량		토탈스테이션과 지적측량 운영 프로그램 등이 설치된 컴퓨터를 연결하여 세부 측량을 수행하는 측량을 말한다.
토탈스테이션		경위의 측량 방법에 따른 기초 측량 및 세부 측량에 사용되는 장비를 말한다.
지적측량파일		측량준비파일, 측량현형파일 및 측량성과파일을 말한다.
측량준비파일		부동산종합공부시스템에서 지적측량 업무를 수행하기 위하여 도면 및 대장속성 정보를 추출한 파일을 말한다.
측량현형(現形) 파일		전자평판측량 및 위성측량방법으로 관측한 데이터 및 지적측량에 필요한 각종 정보가 들어있는 파일을 말한다.
측량성과파일		전자평판측량 및 위성측량방법으로 관측 후 지적측량정보를 처리할 수 있는 시스템에 따라 작성된 측량결과도파일과 토지이동정리를 위한 지번, 지목 및 경계점의 좌표가 포함된 파일을 말한다.
측량부		기초측량 또는 세부측량성과를 결정하기 위하여 사용한 관측부, 계산부 등 이에 수반되는 기록을 말한다.

02 「지적업무처리규정」에 의한 용어 구분에 대한 설명이다. (   ) 안에 들어갈 용어로 옳은 것은?

- (㉠)이란 전자평판측량 및 위성측량방법으로 관측한 데이터 및 지적측량에 필요한 각종 정보가 들어 있는 파일을 말한다.
- (㉡)이란 부동산종합공부시스템에서 지적측량 업무를 수행하기 위하여 도면 및 대장속성 정보를 추출한 파일을 말한다.
- (㉢)이란 전자평판측량 및 위성측량방법으로 관측 후 지적측량정보를 처리할 수 있는 시스템에 따라 작성된 측량결과도파일과 토지이동정리를 위한 지번, 지목 및 경계점의 좌표가 포함된 파일을 말한다.
- (㉣)이란 기초측량에서는 국가기준점 또는 지적기준점을 말하고, 세부측량에서는 지적기준점 또는 지적도면상 필지를 구획하는 선의 경계점과 상호 부합되는 지상의 경계점을 말한다.

	㉠	㉡	㉢	㉣
①	측량현형파일	측량성과파일	측량준비파일	기지점
②	측량성과파일	측량준비파일	측량현형파일	기지점
③	측량준비파일	측량현형파일	측량성과파일	기지점
④	측량현형파일	측량준비파일	측량성과파일	기지점

풀이 **지적업무처리규정 제3조(정의)**

이 규정에서 사용하는 용어의 뜻은 다음 각 호와 같다.

1. "기지점(旣知點)"이란 기초측량에서는 국가기준점 또는 지적기준점을 말하고, 세부측량에서는 지적기준점 또는 지적도면상 필지를 구획하는 선의 경계점과 상호 부합되는 지상의 경계점을 말한다.
2. "기지경계선(旣知境界線)"이란 세부측량성과를 결정하는 기준이 되는 기지점을 필지별로 직선으로 연결한 선을 말한다.
3. "전자평판측량"이란 토탈스테이션과 지적측량 운영프로그램 등이 설치된 컴퓨터를 연결하여 세부측량을 수행하는 측량을 말한다.
4. "토탈스테이션"이란 경위의측량방법에 따른 기초측량 및 세부측량에 사용되는 장비를 말한다.
5. "지적측량파일"이란 측량준비파일, 측량현형파일 및 측량성과파일을 말한다.
6. "측량준비파일"이란 부동산종합공부시스템에서 지적측량 업무를 수행하기 위하여 도면 및 대장속성 정보를 추출한 파일을 말한다.
7. "측량현형(現形)파일"이란 전자평판측량 및 위성측량방법으로 관측한 데이터 및 지적측량에 필요한 각종 정보가 들어있는 파일을 말한다.
8. "측량성과파일"이란 전자평판측량 및 위성측량방법으로 관측 후 지적측량정보를 처리할 수 있는 시스템에 따라 작성된 측량결과도파일과 토지이동정리를 위한 지번, 지목 및 경계점의 좌표가 포함된 파일을 말한다.
9. "측량부"란 기초측량 또는 세부측량성과를 결정하기 위하여 사용한 관측부·계산부 등 이에 수반되는 기록을 말한다.

03 「지적업무처리규정」상 중 폐쇄 또는 말소된 지번을 다시 사용할 수 있는 경우가 아닌 것은?

① 지적확정측량

② 행정구역변경

④ 지번변경

④ 축척변경

풀이 **지적업무처리규정 제63조(지적공부 등의 정리)**

① 지적공부 등의 정리에 사용하는 문자·기호 및 경계는 따로 규정을 둔 사항을 제외하고 정리사항은 검은색, 도곽선과 그 수치 및 말소는 붉은색으로 한다.

② 지적확정측량·축척변경 및 지번변경에 따른 토지이동의 경우를 제외하고는 폐쇄 또는 말소된 지번을 다시 사용할 수 없다.

③ 토지의 이동에 따른 도면정리는 예시 2의 도면정리 예시에 따른다. 이 경우 법 제2조제19호의 지적공부를 이용하여 지적측량을 한 때에는 측량성과파일에 따라 지적공부를 정리할 수 있다.

04 「지적업무처리규정」상 지적측량성과의 검사방법으로 옳지 않은 것은?

① 지적소관청과 사전 협의를 한 경우에는 지적기준점성과와 세부측량성과(지적공부를 정리하지 아니하는 세부측량은 제외한다)를 동시에 검사할 수 있다.

② 지적도근점측량은 주요 도선별로 지적도근점을 검사한다. 이 경우 후방교회법으로 검사할 수 있다. 다만 구하고자 하는 지적기준점이 기지점과 같은 원주상에 있는 경우에 지적도근점은 후방교회법으로 검사할 수 있다.

③ 지적측량수행자와 동일한 전자측량시스템을 이용하여 세부측량 시 측량성과의 정확성을 검사할 수 있다.

④ 측량성과 검사 시에 확인된 지역으로서 측량결과도만으로 그 측량성과가 정확하다고 인정되는 경우에는 현지측량 검사를 하지 아니할 수 있다.

> **풀이** 지적업무처리규정 제27조(지적측량성과의 검사방법 등)
>
> ① 지적측량수행자가 지적측량 성과검사를 요청하는 경우와 지적소관청이 지적측량 성과검사 결과를 통보하는 경우에는 정보시스템을 이용하여 처리할 수 있다.
>
> ② 세부측량(지적공부를 정리하지 아니하는 세부측량을 포함한다)을 하기 전에 기초측량을 한 경우에는 미리 지적기준점성과에 대한 검사를 받은 후에 세부측량을 하여야 한다. 다만, 지적소관청과 사전 협의를 한 경우에는 지적기준점성과와 세부측량성과(지적공부를 정리하지 아니하는 세부측량은 제외한다)를 동시에 검사할 수 있다.
>
> ③ 전자평판측량에 따른 측량성과 파일은 도형자료와 속성자료 간의 일치성과 유효성을 검증하기 위하여 다음 각 호의 사항을 실시하고 최종적으로 종번(終番) 검사를 실시하여야 한다.
>
> > 1. 면적공차 초과 검증
> > 2. 누락필지 및 원필지 중복객체 검증
> > 3. 지번중복 검증 및 도곽의 적정성 여부 검사
> > 4. 법정 리·동계 및 축척 간 접합 중복 검사
> > 5. 폐쇄도면 중첩검사
> > 6. 성과레이어 중첩검사
> > 7. 이격거리 측정 및 필계점 좌표 확인
> > 8. 측정점위치설명도 작성의 적정 여부
> > 9. 주위필지와의 부합 여부
> > 10. 그 밖에 필요한 사항
>
> ④ 지적소관청은 지적측량검사가 완료된 때에는 해당 측량성과 파일을 부동산종합공부시스템에 등록하여야 한다.
>
> ⑤ 「지적측량 시행규칙」 제28조에 따른 측량성과의 검사방법은 다음 각 호와 같다.
>
> > 1. 측량성과를 검사하는 때에는 측량자가 실시한 측량방법과 다른 방법으로 한다. 다만, 부득이한 경우에는 그러하지 아니한다.
> > 2. 지적삼각점측량 및 지적삼각보조점측량은 신설된 점을, 지적도근점측량은 주요 도선별로 지적도근점을 검사한다. 이 경우 후방교회법으로 검사할 수 있다. 다만, 구하고자 하는 지적기준점이 기지점과 같은 원주상에 있는 경우에는 그러하지 아니하다.
> > 3. 세부측량결과를 검사할 때에는 새로 결정된 경계를 검사한다. 이 경우 측량성과 검사 시에 확인된 지역으로서 측량결과도만으로 그 측량성과가 정확하다고 인정되는 경우에는 현지측량검사를 하지 아니할 수 있다.
> > 4. 면적측정검사는 필지별로 한다.

5. 측량성과 파일의 검사는 부동산종합공부시스템으로 한다.

6. 지적측량수행자와 동일한 전자측량시스템을 이용하여 세부측량시 측량성과의 정확성을 검사할 수 있다.

⑥ 시 · 도지사, 대도시 시장 또는 지적소관청은 측량성과를 검사하여 그 측량성과가 정확하다고 인정되는 경우에는 측량부 · 측량결과도 · 면적측정부 및 측량성과도에 별표 4의 측량성과검사 필인을 각각 날인하여야 한다.

⑦ 시 · 도지사, 대도시 시장 또는 지적소관청은 측량성과 검사결과 측량성과가 부정확하다고 판단되는 경우에는 제17조에 따라 지적측량수행자가 제출한 측량성과를 보완하도록 조치하고, 측량성과검사정리부에 그 사유를 기재한다. 이 경우 측량성과 검사결과 제26조제2호바목 본문에 해당되는 경우에는 지적측량수행자에게 측량성과에 관한 자료를 되돌려 주고 그 사유를 지적측량 성과검사 정리부 비고란에 붉은색으로 기재한다.

지적측량 시행규칙 제28조(지적측량성과의 검사방법 등)

① 법 제25조제1항 단서에서 "국토교통부령으로 정하는 측량의 경우"란 경계복원측량 및 지적현황측량을 하는 경우를 말한다. 〈개정 2013.3.23.〉

② 법 제25조제2항에 따른 지적측량성과의 검사방법과 검사절차는 다음 각 호와 같다.

1. 지적측량수행자는 측량부 · 측량결과도 · 면적측정부, 측량성과 파일 등 측량성과에 관한 자료(전자파일 형태로 저장한 매체 또는 인터넷 등 정보통신망을 이용하여 제출하는 자료를 포함한다)를 지적소관청에 제출하여 그 성과의 정확성에 관한 검사를 받아야 한다. 다만, 지적삼각점측량성과 및 경위의측량방법으로 실시한 지적확정측량성과인 경우에는 다음 각 목의 구분에 따라 검사를 받아야 한다.

   가. 국토교통부장관이 정하여 고시하는 면적 규모 이상의 지적확정측량성과 : 시 · 도지사 또는 대도시 시장(「지방자치법」 제198조에 따라 서울특별시 · 광역시 및 특별시를 제외한 인구 50만 이상 대도시의 시장을 말한다. 이하 같다)

   나. 국토교통부장관이 정하여 고시하는 면적 규모 미만의 지적확정측량성과 : 지적소관청

2. 시 · 도지사 또는 대도시 시장은 제1호가목에 따른 검사를 하였을 때에는 그 결과를 지적소관청에 통지하여야 한다.

3. 지적소관청은 「건축법」 등 관계 법령에 따른 분할제한 저촉 여부 등을 판단하여 측량성과가 정확하다고 인정하면 지적측량성과도를 지적측량수행자에게 발급하여야 하며, 지적측량수행자는 측량의뢰인에게 그 지적측량성과도를 포함한 지적측량 결과부를 지체 없이 발급하여야 한다. 이 경우 검사를 받지 아니한 지적측량성과도는 측량의뢰인에게 발급할 수 없다.

③ 제2항에 따른 측량성과에 관한 자료의 제출방법 및 절차, 지적측량성과도의 작성방법 등에 관하여 필요한 사항은 국토교통부장관이 정한다.

---

05 「지적업무처리규정」상 중앙지적위원회가 토지등록업무의 개선 및 지적측량기술의 연구 개발 등의 장기계획안을 제출받았을 때 회의를 소집하여 심의 의결하여야 하는 기간은 안건접수일로부터 며칠 이내인가?

① 20일   ② 30일
③ 40일   ④ 50일

풀이 지적업무처리규정 제32조(중앙지적위원회의 의안제출)

① 국토교통부장관, 시 · 도지사, 지적소관청은 토지등록업무의 개선 및 지적측량기술의 연구 · 개발 등의 장기계획안을 중앙지적위원회에 제출할 수 있다.

② 공사에 소속된 지적측량기술자는 공사 사장에게, 공간정보산업협회에 소속된 지적측량기술자는 공간정보
산업협회장에게 제1항에 따른 중·단기 계획안을 제출할 수 있다.

③ 국토교통부장관은 제2항에 따른 안건이 접수된 때에는 그 계획안을 검토하여 중앙지적위원회에 회부하여야
한다.

④ 중앙지적위원회는 제1항 및 제3항에 따른 안건이 접수된 때에는 영 제21조에 따라 위원회의 회의를 소집하여
안건 접수일로부터 30일 이내에 심의·의결하고, 그 의결 결과를 지체 없이 국토교통부장관에게 송부하여야
한다.

⑤ 국토교통부장관은 제4항에 따라 의결된 결과를 송부받은 때에는 이를 시행하기 위하여 필요한 조치를 하여야
하고, 중·단기계획 제출자에게는 그 의결 결과를 통지하여야 한다.

06 「지적업무처리규정」상 다음 중 지적삼각점측량부에 해당하지 않는 것은?

① 기지점 방위각 및 거리계산부   ② 좌표전환계산부
③ 지형도에 작성한 지적삼각점 망도   ④ 교차점계산부

풀이 **지적업무처리규정 제8조(측량부의 작성 및 보관)**

① 시·도지사 및 지적소관청은 별지 제1호 서식의 기준점측량부보관대장을 작성·비치하고, 측량부에 관한
사항을 기재하여야 한다.

② 시·도지사 및 지적소관청은 측량성과를 검사한 후 지적삼각점측량부·지적삼각보조점측량부·지적도근
점측량부 및 경계점좌표측량부(지적확정측량만 해당한다) 왼쪽 윗부분 여백에 연도별 일련번호를 아라비아
숫자로 부여하여 그 측량성과검사부와 함께 편철하여 보관하여야 한다. 이 경우 연도별 일련번호는 지적삼각
점측량부는 시·도지사가, 그 밖의 측량부는 지적소관청이 부여한다.

지적삼각점측량부		지적삼각보조점측량부		지적도근점측량부	경계점좌표측량부
기지점방위각 및 거리계산부		기지점방위각 및 거리계산부		기지점방위각 및 거리계산부	기지점방위각 및 거리계산부
수평각	관측부	수평각	관측부		
	개정계산부		개정계산부		
	측점귀심계산부		측점귀심계산부		
	점표귀심계산부		점표귀심계산부		
거리측정부		거리측정부			
평면거리계산부		평면거리계산부			
삼각형내각계산부		삼각형내각계산부			
연직각관측부		연직각관측부			
표고계산부		표고계산부			
유심다각망	조정 계산부				
삽입망					
사각망					
삼각쇄					
삼각망					

지적삼각점측량부	지적삼각보조점측량부	지적도근점측량부	경계점좌표측량부
변장계산부			
종횡선계산부			
좌표전환계산부 및 지형도에 작성한 지적삼각점망도			
	지적삼각보조점방위각계산부		
	교회점계산부	교회점계산부	교회점계산부
	교점다각망계산부 (X·Y·H·A형 포함)	교점다각망계산부 (X·Y·H·A형 포함)	교점다각망계산부 (X·Y·H·A형 포함)
	다각점좌표계산부 및 지형도에 작성한 지적삼각보조점망도		
		방위각관측 및 거리측정부	방위각관측 및 거리측정부
		지적도근측량계산부 및 그 지역의 일람도 축척으로 작성된 지적도근점망도	지적도근측량계산부 및 그 지역의 일람도 축척으로 작성된 지적도근점망도
			경계점관측부
			좌표면적계산부
			경계점 간 거리계산부
			교차점계산부

07 「지적업무처리규정」상 옳지 않은 것은?

① 지적소관청은 부동산종합공부시스템에 의해 매월 말일 현재로 작성, 관리되는 지적공부 등록현황과 지적업무정리상황 등의 이상 유무를 점검, 확인하여야 한다.

② 지적서고의 열쇠는 1조는 지적소관청이 봉인하여 관리하고, 다른 1조는 지적부서 실·과장이 관리한다.

③ 지적서고의 출입문이 자동으로 개폐되는 경우에는 보안관리의 책임자는 지적부서 실·과장이 되고 담당자는 부책임자로 지정하여 관리한다.

④ 지적소관청은 지적부서 실·과장을 지적공부 보관 정책임자로, 지적업무담당을 부책임자로 지정하여 관리한다.

풀이 지적업무처리규정 제35조(지적서고의 관리)

① 지적소관청은 지적부서 실·과장을 지적공부 보관 정책임자로, 지적업무담당을 부책임자로 지정하여 관리한다.

② 지적서고의 자물쇠는 바깥쪽 문과 안쪽 문에 각각 설치하고 열쇠는 2조를 마련하되, 1조는 지적소관청이 봉인하여 관리하고, 다른 1조는 지적부서 실·과장이 관리한다.

정답 07 ③

③ 지적서고의 출입문이 자동으로 개폐되는 경우에는 보안 관리의 책임자는 지적부서 실·과장이 되고 담당자는 보안관리 책임자가 별도로 지정한다.

지적업무처리규정 제36조(지적공부등록현황의 비치·관리)

지적소관청은 부동산종합공부시스템에 의해 매월 말일 현재로 작성·관리되는 지적공부등록현황과 지적업무 정리상황 등의 이상 유무를 점검·확인하여야 한다.

08 「지적업무처리규정」상 지적측량성과도의 발급에 대한 설명으로 옳지 않은 것은?

① 측량성과도를 정보시스템으로 작성한 경우 측량의뢰인이 파일로 제공할 것을 요구하면 편집이 불가능한 파일형식으로 변환하여 측량성과를 파일로 제공할 수 있다.

② 지적소관청은 지적측량성과도를 발급한 토지에는 지적공부정리 신청여부를 조사하여 필요한 조치를 하여야 한다.

③ 지적측량수행자가 지적측량을 완료한 때에는 지적공부를 정리하기 위한 측량성과파일과 측량현형파일을 작성하여 지적소관청에 제출하여야 한다.

④ 시·도지사 및 대도시 시장으로부터 지적측량성과 검사결과 측량성과가 정확하다고 통지를 받은 지적소관청은 측량성과 및 지적측량성과도를 지적측량의뢰인에게 발급하여야 한다.

풀이 **지적업무처리규정 제29조(측량성과도의 발급 등)**

① 「지적측량 시행규칙」 제28조제2항제2호에 따라 시·도지사 및 대도시 시장으로부터 지적측량성과 검사결과 측량성과가 정확하다고 통지를 받은 지적소관청은 「지적측량 시행규칙」 제28조제2항제3호에 따라 측량성과 및 지적측량성과도를 지적측량수행자에게 발급하여야 한다.

② 「지적측량 시행규칙」 제28조제1항의 경계복원측량과 지적현황측량을 완료하고 발급한 측량성과도와 「지적측량 시행규칙」 제28조제2항제3호 전단에 따른 측량성과도를 지적측량수행자가 지적측량의뢰인에게 송부하고자 하는 때에는 지체 없이 인터넷 등 정보통신망 또는 등기우편으로 송달하거나 직접 발급하여야 한다.

③ 측량성과도를 정보시스템으로 작성한 경우 측량의뢰인이 파일로 제공할 것을 요구하면 편집이 불가능한 파일형식으로 변환하여 측량성과를 파일로 제공할 수 있다.

④ 지적소관청은 제20조제3항에 따라 측량성과를 결정한 경우에는 그 측량성과에 따라 각종 인가·허가 등이 변경되어야 지적공부정리신청을 할 수 있다는 뜻을 지적측량성과도에 표시하고, 지적측량의뢰인에게 알려야 한다.

⑤ 지적소관청은 지적측량성과도를 발급한 토지에는 지적공부정리 신청여부를 조사하여 필요한 조치를 하여야 한다.

지적업무처리규정 제30조(지적측량성과 파일 검사)

① 지적측량수행자가 지적측량을 완료한 때에는 지적공부를 정리하기 위한 측량성과파일과 측량현형파일을 작성하여 지적소관청에 제출하여야 한다.

② 지적소관청은 지적측량성과 파일의 정확성 여부를 검사하여야 한다. 이 경우 부동산종합공부시스템에 따라 검사할 수 있다.

09 「지적업무처리규정」(국토교통부 훈령 제899호)상 지적세부측량성과의 검사항목으로 가장 옳지 않은 것은?

① 기지점과 지상경계와의 부합여부

② 측량준비도 및 측량결과도 작성의 적정여부

③ 경계점 간 계산거리(도상거리)와 실측거리의 부합여부

④ 관측각 및 거리측정의 정확여부

[풀이] **지적업무처리규정 제26조(지적측량성과의 검사항목)** **암기** [기][지][각][정][준][여][부] [기][준][점][계][정][여][부]

「지적측량 시행규칙」 제28조제2항에 따른 지적측량성과검사를 할 때에는 다음 각 호의 사항을 검사하여야 한다.

기초측량	세부측량
가. [기]지점사용의 적정여부	가. [기]지점사용의 적정여부
나. [지]적기준점설치망 구성의 적정여부	나. 측량[준]비도 및 측량결과도 작성의 적정여부
다. 관측[각] 및 거리측정의 정확여부	다. 기지[점]과 지상경계와의 부합여부
라. 계산의 [정]확여부	라. 경계점 간 [계]산거리(도상거리)와 실측거리의 부합여부
마. 지적기[준]점 선점 및 표지설치의 정확여부	마. 면적측정의 [정]확여부
바. 지적기준점성과와 기지경계선과의 부합[여][부]	바. 관계법령의 분할제한 등의 저촉 [여][부]. 다만, 제20조제3항(각종 인가·허가 등의 내용과 다르게 토지의 형질이 변경되었을 경우에는 그 변경된 토지의 현황대로 측량성과를 결정하여야 한다.)은 제외한다.

10 「지적업무처리규정」상 토지이동정리 결의서 및 소유자정리 결의서 작성사항에 대해 옳지 않은 것은?

① 소유자정리 결의서는 토지소재·소유권보존·소유권이전 및 기타란은 읍·면·동별로 기재한다.

② 지적공부정리 중에 잘못 정리하였음을 즉시 발견하여 정정할 때에는 오기정정할 지적전산자료를 출력하여 등록사항정정의 방법으로 하여야 한다.

③ 토지이동정리결의서에서 증감란의 면적과 지번수는 늘어난 경우에는 (+)로, 줄어든 경우에는 (−)로 기재한다.

④ 토지소재·이동 전·이동 후 및 증감란은 읍·면·동 단위로 지목별로 작성한다.

[풀이] **지적업무처리규정 제65조(토지이동정리결의서 및 소유자정리결의서 작성)**

① 규칙 제98조제2항에 따른 토지이동정리결의서는 다음 각 호와 같이 작성한다. 이 경우 증감란의 면적과 지번수는 늘어난 경우에는 (+)로, 줄어든 경우에는 (−)로 기재한다.

1. 지적공부정리종목은 토지이동종목별로 구분하여 기재한다.
2. 토지소재·이동 전·이동 후 및 증감란은 읍·면·동 단위로 지목별로 작성한다.

정답 09 ④ 10 ②

종목	이동 전	이동 후	증감란
신규 등록		지목 · 면적 및 지번수	면적 및 지번수
등록전환	임야대장에 등록된 지목 · 면적 및 지번수	토지대장에 등록될 지목 · 면적 및 지번수	면적
	이 경우 등록전환에 따른 임야대장 및 임야도의 말소정리는 등록전환결의서에 따른다.		
분할 및 합병	지목 및 지번수	지목 및 지번수	지번수
지목변경	변경 전의 지목 · 면적 및 지번수	변경 후의 지목 · 면적 및 지번수	
지적공부 등록말소	지목 · 면적 및 지번수		지목 · 면적 및 지번수
축척변경	축척변경 시행 전 토지의 지목 · 면적 및 지번수	축척이 변경된 토지의 지목 · 면적 및 지번수	
	이 경우 축척변경완료에 따른 종전 지적공부의 폐쇄정리는 축척변경결의서에 따른다.		
등록사항 정정	정정 전의 지목 · 면적 및 지번수	정정 후의 지목 · 면적 및 지번수	면적 및 지번수
도시개발 사업	사업 시행 전 토지의 지목 · 면적 및 지번수	확정된 토지의 지목 · 면적 및 지번수	
	이 경우 도시개발사업 등의 완료에 따른 종전 지적공부의 폐쇄정리는 도시개발사업 등 결의서에 따른다.		

② 규칙 제98조제2항에 따른 소유자정리결의서는 다음 각 호와 같이 작성한다. 다만, 등기전산정보자료에 따라 소유자를 정리하는 경우에는 생략할 수 있다.

> 1. 토지소재 · 소유권보존 · 소유권이전 및 기타란은 읍 · 면 · 동별로 기재한다.
> 2. 정리일자는 소유자정리결의일부터 정리완료일까지 기재한다.
> 3. 정리자는 업무담당자로 하고 확인자는 지적업무 담당으로 한다.
> 4. 소유자정리결과에 따라 접수 · 정리 · 기정리 및 불부합통지로 구분 기재한다.

지적업무처리규정 제66조(오기정정)

지적공부정리 중에 잘못 정리하였음을 즉시 발견하여 정정할 때에는 오기정정할 지적전산자료를 출력하여 지적 전산자료책임관의 확인을 받은 후 정정하여야 한다. 다만, 잘못 정리하였음을 즉시 발견하지 못한 경우의 정정 은 등록사항정정의 방법으로 하여야 한다.

11 「지적업무처리규정」상 현지측량방법에 대한 설명으로 옳지 않은 것은?

① 각종 인가 · 허가 등의 내용과 다르게 토지의 형질이 변경되었을 경우에는 그 변경된 토지의 현황대로 측량성과를 결정하여야 한다.

② 전자평판측량에 따른 세부측량은 지적기준점을 기준으로 실시하여야 하며, 면적측정은 전산처리 방법에 따른다. 이 경우 평판점의 이동거리는 지적도근점표지의 점간거리 이내로 한다.

③ 지적측량수행자는 지적측량자료조사 또는 지적측량결과, 지적공부의 토지의 표시에 잘못이 있음을 발견한 때에는 지체 없이 지적소관청에 관계자료 등을 첨부하여 문서로 통보하고, 지적측량의뢰인에게 그 내용을 통지하여야 한다.

④ 세부측량성과를 결정하기 위하여 사용하는 기지점은 지적기준점이어야 한다. 다만, 도면의 기지점이 정확하고 보존이 양호하여 기지점을 이용하여도 측량에 지장이 없다고 인정되는 축척 500분의 1 이하의 지역에는 그러하지 아니하다.

풀이 지적업무처리규정 제20조(현지측량방법 등)

① 지적측량을 할 때에는 토지소유자 및 이해관계인을 입회시켜 측량에 필요한 질문을 하거나 참고자료의 제시를 요구할 수 있다.

② 지적측량결과도에는 토지소유자 및 이해관계인의 서명 · 전자서명 또는 날인을 받아야 한다. 다만, 토지소유자 및 이해관계인이 입회하지 못하는 경우와 입회는 하였으나 서명 또는 날인을 거부하는 때에는 그 사유를 기재하여야 한다.

③ 각종 인가 · 허가 등의 내용과 다르게 토지의 형질이 변경되었을 경우에는 그 변경된 토지의 현황대로 측량성과를 결정하여야 한다.

④ 세부측량성과를 결정하기 위하여 사용하는 기지점은 지적기준점이어야 한다. 다만, 도면의 기지점이 정확하고 보존이 양호하여 기지점을 이용하여도 측량에 지장이 없다고 인정되는 축척 1천분의 1 이하의 지역에는 그러하지 아니하다.

⑤ 제4항에 따른 지적기준점은 세부측량을 하기 전에 설치하여야 하며, 그 설치비용을 지적측량의뢰인에게 부담시켜서는 아니 된다. 다만, 「지적측량 시행규칙」 제6조제2항제1호 · 제2호 또는 제4호에 해당하는 경우, 51필지 이상 연속지 또는 집단지 세부측량시에 지적기준점을 설치할 경우 및 제4항 단서에 따른 기지점에 따라 세부측량을 할 지역에서 지적측량의뢰인이 지적기준점의 설치를 요구할 경우에는 그러하지 아니하다.

⑥ 지적확정측량지구 안에서 지적측량을 하고자 할 경우에는 종전에 실시한 지적확정측량성과를 참고하여 성과를 결정하여야 한다.

⑦ 지적측량을 완료한 때에는 분할 등록될 경계점의 위치 또는 경계복원점의 위치를 지적기준점 · 담장모서리 및 전신주 등 주위 고정물로부터 거리를 측정하여 지적측량의뢰인 및 이해관계인에게 확인시키고, 측량결과도 여백에 그 거리를 기재하거나 경위의측량방법에 따른 평면직각종횡선좌표 등 측정점의 위치설명도를 [예시 1] 지적측량결과도 작성 예시 목록과 같이 작성하여야 한다. 다만, 주위 고정물이 없는 경우와 도로, 구거, 하천 등 연속 · 집단된 토지 등의 경우에는 작성을 생략할 수 있다.

⑧ 지적측량수행자는 지적측량자료조사 또는 지적측량결과, 지적공부의 토지의 표시에 잘못이 있음을 발견한 때에는 지체 없이 지적소관청에 관계자료 등을 첨부하여 문서로 통보하고, 지적측량의뢰인에게 그 내용을 통지하여야 한다.

⑨ 법원의 감정측량을 할 때에는 별표 2의 법원감정측량 처리절차에 따른다.

⑩ 전자평판측량에 따른 세부측량은 지적기준점을 기준으로 실시하여야 하며, 면적측정은 전산처리 방법에 따른다.

⑪ 제10항에 따른 세부측량 시 평판점의 이동거리는 「지적측량 시행규칙」 제2조제1항제3호에서 정한 지적도근점표지의 점간거리 이내로 한다.

⑫ 지적기준점이 없는 지역에서 전자평판측량을 실시할 때에는 보존이 용이한 고정물을 선점하여 보조점으로 사용할 수 있다. 이 경우 설치된 보조점은 후속측량에 사용할 수 있도록 하여야 한다.

⑬ 현형법(現形法)으로 지적측량의 성과를 결정하려면 경계점은 반드시 지적공부 등록당시의 축척으로 하며, 기지점을 기준으로 지상경계선과 도상경계선의 부합여부를 확인하여야 한다.

⑭ 이미 작성되어 있는 지적측량파일을 이용하여 측량할 경우에는 기존 파일에서 지상경계선과 도상경계가 잘 부합되는 기지점과 신청토지 주변을 추가로 실측하여 성과를 결정하여야 한다.

⑮ 전자평판측량의 설치 및 표정방법은 다음 각 호에 따른다.

> 1. 토탈스테이션을 지적기준점 또는 보조점 위에 거치한 후 다른 지적기준점이나 고정물을 시준하고 수평각을 전자평판에서 0° 0′ 0″로 세팅하여 관측을 준비한다.
> 2. 지적기준점 간의 거리는 2회 이상 측정하여 확인한다.
> 3. 연직각은 천정을 0으로 설정한다.

12 「지적업무처리규정」상 옳지 않은 것은?

① 시·도지사, 대도시 시장 또는 지적소관청은 지적측량수행계획서에 기재된 측량기간·측량일자 등을 확인하여 측량이 지연되는 일이 없도록 조치하여야 한다.

② 평판측량방법 또는 전자평판측량방법으로 세부측량을 하고자 할 때에는 측량준비파일을 작성하여야 하며, 부득이한 경우 측량준비도면을 연필로 작성할 수 있다.

③ 지적측량수행자가 도시·군 관리계획선을 포함하여 제공하여야 하며, 지적소관청은 도시·군관리계획선을 측량준비파일에 포함하여 작성한 후 시·군·구 도시계획부서 담당자의 서명 또는 확인을 받아야 한다.

④ 지적측량수행자가 세부측량을 하고자 하는 때에는 지적측량자료부를 작성·비치하여야 한다.

풀이 지적업무처리규정 제17조(지적측량 성과검사 정리부 등)

① 시·도지사, 대도시 시장 또는 지적소관청은 별지 제4호 서식의 지적측량 성과검사 정리부를 작성·비치하고, 지적측량수행계획서를 받은 때와 지적측량성과검사 요청이 있는 때에는 그 처리내용을 기재하여야 한다.

② 지적측량수행자가 지적도근점측량을 한 때에는 제13조제1항에 따라 지적도근점측량성과와 경계가 부합하는지를 확인한 측량결과도를 지적도근점측량성과와 함께 지적소관청에 제출하여야 한다.

③ 시·도지사, 대도시 시장 또는 지적소관청은 지적측량수행계획서에 기재된 측량기간·측량일자 등을 확인하여 측량이 지연되는 일이 없도록 조치하여야 한다.

④ 지적측량수행자는 지적측량성과검사를 위하여 측량결과도의 작성에 관한 제 규정 이행여부를 확인하여 검사를 의뢰하여야 한다.

지적업무처리규정 제18조(측량준비파일의 작성)

① 평판측량방법 또는 전자평판측량방법으로 세부측량을 하고자 할 때에는 측량준비파일을 작성하여야 하며, 부득이한 경우 측량준비도면을 연필로 작성할 수 있다.

② 측량준비파일을 작성하고자 하는 때에는 「지적측량 시행규칙」 제17조제1항제1호, 제4호 및 제5호 중 지적기준점 및 그 번호와 좌표는 검은색으로, 「지적측량 시행규칙」 제17조제1항제6호, 제7호 및 제5호 중 도곽선 및 그 수치와 지적기준점 간 거리는 붉은색으로, 그 외는 검은색으로 작성한다.

③ 측량대상토지가 도곽에 접합되어 벌어지거나 겹쳐지는 경우와 필지의 경계가 행정구역선에 접하게 되는 경우에는 다른 행정구역선(동·리 경계선)과 벌어지거나 겹치지 아니하도록 측량준비파일을 작성하여야 한다.

④ 지적측량수행자는 측량 전에 측량준비파일 작성의 적정여부 등을 확인하여 필요한 조치를 하여야 한다.

⑤ 지적측량수행자가 도시·군관리계획선을 측량하기 위해 측량준비파일을 요청한 경우에는 지적소관청은 측량준비파일에 도시·군관리계획선을 포함하여 제공하여야 하며, 지적측량수행자는 도시·군관리계획선을 측량준비파일에 포함하여 작성한 후 시·군·구 도시계획부서 담당자의 서명 또는 확인을 받아야 한다.
⑥ 경위의측량방법으로 세부측량을 하고자 할 경우 측량준비파일의 작성에 관련된 사항은 제1항부터 제5항까지의 규정을 준용한다. 이 경우 지적기준점 간 거리 및 방위각은 붉은색으로 작성한다.

13 「지적업무처리규정」상 지적공부정시신청의 조사에 대한 설명으로 옳지 않은 것은?

① 지목변경 및 합병을 하여야 하는 토지가 있을 때와 등록전환에 따라 지목이 바뀔 때에는 현지조사서를 작성하여야 한다.
② 현지조사서를 작성할 때에는 신청서의 기재사항과 지적공부등록사항과의 부합여부 및 조사자의 의견, 조사연월일 및 조사자 직·성명 등이 포함된다.
③ 접수된 서류를 보완 또는 반려한 때에는 지적업무정리부의 비고란에 그 사유를 붉은색으로 기재한다.
④ 분할 및 동록전환 측량성과도가 발급된 지 1년이 경과한 후 지적공부정리 신청이 있는 때에는 지적소관청은 측량성과와 현지경계의 부합여부, 관계법령의 저촉여부를 확인·조사하여야 한다.

풀이 지적업무처리규정 제50조(지적공부정리신청의 조사)

① 지적소관청은 법 제77조부터 제82조까지, 법 제84조, 법 제86조 및 법 제87조에 따른 지적공부정리신청이 있는 때에는 다음 각 호의 사항을 확인·조사하여 처리한다.

    1. 신청서의 기재사항과 지적공부등록사항과의 부합여부
    2. 관계법령의 저촉여부
    3. 대위신청에 관하여는 그 권한대위의 적법여부
    4. 구비서류 및 수입증지의 첨부여부
    5. 신청인의 신청권한 적법여부
    6. 토지의 이동사유
    7. 그 밖에 필요하다고 인정되는 사항

② 접수된 서류를 보완 또는 반려한 때에는 지적업무정리부의 비고란에 그 사유를 붉은색으로 기재한다.
③ 지목변경 및 합병을 하여야 하는 토지가 있을 때와 등록전환에 따라 지목이 바뀔 때에는 다음 각 호의 사항을 확인·조사하여 별지 제6호 서식에 따른 현지조사서를 작성하여야 한다.

    1. 토지의 이용현황
    2. 관계법령의 저촉여부
    3. 조사자의 의견, 조사연월일 및 조사자 직·성명

④ 분할 및 등록전환 측량성과도가 발급된 지 1년이 경과한 후 지적공부정리 신청이 있는 때에는 지적소관청은 다음 각 호의 사항을 확인·조사하여야 한다.

    1. 측량성과와 현지경계의 부합여부
    2. 관계법령의 저촉여부

14 「지적업무처리규정」상 지적소관청이 지적공부정리신청이 있는 때에 확인·조사하여 처리하여야 할 사항이 아닌 것은?

① 신청서의 기재사항과 지적공부등록사항과의 부합여부

② 관계법령의 저촉여부 및 토지의 이용현황

③ 대위신청에 관하여는 그 권한대위의 적법여부

④ 구비서류 및 수입증지의 첨부여부

풀이 지적업무처리규정 제50조(지적공부정리신청의 조사)

① 지적소관청은 법 제77조부터 제82조까지, 법 제84조, 법 제86조 및 법 제87조에 따른 지적공부정리신청이 있는 때에는 다음 각 호의 사항을 확인·조사하여 처리한다.

> 1. 신청서의 기재사항과 지적공부등록사항과의 부합여부
> 2. 관계법령의 저촉여부
> 3. 대위신청에 관하여는 그 권한대위의 적법여부
> 4. 구비서류 및 수입증지의 첨부여부
> 5. 신청인의 신청권한 적법여부
> 6. 토지의 이동사유
> 7. 그 밖에 필요하다고 인정되는 사항

② 접수된 서류를 보완 또는 반려한 때에는 지적업무정리부의 비고란에 그 사유를 붉은색으로 기재한다.

③ 지목변경 및 합병을 하여야 하는 토지가 있을 때와 등록전환에 따라 지목이 바뀔 때에는 다음 각 호의 사항을 확인·조사하여 별지 제6호 서식에 따른 현지조사서를 작성하여야 한다.

> 1. 토지의 이용현황
> 2. 관계법령의 저촉여부
> 3. 조사자의 의견, 조사연월일 및 조사자 직·성명

④ 분할 및 등록전환 측량성과도가 발급된 지 1년이 경과한 후 지적공부정리 신청이 있는 때에는 지적소관청은 다음 각 호의 사항을 확인·조사하여야 한다.

> 1. 측량성과와 현지경계의 부합여부
> 2. 관계법령의 저촉여부

15 「지적업무처리규정」상 측량성과도의 작성방법에 대한 설명으로 옳지 않은 것은?

① 경계복원측량성과도를 작성하는 때에는 복원된 경계점은 직경 2mm 이상 3mm 이하의 붉은색 원으로 표시하고, 측량대상토지의 점유현황선은 붉은색 점선으로 표시하여야 한다.

② 지적측량성과를 작성하는 때에는 현황구조물의 위치 등을 판별할 수 있도록 표시하여야 한다.

③ 복원된 경계점과 측량 대상토지의 점유현황선이 일치할 경우에는 점유현황선의 표시를 생략하고, 경계복원측량성과도를 현장에서 작성하여 지적측량 의뢰인에게 발급할 수 있다.

④ 필지가 작아 식별하기 곤란한 경우에는 복원된 경계점을 직경 1mm 이상 2mm 이하의 붉은색 원으로 표시할 수 있다.

풀이 지적업무처리규정 제28조(측량성과도의 작성방법)

① 「지적측량 시행규칙」 제28조제2항제3호에 따른 측량성과도(측량결과도에 따라 작성한 측량성과도면을 말한다)의 문자와 숫자는 레터링 또는 전자측량시스템에 따라 작성하여야 한다.

② 측량성과도의 명칭은 신규 등록, 등록전환, 분할, 지적확정, 경계복원, 지적현황, 지적복구 또는 등록사항정정측량 성과도로 한다. 이 경우 경계점좌표로 등록된 지역인 경우에는 명칭 앞에 "(좌표)"라 기재한다.

③ 경계점좌표로 등록된 지역의 측량성과도에는 경계점 간 계산거리를 기재하여야 한다.

④ 분할측량성과도를 작성하는 때에는 측량대상토지의 분할선은 붉은색 실선으로, 점유현황선은 붉은색 점선으로 표시하여야 한다. 다만, 경계와 점유현황선이 같을 경우에는 그러하지 아니하다.

⑤ 제20조제3항에 따라 분할측량성과 등을 결정하였을 때에는 "인·허가 내용을 변경하여야 지적공부정리가 가능함"이라고 붉은색으로 표시하여야 한다.

⑥ 경계복원측량성과도를 작성하는 때에는 복원된 경계점은 직경 2밀리미터 이상 3밀리미터 이하의 붉은색 원으로 표시하고, 측량대상토지의 점유현황선은 붉은색 점선으로 표시하여야 한다. 다만, 필지가 작아 식별하기 곤란한 경우에는 복원된 경계점을 직경 1밀리미터 이상 1.5밀리미터 이하의 붉은색 원으로 표시할 수 있다.

⑦ 복원된 경계점과 측량 대상토지의 점유현황선이 일치할 경우에는 제6항에 따른 점유현황선의 표시를 생략하고, 경계복원측량성과도를 현장에서 작성하여 지적측량 의뢰인에게 발급할 수 있다.

⑧ 지적현황측량성과도를 작성하는 때에는 별표 5의 도시방법에 따라 현황구조물의 위치 등을 판별할 수 있도록 표시하여야 한다.

16 「지적업무처리규정」상 지적기준점의 설치비용을 지적측량의뢰인에게 부담시킬 수 있는 경우가 아닌 것은?

① 50필지 이상 연속지 또는 집단지 세부측량 시에 지적기준점을 설치할 경우

② 축척변경을 위한 측량을 하는 경우

③ 도시개발사업 등으로 인하여 지적확정측량을 하는 경우

④ 측량지역의 면적이 해당 지적도 1장에 해당하는 면적 이상인 경우

풀이 지적업무처리규정 제20조(현지측량방법 등)

① 지적측량을 할 때에는 토지소유자 및 이해관계인을 입회시켜 측량에 필요한 질문을 하거나 참고자료의 제시를 요구할 수 있다.

② 지적측량결과도에는 토지소유자 및 이해관계인의 서명·전자서명 또는 날인을 받아야 한다. 다만, 토지소유자 및 이해관계인이 입회하지 못하는 경우와 입회는 하였으나 서명 또는 날인을 거부하는 때에는 그 사유를 기재하여야 한다.

③ 각종 인가·허가 등의 내용과 다르게 토지의 형질이 변경되었을 경우에는 그 변경된 토지의 현황대로 측량성과를 결정하여야 한다.

④ 세부측량성과를 결정하기 위하여 사용하는 기지점은 지적기준점이어야 한다. 다만, 도면의 기지점이 정확하고 보존이 양호하여 기지점을 이용하여도 측량에 지장이 없다고 인정되는 축척 1천분의 1 이하의 지역에는 그러하지 아니하다.

⑤ 제4항에 따른 지적기준점은 세부측량을 하기 전에 설치하여야 하며, 그 설치비용을 지적측량의뢰인에게 부담시켜서는 아니 된다. 다만, 「지적측량 시행규칙」 제6조제2항제1호·제2호 또는 제4호에 해당하는 경우, 51필지 이상 연속지 또는 집단지 세부측량시에 지적기준점을 설치할 경우 및 제4항 단서에 따른 기지점에 따라 세부측량을 할 지역에서 지적측량의뢰인이 지적기준점의 설치를 요구할 경우에는 그러하지 아니하다.

정답 16 ①

⑥ 지적확정측량지구 안에서 지적측량을 하고자 할 경우에는 종전에 실시한 지적확정측량성과를 참고하여 성과를 결정하여야 한다.

⑦ 지적측량을 완료한 때에는 분할 등록될 경계점의 위치 또는 경계복원점의 위치를 지적기준점·담장모서리 및 전신주 등 주위 고정물로부터 거리를 측정하여 지적측량의뢰인 및 이해관계인에게 확인시키고, 측량결과도 여백에 그 거리를 기재하거나 경위의측량방법에 따른 평면직각종횡선좌표 등 측정점의 위치설명도를 [예시 1] 지적측량결과도 작성 예시 목록과 같이 작성하여야 한다. 다만, 주위 고정물이 없는 경우와 도로, 구거, 하천 등 연속·집단된 토지 등의 경우에는 작성을 생략할 수 있다.

⑧ 지적측량수행자는 지적측량자료조사 또는 지적측량결과, 지적공부의 토지의 표시에 잘못이 있음을 발견한 때에는 지체 없이 지적소관청에 관계자료 등을 첨부하여 문서로 통보하고, 지적측량의뢰인에게 그 내용을 통지하여야 한다.

⑨ 법원의 감정측량을 할 때에는 별표 2의 법원감정측량 처리절차에 따른다.

⑩ 전자평판측량에 따른 세부측량은 지적기준점을 기준으로 실시하여야 하며, 면적측정은 전산처리 방법에 따른다.

⑪ 제10항에 따른 세부측량 시 평판점의 이동거리는 「지적측량 시행규칙」 제2조제1항제3호에서 정한 지적도근점표지의 점간거리 이내로 한다.

⑫ 지적기준점이 없는 지역에서 전자평판측량을 실시할 때에는 보존이 용이한 고정물을 선점하여 보조점으로 사용할 수 있다. 이 경우 설치된 보조점은 후속측량에 사용할 수 있도록 하여야 한다.

⑬ 현형법(現形法)으로 지적측량의 성과를 결정하려면 경계점은 반드시 지적공부 등록당시의 축척으로 하며, 기지점을 기준으로 지상경계선과 도상경계선의 부합여부를 확인하여야 한다.

⑭ 이미 작성되어 있는 지적측량파일을 이용하여 측량할 경우에는 기존 파일에서 지상경계선과 도상경계가 잘 부합되는 기지점과 신청토지 주변을 추가로 실측하여 성과를 결정하여야 한다.

⑮ 전자평판측량의 설치 및 표정방법은 다음 각 호에 따른다.

17 「지적업무처리규정」상 상속 등의 토지에 대한 지적공부정리 신청에 대한 설명으로 옳지 않은 것은?

① 상속, 공용징수, 판결, 경매 등 「민법」 제 187조에 따라 등기를 요하지 아니하는 토지를 취득한 자는 지적공부정리신청을 할 수 있다.

② 공용징수증, 경매 낙찰증서는 토지소유를 증명하는 서류가 될 수 있다.

③ 법원의 확정판결서 정본 또는 사본, 상속재산 분할 협의서는 토지소유를 증명하는 서류가 될 수 있다.

④ 지적공부정리신청을 하는 자는 토지소유를 증명하는 서류를 첨부하여야 하고, 상속의 경우에는 상속인 대표가 신청하여야 한다.

풀이 지적업무처리규정 제49조(상속 등의 토지에 대한 지적공부정리 신청)

① 상속, 공용징수, 판결, 경매 등 「민법」 제187조에 따라 등기를 요하지 아니하는 토지를 취득한 자는 지적공부 정리신청을 할 수 있다. 이 경우 토지소유를 증명하는 서류를 첨부하여야 하고, 상속의 경우에는 상속인 전원이 신청하여야 한다.

② 〈삭제〉

③ 제1항에 따른 토지소유를 증명하는 서류는 다음 각 호를 말한다.

> 1. 상속재산 분할 협의서
> 2. 공용징수증
> 3. 법원의 확정판결서 정본 또는 사본
> 4. 경매 낙찰증서
> 5. 그 밖에 소유권을 확인할 수 있는 서류

18 「지적업무처리규정」상 현지측량방법에 대한 설명으로 옳지 않은 것은?

① 전자평판측량 시 연직각은 천정을 0으로 설정한다.

② 전자평판측량 시 지적기준점 간의 거리는 3회 이상 측정하여 확인한다.

③ 현형법으로 지적측량성과의 성과를 결정하려면 경계점은 반드시 지적공부 등록당시의 축척으로 하며, 기지점을 기준으로 지상경계선과 도상경계선의 부합여부를 확인하여야 한다.

④ 전자평판측량 시 토탈스테이션을 지적기준점 또는 보조점 위에 거치한 후 다른 지적기준점이나 고정물을 시준하고 수평각을 전자평판에서 0° 0′ 0″로 세팅하여 관측을 준비한다.

풀이 지적업무처리규정 제20조(현지측량방법 등)

① 지적측량을 할 때에는 토지소유자 및 이해관계인을 입회시켜 측량에 필요한 질문을 하거나 참고자료의 제시를 요구할 수 있다.

② 지적측량결과도에는 토지소유자 및 이해관계인의 서명·전자서명 또는 날인을 받아야 한다. 다만, 토지소유자 및 이해관계인이 입회하지 못하는 경우와 입회는 하였으나 서명 또는 날인을 거부하는 때에는 그 사유를 기재하여야 한다.

③ 각종 인가·허가 등의 내용과 다르게 토지의 형질이 변경되었을 경우에는 그 변경된 토지의 현황대로 측량성과를 결정하여야 한다.

④ 세부측량성과를 결정하기 위하여 사용하는 기지점은 지적기준점이어야 한다. 다만, 도면의 기지점이 정확하고 보존이 양호하여 기지점을 이용하여도 측량에 지장이 없다고 인정되는 축척 1천분의 1 이하의 지역에는 그러하지 아니하다.

⑤ 제4항에 따른 지적기준점은 세부측량을 하기 전에 설치하여야 하며, 그 설치비용을 지적측량의뢰인에게 부담시켜서는 아니 된다. 다만, 「지적측량 시행규칙」 제6조제2항제1호·제2호 또는 제4호에 해당하는 경우, 51필지 이상 연속지 또는 집단지 세부측량시에 지적기준점을 설치할 경우 및 제4항 단서에 따른 기지점에 따라 세부측량을 할 지역에서 지적측량의뢰인이 지적기준점의 설치를 요구할 경우에는 그러하지 아니하다.

⑥ 지적확정측량지구 안에서 지적측량을 하고자 할 경우에는 종전에 실시한 지적확정측량성과를 참고하여 성과를 결정하여야 한다.

⑦ 지적측량을 완료한 때에는 분할 등록될 경계점의 위치 또는 경계복원점의 위치를 지적기준점·담장모서리 및 전신주 등 주위 고정물로부터 거리를 측정하여 지적측량의뢰인 및 이해관계인에게 확인시키고, 측량결과도 여백에 그 거리를 기재하거나 경위의측량방법에 따른 평면직각종횡선좌표 등 측정점의 위치설명도를 [예시 1] 지적측량결과도 작성 예시 목록과 같이 작성하여야 한다. 다만, 주위 고정물이 없는 경우와 도로, 구거,

하천 등 연속 · 집단된 토지 등의 경우에는 작성을 생략할 수 있다.

⑧ 지적측량수행자는 지적측량자료조사 또는 지적측량결과, 지적공부의 토지의 표시에 잘못이 있음을 발견한 때에는 지체 없이 지적소관청에 관계자료 등을 첨부하여 문서로 통보하고, 지적측량의뢰인에게 그 내용을 통지하여야 한다.

⑨ 법원의 감정측량을 할 때에는 별표 2의 법원감정측량 처리절차에 따른다.

⑩ 전자평판측량에 따른 세부측량은 지적기준점을 기준으로 실시하여야 하며, 면적측정은 전산처리 방법에 따른다.

⑪ 제10항에 따른 세부측량 시 평판점의 이동거리는 「지적측량 시행규칙」 제2조제1항제3호에서 정한 지적도 근점표지의 점간거리 이내로 한다.

⑫ 지적기준점이 없는 지역에서 전자평판측량을 실시할 때에는 보존이 용이한 고정물을 선점하여 보조점으로 사용할 수 있다. 이 경우 설치된 보조점은 후속측량에 사용할 수 있도록 하여야 한다.

⑬ 현형법(現形法)으로 지적측량의 성과를 결정하려면 경계점은 반드시 지적공부 등록당시의 축척으로 하며, 기지점을 기준으로 지상경계선과 도상경계선의 부합여부를 확인하여야 한다.

⑭ 이미 작성되어 있는 지적측량파일을 이용하여 측량할 경우에는 기존 파일에서 지상경계선과 도상경계가 잘 부합되는 기지점과 신청토지 주변을 추가로 실측하여 성과를 결정하여야 한다.

⑮ 전자평판측량의 설치 및 표정방법은 다음 각 호에 따른다.

> 1. 토탈스테이션을 지적기준점 또는 보조점 위에 거치한 후 다른 지적기준점이나 고정물을 시준하고 수평 각을 전자평판에서 0° 0′ 0″로 세팅하여 관측을 준비한다.
> 2. 지적기준점 간의 거리는 2회 이상 측정하여 확인한다.
> 3. 연직각은 천정을 0으로 설정한다.

19 「지적업무처리규정」상 소유자정리에 대한 설명으로 옳지 않은 것은?

① 미등기토지 소유자에 관한 정정신청의 경우 소유자정리결의일자로 정리한다.

② 등기필통지서, 등기필증, 등기부 등본, 초본 또는 등기관서에서 제공한 등기전산정보자료의 경우에는 등기접수일자로 정리한다.

③ 지적소관청은 등기관서로부터 법인 또는 재외국민의 부동산등기용등록번호 정정통보가 있는 때에는 정정 전 등록번호에 따라 토지소재를 조사하여야 한다.

④ 소유자등록사항 중 토지이동과 함께 소유자가 결정되는 신규 등록, 도시개발사업 등의 환지 등록 시에는 토지이동업무처리와 동시에 소유자를 정리하여야 한다.

풀이 지적업무처리규정 제60조(소유자정리)

① 대장의 소유자변동일자는 등기필통지서, 등기필증, 등기부 등본 · 초본 또는 등기관서에서 제공한 등기전산정보자료의 경우에는 등기접수일자로, 법 제84조제4항 단서의 미등기토지 소유자에 관한 정정신청의 경우와 법 제88조제2항에 따른 소유자등록신청의 경우에는 소유자정리결의일자로, 공유수면 매립준공에 따른 신규 등록의 경우에는 매립준공일자로 정리한다.

② 주소 · 성명 · 명칭의 변경 또는 경정 및 소유권이전 등이 같은 날짜에 등기가 된 경우의 지적공부정리는 등기 접수 순서에 따라 모두 정리하여야 한다.

③ 소유자의 주소가 토지소재지와 같은 경우에도 등기부와 일치하게 정리한다. 다만, 등기관서에서 제공한 등기 전산정보자료에 따라 정리하는 경우에는 등기전산정보자료에 따른다.

④ 법 제88조제4항에 따라 지적소관청이 소유자에 관한 사항이 대장과 부합되지 아니하는 토지소유자를 정리할 때에는 제1항부터 제3항까지와 제65조제2항을 준용하며, 토지소유자 등 이해관계인이 등기부 등본 · 초본

등에 따라 소유자정정을 신청하는 경우에는 별지 제9호 서식의 소유자정정 신청서를 제출하여야 한다.

⑤ 국토교통부장관은 등기관서로부터 법인 또는 재외국민의 부동산등기용등록번호 정정통보가 있는 때에는 정정 전 등록번호에 따라 토지소재를 조사하여 시·도지사에게 그 내용을 통지하여야 한다. 이 경우 시·도지사는 지체 없이 그 내용을 해당 지적소관청에 통지하여야 한다.

⑥ 소유자등록사항 중 토지이동과 함께 소유자가 결정되는 신규 등록, 도시개발사업 등의 환지 등록 시에는 토지이동업무 처리와 동시에 소유자를 정리하여야 한다.

20 「지적업무처리규정」상 지적도에 실선 4밀리미터와 허선 2밀리미터로 연결하고 실선 중앙에 1밀리미터로 교차하며, 허선에 직경 0.3밀리미터의 점 1개를 제도하는 행정구역선은?

① 시·군계
② 시·도계
③ 읍·면·구계
④ 국계

풀이 지적업무처리규정 제44조(행정구역선의 제도)

① 도면에 등록할 행정구역선은 0.4밀리미터 폭으로 다음 각 호와 같이 제도한다. 다만, 동·리의 행정구역선은 0.2밀리미터 폭으로 한다.

행정구역	제도방법	내용
국계	|← 4 →|← 3 →| ― · ― · ― ↑0.3 ― · ― · ― ↑1↓	4밀리미터와 허선 3밀리미터로 연결하고 실선 중앙에 실선과 직각으로 교차하는 1밀리미터의 실선을 긋고, 허선에 직경 0.3밀리미터의 점 2개를 제도한다.
시·도계	|← 4 →|← 2 →| ― · ― · ― ↑0.3 ― · ― · ↑1↓	실선 4밀리미터와 허선 2밀리미터로 연결하고 실선 중앙에 실선과 직각으로 교차하는 1밀리미터의 실선을 긋고, 허선에 직경 0.3밀리미터의 점 1개를 제도한다.
시·군계	|← 3 →|← 3 →| ― · ― · ↑0.3 ― · ― ·	실선과 허선을 각각 3밀리미터로 연결하고, 허선에 0.3밀리미터의 점 2개를 제도한다.
읍·면·구계	|← 3 →|← 2 →| ― · ― · ↑0.3 ― ·	실선 3밀리미터와 허선 2밀리미터로 연결하고, 허선에 0.3밀리미터의 점 1개를 제도한다.
동·리계	|← 3 →|← 1 →| ― ― ―	실선 3밀리미터와 허선 1밀리미터로 연결하여 제도한다.
행정구역선이 2종 이상 겹칠 때		행정구역선이 2종 이상 겹치는 경우에는 최상급 행정구역선만 제도한다.
행정구역의 명칭		도면여백의 대소에 따라 4~6mm의 크기로 경계 및 지적기준점 등을 피하여 같은 간격으로 띄어서 제도한다.
도로, 철도, 하천, 유지 등의 고유명칭		도로·철도·하천·유지 등의 고유명칭은 3~4mm의 크기로 같은 간격으로 띄어서 제도한다.

정답 20 ②

01 「지적업무처리규정」에 의한 용어 구분에 대한 설명이다. ( ) 안에 들어갈 용어로 옳은 것은?

> • (㉠)이란 세부측량성과를 결정하는 기준이 되는 기지점을 필지별로 직선으로 연결한 선을 말한다.
> • (㉡)이란 부동산종합공부시스템에서 지적측량 업무를 수행하기 위하여 도면 및 대장속성 정보를 추출한 파일을 말한다.
> • (㉢)이란 전자평판측량 및 위성측량방법으로 관측 후 지적측량정보를 처리할 수 있는 시스템에 따라 작성된 측량결과도파일과 토지이동정리를 위한 지번, 지목 및 경계점의 좌표가 포함된 파일을 말한다.
> • (㉣)이란 토탈스테이션과 지적측량 운영프로그램 등이 설치된 컴퓨터를 연결하여 세부측량을 수행하는 측량을 말한다.

	㉠	㉡	㉢	㉣
①	기지경계선	측량성과파일	측량준비파일	전자평판측량
②	측량성과파일	측량준비파일	기지경계선	전자평판측량
③	측량준비파일	기지경계선	측량성과파일	전자평판측량
④	기지경계선	측량준비파일	측량성과파일	전자평판측량

풀이 **지적업무처리규정 제3조(정의)**
이 규정에서 사용하는 용어의 뜻은 다음 각 호와 같다.

	측량의 정확도를 확보하고 효율성을 높이기 위하여 국토교통부장관이 전 국토를 대상으로 주요 지점마다 정한 측량의 기본이 되는 측량기준점
국가기준점	**암기** **우**리가 **위통**이 심하면 **중지**를 모아 **수영**을 **수삼** 번 해라
	우주측지기준점 국가측지기준계를 정립하기 위하여 전 세계 초장거리간섭계와 연결하여 정한 기준점
	위성기준점 지리학적 경위도, 직각좌표 및 지구중심 직교좌표의 측정 기준으로 사용하기 위하여 대한민국 경위도원점을 기초로 정한 기준점
	통합기준점 지리학적 경위도, 직각좌표, 지구중심 직교좌표, 높이 및 중력 측정의 기준으로 사용하기 위하여 위성기준점, 수준점 및 중력점을 기초로 정한 기준점
	중력점 중력 측정의 기준으로 사용하기 위하여 정한 기준점
	지자기점 (地磁氣點) 지구자기 측정의 기준으로 사용하기 위하여 정한 기준점
	수준점 높이 측정의 기준으로 사용하기 위하여 대한민국 수준원점을 기초로 정한 기준점
	영해기준점 우리나라의 영해를 획정(劃定)하기 위하여 정한 기준점 〈삭제 2021.2.9.〉
	수로기준점 수로 조사 시 해양에서의 수평위치와 높이, 수심 측정 및 해안선 결정 기준으로 사용하기 위하여 위성기준점과 법 제6조제1항제3호의 기본수준면을 기초로 정한 기준점으로서 수로측량기준점, 기본수준점, 해안선기준점으로 구분 〈삭제 2021.2.9.〉
	삼각점 지리학적 경위도, 직각좌표 및 지구중심 직교좌표 측정의 기준으로 사용하기 위하여 위성기준점 및 통합기준점을 기초로 정한 기준점

공공기준점		제17조제2항에 따른 공공측량시행자가 공공측량을 정확하고 효율적으로 시행하기 위하여 국가기준점을 기준으로 하여 따로 정하는 측량기준점
	공공삼각점	공공측량 시 수평위치의 기준으로 사용하기 위하여 국가기준점을 기초로 하여 정한 기준점
공공기준점	공공수준점	공공측량 시 높이의 기준으로 사용하기 위하여 국가기준점을 기초로 하여 정한 기준점
지적기준점		특별시장·광역시장·특별자치시장·도지사 또는 특별자치도지사나 지적소관청이 지적측량을 정확하고 효율적으로 시행하기 위하여 국가기준점을 기준으로 하여 따로 정하는 측량기준점
	지적삼각점 (地籍三角點)	지적측량 시 수평위치 측량의 기준으로 사용하기 위하여 국가기준점을 기준으로 하여 정한 기준점
	지적삼각보조점 (地籍三角補助點)	지적측량 시 수평위치 측량의 기준으로 사용하기 위하여 국가기준점과 지적삼각점을 기준으로 하여 정한 기준점
	지적도근점 (地籍圖根點)	지적측량 시 필지에 대한 수평위치 측량 기준으로 사용하기 위하여 국가기준점, 지적삼각점, 지적삼각보조점 및 다른 지적도근점을 기초로 하여 정한 기준점
기지점 (旣知點)		기초측량에서는 국가기준점 또는 지적기준점을 말하고, 세부측량에서는 지적기준점 또는 지적도면상 필지를 구획하는 선의 경계점과 상호 부합되는 지상의 경계점을 말한다.
기지경계선 (旣知境界線)		세부 측량 성과를 결정하는 기준이 되는 기지점을 필지별로 직선으로 연결한 선을 말한다.
전자평판측량		토탈스테이션과 지적측량 운영 프로그램 등이 설치된 컴퓨터를 연결하여 세부 측량을 수행하는 측량을 말한다.
토탈스테이션		경위의 측량 방법에 따른 기초 측량 및 세부 측량에 사용되는 장비를 말한다.
지적측량파일		측량준비파일, 측량현형파일 및 측량성과파일을 말한다.
측량준비파일		부동산종합공부시스템에서 지적측량 업무를 수행하기 위하여 도면 및 대장속성 정보를 추출한 파일을 말한다.
측량현형(現形) 파일		전자평판측량 및 위성측량방법으로 관측한 데이터 및 지적측량에 필요한 각종 정보가 들어있는 파일을 말한다.
측량성과파일		전자평판측량 및 위성측량방법으로 관측 후 지적측량정보를 처리할 수 있는 시스템에 따라 작성된 측량결과도파일과 토지이동정리를 위한 지번, 지목 및 경계점의 좌표가 포함된 파일을 말한다.
측량부		기초측량 또는 세부측량성과를 결정하기 위하여 사용한 관측부, 계산부 등 이에 수반되는 기록을 말한다.

정답

02 지번 및 지목의 제도에 관한 설명으로 (   ) 안에 들어갈 옳은 말은?

지번 및 지목을 제도할 때에는 지번 다음에 지목을 제도한다. 이 경우 (㉠)mm 이상 (㉡)mm 이하 크기의 명조체로 하고, 지번의 글자 간격은 글자크기의 (㉢) 정도, 지번과 지목의 글자 간격은 글자크기의 (㉣) 정도 띄어서 제도한다. 다만, 부동산종합공부시스템이나 레터링으로 작성할 경우에는 고딕체로 할 수 있다.

	㉠	㉡	㉢	㉣
①	3	4	2분의 1	3분의 1
②	2	5	3분의 1	4분의 1
③	2	3	4분의 1	2분의 1
④	3	2	2분의 1	4분의 1

풀이 지적업무처리규정 제42조(지번 및 지목의 제도)

① 지번 및 지목은 경계에 닿지 않도록 필지의 중앙에 제도한다. 다만, 1필지의 토지의 형상이 좁고 길어서 필지의 중앙에 제도하기가 곤란한 때에는 가로쓰기가 되도록 도면을 왼쪽 또는 오른쪽으로 돌려서 제도할 수 있다.

② 지번 및 지목을 제도할 때에는 지번 다음에 지목을 제도한다. 이 경우 2밀리미터 이상 3밀리미터 이하 크기의 명조체로 하고, 지번의 글자 간격은 글자크기의 4분의 1정도, 지번과 지목의 글자 간격은 글자크기의 2분의 1정도 띄어서 제도한다. 다만, 부동산종합공부시스템이나 레터링으로 작성할 경우에는 고딕체로 할 수 있다.

③ 1필지의 면적이 작아서 지번과 지목을 필지의 중앙에 제도할 수 없는 때에는 ㄱ, ㄴ, ㄷ, …, ㄱ¹, ㄴ¹, ㄷ¹, …, ㄱ², ㄴ², ㄷ² … 등으로 부호를 붙이고, 도곽선 밖에 그 부호·지번 및 지목을 제도한다. 이 경우 부호가 많아서 그 도면의 도곽선 밖에 제도할 수 없는 때에는 별도로 부호도를 작성할 수 있다.

④ 부동산종합공부시스템에 따라 지번 및 지목을 제도할 경우에는 제2항 중 글자의 크기에 대한 규정과 제3항을 적용하지 아니할 수 있다.

03 「지적업무처리규정」상 소유자정리에 관한 사항으로 (   ) 안에 들어갈 일자로 옳은 것은?

대장의 소유자변동일자는 등기필통지서, 등기필증, 등기부 등본·초본 또는 등기관서에서 제공한 등기전산정보자료의 경우에는 (㉠)로, 법 제84조제4항 단서의 미등기토지 소유자에 관한 정정신청의 경우와 법 제88조제2항에 따른 소유자등록신청의 경우에는 (㉡)로, 공유수면 매립준공에 따른 신규 등록의 경우에는 (㉢)로 정리한다.

	㉠	㉡	㉢
①	등기접수일자	소유자정리결의일자	매립준공일자
②	등기접수일자	매립준공일자	소유자정리결의일자
③	매립준공일자	소유자정리결의일자	등기접수일자
④	소유자정리결의일자	매립준공일자	등기접수일자

풀이 지적업무처리규정 제60조(소유자정리)

① 대장의 소유자변동일자는 등기필통지서, 등기필증, 등기부 등본·초본 또는 등기관서에서 제공한 등기전산정보자료의 경우에는 등기접수일자로, 법 제84조제4항 단서의 미등기토지 소유자에 관한 정정신청의 경우

와 법 제88조제2항에 따른 소유자등록신청의 경우에는 소유자정리결의일자로, 공유수면 매립준공에 따른 신규 등록의 경우에는 매립준공일자로 정리한다.

② 주소ㆍ성명ㆍ명칭의 변경 또는 경정 및 소유권이전 등이 같은 날짜에 등기가 된 경우의 지적공부정리는 등기 접수 순서에 따라 모두 정리하여야 한다.

③ 소유자의 주소가 토지소재지와 같은 경우에도 등기부와 일치하게 정리한다. 다만, 등기관서에서 제공한 등기 전산정보자료에 따라 정리하는 경우에는 등기전산정보자료에 따른다.

④ 법 제88조제4항에 따라 지적소관청이 소유자에 관한 사항이 대장과 부합되지 아니하는 토지소유자를 정리할 때에는 제1항부터 제3항까지와 제65조제2항을 준용하며, 토지소유자 등 이해관계인이 등기부 등본ㆍ초본 등에 따라 소유자정정을 신청하는 경우에는 별지 제9호 서식의 소유자정정 신청서를 제출하여야 한다.

⑤ 국토교통부장관은 등기관서로부터 법인 또는 재외국민의 부동산등기용등록번호 정정통보가 있는 때에는 정정 전 등록번호에 따라 토지소재를 조사하여 시ㆍ도지사에게 그 내용을 통지하여야 한다. 이 경우 시ㆍ도지사는 지체 없이 그 내용을 해당 지적소관청에 통지하여야 한다.

⑥ 소유자등록사항 중 토지이동과 함께 소유자가 결정되는 신규 등록, 도시개발사업 등의 환지 등록 시에는 토지이동업무 처리와 동시에 소유자를 정리하여야 한다.

04 「지적업무처리규정」상 토지이동정리결의서 및 소유자정리결의서 작성에서 옳지 않은 것은?

① 등록사항정정은 이동전란에 정정 전의 지목ㆍ면적 및 지번수를, 이동후란에 정정 후의 지목ㆍ면적 및 지번수를, 증감란에는 면적 및 지번수를 기재한다.

② 소유자정리결의서 토지소재ㆍ소유권보존ㆍ소유권이전 및 기타란은 읍ㆍ면ㆍ동별로 기재한다.

③ 소유자정리결의서 정리일자는 소유자정리접수일부터 정리완료일까지 기재한다.

④ 소유자정리결의서 정리자는 업무담당자로 하고 확인자는 지적업무 담당으로 한다.

풀이 지적업무처리규정 제65조(토지이동정리결의서 및 소유자정리결의서 작성)

① 규칙 제98조제2항에 따른 토지이동정리결의서는 다음 각 호와 같이 작성한다. 이 경우 증감란의 면적과 지번 수는 늘어난 경우에는 (+)로, 줄어든 경우에는 (−)로 기재한다.
1. 지적공부정리종목은 토지이동종목별로 구분하여 기재한다.
2. 토지소재ㆍ이동 전ㆍ이동 후 및 증감란은 읍ㆍ면ㆍ동 단위로 지목별로 작성한다.

종목	이동 전	이동 후	증감란
신규 등록		지목ㆍ면적 및 지번수	면적 및 지번수
등록전환	임야대장에 등록된 지목ㆍ면적 및 지번수	토지대장에 등록될 지목ㆍ면적 및 지번수	면적
	이 경우 등록전환에 따른 임야대장 및 임야도의 말소정리는 등록전환결의서에 따른다.		
분할 및 합병	지목 및 지번수	지목 및 지번수	지번수
지목변경	변경 전의 지목ㆍ면적 및 지번수	변경 후의 지목ㆍ면적 및 지번수	
지적공부 등록말소	지목ㆍ면적 및 지번수		지목ㆍ면적 및 지번수

종목	이동 전	이동 후	증감란
축척변경	축척변경 시행 전 토지의 지목 · 면적 및 지번수	축척이 변경된 토지의 지목 · 면적 및 지번수	
	이 경우 축척변경완료에 따른 종전 지적공부의 폐쇄정리는 축척변경결의서에 따른다.		
등록사항 정정	정정 전의 지목 · 면적 및 지번수	정정 후의 지목 · 면적 및 지번수	면적 및 지번수
도시개발 사업	사업 시행 전 토지의 지목 · 면적 및 지번수	확정된 토지의 지목 · 면적 및 지번수	
	이 경우 도시개발사업 등의 완료에 따른 종전 지적공부의 폐쇄정리는 도시개발사업 등 결의서에 따른다.		

② 규칙 제98조제2항에 따른 소유자정리결의서는 다음 각 호와 같이 작성한다. 다만, 등기전산정보자료에 따라 소유자를 정리하는 경우에는 생략할 수 있다.

> 1. 토지소재 · 소유권보존 · 소유권이전 및 기타란은 읍 · 면 · 동별로 기재한다.
> 2. 정리일자는 소유자정리결의일부터 정리완료일까지 기재한다.
> 3. 정리자는 업무담당자로 하고 확인자는 지적업무 담당으로 한다.
> 4. 소유자정리결과에 따라 접수 · 정리 · 기정리 및 불부합통지로 구분 기재한다.

지적업무처리규정 제66조(오기정정)

지적공부정리 중에 잘못 정리하였음을 즉시 발견하여 정정할 때에는 오기정정할 지적전산자료를 출력하여 지적 전산자료책임관의 확인을 받은 후 정정하여야 한다. 다만, 잘못 정리하였음을 즉시 발견하지 못한 경우의 정정 은 등록사항정정의 방법으로 하여야 한다.

05 「지적업무처리규정」상 지적소관청이 지적공부정리 신청이 있는 때에 확인 조사하여야 할 사항이 아닌 것은?

① 신청서의 기재사항과 지적공부등록사항과의 부합여부
② 대위신청에 관하여는 그 권한대위의 적법여부
③ 구비서류 및 수입증지의 첨부여부
④ 조사자의 의견, 조사연월일 및 조사자 직 · 성명

풀이 지적업무처리규정 제50조(지적공부정리신청의 조사)

① 지적소관청은 법 제77조부터 제82조까지, 법 제84조, 법 제86조 및 법 제87조에 따른 지적공부정리신청이 있는 때에는 다음 각 호의 사항을 확인 · 조사하여 처리한다.

> 1. 신청서의 기재사항과 지적공부등록사항과의 부합여부
> 2. 관계법령의 저촉여부
> 3. 대위신청에 관하여는 그 권한대위의 적법여부
> 4. 구비서류 및 수입증지의 첨부여부
> 5. 신청인의 신청권한 적법여부
> 6. 토지의 이동사유
> 7. 그 밖에 필요하다고 인정되는 사항

정답 05 ④

② 접수된 서류를 보완 또는 반려한 때에는 지적업무정리부의 비고란에 그 사유를 붉은색으로 기재한다.

③ 지목변경 및 합병을 하여야 하는 토지가 있을 때와 등록전환에 따라 지목이 바뀔 때에는 다음 각 호의 사항을 확인 · 조사하여 별지 제6호 서식에 따른 현지조사서를 작성하여야 한다.

> 1. 토지의 이용현황
> 2. 관계법령의 저촉여부
> 3. 조사자의 의견, 조사연월일 및 조사자 직 · 성명

④ 분할 및 등록전환 측량성과도가 발급된 지 1년이 경과한 후 지적공부정리 신청이 있는 때에는 지적소관청은 다음 각 호의 사항을 확인 · 조사하여야 한다.

> 1. 측량성과와 현지경계의 부합여부
> 2. 관계법령의 저촉여부

06 「지적업무처리규정」상 지적기준점 등의 제도에 대한 설명으로 옳은 것은?

① 삼각점 및 지적기준점은 0.1mm 폭의 선으로 제도한다.

② 지적기준점의 명칭과 번호는 그 지적기준점의 윗부분에 3mm 이하 크기의 명조체로 제도한다.

③ 지적삼각보조점은 3mm 크기의 원 안에 십자선을 표시한다.

④ 지적도근점은 2mm의 원으로 제도한다.

풀이 지적업무처리규정 제43조(지적기준점 등의 제도)

① 삼각점 및 지적기준점(제4조에 따라 지적측량수행자가 설치하고, 그 지적기준점성과를 지적소관청이 인정한 지적기준점을 포함한다.)은 0.2밀리미터 폭의 선으로 다음 각 호와 같이 제도한다.

명칭	제도	직경 크기(mm)			비고	
		3mm	2mm	1mm	십자가	내부채색
위성기준점	⊕	3	2		십자가	
1등삼각점	◉	3	2	1		채색
2등삼각점	◎	3	2	1		
3등삼각점	◉		2	1		채색
4등삼각점	◎		2	1		
지적삼각점	⊕	3			십자가	
지적삼각보조점	●	3				채색
지적도근점	○		2			

6. 지적기준점의 명칭과 번호는 그 지적기준점의 윗부분에 2밀리미터 이상 3밀리미터 이하 크기의 명조체로 제도한다. 다만, 레터링으로 작성할 경우에는 고딕체로 할 수 있으며 경계에 닿는 경우에는 다른 위치에 제도할 수 있다.

07 「지적업무처리규정」상 괄호 안에 들어갈 숫자는 얼마인가?

> 시장·군수·구청장은 지적공부를 복제할 때에는 2부를 복제하여야 한다. 지적공부 1부는 지적서고에 보관하고, 나머지 1부는 시·도지사가 지정하는 안전한 장소에 이중문이 설치된 내화금고 등에 (   )개월 이상 보관하여야 한다.

① 1　　　　　　　② 3　　　　　　　③ 5　　　　　　　④ 6

풀이 지적업무처리규정 제34조(지적공부의 복제 등)
① 시장·군수·구청장은 법 제69조제3항에 따라 지적공부를 복제할 때에는 2부를 복제하여야 한다.
② 제1항에 따라 복제된 지적공부 1부는 법 제69조제2항에 따라 보관하고, 나머지 1부는 시·도지사가 지정하는 안전한 장소에 이중문이 설치된 내화금고 등에 6개월 이상 보관하여야 한다.

08 「지적업무처리규정」상 옳지 않은 것은?

① 폐쇄 또는 말소된 지적공부의 등본을 작성할 때에는 "폐쇄 또는 말소된 ○○○○에 따라 작성한 등본입니다"라고 붉은색으로 기재한다.
② 부동산종합공부시스템으로 지적공부를 열람하는 경우 열람용 등본을 발급할 수 있으며 이때에는 아랫부분에 "본토지(임야)대장은 열람용이므로 축력하신 토지(임야)대장은 법적인 효력이 없습니다."라고 기재한다.
③ 등본은 공용으로 발급할 수 있으며, 이때 등본의 아랫부분에 "본토지(임야)대장은 공용이므로 출력하신 토지(임야)대장은 민원용으로 사용할 수 없습니다."라고 기재한다.
④ 상속에 따라 등기를 요하지 아니하는 토지를 취득한 경우 상속인 대표자 한 명이 신청하여야 한다.

풀이 지적업무처리규정 제48조(지적공부의 열람 및 등본작성 방법 등)
① 지적공부의 열람 및 등본발급 신청은 신청자가 대상토지의 지번을 제시한 경우에만 할 수 있다.
② 지적소관청은 지적공부의 열람신청이 있는 때에는 신청필지수와 수수료금액을 확인하여 신청서에 첨부된 수입증지를 소인한 후 컴퓨터 화면 등에 따라 담당공무원의 참여하에 지적공부를 열람시킨다.
③ 열람자가 보기 쉬운 장소에 다음 각 호와 같이 열람시의 유의사항을 게시하고 알려주어야 한다.
　1. 지정한 장소에서 열람하여 주십시오.
　2. 화재의 위험이 있거나 지적공부를 훼손할 수 있는 물건을 휴대해서는 안 됩니다.
　3. 열람 시 개인정보 등이 포함된 사항은 기록, 촬영하여서는 안 됩니다.
④ 지적공부의 등본은 지적공부를 복사·제도하여 작성하거나 부동산종합공부시스템으로 작성한다. 이 경우 대장 등본은 작성일 현재의 최종사유를 기준으로 작성한다. 다만, 신청인의 요구가 있는 때에는 그러하지 아니하다.
⑤ 도면등본을 복사에 따라 작성 발급하는 때에는 윗부분과 아랫부분에 다음과 같이 날인하고, 축척은 규칙 제69조제6항에 따른다. 다만, 부동산종합공부시스템으로 발급하는 경우에는 신청인이 원하는 축척과 범위를 지정하여 발급할 수 있다.

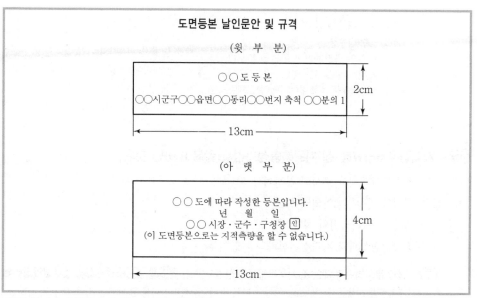

도면등본 날인문안 및 규격

(윗 부 분)

○○도등본
○○시군구○○읍면○○동리○○번지 축척 ○○분의 1

2cm

13cm

(아 랫 부 분)

○○도에 따라 작성한 등본입니다.
년   월   일
○○시장·군수·구청장 ㊞
(이 도면등본으로는 지적측량을 할 수 없습니다.)

4cm

13cm

⑥ 제4항에 따라 작성한 등본에는 수입증지를 첨부하여 소인한 후 지적소관청의 직인을 날인하여야 한다. 이 경우 등본이 1장을 초과할 경우에는 첫 장에만 직인을 날인하고 다음 장부터는 천공 또는 간인하여 발급한다.

⑦ 대장등본을 복사하여 작성 발급하는 때에는 대장의 앞면과 뒷면을 각각 복사하여 기재사항 끝부분에 다음과 같이 날인한다.

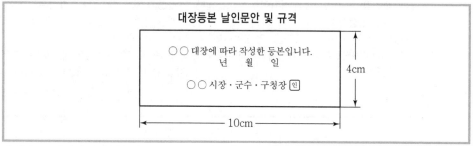

대장등본 날인문안 및 규격

○○대장에 따라 작성한 등본입니다.
년   월   일

○○시장·군수·구청장 ㊞

4cm

10cm

⑧ 법 제106조에 따라 등본 발급의 수수료는 유료와 무료로 구분하여 처리하되, 무료로 발급할 경우에는 등본 앞면 여백에 붉은색으로 "무료"라 기재한다.

⑨ 폐쇄 또는 말소된 지적공부의 등본을 작성할 때에는 "폐쇄 또는 말소된 ○○○○에 따라 작성한 등본입니다" 라고 붉은색으로 기재한다.

⑩ 부동산종합공부시스템으로 지적공부를 열람하는 경우 열람용 등본을 발급할 수 있으며, 이때에는 아랫부분에 "본토지(임야)대장은 열람용이므로 출력하신 토지(임야)대장은 법적인 효력이 없습니다."라고 기재한다.

⑪ 등본은 공용으로 발급할 수 있으며, 이때 등본의 아랫부분에 "본토지(임야)대장은 공용이므로 출력하신 토지 (임야)대장은 민원용으로 사용할 수 없습니다."라고 기재한다.

지적업무처리규정 제49조(상속 등의 토지에 대한 지적공부정리 신청)

① 상속, 공용징수, 판결, 경매 등 「민법」 제187조에 따라 등기를 요하지 아니하는 토지를 취득한 자는 지적공부 정리신청을 할 수 있다. 이 경우 토지소유를 증명하는 서류를 첨부하여야 하고, 상속의 경우에는 상속인 전원 이 신청하여야 한다.

② 〈삭제〉

③ 제1항에 따른 토지소유를 증명하는 서류는 다음 각 호를 말한다.

정답

1. 상속재산 분할 협의서
2. 공용징수증
3. 법원의 확정판결서 정본 또는 사본
4. 경매 낙찰증서
5. 그 밖에 소유권을 확인할 수 있는 서류

09 「지적업무처리규정」상 기초측량성과검사 항목이 아닌 것은?

① 지적기준점설치망 구성의 적정여부

② 기지점과 지상경계와의 부합여부

③ 관측각 및 거리측정의 정확여부

④ 지적기준점성과와 기지경계선과의 부합여부

풀이 지적업무처리규정 제26조(지적측량성과의 검사항목) **암기** 기지각정준여부 기준점예정여부

「지적측량 시행규칙」 제28조제2항에 따른 지적측량성과검사를 할 때에는 다음 각 호의 사항을 검사하여야 한다.

기초측량	세부측량
가. **기**지점사용의 적정여부	가. **기**지점사용의 적정여부
나. **지**적기준점설치망 구성의 적정여부	나. 측량**준**비도 및 측량결과도 작성의 적정여부
다. 관측**각** 및 거리측정의 정확여부	다. 기지**점**과 지상경계와의 부합여부
라. 계산의 **정**확여부	라. 경계점 간 **계**산거리(도상거리)와 실측거리의 부합여부
마. 지적기준점 선점 및 표지설치의 정확여부	마. 면적측정의 **정**확여부
바. 지적기준점성과와 기지경계선과의 부합 **여부**	바. 관계법령의 분할제한 등의 저촉 **여부**. 다만, 제20조제3항 (각종 인가ㆍ허가 등의 내용과 다르게 토지의 형질이 변경되었을 경우에는 그 변경된 토지의 현황대로 측량성과를 결정하여야 한다.)은 제외한다.

10 「지적업무처리규정」상 소유자정리결의서의 작성에 대한 설명으로 옳지 않은 것은?

① 정리일자는 소유자정리결의일부터 정리완료일까지 기재한다.

② 토지소재ㆍ소규권보존ㆍ소유권이전 및 기타란은 읍ㆍ면ㆍ동별로 기재한다.

③ 등기전산정보자료에 따라 소유자를 정리하는 경우에 소유자정리결의서를 반드시 작성하여야 한다.

④ 소유자정리결과에 따라 접수ㆍ정리ㆍ기정리 및 불부합통지로 구분 기재한다.

풀이 지적업무처리규정 제65조(토지이동정리결의서 및 소유자정리결의서 작성)

① 규칙 제98조제2항에 따른 토지이동정리결의서는 다음 각 호와 같이 작성한다. 이 경우 증감란의 면적과 지번 수는 늘어난 경우에는 (+)로, 줄어든 경우에는 (-)로 기재한다.

1. 지적공부정리종목은 토지이동종목별로 구분하여 기재한다.
2. 토지소재ㆍ이동 전ㆍ이동 후 및 증감란은 읍ㆍ면ㆍ동 단위로 지목별로 작성한다.

종목	이동 전	이동 후	증감란
신규 등록		지목·면적 및 지번수	면적 및 지번수
등록전환	임야대장에 등록된 지목·면적 및 지번수	토지대장에 등록될 지목·면적 및 지번수	면적
	이 경우 등록전환에 따른 임야대장 및 임야도의 말소정리는 등록전환결의서에 따른다.		
분할 및 합병	지목 및 지번수	지목 및 지번수	지번수
지목변경	변경 전의 지목·면적 및 지번수	변경 후의 지목·면적 및 지번수	
지적공부 등록말소	지목·면적 및 지번수		지목·면적 및 지번수
축척변경	축척변경 시행 전 토지의 지목·면적 및 지번수	축척이 변경된 토지의 지목·면적 및 지번수	
	이 경우 축척변경완료에 따른 종전 지적공부의 폐쇄정리는 축척변경결의서에 따른다.		
등록사항 정정	정정 전의 지목·면적 및 지번수	정정 후의 지목·면적 및 지번수	면적 및 지번수
도시개발 사업	사업 시행 전 토지의 지목·면적 및 지번수	확정된 토지의 지목·면적 및 지번수	
	이 경우 도시개발사업 등의 완료에 따른 종전 지적공부의 폐쇄정리는 도시개발사업 등 결의서에 따른다.		

② 규칙 제98조제2항에 따른 소유자정리결의서는 다음 각 호와 같이 작성한다. 다만, 등기전산정보자료에 따라 소유자를 정리하는 경우에는 생략할 수 있다.

> 1. 토지소재·소유권보존·소유권이전 및 기타란은 읍·면·동별로 기재한다.
> 2. 정리일자는 소유자정리결의일부터 정리완료일까지 기재한다.
> 3. 정리자는 업무담당자로 하고 확인자는 지적업무 담당으로 한다.
> 4. 소유자정리결과에 따라 접수·정리·기정리 및 불부합통지로 구분 기재한다.

지적업무처리규정 제66조(오기정정)
지적공부정리 중에 잘못 정리하였음을 즉시 발견하여 정정할 때에는 오기정정할 지적전산자료를 출력하여 지적전산자료책임관의 확인을 받은 후 정정하여야 한다. 다만, 잘못 정리하였음을 즉시 발견하지 못한 경우의 정정은 등록사항정정의 방법으로 하여야 한다.

11 「지적업무처리규정」상 옳지 않은 것은?

① 지적소관청은 지적측량검사가 완료된 때에는 해당 측량성과 파일을 부동산종합공부시스템에 등록하여야 한다.
② 측량성과를 검사하는 때에는 측량자가 실시한 측량방법과 다른 방법으로 한다.
③ 지적도근점측량은 주요 도선별로 지적도근점을 검사한다. 이 경우 후방교회법으로 검사할 수 있다. 다만, 구하고자 하는 지적기준점이 기지점과 같은 원주상에 있는 경우에는 그러하지 아니하다.
④ 지적측량수행자와 동일한 전자측량시스템을 이용하여 세부측량 시 측량성과의 정확성을 검사할 수 없다.

풀이 지적업무처리규정 제27조(지적측량성과의 검사방법 등)

① 지적측량수행자가 지적측량 성과검사를 요청하는 경우와 지적소관청이 지적측량 성과검사 결과를 통보하는 경우에는 정보시스템을 이용하여 처리할 수 있다.

② 세부측량(지적공부를 정리하지 아니하는 세부측량을 포함한다)을 하기 전에 기초측량을 한 경우에는 미리 지적기준점성과에 대한 검사를 받은 후에 세부측량을 하여야 한다. 다만, 지적소관청과 사전 협의를 한 경우에는 지적기준점성과와 세부측량성과(지적공부를 정리하지 아니하는 세부측량은 제외한다)를 동시에 검사할 수 있다.

③ 전자평판측량에 따른 측량성과 파일은 도형자료와 속성자료 간의 일치성과 유효성을 검증하기 위하여 다음 각 호의 사항을 실시하고 최종적으로 종번(終番) 검사를 실시하여야 한다.

> 1. 면적공차 초과 검증
> 2. 누락필지 및 원필지 중복객체 검증
> 3. 지번중복 검증 및 도곽의 적정성 여부 검사
> 4. 법정 리·동계 및 축척 간 접합 중복 검사
> 5. 폐쇄도면 중첩검사
> 6. 성과레이어 중첩검사
> 7. 이격거리 측정 및 필계점 좌표 확인
> 8. 측정점위치설명도 작성의 적정 여부
> 9. 주위필지와의 부합여부
> 10. 그 밖에 필요한 사항

④ 지적소관청은 지적측량검사가 완료된 때에는 해당 측량성과 파일을 부동산종합공부시스템에 등록하여야 한다.

⑤ 「지적측량 시행규칙」 제28조에 따른 측량성과의 검사방법은 다음 각 호와 같다.

> 1. 측량성과를 검사하는 때에는 측량자가 실시한 측량방법과 다른 방법으로 한다. 다만, 부득이한 경우에는 그러하지 아니한다.
> 2. 지적삼각점측량 및 지적삼각보조점측량은 신설된 점을, 지적도근점측량은 주요 도선별로 지적도근점을 검사한다. 이 경우 후방교회법으로 검사할 수 있다. 다만, 구하고자 하는 지적기준점이 기지점과 같은 원주상에 있는 경우에는 그러하지 아니하다.
> 3. 세부측량결과를 검사할 때에는 새로 결정된 경계를 검사한다. 이 경우 측량성과 검사 시에 확인된 지역으로서 측량결과도만으로 그 측량성과가 정확하다고 인정되는 경우에는 현지측량검사를 하지 아니할 수 있다.
> 4. 면적측정검사는 필지별로 한다.
> 5. 측량성과 파일의 검사는 부동산종합공부시스템으로 한다.
> 6. 지적측량수행자와 동일한 전자측량시스템을 이용하여 세부측량 시 측량성과의 정확성을 검사할 수 있다.

⑥ 시·도지사, 대도시 시장 또는 지적소관청은 측량성과를 검사하여 그 측량성과가 정확하다고 인정되는 경우에는 측량부·측량결과도·면적측정부 및 측량성과도에 별표 4의 측량성과검사 필인을 각각 날인하여야 한다.

⑦ 시·도지사, 대도시 시장 또는 지적소관청은 측량성과 검사결과 측량성과가 부정확하다고 판단되는 경우에는 제17조에 따라 지적측량수행자가 제출한 측량성과를 보완하도록 조치하고, 측량성과검사정리부에 그 사유를 기재한다. 이 경우 측량성과 검사결과 제26조제2호바목 본문에 해당되는 경우에는 지적측량수행자에게 측량성과에 관한 자료를 되돌려 주고 그 사유를 지적측량 성과검사 정리부 비고란에 붉은색으로 기재한다.

12 「지적업무처리규정」상 일람도 및 지번색인표의 등재사항이 아닌 것은?

① 일람도에는 도곽선과 그 수치를 등재한다.

② 지번색인표에는 도면의 제명 및 축척을 등재한다.

③ 지번색인표에는 지번·도면번호 및 결번을 등재한다.

④ 일람도에는 지번부여지역의 경계 및 인접지역의 행정구역명칭을 등재한다.

물이 지적업무처리규정 제37조(일람도 및 지번색인표의 등재사항)

규칙 제69조제5항에 따른 일람도 및 지번색인표에는 다음 각 호의 사항을 등재하여야 한다.

1. 일람도

> 가. 지번부여지역의 경계 및 인접지역의 행정구역명칭
> 나. 도면의 제명 및 축척
> 다. 도곽선과 그 수치
> 라. 도면번호
> 마. 도로·철도·하천·구거·유지·취락 등 주요 지형·지물의 표시

2. 지번색인표

> 가. 제명
> 나. 지번·도면번호 및 결번

13 「지적업무처리규정」상 지적도 및 임야도 경계의 제도 방법 기준에 대한 설명으로 옳은 것은?

(17년지방9급)

① 1필지의 경계가 도곽선에 걸쳐 등록되어 있는 경우에는 도곽선 밖의 여백에 경계를 제도할 수 있다.

② 지적측량기준점 등이 매설된 토지를 분할하는 경우 그 토지가 작아서 제도하기가 곤란한 경우에는 그 도면의 여백에 당해 축척의 20배로 확대하여 제도할 수 있다.

③ 경계점좌표등록부시행지역의 도면에 등록하는 경계점 간 거리는 1.5mm 크기의 붉은색 아라비아숫자로 제도한다.

④ 경계는 0.2mm 폭의 선으로 제도한다.

물이 지적업무처리규정 제41조(경계의 제도)

① 경계는 0.1밀리미터 폭의 선으로 제도한다.

② 1필지의 경계가 도곽선에 걸쳐 등록되어 있으면 도곽선 밖의 여백에 경계를 제도하거나, 도곽선을 기준으로 다른 도면에 나머지 경계를 제도한다. 이 경우 다른 도면에 경계를 제도할 때에는 지번 및 지목은 붉은색으로 표시한다.

③ 규칙 제69조제2항제4호에 따른 경계점좌표등록부 등록지역의 도면(경계점 간 거리등록을 하지 아니한 도면을 제외한다)에 등록할 경계점 간 거리는 검은색의 1.0~1.5밀리미터 크기의 아라비아숫자로 제도한다. 다만, 경계점 간 거리가 짧거나 경계가 원을 이루는 경우에는 거리를 등록하지 아니할 수 있다.

④ 지적기준점 등이 매설된 토지를 분할할 경우 그 토지가 작아서 제도하기가 곤란한 때에는 그 도면의 여백에 그 축척의 10배로 확대하여 제도할 수 있다.

정답 12 ② 13 ①

14 「지적업무처리규정」에서 현지측량방법 등에 대한 설명으로 가장 옳지 않은 것은? (19년서울9급)

① 지적기준점이 없는 지역에서 전자평판측량을 실시할 때에는 보존이 용이한 고정물을 선점하여 보조점으로 사용할 수 있다. 이 경우 설치된 보조점은 후속측량에 사용할 수 있도록 하여야 한다.

② 이미 작성되어 있는 지적측량파일을 이용하여 측량할 경우에는 기존 파일에서 지상경계선과 도상경계가 잘 부합되는 기지점과 신청토지 주변을 추가로 실측하여 성과를 결정하여야 한다.

③ 세부측량성과를 결정하기 위하여 사용하는 기지점은 지적기준점이어야 한다. 다만, 도면의 기지점이 정확하고 보존이 양호하여 기지점을 이용하여도 측량에 지장이 없다고 인정되는 축척 1200분의 1 이하의 지역에는 그러하지 아니하다.

④ 현형법(現形法)으로 지적측량의 성과를 결정하려면 경계점은 반드시 지적공부 등록 당시의 축척으로 하며, 기지점을 기준으로 지상경계선과 도상경계선의 부합 여부를 확인하여야 한다.

풀이 지적업무처리규정 제20조(현지측량방법 등)

① 지적측량을 할 때에는 토지소유자 및 이해관계인을 입회시켜 측량에 필요한 질문을 하거나 참고자료의 제시를 요구할 수 있다.

② 지적측량결과도에는 토지소유자 및 이해관계인의 서명 · 전자서명 또는 날인을 받아야 한다. 다만, 토지소유자 및 이해관계인이 입회하지 못하는 경우와 입회는 하였으나 서명 또는 날인을 거부하는 때에는 그 사유를 기재하여야 한다.

③ 각종 인가 · 허가 등의 내용과 다르게 토지의 형질이 변경되었을 경우에는 그 변경된 토지의 현황대로 측량성과를 결정하여야 한다.

④ 세부측량성과를 결정하기 위하여 사용하는 기지점은 지적기준점이어야 한다. 다만, 도면의 기지점이 정확하고 보존이 양호하여 기지점을 이용하여도 측량에 지장이 없다고 인정되는 축척 1천분의 1 이하의 지역에는 그러하지 아니하다.

⑤ 제4항에 따른 지적기준점은 세부측량을 하기 전에 설치하여야 하며, 그 설치비용을 지적측량의뢰인에게 부담시켜서는 아니 된다. 다만, 「지적측량 시행규칙」 제6조제2항제1호 · 제2호 또는 제4호에 해당하는 경우, 51필지 이상 연속지 또는 집단지 세부측량시에 지적기준점을 설치할 경우 및 제4항 단서에 따른 기지점에 따라 세부측량을 할 지역에서 지적측량의뢰인이 지적기준점의 설치를 요구할 경우에는 그러하지 아니하다.

⑥ 지적확정측량지구 안에서 지적측량을 하고자 할 경우에는 종전에 실시한 지적확정측량성과를 참고하여 성과를 결정하여야 한다.

⑦ 지적측량을 완료한 때에는 분할 등록될 경계점의 위치 또는 경계복원점의 위치를 지적기준점 · 담장모서리 및 전신주 등 주위 고정물로부터 거리를 측정하여 지적측량의뢰인 및 이해관계인에게 확인시키고, 측량결과도 여백에 그 거리를 기재하거나 경위의측량방법에 따른 평면직각종횡선좌표 등 측정점의 위치설명도를 [예시 1] 지적측량결과도 작성 예시 목록과 같이 작성하여야 한다. 다만, 주위 고정물이 없는 경우와 도로, 구거, 하천 등 연속 · 집단된 토지 등의 경우에는 작성을 생략할 수 있다.

⑧ 지적측량수행자는 지적측량자료조사 또는 지적측량결과, 지적공부의 토지의 표시에 잘못이 있음을 발견한 때에는 지체 없이 지적소관청에 관계자료 등을 첨부하여 문서로 통보하고, 지적측량의뢰인에게 그 내용을 통지하여야 한다.

⑨ 법원의 감정측량을 할 때에는 별표 2의 법원감정측량 처리절차에 따른다.

⑩ 전자평판측량에 따른 세부측량은 지적기준점을 기준으로 실시하여야 하며, 면적측정은 전산처리 방법에 따른다.

⑪ 제10항에 따른 세부측량 시 평판점의 이동거리는 「지적측량 시행규칙」 제2조제1항제3호에서 정한 지적도 근점표지의 점간거리 이내로 한다.

⑫ 지적기준점이 없는 지역에서 전자평판측량을 실시할 때에는 보존이 용이한 고정물을 선점하여 보조점으로 사용

할 수 있다. 이 경우 설치된 보조점은 후속측량에 사용할 수 있도록 하여야 한다.

⑬ 현형법(現形法)으로 지적측량의 성과를 결정하려면 경계점은 반드시 지적공부 등록 당시의 축척으로 하며, 기지점을 기준으로 지상경계선과 도상경계선의 부합 여부를 확인하여야 한다.

⑭ 이미 작성되어 있는 지적측량파일을 이용하여 측량할 경우에는 기존 파일에서 지상경계선과 도상경계가 잘 부합되는 기지점과 신청토지 주변을 추가로 실측하여 성과를 결정하여야 한다.

⑮ 전자평판측량의 설치 및 표정방법은 다음 각 호에 따른다.

> 1. 토탈스테이션을 지적기준점 또는 보조점 위에 거치한 후 다른 지적기준점이나 고정물을 시준하고 수평각을 전자평판에서 0° 0′ 0″로 세팅하여 관측을 준비한다.
> 2. 지적기준점 간의 거리는 2회 이상 측정하여 확인한다.
> 3. 연직각은 천정을 0으로 설정한다.

15 「지적업무처리규정」상 옳지 않은 것은?

① 「지적법」 제37조에 따른 신규 등록 시 누락된 도로 · 하천 및 구거 등의 토지를 등록하는 경우의 경계는 도면에 등록된 인접토지의 경계를 기준으로 하여 결정한다.

② 경계점좌표등록부를 비치하는 지역과 연접되어 있는 토지를 등록전환하려면 경계점좌표등록부에 등록하여야 한다.

③ 1필지의 일부를 등록전환 하려면 등록전환으로 인하여 말소하여야 할 필지의 면적은 반드시 임야분할측량 결과도에서 측정하여야 한다.

④ 임야도에 도곽선 또는 도곽선 수치가 없거나, 1필지 전체를 등록전환 할 경우에만 등록전환으로 인하여 말소해야 할 필지의 임야측량 결과도를 임야분할 측량결과도에 함께 작성할 수 있다.

풀이 지적업무처리규정 제21조(신규등록측량)

1950.12.1. 법률 제165호로 제정된 「지적법」 제37조에 따른 신규 등록 시 누락된 도로 · 하천 및 구거 등의 토지를 등록하는 경우의 경계는 도면에 등록된 인접토지의 경계를 기준으로 하여 결정한다. 이 경우 토지의 경계와 이용현황 등을 조사하기 위한 측량을 하여야 한다.

지적업무처리규정 제22조(등록전환측량)

① 1필지 전체를 등록전환 할 경우에는 임야대장등록사항과 토지대장등록사항의 부합여부 등을 확인하고 토지의 경계와 이용현황 등을 조사하기 위한 측량을 하여야 한다.

② 등록전환 할 일단의 토지가 2필지 이상으로 분할되어야 할 토지의 경우에는 1필지로 등록전환 후 지목별로 분할하여야 한다. 이 경우 등록 전환할 토지의 지목은 임야대장에 등록된 지목으로 설정하되, 분할 및 지목변경은 등록전환과 동시에 정리한다.

③ 경계점좌표등록부를 비치하는 지역과 연접되어 있는 토지를 등록전환하려면 경계점좌표등록부에 등록하여야 한다.

④ 토지대장에 등록하는 면적은 등록전환측량의 결과에 따라야 하며, 임야대장의 면적을 그대로 정리할 수 없다.

⑤ 1필지의 일부를 등록전환 하려면 등록전환으로 인하여 말소하여야 할 필지의 면적은 반드시 임야분할측량결과도에서 측정하여야 한다.

⑥ 임야도에 도곽선 또는 도곽선수치가 없거나, 1필지 전체를 등록전환 할 경우에만 등록전환으로 인하여 말소해야 할 필지의 임야측량결과도를 등록전환측량결과도에 함께 작성할 수 있다.

⑦ 토지의 형질변경이 수반되는 등록전환측량은 토목공사 등이 완료된 후에 실시하여야 하며, 제20조제3항에 따라 측량성과를 결정하여야 한다.

정답 15 ④

16 「지적업무처리규정」상 전자평판측량을 이용한 지적측량 결과도의 작성 시 측정점의 표시 방법으로 가장 옳은 것은?

(19년서울9급)

① 측량자는 검은색 짧은 십자선(+), 검사자는 삼각형(△)으로 표시한다.
② 측량자는 검은색 삼각형(△), 검사자는 짧은 십자선(+)으로 표시한다.
③ 측량자는 붉은색 짧은 십자선(+), 검사자는 삼각형(△)으로 표시한다.
④ 측량자는 붉은색 삼각형(△), 검사자는 짧은 십자선(+)으로 표시한다.

풀이 지적업무처리규정 제24조(측량기하적)

① 평판측량방법 또는 전자평판측량방법으로 세부측량을 하는 때에는 측량준비파일에 측량한 기하적(幾何跡)을 다음 각 호와 같이 작성하여야 하며, 부득이한 경우 지적측량준비도에 연필로 표시할 수 있다.

> 1. 평판점·측점점 및 방위표정에 사용한 기지점 등에는 방향선을 긋고 실측한 거리를 기재한다. 이 경우 측정점의 방향선 길이는 측정점을 중심으로 약 1센티미터로 표시한다. 다만, 전자측량시스템에 따라 작성할 경우 필지선이 복잡한 때는 방향선과 측정거리를 생략할 수 있다.
> 2. 평판점은 측량자는 직경 1.5밀리미터 이상 3밀리미터 이하의 검은색 원으로 표시하고, 검사자는 1변의 길이가 2밀리미터 이상 4밀리미터 이하의 삼각형으로 표시한다. 이 경우 평판점 옆에 평판이동순서에 따라 부1, 부2 …으로 표시한다.
> 3. 평판점의 결정 및 방위표정에 사용한 기지점은 측량자는 직경 1밀리미터와 2밀리미터의 2중 원으로 표시하고, 검사자는 1변의 길이가 2밀리미터와 3밀리미터의 2중 삼각형으로 표시한다.
> 4. 평판점과 기지점 사이의 도상거리와 실측거리를 방향선상에 다음과 같이 기재한다.
> | (측량자) | (검사자) |
> |---|---|
> | (도상거리) | △(도상거리) |
> | 실측거리 | △실측거리 |
> 5. 측량대상토지에 지상구조물 등이 있는 경우와 새로이 설정하는 경계에 지상건물 등이 걸리는 경우에는 그 위치현황을 표시하여야 한다. 다만, 영 제55조제4항제2호와 제3호의 규정에 의해 분할하는 경우에는 그러하지 아니하다.

② 경위의측량방법으로 세부측량을 하려면 지상건물 등의 위치현황표시는 제1항제5호를 준용한다.
③ 「지적측량 시행규칙」 제26조제1항제6호 및 같은 조 제2항제7호에 따른 측량대상토지의 점유현황선은 붉은색 점선으로 표시한다.
④ 「지적측량 시행규칙」 제26조 및 이 규정 제29조에 따른 측량결과도의 문자와 숫자는 레터링 또는 전자측량시스템에 따라 작성한다.
⑤ 전자평판측량을 이용한 지적측량결과도의 작성방법은 다음 각 호와 같다.

> 1. 관측한 측정점의 오른쪽 상단에는 측정거리를 표시하여야 한다. 다만, 소축척 등으로 식별이 불가능한 때에는 방향선과 측정거리를 생략할 수 있다.
> 2. 측정점의 표시는 측량자의 경우 붉은색 짧은 십자선(+)으로 표시하고, 검사자는 삼각형(△)으로 표시하며, 각 측정점은 붉은색 점선으로 연결한다.
> 3. 지적측량결과도 상단 중앙에 "전자평판측량"이라 표기하고, 상단 오른쪽에 측량성과파일명을 표기하여야 하며, 측량성과파일에는 측량성과 결정에 관한 모든 사항이 수록되어 있어야 한다.
> 4. 측량결과의 파일 형식은 표준화된 공통포맷을 지원할 수 있어야 하며, 측량결과에 대한 측량파일 코드 일람표는 별표 3과 같다.
> 5. 이미 작성되어 있는 지적측량파일을 이용하여 측량할 경우에는 기존 측량파일 코드의 내용·규격·도식은 파란색으로 표시한다.

17 전자평판측량을 이용한 지적측량결과도의 작성 방법으로 옳지 않은 것은? (15년서울7급)

① 측정거리는 소축척 등으로 식별이 불가능한 때에는 생략할 수 있다.

② 관측한 측정점의 오른쪽 하단에는 측정거리를 표시하여야 한다.

③ 지적측량결과도 상단에 "전자평판측량"이라 표기한다.

④ 측량결과의 파일 형식은 표준화된 공통포맷을 지원해야 한다.

풀이 지적업무처리규정 제24조(측량기하적)

⑤ 전자평판측량을 이용한 지적측량결과도의 작성방법은 다음 각 호와 같다.

1. 관측한 측정점의 오른쪽 상단에는 측정거리를 표시하여야 한다. 다만, 소축척 등으로 식별이 불가능한 때에는 방향선과 측정거리를 생략할 수 있다.
2. 측정점의 표시는 측량자의 경우 붉은색 짧은 십자선(+)으로 표시하고, 검사자는 삼각형(△)으로 표시하며, 각 측정점은 붉은색 점선으로 연결한다.
3. 지적측량결과도 상단 중앙에 "전자평판측량"이라 표기하고, 상단 오른쪽에 측량성과파일명을 표기하여야 하며, 측량성과파일에는 측량성과 결정에 관한 모든 사항이 수록되어 있어야 한다.
4. 측량결과의 파일 형식은 표준화된 공통포맷을 지원할 수 있어야 하며, 측량결과에 대한 측량파일 코드 일람표는 별표 3과 같다.
5. 이미 작성되어 있는 지적측파일을 이용하여 측량할 경우에는 기존 측량파일 코드의 내용·규격·도식은 파란색으로 표시한다.

측량파일 코드 일람표(지적업무처리규정 [별표 3])

코드	내용	규격	도식	제도형태
1	지적경계선	기본값	————	검은색
10	지번, 지목	2mm	1591−10 대	검은색
71	도근점	2mm	◯	검은색 원
211	현황선		− − − − −	붉은색 점선
217	경계점표지	2mm	◯	붉은색 원
281	방위표정 방향선		⟶	파란색 실선 화살표
282	분할선	기본값		붉은색 실선
291	측정점		+	붉은색 십자선
292	측정점 방향선		╱	붉은색 실선
294	평판점	1.5~3.0mm (규격 변동 가능)	◯	검은색 원 옆에 파란색 不$_1$, 不$_2$ 등으로 표시
297	이동 도근점	2mm	◯	파란색 원
298	방위각 표정거리	2mm	000−00−00 000.000	붉은색

※ 기존 측량파일 코드의 내용·규격·도식은 "파란색"으로 표시한다.

18 「지적업무처리규정」상 행정구역선 제도에 관한 설명으로 옳지 않은 것은?

① 행정구역의 명칭은 도면 여백의 넓이에 따라 4mm 이상 5mm 이하의 크기로 경계 및 지적기준점 등을 피하여 같은 간격으로 띄어서 제도한다.

② 도로·철도·하천·유지 등의 고유명칭은 3mm 이상 4mm 이하의 크기로 같은 간격으로 띄어서 제도한다.

③ 색인도의 제도는 1장의 도면을 중앙으로 하여 동일 지번부여지역 안 위쪽·아래쪽·왼쪽 및 오른쪽의 인접 도면번호를 각각 3mm의 크기로 제도한다.

④ 색인도의 제명의 글자의 크기는 5mm로 하고, 글자 사이의 간격은 글자크기의 2분의 1정도 띄어 쓰고 축척은 제명 끝에서 10mm를 띄어 쓴다.

풀이 **지적업무처리규정 제44조(행정구역선의 제도)**

① 도면에 등록할 행정구역선은 0.4밀리미터 폭으로 다음 각 호와 같이 제도한다. 다만, 동·리의 행정구역선은 0.2밀리미터 폭으로 한다.

행정구역	제도방법	내용
국계		4밀리미터와 허선 3밀리미터로 연결하고 실선 중앙에 실선과 직각으로 교차하는 1밀리미터의 실선을 긋고, 허선에 직경 0.3밀리미터의 점 2개를 제도한다.
시·도계		실선 4밀리미터와 허선 2밀리미터로 연결하고 실선 중앙에 실선과 직각으로 교차하는 1밀리미터의 실선을 긋고, 허선에 직경 0.3밀리미터의 점 1개를 제도한다.
시·군계		실선과 허선을 각각 3밀리미터로 연결하고, 허선에 0.3밀리미터의 점 2개를 제도한다.
읍·면·구계		실선 3밀리미터와 허선 2밀리미터로 연결하고, 허선에 0.3밀리미터의 점 1개를 제도한다.
동·리계		실선 3밀리미터와 허선 1밀리미터로 연결하여 제도한다.
행정구역선이 2종 이상 겹칠 때		행정구역선이 2종 이상 겹치는 경우에는 최상급 행정구역선만 제도한다.
행정구역의 명칭		도면여백의 대소에 따라 4~6mm의 크기로 경계 및 지적기준점 등을 피하여 같은 간격으로 띄어서 제도한다.
도로, 철도, 하천, 유지 등의 고유명칭		도로·철도·하천·유지 등의 고유명칭은 3~4mm의 크기로 같은 간격으로 띄어서 제도한다.

지적업무처리규정 제45조(색인도 등의 제도)

① 색인도는 도곽선의 왼쪽 윗부분 여백의 중앙에 다음 각 호와 같이 제도한다.

정답 **18** ①

1. 가로 7밀리미터, 세로 6밀리미터 크기의 직사각형을 중앙에 두고 그의 4변에 접하여 같은 규격으로 4개의 직사각형을 제도한다.
2. 1장의 도면을 중앙으로 하여 동일 지번부여지역 안 위쪽·아래쪽·왼쪽 및 오른쪽의 인접 도면번호를 각각 3밀리미터의 크기로 제도한다.

② 제명 및 축척은 도곽선 윗부분 여백의 중앙에 "○○시·군·구 ○○읍·면 ○○동·리 지적도 또는 임야도 ○○장 중 제○○호 축척○○○○분의 1"이라 제도한다. 이 경우 그 제도방법은 다음 각 호와 같다.

1. 글자의 크기는 5밀리미터로 하고, 글자 사이의 간격은 글자크기의 2분의 1 정도 띄어 쓴다.
2. 축척은 제명 끝에서 10밀리미터를 띄어 쓴다.

19 지적도면의 작성에 대한 설명으로 옳은 것은?

① 경계점 간 거리는 1.0~1.5밀리미터 크기의 아라비아숫자로 제도한다.
② 도곽선의 수치는 3mm 크기의 아라비아숫자로 제도한다.
③ 도면에 등록하는 지번은 5mm 크기의 고딕체로 한다.
④ 삼각점 및 지적기준점은 0.5mm 폭의 선으로 제도한다.

풀이 지적업무처리규정 제40조(도곽선의 제도)
① 도면의 위 방향은 항상 북쪽이 되어야 한다.
② 지적도의 도곽 크기는 가로 40센티미터, 세로 30센티미터의 직사각형으로 한다.
③ 도곽의 구획은 영 제7조제3항 각 호에서 정한 좌표의 원점을 기준으로 하여 정하되, 그 도곽의 종횡선수치는 좌표의 원점으로부터 기산하여 영 제7조제3항에서 정한 종횡선수치를 각각 가산한다.
④ 이미 사용하고 있는 도면의 도곽크기는 제2항에도 불구하고 종전에 구획되어 있는 도곽과 그 수치로 한다.
⑤ 도면에 등록하는 도곽선은 0.1밀리미터의 폭으로, 도곽선의 수치는 도곽선 왼쪽 아랫부분과 오른쪽 윗부분의 종횡선교차점 바깥쪽에 2밀리미터 크기의 아라비아숫자로 제도한다.

지적업무처리규정 제41조(경계의 제도)
① 경계는 0.1밀리미터 폭의 선으로 제도한다.
② 1필지의 경계가 도곽선에 걸쳐 등록되어 있으면 도곽선 밖의 여백에 경계를 제도하거나, 도곽선을 기준으로 다른 도면에 나머지 경계를 제도한다. 이 경우 다른 도면에 경계를 제도할 때에는 지번 및 지목은 붉은색으로 표시한다.
③ 규칙 제69조제2항제4호에 따른 경계점좌표등록부 등록지역의 도면(경계점 간 거리등록을 하지 아니한 도면을 제외한다)에 등록할 경계점 간 거리는 검은색의 1.0~1.5밀리미터 크기의 아라비아숫자로 제도한다. 다만, 경계점 간 거리가 짧거나 경계가 원을 이루는 경우에는 거리를 등록하지 아니할 수 있다.
④ 지적기준점 등이 매설된 토지를 분할할 경우 그 토지가 작아서 제도하기가 곤란한 때에는 그 도면의 여백에 그 축척의 10배로 확대하여 제도할 수 있다.

지적업무처리규정 제42조(지번 및 지목의 제도)
① 지번 및 지목은 경계에 닿지 않도록 필지의 중앙에 제도한다. 다만, 1필지의 토지의 형상이 좁고 길어서 필지의 중앙에 제도하기가 곤란한 때에는 가로쓰기가 되도록 도면을 왼쪽 또는 오른쪽으로 돌려서 제도할 수 있다.
② 지번 및 지목을 제도할 때에는 지번 다음에 지목을 제도한다. 이 경우 2밀리미터 이상 3밀리미터 이하 크기의 **명조체**로 하고, 지번의 글자 간격은 글자크기의 4분의 1정도, 지번과 지목의 글자 간격은 글자크기의 2분의 1정도 띄어서 제도한다. 다만, 부동산종합공부시스템이나 레터링으로 작성할 경우에는 고딕체로 할 수 있다.

③ 1필지의 면적이 작아서 지번과 지목을 필지의 중앙에 제도할 수 없는 때에는 ㄱ, ㄴ, ㄷ, …, ㄱ¹, ㄴ¹, ㄷ¹, …, ㄱ², ㄴ², ㄷ², … 등으로 부호를 붙이고, 도곽선 밖에 그 부호ㆍ지번 및 지목을 제도한다. 이 경우 부호가 많아서 그 도면의 도곽선 밖에 제도할 수 없는 때에는 별도로 부호도를 작성할 수 있다.

④ 부동산종합공부시스템에 따라 지번 및 지목을 제도할 경우에는 제2항 중 글자의 크기에 대한 규정과 제3항을 적용하지 아니할 수 있다.

지적업무처리규정 제43조(지적기준점 등의 제도)

① 삼각점 및 지적기준점(제4조에 따라 지적측량수행자가 설치하고, 그 지적기준점성과를 지적소관청이 인정한 지적기준점을 포함한다.)은 0.2밀리미터 폭의 선으로 다음 각 호와 같이 제도한다.

20 「지적업무처리규정」상 지적도근측량부에 해당하지 않는 것은? (19년서울9급)

① 교점다각망계산부
② 배각관측 및 거리측정부
③ 평면거리계산부
④ 기지점방위각 및 거리계산부

(풀이) 지적업무처리규정 제8조(측량부의 작성 및 보관)

① 시ㆍ도지사 및 지적소관청은 별지 제1호 서식의 기준점측량부보관대장을 작성ㆍ비치하고, 측량부에 관한 사항을 기재하여야 한다.

② 시ㆍ도지사 및 지적소관청은 측량성과를 검사한 후 지적삼각점측량부ㆍ지적삼각보조점측량부ㆍ지적도근점측량부 및 경계점좌표측량부(지적확정측량만 해당한다) 왼쪽 윗부분 여백에 연도별 일련번호를 아라비아 숫자로 부여하여 그 측량성과검사부와 함께 편철하여 보관하여야 한다. 이 경우 연도별 일련번호는 지적삼각점측량부는 시ㆍ도지사가, 그 밖의 측량부는 지적소관청이 부여한다.

지적삼각점측량부		지적삼각보조점측량부		지적도근점측량부	경계점좌표측량부
기지점방위각 및 거리계산부		기지점방위각 및 거리계산부		기지점방위각 및 거리계산부	기지점방위각 및 거리계산부
수평각	관측부	수평각	관측부		
	개정계산부		개정계산부		
	측점귀심계산부		측점귀심계산부		
	점표귀심계산부		점표귀심계산부		
거리측정부		거리측정부			
평면거리계산부		평면거리계산부			
삼각형내각계산부		삼각형내각계산부			
연직각관측부		연직각관측부			
표고계산부		표고계산부			
유심다각망	조정 계산부				
삽입망					
사각망					
삼각쇄					
삼각망					

지적삼각점측량부	지적삼각보조점측량부	지적도근점측량부	경계점좌표측량부
변장계산부			
종횡선계산부			
좌표전환계산부 및 지형도에 작성한 지적삼각점망도			
	지적삼각보조점방위각계산부		
	교회점계산부	교회점계산부	교회점계산부
	교점다각망계산부 (X · Y · H · A형 포함)	교점다각망계산부 (X · Y · H · A형 포함)	교점다각망계산부 (X · Y · H · A형 포함)
	다각점좌표계산부 및 지형도에 작성한 지적삼각보조점망도		
		방위각관측 및 거리측정부	방위각관측 및 거리측정부
		지적도근측량계산부 및 그 지역의 일람도 축척으로 작성된 지적도근점망도	지적도근측량계산부 및 그 지역의 일람도 축척으로 작성된 지적도근점망도
			경계점관측부
			좌표면적계산부
			경계점 간 거리계산부
			교차점계산부

01 지적공부정리에 대한 설명으로 옳지 않은 것은?

① 토지이동정리결의서는 토지대장·임야대장 또는 경계점좌표등록부별로 구분하여 작성하되, 토지이동정리결의서에는 토지이동 신청서 또는 도시개발사업 등의 완료신고서 등을 첨부하여야 한다.

② 지적공부 등의 정리에 사용하는 문자·기호 및 경계는 따로 규정을 둔 사항을 제외하고 정리사항은 검은색, 도곽선과 그 수치 및 말소는 붉은색으로 한다.

③ 지적확정측량·축척변경 및 지번변경에 따른 토지이동의 경우를 제외하고는 폐쇄 또는 말소된 지번은 다시 사용할 수 있다.

④ 소유자정리결의서에는 등기필증·등기사항증명서 그 밖에 토지소유자가 변경되었음을 증명하는 서류를 첨부하여야 한다.

풀이 **공간정보의 구축 및 관리 등에 관한 법률 시행령 제84조(지적공부의 정리 등)**

① 지적소관청은 지적공부가 다음 각 호의 어느 하나에 해당하는 경우에는 지적공부를 정리하여야 한다. 이 경우 이미 작성된 지적공부에 정리할 수 없을 때에는 새로 작성하여야 한다.

> 1. 법 제66조제2항에 따라 지번을 변경하는 경우
> 2. 법 제74조에 따라 지적공부를 복구하는 경우
> 3. 법 제77조부터 제86조까지의 규정에 따른 신규등록·등록전환·분할·합병·지목변경 등 토지의 이동이 있는 경우

② 지적소관청은 제1항에 따른 토지의 이동이 있는 경우에는 토지이동정리 결의서를 작성하여야 하고, 토지소유자의 변동 등에 따라 지적공부를 정리하려는 경우에는 소유자정리 결의서를 작성하여야 한다.

③ 제1항 및 제2항에 따른 지적공부의 정리방법, 토지이동정리 결의서 및 소유자정리 결의서 작성방법 등에 관하여 필요한 사항은 국토교통부령으로 정한다.

공간정보의 구축 및 관리 등에 관한 법률 시행규칙 제98조(지적공부의 정리방법 등)

① 영 제84조제2항에 따른 토지이동정리 결의서의 작성은 별지 제57호 서식에 따라 토지대장·임야대장 또는 경계점좌표등록부별로 구분하여 작성하되, 토지이동정리 결의서에는 토지이동신청서 또는 도시개발사업 등의 완료신고서 등을 첨부하여야 하며, 소유자정리 결의서의 작성은 별지 제85호 서식에 따르되 등기필증, 등기부등본 또는 그 밖에 토지소유자가 변경되었음을 증명하는 서류를 첨부하여야 한다. 다만, 「전자정부법」 제36조제1항에 따른 행정정보의 공동이용을 통하여 첨부서류에 대한 정보를 확인할 수 있는 경우에는 그 확인으로 첨부서류를 갈음할 수 있다.

② 제1항의 대장 외에 지적공부의 정리와 토지이동정리 결의서 및 소유자정리 결의서의 작성에 필요한 사항은 국토교통부장관이 정한다.

지적업무처리규정 제63조(지적공부 등의 정리)

① 지적공부 등의 정리에 사용하는 문자·기호 및 경계는 따로 규정을 둔 사항을 제외하고 정리사항은 검은색, 도곽선과 그 수치 및 말소는 붉은색으로 한다.

② 지적확정측량·축척변경 및 지번변경에 따른 토지이동의 경우를 제외하고는 폐쇄 또는 말소된 지번을 다시 사용할 수 없다.

③ 토지의 이동에 따른 도면정리는 예시 2의 도면정리 예시에 따른다. 이 경우 법 제2조제19호의 지적공부를 이용하여 지적측량을 한 때에는 측량성과파일에 따라 지적공부를 정리할 수 있다.

정답 01 ③

02 지적공부의 소유자정리에 관한 설명이다. (   ) 안에 들어갈 사항으로 옳은 것은?

> • 대장의 소유자변동일자는 등기필통지서, 등기필증, 등기부 등본 · 초본 또는 등기관서에서 제공한 등기전산정보자료의 경우에는 (ㄱ)로, 법 제84조제4항 단서의 미등기토지 소유자에 관한 정정신청의 경우와 법 제88조제2항에 따른 소유자등록신청의 경우에는 (ㄴ)로, 공유수면 매립준공에 따른 신규 등록의 경우에는 (ㄷ)로 정리한다.
> • 주소 · 성명 · 명칭의 변경 또는 경정 및 소유권이전 등이 같은 날짜에 등기가 된 경우의 지적공부정리는 (ㄹ)에 따라 모두 정리하여야 한다.

	㉠	㉡	㉢	㉣
①	등기접수 순서	등기접수일자	매립준공일자	소유자정리결의일자
②	소유자정리결의일자	등기접수 순서	등기접수일자	매립준공일자
③	등기접수일자	소유자정리결의일자	매립준공일자	등기접수 순서
④	소유자정리결의일자	매립준공일자	등기접수 순서	등기접수일자
⑤	매립준공일자	등기접수 순서	등기접수일자	소유자정리결의일자

풀이 **지적업무처리규정 제60조(소유자정리)**

① 대장의 소유자변동일자는 등기필통지서, 등기필증, 등기부 등본 · 초본 또는 등기관서에서 제공한 등기전산정보자료의 경우에는 **등기접수일자**로, 법 제84조제4항 단서의 미등기토지 소유자에 관한 정정신청의 경우와 법 제88조제2항에 따른 소유자등록신청의 경우에는 **소유자정리결의일자**로, 공유수면 매립준공에 따른 신규 등록의 경우에는 **매립준공일자**로 정리한다.

② 주소 · 성명 · 명칭의 변경 또는 경정 및 소유권이전 등이 같은 날짜에 등기가 된 경우의 지적공부정리는 **등기접수 순서**에 따라 모두 정리하여야 한다.

③ 소유자의 주소가 토지소재지와 같은 경우에도 등기부와 일치하게 정리한다. 다만, 등기관서에서 제공한 등기전산정보자료에 따라 정리하는 경우에는 등기전산정보자료에 따른다.

④ 법 제88조제4항에 따라 지적소관청이 소유자에 관한 사항이 대장과 부합되지 아니하는 토지소유자를 정리할 때에는 제1항부터 제3항까지와 제65조제2항을 준용하며, 토지소유자 등 이해관계인이 등기부 등본 · 초본 등에 따라 소유자정정을 신청하는 경우에는 별지 제9호 서식의 소유자정정 신청서를 제출하여야 한다.

⑤ 국토교통부장관은 등기관서로부터 법인 또는 재외국민의 부동산등기용등록번호 정정통보가 있는 때에는 정정 전 등록번호에 따라 토지소재를 조사하여 시 · 도지사에게 그 내용을 통지하여야 한다. 이 경우 시 · 도지사는 지체 없이 그 내용을 해당 지적소관청에 통지하여야 한다.

⑥ 소유자등록사항 중 토지이동과 함께 소유자가 결정되는 신규 등록, 도시개발사업 등의 환지 등록 시에는 토지이동업무 처리와 동시에 소유자를 정리하여야 한다.

지적업무처리규정 제61조(미등기토지의 소유자정정 등)

① 법 제84조제4항 단서에 따른 적용대상 토지는 미등기토지로서 소유자의 정정에 관한 사항과 토지조사 당시에 사정 또는 재결 등에 따라 대장에 소유자는 등록하였으나, 소유자의 주소가 등록되어 있지 아니한 토지와 종전 「지적법 시행령」(대통령령 제497호 1951년 4월 1일 제정) 제3조제4호에 따라 국유지를 매각 · 교환 또는 양여하여 취득한 토지(이하 "국유지의 취득"이라 한다)의 소유자주소가 대장에 등록되어 있지 아니한 미등기토지로 한다. 다만, 1950.12.1. 법률 제165호로 제정된 「지적법」(1975.12.31. 법률 제2801호로 전문 개정되기 이전의 법률을 말한다)이 시행된 시기에 복구, 소유권확인청구의 소에 따른 확정판결이 있었거나, 이에 관한 소송이 법원에 진행 중인 토지는 제외한다.

② 미등기토지의 소유자주소를 대장에 등록하고자 하는 때에는 사정 · 재결 또는 국유지의 취득 당시 최초 주소

를 등록한다.

③ 법 제84조제4항 단서의 미등기토지 소유자에 관한 정정신청은 별지 제10호 서식에 따르며, 지적소관청은 미등기토지의 소유자정정 등에 관한 신청이 있는 때에는 14일 이내에 다음 각 호의 사항을 확인하여 처리하여야 하며, 별지 제11호의 조사서를 작성하여야 한다.

> 1. 적용대상토지 여부
> 2. 대장상 소유자와 가족관계등록부 · 제적부에 등재된 자와의 동일인 여부
> 3. 적용대상토지에 대한 확정판결이나 소송의 진행여부
> 4. 첨부서류의 적합여부
> 5. 그 밖에 지적소관청이 필요하다고 인정되는 사항

④ 지적소관청은 제3항에 따른 조사를 할 때에는 기간을 정하여 신청인에게 필요한 자료의 제출 또는 보완을 요구할 수 있다.

⑤ 지적소관청은 대장에 소유자의 주소 등을 등록한 때에는 지체 없이 신청인에게 그 내용을 통지하여야 한다.

03 다음 중 지적공부의 정리 등에 관한 사항으로 옳은 것은?

① 토지소유자의 변동 등에 따라 지적공부를 정리하려는 경우에는 소유자정리 결의서를 작성하여야 한다.

② 토지이동에 따라 지적공부를 정리하려는 경우에는 소유자정리 결의서를 작성하여야 한다.

③ 소유자 없는 부동산에 대한 소유자 등록을 신청하는 경우 지적소관청은 지적공부에 해당 토지의 소유자가 등록된 경우에만 등록할 수 있다.

④ 토지의 표시에 관한 변경등기가 필요하지 아니한 경우에는 그 등기완료의 통지서를 접수한 날부터 15일 이내에 토지소유자에게 지적정리 등을 통지하여야 한다.

풀이 공간정보의 구축 및 관리 등에 관한 법률 제88조(토지소유자의 정리)

① 지적공부에 등록된 토지소유자의 변경사항은 등기관서에서 등기한 것을 증명하는 등기필증, 등기완료통지서, 등기사항증명서 또는 등기관서에서 제공한 등기전산정보자료에 따라 정리한다. 다만, 신규등록하는 토지의 소유자는 지적소관청이 직접 조사하여 등록한다. 〈개정 2011.4.12.〉

② 「국유재산법」 제2조제10호에 따른 총괄청이나 같은 조 제11호에 따른 중앙관서의 장이 같은 법 제12조제3항에 따라 소유자 없는 부동산에 대한 소유자 등록을 신청하는 경우 지적소관청은 지적공부에 해당 토지의 소유자가 등록되지 아니한 경우에만 등록할 수 있다. 〈개정 2011.3.30.〉

③ 등기부에 적혀 있는 토지의 표시가 지적공부와 일치하지 아니하면 제1항에 따라 토지소유자를 정리할 수 없다. 이 경우 토지의 표시와 지적공부가 일치하지 아니하다는 사실을 관할 등기관서에 통지하여야 한다.

④ 지적소관청은 필요하다고 인정하는 경우에는 관할 등기관서의 등기부를 열람하여 지적공부와 부동산등기부가 일치하는지 여부를 조사 · 확인하여야 하며, 일치하지 아니하는 사항을 발견하면 등기사항증명서 또는 등기관서에서 제공한 등기전산정보자료에 따라 지적공부를 직권으로 정리하거나, 토지소유자나 그 밖의 이해관계인에게 그 지적공부와 부동산등기부가 일치하게 하는 데에 필요한 신청 등을 하도록 요구할 수 있다. 〈개정 2011.4.12.〉

⑤ 지적소관청 소속 공무원이 지적공부와 부동산등기부의 부합 여부를 확인하기 위하여 등기부를 열람하거나, 등기사항증명서의 발급을 신청하거나, 등기전산정보자료의 제공을 요청하는 경우 그 수수료는 무료로 한다.

공간정보의 구축 및 관리 등에 관한 법률 시행령 제84조(지적공부의 정리 등)

① 지적소관청은 지적공부가 다음 각 호의 어느 하나에 해당하는 경우에는 지적공부를 정리하여야 한다. 이

경우 이미 작성된 지적공부에 정리할 수 없을 때에는 새로 작성하여야 한다.

> 1. 법 제66조제2항에 따라 지번을 변경하는 경우
> 2. 법 제74조에 따라 지적공부를 복구하는 경우
> 3. 법 제77조부터 제86조까지의 규정에 따른 신규등록 · 등록전환 · 분할 · 합병 · 지목변경 등 토지의 이동이 있는 경우

② 지적소관청은 제1항에 따른 토지의 이동이 있는 경우에는 **토지이동정리 결의서**를 작성하여야 하고, 토지소유자의 변동 등에 따라 지적공부를 정리하려는 경우에는 **소유자정리 결의서**를 작성하여야 한다.

③ 제1항 및 제2항에 따른 지적공부의 정리방법, 토지이동정리 결의서 및 소유자정리 결의서 작성방법 등에 관하여 필요한 사항은 국토교통부령으로 정한다. 〈개정 2013.3.23.〉

공간정보의 구축 및 관리 등에 관한 법률 시행령 제85조(지적정리 등의 통지)
지적소관청이 법 제90조에 따라 토지소유자에게 지적정리 등을 통지하여야 하는 시기는 다음 각 호의 구분에 따른다.

> 1. 토지의 표시에 관한 변경등기가 필요한 경우 : 그 등기완료의 통지서를 접수한 날부터 15일 이내
> 2. 토지의 표시에 관한 변경등기가 필요하지 아니한 경우 : 지적공부에 등록한 날부터 7일 이내

04 지적소관청이 지적공부에 등록하거나 지적공부를 복구 또는 말소하거나 등기촉탁을 하였으면 대통령령으로 정하는 바에 따라 해당 토지소유자에게 통지하여야 한다. 지적소관청이 토지소유자에게 지적정리 등을 통지하여야 하는 시기로 옳은 것은?

① 토지의 표시에 관한 변경등기가 필요한 경우 : 그 등기완료의 통지서를 접수한 날부터 7일 이내
② 토지의 표시에 관한 변경등기가 필요한 경우 : 그 등기완료의 통지서를 접수한 날부터 10일 이내
③ 토지의 표시에 관한 변경등기가 필요한 경우 : 그 등기완료의 통지서를 접수한 날부터 30일 이내
④ 토지의 표시에 관한 변경등기가 필요하지 아니한 경우 : 지적공부에 등록한 날부터 7일 이내

풀이 **공간정보의 구축 및 관리 등에 관한 법률 제90조(지적정리 등의 통지)**
제64조제2항 단서, 제66조제2항, 제74조, 제82조제2항, 제84조제2항, 제85조제2항, 제86조제2항, 제87조 또는 제89조에 따라 지적소관청이 지적공부에 등록하거나 지적공부를 복구 또는 말소하거나 등기촉탁을 하였으면 대통령령으로 정하는 바에 따라 해당 토지소유자에게 통지하여야 한다. 다만, 통지받을 자의 주소나 거소를 알 수 없는 경우에는 국토교통부령으로 정하는 바에 따라 일간신문, 해당 시 · 군 · 구의 공보 또는 인터넷홈페이지에 공고하여야 한다.

공간정보의 구축 및 관리 등에 관한 법률 시행령 제85조(지적정리 등의 통지)
지적소관청이 법 제90조에 따라 토지소유자에게 지적정리 등을 통지하여야 하는 시기는 다음 각 호의 구분에 따른다.

> 1. 토지의 표시에 관한 변경등기가 필요한 경우 : 그 등기완료의 통지서를 접수한 날부터 15일 이내
> 2. 토지의 표시에 관한 변경등기가 필요하지 아니한 경우 : 지적공부에 등록한 날부터 7일 이내

05 지적공부의 소유자정리에 관한 설명으로 옳지 않은 것은? (14년서울9급)

① 주소·성명·명칭의 변경 또는 경정 및 소유권 이전 등이 같은 날짜에 등기가 된 경우의 지적공부정리는 등기접수 순서에 따라 모두 정리하여야 한다.

② 미등기토지의 소유자주소를 대장에 등록하고자 하는 때에는 사정·재결 또는 국유지의 취득 당시 최초 주소를 등록한다.

③ 국토교통부장관은 등기관서로부터 법인 또는 재외국민의 부동산등기용등록번호 정정통보가 있는 때에는 정정 후 등록번호에 따라 토지소재를 조사하여 시·도지사에게 그 내용을 통지하여야 한다.

④ 대장의 소유자변동일자는 등기필통지서, 등기필증, 등기부등본·초본 또는 등기관서에서 제공한 등기전산정보자료의 경우에는 등기접수일자로 정리한다.

풀이 **지적업무처리규정 제60조(소유자정리)**

① 대장의 소유자변동일자는 등기필통지서, 등기필증, 등기부 등본·초본 또는 등기관서에서 제공한 등기전산정보자료의 경우에는 등기접수일자로, 법 제84조제4항 단서의 미등기토지 소유자에 관한 정정신청의 경우와 법 제88조제2항에 따른 소유자등록신청의 경우에는 소유자정리결의일자로, 공유수면 매립준공에 따른 신규 등록의 경우에는 매립준공일자로 정리한다.

② 주소·성명·명칭의 변경 또는 경정 및 소유권이전 등이 같은 날짜에 등기가 된 경우의 지적공부정리는 등기접수 순서에 따라 모두 정리하여야 한다.

③ 소유자의 주소가 토지소재지와 같은 경우에도 등기부와 일치하게 정리한다. 다만, 등기관서에서 제공한 등기전산정보자료에 따라 정리하는 경우에는 등기전산정보자료에 따른다.

④ 법 제88조제4항에 따라 지적소관청이 소유자에 관한 사항이 대장과 부합되지 아니하는 토지소유자를 정리할 때에는 제1항부터 제3항까지와 제65조제2항을 준용하며, 토지소유자 등 이해관계인이 등기부 등본·초본 등에 따라 소유자정정을 신청하는 경우에는 별지 제9호 서식의 소유자정정 신청서를 제출하여야 한다.

⑤ 국토교통부장관은 등기관서로부터 법인 또는 재외국민의 부동산등기용등록번호 정정통보가 있는 때에는 정정 전 등록번호에 따라 토지소재를 조사하여 시·도지사에게 그 내용을 통지하여야 한다. 이 경우 시·도지사는 지체 없이 그 내용을 해당 지적소관청에 통지하여야 한다.

⑥ 소유자등록사항 중 토지이동과 함께 소유자가 결정되는 신규 등록, 도시개발사업 등의 환지 등록 시에는 토지이동업무 처리와 동시에 소유자를 정리하여야 한다.

지적업무처리규정 제61조(미등기토지의 소유자정정 등)

① 법 제84조제4항 단서에 따른 적용대상 토지는 미등기토지로서 소유자의 정정에 관한 사항과 토지조사 당시에 사정 또는 재결 등에 따라 대장에 소유자는 등록하였으나, 소유자의 주소가 등록되어 있지 아니한 토지와 종전 「지적법 시행령」(대통령령 제497호 1951년 4월 1일 제정) 제3조제4호에 따라 국유지를 매각·교환 또는 양여하여 취득한 토지(이하 "국유지의 취득"이라 한다)의 소유자주소가 대장에 등록되어 있지 아니한 미등기토지로 한다. 다만, 1950.12.1. 법률 제165호로 제정된 「지적법」(1975.12.31. 법률 제2801호로 전문 개정되기 이전의 법률을 말한다)이 시행된 시기에 복구, 소유권확인청구의 소에 따른 확정판결이 있었거나, 이에 관한 소송이 법원에 진행 중인 토지는 제외한다.

② 미등기토지의 소유자주소를 대장에 등록하고자 하는 때에는 사정·재결 또는 국유지의 취득 당시 최초 주소를 등록한다.

③ 법 제84조제4항 단서의 미등기토지 소유자에 관한 정정신청은 별지 제10호 서식에 따르며, 지적소관청은 미등기토지의 소유자정정 등에 관한 신청이 있는 때에는 14일 이내에 다음 각 호의 사항을 확인하여 처리하여야 하며, 별지 제11호의 조사서를 작성하여야 한다.

1. 적용대상토지 여부
2. 대장상 소유자와 가족관계등록부·제적부에 등재된 자와의 동일인 여부
3. 적용대상토지에 대한 확정판결이나 소송의 진행여부
4. 첨부서류의 적합여부
5. 그 밖에 지적소관청이 필요하다고 인정되는 사항

④ 지적소관청은 제3항에 따른 조사를 할 때에는 기간을 정하여 신청인에게 필요한 자료의 제출 또는 보완을 요구할 수 있다.
⑤ 지적소관청은 대장에 소유자의 주소 등을 등록한 때에는 지체 없이 신청인에게 그 내용을 통지하여야 한다.

06 지적전산자료의 이용에 관한 설명으로 옳지 않은 것은? (14년서울9급)

① 지적전산자료를 이용하고자 하는 자는 자료의 범위 및 내용을 포함하는 신청서를 작성하여 지적소관청에 심사를 신청하여야 한다.
② 심사 신청을 받은 관계 중앙행정기관의 장은 개인의 사생활 침해 등을 심사하여 신청인에게 결과를 통지한다.
③ 중앙행정기관의 장 외의 이용하고자 하는 자는 심사 결과를 첨부하여 승인 신청을 하여야 한다.
④ 승인권자는 신청한 사항의 처리가 지적업무수행에 지장이 없는지 등을 심사한다.

풀이 공간정보의 구축 및 관리 등에 관한 법률 제76조(지적전산자료의 이용 등)

① 지적공부에 관한 전산자료(연속지적도를 포함하며, 이하 "지적전산자료"라 한다)를 이용하거나 활용하려는 자는 다음 각 호의 구분에 따라 국토교통부장관, 시·도지사 또는 지적소관청에 지적전산자료를 신청하여야 한다. 〈개정 2013.3.23., 2013.7.17., 2017.10.24.〉

1. 전국 단위의 지적전산자료 : 국토교통부장관, 시·도지사 또는 지적소관청
2. 시·도 단위의 지적전산자료 : 시·도지사 또는 지적소관청
3. 시·군·구(자치구가 아닌 구를 포함한다) 단위의 지적전산자료 : 지적소관청

② 제1항에 따라 지적전산자료를 신청하려는 자는 대통령령으로 정하는 바에 따라 지적전산자료의 이용 또는 활용 목적 등에 관하여 미리 관계 중앙행정기관의 심사를 받아야 한다. 다만, 중앙행정기관의 장, 그 소속 기관의 장 또는 지방자치단체의 장이 신청하는 경우에는 그러하지 아니하다. 〈개정 2017.10.24.〉
③ 제2항에도 불구하고 다음 각 호의 어느 하나에 해당하는 경우에는 관계 중앙행정기관의 심사를 받지 아니할 수 있다. 〈개정 2017.10.24.〉

1. 토지소유자가 자기 토지에 대한 지적전산자료를 신청하는 경우
2. 토지소유자가 사망하여 그 상속인이 피상속인의 토지에 대한 지적전산자료를 신청하는 경우
3. 「개인정보 보호법」 제2조제1호에 따른 개인정보를 제외한 지적전산자료를 신청하는 경우

④ 제1항 및 제3항에 따른 지적전산자료의 이용 또는 활용에 필요한 사항은 대통령령으로 정한다.

공간정보의 구축 및 관리 등에 관한 법률 시행령 제62조(지적전산자료의 이용 등)

① 법 제76조제1항에 따라 지적공부에 관한 전산자료(이하 "지적전산자료"라 한다)를 이용하거나 활용하려는 자는 같은 조 제2항에 따라 다음 각 호의 사항을 적은 신청서를 관계 중앙행정기관의 장에게 제출하여 심사를 신청하여야 한다. **암기** 이목근 범내는 제모전하라

1. 자료의 이용 또는 활용 목적 및 근거

2. 자료의 ⑲위 및 ⑭용
3. 자료의 ㉙공 방식, ㉪관 기관 및 안㉠관리대책 등

② 제1항에 따른 심사 신청을 받은 관계 중앙행정기관의 장은 다음 각 호의 사항을 심사한 후 그 결과를 신청인에게 통지하여야 한다. **암기** ㉭㉙㉻은 ㉂㉙ 외 ㉣㉗ 마련하라

1. 신청 내용의 ㉭당성, ㉙합성 및 ㉻익성
2. 개인의 ㉂생활 침해 여부
3. 자료의 목㉙ 외 사용 ㉣지 및 안㉠관리대책

③ 법 제76조제1항에 따라 지적전산자료의 이용 또는 활용에 관한 승인을 받으려는 자는 승인신청을 할 때에 제2항에 따른 심사 결과를 제출하여야 한다. 다만, 중앙행정기관의 장이 승인을 신청하는 경우에는 제2항에 따른 심사 결과를 제출하지 아니할 수 있다.

④ 제3항에 따른 승인신청을 받은 국토교통부장관, 시·도지사 또는 지적소관청은 다음 각 호의 사항을 심사하여야 한다. 〈개정 2013.3.23.〉 **암기** ㉭㉙㉻은 ㉂㉙ 외 ㉣㉗ 마련하라 ㉒㉜ 여부를

1. 신청 내용의 ㉭당성, ㉙합성 및 ㉻익성
2. 개인의 ㉂생활 침해 여부
3. 자료의 목㉙ 외 사용 ㉣지 및 안㉠관리대책
4. 신청한 사항의 처리가 ㉒산정보처리조직으로 가능한지 여부
5. 신청한 사항의 처리가 ㉜적업무수행에 지장을 주지 않는지 여부

⑤ 국토교통부장관, 시·도지사 또는 지적소관청은 제4항에 따른 심사를 거쳐 지적전산자료의 이용 또는 활용을 승인하였을 때에는 지적전산자료 이용·활용 승인대장에 그 내용을 기록·관리하고 승인한 자료를 제공하여야 한다. 〈개정 2013.3.23.〉

⑥ 제5항에 따라 지적전산자료의 이용 또는 활용에 관한 승인을 받은 자는 국토교통부령으로 정하는 사용료를 내야 한다. 다만, 국가나 지방자치단체에 대해서는 사용료를 면제한다. 〈개정 2013.3.23.〉

07 지적전산자료의 이용 및 활용에 따른 관계 중앙행정기관의 장의 심사사항에 해당하지 않는 것은?

(12년서울9급)

① 신청내용의 타당성 · 적합성 · 공익성 여부　　② 자료의 목적 외 사용방지
③ 자료의 범위 및 내용　　　　　　　　　　　　④ 개인의 사생활 침해 여부

풀이 공간정보의 구축 및 관리 등에 관한 법률 시행령 제62조(지적전산자료의 이용 등)

① 법 제76조제1항에 따라 지적공부에 관한 전산자료(이하 "지적전산자료"라 한다)를 이용하거나 활용하려는 자는 같은 조 제2항에 따라 다음 각 호의 사항을 적은 신청서를 관계 중앙행정기관의 장에게 제출하여 심사를 신청하여야 한다. **암기** ㉑㉧㉢ ㉲㉧는 ㉙㉪㉠하라

1. 자료의 ㉑용 또는 활용 ㉧적 및 ㉢거
2. 자료의 ㉲위 및 ㉧용
3. 자료의 ㉙공 방식, ㉪관 기관 및 안㉠관리대책 등

② 제1항에 따른 심사 신청을 받은 관계 중앙행정기관의 장은 다음 각 호의 사항을 심사한 후 그 결과를 신청인에게 통지하여야 한다. **암기** ㉭㉙㉻은 ㉂㉙ 외 ㉣㉗ 마련하라

1. 신청 내용의 ㉭당성, ㉙합성 및 ㉻익성
2. 개인의 ㉂생활 침해 여부
3. 자료의 목㉙ 외 사용 ㉣지 및 안㉠관리대책

③ 법 제76조제1항에 따라 지적전산자료의 이용 또는 활용에 관한 승인을 받으려는 자는 승인신청을 할 때에 제2항에 따른 심사 결과를 제출하여야 한다. 다만, 중앙행정기관의 장이 승인을 신청하는 경우에는 제2항에 따른 심사 결과를 제출하지 아니할 수 있다.

④ 제3항에 따른 승인신청을 받은 국토교통부장관, 시·도지사 또는 지적소관청은 다음 각 호의 사항을 심사하여야 한다. 〈개정 2013.3.23.〉 **암기** 🅣🅐🅙🅒은 🅢🅐🅒 외 🅑🅐🅐 마련하라 🅣🅐🅙 여부를

> 1. 신청 내용의 🅣당성, 🅐합성 및 🅒익성
> 2. 개인의 🅢생활 침해 여부
> 3. 자료의 목🅐 외 사용 🅑지 및 🅐전관리대책
> 4. 신청한 사항의 처리가 🅣산정보처리조직으로 가능한지 여부
> 5. 신청한 사항의 처리가 🅙적업무수행에 지장을 주지 않는지 여부

⑤ 국토교통부장관, 시·도지사 또는 지적소관청은 제4항에 따른 심사를 거쳐 지적전산자료의 이용 또는 활용을 승인하였을 때에는 지적전산자료 이용·활용 승인대장에 그 내용을 기록·관리하고 승인한 자료를 제공하여야 한다. 〈개정 2013.3.23.〉

⑥ 제5항에 따라 지적전산자료의 이용 또는 활용에 관한 승인을 받은 자는 국토교통부령으로 정하는 사용료를 내야 한다. 다만, 국가나 지방자치단체에 대해서는 사용료를 면제한다. 〈개정 2013.3.23.〉

08 지적공부에 관한 전산자료를 이용 또는 활용하고자 승인을 신청하려는 자는 다음 중 누구의 심사를 받아야 하는가?(단, 중앙행정기관의 장, 그 소속 기관의 장 또는 지방자치단체의 장이 승인을 신청하는 경우는 제외한다.)

(17년2회지기)

① 국무총리
② 시·도지사
③ 시장·군수·구청장
④ 관계 중앙행정기관의 장

풀이 공간정보의 구축 및 관리 등에 관한 법률 시행령 제62조(지적전산자료의 이용 등)

① 법 제76조제1항에 따라 지적공부에 관한 전산자료(이하 "지적전산자료"라 한다)를 이용하거나 활용하려는 자는 같은 조 제2항에 따라 다음 각 호의 사항을 적은 신청서를 관계 중앙행정기관의 장에게 제출하여 심사를 신청하여야 한다. **암기** 🅘🅞🅒 🅑🅝는 🅒🅑🅒하라

> 1. 자료의 🅘용 또는 활용 🅞적 및 🅒거
> 2. 자료의 🅑위 및 🅝용
> 3. 자료의 🅒공 방식, 🅑관 기관 및 안🅒관리대책 등

09 지적전산자료의 이용의 승인신청을 받아 심사할 사항이 아닌 것은?

(07년서울7급)

① 지적전산자료의 이용, 활용자의 사용료 납부 여부
② 신청한 사항의 처리가 지적업무수행에 지장이 없는지의 여부
③ 신청내용의 타당성·적합성·공익성 여부
④ 개인의 사생활 침해 여부

풀이 공간정보의 구축 및 관리 등에 관한 법률 시행령 제62조(지적전산자료의 이용 등)

① 법 제76조제1항에 따라 지적공부에 관한 전산자료(이하 "지적전산자료"라 한다)를 이용하거나 활용하려는 자는 같은 조 제2항에 따라 다음 각 호의 사항을 적은 신청서를 관계 중앙행정기관의 장에게 제출하여 심사를 신청하여야 한다. **암기** 🅘🅞🅒 🅑🅝는 🅒🅑🅒하라

1. 자료의 ㉑용 또는 활용 ㉾적 및 ㉾거
2. 자료의 ㉾위 및 ㉾용
3. 자료의 ㉾공 방식, ㉾관 기관 및 안㉾관리대책 등

② 제1항에 따른 심사 신청을 받은 관계 중앙행정기관의 장은 다음 각 호의 사항을 심사한 후 그 결과를 신청인에게 통지하여야 한다. **암기** ㉾㉾㉾은 ㉾㉾ 외 ㉾㉾ 마련하라

1. 신청 내용의 ㉾당성, ㉾합성 및 ㉾익성
2. 개인의 ㉾생활 침해 여부
3. 자료의 목㉾ 외 사용 ㉾지 및 ㉾전관리대책

③ 법 제76조제1항에 따라 지적전산자료의 이용 또는 활용에 관한 승인을 받으려는 자는 승인신청을 할 때에 제2항에 따른 심사 결과를 제출하여야 한다. 다만, 중앙행정기관의 장이 승인을 신청하는 경우에는 제2항에 따른 심사 결과를 제출하지 아니할 수 있다.

④ 제3항에 따른 승인신청을 받은 국토교통부장관, 시·도지사 또는 지적소관청은 다음 각 호의 사항을 심사하여야 한다. 〈개정 2013.3.23.〉 **암기** ㉾㉾㉾은 ㉾㉾ 외 ㉾㉾ 마련하라 ㉾㉾ 여부를

1. 신청 내용의 ㉾당성, ㉾합성 및 ㉾익성
2. 개인의 ㉾생활 침해 여부
3. 자료의 목㉾ 외 사용 ㉾지 및 ㉾전관리대책
4. 신청한 사항의 처리가 ㉾산정보처리조직으로 가능한지 여부
5. 신청한 사항의 처리가 ㉾적업무수행에 지장을 주지 않는지 여부

⑤ 국토교통부장관, 시·도지사 또는 지적소관청은 제4항에 따른 심사를 거쳐 지적전산자료의 이용 또는 활용을 승인하였을 때에는 지적전산자료 이용·활용 승인대장에 그 내용을 기록·관리하고 승인한 자료를 제공하여야 한다. 〈개정 2013.3.23.〉

⑥ 제5항에 따라 지적전산자료의 이용 또는 활용에 관한 승인을 받은 자는 국토교통부령으로 정하는 사용료를 내야 한다. 다만, 국가나 지방자치단체에 대해서는 사용료를 면제한다. 〈개정 2013.3.23.〉

10 「지적업무처리규정」(국토교통부 훈령 제899호)상 경계점좌표등록부 정리에 대한 설명으로 가장 옳은 것은? (18년서울9급)

① 부호도의 각 필지의 경계점부호는 오른쪽 위에서부터 왼쪽으로 경계를 따라 아라비아숫자로 연속하여 부여한다.
② 분할된 경우의 부호도 및 부호에는 새로 결정된 경계점의 부호를 그 필지의 시작부호 이전 번호부터 다시 부여한다.
③ 합병된 때에는 존치되는 필지의 경계점좌표등록부에 합병되는 필지의 좌표를 정리하고 부호도 및 부호를 새로 정리한다.
④ 합병으로 인하여 필지가 말소된 때에는 경계점좌표등록부의 부호도, 부호 및 좌표를 말소하고 경계점좌표등록부도 함께 삭제한다.

풀이 지적업무처리규정 제47조(경계점좌표등록부의 정리)

① 부호도의 각 필지의 경계점부호는 왼쪽 위에서부터 오른쪽으로 경계를 따라 아라비아숫자로 연속하여 부여한다. 이 경우 토지의 빈번한 이동정리로 부호도가 복잡한 경우에는 아래 여백에 새로 정리할 수 있다.
② 분할된 경우의 부호도 및 부호에는 새로 결정된 경계점의 부호를 그 필지의 마지막 부호 다음 번호부터 부여하고, 다른 필지로 된 경계점의 부호도, 부호 및 좌표는 말소하여야 하며, 새로 결정된 경계점의 좌표를 다음 란에

정리한다.

③ 분할 후 필지의 부호도 및 부호의 정리는 제1항 본문을 준용한다.

④ 합병된 때에는 존치되는 필지의 경계점좌표등록부에 합병되는 필지의 좌표를 정리하고 부호도 및 부호를 새로 정리한다. 이 경우 부호는 마지막 부호 다음 부호부터 부여하고, 합병으로 인하여 필요 없게 된 경계점(일직선 상에 있는 경계점을 말한다)의 부호도 · 부호 및 좌표를 말소한다.

⑤ 합병으로 인하여 필지가 말소된 때에는 경계점좌표등록부의 부호도, 부호 및 좌표를 말소한다. 이 경우 말소된 경계점좌표등록부도 지번 순으로 함께 보관한다.

⑥ 등록사항정정으로 경계점좌표등록부를 정리할 때에는 제1항부터 제5항까지 규정을 준용한다.

⑦ 부동산종합공부시스템에 따라 경계점좌표등록부를 정리할 때에는 제1항부터 제6항까지를 적용하지 아니할 수 있다.

11 도시개발사업 등의 완료신고가 있는 때에 지적소관청이 확인하여야 하는 사항으로 가장 옳지 않은 것은? (18년서울9급)

① 지번별 조서와 지적공부등록사항과의 부합여부

② 확정될 토지의 지번별 조서와 면적측정부 및 환지계획서의 부합여부

③ 측량결과도 또는 경계점좌표와 새로이 작성된 지적도와의 부합여부

④ 종전토지 소유명의인 동일여부 및 종전토지 등기부에 소유권 등기 이외의 다른 등기사항이 없는지 여부

풀이 **공간정보의 구축 및 관리 등에 관한 법률 시행규칙 제95조(도시개발사업 등의 신고)**

① 법 제86조제1항 및 영 제83조제2항에 따른 도시개발사업 등의 착수 또는 변경의 신고를 하려는 자는 별지 제81호 서식의 도시개발사업 등의 착수(시행) · 변경 · 완료 신고서에 다음 각 호의 서류를 첨부하여야 한다. 다만, 변경신고의 경우에는 변경된 부분으로 한정한다. **암기** 인지도

> 1. 사업인가서
> 2. 지번별 조서
> 3. 사업계획도

② 법 제86조제1항 및 영 제83조제2항에 따른 도시개발사업 등의 완료신고를 하려는 자는 별지 제81호 서식의 신청서에 다음 각 호의 서류를 첨부하여야 한다. 이 경우 지적측량수행자가 지적소관청에 측량검사를 의뢰하면서 미리 제출한 서류는 첨부하지 아니할 수 있다. **암기** 확종지환

> 1. 확정될 토지의 지번별 조서 및 종전 토지의 지번별 조서
> 2. 환지처분과 같은 효력이 있는 고시된 환지계획서. 다만, 환지를 수반하지 아니하는 사업인 경우에는 사업의 완료를 증명하는 서류를 말한다.

지적업무처리규정 제58조(도시개발 등의 사업신고)

① 지적소관청은 규칙 제95조제1항에 따른 도시개발사업 등의 착수(시행) 또는 변경신고가 있는 때에는 다음 각 호에 따라 처리한다.

> 1. 다음 각 목의 사항을 확인한다. **암기** 지공부 지사부 수집부
>
> > 가. 지번별 조서와 지적공부등록사항과의 부합 여부
> > 나. 지번별 조서 · 지적(임야)도와 사업계획도와의 부합 여부
> > 다. 착수 전 각종 집계의 정확 여부

2. 제1호에 따라 서류의 확인이 완료된 때에는 지체 없이 지적공부에 그 사유를 정리하여야 한다.

② 지적소관청은 규칙 제95조제2항에 따라 도시개발사업 등의 **완료신고**가 있는 때에는 다음 각 호에 따라 처리한다.

1. 다음 각 목의 사항을 확인한다. [암기] [지][면][환][부] [지][공][환][부] [측][경][지][부] [종][소][등][부]

> 가. 확정될 토지의 [지]번별 조서와 [면]적측정부 및 [환]지계획서의 [부]합 여부
> 나. 종전토지의 [지]번별 조서와 지적[공]부등록사항 및 [환]지계획서의 [부]합 여부
> 다. [측]량결과도 또는 [경]계점좌표와 새로이 작성된 [지]적도와의 [부]합 여부
> 라. [종]전토지 [소]유명의인 동일 여부 및 종전토지 [등]기부에 소유권등기 이외의 다른 등기사항이 없는지 여[부]
> 마. 그 밖에 필요한 사항

2. 제1호에 따른 서류의 확인이 완료된 때에는 확정될 토지의 지번별 조서에 따라 토지대장을, 측량성과에 따라 경계점좌표등록부 등을 작성한다. 이 경우 토지대장에 등록하는 소유자의 성명 또는 명칭과 등록번호 및 주소는 환지계획서에 따르되, **소유자의 변동일자와 변동원인은** 다음 각 목에 따라 정리한다.

> 가. **소유자변동일자 : 환지처분 또는 사업준공 인가일자(환지처분을 아니할 경우에만 해당한다)**
> 나. **소유자변동원인 : 환지 또는 지적확정(환지처분을 아니하는 경우에만 해당한다)**

3. 지적공부의 작성이 완료된 때에는 새로 지적공부가 확정 시행됨을 **7일 이상 시 · 군 · 구 게시판 또는 홈페이지 등에 게시**한다.
4. 도시개발사업 등의 완료로 인하여 폐쇄되는 지적공부는 폐쇄사유를 그 지적공부에 정리하고 별도로 영구 보관한다.

12 도시개발사업 등의 착수 또는 변경신고가 있는 때에 지적소관청이 확인하여야 하는 사항으로 가장 옳지 않은 것은?

① 지번별 조서와 지적공부등록사항과의 부합여부
② 착수 전 각종 집계의 정확여부
③ 측량결과도 또는 경계점좌표와 새로이 작성된 지적도와의 부합여부
④ 지번별 조서 · 지적(임야)도와 사업계획도와의 부합여부

[풀이] **공간정보의 구축 및 관리 등에 관한 법률 시행규칙 제95조(도시개발사업 등의 신고)**

① 법 제86조제1항 및 영 제83조제2항에 따른 도시개발사업 등의 착수 또는 변경의 신고를 하려는 자는 별지 제81호 서식의 도시개발사업 등의 착수(시행) · 변경 · 완료 신고서에 다음 각 호의 서류를 첨부하여야 한다. 다만, 변경신고의 경우에는 변경된 부분으로 한정한다. [암기] [인][지][도]

> 1. 사업[인]가서
> 2. [지]번별 조서
> 3. 사업계획[도]

② 법 제86조제1항 및 영 제83조제2항에 따른 도시개발사업 등의 완료신고를 하려는 자는 별지 제81호 서식의 신청서에 다음 각 호의 서류를 첨부하여야 한다. 이 경우 지적측량수행자가 지적소관청에 측량검사를 의뢰하면서 미리 제출한 서류는 첨부하지 아니할 수 있다. [암기] [확][종][지][환]

> 1. [확]정될 토지의 지번별 조서 및 [종]전 토지의 [지]번별 조서
> 2. 환지처분과 같은 효력이 있는 고시된 [환]지계획서. 다만, 환지를 수반하지 아니하는 사업인 경우에는 사업의 완료를 증명하는 서류를 말한다.

[정답] **12** ③

지적업무처리규정 제58조(도시개발 등의 사업신고)

① 지적소관청은 규칙 제95조제1항에 따른 도시개발사업 등의 착수(시행) 또는 변경신고가 있는 때에는 다음 각 호에 따라 처리한다.

1. 다음 각 목의 사항을 확인한다. **암기** ㉛㉠㉟ ㉛㉠㉟ ㉒㉛㉟

> 가. ㉛번별 조서와 지적㉠부등록사항과의 ㉟합 여부
> 나. ㉛번별 조서·지적(임야)도와 ㉟업계획도와의 ㉟합 여부
> 다. 착㉒ 전 각종 ㉟계의 정확 여㉟

2. 제1호에 따라 서류의 확인이 완료된 때에는 지체 없이 지적공부에 그 사유를 정리하여야 한다.

② 지적소관청은 규칙 제95조제2항에 따라 도시개발사업 등의 완료신고가 있는 때에는 다음 각 호에 따라 처리한다.

1. 다음 각 목의 사항을 확인한다. **암기** ㉛㉞㉟㉟ ㉛㉠㉟㉟ ㉒㉕㉛㉟ ㉛㉟㉟㉟

> 가. 확정될 토지의 ㉛번별 조서와 ㉟적측정부 및 ㉟지계획서의 ㉟합 여부
> 나. 종전토지의 ㉛번별 조서와 지적㉠부등록사항 및 ㉟지계획서의 ㉟합 여부
> 다. ㉒량결과도 또는 ㉕계점좌표와 새로이 작성된 ㉛적도와의 ㉟합 여부
> 라. ㉛전토지 ㉟유명의인 동일 여부 및 종전토지 ㉟기부에 소유권등기 이외의 다른 등기사항이 없는지 여㉟
> 마. 그 밖에 필요한 사항

2. 제1호에 따른 서류의 확인이 완료된 때에는 확정될 토지의 지번별 조서에 따라 토지대장을, 측량성과에 따라 경계점좌표등록부 등을 작성한다. 이 경우 토지대장에 등록하는 소유자의 성명 또는 명칭과 등록번호 및 주소는 환지계획서에 따르되, 소유자의 변동일자와 변동원인은 다음 각 목에 따라 정리한다.

> 가. 소유자변동일자 : 환지처분 또는 사업준공 인가일자(환지처분을 아니할 경우에만 해당한다)
> 나. 소유자변동원인 : 환지 또는 지적확정(환지처분을 아니하는 경우에만 해당한다)

3. 지적공부의 작성이 완료된 때에는 새로 지적공부가 확정 시행됨을 7일 이상 시·군·구 게시판 또는 홈페이지 등에 게시한다.

4. 도시개발사업 등의 완료로 인하여 폐쇄되는 지적공부는 폐쇄사유를 그 지적공부에 정리하고 별도로 영구 보관한다.

13 「지적업무처리규정」(국토교통부 훈령 제899호)상 토지의 이동에 따른 도면의 제도에 대한 설명으로 가장 옳지 않은 것은?

① 토지의 이동으로 지번 및 지목을 제도하는 경우에는 이동 전 지번 및 지목을 말소한다.

② 신규등록·등록전환 및 등록사항정정으로 도면에 경계, 지번 및 지목을 새로 등록할 때에는 새로운 도면에 제도한다.

③ 필지를 분할할 경우에는 분할 전 지번 및 지목을 말소하고, 분할경계를 제도한 후 필지마다 지번 및 지목을 새로 제도한다.

④ 행정구역이 변경된 때에는 변경 전 행정구역선과 그 명칭 및 지번을 말소하고, 변경 후의 행정구역선과 그 명칭 및 지번을 제도한다.

지적업무처리규정 제46조(토지의 이동에 따른 도면의 제도)

① 토지의 이동으로 지번 및 지목을 제도하는 경우에는 이동 전 지번 및 지목을 말소하고, 새로 설정된 지번 및 지목을 가로쓰기로 제도한다.

② 경계를 말소할 때에는 해당 경계선을 말소한다.

③ 말소된 경계를 다시 등록할 때에는 말소 정리 이전의 자료로 원상회복 정리한다.

④ 신규등록·등록전환 및 등록사항 정정으로 도면에 경계, 지번 및 지목을 새로 등록할 때에는 이미 비치된 도면에 제도한다. 다만, 이미 비치된 도면에 정리할 수 없는 때에는 새로 도면을 작성한다.

⑤ 등록전환할 때에는 임야도의 그지번 및 지목을 말소한다.

⑥ 필지를 분할할 경우에는 분할 전 지번 및 지목을 말소하고, 분할경계를 제도한 후 필지마다 지번 및 지목을 새로 제도한다.

⑦ 도곽선에 걸쳐있는 필지가 분할되어 도곽선밖에 분할경계가 제도된 때에는 도곽선밖에 제도된 필지의 경계를 말소하고, 그 도곽선안에 필지의 경계, 지번 및 지목을 제도한다.

⑧ 합병할 때에는 합병되는 필지 사이의 경계·지번 및 지목을 말소한 후 새로 부여하는 지번과 지목을 제도한다.

⑨ 지번 또는 지목을 변경할 때에는 지번 또는 지목만 말소하고, 새로 설정된 지번 또는 지목을 제도한다.

⑩ 지적공부에 등록된 토지가 바다가 된 때에는 경계·지번 및 지목을 말소한다.

⑪ 행정구역이 변경된 때에는 변경 전 행정구역선과 그 명칭 및 지번을 말소하고, 변경 후의 행정구역선과 그 명칭 및 지번을 제도한다.

⑫ 도시개발사업·축척변경 등의 시행지역으로서 시행 전과 시행 후의 도면축척이 같고 시행 전 도면에 등록된 필지의 일부가 사업지구 안에 편입된 때에는 이미 비치된 도면에 경계·지번 및 지목을 제도하거나, 남아있는 일부 필지를 포함하여 도면을 작성한다. 다만, 도면과 확정측량결과도의 도곽선 차이가 0.5밀리미터 이상인 경우에는 확정측량결과도에 따라 새로이 도면을 작성한다.

⑬ 도시개발사업·축척변경 등의 완료로 새로 도면을 작성한 지역의 종전 도면의 지구 안의 지번 및 지목을 말소한다.

⑭ 부동산종합공부시스템으로 제1항부터 제13항까지를 정리한 경우에는 변동 전·후의 내용을 관리하여야 하며, 필요한 경우 필지별로 폐쇄 전·후의 내용을 열람 및 발급할 수 있어야 한다.

14 「지적업무처리규정」(국토교통부 훈령 제899호)상 지적측량성과의 검사방법에 대한 설명으로 가장 옳지 않은 것은?

① 세부측량(지적공부를 정리하지 아니하는 세부측량을 포함한다)을 하기 전에 기초측량을 한 경우에는 미리 지적기준점성과에 대한 검사를 받은 후에 세부측량을 하여야 한다.

② 측량성과를 검사하는 때에는 측량자가 실시한 측량방법과 다른 방법으로 한다. 다만, 부득이한 경우에는 그러하지 아니한다.

③ 지적삼각점측량 및 지적삼각보조점측량은 신설된 점을, 지적도근점측량은 주요 도선별로 지적도근점을 검사한다. 이 경우 측방교회법으로 검사할 수 있다.

④ 지적측량수행자와 동일한 전자측량시스템을 이용하여 세부측량 시 측량성과의 정확성을 검사할 수 있다.

지적업무처리규정 제27조(지적측량성과의 검사방법 등)

① 지적측량수행자가 지적측량 성과검사를 요청하는 경우와 지적소관청이 지적측량 성과검사 결과를 통보하는 경우에는 정보시스템을 이용하여 처리할 수 있다.

② 세부측량(지적공부를 정리하지 아니하는 세부측량을 포함한다)을 하기 전에 기초측량을 한 경우에는 미리 지적

기준점성과에 대한 검사를 받은 후에 세부측량을 하여야 한다. 다만, 지적소관청과 사전 협의를 한 경우에는 지적기준점성과와 세부측량성과(지적공부를 정리하지 아니하는 세부측량은 제외한다)를 동시에 검사할 수 있다.

③ 전자평판측량에 따른 측량성과 파일은 도형자료와 속성자료 간의 일치성과 유효성을 검증하기 위하여 다음 각 호의 사항을 실시하고 최종적으로 종번(終番) 검사를 실시하여야 한다.

> 1. 면적공차 초과 검증
> 2. 누락필지 및 원필지 중복객체 검증
> 3. 지번중복 검증 및 도곽의 적정성 여부 검사
> 4. 법정 리 · 동계 및 축척 간 접합 중복 검사
> 5. 폐쇄도면 중첩검사
> 6. 성과레이어 중첩검사
> 7. 이격거리 측정 및 필계점 좌표 확인
> 8. 측정점위치설명도 작성의 적정 여부
> 9. 주위필지와의 부합여부
> 10. 그 밖에 필요한 사항

④ 지적소관청은 지적측량검사가 완료된 때에는 해당 측량성과 파일을 부동산종합공부시스템에 등록하여야 한다.

⑤ 「지적측량 시행규칙」 제28조에 따른 측량성과의 검사방법은 다음 각 호와 같다.

> 1. 측량성과를 검사하는 때에는 측량자가 실시한 측량방법과 다른 방법으로 한다. 다만, 부득이한 경우에는 그러하지 아니한다.
> 2. 지적삼각점측량 및 지적삼각보조점측량은 신설된 점을, 지적도근점측량은 주요 도선별로 지적도근점을 검사한다. 이 경우 후방교회법으로 검사할 수 있다. 다만, 구하고자 하는 지적기준점이 기지점과 같은 원주상에 있는 경우에는 그러하지 아니하다.
> 3. 세부측량결과를 검사할 때에는 새로 결정된 경계를 검사한다. 이 경우 측량성과 검사 시에 확인된 지역으로서 측량결과도만으로 그 측량성과가 정확하다고 인정되는 경우에는 현지측량검사를 하지 아니할 수 있다.
> 4. 면적측정검사는 필지별로 한다.
> 5. 측량성과 파일의 검사는 부동산종합공부시스템으로 한다.
> 6. 지적측량수행자와 동일한 전자측량시스템을 이용하여 세부측량 시 측량성과의 정확성을 검사할 수 있다.

⑥ 시 · 도지사, 대도시 시장 또는 지적소관청은 측량성과를 검사하여 그 측량성과가 정확하다고 인정되는 경우에는 측량부 · 측량결과도 · 면적측정부 및 측량성과도에 별표 4의 측량성과검사 필인을 각각 날인하여야 한다.

⑦ 시 · 도지사, 대도시 시장 또는 지적소관청은 측량성과 검사결과 측량성과가 부정확하다고 판단되는 경우에는 제17조에 따라 지적측량수행자가 제출한 측량성과를 보완하도록 조치하고, 측량성과검사정리부에 그 사유를 기재한다. 이 경우 측량성과 검사결과 제26조제2호바목 본문에 해당되는 경우에는 지적측량수행자에게 측량성과에 관한 자료를 되돌려 주고 그 사유를 지적측량 성과검사 정리부 비고란에 붉은색으로 기재한다.

15 「지적업무처리규정」(국토교통부 훈령 제899호)상 지적측량 표본검사에 대한 설명으로 가장 옳지 않은 것은?

① 시 · 도지사는 지적공부를 정리한 측량성과에 대하여 연 1회 이상 표본검사를 실시하여야 한다.
② 공사 사장은 경계복원측량 및 지적현황측량성과에 대하여 지역본부별로 연 1회 이상 기술검사를 실시하여야 한다.
③ 시 · 도지사는 지적측량업자가 지적측량업무를 수행한 측량성과에 대하여는 연 1회 이상 표본검사를 시행하여야 한다.
④ 국토교통부장관은 지적측량수행자의 고의 또는 과실로 인한 지적측량 민원발생을 사전에 예방하고, 지적측량성과의 정확성을 확보하기 위하여 시 · 도지사에게는 표본검사를, 한국국토정보공사 사장에게는 기술검사를 실시하게 할 수 있다.

[풀이] **지적업무처리규정 제27조의2(지적측량 표본검사 등)**

① 국토교통부장관은 법 제99조제1항제1호에 따라 지적측량수행자의 고의 또는 과실로 인한 지적측량 민원발생을 사전에 예방하고, 지적측량성과의 정확성을 확보하기 위하여 시 · 도지사에게는 표본검사를, 한국국토정보공사(이하 "공사"라 한다) 사장에게는 기술검사를 실시하게 할 수 있다.
② 시 · 도지사는 지적공부를 정리한 측량성과에 대하여 연 1회 이상 표본검사를 실시하여야 하며, 그 결과 지적소관청의 검사사항이 법령 등에 위배된다고 판단되는 경우에는 국토교통부장관에게 보고하여야 한다.
③ **시 · 도지사는 지적측량업자가 법 제45조에서 정한 지적측량업무를 수행한 측량성과에 대하여는 정기적으로 표본검사를 시행하여야 하며, 그 결과 법령 등에 위배된다고 판단되는 경우에는 필요한 조치를 하여야 한다.**
④ 공사 사장은 「지적측량 시행규칙」 제28조제1항에 따른 경계복원측량 및 지적현황측량성과에 대하여 지역본부별로 연 1회 이상 기술검사를 실시하여야 하며, 그 결과 법령 등에 위배된다고 판단되는 경우에는 필요한 조치를 취하고 그 내용을 국토교통부장관에게 보고하여야 한다.

16 「지적업무처리규정」(국토교통부 훈령 제899호)상 지적기초측량성과의 검사항목으로 가장 옳지 않은 것은?

① 관측각 및 거리측정의 정확여부
② 지적기준점성과와 기지경계선과의 부합여부
③ 경계점 간 계산거리(도상거리)와 실측거리의 부합여부
④ 기지점사용의 적정여부

[풀이] **지적업무처리규정 제26조(지적측량성과의 검사항목)** [암기] [기][지][각][정][준][여][부] [기][준][점][계][정][여][부]

「지적측량 시행규칙」 제28조제2항에 따른 지적측량성과검사를 할 때에는 다음 각 호의 사항을 검사하여야 한다.

기초측량	세부측량
가. [기]지점사용의 적정여부 나. [지]적기준점설치망 구성의 적정여부 다. 관측[각] 및 거리측정의 정확여부 라. 계산의 [정]확여부 마. 지적기[준]점 선점 및 표지설치의 정확여부	가. [기]지점사용의 적정여부 나. 측량[준]비도 및 측량결과도 작성의 적정여부 다. 기지[점]과 지상경계와의 부합여부 라. 경계점 간 [계]산거리(도상거리)와 실측거리의 부합여부 마. 면적측정의 [정]확여부

[정답] 15 ③ 16 ③

기초측량	세부측량
바. 지적기준점성과와 기지경계선과의 부합 **여부**	바. 관계법령의 분할제한 등의 저촉 **여부**. 다만, 제20조제3항 (각종 인가·허가 등의 내용과 다르게 토지의 형질이 변경 되었을 경우에는 그 변경된 토지의 현황대로 측량성과를 결정하여야 한다.)은 제외한다.

17 「지적업무처리규정」(국토교통부 훈령 제899호)상 지적세부측량성과의 검사항목으로 가장 옳지 않은 것은?

① 기지점과 지상경계와의 부합여부
② 측량준비도 및 측량결과도 작성의 적정여부
③ 경계점 간 계산거리(도상거리)와 실측거리의 부합여부
④ 관측각 및 거리측정의 정확여부

풀이 지적업무처리규정 제26조(지적측량성과의 검사항목) **암기** ㉠㉣㉓㉓㉜여부 ㉠㉜㉜㉒㉜여부

「지적측량 시행규칙」제28조제2항에 따른 지적측량성과검사를 할 때에는 다음 각 호의 사항을 검사하여야 한다.

기초측량	세부측량
가. ㉠지점사용의 적정여부 나. ㉣적기준점설치망 구성의 적정여부 다. 관측㉤ 및 거리측정의 정확여부 라. 계산의 ㉓확여부 마. 지적기㉜점 선점 및 표지설치의 정확여부 바. 지적기준점성과와 기지경계선과의 부합 **여부**	가. ㉠지점사용의 적정여부 나. 측량㉜비도 및 측량결과도 작성의 적정여부 다. 기지㉜과 지상경계와의 부합여부 라. 경계점 간 ㉒산거리(도상거리)와 실측거리의 부합여부 마. 면적측정의 ㉓확여부 바. 관계법령의 분할제한 등의 저촉 **여부**. 다만, 제20조제3항 (각종 인가·허가 등의 내용과 다르게 토지의 형질이 변경 되었을 경우에는 그 변경된 토지의 현황대로 측량성과를 결정하여야 한다.)은 제외한다.

18 「지적업무처리규정」(국토교통부 훈령 제899호)상 등록전환측량에 대한 설명으로 가장 옳지 않은 것은?

① 등록전환 할 일단의 토지가 2필지 이상으로 분할되어야 할 토지의 경우에는 1필지로 등록전환 후 지목별로 분할하여야 한다.
② 1필지의 일부를 등록전환 하려면 등록전환으로 인하여 말소하여야 할 필지의 면적은 반드시 토지분할측량결과도에서 측정하여야 한다.
③ 임야도에 도곽선 또는 도곽선수치가 없거나, 1필지 전체를 등록전환 할 경우에만 등록전환으로 인하여 말소해야 할 필지의 임야측량결과도를 등록전환측량결과도에 함께 작성할 수 있다.
④ 토지대장에 등록하는 면적은 등록전환측량의 결과에 따라야 하며, 임야대장의 면적을 그대로 정리할 수 없다.

풀이 지적업무처리규정 제22조(등록전환측량)

① 1필지 전체를 등록전환 할 경우에는 임야대장등록사항과 토지대장등록사항의 부합여부 등을 확인하고 토지의 경계와 이용현황 등을 조사하기 위한 측량을 하여야 한다.

② 등록전환 할 일단의 토지가 2필지 이상으로 분할되어야 할 토지의 경우에는 1필지로 등록전환 후 지목별로 분할하여야 한다. 이 경우 등록전환 할 토지의 지목은 임야대장에 등록된 지목으로 설정하되, 분할 및 지목변경은 등록전환과 동시에 정리한다.

③ 경계점좌표등록부를 비치하는 지역과 연접되어 있는 토지를 등록전환하려면 경계점좌표등록부에 등록하여야 한다.

④ 토지대장에 등록하는 면적은 등록전환측량의 결과에 따라야 하며, 임야대장의 면적을 그대로 정리할 수 없다.

⑤ 1필지의 일부를 등록전환 하려면 등록전환으로 인하여 말소하여야 할 필지의 면적은 반드시 임야분할측량결과도에서 측정하여야 한다.

⑥ 임야도에 도곽선 또는 도곽선수치가 없거나, 1필지 전체를 등록전환 할 경우에만 등록전환으로 인하여 말소해야 할 필지의 임야측량결과도를 등록전환측량결과도에 함께 작성할 수 있다.

⑦ 토지의 형질변경이 수반되는 등록전환측량은 토목공사 등이 완료된 후에 실시하여야 하며, 제20조제3항에 따라 측량성과를 결정하여야 한다.

19 「지적업무처리규정」(국토교통부 훈령 제899호)상 현지측량방법에 대한 설명으로 가장 옳지 않은 것은?

① 지적확정측량지구 안에서 지적측량을 하고자 할 경우에는 종전에 실시한 지적확정측량성과를 참고하여 성과를 결정하여야 한다.

② 현형법(現形法)으로 지적측량의 성과를 결정하려면 경계점은 반드시 지적공부의 현재 축척으로 하며, 기지점을 기준으로 지상경계선과 도상경계선의 부합여부를 확인하여야 한다.

③ 지적측량결과도에는 토지소유자 및 이해관계인의 서명 · 전자서명 또는 날인을 받아야 한다.

④ 지적측량수행자는 지적측량자료조사 또는 지적측량결과, 지적공부의 토지의 표시에 잘못이 있음을 발견한 때에는 지체 없이 지적소관청에 관계자료 등을 첨부하여 문서로 통보하고, 지적측량의뢰인에게 그 내용을 통지하여야 한다.

풀이 지적업무처리규정 제20조(현지측량방법 등)

① 지적측량을 할 때에는 토지소유자 및 이해관계인을 입회시켜 측량에 필요한 질문을 하거나 참고자료의 제시를 요구할 수 있다.

② 지적측량결과도에는 토지소유자 및 이해관계인의 서명 · 전자서명 또는 날인을 받아야 한다. 다만, 토지소유자 및 이해관계인이 입회하지 못하는 경우와 입회는 하였으나 서명 또는 날인을 거부하는 때에는 그 사유를 기재하여야 한다.

③ 각종 인가 · 허가 등의 내용과 다르게 토지의 형질이 변경되었을 경우에는 그 변경된 토지의 현황대로 측량성과를 결정하여야 한다.

④ 세부측량성과를 결정하기 위하여 사용하는 기지점은 지적기준점이어야 한다. 다만, 도면의 기지점이 정확하고 보존이 양호하여 기지점을 이용하여도 측량에 지장이 없다고 인정되는 축척 1천분의 1 이하의 지역에는 그러하지 아니하다.

⑤ 제4항에 따른 지적기준점은 세부측량을 하기 전에 설치하여야 하며, 그 설치비용을 지적측량의뢰인에게 부담시켜서는 아니 된다. 다만, 「지적측량 시행규칙」 제6조제2항제1호 · 제2호 또는 제4호에 해당하는 경우,

51필지 이상 연속지 또는 집단지 세부측량시에 지적기준점을 설치할 경우 및 제4항 단서에 따른 기지점에 따라 세부측량을 할 지역에서 지적측량의뢰인이 지적기준점의 설치를 요구할 경우에는 그러하지 아니하다.

⑥ 지적확정측량지구 안에서 지적측량을 하고자 할 경우에는 종전에 실시한 지적확정측량성과를 참고하여 성과를 결정하여야 한다.

⑦ 지적측량을 완료한 때에는 분할 등록될 경계점의 위치 또는 경계복원점의 위치를 지적기준점·담장모서리 및 전신주 등 주위 고정물로부터 거리를 측정하여 지적측량의뢰인 및 이해관계인에게 확인시키고, 측량결과도 여백에 그 거리를 기재하거나 경위의측량방법에 따른 평면직각종횡선좌표 등 측정점의 위치설명도를 [예시 1] 지적측량결과도 작성 예시 목록과 같이 작성하여야 한다. 다만, 주위 고정물이 없는 경우와 도로, 구거, 하천 등 연속·집단된 토지 등의 경우에는 작성을 생략할 수 있다.

⑧ 지적측량수행자는 지적측량자료조사 또는 지적측량결과, 지적공부의 토지의 표시에 잘못이 있음을 발견한 때에는 지체 없이 지적소관청에 관계자료 등을 첨부하여 문서로 통보하고, 지적측량의뢰인에게 그 내용을 통지하여야 한다.

⑨ 법원의 감정측량을 할 때에는 별표 2의 법원감정측량 처리절차에 따른다.

⑩ 전자평판측량에 따른 세부측량은 지적기준점을 기준으로 실시하여야 하며, 면적측정은 전산처리 방법에 따른다.

⑪ 제10항에 따른 세부측량 시 평판점의 이동거리는 「지적측량 시행규칙」 제2조제1항제3호에서 정한 지적도 근점표지의 점간거리 이내로 한다.

⑫ 지적기준점이 없는 지역에서 전자평판측량을 실시할 때에는 보존이 용이한 고정물을 선점하여 보조점으로 사용할 수 있다. 이 경우 설치된 보조점은 후속측량에 사용할 수 있도록 하여야 한다.

⑬ 현형법(現形法)으로 지적측량의 성과를 결정하려면 경계점은 반드시 지적공부 등록당시의 축척으로 하며, 기지점을 기준으로 지상경계선과 도상경계선의 부합여부를 확인하여야 한다.

⑭ 이미 작성되어 있는 지적측량파일을 이용하여 측량할 경우에는 기존 파일에서 지상경계선과 도상경계가 잘 부합되는 기지점과 신청토지 주변을 추가로 실측하여 성과를 결정하여야 한다.

⑮ 전자평판측량의 설치 및 표정방법은 다음 각 호에 따른다.

> 1. 토탈스테이션을 지적기준점 또는 보조점 위에 거치한 후 다른 지적기준점이나 고정물을 시준하고 수평각을 전자평판에서 0° 0′ 0″로 세팅하여 관측을 준비한다.
> 2. 지적기준점 간의 거리는 2회 이상 측정하여 확인한다.
> 3. 연직각은 천정을 0으로 설정한다.

20 「지적업무처리규정」(국토교통부 훈령 제899호)상 용어 정의에 대한 설명으로 가장 옳지 않은 것은?

① "측량준비파일"이란 부동산종합공부시스템에서 지적측량 업무를 수행하기 위하여 도면 및 대장속성정보를 추출한 파일을 말한다.

② "측량성과파일"이란 전자평판측량 및 위성측량방법으로 관측 후 지적측량정보를 처리할 수 있는 시스템에 따라 작성된 측량결과도파일과 토지이동정리를 위한 지번, 지목 및 경계점의 좌표가 포함된 파일을 말한다.

③ "측량현형(現形)파일"이란 전자평판측량 및 위성측량방법으로 관측한 데이터 및 지적측량에 필요한 각종 정보가 들어있는 파일을 말한다.

④ "기지경계선(旣知境界線)"이란 세부측량성과를 결정하는 기준이 되는 기지점을 필지별로 곡선으로 연결한 선을 말한다.

풀이 **지적업무처리규정 제3조(정의)**

이 규정에서 사용하는 용어의 뜻은 다음 각 호와 같다.

1. "기지점(旣知點)"이란 기초측량에서는 국가기준점 또는 지적기준점을 말하고, 세부측량에서는 지적기준점 또는 지적도면상 필지를 구획하는 선의 경계점과 상호 부합되는 지상의 경계점을 말한다.

2. "기지경계선(旣知境界線)"이란 세부측량성과를 결정하는 기준이 되는 기지점을 필지별로 직선으로 연결한 선을 말한다.

3. "전자평판측량"이란 토탈스테이션과 지적측량 운영프로그램 등이 설치된 컴퓨터를 연결하여 세부측량을 수행하는 측량을 말한다.

4. "토탈스테이션"이란 경위의측량방법에 따른 기초측량 및 세부측량에 사용되는 장비를 말한다.

5. "지적측량파일"이란 측량준비파일, 측량현형파일 및 측량성과파일을 말한다.

6. "측량준비파일"이란 부동산종합공부시스템에서 지적측량 업무를 수행하기 위하여 도면 및 대장속성 정보를 추출한 파일을 말한다.

7. "측량현형(現形)파일"이란 전자평판측량 및 위성측량방법으로 관측한 데이터 및 지적측량에 필요한 각종 정보가 들어있는 파일을 말한다.

8. "측량성과파일"이란 전자평판측량 및 위성측량방법으로 관측 후 지적측량정보를 처리할 수 있는 시스템에 따라 작성된 측량결과도파일과 토지이동정리를 위한 지번, 지목 및 경계점의 좌표가 포함된 파일을 말한다.

9. "측량부"란 기초측량 또는 세부측량성과를 결정하기 위하여 사용한 관측부 · 계산부 등 이에 수반되는 기록을 말한다.

정답

01 「지적업무처리규정」상 소유자정리에 관한 사항으로 (   ) 안에 들어갈 일자로 옳은 것은?

> 대장의 소유자변동일자는 등기필통지서, 등기필증, 등기부 등본·초본 또는 등기관서에서 제공한 등기전
> 산정보자료의 경우에는 (㉠)로, 법 제84조제4항 단서의 미등기토지 소유자에 관한 정정신청의 경우와
> 법 제88조제2항에 따른 소유자등록신청의 경우에는 (㉡)로, 공유수면 매립준공에 따른 신규 등록의
> 경우에는 (㉢)로 정리한다.

	㉠	㉡	㉢
①	등기접수일자	소유자정리결의일자	매립준공일자
②	등기접수일자	매립준공일자	소유자정리결의일자
③	매립준공일자	소유자정리결의일자	등기접수일자
④	소유자정리결의일자	매립준공일자	등기접수일자

풀이 지적업무처리규정 제60조(소유자정리)

① 대장의 소유자변동일자는 등기필통지서, 등기필증, 등기부 등본·초본 또는 등기관서에서 제공한 등기전산
정보자료의 경우에는 **등기접수일자**로, 법 제84조제4항 단서의 미등기토지 소유자에 관한 정정신청의 경우
와 법 제88조제2항에 따른 소유자등록신청의 경우에는 **소유자정리결의일자**로, 공유수면 매립준공에 따른
신규 등록의 경우에는 **매립준공일자**로 정리한다.

② 주소·성명·명칭의 변경 또는 경정 및 소유권이전 등이 같은 날짜에 등기가 된 경우의 지적공부정리는 **등기
접수 순서**에 따라 모두 정리하여야 한다.

③ 소유자의 주소가 토지소재지와 같은 경우에도 **등기부**와 일치하게 정리한다. 다만, 등기관서에서 제공한 등기
전산정보자료에 따라 정리하는 경우에는 **등기전산정보자료**에 따른다.

④ 법 제88조제4항에 따라 지적소관청이 소유에 관한 사항이 대장과 부합되지 아니하는 토지소유자를 정리할
때에는 제1항부터 제3항까지와 제65조제2항을 준용하며, 토지소유자 등 이해관계인이 등기부 등본·초본
등에 따라 소유자정정을 신청하는 경우에는 별지 제9호 서식의 소유자정정 신청서를 제출하여야 한다.

⑤ 국토교통부장관은 등기관서로부터 법인 또는 재외국민의 부동산등기용등록번호 정정통보가 있는 때에는
정정 전 등록번호에 따라 토지소재를 조사하여 시·도지사에게 그 내용을 통지하여야 한다. 이 경우 시·도
지사는 지체 없이 그 내용을 해당 지적소관청에 통지하여야 한다.

⑥ 소유자등록사항 중 토지이동과 함께 소유자가 결정되는 신규 등록, 도시개발사업 등의 환지 등록 시에는
토지이동업무 처리와 동시에 소유자를 정리하여야 한다.

> **공간정보의 구축 및 관리 등에 관한 법률 제84조(등록사항의 정정)**
> ① 토지소유자는 지적공부의 등록사항에 잘못이 있음을 발견하면 지적소관청에 그 정정을 신청할 수
> 있다.
> ② 지적소관청은 지적공부의 등록사항에 잘못이 있음을 발견하면 대통령령으로 정하는 바에 따라 직권
> 으로 조사·측량하여 정정할 수 있다.
> ③ 제1항에 따른 정정으로 인접 토지의 경계가 변경되는 경우에는 다음 각 호의 어느 하나에 해당하는
> 서류를 지적소관청에 제출하여야 한다.
> 1. 인접 토지소유자의 승낙서
> 2. 인접 토지소유자가 승낙하지 아니하는 경우에는 이에 대항할 수 있는 확정판결서 정본(正本)

④ 지적소관청이 제1항 또는 제2항에 따라 등록사항을 정정할 때 그 정정사항이 토지소유자에 관한 사항인 경우에는 등기필증, 등기완료통지서, 등기사항증명서 또는 등기관서에서 제공한 등기전산정보자료에 따라 정정하여야 한다. 다만, 제1항에 따라 미등기 토지에 대하여 토지소유자의 성명 또는 명칭, 주민등록번호, 주소 등에 관한 사항의 정정을 신청한 경우로서 그 등록사항이 명백히 잘못된 경우에는 가족관계 기록사항에 관한 증명서에 따라 정정하여야 한다.

공간정보의 구축 및 관리 등에 관한 법률 제88조(토지소유자의 정리)
① 지적공부에 등록된 토지소유자의 변경사항은 등기관서에서 등기한 것을 증명하는 등기필증, 등기완료통지서, 등기사항증명서 또는 등기관서에서 제공한 등기전산정보자료에 따라 정리한다. 다만, 신규등록하는 토지의 소유자는 지적소관청이 직접 조사하여 등록한다. 〈개정 2011.4.12.〉
②「국유재산법」 제2조제10호에 따른 총괄청이나 같은 조 제11호에 따른 중앙관서의 장이 같은 법 제12조제3항에 따라 소유자 없는 부동산에 대한 소유자 등록을 신청하는 경우 지적소관청은 지적공부에 해당 토지의 소유자가 등록되지 아니한 경우에만 등록할 수 있다. 〈개정 2011.3.30.〉
③ 등기부에 적혀 있는 토지의 표시가 지적공부와 일치하지 아니하면 제1항에 따라 토지소유자를 정리할 수 없다. 이 경우 토지의 표시와 지적공부가 일치하지 아니하다는 사실을 관할 등기관서에 통지하여야 한다.
④ 지적소관청은 필요하다고 인정하는 경우에는 관할 등기관서의 등기부를 열람하여 지적공부와 부동산등기부가 일치하는지 여부를 조사·확인하여야 하며, 일치하지 아니하는 사항을 발견하면 등기사항증명서 또는 등기관서에서 제공한 등기전산정보자료에 따라 지적공부를 직권으로 정리하거나, 토지소유자나 그 밖의 이해관계인에게 그 지적공부와 부동산등기부가 일치하게 하는 데에 필요한 신청 등을 하도록 요구할 수 있다. 〈개정 2011.4.12.〉
⑤ 지적소관청 소속 공무원이 지적공부와 부동산등기부의 부합 여부를 확인하기 위하여 등기부를 열람하거나, 등기사항증명서의 발급을 신청하거나, 등기전산정보자료의 제공을 요청하는 경우 그 수수료는 무료로 한다.

02 지적공부의 소유자정리에 관한 설명으로 옳지 않은 것은?

① 주소·성명·명칭의 변경 또는 경정 및 소유권 이전 등이 같은 날짜에 등기가 된 경우의 지적공부정리는 등기접수 순서에 따라 모두 정리하여야 한다.
② 대장의 소유자변동일자는 등기필통지서, 등기필증, 등기부등본·초본 또는 등기관서에서 제공한 등기전산정보자료의 경우에는 등기확정일자로 정리한다.
③ 국토교통부장관은 등기관서로부터 법인 또는 재외국민의 부동산등기용등록번호 정정통보가 있는 때에는 정정 전 등록번호에 따라 토지소재를 조사하여 시·도지사에게 그 내용을 통지하여야 한다.
④ 소유자등록사항 중 토지이동과 함께 소유자가 결정되는 신규 등록, 도시개발사업 등의 환지 등록 시에는 토지이동업무 처리와 동시에 소유자를 정리하여야 한다.

풀이 **지적업무처리규정 제60조(소유자정리)**
① 대장의 소유자변동일자는 등기필통지서, 등기필증, 등기부 등본·초본 또는 등기관서에서 제공한 등기전산정보자료의 경우에는 **등기접수일자로**, 법 제84조제4항 단서의 미등기토지 소유자에 관한 정정신청의 경우와 법 제88조제2항에 따른 소유자등록신청의 경우에는 소유자정리결의일자로, 공유수면 매립준공에 따른 신규등록의 경우에는 매립준공일자로 정리한다.
② 주소·성명·명칭의 변경 또는 경정 및 소유권이전 등이 같은 날짜에 등기가 된 경우의 지적공부정리는 등기접수 순서에 따라 모두 정리하여야 한다.

정답 02 ②

③ 소유자의 주소가 토지소재지와 같은 경우에도 등기부와 일치하게 정리한다. 다만, 등기관서에서 제공한 등기 전산정보자료에 따라 정리하는 경우에는 등기전산정보자료에 따른다.

④ 법 제88조제4항에 따라 지적소관청이 소유자에 관한 사항이 대장과 부합되지 아니하는 토지소유자를 정리할 때에는 제1항부터 제3항까지와 제65조제2항을 준용하며, 토지소유자 등 이해관계인이 등기부 등본 · 초본 등에 따라 소유자정정을 신청하는 경우에는 별지 제9호 서식의 소유자정정 신청서를 제출하여야 한다.

⑤ 국토교통부장관은 등기관서로부터 법인 또는 재외국민의 부동산등기용등록번호 정정통보가 있는 때에는 정정 전 등록번호에 따라 토지소재를 조사하여 시 · 도지사에게 그 내용을 통지하여야 한다. 이 경우 시 · 도지사는 지체 없이 그 내용을 해당 지적소관청에 통지하여야 한다.

⑥ 소유자등록사항 중 토지이동과 함께 소유자가 결정되는 신규 등록, 도시개발사업 등의 환지 등록 시에는 토지이동업무 처리와 동시에 소유자를 정리하여야 한다.

지적업무처리규정 제61조(미등기토지의 소유자정정 등)

① 법 제84조제4항 단서에 따른 적용대상 토지는 미등기토지로서 소유자의 정정에 관한 사항과 토지조사 당시에 사정 또는 재결 등에 따라 대장에 소유자는 등록하였으나, 소유자의 주소가 등록되어 있지 아니한 토지와 종전 「지적법 시행령」(대통령령 제497호 1951년 4월 1일 제정) 제3조제4호에 따라 국유지를 매각 · 교환 또는 양여하여 취득한 토지(이하 "국유지의 취득"이라 한다)의 소유자주소가 대장에 등록되어 있지 아니한 미등기토지로 한다. 다만, 1950.12.1. 법률 제165호로 제정된 「지적법」(1975.12.31. 법률 제2801호로 전문 개정되기 이전의 법률을 말한다)이 시행된 시기에 복구, 소유권확인청구의 소에 따른 확정판결이 있었거나, 이에 관한 소송이 법원에 진행 중인 토지는 제외한다.

② 미등기토지의 소유자주소를 대장에 등록하고자 하는 때에는 사정 · 재결 또는 국유지의 취득 당시 최초 주소를 등록한다.

③ 법 제84조제4항 단서의 미등기토지 소유자에 관한 정정신청은 별지 제10호 서식에 따르며, 지적소관청은 미등기토지의 소유자정정 등에 관한 신청이 있는 때에는 14일 이내에 다음 각 호의 사항을 확인하여 처리하여야 하며, 별지 제11호의 조사서를 작성하여야 한다.

> 1. 적용대상토지 여부
> 2. 대장상 소유자와 가족관계등록부 · 제적부에 등재된 자와의 동일인 여부
> 3. 적용대상토지에 대한 확정판결이나 소송의 진행여부
> 4. 첨부서류의 적합여부
> 5. 그 밖에 지적소관청이 필요하다고 인정되는 사항

④ 지적소관청은 제3항에 따른 조사를 할 때에는 기간을 정하여 신청인에게 필요한 자료의 제출 또는 보완을 요구할 수 있다.

⑤ 지적소관청은 대장에 소유자의 주소 등을 등록한 때에는 지체 없이 신청인에게 그 내용을 통지하여야 한다.

03 지적공부정리에 대한 설명으로 옳지 않은 것은?

(12년서울9급)

① 토지이동정리결의서는 토지대장·임야대장 또는 경계점좌표등록부별로 구분하여 작성하되, 토지이동정리결의서에는 토지이동 신청서 또는 도시개발사업 등의 완료신고서 등을 첨부하여야 한다.

② 지적공부 등의 정리에 사용하는 문자·기호 및 경계는 따로 규정을 둔 사항을 제외하고 정리사항은 청색, 도곽선과 그 수치 및 말소는 붉은색으로 한다.

③ 지적확정측량·축척변경 및 지번변경에 따른 토지이동의 경우를 제외하고는 폐쇄 또는 말소된 지번은 다시 사용할 수 없다.

④ 소유자정리결의서에는 등기필증·등기사항증명서 그 밖에 토지소유자가 변경되었음을 증명하는 서류를 첨부하여야 한다.

풀이 **공간정보의 구축 및 관리 등에 관한 법률 시행령 제84조(지적공부의 정리 등)**

① 지적소관청은 지적공부가 다음 각 호의 어느 하나에 해당하는 경우에는 지적공부를 정리하여야 한다. 이 경우 이미 작성된 지적공부에 정리할 수 없을 때에는 새로 작성하여야 한다.

> 1. 법 제66조제2항에 따라 지번을 변경하는 경우
> 2. 법 제74조에 따라 지적공부를 복구하는 경우
> 3. 법 제77조부터 제86조까지의 규정에 따른 신규등록·등록전환·분할·합병·지목변경 등 토지의 이동이 있는 경우

② 지적소관청은 제1항에 따른 토지의 이동이 있는 경우에는 토지이동정리 결의서를 작성하여야 하고, 토지소유자의 변동 등에 따라 지적공부를 정리하려는 경우에는 소유자정리 결의서를 작성하여야 한다.

③ 제1항 및 제2항에 따른 지적공부의 정리방법, 토지이동정리 결의서 및 소유자정리 결의서 작성방법 등에 관하여 필요한 사항은 국토교통부령으로 정한다.

공간정보의 구축 및 관리 등에 관한 법률 시행규칙 제98조(지적공부의 정리방법 등)

① 영 제84조제2항에 따른 토지이동정리 결의서의 작성은 별지 제57호 서식에 따라 토지대장·임야대장 또는 경계점좌표등록부별로 구분하여 작성하되, 토지이동정리 결의서에는 토지이동신청서 또는 도시개발사업 등의 완료신고서 등을 첨부하여야 하며, 소유자정리 결의서의 작성은 별지 제85호 서식에 따르되 등기필증, 등기부 등본 또는 그 밖에 토지소유자가 변경되었음을 증명하는 서류를 첨부하여야 한다. 다만, 「전자정부법」 제36조 제1항에 따른 행정정보의 공동이용을 통하여 첨부서류에 대한 정보를 확인할 수 있는 경우에는 그 확인으로 첨부서류를 갈음할 수 있다.

② 제1항의 대장 외에 지적공부의 정리와 토지이동정리 결의서 및 소유자정리 결의서의 작성에 필요한 사항은 국토교통부장관이 정한다.

지적업무처리규정 제63조(지적공부 등의 정리)

① 지적공부 등의 정리에 사용하는 문자·기호 및 경계는 따로 규정을 둔 사항을 제외하고 정리사항은 검은색, 도곽선과 그 수치 및 말소는 붉은색으로 한다.

② 지적확정측량·축척변경 및 지번변경에 따른 토지이동의 경우를 제외하고는 폐쇄 또는 말소된 지번을 다시 사용할 수 없다.

③ 토지의 이동에 따른 도면정리는 예시 2의 도면정리 예시에 따른다. 이 경우 법 제2조제19호의 지적공부를 이용하여 지적측량을 한 때에는 측량성과파일에 따라 지적공부를 정리할 수 있다.

정답 **03** ②

04 다음 중 지적공부의 정리 등에 관한 사항으로 옳지 않은 것은?

① 지적소관청은 지번을 변경하는 경우와 지적공부를 복구하는 경우에는 지적공부를 정리하여야 한다.

② 토지이동에 따라 지적공부를 정리하려는 경우에는 소유자정리 결의서를 작성하여야 한다.

③ 지적소관청은 신규등록 · 등록전환 · 분할 · 합병 · 지목변경 등 토지의 이동이 있는 경우 지적공부를 정리하여야 한다.

④ 토지의 표시에 관한 변경등기가 필요한 경우에는 그 등기완료의 통지서를 접수한 날부터 15일 이내에 토지소유자에게 지적정리 등을 통지하여야 한다.

풀이 **공간정보의 구축 및 관리 등에 관한 법률 제88조(토지소유자의 정리)**

① 지적공부에 등록된 토지소유자의 변경사항은 등기관서에서 등기한 것을 증명하는 등기필증, 등기완료통지서, 등기사항증명서 또는 등기관서에서 제공한 등기전산정보자료에 따라 정리한다. 다만, 신규등록하는 토지의 소유자는 지적소관청이 직접 조사하여 등록한다. 〈개정 2011.4.12.〉

② 「국유재산법」 제2조제10호에 따른 총괄청이나 같은 조 제11호에 따른 중앙관서의 장이 같은 법 제12조제3항에 따라 소유자 없는 부동산에 대한 소유자 등록을 신청하는 경우 지적소관청은 지적공부에 해당 토지의 소유자가 등록되지 아니한 경우에만 등록할 수 있다. 〈개정 2011.3.30.〉

③ 등기부에 적혀 있는 토지의 표시가 지적공부와 일치하지 아니하면 제1항에 따라 토지소유자를 정리할 수 없다. 이 경우 토지의 표시와 지적공부가 일치하지 아니하다는 사실을 관할 등기관서에 통지하여야 한다.

④ 지적소관청은 필요하다고 인정하는 경우에는 관할 등기관서의 등기부를 열람하여 지적공부와 부동산등기부가 일치하는지 여부를 조사 · 확인하여야 하며, 일치하지 아니하는 사항을 발견하면 등기사항증명서 또는 등기관서에서 제공한 등기전산정보자료에 따라 지적공부를 직권으로 정리하거나, 토지소유자나 그 밖의 이해관계인에게 그 지적공부와 부동산등기부가 일치하게 하는 데에 필요한 신청 등을 하도록 요구할 수 있다. 〈개정 2011.4.12.〉

⑤ 지적소관청 소속 공무원이 지적공부와 부동산등기부의 부합 여부를 확인하기 위하여 등기부를 열람하거나, 등기사항증명서의 발급을 신청하거나, 등기전산정보자료의 제공을 요청하는 경우 그 수수료는 무료로 한다.

공간정보의 구축 및 관리 등에 관한 법률 시행령 제84조(지적공부의 정리 등)

① 지적소관청은 지적공부가 다음 각 호의 어느 하나에 해당하는 경우에는 지적공부를 정리하여야 한다. 이 경우 이미 작성된 지적공부에 정리할 수 없을 때에는 새로 작성하여야 한다.

> 1. 법 제66조제2항에 따라 지번을 변경하는 경우
> 2. 법 제74조에 따라 지적공부를 복구하는 경우
> 3. 법 제77조부터 제86조까지의 규정에 따른 신규등록 · 등록전환 · 분할 · 합병 · 지목변경 등 토지의 이동이 있는 경우

② 지적소관청은 제1항에 따른 토지의 이동이 있는 경우에는 **토지이동정리 결의서**를 작성하여야 하고, 토지소유자의 변동 등에 따라 지적공부를 정리하려는 경우에는 소유자정리 결의서를 작성하여야 한다.

③ 제1항 및 제2항에 따른 지적공부의 정리방법, 토지이동정리 결의서 및 소유자정리 결의서 작성방법 등에 관하여 필요한 사항은 국토교통부령으로 정한다. 〈개정 2013.3.23.〉

공간정보의 구축 및 관리 등에 관한 법률 시행령 제85조(지적정리 등의 통지)

지적소관청이 법 제90조에 따라 토지소유자에게 지적정리 등을 통지하여야 하는 시기는 다음 각 호의 구분에 따른다.

> 1. 토지의 표시에 관한 변경등기가 필요한 경우 : 그 등기완료의 통지서를 접수한 날부터 15일 이내
> 2. 토지의 표시에 관한 변경등기가 필요하지 아니한 경우 : 지적공부에 등록한 날부터 7일 이내

05 「공간정보의 구축 및 관리 등에 관한 법령」상 토지소유자가 지적소관청에 신청할 수 있는 토지의 이동 종목이 아닌 것은?

① 신규등록 ② 분할
③ 지목변경 ④ 소유자변경

풀이 공간정보의 구축 및 관리 등에 관한 법률 제77조(신규등록 신청)

토지소유자는 신규등록할 토지가 있으면 대통령령으로 정하는 바에 따라 그 사유가 발생한 날부터 60일 이내에 지적소관청에 신규등록을 신청하여야 한다.

공간정보의 구축 및 관리 등에 관한 법률 제78조(등록전환 신청)

토지소유자는 등록전환할 토지가 있으면 대통령령으로 정하는 바에 따라 그 사유가 발생한 날부터 60일 이내에 지적소관청에 등록전환을 신청하여야 한다.

공간정보의 구축 및 관리 등에 관한 법률 제79조(분할 신청)

① 토지소유자는 토지를 분할하려면 대통령령으로 정하는 바에 따라 지적소관청에 분할을 신청하여야 한다.
② 토지소유자는 지적공부에 등록된 1필지의 일부가 형질변경 등으로 용도가 변경된 경우에는 대통령령으로 정하는 바에 따라 용도가 변경된 날부터 60일 이내에 지적소관청에 토지의 분할을 신청하여야 한다.

공간정보의 구축 및 관리 등에 관한 법률 제80조(합병 신청)

① 토지소유자는 토지를 합병하려면 대통령령으로 정하는 바에 따라 지적소관청에 합병을 신청하여야 한다.
② 토지소유자는 「주택법」에 따른 공동주택의 부지, 도로, 제방, 하천, 구거, 유지, 그 밖에 대통령령으로 정하는 토지로서 합병하여야 할 토지가 있으면 그 사유가 발생한 날부터 60일 이내에 지적소관청에 합병을 신청하여야 한다.

공간정보의 구축 및 관리 등에 관한 법률 제81조(지목변경 신청)

토지소유자는 지목변경을 할 토지가 있으면 대통령령으로 정하는 바에 따라 그 사유가 발생한 날부터 60일 이내에 지적소관청에 지목변경을 신청하여야 한다.

공간정보의 구축 및 관리 등에 관한 법률 제88조(토지소유자의 정리)

① 지적공부에 등록된 토지소유자의 변경사항은 등기관서에서 등기한 것을 증명하는 등기필증, 등기완료통지서, 등기사항증명서 또는 등기관서에서 제공한 등기전산정보자료에 따라 정리한다. 다만, 신규등록하는 토지의 소유자는 지적소관청이 직접 조사하여 등록한다.

06 토지의 이동에 따른 지적공부의 정리방법 등에 관한 설명으로 틀린 것은? (17년2회지기)

① 토지이동정리 결의서는 토지대장 · 임야대장 또는 경계점좌표등록부별로 구분하여 작성한다.
② 토지이동정리 결의서에는 토지이동신청서 또는 도시개발사업 등의 완료신고서 등을 첨부하여야 한다.
③ 소유자정리 결의서에는 등기필증, 등기부등본 또는 그 밖에 토지소유자가 변경되었음을 증명하는 서류를 첨부하여야 한다.
④ 토지이동정리 결의서 및 소유자정리 결의서의 작성에 필요한 사항은 대통령령으로 정한다.

풀이 공간정보의 구축 및 관리 등에 관한 법률 시행규칙 제98조(지적공부의 정리방법 등)

① 영 제84조제2항에 따른 토지이동정리 결의서의 작성은 별지 제57호 서식에 따라 토지대장 · 임야대장 또는 경계점좌표등록부별로 구분하여 작성하되, 토지이동정리 결의서에는 토지이동신청서 또는 도시개발사업 등의

완료신고서 등을 첨부하여야 하며, 소유자정리 결의서의 작성은 별지 제85호 서식에 따르되 등기필증, 등기부
등본 또는 그 밖에 토지소유자가 변경되었음을 증명하는 서류를 첨부하여야 한다. 다만, 「전자정부법」 제36조
제1항에 따른 행정정보의 공동이용을 통하여 첨부서류에 대한 정보를 확인할 수 있는 경우에는 그 확인으로
첨부서류를 갈음할 수 있다. 〈개정 2011.4.11.〉

② 제1항의 대장 외에 지적공부의 정리와 토지이동정리 결의서 및 소유자정리 결의서의 작성에 필요한 사항은
국토교통부장관이 정한다.

07 지적소관청이 지적공부에 등록하거나 지적공부를 복구 또는 말소하거나 등기촉탁을 하였으면 대통령령으로 정하는 바에 따라 해당 토지소유자에게 통지하여야 한다. 지적소관청이 토지소유자에게 지적정리 등을 통지하여야 하는 시기로 옳은 것은? (14년서울9급)

① 토지의 표시에 관한 변경등기가 필요한 경우 : 그 등기완료의 통지서를 접수한 날부터 7일 이내
② 토지의 표시에 관한 변경등기가 필요한 경우 : 그 등기완료의 통지서를 접수한 날부터 15일 이내
③ 토지의 표시에 관한 변경등기가 필요한 경우 : 그 등기완료의 통지서를 접수한 날부터 30일 이내
④ 토지의 표시에 관한 변경등기가 필요하지 아니한 경우 : 지적공부에 등록한 날부터 15일 이내

풀이 공간정보의 구축 및 관리 등에 관한 법률 시행령 제85조(지적정리 등의 통지)

지적소관청이 법 제90조에 따라 토지소유자에게 지적정리 등을 통지하여야 하는 시기는 다음 각 호의 구분에
따른다.

1. 토지의 표시에 관한 변경등기가 필요한 경우 : 그 등기완료의 통지서를 접수한 날부터 15일 이내
2. 토지의 표시에 관한 변경등기가 필요하지 아니한 경우 : 지적공부에 등록한 날부터 7일 이내

08 지적공부의 토지소유자 정리 등에 관한 설명으로 틀린 것은?

① 신규등록을 포함한 토지소유자의 변경사항은 등기관서에서 등기한 것을 증명하는 등기필증, 등기완
료통지서, 등기사항증명서 또는 등기관서에서 제공한 등기전산정보자료에 의하여 정리한다.
② 국유재산법에 의한 총괄청 또는 관리청이 지적공부에 소유자가 등록되지 아니한 토지에 대하여 소
유자등록신청을 하는 경우 소관청은 이를 등록할 수 있다.
③ 등기부에 기재된 토지의 표시가 지적공부와 부합하지 아니하는 때에는 지적공부의 토지소유자를 정
리할 수 없다. 이 경우 그 뜻을 관할 등기관서에 통지하여야 한다.
④ 소관청은 토지소유자의 변동 등에 따른 지적공부를 정리하고자 하는 경우에는 소유자정리결의서를
작성하여야 한다.

풀이 공간정보의 구축 및 관리 등에 관한 법률 제88조(토지소유자의 정리)

① 지적공부에 등록된 토지소유자의 변경사항은 등기관서에서 등기한 것을 증명하는 등기필증, 등기완료통지서,
등기사항증명서 또는 등기관서에서 제공한 등기전산정보자료에 따라 정리한다. 다만, 신규등록하는 토지의
소유자는 지적소관청이 직접 조사하여 등록한다. 〈개정 2011.4.12.〉
② 「국유재산법」 제2조제10호에 따른 총괄청이나 같은 조 제11호에 따른 중앙관서의 장이 같은 법 제12조제3
항에 따라 소유자 없는 부동산에 대한 소유자 등록을 신청하는 경우 지적소관청은 지적공부에 해당 토지의
소유자가 등록되지 아니한 경우에만 등록할 수 있다. 〈개정 2011.3.30.〉

③ 등기부에 적혀 있는 토지의 표시가 지적공부와 일치하지 아니하면 제1항에 따라 토지소유자를 정리할 수 없다. 이 경우 토지의 표시와 지적공부가 일치하지 아니하다는 사실을 관할 등기관서에 통지하여야 한다.

④ 지적소관청은 필요하다고 인정하는 경우에는 관할 등기관서의 등기부를 열람하여 지적공부와 부동산등기부가 일치하는지 여부를 조사·확인하여야 하며, 일치하지 아니하는 사항을 발견하면 등기사항증명서 또는 등기관서에서 제공한 등기전산정보자료에 따라 지적공부를 직권으로 정리하거나, 토지소유자나 그 밖의 이해관계인에게 그 지적공부와 부동산등기부가 일치하게 하는 데에 필요한 신청 등을 하도록 요구할 수 있다. 〈개정 2011.4.12.〉

⑤ 지적소관청 소속 공무원이 지적공부와 부동산등기부의 부합 여부를 확인하기 위하여 등기부를 열람하거나, 등기사항증명서의 발급을 신청하거나, 등기전산정보자료의 제공을 요청하는 경우 그 수수료는 무료로 한다.

공간정보의 구축 및 관리 등에 관한 법률 시행령 제84조(지적공부의 정리 등)

① 지적소관청은 지적공부가 다음 각 호의 어느 하나에 해당하는 경우에는 지적공부를 정리하여야 한다. 이 경우 이미 작성된 지적공부에 정리할 수 없을 때에는 새로 작성하여야 한다.

> 1. 법 제66조제2항에 따라 지번을 변경하는 경우
> 2. 법 제74조에 따라 지적공부를 복구하는 경우
> 3. 법 제77조부터 제86조까지의 규정에 따른 신규등록·등록전환·분할·합병·지목변경 등 토지의 이동이 있는 경우

② 지적소관청은 제1항에 따른 토지의 이동이 있는 경우에는 토지이동정리 결의서를 작성하여야 하고, 토지소유자의 변동 등에 따라 지적공부를 정리하려는 경우에는 소유자정리 결의서를 작성하여야 한다.

③ 제1항 및 제2항에 따른 지적공부의 정리방법, 토지이동정리 결의서 및 소유자정리 결의서 작성방법 등에 관하여 필요한 사항은 국토교통부령으로 정한다.

09 지적공부의 소유자정리에 관한 설명으로 옳지 않은 것은?

(14년서울9급)

① 주소·성명·명칭의 변경 또는 경정 및 소유권 이전 등이 같은 날짜에 등기가 된 경우의 지적공부정리는 등기완료 순서에 따라 모두 정리하여야 한다.

② 대장의 소유자변동일자는 등기필통지서, 등기필증, 등기부등본·초본 또는 등기관서에서 제공한 등기전산정보자료의 경우에는 등기접수일자로 정리한다.

③ 국토교통부장관은 등기관서로부터 법인 또는 재외국민의 부동산등기용등록번호 정정통보가 있는 때에는 정정 전 등록번호에 따라 토지소재를 조사하여 시·도지사에게 그 내용을 통지하여야 한다.

④ 소유자등록사항 중 토지이동과 함께 소유자가 결정되는 신규 등록, 도시개발사업 등의 환지 등록 시에는 토지이동업무 처리와 동시에 소유자를 정리하여야 한다.

풀이 **지적업무처리규정 제60조(소유자정리)**

① 대장의 소유자변동일자는 등기필통지서, 등기필증, 등기부 등본·초본 또는 등기관서에서 제공한 등기전산정보자료의 경우에는 등기접수일자로, 법 제84조제4항 단서의 미등기토지 소유자에 관한 정정신청의 경우와 법 제88조제2항에 따른 소유자등록신청의 경우에는 소유자정리결의일자로, 공유수면 매립준공에 따른 신규 등록의 경우에는 매립준공일자로 정리한다.

② 주소·성명·명칭의 변경 또는 경정 및 소유권이전 등이 같은 날짜에 등기가 된 경우의 지적공부정리는 등기접수 순서에 따라 모두 정리하여야 한다.

③ 소유자의 주소가 토지소재지와 같은 경우에도 등기부와 일치하게 정리한다. 다만, 등기관서에서 제공한 등기전산정보자료에 따라 정리하는 경우에는 등기전산정보자료에 따른다.

정답 09 ①

④ 법 제88조제4항에 따라 지적소관청이 소유자에 관한 사항이 대장과 부합되지 아니하는 토지소유자를 정리할 때에는 제1항부터 제3항까지와 제65조제2항을 준용하며, 토지소유자 등 이해관계인이 등기부 등본·초본 등에 따라 소유자정정을 신청하는 경우에는 별지 제9호 서식의 소유자정정 신청서를 제출하여야 한다.

⑤ 국토교통부장관은 등기관서로부터 법인 또는 재외국민의 부동산등기용등록번호 정정통보가 있는 때에는 정정 전 등록번호에 따라 토지소재를 조사하여 시·도지사에게 그 내용을 통지하여야 한다. 이 경우 시·도지사는 지체 없이 그 내용을 해당 지적소관청에 통지하여야 한다.

⑥ 소유자등록사항 중 토지이동과 함께 소유자가 결정되는 신규 등록, 도시개발사업 등의 환지 등록 시에는 토지이동업무 처리와 동시에 소유자를 정리하여야 한다.

지적업무처리규정 제61조(미등기토지의 소유자정정 등)

① 법 제84조제4항 단서에 따른 적용대상 토지는 미등기토지로서 소유자의 정정에 관한 사항과 토지조사 당시에 사정 또는 재결 등에 따라 대장에 소유자는 등록하였으나, 소유자의 주소가 등록되어 있지 아니한 토지와 종전 「지적법 시행령」(대통령령 제497호 1951년 4월 1일 제정) 제3조제4호에 따라 국유지를 매각·교환 또는 양여하여 취득한 토지(이하 "국유지의 취득"이라 한다)의 소유자주소가 대장에 등록되어 있지 아니한 미등기토지로 한다. 다만, 1950.12.1. 법률 제165호로 제정된 「지적법」(1975.12.31. 법률 제2801호로 전문 개정되기 이전의 법률을 말한다)이 시행된 시기에 복구, 소유권확인청구의 소에 따른 확정판결이 있었거나, 이에 관한 소송이 법원에 진행 중인 토지는 제외한다.

② 미등기토지의 소유자주소를 대장에 등록하고자 하는 때에는 사정·재결 또는 국유지의 취득 당시 최초 주소를 등록한다.

③ 법 제84조제4항 단서의 미등기토지 소유자에 관한 정정신청은 별지 제10호 서식에 따르며, 지적소관청은 미등기토지의 소유자정정 등에 관한 신청이 있는 때에는 14일 이내에 다음 각 호의 사항을 확인하여 처리하여야 하며, 별지 제11호의 조사서를 작성하여야 한다.

> 1. 적용대상토지 여부
> 2. 대장상 소유자와 가족관계등록부·제적부에 등재된 자와의 동일인 여부
> 3. 적용대상토지에 대한 확정판결이나 소송의 진행여부
> 4. 첨부서류의 적합여부
> 5. 그 밖에 지적소관청이 필요하다고 인정되는 사항

④ 지적소관청은 제3항에 따른 조사를 할 때에는 기간을 정하여 신청인에게 필요한 자료의 제출 또는 보완을 요구할 수 있다.

⑤ 지적소관청은 대장에 소유자의 주소 등을 등록한 때에는 지체 없이 신청인에게 그 내용을 통지하여야 한다.

10 토지대장의 소유자변동일자의 정리기준에 대한 설명으로 옳지 않은 것은? (18년3회지기)

① 신규등록의 경우 : 매립준공일자
② 미등기토지의 경우 : 소유자정리결의일자
③ 등기부등본·초본에 의하는 경우 : 등기원인일자
④ 등기전산정보자료에 의하는 경우 : 등기접수일자

풀이 지적업무처리규정 제60조(소유자정리)

① 대장의 소유자변동일자는 등기필통지서, 등기필증, 등기부 등본·초본 또는 등기관서에서 제공한 등기전산정보자료의 경우에는 등기접수일자로, 법 제84조제4항 단서의 미등기토지 소유자에 관한 정정신청의 경우와 법 제88조제2항에 따른 소유자등록신청의 경우에는 소유자정리결의일자로, 공유수면 매립준공에 따른 신규 등록의 경우에는 매립준공일자로 정리한다.

② 주소·성명·명칭의 변경 또는 경정 및 소유권이전 등이 같은 날짜에 등기가 된 경우의 지적공부정리는 등기 접수 순서에 따라 모두 정리하여야 한다.

③ 소유자의 주소가 토지소재지와 같은 경우에도 등기부와 일치하게 정리한다. 다만, 등기관서에서 제공한 등기 전산정보자료에 따라 정리하는 경우에는 등기전산정보자료에 따른다.

11 지적전산자료의 이용에 관하여 잘못 설명된 것은?

① 지적전산자료를 이용하고자 하는 자는 자료의 범위 및 내용을 포함하는 신청서를 작성하여 중앙행 정기관의 장에게 심사 신청하여야 한다.

② 심사 신청을 받은 시·도지사는 개인의 사생활 침해 등을 심사하여 신청인에게 결과를 통지한다.

③ 중앙행정기관의 장 외의 이용하고자 하는 자는 심사 결과를 첨부하여 승인 신청을 하여야 한다.

④ 승인 신청을 받은 국토교통부장관 등은 승인을 심사하여야 한다.

풀이 공간정보의 구축 및 관리 등에 관한 법률 제76조(지적전산자료의 이용 등)

① 지적공부에 관한 전산자료(연속지적도를 포함하며, 이하 "지적전산자료"라 한다)를 이용하거나 활용하려는 자는 다음 각 호의 구분에 따라 국토교통부장관, 시·도지사 또는 지적소관청에 지적전산자료를 신청하여야 한다. 〈개정 2013.3.23., 2013.7.17., 2017.10.24.〉

> 1. 전국 단위의 지적전산자료 : 국토교통부장관, 시·도지사 또는 지적소관청
> 2. 시·도 단위의 지적전산자료 : 시·도지사 또는 지적소관청
> 3. 시·군·구(자치구가 아닌 구를 포함한다) 단위의 지적전산자료 : 지적소관청

② 제1항에 따라 지적전산자료를 신청하려는 자는 대통령령으로 정하는 바에 따라 지적전산자료의 이용 또는 활용 목적 등에 관하여 미리 관계 중앙행정기관의 심사를 받아야 한다. 다만, 중앙행정기관의 장, 그 소속 기관의 장 또는 지방자치단체의 장이 신청하는 경우에는 그러하지 아니하다. 〈개정 2017.10.24.〉

③ 제2항에도 불구하고 다음 각 호의 어느 하나에 해당하는 경우에는 관계 중앙행정기관의 심사를 받지 아니할 수 있다. 〈개정 2017.10.24.〉

> 1. 토지소유자가 자기 토지에 대한 지적전산자료를 신청하는 경우
> 2. 토지소유자가 사망하여 그 상속인이 피상속인의 토지에 대한 지적전산자료를 신청하는 경우
> 3. 「개인정보 보호법」 제2조제1호에 따른 개인정보를 제외한 지적전산자료를 신청하는 경우

④ 제1항 및 제3항에 따른 지적전산자료의 이용 또는 활용에 필요한 사항은 대통령령으로 정한다.

공간정보의 구축 및 관리 등에 관한 법률 시행령 제62조(지적전산자료의 이용 등)

① 법 제76조제1항에 따라 지적공부에 관한 전산자료(이하 "지적전산자료"라 한다)를 이용하거나 활용하려는 자는 같은 조 제2항에 따라 다음 각 호의 사항을 적은 신청서를 관계 중앙행정기관의 장에게 제출하여 심사를 신청하여야 한다. **암기** 이용은 범내는 제보전하라

> 1. 자료의 이용 또는 활용 목적 및 근거
> 2. 자료의 범위 및 내용
> 3. 자료의 제공 방식, 보관 기관 및 안전관리대책 등

② 제1항에 따른 심사 신청을 받은 관계 중앙행정기관의 장은 다음 각 호의 사항을 심사한 후 그 결과를 신청인에게 통지하여야 한다. **암기** 타적공은 사적 외 방안 마련하라

> 1. 신청 내용의 타당성, 적합성 및 공익성

2. 개인의 ㉂생활 침해 여부
3. 자료의 목㉍ 외 사용 ㉫지 및 ㉙전관리대책

③ 법 제76조제1항에 따라 지적전산자료의 이용 또는 활용에 관한 승인을 받으려는 자는 승인신청을 할 때에 제2항에 따른 심사 결과를 제출하여야 한다. 다만, 중앙행정기관의 장이 승인을 신청하는 경우에는 제2항에 따른 심사 결과를 제출하지 아니할 수 있다.

④ 제3항에 따른 승인신청을 받은 국토교통부장관, 시·도지사 또는 지적소관청은 다음 각 호의 사항을 심사하여야 한다. 〈개정 2013.3.23.〉 **암기** ㉣㉞㉓은 ㉂㉍ 외 ㉫㉙ 마련하라 ㉠㉇ 여부를

1. 신청 내용의 ㉣당성, ㉞합성 및 ㉓익성
2. 개인의 ㉂생활 침해 여부
3. 자료의 목㉍ 외 사용 ㉫지 및 ㉙전관리대책
4. 신청한 사항의 처리가 ㉠산정보처리조직으로 가능한지 여부
5. 신청한 사항의 처리가 ㉇적업무수행에 지장을 주지 않는지 여부

⑤ 국토교통부장관, 시·도지사 또는 지적소관청은 제4항에 따른 심사를 거쳐 지적전산자료의 이용 또는 활용을 승인하였을 때에는 지적전산자료 이용·활용 승인대장에 그 내용을 기록·관리하고 승인한 자료를 제공하여야 한다. 〈개정 2013.3.23.〉

⑥ 제5항에 따라 지적전산자료의 이용 또는 활용에 관한 승인을 받은 자는 국토교통부령으로 정하는 사용료를 내야 한다. 다만, 국가나 지방자치단체에 대해서는 사용료를 면제한다. 〈개정 2013.3.23.〉

12 지적전산자료의 이용 또는 활용 신청에 대한 심사신청을 받은 관계 중앙행정기관의 장이 심사하여야 할 사항으로 거리가 먼 것은? (13년서울9급)

① 신청내용의 타당성
② 자료의 목적 외 사용 방지 및 안전관리 대책
③ 토지정보의 공신력 확보를 위한 정보제공 제한의 적정성
④ 개인의 사생활 침해 여부

풀이 공간정보의 구축 및 관리 등에 관한 법률 시행령 제62조(지적전산자료의 이용 등)

① 법 제76조제1항에 따라 지적공부에 관한 전산자료(이하 "지적전산자료"라 한다)를 이용하거나 활용하려는 자는 같은 조 제2항에 따라 다음 각 호의 사항을 적은 신청서를 관계 중앙행정기관의 장에게 제출하여 심사를 신청하여야 한다. **암기** ㉖㉍㉰ ㉫㉬는 ㉞㉭㉠하라

1. 자료의 ㉖용 또는 활용 ㉧적 및 ㉰거
2. 자료의 ㉫위 및 ㉬용
3. 자료의 ㉞공 방식, ㉭관 기관 및 안㉠관리대책 등

② 제1항에 따른 심사 신청을 받은 관계 중앙행정기관의 장은 다음 각 호의 사항을 심사한 후 그 결과를 신청인에게 통지하여야 한다. **암기** ㉣㉞㉓은 ㉂㉍ 외 ㉫㉙ 마련하라

1. 신청 내용의 ㉣당성, ㉞합성 및 ㉓익성
2. 개인의 ㉂생활 침해 여부
3. 자료의 목㉍ 외 사용 ㉫지 및 ㉙전관리대책

③ 법 제76조제1항에 따라 지적전산자료의 이용 또는 활용에 관한 승인을 받으려는 자는 승인신청을 할 때에 제2항에 따른 심사 결과를 제출하여야 한다. 다만, 중앙행정기관의 장이 승인을 신청하는 경우에는 제2항에

따른 심사 결과를 제출하지 아니할 수 있다.

④ 제3항에 따른 승인신청을 받은 국토교통부장관, 시·도지사 또는 지적소관청은 다음 각 호의 사항을 심사하여야 한다. 〈개정 2013.3.23.〉 <u>암기</u> **타적공**은 **사적** 외 **방안** 마련하라 **전지** 여부를

> 1. 신청 내용의 **타**당성, **적**합성 및 **공**익성
> 2. 개인의 **사**생활 침해 여부
> 3. 자료의 목**적** 외 사용 **방**지 및 **안**전관리대책
> 4. 신청한 사항의 처리가 **전**산정보처리조직으로 가능한지 여부
> 5. 신청한 사항의 처리가 **지**적업무수행에 지장을 주지 않는지 여부

⑤ 국토교통부장관, 시·도지사 또는 지적소관청은 제4항에 따른 심사를 거쳐 지적전산자료의 이용 또는 활용을 승인하였을 때에는 지적전산자료 이용·활용 승인대장에 그 내용을 기록·관리하고 승인한 자료를 제공하여야 한다. 〈개정 2013.3.23.〉

⑥ 제5항에 따라 지적전산자료의 이용 또는 활용에 관한 승인을 받은 자는 국토교통부령으로 정하는 사용료를 내야 한다. 다만, 국가나 지방자치단체에 대해서는 사용료를 면제한다. 〈개정 2013.3.23.〉

13 지적공부의 효율적인 관리 및 활용을 위하여 지적정보전담 관리기구를 설치·운영하는 자는?

① 읍·면·동장
② 지적소관청
③ 시·도지사
④ 국토교통부장관

풀이 공간정보의 구축 및 관리 등에 관한 법률 제70조(지적정보 전담 관리기구의 설치)

① 국토교통부장관은 지적공부의 효율적인 관리 및 활용을 위하여 지적정보 전담 관리기구를 설치·운영한다. 〈개정 2013.3.23.〉

② 국토교통부장관은 지적공부를 과세나 부동산정책자료 등으로 활용하기 위하여 주민등록전산자료, 가족관계등록전산자료, 부동산등기전산자료 또는 공시지가전산자료 등을 관리하는 기관에 그 자료를 요청할 수 있으며 요청을 받은 관리기관의 장은 특별한 사정이 없는 한 이에 응하여야 한다. 〈개정 2013.3.23.〉

③ 제1항에 따른 지적정보 전담 관리기구의 설치·운영에 관한 세부사항은 대통령령으로 정한다.

14 지적전산자료의 이용에 대한 설명으로 옳지 않은 것은?

① 지적소관청은 전국단위, 시·도단위, 시·군·구단위 지적 전산자료의 이용 또는 활용 신청권자에 해당한다.

② 토지소유자가 사망하여 그 상속인이 피상속인의 토지에 대한 지적전산자료를 신청하는 경우에는 심사를 받지 아니할 수 있다.

③ 지적공부에 관한 전산자료는 연속지적도를 포함하지 않는다.

④ 지적공부에 관한 전산자료를 이용하거나 활용하려는 자는 자료의 제공 방식, 보관 기관 및 안전관리대책 등의 사항을 적은 신청서를 관계 중앙행정기관의 장에게 제출하여 심사를 신청하여야 한다.

풀이 공간정보의 구축 및 관리 등에 관한 법률 제76조(지적전산자료의 이용 등)

① 지적공부에 관한 전산자료(연속지적도를 포함하며, 이하 "지적전산자료"라 한다)를 이용하거나 활용하려는 자는 다음 각 호의 구분에 따라 국토교통부장관, 시·도지사 또는 지적소관청에 지적전산자료를 신청하여야 한다. 〈개정 2013.3.23., 2013.7.17., 2017.10.24.〉

> 1. 전국 단위의 지적전산자료 : 국토교통부장관, 시·도지사 또는 지적소관청
> 2. 시·도 단위의 지적전산자료 : 시·도지사 또는 지적소관청
> 3. 시·군·구(자치구가 아닌 구를 포함한다) 단위의 지적전산자료 : 지적소관청

② 제1항에 따라 지적전산자료를 신청하려는 자는 대통령령으로 정하는 바에 따라 지적전산자료의 이용 또는 활용 목적 등에 관하여 미리 관계 중앙행정기관의 심사를 받아야 한다. 다만, 중앙행정기관의 장, 그 소속 기관의 장 또는 지방자치단체의 장이 신청하는 경우에는 그러하지 아니하다. 〈개정 2017.10.24.〉

③ 제2항에도 불구하고 다음 각 호의 어느 하나에 해당하는 경우에는 관계 중앙행정기관의 심사를 받지 아니할 수 있다. 〈개정 2017.10.24.〉

> 1. 토지소유자가 자기 토지에 대한 지적전산자료를 신청하는 경우
> 2. 토지소유자가 사망하여 그 상속인이 피상속인의 토지에 대한 지적전산자료를 신청하는 경우
> 3. 「개인정보 보호법」 제2조제1호에 따른 개인정보를 제외한 지적전산자료를 신청하는 경우

④ 제1항 및 제3항에 따른 지적전산자료의 이용 또는 활용에 필요한 사항은 대통령령으로 정한다.

공간정보의 구축 및 관리 등에 관한 법률 시행령 제62조(지적전산자료의 이용 등)

① 법 제76조제1항에 따라 지적공부에 관한 전산자료(이하 "지적전산자료"라 한다)를 이용하거나 활용하려는 자는 같은 조 제2항에 따라 다음 각 호의 사항을 적은 신청서를 관계 중앙행정기관의 장에게 제출하여 심사를 신청하여야 한다. **암기** 이목근 범내는 제보전하라

> 1. 자료의 이용 또는 활용 목적 및 근거
> 2. 자료의 범위 및 내용
> 3. 자료의 제공 방식, 보관 기관 및 안전관리대책 등

② 제1항에 따른 심사 신청을 받은 관계 중앙행정기관의 장은 다음 각 호의 사항을 심사한 후 그 결과를 신청인에게 통지하여야 한다. **암기** 타적공은 사생 외 방안 마련하라

> 1. 신청 내용의 타당성, 적합성 및 공익성
> 2. 개인의 사생활 침해 여부
> 3. 자료의 목적 외 사용 방지 및 안전관리대책

③ 법 제76조제1항에 따라 지적전산자료의 이용 또는 활용에 관한 승인을 받으려는 자는 승인신청을 할 때에 제2항에 따른 심사 결과를 제출하여야 한다. 다만, 중앙행정기관의 장이 승인을 신청하는 경우에는 제2항에 따른 심사 결과를 제출하지 아니할 수 있다.

④ 제3항에 따른 승인신청을 받은 국토교통부장관, 시·도지사 또는 지적소관청은 다음 각 호의 사항을 심사하여야 한다. 〈개정 2013.3.23.〉 **암기** 타적공은 사생 외 방안 마련하라 전지 여부를

> 1. 신청 내용의 타당성, 적합성 및 공익성
> 2. 개인의 사생활 침해 여부
> 3. 자료의 목적 외 사용 방지 및 안전관리대책
> 4. 신청한 사항의 처리가 전산정보처리조직으로 가능한지 여부
> 5. 신청한 사항의 처리가 지적업무수행에 지장을 주지 않는지 여부

⑤ 국토교통부장관, 시·도지사 또는 지적소관청은 제4항에 따른 심사를 거쳐 지적전산자료의 이용 또는 활용을 승인하였을 때에는 지적전산자료 이용·활용 승인대장에 그 내용을 기록·관리하고 승인한 자료를 제공하여야 한다. 〈개정 2013.3.23.〉

⑥ 제5항에 따라 지적전산자료의 이용 또는 활용에 관한 승인을 받은 자는 국토교통부령으로 정하는 사용료를 내야 한다. 다만, 국가나 지방자치단체에 대해서는 사용료를 면제한다. 〈개정 2013.3.23.〉

15 「지적업무처리규정」상 토지이동정리 결의서 및 소유자정리 결의서 작성사항에 대해 옳지 않은 것은?

① 소유자정리 결의서는 토지소재 · 소유권보존 · 소유권이전 및 기타란은 읍 · 면 · 동별로 기재한다.

② 지적공부정리 중에 잘못 정리하였음을 즉시 발견하여 정정할 때에는 오기정정할 지적전산자료를 출력하여 등록사항정정의 방법으로 하여야 한다.

③ 토지이동정리결의서에서 증감란의 면적과 지번수는 늘어난 경우에는 (+)로, 줄어든 경우에는 (−)로 기재한다.

④ 토지소재 · 이동 전 · 이동 후 및 증감란은 읍 · 면 · 동단위로 지목별로 작성한다.

풀이 지적업무처리규정 제65조(토지이동정리결의서 및 소유자정리결의서 작성)

① 규칙 제98조제2항에 따른 토지이동정리결의서는 다음 각 호와 같이 작성한다. 이 경우 증감란의 면적과 지번수는 늘어난 경우에는 (+)로, 줄어든 경우에는 (−)로 기재한다.

1. 지적공부정리종목은 토지이동종목별로 구분하여 기재한다.
2. 토지소재 · 이동 전 · 이동 후 및 증감란은 읍 · 면 · 동 단위로 지목별로 작성한다.

종목	이동 전	이동 후	증감란
신규 등록		지목 · 면적 및 지번수	면적 및 지번수
등록전환	임야대장에 등록된 지목 · 면적 및 지번수	토지대장에 등록될 지목 · 면적 및 지번수	면적
	이 경우 등록전환에 따른 임야대장 및 임야도의 말소정리는 등록전환결의서에 따른다.		
분할 및 합병	지목 및 지번수	지목 및 지번수	지번수
지목변경	변경 전의 지목 · 면적 및 지번수	변경 후의 지목 · 면적 및 지번수	
지적공부 등록말소	지목 · 면적 및 지번수		지목 · 면적 및 지번수
축척변경	축척변경 시행 전 토지의 지목 · 면적 및 지번수	축척이 변경된 토지의 지목 · 면적 및 지번수	
	이 경우 축척변경완료에 따른 종전 지적공부의 폐쇄정리는 축척변경결의서에 따른다.		
등록사항 정정	정정 전의 지목 · 면적 및 지번수	정정 후의 지목 · 면적 및 지번수	면적 및 지번수
도시개발 사업	사업 시행 전 토지의 지목 · 면적 및 지번수	확정된 토지의 지목 · 면적 및 -지번수	
	이 경우 도시개발사업 등의 완료에 따른 종전 지적공부의 폐쇄정리는 도시개발사업 등 결의서에 따른다.		

② 규칙 제98조제2항에 따른 소유자정리결의서는 다음 각 호와 같이 작성한다. 다만, 등기전산정보자료에 따라 소유자를 정리하는 경우에는 생략할 수 있다.

1. 토지소재 · 소유권보존 · 소유권이전 및 기타란은 읍 · 면 · 동별로 기재한다.
2. 정리일자는 소유자정리결의일부터 정리완료일까지 기재한다.
3. 정리자는 업무담당자로 하고 확인자는 지적업무 담당으로 한다.
4. 소유자정리결과에 따라 접수 · 정리 · 기정리 및 불부합통지로 구분 기재한다.

지적업무처리규정 제66조(오기정정)

지적공부정리 중에 잘못 정리하였음을 즉시 발견하여 정정할 때에는 오기정정할 지적전산자료를 출력하여 지적
전산자료책임관의 확인을 받은 후 정정하여야 한다. 다만, 잘못 정리하였음을 즉시 발견하지 못한 경우의 정정
은 등록사항정정의 방법으로 하여야 한다.

16 「지적업무처리규정」(국토교통부 훈령 제899호)상 용어 정의에 대한 설명으로 가장 옳지 않은 것
은?

① "기지점(旣知點)"이란 기초측량에서는 국가기준점 또는 지적기준점을 말하고, 세부측량에서는 지적
기준점 또는 지적도면상 필지를 구획하는 선의 경계점과 상호 부합되는 지상의 경계점을 말한다.

② "측량현형(現形)파일"이란 전자평판측량 및 위성측량방법으로 관측 후 지적측량정보를 처리할 수
있는 시스템에 따라 작성된 측량결과도파일과 토지이동정리를 위한 지번, 지목 및 경계점의 좌표가
포함된 파일을 말한다.

③ "전자평판측량"이란 토탈스테이션과 지적측량 운영프로그램 등이 설치된 컴퓨터를 연결하여 세부측
량을 수행하는 측량을 말한다.

④ "기지경계선(旣知境界線)"이란 세부측량성과를 결정하는 기준이 되는 기지점을 필지별로 직선으로
연결한 선을 말한다.

> **풀이** 지적업무처리규정 제3조(정의)
>
> 이 규정에서 사용하는 용어의 뜻은 다음 각 호와 같다.
>
> 1. "기지점(旣知點)"이란 기초측량에서는 국가기준점 또는 지적기준점을 말하고, 세부측량에서는 지적기준점
> 또는 지적도면상 필지를 구획하는 선의 경계점과 상호 부합되는 지상의 경계점을 말한다.
> 2. "기지경계선(旣知境界線)"이란 세부측량성과를 결정하는 기준이 되는 기지점을 필지별로 직선으로 연결한
> 선을 말한다.
> 3. "전자평판측량"이란 토탈스테이션과 지적측량 운영프로그램 등이 설치된 컴퓨터를 연결하여 세부측량을
> 수행하는 측량을 말한다.
> 4. "토탈스테이션"이란 경위의측량방법에 따른 기초측량 및 세부측량에 사용되는 장비를 말한다.
> 5. "지적측량파일"이란 측량준비파일, 측량현형파일 및 측량성과파일을 말한다.
> 6. "측량준비파일"이란 부동산종합공부시스템에서 지적측량 업무를 수행하기 위하여 도면 및 대장속성 정보를
> 추출한 파일을 말한다.
> 7. "측량현형(現形)파일"이란 전자평판측량 및 위성측량방법으로 관측한 데이터 및 지적측량에 필요한 각종
> 정보가 들어있는 파일을 말한다.
> 8. "측량성과파일"이란 전자평판측량 및 위성측량방법으로 관측 후 지적측량정보를 처리할 수 있는 시스템에
> 따라 작성된 측량결과도파일과 토지이동정리를 위한 지번, 지목 및 경계점의 좌표가 포함된 파일을 말한다.
> 9. "측량부"란 기초측량 또는 세부측량성과를 결정하기 위하여 사용한 관측부·계산부 등 이에 수반되는 기록
> 을 말한다.

17 「지적업무처리규정」(국토교통부 훈령 제899호)상 등록전환측량에 대한 설명으로 가장 옳지 않은 것은?

① 등록전환 할 일단의 토지가 2필지 이상으로 분할되어야 할 토지의 경우에는 1필지로 등록전환 후 지목별로 분할하여야 한다. 이 경우 등록전환 할 토지의 지목은 토지대장에 등록된 지목으로 설정하되, 분할 및 지목변경은 등록전환과 동시에 정리한다.

② 1필지의 일부를 등록전환 하려면 등록전환으로 인하여 말소하여야 할 필지의 면적은 반드시 임야분할측량결과도에서 측정하여야 한다.

③ 임야도에 도곽선 또는 도곽선수치가 없거나, 1필지 전체를 등록전환 할 경우에만 등록전환으로 인하여 말소해야 할 필지의 임야측량결과도를 등록전환측량결과도에 함께 작성할 수 있다.

④ 토지대장에 등록하는 면적은 등록전환측량의 결과에 따라야 하며, 임야대장의 면적을 그대로 정리할 수 없다.

> **풀이** 지적업무처리규정 제22조(등록전환측량)
>
> ① 1필지 전체를 등록전환 할 경우에는 임야대장등록사항과 토지대장등록사항의 부합여부 등을 확인하고 토지의 경계와 이용현황 등을 조사하기 위한 측량을 하여야 한다.
> ② 등록전환 할 일단의 토지가 2필지 이상으로 분할되어야 할 토지의 경우에는 1필지로 등록전환 후 지목별로 분할하여야 한다. 이 경우 등록 전환할 토지의 지목은 임야대장에 등록된 지목으로 설정하되, 분할 및 지목변경은 등록전환과 동시에 정리한다.
> ③ 경계점좌표등록부를 비치하는 지역과 연접되어 있는 토지를 등록전환하려면 경계점좌표등록부에 등록하여야 한다.
> ④ 토지대장에 등록하는 면적은 등록전환측량의 결과에 따라야 하며, 임야대장의 면적을 그대로 정리할 수 없다.
> ⑤ 1필지의 일부를 등록전환 하려면 등록전환으로 인하여 말소하여야 할 필지의 면적은 반드시 임야분할측량결과도에서 측정하여야 한다.
> ⑥ 임야도에 도곽선 또는 도곽선수치가 없거나, 1필지 전체를 등록전환 할 경우에만 등록전환으로 인하여 말소해야 할 필지의 임야측량결과도를 등록전환측량결과도에 함께 작성할 수 있다.
> ⑦ 토지의 형질변경이 수반되는 등록전환측량은 토목공사 등이 완료된 후에 실시하여야 하며, 제20조제3항에 따라 측량성과를 결정하여야 한다.

18 「지적업무처리규정」(국토교통부 훈령 제899호)상 현지측량방법에 대한 설명으로 가장 옳지 않은 것은?

① 지적확정측량지구 안에서 지적측량을 하고자 할 경우에는 종전에 실시한 지적확정측량성과를 참고하여 성과를 결정하여야 한다.

② 현형법(現形法)으로 지적측량의 성과를 결정하려면 경계점은 반드시 지적공부 등록당시의 축척으로 하며, 기지점을 기준으로 지상경계선과 도상경계선의 부합여부를 확인하여야 한다.

③ 각종 인가 · 허가 등의 내용과 다르게 토지의 형질이 변경되었을 경우에는 그 변경 전 토지의 현황대로 측량성과를 결정하여야 한다.

④ 이미 작성되어 있는 지적측량파일을 이용하여 측량할 경우에는 기존 파일에서 지상경계선과 도상경계가 잘 부합되는 기지점과 신청토지 주변을 추가로 실측하여 성과를 결정하여야 한다.

> **풀이** 지적업무처리규정 제20조(현지측량방법 등)
> ① 지적측량을 할 때에는 토지소유자 및 이해관계인을 입회시켜 측량에 필요한 질문을 하거나 참고자료의 제시를 요구할 수 있다.
> ② 지적측량결과도에는 토지소유자 및 이해관계인의 서명 · 전자서명 또는 날인을 받아야 한다. 다만, 토지소유자 및 이해관계인이 입회하지 못하는 경우와 입회는 하였으나 서명 또는 날인을 거부하는 때에는 그 사유를 기재하여야 한다.
> ③ 각종 인가 · 허가 등의 내용과 다르게 토지의 형질이 변경되었을 경우에는 그 변경된 토지의 현황대로 측량성과를 결정하여야 한다.
> ④ 세부측량성과를 결정하기 위하여 사용하는 기지점은 지적기준점이어야 한다. 다만, 도면의 기지점이 정확하고 보존이 양호하여 기지점을 이용하여도 측량에 지장이 없다고 인정되는 축척 1천분의 1 이하의 지역에는 그러하지 아니하다.
> ⑤ 제4항에 따른 지적기준점은 세부측량을 하기 전에 설치하여야 하며, 그 설치비용을 지적측량의뢰인에게 부담시켜서는 아니 된다. 다만, 「지적측량 시행규칙」 제6조제2항제1호 · 제2호 또는 제4호에 해당하는 경우, 51필지 이상 연속지 또는 집단지 세부측량시에 지적기준점을 설치할 경우 및 제4항 단서에 따른 기지점에 따라 세부측량을 할 지역에서 지적측량의뢰인이 지적기준점의 설치를 요구할 경우에는 그러하지 아니하다.
> ⑥ 지적확정측량지구 안에서 지적측량을 하고자 할 경우에는 종전에 실시한 지적확정측량성과를 참고하여 성과를 결정하여야 한다.
> ⑦ 지적측량을 완료한 때에는 분할 등록될 경계점의 위치 또는 경계복원점의 위치를 지적기준점 · 담장모서리 및 전신주 등 주위 고정물로부터 거리를 측정하여 지적측량의뢰인 및 이해관계인에게 확인시키고, 측량결과도 여백에 그 거리를 기재하거나 경위의측량방법에 따른 평면직각종횡선좌표 등 측정점의 위치설명도를 [예시1] 지적측량결과도 작성 예시 목록과 같이 작성하여야 한다. 다만, 주위 고정물이 없는 경우와 도로, 구거, 하천 등 연속 · 집단된 토지 등의 경우에는 작성을 생략할 수 있다.
> ⑧ 지적측량수행자는 지적측량자료조사 또는 지적측량결과, 지적공부의 토지의 표시에 잘못이 있음을 발견한 때에는 지체 없이 지적소관청에 관계자료 등을 첨부하여 문서로 통보하고, 지적측량의뢰인에게 그 내용을 통지하여야 한다.
> ⑨ 법원의 감정측량을 할 때에는 별표 2의 법원감정측량 처리절차에 따른다.
> ⑩ 전자평판측량에 따른 세부측량은 지적기준점을 기준으로 실시하여야 하며, 면적측정은 전산처리 방법에 따른다.
> ⑪ 제10항에 따른 세부측량 시 평판점의 이동거리는 「지적측량 시행규칙」 제2조제1항제3호에서 정한 지적도 근점표지의 점간거리 이내로 한다.
> ⑫ 지적기준점이 없는 지역에서 전자평판측량을 실시할 때에는 보존이 용이한 고정물을 선점하여 보조점으로

사용할 수 있다. 이 경우 설치된 보조점은 후속측량에 사용할 수 있도록 하여야 한다.

⑬ 현형법(現形法)으로 지적측량의 성과를 결정하려면 경계점은 반드시 지적공부 등록당시의 축척으로 하며, 기지점을 기준으로 지상경계선과 도상경계선의 부합여부를 확인하여야 한다.

⑭ 이미 작성되어 있는 지적측량파일을 이용하여 측량할 경우에는 기존 파일에서 지상경계선과 도상경계가 잘 부합되는 기지점과 신청토지 주변을 추가로 실측하여 성과를 결정하여야 한다.

⑮ 전자평판측량의 설치 및 표정방법은 다음 각 호에 따른다.

> 1. 토탈스테이션을 지적기준점 또는 보조점 위에 거치한 후 다른 지적기준점이나 고정물을 시준하고 수평각을 전자평판에서 0° 0′ 0″로 세팅하여 관측을 준비한다.
> 2. 지적기준점 간의 거리는 2회 이상 측정하여 확인한다.
> 3. 연직각은 천정을 0으로 설정한다.

19 도시개발사업 등의 완료신고가 있는 때에 지적소관청이 확인하여야 하는 사항으로 가장 옳지 않은 것은? (18년서울9급)

① 종전토지의 지번별 조서와 지적공부등록사항 및 환지계획서의 부합여부
② 착수 전 각종 집계의 정확여부
③ 측량결과도 또는 경계점좌표와 새로이 작성된 지적도와의 부합여부
④ 종전토지 소유명의인 동일여부 및 종전토지 등기부에 소유권 등기 이외의 다른 등기사항이 없는지 여부

풀이 공간정보의 구축 및 관리 등에 관한 법률 시행규칙 제95조(도시개발사업 등의 신고)

① 법 제86조제1항 및 영 제83조제2항에 따른 도시개발사업 등의 착수 또는 변경의 신고를 하려는 자는 별지 제81호 서식의 도시개발사업 등의 착수(시행)·변경·완료 신고서에 다음 각 호의 서류를 첨부하여야 한다. 다만, 변경신고의 경우에는 변경된 부분으로 한정한다. **암기** 인지도

> 1. 사업인가서
> 2. 지번별 조서
> 3. 사업계획도

② 법 제86조제1항 및 영 제83조제2항에 따른 도시개발사업 등의 완료신고를 하려는 자는 별지 제81호 서식의 신청서에 다음 각 호의 서류를 첨부하여야 한다. 이 경우 지적측량수행자가 지적소관청에 측량검사를 의뢰하면서 미리 제출한 서류는 첨부하지 아니할 수 있다. **암기** 확종지환

> 1. 확정될 토지의 지번별 조서 및 종전 토지의 지번별 조서
> 2. 환지처분과 같은 효력이 있는 고시된 환지계획서. 다만, 환지를 수반하지 아니하는 사업인 경우에는 사업의 완료를 증명하는 서류를 말한다.

지적업무처리규정 제58조(도시개발 등의 사업신고)

① 지적소관청은 규칙 제95조제1항에 따른 도시개발사업 등의 착수(시행) 또는 변경신고가 있는 때에는 다음 각 호에 따라 처리한다.

> 1. 다음 각 목의 사항을 확인한다. **암기** 지공부 지사부 수집부

> 가. 지번별 조서와 지적공부등록사항과의 부합 여부
> 나. 지번별 조서·지적(임야)도와 사업계획도와의 부합 여부
> 다. 착수 전 각종 집계의 정확 여부

2. 제1호에 따라 서류의 확인이 완료된 때에는 지체 없이 지적공부에 그 사유를 정리하여야 한다.

② 지적소관청은 규칙 제95조제2항에 따라 도시개발사업 등의 완료신고가 있는 때에는 다음 각 호에 따라 처리한다.

1. 다음 각 목의 사항을 확인한다. **암기** [지][면][환][부] [지][공][환][부] [측][경][지][부] [종][소][등][부]

> 가. 확정될 토지의 [지]번별 조서와 [면]적측정부 및 [환]지계획서의 [부]합 여부
> 나. 종전토지의 [지]번별 조서와 지적[공]부등록사항 및 [환]지계획서의 [부]합 여부
> 다. [측]량결과도 또는 [경]계점좌표와 새로이 작성된 [지]적도와의 [부]합 여부
> 라. [종]전토지 [소]유명의인 동일 여부 및 종전토지 [등]기부에 소유권등기 이외의 다른 등기사항이 없는지 여[부]
> 마. 그 밖에 필요한 사항

2. 제1호에 따른 서류의 확인이 완료된 때에는 확정될 토지의 지번별 조서에 따라 토지대장을, 측량성과에 따라 경계점좌표등록부 등을 작성한다. 이 경우 토지대장에 등록하는 소유자의 성명 또는 명칭과 등록번호 및 주소는 환지계획서에 따르되, 소유자의 변동일자와 변동원인은 다음 각 목에 따라 정리한다.

> 가. 소유자변동일자 : 환지처분 또는 사업준공 인가일자(환지처분을 아니할 경우에만 해당한다)
> 나. 소유자변동원인 : 환지 또는 지적확정(환지처분을 아니하는 경우에만 해당한다)

3. 지적공부의 작성이 완료된 때에는 새로 지적공부가 확정 시행됨을 7일 이상 시 · 군 · 구 게시판 또는 홈페이지 등에 게시한다.
4. 도시개발사업 등의 완료로 인하여 폐쇄되는 지적공부는 폐쇄사유를 그 지적공부에 정리하고 별도로 영구보관한다.

20 도시개발사업 등의 착수 또는 변경신고가 있는 때에 지적소관청이 확인하여야 하는 사항으로 가장 옳지 않은 것은?

① 종전토지의 지번별 조서와 지적공부등록사항 및 환지계획서의 부합여부
② 착수 전 각종 집계의 정확여부
③ 지번별 조서와 지적공부등록사항과의 부합여부
④ 지번별 조서 · 지적(임야)도와 사업계획도와의 부합여부

[풀이] 공간정보의 구축 및 관리 등에 관한 법률 시행규칙 제95조(도시개발사업 등의 신고)

① 법 제86조제1항 및 영 제83조제2항에 따른 도시개발사업 등의 착수 또는 변경의 신고를 하려는 자는 별지 제81호 서식의 도시개발사업 등의 착수(시행) · 변경 · 완료 신고서에 다음 각 호의 서류를 첨부하여야 한다. 다만, 변경신고의 경우에는 변경된 부분으로 한정한다. **암기** [인][지][도]

> 1. 사업[인]가서
> 2. [지]번별 조서
> 3. 사업계획[도]

② 법 제86조제1항 및 영 제83조제2항에 따른 도시개발사업 등의 완료신고를 하려는 자는 별지 제81호 서식의 신청서에 다음 각 호의 서류를 첨부하여야 한다. 이 경우 지적측량수행자가 지적소관청에 측량검사를 의뢰하면서 미리 제출한 서류는 첨부하지 아니할 수 있다. **암기** [확][종][지][환]

> 1. [확]정될 토지의 지번별 조서 및 [종]전 토지의 [지]번별 조서
> 2. 환지처분과 같은 효력이 있는 고시된 [환]지계획서. 다만, 환지를 수반하지 아니하는 사업인 경우에는 사업의 완료를 증명하는 서류를 말한다.

정답 20 ①

지적업무처리규정 제58조(도시개발 등의 사업신고)

① 지적소관청은 규칙 제95조제1항에 따른 도시개발사업 등의 착수(시행) 또는 변경신고가 있는 때에는 다음 각 호에 따라 처리한다.

1. 다음 각 목의 사항을 확인한다.　**암기**　**㉖㉰㉴　㉖㉳㉴　㉗㉱㉴**

> 가. ㉖번별 조서와 지적㉰부등록사항과의 ㉴합 여부
> 나. ㉖번별 조서ㆍ지적(임야)도와 ㉳업계획도와의 ㉴합 여부
> 다. 착㉗ 전 각종 ㉱계의 정확 여㉴

2. 제1호에 따라 서류의 확인이 완료된 때에는 지체 없이 지적공부에 그 사유를 정리하여야 한다.

② 지적소관청은 규칙 제95조제2항에 따라 도시개발사업 등의 완료신고가 있는 때에는 다음 각 호에 따라 처리한다.

1. 다음 각 목의 사항을 확인한다.　**암기**　**㉖㉲㉠㉴　㉖㉰㉠㉴　㉵㉯㉖㉴　㉱㉲㉳㉴**

> 가. 확정될 토지의 ㉖번별 조서와 ㉲적측정부 및 ㉠지계획서의 ㉴합 여부
> 나. 종전토지의 ㉖번별 조서와 지적㉰부등록사항 및 ㉠지계획서의 ㉴합 여부
> 다. ㉵량결과도 또는 ㉯계점좌표와 새로이 작성된 ㉖적도와의 ㉴합 여부
> 라. ㉱전토지 ㉲유명의인 동일 여부 및 종전토지 ㉳기부에 소유권등기 이외의 다른 등기사항이 없는지 여㉴
> 마. 그 밖에 필요한 사항

2. 제1호에 따른 서류의 확인이 완료된 때에는 확정될 토지의 지번별 조서에 따라 토지대장을, 측량성과에 따라 경계점좌표등록부 등을 작성한다. 이 경우 토지대장에 등록하는 소유자의 성명 또는 명칭과 등록번호 및 주소는 환지계획서에 따르되, 소유자의 변동일자와 변동원인은 다음 각 목에 따라 정리한다.

> 가. 소유자변동일자 : 환지처분 또는 사업준공 인가일자(환지처분을 아니할 경우에만 해당한다)
> 나. 소유자변동원인 : 환지 또는 지적확정(환지처분을 아니하는 경우에만 해당한다)

3. 지적공부의 작성이 완료된 때에는 새로 지적공부가 확정 시행됨을 7일 이상 시ㆍ군ㆍ구 게시판 또는 홈페이지 등에 게시한다.

4. 도시개발사업 등의 완료로 인하여 폐쇄되는 지적공부는 폐쇄사유를 그 지적공부에 정리하고 별도로 영구 보관한다.

01 「국가공간정보 기본법」의 목적으로 옳지 않은 것은?

① 국토 및 자원을 합리적으로 이용하여 국민경제의 발전에 이바지함
② 국가공간정보체계의 효율적인 종합적 활용 및 관리
③ 국가공간정보체계의 가공, 분석, 표현
④ 국가공간정보체계의 효율적인 구축

풀이 **국가공간정보 기본법 제1조(목적)**

이 법은 국가공간정보체계의 효율적인 구축과 종합적 활용 및 관리에 관한 사항을 규정함으로써 국토 및 자원을
합리적으로 이용하여 국민경제의 발전에 이바지함을 목적으로 한다.

02 「국가공간정보 기본법」의 정의로 옳지 않은 것은?

① "관리기관"이란 공간정보를 생산하거나 관리하는 중앙행정기관, 지방자치단체, 「공공기관의 운영
에 관한 법률」 제4조에 따른 공공기관(이하 "공공기관"이라 한다), 그 밖에 대통령령으로 정하는 민
간기관을 말한다.
② "공간정보체계"란 공간정보를 효과적으로 수집 · 저장 · 가공 · 분석 · 표현할 수 있도록 서로 유기적
으로 연계된 컴퓨터의 하드웨어, 소프트웨어, 데이터베이스 및 인적자원의 결합체를 말한다.
③ "공간객체등록번호"란 공간정보를 효율적으로 관리 및 활용하기 위하여 자연적 또는 인공적 객체에
부여하는 공간정보의 유일식별번호를 말한다.
④ "국가공간정보통합체계"란 공간정보를 체계적으로 정리하여 사용자가 검색하고 활용할 수 있도록
가공한 정보의 집합체를 말한다.

풀이 **국가공간정보 기본법 제2조(정의)**

이 법에서 사용하는 용어의 뜻은 다음과 같다.
1. "공간정보"란 지상 · 지하 · 수상 · 수중 등 공간상에 존재하는 자연적 또는 인공적인 객체에 대한 위치정보
및 이와 관련된 공간적 인지 및 의사결정에 필요한 정보를 말한다.
2. "공간정보데이터베이스"란 공간정보를 체계적으로 정리하여 사용자가 검색하고 활용할 수 있도록 가공한

정보의 집합체를 말한다.
3. "공간정보체계"란 공간정보를 효과적으로 수집 · 저장 · 가공 · 분석 · 표현할 수 있도록 서로 유기적으로 연계된 컴퓨터의 하드웨어, 소프트웨어, 데이터베이스 및 인적자원의 결합체를 말한다.
4. "관리기관"이란 공간정보를 생산하거나 관리하는 중앙행정기관, 지방자치단체, 「공공기관의 운영에 관한 법률」 제4조에 따른 공공기관(이하 "공공기관"이라 한다), 그 밖에 대통령령으로 정하는 민간기관을 말한다.
5. "국가공간정보체계"란 관리기관이 구축 및 관리하는 공간정보체계를 말한다.
6. "국가공간정보통합체계"란 제19조제3항의 기본공간정보데이터베이스를 기반으로 국가공간정보체계를 통합 또는 연계하여 국토교통부장관이 구축 · 운용하는 공간정보체계를 말한다.
7. "공간객체등록번호"란 공간정보를 효율적으로 관리 및 활용하기 위하여 자연적 또는 인공적 객체에 부여하는 공간정보의 유일식별번호를 말한다.

03 「국가공간정보 기본법」에서 공간정보의 취득 및 관리의 기본원칙으로 국가공간정보체계의 효율적인 구축과 종합적 활용을 위하여 국토의 공간별 · 지역별 공간정보가 균형 있게 포함되도록 하여야 하는 사항으로 옳지 않은 것은?

① 국가공간정보정책 시행계획 또는 기관별 국가공간정보정책 시행계획을 수립하는 경우
② 기본지리정보를 취득 및 관리하는 경우
③ 국가공간정보정책 기본계획 또는 기관별 국가공간정보정책 기본계획을 수립하는 경우
④ 기본공간정보를 취득 및 관리하는 경우

[풀이] **국가공간정보 기본법 제3조(국민의 공간정보복지 증진)**

① 국가 및 지방자치단체는 국민이 공간정보에 쉽게 접근하여 활용할 수 있도록 체계적으로 공간정보를 생산 및 관리하고 공개함으로써 국민의 공간정보복지를 증진시킬 수 있도록 노력하여야 한다.
② 국민은 법령에 따라 공개 및 이용이 제한된 경우를 제외하고는 관리기관이 생산한 공간정보를 정당한 절차를 거쳐 활용할 권리를 가진다.

국가공간정보 기본법 제3조의2(공간정보 취득 · 관리의 기본원칙)

국가공간정보체계의 효율적인 구축과 종합적 활용을 위하여 다음 각 호의 어느 하나에 해당하는 경우에는 국토의 공간별 · 지역별 공간정보가 균형 있게 포함되도록 하여야 한다. 〈개정 2014.6.3.〉
1. 제6조에 따른 국가공간정보정책 기본계획 또는 기관별 국가공간정보정책 기본계획을 수립하는 경우
2. 제7조에 따른 국가공간정보정책 시행계획 또는 기관별 국가공간정보정책 시행계획을 수립하는 경우
3. 제19조에 따른 기본공간정보를 취득 및 관리하는 경우
4. 제24조에 따라 국가공간정보통합체계를 구축하는 경우

기본공간정보 [암기] [경][지][해][지][건] [기][지][사][수][입][실]	국토교통부장관은 행정[경]계 · 도로 또는 철도의 [경]계 · 하천[경]계 · [지]형 · [해]안선 · [지]적, [건]물 등 인공구조물의 공간정보, 그 밖에 대통령령으로 정하는 주요 공간정보를 기본공간정보로 선정하여 관계 중앙행정기관의 장과 협의한 후 이를 관보에 고시하여야 한다.
	1. [기]준점(「공간정보의 구축 및 관리 등에 관한 법률」 제8조제1항에 따른 측량기준점표지를 말한다) 2. [지]명 3. 정[사]영상[항공사진 또는 인공위성의 영상을 지도와 같은 정사투영법(正射投影法)으로 제작한 영상을 말한다]

[정답] 03 ②

기본공간정보 **암기** 경지해지간 기지사수입실	4. ㈜치표고 모형[지표면의 표고(標高)를 일정간격 격자마다 수치로 기록한 표고 모형을 말한다] 5. 공간정보 ㉣체 모형(지상에 존재하는 인공적인 객체의 외형에 관한 위치정보를 현실과 유사하게 입체적으로 표현한 정보를 말한다) 6. ㉣내공간정보(지상 또는 지하에 존재하는 건물 등 인공구조물의 내부에 관한 공간정보를 말한다) 7. 그 밖에 위원회의 심의를 거쳐 국토교통부장관이 정하는 공간정보
기본지리정보 **암기** 행통물지형 해수준공	GIS체계는 다양한 분야에서 다양한 형태로 활용되지만 공통적인 기본 자료로 이용되는 지리정보는 거의 비슷하다. 이처럼 다양한 분야에서 공통적으로 사용하는 지리정보를 기본지리정보라고 한다. 그 범위 및 대상은 「국가지리정보체계의 구축 및 활용 등에 관한 법률 시행령」에서 행㉢구역, 교㉧, 시설㉣, ㉠적, 지㉢, ㉣양 및 ㈜자원, 측량기㈜점, 위성영상 및 항㉢사진으로 정하고 있다. 2차 국가 GIS 계획에서 기본지리정보 구축을 위한 중점 추진 과제는 국가기준점 체계 정비, 기본지리정보 구축 시범사업, 기본지리정보 데이터베이스 구축이다.

04 「국가공간정보 기본법」에서 국가공간정보정책에 관한 사항을 심의 · 조정하기 위하여 국토교통부에 국가공간정보위원회(이하 "위원회"라 한다)를 둔다. 위원회의 내용으로 옳지 않은 것은?

① 위원장은 국토교통부장관이 되고 공간정보체계에 관한 전문지식과 경험이 풍부한 민간전문가로서 위원장이 위촉하는 자 7인 이상은 위원이 될 수 있다.

② 위원회는 위원장을 포함하여 30인 이내의 위원으로 구성한다.

③ 국가공간정보체계의 중복투자 등 투자 효율화에 관한 사항은 위원회의 심의사항이다.

④ 국가공간정보정책 시행계획(제7조에 따른 기관별 국가공간정보정책 시행계획을 포함한다)의 수립 · 변경 및 집행실적의 평가사항은 위원회의 심의사항이다.

풀이 국가공간정보 기본법 제5조(국가공간정보위원회) **암기** 계시수변가 유보하고 방화정위에서

① 국가공간정보정책에 관한 사항을 심의 · 조정하기 위하여 국토교통부에 국가공간정보위원회(이하 "위원회"라 한다)를 둔다.

② 위원회는 다음 각 호의 사항을 심의한다. 〈개정 2020.6.9.〉

> 1. 제6조에 따른 국가공간정보정책 기본㉢획의 수립 · 변경 및 집행실적의 평가
> 2. 제7조에 따른 국가공간정보정책 ㉠행계획(제7조에 따른 기관별 국가공간정보정책 시행계획을 포함한다)의 ㈜립 · ㉢경 및 집행실적의 평㉠
> 3. 공간정보의 ㉤통과 ㉣호에 관한 사항
> 4. 국가공간정보체계의 중복투자 ㉣지 등 투자 효율㉣에 관한 사항
> 5. 국가공간정보체계의 구축 · 관리 및 활용에 관한 주요 ㉣책의 조정에 관한 사항
> 6. 그 밖에 국가공간정보정책 및 국가공간정보체계와 관련된 사항으로서 ㉤원장이 회의에 부치는 사항

③ 위원회는 위원장을 포함하여 30인 이내의 위원으로 구성한다.

④ 위원장은 국토교통부장관이 되고, 위원은 다음 각 호의 자가 된다.

> 1. 국가공간정보체계를 관리하는 중앙행정기관의 차관급 공무원으로서 대통령령으로 정하는 자
> 2. 지방자치단체의 장(특별시 · 광역시 · 특별자치시 · 도 · 특별자치도의 경우에는 부시장 또는 부지사)으로서 위원장이 위촉하는 자 7인 이상
> 3. 공간정보체계에 관한 전문지식과 경험이 풍부한 민간전문가로서 위원장이 위촉하는 자 7인 이상

정답 04 ③

⑤ 제4항제2호 및 제3호에 해당하는 위원의 임기는 2년으로 한다. 다만, 위원의 사임 등으로 새로 위촉된 위원의 임기는 전임 위원의 남은 임기로 한다.

⑥ 위원회는 제2항에 따른 심의 사항을 전문적으로 검토하기 위하여 전문위원회를 둘 수 있다.

⑦ 그 밖에 위원회 및 전문위원회의 구성·운영 등에 관하여 필요한 사항은 대통령령으로 정한다.

05 「국가공간정보 기본법」에서 국가공간정보위원회의 내용으로 옳지 않은 것은?

① 위원장은 회의 개최 5일 전까지 회의 일시·장소 및 심의안건을 각 위원에게 통보하여야 한다. 다만, 긴급한 경우에는 회의 개최 전까지 통보할 수 있다.

② 위원장이 부득이한 사유로 직무를 수행할 수 없을 때에는 위원장이 지명하는 위원의 순으로 그 직무를 대행한다.

③ 위원회 및 전문위원회의 구성·운영 등에 관하여 필요한 사항은 국토교통부령으로 정한다.

④ 위원회에 간사 2명을 두되, 간사는 국토교통부와 행정안전부 소속 3급 또는 고위공무원단에 속하는 일반직공무원 중에서 국토교통부장관과 행정안전부장관이 각각 지명한다.

풀이 국가공간정보 기본법 제5조(국가공간정보위원회) **암기** 계시수변가 유보하고 방화정원에서

① 국가공간정보정책에 관한 사항을 심의·조정하기 위하여 국토교통부에 국가공간정보위원회(이하 "위원회"라 한다)를 둔다.

② 위원회는 다음 각 호의 사항을 심의한다. 〈개정 2020.6.9.〉

> 1. 제6조에 따른 국가공간정보정책 기본계획의 수립·변경 및 집행실적의 평가
> 2. 제7조에 따른 국가공간정보정책 시행계획(제7조에 따른 기관별 국가공간정보정책 시행계획을 포함한다)의 수립·변경 및 집행실적의 평가
> 3. 공간정보의 유통과 보호에 관한 사항
> 4. 국가공간정보체계의 중복투자 방지 등 투자 효율화에 관한 사항
> 5. 국가공간정보체계의 구축·관리 및 활용에 관한 주요 정책의 조정에 관한 사항
> 6. 그 밖에 국가공간정보정책 및 국가공간정보체계와 관련된 사항으로서 위원장이 회의에 부치는 사항

③ 위원회는 위원장을 포함하여 30인 이내의 위원으로 구성한다.

④ 위원장은 국토교통부장관이 되고, 위원은 다음 각 호의 자가 된다.

> 1. 국가공간정보체계를 관리하는 중앙행정기관의 차관급 공무원으로서 대통령령으로 정하는 자
> 2. 지방자치단체의 장(특별시·광역시·특별자치시·도·특별자치도의 경우에는 부시장 또는 부지사)으로서 위원장이 위촉하는 자 7인 이상
> 3. 공간정보체계에 관한 전문지식과 경험이 풍부한 민간전문가로서 위원장이 위촉하는 자 7인 이상

⑤ 제4항제2호 및 제3호에 해당하는 위원의 임기는 2년으로 한다. 다만, 위원의 사임 등으로 새로 위촉된 위원의 임기는 전임 위원의 남은 임기로 한다.

⑥ 위원회는 제2항에 따른 심의 사항을 전문적으로 검토하기 위하여 전문위원회를 둘 수 있다.

⑦ 그 밖에 위원회 및 전문위원회의 구성·운영 등에 관하여 필요한 사항은 대통령령으로 정한다.

국가공간정보 기본법 시행령 제4조(위원회의 운영)

① 위원회의 위원장(이하 "위원장"이라 한다)은 위원회를 대표하고, 위원회의 업무를 총괄한다.

② 위원장이 부득이한 사유로 직무를 수행할 수 없을 때에는 위원장이 지명하는 위원의 순으로 그 직무를 대행한다.

③ 위원장은 회의 개최 5일 전까지 회의 일시·장소 및 심의안건을 각 위원에게 통보하여야 한다. 다만, 긴급한

경우에는 회의 개최 전까지 통보할 수 있다.

④ 회의는 재적위원 과반수의 출석으로 개의(開議)하고, 출석위원 과반수의 찬성으로 의결한다.

국가공간정보 기본법 시행령 제5조(위원회의 간사)
위원회에 간사 2명을 두되, 간사는 국토교통부와 행정안전부 소속 3급 또는 고위공무원단에 속하는 일반직공무원 중에서 국토교통부장관과 행정안전부장관이 각각 지명한다.

06 「국가공간정보 기본법」에서 위원회는 심의 사항을 전문적으로 검토하기 위하여 전문위원회를 둘 수 있다. 전문위원회의 내용으로 옳지 않은 것은?

① 전문위원회 위원은 공간정보와 관련한 4급 이상 공무원과 민간전문가 중에서 국토교통부장관이 임명 또는 위촉하되, 성별을 고려하여야 한다.

② 위원회와 전문위원회는 안건심의와 업무수행에 필요하다고 인정하는 경우에는 관계기관에 자료의 제출을 요청하거나 관계인 또는 전문가를 출석하게 하여 그 의견을 들을 수 있으며 현지조사를 할 수 있다.

③ 전문위원회(이하 "전문위원회"라 한다)는 위원장 1명을 포함하여 30명 이내의 위원으로 구성한다.

④ 전문위원회에 간사 2명을 두며, 간사는 국토교통부 소속 공무원 중에서 국토교통부장관이 지명하는 자가 된다.

풀이 국가공간정보 기본법 시행령 제7조(전문위원회의 구성 및 운영)
① 법 제5조제6항에 따른 전문위원회(이하 "전문위원회"라 한다)는 위원장 1명을 포함하여 30명 이내의 위원으로 구성한다.
② 전문위원회 위원은 공간정보와 관련한 4급 이상 공무원과 민간전문가 중에서 국토교통부장관이 임명 또는 위촉하되, 성별을 고려하여야 한다.
③ 전문위원회 위원장은 전문위원회 위원 중에서 국토교통부장관이 지명하는 자가 된다.
④ 전문위원회 위촉위원의 임기는 2년으로 한다.
⑤ 전문위원회에 간사 1명을 두며, 간사는 국토교통부 소속 공무원 중에서 국토교통부장관이 지명하는 자가 된다.
⑥ 전문위원회의 운영에 관하여는 제4조를 준용한다.

국가공간정보 기본법 시행령 제8조(의견청취 및 현지조사)
위원회와 전문위원회는 안건심의와 업무수행에 필요하다고 인정하는 경우에는 관계기관에 자료의 제출을 요청하거나 관계인 또는 전문가를 출석하게 하여 그 의견을 들을 수 있으며 현지조사를 할 수 있다.

국가공간정보 기본법 시행령 제9조(회의록)
위원회와 전문위원회는 각각 회의록을 작성하여 갖춰 두어야 한다. 〈개정 2015.6.1.〉

국가공간정보 기본법 시행령 제10조(수당)
위원회 또는 전문위원회에 출석한 위원·관계인 및 전문가에게는 예산의 범위에서 수당과 여비를 지급할 수 있다. 다만, 공무원인 위원이 그 소관 업무와 직접 관련하여 회의에 출석한 경우에는 그러하지 아니하다.

정답 06 ④

07 「국가공간정보 기본법」에서 정부는 국가공간정보체계의 구축 및 활용을 촉진하기 위하여 국가공간정보정책 기본계획(이하 "기본계획"이라 한다)을 5년마다 수립하고 시행하여야 한다. 기본계획 수립사항으로 옳지 않은 것은?

① 국가공간정보체계에 관한 연구 · 개발

② 기본지리정보의 취득 및 관리

③ 국가공간정보체계와 관련한 국가적 표준의 연구 · 보급 및 기술기준의 관리

④ 국가공간정보체계의 구축 · 관리 및 유통 촉진에 필요한 투자 및 재원조달 계획

> **풀이** 국가공간정보 기본법 제6조(국가공간정보정책 기본계획의 수립) **암기** ❸❹❷은 ❷❷❷로 ❷❷
>
> ① 정부는 국가공간정보체계의 구축 및 활용을 촉진하기 위하여 국가공간정보정책 기본계획(이하 "기본계획"이라 한다)을 5년마다 수립하고 시행하여야 한다.
>
> ② 기본계획에는 다음 각 호의 사항이 포함되어야 한다. 〈개정 2014.6.3.〉
>
> > 1. 국가공간정보체계의 구축 및 공간정보의 활용 촉진을 위한 ❸책의 기본 방향
> > 2. 제19조에 따른 기본공간정보의 ❷득 및 관리
> > 3. 국가공간정보체계에 관한 ❷구 · 개발
> > 4. 공간정보 관련 ❷문인력의 양성
> > 5. 국가공간정보체계의 활용 및 ❷간정보의 유통
> > 6. 국가공간정보체계의 구축 · 관리 및 유통 촉진에 필요한 투❷ 및 재원조달 계획
> > 7. 국가공간정보체계와 관련한 국가적 표준의 연❷ · 보급 및 기술기준의 관리
> > 8. 「공간정보산업 진흥법」 제2조제1항제2호에 따른 공간정보산업의 육❸에 관한 사항
> > 9. 그 밖에 국가공간정보정책에 관한 사항
>
> ③ 관계 중앙행정기관의 장은 제2항 각 호의 사항 중 소관 업무에 관한 기관별 국가공간정보정책 기본계획(이하 "기관별 기본계획"이라 한다)을 작성하여 대통령령으로 정하는 바에 따라 국토교통부장관에게 제출하여야 한다. 〈개정 2013.3.23.〉
>
> ④ 국토교통부장관은 제3항에 따라 관계 중앙행정기관의 장이 제출한 기관별 기본계획을 종합하여 기본계획을 수립하고 위원회의 심의를 거쳐 이를 확정한다. 〈개정 2009.5.22., 2013.3.23.〉
>
> ⑤ 제4항에 따라 확정된 기본계획을 변경하는 경우 그 절차에 관하여는 제4항을 준용한다. 다만, 대통령령으로 정하는 경미한 사항을 변경하는 경우에는 그러하지 아니하다.

08 「국가공간정보 기본법」에서 국가공간정보정책 기본계획의 수립사항으로 옳지 않은 것은?

① 국토교통부장관은 관계 중앙행정기관의 장이 제출한 기관별 기본계획을 종합하여 기본계획을 수립하고 위원회의 심의를 거쳐 이를 확정한다.

② 확정된 기본계획을 변경하는 경우 투자 및 재원조달 계획에 따른 투자금액 또는 재원조달금액을 처음 계획의 100분의 10 이내에서 증감하는 경우 기관별 기본계획을 종합하여 기본계획을 수립하고 위원회의 심의를 거쳐 이를 확정한다.

③ 관계 중앙행정기관의 장은 소관 업무에 관한 기관별 국가공간정보정책 기본계획을 국토교통부장관이 정하는 수립 · 제출 일정에 따라 국토교통부장관에게 제출하여야 한다.

④ 정부는 국가공간정보체계의 구축 및 활용을 촉진하기 위하여 국가공간정보정책 기본계획(이하 "기본계획"이라 한다)을 5년마다 수립하고 시행하여야 한다.

풀이 국가공간정보 기본법 제6조(국가공간정보정책 기본계획의 수립) **암기** 정⑧⑲은 ⑳⑨⑨로 ⑨성

① 정부는 국가공간정보체계의 구축 및 활용을 촉진하기 위하여 국가공간정보정책 기본계획(이하 "기본계획"이라 한다)을 5년마다 수립하고 시행하여야 한다.

② 기본계획에는 다음 각 호의 사항이 포함되어야 한다. 〈개정 2014.6.3.〉

> 1. 국가공간정보체계의 구축 및 공간정보의 활용 촉진을 위한 ⑧책의 기본 방향
> 2. 제19조에 따른 기본공간정보의 ⑪득 및 관리
> 3. 국가공간정보체계에 관한 ⑪구 · 개발
> 4. 공간정보 관련 ⑪문인력의 양성
> 5. 국가공간정보체계의 활용 및 ⑧간정보의 유통
> 6. 국가공간정보체계의 구축 · 관리 및 유통 촉진에 필요한 투⑪ 및 재원조달 계획
> 7. 국가공간정보체계와 관련한 국가적 표준의 연⑦ · 보급 및 기술기준의 관리
> 8. 「공간정보산업 진흥법」 제2조제1항제2호에 따른 공간정보산업의 육⑧에 관한 사항
> 9. 그 밖에 국가공간정보정책에 관한 사항

③ 관계 중앙행정기관의 장은 제2항 각 호의 사항 중 소관 업무에 관한 기관별 국가공간정보정책 기본계획(이하 "기관별 기본계획"이라 한다)을 작성하여 대통령령으로 정하는 바에 따라 국토교통부장관에게 제출하여야 한다. 〈개정 2013.3.23.〉

④ 국토교통부장관은 제3항에 따라 관계 중앙행정기관의 장이 제출한 기관별 기본계획을 종합하여 기본계획을 수립하고 위원회의 심의를 거쳐 이를 확정한다. 〈개정 2009.5.22., 2013.3.23.〉

⑤ 제4항에 따라 확정된 기본계획을 변경하는 경우 그 절차에 관하여는 제4항을 준용한다. 다만, 대통령령으로 정하는 경미한 사항을 변경하는 경우에는 그러하지 아니하다.

국가공간정보 기본법 시행령 제12조(국가공간정보정책 기본계획의 수립)

① 관계 중앙행정기관의 장은 법 제6조제3항에 따라 소관 업무에 관한 기관별 국가공간정보정책 기본계획을 국토교통부장관이 정하는 수립 · 제출 일정에 따라 국토교통부장관에게 제출하여야 한다. 이 경우 국토교통부장관은 기관별 국가공간정보정책 기본계획 수립에 필요한 지침을 정하여 관계 중앙행정기관의 장에게 통보할 수 있다. 〈개정 2013.3.23.〉

② 국토교통부장관은 법 제6조제4항에 따라 국가공간정보정책 기본계획의 수립을 위하여 필요하면 시 · 도지사에게 법 제6조제2항 각 호의 사항 중 소관 업무에 관한 자료의 제출을 요청할 수 있다. 이 경우 시 · 도지사는 특별한 사유가 없으면 이에 따라야 한다. 〈개정 2013.3.23.〉

③ 국토교통부장관은 법 제6조제4항 및 제5항에 따라 국가공간정보정책 기본계획을 확정하거나 변경한 경우에는 이를 관보에 고시하여야 한다. 〈개정 2013.3.23.〉

④ 법 제6조제5항 단서에서 "대통령령으로 정하는 경미한 사항을 변경하는 경우"란 다음 각 호의 경우를 말한다.

> 1. 법 제6조제2항제2호부터 제5호까지, 제7호 또는 제8호와 관련된 사업으로서 사업기간을 2년 이내에서 가감하거나 사업비를 처음 계획의 100분의 10 이내에서 증감하는 경우
> 2. 법 제6조제2항제6호의 투자 및 재원조달 계획에 따른 투자금액 또는 재원조달금액을 처음 계획의 100분의 10 이내에서 증감하는 경우

정답

09 「국가공간정보 기본법」에서 국가공간정보정책 시행계획의 내용으로 옳지 않은 것은?

① 관계 중앙행정기관의 장과 시·도지사는 제1항에 따라 수립한 기관별 시행계획을 대통령령으로 정하는 바에 따라 국토교통부장관에게 제출하여야 한다.

② 국토교통부장관은 시행계획 또는 기관별 시행계획의 집행에 필요한 예산에 대하여 위원회의 심의를 거쳐 국토교통부장관에게 의견을 제시할 수 있다.

③ 관계 중앙행정기관의 장과 특별시장·광역시장·특별자치시장·도지사 및 특별자치도지사는 매년 기본계획에 따라 소관 업무와 관련된 기관별 국가공간정보정책 시행계획을 수립한다.

④ 국토교통부장관은 제출된 기관별 시행계획을 통합하여 매년 국가공간정보정책 시행계획을 수립하고 위원회의 심의를 거쳐 이를 확정한다.

> **풀이** 국가공간정보 기본법 제7조(국가공간정보정책 시행계획)
> ① 관계 중앙행정기관의 장과 특별시장·광역시장·특별자치시장·도지사 및 특별자치도지사(이하 "시·도지사"라 한다)는 매년 기본계획에 따라 소관 업무와 관련된 기관별 국가공간정보정책 시행계획(이하 "기관별 시행계획"이라 한다)을 수립한다.
> ② 관계 중앙행정기관의 장과 시·도지사는 제1항에 따라 수립한 기관별 시행계획을 대통령령으로 정하는 바에 따라 국토교통부장관에게 제출하여야 하며, 국토교통부장관은 제출된 기관별 시행계획을 통합하여 매년 국가공간정보정책 시행계획(이하 "시행계획"이라 한다)을 수립하고 위원회의 심의를 거쳐 이를 확정한다. 〈개정 2013.3.23.〉
> ③ 제2항에 따라 확정된 시행계획을 변경하고자 하는 경우에는 제2항을 준용한다. 다만, 대통령령으로 정하는 경미한 사항을 변경하는 경우에는 그러하지 아니하다.
> ④ 국토교통부장관, 관계 중앙행정기관의 장 및 시·도지사는 제2항 또는 제3항에 따라 확정 또는 변경된 시행계획 및 기관별 시행계획을 시행하고 그 집행실적을 평가하여야 한다. 〈개정 2013.3.23.〉
> ⑤ 국토교통부장관은 시행계획 또는 기관별 시행계획의 집행에 필요한 예산에 대하여 위원회의 심의를 거쳐 기획재정부장관에게 의견을 제시할 수 있다. 〈개정 2013.3.23.〉
> ⑥ 시행계획 또는 기관별 시행계획의 수립, 시행 및 집행실적의 평가와 제5항에 따른 국토교통부장관의 의견제시에 관하여 필요한 사항은 대통령령으로 정한다.

10 「국가공간정보 기본법」에서 국가공간정보정책 시행계획의 수립사항에서 국토교통부장관, 관계 중앙행정기관의 장 및 시·도지사는 국가공간정보정책 시행계획 또는 기관별 시행계획의 집행실적에 대하여 평가하여야 한다. 평가 사항으로 옳지 않은 것은?

① 중복되는 국가공간정보체계 사업 간의 조정 및 연계

② 사업비 및 재원조달 계획

③ 국가공간정보체계의 투자효율성을 높이기 위하여 필요한 사항

④ 국가공간정보정책 기본계획의 목표 및 추진방향과의 적합성 여부

> **풀이** 국가공간정보 기본법 시행령 제13조(국가공간정보정책 시행계획의 수립 등)
> ① 관계 중앙행정기관의 장과 시·도지사는 법 제7조제2항에 따라 다음 각 호의 사항이 포함된 다음 연도의 기관별 국가공간정보정책 시행계획(이하 "기관별 시행계획"이라 한다)과 전년도 기관별 시행계획의 집행실적(제3항에 따른 평가결과를 포함한다)을 매년 2월 말까지 국토교통부장관에게 제출하여야 한다. 〈개정 2013.3.23.〉

정답 09 ② 10 ②

1. 사업 추진방향
　　2. 세부 사업계획
　　3. 사업비 및 재원조달 계획

② 법 제7조제3항 단서에서 "대통령령으로 정하는 경미한 사항을 변경하는 경우"란 해당 연도 사업비를 100분의 10 이내에서 증감하는 경우를 말한다.

③ 국토교통부장관, 관계 중앙행정기관의 장 및 시·도지사는 법 제7조제4항에 따라 국가공간정보정책 시행계획 또는 기관별 시행계획의 집행실적에 대하여 다음 각 호의 사항을 평가하여야 한다. 〈개정 2013.3.23.〉

　　1. 국가공간정보정책 기본계획의 목표 및 추진방향과의 적합성 여부
　　2. 법 제22조에 따라 중복되는 국가공간정보체계 사업 간의 조정 및 연계
　　3. 그 밖에 국가공간정보체계의 투자효율성을 높이기 위하여 필요한 사항

④ 국토교통부장관이 법 제7조제5항에 따라 기획재정부장관에게 의견을 제시하는 경우에는 제3항에 따른 평가 결과를 그 의견에 반영하여야 한다.

11 「국가공간정보 기본법」에서 국가공간정보정책에 대한 내용으로 옳지 않은 것은?

① 기관별 시행계획을 수립 또는 변경하고자 하는 관계 중앙행정기관의 장과 시·도지사는 관련된 관리기관의 장에게 해당 사항에 관한 협의를 요청할 수 있다.

② 관계 중앙행정기관의 장은 공간정보체계의 구축 및 활용에 필요한 기술의 연구와 개발사업을 효율적으로 추진하기 위하여 국제 기술협력 및 교류 등의 업무를 행할 수 있다.

③ 기관별 시행계획을 수립 또는 변경하고자 하는 관계 중앙행정기관의 장과 시·도지사는 관련된 관리기관과 협의하여야 한다.

④ 협의를 요청받은 관리기관의 장은 특별한 사유가 없는 한 20일 이내에 협의를 요청한 관계 중앙행정기관의 장 또는 시·도지사에게 의견을 제시하여야 한다.

풀이 **국가공간정보 기본법 제8조(관리기관과의 협의 등)**

① 기관별 시행계획을 수립 또는 변경하고자 하는 관계 중앙행정기관의 장과 시·도지사는 관련된 관리기관과 협의하여야 한다. 이 경우 관계 중앙행정기관의 장과 시·도지사는 관련된 관리기관의 장에게 해당 사항에 관한 협의를 요청할 수 있다.

② 제1항에 따라 협의를 요청받은 관리기관의 장은 특별한 사유가 없는 한 30일 이내에 협의를 요청한 관계 중앙행정기관의 장 또는 시·도지사에게 의견을 제시하여야 한다.

국가공간정보 기본법 제9조(연구·개발 등)

① 관계 중앙행정기관의 장은 공간정보체계의 구축 및 활용에 필요한 기술의 연구와 개발사업을 효율적으로 추진하기 위하여 다음 각 호의 업무를 행할 수 있다.

　　1. 공간정보체계의 구축·관리·활용 및 공간정보의 유통 등에 관한 기술의 연구·개발, 평가 및 이전과 보급
　　2. 산업계 또는 학계와의 공동 연구 및 개발
　　3. 전문인력 양성 및 교육
　　4. 국제 기술협력 및 교류

② 관계 중앙행정기관의 장은 대통령령으로 정하는 바에 따라 제1항 각 호의 업무를 대통령령으로 정하는 공간정보 관련 기관, 단체 또는 법인에 위탁할 수 있다.

12 「국가공간정보 기본법」에서 정부는 국가공간정보정책의 주요 시책에 관한 보고서를 작성하여 매년 정기국회의 개회 전까지 국회에 제출하여야 한다. 연차보고서에 포함되어야 할 내용으로 옳지 않은 것은?

① 공간정보 관련 표준 및 기술기준 현황
② 종합계획 및 시행계획
③ 국가공간정보체계 구축 등 국가공간정보정책 추진 현황
④ 국가공간정보체계 구축 및 활용에 관하여 추진된 시책과 추진하고자 하는 시책

풀이 국가공간정보 기본법 제11조(국가공간정보정책에 관한 연차보고)
　① 정부는 국가공간정보정책의 주요 시책에 관한 보고서(이하 "연차보고서"라 한다)를 작성하여 매년 정기국회의 개회 전까지 국회에 제출하여야 한다.
　② 연차보고서에는 다음 각 호의 내용이 포함되어야 한다.

> 1. 기본계획 및 시행계획
> 2. 국가공간정보체계 구축 및 활용에 관하여 추진된 시책과 추진하고자 하는 시책
> 3. 국가공간정보체계 구축 등 국가공간정보정책 추진 현황
> 4. 공간정보 관련 표준 및 기술기준 현황
> 5. 「공간정보산업 진흥법」 제2조제1항제2호에 따른 공간정보산업 육성에 관한 사항
> 6. 그 밖에 국가공간정보정책에 관한 중요 사항

　③ 국토교통부장관은 연차보고서의 작성 등을 위하여 중앙행정기관의 장 또는 지방자치단체의 장에게 필요한 자료의 제출을 요청할 수 있다. 이 경우 요청을 받은 중앙행정기관의 장 또는 지방자치단체의 장은 특별한 사유가 없는 한 이에 응하여야 한다. 〈개정 2013.3.23.〉
　④ 그 밖에 연차보고서의 작성 절차 및 방법 등에 관하여 필요한 사항은 대통령령으로 정한다.

13 「국가공간정보 기본법」에서 공간정보체계의 구축 지원, 공간정보와 지적제도에 관한 연구, 기술 개발 및 지적측량 등을 수행하기 위하여 한국국토정보공사를 설립한다. 한국국토정보공사 정관 사항으로 옳지 않은 것은?

① 목적, 명칭, 주된 사무소의 소재지　　② 조직 및 기구에 관한 사항
③ 재산 및 회계에 관한 사항　　　　　　④ 자산에 관한 사항

풀이 국가공간정보 기본법 제12조(한국국토정보공사의 설립)
　① 공간정보체계의 구축 지원, 공간정보와 지적제도에 관한 연구, 기술 개발 및 지적측량 등을 수행하기 위하여 한국국토정보공사(이하 이 장에서 "공사"라 한다)를 설립한다.
　② 공사는 법인으로 한다.
　③ 공사는 그 주된 사무소의 소재지에서 설립등기를 함으로써 성립한다.
　④ 공사의 설립등기에 필요한 사항은 대통령령으로 정한다.
　[본조신설 2014.6.3.]

국가공간정보 기본법 제13조(공사의 정관 등) 암기 목명주조업이임재정공규해

① 공사의 정관에는 다음 각 호의 사항이 포함되어야 한다.

1. 목적
2. 명칭
3. 주된 사무소의 소재지
4. 조직 및 기구에 관한 사항
5. 업무 및 그 집행에 관한 사항
6. 이사회에 관한 사항
7. 임직원에 관한 사항
8. 재산 및 회계에 관한 사항
9. 정관의 변경에 관한 사항
10. 공고의 방법에 관한 사항
11. 규정의 제정, 개정 및 폐지에 관한 사항
12. 해산에 관한 사항

② 공사는 정관을 변경하려면 미리 국토교통부장관의 인가를 받아야 한다.

14 「국가공간정보 기본법」에서 한국국토정보공사의 설립등기 사항으로 옳지 않은 것은?

① 이사 및 감사의 성명과 주소
② 해산에 관한 사항
③ 공고의 방법
④ 주된 사무소의 소재지

풀이 국가공간정보 기본법 제14조의2(한국국토정보공사의 설립등기 사항) 암기 목명주이자공

법 제12조제1항에 따른 한국국토정보공사(이하 "공사"라 한다)의 같은 조 제4항에 따른 설립등기 사항은 다음
각 호와 같다.

1. 목적
2. 명칭
3. 주된 사무소의 소재지
4. 이사 및 감사의 성명과 주소
5. 자산에 관한 사항
6. 공고의 방법

15 「국가공간정보 기본법」에서 한국국토정보공사의 사업으로 옳지 않은 것은?

① 국가공간정보체계 구축 및 활용 관련 계획수립에 관한 지원사업
② 「중소기업 제품 구매촉진 및 판로지원에 관한 법률」에 따른 중소기업자 간 경쟁 제품에 해당하는 사업
③ 공간정보체계 구축과 관련한 출자(出資) 및 출연(出捐)사업
④ 공간정보 · 지적제도에 관한 외국 기술의 도입, 국제 교류 · 협력 및 국외 진출 사업

국가공간정보 기본법 제14조(공사의 사업)

공사는 다음 각 호의 사업을 한다.

> 1. 다음 각 목을 제외한 공간정보체계 구축 지원에 관한 사업으로서 대통령령으로 정하는 사업
>   가. 「공간정보의 구축 및 관리 등에 관한 법률」에 따른 측량업(지적측량업은 제외한다)의 범위에 해당하는 사업
>   나. 「중소기업제품 구매촉진 및 판로지원에 관한 법률」에 따른 중소기업자 간 경쟁 제품에 해당하는 사업
> 2. 공간정보·지적제도에 관한 연구, 기술 개발, 표준화 및 교육사업
> 3. 공간정보·지적제도에 관한 외국 기술의 도입, 국제 교류·협력 및 국외 진출 사업
> 4. 「공간정보의 구축 및 관리 등에 관한 법률」 제23조제1항제1호 및 제3호부터 제5호까지의 어느 하나에 해당하는 사유로 실시하는 지적측량
> 5. 「지적재조사에 관한 특별법」에 따른 지적재조사사업
> 6. 다른 법률에 따라 공사가 수행할 수 있는 사업
> 7. 그 밖에 공사의 설립 목적을 달성하기 위하여 필요한 사업으로서 정관으로 정하는 사업

국가공간정보 기본법 제14조의3(공사의 사업)

법 제14조제1호 각 목 외의 부분에서 "대통령령으로 정하는 사업"이란 다음 각 호의 사업을 말한다.

> 1. 국가공간정보체계 구축 및 활용 관련 계획수립에 관한 지원
> 2. 국가공간정보체계 구축 및 활용에 관한 지원
> 3. 공간정보체계 구축과 관련한 출자(出資) 및 출연(出捐)

16 「국가공간정보 기본법」에서 한국국토정보공사에 관한 내용으로 옳지 않은 것은?

① 이사는 정관으로 정하는 바에 따라 상임이사와 비상임이사로 구분한다.

② 시·도지사는 공사의 사업 중 사업실적 및 결산에 관한 사항을 지도 감독한다.

③ 국토교통부장관은 감독 결과 위법 또는 부당한 사항이 발견된 경우 공사에 그 시정을 명하거나 필요한 조치를 취할 수 있다.

④ 공사에는 임원으로 사장 1명과 부사장 1명을 포함한 11명 이내의 이사와 감사 1명을 둔다.

국가공간정보 기본법 제15조(공사의 임원)

① 공사에는 임원으로 사장 1명과 부사장 1명을 포함한 11명 이내의 이사와 감사 1명을 두며, 이사는 정관으로 정하는 바에 따라 상임이사와 비상임이사로 구분한다.

② 사장은 공사를 대표하고 공사의 사무를 총괄한다.

③ 감사는 공사의 회계와 업무를 감사한다.

국가공간정보 기본법 제16조(공사에 대한 감독)

① 국토교통부장관은 공사의 사업 중 다음 각 호의 사항에 대하여 지도·감독한다.

> 1. 사업실적 및 결산에 관한 사항
> 2. 제14조에 따른 사업의 적절한 수행에 관한 사항
> 3. 그 밖에 관계 법령에서 정하는 사항

② 국토교통부장관은 제1항에 따른 감독 결과 위법 또는 부당한 사항이 발견된 경우 공사에 그 시정을 명하거나 필요한 조치를 취할 수 있다.

17 「국가공간정보 기본법」에서 기본공간정보의 취득 및 관리에서 기본공간정보 중 옳지 않은 것은?

① 행정경계, 도로 또는 철도의 경계, 하천경계
② 경계점
③ 지형, 해안선
④ 정사영상

풀이 **국가공간정보 기본법 제19조(기본공간정보의 취득 및 관리)** **암기** 행지해지적간은 기지사수입실해라

① 국토교통부장관은 행정경계 · 도로 또는 철도의 경계 · 하천경계 · 지형 · 해안선 · 지적, 건물 등 인공구조물의 공간정보, 그 밖에 대통령령으로 정하는 주요 공간정보를 기본공간정보로 선정하여 관계 중앙행정기관의 장과 협의한 후 이를 관보에 고시하여야 한다. 〈개정 2013.3.23.〉

② 관계 중앙행정기관의 장은 제1항에 따라 선정 · 고시된 기본공간정보(이하 "기본공간정보"라 한다)를 대통령령으로 정하는 바에 따라 데이터베이스로 구축하여 관리하여야 한다.

③ 국토교통부장관은 관리기관이 제2항에 따라 구축 · 관리하는 데이터베이스(이하 "기본공간정보데이터베이스"라 한다)를 통합하여 하나의 데이터베이스로 관리하여야 한다. 〈개정 2013.3.23.〉

④ 기본공간정보 선정의 기준 및 절차, 기본공간정보데이터베이스의 구축과 관리, 기본공간정보데이터베이스의 통합 관리, 그 밖에 필요한 사항은 대통령령으로 정한다.

국가공간정보 기본법 시행령 제15조(기본공간정보의 취득 및 관리)

① 법 제19조제1항에서 "대통령령으로 정하는 주요 공간정보"란 다음 각 호의 공간정보를 말한다. 〈개정 2009.12.14., 2013.3.23., 2013.6.11., 2015.6.1.〉

> 1. 기준점(「공간정보의 구축 및 관리 등에 관한 법률」 제8조제1항에 따른 측량기준점표지를 말한다)
> 2. 지명
> 3. 정사영상[항공사진 또는 인공위성의 영상을 지도와 같은 정사투영법(正射投影法)으로 제작한 영상을 말한다]
> 4. 수치표고 모형[지표면의 표고(標高)를 일정간격 격자마다 수치로 기록한 표고모형을 말한다]
> 5. 공간정보 입체 모형(지상에 존재하는 인공적인 객체의 외형에 관한 위치정보를 현실과 유사하게 입체적으로 표현한 정보를 말한다)
> 6. 실내공간정보(지상 또는 지하에 존재하는 건물 등 인공구조물의 내부에 관한 공간정보를 말한다)
> 7. 그 밖에 위원회의 심의를 거쳐 국토교통부장관이 정하는 공간정보

② 관계 중앙행정기관의 장은 법 제19조제1항에 따른 기본공간정보(이하 "기본공간정보"라 한다)를 데이터베이스로 구축 · 관리하기 위하여 재원조달 계획을 포함한 기본공간정보데이터베이스의 구축 또는 갱신계획, 유지 · 관리계획을 법 제6조제3항에 따른 기관별 국가공간정보정책 기본계획에 포함하여 수립하고 시행하여야 한다. 〈개정 2015.6.1.〉

③ 관계 중앙행정기관의 장은 법 제19조제2항에 따라 기본공간정보데이터베이스를 구축 · 관리할 때에는 다음 각 호의 기준에 따라야 한다. 〈개정 2009.12.14., 2013.3.23., 2015.6.1.〉

> 1. 법 제21조에 따른 표준 및 기술기준
> 2. 관계 중앙행정기관의 장과 협의하여 국토교통부장관이 정하는 기본공간정보교환형식 및 지형지물 분류체계
> 3. 「공간정보의 구축 및 관리 등에 관한 법률 시행령」 제7조제3항에 따른 직각좌표의 기준
> 4. 그 밖에 관계 중앙행정기관과 협의하여 국토교통부장관이 정하는 기준

정답 17 ②

18 「국가공간정보 기본법」에서 공간정보데이터베이스의 효율적인 구축·관리 및 활용을 위하여 공간객체등록번호를 부여하여야 한다. 공간객체등록번호 부여에 대한 내용으로 옳지 않은 것은?

① 관리기관의 장은 부여된 공간객체등록번호에 따라 공간정보데이터베이스를 구축하여야 한다.

② 공간객체등록번호의 부여방법·대상·유지 및 관리, 그 밖에 필요한 사항은 대통령령으로 정한다.

③ 국토교통부장관은 공간정보데이터베이스의 효율적인 구축·관리 및 활용을 위하여 건물·도로·하천·교량 등 공간상의 주요 객체에 대하여 공간객체등록번호를 부여하고 이를 고시할 수 있다.

④ 국토교통부장관은 공간정보를 효율적으로 관리 및 활용하기 위하여 필요한 경우 관리기관의 장과 공동으로 공간정보데이터베이스를 구축할 수 있다.

> **풀이** **국가공간정보 기본법 제20조(공간객체등록번호의 부여)**
> ① 국토교통부장관은 공간정보데이터베이스의 효율적인 구축·관리 및 활용을 위하여 건물·도로·하천·교량 등 공간상의 주요 객체에 대하여 공간객체등록번호를 부여하고 이를 고시할 수 있다. 〈개정 2012.12.18., 2013.3.23.〉
> ② 관리기관의 장은 제1항에 따라 부여된 공간객체등록번호에 따라 공간정보데이터베이스를 구축하여야 한다. 〈개정 2012.12.18.〉
> ③ 국토교통부장관은 공간정보를 효율적으로 관리 및 활용하기 위하여 필요한 경우 관리기관의 장과 공동으로 제2항에 따른 공간정보데이터베이스를 구축할 수 있다. 〈신설 2012.12.18., 2013.3.23.〉
> ④ 공간객체등록번호의 부여방법·대상·유지 및 관리, 그 밖에 필요한 사항은 국토교통부령으로 정한다.
>
> **국가공간정보 기본법 시행령 제16조(공간객체등록번호의 관리)**
> 국토교통부장관은 법 제20조제1항에 따른 공간객체등록번호 업무의 관리기관 간 협의 및 조정 등을 위하여 법 제31조에 따른 협력체계로서 협의체(이하 "협의체"라 한다)를 구성하여 운영할 수 있다.

19 「국가공간정보 기본법」에서 공간정보 표준화에 대한 내용으로 옳지 않은 것은?

① 관리기관의 장은 대통령령으로 정하는 바에 따라 공간정보의 구축·관리·활용 및 공간정보의 유통과 관련된 기술기준을 정할 수 있다.

② 관리기관의 장은 공간정보의 공유 및 공동 이용을 촉진하기 위하여 공간정보와 관련한 표준에 대한 의견을 기획재정부장관에게 제시할 수 있다.

③ 공간정보와 관련한 표준의 제정 및 관리에 관하여는 이 법에서 정하는 것을 제외하고는 국가표준기본법과 산업표준화법에서 정하는 바에 따른다.

④ 관리기관의 장이 공간정보와 관련한 표준에 대한 의견을 제시하거나 기술기준을 제정하고자 하는 경우에는 국토교통부장관과 미리 협의하여야 한다.

> **풀이** **국가공간정보 기본법 제21조(공간정보 표준화)**
> ① 공간정보와 관련한 표준의 제정 및 관리에 관하여는 이 법에서 정하는 것을 제외하고는 「국가표준기본법」과 「산업표준화법」에서 정하는 바에 따른다.
> ② 관리기관의 장은 공간정보의 공유 및 공동 이용을 촉진하기 위하여 공간정보와 관련한 표준에 대한 의견을 산업통상자원부장관에게 제시할 수 있다. 〈개정 2013.3.23.〉
> ③ 관리기관의 장은 대통령령으로 정하는 바에 따라 공간정보의 구축·관리·활용 및 공간정보의 유통과 관련된 기술기준을 정할 수 있다.

④ 관리기관의 장이 공간정보와 관련한 표준에 대한 의견을 제시하거나 기술기준을 제정하고자 하는 경우에는 국토교통부장관과 미리 협의하여야 한다.

20 「국가공간정보 기본법」에서 국토교통부장관은 공간정보와 관련한 표준의 제정 및 관리를 위하여 관리기관과 협의체를 구성·운영할 수 있다. 협의체의 업무 내용으로 옳지 않은 것은?

① 공간정보와 관련한 표준 및 기술기준의 준수 방안 제안
② 공간정보와 관련한 표준에 관한 연구·개발의 위탁
③ 공간정보에 관한 국제표준의 연구
④ 공간정보의 구축·관리·활용 및 공간정보의 유통과 관련된 기술기준의 제정

풀이 국가공간정보 기본법 시행령 제17조(공간정보 표준화 등)

① 국토교통부장관은 법 제21조에 따른 공간정보와 관련한 표준의 제정 및 관리를 위하여 관리기관과 협의체를 구성·운영할 수 있다. 〈개정 2013.3.23., 2015.6.1.〉
② 협의체는 다음 각 호의 업무를 수행한다.

> 1. 공간정보와 관련한 표준의 제안
> 2. 공간정보의 구축·관리·활용 및 공간정보의 유통과 관련된 기술기준의 제정
> 3. 제1호 및 제2호에 따른 공간정보와 관련한 표준 및 기술기준의 준수 방안 제안
> 4. 국제 표준기구와의 협력체계 구축
> 5. 공간정보와 관련한 표준에 관한 연구·개발의 위탁

③ 국토교통부장관은 법 제21조제4항에 따라 표준에 대한 의견을 제시하거나 기술기준에 관하여 협의할 때에는 전문위원회의 검토를 거쳐야 한다.

국가공간정보 기본법 제22조(표준의 연구 및 보급)

국토교통부장관은 공간정보와 관련한 표준의 연구 및 보급을 촉진하기 위하여 다음 각 호의 시책을 행할 수 있다. 〈개정 2013.3.23.〉

> 1. 공간정보체계의 구축·관리·활용 및 공간정보의 유통 등과 관련된 표준의 연구
> 2. 공간정보에 관한 국제표준의 연구

국가공간정보 기본법 제23조(표준 등의 준수의무)

관리기관의 장은 공간정보체계의 구축·관리·활용 및 공간정보의 유통에 있어 이 법에서 정하는 기술기준과 다른 법률에서 정하는 표준을 따라야 한다.

01 「국가공간정보 기본법」에서 국가공간정보통합체계의 구축과 운영에 대한 내용으로 옳지 않은 것은?

① 국토교통부장관은 관리기관의 장에게 국가공간정보통합체계의 구축과 운영에 필요한 자료 또는 정보의 제공을 요청할 수 있다.

② 국가공간정보통합체계의 구축 및 운영에 관하여 필요한 사항은 국토교통부령으로 정한다.

③ 국토교통부장관은 관리기관과 공동으로 국가공간정보통합체계를 구축하거나 운영할 수 있다.

④ 국토교통부장관은 국가공간정보통합체계의 구축과 운영을 효율적으로 하기 위하여 관리기관과 협의체를 구성하여 운영할 수 있다.

> **풀이** 국가공간정보 기본법 제24조(국가공간정보통합체계의 구축과 운영)
> ① 국토교통부장관은 관리기관과 공동으로 국가공간정보통합체계를 구축하거나 운영할 수 있다. 〈개정 2013.3. 23.〉
> ② 국토교통부장관은 관리기관의 장에게 국가공간정보통합체계의 구축과 운영에 필요한 자료 또는 정보의 제공을 요청할 수 있다. 이 경우 자료 또는 정보의 제공을 요청받은 관리기관의 장은 특별한 사유가 없으면 그 신청에 따라야 한다. 〈개정 2013.3.23., 2020.6.9.〉
> ③ 그 밖에 국가공간정보통합체계의 구축 및 운영에 관하여 필요한 사항은 대통령령으로 정한다.
>
> **국가공간정보 기본법 시행령 제18조(국가공간정보통합체계의 구축과 운영)**
> ① 국토교통부장관은 법 제24조제1항에 따른 국가공간정보통합체계의 구축과 운영을 효율적으로 하기 위하여 관리기관과 협의체를 구성하여 운영할 수 있다. 〈개정 2013.3.23., 2015.6.1.〉
> ② 국토교통부장관은 관리기관의 장과 협의하여 국가공간정보통합체계의 구축 및 운영에 필요한 국가공간정보체계의 개발기준과 유지·관리기준을 정할 수 있다. 〈개정 2013.3.23.〉
> ③ 관리기관이 국가공간정보통합체계와 연계하여 공간정보데이터베이스를 활용하는 경우에는 제2항에 따른 기준을 적용하여야 한다.
> ④ 국토교통부장관은 국가공간정보통합체계의 구축과 운영을 위하여 필요한 예산의 전부 또는 일부를 관리기관에 지원할 수 있다.

02 「국가공간정보 기본법」에서 국가공간정보센터에 대한 내용으로 옳지 않은 것은?

① 국토교통부장관은 국가공간정보센터의 운영에 필요한 공간정보를 생산 또는 관리하는 관리기관의 장에게 자료의 제출을 요구할 수 있다.

② 국가공간정보센터(이하 "국가공간정보센터"라 한다)의 설치와 운영 등에 관하여 필요한 사항은 국토교통부령으로 정한다.

③ 국토교통부장관은 공간정보의 이용을 촉진하기 위하여 수집한 공간정보를 분석 또는 가공하여 정보이용자에게 제공할 수 있다.

④ 국토교통부장관은 공간정보를 수집·가공하여 정보이용자에게 제공하기 위하여 국가공간정보센터를 설치하고 운영하여야 한다.

국가공간정보 기본법 제25조(국가공간정보센터의 설치)
① 국토교통부장관은 공간정보를 수집 · 가공하여 정보이용자에게 제공하기 위하여 국가공간정보센터를 설치하고 운영하여야 한다. 〈개정 2013.3.23.〉
② 제1항에 따른 국가공간정보센터(이하 "국가공간정보센터"라 한다)의 설치와 운영 등에 관하여 필요한 사항은 대통령령으로 정한다.

국가공간정보 기본법 제26조(자료의 제출요구 등)
국토교통부장관은 국가공간정보센터의 운영에 필요한 공간정보를 생산 또는 관리하는 관리기관의 장에게 자료의 제출을 요구할 수 있으며, 자료제출 요청을 받은 관리기관의 장은 특별한 사유가 있는 경우를 제외하고는 자료를 제공하여야 한다. 다만, 관리기관이 공공기관일 경우는 자료를 제출하기 전에 「공공기관의 운영에 관한 법률」 제6조제2항에 따른 주무기관(이하 "주무기관"이라 한다)의 장과 미리 협의하여야 한다.

국가공간정보 기본법 제27조(자료의 가공 등)
① 국토교통부장관은 공간정보의 이용을 촉진하기 위하여 제25조에 따라 수집한 공간정보를 분석 또는 가공하여 정보이용자에게 제공할 수 있다.
② 국토교통부장관은 제1항에 따라 가공된 정보의 정확성을 유지하기 위하여 수집한 공간정보 등에 오류가 있다고 판단되는 경우에는 자료를 제공한 관리기관에 대하여 자료의 수정 또는 보완을 요구할 수 있으며, 자료의 수정 또는 보완을 요구받은 관리기관의 장은 그에 따른 조치결과를 국토교통부장관에게 제출하여야 한다. 다만, 관리기관이 공공기관일 경우는 조치결과를 제출하기 전에 주무기관의 장과 미리 협의하여야 한다.

03 「국가공간정보 기본법」에서 관리기관의 장은 공간정보데이터베이스를 구축 · 관리하여야 한다. 공간정보데이터베이스의 구축 · 관리에 대한 설명으로 옳지 않은 것은?

① 관리기관의 장은 중앙행정기관 및 지방자치단체를 제외한 다른 관리기관으로부터 공간정보데이터베이스의 구축 · 관리 등을 위하여 필요한 공간정보의 열람 · 복제 등 관련 자료의 제공 요청을 받은 때에는 이에 협조할 수 있다.
② 관리기관의 장은 해당 기관이 관리하고 있는 공간정보데이터베이스가 최신 정보를 기반으로 유지될 수 있도록 노력하여야 한다.
③ 관리기관의 장은 해당 기관이 생산 또는 관리하는 공간정보가 다른 기관이 생산 또는 관리하는 공간정보와 호환이 가능하도록 공간정보와 관련한 표준 또는 기술기준에 따라 공간정보데이터베이스를 구축 · 관리하여야 한다.
④ 관리기관의 장은 중앙행정기관 및 지방자치단체로부터 공간정보데이터베이스의 구축 · 관리 등을 위하여 필요한 공간정보의 열람 · 복제 등 관련 자료의 제공 요청을 받은 때에는 반드시 이에 응하여야 한다.

국가공간정보 기본법 제28조(공간정보데이터베이스의 구축 및 관리)
① 관리기관의 장은 해당 기관이 생산 또는 관리하는 공간정보가 다른 기관이 생산 또는 관리하는 공간정보와 호환이 가능하도록 제21조에 따른 공간정보와 관련한 표준 또는 기술기준에 따라 공간정보데이터베이스를 구축 · 관리하여야 한다.
② 관리기관의 장은 해당 기관이 관리하고 있는 공간정보데이터베이스가 최신 정보를 기반으로 유지될 수 있도록 노력하여야 한다.

③ 관리기관의 장은 중앙행정기관 및 지방자치단체로부터 공간정보데이터베이스의 구축·관리 등을 위하여 필요한 공간정보의 열람·복제 등 관련 자료의 제공 요청을 받은 때에는 **특별한 사유가 없으면 그 요청에** 따라야 한다. 〈개정 2020.6.9.〉

④ 관리기관의 장은 중앙행정기관 및 지방자치단체를 제외한 다른 관리기관으로부터 공간정보데이터베이스의 구축·관리 등을 위하여 필요한 공간정보의 열람·복제 등 관련 자료의 제공 요청을 받은 때에는 이에 협조할 수 있다.

⑤ 제3항 및 제4항에 따라 제공받은 공간정보는 제1항에 따른 공간정보데이터베이스의 구축·관리 외의 용도로 이용되어서는 아니 된다.

04 「국가공간정보 기본법」에서 기존에 구축된 공간정보체계와 중복투자방지 내용으로 옳지 않은 것은?

① 관리기관의 장은 새로운 공간정보데이터베이스를 구축하고자 하는 경우 해당 기관 또는 다른 관리기관에 이미 구축된 공간정보데이터베이스의 활용 가능 여부를 검토하여야 한다.

② 국토교통부장관은 중복투자에 해당된다고 판단하는 때에는 위원회의 심의를 거쳐 해당 공간정보데이터베이스를 구축하고자 하는 관리기관의 장에게 시정을 요구할 수 있다.

③ 관리기관의 장은 새로운 공간정보데이터베이스를 구축하고자 하는 기본공간정보데이터베이스가 해당 기관 또는 다른 관리기관에 이미 구축되었는지 여부를 검토하여야 한다.

④ 관리기관의 장이 새로운 공간정보데이터베이스를 구축하고자 하는 경우에는 해당 공간정보데이터베이스의 구축 및 관리에 관한 계획을 수립하여 국토교통부장관에게 통보하여야 한다.

풀이 국가공간정보 기본법 제29조(중복투자의 방지)

① 관리기관의 장은 새로운 공간정보데이터베이스를 구축하고자 하는 경우 기존에 구축된 공간정보체계와 중복 투자가 되지 아니하도록 사전에 다음 각 호의 사항을 검토하여야 한다.

> 1. 구축하고자 하는 **공간정보데이터베이스가 해당 기관 또는 다른 관리기관에 이미 구축되었는지 여부**
> 2. 해당 기관 또는 다른 관리기관에 이미 구축된 **공간정보데이터베이스의 활용 가능 여부**

② 관리기관의 장이 새로운 공간정보데이터베이스를 구축하고자 하는 경우에는 해당 공간정보데이터베이스의 구축 및 관리에 관한 계획을 수립하여 국토교통부장관에게 통보하여야 한다. 다만, 관리기관이 공공기관일 경우는 통보 전에 주무기관의 장과 미리 협의하여야 한다. 〈개정 2013.3.23.〉

③ 국토교통부장관은 제2항에 따라 통보받은 공간정보데이터베이스의 구축 및 관리에 관한 계획이 중복투자에 해당된다고 판단하는 때에는 위원회의 심의를 거쳐 해당 공간정보데이터베이스를 구축하고자 하는 관리기관의 장에게 시정을 요구할 수 있다. 〈개정 2013.3.23.〉

④ 국토교통부장관은 관리기관의 장이 제1항에 따른 검토를 위하여 필요한 자료를 요청하는 경우에는 특별한 사유가 없는 한 이를 제공하여야 한다. 〈개정 2013.3.23.〉

⑤ 제3항에 따른 중복투자 여부의 판단에 필요한 기준은 대통령령으로 정할 수 있다.

05 「국가공간정보 기본법」에서 중복투자의 방지를 위하여 관리기관의 장이 수립하는 공간정보데이터베이스의 구축 및 관리에 관한 계획에 포함되어야 할 사항으로 옳지 않은 것은?

① 공간정보데이터베이스를 구축하려는 범위 또는 지역
② 다른 관리기관에서 구축한 사업의 활용 여부
③ 공간정보데이터베이스의 구축방법 및 기간
④ 공간정보데이터베이스의 명칭 · 종류 및 규모

풀이 국가공간정보 기본법 시행령 제19조(중복투자의 방지)

① 관리기관의 장(민간기관의 장은 제외한다. 이하 이 조에서 같다)이 법 제29조제2항에 따라 수립하는 공간정보데이터베이스의 구축 및 관리에 관한 계획에는 다음 각 호의 사항이 포함되어야 한다. 〈개정 2015.6.1.〉

> 1. 공간정보데이터베이스의 명칭 · 종류 및 규모
> 2. 공간정보데이터베이스를 구축하려는 범위 또는 지역
> 3. 법 제30조에 따른 공간정보에 관한 목록정보
> 4. 공간정보데이터베이스의 구축방법 및 기간
> 5. 사업비 및 재원조달 계획
> 6. 사업 시행계획

② 법 제29조제5항에 따른 중복투자 여부의 판단에 필요한 기준은 다음 각 호와 같다. 〈개정 2015.6.1.〉

> 1. 사업의 유형 및 성격
> 2. 다른 관리기관에서의 비슷한 종류의 사업추진 여부
> 3. 법 제21조에 따른 공간정보 관련 표준 또는 기술기준의 준수 여부
> 4. 다른 관리기관에서 구축한 사업의 활용 여부
> 5. 법 제28조에 따른 공간정보데이터베이스의 활용 여부

06 「국가공간정보 기본법」에서 중복투자 여부의 판단에 필요한 기준으로 옳지 않은 것은?

① 공간정보데이터베이스의 명칭 · 종류 및 규모
② 다른 관리기관에서 구축한 사업의 활용 여부
③ 사업의 유형 및 성격
④ 다른 관리기관에서의 비슷한 종류의 사업추진 여부

풀이 국가공간정보 기본법 제29조(중복투자의 방지)

① 관리기관의 장은 새로운 공간정보데이터베이스를 구축하고자 하는 경우 기존에 구축된 공간정보체계와 중복투자가 되지 아니하도록 사전에 다음 각 호의 사항을 검토하여야 한다.

> 1. 구축하고자 하는 공간정보데이터베이스가 해당 기관 또는 다른 관리기관에 이미 구축되었는지 여부
> 2. 해당 기관 또는 다른 관리기관에 이미 구축된 공간정보데이터베이스의 활용 가능 여부

② 관리기관의 장이 새로운 공간정보데이터베이스를 구축하고자 하는 경우에는 해당 공간정보데이터베이스의 구축 및 관리에 관한 계획을 수립하여 국토교통부장관에게 통보하여야 한다. 다만, 관리기관이 공공기관일 경우는 통보 전에 주무기관의 장과 미리 협의하여야 한다. 〈개정 2013.3.23.〉

③ 국토교통부장관은 제2항에 따라 통보받은 공간정보데이터베이스의 구축 및 관리에 관한 계획이 중복투자에 해당된다고 판단하는 때에는 위원회의 심의를 거쳐 해당 공간정보데이터베이스를 구축하고자 하는 관리기

관의 장에게 시정을 요구할 수 있다. 〈개정 2013.3.23.〉

④ 국토교통부장관은 관리기관의 장이 제1항에 따른 검토를 위하여 필요한 자료를 요청하는 경우에는 특별한 사유가 없는 한 이를 제공하여야 한다. 〈개정 2013.3.23.〉

⑤ 제3항에 따른 중복투자 여부의 판단에 필요한 기준은 대통령령으로 정할 수 있다.

국가공간정보 기본법 시행령 제19조(중복투자의 방지)

① 관리기관의 장(민간기관의 장은 제외한다. 이하 이 조에서 같다)이 법 제29조제2항에 따라 수립하는 공간정보데이터베이스의 구축 및 관리에 관한 계획에는 다음 각 호의 사항이 포함되어야 한다. 〈개정 2015.6.1.〉

> 1. 공간정보데이터베이스의 명칭·종류 및 규모
> 2. 공간정보데이터베이스를 구축하려는 범위 또는 지역
> 3. 법 제30조에 따른 공간정보에 관한 목록정보
> 4. 공간정보데이터베이스의 구축방법 및 기간
> 5. 사업비 및 재원조달 계획
> 6. 사업 시행계획

② 법 제29조제5항에 따른 중복투자 여부의 판단에 필요한 기준은 다음 각 호와 같다. 〈개정 2015.6.1.〉

> 1. 사업의 유형 및 성격
> 2. 다른 관리기관에서의 비슷한 종류의 사업추진 여부
> 3. 법 제21조에 따른 공간정보 관련 표준 또는 기술기준의 준수 여부
> 4. 다른 관리기관에서 구축한 사업의 활용 여부
> 5. 법 제28조에 따른 공간정보데이터베이스의 활용 여부

07 「국가공간정보 기본법」에서 공간정보 활용에 대한 설명으로 옳지 않은 것은?

① 관리기관의 장은 특별한 사유가 없는 한 해당 기관이 구축 또는 관리하고 있는 공간정보체계를 다른 관리기관과 공동으로 이용할 수 있도록 협조하여야 한다.

② 국토교통부장관은 공개목록 중 활용도가 높은 공간정보의 목록을 국가공간정보센터를 통하여 공개하고, 관리기관의 장에게 요청하여 해당 기관의 인터넷 홈페이지를 통하여 공개하도록 하여야 한다.

③ 관리기관의 장은 소관 업무를 수행함에 있어서 공간정보를 활용하는 시책을 강구하여야 한다.

④ 관리기관의 장은 해당 기관이 생산하는 공간정보를 국민이 이용할 수 있도록 공개목록을 작성하여 국토교통부령으로 정하는 바에 따라 공개하여야 한다.

풀이 **국가공간정보 기본법 제32조(공간정보의 활용 등)**

① 관리기관의 장은 소관 업무를 수행함에 있어서 공간정보를 활용하는 시책을 강구하여야 한다.

② 국토교통부장관은 대통령령으로 정하는 국토현황을 조사하고 이를 공간정보로 제작하여 제1항에 따른 업무에 활용할 수 있도록 제공할 수 있다. 〈개정 2013.3.23.〉

국가공간정보 기본법 시행령 제21조(공간정보의 활용 등)

① 법 제32조제2항에서 "대통령령으로 정하는 국토현황"이란 「국토기본법」 제25조 및 같은 법 시행령 제10조에 따라 국토조사의 대상이 되는 사항을 말한다. 〈개정 2015.6.1.〉

② 국토교통부장관은 법 제32조제2항에 따라 제작한 공간정보를 국토계획 또는 정책의 수립에 활용하기 위하여 필요한 공간정보체계를 구축·운영할 수 있다.

국가공간정보 기본법 제33조(공간정보의 공개)

① 관리기관의 장은 해당 기관이 생산하는 공간정보를 국민이 이용할 수 있도록 공개목록을 작성하여 대통령령으로 정하는 바에 따라 공개하여야 한다. 다만, 「공공기관의 정보공개에 관한 법률」 제9조에 따른 비공개대상정보는 그러하지 아니하다. 〈개정 2013.5.22.〉

② 국토교통부장관은 관리기관의 장과 협의하여 제1항 본문에 따른 공개목록 중 활용도가 높은 공간정보의 목록을 정하고, 국민이 쉽게 이용할 수 있도록 대통령령으로 정하는 바에 따라 공개하여야 한다.

국가공간정보 기본법 시행령 제22조(공간정보의 공개)

① 관리기관의 장은 법 제33조제1항 본문에 따라 작성한 공간정보의 공개목록을 해당 기관의 인터넷 홈페이지와 법 제25조에 따른 국가공간정보센터(이하 "국가공간정보센터"라 한다)를 통하여 공개하여야 한다. 〈개정 2013.11.22., 2015.6.1.〉

② 국토교통부장관은 법 제33조제2항에 따라 공개목록 중 활용도가 높은 공간정보의 목록을 국가공간정보센터를 통하여 공개하고, 관리기관의 장에게 요청하여 해당 기관의 인터넷 홈페이지를 통하여 공개하도록 하여야 한다.

08 「국가공간정보 기본법」에서 공간정보의 복제 및 판매에 대한 설명으로 옳지 않은 것은?

① 관리기관의 장은 정보이용자에게 제공하려는 공간정보데이터베이스를 해당 기관의 인터넷 홈페이지와 국가공간정보센터를 통하여 공개하여야 한다.

② 관리기관의 장이 사용료 또는 수수료를 받으려는 경우에는 실비(實費)의 범위에서 정하여야 하며, 사용료 또는 수수료를 정하였을 때에는 그 내용을 관보 또는 공보에 고시하고(지방자치단체에 한정한다) 해당 기관의 인터넷 홈페이지와 국가공간정보센터를 통하여 공개하여야 한다.

③ 관리기관의 장은 대통령령으로 정하는 바에 따라 해당 기관이 관리하고 있는 공간정보데이터베이스의 전부 또는 일부를 복제 또는 간행하여 판매 또는 배포하거나 해당 데이터베이스로부터 출력한 자료를 정보이용자에게 제공할 수 있다.

④ 관리기관의 장은 대통령령으로 정하는 바에 따라 공간정보데이터베이스로부터 복제 또는 출력한 자료를 이용하는 자로부터 사용료 또는 수수료를 받을 수 있다.

풀이 **국가공간정보 기본법 제34조(공간정보의 복제 및 판매 등)**

① 관리기관의 장은 대통령령으로 정하는 바에 따라 해당 기관이 관리하고 있는 공간정보데이터베이스의 전부 또는 일부를 복제 또는 간행하여 판매 또는 배포하거나 해당 데이터베이스로부터 출력한 자료를 정보이용자에게 제공할 수 있다. 다만, 법령과 제35조의 보안관리규정에 따라 공개 또는 유출이 금지된 정보에 대하여는 그러하지 아니한다. 〈개정 2014.6.3.〉

② 관리기관의 장은 대통령령으로 정하는 바에 따라 공간정보데이터베이스로부터 복제 또는 출력한 자료를 이용하는 자로부터 사용료 또는 수수료를 받을 수 있다.

국가공간정보 기본법 시행령 제23조(공간정보의 복제 및 판매 등)

① 관리기관의 장은 법 제34조제1항 본문에 따라 정보이용자에게 제공하려는 공간정보데이터베이스를 해당 기관의 인터넷 홈페이지와 국가공간정보센터를 통하여 공개하여야 한다. 〈개정 2015.6.1.〉

② 법 제34조제2항에 따라 관리기관의 장이 사용료 또는 수수료를 받으려는 경우에는 실비(實費)의 범위에서 정하여야 하며, 사용료 또는 수수료를 정하였을 때에는 그 내용을 관보 또는 공보에 고시하고(중앙행정기관 또는 지방자치단체에 한정한다) 해당 기관의 인터넷 홈페이지와 국가공간정보센터를 통하여 공개하여야 한다. 〈개정 2015.6.1.〉

③ 관리기관의 장은 공간정보데이터베이스로부터 복제하거나 출력한 자료의 사용이 다음 각 호의 어느 하나에 해당하는 경우에는 법 제34조제2항에 따른 사용료 또는 수수료를 감면할 수 있다. 〈개정 2015.6.1.〉

> 1. 국가, 지방자치단체 또는 관리기관이 그 업무에 사용하는 경우
> 2. 교육연구기관이 교육연구용으로 사용하는 경우

09 「국가공간정보 기본법」에서 공간정보에 대한 부당한 접근과 이용 또는 공간정보의 유출을 방지하기 위하여 필요한 보안관리규정으로 옳지 않은 것은?

① 보안대상 공간정보의 분류기준 및 관리절차
② 보안대상 기본공간정보의 공개 요건 및 절차
③ 공간정보의 관리부서 및 공간정보 보안담당자 등 보안관리체계
④ 보안대상 공간정보의 유출 · 훼손 등 사고발생 시 처리절차 및 처리방법

풀이 **국가공간정보 기본법 제35조(보안관리)**

① 관리기관의 장은 공간정보 또는 공간정보데이터베이스의 구축 · 관리하거나 활용하는 경우 공개가 제한되는 공간정보에 대한 부당한 접근과 이용 또는 공간정보의 유출을 방지하기 위하여 필요한 보안관리규정을 대통령령으로 정하는 바에 따라 제정하고 시행하여야 한다. 〈개정 2020.6.9.〉

② 관리기관의 장은 제1항에 따라 보안관리규정을 제정하는 경우에는 국가정보원장과 협의하여야 한다. 보안관리규정을 개정하고자 하는 경우에도 또한 같다.

국가공간정보 기본법 시행령 제24조(공간정보의 보호)

① 법 제35조에 따른 보안관리규정에는 다음 각 호의 사항이 포함되어야 한다. 〈개정 2015.6.1.〉

> 1. 공간정보의 관리부서 및 공간정보 보안담당자 등 보안관리체계
> 2. 공간정보체계 및 공간정보 유통망의 관리방법과 그 보호대책
> 3. 보안대상 공간정보의 분류기준 및 관리절차
> 4. 보안대상 공간정보의 공개 요건 및 절차
> 5. 보안대상 공간정보의 유출 · 훼손 등 사고발생 시 처리절차 및 처리방법

② 국가정보원장은 법 제35조에 따른 협의를 위하여 필요한 때에는 제1항에 따른 보안관리규정의 제정 · 시행에 필요한 기본지침을 작성하여 관리기관의 장에게 통보할 수 있다. 〈개정 2015.6.1.〉

③ 국가정보원장은 관리기관에 대하여 공간정보의 보안성 검토 등 보안관리에 필요한 협조와 지원을 할 수 있다.

10 「국가공간정보 기본법」에서 공간정보데이터베이스의 멸실 또는 훼손에 대비에 대하여 옳지 않은 것은?

① 누구든지 관리기관이 생산 또는 관리하는 공간정보 또는 공간정보데이터베이스를 침해 또는 훼손하거나 법령에 따라 공개가 제한되는 공간정보를 관리기관의 승인 없이 무단으로 열람·복제·유출하여서는 아니 된다.

② 누구든지 공간정보 또는 공간정보데이터베이스를 이용하여 다른 사람의 권리나 사생활을 침해하여서는 아니 된다.

③ 관리기관의 장은 공간정보데이터베이스의 복제·관리 계획을 수립하여 정기적으로 복제하고 안전한 장소에 보관하여야 한다.

④ 국토교통부장관은 공간정보데이터베이스의 멸실 또는 훼손에 대비하여 대통령령으로 정하는 바에 따라 이를 별도로 복제하여 관리하여야 한다.

> **풀이** **국가공간정보 기본법 제36조(공간정보데이터베이스의 안전성 확보)**
> 관리기관의 장은 공간정보데이터베이스의 멸실 또는 훼손에 대비하여 대통령령으로 정하는 바에 따라 이를 별도로 복제하여 관리하여야 한다.
>
> **국가공간정보 기본법 시행령 제25조(공간정보데이터베이스의 보관)**
> 관리기관의 장은 법 제36조에 따라 공간정보데이터베이스의 복제·관리 계획을 수립하여 정기적으로 복제하고 안전한 장소에 보관하여야 한다.
>
> **국가공간정보 기본법 제37조(공간정보 등의 침해 또는 훼손 등의 금지)**
> ① 누구든지 관리기관이 생산 또는 관리하는 공간정보 또는 공간정보데이터베이스를 침해 또는 훼손하거나 법령에 따라 공개가 제한되는 공간정보를 관리기관의 승인 없이 무단으로 열람·복제·유출하여서는 아니 된다.
> ② 누구든지 공간정보 또는 공간정보데이터베이스를 이용하여 다른 사람의 권리나 사생활을 침해하여서는 아니 된다.
>
> **국가공간정보 기본법 제38조(비밀준수 등의 의무)**
> 관리기관 또는 이 법이나 다른 법령에 따라 위탁을 받은 국가공간정보체계 관련 업무를 수행하는 기관, 법인, 단체에 소속되거나 소속되었던 자(용역계약 등에 따라 해당 업무를 수임한 자 또는 그 사용인을 포함한다)는 국가공간정보체계의 구축·관리 및 활용과 관련한 직무를 수행함에 있어서 알게 된 비밀을 누설하거나 도용하여서는 아니 된다.

11 「국가공간정보 기본법」에서 공간정보 또는 공간정보데이터베이스를 무단으로 침해하거나 훼손한 자의 벌칙으로 옳은 것은?

① 1천만 원 이하의 벌금

② 1년 이하의 징역 또는 1천만 원 이하의 벌금

③ 2년 이하의 징역 또는 2천만 원 이하의 벌금

④ 3년 이하의 징역 또는 3천만 원 이하의 벌금

정답 **10** ④ **11** ③

풀이 국가공간정보 기본법 제39조(벌칙) **암기** 🈚️🈲🈴 먹고 🈶🈚️🈺 버리면 🈯️🈷️로 씻어라. 🈁🈹🈂️와 🈚️🈯️🈂️도

제37조제1항을 위반하여 공간정보 또는 공간정보데이터베이스를 🈚️단으로 🈲해하거나 🈺손한 자는 2년 이하의 징역 또는 2천만 원 이하의 벌금에 처한다.

국가공간정보 기본법 제40조(벌칙)

다음 각 호의 어느 하나에 해당하는 자는 1년 이하의 징역 또는 1천만 원 이하의 벌금에 처한다. 〈개정 2014.6.3.〉

1. 제37조제1항을 위반하여 공간정보 또는 공간정보데이터베이스를 관리기관의 🈴인 없이 🈚️단으로 열람·🈺제·유출한 자
2. 제38조(비밀준수 등의 의무)를 위반하여 직무상 알게 된 🈁밀을 🈹설하거나 도용한 자
3. 제34조제3항을 위반하여 🈂️안관리규정을 준🈴하지 아니한 🈂️
4. 거짓이나 그 밖의 🈚️정한 🈯️법으로 전문기관으로 지정받은 🈂️

12 「국가공간정보 기본법」에서 공간정보 또는 공간정보데이터베이스를 관리기관의 승인 없이 무단으로 열람·복제·유출한 자의 벌칙으로 옳은 것은?

① 1천만 원 이하의 벌금
② 1년 이하의 징역 또는 1천만 원 이하의 벌금
③ 2년 이하의 징역 또는 2천만 원 이하의 벌금
④ 3년 이하의 징역 또는 3천만 원 이하의 벌금

풀이 국가공간정보 기본법 제39조(벌칙) **암기** 🈚️🈲🈴 먹고 🈶🈚️🈺 버리면 🈯️🈷️로 씻어라. 🈁🈹🈂️와 🈚️🈯️🈂️도

제37조제1항을 위반하여 공간정보 또는 공간정보데이터베이스를 🈚️단으로 🈲해하거나 🈺손한 자는 2년 이하의 징역 또는 2천만 원 이하의 벌금에 처한다.

국가공간정보 기본법 제40조(벌칙)

다음 각 호의 어느 하나에 해당하는 자는 1년 이하의 징역 또는 1천만 원 이하의 벌금에 처한다. 〈개정 2014.6.3.〉

1. 제37조제1항을 위반하여 공간정보 또는 공간정보데이터베이스를 관리기관의 🈴인 없이 🈚️단으로 열람·🈺제·유출한 자
2. 제38조(비밀준수 등의 의무)를 위반하여 직무상 알게 된 🈁밀을 🈹설하거나 도용한 자
3. 제34조제3항을 위반하여 🈂️안관리규정을 준🈴하지 아니한 🈂️
4. 거짓이나 그 밖의 🈚️정한 🈯️법으로 전문기관으로 지정받은 🈂️

13 「국가공간정보 기본법」에서 직무상 알게 된 비밀을 누설하거나 도용한 자의 벌칙으로 옳은 것은?

① 1천만 원 이하의 벌금
② 1년 이하의 징역 또는 1천만 원 이하의 벌금
③ 2년 이하의 징역 또는 2천만 원 이하의 벌금
④ 3년 이하의 징역 또는 3천만 원 이하의 벌금

풀이 국가공간정보 기본법 제39조(벌칙) **암기** 🈚️🈲🈴 먹고 🈶🈚️🈺 버리면 🈯️🈷️로 씻어라. 🈁🈹🈂️와 🈚️🈯️🈂️도

제37조제1항을 위반하여 공간정보 또는 공간정보데이터베이스를 🈚️단으로 🈲해하거나 🈺손한 자는 2년 이하의 징역 또는 2천만 원 이하의 벌금에 처한다.

국가공간정보 기본법 제40조(벌칙)

다음 각 호의 어느 하나에 해당하는 자는 1년 이하의 징역 또는 1천만 원 이하의 벌금에 처한다. 〈개정 2014.6.3.〉

1. 제37조제1항을 위반하여 공간정보 또는 공간정보데이터베이스를 관리기관의 ㉲인 없이 ㉱단으로 열람 · ㉰제 · 유출한 자
2. 제38조(비밀준수 등의 의무)를 위반하여 직무상 알게 된 ㉲밀을 ㉰설하거나 도용한 자
3. 제34조제3항을 위반하여 ㉲안관리규정을 준㉰하지 아니한 ㉲
4. 거짓이나 그 밖의 ㉱정한 ㉲법으로 전문기관으로 지정받은 ㉲

국가공간정보 기본법 시행령 제26조(과태료의 부과기준)

법 제42조제1항에 따른 과태료의 부과기준은 다음 각 호와 같다.

1. 공사가 아닌 자가 한국국토정보공사의 명칭을 사용한 경우 : 400만 원
2. 공사가 아닌 자가 한국국토정보공사와 유사한 명칭을 사용한 경우 : 300만 원

14 「국가공간정보 기본법」에서 과태료의 부과기준으로 옳은 것은?

① 공사가 아닌 자가 한국국토정보공사의 명칭을 사용한 경우 : 300만 원
② 공사가 아닌 자가 한국국토정보공사의 명칭을 사용한 경우 : 400만 원
③ 공사가 아닌 자가 한국국토정보공사와 유사한 명칭을 사용한 경우 : 100만 원
④ 공사가 아닌 자가 한국국토정보공사와 유사한 명칭을 사용한 경우 : 200만 원

(풀이) 국가공간정보 기본법 시행령 제26조(과태료의 부과기준)

법 제42조제1항에 따른 과태료의 부과기준은 다음 각 호와 같다.

1. 공사가 아닌 자가 한국국토정보공사의 명칭을 사용한 경우 : 400만 원
2. 공사가 아닌 자가 한국국토정보공사와 유사한 명칭을 사용한 경우 : 300만 원

15 「국가공간정보 기본법」에서 관계 중앙행정기관의 장은 공간정보체계의 구축 및 활용에 필요한 기술의 연구와 개발사업을 효율적으로 추진하기 위한 업무로 옳지 않은 것은?

① 공간정보체계의 구축 · 관리 · 활용 및 공간정보의 유통 등에 관한 기술의 연구 · 개발, 평가 및 이전과 보급
② 공간정보의 유통
③ 전문인력 양성 및 교육
④ 산업계 또는 학계와의 공동 연구 및 개발

(풀이) 국가공간정보 기본법 제9조(연구 · 개발 등)

① 관계 중앙행정기관의 장은 공간정보체계의 구축 및 활용에 필요한 기술의 연구와 개발사업을 효율적으로 추진하기 위하여 다음 각 호의 업무를 행할 수 있다.

1. 공간정보체계의 구축 · 관리 · 활용 및 공간정보의 유통 등에 관한 기술의 연구 · 개발, 평가 및 이전과 보급
2. 산업계 또는 학계와의 공동 연구 및 개발
3. 전문인력 양성 및 교육
4. 국제 기술협력 및 교류

정답 14 ② 15 ②

② 관계 중앙행정기관의 장은 대통령령으로 정하는 바에 따라 제1항 각 호의 업무를 대통령령으로 정하는 공간 정보 관련 기관, 단체 또는 법인에 위탁할 수 있다.

국가공간정보 기본법 제10조(정부의 지원)

정부는 국가공간정보체계의 효율적 구축 및 활용을 촉진하기 위하여 다음 각 호의 어느 하나에 해당하는 업무를 수행하는 자에 대하여 출연 또는 보조금의 지급 등 필요한 지원을 할 수 있다. 〈개정 2014.6.3.〉

1. 공간정보체계와 관련한 기술의 연구 · 개발
2. 공간정보체계와 관련한 전문인력의 양성
3. 공간정보체계와 관련한 전문지식 및 기술의 지원
4. 공간정보데이터베이스의 구축 및 관리
5. 공간정보의 유통
6. 제30조에 따른 공간정보에 관한 목록정보의 작성

16 「국가공간정보 기본법」에서 연구와 개발의 위탁기관으로 옳지 않은 것은?

① 기술평가기관
② 한국정보화진흥원
③ 해양공간정보산업진흥원
④ 학교부설연구소

풀이 국가공간정보 기본법 시행령 제14조(연구와 개발의 위탁)

① 관계 중앙행정기관의 장은 법 제9조제2항에 따라 다음 각 호의 어느 하나에 해당하는 기관을 지정하여 법 제9조제1항의 업무를 위탁할 수 있다. 〈개정 2016.9.22.〉

1. 「건설기술 진흥법」 제11조에 따른 기술평가기관
2. 「고등교육법」 제25조에 따른 학교부설연구소
3. 「공간정보산업 진흥법」 제23조에 따른 공간정보산업진흥원
4. 「과학기술분야 정부출연연구기관 등의 설립 · 운영 및 육성에 관한 법률」 제8조에 따른 연구기관
5. 「국가정보화 기본법」 제14조에 따른 한국정보화진흥원
6. 「기초연구진흥 및 기술개발지원에 관한 법률」 제14조의2제1항에 따라 인정받은 기업부설연구소
7. 「전자정부법」 제72조에 따른 한국지역정보개발원
8. 「전파법」 제66조에 따른 한국방송통신전파진흥원
9. 「정부출연연구기관 등의 설립 · 운영 및 육성에 관한 법률」 제8조에 따른 연구기관
10. 「공간정보산업 진흥법」 제24조에 따른 공간정보산업협회
11. 「공간정보의 구축 및 관리 등에 관한 법률」 제57조에 따른 해양조사협회
12. 법 제12조에 따른 한국국토정보공사
13. 「특정연구기관 육성법」 제2조에 따른 특정연구기관

17 「국가공간정보 기본법」에서 연구와 개발의 위탁기관으로 옳지 않은 것은?

① 한국지역정보개발원
② 측량정보산업협회
③ 한국방송통신전파진흥원
④ 한국국토정보공사

풀이 국가공간정보 기본법 시행령 제14조(연구와 개발의 위탁)

① 관계 중앙행정기관의 장은 법 제9조제2항에 따라 다음 각 호의 어느 하나에 해당하는 기관을 지정하여 법

정답 16 ③ 17 ②

제9조제1항의 업무를 위탁할 수 있다. 〈개정 2016.9.22.〉

1. 「건설기술 진흥법」 제11조에 따른 기술평가기관
2. 「고등교육법」 제25조에 따른 학교부설연구소
3. 「공간정보산업 진흥법」 제23조에 따른 공간정보산업진흥원
4. 「과학기술분야 정부출연연구기관 등의 설립·운영 및 육성에 관한 법률」 제8조에 따른 연구기관
5. 「국가정보화 기본법」 제14조에 따른 한국정보화진흥원
6. 「기초연구진흥 및 기술개발지원에 관한 법률」 제14조의2제1항에 따라 인정받은 기업부설연구소
7. 「전자정부법」 제72조에 따른 한국지역정보개발원
8. 「전파법」 제66조에 따른 한국방송통신전파진흥원
9. 「정부출연연구기관 등의 설립·운영 및 육성에 관한 법률」 제8조에 따른 연구기관
10. 「공간정보산업 진흥법」 제24조에 따른 공간정보산업협회
11. 「공간정보의 구축 및 관리 등에 관한 법률」 제57조에 따른 해양조사협회
12. 법 제12조에 따른 한국국토정보공사
13. 「특정연구기관 육성법」 제2조에 따른 특정연구기관

18 「국가공간정보 기본법」에서 국가공간정보정책 기본계획의 수립사항으로 옳지 않은 것은?

① 관계 중앙행정기관의 장은 기관별 국가공간정보정책 기본계획을 작성하여 대통령령으로 정하는 바에 따라 국토교통부장관에게 제출하여야 한다.

② 국토교통부장관은 관계 중앙행정기관의 장이 제출한 기관별 기본계획을 종합하여 기본계획을 수립하고 위원회의 심의를 거쳐 이를 확정한다.

③ 정부는 국가공간정보체계의 구축 및 활용을 촉진하기 위하여 국가공간정보정책 기본계획을 3년마다 수립하고 시행하여야 한다.

④ 기본계획에는 국가공간정보체계의 구축·관리 및 유통 촉진에 필요한 투자 및 재원조달 계획이 포함되어야 한다.

풀이 국가공간정보 기본법 제6조(국가공간정보정책 기본계획의 수립) **암기** 정취연은 전공자로 구성

① 정부는 국가공간정보체계의 구축 및 활용을 촉진하기 위하여 국가공간정보정책 기본계획(이하 "기본계획"이라 한다)을 5년마다 수립하고 시행하여야 한다.

② 기본계획에는 다음 각 호의 사항이 포함되어야 한다. 〈개정 2014.6.3.〉

1. 국가공간정보체계의 구축 및 공간정보의 활용 촉진을 위한 정책의 기본 방향
2. 제19조에 따른 기본공간정보의 취득 및 관리
3. 국가공간정보체계에 관한 연구·개발
4. 공간정보 관련 전문인력의 양성
5. 국가공간정보체계의 활용 및 공간정보의 유통
6. 국가공간정보체계의 구축·관리 및 유통 촉진에 필요한 투자 및 재원조달 계획
7. 국가공간정보체계와 관련한 국가적 표준의 연구·보급 및 기술기준의 관리
8. 「공간정보산업 진흥법」 제2조제1항제2호에 따른 공간정보산업의 육성에 관한 사항
9. 그 밖에 국가공간정보정책에 관한 사항

③ 관계 중앙행정기관의 장은 제2항 각 호의 사항 중 소관 업무에 관한 기관별 국가공간정보정책 기본계획(이하 "기관별 기본계획"이라 한다)을 작성하여 대통령령으로 정하는 바에 따라 국토교통부장관에게 제출하여야 한다. 〈개정 2013.3.23.〉

④ 국토교통부장관은 제3항에 따라 관계 중앙행정기관의 장이 제출한 기관별 기본계획을 종합하여 기본계획을 수립하고 위원회의 심의를 거쳐 이를 확정한다. 〈개정 2009.5.22., 2013.3.23.〉

⑤ 제4항에 따라 확정된 기본계획을 변경하는 경우 그 절차에 관하여는 제4항을 준용한다. 다만, 대통령령으로 정하는 경미한 사항을 변경하는 경우에는 그러하지 아니하다.

19 「국가공간정보 기본법」에서 국가공간정보정책 기본계획의 수립사항으로 옳지 않은 것은?

① 국토교통부장관은 국가공간정보정책 기본계획을 확정하거나 변경한 경우에는 이를 관보에 고시하여야 한다.

② 국토교통부장관은 기관별 국가공간정보정책 기본계획 수립에 필요한 지침을 정하여 관계 중앙행정기관의 장에게 통보할 수 있다.

③ 관계 중앙행정기관의 장은 기관별 국가공간정보정책 기본계획을 국토교통부장관이 정하는 수립 · 제출 일정에 따라 국토교통부장관에게 제출하여야 한다.

④ 국토교통부장관은 국가공간정보정책 기본계획의 수립을 위하여 필요하면 관계중앙행정기관의 장에게 소관 업무에 관한 자료의 제출을 요청할 수 있다.

풀이 **국가공간정보 기본법 시행령 제12조(국가공간정보정책 기본계획의 수립)**

① 관계 중앙행정기관의 장은 법 제6조제3항에 따라 소관 업무에 관한 기관별 국가공간정보정책 기본계획을 국토교통부장관이 정하는 수립 · 제출 일정에 따라 국토교통부장관에게 제출하여야 한다. 이 경우 국토교통부장관은 기관별 국가공간정보정책 기본계획 수립에 필요한 지침을 정하여 관계 중앙행정기관의 장에게 통보할 수 있다. 〈개정 2013.3.23.〉

② 국토교통부장관은 법 제6조제4항에 따라 국가공간정보정책 기본계획의 수립을 위하여 필요하면 시 · 도지사에게 법 제6조제2항 각 호의 사항 중 소관 업무에 관한 자료의 제출을 요청할 수 있다. 이 경우 시 · 도지사는 특별한 사유가 없으면 이에 따라야 한다. 〈개정 2013.3.23.〉

③ 국토교통부장관은 법 제6조제4항 및 제5항에 따라 국가공간정보정책 기본계획을 확정하거나 변경한 경우에는 이를 관보에 고시하여야 한다. 〈개정 2013.3.23.〉

④ 법 제6조제53항 단서에서 "대통령령으로 정하는 경미한 사항을 변경하는 경우"란 다음 각 호의 경우를 말한다.

　　1. 법 제6조제2항제2호부터 제5호까지, 제7호 또는 제8호와 관련된 사업으로서 사업기간을 2년 이내에서 가감하거나 사업비를 처음 계획의 100분의 10 이내에서 증감하는 경우

　　2. 법 제6조제2항제6호의 투자 및 재원조달 계획에 따른 투자금액 또는 재원조달금액을 처음 계획의 100분의 10 이내에서 증감하는 경우

20 「국가공간정보 기본법」에서 국가공간정보정책 기본계획의 수립사항에서 대통령령으로 정하는 경미한 사항을 변경하는 경우로 옳지 않은 것은?

① 투자 및 재원조달 계획에 따른 투자금액을 처음 계획의 100분의 10 이내에서 증감하는 경우

② 투자 및 재원조달 계획에 따른 재원조달금액을 처음 계획의 100분의 20 이내에서 증감하는 경우

③ 사업기간을 2년 이내에서 가감하는 경우

④ 사업비를 처음 계획의 100분의 10 이내에서 증감하는 경우

정답 **19** ④ **20** ②

풀이 국가공간정보 기본법 시행령 제12조(국가공간정보정책 기본계획의 수립)

① 관계 중앙행정기관의 장은 법 제6조제3항에 따라 소관 업무에 관한 기관별 국가공간정보정책 기본계획을 국토교통부장관이 정하는 수립·제출 일정에 따라 국토교통부장관에게 제출하여야 한다. 이 경우 국토교통부장관은 기관별 국가공간정보정책 기본계획 수립에 필요한 지침을 정하여 관계 중앙행정기관의 장에게 통보할 수 있다. 〈개정 2013.3.23.〉

② 국토교통부장관은 법 제6조제4항에 따라 국가공간정보정책 기본계획의 수립을 위하여 필요하면 시·도지사에게 법 제6조제2항 각 호의 사항 중 소관 업무에 관한 자료의 제출을 요청할 수 있다. 이 경우 시·도지사는 특별한 사유가 없으면 이에 따라야 한다. 〈개정 2013.3.23.〉

③ 국토교통부장관은 법 제6조제4항 및 제5항에 따라 국가공간정보정책 기본계획을 확정하거나 변경한 경우에는 이를 관보에 고시하여야 한다. 〈개정 2013.3.23.〉

④ 법 제6조제53항 단서에서 "대통령령으로 정하는 경미한 사항을 변경하는 경우"란 다음 각 호의 경우를 말한다.

　1. 법 제6조제2항제2호부터 제5호까지, 제7호 또는 제8호와 관련된 사업으로서 사업기간을 2년 이내에서 가감하거나 사업비를 처음 계획의 100분의 10 이내에서 증감하는 경우

　2. 법 제6조제2항제6호의 투자 및 재원조달 계획에 따른 투자금액 또는 재원조달금액을 처음 계획의 100분의 10 이내에서 증감하는 경우

정답

01 「국가공간정보 기본법」상 용어에 대한 설명으로 옳지 않은 것은?

① "국가공간정보통합체계"란 공간정보를 체계적으로 정리하여 사용자가 검색하고 활용할 수 있도록 가공한 정보의 집합체를 말한다.

② "공간객체등록번호"란 공간정보를 효율적으로 관리 및 활용하기 위하여 자연적 또는 인공적 객체에 부여하는 공간정보의 유일식별번호를 말한다.

③ "공간정보체계"란 공간정보를 효과적으로 수집·저장·가공·분석·표현할 수 있도록 서로 유기적으로 연계된 컴퓨터의 하드웨어, 소프트웨어, 데이터베이스 및 인적자원의 결합체를 말한다.

④ "공간정보"란 지상·지하·수상·수중 등 공간상에 존재하는 자연적 또는 인공적인 객체에 대한 위치정보 및 이와 관련된 공간적 인지 및 의사결정에 필요한 정보를 말한다.

(풀이) 국가공간정보 기본법 제2조(정의)

이 법에서 사용하는 용어의 뜻은 다음과 같다. 〈개정 2012.12.18., 2013.3.23., 2014.6.3.〉

1. "공간정보"란 지상·지하·수상·수중 등 공간상에 존재하는 자연적 또는 인공적인 객체에 대한 위치정보 및 이와 관련된 공간적 인지 및 의사결정에 필요한 정보를 말한다.

2. "공간정보데이터베이스"란 공간정보를 체계적으로 정리하여 사용자가 검색하고 활용할 수 있도록 가공한 정보의 집합체를 말한다.

3. "공간정보체계"란 공간정보를 효과적으로 수집·저장·가공·분석·표현할 수 있도록 서로 유기적으로 연계된 컴퓨터의 하드웨어, 소프트웨어, 데이터베이스 및 인적자원의 결합체를 말한다.

4. "관리기관"이란 공간정보를 생산하거나 관리하는 중앙행정기관, 지방자치단체, 「공공기관의 운영에 관한 법률」 제4조에 따른 공공기관(이하 "공공기관"이라 한다), 그 밖에 대통령령으로 정하는 민간기관을 말한다.

5. "국가공간정보체계"란 관리기관이 구축 및 관리하는 공간정보체계를 말한다.

6. "국가공간정보통합체계"란 제19조제3항의 기본공간정보데이터베이스를 기반으로 국가공간정보체계를 통합 또는 연계하여 국토교통부장관이 구축·운용하는 공간정보체계를 말한다.

7. "공간객체등록번호"란 공간정보를 효율적으로 관리 및 활용하기 위하여 자연적 또는 인공적 객체에 부여하는 공간정보의 유일식별번호를 말한다.

02 「국가공간정보 기본법」에서 다음과 같이 정의되는 것은? (18년1회측기)

> 공간정보를 효과적으로 수집·저장·가공·분석·표현할 수 있도록 서로 유기적으로 연계된 컴퓨터의 하드웨어, 소프트웨어, 데이터베이스 및 인적자원의 결합체를 말한다.

① 공간정보데이터베이스 ② 국가공간정보통합체계
③ 공간정보체계 ④ 공간객체

(풀이) 국가공간정보 기본법 제2조(정의)

이 법에서 사용하는 용어의 뜻은 다음과 같다.

1. "공간정보"란 지상·지하·수상·수중 등 공간상에 존재하는 자연적 또는 인공적인 객체에 대한 위치정보 및 이와 관련된 공간적 인지 및 의사결정에 필요한 정보를 말한다.

정답 **01** ① **02** ③

2. "공간정보데이터베이스"란 공간정보를 체계적으로 정리하여 사용자가 검색하고 활용할 수 있도록 가공한 정보의 집합체를 말한다.

3. "공간정보체계"란 공간정보를 효과적으로 수집·저장·가공·분석·표현할 수 있도록 서로 유기적으로 연계된 컴퓨터의 하드웨어, 소프트웨어, 데이터베이스 및 인적자원의 결합체를 말한다.

4. "관리기관"이란 공간정보를 생산하거나 관리하는 중앙행정기관, 지방자치단체, 「공공기관의 운영에 관한 법률」 제4조에 따른 공공기관(이하 "공공기관"이라 한다), 그 밖에 대통령령으로 정하는 민간기관을 말한다.

5. "국가공간정보체계"란 관리기관이 구축 및 관리하는 공간정보체계를 말한다.

6. "국가공간정보통합체계"란 제19조제3항의 기본공간정보데이터베이스를 기반으로 국가공간정보체계를 통합 또는 연계하여 국토교통부장관이 구축·운용하는 공간정보체계를 말한다.

7. "공간객체등록번호"란 공간정보를 효율적으로 관리 및 활용하기 위하여 자연적 또는 인공적 객체에 부여하는 공간정보의 유일식별번호를 말한다.

03 국가공간정보정책 기본계획은 몇 년 단위로 수립·시행되는가? (18년1회지산)

① 1년   ② 3년
③ 5년   ④ 10년

풀이 국가공간정보 기본법 제6조(국가공간정보정책 기본계획의 수립) **암기** 정취연은 전공자로 구성

① 정부는 국가공간정보체계의 구축 및 활용을 촉진하기 위하여 국가공간정보정책 기본계획(이하 "기본계획"이라 한다)을 5년마다 수립하고 시행하여야 한다.

② 기본계획에는 다음 각 호의 사항이 포함되어야 한다. 〈개정 2014.6.3.〉

> 1. 국가공간정보체계의 구축 및 공간정보의 활용 촉진을 위한 ㉓책의 기본 방향
> 2. 제19조에 따른 기본공간정보의 ㉔득 및 관리
> 3. 국가공간정보체계에 관한 ㉕구·개발
> 4. 공간정보 관련 ㉚문인력의 양성
> 5. 국가공간정보체계의 활용 및 ㉓간정보의 유통
> 6. 국가공간정보체계의 구축·관리 및 유통 촉진에 필요한 투㉓ 및 재원조달 계획
> 7. 국가공간정보체계와 관련한 국가적 표준의 연㉓·보급 및 기술기준의 관리
> 8. 「공간정보산업 진흥법」 제2조제1항제2호에 따른 공간정보산업의 육㉓에 관한 사항
> 9. 그 밖에 국가공간정보정책에 관한 사항

③ 관계 중앙행정기관의 장은 제2항 각 호의 사항 중 소관 업무에 관한 기관별 국가공간정보정책 기본계획(이하 "기관별 기본계획"이라 한다)을 작성하여 대통령령으로 정하는 바에 따라 국토교통부장관에게 제출하여야 한다. 〈개정 2013.3.23.〉

④ 국토교통부장관은 제3항에 따라 관계 중앙행정기관의 장이 제출한 기관별 기본계획을 종합하여 기본계획을 수립하고 위원회의 심의를 거쳐 이를 확정한다. 〈개정 2009.5.22., 2013.3.23.〉

⑤ 제4항에 따라 확정된 기본계획을 변경하는 경우 그 절차에 관하여는 제4항을 준용한다. 다만, 대통령령으로 정하는 경미한 사항을 변경하는 경우에는 그러하지 아니하다.

04 「국가공간정보 기본법 시행령」상 기본공간정보가 아닌 것은?

① 기준점   ② 정사영상
③ 수치표고모형   ④ 실외공간정보

국가공간정보 기본법 제19조(기본공간정보의 취득 및 관리) 암기 경지해지건은 기지사수입실하라

① 국토교통부장관은 행정경계 · 도로 또는 철도의 경계 · 하천경계 · 지형 · 해안선 · 지적, 건물 등 인공구조물의 공간정보, 그 밖에 대통령령으로 정하는 주요 공간정보를 기본공간정보로 선정하여 관계 중앙행정기관의 장과 협의한 후 이를 관보에 고시하여야 한다. 〈개정 2013.3.23.〉

② 관계 중앙행정기관의 장은 제1항에 따라 선정 · 고시된 기본공간정보(이하 "기본공간정보"라 한다)를 대통령령으로 정하는 바에 따라 데이터베이스로 구축하여 관리하여야 한다.

③ 국토교통부장관은 관리기관이 제2항에 따라 구축 · 관리하는 데이터베이스(이하 "기본공간정보데이터베이스"라 한다)를 통합하여 하나의 데이터베이스로 관리하여야 한다. 〈개정 2013.3.23.〉

④ 기본공간정보 선정의 기준 및 절차, 기본공간정보데이터베이스의 구축과 관리, 기본공간정보데이터베이스의 통합 관리, 그 밖에 필요한 사항은 대통령령으로 정한다.

국가공간정보 기본법 시행령 제15조(기본공간정보의 취득 및 관리)

① 법 제19조제1항에서 "대통령령으로 정하는 주요 공간정보"란 다음 각 호의 공간정보를 말한다. 〈개정 2009.12.14., 2013.3.23., 2013.6.11., 2015.6.1.〉

1. 기준점(「공간정보의 구축 및 관리 등에 관한 법률」 제8조제1항에 따른 측량기준점표지를 말한다)
2. 지명
3. 정사영상[항공사진 또는 인공위성의 영상을 지도와 같은 정사투영법(正射投影法)으로 제작한 영상을 말한다]
4. 수치표고 모형[지표면의 표고(標高)를 일정간격 격자마다 수치로 기록한 표고모형을 말한다]
5. 공간정보 입체 모형(지상에 존재하는 인공적인 객체의 외형에 관한 위치정보를 현실과 유사하게 입체적으로 표현한 정보를 말한다)
6. 실내공간정보(지상 또는 지하에 존재하는 건물 등 인공구조물의 내부에 관한 공간정보를 말한다)
7. 그 밖에 위원회의 심의를 거쳐 국토교통부장관이 정하는 공간정보

② 관계 중앙행정기관의 장은 법 제19조제1항에 따른 기본공간정보(이하 "기본공간정보"라 한다)를 데이터베이스로 구축 · 관리하기 위하여 재원조달 계획을 포함한 기본공간정보데이터베이스의 구축 또는 갱신계획, 유지 · 관리계획을 법 제6조제3항에 따른 기관별 국가공간정보정책 기본계획에 포함하여 수립하고 시행하여야 한다. 〈개정 2015.6.1.〉

③ 관계 중앙행정기관의 장은 법 제19조제2항에 따라 기본공간정보데이터베이스를 구축 · 관리할 때에는 다음 각 호의 기준에 따라야 한다. 〈개정 2009.12.14., 2013.3.23., 2015.6.1.〉

1. 법 제21조에 따른 표준 및 기술기준
2. 관계 중앙행정기관의 장과 협의하여 국토교통부장관이 정하는 기본공간정보교환형식 및 지형지물 분류체계
3. 「공간정보의 구축 및 관리 등에 관한 법률 시행령」 제7조제3항에 따른 직각좌표의 기준
4. 그 밖에 관계 중앙행정기관과 협의하여 국토교통부장관이 정하는 기준

05 「국가공간정보 기본법」상 공간정보 데이터베이스에 대한 내용으로 옳지 않은 것은?

① 법령에 의하여 금지된 정보를 제외한 전부 또는 일부 공간정보 데이터베이스는 복제하여 판매, 배포할 수 있다.

② 멸실 또는 훼손에 대비하여 별도로 복제하여 관리하여야 한다.

③ 다른 기관의 공간정보와 호환이 가능하도록 관련 표준에 따라야 한다.

④ 새로운 공간정보를 구축할 때에는 기존에 구축된 공간정보 체계와 중복 투자함으로써 그 정확도를 높여야 한다.

국가공간정보 기본법 제28조(공간정보데이터베이스의 구축 및 관리)

① 관리기관의 장은 해당 기관이 생산 또는 관리하는 공간정보가 다른 기관이 생산 또는 관리하는 공간정보와 호환이 가능하도록 제21조에 따른 공간정보와 관련한 표준 또는 기술기준에 따라 공간정보데이터베이스를 구축·관리하여야 한다. 〈개정 2014.6.3.〉

② 관리기관의 장은 해당 기관이 관리하고 있는 공간정보데이터베이스가 최신 정보를 기반으로 유지될 수 있도록 노력하여야 한다.

③ 관리기관의 장은 중앙행정기관 및 지방자치단체로부터 공간정보데이터베이스의 구축·관리 등을 위하여 필요한 공간정보의 열람·복제 등 관련 자료의 제공 요청을 받은 때에는 특별한 사유가 없으면 그 요청에 따라야 한다. 〈개정 2020.6.9.〉

④ 관리기관의 장은 중앙행정기관 및 지방자치단체를 제외한 다른 관리기관으로부터 공간정보데이터베이스의 구축·관리 등을 위하여 필요한 공간정보의 열람·복제 등 관련 자료의 제공 요청을 받은 때에는 이에 협조할 수 있다.

⑤ 제3항 및 제4항에 따라 제공받은 공간정보는 제1항에 따른 공간정보데이터베이스의 구축·관리 외의 용도로 이용되어서는 아니 된다.

국가공간정보 기본법 제34조(공간정보의 복제 및 판매 등)

① 관리기관의 장은 대통령령으로 정하는 바에 따라 해당 기관이 관리하고 있는 공간정보데이터베이스의 전부 또는 일부를 복제 또는 간행하여 판매 또는 배포하거나 해당 데이터베이스로부터 출력한 자료를 정보이용자에게 제공할 수 있다. 다만, 법령과 제35조의 보안관리규정에 따라 공개 또는 유출이 금지된 정보에 대하여는 그러하지 아니한다. 〈개정 2014.6.3.〉

② 관리기관의 장은 대통령령으로 정하는 바에 따라 공간정보데이터베이스로부터 복제 또는 출력한 자료를 이용하는 자로부터 사용료 또는 수수료를 받을 수 있다.

국가공간정보 기본법 시행령 제23조(공간정보의 복제 및 판매 등)

① 관리기관의 장은 법 제34조제1항 본문에 따라 정보이용자에게 제공하려는 공간정보데이터베이스를 해당 기관의 인터넷 홈페이지와 국가공간정보센터를 통하여 공개하여야 한다. 〈개정 2015.6.1.〉

② 법 제34조제2항에 따라 관리기관의 장이 사용료 또는 수수료를 받으려는 경우에는 실비(實費)의 범위에서 정하여야 하며, 사용료 또는 수수료를 정하였을 때에는 그 내용을 관보 또는 공보에 고시하고(중앙행정기관 또는 지방자치단체에 한정한다) 해당 기관의 인터넷 홈페이지와 국가공간정보센터를 통하여 공개하여야 한다. 〈개정 2015.6.1.〉

③ 관리기관의 장은 공간정보데이터베이스로부터 복제하거나 출력한 자료의 사용이 다음 각 호의 어느 하나에 해당하는 경우에는 법 제34조제2항에 따른 사용료 또는 수수료를 감면할 수 있다. 〈개정 2015.6.1.〉

  1. 국가, 지방자치단체 또는 관리기관이 그 업무에 사용하는 경우

  2. 교육연구기관이 교육연구용으로 사용하는 경우

06 국가공간정보정책에 관한 사항을 심의·조정하기 위하여 국토교통부에 설치하는 기구는?

① 국가공간정보위원회
② 중앙지적위원회
③ 지적재조사위원회
④ 국가지리정보위원회

국가공간정보 기본법 제5조(국가공간정보위원회) **암기** ㉠㉯㉰㉱㉲ 유보하고 ㉳㉴㉵㉶에서

① 국가공간정보정책에 관한 사항을 심의·조정하기 위하여 국토교통부에 국가공간정보위원회(이하 "위원회"라 한다)를 둔다.

② 위원회는 다음 각 호의 사항을 심의한다. 〈개정 2020.6.9.〉

1. 제6조에 따른 국가공간정보정책 기본⑳획의 수립 · 변경 및 집행실적의 평가
2. 제7조에 따른 국가공간정보정책 ⑭행계획(제7조에 따른 기관별 국가공간정보정책 시행계획을 포함한다)의 ⑩립 · ⑭경 및 집행실적의 평⑰
3. 공간정보의 ⑩통과 ⑨호에 관한 사항
4. 국가공간정보체계의 중복투자 ⑧지 등 투자 효율⑩에 관한 사항
5. 국가공간정보체계의 구축 · 관리 및 활용에 관한 주요 ⑧책의 조정에 관한 사항
6. 그 밖에 국가공간정보정책 및 국가공간정보체계와 관련된 사항으로서 ⑩원장이 회의에 부치는 사항

③ 위원회는 위원장을 포함하여 30인 이내의 위원으로 구성한다.
④ 위원장은 국토교통부장관이 되고, 위원은 다음 각 호의 자가 된다.

1. 국가공간정보체계를 관리하는 중앙행정기관의 차관급 공무원으로서 대통령령으로 정하는 자
2. 지방자치단체의 장(특별시 · 광역시 · 특별자치시 · 도 · 특별자치도의 경우에는 부시장 또는 부지사)으로서 위원장이 위촉하는 자 7인 이상
3. 공간정보체계에 관한 전문지식과 경험이 풍부한 민간전문가로서 위원장이 위촉하는 자 7인 이상

⑤ 제4항제2호 및 제3호에 해당하는 위원의 임기는 2년으로 한다. 다만, 위원의 사임 등으로 새로 위촉된 위원의 임기는 전임 위원의 남은 임기로 한다.
⑥ 위원회는 제2항에 따른 심의 사항을 전문적으로 검토하기 위하여 전문위원회를 둘 수 있다.
⑦ 그 밖에 위원회 및 전문위원회의 구성 · 운영 등에 관하여 필요한 사항은 대통령령으로 정한다.

07 국가공간정보위원회에 대한 설명이다. 옳지 않은 것은?

① 위원회는 위원장을 포함하여 20인 이내의 위원으로 구성하고, 위원회에 간사 2명을 두되, 간사는 국토교통부와 행정안전부 소속 3급 또는 고위공무원단에 속하는 일반직공무원 중에서 국토교통부장관과 행정안전부장관이 각각 지명한다.
② 위원회는 심의 사항을 전문적으로 검토하기 위하여 전문위원회를 둘 수 있다.
③ 위원장은 회의 개최 5일 전까지 회의 일시 · 장소 및 심의안건을 각 위원에게 통보하여야 한다. 다만, 긴급한 경우에는 회의 개최 전까지 통보할 수 있다.
④ 국가공간정보체계의 구축 · 관리 및 활용에 관한 주요 정책의 조정에 관한 사항은 국가공간정보위원회의 심의 사항이다.

풀이 국가공간정보 기본법 제5조(국가공간정보위원회)
① 국가공간정보정책에 관한 사항을 심의 · 조정하기 위하여 국토교통부에 국가공간정보위원회(이하 "위원회"라 한다)를 둔다. 〈개정 2013.3.23.〉
② 위원회는 다음 각 호의 사항을 심의한다.

1. 제6조에 따른 국가공간정보정책 기본⑳획의 수립 · 변경 및 집행실적의 평가
2. 제7조에 따른 국가공간정보정책 ⑭행계획(제7조에 따른 기관별 국가공간정보정책 시행계획을 포함한다)의 ⑩립 · ⑭경 및 집행실적의 평⑰
3. 공간정보의 ⑩통과 ⑨호에 관한 사항
4. 국가공간정보체계의 중복투자 ⑧지 등 투자 효율⑩에 관한 사항
5. 국가공간정보체계의 구축 · 관리 및 활용에 관한 주요 ⑧책의 조정에 관한 사항
6. 그 밖에 국가공간정보정책 및 국가공간정보체계와 관련된 사항으로서 ⑩원장이 회의에 부치는 사항

정답 07 ①

③ 위원회는 위원장을 포함하여 30인 이내의 위원으로 구성한다.

④ 위원장은 국토교통부장관이 되고, 위원은 다음 각 호의 자가 된다. 〈개정 2012.12.18., 2013.3.23.〉

> 1. 국가공간정보체계를 관리하는 중앙행정기관의 차관급 공무원으로서 대통령령으로 정하는 자
> 2. 지방자치단체의 장(특별시·광역시·특별자치시·도·특별자치도의 경우에는 부시장 또는 부지사)으로서 위원장이 위촉하는 자 7인 이상
> 3. 공간정보체계에 관한 전문지식과 경험이 풍부한 민간전문가로서 위원장이 위촉하는 자 7인 이상

⑤ 제4항제2호 및 제3호에 해당하는 위원의 임기는 2년으로 한다. 다만, 위원의 사임 등으로 새로 위촉된 위원의 임기는 전임 위원의 남은 임기로 한다.

⑥ 위원회는 제2항에 따른 심의 사항을 전문적으로 검토하기 위하여 전문위원회를 둘 수 있다. 〈개정 2014.6.3.〉

⑦ 그 밖에 위원회 및 전문위원회의 구성·운영 등에 관하여 필요한 사항은 대통령령으로 정한다.

국가공간정보 기본법 시행령 제3조(국가공간정보위원회의 위원)

① 법 제5조제4항제1호에 따른 위원은 다음 각 호의 사람으로 한다. 〈개정 2013.3.23., 2013.11.22., 2014.11.19., 2017.7.26.〉

> 1. 기획재정부 제1차관, 교육부차관, 과학기술정보통신부 제2차관, 국방부차관, 행정안전부차관, 농림축산식품부차관, 산업통상자원부차관, 환경부차관 및 해양수산부차관
> 2. 통계청장, 소방청장, 문화재청장, 농촌진흥청장 및 산림청장

② 법 제5조에 따른 국가공간정보위원회(이하 "위원회"라 한다)의 위원장은 법 제5조제4항제3호에 따라 민간전문가를 위원으로 위촉하는 경우 관계 중앙행정기관의 장의 의견을 들을 수 있다.

국가공간정보 기본법 시행령 제4조(위원회의 운영)

① 위원회의 위원장(이하 "위원장"이라 한다)은 위원회를 대표하고, 위원회의 업무를 총괄한다.

② 위원장이 부득이한 사유로 직무를 수행할 수 없을 때에는 위원장이 지명하는 위원의 순으로 그 직무를 대행한다.

③ 위원장은 회의 개최 5일 전까지 회의 일시·장소 및 심의안건을 각 위원에게 통보하여야 한다. 다만, 긴급한 경우에는 회의 개최 전까지 통보할 수 있다.

④ 회의는 재적위원 과반수의 출석으로 개의(開議)하고, 출석위원 과반수의 찬성으로 의결한다.

국가공간정보 기본법 시행령 제5조(위원회의 간사)

위원회에 간사 2명을 두되, 간사는 국토교통부와 행정안전부 소속 3급 또는 고위공무원단에 속하는 일반직공무원 중에서 국토교통부장관과 행정안전부장관이 각각 지명한다.

08 국가공간정보정책 기본계획의 수립 시 포함할 사항으로 옳지 않은 것은?

① 공간정보 관련 전문인력의 양성

② 국가공간정보체계와 관련한 국가적 표준의 연구·보급 및 기술기준의 관리

③ 국가기본지리정보의 취득 및 관리

④ 국가공간정보체계에 관한 연구·개발

> **풀이** 국가공간정보 기본법 제6조(국가공간정보정책 기본계획의 수립) **암기** 정취연은 전공자로 구성
> ① 정부는 국가공간정보체계의 구축 및 활용을 촉진하기 위하여 국가공간정보정책 기본계획(이하 "기본계획"이라 한다)을 5년마다 수립하고 시행하여야 한다.
> ② 기본계획에는 다음 각 호의 사항이 포함되어야 한다. 〈개정 2014.6.3.〉

③ 관계 중앙행정기관의 장은 제2항 각 호의 사항 중 소관 업무에 관한 기관별 국가공간정보정책 기본계획(이하 "기관별 기본계획"이라 한다)을 작성하여 대통령령으로 정하는 바에 따라 국토교통부장관에게 제출하여야 한다. 〈개정 2013.3.23.〉

④ 국토교통부장관은 제3항에 따라 관계 중앙행정기관의 장이 제출한 기관별 기본계획을 종합하여 기본계획을 수립하고 위원회의 심의를 거쳐 이를 확정한다. 〈개정 2009.5.22., 2013.3.23.〉

⑤ 제4항에 따라 확정된 기본계획을 변경하는 경우 그 절차에 관하여는 제4항을 준용한다. 다만, 대통령령으로 정하는 경미한 사항을 변경하는 경우에는 그러하지 아니하다.

09 국가공간정보정책 기본계획의 수립 시 포함할 사항으로 옳지 않은 것은?

① 관계 중앙행정기관의 장은 소관 업무에 관한 기관별 국가공간정보정책 기본계획을 작성하여 대통령령으로 정하는 바에 따라 국토교통부장관에게 제출하여야 한다.

② 국토교통부장관은 국가공간정보정책 기본계획을 확정하거나 변경한 경우에는 이를 관보에 고시하여야 한다.

③ 국토교통부장관은 관계 중앙행정기관의 장이 제출한 기관별 기본계획을 종합하여 기본계획을 수립하고 위원회의 심의를 거쳐 이를 확정한다.

④ 정부는 국가공간정보체계의 구축 및 활용을 촉진하기 위하여 국가공간정보정책 기본계획을 3년마다 수립하고 시행하여야 한다.

풀이 국가공간정보 기본법 제6조(국가공간정보정책 기본계획의 수립) **암기** ㉓㉘㉕은 ㉓㉤㉣로 ㉦㉕

① 정부는 국가공간정보체계의 구축 및 활용을 촉진하기 위하여 국가공간정보정책 기본계획(이하 "기본계획"이라 한다)을 5년마다 수립하고 시행하여야 한다.

② 기본계획에는 다음 각 호의 사항이 포함되어야 한다. 〈개정 2014.6.3.〉

정답 09 ④

③ 관계 중앙행정기관의 장은 제2항 각 호의 사항 중 소관 업무에 관한 기관별 국가공간정보정책 기본계획(이하 "기관별 기본계획"이라 한다)을 작성하여 대통령령으로 정하는 바에 따라 국토교통부장관에게 제출하여야 한다. 〈개정 2013.3.23.〉

④ 국토교통부장관은 제3항에 따라 관계 중앙행정기관의 장이 제출한 기관별 기본계획을 종합하여 기본계획을 수립하고 위원회의 심의를 거쳐 이를 확정한다. 〈개정 2009.5.22., 2013.3.23.〉

⑤ 제4항에 따라 확정된 기본계획을 변경하는 경우 그 절차에 관하여는 제4항을 준용한다. 다만, 대통령령으로 정하는 경미한 사항을 변경하는 경우에는 그러하지 아니하다.

국가공간정보 기본법 시행령 제12조(국가공간정보정책 기본계획의 수립)

① 관계 중앙행정기관의 장은 법 제6조제3항에 따라 소관 업무에 관한 기관별 국가공간정보정책 기본계획을 국토교통부장관이 정하는 수립·제출 일정에 따라 국토교통부장관에게 제출하여야 한다. 이 경우 국토교통부장관은 기관별 국가공간정보정책 기본계획 수립에 필요한 지침을 정하여 관계 중앙행정기관의 장에게 통보할 수 있다. 〈개정 2013.3.23.〉

② 국토교통부장관은 법 제6조제4항에 따라 국가공간정보정책 기본계획의 수립을 위하여 필요하면 시·도지사에게 법 제6조제2항 각 호의 사항 중 소관 업무에 관한 자료의 제출을 요청할 수 있다. 이 경우 시·도지사는 특별한 사유가 없으면 이에 따라야 한다. 〈개정 2013.3.23.〉

③ 국토교통부장관은 법 제6조제4항 및 제5항에 따라 국가공간정보정책 기본계획을 확정하거나 변경한 경우에는 이를 관보에 고시하여야 한다. 〈개정 2013.3.23.〉

④ 법 제6조제5항 단서에서 "대통령령으로 정하는 경미한 사항을 변경하는 경우"란 다음 각 호의 경우를 말한다.
1. 법 제6조제2항제2호부터 제5호까지, 제7호 또는 제8호와 관련된 사업으로서 사업기간을 2년 이내에서 가감하거나 사업비를 처음 계획의 100분의 10 이내에서 증감하는 경우
2. 법 제6조제2항제6호의 투자 및 재원조달 계획에 따른 투자금액 또는 재원조달금액을 처음 계획의 100분의 10 이내에서 증감하는 경우

10 국가공간정보정책 시행계획의 수립 시 포함할 사항으로 옳지 않은 것은?

① 국토교통부장관, 관계 중앙행정기관의 장 및 시·도지사는 확정 또는 변경된 시행계획 및 기관별 시행계획을 시행하고 그 집행실적을 평가하여야 한다.

② 관계 중앙행정기관의 장과 시·도지사는 수립한 기관별 시행계획을 대통령령으로 정하는 바에 따라 국토교통부장관에게 제출하여야 하며, 국토교통부장관은 제출된 기관별 시행계획을 통합하여 매년 국가공간정보정책 시행계획을 수립하고 위원회의 심의를 거쳐 이를 확정한다.

③ 국토교통부장관은 시행계획 또는 기관별 시행계획의 집행에 필요한 예산에 대하여 위원회의 심의를 거쳐 시·도지사에게 의견을 제시할 수 있다.

④ 관계 중앙행정기관의 장과 특별시장·광역시장·특별자치시장·도지사 및 특별자치도지사는 매년 기본계획에 따라 소관 업무와 관련된 기관별 국가공간정보정책 시행계획을 수립한다.

풀이 국가공간정보 기본법 제7조(국가공간정보정책 시행계획)

① 관계 중앙행정기관의 장과 특별시장·광역시장·특별자치시장·도지사 및 특별자치도지사(이하 "시·도지사"라 한다)는 매년 기본계획에 따라 소관 업무와 관련된 기관별 국가공간정보정책 시행계획(이하 "기관별 시행계획"이라 한다)을 수립한다. 〈개정 2012.12.18.〉

② 관계 중앙행정기관의 장과 시·도지사는 제1항에 따라 수립한 기관별 시행계획을 대통령령으로 정하는 바에 따라 국토교통부장관에게 제출하여야 하며, 국토교통부장관은 제출된 기관별 시행계획을 통합하여 매년 국가

공간정보정책 시행계획(이하 "시행계획"이라 한다)을 수립하고 위원회의 심의를 거쳐 이를 확정한다. 〈개정 2013.3.23.〉

③ 제2항에 따라 확정된 시행계획을 변경하고자 하는 경우에는 제2항을 준용한다. 다만, 대통령령으로 정하는 경미한 사항을 변경하는 경우에는 그러하지 아니하다.

④ 국토교통부장관, 관계 중앙행정기관의 장 및 시·도지사는 제2항 또는 제3항에 따라 확정 또는 변경된 시행계획 및 기관별 시행계획을 시행하고 그 집행실적을 평가하여야 한다. 〈개정 2013.3.23.〉

⑤ 국토교통부장관은 시행계획 또는 기관별 시행계획의 집행에 필요한 예산에 대하여 위원회의 심의를 거쳐 기획재정부장관에게 의견을 제시할 수 있다. 〈개정 2013.3.23.〉

⑥ 시행계획 또는 기관별 시행계획의 수립, 시행 및 집행실적의 평가와 제5항에 따른 국토교통부장관의 의견제시에 관하여 필요한 사항은 대통령령으로 정한다.

11 「국가공간정보 기본법 제5조(국가공간정보위원회)」에서 국가공간정보정책에 관한 사항을 심의·조정하기 위하여 국토교통부에 국가공간정보위원회(이하 "위원회"라 한다)를 둔다. 위원회의 심의 사항으로 옳지 않은 것은?

① 기관별 국가공간정보정책 시행계획을 제외한 국가공간정보정책 시행계획
② 국가공간정보체계의 구축·관리 및 활용에 관한 주요 정책의 조정에 관한 사항
③ 국가공간정보체계의 중복투자 방지 등 투자 효율화에 관한 사항
④ 국가공간정보정책 기본계획의 수립·변경 및 집행실적의 평가

풀이 국가공간정보 기본법 제5조(국가공간정보위원회) **암기** 기시수변가 유보하고 방화정원에서

① 국가공간정보정책에 관한 사항을 심의·조정하기 위하여 국토교통부에 국가공간정보위원회(이하 "위원회"라 한다)를 둔다.

② 위원회는 다음 각 호의 사항을 심의한다. 〈개정 2020.6.9.〉

> 1. 제6조에 따른 국가공간정보정책 기본계획의 수립·변경 및 집행실적의 평가
> 2. 제7조에 따른 국가공간정보정책 시행계획(제7조에 따른 기관별 국가공간정보정책 시행계획을 포함한다)의 수립·변경 및 집행실적의 평가
> 3. 공간정보의 유통과 보호에 관한 사항
> 4. 국가공간정보체계의 중복투자 방지 등 투자 효율화에 관한 사항
> 5. 국가공간정보체계의 구축·관리 및 활용에 관한 주요 정책의 조정에 관한 사항
> 6. 그 밖에 국가공간정보정책 및 국가공간정보체계와 관련된 사항으로서 위원장이 회의에 부치는 사항

③ 위원회는 위원장을 포함하여 30인 이내의 위원으로 구성한다.

④ 위원장은 국토교통부장관이 되고, 위원은 다음 각 호의 자가 된다.

> 1. 국가공간정보체계를 관리하는 중앙행정기관의 차관급 공무원으로서 대통령령으로 정하는 자
> 2. 지방자치단체의 장(특별시·광역시·특별자치시·도·특별자치도의 경우에는 부시장 또는 부지사)으로서 위원장이 위촉하는 자 7인 이상
> 3. 공간정보체계에 관한 전문지식과 경험이 풍부한 민간전문가로서 위원장이 위촉하는 자 7인 이상

⑤ 제4항제2호 및 제3호에 해당하는 위원의 임기는 2년으로 한다. 다만, 위원의 사임 등으로 새로 위촉된 위원의 임기는 전임 위원의 남은 임기로 한다.

⑥ 위원회는 제2항에 따른 심의 사항을 전문적으로 검토하기 위하여 전문위원회를 둘 수 있다.

⑦ 그 밖에 위원회 및 전문위원회의 구성·운영 등에 관하여 필요한 사항은 대통령령으로 정한다.

정답 11 ①

국가공간정보 기본법 시행령 제3조(국가공간정보위원회의 위원)

① 법 제5조제4항제1호에 따른 위원은 다음 각 호의 사람으로 한다. 〈개정 2013.3.23., 2013.11.22., 2014. 11.19., 2017.7.26.〉

　　1. 기획재정부 제1차관, 교육부차관, 과학기술정보통신부 제2차관, 국방부차관, 행정안전부차관, 농림축산식품부차관, 산업통상자원부차관, 환경부차관 및 해양수산부차관

　　2. 통계청장, 소방청장, 문화재청장, 농촌진흥청장 및 산림청장

② 법 제5조에 따른 국가공간정보위원회(이하 "위원회"라 한다)의 위원장은 법 제5조제4항제3호에 따라 민간 전문가를 위원으로 위촉하는 경우 관계 중앙행정기관의 장의 의견을 들을 수 있다.

국가공간정보 기본법 시행령 제4조(위원회의 운영)

① 위원회의 위원장(이하 "위원장"이라 한다)은 위원회를 대표하고, 위원회의 업무를 총괄한다.

② 위원장이 부득이한 사유로 직무를 수행할 수 없을 때에는 위원장이 지명하는 위원의 순으로 그 직무를 대행한다.

③ 위원장은 회의 개최 5일 전까지 회의 일시·장소 및 심의안건을 각 위원에게 통보하여야 한다. 다만, 긴급한 경우에는 회의 개최 전까지 통보할 수 있다.

④ 회의는 재적위원 과반수의 출석으로 개의(開議)하고, 출석위원 과반수의 찬성으로 의결한다.

국가공간정보 기본법 시행령 제5조(위원회의 간사)

위원회에 간사 2명을 두되, 간사는 국토교통부와 행정안전부 소속 3급 또는 고위공무원단에 속하는 일반직공무원 중에서 국토교통부장관과 행정안전부장관이 각각 지명한다.

12 「국가공간정보 기본법 시행령(제7조 전문위원회의 구성 및 운영)」에서 전문위원회의 구성 및 운영의 내용으로 옳지 않은 것은?

① 전문위원회 위원은 공간정보와 관련한 4급 이상 공무원과 민간전문가 중에서 국토교통부장관이 임명 또는 위촉하되, 성별을 고려하여야 한다.

② 전문위원회에 간사 2명을 두며, 간사는 국토교통부 소속 공무원 중에서 국토교통부장관이 지명하는 자가 된다.

③ 전문위원회 위원장은 전문위원회 위원 중에서 국토교통부장관이 지명하는 자가 된다.

④ 전문위원회(이하 "전문위원회"라 한다)는 위원장 1명을 포함하여 30명 이내의 위원으로 구성한다.

풀이 국가공간정보 기본법 시행령 제7조(전문위원회의 구성 및 운영)

① 법 제5조제6항(위원회는 제2항에 따른 심의 사항을 전문적으로 검토하기 위하여 전문위원회를 둘 수 있다)에 따른 전문위원회(이하 "전문위원회"라 한다)는 위원장 1명을 포함하여 30명 이내의 위원으로 구성한다.

② 전문위원회 위원은 공간정보와 관련한 4급 이상 공무원과 민간전문가 중에서 국토교통부장관이 임명 또는 위촉하되, 성별을 고려하여야 한다.

③ 전문위원회 위원장은 전문위원회 위원 중에서 국토교통부장관이 지명하는 자가 된다.

④ 전문위원회 위촉위원의 임기는 2년으로 한다.

⑤ 전문위원회에 간사 1명을 두며, 간사는 국토교통부 소속 공무원 중에서 국토교통부장관이 지명하는 자가 된다.

⑥ 전문위원회의 운영에 관하여는 제4조를 준용한다.

정답 12 ②

CHAPTER 05 국가공간정보 기본법 관련 문제 1211

국가공간정보 기본법 시행령 제8조(의견청취 및 현지조사)

위원회와 전문위원회는 안건심의와 업무수행에 필요하다고 인정하는 경우에는 관계기관에 자료의 제출을 요청하거나 관계인 또는 전문가를 출석하게 하여 그 의견을 들을 수 있으며 현지조사를 할 수 있다.

13 「국가공간정보 기본법 제6조(국가공간정보정책 기본계획의 수립)」에서 정부는 국가공간정보체계의 구축 및 활용을 촉진하기 위하여 국가공간정보정책 기본계획(이하 "기본계획"이라 한다)을 5년마다 수립하고 시행하여야 한다. 국가공간정보정책 기본계획 수립 사항으로 옳지 않은 것은?

① 국가공간정보체계의 구축 · 관리 및 유통 촉진에 필요한 투자 및 재원조달 계획
② 국가공간정보체계에 관한 연구 · 개발
③ 국가공간정보체계에 관한 사업비 및 재원조달 계획
④ 국가공간정보체계의 구축 및 공간정보의 활용 촉진을 위한 정책의 기본 방향

[풀이] 국가공간정보 기본법 제6조(국가공간정보정책 기본계획의 수립) **[암기]** 정취연은 전공자로 구성

① 정부는 국가공간정보체계의 구축 및 활용을 촉진하기 위하여 국가공간정보정책 기본계획(이하 "기본계획"이라 한다)을 5년마다 수립하고 시행하여야 한다.
② 기본계획에는 다음 각 호의 사항이 포함되어야 한다. 〈개정 2014.6.3.〉

> 1. 국가공간정보체계의 구축 및 공간정보의 활용 촉진을 위한 정책의 기본 방향
> 2. 제19조에 따른 기본공간정보의 취득 및 관리
> 3. 국가공간정보체계에 관한 연구 · 개발
> 4. 공간정보 관련 전문인력의 양성
> 5. 국가공간정보체계의 활용 및 공간정보의 유통
> 6. 국가공간정보체계의 구축 · 관리 및 유통 촉진에 필요한 투자 및 재원조달 계획
> 7. 국가공간정보체계와 관련한 국가적 표준의 연구 · 보급 및 기술기준의 관리
> 8. 「공간정보산업 진흥법」 제2조제1항제2호에 따른 공간정보산업의 육성에 관한 사항
> 9. 그 밖에 국가공간정보정책에 관한 사항

③ 관계 중앙행정기관의 장은 제2항 각 호의 사항 중 소관 업무에 관한 기관별 국가공간정보정책 기본계획(이하 "기관별 기본계획"이라 한다)을 작성하여 대통령령으로 정하는 바에 따라 국토교통부장관에게 제출하여야 한다. 〈개정 2013.3.23.〉
④ 국토교통부장관은 제3항에 따라 관계 중앙행정기관의 장이 제출한 기관별 기본계획을 종합하여 기본계획을 수립하고 위원회의 심의를 거쳐 이를 확정한다. 〈개정 2009.5.22., 2013.3.23.〉
⑤ 제4항에 따라 확정된 기본계획을 변경하는 경우 그 절차에 관하여는 제4항을 준용한다. 다만, 대통령령으로 정하는 경미한 사항을 변경하는 경우에는 그러하지 아니하다.

국가공간정보 기본법 시행령 제12조(국가공간정보정책 기본계획의 수립)

① 관계 중앙행정기관의 장은 법 제6조제3항에 따라 소관 업무에 관한 기관별 국가공간정보정책 기본계획을 국토교통부장관이 정하는 수립 · 제출 일정에 따라 국토교통부장관에게 제출하여야 한다. 이 경우 국토교통부장관은 기관별 국가공간정보정책 기본계획 수립에 필요한 지침을 정하여 관계 중앙행정기관의 장에게 통보할 수 있다. 〈개정 2013.3.23.〉
② 국토교통부장관은 법 제6조제4항에 따라 국가공간정보정책 기본계획의 수립을 위하여 필요하면 시 · 도지사에게 법 제6조제2항 각 호의 사항 중 소관 업무에 관한 자료의 제출을 요청할 수 있다. 이 경우 시 · 도지사는 특별한 사유가 없으면 이에 따라야 한다. 〈개정 2013.3.23.〉

정답 13 ③

③ 국토교통부장관은 법 제6조제4항 및 제5항에 따라 국가공간정보정책 기본계획을 확정하거나 변경한 경우에는 이를 관보에 고시하여야 한다. 〈개정 2013.3.23.〉

④ 법 제6조제5항 단서에서 "대통령령으로 정하는 경미한 사항을 변경하는 경우"란 다음 각 호의 경우를 말한다.

　　1. 법 제6조제2항제2호부터 제5호까지, 제7호 또는 제8호와 관련된 사업으로서 사업기간을 2년 이내에서 가감하거나 사업비를 처음 계획의 100분의 10 이내에서 증감하는 경우

　　2. 법 제6조제2항제6호의 투자 및 재원조달 계획에 따른 투자금액 또는 재원조달금액을 처음 계획의 100분의 10 이내에서 증감하는 경우

14 「국가공간정보 기본법 제7조(국가공간정보정책 시행계획)」에서 국가공간정보정책 시행계획에 관한 내용으로 옳지 않은 것은?

① 국토교통부장관은 시행계획 또는 기관별 시행계획의 집행에 필요한 예산에 대하여 위원회의 심의를 거쳐 기획재정부장관에게 의견을 제시할 수 있다.

② 국토교통부장관, 관계 중앙행정기관의 장 및 시·도지사는 국가공간정보정책 시행계획 또는 기관별 시행계획의 집행실적에 대하여 국가공간정보정책 기본계획의 목표 및 추진방향과의 적합성 여부 사항을 평가하여야 한다.

③ 국토교통부장관은 제출된 기관별 시행계획을 통합하여 2년마다 국가공간정보정책 시행계획(이하 "시행계획"이라 한다)을 수립하고 위원회의 심의를 거쳐 이를 확정한다.

④ 시·도지사는 매년 기본계획에 따라 소관 업무와 관련된 기관별 국가공간정보정책 시행계획(이하 "기관별 시행계획"이라 한다)을 수립한다.

풀이 **국가공간정보 기본법 제7조(국가공간정보정책 시행계획)**

　　① 관계 중앙행정기관의 장과 특별시장·광역시장·특별자치시장·도지사 및 특별자치도지사(이하 "시·도지사"라 한다)는 매년 기본계획에 따라 소관 업무와 관련된 기관별 국가공간정보정책 시행계획(이하 "기관별 시행계획"이라 한다)을 수립한다. 〈개정 2012.12.18.〉

　　② 관계 중앙행정기관의 장과 시·도지사는 제1항에 따라 수립한 기관별 시행계획을 대통령령으로 정하는 바에 따라 국토교통부장관에게 제출하여야 하며, 국토교통부장관은 제출된 기관별 시행계획을 통합하여 매년 국가공간정보정책 시행계획(이하 "시행계획"이라 한다)을 수립하고 위원회의 심의를 거쳐 이를 확정한다. 〈개정 2013.3.23.〉

　　③ 제2항에 따라 확정된 시행계획을 변경하고자 하는 경우에는 제2항을 준용한다. 다만, 대통령령으로 정하는 경미한 사항을 변경하는 경우에는 그러하지 아니하다.

　　④ 국토교통부장관, 관계 중앙행정기관의 장 및 시·도지사는 제2항 또는 제3항에 따라 확정 또는 변경된 시행계획 및 기관별 시행계획을 시행하고 그 집행실적을 평가하여야 한다. 〈개정 2013.3.23.〉

　　⑤ 국토교통부장관은 시행계획 또는 기관별 시행계획의 집행에 필요한 예산에 대하여 위원회의 심의를 거쳐 기획재정부장관에게 의견을 제시할 수 있다. 〈개정 2013.3.23.〉

　　⑥ 시행계획 또는 기관별 시행계획의 수립, 시행 및 집행실적의 평가와 제5항에 따른 국토교통부장관의 의견제시에 관하여 필요한 사항은 대통령령으로 정한다.

국가공간정보 기본법 시행령 제13조(국가공간정보정책 시행계획의 수립 등)

　　① 관계 중앙행정기관의 장과 시·도지사는 법 제7조제2항에 따라 다음 각 호의 사항이 포함된 다음 연도의 기관별 국가공간정보정책 시행계획(이하 "기관별 시행계획"이라 한다)과 전년도 기관별 시행계획의 집행실적(제3항에 따른 평가결과를 포함한다)을 매년 2월 말까지 국토교통부장관에게 제출하여야 한다. 〈개정

정답 14 ③

2013.3.23.〉

1. 사업 추진방향
2. 세부 사업계획
3. 사업비 및 재원조달 계획

② 법 제7조제3항 단서에서 "대통령령으로 정하는 경미한 사항을 변경하는 경우"란 해당 연도 사업비를 100분의 10 이내에서 증감하는 경우를 말한다.

③ 국토교통부장관, 관계 중앙행정기관의 장 및 시·도지사는 법 제7조제4항에 따라 국가공간정보정책 시행계획 또는 기관별 시행계획의 집행실적에 대하여 다음 각 호의 사항을 평가하여야 한다. 〈개정 2013.3.23.〉

1. 국가공간정보정책 기본계획의 목표 및 추진방향과의 적합성 여부
2. 법 제22조에 따라 중복되는 국가공간정보체계 사업 간의 조정 및 연계
3. 그 밖에 국가공간정보체계의 투자효율성을 높이기 위하여 필요한 사항

④ 국토교통부장관이 법 제7조제5항에 따라 기획재정부장관에게 의견을 제시하는 경우에는 제3항에 따른 평가 결과를 그 의견에 반영하여야 한다.

15 다음 중 한국국토정보공사에 대한 설명이 잘못된 것은?

(07년서울7급)

① 한국국토정보공사는 그 주된 사무소의 소재지에서 설립등기를 함으로써 성립한 법인이다.
② 한국국토정보공사의 정관에는 업무 및 그 집행에 관한 사항, 임원 및 직원에 관한 사항, 정관의 변경에 관한 사항도 기재되어 있다.
③ 한국국토정보공사가 정관을 변경하고자 할 때에는 중앙지적위원회의 심의를 받아야 한다.
④ 한국국토정보공사는 지적제도 및 지적측량에 관한 외국기술의 도입과 국외진출사업 및 국제교류협력사업도 한다.
⑤ 한국국토정보공사는 지적제도 및 지적측량에 관한 연구, 교육 등의 지원사업도 한다.

풀이 **국가공간정보 기본법 제12조(한국국토정보공사의 설립)**

① 공간정보체계의 구축 지원, 공간정보와 지적제도에 관한 연구, 기술 개발 및 지적측량 등을 수행하기 위하여 한국국토정보공사(이하 이 장에서 "공사"라 한다)를 설립한다.
② 공사는 법인으로 한다.
③ 공사는 그 주된 사무소의 소재지에서 설립등기를 함으로써 성립한다.
④ 공사의 설립등기에 필요한 사항은 대통령령으로 정한다.

국가공간정보 기본법 제13조(공사의 정관 등) **암기** 목명주조업이임 재정공규해

① 공사의 정관에는 다음 각 호의 사항이 포함되어야 한다.

1. 목적
2. 명칭
3. 주된 사무소의 소재지
4. 조직 및 기구에 관한 사항
5. 업무 및 그 집행에 관한 사항
6. 이사회에 관한 사항
7. 임직원에 관한 사항
8. 재산 및 회계에 관한 사항
9. 정관의 변경에 관한 사항
10. 공고의 방법에 관한 사항
11. 규정의 제정, 개정 및 폐지에 관한 사항
12. 해산에 관한 사항

② 공사는 정관을 변경하려면 미리 국토교통부장관의 인가를 받아야 한다.

국가공간정보 기본법 제14조(공사의 사업)

공사는 다음 각 호의 사업을 한다.

1. 다음 각 목을 제외한 공간정보체계 구축 지원에 관한 사업으로서 대통령령으로 정하는 사업
   가. 「공간정보의 구축 및 관리 등에 관한 법률」에 따른 측량업(지적측량업은 제외한다)의 범위에 해당하는 사업
   나. 「중소기업제품 구매촉진 및 판로지원에 관한 법률」에 따른 중소기업자 간 경쟁 제품에 해당하는 사업
2. 공간정보·지적제도에 관한 연구, 기술 개발, 표준화 및 교육사업
3. 공간정보·지적제도에 관한 외국 기술의 도입, 국제 교류·협력 및 국외 진출 사업
4. 「공간정보의 구축 및 관리 등에 관한 법률」 제23조제1항제1호 및 제3호부터 제5호까지의 어느 하나에 해당하는 사유로 실시하는 지적측량
5. 「지적재조사에 관한 특별법」에 따른 지적재조사사업
6. 다른 법률에 따라 공사가 수행할 수 있는 사업
7. 그 밖에 공사의 설립 목적을 달성하기 위하여 필요한 사업으로서 정관으로 정하는 사업

16 국가공간정보센터에서 수행하는 업무로 옳지 않은 것은?

① 공간정보의 수집·가공 및 제공
② 토지 및 건물 등기부 수집·가공 및 제공
③ 공간정보의 활용 활성화를 위한 국내외 교육 및 세미나
④ 부동산 관련 자료의 조사·평가 및 이용

풀이 국가공간정보센터 운영규정 제4조(국가공간정보센터의 운영)

① 국가공간정보센터는 다음 각 호의 업무를 수행한다.

> 1. 공간정보의 수집·가공·제공 및 유통
> 2. 「공간정보의 구축 및 관리 등에 관한 법률」 제2조제19호에 따른 지적공부(地籍公簿)의 관리 및 활용
> 3. 부동산 관련 자료의 조사·평가 및 이용
> 4. 부동산 관련 정책정보와 통계의 생산
> 5. 공간정보를 활용한 성공사례의 발굴 및 포상
> 6. 공간정보의 활용 활성화를 위한 국내외 교육 및 세미나
> 7. 그 밖에 국토교통부장관이 공간정보의 수집·가공·제공 및 유통 활성화와 지적공부의 관리 및 활용을 위하여 필요하다고 인정하는 업무

② 국토교통부장관은 제1항의 업무를 수행하기 위하여 필요한 전산시스템을 구축하여야 한다.
③ 국토교통부장관은 제2항에 따른 전산시스템과 관련 중앙행정기관·지방자치단체 및 「공공기관의 운영에 관한 법률」 제4조에 따른 공공기관(이하 "공공기관"이라 한다)의 전산시스템과의 연계체계를 유지하여야 한다.
④ 국토교통부장관은 국가공간정보센터를 효율적으로 운영하기 위하여 관계 중앙행정기관·지방자치단체 소속 공무원 또는 공공기관의 임직원의 파견을 요청할 수 있다.

17 「국가공간정보 기본법」에서 규정하고 있는 벌칙 구분 중 2년 이하의 징역 또는 2천만 원 이하의 벌금형에 해당되는 것은?

① 공사가 아닌 자는 한국국토정보공사 또는 이와 유사한 명칭을 사용한자

② 직무상 알게 된 비밀을 누설하거나 도용한 자

③ 공간정보 또는 공간정보데이터베이스를 관리기관의 승인 없이 무단으로 열람 · 복제 · 유출한 자

④ 공간정보 또는 공간정보데이터베이스를 무단으로 침해하거나 훼손한 자

풀이 국가공간정보 기본법 제39조(벌칙) **암기** **무침훼** 먹고 **송무통** 버리면 **비누**로 씻어라. **보수자**와 **부정자**도

제37조제1항을 위반하여 공간정보 또는 공간정보데이터베이스를 **무**단으로 **침**해하거나 **훼**손한 자는 2년 이하의 징역 또는 2천만 원 이하의 벌금에 처한다.

국가공간정보 기본법 제40조(벌칙)

다음 각 호의 어느 하나에 해당하는 자는 1년 이하의 징역 또는 1천만 원 이하의 벌금에 처한다. 〈개정 2014.6.3.〉

1. 제37조제1항을 위반하여 공간정보 또는 공간정보데이터베이스를 관리기관의 **승**인 없이 **무**단으로 열람 · **복**제 · 유출한 자

2. 제38조(비밀준수 등의 의무)를 위반하여 직무상 알게 된 **비**밀을 **누**설하거나 도용한 자

3. 제34조제3항을 위반하여 **보**안관리규정을 준**수**하지 아니한 **자**

4. 거짓이나 그 밖의 **부**정한 **방**법으로 전문기관으로 지정받은 **자**

국가공간정보 기본법 제41조(양벌규정)

법인의 대표자나 법인 또는 개인의 대리인, 사용인, 그 밖의 종업원이 그 법인 또는 개인의 업무에 관하여 제39조 또는 제40조의 위반행위를 하면 그 행위자를 벌하는 외에 그 법인 또는 개인에게도 해당 조문의 벌금형을 과(科)한다. 다만, 법인 또는 개인이 그 위반 행위를 방지하기 위하여 해당 업무에 관하여 상당한 주의와 감독을 게을리하지 아니한 경우에는 그러하지 아니하다.

국가공간정보 기본법 제42조(과태료)

① 제17조를 위반한 자에게는 500만 원 이하의 과태료를 부과한다.

② 제1항에 따른 과태료는 대통령령으로 정하는 바에 따라 국토교통부장관이 부과 · 징수한다.

국가공간정보 기본법 제17조(유사 명칭의 사용 금지)

공사가 아닌 자는 한국국토정보공사 또는 이와 유사한 명칭을 사용하지 못한다.

18 「국가공간정보센터 운영규정」에서 용어 정의로 옳은 것은?

> 국토교통부장관은 지적공부를 과세나 부동산정책자료 등으로 활용하기 위하여 지적공부를 과세나 부동산정책자료 등으로 활용하기 위한 주민등록전산자료, 가족관계등록전산자료, 부동산등기전산자료 또는 공시지가전산자료 등을 말한다.

① 부동산정책자료　　　　　　　② 부동산등기자료

③ 부동산공간정보　　　　　　　④ 부동산관련자료

풀이 국가공간정보센터 운영규정 제2조(정의)

이 영에서 사용하는 용어의 뜻은 다음과 같다. 〈개정 2011.8.30., 2013.3.23., 2014.4.22., 2014.12.30., 2015.6.1.〉

1. "국가공간정보센터"란 「국토교통부와 그 소속기관 직제」 제12조제3항제64호에 따른 국가공간정보센터를 말한다.
2. "공간정보"란 「국가공간정보에 관한 법률」 제2조제1호에 따른 공간정보를 말한다.
3. "부동산관련자료"란 「공간정보의 구축 및 관리 등에 관한 법률」 제70조제2항에 따른 지적공부를 과세나 부동산정책자료 등으로 활용하기 위한 주민등록전산자료, 가족관계등록전산자료, 부동산등기전산자료 또는 공시지가전산자료 등을 말한다.

공간정보의 구축 및 관리 등에 관한 법률 제70조(지적정보 전담 관리기구의 설치)
① 국토교통부장관은 지적공부의 효율적인 관리 및 활용을 위하여 지적정보 전담 관리기구를 설치 · 운영한다.
② 국토교통부장관은 지적공부를 과세나 부동산정책자료 등으로 활용하기 위하여 주민등록전산자료, 가족관계등록전산자료, 부동산등기전산자료 또는 공시지가전산자료 등을 관리하는 기관에 그 자료를 요청할 수 있으며 요청을 받은 관리기관의 장은 특별한 사정이 없는 한 이에 응하여야 한다. 〈개정 2013.3.23.〉
③ 제1항에 따른 지적정보 전담 관리기구의 설치 · 운영에 관한 세부사항은 대통령령으로 정한다.

19 「국가공간정보센터 운영규정」에서 국가공간정보센터 운영에 관한 계획에 포함되는 사항으로 옳지 않은 것은?

① 공간정보의 효율적인 관리와 체계적인 제공 및 활용 활성화를 위한 기본목표와 추진전략
② 공간정보의 유통 · 활용의 촉진 및 지원에 관한 사항
③ 공간정보의 가공 · 유통 및 활용 등에 관한 법령 및 제도 개선에 관한 사항
④ 기본공간정보의 품질관리에 관한 사항

풀이 **국가공간정보센터 운영규정 제4조의2(국가공간정보센터의 운영계획)**
① 국토교통부장관은 국가공간정보센터의 효율적인 운영과 공간정보의 체계적인 제공 및 활용 활성화 등을 위하여 3년마다 국가공간정보센터 운영에 관한 계획(이하 "운영계획"이라 한다)을 수립하여야 한다.
② 운영계획에는 다음 각 호의 사항이 포함되어야 한다.

> 1. 공간정보의 효율적인 관리와 체계적인 제공 및 활용 활성화를 위한 기본목표와 추진전략
> 2. 공간정보의 수집, 가공 및 데이터베이스 구축에 관한 사항
> 3. 공간정보의 제공형태 및 제공방법에 관한 사항
> 4. 공간정보의 유통 · 활용의 촉진 및 지원에 관한 사항
> 5. 공간정보 관련 시스템 간 연계에 관한 사항
> 6. 공간정보의 품질관리에 관한 사항
> 7. 공간정보의 가공 · 유통 및 활용 등에 관한 법령 및 제도 개선에 관한 사항
> 8. 공간정보의 가공, 제공, 유통 등에 필요한 교육훈련에 관한 사항
> 9. 그 밖에 공간정보의 수집, 가공, 제공, 유통 등에 필요한 사항

③ 운영계획은 「국가공간정보에 관한 법률」 제5조제1항에 따른 국가공간정보위원회의 심의를 거쳐 확정한다.
④ 국토교통부장관은 제3항에 따라 확정된 운영계획의 내용을 「국가공간정보에 관한 법률」 제2조제4호에 따른 관리기관(이하 "관리기관"이라 한다)의 장에게 통보하여야 한다.

20 「국가공간정보센터 운영규정」에서 국가공간정보센터 운영에 관한 계획에 대한 설명으로 옳지 않은 것은?

① 국가공간정보센터 운영계획은 국가공간정보위원회의 심의를 거쳐 확정한다.

② 공간정보의 수집, 가공 및 데이터베이스 구축에 관한 사항은 국가공간정보센터 운영계획에 포함되는 사항이다.

③ 국토교통부장관은 확정된 운영계획의 내용을 관리기관의 장에게 통보하여야 한다.

④ 국토교통부장관은 국가공간정보센터의 효율적인 운영과 공간정보의 체계적인 제공 및 활용 활성화 등을 위하여 5년마다 국가공간정보센터 운영에 관한 계획을 수립하여야 한다.

> **풀이** 국가공간정보센터 운영규정 제4조의2(국가공간정보센터의 운영계획)
> ① 국토교통부장관은 국가공간정보센터의 효율적인 운영과 공간정보의 체계적인 제공 및 활용 활성화 등을 위하여 3년마다 국가공간정보센터 운영에 관한 계획(이하 "운영계획"이라 한다)을 수립하여야 한다.
> ② 운영계획에는 다음 각 호의 사항이 포함되어야 한다.
>
> 1. 공간정보의 효율적인 관리와 체계적인 제공 및 활용 활성화를 위한 기본목표와 추진전략
> 2. 공간정보의 수집, 가공 및 데이터베이스 구축에 관한 사항
> 3. 공간정보의 제공형태 및 제공방법에 관한 사항
> 4. 공간정보의 유통·활용의 촉진 및 지원에 관한 사항
> 5. 공간정보 관련 시스템 간 연계에 관한 사항
> 6. 공간정보의 품질관리에 관한 사항
> 7. 공간정보의 가공·유통 및 활용 등에 관한 법령 및 제도 개선에 관한 사항
> 8. 공간정보의 가공, 제공, 유통 등에 필요한 교육훈련에 관한 사항
> 9. 그 밖에 공간정보의 수집, 가공, 제공, 유통 등에 필요한 사항
>
> ③ 운영계획은 「국가공간정보에 관한 법률」 제5조제1항에 따른 국가공간정보위원회의 심의를 거쳐 확정한다.
> ④ 국토교통부장관은 제3항에 따라 확정된 운영계획의 내용을 「국가공간정보에 관한 법률」 제2조제4호에 따른 관리기관(이하 "관리기관"이라 한다)의 장에게 통보하여야 한다.

정답 20 ④

지적법 기출문제 및 합격모의고사

발행일 | 2020. 11. 20 초판 발행
2021. 8. 30 개정 1판1쇄
2022. 4. 30 개정 1판1쇄

저 자 | 이영수
발행인 | 정용수
발행처 |  예문사

주 소 | 경기도 파주시 직지길 460(출판도시) 도서출판 예문사
T E L | 031) 955 – 0550
F A X | 031) 955 – 0660
등록번호 | 11 – 76호

정가 : 45,000원

ISBN 978-89-274-4489-3 13360